CB130263

LEIS PENAIS EXTRAVAGANTES

Teoria, jurisprudência e questões comentadas

abdr
ASSOCIAÇÃO BRASILEIRA DE DIREITOS REPROGRÁFICOS
Respeite o direito autoral

Cláudia Barros Portocarrero
Wilson Luiz Palermo Ferreira

LEIS PENAIS EXTRAVAGANTES

Teoria, jurisprudência e questões comentadas

6ª edição
Revista, atualizada e ampliada

2021

EDITORA *Jus*PODIVM
www.editorajuspodivm.com.br

EDITORA
*Jus*PODIVM
www.editorajuspodivm.com.br

Rua Território Rio Branco, 87 – Pituba – CEP: 41830-530 – Salvador – Bahia
Tel: (71) 3045.9051
• Contato: https://www.editorajuspodivm.com.br/sac

Copyright: Edições *Jus*PODIVM

Capa: Marcelo S. Brandão *(santibrando@gmail.com)*

Diagramação: Lupe Comunicação e Design (*lupecomunicacao@gmail.com)*

• A Editora *JusPODIVM* passou a publicar esta obra a partir da 3.ª edição.

P839l Portocarrero, Cláudia Barros.
Leis Penais Extravagantes – Teoria, jurisprudência e questões comentadas / Cláudia Barros Portocarrero e Wilson Luiz Palermo Ferreira. – 6. ed. rev., atual. e ampl. – Salvador: Ed. JusPodivm, 2021.
1.712 p.

ISBN: 978-65-5680-638-9.

1. Direito penal. I. Portocarrero, Claudia Barros. II. Ferreira, Wilson Luiz Palermo. III. Título.

CDD 341.5

Todos os direitos desta edição reservados a Edições *Jus*PODIVM.

É terminantemente proibida a reprodução total ou parcial desta obra, por qualquer meio ou processo, sem a expressa autorização do autor e das Edições *Jus*PODIVM. A violação dos direitos autorais caracteriza crime descrito na legislação em vigor, sem prejuízo das sanções civis cabíveis.

A Deus, por quem me sinto abraçada todos os dias.
À Maria, Mãe Santíssima e protetora.
À minha mãe, Catarina, meu amor.
A Alex, Victor Hugo e João Victor,
meu marido e filhos, homens de minha vida.

Cláudia Barros Portocarrero

Dedico esta obra a todos aqueles
que desejam o ideal de uma justiça penal.

Wilson Luiz Palermo Ferreira

AGRADECIMENTOS

Celebro mais uma edição de nosso *Leis Penais Extravagantes – Teoria, jurisprudência e questões comentadas*, em parceria com o amigo querido, o incansável Wilson Palermo.

Meus agradecimentos na 6ª edição dirijo a Deus, que me permitiu chegar até aqui e realizar uma profunda reestruturação na obra, fruto de trabalho árduo e noites não dormidas. Tudo só foi possível porque Ele é a luz do meu caminho e o capitão de minha alma.

Cláudia Barros Portocarrero
Recreio dos Bandeirantes,
Março de 2021.

Esta, talvez, seja a parte mais difícil da obra, pelo menos para mim, já que poderia me estender por capítulos para poder enumerar todos aqueles que gostaria. Afinal, esta jornada não teve início com o convite para escrever este trabalho, mas remonta, propriamente, a todos os anos de formação pelos quais passei para que tal convite pudesse ter sido feito. Assim, dedico os meus mais sinceros agradecimentos, primeiramente, a Deus, que representa a inteligência suprema e é a causa primária de todas as coisas.

Por dever de justiça, sem o qual não estaria aqui escrevendo estas linhas, agradeço, imensamente, à Cláudia Barros Portocarrero, minha eterna professora, cujos ensinamentos me ajudaram a atingir a tão sonhada aprovação no concurso público para o cargo de Delegado de Polícia Civil no Estado do Rio de Janeiro. A ela devo, ainda, minha gratidão ao me permitir participar desta obra, que, simbolicamente, teve a cidade de Roma, na Itália, como cenário para o convite, para as primeiras discussões e primeiras linhas dessa nova etapa da obra durante o período em que estivemos juntos no Curso de Combate ao Crime Organizado ministrado naquela cidade.

Merecem ser enaltecidos, ainda, aqueles que fizeram parte da construção deste trabalho, seja por meio da revisão, seja na discussão acerca das temáticas controvertidas cuja abordagem foi imprescindível. Assim, agradeço em especial à minha irmã, Ana Paula Palermo Ferreira, por todo empenho e dedicação ao longo desses meses.

Aos meus pais, não poderia deixar de render homenagens por tudo que representam para mim. São os modelos nos quais me espelho.

Ao meu orientador acadêmico, Doutor Jorge Câmara, da Faculdade de Direito da Universidade do Estado do Rio de Janeiro, que me guiou pela dura missão de um mestrado e me inspira a alçar voos mais altos. Muito obrigado. Sempre.

Ao amigo Fabrício Rocha Bastos, também meu professor, meus agradecimentos por ter representado meu modelo de perseverança na árdua batalha dos concursos, bem como por ter auxiliado na minha preparação para tal desiderato e por ter aceitado prefaciar esta obra.

Aos estimados leitores desta obra, que me fazem ter a certeza de que devo continuar buscando inspiração para repassar os conhecimentos adiante. Afinal, todos têm seus sonhos e merecem ter à disposição os meios adequados para alcançá-los. Sabendo disto é que encontro forças para sempre oferecer o melhor possível, reconhecendo que estamos em constante evolução, além de dedicar tempo para estender a mão a quem precisa.

Finalmente, me dirijo aos meus colegas de profissão e a todos os operadores do Direito, que buscam o ideal de Justiça e tudo aquilo que esta palavra representa na sua essência. Espero que as linhas escritas nesta obra lhes sirvam de vetor para a concretização deste propósito. Não esmoreçam diante das dificuldades e não deixem que a Justiça se esvaia em orgulho. Façam-na valer em todas as situações.

Rio de Janeiro, março de 2021.

Wilson Luiz Palermo Ferreira

NOTA DOS AUTORES À 6ª EDIÇÃO

Mais uma vez, nos vemos inclinados a iniciar esta nota à Sexta Edição agradecendo aos nossos leitores por mais um sucesso que a Quinta Edição se tornou, com todo apoio e suporte da Editora Juspodivm. Nosso respeito a cada um de vocês, que, assim como nós, também nutrem sonhos. Isso só faz com que tenhamos certeza de que a felicidade ao vermos nossos alunos prosperando, superando desafios e conquistando a aprovação no tão desejado concurso é a força para superar as dificuldades que nós, autores, enfrentamos na atualização de um livro de Leis Penais Extravagantes diante de um cenário jurídico tão volátil quanto o nosso.

É com grande alegria que, nesta edição, trazemos a tão esperada inclusão de comentários à Lei nº 8.069/90 (Estatuto da Criança e do Adolescente), justamente pelo feedback que você, leitor, nos dá, pelos nossos canais de comunicação, fazendo com que venhamos a incluir temas necessários para os seus estudos, assim como sugestões e correções que se fazem necessárias.

Em face disto, fazemos criteriosa análise quanto aos comentários tecidos e atualizamos cuidadosamente este material, para que a distância entre você e seus sonhos seja cada vez mais reduzida e para que este livro sirva como ferramenta para o seu sucesso.

O ano de 2020 foi marcado pelo início da pandemia de SARS-CoV-2 (COVID-19), atingindo, das mais diversas formas, milhões de famílias brasileiras. Nossos sentimentos a todos que sofreram com isso. Além do mais, a pandemia também foi responsável pela suspensão e adiamento de diversas provas de concursos públicos, postergando, consequentemente, a tão sonhada aprovação e limitando, em nosso trabalho de atualização, a inserção de novas questões.

No entanto, mantivemos nosso compromisso de revisar toda parte legal e jurisprudencial, como poderão perceber ao longo do livro. Foram incluídos julgados novos, inclusive do ano de 2021, e excluídos alguns já antigos, para que o livro ficasse enxuto e que seu estudo e consulta fossem mais proveitosos.

Por fim, reafirmamos nosso compromisso de trazer sempre temais atuais, sem fugir das controvérsias, o que já ouvimos ser um grande diferencial deste material e o que faz com que nossa gratidão transborde e nos mova, sempre adiante, para que você esteja também acompanhado da melhor ferramenta possível.

Nossos sinceros e mais respeitosos agradecimentos.

Rio de Janeiro, 17 de fevereiro de 2021.

PREFÁCIO

Vivo agora um daqueles raros momentos na vida no qual a sublime honra de uma escolha me recai. Ao receber o convite (prefiro escolha!) para realizar o prefácio da obra dos meus amigos Claudinha - Claudiva para os milhares de fãs! - e Wilson, de imediato senti-me tomado por um complexo misto de sensações. Por um lado, fiquei extremamente honrado com a oportunidade de participar, ainda que de forma tímida, desta prestigiosa obra que, sem dúvidas, tornar-se-á peça indispensável para aqueles que desejam dominar a matéria que os autores lecionam e escrevem com maestria. Por outro lado, senti um frio na barriga, pois a responsabilidade é tamanha. Falar de amigos é sempre algo temerário (mas o risco é deles, diga-se!), pois devemos encontrar o equilíbrio entre os nossos sentimentos e o aspecto objetivo da obra. Entretanto, neste ponto a tarefa foi fácil, pois a minha admiração pelos autores somente cresceu ao ler a presente obra. É sempre uma imensa alegria quando o elogio aos amigos surge de forma espontânea, sincera e correta, bem como quando se aplica à obra deles.

A Cláudia, madeira de lei, é minha amiga há 16 anos. Começamos com a relação aluno/professora quando, ainda recém-formado, comecei os meus estudos para ingresso na carreira do Ministério Público do Estado do Rio de Janeiro. Naquele momento fui totalmente absorvido pelo seu encantador (todos ficam encantados com ela!) jeito de lecionar e pela forma acessível de orientar os estudantes, que ela faz como poucos. Com o passar dos anos, troquei a cadeira pelo tablado, e a nossa relação de amizade foi construída de forma natural (sempre fui seu fã!). Percebemos que possuímos intensa afinidade e sintonia, e é muito interessante quando nos tornamos amigos daqueles que admiramos, pois é difícil esquecer a figura entronizada que criamos. Comigo não foi diferente, mas preciso dizer que ela é a mesma pessoa de sempre. Continua aturando os meus desabafos (profissionais e pessoais) e me orientando. Uma das razões da minha continuidade em sala de aula foi uma recente conversa em que ela disse "Meu Preto, para com isso! Você ainda tem muita lenha para queimar!". Depois do meu ingresso no Ministério Público, a sua orientação passou a ter ainda mais importância. Há alguns anos, conseguimos trabalhar na mesma Comarca (uma honra! Imaginem!). Como perturbar os outros é o meu passatempo predileto, lá estava eu constantemente em seu gabinete. Único ponto severo de divergência que possuímos é no futebol, mas eu tenho um espião (flamenguista roxo!) infiltrado em sua casa. Não se deixem enganar pela altura, pois a pequena é uma gigante no que faz.

O Wilson, motorista de jegue nas horas vagas, é meu amigo há 9 anos. Tive a honra e a oportunidade de tê-lo como aluno. Brilhante e ativo em sala de aula, demonstrava que o sucesso viria de forma rápida. Era tão interessante observá-lo junto aos amigos (também brilhantes! Turma fantástica e histórica!) e da esposa Erika (mais uma excelente aluna, amiga e agora colega do MP), sempre com indagações pertinentes e com os seus resumos das minhas aulas, sendo que a sua capacidade de síntese sempre me impressionou. Ao longo do curso e das aulas desenvolvemos uma intensa amizade que perdura até hoje. Lembro-me quando me foi apresentada a figura pitoresca do jegue (um tipo de automóvel fantástico que construiu), que dirigia nas horas vagas. Quando foi aprovado em renhido concurso para a carreira de Delegado da Polícia Civil do Estado do Rio de Janeiro fiquei muito orgulhoso, mas não surpreso, pois sempre soube do seu talento. Apesar de muito discreto, era fácil notar o seu talento e aptidão. Qual não foi a minha alegria quando descobri que havia começado a lecionar. Para quem não é professor, vai aqui um segredo: não há nada mais gratificante do que ver o sucesso de um aluno, ainda mais quando é um amigo, mas nada suplanta a sensação de ver um aluno te superar! Meu caro, eu precisava te dizer isso. Você me superou em todos os aspectos e acho isso fantástico. O seu sucesso me satisfaz demais! O céu é o limite.

Após as breves, porém sinceras, palavras sobre os autores, passo a apresentar a obra.

Pois bem, os meus amigos – que empresto a vocês leitores, a partir de agora – foram brilhantes na exposição do tema, tratando-o de forma objetiva e leve, sem, contudo, deixar de enfrentar os pontos mais tormentosos da matéria, que servirá perfeitamente aos estudantes e aos profissionais que precisarem da obra definitiva. A sensação mais pura que tive ao ter o contato com a obra foi: queria ter a capacidade de escrever um livro deste jaez. Muito orgulho da obra e dos amigos. Sucesso! Parabéns à editora por ter investido na obra e aos leitores pela aquisição. Boa leitura a todos!

Itaipu, Niterói, verão (calor absurdo!) de 2017.

Fabrício Rocha Bastos

SUMÁRIO

ÍNDICE CRONOLÓGICO DOS TEMAS

1

ABUSO DE AUTORIDADE

LEI Nº 13.869, DE 5 DE SETEMBRO DE 2019

Dispõe sobre os crimes de abuso de autoridade; altera a Lei nº 7.960, de 21 de dezembro de 1989, a Lei nº 9.296, de 24 de julho de 1996, a Lei nº 8.069, de 13 de julho de 1990, e a Lei nº 8.906, de 4 de julho de 1994; e revoga a Lei nº 4.898, de 9 de dezembro de 1965, e dispositivos do Decreto-Lei nº 2.848, de 7 de dezembro de 1940 (Código Penal).

O PRESIDENTE DA REPÚBLICA

Faço saber que o Congresso Nacional decreta e eu sanciono a seguinte Lei:

CAPÍTULO I
DISPOSIÇÕES GERAIS

Art. 1º Esta Lei define os crimes de abuso de autoridade, cometidos por agente público, servidor ou não, que, no exercício de suas funções ou a pretexto de exercê-las, abuse do poder que lhe tenha sido atribuído.

§ 1º As condutas descritas nesta Lei constituem crime de abuso de autoridade quando praticadas pelo agente com a finalidade específica de prejudicar outrem ou beneficiar a si mesmo ou a terceiro, ou, ainda, por mero capricho ou satisfação pessoal.

Nova Lei de Abuso de Autoridade. A Nova Lei de Abuso de Autoridade, como se convencionou denominar a Lei nº 13.869 de 2019, que entrou em vigor no dia 03/01/2020, vem substituir a Lei nº 4.898, de 1965, que, por mais de 50 anos, disciplinou o abuso perpetrado por agentes públicos em nosso país. Muitas críticas se direcionavam àquele diploma. Fruto do período militar, era considerado extremamente leniente no trato do abuso de autoridade, isso sem contar que a indefinição de muitos conceitos trazidos pelo texto dificultava sua aplicação.

O tratamento dispensado ao abuso de autoridade pela lei de 1965 precisava ser mudado diante da nova ordem constitucional. Mais de trinta anos após a cessação do regime, porém, nenhuma mudança legislativa havia sido levada a efeito para corrigir aquelas impropriedades. As alterações propostas caminhavam a passos muito lentos.

Somente com a intensificação das ações contra a corrupção no país, o Congresso se empenhou na elaboração de um novo texto. Causaram perplexidade os avanços de sua votação no Senado quando a Lava Jato atingiu seu ápice. Ingressa a Lei nº 13.869 de 2019 no ordenamento jurídico brasileiro, assim, com ares de resposta vingativa do Parlamento à operação, considerada a mais ampla já deflagrada no combate à corrupção na História de nosso país e cuja continuidade permitiu a investigação e responsabilização de influentes agentes públicos.

Alguns dos tipos penais trazidos pelo diploma em análise foram especialmente criados em virtude de episódios ocorridos em seu bojo. Parece-nos evidente ter sido a lei elaborada tendo por objetivo principal conter e mesmo constranger delegados de polícia, juízes e membros do Ministério Público no cumprimento de suas funções. Certo, porém, é que não logrou esse objetivo, na medida em que o texto final exige, para a caracterização do abuso, além do dolo, o especial fim de "prejudicar outrem ou beneficiar a si mesmo ou a terceiro, ou, ainda, que o agente tenha atuado por mero capricho ou satisfação pessoal".

Inexistente essa especial finalidade, não haverá crime.

Do que até aqui se expôs, concluímos que um novo diploma sobre abuso de autoridade era necessário para a proteção de todo e qualquer cidadão brasileiro contra arbitrariedades estatais, que, indiscutivelmente, ocorrem, ao arrepio das normas constitucionais. Dúvidas, porém, não temos de que veio apenas no momento em que interesses de alguns, ainda que legítimos, foram atingidos. Enquanto permaneceram alvos as camadas menos privilegiadas da sociedade, não se teve urgência na mudança da lei de 1965, retrógrada e leniente ao tratar do abuso de poder. O episódio nos faz lembrar a citação de Khalil Gibran, no sentido de que "os homens fazem as leis com as costas voltadas para o sol".

Por fim, não vislumbramos na novidade legislativa qualquer vício de inconstitucionalidade, à exceção de uma das figuras trazidas por seu artigo 30.

Natureza jurídica do § 1º. Referindo-se ao especial motivo ou finalidade de agir, indispensável para a caracterização do crime, cuida-se de hipótese em que restará afastada a própria tipicidade.

> **§ 2º** A divergência na interpretação de lei ou na avaliação de fatos e provas não configura abuso de autoridade.

Divergência de interpretação. Não se poderá reconhecer abuso quando houver divergência na interpretação de lei ou na avaliação de fatos e provas. Com essa previsão, a lei impede que a figura do inaceitável crime de hermenêutica. Aquele que opera com o direito não pode ser responsabilizado por crime ao abraçar uma orientação que, posteriormente, venha a ser modificada por instâncias revisoras superiores. A independência da Magistratura e do Ministério Público não pode, em absoluto, ser submetida a punições penais em decorrência de opção que adotem quanto a temas controversos ou que possibilitem mais de uma interpretação.

A objetividade jurídica do crime de abuso de autoridade é o interesse de preservar o normal funcionamento da administração pública e os direitos e garantias fundamentais do cidadão, previstos na CRFB/88.

Dolo. Não há crimes culposos previstos nesta lei. Todos os crimes são dolosos e exigem o especial fim de agir, nos termos do artigo 1º, § 2º.

Novatio legis in pejus. Com relação a diversos temas tratados, verificamos que a Lei nº 13.869/19 pode ser classificada como *lex gravior*, na medida em que cuida de forma mais contundente e severa condutas anteriormente sancionadas com muito pouco rigor. Por outro lado, várias práticas criminosas não foram repetidas no atual diploma, que deixou de tipificar como abuso de autoridade o atentado ao sigilo da correspondência, à liberdade de consciência e de crença, ao livre exercício do culto religioso, à liberdade de associação, aos direitos e garantias legais assegurados ao exercício do voto, ao direito de reunião e aos direitos e garantias assegurados ao exercício profissional de várias categorias.

Com relação ao especial aspecto do exercício profissional, o diploma apenas trata dos direitos e prerrogativas da advocacia, se omitindo quanto aos de tantas outras que podem ser atingidas pelas arbitrariedades estatais. Decerto que as prerrogativas da advocacia merecem máxima proteção, sendo inequívoca a sua importância para a existência e consolidação do estado democrático brasileiro. É, porém, igualmente indiscutível que outras categorias profissionais merecem a proteção de que foram despidas pelo texto atual. A crítica aqui não se refere (e nem poderia se referir!) à proteção dada ao advogado, mas à falta de proteção àqueles que exercem outros ofícios.

Com relação às omissões citadas, nas hipóteses em que a conduta não encontre subsunção a outro modelo legal incriminador existente no ordenamento jurídico brasileiro, terá se operado *abolitio criminis*, extintiva da punibilidade, devendo, neste sentido, a nova lei retroagir para alcançar fatos anteriores à sua vigência.

CAPÍTULO II
DOS SUJEITOS DO CRIME

Art. 2º É sujeito ativo do crime de abuso de autoridade qualquer agente público, servidor ou não, da administração direta, indireta ou fundacional de qualquer dos Poderes da União, dos Estados, do Distrito Federal, dos Municípios e de Território, compreendendo, mas não se limitando a:

I - servidores públicos e militares ou pessoas a eles equiparadas;

II - membros do Poder Legislativo;

III - membros do Poder Executivo;

IV - membros do Poder Judiciário;

V – membros do Ministério Público;

VI – membros dos tribunais ou conselhos de contas.

Parágrafo único. Reputa-se agente público, para os efeitos desta Lei, todo aquele que exerce, ainda que transitoriamente ou sem remuneração, por eleição, nomeação, designação, contratação ou qualquer outra forma de investidura ou vínculo, mandato, cargo, emprego ou função em órgão ou entidade abrangidos pelo caput deste artigo.

Sujeito ativo dos crimes de abuso de autoridade. Crime próprio. A atual lei traz o conceito de autoridade em regra mais minudente que a Lei nº 4.898, de 1965. Verifica-se que todo civil ou militar que exerça mandato, tenha cargo, emprego ou função pública, independente da forma pela qual se deu a investidura e da existência de remuneração, poderá ser considerado autoridade. Cuida-se, assim, de crime que exige especial qualidade do sujeito ativo, sendo, portanto, um crime próprio.

A Desnecessidade de Estar no Desempenho das Funções, mas Agir em Razão do Poder e Abusando do Mesmo. Não é preciso que o agente esteja no desempenho das funções públicas para que possamos falar em abuso de autoridade, bastando que esteja atuando prevalecendo-se do fato de deter parcela de poder. Neste sentido, poderíamos observar julgado do STJ, abaixo transcrito, retirado do Informativo nº 314 daquela Corte. A hipótese, julgada ainda na vigência da Lei nº 4.898 de 1965, se refere à prática de abuso de autoridade por delegado de polícia que, ao "furar" fila de banco e, por isso, ser interpelado por uma mulher, prendeu-a por desacato. Na hipótese, afastou-se a incidência do desacato, reconhecendo-se, outrossim, o abuso praticado pelo delegado, que, prevalecendo-se da função, abusou de seu poder:

> Informativo nº 314 STJ
>
> O Tribunal a quo concluiu que o ora recorrente, delegado de Polícia, passou a frente do ora interessado, que se encontrava na fila de um banco. Começaram então a discutir e, no ápice do desentendimento, o delegado deu voz de prisão ao interessado por desacato à autoridade, recolheu-o à delegacia onde se lavrou o auto de prisão em flagrante e, para ser posto em liberdade, foi preciso pagar fiança. Concluiu-se que a conduta não se enquadra no tipo do art. 331 do Código Penal, pois o desentendimento não se deu em razão da função de delegado, mas porque alguém passou a frente de todos na fila. Entendeu-se, ainda, após reconhecer a responsabilidade do Estado pela prisão ilegal, julgar procedente a denunciação à lide, pois a conduta não se enquadra na função de delegado no momento do evento, consistindo em verdadeiro abuso de autoridade. O litisdenunciado, ora recorrente, agiu como agente público ao mobilizar o aparato estatal e efetuar a prisão ilegal. Logo há responsabilidade civil do Estado e, em razão do abuso, cabe ressarcir o Estado pelos

valores despendidos com a reparação dos danos morais. A Turma não conheceu do recurso (REsp nº 782.834 - MA, Rel.ª Min.ª Eliana Calmon, j. 20/03/2007).

Aposentado e licenciado. Por não ter vínculos com a administração pública, o aposentado não pode ser considerado sujeito ativo de abuso de autoridade. Nada obsta, porém, que, já gozando de sua aposentadoria, venha a responder pelo crime de abuso de poder que praticou quando ainda ocupava cargo, emprego ou exercia mandato ou função pública. Os licenciados a qualquer título, contudo, podem ser sujeitos ativos deste crime, pois que ainda mantêm vínculo com a Administração.

A Interpretação Restritiva do Conceito de Funcionário Público. Deve-se interpretar o conceito de funcionário público da forma mais restritiva possível. Assim, não se pode confundir atividade de interesse público com função pública e agente que, por exemplo, exerça mera atividade de interesse público não poderá ser considerado autoridade para os fins dessa lei.

Pessoas que Exercem Múnus Público. Não podem ser consideradas autoridades, para os efeitos desta lei, os tutores e curadores, os inventariantes judiciais, os administradores judiciais, depositário judicial e os diretores de sindicatos porque não exercem função, mas apenas múnus públicos.

A Possibilidade de o Particular Figurar como Sujeito Ativo do Crime de Abuso de Autoridade. Consoante dispõe o art. 30 do Código Penal, as circunstâncias de caráter pessoal, quando elementares do crime, se comunicam aos demais concorrentes. A condição de autoridade do sujeito ativo é elementar da infração penal de que se trata nessa lei, sendo essa a razão pela qual responderá por abuso de autoridade o particular que contribuir para o crime daquele que sabe tratar-se de agente público.

Sujeitos passivos do crime. Tratando-se de crime pluriofensivo, serão sujeitos passivos os titulares dos bens jurídicos tutelados pela norma, ou seja, o Estado e a pessoa cujo direito ou garantia fundamental sofreu violação ou tentativa de violação. Aqui, o Estado (sujeito passivo formal, indireto, mediato e permanente de todo e qualquer crime) é, ainda, sujeito passivo material, principal, direto e imediato, por ser o regular funcionamento da administração pública também objeto da tutela jurídica. Pelas razões acima expostas, não concordamos com aqueles que reconhecem o Estado apenas como sujeito passivo mediato e indireto do abuso de poder.

CAPÍTULO III
DA AÇÃO PENAL

~~Art. 3º (VETADO).~~

Art. 3º Os crimes previstos nesta Lei são de ação penal pública incondicionada. (Promulgação de partes vetadas)

§ 1º Será admitida ação privada se a ação penal pública não for intentada no prazo legal, cabendo ao Ministério Público aditar a queixa, repudiá-la e oferecer denúncia substitutiva, intervir em todos os termos do processo, fornecer elementos de prova, interpor recurso e, a todo tempo, no Tal qual caso de negligência do querelante, retomar a **ação como parte principal.**

§ 2º A ação privada subsidiária será exercida no prazo de 6 (seis) meses, contado da data em que se esgotar o prazo para oferecimento da denúncia.

Ação penal. Tal qual ocorria na lei anterior, a ação penal no crime de abuso de autoridade é de natureza pública incondicionada, não dependendo o Ministério Público, assim, de qualquer manifestação do cidadão que teve seus direitos e garantias fundamentais violados para deflagrar a ação penal. Não poderia ser diferente. Afinal, se cuida de conduta que ao próprio Estado interessa reprimir para preservação de seus interesses maiores e para a proteção dos direitos e garantias fundamentais, bem como para a sua própria credibilidade e honrabilidade.

Representação na lei anterior. Os arts 1º e 2º da Lei nº 4.898 de 1965 traziam a figura da representação, que, a rigor, não era condição de procedibilidade, mas *notitia criminis* reveladora do exercício do direito de petição. A possibilidade de peticionar ao Poder Público para narrar abuso de poder não foi repetida no texto da atual lei porque desnecessário. Afinal, no artigo 5º, XXXIV, "a", a Carta assegura a todo e qualquer cidadão, independente do pagamento de taxas, o direito de se reportar ao Poder Público para narrar ilegalidades e abuso de poder, exigindo sejam tomadas as providências cabíveis.

Assim, qualquer pessoa lesada pelo arbítrio de um agente público poderá se dirigir às autoridades competentes, exigindo do poder público as providências cabíveis.

Ação penal privada subsidiária da pública. Em se quedando inerte o Ministério Público quanto ao oferecimento da ação penal, o ofendido poderá deflagrar a ação privada subsidiária da pública, conforme artigo 5º, LXIX, da Constituição e artigo 29 do CPP. Neste sentido, ao repetir a disciplina do Código de Processo Penal, a previsão dos parágrafos do artigo *sub examine* se mostra despicienda.

Cumpre destacar que somente caberá ação penal privada subsidiária se o membro do Ministério público se quedar dar inerte, não adotando, no prazo legal, qualquer das providências mencionadas no artigo 46 do Código de Processo Penal. Assim, na hipótese de o Ministério público promover o arquivamento, não caberá ação penal privada subsidiária da pública.

O STF já entendeu que pode ser ofertada a queixa subsidiária, decorrido o prazo legal, na hipótese de o Ministério público ter determinado a realização de diligências internas, por entendê-las irrelevantes para os fins do artigo 46 do CPP.

> I – O ajuizamento da ação penal privada pode ocorrer após o decurso do prazo legal, sem que seja oferecida denúncia, ou promovido

o arquivamento, ou requisitadas diligências externas ao Ministério Público. Diligências internas à instituição são irrelevantes;

II - A conduta do Ministério Público posterior ao surgimento do direito de queixa não prejudica sua propositura. Assim, o oferecimento de denúncia, a promoção do arquivamento ou a requisição de diligências externas ao Ministério Público, posterior ao decurso do prazo legal para a propositura da ação penal não afastam o direito de queixa. Nem mesmo a ciência da vítima ou da família quanto a tais diligências afasta esse direito, por não representar concordância com a falta de iniciativa da ação penal pública. *[Tese definida no* ARE 859.251 RG, *rel. min. Gilmar Mendes, P, j. 16-4-2015, DJE 94 de 21-5-2015,* Tema 811.*]*

Ousamos discordar da solução da Corte, pois não se vislumbra inércia na atividade ministerial quando determina a realização de diligências internas, especialmente se considerarmos que, reconhecida a legitimidade da investigação pelo *parquet*, seus membros poderão contar com estrutura interna para elucidação de determinados aspectos da investigação que se façam necessários para a formação de sua *opinio delicti*, devendo lançar mão dos mesmos.

Prazo decadencial de seis meses para a queixa subsidiária. Trata-se de prazo decadencial impróprio, não acarretando a extinção da punibilidade. Assim, imaginemos que o MP tenha deixado passar in albis o prazo para oferecer a denúncia e o ofendido não tenha ofertado, no prazo de 6 meses, a queixa subsidiária. No caso, operando-se a decadência de seu direito, não mais será possível ao ofendido exercê-lo. Contudo, não restará extinta a punibilidade do abuso de autoridade, podendo o MP poderá deflagrar a ação penal a qualquer tempo, desde que o Estado não tenha perdido seu direito de exercer o jus puniendi por outra causa.

Competência para Processo e Julgamento do Abuso de Autoridade. Cuida-se, em regra, de crime da competência da Justiça Comum, Estadual ou Federal, respeitadas as regras que consagram o foro por prerrogativa de função.

Sustentamos que a competência para processo e julgamento do abuso de autoridade será da Justiça Federal na hipótese de funcionário público federal praticar o ato delituoso e da Justiça Estadual nos demais casos. Não conseguimos vislumbrar hipótese em que funcionário público federal possa praticar conduta caracterizadora de crime de abuso de autoridade sem que tal fato comprometa a honradez e a credibilidade dos serviços públicos prestados pela União e suas autarquias.

Observe-se, entretanto, que, dando interpretação restritiva ao art. 109, IV, da Constituição Federal, o STJ, nos autos do HC nº 10.2048-ES, vinculado no Informativo nº 430 daquela Corte, entendeu que a simples condição de agente público federal não implica que o crime seja da competência da Justiça Federal, o que somente ocorrerá se forem comprometidos bens, serviços ou interesses da União e suas autarquias. Neste sentido:

> Trata-se de habeas corpus em que o paciente afirma ser incompetente a Justiça Federal para processar o feito em que é acusado pelo crime de abuso de autoridade. Na espécie, após se identificar como delegado de Polícia Federal, ele teria exigido os prontuários de atendimento médico, os quais foram negados pela chefe plantonista do hospital, vindo, então, a agredi-la. A Turma, por maioria, entendeu que, no caso, não compete à Justiça Federal o processo e julgamento do referido crime, pois interpretou restritivamente o art. 109, IV, da CF/1988. A simples condição funcional de agente não implica que o crime por ele praticado tenha índole federal, se não comprometidos bens, serviços ou interesses da União e de suas autarquias públicas. Precedente citado: CC 1.823-GO, DJ 27/5/1991 (HC 102.049-ES, Rel. Min. Nilson Naves, julgado em 13/4/2010).

O Abuso de Autoridade Praticado por Militar. Antes da edição da Lei nº 13.491/2017, mesmo praticado por militar, o abuso de autoridade seria sempre da competência da Justiça Comum. Isso se justificava pelo fato de que a Justiça Militar somente julga crime militar e, anteriormente à nova lei, crime militar era definido como sendo aquele que encontrava definição no Código Penal Militar, o que não ocorre com o abuso de autoridade. Por essa razão, foi editada a Súmula nº 172 do STJ, abaixo transcrita:

> Súmula 172. "COMPETE A JUSTIÇA COMUM PROCESSAR E JULGAR MILITAR POR CRIME DE ABUSO DE AUTORIDADE, AINDA QUE PRATICADO EM SERVIÇO".

Contudo, a partir de 16 de outubro de 2017, quando entrou em vigor a Lei nº 13.491/2017, houve substancial alteração do conceito de crime militar. Consoante a nova disciplina legal, crimes militares hoje não mais são apenas aqueles previstos na legislação castrense, passando a ser também considerados crimes militares por equiparação aqueles que, previstos na legislação penal extravagante e no Código Penal, tiverem sido praticados por militar em uma das hipóteses do artigo 9º, II, do CPM, abaixo transcrito:

> Art. 9º Consideram-se crimes militares, em tempo de paz:
>
> II – os crimes previstos neste Código e os previstos na legislação penal, quando praticados: (Redação dada pela Lei nº 13.491, de 2017)
>
> c) por militar em serviço ou atuando em razão da função, em comissão de natureza militar, ou em formatura, ainda que fora do lugar sujeito à administração militar contra militar da reserva, ou reformado, ou civil; (Redação dada pela Lei nº 9.299, de 8.8.1996)

Assim, a partir de 16 de outubro de 2017, o crime de abuso de autoridade quando praticado por militar, no exercício de suas funções, passa a ser considerado crime militar, ainda que sem previsão expressa no Código Penal Militar.

A mudança do conceito de crime militar inequivocamente afeta o teor da Súmula 172 do STJ, que, assim, deve ser considerada cancelada, pois, tratando-se de crime militar o abuso de autoridade praticado por militar em serviço contra civil, será necessariamente julgado pela Justiça Militar.

A questão do direito intertemporal e o crime de abuso de autoridade praticado por militar em serviço antes da vigência da Lei nº 13.491/2017. A norma que altera o disposto no artigo 9º, II, do CPM é de natureza penal, em que pese trazer inúmeros efeitos de cunho processual, provocando alterações relacionadas ao inquérito e processo dos crimes de que trata. Afinal, uma vez reconhecido o crime militar, desloca-se a competência necessariamente para a Justiça Militar. Por conta de tais reflexos, muitos classificam-na como norma híbrida.

A fixação da natureza material da norma é relevantíssima quanto ao abuso de autoridade praticado por militar em serviço antes de 16 de outubro de 2017. Destarte, imperioso avaliar se a nova lei é mais favorável ao réu. A resposta nos parece negativa. Afinal, enquanto crime da competência da Justiça Comum, naquela época o abuso de autoridade era sempre crime de menor potencial ofensivo, aplicando-se-lhe as normas da Lei nº 9.099/95 e seus institutos despenalizadores, o que não se admite no âmbito da Justiça Militar, consoante disposto no artigo 90-A da Lei nº 9.099/1995, abaixo transcrito:

> Art. 90-A. As disposições desta Lei não se aplicam no âmbito da Justiça Militar. (Artigo incluído pela Lei nº 9.839, de 27.9.1999).

Nessa linha, o Superior Tribunal Militar editou a Súmula 09 do STM, no seguinte sentido:

> (STM) Súmula nº 9 – A Lei nº 9.099, de 26.09.95, que dispõe sobre os Juízos Especiais Cíveis e Criminais e dá outras providências, não se aplica à Justiça Militar da União.

De outro giro, considerando-se a possibilidade, em tese, de substituição de pena privativa de liberdade por pena restritiva de direitos para o crime de abuso de autoridade, é necessário frisar que a referida substituição não é admitida quanto aos crimes militares, consoante entendimento amplamente majoritário, inclusive de Cortes Superiores, devendo-se observar julgado abaixo transcrito, extraído da jurisprudência do Supremo Tribunal Federal:

> CRIME MILITAR. APLICAÇÃO DO ART. 44 DO CÓDIGO PENAL COMUM. IMPOSSIBILIDADE. CONSONÂNCIA DA DECISÃO RECORRIDA COM A JURISPRUDÊNCIA CRISTALIZADA DO SUPREMO TRIBUNAL FEDERAL. RECURSO EXTRAORDINÁRIO QUE NÃO MERECE TRÂNSITO. REELABORAÇÃO DA MOLDURA FÁTICA. PROCEDIMENTO VEDADO NA INSTÂNCIA EXTRAORDINÁRIA. AGRAVO MANEJADO SOB A VIGÊNCIA DO CPC/1973. 1. O entendimento da Corte de origem, nos moldes do assinalado na decisão agravada,

não diverge da jurisprudência firmada no Supremo Tribunal Federal. Compreensão diversa demandaria a reelaboração da moldura fática delineada no acórdão de origem, a tornar oblíqua e reflexa eventual ofensa à Constituição, insuscetível, como tal, de viabilizar o conhecimento do recurso extraordinário. 2. As razões do agravo regimental não se mostram aptas a infirmar os fundamentos que lastrearam a decisão agravada. 3. Agravo regimental conhecido e não provido. (ARE 792088 AgR / MG, Relator(a): Min. ROSA WEBER Julgamento: 25/08/2017, Órgão Julgador: Primeira Turma).

Portanto, em se tratando de abuso de autoridade praticado por militar em serviço contra civil, entendemos que aos fatos ocorridos antes de 16 de outubro de 2017 não se aplica a Lei nº 13.491/2017, podendo-se aplicar aos mesmos os institutos despenalizadores da Lei nº 9.099/95, devendo ser tratados como crime comum e como delito de menor potencial ofensivo. A lei de 2017 que considera crime militar o abuso de autoridade praticado por militar contra civil não pode retroagir para alcançar fatos anteriores a sua vigência, por se tratar de norma prejudicial, (art. 2º, parágrafo 1º do Código Penal Militar e art. 5º, XL, da CRFB/88 – irretroatividade da lei penal mais grave).

CAPÍTULO IV
DOS EFEITOS DA CONDENAÇÃO E DAS PENAS RESTRITIVAS DE DIREITOS

Seção I
Dos Efeitos da Condenação

Art. 4º São efeitos da condenação:

I - tornar certa a obrigação de indenizar o dano causado pelo crime, devendo o juiz, a requerimento do ofendido, fixar na sentença o valor mínimo para reparação dos danos causados pela infração, considerando os prejuízos por ele sofridos;

II - a inabilitação para o exercício de cargo, mandato ou função pública, pelo período de 1 (um) a 5 (cinco) anos;

III - a perda do cargo, do mandato ou da função pública.

Parágrafo único. Os efeitos previstos nos incisos II e III do **caput** deste artigo são condicionados à ocorrência de reincidência em crime de abuso de autoridade e não são automáticos, devendo ser declarados motivadamente na sentença.

O dever de indenizar o dano causado pelo crime. A condenação pela prática de abuso de autoridade torna certa a obrigação de indenizar a vítima pelos danos causados pelo crime. Cuida-se de efeito automático da condenação, não sendo necessária a sua previsão na sentença. Contudo, a fixação pelo magistrado de um valor mínimo, nos termos do disposto 387, IV CPP, aqui se condiciona à existência de requerimento do ofendido neste sentido. Assim, a lei acabou por consagrar entendimento que a jurisprudência já vinha fixando a respeito do tema, não podendo o juiz arbitrar de ofício esse o valor mínimo, sob pena de julgamento extra petita. A fixação do valor depende também de prova hábil, submetida ao contraditório, que permita estimar o montante devido a título de ressarcimento.

A Perda do Cargo e a Inabilitação para o Exercício de Função Pública. Na Lei de Abuso de Autoridade, a perda do cargo é tratada de forma distinta da regra geral do art. 92, I, do Código Penal, devendo o querido leitor lembrar-se que a diferença de tratamento é perfeitamente possível, conforme art. 12 do Estatuto Repressivo. Tal qual ocorre no Código Penal, cuida-se de um efeito não automático da condenação, eis que deve ser declarado motivadamente na sentença. Porém, a lei de abuso de autoridade prevê que tais efeitos somente se darão na hipótese do condenado ser reincidente específico na prática de abuso de autoridade, ou seja, somente poderá perder o cargo em virtude de abuso de autoridade aquele que tiver cometido o crime após já ter sido anteriormente condenado com trânsito em julgado pela prática de abuso de autoridade.

Na lei anterior, a perda do cargo não era efeito da condenação, mas pena, sanção principal.

Cumpre destacar que, perdido o cargo, o agente não voltará à situação anterior. Para ocupar novo cargo e exercer nova função pública, deverá haver nova investidura. Temos, ainda, que o efeito do inciso II é cumulativo com o do inciso III, jamais podendo se operar de forma dissociada da perda do cargo, embora o efeito do inciso III não necessariamente precise vir acompanhado daquele trazido pelo inciso II. Assim, as seguintes situações podem ocorrer:

1. O juiz declara perdido o cargo, mas não declara a inabilitação para exercício de qualquer pelo prazo de 1 a 5 anos. Assim, ele poderá ocupar outro cargo, exercer nova função, através de nova investidura;

2. O juiz declara perdido o cargo e declara a inabilitação de que trata o inciso II. O agente ficará inabilitado para o exercício de qualquer cargo, emprego ou função por período de tempo estabelecido pelo magistrado, de 1 a 5 anos. Após o decurso desse prazo, poderá, através de nova investidura, ocupar novo cargo;

3. Não se declara perdido o cargo e ele continuará exercendo as suas funções. Não vemos nenhum sentido em se manter o agente no cargo e, ao mesmo tempo, inabilita-lo por até cinco anos, durante os quais estaria afastado de suas funções, voltando, após o decurso daquele período, à situação anterior. Ainda que não receba seus vencimentos ou vantagens, a Administração Pública sofreria prejuízos inequívocos. Admitindo-se essa solução, o Estado e os administrados serão os verdadeiramente penalizados.

Não duvidamos ter sido muito ruim a opção legislativa essa de trazer os efeitos de que tratam os incisos distintos e na ordem inversa, mas não conseguimos concebê-los como alternativos.

Declaração motivada. De acordo com o disposto no Parágrafo único, a declaração dos efeitos previstos nos incisos II e III deverá ser motivada. Neste sentido, deverá ser observada a nova redação do artigo 315 do CPP dada pela Lei nº 13.964 de 2019:

> Art. 315. A decisão que decretar, substituir ou denegar a prisão preventiva será sempre motivada e fundamentada. (Redação dada pela Lei nº 13.964, de 2019)
>
> § 1º Na motivação da decretação da prisão preventiva ou de qualquer outra cautelar, o juiz deverá indicar concretamente a existência de fatos novos ou contemporâneos que justifiquem a aplicação da medida adotada. (Incluído pela Lei nº 13.964, de 2019)
>
> § 2º Não se considera fundamentada qualquer decisão judicial, seja ela interlocutória, sentença ou acórdão, que: (Incluído pela Lei nº 13.964, de 2019)
>
> I – limitar-se à indicação, à reprodução ou à paráfrase de ato normativo, sem explicar sua relação com a causa ou a questão decidida; (Incluído pela Lei nº 13.964, de 2019)
>
> II – empregar conceitos jurídicos indeterminados, sem explicar o motivo concreto de sua incidência no caso; (Incluído pela Lei nº 13.964, de 2019)
>
> III – invocar motivos que se prestariam a justificar qualquer outra decisão; (Incluído pela Lei nº 13.964, de 2019)
>
> IV – não enfrentar todos os argumentos deduzidos no processo capazes de, em tese, infirmar a conclusão adotada pelo julgador; (Incluído pela Lei nº 13.964, de 2019)
>
> V – limitar-se a invocar precedente ou enunciado de súmula, sem identificar seus fundamentos determinantes nem demonstrar que o caso sob julgamento se ajusta àqueles fundamentos; (Incluído pela Lei nº 13.964, de 2019)
>
> VI – deixar de seguir enunciado de súmula, jurisprudência ou precedente invocado pela parte, sem demonstrar a existência de distinção no caso em julgamento ou a superação do entendimento. (Incluído pela Lei nº 13.964, de 2019)

Seção II
Das Penas Restritivas de Direitos

Art. 5º As penas restritivas de direitos substitutivas das privativas de liberdade previstas nesta Lei são:

I – prestação de serviços à comunidade ou a entidades públicas;

II – suspensão do exercício do cargo, da função ou do mandato, pelo prazo de 1 (um) a 6 (seis) meses, com a perda dos vencimentos e das vantagens;

III - (VETADO).

Parágrafo único. As penas restritivas de direitos podem ser aplicadas autônoma ou cumulativamente.

Substituição da pena privativa de liberdade por pena restritiva de direito. A atual lei prevê as penas restritivas de direito que poderão ser aplicadas na hipótese de substituição. Destarte, não poderão ser adotadas, quanto ao abuso de autoridade, outras penas restritivas de direito porventura trazidas pelo Código Penal ou outras leis extravagantes. No que tange aos requisitos para a substituição, todavia, serão os mesmos do artigo 44 do código penal. A conclusão se extrai do disposto no art. 12 do Código Penal.

Suspensão do exercício do cargo do mandato ou função. Não se deve confundir a suspensão de que se trata este artigo com a inabilitação para o exercício de cargo emprego ou função pública de que trata o artigo anterior. No art. 4º se está falando da inabilitação como efeito da condenação. Caso venha a perder o cargo como efeito da condenação, poderá ficar inabilitado para o exercício de qualquer outro cargo, emprego ou função pelo prazo de 1 a 5 anos e não será reintegrado na situação anterior, não voltará a ocupar o mesmo cargo que perdeu. Para voltar a exercer cargo público, será necessária uma nova investidura.

No artigo 5º, se trata de uma mera suspensão, com perda de vencimentos e vantagens, como pena restritiva de direitos na hipótese de substituição da pena privativa de liberdade. O agente não perdeu o cargo, ficará apenas suspenso de seu exercício e, passado o tempo fixado, voltar lá ao exercício das funções anteriores.

CAPÍTULO V
DAS SANÇÕES DE NATUREZA CIVIL E ADMINISTRATIVA

Art. 6º As penas previstas nesta Lei serão aplicadas independentemente das sanções de natureza civil ou administrativa cabíveis.

Parágrafo único. As notícias de crimes previstos nesta Lei que descreverem falta funcional serão informadas à autoridade competente com vistas à apuração.

Art. 7º As responsabilidades civil e administrativa são independentes da criminal, não se podendo mais questionar sobre a existência ou a autoria do fato quando essas questões tenham sido decididas no juízo criminal.

Art. 8º Faz coisa julgada em âmbito cível, assim como no administrativo-disciplinar, a sentença penal que reconhecer ter sido o ato praticado em estado de necessidade, em legítima defesa, em estrito cumprimento de dever legal ou no exercício regular de direito.

A Tríplice Sanção. A lei não apenas trata da responsabilidade penal, mas também da responsabilidade administrativa e civil daquele que pratica o abuso de autoridade. Não se pode falar de *bis in idem* caso o agente seja responsabilizado nas três esferas, pois que distinta a natureza daquelas sanções. Contudo, restando decidido no juízo criminal que o fato existiu e que o agente foi o seu autor, essas questões não poderão ser rediscutidas na esfera cível ou administrativa. Outrossim, uma vez definido que o fato foi levado a efeito sob o pálio de uma causa de justificação, o juiz cível e a autoridade administrativa estarão vinculados a essa decisão.

Porém, deve-se ter em mente que o artigo veda a rediscussão acerca de ter, ou não, o agente atuado sob o escudo de uma causa excludente da ilicitude, mas nada obsta que eventual prejudicado venha a se socorrer do Poder Judiciário, pleiteando reparação por danos sofridos. Basta imaginarmos que o agente público tenha atuado amparado pela causa de justificação, atingindo interesses de terceiros que nenhuma relação tinham com o fato.

Nesta hipótese, poderia a pessoa atingida pela ação estatal buscar a indenização cabível. Contudo, não conseguimos vislumbrar situação em que o agente público tenha praticado conduta típica de abuso de autoridade amparado por causa excludente de ilicitude. Afinal, a autoridade que atue para sua defesa, ou durante uma calamidade que gere situação de perigo que não pudesse evitar de outra maneira, ou que atue em estrito cumprimento de seu dever jamais estaria atuando com o dolo específico exigido pelo artigo 1º, § 1º, desta lei e, consequentemente, não haveria conduta típica de abuso.

O disposto no artigo 8º nos parece, portanto, completamente inócuo.

CAPÍTULO VI
DOS CRIMES E DAS PENAS

~~Art. 9º (VETADO).~~

Art. 9º Decretar medida de privação da liberdade em manifesta desconformidade com as hipóteses legais: (Promulgação partes vetadas)

Pena - detenção, de 1 (um) a 4 (quatro) anos, e multa.

Parágrafo único. Incorre na mesma pena a autoridade judiciária que, dentro de prazo razoável, deixar de:

I - relaxar a prisão manifestamente ilegal;

II - substituir a prisão preventiva por medida cautelar diversa ou de conceder liberdade provisória, quando manifestamente cabível;

III - deferir liminar ou ordem de **habeas corpus**, quando manifestamente cabível.'

Decretar Medida Privativa de Liberdade Individual sem as Formalidades Legais. A Constituição Federal assegura que a prisão só pode ser feita nos exatos termos do art. 5º, LXI, preceituando que "ninguém será preso senão em flagrante delito ou por ordem escrita e fundamentada da autoridade judiciária competente, salvo nos casos de transgressão militar ou crime propriamente militar definido em lei". O verbo "decretar" foi aqui usado em sentido amplo, devendo ser também entendido como "determinar", "ordenar", "decidir".

Sujeito ativo. Cuida-se, na figura trazida pelo *caput*, de crime que pode ser praticado não apenas por autoridade judiciária, mas por todo funcionário público que pudesse determinar medida privativa de liberdade individual, como, por exemplo, um delegado de polícia, um policial civil ou militar, um oficial de justiça. Nas hipóteses do parágrafo único, somente poderá ser praticado por autoridade judiciária, tratando-se, assim, de crime próprio.

Inequívoca desconformidade. Trata-se de elemento normativo do tipo. Inequívoco é o que é certo, que não admite dúvidas.

Momento consumativo. Na modalidade trazida pelo *caput*, o crime estará consumado no momento em que houver a determinação, independentemente de ser efetivamente realizada a privação de liberdade. Cuida-se, portanto, de um crime formal, que, contudo, admitirá tentativa, a depender da forma com que foi praticado. Nas modalidades do parágrafo único, em se tratando de crime omissivo próprio, não admitirá a figura do *conatus*.

A Prisão do Depositário Infiel. A Convenção Americana sobre Direitos Humanos aprovada no Brasil pelo Decreto Legislativo nº 27/1992 e promulgada pelo Decreto nº 678/1992, em seu art. 7º, nº 7, veda a prisão por dívida, somente autorizando a prisão civil na hipótese do devedor de alimentos. Por força da Emenda Constitucional nº 45/2004, que fez acrescer o § 3º ao art. 5º da Constituição Federal, "os tratados e convenções internacionais sobre direitos humanos que forem aprovados, em cada casa do Congresso Nacional, em dois turnos, por três quintos dos votos dos respectivos membros, serão equivalentes às emendas constitucionais", o que nos faz concluir não mais caber a prisão do depositário infiel, autorizada pelo art. 5º, LXVII.

Este entendimento está cristalizado na Súmula nº 439 do STJ, editada no mês de março de 2010, que preceitua que "descabe a prisão do depositário infiel".

Acreditamos, por fim, não poder haver dúvidas neste sentido depois da edição da Súmula Vinculante nº 25 pelo STF, para reconhecer que "É ilícita a prisão civil de depositário infiel, qualquer que seja a modalidade do depósito".

Prisão para Averiguação. Não mais cabe, nos termos da Constituição Federal, embora tenhamos, nos moldes da Lei nº 7.960/1989, a prisão temporária.

Estado de Sítio. Durante o estado de sítio, é possível a privação de liberdade, nos termos do art. 139, I, da Constituição Federal.

O não relaxamento de prisão ilegal. Fundamento Constitucional deste inciso I é o art. 5º, LXV, da Constituição Federal, que dispõe, "prisão ilegal será imediatamente relaxada pela autoridade judiciária".

Ordenar apreensão de menor fora dos casos de lei. Nesta hipótese, será aplicado o disposto no artigo 230 do ECA:

> Art. 230. Privar a criança ou o adolescente de sua liberdade, procedendo à sua apreensão sem estar em flagrante de ato infracional ou inexistindo ordem escrita da autoridade judiciária competente:

> Pena – detenção de seis meses a dois anos.
>
> Parágrafo único. Incide na mesma pena aquele que procede à apreensão sem observância das formalidades legais.

O Não Relaxamento da Apreensão Ilegal de Menor. Sendo a vítima criança ou adolescente, aplicável será o art. 234 do ECA:

> Art. 234. Deixar a autoridade competente, sem justa causa, de ordenar a imediata liberação de criança ou adolescente, tão logo tenha conhecimento da ilegalidade da apreensão:
>
> Pena – detenção de seis meses a dois anos.

Deixar de substituir a prisão preventiva por medida cautelar diversa ou de conceder liberdade provisória, quando manifestamente cabível. Considerando o disposto no art. 1º, § 2º, que consagra inocorrência de abuso de autoridade na hipótese de haver divergência quanto à interpretação dos fatos e da lei, temos que quase impossível a caracterização do delito nesta modalidade. Demais disso, devemos atentar para a elementar normativa "manifestamente", que só permitirá a conclusão de que estamos diante de abuso de autoridade quando não se puder ter qualquer dúvida acerca do cabimento da medida que beneficia aquele que sofre a persecução criminal.

***Novatio legis in pejus* e irretroatividade.** A lei anterior já dispunha sobre decretação de prisão fora dos casos de lei, bem como sobre não relaxamento de prisão manifestamente ilegal. Contudo, a lei atual, além de trazer novas figuras, comina penas mais severas que as anteriormente cominadas, sendo, portanto, irretroativa.

Art. 10. Decretar a condução coercitiva de testemunha ou investigado manifestamente descabida ou sem prévia intimação de comparecimento ao juízo:

Pena – detenção, de 1 (um) a 4 (quatro) anos, e multa.

Art. 11. (VETADO).

Tipo "*on demand*". Temos aqui um tipo penal criado por força de episódio ocorrido durante a Operação Lava Jato, com a condução coercitiva do um ex-presidente da República que sequer havia sido notificado para comparecimento. A redação do dispositivo vem na mesma linha da decisão do plenário do Supremo Tribunal Federal acerca do tema, reconhecendo a ilegalidade da condução coercitiva de réus e investigados à presença do juiz ou da autoridade policial para que sejam interrogados.

O artigo 260 do Código de Processo Penal prevê a possibilidade de a autoridade conduzir coercitivamente à sua presença acusado que não atenda a intimação para interrogatório, reconhecimento, ou qualquer outro ato que, sem ele, não possa ser realizado. É patente o descompasso entre esse dispositivo e a Constituição da República, que consagra o direito ao silêncio. Por essa razão, o STF, nos autos da

ADPF 395/DF e ADPF 444/DF, julgados em junho de 2018 e veiculados pelo Boletim Informativo 906 da Corte, declarou não ter sido recepcionada pela carta constitucional a parte do dispositivo que trata da condução para interrogatório.

Ainda que "*on demand*", o tipo penal é necessário para coibir abusos intoleráveis, seja quem for o alvo deste abuso. Nenhum sentido faz determinar a condução coercitiva do acusado para interrogatório se, inexistindo obrigação de falar, não se poderá interpretar o silêncio em seu desfavor.

Assim, restará caracterizado o crime descrito neste artigo sempre que determinada a condução coercitiva d investigado/ acusado para este fim. Outras hipóteses de condução coercitiva, mesmo de investigados ou réus para atos diversos do interrogatório, são possíveis, observando-se as formalidades legais.

Cumpre, por derradeiro, apontar que o crime existirá qualquer que seja a natureza do procedimento não apenas naqueles que versarem sobre questões penais.

Sujeito ativo. O crime, na modalidade de decretação de condução coercitiva manifestamente descabida, poderá ser praticado não apenas por juízes, mas por qualquer autoridade que possa determinar condução coercitiva, a exemplo do que ocorre com a autoridade policial, membros de comissão parlamentar de inquéritos e os membros do Ministério Público. Quanto ao Ministério Público, deverão ser observados os termos da Lei nº 8.625 de 1993:

> Art. 26. No exercício de suas funções, o Ministério Público poderá:
>
> I - instaurar inquéritos civis e outras medidas e procedimentos administrativos pertinentes e, para instruí-los:
>
> a) expedir notificações para colher depoimento ou esclarecimentos e, em caso de não comparecimento injustificado, requisitar condução coercitiva, inclusive pela Polícia Civil ou Militar, ressalvadas as prerrogativas previstas em lei;

Na modalidade decretar condução sem prévia intimação para comparecimento em juízo, o crime só pode ser praticado por magistrados.

Sujeito passivo. Aqui serão sujeitos passivos o investigado e a testemunha. A palavra "investigado" aqui foi usada em sentido amplo, referindo-se também ao acusado. Nossa posição se justifica por duas razões.

A primeira diz respeito ao posicionamento adotado pelo STJ no julgamento do HC 487.962/SC, quando reconheceu que art. 2º, § 1º da Lei nº 12.850, de 2013, se referiu à investigação como persecução criminal, abrangendo tanto a fase pré-processual quanto a processual.

A segunda se refere ao fato do dispositivo mencionar, em sua parte final, "comparecimento a juízo", referindo-se tanto à testemunha quanto ao investigado.

Ofendido e perito. Embora a lei processual penal mencione, nos artigos 201 e 278, a possibilidade de condução coercitiva de perito e do ofendido, a lei em apreciação não trata dos mesmos como sujeitos passivos do crime. Portanto, não haverá abuso de autoridade, por obediência à estrita legalidade, na hipótese de determinação de condução coercitiva de peritos e ofendidos fora dos termos da lei.

Consumação e tentativa. O crime estará consumado no momento da decretação da condução coercitiva, ainda que a mesma não se realize. Cuida-se de crime formal, que admitirá a tentativa, a depender das circunstâncias do caso concreto, quando for plurissubistente.

Art. 12. Deixar injustificadamente de comunicar prisão em flagrante à autoridade judiciária no prazo legal:

Pena – detenção, de 6 (seis) meses a 2 (dois) anos, e multa.

Fundamento Constitucional do *caput*. Prevê o art.5º, inciso LXII, da CRFB/88, que "a prisão de qualquer pessoa e o local onde se encontre serão comunicados imediatamente ao juiz competente e à família do preso ou à pessoa por ele indicada". Inclusive na vigência do estado de defesa, a comunicação da prisão não deixará de ser efetuada, ao menos ao juiz (art.136, § 3º, I, da CRFB/88).

Sujeito Ativo. O crime só pode ser praticado pela autoridade policial.

Prazo legal. A prisão deverá ser comunicada à autoridade competente no prazo legal. Cuida-se de norma penal em branco de caráter homogêneo e heterovitelina, encontrando o seu complemento no CPP:

> Art. 306. A prisão de qualquer pessoa e o local onde se encontre serão comunicados imediatamente ao juiz competente, ao Ministério Público e à família do preso ou à pessoa por ele indicada. (Redação dada pela Lei nº 12.403, de 2011).
>
> § 1º Em até 24 (vinte e quatro) horas após a realização da prisão, será encaminhado ao juiz competente o auto de prisão em flagrante e, caso o autuado não informe o nome de seu advogado, cópia integral para a Defensoria Pública. (Redação dada pela Lei nº 12.403, de 2011).
>
> § 2º No mesmo prazo, será entregue ao preso, mediante recibo, a nota de culpa, assinada pela autoridade, com o motivo da prisão, o nome do condutor e os das testemunhas. (Redação dada pela Lei nº 12.403, de 2011).

Tentativa. Tratando-se de crime omissivo próprio, inadmite tentativa, consumando-se com a mera omissão. Assim, se, no prazo estabelecido no dispositivo legal citado, qual seja, 24 horas, a autoridade policial não fizer a comunicação, o crime estará consumado. Antes de expirado esse prazo, não se poderá falar de conduta criminosa. Trata-se de crime a prazo.

Comunicação à Autoridade Competente. O dispositivo em apreciação objetiva o controle jurisdicional da prisão, impondo que a comunicação chegue ao juiz competente para analisar a legalidade do ato. Assim, se, dolosamente, a autoridade policial comunica a constrição a um juiz que saiba incompetente, estará praticando o delito.

Parágrafo único. Incorre na mesma pena quem:

I - deixa de comunicar, imediatamente, a execução de prisão temporária ou preventiva à autoridade judiciária que a decretou;

II - deixa de comunicar, imediatamente, a prisão de qualquer pessoa e o local onde se encontra à sua família ou à pessoa por ela indicada;

III - deixa de entregar ao preso, no prazo de 24 (vinte e quatro) horas, a nota de culpa, assinada pela autoridade, com o motivo da prisão e os nomes do condutor e das testemunhas;

IV - prolonga a execução de pena privativa de liberdade, de prisão temporária, de prisão preventiva, de medida de segurança ou de internação, deixando, sem motivo justo e excepcionalíssimo, de executar o alvará de soltura imediatamente após recebido ou de promover a soltura do preso quando esgotado o prazo judicial ou legal.

Sujeito ativo das condutas do parágrafo único. Nos incisos I, II e III do parágrafo único será a autoridade responsável pela prisão. Na hipótese do inciso IV, poderá ser praticado por qualquer autoridade que seja responsável pela custódia do preso ou internado, considerando-se que o inciso IV também se refere à hipótese em que há medida de segurança detentiva.

A Não Comunicação da Prisão à Família. Em que pese a Constituição Federal determinar que a prisão de qualquer pessoa deva também ser comunicada à sua família, não havia, na Lei nº 4.898 de 1965, previsão de crime de abuso de autoridade por falta de comunicação da prisão aos familiares. Assim, Cuida-se de novo tipo penal incriminador que não pode ser aplicado aos fatos anteriores ao dia 03/01/2020, em respeito ao princípio da anterioridade da lei penal.

Observe-se, entretanto, que a não comunicação da apreensão do adolescente à sua família ou pessoa por ele indicada já caracterizava crime descrito no art. 231 do ECA:

> Art. 231. Deixar a autoridade policial responsável pela apreensão de criança ou adolescente de fazer imediata comunicação à autoridade judiciária competente e à família do apreendido ou à pessoa por ele indicada:
>
> Pena - detenção de seis meses a dois anos.

A Não Comunicação da Prisão e a sua Legalidade. A não comunicação da prisão, como determinada pelo art. 5º da CRFB/88, não exclui a sua legalidade. Também não constitui irregularidade apta a anular o auto de prisão a comunicação tardia feita à família do preso.

> (...) Não constitui irregularidade apta a anular o auto de prisão a comunicação tardia feita à família do paciente quando de sua prisão em flagrante (...).(RHC nº 10220 / SP; Relator: Gilson Dipp; QUINTA TURMA; Data do Julgamento 13/03/2001).

Impossibilidade de localizar a família. Nesta hipótese não estaremos diante da conduta criminosa porque, assim como ocorre com todos os crimes omissivos, a possibilidade de agir é elementar do crime. Não havendo possibilidade, não haverá o dever de agir.

Prolongar a execução de prisão preventiva. A prisão Preventiva é regida pelos princípios da provisionalidade e da provisoriedade, eis que, necessariamente relacionada a uma situação fática, deverá ser temporária. Por conseguinte, não tendo prazo certo, deverá perdurar enquanto permanecerem íntegros os motivos que ensejaram a sua decretação, o que nos poderia levar à crença de que inaplicável o inciso IV quando a ela se refere.

Contudo, aqui vale a preciosa lembrança de norma muito recentemente inserida no ordenamento jurídico brasileiro, qual seja, a do artigo 316, parágrafo único, do Código de Processo Penal, com a nova redação que lhe foi dada pela Lei nº 13.964 de 2019. Com a nova lei, o magistrado deverá fazer a reanálise, a cada 90 dias, da efetiva necessidade de manutenção da prisão preventiva. Deixando de fazê-lo no prazo determinado pela lei, estará, a nosso sentir, praticando o crime do inciso IV:

> Art. 316. O juiz poderá, de ofício ou a pedido das partes, revogar a prisão preventiva se, no correr da investigação ou do processo, verificar a falta de motivo para que ela subsista, bem como novamente decretá-la, se sobrevierem razões que a justifiquem. (Redação dada pela Lei nº 13.964, de 2019)
>
> Parágrafo único. Decretada a prisão preventiva, deverá o órgão emissor da decisão revisar a necessidade de sua manutenção a cada 90 (noventa) dias, mediante decisão fundamentada, de ofício, sob pena de tornar a prisão ilegal. (Incluído pela Lei nº 13.964, de 2019)

Consumação. Os crimes dos incisos I e II se consumarão quando o agente, tendo a primeira oportunidade de realizar a conduta, deixar de levá-la a efeito, desde que o faça com a especial finalidade de que trata o art. 1º, § 1º, da lei em análise O crime do inciso III, classificado como crime a prazo, restará consumado depois de transcorridas 24 horas da prisão.

Quanto ao crime do inciso IV, consumar-se-á quando esgotar o prazo da prisão temporária, da medida de segurança ou da internação e continuará se consumando durante todo o tempo em que perdurar a ilegalidade, com a manutenção da prisão. Quanto à prisão preventiva, entendemos que a consumação se dará após os

90 dias sem reanálise da necessidade da manutenção, conforme acima destacado, perdurando enquanto não se der a revisão exigida pela lei. Verifica se, assim, que os crimes do inciso IV são permanentes.

Tentativa. Em se tratando de crime omissivo simples, não admite a forma tentada.

Art. 13. Constranger o preso ou o detento, mediante violência, grave ameaça ou redução de sua capacidade de resistência, a:

I - exibir-se ou ter seu corpo ou parte dele exibido à curiosidade pública;

II - submeter-se a situação vexatória ou a constrangimento não autorizado em lei;

~~III - (VETADO).~~

III - produzir prova contra si mesmo ou contra terceiro: (Promulgação partes vetadas)

Pena - detenção, de 1 (um) a 4 (quatro) anos, e multa, sem prejuízo da pena cominada à violência.

Especialidade. Trata-se de regra especial a prevalecer sobre a regra geral de constrangimento ilegal prevista no artigo 146 do Código Penal.

Sujeito ativo. Qualquer autoridade, assim definida no artigo 2º dessa lei, que tenha ascendência sobre o preso.

Sujeito passivo. A pessoa presa. Entendemos não haver qualquer diferença entre presos e detentos, expressões aqui usadas como sinônimas.

Comento consumativo. Tal qual o constrangimento ilegal trazido pelo artigo 146 do Código Penal, o crime em comento descreve o resultado objetivado pelo agente de autoridade, qual seja, um comportamento do preso, nos termos dos incisos I, II e III, exigindo que tal comportamento efetivamente ocorra para a sua consumação.

Tentativa. Tratando-se de crime plurissubsistente, admite a figura da tentativa, que se dará quando, embora empregada a violência (que aqui pode ser própria ou imprópria) ou a grave ameaça, por razões alheias à vontade da autoridade, o preso ou detento não realizar o comportamento que lhe foi imposto.

Tortura Contra Pessoa Presa X Abuso de Autoridade. A Lei de Abuso de Autoridade, em seu artigo 13, define como abuso de autoridade a conduta de "Constranger o preso ou o detento, mediante violência, grave ameaça ou redução de sua capacidade de resistência, a exibir-se ou ter seu corpo ou parte dele exibido à curiosidade pública e submeter-se a situação vexatória ou a constrangimento não autorizado em lei".

Temos que o delito em referência não pode ser confundido com o de tortura do artigo 1º, §1º, da Lei 9.455 de 1997, pois torturar não pode ser uma simples causação de vexame. Quem tortura tem o desejo de infligir intensa dor física ou mental.

Art. 14. (VETADO).

Art. 15. Constranger a depor, sob ameaça de prisão, pessoa que, em razão de função, ministério, ofício ou profissão, deva guardar segredo ou resguardar sigilo:

Pena – detenção, de 1 (um) a 4 (quatro) anos, e multa.

~~Parágrafo único. (VETADO).~~

Parágrafo único. Incorre na mesma pena quem prossegue com o interrogatório: (Promulgação partes vetadas)

I – de pessoa que tenha decidido exercer o direito ao silêncio; ou

II – de pessoa que tenha optado por ser assistida por advogado ou defensor público, sem a presença de seu patrono.

Constrangimento na figura do *caput*. Aqui não poderá ser realizado com violência ou grave ameaça, impondo-se a conclusão de que o verbo constranger foi usado como sinônimo de provocar situação embaraçosa, perturbando o ânimo do agente para que este, com receio de ser levado à prisão, acabe depondo, como deseja a autoridade. O emprego de violência ou grave ameaça, com causação de sofrimento físico ou mental, para que alguém preste declarações caracteriza a prática de tortura descrita no artigo 1º, I,"a", da Lei nº 9.455/97, não o crime descrito artigo em análise.

Mal prometido. Para que tenhamos a caracterização desse crime na modalidade do *caput* o mal prometido deve ser a prisão.

Direito ao silêncio. O direito ao silêncio é princípio expressamente previsto no art. 5º, LXIII da CRFB/88, abaixo transcrito, e no Artigo 8º da Convenção Americana Sobre Direitos Humanos. Integrando a autodefesa dos indiciados ou acusados, é uma das dimensões do direito do agente de não auto incriminar-se, ao lado do direito de não confessar, direito que não ceder seu corpo para produção de prova etc.:

> Art. 5º Todos são iguais perante a lei, sem distinção de qualquer natureza, garantindo-se aos brasileiros e aos estrangeiros residentes no País a inviolabilidade do direito à vida, à liberdade, à igualdade, à segurança e à propriedade, nos termos seguintes:
>
> LXIII – o preso será informado de seus direitos, entre os quais o de permanecer calado, sendo-lhe assegurada a assistência da família e de advogado;

Conforme há muito já decidido pelo STF, a recusa em responder ao interrogatório policial ou judicial e a falta de cooperação do indiciado ou do réu com as autoridades que o investigam ou que o processam traduzem comportamentos que são inteiramente legitimados pelo princípio constitucional, que protege qualquer pessoa contra a autoincriminação, especialmente aquela exposta a atos de persecução penal.

Neste sentido:

> A recusa em responder ao interrogatório policial e/ou judicial e a falta de cooperação do indiciado ou do réu com as autoridades que o investigam ou que o processam traduzem comportamentos que são inteiramente legitimados pelo princípio constitucional que protege qualquer pessoa contra a autoincriminação, especialmente aquela exposta a atos de persecução penal. O Estado - que não tem o direito de tratar suspeitos, indiciados ou réus como se culpados fossem (RTJ 176/805-806) - também não pode constrangê-los a produzir provas contra si próprios (RTJ 141/512). Aquele que sofre persecução penal instaurada pelo Estado tem, dentre outras prerrogativas básicas, o direito (a) de permanecer em silêncio, (b) de não ser compelido a produzir elementos de incriminação contra si próprio nem constrangido a apresentar provas que lhe comprometam a defesa e (c) de se recusar a participar, ativa ou passivamente, de procedimentos probatórios que lhe possam afetar a esfera jurídica, tais como a reprodução simulada do evento delituoso e o fornecimento de padrões gráficos ou de padrões vocais, para efeito de perícia criminal. Precedentes. O exercício do direito contra a auto-incriminação, além de inteiramente oponível a qualquer autoridade ou agente do Estado, não legitima, por efeito de sua natureza constitucional, a adoção de medidas que afetem ou restrinjam a esfera jurídica daquele contra quem se instaurou a 'persecutio criminis'. Medida cautelar deferida. **(HC 96219 MC / SP. MEDIDA CAUTELAR NO HABEAS CORPUS.Relator(a): Min. CELSO DE MELLO Julgamento: 09/10/2008)**

Destarte, obrigar alguém a depor e mesmo prosseguir com interrogatório de alguém que já se manifestou pelo silêncio, é inequivocamente abusar do poder e, observados os termos do artigo 2º, caracteriza o crime descrito neste artigo 15.

A presença do advogado. O inciso II, ao se referir à realização de interrogatório sem a presença de advogado, trata de hipótese de interrogatório realizado na fase pré-processual. Somente nesta fase se poderá inquirir pessoas sem a presença de advogado, impondo-se, contudo, a sua presença quando o investigado fizer essa opção, que lhe é garantida constitucionalmente. Na hipótese do inciso II, a lei apenas assegura que aquele que optou por ser assistido por um advogado ou defensor tenha seu patrono a seu lado durante o ato, dando-lhe instruções e suporte jurídico. O dispositivo, contudo, não garante ou mesmo impõe ampla defesa e contraditório no inquérito policial:

> Art. 5º Todos são iguais perante a lei, sem distinção de qualquer natureza, garantindo-se aos brasileiros e aos estrangeiros residentes no País a inviolabilidade do direito à vida, à liberdade, à igualdade, à segurança e à propriedade, nos termos seguintes:

> LXIII – o preso será informado de seus direitos, entre os quais o de permanecer calado, sendo-lhe assegurada a assistência da família e de advogado;

Momento consumativo. Em todas as modalidades do artigo 15, o crime somente estará consumado quando a vítima realizar a conduta a que foi constrangida.

Tentativa. Será possível quando, por razões alheias à vontade do agente, a vítima não realizar a ação a que foi constrangida.

> ~~Art. 16. (VETADO).~~
>
> **Art. 16.** Deixar de identificar-se ou identificar-se falsamente ao preso por ocasião de sua captura ou quando deva fazê-lo durante sua detenção ou prisão: (Promulgação partes vetadas)
>
> Pena – detenção, de 6 (seis) meses a 2 (dois) anos, e multa.
>
> **Parágrafo único.** Incorre na mesma pena quem, como responsável por interrogatório em sede de procedimento investigatório de infração penal, deixa de identificar-se ao preso ou atribui a si mesmo falsa identidade, cargo ou função.

A obrigatoriedade da identificação. A CRFB/88 determina que o agente, ao executar a prisão, identifique-se, dirigindo a exigência também àquele que conduz o interrogatório na fase inquisitorial:

> Art. 5º Todos são iguais perante a lei, sem distinção de qualquer natureza, garantindo-se aos brasileiros e aos estrangeiros residentes no País a inviolabilidade do direito à vida, à liberdade, à igualdade, à segurança e à propriedade, nos termos seguintes:
>
> LXIV – o preso tem direito à identificação dos responsáveis por sua prisão ou por seu interrogatório policial;

Modalidades. Os crimes, tanto do *caput* quanto do parágrafo, poderão ser praticados na forma omissiva (deixar de identificar-se) ou comissiva (atribuir se falsa identidade). Nesta última modalidade, estaremos diante de figura especial de falsa identidade, descrita no artigo 307 do CP, cuja aplicação ficará preterida pela especialidade do disposto na lei de abuso de autoridade, bem como pela subsidiariedade expressa trazida pelo artigo 307. Especial e mais grave, a regra da nova lei de abuso deverá prevalecer.

Não identificação por ocasião da captura. Em se tratando de crime omissivo, somente estará caracterizado quando, tendo a possibilidade de se identificar, o agente público deixar de fazê-lo. Deve-se aqui lembrar que possibilidade de agir é pressuposto dever de agir e, portanto, elemento de qualquer crime omissivo. Feitas essas considerações, impõe-se a conclusão de que, a depender das circunstâncias em que se realize a prisão, o agente não terá como, naquele momento, identificar-se. Nesta hipótese, não terá praticado o crime desde que faça a identificação tão logo cessados os riscos. Não se pode exigir que um policial, durante um confronto armado, por exemplo, interrompa o ato para se identificar.

O crime do parágrafo único. Aqui, além da omissão na identificação e atribuição da falsa identidade, também se tem como crime a omissão ou falsidade na informação do cargo ocupado, desde que realizada em procedimento investigatório de infração penal, como inquéritos policiais ou procedimentos investigatórios criminais (PICs) instaurados pelo Ministério Público. Sendo de outra espécie o procedimento em que se omitiu ou se falseou identidade ou cargo, não restará caracterizado o crime que ora se examina.

Sujeito ativo. Na figura do *caput*, será o agente público que atuar na captura, detenção ou prisão da vítima do abuso. No parágrafo, sujeito ativo será o responsável pelo interrogatório em sede de procedimento investigatório de infração penal, podendo ser delegado de polícia, promotor de justiça ou procurador.

Consumação. Na modalidade omissiva, o crime estará caracterizado quando o agente deixar escapar a primeira oportunidade de se identificar. Na hipótese comissiva, no momento em que atribuir-se identidade falsa ou cargo falso.

Tentativa. Não será possível na modalidade omissiva, por se tratar de crime omissivo próprio. Na modalidade comissiva, embora possível, a tentativa será de difícil caracterização.

Art. 17. (VETADO).

Art. 18. Submeter o preso a interrogatório policial durante o período de repouso noturno, salvo se capturado em flagrante delito ou se ele, devidamente assistido, consentir em prestar declarações:

Pena - detenção, de 6 (seis) meses a 2 (dois) anos, e multa.

Tipo objetivo. Com a incriminação trazida pela Nova Lei de Abuso de Autoridade, busca-se impedir a realização do interrogatório policial noturno de pessoa presa, período em que a mesma se encontra mais vulnerável e suscetível a arbitrariedades.

O interrogatório policial deve observar as regras do Código de Processo Penal que tratam do interrogatório judicial, ressalvadas suas peculiaridades de procedimento inquisitorial. De acordo com o CPP, o interrogatório é composto por duas partes: na primeira, são formuladas perguntas relativas à pessoa do agente; na segunda, perguntas sobre os fatos:

> Art. 187. O interrogatório será constituído de duas partes: sobre a pessoa do acusado e sobre os fatos. (Redação dada pela Lei nº 10.792, de 1º.12.2003)
>
> § 1º Na primeira parte o interrogando será perguntado sobre a residência, meios de vida ou profissão, oportunidades sociais, lugar

> onde exerce a sua atividade, vida pregressa, notadamente se foi preso ou processado alguma vez e, em caso afirmativo, qual o juízo do processo, se houve suspensão condicional ou condenação, qual a pena imposta, se a cumpriu e outros dados familiares e sociais. (Incluído pela Lei nº 10.792, de 1º.12.2003)
>
> § 2º Na segunda parte será perguntado sobre: (Incluído pela Lei nº 10.792, de 1º.12.2003)
>
> I – ser verdadeira a acusação que lhe é feita; (Incluído pela Lei nº 10.792, de 1º.12.2003)
>
> II – não sendo verdadeira a acusação, se tem algum motivo particular a que atribuí-la, se conhece a pessoa ou pessoas a quem deva ser imputada a prática do crime, e quais sejam, e se com elas esteve antes da prática da infração ou depois dela; (Incluído pela Lei nº 10.792, de 1º.12.2003)
>
> III – onde estava ao tempo em que foi cometida a infração e se teve notícia desta; (Incluído pela Lei nº 10.792, de 1º.12.2003)
>
> IV – as provas já apuradas; (Incluído pela Lei nº 10.792, de 1º.12.2003)
>
> V – se conhece as vítimas e testemunhas já inquiridas ou por inquirir, e desde quando, e se tem o que alegar contra elas; (Incluído pela Lei nº 10.792, de 1º.12.2003)
>
> VI – se conhece o instrumento com que foi praticada a infração, ou qualquer objeto que com esta se relacione e tenha sido apreendido; (Incluído pela Lei nº 10.792, de 1º.12.2003)
>
> VII – todos os demais fatos e pormenores que conduzam à elucidação dos antecedentes e circunstâncias da infração; (Incluído pela Lei nº 10.792, de 1º.12.2003)
>
> VIII – se tem algo mais a alegar em sua defesa. (Incluído pela Lei nº 10.792, de 1º.12.2003)

A primeira fase, por tratar de questões que dizem respeito à aplicação da pena, impactando sua dosimetria quando da análise do artigo 59 do Código Penal, não se aplica ao interrogatório policial. Destarte, o que resta vedado pelo dispositivo em comento são as perguntas que constam da segunda parte do artigo 187 do CPP.

Cumpre destacar, por oportuno, que, nos termos do art. 186 do CPP, depois de devidamente qualificado e cientificado do inteiro teor da acusação, o acusado será informado, antes de iniciar o interrogatório, do seu direito de permanecer calado e de não responder perguntas que lhe forem formuladas.

A cientificação do teor da acusação e informação acerca do direito ao silêncio são providências que necessariamente precedem o ato, tendo sobre ele impacto inequívoco, estando, a nosso sentir, igualmente alcançadas pela vedação do artigo 18, não podendo ser realizada durante o período noturno.

Quanto à qualificação, não temos como violação ao disposto no dispositivo em comento sua obtenção naquele período, mas, de outro giro, não vislumbramos qualquer lógica no ato de retirar um preso de sua cela durante o repouso noturno para tão somente obter sua qualificação quando não se pode proceder a seu interrogatório.

Consentimento do ofendido. Funciona, no tipo em análise, como excludente da tipicidade, desde que o preso esteja devidamente assistido.

Preso devidamente assistido. Cuidando-se de procedimento inquisitivo, não havendo contraditório e ampla defesa, a presença do advogado é facultativa. Deverá, porém, ser oportunizada ao preso que se manifeste neste sentido, como já sustentado anteriormente. Assim, entendemos que a "assistência devida" mencionada no art. 18 diz respeito à presença do causídico para aquele que manifestou vontade de ter o profissional a seu lado para instruí-lo, inclusive, quanto à conveniência de optar pelo silêncio, após examinar os autos do inquérito, consoante prerrogativa trazida pelo artigo 7º, XIV, do Estatuto da OAB.

Sujeito passivo. Somente o preso, por estrita obediência ao princípio da legalidade, na medida em que a lei não se refere à pessoa apenas "investigada". O sujeito passivo, no caso, poderá estar preso em virtude de condenação ou de decretação de prisão cautelar. Não se abrange, aqui, o preso em flagrante delito, conforme ressalva feita pelo dispositivo em análise.

Sujeito ativo. Delegado de Polícia, autoridade responsável pelo interrogatório policial.

Repouso noturno. Entendemos dever ser aplicado o critério objetivo trazido pelo artigo 22, inciso III, da própria Lei de Abuso, que pune o cumprimento de mandado de busca e apreensão domiciliar após as 21 horas e antes das 5 horas. Trazendo a Lei nº 13.869/19, critérios próprios para definição do que é noite, não se faz necessário lançar mão do artigo 212 do Código de Processo Civil, que dispõe que os atos processuais serão realizados em dias úteis, das 6 às 20 horas, tampouco do critério que a doutrina e jurisprudência vêm adotando para fixação do período de "repouso noturno" a que alude o artigo 155, § 1º, do Código Penal.

Consumação. Estará o crime consumado com a formulação das perguntas ao preso, ainda que se manifeste no sentido de que não irá respondê-las.

Tentativa. Cabível, quando, depois de qualificado o preso, o delegado de polícia não formular as perguntas por razões alheias à sua vontade.

Art. 19. Impedir ou retardar, injustificadamente, o envio de pleito de preso à autoridade judiciária competente para a apreciação da legalidade de sua prisão ou das circunstâncias de sua custódia:

Pena - detenção, de 1 (um) a 4 (quatro) anos, e multa.

Tipo objetivo. Dispositivo que busca a concretização do direito constitucionalmente assegurado ao cidadão de peticionar perante qualquer autoridade em face de um abuso ou de uma ilegalidade cometida. Traz o elemento normativo "Injustificadamente", cuja imprecisão dificultará sua aplicação pelo juiz, a quem caberá dar seu devido alcance, realizando juízo de valor sobre a demora ou impedimento referido no tipo. Cuida-se, assim, de tipo aberto.

Sujeito ativo: qualquer agente público responsável pela custódia do preso.

Sujeito passivo: É o preso, aplicando-se aqui as mesmas considerações feitas na análise do artigo anterior quanto ao meramente investigado.

Consumação. Quando realizado o ato que evidencie o retardamento ou impedimento do envio ou quando expirado o prazo para envio.

Tentativa. Não caberá a tentativa quando realizado na modalidade omissiva, mas poderá ser admitida em hipótese em que, através de um comportamento comissivo, o responsável pela custódia do preso der início à realização de ato que evidencie sua intenção de retardar ou mesmo não enviar o pleito à autoridade judiciária competente, mas não conseguir ultimá-lo por razão alheia à sua vontade.

Parágrafo único. Incorre na mesma pena o magistrado que, ciente do impedimento ou da demora, deixa de tomar as providências tendentes a saná-lo ou, não sendo competente para decidir sobre a prisão, deixa de enviar o pedido à autoridade judiciária que o seja.

Figura equiparada no parágrafo único. A primeira parte do dispositivo se refere ao juiz que, percebendo a demora, nada faz para impedir que a mesma se postergue. Na parte final, o crime pode ser praticado pela autoridade judiciária incompetente, que, ao percebê-lo, deixa de fazer o envio a quem a lei aponta como competente para análise. Impende destacar que, caso não perceba a incompetência para decidir sobre o pleito, o magistrado incorrerá em erro de tipo e, evidenciando-se a ausência de dolo, a conduta será atípica.

Sujeito ativo. O magistrado competente, na primeira parte, e o magistrado incompetente, na segunda.

Sujeito passivo. O preso.

Consumação. Na primeira figura, o crime se consuma quando o juiz competente, após tomar ciência da demora, deixar escapar dolosamente a primeira oportunidade para determinar a remessa do pleito. Quanto à segunda parte, quando, percebendo-se incompetente, deixar escapar dolosamente a primeira oportunidade que tiver para o envio à autoridade que o seja.

Tentativa. Cuidando-se de crime omissivo próprio, não será admitida a tentativa.

~~Art. 20. (VETADO).~~

Art. 20. Impedir, sem justa causa, a entrevista pessoal e reservada do preso com seu advogado: (Promulgação partes vetadas)

Pena - detenção, de 6 (seis) meses a 2 (dois) anos, e multa.

Tipo objetivo. O Estatuto da Ordem dos Advogados do Brasil, nos termos do artigo 7º, XXI, garante ao advogado a prerrogativa de assistir seus clientes e, caso não seja assegurado ao cidadão esse direito, em razão de impedimento ou mesmo da falta de informação acerca da garantia, o ato realizado deverá ser invalidado, bem como todos os elementos de convicção que dele decorram.

A entrevista pessoal é um direito do preso previsto no art. 41, IX da Lei nº 7.210/84. O crime só restará caracterizado na hipótese em que o impedimento da entrevista se der sem justa causa. Cuida-se de elemento normativo do tipo penal, competindo ao magistrado estabelecer seu verdadeiro alcance. Ademais, a entrevista deve ser pessoal, devendo o preso estar na presença do causídico. Deve, ainda, ser reservada, estando presentes apenas o advogado e o preso.

Sujeito ativo. Qualquer autoridade que tenha um preso legalmente sob sua custódia.

Sujeito passivo. O preso.

Consumação. No momento em que for obstada a entrevista.

Tentativa. Possível, quando, embora o agente público realizar a conduta tendente ao impedimento, a entrevista vier a acontecer, por razões alheias à vontade do agente.

Parágrafo único. Incorre na mesma pena quem impede o preso, o réu solto ou o investigado de entrevistar-se pessoal e reservadamente com seu advogado ou defensor, por prazo razoável, antes de audiência judicial, e de sentar-se ao seu lado e com ele comunicar-se durante a audiência, salvo no curso de interrogatório ou no caso de audiência realizada por videoconferência

Tipo objetivo. Cuida-se de conduta necessariamente praticada durante o ato judicial, sendo esse um dos aspectos que a diferencia do crime do *caput*. A lei incrimina não apenas a conduta de impedir a entrevista reservada e pessoal, mas também a de impedir entrevista por tempo razoável.

Cuida-se de elemento normativo do tipo e se deve entender como tempo razoável aquele que for necessário para que o defensor, após ouvir de seu cliente detalhes necessários à elaboração de sua tese defensiva, possa orientá-lo para que opte, ou não, pelo silêncio acerca de toda ou de parte da acusação.

Somente o caso concreto possibilitará ao juiz reconhecer ter havido, ou não, razoabilidade quanto ao período de tempo concedido para a entrevista. Também há de ser garantido o direito de o acusado sentar-se ao lado de se patrono e com ele comunicar-se durante audiência.

A hipótese de videoconferência. Acreditamos ser necessário cuidado na interpretação da parte final do parágrafo único do dispositivo em análise quanto à hipótese de videoconferência. Na impossibilidade de o advogado estar no mesmo ambiente do acusado em interrogatório realizado por videoconferência, não poderá, por razões obvias, sentar-se ao seu lado. Estando o defensor junto com o acusado, esse direito lhes será garantido.

Quanto ao direito de comunicar-se durante a audiência com seu defensor, não poderá ser negado ao acusado nem mesmo durante a videoconferência, embora, caso não estejam acusado e patrono no mesmo recinto, não lhes seja garantido diálogo reservado no mesmo ambiente virtual em que se realiza o ato, pois todos que dele participam poderão ouvir a conversa que mantiverem. Nesse caso, para preservar as garantias do acusado e as prerrogativas do advogado, a audiência deverá ser momentaneamente suspensa para que a conversa reservada se dê em outro ambiente virtual, caso assim entendam necessário.

Sujeito ativo: o juiz, mesmo nas hipóteses de ato realizado por videoconferência, pois que também por ele presidido.

Sujeito passivo: réu preso, solto, investigado e, ainda, o advogado cujas prerrogativas foram atingidas com o impedimento.

Art. 21. Manter presos de ambos os sexos na mesma cela ou espaço de confinamento:

Pena – detenção, de 1 (um) a 4 (quatro) anos, e multa.

Da conduta prevista no art. 21 da Lei nº 13.869/19. Infelizmente não é novidade nem rara a notícia de que presos de sexos diferentes são confinados numa mesma cela, acabando por culminar na prática dos mais diversos crimes, principalmente o estupro. A cautela com a finalidade de evitar qualquer tipo de constrangimento ilegal ou mesmo violação à incolumidade física do indivíduo já era recomendada desde a Lei nº 4.898/65. O tratamento específico na nova lei, no entanto, peca ao não definir a qual tipo de sexo se faz referência. Isto porque, em Medicina Legal[1], há pelo menos nove tipos de sexo, a saber:

a) Morfológico: representado pela configuração fenotípica do indivíduo;

b) Cromossomial: através da avaliação dos cromossomos sexuais e pelo corpúsculo fluorescente encontrado no interior das células;

c) Gonadal: já que indivíduos do sexo masculino são portadores de testículos e indivíduos do sexo feminino são portadores de ovários;

1. FERREIRA, Wilson Luiz Palermo. *Medicina Legal*. 5. ed. Salvador: Juspodivm, 2020. p. 112.

d) Cromatínico: determinado através da análise dos corpúsculos de Barr. Tais corpúsculos caracterizam-se por pequenos corpos de cromatina sexual que se encontram no interior das células pertencentes a organismos femininos (ou seja, se estiverem presentes, o sexo é feminino. Se estiverem ausentes, o sexo é masculino);

e) Da genitália interna: nos indivíduos do sexo masculino há a presença dos ductos de Wolff, enquanto nos indivíduos do sexo femininos verifica-se a presença dos ductos de Müller;

f) Da genitália externa: quando se observa pênis e bolsa escrotal nos indivíduos do sexo masculino e vagina e mamas, diante de indivíduos do sexo feminino;

g) Jurídico: é o sexo designado no registro civil, ou quando o juiz determina a mudança de sexo nos processos jurídicos relacionados;

h) De identificação ou psíquico ou comportamental: também chamado de sexo moral. É o que o indivíduo faz de si próprio;

i) Médico-legal: é constatado através de perícia quando haja dificuldade na percepção visual (casos de sexo dúbio);

Embora o legislador não tenha especificado a qual tipo de sexo se refere na redação do art. 21 da Lei nº 13.869/19, entendemos que não há como o poder público ser obrigado a construir dezoito tipos de celas diferentes, para atender, no mínimo, à configuração dúplice de cada tipo de sexo narrado.

No entanto, não podemos nos esquecer das disposições trazidas por ocasião da análise dos indivíduos transexuais, mormente nos casos em que já tenha sido determinada sua mudança no registro público. Isto porque, em termos médico-legais[2], o transexualismo se refere a pessoas que aparentam pertencer a um determinado sexo, mas psicologicamente pertencem a outro. Tais pessoas são portadoras de um transtorno de identidade de gênero, que pode se manifestar nos primeiros anos de vida. Há possibilidade de realização de cirurgia de mudança de sexo, que possui rígido controle burocrático, tendo em vista que envolve, dentre outros fatores (tais como acompanhamento psicológico), alterações nos registros públicos. Sobre o tema, vale destacar a recente Resolução nº 2.265/2019 do Conselho Federal de Medicina (CFM), (publicada no D.O.U. de 09 de janeiro de 2020) e que dispõe sobre o cuidado específico à pessoa com incongruência de gênero ou transgênero e revoga a Resolução CFM nº 1.955/2010.

Entretanto, sobre o tema, vale destacar, também, o Decreto nº 8.727/16, que dispõe sobre o uso do nome social e o reconhecimento da identidade de gênero de pessoas travestis e transexuais no âmbito da administração pública federal direta, autárquica e fundacional.

2. FERREIRA, Wilson Luiz Palermo, op. cit., nota 01, p.299.

Em março de 2018, o STF, ao julgar a ADI 4275/DF, reconheceu a possibilidade de que transgêneros alterassem seu registro civil no que diz respeito ao gênero (masculino ou feminino), mesmo sem a realização de procedimento cirúrgico de redesignação de sexo. Tal ação foi ajuizada pela Procuradoria-Geral da República, para que fosse dada interpretação conforme a CRFB/88 ao art. 58 da Lei nº 6.015/73, de modo a ser possível a alteração do prenome e gênero no registro civil mediante averbação no registro original.

O Conselho Nacional de Justiça (CNJ), por sua vez, por meio do Provimento nº 73/2018, definiu que as alterações no nome e gênero poderão ser feitas sem a obrigatoriedade da comprovação da cirurgia de mudança de sexo ou de decisão judicial (art. 4º, § 1º, do mencionado Provimento). No entanto, nos termos do art. 2º, do mesmo Provimento, toda pessoa maior de 18 (dezoito) anos completos habilitada à prática de todos os atos da vida civil poderá requerer ao ofício do RCPN a alteração e a averbação do prenome e do gênero, a fim de adequá-los à identidade autopercebida.

Por fim, o pedido de troca pode ser feito nos cartórios de registro de nascimento ou em qualquer outro cartório, mediante encaminhamento pelo cartório de origem. Porém, nesses casos, o pedido deverá ser feito através do ofício do Registro Civil de Pessoas Naturais (RCPN). Caso haja necessidade, o interessado poderá solicitar a gratuidade dos serviços mediante requerimento em cartório, dispensada a assessoria por parte de membro da defensoria pública.

Desta forma, entendemos que o legislador, no art. 21 da Lei nº 13.869/19, quis se referir ao tipo de sexo entendido como "jurídico", vale dizer, aquele disposto efetivamente por ocasião da verificação do registro de identificação do indivíduo, já que, nos termos do art. 54 da Lei nº 6.015/73, o assento do nascimento deverá conter, dentre outras informações, o sexo do registrando.

Por ocasião do encarceramento, os responsáveis terão oportunidade de verificar os registros do indivíduo, de modo a proceder com a separação para a respectiva cela. Isto define um critério isento de questionamentos e fornece segurança jurídica.

Assim, mesmo que haja qualquer posterior alteração, será possível obedecer ao disposto no art. 21 da Lei nº 13.869/19 mediante a adequada verificação quanto ao registro civil do indivíduo por ocasião da etapa de formalização da prisão, para que seja evitado o encarceramento de forma inadequada.

Enunciado nº 13 do Grupo Nacional de Coordenadores de Centro de Apoio Criminal – GNCCRIM[3]. O Conselho Nacional de Procuradores-Gerais (CNPG), em

3. O Conselho Nacional de Procuradores-Gerais do Ministério Público dos Estados e da União (CNPG) e o Grupo Nacional de Coordenadores de Centro de Apoio Criminal (GNCCRIM), emitiram 30 enunciados que têm por objetivo orientar os membros do Ministério Público brasileiro na interpretação da Lei nº 13.869/19 (Lei de Abuso de Autoridade). Disponível em: <https://www.cnpg.org.br/images/arquivos/documentos_publicos/Enunciados/2019/Enunciados-GNCCRIM-Lei-de-Abuso-de-Autoridade.pdf>. Acesso em 10 fev. 2020.

conjunto com o Grupo Nacional de Coordenadores de Centro de Apoio Criminal (GNCCRIM), editaram uma série de enunciados que têm por objetivo auxiliar os membros dos diversos Ministérios Públicos com atribuição a adotar posicionamento perante situações que envolvam a aplicação da Lei nº 13.869/19. Nesse sentido, especificamente para o art. 21 da Lei de Abuso de Autoridade, temos o seguinte direcionamento:

> A violação à regra de separação de custodiados, acompanhada de sofrimento físico ou mental do preso, conforme as circunstâncias do caso, não tipifica o crime do art. 21 da Lei de Abuso de Autoridade, mas o delito de tortura (art. 1º, caput, inciso I, da Lei nº 9.455/97), infração penal equiparada a hediondo, sofrendo os consectários da Lei 8.072/1990.

Sujeito ativo. Qualquer agente de autoridade ou mesmo as autoridades públicas responsáveis por custódia de presos (ainda que temporariamente), poderão praticar esse crime.

Sujeito passivo. O indivíduo preso.

Consumação. Se dará no momento em que o agente mantiver o preso em local com indivíduos de sexo diferente. Atentar para o fato de que estamos diante de crime permanente, já que o verbo denota a ideia de ação protraída no tempo.

Tentativa. Por se tratar de crime plurissubsistente, é admitida, ainda que de difícil ocorrência, tendo em vista o curto tempo disponível entre a burocracia para a formalização da prisão e o encarceramento. Vejamos o exemplo: o agente de autoridade, com dolo de manter pessoas de sexo distinto numa mesma cela, é impedida por outro agente antes que se efetive o ingresso daquele preso na tal cela. Ou ainda, em situação na qual o agente, com intenção de levar o indivíduo para uma cela em que haja pessoa de sexo distinto, lá o coloca, para ser mantido, mas não consegue fazer com que este permaneça lá por tempo juridicamente relevante, já que, por circunstâncias alheias à sua vontade, alguém retira a pessoa posta indevidamente naquele local.

> **Parágrafo único.** Incorre na mesma pena quem mantém, na mesma cela, criança ou adolescente na companhia de maior de idade ou em ambiente inadequado, observado o disposto na Lei nº 8.069, de 13 de julho de 1990 (Estatuto da Criança e do Adolescente).

Da conduta prevista no art. 21, parágrafo único, da Lei nº 13.869/19. O tipo penal menciona dois supostos ambientes (cela ou outro ambiente inadequado) e dois sujeitos passivos (criança ou adolescente). Embora não tenha feito expressa menção à questão de sexos diferentes, como fez no *caput*, entendemos que há impossibilidade de que se mantenham crianças ou adolescentes de sexos (jurídicos) diferentes no mesmo ambiente (o que poderia ser enquadrado na expressão "ou em ambiente inadequado"). Além da possibilidade de enquadramento nesta expressão, a *ratio* da lei (respeitando a forma como tratou a matéria no *caput*), impede raciocínio diverso.

Além disso, como a própria lei menciona, é preciso observar o conteúdo dos dispositivos específicos sobre o tema no Estatuto da Criança e do Adolescente (Lei nº 8.069/90). A manutenção em ambientes efetivamente adequados atende ao disposto nos arts. 17 e 18 do ECA:

> Art. 17. O direito ao respeito consiste na inviolabilidade da integridade física, psíquica e moral da criança e do adolescente, abrangendo a preservação da imagem, da identidade, da autonomia, dos valores, idéias e crenças, dos espaços e objetos pessoais.
>
> Art. 18. É dever de todos velar pela dignidade da criança e do adolescente, pondo-os a salvo de qualquer tratamento desumano, violento, aterrorizante, vexatório ou constrangedor.

Da mesma forma, no ECA, a lei já previa a impossibilidade de que o adolescente a quem tivesse sido atribuída a autoria de ato infracional não poderia ser conduzido ou mesmo transportado em compartimento fechado de veículo policial, em condições atentatórias à sua dignidade etc.:

> Art. 178. O adolescente a quem se atribua autoria de ato infracional não poderá ser conduzido ou transportado em compartimento fechado de veículo policial, em condições atentatórias à sua dignidade, ou que impliquem risco à sua integridade física ou mental, sob pena de responsabilidade.

Além disso, nos termos do art. 185, § 2º, também do ECA, nos casos de decretação de medida de internação, esta não poderá ser cumprida em estabelecimento prisional. Sendo impossível a pronta transferência, o adolescente deverá aguardar a remoção em repartição policial, desde que seja em seção isolada dos adultos, sendo necessárias instalações apropriadas, não podendo ultrapassar o prazo máximo de cinco dias, cuja violação é passível de responsabilização:

> Art. 185. A internação, decretada ou mantida pela autoridade judiciária, não poderá ser cumprida em estabelecimento prisional.
>
> § 1º Inexistindo na comarca entidade com as características definidas no art. 123, o adolescente deverá ser imediatamente transferido para a localidade mais próxima.
>
> § 2º Sendo impossível a pronta transferência, o adolescente aguardará sua remoção em repartição policial, desde que em seção isolada dos adultos e com instalações apropriadas, não podendo ultrapassar o prazo máximo de cinco dias, sob pena de responsabilidade.

Sujeito ativo. Qualquer agente de autoridade ou mesmo as autoridades públicas responsáveis por custódia de presos (ainda que temporariamente), poderão praticar esse crime.

Sujeito passivo. A criança ou adolescente.

Consumação. Se dará no momento em que o agente mantiver a criança ou adolescente em cela na qual haja a presença de adultos ou em local inadequado. Atentar para o fato de que estamos diante de crime permanente, já que o verbo denota a ideia de ação protraída no tempo.

Tentativa. Admitida, por se tratar de crime plurissubsistente.

Art. 22. Invadir ou adentrar, clandestina ou astuciosamente, ou à revelia da vontade do ocupante, imóvel alheio ou suas dependências, ou nele permanecer nas mesmas condições, sem determinação judicial ou fora das condições estabelecidas em lei:

Pena - detenção, de 1 (um) a 4 (quatro) anos, e multa.

§ 1º Incorre na mesma pena, na forma prevista no caput deste artigo, quem:

I - coage alguém, mediante violência ou grave ameaça, a franquear-lhe o acesso a imóvel ou suas dependências;

II - (VETADO);

III - cumpre mandado de busca e apreensão domiciliar após as 21h (vinte e uma horas) ou antes das 5h (cinco horas).

§ 2º Não haverá crime se o ingresso for para prestar socorro, ou quando houver fundados indícios que indiquem a necessidade do ingresso em razão de situação de flagrante delito ou de desastre.

Tipo objetivo. O tipo penal trata das condutas de invadir (entrar, ingressar, adentrar) ou permanecer. Na segunda modalidade, o crime pressupõe entrada lícita. O dissentimento da vítima ou a astúcia do agente, criando um mecanismo fraudulento para entrar ou permanecer, são elementos do tipo.

Atentado à Inviolabilidade do Domicílio. A Constituição Federal, nos termos do art. 5º, XI, garante a proteção ao domicílio.

O Conceito de Domicílio. Esse conceito, para fins penais, vem trazido no art. 150, § 4º, do Código Penal, abaixo transcrito:

> Art. 150 - Entrar ou permanecer, clandestina ou astuciosamente, ou contra a vontade expressa ou tácita de quem de direito, em casa alheia ou em suas dependências:
>
> § 4º - A expressão "casa" compreende:
>
> I - qualquer compartimento habitado;
>
> II - aposento ocupado de habitação coletiva;

> III – compartimento não aberto ao público, onde alguém exerce profissão ou atividade.
>
> § 5º – Não se compreendem na expressão "casa":
>
> I – hospedaria, estalagem ou qualquer outra habitação coletiva, enquanto aberta, salvo a restrição do n.º II do parágrafo anterior;
>
> II – taverna, casa de jogo e outras do mesmo gênero.

O Veículo Usado para Trabalho. Também de acordo com posicionamento majoritário em doutrina e jurisprudência, não se considera "casa" o veículo automotor onde se exerça profissão ou atividade. Assim, não podem ser considerados "casa" o caminhão e o táxi, embora os denominados motor homes se caracterizem como "casa". A respeito do tema, vejamos o julgado abaixo transcrito:

> O conceito de residência não se confunde com o de veículo-caminhão, pois este é mero instrumento de trabalho. Ordem denegada. (STJ HC 116052/MG. 6ª Turma. Ministra relatora Jane Silva. Julgado em 20/11/2008.)

Especialidade. Cuida-se de norma especial com relação ao art. 150 do CP (violação de domicílio), prevalecendo, portanto, sobre a última.

Figura do § 1º, I. Na hipótese de a autoridade entrar em casa alheia mediante violência ou grave ameaça e desde que presente o especial fim de agir, nos termos do artigo 1º, § 1º, desta lei, será aplicável a Lei nº 13.869/19, em detrimento do disposto no artigo 150, § 1º, pelo princípio da especialidade:

> Art. 150 – Entrar ou permanecer, clandestina ou astuciosamente, ou contra a vontade expressa ou tácita de quem de direito, em casa alheia ou em suas dependências:
>
> Pena – detenção, de um a três meses, ou multa.
>
> § 1º – Se o crime é cometido durante a noite, ou em lugar ermo, ou com o emprego de violência ou de arma, ou por duas ou mais pessoas:
>
> Pena – detenção, de seis meses a dois anos, além da pena correspondente à violência.

A Possibilidade de Cúmulo entre o Crime de Abuso de Autoridade e o Crime de Lesão Corporal ou de Homicídio Doloso. Sendo distintos os bens jurídicos tutelados pelas normas do art. 129 do Código Penal e as normas da lei em comento, nada obsta que tenhamos, na hipótese de o agente cometer abuso de autoridade e ofender a integridade física da vítima, concurso dos dois delitos.

Foi esse o entendimento do STF no julgamento do HC nº 59.403, publicado na RTJ 101/595, reconhecendo que a possibilidade de abuso de autoridade sem ocorrência de lesão corporal nos autorizaria concluir que, se houver lesão, também deverá o agente responder por este crime, em concurso material.

Embora concordemos com a possibilidade do concurso de crimes, não havendo que se falar em absorção de um pelo outro pelas razões acima expostas, ousamos discordar do posicionamento doutrinário que parece ser majoritário no sentido de reconhecer concurso material de crimes, porque, na verdade, o que se tem é uma conduta única, afetando dois bens jurídicos diversos, razão pela qual se está diante de concurso formal impróprio de crimes, em que o agente atua com desígnios autônomos, com a consequente aplicação da regra do cúmulo material, nos termos do art. 70 do Código Penal em sua última parte.

Em se tratando de homicídio praticado em concurso com o crime de abuso de autoridade, será o Tribunal do Júri competente para o julgamento de ambos, diante da regra insculpida no art. 78, I, do CPP:

> Art. 78. Na determinação da competência por conexão ou continência, serão observadas as seguintes regras: (Redação dada pela Lei nº 263, de 23.2.1948)
>
> I - no concurso entre a competência do júri e a de outro órgão da jurisdição comum, prevalecerá a competência do júri; (Redação dada pela Lei nº 263, de 23.2.1948)

A figura do § 1º, III. Permite-se também o ingresso em domicílio alheio para cumprimento de mandado judicial, sendo que, na última situação, em não havendo consentimento do morador, não poderá ser feito durante o período noturno. A Lei nº 13.869/19 fixou, através de critério objetivo, o conceito de noite como sendo o compreendido entre 21h (vinte e uma horas) e 5h (cinco horas).

Assim, estará praticando crime desse artigo o agente público que, sem autorização do morador (no período compreendido entre 21h - vinte e uma horas – e 5h – cinco horas), entrar em casa alheia para cumprir mandado de busca e apreensão. Importante frisar que o dispositivo somente se aplica às hipóteses de cumprimento de busca e apreensão domiciliar.

Em se tratando de entrada em casa alheia, naquele mesmo período sem autorização, para cumprimento de outra medida, o agente público estará praticando o crime do *caput,* desde que atuando com o especial fim do artigo 1º, § 1º. Não havendo o dolo específico, praticará o crime do artigo 150 do Código Penal.

Excludente da tipicidade. O artigo 22, § 2º, prevê a hipótese de exclusão de tipicidade. A Constituição Federal, nos termos do art. 5º, XI, garante a proteção ao domicílio, mas permite o ingresso em domicílio alheio, em qualquer hora do dia ou da noite, na hipótese de desastre, flagrante delito ou para prestar socorro. Ora, se o agente público o fizer, não estará atuando com o dolo especifico exigido pelo artigo 1º § 1º, da Lei nº 13.869/19 e, assim a conduta não será sequer típica.

Momento consumativo. O crime, em qualquer de suas modalidades, é crime de mera conduta ou de simples atividade, aperfeiçoando-se no momento em que o agente adentra completamente na casa da vítima ou, após a ordem de saída, ali permanece por período de tempo juridicamente relevante.

Tentativa. Será possível nas modalidades comissivas de adentrar ou invadir, quando o agente inicia a execução do crime, mas não logra êxito em entrar completamente no imóvel por razão alheia à sua vontade. Entendemos ser também possível a tentativa na modalidade "permanecer", quando, após a ordem de saída, o agente se recusa a sair, mas, por razões alheias a sua vontade, como, por exemplo, a atuação de um terceiro, é dali retirado imediatamente, antes que se perfaça um período de tempo juridicamente relevante.

Sujeito passivo. O habitante, titular do direito à tranquilidade e sossego doméstico, além do próprio Estado.

Sujeito ativo. Qualquer agente de autoridade poderá praticar esse crime.

Art. 23. Inovar artificiosamente, no curso de diligência, de investigação ou de processo, o estado de lugar, de coisa ou de pessoa, com o fim de eximir-se de responsabilidade ou de responsabilizar criminalmente alguém ou agravar-lhe a responsabilidade:

Pena – detenção, de 1 (um) a 4 (quatro) anos, e multa.

Parágrafo único. Incorre na mesma pena quem pratica a conduta com o intuito de:

I – eximir-se de responsabilidade civil ou administrativa por excesso praticado no curso de diligência;

II – omitir dados ou informações ou divulgar dados ou informações incompletos para desviar o curso da investigação, da diligência ou do processo.

Tipo objetivo. Cuida-se da conduta do agente público que inova artificialmente, alterando a realidade, no curso de diligência, investigação ou processo, com o fim de eximir-se de responsabilidade; ou responsabilizar criminalmente alguém ou agravar-lhe a responsabilidade ou, ainda, nos termos da modalidade equiparada do parágrafo único, I, para eximir-se de responsabilidade civil ou administrativa pelos excessos que levou a efeito. Em verdade, cuida-se de modalidade especial do delito de fraude processual descrito no art. 347 do Código Penal.

A figura equiparada do parágrafo único, II. Omitir dados ou informações ou divulga-los de forma incompleta para desviar o curso da investigação, diligência ou processo somente caracterizará esse crime se o objetivo do agente público não for embaraçar as investigações de crime praticado por organização criminosa, hipótese em que restará caracterizado o crime do artigo 2º, § 1º, da Lei nº 12.850 de 2013, incidindo causa do aumento de pena de que trata o § 4º, II e, em caso de condenação, a perda automática do cargo, com inabilitação para o exercício de qualquer outro cargo, emprego ou função por oito anos após o integral cumprimento da pena. Cumpre lembrar que, no dispositivo, que segue abaixo transcrito, a palavra "investigação" se refere a toda a persecução penal, não apenas o inquérito:

> Art. 2º Promover, constituir, financiar ou integrar, pessoalmente ou por interposta pessoa, organização criminosa:
>
> Pena - reclusão, de 3 (três) a 8 (oito) anos, e multa, sem prejuízo das penas correspondentes às demais infrações penais praticadas.
>
> § 1º Nas mesmas penas incorre quem impede ou, de qualquer forma, embaraça a investigação de infração penal que envolva organização criminosa.
>
> § 4º A pena é aumentada de 1/6 (um sexto) a 2/3 (dois terços):
>
> II - se há concurso de funcionário público, valendo-se a organização criminosa dessa condição para a prática de infração penal;
>
> § 5º Se houver indícios suficientes de que o funcionário público integra organização criminosa, poderá o juiz determinar seu afastamento cautelar do cargo, emprego ou função, sem prejuízo da remuneração, quando a medida se fizer necessária à investigação ou instrução processual.
>
> § 6º A condenação com trânsito em julgado acarretará ao funcionário público a perda do cargo, função, emprego ou mandato eletivo e a interdição para o exercício de função ou cargo público pelo prazo de 8 (oito) anos subsequentes ao cumprimento da pena.

Sujeito ativo: qualquer agente público.

Sujeito passivo: tanto o Estado quanto a pessoa que sofreu a conduta ilegal por parte do agente público.

Consumação. Se dará no momento em que o agente alterar o estado de coisas, de lugar ou de pessoa, independentemente de lograr os objetivos que busca alcançar com aquela alteração. Trata-se de crime formal.

Tentativa. Cabível em todas as modalidades, quando o agente iniciar a alteração, mas não lograr êxito em ultimá-la por razões alheias à sua vontade. Ex: No momento em que tentava retirar um pesado objeto de um lugar e posicioná-lo em outro, agentes policiais se aproximaram e impediram-no de prosseguir.

> **Art. 24.** Constranger, sob violência ou grave ameaça, funcionário ou empregado de instituição hospitalar pública ou privada a admitir para tratamento pessoa cujo óbito já tenha ocorrido, com o fim de alterar local ou momento de crime, prejudicando sua apuração:
>
> Pena - detenção, de 1 (um) a 4 (quatro) anos, e multa, além da pena correspondente à violência.

Tipo objetivo. Desnecessária previsão trazida na lei, pois a conduta já estaria contemplada, por exemplo, no artigo anterior, que, inclusive, traz idêntica pena. Para a caracterização do crime deste artigo 24, será indispensável a utilização de violência ou grave ameaça. Se não houver o emprego desses meios, estaremos diante do crime do artigo 23. Se não houver conhecimento por parte do agente público quanto à morte da vítima, estará em erro de tipo, que, ainda que vencível, levará à atipicidade do comportamento, vez que inexiste modalidade culposa de qualquer dos crimes descritos neste diploma legal.

Hipótese de haver emprego de violência. Ver notas ao artigo 22.

Sujeito ativo: qualquer agente público que estiver no exercício de suas funções ou a pretexto de exercê-las.

Sujeito passivo: O Estado e a pessoa que sofreu o constrangimento por parte do agente público.

Consumação. No momento em que a vítima admitir o cadáver para tratamento.

Tentativa. Possível, na hipótese de o agente empregar a violência ou a grave ameaça, mas o cadáver não for admitido para tratamento por circunstancias alheias à vontade do agente.

> **Art. 25.** Proceder à obtenção de prova, em procedimento de investigação ou fiscalização, por meio manifestamente ilícito:
>
> Pena - detenção, de 1 (um) a 4 (quatro) anos, e multa.
>
> **Parágrafo único.** Incorre na mesma pena quem faz uso de prova, em desfavor do investigado ou fiscalizado, com prévio conhecimento de sua ilicitude.

Tipo objetivo. Tal dispositivo em comento vem na esteira do direito previsto no art. 5º, LVI, da CRFB/88 e art. 157 do CPP:

> (CRFB/88) Art. 5º Todos são iguais perante a lei, sem distinção de qualquer natureza, garantindo-se aos brasileiros e aos estrangeiros residentes no País a inviolabilidade do direito à vida, à liberdade, à igualdade, à segurança e à propriedade, nos termos seguintes:
>
> LVI - são inadmissíveis, no processo, as provas obtidas por meios ilícitos;
>
> (CPP) Art. 157. São inadmissíveis, devendo ser desentranhadas do processo, as provas ilícitas, assim entendidas as obtidas em violação a normas constitucionais ou legais.
>
> § 1º São também inadmissíveis as provas derivadas das ilícitas, salvo quando não evidenciado o nexo de causalidade entre umas e ou-

tras, ou quando as derivadas puderem ser obtidas por uma fonte independente das primeiras.

§ 2º Considera-se fonte independente aquela que por si só, seguindo os trâmites típicos e de praxe, próprios da investigação ou instrução criminal, seria capaz de conduzir ao fato objeto da prova.

§ 3º Preclusa a decisão de desentranhamento da prova declarada inadmissível, esta será inutilizada por decisão judicial, facultado às partes acompanhar o incidente.

§ 4º (VETADO) (Incluído pela Lei nº 11.690, de 2008)

§ 5º O juiz que conhecer do conteúdo da prova declarada inadmissível não poderá proferir a sentença ou acórdão. (Incluído pela Lei nº 13.964, de 2019)

Não apenas pratica a conduta criminosa aquele que procede à obtenção da prova ilícita, mas também aquele, nos termos do parágrafo único, que faz uso da prova ilícita obtida por outrem. Para a caracterização do crime será indispensável que o agente saiba tratar-se de prova ilícita, quer seja por ocasião de sua obtenção, quer seja por ocasião de seu uso, pois o desconhecimento da ilicitude da prova caracteriza erro de tipo, que, afastando o dolo, torna a conduta atípica.

O presente dispositivo se aplica tanto à fase investigativa quanto à fase judicial, pois, consoante já destacado nesta obra, a investigação se prolonga por toda a instrução criminal.

Destaque-se, ainda, que não apenas existirá o delito quando houver a utilização de prova ilícita em procedimento judicial, porque o tipo penal também menciona como criminosa a sua obtenção e utilização durante procedimento de fiscalização levado a efeito por agentes públicos, tal qual ocorre nas fiscalizações tributárias, nas fiscalizações correcionais etc.

Prova ilícita por derivação. A utilização de prova derivada da ilícita pode, em tese, caracterizar o crime em comento. Contudo, a conduta somente poderá ser entendida como crime descrito neste artigo 25 da Lei de Abuso de Autoridade quando o agente tiver conhecimento inequívoco da sua origem e do nexo de relação entre a prova ilícita e aquela dela derivada.

Utilização da prova ilícita em favor do réu. Na hipótese de utilização de prova ilícita em favor do investigado/acusado, não se estará diante do crime em questão, na medida em que a doutrina e jurisprudência apontam a possibilidade de sua utilização e, nesse caso, o agente não estaria atuando em detrimento dos direitos e garantias fundamentais do cidadão, mais, ao contrário, em seu benefício. A conduta estaria amparada pelo estado de necessidade, excludente da ilicitude.

Sujeito ativo. Qualquer agente público responsável pela obtenção de prova e, na figura do parágrafo, a autoridade que faça uso da mesma na investigação ou fiscalização.

A consumação. Ocorre com a produção da prova ilícita e, no parágrafo, com sua utilização, independentemente de causação de qualquer prejuízo para o investigado ou fiscalizado.

Tentativa. Admitida, pois se trata de crime plurissubsistente, podendo a autoridade pública iniciar o mecanismo através do qual a prova seria obtida, mas não lograr êxito em ultimá-lo por ações alheias a sua vontade. Podemos, assim, imaginar um agente de polícia que iniciasse as tratativas para infiltrar-se em uma organização criminosa sem autorização judicial e, descoberto o seu plano, fosse impedido por seus superiores.

Art. 26. (VETADO).

Art. 27. Requisitar instauração ou instaurar procedimento investigatório de infração penal ou administrativa, em desfavor de alguém, à falta de qualquer indício da prática de crime, de ilícito funcional ou de infração administrativa:

Pena – detenção, de 6 (seis) meses a 2 (dois) anos, e multa.

Parágrafo único. Não há crime quando se tratar de sindicância ou investigação preliminar sumária, devidamente justificada.

Tipo objetivo. Cuida-se de uma das figuras mais criticadas da lei que ora se comenta. Afinal, procedimentos investigatórios são instaurados justamente para apurar se houve o cometimento de infrações penais. Assim, o dispositivo é visto por muitos como um óbice à apuração de crimes e ilícitos administrativos.

De toda sorte, porém, o crime é de quase impossível configuração, mesmo porque exige que o agente público realize a conduta com vistas à satisfação pessoal, capricho ou com intuito de prejudicar outrem ou beneficiar a si mesmo ou a terceiro, nas hipóteses em que não há nenhum indicio sequer de cometimento do ilícito. Havendo indício, ainda que poucos e frágeis, o crime inexistirá.

O tipo penal tem "requisitar" como um de seus verbos nucleares. Requisitar é sinônimo de impor, não podendo autoridade encarregada da instauração deixar de acatar o que foi determinado, a menos que se trate de imposição manifestamente ilegal. A conduta de instaurar procedimento investigatório ou administrativo flagrantemente desarrazoado, induvidosamente desarrazoado, com ou sem requisição, é igualmente tipificada neste artigo 27.

Pessoa certa e determinada. Não haverá o crime se a investigação recair sobre fato que não se atribua a pessoa (s) certa (s) e determinada (s), pois o tipo exige que o fato se dê em desfavor de "alguém".

Sindicância ou investigação preliminar sumária. Sua instauração, quando justificada, não configura o crime em análise, consoante regra explicativa completamente desnecessária do parágrafo único do artigo 27. Ora, se a instauração é justificada, ainda que se trate de inquérito e não apenas sindicância, não haverá o dolo específico, indispensável ao crime, conforme artigo 1º, § 1º.

A hipótese de procedimento investigatório de infração penal. Artigo 27 da Lei nº 13.869, de 2019 e artigo 339 do Código Penal. O artigo 27 descreve a conduta abusiva daquele que, sem qualquer indício, requisita ou instaura procedimento contra alguém. Ao contrário do crime de denunciação caluniosa, o agente que faz a requisição ou instaura o procedimento não o faz sabendo falsa a imputação. O que se quer impedir com este artigo 27 é justamente o mau uso do poder de requisição ou instauração de investigações. Caso o agente saiba que a pessoa a ser investigada não praticou qualquer crime e fizer instaurar procedimento investigatório de infração penal, deverá ser reconhecida a infração do artigo 339 do Código Penal, cujas penas são mais graves do que as do delito que ora se examina.

Sujeito ativo. É o agente público que, por disposição legal, possa requisitar instauração ou instaurar procedimento de investigação de infração penal ou administrativa.

Sujeito passivo. Tanto o Estado quanto a pessoa que figura como investigado no procedimento cuja instauração se requisita.

Consumação. Com o recebimento da requisição por parte daquele a quem se determina a instauração, ainda que não se instaure o procedimento. Na modalidade "instaurar", consuma-se com a abertura do procedimento.

Tentativa. Possível, quando, já feita, a requisição não chegar, por razões alheias à vontade do agente, àquele a quem se determina a instauração. Na modalidade "instaurar", também entendemos possível a tentativa quando o agente competente der início às formalidades e não ultimar o ato necessário à instauração, por fatores externos que o impeçam.

Art. 28. Divulgar gravação ou trecho de gravação sem relação com a prova que se pretenda produzir, expondo a intimidade ou a vida privada ou ferindo a honra ou a imagem do investigado ou acusado:

Pena – detenção, de 1 (um) a 4 (quatro) anos, e multa.

Tipo Objetivo. O direito à intimidade é garantia explicitamente prevista no art. 5º, X, da CRFB/88, e se busca preservar no dispositivo em análise:

> Art. 5º Todos são iguais perante a lei, sem distinção de qualquer natureza, garantindo-se aos brasileiros e aos estrangeiros residentes no País a inviolabilidade do direito à vida, à liberdade, à igualdade, à segurança e à propriedade, nos termos seguintes:
>
> X – são invioláveis a intimidade, a vida privada, a honra e a imagem das pessoas, assegurado o direito a indenização pelo dano material ou moral decorrente de sua violação;

O núcleo do tipo é o verbo divulgar, que significa tornar público, levar ao conhecimento de um número indeterminado de pessoas. Não configura o delito a revelação a pessoas determinadas. Somente haverá o crime se a conduta afetar intimidade, vida privada, imagem e honra, não se protegendo aqui outros direitos fundamentais do investigado, como, por exemplo, o patrimônio.

Na fase inquisitorial, investigativa, impõe-se o sigilo, ainda que se trate de trecho de conversa que guarde relação com o que se investiga. O inquérito não se coaduna com publicidade. Outrossim, considerando-se o princípio da publicidade do processo, a divulgação, na fase judicial, de conversas ou trechos de conversas pertinentes à prova que se pretenda produzir não configura o crime deste artigo 28. O tipo penal exige que a conduta recaia sobre gravação ou trecho de gravação sem relação com a prova que se pretenda produzir e desde que o agente o faça com o intuito de prejudicar o investigado ou por mero capricho e vaidade de quem determina a divulgação.

Gravação sem autorização judicial x crime do artigo 28. O crime deste artigo 28 pressupõe que a gravação tenha sido realizada licitamente, pois, na hipótese de ser feita ao arrepio da lei, estará configurada a infração do art. 10 da Lei de Interceptação Telefônica (Lei nº 9.296/96), com nova redação dada pela Lei de Abuso de Autoridade:

> Art. 10. Constitui crime realizar interceptação de comunicações telefônicas, de informática ou telemática, promover escuta ambiental ou quebrar segredo da Justiça, sem autorização judicial ou com objetivos não autorizados em lei: Pena – reclusão, de 2 (dois) a 4 (quatro) anos, e multa.
>
> Parágrafo único. Incorre na mesma pena a autoridade judicial que determina a execução de conduta prevista no caput deste artigo com objetivo não autorizado em lei.

Sujeito ativo: é o agente público a quem cabe resguardar a informação, como membros do Ministério Público, juízes, autoridades policiais.

Sujeito passivo: Além daquele que teve sua imagem, honra, vida privada ou intimidade violada, também o Estado.

Consumação. Quando o conteúdo da gravação for disponibilizado ao público, ainda que nenhuma ofensa à honra, intimidade e imagem do investigado fosse efetivamente provocada.

Tentativa. Possível quando, embora o agente iniciasse a realização da conduta através da qual se permitiria que a gravação ou trecho chegasse ao conhecimento do público, mas não conseguisse, por razão alheia à sua vontade, fazer a divulgação pretendida.

Art. 29. Prestar informação falsa sobre procedimento judicial, policial, fiscal ou administrativo com o fim de prejudicar interesse de investigado:

> Pena - detenção, de 6 (seis) meses a 2 (dois) anos, e multa.
> **Parágrafo único.** (VETADO).

Tipo objetivo. Não raras são as vezes em que autoridades são chamadas para que esclarecimentos e informações sobre o que foi apurado em procedimentos de que participaram a qualquer título, não podendo faltar com a verdade, ainda que em seu próprio interesse, sendo esse o fundamento do dispositivo que ora se analisa. Só restará praticado o delito quando a declaração falsa for prestada com a especial finalidade de prejudicar o investigado. Sendo outro o intuito do agente, afastada estará a incidência do artigo 29.

Artigo 342 do CP X art. 29 da Lei nº 13.869/19. Não pratica o crime deste artigo, mas o de falso testemunho o agente público que prestar as informações na qualidade de testemunha, ou seja, de pessoa sem qualquer interesse na causa, que declara em juízo o que sabe sobre os fatos objeto de apuração. Os membros do Ministério Público e juízes que oficiem na persecução penal não podem atuar como testemunhas, consoante art. 252, II, do CPP, e, nestas circunstâncias, não poderão figurar como autores do crime do artigo 342 do Código Penal. Nada obsta, porém, que pratiquem o crime do artigo 29, em análise.

Sujeito ativo. Pode ser praticado por qualquer autoridade que tenha participado, nesta qualidade, do procedimento judicial, policial, fiscal ou administrativo.

Sujeito passivo. O Estado e o investigado a quem se pretende prejudicar.

Consumação. Se dá com o encerramento do depoimento, com sua redução a termo, ainda que o agente não consiga provocar prejuízo ao investigado. Trata-se, portanto, de crime formal.

Tentativa. Possível, quando iniciado o depoimento, o ato não se encerra por razões alheias à vontade do agente.

> ~~Art. 30. (VETADO).~~
> **Art. 30.** Dar início ou proceder à persecução penal, civil ou administrativa sem justa causa fundamentada ou contra quem sabe inocente: (Promulgação partes vetadas)
> Pena - detenção, de 1 (um) a 4 (quatro) anos, e multa.

Tipo objetivo. As hipóteses comportadas pelo tipo são as seguintes:

1. Dar início ou proceder à persecução penal, sem justa causa fundamentada;
2. Dar início à persecução penal contra quem sabe inocente (nesta hipótese entendemos inconstitucional o tipo, por razões que serão explicitadas);

3. Proceder à persecução penal, contra quem sabe inocente;
4. Dar início ou proceder à persecução civil, sem justa causa fundamentada;
5. Dar início ou proceder à persecução civil contra quem sabe inocente;
6. Dar início ou proceder à persecução administrativa sem justa causa fundamentada;
7. Dar início ou proceder à persecução administrativa contra quem sabe inocente.

"Dar início" diz respeito a instaurar a persecução.

"Proceder" é dar continuidade. Assim, a conduta típica se refere tanto à conduta de quem instaura quanto a de quem, percebendo o abuso na acusação, prossegue com a persecução.

Dar início ou proceder à persecução penal, civil ou administrativa sem justa causa. Existirá justa causa quando a autoridade pública lastrear sua ação com a demonstração, de plano, que a acusação feita não é temerária, porque pautada em um conjunto probatório mínimo a indicar a existência da infração e indícios suficientes que apontam aquele a quem se acusa como seu autor. O tipo penal em estudo descreve a conduta de quem, como autoridade pública, dá início a uma ação penal, civil ou administrativa sem fundamentá-la com esse conjunto mínimo de provas. Sempre vale da lembrança de que o crime só restará caracterizado caso presente o especial fim de agir de que trata o art. 1º, §1º, desse diploma legal.

Dar início ou proceder à persecução civil ou administrativa contra quem sabe inocente. Proceder à persecução criminal contra quem sabe inocente. Para a caracterização desse crime o agente deve ter conhecimento da inocência daquele a quem acusa ao iniciar a persecução civil ou administrativa ou ao dar continuidade à persecução criminal, civil ou administrativa. A falta de conhecimento pelo agente da inocência caracteriza erro de tipo levando, portanto, à atipicidade comportamental. O tipo penal exige efetivo conhecimento da inocência da vítima do abuso, não comportando, portanto, a figura do dolo eventual.

Dar início à persecução penal contra quem sabe inocente. Ao inserir essa hipótese, no afã de criar uma "nova figura criminosa", o legislador demonstra sua fragilidade e falta de higidez técnica na elaboração de tipos penais incriminadores. Aqui, deve-se entender que o tipo penal não terá qualquer utilidade, eis que a conduta caracteriza a prática de crime de denunciação caluniosa, descrita no artigo 339 do Código Penal com penas mais severas que as trazidas pela Lei de Abuso de Autoridade. Solução contrária caracterizaria violação ao princípio da proibição à proteção deficiente.

O propósito da Lei nº 13.869, de 2019, foi o de imprimir um tratamento mais incisivo ao crime de abuso de autoridade como forma de, coibindo arbitrariedades estatais, proteger direitos e garantias individuais, notadamente as que guardam relação com a liberdade.

O Estado pretendeu, com o novo diploma, dar resposta mais contundente às agressões provenientes de comportamentos abusivos de seus agentes. Não teria sentido admitir que o novo diploma pudesse retroceder nesse aspecto, diminuindo à metade a pena daquele que der início à persecução penal, instaurando ação penal contra quem sabe inocente (como é feito no Código Penal). Neste aspecto, o tipo penal padece de vício de inconstitucionalidade. Vejamos o teor do art. 339 do CP:

> Art. 339. Dar causa à instauração de investigação policial, de processo judicial, instauração de investigação administrativa, inquérito civil ou ação de improbidade administrativa contra alguém, imputando-lhe crime de que o sabe inocente: (Redação dada pela Lei nº 10.028, de 2000)
>
> Pena - reclusão, de dois a oito anos, e multa.

A hipótese de instauração de persecução civil ou administrativa contra quem se sabe inocente a partir da imputação falsa de um fato definido como crime. A depender do caso concreto, poderá se caracterizar denunciação caluniosa, que contempla, como demonstra transcrição acima, a conduta de dar causa à instauração de investigação administrativa, inquérito civil ou ação de improbidade administrativa contra alguém, imputando-lhe crime de que o sabe inocente.

Confronto com o crime do artigo 27. No crime que ora se comenta, a persecução se dá em juízo, mesmo porque não se poderia exigir justa causa fundamentada para instauração de investigação. Através da investigação se busca a reunião dos elementos mínimos que possibilitarão a deflagração da ação. Assim, será reconhecida a infração do artigo 27 em se tratando de requisição de instauração ou instauração de procedimento investigatório de infração penal ou administrativa, em desfavor de alguém, à falta de qualquer indício da prática de crime, de ilícito funcional ou de infração administrativa.

Sujeito ativo. Qualquer agente público que tenha competência/atribuição para dar início/proceder à persecução penal, civil ou administrativa.

Sujeito passivo. O Estado e a pessoa, física ou jurídica, contra quem foi instaurado o processo.

Consumação. Apenas com o início da persecução em juízo ou, na hipótese de "proceder à persecução", no momento em que o agente, percebendo o abuso, der continuidade.

Tentativa. Possível, por se tratar de crime plurissubsistente, ocorrendo quando, formulada a acusação, a mesma não for acatada. Entendemos não ser cabível na modalidade "proceder", pois o crime estará consumado quando o agente realizar qualquer conduta que demonstre a continuidade da persecução. Caso contrário, a conduta não poderá ser considerada típica, não cabendo a figura do *conatus*.

Art. 31. Estender injustificadamente a investigação, procrastinando-a em prejuízo do investigado ou fiscalizado:

Pena – detenção, de 6 (seis) meses a 2 (dois) anos, e multa.

Tipo objetivo. O art. 31 cuida da procrastinação não apenas das investigações de infrações penais, mas também das administrativas. Contudo, para que o crime reste praticado, a procrastinação deve se dar em prejuízo do investigado ou fiscalizado. Com o tipo penal, busca-se implementar o direito previsto no art. 5º, LXXVIII, da CRFB/88, inserido pela Emenda Constitucional nº 45/2004, que consagra a razoável duração do processo dentro das garantias fundamentais asseguradas ao indivíduo.

> Art. 5º Todos são iguais perante a lei, sem distinção de qualquer natureza, garantindo-se aos brasileiros e aos estrangeiros residentes no País a inviolabilidade do direito à vida, à liberdade, à igualdade, à segurança e à propriedade, nos termos seguintes:
>
> LXXVIII. A todos, no âmbito judicial e administrativo, são assegurados a razoável duração do processo e os meios que garantam a celeridade de sua tramitação".

O crime do *caput* se refere a procedimentos para os quais há prazos a serem observados, como inquéritos policiais, que, nos termos do Código de Processo Penal, deverão ser ultimados em 30 dias se o acusado se encontrar solto e 10 dias, caso preso. Porém, somente restará caracterizado quando a demora for injustificada, ou seja, quando não houver qualquer razão plausível para tanto.

Não haverá demora injustificada, que aqui aparece como elemento normativo do tipo, quando houver complexidade do feito, quando os atos tidos como procrastinatórios não puderem ser atribuídos àquele que preside a investigação ou mesmo quando se tratar de apuração que envolva grande número de pessoas.

O crime poderá ser cometido através de ação (com realização de diligências que, meramente protelatórias, são indiferentes à conclusão do feito), ou por omissão, retardando ou mesmo quedando-se inerte o presidente do feito quanto à realização de diligências imprescindíveis à sua conclusão, por exemplo.

Sujeito ativo. A autoridade que preside a investigação.

Sujeito passivo. O Estado e o investigado.

Consumação. Com o fim do prazo legal, sem que haja qualquer justificativa para tanto. Cuida-se de crime a prazo.

Tentativa. Cremos que de impossível configuração. Se ainda não foi ultrapassado o prazo legal para conclusão, não há conduta típica. Se o prazo foi ultrapassado sem justificativa, o crime restará consumado.

Parágrafo único. Incorre na mesma pena quem, inexistindo prazo para execução ou conclusão de procedimento, o estende de forma imotivada, procrastinando-o em prejuízo do investigado ou do fiscalizado.

Figura equiparada do parágrafo único. Aplicável a figura do parágrafo único para os procedimentos sem prazo determinado de conclusão, aplicando-se, no mais, as mesmas considerações feitas quando da análise da conduta do *caput*.

~~Art. 32. (VETADO).~~

Art. 32. Negar ao interessado, seu defensor ou advogado acesso aos autos de investigação preliminar, ao termo circunstanciado, ao inquérito ou a qualquer outro procedimento investigatório de infração penal, civil ou administrativa, assim como impedir a obtenção de cópias, ressalvado o acesso a peças relativas a diligências em curso, ou que indiquem a realização de diligências futuras, cujo sigilo seja imprescindível: (Promulgação partes vetadas)

Pena - detenção, de 6 (seis) meses a 2 (dois) anos, e multa.

Tipo objetivo. O Estatuto da Ordem dos Advogados do Brasil garante como prerrogativa do advogado, o direito de examinar, em qualquer instituição responsável por conduzir investigação, mesmo que, para tanto, não tenha procuração, autos de investigações de qualquer natureza, findos ou em andamento, podendo copiar peças e tomar apontamentos, através de meios físicos ou digitais, conforme disposto no artigo 7 º, XIV:

> Art. 7º São direitos do advogado:
>
> XIV - examinar, em qualquer instituição responsável por conduzir investigação, mesmo sem procuração, autos de flagrante e de investigações de qualquer natureza, findos ou em andamento, ainda que conclusos à autoridade, podendo copiar peças e tomar apontamentos, em meio físico ou digital;

A garantia se justifica porque o sigilo dos autos de um inquérito policial ou investigação é imposto para evitar divulgação ao público em geral e, assim, não se dirige ao advogado, sob pena de consagrarmos possibilidade de arbitrariedades e prejuízos ao investigado. Para evitar esvaziamento da investigação, não haverá crime quando a negativa de acesso se der em casos de diligências em andamento ou futuras, que exijam sigilo. Uma vez ultimadas e documentadas as diligências, o patrono do investigado terá acesso a todo o seu conteúdo, neste aspecto, cumpre observar os termos da Súmula Vinculante 14:

> Súmula Vinculante 14. "É direito do defensor, no interesse do representado, ter acesso amplo aos elementos de prova que, já do-

> cumentados em procedimento investigatório realizado por órgão com competência de polícia judiciária, digam respeito ao exercício do direito de defesa"

O próprio artigo 7º, acima mencionado, delimita, em seu § 11, o acesso do advogado aos elementos de prova relacionados à diligência em andamento:

> Art. 7º São direitos do advogado:
>
> § 11. No caso previsto no inciso XIV, a autoridade competente poderá delimitar o acesso do advogado aos elementos de prova relacionados a diligências em andamento e ainda não documentados nos autos, quando houver risco de comprometimento da eficiência, da eficácia ou da finalidade das diligências.

Cumpre, porém, esclarecer que o dispositivo não apenas contempla inquéritos e outros procedimentos investigatórios de infração penal, também abrangendo outros, de natureza civil ou administrativa.

Sujeitos do crime. Sujeito ativo: é o agente público que presida o procedimento.

Sujeito passivo: O Estado, o defensor (defensor público ou advogado), bem como o investigado.

Consumação. Quando chegar ao conhecimento do interessado ou de seu defensor a recusa de acesso aos autos pela autoridade.

Tentativa. Possível, quando plurissubsistente o crime, ou seja, quando praticado mediante mais de um ato, hipótese em que será possível fracionar seu iter executório, tal qual se dará quando praticado por escrito e a negativa, por razão alheia à vontade do agente, não chegar ao conhecimento do interessado ou seu defensor. Devemos, contudo, destacar que a hipótese é de quase impossível consumação, pois o agente arbitrário não documentaria a recusa.

> **Art. 33.** Exigir informação ou cumprimento de obrigação, inclusive o dever de fazer ou de não fazer, sem expresso amparo legal:
>
> Pena – detenção, de 6 (seis) meses a 2 (dois) anos, e multa.

Tipo objetivo. Cuida-se de tipo que, embora assemelhado com o constrangimento ilegal, com ele não se confunde, tampouco pode ser classificado como norma especial em relação ao artigo 146 do Código Penal, pois, além de se tratar de crime próprio, só podendo ser praticado por agente público, esse crime do artigo 33 não traz ameaça e violência contra a pessoa como suas elementares.

O tipo penal reclama, ainda, a especial finalidade de agir como elemento subjetivo do tipo, nos exatos termos do artigo 1º, § 1º, da Lei nº 13.869/19, sem o qual não restará caracterizado, sendo esta mais uma distinção que apresenta quando comparado à infração prevista no Estatuto Penal Repressivo.

Contudo, o modelo legal incriminador *sub examine* guarda um importante ponto em comum com o constrangimento ilegal: a exigência feita pelo agente público também aqui não tem respaldo legal, sendo a vítima compelida pelo agente de autoridade a fazer que a lei não determina ou deixar de fazer algo que a lei permite. A previsão legal contida neste artigo 33 se justifica para assegurar a garantia constitucional prevista no art. 5º, II, da CRFB/88:

> Art. 5º Todos são iguais perante a lei, sem distinção de qualquer natureza, garantindo-se aos brasileiros e aos estrangeiros residentes no País a inviolabilidade do direito à vida, à liberdade, à igualdade, à segurança e à propriedade, nos termos seguintes:
>
> II - ninguém será obrigado a fazer ou deixar de fazer alguma coisa senão em virtude de lei;

Tortura. Caso a exigência dirigida à vítima para prestar a informação venha acompanhada de violência ou grave ameaça, causando sofrimento físico ou mental à vítima, configura-se não o crime do *caput* do artigo 33, mas o crime de tortura, art. 1º, I, a da Lei nº 9.455/1997:

> Art. 1º Constitui crime de tortura:
>
> I - constranger alguém com emprego de violência ou grave ameaça, causando-lhe sofrimento físico ou mental:
>
> a) com o fim de obter informação, declaração ou confissão da vítima ou de terceira pessoa;

Sujeito ativo. Qualquer agente público pode ser sujeito ativo do crime.

Sujeito passivo. No *caput*, a pessoa de quem se exigiu a informação ou se determinou o cumprimento de obrigação, bem como o Estado.

Consumação. O crime consuma com a exigência, ainda que a não prestada a informação ou não cumprida a obrigação.

Tentativa. Possível, quando a exigência de o agente não chegar, por razões alheias à sua vontade, ao conhecimento da vítima, tal qual pode ocorrer se feita por escrito.

> **Parágrafo único.** Incorre na mesma pena quem se utiliza de cargo ou função pública ou invoca a condição de agente público para se eximir de obrigação legal ou para obter vantagem ou privilégio indevido.

Figura equiparada. No parágrafo único encontramos a figura equiparada, que se trata de crime autônomo com relação ao *caput*, descrevendo a conduta daquele que se utiliza de cargo ou função pública ou invoca a condição de agente público para se eximir de obrigação prevista em lei ou para obter vantagem ou privilégio não amparado em lei, tal qual ocorre em situações em que o agente, apresentando-se como autoridade pública, exige preferência em atendimento, sem qualquer respaldo legal.

Para a caracterização do crime do parágrafo único, o agente não se utiliza de violência ou grave ameaça. Ao contrário, abusando do poder, apenas invoca a sua condição de funcionário público para atingir seu objetivo, sabedor do impacto que isso tem sobre o cidadão em geral e ciente de que a sua condição de agente público é suficiente para que a vítima ceda a seu apelo. Não se exige que a vantagem ou o privilégio indevido não possua caráter econômico para a caracterização do crime em tela.

O crime do parágrafo único X concussão X extorsão. Na hipótese de o agente público exigir vantagem ou privilégio indevido, em razão da função, direta ou indiretamente, ainda que fora dela ou antes de assumi-la, o crime será de concussão. Na hipótese de utilização de violência ou grave ameaça, estaremos diante de extorsão. Os artigos correspondentes, extraídos do Código Penal, seguem abaixo descritos:

> Art. 316 - Exigir, para si ou para outrem, direta ou indiretamente, ainda que fora da função ou antes de assumi-la, mas em razão dela, vantagem indevida:
>
> Pena - reclusão, de 2 (dois) a 12 (doze) anos, e multa. (Redação dada pela Lei nº 13.964, de 2019)
>
> Art. 158 - Constranger alguém, mediante violência ou grave ameaça, e com o intuito de obter para si ou para outrem indevida vantagem econômica, a fazer, tolerar que se faça ou deixar de fazer alguma coisa:
>
> Pena - reclusão, de quatro a dez anos, e multa.
>
> § 1º - Se o crime é cometido por duas ou mais pessoas, ou com emprego de arma, aumenta-se a pena de um terço até metade.
>
> § 2º - Aplica-se à extorsão praticada mediante violência o disposto no § 3º do artigo anterior. Vide Lei nº 8.072, de 25.7.90.
>
> § 3º Se o crime é cometido mediante a restrição da liberdade da vítima, e essa condição é necessária para a obtenção da vantagem econômica, a pena é de reclusão, de 6 (seis) a 12 (doze) anos, além da multa; se resulta lesão corporal grave ou morte, aplicam-se as penas previstas no art. 159, §§ 2º e 3º, respectivamente. (Incluído pela Lei nº 11.923, de 2009)

Sujeito ativo: qualquer agente público pode ser sujeito ativo do crime.

Sujeito passivo. No parágrafo único, além do indivíduo de quem o agente busca a conduta que lhe garantirá eximir-se da obrigação ou a obtenção da vantagem ou privilégio, também o próprio Estado.

Consumação. Na figura do parágrafo, não é preciso, para fins de consumação, que, em razão do agente apresentar-se como agente público, tenha conseguido se eximir da obrigação legal ou obter vantagem ou privilégio indevido, bastando que tenha invocado sua condição para tanto.

Tentativa. Possível, aqui se aplicando o mesmo raciocínio feito com relação à tentativa do crime do *caput*.

Art. 34. (VETADO).

Art. 35. (VETADO).

Art. 36. Decretar, em processo judicial, a indisponibilidade de ativos financeiros em quantia que extrapole exacerbadamente o valor estimado para a satisfação da dívida da parte e, ante a demonstração, pela parte, da excessividade da medida, deixar de corrigi-la:

Pena - detenção, de 1 (um) a 4 (quatro) anos, e multa.

Tipo objetivo. O crime só restará praticado quando for decretada, em processo judicial, a indisponibilidade de ativos financeiros em quantia que extrapole exacerbadamente o valor estimado para a satisfação da dívida, a parte demonstrar a excessividade da medida e o juiz deixar de corrigi-la. Assim, a, mera decretação de indisponibilidade, ainda que excessiva, não é suficiente para a caracterização do crime em comento, sendo necessário que o magistrado não faça a correção depois de ter sido advertido do erro. Se, após analisada a demonstração da excessividade, houver a revogação da indisponibilidade dos ativos financeiros, não há crime. Também para a caracterização do delito se exige que a quantia extrapole exacerbadamente o estimado para a satisfação da dívida, tratando-se de elemento normativo do tipo, cujo alcance e verdadeiro significado há de ser dado pelo intérprete na análise do caso concreto. Cuida-se, portanto, de tipo aberto.

Objeto material. A conduta, para caracterizar o crime em comento, deverá recair sobre ativos financeiros.

Sujeito ativo: autoridade judiciária

Sujeito passivo: Além do Estado, aquele contra quem se decretou a indisponibilidade.

Consumação. Quando o agente, após a demonstração da excessividade da medida, deixar de corrigi-la.

Tentativa. Não será admitida. O delito do art. 36 da Lei de Abuso de Autoridade pressupõe, objetivamente, a ação de decretar seguida de uma omissão, qual seja, a de deixar de corrigir. Das duas uma: ou o agente corrige o equívoco na primeira oportunidade após a demonstração da excessividade de seu decreto (hipótese em que não haverá crime), ou não o faz e o crime restará consumado.

Art. 37. Demorar demasiada e injustificadamente no exame de processo de que tenha requerido vista em órgão colegiado, com o intuito de procrastinar seu andamento ou retardar o julgamento:

Pena – detenção, de 6 (seis) meses a 2 (dois) anos, e multa.

Fato típico. Só haverá o crime, que apenas ocorrerá quando houver pedido de vista em órgão colegiado, na hipótese de o agente retardar o exame do feito com o intuito de procrastinar seu andamento ou retardar o julgamento. Não havendo este especial fim de agir, não haverá o delito. O sentido de "extrapolação exacerbada", elemento normativo do tipo, deverá ser esclarecido pelo intérprete, após valoração à luz do caso concreto.

Sujeito ativo. Entendemos que não somente integrante de órgão colegiado, mas também qualquer agente de autoridade que perante o mesmo atue e possa pedir vista, como o Ministério Público, por exemplo.

Sujeito passivo: Além do Estado, a pessoa (física ou jurídica) em detrimento de quem ocorre a demora.

Consumação. O crime estará consumado quando a demora se tornar injustificada, sendo difícil precisar o momento em que isso ocorrerá. Por outro lado, sendo permanente, estará se consumando durante todo o tempo até a devolução dos autos.

Tentativa. Incabível, por se tratar de crime omissivo próprio.

~~Art. 38.~~ (VETADO).

Art. 38. Antecipar o responsável pelas investigações, por meio de comunicação, inclusive rede social, atribuição de culpa, antes de concluídas as apurações e formalizada a acusação: (Promulgação partes vetadas)

Pena – detenção, de 6 (seis) meses a 2 (dois) anos, e multa.

Tipo objetivo. Cuida-se de crime de forma vinculada, só podendo ser realizado através dos meios de comunicação. Caso concluídas as apurações e formalizada a acusação, não haverá o crime. Porém, caso antecipada a culpa, apontando-se alguém como autor de crime, quando finalizadas as apurações, mas antes do Ministério Público formalizar a acusação com o oferecimento da denúncia, o crime restará igualmente caracterizado.

Sujeito ativo: o agente público responsável pelas investigações.

Sujeito passivo: Além do Estado, aquele a quem se atribui culpa.

Consumação. O crime restará consumado quando, antes de concluídas as apurações e formalizada a acusação, forem passadas, através dos meios de comunicação, as informações referentes à investigação, apontando-se o investigado como autor do crime para o público em geral, ou seja, se consumará o crime quando se der a publicidade antecipada daquele que ainda é investigado.

Tentativa. Possível, pois se trata de crime plurissubsistente.

CAPÍTULO VII
DO PROCEDIMENTO

Art. 39. Aplicam-se ao processo e ao julgamento dos delitos previstos nesta Lei, no que couber, as disposições do Decreto-Lei nº 3.689, de 3 de outubro de 1941 (Código de Processo Penal), e da Lei nº 9.099, de 26 de setembro de 1995.

CAPÍTULO VIII
DISPOSIÇÕES FINAIS

Art. 40. O art. 2º da Lei nº 7.960, de 21 de dezembro de 1989, passa a vigorar com a seguinte redação:

"Art.2º...

§ 4º-A O mandado de prisão conterá necessariamente o período de duração da prisão temporária estabelecido no **caput** deste artigo, bem como o dia em que o preso deverá ser libertado.

....

§ 7º Decorrido o prazo contido no mandado de prisão, a autoridade responsável pela custódia deverá, independentemente de nova ordem da autoridade judicial, pôr imediatamente o preso em liberdade, salvo se já tiver sido comunicada da prorrogação da prisão temporária ou da decretação da prisão preventiva.

§ 8º Inclui-se o dia do cumprimento do mandado de prisão no cômputo do prazo de prisão temporária." (NR)

Art. 41. O art. 10 da Lei nº 9.296, de 24 de julho de 1996, passa a vigorar com a seguinte redação:

"Art. 10. Constitui crime realizar interceptação de comunicações telefônicas, de informática ou telemática, promover escuta ambiental ou quebrar segredo da Justiça, sem autorização judicial ou com objetivos não autorizados em lei:

Pena - reclusão, de 2 (dois) a 4 (quatro) anos, e multa.

Parágrafo único. Incorre na mesma pena a autoridade judicial que determina a execução de conduta prevista no **caput** deste artigo com objetivo não autorizado em lei." (NR)

Art. 42. A Lei nº 8.069, de 13 de julho de 1990 (Estatuto da Criança e do Adolescente), passa a vigorar acrescida do seguinte art. 227-A:

"Art. 227-A Os efeitos da condenação prevista no inciso I do caput do art. 92 do Decreto-Lei nº 2.848, de 7 de dezembro de 1940 (Código Penal), para os crimes previstos nesta Lei, praticados por servidores públicos com abuso de autoridade, são condicionados à ocorrência de reincidência.

Parágrafo único. A perda do cargo, do mandato ou da função, nesse caso, independerá da pena aplicada na reincidência."

~~Art. 43.~~ (VETADO).

Art. 43. A Lei nº 8.906, de 4 de julho de 1994, passa a vigorar acrescida do seguinte art. 7º-B: (Promulgação partes vetadas)

'Art. 7º-B Constitui crime violar direito ou prerrogativa de advogado previstos nos incisos II, III, IV e V do **caput** do art. 7º desta Lei:

Pena - detenção, de 3 (três) meses a 1 (um) ano, e multa.'"

Art. 44. Revogam-se a Lei nº 4.898, de 9 de dezembro de 1965, e o § 2º do art. 150 e o art. 350, ambos do Decreto-Lei nº 2.848, de 7 de dezembro de 1940 (Código Penal).

A revogação do art. 350 do Código Penal. Sustentamos, em outras edições da obra, que os crimes descritos nos art. 322 e 350 do Código Penal já se encontravam tacitamente revogados pela lei de 1965. Contudo, o Supremo Tribunal Federal assim não entendia, dando-lhes aplicação. Hoje, nenhuma dúvida pode existir com relação ao crime do artigo 350, face à revogação expressa, conforme art. 44 da Nova Lei de Abuso de Autoridade.

Art. 45. Esta Lei entra em vigor após decorridos 120 (cento e vinte) dias de sua publicação oficial.

Brasília, 5 de setembro de 2019; 198º da Independência e 131º da República.

JAIR MESSIAS BOLSONARO

Sérgio Moro

Wagner de Campos Rosário

Jorge Antonio de Oliveira Francisco

André Luiz de Almeida Mendonça

Este texto não substitui o publicado no DOU de 5.9.2019 - Edição extra-A e retificado em 18.9.2019

2

LEI ANTIDROGAS

LEI Nº 11.343, DE 23 DE AGOSTO DE 2006.

CAPÍTULO III

Dos Crimes e das Penas

Art. 27. As penas previstas neste Capítulo poderão ser aplicadas isolada ou cumulativamente, bem como substituídas a qualquer tempo, ouvidos o Ministério Público e o defensor.

Art. 28. Quem adquirir, guardar, tiver em depósito, transportar ou trouxer consigo, para consumo pessoal, drogas sem autorização ou em desacordo com determinação legal ou regulamentar será submetido às seguintes penas:

I - advertência sobre os efeitos das drogas;

II - prestação de serviços à comunidade;

III - medida educativa de comparecimento a programa ou curso educativo.

O Tratamento Dispensado ao Usuário. O tratamento dispensado pela Lei nº 11.343/2006 quanto à figura de adquirir, trazer consigo e guardar a droga para uso próprio difere daquele dado pela Lei nº 6.368/1976, na medida em que a referida figura é agora tratada no título relativo à prevenção, separada, em definitivo, do tratamento dispensado ao traficante, cuja conduta vem disciplinada em outro título, qual seja, o da repressão.

A "Despenalização" da Posse de Droga para Consumo Pessoal. Em análise ao tipo penal em comento, podemos verificar que não mais prevê o legislador pena privativa de liberdade para o porte de droga para consumo pessoal, tendo diminuído a carga punitiva que antes incidia sobre o comportamento, o que evidencia ter ocorrido despenalização, consoante entendimento do STF na decisão do RE nº 430.105. Neste sentido:

> I. Posse de droga para consumo pessoal: (art. 28 da L. 11.343/06 - nova lei de drogas): natureza jurídica de crime. 1. O art. 1º da LICP -

que se limita a estabelecer um critério que permite distinguir quando se está diante de um crime ou de uma contravenção – não obsta a que lei ordinária superveniente adote outros critérios gerais de distinção, ou estabeleça para determinado crime – como o fez o art. 28 da L. 11.343/06 – pena diversa da privação ou restrição da liberdade, a qual constitui somente uma das opções constitucionais passíveis de adoção pela lei incriminadora (CF/88, art. 5º, XLVI e XLVII). 2. Não se pode, na interpretação da L. 11.343/2006, partir de um pressuposto desapreço do legislador pelo "rigor técnico", que o teria levado inadvertidamente a incluir as infrações relativas ao usuário de drogas em um capítulo denominado "Dos Crimes e das Penas", só a ele referentes. (L. 11.343/2006, Título III, Capítulo III, arts. 27/30). 3. Ao uso da expressão "reincidência", também não se pode emprestar um sentido "popular", especialmente porque, em linha de princípio, somente disposição expressa em contrário na L. 11.343/2006 afastaria a regra geral do C. Penal (C. Penal, art. 12). 4. Soma-se a tudo a previsão, como regra geral, ao processo de infrações atribuídas ao usuário de drogas, do rito estabelecido para os crimes de menor potencial ofensivo, possibilitando até mesmo a proposta de aplicação imediata da pena de que trata o art. 76 da L. 9.099/1995 (art. 48, §§ 1º e 5º), bem como a disciplina da prescrição segundo as regras do art. 107 e seguintes do C. Penal (L. 11.343, art. 30). 6. Ocorrência, pois, de "despenalização", entendida como exclusão, para o tipo, das penas privativas de liberdade. 7. Questão de ordem resolvida no sentido de que a L. 11.343/2006 não implicou *abolitio criminis* (C. Penal, art. 107). II. Prescrição: consumação, à vista do art. 30 da L. 11.343/2006, pelo decurso de mais de 2 anos dos fatos, sem qualquer causa interruptiva. III. Recurso extraordinário julgado prejudicado. (RE nº 430.105 QO/RJ, Rel. Min. Sepúlveda Pertence, 13/02/2007).

Deve-se, contudo, verificar que o STF usou o termo "despenalização" referindo-se à exclusão das penas privativas de liberdade, hoje não mais cabíveis para o crime de posse de droga para consumo pessoal.

Após essa decisão, se seguiram várias outras em que a Corte repetiu idêntico entendimento.

Em que pesem as anotações acima, pende de julgamento no STF o RE 635659 com repercussão geral, em que a Defensoria Pública do Estado de São Paulo pugna pela declaração de inconstitucionalidade do dispositivo em análise.

Natureza Jurídica do Art. 28. Cuida-se o art. 28, segundo entendimento do STF, de tipo penal incriminador, não mera infração administrativa, como quiseram muitos quando da edição da lei. Assim, não houve descriminalização do referido comportamento.

A Inocorrência de *Abolitio Criminis*. Ainda no mesmo julgado acima transcrito, podemos verificar não ter havido *abolitio criminis* com relação ao crime de que ora tratamos. A *abolitio criminis* ocorre quando lei posterior deixa de considerar criminoso um comportamento antes previsto como tal, o que não ocorreu na hipótese vertente. A conduta antes era descrita no art. 16 da Lei nº 6.368/1976 como criminosa e hoje continua sendo conduta criminosa, apesar de descrita em outro dispositivo legal, agora no art. 28 da Lei nº 11.342/2006, embora não mais sendo-lhe cominadas penas privativas de liberdade.

Novatio Legis In Mellius. Conquanto não tenha ocorrido *abolitio criminis*, é inquestionável que a atual lei, ao dispensar tratamento menos gravoso para aquele que adquire, traz consigo, ou guarda drogas para consumo pessoal, traduz *novatio legis in mellius*, ou seja, lei nova mais benéfica, razão pela qual a regra do atual art. 28 merecerá aplicação retroativa para alcançar fatos praticados anteriormente à sua vigência, independentemente de já haver quanto aos mesmos trânsito em julgado da sentença condenatória, nos termos do art. 5º, XL, da Constituição Federal e art. 2º, parágrafo único, do Código Penal.

Análise do Núcleo do Tipo. Adquirir, guardar, ter em depósito, transportar ou trazer consigo são as condutas hoje incriminadas. Se compararmos com a Lei nº 6.368/1976, a figura corresponderia ao tipo penal do art. 16. A norma revogada, entretanto, não dispunha sobre as figuras de "ter em depósito" ou "transportar".

Tipo Alternativo. O tipo do art. 28 é misto alternativo, o que implica na conclusão de que a realização de mais de uma conduta típica, dentro de um mesmo contexto fático, não determina pluralidade de crimes, mas, ao contrário, o reconhecimento de ter havido apenas um crime. Assim, se o agente adquire a droga e a guarda para consumo pessoal, haverá apenas um crime.

O Uso de Substância Entorpecente. A leitura do art. 28 demonstra que não há incriminação do uso da droga. Assim, se alguém for surpreendido usando droga, não há que se falar em conduta típica, a menos que se apreenda a substância entorpecente em seu poder, isso porque traz consigo a droga, conduta prevista como criminosa no artigo em comento.

Pensemos, assim, na conduta daquele que deixa um amigo injetar-lhe droga nas veias. A rigor, o referido comportamento é atípico, pois apenas usou, não realizando qualquer das condutas nucleares do tipo. Diferente seria a resposta caso uma pessoa fosse flagrada, por exemplo, na praia, fumando maconha e um policial apreendesse a maconha em seu poder. Neste caso, teríamos conduta típica porque, consoante explicitado acima, trazia a droga consigo para fins de consumo pessoal. Pelas razões aqui expendidas, não é típico o uso pretérito de drogas. A respeito do tema, o STF já decidiu:

> Entorpecentes: posse para uso próprio: inexistência do crime ou, de qualquer sorte, de prova indispensável à condenação: *Habeas Corpus* deferido por falta de justa causa. 1. É mais que razoável o entendimento dos que entendem não realizado o tipo do art. 16 da Lei de entorpecentes (Lei nº 6.368/1976) na conduta de quem, recebendo de terceiro a droga, para uso próprio, incontinenti, a consome:

> a incriminação do porte de tóxico para uso próprio só se pode explicar – segundo a doutrina subjacente à lei – como delito contra a saúde pública, que se insere entre os crimes contra a incolumidade pública, que só se configuram em fatos que "acarretam situação de perigo a indeterminado ou não individuado grupo de pessoas" (Hungria). 2. De qualquer sorte, conforme jurisprudência sedimentada, o exame toxicológico positivo da substância de porte vedado é elemento essencial à validade da condenação pelo crime cogitado, o que pressupõe sua apreensão na posse do agente e não de terceiro: impossível, assim, imputar a alguém a posse anterior do único cigarro de maconha que teria fumado em ocasião anterior, se só se pode apreender e submeter à perícia resíduos daquela encontrados com o outro acusado, em contexto diverso (HC nº 79.189/SP, Rel. Min. Sepúlveda Pertence, j. 12/12/2000. Órgão Julgador: 1ª Turma).

Elemento Subjetivo do Tipo. Só restará caracterizado o delito em questão caso o agente realize qualquer dos verbos típicos com vistas à especial finalidade de agir, qual seja, o consumo pessoal. Assim, a expressão "para consumo pessoal" é elemento subjetivo do tipo.

Critérios para Fixação do que Seria Consumo Pessoal. São os referidos critérios são encontrados no art. 28, § 2º, quais sejam, a natureza, a quantidade da substância entorpecente apreendida, as condições em que se desenvolveu a ação e as circunstâncias sociais e pessoais, bem como a conduta e antecedentes do agente.

Elemento Normativo do Tipo. Caracterizado pela expressão "em desacordo com determinação legal ou regulamentar". O intérprete deverá fazer a valoração e, caso esteja a conduta de acordo com determinação legal ou regulamentar, não há que se falar em conduta típica.

Norma Penal em Branco. O art. 28 da Lei nº 11.343/2006 é norma penal em branco, que será completada por portaria da Secretaria da Vigilância Sanitária, que dispõe sobre as substâncias entorpecentes, psicotrópicas, precursoras e sob controle especial, nos termos do art. 66 da lei em comento. A atual complementação é a Portaria SVS/MS nº 344, de 12 de maio de 1998. Assim, se a conduta do agente versar sobre substância não elencada na portaria, não restará caracterizado o tipo em comento.

Norma Penal em Branco Heterogênea. Sendo o tipo penal em comento complementado por norma infralegal, estamos diante de norma penal em branco de caráter heterogêneo.

A Supressão de Qualquer dos Itens da Norma Complementar. Em sendo retirado qualquer dos itens da portaria do Ministério da Saúde que dispõe sobre as drogas, teremos, com relação à droga suprimida do rol, *abolitio criminis*, não se podendo punir quem anteriormente adquiriu, guardou, trouxe consigo, transportou ou teve em depósito aquela droga, pois, tendo ocorrido *abolitio criminis*, operou-se a extinção da punibilidade, nos termos do art. 107, III, do Código Penal.

Hipóteses de Permanência. Exceto na modalidade "adquirir", as condutas descritas no art. 28 evidenciam modalidades de crimes permanentes. Assim, haverá flagrante durante todo o tempo em que se realizarem as condutas ali descritas. De toda sorte, porém, não caberá prisão na hipótese.

Sujeito Ativo. O sujeito ativo pode ser qualquer pessoa, cuidando-se de crime comum.

Sujeito Passivo. O sujeito passivo é a coletividade.

Objetividade Jurídica. Cuida-se de crime que tem por objetivo não a tutela da saúde do usuário da droga, mas a saúde pública, em razão do mal potencial que pode gerar à coletividade. Cuida-se, desta feita, de crime de perigo abstrato.

Inexistência de Autolesão e Respeito ao Princípio da Alteridade. A punição constante do artigo em exame não evidencia autolesão, pois não se tutela a saúde do usuário no tipo penal em comento, mas a saúde pública. A ação do usuário aqui não é punida pelo mal que o mesmo causa a si próprio, mas pelo perigo social que sua conduta representa. Destarte, ao nosso sentir, nada há de inconstitucional no referido dispositivo. Não se está incriminando autolesão nem ferindo o princípio da alteridade, segundo o qual resta proibida a incriminação de atitude do agente quando não atinge bens jurídicos de terceiros. Aqui, ao realizar a conduta típica, o agente permite a circulação da droga pela sociedade, evidenciando sua transcendentalidade, atingindo interesses de terceiros, ou melhor, interesses da coletividade, titular do bem jurídico tutelado.

Objeto Material do Crime. É a droga, assim definida em portaria do Ministério da Saúde.

A Posse de Sementes. Julgados existem no sentido de que, se a semente não contiver o princípio ativo da droga, não pode servir como objeto material do crime de que ora tratamos neste artigo 28. Por isso, a simples posse de semente de maconha não caracteriza figura criminosa. Neste sentido:

> A simples posse de sementes de maconha constitui fato atípico, não se inserindo na expressão normativa do art. 16 da Lei nº 6.368/76 (TJSP, RT 597/301).

Erro Sobre a Substância. Se o agente adquire, transporta, guarda, traz consigo ou tem em depósito droga julgando tratar-se de outro material, incorre em erro de tipo, excludente do dolo e, portanto, inexistente o crime em questão. Neste caso, pouco importa que o erro seja vencível, pois não há modalidade culposa a ser punida.

Erro Sobre Estar a Substância Capitulada como Droga pelo Ministério da Saúde. Nessa hipótese, se o agente desconhece que aquilo que adquire, traz consigo, tem em depósito ou transporta está capitulado como droga na listagem própria do Ministério da Saúde, incorre em erro de proibição.

Consumação. Cuida-se de crime de mera conduta, que se consuma com a realização da conduta típica, independentemente de o agente usar a droga ou mesmo causar qualquer risco à saúde pública. Relativamente à modalidade "adquirir", o crime estará consumado com o ajuste para compra, mesmo antes de haver a tradição.

Tentativa. Controvérsias à parte, a doutrina admite tentativa na modalidade de "adquirir", quando, iniciado o ato executório da aquisição, a mesma não ocorre por razões alheias à vontade do agente. Ocorre que, diante da inexistência de pena privativa de liberdade para as modalidades em questão, não há como aplicar a regra do art. 14, II.

Classificação. Cuida-se de crime comum; de perigo abstrato; de mera conduta; de forma livre; instantâneo na modalidade adquirir, e permanente, nas demais modalidades; comissivo; unissubjetivo, podendo ser cometido por um só agente, admite tentativa.

Aplicação do Princípio da Insignificância. Entendemos não ser possível a aplicação do princípio da insignificância para afastar a tipicidade quando a quantidade da droga apreendida em poder do agente que realiza a conduta deste art. 28 for mínima. A análise da jurisprudência do STF e STJ revela que, na quase totalidade de seus julgados, aqueles tribunais, até a Lei nº 11.343/2006 e mesmo depois de sua edição, se manifestam contrariamente à possibilidade de aplicação do princípio da insignificância quando se trata de crime de porte de droga para consumo pessoal, diante do bem jurídico tutelado, qual seja, a saúde pública. Demais disso, sendo crime de perigo abstrato, não merece aplicação o referido princípio.

O Porte para Consumo Pessoal no Código Penal Militar. No art. 290 do Código Penal Militar existe previsão de crime de porte de substância entorpecente para consumo pessoal. Cumpre salientar que, no referido dispositivo legal, não se faz diferença se o porte se dá para comercialização ou para uso próprio, sendo as duas modalidades punidas com o mesmo rigor legal. A regra guarda relação de especialidade com o crime descrito no artigo 28, que ora analisamos, devendo ser utilizada quando se der a posse de droga por militar em local sujeito a administração castrense, em detrimento da norma da Lei nº 11.343/06.

> (...) 2. O Plenário deste Supremo Tribunal Federal, nos autos do HC 103.684/DF, Rel. Min. Ayres Britto, DJe 13.4.2011, ao afastar a aplicação do princípio da insignificância nos crimes de posse, por militar, de substância entorpecente em lugar sujeito à administração castrense (art. 290 do CPM), distinguiu a qualidade da relação jurídica entre o usuário e a instituição militar da qual faz parte. 3. Inobstante mais benéfica a Lei 11.343/2006 em relação ao usuário de substância entorpecente, esta Suprema Corte, em observância aos princípios da hierarquia e disciplina militares, reputa aplicável o art. 290 do CPM forte no critério da especialidade da norma. 4. A jurisprudência deste Supremo Tribunal Federal, quanto à recepção da norma castrense pelo texto constitucional, é no sentido de que "o art. 290, caput, do Código Penal Militar não contraria o princípio da proporcionalidade e, em razão do critério da especialidade, não se

> aplica a Lei n. 11.343/2006" (HC 119.458/AM, Rel. Min. Cármen Lúcia, 2ª Turma, DJe 03.4.2014). 5. Ordem denegada. (HC 123190 / DF - DISTRITO FEDERAL, Relator(a): Min. ROSA WEBER, Julgamento: 02/06/2015 Órgão Julgador: Primeira Turma)

Com relação ao crime descrito no art. 290 do CPM, segundo entendimento dos autores e de acordo com decisão do próprio STF, não se aplica o princípio da insignificância, pelas mesmas razões expostas no tema anterior, às quais se deve somar o rigor da justiça castrense. Neste sentido, observemos o julgado citado:

> EMENTA DIREITO PENAL MILITAR. ADMINISTRAÇÃO MILITAR. POSSE DE ENTORPECENTE. PRINCÍPIO DA INSIGNIFICÂNCIA. INAPLICABILIDADE. RECURSO EXTRAORDINÁRIO INTERPOSTO SOB A ÉGIDE DO CPC/1973. CONSONÂNCIA DA DECISÃO RECORRIDA COM A JURISPRUDÊNCIA CRISTALIZADA NO SUPREMO TRIBUNAL FEDERAL. RECURSO EXTRAORDINÁRIO QUE NÃO MERECE TRÂNSITO. AGRAVO MANEJADO SOB A VIGÊNCIA DO CPC/1973. 1. O entendimento da Corte de origem, nos moldes do assinalado na decisão agravada, não diverge da jurisprudência firmada no Supremo Tribunal Federal. Inobstante mais benéfica a Lei 11.343/2006 em relação ao usuário de substância entorpecente, esta Suprema Corte, em observância aos princípios da hierarquia e disciplina militares, reputa aplicável o art. 290 do CPM forte no critério da especialidade da norma (...) (ARE 865872 AgR, Relator(a): Min. ROSA WEBER, Primeira Turma, julgado em 01/09/2017, PROCESSO ELETRÔNICO DJe-223 DIVULG 29-09-2017 PUBLIC 02-10-2017)

As sanções do artigo 28 e a reincidência na hipótese de sua aplicação. As sanções do art. 28 têm natureza jurídica de sanção penal, não sendo assim, meramente administrativas. Inegável, porém, que são sanções penais nada comuns e podem gerar perplexidades. A rigor, porém, estão autorizadas pela CF, que, consoante disposto no art. 5º, XLVI, admite sejam previstas sanções penais outras além das penas privativas de liberdade, restritivas de direitos e multa.

Vale lembrar, ainda, que a aplicação das referidas sanções é geradora de reincidência, consoante já entendido diversas vezes pelas nossas Cortes Superiores. Assim:

> (...) 3. Comprovada a existência de condenação definitiva anterior pela prática do delito previsto no art. 28 da Lei n.º 11.343/2006, não é possível a aplicação da causa especial de diminuição prevista no § 4.º do art. 33 da Lei n.º 11.343/06, haja vista que o paciente não preenche os requisitos legais, porquanto é reincidente. (HC 299988 / MG. Ministra MARIA THEREZA DE ASSIS MOURA. J em 01/09/2015)

Contudo, a Sexta Turma do Superior Tribunal de Justiça, no julgamento do REsp n. 1.672.654/SP, da relatoria da Ministra MARIA THEREZA, julgado em 21/8/2018, considerou desproporcional o reconhecimento da reincidência por condenação pelo delito anterior do art. 28 da Lei 11.343/2006. O entendimento foi mantido em outro julgado daquela Corte, desta feita da 5ª Turma do Tribunal Superior, que salientou:

> (...) as condenações anteriores por contravenções penais não são aptas a gerar reincidência, tendo em vista o que dispõe o art. 63 do Código Penal, que apenas se refere a crimes anteriores. E, se as contravenções penais, puníveis com pena de prisão simples, não geram reincidência, mostra-se desproporcional o delito do art. 28 da Lei n. 11.343/2006 configurar reincidência, tendo em vista que nem é punível com pena privativa de liberdade.(...) (HC 453.437/SP, Rel. Ministro REYNALDO SOARES DA FONSECA, QUINTA TURMA, julgado em 04/10/2018, DJe 15/10/2018)

Não nos parece correta a orientação agora adotada pelo STJ, na medida em que contraria o conceito de reincidência trazido pelo Código Penal em seu artigo 63. Ora, o que se define no artigo 28 da Lei nº 11.343/2006 é uma conduta criminosa, como, em fevereiro de 2007, já afirmou o Supremo Tribunal Federal no Recurso Extraordinário nº 430.105 QO/RJ, de Relatoria do Min. Sepúlveda Pertence. Assim, ainda que se trate de figura à qual se cominam penas não privativas de liberdade, a condenação anterior transitada em julgado por sua prática é geradora de reincidência. Entendimento contrário, ousamos respeitosamente destacar, é inequívoca afronta ao texto legal. Afinal, o Código Penal, no artigo citado, não autoriza que se faça qualquer distinção entre crimes apenados com detenção, reclusão, multa, pena restritiva de direitos etc.

Advertência. A advertência é uma das sanções penais previstas no art. 28 e, para ser aplicada, deverá ser o réu condenado, com a comprovação da autoria e materialidade do delito. Para sua imposição, será necessária a designação de uma audiência admonitória, ocasião em que a mesma deverá ser reduzida a termo e o réu advertido sobre os efeitos negativos da droga.

Duração da Medida de Advertência. Trata-se de pena que não possui prazo, por ser instantânea, esgotando sua finalidade na própria aplicação.

Advertência e Reincidência. Tendo natureza jurídica de pena, a advertência pode ser considerada para fins de reincidência (art. 63, CP).

Prestação de Serviços à Comunidade. Embora devam ser respeitadas as normas gerais do Código Penal quanto à pena restritiva de direitos relacionada à prestação de serviço à comunidade, podemos destacar peculiaridades existentes na Lei nº 11.343/2006, se comparadas com o Código Penal:

1. aqui, a pena restritiva de direitos de prestação de serviços à comunidade é principal e não está sendo aplicada em substituição à pena privativa de liberdade, como ocorre no Código Penal;
2. no Código Penal, em hipótese de descumprimento da pena restritiva de direitos, ela poderá ser convertida em pena privativa de liberdade. Na Lei nº

11.343/2006 isso não se faz possível, diante do que se expôs no item acima. O descumprimento irá gerar, no máximo, a aplicação das medidas dispostas no § 6º, ou seja, admoestação verbal e multa, sucessivamente;

3. a pena restritiva de direitos de prestação de serviços à comunidade no Código Penal tem o mesmo prazo da pena privativa de liberdade. Aqui na Lei nº 11.343/2006 existe um prazo máximo para o cumprimento dessa pena, qual seja, cinco meses, nos termos do art. 28, § 3º, podendo ser aplicada em dobro, na hipótese de reincidência. Observe que não há patamar mínimo estabelecido pela lei;
4. as tarefas gratuitas, no Código Penal, podem ser cumpridas em qualquer estabelecimento assistencial. Na Lei nº 11.343/2006, nos termos do art. 28, § 5º, deverão ser cumpridas em estabelecimentos públicos ou privados, sem fins lucrativos, que se destinem, fundamentalmente, à prevenção ao consumo e à recuperação do usuário e dependente de drogas.

Prescrição da Pena de Prestação de Serviço à Comunidade no Art. 28. Nos termos do art. 30 da Lei nº 11.343/2006, as penas cominadas no art. 28 prescrevem em dois anos.

Comparecimento a Programa ou Curso Educativo. Cuida-se, a exemplo da advertência, de novidade trazida pela Lei nº 11.343/2006 e, nos termos do art. 28, § 3º, tem o prazo máximo de cinco meses, podendo ser fixado em dez meses o prazo máximo na hipótese de reincidência, nos termos do § 4º do dispositivo citado. Mais uma vez, assim como ocorre com a prestação de serviços à comunidade, não existe patamar mínimo imposto pela lei.

Quantidade de horas a Serem Cumpridas em Prestação de Serviços a Comunidade e Comparecimento a Programas de Tratamento. A lei dispôs sobre o tempo máximo de duração das penas restritivas de direitos previstas nos incisos II e II do art. 28, mas nada disse acerca da quantidade de horas a serem cumpridas por dia.

Diante da inexistência de disciplina própria na lei especial em estudo com relação à matéria, podemos, ante o disposto no art. 12 do Código Penal, aplicar a regra geral do art. 46, § 3º, do Código Penal, e a pena será cumprida na razão de uma hora de tarefa por dia de condenação, de sorte a não prejudicar a jornada normal de trabalho do condenado.

Prisão. Nunca será possível para os crimes definidos neste art. 28, *caput*, nem mesmo se houver descumprimento das medidas impostas.

Internação de menor apreendido portando droga para consumo pessoal. Inadmissível, consoante julgado abaixo transcrito, em que, acertadamente ao nosso ver, destacou-se que, se nem mesmo o imputável pode ser privado de sua liberdade na hipótese da transgressão do disposto no artigo 28 da lei em comento, a internação do menor pela pratica do ato infracional análogo ao citado crime seria uma subversão ao princípio da proteção integral do menor inimputável.

> (...) Revela-se contrário ao sistema jurídico, por subverter o princípio da proteção integral do menor inimputável, impor ao adolescente – que eventualmente pratique ato infracional consistente em possuir drogas para consumo próprio – a medida extraordinária de internação, pois nem mesmo a pessoa maior de dezoito anos de idade, imputável, pode sofrer a privação da liberdade por efeito de transgressão ao art. 28 da Lei nº 11.343/2006. Precedente. (HC 124682 / SP – SÃO PAULO – Relator(a): Min. CELSO DE MELLO – Julgamento: 16/12/2014 Órgão Julgador: Segunda Turma)

§ 1º Às mesmas medidas submete-se quem, para seu consumo pessoal, semeia, cultiva ou colhe plantas destinadas à preparação de pequena quantidade de substância ou produto capaz de causar dependência física ou psíquica.

O Semeio, Plantio e Colheita Antes da Lei nº 11.343/2006. Antes da edição da Lei nº 11.343/2006, a Lei nº 6.368/1976 fazia menção à conduta de quem semeasse, cultivasse e colhesse planta destinada ao fabrico de substância entorpecente, sendo a referida figura tratada como tráfico de drogas, com pena de três a quinze anos de reclusão. O tratamento, a toda evidência, mostrava-se draconiano com relação a quem realizasse qualquer daquelas condutas para fins de consumo próprio, o que gerava inúmeras discussões em doutrina e jurisprudência, que se viram diante da necessidade de afastar a incidência do revogado art. 12 da Lei nº 6.368/1976 na hipótese de plantio para consumo. A lei atual, sensível ao problema antes existente, fez a previsão dos verbos semear, colher e cultivar em dois tipos incriminadores autônomos: se a finalidade for a de consumo pessoal, nos utilizaremos desse art. 28, § 1º (crime de menor potencial ofensivo); se for outra a finalidade do agente, teremos o art. 33, § 1º, II (tráfico de drogas, equiparado a hediondo).

As Condutas Típicas. Semear, cultivar e colher planta destinada ao fabrico de pequena quantidade de droga são as condutas mistas alternativas trazidas pelo dispositivo em comento, sendo certo que aqui também se exige que o agente tenha o intuito de uso próprio. Destarte, se o agente, por exemplo, tem enorme plantação de maconha, ainda que se trate de plantio para consumo pessoal, não estará incurso nas penas deste art. 28, § 1º, mas nas penas do art. 33, § 1º, II.

Elemento Normativo do Tipo. No tipo, fala-se em pequena quantidade, conceito esse que, devendo ser valorado pelo intérprete, se trata de elemento normativo.

Sujeito Ativo. O sujeito ativo pode ser qualquer pessoa, tratando-se, pois, de crime comum.

Sujeito Passivo. O sujeito passivo é a coletividade.

Objeto Material. O objeto material é a semente ou planta destinada ao preparo da droga.

Objetividade Jurídica. O objeto jurídico é a saúde pública.

Momento Consumativo. Cuidando-se de crime de mera conduta, consuma-se no momento em que se realiza qualquer um dos verbos típicos.

Tentativa. Admissível, na hipótese de o agente iniciar a execução, mas não conseguir realizar qualquer das condutas típicas por razões alheias à vontade. Imaginemos, assim, que o agente esteja na iminência de lançar a semente de maconha ao chão, mas não conseguir por fatores externos, tal qual ocorrerá se for impedido por alguém de fazê-lo. De qualquer sorte, será inaplicável a norma do art. 14, II, do CP ante a inexistência de pena privativa de liberdade cominada ao crime em discussão.

Elemento Subjetivo. É o dolo, aqui se exigindo a finalidade específica de agir, qual seja, o consumo pessoal do agente. Inexiste previsão da figura culposa.

O Erro sobre a Planta ou Semente. Se o agente desconhecer estar plantando algo que se destine ao fabrico ou preparo de substância capaz de causar dependência química ou psíquica, estará em erro de tipo, eis que não estará obrando com dolo de realizar a conduta descrita no art. 28, § 1º.

Penas. São as mesmas previstas para o *caput* do dispositivo.

Prisão. Nunca será cabível, nem mesmo pelo descumprimento das medidas impostas no preceito sancionatório, tampouco pelo fato de o agente não assinar termo de compromisso de comparecimento perante o JECRIM.

Classificação. Comum; de mera conduta; de forma livre; comissivo; instantâneo, no que tange às modalidades semear e colher, mas permanente na modalidade cultivar; de perigo abstrato; unissubjetivo, pois pode ser praticado por um único agente e, sendo plurissubsistente, praticado mediante mais de um ato, admite tentativa.

> § 2º Para determinar se a droga destinava-se a consumo pessoal, o juiz atenderá à natureza e à quantidade da substância apreendida, ao local e às condições em que se desenvolveu a ação, às circunstâncias sociais e pessoais, bem como à conduta e aos antecedentes do agente.

Critérios para Diferenciar Porte para Uso de Tráfico. O disposto no art. 28, § 2º dessa lei quase repete o antigo art. 37 da Lei nº 6.368/1976. Para distinguir o tráfico do porte para uso, deverá o juiz estar atento aos elementos pertinentes à natureza da droga, a quantidade da droga apreendida, bem como o local e as condições gerais de apreensão. Não deverão ser descartadas dessa análise a conduta e os antecedentes do agente. Na verdade, à luz do caso concreto, o juiz deverá verificar se a figura é uma ou outra, não havendo preponderância de nenhum desses critérios.

Circunstâncias Sociais e Pessoais do Agente como Critério para Diferenciação. Cuida-se de novidade com relação ao art. 37 da lei revogada e que tem suscitado muitas críticas da doutrina, na medida em que, se analisados esses critérios pelo juiz, estaremos implementando um direito penal de autor em detrimento de um direito penal de fato, deixando-se de analisar o fato criminoso em si para analisar o próprio agente.

A Quantidade de Droga Apreendida em Poder do Agente. A mera quantidade não pode ser analisada isoladamente para fins de diferenciação do tráfico do porte para consumo.

Não podemos, assim, usar a pequena quantidade para descaracterizar o tráfico, pois sabemos que, muitas vezes, o traficante, até mesmo com a finalidade de ludibriar as autoridades, exerce a conduta vendendo pequenas quantidades.

Critérios Adotados pela Autoridade Policial para a Provisória Tipificação da Conduta do Agente. São os critérios do art. 28, § 2º, também utilizados pela autoridade policial para o enquadramento da conduta do agente. Sobre o tema, ver art. 48, § 2º.

Competência. Os crimes do art. 28 são da competência dos Juizados Especiais Criminais, nos termos do art. 48, § 1º, da Lei nº 11.343/2006.

> § 3º As penas previstas nos incisos II e III do caput deste Artigo serão aplicadas pelo prazo máximo de 5 (cinco) meses.
>
> § 4º Em caso de reincidência, as penas previstas nos incisos II e III do caput deste artigo serão aplicadas pelo prazo máximo de 10 (dez) meses.
>
> § 5º A prestação de serviços à comunidade será cumprida em programas comunitários, entidades educacionais ou assistenciais, hospitais, estabelecimentos congêneres, públicos ou privados sem fins lucrativos, que se ocupem, preferencialmente, da prevenção do consumo ou da recuperação de usuários e dependentes de drogas.
>
> § 6º Para garantia do cumprimento das medidas educativas a que se refere o caput, nos incisos I, II e III, a que injustificadamente se recuse o agente, poderá o juiz submetê-lo, sucessivamente a:
>
> I – admoestação verbal;
>
> II – multa.
>
> § 7º O juiz determinará ao Poder Público que coloque à disposição do infrator, gratuitamente, esta-belecimento de saúde, preferencialmente ambulatorial, para tratamento especializado.

Descumprimento das Medidas do *Caput* e a Admoestação Verbal. A não observância das medidas aludidas nos incisos I a III do *caput* do art. 28 acarretará, em primeiro lugar, a aplicação de uma admoestação verbal pelo juiz, que terá como objetivo levar o condenado a cumprir a pena aplicada.

O Não Cumprimento das Penas Impostas mesmo depois da Admoestação Verbal. Se o condenado, mesmo admoestado, não cumpre as medidas fixadas no *caput* e que lhe foram impostas como pena, o juiz fixará multa.

A Sucessividade das Medidas. Repare o querido leitor que a multa somente poderá ser aplicada depois de ter sido feita a admoestação verbal e desde que esta não tenha sido suficiente para que o autor cumprisse as medidas impostas no *caput* do art. 28. Assim, admoestação verbal e multa não são medidas que se aplicam cumulativamente nem alternativamente, mas sucessivamente.

Multa. A fixação do seu valor obedece à regra específica, prevista no art. 29 desta Lei.

O Não Comparecimento à Audiência Designada para Admoestação Verbal. A hipótese de não comparecimento à audiência em que será feita a admoestação verbal não poderá gerar responsabilização pelo crime de desobediência. Caso isso pudesse ser feito, estaríamos, via transversa, impondo uma pena privativa de liberdade ao usuário quando todo o espírito da lei é no sentido de tal pena não ser aplicada. Assim, em caso de não comparecimento para a admoestação verbal, deverá o juiz proceder à segunda medida a que se refere o art. 28, § 6º, qual seja, a multa.

Natureza Jurídica da Admoestação Verbal e da Multa. Não são penas, mas medidas coercitivas e acessórias, de caráter instrumental, que se destinam a garantir o cumprimento das sanções principais. As penas previstas para os crimes deste art. 28 estão cominadas no *caput*, quais sejam, a advertência, a prestação de serviços a comunidade e a frequência a programa ou curso educativo.

A questão da reincidência. Art. 28, § 4º, da Lei nº 11.343/06. Através do julgado da Sexta Turma do STJ, a seguir, houve revisão do entendimento da Turma para considerar que a reincidência de que trata o art. 28, § 4º, da Lei nº 11.343/06 é a específica:

> RECURSO ESPECIAL. POSSE DE DROGAS. ART. 28, § 4º, DA LEI 11.343/2006. APLICABILIDADE ÀQUELE QUE REINCIDIR NA PRÁTICA DO DELITO PREVISTO NO CAPUT DO ART. 28 DA LEI DE DROGAS. MELHOR EXEGESE. REVISÃO DO ENTENDIMENTO DA SEXTA TURMA. RECURSO IMPROVIDO. 1. A melhor exegese, segundo a interpretação topográfica, essencial à hermenêutica, é de que os parágrafos não são unidades autônomas, estando direcionados pelo caput do artigo a que se referem. **2. Embora não conste da letra da lei, é forçoso concluir que a reincidência de que trata o § 4º do art. 28 da Lei 11.343/2006 é a específica. Revisão do entendimento.** 3. Aquele que reincide no contato típico com drogas para consumo pessoal fica sujeito a resposta penal mais severa: prazo máximo de 10 meses. 4. Condenação anterior por crime de roubo não impede a aplicação das penas do art. 28, II e III, da Lei 11.343/06, com a limitação de 5 meses de que dispõe o § 3º do referido dispositivo legal. 5. Recurso improvido. (STJ, Sexta Turma. REsp nº 1.771.304/ES Rel. Min. Nefi Cordeiro. Julgamento em 10/12/2019. Publicado em DJe em 12/12/2019, sem grifos no original).

A Impossibilidade de Reconhecimento de Crime de Desobediência quando houver Descumprimento às Penas do *Caput* e às Medidas Coercitivas do § 6º. Em nenhuma hipótese poderá ser reconhecida a existência do crime de desobediência por descumprimento de qualquer das sanções penais impostas pelo art. 28. Apontemos três razões para essa conclusão:

a) como já visto anteriormente, a finalidade da lei é não impor ao portador da droga a pena privativa de liberdade e, caso reconhecêssemos a possibilidade de responsabilização por desobediência, estaríamos ferindo, via oblíqua, os propósitos da lei;

b) doutrina e jurisprudência entendem que o delito de desobediência não se caracteriza quando a lei comina sanções civis e administrativas para o descumprimento de uma determinação legal, sem mencionar a hipótese de desobediência. Neste sentido, atentemos para o julgado a seguir transcrito:

> PENAL. CRIME DE DESOBEDIÊNCIA. DETERMINAÇÃO JUDICIAL ASSEGURADA POR MULTA DIÁRIA DE NATUREZA CIVIL (ASTREINTES). ATIPICIDADE DA CONDUTA. Para a configuração do delito de desobediência, salvo se a lei ressalvar expressamente a possibilidade de cumulação da sanção de natureza civil ou administrativa com a de natureza penal, não basta apenas o não cumprimento de ordem legal, sendo indispensável que, além de legal a ordem, não haja sanção determinada em lei específica no caso de descumprimento. (Precedentes). *Habeas Corpus* concedido, ratificando os termos da liminar anteriormente concedida. (HC nº 22.721/SP, Rel. Min. Félix Fischer, 5ª Turma, Julgamento em 27/05/2003).

c) pensou-se, quando da discussão do projeto que resultou na Lei nº 11.343/2006, sobre essa possibilidade e a proposta nesse sentido foi rejeitada.

Posse de droga para consumo pessoal em estabelecimento prisional. Caracteriza falta grave, consoante jurisprudência do STJ, por se tratar de fato definido como crime doloso, ainda que a ele não se comine pena privativa de liberdade. Para comprovação da materialidade da falta grave, se fará necessária a realização do exame que comprova tratar-se de droga a substância apreendida.

> EXECUÇÃO PENAL. HABEAS CORPUS SUBSTITUTIVO DE RECURSO PRÓPRIO. INADEQUAÇÃO DA VIA ELEITA. FALTA GRAVE. POSSE DE ENTORPECENTE PARA USO PRÓPRIO. ART. 28 DA LEI N. 11.343/2006. CONFIGURAÇÃO DE FALTA GRAVE. ART. 52 DA LEI DE EXECUÇÃO PENAL - LEP. AUSÊNCIA DE CONSTRANGIMENTO ILEGAL. WRIT NÃO CONHECIDO. (...)2. Esta Corte firmou entendimento de que a posse de droga no interior de estabelecimento prisional, ainda que para uso próprio, configura falta disciplinar de natureza grave, nos moldes do art. 52 da Lei de Execução Penal. Precedentes. 3. Habeas corpus não conhecido.(STJ - HC: 540770 DF 2019/0314551-7, Relator: Ministro REYNALDO SOARES DA FONSECA, Data de Julgamento: 10/12/2019, T5 - QUINTA TURMA, Data de Publicação: DJe 19/12/2019)

Art. 29. Na imposição da medida educativa a que se refere o Inciso II do § 6º do art. 28, o juiz, atendendo à reprovabilidade da conduta, fixará o número de dias-multa, em quantidade nunca inferior a 40 (quarenta) nem superior a 100 (cem), atribuindo depois a cada um, segundo a capacidade econômica do agente, o valor de um trinta avos até 3 (três) vezes o valor do maior salário mínimo.

Parágrafo único. Os valores decorrentes da imposição da multa a que se refere o § 6º do art. 28 serão creditados à conta do Fundo Nacional Antidrogas

A Finalidade do Art. 29. O artigo em análise tem por finalidade regular a multa de que trata o art. 28, § 6º.

Critérios Para Fixação da Multa. Embora tenha adotado um critério próprio, a Lei nº 11.343/2006 se utilizou de parâmetro insculpido em regra geral do Código Penal, em seu art. 60, *caput*, quando dispõe que o valor da multa deve obedecer a capacidade econômica do agente e a reprovabilidade do comportamento.

Destinação dos Valores Referentes à Multa e Criação de Fundo Específico. As multas recolhidas em decorrência de aplicação da Lei nº 11.343/2006 se destinam ao Fundo Nacional Antidrogas, não sendo recolhidas ao Fundo Penitenciário, consoante regra disposta no art. 49, *caput*, do CP.

Competência para a Execução da Pena de Multa. Era, consoante entendimento do STJ, das Procuradorias de Fazenda Pública a competência para a cobrança do valor das multas penais. Contudo, esse entendimento está superado em face das mudanças na legislação provocadas pela Lei nº 13.964/2019, que se convencionou chamar de "Pacote Anticrime", agora fixando ser do Ministério Público a legitimidade para cobrança e o juízo da execução penal o competente.

Conversão da Multa e revogação. (Redação dada pela Lei nº 7.209, de 11.7.1984)

> Art. 51. Transitada em julgado a sentença condenatória, a multa será executada perante o juiz da execução penal e será considerada dívida de valor, aplicáveis as normas relativas à dívida ativa da Fazenda Pública, inclusive no que concerne às causas interruptivas e suspensivas da prescrição. (Redação dada pela Lei nº 13.964, de 2019)
>
> § 1º -(Revogado pela Lei nº 9.268, de 1º.4.1996)
>
> § 2º (Revogado pela Lei nº 9.268, de 1º.4.1996)

Art. 30. Prescrevem em 2 (dois) anos a imposição e a execução das penas, observado, no tocante à interrupção do prazo, o disposto nos arts. 107 e seguintes do Código Penal.

Prazo Prescricional para os Crimes do Art. 28. Para os delitos previstos no art. 28, *caput* e § 1º da lei, o prazo da prescrição é único de dois anos, tanto para a prescrição da pretensão punitiva, quanto da pretensão executória.

Cômputo do Prazo Prescricional pela Metade. O prazo será contado pela metade, nos termos do art. 115 do Código Penal, aqui perfeitamente aplicável, como regra geral que é, nos precisos termos do art. 12 do citado diploma legal. Assim, será de um ano o prazo da prescrição dos crimes descritos no art. 28, *caput* e 28, § 1º na hipótese de seu autor ser menor de 21 anos ao tempo do crime ou maior de 70 anos na data da sentença.

TÍTULO IV
DA REPRESSÃO À PRODUÇÃO NÃO AUTORIZADA E AO TRÁFICO ILÍCITO DE DROGAS

CAPÍTULO I
Disposições Gerais

Art. 31. É indispensável a licença prévia da autoridade competente para produzir, extrair, fabricar, transformar, preparar, possuir, manter em depósito, importar, exportar, reexportar, remeter, transportar, expor, oferecer, vender, comprar, trocar, ceder ou adquirir, para qualquer fim, drogas ou matéria-prima destinada à sua preparação, observadas as demais exigências legais.

Art. 32. As plantações ilícitas serão imediatamente destruídas pelas autoridades de polícia judiciária, que recolherão quantidade suficiente para exame pericial, de tudo lavrando auto de levantamento das condições encontradas, com a delimitação do local, asseguradas as medidas necessárias para a preservação da prova.

§ 1º (Revogado). (Redação dada pela Lei nº 12.961, de 2014)

§ 2º (Revogado). (Redação dada pela Lei nº 12.961, de 2014)

§ 3º Em caso de ser utilizada a queimada para destruir a plantação, observar-se-á, além das cautelas necessárias à proteção ao meio ambiente, o disposto no Decreto nº 2.661, de 8 de julho de 1998, no que couber, dispensada a autorização prévia do órgão próprio do Sistema Nacional do Meio Ambiente - Sisnama.

§ 4º As glebas cultivadas com plantações ilícitas serão expropriadas, conforme o disposto no art. 243 da Constituição Federal, de acordo com a legislação em vigor.

CAPÍTULO II
Dos Crimes

Art. 33. Importar, exportar, remeter, preparar, produzir, fabricar, adquirir, vender, expor à venda, oferecer, ter em depósito, transportar, trazer consigo, guardar, prescrever, ministrar, entregar a consumo ou fornecer drogas, ainda que gratuitamente, sem autorização ou em desacordo com determinação legal ou regulamentar:

Pena - reclusão de 5 (cinco) a 15 (quinze) anos e pagamento de 500 (quinhentos) a 1.500 (mil e quinhentos) dias-multa.

Art. 33 da Lei nº 11.343/2006 X Art. 12 da Lei nº 6.368/1976. Todas as figuras do art. 12 da Lei nº 6.368/1976 eram caracterizadas como tráfico de drogas, cominando o legislador a mesma pena para todas elas, qual seja, a pena de 3 a 15 anos. Na nova lei, uma superficial análise revela que nem todas as figuras do art. 33 podem ser consideradas tráfico. Assim, apenas podemos rotular como tráfico e, por conseguinte, crimes equiparados a hediondos, aqueles de que tratam o *caput* e o § 1º do referido artigo. Os demais, ou serão crimes de médio ou de menor potencial ofensivo, como veremos a seguir.

Crime de Perigo Abstrato. O tráfico ilícito de entorpecentes, tal qual descrito no *caput* e § 1º do art. 33 da lei em comento, é um crime de perigo abstrato, sendo a probabilidade do dano presumida pelo legislador de forma absoluta quando da elaboração do tipo.

Análise do Núcleo. Estamos diante de tipo de conduta múltipla ou misto alternativo, em que são mencionados 18 (dezoito) núcleos verbais, sendo que a prática de mais de um deles, dentro de um mesmo contexto fático, gera reconhecimento de apenas um crime. Isso sempre ocorrerá quando a prática de uma conduta se caracterizar como desdobramento fático da outra. Assim, aquele que importa e depois vende a substância importada pratica apenas um crime. Por óbvio, em se tratando de mais de um contexto fático, a prática de mais de uma conduta pode gerar o reconhecimento de mais de um crime. Imaginemos, desta feita, a conduta da pessoa que, em uma determinada data, é presa porque importa maconha da Colômbia, após, em data distinta, é flagrado quando vende cocaína adquirida de fornecedor na Venezuela. Aqui, teríamos dois crimes, pois duas são as situações fáticas, completamente distintas, a ensejar o reconhecimento da pluralidade de crimes, em concurso material.

Flagrante Preparado. A Súmula nº 145 do STF dispõe que "não há crime quando a preparação do flagrante pela polícia torna impossível a sua consumação".

O referido verbete tem aplicação quando se trata dos crimes descritos nesse art. 33, mas dificilmente levará ao reconhecimento da nulidade do flagrante, diante da multiplicidade de condutas ali previstas como sendo típicas. Assim, se um agente policial se disfarça de usuário e finge querer comprar a droga do traficante, fazendo a prisão do mesmo quando este lhe entrega o material, a prisão valerá pelo fato de o traficante estar trazendo consigo ou guardando, condutas estas que nada dependeram do agente provocador, ainda que a venda tenha sido preparada. Assim:

> Pleiteiam os pacientes responder soltos à acusação que lhes é destinada, ao fundamento, em síntese, de nulidade do auto de prisão em flagrante, por se tratar de flagrante preparado, tornando-se impossível a consumação dos delitos. Não cabe a alegação de nulidade do auto de prisão em flagrante sob a alegação de se tratar de flagrante preparado, pois nada obstante não seja a via adequada para combater tais argumentos, tem-se que a consumação, tratando-se de delito permanente, preexistia à atuação dos policiais. O flagrante preparado, em operação de venda de droga, não anula o

> processo-crime se a condenação está fundada também na sua posse, preexistente à simulação policial; em face das diversas hipóteses previstas no art. 12 da Lei de Tóxicos, não se aplica a Súmula nº 145 do STF. Precedente citado do SFT: HC nº 72.674-SP, DJ 3/5/1996; do STJ: HC nº 9.689-SP, DJ 08/11/1999 (RHC nº 13.080-SP, Rel. Min. José Arnaldo da Fonseca, j. 10/12/2002)

Quanto ao tema, vide comentários sobre o agente policial disfarçado (art. 33, § 1º, IV, da Lei nº 11.343/06, incluído pela atualização promovida pelo Pacote Anticrime), mais adiante.

A Dispensável Demonstração do Intuito de Lucro. Para a caracterização do crime em comento é indiferente haver, ou não, lucro ou o intuito de obter lucro. Destarte, ainda que o agente não atue com vistas à comercialização, pratica a conduta típica sempre que realizar qualquer das condutas nucleares do tipo.

Crime Instantâneo ou Permanente. De acordo com a conduta realizada pelo agente, o crime pode ser instantâneo ou permanente, se prolongando a ação no tempo, como na hipótese de "guardar", "transportar", "trazer consigo" e "ter em depósito", sendo, nestes casos, cabível a prisão em flagrante durante todo o tempo em que a conduta estiver sendo levada a efeito.

Sujeito Ativo. O sujeito ativo pode ser qualquer pessoa, exceto na modalidade "prescrever", quando será crime próprio, eis que na referida hipótese o sujeito ativo será o médico, o dentista, ou outro profissional da área da saúde.

Sujeito Passivo. É a sociedade, podendo haver um sujeito passivo mediato, qual seja, a pessoa que é visada pelo comportamento do agente.

Elemento Subjetivo. É o dolo, não se punindo a forma culposa.

Norma Penal em Branco. Trata-se de tipo penal que depende, para sua integração e aplicação, de um complemento, tratando-se, pois, de norma penal em branco. Aqui, o complemento será a Portaria do Ministério da Saúde, elencando as substâncias que podem ser consideradas psicotrópicas. Cuida-se, pois, de norma penal em branco de caráter heterogêneo, porque complementada por norma infralegal. Sobre isso, remetemos o querido leitor ao art. 66 da Lei nº 11.343/2006.

Hipótese do Ministério da Saúde Excluir uma Determinada Substância do Rol das Drogas. Pode perfeitamente ocorrer de as autoridades sanitárias do país entenderem que uma determinada substância, que antes se encontrava no rol das substâncias psicotrópicas, não mais deva constar daquela lista e, assim, promoverem sua exclusão. Nesta hipótese, terá ocorrido *abolitio criminis* com relação àquele que, antes, realizou qualquer conduta deste art. 33 e que teve como objeto aquela substância, pois que agora não mais será considerada droga. Não foi outra a solução adotada pelo STF:

> AÇÃO PENAL. Tráfico de entorpecentes. Comercialização de "lança-perfume". Edição válida da Resolução ANVISA nº 104/2000. Re-

tirada do cloreto de etila da lista de substâncias psicotrópicas de uso proscrito. *Abolitio criminis*. Republicação da Resolução. Irrelevância. Retroatividade da lei penal mais benéfica. HC concedido. A edição, por autoridade competente e de acordo com as disposições regimentais, da Resolução ANVISA nº 104, de 07/12/2000, retirou o cloreto de etila da lista de substâncias psicotrópicas de uso proscrito durante a sua vigência, tornando atípicos o uso e tráfico da substância até a nova edição da Resolução, e extinguindo a punibilidade dos fatos ocorridos antes da primeira portaria, nos termos do art. 5º, XL, da Constituição Federal (HC nº 94.397/BA, Rel. Min. Cezar Peluso, j. 09/03/2010 Órgão Julgador: 2ª Turma).

Elemento Normativo. Consubstanciado na expressão "sem autorização ou em desacordo com determinação legal ou regulamentar". Assim, se houver autorização para a realização da conduta descrita no tipo, o comportamento será lícito.

Objeto Material. O objeto material, ou seja, a coisa sobre a qual recai a conduta do agente, é a droga, assim elencada pela Agência Nacional de Vigilância Sanitária, no âmbito do Ministério da Saúde.

O Objeto Jurídico. É a saúde pública.

Momento Consumativo. Tratando-se de crime de perigo abstrato e de mera conduta, não dependendo de qualquer resultado naturalístico para sua consumação, estará consumado quando o agente realizar a conduta descrita no tipo.

A desnecessidade da *traditio* para a consumação do crime na modalidade adquirir. A conduta consistente em negociar por telefone a aquisição de droga e disponibilizar o veículo que seria utilizado para o transporte do entorpecente configura o crime de tráfico de drogas em sua forma consumada – e não tentada –, ainda que a polícia, com base em indícios obtidos por interceptações telefônicas, tenha efetivado a apreensão do material entorpecente antes que o investigado efetivamente o recebesse. Nesse sentido, mais uma vez destacando ser de natureza mista alternativa do artigo 33 da Lei nº 11.343/2006, decidiu o STJ nos autos do HC 212528/SC, veiculado no Informativo 569.

DIREITO PENAL. CONSUMAÇÃO DO CRIME DE TRÁFICO DE DROGAS NA MODALIDADE ADQUIRIR.

A conduta consistente em negociar por telefone a aquisição de droga e também disponibilizar o veículo que seria utilizado para o transporte do entorpecente configura o crime de tráfico de drogas em sua forma consumada – e não tentada –, ainda que a polícia, com base em indícios obtidos por interceptações telefônicas, tenha efetivado a apreensão do material entorpecente antes que o investigado efetivamente o recebesse. Inicialmente, registre-se que o tipo penal em análise é de ação múltipla ou conteúdo variado, pois apresenta várias

> formas de violação da mesma proibição, bastando, para a consumação do crime, a prática de uma das ações ali previstas. Nesse sentido, a Segunda Turma do STF (HC 71.853-RJ, DJ 19/5/1995) decidiu que a modalidade de tráfico "adquirir" completa-se no instante em que ocorre a avença entre comprador e vendedor. De igual forma, conforme entendimento do STJ, incide no tipo penal, na modalidade "adquirir", o agente que, embora sem receber a droga, concorda com o fornecedor quanto à coisa, não havendo necessidade, para a configuração do delito, de que se efetue a tradição da droga adquirida, pois que a compra e venda se realiza pelo consenso sobre a coisa e o preço (REsp 1.215-RJ, Sexta Turma, DJ 12/3/1990). Conclui-se, pois, que a negociação com aquisição da droga e colaboração para seu transporte constitui conduta típica, encontrando-se presente a materialidade do crime de tráfico de drogas. HC 212.528-SC, Rel. Min. Nefi Cordeiro, julgado em 1º/9/2015, DJe 23/9/2015.

Tentativa. Admissível, pois que se pode fracionar o iter executório nas diversas modalidades, não se podendo, contudo, olvidar que é de muito difícil configuração, uma vez que a conduta tentada de um determinado núcleo verbal pode perfeitamente caracterizar a prática de um outro, já consumado. Neste sentido, citemos:

> TÓXICO - APREENSÃO EM POSTO DE FRONTEIRA - NÚCLEO DO TIPO. Tratando-se de apreensão no posto de fronteira, tem-se a configuração do núcleo "transportar". Exclui-se, por isso mesmo, a possibilidade de considerar outro dos dezoito mencionados no art. 12 da Lei nº 6.368 e que desaguaria na tentativa - importar substância entorpecente ou que determine dependência física ou psíquica, sem autorização ou em desacordo com determinação legal ou regulamentar. TÓXICO - AGRAVANTE - TRÁFICO COM O EXTERIOR - ALCANCE. A causa de aumento prevista no Inciso I do art. 18 da Lei nº 6.368/1976 alcança o transporte da droga, sendo que a referência a "tráfico com o exterior" conduz a pertinência na hipótese em que ocorrida a apreensão em posto da fronteira (HC nº 72.658/SP, Rel. Min. Marco Aurélio, j. 26/09/1995, 2ª Turma).

Análise da Figura Criminosa nas Modalidades de Prescrever e Ministrar. Aqui no art. 33, as condutas de prescrever e ministrar são dolosas, não podendo ser confundidas com as figuras culposas trazidas pelo art. 38, praticadas a título de culpa.

Tráfico de Drogas e Exercício Ilegal da Medicina. O STF, nos autos do HC nº 104.382/RJ, afastou a tese de absorção do crime de exercício ilegal da medicina, descrito no art. 282 do Código Penal pelo crime de tráfico de drogas, entendendo que, na hipótese, o autor deva responder pelos dois crimes, quando, ao se fazer passar por médico, prescreveu, nessa qualidade, em receituário médico, o uso de substâncias sujeitas ao controle especial da ANVISA. O julgado foi veiculado no Informativo nº 596 do STF. Naquele julgado, a Corte decidiu que, por se tratar de espécies autônomas de delitos, sem que houvesse vinculação entre ambos, não se poderia reconhecer a absorção do crime de tráfico de drogas pelo crime de exercício ilegal da Medicina.

Fornecer ainda que gratuitamente. Deverá o leitor ter especial atenção quando se tratar da prática desse crime na modalidade em comento, pois que o fornecimento gratuito continua sendo previsto como figura caracterizadora de crime de tráfico de drogas, independentemente de qualquer finalidade de lucro posterior. Assim, a mulher que vai levar droga para o marido na penitenciária, sendo flagrada por agentes que com ela apreendem a droga, pratica crime de tráfico, com todas as implicações negativas que o rótulo acarreta, inclusive sua equiparação a crime hediondo.

Não se deve olvidar, entretanto, que o legislador, sensível às críticas anteriormente feitas com relação ao consumo compartilhado, que na Lei nº 6.368/1976 era tratado como tráfico de drogas, criou uma figura no § 3º deste art. 33, que não pode ser capitulada como tráfico, sendo, ao contrário, crime de menor potencial ofensivo que ocorrerá todas as vezes em que o agente fornecer gratuitamente e eventualmente a pessoa de suas relações pequena quantidade de droga, para juntos consumirem-na. A referida figura será tratada mais adiante nesse capítulo.

Crime Equiparado a Hediondo. O crime do art. 33, *caput*, sendo equiparado a hediondo, merecerá o tratamento da Lei nº 8.072/1990.

Classificação. Comum; de mera conduta; de perigo abstrato, presumindo-se a lesão ao bem jurídico tutelado; de forma livre; comissivo; instantâneo (nas formas importar, exportar, remeter, preparar, produzir, fabricar, adquirir, vender, oferecer, fornecer, prescrever, ministrar e entregar) ou permanente (nas formas expor à venda, ter em depósito, transportar, trazer consigo e guardar); unissubjetivo; unissubsistente ou plurissubsistente, admitindo a tentativa na hipótese de ser plurissubsistente.

Absorção do crime de tráfico pelo crime descrito no artigo 273 do CP. Imaginemos que uma pessoa seja surpreendida, sob a fachada de farmácia, comercializando substâncias falsificadas destinadas a fins terapêuticos ou medicinais, mas que, dentre as substâncias alteradas encontremos algumas que contenham em sua composição substâncias psicoativas, definidas como drogas na Portaria 344 de 1998 SVS/MS. Nesse caso, como o propósito do agente era de, no mesmo contexto fático, se direcionar a uma única empreitada criminosa para falsificação e venda de produtos adulterados destinados a fins terapêuticos não há que se reconhecer a pratica de dois, mas um só crime. Entendeu o STJ que, na hipótese, dever-se-ia considerar absorvido o crime de tráfico pelo crime do art. 273 do Código Penal, pelo princípio da consunção. Observemos o julgado abaixo:

> Ainda que alguns dos medicamentos e substâncias ilegais manipulados, prescritos, alterados ou comercializados contenham substâncias psicotrópicas capazes de causar dependência elencadas na Portaria n. 344/1998 da SVS/MS – o que, em princípio, caracterizaria o tráfico de drogas –, a conduta criminosa dirigida, desde o início da empreitada, numa sucessão de eventos e sob a fachada de uma farmácia, para a única finalidade de manter em depósito e vender

> ilegalmente produtos falsificados destinados a fins terapêuticos ou medicinais enseja condenação unicamente pelo crime descrito no art. 273 do CP – e não por este delito em concurso com o tráfico de drogas (art. 33, *caput*, da Lei de Drogas (...). Nesse contexto, não se mostra plausível sustentar a prática de dois crimes distintos e em concurso material quando, em um mesmo cenário fático, se observa que a intenção criminosa era dirigida para uma única finalidade, visto que, no caso em apreço, a conduta criminosa, desde o início da empreitada, era orientada para, numa sucessão de eventos e sob a fachada de uma farmácia, falsificar e vender produtos falsificados destinados a fins terapêuticos ou medicinais. (...) Inequívoco, assim, que o fato aparentemente compreendido na norma incriminadora afastada (art. 33, *caput*, da Lei n. 11.343/2006) encontra-se, na inteireza da sua estrutura e do seu significado valorativo, na estrutura do crime regulado pela norma que, no caso, será prevalecente (art. 273 do CP). REsp 1.537.773-SC, Rel. Min. Sebastião Reis Júnior, Rel. para acórdão Min. Rogerio Schietti Cruz, julgado em 16/8/2016, DJe 19/9/2016.

Embora concordemos com a decisão da Corte no sentido de não haver dois crimes, ousamos discordar que prevaleça a regra do art. 273 do Código Penal. Aplicável, a nosso ver, a regra o art. 33 da Lei Antidrogas, especial com relação à trazida pelo Código Penal.

Expropriação de bens em favor da União. Efeito automático da sentença. Vejamos a seguir o julgado da Sexta Turma do STJ sobre o tema:

> A expropriação de bens em favor da União, decorrente da prática de crime de tráfico ilícito de entorpecentes, constitui efeito automático da sentença penal condenatória. (AgInt no AREsp 1368211/SP, Rel. Ministro SEBASTIÃO REIS JÚNIOR, SEXTA TURMA, julgado em 26/02/2019, DJe 14/03/2019)

Atenuante da confissão espontânea. A recente súmula 630 do STJ trata sobre o tema, ao afirmar que:

> "A incidência da atenuante da confissão espontânea no crime de tráfico ilícito de entorpecentes exige o reconhecimento da traficância pelo acusado, não bastando a mera admissão da posse ou propriedade para uso próprio".

§ 1º Nas mesmas penas incorre quem:

I – importa, exporta, remete, produz, fabrica, adquire, vende, expõe à venda, oferece, fornece, tem em depósito, transporta, traz consigo ou guarda, ainda que gratuitamente, sem autorização ou em desacordo com determinação legal ou regulamentar, matéria-prima, insumo ou produto químico destinado à preparação de drogas;

Figuras Equiparadas ao Tráfico. Aproveitando-se da pena prevista para a figura descrita no *caput*, o legislador, no § 1º, através de cada um de seus incisos, traz tipos penais autônomos entre si e autônomos com relação ao *caput*. Todos esses crimes previstos no § 1º podem ser considerados tráfico de drogas e, portanto, equiparados a hediondos, merecendo o tratamento legal e constitucional dispensado aos referidos crimes.

Sendo crimes autônomos com relação ao *caput*, nada obsta que o agente responda pelas figuras ali previstas em cúmulo material ou formal, a depender da hipótese fática, com o crime do *caput*. Imaginemos, desta feita, o agente que importa substância entorpecente e também importa matéria-prima destinada à preparação de substância entorpecente. Neste caso, comete dois crimes, caso praticadas as referidas condutas em contextos fáticos distintos.

Matéria-prima. O art. 33, § 1º, I, tem como objeto material a matéria-prima destinada à preparação da droga, devendo-se entender como tal a substância bruta da qual se extrai qualquer produto, podendo, no caso do crime em questão, conforme já decidido pelo STF, ser qualquer substância destinada exclusivamente à preparação de droga ou mesmo aquelas que, eventualmente, se destinem a essa finalidade. Destarte, poderiam figurar como matéria-prima o éter, a acetona etc. Não foi outro o teor do HC nº 64.340 do STF, abaixo transcrito:

> (...) Não concessão da ordem de ofício porque, em precedente (Re nº 108.726-PR), a Turma já considerou o éter e a acetona como substâncias que se prestam a preparação da droga. A expressão "matéria-prima" constante do inciso i do § 1º do art. 12, da Lei nº 6.368/1976 compreende não só as substâncias destinadas exclusivamente a preparação da droga, como as que, eventualmente, se prestem a essa finalidade. (rhc nº 64.340/MS, Rel. Min. Sydney Sanches, j. 16/09/1986, Órgão Julgador: 1ª Turma).

Cafeína. A Quinta Turma do STJ, nos autos do HC 441.695, manteve decisão em que a cafeína fora reconhecida como matéria-prima utilizada para aumentar a quantidade e o volume de drogas, podendo, destarte, caracterizar a figura equiparada ao tráfico, nos termos do art. 33, § 1º, I, quando apreendida em contexto que evidencie essa destinação.

> (...) 2. É firme o entendimento do Superior Tribunal de Justiça de que a cafeína constitui insumo comumente utilizado para aumentar a quantidade e o volume de entorpecentes. Sendo assim, sua posse para tal finalidade configura o delito do art. 33, § 1º, I, da Lei n. 11.343/2006. 3. Conforme pontuou julgado da Sexta Turma, "[...]

a expressão 'matéria-prima' abrange não só as substâncias destinadas exclusivamente à preparação de drogas, mas também aquelas que, eventualmente, se prestam a esse objetivo" (HC 45.003/SP, Rel. Ministro OG FERNANDES, DJe 26/10/2009). (...) (HC 441.695/SP, Rel. Ministro RIBEIRO DANTAS, QUINTA TURMA, julgado em 15/10/2019, DJe 25/10/2019.

Folha de coca. **A conduta de transportar folhas de coca se amolda ao tipo descrito no § 1º, I, do art. 33 da Lei 11.343/2006, que criminaliza o transporte de matéria-prima destinada à preparação de drogas.**

(...)1. Situação em que o investigado foi flagrado transportando, em seu veículo, 4,4 Kg de folhas de coca (erytroxylum coca) adquiridas na Bolívia, que afirmou seriam destinadas ao consumo em rituais religiosos indígenas de mascar, fazer infusão de chá e até mesmo bolo para comer, em instituto espiritualista e xamânico por ele frequentado. 2. Inviável o enquadramento do transporte de folhas de coca no tipo previsto no art. 28 da Lei 11.343/2006, que descreve o transporte de droga para consumo pessoal. Isso porque, a folha de coca ("erythroxylum coca lam") é classificada no Anexo I - Lista E - da Portaria/SVS n. 344, de 12/5/1988 - que aprova o Regulamento Técnico sobre substâncias e medicamentos sujeitos a controle especial - como uma das plantas proscritas que podem originar substâncias entorpecentes e/ou psicotrópicas. Seja dizer, ela não é, em si, considerada droga. 3. A conduta de transportar folhas de coca melhor se amolda, em tese e para o fim de definir a competência, ao tipo descrito no § 1º, I, do art. 33 da Lei 11.343/2006, que criminaliza o transporte de matéria-prima destinada à preparação de drogas. (STJ - CC: 172464 MS 2020/0119705-1, Relator: Ministro REYNALDO SOARES DA FONSECA, Data de Julgamento: 10/06/2020, S3 - TERCEIRA SEÇÃO, Data de Publicação: DJe 16/06/2020)

Elemento Subjetivo. É o dolo, não se admitindo a forma culposa. Veja que, no tipo em comento, não há menção a nenhuma especial finalidade de agir. Assim, do agente não se exige que tenha a especial finalidade de preparar a droga, bastando que realize qualquer das condutas referentes à matéria-prima, insumo ou produto químico utilizado na preparação da droga.

Importação de semente de maconha. Sobre o tema, formaram-se três correntes:

1ª corrente: A mera importação e/ou a simples posse da semente de "cannabis sativa L." não são típicas, pois a semente de "cannabis sativa L." não é droga, nem constitui matéria-prima ou insumo destinado a seu preparo, por não possuir, em sua composição, o princípio ativo da maconha (tetrahidrocanabinol ou THC), não sendo, assim, aptas a produzir dependência física e/ou psíquica, o que as torna inócuas. Esse posicionamento, adotado pelo STF no HC 143890 / SP, em maio de 2019, posteriormente foi repetido em outros julgados da Corte.

> EMENTA: "Habeas Corpus". Importação de sementes de maconha. Pequena quantidade. Material que não possui substâncias psicoativas, notadamente o princípio ativo da "cannabis sativa L." (tetrahidrocanabinol ou THC). Conduta destituída de tipicidade penal. Doutrina. Precedentes. Ausência de justa causa que impede a legítima instauração de "persecutio criminis". Necessária extinção do procedimento penal. Pedido deferido. - A semente de "cannabis sativa L." não se mostra qualificável como droga, nem constitui matéria-prima ou insumo destinado a seu preparo, pois não possui, em sua composição, o princípio ativo da maconha (tetrahidrocanabinol ou THC), circunstância de que resulta a descaracterização da tipicidade penal da conduta do agente que a importa ou que a tem em seu poder. Disso resulta que a mera importação e/ou a simples posse da semente de "cannabis sativa L." não se qualificam como fatores revestidos de tipicidade penal, essencialmente porque, não contendo as sementes o princípio ativo do tetrahidrocanabinol (THC), não se revelam aptas a produzir dependência física e/ou psíquica, o que as torna inócuas, não constituindo, por isso mesmo, elementos caracterizadores de matéria-prima para a produção de drogas. (HC 143890 / SP - SÃO PAULO. Relator(a): Min. CELSO DE MELLO. Julgamento: 13/05/2019)

> EMENTA: "Habeas Corpus". Importação de sementes de maconha. Pequena quantidade (17 sementes). Material que não possui substâncias psicoativas, notadamente o princípio ativo da "Cannabis sativa L." (tetrahidrocanabinol ou THC). Conduta destituída de tipicidade penal. Doutrina. Precedentes. Ausência de justa causa que impede a legítima instauração de "persecutio criminis". Necessária extinção do procedimento penal. Pedido deferido.(HC 148503 / SP - SÃO PAULO.Relator(a): Min. CELSO DE MELLO.Julgamento: 01/08/2019)

O STJ, alinhando-se à decisão do STF, igualmente considera atípica a conduta, consoante decisão da 3ª Seção, no Eresp 1624564/SP.

> (...) 3. Dos incisos I e IIdo § 1.º do art. 33 da mesma Lei, infere-se que «matéria-prima» ou «insumo» é a substância utilizada «para a preparação de drogas». A semente não se presta a tal finalidade, porque não possui o princípio ativo (THC), tampouco serve de reagente para a produção de droga. 4. No mais, a Lei de regência prevê como conduta delituosa o semeio, o cultivo ou a colheita da planta proibida (art. 33, § 1.º, inciso II; e art. 28, § 1.º). Embora a semente seja um pressuposto necessário para a primeira ação, e a planta para as demais, a importação (ou qualquer dos demais núcleos verbais) da semente não está descrita como conduta típica

na Lei de Drogas. 5. A conduta de importar pequena quantidade de sementes de maconha é atípica, consoante precedentes do STF(...) (STJ - EREsp: 1624564 SP 2016/0234529-5, Relator: Ministra LAURITA VAZ, Data de Julgamento: 14/10/2020, S3 - TERCEIRA SEÇÃO, Data de Publicação: DJe 21/10/2020)

A orientação atualmente adotada pelas Cortes Superiores nos causa certa perplexidade, pois, em outros julgados, já consideraram matéria-prima substâncias que não possuem o principio ativo de droga, como o éter, a acetona e cafeína, mencionados nos julgados aqui já colacionados quanto ao crime do art. 33,§1º, I.

2ª corrente: Em que pesem as decisões da Corte Suprema, entendemos que a conduta de importar sementes de maconha caracteriza o crime do artigo 33, § 1º, I, pois se trata de matéria-prima que se destina à produção da droga, ainda que não apresente a substância tetraidrocanabinol. A apresentação do princípio ativo se faz necessária para que a substância seja catalogada como droga, não havendo essa exigência, porém, quando se trata de matéria prima destinada à preparação, fabricação e produção da droga. Frisamos, ainda, nossa posição no sentido de não ser aplicável o princípio da insignificância à hipótese, pois se trata de produto lesivo à saúde e de crime de perigo abstrato. Essa orientação já foi, no passado, sufragada pelo STJ, consoante decisões cujas ementas seguem abaixo transcritas.

> AGRAVO REGIMENTAL EM RECURSO ESPECIAL. PENAL E PROCESSO PENAL. RECEBIMENTO DE DENÚNCIA. JUSTA CAUSA. IMPORTAÇÃO DE SEMENTES DE CANNABIS SATIVA LINEU. MATÉRIA-PRIMA PARA PRODUÇÃO DE DROGA. FATO TÍPICO. DESCLASSIFICAÇÃO PARA CONTRABANDO. ESPECIALIDADE.INSIGNIFICÂNCIA. INAPLICABILIDADE. (...) 2. O fruto da planta cannabis sativa lineu, conquanto não apresente a substância tetrahidrocannabinol (THC), destina-se à produção da planta, e esta à substância entorpecente, e sua importação clandestina amolda-se ao tipo penal insculpido no artigo 33, § 1º, da Lei n. 11.343/2006 sem que se possa falar em interpretação extensiva ou analogia in malam partem, tampouco em desclassificação para o delito de contrabando, dada a especialidade da norma que criminaliza a importação de matéria-prima para a preparação de substância entorpecente. (...) (AgRg no REsp 1609752 / SP – Relator(a) Ministra MARIA THEREZA DE ASSIS MOURA (1131). Órgão Julgador T6 – SEXTA TURMA. Data do Julgamento: 23/08/2016)
>
> AGRAVO REGIMENTAL NO RECURSO ESPECIAL. PENAL. IMPORTAÇÃO DE SEMENTES DE MACONHA. DELITO PREVISTO NO ART. 33, § 1º, INCISO I, DA LEI N. 11.343/06. PRINCÍPIO DA INSIGNIFICÂNCIA. INAPLICABILIDADE. INSURGÊNCIA DESPROVIDA.
>
> 1. Esta Corte Superior de Justiça firmou entendimento no sentido de que "A importação clandestina de sementes de cannabis sativa lin-

neu (maconha) configura o tipo penal descrito no art. 33, § 1º, I, da Lei n. 11.343/2006" (EDcl no AgRg no REsp 1442224/SP, Rel. Ministro SEBASTIÃO REIS JÚNIOR, Sexta Turma, julgado em 13/09/2016, DJe 22/09/2016). 2. Nos termos da jurisprudência do STJ, não é cabível a aplicação do princípio da insignificância na hipótese de importação clandestina de produtos lesivos à saúde pública, em especial a semente de maconha. 3. Agravo regimental desprovido. (AGRAVO REGIMENTAL NO RECURSO ESPECIAL. 1637113/SP. Relator Ministro JORGE MUSSI. Órgão julgador T6- Sexta Turma. Data do julgamento: 06/04/2017)

3ª corrente: A importação de sementes de maconha caracteriza, em tese, crime do artigo 334-A do Código Penal, qual seja, contrabando, posição com a qual não podemos concordar, por ser o tipo trazido pelo artigo 33, § 1º, I, da lei em comento especial com relação ao dispositivo do Código Penal. Sendo a mercadoria que se faz introduzir no território nacional matéria-prima destinada à preparação drogas, aplica-se a norma especial.

Outros Comentários. No que tange aos demais aspectos do crime em comento, com relação ao sujeito ativo, passivo, objeto jurídico, classificação etc., podem ser perfeitamente aqui aproveitados os comentários do *caput* do art. 33.

II - semeia, cultiva ou faz a colheita, sem autorização ou em desacordo com determinação legal ou regulamentar, de plantas que se constituam em matéria-prima para a preparação de drogas

Semear, Colher ou Cultivar Planta Destinada à Preparação de Drogas. Aqui resta capitulada figura de semear, cultivar e fazer a colheita de planta destinada à preparação de drogas, desde que a finalidade do agente não seja o consumo pessoal. Caso a finalidade seja o consumo pessoal, teremos o disposto no art. 28, § 1º.

Autonomia. Sendo uma figura autônoma com relação ao *caput* e aos demais incisos deste art. 33, nada obsta que tenhamos concurso de crimes, podendo tratar-se de concurso material, formal ou crime continuado, conforme o caso.

Objeto Material do Crime. É a planta que se constitua em matéria-prima para a fabricação de droga.

Posse de Sementes. A simples posse de sementes não caracteriza a prática desse crime, ainda que o agente desejasse plantá-las

Outras Considerações. Quanto aos demais aspectos desse crime, relacionados ao sujeito ativo, sujeito passivo, classificação e objetividade jurídica, remetemos o leitor aos comentários feitos quanto ao *caput* do artigo.

III – utiliza local ou bem de qualquer natureza de que tem a propriedade, posse, administração, guarda ou vigilância, ou consente que outrem dele se utilize, ainda que gratuitamente, sem autorização ou em desacordo com determinação legal ou regulamentar, para o tráfico ilícito de drogas.

Utilização e Cessão de Local para o Tráfico de Drogas. Esse dispositivo cuida da conduta de utilizar ou consentir que outra pessoa utilize o local ou bem, ainda que qualquer sem contraprestação, para o tráfico ilícito de drogas. Sendo considerada tráfico ilícito de entorpecentes, merecerá o tratamento dispensado pela Lei nº 8.072/1990.

Cessão do Local para o Uso de Droga. Comparação com a Lei nº 6.368/1976. Verifica-se que, na lei revogada, comparava-se a figura de quem se utilizasse ou consentisse que outrem se utilizasse do local para o uso da droga com aquela da pessoa que, por exemplo, emprestasse o mesmo para o tráfico da droga. Hoje, pode-se verificar que apenas consta como figura equiparada ao tráfico do *caput* a de se utilizar ou consentir que outrem se utilize do local para o tráfico. A hipótese de permissão para que outra pessoa se utilize do local para uso caracterizará a figura descrita no art. 33, § 2º, na modalidade "auxiliar alguém ao uso indevido da droga", crime de médio potencial ofensivo, analisado adiante. Não se pode considerar ter ocorrido *abolitio criminis* com relação à cessão do local para uso, isso porque a conduta, embora não mais se subsuma na norma revogada, encontra subsunção a outra, qual seja, a do § 2º citado. Deve-se lembrar que apenas existe *abolitio criminis* quando a figura prevista na norma revogada não corresponde a nenhuma outra existente no ordenamento jurídico, o que não ocorre, frise-se, *in casu*.

Utilização do Local para Consumo Pessoal. Aquele que se utilizar do local de que tem posse ou propriedade para o consumo pessoal deverá responder pelo crime descrito no art. 28 da lei em comento.

A Cessão de Local para Uso de Entorpecente e a Retroatividade da Lei nº 11.343/2006. Pelo que foi exposto no item anterior, a lei nova traz tratamento mais benevolente à figura de quem consente com a utilização do local de que tem posse, propriedade, guarda administração ou vigilância para que outro ali faça o consumo de drogas, razão pela qual deverá ter aplicação retroativa, alcançando atos praticados antes de sua vigência.

Sujeito Ativo. O sujeito ativo é o proprietário, posseiro, administrador guarda ou vigilante. Trata-se, portanto de crime próprio, não podendo ser qualquer pessoa seu sujeito ativo.

O Sujeito Passivo. É a coletividade.

Elemento Subjetivo. É o dolo, aqui exigindo-se que o agente saiba da utilização específica que se visa dar ao local, qual seja, para o tráfico ilícito de drogas. Não se pune a forma culposa.

O Desconhecimento quanto à finalidade. Se o agente desconhece que se pretende usar o local para o tráfico de drogas, estaremos diante de erro de tipo. Evidenciada, portanto, nos termos do art. 20, *caput*, do Código Penal, a ausência de dolo, não haverá conduta típica, ainda que seja vencível o erro, na medida em que não existe modalidade culposa do crime.

Elemento Normativo. Consubstanciado na expressão "sem autorização ou em desacordo com determinação legal ou regulamentar", a existência desse elemento normativo torna o modelo incriminador um tipo aberto, cujo verdadeiro alcance será dado pelo intérprete.

Objeto Jurídico. O objeto jurídico é a saúde pública.

Objeto Material. O objeto é o local ou bem de qualquer natureza de que se tem a propriedade, posse, administração, guarda ou vigilância.

Momento Consumativo. Consuma-se com a utilização do local ou com o consentimento que outrem dele se utilize, não se exigindo, nesse último caso, que se realize a traficância no local.

Tentativa. Admissível, embora de dificílima configuração.

Classificação. Próprio; de mera conduta; de forma livre; comissivo na forma "utilizar", mas também admite forma omissiva, na modalidade "consentir"; instantâneo ou permanente; de perigo abstrato; unissubjetivo; unissubsistente ou plurissubsistente; admite tentativa na forma plurissubsistente, embora de difícil configuração.

IV - vende ou entrega drogas ou matéria-prima, insumo ou produto químico destinado à preparação de drogas, sem autorização ou em desacordo com a determinação legal ou regulamentar, a agente policial disfarçado, quando presentes elementos probatórios razoáveis de conduta criminal preexistente. (Incluído pela Lei nº 13.964, de 2019)

Agente disfarçado. A Lei nº 13.964 de 2019 fez acrescentar mais um inciso ao artigo 1º, § 1º, da lei em comento para prever que incorre na mesma pena do *caput* quem vende ou entrega drogas ou matéria-prima, insumo ou produto químico destinado à preparação de drogas, sem autorização ou em desacordo com a determinação legal ou regulamentar, a agente policial disfarçado, quando presentes elementos probatórios razoáveis de conduta criminal preexistente. A previsão legal é, a rigor, a consagração da interpretação dada pela doutrina e jurisprudência ao disposto na Súmula 145 do STF quando se está diante de um tipo de conduta múltipla. Imaginemos, assim, hipótese de policial disfarçado se fazer passar por usuário, provocando a venda de droga por alguém que lhe entregue o que, antes mesmo da abordagem, já tinha em depósito ou trazia consigo para fins de comercialização. Nesse caso, embora a venda tenha sido provocada, será válida a prisão em flagrante do agente pelo fato de manter em depósito a droga, conduta preexistente que em nada dependeu da preparação do flagrante pela polícia.

§ 2º Induzir, instigar ou auxiliar alguém ao uso indevido de droga: (Vide ADI nº 4.274)

Pena – detenção, de 1 (um) a 3 (três) anos, e multa de 100 (cem) a 300 (trezentos) dias-multa.

Análise do Tipo. Consiste em induzir (quando o agente faz nascer a ideia, antes não existente), instigar (quando o agente reforça uma ideia já existente) ou auxiliar (quando ajuda materialmente) ao uso indevido da droga.

Interpretação conforme a Constituição. Na ADI 4274, que teve como relator o MINISTRO AYRES BRITTO, O Tribunal, por unanimidade e nos termos do voto do Relator, julgou procedente a ação direta para dar ao § 2º do artigo 33 da Lei nº 11.343/2006 interpretação conforme à Constituição, dele excluindo qualquer significado que enseje a proibição de manifestações e debates públicos acerca da descriminalização ou legalização do uso de drogas ou de qualquer substância que leve o ser humano ao entorpecimento. No julgado, o STF destacou que nenhuma lei, seja ela civil ou penal, pode blindar-se contra a discussão do seu próprio conteúdo. Nem mesmo a Constituição está a salvo da ampla, livre e aberta discussão dos seus defeitos e das suas virtudes, desde que sejam obedecidas as condicionantes ao direito constitucional de reunião, tal como a prévia comunicação às autoridades competentes.

Pessoa Determinada. Para que reste caracterizado o delito em tela se faz necessário que a conduta vise pessoa determinada ou um grupo determinado, não bastando uma propaganda genérica.

O Incentivo ao Uso da Droga através de Músicas. A conduta daquele que compõe, canta letras de músicas que incentivam o uso da droga não caracteriza o crime previsto nesse artigo, justamente por se destinar a pessoas indeterminadas, o que não se admite na figura deste § 2º em estudo. Conquanto não exista subsunção ao artigo em estudo, a referida conduta, por revelar apologia ao crime, se enquadra no disposto no art. 287 do Código Penal.

Sujeito Ativo. O sujeito ativo pode ser qualquer pessoa, tratando-se de crime comum.

O Sujeito Passivo. É a coletividade e, secundariamente, a pessoa que usar o entorpecente.

Elemento Subjetivo. É o dolo, não havendo punição para a forma culposa.

Objeto Material. O objeto material é a pessoa que foi incentivada ao uso da droga, mesmo que a pessoa já tivesse esse hábito anteriormente.

Objeto Jurídico. O objeto jurídico é a saúde pública.

Momento Consumativo. Para a consumação se faz necessário o efetivo consumo da droga, tratando-se, pois, de crime material. Porém, o tema é controvertido na doutrina, havendo entendimento de que não seria necessária a utilização da droga para que o crime restasse consumado, bastando o mero incentivo.

Tentativa. Admissível quando o uso não chega a se consumar, devendo-se destacar controvérsia discutida no item anterior.

Espécies de Auxílio e Subsidiariedade do Art. 33, § 2º. O auxílio é a ajuda material, efetiva, como destacado acima e, na hipótese de o auxílio importar na prática de qualquer das condutas do art. *33, caput ou 33, § 1º*, a conduta a ser reconhecida é a do tráfico. Destarte, imaginemos a conduta de alguém que, todos os dias, fornece droga ao amigo menos favorecido economicamente. Nesta hipótese, é inegável que aquele que fornece está auxiliando ao uso, mas não será aplicada a norma em comento e, sim, a do *caput*, porque ali está descrita, configurando delito mais grave. Podemos, então, afirmar a subsidiariedade do delito deste art. 33, § 2º.

Crime de Médio Potencial Ofensivo. Não se trata de crime de tráfico, tampouco equiparado a hediondo, até porque não teria nenhum sentido dar tratamento de crime hediondo a um crime de médio potencial ofensivo, cuja pena mínima não ultrapassa um ano, permitindo, inclusive, a suspensão condicional do processo, prevista no art. 89 da Lei nº 9.099/1995.

Novatio Legis In Mellius. Na lei anterior, o induzimento, instigação ou auxílio ao uso de droga era conduta tipificada como equiparada ao tráfico e, portanto, crime equiparado a hediondo, merecendo pena de três a quinze anos de reclusão, bastante maior que a atualmente prevista para o delito. Destarte, dever-se-á aplicar a regra do artigo em comento retroativamente, alcançando fatos praticados antes da vigência da Lei nº 11.343/2006.

Crime de Médio Potencial Ofensivo e Possibilidade de Suspensão Condicional do Processo. Em se tratando de delito de médio potencial ofensivo, admitirá a aplicação do disposto no art. 89 da Lei nº 9.099/1995, inclusive para os fatos pretéritos, diante da aplicação retroativa. Neste sentido, seria necessário destacar que, entendendo o STF não ser cabível a suspensão condicional quando já houver trânsito em julgado de sentença condenatória ou mesmo quando o fato já estivesse em grau de recurso, a aplicação de suspensão condicional do processo para os crimes anteriores dependerá da inexistência de sentença condenatória já prolatada em primeiro grau. Assim, vejamos o HC nº 74.305:

> "*Habeas Corpus*". Suspensão condicional do processo penal (art. 89 da Lei nº 9.099/1995). *Lex mitior.* Âmbito de aplicação retroativa. - Os limites da aplicação retroativa da Lex mitior vão além da mera impossibilidade material de sua aplicação ao passado, pois ocorrem, também, ou quando a Lei posterior, malgrado retroativa, não tem mais como incidir, à falta de correspondência entre a anterior situação do fato e a hipótese normativa a que subordinada a sua aplicação,

ou quando a situação de fato no momento em que essa lei entra em vigor não mais condiz com a natureza jurídica do instituto mais benéfico e, portanto, com a finalidade para a qual foi instituído. – Se já foi protalada sentença condenatória, ainda que não transitada em julgado, antes de entrada em vigor da Lei nº 9.099/1995, não pode ser essa transação processual aplicada retroativamente, porque a situação em que, nesse momento, se encontra o processo penal já não mais condiz com a finalidade para a qual o benefício foi instituído, benefício esse que, se aplicado retroativamente, nesse momento, teria, até, sua natureza jurídica modificada para a de verdadeira transação penal. *Habeas Corpus* indeferido (HC nº 74.305, Rel Min. Moreira Alves, j. 09/12/1996, Tribunal Pleno).

Classificação. Comum; material, exigindo resultado naturalístico para a consumação (embora exista posicionamento em sentido contrário); de forma livre; comissivo; instantâneo; unissubjetivo, pois pode ser cometido por um só agente; plurissubsistente, admitindo tentativa quando o uso da droga não se der por razão alheia à vontade do agente.

§ 3º Oferecer droga, eventualmente e sem objetivo de lucro, a pessoa de seu relacionamento, para juntos a consumirem:

Pena – detenção, de 6 (seis) meses a 1 (um) ano, e pagamento de 700 (setecentos) a 1.500 (mil e quinhentos) dias-multa, sem prejuízo das penas previstas no art. 28.

Fundamento do Tipo. O tipo penal em estudo é, na verdade, fruto de uma inquietude e insatisfação da doutrina e da própria jurisprudência quanto à figura do uso compartilhado da droga, que, sob a égide draconiana da Lei nº 6.368/1976, era previsto como tráfico. Reclamavam os doutos a existência de uma figura intermediária, que não merecesse tratamento tão brando quanto o dispensado ao art. 16, mas que também não chegasse ao absurdo de considerar como tráfico a conduta daquele que, eventualmente, partilha a droga. Assim foi elaborado o tipo deste art. 33, § 3º.

Requisitos para Caracterização do Crime do Art. 33, § 3º. Trata o tipo em análise da conduta daquele que coloca à disposição de terceiro a droga para que, juntos, façam o consumo da mesma. Na verdade, são os seguintes requisitos exigidos para configuração desse tipo penal:

a) a eventualidade do comportamento do agente ao oferecer a droga;

b) a inexistência de objetivo de lucro;

c) a droga seja ofertada a pessoa do relacionamento do agente;

d) haver finalidade de consumo conjunto da droga.

Inexistência dos Requisitos do § 3º e a Caracterização do Tráfico. Se não estiverem presentes os quatro requisitos acima, cumulativamente, a conduta será de tráfico, no *caput* do art. 33, sob a modalidade de "fornecer ainda que gratuitamente", devendo lembrar o caro leitor que, para a configuração do tráfico naquela figura, não se exige especial finalidade de posterior comercialização ou lucro.

Possibilidade de Aplicação Retroativa. Pode ser o disposto nesse art. 33, § 3º, aplicado a fatos anteriores, à época tipificados como tráfico, quando o fornecimento gratuito tiver se dado nos termos hoje propostos pelo artigo em análise, diante do princípio da retroatividade da lei que beneficia, como ocorre *in casu*.

Sujeito Ativo. O sujeito ativo pode ser qualquer pessoa. Trata-se de crime comum.

O Sujeito Passivo. É a sociedade e, de forma mediata e secundária, a pessoa que consome a droga oferecida.

Hipótese de Oferta de Drogas a Menores de 14 anos e Débeis Mentais. Entendemos que o pressuposto para incidência da conduta descrita no artigo em comento é que a pessoa a quem se oferece a droga tenha capacidade para consentir, emitindo um consentimento válido, o que não ocorrerá em se tratando de menor de 14 anos ou de alguém que, por transtorno mental, não tenha capacidade para manifestar vontade validamente e aquilatar as consequências de seu ato. Nessa hipótese, o crime será o do art. 33, *caput*.

Elemento Subjetivo. É o dolo, havendo a especial finalidade de agir, que é o consumo conjunto. Inexiste a modalidade culposa.

Objeto Material. O objeto material é a droga.

O Objeto Jurídico. É a saúde pública.

Momento Consumativo. Dar-se-á com a oferta da droga, independente de aceitação da mesma e do consumo compartilhado.

Tentativa. Cabível, embora de difícil configuração.

Classificação. Comum; comissivo; instantâneo; de perigo abstrato, presumindo-se dano potencial ao bem jurídico tutelado, qual seja, a saúde pública; unissubjetivo; unissubsistente ou plurissubsistente, admitindo tentativa nesta última forma, embora de difícil configuração.

Crime de Menor Potencial Ofensivo. Trata-se de infração de menor potencial ofensivo, diante da pena de seis meses a um ano de detenção, sendo aplicáveis os institutos despenalizadores da Lei nº 9.099/1995, no que couber. Assim, em se tratando de crime de ação penal pública incondicionada, não caberão composição civil de danos ou mesmo representação, sendo, outrossim, cabíveis transação penal e suspensão condicional do processo. Admite, ainda, na hipótese de condenação, que a pena privativa de liberdade seja substituída por restritiva de direitos, nos termos do art. 44 do Código Penal.

Cúmulo Material entre o Art. 33, § 3º, e o Art. 28 do CP. Possível, diante do disposto no preceito sancionatório do art. 33, § 3º, que menciona a aplicação da pena de detenção de seis meses a um ano e pagamento de multa, "sem prejuízo das penas previstas no art. 28." Destarte, o legislador expressamente estipulou a possibilidade de concurso material de delitos, não havendo absorção do crime do art. 28, por esse do art. 33, § 3º.

A Não Caracterização de Tráfico no § 3º. Definitivamente, não é de tráfico, até porque não seria compatível chamar de tráfico (ainda que privilegiado) a conduta prevista como crime de menor potencial ofensivo.

> § 4º Nos delitos definidos no caput e no § 1º deste artigo, as penas poderão ser reduzidas de um sexto a dois terços, vedada a conversão em penas restritivas de direitos, desde que o agente seja primário, de bons antecedentes, não se dedique às atividades criminosas nem integre organização criminosa. (Vide Resolução nº 5, de 2012))

Causa de Diminuição de Pena. Tráfico Privilegiado, Traficância Menor ou Traficância Eventual. Cuida-se de norma aplicável nas seguintes hipóteses:

a) cometimento do crime previsto no art. 33, *caput* ou § 1º;

b) primariedade do réu, que, assim, não pode ser reincidente, devendo, ainda, possuir bons antecedentes;

c) não se dedicar o acusado às atividades criminosas;

d) não integrar organização criminosa.

O disposto neste art. 33, § 4º, traz a figura que a jurisprudência e doutrina têm denominado tráfico privilegiado, decorrente da diminuição da pena ali proposta.

Cumulatividade dos Requisitos. Para aplicação da causa de diminuição de que se trata neste art. 33, § 4º, os requisitos são cumulativos, não sendo possível conceder a diminuição àquele que deixar de preencher qualquer um deles. Assim, por exemplo, ainda que primário e de bons antecedentes, se o autor integrar uma organização criminosa, não poderá se beneficiar com a causa de diminuição da pena.

Descabimento de presunções para afastar o privilégio. A habitualidade no crime e o pertencimento a organização criminosa deverão ser comprovados pela acusação, consoante destacado pela Segunda Turma do STF:

> A Lei de Drogas prevê, em seu art. 33, § 4º, a figura do "traficante privilegiado", também chamada de "traficância menor" ou "traficância eventual": § 4º Nos delitos definidos no caput e no § 1º deste artigo, as penas poderão ser reduzidas de um sexto a dois terços, vedada a conversão em penas restritivas de direitos, desde que o agente seja primário, de bons antecedentes, não se dedique às ati-

> vidades criminosas nem integre organização criminosa. A habitualidade no crime e o pertencimento a organizações criminosas deverão ser comprovados pela acusação, não sendo possível que o benefício seja afastado por simples presunção. Assim, se não houver prova nesse sentido, o condenado fará jus à redução da pena. A quantidade e a natureza são circunstâncias que, apesar de configurarem elementos determinantes na definição do quanto haverá de diminuição, não são elementos que, por si sós, possam indicar o envolvimento com o crime organizado ou a dedicação a atividades criminosas. Vale ressaltar, por fim, que é possível a aplicação deste benefício mesmo para condenados por tráfico transnacional de drogas. STF. 2ª Turma. HC 152001 AgR/MT, rel. orig. Min. Ricardo Lewandowski, red. p/ o ac. Min. Gilmar Mendes, julgado em 29/10/2019 (Info 958).

A "Mula" e a controvérsia acerca da possibilidade de aplicação da Causa de Diminuição de Pena do Art. 33, § 4º. Quanto àquele que faz o transporte de droga, vulgarmente conhecido como "mula", entendemos que nada impede lhe seja concedida a diminuição. O tráfico privilegiado é pautado pelos requisitos do artigo 33, § 4º, da Lei Antidrogas, não se podendo presumir que a "mula" necessariamente integre uma organização criminosa. É perfeitamente crível que alguém, de forma isolada, faça o transporte da droga sem que esteja unida, de forma estável e permanente, a um grupo criminoso. Neste sentido já se manifestaram STF e STJ:

> (...)1. A não aplicação da minorante prevista no § 4º do art. 33 da Lei 11.343/2006 pressupõe a demonstração pelo juízo sentenciante da existência de conjunto probatório apto a afastar ao menos um dos critérios – porquanto autônomos –, descritos no preceito legal: (a) primariedade; (b) bons antecedentes; (c) não dedicação a atividades criminosas; e (d) não integração à organização criminosa. (...)2. A atuação da agente no transporte de droga, em atividade denominada "mula", por si só, não constitui pressuposto de sua dedicação à prática delitiva ou de seu envolvimento com organização criminosa. Impõe-se, para assim concluir, o exame das circunstâncias da conduta, em observância ao princípio constitucional da individualização da pena (art. 5º, XLVI, da CF) (...) (RHC 131.795/SP. Relator: MIN. TEORI ZAVASCKI. 2ª. Turma. J. em 3 de maio de 2016)

> (...)3. Embora haja diversos julgados de ambas as Turmas deste Tribunal Superior nos quais se afirme não ser possível o reconhecimento do tráfico privilegiado ao agente transportador de drogas na qualidade de "mula", acolho o entendimento uníssono do Supremo Tribunal Federal sobre a matéria, no sentido de que a simples atuação nessa condição não induz, automaticamente, à conclusão de que o sentenciado integre organização criminosa, sendo imprescindível, para tanto, prova inequívoca do seu envolvimento, estável e perma-

> nente, com o grupo criminoso, para autorizar a redução da pena em sua totalidade. (...) (HC 387.777/SP Rel. Min. Ribeiro Dantas. T5 Quinta Turma. Por unanimidade, julgado em 6/4/2017, DJe 17/4/2017)
>
> (...)1. O Tribunal de origem concluiu pela concessão da causa de diminuição de pena prevista no art. 33, § 4º, da Lei n. 11.343/2006, dispondo que: a simples atuação do agente como "mula", por si só, não induz que integre organização criminosa, sendo imprescindível, para tanto, prova inequívoca do seu envolvimento, estável e permanente, com o grupo criminoso. [...] 3. A jurisprudência desta Corte Superior é no sentido de que isoladamente consideradas, a natureza e a quantidade do entorpecente apreendido, por si sós, não são suficientes para embasar conclusão acerca da presença das referidas condições obstativas e, assim, afastar o reconhecimento da minorante do tráfico privilegiado (...) 4. Agravo regimental improvido. (AgRg no REsp 1828013/MS, Rel. Ministro SEBASTIÃO REIS JÚNIOR, SEXTA TURMA, julgado em 01/10/2019, DJe 11/10/2019)

A quantidade de droga transportada e a incidência do disposto no art. 33, §4º do Código Penal. Assim como não se pode presumir que o agente, por ser mula, integre organização criminosa, não se pode presumir que, ao transportar droga em grande quantidade, o faça por integrar uma organização criminosa. É, sim, possível que uma organização criminosa se valha, de forma isolada, de alguém que a ela não pertença para transportar significativa quantidade. Essa pessoa, nessas circunstâncias, não integra a organização e, caso preencha os demais requisitos, deverá ser beneficiada com a diminuição, valendo a lembrança que a quantidade de drogas, por si só, não é requisito trazido em lei como impeditivo da aplicação do disposto no artigo 33, §4º. Destarte, consideramos que, se além da quantidade, outras indicações existirem no caso concreto no sentido de que o transportador, ou "mula", pertença a grupo criminoso organizado, o juiz não deverá aplicar a diminuição, tal qual decidido no STJ no julgado abaixo:

> (...) II - In casu, houve fundamentação concreta para o afastamento do tráfico privilegiado, consubstanciada na conclusão de que os pacientes dedicavam-se a atividade criminosa (traficância), não somente (grifo nosso)pela elevada quantidade de droga apreendida (364,8 Kg de maconha e 360 gramas de cocaína), mas, também, pelas demais circunstâncias em que ocorreu o delito (convergência de vontades e divisão de tarefas), elementos aptos a justificar o afastamento da redutora do art. 33, § 4º, da Lei n. 11.343/06. (...) Habeas corpus não conhecido. HC 376880 / MS. Rel. Ministro FELIX FISCHER. QUINTA TURMA. J. em 04/05/2017)

O STF, em decisão de sua Segunda Turma, consoante veiculado no Informativo 866, do início de junho de 2017, decidiu, nos autos do RHC 138.715, que a quantidade de droga apreendida em poder do agente não é, isoladamente considerada, apta a afastar a causa de diminuição.

Desse entendimento também comunga o STJ, conforme se depreende do AgRg-AREsp 1.292.877, Rel. Min. Reynaldo Soares da Fonseca, julgado em 16/08/2018 e AgRg-REsp 1.763.113, Rel. Min. Sebastião Reis Júnior, julgado em 27/11/2018, ambos da Sexta Turma.

Em julgados mais recentes, o entendimento foi reafirmado.

> *Habeas corpus*. 2. Dosimetria. 3. Tráfico de drogas. 4. A quantidade de drogas, por si só, não pode proporcionar a presunção de que o paciente faria do tráfico seu meio de vida ou integraria uma organização criminosa. Ausência de fundamentação idônea apta a justificar o afastamento da aplicação da causa especial de diminuição de pena prevista no art. 33, § 4º, da Lei 11.343/2006. Precedentes. 5. Quantidade da droga valorada na primeira e na terceira fase da dosimetria. Bis in idem. Desproporcionalidade no cálculo. 6. Ordem concedida para que seja refeita a dosimetria, nos termos do acórdão. (HC 145362, Relator (a): Min. GILMAR MENDES, Segunda Turma, julgado em 04/02/2020, PROCESSO ELETRÔNICO DJe-065 DIVULG 19-03-2020 PUBLIC 20-03-2020)

Por fim, ressaltam os autores que, ainda que não se possa necessariamente considerar a "mula" integrante de uma organização criminosa e, assim, vedar-lhe o reconhecimento da diminuição pelo tráfico privilegiado, o juiz pode fixar a diminuição em grau mínimo, por entender que justificaria a medida o fato da mesma colaborar, ainda que eventualmente, para uma organização criminosa que se destina à traficância, tal qual reconhecido pelas Cortes Superiores, como indicam os julgados trazidos nesse tópico da obra.

Impossibilidade do cumulo material entre o tráfico privilegiado e a associação para fins de tráfico. Não haverá possibilidade de responsabilização do agente pela prática do crime do art. 35 em concurso com o 33, § 4º, da lei em comento, na medida em que a aplicação do tráfico privilegiado depende do preenchimento de todos requisitos ali trazidos, dentre os quais o de que a pessoa não seja envolvido em organizações criminosas, o que impossibilita que alguém que responda por associação por tráfico venha a ser agraciado pela diminuição do tráfico privilegiado.

Existência de inquéritos e processos em curso e não reconhecimento do tráfico privilegiado. Embora ações e processos em curso não possam ser considerados maus antecedentes, consoante entendimento cristalizado pelo STJ na Súmula 444, a Corte já entendeu que o magistrado poderia considerá-los para afastar a aplicação do disposto no artigo 33, § 4º, pois poderiam indicar que o agente se dedica a atividades criminosas. Neste sentido:

> É possível a utilização de inquéritos policiais e/ou ações penais em curso para formação da convicção de que o réu se dedica a ativi-

> dades criminosas, de modo a afastar o benefício legal previsto no art. 33, § 4º, da Lei n.º 11.343/2006. STJ. 3ª Seção. EREsp 1.431.091-SP, Rel. Min. Felix Fischer, julgado em 14/12/2016 (Info 596).

Dosimetria da Pena na Hipótese de Tráfico Privilegiado. A diminuição de que se trata nesse artigo, segundo a lei, pode ser de 1/6 a 2/3, não sendo o juiz obrigado a fixar a diminuição no seu patamar máximo, sendo indispensável a análise do caso concreto e de suas peculiaridades, consoante entendem o STF e o STJ. Destaque-se, ainda, ter o STJ já afirmado, nos autos do HC 387244, que, embora o magistrado não seja obrigado a aplicar o patamar máximo de redução de pena quando presentes os requisitos do artigo 33, parágrafo 4º, da Lei de Drogas, a opção por uma fração menor que o limite de dois terços deve ser concretamente fundamentada.

Cremos equivocada a orientação de que se possa optar por uma diminuição menor que 2/3, na medida em que não foram estabelecidos vetores para balizamento da diminuição. Outrossim, as circunstâncias do artigo 42, que as Cortes vêm invocando como critérios para a diminuição, devem ser usadas na primeira fase da pena, qual seja, na fixação da pena base, não podendo ser novamente utilizadas como critério para concessão de uma diminuição menor do que a permitida em lei. Entendemos que, caso preenchidos todos os requisitos para o reconhecimento do tráfico privilegiado, a diminuição deva ser feita no grau máximo. Destacamos, porém, como de costume nesta obra, que, em concursos, o candidato deverá adotar o posicionamento das Cortes Superiores.

Confissão e Tráfico Privilegiado. Fixação da fração de diminuição. STJ, em decisão proferida nos autos do HC nº 131.410/RJ, veiculado no Informativo nº 450, consoante abaixo transcrito, entendeu que, presentes os requisitos necessários à diminuição de pena do art. 33, § 4º, da Lei nº 11.343/2006 em seu grau máximo, ausência de confissão ou arrependimento por parte do réu não constitui fundamento legal apto a influir na dosimetria e provocar a não aplicação da diminuição máxima.

> Entendeu-se, ademais, estarem preenchidos os requisitos necessários para a aplicação da causa de diminuição do art. 33, § 4º, da Lei nº 11.343/2006 em seu grau máximo, não sendo fundamento legal apto a influir nessa dosimetria a ausência de confissão ou arrependimento por parte do réu. Precedente citado: HC nº 168.679-SP, DJe 23/8/2010 (HC nº 131.410-RJ, Rel. originário Min. Haroldo Rodrigues (Desembargador convocado do TJ-CE), Rel.ª para acórdão Min.ª Maria Thereza de Assis Moura, j. 7/10/2010.

A Quantidade de Droga Apreendida e o Tráfico Privilegiado. Fixação da fração de diminuição. Consoante se depreende da leitura do artigo 42 da Lei nº 11.343/06, a quantidade da droga e a sua qualidade hão de ser levadas em consideração pelo magistrado no momento de fixação da pena base, como circunstancias judiciais que, inclusive, preponderam sobre as circunstâncias do artigo 59 do Código Penal e que, assim, deveriam ser usadas na primeira fase de fixação da pena pelo crime de tráfico de drogas. Ocorre que, quando se trata do balizamento da fração de diminuição a ser aplicada no tráfico privilegiado, doutrina e jurisprudência também costumam apontar o artigo 42 como critério para uma diminuição maior ou menor da pena. Caberia analisarmos se juiz pode usar a quantidade e qualidade da droga na fixação da pena base e, posteriormente, como critério para concessão de diminuição em grau menor do que aquele de 2/3 permitido pela lei? Sempre entendemos que a resposta deveria ser negativa, pois, ao contrário, estaríamos diante de inequívoco *bis in idem*.

A questão é atualmente pacificada na Corte, que, no ano de 2014, no ARE 666334 firmou o entendimento de que, se consideradas na primeira fase, por ocasião da pena base, não poderão quantidade e qualidade ser consideradas na terceira fase, quando da diminuição, sob pena de reconhecimento de *bis in idem*.

> Recurso extraordinário com agravo. Repercussão Geral. 2. Tráfico de Drogas. 3. Valoração da natureza e da quantidade da droga apreendida em apenas uma das fases do cálculo da pena. Vedação ao bis in idem. Precedentes. 4. Agravo conhecido e recurso extraordinário provido para determinar ao Juízo da 3ª VECUTE da Comarca de Manaus/AM que proceda a nova dosimetria da pena. 5. Reafirmação de jurisprudência. (ARE 666334 RG / AM - AMAZONAS - REPERCUSSÃO GERAL NO RECURSO EXTRAORDINÁRIO COM AGRAVO, Relator(a): Min. GILMAR MENDES, Julgamento: 03/04/2014 Órgão Julgador: Tribunal Pleno)

No STJ, comunga-se de idêntico entendimento, estando a Corte, assim, alinhada ao STF quanto ao tema.

Causas de aumento de pena usadas como critério para o quantum de diminuição. Impossibilidade. Na hipótese de incidir sobre o crime de tráfico uma causa de aumento de pena, não poderá a mesma causa ser usada pelo juiz como balizamento para a aplicação do índice redutor do artigo 33, § 4º, pois que inequivocamente a providência implicaria em odioso *bis in idem*. Não foi outra a orientação do STJ.

> DIREITO PENAL. BIS IN IDEM E TRÁFICO COMETIDO NAS DEPENDÊNCIAS DE ESTABELECIMENTO PRISIONAL. É indevido o emprego da circunstância de o crime ter sido cometido nas dependências de estabelecimento prisional para fundamentar tanto o *quantum* de redução na aplicação da minorante prevista no art. 33, § 4º, da Lei n. 11.343/2006 como a incidência da majorante prevista no art. 40, III, da mesma lei. Isso porque essa situação configura *bis in idem*. HC 313.677-RS, Rel. Min. Reynaldo Soares da Fonseca, julgado em 21/6/2016, DJe 29/6/2016.

A Possibilidade de Substituição da Pena Privativa de Liberdade por Restritiva de Direitos e a Inconstitucionalidade da Vedação Constante no Art. 33, § 4º. O STF, nos autos do HC nº 97.256 declarou inconstitucionais os arts. 33, § 4º e 44 da Lei nº 11.343/2006 quanto à vedação à substituição da pena privativa de liberdade por pena restritiva de direitos. Assim, o denominado "pequeno traficante" pode receber a benesse legal, trazida pelo art. 44 do CP, desde que preencha os requisitos ali elencados para a concessão do benefício. Embora tal declaração tenha se dado no bojo de um *Habeas Corpus*, a mesma acabou por ganhar força erga omnes em virtude de Resolução do Senado Federal, que suspendeu a execução da expressão "vedada a conversão em penas restritivas de direitos".

> TRÁFICO DE DROGAS. ART. 44 DA LEI Nº 11.343/2006: IMPOSSIBILIDADE DE CONVERSÃO DA PENA PRIVATIVA DE LIBERDADE EM PENA RESTRITIVA DE DIREITOS. DECLARAÇÃO INCIDENTAL DE INCONSTITUCIONALIDADE. OFENSA À GARANTIA CONSTITUCIONAL DA INDIVIDUALIZAÇÃO DA PENA (INCISO XLVI DO ART. 5º DA CF/1988). ORDEM PARCIALMENTE CONCEDIDA. 1. O processo de individualização da pena é um caminhar no rumo da personalização da resposta punitiva do Estado, desenvolvendo-se em três momentos individuados e complementares: o legislativo, o judicial e o executivo. Logo, a lei comum não tem a força de subtrair do juiz sentenciante o poder-dever de impor ao delinquente a sanção criminal que a ele, juiz, afigurar-se como expressão de um concreto balanceamento ou de uma empírica ponderação de circunstâncias objetivas com protagonizações subjetivas do fato-tipo. [...]3. As penas restritivas de direitos são, em essência, uma alternativa aos efeitos certamente traumáticos, estigmatizantes e onerosos do cárcere. [...] E o fato é que a pena privativa de liberdade corporal não é a única a cumprir a função retributivo-ressocializadora ou restritivo-preventiva da sanção penal. As demais penas também são vocacionadas para esse geminado papel da retribuição-prevenção-ressocialização, e ninguém melhor do que o juiz natural da causa para saber, no caso concreto, qual o tipo alternativo de reprimenda é suficiente para castigar e, ao mesmo tempo, recuperar socialmente o apenado, prevenindo comportamentos do gênero. 4. No plano dos tratados e convenções internacionais, aprovados e promulgados pelo Estado brasileiro, é conferido tratamento diferenciado ao tráfico ilícito de entorpecentes que se caracterize pelo seu menor potencial ofensivo. Tratamento diferenciado, esse, para possibilitar alternativas ao encarceramento. É o caso da Convenção Contra o Tráfico Ilícito de Entorpecentes e de Substâncias Psicotrópicas, incorporada ao direito interno pelo Decreto 154, de 26 de junho de 1991. Norma supralegal de hierarquia intermediária, portanto, que autoriza cada Estado soberano a adotar norma comum interna que viabilize a aplicação da pena substitutiva (a restritiva de direitos) no aludido crime de tráfico ilícito de entorpecentes. 5. Ordem parcialmente concedida tão somente para remover o óbice da parte final do art. 44 da Lei nº 11.343/2006, assim como da expressão análoga "vedada a conversão em penas restritivas de direitos", constante do § 4º do art. 33 do mesmo diploma legal. Declaração incidental de inconstitucionalidade, com efeito ex nunc, da

proibição de substituição da pena privativa de liberdade pela pena restritiva de direitos; determinando-se ao Juízo da execução penal que faça a avaliação das condições objetivas e subjetivas da convolação em causa, na concreta situação do paciente (HC nº 97.256/RS, Rel. Min. Ayres Brito, j. 01/09/2010. Órgão Julgador: Tribunal Pleno).

Resolução nº 5, de 2012.

Suspende, nos termos do art. 52, inciso X, da Constituição Federal, a execução de parte do § 4º do art. 33 da Lei nº 11.343, de 23 de agosto de 2006.

O Senado Federal resolve:

Art. 1º É suspensa a execução da expressão "vedada a conversão em penas restritivas de direitos" do § 4º do art. 33 da Lei nº 11.343, de 23 de agosto de 2006, declarada inconstitucional por decisão definitiva do Supremo Tribunal Federal nos autos do *Habeas Corpus* nº 97.256/RS.

Art. 2º Esta Resolução entra em vigor na data de sua publicação.

Senado Federal, em 15 de fevereiro de 2012.

Senador José Sarney

Presidente do Senado Federal

O Tráfico Privilegiado não pode ser Considerado Crime Hediondo. Atualmente, a questão já não mais comporta dúvidas, face as alterações trazidas pela Lei nº 13.964 de 2019, acrescentando mais um parágrafo ao artigo 112 da Lei nº 7.210, de 1984 (LEP):

§ 5º Não se considera hediondo ou equiparado, para os fins deste artigo, o crime de tráfico de drogas previsto no § 4º do art. 33 da Lei nº 11.343, de 23 de agosto de 2006. (Incluído pela Lei nº 13.964, de 2019)

Quantidade e qualidade da droga e fixação de regime inicial. As circunstâncias previstas no art. 42 da Lei de drogas podem e devem ser analisadas pelo magistrado prolator da sentença condenatória no momento em que fixar o regime inicial de cumprimento da pena. Assim, ainda que se trate de tráfico privilegiado, a quantidade e a qualidade da droga apreendida poderão ser levadas em conta pelo juiz para fixação de um regime distinto do aberto, consoante julgado abaixo transcrito.

"É legítima a fixação de regime inicial semiaberto, tendo em conta a quantidade e a natureza do entorpecente, na hipótese em que ao condenado por tráfico de entorpecentes tenha sido aplicada pena inferior a 4 anos de reclusão. Esse o entendimento da Segunda Turma ao indeferir a ordem em "habeas corpus". O Colegiado destacou que, no caso, o acórdão recorrido fixara o regime inicial semiaberto baseando-se na quantidade e natureza do entorpecente, observado o quanto disposto no art. 33, § 2º, "b", e § 3º, do CP c/c o art. 42 da Lei 11.343/2006, em harmonia com a jurisprudência consolidada do STF (HC 131.887/SC, DJe de 7.3.2016). HC 133308/SP, rel. Min. Cármen Lúcia, 29.3.2016. (HC 133308) (Informativo 819, 2ª Turma)"

Todavia, a fixação de regime mais gravoso não poderá ser feita sem a devida justificação, levando-se em consideração a gravidade do delito. Neste sentido:

> Não é possível a fixação de regime de cumprimento de pena fechado ou semiaberto para crime de tráfico privilegiado de drogas sem a devida justificação. Não se admite a fixação automática do regime fechado ou semiaberto pelo simples fato de ser tráfico de drogas. Não se admite, portanto, que o regime semiaberto tenha sido fixado utilizando-se como único fundamento o fato de ser crime de tráfico, não obstante se tratar de tráfico privilegiado e ser o réu primário, com bons antecedentes. A gravidade em abstrato do crime não constitui motivação idônea para justificar a fixação do regime mais gravoso. STF. 1ª Turma. HC 163231/SP, rel. orig. Min. Marco Aurélio, red. p/ o ac. Min. Alexandre de Moraes, julgado em 25/6/2019 (Info 945).

Exercício paralelo de atividades lícitas. O STJ já entendeu que o fato do § 4º do art. 33 prever que o acusado não deve se dedicar a atividades criminosas, não exige, em nenhum momento, que essa dedicação seja exercida com exclusividade. Portanto, a aplicação da minorante é obstada ainda que o agente exerça, concomitantemente, atividade profissional lícita.

> Ainda que a dedicação a atividades criminosas ocorra concomitantemente com o exercício de atividade profissional lícita, é inaplicável a causa especial de diminuição de pena prevista no art. 33, § 4º, da Lei n. 11.343/2006 (Lei de Drogas). De início, destaca-se que, para viabilizar a aplicação da causa de diminuição de pena prevista no art. 33, § 4º, da Lei n. 11.343/2006, são exigidos, além da primariedade e dos bons antecedentes do acusado, que este não integre organização criminosa e que não se dedique a atividades delituosas. De fato, a razão de ser da mencionada minorante é justamente punir com menor rigor o pequeno traficante, ou seja, aquele indivíduo que não faz do tráfico de drogas o seu meio de vida. (...) REsp 1.380.741-MG, Rel. Min. Rogerio Schietti Cruz, julgado em 12/4/2016, DJe 25/4/2016

Reincidência. Nada obsta que a reincidência seja usada, ao mesmo tempo, como circunstância agravante genérica e para afastar a incidência do privilégio. Neste sentido:

> (...) 1. A majoração da pena pelos maus antecedentes e o reconhecimento da reincidência, desde que com fundamento em condenações prévias e definitivas distintas, não caracteriza ofensa ao princípio do ne bis in idem. 2. Há vedação legal expressa à concessão da causa especial de diminuição prevista no art. 33, § 4º, da Lei de Drogas aos condenados possuidores de maus antecedentes e reincidentes. 3. A valoração dos maus antecedentes na primeira etapa da dosimetria, como circunstância judicial desfavorável, e da reincidência na segunda fase não é incompatível com a sua utilização, na terceira fase, para afastar a incidência da causa especial de diminuição prevista no § 4º do art. 33 da Lei n. 11.343/2006. (...)
>
> (STJ - REsp: 1280993 SP 2011/0227642-0, Relator: Ministro ROGERIO SCHIETTI CRUZ, Data de Julgamento: 19/04/2016, T6 - SEXTA TURMA, Data de Publicação: DJe 28/04/2016)

Aplicação Retroativa de Lei Penal Benéfica e a Hipótese de Combinação de Leis Penais. O disposto no § 4º do art. 33 é norma penal que, por ser benéfica, deverá retroagir, inclusive no tocante a processos já findos, com trânsito em julgado.

Essa questão, porém, não é tão simples quanto se pode pensar, diante de duas constatações:

a) a lei anterior, Lei nº 6.368/1976, trazia pena mais branda para o tráfico, qual seja, 3 a 15 anos, mas não trazia causa de diminuição de pena;

b) a lei nova comina pena maior ao tráfico, qual seja, 5 a 15 anos, mas traz causa de diminuição para o acusado primário, de bons antecedentes, que não se dedique a atividades criminosas, nem integre organização criminosa.

Poderíamos, assim, promover combinação de leis penais, extraindo o melhor delas para o acusado? No STJ foi editada a súmula 501, consolidando a jurisprudência da corte, afirmando não ser possível combinarmos a antiga lei com a atual. Ou a norma do artigo 33, § 4º retroage como um todo, por trazer melhor solução ao réu, ou não se pode fazer a combinação pretendida.

Abaixo, segue a súmula 501.

> É cabível a aplicação retroativa da Lei n. 11.343/2006, desde que o resultado da incidência das suas disposições, na íntegra, seja mais favorável ao réu do que o advindo da aplicação da Lei n. 6.368/1976, sendo vedada a combinação de leis.

No Supremo Tribunal Federal, outro não é o posicionamento.

> EMENTA: AGRAVO REGIMENTAL EM RECURSO EXTRAORDINÁRIO COM AGRAVO. AUSÊNCIA DE PREQUESTIONAMENTO. SÚMULAS 282 E 356/STF. TRÁFICO ILÍCITO DE ENTORPECENTES. CRIME COMETIDO NA VIGÊNCIA DA LEI Nº 6.368/1976. APLICAÇÃO RETRO-

ATIVA DO § 4º DO ART. 33 DA LEI Nº 11.343/2006. COMBINAÇÃO DE LEIS. IMPOSSIBILIDADE. A questão constitucional alegada no recurso extraordinário não foi objeto de análise pelo Tribunal de origem. Tampouco a questão foi suscitada nos embargos de declaração opostos. O recurso carece, portanto, de prequestionamento (Súmulas 282 e 356/STF). Precedente. De qualquer forma, o Supremo Tribunal Federal assentou a impossibilidade de combinação de leis, vedando a aplicação retroativa da causa especial prevista no art. 33, § 4º, da Lei nº 11.343/2006 à pena aplicada por crime cometido na vigência da Lei nº 6.368/1976. Agravo regimental a que se nega provimento. (ARE 773589 AgR / DF - DISTRITO FEDERAL- Relator(a): Min. ROBERTO BARROSO, Julgamento: 02/09/2014 Órgão Julgador: Primeira Turma)

"Mula" e Prisão preventiva. A 2ª turma do STF substituiu prisão de pessoa presa com 188 kg de cocaína por medidas cautelares diversas da prisão, por se tratar de paciente primário e tem bons antecedentes, entendendo restar desproporcional a imposição de prisão preventiva. Na decisão, foi ressaltada a jurisprudência da Corte, no sentido de que *a expressiva quantidade de droga apreendida, por si só, não afasta a aplicação do redutor de tráfico privilegiado, se o caso caracterizar uma situação de 'mula'.*

1. Agravo regimental em habeas corpus. 2. Tráfico de drogas (art. 33, caput, da Lei 11.343/2006). 3. Liberdade provisória. Possibilidade. A prisão preventiva deve indicar, de forma expressa, os seguintes fundamentos para sua decretação, nos termos do artigo 312 do CPP: I) garantia da ordem pública; II) garantia da ordem econômica; III) garantia da aplicação da lei penal; e IV) conveniência da instrução criminal – o que não ocorreu no presente caso. Na linha da jurisprudência deste Tribunal, porém, não basta a mera explicitação textual dos requisitos previstos, sendo necessário que a alegação abstrata ceda à demonstração concreta e firme de que tais condições se realizam na espécie. Dessarte, a tarefa de interpretação constitucional para análise de excepcional situação jurídica de constrição da liberdade exige que a alusão a esses aspectos esteja lastreada em elementos concretos, devidamente explicitados. 4. Réu primário, sem antecedentes. Ausência de alteração fática. 5. Inexistência de argumentos capazes de infirmar a decisão agravada. 6. Agravo regimental desprovido. (STF - HC: 195990 SP 0111600-39.2020.1.00.0000, Relator: GILMAR MENDES, Data de Julgamento: 24/02/2021, Segunda Turma, Data de Publicação: 02/03/2021)

Art. 34. Fabricar, adquirir, utilizar, transportar, oferecer, vender, distribuir, entregar a qualquer título, possuir, guardar ou fornecer, ainda que gratuitamente, maquinário, aparelho, instrumento ou qualquer objeto destinado à fabricação, preparação, produção ou transformação de drogas, sem autorização ou em desacordo com determinação legal ou regulamentar:

Pena - reclusão, de 3 (três) a 10 (dez) anos, e pagamento de 1.200 (mil e duzentos) a 2.000 (dois mil) dias-multa.

Análise do Núcleo do Tipo. Corresponde à figura que, na lei anterior, estava descrita no art. 13, tratando-se, a exemplo do que ocorre com o art. 33, *caput* e § 1º, de crime de tráfico ilícito de droga, delito equiparado a hediondo.

Sujeito Ativo. O sujeito ativo pode ser qualquer pessoa, aqui se cuidando de um crime comum.

O Sujeito Passivo. É a coletividade.

Elemento Subjetivo. É dolo, não havendo previsão da forma culposa.

Elemento Normativo. Também nesse tipo penal, o elemento normativo vem consubstanciado na expressão "sem autorização ou desacordo com determinação legal ou regulamentar". Se o agente realiza a conduta devidamente autorizado, estaremos diante de fato atípico.

Objeto Material. É o maquinário, aparelho, instrumento ou objeto destinado à fabricação, preparação, produção ou transformação de drogas.

Especial Destinação. Não é necessário, para a caracterização do crime de que tratamos, que a destinação do objeto seja exclusiva, até porque não existe objeto destinado exclusivamente à fabricação, preparação e produção de droga. O que dirá, no caso concreto, se aquele aparelho, instrumento ou maquinismo se destina especialmente àqueles fins é a análise do local e das circunstâncias em que foi encontrado.

Objeto Jurídico. O objeto jurídico é a saúde pública, criando-se mecanismos para coibir o tráfico de drogas logo no seu nascedouro.

Subsidiariedade e Delito Equiparado a Hediondo. Trata-se, consoante entendimento majoritário em doutrina, de tipo subsidiário ao art. 33, o que torna impossível a responsabilização pelos dois delitos quando praticados no mesmo contexto fático. Nessa qualidade, o crime do art. 34 ficará absorvido pelo do artigo 33 quando o agente vier a fazer uso do maquinário, instrumento ou objeto para produzir, fabricar, transformar e preparar a droga. A rigor, este tipo penal descreve condutas que, em regra, são meros atos preparatórios para o tráfico. Assim, somente teria aplicação o dispositivo em análise se o agente não chegasse sequer a iniciar a execução de qualquer das modalidades de tráfico de drogas previstas no artigo 33. Afinal, trata-se de hipótese em que o legislador optou por elevar aqueles seriam meros atos de preparação do crime de tráfico à categoria de crime autônomo. Ora, o agente não poderia ser punido pelo ato preparatório do tráfico e pelo tráfico em si, sob pena de *bis in idem*. O raciocínio que aqui se deve fazer é, ao nosso ver, idêntico ao que se faz quando do estudo dos tipos penais trazidos pelos artigos 291 e 294 do CP.

No sentido da subsidiariedade do artigo 34, observemos o julgado do STF:

> (...) 3. Os arts. 33, § 1º, I, e 34 da Lei de Drogas – que visam proteger a saúde pública, com a ameaça de produção de drogas – tipificam condutas que podem ser consideradas mero ato preparatório. Assim, evidenciado, no mesmo contexto fático, o intento de traficância do agente (cocaína), utilizando aparelhos e insumos somente para esse fim, todo e qualquer ato relacionado a sua produção deve ser considerado ato preparatório do delito de tráfico previsto no art. 33, caput, da Lei 11.343/06. Aplica-se, pois, o princípio da consunção, que se consubstancia na absorção do delito meio (objetos ligados à fabricação) pelo delito fim (comercialização de drogas). Doutrina e precedentes. (...) (HC 109708 / SP – SÃO PAULO- Relator(a): Min. TEORI ZAVASCKI, Julgamento: 23/06/2015 Órgão Julgador: Segunda Turma)

Contudo, necessário consignar a existência de precedente no STJ em sentido contrário, possibilitando que o agente venha a ser responsabilizado pelos crimes dos artigos 33 e 34, cumulativamente, na hipótese de ter em depósito certa quantidade de drogas e, em grande escala, objetos, maquinário e utensílios que constituam verdadeiro laboratório para preparação de drogas. Segue, abaixo, o julgado citado:

> DIREITO PENAL. AUTONOMIA DE CONDUTA SUBSUMIDA AO CRIME DE POSSUIR MAQUINÁRIO DESTINADO À PRODUÇÃO DE DROGAS. Responderá pelo crime de tráfico de drogas – art. 33 da Lei 11.343/2006 – em concurso com o crime de posse de objetos e maquinário para a fabricação de drogas – art. 34 da Lei 11.343/2006 – o agente que, além de ter em depósito certa quantidade de drogas ilícitas em sua residência para fins de mercancia, possuir, no mesmo local e em grande escala, objetos, maquinário e utensílios que constituam laboratório utilizado para a produção, preparo, fabricação e transformação de drogas ilícitas em grandes quantidades. Nessa situação, as circunstâncias fáticas demonstram verdadeira autonomia das condutas e inviabilizam a incidência do princípio da consunção. (...) Dessa forma, a depender do contexto em que os crimes foram praticados, será possível o reconhecimento da absorção do delito previsto no art. 34 – que tipifica conduta que pode ser considerada como mero ato preparatório – pelo crime previsto no art. 33. Contudo, para tanto, é necessário que não fique caracterizada a existência de contextos autônomos e coexistentes aptos a vulnerar o bem jurídico tutelado de forma distinta. Levando-se em consideração que o crime do art. 34 visa coibir a produção de drogas, enquanto o art. 33 tem por objetivo evitar a sua disseminação, deve-se analisar, para fins de incidência ou não do princípio da consunção, a real lesividade dos objetos tidos como instrumentos destinados à

> fabricação, preparação, produção ou transformação de drogas. Relevante aferir, portanto, se os objetos apreendidos são aptos a vulnerar o tipo penal em tela quanto à coibição da própria produção de drogas. Logo, se os maquinários e utensílios apreendidos não forem suficientes para a produção ou transformação da droga, será possível a absorção do crime do art. 34 pelo do art. 33, haja vista ser aquele apenas meio para a realização do tráfico de drogas (como a posse de uma balança e de um alicate - objetos que, por si sós, são insuficientes para o fabrico ou transformação de entorpecentes, constituindo apenas um meio para a realização do delito do art. 33). Contudo, a posse ou depósito de maquinário e utensílios que demonstrem a existência de um verdadeiro laboratório voltado à fabricação ou transformação de drogas implica autonomia das condutas, por não serem esses objetos meios necessários ou fase normal de execução do tráfico de drogas. AgRg no AREsp 303.213-SP, Rel. Min. Marco Aurélio Bellizze, julgado em 8/10/2013.

O STF, a seu turno, igualmente destaca que apenas haverá a absorção pela consunção quando estivermos diante de um mesmo contexto fático e, assim, diante de uma situação em que se verificasse que o maquinismo apreendido não se destinava à fabricação da droga ou matéria-prima apreendida na situação de traficância, haveríamos de reconhecer o concurso de crimes. Atentemos para a lição da Corte:

> "A mera imputação ao crime de tráfico de drogas previsto no art. 33, *caput*, da Lei 11.343/2006 não significa que, automaticamente, desaparecerão os crimes descritos nos arts. 33,§ 1º, I ("importa, exporta, remete, produz, fabrica, adquire, vende, expõe à venda, oferece, fornece, tem em depósito, transporta, traz consigo ou guarda, ainda que gratuitamente, sem autorização ou em desacordo com determinação legal ou regulamentar, matéria-prima, insumo ou produto químico destinado à preparação de drogas") e 34 ("Fabricar, adquirir, utilizar, transportar, oferecer, ainda que gratuitamente, maquinário, aparelho, instrumento ou qualquer objeto destinado à fabricação, preparação, produção ou transformação de drogas, sem autorização ou em desacordo com determinação com determinação legal ou regulamentar"), ambos da mesma Lei. São figuras distintas e, igualmente, relevantes. Assim, se o agente, por exemplo, possui em sua residência produtos e equipamentos destinados à fabricação de ecstasy, mas é flagrado naquele local comercializando "maconha", deve incidir as regras do concurso de crimes. Além da existência de contextos autônomos, aptos a atingir o bem jurídico tutelado de forma distinta, o maquinário para a produção da primeira droga não pode ser considerado ato antecedente necessário para a comercialização da "maconha".). (STF- HC 109.708 - 23/06/15).

Crime hediondo. O crime em comento, sendo tráfico de drogas, é equiparado a hediondo.

Consumação. Cuida-se de crime de mera conduta, que estará tipificado no momento em que o agente realizar qualquer verbo nuclear do tipo.

Tentativa. Admite tentativa quando se tratar de crime plurissubsistente, praticado mediante mais de um ato.

Classificação. Comum; mera conduta; de forma livre; comissivo, instantâneo no que tange às condutas típicas de fabricar, adquirir, utilizar, vender, oferecer, distribuir, entregar e fornecer, mas permanente quanto aos verbos transportar, possuir e guardar; de perigo abstrato; unissubjetivo; unissubsistente ou plurissubsistente, admitindo tentativa quando se tratar da forma plurissubsistente.

Art. 35. Associarem-se duas ou mais pessoas para o fim de praticar, reiteradamente ou não, qualquer dos crimes previstos nos arts. 33, caput e § 1º, e 34 desta Lei:

Pena – reclusão, de 3 (três) a 10 (dez) anos, e pagamento de 700 (setecentos) a 1.200 (mil e duzentos) dias-multa.

Análise do Núcleo do Tipo. Aqui se cuida da associação para o tráfico ilícito de entorpecentes, tratando-se de tipo especial com relação àquele do art. 288 do Código Penal.

Sujeito Ativo. Qualquer pessoa, tratando-se de crime comum.

O Sujeito Passivo. É a coletividade.

Objeto Jurídico. Cuida-se de crime que busca tutelar a paz e, de forma mediata e secundária, também a saúde pública. Observe que não há objeto material no crime em estudo.

Elemento Subjetivo. É o dolo, exigindo-se que as pessoas queiram se manter associadas, com vínculo estável e permanente, de caráter duradouro. Não se pode confundir com o concurso eventual de agentes para a prática do crime de tráfico, pois uma parceria transitória ou ocasional não pode configurar crime de associação criminosa.

Não existe a modalidade culposa do crime em comento.

Autonomia. Trata-se de crime autônomo com relação ao tráfico de drogas, não sendo por este absorvido. Destarte, para caracterização da associação criminosa de que trata o art. 35, não será necessário que seus integrantes venham a iniciar a execução ou mesmo praticar os crimes dos arts. 33, *caput* e § 1º e 34. O que se exige para a configuração do crime do art. 35 é que as pessoas se unam com o objetivo de traficar e não que efetivamente pratiquem o tráfico!

Crime Hediondo? Não se trata de crime equiparado a hediondo. Dada a autonomia dos delitos, não se pode confundir a associação para fins de tráfico com o próprio tráfico, esse sim equiparado a hediondo. O tema foi destacado pelo STF no julgamento do HC 118533:

> (...) **Demais disso, cumpre assinalar que o crime de associação para o tráfico, que reclama liame subjetivo estável e habitual direcionado à consecução da traficância, não seria equiparado a hediondo**. Dessa forma, afirmar que o tráfico minorado fosse considerado hediondo significaria que a lei ordinária conferiria ao traficante ocasional tratamento penal mais severo que o dispensado ao agente que se associa de forma estável para exercer a traficância de modo habitual, a escancarar que tal inferência consubstanciaria violação aos limites que regem a edição legislativa penal. Vencidos os Ministros Luiz Fux, Dias Toffoli e Marco Aurélio, que denegavam o "writ". Reajustaram os votos os Ministros Edson Fachin, Teori Zavascki e Rosa Weber. HC 118533/MS, rel. Min. Cármen Lúcia, 23.6.2016. (HC-118533) (grifo nosso).

No STJ:

> (...) 2. A teor da jurisprudência consolidada desta Corte, o delito de associação para o tráfico (art. 35 da Lei n. 11.343/2006), não é equiparado a hediondo, uma vez que não está expressamente elencado no rol do artigo 2º da Lei n. 8.072/1990. 3. Habeas corpus não conhecido. Ordem concedida, de ofício, para determinar ao Juízo das Execuções que afaste a hediondez do crime de associação para o tráfico (art. 35 da Lei n. 11.343/2006), procedendo-se novo cálculo da pena em relação a progressão de regime, à luz do art. 112 da LEP. (HC 357635 / SP Relator(a) Ministro RIBEIRO DANTAS (1181). Órgão Julgador QUINTA TURMA. Data do Julgamento: 23/08/2016

Vedações Impostas ao Crime do Art. 35. Em que pesem as considerações acima, mesmo não podendo ser equiparado a hediondo, o crime de associação para fins de tráfico tem tratamento legal bastante severo, nos termos do disposto no art. 44, parágrafo único, da lei em estudo.

> (...) 2. Independentemente de ser hediondo ou não, há lei definindo lapso mais rigoroso para obtenção do livramento condicional na condenação pelo crime de associação para o tráfico. Necessário, portanto, o cumprimento de 2/3 (dois terços) da pena, nos termos do que determina o art. 44 da Lei n. 11.343/2006, não se aplicando as disposições do art. 83, incs. I e II, do Código Penal. 3. Habeas corpus não conhecido. (HC 332744 / RS Relator(a) Ministro REYNALDO SOARES DA FONSECA. Órgão Julgador: QUINTA TURMA. Data do Julgamento 14/06/2016)

Crime Plurissubjetivo ou de Concurso Necessário. Cuidando-se de crime em que se tem concurso necessário de agentes, a existência de mais de uma pessoa é elementar do crime. Trata-se, destarte, de delito plurissubjetivo.

Cômputo do Número Mínimo de Agentes. Para a formação do número mínimo de agentes podem ser computados os inimputáveis, bastando a existência de um imputável para que tenhamos o delito.

A Expressão "Reiteradamente ou Não". Esta expressão inserida no tipo penal não autoriza pensarmos que se prescinde de vínculos associativos marcados por estabilidade e permanência para a prática do crime do art. 35, mas somente indica não haver necessidade de que o cometimento dos crimes dos arts. 33 e 34 seja reiterado, habitual. A associação entre aqueles que buscam a prática do crime é que há de ser estável e permanente. A expressão "reiteradamente ou não" se refere à prática do crime fim, portanto.

Não é outro o entendimento do STF, que, nos autos do HC 118533, em que decidia a questão da hediondez, tal qual já citado nessa obra, novamente apontou a necessidade do vínculo de estabilidade e permanência para a prática do crime em consideração, corroborando o que diz a doutrina a respeito do tema.

Momento Consumativo. Consuma-se o delito no momento em que os agentes se associam, não se exigindo a prática do crime-fim. Assim, mesmo que o agente nunca venha a praticar o tráfico de drogas, o simples fato de estar unido a outra pessoa para esse fim já caracteriza a prática do crime de associação para o tráfico, desde que presentes os requisitos de estabilidade e permanência.

Tentativa. Inadmissível.

Concurso Material entre o Tráfico e o Crime de Associação. Se, além da associação, o agente vier a efetivamente praticar o crime de tráfico, responderá, como ressaltado acima, pelos crimes em concurso. Essa conclusão decorre da autonomia dos delitos.

Hoje, a própria legislação brasileira já nos sinaliza nesse sentido ao dispor, no artigo 2º da Lei 12850/2013, quando da cominação de pena ao crime de organização criminosa, que o agente estará sujeito às penas de reclusão de 3 a 8 anos, sem prejuízo das penas correspondentes às demais infrações penais praticadas. Não haveria qualquer motivo para adotarmos solução diferente ao crime de associação para o tráfico de drogas.

Tráfico praticado em local dominado por facções criminosas. Na hipótese de ser alguém surpreendido traficando drogas, de forma ostensiva, à vista de todos, em lugares sabidamente dominados por poderosas e violentas organizações criminosas, será possível a condenação, além do tráfico, também pelo crime de associação para o tráfico, pois não seria crível que alguém ali pudesse impunemente traficar de forma ostensiva, paralelamente ao comando criminoso dominante, sem estar ao mesmo integrado, sem ao mesmo pertencer.

Importante frisarmos que não se está aqui defendendo que a traficância em local dominado por poderosas organizações nos levaria automaticamente à conclusão de que o agente integre a organização. A organização de que aqui se trata não pode ser qualquer organização, mas um grupo poderoso, violento e que domina de forma hegemônica uma determinada localidade. Além disso, seria necessário que o agente traficasse de forma ostensiva, não às ocultas. A observação se faz necessária porque, se não é crível que se trafique de forma ostensiva em área sabidamente dominada por violenta e estruturada organização criminosa, é perfeitamente possível que uma pessoa o faça às escondidas, ainda que sabendo dos altos riscos que correria caso descoberta fosse.

Classificação. Comum; de mera conduta; de perigo abstrato; comissivo; permanente plurissubjetivo e plurissubsistente, não admitindo, entretanto, a tentativa, diante da exigência de vínculo estável e duradouro para sua caracterização.

Revogação do art. 8º da Lei nº 8.072/1990. O art. 35, *caput*, em comento, revogou parcialmente o art. 8º da Lei nº 8.072/1990, que agora não mais dispõe sobre a associação para tráfico. Destarte, a pena, quando se tratar de associação para fins de traficância, não mais é de 3 a 6 anos, tal qual disciplinado no art. 8º, mas de três a dez anos de reclusão, nos termos do dispositivo em análise.

***Novatio Legis In Pejus* e Irretroatividade.** A rigor, a nova lei traz tratamento mais gravoso para o crime de associação para fins de tráfico, como acima explicitado. Tratando-se de lei nova que prejudica, não poderá ser aplicada retroativamente.

Hipótese de Associação Iniciada Antes da Vigência da Lei nº 11.343/2006. Ao crime em comento, sendo permanente, aplica-se a Súmula nº 711 do STF e, assim, quando se tratar de associação iniciada antes da Lei nº 11.343/2006, mas que tenha perdurado mesmo depois de sua edição, a pena a ser aplicada será a da lei nova, sem que isso importe em aplicação retroativa de lei que prejudica. Vide teor da Súmula nº 711:

> A lei penal mais grave aplica-se ao crime continuado ou ao crime permanente, se a sua vigência é anterior à cessação da continuidade ou da permanência.

> Parágrafo único. Nas mesmas penas do caput deste artigo incorre quem se associa para a prática reiterada do crime definido no art. 36 desta Lei.

Associação para Fins de Financiamento do Tráfico de Drogas. Atualmente, a Lei nº 11.343/2006 prevê a figura do financiamento do tráfico como conduta criminosa e neste art. 35, parágrafo único, dispõe sobre a conduta daqueles que se associam, também com caráter de estabilidade e permanência, para financiarem o tráfico. Cuida-se, pois, de tipo especial com relação ao do *caput*, aplicando-se, aqui, todas as considerações feitas quanto ao crime anterior, com duas únicas diferenças:

a) este em análise tem como finalidade o financiamento do tráfico. O do *caput* tem como finalidade o tráfico em si;

b) na definição do crime em análise, faz-se necessário que os agentes se unam com a finalidade de cometimento reiterado do financiamento do tráfico; no crime do *caput*, basta o vínculo estável e permanente, mesmo que não se deseje praticar o tráfico de forma reiterada.

Possibilidade de Concurso com o Crime do Art. 36. Na hipótese de o agente se unir a outro para financiar o tráfico de droga e efetivamente realizar dito financiamento, responderá pelos crimes do art. 35, parágrafo único, e 36 da Lei nº 11.343/2006, na forma do art. 69 do Código Penal.

> **Art. 36.** Financiar ou custear a prática de qualquer dos crimes previstos nos arts. 33, caput e § 1º, e 34 desta Lei:
>
> Pena – reclusão, de 8 (oito) a 20 (vinte) anos, e pagamento de 1.500 (mil e quinhentos) a 4.000 (quatro mil) dias-multa.

Conduta Típica. Cuida-se de novidade a incriminação do financiamento como delito autônomo, punido com pena de oito a vinte anos de reclusão, merecendo, portanto, tratamento mais gravoso que o crime previsto no art. 33, *caput* e § 1º.

O Custeio. O tipo penal fala em financiar ou custear, podendo o custeio ser feito através da entrega de bens para o traficante, para que o mesmo, assim, desenvolva suas atividades. Neste sentido, já decidiu o STF, reconhecendo a prática do crime em referência por pessoa que disponibilizava veículos para traficantes:

> PENAL E PROCESSUAL PENAL. HABEAS CORPUS. FINANCIAMENTO DO TRÁFICO DE DROGAS. PRISÃO PREVENTIVA. DECISÃO FUNDAMENTADA. ORDEM PÚBLICA. PRIMARIEDADE E BONS ANTECEDENTES. DENÚNCIA QUE ATENDE AOS REQUISITOS DO Art. 41 DO CPP. NECESSIDADE DE EXAME DO CONJUNTO FÁTICO-PROBATÓRIO. INCOMPATIBILIDADE. ORDEM DENEGADA. 1. O paciente foi denunciado pelo Ministério Público do Estado de São Paulo por financiar associação voltada para o tráfico ilícito de entorpecentes, fornecendo veículos para que fossem utilizados para buscar drogas, ou para que fossem negociados. (...) 5. A denúncia descreve suficientemente a conduta do paciente, a qual, em tese, corresponde ao delito descrito no art. 36 da Lei nº 11.343/2006, já que financiaria a associação criminosa, fornecendo veículos para o transporte das drogas ou para que fossem negociados. 6. Diversamente do que sustentam os impetrantes, a descrição dos fatos cumpriu, satisfatoriamente, o comando normativo contido no art. 41 do Código de Processo Penal, estabelecendo a correlação entre a conduta do paciente e a imputação da prática delituosa. 7. A alegação de que a situação financeira do paciente revelaria a impossibilidade de ter praticado o delito narrado na denúncia

exige, necessariamente, a análise do conjunto fático-probatório, o que ultrapassa os estreitos limites do *Habeas Corpus*. (...) 9. *Habeas Corpus* denegado. (HC nº 98.754/SP, Rel.ª Min.ª Ellen Gracie, J. 24/11/2009, 2ª Turma).

O Traficante que se autofinancia. Denomina-se autofinanciamento a situação em que o agente atua, ao mesmo tempo, como financiador e como traficante de drogas. São quatro as correntes sobre o tema:

1ª responde pelos crimes dos arts. 33, *caput* ou § 1º ou 34 e 36, em concurso material;

2ª responde apenas pelo crime do art. 36;

3ª responde apenas pelo crime do art. 33. Esta nos parece ser a melhor conclusão. Entendemos que, para haver a incidência do art. 36, ou mesmo da causa de aumento do artigo 40, VII, seria necessário que o agente viesse a financiar atividades de terceiros, sem praticar o crime de tráfico.

4ª responde pelos crimes dos arts. 33, *caput* ou § 1º ou 34, com o aumento de pena do inciso VII do art. 40.

Esse foi o entendimento sufragado pelo STJ no julgado abaixo colacionado:

> Na hipótese de autofinanciamento para o tráfico ilícito de drogas, não há concurso material entre os crimes de tráfico (art. 33, caput, da Lei 11.343/2006) e de financiamento ao tráfico (art. 36), devendo, nessa situação, ser o agente condenado às penas do crime de tráfico com incidência da causa de aumento de pena prevista no art. 40, VII. (...) o legislador, ao prever como delito autônomo a atividade de financiar ou custear o tráfico (art. 36 da Lei 11.343/2006), objetivou - em exceção à teoria monista - punir o agente que não tem participação direta na execução no tráfico, limitando-se a fornecer dinheiro ou bens para subsidiar a mercancia, sem importar, exportar, remeter, preparar, produzir, fabricar, adquirir, vender, expor à venda, oferecer, ter em depósito, transportar, trazer consigo, guardar, prescrever, ministrar, entregar a consumo ou fornecer drogas ilicitamente. Observa-se, ademais, que, para os casos de tráfico cumulado com o financiamento ou custeio da prática do crime, expressamente foi estabelecida a aplicação da causa de aumento de pena do art. 40, VII, da referida lei, cabendo ressaltar, entretanto, que a aplicação da aludida causa de aumento de pena cumulada com a condenação pelo financiamento ou custeio do tráfico configuraria inegável bis in idem. De outro modo, atestar a impossibilidade de aplicação daquela causa de aumento em casos de autofinanciamento para o tráfico levaria à conclusão de que a previsão do art. 40, VII, seria inócua quanto às penas do art. 33, caput. REsp 1.290.296-PR, Rel. Min. Maria Thereza de Assis Moura, julgado em 17/12/2013.

O Verdadeiro Alcance do Tipo do Art. 36. Cuidando-se de uma novidade a incriminação do financiamento em tipo autônomo, a doutrina tem divergido sobre o seu verdadeiro alcance, podendo-se destacar as seguintes vertentes:

1ª corrente: A norma incrimina o mero financiamento, a mera disponibilização de recursos para o traficante, ainda que feita uma única vez e ainda que o traficante não venha a efetivamente adquirir a droga com os recursos disponibilizados. Cuida-se de crime instantâneo. Entendimento que tem prevalecido e que parece ter sido adotado pelo STF no HC nº 98.754/SP, acima transcrito.

2ª corrente: Cuida-se de crime habitual, sendo necessária a reiteração do financiamento, ou seja, que o agente venha a reiteradamente disponibilizar recursos para o tráfico para que estejamos diante da figura do artigo em exame. Assim, se o agente financia o tráfico uma única vez, não teríamos esse art. 36, mas o art. 33 ou 34, com o aumento de pena previsto no art. 40, VII. É o entendimento dos autores.

3ª corrente: A figura deste art. 36 se caracteriza como uma exceção pluralista à teoria monista do concurso de pessoas. Sabemos que, consoante norma insculpida no art. 29 do Código Penal, todos aqueles que concorrem para o crime incidem nas penas a ele cominadas na medida de sua culpabilidade. A incidir a referida regra monista, todo aquele que contribuísse para o tráfico, financiando-o, deveria responder pelo mesmo crime, definido no art. 33, *caput* ou § 1º ou no art. 34. Ocorre que o legislador, na hipótese que ora comentamos, teve por bem dispor de forma diversa sobre a matéria, afastando a regra do art. 29 e dispondo que o financiador vai responder por outro crime, mais grave até do que aquele para o qual contribuiu. No julgamento do REsp 1290296, acima colacionado, o STF destacou esse aspecto.

Crime Equiparado a Hediondo. Trata-se, em verdade, de uma modalidade de tráfico, retirada dos arts. 33 ou 34, para ser aqui colocada em um tipo autônomo. Destarte, cuida-se também de tráfico e, portanto, crime equiparado a hediondo.

Sujeito Ativo. Pode ser qualquer pessoa, tratando-se de crime comum.

O Sujeito Passivo. É a coletividade.

Elemento Subjetivo. É o dolo, não havendo forma culposa. Não existe aqui elemento subjetivo do tipo, razão pela qual não se pode exigir, para a caracterização do delito, que o agente tenha finalidade de lucro.

O Objeto Jurídico. É a saúde pública.

Momento Consumativo. Entendendo-se majoritariamente na doutrina que se trata de crime formal e instantâneo, o momento consumativo será aquele em que o bem entrar na esfera de disponibilidade do agente financiado, mesmo que não se dê a efetiva aquisição da droga, sendo, portanto, desnecessário que o agente financiado venha a praticar os crimes dos arts. 33, *caput* ou § 1º ou 34. Esse posicionamento tem prevalecido.

Possibilidade de Tentativa. Admissível, consoante entendimento majoritário, mesmo para os que entendem tratar-se de crime formal. A tentativa ocorreria quando, iniciada a execução, o recurso não entrasse na esfera de disponibilidade da pessoa a quem se deseja financiar, por razões externas à vontade do agente. Também admitimos a tentativa, mas com distintos fundamentos. Para os autores, embora se trate de crime habitual, haverá possibilidade de tentativa quando, iniciada a execução, elementos de convicção evidenciarem que o agente tinha a intenção de reiterar a conduta, mas não conseguiu fazê-lo por circunstâncias alheias à sua vontade.

Inaplicabilidade da Causa de Aumento de Pena do Art. 40, VII. Não se aplica ao delito em estudo a causa de aumento de pena do art. 40, VII, na medida em que, sendo o financiamento elementar do crime do art. 36, não poderia ser, ao mesmo tempo, causa de aumento de pena.

Classificação. Comum; formal (majoritário) de forma livre; comissivo; instantâneo, segundo entendimento majoritário (havendo quem entenda ser habitual), unissubjetivo; plurissubsistente e, admitindo, portanto, tentativa.

Art. 37. Colaborar, como informante, com grupo, organização ou associação destinados à prática de qualquer dos crimes previstos nos arts. 33, caput e § 1º, e 34 desta Lei:

Pena - reclusão, de 2 (dois) a 6 (seis) anos, e pagamento de 300 (trezentos) a 700 (setecentos) dias-multa.

Participação Erigida à Categoria de Crime Autônomo. A prestação de informação a grupo criminoso destinado ao tráfico é, na verdade, modalidade de participação na associação para fins de tráfico. A conduta descrita no novo tipo penal deste art. 37 se revela uma participação de menor importância na associação ou grupo, aqui prevista como modalidade autônoma de crime e que, assim, tem punição consideravelmente menor que a do crime do art. 35. Cuida-se, mais uma vez, de exceção pluralística à teoria monista do concurso de pessoas.

Inaplicabilidade do Artigo na Hipótese de o Agente Prestar outro Tipo de Colaboração além da Informação. O disposto no art. 37 somente se aplica quando a única forma de colaboração prestada ao traficante for a relacionada à informação. Na hipótese do agente, além de informar, também ajudar o traficante de outra forma, não poderemos usar esse tipo penal e o agente que assim agir estará incurso nas penas dos arts. 33, *caput* ou § 1º, ou 34, como partícipe ou o coautor.

Inaplicabilidade caso o Informante Integre Efetivamente a Associação Criminosa. O delito em questão apenas se aplica às hipóteses em que o informante, eventualmente, sem integrar a organização ou associação ou grupo, preste informações ao mesmo. Caso passe a integrar a organização, estando unido em caráter de estabilidade e permanência aos demais, deverá ser responsabilizado pelo crime do art. 35.

> (...)2. A norma incriminadora do art. 37 da Lei nº 11.343/2006 tem como destinatário o agente que colabora como informante com grupo (concurso eventual de pessoas), organização criminosa (art. 2º da

> Lei nº 12.694/2012) ou associação (art. 35 da Lei nº 11/343/2006), desde que não tenha ele qualquer envolvimento ou relação com as atividades daquele grupo, organização criminosa ou associação para as quais atua como informante. Se a prova indica que o agente mantém vínculo ou envolvimento com esses grupos, conhecendo e participando de sua rotina, bem como cumprindo sua tarefa na empreitada comum, a conduta não se subsume ao tipo do art. 37 da Lei de Tóxicos, mas sim pode configurar outras figuras penais, como o tráfico ou a associação, nas modalidades autoria e participação, ainda que a função interna do agente seja a de sentinela, fogueteiro ou informante. 3. O tipo penal trazido no art. 37 da Lei de Drogas se reveste de verdadeiro caráter de subsidiariedade, só ficando preenchida a tipicidade quando não se comprovar a prática de crime mais grave. De fato, cuidando-se de agente que participa do próprio delito de tráfico ou de associação, a conduta de colaborar com informações para o tráfico já é inerente aos mencionados tipos. Considerar que o informante possa ser punido duplamente, pela associação e pela colaboração com a própria associação da qual faz parte, além de contrariar o princípio da subsidiariedade, revela indevido bis in idem. (...) (HC 224.849/RJ, Rel. Ministro MARCO AURÉLIO BELLIZZE, QUINTA TURMA, julgado em 11/06/2013, DJe

Colaboração com Traficante Individual. Em princípio, não caracteriza o crime em questão, diante da redação do art. 37, que menciona a colaboração com "grupo", "associação" ou "organização". Contudo, entendemos descabida essa conclusão porque, se não aplicarmos a regra do art. 37 àquele que contribui como informante de traficante individual, teremos que reconhecer que teria praticado o crime dos arts. 33 ou 34, como partícipe, estando incurso nas penas aos mesmos cominadas, que a do art. 37. Não nos parece lógico que aquele que concorra com grupo criminoso, prestando informações ao mesmo, tenha pena menor que aquele que informa um traficante individual. Portanto, acreditamos que deva ser também aplicada a regra do art. 37 a quem colabora com o traficante individual. Seria aplicação de analogia *in bonam partem.*

Fogueteiro. Consoante entendimento do STF e do STJ, sua conduta se enquadra na figura "informante", aplicando-se-lhe a norma em comento.

> (...)1. A conduta do "fogueteiro do tráfico", antes tipificada no art. 12, § 2º, da Lei nº 6.368/1976, encontra correspondente no art. 37 da Lei que a revogou, a Lei nº 11.343/2006, não cabendo falar em *abolitio criminis*. 2. O informante, na sistemática anterior, era penalmente responsável como coautor ou partícipe do crime para o qual colaborava, em sintonia com a teoria monística do art. 29 do Código Penal: "Quem, de qualquer modo, concorre para o crime incide nas penas a este cominadas, na medida de sua culpabilida-

de". 3. A nova Lei de Entorpecentes abandonou a teoria monística, ao tipificar no art. 37, como autônoma, a conduta do colaborador, aludindo ao informante (o "fogueteiro", sem dúvida, é informante), e cominou, em seu preceito secundário, pena de 2 (dois) a 6 (seis) anos de reclusão, e o pagamento de 300 (trezentos) a 700 (setecentos) dias-multa, que é inferior à pena cominada no art. 12 da Lei nº 6.368/1976, expressando a mens lege que a conduta a ser punida mais severamente é a do verdadeiro traficante, e não as periféricas. 4. A revogação da lei penal não implica, necessariamente, descriminalização de condutas. Necessária se faz a observância ao princípio da continuidade normativo-típica, a impor a manutenção de condenações dos que infringiram tipos penais da lei revogada quando há, como *in casu*, correspondência na lei revogadora. (HC nº 106.155/RJ, Rel. Min. Marcos Aurélio, Rel. p/ Acórdão: Min. Luiz Fux j. 04/10/2011 Órgão Julgador: 1ª Turma).

(...) 2. No caso, o paciente foi condenado por contribuir para a propagação do tráfico de drogas, na função vulgarmente conhecida como "olheiro", porquanto, além de se manter posicionado em um ponto estratégico da localidade, também servia de "guardião" da boca de fumo localizada em um dos pontos do Morro dos Coqueiros. Para o desempenho de tais atribuições na estrutura da traficância, restou apurado que o paciente valia-se de um apito e de uma arma de fogo (revólver da marca Taurus, calibre 38), sendo certo que recebia semanalmente determinada quantia dos líderes da quadrilha pelas funções desempenhadas. 3. Com o advento da Lei n. 11.343/2006, não houve a descriminalização do crime previsto no artigo 12, § 2º, III, da Lei n. 6.368/1976, porquanto, embora não repetidas literalmente em um único dispositivo, as condutas anteriormente tipificadas no referido dispositivo subsistem desdobradas em outros artigos da nova legislação. Precedentes. 4. Não há diferença ontológica entre as expressões centrais de contribuir de qualquer forma (Lei n. 6.368/1976) e colaborar como informante (contida no artigo 37 da Lei n. 11.343/2006). Isso porque o "fogueteiro" é, sem dúvidas, um informante.(...) (HC 156.656 / RJ. Ministro ROGERIO SCHIETTI CRUZ.SEXTA. J. em TURMA.06/05/2014)

Sujeito Ativo. Qualquer pessoa pode praticar a conduta aqui descrita, tratando-se de crime comum.

Sujeito Passivo. O sujeito passivo é a coletividade.

Elemento Subjetivo. É o dolo, não sendo admitida a forma culposa.

Objeto Material. Objeto material do crime é a coisa ou pessoa sobre a qual recai o comportamento do agente. Assim, podemos concluir que o crime em estudo, a exemplo do que ocorre com o crime do art. 35, não tem objeto material.

O Objeto Jurídico. É a paz pública e, secundariamente, a saúde pública.

Consumação. Com a efetiva informação, desde que a mesma seja idônea, não sendo necessário que o grupo, associação ou organização destinada ao tráfico de drogas venha efetivamente a realizar o tráfico.

Tentativa. Possível, ocorrendo sempre que, iniciada a execução, a informação não chegar ao conhecimento do grupo por razões alheias à vontade do agente.

Classificação. Comum; mera conduta e de perigo abstrato; de forma livre; comissivo; instantâneo; unissubjetivo; unissubsistente ou plurissubsistente, conforme o caso concreto, sendo a tentativa admitida na forma plurissubsistente.

> **Art. 38.** Prescrever ou ministrar, culposamente, drogas, sem que delas necessite o paciente, ou fazê-lo em doses excessivas ou em desacordo com determinação legal ou regulamentar:
>
> Pena – detenção, de 6 (seis) meses a 2 (dois) anos, e pagamento de 50 (cinquenta) a 200 (duzentos) dias-multa.
>
> Parágrafo único. O juiz comunicará a condenação ao Conselho Federal da categoria profissional a que pertença o agente.

O Tipo Penal. Prescrever ou ministrar são condutas também previstas no art. 33 como caracterizadoras de tráfico de drogas, mas, quando praticadas culposamente, será aplicável o disposto no art. 38. O artigo em comento corresponde, com algumas alterações, ao que antes estava descrito no art. 15 da Lei nº 6.368/1976.

Aqui se trata da conduta daquele que viola o dever objetivo de cuidado através das seguintes condutas:

a) prescrever em desconformidade com as determinações legais e regulamentares;
b) prescrever ou ministrar em dose maior que a necessária;
c) prescrever ou ministrar para quem não necessite da droga.

Trata-se de crime culposo previsto em tipo fechado, não podendo ser admitidas como típicas condutas que não se insiram na descrição legal. Assim, se a violação do dever de cuidado não corresponder à realização e qualquer das condutas descritas neste art. 38, estaremos diante de fato atípico.

Crime Hediondo? Não se trata de crime equiparado a hediondo esse que ora se estuda, não sendo hipótese de tráfico.

Sujeito Ativo. O antigo art. 15 da Lei nº 6.368/1976 exigia do sujeito ativo a qualidade de médico, dentista, farmacêutico, ou profissional de enfermagem, não tendo sido a regra repetida no novo tipo penal. Assim, qualquer profissional de saúde pode ser sujeito ativo do crime. Destarte, teremos crime próprio na medida em que se requer especial qualidade do sujeito ativo.

O Sujeito Passivo. A coletividade, também aqui figurando como sujeito passivo mediato a pessoa em quem se ministrou ou a quem se prescreveu a droga.

A Culpa. A culpa figura como elemento normativo do tipo legal, que, neste caso, não é composto por tipo subjetivo, isso porque, de acordo com entendimento amplamente majoritário, somente os tipos de crimes dolosos são compostos por tipo objetivo e tipo subjetivo.

Momento Consumativo. Quando o agente prescrever ou ministrar, não sendo necessária, na modalidade prescrição, que a pessoa a quem se prescreveu efetivamente adquira a substância.

Tentativa. Não se admite, por tratar-se de modalidade culposa.

Objeto Material. O objeto material é a droga prescrita ou ministrada.

Objeto Jurídico. O objeto jurídico é a saúde pública.

Classificação. Próprio; mera conduta; de forma vinculada, pois que somente pode ser praticado por um dos meios explicitados no tipo; comissivo; de perigo abstrato; unissubjetivo; não admite tentativa, por se tratar de crime culposo.

Comunicação ao Órgão Profissional Respectivo. Cuida-se de providência determinada pela lei, para que, dando-se ciência ao órgão fiscalizador da atividade, sejam adotadas as providências administrativas cabíveis.

Art. 39. Conduzir embarcação ou aeronave após o consumo de drogas, expondo a dano potencial a incolumidade de outrem:

Pena – detenção, de 6 (seis) meses a 3 (três) anos, além da apreensão do veículo, cassação da habilitação respectiva ou proibição de obtê-la, pelo mesmo prazo da pena privativa de liberdade aplicada, e pagamento de 200 (duzentos) a 400 (quatrocentos) dias-multa.

Tipo Penal. Cuida-se de infeliz opção do legislador em copiar aquilo que o Código de Trânsito traz sobre o condutor de veículo automotor que dirige o mesmo sob efeito de álcool ou substância de efeito análogo. Em verdade, a tipificação era totalmente desnecessária, na medida em que existe previsão no art. 261 do Código Penal do crime de perigo de atentado contra a segurança de transporte marítimo, fluvial ou aéreo, que traz, inclusive, pena maior do que a desse art. 39.

Em que pesem considerações acima, deve-se optar pela aplicação do disposto nesse art. 39, pelo princípio da especialidade, quando se tratar de crime de perigo de acidente aéreo ou marítimo e a conduta disser respeito ao agente que provoque o perigo de dano por estar sob a influência de drogas.

Crime de Perigo Concreto. O crime de que se trata neste dispositivo não é de perigo abstrato, mas concreto, devendo ser demonstrada a efetiva existência de dano potencial, ou seja, de perigo de dano causado por aquele que conduziu embarcação ou aeronave após consumo de droga. Entretanto, não será necessária a individualização daquele que ficou exposto a perigo de dano, bastando elementos indicativos de que o autor conduzia o aparelho de modo a colocar em perigo pessoas em geral.

Sujeito Ativo. Tratando-se de crime comum, qualquer um poderá ser sujeito ativo do crime em comento.

O Sujeito Passivo. É a sociedade e, de forma mediata, aqueles, que de modo direto, são expostos à situação de perigo.

Tipo Subjetivo. É o dolo de perigo, não havendo a forma culposa.

Consumo de Drogas. Para a caracterização deste crime, o agente deve estar sob o efeito de droga, não bastando o mero consumo. Deve-se, ainda, demonstrar que o perigo causado se deveu ao fato de estar sob efeito da droga. Caso a causação do perigo nenhuma relação tenha com o fato do agente estar sob efeito da droga, não incidirá o tipo em comento.

A Comprovação. Pode ser feita através de qualquer meio de prova, não sendo indispensável o exame pericial. Assim, mesmo por meio de prova testemunhal poderá ser provado que o agente estava sob o efeito da droga.

Objeto Material. O objeto material é a embarcação ou aeronave.

Objetividade Jurídica do Crime. A segurança dos meios de transporte.

Momento Consumativo. Não basta que conduza a aeronave ou embarcação após o consumo da droga, sendo necessário à caracterização do delito que se configure a efetiva situação de perigo. Entendemos que inadmissível a tentativa, pois, caso não ocorra o perigo de dano, a conduta será atípica. Assim, ou o agente, na condução aeronave ou embarcação, gera o efetivo perigo de dano, e o crime estará consumado, ou , então, embora sob efeito de droga, não gera nenhum efetivo perigo de dano e não haverá conduta penal-mente relevante.

Classificação. É crime comum; de mera conduta; comissivo; instantâneo; de perigo concreto.

Delito de Médio Potencial Ofensivo na Hipótese do *Caput*. Trata-se de delito de médio potencial ofensivo, cabendo, portanto a aplicação da suspensão condicional do processo (art. 89 Lei nº 9.099/1995).

Substituição da Pena Privativa de Liberdade pela Restritiva de Direito. Não havendo vedação à substituição no art. 44 da Lei nº 11.343/2006, trata-se de medida perfeitamente aplicável ao delito em comento, nos termos do art. 44 do CP.

Multa e Interdição Temporária de Direitos. Cominadas em cumulação com a pena privativa de liberdade, o legislador prevê, ainda, a apreensão do veículo e a cassação ou proibição de habilitação, além da multa, como penas cabíveis na hipótese de cometimento do delito em questão.

Parágrafo único. As penas de prisão e multa, aplicadas cumulativamente com as demais, serão de 4 (quatro) a 6 (seis) anos e de 400 (quatrocentos) a 600 (seiscentos) dias-multa, se o veículo referido no caput deste artigo for de transporte coletivo de passageiros.

Crime Qualificado. Quando se tratar de veículo de transporte coletivo, teremos forma qualificada do crime, cuja pena passará a ser de quatro a seis anos se o veículo for de transporte de passageiros. Nessa hipótese, não teremos crime de médio potencial ofensivo e não caberá suspensão condicional do processo.

Art. 40. As penas previstas nos arts. 33 a 37 desta Lei são aumentadas de um sexto a dois terços, se:

Causas de Aumento de Pena. Momento de Aplicação. Deverão ser aplicadas na terceira fase da fixação da pena privativa de liberdade, podendo fazer com que a mesma seja fixada acima do máximo legal.

Aplicação. As causas de aumento somente se aplicam aos crimes previstos nos arts. 33 a 37, inclusive no que tange aos crimes descritos nos §§ 2º e 3º do art. 33.

Existência de mais de uma Causa de Aumento de Pena. A incidência de mais de uma causa de aumento prevista no art. 40 da Lei n. 11.343/06 não implica a automática majoração da pena acima do mínimo (2/3) na terceira fase, pois a exasperação exige fundamentação concreta. Neste sentido decidiu o STJ, consoante ementa abaixo transcrita:

> PENAL. HABEAS CORPUS. TRÁFICO DE DROGAS DUPLAMENTE CIRCUNSTANCIADO. APELAÇÃO JULGADA. WRIT SUBSTITUTIVO DE RECURSO ESPECIAL. INVIABILIDADE. VIA INADEQUADA. EXASPERAÇÃO NA TERCEIRA FASE DA DOSIMETRIA ACIMA DO MÍNIMO LEGAL. CAUSAS DE AUMENTO. MOTIVAÇÃO CONCRETA. FLAGRANTE ILEGALIDADE. INEXISTÊNCIA. HABEAS CORPUS NÃO CONHECIDO. 1. Tratando-se de habeas corpus substitutivo de recurso especial, inviável o seu conhecimento. 2. A majoração da pena acima do mínimo legal, na terceira fase da dosimetria, requer devida fundamentação, com referência a circunstâncias concretas que justifiquem um acréscimo mais expressivo.
>
> 3. In casu, inexistente manifesta ilegalidade, visto que o critério para a exasperação da pena não é a quantidade de causas de aumento incidentes na espécie, mas a maior reprovabilidade revelada nas circunstâncias. 4. Habeas corpus não conhecido. (HC 329562 / RJ. Rel: Ministra MARIA THEREZA DE ASSIS MOURA. SEXTA TURMA. J. em 17/09/2015).

O entendimento do STJ reflete o que a Corte vem adotando em situações similares, em que a lei traz mais de uma causa de aumento de pena para o crime, tal qual ocorre com o roubo.

> (...)"O aumento na terceira fase de aplicação da pena no crime de roubo circunstanciado exige fundamentação concreta, não sendo suficiente para a sua exasperação a mera indicação do número de majorantes" - enunciado n. 443 da Súmula desta Corte. 2. In casu, houve apresentação de elementos concretos capazes de justificar a elevação da pena, na terceira fase, no patamar máximo previsto em lei, tendo em vista o elevado número de participantes na empreitada criminosa (4 indivíduos) e o exacerbado tempo que as vítimas ficaram com a liberdade restringida (mais de 2 horas), não havendo que se falar, assim, em desproporcionalidade. 3. Agravo não provido. (AgRg no HC 523.301/MS, Rel. Ministro JORGE MUSSI, QUINTA TURMA, julgado em 12/11/2019, DJe 28/11/2019)

Assim, o fato de haver mais de uma causa de aumento não é hipótese obrigatória de uma maior exasperação da pena, a não ser que se constate a existência de circunstâncias outras que indiquem a necessidade de exasperação, o que apenas se pode verificar diante das peculiaridades de um caso concreto.

Tráfico Transnacional de Drogas. Antes, a Lei nº 6.368/1976 mencionava o tráfico internacional. Atualmente fala-se em transnacionalidade, o que evidencia a necessidade de comprovação de que o crime não se limita ao território de um país, mas que, ao contrário, envolve dois ou mais países, perturbando a ordem dos mesmos.

Critérios para Fixação da Transnacionalidade. A procedência da substância ou produto apreendido e as circunstâncias do fato.

Competência. Nesse caso, a competência será da Justiça Federal, nos termos do art. 70 dessa lei.

Fundamento da Causa de Aumento. O que fundamenta a causa de aumento é a atividade mais audaciosa do traficante, cujo crime terá potencialidade lesiva para a ordem jurídica e interesses de outros países.

Droga Procedente de outro País. O fato de a droga ter procedência externa não justifica a aplicação da causa de aumento. Assim, o fato de o autor ser flagrado no território nacional com droga proveniente de outro país, por si só, não autoriza reconhecimento da transnacionalidade. Será imprescindível, para reconhecimento da majorante, saber quando e como a droga entrou no país e se o agente, de alguma forma, participou dessa operação.

Substância não Catalogada como Droga no Estrangeiro. Para falarmos em transnacionalidade, a droga também precisará ser catalogada como tal no estrangeiro. Assim, admitamos a questão do lança-perfume, que não é droga na Argentina, onde não há a proibição de seu uso. Se adquirido naquele país e para cá trazido, não se pode falar em incidência da causa de aumento da transnacionalidade, embora reste clara a existência do crime de tráfico, pois violada a norma interna.

> CONFLITO DE COMPETÊNCIA. JUÍZOS FEDERAL E ESTADUAL. "CLORETO DE ETILA" ADQUIRIDO NA ARGENTINA. SUBSTÂNCIA ENTORPECENTE. RESOLUÇÃO RDC 104. ATO NULO. INOCORRÊNCIA DE *ABOLITIO CRIMINIS*. INTERNACIONALIDADE NÃO CONFIGURADA. TRÁFICO INTERNO DE DROGAS. INEXISTÊNCIA DE CUMULAÇÃO DE CRIMES. COMPETÊNCIA DA JUSTIÇA ESTADUAL.
>
> I - O "cloreto de etila", vulgarmente conhecido como "lança-perfume", continua sendo substância proibida pela Lei de Tóxicos. III - Sendo, o "lança-perfume" de fabricação Argentina - onde não há proibição de uso - e não constando, o "cloreto de etila", das listas anexas da Convenção firmada entre o Brasil e a Argentina - não se configura a internacionalidade do delito, mas, tão somente, a violação à ordem jurídica interna brasileira. IV - Caracterizado, em tese, apenas o tráfico interno de entorpecentes, sem qualquer cumulação de crimes, eis que não foi apreendido nenhum outro tipo de mercadoria com o indiciado, sobressai a competência da Justiça Estadual para o processo e julgamento do feito (CC nº 34767/PR, Rel. Min. Gilson Dipp. 3ª Seção, j. 12/06/2002).

Possibilidade de Incidir sobre os Crimes de Tráfico e de Associação para Fins de Tráfico. Sabemos ser possível o cúmulo material dos crimes de tráfico e associação para fins de tráfico, podendo a causa de aumento em análise ser aplicada aos dois crimes, sem que isso caracterize *bis in idem*, dada a autonomia dos delitos. Tem sido essa a orientação dos Tribunais Superiores acerca da incidência de todas as causas de aumento de pena do artigo 40, entendendo que as mesmas possam incidir sobre os dois delitos citados, por serem autônomos e tipos penais distintos, nos quais são valorados diferentes fatores. Gize-se que esse sempre foi o entendimento do STF, consoante se depreende do julgado abaixo, prolatado ainda quando os crimes eram previstos na Lei 6368/76.

> AUXÍLIO AO TRÁFICO DE DROGAS E ASSOCIAÇÃO PARA O TRÁFICO. LEI Nº 6.368/1976. CRIMES AUTÔNOMOS. CAUSA DE AUMENTO DE PENA APLICADA AOS DOIS CRIMES. TRANSNACIONALIDADE. ALEGAÇÃO DE BIS IN IDEM. NÃO OCORRÊNCIA. CONSTRANGIMENTO ILEGAL NÃO CARACTERIZADO. 1. Os delitos de auxílio ao tráfico de drogas e de associação para o tráfico, previstos na Lei nº 6.368/76, são autônomos, assim, a causa de aumento consistente na transnacionalidade incide sobre cada um deles de forma independente. 2. Não ocorrência do *bis in idem*. 3. Ordem denegada (HC nº 97.979/SP. Rel.ª Min.ª Cármen Lúcia, j. 03/11/2009. Órgão Julgador: 1ª Turma)

Crimes Conexos ao Tráfico Transnacional e Competência. Em se tratando de tráfico transnacional, os crimes conexos serão também da competência da Justiça Federal. Neste sentido, utiliza-se do enunciado contido na Súmula nº 122 do STJ. Assim, vejamos:

> EMENTA: Habeas Corpus. PENAL, PROCESSUAL PENAL E CONSTITUCIONAL. TRÁFICO INTERNACIONAL DE DROGAS E LAVAGEM DE DINHEIRO PROVENIENTE DO TRÁFICO. COMPETÊNCIA DA JUSTIÇA FEDERAL. ESPECIALIZAÇÃO DE VARA POR RESOLUÇÃO. CONSTITUCIONALIDADE: AUSÊNCIA DE OFENSA AO PRINCÍPIO DO JUIZ NATURAL. TRÁFICO INTERNACIONAL DE DROGAS: CONTROVÉRSIA. EXCESSO DE PRAZO DA INSTRUÇÃO CRIMINAL. MATÉRIAS NÃO SUSCITADAS NAS INSTÂNCIAS PRECEDENTES. SUPRESSÃO DE INSTÂNCIA. 1. A atuação do Juiz Federal no procedimento investigatório o torna prevento para julgar a ação penal pelo crime de tráfico internacional de drogas. Precedente. Além disso, a investigação também abrange o crime de lavagem de dinheiro proveniente do tráfico, atraindo a competência da Justiça Federal. 2. Especialização de Vara Federal por Resolução emanada do Tribunal Regional Federal da 4ª Região. Constitucionalidade afirmada pelo Pleno desta Corte. Ausência de ofensa ao princípio do juiz natural [...] *Habeas Corpus* conhecido em parte e, nessa extensão, denegada a ordem. (HC nº 94.188, Rel. Min. Eros Grau. j. 26/08/2008. Órgão Julgador: 2ª Turma).

Transnacionalidade, Exportação e Importação. Não há *bis in idem* na aplicação da causa de aumento de pena pela transnacionalidade (art. 40, I, da Lei nº 11.343/06) com as condutas de importar e exportar previstas no *caput* do art. 33 da Lei de Drogas, porquanto o simples fato de o agente trazer consigo a droga já conduz à configuração da tipicidade formal do crime de tráfico. Assim entendeu o STJ, consoante ementa abaixo transcrita:

> (...) 4. Para a incidência da causa especial de aumento de pena prevista no inciso I do art. 40 da Lei de Drogas, é irrelevante a efetiva transposição das fronteiras nacionais, sendo suficiente, para a configuração da transnacionalidade do delito, a comprovação de que a substância tinha como destino/origem localidade em outro país. 5. Ainda que o art. 33 da Lei n. 11.343/2006 preveja as condutas de "importar" e "exportar", não há bis in idem na aplicação da causa de aumento de pena pela transnacionalidade (art. 40, I, da Lei n. 11.343/2006), porquanto o simples fato de o agente "trazer consigo" a droga já conduz à configuração da tipicidade formal do crime de tráfico. Precedentes. (REsp 1290846 / SP. Ministro ROGERIO SCHIETTI CRUZ T6 - SEXTA TURMA. J em15/03/2016.)

> PENAL. AGRAVO REGIMENTAL NO RECURSO ESPECIAL. TRÁFICO ILÍCITO DE ENTORPECENTES. FIXAÇÃO DA PENA-BASE ACIMA DO MÍNIMO LEGAL. FUNDAMENTAÇÃO BASEADA NA QUANTIDADE E NA NATUREZA DA DROGA. POSSIBILIDADE. CAUSA DE AUMENTO. TRANSNACIONALIDADE. BIS IN IDEM. NÃO OCORRÊNCIA. 1. Nos termos da jurisprudência firmada neste Tribunal Superior, a natureza e a quantidade da droga apreendida constituem fundamentos idôneos para justificar a exasperação da pena-base. 2. No caso dos autos, o Tribunal de origem procedeu à exasperação da pena-base com supedâneo em fundamentação concreta e idônea, considerando a quantidade e a natureza da droga apreendida - 1,275g (um quilo e duzentos e setenta e cinco gramas) de cocaína. 3. "Ainda que o art. 33 da Lei n. 11.343/2006 preveja as condutas de 'importar' e 'exportar', não há bis in idem na aplicação da causa de aumento de pena pela transnacionalidade (art. 40, I, da Lei n. 11.343/2006), porquanto o simples fato de o agente 'trazer consigo' a droga já conduz à configuração da tipicidade formal do crime de tráfico" (REsp n. 1392330/SP, relator Ministro ROGERIO SCHIETTI CRUZ, SEXTA TURMA, julgado em 13/9/2016, DJe 20/9/2016). 4. Agravo regimental desprovido. (AgRg no REsp 1243663/SP, Rel. Ministro ANTONIO SALDANHA PALHEIRO, SEXTA TURMA, julgado em 15/08/2019, DJe 27/08/2019)

Desnecessidade de transposição de fronteiras. Aos 11/04/2018 foi aprovada, à unanimidade, a Súmula 607 do STJ, que dispõe que:

> A majorante do tráfico transnacional de drogas (art. 40, I, da lei 11.343/06) se configura com a prova da destinação internacional das drogas, ainda que não consumada a transposição de fronteiras.

> II - o agente praticar o crime prevalecendo-se de função pública ou no desempenho de missão de educação, poder familiar, guarda ou vigilância;

Função Pública ou Missão de Educação, Poder Familiar, Guarda ou Vigilância. O fundamento da causa de aumento em análise é o fato de que, tratando-se de agentes estatais ou tendo missão de educar, guardar, vigiar ou proteger, ao praticarem os crimes da Lei nº 11.343/2006 prevalecendo-se dessa situação, acabam por trair seus misteres, subvertendo suas missões e a própria confiança que neles se deposita.

Nexo Causal. Para a aplicação da causa em comento precisa haver nexo entre o papel exercido pelo agente, nos termos desse inciso II, e o crime, ou seja, o agente praticou o crime prevalecendo-se desse papel.

Quanto ao agente público, é necessário que se perceba que a causa de aumento, ao contrário do que ocorria por ocasião da vigência da lei anterior, não mais se aplica apenas àqueles funcionários públicos encarregados da repressão à criminalidade, mas a qualquer funcionário público que, aproveitando-se das facilidades que a função lhe proporciona, praticar o crime.

> III – a infração tiver sido cometida nas dependências ou imediações de estabelecimentos prisionais, de ensino ou hospitalares, de sedes de entidades estudantis, sociais, culturais, recreativas, esportivas, ou beneficentes, de locais de trabalho coletivo, de recintos onde se realizem espetáculos ou diversões de qualquer natureza, de serviços de tratamento de dependentes de drogas ou de reinserção social, de unidades militares ou policiais ou em transportes públicos;

O Lugar do Cometimento. O aumento se justifica pelo fato de ser mais grave cometer o crime nos referidos locais, quer seja por conta da maior aglomeração de pessoas, facilitando o tráfico da droga e sua disseminação, quer seja por se tratar de lugares onde as pessoas deveriam estar melhor resguardadas.

Não se aplica a causa de aumento de pena pelo simples fato de o agente estar levando consigo droga em transporte público, consoante já decidiu o STF, sendo necessário que se aproveite do fato para realizar o comércio ilícito. Neste sentido:

> HABEAS CORPUS. PENAL. TRÁFICO DE DROGAS. CAUSA DE AUMENTO DE PENA PREVISTA NO ART. 40, III, DA LEI DE DROGAS (TRANSPORTE PÚBLICO). NÃO INCIDÊNCIA NO CASO. PENA INFERIOR A QUATRO ANOS. FIXAÇÃO DE REGIME INICIAL FECHADO. VIABILIDADE. SUBSTITUIÇÃO DA PENA PRIVATIVA DE LIBERDADE POR RESTRITIVA DE DIREITOS. CIRCUNSTÂNCIAS JUDICIAIS DESFAVORÁVEIS. QUANTIDADE DA DROGA APREENDIDA. NÃO CUMPRIMENTO DO REQUISITO SUBJETIVO PREVISTO NO ART. 44, III, DO CP. ORDEM PARCIALMENTE CONCEDIDA. 1. O entendimento de ambas as Turmas do STF é no sentido de que a causa de aumento de pena para o delito de tráfico de droga cometido em transporte público (art. 40, III, da Lei 11.343/2006) somente incidirá quando demonstrada a intenção de o agente praticar a mercancia do entorpecente em seu interior. Fica afastada, portanto, na hipótese em que o veículo público é utilizado unicamente para transportar a droga. Precedentes (...) 4. Ordem concedida, em parte, apenas para afastar a incidência da majorante prevista no art. 40, III, da Lei 11.343/2006. (HC 119811 / MS - MATO GROSSO DO SUL, Relator(a): Min. TEORI ZAVASCKI, julgamento: 10/06/2014 Órgão Julgador: Segunda Turma)

Por outro lado, já entendeu o STF que, em se tratando de tráfico praticado nas proximidades de estabelecimento de ensino, estabelecimentos prisionais etc., não se faz necessária a comprovação de que o agente tenha comercializado a droga para seus frequentadores. Abaixo, a notícia do julgado, extraída do Informativo 858 do STF:

> INFORMATIVO Nº 858
>
> Tráfico de drogas e imediações de estabelecimento prisional. A Segunda Turma denegou a ordem de "habeas corpus" em que se pretendia afastar a aplicação da causa de aumento prevista no art. 40, III, da Lei 11.343/2006 (*) em condenação por tráfico de drogas realizado nas imediações de estabelecimento prisional. No caso, o STJ deu provimento a recurso especial, interposto pelo Ministério Público, para determinar a incidência da mencionada causa de aumento. A defesa insurgia-se contra a não aplicação o Enunciado 7 da Súmula do STJ (**). Além disso, alegava não ter sido demonstrado que o paciente comercializava qualquer tipo de entorpecente com frequentadores do estabelecimento prisional. A Turma asseverou que a jurisprudência do STF está sedimentada na impossibilidade do uso de "habeas corpus" para reexame dos pressupostos de admissibilidade de recurso interposto no STJ. A suposta contradição seria adequadamente solucionada em embargos de declaração dirigidos ao STJ, e não em "habeas corpus" diretamente ao STF. Ademais, salientou que a aplicação da referida causa de aumento se justifica quando constatada a comercialização de drogas nas imediações de estabelecimentos prisionais, sendo irrelevante se o agente infrator visa ou não aos frequentadores daquele local. (*) Lei 11.343/2006: "Art. 33. Importar, exportar, remeter, preparar, produzir, fabricar, adquirir, vender, expor à venda, oferecer, ter em depósito, transportar, trazer consigo, guardar, prescrever, ministrar, entregar a consumo ou fornecer drogas, ainda que gratuitamente, sem autorização ou em desacordo com determinação legal ou regulamentar: Pena – reclusão de 5 (cinco) a 15 (quinze) anos e pagamento de 500 (quinhentos) a 1.500 (mil e quinhentos) dias-multa. (...) Art. 40. As penas previstas nos arts. 33 a 37 desta Lei são aumentadas de um sexto a dois terços, se: III – a infração tiver sido cometida nas dependências ou imediações de estabelecimentos prisionais, de ensino ou hospitalares, de sedes de entidades estudantis, sociais, culturais, recreativas, esportivas, ou beneficentes, de locais de trabalho coletivo, de recintos onde se realizem espetáculos ou diversões de qualquer natureza, de serviços de tratamento de dependentes de drogas ou de reinserção social, de unidades militares ou policiais ou em transportes públicos;" (**) Enunciado 7 da Súmula do STJ: "A pretensão de simples reexame de prova não enseja recurso especial." HC 138944/SC, rel. Min. Dias Toffoli, julgamento em 21.3.2017. (HC-138944)

O STJ decidiu, ainda, pela incidência do aumento quando o agente comanda tráfico de dentro de presídios, ainda que a droga por lá não passe. Vejamos:

> Se o agente comanda o tráfico de drogas de dentro do presídio, deverá incidir a causa de aumento de pena do art. 40, III, da Lei nº 11.343/2006, mesmo que os efeitos destes atos tenham se manifestado a quilômetros de distância. Não é necessário que a droga passe por dentro do presídio para que incida a majorante prevista no art. 40, III, da Lei nº 11.343/2006. Esse dispositivo não faz a exigência de que as drogas efetivamente passem por dentro dos locais que se busca dar maior proteção, mas apenas que o cometimento dos crimes tenha ocorrido em seu interior. STJ. 5ª Turma. HC 440.888-MS, Rel. Min. Joel Ilan Paciornik, julgado em 15/10/2019 (Info 659).

Rol exemplificativo. O objetivo da lei é proteger espaços que promovam a aglomeração de pessoas, nos quais resta inequivocamente facilitada a ação criminosa. Também aqui se considera a lesão à moralidade pública, quando se tratar de unidades militares, prisionais ou policiais.

Sobre o rol trazido pelo art. 40, III, o STJ ser taxativo ou exemplificativo, a 5ª Turma do STJ entende tratar-se de rol exemplificativo, consoante decisão no AgRg no AREsp 868.826/MG.

A 6ª Turma, porém, em julgado mais recente, entendeu tratar-se de rol taxativo, só podendo incidir o aumento da pena se o tráfico for desenvolvido nos espaços mencionados no dispositivo, sendo vedada a aplicação da analogia in malam partem. Por essa razão,a Corte negou a incidência do aumento quando o crime se dá nas imediações de igreja. Abaixo, transcrição parcial do julgado:

> " (...) 2. Uma vez que, no Direito Penal incriminador, não se admite a analogia *in malam partem* e porque a hipótese dos autos (tráfico de drogas cometido em local próximo a igrejas) não foi contemplada pelo legislador no rol das majorantes previstas no inciso III do art. 40 da Lei n. 11.343/2006, deve ser afastada a causa especial de aumento de pena em questão. (...) 5. Ordem parcialmente concedida, para afastar a majorante prevista no inciso III do art. 40 da Lei de Drogas e, por conseguinte, reduzir a reprimenda da paciente para 5 anos de reclusão e 500 dias-multa. (STJ - HC: 528851 SP 2019/0249970-0, Relator: Ministro ROGERIO SCHIETTI CRUZ, Data de Julgamento: 05/05/2020, T6 - SEXTA TURMA, Data de Publicação: DJe 12/05/2020)

Não incidência da causa de aumento quando o estabelecimento se encontra fechado. O fundamento da causa de exasperação da pena trazida por este art. 40, inciso III é o fato do agente se beneficiar da grande aglomeração de pessoas para a traficância. Assim, o STJ já entendeu, e cremos que acertada a decisão, que não incidirá a exasperação quando a conduta se der em dia e horário em que não esteja funcionando o estabelecimento de ensino, tal qual ocorre em um domingo de madrugada, por exemplo. A decisão foi veiculada no Informativo 622 da Corte, consoante abaixo transcrito.

> Consoante entendimento firmado por este Superior Tribunal de Justiça, a causa de aumento de pena prevista no art. 40, inciso III, da Lei n. 11.343/2006 tem natureza objetiva, não sendo necessária a efetiva comprovação de mercancia na respectiva entidade de ensino, ou mesmo de que o comércio visa a atingir os estudantes, sendo suficiente que a prática ilícita tenha ocorrido em locais próximos, ou seja, nas imediações do estabelecimento. Na espécie em exame, contudo, verifica-se a presença de particularidade que, mediante uma interpretação teleológica do disposto no artigo 40, inciso III, da Lei de Drogas, permite o afastamento da referida causa de aumento de pena, uma vez que o delito de tráfico ilícito de drogas foi praticado em local próximo a estabelecimento de ensino, tendo o crime ocorrido no período da madrugada, em um domingo, horário em que a escola não estava em funcionamento. A proximidade da escola, neste caso, tratou-se de elemento meramente circunstancial, sem relação real e efetiva com a traficância realizada. Nesse contexto, observe-se que a razão de ser da norma é punir de forma mais severa quem, por traficar nas dependências ou na proximidade de estabelecimento de ensino, tem maior proveito e facilidade na difusão e no comércio de drogas em região de grande circulação de pessoas, expondo os frequentadores do local a um risco inerente à atividade criminosa da narcotraficância. Conclui-se, por fim, que, diante da prática do delito em dia e horário (domingo de madrugada) em que o estabelecimento de ensino não estava em funcionamento, de modo a facilitar a prática criminosa e a disseminação de drogas em área de maior aglomeração de pessoas, não há falar em incidência da majorante prevista no artigo 40, inciso III, da Lei n. 11.343/2006, pois ausente a *ratio legis* da norma em tela. (STJ. 6ª Turma. REsp 1719792-MG, Rel. Min. Maria Thereza de Assis Moura, julgado em 13/03/2018).

IV – o crime tiver sido praticado com violência, grave ameaça, emprego de arma de fogo, ou qualquer processo de intimidação difusa ou coletiva;

Utilização de Arma ou de qualquer Processo de Intimidação Difusa ou Coletiva. Trata-se de uma das mais controvertidas figuras desta lei, objeto dos mais acalorados debates em doutrina.

A rigor, nenhum dos crimes previstos na Lei de Drogas tem a grave ameaça e a violência ou mesmo emprego de arma previsto como uma de suas elementares. Ocorre que, não raras vezes, o agente se utiliza desses métodos para fazer frente aos seus opositores na disputa pelo comércio ilegal de drogas, ou mesmo para intimidar a população, como por exemplo, se daria na hipótese em que um morador de uma comunidade mais carente se visse obrigado a guardar a droga em sua casa para um traficante, mediante emprego de grave ameaça.

O Emprego de Arma e os Crimes de Droga. A lei menciona o emprego de arma como causa de aumento de pena para os crimes dos arts. 33 a 37. Nessa hipótese, como ficaria a capitulação da conduta da pessoa que, traficando drogas, porta arma? O porte de arma restaria absorvido pelo crime de tráfico de drogas?

Três são as correntes que tem se firmado quanto ao tema:

1. o porte de arma restará absorvido pelo crime de tráfico, com o aumento do inciso IV;
2. o crime de porte somente restará absorvido pelo crime da Lei nº 11.343/2006 na hipótese de o porte se dar com finalidade única de cometimento do tráfico. Na hipótese de não ser usado com meio para o tráfico, deverá o agente responder pelos dois crimes, em concurso material de delitos;
3. o aumento de que trata o inciso somente tem incidência em se tratando de crime de associação para o tráfico, tal qual ocorre com o crime do art. 288, parágrafo único, do Código Penal, na medida em que revelaria um maior perigo à paz e à tranquilidade públicas quando o grupo criminoso é armado. Não há o menor sentido na aplicação do inciso IV do art. 40 ao crime de tráfico, pois este não se pratica mediante recursos intimidatórios. O traficante não precisa intimidar quem quer que seja para que essa pessoa compre, adquira a droga: armas e processos de intimidação porventura utilizados se prestam a garantir a hegemonia do traficante contra outros traficantes, resistir às ações policiais e manter a comunidade local sob seu poder, ou seja, tem outras finalidades que não o tráfico em si. Destarte, se um traficante, armado, vender drogas, teremos concurso material dos crimes de tráfico e porte ilegal de arma, não podendo o segundo apenas funcionar como causa de aumento para o primeiro. É a nossa opinião.

Critério para Aumento de Pena Nesse Crime. Quanto maior o grau de intimidação exercido pelo agente, maior deverá ser o aumento referido no *caput*.

> V – caracterizado o tráfico entre Estados da Federação ou entre estes e o Distrito Federal;

Tráfico Interestadual de Entorpecentes. Quando o tráfico atingir mais de um Estado ou for praticado entre um Estado e o Distrito Federal, com maior disseminação da droga, teremos conduta mais grave e, portanto, mais reprovável.

O maior ou menor grau de aumento, neste caso, deverá ser balizado no número de Estados envolvidos, na eventualidade ou habitualidade do cometimento daquele crime, bem como na logística empenhada para a realização das transações interestaduais.

Desnecessidade de a Droga Transpor os Limites do Estado para o Reconhecimento do Crime em sua Forma Consumada. Para o STF, o fato do agente, que se dirigia com a droga para o exterior, não ter saído do país, não desautoriza o reconhecimento do crime em sua modalidade consumada, com a incidência da causa de aumento.

No STJ, a solução é, atualmente, cristalizada, com edição, no ano de 2017, da Súmula 587:

> **Súmula 587-STJ:** Para a incidência da majorante prevista no artigo 40, V, da Lei 11.343/06, é desnecessária a efetiva transposição de fronteiras entre estados da federação, sendo suficiente a demonstração inequívoca da intenção de realizar o tráfico interestadual.

Impossibilidade de reconhecimento da causa de aumento pelo tráfico interestadual e transnacional quando o destino da droga é o território de outro país. Nesse caso, quando o fato de ter passado por mais de um estado da Federação para alcançar país vizinho se deveu à imposição geográfica, somente se aplica a causa de aumento de pena do tráfico transnacional. Observemos julgado nesse sentido:

> No tráfico ilícito de entorpecentes, é inadmissível a aplicação simultânea das causas especiais de aumento de pena relativas à transnacionalidade e à interestadualidade do delito (art. 40, I e V, da Lei n. 11.343/2006), quando não comprovada a intenção do importador da droga de difundi-la em mais de um estado do território nacional, ainda que, para chegar ao destino final pretendido, imperativos de ordem geográfica façam com que o importador transporte a substância através de estados do país. De fato, sem a existência de elementos concretos acerca da intenção do importador dos entorpecentes de pulverizar a droga em outros estados do território nacional, não se vislumbra como subsistir a majorante prevista no inciso V do art. 40 da Lei n. 11.343/2006 (Lei de Drogas) em concomitância com a causa especial de aumento relativa à transnacionalidade do delito (art. 40, I, da Lei de Drogas), sob pena de *bis in idem*. Precedente citado: AgRg no REsp 1.273.754-MS, Quinta Turma, DJe 17/11/2014. HC 214.942-MT, Rel. Min. Rogerio Schietti Cruz, julgado em 16/6/2016, DJe 28/6/2016.

Porém, é cabível a aplicação cumulativa das causas de aumento relativas à transnacionalidade e à interestadualidade do delito, previstas nos incisos I e V da Lei de Drogas, quando evidenciado que a droga proveniente do exterior se destina a mais de um estado da federação, sendo o intuito dos agentes distribuir o entorpecente estrangeiro por mais de uma localidade do país.

> PENAL E PROCESSUAL PENAL. AGRAVO REGIMENTAL RECURSO ESPECIAL. TRÁFICO DE DROGAS. TRANSNACIONALIDADE E IN-

TERESDUALIDADE. APLICAÇÃO CUMULATIVA DAS MAJORANTES. CABIMENTO APENAS QUANDO A DROGA ORIUNDA DO EXTERIOR SE DESTINE AO COMÉRCIO EM MAIS DE UM ESTADO DA FEDERAÇÃO. RECONHECIMENTO DE QUE HOUVE MERO TRANSPORTE DO ENTORPECENTE ATÉ O DESTINO. IMPOSSIBILIDADE DA INCIDÊNCIA DA CAUSA DE AUMENTO PREVISTA NO ART. 40, INCISO V, DA LEI N.º 11.343/2006. (...) A droga que se destina a unidade federativa que não seja de fronteira, necessariamente percorrerá mais de um estado. Porém, inexistindo difusão ilícita do entorpecente no caminho e comprovado que toda droga será comercializada em um mesmo estado, de fato, não resta configurado o tráfico interestadual. Precedentes. II – Nessa linha de raciocínio, quando não há difusão ilícita de drogas em mais de uma unidade federativa, o mero transporte de entorpecente por estados fronteiriços até o destino final, como na presente hipótese, é apto a configurar apenas a transnacionalidade do tráfico. Agravo regimental desprovido. (AgRg no REsp 1744207/TO, Rel. Ministro FELIX FISCHER, QUINTA TURMA, julgado em 26/06/2018, DJe 01/08/2018)

Investigação e Competência para Processo e Julgamento do Tráfico Interestadual. Nos termos do art. 144, § 1º, II, a Constituição Federal, bem como do art. 1º, parágrafo único, da Lei nº 10.446/2002, a Polícia Federal atuará nesses casos. A competência, entretanto, será da Justiça Estadual, observadas as regras de prevenção. A hipótese vertente não está entre aquelas previstas no art. 109 da Constituição Federal, não se justificando a competência da Justiça Federal.

> VI – sua prática envolver ou visar a atingir criança ou adolescente ou a quem tenha, por qualquer motivo, diminuída ou suprimida a capacidade de entendimento e determinação;

Criança ou Adolescente como Alvo do Criminoso. A causa de aumento se justifica pelo amadurecimento incompleto do menor, mais facilmente atraído pelos traficantes. Por óbvio, será necessário que o agente saiba tratar-se de criança ou adolescente a pessoa envolvida ou visada, caso contrário, não lhe será aplicável o aumento.

Possibilidade de o menor ser computado para formação do número mínimo de participantes da associação criminosa e também para aumentar a pena do crime de tráfico. O STJ já reconheceu não haver *bis in idem* na hipótese em tela. Observemos o julgado abaixo:

A participação do menor pode ser considerada para configurar o crime de associação para o tráfico (art. 35) e, ao mesmo tempo, para agravar a pena como causa de aumento do art. 40, VI, da Lei nº 11.343/2006. De acordo com a Lei nº 11.343/2006: "Art. 40. As penas previstas nos arts. 33 a 37 desta Lei são aumentadas de um sexto a dois terços, se: (...) VI – sua prática envolver ou visar a atingir criança ou adolescente ou a quem tenha, por qualquer motivo, diminuída ou suprimida a capacidade de entendimento e determinação". Assim, é cabível a aplicação da majorante se o crime envolver ou visar a atingir criança ou adolescente em delito de associação para o tráfico de drogas configurado pela associação do agente com menor de idade. Precedentes citados: HC 237.782-SP, Quinta Turma, DJe 21/8/2014; e REsp 1.027.109-SC, Quinta Turma, DJe 16/2/2009. HC 250.455-RJ, Rel. Min. Nefi Cordeiro, julgado em 17/12/2015, DJe 5/2/2016.)

Possibilidade de incidir a causa de aumento de pena referente ao menor em mais de um crime. Também nessa hipótese, reconheceu o STJ não haver *bis in idem*.

> A causa de aumento de pena do art. 40, VI, da Lei n. 11.343/2006 pode ser aplicada tanto para agravar o crime de tráfico de drogas (art. 33) quanto para agravar o de associação para o tráfico (art. 35) praticados no mesmo contexto. Isso porque a causa especial de aumento de pena incidiu sobre delitos diversos e totalmente autônomos, com motivação e finalidades distintas. Precedentes citados: HC 183.441-RJ, Quinta Turma, DJe 2/9/2011; e AgRg no REsp 1.412.950-MG, Sexta Turma, DJe 3/11/2014. (HC 250.455-RJ, Rel. Min. Nefi Cordeiro, julgado em 17/12/2015, DJe 5/2/2016)

Aumento de pena em patamar maior quando o agente envolve o menor na traficância e, ao recompensá-lo, ainda fornece droga ao mesmo. O STJ já entendeu possível aplicar um maior aumento na hipótese, dada a gravidade em concreto do delito.

> O fato de o agente ter envolvido um menor na prática do tráfico e, ainda, tê-lo retribuído com drogas, para incentivá-lo à traficância ou ao consumo e dependência, justifica a aplicação, em patamar superior ao mínimo, da causa de aumento de pena do art. 40, VI, da Lei n. 11.343/2006, ainda que haja fixação de pena-base no mínimo legal. Isso porque a jurisprudência do STJ posiciona-se no sentido de que a aplicação da causa de aumento em patamar acima do mínimo é plenamente válida desde que fundamentada na gravidade concreta do delito. (HC 250.455-RJ, Rel. Min. Nefi Cordeiro, julgado em 17/12/2015, DJe 5/2/2016.)

Confronto com o Art. 243 do Estatuto da Criança e do Adolescente. Se a substância fornecida ou entregue ao menor for catalogada como droga, aplica-se a Lei nº 11.343/2006, observada a causa de aumento de pena deste art. 40, sendo aplicável o art. 243 do ECA apenas quando versar sobre substância que possa causar dependência química ou psíquica, mas não for catalogada pelo Ministério da Saúde como droga, verificando-se, portanto, o caráter nitidamente subsidiário do ECA.

Diminuição ou Supressão da Capacidade de Entendimento e Determinação. Não apenas quando visar a menores de dezoito anos se poderá aplicar essa causa de aumento, mas também quando visar a todos aqueles que, por seu estado momentâneo, como no caso dos embriagados, ou por serem portadores de distúrbios ou enfermidade, tenham diminuída ou suprimida sua capacidade de entendimento e de determinação. Tal aumento se justifica pela maior vulnerabilidade da pessoa visada ou atingida.

Os Maiores de Sessenta Anos. A lei antiga, com redação dada pelo Estatuto do Idoso, trazia aumento de pena quando a pessoa visada fosse idosa, não tendo a regra se repetido na atual lei que, assim, por ser benéfica, deverá retroagir.

Nada impede, porém, que se aplique a causa de aumento quando visar maior de sessenta anos que tenha diminuída ou suprimida a sua capacidade de entendimento e determinação. Neste caso, o aumento não se justificará pela idade e, sim, pela condição de maior vulnerabilidade, o que nos parece ser mais razoável.

A Revogação da Causa de Aumento do Concurso de Pessoas. Prevista na lei revogada como causa de aumento, o concurso eventual de pessoas não foi repetido nesse art. 40 e, neste sentido, a nova lei deverá retroagir para alcançar fatos passados. Sobre a matéria, o STJ já decidiu:

> (...) 3. Com o advento da Lei n. 11.343/2006, ocorreu *abolitio criminis* no tocante à majorante prevista no artigo 18, inciso III, da Lei n. 6.368/76, motivo pelo qual, em atenção ao princípio da retroatividade da norma penal mais benéfica, constitui constrangimento ilegal manter a sua incidência na condenação. (HC 142808 / SP. Ministro NEFI CORDEIRO. SEXTA TURMA. J. em 14/04/2015).

Note-se, porém, que, embora se mencione *abolitio criminis* com relação ao disposto no art. 18, III, da Lei nº 6.368/1976, a expressão não foi usada corretamente, pois não existe *abolitio criminis* quando suprimida causa de diminuição de pena. *Abolitio* apenas ocorrerá quando lei nova mais benéfica deixar de considerar criminosa uma conduta antes prevista como tal, o que não ocorreu *in casu*. O tráfico praticado em concurso eventual de pessoas continua sendo crime, embora não mais incida sobre ele a causa de aumento.

> VII – o agente financiar ou custear a prática do crime.

Financiamento ou Custeio do Crime. Na medida em que existe no art. 36 um tipo do qual o financiamento é elementar e na medida em que se tem entendido que o referido delito é instantâneo, não exigindo reiteração para sua configuração, a doutrina é majoritária no sentido de que não há aplicação para o art. 40, VII.

Deve-se, entretanto, observar que o STJ já entendeu que a referida causa de aumento deve ser usada na hipótese de autofinanciamento, consoante se depreende de julgado cuja ementa segue transcrita nessa obra, mais especificamente nos comentários acerca do crime previsto no artigo 36.

Discordando da orientação majoritária e da solução adotada pelo STJ quanto ao autofinanciamento, defendemos que o crime do art. 36 é habitual, não se podendo a ele aplicar o aumento do art. 40, VII. Todavia, na hipótese de o agente eventualmente financiar a prática do crime de tráfico, responderá pelo crime do art. 33, com o aumento trazido pelo 40, VII.

Art. 41. O indiciado ou acusado que colaborar voluntariamente com a investigação policial e o processo criminal na identificação dos demais coautores ou partícipes do crime e na recuperação total ou parcial do produto do crime, no caso de condenação, terá pena reduzida de um terço a dois terços.

Natureza Jurídica da Delação Premiada na Lei nº 11.343/2006 e *Novatio Legis in Pejus*. Na Lei nº 10.409/2002, revogada, a delação premiada era prevista como causa extintiva da punibilidade, pela concessão do perdão judicial, e também como causa de redução da pena. Na atual lei, somente pode figurar como causa de diminuição, não se admitindo a concessão de perdão judicial ao réu delator. Assim, trata-se de *novatio legis in pejus*, não podendo retroagir, razão pela qual o delator, na hipótese de a delação versar sobre crime anterior à vigência da Lei nº 11.343/2006, poderá se beneficiar com a extinção da punibilidade.

Delação Voluntária. Para que se reconheça a diminuição da pena pela delação, é necessário ter havido prestação de colaboração voluntária, não necessariamente espontânea, tampouco nobre, podendo ser feita com o intuito único de obter o benefício legal.

Delação Eficaz. Para que se aplique a causa de diminuição de pena pela delação, a mesma há de ser eficaz para a recuperação total ou parcial da substância entorpecente, bem como para a identificação dos demais coautores ou partícipes do crime.

Ressalte-se que deverão ser utilizadas, aqui, com relação a eventual acordo de colaboração, as regras do artigo 4º e seguintes da Lei 12850/2013 em tudo que não for incompatível com as regras trazidas pela lei em estudo.

Momento para a Diminuição de Pena. Como causa de diminuição, será considerada na terceira fase da aplicação da pena, que, assim, poderá ser fixada abaixo do mínimo legal.

Art. 42. O juiz, na fixação das penas, considerará, com preponderância sobre o previsto no art. 59 do Código Penal, a natureza e a quantidade da substância ou do produto, a personalidade e a conduta social do agente.

Circunstâncias Preponderantes para a Aplicação da Pena Base. Consoante disposto na Lei nº 11.343/2006, mais importante mesmo que o art. 59 do Código Penal, deve o magistrado considerar a natureza e a quantidade da substância ou do produto, a personalidade e a conduta social do agente por ocasião da fixação da pena. Observar, porém, que a aplicação do disposto no art. 42 não poderá permitir que a pena fique acima do máximo ou abaixo do mínimo legal. Sobre o tema, ver Súmula nº 231 do STJ.

Grau de pureza da droga. Não é critério para a fixação de pena, eis que a lei se refere à quantidade e natureza do produto, mas não ao seu grau de pureza. Neste sentido:

> **Pureza da droga e dosimetria da pena.** O grau de pureza da droga é irrelevante para fins de dosimetria da pena. Essa a conclusão da Segunda Turma, que indeferiu a ordem em "habeas corpus" impetrado em favor de denunciado pela suposta prática do crime descrito no art. 33, "caput", c/c o art. 40, I e III, todos da Lei 11.343/2006. A defesa sustentava que deveria ser realizado laudo pericial a aferir a pureza da droga apreendida, para que fosse possível verificar a dimensão do perigo a que exposta a saúde pública, de modo que a reprimenda fosse proporcional à potencialidade lesiva da conduta. A Turma entendeu ser desnecessário determinar a pureza do entorpecente. De acordo com a lei, preponderam apenas a natureza e a quantidade da droga apreendida para o cálculo da dosimetria da pena. HC 132909/SP, rel. Min. Cármen Lúcia, 15.3.2016. (HC-132909) (Informativo 818, 2ª Turma)

Vício e Conduta Social Negativa. Não Reconhecimento. Deve-se entender como conduta social do réu o seu comportamento perante a sociedade em que vive, seu atuar perante familiares, amigos, vizinhos, companheiros de trabalho etc. Já entendeu o STF que o fato de o condenado ser viciado em drogas não pode ser considerado conduta social negativa e, assim, não justifica fixação da pena acima do máximo legal:

> PENA. Criminal. Prisão. Fixação. Dosimetria. Tráfico de drogas. Exasperação da pena-base. Vício em drogas como conduta social negativa. Inadmissibilidade. Incompatibilidade com a nova política criminal antidrogas. Redução de pena. HC concedido para esse fim. O fato de o réu ser viciado em drogas não constitui critério idôneo para que se lhe eleve a pena-base acima do mínimo, porquanto o vício não pode ser valorado como conduta social negativa (HC nº 98.456/MS, Rel. Min. Cezar Peluso. j. 29/09/2009. Órgão Julgador: 2ª Turma).

Ganho Fácil e Consequências do Crime. Não podem ser levados em conta para fixação da pena-base no crime de tráfico de drogas, consoante decidiu o STF nos autos do HC nº 107.532/SC:

> A Turma, por maioria, concedeu a ordem em maior extensão para determinar ao magistrado de primeiro grau que proceda a nova dosimetria, afastando, além da circunstância relativa à consequência

> do crime (mal causado pelo tóxico), também o motivo invocado - vontade de obter lucro fácil, nos termos do voto do Ministro Ricardo Lewandowski, vencidos, integralmente, o Ministro Joaquim Barbosa, que a denegava, e, em parte, o Ministro Relator, que a concedia parcialmente. Lavrará o acórdão o Senhor Ministro Ricardo Lewandowski. (HC nº 107.532, Rel. Min Gilmar Mendes. Min para Acórdão: Ricardo Lewandowski, 2ª Turma. j. 08/05/2012).

Correta, a nosso ver, a decisão do STF neste ponto, eis que os males causados pelo tráfico de drogas, bem como o intuito de lucro fácil com a referida atividade são ínsitos à figura delituosa em análise e, assim, já foram objeto de consideração quando da cominação da pena em abstrato, não podendo ser levadas em conta para a fixação da pena em patamar acima do mínimo legal.

Art. 43. Na fixação da multa a que se referem os arts. 33 a 39 desta Lei, o juiz, atendendo ao que dispõe o art. 42 desta Lei, determinará o número de dias-multa, atribuindo a cada um, segundo as condições econômicas dos acusados, valor não inferior a um trinta avos nem superior a 5 (cinco) vezes o maior salário-mínimo.

Critérios para a Fixação da Pena de Multa da Lei nº 11.343/2006 X Critérios do Código Penal. Os critérios utilizados na lei em comento são distintos do Código Penal no que se refere à pena de multa, tendo sido estabelecido uma escala diferente, de acordo com a gravidade do delito. Não se fixam os dias-multa nos mesmos moldes do CP, eis que, para cada delito, o legislador cominou um número mínimo e um número máximo de dias-multa, a ser fixado no caso concreto, atendendo ao que dispõe o art. 42 da lei em estudo. Outrossim, na fixação do valor do dia-multa serão consideradas as condições econômicas do acusado.

Processo Bifásico para a Aplicação da Pena de Multa. Duas são as fases para a aplicação da multa considerando-se a sistemática da lei em comento:

a) Atento à culpabilidade, observados os arts. 42, da Lei nº 11.343/2006 e 59 do Código Penal, o juiz fixa o número de dias-multa, observada a escala fixa estabelecida para cada tipo penal;

b) Após, atento à capacidade econômica do acusado, o juiz estabelece o valor do dia-multa, de um trinta avos a cinco vezes o salário-mínimo.

Parágrafo único. As multas, que em caso de concurso de crimes serão impostas sempre cumulativamente, podem ser aumentadas até o décuplo se, em virtude da situação econômica do acusado, considerá-las o juiz ineficazes, ainda que aplicadas no máximo.

Aplicação Cumulativa da Pena de Multa em Concurso de Crimes. O art. 43 da Lei nº 11.343/2006 repete o disposto no art.72 do Código Penal, determinando que as multas sempre sejam aplicadas cumulativamente quando se tratar de concurso de crimes, quer seja material, formal ou crime continuado.

Aumento até o Décuplo. A situação econômica do condenado pode fazer com que a pena de multa seja aumentada até o décuplo, desde que o juiz entenda que ineficazes as multas, ainda que aplicadas no máximo previsto no *caput* do art. 43.

> **Art. 44.** Os crimes previstos nos arts. 33, caput e § 1º, e 34 a 37 desta Lei são inafiançáveis e insuscetíveis de sursis, graça, indulto, anistia e liberdade provisória, vedada a conversão de suas penas em restritivas de direitos.
>
> Parágrafo único. Nos crimes previstos no caput deste artigo, dar-se-á o livramento condicional após o cumprimento de dois terços da pena, vedada sua concessão ao reincidente específico

Inafiançabilidade. Não é possível concessão de liberdade provisória com fiança ao acusado pelos crimes dos arts. 33, *caput* e § 1º, 34 a 37.

Vedação ao *Sursis*. Trata-se de rigorismo nem mesmo imposto na Lei dos Crimes Hediondos.

Proibição à Concessão de Graça, Indulto e Anistia. A Lei nº 8.072/1990 já havia estabelecido a impossibilidade de concessão desses benefícios ao crime de tráfico ilícito de entorpecentes, sendo certo que, agora, diante da redação desse art. 44, também são descabidos quando se tratar do crime de associação para fins de tráfico, que, entretanto, não foi por isso transformado em crime hediondo.

Vedação à Liberdade Provisória. Repetindo regra insculpida na redação original da Lei nº 8.072/1990, a Lei nº 11.343/2006 proibiu a concessão de liberdade provisória, com ou sem fiança, aos autores dos crimes dos arts. 33, *caput*, e § 1º, e 34 a 37 desta Lei.

De toda sorte, discute-se a constitucionalidade da referida vedação. Sobre o tema, além de remetermos o leitor ao capítulo sobre crimes hediondos, onde a matéria é tratada, chamamos a atenção para a decisão do Plenário do STF, que, nos autos do HC nº 104.339/SP, declarou incidentalmente a inconstitucionalidade da expressão "vedada a concessão de liberdade provisória", autorizando que os ministros decidissem monocraticamente quando o único fundamento da impetração fosse a vedação do art. 44. Atentemos para aquele julgado:

> Informativo nº 665
>
> Tráfico de drogas e liberdade provisória – 1. O Plenário, por maioria, deferiu parcialmente *Habeas Corpus* – afetado pela 2ª Turma – impetrado em favor de condenado pela prática do crime descrito

no art. 33, caput, c/c o art. 40, III, ambos da Lei nº 11.343/2006, e determinou que sejam apreciados os requisitos previstos no art. 312 do CPP para que, se for o caso, seja mantida a segregação cautelar do paciente. Incidentalmente, também por votação majoritária, declarou a inconstitucionalidade da expressão "e liberdade provisória", constante do art. 44, caput, da Lei nº 11.343/2006 ("Os crimes previstos nos arts. 33, caput e § 1º, e 34 a 37 desta Lei são inafiançáveis e insuscetíveis de sursis, graça, indulto, anistia e liberdade provisória, vedada a conversão de suas penas em restritivas de direitos"). A defesa sustentava, além da inconstitucionalidade da vedação abstrata da concessão de liberdade provisória, o excesso de prazo para o encerramento da instrução criminal no juízo de origem (HC nº 104.339/SP, Rel. Min. Gilmar Mendes, 10/05/2012).

Neste diapasão, o STF, em outro julgado, entendeu pela concessão de liberdade provisória a réu primário preso preventivamente sob a imputação de tráfico de drogas por ter sido encontrado com 887,89 gramas de maconha e R$ 1.730,00, considerando genéricas as razões da segregação cautelar, destacando, ainda, que, em se tratando de maconha a droga apreendida, deveria ser levada em conta a sua pouca nocividade. Não passou despercebido ao STF o fato de se tratar de um jovem, sendo sua prisão mais gravosa do que a eventual permanência em liberdade. O julgado (STF. 1ª Turma. HC 140379/RJ, Rel. Min. Marco Aurélio, red. p/ o ac. Min. Roberto Barroso, julgado em 23/10/2018) foi destaque no Informativo 921 da Corte. A ordem foi concedida em virtude do empate na votação.

Proibição da Conversão da Pena Restritiva de Direitos em Substituição à Pena Privativa de Liberdade. Consoante já mencionado neste capítulo, tal vedação já foi objeto de análise pelo STF, que a entendeu inconstitucional, nos autos do HC nº 97.256, decisão que tomou força erga omnes com a Resolução nº 05/2012 do Senado Federal. Assim, na hipótese em que o condenado pelos crimes dos arts. 33, *caput* e § 1º, 34 a 37 desta lei preencher os requisitos do art. 44 do CP, poderá valer-se da substituição.

Livramento Condicional. Entendemos que, pela especialidade, é no artigo 44 da lei em estudo que encontraremos as regras para livramento condicional na hipótese dos crimes de que trata, não tendo sofrido qualquer mudança em virtude das disposições trazidas pela Lei nº 13.964 de 2019. Nos termos do parágrafo único do art. 44, para concessão do livramento condicional, deverá ter o condenado por crime dos artigos 33, *caput* e § 1º, 34 a 37 cumprido mais de 2/3 de sua pena, desde que não seja reincidente específico.

Sobre o crime de associação para o tráfico, que não é crime equiparado a hediondo, vale a lembrança de que também se lhe aplica a regra do parágrafo único do artigo 44.

Outrossim, também chamamos atenção para o fato de que ao tráfico privilegiado, consoante entendimento do STF nos autos do HC 118533, não se aplicam as regras do artigo 44. A orientação é hoje reforçada pela alteração legislativa do início de 2020, com o Pacote Anticrime, que expressamente, nos termos do art. 112, §5º, dispõe que não é hediondo o crime previsto no art. 33, §4º do Código Penal.

Conceito de Reincidência Específica para Fins de Concessão de Livramento Condicional. Fica vedada a concessão de livramento condicional para o condenado reincidente específico. Aqui, deve-se entender como reincidente específico aquele que tenha condenação transitada em julgado pela prática de qualquer dos crimes referidos no *caput* do dispositivo em análise.

Progressão no cumprimento de Pena para o Condenado por Crime de Tráfico. Trata-se de matéria não disposta nessa lei, mas na Lei nº 7.210, de 1984. Remetemos o leitor ao Capítulo referente à Lei nº 8.072 de 1990, onde são tecidos comentários acerca das regras para progressão.

Regime de Cumprimento de Pena para o Crime de Associação Para Fins de Tráfico. Não se tratando de tráfico, como já salientado anteriormente, não sendo, portanto, hediondo ou equiparado, sua pena será cumprida em regime inicial a ser determinado pelo juiz, consoante regras do art. 33 do Código Penal e a progressão se dará nos termos do art. 112 da LEP (Lei nº 7.210/1984).

Regime de Cumprimento de Pena para o Condenado pelo Crime do Art. 37. Também aqui serão aplicadas as regras do art. 33 do Código Penal e art. 112 da Lei de Execução Penal. Afinal, se não podemos adjetivar como hediondo o crime de associação para tráfico, com muito maior razão não se pode reconhecer como hediondo o crime daquele que colabora como informante para a associação, menos grave o que o previsto no art. 35 da lei em comento.

A Possibilidade de Progressão para Estrangeiro sem Domicílio no Brasil. Atentemos para o seguinte julgado:

> EXECUÇÃO PENAL. Pena privativa de liberdade. Progressão de regime. Admissibilidade. Condenação por tráfico de drogas. Estrangeira sem domicílio no país e objeto de processo de expulsão. Irrelevância. HC concedido. Voto vencido. O fato de o condenado por tráfico de droga ser estrangeiro, estar preso, não ter domicílio no país e ser objeto de processo de expulsão, não constitui óbice à progressão de regime de cumprimento da pena (HC nº 97.147/MT, Rel.ª Min.ª Ellen Gracie, Rel. p/ Acórdão: Min. CEZAR PELUSO, j. 04/08/2009, Órgão Julgador: 2ª Turma).

> Ementa: PENAL. PROCESSUAL PENAL. HABEAS CORPUS. TRÁFICO DE DROGAS. ESTRANGEIRO. DECRETO DE EXPULSÃO. PROGRESSÃO DE REGIME. POSSIBILIDADE. PRECEDENTE. ORDEM CONCEDIDA. I – A exclusão do estrangeiro do sistema progressivo de cumprimento de pena conflita com diversos princípios constitucionais, especialmente o da prevalência dos direitos humanos (art. 4º, II) e o da isonomia (art. 5º), que veda qualquer discriminação em razão da raça, cor, credo, religião, sexo, idade, origem e nacionali-

> dade. Precedente. II - Ordem concedida para afastar a vedação de progressão de regime à paciente, remetendo-se os autos ao juízo da execução para que verifique a presença dos requisitos do art. 112 da LEP. (HC 117878, Relator(a): Min. RICARDO LEWANDOWSKI, Segunda Turma, julgado em 19/11/2013, PROCESSO ELETRÔNICO DJe-237 DIVULG 02-12-2013 PUBLIC 03-12-2013)

A Reincidência: Progressão e Livramento Condicional. Há de se observar que a reincidência específica não obsta a progressão do regime de cumprimento de pena, embora obste, nos termos do art. 44, parágrafo único, a concessão do livramento condicional.

Natureza e quantidade da droga para fins de estabelecer regime mais grave para início do cumprimento de pena. O juiz pode fixar regime inicial mais gravoso do que aquele relacionado unicamente com o quantum da pena ao considerar a natureza ou a quantidade da droga. Nesse sentido, inúmeros julgados nas Cortes Superiores. Observe-se a ementa abaixo colacionada:

> (...) Nos termos da jurisprudência desta Corte, embora o paciente seja primário e a pena tenha sido estabelecida em 5 anos e 10 meses de reclusão, não se mostra ilegal a imposição do regime mais severo com fundamento na natureza e na expressiva quantidade de droga apreendida (322,08 g de maconha e 11 selos de LSD), uma vez que tais circunstâncias foram elencadas pelo próprio legislador como prevalecentes, nos termos do art. 33, § 3º, do Código Penal, c/c o art. 42 da Lei n. 11.343/2006. (HC 314102 / TO. QUINTA TURMA. Ministro RIBEIRO DANTAS. J em 12/04/2016).

> (...) À luz do que dispõe o § 3º do art. 33 do Código Penal, a quantidade de droga apreendida, considerada na terceira etapa da dosimetria para impedir a incidência da causa especial de redução de pena, justifica a aplicação de regime prisional mais gravoso do que permitiria a sanção aplicada. (...) (HC 177314 AgR, Relator(a): Min. RICARDO LEWANDOWSKI, Segunda Turma, julgado em 29/11/2019, PROCESSO ELETRÔNICO DJe-270 DIVULG 06-12-2019 PUBLIC 09-12-2019)

Art. 45. É isento de pena o agente que, em razão da dependência, ou sob o efeito, proveniente de caso fortuito ou força maior, de droga, era, ao tempo da ação ou da omissão, qualquer que tenha sido a infração penal praticada, inteiramente incapaz de entender o caráter ilícito do fato ou de determinar-se de acordo com esse entendimento.

Parágrafo único. Quando absolver o agente, reconhecendo, por força pericial, que este apresentava, à época do fato previsto neste artigo, as condições referidas no caput deste artigo, poderá determinar o juiz, na sentença, o seu encaminhamento para tratamento médico adequado.

Art. 46. As penas podem ser reduzidas de um terço a dois terços se, por força das circunstâncias previstas no art. 45 desta Lei, o agente não possuía, ao tempo da ação ou da omissão, a plena capacidade de entender o caráter ilícito do fato ou de determinar-se de acordo com esse entendimento.

Art. 47. Na sentença condenatória, o juiz, com base em avaliação que ateste a necessidade de encaminhamento do agente para tratamento, realizada por profissional de saúde com competência específica na forma da lei, determinará que a tal se proceda, observado o disposto no art. 26 desta Lei.

A Inimputabilidade na Lei nº 11.343/2006. Repete-se o tratamento dispensado nos arts. 26 e 28 do Código Penal. Tratando-se a regra em estudo, porém, de regra especial, essa será utilizada quando a razão da inimputabilidade derivar da dependência ou do consumo de drogas, qualquer que tenha sido o crime praticado. Se o agente, sob efeito da droga, pratica, por exemplo, homicídio, a análise da imputabilidade será feita segundo os artigos da lei em comento.

Dependente Químico. É tratado na Lei nº 11.343/2006 como doente mental, tendo sido adotado o critério biopsicológico para aferição da imputabilidade quanto ao mesmo. Assim, não basta que seja dependente químico da droga, sendo necessário que se conclua, ainda, que era, em razão da dependência, ao tempo da ação ou da omissão, inteiramente incapaz de entender o caráter ilícito do fato ou de se comportar de acordo com esse entendimento.

Destrinchando os arts. 45 e 46 da Lei nº 11.343/2006.

a) Em razão da dependência química, o agente, ao tempo da ação ou da omissão, era inteiramente incapaz de entender o caráter ilícito do fato e de determinar-se de acordo com esse entendimento: trata-se de inimputável, que estará isento de pena, nos termos do art. 45;

b) em razão da dependência química, o agente, ao tempo da ação ou da omissão, não era inteiramente incapaz de entender o caráter ilícito do fato, sobrando-lhe alguma capacidade de entendimento: trata-se de hipótese de semi-imputabilidade, do que se conclui que o agente não estará isento de pena, embora a mesma possa ser diminuída, nos termos do art. 46;

c) sob o efeito de droga, proveniente de caso fortuito ou força maior, o agente, ao tempo da ação ou da omissão, era inteiramente incapaz de entender o caráter ilícito do fato e de determinar-se de acordo com esse entendimento: trata-se de inimputável, que estará isento de pena, nos termos do art. 45;

d) sob efeito de droga, proveniente de caso fortuito ou força maior, o agente não era inteiramente incapaz de entender o caráter ilícito do fato ou de determinar-se de acordo com esse entendimento: trata-se de hipótese de semi-imputabilidade, que não isentará o réu de pena, embora a pena possa ser diminuída, nos termos do art. 46;

e) embriaguez, culposa ou voluntária, decorrente de ingestão de droga: aplica-se a teoria da *actio libera in causa* e o agente não estará isento de pena. Trata-se de conclusão que se extrai do art. 45, *a contrario sensu* e da disciplina do art. 28, II, do Código Penal.

Substituição da Pena por Medida de Segurança na Hipótese de Semi-Imputabilidade. Discussões:

1ª corrente: na hipótese de semi-imputabilidade, poderá ser aplicada a medida de segurança substitutiva, destinada ao semi-imputável, tal qual previsto no art. 98 do Código Penal, não havendo disposição em sentido contrário na Lei de Drogas;

2ª corrente: não pode ser adotada a solução do art. 98 do Código Penal, pois, pela nova lei, todo e qualquer tratamento deverá ser voluntário. Na hipótese, o juiz poderia proceder nos termos do art. 47 e disponibilizar tratamento ao dependente condenado;

3ª corrente: aplica-se o duplo binário, ou seja, a pena diminuída e a medida do art. 47.

Possibilidade de Internação em Clínica Particular. Ainda sob a égide da Lei nº 6.368/1976, o STF reconheceu a possibilidade de tratamento em clínica particular:

> Informativo nº 342
>
> Tráfico de Entorpecentes e Tratamento de Dependente
>
> A Turma, tendo em conta as peculiaridades do caso concreto – em que o paciente, preso preventivamente há um ano e meio, possui dependência de múltiplas drogas, transtorno de personalidade e conduta agressiva, conforme laudo pericial que concluíra pela sua semi-imputabilidade, bem como em razão de o estabelecimento prisional, onde o mesmo encontra-se detido, não possuir condições de oferecer-lhe tratamento médico ambulatorial necessário – deferiu, em parte, *Habeas Corpus* a acusado pela suposta prática de tráfico de entorpecentes para, mantida a prisão cautelar, assegurar-lhe o direito de internar-se em clínica particular especializada para tratamento de dependência toxicológica (HC nº 83.657/SP, Rel. Min. Celso de Mello, 30/03/2004).

Art. 48. O procedimento relativo aos processos por crimes definidos neste Título rege-se pelo disposto neste Capítulo, aplicando-se, subsidiariamente, as disposições do Código de Processo Penal e da Lei de Execução Penal.

§ 1º O agente de qualquer das condutas previstas no art. 28 desta Lei, salvo se houver concurso com os crimes previstos nos arts. 33 a 37 desta Lei, será processado e julgado na forma dos arts. 60 e seguintes da Lei nº 9.099, de 26 de setembro de 1995, que dispõe sobre os Juizados Especiais Criminais.

§ 2º Tratando-se da conduta prevista no art. 28 desta Lei, não se imporá prisão em flagrante, devendo o autor do fato ser imediatamente encaminhado ao juízo competente ou, na falta deste, assumir o compromisso de a ele comparecer, lavrando-se termo circunstanciado e providenciando-se as requisições dos exames e perícias necessários.

§ 3º Se ausente a autoridade judicial, as providências previstas no § 2º deste artigo serão tomadas de imediato pela autoridade policial, no local em que se encontrar, vedada a detenção do agente. (vide ADIN 3807)

§ 4º Concluídos os procedimentos de que trata o § 2º deste artigo, o agente será submetido a exame de corpo de delito, se o requerer ou se a autoridade de polícia judiciária entender conveniente, e em seguida liberado.

§ 5º Para os fins do disposto no art. 76 da Lei nº 9.099, de 1995, que dispõe sobre os Juizados Especiais Criminais, o Ministério Público poderá propor a aplicação imediata de pena prevista no art. 28 desta Lei, a ser especificada na proposta.

Crimes de Porte e Cultivo de Drogas para Consumo Pessoal como sendo de Menor Potencial Ofensivo e Competência do JECrim. Na verdade, são até menos graves que os crimes de menor potencial ofensivo, razão pela qual deverão ter tratamento de crime de menor potencial ofensivo na medida em que a eles sequer se comina pena privativa de liberdade. São, portanto, da competência do JECrim estadual, ainda que o usuário tenha sido surpreendido no mesmo local em que o traficante tenha sido preso em flagrante.

> PROCESSUAL PENAL. CONFLITO NEGATIVO DE JURISDIÇÃO (COMPETÊNCIA). JUÍZO COMUM E JUIZADO ESPECIAL. POSSE DE DROGA PARA CONSUMO PRÓPRIO E TRÁFICO DE ENTORPECENTES. AUSÊNCIA DE CONEXÃO. COMPETÊNCIA DO JUIZADO ESPECIAL PARA PROCESSAR E JULGAR O DELITO PREVISTO NO ART. 28 DA LEI N. 11.343/06. "O fato de o usuário de droga ser detido e o possível traficante acabar sendo preso não caracteriza, necessariamente, a conexão entre os delitos de uso e tráfico de entorpecentes. 2. Não havendo nenhuma das hipóteses elencadas no art. 76 do Código de Processo Penal, não há falar em conexão entre os crimes previstos nos arts. 28 e 33 da Lei 11.343/06. 3. O crime de uso (sic) de entorpecente para consumo próprio, previsto no art. 28 da Lei 11.343/06, é de menor potencial ofensivo, o que determina a competência do Juizado Especial"(STJ - CC 100794/MG). CONFLITO DE COMPETÊNCIA PROVIDO PARA DETERMINAR QUE O PROCESSO SEJA JULGADO PELO JUÍZO SUSCITADO.(TJ-SC

- CJ: 20140488159 Capital 2014.048815-9, Relator: Newton Varella Júnior, Data de Julgamento: 14/08/2014, Quarta Câmara Criminal)

PENAL E PROCESSO PENAL. CONFLITO NEGATIVO DE COMPETÊNCIA. JUSTIÇA FEDERAL X JUIZADO ESPECIAL CRIMINAL ESTADUAL. AÇÃO PENAL. DECLINAÇÃO DE COMPETÊNCIA FUNDADA EM DESCLASSIFICAÇÃO DO DELITO DE TRÁFICO INTERNACIONAL DE ENTORPECENTES PARA O DELITO DE POSSE DE DROGA PARA CONSUMO PRÓPRIO. CONDUTA QUE SE AMOLDA À POSSE DE DROGAS PARA USO PRÓPRIO. DELITO DE MENOR POTENCIAL OFENSIVO. COMPETÊNCIA DO JUIZADO ESPECIAL. 1. O crime de uso de entorpecente para consumo próprio, previsto no art. 28 da Lei 11.343/06, é de menor potencial ofensivo, o que determina a competência do Juizado Especial estadual, já que ele não está previsto em tratado internacional e o art. 70 da Lei n. 11.343/2006 não o inclui dentre os que devem ser julgados pela Justiça Federal (...) (STJ - CC: 144910 MS 2015/0327159-2, Relator: Ministro REYNALDO SOARES DA FONSECA, Data de Julgamento: 13/04/2016, S3 - TERCEIRA SEÇÃO, Data de Publicação: DJe 25/04/2016)

Concurso de Crimes Envolvendo Porte e Cultivo para Consumo Pessoal. A regra do § 1º prevê que não se pode aplicar o rito do Jecrim quando se tratar de porte para consumo em concurso com os tipos penais dos arts. 33 a 37. Nesta hipótese, porém, será possível, consoante o disposto no art. 60, parágrafo único, da Lei nº 9.099/1995, que mesmo no Juízo comum sejam utilizadas as benesses da transação penal e da suspensão condicional do processo, não obstante a utilização do rito próprio trazido pela Lei nº 11.343/2006, nos termos dos arts. 54 a 59.

A Não Imposição de Prisão ao que Praticar o Crime do Art. 28. A Lei nº 11.343/2006 não impõe prisão ao consumidor de drogas, dependente, usuário ocasional ou habitual, nem mesmo prisão em flagrante. Na hipótese de ser encontrado com droga, será levado ao Juiz competente e, na falta deste, à autoridade policial, que fará uma primeira análise a respeito da capitulação a ser dada à conduta do agente, se efetivamente se trata de droga para consumo pessoal. Caso afirme tratar-se de prática descrita no art. 28, lavra-se termo circunstanciado e compromisso de comparecimento ao Juizado Especial Criminal, providenciando-se os exames cabíveis.

Note-se que a lei não repetiu a regra do art. 69 da Lei nº 9.099/1995, em que se determina a lavratura de flagrante na hipótese de o autor se recusar a assinar o termo de compromisso de comparecimento, razão pela qual a autoridade não poderá lavrar o auto de prisão em flagrante, mesmo em caso de recusa da assinatura do termo, quando se tratar do art. 28, *caput* ou § 1º.

ADI 3807 e a constitucionalidade do art. 48,§3º. O Plenário do STF decidiu, por maioria de votos, que a autoridade policial só pode lavrar Termo Circunstanciado de Ocorrência e requisitar exames e perícias em caso de flagrante de uso ou posse de entorpecentes para consumo próprio quando ausente a autoridade judicial, julgando, assim, improcedente a Ação Direta de Inconstitucionalidade 3807, ajuizada pela Associação dos Delegados de Polícia do Brasil contra o art. 48,§3º. Destarte, quando presente a autoridade judicial, a ela caberá a adoção dos procedimentos, inclusive a lavratura do termo circunstanciado, sendo vedada a detenção do autor, afastando-se a possibilidade de que o usuário de drogas seja preso em flagrante ou detido indevidamente pela autoridade policial. O STF ressaltou ainda que, ao contrário do que alegado pela Adepol, não foram atribuídas ao órgão judicial competências de polícia judiciária, porque a lavratura de TCO não configura ato de investigação, mas peça informativa em que se detalham as declarações do condutor e do autor do fato.

> AÇÃO DIRETA DE INCONSTITUCIONALIDADE. § 3º DO ART. 48 DA LEI N. 11.343/2006. PROCESSAMENTO DO CRIME PREVISTO NO ART. 28 DA LEI N. 11.343/2006. ATRIBUIÇÃO À AUTORIDADE JUDICIAL DE LAVRATURA DE TERMO CIRCUNSTANCIADO E REQUISIÇÃO DOS EXAMES E PERÍCIAS NECESSÁRIOS. CONSTITUCIONALIDADE. INEXISTÊNCIA DE ATO DE INVESTIGAÇÃO. INOCORRÊNCIA DE ATRIBUIÇÃO DE FUNÇÃO DE POLÍCIA JUDICIÁRIA AO PODER JUDICIÁRIO. AÇÃO DIRETA JULGADA IMPROCEDENTE.(STF - ADI: 3807 DF 0004783-39.2006.1.00.0000, Relator: CÁRMEN LÚCIA, Data de Julgamento: 29/06/2020, Tribunal Pleno, Data de Publicação: 13/08/2020)

Transação Limitada. Por determinação legal contida no § 5º, deixou o legislador claro neste art. 48 que a proposta de transação penal feita pelo Ministério Público deve cingir-se às penas previstas no art. 28 da Lei nº 11.343/2006, não podendo optar por outras penalidades não previstas na Lei especial.

Art. 49. Tratando-se de condutas tipificadas nos arts. 33, caput e § 1º, e 34 a 37 desta Lei, o juiz, sempre que as circunstâncias o recomendem, empregará os instrumentos protetivos de colaboradores e testemunhas previstos na Lei nº 9.807, de 13 de julho de 1999.

Proteção às Testemunhas. Existindo lei própria para cuidar da proteção às testemunhas e à vítima, qual seja a Lei nº 9.807/1999, a norma desse art. 49 é totalmente despicienda.

Seção I
Da Investigação

Art. 50. Ocorrendo prisão em flagrante, a autoridade de polícia judiciária fará, imediatamente, comunicação ao juiz competente, remetendo-lhe cópia do auto lavrado, do qual será dada vista ao órgão do Ministério Público, em 24 (vinte e quatro) horas.

§ 1º Para efeito da lavratura do auto de prisão em flagrante e estabelecimento da materialidade do delito, é suficiente o laudo de constatação da natureza e quantidade da droga, firmado por perito oficial ou, na falta deste, por pessoa idônea.

§ 2º O perito que subscrever o laudo a que se refere o § 1º deste artigo não ficará impedido de participar da elaboração do laudo definitivo.

3º Recebida cópia do auto de prisão em flagrante, o juiz, no prazo de 10 (dez) dias, certificará a regularidade formal do laudo de constatação e determinará a destruição das drogas apreendidas, guardando-se amostra necessária à realização do laudo definitivo. (Incluído pela Lei nº 12.961, de 2014)

§ 4º A destruição das drogas será executada pelo delegado de polícia competente no prazo de 15 (quinze) dias na presença do Ministério Público e da autoridade sanitária. (Incluído pela Lei nº 12.961, de 2014)

§ 5º O local será vistoriado antes e depois de efetivada a destruição das drogas referida no § 3º, sendo lavrado auto circunstanciado pelo delegado de polícia, certificando-se neste a destruição total delas. (Incluído pela Lei nº 12.961, de 2014)

Art. 50-A. A destruição das drogas apreendidas sem a ocorrência de prisão em flagrante será feita por incineração, no prazo máximo de 30 (trinta) dias contados da data da apreensão, guardando-se amostra necessária à realização do laudo definitivo. (Redação dada pela Lei nº 13.840, de 2019)

A violação do domicílio e o flagrante por droga. Nos termos do art. 5º, inc. XI, da CF, "a casa é asilo inviolável do indivíduo, ninguém nela podendo penetrar sem consentimento do morador, salvo em caso de flagrante delito ou desastre, ou para prestar socorro, ou, durante o dia, por determinação judicial". Algumas condutas caracterizadoras de crime de tráfico de drogas são permanentes e, por isso, admitem a prisão em flagrante a qualquer tempo, prescindindo-se de mandado de busca e apreensão para a entrada em casa alheia. Para tanto, deve o agente policial ter fundadas razões de que, no local, **o agente guarde ou tenha em depósito a droga.** Haverá fundadas razões, por exemplo, quando o agente estatal dispuser de informações de vizinhos próximos de que na residência do acusado estaria ocorrendo o crime, percebendo entrada e saída de pessoas no local.

Caso o agente adentre o local apenas com fundamento em denúncias anônimas, a medida será ilegal e arbitrária, consoante já decidido pelo STF, que concedeu ordem de habeas corpus para anular as provas obtidas mediante busca e apreensão domiciliar, bem como as delas decorrentes.

> HABEAS CORPUS. PROCESSUAL PENAL. NOTÍCIA ANÔNIMA. INGRESSO FORÇADO EM DOMICÍLIO. APREENSÃO DE DROGAS (87,3G DE MACONHA E 40,1G DE COCAÍNA). AUSÊNCIA DE FUNDADAS

RAZÕES. ORDEM DE HABEAS CORPUS CONCEDIDA. 1. Segundo o Supremo Tribunal Federal, "a entrada forçada em domicílio sem mandado judicial é lícita, mesmo em período noturno, quando amparada em fundadas razões, devidamente justificadas a posteriori, que indiquem que, dentro da casa, ocorre situação de flagrante delito, sob pena de responsabilidade disciplinar, civil, e penal do agente ou da autoridade e de nulidade dos atos praticados" (RE 603.616, Rel. Ministro GILMAR MENDES, Tribunal Pleno, julgado em 05/11/2015, DJe-093 09/05/2016). 2. Na hipótese vertente, o ingresso forçado na casa onde estava o Réu não possui fundadas razões, pois está apoiado em informação de inteligência policial (notícia anônima) como único elemento prévio à violação do domicílio. 3. Por certo, "embora do policial que realiza a busca sem mandado judicial não se exige certeza quanto ao sucesso da medida", a "proteção contra a busca arbitrária exige que a diligência seja avaliada com base no que se sabia antes de sua realização, não depois" (RE 603.616, Rel. Ministro GILMAR MENDES, Tribunal Pleno, julgado em 05/11/2015, DJe-093 09/05/2016). 4. Sem embargo, é amplo o leque de elementos que se prestam a preencher o requisito de fundadas razões, pois deve haver compatibilidade com a fase de obtenção de provas. De outra parte, elementos que não têm força probatória em juízo não servem para caracterizar as fundadas razões. 5. Ordem de habeas corpus concedida para anular as provas obtidas mediante busca e apreensão domiciliar, bem como as provas delas decorrentes, a serem aferidas pela Magistrada sentenciante, devendo o material respectivo ser extraído dos autos, procedendo-se à prolação de nova sentença com base nas provas remanescentes, além de colocar o Paciente em liberdade, se por outro motivo não estiver preso.(STJ - HC: 496420 SP 2019/0062687-0, Relator: Ministra LAURITA VAZ, Data de Julgamento: 30/05/2019, T6 - SEXTA TURMA, Data de Publicação: DJe 11/06/2019)

Polícia Judiciária. Tratando da prisão em flagrante, a Lei nº 11.343/2006 mencionou a autoridade policial judiciária como sendo aquela que presidirá o auto de prisão em flagrante, afastando, desta feita, a possibilidade de outras forças policiais ou quaisquer outras autoridades (promotores, juízes etc.) presidirem lavratura do auto de prisão em flagrante.

Comunicação e Prazo. Embora se admita um lapso de até 24 horas a partir da efetivação da prisão para que se faça a comunicação (mesmo prazo que se confere para que a nota de culpa seja entregue ao preso, nos termos do art. 306, § 1º, do CPP, com redação determinada pela Lei nº 12.403/2011), a remessa de cópia do auto de prisão em flagrante deve ser feita assim que concluída a lavratura.

Fiscalização do Ministério Público e Atitudes a serem Levadas a Efeito pelo Juiz. Depois de recebida a comunicação da prisão em flagrante, o juiz deverá, em 24 horas, determinar abertura de vista ao Ministério Público, que se posicionará sobre a prisão, na qualidade de fiscal da lei, como *custos legis*.

A Conversão da Prisão em Flagrante em Prisão Preventiva e as Alterações do CPP. Considerando-se o disposto no art. 310 do CPP, com a redação que lhe deu a Lei nº 11.403/2011, ao receber o auto de prisão em flagrante, o Ministério deverá, caso verifique a ilegalidade da prisão, requerer o seu relaxamento. Outrossim, pode entender pelo cabimento de medidas cautelares distintas da prisão, hipótese em que irá se manifestar pelas mesmas. Pode, ainda, ser o caso de manutenção da prisão, verificada a presença dos requisitos constantes do art. 312 do CPP, concluindo pela necessidade da prisão para a garantia da ordem pública, da aplicação da lei penal ou por conveniência da instrução criminal, hipótese em que deverá requerer ao magistrado a conversão da prisão em flagrante em prisão preventiva. Pode, por fim, entender que não existe necessidade de nenhum tipo de medida cautelar e, neste caso, deverá requerer a concessão de liberdade provisória.

A Necessidade de Laudo de Constatação para Lavratura do Auto de Prisão em Flagrante. Cuidando-se de crime não transeunte, que deixa vestígios, será necessária a comprovação de sua materialidade através de prova pericial que, para lavratura da prisão em flagrante, poderá ser subscrita por apenas um perito ou uma pessoa idônea, que firmará a natureza e a quantidade da substância apreendida. Verifique-se a diferença entre essa norma e as do CPP, menos simples e bem mais formais, ao exigirem, conforme art. 159, que os exames periciais sejam formulados por um perito oficial, ou, sua falta, por duas pessoas idôneas, portadoras de diploma de curso superior, de preferência com habilitação técnica.

O laudo de constatação prévia é, assim, condição de procedibilidade da ação penal por crime de tráfico de drogas.

> (...) De acordo com a Lei 11.343/2006, não se admite a prisão em flagrante e o recebimento da denúncia pelo crime de tráfico de drogas sem que seja demonstrada, ao menos em juízo inicial, a materialidade da conduta por meio de laudo de constatação preliminar da substância entorpecente, que configura condição de procedibilidade para a apuração do ilícito em comento." (HC 388.361/SP, j. 18/04/2017)

Contudo, no STF, podemos encontrar julgado em que a Corte entendeu pela prescindibilidade do laudo de constatação de que a substância apreendida era, de fato, droga. Segue o julgado citado.

> EMENTA HABEAS CORPUS. PENAL MILITAR E PROCESSUAL PENAL MILITAR. TRÁFICO, POSSE OU USO DE ENTORPECENTE EM LUGAR SUJEITO À ADMINISTRAÇÃO MILITAR. ART. 290 DO CÓDIGO PENAL MILITAR. AUSÊNCIA DO AUTO DE APREENSÃO E DO LAUDO PRELIMINAR. MERA IRREGULARIDADE. MATERIALIDADE DELITIVA COMPROVADA POR OUTROS MEIOS. INAPLICABILIDADE DA LEI 11.343/2006. INEXISTÊNCIA DE VIOLAÇÃO DO

> PRINCÍPIO DA PROPORCIONALIDADE. 1. A ausência de auto de apreensão e do laudo inicial de constatação configura mera irregularidade, inábil a invalidar a condenação penal, desde que lastreada esta em outras provas idôneas. Precedentes. (...) 5. Ordem denegada. (HC 123190 / DF – DISTRITO FEDERAL, Relator(a): Min. ROSA WEBER, Julgamento: 02/06/2015 Órgão Julgador: Primeira Turma)

Reputamos equivocada a orientação, eis que não se pode jamais prescindir da realização da prova técnica para a comprovação mencionada. Afinal, apenas com a apreensão da droga e com a análise da mesma se poderá saber se o material apreendido figura dentre aqueles que a Portaria 344/98 SVS/MS cataloga como droga. Neste sentido:

> HABEAS CORPUS. TRÁFICO DE DROGAS. 39KG DE MATERIAL APREENDIDO. AUSÊNCIA DE LAUDO TOXICOLÓGICO DEFINITIVO. LAUDO TOXICOLÓGICO PRELIMINAR SEM NENHUM RIGOR TÉCNICO. MERAS IMPRESSÕES SUBJETIVAS DOS AGENTES POLICIAIS. AUSÊNCIA DE COMPROVAÇÃO DA MATERIALIDADE DELITIVA. ABSOLVIÇÃO. ORDEM CONCEDIDA. 1. A Corte estadual verificou que inexiste laudo toxicológico definitivo acerca das substâncias apreendidas, pois o laudo definitivo presente nos autos é referente a outro processo. Todavia, considerou demonstrada a materialidade do delito de tráfico de drogas com amparo em Laudo de Exame de Constatação Prévia elaborado por agentes policiais. 2. A jurisprudência do Superior Tribunal de Justiça admite, excepcionalmente, a comprovação da natureza da substância por meio de teste toxicológico preliminar, desde que ele seja: a) realizado por perito oficial; b) empregue procedimentos e alcance conclusões equivalentes ao exame definitivo; e c) permita grau de certeza idêntico ao exame definitivo. 3. No caso, o Laudo de Exame de Constatação Prévia da substância apreendida não foi elaborado por peritos oficiais e não empregou nenhum tipo de exame científico ou teste pré-fabricado, fundamentando-se apenas na avaliação subjetiva dos próprios agentes policiais acerca do cheiro, coloração e consistência do material. Desse modo, o referido exame foi desprovido de qualquer rigor técnico, sendo insuficiente para atestar a natureza da substância apreendida e a materialidade do delito de tráfico de drogas. 4. Ordem de habeas corpus concedida para cassar a sentença e o acórdão condenatórios, absolvendo os Pacientes com fundamento no art. 386, inciso II, do Código de Processo Penal.
>
> (STJ - HC: 532794 MS 2019/0271936-8, Relator: Ministra LAURITA VAZ, Data de Julgamento: 06/10/2020, T6 - SEXTA TURMA, Data de Publicação: DJe 19/10/2020)

Laudo definitivo. Embora o laudo toxicológico definitivo seja, em regra, imprescindível para a comprovação da materialidade e consequente condenação pelo crime de tráfico ilícito de drogas, é admitida, em excepcionais situações, a comprovação da materialidade do crime por meio do laudo de constatação provisório, desde que ele permita grau de certeza idêntico ao do laudo definitivo, porque elaborado por perito oficial, em procedimento e com conclusões equivalentes. Assim decidiu a 3ª Seção do STJ no EREsp 1544057/RJ, Rel. Min. Reynaldo Soares da Fonseca, julgado em 26/10/2016. Posteriormente, em outro julgado da Corte, o entendimento foi repetido:

> (...) A Terceira Seção deste Sodalício pacificou entendimento segundo o qual 'o laudo preliminar de constatação, assinado por perito criminal, identificando o material apreendido como cocaína em pó, entorpecente identificável com facilidade mesmo por narcotestes pré-fabricados, constitui uma das exceções em que a materialidade do delito pode ser provada apenas com base no laudo preliminar de constatação'. (EREsp 1544057/RJ, Rel. Ministro REYNALDO SOARES DA FONSECA, TERCEIRA SEÇÃO, julgado em 26/10/2016, DJe 09/11/2016) 2. In casu, o laudo de constatação preliminar das substâncias entorpecentes apreendidas, assinado por perito da Polícia Civil, que embasou a condenação pelo Juízo de primeiro grau, nos termos da jurisprudência deste Sodalício configura documento válido para a comprovação da materialidade delitiva, reforçada pela confissão do acusado e depoimentos colhidos em regular instrução." (AgRg no AREsp 1.092.574/RJ, j. 07/06/2018)

Ausência de um dos princípios ativos da maconha no laudo. STF e STJ já decidiram que o fato de não ter sido indicada a existência de tetraidrocanabinol na maconha apreendida, desde que presentes os canabinoides, não impede a caracterização da materialidade delitiva do crime. Neste sentido, atentemos para os julgados abaixo:

> Classifica-se como "droga", para fins da Lei n. 11.343/2006 (Lei de Drogas), a substância apreendida que possua canabinoides – característica da espécie vegetal Cannabis sativa –, ainda que naquela não haja tetrahidrocanabinol (THC). Inicialmente, emerge a necessidade de se analisar o preceito contido no parágrafo único do art. 1º da Lei de Drogas, segundo o qual "consideram-se como drogas as substâncias ou os produtos capazes de causar dependência, assim especificados em lei ou relacionados em listas atualizadas periodicamente pelo Poder Executivo da União". Em acréscimo, estabelece o art. 66 da Lei de Drogas que, "Para fins do disposto no parágrafo único do art. 1º desta Lei, até que seja atualizada a terminologia da lista mencionada no preceito, denominam-se drogas substâncias entorpecentes, psicotrópicas, precursoras e outras sob controle especial, da Portaria SVS/MS nº 344, de 12 de maio de 1998". Verifica-se, assim, que, sistematicamente, por uma opção legislativa, o art. 66

ampliou o universo de incidência dos comandos proibitivos penais. Portanto, a definição do que sejam "drogas", capazes de caracterizar os delitos previstos na Lei n. 11.343/2006, advém da Portaria n. 344/1998 da Secretaria de Vigilância Sanitária do Ministério da Saúde. Nesse contexto, por ser constituída de um conceito técnico-jurídico, só será considerada droga o que a lei (em sentido amplo) assim o reconhecer. Desse modo, mesmo que determinada substância cause dependência física ou psíquica, se ela não estiver prevista no rol das substâncias legalmente proibidas, ela não será tratada como droga para fins de incidência da Lei n. 11.343/2006. Salientado isso, nota-se que a *Cannabis sativa* integra a Lista E da Portaria n. 344/1998 da Secretaria de Vigilância Sanitária do Ministério da Saúde, que, em última análise, a define como planta que pode originar substâncias entorpecentes e/ou psicotrópicas. Essa mesma lista traz um adendo de que "ficam também sob controle todos os sais e isômeros das substâncias obtidas a partir das plantas elencadas acima". Portanto, irrelevante, para a comprovação da materialidade de delito, o fato de laudo pericial não haver revelado a presença de *tetrahidrocanabinol* (THC) – um dos componentes ativos da *Cannabis sativa* – na substância se constatada a presença de *canabinoides*, característicos da espécie vegetal *Cannabis sativa*, que integram a Lista E da Portaria n. 344/1998 e causam dependência. Ressalte-se que essa também tem sido a compreensão adotada pelo STF, o qual, no julgamento do HC 122.247-DF (Segunda Turma, DJe 2/6/2014), firmou entendimento no sentido de que "a ausência de indicação, no laudo toxicológico, de um dos princípios ativos do entorpecente vulgarmente conhecido como 'maconha' não impede a caracterização da materialidade delitiva". Por fim, saliente-se que a própria Portaria n. 344/1998 determina, em seu art. 95, que plantas, substâncias e/ou medicamentos de uso proscrito no Brasil (Lista E e Lista F) serão incinerados. Ou seja, se a própria portaria integradora dos tipos penais relacionados na Lei de Drogas determinou, expressamente, que as plantas integrantes da Lista E serão incineradas, seria ilógico instituir sua apreensão e incineração, se proscritas não fossem. Precedente citado do STF: HC 116.312-RS, Primeira Turma, DJe 3/10/2013. REsp 1.444.537-RS, Rel. Min. Rogerio Schietti Cruz, julgado em 12/4/2016, DJe 25/4/2016.

No STF, além daquele mencionado no corpo do julgado acima, ainda podemos encontrar outro no mesmo sentido:

Habeas corpus. Crime de posse de droga em recinto castrense. 2. Atipicidade da conduta. Não indicação da quantidade do princípio ativo Tetrahidrocanabinol (THC) no laudo toxicológico. Afirmação da natureza entorpecente da substância apreendida. 3. Laudos técnicos que atestam que a substância é potencialmente entorpecente.

> Dolo configurado. 4. Crime de perigo abstrato. Irrelevante atestar a capacidade da quantidade apreendida causar dependência. 5. Fato típico. 6. Ordem denegada. (HC 128554 / PE - PERNAMBUCO - Relator(a): Min. GILMAR MENDES, julgamento: 15/09/2015 Órgão Julgador: Segunda Turma)

A Juntada de Laudo Toxicológico Definitivo Depois da Sentença. O STF já reconheceu a possibilidade de juntada de laudo toxicológico depois da sentença condenatória, não cogitando de nulidade. Assim:

> PENAL. PROCESSUAL PENAL. RECURSO ORDINÁRIO EM Habeas Corpus. CRIME DE TRÁFICO DE DROGAS (ART. 12 DA LEI Nº 6.368/1976). LAUDO DEFINITIVO DE EXAME TOXICOLÓGICO. JUNTADA TARDIA, POSTERIOR À SENTENÇA ABSOLUTÓRIA. CONDENAÇÃO EM SEGUNDA INSTÂNCIA. CONJUNTO PROBATÓRIO INDEPENDENTE. EXERCÍCIO DO CONTRADITÓRIO. PRINCÍPIO DA INSTRUMENTALIDADE DAS FORMAS. AUSÊNCIA DE PREJUÍZO. RECURSO DESPROVIDO. 1. A nulidade decorrente da juntada tardia do laudo de exame toxicológico no crime de tráfico de drogas tem como pressuposto a comprovação do prejuízo ao réu. (Precedentes: HC nº 104.871/RN, Rel. Min. Dias Toffoli, 1ª Turma, DJe 07/10/2011); HC nº 82.035/MS, Rel. Min. Sydney Sanches, 1ª Turma, DJ 04/04/2003; HC nº 85.173/SP, Rel. Min. Joaquim Barbosa, 2ª Turma, DJe 15/02/2005; HC nº 69.806/GO, Rel. Min. Celso de Mello, 1ª Turma, DJ 04/06/1993). (...) Juiz de Direito de primeira instância proferiu sentença absolutória, por julgar que, para se aferir a materialidade delitiva, imprescindível seria a elaboração de laudo toxicológico definitivo, sendo insuficiente o laudo de constatação preliminar; c) o laudo definitivo, embora tenha sido elaborado antes da sentença, somente veio a ser juntado aos autos após a sua prolação; houve apelação pelo Ministério Público, que restou provida para condenar o réu, decisão confirmada em sede de embargos infringentes; d) a condenação fundou-se em conjunto probatório independente do laudo definitivo consistente em: laudo preliminar assinado por perito oficial não contestado pela defesa, bem como a confissão do acusado de que a droga era de sua propriedade; e) o contraditório foi oportunizado à defesa no momento das contrarrazões de apelação, e pela posterior interposição de embargos infringentes. 3. O processo penal rege-se pelo princípio da instrumentalidade das formas, do qual se extrai que as formas, ritos e procedimentos não existem como fins em si mesmos, mas como meios de se garantir um processo justo, equânime, que confira efetividade aos postulados constitucionais da ampla defesa, do contraditório, e do devido processo legal. 4. É cediço na Corte que: a) no processo penal vigora o princípio geral de que somente se proclama a nulidade de um ato proces-

> sual quando há a efetiva demonstração de prejuízo, nos termos do que dispõe o art. 563 do CPP, verbis: Nenhum ato será declarado nulo, se da nulidade não resultar prejuízo para a acusação ou para a defesa; b) nesse mesmo sentido é o conteúdo do Enunciado da Súmula nº 523 do Supremo Tribunal Federal: No processo penal, a falta de defesa constitui nulidade absoluta, mas a sua deficiência só o anulará se houver prova de prejuízo para o réu; c) precedentes: HC nº 93.868/PE, Rel.ª Min.ª Cármen Lúcia, 1ª Turma, j. 28/10/2008; HC nº 98.403/AC, Rel. Ministro Ayres Britto, 2ª Turma, j. 24/8/2010, HC nº 94.817, Rel. Ministro Gilmar Mendes, 2ª Turma, j. 3/8/2010. 5. Recurso ordinário desprovido. (RHC nº 110.429 / MG, Rel. Min. Luiz Fux. j. 06/03/2012 Órgão Julgador: 1ª Turma).

Desnecessidade de que o laudo pericial descreva o processo laboratorial utilizado na análise das substâncias apreendidas. A ausência de indicação no laudo pericial do processo laboratorial empregado na análise da substância apreendida não implica em absolvição do réu por ausência de prova da materialidade delitiva. Assim já decidiu o STJ:

> PROCESSO PENAL. RECURSO ESPECIAL. TRÁFICO DE DROGAS. LAUDO PERICIAL. METODOLOGIA EMPREGADA.DESNECESSIDADE DE DESCRIÇÃO. RECURSO PROVIDO. 1. A lei não exige a descrição do processo laboratorial utilizado para a conclusão do perito acerca da existência de substância entorpecente. Recurso especial provido. STJ. 5ª Turma. RECURSO ESPECIAL Nº 1.679.497 - RJ. RELATOR MINISTRO JOEL ILAN PACIORNIK. Julgado em 12/09/2017.

Falta de assinatura do perito. O Superior Tribunal de Justiça entende que a simples falta de assinatura do perito criminal no laudo definitivo constitui mera irregularidade, sem o condão de anular o exame toxicológico.

> (...) A jurisprudência desta Corte é reiterada de que a simples falta de assinatura do perito criminal no laudo definitivo constitui mera irregularidade e não tem o condão de anular o exame toxicológico, sobretudo, na espécie, em que o perito oficial está devidamente identificado com seu nome e número de registro no documento e houve o resultado positivo para as substâncias ilícitas analisadas. 2. Reconhecida a validade do laudo toxicológico de constatação como prova da materialidade do delito de tráfico de drogas neste recurso especial, cabe o retorno dos autos, ao Tribunal de origem, para análise das demais matérias suscitadas pela defesa no recurso de apelação. (...) (AgRg no REsp 1731444/MG, Rel. Ministro RIBEIRO DANTAS, QUINTA TURMA, julgado em 12/06/2018, DJe 20/06/2018)

Art. 51. O inquérito policial será concluído no prazo de 30 (trinta) dias, se o indiciado estiver preso, e de 90 (noventa) dias, quando solto.

Parágrafo único. Os prazos a que se refere este artigo podem ser duplicados pelo juiz, ouvido o Ministério Público, mediante pedido justificado da autoridade de polícia judiciária.

Prazos de Conclusão do Inquérito. Diferentes dos prazos estabelecidos no art. 10 do CPP (10 dias para réu preso e 30 para réu solto) a Lei Antidrogas estabelece que será de noventa dias o prazo para finalização de inquérito policial relativo a réu solto e de trinta dias, se o indiciado estiver preso. Em verdade, os prazos do CPP foram triplicados.

Duplicação dos Prazos. Mesmo bastante maiores que os prazos estabelecidos no CPP, os prazos dessa lei ainda podem ser duplicados, havendo justificado pleito da autoridade policial judiciária nesse sentido.

Art. 52. Findos os prazos a que se refere o art. 51 desta Lei, a autoridade de polícia judiciária, remetendo os autos do inquérito ao juízo:

I - relatará sumariamente as circunstâncias do fato, justificando as razões que a levaram à classificação do delito, indicando a quantidade e natureza da substância ou do produto apreendido, o local e as condições em que se desenvolveu a ação criminosa, as circunstâncias da prisão, a conduta, a qualificação e os antecedentes do agente; ou

II - requererá sua devolução para a realização de diligências necessárias.

Parágrafo único. A remessa dos autos far-se-á sem prejuízo de diligências complementares:

I - necessárias ou úteis à plena elucidação do fato, cujo resultado deverá ser encaminhado ao juízo competente até 3 (três) dias antes da audiência de instrução e julgamento;

II - necessárias ou úteis à indicação dos bens, direitos e valores de que seja titular o agente, ou que figurem em seu nome, cujo resultado deverá ser encaminhado ao juízo competente até 3 (três) dias antes da audiência de instrução e julgamento.

Inquérito Policial sem Relatório. Trata-se de mera irregularidade, que não invalidará o inquérito policial como peça de investigação, tampouco terá o condão de prejudicar a prisão do indiciado, caso mantida, até mesmo porque o que ali se relata e conclui não vincula o Ministério Público na formação de sua *opinio delicti*.

Devolução dos Autos do Inquérito para mais Diligências. Na hipótese de ser necessária a devolução dos autos do inquérito policial para a realização de diligências imprescindíveis a sua conclusão, seja por ter a autoridade policial assim requerido, seja pelo MP ter assim entendido, deve-se atentar, na hipótese de indiciado preso, para o prazo máximo estabelecido em lei para a conclusão do procedimento investigatório, qual seja, aquele fixado no art. 51 (trinta ou sessenta dias, na hipótese de prorrogação). Ao contrário, teremos configurado constrangimento ilegal, devendo a prisão ser relaxada.

Em se tratando de réu solto, caso extrapolado o prazo para finalização do inquérito, haverá mera irregularidade administrativa.

> **Art. 53.** Em qualquer fase da persecução criminal relativa aos crimes previstos nesta Lei, são permitidos, além dos previstos em lei, mediante autorização judicial e ouvido o Ministério Público, os seguintes procedimentos investigatórios:
>
> I – a infiltração por agentes de polícia, em tarefas de investigação, constituída pelos órgãos especializados pertinentes;
>
> II – a não atuação policial sobre os portadores de drogas, seus precursores químicos ou outros produtos utilizados em sua produção, que se encontrem no território brasileiro, com a finalidade de identificar e responsabilizar maior número de integrantes de operações de tráfico e distribuição, sem prejuízo da ação penal cabível.
>
> Parágrafo único. Na hipótese do inciso II deste artigo, a autorização será concedida desde que sejam conhecidos o itinerário provável e a identificação dos agentes do delito ou de colaboradores.

Infiltração e pedido de autorização. Mediante autorização judicial, resta autorizada a infiltração de agentes de polícia em tarefas de investigação.

A quem cabe o pedido de autorização judicial para a infiltração? Em edição anterior desta obra, entendíamos que apenas a autoridade policial poderia pedir autorização para a infiltração, pois somente a autoridade policial poderia aquilatar a conveniência da medida, os perigos e as condições para a infiltração. Hoje, porém, com a Lei 12.850/13, não podemos mais sustentar essa orientação, posto que o art. 10 se refere à possibilidade do pleito ser formulado pela autoridade policial ou pelo Ministério Público, hipótese esta em que a autoridade policial deverá emitir parecer técnico. Neste sentido:

> Art. 10. A infiltração de agentes de polícia em tarefas de investigação, representada pelo delegado de polícia ou requerida pelo Ministério Público, após manifestação técnica do delegado de polícia quando solicitada no curso de inquérito policial, será precedida de circunstanciada, motivada e sigilosa autorização judicial, que estabelecerá seus limites.

A Prática de Condutas Previstas como Criminosas pelo Infiltrado. Sobre o tema, remetemos o leitor ao capítulo relativo à Lei do Crime Organizado.

Ação Controlada e Flagrante Diferido. Tal qual previsto na Lei 12850/13, a Lei nº 11.343/2006 também dispôs sobre a figura da ação controlada, que consiste em retardar a abordagem policial sobre os portadores de droga, de sorte que a medida seja feita no melhor momento sob o aspecto de formação de provas. Com isso, surge a figura do flagrante diferido, prorrogado, retardado ou prolongado. Trata-se de uma mitigação à figura do flagrante obrigatório. Com a medida, busca-se prender não apenas os menos importantes dentro da hierarquia do tráfico, chegando-se o mais perto possível daqueles que, efetivamente, têm o controle da atividade e da distribuição da droga.

Necessidade de Autorização Judicial. Ao contrário do que dispõe a Lei nº 12850/13, a lei em estudo exige, para a realização da ação controlada, a prévia autorização judicial.

Aqui, em verdade, se tem hipótese da entrega vigiada. A Convenção de Palermo, incorporada ao ordenamento jurídico pátrio pelo Decreto n. 5.015/2014, define a "entrega vigiada", como "técnica que consiste em permitir que remessas ilícitas ou suspeitas saiam do território de um ou mais Estados, os atravessem ou neles entrem, com o conhecimento e sob o controle das suas autoridades competentes, com a finalidade de investigar infrações e identificar as pessoas envolvidas na sua prática". Em nosso entendimento, trata-se de uma das formas de se realizar a denominada ação controlada, com a exigência de autorização judicial.

Porém, o STJ já entendeu que, em situação em que não se almejava identificar outros traficantes que possivelmente atuassem com o réu, mas, apenas, obter informações mais concretas acerca das condutas praticadas por ele, não haveria burla ao artigo 53 e seria dispensável a autorização judicial.

Assim:

> RECURSO ORDINÁRIO EM HABEAS CORPUS. TRÁFICO DE DROGAS E ASSOCIAÇÃO PARA O TRÁFICO, PORTE ILEGAL DE ARMA DE FOGO COM NUMERAÇÃO SUPRIMIDA E RECEPTAÇÃO. PROVA PRODUZIDA EM AÇÃO CONTROLADA SEM PRÉVIA AUTORIZAÇÃO JUDICIAL. NÃO OCORRÊNCIA. PROVA VÁLIDA. 1. No caso dos autos, o momento que antecedeu a prisão do recorrente não significou retardo da atuação policial, muito pelo contrário, nessa fase, a polícia se limitou a obter informações precisas acerca de seu paradeiro. 2. Uma vez que a investigação policial não almejava identificar outros traficantes que possivelmente atuassem com o réu, mas, apenas, obter informações mais concretas acerca das condutas praticadas por ele, não há falar em desrespeito aos art. 53 da Lei n. 11.343/2006 e 8º da Lei n. 12.850/2013, não sendo o caso, portanto, de desentranhamento dessas provas. 3. Recurso em habeas corpus improvido. (RHC 60251 / SC, Relator(a) Ministro SEBASTIÃO REIS JÚNIOR. Órgão Julgador SEXTA TURMA. Data do Julgamento:17/09/2015)

Itinerário Provável. Para conceder autorização para a realização da ação controlada, é preciso que conheça o itinerário, o caminho provável a ser usado pelo agente, bem como sua identificação e de seus colaboradores. Tal medida visa garantir a eficácia do procedimento.

Seção II
Da instrução criminal

Art. 54. Recebidos em juízo os autos do inquérito policial, de Comissão Parlamentar de Inquérito ou peças de informação, dar-se-á vista ao Ministério Público para, no prazo de 10 (dez) dias, adotar uma das seguintes providências:

I – requerer o arquivamento;

II – requisitar as diligências que entender necessárias;

III – oferecer denúncia, arrolar até 5 (cinco) testemunhas e requerer as demais provas que entender pertinentes.

Inquérito Policial e outras Peças Investigatórias. Possibilidade de Investigação direta pelo Ministério Público. Depreende-se da leitura desse artigo que não apenas o inquérito policial, mas outras peças de informação podem dar azo à instauração de ação penal, inclusive aquelas instauradas e instruídas pelo próprio Ministério Público.

Manifestações do MP ao Receber o Inquérito Policial. Recebendo os autos do inquérito policial, poderá o MP:

a) promover arquivamento: essa providência será tomada pelo MP quando entender não haver prova do crime, não haver indícios suficientes de autoria, verificar a existência de causa excludente da ilicitude ou qualquer outra que levasse à rejeição de uma denúncia porventura ofertada;

b) requisitar diligências à autoridade policial quando entender que não está o inquérito policial pronto para a denúncia e necessitar de outros elementos de convicção;

c) oferecer denúncia, deflagrando a ação penal, quando entender haver justa causa para tanto.

Prazos. Quer se trate de indiciado preso ou solto, terá o MP dez dias para as manifestações acima.

A inobservância do prazo somente trará consequências práticas quando se tratar de indiciado preso, pois o excesso será considerado constrangimento ilegal, a ensejar relaxamento da prisão. Para o indiciado solto, nenhuma consequência prática pode ser observada se o MP extrapolar o prazo de dez dias para o oferecimento da denúncia.

Número de Testemunhas. São cinco as testemunhas que, no máximo, poderão ser arroladas pelo Ministério Público na denúncia.

O candidato sempre deverá estar atento a esses prazos, porque se trata de questão corriqueira em concursos públicos, infelizmente...

Art. 55. Oferecida a denúncia, o juiz ordenará a notificação do acusado para oferecer defesa prévia, por escrito, no prazo de 10 (dez) dias.

§ 1º Na resposta, consistente em defesa preliminar e exceções, o acusado poderá arguir preliminares e invocar todas as razões de defesa, oferecer documentos e justificações, especificar as provas que pretende produzir e, até o número de 5 (cinco), arrolar testemunhas.

§ 2º As exceções serão processadas em apartado, nos termos dos arts. 95 a 113 do Decreto-Lei nº 3.689, de 3 de outubro de 1941 - Código de Processo Penal.

§ 3º Se a resposta não for apresentada no prazo, o juiz nomeará defensor para oferecê-la em 10 (dez) dias, concedendo-lhe vista dos autos no ato de nomeação.

§ 4º Apresentada a defesa, o juiz decidirá em 5 (cinco) dias.

§ 5º Se entender imprescindível, o juiz, no prazo máximo de 10 (dez) dias, determinará a apresentação do preso, realização de diligências, exames e perícias.

Fase Preliminar e Prazo para a Defesa Prévia. Ofertada a denúncia e antes de recebê-la, o juiz determinará a notificação do denunciado para, no prazo de dez dias, ofertar defesa prévia, em que o acusado, através de sua defesa técnica, terá a oportunidade de apresentar seus argumentos defensivos antes mesmo de ser recebida a inicial acusatória. Será a oportunidade que terá o denunciado para especificar toda a prova que pretende produzir, já que não foi prevista nova oportunidade de fazê-lo posteriormente. Na defesa, deverá, inclusive, demonstrar suas razões para ver rejeitada a denúncia.

Defesa Preliminar. Providência Obrigatória. Se não for ofertada a peça preliminar de defesa pelo denunciado, através do defensor por ele constituído, o juiz nomeia um defensor dativo para que o faça em dez dias.

Manifestação do MP após a Defesa Prévia. Ao contrário do que era antes estabelecido pela Lei nº 10.409/2002, não há previsão de manifestação do MP depois da apresentação da defesa prévia.

Nulidade relativa. De acordo com a jurisprudência do STJ, a inobservância do rito previsto na Lei n. 11.343/2006, pela falta de oportunidade para oferecimento de defesa preliminar, antes do recebimento da inicial acusatória, constitui nulidade relativa que deve ser arguida oportunamente, sob pena de preclusão, com a demonstração de efetivo prejuízo à defesa (AgRg no AREsp 1341923/PB, Rel. Ministro NEFI CORDEIRO, SEXTA TURMA, julgado em 04/12/2018, DJe 17/12/2018).

Art. 56. Recebida a denúncia, o juiz designará dia e hora para a audiência de instrução e julgamento, ordenará a citação pessoal do acusado, a intimação do Ministério Público, do assistente, se for o caso, e requisitará os laudos periciais.

§ 1º Tratando-se de condutas tipificadas como infração do disposto nos arts. 33, caput e § 1º, e 34 a 37 desta Lei, o juiz, ao receber a denúncia, poderá decretar o afastamento cautelar do denunciado de suas atividades, se for funcionário público, comunicando ao órgão respectivo.

§ 2º A audiência a que se refere o caput deste art. será realizada dentro dos 30 (trinta) dias seguintes ao recebimento da denúncia, salvo se determinada a realização de avaliação para atestar dependência de drogas, quando se realizará em 90 (noventa) dias.

Art. 57. Na audiência de instrução e julgamento, após o interrogatório do acusado e a inquirição das testemunhas, será dada a palavra, sucessivamente, ao representante do Ministério Público e ao defensor do acusado, para sustentação oral, pelo prazo de 20 (vinte) minutos para cada um, prorrogável por mais 10 (dez), a critério do juiz.

Parágrafo único. Após proceder ao interrogatório, o juiz indagará das partes se restou algum fato para ser esclarecido, formulando as perguntas correspondentes se o entender pertinente e relevante.

Recebimento da Denúncia e Citação do Acusado. Passada a fase da instrução preliminar a que alude o art. 55, o juiz decidirá sobre a denúncia e, em recebendo-a, deverá fundamentá-lo, observando o disposto no art. 315,§2º do CPP.

Por ocasião do recebimento da denúncia, deverá o juiz designar data para a audiência de instrução e julgamento, determinando a citação do réu. Veja que o fato de já ter sido cientificado da acusação, por ocasião de sua notificação para apresentação da defesa prévia, não exime o juiz da necessidade de citá-lo.

Laudo de Dependência Toxicológica. O STF já entendeu, ainda sob vigência da Lei nº 6.368/1976, que o simples fato de o acusado afirmar ser viciado não determina a obrigatoriedade de realização do laudo de dependência toxicológica:

> Informativo nº 317
>
> Exame de Dependência Toxicológica
>
> A simples declaração do réu no sentido de que é viciado em drogas não torna obrigatória a realização do exame de dependência toxicológica. Com base nesse entendimento, a Turma indeferiu *Habeas Corpus* no qual se alegava a nulidade do processo pela não realização do referido exame, salientando, ainda, que a alegação estaria preclusa, uma vez que somente fora suscitada após o trânsito em julgado da sentença condenatória Precedentes citados: HC nº 69.733-SP (DJU de 21/05/1993); HC nº 76.581-MG (DJU de 13/11/1998) e HC nº 78.440-RJ (RTJ 169/1024) (HC nº 82.651-SP, Rel. Min. Sepúlveda Pertence, 19/08/2003).

Audiência de Instrução e Julgamento e momento do interrogatório. Nos termos do artigo 57 da Lei em estudo, o interrogatório é realizado antes da oitiva das testemunhas arroladas pela acusação e pela defesa, contrariando o disposto no artigo 400 do CPP, com redação que lhe foi dada pela Lei 11.719/2008, que deslocou o ato para o fim da instrução. A partir da Lei 11.719/2008, se estabeleceu uma controvérsia: caberia observar o disposto no CPP, por ser regra posterior ou se deveria atentar para a especialidade da Lei Antidrogas? Dúvidas nunca tivemos de que o artigo 400 deve ser aplicado a todos os procedimentos, ainda que previstos em leis especiais. Trata-se de regra que mais se ajusta à linha principiológica da Constituição, garantindo a ampla defesa e possibilitando ao réu a adoção de uma melhor estratégia, pois lhe permitirá conhecimento do conteúdo de todos os depoimentos das testemunhas.

O STF, num primeiro momento, quando da análise do tema no HC 116.713-MG, afirmou a prevalência do princípio da especialidade, afastando a incidência da regra do artigo 400 do CPP. Todavia, quando da análise do tema no HC 127.900, o Plenário da Corte, em decisão prospectiva, resolveu fixar o entendimento de que o interrogatório deve ser o ultimo ato da instrução. Aquele HC, que se relacionava à hipótese da Justiça Militar, cuja lei processual também traz o interrogatório como ato de abertura da instrução criminal, foi afetado ao Plenário da Corte em razão de divergências internas entre as Turmas do STF. Após intensas discussões e controvérsias, o julgamento foi encerrado com a conclusão de que as instruções não encerradas e submetidas ao CPPM deveriam ser regidas pelo disposto no artigo 400 do CPP, com sua atual redação. Contudo, não se deveria reconhecer nulidade nas já encerradas.

A histórica decisão haveria de influenciar diretamente a Corte quanto ao disposto na Lei 11.343/06, sinalizando que passaria a adotar o interrogatório como ato final, sem afetar casos passados, em que se seguiu a ritualística da Lei 11.343/06. O Supremo Tribunal Federal acabou adotando uma solução com efeitos pro futuro. Assim, em atenção ao princípio da segurança jurídica, foram modulados os efeitos da decisão da Corte Suprema, para que a nova interpretação somente tivesse aplicabilidade a partir da publicação da ata daquele julgamento, ocorrida em 11.03.2016. A partir desse marco, deveria ser reconhecida nulidade nos processos em que o interrogatório fosse realizado como primeiro ato da instrução. Com a modulação, foram preservadas instruções já findas. Em verdade, com a solução se procurou evitar propositura de ações rescisórias, bem como alegações de nulidade sobre feitos em curso, tal qual preocupação demonstrada pelo Ministro Barroso quando da elaboração de seu voto.

> Habeas corpus. Penal e processual penal militar. Posse de substância entorpecente em local sujeito à administração militar (CPM, art. 290). Crime praticado por militares em situação de atividade em lugar sujeito à administração militar. Competência da Justiça Castrense configurada (CF, art. 124 c/c CPM, art. 9º, I, b). Pacientes que não integram mais as fileiras das Forças Armadas. Irrelevância para fins de fixação da competência. Interrogatório. Realização ao final da instrução (art. 400, CPP). Obrigatoriedade. Aplicação às ações penais em trâmite na Justiça Militar dessa alteração introduzida

pela Lei nº 11.719/08, em detrimento do art. 302 do Decreto-Lei nº 1.002/69. Precedentes. Adequação do sistema acusatório democrático aos preceitos constitucionais da Carta de República de 1988. Máxima efetividade dos princípios do contraditório e da ampla defesa (art. 5º, inciso LV). Incidência da norma inscrita no art. 400 do Código de Processo Penal comum aos processos penais militares cuja instrução não se tenha encerrado, o que não é o caso. Ordem denegada. Fixada orientação quanto a incidência da norma inscrita no art. 400 do Código de Processo Penal comum a partir da publicação da ata do presente julgamento, aos processos penais militares, aos processos penais eleitorais e a todos os procedimentos penais regidos por legislação especial, incidindo somente naquelas ações penais cuja instrução não se tenha encerrado. 1. Os pacientes, quando soldados da ativa, foram surpreendidos na posse de substância entorpecente (CPM, art. 290) no interior do 1º Batalhão de Infantaria da Selva em Manaus/AM. Cuida-se, portanto, de crime praticado por militares em situação de atividade em lugar sujeito à administração militar, o que atrai a competência da Justiça Castrense para processá-los e julgá-los (CF, art. 124 c/c CPM, art. 9º, I, b). 2. O fato de os pacientes não mais integrarem as fileiras das Forças Armadas em nada repercute na esfera de competência da Justiça especializada, já que, no tempo do crime, eles eram soldados da ativa. 3. Nulidade do interrogatório dos pacientes como primeiro ato da instrução processual (CPPM, art. 302). 4. A Lei nº 11.719/08 adequou o sistema acusatório democrático, integrando-o de forma mais harmoniosa aos preceitos constitucionais da Carta de República de 1988, assegurando-se maior efetividade a seus princípios, notadamente, os do contraditório e da ampla defesa (art. 5º, inciso LV). 5. Por ser mais benéfica (lex mitior) e harmoniosa com a Constituição Federal, há de preponderar, no processo penal militar (Decreto-Lei nº 1.002/69), a regra do art. 400 do Código de Processo Penal. 6. De modo a não comprometer o princípio da segurança jurídica (CF, art. 5º, XXXVI) nos feitos já sentenciados, essa orientação deve ser aplicada somente aos processos penais militares cuja instrução não se tenha encerrado, o que não é o caso dos autos, já que há sentença condenatória proferida em desfavor dos pacientes desde 29/7/14. 7. Ordem denegada, com a fixação da seguinte orientação: a norma inscrita no art. 400 do Código de Processo Penal comum aplica-se, a partir da publicação da ata do presente julgamento, aos processos penais militares, aos processos penais eleitorais e a todos os procedimentos penais regidos por legislação especial incidindo somente naquelas ações penais cuja instrução não se tenha encerrado. (HABEAS CORPUS 127900 / AM - AMAZONAS - Relator(a): Min. DIAS TOFFOLI, Julgamento: 03/03/2016 Órgão Julgador: Tribunal Pleno)

Em julgado veiculado no Informativo 918, o STF novamente tratou da matéria, mantendo a posição que já adotara no julgamento de 2016. (STF. 1ª Turma. AP 1027/DF, Rel. Min. Marco Aurélio, red. p/ o ac. Min. Luís Roberto Barroso, julgado em 2/10/2018). Em outros que se seguiram, a Corte consolidou a entendimento, ao qual o STJ também aderiu.

> RECURSO ESPECIAL. TRÁFICO DE DROGAS. MOMENTO DO INTERROGATÓRIO. ÚLTIMO ATO DA INSTRUÇÃO. MAIOR EFETIVIDADE A PRINCÍPIOS CONSTITUCIONAIS. MINORANTE. ANÁLISE PREJUDICADA. RECURSO ESPECIAL PROVIDO. 1. Por ocasião do julgamento do HC n. 127.900/AM, ocorrido em 3/3/2016 (DJe 3/8/2016), o Pleno do Supremo Tribunal Federal firmou o entendimento de que o rito processual para o interrogatório, previsto no art. 400 do Código de Processo Penal, deve ser aplicado a todos os procedimentos regidos por leis especiais. Isso porque a Lei n. 11.719/2008 (que deu nova redação ao referido art. 400) prepondera sobre as disposições em sentido contrário previstas em legislação especial, por se tratar de lei posterior mais benéfica ao acusado (lex mitior), visto que assegura maior efetividade a princípios constitucionais, notadamente aos do contraditório e da ampla defesa. 2. De modo a não comprometer o princípio da segurança jurídica dos feitos já sentenciados (CF, art. 5º, XXXVI), houve modulação dos efeitos da decisão: a Corte Suprema estabeleceu que essa orientação somente deve ser aplicada aos processos cuja instrução ainda não se haja encerrado. 3. Uma vez que a audiência de instrução e julgamento ocorreu depois da publicação da ata daquele julgamento, prevalece a nova compreensão do Supremo Tribunal Federal acerca da matéria, qual seja, a de que, em se tratando de crime previsto na Lei n. 11.343/2006, o interrogatório deve ser o último ato da instrução, à luz, especialmente, dos princípios constitucionais do contraditório e da ampla defesa. 4. Embora, em regra, a decretação da nulidade de determinado ato processual requeira a comprovação de prejuízo concreto para a parte - em razão do princípio do pas de nullité sans grief -, o prejuízo à defesa é evidente e corolário da própria inobservância da máxima efetividade das garantias constitucionais do contraditório e da ampla defesa. Uma vez que o interrogatório constitui um ato de autodefesa, não se deu aos recorrentes a possibilidade de esclarecer ao Magistrado eventuais fatos contra si alegados pelas testemunhas ao longo da instrução criminal. 5. Porque anulado o processo desde a audiência de instrução e julgamento, fica esvaída a análise da pretendida aplicação da minorante prevista no § 4º do art. 33 da Lei de Drogas. 6. Recurso especial provido, para anular o Processo n. 0248691-17.2016.8.04.0001, da 4ª V. E. C. U. T. E. da Comarca de Manaus - AM, desde a audiência de instrução e julgamento, com a determinação de que seja realizada

nova instrução probatória, dessa vez com a observância de que o interrogatório dos réus seja o último ato da instrução.(STJ - REsp: 1808389 AM 2019/0111629-4, Relator: Ministro ROGERIO SCHIETTI CRUZ, Data de Julgamento: 20/10/2020, T6 - SEXTA TURMA, Data de Publicação: DJe 23/11/2020)

Assistência. A lei, tratando como sujeito passivo o eventual prejudicado com a prática dos crimes de que trata, permite que o mesmo figure como assistente.

Medida Cautelar de Afastamento Imposta ao Funcionário Público. Se o servidor público for acusado por tráfico ilícito de entorpecentes, poderá o magistrado determinar, como medida de cunho cautelar, o seu afastamento durante a instrução criminal, desde que estejam presentes os requisitos de qualquer medida cautelar, quais sejam, o *fumus boni iuris* e o *periculum in mora.*

Cabimento da Medida Cautelar de Afastamento. Não é cabível em qualquer crime, mas apenas nos previstos nos arts. 33, *caput* e § 1º e 34 a 37 da Lei nº 11.343/2006.

Afastamento do Acusado e Percepção de Vencimentos. A medida cautelar de afastamento se dará sem prejuízo da remuneração do funcionário público, vez que se trata de mera medida preventiva.

Recurso contra a Decisão de Afastamento do Cargo. Caberá mandado de segurança, não havendo previsão expressa de recurso cabível.

Prazo para a Realização de Audiência. Será de trinta dias seguintes ao recebimento da denúncia, sendo cabível a extensão para noventa dias, se houver a realização de avaliação para atestar a dependência de drogas.

Eventual Excesso de Prazo. Em se tratando de instrução complexa, não se pode falar em excesso de prazo a ensejar relaxamento da prisão.

Unidade da Instrução e Julgamento. A lei manteve a unidade da audiência de instrução e julgamento, concentrando interrogatório do acusado, depoimentos das testemunhas arroladas pela acusação, debates orais e sentença em um único ato.

Debates Orais. A lei consagrou a oralidade, mencionando que os debates deverão ser feitos oralmente. Nada obsta, contudo, que às partes seja facultada pelo magistrado a substituição dos debates orais pela apresentação de memoriais escritos, em prazo a ser por ele fixado.

Art. 58. Encerrados os debates, proferirá o juiz sentença de imediato, ou o fará em 10 (dez) dias, ordenando que os autos para isso lhe sejam conclusos.

§ 1º Ao proferir sentença, o juiz, não tendo havido controvérsia, no curso do processo, sobre a natureza ou quantidade da substância ou do produto, ou sobre a regularidade do respectivo laudo, determinará que se proceda na forma do art. 32, § 1º, desta Lei, preservando-se, para eventual contraprova, a fração que fixar. (Revogado pela Lei nº 12.961, de 2014)

§ 2º Igual procedimento poderá adotar o juiz, em decisão motivada e, ouvido o Ministério Público, quando a quantidade ou valor da substância ou do produto o indicar, precedendo a medida a elaboração e juntada aos autos do laudo toxicológico. (Revogado pela Lei nº 12.961, de 2014)

Prazo para a Prolação de Sentença. Será prolatada na audiência de instrução e julgamento ou, não sendo possível, no prazo de dez dias após a audiência.

Art. 59. Nos crimes previstos nos arts. 33, caput e § 1º, e 34 a 37 desta Lei, o réu não poderá apelar sem recolher-se à prisão, salvo se for primário e de bons antecedentes, assim reconhecido na sentença condenatória.

Apelo em Liberdade e Condenação por Tráfico de Drogas. A se considerar a revogação do art. 594 do CPP pela Lei nº 11.719/2008, o dispositivo em exame deveria ser considerado igualmente revogado, não mais se condicionando o direito ao apelo ao recolhimento à prisão.

Esse é o entendimento atual do STF a respeito da questão:

> Habeas corpus. 2. Súmula 691. Superação. 3. Prisão preventiva. Tráfico de drogas. Sentença condenatória. Ausência de fundamentação lastreada em elementos concretos a justificar a prisão cautelar. Ocorrência. 4. Confirmação da medida liminar e concessão definitiva da ordem para permitir ao paciente aguardar em liberdade o trânsito em julgado da condenação. (HC 122923 / GO - GOIÁS - Relator(a): Min. GILMAR MENDES, Julgamento: 04/11/2014 Órgão Julgador: Segunda Turma)

> EMENTA AGRAVO REGIMENTAL NO HABEAS CORPUS. SÚMULA 691/STF. TRÁFICO DE DROGAS. ARTIGO 33, CAPUT, DA LEI 11.343/2006. PRISÃO PREVENTIVA. GARANTIA DA ORDEM PÚBLICA. DECISÃO FUNDAMENTADA. 1. Não se conhece de habeas corpus impetrado contra indeferimento de liminar por Relator em habeas corpus requerido a Tribunal Superior. Súmula 691. Óbice superável apenas em hipótese de teratologia. 2. Se as circunstâncias concretas da prática do crime indicam a periculosidade do agente ou risco de reiteração delitiva, está justificada a decretação ou a manutenção da prisão cautelar para resguardar a ordem pública, desde que igualmente presentes boas provas da materialidade e da autoria. Precedentes. 3. Consoante jurisprudência desta Suprema Corte, "considerando que o réu permaneceu preso durante toda a instrução criminal, não se afigura plausível, ao contrário, se revela um

contrassenso jurídico, sobrevindo sua condenação, colocá-lo em liberdade para aguardar o julgamento do apelo" (HC 110.518/MG, Rel. Min. Ricardo Lewandowski, 2ª Turma, DJe de 20.3.2012). 4. Agravo regimental conhecido e não provido. (HC 126879 AgR / SP - SÃO PAULO - AG. REG. NO HABEAS CORPUS, Relator(a): Min. ROSA WEBER, Julgamento: 12/05/2015 Órgão Julgador: Primeira Turma)

Habeas corpus. 2. Tráfico e associação para o tráfico ilícito de entorpecentes. Condenação. 3. Paciente que respondeu solto a quase toda a instrução criminal. 4. Sentença condenatória. Segregação cautelar fundamentada apenas na gravidade abstrata do crime. 5. Ausência de fundamentação idônea. Decisão contrária à jurisprudência dominante desta Corte. Constrangimento ilegal verificado. 6. Ordem concedida para que o paciente possa aguardar em liberdade o julgamento de seu apelo, se por algum outro motivo não estiver preso e sem prejuízo da aplicação de medidas cautelares previstas na nova redação do art. 319 do CPP. (HC 142173, Relator(a): Min. GILMAR MENDES, Segunda Turma, julgado em 23/05/2017, PROCESSO ELETRÔNICO DJe-118 DIVULG 05-06-2017 PUBLIC 06-06-2017)

Art. 60. O juiz, a requerimento do Ministério Público ou do assistente de acusação, ou mediante representação da autoridade de polícia judiciária, poderá decretar, no curso do inquérito ou da ação penal, a apreensão e outras medidas assecuratórias nos casos em que haja suspeita de que os bens, direitos ou valores sejam produto do crime ou constituam proveito dos crimes previstos nesta Lei, procedendo-se na forma dos arts. 125 e seguintes do Decreto-Lei nº 3.689, de 3 de outubro de 1941 – Código de Processo Penal. (Redação dada pela Lei nº 13.840, de 2019)

§ 1º (Revogado). (Redação dada pela Lei nº 13.840, de 2019)

§ 2º (Revogado). (Redação dada pela Lei nº 13.840, de 2019)

§ 3º Na hipótese do art. 366 do Decreto-Lei nº 3.689, de 3 de outubro de 1941 – Código de Processo Penal, o juiz poderá determinar a prática de atos necessários à conservação dos bens, direitos ou valores. (Redação dada pela Lei nº 13.840, de 2019)

§ 4º A ordem de apreensão ou sequestro de bens, direitos ou valores poderá ser suspensa pelo juiz, ouvido o Ministério Público, quando a sua execução imediata puder comprometer as investigações. (Redação dada pela Lei nº 13.840, de 2019)

Medidas Assecuratórias Patrimoniais. O art. 60 fala de medidas que visam a dar efetividade ao perdimento de patrimônio ilicitamente alcançado, possibilitando a apreensão e outras medidas assecuratórias relacionadas aos bens móveis e imóveis ou valores consistentes em produtos dos crimes ou constituam proveito dos crimes previstos na Lei nº 11.343/2006.

Ocasião para a Realização das Medidas. Pode ser feita no curso do inquérito policial ou da ação penal.

Prazo para Propositura da Ação Penal na Hipótese de ser a Medida Assecuratória Realizada durante o Inquérito Policial. Cuida-se de matéria regida pelo CPP, diante da omissão da Lei nº 11.343/2006 em trazer normas próprias a respeito da matéria. Destarte, o sequestro será levantado se a denúncia não for oferecida no prazo de sessenta dias, contados da data da realização da diligência, consoante regra insculpida no art. 131, I, do CPP. Quanto à apreensão, verificados os termos do art. 11 do CPP, as coisas ficarão apreendidas enquanto interessarem ao processo, verificando-se os termos do art. 240 e seguintes do CPP.

Requisito para a Decretação da Medida Assecuratória. A decretação da medida assecuratória se condiciona à existência de indícios suficientes da procedência ilícita dos bens que constituam proveito ou sejam produtos dos crimes tipificados na lei, não bastando a mera "suspeita" mencionada no texto legal. Tratando-se de medida cautelar, tem como pressuposto o *fumus comissi delicti*, consubstanciado na prova da existência do crime e indícios suficientes de autoria.

Quem pode Pleitear a Apreensão e outras Medidas Assecuratórias? A ordem de apreensão será dada a requerimento do MP ou da autoridade policial, não podendo ser decretada de ofício de juiz, como antes. A alteração se justifica após reformas ocorridas na legislação processual penal brasileira, que consagram a estrutura acusatória. Neste sentido, art. 3º-A do CPP: O processo penal terá estrutura acusatória, vedadas a iniciativa do juiz na fase de investigação e a substituição da atuação probatória do órgão de acusação".

Procedimento. Para não obstaculizar o regular desenvolvimento do procedimento principal, entende-se que qualquer medida assecuratória e também o pedido e restituição de bens apreendidos devam ser autuados em apartado.

Ônus da Prova e Liberação da Constrição. Para a decretação da medida, será necessário que existam indícios razoáveis da origem ilícita dos bens. Depois de decretada a medida de cautela, o legislador faculta ao acusado a produção de prova inversa, no sentido de demonstrar a origem lícita do bem apreendido ou sequestrado, tendo a referida comprovação o efeito de fazer cessar a constrição sobre o bem.

Ação Controlada na Apreensão ou Sequestro de Bens. Assim como a Lei de Lavagem de Dinheiro menciona a possibilidade de ação controlada para cumprimento de medidas assecuratórias de que trata, nos termos do art. 4º, § 4º, da Lei nº 9.613/1998, a lei em estudo também dispõe que se possa adotar a medida quando a sua execução imediata puder comprometer as investigações. Cuida-se, portanto, de postergar a realização da medida para o melhor momento para fins de colheita de provas.

Art. 60-A. Se as medidas assecuratórias de que trata o art. 60 desta Lei recaírem sobre moeda estrangeira, títulos, valores mobiliários ou cheques emitidos como ordem de pagamento, será determinada, imediatamente, a sua conversão em moeda nacional. (Incluído pela Lei nº 13.886, de 2019)

§ 1º A moeda estrangeira apreendida em espécie deve ser encaminhada a instituição financeira, ou equiparada, para alienação na forma prevista pelo Conselho Monetário Nacional. (Incluído pela Lei nº 13.886, de 2019)

§ 2º Na hipótese de impossibilidade da alienação a que se refere o § 1º deste artigo, a moeda estrangeira será custodiada pela instituição financeira até decisão sobre o seu destino. (Incluído pela Lei nº 13.886, de 2019)

§ 3º Após a decisão sobre o destino da moeda estrangeira a que se refere o § 2º deste artigo, caso seja verificada a inexistência de valor de mercado, seus espécimes poderão ser destruídos ou doados à representação diplomática do país de origem. (Incluído pela Lei nº 13.886, de 2019)

§ 4º Os valores relativos às apreensões feitas antes da data de entrada em vigor da Medida Provisória nº 885, de 17 de junho de 2019, e que estejam custodiados nas dependências do Banco Central do Brasil devem ser transferidos à Caixa Econômica Federal, no prazo de 360 (trezentos e sessenta) dias, para que se proceda à alienação ou custódia, de acordo com o previsto nesta Lei. (Incluído pela Lei nº 13.886, de 2019)

Art. 61. A apreensão de veículos, embarcações, aeronaves e quaisquer outros meios de transporte e dos maquinários, utensílios, instrumentos e objetos de qualquer natureza utilizados para a prática dos crimes definidos nesta Lei será imediatamente comunicada pela autoridade de polícia judiciária responsável pela investigação ao juízo competente. (Redação dada pela Lei nº 13.840, de 2019)

§ 1º O juiz, no prazo de 30 (trinta) dias contado da comunicação de que trata o **caput**, determinará a alienação dos bens apreendidos, excetuadas as armas, que serão recolhidas na forma da legislação específica. (Incluído pela Lei nº 13.840, de 2019)

§ 2º A alienação será realizada em autos apartados, dos quais constará a exposição sucinta do nexo de instrumentalidade entre o delito e os bens apreendidos, a descrição e especificação dos objetos, as informações sobre quem os tiver sob custódia e o local em que se encontrem. (Incluído pela Lei nº 13.840, de 2019)

§ 3º O juiz determinará a avaliação dos bens apreendidos, que será realizada por oficial de justiça, no prazo de 5 (cinco) dias a contar da autuação, ou, caso sejam necessários conhecimentos especializados, por avaliador nomeado pelo juiz, em prazo não superior a 10 (dez) dias. (Incluído pela Lei nº 13.840, de 2019)

§ 4º Feita a avaliação, o juiz intimará o órgão gestor do Funad, o Ministério Público e o interessado para se manifestarem no prazo de 5 (cinco) dias e, dirimidas eventuais divergências, homologará o valor atribuído aos bens. (Incluído pela Lei nº 13.840, de 2019)

§ 5º (VETADO). (Incluído pela Lei nº 13.840, de 2019)

§ 6º (Revogado). (Redação dada pela Lei nº 13.886, de 2019)

§ 7º (Revogado). (Redação dada pela Lei nº 13.886, de 2019)

§ 8º (Revogado). (Redação dada pela Lei nº 13.886, de 2019)

§ 9º O Ministério Público deve fiscalizar o cumprimento da regra estipulada no § 1º deste artigo. (Incluído pela Lei nº 13.886, de 2019)

§ 10. Aplica-se a todos os tipos de bens confiscados a regra estabelecida no § 1º deste artigo. (Incluído pela Lei nº 13.886, de 2019)

§ 11. Os bens móveis e imóveis devem ser vendidos por meio de hasta pública, preferencialmente por meio eletrônico, assegurada a venda pelo maior lance, por preço não inferior a 50% (cinquenta por cento) do valor da avaliação judicial. (Incluído pela Lei nº 13.886, de 2019)

§ 12. O juiz ordenará às secretarias de fazenda e aos órgãos de registro e controle que efetuem as averbações necessárias, tão logo tenha conhecimento da apreensão. (Incluído pela Lei nº 13.886, de 2019)

§ 13. Na alienação de veículos, embarcações ou aeronaves, a autoridade de trânsito ou o órgão congênere competente para o registro, bem como as secretarias de fazenda, devem proceder à regularização dos bens no prazo de 30 (trinta) dias, ficando o arrematante isento do pagamento de multas, encargos e tributos anteriores, sem prejuízo de execução fiscal em relação ao antigo proprietário. (Incluído pela Lei nº 13.886, de 2019)

§ 14. Eventuais multas, encargos ou tributos pendentes de pagamento não podem ser cobrados do arrematante ou do órgão público alienante como condição para regularização dos bens. (Incluído pela Lei nº 13.886, de 2019)

§ 15. Na hipótese de que trata o § 13 deste artigo, a autoridade de trânsito ou o órgão congênere competente para o registro poderá emitir novos identificadores dos bens. (Incluído pela Lei nº 13.886, de 2019)

Art. 62. Comprovado o interesse público na utilização de quaisquer dos bens de que trata o art. 61, os órgãos de polícia judiciária, militar e rodoviária poderão deles fazer uso, sob sua responsabilidade e com o objetivo de sua conservação, mediante autorização judicial, ouvido o Ministério Público e garantida a prévia avaliação dos respectivos bens. (Redação dada pela Lei nº 13.840, de 2019)

§ 1º (Revogado). (Redação dada pela Lei nº 13.886, de 2019)

§ 1º-A. O juízo deve cientificar o órgão gestor do Funad para que, em 10 (dez) dias, avalie a existência do interesse público mencionado no **caput** deste artigo e indique o órgão que deve receber o bem. (Incluído pela Lei nº 13.886, de 2019)

§ 1º-B. Têm prioridade, para os fins do § 1º-A deste artigo, os órgãos de segurança pública que participaram das ações de investigação ou repressão ao crime que deu causa à medida. (Incluído pela Lei nº 13.886, de 2019)

§ 2º A autorização judicial de uso de bens deverá conter a descrição do bem e a respectiva avaliação e indicar o órgão responsável por sua utilização. (Redação dada pela Lei nº 13.840, de 2019)

§ 3º O órgão responsável pela utilização do bem deverá enviar ao juiz periodicamente, ou a qualquer momento quando por este solicitado, informações sobre seu estado de conservação. (Redação dada pela Lei nº 13.840, de 2019)

§ 4º Quando a autorização judicial recair sobre veículos, embarcações ou aeronaves, o juiz ordenará à autoridade ou ao órgão de registro e controle a expedição de certificado provisório de registro e licenciamento em favor do órgão ao qual tenha deferido o uso ou custódia, ficando este livre do pagamento de multas, encargos e tributos anteriores à decisão de utilização do bem até o trânsito em julgado da decisão que decretar o seu perdimento em favor da União. (Redação dada pela Lei nº 13.840, de 2019)

§ 5º Na hipótese de levantamento, se houver indicação de que os bens utilizados na forma deste artigo sofreram depreciação superior àquela esperada em razão do transcurso do tempo e do uso, poderá o interessado requerer nova avaliação judicial. (Redação dada pela Lei nº 13.840, de 2019)

§ 6º Constatada a depreciação de que trata o § 5º, o ente federado ou a entidade que utilizou o bem indenizará o detentor ou proprietário dos bens. (Redação dada pela Lei nº 13.840, de 2019)

§ 7º (Revogado). (Redação dada pela Lei nº 13.840, de 2019)

§ 8º (Revogado). (Redação dada pela Lei nº 13.840, de 2019)

§ 9º (Revogado). (Redação dada pela Lei nº 13.840, de 2019)

§ 10. (Revogado). (Redação dada pela Lei nº 13.840, de 2019)

§ 11. (Revogado). (Redação dada pela Lei nº 13.840, de 2019)

Art. 62-A. O depósito, em dinheiro, de valores referentes ao produto da alienação ou a numerários apreendidos ou que tenham sido convertidos deve ser efetuado na Caixa Econômica Federal, por meio de documento de arrecadação destinado a essa finalidade. (Incluído pela Lei nº 13.886, de 2019)

§ 1º Os depósitos a que se refere o **caput** deste artigo devem ser transferidos, pela Caixa Econômica Federal, para a conta única do Tesouro Nacional, independentemente de qualquer formalidade, no prazo de 24 (vinte e quatro) horas, contado do momento da realização do depósito, onde ficarão à disposição do Funad. (Incluído pela Lei nº 13.886, de 2019)

§ 2º Na hipótese de absolvição do acusado em decisão judicial, o valor do depósito será devolvido a ele pela Caixa Econômica Federal no prazo de até 3 (três) dias úteis, acrescido de juros, na forma estabelecida pelo § 4º do art. 39 da Lei nº 9.250, de 26 de dezembro de 1995. (Incluído pela Lei nº 13.886, de 2019)

§ 3º Na hipótese de decretação do seu perdimento em favor da União, o valor do depósito será transformado em pagamento definitivo, respeitados os direitos de eventuais lesados e de terceiros de boa-fé. (Incluído pela Lei nº 13.886, de 2019)

§ 4º Os valores devolvidos pela Caixa Econômica Federal, por decisão judicial, devem ser efetuados como anulação de receita do Funad no exercício em que ocorrer a devolução. (Incluído pela Lei nº 13.886, de 2019)

§ 5º A Caixa Econômica Federal deve manter o controle dos valores depositados ou devolvidos. (Incluído pela Lei nº 13.886, de 2019)

Art. 63. Ao proferir a sentença, o juiz decidirá sobre: (Redação dada pela Lei nº 13.840, de 2019)

I – o perdimento do produto, bem, direito ou valor apreendido ou objeto de medidas assecuratórias; e (Incluído pela Lei nº 13.840, de 2019)

II – o levantamento dos valores depositados em conta remunerada e a liberação dos bens utilizados nos termos do art. 62. (Incluído pela Lei nº 13.840, de 2019)

§ 1º Os bens, direitos ou valores apreendidos em decorrência dos crimes tipificados nesta Lei ou objeto de medidas assecuratórias, após decretado seu perdimento em favor da União, serão revertidos diretamente ao Funad. (Redação dada pela Lei nº 13.840, de 2019)

§ 2º O juiz remeterá ao órgão gestor do Funad relação dos bens, direitos e valores declarados perdidos, indicando o local em que se encontram e a entidade ou o órgão em cujo poder estejam, para os fins de sua destinação nos termos da legislação vigente. (Redação dada pela Lei nº 13.840, de 2019)

§ 3º (Revogado). (Redação dada pela Lei nº 13.886, de 2019)

§ 4º Transitada em julgado a sentença condenatória, o juiz do processo, de ofício ou a requerimento do Ministério Público, remeterá à Senad relação dos bens, direitos e valores declarados perdidos em favor da União, indicando, quanto aos bens, o local em que se encontram e a entidade ou o órgão em cujo poder estejam, para os fins de sua destinação nos termos da legislação vigente.

§ 4º-A. Antes de encaminhar os bens ao órgão gestor do Funad, o juíz deve: (Incluído pela Lei nº 13.886, de 2019)

I - ordenar às secretarias de fazenda e aos órgãos de registro e controle que efetuem as averbações necessárias, caso não tenham sido realizadas quando da apreensão; e (Incluído pela Lei nº 13.886, de 2019)

II - determinar, no caso de imóveis, o registro de propriedade em favor da União no cartório de registro de imóveis competente, nos termos do **caput** e do parágrafo único do art. 243 da Constituição Federal, afastada a responsabilidade de terceiros prevista no inciso VI do **caput** do art. 134 da Lei nº 5.172, de 25 de outubro de 1966 (Código Tributário Nacional), bem como determinar à Secretaria de Coordenação e Governança do Patrimônio da União a incorporação e entrega do imóvel, tornando-o livre e desembaraçado de quaisquer ônus para sua destinação. (Incluído pela Lei nº 13.886, de 2019)

§ 5º (VETADO). (Incluído pela Lei nº 13.840, de 2019)

§ 6º Na hipótese do inciso II do **caput**, decorridos 360 (trezentos e sessenta) dias do trânsito em julgado e do conhecimento da sentença pelo interessado, os bens apreendidos, os que tenham sido objeto de medidas assecuratórias ou os valores depositados que não forem reclamados serão revertidos ao Funad. (Incluído pela Lei nº 13.840, de 2019)

Art. 63-A. Nenhum pedido de restituição será conhecido sem o comparecimento pessoal do acusado, podendo o juiz determinar a prática de atos necessários à conservação de bens, direitos ou valores. (Incluído pela Lei nº 13.840, de 2019)

Art. 63-B. O juiz determinará a liberação total ou parcial dos bens, direitos e objeto de medidas assecuratórias quando comprovada a licitude de sua origem, mantendo-se a constrição dos bens, direitos e valores necessários e suficientes à reparação dos danos e ao pagamento de prestações pecuniárias, multas e custas decorrentes da infração penal. (Incluído pela Lei nº 13.840, de 2019)

Art. 63-C. Compete à Senad, do Ministério da Justiça e Segurança Pública, proceder à destinação dos bens apreendidos e não leiloados em caráter cautelar, cujo perdimento seja decretado em favor da União, por meio das seguintes modalidades: (Incluído pela Lei nº 13.886, de 2019)

I - alienação, mediante: (Incluído pela Lei nº 13.886, de 2019)

a) licitação; (Incluído pela Lei nº 13.886, de 2019)

b) doação com encargo a entidades ou órgãos públicos, bem como a comunidades terapêuticas acolhedoras que contribuam para o alcance das finalidades do Funad; ou (Incluído pela Lei nº 13.886, de 2019)

c) venda direta, observado o disposto no inciso II do **caput** do art. 24 da Lei nº 8.666, de 21 de junho de 1993; (Incluído pela Lei nº 13.886, de 2019)

II – incorporação ao patrimônio de órgão da administração pública, observadas as finalidades do Funad; (Incluído pela Lei nº 13.886, de 2019)

III – destruição; ou (Incluído pela Lei nº 13.886, de 2019)

IV – inutilização. (Incluído pela Lei nº 13.886, de 2019)

§ 1º A alienação por meio de licitação deve ser realizada na modalidade leilão, para bens móveis e imóveis, independentemente do valor de avaliação, isolado ou global, de bem ou de lotes, assegurada a venda pelo maior lance, por preço não inferior a 50% (cinquenta por cento) do valor da avaliação. (Incluído pela Lei nº 13.886, de 2019)

§ 2º O edital do leilão a que se refere o § 1º deste artigo será amplamente divulgado em jornais de grande circulação e em sítios eletrônicos oficiais, principalmente no Município em que será realizado, dispensada a publicação em diário oficial. (Incluído pela Lei nº 13.886, de 2019)

§ 3º Nas alienações realizadas por meio de sistema eletrônico da administração pública, a publicidade dada pelo sistema substituirá a publicação em diário oficial e em jornais de grande circulação. (Incluído pela Lei nº 13.886, de 2019)

§ 4º Na alienação de imóveis, o arrematante fica livre do pagamento de encargos e tributos anteriores, sem prejuízo de execução fiscal em relação ao antigo proprietário. (Incluído pela Lei nº 13.886, de 2019)

§ 5º Na alienação de veículos, embarcações ou aeronaves deverão ser observadas as disposições dos §§ 13 e 15 do art. 61 desta Lei. (Incluído pela Lei nº 13.886, de 2019)

§ 6º Aplica-se às alienações de que trata este artigo a proibição relativa à cobrança de multas, encargos ou tributos prevista no § 14 do art. 61 desta Lei. (Incluído pela Lei nº 13.886, de 2019)

§ 7º A Senad, do Ministério da Justiça e Segurança Pública, pode celebrar convênios ou instrumentos congêneres com órgãos e entidades da União, dos Estados, do Distrito Federal ou dos Municípios, bem como com comunidades terapêuticas acolhedoras, a fim de dar imediato cumprimento ao estabelecido neste artigo. (Incluído pela Lei nº 13.886, de 2019)

§ 8º Observados os procedimentos licitatórios previstos em lei, fica autorizada a contratação da iniciativa privada para a execução das ações de avaliação, de administração e de alienação dos bens a que se refere esta Lei. (Incluído pela Lei nº 13.886, de 2019)

Art. 63-D. Compete ao Ministério da Justiça e Segurança Pública regulamentar os procedimentos relativos à administração, à preservação e à destinação dos recursos provenientes de delitos e atos ilícitos e estabelecer os valores abaixo dos quais se deve proceder à sua destruição ou inutilização. (Incluído pela Lei nº 13.886, de 2019)

Art. 63-E. O produto da alienação dos bens apreendidos ou confiscados será revertido integralmente ao Funad, nos termos do parágrafo único do art. 243 da Constituição Federal, vedada a sub-rogação sobre o valor da arrematação para saldar eventuais multas, encargos ou tributos pendentes de pagamento. (Incluído pela Lei nº 13.886, de 2019)

Parágrafo único. O disposto no **caput** deste artigo não prejudica o ajuizamento de execução fiscal em relação aos antigos devedores. (Incluído pela Lei nº 13.886, de 2019)

Art. 63-F. Na hipótese de condenação por infrações às quais esta Lei comine pena máxima superior a 6 (seis) anos de reclusão, poderá ser decretada a perda, como produto ou proveito do crime, dos bens correspondentes à diferença entre o valor do patrimônio do condenado e aquele compatível com o seu rendimento lícito. (Incluído pela Lei nº 13.886, de 2019)

§ 1º A decretação da perda prevista no **caput** deste artigo fica condicionada à existência de elementos probatórios que indiquem conduta criminosa habitual, reiterada ou profissional do condenado ou sua vinculação a organização criminosa. (Incluído pela Lei nº 13.886, de 2019)

§ 2º Para efeito da perda prevista no **caput** deste artigo, entende-se por patrimônio do condenado todos os bens: (Incluído pela Lei nº 13.886, de 2019)

I - de sua titularidade, ou sobre os quais tenha domínio e benefício direto ou indireto, na data da infração penal, ou recebidos posteriormente; e (Incluído pela Lei nº 13.886, de 2019)

II - transferidos a terceiros a título gratuito ou mediante contraprestação irrisória, a partir do início da atividade criminal. (Incluído pela Lei nº 13.886, de 2019)

§ 3º O condenado poderá demonstrar a inexistência da incompatibilidade ou a procedência lícita do patrimônio. (Incluído pela Lei nº 13.886, de 2019)

Perdimento de Bens Utilizados para a Prática de Crimes. Repetindo a regra do art. 91, II, do Código Penal e de acordo com o disposto no art. 243 da Constituição Federal, a Lei nº 11.343/2006 prevê confisco de bens utilizados na prática do tráfico ilícito de drogas. A expropriação é efeito automático da condenação.

> (...)1. Na condenação por tráfico de entorpecentes (700 g de cocaína), a dedicação a atividades criminosas afasta a redução da sanção estabelecida no art. 33, § 4º, da Lei n. 11.343/2006. 2. Não há falar em restituição dos bens, por ser fruto da venda de drogas e instrumento do crime, sendo o perdimento decorrência lógico da condenação (art. 63 da Lei n. 11.343/2006). 3. Inexistindo elementos capazes de alterar os fundamentos da decisão agravada, subsiste incólume o entendimento nela firmado, não merecendo prosperar o presente agravo. 4. Agravo regimental improvido.(STJ - AgInt no AREsp: 1368211 SP 2018/0248753-6, Relator: Ministro SEBASTIÃO REIS JÚNIOR, Data de Julgamento: 26/02/2019, T6 - SEXTA TURMA, Data de Publicação: DJe 14/03/2019)

Utilização de Bens Apreendidos. O artigo em exame trata da utilização dos objetos e instrumentos empregados na prática da infração penal e tem por objeto os veículos, embarcações, aeronaves e quaisquer outros meios de transportes e utensílios que tenham sido usados na prática da infração penal. Tais bens poderão ser utilizados pelos órgãos de polícia judiciária, militar e rodoviária, desde que haja prévia autorização judicial, precedida de manifestação do órgão do MP e garantida a prévia avaliação desses bens.

Alienação cautelar dos Bens Apreendidos. Entendemos que só podem ser cautelarmente alienados os bens que estejam sujeitos à deterioração ou que sejam de difícil conservação. Embora a lei, no artigo 61, §1º, não exija a iniciativa do MP para a alienação cautelar, deve-se entender que a consagração do princípio acusatório, especialmente com a edição da Lei 13.964 de 2019, não autoriza seja determinada de ofício. O requerimento de alienação cautelar tramitará em apartado, sendo necessário que o Ministério Público demonstre a existência de risco de perda do valor econômico do bem pelo decurso do tempo.

Recurso contra a Decisão de Alienação Cautelar. O recurso interposto contra a decisão proferida no procedimento de alienação de bens apreendidos terá efeito devolutivo. Por se tratar de decisão definitiva, que encerra procedimento cautelar e hipótese não prevista no artigo 581 do CPP, o recurso cabível é a apelação, consoante artigo 593,II do diploma legal citado.

Confisco. Pela regra do art. 91 do Código Penal, os bens apreendidos ou sequestrados, quando instrumento ou produto de crime, são automaticamente perdidos em virtude de sentença condenatória, não havendo necessidade de declaração nesse sentido. Na lei em comento, ao contrário, o juiz necessariamente deverá decidir sobre o perdimento dos bens acautelados.

Desnecessidade de prova de habitualidade do crime para realização do confisco. Em repercussão geral, Tema 647, consoante veiculado no Informativo 865, o STF entendeu ser possível o confisco de todo e qualquer bem de valor econômico apreendido em decorrência do tráfico de drogas, sem a necessidade de se investigar a reiteração do uso do bem para aquela finalidade, a sua modificação para dificultar a descoberta do local do acondicionamento da droga ou qualquer outro requisito além daqueles previstos expressamente no art. 243, parágrafo único, da Constituição Federal, que leciona que todo e qualquer bem de valor econômico apreendido em decorrência do tráfico ilícito de entorpecentes e drogas afins e da exploração de trabalho escravo será confiscado e reverterá a fundo especial com destinação específica, na forma da lei. (STF. Plenário. RE 638491/PR, Rel. Min. Luiz Fux, julgado em 17/5/2017).

Porém, em se tratando da perda prevista em virtude do disposto no art. 63, F, ou seja, na hipótese de condenação por infrações às quais esta Lei comine pena máxima superior a seis anos de reclusão, a decretação da perda, como produto ou proveito do crime, dos bens correspondentes à diferença entre o valor do patrimônio do condenado e aquele compatível com o seu rendimento lícito fica condicionada à existência de elementos probatórios que indiquem conduta criminosa habitual, reiterada ou profissional do condenado ou sua vinculação a organização criminosa.

Art. 64. A União, por intermédio da Senad, poderá firmar convênio com os Estados, com o Distrito Federal e com organismos orientados para a prevenção do uso indevido de drogas, a atenção e a reinserção social de usuários ou dependentes e a atuação na repressão à produção não autorizada e ao tráfico ilícito de drogas, com vistas na liberação de equipamentos e de recursos por ela arrecadados, para a implantação e execução de programas relacionados à questão das drogas.

TÍTULO V
DA COOPERAÇÃO INTERNACIONAL

Art. 65. De conformidade com os princípios da não intervenção em assuntos internos, da igualdade jurídica e do respeito à integridade territorial dos Estados e às leis e aos regulamentos nacionais em vigor, e observado o espírito das Convenções das Nações Unidas e outros instrumentos jurídicos internacionais relacionados à questão das drogas, de que o Brasil é parte, o governo brasileiro prestará, quando solicitado, cooperação a outros países e organismos internacionais e, quando necessário, deles solicitará a colaboração, nas áreas de:

I - intercâmbio de informações sobre legislações, experiências, projetos e programas voltados para atividades de prevenção do uso indevido, de atenção e de reinserção social de usuários e dependentes de drogas;

II - intercâmbio de inteligência policial sobre produção e tráfico de drogas e delitos conexos, em especial o tráfico de armas, a lavagem de dinheiro e o desvio de precursores químicos;

III - intercâmbio de informações policiais e judiciais sobre produtores e traficantes de drogas e seus precursores químicos.

TÍTULO V-A
(Incluído pela Lei nº 13.840, de 2019)
DO FINANCIAMENTO DAS POLÍTICAS SOBRE DROGAS

Art. 65-A. (VETADO). (Incluído pela Lei nº 13.840, de 2019)

TÍTULO VI
DISPOSIÇÕES FINAIS E TRANSITÓRIAS

Art. 66. Para fins do disposto no parágrafo único do art. 1º desta Lei, até que seja atualizada a terminologia da lista mencionada no preceito, denominam-se drogas substâncias entorpecentes, psicotrópicas, precursoras e outras sob controle especial, da Portaria SVS/MS nº 344, de 12 de maio de 1998.

Relação de Plantas e Drogas Proibidas. A Portaria SVS/MS 344/1998 é norma que complementa as normas penais em branco trazidas por essa lei, elencando a relação das substâncias psicoativas e das plantas que podem dar origem a substâncias entorpecentes e/ou psicotrópicas. Por isso, tratando-se de um complemento de menor hierarquia que a lei, temos, como dito acima, normas penais em branco de caráter heterogêneo.

Art. 67. A liberação dos recursos previstos na Lei nº 7.560, de 19 de dezembro de 1986, em favor de Estados e do Distrito Federal, dependerá de sua adesão e respeito às diretrizes básicas contidas nos convênios firmados e do fornecimento de dados necessários à atualização do sistema previsto no art. 17 desta Lei, pelas respectivas polícias judiciárias.

Art. 67-A. Os gestores e entidades que recebam recursos públicos para execução das políticas sobre drogas deverão garantir o acesso às suas instalações, à documentação e a todos os elementos necessários à efetiva fiscalização pelos órgãos competentes. (Incluído pela Lei nº 13.840, de 2019)

Art. 68. A União, os Estados, o Distrito Federal e os Municípios poderão criar estímulos fiscais e outros, destinados às pessoas físicas e jurídicas que colaborem na prevenção do uso indevido de drogas, atenção e reinserção social de usuários e dependentes e na repressão da produção não autorizada e do tráfico ilícito de drogas.

Art. 69. No caso de falência ou liquidação extrajudicial de empresas ou estabelecimentos hospitalares, de pesquisa, de ensino, ou congêneres, assim como nos serviços de saúde que produzirem, venderem, adquirirem, consumirem, prescreverem ou fornecerem drogas ou de qualquer outro em que existam essas substâncias ou produtos, incumbe ao juízo perante o qual tramite o feito:

I – determinar, imediatamente à ciência da falência ou liquidação, sejam lacradas suas instalações;

II – ordenar à autoridade sanitária competente a urgente adoção das medidas necessárias ao recebimento e guarda, em depósito, das drogas arrecadadas;

III – dar ciência ao órgão do Ministério Público, para acompanhar o feito.

§ 1º Da licitação para alienação de substâncias ou produtos não proscritos referidos no inciso II do caput deste artigo, só podem participar pessoas jurídicas regularmente habilitadas na área de saúde ou de pesquisa científica que comprovem a destinação lícita a ser dada ao produto a ser arrematado.

§ 2º Ressalvada a hipótese de que trata o § 3º deste artigo, o produto não arrematado será, ato contínuo à hasta pública, destruído pela autoridade sanitária, na presença dos Conselhos Estaduais sobre Drogas e do Ministério Público.

§ 3º Figurando entre o praceado e não arrematadas especialidades farmacêuticas em condições de emprego terapêutico, ficarão elas depositadas sob a guarda do Ministério da Saúde, que as destinará à rede pública de saúde.

Art. 70. O processo e o julgamento dos crimes previstos nos arts. 33 a 37 desta Lei, se caracterizado ilícito transnacional, são da competência da Justiça Federal.

Parágrafo único. Os crimes praticados nos Municípios que não sejam sede de vara federal serão processados e julgados na vara federal da circunscrição respectiva.

Competência Federal. Trata-se de repetição da Constituição Federal que, nos termos do art. 109, V, fixa a competência da Justiça Federal para os crimes previstos em tratado ou convenção internacional, quando, iniciada a execução no País, o resultado tenha ou devesse ter ocorrido no estrangeiro, ou reciprocamente.

Droga remetida ao exterior via postal. Compete ao juiz federal do local da apreensão da droga remetida do exterior pela via postal processar e julgar o crime de tráfico internacional. Trata-se do teor da Súmula 528/STJ.

> Súmula 528-STJ. Compete ao juiz federal do local da apreensão da droga remetida do exterior pela via postal pro-cessar e julgar o crime de tráfico internacional.
>
> (STJ. 3ª Seção. Aprovada em 13/05/2015).

Art. 71. (Vetado)

Art. 72. Encerrado o processo penal ou arquivado o inquérito policial, o juiz, de ofício, mediante representação do delegado de polícia ou a requerimento do Ministério Público, determinará a destruição das amostras guardadas para contraprova, certificando isso nos autos. (Redação dada pela Lei nº 12.961, de 2014)

Art. 73. A União poderá celebrar convênios com os Estados visando à prevenção e repressão do tráfico ilícito e do uso indevido de drogas.

Art. 74. Esta Lei entra em vigor 45 (quarenta e cinco) dias após a sua publicação.

Art. 75. Revogam-se a Lei nº 6.368, de 21 de outubro de 1976, e a Lei nº 10.409, de 11 de janeiro de 2002.

Brasília, 23 de agosto de 2006; 185º da Independência e 118º da República.

Luiz Inácio Lula da Silva
Márcio Thomaz Bastos
Guido Mantega
Jorge Armando Felix

QUESTÕES COMENTADAS

1) (2018 - FCC - MPE/PB - Promotor de Justiça Substituto)

A Lei de Drogas (Lei nº 11.343/2006) estabelece que a pena prevista no artigo 33 será aumentada de um sexto a dois terços se caracterizado o tráfico entre Estados da Federação. De acordo com o entendimento sumulado do Superior Tribunal de Justiça,

a) é desnecessária a efetiva transposição de fronteiras, sendo suficiente a demonstração inequívoca da intenção do agente de realizar o tráfico interestadual.

b) a quantidade de droga apreendida, bem como a forma do seu acondicionamento, é essencial para a caracterização do tráfico interestadual.

c) o aumento da pena, no tráfico interestadual, exige a associação de quatro ou mais pessoas estruturalmente ordenadas.

d) por abranger pluralidade de entes federativos, a ação penal será da competência da Justiça Federal.

e) o aumento de dois terços da pena somente poderá ser aplicado quando o tráfico interestadual ocorrer entre Estados não fronteiriços.

2) (2019 - FCC - MPE/MT - Promotor de Justiça Substituto)

De acordo com o ordenamento jurídico e o posicionamento dos tribunais superiores sobre as disposições previstas na Lei nº 11.343/2006,

a) somente deverá incidir a causa de aumento do art. 40, III, da Lei nº 11.343/2006 se a venda de drogas nas imediações de um presídio tenha como comprador um dos detentos ou alguém que estava frequentando o presídio.

b) o grau de pureza da droga é relevante para fins de dosimetria da pena. De acordo com a Lei nº 11.343/2006, tal circunstância, juntamente com a natureza e a quantidade da droga apreendida, prepondera para o cálculo da dosimetria da pena.

c) a participação do menor não pode ser considerada para configurar o crime de associação para o tráfico (art. 35) e, ao mesmo tempo, para agravar a pena como causa de aumento do art. 40, VI, da Lei nº 11.343/2006.

d) a conduta consistente em negociar por telefone a aquisição de droga e também disponibilizar o veículo que seria utilizado para o transporte do entorpecente configura o crime de tráfico de drogas em sua forma consumada (e não tentada), ainda que a polícia, com base em indícios obtidos por interceptações telefônicas, tenha efetivado a apreensão do material entorpecente antes que o investigado efetivamente o recebesse.

e) para a incidência da majorante prevista no art. 40, V, da Lei nº 11.343/2006, faz-se necessária a efetiva transposição de fronteiras entre estados da federação.

3) (2018 - FCC - DPE/AM - Defensor Público)

Segundo a Lei de Drogas,

a) a natureza e a quantidade da droga apreendida impedem o reconhecimento da causa de diminuição que caracteriza o tráfico privilegiado.

b) a natureza e a quantidade da droga são valoradas na primeira fase de aplicação da pena (pena-base).

c) a tipicidade do crime de associação para o tráfico se completa com a prática dolosa da venda de drogas por duas ou mais pessoas.

d) o tráfico internacional configura tipo autônomo, enquanto o tráfico interestadual é causa de aumento de pena.

e) o crime de oferecer droga, eventualmente e sem objetivo de lucro, a pessoa de seu relacionamento, para juntos a consumirem, submete-se às mesmas penas da posse de drogas para uso pessoal.

4) (2018 - CESPE - DPE/PE - Defensor Público)

Assinale a opção correta de acordo com a jurisprudência sumulada do Superior Tribunal de Justiça (STJ).

a) A conduta de atribuir-se falsa identidade perante autoridade policial é atípica, mesmo quando comprovado que a ação ocorreu com o objetivo de autodefesa.

b) Em se tratando de contravenções penais praticadas contra a mulher no âmbito das relações domésticas, é possível a aplicação do princípio da insignificância, se preenchidos determinados critérios.

c) A demonstração inequívoca da intenção do agente de realizar tráfico entre estados da Federação é suficiente para a incidência do aumento de um sexto a dois terços da pena para o crime de tráfico de drogas, sendo desnecessária a efetiva transposição da fronteira entre os estados.

d) A inversão da posse do bem mediante o emprego de violência não configura o crime de roubo, mas sua tentativa, se a coisa roubada for recuperada brevemente após perseguição imediata ao agente.

e) Tratando-se do crime de furto, a comprovação inequívoca da presença de seguranças no interior do estabelecimento comercial da vítima configura crime impossível.

5) (2019 - VUNESP - TJ/AC - Juiz de Direito Substituto

Assinale a alternativa correta em relação ao quanto previsto na Lei de Drogas.

a) O prazo de conclusão do inquérito policial em caso de indiciado preso por crime de tráfico de entorpecentes poderá ser duplicado pelo juiz, não podendo, entretanto, referido prazo exceder a 45 dias.

b) Para efeito da lavratura do auto de prisão em flagrante e estabelecimento da materialidade do delito de tráfico de entorpecentes, é suficiente o laudo de constatação da natureza e quantidade da droga, firmado por perito oficial ou, na falta deste, por pelo menos duas pessoas idôneas, e o perito que subscrever o laudo não fica impedido de participar da elaboração do laudo definitivo.

c) O pedido de restituição de bens apreendidos em crime de tráfico de entorpecentes poderá ser conhecido sem o comparecimento pessoal do acusado, podendo o juiz determinar a prática de atos necessários à conservação de bens, direitos ou valores.

d) O processo e o julgamento dos crimes de tráfico de entorpecentes previstos no art. 33, da Lei nº 11.343/06, se caracterizado ilícito transnacional, são da competência da Justiça Federal e os crimes praticados nos municípios que não sejam sede de vara federal serão processados e julgados na vara federal da respectiva circunscrição.

6) (2019 - CESPE - TJ/BA - Juiz de Direito Substituto)

À luz do entendimento jurisprudencial do STF, assinale a opção correta, acerca do delito de tráfico privilegiado, previsto na Lei n.º 11.343/2006.

a) Trata-se de crime inafiançável e insuscetível de graça, anistia e indulto.

b) O condenado pela prática de tráfico privilegiado deve iniciar o cumprimento da pena em regime fechado.

c) A progressão de regime prisional do réu condenado pelo crime em apreço somente será admitida mediante a realização de exame criminológico.

d) O condenado pela prática do crime de tráfico privilegiado poderá alcançar a progressão de regime prisional depois de ter cumprido pelo menos um sexto da pena no regime anterior, se ostentar bom comportamento carcerário.

e) O livramento condicional somente será concedido aos condenados pelo crime em apreço que tenham cumprido mais de dois terços da pena, exceto aqueles reincidentes específicos em crimes hediondos ou equiparados.

7) (Cespe - Juiz de Direito - PR/2017)

A respeito da execução penal e dos crimes hediondos, assinale a opção correta à luz da jurisprudência do STF e do STJ.

A) O crime de associação para o tráfico é hediondo, razão pela qual a progressão de regime para o condenado por esse crime só pode ser concedida depois de cumpridos dois terços da pena.

B) O condenado iniciará o cumprimento da pena obrigatoriamente no regime fechado e a pena privativa de liberdade não poderá em nenhuma hipótese ser substituída por pena restritiva de direito.

C) A progressão de regime será admitida somente mediante a realização de exame criminológico, que é imprescindível para os condenados por crime hediondo.

D) O inadimplemento da pena de multa aplicada cumulativamente ao condenado impede a progressão de regime, salvo quando provada a absoluta incapacidade econômica do condenado.

8) (Cespe - Delegado de Polícia - GO/2017)

Considerando o disposto na Lei n.º 11.343/2006 e o posicionamento jurisprudencial e doutrinário dominantes sobre a matéria regida por essa lei, assinale a opção correta.

A) Em processo de tráfico internacional de drogas, basta a primariedade para a aplicação da redução da pena.

B) Dado o instituto da delação premiada previsto nessa lei, ao acusado que colaborar voluntariamente com a investigação policial podem ser concedidos os benefícios da redução de pena, do perdão judicial ou da aplicação de regime penitenciário mais brando.

C) É vedada à autoridade policial a destruição de plantações ilícitas de substâncias entorpecentes antes da realização de laudo pericial definitivo, por perito oficial, no local do plantio.

D) Para a configuração da transnacionalidade do delito de tráfico ilícito de drogas, não se exige a efetiva transposição de fronteiras nem efetiva coautoria ou participação de agentes de estados diversos.

E) O crime de associação para o tráfico se consuma com a mera união dos envolvidos, ainda que de forma individual e ocasional.

GABARITO

1) Gabarito: letra "a".

Justificativa:

a) Correta, pois este é o teor da Súmula 587 do STJ: Para a incidência da majorante prevista no artigo 40, V, da Lei 11.343/06, é desnecessária a efetiva transposição de fronteiras entre estados da federação, sendo suficiente a demonstração inequívoca da intenção de realizar o tráfico interestadual;

b) Incorreta, haja vista que para a caracterização do tráfico interestadual de entorpecentes não é relevante a análise da quantidade de material ilícito, mas sim, a efetiva intenção de transporte para outros Estados, conforme precedentes dos Tribunais Superiores (STF: HC 122791 e STJ: HC 322571);

c) Incorreta, pois a Lei nº 11.343/06 não condiciona a necessidade de determinado número de pessoas para a caracterização da majorante;

d) Incorreta, pois, em que pese a atuação da Polícia Federal nestes casos (vide art. 144, § 1º, II, da CRFB/88 e art. 1º, parágrafo único, da Lei nº 10.446/2002), a competência permanece sendo da Justiça Estadual por não haver hipótese semelhante no artigo 109 da CRFB/88;

e) Incorreta, já que o caput do artigo 40 da Lei nº 11.343/2006 não faz este tipo de condicionamento.

2) **Gabarito oficial: letra "d".** Para que se configure o crime na modalidade de "adquirir", prevista no art. 33 da Lei nº 11.343/2006, não é necessária a tradição do entorpecente e o pagamento do preço, bastando o ajuste. Assim, não é indispensável que a droga tenha sido entregue ao comprador e o dinheiro pago ao vendedor, bastando que tenha havido a combinação da venda. STJ. 6ª Turma. HC 212528-SC, Rel. Min. Nefi Cordeiro, j. em 1/9/2015.

a) para a incidência da causa de aumento de pena referente ao fato do tráfico ser realizado nas imediações de um presídio, não se faz necessário que alguém que frequentasse o local ou mesmo um dos detentos tenha adquirido a droga, consoante já entenderam nossas cortes superiores;

b) o grau de pureza da droga é irrelevante para fins de dosimetria da pena;

c) não caracteriza bis in idem considerarmos a participação do menor para a formação do número mínimo exigido pelo artigo 35 da Lei 11343 de 2006 e, ao mesmo tempo, agravar a pena.

e) Súmula 587 do STJ: Para a incidência da majorante prevista no artigo 40, V, da Lei 11.343/06, é desnecessária a efetiva transposição de fronteiras entre estados da federação, sendo suficiente a demonstração inequívoca da intenção de realizar o tráfico interestadual.

3) **Gabarito oficial: letra "b".**

A natureza e da quantidade da droga deverão ser consideradas na primeira **ou** na terceira fase de aplicação da pena, não podendo ser levadas em conta nas duas fases ao mesmo tempo, sob pena de odioso bis in idem, consoante já decidiu o STF (HC 112776/MS, HC 109193/MG, RHC 122684/MG)

a) aplicação da causa de diminuição de pena do art 33,§4º não depende da natureza e da quantidade da droga apreendida;

c) o crime descrito no artigo 35 da lei em estudo se aperfeiçoa quando duas ou mais pessoas decidem associar-se com vínculo de estabilidade e permanência e não depende da efetiva prática da traficância para se consumar;

d) tanto tráfico transnacional quanto o interestadual são hipóteses de aumento de pena trazidas pelo artigo 40, I e V, respectivamente, e não tipos autônomos.

e) a oferta de droga, eventualmente e sem objetivo de lucro, a pessoa de seu relacionamento, para juntos consumirem é crime de menor potencial ofensivo trazido pelo artigo 33,§3º, da Lei 11343 de 2006, havendo pena privativa de liberdade cominada ao mesmo. Ao crime do artigo 28 do mesmo diploma legal não se comina pena privativa de liberdade.

4) Gabarito oficial: letra "c". Súmula 587 do STJ: Para a incidência da majorante prevista no artigo 40, V, da Lei 11.343/06, é desnecessária a efetiva transposição de fronteiras entre estados da federação, sendo suficiente a demonstração inequívoca da intenção de realizar o tráfico interestadual.

a) Errada, em virtude do disposto na Súmula 522 do STJ

b) Errada, em virtude do disposto na Súmula 589 do STJ

d) Errada, em virtude do disposto na Súmula 582 do STJ

e) Errada, em virtude do disposto na Súmula 567 do STJ

5) Gabarito oficial: letra "d". Artigo 70, parágrafo único da Lei 11.343/2006.

a) Não pode ser superior a 60 dias. Art 51 e paragrafo único;

b) Na falta do perito, basta uma pessoa idônea para firmar o laudo prévio de constatação. Art 50,§1º;

c) Não se conhece um pedido de restituição sem comparecimento pessoal do acusado. Art 63-A.

6) Gabarito oficial: letra "d". O tráfico privilegiado nao é considerado crime equiparado a hediondo, consoante art 112,§5º, da Lei 7210 de 1984, com redação dada pela Lei 13964 de 2019 e, assim, é suscetível de graça, anistia e indulto. O condenado por sua prática pode iniciar o cumprimento de sua pena em regime aberto e a progressão não fica condicionada à realização de exame criminológico. A concessão do livramento condicional para o condenado pela prática de tráfico privilegiado não resta condicionada às exigências feitas para os crimes hediondos, por não se tratar de crime hediondo, como dito anteriormente. Deve-se, entretanto, pontuar que a Questão foi elaborada antes das alterações da Lei 13964 de 2019 e, atualmente, o condenado pela prática de crime de tráfico privilegiado precisará cumprir 16% (não 1/6!!!!!) da pena para progredir, nos termos do artigo 112, I, da lei 7210 de 1984.

7) Gabarito oficial: letra "d". A letra "d" é correta, pois, não obstante o pagamento da pena de multa imposta na sentença não constar como requisito para progressão de regime (art. 112, LEP), o Plenário do STF, por maioria, negou provimento ao agravo regimental interposto em face de decisão monocrática que indeferiu o pedido de progressão de regime por conta do inadimplemento da pena de multa cumulativamente imposta à restrição da liberdade. (EP 12 ProgReg-AgR/DF, rel. Min. Roberto Barroso, 8.4.2015.

a) O crime de associação para o tráfico não é crime hediondo e não se submete às regras dos crimes hediondos para a progressão do regime de cumprimento de pena;

b) desde o julgamento do HC 111840, em 2012, o STF vem entendendo inconstitucional a imposição de cumprimento da pena em regime inicial fechado quando se trata de crimes hediondos e equiparados. Outrossim, a pena privativa de liberdade pode ser substituída pela pena restritiva de direitos, tendo sido declarada inconstitucional a vedação trazida pelo artigo 33, §4º.

c) Não se faz necessária a realização do exame criminológico para a progressão, bastando o relatório do diretor do estabelecimento prisional para comprovação do bom comportamento carcerário, consoante disposto no artigo 112 da LEP.

8) Gabarito oficial: letra "d".

Para a configuração da transnacionalidade do delito de tráfico ilícito de drogas, não se exige a efetiva transposição de fronteiras nem efetiva coautoria ou participação de agentes de estados diversos.

a) Em processo de tráfico internacional de drogas, não basta a primariedade para a aplicação da redução da pena pelo tráfico privilegiado, sendo, ainda, necessário que se trate de pessoa de bons antecedentes, que não se dedique a práticas criminosas e que não integre associação criminosa.

b) Ao acusado que, nos termos da Lei 11343/06, colaborar voluntariamente com a investigação policial só pode ser concedido o benefício da redução de pena.

c) A autoridade policial deverá promover a destruição de plantações ilícitas de substâncias entorpecentes imediatamente.

e) O crime de associação para o tráfico se consuma com a mera união dos envolvidos, desde que a união seja caracterizada pela estabilidade e permanência.

3

ESTATUTO DA CRIANÇA E DO ADOLESCENTE

LEI Nº 8.069, DE 13 DE JULHO DE 1990.

Dispõe sobre o Estatuto da Criança e do Adolescente e dá outras providências.

Art. 1º Esta Lei dispõe sobre a proteção integral à criança e ao adolescente.

Âmbito de proteção da Lei nº 8.069/90. Estatuto da Criança e do Adolescente. Revogando a antiga Lei nº 6.697/79, que versava sobre o Código de Menores, o Estatuto da Criança e do Adolescente (ECA) surge para compor um microssistema jurídico de proteção eficiente em face da tutela preconizada pela CRFB/88 ao seu público alvo, a infantoadolescência. Dissertando sobre diversos aspectos inerentes às crianças e aos adolescentes, abrangendo sua proteção integral (que deve ser entendido como um conjunto de atos e mecanismos que o legislador põe à disposição para ampliar as possibilidades de atendimento aos interesses da criança e do adolescente fornecendo a máxima efetividade dos direitos destes indivíduos), revela importante diploma normativo que reafirma direitos e garantias fundamentais, bem como trata do suporte administrativo, processual civil e penal, além de prever crimes e penas que refletem a política criminal adotada pelo Estado contemporaneamente à nova ordem constitucional então recém instituída e que vão de encontro a condutas incondizentes com os preceitos legais e aqueles contidos na Carta Magna.

Assim, ao analisarmos o art. 227 da CRFB/88, nos deparamos com um dever coletivamente previsto pelo constituinte, ao asseverar que cabe não só ao Estado e à sociedade, como também à própria instituição familiar, zelar pelos direitos da criança e do adolescente, assegurando-lhes as condições necessárias para que possam, com absoluta prioridade, usufruir do direito à vida, à saúde, à alimentação, à educação, ao lazer, à profissionalização, à cultura, à dignidade, ao respeito, à liberdade e à convivência familiar e comunitária, direitos que, aliados à aplicação do ECA, irão contribuir para a formação destes seres humanos, para o seu engrandecimento enquanto pessoas, a consolidação de um país mais justo e harmônico, que zela por seus jovens mantendo-lhes afastados de toda forma de negligência, discriminação, exploração, violência, crueldade e opressão.

Porém, o art. 227 da CRFB/88 não se restringe a esses mandamentos. Indo além, o referido artigo nos dá uma percepção geral de como as instituições deverão agir para colocar em prática o sistema de proteção especial, como assim chama a Constituição Federal. Partindo-se de uma ideia preconizada pelo princípio da solidariedade, há atribuições inerentes ao Estado enquanto formulador de políticas públicas inclusivas e protetivas, que deixem clara a noção de assistência integral às crianças e aos adolescentes, prevendo-se a aplicação de parcela dos recursos públicos para a área da saúde que serão destinados à assistência materno-infantil (princípios da solidariedade e da corresponsabilidade).

Sabendo-se que além da vulnerabilidade inerente à questão da idade pode existir algum tipo de impeditivo ligado às crianças e aos adolescentes portadores de deficiência, a CRFB/88 prevê, ainda, a criação de programas específicos que facilitem o seu acesso aos bens e serviços entendidos como coletivos, impedindo-se qualquer forma de discriminação nesse sentido.

Aspectos como idade mínima de quatorze anos para admissão ao trabalho, respeitada a proibição de trabalho noturno, perigoso ou insalubre àqueles que têm menos de dezoito anos, bem como qualquer tipo de trabalho a quem tenha menos de dezesseis, exceto na condição de aprendiz desde que a pessoa conte com mais de quatorze anos, também estão veiculados na CRFB/88, seja no artigo 227, § 3º, I, ou ainda no art. 7º, XXXIII.

Enfim. A CRFB/88 buscou tratar aqui brevemente nessas linhas, justamente, de uma atenção maior a ser dada a pessoas com menos de dezoito anos em virtude da sua vulnerabilidade (jurídica, social e econômica), prevendo direitos específicos ao público-alvo desta faixa etária, punindo de maneira severa qualquer tipo de abuso, violência ou exploração sexual da criança e do adolescente. Basta pensarmos nas penas inerentes ao estupro de vulnerável, previsto no art. 217-A do Código Penal.

Portanto, percebe-se a clara intenção do constituinte em formular as bases e princípios para que se consolidasse o microssistema de proteção que só surge de modo definitivo com a entrada em vigor do Estatuto da Criança e do Adolescente. Dentre esses princípios, podem ser citados: o da prioridade absoluta (proteção integral e prioritária), tal como preconizado pelos termos do art. 227 da CRFB/88 e também pelo art. 4º do ECA); o princípio do melhor (superior) interesse, através do qual deve sempre prevalecer o melhor interesse para a criança e para o adolescente, podendo ser percebido em diversos dispositivos do ECA, como por exemplo no art. 19, § 2º, art. 22, art. 39, § 3º, 100, parágrafo único, IV, etc.; o princípio da cooperação, como já pudemos observar anteriormente, principalmente no que diz respeito à distribuição de responsabilidades efetuada pela CRFB/88 no art. 227 c/c art. 4º, *caput,* e parágrafo único do ECA (corresponsabilidade); o princípio da municipalização do atendimento, que reflete a diretriz básica da política adotada pelo legislador infraconstitucional no que diz respeito ao atendimento dos direito da criança e do adolescente, tal como previsto no art. 88, I, do ECA (em que pese a orientação inicial do art. 87, amparada no princípio da cooperação, definir um conjunto articulado de ações governamentais e não-governamentais entre todos os Entes da Federação).

Por fim, é de se notar a participação do Conselho Nacional dos Direitos da Criança e do Adolescente (CONANDA), criado pela Lei nº 8.242/91, que emite diversas resoluções sobre a temática envolvendo esse público-alvo, já que possui a competência, por exemplo, elaborar as normas gerais da política nacional de atendimento dos direitos da criança e do adolescente, fiscalizando as ações de execução, observadas as linhas de ação e as diretrizes estabelecidas nos artigos 87 e 88 do ECA. A título de ilustração, a Resolução nº 113/2006, do CONANDA, auxilia no robustecimento do Sistema de Proteção Integral, ao prever os parâmetros para a institucionalização e fortalecimento do sistema de garantia dos direitos da criança e do adolescente.

Prisão preventiva. Medida socioeducativa de meio fechado. Socioeducanda. Recolhimento domiciliar. A doutrina garantista da proteção integral, prioritária e absoluta, instituída pelo art. 227 da CRFB/88, criou, como dito, um microssistema de proteção especial às crianças e aos adolescentes preconizado pelo ECA, mas não só. A qualidade de preceito fundamental ínsita a diversos dispositivos constitucionais relativos à infantoadolescência, dentre eles, direitos sociais (art. 6º), a absoluta prioridade dos direitos das crianças e adolescentes (art. 227) e seu superior interesse (art. 100, parágrafo único, IV, do ECA), qualifica o regime de proteção especial conferida a esses direitos.

Tal proteção é ampliada pelo bloco de constitucionalidade: artigo 24 da Convenção da ONU sobre os Direitos da Criança (Decreto n.º 99.710/1990); Regras de Bangkok; Objetivos 3.1 e 3.2 da Agenda ODS 2030 – natureza supralegal -; Estatuto da Primeira Infância (Lei n.º 13.257/2016) e do Estatuto da Juventude (Lei nº 12.852/2013), dentre tantos outros.

À (máxima) efetividade de tais direitos (art. 4º do ECA), aplica-se o princípio da vedação da proteção deficitária ou insuficiente, o que levou ao reconhecimento pela Suprema Corte da possibilidade de substituição da prisão pela domiciliar quando o agente [pai, mãe ou responsável] tiver incumbência pelos cuidados de criança (art. 2º ECA) ou pessoa com deficiência (dado que a proteção é conferida ao vulnerável, à criança ou pessoa com deficiência), mesmo entendimento extensível às adolescentes em cumprimento de medida socioeducativa. Aqui remetemos o leitor às explicações realizadas quando da análise do Estatuto da Pessoa com Deficiência (Lei nº 13.146/2015), em especial, quanto à aprovação de resolução do CNJ sobre a regulamentação de decisões concessivas de HC coletivo pelo STF 143.641/SP e 165.704/DF (Resolução CNJ nº 369 de 19/01/2021). Mas não podemos deixar de destacar o precedente:

> HABEAS CORPUS COLETIVO. ADMISSIBILIDADE. DOUTRINA BRASILEIRA DO HABEAS CORPUS. MÁXIMA EFETIVIDADE DO WRIT. MÃES E GESTANTES PRESAS. RELAÇÕES SOCIAIS MASSIFICADAS

E BUROCRATIZADAS. GRUPOS SOCIAIS VULNERÁVEIS. ACESSO À JUSTIÇA. FACILITAÇÃO. EMPREGO DE REMÉDIOS PROCESSUAIS ADEQUADOS. LEGITIMIDADE ATIVA. APLICAÇÃO ANALÓGICA DA LEI 13.300/2016. MULHERES GRÁVIDAS OU COM CRIANÇAS SOB SUA GUARDA. PRISÕES PREVENTIVAS CUMPRIDAS EM CONDIÇÕES DEGRADANTES. INADMISSIBILIDADE. PRIVAÇÃO DE CUIDADOS MÉDICOS PRÉ-NATAL E PÓS-PARTO. FALTA DE BERÇARIOS E CRECHES. ADPF 347 MC/DF. SISTEMA PRISIONAL BRASILEIRO. ESTADO DE COISAS INCONSTITUCIONAL. CULTURA DO ENCARCERAMENTO. NECESSIDADE DE SUPERAÇÃO. DETENÇÕES CAUTELARES DECRETADAS DE FORMA ABUSIVA E IRRAZOÁVEL. INCAPACIDADE DO ESTADO DE ASSEGURAR DIREITOS FUNDAMENTAIS ÀS ENCARCERADAS. OBJETIVOS DE DESENVOLVIMENTO DO MILÊNIO E DE DESENVOLVIMENTO SUSTENTÁVEL DA ORGANIZAÇÃO DAS NAÇÕES UNIDAS. REGRAS DE BANGKOK. ESTATUTO DA PRIMEIRA INFÂNCIA. APLICAÇÃO À ESPÉCIE. ORDEM CONCEDIDA. EXTENSÃO DE OFÍCIO (...) VII – Comprovação nos autos de existência de situação estrutural em que mulheres grávidas e mães de crianças (entendido o vocábulo aqui em seu sentido legal, como a pessoa de até doze anos de idade incompletos, nos termos do art. 2º do Estatuto da Criança e do Adolescente - ECA) estão, de fato, cumprindo prisão preventiva em situação degradante, privadas de cuidados médicos pré-natais e pós-parto, inexistindo, outrossim berçários e creches para seus filhos. VIII – "Cultura do encarceramento" que se evidencia pela exagerada e irrazoável imposição de prisões provisórias a mulheres pobres e vulneráveis, em decorrência de excessos na interpretação e aplicação da lei penal, bem assim da processual penal, mesmo diante da existência de outras soluções, de caráter humanitário, abrigadas no ordenamento jurídico vigente. IX – Quadro fático especialmente inquietante que se revela pela incapacidade de o Estado brasileiro garantir cuidados mínimos relativos à maternidade, até mesmo às mulheres que não estão em situação prisional, como comprova o "caso Alyne Pimentel", julgado pelo Comitê para a Eliminação de todas as Formas de Discriminação contra a Mulher das Nações Unidas. X – Tanto o Objetivo de Desenvolvimento do Milênio nº 5 (melhorar a saúde materna) quanto o Objetivo de Desenvolvimento Sustentável nº 5 (alcançar a igualdade de gênero e empoderar todas as mulheres e meninas), ambos da Organização das Nações Unidades, ao tutelarem a saúde reprodutiva das pessoas do gênero feminino, corroboram o pleito formulado na impetração. X – Incidência de amplo regramento internacional relativo a Direitos Humanos, em especial das Regras de Bangkok, segundo as quais deve ser priorizada solução judicial que facilite a utilização de alternativas penais ao encarceramento, principalmente para as hipóteses em que ainda não haja decisão condenatória transitada

> em julgado. XI - Cuidados com a mulher presa que se direcionam não só a ela, mas igualmente aos seus filhos, os quais sofrem injustamente as consequências da prisão, em flagrante contrariedade ao art. 227 da Constituição, cujo teor determina que se dê prioridade absoluta à concretização dos direitos destes. XII - Quadro descrito nos autos que exige o estrito cumprimento do Estatuto da Primeira Infância, em especial da nova redação por ele conferida ao art. 318, IV e V, do Código de Processo Penal. XIII - Acolhimento do writ que se impõe de modo a superar tanto a arbitrariedade judicial quanto a sistemática exclusão de direitos de grupos hipossuficientes, típica de sistemas jurídicos que não dispõem de soluções coletivas para problemas estruturais. XIV - Ordem concedida para determinar a substituição da prisão preventiva pela domiciliar - sem prejuízo da aplicação concomitante das medidas alternativas previstas no art. 319 do CPP - de todas as mulheres presas, gestantes, puérperas ou mães de crianças e deficientes, nos termos do art. 2º do ECA e da Convenção sobre Direitos das Pessoas com Deficiências (Decreto Legislativo 186/2008 e Lei 13.146/2015), relacionadas neste processo pelo DEPEN e outras autoridades estaduais, enquanto perdurar tal condição, excetuados os casos de crimes praticados por elas mediante violência ou grave ameaça, contra seus descendentes ou, ainda, em situações excepcionalíssimas, as quais deverão ser devidamente fundamentadas pelos juízes que denegarem o benefício. XV - Extensão da ordem de ofício a todas as demais mulheres presas, gestantes, puérperas ou mães de crianças e de pessoas com deficiência, bem assim às adolescentes sujeitas a medidas socioeducativas em idêntica situação no território nacional, observadas as restrições acima. (STF, Segunda Turma. HC 143641, Relator(a): RICARDO LEWANDOWSKI, julgado em 20/02/2018, DJe-215 DIVULG 08-10-2018 PUBLIC 09-10-2018)

Crimes sexuais. Crianças e adolescentes. Revitimização. Proteção integral. Na temática dos crimes sexuais praticados contra criança e adolescente, a jurisprudência da Quinta e Sexta Turmas do STJ admite a oitiva da vítima (menor de 18 anos) por profissional preparado e em ambiente diferenciado na modalidade do "depoimento sem dano" (escuta especializada/depoimento especial), prevista na Lei nº 13.431/2017 – que estabelece o sistema de garantia de direitos da criança e do adolescente vítima ou testemunha de violência, em especial, com o objetivo de evitar sua revitimização –, medida excepcional que respeita sua condição especial de pessoa em desenvolvimento – art. 28, § 1º e 100, parágrafo único, XII, do ECA (Recomendação CNJ nº 33/2010). A título exemplificativo:

> PROCESSUAL PENAL. HABEAS CORPUS. ESTUPRO DE VULNERÁVEL. NULIDADE. AUSÊNCIA DE REALIZAÇÃO DE AVALIAÇÃO PSICOLÓGICA DA VÍTIMA, DE SUA GENITORA E DO PACIENTE.

ALEGAÇÃO DE CERCEAMENTO DE DEFESA. NÃO OCORRÊNCIA. VÍTIMA E GENITORA QUE OPTARAM PELO DEPOIMENTO PERANTE O JUÍZO, DISPENSANDO OITIVA ESPECIAL, NOS TERMOS DA RECOMENDAÇÃO N. 33/CNJ (...) 1. O Conselho Nacional de Justiça, considerando o disposto no art. 227 da Constituição Federal, na Convenção Internacional sobre os Direitos da Criança e nas disposições do Estatuto da Criança e do Adolescente, bem como a necessidade de viabilizar maior confiabilidade na produção de provas testemunhais, na busca da verdade e na responsabilização penal de agressores, editou a Recomendação n. 33/2010, no intuito de recomendar aos Tribunais a adoção de providências para implementar procedimentos de colheita especial de prova oral, evitando-se, notadamente em casos como o presente, a revitimação do ofendido, ocorrida em decorrência de sucessivas inquirições sobre o mesmo fato, seja na fase investigatória seja na processual. 2. Os mecanismos de "Escuta Especializada" estão colocados à disposição e discricionariedade das vítimas e testemunhas de violência para o seu devido resguardo, não sendo plausível o reconhecimento de suposta nulidade em virtude da sua não realização, quando a vítima ou testemunha efetivamente deseja depor perante o Juízo, como ocorreu na espécie, não se podendo retirar a validade das declarações colhidas perante o magistrado, mormente quando respeitados o contraditório e a ampla defesa. 3. Nos termos do parecer do Ministério Público Federal, a inquirição especial a que alude a Recomendação n. 33/CNJ constitui "medida de proteção que deve ser utilizada, exclusivamente, em benefício da vítima, não sendo razoável admitir - diferentemente daquilo que pretende aqui a Defesa - que a ausência de tal procedimento seja tomada em seu desfavor" [...] (STJ, **SEXTA TURMA**. HC 422.635/SP, Rel. Ministro ANTONIO SALDANHA PALHEIRO, julgado em 26/02/2019, DJe 12/03/2019)

PROCESSO PENAL (...) ESTUPRO DE VULNERÁVEL. DEPOIMENTO SEM DANO. MEDIDA EXCEPCIONAL. POSSIBILIDADE. VIOLAÇÃO DO ART. 12, I E II, DA LEI 13.431/17 (...) 2. Assevere-se, inicialmente, que "esta Corte tem entendido justificada, nos crimes sexuais contra criança e adolescente, a inquirição da vítima na modalidade do 'depoimento sem dano', em respeito à sua condição especial de pessoa em desenvolvimento, procedimento admitido, inclusive, antes da deflagração da persecução penal, mediante prova antecipada (HC 226.179/RS, Rel. Ministro JORGE MUSSI, QUINTA TURMA, julgado em 8/10/2013, DJe 16/10/2013) [...] (STJ, **QUINTA TURMA**. AgRg no AREsp 1612036/RS, Rel. Ministro RIBEIRO DANTAS, julgado em 05/03/2020, DJe 13/03/2020)

> PENAL E PROCESSO PENAL (...) DEPOIMENTO SEM DANO. CERCEAMENTO DE DEFESA. NÃO CONFIGURAÇÃO. AUSÊNCIA DE DEMONSTRAÇÃO DE PREJUÍZO CONCRETO. PAS DE NULLITÉ SANS GRIEF (...) 4. A jurisprudência desta Corte Superior se consolidou no sentido de que "a suspeita da prática de crime sexual contra criança e adolescente justifica a sua inquirição na modalidade do ´depoimento sem dano´, respeitando-se a sua condição especial de pessoa em desenvolvimento, em ambiente diferenciado e por profissional especializado" (HC 226.179/RS, Rel. Ministro JORGE MUSSI, QUINTA TURMA, julgado em 8/10/2013, DJe 16/10/2013). Precedentes. 5. Outrossim, como é cediço, este Superior Tribunal de Justiça possui entendimento pacífico no sentido de que o reconhecimento de eventual nulidade, relativa ou absoluta, exige a comprovação de efetivo prejuízo, vigorando o princípio pas de nulité sans grief, previsto no art. 563, do CPP. Na espécie, a defesa não logrou demonstrar o prejuízo concreto decorrente da oitiva das vítimas/menores na modalidade "depoimento sem dano" [...] (STJ, QUINTA TURMA. AgRg no AREsp 1682899/DF, Rel. Ministro REYNALDO SOARES DA FONSECA, julgado em 04/08/2020, DJe 13/08/2020)

Crianças e adolescentes. Vítimas de crimes. Menores de idade do sexo feminino. Perito legista mulher. Obrigatoriedade. O Plenário do STF, por maioria, no julgamento do *leading case* ADI 6039-MC concedeu a medida cautelar "*tão somente para dar interpretação conforme à parte final do § 3º do art. 1º da Lei do Estado do Rio de Janeiro 8.008/2018, no sentido de reconhecer que as crianças e adolescentes do sexo feminino vítimas de violência deverão ser, obrigatoriamente, examinadas por legista mulher, desde que não importe retardamento ou prejuízo da diligência, atribuindo à decisão excepcionais efeitos ex tunc, a fim de resguardar as perícias que porventura tenham sido feitas por profissionais do sexo masculino*". Confira o referido precedente:

> MEDIDA CAUTELAR. AÇÃO DIRETA DE INCONSTITUCIONALIDADE. LEI DO ESTADO DO RIO DE JANEIRO N. 8.008/2018 (ART. 1º, §3º). VÍTIMAS DE ESTUPRO. MENORES DE IDADE DO SEXO FEMININO. PERITO LEGISTA MULHER. OBRIGATORIEDADE. ALEGA OFENSA À COMPETÊNCIA PRIVATIVA DA UNIÃO (ART. 22, I, DA CFRB) E NORMAS GERAIS SOBRE PROCEDIMENTOS EM MATÉRIA PROCESSUAL (ART, 24, XI, DA CFRB). INEXISTÊNCIA. COMPETÊNCIA PREVISTA NO ART. 24, XV, DA CFRB. INCONSTITUCIONALIDADE MATERIAL POR OFENSA AO DIREITO DE CRIANÇAS E ADOLESCENTES DE ACESSO À JUSTIÇA E AOS PRINCÍPIOS DA PROTEÇÃO INTEGRAL E DA PRIORIDADE ABSOLUTA (arts. 5º, XXXV, e 227, caput, da CRFB). SUSPENSÃO DA NORMA DEFERIDA. INTERPRETAÇÃO CONFORME À CONSTITUIÇÃO. DESDE QUE NÃO IMPORTE RETARDAMENTO OU PREJUÍZO DA DILIGÊNCIA. EFEITOS EX TUNC. 1. A Lei Estadual n.º 8.008/2018 do Rio de Janeiro,

que impõe a obrigatoriedade de que as crianças e adolescentes do sexo feminino vítimas de estupro sejam examinadas por perito legista mulher, não padece do vício de inconstitucionalidade formal, porque a regra concerne à competência concorrente prevista no art. 24, inciso XV, da CFRB, "proteção à infância e à juventude". 2. Trata-se de regra que reforça o princípio federativo, protegendo a autonomia de seus membros e conferindo máxima efetividade aos direitos fundamentais, no caso, o direito da criança e da adolescente à absoluta prioridade na proteção dos seus direitos (CFRB, art. 227). Compreensão menos centralizadora e mais cooperativa da repartição de competências no federalismo brasileiro. A lei federal n. 13.431/2017 (Estabelece o sistema de garantia de direitos da criança e do adolescente vítima ou testemunha de violência) reservou espaço à conformação dos Estados. Inconstitucionalidade formal afastada. 3. Lei impugnada em sintonia com o direito fundamental à igualdade material (art. 5º, I, da CRFB), que impõe especial proteção à mulher e o atendimento empático entre iguais, evitando-se a revitimização da criança ou adolescente, mulher, vítima de violência. 4. Risco evidenciado pela negativa de realização de atos periciais às vítimas menores de idade do sexo feminino por legistas homens, o que compromete, concretamente e de modo mais urgente, o direito de crianças e adolescente de acesso à justiça (art. 39 da Convenção sobre os Direitos das Crianças) e os princípios da proteção integral e da prioridade absoluta (arts. 5º, XXXV, e 227 da CRFB). Inconstitucionalidade material concreta. Necessidade de interpretação conforme à Constituição. Desde que não importe retardamento ou prejuízo da diligência. 5. Medida cautelar deferida. Suspensão da norma impugnada. Efeitos excepcionais efeitos ex tunc, a fim de resguardar as perícias que porventura tenham sido feitas por profissionais do sexo masculino. (STF, Tribunal Pleno. ADI 6039 MC, Relator(a): EDSON FACHIN, julgado em 13/03/2019, DJe-167 DIVULG 31-07-2019 PUBLIC 01-08-2019)

Competência. Criação de varas especializadas. Competência infância. A jurisprudência dos Tribunais Superiores tem entendimento de que é facultado aos Tribunais de Justiça atribuir às Varas da Infância e da Juventude competência para processar e julgar crimes de natureza sexual praticados contra crianças e adolescentes, conforme disposições do artigo 96, I, "a" e "d" e II, "d", da CRFB/88. Ademais, o Provimento CNJ n.º 36 – que dispõe sobre a estrutura e procedimentos das Varas da Infância e Juventude – recomenda a criação de vara especializada em localidades com mais de 100.000 habitantes, com competência exclusiva em matéria de infância e juventude (art. 1º, I), como forma de conferir maior efetividade a direitos fundamentais da infantoadolescência (art. 5º, XXXV e 227 CRFB/88). Nesse sentido, o entendimento da Suprema Corte:

> HABEAS CORPUS. CRIMES COMETIDOS CONTRA CRIANÇA E ADOLESCENTE. COMPETÊNCIA DA VARA DA INFÂNCIA E DA JUVENTUDE. POSSIBILIDADE. 1. É facultado ao Tribunal de Justiça, mediante Resolução editada com fundamento em Lei de Organização Judiciária, estipular ao Juízo da Infância e Juventude a competência adicional para processar e julgar delitos contra a dignidade sexual, quando vitimadas crianças e adolescentes [...] (STF, **Primeira Turma**. HC 128542, Relator(a): MARCO AURÉLIO, Relator(a) p/ Acórdão: ALEXANDRE DE MORAES, julgado em 16/05/2017, DJe-171 DIVULG 03-08-2017 PUBLIC 04-08-2017)

> PENAL. AGRAVO REGIMENTAL EM RECURSO ORDINÁRIO EM HABEAS CORPUS. CRIMES SEXUAIS CONTRA CRIANÇAS E ADOLESCENTES. COMPETÊNCIA. VARAS DA INFÂNCIA E JUVENTUDE. JURISPRUDÊNCIA DO SUPREMO TRIBUNAL FEDERAL. 1. A jurisprudência desta Corte é no sentido de que é legítima a atribuição às Varas da Infância e da Juventude de competência para julgar crimes sexuais praticados contra crianças e adolescentes. Precedentes [...] (STF, **Primeira Turma**. RHC 177582 AgR, Relator(a): ROBERTO BARROSO, julgado em 21/02/2020, DJe-052 DIVULG 10-03-2020 PUBLIC 11-03-2020)

A Quinta e Sexta Turmas do STJ:

> PENAL. AGRAVO REGIMENTAL NO RECURSO ESPECIAL. ESTUPRO DE VULNERÁVEL. COMPETÊNCIA. JUIZADO DA INFÂNCIA E DA JUVENTUDE. LEI ESTADUAL. POSSIBILIDADE. PRECEDENTES (...) 1. A Sexta Turma desta Corte, no julgamento do REsp 1.498.662/RS, ressaltando a necessidade de obediência ao princípio da segurança jurídica, decidiu acompanhar o entendimento assentado nas duas Turmas do Supremo Tribunal Federal, no sentido de ser possível atribuir à Justiça da Infância e Juventude, entre outras competências, a de processar e julgar crimes de natureza sexuais praticados contra crianças e adolescentes (REsp 1.498.662/RS, Rel. Ministra MARIA THEREZA DE ASSIS MOURA, Rel. p/ Acórdão Ministro ROGERIO SCHIETTI CRUZ, SEXTA TURMA, julgado em 12/2/2015, DJe 26/6/2015) [...] (STJ, **SEXTA TURMA**. AgRg no REsp 1250814/RS, Rel. Ministro NEFI CORDEIRO, julgado em 03/11/2015, DJe 19/11/2015)

> AGRAVO REGIMENTAL NO AGRAVO REGIMENTAL NO HABEAS CORPUS. ESTUPRO DE VULNERÁVEL. COMPETÊNCIA DA VARA CRIMINAL DE HAMBURGO QUE JULGOU O PACIENTE, ORA AGRAVANTE (...) 1. "A jurisprudência desta eg. Corte Superior passou a acompanhar o entendimento do col. Supremo Tribunal Federal, no sentido de admitir que os Tribunais de Justiça atribuam competên-

cia para o julgamento de crimes contra crianças e adolescentes aos Juizados da Infância e Juventude" (HC 398.535/RS, Rel. Ministro FELIX FISCHER, QUINTA TURMA, DJe 30/11/2017). 2. Todavia, no Estado do Rio Grande do Sul, somente na Capital, entre os anos de 2008 e 2013, os crimes sexuais praticados contra criança ou adolescente deviam ser julgados pela Vara da Infância e Juventude de Porto Alegre, sendo que nas demais comarcas a competência sempre foi das Varas Criminais, em consonância com a Lei Estadual n. 12.913/2008, Edital n. 58 do Conselho da Magistratura e Resolução n. 943/2013 do Conselho da Magistratura. 3. Recurso desprovido. (STJ, QUINTA TURMA. AgRg no AgRg no HC 445.863/RS, Rel. Ministro JOEL ILAN PACIORNIK, julgado em 11/04/2019, DJe 22/04/2019)

PROCESSUAL PENAL. COMPETÊNCIA DA VARA DA INFÂNCIA E DA JUVENTUDE. CRIMES SEXUAIS CONTRA CRIANÇAS E ADOLESCENTES. POSSIBILIDADE. CONSTRANGIMENTO NÃO CONFIGURADO. AGRAVO DESPROVIDO. 1. É facultado aos Tribunais nacionais atribuir à Justiça da Infância e Juventude, entre outras competências, a de processar e julgar crimes de natureza sexuais praticados contra crianças e adolescentes. 2. Agravo regimental desprovido. (STJ, QUINTA TURMA. AgRg no HC 492.073/RO, Rel. Ministro RIBEIRO DANTAS, julgado em 19/09/2019, DJe 24/09/2019)

Art. 2º Considera-se criança, para os efeitos desta Lei, a pessoa até doze anos de idade incompletos, e adolescente aquela entre doze e dezoito anos de idade.

Parágrafo único. Nos casos expressos em lei, aplica-se excepcionalmente este Estatuto às pessoas entre dezoito e vinte e um anos de idade.

Dos conceitos de criança e de adolescente. No artigo segundo do ECA percebemos que o legislador conceitua, ainda que de forma breve, quem será considerado criança ou adolescente para fins de aplicação do referido Estatuto. Ressalte-se que estes conceitos independem se a matéria está relacionada à temática penal ou civil. Assim, para todos os efeitos, todo aquele que ainda não tiver completado doze anos de idade será considerado criança. Se o ECA é o diploma normativo específico para esse público, então, devemos considera-lo também para outros ramos do direito que requeiram conhecimentos nesse sentido. Com isso, a agravante prevista no art. 61, II, "h", do Código Penal, qual seja, aquela utilizada nos casos de o agente ter praticado o crime contra criança, será aplicada desde que não constitua ou qualifique o crime e para isso deverá ser observado o conceito previsto no art. 2º do ECA.

Já quanto aos adolescentes, o ECA delimitou a faixa etária compreendida entre as crianças e os adultos, ou seja, a partir dos doze anos completos indo até o último momento que antecede o aniversário de dezoito anos da pessoa.

A excepcionalidade prevista no parágrafo único do art. 2º do ECA. Em que pese a previsão contida no art. 1º do mesmo Estatuto, para o qual a lei trata da proteção integral para crianças e adolescentes (devidamente conceituadas pelo *caput* do art. 2º), em determinados casos, excepcionalmente expressos em lei, será possível aplicarmos o ECA a quem esteja compreendido entre os dezoito anos completos e os vinte e um anos incompletos (estando, pelo menos em tese, plenamente capaz para os atos da vida civil e para fins de imputabilidade penal, com base na leitura do art. 5º do Código Civil e da leitura a contrário *sensu* do art. 27 do Código Penal).

Então, é possível afirmar que uma determinada medida socioeducativa prevista no ECA será aplicada a uma pessoa que esteja na faixa etária mencionada no parágrafo acima, desde que o ato infracional tenha sido praticado na adolescência. Convém ressaltar que a excepcionalidade descrita no parágrafo único do art. 2º do ECA não diz respeito ao tipo de medida socioeducativa, em si, mas ao fato de que o tratamento especial preconizado pelo Estatuto será aplicado àqueles que se insiram na faixa etária ali determinada, desde que o ato infracional tenha sido praticado na adolescência. Caso uma pessoa que já tenha mais de dezoito anos pratique conduta descrita como crime previsto no Código Penal ou em legislação penal extravagante, não mais estará sujeita ao tratamento do ECA. O que deve ser analisado, então, é a data da prática da conduta que venha a ter tipicidade formal, que deverá ser corroborada com a idade do indivíduo à época, para fins de aplicação ou do ECA, ou do Código Penal ou de outra lei que preveja uma infração penal, nos termos do art. 104, parágrafo único, do mesmo Estatuto.

À época da entrada em vigor do ECA, o Código Civil então vigente asseverava que a maioridade civil era alcançada com vinte e um anos, nos termos do revogado art. 9º do CC/16. Quando o novo Código Civil entra em vigor em 2002, surge discussão sobre a revogação tácita do parágrafo único do art. 2º do ECA. No entanto, tal posicionamento não subsiste, devendo ser descartado. O art. 2º, parágrafo único, do ECA está plenamente válido e não sofreu qualquer alteração com o advento do novo Código Civil.

Note-se, ainda, que a emancipação civil (antecipação dos efeitos da capacidade civil plena) - art. 5º do CC/02 - não tem influência direta no contexto da proteção especial estabelecida pelo microssistema do ECA, dado o caráter indisponível da proteção estatal (constitucional), eis que o estatuto quer proteger sua peculiar condição de pessoa em desenvolvimento (arts. 69, I; 71; 121, todos do ECA). Nesse sentido é o Enunciado 530 da VI Jornada de Direito Civil do Conselho da Justiça Federal - CJF:

> "A emancipação, por si só, não elide a incidência do Estatuto da Criança e do Adolescente"

Idade. ECA. 18 anos. Maioridade civil e penal. Prevalência da norma estatutária protetiva. Jurisprudência dos Tribunais Superiores pacificada. Art. 121, § 5º, do ECA: não-derrogação pelo novo Código Civil. Princípio da especialidade. É entendimento pacificado nos Tribunais Superiores que *"a redução da maioridade* *civil pela Lei nº 11.406/2002 (novo Código Civil) em nada modificou os parâmetros de idade constantes do Estatuto da Criança e do Adolescente – ECA".* Da mesma forma, plenamente cabível a aplicação excepcional das normas protetivas do ECA aos maiores de 18 e menores de 21 anos (art. 121, § 5º, do ECA), eis que adotado pelo estatuto o critério cronológico absoluto, não havendo previsão da maioridade civil e penal aos 18 anos como causa extintiva da medida socioeducativa, prevalecendo a norma estatutária em razão do princípio da especialidade.

> HABEAS CORPUS. ESTATUTO DA CRIANÇA E DO ADOLESCENTE. MEDIDA SOCIOEDUCATIVA. ART. 121, § 5º, DO ESTATUTO: NÃO-DERROGAÇÃO PELO NOVO CÓDIGO CIVIL: PRINCÍPIO DA ESPECIALIDADE. REGIME DE SEMILIBERDADE. SUPERVENIÊNCIA DA MAIORIDADE. MANUTENÇÃO DA MEDIDA: POSSIBILIDADE. PRECEDENTES. HABEAS INDEFERIDO. 1. Não se vislumbra qualquer contrariedade entre o novo Código Civil e o Estatuto da Criança e do Adolescente relativamente ao limite de idade para aplicação de seus institutos. 2. O Estatuto da Criança e do Adolescente não menciona a maioridade civil como causa de extinção da medida socioeducativa imposta ao infrator: ali se contém apenas a afirmação de que suas normas podem ser aplicadas excepcionalmente às pessoas entre dezoito e vinte e um anos de idade (art. 121, § 5º). 3. Aplica-se, na espécie, o princípio da especialidade, segundo o qual se impõe o Estatuto da Criança e do Adolescente, que é norma especial, e não o Código Civil ou o Código Penal, diplomas nos quais se contêm normas de caráter geral. 4. A proteção integral da criança ou adolescente é devida em função de sua faixa etária, porque o critério adotado pelo legislador foi o cronológico absoluto, pouco importando se, por qualquer motivo, adquiriu a capacidade civil, quando as medidas adotadas visam não apenas à responsabilização do interessado, mas o seu aperfeiçoamento como membro da sociedade, a qual também pode legitimamente exigir a recomposição dos seus componentes, incluídos aí os menores. Precedentes [...] (STF, Primeira Turma. HC 94938, Relator(a): CÁRMEN LÚCIA, julgado em 12/08/2008, DJe-187 DIVULG 02-10-2008 PUBLIC 03-10-2008 EMENT VOL-02335-03 PP-00516 RTJ VOL-00207-01 PP-00387 RT v. 98, n. 881, 2009, p. 532-538 RMP n. 39, 2011, p. 243-251, sem grifo no original)

> HABEAS CORPUS. ESTATUTO DA CRIANÇA E DO ADOLESCENTE. MEDIDA SOCIOEDUCATIVA DE SEMILIBERDADE. IMPLEMENTO DA MAIORIDADE CIVIL. MANUTENÇÃO DA MEDIDA PROTETIVA: POSSIBILIDADE. ORDEM DENEGADA. 1. É pacífica a jurisprudência de ambas as Turmas do Supremo Tribunal Federal no sentido de que a redução da maioridade civil pela Lei nº 11.406/2002 (novo Código Civil) em nada modificou os parâmetros de idade constantes

> do Estatuto da Criança e do Adolescente - ECA. Precedentes: HC 96.742, da relatoria da ministra Ellen Gracie; HCs 91.491 e 94.938, da relatoria da ministra Cármen Lúcia; HCs 90.129 e 91.492, da relatoria do ministro Ricardo Lewandowski; HC 94.939, da relatoria do ministro Joaquim Barbosa. 2. A solução da causa passa pela adoção do princípio da especialidade das leis. Pelo que hão de prevalecer as regras e parâmetros do microssistema jurídico em que o Estatuto da Criança e do Adolescente consiste. Solução de todo condizente com a "absoluta prioridade" constitucional conferida à criança e ao adolescente, cada qual deles expressamente qualificado como detentor de "condição peculiar de desenvolvimento" (caput e inciso V do § 3º do art. 227 da CF). 3. A automática aplicação da maioridade civil para desconsiderar os institutos jurídicos que são próprios do Estatuto da Criança e do Adolescente opera como inescondível fator de tratamento desfavorável. A proteção constitucionalmente consagrada é de se estender até a idade de vinte e um anos (§ 5º do art. 121 do ECA) [...] (STF, Primeira Turma. HC 97539, Relator(a): CARLOS BRITTO, julgado em 16/06/2009, DJe-148 DIVULG 06-08-2009 PUBLIC 07-08-2009 EMENT VOL-02368-04 PP-00814, sem grifo no original)

O STJ, recentemente chamado à discussão acerca da possibilidade do cumprimento da medida socioeducativa até os 21 anos de idade, aplicada ao adolescente em razão de fato praticado durante a menoridade, já sob a égide dos recursos repetitivos (Tema Repetitivo 992), firmou a seguinte tese: "*a superveniência da maioridade penal não interfere na apuração de ato infracional nem na aplicabilidade de medida socioeducativa em curso, inclusive na liberdade assistida, enquanto não atingida a idade de 21 anos*", senão vejamos:

> RECURSO ESPECIAL. PROPOSTA DE AFETAÇÃO DO PROCESSO AO RITO DOS RECURSOS REPETITIVOS (RISTJ, ART. 257-C). LEI N. 8.069/1990. ESTATUTO DA CRIANÇA E DO ADOLESCENTE. MEDIDA SOCIOEDUCATIVA. MAIORIDADE CIVIL, 18 ANOS, ADQUIRIDA POSTERIORMENTE AO FATO EQUIPARADO A DELITO PENAL. RELEVÂNCIA PARA A CONTINUIDADE DO CUMPRIMENTO DA MEDIDA ATÉ 21 ANOS. AFETADO O RECURSO AO RITO DOS RECURSOS ESPECIAIS REPETITIVOS, NOS TERMOS DO ART. 1.036 E SEGUINTES DO CÓDIGO DE PROCESSO CIVIL/2015 E DA RESOLUÇÃO STJ N. 8/2008, PARA CONSOLIDAR O ENTENDIMENTO ACERCA DA QUESTÃO JURÍDICA DISPOSTA NOS AUTOS. SÚMULA 605/STJ. 1. Recurso representativo da controvérsia para atender ao disposto no art. 1.036 e seguintes do CPC/2015 e na Resolução STJ n. 8/2008. 2. TESE: a superveniência da maioridade penal não interfere na apuração de ato infracional nem na aplicabilidade de medida socioeducativa em curso, inclusive na liberdade assistida, enquanto

não atingida a idade de 21 anos. 3. CASO CONCRETO: a despeito da maioridade civil (18 anos) adquirida posteriormente, o agente era menor de idade na data em que cometeu o ato infracional análogo ao delito tipificado nos arts. 35, caput, c/c o 40, IV, ambos da Lei n. 11.343/2016, portanto se faz possível o cumprimento da liberdade assistida cumulada com prestação de serviços à comunidade até os 21 anos de idade nos termos da Lei n. 8.069/1990 (Súmula 605/STJ) [...] Acórdão submetido ao regime do art. 1.036 e seguintes do Código de Processo Civil/2015 e da Resolução STJ n. 8/2008. (STJ, TERCEIRA SEÇÃO. REsp 1717022/RJ, Rel. Ministro SEBASTIÃO REIS JÚNIOR, julgado em 13/06/2018, DJe 13/08/2018)

AGRAVO REGIMENTAL NO PEDIDO DE TUTELA PROVISÓRIA. ESTATUTO DA CRIANÇA E DO ADOLESCENTE. MEDIDA SOCIOEDUCATIVA. SUPERVENIÊNCIA DA MAIORIDADE PENAL. IRRELEVÂNCIA (...) 1. Conforme decidido pela Terceira Seção do Superior Tribunal de Justiça, por ocasião do julgamento dos REsp n. 1.705.149/RJ e REsp n. 1.717.022/RJ - ambos processados sob a sistemática do rito previsto nos arts. 1.036 e seguintes do Código de Processo Civil: "A superveniência da maioridade penal não interfere na apuração de ato infracional nem na aplicabilidade de medida socioeducativa em curso, inclusive na liberdade assistida, enquanto não atingida a idade de 21 anos." [...] (STJ, SEXTA TURMA. AgRg no TP 1.380/RJ, Rel. Ministro ROGERIO SCHIETTI CRUZ, julgado em 21/06/2018, DJe 01/08/2018)

Título II
Das Medidas de Proteção

Capítulo I
Disposições Gerais

Art. 98. As medidas de proteção à criança e ao adolescente são aplicáveis sempre que os direitos reconhecidos nesta Lei forem ameaçados ou violados:

I - por ação ou omissão da sociedade ou do Estado;

II - por falta, omissão ou abuso dos pais ou responsável;

III - em razão de sua conduta.

Capítulo II
Das Medidas Específicas de Proteção

Art. 99. As medidas previstas neste Capítulo poderão ser aplicadas isolada ou cumulativamente, bem como substituídas a qualquer tempo.

Art. 100. Na aplicação das medidas levar-se-ão em conta as necessidades pedagógicas, preferindo-se aquelas que visem ao fortalecimento dos vínculos familiares e comunitários.

Parágrafo único. São também princípios que regem a aplicação das medidas: (Incluído pela Lei nº 12.010, de 2009) Vigência

I - condição da criança e do adolescente como sujeitos de direitos: crianças e adolescentes são os titulares dos direitos previstos nesta e em outras Leis, bem como na Constituição Federal; (Incluído pela Lei nº 12.010, de 2009) Vigência

II - proteção integral e prioritária: a interpretação e aplicação de toda e qualquer norma contida nesta Lei deve ser voltada à proteção integral e prioritária dos direitos de que crianças e adolescentes são titulares; (Incluído pela Lei nº 12.010, de 2009) Vigência

III - responsabilidade primária e solidária do poder público: a plena efetivação dos direitos assegurados a crianças e a adolescentes por esta Lei e pela Constituição Federal, salvo nos casos por esta expressamente ressalvados, é de responsabilidade primária e solidária das 3 (três) esferas de governo, sem prejuízo da municipalização do atendimento e da possibilidade da execução de programas por entidades não governamentais; (Incluído pela Lei nº 12.010, de 2009) Vigência

IV - interesse superior da criança e do adolescente: a intervenção deve atender prioritariamente aos interesses e direitos da criança e do adolescente, sem prejuízo da consideração que for devida a outros interesses legítimos no âmbito da pluralidade dos interesses presentes no caso concreto; (Incluído pela Lei nº 12.010, de 2009) Vigência

V - privacidade: a promoção dos direitos e proteção da criança e do adolescente deve ser efetuada no respeito pela intimidade, direito à imagem e reserva da sua vida privada; (Incluído pela Lei nº 12.010, de 2009) Vigência

VI - intervenção precoce: a intervenção das autoridades competentes deve ser efetuada logo que a situação de perigo seja conhecida; (Incluído pela Lei nº 12.010, de 2009) Vigência

VII - intervenção mínima: a intervenção deve ser exercida exclusivamente pelas autoridades e instituições cuja ação seja indispensável à efetiva promoção dos direitos e à proteção da criança e do adolescente; (Incluído pela Lei nº 12.010, de 2009) Vigência

VIII - proporcionalidade e atualidade: a intervenção deve ser a necessária e adequada à situação de perigo em que a criança ou o adolescente se encontram no momento em que a decisão é tomada; (Incluído pela Lei nº 12.010, de 2009) Vigência

IX - responsabilidade parental: a intervenção deve ser efetuada de modo que os pais assumam os seus deveres para com a criança e o adolescente; (Incluído pela Lei nº 12.010, de 2009) Vigência

X - prevalência da família: na promoção de direitos e na proteção da criança e do adolescente deve ser dada prevalência às medidas que os mantenham ou reintegrem na sua família natural ou extensa ou, se isso não for possível, que promovam a sua integração em família adotiva; (Redação dada pela Lei nº 13.509, de 2017)

XI - obrigatoriedade da informação: a criança e o adolescente, respeitado seu estágio de desenvolvimento e capacidade de compreensão, seus pais ou responsável devem ser informados dos seus direitos, dos motivos que determinaram a intervenção e da forma como esta se processa; (Incluído pela Lei nº 12.010, de 2009) Vigência

XII - oitiva obrigatória e participação: a criança e o adolescente, em separado ou na companhia dos pais, de responsável ou de pessoa por si indicada, bem como os seus pais ou responsável, têm direito a ser ouvidos e a participar nos atos e na definição da medida de promoção dos direitos e de proteção, sendo sua opinião devidamente considerada pela autoridade judiciária competente, observado o disposto nos §§ 1 o e 2 o do art. 28 desta Lei. (Incluído pela Lei nº 12.010, de 2009) Vigência

Art. 101. Verificada qualquer das hipóteses previstas no art. 98, a autoridade competente poderá determinar, dentre outras, as seguintes medidas:

I - encaminhamento aos pais ou responsável, mediante termo de responsabilidade;

II - orientação, apoio e acompanhamento temporários;

III - matrícula e freqüência obrigatórias em estabelecimento oficial de ensino fundamental;

IV - inclusão em serviços e programas oficiais ou comunitários de proteção, apoio e promoção da família, da criança e do adolescente; (Redação dada pela Lei nº 13.257, de 2016)

V - requisição de tratamento médico, psicológico ou psiquiátrico, em regime hospitalar ou ambulatorial;

VI - inclusão em programa oficial ou comunitário de auxílio, orientação e tratamento a alcoólatras e toxicômanos;

VII - acolhimento institucional; (Redação dada pela Lei nº 12.010, de 2009) Vigência

VIII - inclusão em programa de acolhimento familiar; (Redação dada pela Lei nº 12.010, de 2009) Vigência

IX - colocação em família substituta. (Incluído pela Lei nº 12.010, de 2009) Vigência

§ 1º O acolhimento institucional e o acolhimento familiar são medidas provisórias e excepcionais, utilizáveis como forma de transição para reintegração familiar ou, não sendo esta possível, para colocação em família substituta, não implicando privação de liberdade. (Incluído pela Lei nº 12.010, de 2009) Vigência

§ 2º Sem prejuízo da tomada de medidas emergenciais para proteção de vítimas de violência ou abuso sexual e das providências a que alude o art. 130 desta Lei, o afastamento da criança ou adolescente do convívio familiar é de competência exclusiva da autoridade judiciária e importará na deflagração, a pedido do Ministério Público ou de quem tenha legítimo interesse, de procedimento judicial contencioso, no qual se garanta aos pais ou ao responsável legal o exercício do contraditório e da ampla defesa. (Incluído pela Lei nº 12.010, de 2009) Vigência

§ 3º Crianças e adolescentes somente poderão ser encaminhados às instituições que executam programas de acolhimento institucional, governamentais ou não, por meio de uma Guia de Acolhimento, expedida pela autoridade judiciária, na qual obrigatoriamente constará, dentre outros: (Incluído pela Lei nº 12.010, de 2009) Vigência

I - sua identificação e a qualificação completa de seus pais ou de seu responsável, se conhecidos; (Incluído pela Lei nº 12.010, de 2009) Vigência

II - o endereço de residência dos pais ou do responsável, com pontos de referência; (Incluído pela Lei nº 12.010, de 2009) Vigência

III - os nomes de parentes ou de terceiros interessados em tê-los sob sua guarda; (Incluído pela Lei nº 12.010, de 2009) Vigência

IV - os motivos da retirada ou da não reintegração ao convívio familiar. (Incluído pela Lei nº 12.010, de 2009) Vigência

§ 4º Imediatamente após o acolhimento da criança ou do adolescente, a entidade responsável pelo programa de acolhimento institucional ou familiar elaborará um plano individual de atendimento, visando à reintegração familiar, ressalvada a existência de ordem escrita e fundamentada em contrário de autoridade judiciária competente, caso em que também deverá contemplar sua colocação em família substituta, observadas as regras e princípios desta Lei. (Incluído pela Lei nº 12.010, de 2009) Vigência

§ 5º O plano individual será elaborado sob a responsabilidade da equipe técnica do respectivo programa de atendimento e levará em consideração a opinião da criança ou do adolescente e a oitiva dos pais ou do responsável. (Incluído pela Lei nº 12.010, de 2009) Vigência

§ 6º Constarão do plano individual, dentre outros: (Incluído pela Lei nº 12.010, de 2009) Vigência

I - os resultados da avaliação interdisciplinar; (Incluído pela Lei nº 12.010, de 2009) Vigência

II - os compromissos assumidos pelos pais ou responsável; e (Incluído pela Lei nº 12.010, de 2009) Vigência

III - a previsão das atividades a serem desenvolvidas com a criança ou com o adolescente acolhido e seus pais ou responsável, com vista na reintegração familiar ou, caso seja esta vedada por expressa e fundamentada determinação judicial, as providências a serem tomadas para sua colocação em família substituta, sob direta supervisão da autoridade judiciária. (Incluído pela Lei nº 12.010, de 2009) Vigência

§ 7º O acolhimento familiar ou institucional ocorrerá no local mais próximo à residência dos pais ou do responsável e, como parte do processo de reintegração familiar, sempre que identificada a necessidade, a família de origem será incluída em programas oficiais de orientação, de apoio e de promoção social, sendo facilitado e estimulado o contato com a criança ou com o adolescente acolhido. (Incluído pela Lei nº 12.010, de 2009) Vigência

§ 8º Verificada a possibilidade de reintegração familiar, o responsável pelo programa de acolhimento familiar ou institucional fará imediata comunicação à autoridade judiciária, que dará vista ao Ministério Público, pelo prazo de 5 (cinco) dias, decidindo em igual prazo. (Incluído pela Lei nº 12.010, de 2009) Vigência

§ 9º Em sendo constatada a impossibilidade de reintegração da criança ou do adolescente à família de origem, após seu encaminhamento a programas oficiais ou comunitários de orientação, apoio e promoção social, será enviado relatório fundamentado ao Ministério Público, no qual conste a descrição pormenorizada das providências tomadas e a expressa recomendação, subscrita pelos técnicos da entidade ou responsáveis pela execução da política municipal de garantia do direito à convivência familiar, para a destituição do poder familiar, ou destituição de tutela ou guarda. (Incluído pela Lei nº 12.010, de 2009) Vigência

§ 10. Recebido o relatório, o Ministério Público terá o prazo de 15 (quinze) dias para o ingresso com a ação de destituição do poder familiar, salvo se entender necessária a realização de estudos complementares ou de outras providências indispensáveis ao ajuizamento da demanda. (Redação dada pela Lei nº 13.509, de 2017)

§ 11. A autoridade judiciária manterá, em cada comarca ou foro regional, um cadastro contendo informações atualizadas sobre as crianças e adolescentes em regime de acolhimento familiar e institucional sob sua responsabilidade, com informações pormenorizadas sobre a situação jurídica de cada um, bem como as providências tomadas para sua reintegração familiar ou colocação em família substituta, em qualquer das modalidades previstas no art. 28 desta Lei. (Incluído pela Lei nº 12.010, de 2009) Vigência

§ 12. Terão acesso ao cadastro o Ministério Público, o Conselho Tutelar, o órgão gestor da Assistência Social e os Conselhos Municipais dos Direitos da Criança e do Adolescente e da Assistência Social, aos quais incumbe deliberar sobre a implementação de políticas públicas que permitam reduzir o número de crianças e adolescentes afastados do convívio familiar e abreviar o período de permanência em programa de acolhimento. (Incluído pela Lei nº 12.010, de 2009) Vigência

As medidas de proteção. O art. 5º do ECA nos afirma que qualquer atentado, seja por ação ou por omissão, em face dos direitos das crianças e dos adolescentes serão punidos na forma da lei. Assim, toda criança ou adolescente estará abrangido pelo sistema de proteção integral instituído pelo ECA, não podendo sofrer qualquer forma de negligência, discriminação, exploração, violência, crueldade e opressão. Deste modo, sempre que os direitos reconhecidos às crianças e aos adolescentes forem ameaçados ou violados, em face disto caberá a aplicação das medidas de proteção previstas no art. 101 do ECA (que poderão ser aplicadas de forma isolada ou cumulativa, bem como substituídas a qualquer tempo), toda vez que isto ocorrer:

- por ação ou omissão da sociedade ou do Estado;
- por falta, omissão ou abuso dos pais ou do responsável; ou ainda
- em razão da conduta da criança ou do adolescente.

Para que seja viabilizada a aplicação das medidas de proteção, o intérprete da lei deverá levar em consideração os princípios elencados no art. 100 do ECA, que incluem: a análise da condição da criança e do adolescente; a ideia da proteção integral e prioritária; a noção sobre a responsabilidade primária e solidária do poder público; o interesse superior da criança e do adolescente; a questão da privacidade; da intervenção precoce e mínima; da proporcionalidade e atualidade para aplicação da medida; da responsabilidade parental; da prevalência da família; da obrigatoriedade da informação e da oitiva obrigatória e da participação da criança e do adolescente. Esses princípios se coadunam com outros dispositivos legais elencados inclusive no ECA, razão pela qual a análise sempre deve levar em consideração estas outras normas, como por exemplo os direitos individuais previstos no art. 106 e seguintes e as garantias processuais previstas no art. 110 e seguintes, todos do Estatuto da Criança e do Adolescente.

Título III
Da Prática de Ato Infracional

Capítulo I
Disposições Gerais

Art. 103. Considera-se ato infracional a conduta descrita como crime ou contravenção penal.

Da prática de ato infracional por indivíduos menores de dezoito anos. Atentos à questão do desenvolvimento e à noção que circunscreve a culpabilidade no Direito Penal, mormente no que diz respeito à inimputabilidade em razão de critérios biológicos, além da já tradicional disposição tecida pelo artigo 27 do Código Penal, houve por bem a menção a estes termos no art. 228 da CRFB/88, quando se deixa claro que todo aquele que tem menos de dezoito anos será penalmente inimputável. Mas o constituinte não deixou uma carta em branco a essas pessoas, tampouco as deixou isentas de qualquer tipo de responsabilização.

Portanto, o que se buscou foi um tratamento condizente com os princípios narrados pela CRFB/88, razão pela qual ficaria a cargo da legislação infraconstitucional fazer o regramento da matéria. Esta é mais uma das razões pelas quais, cerca de dois anos mais tarde, a comunidade jurídica brasileira passa a conviver com o Estatuto da Criança e do Adolescente.

Com isto, não podemos dizer que pessoas com menos de dezoito anos praticam crimes: a conduta destes indivíduos estará sujeita ao tratamento como ato infracional análogo ao mesmo crime cuja conduta se amoldar àquela praticada por um indivíduo que tenha mais de dezoito anos. Embora o tratamento penal seja idêntico aos preceitos primários preconizados pelo Código Penal inclusive, (desta forma, caso um indivíduo com idade inferior a dezoito anos pratique, por exemplo, a conduta de "matar alguém", que se subsome ao preceito primário previsto no tipo penal do artigo 121 do Código Penal), tecnicamente não podemos dizer que este indivíduo praticou crime justamente pelo tratamento dado à sua questão de inimputabilidade, já que pelo tradicional conceito analítico de crime devemos levar em consideração a tipicidade, a antijuridicidade (também compreendida como ilicitude) e a culpabilidade.

Assim, tecnicamente, faltando a imputabilidade em virtude dos dispositivos legais e constitucionais elencados anteriormente, no exemplo acima não podemos afirmar, de modo técnico, que houve crime, em que pese haver tipicidade formal e, em tese, ausência de qualquer elemento que afaste a antijuridicidade. Porém, apenas com estes argumentos não se responde de modo definitivo o motivo pelo qual tratamos a situação descrita com a nomenclatura de "ato infracional".

Por tal motivo, devemos nos socorrer do art. 103 do ECA, quando afirmamos que ato infracional é a conduta descrita como crime ou como contravenção penal, já que ambas são espécies de infração penal. Obviamente que não nos interessa nesse momento se tal conduta se amolda em fatos cuja ação penal seja privada, pública condicionada ou mesmo incondicionada, já que o regramento do procedimento penal a ser adotado pelo adolescente infrator estará regulado pelo artigo 227 do ECA, independentemente do ato infracional que pratique.

Princípio da insignificância e atos infracionais. Aplicação. Possibilidade. A jurisprudência dos Tribunais Superiores segue no sentido da possibilidade da incidência do princípio da insignificância nos procedimentos que apuram a prática de ato infracional, ainda que haja divergência na doutrina:

1ª corrente: Sim. Art. 103 do ECA c/c art. 7º da Lei nº 12.594/12 (Lei do SINASE – Sistema Nacional de Atendimento Socioeducativo). Aplica-se o princípio da insignificância a atos infracionais, eis que o adolescente não pode ter tratamento mais gravoso do que o adulto na mesma situação. Nesse caso, aplicam-se os mesmos requisitos objetivos exigidos para o maior de 18 anos (Jurisprudência do STJ).

2ª corrente: Não. Tendo em vista a finalidade da socioeducação (art. 1º, § 2º, da Lei do SINASE). O ato infracional, por menor que seja seu potencial ofensivo, precisaria de resposta do Estado (educativa) uma advertência, no mínimo, para sinalizar ao adolescente de que aquela prática não é admissível.

Assim, embora admita a aplicação do princípio da insignificância ao menor infrator, tende pelo seu afastamento ante a reiteração na prática de atos infracionais com o intuito de coibir a prática de novos atos e/ou evitar a progressão criminosa. Confira-se os julgados da Quinta e Sexta Turma do STJ:

> PENAL. HABEAS CORPUS SUBSTITUTIVO DE RECURSO ESPECIAL. NÃO CABIMENTO. ATO INFRACIONAL EQUIPARADO AO CRIME DE FURTO TENTADO. PRINCÍPIO DA INSIGNIFICÂNCIA. APLICAÇÃO NA SEARA MENORISTA. POSSIBILIDADE. REINCIDÊNCIA. INAPLICABILIDADE. ADOLESCENTE DEPENDENTE QUÍMICO. MEDIDA SOCIOEDUCATIVA ADEQUADA (...) 2. Hipótese em que o paciente praticou ato infracional equiparado ao delito de tentativa de furto de 2 refrigerantes Coca-Cola e 1 batata Pringles, avaliados em R$ 20,00 (vinte reais), tendo sido afastada a aplicação do princípio da bagatela, ante a contumácia delitiva do menor na prática de outros atos infracionais contra o patrimônio. 3. In casu, se a Corte estadual deixou de analisar a possibilidade de efetiva aplicação do princípio da insignificância por entendê-la incabível no âmbito do Estatuto da Criança e do Adolescente. A pretensão de reconhecer a incidência do indiferente penal nesta via implicaria, em princípio, inde-

vida supressão de instância, uma vez que a questão não foi objeto de exame no acórdão impetrado, que se limitou a enfrentar a eleição do tratamento mais adequado ao caso. 4. Considerando que o Superior Tribunal de Justiça já firmou entendimento no sentido da possibilidade de aplicação do princípio da bagatela às condutas regidas pelo Estatuto da Criança e do Adolescente (HC 276.358/SP, Rel. Ministro Nefi Cordeiro, Sexta Turma, DJe 22/09/2014), faz-se necessária a análise acerca de sua efetiva aplicação no presente caso. 5. Na aplicação do princípio da insignificância, devem ser utilizados os seguintes parâmetros: a) conduta minimamente ofensiva; b) ausência de periculosidade do agente; c) reduzido grau de reprovabilidade do comportamento; e d) lesão jurídica inexpressiva, os quais devem estar presentes, concomitantemente, para a incidência do referido instituto. 6. Em se tratando de criminoso reincidente, ainda que diminuto o valor atribuído à coisa pretensamente furtada, deve ser afastada a aplicação do princípio da ofensividade mínima, de acordo com posição sedimentada pelo STJ e STF, sendo certo que a medida socioeducativa de liberdade assistida, pelo prazo de 6 meses, cumulada com o tratamento toxicômano, mantida pelo Tribunal de origem, apresenta ser adequada [...] (STJ, QUINTA TURMA. HC 292.824/SP, Rel. Ministro GURGEL DE FARIA, julgado em 30/06/2015, DJe 05/08/2015)

AGRAVO REGIMENTAL NO HABEAS CORPUS. PENAL E PROCESSO PENAL. FURTO QUALIFICADO. PRINCÍPIO DA INSIGNIFICÂNCIA. IMPOSSIBILIDADE. ARROMBAMENTO. MAIOR REPROVABILIDADE DA CONDUTA. PRECEDENTES (...) 1. Segundo as instâncias ordinárias, o delito de furto qualificado foi perpetrado durante a madrugada e mediante arrombamento. Conforme a jurisprudência desta Corte, "[a] prática do ato infracional análogo ao crime de furto qualificado pela escalada, arrombamento, rompimento de obstáculo ou concurso de agentes, indica a especial reprovabilidade do comportamento e afasta a aplicação do princípio da insignificância" (AgRg no AREsp 1.250.555/MS, Rel. Ministra MARIA THEREZA DE ASSIS MOURA, SEXTA TURMA, julgado em 03/04/2018, DJe 09/04/2018) [...] (STJ, SEXTA TURMA. AgRg no HC 453.541/SC, Rel. Ministra LAURITA VAZ, julgado em 05/02/2019, DJe 18/02/2019)

HABEAS CORPUS. ECA. ATO INFRACIONAL EQUIPARADO A FURTO SIMPLES. ATIPICIDADE MATERIAL DA CONDUTA. 4% DO SALÁRIO MÍNIMO VIGENTE À ÉPOCA. RES FURTIVA RESTITUÍDA. HABITUALIDADE INFRACIONAL (...) 1. Sedimentou-se a orientação jurisprudencial no sentido de que a incidência do princípio da insignificância pressupõe a concomitância de quatro vetores: i) a mínima ofensividade da conduta do agente; ii) nenhuma periculosidade social da ação; iii) o reduzidíssimo grau de reprovabilidade do comportamento; e iv) a inexpressividade da lesão jurídica provocada. 2. A reincidência e a habitualidade delitiva têm sido compreendidas como obstáculo inicial à tese da insignificância, ressalvada excepcional peculiaridade do caso penal. Nesse sentido: EAREsp 221.999/RS, Rel. Ministro REYNALDO SOARES DA FONSECA, TERCEIRA SEÇÃO, julgado em 11/11/2015, DJe 10/12/2015. 3. A conduta consistente em ato infracional equiparado a furto de produtos de higiene e chocolates de uma grande rede de supermercados totalizando o montante de R$ 39,48, o que representa pouco mais de 4% do salário mínimo vigente à época dos fatos (R$ 954,00), apesar do valor pouco expressivo, o Tribunal de origem entendeu indevida a incidência do princípio da insignificância sob o fundamento de que o paciente ostenta ao menos três registros anteriores por tráfico e um por furto, tendo sido submetido às medidas socioeducativas de liberdade assistida (por duas vezes) e semiliberdade, as quais não deram conta de seu grave quadro [...] (STJ, SEXTA TURMA. HC 504.403/SP, Rel. Ministro NEFI CORDEIRO, julgado em 10/09/2019, DJe 16/09/2019)

RECURSO ESPECIAL. ESTATUTO DA CRIANÇA E DO ADOLESCENTE. ATO INFRACIONAL ANÁLOGO AO CRIME DO ART. 12 DA LEI N. 10.826/2003. DUAS MUNIÇÕES DESACOMPANHADAS DE ARMAMENTO. PROCESSO DE EXECUÇÃO CONTRA O MENOR POR ATO INFRACIONAL ANÁLOGO AO CRIME DE ROUBO. TIPICIDADE FORMAL E MATERIAL. PERIGO À INCOLUMIDADE PÚBLICA EVIDENCIADO (...) 1. O Supremo Tribunal Federal passou a admitir a aplicabilidade do princípio da insignificância a casos em que a mínima quantidade de munição apreendida, somada à ausência de artefato apto ao disparo, denota a inexistência de riscos à incolumidade pública, não se mostrando a conduta típica, portanto, em sua dimensão material. 2. A aplicação do princípio da insignificância nas hipóteses admitidas pela Corte Suprema guardam as suas próprias peculiaridades e deve ficar restrita a casos excepcionais que demonstrem a inexpressividade da lesão, de forma que a incidência do mencionado princípio não pode levar ao esvaziamento do conteúdo jurídico do tipo penal em apreço, incorrendo em proteção deficiente ao bem jurídico tutelado. 3. Na hipótese em exame, em que pese a quantidade de munição não ser relevante - 2 munições, calibre nominal 36, o fato de que o menor infrator tem contra si processo de execução por ato infracional análogo ao crime de roubo evidencia a efetiva lesividade ao bem jurídico tutelado pelo tipo penal em apreço - a incolumidade pública, de modo a impossibilitar o reconhecimento do princípio da insignificância do crime previsto no art. 12 da Lei n.

> 10.826/2003. Precedentes. 4. Recurso especial provido para afastar a aplicação do princípio da insignificância, restabelecendo integralmente a sentença. (STJ, SEXTA TURMA. REsp 1888381/GO, Rel. Ministro NEFI CORDEIRO, julgado em 06/10/2020, DJe 13/10/2020)

Da prescrição do ato infracional. O ECA não contempla regras sobre a prescrição do ato infracional. Por força disto, podemos elencar duas correntes doutrinárias:

1ª corrente: O ato infracional não está sujeito à prescrição, seja pela falta de previsão legal pelo ECA, seja pelo fato de que a medida socioeducativa não é espécie de pena. Assim, não há que se falar em prescrição, uma vez que como o próprio nome da medida nos leva a crer, o objetivo não é punir, tendo função meramente educativa;

2ª corrente: Mesmo que a medida socioeducativa não seja considerada como pena no sentido estrito deste termo, possui caráter retributivo e repressivo inerentes àquela, já que sua aplicação está adstrita à ocorrência de um ato infracional, ainda que devamos levar em consideração um inerente caráter pedagógico e protetivo. Posição com a qual concordamos.

O Superior Tribunal de Justiça tem entendimento sumulado sobre o assunto. Nesse sentido, vejamos o teor da Súmula nº 338 do STJ:

> Súmula 338 - A prescrição penal é aplicável nas medidas sócio-educativas. (Súmula 338, TERCEIRA SEÇÃO, julgado em 09/05/2007, DJ 16/05/2007 p. 201)

A forma de aplicação da prescrição no ECA. Já tendo sido possível compreender que o sistema da prescrição é aplicável às medidas socioeducativas - inclusive no que diz respeito aos marcos interruptivos –, resta dissertar sobre a forma pela qual será aplicada. Assim, utilizamos as regras previstas no Código Penal, em virtude do que dispõe o art. 12 do CP ao indicar que as regras gerais daquele Código se aplicam aos fatos incriminados por lei especial, se esta não dispuser de modo diverso.

Portanto, a prescrição da pretensão punitiva do ato infracional que se deseja analisar irá se regular pelo máximo da pena cominada ao crime ou à contravenção penal correspondente. Então, se a prescrição da pretensão punitiva do crime é calculada com base na pena máxima em abstrato, o mesmo raciocínio deverá ser utilizado para o ato infracional.

Deve-se ter atenção para o que dispõe o art. 115 do Código Penal, já que os prazos de prescrição são reduzidos pela metade quando a pessoa que pratica o ato é, ao tempo do crime, menor de 21 (vinte e um) anos.

Assim, se, por exemplo, num crime de furto simples cuja pena máxima preconizada pelo preceito secundário é de quatro anos, a prescrição se dá em 8 (oito) anos, conforme o previsto no art. 109, IV, do CP, devemos levar em consideração o que dispõe o art. 115 do CP e reduzir esse prazo pela metade. Então, teremos o prazo de prescrição para o ato infracional análogo ao crime de furto em 4 (quatro) anos.

Caso a medida tenha sido imposta por tempo indeterminado (sem termo), então deverá ser levado em consideração o prazo máximo preconizado para a medida de internação (medida, em tese, mais gravosa), que é de 3 (três) anos, em virtude do que dispõe do art. 121, § 3º, do ECA. Esse é o entendimento da Quinta e Sexta Turmas do STJ:

> AGRAVO REGIMENTAL NO HABEAS CORPUS. ESTATUTO DA CRIANÇA E DO ADOLESCENTE (...) PRESCRIÇÃO DA PRETENSÃO SOCIOEDUCATIVA. NÃO OCORRÊNCIA. SÚMULA N. 338/STJ. ATO INFRACIONAL ANÁLOGO AO DELITO DE TRÁFICO DE DROGAS (...) 1. Na ausência de dispositivo regulador no ECA, aplicam-se as regras do Código Penal para aferir a ocorrência da prescrição quanto às medidas socioeducativas. Súmula 338/STJ. 2. Na esteira de entendimento firmado no âmbito desta Corte Superior, tratando-se de medida socioeducativa aplicada sem termo, o prazo prescricional deve ter como parâmetro a duração máxima da internação - 3 (três) anos. 3. Assim, deve-se considerar o lapso prescricional de 8 (oito) anos previsto no art. 109, inciso IV, do Código Penal, posteriormente reduzido pela metade em razão do disposto no artigo 115 do mesmo diploma legal, de maneira a restar fixado em 4 (quatro) anos [...] (STJ, QUINTA TURMA. AgRg no HC 527.658/SP, Rel. Ministro JORGE MUSSI, julgado em 05/03/2020, DJe 16/03/2020)

> AGRAVO REGIMENTAL NO AGRAVO EM RECURSO ESPECIAL. ATO INFRACIONAL ANÁLOGO AO CRIME DE ROUBO MAJORADO. PRESCRIÇÃO DA PRETENSÃO SOCIOEDUCATIVA. NÃO OCORRÊNCIA. DECISÃO MANTIDA. Conforme jurisprudência consolidado no âmbito desta eg. Corte Superior, "[n]os termos do enunciado n. 338 da Súmula do STJ, a prescrição penal é aplicável nas medidas socioeducativas. Diante disso, a jurisprudência desta Corte firmou o entendimento de que, uma vez aplicada medida socioeducativa sem termo final, deve ser considerado o período máximo de 3 anos de duração da medida de internação, para o cálculo do prazo prescricional da pretensão socioeducativa, e não o tempo da medida que poderá efetivamente ser cumprida até que a envolvida complete 21 anos de idade." (AgRg no REsp n. 1.856.028/SC, Quinta Turma, Rel. Min. Reynaldo Soares da Fonseca, DJe de 19/05/2020). Precedentes [...] (STJ, QUINTA TURMA. AgRg no REsp 1887084/SC, Rel. Ministro FELIX FISCHER, julgado em 15/09/2020, DJe 22/09/2020, sem grifo no original)

> ESTATUTO DA CRIANÇA E DO ADOLESCENTE. HABEAS CORPUS. IMPETRAÇÃO SUBSTITUTIVA DE RECURSO ORDINÁRIO. IMPROPRIEDADE DA VIA ELEITA. ATO INFRACIONAL EQUIPARADO AO

> CRIME DE ROUBO. SENTENÇA, APLICAÇÃO DA MEDIDA DE SEMILIBERDADE. PRAZO INDETERMINADO. PRESCRIÇÃO ABSTRATA. PRAZO PRESCRICIONAL DA PRETENSÃO SOCIOEDUCATIVA. 4 ANOS. PRESCRIÇÃO. NÃO OCORRÊNCIA. EXPEDIÇÃO DE MANDADO DE BUSCA E APREENSÃO PARA OITIVA DO PACIENTE. POSSIBILIDADE. EXTINÇÃO DA MEDIDA POR PERDA DO REQUISITO DA ATUALIDADE. ANÁLISE DO JUIZ DA EXECUÇÃO. AUSÊNCIA DE ILEGALIDADE (...) 2. No caso em que a medida socioeducativa tenha sido estabelecida sem termo final, ou seja, por prazo indeterminado, impreterível considerar o prazo limite da medida de internação (3 anos - art. 121, § 3.°, do ECA) para o cálculo de prescrição da pretensão socioeducativa. 3. O critério albergado por esta Corte para a aferição da prescrição da pretensão socioeducativa consiste na consideração da pena máxima prevista para o crime análogo ao ato infracional praticado, na medida em que o quantum de pena seja inferior ao prazo de internação, que é de três anos. In casu, tendo em vista que as penas máximas referentes aos crimes análogos aos atos infracionais superam o prazo de internação (3 anos), deve-se aplicar o art. 109, IV, do Código Penal, que estipula o prazo prescricional de 8 (oito) anos. Todavia, em razão da incidência da causa de diminuição do art. 115 do CP, o prazo prescricional consolida-se em 4 (quatro) anos [...] (STJ, SEXTA TURMA. HC 315.353/SP, Rel. Ministra MARIA THEREZA DE ASSIS MOURA, julgado em 07/04/2015, DJe 13/04/2015). Sem grifo no original.

O mesmo se diga quando ocorrer a anulação da sentença caso em que, para fins prescricionais, será considerado prazo limite do art. 121, § 3º, do ECA, que é de 3 anos:

> PENAL. PROCESSUAL PENAL. AGRAVO REGIMENTAL NO AGRAVO EM RECURSO ESPECIAL. ATO INFRACIONAL EQUIPARADO AO CRIME DE TRÁFICO DE ENTORPECENTES. MEDIDA SOCIOEDUCATIVA DE LIBERDADE ASSISTIDA E REMISSÃO. PRESCRIÇÃO. NÃO OCORRÊNCIA (...) 1. Nos termos da Súmula 338/STJ, aplica-se a prescrição penal às medidas socioeducativas. 2. Anulada a sentença em recurso do Ministério Público, deve ser considerado, para efeitos prescricionais, o prazo limite da medida de internação, que é de 3 anos, nos termos do art. 121, § 3º, do ECA. 3. Não transcorrido o lapso temporal de 4 anos, nos termos do art. 109, IV, c/c 115 do CP, desde o recebimento da representação, não houve a superveniência da prescrição da pretensão socioeducativa [...] (STJ, SEXTA TURMA. AgRg no AREsp 1218434/SP, Rel. Ministro NEFI CORDEIRO, julgado em 05/02/2019, DJe 18/02/2019, sem grifo no original)

De outra banda, apenas na hipótese em que for reconhecida a prática de ato infracional análogo a crime (ou contravenção) que possua pena máxima *in abstrato* inferior a 3 anos, deve ser adotado o prazo prescricional aplicável ao imputável em situação análoga, para se evitar a criação de situação mais gravosa ao socioeducando (e flagrante desproporção).

Vale observarmos os seguintes julgados da Quinta e Sexta Turmas do STJ:

> AGRAVO REGIMENTAL NO RECURSO ESPECIAL. ATO INFRACIONAL. PRESCRIÇÃO DA PRETENSÃO SOCIOEDUCATIVA. OCORRÊNCIA. RECURSO NÃO PROVIDO (...) 2. A decisão agravada foi exarada com lastro no enunciado da Súmula n. 338 deste Superior Tribunal, in verbis: "aplica-se a prescrição penal às medidas sócio-educativas". 3. Se a prescrição penal, por analogia, se aplica aos procedimentos por ato infracional, as regras acerca da matéria, taxativamente previstas no Código Penal - inclusive no que diz respeito aos marcos interruptivos - devem servir em todos os seus termos. 4. A prescrição em abstrato orienta-se pelo máximo da medida socioeducativa em abstrato cominada no ECA (internação) que, a teor do art. 121, § 3°, do ECA, é de 3 anos. O prazo prescricional, regulado pelo art. 109, IV, do CP, seria de 8 anos, reduzido pela metade, em decorrência do art. 115 do CP, chegando-se ao lapso de 4 anos. 5. O curso da prescrição interrompeu-se pelo recebimento da representação, ocorrida em 7/10/2010 e, desde então, decorreu prazo superior a 4 anos sem a ocorrência de outras causas interruptivas da prescrição, assinaladas no art. 117 do CP [...] (STJ, SEXTA TURMA. AgInt no REsp 1422168/RN, Rel. Ministro ROGERIO SCHIETTI CRUZ, julgado em 15/12/2016, DJe 02/02/2017)

> AGRAVO REGIMENTAL EM RECURSO ESPECIAL. ESTATUTO DA CRIANÇA E DO ADOLESCENTE. VIOLAÇÃO DOS ARTS. 109, IV, DO CP, E 121, § 5º, DO ECA. APLICAÇÃO DA MEDIDA SOCIOEDUCATIVA DE LIBERDADE ASSISTIDA. ATO INFRACIONAL EQUIPARADO AO DELITO DE ROUBO MAJORADO. SÚMULA 338/STJ. PRAZO PRESCRICIONAL DA PRETENSÃO PUNITIVA RETROATIVA. 4 ANOS. NÃO OCORRÊNCIA. ENTENDIMENTO DISSONANTE DA JURISPRUDÊNCIA DESTA CORTE. 1. Somente na hipótese em que for reconhecida a prática de ato infracional análogo a crime que possua pena máxima in abstrato inferior a 3 anos (como delitos de menor potencial ofensivo), o julgador, para evitar a criação de situação mais gravosa ao adolescente, deve adotar o prazo prescricional aplicável ao imputável em idêntica situação. No caso concreto, foi reconhecida a prática de ato infracional análogo ao delito do art. 157, § 2º, II, do Código Penal ? cuja pena máxima excede o limite de 3 anos estabelecido para a medida de internação. 2. Nos termos do Enun-

ciado n. 338 da Súmula do STJ, a prescrição penal é aplicável nas medidas socioeducativas. Diante disso, a jurisprudência desta Corte firmou o entendimento de que, uma vez aplicada medida socioeducativa sem termo final, deve ser considerado o período máximo de 3 anos de duração da medida de internação, para o cálculo do prazo prescricional da pretensão socioeducativa, e não o tempo da medida que poderá efetivamente ser cumprida até que a envolvida complete 21 anos de idade (AgRg no REsp n. 1.856.028/SC, Ministro Reynaldo Soares da Fonseca, Quinta Turma, DJe 19/5/2020) [...] (STJ, SEXTA TURMA. AgRg no REsp 1870407/SC, Rel. Ministro SEBASTIÃO REIS JÚNIOR, julgado em 27/10/2020, DJe 23/11/2020). Sem grifo no original.

Cuidado especial devemos ter quando analisamos a prescrição da pretensão executória, que irá ser regulada pelo prazo da medida socioeducativa aplicada na sentença. Se tal medida foi aplicada, por exemplo, pelo prazo de 6 (seis) meses (ou seja, aplicada com prazo certo), em sentença transitada em julgado, será aplicada a mesma regra geral, porém, levando-se em consideração esse prazo efetivamente imposto. Com isso, ela irá prescrever em 1 (um) ano e 6 (seis) meses, em virtude da regra contida no art. 109, VI, do CP, que prevê a prescrição em 3 (três) anos se o máximo da pena é inferior a 1 (um) ano, mas com a aplicação da redução prevista no art. 115 do CP.

AGRAVO REGIMENTAL NO AGRAVO EM RECURSO ESPECIAL. ATO INFRACIONAL. TRÁFICO E ASSOCIAÇÃO PARA O TRÁFICO DE DROGAS. MEDIDA SOCIOEDUCATIVA. LIBERDADE ASSISTIDA. PRESCRIÇÃO DA PRETENSÃO SOCIOEDUCATIVA. RECURSO PROVIDO. 1. De maneira analógica, aplicam-se as previsões contidas no Código Penal relativas à extinção da punibilidade pelo decurso do lapso prescricional aos atos infracionais, conforme entendimento consolidado nesta Corte Superior de Justiça. 2. Imposta medida a medida liberdade assistida pelo prazo de seis meses, em sentença transitada em julgado, o lapso prescricional é de 1 (um) ano e 6 (seis), a teor do disposto no art. 109, inciso VI, c.c. art. 115, ambos do Código Penal. Este período transcorreu sem notícia do início do cumprimento da medida pelo adolescente, motivo pelo qual, sem a ocorrência de causas interruptivas, há de se reconhecer a extinção da pretensão socioeducativa [...] (STJ, QUINTA TURMA. AgRg no AREsp 1219149/SP, Rel. Ministro JORGE MUSSI, julgado em 10/04/2018, DJe 20/04/2018)

Art. 104. São penalmente inimputáveis os menores de dezoito anos, sujeitos às medidas previstas nesta Lei.

Parágrafo único. Para os efeitos desta Lei, deve ser considerada a idade do adolescente à data do fato.

A inimputabilidade prevista no art. 104 do ECA. Assim como observamos no art. 27 do Código Penal, a regra de inimputabilidade em função do caráter biológico, etário, também foi repetida pelo *caput* do art. 104 do ECA. Da mesma forma que no CP, houve menção a uma lei específica que trataria dos casos nos quais houvesse a prática de infrações penais por esse público-alvo. Então, todo aquele que praticar um ato infracional análogo a determinado crime ou contravenção penal estará sujeito ao processamento perante o rito previsto no Estatuto da Criança e do Adolescente.

A época considerada para fins de aplicação do procedimento penal previsto no ECA. Como está claramente previsto no parágrafo único do art. 104 do ECA, quando determinado indivíduo que tenha menos de dezoito anos praticar ato infracional análogo a determinado crime e para sua apuração e processamento se tenha que lançar mão do Estatuto da Criança e do Adolescente, então, deverá ser considerada a idade do indivíduo à data do fato, não importando em qual momento o resultado se dê.
Maioridade civil e penal. ECA. Aplicação de MSE. Data do fato. A jurisprudência do STJ firmou a seguinte tese: "a superveniência da maioridade penal ou civil não afasta a possibilidade de aplicação de medida socioeducativa, devendo-se levar em consideração a idade de menor ao tempo do fato" (art. 104, parágrafo único, do ECA). Observe-se os julgados da Quinta e Sexta Turmas do STJ:

> MEDIDA CAUTELAR. EFEITO SUSPENSIVO A RECURSO ESPECIAL ADMITIDO. POSSIBILIDADE. ESTATUTO DA CRIANÇA E DO ADOLESCENTE. ATO INFRACIONAL EQUIPARADO AO TRÁFICO ILÍCITO DE DROGAS. MEDIDA SOCIOEDUCATIVA DE LIBERDADE ASSISTIDA. IMPLEMENTAÇÃO DA MAIORIDADE CIVIL. IRRELEVÂNCIA. PEDIDO PROCEDENTE. 1. Conforme pacífico entendimento deste Superior Tribunal de Justiça, considera-se, para a aplicação das disposições previstas na Lei n.º 8.069/90, a idade do adolescente à data do fato (art. 104, parágrafo único, do ECA). Assim, se à época do fato o adolescente tinha menos de 18 (dezoito) anos, nada impede que permaneça no cumprimento de medida socioeducativa imposta, ainda que implementada sua maioridade civil. 2. O Novo Código Civil não revogou o art. 121, § 5.º, do Estatuto da Criança e do Adolescente, devendo permanecer a idade de 21 (vinte e um) anos como limite para a liberação compulsória. 3. Pedido cautelar julgado procedente para suspender, até o julgamento do recurso especial, os efeitos do acórdão proferido no Habeas Corpus n.º 0029753-80.2012.8.19.0000. (STJ, QUINTA TURMA. MC 20.798/RJ, Rel. Ministra LAURITA VAZ, julgado em 07/11/2013, DJe 25/11/2013)

ESTATUTO DA CRIANÇA E DO ADOLESCENTE. HABEAS CORPUS. ATO INFRACIONAL EQUIPARADO AO CRIME PREVISTO NO ART. 14 DA LEI N.° 10.826/03. IMPETRAÇÃO SUBSTITUTIVA DE RECURSO ESPECIAL. IMPROPRIEDADE DA VIA ELEITA. FATO ANTERIOR À INCIDÊNCIA DOS 18 ANOS DE IDADE. MEDIDA SOCIOEDUCATIVA. POSSIBILIDADE. LIMITE DE DURAÇÃO DE 21 ANOS. PREVISÃO EXPRESSA NO ECA. INTERPRETAÇÃO CONJUNTA DOS ARTIGOS 120 § 2.º E 121 § 5.º (...) 2. A aplicabilidade das regras do ECA remonta à data do cometimento do ato infracional, quando, então deve contar o adolescente com idade inferior a dezoito anos. A superveniência de imputabilidade penal não tem o condão de interferir na aplicabilidade das regras do ECA. 3. De acordo com previsão do artigo 120, § 2.º do ECA, não há prazo determinado para a duração da medida socioeducativa cumprida em regime de semiliberdade, aplicando-se, todavia, as regras da internação compatíveis com tal sistemática, dentre elas a de liberação obrigatória aos 21 anos. Irrelevante portanto a superveniência dos 18 anos de idade [...] (STJ, SEXTA TURMA. HC 289.812/MG, Rel. Ministra MARIA THEREZA DE ASSIS MOURA, julgado em 04/09/2014, DJe 16/09/2014)

Art. 105. Ao ato infracional praticado por criança corresponderão as medidas previstas no art. 101.

A correlação entre as medidas de proteção e os atos infracionais praticados por criança. As medidas de proteção às quais se refere o artigo 105 estão previstas, por sua vez, no art. 101 do ECA. A ritualística aplicável está descrita a partir do art. 98 do mesmo Estatuto e não estão restritas unicamente à aplicação em face de crianças, podendo também ser estendidas aos adolescentes. Estas medidas podem ser aplicadas toda vez que os direitos preconizados pelo ECA forem violados ou ameaçados, seja em razão da própria conduta da criança ou do adolescente, ou ainda por falta, omissão ou abuso dos pais ou responsáveis de qualquer criança ou adolescente, restando ainda, uma hipótese de aplicação para os casos de ação ou omissão da sociedade ou do Estado, nos termos do art. 98 do ECA.

Todavia, caso alguma criança (cujo conceito é aquele previsto no art. 2º do ECA) venha a praticar algum ato infracional, a elas estará destinada a aplicação das medidas contidas no art. 101, quais sejam:

- encaminhamento aos pais ou responsável, mediante termo de responsabilidade;
- orientação, apoio e acompanhamento temporários;

- matrícula e frequência obrigatórias em estabelecimento oficial de ensino fundamental;
- inclusão em serviços e programas oficiais ou comunitários de proteção, apoio e promoção da família, da criança e do adolescente;
- requisição de tratamento médico, psicológico ou psiquiátrico, em regime hospitalar ou ambulatorial;
- inclusão em programa oficial ou comunitário de auxílio, orientação e tratamento a alcoólatras e toxicômanos;
- acolhimento institucional;
- inclusão em programa de acolhimento familiar;
- colocação em família substituta.

Portanto, o tratamento dado às crianças é diferente daquele dado aos adolescentes no que diz respeito à prática de ato infracional, pois se uma criança pratica tal ato, deverá ser encaminhada ao Conselho Tutelar a quem incumbirá a aplicação das medidas previstas no art. 101, I a VII, conforme art. 136, I, do ECA. Contudo, caso seja um adolescente que pratique o ato infracional, será dado tratamento distinto, sujeito ao devido processo legal, como será visto adiante.

Capítulo II
Dos Direitos Individuais

Art. 106. Nenhum adolescente será privado de sua liberdade senão em flagrante de ato infracional ou por ordem escrita e fundamentada da autoridade judiciária competente.

Parágrafo único. O adolescente tem direito à identificação dos responsáveis pela sua apreensão, devendo ser informado acerca de seus direitos.

A submissão do adolescente à privação de liberdade em face da prática de ato infracional. O artigo 5º, LXI, da CRFB/88, prevê que ninguém será preso senão em flagrante delito ou por ordem escrita e fundamentada de autoridade judiciária competente, salvo nos casos de transgressão militar ou crime propriamente militar, definidos em lei. Essa é, portanto, a definição geral que a Constituição traz sobre a privação da liberdade de qualquer indivíduo.

Porém, conforme ressaltamos quando comentamos sobre a diferença técnica entre o instituto do crime e o do ato infracional, ao nos circunscrevermos à questão de nomenclatura, de previsão legislativa para o que vem a ser crime, contravenção ou ato infracional, ou ainda à questão da inimputabilidade e seus reflexos para a constatação do conceito de crime sob o aspecto analítico, iremos constatar também que o adolescente infrator não será preso em flagrante, mas sim, apreendido em flagrante pela prática de ato infracional análogo ao crime ou à contravenção a que se refira.

Este foi o cuidado técnico que pudemos perceber do legislador quando, no parágrafo único do art. 106 do ECA, traz a previsão de que o adolescente tem direito à identificação dos responsáveis pela sua apreensão, além de ser mandatória a informação dos direitos aos quais o indivíduo apreendido tem, numa clara correlação entre esse dispositivo e os previstos no art. 5º, LXIII e LXIV, da CRFB/88.

O descumprimento deste artigo pode ensejar a ocorrência do crime previsto no parágrafo único do art. 230 do ECA:

> Art. 230. Privar a criança ou o adolescente de sua liberdade, procedendo à sua apreensão sem estar em flagrante de ato infracional ou inexistindo ordem escrita da autoridade judiciária competente:
>
> Pena - detenção de seis meses a dois anos.
>
> Parágrafo único. Incide na mesma pena aquele que procede à apreensão sem observância das formalidades legais.

Art. 107. A apreensão de qualquer adolescente e o local onde se encontra recolhido serão incontinenti comunicados à autoridade judiciária competente e à família do apreendido ou à pessoa por ele indicada.

Parágrafo único. Examinar-se-á, desde logo e sob pena de responsabilidade, a possibilidade de liberação imediata.

Da comunicação da apreensão do adolescente infrator à autoridade judiciária competente. O artigo 5º, LXII, da CRFB/88, prevê que a prisão de qualquer pessoa e o local em que se encontre serão imediatamente comunicados ao juiz competente, bem como à família do preso ou à pessoa por ele indicada. Percebemos, mais uma vez, um cuidado do legislador infraconstitucional em repetir dispositivos semelhantes aos destinados aos adultos que praticam crimes. Nesse sentido, não é outra a interpretação dada ao art. 107 do ECA, cujos termos em muito se assemelham àqueles previstos na Carta Magna. Sobre o tema, vide comentários ao art. 231 do ECA.

Art. 108. A internação, antes da sentença, pode ser determinada pelo prazo máximo de quarenta e cinco dias.

Parágrafo único. A decisão deverá ser fundamentada e basear-se em indícios suficientes de autoria e materialidade, demonstrada a necessidade imperiosa da medida.

Da medida cautelar de internação provisória. Como regra geral, a internação é uma das medidas socioeducativas contempladas pelo artigo 112 do ECA para serem aplicadas ao adolescente. Conforme o art. 122 do ECA, tal medida só pode ser aplicada: quando se tratar de ato infracional cometido mediante grave ameaça ou violência à pessoa; por reiteração no cometimento de outras infrações graves, ou ainda, por descumprimento reiterado e injustificável da medida anteriormente imposta. Em termos comparativos, podemos assemelhar tal medida à prisão tradicionalmente aplicada para os casos de condenação de um adulto por um delito.

Mas o que o art. 108 do ECA realmente trata é da possibilidade de que esta medida de internação seja aplicada de forma cautelar, ou seja, de modo provisório, o que se assemelha à prisão preventiva destinada aos adultos. Todavia, a internação provisória tem prazo certo para durar, qual seja, no máximo 45 (quarenta e cinco) dias, não podendo ser ultrapassado em hipótese alguma, sob pena de violação expressa ao dispositivo do art. 108 do ECA.

Destaca-se que, assim como qualquer decisão judicial, deve haver fundamentação além de ser necessário que a decretação esteja baseada em indícios suficientes de autoria e materialidade. Merece destaque a excepcionalidade da medida, uma vez que na fundamentação, a autoridade competente deve demonstrar a necessidade imperiosa para a aplicação da referida medida.

Ressaltamos que, em que pese assemelhar-se à prisão preventiva, a medida de internação provisória não pode ser cumprida em estabelecimentos prisionais, mas sim, em estabelecimentos adequados para indivíduos menores de dezoito anos de idade.

Internação provisória. Prazo máximo de 45 dias. Prorrogação. Impossibilidade. Há entendimento da Quinta e Sextas Turma do STJ no sentido de que a internação provisória prevista no art. 108 do ECA somente pode ser aplicada mediante a presença de seus requisitos: materialidade e autoria (e, ainda, viabilidade, a semelhança do art. 312 do CPP) e não pode exceder o prazo máximo e improrrogável de 45 dias, ante seu caráter excepcional, não aplicando ao socioeducando a Súmula nº 52 do STJ. Nesse sentido os seguintes julgados:

> HABEAS CORPUS. ESTATUTO DA CRIANÇA E DO ADOLESCENTE. ATO INFRACIONAL ANÁLOGO AO CRIME DE AMEAÇA. EXCESSO DE PRAZO NA INTERNAÇÃO. EXTRAPOLAÇÃO DOS 45 (QUARENTA E CINCO) DIAS DETERMINADOS PELA LEI ESPECÍFICA. AUSÊNCIA DAS HIPÓTESES DO ART. 122, DO ECA. CONSTRANGIMENTO EVIDENCIADO. LIMINAR CONFIRMADA. 1. A internação provisória do menor não pode, à luz dos arts. 108 e 183 da Lei n. 8.069/90 e da jurisprudência desta Corte Superior, extrapolar o prazo de 45 (quarenta e cinco) dias estabelecido pelo Estatuto da Criança e do Adolescente, devendo ser reconhecida a coação ilegal a que o paciente é submetido. 2. Hipótese que não constitui caso previsto no rol taxativo do art. 122 do ECA para que a internação perdure por tempo indeterminado [...] (STJ, QUINTA TURMA. HC 99.501/PI, Rel. Ministro JORGE MUSSI, julgado em 23/09/2008, DJe 28/10/2008)

> PENAL. HABEAS CORPUS. ECA. ATO INFRACIONAL EQUIPARADO AO DELITO DE ROUBO MAJORADO. INTERNAÇÃO PROVISÓRIA. CRIME COMETIDO COM VIOLÊNCIA E GRAVE AMEAÇA À PESSOA. REITERAÇÃO INFRACIONAL. INEXISTÊNCIA DE CONSTRANGIMEN-

> TO ILEGAL [...] 1. Nos termos do art. 108 do Estatuto da Criança e do Adolescente, a medida de internação provisória, cujo prazo máximo é de 45 dias, deve ser determinada fundamentadamente pelo magistrado com base em indícios suficientes de autoria e materialidade, demonstrando-se a imperiosidade da medida. Nesse sentido, os pressupostos e requisitos para a decretação da medida de internação provisória prevista na Lei n. 8.069/1990 assemelham-se aos da prisão preventiva, ou seja, devem estar presentes indícios de autoria e prova da materialidade do ato infracional, bem como a necessidade de acautelamento da ordem pública. 2. A medida de internação provisória, por ser extrema e excepcional, só pode ser aplicada aos casos em que seja possível a fixação da medida de internação ao final, consoante o disposto no art. 122 do ECA [...] (STJ, SEXTA TURMA. HC 518.631/SP, Rel. Ministro ANTONIO SALDANHA PALHEIRO, julgado em 15/10/2019, DJe 23/10/2019)

> HABEAS CORPUS. ATO INFRACIONAL EQUIPARADO AO CRIME DE TRÁFICO DE DROGAS. INTERNAÇÃO PROVISÓRIA. PRAZO MÁXIMO [...] 1. O Superior Tribunal de Justiça é firme em salientar que a internação provisória, antes da sentença, poder ser determinada pelo prazo máximo de 45 dias, se indicados, em dados concretos dos autos, indícios de autoria do ato infracional e a necessidade da cautela, à luz do art. 122 do Estatuto da Criança e do Adolescente [...] (STJ, SEXTA TURMA. HC 580.480/SP, Rel. Ministro ROGERIO SCHIETTI CRUZ, julgado em 16/06/2020, DJe 23/06/2020)

Execução provisória de medida socioeducativa. Possibilidade. Caráter pedagógico. Limite de idade. Internação provisória. Requisitos 108 e 121, ambos do ECA. Jurisprudência da Suprema Corte. Há entendimento no âmbito do STF admitindo a possibilidade de execução provisória das medidas socioeducativas. A uma, em razão do caráter pedagógico-protetivo. A duas, os princípios da intervenção precoce e proteção integral e da atualidade demandam intervenção estatal imediata à situação de risco apresentada (art. 100, VIII, do ECA). A três, o respeito a sua peculiar condição de pessoa em desenvolvimento - art. 15 do Protocolo de São Salvador e, por fim, a contemporaneidade da socioeducação tem especial relevo ante ao limite etário do art. 121, § 5º, do ECA.

> HABEAS CORPUS. PENAL E PROCESSUAL PENAL. ATOS INFRACIONAIS ANÁLOGOS (...) EXECUÇÃO DE MEDIDA SOCIOEDUCATIVA ANTES DO TRÂNSITO EM JULGADO. POSSIBILIDADE (...) 1. As medidas socioeducativas previstas no Estatuto da Criança e do Adolescente revelam caráter eminentemente pedagógico, de modo que impedir sua execução antes do trânsito em julgado implicaria o esvaziamento de seu viés protecionista, no que relegaria o adoles-

cente às mesmas condições de risco que o expuseram à prática do ato infracional. 2. O postulado da proteção integral, alusivo à tutela da infância e juventude, preconiza a observância do melhor interesse da criança e do adolescente na aplicação da legislação pertinente. 3. A salvaguarda ao grupo familiar, especialmente com a adoção de "medidas especiais de proteção dos adolescentes, a fim de assegurar o pleno amadurecimento de suas capacidades físicas, intelectuais e morais" consubstancia-se em compromisso dos Estados-Partes encartado no artigo 15 do Protocolo Adicional à Convenção Americana sobre Direitos Humanos em Matéria de Direitos Econômicos, Sociais e Culturais (Protocolo de São Salvador), ratificado pelo Brasil. 4. O princípio da atualidade informa que a intervenção estatal deve ocorrer no momento em que a decisão é tomada, máxime em razão da medida ser necessária e adequada à situação de risco em que o menor se encontra naquela ocasião (artigo 100, VIII, da Lei 8.069/90). 5. A contemporaneidade na execução das medidas socioeducativas revela especial relevância em razão da existência de limite de idade para o seu cumprimento, nos termos dos artigos 2º, parágrafo único, e 121, § 5º, do ECA [...] (STF, Primeira Turma. HC 172545, Relator(a): LUIZ FUX, julgado em 19/11/2019, PROCESSO ELETRÔNICO DJe-029 DIVULG 12-02-2020 PUBLIC 13-02-2020)

HABEAS CORPUS. DIREITO DA CRIANÇA E DO ADOLESCENTE. ATO INFRACIONAL ANÁLOGO (...) POSSIBILIDADE DE EXECUÇÃO DE MEDIDA SOCIOEDUCATIVA ANTES DO TRÂNSITO EM JULGADO. FINALIDADE PROTETIVA DA MEDIDA. PRINCÍPIOS DA PROTEÇÃO INTEGRAL E DA ATUALIDADE (...) 1. As medidas socioeducativas previstas no Estatuto da Criança e do Adolescente revelam caráter eminentemente pedagógico, de modo que impedir sua execução antes do trânsito em julgado implicaria o esvaziamento de seu viés protecionista, no que relegaria o adolescente às mesmas condições de risco que o expuseram à prática do ato infracional. 2. O postulado da proteção integral, alusivo à tutela da infância e juventude, preconiza a observância do melhor interesse da criança e do adolescente na aplicação da legislação pertinente. 3. A salvaguarda ao grupo familiar, especialmente com a adoção de "medidas especiais de proteção dos adolescentes, a fim de assegurar o pleno amadurecimento de suas capacidades físicas, intelectuais e morais" consubstancia-se em compromisso dos Estados-Partes encartado no artigo 15 do Protocolo Adicional à Convenção Americana sobre Direitos Humanos em Matéria de Direitos Econômicos, Sociais e Culturais (Protocolo de São Salvador), ratificado pelo Brasil. 4. O princípio da atualidade informa que a intervenção estatal deve ocorrer no momento em que a decisão é tomada, máxime em razão da medida ser necessária e adequada à situação de risco em que o menor se encontra naquela ocasião (artigo 100, VIII, da Lei 8.069/90). 5. A contemporaneidade na execução das medidas socioeducativas revela especial relevância em razão da existência de limite de idade para o seu cumprimento, nos termos dos artigos 2º, parágrafo único, e 121, § 5º, do ECA [...] (STF, Primeira Turma. HC 181447 AgR, Relator(a): LUIZ FUX, julgado em 04/05/2020, DJe-125 DIVULG 20-05-2020 PUBLIC 21-05-2020)

MEDIDA SOCIOEDUCATIVA – INTERNAÇÃO PROVISÓRIA – REQUISITOS. A internação provisória pressupõe o atendimento dos requisitos versados no artigo 108, parágrafo único, e o enquadramento em uma das situações, exaustivas, do artigo 122 da Lei nº 8.069/1990, consistentes na prática de ato infracional mediante grave ameaça ou violência a pessoa, reiteração de infração grave ou inobservância repetida e injustificável de medida anteriormente aplicada. (STF, Primeira Turma. HC 181269, Relator(a): MARCO AURÉLIO, julgado em 18/08/2020, DJe-221 DIVULG 03-09-2020 PUBLIC 04-09-2020)

Art. 109. O adolescente civilmente identificado não será submetido a identificação compulsória pelos órgãos policiais, de proteção e judiciais, salvo para efeito de confrontação, havendo dúvida fundada.

Da medida de identificação compulsória do adolescente. Na CRFB/88, podemos observar que o seu art. 5º, LVIII, assevera que o civilmente identificado não será submetido a identificação criminal, salvo nas hipóteses previstas em lei. Esta lei à qual a Constituição faz referência é a Lei nº 12.037/09, regulamentando aquele artigo. No caso de apreensão de um adolescente pela prática de ato infracional análogo a determinado delito, disciplina semelhante deve ser adotada.

Entretanto, justamente em virtude do tratamento diferenciado e de certa forma mais brando conferido aos adolescentes que praticam atos infracionais, em muitas situações nos deparamos, principalmente nas Delegacias de Polícia, com indivíduos que tentam se passar por adolescentes para poderem se aproveitar deste tratamento penal e processual penal mais benéfico, o que acaba trazendo prejuízos para os órgãos e instituições envolvidos.

Assim, havendo dúvida fundada sobre a identificação de determinada pessoa, as autoridades policiais geralmente procuram esgotar as possibilidades legais postas ao seu alcance, de modo a obter certeza quanto ao adequado procedimento a ser seguido: se o do processo penal em geral, com posterior prisão em flagrante, ou se o procedimento do ECA, com a apreensão do adolescente e submissão ao procedimento de apreensão preconizado por este diploma legal.

De modo a sanar este tipo de dúvida, o artigo 109 do ECA autoriza, de modo excepcional, a identificação compulsória do adolescente civilmente identificado.

Capítulo III
Das Garantias Processuais

Art. 110. Nenhum adolescente será privado de sua liberdade sem o devido processo legal.

Art. 111. São asseguradas ao adolescente, entre outras, as seguintes garantias:

I - pleno e formal conhecimento da atribuição de ato infracional, mediante citação ou meio equivalente;

II - igualdade na relação processual, podendo confrontar-se com vítimas e testemunhas e produzir todas as provas necessárias à sua defesa;

III - defesa técnica por advogado;

IV - assistência judiciária gratuita e integral aos necessitados, na forma da lei;

V - direito de ser ouvido pessoalmente pela autoridade competente;

VI - direito de solicitar a presença de seus pais ou responsável em qualquer fase do procedimento.

Sobre as garantias processuais nos casos de privação da liberdade do adolescente pela prática de ato infracional. Em que pese a disposição geral prevista sobre o devido processo legal e todas as garantias dele decorrentes nos casos de privação da liberdade (vide art. 5º, inciso LIV e seguintes, da CRFB/88), o ECA se preocupou em dissertar sobre as garantias inerentes ao processo de privação de liberdade do adolescente, ainda que não o tenha feito de forma exaustiva. O estudo do art. 110 e do art. 111 do ECA será importante quando da aplicação dos artigos 171 e seguintes, do mesmo diploma legal.

Capítulo IV
Das Medidas Sócio-Educativas

Seção I
Disposições Gerais

Art. 112. Verificada a prática de ato infracional, a autoridade competente poderá aplicar ao adolescente as seguintes medidas:

I - advertência;

II - obrigação de reparar o dano;

III - prestação de serviços à comunidade;

IV - liberdade assistida;

V - inserção em regime de semi-liberdade;

VI - internação em estabelecimento educacional;

VII - qualquer uma das previstas no art. 101, I a VI.

§ 1º A medida aplicada ao adolescente levará em conta a sua capacidade de cumpri-la, as circunstâncias e a gravidade da infração.

§ 2º Em hipótese alguma e sob pretexto algum, será admitida a prestação de trabalho forçado.

§ 3º Os adolescentes portadores de doença ou deficiência mental receberão tratamento individual e especializado, em local adequado às suas condições.

Art. 113. Aplica-se a este Capítulo o disposto nos arts. 99 e 100.

Art. 114. A imposição das medidas previstas nos incisos II a VI do art. 112 pressupõe a existência de provas suficientes da autoria e da materialidade da infração, ressalvada a hipótese de remissão, nos termos do art. 127.

Parágrafo único. A advertência poderá ser aplicada sempre que houver prova da materialidade e indícios suficientes da autoria.

Sobre as medidas socioeducativas. Previstas nos artigos 112 a 123 do ECA, as medidas socioeducativas são destinadas ao adolescente que tenha praticado um ato infracional. Até pelo próprio nome dado, o legislador busca afastar a noção de sanção ou pena, em que pese guardarem semelhanças com as penas restritivas de direito ou privativas de liberdade elencadas no Código Penal. As medidas, em si, estão elencadas no art. 112 do ECA, mas o detalhamento sobre o que constituem e como serão impostas está descrito nos artigos seguintes. Note-se que em face das medidas que restringem a liberdade vigora o princípio da excepcionalidade da restrição da liberdade do adolescente.

Da competência para aplicação das medidas socioeducativas. A competência para aplicação das medidas socioeducativas é exclusiva do juiz, nos termos do enunciado da Súmula nº 108 do STJ:

> Súmula 108 - A aplicação de medidas socio-educativas ao adolescente, pela prática de ato infracional, é da competência exclusiva do juiz. (Súmula 108, TERCEIRA SEÇÃO, julgado em 16/06/1994, DJ 22/06/1994 p. 16427)

O entendimento do STJ quanto à aplicação da medida socioeducativa de internação ao adolescente que pratica ato infracional análogo ao crime de tráfico de drogas. Segundo a Corte, esta prática, por si só, não conduz à imposição obrigatória da internação, nos moldes do que foi aprovado no enunciado da Súmula nº 492 do STJ:

> Súmula 492 - O ato infracional análogo ao tráfico de drogas, por si só, não conduz obrigatoriamente à imposição de medida socio-

educativa de internação do adolescente. (Súmula 492, TERCEIRA SEÇÃO, julgado em 08/08/2012, DJe 13/08/2012)

Assim é a atual jurisprudência da Corte Superior:

AGRAVO REGIMENTAL NO HABEAS CORPUS. ESTATUTO DA CRIANÇA E DO ADOLESCENTE. ATO INFRACIONAL EQUIPARADO AO DELITO DE TRÁFICO ILÍCITO DE ENTORPECENTES. MEDIDA SOCIOEDUCATIVA DE INTERNAÇÃO. GRAVIDADE DO ATO PRATICADO E CONDIÇÕES PESSOAIS DO ADOLESCENTE. INADEQUAÇÃO. ROL TAXATIVO DO ART. 122, DO ECA. ENUNCIADO N. 492 DA SÚMULA DO STJ. CONSTRANGIMENTO ILEGAL EVIDENCIADO. RESTABELECIMENTO DAS MEDIDAS SOCIOEDUCATIVAS EM MEIO ABERTO APLICADAS PELO JUIZ SINGULAR. DECISÃO QUE SE MANTÉM PELOS PRÓPRIOS FUNDAMENTOS. AGRAVO REGIMENTAL DESPROVIDO. - A medida socioeducativa de internação somente pode ser aplicada se caracterizada ao menos uma das hipóteses previstas no art. 122, do Estatuto da Criança e do Adolescente, vale dizer, quando i) tratar-se de ato infracional cometido mediante grave ameaça ou violência à pessoa; ii) por reiteração no cometimento de outras infrações graves e; iii) por descumprimento reiterado e injustificável da medida anteriormente imposta. - No caso, verifica-se que a internação lastreou-se na gravidade do ato infracional equiparado ao delito previsto no art. 33, caput, da Lei n. 11.343/2006, e nas condições pessoais do menor, apontadas no relatório de diagnóstico polidimensional. Constata-se, assim, a insuficiência da fundamentação da decisão que impôs medida de internação ao agravado. - Na mesma esteira é a orientação da Súmula n. 492/STJ: "O ato infracional análogo ao tráfico de drogas, por si só, não conduz obrigatoriamente à imposição de medida socioeducativa de internação do adolescente". - Cabe consignar, por fim, que a imposição de medida socioeducativa em meio aberto prestigia a Recomendação n. 62/2020, do Conselho Nacional de Justiça, especialmente, a orientação constante do seu art. 2º, inciso IV. - Como o agravo regimental não trouxe novos argumentos capazes de infirmar a decisão agravada, ela fica mantida por seus próprios fundamentos [...] (STJ, QUINTA TURMA. AgRg no HC 618.257/SP, Rel. Ministro REYNALDO SOARES DA FONSECA, julgado em 20/10/2020, DJe 26/10/2020)

O mesmo entendimento é válido para a fundamentação (art. 93, X, da CRFB/88) na gravidade em abstrato do delito que não conduz, necessariamente, à MSE de internação que apenas está autorizada nas hipóteses taxativamente previstas no art. 122 do ECA.

PENAL. HABEAS CORPUS SUBSTITUTIVO DE RECURSO PRÓPRIO. ECA. ATO INFRACIONAL EQUIPARADO AO DELITO DE PORTE ILE-

> GAL DE ARMA DE FOGO DE USO PERMITIDO. MEDIDA SOCIOEDUCATIVA DE INTERNAÇÃO. REITERAÇÃO DELITIVA E DESCUMPRIMENTO DE MEDIDAS SOCIOEDUCATIVAS ANTERIORMENTE IMPOSTAS. POSSIBILIDADE. INEXISTÊNCIA DE CONSTRANGIMENTO ILEGAL. 1. Dispõe o art. 122 do Estatuto da Criança e do Adolescente que a aplicação de medida socioeducativa de internação é possível nas seguintes hipóteses: em razão da prática de ato infracional praticado mediante grave ameaça ou violência contra a pessoa; pela reiteração no cometimento de outras infrações graves; ou pelo descumprimento reiterado e injustificado de medida anteriormente imposta. 2. O ato infracional análogo ao delito de porte ilegal de arma de fogo de uso permitido, por si só, não conduz obrigatoriamente da imposição de medida socioeducativa de internação do adolescente, conforme consignado pelo enunciado da Súmula n. 492 do STJ [...] (HC 372.020/DF, Rel. Ministro ANTONIO SALDANHA PALHEIRO, SEXTA TURMA, julgado em 18/10/2016, DJe 10/11/2016, sem grifo no original)

A execução das medidas socioeducativas. Uma vez decorrido o devido processo legal amparado por todas as demais garantias processuais inerentes à representação pela aplicação das medidas socioeducativas, conforme podemos observar nos arts. 110, 111 e 180, III, todos do ECA, vigora o princípio da fungibilidade das medidas socioeducativas, através do qual durante a sua execução, poderão ser substituídas umas pelas outras. De acordo com o art. 113 do Estatuto da Criança e do Adolescente que, por sua vez, autoriza a aplicação dos artigos 99 e 100 às medidas socioeducativas, estas poderão ser aplicadas isolada ou cumulativamente, bem como substituídas a qualquer tempo. Por ocasião da aplicação da medida, também deverão ser observados os princípios elencados no art. 100 do ECA.

Da possibilidade de regressão ou progressão das medidas socioeducativas. Pelos mesmos motivos narrados no item anterior, embasados no art. 113 do ECA, também podemos afirmar que pode haver tanto regressão, quanto progressão de medida socioeducativa, já que em havendo possibilidade de substituição, uma medida mais branda pode ser trocada por uma mais severa e vice-versa. Sobre o tema, vejamos o que dispõe o enunciado da Súmula nº 265 do STJ:

> Súmula 265 - É necessária a oitiva do menor infrator antes de decretar-se a regressão da medida sócio-educativa. (Súmula 265, TERCEIRA SEÇÃO, julgado em 22/05/2002, DJ 29/05/2002 p. 135)

Nesse sentido segue a atual jurisprudência da Corte Superior:

> ESTATUTO DA CRIANÇA E DO ADOLESCENTE (...) MEDIDA SOCIOEDUCATIVA DE LIBERDADE ASSISTIDA. DESCUMPRIMENTO. AUDIÊNCIA DE JUSTIFICAÇÃO E RECONDUÇÃO À MEDIDA ANTERIOR. NOVO DESCUMPRIMENTO. INTERNAÇÃO-SANÇÃO DECRETADA.

> AUDIÊNCIA DE JUSTIFICAÇÃO NÃO REALIZADA. VIOLAÇÃO À SÚMULA N. 265 DO STJ. CONSTRANGIMENTO ILEGAL CONFIGURADO (...) 2. A Súmula n. 265/STJ prescreve que não seja determinada a regressão da medida socioeducativa antes de se dar a oportunidade ao adolescente de se justificar acerca de seus atos, o que, por outro lado, não impede a expedição de mandado de busca e apreensão em desfavor daquele que não se apresenta espontaneamente, tampouco obsta a regressão da medida quando, mesmo determinada a ouvida do adolescente, o ato não se realiza por motivos a ele atribuíveis (...) Noticiados novos descumprimentos em 24/8/2017 e em 9/11/2017, para os quais foi requerido, pelo Parquet, a aplicação da internação-sanção e, pela defesa, a designação de nova audiência de justificação, o magistrado entendeu ser suficiente a advertência realizada na primeira audiência de justificação e decretou, diretamente, a internação-sanção, em descompasso com a jurisprudência dominante desta Corte Superior, consolidada no enunciado de Súmula n. 265 (...) 5. Sempre que descumprida a medida imposta, deve ser oportunizada ao adolescente a sua justificação, a fim de que possa prestar os esclarecimentos cabíveis, antes que o magistrado decida sobre as consequências do ato. Esta garantia é manifestação direta dos princípios constitucionais da ampla defesa e do contraditório e não pode ser afastada por simples advertências feitas pelo Comissariado de Infância e Juventude ou pelo Juízo, em audiência anterior, acerca da possibilidade de imposição de internação-sanção em caso de novo descumprimento. Precedentes. 6. Habeas corpus não conhecido. Ordem concedida de ofício para cassar o acórdão impugnado e para anular a decisão que decretou a internação-sanção do adolescente. Ressalvada, ainda, a possibilidade de nova decretação da internação-sanção, desde que precedida da regular ouvida do socioeducando ou a regular cientificação do paciente para a audiência de justificação (STJ, QUINTA TURMA. HC 453.412/ES, Rel. Ministro RIBEIRO DANTAS, julgado em 13/12/2018, DJe 19/12/2018)

Aplicação de Medida Socioeducativa (MSE). Critérios. Adequação. Proporcionalidade. A jurisprudência firmada no Superior Tribunal de Justiça é a de que a imposição de medida socioeducativa levará em conta as necessidades pedagógicas, a adequação e, também, a proporcionalidade e a necessidade em relação ao caso concreto.

> AGRAVO REGIMENTAL NO HABEAS CORPUS. ESTATUTO DA CRIANÇA E DO ADOLESCENTE. ATO INFRACIONAL ANÁLOGO AO DELITO DE FURTO QUALIFICADO. MEDIDA SOCIOEDUCATIVA DE INTERNAÇÃO. REITERAÇÃO DELITIVA. DESCUMPRIMENTO DE ANTERIOR MEDIDA EM MEIO ABERTO. INEXISTÊNCIA DE CONSTRANGIMENTO ILEGAL (...) 1. A jurisprudência firmada no Superior Tribunal de Justiça é a de que a imposição de medida socioeduca-

> tiva levará em conta as necessidades pedagógicas, a adequação e, também, a proporcionalidade e a necessidade em relação ao caso concreto [...] (STJ, QUINTA TURMA. AgRg no HC 527.297/ES, Rel. Ministro JORGE MUSSI, julgado em 17/10/2019, DJe 28/10/2019)

Finalidades ou objetivos da socioeducação. Caráter pedagógico e ressocializador. Reavaliação periódica pelo Juízo da Execução. Art. 42 da Lei do SINASE. Resoluções do CNJ 77/2009, 188/2014 e 326/2020. Fiscalização da MSE pelo Juízo da Execução. Art. 90 e 95, VII, ambos do ECA. Para aferição do atingimento do propósito educativo-ressocializador, a Lei nº 12.594/2012 (Lei do SINASE) - Institui o Sistema Nacional de Atendimento Socioeducativo (SINASE), regulamenta a execução das medidas socioeducativas destinadas a adolescente que pratique ato infracional - estabelecem reavaliações periódicas da MSE (art. 42), no máximo, a cada seis meses. As Resoluções do CNJ, a seu turno, estabelecem inspeção pessoal do magistrado na unidade de cumprimento de MSE, bimestral (internação e semiliberdade) e semestral (liberdade assistida e PSC), bem como adoção de providências para seu adequado funcionamento (art. 1º da Resolução nº 77/2009, com redação dada pela Resolução nº 326/2020).

Dispõe a Lei do SINASE:

> Art. 42. As medidas socioeducativas de liberdade assistida, de semiliberdade e de internação deverão ser reavaliadas no máximo a cada 6 (seis) meses, podendo a autoridade judiciária, se necessário, designar audiência, no prazo máximo de 10 (dez) dias, cientificando o defensor, o Ministério Público, a direção do programa de atendimento, o adolescente e seus pais ou responsável.

Nesse sentido se manifesta a jurisprudência da Quinta e Sexta Turmas do STJ:

> ESTATUTO DA CRIANÇA E DO ADOLESCENTE - ECA. HABEAS CORPUS. ATO INFRACIONAL EQUIPARADO AO CRIME DE TRÁFICO ILÍCITO DE ENTORPECENTES. APLICAÇÃO DA MEDIDA SOCIOEDUCATIVA DE SEMILIBERDADE. POSSIBILIDADE. FUNDAMENTAÇÃO IDÔNEA (...) 1. Tratando-se de menor inimputável, não existe pretensão punitiva estatal propriamente, mas apenas pretensão educativa, que, na verdade, é dever não só do Estado, mas da família, da comunidade e da sociedade em geral, conforme disposto expressamente na legislação de regência (Lei 8.069/90, art. 4º) e na Constituição Federal (art. 227). 2. De fato, é nesse contexto que se deve enxergar o efeito primordial das medidas socioeducativas, mesmo que apresentem, eventualmente, características expiatórias (efeito secundário), pois o indiscutível e indispensável caráter pedagógico é que justifica a aplicação das aludidas medidas, da forma como previstas na legislação especial (Lei 8.069/90, arts. 112 a 125), que se destinam essencialmente à formação e reeducação do

adolescente infrator, também considerado como pessoa em desenvolvimento (Lei 8.069/90, art. 6º), sujeito à proteção integral (Lei 8.069/90, art. 1º), por critério simplesmente etário (Lei 8.069/90, art. 2º, caput). 3. Não há incompatibilidade com os princípios que regem a Lei 8.069/90 quando se aplica a medida socioeducativa de semiliberdade na hipótese de ato infracional equiparado ao delito de tráfico ilícito de entorpecentes, uma vez que, nos termos do art. 120 do ECA, essa medida pode ser aplicada desde o início, de acordo com a necessidade do caso em exame. 4. Deve o magistrado levar em consideração a capacidade de o menor cumpri-la, as circunstâncias e a gravidade da infração (art. 112, § 1º, do ECA), bem como fundamentar o seu convencimento em dados concretos que exijam a restrição da liberdade, em virtude de sua excepcionalidade. 5. Na hipótese, o acórdão impugnado bem fundamentou a necessidade da aplicação da medida de semiliberdade, baseado em fatos concretos e nas condições pessoais do menor que demonstram ser desfavoráveis e sem perspectiva de reinserção no seio familiar [...] (STJ, QUINTA TURMA. HC 123.385/DF, Rel. Ministro ARNALDO ESTEVES LIMA, julgado em 19/02/2009, DJe 16/03/2009)

PENAL. HABEAS CORPUS. ECA. ATO INFRACIONAL EQUIPARADO AO DELITO DE TRÁFICO DE ENTORPECENTES. MEDIDA SOCIOEDUCATIVA DE INTERNAÇÃO (...) 4. Desta feita, não há que se falar em quantificação do caráter socioeducador do Estatuto da Criança e do Adolescente, seja em razão do próprio princípio da proteção integral, seja em benefício de seu próprio desenvolvimento, uma vez que tais medidas não ostentam a particularidade de pena ou sanção, de modo que inexiste juízo de censura, mas, sim, preceito instrutivo, tendo em vista que exsurge, "após o devido processo legal, a aplicação da medida socioeducativa, cuja finalidade principal é educar (ou reeducar), não deixando de proteger a formação moral e intelectual do jovem". Apontamentos doutrinários [...] (STJ, SEXTA TURMA. HC 396.865/SP, Rel. Ministro ANTONIO SALDANHA PALHEIRO, julgado em 06/06/2017, DJe 13/06/2017)

HABEAS CORPUS. ATO INFRACIONAL ANÁLOGO AO CRIME DO ART. 217-A DO CP. REVOGAÇÃO DA MEDIDA DE LIBERDADE ASSISTIDA. ALEGAÇÃO DE PERDA DE SEU CARÁTER PEDAGÓGICO ANTE O DECURSO DE PROLONGADO TEMPO. IMPOSSIBILDADE. PRESCRIÇÃO NÃO VERIFICADA, DE PLANO. COMPETÊNCIA DO JUIZ DA EXECUÇÃO PARA ANÁLISE DA DESNECESSIDADE ATUAL DA INTERVENÇÃO ESTATAL (...) Nenhum adolescente será privado de sua liberdade, total ou parcialmente, sem o devido processo legal. Por isso, sempre ocorrerá o transcurso de tempo até que o pleno e formal reconhecimento da prática de ato infracional e sua autoria sejam apurados em desfavor do adolescente. 2. Aplicadas as medidas do art. 112 do ECA, sua manutenção deverá ser reavaliada periodicamente durante a execução, pois na fase de cumprimento da sentença permanece o propósito de acompanhar, auxiliar e orientar o infrator, em consonância com os princípios que informam o Estatuto da Criança e do Adolescente [...] (STJ, SEXTA TURMA. HC 531.090/PR, Rel. Ministro ROGERIO SCHIETTI CRUZ, julgado em 10/03/2020, DJe 17/03/2020)

HABEAS CORPUS SUBSTITUTIVO DE RECURSO PRÓPRIO. INADEQUAÇÃO DA VIA ELEITA. ESTATUTO DA CRIANÇA E DO ADOLESCENTE. ATO INFRACIONAL EQUIPARADO AO DELITO DE HOMICÍDIO DUPLAMENTE QUALIFICADO. MEDIDA SOCIOEDUCATIVA DE INTERNAÇÃO. ART. 122, I DO ECA. POSSIBILIDADE. PACIENTE COM FILHA EM AMAMENTAÇÃO. INSERÇÃO NO PROGRAMA DE ATENDIMENTO MATERNO-INFANTIL (PAMI) [...] 6. O Juízo da Execução detém a competência para determinar, a qualquer tempo, a modificação da medida socioeducativa aplicada, de acordo com a evolução socioeducativa da paciente, conforme as prescrições dos arts. 99 e 100 do Estatuto da Criança e do Adolescente, além da necessidade de preservar uma primeira infância saudável ao filho, razão pela qual recomenda-se a reavaliação sistemática e mensal da situação da paciente, por equipe multidisciplinar, com imediata e prioritária submissão do relatório ao Juízo responsável pela execução da medida socioeducativa. 7. Habeas corpus não conhecido, determinando-se, de ofício, que seja realizada reavaliação sistemática e mensal da situação da paciente, por equipe multidisciplinar, com imediata e prioritária submissão do relatório ao Juízo responsável pela execução da medida socioeducativa. (STJ, QUINTA TURMA. HC 543.279/SP, Rel. Ministro REYNALDO SOARES DA FONSECA, julgado em 10/03/2020, DJe 25/03/2020)

Direito a convivência familiar e comunitária (art. 227 da CRFB/88). Municipalização atendimento ao socioeducando. Art. 88, I, do ECA. CNACL. Cadastro Nacional Adolescente em Conflito com a Lei. Guia de execução de MSE. Resolução CNJ 165/2012. Aplicada a medida socioeducativa, expedida a guia de execução (Resolução CNJ 165/2012), o adolescente inicia seu cumprimento. A Constituição Federal estabelece como fundamental o direito à convivência familiar e comunitária (art. 227 da CRFB/88). O art. 35, IX, da Lei do SINASE, por sua vez, estabelece o fortalecimento dos vínculos familiares e comunitários no processo socioeducativo como um dos princípios que regem a execução das medidas socioeducativas. É direito processual do socioeducando a participação da família (art. 111, VI, do ECA) em qualquer fase do procedimento socioeducativo.

Numa perspectiva sociojurídica, não há como atingir os fins da socioeducação (a [res]socialização do adolescente) sem trabalhar, também, a família (repercussão social). O art. 124, VI (c/c art. 185) do ECA, aduz que o adolescente deve cumprir a medida mais próximo de seus familiares (art. 49, II, da Lei do SINASE). Mas assim como nenhum direito fundamental é absoluto, pode sofrer relativização em situações excepcionais. Desde o HC 287.618-MG (Rel. Min. Sebastião Reis Júnior, julgado em 13/5/2014), veiculado no Informativo de Jurisprudência nº 542 do STJ discutia-se a possibilidade de transferência do adolescente para cumprimento de internação em local diverso daquele em que residiriam seus responsáveis (por não haver centro de internação ou haver superlotação do estabelecimento, por exemplo) não implicando em sua liberação imediata. Jurisprudência recente consolidou tal entendimento:

> HABEAS CORPUS SUBSTITUTIVO DE RECURSO PRÓPRIO. NÃO CABIMENTO. ECA. ATO INFRACIONAL (...) CUMPRIMENTO DA MEDIDA EM COMARCA DIVERSA DA FAMÍLIA DO MENOR. ART. 49, INCISO II, DA LEI N. 12594/2012. POSSIBILIDADE NO CASO CONCRETO. PORTARIA NORMATIVA N. 285/2016 DA FUNDAÇÃO CASA. FORNECIMENTO DE AUXÍLIO FINANCEIRO PARA AS VISITAS DOS FAMILIARES DO ADOLESCENTE. INEXISTÊNCIA DE CONSTRANGIMENTO ILEGAL (...) 3. Não há ilegalidade a ser reparada pelo fato de a paciente cumprir a medida socioeducativa em comarca diversa à residência de seus pais, haja vista que o entendimento desta Turma é que, apesar de a Lei n. 12.594/2012 dispor em seu art. 49, inciso II, que é direito do adolescente submetido ao cumprimento de medida socioeducativa ser incluído em programa de meio aberto, quando inexistir vaga para o cumprimento de medida de privação da liberdade no domicílio de sua residência familiar, referido direito não é absoluto, devendo ser analisado o caso concreto. Na hipótese dos autos, apesar do ato infracional equiparado ao delito de tráfico de drogas prescindir de violência ou grave ameaça, o menor ostenta processos anteriores na Vara da Infância e Juventude, tendo, inclusive, já sido imposta medida sociedeucativa de liberdade assistida e, mesmo assim, o paciente voltou a delinquir, o que demostra que a medida imposta pelo Tribunal de origem é necessária para sua ressocialização, não sendo possível que seja colocado em liberdade por ausência de vagas em estabelecimento próximo à sua residência. Ademais, a Corte Estadual ponderou que "não se vislumbra constrangimento ilegal pelo simples fato de o jovem não cumprir a medida no Município em que residem seus familiares, mesmo porque mesmo porque a Fundação CASA, por intermédio da portaria normativa 285/2016, de 11.2.2016, regulamenta a concessão de verba para transporte de familiares para realização de visitas aos menores" (STJ, QUINTA TURMA. HC 426.813/SP, Rel. Ministro JOEL ILAN PACIORNIK, julgado em 09/10/2018, DJe 24/10/2018)

> ESTATUTO DA CRIANÇA E DO ADOLESCENTE. RECURSO ORDINÁRIO EM HABEAS CORPUS ATOS INFRACIONAIS (...) INTERNAÇÃO EM LOCALIDADE DIVERSA DO DOMICÍLIO OU RESIDÊNCIA. ART. 124, VI, DO ECA E ART. 49, II, DO SINASE. DIREITO NÃO ABSOLUTO. ATO INFRACIONAL COMETIDO COM VIOLÊNCIA E GRAVE AMEAÇA. CIRCUNSTÂNCIAS DO CASO CONCRETO. EXCEPCIONALIDADE CONFIGURADA. MEDIDA DE INTERNAÇÃO ADEQUADA (...) II - Segundo o art. 124, VI, da Lei n. 8.069/90 e o art. 49, II, da Lei n. 12.594/12, é direito do adolescente cumprir a medida de internação na mesma localidade ou na mais próxima do domicílio dos pais ou responsáveis, podendo ser incluído em medida de meio aberto na inexistência de vaga ou local adequado. Tal garantia, entretanto, não é absoluta, sendo excepcionada pela própria lei, no caso de ato infracional cometido mediante grave ameaça ou violência à pessoa. III - Além disso, esta Corte Superior de Justiça tem assentado que referido direito deve ser analisado considerando-se as peculiaridades do caso concreto, tais como o histórico infracional, a situação de vulnerabilidade do menor, a necessidade de manutenção da medida expressa em relatório técnico, dentre outras. Precedentes [...] (STJ, QUINTA TURMA. RHC 102.424/BA, Rel. Ministro FELIX FISCHER, julgado em 11/12/2018, DJe 01/02/2019)

Adolescentes com deficiência mental. Art. 112, § 3º, do ECA e art. 101, V, do ECA. Tratamento. Prazo. Nesses casos haveria suspensão da MSE com consequente aplicação de medida protetiva de internação em unidade especializada ou tratamento ambulatorial (art. 101, I, do ECA) pelo juízo menorista. O adolescente ficaria, então, internado por período indeterminado (enquanto fosse necessário para o seu tratamento, assim como nas medidas de segurança) ou, pelo menos, até 21 anos, após o que a competência passaria a ser do juízo cível (tratamento clínico de saúde com internação/ambulatorial) e/ou família (curatela), não mais do juízo menorista (infracional). Esse entendimento encontra amparo na jurisprudência:

> CRIMINAL. HC. ECA. ATO INFRACIONAL EQUIPARADO A HOMICÍDIO QUALIFICADO. INTERNAÇÃO POR PRAZO INDETERMINADO. LIBERDADE ASSISTIDA. LAUDO DE AVALIAÇÃO PSIQUIÁTRICA. DOENÇA OU DEFICIÊNCIA MENTAL. INEXISTÊNCIA. AUSÊNCIA DE CONSTRANGIMENTO ILEGAL. ADEQUAÇÃO DA MEDIDA SÓCIO-EDUCATIVA. ORDEM DENEGADA. Hipótese em que a paciente praticou ato infracional equiparado a homicídio qualificado e a defesa técnica pede a conversão da medida sócio-educativa de internação por tempo indeterminado para liberdade assistida, em virtude de deficiência mental. O Laudo de Avaliação Psiquiátrica consignou expressamente que a adolescente -não apresenta quaisquer sinais ou sintomas de distúrbio mental? não se enquadrando, portanto, na hipótese prevista no § 3º, do art. 112, do Estatuto da Criança e do

Adolescente. Constatado a inexistência de qualquer doença ou deficiência mental capaz comprometer o entendimento do processo ressocializador, não se justifica a conversão da medida sócio-educativa imposta, devendo a paciente cumpri-la nos termos em que foi aplicada. Inexistência de qualquer desacerto decisão proferida pelo Tribunal a quo, ou constrangimento ilegal a que esteja sendo submetida a menor [...] (STJ, QUINTA TURMA. HC 48.184/SP, Rel. Ministro GILSON DIPP, julgado em 21/02/2006, DJ 13/03/2006, p. 350)

Seção II
Da Advertência

Art. 115. A advertência consistirá em admoestação verbal, que será reduzida a termo e assinada.

Seção III
Da Obrigação de Reparar o Dano

Art. 116. Em se tratando de ato infracional com reflexos patrimoniais, a autoridade poderá determinar, se for o caso, que o adolescente restitua a coisa, promova o ressarcimento do dano, ou, por outra forma, compense o prejuízo da vítima.

Parágrafo único. Havendo manifesta impossibilidade, a medida poderá ser substituída por outra adequada.

Seção IV
Da Prestação de Serviços à Comunidade

Art. 117. A prestação de serviços comunitários consiste na realização de tarefas gratuitas de interesse geral, por período não excedente a seis meses, junto a entidades assistenciais, hospitais, escolas e outros estabelecimentos congêneres, bem como em programas comunitários ou governamentais.

Parágrafo único. As tarefas serão atribuídas conforme as aptidões do adolescente, devendo ser cumpridas durante jornada máxima de oito horas semanais, aos sábados, domingos e feriados ou em dias úteis, de modo a não prejudicar a freqüência à escola ou à jornada normal de trabalho.

Seção V
Da Liberdade Assistida

Art. 118. A liberdade assistida será adotada sempre que se afigurar a medida mais adequada para o fim de acompanhar, auxiliar e orientar o adolescente.

§ 1º A autoridade designará pessoa capacitada para acompanhar o caso, a qual poderá ser recomendada por entidade ou programa de atendimento.

§ 2º A liberdade assistida será fixada pelo prazo mínimo de seis meses, podendo a qualquer tempo ser prorrogada, revogada ou substituída por outra medida, ouvido o orientador, o Ministério Público e o defensor.

Art. 119. Incumbe ao orientador, com o apoio e a supervisão da autoridade competente, a realização dos seguintes encargos, entre outros:

I - promover socialmente o adolescente e sua família, fornecendo-lhes orientação e inserindo-os, se necessário, em programa oficial ou comunitário de auxílio e assistência social;

II - supervisionar a freqüência e o aproveitamento escolar do adolescente, promovendo, inclusive, sua matrícula;

III - diligenciar no sentido da profissionalização do adolescente e de sua inserção no mercado de trabalho;

IV - apresentar relatório do caso.

Pandemia. COVID-19. Recomendação CNJ 62/2020. Atos infracionais desprovidos de violência ou grave ameaça. Recomendação de fixação preferencial de medida de meio aberto (Liberdade Assistida - LA e Prestação de Serviço à Comunidade - PSC). Crise de saúde pública sem precedentes na história contemporânea, a pandemia de SARS-CoV-2 (COVID-19) ensejou aplicação de uma série de medidas preventivas e orientações das autoridades competentes, dentre elas, a Recomendação CNJ 62/2020 que, em seu art. 2º, recomenda a aplicação de medidas socioeducativas, preferencialmente, em meio aberto, bem assim reavaliação das internações provisórias, em especial, aos que "*estejam internados pela prática de atos infracionais praticados sem violência ou grave ameaça à pessoa*" não ensejando, todavia, liberação automática. Como se verifica dos julgados da Quinta e Sexta Turmas do STJ:

> AGRAVO REGIMENTAL EM HABEAS CORPUS. ESTATUTO DA CRIANÇA E DO ADOLESCENTE. ATO INFRACIONAL (...) SITUAÇÃO DE VULNERABILIDADE PESSOAL. PACIENTE VICIADA EM ÁLCOOL E DROGAS. INEXISTÊNCIA DE ESTRUTURA FAMILIAR. ABRANDAMENTO DA MEDIDA SOCIOEDUCATIVA DE INTERNAÇÃO DIANTE DA PANDEMIA DE COVID-19. RESOLUÇÃO N. 62 DO CNJ. INVIABILIDADE. A INTERNAÇÃO É O ÚNICO MEIO PARA POSSIBILITAR A DESDROGADIÇÃO E RESSOCIALIZAÇÃO DA ADOLESCENTE. CONDIÇÕES PESSOAIS E FAMILIARES DESFAVORÁVEIS (...) A reavaliação das medidas de internação a que alude a Recomendação n. 62/2020 do CNJ, em virtude da proliferação do COVID-19, se trata de instrumento para verificar se, no caso concreto, é pertinente a colocação do socioeducando em liberdade, por meio da suspensão, remissão ou substituição da medida em meio fechado, utilizando-se como parâmetros as recomendações editadas pelo Poder Judiciário, sem prejuízo do cotejo com aquelas expedidas pelas autoridades públicas competentes. - Não se trata, portanto, de instrumento que

enseja a automática colocação do menor infrator em meio aberto, sob pena de, assim procedendo, se estar adotando irresponsável e inconsequente violação aos direitos dos adolescentes em conflito com a lei que, pelas suas condições psicossociais, demandam a administração de tratamento pedagógico, psicológico e psiquiátrico em meio fechado, o qual muitas vezes se figura como o único meio adequado para se atingir a almejada ressocialização e desdrogadição, como ocorre no caso dos autos, em que as condições pessoais e familiares da paciente, lhe são inteiramente desfavoráveis [...] (STJ, QUINTA TURMA. AgRg no HC 584.279/SC, Rel. Ministro REYNALDO SOARES DA FONSECA, julgado em 16/06/2020, DJe 25/06/2020)

AGRAVO REGIMENTAL EM HABEAS CORPUS. ATO INFRACIONAL ANÁLOGO AO CRIME DE TRÁFICO. APLICAÇÃO DA MEDIDA SOCIOEDUCATIVA DE INTERNAÇÃO. REITERAÇÃO INFRACIONAL. RECOMENDAÇÃO N. 62/2020 DO CNJ. ATOS INFRACIONAIS DESPROVIDOS DE VIOLÊNCIA OU GRAVE AMEAÇA (...) 3. A internação foi imposta ante a reiteração infracional do jovem. Todavia, tanto o ato infracional averiguado na representação de que cuida esta impetração quanto o anteriormente perpetrado pelo paciente foram cometidos sem violência ou grave ameaça. 4. A Recomendação n. 62, de 17 de março de 2020, do Conselho Nacional de Justiça, em seu art. 2º, aconselha a aplicação preferencial de medidas socioeducativas em meio aberto e a revisão das decisões que determinaram a internação provisória, especialmente em relação a adolescentes "que estejam internados pela prática de atos infracionais praticados sem violência ou grave ameaça à pessoa", como na hipótese dos autos [...] (STJ, SEXTA TURMA. AgRg no HC 572.716/SP, Rel. Ministro ROGERIO SCHIETTI CRUZ, julgado em 19/05/2020, DJe 28/05/2020)

RECURSO ORDINÁRIO EM HABEAS CORPUS COLETIVO. ECA. APLICAÇÃO DA RECOMENDAÇÃO 62 DO CNJ. VIA INADEQUADA. NECESSIDADE DE DEMONSTRAÇÃO DA SITUAÇÃO INDIVIDUALIZADA. PRECEDENTES. RECURSO IMPROVIDO. 1. Habeas corpus coletivo visando suspender a validade dos mandados de busca e apreensão e a proibição de expedição de novas ordens de busca e apreensão de adolescentes e jovens em conflito com a lei, ressalvadas as hipóteses de flagrante de ato infracional, enquanto perdurar o estado de emergência sanitária relacionada à Covid-19. 2. O encarceramento provisório, em face da pandemia relacionada ao novo coronavírus, deve ser analisada casuisticamente à luz da Recomendação 62/2020 do Conselho Nacional de Justiça, que não detém caráter vinculante, devendo ser sopesado o histórico de cada segregado, o eventual enquadramento em grupo de risco e a situação de contágio em cada unidade prisional. 3. Os critérios estabelecidos pelo Estatuto da Criança e do Adolescente, tais como a gravidade concreta do ato infracional e a capacidade do agente, são circunstâncias que podem justificar, mesmo no contexto de pandemia, a necessidade de imediata execução da medida socioeducativa de internação, ainda que inexistente o flagrante, afastando, assim, a pretensão ora arguida [...] (STJ, SEXTA TURMA. RHC 131.858/RJ, Rel. Ministro NEFI CORDEIRO, julgado em 17/11/2020, DJe 23/11/2020)

Seção VI
Do Regime de Semi-liberdade

Art. 120. O regime de semi-liberdade pode ser determinado desde o início, ou como forma de transição para o meio aberto, possibilitada a realização de atividades externas, independentemente de autorização judicial.

§ 1º São obrigatórias a escolarização e a profissionalização, devendo, sempre que possível, ser utilizados os recursos existentes na comunidade.

§ 2º A medida não comporta prazo determinado aplicando-se, no que couber, as disposições relativas à internação.

Art. 120 do ECA. MSE. Semiliberdade. Taxatividade. Inocorrência. Segundo orientação do STJ, a aplicação da medida de semiliberdade, não obstante a aplicação subsidiária das disposições referentes à internação (art. 120, § 2º, do ECA), não se vincula à taxatividade estabelecida no art. 122 do ECA. Nesse sentido são os recentes julgados da Sexta Turma do STJ:

> AGRAVO REGIMENTAL EM HABEAS CORPUS INDEFERIDO LIMINARMENTE. ECA. ATOS INFRACIONAIS EQUIPARADOS AOS CRIMES DE AMEAÇA E DESACATO (ARTS. 147, CAPUT, E 331, POR DUAS VEZES, AMBOS DO CP). SENTENÇA DE PROCEDÊNCIA. APLICAÇÃO DA MEDIDA SOCIOEDUCATIVA DE SEMILIBERDADE. INEVIDÊNCIA DE CONSTRANGIMENTO ILEGAL. GRAVIDADE CONCRETA DA CONDUTA. HISTÓRICO DO ADOLESCENTE. FUNDAMENTAÇÃO IDÔNEA. PRECEDENTES. 1. Segundo a jurisprudência desta Casa, diferentemente da hipótese de internação, a medida de semiliberdade não possui requisitos taxativos de aplicação. Não há impedimento legal à fixação da medida socioeducativa consistente em semiliberdade desde o início, quando o Juízo da Infância e da Juventude, diante das peculiaridades do caso concreto, fundamentadamente demonstrar a adequação da medida à ressocialização do adolescente (ECA, art. 120 e §§) [...] (STJ, SEXTA TURMA. AgRg no HC 600.021/SC, Rel. Ministro SEBASTIÃO REIS JÚNIOR, julgado em 22/09/2020, DJe 29/09/2020)

AGRAVO REGIMENTAL NO HABEAS CORPUS. ATO INFRACIONAL ANÁLOGO AO DELITO DE TRÁFICO DE DROGAS. SEMILIBERDADE. FUNDAMENTAÇÃO IDÔNEA (...) A aplicação da medida de semiliberdade não está sujeita a nenhum rol taxativo, mas deve adequar-se à capacidade do adolescente em cumpri-la, às circunstâncias e à gravidade da infração, conforme dispõe o § 1º do art. 112 da Lei n. 8.069/1990 (HC n. 408.792/MS, Rel. Ministro Reynaldo Soares da Fonseca, 5ª T., DJe 27/9/2017) O Tribunal de Justiça, de forma fundamentada, considerou devida a imposição de semiliberdade ante a quantidade de droga encontrada com o menor (aproximadamente 2,7 kg de maconha), a ausência de orientação e de mecanismos de contenção em sua família e a insuficiência de medida em meio aberto [...] (AgRg no HC 623.096/SP, Rel. Ministro ROGERIO SCHIETTI CRUZ, SEXTA TURMA, julgado em 24/11/2020, DJe 02/12/2020); sem grifo no original.

Seção VII
Da Internação

Art. 121. A internação constitui medida privativa da liberdade, sujeita aos princípios de brevidade, excepcionalidade e respeito à condição peculiar de pessoa em desenvolvimento.

§ 1º Será permitida a realização de atividades externas, a critério da equipe técnica da entidade, salvo expressa determinação judicial em contrário.

§ 2º A medida não comporta prazo determinado, devendo sua manutenção ser reavaliada, mediante decisão fundamentada, no máximo a cada seis meses.

§ 3º Em nenhuma hipótese o período máximo de internação excederá a três anos.

§ 4º Atingido o limite estabelecido no parágrafo anterior, o adolescente deverá ser liberado, colocado em regime de semi-liberdade ou de liberdade assistida.

§ 5º A liberação será compulsória aos vinte e um anos de idade.

§ 6º Em qualquer hipótese a desinternação será precedida de autorização judicial, ouvido o Ministério Público.

§ 7 o A determinação judicial mencionada no § 1 o poderá ser revista a qualquer tempo pela autoridade judiciária. (Incluído pela Lei nº 12.594, de 2012) (Vide)

Art. 121, § 5º, do ECA. 21 anos. Liberação compulsória. A jurisprudência do STJ é pacífica no sentido de que a maioridade penal não implica a liberação compulsória do menor infrator, o que ocorreria apenas aos 21 anos, nos termos do art. 121, § 5º, do ECA. Nesse sentido, a Corte Superior, sob a égide dos recursos repetitivos, firmou a seguinte tese (tema repetitivo 992): "*a superveniência da maioridade penal* *não interfere na apuração de ato infracional nem na aplicabilidade de medida socioeducativa em curso, inclusive na liberdade assistida, enquanto não atingida a idade de 21 anos*" (STJ, TERCEIRA SEÇÃO. REsp 1717022/RJ, Rel. Ministro SEBASTIÃO REIS JÚNIOR, julgado em 13/06/2018, DJe 13/08/2018). Confira-se os recentes julgados:

> AGRAVO REGIMENTAL EM AGRAVO EM RECURSO ESPECIAL. ATO INFRACIONAL EQUIPARADO AO DELITO DE TRÁFICO DE DROGAS. IMPOSIÇÃO DE MEDIDA SOCIOEDUCATIVA. LIBERDADE ASSISTIDA. MAIORIDADE CIVIL. SUPERVENIÊNCIA. EXTINÇÃO. DESCABIMENTO. TEMA JULGADO SOB O RITO DOS RECURSOS REPETITIVOS. TEMA 992/STJ. 1. É pacífico o entendimento do Superior Tribunal de Justiça no sentido de que as medidas socioeducativas aplicadas ao menor infrator com base no ECA, incluída a liberdade assistida, podem ser estendidas até que ele complete 21 anos, sendo irrelevante a implementação da maioridade civil ou penal no decorrer de seu cumprimento (AgRg no REsp n. 1.375.556/RJ, Ministra Maria Thereza de Assis Moura, Sexta Turma, DJe 10/12/2013). 2. Aprovada a Tese 992 no seguinte sentido: a superveniência da maioridade penal não interfere na apuração de ato infracional nem na aplicabilidade de medida socioeducativa em curso, inclusive na liberdade assistida, enquanto não atingida a idade de 21 anos (REsp n. 1.705.149/RJ, da minha relatoria, Terceira Seção, julgado em 13/6/2018, DJe 13/8/2018) [...] (STJ, SEXTA TURMA. AgRg no AREsp 1140017/RJ, Rel. Ministro SEBASTIÃO REIS JÚNIOR, julgado em 02/10/2018, DJe 18/10/2018)

> AGRAVO REGIMENTAL NO RECURSO ESPECIAL. ATO INFRACIONAL ANÁLOGO AO DELITO PREVISTO NO ART. 16, CAPUT, DA LEI N. 10.826/2003. PRESCRIÇÃO DA PRETENSÃO SOCIOEDUCATIVA. APLICADA POR PRAZO INDETERMINADO. MENOR QUE COMPLETOU 21 (VINTE E UM) ANOS. LIBERAÇÃO COMPULSÓRIA. AGRAVO REGIMENTAL PROVIDO. 1. A teor do art. 121, § 5.º, do Estatuto da Criança e do Adolescente, o menor infrator que completar a idade de 21 anos será obrigatoriamente liberado da medida socioeducativa que esteja eventualmente cumprindo [...] (STJ, SEXTA TURMA. AgRg no REsp 1872380/SC, Rel. Ministra LAURITA VAZ, julgado em 25/08/2020, DJe 04/09/2020)

> AGRAVO REGIMENTAL EM RECURSO ESPECIAL. ESTATUTO DA CRIANÇA E DO ADOLESCENTE. VIOLAÇÃO DOS ARTS. 109, IV, DO CP, E 121, § 5º, DO ECA. APLICAÇÃO DA MEDIDA SOCIOEDUCATIVA DE LIBERDADE ASSISTIDA. ATO INFRACIONAL EQUIPARADO AO DELITO DE ROUBO MAJORADO. SÚMULA 338/STJ. PRAZO PRESCRICIONAL DA PRETENSÃO PUNITIVA RETROATIVA. 4 ANOS. NÃO OCORRÊNCIA. ENTENDIMENTO DISSONANTE DA JURISPRUDÊN-

CIA DESTA CORTE. 1. Somente na hipótese em que for reconhecida a prática de ato infracional análogo a crime que possua pena máxima in abstrato inferior a 3 anos (como delitos de menor potencial ofensivo), o julgador, para evitar a criação de situação mais gravosa ao adolescente, deve adotar o prazo prescricional aplicável ao imputável em idêntica situação. No caso concreto, foi reconhecida a prática de ato infracional análogo ao delito do art. 157, § 2º, II, do Código Penal ? cuja pena máxima excede o limite de 3 anos estabelecido para a medida de internação. 2. Nos termos do Enunciado n. 338 da Súmula do STJ, a prescrição penal é aplicável nas medidas socioeducativas. Diante disso, a jurisprudência desta Corte firmou o entendimento de que, uma vez aplicada medida socioeducativa sem termo final, deve ser considerado o período máximo de 3 anos de duração da medida de internação, para o cálculo do prazo prescricional da pretensão socioeducativa, e não o tempo da medida que poderá efetivamente ser cumprida até que a envolvida complete 21 anos de idade (AgRg no REsp n. 1.856.028/SC, Ministro Reynaldo Soares da Fonseca, Quinta Turma, DJe 19/5/2020) [...] (STJ, SEXTA TURMA. AgRg no REsp 1870407/SC, Rel. Ministro SEBASTIÃO REIS JÚNIOR, julgado em 27/10/2020, DJe 23/11/2020)

Art. 122. A medida de internação só poderá ser aplicada quando:

I - tratar-se de ato infracional cometido mediante grave ameaça ou violência a pessoa;

II - por reiteração no cometimento de outras infrações graves;

III - por descumprimento reiterado e injustificável da medida anteriormente imposta.

§ 1 o O prazo de internação na hipótese do inciso III deste artigo não poderá ser superior a 3 (três) meses, devendo ser decretada judicialmente após o devido processo legal. (Redação dada pela Lei nº 12.594, de 2012) (Vide)

§ 2º. Em nenhuma hipótese será aplicada a internação, havendo outra medida adequada.

Art. 122 do ECA. MSE. Internação. Rol taxativo. A jurisprudência dos Tribunais Superiores segue no sentido de que a medida socioeducativa de internação está autorizada nas hipóteses taxativamente previstas no art. 122 do ECA, não admitindo interpretação extensiva pelo julgador. Nesse sentido, são os seguintes julgados do STF:

MEDIDA SOCIOEDUCATIVA - INTERNAÇÃO - REQUISITOS. A teor do disposto no artigo 122 da Lei nº 8.069/1990, a internação somente se justifica no caso de ato infracional cometido mediante grave ameaça ou violência a pessoa, reiteração da prática de infração grave ou inobservância repetida e injustificável de medida anterior-

> mente imposta. (STF, Primeira Turma. HC 134719, Relator(a): MARCO AURÉLIO, julgado em 09/10/2018, DJe-228 DIVULG 25-10-2018 PUBLIC 26-10-2018)

> AGRAVO REGIMENTAL EM HABEAS CORPUS. ESTATUTO DA CRIANÇA E DO ADOLESCENTE. ATO INFRACIONAL ANÁLOGO AO CRIME DE ESTUPRO. MEDIDA SOCIOEDUCATIVA DE INTERNAÇÃO ADEQUADAMENTE IMPOSTA. GRAVE AMEAÇA E VIOLÊNCIA À PESSOA. AUSÊNCIA DE FLAGRANTE ILEGALIDADE. 1. De acordo com o art. 122 do Estatuto da Criança e do Adolescente (Lei. 8.069/90), a medida socioeducativa de internação está restrita às hipóteses em que (a) o ato infracional for cometido mediante grave ameaça ou violência a pessoa; (b) houver reiteração no cometimento de outras infrações graves; ou (c) for descumprida de maneira reiterada e injustificável a medida anteriormente imposta. 2. Esta SUPREMA CORTE já assinalou: "considerando que o ato infracional foi praticado mediante grave ameaça, a internação mostra-se não só proporcional ao ato infracional praticado, mas, também, imperiosa à reintegração plena do menor à sociedade, que é a finalidade precípua do Estatuto da Criança e do Adolescente" (HC 98.225, Rel. Min. ELLEN GRACIE, Segunda Turma, DJe de 11/9/2009). 3. Na espécie, o ato infracional foi praticado mediante violência física e grave ameaça contra a vítima, que foi constrangida pelo paciente a ter conjunção carnal, praticar e permitir que com ela se pratique atos libidinosos diversos [...] (STF, Primeira Turma. HC 168122 AgR, Relator(a): ALEXANDRE DE MORAES, julgado em 05/04/2019, DJe-076 DIVULG 11-04-2019 PUBLIC 12-04-2019)

Mesmo posicionamento adotado pela jurisprudência do STJ:

> PENAL. PROCESSUAL PENAL. AGRAVO REGIMENTAL NO AGRAVO EM RECURSO ESPECIAL. ATO INFRACIONAL ANÁLOGO A ROUBO MAJORADO. ALEGAÇÃO DE VIOLAÇÃO A PRINCÍPIOS E A DISPOSITIVOS DE EXTRAÇÃO CONSTITUCIONAL. VIA INADEQUADA, AINDA QUE PARA FINS DE PREQUESTIONAMENTO. HABEAS CORPUS UTILIZADO COMO PARADIGMA. IMPRESTABILIDADE À COMPROVAÇÃO DO DISSÍDIO. AUSÊNCIA DE COTEJO ANALÍTICO. MEDIDA SOCIOEDUCATIVA DE INTERNAÇÃO. MANTENÇA. GRAVIDADE CONCRETA DO ATO INFRACIONAL. CONTUMÁCIA NA PRÁTICA DE ATOS INFRACIONAIS (...) III - Esta Corte Superior de Justiça possui entendimento consolidado no sentido de que, "[é] possível a aplicação da medida socioeducativa de internação na hipótese de ato infracional cometido mediante grave ameaça ou violência contra pessoa" (AgRg no HC n. 245.154/ES, Sexta Turma, Rel. Min. Sebastião Reis Júnior, DJe de 3/2/2014), e de que "[o] art. 122

> do ECA autoriza a imposição da medida socioeducativa de internação somente nas hipóteses de ato infracional praticado com grave ameaça ou violência contra a pessoa, reiteração no cometimento de outras infrações graves ou descumprimento reiterado e injustificável de medida anteriormente imposta" (RHC n. 72.132/BA, Quinta Turma, Rel. Min. Joel Ilan Paciornik, DJe de 19/8/2016) [...] (STJ, QUINTA TURMA. AgRg no AREsp 1625379/SE, Rel. Ministro FELIX FISCHER, julgado em 19/05/2020, DJe 28/05/2020)

> ESTATUTO DA CRIANÇA E DO ADOLESCENTE (...) INCISO I DO ART. 122 DO ESTATUTO DA CRIANÇA E DO ADOLESCENTE. ATOS INFRACIONAIS COMETIDOS MEDIANTE VIOLÊNCIA FÍSICA E AMEAÇAS. SITUAÇÃO DE VULNERABILIDADE E DE RISCO DO PACIENTE. DEVER DO ESTADO DE PROTEGÊ-LO [...] IV - A medida socioeducativa de internação impõe-se nas hipóteses taxativamente arroladas no art. 122, do Estatuto da Criança e do Adolescente. Da análise do acórdão impugnado, observa-se que, no caso em tela, clara está a incidência da hipótese prevista no inciso I do art. 122 do Estatuto da Criança e do Adolescente, uma vez que a paciente cometeu os atos infracionais sob exame, mediante violência física e ameaças. Desta forma, não há flagrante ilegalidade apta a superar a impropriedade da via eleita [...] (STJ, QUINTA TURMA. AgRg no HC 546.008/SC, Rel. Ministro FELIX FISCHER, julgado em 16/06/2020, DJe 23/06/2020)

Art. 122, I, do ECA. Grave ameaça. Conceito. Jurisprudência. Segundo o entendimento do STJ, a grave ameaça a que alude o inciso I do art. 122 do ECA que justifica a aplicação da medida de internação não é aquela do ato infracional análogo ao crime de ameaça (art. 147 do CP),tendo a Corte Superior afirmado que "*a gravidade do ato infracional equiparado ao delito de ameaça, por si só, não autoriza a aplicação da medida socioeducativa de internação*" (HC 284.110/MG, Rel. Ministra MARILZA MAYNARD (DESEMBARGADORA CONVOCADA DO TJ/SE), SEXTA TURMA, julgado em 25/03/2014, DJe 11/04/2014).

> PROCESSUAL PENAL E PENAL. HABEAS CORPUS. MEDIDA SOCIOEDUCATIVA. INTERNAÇÃO. ATO INFRACIONAL EQUIPARADO AO FURTO E AMEAÇA. AUSÊNCIA DE VAGA EM UNIDADE PRÓXIMA À RESIDÊNCIA DO MENOR. RELATIVIZAÇÃO DO ART. 49, II DO SINASE. POSSIBILIDADE. ANÁLISE CASO A CASO. FUNDAMENTAÇÃO IDÔNEA. AUSÊNCIA (...) 2. A gravidade do ato infracional equiparado ao crime de ameaça não se subsume à grave ameaça exigida para a aplicação da medida de internação. Precedentes [...] (STJ, SEXTA TURMA. HC 338.517/SP, Rel. Ministro NEFI CORDEIRO, julgado em 17/12/2015, DJe 05/02/2016)

Art. 122, II, do ECA. Reiteração. Número mínimo de infrações. Inexistência. Há entendimento da Quinta e Sexta Turmas do STJ no sentido de que o ECA não estipulou um número mínimo de atos infracionais graves para justificar a internação com fundamento na reiteração (art. 122, II, do ECA), sendo incabível estipular o número mínimo de três atos infracionais para tal finalidade. A análise é, pois, casuística, podendo apenas uma infração justificar a aplicação da medida mais gravosa, senão vejamos:

> AGRAVO REGIMENTAL NO HABEAS CORPUS. ESTATUTO DA CRIANÇA E DO ADOLESCENTE. ATO INFRACIONAL ANÁLOGO AO DELITO DE FURTO QUALIFICADO. MEDIDA SOCIOEDUCATIVA DE INTERNAÇÃO. REITERAÇÃO DELITIVA. DESCUMPRIMENTO DE ANTERIOR MEDIDA EM MEIO ABERTO. INEXISTÊNCIA DE CONSTRANGIMENTO ILEGAL (...) 3. "Esta Quinta Turma, na esteira da jurisprudência da Suprema Corte, firmou o entendimento de que o Estatuto da Criança e do Adolescente não estipulou um número mínimo de atos infracionais graves para justificar a internação do menor infrator, com fulcro no art. 122, inciso II, do ECA (reiteração no cometimento de outras infrações graves)" - HC n. 342.943/SP, ReL. Min. REYNALDO SOARES DA FONSECA, QUINTA TURMA, julgado em 10/3/2016, Dje 16/3/2016 [...] (STJ, QUINTA TURMA. AgRg no HC 527.297/ES, Rel. Ministro JORGE MUSSI, julgado em 17/10/2019, DJe 28/10/2019)

> ESTATUTO DA CRIANÇA E DO ADOLESCENTE. HABEAS CORPUS SUBSTITUTIVO DE RECURSO ESPECIAL. NÃO CABIMENTO. ATO INFRACIONAL EQUIPARADO AO DELITO ROUBO MAJORADO COM EMPREGO DE ARMA DE FOGO. MEDIDA DE INTERNAÇÃO. POSSIBILIDADE. ATO INFRACIONAL PRATICADO MEDIANTE VIOLÊNCIA E GRAVE AMEAÇA À PESSOA (ART. 122, I, DO ECA) [...] II - A medida socioeducativa de internação está autorizada nas hipóteses taxativamente previstas no art. 122 do ECA (v. g. HC n. 291.176/SP, Quinta Turma, Rel. Min. Jorge Mussi, DJe de 21/8/2014). III - Por outro lado, o art. 122, inciso II, do Estatuto da Criança e do Adolescente (ECA), faz menção à existência de "outras infrações graves", do que se depreende que, para a imposição da medida extrema, seria necessário a prática, no mínimo, de 2 (duas) outras condutas infracionais de natureza grave. Contudo, de acordo com a jurisprudência do col. Supremo Tribunal Federal e da Quinta Turma desta Corte Superior, deve o magistrado levar em consideração as peculiaridades de cada caso concreto, não se exigindo o número mínimo de atos infracionais graves para incidência do mencionado dispositivo. IV - O caso trata de ato infracional análogo a crime de roubo majorado, ao qual foi praticado mediante violência e grave ameaça a pessoa com emprego de arma de fogo. Desse modo, a

aplicação da medida socioeducativa de internação é plenamente possível, nos termos do art. 122, inciso I, do Estatuto da Criança e do Adolescente [...] (STJ, QUINTA TURMA. HC 581.089/RJ, Rel. Ministro FELIX FISCHER, julgado em 09/06/2020, DJe 17/06/2020, sem grifo no original)

AGRAVO REGIMENTAL NO HABEAS CORPUS. ECA. ATO INFRACIONAL EQUIPARADO AO DELITO DE TRÁFICO DE ENTORPECENTES. MEDIDA SOCIOEDUCATIVA DE INTERNAÇÃO. ART. 122 DO ECA. ROL TAXATIVO. REITERAÇÃO NO COMETIMENTO DE ATOS INFRACIONAIS GRAVES. NÃO CONFIGURAÇÃO. RECURSO IMPROVIDO. 1. A Sexta Turma do Superior Tribunal de Justiça passou a majoritariamente compreender que, para a configuração da reiteração de atos infracionais graves, prevista no inciso II do art. 122 do ECA, suficiente é a prática de nova conduta após prévia aplicação de medida socioeducativa, salvo falta de contemporaneidade ou menor relevância da prática infracional antecedente. 2. A prática de atos infracionais ainda em apuração não enseja a aplicação de medida mais gravosa, revelando a desproporcionalidade da internação ao paciente primário, notadamente se considerada pouco expressiva quantidade de entorpecentes apreendida em poder do adolescente - 47 bombinhas de maconha [...] (STJ, SEXTA TURMA. AgRg no HC 598.030/AL, Rel. Ministro NEFI CORDEIRO, julgado em 17/11/2020, DJe 20/11/2020, sem grifo no original)

Medida socioeducativa. Adolescente responde a mais de um ato infracional. Reavaliação. Unificação da MSE. Art. 45 da Lei do SINASE. Competência do Juízo de Execução. No que tange às ações socioeducativas, o conceito de reiteração difere daquele da reincidência penal (tanto para fins de aplicação da medida pelo juízo de conhecimento (análise do art. 122, II, do ECA) quanto para a reavaliação da mesma pelo juízo da execução (art. 45 da Lei nº 12.594/12). Entende-se por juízo do conhecimento aquele competente para apuração da conduta infracional - local da ação ou omissão (art. 147, § 1º; 148, I e II e 152, todos do ECA), enquanto juízo da execução seria aquele competente para a reavaliação da socioeducação ou, em caso de delegação, onde o adolescente efetivamente cumpre a medida (art. 88, I ECA c/c art. 49, II, da Lei do SINASE).

SÚMULA TJRJ Nº 142 O JUÍZO QUE IMPÔS A MEDIDA SÓCIO-EDUCATIVA É O COMPETENTE PARA SUA EXECUÇÃO, PODENDO DELEGAR OS ATOS EXECUTÓRIOS (2008).

ENUNCIADO - AVISO TJRJ Nº 46 2. JUIZ NATURAL. A COMPETÊNCIA PARA A EXECUÇÃO DAS MEDIDAS SOCIOEDUCATIVAS

> DE INTERNAÇÃO E SEMI-LIBERDADE É DEFINIDA PELO LUGAR ONDE ESTÁ LOCALIZADA A INSTITUIÇÃO DE SEU CUMPRIMENTO, AINDA QUE POR FORÇA DE LEI ESTADUAL OUTRO SEJA O JUÍZO COM ATRIBUIÇÃO PARA A FISCALIZAÇÃO DAS REFERIDAS ENTIDADES (2009).

Dito isso, a jurisprudência do Superior Tribunal de Justiça consolidou-se no sentido de que "*o artigo 45, §§ 1º e 2º, da Lei n. 12.594/2012 não impede a apuração e o julgamento de novos atos infracionais, com a aplicação de novas medidas ao adolescente, cabendo, contudo, ao Juízo de Execução avaliar, a partir do caso concreto, a possibilidade de unificação ou extinção de uma delas*" (STJ, SEXTA TURMA, RHC 60.612/DF, Rel. Ministro NEFI CORDEIRO, julgado em 25/8/2015, DJe de 15/9/2015). De tal sorte, o art. 45 da Lei do SINASE não implica em extinção (sem resolução do mérito) automática do processo de conhecimento (restrita às hipóteses do art. 189 do ECA), eis que necessário, no mínimo, o conhecimento da vida pregressa do adolescente e conhecimento da sua situação vulnerável. Confira-se os julgados da Quinta e Sexta Turma do STJ:

> PROCESSUAL PENAL. AGRAVO REGIMENTAL NO HABEAS CORPUS. ESTATUTO DA CRIANÇA E DO ADOLESCENTE. ATO INFRACIONAL ANÁLOGO AOS DELITOS PREVISTOS NOS ARTS. 33 E 35, DA LEI N. 11.343/06. EXTINÇÃO DO PROCESSO PELO JUÍZO DE CONHECIMENTO. ART. 45 DA LEI N. 12.594/2012. IMPOSSIBILIDADE. COMPETÊNCIA DO JUÍZO DA EXECUÇÃO. AGRAVO REGIMENTAL DESPROVIDO. 1. É firme o entendimento neste Superior Tribunal de Justiça segundo o qual o art. 45 da Lei n. 12.594/12 "estabelece critérios específicos para a execução das medidas socioeducativas supervenientes à execução, dispondo sobre as hipóteses em que essas devem ser unificadas quando o ato infracional for praticado durante à execução ou absorvidas quando a infração for praticada antes do início da execução, o que não impede a apuração e o julgamento de novos atos infracionais, com a aplicação de novas medidas ao adolescente, cabendo, contudo, ao Juízo de Execução avaliar, no caso concreto, a possibilidade de unificação ou extinção de uma delas" (HC n. 380.334/ES, Rel. Ministro NEFI CORDEIRO, SEXTA TURMA, DJe 11/5/2017) [...] (STJ, QUINTA TURMA. AgRg no HC 389.253/ES, Rel. Ministro JOEL ILAN PACIORNIK, julgado em 21/03/2019, DJe 01/04/2019)

> AGRAVO REGIMENTAL NO HABEAS CORPUS. ESTATUTO DA CRIANÇA E DO ADOLESCENTE. ATO INFRACIONAL ANÁLOGO AO DELITO DE FURTO QUALIFICADO. EXTINÇÃO DO PROCESSO PELO JUÍZO DE CONHECIMENTO. ART. 45, §§ 1º e 2º, DA LEI N. 12.594/2012. IMPOSSIBILIDADE. COMPETÊNCIA DO JUÍZO DA EXECUÇÃO. AGRAVO REGIMENTAL NÃO PROVIDO. 1. O disposto

no art. 45, §§ 1º e 2º, da Lei n. 12.594/2012 estabelece vetores para a unificação de nova medida socioeducativa aplicada por conduta anterior a que deu ensejo à execução em curso, nas hipóteses em que o menor em conflito com a lei haja demonstrado, de forma satisfatória, estar ressocializado, em atenção ao objetivo educativo, não punitivo, das medidas previstas no ECA. O dispositivo federal, portanto, não dispensa a apuração de atos infracionais nem determina a extinção do processo de conhecimento. 2. A competência para extinguir a internação - não o processo de conhecimento - é do Juízo das Execuções, ao qual caberá aferir o momento da prática do ato infracional [...] (STJ, SEXTA TURMA. AgRg no HC 457.134/SC, Rel. Ministro ROGERIO SCHIETTI CRUZ, julgado em 23/04/2019, DJe 30/04/2019)

AGRAVO REGIMENTAL NO HABEAS CORPUS. ESTATUTO DA CRIANÇA E DO ADOLESCENTE. ATO INFRACIONAL ANÁLOGO AO CRIME DE TRÁFICO DE DROGAS. ART. 45, §§ 1.º e 2.º, DA LEI N.º 12.594/2012 - SINASE. EXTINÇÃO DO PROCESSO SEM JULGAMENTO DE MÉRITO POR FATO ANTERIOR. IMPOSSIBILIDADE. VEDAÇÃO APENAS DE NOVA IMPOSIÇÃO DE INTERNAÇÃO A ADOLESCENTE QUE JÁ TENHA CUMPRIDO MEDIDA DA MESMA NATUREZA. CONHECIMENTO DA VIDA PREGRESSA DO REEDUCANDO PARA A APLICAÇÃO DE FUTURAS MEDIDAS SOCIOEDUCATIVAS. COMPETÊNCIA DO JUÍZO DA EXECUÇÃO (...) 1. A jurisprudência deste Superior Tribunal de Justiça é no sentido de que "o art. 45, § 2º, da Lei n. 12.594/2012 não respalda a extinção de processo sem resolução do mérito, que só poderia ocorrer quando presentes uma das hipóteses do artigo 189 do ECA, bem como porque o conhecimento da vida pregressa do adolescente é fundamental para orientar o estabelecimento de futuras medidas socioeducativas, caso sejam cometidos novos atos infracionais, tendo em vista inclusive o conteúdo do art. 122, II, do ECA" (AgInt no REsp n. 1.697.957/ES, Relatora Ministra MARIA THEREZA DE ASSIS MOURA, SEXTA TURMA, julgado em 5/12/2017, DJe de 12/12/2017). 2. O art. 45, § 2.º, da Lei n.º 12.594/2012 - Lei do SINASE - não respalda a extinção do processo sem resolução do mérito, mas sim, apenas desautoriza a aplicação de nova internação a adolescente que já tenha cumprido medida socioeducativa da mesma natureza, que não é o caso em questão. Ressalta-se, ainda, que a vida pregressa do reeducando é fundamental para orientar o estabelecimento de futuras medidas socioeducativas, as quais podem ser aplicadas, inclusive, estando ainda em curso o cumprimento da medida de internação anteriormente imposta. 3. O dispositivo legal em questão é dirigido ao Juízo da Execução, que decidirá, no caso concreto, se os atos que enseja-

> ram a nova representação serão absorvidos por aqueles aos quais se impôs a medida socioeducativa extrema [...] (STJ, SEXTA TURMA. AgInt no HC 496.746/SC, Rel. Ministra LAURITA VAZ, julgado em 14/05/2019, DJe 24/05/2019)

> AGRAVO REGIMENTAL NO RECURSO ESPECIAL. ATO INFRACIONAL. APLICAÇÃO DE MEDIDA SOCIOEDUCATIVA DE INTERNAÇÃO. REITERAÇÃO NO COMETIMENTO DE ATO INFRACIONAL GRAVE. FUNDAMENTAÇÃO IDÔNEA. ART. 122, II, DA LEI 8.069/90. PRECEDENTES (...) 1. Uma vez comprovada a reiterada prática de atos infracionais graves, impõe-se a reforma do acórdão que aplicou ao adolescente a medida socioeducativa consistente na prestação de serviços à comunidade e de liberdade assistida. 2. Não se exige trânsito em julgado de eventual medida socioeducativa anteriormente aplicada para configurar a reiteração de ato infracional previsto no art. 122, inciso II, do ECA. Isso porque não é possível estender ao âmbito do ECA o conceito de reincidência, tal como previsto na lei penal [...] (STJ, QUINTA TURMA. AgInt no REsp 1811373/ES, Rel. Ministro RIBEIRO DANTAS, julgado em 20/08/2019, DJe 23/08/2019)

Art. 122, § 1º, do ECA. Internação-sanção. Prazo máximo de 3 meses. Há entendimento da Quinta e Sexta Turmas do STJ pela impossibilidade da internação-sanção (imposta em razão de descumprimento injustificado de medida socioeducativa) exceder o prazo de 3 meses do art. 122, § 1º, do ECA. Vale destacar, a título exemplificativo:

> AGRAVO REGIMENTAL NO HABEAS CORPUS. ESTATUTO DA CRIANÇA E DO ADOLESCENTE. POSSIBILIDADE DE SUBSTITUIÇÃO DA MEDIDA SOCIOEDUCATIVA DE SEMILIBERDADE POR INTERNAÇÃO. DESCUMPRIMENTO REITERADO DA SEMILIBERDADE. PRAZO LIMITE DE TRÊS MESES. DECISÃO AGRAVADA MANTIDA POR SEUS PRÓPRIOS FUNDAMENTOS. AGRAVO REGIMENTAL IMPROVIDO. 1. Conforme o Estatuto da Criança e do Adolescente, deve ser observado o limite de 3 (três) meses (ECA, art. 122, § 1º), quando a aplicação da internação decorrer de descumprimento reiterado e injustificável da medida anteriormente imposta (ECA, art. 122, III), sob pena de configurar evidente constrangimento ilegal [...] (STJ, SEXTA TURMA. AgRg no HC 469.391/DF, Rel. Ministro NEFI CORDEIRO, julgado em 19/02/2019, DJe 08/03/2019)

> AGRAVO REGIMENTAL NO HABEAS CORPUS. DECISÃO MONOCRÁTICA. ESTATUTO DA CRIANÇA E DO ADOLESCENTE. ATO INFRACIONAL ANÁLOGO DO CRIME DE TRÁFICO DE DROGAS. MEDIDA DIVERSA DA INTERNAÇÃO. IMPOSSIBILIDADE. REITERAÇÃO

> EM ATO INFRACIONAL. PRECEDENTES (...) III - De acordo com a legislação de regência, a medida socioeducativa de internação impõe-se nas hipóteses taxativamente arroladas no art. 122 do Estatuto da Criança e do Adolescente, assim redigido: "Art. 122. A medida de internação só poderá ser aplicada quando: I - tratar-se de ato infracional cometido mediante grave ameaça ou violência a pessoa; II - por reiteração no cometimento de outras infrações graves; III - por descumprimento reiterado e injustificável da medida anteriormente imposta. § 1º O prazo de internação na hipótese do inciso III deste artigo não poderá ser superior a três meses. § 2º Em nenhuma hipótese será aplicada a internação, havendo outra medida adequada IV - Em face das peculiaridades do caso, a aplicação da internação mostra-se correta, pois além da finalidade pedagógica e protetiva, tenho que outra medida seria insuficiente para retirá-lo da situação de risco social em que se encontra [...] (STJ, QUINTA TURMA. AgRg no HC 550.587/SP, Rel. Ministro LEOPOLDO DE ARRUDA RAPOSO (DESEMBARGADOR CONVOCADO DO TJ/PE), julgado em 18/02/2020, DJe 26/02/2020)

Art. 123. A internação deverá ser cumprida em entidade exclusiva para adolescentes, em local distinto daquele destinado ao abrigo, obedecida rigorosa separação por critérios de idade, compleição física e gravidade da infração.

Parágrafo único. Durante o período de internação, inclusive provisória, serão obrigatórias atividades pedagógicas.

Arts. 123 e 185, ambos do ECA. Cumprimento MSE internação em estabelecimento prisional. Impossibilidade. Dano moral coletivo. O STJ possui entendimento de que o cumprimento de medida socioeducativa de internação em estabelecimento prisional viola o art. 123 do ECA c/c. o art. 185 do ECA, ainda que em local separado dos maiores de idade condenados ensejando, inclusive, dano moral (coletivo) *in re ipsa*. Confira-se o precedente do STJ:

> ADMINISTRATIVO E PROCESSUAL CIVIL. ESTATUTO DA CRIANÇA E DO ADOLESCENTE - ECA. AÇÃO CIVIL PÚBLICA. CUMPRIMENTO DE MEDIDAS DE INTERNAÇÃO POR ADOLESCENTES EM CELAS COM ADULTOS. ARTS. 3º, CAPUT, 121, CAPUT, 123, CAPUT, E 185, CAPUT, DO ESTATUTO DA CRIANÇA E DO ADOLESCENTE. FATO NOTÓRIO. ART. 374, I, DO CÓDIGO DE PROCESSO CIVIL. DANO MORAL COLETIVO IN RE IPSA. ART. 186 DO CÓDIGO CIVIL. ARTS. 1º, CAPUT E INCISO IV, E 13 DA LEI 7.347/1985. INDENIZAÇÃO VINCULADA À PROTEÇÃO DOS MENORES EM SITUAÇÃO DE VULNERABILIDADE (...) ESTATUTO DA CRIANÇA E DO ADOLESCENTE 3.

O Estatuto da Criança e do Adolescente dispõe que "a internação deverá ser cumprida em entidade exclusiva para adolescentes, em local distinto daquele destinado ao abrigo, obedecida rigorosa separação por critérios de idade, compleição física e gravidade da infração" (art. 123, caput, grifo acrescentado). Indo além, o legislador assenta que "a internação, decretada ou mantida pela autoridade judiciária, não poderá ser cumprida em estabelecimento prisional" (art. 185, caput, do ECA, grifo acrescentado). Lidos conjuntamente, esses dois dispositivos revelam prescrição absoluta e inafastável, o coração mesmo do regime disciplinar humanizado do ECA. Descumpri-los significa apagar o mecanismo mais poderoso de tutela da dignidade de jovens submetidos à medida de internação, pondo abaixo o edifício do Estatuto. DANO MORAL COLETIVO 4. No Brasil, o dano moral supraindividual (coletivo ou difuso) integra a matriz da responsabilidade civil. Consoante o Código Civil, "Aquele que, por ação ou omissão voluntária, negligência ou imprudência, violar direito e causar dano a outrem, ainda que exclusivamente moral, comete ato ilícito" (art. 186, grifo acrescentado). A referência civilista vem explicitada, na sua dimensão coletiva lato sensu, pela Lei da Ação Civil Pública: "Regem-se pelas disposições desta Lei, sem prejuízo da ação popular, as ações de responsabilidade por danos morais e patrimoniais causados" a todo e qualquer "interesse difuso ou coletivo" (art. 1º, caput e inciso IV, grifo acrescentado). 5. Na hipótese dos autos, cristalino o direito à indenização por danos morais coletivos, diante da lesão enorme e irreversível causada à coletividade, por conta de alojamento, em estabelecimento impróprio, de sentenciados à internação, em patente violação à norma legal expressa. In casu, os jovens infratores, em vez de receberem orientação, em condições de dignidade, capaz de prepará-los para retorno à vida em liberdade, foram tratados como prisioneiros comuns, transformada em verdadeira universidade do crime a garantia legal indisponível de "proteção integral" e de "desenvolvimento físico, mental, moral, espiritual e social" (art. 3º, caput, do ECA) [...] CONCLUSÃO 12. Submeter jovem a tratamento prisional destinado a adultos, máxime em condições degradantes, equivale a extirpar a dignidade e a desrespeitar "condição peculiar de pessoa em desenvolvimento" (art. 121, caput, do ECA), dotada de carências e garantias especiais - absolutas e indisponíveis - em decorrência da sua inimputabilidade etária. Mais do que direitos e valores individuais, tais comportamentos, mormente quando praticados por agente ou órgão estatal, agridem o sentido mais profundo de civilização que nos rege como povo. No Estado de Direito, ofensas desse jaez não devem permanecer impunes, nem minimizadas por juízes: ao final das contas, a primeira vítima a sucumbir em episódios de insanidade estatal ou privada contra direitos humanos fundamentais vem a

> ser o próprio sentimento maior de Justiça [...] (STJ, SEGUNDA TURMA. REsp 1793332/MG, Rel. Ministro HERMAN BENJAMIN, julgado em 05/09/2019, DJe 26/08/2020)

Superlotação de estabelecimento prisional e unidade de cumprimento de medida socioeducativa de meio fechado. Estado de coisas inconstitucional. Litígio de natureza estrutural. ADPF 347/DF MC, STF. O processo estrutural (mais evidenciado nas ações coletivas) versa sobre conflitos de escala social, política, jurídica e cultural que, pela sua natureza (estrutural), demandam implementação de políticas públicas e intervenção estatal (medidas de ordem administrativa, normativa e orçamentária) e dificilmente são resolvidos com uma única ação ou decisão. O reconhecimento de que o Estado atualmente não reuniria as condições necessárias para a implementação de políticas públicas e ações destinadas a resolução (ou ao menos à redução) dos danos decorrentes não pode inviabilizar a realização do direito material (princípio da vedação da proteção insuficiente). Nessa linha de raciocínio, o STF na Medida Cautelar na Arguição de Descumprimento de Preceito Fundamental 347/DF, reconheceu o estado de coisas inconstitucional do sistema penitenciário (e socioeducativo) brasileiro e, consequentemente, o litígio de natureza estrutural. Vamos ao *leading case*:

> CUSTODIADO – INTEGRIDADE FÍSICA E MORAL – SISTEMA PENITENCIÁRIO – ARGUIÇÃO DE DESCUMPRIMENTO DE PRECEITO FUNDAMENTAL – ADEQUAÇÃO. Cabível é a arguição de descumprimento de preceito fundamental considerada a situação degradante das penitenciárias no Brasil. SISTEMA PENITENCIÁRIO NACIONAL – SUPERLOTAÇÃO CARCERÁRIA – CONDIÇÕES DESUMANAS DE CUSTÓDIA – VIOLAÇÃO MASSIVA DE DIREITOS FUNDAMENTAIS – FALHAS ESTRUTURAIS – ESTADO DE COISAS INCONSTITUCIONAL – CONFIGURAÇÃO. Presente quadro de violação massiva e persistente de direitos fundamentais, decorrente de falhas estruturais e falência de políticas públicas e cuja modificação depende de medidas abrangentes de natureza normativa, administrativa e orçamentária, deve o sistema penitenciário nacional ser caraterizado como "estado de coisas inconstitucional". FUNDO PENITENCIÁRIO NACIONAL – VERBAS – CONTINGENCIAMENTO. Ante a situação precária das penitenciárias, o interesse público direciona à liberação das verbas do Fundo Penitenciário Nacional. AUDIÊNCIA DE CUSTÓDIA – OBSERVÂNCIA OBRIGATÓRIA. Estão obrigados juízes e tribunais, observados os artigos 9.3 do Pacto dos Direitos Civis e Políticos e 7.5 da Convenção Interamericana de Direitos Humanos, a realizarem, em até noventa dias, audiências de custódia, viabilizando o comparecimento do preso perante a autoridade judiciária no prazo máximo de 24 horas, contado do momento da prisão. (STF, Tribunal Pleno. ADPF 347 MC, Relator(a): MARCO AURÉLIO, julgado

em 09/09/2015, PROCESSO ELETRÔNICO DJe-031 DIVULG 18-02-2016 PUBLIC 19-02-2016, sem grifo no original)

Recentemente, em relação ao sistema socioeducativo, a Suprema Corte no HC 143988 reconheceu a violação de direitos fundamentais de adolescentes internados (doutrina garantista da proteção integral), na superlotação de unidades de cumprimento de medida socioeducativa de meio fechado, como uma deficiência estrutural. Atento ao princípio da vedação à proteção insuficiente e à dignidade do socioeducando, o julgado estabelece uma série de medidas à fixação (e manutenção) da MSE de meio fechado (minimização dos danos). Confira o julgado em questão:

> HABEAS CORPUS COLETIVO. CUMPRIMENTO DE MEDIDAS SOCIOEDUCATIVAS DE INTERNAÇÃO. IMPETRAÇÃO VOLTADA A CORRIGIR ALEGADA SUPERLOTAÇÃO EM UNIDADES. ADMISSIBILIDADE DA VIA ELEITA PARA O EXAME DA QUESTÃO DE FUNDO. VIOLAÇÃO DE DIREITOS FUNDAMENTAIS DOS ADOLESCENTES INTERNADOS. DEFICIÊNCIAS ESTRUTURAIS E AUSÊNCIA DE VAGAS OFERTADAS EM INSTITUIÇÕES SIMILARES. FINALIDADES DA MEDIDA SOCIOEDUCATIVA. DOUTRINA DA PROTEÇÃO INTEGRAL. PRINCÍPIOS DA BREVIDADE, EXCEPCIONALIDADE E RESPEITO À CONDIÇÃO DE PESSOA EM DESENVOLVIMENTO. DIFERENÇAS DAS POLÍTICAS DE ATENDIMENTO SOCIEDUCATIVO EM RELAÇÃO ÀS POLÍCIAS CRIMINAIS. DEVERES ESTATAIS RECONHECIDOS PELA CORTE INTERAMERICANA. DIREITO DOS ADOLESCENTES PRIVADOS DE LIBERDADE A DESENVOLVEREM OS SEUS PROJETOS DE VIDA. IMPOSSIBILIDADE DE O PODER JUDICIÁRIO EXIMIR-SE DE SUA ATUAÇÃO NAS HIPÓTESES DE VIOLAÇÃO IMINENTE OU EM CURSO A DIREITOS FUNDAMENTAIS. ENVERGADURA DO POSTULADO DA DIGNIDADE DA PESSOA HUMANA NO ESTADO DEMOCRÁTICO DE DIREITO. ORDEM CONCEDIDA COM A FIXAÇÃO DE PARÂMETROS E CRITÉRIOS A SEREM OBSERVADOS PELOS MAGISTRADOS. EVENTUAL DESCUMPRIMENTO PELOS DESTINATÁRIOS DA ORDEM DESAFIARÁ A INTERPOSIÇÃO DE RECURSO NAS INSTÂNCIAS APROPRIADAS (...) 2. Os documentos adunados no curso da impetração comprovam a superação dos limites da taxa de ocupação relativamente à capacidade projetada em unidades de cumprimento da medida socioeducativa de internação em Estados da federação. 3. Ainda que, em alguns desses Estados tenham implementado esforços no sentido de amenizar os graves problemas de ordem estrutural detectados nas unidades de execução de medidas socioeducativas em meio fechado, essas iniciativas estatais não se consubstanciam justificativas idôneas ou racionais a obstar a inafastabilidade da prestação jurisdicional no caso concreto, em que se narram possíveis violações aos direitos fundamentais mais básicos e elementares dos adolescentes internos - não abrangidos

pela fixação de medida socioeducativa em meio fechado. 4. Em pesquisa realizada pelo Conselho Nacional de Justiça - CNJ - chegou-se a um diagnóstico de que a seletividade e a reação estatal aos atos infracionais reproduz as mesmas variáveis detectadas no sistema prisional brasileiro, sendo mais comuns os atos infracionais contra o patrimônio e o tráfico de drogas. Desse modo, as reentradas e reiterações nos atos infracionais decorrem de múltiplos fatores especialmente daqueles que potencializam a vulnerabilidade desse público, como o uso e comércio de drogas (Reentradas e Reiterações Infracionais: Um Olhar sobre os Sistemas Socioeducativo e Prisional Brasileiros). 5. Como corolário, diversamente do que se cogita nestes autos, não se depreende influência automática da espécie de medida socioeducativa fixada na multifatorial etiologia da trajetória infracional dos adolescentes e jovens adultos. Portanto, descabe inferir correlação automática entre as medidas judiciais implementadas com o fim de cessar violações aos direitos dos internos e impactos negativos na segurança pública em função dessas providências. 6. Segundo retratado em estudo feito pelo Conselho Nacional do Ministério Público (CNMP) sobre medidas socioeducativas em meio fechado, a dificuldade de assimilação das diretrizes normativas advindas da doutrina da proteção integral e do seu microssistema regulamentador pela rede de atendimento atinge diretamente os adolescentes internados e arrosta nítidos prejuízos ao atendimento por parte das equipes técnicas, de modo a reclamar "atenção a violência estrutural inerente à superlotação crônica, à falta de pessoal e à manutenção negligente da maioria das unidades de execução da medida socioeducativa de internação" (Panorama da Execução dos Programas Socioeducativos de Internação e Semiliberdade nos Estados Brasileiros). 7. No plano normativo, há nítida e incontroversa opção pela inclusão e manutenção dos vínculos comunitários do adolescente que pratica o ato infracional orientada por diretrizes nacionais (Constituição Federal e Estatuto da Criança e do Adolescente) e internacionais das quais o Brasil é signatário, refletidas no Sistema Global e no Sistema Interamericano dos Direitos Humanos (Convenção Internacional sobre os Direitos da Criança, Regras Mínimas das Nações Unidas para Administração da Justiça Juvenil, Regras de Beijing, Regras Mínimas das Nações Unidas para a Proteção dos Jovens Privados de Liberdade). Sob o pálio desse arcabouço, exsurge a doutrina da Proteção Integral. 8. Nessa direção, as políticas públicas direcionadas aos adolescentes, aqui incluídos os internados, devem contemplar medidas que garantam os direitos assegurados pelo Estatuto da Criança e do Adolescente, nomeadamente o direito à vida, à saúde, à liberdade, ao respeito, à dignidade, à convivência familiar e comunitária, à educação, à cultura, ao esporte e ao lazer, à profissionalização e à proteção no trabalho. 9. Assim, a medida socioeducativa, principalmente a privação de liberdade, deve ser aplicada somente quando for imprescindível, nos exatos limites da lei e pelo menor tempo possível, pois, ainda quando adequada a infraestrutura da execução dessa medida de internação, há inevitável restrição do direito de liberdade. Logo, a situação aflitiva não deve perdurar além do estritamente necessário à inclusão, desaprovação e responsabilização do adolescente pelo seu ato infracional 10. Embora significativos esforços projetados ou já implementados, pelos Estados destinatários da ordem que se busca, não se mostra plausível solução judicial que chancele o descumprimento sistemático das regulamentações que visam a assegurar proteção aos adolescentes em ressocialização, em especial quando a questão de fundo versada na impetração reflete antigos e persistentes reclamos endereçados contra o Estado brasileiro no âmbito de organismos internacionais. 11. No âmbito da Corte Interamericana, já se decidiu que a interação especial de sujeição estabelecida entre os adolescentes privados de liberdade e os agentes responsáveis pela custódia impõe ao Estado uma série de deveres, portanto, devem ser implementadas ações e iniciativas estatais com o fim de fortalecer e incentivar nesses internos o desenvolvimento dos seus projetos de vida, os quais não podem ser aniquilados em função da privação de liberdade. 12. Esses casos contenciosos apontam que a superpopulação nas instituições, somada a outros problemas infraestruturais, por exemplo, insalubridade, alimentação deficitária, falta de atendimento médico e psicológico, vulnera as normas convencionais, além de fomentar lamentáveis situações de violência e abusos entre os próprios internos, ou entre estes e os funcionários. 13. Dada a autonomia dogmática do princípio da vedação à proteção insuficiente, ainda que existam clamores ou sentimentos sociais na contramão do que se vem de assentar, pelo que já se expôs, é inafastável concluir que os deveres estatais de proteção nessa seara não podem ser simplificados, reduzidos e/ou perspectivados como mera exigência de ampliação do rigor e da severidade na imposição e execução das medidas socioeducativas aos adolescentes em conflito com a lei. 14. Nessa perspectiva, a limitação do ingresso de adolescentes nas Unidades de Internação em patamar superior à capacidade de vagas projetadas, além de cessar as possíveis violações, previne a afronta aos preceitos normativos que asseguram a proteção integral, densificando as garantias dispostas no artigo 227 da Constituição Federal (com redação dada pela Emenda Constitucional nº. 65/2010), além de fortalecer o postulado de respeito à condição peculiar de pessoa em desenvolvimento. 15. Incide, ainda, o princípio da dignidade da pessoa humana, cuja previsão expressa está no art. 1º, III, da Constituição Federal de 1988, sendo repetido no art. 124, V, do Estatuto da

Criança e do Adolescente, senão vejamos respetivamente: Art. 1º A República Federativa do Brasil, formada pela união indissolúvel dos Estados e Municípios e do Distrito Federal, constitui-se em Estado Democrático de Direito e tem como fundamentos: (...) III - a dignidade da pessoa humana; e Art. 124. São direitos do adolescente privado de liberdade, entre outros, os seguintes: (...) V - ser tratado com respeito e dignidade. 16. Ordem de habeas corpus concedida para determinar que as unidades de execução de medida socioeducativa de internação de adolescentes não ultrapas0sem a capacidade projetada de internação prevista para cada unidade, nos termos da impetração e extensões. 17. Propõe-se, ainda, a observância dos seguintes critérios e parâmetros, a serem observados pelos Magistrados nas unidades de internação que operam com a taxa de ocupação dos adolescentes superior à capacidade projetada: i) adoção do princípio numerus clausus como estratégia de gestão, com a liberação de nova vaga na hipótese de ingresso; ii) reavaliação dos adolescentes internados exclusivamente em razão da reiteração em infrações cometidas sem violência ou grave ameaça à pessoa, com a designação de audiência e oitiva da equipe técnica para o mister; iii) proceder-se à transferência dos adolescentes sobressalentes para outras unidades que não estejam com capacidade de ocupação superior ao limite projetado do estabelecimento, contanto que em localidade próxima à residência dos seus familiares; iv) subsidiariamente, caso as medidas propostas sejam insuficientes e essa transferência não seja possível, o magistrado deverá atender ao parâmetro fixado no art. 49, II, da Lei 12.594/2012, até que seja atingido o limite máximo de ocupação; v) na hipótese de impossibilidade de adoção das medidas supra, que haja conversão de medidas de internação em internações domiciliares, sem qualquer prejuízo ao escorreito cumprimento do plano individual de atendimento podendo ser adotadas diligências adicionais de modo a viabilizar o seu adequado acompanhamento e execução; vi) a internação domiciliar poderá ser cumulada com a imposição de medidas protetivas e/ou acompanhada da advertência ao adolescente infrator de que o descumprimento injustificado do plano individual de atendimento ou a reiteração em atos infracionais poderá acarretar a volta ao estabelecimento de origem; vii) a fiscalização da internação domiciliar poderá ser deprecada à respectiva Comarca, nos casos em que o local da residência do interno não coincida com o da execução da medida de internação, respeitadas as regras de competência e organização judiciária; viii) alternativamente, a adoção justificada pelo magistrado de outras diretrizes que entenda adequadas e condizentes com os postulados constitucionais e demais instrumentos normativos (STF, Segunda Turma. HC 143988,

Relator(a): EDSON FACHIN, julgado em 24/08/2020, DJe-221 DIVULG 03-09-2020 PUBLIC 04-09-2020)

Art. 124. São direitos do adolescente privado de liberdade, entre outros, os seguintes:

I - entrevistar-se pessoalmente com o representante do Ministério Público;

II - peticionar diretamente a qualquer autoridade;

III - avistar-se reservadamente com seu defensor;

IV - ser informado de sua situação processual, sempre que solicitada;

V - ser tratado com respeito e dignidade;

VI - permanecer internado na mesma localidade ou naquela mais próxima ao domicílio de seus pais ou responsável;

VII - receber visitas, ao menos, semanalmente;

VIII - corresponder-se com seus familiares e amigos;

IX - ter acesso aos objetos necessários à higiene e asseio pessoal;

X - habitar alojamento em condições adequadas de higiene e salubridade;

XI - receber escolarização e profissionalização;

XII - realizar atividades culturais, esportivas e de lazer:

XIII - ter acesso aos meios de comunicação social;

XIV - receber assistência religiosa, segundo a sua crença, e desde que assim o deseje;

XV - manter a posse de seus objetos pessoais e dispor de local seguro para guardá-los, recebendo comprovante daqueles porventura depositados em poder da entidade;

XVI - receber, quando de sua desinternação, os documentos pessoais indispensáveis à vida em sociedade.

§ 1º Em nenhum caso haverá incomunicabilidade.

§ 2º A autoridade judiciária poderá suspender temporariamente a visita, inclusive de pais ou responsável, se existirem motivos sérios e fundados de sua prejudicialidade aos interesses do adolescente.

Art. 125. É dever do Estado zelar pela integridade física e mental dos internos, cabendo-lhe adotar as medidas adequadas de contenção e segurança.

Capítulo V
Da Remissão

Art. 126. Antes de iniciado o procedimento judicial para apuração de ato infracional, o representante do Ministério Público poderá conceder a remissão, como forma de exclusão do processo, atendendo às circunstâncias e conseqüências do fato, ao contexto social, bem como à personalidade do adolescente e sua maior ou menor participação no ato infracional.

Parágrafo único. Iniciado o procedimento, a concessão da remissão pela autoridade judiciária importará na suspensão ou extinção do processo.

Art. 127. A remissão não implica necessariamente o reconhecimento ou comprovação da responsabilidade, nem prevalece para efeito de antecedentes, podendo incluir eventualmente a aplicação de qualquer das medidas previstas em lei, exceto a colocação em regime de semi-liberdade e a internação.

Art. 128. A medida aplicada por força da remissão poderá ser revista judicialmente, a qualquer tempo, mediante pedido expresso do adolescente ou de seu representante legal, ou do Ministério Público.

Remissão condicionada. Necessidade de defesa técnica. Há entendimento do STJ (Quinta e Sexta Turmas) pela necessidade de defesa técnica quando a remissão for cumulada com medida socioeducativa de meio aberto – liberdade assistida e prestação de serviços à comunidade (remissão condicionada), por interpretação sistemática dos artigos 111, III, 184, § 1º, 186, § 2º, e 127. 111, III, 184, § 1º, 186, § 2º, e 127, todos do ECA. Assim, "*ainda que a cumulação da remissão com medida socioeducativa não privativa de liberdade tenha caráter consensual e não implique em reconhecimento de culpabilidade, deve ser observada a garantia da defesa técnica por advogado*", quando da homologação em juízo (RHC 102.132/DF, Rel. Ministro Nefi Cordeiro, Sexta Turma, julgado em 11/12/2018, DJe 01/02/2019) e ainda:

> AGRAVO REGIMENTAL NO RECURSO ESPECIAL. ESTATUTO DA CRIANÇA E DO ADOLESCENTE. REMISSÃO E MEDIDA SOCIOEDUCATIVA. PRESTAÇÃO DE SERVIÇOS À COMUNIDADE. DEFESA TÉCNICA. NECESSIDADE (...) 1. A jurisprudência desta Corte se firmou no sentido de que é necessária a defesa técnica no caso de apresentação de remissão cumulada com medida socioeducativa em juízo, sob pena de violação dos princípios da ampla defesa e do contraditório. Precedentes da Quinta e Sexta Turmas [...] (AgInt no REsp 1824227/BA, Rel. Ministro RIBEIRO DANTAS, QUINTA TURMA, julgado em 08/10/2019, DJe 14/10/2019).

Seção V
Da Apuração de Ato Infracional Atribuído a Adolescente

Art. 171. O adolescente apreendido por força de ordem judicial será, desde logo, encaminhado à autoridade judiciária.

Art. 172. O adolescente apreendido em flagrante de ato infracional será, desde logo, encaminhado à autoridade policial competente.

> Parágrafo único. Havendo repartição policial especializada para atendimento de adolescente e em se tratando de ato infracional praticado em co-autoria com maior, prevalecerá a atribuição da repartição especializada, que, após as providências necessárias e conforme o caso, encaminhará o adulto à repartição policial própria.

Do encaminhamento às autoridades competentes quando da apreensão por força de ordem judicial ou em flagrante de ato infracional. Corroborando demais direitos previstos no artigo 106 e seguintes do ECA, os artigos 171 e 172 do mesmo Estatuto inauguram a parte em que há a previsão para o procedimento de apuração de ato infracional atribuído a adolescente, indicando que seja em face de ordem judicial, ou ainda de apreensão em flagrante pela prática de ato infracional, o adolescente deve ser desde logo encaminhado à respectiva autoridade competente, seja a judicial, na primeira hipótese (em que o mandado de busca e apreensão equivale ao mandado de prisão para o adulto), ou a policial, no segundo caso (cuja atitude reflete a semelhança do que é adotado pelo Código de Processo Penal quando da prisão em flagrante de um adulto, nos termos do art. 304 do CPP).

A hipótese de apreensão do adolescente fora dos casos previstos em lei. Se um indivíduo cuja idade seja inferior a dezoito anos seja apreendido fora das situações descritas nos artigos 171 e 172 do ECA, a autoridade responsável pela apreensão ilegal não será submetida à Lei de Abuso de Autoridade, mas sim ao art. 230 do ECA, em virtude do princípio da especialidade.

> (ECA) Art. 230. Privar a criança ou o adolescente de sua liberdade, procedendo à sua apreensão sem estar em flagrante de ato infracional ou inexistindo ordem escrita da autoridade judiciária competente:
>
> Pena - detenção de seis meses a dois anos.
>
> Parágrafo único. Incide na mesma pena aquele que procede à apreensão sem observância das formalidades legais.

Da regra de prevalência da Delegacia Especializada nos casos de prática de ato infracional em coautoria com indivíduo com mais de dezoito anos. Nos termos do parágrafo único do artigo 172 do ECA, nas hipóteses em que houver Delegacia Especializada no trato com crianças e adolescentes, deverá prevalecer a atribuição desta para análise e lavratura da documentação cabível que, após os procedimentos devidos, irá encaminhar o indivíduo com mais de dezoito anos para a Delegacia pertinente, de acordo com as regras de organização policial determinadas pelas instituições de cada Estado da Federação.

Todavia, em virtude da escassez de recursos humanos etc, em muitos Estados o atendimento especializado pode ficar restrito às grandes cidades ou, ainda nestes casos, com horário reduzido, vale dizer, sem plantões de vinte e quatro horas por dia, situações nas quais qualquer Delegacia estará habilitada para proceder nos termos da sua respectiva atribuição.

O entendimento do STJ no caso da superveniência da maioridade penal na apuração de ato infracional ou na aplicabilidade de medida socioeducativa em curso. Conforme o teor da Súmula 605 do STJ, se durante a apuração de ato infracional sobrevenha a maioridade penal do indivíduo, ou seja, se no decorrer do procedimento oriundo da representação feita pelo membro do Ministério Público o infrator completar 18 (dezoito) anos, isso não irá interferir na apuração em curso, desde que não atingida a idade de 21 (vinte e um) anos. Da mesma forma, caso alguma medida socioeducativa tenha sido aplicada, ainda que em data anterior ao aniversário de dezoito anos do indivíduo, continuará sendo válida, respeitando-se o patamar máximo de vinte e um anos de idade completos. Tal raciocínio reflete aquela ideia contida no art. 2º, parágrafo único, do ECA, que versa sobre a excepcionalidade da aplicação das regras contidas no Estatuto da Criança e do Adolescente às pessoas entre dezoito e vinte e um anos de idade.

> Súmula 605 - A superveniência da maioridade penal não interfere na apuração de ato infracional nem na aplicabilidade de medida socioeducativa em curso, inclusive na liberdade assistida, enquanto não atingida a idade de 21 anos. (Súmula 605, TERCEIRA SEÇÃO, julgado em 14/03/2018, DJe 19/03/2018)

Nesse sentido segue a atual jurisprudência do STJ:

> RECURSO ESPECIAL. ESTATUTO DA CRIANÇA E DO ADOLESCENTE. ATO INFRACIONAL ANÁLOGO AO CRIME DE TENTATIVA DE HOMICÍDIO QUALIFICADO. SUPERVENIENTE PRISÃO PREVENTIVA DO REPRESENTADO. IRRELEVÂNCIA. PROSSEGUIMENTO DA AÇÃO SOCIOEDUCATIVA, NECESSIDADE. RECURSO ESPECIAL PROVIDO. 1. A superveniente prisão preventiva do outrora adolescente, atualmente maior de idade, não tem o condão de extinguir de imediato a ação na qual se apura a prática de ato infracional anteriormente praticado. 2. Nos termos da Súmula n.º 605/STJ, a superveniência da maioridade penal não interfere na apuração de ato infracional nem na aplicabilidade de medida socioeducativa em curso, inclusive na liberdade assistida, enquanto não atingida a idade de 21 anos. 3. Apesar de decretada a prisão preventiva do Recorrido em uma ação penal, é possível que ele seja absolvido na instância criminal e, portanto, retorne para o cumprimento da medida socioeducativa eventualmente aplicada em decorrência do ato infracional pretérito. 4. Em razão da necessidade de se definir com clareza o histórico infracional do Recorrido, é necessário o processamento e julgamento da ação de apuração de ato infracional, reservando-se ao Juízo da Execução, se for o caso, apurar eventuais causas supervenientes capazes de ensejar a extinção da medida socioeducativa imposta no caso de procedência da representação. 5. Recurso especial provido para cassar a sentença e determinar o

prosseguimento da ação de apuração de ato infracional. (STJ, SEXTA TURMA. REsp 1778248/ES, Rel. Ministra LAURITA VAZ, julgado em 05/12/2019, DJe 17/12/2019)

Posicionamento também adotado no âmbito do STF:

> HABEAS CORPUS. ESTATUTO DA CRIANÇA E DO ADOLESCENTE. MEDIDA SOCIOEDUCATIVA. ART. 121, § 5º, DO ESTATUTO: NÃO-DERROGAÇÃO PELO NOVO CÓDIGO CIVIL: PRINCÍPIO DA ESPECIALIDADE. REGIME DE SEMILIBERDADE. SUPERVENIÊNCIA DA MAIORIDADE. MANUTENÇÃO DA MEDIDA: POSSIBILIDADE. PRECEDENTES. HABEAS INDEFERIDO. 1. Não se vislumbra qualquer contrariedade entre o novo Código Civil e o Estatuto da Criança e do Adolescente relativamente ao limite de idade para aplicação de seus institutos. 2. O Estatuto da Criança e do Adolescente não menciona a maioridade civil como causa de extinção da medida socioeducativa imposta ao infrator: ali se contém apenas a afirmação de que suas normas podem ser aplicadas excepcionalmente às pessoas entre dezoito e vinte e um anos de idade (art. 121, § 5º). 3. Aplica-se, na espécie, o princípio da especialidade, segundo o qual se impõe o Estatuto da Criança e do Adolescente, que é norma especial, e não o Código Civil ou o Código Penal, diplomas nos quais se contêm normas de caráter geral. 4. A proteção integral da criança ou adolescente é devida em função de sua faixa etária, porque o critério adotado pelo legislador foi o cronológico absoluto, pouco importando se, por qualquer motivo, adquiriu a capacidade civil, quando as medidas adotadas visam não apenas à responsabilização do interessado, mas o seu aperfeiçoamento como membro da sociedade, a qual também pode legitimamente exigir a recomposição dos seus componentes, incluídos aí os menores. Precedentes [...] (HC 94938, Relator(a): CÁRMEN LÚCIA, Primeira Turma, julgado em 12/08/2008, DJe-187 DIVULG 02-10-2008 PUBLIC 03-10-2008 EMENT VOL-02335-03 PP-00516 RTJ VOL-00207-01 PP-00387 RT v. 98, n. 881, 2009, p. 532-538 RMP n. 39, 2011, p. 243-251)

Art. 173. Em caso de flagrante de ato infracional cometido mediante violência ou grave ameaça a pessoa, a autoridade policial, sem prejuízo do disposto nos arts. 106, parágrafo único, e 107, deverá:

I - lavrar auto de apreensão, ouvidos as testemunhas e o adolescente;

II - apreender o produto e os instrumentos da infração;

III - requisitar os exames ou perícias necessários à comprovação da materialidade e autoria da infração.

Parágrafo único. Nas demais hipóteses de flagrante, a lavratura do auto poderá ser substituída por boletim de ocorrência circunstanciada.

A apreensão nos casos de flagrante pela prática de ato infracional. A complexa fase policial decorrente de uma situação na qual um adolescente é apreendido em flagrante em virtude da prática de condutas que se amoldam a atos infracionais deve seguir o rigor procedimental que esta situação especial requer.

Por tal motivo, o início do processo deve subentender a observância dos direitos individuais previstos nos artigos 106 e 107 do ECA (da mesma forma que qualquer outro direito ou garantia aplicável ao caso e previsto em outras normas ou ainda na própria CRFB/88), assim como as garantias processuais descritas nos artigos 110 e 111, da mesma lei, além da necessária observância do mandamento contido no art. 172 do ECA, quando se dá a apreensão de adolescente pela prática de ato infracional, este deverá ser imediatamente encaminhado ao Delegado de Polícia com atribuição para atuar no caso (com atenção ao que dispõe o art. 172, parágrafo único, do mesmo Estatuto, conforme dissertamos anteriormente).

Neste sentido, após a apreciação dos fatos que lhe são narrados, bem como após a análise de todas as circunstâncias, determinação das perícias cabíveis para comprovação e materialização documental dos fatos etc., análise sobre a identificação do adolescente para que se constate que ele realmente deve ser submetido ao procedimento processual penal especial previsto no ECA, o Delegado de Polícia irá formalizar esta apreensão. Basicamente, essas etapas estão previstas nos incisos do art. 173 do ECA.

Assim, como já tivemos oportunidade de ressaltar[1], esta é uma das oportunidades que a autoridade policial tem para analisar a culpabilidade, já que a verificação da idade de uma pessoa para fins de aplicação processual penal irá determinar qual o procedimento adequado a ser adotado, conforme a hipótese apurada.

A partir dessas análises, deverá ser visto se o ato infracional foi praticado com violência ou grave ameaça à pessoa. Nessa hipótese o Delegado de Polícia deverá, necessariamente, lavrar um auto de apreensão de adolescente pela prática de ato infracional (AAAPAI). Lembrando que, embora se pareça com um auto de prisão em flagrante, o adolescente não pode ser preso, mas sim, apreendido. Mesmo que esta seja a primeira providência narrada pelo art. 173, I, do ECA, entendemos que a ordem entre as diligências narradas nos incisos do art. 173 do ECA não reflete uma obrigatoriedade ritualística, ou seja, a ordem da confecção do auto de apreensão de determinado material ou ainda a requisição de diligências por parte da autoridade policial não interfere na validade ou na legalidade do auto de apreensão. Porém, é importante e salutar que a efetiva peça de lavratura do auto seja confeccionada após a certeza quanto à autoria e materialidade.

A leitura do parágrafo único do art. 173 do ECA nos permite concluir que, caso a situação fática apurada reflita uma situação diferente desta narrada acima, vale dizer, o ato infracional foi praticado sem violência ou grave ameaça à pessoa, então, a lei autoriza que o Delegado de Polícia possa escolher entre duas opções:

---

1. FERREIRA, Wilson Luiz Palermo. *Percepção dos aspectos analíticos do delito na atuação concreta do delegado de polícia.* 2. ed. Salvador: Juspodivm, 2021. p. 202.

- Lavra-se o auto de apreensão de adolescente pela prática de ato infracional (AAAPAI); ou
- Substitui o auto de apreensão por um boletim de ocorrência circunstanciado (BOC).

É importante destacar que o BOC não é o termo de ocorrência circunstanciado (TCO) conforme conhecemos no art. 69 da Lei nº 9.099/95.

Após estas providências, é importante observar o que dispõe o artigo 174 e seguintes, todos do ECA.

A criança que pratica ato infracional. Ao redigir o ECA, o legislador poderia ter sido mais incisivo no trato das autoridades com a criança através do detalhamento sobre o procedimento a ser adotado na hipótese em que esta vier a praticar ato infracional. De início, é importante frisar que em momento algum o legislador conferiu uma carta em branco para que esse tipo de conduta não fosse sequer investigada, acarretando numa sensação de impunidade reverberada, o que traria ainda mais prejuízos à tutela destes indivíduos, na medida em que poderiam ser cada vez mais utilizados por criminosos adultos ou por adolescentes para evitar qualquer tipo de registro da infração penal ou do ato infracional respectivamente praticado.

Uma das primeiras menções à possibilidade (lógica) de que uma criança possa vir a praticar ato infracional e até mesmo receber algum tipo de medida em face disto, está disposta no art. 105 do ECA. Além disso, de modo subliminar, podemos observar outra possibilidade na leitura do art. 136, I, do ECA, quando o legislador afirma que cabe ao Conselho Tutelar atender as crianças e adolescentes nas hipóteses previstas nos artigos 98 e 105, o que engloba a temática de assistência às crianças que praticam atos infracionais e a eventual aplicação das medidas de proteção. Assim sendo, embora independam da efetiva comprovação acerca da autoria de um ato infracional pela criança, previsão ser minimamente registradas, ainda que o ato de apreensão, em si, caracterizado pela privação da liberdade, não seja levado a efeito para essas pessoas.

Daí podermos afirmar que cabe às polícias judiciárias o registro de uma apreensão-captura, devendo tais fatos serem comunicados à autoridade judiciária competente mediante a aplicação analógica do art. 106, parágrafo único, bem como do art. 107, ambos do ECA, sob pena de incidência nos tipos penais constantes tanto no art. 230, quanto no art. 231, também do ECA conforme o caso (vide comentários aos respectivos artigos, mais adiante, nesta obra).

É de se criticar, veementemente, o teor do art. 12 da Resolução nº 113/2006 do Conselho Nacional dos Direitos da Criança e do Adolescente (CONANDA), que versa especificamente sobre os parâmetros para a institucionalização e fortalecimento do Sistema de Garantia dos Direitos da Criança e do Adolescente. Porém, na tentativa de robustecer a lógica do sistema de proteção integral, acabam por querer usurpar a atribuição investigatória das polícias judiciárias, ao se prever que:

> (Res. nº 113/06 – CONANDA) Art. 12. Somente os conselhos tutelares têm competência para apurar os atos infracionais praticados por crianças, aplicando-lhes medidas especificas de proteção, previstas em lei, a serem cumpridas mediante requisições do conselho. (artigo 98, 101,105 e 136, III, "b" da Lei 8.069/1990).

A sistemática de liberação também deve seguir os moldes preconizados pelo art. 174 do ECA por analogia e é imprescindível que haja a comunicação da apreensão, para que sejam tomadas as medidas cabíveis de modo imediato, uma vez que não há previsão da aplicação de medidas socioeducativas, ainda mais as que privem a liberdade das crianças.

Mais uma vez, embora não seja decisivo para a aplicação das medidas de proteção, é de suma importância que o devido procedimento investigatório seja instaurado, sendo vedado que haja mera dispensa da criança assim que a autoridade policial tenha ciência dos fatos, ainda que em situação flagrancial, até mesmo para que se descubram as circunstâncias, que se apreenda todo material ilícito eventualmente em poder da criança (e que estes tenham a devida destinação, principalmente no que se refere à observância das disposições referentes à cadeia de custódia), além de ser útil para a investigação de eventual participação de demais pessoas na prática do ato infracional por parte da criança, como um adolescente, por exemplo, ou ainda, um adulto, que estará praticando também o crime de corrupção de menores, previsto no art. 244-B do ECA.

O Plenário do STF foi recentemente chamado a decidir sobre a temática na ADI 3446 concluindo pela impossibilidade de aplicação de medida socioeducativa à criança infratora (art. 2º ECA). Assim, entendeu a Suprema Corte que não é desproporcional a opção legislativa, no âmbito de sua discricionariedade, pela exclusividade das medidas protetivas como sanção ao ato infracional praticado por criança (art. 105 ECA).

A uma, os arts. 16, I e 230, ambos do ECA não violariam o devido processo (art. 5º, LV da CRFB/88) e proteção integral (art. 227 da CRFB/88), tampouco os arts. 105 e 136, I e 138, todos do ECA violariam a inafastabilidade da jurisdição (art. 5º, XXXV, da CRFB/88). Ao contrário, interpretação do art. 5º, § 2º, da CRFB/88 leva à conclusão que o art. 16, I, do ECA está em consonância não só com os referidos dispositivos constitucionais, mas também com o direito à liberdade e a proibição à discriminação, previstos nos arts. 1º e 2º da DUDH; a proibição contra interferências ilegítimas e arbitrárias na vida particular das crianças, prevista no art. 16 da Convenção sobre Menores da ONU; a norma de proteção integral estabelecida no art. 19 da Convenção Americana de Direitos Humanos; e as Regras Mínimas das Nações Unidas para a Administração da Justiça de Menores (bloco de constitucionalidade). Não vislumbrada, ainda, inconstitucionalidade do art. 230 do ECA à luz do mandado de criminalização constante do art. 227, § 4º, da CRFB/88 que, sendo de menor potencial ofensivo, o tipo penal se aproxima mais da proibição de proteção deficiente do que da inconstitucionalidade por excesso de criminalização.

A duas, compatível com a ampla proteção conferida à criança, inclusive, quanto às situações de risco criadas por seu próprio comportamento. A criança é um ser em desenvolvimento, a ser, acima de tudo, protegida e educada. Trata-se de uma distinção de tratamento menos severo conferida pelo legislador às crianças do aquele conferido aos adolescentes seria compatível com a condição de maior vulnerabilidade e de pessoa em desenvolvimento das crianças.

A três, o Supremo Tribunal Federal entende que a atuação do Conselho Tutelar nos casos de atos infracionais praticados por crianças não representaria qualquer ofensa à Constituição da República nem viola a garantia da inafastabilidade da Jurisdição, pois assim como o Tribunal do Júri, o Conselho Tutelar seria um colegiado de leigos, com participação direta da sociedade na implementação das políticas públicas. De tal sorte, considerou "legítima a opção do legislador pela adoção de políticas de desjudicialização nas questões relativas à infância" e que "a atuação do Conselho Tutelar não exclui a apreciação de eventuais demandas ou lides pelo Poder Judiciário".

Cabe lembrar, por fim, que os Conselhos Tutelares, assim como qualquer entidade da rede de atendimento e proteção à infantoadolescência, são fiscalizados pelo Ministério Público (art. 127 CRFB c/c arts. 86, 95, 139 e 201, todos do ECA). Cabível atividade fiscalizatória, até mesmo, pelo próprio Poder Judiciário (art. 95 do ECA – função atípica – poder de polícia).

> Ação direta de inconstitucionalidade. Direito Constitucional. Estatuto da Criança e do Adolescente. 2. Art. 16, I, consagra o direito de ir e vir da criança e do adolescente, e art. 230 tipifica criminalmente a apreensão de menor fora das hipóteses de flagrante ou de cumprimento de mandado de apreensão. Alegação de ofensa ao devido processo legal e à proteção integral – art. 5º, LV, e 227 da CF. "A criança e o adolescente gozam de todos os direitos fundamentais inerentes à pessoa humana" – art. 3º do ECA. Reconhecimento da aplicabilidade à criança e ao adolescente da garantia contra a prisão arbitrária – art. 5º, LXI, CF. Inexistência de violação à proporcionalidade ou ao dever de proteção. 3. Art. 105 comina medidas protetivas como sanção ao ato infracional praticado por criança, e os arts. 136 e 138 tratam do atendimento da criança infratora por conselho tutelar. Inexistência de cominação da aplicação de medidas socioeducativas para a criança que comete ato infracional. Suposta violação à inafastabilidade da jurisdição – art. 5º, XXXV, da CF. A decisão do legislador, de não aplicar medidas mais severas, é compatível com a percepção de que a criança é um ser em desenvolvimento, a ser, acima de tudo, protegida e educada. O legislador dispõe de considerável margem de discricionariedade para definir o tratamento adequado a ser dado à criança em situação de risco criada por seu próprio comportamento. A opção pela exclusividade das medidas protetivas não é desproporcional. 4. Art. 122, II e III, exigem, para aplicação da medida de internação, a reiteração de

atos infracionais ou o descumprimento injustificado de outras medidas. Alegação de ofensa à proporcionalidade. Deve ser reconhecida uma margem larga de conformação ao legislador para estabelecer as medidas aplicáveis ao adolescente infrator. A norma, fora das infrações violentas, restringe o poder do magistrado de aplicar a internação. Opção perfeitamente proporcional do legislador, em razão do caráter estigmatizando e traumatizante da internação de uma pessoa em desenvolvimento. Situação de superlotação das unidades de acolhimento e internação que está sendo inclusive apreciada pelo STF. Sugestão do encaminhamento da decisão do Tribunal ao CNJ, a fim de que este órgão amplie suas ações na promoção de políticas periódicas de monitoramento do cumprimento das medidas socioeducativas previstas no art. 112 da Lei nº 8.069/1990. 5. Ação direta de inconstitucionalidade julgada improcedente.(STF, Tribunal Pleno. ADI 3446, Relator(a): GILMAR MENDES, julgado em 08/08/2019, DJe-190 DIVULG 30-07-2020 PUBLIC 31-07-2020)

Art. 174. Comparecendo qualquer dos pais ou responsável, o adolescente será prontamente liberado pela autoridade policial, sob termo de compromisso e responsabilidade de sua apresentação ao representante do Ministério Público, no mesmo dia ou, sendo impossível, no primeiro dia útil imediato, exceto quando, pela gravidade do ato infracional e sua repercussão social, deva o adolescente permanecer sob internação para garantia de sua segurança pessoal ou manutenção da ordem pública.

As providências a serem adotadas pelo Delegado de Polícia após a lavratura de documentação referente ao ato infracional no caso de comparecimento de pais ou responsável. Ao Delegado de Polícia caberá, após a lavratura do auto de apreensão de adolescente pela prática de ato infracional (AAAPAI) ou do boletim de ocorrência circunstanciado (BOC), decidir, fundamentadamente, sobre o destino do adolescente-infrator no caso de comparecimento de qualquer dos pais ou de um responsável. São duas opções postas ao seu alcance:

- **Liberar o adolescente-infrator:** nessa hipótese, que constitui a regra prevista no art. 174 do ECA, o Delegado de Polícia deverá gerar um termo de compromisso, para que seja assinado por um dos pais ou pelo responsável presentes e juntado aos autos do procedimento, indicando-se que o adolescente deverá ser apresentado ao Ministério Público no mesmo dia (caso seja possível) ou no primeiro dia útil (no caso de impossibilidade, por qualquer razão);

- **Não liberar o adolescente-infrator:** aqui o Delegado poderá manter o adolescente apreendido, desde que o faça de forma fundamentada, comprovando-se que deve permanecer internado para garantia de sua segurança pessoal ou manutenção da ordem pública, em face da gravidade do ato infracional e da sua repercussão social, nos termos da parte final do art. 174 do ECA. É importante destacar, neste momento, que o ECA não faz distinção sobre qual tipo de peça precede a não-liberação. Assim, mesmo que tenha sido feito um boletim de ocorrência circunstanciado (BOC), entendemos que o Delegado de Polícia está autorizado a justificar a não-liberação desde que fundamente sua decisão de forma pertinente. Todavia, a lógica e a coerência nos permitem concluir que o ideal para amparar a fundamentação sobre um ato em que não se libera um adolescente é a precedente lavratura de AAAPAI, o que se coaduna com a primeira parte do art. 173 do ECA. De toda sorte, o Delegado deverá proceder conforme o art. 175 do ECA.

Art. 175. Em caso de não liberação, a autoridade policial encaminhará, desde logo, o adolescente ao representante do Ministério Público, juntamente com cópia do auto de apreensão ou boletim de ocorrência.

§ 1º Sendo impossível a apresentação imediata, a autoridade policial encaminhará o adolescente à entidade de atendimento, que fará a apresentação ao representante do Ministério Público no prazo de vinte e quatro horas.

§ 2º Nas localidades onde não houver entidade de atendimento, a apresentação far-se-á pela autoridade policial. À falta de repartição policial especializada, o adolescente aguardará a apresentação em dependência separada da destinada a maiores, não podendo, em qualquer hipótese, exceder o prazo referido no parágrafo anterior.

As providências adotadas pelo Delegado de Polícia nos casos de não-liberação do adolescente-infrator. Decidindo pela não-liberação, o Delegado deverá decidir dentre três opções possíveis sobre o destino do adolescente, não importando se tenha havido a lavratura de auto de apreensão de adolescente pela prática de ato infracional (AAAPAI) ou boletim de ocorrência circunstanciado (BOC):

- Apresentar o adolescente, encaminhando o indivíduo e toda documentação confeccionada por ocasião da apreciação do feito, desde logo, ao Ministério Público com atribuição. Esta opção é a que vem descrita no *caput* do art. 175 do ECA;

- Encaminhar o adolescente à entidade de atendimento, que irá fazer a apresentação do mesmo ao membro do Ministério Público com atribuição dentro do prazo de vinte e quatro horas. Essa opção está descrita no art. 175, § 1º, do ECA;

- O próprio Delegado de Polícia irá fazer a apresentação do adolescente ao MP em até vinte e quatro horas. Prevista no parágrafo segundo do art. 175 do ECA, esta opção poderá ser utilizada, por exemplo, quando a lavratura da documentação referente à prática do ato infracional tenha se dado em local no qual não haja entidade de atendimento ao adolescente. Todavia, caso não seja possível essa apresentação dentro do prazo de vinte e quatro horas, o Delegado de Polícia deverá diligenciar para que o adolescente fique em local/dependência separada dos indivíduos adultos, devendo, ainda, zelar para que seja posto em local condizente com sua opção de gênero.

Art. 176. Sendo o adolescente liberado, a autoridade policial encaminhará imediatamente ao representante do Ministério Público cópia do auto de apreensão ou boletim de ocorrência.

As providências adotadas pelo Delegado de Polícia nos casos de liberação do adolescente-infrator. Se a opção for pela liberação do adolescente, fora dos casos em que haja a presença do responsável ou pai, então o Delegado deverá encaminhar o adolescente e os autos lavrados imediatamente ao membro do Ministério Público com atribuição para atuar no feito.

Art. 177. Se, afastada a hipótese de flagrante, houver indícios de participação de adolescente na prática de ato infracional, a autoridade policial encaminhará ao representante do Ministério Público relatório das investigações e demais documentos.

Da apuração de ato infracional praticado por adolescente fora das hipóteses flagranciais. Desconsiderada a lavratura de auto de apreensão de adolescente pela prática de ato infracional (AAAPAI) ou boletim de ocorrência circunstanciado (BOC), o Delegado de Polícia deverá instaurar outro procedimento investigatório similar ao tradicional inquérito policial, mas condizente com os preceitos e garantias previsto no ECA, que é chamado de auto de investigação de ato infracional (AIAI).

Como não há um regramento específico referente a este instrumento de investigação, devemos nos socorrer das normas gerais previstas na legislação processual pertinente, conforme descrição do art. 152 do ECA. Neste sentido, as oitivas, diligências, perícias e outros atos de polícia judiciária necessários à conclusão das investigações poderá ser embasado nos tradicionais atos destinados ao inquérito policial, sem que carregue consigo esta nomenclatura.

Podemos perceber que no ECA não há um prazo determinado para a conclusão das investigações, razão pela qual deveremos entender que o prazo para o encerramento é de 30 (trinta) dias, haja vista se tratar de investigado solto, nos termos da parte final do art. 10 do Código de Processo Penal, c/c art. 152 do ECA.

Ao final das investigações, então, o Delegado de Polícia deverá encaminhar um relatório contendo todas as diligências efetuadas, bem como os resultados de perícias e demais elementos técnicos eventualmente pertencentes, de modo a embasar fornecer elementos ao membro do Ministério Público para que este tome as providências que julgar cabíveis.

Art. 178. O adolescente a quem se atribua autoria de ato infracional não poderá ser conduzido ou transportado em compartimento fechado de veículo policial, em condições atentatórias à sua dignidade, ou que impliquem risco à sua integridade física ou mental, sob pena de responsabilidade.

O cuidado no transporte e na condução de adolescente a quem se atribua a autoria de ato infracional. Em virtude do complexo sistema de proteção integral conferido pelo ECA às crianças e adolescentes, o legislador se preocupou em destinar recomendação específica para que os policiais observem quando da condução de adolescente que esteja sendo investigado pela prática de ato infracional. Assim, deverá haver cuidado na condução deste indivíduo até o órgão de polícia judiciária no qual será formalizada a investigação, sob pena de violação ao preceito contido no art. 230, parágrafo único, do ECA.

> (ECA) Art. 230. Privar a criança ou o adolescente de sua liberdade, procedendo à sua apreensão sem estar em flagrante de ato infracional ou inexistindo ordem escrita da autoridade judiciária competente:
>
> Pena - detenção de seis meses a dois anos.
>
> Parágrafo único. Incide na mesma pena aquele que procede à apreensão sem observância das formalidades legais.

Entretanto, é importante destacar que não há qualquer impedimento legal ao uso de algemas durante a condução do adolescente-infrator. Todavia, estas somente deverão ser empregadas conforme a explícita necessidade do caso concreto, de modo a seguir o que dispõe o enunciado da Súmula Vinculante º 11 do Supremo Tribunal Federal, evitando-se o constrangimento indesejado e consequentemente a aplicação do art. 232 do ECA.

> (ECA) Art. 232. Submeter criança ou adolescente sob sua autoridade, guarda ou vigilância a vexame ou a constrangimento:
>
> Pena - detenção de seis meses a dois anos.

Art. 179. Apresentado o adolescente, o representante do Ministério Público, no mesmo dia e à vista do auto de apreensão, boletim de ocorrência ou relatório policial, devidamente autuados pelo cartório judicial e com informação sobre os antecedentes do adolescente, procederá imediata e informalmente à sua oitiva e, em sendo possível, de seus pais ou responsável, vítima e testemunhas.

Parágrafo único. Em caso de não apresentação, o representante do Ministério Público notificará os pais ou responsável para apresentação do adolescente, podendo requisitar o concurso das polícias civil e militar.

O início da fase de atuação específica do Ministério Público. A oitiva informal. Após a conclusão das investigações ou da lavratura da peça cabível nos casos flagranciais, o membro do Ministério Público irá receber a documentação relativa, devidamente autuada em cartório, além de informações sobre os antecedentes do adolescente e terá origem uma oitiva informal deste. Nesta oportunidade, o Promotor de Justiça terá condições de obter elementos importantes sobre sua conduta pessoal, familiar e social, que irão auxiliar na tomada de decisão quanto aos procedimentos que serão adotados em seguida.

Sendo possível, também irá proceder com a oitiva dos pais ou do responsável, conforme estejam ou não presentes e conforme tenha se dado a liberação ou não, nos termos do art. 174 e seguintes do ECA. Caso tenha se dado a hipótese do art. 174 do ECA e os pais ou o responsável não tenham levado o adolescente até o órgão do Ministério Público com atribuição, então, o Promotor de Justiça irá confeccionar uma notificação destinada a eles para que apresentem o adolescente, situação na qual poderá ser requisitada força policial conforme o caso requeira.

Note-se que inicialmente não é necessário que o advogado do adolescente esteja presente na oitiva informal. Todavia, se houver defensor constituído, então a assistência ao adolescente deverá ser garantida, nos termos do que dispõe o art. 7º, XXI, da Lei nº 8.906/94 (Estatuto da OAB).

Merece destaque o fato de que a ausência de oitiva informal não impede o oferecimento da representação de medida socioeducativa, bastando imaginar a hipótese na qual o adolescente esteja foragido, razão pela qual o membro do Ministério Público poderá proceder independentemente da realização da oitiva.

Art. 180. Adotadas as providências a que alude o artigo anterior, o representante do Ministério Público poderá:

I - promover o arquivamento dos autos;

II - conceder a remissão;

III - representar à autoridade judiciária para aplicação de medida sócio-educativa.

Art. 181. Promovido o arquivamento dos autos ou concedida a remissão pelo representante do Ministério Público, mediante termo fundamentado, que conterá o resumo dos fatos, os autos serão conclusos à autoridade judiciária para homologação.

§ 1º Homologado o arquivamento ou a remissão, a autoridade judiciária determinará, conforme o caso, o cumprimento da medida.

§ 2º Discordando, a autoridade judiciária fará remessa dos autos ao Procurador-Geral de Justiça, mediante despacho fundamentado, e este oferecerá representação, designará outro membro do Ministério Público para apresentá-la, ou ratificará o arquivamento ou a remissão, que só então estará a autoridade judiciária obrigada a homologar.

Das providências após a oitiva informal prevista no art. 179 do ECA. Concluída a oitiva informal descrita no art. 179 do ECA, o membro do Ministério Público terá três opções, previstas nos incisos do art. 180 do mesmo Estatuto:

- Propor o arquivamento do feito, com seus documentos, peças etc.;
- Conceder remissão; ou
- Oferecer representação.

Na hipótese de opinião pelo arquivamento do feito, deverá ser seguido o regramento previsto pelo art. 181 do ECA, mediante a devida fundamentação contendo breve resumo dos fatos e as razões que motivaram o Promotor de Justiça a opinar pelo arquivamento dos autos (haja vista o que dispõe o art. 205 do ECA, que requer a obrigatoriedade de fundamentação das manifestações processuais do membro do MP), que podem contemplar as mais diversas hipóteses, tais como a atipicidade do fato, a constatação de que a autoria do fato não deve ser imputada ao adolescente, ou ainda, que o fato não existiu.

Em seguida deverá encaminhar tal conclusão ao juiz competente para que este proceda com a homologação caso também entenda pelo arquivamento, determinando o cumprimento da medida. Se não houver concordância por parte do juiz, então, deverá haver remessa dos autos ao Procurador-Geral de Justiça, a quem incumbirá o oferecimento da representação, ratificar o arquivamento, ou ainda, designará outro membro do MP para que este o faça, conforme o art. 181, § 2º, do ECA.

A remissão, por sua vez, também irá observar o disposto no art. 181 do ECA. Quando concedida pelo membro do MP (ou seja, antes da judicialização) terá natureza jurídica de forma de exclusão do processo (vide art. 126 do ECA). Duas são as situações nas quais a medida pode ser concedida: ou na forma pura e simples, chamada de remissão-perdão, (ainda que não haja anuência do adolescente) ou a remissão pode estar acompanhada da aplicação de medida socioeducativa não privativa de liberdade (afasta-se o regime de semiliberdade e a internação) e é compreendida como remissão-transação (ocasião na qual precisa haver ajuste entre o membro do MP e o adolescente), conforme previsão dos artigos 126, caput e 127, ambos do ECA).

Homologado o arquivamento ou a remissão, o art. 181, § 1º, do ECA indica que o juiz deverá determinar o cumprimento da medida. A expressão "conforme o caso", ali contida, está presente em virtude da possibilidade de aplicação da remissão-transação, na qual haverá também o cumprimento de medida socioeducativa.

Como as duas situações de remissão requerem a homologação pelo juiz, caso haja discordância deste quanto à aplicação da medida, deverá proceder de forma semelhante àquela disposta para o arquivamento, nos termos do art. 181, § 2º, do ECA, vedada a modificação de ofício das medidas eventualmente ajustadas entre o MP e o adolescente (vide art. 128 do ECA).

Art. 182. Se, por qualquer razão, o representante do Ministério Público não promover o arquivamento ou conceder a remissão, oferecerá representação à autoridade judiciária, propondo a instauração de procedimento para aplicação da medida sócio-educativa que se afigurar a mais adequada.

§ 1º A representação será oferecida por petição, que conterá o breve resumo dos fatos e a classificação do ato infracional e, quando necessário, o rol de testemunhas, podendo ser deduzida oralmente, em sessão diária instalada pela autoridade judiciária.

§ 2º A representação independe de prova pré-constituída da autoria e materialidade.

Art. 183. O prazo máximo e improrrogável para a conclusão do procedimento, estando o adolescente internado provisoriamente, será de quarenta e cinco dias.

Do oferecimento de representação. Não sendo o caso de arquivamento ou de proposta de remissão, o representante do Ministério Público irá proceder com a representação, medida esta que tem por finalidade iniciar a instauração de procedimento (ação/processo) com vistas a aplicação de medida socioeducativa (MSE) e/ou medida de proteção ao infrator.

Será destinada ao juiz competente para atuar no feito e deverá seguir algumas formalidades, dentre as quais, ser apresentada em petição que deverá conter o breve resumo dos fatos e a tipificação formal em que se enquadra o ato infracional. Se houver testemunhas a serem ouvidas no procedimento, na fase judicial, o MP deverá incluir o rol. Como não há número máximo de testemunhas previsto pelo ECA, o entendimento é o de que devemos nos socorrer da regra geral prevista para o processo penal tradicional, qual seja, no máximo 8 (oito) testemunhas (art. 152 do ECA, c/c. art. 401 do CPP).

Por fim, o ECA permite que a representação seja feita oralmente, em sessão diariamente oferecida pela autoridade judiciária e independerá de prova pré-constituída da autoria e materialidade, requisitos que deverão ser demonstrados ao longo do procedimento que não poderá durar mais do que 45 (quarenta e cinco) dias no caso de o adolescente estar internado provisoriamente (art. 108 c/c art. 183, ambos do ECA), nem deverá ser cumprida em estabelecimento prisional, como aduz o art. 185 também do ECA.

Art. 184. Oferecida a representação, a autoridade judiciária designará audiência de apresentação do adolescente, decidindo, desde logo, sobre a decretação ou manutenção da internação, observado o disposto no art. 108 e parágrafo.

§ 1º O adolescente e seus pais ou responsável serão cientificados do teor da representação, e notificados a comparecer à audiência, acompanhados de advogado.

§ 2º Se os pais ou responsável não forem localizados, a autoridade judiciária dará curador especial ao adolescente.

§ 3º Não sendo localizado o adolescente, a autoridade judiciária expedirá mandado de busca e apreensão, determinando o sobrestamento do feito, até a efetiva apresentação.

§ 4º Estando o adolescente internado, será requisitada a sua apresentação, sem prejuízo da notificação dos pais ou responsável.

Art. 185. A internação, decretada ou mantida pela autoridade judiciária, não poderá ser cumprida em estabelecimento prisional.

§ 1º Inexistindo na comarca entidade com as características definidas no art. 123, o adolescente deverá ser imediatamente transferido para a localidade mais próxima.

§ 2º Sendo impossível a pronta transferência, o adolescente aguardará sua remoção em repartição policial, desde que em seção isolada dos adultos e com instalações apropriadas, não podendo ultrapassar o prazo máximo de cinco dias, sob pena de responsabilidade.

As medidas tomadas pelo juiz após o oferecimento de representação. Assim que a ação for proposta, o juiz irá recebê-la formalmente e designar uma audiência de apresentação, notificando o adolescente e seus pais ou responsável sobre o conteúdo da representação tecida pelo membro do Ministério Público. Esta notificação tem verdadeira natureza de citação (constituindo-se garantia processual conferida pelo art. 111, I, do ECA), diante das formalidades previstas para o procedimento de apuração do ato infracional.

Na mesma ocasião, o juiz também irá decidir sobre a questão que envolve a medida de internação (ou seja, se haverá interrupção ou manutenção desta), já que o art. 108 do ECA sinaliza que os casos em que a internação tenha sido imposta deverão estar revestidos de necessidade imperiosa e estar fundado em indícios suficientes de autoria e materialidade.

Caso os pais ou o responsável não apareçam, o parágrafo segundo do art. 184 do ECA determina que deverá ser nomeado curador. Todavia, se na situação fática aqueles não estejam presentes, mas o infrator esteja acompanhado por um Defensor Público, por exemplo, este irá acumular as funções de defesa e curadoria, nos termos do que dispõe o art. 152 do ECA, c/c. art. 72 e seu parágrafo único, da Lei nº 13.105/15 (Novo Código de Processo Civil) e o art. 4º, XVI, da Lei Complementar nº 80/94 (Lei Orgânica da Defensoria Pública).

Se é o próprio adolescente que não comparece à audiência, deverá ser expedido mandado de busca e apreensão (MBA) em face deste, nos termos do que dispõe o art. 184, § 3º, do ECA (sobre o tema, vide também o art. 187 do mesmo Estatuto).

Art. 186. Comparecendo o adolescente, seus pais ou responsável, a autoridade judiciária procederá à oitiva dos mesmos, podendo solicitar opinião de profissional qualificado.

§ 1º Se a autoridade judiciária entender adequada a remissão, ouvirá o representante do Ministério Público, proferindo decisão.

§ 2º Sendo o fato grave, passível de aplicação de medida de internação ou colocação em regime de semi-liberdade, a autoridade judiciária, verificando que o adolescente não possui advogado constituído, nomeará defensor, designando, desde logo, audiência em continuação, podendo determinar a realização de diligências e estudo do caso.

§ 3º O advogado constituído ou o defensor nomeado, no prazo de três dias contado da audiência de apresentação, oferecerá defesa prévia e rol de testemunhas.

A audiência de apresentação. O art. 186 do ECA traz as disposições inerentes à audiência de apresentação designada pelo juiz em face da representação promovida pelo membro do Ministério Público, conforme o art. 184 do mesmo Estatuto. Basicamente, três grupos de atos podem ser mencionados como cabíveis neste momento processual:

- Oitiva do adolescente, bem como dos seus pais ou responsável legal (caso presentes);
- Solicitação de opinião de equipe técnica (podendo estar compreendido um estudo sobre o perfil do adolescente, o que geralmente será feito por psicólogos e assistentes sociais, que geralmente fazem parte do corpo técnico à disposição nos Tribunais de Justiça, mais especificamente aqueles que trabalham diretamente com os Juizados da Infância e da Adolescência);
- Concessão de remissão (já que esta pode se dar em qualquer fase do processo, nos termos do art. 126, parágrafo único, c/c. art. 128 e 188, todos do ECA), ouvindo o MP, conforme art. 186, § 1º, do mesmo Estatuto.

Assim, caso o juiz decida pela não aplicação da remissão judicial, ao verificar que o fato é grave e que possa ser capaz de culminar com a aplicação de medida de semiliberdade ou de medida de internação, ele irá designar a chamada audiência em continuação, nomeando defensor caso o infrator não o tenha constituído, conforme conteúdo disposto no art. 186, § 2º, do ECA (sobre o tema, vide também: art. 111, III, e art. 207, *caput* **e** § 1º, ambos do ECA).

Por outro lado, caso já haja defensor constituído para o caso, então, este deverá apresentar a defesa prévia do infrator no prazo de 3 (três) dias, arrolando as testemunhas que entender pertinentes, além das diligências que entender necessárias para a defesa do seu assistido, destacando-se que no procedimento especial previsto pelo ECA, é de suma importância para a defesa que esta traga elementos que permitam aferir as condições familiares, sociais e pessoais do adolescente-infrator, além de pessoas que o conheçam e que possam ser ouvidas para testemunhar em seu favor. Por analogia, também devemos entender que o número máximo de testemunhas a ser arrolado é de 8 (oito), nos termos do art. 152 do ECA, c/c. art. 401 do CPP.

A confissão da prática do ato infracional pelo adolescente. Caso o adolescente confesse a prática do ato infracional, isso não autoriza que o defensor desista de outras provas em face da sua confissão, pois há violação do devido processo legal, ampla defesa e contraditório. Nesse sentido, vide o enunciado da Súmula nº 342 do Superior Tribunal de Justiça (STJ):

> Súmula 342 - No procedimento para aplicação de medida sócio-educativa, é nula a desistência de outras provas em face da confissão do adolescente. (Súmula 342, TERCEIRA SEÇÃO, julgado em 27/06/2007, DJ 13/08/2007 p. 581)

Procedimento de apuração de ato infracional. Atenuante genérica da confissão. Art. 65, II, "d", do CP. Inaplicabilidade. A jurisprudência do STJ (Quinta e Sexta Turmas) é pacífica pela inaplicabilidade da atenuante da confissão espontânea em sede de procedimento relativo à apuração de ato infracional por falta de previsão legal sendo, ademais, incompatível com a finalidade da medida socioeducativa. Vejamos:

> ESTATUTO DA CRIANÇA E DO ADOLESCENTE. HABEAS CORPUS. ATENUANTE DA CONFISSÃO. RECONHECIMENTO. INVIABILIDADE (...) 1. A aplicação da circunstância atenuante de confissão, prevista no art. 65, III, d, do Código Penal, é impossível em sede de procedimento relativo a ato infracional submetido ao Estatuto da Criança e do Adolescente, uma vez que a medida socioeducativa não tem natureza de pena (HC 354.973/SC, Rel. Ministro NEFI CORDEIRO, SEXTA TURMA, julgado em 09/08/2016, DJe 22/08/2016) [...](STJ, SEXTA TURMA. HC 389.828/SC, Rel. Ministra MARIA THEREZA DE ASSIS MOURA, julgado em 04/05/2017, DJe 11/05/2017).

> AGRAVO REGIMENTAL NO HABEAS CORPUS. ESTATUTO DA CRIANÇA E DO ADOLESCENTE - ECA. MEDIDA SOCIOEDUCATIVA DE INTERNAÇÃO. ATO INFRACIONAL EQUIPARADO AO CRIME DE FURTO. REITERAÇÃO. FUNDAMENTAÇÃO CONCRETA. CONFISSÃO. IMPOSSIBILIDADE EM SEDE DE MEDIDA SOCIOEDUCATIVA (...) 3. Ressalta-se que é pacífico nesta Corte que a confissão da paciente não produz os efeitos pretendidos. Com efeito, a "dosimetria em aplicação de medida socioeducativa, tampouco previsão legal para atenuação da medida em face da confissão do adolescente, não há se falar em aplicação de medida mais branda, unicamente, por tal motivo. Ainda mais quando existe farta fundamentação concreta que demonstra a adequação da medida aplicada" (HC n. 301135/SP, 6ª Turma, Min. Relator Rogério Schietti Cruz, DJe 1º/12/2014) [...]

(STJ, QUINTA TURMA. AgRg no HC 550.756/SP, Rel. Ministro JOEL ILAN PACIORNIK, julgado em 20/02/2020, DJe 05/03/2020)

§ 4º Na audiência em continuação, ouvidas as testemunhas arroladas na representação e na defesa prévia, cumpridas as diligências e juntado o relatório da equipe interprofissional, será dada a palavra ao representante do Ministério Público e ao defensor, sucessivamente, pelo tempo de vinte minutos para cada um, prorrogável por mais dez, a critério da autoridade judiciária, que em seguida proferirá decisão.

A audiência em continuação. O art. 186, § 4º, do ECA, prevê a chamada audiência de continuação para os casos nos quais não houve concessão de remissão. Estamos diante de situação que se amolda verdadeiramente a uma audiência de instrução e julgamento. Aqui serão ouvidas as testemunhas arroladas tanto pela acusação (por ocasião da representação), quanto pela defesa na interposição da defesa prévia conforme descrita no art. 186, § 3º, do ECA. É também nesta oportunidade que será juntado ao procedimento o relatório confeccionado pela equipe multidisciplinar/interprofissional do juizado da infância e da adolescência (eventualmente solicitado pelo juiz quando do recebimento da representação, conforme o *caput* do art. 186 do ECA).

Na sequência, é dada a palavra ao membro do Ministério Público e ao defensor do acusado para que sejam feitas as razões finais, oralmente e pelo prazo de 20 (vinte) minutos, podendo ser prorrogado por mais 10 (dez) minutos, conforme a complexidade do caso requeira, a critério do juiz, que procederá com a decisão ao final.

Audiência de apresentação. Audiência em continuação. Pandemia de COVID-19. Audiência por videoconferência. Ilegalidade. Recomendação 62 do CNJ. Inaplicabilidade. O STJ, em decisão do Ministro Ribeiro Dantas no HC 581944/RJ, reconheceu a impossibilidade de realização de audiência por videoconferência nas ações socioeducativas. Isso porque não se pode equiparar o socioeducando (adolescente ou jovem adulto) ao maior imputável, em especial, em termos de procedimento no qual se apura prática de ato infracional. A uma, pois tal interpretação dos artigos 110, 111, VI, 184, § 4º, e 187, todos do ECA, confere concretude ao princípio da prioridade e primazia absoluta de proteção (art. 227 da CRFB/88), devido processo legal (art. 5º, LIV, da CRFB/88) e ampla defesa (art. 5º, LV, da CRFB/88). A duas, a Recomendação CNJ 62/2020 é pela realização de audiência de apresentação, preferencialmente, na forma presencial. Na impossibilidade, em razão da pandemia (COVID-19), orienta a sua suspensão por decisão fundamentada.

Todavia, cabe consignar que não foi este o entendimento adotado recentemente pela Sexta Turma do STJ no HC 588.902/RJ que entendeu razoável a extensão da Recomendação 62 do CNJ (realização de audiências por videoconferência em processos criminais) ao socioeducando:

HABEAS CORPUS COLETIVO. AUDIÊNCIA DE APRESENTAÇÃO. REALIZAÇÃO POR VIDEOCONFERÊNCIA. SITUAÇÃO EXCEPCIONAL. INEXISTÊNCIA DE ILEGALIDADE. INTIMAÇÃO DA DEFENSORIA PÚBLICA. AUSÊNCIA DE COMPROVAÇÃO DE PREJUÍZO. ORDEM DE HABEAS CORPUS DENEGADA, COM RECOMENDAÇÃO. 1. A realização de audiência de apresentação por videoconferência decorre de situação excepcional causada pela pandemia da Covid-19, tratando-se de condição emergencial e temporária, em que se mostra necessária a adoção de medidas que garantam a continuidade da prestação jurisdicional e a saúde pública, notadamente por se tratar da análise de internações provisórias. 2. Esta Sexta Turma, ao se manifestar sobre a matéria, firmou a orientação de que, "embora o art. 7º da Recomendação n. 62/2020 do CNJ, ao disciplinar o tratamento a ser dispensado às pessoas privadas de liberdade, limite-se a prever a realização das audiências por videoconferência em processos criminais, a fim de reduzir os riscos de contaminação, não é dessarrazoada a sua aplicação no juízo de infância infracional, ante a evidência de situações equiparadas, pois o motivo de fundo não é a natureza do processo, mas o risco de contaminação, nos termos do art. 2º do mesmo ato, que recomenda 'aos magistrados competentes para a fase de conhecimento na apuração de atos infracionais nas Varas da Infância e da Juventude a adoção de providências com vistas à redução dos riscos epidemiológicos e em observância ao contexto local de disseminação do vírus'" (HC 580.480/SP, Rel. Ministro ROGERIO SCHIETTI CRUZ, SEXTA TURMA, julgado em 16/06/2020, DJe 23/06/2020). 3. Não há como nos autos deste habeas corpus coletivo verificar a ocorrência de efetivo prejuízo à Defesa, causado pela intimação da Defensoria Pública por e-mail e com exíguo prazo entre a sua realização e a audiência de apresentação, a qual, como se sabe, deve ser realizada com a devida celeridade. Conforme reiterada jurisprudência dos Tribunais Superiores, o reconhecimento de vício que possibilite a anulação de ato processual exige a efetiva demonstração de prejuízo ao acusado. É o que se prevê no art. 563 do Código de Processo Penal, no qual está positivado o dogma fundamental da disciplina das nulidades (pas de nullité sans grief) [...] (STJ, SEXTA TURMA. HC 588.902/RJ, Rel. Ministra LAURITA VAZ, julgado em 17/11/2020, DJe 30/11/2020)

Art. 187. Se o adolescente, devidamente notificado, não comparecer, injustificadamente à audiência de apresentação, a autoridade judiciária designará nova data, determinando sua condução coercitiva.

Art. 188. A remissão, como forma de extinção ou suspensão do processo, poderá ser aplicada em qualquer fase do procedimento, antes da sentença.

Art. 189. A autoridade judiciária não aplicará qualquer medida, desde que reconheça na sentença:

I - estar provada a inexistência do fato;

II - não haver prova da existência do fato;

III - não constituir o fato ato infracional;

IV - não existir prova de ter o adolescente concorrido para o ato infracional.

Parágrafo único. Na hipótese deste artigo, estando o adolescente internado, será imediatamente colocado em liberdade.

Art. 190. A intimação da sentença que aplicar medida de internação ou regime de semi-liberdade será feita:

I - ao adolescente e ao seu defensor;

II - quando não for encontrado o adolescente, a seus pais ou responsável, sem prejuízo do defensor.

§ 1º Sendo outra a medida aplicada, a intimação far-se-á unicamente na pessoa do defensor.

§ 2º Recaindo a intimação na pessoa do adolescente, deverá este manifestar se deseja ou não recorrer da sentença.

Da sentença proferida em face da representação decorrente da prática de ato infracional. Uma vez que os atos processuais da audiência em continuação tenham sido praticados, após as razões finais orais será o momento para que o juiz profira a sentença sobre o caso. Não há, em termos técnicos, propriedade em se falar com condenação ou absolvição, mas sim em procedência ou improcedência em relação à pretensão ministerial socioeducativa. Assim, as decisões podem ser:

- **Sentença de improcedência da representação:** será equivalente a uma sentença absolutória não se aplicando qualquer medida. É destinada às hipóteses contidas nos incisos I a IV do art. 189 do ECA. Proferida sentença de improcedência, o adolescente será imediatamente posto em liberdade caso esteja internado;

- **Sentença de procedência da representação:** o que será equivalente a uma sentença condenatória, situação na qual o juiz poderá proceder com a aplicação das medidas previstas no ECA, sejam elas socioeducativas ou de proteção (vide arts. 101 e 112 do ECA).

Nos casos de procedência da representação, para aplicação das medidas socioeducativas o juiz irá levar em conta as que forem mais adequadas, conforme requeiram as necessidades pedagógicas em face de toda situação narrada e os estudos feitos com base no perfil do adolescente e nas oitivas apuradas durante o procedimento para sua aplicação, mormente no que diz respeito às medidas que restrinjam a liberdade do indivíduo.

Nesta última hipótese, ou seja, nos casos de aplicação de medida socioeducativa privativa de liberdade (o que inclui a semiliberdade e a internação), a intimação da sentença deverá ser feita de forma pessoal ao adolescente-infrator e ao seu defensor, nos termos do art. 190, I, do ECA, sendo que o adolescente deverá se manifestar sobre o desejo de recorrer ou não da decisão. No caso de o adolescente não ser encontrado, a intimação será destinada aos pais ou responsável, bem como ao seu defensor.

Seção V-A
(Incluído pela Lei nº 13.441, de 2017)
Da Infiltração de Agentes de Polícia para a Investigação de Crimes contra a Dignidade Sexual de Criança e de Adolescente

Art. 190-A. A infiltração de agentes de polícia na internet com o fim de investigar os crimes previstos nos arts. 240 , 241 , 241-A , 241-B , 241-C e 241-D desta Lei e nos arts. 154-A , 217-A , 218 , 218-A e 218-B do Decreto-Lei nº 2.848, de 7 de dezembro de 1940 (Código Penal) , obedecerá às seguintes regras: (Incluído pela Lei nº 13.441, de 2017)

I - será precedida de autorização judicial devidamente circunstanciada e fundamentada, que estabelecerá os limites da infiltração para obtenção de prova, ouvido o Ministério Público; (Incluído pela Lei nº 13.441, de 2017)

II - dar-se-á mediante requerimento do Ministério Público ou representação de delegado de polícia e conterá a demonstração de sua necessidade, o alcance das tarefas dos policiais, os nomes ou apelidos das pessoas investigadas e, quando possível, os dados de conexão ou cadastrais que permitam a identificação dessas pessoas; (Incluído pela Lei nº 13.441, de 2017)

III - não poderá exceder o prazo de 90 (noventa) dias, sem prejuízo de eventuais renovações, desde que o total não exceda a 720 (setecentos e vinte) dias e seja demonstrada sua efetiva necessidade, a critério da autoridade judicial. (Incluído pela Lei nº 13.441, de 2017)

§ 1º A autoridade judicial e o Ministério Público poderão requisitar relatórios parciais da operação de infiltração antes do término do prazo de que trata o inciso II do § 1 º deste artigo. (Incluído pela Lei nº 13.441, de 2017)

§ 2 º Para efeitos do disposto no inciso I do § 1 º deste artigo, consideram-se: (Incluído pela Lei nº 13.441, de 2017)

I - dados de conexão: informações referentes a hora, data, início, término, duração, endereço de Protocolo de Internet (IP) utilizado e terminal de origem da conexão; (Incluído pela Lei nº 13.441, de 2017)

II - dados cadastrais: informações referentes a nome e endereço de assinante ou de usuário registrado ou autenticado para a conexão a quem endereço de IP, identificação de usuário ou código de acesso tenha sido atribuído no momento da conexão.

§ 3 º A infiltração de agentes de polícia na internet não será admitida se a prova puder ser obtida por outros meios. (Incluído pela Lei nº 13.441, de 2017)

A infiltração de agentes de polícia nas investigações de situações que envolvam pedofilia. Com o advento da Lei nº 13.441/17, que modificou o Estatuto da Criança e do Adolescente, foi acrescentada a Seção V-A ao Capítulo III, que versa justamente sobre os procedimentos no ECA. A inclusão do procedimento de infiltração no ECA surge em virtude de uma carência sentida pelo legislador no que concerne à repressão dos crimes sexuais praticados em face da criança e do adolescente, o que também faz parte de um robustecimento do sistema de proteção integral que deve ser conferido pelo Estatuto a esse público-alvo, dentro da ideia de microssistema de proteção inerente a ele.

A percepção em face do tipo de crime pelo qual se dará o esquema de infiltração pode ser observada pela escolha de certos tipos penais que envolvem tanto a pedofilia, quanto atos de estupro de vulnerável e satisfação de lascívia mediante presença de criança ou de adolescente, nos termos do que dispõe o *caput* do art. 190-A do ECA. Percebe-se que, embora o foco seja o combate à pedofilia via internet, as hipóteses nas quais há possibilidade de infiltração dos agentes de polícia engloba também condutas elencadas pelo Código Penal, mas que podem ter direta relação com os crimes de pornografia infantil previstos no ECA, bastando considerar que, durante uma conversa através de aplicativos de mensagens virtuais, o pedófilo pode estar se utilizando deste artifício para, finalmente, conseguir um encontro com a criança ou com o adolescente e com ele praticar conjunção carnal ou outro ato libidinoso.

Por força da amplitude de possibilidades permitidas pela utilização da internet e levando-se em consideração uma situação de vulnerabilidade inerente às crianças e adolescentes no que diz respeito à natural ingenuidade em virtude da idade, percebida em muitos deles, a investigação criminal de situações que orbitam a pornografia infantil precisa de meios cada vez mais eficientes para fazer frente à malícia e sagacidade dos criminosos, ainda que já conheçamos ferramentas como filtros de conteúdos fornecidos por muitos navegadores de internet que impedem ou reduzem o contato da criança ou do adolescente a determinados sites perigosos dos quais os criminosos se utilizam para efetuar seu contato, ganhando a confiança da vítima, o que acaba culminando na prática de diversas condutas que devem ser repreendidas.

A internet possibilita que conversas sejam iniciadas sem que se saiba quem realmente é o outro interlocutor, em face da possibilidade de utilização de pseudônimos, códigos ou outros artifícios que acabam iludindo a criança ou adolescente, permitindo o contato e sua continuação. Assim, essa acaba também sendo a principal brecha da qual o aparato policial poderá se utilizar para se infiltrar, conseguir informações dos criminosos e coletar demais dados sobre seu *modus operandi* ou sua identificação, facilitando o desenrolar de uma investigação bem-sucedida.

A infiltração de agentes. Como regra geral, trata-se de uma técnica especial de investigação, não exclusiva do ECA, na qual um agente (geralmente policial), especialmente capacitado para atuar e com a devida autorização judicial, irá se infiltrar numa determinada situação, passando-se por criminoso, para coletar dados e informações que levem à determinação da autoria e da materialidade do crime em apuração. Com isso, em que pese auxiliar na investigação do crime praticado no presente, nada impede que reúna informações sobre outros crimes pretéritos e que também atue impedindo crimes futuros.

No direito brasileiro a infiltração de agentes também está prevista no art. 53, I, da Lei nº 11.343/06 (Lei de combate às drogas) e também no art. 10 e seguintes da Lei nº 12.850/13 (Lei de combate às organizações criminosas). Cada uma delas tem suas características específicas, seja em virtude do prazo de duração, ou ainda dos requisitos para sua autorização, como o rol de infrações cabíveis ou a excepcionalidade da medida.

A infiltração de agentes no ECA. Pela leitura do *caput* do art. 190-A do ECA, podemos observar que a infiltração de agentes se dará no ambiente da internet, com a finalidade de investigação do rol de crimes específico ali previsto. Assim, será cabível para investigar os crimes:

- Nos quais se produza, reproduza, dirija, fotografe, filme ou registre, cena de sexo explícito ou pornográfica envolvendo criança ou adolescente (condutas previstas no art. 240 do ECA);

- Em que se venda ou exponha à venda, fotografia ou vídeo que contenha cena de sexo explícito ou pornográfica envolvendo criança ou adolescente (conduta prevista no art. 241 do ECA);

- Nos quais se ofereça, troque, disponibilize, transmita, distribua, publique ou divulgue, por qualquer meio, fotografia, vídeo ou outro registro que contenha cena de sexo explícito ou pornográfica envolvendo criança ou adolescente (conforme previsão contida no art. 241-A do ECA);

- Em que se adquira, possua ou armazene, por qualquer meio, fotografia, vídeo ou outra forma de registro que contenha cena de sexo explícito ou pornografia envolvendo criança ou adolescente (nos termos do art. 241-B do ECA);

- Nos quais seja feita simulação da participação de criança ou adolescente em cena de sexo explícito ou pornográfica, por meio de adulteração, montagem ou modificação de fotografia, vídeo ou qualquer outra forma de representação visual (assim como previsto no art. 241-C do ECA);

- Em que se alicie, assedie, instigue ou constranja, por qualquer meio de comunicação, criança, com o fim de com ela praticar ato libidinoso (condutas descritas no art. 241-D do ECA);

- De invasão de dispositivo informático alheio (conforme previsão do art. 154-A do Código Penal);

- Cujas condutas que definem o estupro de vulnerável (art. 217-A do CP);
- De corrupção de menores (art. 218 do CP);

- De satisfação de lascívia mediante presença de criança ou adolescente (art. 218-A do CP) e;

- De favorecimento da prostituição ou de outra forma de exploração sexual de criança ou adolescente (nos termos do art. 218-B do CP).

Acreditamos que o rol narrado acima é taxativo, em virtude da previsão expressa das infrações penais autorizadas a comportar a medida excepcional de infiltração de agentes policiais, bem como na ausência de terminologia aditiva ou extensiva, por parte do legislador, quando redigiu o *caput* do art. 190-A do ECA.

Dos direitos dos agentes infiltrados. O ECA traz normas específicas envolvendo os requisitos para a aplicação da medida de infiltração, para a investigação dos crimes cujo rol está preconizado pelo art. 190-A do mesmo Estatuto. Todavia, acreditamos ser possível a aplicação dos institutos gerais da infiltração de agentes policiais previstos na Lei nº 12.850/13, no que não for contrário ao ECA, o que inclui a possibilidade de extensão, por analogia, dos direitos inerentes aos referidos agentes, conforme previsão contida no art. 14 da Lei nº 12.850/13:

> (Lei nº 12.850/13) Art. 14. São direitos do agente:
> I - recusar ou fazer cessar a atuação infiltrada;
>
> II - ter sua identidade alterada, aplicando-se, no que couber, o disposto no art. 9º da Lei nº 9.807, de 13 de julho de 1999, bem como usufruir das medidas de proteção a testemunhas;
>
> III - ter seu nome, sua qualificação, sua imagem, sua voz e demais informações pessoais preservadas durante a investigação e o processo criminal, salvo se houver decisão judicial em contrário;
>
> IV - não ter sua identidade revelada, nem ser fotografado ou filmado pelos meios de comunicação, sem sua prévia autorização por escrito.

Quem pode figurar como agente de polícia infiltrado? Embora o ECA trate genericamente de "agentes de polícia", no art. 190-A, o fato é que para fins de atribuição criminal inerente à temática da infância e da adolescência, somente os agentes das polícias civis e a polícia federal poderão participar destas investigações.

A necessidade de autorização judicial prévia. Nos termos do inciso I do art. 190-A do ECA, para fins de infiltração de agentes policiais na investigação desses crimes narrados acima, é fundamental a autorização judicial prévia, devidamente circunstanciada e fundamentada, que depende de oitiva do Ministério Público e que irá estabelecer os limites da infiltração para obtenção das informações desejadas, vale dizer, as condições e as balizas que irão nortear o cumprimento da medida.

Dos legitimados para requerimento da medida de infiltração de agentes. Inviabilizada a atuação de ofício por parte do juiz, o art. 190-A, II, do ECA prevê como legitimados o membro do Ministério Público ou o Delegado de Polícia.

Os requisitos para concessão da infiltração de agentes. Partindo-se do pressuposto de que a medida só é autorizada judicialmente quando não seja possível a obtenção da prova através da utilização de outros meios (art. 190-A, § 3º, do ECA), é preciso que também contenha os requisitos englobados pelo art. 190-A do ECA, principalmente no seu inciso II:

- demonstração da necessidade da aplicação da medida;
- o alcance das tarefas elencadas para os policiais;
- os nomes e apelidos das pessoas investigadas;
- os dados de conexão ou cadastrais que permitam a identificação dessas pessoas, quando possível. Para todos os efeitos, esses dados se constituem em informações referentes à hora, data, início, término, duração etc, além do endereço de IP - *Internet Protocol*, ou Protocolo de Internet- que é um dado de comunicação utilizados pelos computadores, como se fosse um código de identificação. Já os dados cadastrais são informações gerais que indiquem, por exemplo, o nome ou o endereço do assinante ou do usuário a quem se atribui o protocolo de internet (IP), nos termos do que dispõe o art. 190-A, § 2º, do ECA.

O prazo para duração da medida de infiltração de agentes no ECA. No art. 190-A, III, do ECA há clara menção à impossibilidade de que a infiltração dure mais do que 90 (noventa) dias, cujo prazo pode sofrer renovações sem que o prazo máximo de 720 (setecentos e vinte) dias seja obedecido. Obviamente, em cada situação de renovação, o requerente deverá embasar a efetiva necessidade da medida, que será apreciada pelo juiz.

Infiltração policial. Lei nº 13.441/2017. Lei nº 9.034/95. Lei nº 12.850/2013. Possibilidade. Jurisprudência. Recente julgado do TRF1 reconheceu a possibilidade de aplicação do instituto da infiltração policial em se tratando de crime de disponibilização de pornografia infantil - mesmo antes da Lei nº 13.441/2017que incluiu o art. 190-A do ECA - com base Lei nº 9.034/95 [vigente à época dos fatos, posteriormente revogada pela Lei nº 12.850/2013], em razão do art. 1º, inciso I, c/c o artigo 3º, ambos do CPP, que "*permitem uma interpretação extensiva e a aplicação analógica de institutos autorizados pelo ordenamento jurídico brasileiro para apuração condutas delituosas contra as quais o Brasil se obrigou a combater através da assinatura e ratificação de instrumentos internacionais*". Vejamos o referido julgado:

> PENAL E PROCESSUAL PENAL. CRIME DE DISPONIBILIZAÇÃO DE PORNOGRAFIA INFANTIL ATRAVÉS DE PROGRAMA DE COMPARTILHAMENTO P2P. GIGATRIBE. ARTIGO 241-A DA LEI N. 8.069/90. INÉPCIA DA DENÚNCIA. NÃO CARACTERIZAÇÃO. PROVAS SUFICIENTES DA AUTORIA, MATERIALIDADE E ELEMENTO SUBJETIVO DO TIPO (...) 6. A infiltração policial, introduzida no Brasil pela Lei n. 9.034, podia ser realizada em investigações relativas a disponibilização de pornografia infantil através de programas de compartilhamento P2P, autorizada, à época, pela aplicação do artigo 1º, inciso I, c/c o artigo 3º, ambos do Código de Processo Penal, que permi-

tem uma interpretação extensiva e a aplicação analógica de institutos autorizados pelo ordenamento jurídico brasileiro para apuração condutas delituosas contra as quais o Brasil se obrigou a combater através da assinatura e ratificação de instrumentos internacionais. Instituto previsto, atualmente, na Lei 12.850/2013. 7. A ausência de qualquer tipo de estímulo, por parte dos agentes infiltrados, à prática da conduta delituosa perpetrada pelo réu impede a caracterização de flagrante preparado ou crime impossível. 8. A duração razoável e judicialmente autorizada de infiltração policial em ambiente cibernético pelo prazo de 02 (dois) meses demonstra razoabilidade suficiente a caracterizar a legalidade da medida. Inexistência, à época, de limite legal para realização da prática questionada. 9. Antes da identificação do exato local de utilização de determinado endereço IP (internet protocol) para uma conexão investigada em território nacional, qualquer autoridade judicial brasileira possui legitimidade para a quebra de sigilo necessária à verificação da origem da conexão investigada. 10. A identificação do local de conexão utilizado para a disponibilização de material de abuso e exploração sexual infantojuvenil transfere para o juízo com jurisdição sobre ele a legitimidade de prolação de outras medidas cautelares necessárias ao prosseguimento da investigação [...] (TRF1, TERCEIRA TURMA. ACR 0000206-35.2013.4.01.3802, JUÍZA FEDERAL SIMONE DOS SANTOS LEMOS FERNANDES (CONV.), e-DJF1 13/07/2018 PAG, sem grifo no original)

Art. 190-B. As informações da operação de infiltração serão encaminhadas diretamente ao juiz responsável pela autorização da medida, que zelará por seu sigilo. (Incluído pela Lei nº 13.441, de 2017)

Parágrafo único. Antes da conclusão da operação, o acesso aos autos será reservado ao juiz, ao Ministério Público e ao delegado de polícia responsável pela operação, com o objetivo de garantir o sigilo das investigações. (Incluído pela Lei nº 13.441, de 2017)

O sigilo das informações da operação de infiltração. Este momento narrado pelo art. 190-B do ECA cuida da operação de infiltração do agente policial, que deverá ser sigilosa para que se alcance a finalidade pretendida pela lei, que é a do sucesso na obtenção das informações necessárias ao deslinde que se objetiva com a sua decretação. Tais informações devem ser encaminhadas diretamente ao juiz, a quem incumbirá o sigilo. Até a conclusão da operação, ninguém além do Ministério Público, do Delegado de Polícia responsável pela condução da medida de infiltração ou o próprio juiz que a decretou, poderá ter acesso aos autos.

Art. 190-C. Não comete crime o policial que oculta a sua identidade para, por meio da internet, colher indícios de autoria e materialidade dos crimes previstos nos arts. 240 , 241 , 241-A , 241-B , 241-C e 241-D desta Lei e nos arts. 154-A , 217-A , 218 , 218-A e 218-B do Decreto-Lei nº 2.848, de 7 de dezembro de 1940 (Código Penal) . (Incluído pela Lei nº 13.441, de 2017)

Parágrafo único. O agente policial infiltrado que deixar de observar a estrita finalidade da investigação responderá pelos excessos praticados. (Incluído pela Lei nº 13.441, de 2017)

Da cláusula de exclusão de responsabilidade penal. Por ocasião do complexo procedimento de infiltração de agentes policiais em situações de apuração de crimes de pedofilia ou demais situações nas quais o ECA autoriza a medida excepcional, não raras vezes o próprio policial infiltrado precisará, por exemplo, praticar o crime de uso de documento falso, previsto no art. 304 do Código Penal, de modo a preservar seu disfarce e se inserir no contexto criminoso que pretende revelar. Por este motivo, desde que seja por meio da internet e que se destine a colher indícios de autoria e materialidade naqueles crimes elencados pelo *caput* do art. 190-A do ECA, então, o policial não cometerá crime caso oculte sua identidade.

A punição pelos excessos em face da estrita observância da finalidade da investigação. Se, todavia, o policial abusar das condições impostas e não observar os estritos termos previstos no *caput* do art. 190-C do ECA, então, a ele estará destinada a responsabilização pelos excessos eventualmente praticados, nos termos do que dispõe o art. 190-C, parágrafo único, do ECA. No entanto, a finalidade aqui prevista não é a de punir os excessos unicamente praticados em face do abuso quanto à ocultação da sua identidade, como pudemos exemplificar acima, mas sim, a qualquer violação das condições impostas como requisitos para a concessão da medida de infiltração de agentes policiais nas situações em que o ECA autoriza.

Da prática de crimes pelo policial infiltrado. Ainda que seja típico e antijurídico, entendemos, entretanto, que o policial que pratique uma conduta necessária ao deslinde da investigação em apuração, no contexto dos limites impostos pela infiltração autorizada, estará amparado pela inexigibilidade de conduta diversa, excluindo-se a culpabilidade. Para exemplificar, podemos citar a situação na qual o policial infiltrado tenha, no seu computador, imagens de pornografia envolvendo criança ou adolescente, de modo a se inserir no contexto da investigação. Em tese, estaria praticando a conduta tipificada no art. 241-B do ECA, cuja culpabilidade estará afastada, nada impedindo que venha a responder por eventual excesso decorrente da inobservância dos limites impostos. Assim, caso o policial infiltrado venha a praticar infração penal que destoe do contexto excepcional diretamente ligado à autorização da medida de infiltração, não poderá se utilizar da inexigibilidade de conduta diversa e seu excesso deverá ser devidamente apurado.

Art. 190-D. Os órgãos de registro e cadastro público poderão incluir nos bancos de dados próprios, mediante procedimento sigiloso e requisição da autoridade judicial, as informações necessárias à efetividade da identidade fictícia criada. (Incluído pela Lei nº 13.441, de 2017)

Parágrafo único. O procedimento sigiloso de que trata esta Seção será numerado e tombado em livro específico. (Incluído pela Lei nº 13.441, de 2017)

A inclusão de informações nos bancos de dados próprios, para garantir o sigilo da medida imposta. Com vistas ao sucesso da investigação e da efetividade da identidade fictícia eventualmente criada para a infiltração do agente policial, o juiz está autorizado a requisitar a inclusão das informações nos bancos de dados cabíveis, desde que o faça em procedimento sigiloso.

Art. 190-E. Concluída a investigação, todos os atos eletrônicos praticados durante a operação deverão ser registrados, gravados, armazenados e encaminhados ao juiz e ao Ministério Público, juntamente com relatório circunstanciado. (Incluído pela Lei nº 13.441, de 2017)

Parágrafo único. Os atos eletrônicos registrados citados no caput deste artigo serão reunidos em autos apartados e apensados ao processo criminal juntamente com o inquérito policial, assegurando-se a preservação da identidade do agente policial infiltrado e a intimidade das crianças e dos adolescentes envolvidos. (Incluído pela Lei nº 13.441, de 2017)

O relatório circunstanciado por ocasião da conclusão das investigações. À medida que os dados forem sendo coletados, deverão ser cuidadosamente e criteriosamente compilados em documentos de informações sobre investigação e anexados aos autos cabíveis, sob a presidência do Delegado de Polícia. Nada impede que, durante a investigação, relatórios parciais sejam enviados ao juiz e ao Ministério Público, quando estes requisitem informações sobre o andamento da investigação, ainda mais quando se tratar de representação pela renovação da medida de infiltração.

Em relação aos atos eletrônicos praticados, uma vez que a investigação tenha sido concluída, a autoridade policial deverá efetuar um relatório circunstanciado narrando todas as situações que ocorreram durante o cumprimento da medida. Caso na execução da infiltração tenham sido coletados dados de imagens ou vídeos, deverão estar em mídia própria, nada impedindo que estejam impressos (por exemplo, para frisar determinada circunstância ou determinado contexto, o Delegado de Polícia pode utilizar um vídeo e fazer um *print screen* (ato de informática no qual se faz uma imagem da tela) da mídia em reprodução e juntá-lo às informações. Assim, estará sendo atendido ao disposto no parágrafo único do art. 190-E, desde que se faça juntar aos autos apartados e apensados ao processo criminal, juntamente com o inquérito policial.

O sigilo das informações. Por fim, por ocasião do relatório circunstanciado, tanto a identidade do agente infiltrado, quanto às informações inerentes às crianças e aos adolescentes nela eventualmente inseridos, deverão ser preservadas, já que há nítido comprometimento da intimidade, principalmente destas últimas, que estarão vinculadas a atos de pornografia ou conjunções carnais etc.

Título VII
Dos Crimes e Das Infrações Administrativas

Capítulo I
Dos Crimes

Seção I
Disposições Gerais

Art. 225. Este Capítulo dispõe sobre crimes praticados contra a criança e o adolescente, por ação ou omissão, sem prejuízo do disposto na legislação penal.

Os sujeitos passivos nos crimes do ECA. Para todos os efeitos os crimes elencados no Título VII do ECA têm como sujeito passivo a criança e/ou o adolescente, cujos conceitos podem ser observados no art. 2º do mesmo diploma legal, devidamente comentados neste livro, para onde remetemos o leitor.

Art. 226. Aplicam-se aos crimes definidos nesta Lei as normas da Parte Geral do Código Penal e, quanto ao processo, as pertinentes ao Código de Processo Penal.

A aplicação das normas subsidiárias do Código Penal e do Código de Processo Penal. O art. 12 do CP já previa que as regras gerais dispostas no Código Penal serão aplicadas aos fatos incriminados por lei especial, se esta não dispuser de modo diverso. De modo semelhante, o art. 152 do próprio ECA já nos sinaliza que aos procedimentos regulados pelo Estatuto aplicam-se subsidiariamente as normas gerais previstas na legislação processual pertinente, tornando a redação do art. 226 do ECA totalmente desnecessária.

Art. 227. Os crimes definidos nesta Lei são de ação pública incondicionada.

A ação penal nos crimes previstos no ECA. O art. 100 do Código Penal nos traz a informação no sentido de que a ação penal, como regra, é pública, salvo quando a lei expressamente a declara privativa do ofendido. Então, caso assim entendesse, o legislador deveria adotar as boas práticas no que concerne à técnica legislativa trazendo dispositivos que indicassem a ação como pública condicionada ou privada, não repetindo o óbvio que é tratar a ação como pública incondicionada, já que isto é a regra prevista.

> **Art. 227-A.** Os efeitos da condenação prevista no inciso I do caput do art. 92 do Decreto-Lei nº 2.848, de 7 de dezembro de 1940 (Código Penal), para os crimes previstos nesta Lei, praticados por servidores públicos com abuso de autoridade, são condicionados à ocorrência de reincidência. (Incluído pela Lei nº 13.869. de 2019)
>
> Parágrafo único. A perda do cargo, do mandato ou da função, nesse caso, independerá da pena aplicada na reincidência. (Incluído pela Lei nº 13.869. de 2019)

A perda de cargo, função pública ou mandato eletivo no caso de crimes previstos no ECA e que são praticados por servidores públicos em situação de abuso de autoridade. Incluído pela Lei nº 13.869/19 (Lei de Abuso de Autoridade), o art. 227-A do ECA faz referência ao efeito da condenação como preconizado pelo inciso I do caput do art. 92 do Código Penal, qual seja, a perda de cargo, função pública ou mandato eletivo, condicionando-o à ocorrência de reincidência (cujo regramento, por sua vez, está previsto no art. 63 do CP), caso tenha sido praticado por servidores públicos em situação que descreve abuso de autoridade, independentemente da pena aplicada na reincidência. A redação do presente dispositivo, no entanto, induz a algumas interpretações possíveis:

- 1ª: o servidor público que pratique quaisquer dos crimes no ECA, valendo-se de situação na qual abuse da autoridade que lhe é conferida, incidindo assim em algum dos crimes previstos na Lei nº 13.869/19, só perderá o cargo, a função pública ou o mandato eletivo por força de condenação em crime previsto no ECA desde que tenha ocorrido reincidência específica nestes;
- 2ª: o servidor público que pratique qualquer dos crimes no ECA e também abuse da sua autoridade, praticando conduta descrita como crime na Lei nº 13,869/19, só perderá o cargo, a função pública ou o mandato eletivo por ocasião da condenação em crime do ECA caso seja reincidente em crimes de abuso de autoridade;
- 3ª: o servidor público que pratique quaisquer dos crimes no ECA, utilizando-se de abuso de autoridade, ou seja, que também esteja praticando crime previsto na Lei nº 13.869/19, somente perderá o cargo, a função pública ou o mandato eletivo em virtude da condenação por crime previsto no ECA, desde que tenha ocorrido reincidência genérica, vale dizer, seja considerado reincidente pela prática de qualquer outro tipo de crime, esteja ou não previsto no ECA, haja vista a autorização da aplicação da parte

geral do Código Penal, o que inclui o instituto da reincidência prevista no art. 63 do CP e em virtude da ausência de menção específica e detalhada, por parte do legislador, a qualquer tipo de outra reincidência, como o fez quando previu que estes efeitos da condenação não seriam automáticos e estariam condicionados à ocorrência de reincidência em crime de abuso de autoridade (posição com a qual concordamos);

É importante destacar que independentemente do posicionamento adotado, a perda do cargo, do mandato ou da função pública também será possível por força da condenação em face de crimes de abuso de autoridade, nos termos do que dispõe o art. 4º, III, da Lei nº 13.869/19.

Seção II
Dos Crimes em Espécie

Art. 228. Deixar o encarregado de serviço ou o dirigente de estabelecimento de atenção à saúde de gestante de manter registro das atividades desenvolvidas, na forma e prazo referidos no art. 10 desta Lei, bem como de fornecer à parturiente ou a seu responsável, por ocasião da alta médica, declaração de nascimento, onde constem as intercorrências do parto e do desenvolvimento do neonato:

Pena - detenção de seis meses a dois anos.

Parágrafo único. Se o crime é culposo:

Pena - detenção de dois a seis meses, ou multa.

Do crime previsto no artigo 228 da Lei nº 8.069/90. Inaugurando a Seção II, do Capítulo I, do Título VII da Lei nº 8.069/90, o artigo 228 prevê como criminosas algumas condutas que orbitam atribuições direcionadas ao encarregado de serviço ou do dirigente de estabelecimento de atenção à saúde de gestante, cujo registro de atividades desenvolvidas deve ser mantido na forma e no prazo preconizados pelo art. 10 do ECA. É uma infração de menor potencial ofensivo.

Tal artigo, por sua vez, prevê que os hospitais e demais estabelecimentos de atenção à saúde de gestantes (públicos ou privados), mantenham registro das atividades ali desenvolvidas, através de prontuários individuais, pelo prazo de 18 (dezoito) anos, nos termos do art. 10, I, do ECA. Então, pelo que podemos ver inicialmente, a primeira conduta criminosa descrita no art. 228 do ECA inicialmente remete ao art. 10, I, do ECA. Assim, caso aquele encarregado de serviço ou o dirigente desse estabelecimento deixe de manter o registro das atividades desenvolvidas como acabamos de mencionar, então, pratica o crime descrito no art. 228 do ECA. Estamos diante de um crime próprio, portanto.

Porém, este mesmo artigo também considera como criminosa a conduta de deixar de fornecer a declaração de nascimento (onde constem as intercorrências do parto e do desenvolvimento do neonato) à parturiente. Essa também é uma obrigação inerente aos hospitais e demais estabelecimentos de atenção à saúde de gestantes, assim como é na outra situação criminosa que acabamos de narrar linhas acima. Para todos os efeitos, tal obrigação está elencada no art. 10, IV, do ECA.

Assim, como segunda conduta, caso os mesmos sujeitos ativos deixem de fornecer, por ocasião da alta médica, a declaração de nascimento, que por sua vez deve conter aquelas intercorrências do parto etc., então estará praticando a conduta típica descrita na parte final do art. 228 do ECA.

Caso tais condutas sejam culposas, o parágrafo único do mesmo artigo aduz, apenas, que as penas serão inferiores à do *caput*, mas igualmente criminosas.

Sujeito ativo. Tal crime pode ser praticado apenas pelo encarregado de serviço (aquele a quem incumbe a responsabilidade de manutenção dos registros do plantão, ou a confecção da declaração de nascimento na qual constem as intercorrências do parto e do desenvolvimento do neonato ou pelo dirigente de estabelecimento de atenção à saúde de gestante. Estamos diante, então, de um crime próprio. Acreditamos, todavia, que essas funções podem ou não se confundir na mesma pessoa. Entretanto, caso assim não o seja, cremos que a punição do dirigente só seja possível se este, tendo ciência e autoridade para tanto, adira à conduta do encarregado inicial pela prestação das informações referentes ao registro de nascimento conforme disposto no preceito primário da norma contida no art. 228 do ECA, ou que este, sabendo ser sua obrigação legalmente prevista no art. 10 do ECA, deliberadamente deixa de manter registros das atividades desenvolvidas e não adota providências para que essa falta seja suprida.

Sujeito passivo. A criança recém-nascida.

Elemento subjetivo. O tipo previsto no *caput* do art. 228 do ECA é o doloso, que consiste na vontade livre e consciente em deixar de manter o registro das atividades desenvolvidas pelos hospitais e demais estabelecimentos de atenção à saúde de gestantes (públicos ou privados), na forma e prazo definidos no art. 10 do ECA, bem como não fornecer, por ocasião da alta médica, declaração de nascimento à parturiente ou a seu responsável, onde constem as intercorrências do parto e do desenvolvimento do neonato. A previsão para modalidade culposa está prevista no parágrafo único do art. 228 do ECA.

Objeto material da conduta. São os registros das atividades desenvolvidas pelos hospitais e estabelecimentos de atenção à saúde de gestantes, sejam eles públicos ou privados, bem como a declaração de nascimento na qual constem as intercorrências do parto e do desenvolvimento do neonato.

Objeto jurídico. Através deste tipo penal tutelam-se tanto o direito à documentação referente ao registro de nascimento, bem como a proteção à vida e à saúde da criança recém-nascida.

Classificação doutrinária. Trata-se de crime próprio (pois só pode ser praticado pelo encarregado do serviço ou pelo dirigente de estabelecimento de atenção à saúde de gestante), formal (tendo em vista a desnecessidade de ocorrência de resultado naturalístico), omissivo, doloso ou culposo (cuja previsão está contida no parágrafo único do art. 228 do ECA), instantâneo, unissubsistente e de forma vinculada (já que só pode ser praticado nas formas elencadas no tipo penal, ainda mais em razão da necessária conjugação com o art. 10 do ECA). Crime de menor potencial ofensivo, sujeito à aplicação dos institutos da Lei nº 9.099/95.

Momento consumativo. O crime em tela se consuma no momento em que o agente deixa de manter o registro das atividades, quando deveria fazê-lo, bem como quando deixa de fornecer a declaração de nascimento, nas condições elencadas no tipo penal, por ocasião da alta médica.

Tentativa. Não é admitida, por se tratar de crime unissubsistente, em que não há possibilidade de fracionamento da conduta.

Art. 229. Deixar o médico, enfermeiro ou dirigente de estabelecimento de atenção à saúde de gestante de identificar corretamente o neonato e a parturiente, por ocasião do parto, bem como deixar de proceder aos exames referidos no art. 10 desta Lei:

Pena - detenção de seis meses a dois anos.

Parágrafo único. Se o crime é culposo:

Pena - detenção de dois a seis meses, ou multa.

Das condutas típicas previstas no art. 229 da Lei nº 8.069/90. À semelhança do que ocorre com o art. 228 do ECA, subsequentemente, o art. 229 também prevê uma infração de menor potencial ofensivo, cujas condutas omissivas se relacionam de certa forma com o art. 10 do mesmo Estatuto. Quanto aos sujeitos ativos, permanece a incriminação da conduta do dirigente de estabelecimento de atenção à saúde de gestante, mas aqui também são incluídos o médico e o enfermeiro destas instituições. Já quanto às condutas em si, pune-se tanto o ato através do qual estas pessoas não identificam corretamente o neonato e a parturiente, por ocasião do parto, como também a omissão a não procederem com os exames estatuídos no art. 10 do ECA.

Se por um lado o art. 228 do ECA pune as condutas omissivas intimamente ligadas com os incisos I e IV do art. 10 do ECA, o art. 229, por sua vez, irá requerer a leitura conjugada com os incisos II (que prevê a obrigatoriedade de identificação do recém-nascido, mediante o registro de sua impressão plantar e digital e da impressão digital da mãe, sem prejuízo de outras formas normatizadas pela autoridade administrativa competente), bem como com o inciso III (ao prever a obrigatoriedade de que se proceda a exames visando ao diagnóstico e terapêutica de anormalidades no metabolismo do recém-nascido, bem como prestar orientação aos pais), ambos do art. 10 do ECA.

Desta forma, caso os sujeitos ativos se abstenham de executar essas ações obrigatórias nos termos e moldes preconizados pelo art. 10 do ECA, então estarão praticando o crime previsto no art. 229 do mesmo Estatuto.

Assim como está previsto no artigo anterior, caso tais condutas sejam culposas, o parágrafo único do mesmo artigo aduz, apenas, que as penas serão inferiores à do *caput*, mas igualmente criminosas.

Sujeito ativo. Tal crime pode ser praticado apenas pelo médico ou enfermeiro (a este, isoladamente, desde que a ele estejam destinadas as funções previstas no tipo penal), assim como ao dirigente de estabelecimento de atenção à saúde de gestante. No que diz respeito a este último, tecemos considerações semelhantes àquelas efetuadas por ocasião do estudo do artigo 228 do ECA, com a devida mudança em face da alteração das condutas reprimidas, para onde remetemos o leitor. É, portanto, um crime próprio.

Sujeito passivo. Aqui, precisamos distinguir as situações: na primeira parte do tipo penal, o sujeito passivo será tanto a criança recém-nascida, quanto a parturiente. Já na segunda hipótese, prevista na parte final do tipo penal, será somente o recém-nascido, em face do qual deveriam ter sido feitos os exames.

Elemento subjetivo. O tipo previsto no *caput* do art. 229 do ECA é o doloso, que consiste na vontade livre e consciente em deixar de identificar corretamente o neonato e a parturiente, por ocasião do parto, bem como deixar de proceder aos exames previstos no art. 10 do ECA. A previsão para modalidade culposa está prevista no parágrafo único do art. 229 do ECA.

Objeto material da conduta. Aqui também precisamos distinguir as situações, razão pela qual na primeira parte serão tanto a parturiente, quanto o neonato. Já em face da segunda conduta, descrita na parte final do art. 229 do ECA, será apenas o neonato.

Objeto jurídico. Através deste tipo penal tutelam-se os direitos conferidos à parturiente e ao neonato por ocasião do parto, como também a proteção à vida e à saúde da criança recém-nascida em face da qual deverão ser feitos exames logo após o nascimento.

Classificação doutrinária. Trata-se de crime próprio (pois só pode ser praticado pelo médico ou pelo enfermeiro, ou ainda, pelo dirigente de estabelecimento de atenção à saúde de gestante), formal (tendo em vista a desnecessidade de ocorrência de resultado naturalístico), omissivo, doloso ou culposo (cuja previsão está contida no parágrafo único do art. 229 do ECA), instantâneo, unissubsistente e de forma vinculada (já que só pode ser praticado nas formas elencadas no tipo penal, ainda mais em razão da necessária conjugação com o art. 10 do ECA). Crime de menor potencial ofensivo, sujeito à aplicação dos institutos da Lei nº 9.099/95.

Momento consumativo. O crime em tela se consuma no momento em que o sujeito ativo se abstém de identificar corretamente o neonato e a parturiente (por ocasião do parto), ou quando deixa de proceder aos exames previstos no art. 10 do ECA.

Tentativa. Não é admitida, por se tratar de crime unissubsistente, em que não há possibilidade de fracionamento da conduta.

Art. 230. Privar a criança ou o adolescente de sua liberdade, procedendo à sua apreensão sem estar em flagrante de ato infracional ou inexistindo ordem escrita da autoridade judiciária competente:

Pena - detenção de seis meses a dois anos.

Parágrafo único. Incide na mesma pena aquele que procede à apreensão sem observância das formalidades legais.

O ato de privação de liberdade de criança ou adolescente fora das hipóteses legalmente previstas. O crime do art. 230 do ECA. Art. 5º, *caput* e LXI, da CRFB/88. Por ocasião do estudo do art. 106 deste Estatuto, pudemos perceber que lá estão inseridas as hipóteses legais nas quais um adolescente pode ter sua liberdade restringida:

> (ECA) Art. 106. Nenhum adolescente será privado de sua liberdade senão em flagrante de ato infracional ou por ordem escrita e fundamentada da autoridade judiciária competente.
>
> Parágrafo único. O adolescente tem direito à identificação dos responsáveis pela sua apreensão, devendo ser informado acerca de seus direitos.

Como podemos observar, o artigo 106 do ECA somente autoriza o complexo procedimento de privação da liberdade do adolescente e, mesmo assim, desde que seja em flagrante pela prática de ato infracional ou por ordem escrita e fundamentada da autoridade judiciária competente. Além disso, o ato de privação da liberdade de um indivíduo deve ser acompanhado de formalidades previstas tanto na lei, quanto na Constituição, e sua inobservância também é punida nos termos do parágrafo único do art. 230 do ECA.

Em face da análise da conduta descrita no *caput* do mesmo artigo, que prevê a criança ou adolescente como sujeitos passivos, precisamos ter em mente os comentários tecidos por ocasião do estudo do art. 173 e seguintes do ECA, para onde remetemos o leitor.

Partindo agora para uma análise mais detida das condutas reprimidas pelo art. 230 do ECA, percebemos que estamos diante de um crime comissivo, na medida em que o ato de privação da liberdade requer uma conduta ativa por parte daquele que pratica o crime de menor potencial ofensivo narrado. Então, podemos imaginar duas formas de apreensão sujeitas a se amoldarem à conduta elencada no *caput* do art. 230 do ECA. Ela será ilegal, quando:

- Não houver flagrante de ato infracional;
- Não houver ordem judicial de apreensão.

A privação da liberdade de indivíduo com menos de 18 (dezoito) anos, fora das hipóteses de apreensão. Note-se que se houver a privação da liberdade da criança ou do adolescente, por qualquer outra forma, que não seja a apreensão, podemos estar diante do crime de sequestro ou cárcere privado, conforme previsão do art. 148, § 1º, IV, do CP.

Das condutas descritas no parágrafo único do art. 230 do ECA. Enquanto no *caput* pudemos observar que as condutas incriminadas se cingem à ideia da ilegalidade na apreensão, no parágrafo único podemos perceber que a apreensão, em tese, é inicialmente legal, seja ela em virtude de flagrante pela prática de ato infracional ou por ordem judicial de apreensão, mas há violação no que concerne às formalidades que devem ser aplicadas. Assim, aqui podemos ter o seguinte:

- A apreensão é inicialmente legal (seja por estar em situação flagrancial) mas não são cumpridas as formalidades devidas; ou
- A apreensão é inicialmente legal (em virtude de cumprimento de ordem judicial), mas o sujeito ativo não segue o regramento das formalidades necessárias.

Porém, precisamos fazer uma observação muito importante: existem várias formalidades que devem ser cumpridas por ocasião da apreensão legal de um indivíduo menor de dezoito anos. Ora precisamos ter em mente a situação em face de um adolescente, ora em face de uma criança, pois especificamente em relação a esta, não poderá ser aplicada medida socioeducativa de restrição da liberdade, estando jungida às medidas de proteção elencadas no art. 101 do ECA.

Além disso, há todo um complexo sistema de oferecimento de direitos às crianças e adolescentes contidos no ECA, como por exemplo: aqueles citados no art. 106, parágrafo único, do ECA (que versa sobre o direito do adolescente à identificação dos responsáveis pela sua apreensão, devendo ser informado acerca dos seus demais direitos); a não submissão do adolescente à identificação compulsória pelos órgãos policiais, de proteção e judiciais, salvo para efeito de confrontação, havendo dúvida fundada, nos termos do art. 109 do ECA; a garantia de que o adolescente somente será privado da sua liberdade com o devido processo legal (art. 110 do ECA), além de todas as garantias processuais previstas pelo art. 111 do mesmo diploma legal.

Enfim, diante das particularidades que envolvem a apreensão de uma criança ou de um adolescente pela prática de um ato infracional, com base nisso é que devemos ter o ponto de partida para sabermos se estão sendo cumpridas as formalidades referentes ao primeiro caso, ou ao segundo. Remetemos o leitor às considerações tecidas por ocasião do estudo do artigo 171 e seguintes, do ECA.

A grande observação que fazemos para o parágrafo único do art. 230 do ECA gira em torno da exclusão ou não consideração, para fins de tipificação neste artigo, do descumprimento da formalidade elencada no artigo 107 do ECA, que trata justamente da comunicação da apreensão de qualquer adolescente, bem como do local em que se encontra recolhido, *incontinenti* (ou seja, imediatamente), à autoridade judiciária competente e à família do apreendido ou à pessoa por ele indicada. Ressaltamos que essa situação está especifica e mais detalhadamente descrita no art.

231 do ECA, que por sua vez também irá englobar a criança como sujeito passivo, não somente o adolescente.

Da não aplicação da Lei de Abuso de Autoridade. Como tivemos a oportunidade de ressaltar nos comentários tecidos para os artigos 171 e 172 do ECA, a situação de apreensão de um indivíduo cuja idade seja inferior a dezoito anos, por parte de um servidor público, fora das situações descritas nestes artigos enseja a aplicação do art. 230 do ECA, e não da Lei de Abuso de Autoridade, em virtude do princípio da especialidade.

Sujeito ativo. Tal crime pode ser praticado por qualquer pessoa, não somente pelo Delegado de Polícia, razão pela qual estamos diante de um crime comum.

Sujeito passivo. É a criança ou adolescente privados da liberdade.

Elemento subjetivo. O tipo previsto é o doloso, não havendo previsão legal para a modalidade culposa.

Objeto material da conduta. Confundindo-se com os possíveis sujeitos passivos, temos a criança e o adolescente.

Objeto jurídico. Tutela-se a liberdade de locomoção da criança e do adolescente.

Classificação doutrinária. Trata-se de crime comum (pode ser praticado por qualquer pessoa), material (pois depende da privação da liberdade da criança e do adolescente), comissivo, doloso, instantâneo, plurissubsistente e de forma livre. Crime de menor potencial ofensivo, sujeito à aplicação dos institutos da Lei nº 9.099/95.

Momento consumativo. O crime em tela se consuma no momento em que o sujeito ativo se abstém de identificar corretamente o neonato e a parturiente (por ocasião do parto), ou quando deixa de proceder aos exames previstos no art. 10 do ECA.

Tentativa. Ainda que se trate de crime plurissubsistente, no qual é permitido o fracionamento da conduta e, portanto, também a tentativa, esta é de difícil visualização.

Art. 231. Deixar a autoridade policial responsável pela apreensão de criança ou adolescente de fazer imediata comunicação à autoridade judiciária competente e à família do apreendido ou à pessoa por ele indicada:

Pena - detenção de seis meses a dois anos.

Das condutas típicas previstas no art. 231 da Lei nº 8.069/90. Ainda versando sobre possibilidades de ilegalidades decorrentes da apreensão, também estamos diante de um crime de menor potencial ofensivo, mas precisamos ressaltar de antemão que só visualizamos a ocorrência do crime previsto no art. 231 do ECA, partindo-se do pressuposto que a apreensão (seja ela de criança ou de adolescente) é legal, mas a autoridade policial responsável pelo ato (somente ela, portanto), se omite e não comunica imediatamente ao juiz competente bem como à família do apreendido (um duplo dever de comunicação, portanto) sobre este ato, direito este que está preconizado pelo art. 107 do ECA (vide também art. 111, VI, do ECA e art. 12, item 2, da Convenção ONU sobre os Direitos da Criança - Decreto nº 99.710/90), que embora verse unicamente sobre a apreensão do adolescente, pode e deve ser estendido à criança, levando-se em consideração o princípio da proteção integral. Com isto, esta conduta omissiva específica não pode ser enquadrada no art. 230, parágrafo único, do ECA.

O atraso na comunicação sem justa causa. Se houver hipótese na qual a autoridade policial, injustificadamente, atrasa ao fazer a dupla comunicação, incidirá neste tipo penal. Lembrando que não haverá crime caso o atraso se dê de forma culposa, em virtude da ausência de previsão legal.

A indiferença quanto ao tipo de apreensão (legal) a ser considerada para fins de aplicação do art. 231 do ECA. Outro ponto a ser ressaltado é que o art. 231 do ECA não faz menção ao tipo de apreensão que deve originar a comunicação à autoridade judiciária e à família, até porque o próprio artigo 107 do mesmo Estatuto, que prevê tal direito, também não vincula a uma espécie de apreensão. Logo, vale tanto para a apreensão oriunda por flagrante de ato infracional ou ainda decorrente de ordem escrita e fundamentada do juiz competente.

Sujeito ativo. Tal crime pode ser praticado apenas pelo Delegado de Polícia responsável pela formalização da apreensão. Estamos diante de um crime próprio.

Sujeito passivo. É a criança ou adolescente privados da liberdade.

Elemento subjetivo. O tipo previsto no art. 231 do ECA é o doloso, apenas. Consiste na vontade livre e consciente em deixar de fazer imediata comunicação à autoridade judiciária competente e à família do apreendido ou à pessoa por ele indicada.

Objeto material da conduta. Confundindo-se com os possíveis sujeitos passivos, temos a criança e o adolescente.

Objeto jurídico. Tutela-se a liberdade de locomoção da criança e do adolescente, mediante a correta aplicação do seu direito que este tem de ter sua apreensão comunicada ao juiz e à sua família ou pessoa por ele indicada.

Classificação doutrinária. Trata-se de crime próprio (haja vista somente poder ser praticado pelo Delegado de Polícia responsável pela apreensão), formal (tendo em vista a desnecessidade de ocorrência de resultado naturalístico), omissivo, doloso, instantâneo, unissubsistente e de forma livre (já que o tipo penal não requer formalidade específica). Crime de menor potencial ofensivo, sujeito à aplicação dos institutos da Lei nº 9.099/95.

Momento consumativo. O crime em tela se consuma no momento em que o Delegado de Polícia devendo, não comunica sobre a apreensão ao juiz e à família do apreendido ou à pessoa por ele indicada.

Tentativa. Não é admitida, por se tratar de crime unissubsistente, em que não há possibilidade de fracionamento da conduta.

Art. 232. Submeter criança ou adolescente sob sua autoridade, guarda ou vigilância a vexame ou a constrangimento:

Pena - detenção de seis meses a dois anos.

Da conduta típica prevista no art. 232 da Lei nº 8.069/90. Através de todo estudo que fizemos do ECA até aqui, percebemos que há uma grande preocupação, por parte do legislador, em preservar a integridade da criança e do adolescente sob qualquer aspecto, objeto de tutela especial pelos artigos 4º, 15, 17 e 18, todos do ECA. Não é de modo diferente que deixaria de prever como criminosa, conduta na qual alguém que tenha a guarda, vigilância, ou ainda esteja em posição de autoridade, submeta, exponha, sujeite, criança ou adolescente a vexame ou constrangimento.

É importante destacar, por ocasião do estudo deste artigo, que existem algumas situações nas quais o legislador pede especial atenção por parte dos operadores do direito no trato com a criança ou com o adolescente. É principalmente em face destas situações que devemos ter atenção, para que esse público-alvo não seja submetido a constrangimento ou a vexame. Basta lembrarmos que há tal possibilidade quando verificamos o art. 178 do ECA (embora aqui não se esgotem os exemplos de situações vexatórias ou constrangedoras), em que o adolescente a quem se atribua autoria de ato infracional (o que perfeitamente podemos estender para a criança, conforme dispusemos em momento oportuno), não poderá ser conduzido ou transportado em compartimento fechado de veículo policial, em condições atentatórias à sua dignidade, ou que impliquem risco à sua integridade física ou mental.

Outro exemplo é o da utilização de algemas fora das situações elencadas pelo enunciado da Súmula Vinculante número 11, do STF, que a depender do caso também pode configurar situação vexatória ou constrangedora.

Nada impede, também, que a criança ou adolescente sejam submetidos a vexame ou constrangimento em escolas ou demais instituições de ensino ou ambientes destinados a este fim. Então, como estamos diante de um crime próprio, caso os sujeitos ativos a quem pode ser atribuída a prática deste delito venham a incidir na conduta descrita no art. 232 do ECA nestes lugares, então, poderá haver subsunção ao presente tipo penal.

Sujeito ativo. Tal crime pode ser praticado apenas por quem tenha a guarda, vigilância ou autoridade sob a criança ou adolescente que venha a ser o sujeito passivo. Estamos diante de um crime próprio.

Sujeito passivo. É a criança ou adolescente submetidos a vexame ou a constrangimento.

Elemento subjetivo. É o doloso, apenas. Consiste na vontade livre e consciente em Submeter criança ou adolescente sob sua autoridade, guarda ou vigilância a vexame ou a constrangimento.

Objeto material da conduta. Confundindo-se com os possíveis sujeitos passivos, temos a criança e o adolescente.

Objeto jurídico. Tutela-se a dignidade e a integridade física e moral da criança e do adolescente.

Classificação doutrinária. Trata-se de crime próprio (haja vista que somente as pessoas elencadas no tipo penal do art. 232 do ECA podem praticar tal conduta), material (tendo em vista a necessidade de ocorrência de resultado naturalístico, que consiste na criança ou adolescente constrangido ou humilhada, envergonhada, em face da situação vexatória a que tenha sido exposta), comissivo, doloso, instantâneo, unissubsistente ou plurissubsistente (a depender da situação) e de forma livre (já que o tipo penal não requer formalidade específica). Crime de menor potencial ofensivo, sujeito à aplicação dos institutos da Lei nº 9.099/95.

Momento consumativo. Se consuma no momento em que o sujeito ativo é submetida a situação na qual fique constrangida, humilhada, envergonhada etc.

Tentativa. Admitida, na modalidade plurissubsistente.

Art. 232 do ECA. Situação vexatória adolescente. Sala de aula. Princípio da intervenção mínima. A Quinta Turma do STJ, em recente julgado (HC 548.875/BA), realizou uma análise dos precedentes da Corte Superior acerca das hipóteses que configurariam o art. 232 do ECA. No RHC 84.788/RJ (Rel. Ministro FELIX FISCHER, QUINTA TURMA, julgado em 23/11/2017, DJe 01/12/2017), considerou típica a conduta de fazer a criança presenciar agressões físicas perpetradas contra a mãe.

Já no HC 189.426/SP (Rel. Ministra LAURITA VAZ, QUINTA TURMA, julgado em 20/03/2012, DJe 29/03/2012) considerou viável a acusação de pedir que crianças desenhassem pessoas nuas e órgãos sexuais, bem como fazê-las folhear revistas de mulheres nuas. O mesmo ocorreu no RHC 8.701/RJ (Rel. Ministro JOSÉ ARNALDO DA FONSECA, QUINTA TURMA, julgado em 16/11/1999, DJ 17/12/1999, p. 385) em relação ao ato de obrigar adolescentes a usarem roupas sumárias no trabalho.

Assim, por fim, a Corte Superior reconheceu que o constrangimento causado por professor a aluno durante uma aula, embora reprovável, não configura o delito previsto no art. 232 do ECA. No caso, em que pese não reputasse razoável a responsabilização criminal, em razão do princípio da intervenção mínima, a Corte não descartou a responsabilização por outros ramos do direito (cível, por exemplo, uma eventual indenização por danos morais). Vejamos:

> HABEAS CORPUS SUBSTITUTO DE RECURSO. INADEQUAÇÃO DA VIA ELEITA. SUBMISSÃO DE CRIANÇA OU ADOLESCENTE A VEXAME OU CONSTRANGIMENTO. ART. 232 DO ESTATUTO DA CRIANÇA E DO ADOLESCENTE. TRANCAMENTO DA AÇÃO PENAL. ATIPICI-

DADE DA CONDUTA. HABEAS CORPUS NÃO CONHECIDO. ORDEM CONCEDIDA, DE OFÍCIO (...) 3. Neste caso, imputa-se ao paciente a conduta descrita no art. 232 do Estatuto da Criança e do Adolescente, porque ele teria causado constrangimento a um adolescente, durante uma aula de História. 4. A conduta narrada, embora possa, até certo ponto, ser considerada reprovável, não é suficiente para justificar seu enquadramento no tipo penal em discussão. De fato, não se consegue extrair dos autos a prática de atos que expressam a submissão da vítima a situação evidente de vexame e humilhação. A controvérsia girou em torno de questionamentos sobre a análise histórico-política de determinada época nos EUA (ideologias e opiniões pessoais). Exame da jurisprudência do STJ a respeito do art. 232 do ECA. Distanciamento da hipótese vertente. 5. Por mais que se vislumbre eventual excesso na conduta acadêmica do docente, não parece razoável a atribuição de responsabilidade criminal pelos fatos aqui narrados. Não se ignora a possibilidade de sancionamento da conduta por outros ramos do Direito. Porém, não se pode perder de vista que a lei penal não deve ser invocada para atuar em hipóteses desprovidas de significação social-criminal, razão pela qual o princípio da intervenção mínima surge para atuar como instrumento de interpretação restrita do tipo penal [...] (STJ, QUINTA TURMA. HC 548.875/BA, Rel. Ministro REYNALDO SOARES DA FONSECA, julgado em 17/12/2019, DJe 19/12/2019)

Art. 233. (Revogado pela Lei nº 9.455, de 7.4.1997 :

Art. 234. Deixar a autoridade competente, sem justa causa, de ordenar a imediata liberação de criança ou adolescente, tão logo tenha conhecimento da ilegalidade da apreensão:

Pena - detenção de seis meses a dois anos.

Da conduta típica prevista no art. 234 do ECA. Mais uma vez, uma infração de menor potencial ofensivo. Aqui, estamos diante de condutas que podem ser praticadas pelo Juiz quando, tendo autoridade, não ordene a imediata liberação de criança ou adolescente em virtude de uma apreensão ilegal, desde que o faça sem justa causa, ou seja, sem motivo plausível e condizente com a situação narrada. Porém, este tipo penal não se restringe unicamente a este sujeito ativo, podendo também ser direcionado ao Delegado de Polícia, nas mesmas condições. Há que se considerar, ainda, a possibilidade de prática da infração penal pelo Promotor de Justiça, quando, ausente a justa causa para a representação (decidindo o membro do Ministério Público pela remissão ou arquivamento dos autos) não proceda com a imediata liberação do adolescente após sua oitiva (art. 175, §§ 1º, 2º, do ECA).

A questão temporal é fator preponderante na definição do tipo penal, mas comporta interpretações. O "tão logo", deve ser entendido como o momento no qual, tendo conhecimento e podendo ordenar a liberação, procrastina, atrasa, sem justo motivo.

Podemos perceber, também, que o tipo penal requer prévia distinção entre uma apreensão legal e outra ilegal, já que somente esta segunda hipótese estará abarcada, conforme narrativa do preceito primário. Por tal motivo, recomendamos a leitura dos comentários tecidos em páginas anteriores, por ocasião do estudo dos artigos 230 e 231, ambos do ECA. Na primeira hipótese, temos uma situação claramente ilegal, que já poderia prontamente ser analisada pelo juiz tão logo ele tenha conhecimento da ilegalidade da apreensão. Caso não ordene a imediata liberação, então, estará sujeito à tipificação do art. 234 do ECA.

Não é razoável imputar o crime do art. 234 do ECA quando o próprio Delegado de Polícia seja o sujeito ativo do crime previsto no art. 230 do mesmo Estatuto, pois no momento em que apreende de forma ilegal a criança ou adolescente, obviamente que sua conduta ali no art. 230 também já engloba a não-liberação descrita no art. 234. Assim, entendemos que a ele deva ser aplicado o rigor preconizado no art. 230 do ECA, nesta situação. Caso ele não tenha sido o sujeito ativo do art. 230, então, aí sim, sua conduta estará plenamente compatível com a tipificação do art. 234 do ECA.

Do afastamento de interpretação sobre aplicação da Lei de Abuso de Autoridade. Por se tratar de norma especial, entendemos que deva ser afastada interpretação tendente à aplicação do art. 9º, parágrafo único, I, da Lei nº 13.869/19 (Lei de Abuso de Autoridade), seja em virtude do princípio da especialidade, seja em razão de que este tipo penal prevê apenas o relaxamento no caso de prisão ilegal e, nas situações de criança e adolescente, estamos diante de situação de apreensão ilegal.

Sujeito ativo. Tal crime pode ser praticado tanto pelo Juiz, de forma principal, quanto pelo Delegado de Polícia, desde que tenham autoridade para a liberação da apreensão ilegal e não o façam. Da mesma forma, o Promotor de Justiça, quando decida pela remissão ou arquivamento dos autos e não proceda com a imediata liberação do adolescente após sua oitiva. Estamos diante de um crime próprio.

Sujeito passivo. É a criança ou adolescente privados da liberdade.

Elemento subjetivo. O tipo prevê apenas a modalidade dolosa, circunscrita à vontade livre e consciente em se omitir, não ordenando a liberação do adolescente ou a criança, sem justa causa, quando tenha autoridade para fazê-lo, diante do conhecimento de uma apreensão ilegal.

Objeto material da conduta. Confundindo-se com os possíveis sujeitos passivos, temos a criança e o adolescente.

Objeto jurídico. Tutela-se a liberdade de locomoção da criança e do adolescente.

Classificação doutrinária. Trata-se de crime próprio (haja vista somente poder ser praticado pelo Juiz ou pelo Delegado de Polícia), formal (tendo em vista a desnecessidade de ocorrência de resultado naturalístico), omissivo, doloso, instantâneo, unissubsistente e de forma livre (já que o tipo penal não requer formalidade específica). Crime de menor potencial ofensivo, sujeito à aplicação dos institutos da Lei nº 9.099/95.

Momento consumativo. O crime se consuma quando se verifica a omissão no momento em que a autoridade competente, podendo, não ordena a liberação da criança ou do adolescente, sem justa causa, diante de uma apreensão ilegal.

Tentativa. Não é admitida, por se tratar de crime unissubsistente, em que não há possibilidade de fracionamento da conduta.

Art. 235. Descumprir, injustificadamente, prazo fixado nesta Lei em benefício de adolescente privado de liberdade:

Pena - detenção de seis meses a dois anos.

Da conduta típica prevista no art. 235 da Lei nº 8.069/90. Existem algumas situações no Estatuto da Criança e do Adolescente que requerem atenção no que diz respeito à observância de certos prazos. Porém, o tipo penal requer uma situação específica no que concerne à análise de tal prazo, não podendo ser qualquer um previsto no ECA, mas sim, aquele estipulado em benefício do adolescente privado de liberdade, tal como preconizado. Assim, percebe-se que a intenção do legislador foi o de corroborar o sistema de proteção integral, determinando o estrito cumprimento dos prazos previstos na legislação. Além disso, deve estar comprovado que a conduta se deu de forma injustificada, elemento normativo que deverá ser valorado conforme o caso concreto.

Como exemplos dos prazos que podem ser citados como passíveis de serem analisados no art. 235 do ECA:

- Art. 108, ao determinar que a internação, antes da sentença, pode ser determinada pelo prazo máximo de quarenta e cinco dias (internação provisória);
- Art. 121, § 2º, quando afirma que a medida de internação, embora não comporte prazo determinado, deve ter sua manutenção reavaliada, mediante decisão fundamentada, no máximo a cada seis meses (reavaliação semestral);
- Art. 121, § 3º, prevendo que em nenhuma hipótese o período máximo de internação excederá a três anos;
- Art. 121, § 5º, no qual há disposição prevendo que a liberação será compulsória aos vinte e um anos de idade;

- Art. 122, § 1º, internação pelo prazo máximo de 3 meses por descumprimento de outra medida do art. 112 (internação-sanção);
- Art. 175, § 1º, que estabelece ser de vinte e quatro horas o prazo de apresentação do adolescente ao Ministério Público, no caso de não liberação em virtude de apreensão;
- Art. 183, ao prever que o prazo máximo e improrrogável para a conclusão do procedimento de apuração de ato infracional, estando o adolescente internado provisoriamente, é de quarenta e cinco dias;
- Art. 185, § 2º, quando impõe o prazo máximo de cinco dias, sob pena de responsabilidade, à manutenção do adolescente em repartição policial, desde que em seção isolada daquela destinada aos adultos, no caso de impossibilidade de pronta transferência.

Sujeito ativo. Tal crime pode ser praticado tanto pelo Juiz, de forma principal, quanto pelo Delegado de Polícia, que são os principais responsáveis que podem vir a figurar no descumprimento de prazos diretamente ligados ao direito de locomoção do adolescente privado da liberdade, nada impedindo que o membro do Ministério Público também figure como sujeito ativo, desde que, tendo conhecimento, não exerça suas funções legalmente previstas, tais como aquelas estipuladas pelo art. 201, II (promover e acompanhar as ações de alimentos e os procedimentos de suspensão e destituição do poder familiar , nomeação e remoção de tutores, curadores e guardiães, bem como oficiar em todos os demais procedimentos da competência da Justiça da Infância e da Juventude) ou aquela prevista no art. 201, VIII (zelar pelo efetivo respeito aos direitos e garantias legais assegurados às crianças e adolescentes, promovendo as medidas judiciais e extrajudiciais cabíveis), ambos do ECA. Estamos diante de um crime próprio. Note-se que, diante das autoridades aqui mencionadas, a existência de foro por prerrogativa de função (Juiz - art. 96, III, da CRFB/88; Delegado de Polícia - art. 161, IV, da Constituição do Estado do Rio de Janeiro [ADI-MC 558] e Enunciado nº 721 da Súmula do STF, agora, Súmula Vinculante nº 45).

Sujeito passivo. É a criança ou adolescente privados da liberdade.

Elemento subjetivo. É o doloso, apenas.

Objeto material da conduta. Confundindo-se com os possíveis sujeitos passivos, temos a criança e o adolescente.

Objeto jurídico. Tutela-se a liberdade de locomoção da criança e do adolescente.

Classificação doutrinária. Trata-se de crime próprio (haja vista que somente as pessoas a quem incumbe a observância dos prazos fixados pelo ECA em benefício de adolescente privado de liberdade poderá figurar como autor); formal (haja vista a desnecessidade de ocorrência de resultado naturalístico), omissivo, doloso, instantâneo, unissubsistente e de forma livre (já que o tipo penal não requer formalidade específica). Crime de menor potencial ofensivo, sujeito à aplicação dos institutos da Lei nº 9.099/95.

Momento consumativo. Se consuma no momento em que o sujeito ativo descumpre prazo fixado no ECA e que diga respeito ao benefício de adolescente privado de liberdade, sem justificativa.

Tentativa. Não é admitida, pois o crime é unissubsistente e o fracionamento da conduta é impossível.

Art. 235 do ECA. Art. 185, § 2º, do ECA. Elementar do tipo. Descumprimento injustificado. Comprovação. Necessidade. A Quinta Turma do STJ, no AgRg no HC 359.374/SP tece considerações sobre o tema de fundo da impetração coletiva, reconhecendo a necessidade de demonstração de que houve a prática de ato ou omissão de forma a contribuir para que o prazo previsto no § 2º do art. 185 do ECA não fosse observado, de sorte que somente o descumprimento injustificado do referido prazo configuraria o crime previsto no art. 235 do ECA. Vejamos:

> PROCESSO PENAL. AGRAVO REGIMENTAL NO HABEAS CORPUS. TUTELA COLETIVA. POSSIBILIDADE. NECESSIDADE, TODAVIA, DE INDIVIDUALIZAÇÃO OU DE IDENTIFICAÇÃO DOS BENEFICIÁRIOS DA MEDIDA POSTULADA. DECISÃO QUE INDEFERIU LIMINARMENTE O HABEAS CORPUS MANTIDA. PRECEDENTES DO STJ E DO STF. DETERMINAÇÃO DE FORMA ABSTRATA E PROSPECTIVA. REPETIÇÃO DA NORMA. OUTROS INSTRUMENTOS PROCESSUAIS EXISTENTES (...) 7. Nessa linha de raciocínio, qualquer determinação, de forma abstrata e prospectiva, no sentido de determinar que as instâncias ordinárias observem o prazo previsto no § 2º do art. 185 do ECA, traduziria mera repetição da Lei, cuja coercitividade decorre de sua vigência, tornando inócuo o comando jurisdicional, em desprestígio desse relevante e constitucional instrumento de proteção da liberdade de locomoção. 8. Ademais, o exame dos documentos acostados aos autos revela que a Corte local não praticou nenhum ato ou se omitiu de forma a contribuir para que o prazo previsto no § 2º do art. 185 do ECA não fosse observado. Ao contrário, extrai-se que diversas insurgências contra a inobservância do referido prazo, em prol de inúmeras pessoas, foram direcionadas ao Juízo processante e, apenas pontualmente, ao Tribunal a quo em sede de habeas corpus, sempre prejudicados em virtude da efetiva transferência dos adolescentes para unidades da Fundação CASA, de forma a inviabilizar que o tema de fundo fosse objeto de exame. Portanto, na espécie, inexiste constrangimento ilegal a ser reparado em habeas corpus, seja a título individual ou coletivo, posto que as decisões que julgaram os pedidos prejudicados sempre o foram em hipóteses de efetiva perda do objeto do pedido ou da impetração. Em consequência, não há falar em ilegalidade ou negativa de prestação jurisdicional, impondo-se o efetivo desprovimento do agravo regimental. 9. Embora a decisão agravada não comporte reforma, incumbe tecer algumas considerações a respeito da questão de fun-

do, qual seja, a necessidade de observância do prazo máximo de 5 dias para a internação em repartição policial, previsto no § 2º do art. 185 do ECA, com responsabilização dos responsáveis pelo descumprimento, conforme o expresso comando dessa norma. O descumprimento injustificado do referido prazo configura o crime previsto no art. 235 do próprio estatuto da Criança e do Adolescente. Além disso, nos termos do art. 201 do ECA, compete ao Ministério Público instaurar sindicâncias, requisitar diligências investigatórias e determinar a instauração de inquérito policial, para apuração de ilícitos ou infrações às normas de proteção à infância e à juventude (inciso VII), caso em que pode efetuar recomendações visando à melhoria dos serviços públicos e de relevância pública afetos à criança e ao adolescente, fixando prazo razoável para sua perfeita adequação (§ 5º, alínea c); zelar pelo efetivo respeito aos direitos e garantias legais assegurados às crianças e adolescentes, promovendo as medidas judiciais e extrajudiciais cabíveis (inciso VIII); e representar ao juízo visando à aplicação de penalidade por infrações cometidas contra as normas de proteção à infância e à juventude, sem prejuízo da promoção da responsabilidade civil e penal do infrator, quando cabível (inciso X). 10. Todos esses mecanismos de controle não retiram da impetrante [Defensoria Pública] a legitimidade para impetrar habeas corpus em favor de menores identificados ou identificáveis ao tempo da impetração, propor ações cíveis para a tutela dos seus interesses, inclusive de cunho cominatório contra o Poder Público, além de representar, em âmbito administrativo-disciplinar ou penal, contra aqueles que renitem em não cumprir as regras de proteção previstas no Estatuto da Criança e do Adolescente [...] (STJ, QUINTA TURMA. AgRg no HC 359.374/SP, Rel. Ministro REYNALDO SOARES DA FONSECA, julgado em 26/06/2018, DJe 01/08/2018, sem grifo no original)

Art. 236. Impedir ou embaraçar a ação de autoridade judiciária, membro do Conselho Tutelar ou representante do Ministério Público no exercício de função prevista nesta Lei:

Pena - detenção de seis meses a dois anos.

Da conduta típica prevista no art. 236 da Lei nº 8.069/90. Por diversas vezes, ao longo do ECA, observamos atuação específica de determinadas funções atribuídas a diversas personagens/órgãos/instituições. Porém, a primeira observação a ser feita para a análise do crime previsto no art. 236 é a de que somente as funções relativas ao Conselho Tutelar, ao Juiz, ao Membro do Ministério Público, no exercício daquelas especificamente previstas no Estatuto da Criança e do Adolescente, estarão sujeitas aos rigores preconizados pela norma penal em estudo.

As funções destinadas ao Conselho Tutelar estão disciplinadas, basicamente, no art. 136 do ECA: atender as crianças e adolescentes nas hipóteses previstas nos arts. 98 e 105, aplicando as medidas previstas no art. 101, I a VII; atender e aconselhar os pais ou responsável, aplicando as medidas previstas no art. 129, I a VII; promover a execução de suas decisões, podendo para tanto: requisitar serviços públicos nas áreas de saúde, educação, serviço social, previdência, trabalho e segurança e representar junto à autoridade judiciária nos casos de descumprimento injustificado de suas deliberações; encaminhar ao Ministério Público notícia de fato que constitua infração administrativa ou penal contra os direitos da criança ou adolescente; encaminhar à autoridade judiciária os casos de sua competência; providenciar a medida estabelecida pela autoridade judiciária, dentre as previstas no art. 101, de I a VI, para o adolescente autor de ato infracional; expedir notificações; requisitar certidões de nascimento e de óbito de criança ou adolescente quando necessário; assessorar o Poder Executivo local na elaboração da proposta orçamentária para planos e programas de atendimento dos direitos da criança e do adolescente; representar, em nome da pessoa e da família, contra a violação dos direitos previstos no art. 220, § 3º, inciso II, da Constituição Federal; representar ao Ministério Público, para efeito das ações de perda ou suspensão do pátrio poder; representar ao Ministério Público para efeito das ações de perda ou suspensão do poder familiar, após esgotadas as possibilidades de manutenção da criança ou do adolescente junto à família natural; promover e incentivar, na comunidade e nos grupos profissionais, ações de divulgação e treinamento para o reconhecimento de sintomas de maus-tratos em crianças e adolescentes.

Já as funções que cabem ao juiz estão espalhadas por diversos artigos do Estatuto, mas podemos afirmar, pela análise dos arts. 148 e 149 do ECA, que caberá à Vara da Infância e da Juventude, por exemplo: conhecer de representações promovidas pelo Ministério Público, para apuração de ato infracional atribuído a adolescente, aplicando as medidas cabíveis; conceder a remissão, como forma de suspensão ou extinção do processo; conhecer de pedidos de adoção e seus incidentes; conhecer de ações civis fundadas em interesses individuais, difusos ou coletivos afetos à criança e ao adolescente, observado o disposto no art. 209; conhecer de ações decorrentes de irregularidades em entidades de atendimento, aplicando as medidas cabíveis; aplicar penalidades administrativas nos casos de infrações contra norma de proteção à criança ou adolescente; conhecer de casos encaminhados pelo Conselho Tutelar, aplicando as medidas cabíveis.

Quanto às funções do representante do Ministério Público, por sua vez, precisamos compreender, basicamente, o disposto no art. 201 do ECA: conceder a remissão como forma de exclusão do processo; promover e acompanhar os procedimentos relativos às infrações atribuídas a adolescentes; promover e acompanhar as ações de alimentos e os procedimentos de suspensão e destituição do poder familiar , nomeação e remoção de tutores, curadores e guardiães, bem como oficiar em todos os demais procedimentos da competência da Justiça da Infância e da Juventude; promover, de ofício ou por solicitação dos interessados, a especialização e a inscrição de hipoteca legal e a prestação de contas dos tutores, curadores e quaisquer administradores de bens de crianças e adolescentes nas hipóteses do art. 98; promover o inquérito civil e a ação civil pública para a proteção dos interesses individuais, difusos ou coletivos relativos à infância e à adolescência, inclusive os definidos no art. 220, § 3º inciso II, da Constituição Federal; instaurar procedimentos administrativos e, para instruí-los: expedir notificações para colher depoimentos ou esclarecimentos e, em caso de não comparecimento injustificado, requisitar condução coercitiva, inclusive pela polícia civil ou militar, além de requisitar informações, exames, perícias e documentos de autoridades municipais, estaduais e federais, da administração direta ou indireta, bem como promover inspeções e diligências investigatórias e requisitar informações e documentos a particulares e instituições privadas; instaurar sindicâncias, requisitar diligências investigatórias e determinar a instauração de inquérito policial, para apuração de ilícitos ou infrações às normas de proteção à infância e à juventude; zelar pelo efetivo respeito aos direitos e garantias legais assegurados às crianças e adolescentes, promovendo as medidas judiciais e extrajudiciais cabíveis; impetrar mandado de segurança, de injunção e *habeas corpus*, em qualquer juízo, instância ou tribunal, na defesa dos interesses sociais e individuais indisponíveis afetos à criança e ao adolescente; representar ao juízo visando à aplicação de penalidade por infrações cometidas contra as normas de proteção à infância e à juventude, sem prejuízo da promoção da responsabilidade civil e penal do infrator, quando cabível; inspecionar as entidades públicas e particulares de atendimento e os programas de que trata esta Lei, adotando de pronto as medidas administrativas ou judiciais necessárias à remoção de irregularidades porventura verificadas; requisitar força policial, bem como a colaboração dos serviços médicos, hospitalares, educacionais e de assistência social, públicos ou privados, para o desempenho de suas atribuições.

Obviamente que não procuramos aqui esgotar as funções que cabem a cada uma dessas personagens. Tão somente ressaltar que essas são apenas algumas das funções elencadas pelo ECA. Existem outras não menos importantes, como as previstas por ocasião da atuação na apreensão de adolescente pela prática de ato infracional, que em havendo impedimento ou embaraço para a atuação nessas hipóteses, nada obsta que o sujeito ativo esteja incorrendo na conduta típica prevista no art. 236 do ECA.

Sujeito ativo. Pode ser praticado por qualquer pessoa. Assim, trata-se de um crime comum.

Sujeito passivo. É o Estado, representado pelas personagens que coloca à disposição da tutela da criança ou adolescente, mas que se encontrem impedidos de atuar ou veem embaraço no exercício das suas funções previstas no ECA.

Elemento subjetivo. É o doloso, apenas.

Objeto material da conduta. Nesta hipótese, temos a atuação do juiz, do membro do Conselho Tutelar e do representante do Ministério Público, no exercício de função prevista no ECA.

Objeto jurídico. Tutela-se, de uma forma geral, a Administração da Justiça, especificamente no que diz respeito à atuação dos órgãos/entidades estatais na tutela dos interesses da criança e do adolescente.

Classificação doutrinária. Trata-se de crime comum (pois pode ser praticado por qualquer pessoa), formal (pela desnecessidade de ocorrência de resultado naturalístico), comissivo, doloso, instantâneo, unissubsistente ou plurissubsistente (a depender da situação) e de forma livre (já que o tipo penal não requer formalidade específica). Crime de menor potencial ofensivo, sujeito à aplicação dos institutos da Lei nº 9.099/95.

Momento consumativo. Se consuma o embaraço ou impedimento na atuação das personagens elencadas no tipo penal, no exercício de função prevista no ECA.

Tentativa. Admitida, na modalidade plurissubsistente.

Art. 237. Subtrair criança ou adolescente ao poder de quem o tem sob sua guarda em virtude de lei ou ordem judicial, com o fim de colocação em lar substituto:

Pena - reclusão de dois a seis anos, e multa.

O crime do art. 237 do ECA. O que se busca coibir através da incriminação da conduta descrita no caput do art. 237 do ECA é que uma criança ou adolescente sejam colocados em lar substituto quando já estejam em poder de quem tem, legalmente, ou em virtude de uma ordem judicial, sua guarda. Isto porque é direito da criança e do adolescente ser criado e educado sob o âmbito da sua família, mas esta também pode ser uma família substituta, visando à garantia da convivência familiar e comunitária, de modo que o ambiente contribua para o seu desenvolvimento integral.

Então, não se obsta que uma criança ou adolescente possam vir a ser colocados em família ou lar substituto, mas isso deve seguir um procedimento específico, cuja previsão inicial está no art. 28 do ECA. Da leitura deste artigo, podemos perceber que isto poderá ser feito mediante guarda, tutela ou adoção, independentemente da situação jurídica da criança ou adolescente, nos termos do que prevê a ritualística do ECA.

Além disso, os parágrafos do art. 28 do ECA preveem uma série de requisitos e medidas para que se leve adiante o procedimento de colocação em família substituta. Sempre que possível, a criança ou o adolescente deverão ser ouvidos por equipe interprofissional, que levará em consideração o seu estágio de desenvolvimento e grau de compreensão sobre a medida prestes a ser adotada, de modo que sua opinião será levada em consideração. Deve-se ter em mente, ainda, que todas as circunstâncias deverão ser valoradas, para que haja o mínimo de impacto na vida daquele indivíduo que será posto em lar substituto, observando-se, da mesma forma, a preparação gradativa e o acompanhamento posterior por equipe técnica. Por fim, a medida de colocação em família substituta não será deferida a pessoa que revele, por qualquer modo, qualquer incompatibilidade com a natureza da medida ou não ofereça um ambiente familiar adequado.

Assim, se uma criança ou adolescente, já em poder de alguém que o tenha sob sua guarda em virtude de lei ou ordem judicial, for subtraída deste seio familiar inicial para que seja posto em outro lar substituto e especificamente com esta finalidade, fora dos tradicionais métodos para isto (modalidades previstas pelo art. 28, nos termos do ECA), o responsável pela subtração estará incurso na conduta típica preconizada pelo art. 237 do mesmo Estatuto.

Da especialidade em virtude da comparação com o crime previsto no art. 249 do Código Penal. Entendemos que aquele que atue subtraindo menor de dezoito anos (o que inclui, obviamente, a criança e o adolescente) com especial finalidade de colocá-lo em família substituta, atua violando o art. 237 do ECA e não o art. 249 do CP. Além de ter mais elementos tais como a especial finalidade requerida pelo tipo penal, opera-se também o princípio da especialidade em face do tratamento diante do conflito aparente de normas. Inexistindo a especial finalidade, então poderemos vir a enquadrar no art. 249 CP, conforme as circunstâncias do caso concreto. Note-se que este artigo do Código Penal prevê a possibilidade de o juiz não aplicar pena, conforme descrito no art. 249, § 2º, do CP, o que não pode ser estendido para o ECA.

Sujeito ativo. Pode ser praticado por qualquer pessoa, ainda que sejam os pais ou mães originários, desde que estejam destituídos do poder familiar. Assim, trata-se de um crime comum.

Sujeito passivo. É a criança ou adolescente privados, subtraídos do seio familiar original para serem postos em família substituta, indevidamente.

Elemento subjetivo. É o doloso, apenas.

Objeto material da conduta. Confundindo-se com os possíveis sujeitos passivos, temos a criança e o adolescente.

Objeto jurídico. Tutelam-se os interesses da criança e do adolescente, para que permaneçam no seio da sua família na forma prevista pela lei ou em virtude de ordem judicial.

Classificação doutrinária. Trata-se de crime comum (pois pode ser praticado por qualquer pessoa), formal (pois basta a subtração da criança com especial fim de agir de colocação em família substituta - ausente a finalidade, aplica-se o art. 249 CP pelo princípio da subsidiariedade), comissivo, doloso, instantâneo, plurissubsistente e de forma livre (já que o tipo penal não requer formalidade específica).

Momento consumativo. O crime em comento terá seu momento consumativo quando a criança for subtraída do seio familiar original em virtude do qual se tem a guarda por força de lei ou ordem judicial, para que seja posta indevidamente em família substituta, mesmo que tal colocação não venha a ser efetivada.

Tentativa. Admitida, em virtude da natureza plurissubsistente.

Art. 237 e 236 do ECA. Consunção. Possibilidade. O TJRS tem posicionamento pela aplicação do princípio da consunção entre os artigos 236 e 237 do ECA no contexto de acolhimento institucional (art. 101, VII, do ECA) por entender que não há como subtrair a criança de quem detém sua guarda por ordem judicial (art. 237 c/c art. 92, § 1º, todos do ECA) sem violar a decisão judicial de mantê-la em acolhimento institucional (art. 236 do ECA), sendo o segundo fato exaurimento do primeiro e por ele absorvido.

> APELAÇÃO CRIMINAL. ART. 237 DO ECA (SUBTRAIR CRIANÇA DE QUEM TEM DETINHA A GUARDA POR ORDEM JUDICIAL). ART. 236 DO ECA (IMPEDIR OU EMBARAÇAR AÇÃO DE AUTORIDADE JUDICIAL. ART. 246 DO CP (DEIXAR DE PROVER INSTRUÇÃO PRIMÁRIA DE FILHO) [...] Agravantes previstas no art. 61, II, alíneas "h" e "i", do CP, afastadas. O fato de a vítima ser criança e estar sob tutela judicial integra o tipo penal do art. 237 do ECA, não podendo ser causa de aumento da pena na 2ª fase da dosimetria. 2º FATO. ART. 236 DO ECA. <u>Embaraçar o cumprimento de determinação judicial relativa ao acolhimento do menor é consequência da conduta de subtração do menor de quem detinha a sua guarda por ordem judicial, devendo este crime ser considerado exaurimento do primeiro e por ele absorvido.</u> Absolvição com base no art. 386, III, do CPP. [...] (TJRS, Sétima Câmara Criminal. Apelação Crime, Nº 70080580822, Relator: Carlos Alberto Etcheverry, Julgado em: 25-04-2019. Publicação: 31-05-2019)

Art. 238. Prometer ou efetivar a entrega de filho ou pupilo a terceiro, mediante paga ou recompensa:

Pena - reclusão de um a quatro anos, e multa.

Parágrafo único. Incide nas mesmas penas quem oferece ou efetiva a paga ou recompensa.

O crime do art. 238 do ECA. De uma forma geral, a lei não veda a entrega de filho a terceiro, desde que se siga o procedimento cabível e que isto se dê de forma graciosa, ou seja, sem que seja prometido algum tipo de recompensa ou seja paga alguma quantia específica. Aliás, o processo de adoção engloba justamente essa possibilidade, razão pela qual devemos observar o disposto no art. 39 e seguintes do Estatuto da Criança e do Adolescente. A adoção, embora pareça o procedimento inicial, de fato não é. Somente diante da excepcionalidade do caso concreto, frustrando-se qualquer recurso tendente à manutenção da criança ou do adolescente na família natural ou extensa (conforme disposto no parágrafo único do mesmo estatuto), é que podemos pensar em procedimento de adoção.

A principal medida coibida com a incriminação da conduta prevista no art. 238 do ECA é o tráfico de crianças e adolescentes, até porque este é o público alvo diretamente albergado pelas medidas especiais do ECA.

Pune-se, então, qualquer conduta na qual o sujeito ativo, que somente pode ser o pai (ainda que a criança seja adotada, já que o art. 41 do ECA atribui a condição de filho ao adotado), ou responsável legal (mediante tutela ou guarda), prometam ou efetivem a entrega do seu filho/pupilo a qualquer outra pessoa que não tenha a mesma qualidade de sujeito ativo e que o faça mediante paga ou promessa de recompensa.

A previsão contida no parágrafo único do mesmo artigo também atribui punição àquele que efetive o pagamento ou ofereça uma quantia ou recompensa para aquele pai ou responsável que eventualmente entregue seu filho.

A análise comparativa com o crime de "entrega de filho menor a pessoa inidônea", previsto no art. 245 do CP. Embora perfeitamente válido e aplicável, o art. 245 do Código Penal cuida de situações na qual não há qualquer promessa de pagamento ou recompensa em virtude da entrega do filho menor de dezoito anos. Além disso, no CP, pune-se uma conduta mais geral do que aquela especificamente narrada no art. 238 do ECA, no qual vigora também a questão que envolve a aplicação do princípio da especialidade.

Sujeito ativo. O crime previsto no *caput* do art. 238 do ECA somente pode ser praticado por quem seja o pai ou o responsável legal pela criança ou adolescente (mediante tutela ou guarda). É um crime próprio no que diz respeito ao *caput* do dispositivo.

Porém, no que se trata das condutas preconizadas pelo parágrafo único, estamos diante de um crime comum, haja vista a possibilidade de que seja praticado por qualquer pessoa.

Sujeito passivo. É a criança ou adolescente.

Elemento subjetivo. É o doloso, apenas. Não há previsão para a modalidade culposa.

Objeto material da conduta. Confundindo-se com os possíveis sujeitos passivos, temos a criança e o adolescente.

Objeto jurídico. O art. 238 do ECA tutela a proteção conferida às crianças e adolescentes, em serem mantidos no seio da sua família legalmente considerada.

Classificação doutrinária do *caput* do art. 238 do ECA. Trata-se de crime próprio no *caput* (pois somente pode ser praticado por aquele que seja o pai ou responsável legal mediante tutela ou guarda), formal (na modalidade "prometer") e material na modalidade "efetivar a entrega"), comissivo, doloso, instantâneo, plurissubsistente e de forma vinculada (já que o tipo penal requer que o crime se dê somente no caso da promessa ou efetivação de entrega mediante paga ou recompensa). Possível aplicação do art. 89 da Lei nº 9.099/95.

Classificação doutrinária do parágrafo único do art. 238 do ECA. Trata-se de crime comum (já que pode ser praticado por qualquer pessoa), formal (na modalidade "oferecer") e material (na modalidade "efetivar a paga ou recompensa"), comissivo, doloso, instantâneo, plurissubsistente e de forma vinculada (já que o tipo penal requer a prática das condutas narradas no parágrafo único do art. 238 do ECA para que seja entregue a criança ou adolescente ao ofertante ou àquele que efetiva a entrega da paga ou promessa de recompensa). Possível aplicação do art. 89 da Lei nº 9.099/95.

Momento consumativo. A não ser nas hipóteses de "prometer", prevista no *caput* ou "oferecer" prevista no parágrafo único, ambos do art. 238 do ECA, situações nas quais a consumação irá se dar com a simples promessa ou oferecimento da paga ou promessa de recompensa, nas condutas de "efetivar a entrega do filho" ou "efetivar a paga ou promessa de recompensa", previstas respectivamente no *caput* e no parágrafo único do mesmo dispositivo, a consumação irá ter lugar com a ocorrência do resultado naturalístico.

Tentativa. Admitida, em virtude da natureza plurissubsistente.

Art. 239. Promover ou auxiliar a efetivação de ato destinado ao envio de criança ou adolescente para o exterior com inobservância das formalidades legais ou com o fito de obter lucro:

Pena - reclusão de quatro a seis anos, e multa.

Parágrafo único. Se há emprego de violência, grave ameaça ou fraude: (Incluído pela Lei nº 10.764, de 12.11.2003)

Pena - reclusão, de 6 (seis) a 8 (oito) anos, além da pena correspondente à violência.

Do crime previsto no art. 239 do ECA. O artigo 83 do ECA prevê o procedimento referente à autorização para viajar (para fora da Comarca, mas dentro do país). De uma maneira geral, a regra é a de que nenhuma criança ou adolescente menor de 16 (dezesseis) anos poderá viajar para fora da comarca onde reside, sem expressa autorização judicial, quando não estiver acompanhado dos pais ou do responsável legal (tal artigo é regulamentado pela Resolução do Conselho Nacional de Justiça nº 295/2019). Este artigo teve a redação dada pela Lei nº 13.812/2019, que institui a política nacional de busca de pessoas desaparecidas e cria o cadastro nacional referente a elas, com o intuito de reforçar a política de diminuição deste tipo de ocorrência. Embora o artigo 83 não se refira expressamente à análise conjugada com o art. 239 do ECA, é importante conhecermos a noção que embasa a tal política adotada por esta lei, para que possamos comentar o fundamento que também embasa o crime em comento.

Por sua vez, o art. 84 do ECA nos mostra que é preciso uma autorização de viagem ao exterior quando a criança ou adolescente estiver desacompanhado de ambos os pais ou responsável ou quando ele esteja na companhia de um dos pais, mas não haja autorização expressa por parte do outro através de documento com firma reconhecida. Portanto, nestas situações é feito um atendimento específico, podendo haver a participação de equipe técnica do Tribunal de Justiça, para que haja autorização específica (art. 84 c/c 148, parágrafo único, "d", do ECA). Note-se que a autorização é tanto para a viagem internacional quanto para a expedição do passaporte (documento de viagem) pela Policia Federal, até porque existe a possibilidade de a autorização de viagem estar inclusa no referido documento (art. 13 da Resolução do CNJ nº 131/11).

Além disso, sem prévia e expressa autorização judicial, o art. 85 da mesma lei nos informa que nenhuma criança ou adolescente nascido no território nacional poderá sair do país em companhia de estrangeiro residente ou domiciliado no exterior.

As duas últimas situações (previstas no art. 84 e 85) estão regulamentadas pela Resolução nº 131/2011 do Conselho Nacional de Justiça (CNJ), que dispõe sobre a concessão de autorização de viagem para o exterior de crianças e adolescentes brasileiros, revogando a Resolução anterior, cujo número era 74/2009 e tratava sobre a temática. A normativa detalha o procedimento de autorização de viagem, servindo, para todos os efeitos, como algo que também deva ser observado e seguido de modo a não incorrer nas condutas criminosas do art. 239 do ECA.

Perceba que o exercício da autorização para viajar para o exterior está embasado, também, pelo art. 1.634, IV, do Código Civil, que, ao tratar do poder familiar, exige o consentimento para crianças e adolescentes viajarem ao exterior.

Aqui, também, válidas as mesmas colocações expostas quando da análise do art. 238, com relação ao procedimento de adoção, agora com a colocação da criança ou adolescente em família substituta estrangeira (art. 31 e art. 39 do ECA c/c arts. 18 e 19 da Convenção de Haia, ratificada em 1999, relativa à adoção internacional).

Portanto, o que o art. 239 do ECA busca coibir é o tráfico internacional de criança ou adolescente. Num primeiro momento, através da promoção ou auxílio da efetivação de ato destinado a enviar criança ou adolescente para o exterior mediante a inobservância dessas formalidades legalmente previstas (ainda que de forma gratuita). Na sequência, na parte final do mesmo artigo busca-se evitar que os sujeitos ativos, ainda que observem as formalidades legais, obtenham lucro com tal prática. Condutas alternativas, então.

Finalizando a análise do crime em comento, caso haja emprego de violência, fraude ou grave ameaça em qualquer das situações previstas no *caput*, então a qualificadora prevê maior rigor na aplicação da pena, além daquelas correspondentes à violência eventualmente aplicada. Porém, como a qualificadora só foi inserida no ECA com a Lei nº 10.764/03, não poderá haver retroatividade.

Da especialidade em virtude da comparação com o crime previsto no art. 245, § 1º, do Código Penal. Este artigo do Código Penal, no nosso entendimento, foi tacitamente revogado pelo art. 239 do ECA, pelo fato de que este engloba a mesma situação e em maior abrangência.

Da especialidade em relação ao art. 149-A do CP. O art. 149-A do CP, incluído pela Lei nº 13.344/06 – que dispõe sobre prevenção e repressão ao tráfico de pessoas

– também objeto de proteção pela norma estatutária. A norma prevista pelo ECA é tipo especial em relação àquele e subsistem as duas figuras típicas.

Competência. Estamos diante de crime cuja competência é da Justiça Federal, já que o Brasil é signatário da Convenção sobre os Direitos da Criança, adotada pela Organização das Nações Unidas (ONU) em 20 de novembro de 1989, ratificada pelo Governo brasileiro em 24 de setembro de 1990, tendo entrado em vigor para o Brasil em 23 de outubro de 1990. O Decreto nº 99.710, de 21 de novembro de 1990 promulga a Convenção. O artigo 35 da Parte I da Convenção assevera que os Estados Partes tomarão todas as medidas de caráter nacional, bilateral e multilateral que sejam necessárias para impedir o sequestro, a venda ou o tráfico de crianças para qualquer fim ou sob qualquer forma. Nesse sentido, observamos o disposto no art. 109, V, da CRFB/88:

> (CRFB/88) Art. 109. Aos juízes federais compete processar e julgar:
>
> V - os crimes previstos em tratado ou convenção internacional, quando, iniciada a execução no País, o resultado tenha ou devesse ter ocorrido no estrangeiro, ou reciprocamente;

Sujeito ativo. Pode ser praticado por qualquer pessoa. Assim, trata-se de um crime comum.

Sujeito passivo. É a criança ou adolescente.

Elemento subjetivo. É o doloso, apenas, já que não há previsão para a modalidade culposa.

Objeto material da conduta. Pode ser elencado o ato destinado ao envio de criança ou adolescente para o exterior.

Objeto jurídico. São tutelados os direitos da criança e do adolescente, principalmente no que concerne a poder exercer seu interesse de viajar, desde que cumpridas as formalidades legais, evitando-se tráfico destas pessoas.

Classificação doutrinária. Trata-se de crime comum (pois pode ser praticado por qualquer pessoa), formal (não sendo necessário o efetivo envio da vítima ao exterior, o que configuraria exaurimento), comissivo, doloso, instantâneo, uni ou plurissubsistente (dependendo do caso concreto) e de forma vinculada (já que o tipo penal requer que a efetivação de ato destinado ao envio de criança ou adolescente para o exterior se dê com inobservância das formalidades legais ou com o fito de obter lucro).

Momento consumativo. O crime em comento terá seu momento consumativo com a efetivação do ato destinado ao envio da criança ou do adolescente ao exterior. O envio da vítima é exaurimento do crime. Nesse sentido segue a jurisprudência da Quinta e Sexta Turmas do STJ:

> AGRAVO REGIMENTAL NO AGRAVO EM RECURSO ESPECIAL. TRÁFICO INTERNACIONAL DE CRIANÇAS E ADOLESCENTES. ART. 239, DO ECA. CRIME FORMAL. EFETIVO ENVIO DA VÍTIMA AO EXTERIOR. EXAURIMENTO DO CRIME (...) I- O crime de tráfico internacional descrito no art. 239, do ECA, não exige, para a sua consumação, a saída da criança ou adolescente para o exterior, contentando-se com a execução de qualquer ato de promoção ou auxílio da efetivação de ato destinado ao envio da vítima ao estrangeiro, sem as formalidades legais, ou com o fito de obter lucro. II- Trata-se de crime formal, que se consuma com a simples prática de qualquer ato destinado ao envio de criança ou adolescente ao exterior, com ou sem obtenção de lucro, nas circunstâncias referidas no tipo penal. Precedentes do STJ [...] (STJ, **QUINTA TURMA**. AgRg no AREsp 160.951/RJ, Rel. Ministra REGINA HELENA COSTA, julgado em 17/09/2013, DJe 23/09/2013, sem grifo no original).

> RECURSO ESPECIAL. TRÁFICO INTERNACIONAL DE CRIANÇAS. INÉPCIA DA DENÚNCIA. INOCORRÊNCIA. ALEGAÇÃO POSTERIOR À PROLAÇÃO DA SENTENÇA CONDENATÓRIA. PRECLUSÃO. ART. 239, ECA. CRIME FORMAL (...) 3. O delito tipificado no art. 239 do Estatuto da Criança e do Adolescente é formal, porque consuma-se com a simples conduta de auxiliar na efetivação de atos destinados ao envio de criança ao exterior, sem a observância das formalidades legais ou com a finalidade de obter lucro, não sendo exigido o efetivo envio do menor ao exterior [...] (STJ, **SEXTA TURMA**. REsp 1023002/PE, Rel. Ministra ALDERITA RAMOS DE OLIVEIRA (DESEMBARGADORA CONVOCADA DO TJ/PE), julgado em 09/08/2012, DJe 27/08/2012, sem grifo no original).

Tentativa. Admitida, quando estivermos diante de situação que se configure como plurissubsistente.

Art. 239, parágrafo único. Fraude que qualifica o delito. Jurisprudência. Há entendimento da Sexta Turma do STJ no sentido de que a fraude que qualifica o delito do art. 239 (parágrafo único) pode se configurar na falsidade material e ideológica empregada na consecução do objetivo criminoso seja ela contra a criança (vítima) ou contra a Administração Pública e seus agentes. Vejamos:

> RECURSO ESPECIAL. PENAL E PROCESSO PENAL (...) ENVIO DE MENOR AO EXTERIOR MEDIANTE FRAUDE. ADEQUAÇÃO TÍPICA (...) 2. O art. 239 do ECA pune quem promove ou auxilia o envio de criança ou adolescente para o Exterior com intuito de lucro independentemente da finalidade do envio, vale dizer, para fins lícitos ou ilícitos. E a fraude que qualifica o delito no seu parágrafo único pode se configurar na falsidade material e ideológica perpetrada

para a consecução do objetivo criminoso, podendo ser empregada tanto contra a criança quanto contra a Administração Pública e seus agentes [...] (STJ, SEXTA TURMA. REsp 1202292/RJ, Rel. Ministra MARIA THEREZA DE ASSIS MOURA, julgado em 21/05/2013, DJe 14/06/2013)

Art. 240. Produzir, reproduzir, dirigir, fotografar, filmar ou registrar, por qualquer meio, cena de sexo explícito ou pornográfica, envolvendo criança ou adolescente: (Redação dada pela Lei nº 11.829, de 2008)

Pena - reclusão, de 4 (quatro) a 8 (oito) anos, e multa. (Redação dada pela Lei nº 11.829, de 2008)

Do crime previsto no art. 240 do Estatuto da Criança e do Adolescente. Alterado pela Lei nº 11.829/2008, que surge para aprimorar o combate à produção, venda e distribuição de pornografia infantil, bem como criminalizar a aquisição e a posse de tal material e outras condutas relacionadas à pedofilia na internet, o art. 240 do ECA ganha, então, uma nova roupagem, passando a prever mais condutas. Além disso, a Lei nº 11.829/08 passa a trazer mais condutas equiparadas, previstas no parágrafo primeiro do mesmo artigo.

Os seis verbos nucleares presentes no *caput* do art. 240 do ECA, alternativamente, revelam práticas dirigidas às cenas explícitas que acabamos de comentar, com a observação de deverem envolver, necessariamente, o objeto material que é a cena de sexo explícito ou pornográfica envolvendo criança ou adolescente. Praticando qualquer delas, o sujeito ativo já incorre no crime em comento.

Com o avanço tecnológico inerente ao passar dos anos, o legislador se viu com a necessidade imperiosa de que qualquer meio possível para a prática do delito fosse incriminado, evitando-se a facilidade que a internet possibilita na disseminação e "viralização" dos materiais pornográficos pedófilos, já que, antes da nova redação dada ao art. 240 do ECA, o foco era o combate aos materiais que envolvessem criança ou adolescente em cena de sexo explícito ou pornográfica, mas nos moldes teatrais, televisivos ou de película cinematográfica ou qualquer outro meio visual. Então, agora não há balizamento nas formas pelas quais imagens ou sons podem ser obtidos. Independe, também, a finalidade pretendida pelo sujeito ativo, se será financeira, ou se terá fins libidinosos, por exemplo.

Para a compreensão da norma prevista neste tipo penal é fundamental a leitura do art. 241-E do ECA, cuja natureza jurídica é a de norma penal explicativa. Então, "cena de sexo explícito ou pornográfica" deve ser entendida como qualquer "*situação que envolva criança ou adolescente em atividades sexuais explícitas, reais ou simuladas, ou exibição dos órgãos genitais de uma criança ou adolescente para fins primordialmente sexuais*".

A infiltração de agentes de polícia para a investigação de crimes contra a dignidade sexual de criança e de adolescente. Em virtude da previsão descrita no art. 190-A do ECA, pode haver a infiltração de agentes de polícia para apuração do crime descrito aqui no art. 240 do mesmo Estatuto. Remetemos o leitor para a leitura dos comentários referentes à infiltração de agentes policiais no ECA, páginas atrás.

Sujeito ativo. Pode ser praticado por qualquer pessoa. Assim, trata-se de um crime comum.

Sujeito passivo. É a criança ou adolescente.

Elemento subjetivo. É o doloso, apenas, não havendo previsão para a modalidade culposa.

Objeto material da conduta. No caso em comento, é o mesmo que os sujeitos passivos, vale dizer, a criança ou adolescente.

Objeto jurídico. São tutelados os direitos da criança e do adolescente, principalmente no que diz respeito à sua intimidade e à sua dignidade sexual.

Classificação doutrinária. Trata-se de tipo misto alternativo, crime comum (pois pode ser praticado por qualquer pessoa), formal (já que há desnecessidade da ocorrência de resultado naturalístico), comissivo, doloso, instantâneo, plurissubsistente e de forma livre (já que o tipo penal não requer a vinculação a uma formalidade para a prática do delito em tela).

Art. 240 do ECA. Crime de natureza formal. Tipo misto alternativo. Prática de mais de um verbo do tipo. Mais de uma criança ou adolescente vítima. Crime único. Jurisprudência. Posicionamento recente da Quinta Turma do STJ reconhecendo a natureza formal do delito, bem como que a consumação ocorre pela prática da conduta de quaisquer dos verbos nucleares da qual participe criança ou adolescente (filmar ou fotografar, por exemplo). Reconheceu, ainda, que o efetivo abalo psíquico e moral sofrido pelas vítimas menores ou a disponibilidade das filmagens ou fotos das mesmas é mero exaurimento do delito, logo, irrelevantes para a consumação, razão pela qual a quantidade de vítimas menores filmadas ou fotografadas seria elemento meramente circunstancial, devendo ser valorado na primeira fase da dosimetria (art. 59 do CP) e não indicar qualquer subsunção típica adicional (afastando o concurso formal de crimes). Nesse sentido é a jurisprudência da Quinta Turma do STJ:

> PENAL. PEDIDO DE EXTENSÃO DA ORDEM CONCEDIDA AO CORRÉU. ART. 580 DO CPP. CRIME DO ART. 240 DO ESTATUTO DA CRIANÇA E DO ADOLESCENTE. CRIME FORMAL. TIPO MISTO ALTERNATIVO. REGISTRO DE MAIS DE UMA MENOR EM SEXO EXPLÍCITO. ELEMENTO CIRCUNSTANCIAL. IRRELEVÂNCIA PARA A SUBSUNÇÃO TÍPICA. INOCORRÊNCIA DE CONCURSO FORMAL (...) 3. O crime do art. 240 do ECA se insere no contexto de proibição da produção e registro visual, por qualquer meio, de cenas de sexo

> explícito, no sentido da interpretação autêntica do art. 241-F do ECA, envolvendo crianças e adolescentes, o que caracteriza violência sexual, nos termos do art. 4º da Lei 13.431/17. Trata-se de crime comum, de subjetividade passiva própria, consistente em tipo misto alternativo, de forma que a prática de mais de um verbo típico no mesmo contexto implica a subsunção típica única. (....) Primeiramente, o fato de ter fotografado e filmado as cenas de sexo indica a execução de dois verbos, com dupla conduta, todavia, representando subordinação típica única, tendo em vista sua realização no mesmo contexto fático. Por conseguinte, da execução de mais de um verbo típico representa único crime, dada a natureza de crime de ação múltipla ou conduta variada do tipo em comento. 5. O concurso formal próprio ou perfeito (CP, art. 70, primeira parte), cuja regra para a aplicação da pena é a da exasperação, foi criado com intuito de favorecer o réu nas hipóteses de unicidade de conduta, com pluralidade de resultados, não derivados de desígnios autônomos, afastando-se, pois, os rigores do concurso material (CP, art. 69). No caso, as instâncias ordinárias entenderam que a conduta do réu realizou dois resultados típicos, haja vista a existência de duas adolescentes filmadas e fotografadas em sexo explícito. Verifica-se, entrementes, que inexistem dois resultados típicos, porquanto o crime em questão é formal ou de consumação antecipada, consumando-se, pois, unicamente pela prática da conduta de filmar ou fotografar cenas de sexo explícito, da qual participe criança ou adolescente. O efetivo abalo psíquico e moral por elas sofrido ou a disponibilidade das filmagens ou fotos é mero exaurimento da crime, irrelevantes para sua consumação, motivo pelo qual a quantidade de vítimas menores filmadas ou fotografadas é elemento meramente circunstancial, apto a ser valorado na pena-base, sem, contudo, indicar qualquer subsunção típica adicional. Por conseguinte, como as condutas de filmar e fotografar foram executadas durante o mesmo contexto fático, relativo ao ato sexual conjunto de dois corréus com as duas adolescentes, há duas condutas de subsunção típica única, motivo pelo qual se conclui pela existência de crime único 6. Diante do afastamento do concurso formal de crimes, de rigor a redução da pena para 4 anos de reclusão [...] (STJ, QUINTA TURMA. PExt no HC 438.080/MG, Rel. Ministro RIBEIRO DANTAS, julgado em 27/08/2019, DJe 02/09/2019, sem grifos no original).

Momento consumativo. O crime em comento terá seu momento consumativo com a prática das condutas narradas e que envolvem cena de sexo explícito ou pornográfica na qual estejam adolescentes ou crianças, sendo irrelevante o consentimento da vítima, comprovado o dolo específico (finalidade sexual). Vale conferir o entendimento do STJ:

RECURSO ESPECIAL. PENAL E PROCESSUAL PENAL. ACÓRDÃO RECORRIDO. OMISSÕES. AUSÊNCIA. ART. 240 DO ECA. DOLO ESPECÍFICO. PRESENÇA. CONSENTIMENTO DA VÍTIMA. INEXISTÊNCIA. IRRELEVÂNCIA. ESTUPRO. NATUREZA HEDIONDA. CAUSA DE AUMENTO. ART. 9º DA LEI N. 8.072/1990. LESÃO CORPORAL OU MORTE. DESNECESSIDADE. APLICAÇÃO. NOVA REDAÇÃO. ART. 217-A DO CP. NORMA MAIS BENÉFICA. CRIME CONTINUADO. CRIMES DE ESPÉCIES DIFERENTES. RECONHECIMENTO. INVIABILIDADE. ART. 240 DO ECA. CRIME ÚNICO. VERIFICAÇÃO. INVIABILIDADE. SÚMULA 7/STJ. CONTINUIDADE DELITIVA. FRAÇÃO DE AUMENTO. REGRA ESPECIAL. ART. 71, PARÁGRAFO ÚNICO. CRIMES PRATICADOS CONTRA A MESMA VÍTIMA. UTILIZAÇÃO. DESCABIMENTO (...) 2. Não prospera a alegação de ofensa aos arts. 240 e 241-E do Estatuto da Criança e do Adolescente, uma vez que demonstrada a presença do dolo específico na conduta do recorrente, consistente nos fins primordialmente sexuais, tendo em vista que as fotografias por ele tiradas têm conteúdo pornográfico, conforme concluíram as instâncias ordinárias (...) 4. O consentimento da vítima, ainda que existente, não afastaria a ocorrência do delito do art. 240 do Estatuto da Criança e do Adolescente, que se consuma pelas condutas de produzir, reproduzir, dirigir, fotografar, filmar ou registrar, por qualquer meio, cena de sexo explícito ou pornográfica, envolvendo criança ou adolescente para fins sexuais. Isso porque a vítima não possui disponibilidade do bem jurídico tutelado pela norma penal em questão e, por essa razão, o crime se consuma com a realização das condutas, mesmo que consentidas. [...] (STJ, SEXTA TURMA. REsp 1334405/BA, Rel. Ministro SEBASTIÃO REIS JÚNIOR, julgado em 22/09/2015, DJe 15/10/2015, sem grifo no original)

Tentativa. Admitida, em virtude da natureza plurissubsistente.

§ 1º Incorre nas mesmas penas quem agencia, facilita, recruta, coage, ou de qualquer modo intermedeia a participação de criança ou adolescente nas cenas referidas no caput deste artigo, ou ainda quem com esses contracena. (Redação dada pela Lei nº 11.829, de 2008)

As condutas descritas no parágrafo primeiro do art. 240 do ECA. A Lei nº 11.829/08 também fez incluir novas condutas no art. 240, § 1º, do ECA, já que antes se punia apenas quem contracenasse com criança ou adolescente nas condições descritas no *caput* do mesmo artigo, ou seja, nas situações envolvendo cena pornográfica, de sexo explícito ou vexatória, envolvendo criança ou adolescente. Com a mudança no *caput* do art. 240, agora temos que verificar a conduta de todo aquele que agencia, facilita, recruta, coage ou, de qualquer modo, intermedeia a participação de criança ou adolescente nas cenas de sexo explícito ou pornográfica (conforme descritas pelo art. 241-E do ECA) ou até mesmo contracena com estes. Pune-se, basicamente então, nas mesmas penas descritas para o art. 240, *caput*, do ECA, o agenciador, o aliciador, enfim, aquele que acaba levando a criança ou adolescente até o local da captura das cenas explícitas de sexo através das condutas alternativamente previstas no parágrafo primeiro do art. 240, para que sejam praticadas as condutas descritas no *caput* do art. 240 do mesmo Estatuto.

Sujeito ativo. Pode ser praticado por qualquer pessoa. Assim, trata-se de um crime comum.

Sujeito passivo. É a criança ou adolescente.

Elemento subjetivo. É o doloso, apenas, não havendo previsão para a modalidade culposa.

Objeto material da conduta. No caso em comento, é o mesmo que os sujeitos passivos, vale dizer, a criança ou adolescente.

Objeto jurídico. São tutelados os direitos da criança e do adolescente, principalmente no que diz respeito à sua intimidade e à sua dignidade sexual.

Classificação doutrinária. Trata-se de crime comum (pois pode ser praticado por qualquer pessoa), formal (já que há desnecessidade da ocorrência de resultado naturalístico), comissivo, doloso, instantâneo, plurissubsistente e de forma livre (já que o tipo penal não requer a vinculação a uma formalidade para a prática do delito em tela).

Momento consumativo. O crime em comento terá seu momento consumativo com a prática das condutas narradas e que envolvem cena de sexo explícito ou pornográfica na qual estejam adolescentes ou crianças.

Tentativa. Admitida, em virtude da natureza plurissubsistente.

> § 2º Aumenta-se a pena de 1/3 (um terço) se o agente comete o crime: (Redação dada pela Lei nº 11.829, de 2008)
>
> I - no exercício de cargo ou função pública ou a pretexto de exercê-la; (Redação dada pela Lei nº 11.829, de 2008)
>
> II - prevalecendo-se de relações domésticas, de coabitação ou de hospitalidade; ou (Redação dada pela Lei nº 11.829, de 2008)
>
> III - prevalecendo-se de relações de parentesco consangüíneo ou afim até o terceiro grau, ou por adoção, de tutor, curador, preceptor, empregador da vítima ou de quem, a qualquer outro título, tenha autoridade sobre ela, ou com seu consentimento. (Incluído pela Lei nº 11.829, de 2008)

Das causas de aumento de pena descritas no art. 240, § 2º, do ECA. Antes da Lei nº 11.829/08, o parágrafo segundo do art. 240 do ECA era uma qualificadora, não uma causa de aumento de pena. A partir daquela, a principal questão inserida passou a ser o foco no rigor da punição aplicada àqueles que deveriam, justamente, zelar para o correto e adequado desenvolvimento das crianças, segundo o que dispõe o Estatuto da Criança e do Adolescente e a CRFB/88. Assim, todo aquele que se prevalece da situação de coabitação, hospitalidade ou relações domésticas e de parentesco, ou que, estando nestas situações exemplificadas deem consentimento para a prática das condutas narradas seja no *caput*, seja no parágrafo primeiro do art. 240 do ECA, terá a pena aumentada nestas hipóteses. Não podemos nos esquecer os casos nos quais também haverá aumento de pena se o sujeito ativo estiver no exercício de cargo ou função pública ou esteja a pretexto de exercê-la, refletindo uma preocupação do legislador no sentido de que o Estado também tem responsabilidade compartilhada no cuidado com o pleno e integral desenvolvimento das crianças e adolescentes, devendo zelar pelos seus direitos e garantias.

Art. 240, § 2º, do ECA. Majorante. Incidência. Jurisprudência. Há posicionamento recente da Sexta Turma do STJ no sentido da incidência da majorante prevista no art. 240, § 2º, II, do ECA, quando evidenciada na origem que foi cometido o delito, prevalecendo-se das relações domésticas e de hospitalidade oferecidas pelos familiares da vítima, em razão de frequentarem a mesma instituição religiosa, por exemplo. Observe-se o julgado:

> AGRAVO REGIMENTAL NO AGRAVO EM RECURSO ESPECIAL [...] 2. Incide a majorante prevista no art. 240, § 2º, II, do ECA, quando evidenciada na origem que foi cometido o delito, prevalecendo-se das relações domésticas e de hospitalidade oferecidas pelos familiares da vítima, em razão de frequentarem a mesma instituição religiosa, sendo certo que a desconstituição das premissas fáticas do acórdão recorrido necessitaria de reexame probatório, incabível a teor da Súmula 7/STJ [...] (STJ, SEXTA TURMA. AgRg no AREsp 1575134/SP, Rel. Ministro NEFI CORDEIRO, julgado em 18/02/2020, DJe 27/02/2020)

> **Art. 241.** Vender ou expor à venda fotografia, vídeo ou outro registro que contenha cena de sexo explícito ou pornográfica envolvendo criança ou adolescente: (Redação dada pela Lei nº 11.829, de 2008)
>
> Pena – reclusão, de 4 (quatro) a 8 (oito) anos, e multa. (Redação dada pela Lei nº 11.829, de 2008)

As condutas descritas no art. 241 do ECA. Na esteira dos comentários referentes ao artigo anterior, a Lei nº 11.829/08, além de aumentar a pena no preceito secundário, também mudou a redação do *caput* do art. 241 do ECA. Basicamente, a mudança pune todo aquele que venda ou exponha à venda o resultado das condutas incriminadas no art. 240 do mesmo diploma legal: DVD, CD, *pen drive*, materiais impressos, enfim, que contiver cena de sexo explícito ou pornográfica envolvendo criança ou adolescente. A conduta daquele que adquire tais materiais está descrita no art. 241-B do ECA.

A infiltração de agentes de polícia para a investigação de crimes contra a dignidade sexual de criança e de adolescente. Em virtude da previsão descrita no art. 190-A do ECA, pode haver a infiltração de agentes de polícia para apuração do crime descrito no art. 241, também do ECA. Remetemos o leitor para a leitura dos comentários referentes à infiltração de agentes policiais no ECA, páginas atrás.

Sujeito ativo. Pode ser praticado por qualquer pessoa. Assim, trata-se de um crime comum.

Sujeito passivo. É a criança ou adolescente.

Elemento subjetivo. É o doloso, apenas, não havendo previsão para a modalidade culposa.

Objeto material da conduta. No caso em comento, é a foto, o vídeo ou outro registro que contenha cena de sexo explícito ou pornográfica envolvendo criança ou adolescente.

Objeto jurídico. São tutelados os direitos da criança e do adolescente, principalmente no que diz respeito à sua intimidade e à sua dignidade sexual.

Classificação doutrinária. Trata-se de crime comum (pois pode ser praticado por qualquer pessoa), material (na modalidade "vender") ou formal (na modalidade "expor à venda"), misto alternativo, comissivo, doloso, instantâneo, plurissubsistente e de forma livre (já que o tipo penal não requer a vinculação a uma formalidade para a prática do delito em tela).

Momento consumativo. No caso da conduta de "vender", o crime se consuma com a efetiva venda/comercialização do objeto material deste delito. Já no que diz respeito à modalidade "expor à venda", estará consumado com a simples exposição à venda do material que envolva cena de sexo explícito ou pornográfica envolvendo criança ou adolescente.

Tentativa. Admitida, em virtude da natureza plurissubsistente, embora de ocorrência mais difícil diante do ato de "expor à venda".

Art. 241-A. Oferecer, trocar, disponibilizar, transmitir, distribuir, publicar ou divulgar por qualquer meio, inclusive por meio de sistema de informática ou telemático, fotografia, vídeo ou outro registro que contenha cena de sexo explícito ou pornográfica envolvendo criança ou adolescente: (Incluído pela Lei nº 11.829, de 2008)

Pena – reclusão, de 3 (três) a 6 (seis) anos, e multa. (Incluído pela Lei nº 11.829, de 2008)

§ 1 o Nas mesmas penas incorre quem: (Incluído pela Lei nº 11.829, de 2008)

I – assegura os meios ou serviços para o armazenamento das fotografias, cenas ou imagens de que trata o caput deste artigo; (Incluído pela Lei nº 11.829, de 2008)

II – assegura, por qualquer meio, o acesso por rede de computadores às fotografias, cenas ou imagens de que trata o caput deste artigo. (Incluído pela Lei nº 11.829, de 2008)

§ 2 o As condutas tipificadas nos incisos I e II do § 1 o deste artigo são puníveis quando o responsável legal pela prestação do serviço, oficialmente notificado, deixa de desabilitar o acesso ao conteúdo ilícito de que trata o caput deste artigo. (Incluído pela Lei nº 11.829, de 2008)

As condutas descritas no art. 241-A do ECA. Incluído pela Lei nº 11.829/08, que aprimorou o combate à produção, venda e distribuição de pornografia infantil, o art. 241-A do ECA tem como mérito a criminalização da aquisição e posse de tais materiais (que contenham cena de sexo explícito ou pornográfica envolvendo crianças e adolescentes, nos termos do art. 241-E do mesmo Estatuto), inclusive e principalmente pela internet.

Com o avanço tecnológico percebido nas últimas décadas, após a entrada em vigor do Estatuto da Criança e do Adolescente, o legislador entendeu que o ECA carecia de condutas que incriminassem todo aquele que tivesse o objetivo de disseminar, por qualquer meio (embora acreditarmos que o legislador, no afã de querer mostrar sua novidade jurídica, ter incorrido no preciosismo de alertar o interprete quando afirma "inclusive por meio de sistema de informática ou telemático"), esses materiais ilícitos, razão pela qual se põe um leque de possibilidades inseridas de modo alternativo no preceito primário do *caput* do art. 241-A do ECA.

Cabe destacar, ainda, que o tipo penal incriminador, que não pode retroagir para atingir condutas pretéritas, abrange não somente fotografias, como também vídeos ou qualquer outro registro que contenha as já mencionadas cenas impróprias.

Entendendo que aqueles que facilitam o acesso ou asseguram os meios ou serviços para o armazenamento de fotografias, como provedores ou mantenedores de espaços virtuais nos quais haja possibilidade de viabilizar a prática do crime em comento por terceiros, narrado no *caput* do art. 241-A do ECA, o legislador também estende a possibilidade de aplicação das mesmas penas narradas no preceito secundário àqueles que atuem nesta espécie de suporte ou bastidor.

Porém, é preciso destacar que para que seja possível viabilizar tal punição nesta última hipótese, o responsável legal pela prestação do serviço (aquele que tenha condições efetivas de determinar/ordenar a interrupção do acesso) deve, intencionalmente, deixar de desabilitar o acesso ao conteúdo ao material pornográfico envolvendo criança ou adolescente, vale dizer, o objeto material do crime previsto no art. 241-A do ECA, desde que que oficialmente notificado, nos termos da dicção do parágrafo segundo do mesmo artigo.

A notificação oficial prevista no parágrafo segundo do art. 241-A do ECA. Quando o legislador menciona a necessidade de que o responsável legal pela prestação do serviço seja notificado oficialmente, devemos entender que se trata de requisição/ordem legal/intimação, emanada pela autoridade competente a quem caiba a apuração do crime em tela. Estamos diante de uma condição objetiva de punibilidade, sem a qual não será possível aplicação da pena, mas nada impede que haja apuração dos fatos, através de inquérito policial, até para que seja expedida a tal notificação ou para que se tenha certeza entre a simples manutenção dos meios/serviços ou sobre a efetiva prática de outras condutas, como o simples fato de armazenar essas imagens, o que já seria possível para pensarmos no crime previsto no art. 241-B do ECA. Todavia, cremos que o indiciamento e a prisão em flagrante possam se dar apenas após a notificação oficial, por entendermos que esta funciona como verdadeira condição objetiva de procedibilidade para o processo penal.

A característica da "permanência" em face das condutas narradas no parágrafo primeiro do art. 241-A do ECA. Em virtude das características específicas verificadas por ocasião da análise dos verbos nucleares das condutas do parágrafo primeiro do art. 241-A do ECA, por serem descritas como permanentes, poderá haver prisão em flagrante, a qualquer tempo, desde que também seja observado o teor do parágrafo segundo do mesmo artigo, ou seja, a questão relativa à notificação oficial devidamente expedida, conhecida pelo mantenedor do acesso ou serviço que possibilite a continuação da propagação dos materiais ilícitos tratados pelo *caput* do art. 241-A do ECA.

A infiltração de agentes de polícia para a investigação de crimes contra a dignidade sexual de criança e de adolescente. Em virtude da previsão descrita no art. 190-A do ECA, pode haver a infiltração de agentes de polícia para apuração do crime descrito no art. 241-A do mesmo Estatuto. Remetemos o leitor para a leitura dos comentários referentes à infiltração de agentes policiais no ECA, páginas atrás.

Sujeito ativo. Pode ser praticado por qualquer pessoa. Assim, trata-se de um crime comum.

Sujeito passivo. É a criança ou adolescente.

Elemento subjetivo. É o doloso, apenas, não havendo previsão para a modalidade culposa.

Objeto material da conduta. É o vídeo, fotografia ou outro registro que contenha cena de sexo explícito ou pornográfica envolvendo criança ou adolescente.

Objeto jurídico. São tutelados os direitos da criança e do adolescente, principalmente no que diz respeito à sua intimidade e à sua dignidade sexual.

Classificação doutrinária. Trata-se de crime comum (pois pode ser praticado por qualquer pessoa), formal (nas modalidades "oferecer", "disponibilizar" e "publicar"), material (nas modalidades "trocar", "transmitir", "distribuir" e "divulgar"), comissivo, doloso, instantâneo (nas modalidades "oferecer", "trocar", "transmitir", "distribuir" e "publicar"), mas permanente (nas modalidades "disponibilizar" e "divulgar"), plurissubsistente e de forma livre (já que o tipo penal não requer a vinculação a uma formalidade para a prática do delito em tela).

Momento consumativo das condutas previstas no *caput* do art. 241-A do ECA. No caso das condutas de "disponibilizar" e "divulgar", como estamos diante de verbos de natureza permanente, a consumação se protrai no tempo, razão pela qual a prisão em flagrante é possível enquanto durar a situação de permanência. Já nas situações descritas pelas condutas de "oferecer" e "publicar", a consumação se dá com o simples ato de oferecimento ou publicação. Todavia, em face das condutas de "trocar", "transmitir" e "distribuir", a consumação se dá no momento em que o sujeito ativo efetua alteração no mundo jurídico, referente ao que concerne à produção de resultado naturalístico. Confira:

> CONFLITO NEGATIVO DE COMPETÊNCIA ENTRE JUÍZES FEDERAIS. PROCESSUAL PENAL. APURAÇÃO DO DELITO DO ART. 241-A DO ESTATUTO DA CRIANÇA E DO ADOLESCENTE. SUPOSTA VEICULAÇÃO DE IMAGENS DE PORNOGRAFIA INFANTIL PELA INTERNET. COMPETÊNCIA FIRMADA PELO LUGAR DA INFRAÇÃO. ART. 70 DO CÓDIGO DE PROCESSO PENAL (...) 1. A consumação do delito, que atualmente tem previsão no art. 241 -A do Estatuto da Criança e do Adolescente, "ocorre no ato de publicação das imagens pedófilo--pornográficas, sendo indiferente a localização do provedor de acesso à rede mundial de computadores onde tais imagens encontram-se armazenadas, ou a sua efetiva visualização pelos usuários" (CC 29.886/SP, Rel. Ministra MARIA THEREZA DE ASSIS MOURA, TERCEIRA SEÇÃO, julgado em 12/12/2007, DJ 01/02/2008, p. 427) [...] (STJ, TERCEIRA SEÇÃO. CC 93.739/RJ, Rel. Ministro NEFI CORDEIRO, julgado em 28/05/2014, DJe 06/06/2014, sem grifo no original)

Momento consumativo das condutas previstas no parágrafo primeiro do art. 241-A do ECA. Por estarmos diante de situações de caráter permanente, a consumação se protrai no tempo.

Tentativa. Admitida, em virtude da natureza plurissubsistente.

Competência. Divulgação de material via internet. Conteúdo acessível a usuários indeterminados. Competência da Justiça Federal. Entendimento válido para os arts. 241, 241-A, 241-B da Lei 8.069/1990. Jurisprudência dos Tribunais Superiores. O Supremo Tribunal Federal, ao apreciar o *leading case* RE 628624 referente ao Tema n. 393 do regime da repercussão geral, firmou a tese de que "*compete à Justiça Federal processar e julgar os crimes consistentes em disponibilizar ou adquirir material pornográfico envolvendo criança ou adolescente (arts. 241, 241-A e 241-B da Lei nº 8.069/1990) quando praticados por meio da rede mundial de computadores*". Assim, para caracterizar a internacionalidade do delito (e competência da Justiça Federal), basta que "*o material pornográfico envolvendo crianças ou adolescentes tenha estado acessível por alguém no estrangeiro, ainda que não haja evidências de que esse acesso realmente ocorreu*". Confira-se o *leading case*:

RECURSO EXTRAORDINÁRIO. REPERCUSSÃO GERAL RECONHECIDA. PENAL. PROCESSO PENAL. CRIME PREVISTO NO ARTIGO 241-A DA LEI 8.069/90 (ESTATUTO DA CRIANÇA E DO ADOLESCENTE). COMPETÊNCIA. DIVULGAÇÃO E PUBLICAÇÃO DE IMAGENS COM CONTEÚDO PORNOGRÁFICO ENVOLVENDO CRIANÇA OU ADOLESCENTE. CONVENÇÃO SOBRE DIREITOS DA CRIANÇA. DELITO COMETIDO POR MEIO DA REDE MUNDIAL DE COMPUTADORES (INTERNET). INTERNACIONALIDADE. ARTIGO 109, V, DA CONSTITUIÇÃO FEDERAL. COMPETÊNCIA DA JUSTIÇA FEDERAL RECONHECIDA. RECURSO DESPROVIDO. 1. À luz do preconizado no art. 109, V, da CF, a competência para processamento e julgamento de crime será da Justiça Federal quando preenchidos 03 (três) requisitos essenciais e cumulativos, quais sejam, que: a) o fato esteja previsto como crime no Brasil e no estrangeiro; b) o Brasil seja signatário de convenção ou tratado internacional por meio do qual assume o compromisso de reprimir criminalmente aquela espécie delitiva; e c) a conduta tenha ao menos se iniciado no Brasil e o resultado tenha ocorrido, ou devesse ter ocorrido no exterior, ou reciprocamente. 2. O Brasil pune a prática de divulgação e publicação de conteúdo pedófilo-pornográfico, conforme art. 241-A do Estatuto da Criança e do Adolescente. 3. Além de signatário da Convenção sobre Direitos da Criança, o Estado Brasileiro ratificou o respectivo Protocolo Facultativo. Em tais acordos internacionais se assentou a proteção à infância e se estabeleceu o compromisso de tipificação penal das condutas relacionadas à pornografia infantil. 4. Para fins de preenchimento do terceiro requisito, é necessário que, do exame entre a conduta praticada e o resultado produzido, ou que deveria ser produzido, se extraia o atributo de internacionalidade dessa relação. 5. Quando a publicação de material contendo pornografia infanto-juvenil ocorre na ambiência virtual de sítios de amplo e fácil acesso a qualquer sujeito, em qualquer parte do planeta, que esteja conectado à internet, a constatação da internacionalidade se infere não apenas do fato de que a postagem se opera em cenário propício ao livre acesso, como também que, ao fazê-lo, o agente comete o delito justamente com o objetivo de atingir o maior número possível de pessoas, inclusive assumindo o risco de que indivíduos localizados no estrangeiro sejam, igualmente, destinatários do material. A potencialidade do dano não se extrai somente do resultado efetivamente produzido, mas também daquele que poderia ocorrer, conforme própria previsão constitucional. 6. <u>Basta à configuração da competência da Justiça Federal que o material pornográfico envolvendo crianças ou adolescentes tenha estado acessível por alguém no estrangeiro, ainda que não haja evidências de que esse acesso realmente ocorreu</u>. 7. <u>A extração da potencial internacionalidade do resultado advém do nível de abrangência próprio de sítios virtuais de amplo acesso, bem como da reconhecida dispersão mundial preconizada no art. 2º, I, da Lei 12.965/14, que instituiu o Marco Civil</u>

da Internet no Brasil. 8. Não se constata o caráter de internacionalidade, ainda que potencial, quando o panorama fático envolve apenas a comunicação eletrônica havida entre particulares em canal de comunicação fechado, tal como ocorre na troca de e-mails ou conversas privadas entre pessoas situadas no Brasil. Evidenciado que o conteúdo permaneceu enclausurado entre os participantes da conversa virtual, bem como que os envolvidos se conectaram por meio de computadores instalados em território nacional, não há que se cogitar na internacionalidade do resultado. 9. Tese fixada: "Compete à Justiça Federal processar e julgar os crimes consistentes em disponibilizar ou adquirir material pornográfico envolvendo criança ou adolescente (arts. 241, 241-A e 241-B da Lei nº 8.069/1990) quando praticados por meio da rede mundial de computadores" [...] (STF, RE 628624, Relator(a): MARCO AURÉLIO, Relator(a) p/ Acórdão: EDSON FACHIN, Tribunal Pleno, julgado em 29/10/2015, ACÓRDÃO ELETRÔNICO REPERCUSSÃO GERAL - MÉRITO DJe-062 DIVULG 05-04-2016 PUBLIC 06-04-2016, sem grifo no original)

No mesmo sentido a jurisprudência do STJ:

AGRAVO REGIMENTAL NO CONFLITO DE COMPETÊNCIA. CRIME PREVISTO NO ART. 241-A DO ECA. MATERIAL APREENDIDO. PERÍCIA. OCORRÊNCIA. INEXISTÊNCIA DE COMPARTILHAMENTO, AINDA QUE POTENCIAL, NA INTERNET. COMPETÊNCIA ESTADUAL. AGRAVO REGIMENTAL NÃO PROVIDO. 1. Segundo a orientação jurisprudencial, a constatação da internacionalidade do delito previsto no art. 241-A do ECA impõe que haja a publicação do material pornográfico em ambiente virtual conectado à internet, independentemente da ocorrência efetiva de acesso no estrangeiro. 2. No caso, a perícia constatou que não haveria indícios de que o material com as imagens pornográficas havia sido disponibilizado na rede, isto é, de que haveria alguma evidência de ser acessível por outros terminais conectados à rede, ainda que potencialmente [...] (STJ, TERCEIRA SEÇÃO. AgRg no CC 167.915/SP, Rel. Ministro ROGERIO SCHIETTI CRUZ, julgado em 27/05/2020, DJe 01/06/2020)

RECURSO EM HABEAS CORPUS. TROCA E DIVULGAÇÃO DE IMAGENS PORNOGRÁFICAS DE CRIANÇA E ADOLESCENTE. ART. 241-A E ART. 241-B, AMBOS DA LEI 8.069/90. CONVERSAS PRIVADAS. INEXISTÊNCIA DE EVIDÊNCIAS DE DIVULGAÇÃO DAS IMAGENS EM SÍTIOS VIRTUAIS DE AMPLO E FÁCIL ACESSO. COMPETÊNCIA DA JUSTIÇA ESTADUAL (...) 1. Conforme a orientação firmada pelo Supremo Tribunal Federal, em repercussão geral, no julgamento do RE n. 628.624/MG, a internacionalidade do delito exige, primeiro, que a publicação do material pornográfico tenha sido em "ambiência virtual de sítios de amplo e fácil acesso a qualquer sujeito, em qualquer parte do planeta, que esteja conectado à internet", mas não só isso, é preciso também que "o material pornográfico envolvendo crianças ou adolescentes tenha estado acessível por alguém no estrangeiro, ainda que não haja evidências de que esse acesso realmente ocorreu." (RE 628.624, Relator(a): Min. MARCO AURÉLIO, Relator(a) p/ Acórdão: Min. EDSON FACHIN, Tribunal Pleno, julgado em 29/10/2015, ACÓRDÃO ELETRÔNICO REPERCUSSÃO GERAL - MÉRITO DJe-062 DIVULG 05-04-2016 PUBLIC 06-04-2016) [...] 2. As instâncias ordinárias enfatizaram a inexistência de indícios de transnacionalidade do delito, com fulcro no laudo da Polícia Federal, frisando que a conduta limitou-se à troca de imagens entre pessoas residentes no Brasil por meio de conversa privada via e-mail. Assim, não há como acolher a tese de incompetência da Justiça Estadual [...] (STJ, **QUINTA TURMA**. RHC 125.440/SE, Rel. Ministro RIBEIRO DANTAS, julgado em 09/06/2020, **DJe 15/06/2020**)

CONFLITO NEGATIVO DE COMPETÊNCIA. PROCESSUAL PENAL. DENÚNCIA. IMPUTAÇÃO DE PRÁTICA DOS CRIMES TIPIFICADOS NOS ARTS. 241-A E 241-B DA LEI N. 8.069/1990. DIVULGAÇÃO DE MATERIAL, VIA PROGRAMA P2P (PEER TO PEER), COM CONTEÚDO PORNOGRÁFICO ENVOLVENDO CRIANÇAS E ADOLESCENTES. CONTEÚDO ACESSÍVEL A USUÁRIOS INDEFINIDOS E ILIMITADOS, INCLUSIVE NO ESTRANGEIRO. COMPETÊNCIA DA JUSTIÇA FEDERAL (...) 1. O Supremo Tribunal Federal, ao apreciar o leading case referente ao Tema n. 393 do regime da repercussão geral, firmou a tese de que "compete à Justiça Federal processar e julgar os crimes consistentes em disponibilizar ou adquirir material pornográfico envolvendo criança ou adolescente (arts. 241, 241-A e 241-B da Lei nº 8.069/1990) quando praticados por meio da rede mundial de computadores". 2. De acordo com a orientação firmada pelo Pretório Excelso, "[b]asta à configuração da competência da Justiça Federal que o material pornográfico envolvendo crianças ou adolescentes tenha estado acessível por alguém no estrangeiro, ainda que não haja evidências de que esse acesso realmente ocorreu". 3. No caso concreto, segundo a denúncia, para compartilhar as fotos contendo o material pedopornográfico, o Acusado se utilizava do programa P2P (Peer-to-Peer), o qual, conforme a peça acusatória, tem como uma das principais características o fato de que "todos os arquivos existentes na pasta compartilhada do computador membro estarão 'visíveis' para os demais componentes da rede". 4. Se os arquivos ficavam disponíveis a usuários indefinidos e ilimitados, inclusive no estrangeiro, bastando que instalassem o aludido programa em seus dispositivos eletrônicos, para que tivessem acesso ao conteúdo pornográfico, a competência é da Justiça Federal [...] (STJ, **TERCEIRA SEÇÃO**. CC 173.960/MS, Rel. Ministra LAURITA VAZ, julgado em 14/10/2020, **DJe 21/10/ 2020**)

> AGRAVO REGIMENTAL NO RECURSO ESPECIAL. PORNOGRAFIA INFANTIL. COMPETÊNCIA DA JUSTIÇA FEDERAL (...) 1. O próprio agravante afirmou ter recebido fotos de perfil de usuária da rede social Facebook que residia em Portugal, atraindo, assim, a competência da Justiça Federal, nos termos do art. 109, V, da Constituição Federal, pois, o Plenário do Supremo Tribunal Federal, ao apreciar o Tema 393, em repercussão geral, fixou tese, segundo a qual, "Compete à Justiça Federal processar e julgar os crimes consistentes em disponibilizar ou adquirir material pornográfico envolvendo criança ou adolescente (arts. 241, 241-A, 241-B da Lei 8.069/1990) quando praticados por meio da rede mundial de computadores" (RE 628624, Relator(a): Min. MARCO AURÉLIO, Relator(a) p/ Acórdão: Min. EDSON FACHIN, Tribunal Pleno, julgado em 29/10/2015, ACÓRDÃO ELETRÔNICO REPERCUSSÃO GERAL - MÉRITO DJe-062 DIVULG 5-4-2016 PUBLIC 6-4-2016) [...] (STJ, SEXTA TURMA. AgRg no REsp 1880440/PE, Rel. Ministro NEFI CORDEIRO, julgado em 07/12/2020, DJe 10/12/2020)

Art. 241-A do ECA. Nova redação dada pela Lei n.º 11.829/2008. Atipicidade. Inexistência. Continuidade típico-normativa. Há entendimento da Sexta Turma do STJ no sentido de que a ação anterior descrita no art. 241 (anterior a 2008) foi deslocada para o art. 241-A, ambos do ECA, com a alteração parcial da redação do dispositivo legal, mas sem a desconfiguração da essência do crime. Logo, com a caracterização do fenômeno da continuidade típico-normativa não há que falar em atipicidade da conduta. Vejamos:

> HABEAS CORPUS. CONDENAÇÃO PELA PRÁTICA DOS CRIMES DISPOSTOS NOS ARTS. 241, ANTES DA ENTRADA EM VIGOR DA LEI N.º 8.829/2008, E 241-B, AMBOS DO ESTATUTO DA CRIANÇA E DO ADOLESCENTE. ALEGAÇÃO DE QUE A CONDUTA PRATICADA EM 2007 SERIA ATÍPICA. IMPROCEDÊNCIA (...) 1. Não deve prosperar a alegação de que a conduta do Paciente, praticada em 2007 e enquadrada no art. 241 do Estatuto da Criança e do Adolescente - ECA, antes da alteração da redação efetuada pela Lei n.º 11.829/2008, deve ser considerada atípica. 2. Na espécie, apesar de o Juízo singular utilizar, no édito condenatório, os verbos "disponibilizar" e "compartilhar", não descritos, de fato, na redação do art. 241 do ECA, antes da entrada em vigor da Lei n.º 11.829/2008, a conduta do Paciente, praticada em 20/04/2007, amolda-se perfeitamente à descrição típica do referido artigo, o qual constava as seguintes ações: "fornecer, divulgar ou publicar, por qualquer meio de comunicação, inclusive rede mundial de computadores ou internet, fotografias ou imagens com pornografia ou cenas de sexo explícito envolvendo criança ou adolescente". 3. Conforme o Dicionário Aurélio, o verbo "disponibilizar" tem como significado "tornar disponí-

> vel; viabilizar o acesso a ou o uso de (material, dados, etc.)". Assim, no caso, observo que os verbos "fornecer", "divulgar" e "publicar", descritos na redação anterior do art. 241 do ECA, são sinônimos e podem plenamente substituir a ação de "disponibilizar" - empregada pelo Magistrado a quo -, sem alterar o sentido e a descrição do fato típico, não havendo falar, portanto, em atipicidade da conduta. 4. Ademais, apesar de a Acusação, em sua exordial, ter denunciado o Paciente pela prática do crime descrito no art. 241-A do ECA, inserido pela Lei n.º 11.829/2008, não vigente à época dos fatos (ocorridos em 2007), o Juízo de primeiro grau, no momento da prolação da sentença, perfeitamente readequou a conduta para a descrita no art. 241 do mesmo Diploma Legal, com a redação anterior à alteração legislativa, o que se mostra plenamente possível, por meio da emendatio libelli, nos termos do art. 383, caput, do Código de Processo Penal. 5. Na realidade, com a vigência da Lei n.º 11.829/2008, operou-se o fenômeno jurídico denominado "continuidade normativo-típica", em que há a manutenção do caráter proibitivo da conduta, sendo apenas o tipo penal deslocado para outro dispositivo legal, como ocorreu no caso, em que a ação anterior descrita no art. 241 foi deslocada para o art. 241-A, ambos do ECA, com a alteração parcial da redação, mas sem a desconfiguração da essência do crime [...] (STJ, SEXTA TURMA. HC 471.335/PE, Rel. Ministra LAURITA VAZ, julgado em 10/12/2019, DJe 17/12/2019).

Art. 241-A e art. 241-B, ambos do ECA. Princípio da consunção. Inaplicabilidade. Crimes autônomos. Concurso de crimes. Jurisprudência do STJ consolidou-se no sentido da autonomia entre as condutas previstas nos artigos art. 241-A e art. 241-B, ambos do ECA, não sendo o crime previsto no art. 241-B do ECA fase normal nem meio de execução para a prática do delito do art. 241-A do ECA (e vice-versa). Assim, pode o agente somente baixar, arquivar e/ou armazenar o material pornográfico infantil, para satisfazer sua lascívia pessoal, abstendo-se de divulgá-lo. Ao passo que pode apenas compartilhar o referido material, sem armazená-lo. Observem os seguintes julgados da Quinta Turma do STJ:

> PENAL E PROCESSO PENAL. AGRAVO REGIMENTAL NO AGRAVO REGIMENTAL NO AGRAVO EM RECURSO ESPECIAL. PEDOFILIA. ARMAZENAMENTO E DIVULGAÇÃO, A MENORES, DE CONTEÚDO PORNOGRÁFICO RETRATANDO SEXO ENTRE ADOLESCENTES, CONTIDO EM COMPUTADOR PESSOAL (...) CONDUTAS PREVISTAS NOS ARTS. 241-A E 241-B DO ECA. CRIMES AUTÔNOMOS. TESE DE CONSUNÇÃO DE CRIMES. INAPLICABILIDADE AO CASO CONCRETO. CONCURSO MATERIAL (...) 2. A tese de consunção do crime previsto no art. 241-A por aquele descrito no art. 241-B não se sustenta, na hipótese, por se tratar de delito de tipo misto alternativo, o qual abarca todas as condutas que tenham por objeto

fotografias ou vídeos contendo menores em cenas de sexo explícito ou pornográficas. 3. Quando o agente adquire ou baixa arquivos de imagens pornográficas (fotos e vídeos) envolvendo crianças e adolescentes e os armazena no próprio HD - como no caso dos autos -, é perfeitamente possível o concurso material das condutas de "possuir" e "armazenar" (art. 241 -B do ECA) com as condutas de "publicar" ou "disponibilizar" e "transmitir" (art. 241 -A), o que autoriza a aplicação da regra do art. 69 do Código Penal. 4. Como o tipo incriminador capitulado no art. 241-A não constitui fase normal ou meio de execução para o delito do art. 241-B, o agente possuía a livre determinação de somente baixar, arquivar e/ou armazenar o material pornográfico infantil, para satisfazer sua lascívia pessoal, mas poderia se abster de divulgá-lo, sobretudo a adolescentes - o que não ocorreu na espécie [...] (STJ, QUINTA TURMA. AgRg no AgRg no REsp 1330974/MG, Rel. Ministro RIBEIRO DANTAS, julgado em 12/02/2019, DJe 19/02/2019, sem grifo no original)

PENAL E PROCESSO PENAL (...) PORNOGRAFIA INFANTOJUVENIL. DIVULGAÇÃO E ARMAZENAMENTO DE IMAGENS PORNOGRÁFICAS DE CRIANÇAS E ADOLESCENTES. ARTS. 241-A E 241-B, AMBOS DA LEI 8.069/1990 (ESTATUTO DA CRIANÇA E DO ADOLESCENTE). PRINCÍPIO DA CONSUNÇÃO. INAPLICABILIDADE. DELITOS AUTÔNOMOS. CONTINUIDADE DELITIVA (...) 3. O Superior Tribunal de Justiça firmou entendimento no sentido de que o crime previsto no art. 241-B não configura fase normal nem meio de execução para a prática do delito do art. 241-A, ambos do Estatuto da Criança e do Adolescente, tratando-se de tipos penais autônomos. De fato, é possível que alguém compartilhe sem efetivar armazenamento, como pode realizar o armazenamento sem a transmissão. Ou seja, são efetivamente verbos e condutas distintas, que podem ter aplicação autônoma. 4. Na espécie, as instâncias ordinárias consignaram que o recorrente armazenou inúmeras imagens e vídeos, mas compartilhou conteúdo diverso através do programa eMule, de modo que, estando devidamente delineada a autonomia de cada conduta apta a configurar o concurso material de crimes, não há se falar em consunção [...] (STJ, QUINTA TURMA. AgRg no REsp 1875645/PR, Rel. Ministro REYNALDO SOARES DA FONSECA, julgado em 18/08/2020, DJe 25/08/2020). Sem grifo no original.

AGRAVO REGIMENTAL NO RECURSO ESPECIAL. DIVULGAÇÃO E ARMAZENAMENTO DE PORNOGRAFIA INFANTIL. ARTIGOS 241-A (DISPONIBILIZAÇÃO DE MÍDIA) E 241-B (ARMAZENAMENTO DE MÍDIA), DA LEI Nº 8.069/90. APLICABILIDADE DO PRINCÍPIO DA CONSUNÇÃO. CONDUTAS AUTÔNOMAS. IMPOSSIBILIDADE (...) 1. As condutas de armazenamento de arquivos de pornografia infanto juvenil e posterior transmissão parcial dos referidos arquivos denotam autonomia apta a configurar o concurso material, afastando-se a tese defensiva de aplicação do princípio da consunção [...] (STJ, QUINTA TURMA. AgRg no REsp 1831910/SP, Rel. Ministro JOEL ILAN PACIORNIK, julgado em 15/09/2020, DJe 21/09/2020)

Art. 241-B. Adquirir, possuir ou armazenar, por qualquer meio, fotografia, vídeo ou outra forma de registro que contenha cena de sexo explícito ou pornográfica envolvendo criança ou adolescente: (Incluído pela Lei nº 11.829, de 2008)

Pena - reclusão, de 1 (um) a 4 (quatro) anos, e multa. (Incluído pela Lei nº 11.829, de 2008)

Do crime previsto no art. 241-B do ECA. A Lei nº 11.829/08, que aprimorou o combate à produção, venda e distribuição de pornografia infantil, também fez incluir o art. 241-B do ECA, de modo a abarcar a conduta daqueles sejam os difusores dos objetos materiais oriundos dos crimes precedentes, quais seja, os do art. 240 e o do art. 241-A, ambos do ECA.

Neles, basicamente, o objeto envolvido é a foto, o vídeo ou o registro que contenha cena de sexo explícito ou pornográfica envolvendo criança ou adolescente. É também o objeto material do crime previsto no art. 241-B do ECA, mas aqui, diferentemente do que temos nos dois crimes precedentes, já podemos identificar, de certa forma, uma espécie de "destinatário final" do material que lá foi produzido. Anteriormente, como inexistia essa figura típica, até poderíamos pensar em receptação do material, conforme o caso concreto, mas a busca por adequação típica era feita fora do ECA, o que acabava sendo incongruente.

Então, o que o legislador fez ao incluir as condutas do art. 241-B do ECA foi albergar punição para aquele que adquira, possua ou armazene, por qualquer meio, tais objetos materiais (cuja leitura deve ser feita em conjunto com o art. 241-E do ECA, que explica o que vem a ser uma "cena de sexo explícito ou pornográfica envolvendo criança ou adolescente").

Sujeito ativo. Pode ser praticado por qualquer pessoa. Assim, trata-se de um crime comum.

Sujeito passivo. É a criança ou adolescente.

Elemento subjetivo. É o doloso, apenas, não havendo previsão para a modalidade culposa.

Objeto material da conduta. É o vídeo, fotografia ou outro registro que contenha cena de sexo explícito ou pornográfica envolvendo criança ou adolescente.

Objeto jurídico. São tutelados os direitos da criança e do adolescente, principalmente no que diz respeito à sua intimidade e dignidade sexual.

Classificação doutrinária. Trata-se de crime comum (pois pode ser praticado por qualquer pessoa), formal, comissivo, doloso, instantâneo (na modalidade "adquirir"), mas permanente (nas modalidades "possuir" e "armazenar"), plurissubsistente e de forma livre (já que o tipo penal não requer a vinculação a uma formalidade para a prática do delito em tela).

Momento consumativo das condutas previstas no art. 241-B do ECA. Quando estivermos diante das modalidades permanentes "possuir" e "armazenar", a consumação se protrai no tempo, em virtude desta característica específica, podendo ser efetuada a prisão em flagrante enquanto durar este estado. Porém, na situação de "adquirir", a consumação se dará no exato momento da aquisição do objeto material. Observe-se a jurisprudência do STJ:

> HABEAS CORPUS. CONDENAÇÃO PELA PRÁTICA DOS CRIMES DISPOSTOS NOS ARTS. 241, ANTES DA ENTRADA EM VIGOR DA LEI N.º 8.829/2008, E 241-B, AMBOS DO ESTATUTO DA CRIANÇA E DO ADOLESCENTE (...) 8. O pleito de afastamento do concurso formal de crimes, quanto ao crime disposto no art. 241-B do ECA, merece prosperar, pois, independentemente de haver um ou dois vídeos no computador do Condenado, trata-se de crime formal e permanente, consumado em decorrência de conduta única instantânea, qual seja, a de armazenar o material ilegal, bem como de um único bem jurídico tutelado e violado, qual seja, a sociedade - incluindo a dignidade da criança e do adolescente -, não havendo, assim, pluralidade de vítimas e de delitos, o que afasta a aplicação da regra disposta no art. 70, caput, do Código Penal [...] (HC 471.335/PE, Rel. Ministra LAURITA VAZ, SEXTA TURMA, julgado em 10/12/2019, DJe 17/12/2019). Sem grifo no original.

Tentativa. Admitida, em virtude da natureza plurissubsistente.

Art. 241-B do ECA. Perícia. Necessidade. Jurisprudência do STJ tem posicionamento pela validade dos exames periciais assinados por apenas um perito desde que se trate de perito oficial (investidura no cargo por lei), havendo exigência de o laudo técnico ser assinado por dois peritos somente quando se tratar de especialistas não oficiais (STJ, QUINTA TURMA. AgRg no AREsp 584.982/DF, Rel. Ministro JORGE MUSSI, DJe 21/3/2018).

> PENAL. AGRAVO REGIMENTAL NO AGRAVO REGIMENTAL NO AGRAVO EM RECURSO ESPECIAL. ART. 241-B DA LEI N. 8.069/90 (ESTATUTO DA CRIANÇA E DO ADOLESCENTE - ECA). PORNOGRAFIA INFANTIL. 1) VIOLAÇÃO AO ART. 159, § 1º, DO CÓDIGO DE PROCESSO PENAL - CPP. LAUDO PERICIAL ASSINADO POR UM PERITO NÃO OFICIAL (...) 1. Esta Corte tem entendido pela validade dos exames periciais assinados por apenas um perito oficial, como o caso dos autos. A exigência de o laudo técnico ser assinado por

> dois peritos se faz somente quando se tratar de especialistas não oficiais (AgRg no AREsp 584.982/DF, Rel. Ministro JORGE MUSSI, QUINTA TURMA, DJe 21/3/2018). 1.1. Perito oficial é aquele investido no cargo por lei, caracterizando-se como auxiliar da justiça, submetendo-se, inclusive, às mesmas causas de suspeição e impedimento impostas ao magistrado (AgRg no AREsp 584.982/DF, Rel. Ministro JORGE MUSSI, QUINTA TURMA, DJe 21/3/2018). 1.2. No caso concreto, o laudo pericial no computador foi realizado em laboratório público por uma pessoa idônea, perito não oficial (embora servidor público), motivo pelo qual foi afastada a materialidade delitiva e absolvido o agravado [...] (STJ, QUINTA TURMA. AgRg no AgRg no AREsp 1552364/RJ, Rel. Ministro JOEL ILAN PACIORNIK, julgado em 06/10/2020, DJe 13/10/2020, sem grifo no original)

Art. 241-B do ECA. Agravante da hospitalidade. Art. 61, II, "f" do CP. Incidência. Possibilidade. A jurisprudência da Quinta Turma do STJ admite a incidência da agravante genérica da hospitalidade (art. 61, II, "f", do CP) ao artigo 241-B do ECA, tendo em vista que tal circunstância não configura elementar do referido delito, razão pela qual não há que falar em *bis in idem*. Confira o recente julgado:

> PENAL E PROCESSO PENAL. AGRAVO REGIMENTAL NO AGRAVO EM RECURSO ESPECIAL. ARTIGOS 241-A E 241-B DA LEI 8.069/1990 - ESTATUTO DA CRIANÇA E DO ADOLESCENTE - ECA (...) ART. 61, II, "F", DO CÓDIGO PENAL - CP. INCIDÊNCIA DA AGRAVANTE DA HOSPITALIDADE. VÍTIMA QUE FREQUENTAVA A RESIDÊNCIA DO RÉU. CIRCUNSTÂNCIA QUE NÃO CONSTITUI ELEMENTAR DO CRIME DO ART. 241-B DO ECA (...) 4. Em relação à incidência da agravante genérica na segunda fase, observa-se que o caput do art. 61 do CP, dispõe que "são circunstâncias que sempre agravam a pena, quando não constituem ou qualificam o crime". No caso, a circunstância de a vítima frequentar a casa do réu não constitui elementar do crime do art. 241-B do ECA, sendo devida a incidência da agravante da hospitalidade. (REsp 906.185/RJ, Rel. Ministro ROGÉRIO SCHIETTI CRUZ, SEXTA TURMA, DJe de 22/8/2014) [...] (STJ, QUINTA TURMA. AgRg no AREsp 1372347/MG, Rel. Ministro JOEL ILAN PACIORNIK, julgado em 05/03/2020, DJe 17/03/2020)

§ 1º A pena é diminuída de 1 (um) a 2/3 (dois terços) se de pequena quantidade o material a que se refere o caput deste artigo. (Incluído pela Lei nº 11.829, de 2008)

A causa de diminuição de pena prevista no art. 241-B, § 1º, do ECA. Não podemos nos esquecer que estamos diante de um crime que deixa vestígios, razão pela qual deverá ser observada toda disciplina no que concerne à realização de exame de corpo de delito e também aquela referente à cadeia de custódia, como preconizado pelo Código de Processo Penal. Então, feita a perícia, caso fique constatado que se trate de pequena quantidade, então o legislador previu uma redução na pena a ser atribuída pelo juiz, no momento da sentença. O *quantum* de redução deve ser valorado conforme as circunstâncias do caso concreto, seja em face da quantidade e/ou da qualidade do material.

> § 2º Não há crime se a posse ou o armazenamento tem a finalidade de comunicar às autoridades competentes a ocorrência das condutas descritas nos arts. 240, 241, 241-A e 241-C desta Lei, quando a comunicação for feita por: (Incluído pela Lei nº 11.829, de 2008)
>
> I – agente público no exercício de suas funções; (Incluído pela Lei nº 11.829, de 2008)
>
> II – membro de entidade, legalmente constituída, que inclua, entre suas finalidades institucionais, o recebimento, o processamento e o encaminhamento de notícia dos crimes referidos neste parágrafo; (Incluído pela Lei nº 11.829, de 2008)
>
> III – representante legal e funcionários responsáveis de provedor de acesso ou serviço prestado por meio de rede de computadores, até o recebimento do material relativo à notícia feita à autoridade policial, ao Ministério Público ou ao Poder Judiciário. (Incluído pela Lei nº 11.829, de 2008)

A excludente de ilicitude prevista no parágrafo segundo do art. 241-B do ECA. A atuação de agentes policiais ou de pessoas a quem caiba noticiar crimes como o do art. 241-B do ECA pode, eventualmente, englobar situações que a princípio podem ser tipificadas como criminosas. No entanto, a depender do caso, se configuram ou como exercício regular de direito ou como estrito cumprimento do dever legal, excludentes de ilicitude, portanto. Assim, seria desnecessário prever ou reescrever tais excludentes, se elas já estão devidamente ilustradas na parte geral do Código Penal, cuja aplicação pode perfeitamente ser seguida pela ritualística do ECA, desde que este não faça previsões em sentido contrário, o que seria prevalente dada a natureza especial desta legislação. Mesmo assim, o legislador preferiu adotar a redação do parágrafo segundo do art. 241-B do ECA, trazendo hipóteses nas quais haverá excludente de ilicitude nas hipóteses previstas nos seus incisos.

Podemos, por exemplo, fazer um contraponto com as previsões descritas nos artigos 190-A a 190-E, ambos do ECA, quando preveem a infiltração de agentes de polícia para a investigação de crimes contra a dignidade sexual de criança e de adolescente. Aliás, o próprio artigo 190-A do ECA faz expressa referência à possibilidade de que a infiltração seja cabível na hipótese do art. 241-B do ECA. Assim, o que queremos dizer é que eventualmente o agente infiltrado pode vir a ter imagens, vídeos que contenham cena de sexo explícito ou pornográfica envolvendo criança ou adolescente, razão pela qual estará albergado pela excludente de ilicitude prevista no art. 241-B, § 2º, do ECA, o que também já estava descrito por ocasião da redação do art. 190-C do mesmo Estatuto. Devemos, todavia, observar a questão dos excessos eventualmente praticados. Remetemos o leitor para a leitura dos comentários referentes à infiltração de agentes policiais no ECA, que fizemos páginas atrás.

§ 3º As pessoas referidas no § 2 o deste artigo deverão manter sob sigilo o material ilícito referido. (Incluído pela Lei nº 11.829, de 2008)

A questão do sigilo. O art. 190-B do ECA também prevê o sigilo das informações nos casos de infiltração de agentes de polícia para a investigação desta espécie de crime. Mas aqui, é salutar que se frise o sigilo, principalmente porque no parágrafo segundo do art. 241-B do ECA também estão previstas outras personagens não albergadas pela redação daquele primeiro artigo.

Art. 241-C. Simular a participação de criança ou adolescente em cena de sexo explícito ou pornográfica por meio de adulteração, montagem ou modificação de fotografia, vídeo ou qualquer outra forma de representação visual: (Incluído pela Lei nº 11.829, de 2008)

Pena - reclusão, de 1 (um) a 3 (três) anos, e multa. (Incluído pela Lei nº 11.829, de 2008)

Parágrafo único. Incorre nas mesmas penas quem vende, expõe à venda, disponibiliza, distribui, publica ou divulga por qualquer meio, adquire, possui ou armazena o material produzido na forma do caput deste artigo. (Incluído pela Lei nº 11.829, de 2008)

Do crime previsto no art. 241-C do ECA. Com o advento da Lei nº 11.829/08, que aprimorou o combate à produção, venda e distribuição de pornografia infantil, houve a inclusão do art. 241-C no Estatuto da Criança e do Adolescente, o legislador também fez por bem inserir, no contexto da proteção à intimidade e à dignidade sexual da criança e do adolescente, as condutas nas quais o sujeito ativo faz parecer que no vídeo, na fotografia ou em qualquer outra forma de representação visual, haja a participação de criança ou adolescente.

Então, estamos diante de uma situação de simulação, de montagem, de modificação de um material pornográfico que originalmente não tem participação direta de criança ou adolescente, mas o sujeito ativo assim faz parecer, por meio de adulteração, montagem ou modificação de cenas nas quais originalmente um adulto participa (caso contrário, se desde o início já tivéssemos a participação de criança ou de adolescente nas imagens, fotografias, filmagens etc, então, poderíamos pensar na tipificação do crime previsto no art. 240 do ECA, conforme o caso concreto).

O sujeito ativo pode, por exemplo, aproveitar um determinado material no qual conste corpos nus de adultos, mas nele faça inserir o rosto de uma criança ou adolescente etc.

A falta de menção às condutas típicas narradas no art. 241-C do ECA em face de materiais sonoros. Acreditamos que o legislador tenha pecado ao não inserir também, como possível objeto material, tudo aquilo que fizesse referência à simulação quanto à participação de criança ou adolescente em cena de sexo explícito ou pornográfica, por meio da adulteração, montagem ou modificação de qualquer forma de representação sonora ou fonográfica. Perceba que o *caput* do art. 241-C do ECA só faz menção ao material que representa visualmente aquelas situações. Assim, se a montagem for de materiais de áudio, entendemos ser aplicável o art. 216-B, parágrafo único, do Código Penal, mesmo em se tratando de simulação da participação de criança e adolescente no referido material e através das formalidades descritas no art. 241-C do ECA.

> (CP) Art. 216-B. Produzir, fotografar, filmar ou registrar, por qualquer meio, conteúdo com cena de nudez ou ato sexual ou libidinoso de caráter íntimo e privado sem autorização dos participantes: (Incluído pela Lei nº 13.772, de 2018)
>
> Pena - detenção, de 6 (seis) meses a 1 (um) ano, e multa.
>
> Parágrafo único. Na mesma pena incorre quem realiza montagem em fotografia, vídeo, áudio ou qualquer outro registro com o fim de incluir pessoa em cena de nudez ou ato sexual ou libidinoso de caráter íntimo. (Incluído pela Lei nº 13.772, de 2018)

A infiltração de agentes de polícia para a investigação de crimes contra a dignidade sexual de criança e de adolescente. Em virtude da previsão descrita no art. 190-A do ECA, pode haver a infiltração de agentes de polícia para apuração do crime descrito aqui no art. 241-C do mesmo Estatuto. Remetemos o leitor para a leitura dos comentários referentes à infiltração de agentes policiais no ECA, páginas atrás.

A previsão contida no parágrafo único do art. 241-C do ECA. Segundo consta no dispositivo mencionado, estará sujeito às mesmas penas previstas no *caput* aquele que vende, expõe à venda, disponibiliza, distribui, publica ou divulga, ou ainda, por qualquer meio adquire, possui ou armazena o material ilícito que foi produzido por ocasião da simulação também prevista no *caput* do art. 241-C do ECA. Embora não utilize todas as condutas narradas nos artigos 241, 241-A e 241-B, a intenção do legislador foi a de coibir práticas semelhantes ao difusor das imagens, com a observação que no art. 241-C estamos tratando não das imagens nas quais há efetiva participação de criança ou adolescente, mas sim daquelas em que estas pessoas estão indevidamente inseridas através de uma simulação mediante adulteração, modificação ou montagem de um material no qual originalmente estão contracenando pessoas adultas.

O caráter de "permanência" de alguns verbos nucleares no parágrafo único do art. 241-C do ECA. É preciso atentar para o fato de que no parágrafo único existem algumas condutas que são permanentes, interferindo diretamente na condução da prisão em flagrante, que poderá ocorrer a qualquer momento, enquanto durar o estado de permanência.

Sujeito ativo. O crime em comento pode ser praticado por qualquer pessoa. Assim, trata-se de um crime comum.

Sujeito passivo. É a criança ou adolescente.

Elemento subjetivo. É o doloso, apenas, não havendo previsão para a modalidade culposa.

Objeto material da conduta. É o vídeo, fotografia ou qualquer outra forma de representação visual que contenham as imagens nas condições narradas no *caput* do art. 241-C do ECA.

Objeto jurídico. São tutelados os direitos da criança e do adolescente, principalmente no que diz respeito à sua intimidade e à sua dignidade sexual.

Classificação doutrinária do *caput* do art. 241-C do ECA. Trata-se de crime comum (pois pode ser praticado por qualquer pessoa), material (em virtude da necessidade de ocorrência de resultado naturalístico, que consiste na adulteração, montagem ou modificação de fotografia, vídeo ou qualquer outra forma de representação visual na qual esteja simulada a participação de criança ou adolescente), comissivo, doloso, instantâneo, plurissubsistente e de forma vinculada (já que o tipo penal requer a vinculação a uma formalidade para a prática do delito em tela, qual seja, por meio de adulteração, montagem ou modificação do objeto material em estudo).

Momento consumativo das condutas previstas no *caput* do art. 241-C do ECA. Em virtude da natureza material do crime em comento, entendemos que é preciso que o objeto material previsto para este crime esteja efetivamente adulterado, montado ou modificado, fazendo constar a simulação da participação de criança ou adolescente em cena de sexo explícito ou pornográfica.

Classificação doutrinária do parágrafo único do art. 241-C do ECA. Trata-se de crime comum (pois pode ser praticado por qualquer pessoa), formal (quando estivermos diante das modalidades "publicar", "divulgar", "expor à venda", "disponibilizar", "armazenar", "distribuir" e "possuir"), mas material (nas situações "vender" e "adquirir"), comissivo, doloso, instantâneo (nas modalidades "vender", "distribuir", "publicar", "divulgar" e "adquirir"), porém, permanente (diante dos verbos "expor à venda", "disponibilizar", "armazenar" e "possuir), uni ou plurissubsistente (dependendo da situação fática) e de forma vinculada (já que o tipo penal, requer a vinculação a uma formalidade para a prática do delito em tela, qual seja, que as condutas sejam praticadas em face do material produzido na forma do *caput* do art. 241-C do ECA).

Momento consumativo das condutas previstas no parágrafo único do art. 241-C do ECA. Diante da prática dos verbos nucleares "expor à venda", "disponibilizar", "armazenar" e "possuir", em virtude do caráter de permanência, inerente a tais verbos, a conduta se protrai no tempo, razão pela qual o crime estará considerado como consumado enquanto não cessar a situação de permanência. Todavia, com relação aos demais verbos "vender", "distribuir", "publicar", "divulgar" e "adquirir", a consumação se dá com a efetiva prática das condutas a eles inerentes.

Tentativa. Admitida, em virtude da natureza plurissubsistente.

Art. 241-D. Aliciar, assediar, instigar ou constranger, por qualquer meio de comunicação, criança, com o fim de com ela praticar ato libidinoso: (Incluído pela Lei nº 11.829, de 2008)

Pena - reclusão, de 1 (um) a 3 (três) anos, e multa. (Incluído pela Lei nº 11.829, de 2008)

Parágrafo único. Nas mesmas penas incorre quem: (Incluído pela Lei nº 11.829, de 2008)

I - facilita ou induz o acesso à criança de material contendo cena de sexo explícito ou pornográfica com o fim de com ela praticar ato libidinoso; (Incluído pela Lei nº 11.829, de 2008)

II - pratica as condutas descritas no caput deste artigo com o fim de induzir criança a se exibir de forma pornográfica ou sexualmente explícita. (Incluído pela Lei nº 11.829, de 2008)

Do crime previsto no art. 241-D do ECA. Dentre diversas inclusões e alterações, a Lei nº 11.829/08, que aprimorou o combate à produção, venda e distribuição de pornografia infantil, também promoveu a inserção das condutas descritas no art. 241-D do ECA. Neste sentido, qualquer pessoa que tiver a intenção de praticar ato libidinoso com criança (perceba que a lei não faz menção ao adolescente), mediante o aliciamento, assédio, instigação ou constrangimento (que podem abarcar atos de atração, importunação, incômodo etc.). Foi inserido com o propósito de abarcar, principalmente, as pessoas que, se valendo do anonimato através da internet, conseguiam atrair a confiança da criança ou faziam com que ela, pelas condutas narradas no *caput* do art. 241-D do ECA, finalmente praticasse atos libidinosos.

Algumas observações precisam ser feitas no que diz respeito à finalidade vinculada pelo tipo penal. Podemos definir "ato libidinoso" como qualquer prática que tenha a finalidade de satisfazer a libido, a intenção sexual, o desejo sexual e que também inclui a conjunção carnal como uma forma de manifestação, além de outros exemplos como o coito ectópico (relação sexual na qual os participantes utilizam o órgão sexual com outra parte do corpo do parceiro, por exemplo, boca e ânus), a masturbação, utilização das mãos para percorrer o corpo da outra pessoa com comportamento lascivo etc[2].

Portanto, embora de forma não especificada, também entendemos que a expressão engloba a intenção para a prática da conjunção carnal com a criança. Todavia, não é necessário que o sujeito ativo efetivamente pratique ato libidinoso com

2. Sobre o tema, vide também: FERREIRA, Wilson Luiz Palermo. *Medicina Legal*. 6. ed. Salvador: Juspodivm, 2021. p. 288.

ela, pois, caso o proceda, será enquadrado no crime de estupro de vulnerável, previsto no art. 217-A do Código Penal.

A partir disto, podemos inferir que a figura do adolescente não foi incluída, pois a partir dos quatorze anos o adolescente já pode ter maior liberdade no que diz respeito às suas decisões quanto à prática sexual, em virtude do progressivo discernimento que a lei entende existir em face destes indivíduos.

A infiltração de agentes de polícia para a investigação de crimes contra a dignidade sexual de criança e de adolescente. Em virtude da previsão descrita no art. 190-A do ECA, pode haver a infiltração de agentes de polícia para apuração do crime descrito aqui no art. 241-D do mesmo Estatuto. Remetemos o leitor para a leitura dos comentários referentes à infiltração de agentes policiais no ECA, páginas atrás.

As previsões contidas no parágrafo único do art. 241-D do ECA. Pela leitura deste dispositivo legal, todo aquele que tenha finalidade de praticar ato libidinoso com a criança mediante a indução ou facilitação do acesso de material pornográfico ou que contenha cena de sexo explícito, também estará sujeito às penas previstas no preceito secundário do tipo penal do art. 241-D do ECA. Embora a especificação na previsão legal, entendemos que esta conduta já poderia ser perfeitamente abarcada por meio do aliciamento, do assédio ou da instigação, por qualquer meio de comunicação, conforme já descrito no *caput* do mesmo artigo. Aliás, podemos imaginar que o sujeito ativo, por ocasião dessas condutas, para exercer certa forma de convencimento ou para aguçar a curiosidade inerente às crianças, possam vir a mostrar-lhes conteúdo pornográfico de modo a com ela praticar ato semelhante. Neste sentido, totalmente desnecessária a especificação do art. 241-D, parágrafo único, I, do ECA.

No que concerne ao inciso II do parágrafo único, o legislador aproveita os verbos nucleares e o objeto material descritos no *caput* do artigo 241-D, mas altera a finalidade, passando a abarcar a intenção de fazer com que a criança se exiba de forma pornográfica ou sexualmente explícita. Sua ideia inicial é a de satisfazer a própria lascívia em atos de contemplação, que pode esconder uma finalidade de capturar imagens, vídeos etc, o que poderia nos fazer imaginar a subsunção a outras figuras típicas descritas no ECA, como por exemplo as do artigo 240 do mesmo Estatuto, cuja adequação típica deve ser vista conforme as circunstâncias do caso concreto.

Sujeito ativo. O crime em comento pode ser praticado por qualquer pessoa. Assim, trata-se de um crime comum.

Sujeito passivo. É apenas a criança.

Elemento subjetivo. É o doloso, apenas, não havendo previsão para a modalidade culposa.

Objeto material da conduta. No presente caso, confunde-se com o próprio sujeito passivo, que é a criança.

Objeto jurídico. São tutelados os direitos da criança, principalmente no que diz respeito à sua intimidade e à sua dignidade sexual.

Classificação doutrinária do art. 241-D do ECA. Trata-se de crime comum (pois pode ser praticado por qualquer pessoa), formal (em virtude da desnecessidade de ocorrência de resultado naturalístico, que poderia inclusive se configurar como estupro de vulnerável), comissivo, doloso, instantâneo, plurissubsistente e de forma livre (já que o tipo penal não requer a vinculação a uma formalidade específica para que se pratique o crime).

Momento consumativo das condutas previstas do art. 241-D do ECA. As condutas descritas no *caput* do art. 241-D do ECA estarão consumadas com a simples prática dos atos descritos nos verbos nucleares, dispensando-se a ocorrência de resultado naturalístico.

Tentativa. Admitida, em virtude da natureza plurissubsistente.

Art. 241-D do ECA e art. 65 da Lei de Contravenções Penais. Desclassificação. Impossibilidade. A Sexta Turma do STJ reconheceu que a conduta de abordar criança para oferecer dinheiro, em troca de apalpar o corpo da vítima menor, com inegável conotação lasciva, se subsome ao delito do art. 241-D do ECA, e não à contravenção penal de perturbação da tranquilidade (art. 65 do Decreto-Lei 3.688/1941), uma vez que a elementar do tipo penal previsto no art. 241-D, qual seja, "qualquer meio de comunicação" inclui a abordagem pessoal à infante.

> PENAL E PROCESSO PENAL. RECURSO ESPECIAL. ART. 241-D DO ECA. DESCLASSIFICAÇÃO PARA O TIPO PREVISTO NO ART. 65 DO DECRETO-LEI 3.688/1941. IMPOSSIBILIDADE. INTUITO DE PERTURBAR A PAZ DA VÍTIMA. AUSÊNCIA. PROPÓSITO LASCIVO. REVOLVIMENTO DO CONJUNTO FÁTICO-PROBATÓRIO. DESNECESSIDADE. MATÉRIA DE DIREITO (...) 1. A conduta de abordar criança de 9 anos de idade para oferecer dinheiro, em troca de apalpar o corpo da ofendida, com inegável conotação lasciva, possui adequação típica ao delito do art. 241-D do ECA, e não à contravenção penal de perturbação da tranquilidade, sendo impertinente a desclassificação a conduta para o art. 65 da Lei de Contravenções Penais. 2. O elemento do tipo penal do art. 241-D "qualquer meio de comunicação" inclui a abordagem pessoal à infante. 3. A análise restringe-se ao enquadramento típico do fato, exigindo para tanto nova valoração jurídica da prova, e não o seu reexame. 4. Recurso especial provido para restabelecer a sentença condenatória pela prática do delito previsto no art. 241-D do ECA. (STJ, SEXTA TURMA. REsp 1894300/SC, Rel. Ministro NEFI CORDEIRO, julgado em 15/12/2020, DJe 18/12/2020)

Art. 241-E. Para efeito dos crimes previstos nesta Lei, a expressão "cena de sexo explícito ou pornográfica" compreende qualquer situação que envolva criança ou adolescente em atividades sexuais explícitas, reais ou simuladas, ou exibição dos órgãos genitais de uma criança ou adolescente para fins primordialmente sexuais. (Incluído pela Lei nº 11.829, de 2008)

A norma prevista no art. 241-E do ECA. Doutrinariamente, podemos definir a natureza jurídica da norma em comento como sendo uma norma penal explicativa, importante para análise de diversos crimes do ECA que trazem a cena de sexo explícito ou pornográfica como objeto material em diversas situações. Por tal motivo, e até mesmo para se impedir interpretações inadequadas sobre o assunto, o legislador fez por bem inserir tal norma. No entanto, embora mencione a palavra "pornografia", entendemos que o fez de forma restringida, dando ênfase na explicação detalhada às formas explícitas (aliás, palavra bastante utilizada no art. 241-E do ECA), que por sua vez denotam a pornografia entendida como "*hardcore*", que compreende basicamente os atos sexuais em si, mas o legislador não detalha na explicação a pornografia dita como "*softcore*", que pode conter situações de nudez parcial ou total ou ainda situações sugestivas, implícitas, como fotografias com poucas roupas ou lingerie em posições sexuais etc. Mesmo estando englobada na palavra "pornografia", sobre este último tipo não há maiores inferências na norma do art. 241-E, porém, entendemos estar albergada neste conteúdo.

Art. 241-E do ECA. Definição incompleta. Tipos penais abertos. Norma explicativa. Não restrição da proteção legal. Interpretação extensiva não limitante. Possibilidade. Vedação da proteção constitucional deficitária. O objetivo do legislador não foi limitar a proteção (especial) legal. Ao contrário. A proteção conferida pelo ECA às crianças e aos adolescentes é ampla para assegurar sua peculiar condição de pessoa em desenvolvimento (art. 6º do ECA), conferindo o máximo de eficácia à constituição (art. 227 da CRFB/88). Além disso, a interpretação sistemática dos dispositivos do ECA, no contexto da rede de proteção, leva à conclusão de que a definição legal de pornografia infantil trazida pelo artigo 241-E do ECA é incompleta e deve ser interpretada com vistas à proteção (integral) da criança e do adolescente.

Logo, o art. 241-E do ECA é "*norma penal explicativa que contribui para a interpretação dos tipos penais abertos criados pela Lei nº 11.829/2008, sem, contudo, restringir-lhes o alcance*". Assim, a Sexta Turma do STJ reconheceu típica a conduta de fotografar cena pornográfica (art. 241-B do ECA) e de armazenar fotografias de conteúdo pornográfico envolvendo criança ou adolescente (art. 240 do ECA) – desde que incontroversa a finalidade sexual e libidinosa das fotografias – com enfoque nos órgãos genitais das vítimas menores, ainda que cobertos por peças de roupas, e de poses nitidamente sensuais, em que explorada sua sexualidade com conotação obscena e pornográfica.

RECURSO ESPECIAL. PENAL E PROCESSO PENAL (...) CRIME DE FOTOGRAFAR CENA PORNOGRÁFICA ENVOLVENDO CRIANÇA OU ADOLESCENTE (ART. 240 DA LEI N. 8.069/1990). CRIME DE ARMAZENAR FOTOGRAFIAS DE CONTEÚDO PORNOGRÁFICO ENVOLVENDO CRIANÇA OU ADOLESCENTE (ART. 241-B DO ESTATU-

TO DA CRIANÇA E DO ADOLESCENTE). PORNOGRAFIA INFANTIL. ART. 241-E DO ESTATUTO DA CRIANÇA E DO ADOLESCENTE. DEFINIÇÃO INCOMPLETA. TIPOS PENAIS ABERTOS. ENFOQUE NOS ÓRGÃOS GENITAIS, AINDA QUE COBERTOS, E POSES SENSUAIS. SEXUALIDADE EXPLORADA. CONOTAÇÃO OBSCENA E FINALIDADE SEXUAL E LIBIDINOSA (...) 5. A definição legal de pornografia infantil apresentada pelo artigo 241-E do Estatuto da Criança e do Adolescente não é completa e deve ser interpretada com vistas à proteção da criança e do adolescente em condição peculiar de pessoas em desenvolvimento (art. 6º do ECA), tratando-se de norma penal explicativa que contribui para a interpretação dos tipos penais abertos criados pela Lei nº 11.829/2008, sem contudo restringir-lhes o alcance. 6. É típica a conduta de fotografar cena pornográfica (art. 241-B do ECA) e de armazenar fotografias de conteúdo pornográfico envolvendo criança ou adolescente (art. 240 do ECA) na hipótese em que restar incontroversa a finalidade sexual e libidinosa das fotografias, com enfoque nos órgãos genitais das vítimas - ainda que cobertos por peças de roupas -, e de poses nitidamente sensuais, em que explorada sua sexualidade com conotação obscena e pornográfica [...] (STJ, SEXTA TURMA. REsp 1543267/SC, Rel. Ministra MARIA THEREZA DE ASSIS MOURA, julgado em 03/12/2015, DJe 16/02/2016, sem grifo no original).

Art. 242. Vender, fornecer ainda que gratuitamente ou entregar, de qualquer forma, a criança ou adolescente arma, munição ou explosivo:

Pena - reclusão, de 3 (três) a 6 (seis) anos. (Redação dada pela Lei nº 10.764, de 12.11.2003)

Do crime previsto no art. 242 do ECA. A Lei nº 10.764/03 recrudesceu as penas destinadas àqueles que vendem, forneçam (mesmo que de modo gratuito) ou entreguem, de qualquer forma, arma, munição ou explosivo a criança ou adolescente. Condutas mistas alternativas, portanto, estando qualquer uma delas apta a ensejar a tipificação pelo crime previsto no art. 242 do ECA.

No entanto, os elementos contidos neste tipo penal requerem uma análise mais detida dos seus objetos materiais, principalmente sobre o que será considerado para efeitos de aplicação efetiva da subsunção decorrente da análise do art. 242 do ECA. Neste sentido, em virtude da dicção do art. 16, § 1º, V, da Lei nº 10.826/03 (Estatuto do Desarmamento), entendemos que quando se tratar de arma de fogo, explosivo ou munição (cujos conceitos devem ser estudados em face dos Decretos Federais sobre o tema), não estaremos diante do art. 242 do ECA (tendo havido verdadeira revogação tácita), restando a este, apenas, qualquer outro tipo de arma (vale dizer, facas, adagas, lâminas, enfim, tudo aquilo considerado como "arma branca" e que foge ao conceito mais estreito, posterior e especial de arma de fogo, albergado pelo Estatuto do Desarmamento (norma mais recente e específica sobre este tema).

Sujeito ativo. O crime em comento pode ser praticado por qualquer pessoa. Assim, trata-se de um crime comum.

Sujeito passivo. É a criança ou adolescente.

Elemento subjetivo. É o doloso, apenas, não havendo previsão para a modalidade culposa.

Objeto material da conduta. No crime em comento, entendemos que somente outros tipos de armas, que não sejam as de fogo (tratadas pelo Estatuto do Desarmamento), podem ser objeto material deste crime. Também estão excluídos as munições e explosivos.

Objeto jurídico. São tutelados os direitos da criança, principalmente no que diz respeito à sua integridade física.

Classificação doutrinária. Estamos diante de um crime comum (pois pode ser praticado por qualquer pessoa), material, comissivo, doloso, instantâneo, plurissubsistente e de forma livre (já que o tipo penal não requer a vinculação a uma formalidade específica para que se pratique o crime) e de perigo abstrato (objetiva preservação da integridade física da criança e do adolescente e a incolumidade pública - art. 81, I, do ECA).

Momento consumativo. As condutas descritas no art. 242 do ECA estarão consumadas com a efetiva transferência de posse da arma branca à criança ou adolescente.

Tentativa. Admitida, em virtude da natureza plurissubsistente.

Art. 243. Vender, fornecer, servir, ministrar ou entregar, ainda que gratuitamente, de qualquer forma, a criança ou a adolescente, bebida alcoólica ou, sem justa causa, outros produtos cujos componentes possam causar dependência física ou psíquica: (Redação dada pela Lei nº 13.106, de 2015)

Pena - detenção de 2 (dois) a 4 (quatro) anos, e multa, se o fato não constitui crime mais grave. (Redação dada pela Lei nº 13.106, de 2015)

As condutas típicas descritas no art. 243 do ECA. A Lei nº 13.106/15 tornou crime as condutas referentes a cinco verbos nucleares, dispostos de forma mista e alternativa no *caput* do art. 243 do ECA. Anteriormente, tínhamos no ordenamento jurídico a contravenção penal descrita no art. 63, I, do Decreto-Lei nº 3.688/1941 (Lei das Contravenções Penais), revogado justamente por aquela primeira lei. Embora contivesse apenas o verbo típico "servir", já podia ser considerado uma infração penal.

Agora, o ECA passa a albergar não só a possibilidade deste verbo típico figurar como verdadeiro crime, como também estendeu a tipificação para as condutas de "vender", "fornecer", "ministrar" ou "entregar", ressaltando que não se espera do sujeito ativo qualquer intenção de lucro, embora possa acontecer, por exemplo, numa venda num bar ou qualquer outro estabelecimento que proceda desta maneira, ao vender uma garrafa de cerveja ou demais bebidas alcoólicas a indivíduos com menos de 18 (dezoito) anos.

Não obstante, incluem-se como objeto material outros produtos cujos componentes possam causar dependência física ou psíquica e que venham a estar na posse do adolescente ou da criança sem justa causa, sejam eles lícitos ou ilícitos, dado que o art. 243 do ECA (assim como o art. 81 do ECA) não faz qualquer distinção. Logo, não excepciona os produtos lícitos como, por exemplo, cigarros (a nicotina é substância que causa dependência - art. 3º-C, § 2º, VII, da Lei n.º 9.294/1995) ou, ainda, thinner, solventes e cola de sapateiro (regulamentados pela Resolução RDC nº 345/2005 da ANVISA).

Aliás, tal proibição já existia, bastando analisarmos o que dispõe o art. 81, incisos II e III, do ECA.

> (Lei nº 8.069/90) Art. 81. É proibida a venda à criança ou ao adolescente de:
>
> II - bebidas alcoólicas;
>
> III - produtos cujos componentes possam causar dependência física ou psíquica ainda que por utilização indevida;

A atenção que devemos ter, aqui, diz respeito ao que está contido no preceito secundário da norma penal em comento: aplicação das penas e multa, se o fato não constitui crime mais grave. Então, se dentre essas substâncias que podem causar dependência física ou psíquica na criança ou no adolescente estiver alguma que se inclua como objeto material da Lei nº 11.343/06 (e que por sua vez esteja incluída na Portaria SVS/MS nº 344/98 (do Ministério da Saúde), ou seja, basicamente materiais entorpecentes, então não mais estaremos diante do crime do art. 243 do ECA, mas sim, em alguma figura típica da Lei de Drogas, principalmente o tráfico de drogas, com o agravamento previsto pelo art. 40, VI, da Lei nº 11.343/06, cuja análise deverá ser observada diante das circunstâncias do caso concreto.

Sujeito ativo. O crime em comento pode ser praticado por qualquer pessoa. Assim, trata-se de um crime comum.

Sujeito passivo. É a criança ou adolescente.

Elemento subjetivo. É o doloso, apenas, não havendo previsão para a modalidade culposa.

Objeto material da conduta. No crime em comento, bebida alcoólica ou outros produtos cujos componentes possam causar dependência física ou psíquica, desde que não se caracterizem como material entorpecente albergado pela Portaria SVS/MS nº 344/98 (do Ministério da Saúde).

Objeto jurídico. São tutelados os direitos da criança, principalmente no que diz respeito à sua integridade física.

Classificação doutrinária. Estamos diante de um crime comum (pois pode ser praticado por qualquer pessoa), de mera conduta (já que não depende do consumo da bebida alcoólica pela criança ou adolescente, por exemplo, isto é, o delito se consuma mesmo se o menor de 18 anos não ingerir o produto, dado que se trata de proteção antecipada de sua integridade física e psíquica, logo, o efetivo consumo é mero exaurimento); de perigo abstrato; comissivo; doloso; instantâneo; plurissubsistente e de forma livre (já que o tipo penal não requer a vinculação a uma formalidade específica para que se pratique o crime). Nesse sentido é a jurisprudência do STJ:

> RECURSO ESPECIAL. PENAL. FORNECIMENTO A CRIANÇA OU ADOLESCENTE, SEM JUSTA CAUSA, DE PRODUTO CUJO COMPONENTE POSSA CAUSAR DEPENDÊNCIA FÍSICA OU PSÍQUICA. ART. 243 DO ECA. ENTREGA DE CIGARRO A MENORES. CARACTERIZAÇÃO DO DELITO. OCORRÊNCIA (...) 3. O delito em tela é de mera conduta (crime de perigo abstrato), sem a exigência de resultado naturalístico. Por isso, a condição da menor de usuária do produto não tem o condão de afastar a tipicidade da conduta de quem lhe forneceu maços de cigarros [...] (STJ, QUINTA TURMA. REsp 1359455/MT, Rel. Ministra LAURITA VAZ, julgado em 07/08/2014, DJe 22/08/2014,s em grifo no original)

Divergindo a atual a jurisprudência do TJRJ que entende ser o delito do art. 243 do ECA de perigo concreto:

> Apelação criminal defensiva. Condenação por fornecer e ministrar bebida alcoólica a menor (...) Prova inequívoca de que o Apelante, consciente e voluntariamente, forneceu e ministrou bebida alcoólica ao seu filho, com doze anos à época dos fatos (...) Juízos de condenação e tipicidade que não merecem ajustes, ciente de que o modelo previsto no art. 243 da lei 8069/90 é delito de perigo concreto e se consuma com a efetiva venda, ministração ou entrega à criança ou adolescente, de produtos cujos componentes possam causar dependência física ou psíquica [...] (TJRJ, TERCEIRA CÂMARA CRIMINAL. APELAÇÃO nº 0061815-97.2017.8.19.0001. Relator Des(a). CARLOS EDUARDO FREIRE ROBOREDO. Julgamento em 27/10/2020. Publicação: 29/10/2020). Sem grifo no original.

Momento consumativo. As condutas descritas no art. 243 do ECA estarão consumadas com a efetiva transferência de posse dos objetos materiais possíveis para o crime.

Tentativa. Admitida, em virtude da natureza plurissubsistente.

Art. 243 do ECA. Cigarro. Crime do ECA. Configuração. Há entendimento da Quinta Turma do STJ no sentido da configuração do crime do art. 243 do ECA na venda ou fornecimento de cigarro a menor de 18 anos, por considerar a nicotina – substância nele contida – apta a causar dependência (art. 3.ºC, § 2º, VII da Lei n.º 9.294/1995). Nesta toada, segue o julgado:

> RECURSO ESPECIAL. PENAL. FORNECIMENTO A CRIANÇA OU ADOLESCENTE, SEM JUSTA CAUSA, DE PRODUTO CUJO COMPONENTE POSSA CAUSAR DEPENDÊNCIA FÍSICA OU PSÍQUICA. ART. 243 DO ECA. ENTREGA DE CIGARRO A MENORES. CARACTERIZAÇÃO DO DELITO. OCORRÊNCIA (...) 1. A redação do art. 243 do Estatuto da Criança e do Adolescente ("Vender, fornecer ainda que gratuitamente, ministrar ou entregar, de qualquer forma, a criança ou adolescente, sem justa causa, produtos cujos componentes possam causar dependência física ou psíquica, ainda que por utilização indevida"), pela peculiaridade que ostenta, não faz distinção entre produtos lícitos ou ilícitos. A norma penal, na verdade, pretende coibir a venda ou fornecimento de produtos que possam causar dependência física ou psíquica ao infante. 2. O cigarro, embora lícito, possui, sabidamente, substância que causa dependência, qual seja, a nicotina, circunstância essa reconhecida de forma expressa pelo inciso VII do § 2.º do art. 3.ºC da Lei n.º 9.294/1995, sendo notório os malefícios que causa à saúde de seus usuários. Portanto, a conduta de fornecê-lo à criança ou adolescente adequa-se perfeitamente na descrição típica do art. 243 do ECA. 3. O delito em tela é de mera conduta (crime de perigo abstrato), sem a exigência de resultado naturalístico. Por isso, a condição da menor de usuária do produto não tem o condão de afastar a tipicidade da conduta de quem lhe forneceu maços de cigarros [...] (STJ, QUINTA TURMA. REsp 1359455/MT, Rel. Ministra LAURITA VAZ, julgado em 07/08/2014, DJe 22/08/2014)

Art. 243 do ECA. *Novatio legis in pejus*. Fornecimento de bebida alcoólica anterior à redação dada pela Lei nº 13.106/2015. Adequação normativa. Art. 63 da Lei de Contravenções Penais (Decreto-Lei nº 3.688/41). Anteriormente à edição da Lei nº 13.106/2015 havia discussão na doutrina (e jurisprudência) acerca da configuração típica do fornecimento de bebidas alcoólicas. O entendimento pacificado no âmbito do STJ era que o fornecimento de bebida alcoólica a menores de 18 anos já encontrava adequação normativa (ainda que não típica) no art. 63, I, do Decreto-Lei nº 3.688/41. Por questões de política criminal, o legislador, com a edição da Lei nº 13.106/2015 conferiu tratamento mais severo para não só ampliar os verbos típicos, mas para incluir como elementar qualquer substância que possa causar dependência física ou psíquica (não só as bebidas alcoólicas) aumentando, assim, o núcleo da proteção conferida pelo ECA. Não havendo mais dúvidas quanto ao enquadramento típico. Nesse sentido, a jurisprudência da Quinta e Sexta Turmas do STJ:

PENAL. HABEAS CORPUS. FORNECIMENTO DE BEBIDA ALCOÓLICA A MENORES. TIPICIDADE DA CONDUTA. CONTRAVENÇÃO PENAL. ART. 63 DO DECRETO-LEI N.º 3.688/41. TRANCAMENTO DA AÇÃO PENAL. IMPOSSIBILIDADE. RECEBIMENTO DA DENÚNCIA. PRESCRIÇÃO DA PRETENSÃO PUNITIVA DO ESTADO. OCORRÊNCIA. CONCESSÃO EX OFFICIO DA ORDEM DE HABEAS CORPUS. 1. Consoante entendimento sedimentado nesta Corte Superior, o fornecimento de bebida alcoólica a menor é conduta típica que, apesar de não se amoldar ao tipo penal previsto no art. 243 da Lei n.º 8.069/90, encontra previsão no art. 63 do Decreto-Lei n.º 3.688/41 (Precedentes: REsp n.º 942.288/RS, Rel. Min. JORGE MUSSI, QUINTA TURMA, DJe de 31/03/2008; e HC n.º 113.896/PR, Rel. Min. OG FERNANDES, SEXTA TURMA, DJe de 16/11/2010) [...] (STJ, SEXTA TURMA. HC 90.116/MS, Rel. Ministra ALDERITA RAMOS DE OLIVEIRA, DESEMBARGADORA CONVOCADA DO TJ/PE, julgado em 19/06/2012, DJe 29/06/2012; sem grifos no original.)

DIREITO PENAL. HABEAS CORPUS (...) ENTREGA DE BEBIDA A MENOR. TIPIFICAÇÃO. CONTRAVENÇÃO PENAL OU ART. 242 DO ECA. INTERPRETAÇÃO SISTEMÁTICA DOS ARTS. 243 E 81 DO ECA. PRINCÍPIO DA LEGALIDADE PENAL. ENQUADRAMENTO: ART. 63 DA LCP. ILEGALIDADE PATENTE (...) 3. A entrega a consumo de bebida alcoólica a menores é comportamento deveras reprovável. No entanto, é imperioso, para o escorreito enquadramento típico, que se respeite a pedra angular do Direito Penal, o princípio da legalidade. Nesse cenário, em prestígio à interpretação sistemática, levando em conta os arts. 243 e 81 do ECA, e o art. 63 da Lei de Contravenções Penais, de rigor é o reconhecimento de que neste último comando enquadra-se o comportamento em foco [...] (STJ, SEXTA TURMA. HC 167.659/MS, Rel. Ministra MARIA THEREZA DE ASSIS MOURA, julgado em 07/02/2013, DJe 20/02/2013)

HABEAS CORPUS(...)FORNECIMENTO DE BEBIDA ALCOÓLICA A MENOR. IMPOSSIBILIDADE DE ENQUADRAMENTO NO ARTIGO 243 DO ESTATUTO DA CRIANÇA E DO ADOLESCENTE. CARACTERIZAÇÃO DA INFRAÇÃO PREVISTA NO ARTIGO 63 DA LEI DE CONTRAVENÇÕES PENAIS. COAÇÃO ILEGAL INEXISTENTE. 1. Pacificou-se nesta Corte Superior de Justiça o entendimento de que o fornecimento de bebida alcoólica a menor de 18 (dezoito) anos não configura o crime previsto no artigo 243 do Estatuto da Criança e do Adolescente, mas sim a contravenção tipificada no artigo 63 do Decreto-lei 3.688/1941. Precedentes [...] (STJ, QUINTA TURMA. HC 329.786/RS, Rel. Ministro JORGE MUSSI, julgado em 02/02/2016, DJe 15/02/2016)

RECURSO ESPECIAL. PENAL. ESTUPRO DE VULNERÁVEL. INCAPACIDADE DE OFERECER RESISTÊNCIA. SUPRESSÃO DA CONSCIÊNCIA. ABSOLUTA INCAPACIDADE DE ATUAR. NÃO OCORRÊNCIA. FORNECIMENTO DE BEBIDA A ADOLESCENTE. ART. 243 DO ESTATUTO DA CRIANÇA E DO ADOLESCENTE. REDAÇÃO ANTERIOR À LEI N.º 13.106/2015. AUSÊNCIA DE ADEQUAÇÃO TÍPICA. 3. O fornecimento de bebida alcoólica a menor de 18 (dezoito) anos, no período anterior ao advento da Lei n.º 13.106/15, não configura o crime previsto no art. 243 do Estatuto da Criança e do Adolescente. Precedentes [...] (STJ, SEXTA TURMA. REsp 1775136/AC, Rel. Ministra LAURITA VAZ, julgado em 03/12/2019, DJe 17/12/2019)

Art. 243 ECA. Dolo específico. Desnecessidade. Entendimento jurisprudencial no sentido de que o crime do art. 243 do ECA não faz exigência outras que não a presença de um dos verbos típicos (vender, servir, ministrar ou entregar), assim, não se exige intenção de lucro na venda ou dolo específico de incentivar ou fomentar o consumo de bebidas alcoólicas por menores até porque o tipo penal prevê expressamente o contrário (ainda que gratuitamente). É o que se extrai dos seguintes julgados do TJRS:

APELAÇÃO CRIME. ESTATUTO DA CRIANÇA E DO ADOLESCENTE. FORNECIMENTO E ENTREGA DE BEBIDA ALCOÓLICA. ARTIGO 243 DA LEI Nº 8.069/90, NA REDAÇÃO DADA PELA LEI Nº 13.106/15. SENTENÇA ABSOLUTÓRIA REFORMADA. CONDENAÇÃO. Na espécie, perpetrado o fato já sob a égide da novel redação do art. 243 do ECA, dada pela lei nº 13.106/15, que incluiu a bebida alcoólica no preceito primário daquele dispositivo, não se exigindo que o agente lucre ou obtenha qualquer benefício, por meio da prática criminosa, impõe-se, uma vez comprovadas a materialidade do crime e sua autoria, a condenação do réu, reformando-se a sentença absolutória (...) Assim, plenamente configurado o tipo penal previsto no art. 243 do ECA, que, inclusive, prevê que os verbos nucleares nele elencados poderão ser praticados gratuitamente e de qualquer forma, impositiva a reforma do decreto absolutório, com a condenação do réu [...] APELO DA ACUSAÇÃO PROVIDO. EXTINÇÃO DA PUNIBILIDADE DO RÉU, PELA PRESCRIÇÃO. (TJRS, Oitava Câmara Criminal, Apelação Crime Nº 70071069926, Relator: Isabel de Borba Lucas, Julgado em 27/09/2017). Sem grifo no original.

APELAÇÃO CRIME. CRIMES DO ESTATUTO DA CRIANÇA E DO ADOLESCENTE. FORNECIMENTO DE BEBIDA ALCOÓLICA A MENOR DE IDADE. ELEMENTARES DEMONSTRADAS. CONDENAÇÃO MANTIDA. O acervo probatório revela a existência material e a autoria do crime de fornecimento de bebida alcoólica a menor de idade praticado em data posterior à vigência da Lei nº 13.106/2015, que alterou a redação do artigo 243 do Estatuto da Criança e do Adolescente. Substratos reunidos que dão conta da venda, pelo réu, de bebida alcoólica para consumo de adolescentes. Pessoas em formação físico-psíquica que não possuem o completo discernimento para a integralidade dos atos da vida adulta. Incapacidade de compreender os malefícios decorrentes do consumo, moderado ou excessivo, de produtos contendo álcool etílico ou cujos componentes possam causar dependência física ou psíquica. Satisfação de desejo das vítimas, de quem o acusado não se certificou acerca da idade, que não afasta a antijuridicidade de seu comportamento, este subsumindo-se ao tipo penal denunciado pelo Ministério Público [...] (TJRS, Oitava Câmara Criminal. Apelação Criminal Nº 70082926783, Relator: Naele Ochoa Piazzeta, Julgado em 27/11/2019, Publicação em 04/12/2019)

APELAÇÃO CRIME. CRIME DE VENDA DE BEBIDA ALCÓOLICA A CRIANÇA OU ADOLESCENTE. CONDENAÇÃO. INSURGÊNCIA DEFENSIVA. Autoria e materialidade devidamente comprovadas, inclusive tendo a própria ré admitido ter vendido bebida alcoólica à menor, consumando-se o delito previsto no artigo 243, caput, da Lei nº 8.069/90. Não há necessidade de dolo específico no sentido de que a venda seja para consumo da menor [...] (TJRS, Quinta Câmara Criminal. Apelação Criminal Nº 70083691345, Relator: Maria de Lourdes G. Braccini de Gonzalez, Julgado em 16/06/2020. Publicação em 18/11/2020). Sem grifo no original.

Art. 243 do ECA. Erro de tipo. Possibilidade. Menoridade. Elementar. Venda de bebida alcoólica e uso de documento de falso. Venda bebida alcoólica (ou outra substância apta a causar dependência) mediante apresentação de documento falso acerca da maioridade. Desconhecimento acerca da idade da vítima. É dever dos empresários e responsáveis pelos estabelecimentos – fornecedores de bebidas alcoólicas, seus empregados ou prepostos – tomar as cautelas necessárias e solicitar a documentação comprobatória da maioridade antes de vender (servir, ministrar ou entregar) o produto ao consumidor. Esse dever decorre tanto do art. 227 da CRFB/88 (solidariedade, corresponsabilidade e cooperação), quanto das normas protetivas do ECA (art. 81, II).

Há legislações estaduais como a do Rio de Janeiro – art. 3º e 4º, § 3º da Lei estadual nº 6153/2012, que dispõe sobre a proibição de venda, oferta, fornecimento, entrega e permissão de consumo de bebida alcoólica aos menores de 18 (dezoito) anos, no âmbito do Estado do Rio de Janeiro e dá outras providências – que trazem, inclusive, sanções administrativas em caso de descumprimento (afixar avisos e cartazes informativos da proibição legal, por exemplo).

Se não o faz, não há como alegar erro de tipo. Todavia, se adota as devidas cautelas e o adolescente (aparenta compleição física adulta) e apresenta documento falso, possível a caracterização de erro de tipo (art. 20 do CP). Há quem admita que, se há ao menos culpa, pode subsistir o art. 38 da Lei nº 11.343/06 (caso a substância fornecida se enquadre na Portaria SVS/MS nº 344/98). Em todo caso, ainda que isento de responsabilidade penal, subsiste responsabilidade administrativa (arts. 258-C, c/c. 81, II, ambos do ECA) até mesmo com a interdição do estabelecimento. A jurisprudência, no âmbito dos Tribunais estaduais, tende à aceitação da tese de erro de tipo. Vejamos:

> APELAÇÃO CRIME. ESTATUTO DA CRIANÇA E DO ADOLESCENTE. VENDA DE BEBIDA ALCOÓLICA. ARTIGO 243 DA LEI Nº 8.069/90, NA VIGÊNCIA DA LEI Nº 13.106/15. PROVA. CONDENAÇÃO MANTIDA. A materialidade e a autoria restaram suficientemente comprovadas pela prova produzida nos autos. A ré alegou que não foi ela quem vendeu a bebida alcoólica ao menor de idade. No entanto, a prova oral colhida, especialmente o depoimento da vítima e dos adultos que acompanharam o desenrolar dos acontecimentos, evidencia que ela efetuou a venda de bebida alcoólica a menor de idade, em estabelecimento de propriedade da família. Destaca-se que a venda de bebida alcoólica, por parte de empresários e responsáveis pelos estabelecimentos comerciais, fornecedores de produtos ou serviços, seus empregados ou prepostos, está condicionada à apresentação de documento oficial de identidade, por parte do adquirente. A acusada era obrigada, por lei, a exigir o documento do rapaz, a fim de comprovar sua maioridade, sendo que, em caso de recusa, deveria abster-se de fornecer o produto. Assim, plenamente configurado o tipo penal previsto no art. 243 do ECA, impondo-se a manutenção da condenação da ré. PENA. DOSIMETRIA. MANUTENÇÃO. APELO DA DEFESA DESPROVIDO. (TJRS, Oitava Câmara Criminal. Apelação-Crime Nº 70081330987, Relator: Isabel de Borba Lucas, Julgado em 31/07/2019)

> APELAÇÃO CRIMINAL - CRIME PREVISTO NO ESTATUTO DA CRIANÇA E DO ADOLESCENTE - VENDA DE BEBIDA ALCOÓLICA A MENOR DE 18 ANOS (ART. 243, DA LEI N. 8.069/1990) - SENTENÇA ABSOLUTÓRIA. RECURSO INTERPOSTO PELO MINISTÉRIO PÚBLICO. PEDIDO DE CONDENAÇÃO - INVIABILIDADE - OCORRÊNCIA DE ERRO DE TIPO - ADOLESCENTES QUE APRESENTAM FISIONOMIA ADULTA - ADOLESCENTE QUE PORTA DOCUMENTO DE IDENTIDADE FALSO, DIZENDO SER MAIOR DE 18 ANOS - DEMAIS TESES PREJUDICADAS. Configura-se o erro de tipo quando a vítima se apresenta como maior e possui compleição física compatível [...] (TJSC, Terceira Câmara Criminal. Apelação Criminal n. 0000444-38.2017.8.24.0052, de Porto União, rel. Des. Getúlio Corrêa, julgamento em 06/08/2019).

> APELAÇÃO. LEI 8.069/90. ESTATUTO DA CRIANÇA E DO ADOLESCENTE. ECA. ART. 243. VENDA DE BEBIDA ALCOÓLICA PARA MENOR DE IDADE. EXISTÊNCIA DO FATO E AUTORIA. Depreende-se do contexto probatório que a ré, efetivamente e conscientemente, vendeu bebida alcoólica para três adolescentes, consistente em uma garrafa de Vodca Orloff. ERRO DE TIPO. Erro de tipo, previsto no art. 20, do CP, é a falsa percepção do agente sobre a realidade acerca de um elemento constitutivo do tipo penal. Dessa forma, exclui-se o dolo e, consequentemente, a tipicidade, uma vez que o delito em questão não prevê a modalidade culposa. No caso, plenamente configurado o dolo da ré, pois, mesmo com dúvida acerca da idade de um dos adolescentes, não requereu o documento de identidade. Além disso, outros dois adolescentes, no caixa, entregaram dinheiro para comprar a Vodca, estes sim, com nítida aparência de juvenis. Nítido que a bebida estava sendo comprada em conjunto. Dolo demonstrado. Condenação confirmada [...] (TJRS, Quinta Câmara Criminal. Apelação Criminal, Nº 70080679913, Relator Des. Ivan Leomar Bruxel, Julgado em 20-11-2019. Publicação em 27/11/2019)

Estupro de vulnerável. Fornecimento de bebida alcoólica à adolescente (art. 243 do ECA) [...] 4 - O desconhecimento, por erro, da menoridade da vítima - elementar do crime do art. 243 do ECA - exclui o dolo, tornando o fato atípico [...] (TJDF, 2ª Turma Criminal. Acórdão 1239478, 0008401-23.2017.8.07.0001, Relator DES. JAIR SOARES. Julgamento em 19/03/2020. Publicado no PJe em 30/03/2020)

> APELAÇÃO CRIMINAL. VENDA DE BEBIDA ALCOÓLICA PARA MENOR. MATERIALIDADE E AUTORIA COMPROVADAS. IMPROCEDÊNCIA DA PRETENSÃO ABSOLUTÓRIA. ERRO DE TIPO. INOCORRÊNCIA. PENA (...) 1) Improcede o pleito absolutório quando comprovado pela prova produzida na fase extrajudicial, posteriormente judicializada, que os réus venderam e entregaram bebida alcoólica à adolescente de 14 anos de idade, ciente de sua menoridade e da criminalização da conduta. 2) Não há cogitar de erro de tipo essencial, excludente do dolo, elemento subjetivo do tipo, quando comprovado que, não bastasse a aparência da vítima, os apelantes foram informados de sua menoridade, quando questionados por ela acerca da possibilidade de menor adquirir bebidas no local [...] (TJGO, Apelação (CPP e L.E) 0252488-86.2017.8.09.0078, Rel. Des(a). NICOMEDES DOMINGOS BORGES, 1ª Câmara Criminal, julgado em 26/10/2020, DJe de 26/10/2020)

> APELAÇÃO CRIME. OUTRAS INFRAÇÕES PENAIS. FORNECIMENTO DE BEBIDA ALCOÓLICA A ADOLESCENTE. CONDUTA PRATICADA NA VIGÊNCIA DA LEI N. 13.106/2015. PROVA SUFICIENTE. CONDE-

> NAÇÃO MANTIDA. - DECRETO CONDENATÓRIO. MANUTENÇÃO. ERRO DE TIPO NÃO VERIFICADO. As condutas de vender, fornecer, servir, ministrar ou entregar, ainda que gratuitamente, de qualquer forma, bebida alcoólica à criança ou adolescente passaram a ser consideradas crime com o advento da Lei nº 13.106, publicada em 18.08.2017, que alterou a redação do artigo 243 do Estatuto da Criança e do Adolescente, revogando o inciso I do artigo 63 do Decreto-lei n.º 3.688/41. Fato ocorrido no mês de outubro de 2016. Seguros relatos vitimários e testemunhais deixando assente que o réu vendeu bebida alcóolica à adolescente em seu estabelecimento, situado em local conhecido na localidade como ponto de encontro de jovens. E a hipótese de erro de tipo, evidentemente, não convence, diante do contexto probatório apresentado. Ainda que a menor (...) tenha afirmado que (...) mentiu ser maior de idade, bem ainda que esta seja, de fato, uma menina alta, é certo que o próprio réu admitiu em Juízo ter suspeitado desta condição, ao declarar que chegou a questionar a sua idade. E se assim agiu, certamente o fez por duvidar que a vítima contasse 18 anos ou mais, de modo que a ele incumbia o dever de exigir o seu documento de identidade [...] (TJRS, Oitava Câmara Criminal. Apelação Criminal, Nº 70083794164, Relator: Dálvio Leite Dias Teixeira, Julgado em: 24/06/2020. Publicação em 20/01/2021)

Art. 243 do ECA. Erro de proibição. "Choppada" universitária. Eventos *"open bar"*. Compra da bebida pelo maior para fornecimento posterior ao menor. Adequação típica. Em que pese possível em tese a alegação de erro de proibição, seria de difícil caracterização. Se comprovado que era de conhecimento do agente a proibição da venda de bebida alcoólica a menor de 18 anos, em se tratando de eventos universitários ou festas/eventos em que o consumo de bebida alcoólica é livre, não é razoável que seus frequentadores desconhecessem de forma justificável a ilicitude do fato. Assim, não é aceitável (até pela natureza do evento) que alguém adquira a bebida alcoólica (evitando a companhia do menor para garantir a aquisição da bebida alcoólica, por exemplo), sabendo que a venda de bebida alcoólica a menores de 18 anos é um comportamento vedado pela lei e não imagine que sua entrega posterior para ingestão pelos mesmos também não o seja. Nesse sentido, vale conferir o julgado do TJRS:

> APELAÇÃO CRIMINAL. ART. 243 DO ESTATUTO DA CRIANÇA E DO ADOLESCENTE. FORNECIMENTO DE BEBIDA ALCOÓLICA. Materialidade e autoria do delito comprovadas pela prova dos autos, diante da confissão do réu, que está em consonância com as declarações da vítima. ERRO DE PROIBIÇÃO. Não configurado. Não é crível que alguém adquira a bebida alcoólica, evitando a companhia da menor para garantir a venda por ilegal, e não imagine que a entrega posterior da bebida à menor não seja também vedada [...] (TJRS,

> Sétima Câmara Criminal. Apelação-Crime Nº 70081165805, Relator: Carlos Alberto Etcheverry, Julgado em 25/07/2019)

Art. 243 do ECA e art. 217-A, § 1º, do CP. Consunção. Possibilidade. Há posicionamento do TJDF no sentido da aplicação do princípio da consunção em relação ao art. 243 do ECA que constituiria fase de preparação para consumação do delito do art. 217-A, § 1º, do CP, eis que a incapacidade de resistência da vítima foi gerada pela ingestão de bebida alcoólica (art. 243 do ECA) é elementar do tipo previsto no art. 217-A, § 1º, do CP. Consulte o julgado:

> Estupro de vulnerável. Fornecimento de bebida alcoólica à adolescente (art. 243 do ECA) [...] 5 - Cometido crime do art. 243 do ECA como fase de preparação para o crime do art. 217-A, § 1º, do CP, provocando na vítima incapacidade de resistência - elementar do crime de estupro de vulnerável - há consunção. Suficiente a repreensão da conduta criminosa com a incidência da pena do crime mais grave [...] (TJDF, 2ª Turma Criminal. Acórdão 1239478, 0008401-23.2017.8.07.0001, Relator DES. JAIR SOARES. Julgamento em 19/03/2020. Publicado no PJe em 30/03/2020)

Art. 244. Vender, fornecer ainda que gratuitamente ou entregar, de qualquer forma, a criança ou adolescente fogos de estampido ou de artifício, exceto aqueles que, pelo seu reduzido potencial, sejam incapazes de provocar qualquer dano físico em caso de utilização indevida:

Pena - detenção de seis meses a dois anos, e multa.

Do crime previsto no art. 244 do ECA. No bojo do próprio ECA podemos observar a proibição na venda dos objetos materiais descritos para o art. 244 do mesmo Estatuto:

> (Lei nº 8.069/90) Art. 81. É proibida a venda à criança ou ao adolescente de:
>
> IV - fogos de estampido e de artifício, exceto aqueles que pelo seu reduzido potencial sejam incapazes de provocar qualquer dano físico em caso de utilização indevida;

Mas o art. 244, em si, amplia as possibilidades ao incluir condutas gratuitamente consideradas, como o fornecimento ou mera entrega de tais materiais, passíveis, portanto, de serem verificadas como criminosas.

De acordo com o Decreto-Lei nº 4.238/1942, que dispõe sobre a fabricação, o comércio e o uso de artigos pirotécnicos e dá outras providências, não há uma definição específica do que vem a ser fogo de estampido ou de artifício, já que a referida normativa apenas, os categoriza dentro de classes e traz recomendações.

Encontramos a definição de "fogos de artifício" no glossário previsto no Anexo III do Decreto nº 10.030/2019, que aprova o Regulamento de Produtos Controlados. Nesse sentido, são considerados os artigos pirotécnicos destinados para serem utilizados em entretenimento. Então, devemos nos socorrer da definição de "artifício pirotécnico", no mesmo glossário e chegamos à conclusão de que estes são "*qualquer artigo, que contenha substâncias explosivas ou uma mistura explosiva de substâncias, concebido para produzir um efeito calorífico, luminoso, sonoro, gasoso ou fumígeno, ou uma combinação destes efeitos; devido a reações químicas exotérmicas autossustentadas*". Isto nos leva a crer, naturalmente, que "fogos de estampido" são artifícios pirotécnicos.

Neste mesmo Decreto, mas no art. 15, há disposição sobre o que vem a ser um produto controlado pelo Exército (PCE). Com a redação dada pelo Decreto nº 10.627/21 (que altera o Decreto 10.030/19 e entra em vigor em 13 de abril de 2021), um PCE de uso restrito, como é o caso dos fogos de artifício a que se refere o art. 15, § 2º, IX, do Decreto nº 10.030/19, é entendido como o "*produto controlado listado nominalmente na legislação como PCE que, devido às suas particularidades técnicas ou táticas, deve ter seu acesso e sua utilização restringidos, observada a classificação elaborada pelo Comando do Exército, prevista nos decretos regulamentadores da Lei nº 10.826, de 2003*". Aqui estão os fogos de artifício da classe D, remetidos àqueles presentes na descrição do Decreto-Lei nº 4.238/1942, incluídos os:

- os fogos de estampido, com mais de 2,50 (dois gramas e cinquenta centigramas) de pólvora;
- os foguetes, com ou sem flecha, cujas bombas contenham mais de 8 (oito) gramas de pólvora;
- as baterias;
- os morteiros com tubos de ferro;
- os demais fogos de artifícios.

Por exclusão, entendemos que os fogos de artifício classificados até a classe C estão englobados como objeto material do crime previsto no art. 244 do ECA e os de classe D serão considerados produtos controlados pelo Comando do Exército e deverão observar o regramento contido no Decreto nº 10.030/19.

No entanto, levando-se em consideração que o explosivo está entendido na concepção sobre os fogos de artifício e que, por explosivos, devemos entender como sendo o "*tipo de matéria que, quando iniciada, sofre decomposição muito rápida, com grande liberação de calor e desenvolvimento súbito de pressão*", se estivermos diante de caso que traga a presença de fogos de artifício de classe D (incluindo-se aqui os fogos de estampido que suplantem a quantidade de 2,50g, conforme os configurem também nos fogos de classe D), então, entendemos que tal situação comporta a tipificação dada pelo art. 16, § 1º, V, da Lei nº 10.826/03:

(Lei nº 10.826/03) Art. 16. Possuir, deter, portar, adquirir, fornecer, receber, ter em depósito, transportar, ceder, ainda que gratuitamente, emprestar, remeter, empregar, manter sob sua guarda ou ocultar arma de fogo, acessório ou munição de uso restrito, sem autorização e em desacordo com determinação legal ou regulamentar: (Redação dada pela Lei nº 13.964, de 2019)

§ 1º Nas mesmas penas incorre quem: (Redação dada pela Lei nº 13.964, de 2019)

V - vender, entregar ou fornecer, ainda que gratuitamente, arma de fogo, acessório, munição ou explosivo a criança ou adolescente;

Por fim, a valoração da exceção trazida pela parte final do preceito primário do art. 244 do ECA nos remonta à análise casuística, que pelo seu reduzido potencial, seja naquela situação incapaz de provocar qualquer dano físico caso tenhamos utilização indevida. Estes não estão abarcados pela proibição do art. 81, IV, do ECA, razão pela qual sua venda não será considerada ilícita.

Sujeito ativo. O crime em comento pode ser praticado por qualquer pessoa. Assim, estamos diante de um crime comum.

Sujeito passivo. É a criança ou adolescente.

Elemento subjetivo. É o doloso, apenas, não havendo previsão para a modalidade culposa.

Objeto material da conduta. No crime em tela, diante de toda análise por ocasião dos comentários ao tipo objetivo do art. 244 do ECA, entendemos que o presente crime comporta apenas os fogos de artifício considerados até a classe C, nos termos do art. 2º do Decreto-Lei nº 4.238/1942, exceto aqueles que, pelo seu reduzido potencial, sejam incapazes de provocar qualquer dano físico em caso de utilização indevida.

Objeto jurídico. São tutelados os direitos da criança, principalmente no que diz respeito à sua integridade física.

Classificação doutrinária. Estamos diante de um crime comum (pois pode ser praticado por qualquer pessoa), material, comissivo, doloso, instantâneo, plurissubsistente e de forma livre (já que o tipo penal não requer a vinculação a uma formalidade específica para que se pratique o crime).

Momento consumativo. As condutas descritas no art. 244 do ECA estarão consumadas com a efetiva transferência de posse dos objetos materiais possíveis para o crime.

Tentativa. Admitida, em virtude da natureza plurissubsistente.

Art. 244-A. Submeter criança ou adolescente, como tais definidos no caput do art. 2 o desta Lei, à prostituição ou à exploração sexual: (Incluído pela Lei nº 9.975, de 23.6.2000)

Pena – reclusão de quatro a dez anos e multa, além da perda de bens e valores utilizados na prática criminosa em favor do Fundo dos Direitos da Criança e do Adolescente da unidade da Federação (Estado ou Distrito Federal) em que foi cometido o crime, ressalvado o direito de terceiro de boa-fé. (Redação dada pela Lei nº 13.440, de 2017)

§ 1 o Incorrem nas mesmas penas o proprietário, o gerente ou o responsável pelo local em que se verifique a submissão de criança ou adolescente às práticas referidas no caput deste artigo. (Incluído pela Lei nº 9.975, de 23.6.2000)

§ 2 o Constitui efeito obrigatório da condenação a cassação da licença de localização e de funcionamento do estabelecimento. (Incluído pela Lei nº 9.975, de 23.6.2000)

A revogação tácita do art. 244-A do ECA. Diante da entrada em vigor da Lei nº 12.978/14, entendemos que o art. 218-B do Código Penal (que traz a figura típica do favorecimento da prostituição ou de outra forma de exploração sexual de criança ou adolescente ou de vulnerável) operou revogação tácita em face do conteúdo descrito no art. 244-A do ECA:

> (Código Penal) Favorecimento da prostituição ou de outra forma de exploração sexual de criança ou adolescente ou de vulnerável. (Redação dada pela Lei nº 12.978, de 2014)
>
> Art. 218-B. Submeter, induzir ou atrair à prostituição ou outra forma de exploração sexual alguém menor de 18 (dezoito) anos ou que, por enfermidade ou deficiência mental, não tem o necessário discernimento para a prática do ato, facilitá-la, impedir ou dificultar que a abandone: (Incluído pela Lei nº 12.015, de 2009)
>
> Pena - reclusão, de 4 (quatro) a 10 (dez) anos. (Incluído pela Lei nº 12.015, de 2009)
>
> § 1º Se o crime é praticado com o fim de obter vantagem econômica, aplica-se também multa. (Incluído pela Lei nº 12.015, de 2009)
>
> § 2º Incorre nas mesmas penas: (Incluído pela Lei nº 12.015, de 2009)
>
> I - quem pratica conjunção carnal ou outro ato libidinoso com alguém menor de 18 (dezoito) e maior de 14 (catorze) anos na situação descrita no caput deste artigo; (Incluído pela Lei nº 12.015, de 2009)
>
> II - o proprietário, o gerente ou o responsável pelo local em que se verifiquem as práticas referidas no caput deste artigo. (Incluído pela Lei nº 12.015, de 2009)

> § 3º Na hipótese do inciso II do § 2º, constitui efeito obrigatório da condenação a cassação da licença de localização e de funcionamento do estabelecimento. (Incluído pela Lei nº 12.015, de 2009)

Há, todavia, divisão na doutrina:

1ª corrente: revogação tácita (vide art. 226 do ECA) sendo o Código Penal norma posterior que versa sobre a mesma matéria (art. 2º da LINDB), prevalecendo o art. 218-B do CP (continuidade típico-normativa).

2ª corrente: não revogação ante a alteração legislativa promovida em 2017. O legislador ao realizar nova alteração no preceito secundário (redação dada pela Lei nº 13.440/2017), prevendo a reversão de bens para o Fundo dos Direitos da Criança e do Adolescente (FDCA) sinaliza a manutenção do dispositivo. De sorte que, em se tratando de criança e adolescente prevaleceria, pelo princípio da especialidade, o art. 244-A do ECA em face do art. 218-B do CP, este último incide sobre os demais sujeitos passivos e hipóteses de responsabilização penal (verbos típicos "induzir" e "atrair à prostituição", bem como as figuras equiparadas do §§1º e 2º).

Jurisprudência do TJRJ e STJ pela 1ª corrente.

> APELAÇÃO - ESTUPRO DE VULNERÁVEL E SUBMETER CRIANÇA OU ADOLESCENTE À PROSTITUIÇÃO OU À EXPLORAÇÃO INFANTIL - ART. 217-A (3X) N/F ART. 71 AMBOS DO CP E ART. 244-A DA LEI 8.069/90(3X) N/F ART. 71 DO CP, TODOS NA FORMA DO ART. 69 DO CP - PRISÃO EM FLAGRANTE - CONDENAÇÃO - PENA DE 44 ANOS E 08 MESES DE RECLUSÃO - IMPOSSÍVEL ABSOLVIÇÃO EM RELAÇÃO AO CRIME PREVISTO NO ART. 244-A DO ECA, SOB O FUNDAMENTO QUE O FOI REVOGADO TACITAMENTE PELO ARTIGO 218-B DO CÓDIGO PENAL - NÃO OCORRÊNCIA DO ABOLITIO CRIMINIS, MAS, SIM, CONTINUIDADE NORMATIVO-TÍPICA, CONSIDERANDO QUE A LEI Nº 12.015/09 AO REVOGAR O ART. 244-A DO ECA, INSERIU A MESMA CONDUTA NO ART. 218-B DO CP, OCORRENDO APENAS UMA MUDANÇA NO LOCAL ONDE O DELITO ERA PREVISTO, MAS, MANTENDO A PREVISÃO DE QUE ESSA CONDUTA SE TRATA DE CRIME [...] (TJRJ, PRIMEIRA CÂMARA CRIMINAL. APELAÇÃO nº 0058729-68.2012.8.19.0042. Relatora Des(a). MARIA SANDRA ROCHA KAYAT DIREITO. Julgamento em 18/09/2018 . Publicação em 21/09/2018, sem grifo no original).

> PENAL E PROCESSO PENAL. RECURSO EM HABEAS CORPUS (...) CRIME DO ART. 244-A DO ECA. TIPO PENAL REVOGADO PELO ART. 218-B DO CP. CONTINUIDADE TÍPICO-NORMATIVA. POSSIBILIDADE DE EMENDATIO LIBELLI. 3. INÉPCIA DA DENÚNCIA. ATIPICIDADE DA CONDUTA. NÃO VERIFICAÇÃO. NARRATIVA QUE SE SUBSUME, EM TESE, AO ILÍCITO PENAL (...) 2. Quanto à revogação tácita do tipo penal imputado ao paciente na inicial, tem-se que o

réu se defende dos fatos e não da norma penal. Portanto, ainda que revogado o art. 244-A do ECA pelo art. 218-B do CP, existindo outro tipo penal que dê continuidade típico- normativa ao delito descrito na inicial, tem-se que o magistrado está autorizado a proceder à emendatio libelli por ocasião da sentença condenatória, o que efetivamente ocorreu no caso dos autos. 3. No que diz respeito à tipicidade da conduta propriamente dita, verifica-se que o fato narrado se subsume, em tese, ao delito descrito no art. 218-B do Código Penal, razão pela qual não há se falar em inépcia da inicial [...](STJ, QUINTA TURMA. RHC 66.241/PR, Rel. Ministro REYNALDO SOARES DA FONSECA, julgado em 18/02/2016, DJe 23/02/2016)

PROCESSUAL PENAL. RECURSO ORDINÁRIO EM HABEAS CORPUS. EXPLORAÇÃO SEXUAL DE ADOLESCENTE. PROSTITUIÇÃO. CLIENTE OCASIONAL. FATOS ANTERIORES E POSTERIORES AO ADVENTO DA LEI 12.015/2009. CORRUPÇÃO SEXUAL DE MENOR. ART. 218 DO CP. ABOLITIO CRIMINIS. ATIPICIDADE DA CONDUTA ANTERIOR. TRANCAMENTO DA AÇÃO PENAL. AUSÊNCIA DE JUSTA CAUSA EM RELAÇÃO AOS FATOS POSTERIORES. NÃO OCORRÊNCIA (...) II - In casu, o recorrente foi denunciado pela suposta prática dos delitos capitulados nos arts. 244-A, caput, do ECA e 218-B, § 2º, inciso I, c.c. art. 71, ambos do Código Penal, pois teria praticado conjunção carnal com menor de 18 (dezoito) e maior de 14 (quatorze) anos, em situação de prostituição, no período de 2007 a 2008 e nos idos de 2010. III - Na presente hipótese, ainda que a referida conduta possa, em tese, caracterizar a figura típica do art. 218-B, § 2º, I, do CP (favorecimento da prostituição de criança ou adolescente ou de vulnerável), é importante destacar que alguns fatos teriam ocorrido antes do advento da Lei n. 12.015/2009, que introduziu a mencionada figura típica ao Código Penal, não podendo retroagir para regular fatos anteriores à sua edição por ser mais gravosa (v.g.: RHC 36.364/RJ, Sexta Turma, Rel. Min. Rogerio Schietti Cruz, DJe de 6/6/2014). <u>IV - É entendimento consolidado no Superior Tribunal de Justiça que a conduta praticada pelo cliente ocasional não configura o tipo penal do art. 244-A do ECA (precedentes)</u>. <u>V - Segundo jurisprudência desta Corte Superior, a corrupção sexual de maiores de 14 (quatorze) e menores de 18 (dezoito) anos deixou de ser tipificada no Código Penal, ensejando abolitio criminis (precedentes)</u> [...] (STJ, QUINTA TURMA. RHC 80.481/PR, Rel. Ministro FELIX FISCHER, julgado em 04/04/2017, DJe 11/04/2017, sem grifo no original)

PROCESSO PENAL E PENAL (...) FAVORECIMENTO DA PROSTITUIÇÃO OU OUTRA FORMA DE EXPLORAÇÃO SEXUAL DE VULNE-

RÁVEL. ART. 244-A DO ECA. NULIDADE. PAS DE NULLITÉ SANS GRIEF. VIOLAÇÃO DO SISTEMA ACUSATÓRIO NÃO EVIDENCIADA. ABSOLVIÇÃO. ATIPICIDADE DA CONDUTA. "CLIENTE EVENTUAL" DE MENOR DE 18 E MAIOR DE 14 ANOS JÁ INSERIDA NA PROSTITUIÇÃO. CRIME ANTERIOR À LEI 12.015/2009. ÓBICE À RETROAÇÃO DA LEI PENAL PREJUDICIAL AO RÉU (...) 6. Embora a Constituição Federal tenha estabelecido o princípio da proteção integral do menor (CF, arts. 227, caput, c/c o 4º), antes do advento da Lei n. 12.015/2009, que introduziu o novel tipo penal do art. 218-B do CP, a conduta do chamado "cliente ocasional" de adolescente maior de 14 anos e menor 18 anos, já submetido a exploração sexual, não era considerada típica, por não se subsumir ao art. 244-A do ECA. 7. O art. 218-B estabeleceu, em seu § 2º, que incorre nas mesmas penas do caput "quem pratica conjunção carnal ou outro ato libidinoso com alguém menor de 18 (dezoito) e maior de 14 (catorze) anos na situação descrita no caput deste artigo". In casu, porém, percebe-se que as condutas foram perpetradas entre janeiro e abril de 2007, ou seja, antes da entrada em vigor da Lei n. 12.015/2009. Nesse contexto, não sendo admissível a retroação da lei penal desfavorável ao réu (CF, art. 5º, XL), impõe-se o reconhecimento da atipidade das condutas descritas na peça acusatória quanto ao ora paciente. 8. Conquanto o paciente tenha realizado pelo menos três "programas" com as adolescentes - condutas manifestamente atentatórias à integridade física, psíquica e moral das menores - importa reconhecer, repita-se, que tal comportamento não se adequa ao verbo "submeter" para fins do art. 244-A do ECA, sendo certo que a novel legislação, que derrogou tal dispositivo de lei, trazendo maior repressão à prostituição infanto-juvenil e ao chamado "turismo sexual", somente entrou em vigor anos após os fatos apurados no processo-crime ora em exame [...] (STJ, QUINTA TURMA. HC 160.901/GO, Rel. Ministro RIBEIRO DANTAS, julgado em 18/09/2018, DJe 25/09/2018)

Art. 244-B. Corromper ou facilitar a corrupção de menor de 18 (dezoito) anos, com ele praticando infração penal ou induzindo-o a praticá-la: (Incluído pela Lei nº 12.015, de 2009)

Pena - reclusão, de 1 (um) a 4 (quatro) anos. (Incluído pela Lei nº 12.015, de 2009)

As condutas típicas descritas no art. 244-B do ECA. O crime de corrupção de menores foi uma novidade inserida pela Lei nº 12.015/2009, que basicamente efetuou verdadeira mudança na legislação penal ao remodelar os crimes contra a dignidade sexual tal qual os conhecemos hoje. Dentre essas diversas mudanças, o legislador cuidou de atualizar as disposições referentes à questão da corrupção do indivíduo com idade inferior a 18 (dezoito) anos, já que promoveu a revogação da antiga Lei nº 2.252/1954. Nesta antiga lei, de apenas três artigos, era considerada como criminosa a conduta de corrupção de pessoa menor de 18 (dezoito) anos, com ela praticando infração penal ou induzindo-a a praticá-la.

Na verdade, tanto a pena de reclusão, quando a literalidade do dispositivo são as mesmas que as contidas no novo art. 244-B do ECA, mas agora percebemos uma preocupação do legislador em incorporar a antiga normativa ao Estatuto da Criança e do Adolescente.

Os verbos nucleares denotam uma ação do indivíduo criminoso em perverter, desintegrar a moralidade da criança ou do adolescente, mediante o incentivo à prática de infrações penais, por estes e de forma autônoma, ou através da coautoria com um indivíduo adulto. A única observação aqui diz respeito ao fato de que o menor não pratica infração penal, mas sim, ato infracional análogo a determinada infração penal (que pode ser um crime ou uma contravenção penal). Toda a normativa de apuração já foi tratada por nós páginas atrás. Remetemos o leitor às considerações feitas por nós.

Retornando à questão da comprovação da corrupção do menor, muito por força disto se discutia sobre a natureza do crime em comento, se de cunho formal ou de cunho material. Então, no ano de 2013 tal discussão foi superada, em virtude do que dispõe o enunciado da Súmula nº 500 do Superior Tribunal de Justiça (STJ):

> Súmula 500 - A configuração do crime do art. 244-B do ECA independe da prova da efetiva corrupção do menor, por se tratar de delito formal. (Súmula 500, TERCEIRA SEÇÃO, julgado em 23/10/2013, DJ 28/10/2013)

Ainda que não seja necessário demonstrar se a criança ou do adolescente foi efetivamente corrompido, nos interessa aqui dissertar sobre a forma pela qual tal corrupção pode se dar. Assim, entendemos que uma desvirtuação na personalidade, dirigindo o foco da criança ou do adolescente para a criminalidade é o principal aspecto cuja relevância foi objeto de cuidado por parte do legislador ao prever como criminosas condutas tendentes à iniciação ou manutenção do indivíduo com menos de 18 (dezoito) anos neste mundo desvirtuado.

Art. 244-B do ECA. Súmula 500 do STJ. Delito de natureza formal. Jurisprudência STF e STJ. Pacífica a jurisprudência dos Tribunais Superiores no sentido de que o delito previsto no art. 244-B do ECA, é formal, sendo prescindível qualquer prova da efetiva corrupção do menor. Desta forma, o delito de corrupção de menores (art. 244-B do ECA) se consuma com a prática do crime pelo maior (imputável) em companhia de criança ou adolescente, desnecessária a prova da efetiva corrupção do menor de 18 anos (inimputável por imaturidade).

Isso porque a norma visa impedir tanto a entrada quanto a permanência do menor da seara criminal (reiteração delitiva), dado que o que se pretende é a tanto a proteção da moralidade do menor quanto a proteção contra a exploração (proteção do menor exposto a exploração) – direito constitucional à proteção integral art. 227 da CRFB/88 – "*o fim a que se destina a tipificação do delito de corrupção de menores é impedir o estímulo tanto do ingresso como da permanência do menor no universo criminoso. O bem jurídico tutelado pela citada norma incriminadora não se restringe à inocência moral do menor, mas abrange a formação moral da criança e do adolescente, no que se refere à necessidade de abstenção da prática de infrações penais*" (STJ, QUINTA TURMA. REsp 1160429 MG, Rel. Ministro ARNALDO ESTEVES LIMA, julgado em 02/03/2010, DJe 29/03/2010 REVJMG vol. 192 p. 365).

Vejamos os seguintes julgados do STF:

> Recurso Ordinário em Habeas Corpus. 2. Corrupção de menores. Absolvição por atipicidade da conduta. Impossibilidade. 3. Crime formal. Prescindibilidade de prova da efetiva corrupção do menor. 3. Recurso a que se nega provimento. (STF, Segunda Turma. RHC 107623, Relator(a): GILMAR MENDES, julgado em 26/04/2011, DJe-098 DIVULG 24-05-2011 PUBLIC 25-05-2011 EMENT VOL-02529-02 PP-00375 RTJ VOL-00226-01 PP-00569, sem grifo no original)

> RECURSO ORDINÁRIO EM HABEAS CORPUS. 1. CORRUPÇÃO DE MENORES. 1. ART. 244-B DA LEI N. 8.069/1990 (ESTATUTO DA CRIANÇA E DO ADOLESCENTE). NATUREZA FORMAL (...) 1. O crime de corrupção de menores é formal, não havendo necessidade de prova efetiva da corrupção ou da idoneidade moral anterior da vítima, bastando indicativos do envolvimento de menor na companhia do agente imputável. Precedentes [...] (STF, Primeira Turma. RHC 111434, Relator(a): CÁRMEN LÚCIA, julgado em 03/04/2012, DJe-074 DIVULG 16-04-2012 PUBLIC 17-04-2012)

No mesmo sentido confira-se os recentes julgados do STJ:

> PENAL. HABEAS CORPUS SUBSTITUTIVO DE RECURSO ESPECIAL. NÃO CABIMENTO. ROUBO MAJORADO. CORRUPÇÃO DE MENOR. PLEITO DE ABSOLVIÇÃO DO CRIME DE CORRUPÇÃO DE MENOR ANTE A ALEGADA AUSÊNCIA DE DOLO. IMPOSSIBILIDADE. PROVA DA EFETIVA CORRUPÇÃO DO INIMPUTÁVEL. DESNECESSIDADE. DELITO FORMAL. ENTENDIMENTO FIRMADO EM RECURSO REPRESENTATIVO DA CONTROVÉRSIA. RESP 1127954/DF. SÚMULA 500/STJ (...) II - O v. acórdão recorrido está em harmonia com a jurisprudência deste Superior Tribunal de Justiça, segundo a qual o delito inserto no art. 244-B da Lei n. 8.096/90 é formal, sendo prescindível qualquer prova da efetiva corrupção do menor. III - Nesse viés, o Enunciado 500 da Súmula deste Superior Tribunal de Justiça: "A configuração do crime do art. 244-B do ECA independe da prova da efetiva corrupção do menor, por se tratar de delito formal". Precedentes [...] (STJ, QUINTA TURMA. HC 519.484/RJ, Rel. Ministro LEOPOLDO DE ARRUDA RAPOSO (DESEMBARGADOR CONVOCADO DO TJ/PE), julgado em 12/11/2019, DJe 22/11/2019)

> AGRAVO REGIMENTAL. HABEAS CORPUS (...) CORRUPÇÃO DE MENORES. NÃO CONFIGURAÇÃO. RÉU QUE CONVIVIA EM UNIÃO ESTÁVEL COM A MENOR. AUSÊNCIA DE RELAÇÃO DE ASCENDÊNCIA OU AUTORIDADE ENTRE ELES. IRRELEVÂNCIA. DELITO FORMAL. ENUNCIADO 500 DA SÚMULA DESTE SODALÍCIO. DESPROVIMENTO DO RECLAMO. 1. Pacificou-se nesta Corte Superior de Justiça o entendimento de que o crime previsto no artigo 244-B do Estatuto da Criança e do Adolescente se configura ainda que não haja prova da efetiva corrupção do menor, tratando-se de delito formal que visa a impedir que o imputável induza ou facilite a inserção ou manutenção do adolescente na esfera criminal. Precedente. Enunciado 500 da Súmula deste Sodalício [...] (STJ, QUINTA TURMA. AgRg no HC 547.220/SP, Rel. Ministro JORGE MUSSI, julgado em 05/12/2019, DJe 13/12/2019, sem grifo no original)

Prisão preventiva. Art. 312 CPP. Garantia da ordem pública. Tratamento mais rigoroso às situações que envolvem participação de menor. A Sexta Turma do STJ, em recente julgado, reiterou posicionamento da Corte Superior no sentido de que o envolvimento de menor na empreitada criminosa autoriza a prisão preventiva (art. 312 CPP) do maior imputável. Observe-se o julgado:

> AGRAVO REGIMENTAL NO HABEAS CORPUS (...) CORRUPÇÃO DE MENORES. ART. 244-B DO ECA. PRISÃO PREVENTIVA (...) AUSÊNCIA DOS REQUISITOS DO ART. 312 DO CPP. FUNDAMENTAÇÃO CONCRETA. MODUS OPERANDI E PRESENÇA DE MENOR (...) Ademais, registra-se a participação de menor na empreitada delituosa (...) 4. Esta Corte tem compreendido que a prática do delito com envolvimento de adolescente constitui motivação idônea para o decreto da custódia cautelar, como garantia da ordem pública. Nesse sentido: HC n. 312.760/MG - 5ª T. - unânime - Rel. Min. jorge Mussi - DJe 25/05/2015; RHC n. 38.586/MG - 6ª T. - unânime - Rel. Min. Maria Thereza de Assis Moura - DJe 23/08/2013 e HC N. 438.685 - 6ª T. - unânime - de minha relatoria [...] (STJ, SEXTA TURMA. AgRg no HC 613.433/PI, Rel. Ministro NEFI CORDEIRO, julgado em 06/10/2020, DJe 13/10/2020, sem grifo no original)

Sujeito ativo. O crime em comento pode ser praticado por qualquer pessoa. Assim, trata-se de um crime comum.

Sujeito passivo. É a criança ou adolescente.

Elemento subjetivo. É o doloso, apenas, não havendo previsão para a modalidade culposa.

Objeto material da conduta. No crime em comento, confunde-se com os próprios sujeitos passivos.

Objeto jurídico. São tutelados os direitos da criança, principalmente no que diz respeito à sua integridade moral.

Classificação doutrinária. Estamos diante de um crime comum (pois pode ser praticado por qualquer pessoa), formal (em virtude do que nos mostra o enunciado da Súmula nº 500 do STJ), comissivo, doloso, instantâneo, plurissubsistente e de forma vinculada (já que o tipo penal requer a prática em conjunto com a criança ou adolescente ou induzindo-os a praticá-la).

Momento consumativo. As condutas descritas no art. 244-B do ECA estarão consumadas com a simples prática do crime com uma criança ou adolescente, por parte de um adulto, ou com a indução do indivíduo menor de 18 (dezoito) anos à prática de atos infracionais análogos, sendo dispensável a efetiva comprovação da corrupção destes, de perigo abstrato (desnecessidade de comprovação de que a conduta atentou concretamente contra a moral do menor).

Tentativa. Admitida, em virtude da natureza plurissubsistente.

Comprovação de idade. Elementar do tipo. Basta comprovação por documento hábil. Recurso repetitivo. Tema repetitivo 1052. A Terceira Seção do STJ em recente julgamento (REsp 1619265/MG) – sob a égide dos recursos repetitivos – em que se questionava a possibilidade de a menoridade ser comprovada pela menção à data de nascimento do suposto adolescente no boletim de ocorrência, a partir de simples declaração do depoente, sem referência a nenhum documento apresentado por ele ao agente policial que o qualificou – firmou tese de que "*para ensejar a aplicação de causa de aumento de pena prevista no art. 40, VI, da Lei n. 11.343/2006 ou a condenação pela prática do crime previsto no art. 244-B da Lei n. 8.069/1990, a qualificação do menor, constante do boletim de ocorrência, deve trazer dados indicativos de consulta a documento hábil - como o número do documento de identidade, do CPF ou de outro registro formal, tal como a certidão de nascimento.*" (tema repetitivo 1052). Confira o acórdão paradigma:

> RECURSO ESPECIAL. JULGAMENTO SOB O RITO DOS RECURSOS REPETITIVOS. TRÁFICO DE DROGAS. MAJORANTE. ENVOLVIMENTO DE CRIANÇA OU ADOLESCENTE. CONFIGURAÇÃO. DOCUMENTO HÁBIL. RECURSO ESPECIAL PROVIDO. 1. O Código de Processo Penal estabelecia, em seu art. 155 - antes mesmo da edição da Lei n. 11.690/2008 -, que a prova quanto ao estado das pessoas deveria observar as restrições constantes da lei civil. Atualmente, o dispositivo prevê, em seu parágrafo único: "Somente quanto ao estado das pessoas serão observadas as restrições estabelecidas na lei civil". 2. O Código Civil fixa, em seu art. 9º, a obrigatoriedade de registro, em assentamento público, dos seguintes acontecimentos: I - os nascimentos, casamentos e óbitos; II - a emancipação por outorga dos pais ou por sentença do juiz; III - a interdição por incapacidade absoluta ou relativa; IV - a sentença declaratória de ausência e de morte presumida. 3. A legislação pátria relativiza a exigência de

registro, em assentamento público, para a comprovação de questões atinentes ao estado da pessoa. Exemplificativamente, o art. 3º da Lei n. 6.179/1974 dispõe: "A prova de idade será feita mediante certidão do registro civil ou por outro meio de prova admitido em direito, inclusive assento religioso ou carteira profissional emitida há mais de 10 (dez) anos". 4. Na mesma linha de raciocínio, a Terceira Seção do Superior Tribunal de Justiça editou a Súmula n. 74, em 15/4/1993. Confira-se o enunciado: "Para efeitos penais, o reconhecimento da menoridade do réu requer prova por documento hábil". 5. Em diversas situações - redução do prazo prescricional, aplicação da atenuante do art. 65, I, do Código Penal, comprovação da idade de vítima de crimes contra a dignidade sexual -, a jurisprudência desta Corte Superior considera necessária, para a comprovação da idade, a referência a documento oficial que ateste a data de nascimento do envolvido - acusado ou vítima. Precedentes. 6. No julgamento dos EREsp n. 1.763.471/DF (Rel. Ministra Laurita Vaz, 3ª S., DJe 26/8/2019), a Terceira Seção desta Corte Superior sinalizou a impossibilidade de que a prova da idade da criança ou adolescente supostamente envolvido em prática criminosa ou vítima do delito de corrupção de menores ser atestada exclusivamente pelo registro de sua data de nascimento, em boletim de ocorrência, sem referência a um documento oficial do qual foi extraída tal informação (como certidão de nascimento, CPF, RG, ou outro). 6. De fato, soa ilógico que, para aplicar medidas favoráveis ao réu ou que visam ao resguardo da dignidade sexual da vítima, por exemplo, se exija comprovação documental e, para agravar a situação do acusado - ou até mesmo para justificar a própria condenação - se flexibilizem os requisitos para a demonstração da idade. 7. Na espécie, a análise do auto de prisão em flagrante permite verificar que, ao realizar a qualificação do menor, a autoridade policial menciona o número de seu documento de identidade e o órgão expedido, circunstância que evidencia que o registro de sua data de nascimento não foi baseado apenas em sua própria declaração, pois foi corroborado pela consulta em seu RG. Logo, deve ser restabelecida a incidência da majorante em questão. 8. Recurso provido para restabelecer a incidência da majorante prevista no inciso VI do art. 40 da Lei n. 11.343/2006 e, por conseguinte, readequar a pena imposta ao recorrido, nos termos do voto, assentando-se a seguinte tese: "Para ensejar a aplicação de causa de aumento de pena prevista no art. 40, VI, da Lei n. 11.343/2006 ou a condenação pela prática do crime previsto no art. 244-B da Lei n. 8.069/1990, a qualificação do menor, constante do boletim de ocorrência, deve trazer dados indicativos de consulta a documento hábil - como o número do documento de identidade, do CPF ou de outro registro formal, tal como a certidão de nascimento." (STJ, TERCEIRA SEÇÃO. ProAfR no REsp 1619265/MG, Rel.

> Ministro ROGERIO SCHIETTI CRUZ, julgado em 07/04/2020, DJe 18/05/2020, sem grifo no original)

Corroborado pelos recentes julgados:

> AGRAVO REGIMENTAL EM RECURSO ESPECIAL. CORRUPÇÃO DE MENOR. AUSÊNCIA DE DOCUMENTO APTO À COMPROVAÇÃO DA IDADE. CONDENAÇÃO. IMPOSSIBILIDADE (...) 3. A Terceira Seção, no recente julgamento do REsp nº 1.619.265/MG, decidiu que para ensejar a aplicação de causa de aumento de pena prevista no art. 40, VI, da Lei n. 11.343/2006 ou a condenação pela prática do crime previsto no art. 244-B da Lei n. 8.069/1990, a qualificação do menor, constante do boletim de ocorrência, deve trazer dados indicativos de consulta a documento hábil - como o número do documento de identidade, do CPF ou de outro registro formal, tal como a certidão de nascimento [...] (STJ, SEXTA TURMA. AgRg no REsp 1796803/MG, Rel. Ministro ROGERIO SCHIETTI CRUZ, julgado em 09/06/2020, DJe 17/06/2020)

> AGRAVO REGIMENTAL EM RECURSO ESPECIAL. PENAL. LEGISLAÇÃO EXTRAVAGANTE. ESTATUTO DA CRIANÇA E DO ADOLESCENTE (...) COMPROVAÇÃO DE IDADE. DOCUMENTOS APTOS. PRONTUÁRIO CIVIL E BOLETIM DE OCORRÊNCIA (...) 6. A comprovação da menoridade, para fins de tipificação do delito previsto no art. 244-B do Estatuto da Criança e do Adolescente, não exige obrigatoriamente a apresentação de documentos oficiais, podendo esta circunstância elementar ser comprovada por outros documento idôneos, tais como o boletim de ocorrência policial e auto de apreensão do adolescente (AgRg no AREsp n. 1.487.060/MG, Ministro Jorge Mussi, Quinta Turma, DJe 2/8/2019). 7. A menoridade para fins de tipificação do crime previsto no art. 244-B da Lei n. 8.069/1990 pode ser comprovada por outros meios idôneos, não se exigindo seja realizada somente por certidão de nascimento ou carteira de identidade. Precedentes: HC n. 92.014, Min. Menezes de Direito, Primeira Turma, DJe 21/11/2008, e HC n. 121.709, Min. Ricardo Lewandowski, Segunda Turma, DJe 12/6/2014 (STF: HC n. 124.132/MG, Ministro Luiz Fux, Segunda Turma, DJe 17/11/2014) [...] (STJ, SEXTA TURMA. AgRg no REsp 1841578/DF, Rel. Ministro SEBASTIÃO REIS JÚNIOR, julgado em 25/08/2020, DJe 02/09/2020)

No mesmo sentido segue a jurisprudência do STF:

> Agravo regimental no recurso extraordinário com agravo. Matéria criminal. Corrupção de menores (art. 244-B da Lei nº 8.069/90). Ilegalidade flagrante demonstrada. Inexistência de prova documental idônea a comprovar a menoridade do suposto adolescente corrom-

pido. Inteligência do art. 155, parágrafo único, do Código de Processo Penal. Atipicidade. Precedentes. Agravo regimental não provido. 1. A Corte já decidiu que, "para efeitos penais, a comprovação da idade, como as outras situações quanto ao estado das pessoas, há de ser realizada mediante prova documental hábil, de acordo com as restrições estabelecidas na lei civil" (HC nº 132.204/DF, Segunda Turma, Relator o Ministro Teori Zavascki, DJe de 11/5/16). 2. O art. 244-B do Estatuto da Criança e do Adolescente, ao descrever abstratamente a conduta punível, destacou a menoridade da vítima como elemento essencial do tipo penal, de tal modo que, ausente essa circunstância elementar, não restará configurado o delito de corrupção de menores. 3. O comando normativo consubstanciado nesse preceito primário de incriminação destaca, como um dos essentialia delicti, a circunstância de o sujeito passivo da ação delituosa ser, necessariamente, pessoa "menor de 18 (dezoito) anos". 4. A inexistência, nos autos da ação penal, de prova documental idônea que dê substrato à acusação concernente ao delito de corrupção de menores acarreta sua atipicidade [...] (STF, Segunda Turma. ARE 1057293 AgR, Relator(a): DIAS TOFFOLI, julgado em 01/12/2017, DJe-056 DIVULG 21-03-2018 PUBLIC 22-03-2018)

RECURSO ORDINÁRIO EM "HABEAS CORPUS" – INTERPOSIÇÃO DE RECURSO DE AGRAVO – PEDIDO FORMULADO PELA PARTE AGRAVANTE NO SENTIDO DO JULGAMENTO PRESENCIAL E EM DESTAQUE DE SEU PLEITO RECURSAL – INSUFICIÊNCIA DAS RAZÕES POR ELA APONTADAS – INDEFERIMENTO DO PEDIDO – CORRUPÇÃO DE MENORES (LEI Nº 8.069/90, ART. 244-B) – MENORIDADE DO AGENTE E/OU DA VÍTIMA – POSSIBILIDADE DE SUA COMPROVAÇÃO MEDIANTE CERTIDÃO DE NASCIMENTO OU POR INTERMÉDIO DE QUALQUER OUTRO DOCUMENTO OFICIAL EQUIVALENTE, EMANADO DE ÓRGÃO ESTATAL COMPETENTE E REVESTIDO, POR ISSO MESMO, DE FÉ PÚBLICA – IDONEIDADE JURÍDICA, PARA ESSE EFEITO, DA CÉDULA DE IDENTIDADE, DO CERTIFICADO DE RESERVISTA OU DO TÍTULO DE ELEITOR, EXEMPLIFICATIVAMENTE – PRECEDENTES [...] (STF, Segunda Turma. RHC 147041 AgR, Relator(a): CELSO DE MELLO, julgado em 04/06/2018, PROCESSO ELETRÔNICO DJe-119 DIVULG 14-06-2018 PUBLIC 15-06-2018)

MENOR – CORRUPÇÃO – IDADE – COMPROVAÇÃO. A menoridade para fins de tipificação do delito previsto no artigo 244-B da Lei nº 8.069/1990 pode ser comprovada mediante documentos diversos da certidão de nascimento ou carteira de identidade. (STF, Primeira Turma. HC 161557, Relator(a): MARCO AURÉLIO, julgado em 11/05/2020, DJe-128 DIVULG 22-05-2020 PUBLIC 25-05-2020)

Art. 244-B do ECA. Corrupção de mais de uma criança/adolescente. Mais de um bem jurídico violado. Crime único. Inocorrência. Concurso de crimes. Possibilidade. Jurisprudência. A Sexta Turma do STJ possui entendimento no sentido de que não caracteriza crime único (e, sim, concurso de crimes), a prática de delito com participação de mais de uma criança/adolescente, eis que haveria a violação de mais de um bem jurídico considerando que o objeto da norma do art. 244-B ECA é a proteção da integridade moral do menor de 18 anos. Observe-se o julgado:

> RECURSO ESPECIAL. PENAL. ESTATUTO DA CRIANÇA E DO ADOLESCENTE. ART. 244-B. CORRUPÇÃO DE MENORES. PARTICIPAÇÃO DE DOIS ADOLESCENTES NA EMPREITADA CRIMINOSA. PRÁTICA DE DOIS DELITOS DE CORRUPÇÃO DE MENORES. EXISTÊNCIA DE DOIS BENS JURÍDICOS TUTELADOS VIOLADOS. PRINCÍPIOS DA PRIORIDADE ABSOLUTA E DO INTERESSE DA CRIANÇA E DO ADOLESCENTE. CONCURSO FORMAL (...) 1. Discute-se se a prática de crimes em concurso com dois adolescentes dá ensejo à condenação por dois crimes de corrupção de menores ou se o fato é considerado crime único. 2. Considerando que o bem jurídico tutelado pelo crime de corrupção de menores é a formação moral da criança e do adolescente, caso duas crianças/adolescentes tiverem seu amadurecimento moral violado, em razão de estímulos a praticar o crime ou a permanecer na seara criminosa, dois foram os bens jurídicos violados. 3. O entendimento perfilhado também se coaduna com os princípios da prioridade absoluta e do melhor interesse da criança e do adolescente, vez que trata cada criança ou adolescente como sujeitos de direitos. 4. Ademais, seria desarrazoado atribuir a prática de crime único ao réu que corrompeu dois adolescentes, assim como ao que cometeu apenas um. 5. A jurisprudência desta Corte Superior é firme em assinalar que a quantidade de infrações praticadas deve ser o critério utilizado para embasar o patamar de aumento relativo ao concurso formal de crimes (HC n. 319.513/SP, Ministro Rogerio Schietti Cruz, Sexta Turma, DJe 20/4/2016) (...) 8. Recurso especial parcialmente provido apenas para reconhecer a prática de dois delitos de corrupção de menores. (STJ, SEXTA TURMA. REsp 1680114/GO, Rel. Ministro SEBASTIÃO REIS JÚNIOR, julgado em 10/10/2017, DJe 16/10/2017, sem grifo no original)

Sobre a possibilidade de o indivíduo com idade inferior a 18 (dezoito) anos praticar ato infracional análogo ao crime descrito no art. 244-B do ECA. Diante da observação sobre o conceito narrado face ao ato infracional, como descrito no art. 103 do ECA, considerado como a conduta descrita como crime ou contravenção penal, não há óbices para que, nos casos de coautoria ou participação com outra criança ou adolescente, impute-se ao indivíduo a prática do ato infracional análogo ao crime previsto no art. 244-B do ECA, em concurso com o crime/contravenção nos termos da descrição daquele tipo penal.

§ 1º Incorre nas penas previstas no caput deste artigo quem pratica as condutas ali tipificadas utilizando-se de quaisquer meios eletrônicos, inclusive salas de bate-papo da internet. (Incluído pela Lei nº 12.015, de 2009)

A liberdade de formas para a prática do crime previsto no *caput* do art. 244-B do ECA. O legislador amplia as possibilidades de prática das condutas de corrupção ou indução à corrupção do indivíduo com idade inferior a 18 (dezoito) anos, permitindo que elas possam ser efetivadas por qualquer meio, inclusive à distância, através da rede mundial de computadores, nas quais os sujeitos ativos podem se valer de salas de "*chat*" ou bate-papo para estes atos.

§ 2º As penas previstas no caput deste artigo são aumentadas de um terço no caso de a infração cometida ou induzida estar incluída no rol do art. 1 o da Lei n o 8.072, de 25 de julho de 1990. (Incluído pela Lei nº 12.015, de 2009)

A necessária visualização da Lei nº 8.072/90 nos casos de corrupção de menores. A causa de aumento de pena prevista no art. 244-B, § 2º, do ECA. Quando a infração penal praticada pelo sujeito ativo ou quando o ato infracional ao qual a criança ou adolescente tenha sido induzido a praticar estiver constando no rol previsto pela Lei de Crimes Hediondos, então as penas de reclusão de 1 (um) a 4 (quatro) anos serão aumentadas no patamar fixo de 1/3 (um terço). Esta causa de aumento de pena não estava originalmente prevista na Lei nº 2.252/1954, tendo sido novidade inserida pela Lei nº 12.015/09, como forma de dar maior ênfase e maior reprimenda nestas hipóteses, além do fato de que a Lei nº 8.072/90, não existia à época da antiga lei de corrupção de menores.

Note-se, contudo, que o legislador fez menção expressa apenas ao rol preconizado pelo art. 1º da Lei nº 8.072/90, o que abrange o seu parágrafo único, em virtude da adequada técnica legislativa, mas não engloba os crimes equiparados a hediondo, haja vista a impossibilidade de ampliação do rol de modo que prejudique o acusado.

Corrupção de menores e tráfico de drogas. Causa de aumento de pena do art. 40, VI, da Lei de Drogas e art. 244-B do ECA. *Bis in idem*. Princípio da especialidade. Jurisprudência do STJ. No julgamento do REsp 1622781/MT (veiculado no Informativo nº 595 do STJ - período de 15/02/2017) a Sexta Turma do STJ fixou entendimento no sentido de que na hipótese de o delito praticado pelo agente e pelo menor de 18 anos não estar previsto nos arts. 33 a 37 da Lei de Drogas, o réu poderá ser condenado pelo crime de corrupção de menores, porém, se a conduta estiver tipificada em um desses artigos (33 a 37), pelo princípio da especialidade, não será possível a condenação por aquele delito [art. 244-B do ECA], mas apenas a majoração da sua pena com base no art. 40, VI, da Lei n. 11.343/2006, sob pena de *bis in idem*.

RECURSO ESPECIAL. PENAL. TRÁFICO DE DROGAS E CORRUPÇÃO DE MENORES. CAUSA DE AUMENTO DO ART. 40, VI, DA LEI

> DE DROGAS E CORRUPÇÃO DE MENORES. BIS IN IDEM. OCORRÊNCIA. DUPLA PUNIÇÃO EM RAZÃO DA MESMA CIRCUNSTÂNCIA. PRINCÍPIO DA ESPECIALIDADE. 1. A controvérsia cinge-se em saber se constitui ou não bis in idem a condenação simultânea pelo crime de corrupção de menores e pelo crime de tráfico de drogas com a aplicação da majorante prevista no art. 40, VI, da Lei de Drogas. 2. Não é cabível a condenação por tráfico com aumento de pena e a condenação por corrupção de menores, uma vez que o agente estaria sendo punido duplamente por conta de uma mesma circunstância, qual seja, a corrupção de menores (bis in idem). 3. Caso o delito praticado pelo agente e pelo menor de 18 anos não esteja previsto nos arts. 33 a 37 da Lei de Drogas, o réu poderá ser condenado pelo crime de corrupção de menores, porém, se a conduta estiver tipificada em um desses artigos (33 a 37), pelo princípio da especialidade, não será possível a condenação por aquele delito, mas apenas a majoração da sua pena com base no art. 40, VI, da Lei n. 11.343/2006. 4. In casu, verifica-se que o réu se associou com um adolescente para a prática do crime de tráfico de drogas. Sendo assim, uma vez que o delito em questão está tipificado entre os delitos dos arts. 33 a 37, da Lei de Drogas, correta a aplicação da causa de aumento prevista no inciso VI do art. 40 da mesma Lei [...] (STJ, SEXTA TURMA. REsp 1622781/MT, Rel. Ministro SEBASTIÃO REIS JÚNIOR, julgado em 22/11/2016, DJe 12/12/2016, sem grifo no original)

No mesmo sentido é o entendimento da Quinta Turma do STJ:

> PENAL. AGRAVO REGIMENTAL NO RECURSO ESPECIAL. TRÁFICO DE DROGAS MAJORADO PELA PARTICIPAÇÃO DE MENOR. PLEITO DE CONDENAÇÃO CONCOMITANTE COM O DELITO DE CORRUPÇÃO DE MENORES. IMPOSSIBILIDADE. AGRAVO REGIMENTAL DESPROVIDO. 1. Configura bis in idem a condenação conjunta do tráfico de drogas majorado pela participação de menor com o crime de corrupção de menores previsto no art. 244-B da Lei n. 8.069/90 [...] (STJ, QUINTA TURMA. AgRg nos EDcl no REsp 1716826/PR, Rel. Ministro JOEL ILAN PACIORNIK, julgado em 10/04/2018, DJe 23/04/2018, sem grifo no original)

QUESTÕES DE CONCURSO

1) (FCC/2018/ DPE-AP - Defensor Público)

Um adolescente é flagrado, dentro de um bar, comprando e consumindo bebida alcoólica. Segundo previsto no Estatuto da Criança e do Adolescente,

A) ao adolescente pode ser aplicada medida socioeducativa em meio aberto por estar com seus direitos violados em razão de sua própria conduta.

B) o estabelecimento deve ter cassado seu alvará de funcionamento, o adolescente deve receber medida de advertência, e seus genitores devem ser notificados a comparecer no Conselho Tutelar ou, na sua ausência, ao órgão do Ministério Público competente.

C) incorrem, estabelecimento comercial, adolescente e seus pais em Infração Administrativa às Normas de Proteção à Criança e ao Adolescente.

D) incorre o proprietário do estabelecimento em contravenção penal, com pena de prisão simples, de dois meses a um ano, ou multa.

E) fica o estabelecimento comercial sujeito à medida administrativa de interdição até o recolhimento da multa aplicada.

2) (2018/VUNESP/ PC-SP - Delegado de Polícia)

Com relação à conduta de "Simular a participação de adolescente em cena de sexo explícito por meio de adulteração, montagem ou modificação de fotografia", nos termos da Lei no 8.069/1990 (Estatuto da Criança e do Adolescente), é correto afirmar que

A) a mera montagem de fotografia que simule a participação de adolescente em cena de sexo explícito em si já é suficiente para configurar a infração penal por parte de quem a produziu.

B) apesar de constar da legislação, a descrição do enunciado trata de uma ficção jurídica, também considerada uma hipótese de indiferente penal, em razão da atipicidade da conduta descrita.

C) se trata de crime apenado com detenção e de ação penal pública incondicionada.

D) se trata de crime de perigo abstrato, apenado com reclusão, que não admite a suspensão condicional do processo, mas tão somente a transação penal.

E) não é considerado um crime, por ausência de previsão legal.

3) (2018/FCC/ MPE-PB - Promotor de Justiça Substituto)

O Estatuto da Criança e do Adolescente (Lei nº 8.069/1990) considera crime a conduta de corromper ou facilitar a corrupção de menor de dezoito anos, com ele praticando infração penal ou induzindo-o a praticá-la. A respeito desse tipo penal e à luz do que dispõe os Tribunais Superiores,

A) sua configuração independe da prova da efetiva corrupção da criança ou do adolescente.

B) trata-se de modalidade de delito material.

C) qualifica o crime a efetiva corrupção da criança ou do adolescente.

D) o adolescente autor de ato infracional não pode ser vítima do delito, pois já corrompido.

E) o objeto jurídico tutelado é coibir a prática de delitos com pluralidade de agentes.

4) (2019/CESPE/CEBRASPE / TJ-SC - Juiz Substituto)

Determinado sujeito, maior e imputável, adquiriu em sítio da Internet vídeos com cenas de pornografia que envolviam adolescentes e os armazenou em seu computador. Posteriormente, transmitiu esses vídeos, por meio de aplicativo de mensagem instantânea, a dois amigos adolescentes.

Considerando essa situação hipotética, é correto afirmar, de acordo com as disposições do ECA e com o entendimento do STJ, que o sujeito praticou

A) condutas consideradas atípicas.

B) duas condutas típicas, porém, em aplicação ao princípio da consunção, a primeira restou absorvida pela segunda.

C) condutas que caracterizam dois crimes em continuidade delitiva.

D) condutas que caracterizam dois crimes em concurso material.

E) condutas que caracterizam dois crimes em concurso formal.

5) (2019/CESPE / CEBRASPE/ TJ-BA - Juiz de Direito Substituto)

Com relação aos crimes contra a criança e o adolescente previstos na legislação pertinente, julgue os próximos itens.

I O crime de corrupção de menores previsto no ECA é um delito material, razão porque, para a sua caracterização, é necessária a efetiva comprovação de que o menor foi corrompido.

II O processamento e julgamento do crime de publicação de material pedófilo-pornográfico em sítios da Internet será da competência da justiça federal, quando for possível a identificação do atributo da internacionalidade do resultado obtido ou que se pretendia obter.

III A mera simulação da participação de criança ou adolescente em cena pornográfica por meio da adulteração de fotografia é uma conduta atípica, haja vista a ausência de perigo concreto ao bem jurídico que poderia ser tutelado.

IV O armazenamento de fotografias ou vídeos que contenham cena de sexo explícito envolvendo criança ou adolescente configura conduta atípica se o possuidor desse conteúdo o tiver recebido de forma involuntária.

Assinale a opção correta.

A) Apenas o item I está certo.

B) Apenas o item II está certo.

C) Apenas o item III está certo.

D) Apenas os itens II e IV estão certos.

E) Apenas os itens I, III e IV estão certos.

6) (2019/MPE-SP - Promotor de Justiça Substituto)

Em relação ao crime de corrupção de pessoa menor de 18 anos, assinale a alternativa correta.

A) Se o agente maior de idade apenas induz o menor de 18 anos à prática de ato infracional, não há crime de corrupção de menor.

B) O agente maior de idade que pratica tráfico de drogas junto de menor de 18 anos, responde por esse delito, em concurso formal com a corrupção.

C) O agente maior de idade que pratica infração penal junto de dois menores de 18 anos não responde por duas corrupções.

D) Segundo o STJ, o crime de corrupção de menores de 18 anos é material.

E) O agente maior de idade que pratica infração penal junto de menor de 18 anos, o qual não registrava qualquer antecedente, responde por dois delitos, em concurso formal.

7) (2019/CESPE / CEBRASPE/ TJ-PR - Juiz Substituto)

Julgue os itens a seguir, relativos a delitos de natureza sexual.

I Praticar, em local público, ato libidinoso contra alguém e sem o seu consentimento caracteriza contravenção penal tipificada como importunação ofensiva ao pudor.

II Praticar conjunção carnal com o parceiro na presença de menor de catorze anos de idade, a fim de satisfazer a própria lascívia, configura, a princípio, o tipo penal específico denominado satisfação de lascívia mediante presença de criança ou adolescente.

III Praticar ato obsceno em praça pública, ainda que sem a intenção de ultrajar alguém específico, configura crime de importunação sexual, que, por equiparação, é considerado hediondo.

IV Divulgar na Internet fotografias de conteúdo pornográfico envolvendo adolescente, como meio de vingança pelo término de relacionamento, configura crime específico previsto no ECA, o que afasta a incidência do novo tipo penal previsto no art. 218-C do Código Penal.

Estão certos apenas os itens

A) I e III.

B) I e IV.

C) II e III.

D) II e IV.

8) (2019/VUNESP/ TJ-RO - Juiz de Direito Substituto)

Tendo em conta o Estatuto da Criança e Adolescente, assinale a alternativa correta.

A) Prevê como crime a conduta de simular a participação de criança ou adolescente em cena de sexo explícito ou pornográfico, por qualquer forma de representação visual.

B) Prevê como crime a conduta de oferecer fotografia ou qualquer outra forma de registro que contenha cena de sexo explícito ou pornográfico envolvendo criança e adolescente, desde que com a finalidade de lucro.

C) Tipifica a posse e o armazenamento de fotografias, cenas ou imagens de sexo ou pornografia envolvendo crianças e adolescentes, desde que haja a finalidade de lucro.

D) Prevê como crime a conduta de submeter criança ou adolescente à prostituição, apenando de forma atenuada, contudo, o proprietário do local onde ocorra a submissão.

E) Prevê como crime a conduta de dar acesso à criança ou adolescente a material contendo imagem de sexo, ainda que para fins de educação sexual.

GABARITO COMENTADO

1) Gabarito oficial: E

Justificativa:

A) Incorreta. A criança ou adolescente que compra e consome a bebida alcoólica é sujeito passivo do art. 243 do ECA. Poderá ser a ele aplicada medida protetiva (art. 101 do ECA).

B) Incorreta. Art. 258-C do ECA. A medida administrativa a ser aplicada seria interdição do estabelecimento comercial até o recolhimento da multa aplicada.

C) Incorreta. Ao estabelcimento (art. 258-C do ECA) e aos pais (art. 249 do ECA) é aplicável sação por infração administrativa. Neste caso, o adolescente não pratica infração administrativa, a ele podendo ser aplicada medida protetiva (art. 101 do ECA).

D) Incorreta. Aquele que vende, entrega ou ministra bebida alcoólica a menor de 18 anos pratica o delito do art. 243 do ECA. Pode ser o proprietário do estabelecimento ou seu preposto. Não se pune o proprietário do estabelecimento se este não prativcou o verbo típico, sob pena de responsabilização objetiva. Neste caso, aplica-se somente a sanção administraiva (art. 258-C do ECA).

E) Correta. Art. 258-C do ECA.

2) Gabarito oficial: A

Justificativa:

A) Correta. Art. 241-C do ECA.

B) Incorreta. A conduta descrita no enunciado é típica. Vide art. 241-C do ECA.

C) Incorreta. O preceito secundário do art. 241-C do ECA prevê Pena - reclusão, de 1 (um) a 3 (três) anos, e multa.

D) Incorreta. O art. 241-C do ECA não é de menor potencial ofensivo (art. 61 da Lei nº 9099/95), mas admite a suspensão condicional (art. 89 da Lei nº 9099/95).

E) Incorreta. Trata-se de conduta típica, com previsão no art. 241-C do ECA.

3) Gabarito oficial: A

Justificativa:

Segundo entendimento pacificado no âmbito dos Tribunais Superiores, trata-se de crime formal, de sorte que sua configuração independe da prova da efetiva corrupção da criança ou do adolescente, pois a norma visa a proteção da integridade moral do adolescente quanto sua exploração, impedindo tanto seu ingresso quanto sua manutenção na atividade criminosa. Nos termos do Enunciado nº 500 da Súmula do STJ, "A configuração do crime do art. 244-B do ECA independe da prova da efetiva corrupção do menor, por se tratar de delito formal". A efetiva corrupção do adolescente é mero exaurimento. Assim, correta a assertiva A, incorretas as demais proposições.

4) Gabarito oficial: D

Justificativa:

Como o tipo incriminador capitulado no art. 241-A não constitui fase normal ou meio de execução para o delito do art. 241-B, o agente possuía a livre determinação de somente baixar, arquivar e/ou armazenar o material pornográfico infantil, para satisfazer sua lascívia pessoal, mas poderia se abster de divulgá-lo, não se aplica o princípio da consunção, mas o concurso de infrações penais. No entender do STJ trata-se de cncurso material (STJ, QUINTA TURMA. AgRg no AgRg no REsp 1330974/MG, Rel. Ministro RIBEIRO DANTAS, julgado em 12/02/2019, DJe 19/02/2019. Assim, correta a assertiva "D", incorretas as demais proposições.

5) Gabarito oficial: B

Justificativa:

I - errada. Crime formal. Enunciado nº 500 da Súmula do STJ;

II - certa. Internacionalidade, competência da justiça federal. RE 628624 STF. Referente ao tema repetitivo nº 393.

III - errada. Art. 241-A do ECA

IV - errada. "Receber" culposamente não é crime, mas "armazenar" dolosamente é infração penal - art. 241-B do ECA.

Logo, a proposição "B" está correta.

6) Gabarito oficial: E

Justificativa:

A) errada. A redação do art. 244-B do ECA também prevê como criminosa a conduta daquele indivíduo que não apenas induz, mas também pratica a infração penal com o outro indivíduo menor de 18 (dezoito) anos.

B) errada. Art. 40, VI, da Lei de Drogas. Não há crime autônomo de corrupção de menores, mas incide a causa de aumento da Lei de Drogas. Informativo nº 595 do STJ (REsp 1.622.781-MT, Rel. Min. Sebastião Reis Júnior, por unanimidade, julgado em 22/11/2016, DJe 12/12/2016).

C) errada. A Sexta Turma do STJ possui entendimento no sentido de que não caracteriza crime único (e, sim, concurso de crimes), a prática de delito com participação de mais de uma criança/adolescente, eis que haveria a violação de mais de um bem jurídico considerando que o objeto da norma do art. 244-B ECA é a proteção da integridade moral do menor de 18 anos (STJ, SEXTA TURMA. REsp 1680114/GO, Rel. Ministro SEBASTIÃO REIS JÚNIOR, julgado em 10/10/2017, DJe 16/10/2017).

D) errada. Súmula 500 do STJ.

E) certa. Concurso formal de crimes. (STJ, REsp 1.680.114/GO).

7) Gabarito oficial: D

Justificativa:

I - errada. A conduta narrada na proposição não se subsome a nenhuma prevista no Decreto-Lei nº 3.688/1941 nem ao crime previsto no art. 215-A do CP - importunação sexual (carece do especial fim de agir: "com o objetivo de satisfazer a própria lascívia ou a de terceiro");

II - certa. Art. 218-A do CP;

III - errada. O art. 233 do CP não está no rol do art. 1º, caput, e parágrafo único, da Lei nº 8.072/90 ;

IV - certa. Art. 241-A do ECA;

Logo a proposição "D" está correta.

8) Gabarito oficial: A

Justificativa:

A) Correta. Art. 241-C do ECA.

B) Incorreta. Art. 241- A do ECA não exige especial fim de agir (lucro).

C) Incorreta. Art. 241-B do ECA não exige especial fim de agir (lucro).

D) Incorreta. Art. 244-A, §1º, do ECA, prevê conduta equiparada.

E) Incorreta. Art. 241-D, parágrafo único, I, do ECA, exige especial fim de agir (com o fim de com ela praticar ato libidinoso).

4

ESTATUTO DA PESSOA COM DEFICIÊNCIA

LEI Nº 13.146, DE 6 DE JULHO DE 2015

Institui a Lei Brasileira de Inclusão da Pessoa com Deficiência (Estatuto da Pessoa com Deficiência).

Art. 1º É instituída a Lei Brasileira de Inclusão da Pessoa com Deficiência (Estatuto da Pessoa com Deficiência), destinada a assegurar e a promover, em condições de igualdade, o exercício dos direitos e das liberdades fundamentais por pessoa com deficiência, visando à sua inclusão social e cidadania.

Parágrafo único. Esta Lei tem como base a Convenção sobre os Direitos das Pessoas com Deficiência e seu Protocolo Facultativo, ratificados pelo Congresso Nacional por meio do Decreto Legislativo nº 186, de 9 de julho de 2008, em conformidade com o procedimento previsto no § 3º do art. 5º da Constituição da República Federativa do Brasil, em vigor para o Brasil, no plano jurídico externo, desde 31 de agosto de 2008, e promulgados pelo Decreto nº 6.949, de 25 de agosto de 2009, data de início de sua vigência no plano interno.

Âmbito de proteção da Lei nº 13.146/15. Estatuto da Pessoa com Deficiência. Em diversos dispositivos da Constituição da República Federativa do Brasil de 1988 estão previstas normativas referentes ao tema da deficiência, por qualquer natureza. O artigo 24, XIV, da CRFB/88, informa que compete à União, aos Estados e ao Distrito Federal legislar concorrentemente sobre a proteção e integração social das pessoas portadoras de deficiência.

Por sua vez, o artigo 37, VIII, da CRFB/88, assevera que, no tocante à Administração Pública, lei reservará percentual e definirá critérios para admissão aos cargos e empregos públicos para as pessoas que portem deficiência.

Seja em termos de garantia aos cargos da Administração Pública, seja em face de assegurar direitos com relação à Previdência Social, Assistência Social, acessibilidade etc., o fato é que a partir da CRFB/1988, desde a publicação da Lei nº 7.853/89 (que dispõe, entre outras coisas, sobre o apoio às pessoas portadoras de deficiência), o legislador se propõe a discutir esta temática, como forma de minimizar as desigualdades.

Porém, o Estatuto da Pessoa com Deficiência só surge em 2015, praticamente vinte e sete anos após a CRFB/1988.

Antes tarde do que nunca, o objetivo previsto para proteção que o Estatuto promoverá está enquadrado em assegurar e promover o exercício dos direitos e liberdades fundamentais pela pessoa com deficiência. Tudo isto com igualdade e visando ao exercício da sua cidadania e inclusão social.

Recentemente foi promulgado o Decreto nº 10.177, de 16 de dezembro de 2019, que dispõe sobre o Conselho Nacional dos Direitos da Pessoa com Deficiência, instituído no âmbito do Ministério da Mulher, da Família e dos Direitos Humanos, como forma de, entre outras atividades, acompanhar pela implantação da Política Nacional para a Inclusão da Pessoa com Deficiência, acompanhar a elaboração da proposta orçamentária do respectivo Ministério ao qual está subordinado, de modo a sugerir as modificações necessárias à consecução da Política Nacional para a Inclusão da Pessoa com Deficiência etc.

Muito por força deste Estatuto e da ideia de microssistema de proteção, tanto o Código de Processo Penal (CPP) quanto o Código Penal (CP) foram recentemente alterados, respectivamente, pela Lei nº 13.721/2018 e pela Lei nº 13.771/2018.

O art. 158 do CPP passou a prever prioridade na realização de exame de corpo de delito os crimes que envolvam violência contra pessoa com deficiência nos seguintes termos:

> Art. 158. Quando a infração deixar vestígios, será indispensável o exame de corpo de delito, direto ou indireto, não podendo supri-lo a confissão do acusado.
>
> Parágrafo único. Dar-se-á prioridade à realização do exame de corpo de delito quando se tratar de crime que envolva: (Incluído dada pela Lei nº 13.721, de 2018)
>
> I – violência doméstica e familiar contra mulher; (Incluído pela Lei nº 13.721, de 2018)
>
> II – violência contra criança, adolescente, idoso ou pessoa com deficiência. (Incluído pela Lei nº 13.721, de 2018)

Por sua vez, a Lei nº 13.771/2018 alterou o parágrafo 7º do art. 121 do CP, passando a prever, agora, aumento da pena do feminicídio praticado contra pessoa com deficiência ou portadora de doenças degenerativas que acarretem condição limitante ou de vulnerabilidade física ou mental:

> Art. 121, § 7º: A pena do feminicídio é aumentada de 1/3 (um terço) até a metade se o crime for praticado: (Incluído pela Lei nº 13.104, de 2015)

I - durante a gestação ou nos 3 (três) meses posteriores ao parto; (Incluído pela Lei nº 13.104, de 2015)

II - contra pessoa menor de 14 (catorze) anos, maior de 60 (sessenta) anos, com deficiência ou portadora de doenças degenerativas que acarretem condição limitante ou de vulnerabilidade física ou mental; (Redação dada pela Lei nº 13.771, de 2018)

III - na presença física ou virtual de descendente ou de ascendente da vítima; (Redação dada pela Lei nº 13.771, de 2018)

IV - em descumprimento das medidas protetivas de urgência previstas nos incisos I, II e III do caput do art. 22 da Lei nº 11.340, de 7 de agosto de 2006. (Incluído pela Lei nº 13.771, de 2018)

Em meados de 2020, a Lei nº 14.022, alterando a Lei nº 13.979/20 (que dispõe sobre medidas relacionadas à pandemia de SARS-CoV-2 - COVID-19), passou a dispor sobre medidas de enfrentamento que incluem, dentre outros temas, as pessoas com deficiência, durante a emergência de saúde pública de importância internacional decorrente do coronavírus responsável pelo surto de 2019.

Nesse sentido, o art. 3º, § 7º-C, da Lei nº 13.979/20, passou a prever que os serviços públicos e atividades essenciais, cujo funcionamento deve ser resguardado quando adotadas as medidas previstas nos incisos referentes ao *caput* daquele artigo (quais sejam: isolamento, quarentena etc.) incluem os relacionados às questões de violência doméstica e familiar, às crianças e adolescentes, a pessoas idosas, bem como às pessoas com deficiência, vítimas dos crimes previstos na Lei Maria da Penha, no Estatuto da Criança e do Adolescente, no Estatuto do Idoso, no Estatuto da Pessoa com Deficiência, além dos crimes previstos no Código Penal.

Art. 2º Considera-se pessoa com deficiência aquela que tem impedimento de longo prazo de natureza física, mental, intelectual ou sensorial, o qual, em interação com uma ou mais barreiras, pode obstruir sua participação plena e efetiva na sociedade em igualdade de condições com as demais pessoas.

§ 1º A avaliação da deficiência, quando necessária, será biopsicossocial, realizada por equipe multiprofissional e interdisciplinar e considerará: (Vigência)

I - os impedimentos nas funções e nas estruturas do corpo;

II - os fatores socioambientais, psicológicos e pessoais;

III - a limitação no desempenho de atividades; e

IV - a restrição de participação.

§ 2º O Poder Executivo criará instrumentos para avaliação da deficiência.

Dos critérios para definição da deficiência de uma pessoa. O artigo 2º da Lei nº 13.146/15 norteia o conceito de uma pessoa com deficiência, sendo autoexplicativo. Porém, a Lei não informa como essa pessoa será considerada deficiente, deixando a cargo do Executivo a elaboração de um critério específico que disponibilize instrumentos para avaliação desta deficiência, conforme previsão expressa do artigo 2º, § 2º.

Com o Decreto n.º 8.954, de 10 de janeiro de 2017, que revogou o Decreto de 27 de Abril de 2016, da Presidência da República, há a instituição do Comitê do Cadastro Nacional de Inclusão da Pessoa com Deficiência e da Avaliação Unificada da Deficiência no âmbito do Ministério da Justiça e Cidadania, com a finalidade de criar instrumentos para a avaliação biopsicossocial da deficiência e estabelecer diretrizes e procedimentos relativos ao Cadastro-Inclusão, cumprindo, de certa forma, o mandamento contido na Lei nº 13.146/15.

O Decreto de 27 de abril de 2016 (revogado) não traçava quais os instrumentos que seriam utilizados para avaliação biopsicossocial da deficiência, nem trazia os critérios e procedimentos relativos ao cadastro-inclusão, propriamente dito.

O Decreto n.º 8.954, de 10 de janeiro de 2017, da Presidência da República, por sua vez, estabelecia em linhas gerais as diretrizes normativas, tendo por base a multiprofissionalidade e a interdisciplinaridade na avaliação biopsicossocial da deficiência ao estatuir em seu art. 4º que:

> Compete ao Comitê do Cadastro Nacional de Inclusão da Pessoa com Deficiência e da Avaliação Unificada da Deficiência:
>
> I – criar instrumentos para a avaliação da deficiência;
>
> II – estabelecer diretrizes, definir estratégias e adotar medidas para subsidiar a validação técnico-científica dos instrumentos de avaliação biopsicossocial da deficiência, com base no Índice de Funcionalidade Brasileiro;
>
> III – promover a multiprofissionalidade e a interdisciplinaridade na avaliação biopsicossocial da deficiência;
>
> IV – articular a implantação da avaliação biopsicossocial da deficiência no âmbito da administração pública federal;
>
> V – coordenar e monitorar a implementação dos instrumentos de avaliação biopsicossocial da deficiência em cada órgão e entidade da administração pública federal competente, consideradas as especificidades das avaliações setorialmente realizadas;
>
> VI – disseminar informações sobre a implantação da avaliação biopsicossocial da deficiência e promover a participação das pessoas com deficiência;
>
> VII – estabelecer diretrizes para a implantação do Cadastro-Inclusão e acompanhar seus processos de consolidação e aperfeiçoamento;
>
> VIII – definir estratégias e adotar medidas para garantir a interoperabilidade entre registros administrativos e outras fontes de informação da administração pública federal sobre as pessoas com deficiência;

> IX - definir procedimentos a serem adotados na administração pública federal que assegurem o sigilo das informações sobre as pessoas com deficiência no Cadastro-Inclusão;
>
> X - articular-se com órgãos e entidades públicas, organismos internacionais e organizações da sociedade civil que desenvolvam pesquisas ou contem com registros e bases de dados sobre as pessoas com deficiência, para coleta, transmissão e sistematização de dados; e
>
> XI - promover, por meio de parcerias, pesquisas científicas sobre a caracterização socioeconômica da pessoa com deficiência e as barreiras que impeçam a efetivação de seus direitos.

No entanto, tal Decreto foi revogado pelo artigo 1º, CCCXCI, do Decreto nº 10.087, de 05 de novembro de 2019 (em vigor trinta dias após a publicação, que se deu em 06 nov. 2019), sem que houvesse, até então, outro Decreto que versasse sobre o tema.

Todavia, em meados de 2019, a Lei nº 13.846/2019 acrescentou o artigo 30, § 3º, V, à Lei nº 11.907/2009, passando a prever que o exame objeto da avaliação biopsicossocial da deficiência ilustrada pelo artigo 2º, § 1º, da Lei nº 13.146/15, no âmbito federal e para fins previdenciários, assistenciais e tributários são de atribuição exclusiva e essencial dos cargos de Perito Médico Federal, de Perito da Previdência Social e, supletivamente, de Supervisor Médico-Pericial da carreira de que trata a Lei nº 9.620/98, tendo vigência entre a data de publicação desta Lei e a data de publicação do ato normativo que aprovar o instrumento de avaliação a que se refere o § 2º do art. 2º do Estatuto da Pessoa com Deficiência, nos termos do parágrafo único do artigo 39 da Lei nº 13.846/19:

> "Seção V
>
> Da Carreira de Perito Médico Federal e da Carreira de Supervisor Médico-Pericial"
>
> (Lei nº 11.907/09) "Art. 30. Fica estruturada a carreira de Perito Médico Federal, no âmbito do quadro de pessoal do Ministério da Economia, composta dos cargos de nível superior de Perito Médico Federal, de provimento efetivo.
>
> ....
>
> § 3º São atribuições essenciais e exclusivas dos cargos de Perito Médico Federal, de Perito Médico da Previdência Social e, supletivamente, de Supervisor Médico-Pericial da carreira de que trata a Lei nº 9.620, de 2 de abril de 1998, as atividades médico-periciais relacionadas com:
>
> V - o exame médico-pericial componente da avaliação biopsicossocial da deficiência de que trata o § 1º do art. 2º da Lei nº 13.146, de 6 de julho de 2015 (Estatuto da Pessoa com Deficiência), no âmbito federal, para fins previdenciários, assistenciais e tributários,

> observada a vigência estabelecida no parágrafo único do art. 39 da Lei resultante da Medida Provisória nº 871, de 18 de janeiro de 2019; (Vigência)
>
> (Lei nº 13.846/19) Art. 39. Esta Lei entra em vigor na data de sua publicação.
>
> Parágrafo único. O disposto no inciso V do § 3º do art. 30 da Lei nº 11.907, de 2 de fevereiro de 2009, terá vigência entre a data de publicação desta Lei e a data de publicação do ato normativo que aprovar o instrumento de avaliação a que se refere o § 2º do art. 2º da Lei nº 13.146, de 6 de julho de 2015 (Estatuto da Pessoa com Deficiência).

Em 11/02/2020, apresentado na Câmara dos Deputados o Projeto de Lei nº 268/20 que altera o art. 92 da Lei nº 13.146/2015 para dispor sobre a criação do Registro Nacional da Pessoa com Deficiência e definir quais informações devem constar no Cadastro Nacional de Inclusão da Pessoa com Deficiência (Cadastro-Inclusão), a que alude o referido dispositivo legal. Atualmente, consigne-se que o referido projeto de lei está em análise pela Comissão dos Direitos das Pessoas com Deficiência e também será objeto de análise pela Comissão de Constituição e Justiça e de Cidadania (26/02/2020).

Em 07/07/2020, foi publicado o Decreto nº 10.415/2020 que cria o Grupo de Trabalho Interinstitucional sobre o Modelo Único de Avaliação Biopsicossocial da Deficiência (art. 2, §2º da Lei nº 13.146/15) com o objetivo de formular propostas sobre ato normativo regulamentador do art. 2º do Estatuto da Pessoa com Deficiência (avaliação biopsicossocial da deficiência, quando necessária - art. 2, §1º da Lei nº 13.146/15), contendo os instrumentos e o modelo único de avaliação (art. 2º, I e II, do Decreto nº 10.415/2020) e utilizando o Índice de Funcionalidade Brasileiro Modificado (IFBrM) como instrumento-base para a sua elaboração (art. 2º, parágrafo único, do Decreto nº 10.415/2020). Em 29/01/2021 o Decreto nº 10.611/2021, alterando o Decreto nº 10.415/2020, passou a dispor no art. 8º que o referido Grupo de Trabalho Interinstitucional teria duração até 30 de setembro de 2021.

Nesse sentido, consigne-se que a Resolução nº 01 do Conselho Nacional dos Direitos da Pessoa com Deficiência (CONADE), de 05/03/2020, aprovou o referido índice (IFBrM) "como instrumento adequado de avaliação da deficiência (...) conforme prevê o Parágrafo 2º do Artigo 2º da Lei nº 13.146, de 6 de julho de 2015 (Lei Brasileira de Inclusão)".

Assim, nos termos do Decreto nº 10.415/2020:

> Art. 2º Ao Grupo de Trabalho Interinstitucional compete formular propostas sobre:
>
> I - ato normativo para regulamentar o art. 2º da Lei nº 13.146, de 6 de julho de 2015, que conterá os instrumentos e o modelo único de avaliação biopsicossocial da deficiência; e

> II - a criação e a alteração de atos normativos necessários à implementação unificada da avaliação biopsicossocial da deficiência em âmbito federal.
>
> Parágrafo único. O Grupo de Trabalho Interinstitucional utilizará o Índice de Funcionalidade Brasileiro Modificado como instrumento-base para a elaboração do modelo único de avaliação biopsicossocial da deficiência.

Um dos exemplos que podem ser utilizados para de fins de enquadramento legal no art. 2º, § 2º, da Lei nº 13.146/2015 é a visão monocular, conforme dispõe a redação dada pela Lei nº 14.126/2021.

> Art. 1º Fica a visão monocular classificada como deficiência sensorial, do tipo visual, para todos os efeitos legais. (Vide)
>
> Parágrafo único. O previsto no § 2º do art. 2º da Lei nº 13.146, de 6 de julho de 2015 (Estatuto da Pessoa com Deficiência), aplica-se à visão monocular, conforme o disposto no caput deste artigo.
>
> Art. 2º Esta Lei entra em vigor na data de sua publicação.

Para fins previdenciários e assistenciais (concessão do benefício de prestação continuada – BPC, a que alude o art. 2º, "e", da Lei nº 8.742/93 - LOAS) a jurisprudência da Primeira Turma do STJ utiliza a definição contida "no art. 20 da Lei de Assistência Social, em sua redação atual dada pela Lei 13.146/2015, [segundo a qual] considera-se pessoa com deficiência aquela que tem impedimento de longo prazo de natureza física, mental, intelectual ou sensorial, o qual, em interação com uma ou mais barreiras, pode obstruir sua participação plena e efetiva na sociedade em igualdade de condições com as demais pessoas" (STJ, PRIMEIRA TURMA. AgInt no AREsp 1549630/SP, Rel. Ministro NAPOLEÃO NUNES MAIA FILHO, julgado em 29/06/2020, DJe 01/07/2020).

Ainda sobre a temática em torno da conceituação sobre deficiência, cabe consignar, contudo, que o art. 2º do Estatuto da Pessoa com Deficiência traz a mesma definição do art. 1º da Convenção de Nova Iorque sobre os Direitos das Pessoas com Deficiência – aprovada pelo Decreto Legislativo nº 186, de 9.7.2008 e internalizada pelo Decreto nº 6.949, de 25 de agosto de 2009. Com o Decreto nº 9.522/2018, de 08 de outubro de 2018 (que promulga o Tratado de Marraqueche para Facilitar o Acesso a Obras Publicadas às Pessoas Cegas, com Deficiência Visual ou com Outras Dificuldades para Ter Acesso ao Texto Impresso, firmado em Marraqueche, em 27 de junho de 2013), passamos a ter mais um texto relativo a direitos humanos aprovado nos termos do art. 5º, § 3º, da CRFB/88.

No âmbito da proteção da pessoa com deficiência (art. 2º da Lei n.º 13.146/15) e da possibilidade de aplicação de medida cautelar diversa da privativa de liberdade (art. 319, CPP) cabe destacar que, em 20/2/2018, nos autos do HC 143.641/SP (Rel. Ministro Ricardo Lewandowski), a Segunda Turma do Supremo Tribunal Federal – considerando a privação de cuidados médicos pré-natal e pós-parto, a falta de berçários e creches (ADPF 347 MC/DF), bem assim a necessidade de superação das dificuldades apresentadas pelo sistema prisional brasileiro, o estado de coisas inconstitucional e a cultura do encarceramento e, por fim, as disposições das Regras de Bangkok (Regras das Nações Unidas para o tratamento de mulheres presas e medidas não privativas de liberdade para mulheres infratoras) - concedeu *habeas corpus* coletivo para possibilitar, em tais casos, a substituição da prisão preventiva pela domiciliar assegurando direitos fundamentais às encarceradas (mães e gestantes presas) e seus filhos portadores de necessidades especiais, sejam eles crianças [art. 2º do ECA] ou não, desde que sob sua guarda. Frisa-se, mesmo entendimento sedimentado no STJ:

> PENAL E PROCESSO PENAL. HABEAS CORPUS SUBSTITUTIVO DE RECURSO ORDINÁRIO. INADEQUAÇÃO. SÚMULA 691/STF SUPERADA. TRÁFICO DE DROGAS. PRISÃO DOMICILIAR. PACIENTE COM FILHOS MENORES, DE 5 (CINCO), 3 (TRÊS) E 1 (UM) ANO. POSSIBILIDADE. HABEAS CORPUS NÃO CONHECIDO. ORDEM CONCEDIDA DE OFÍCIO (...) 3. **Em 20/2/2018, nos autos do HC 143.641/SP (Rel. Ministro Ricardo Lewandowski), a 2ª Turma do Supremo Tribunal Federal concedeu habeas corpus coletivo para "determinar a substituição da prisão preventiva pela domiciliar - sem prejuízo da aplicação concomitante das medidas alternativas previstas no art. 319 do CPP - de todas as mulheres presas, gestantes, puérperas, ou mães de crianças e deficientes, nos termos do art. 2º do ECA e da Convenção sobre Direitos das Pessoas com Deficiências (Decreto Legislativo 186/2008 e Lei 13.146/2015)**, relacionadas neste processo pelo DEPEN e outras autoridades estaduais, enquanto perdurar tal condição, excetuados os casos de crimes praticados por elas mediante violência ou grave ameaça, contra seus descendentes ou, ainda, em situações excepcionalíssimas, as quais deverão ser devidamente fundamentadas pelos juízes que denegarem o benefício". 4. **É adequada a substituição da custódia preventiva por outras medidas cautelares, como a prisão domiciliar, dada a necessidade de observância à doutrina da proteção integral à criança e ao adolescente, conforme nova redação do art. 318 do CPP**. 5. In casu, a paciente possui filhos, de 5 (cinco), 3 (três) e 1 (um) ano de idade e foi presa em flagrante com o mais novo, na posse de 33 (trinta e três) pedras de crack. Embora os fatos objetos da ação penal originária sejam graves, é adequada a substituição da custódia preventiva pela prisão domiciliar, dada a necessidade de observância à doutrina da proteção integral à criança e ao adolescente. (STJ, T5 - QUINTA TURMA. HC 420764/CE. HABEAS CORPUS. Relator (a) Ministro RIBEIRO DANTAS. Julgamento em 16/10/2018. Publicação/Fonte em DJe 23/10/2018, sem grifo no original). Posicionamento também adotado pela 6ª Turma do STJ no julgamento do HC 460258/

RS (STJ, T6 - SEXTA TURMA. HC 460258/RS. HABEAS CORPUS. Relator(a) Ministro ANTONIO SALDANHA PALHEIRO. Julgamento em 23/10/2018. Publicação/Fonte em DJe **13/11/2018**), agora, para denegar a Ordem por ausência dos referidos requisitos.

HABEAS CORPUS. TRÁFICO DE DROGAS. CUSTÓDIA PREVENTIVA MANTIDA NA SENTENÇA. AUSÊNCIA DE PREJUDICIALIDADE. ART. 312 DO CPP. PERICULUM LIBERTATIS. MOTIVOS IDÔNEOS. SUBSTITUIÇÃO POR PRISÃO DOMICILIAR. FILHOS MENORES DE 12 ANOS. PESSOA COM DEFICIÊNCIA. HC COLETIVO N. 143.641/SP DO SUPREMO TRIBUNAL FEDERAL. ARTS. 318-A E 318-B DO CPP. ORDEM CONCEDIDA (...) 4. A Segunda Turma do Supremo Tribunal Federal, no HC n. 143.641/SP, concedeu habeas corpus coletivo "para determinar a substituição da prisão preventiva pela domiciliar - sem prejuízo da aplicação concomitante das medidas alternativas previstas no art. 319 do CPP - de todas as mulheres presas, gestantes, puérperas, ou mães de crianças e deficientes sob sua guarda [...], enquanto perdurar tal condição, excetuados os casos de crimes praticados por elas mediante violência ou grave ameaça, contra seus descendentes ou, ainda, em situações excepcionalíssimas, as quais deverão ser devidamente fundamentadas pelos juízes que denegarem o benefício". 5. Digna de nota, ainda, a decisão monocrática da lavra do Ministro Ricardo Lewandowski, proferida em 24/10/2018 no HC n. 143.641/SP, na qual ficou consignado que a circunstância de a mulher preventivamente privada de liberdade responder pela suposta prática do crime de tráfico de drogas não é elemento suficiente para impedir a concessão de prisão domiciliar. 6. Tal julgado confere concretude à Lei n. 13.257/2016 (Estatuto da Primeira Infância), a qual prevê a formulação e a implementação de políticas públicas para as crianças que estão na "primeira infância" - período que abrange os primeiros seis anos completos de vida do infante. 7. A novel legislação teve reflexos no Código de Processo Penal e imprimiu nova redação ao inciso IV do seu art. 318, além de acrescer-lhe os incisos V e VI. Tais mudanças encontram suporte no próprio fundamento que subjaz à Lei n. 13.257/2016, notadamente a garantia do desenvolvimento infantil integral, com o "fortalecimento da família no exercício de sua função de cuidado e educação de seus filhos na primeira infância" (art. 14, § 1º). 8. Com a publicação, em 20/12/2018, da Lei n. 13.769/2018, foram incluídos no Código de Processo Penal os arts. 318-A e 318-B, que buscaram inserir no texto legal norma consentânea com o julgado do Supremo Tribunal Federal, ao prever, como regra, a prisão domiciliar à mulher que esteja gestante ou seja responsável por criança ou pessoa com necessidades especiais. 9. A utilização do verbo "será" permite concluir que, excetuadas as duas hipóteses expressamente previstas no texto legal - prática do delito mediante violência ou grave ameaça ou contra seu filho ou dependente -, a custódia provisória sempre deverá ser substituída pelo recolhimento domiciliar. (STJ, T6 - **SEXTA TURMA**. HC 495689/PR. HABEAS CORPUS. Relator(a) Ministro ROGERIO SCHIETTI CRUZ. Julgamento em 25/06/2019. Publicação/ Fonte DJe **01/07/2019**. REVJUR vol. 502 p. 197, sem grifos no original). No mesmo sentido: STJ, T6 - SEXTA TURMA. AgRg no HC 507330/SP. AGRAVO REGIMENTAL NO HABEAS CORPUS.Relator(a) Ministro ROGERIO SC HIETTI CRUZ. Julgamento em 30/05/2019. Data da Publicação/Fonte DJe 06/06/2019.

AGRAVO REGIMENTAL NO HABEAS CORPUS. WRIT IMPETRADO EM SUBSTITUIÇÃO A RECURSO PRÓPRIO. INADEQUAÇÃO DA VIA ELEITA. NÃO CONHECIMENTO. ANÁLISE DO MÉRITO. PRINCÍPIO DA OFICIALIDADE. TRÁFICO DE DROGAS. PRISÃO DOMICILIAR. POSSIBILIDADE DE CONCESSÃO. PACIENTE PRIMÁRIA COM FILHO MENOR DE 12 ANOS. PRESENÇA DOS REQUISITOS LEGAIS. PROTEÇÃO INTEGRAL À CRIANÇA. PRIORIDADE. HC COLETIVO Nº 143.641/SP (STF). AGRAVO REGIMENTAL IMPROVIDO (...) 2. O regime jurídico da prisão domiciliar, especialmente no que concerne à proteção da integridade física e emocional da gestante e dos filhos menores de 12 anos, e as inovações trazidas pela Lei n. 13.769/2018 decorrem, indiscutivelmente, do <u>resgate constitucional do princípio da fraternidade (Constituição Federal: preâmbulo e art. 3º).</u> 3. Os artigos 318, 318-A e B do Código de Processo Penal (que permitem a prisão domiciliar da mulher gestante ou mãe de filhos com até 12 anos incompletos, dentre outras hipóteses) foram instituídos para <u>adequar a legislação brasileira a um compromisso assumido internacionalmente pelo Brasil nas Regras de Bangkok</u>. "Todas essas circunstâncias devem constituir objeto de adequada ponderação, em ordem a que a adoção da medida excepcional da prisão domiciliar efetivamente satisfaça o princípio da proporcionalidade e respeite o interesse maior da criança. Esses vetores, por isso mesmo, hão de orientar o magistrado na concessão da prisão domiciliar" (STF, HC n. 134.734/SP, relator Ministro CELSO DE MELO). 4. Aliás, em uma guinada jurisprudencial, o Supremo Tribunal Federal passou a admitir até mesmo o Habeas Corpus coletivo (Lei n. 13.300/2016) e concedeu comando geral para fins de cumprimento do art. 318, V, do Código de Processo Penal, em sua redação atual. No ponto, a orientação da Suprema Corte, no Habeas Corpus n. 143.641/SP, da relatoria do Ministro RICARDO LEWANDOWSKI, julgado em 20/2/2018, é no sentido de substituição da prisão preventiva pela domiciliar de todas as mulheres presas, gestantes, puérperas ou mães de crianças e deficientes, nos termos do art. 2º do ECA e da Convenção sobre Direitos das Pessoas com Deficiências (Decreto Legislativo 186/2008 e Lei 13.146/2015), salvo as seguintes situações: crimes praticados por elas mediante violência ou grave ameaça, contra seus descendentes ou, ainda, em situações excepcionalíssimas, as quais deverão ser devidamente fundamentadas pelos juízes que denegarem o benefício. 5. O art. 318-A do Código de Processo Penal, introduzido pela Lei n. 13.769/2018, estabelece um poder-dever para o juiz substituir a prisão preventiva por domiciliar de gestante, mãe de criança menor de 12 anos e mulher responsável por pessoa com deficiência, sempre que apresentada prova idônea do requisito estabelecido na norma (art. 318, parágrafo único), ressalvadas as exceções legais. Todavia, **naquilo que a lei não regulou, o precedente da Suprema Corte deve continuar sendo aplicado, pois uma interpretação restritiva da norma pode representar, em determinados casos, efetivo risco direto e indireto à criança ou ao deficiente, cuja proteção deve ser integral e prioritária.** 6. Nos termos do HC coletivo n. 143.641/SP, não configura situação excepcionalíssima, apta a evitar a concessão da ordem no caso concreto, o fato de o flagrante ter sido realizado pela suposta prática de tráfico de entorpecentes na residência da presa. 7. Na hipótese dos autos, o crime, em tese, imputados à paciente (tráfico de drogas) não foi cometido com violência ou grave ameaça, e ela comprova ser primária e mãe de um filho menor de 12 anos, o que preenche os requisitos objetivos insculpidos nos art. 318, V, 318-A e B do Código de Processo Penal. Não há excepcionalidade que afaste a domiciliar pretendida. Ponderando-se os interesses envolvidos no caso concreto, revela-se adequada e proporcional a substituição da prisão pela domiciliar. Adequação legal, reforçada pela necessidade de preservação da integridade física e emocional do infante. Precedentes do STF e do STJ [...] (STJ, T5 - **QUINTA TURMA**. AgInt no HC 507732/TO. AGRAVO INTERNO NO HABEAS CORPUS. Relator(a) Ministro REYNALDO SOARES DA FONSECA. Julgamento em 10/09/2019. Publicação/Fonte em **DJe 17/09/2019**, sem grifos no original).

HABEAS CORPUS. TRÁFICO DE DROGAS (3 G DE CRACK). PRISÃO PREVENTIVA. SÚMULA 691/STF. FLAGRANTE ILEGALIDADE. ENUNCIADO SUMULAR SUPERADO NO CASO CONCRETO. EXISTÊNCIA DE FILHO MENOR. PRISÃO DOMICILIAR. POSSIBILIDADE. CONSTRANGIMENTO ILEGAL NO PONTO (...) 2. O Supremo Tribunal Federal concedeu a ordem de habeas corpus para determinar a substituição da prisão preventiva pela domiciliar - sem prejuízo da aplicação concomitante das medidas alternativas previstas no art. 319 do Código de Processo Penal - de todas as mulheres presas, gestantes, puérperas ou mães de crianças e de deficientes, nos termos do art. 2º do ECA e da Convenção sobre Direitos das

Pessoas com Deficiências (Decreto Legislativo n. 186/2008 e Lei n. 13.146/2015), relacionadas no referido processo pelo DEPEN e por outras autoridades estaduais, enquanto perdurar tal condição, excetuados os casos de crimes praticados por elas mediante violência ou grave ameaça, contra seus descendentes ou, ainda, em situações excepcionalíssimas. 3. Na esteira dessa orientação, foi promulgada a Lei n. 13.769/2018, que incluiu, no Código de Processo Penal, os arts. 318-A e 318-B, prevendo a prisão domiciliar à mulher que esteja gestante, responsável por criança ou por pessoa com necessidades especiais, também excluindo as situações de crimes praticados mediante violência e/ou contra a própria criança. 4. A presença do fumus boni iuris e do periculum in mora em caso de crimes imputados às mulheres mães de crianças não determina a imposição de prisão domiciliar automática, cabendo, ainda, um juízo de proporcionalidade acerca da cautelar a ser imposta. Em outras palavras, a prisão domiciliar é, preenchidos os requisitos dos arts. 318-A e 318-B do Código de Processo Penal, a cautelar pessoal máxima aplicável. [...] (STJ, T6 – **SEXTA TURMA**. HC 530666/PR. HABEAS CORPUS. Relator(a) Ministro SEBASTIÃO REIS JÚNIOR. Julgamento em 07/11/2019. Publicação/Fonte em **DJe 21/11/2019**, sem grifos no original).

Note-se, pela transcrição das ementas acima, que a aplicação de prisão domiciliar não é automática (então sujeita à proporcionalidade), mas a construção verbal "será" permite a conclusão de que, excetuadas as duas hipóteses expressamente previstas no texto legal – prática do delito mediante violência ou grave ameaça ou contra seu filho ou dependente (requisitos objetivos) –, a custódia provisória sempre deverá ser substituída pelo recolhimento domiciliar, estabelecendo a lei um poder-dever para o magistrado, sendo a prisão domiciliar, nestes casos, a regra.

PRISÃO DOMICILIAR. CABIMENTO. ART. 318-A DO CÓDIGO DE PROCESSO PENAL. REGRA. CABIMENTO. PRINCÍPIO CONSTITUCIONAL DA FRATERNIDADE. ORDEM NÃO CONHECIDA, MAS CONCEDIDA DE OFÍCIO. (...) 3. O art. 318-A do Código de Processo Penal, introduzido pela Lei n. 13.769/2018, estabelece um poder-dever para o juiz substituir a prisão preventiva por domiciliar de gestante, mãe de criança menor de 12 anos e mulher responsável por pessoa com deficiência, sempre que apresentada prova idônea do requisito estabelecido na norma (art. 318, parágrafo único), ressalvadas as exceções legais. **Todavia, naquilo que a lei não regulou, o precedente da Suprema Corte (HC n. 143.641/SP) deve continuar sendo aplicado, pois uma interpretação restritiva da norma pode representar, em determinados casos, efetivo risco direto e indireto à criança ou ao deficiente, cuja proteção deve ser integral e prioritária. – Essa particular forma de parametrar a**

> **interpretação da lei (no caso, a prisão domiciliar) é a que mais se aproxima da Constituição Federal, que faz da cidadania e da dignidade da pessoa humana dois de seus fundamentos (incisos II e III do art. 3º). Mais: Constituição que tem por objetivos fundamentais erradicar a marginalização e construir uma sociedade livre, justa e solidária (incisos I e III do art. 3º). Tudo na perspectiva da construção do tipo ideal de sociedade que o preâmbulo de nossa Constituição caracteriza como "fraterna" (HC 94163, Relator Min. CARLOS BRITTO, Primeira Turma do STF, julgado em 02/12/2008, DJe-200 DIVULG 22-10-2009 PUBLIC 23-10-2009 EMENT VOL-02379-04 PP-00851). Precedentes do STF e do STJ** [...] (STJ, T5 - QUINTA TURMA. HC 516040/SP. HABEAS CORPUS. Relator(a) Ministro REYNALDO SOARES DA FONSECA. Julgamento em 06/08/2019. Publicação/Fonte em DJe 22/08/2019, sem grifos no original).

Da mesma forma, no que a Lei n.º 13.769/2018 não regulou, o precedente da Suprema Corte deverá ser aplicado, pois uma interpretação restritiva da norma pode representar efetivo risco direto e indireto à criança ou ao deficiente, dado que a proteção a este segmento deve ser integral e prioritária (art. 227 da CRFB c/c arts. 4º do ECA e 1º; 9º da Lei n.º 13.146/2015) e se coaduna com os princípios da vedação à proteção deficitária e da concretização da fraternidade (constitucionalismo fraterno) e da dignidade da pessoa humana, assim como das diretrizes da Lei nº 13.257/2016 (Estatuto da Primeira Infância).

Tal entendimento da Suprema Corte - aliás, em uma guinada jurisprudencial, já que o STF passou a admitir até mesmo o *Habeas Corpus* coletivo (Lei nº 13.300/2016) - concedeu comando geral para fins de cumprimento do art. 318, V, do Código de Processo Penal, em sua redação atual (dada pela Lei nº 13.257/2016), com extensão da ordem de ofício a todas as demais mulheres presas, gestantes, puérperas ou mães de crianças e de pessoas com deficiência, bem assim às adolescentes sujeitas a medidas socioeducativas em idêntica situação no território nacional, ampliando as hipóteses concessivas de prisão domiciliar.

Com efeito, a nova diretriz processual penal coaduna-se à ordem constitucional vigente, a qual consagra dentre os princípios fundamentais a dignidade da pessoa humana (art. 1º, III, CRFB), buscando-se assegurar o princípio constitucional instituído na Lei nº 13,146/15, portanto, nosso posicionamento segue no sentido de abranger, também, a hipótese prevista no inciso VI do art. 318 do CPP ("homem, caso seja o único responsável pelos cuidados do filho de até 12 (doze) anos de idade incompletos"), visto que a proteção de que trata a Lei n.º 13.146/2015, deve ser extensiva sejam os detentos (homens ou mulheres, pais ou mães), dado que referido Diploma Legal se refere à pessoa com necessidades especiais [no caso, o(a) filho(a)], interpretação isonômica e garantidora de direitos fundamentais.

Em sentido semelhante está a Lei nº 13.769/18, que alterou, dentre outros diplomas legais, o Código de Processo Penal, estabelecendo a substituição da prisão preventiva por prisão domiciliar da mulher gestante ou que for mãe ou responsável por crianças ou pessoas com deficiência e disciplina o regime de cumprimento de pena privativa de liberdade de condenadas na mesma situação.

Resolução n. 369 do CNJ. Regulamentação de decisões concessivas de HC coletivo pelo STF 143.641/SP e 165.704/DF, bem assim sistematização de demais decisões proferidas pelos Tribunais Superiores. O Plenário do Conselho Nacional de Justiça aprovou – no julgamento do processo nº 0010001-73.2020.2.00.0000, realizado na 79ª Sessão Virtual de 18/12/2020 – resolução que normatiza os requisitos para a concessão da prisão domiciliar (arts. 317; 318, 318-A e 318-B, todos do CPP), bem como aqueles estabelecidos nas ordens coletivas de habeas corpus nº 143.641/SP e 165.704/DF, em cumprimento à decisão concessiva da 2ª Turma do Supremo Tribunal Federal, acima mencionados. Desta forma, o referido ato normativo visa estabelecer, em linhas gerais, os procedimentos e diretrizes para a substituição da privação de liberdade de gestantes, mães, pais e responsáveis pelos cuidados de crianças com até 12 anos e de pessoas com deficiência conferindo efetividade ao rol de seus direitos (também aplicável aos adolescentes em cumprimento de medida socioeducativa). Segundo notícia veiculada pelo CNJ a decisão ressalta, contudo, que a análise deve ser realizada individualmente e não de forma automática (como já sinalizavam os precedentes dos Tribunais Superiores acima transcritos). A resolução busca, sobretudo, a adequação dos sistemas eletrônicos do Poder Judiciário (com alertas automáticos, inclusive) e a sistematização das decisões proferidas pelo STF (coleta e monitoramento de dados) para facilitar a apreciação da substituição da prisão preventiva pela domiciliar (conferindo concretude e celeridade na aplicação do precedente), bem como a concessão de saída antecipada em tais hipóteses. Cabe ressaltar, contudo, que a referida resolução, dada a recente deliberação, não havia sido publicada até o fechamento dessa edição. Fica aqui registrada a sua importância no estudo do tema.

Pandemia. COVID-19. Recomendação 62 do Conselho Nacional de Justiça (CNJ). Prisão domiciliar. Situação de vulnerabilidade. Proteção à pessoa com deficiência. A pandemia causada pelo coronavírus (COVID-19) é uma inegável tragédia global e, como consequência, igualmente inegável a necessidade de adoção de medidas restritivas protetivas da população mundial, inclusive a carcerária. Nesse sentido, o CNJ editou em 18/03/2020 a Recomendação nº 62, orientando aos Tribunais e magistrados a estabelecer medidas preventivas à propagação da infecção pelo novo coronavírus (COVID-19), no âmbito dos sistemas de justiça penal (e socioeducativo). Para tanto, estabeleceu requisitos para substituição da prisão preventiva pela domiciliar, dado que, no entender do CNJ, a sua concessão não é automática. Isso porque eventual beneficiário deve demonstrar: "a) sua inequívoca adequação no chamado grupo de vulneráveis do COVID-19; b) a impossibilidade de receber tratamento no estabelecimento prisional em que se encontra; e c) risco real de que o estabelecimento em que se encontra, e que o segrega do convívio social, causa mais risco do que o ambiente em que a sociedade está inserida". Note-se que aqui o vulnerável (e a proteção a ele conferida) é tanto o(a) apenado(a) [ou adolescente em conflito com a lei] quanto a pessoa sob sua responsabilidade (distinção que se faz necessária em relação à explicação do item anterior). Observe-se os recentes julgados:

> PENAL E PROCESSUAL PENAL. RECURSO EM HABEAS CORPUS. ESTUPRO DE VULNERÁVEL. PREVENTIVA. ACUSADO COM DOENÇA MENTAL COMPROVADA. PRIMÁRIO. AUSÊNCIA DE INDICATIVOS DE QUE O ACUSADO, EM LIBERDADE, CAUSARIA ALGUM RISCO À ORDEM PÚBLICA. CONSTRANGIMENTO ILEGAL EVIDENCIADO. PANDEMIA. COVID-19. GRUPO DE RISCO. 1. A propósito, esta Corte tem decidido, reiteradamente, que a custódia cautelar, para ser mantida ou decretada, deve atender aos requisitos autorizativos previstos no art. 312 do Código de Processo Penal, os quais deverão ser demonstrados com o cotejo de elementos reais e concretos que indiquem a necessidade sda segregação provisória, no sentido de que o réu, solto, perturbará ou colocará em risco a ordem pública, a instrução criminal ou a aplicação da lei penal. 2. In casu, as circunstâncias do fato não indicam que o recorrente apresenta periculosidade concreta a ponto de colocar em risco a ordem pública, pois a conduta foi perpetrada mediante violência presumida. Além disso, trata-se de paciente primário que, segundo informa a defesa, é portador de deficiência mental assim atestada por médico psiquiatra. 3. Considerando que os elementos apontam que o recorrente possui deficiência mental, tratando-se, portanto, de pessoa cuja situação equivale à daquelas integrantes do grupo de risco a serem protegidas da pandemia provocada pela Covid-19, segundo a dicção o art. 5º, inciso I, alínea a, da Recomendação 62/2020 do CNJ, necessário dar a essa imediato cumprimento, como medida de contenção da pandemia mundialmente causada pelo coronavírus (Covid-19), devendo a custódia cautelar ser substituída pela prisão cautelar em regime domiciliar. 4. Recurso em habeas corpus provido para substituir a prisão preventiva do recorrente pela domiciliar, cabendo ao Magistrado de piso fixar as pertinentes condições, alertando o acusado de que, em caso de eventual descumprimento, a segregação será imediatamente restabelecida. (STJ, **SEXTA TURMA**. RHC 127.276/MS, Rel. Ministro SEBASTIÃO REIS JÚNIOR, julgado em 08/09/2020, **DJe 15/09/2020**, sem grifo no original).

> AGRAVO REGIMENTAL NO HABEAS CORPUS. INEXISTÊNCIA DE FLAGRANTE ILEGALIDADE. DECISÃO MANTIDA. HOMICÍDIO QUALIFICADO E CORRUPÇÃO DE MENOR. SUBSTITUIÇÃO DA CUSTÓDIA PREVENTIVA POR PRISÃO DOMICILIAR. MÃE DE CRIANÇA MENOR DE 12 ANOS DE IDADE. IMPOSSIBILIDADE. VEDAÇÃO LEGAL. EXCEÇÃO AO BENEFÍCIO CONCEDIDO NO HABEAS CORPUS COLETIVO N. 143.641/SP DO SUPREMO TRIBUNAL FEDERAL - STF. CRIME COMETIDO COM VIOLÊNCIA. NOVA REDAÇÃO DO ART. 318-

A DO CÓDIGO DE PROCESSO PENAL. LEI N. 13.769/2018. NÃO SE ENQUADRA NAS HIPÓTESES DO DISPOSITIVO. RISCO DE CONTAMINAÇÃO PELA COVID-19. RECOMENDAÇÃO N. 62 DO CONSELHO NACIONAL DE JUSTIÇA - CNJ. AGRAVANTE NÃO COMPROVOU AGRAVAMENTO DA DOENÇA. IMPOSSIBILIDADE. CONSTRANGIMENTO ILEGAL NÃO EVIDENCIADO. AGRAVO REGIMENTAL DESPROVIDO. 1. O novel entendimento esposado pelo Supremo Tribunal Federal - STF no julgamento do Habeas Corpus Coletivo n. 143.641/SP, concedeu a ordem às presas preventivamente, mães de crianças, nos termos do art. 2º do Estatuto da Criança e do Adolescente - ECA, sendo que a ordem emanada comporta três situações de exceção à sua abrangência, previstas no voto condutor do acórdão, quais sejam: a) crimes cometidos mediante violência ou grave ameaça, b) delitos perpetrados contra os descendentes ou c) em situações excepcionalíssimas, as quais deverão ser devidamente fundamentadas. Recentemente sobreveio a publicação da Lei n. 13.769/2018, que acrescentou o art. 318-A ao Código de Processo Penal, que possibilitou que a prisão preventiva imposta à mulher gestante ou que for mãe ou responsável por crianças ou pessoas com deficiência será substituída por prisão domiciliar, exceto nos casos que tenha cometido crime com violência ou grave ameaça a pessoa e/ou que tenha cometido o crime contra seu filho ou dependente. Assim, é certo que na situação evidenciada nos autos, que trata do delito de homicídio qualificado, crime cometido mediante forte violência, não há que se falar em substituição da prisão preventiva pela domiciliar, tendo em vista que não se enquadra nas hipóteses autorizadoras do benefício, previstas tanto pela Suprema Corte no julgamento do HC n. 143.641/SP, bem como nas hipóteses excepcionais do art. 318-A, introduzido ao CPP com o advento da Lei n. 13.769/2018. 2. O risco trazido pela propagação da COVID-19 não é fundamento hábil a autorizar a revogação automática de toda custódia cautelar, sendo imprescindível, para tanto, que haja comprovação de que o réu encontra-se inserido na parcela mais suscetível à infecção, bem como, que haja possibilidade da substituição da prisão preventiva imposta. No caso, além da ora agravante não ter comprovado qualquer situação que demonstre o agravamento da doença, responde pelo crime de homicídio qualificado, que tem em sua natureza a violência ou a grave ameaça, o que impede a subsunção de seu caso nos termos da Recomendação n. 62/CNJ, não havendo, portanto, falar em revogação da prisão preventiva ou sua substituição por prisão domiciliar em razão da pandemia [...] (STJ, **QUINTA TURMA**. AgRg no HC 597.714/RJ, Rel. Ministro JOEL ILAN PACIORNIK, julgado em 22/09/2020, **DJe de 30/09/2020**, sem grifos no original).

AGRAVO REGIMENTAL NO RECURSO EM HABEAS CORPUS. ROUBO MAJORADO. DECRETO PRISIONAL FUNDAMENTADO. GRAVIDADE CONCRETA DA CONDUTA CRIMINOSA. COVID-19. RECOMENDAÇÃO 62 DO CNJ. CRIME VIOLENTO. AGRAVANTES NÃO ESTÃO NO GRUPO DE RISCO. AGRAVO REGIMENTAL IMPROVIDO (...) 2. O pedido de concessão de liberdade devido ao risco de contaminação pela Covid-19 não foi acolhido pela Corte de origem, pois, como destacado no acordão combatido, **não há notícias de que os pacientes sejam idosos, únicos responsáveis por criança até doze anos ou por pessoa com deficiência, tampouco possuam qualquer deficiência que os enquadre no denominado grupo de risco, tanto que "os pacientes foram submetidos à atendimento médico prévio, oportunidade em que atestada a ausência de comorbidades e o bom estado geral de saúde de todos"** (fl. 355). Ademais, o crime praticado é violento (roubo majorado), o que impossibilita a aplicação da Recomendação n. 62/2020 do CNJ [...] (STJ, **SEXTA TURMA**. AgRg no RHC 130.077/RS, Rel. Ministro NEFI CORDEIRO, julgado em 27/10/2020, REPDJe 12/11/2020, **DJe 03/11/2020**, sem grifo no original).

TÍTULO II
DOS CRIMES E DAS INFRAÇÕES ADMINISTRATIVAS

Art. 88. Praticar, induzir ou incitar discriminação de pessoa em razão de sua deficiência:

Pena - reclusão, de 1 (um) a 3 (três) anos, e multa.

Do crime previsto no artigo 88 da Lei nº 13.146/15. Inaugurando o Título II da Lei nº 13.146/15, o artigo 88 prevê como criminosa a conduta de praticar (efetuar), induzir (criar a ideia) ou incitar (instigar) discriminação de pessoa em razão de sua deficiência. Traz, portanto, uma característica alternativa, não sendo necessária a prática das três condutas, bastando que realize apenas uma para que seja considerado crime.

Sujeito ativo. Tal crime pode ser praticado por qualquer pessoa, sendo, portanto, um crime comum.

Sujeito passivo. É a pessoa com deficiência, assim definida aquela que se enquadre no conceito trazido pelo *caput* do artigo 2º.

Elemento subjetivo. O tipo aqui previsto é doloso, ou seja, a vontade livre e consciente em praticar, induzir ou incitar discriminação de pessoa em razão de sua deficiência. Não há previsão para modalidade culposa.

Objeto material da conduta. São as pessoas com deficiência.

Objeto jurídico. Através deste tipo penal tutela-se a igualdade entre as pessoas, promovida, inclusive, pelo Estatuto da Pessoa com Deficiência.

Classificação doutrinária. Trata-se de crime comum (pois pode ser praticado por qualquer pessoa), formal (tendo em vista a desnecessidade de resultado naturalístico), comissivo, doloso, instantâneo ou permanente (se, por exemplo, puder ser observada discriminação que se perdure no tempo), plurissubsistente e de forma livre (já que pode ser praticado por qualquer forma eleita pelo sujeito ativo).

Momento consumativo. O crime em tela se consuma no momento em que o agente pratica, induz ou incita discriminação de pessoa em razão de sua deficiência.

Tentativa. Admitida, por se tratar de crime plurissubsistente, no qual há possibilidade de fracionamento da conduta.

§ 1º Aumenta-se a pena em 1/3 (um terço) se a vítima encontrar-se sob cuidado e responsabilidade do agente.

Causa de aumento de pena prevista no artigo 88, § 1º, da Lei nº 13.146/15. Tendo em vista a maior reprovabilidade da conduta daquele que mantém a vítima sob seus cuidados e responsabilidade (onde o zelo tenderia a ser maior), caso seja praticada, induzida ou incitada discriminação da pessoa com deficiência, o agente responderá pelo crime previsto no artigo 88, com o aumento de pena fixo no patamar de 1/3.

§ 2º Se qualquer dos crimes previstos no caput deste artigo é cometido por intermédio de meios de comunicação social ou de publicação de qualquer natureza:

Pena – reclusão, de 2 (dois) a 5 (cinco) anos, e multa.

Forma qualificada prevista no artigo 88, § 2º, da Lei nº 13.146/15. Também por demonstrar maior reprovabilidade, porém através da utilização de meios específicos em relação ao *caput* do artigo, o § 2º traz uma qualificadora para o crime, mediante a majoração na reprimenda penal, ao estabelecer a pena de reclusão de dois a cinco anos e multa para o indivíduo que pratique, induza ou incite discriminação de pessoa em razão de sua deficiência, por intermédio de meios de comunicação social (o que podemos claramente incluir as redes sociais ou internet) ou de publicação de qualquer maneira (seja, por exemplo, em jornais ou revistas).

§ 3º Na hipótese do § 2º deste artigo, o juiz poderá determinar, ouvido o Ministério Público ou a pedido deste, ainda antes do inquérito policial, sob pena de desobediência:

I – recolhimento ou busca e apreensão dos exemplares do material discriminatório;

> II - interdição das respectivas mensagens ou páginas de informação na internet.

Das medidas cautelares previstas no artigo 88, § 3º, da Lei nº 13.146/15. O legislador previu a possibilidade de que o juiz promova, de ofício ou a requerimento do Ministério Público, mesmo sem que tenha sido iniciado o inquérito policial, ordem no sentido de recolher ou apreender materiais que contenham atos discriminatórios contra pessoas com deficiência, cuja prática tenha se dado através dos meios elencados no art. 88, § 2º, quais sejam, os meios de comunicação sociais e outras publicações de grande vulto.

Questiona-se a atuação judicial de ofício ainda que não tenha sido instaurado inquérito policial para apurar, pelo menos, se houve realmente a prática criminosa específica do art. 88, § 2º, da Lei nº 13.146/15. Isso nos leva a crer em violação da imparcialidade que reveste a figura do juiz, maculando o sistema acusatório e a equidistância que o magistrado deve ter em relação às partes.

De todo modo, a Lei prevê, inclusive, a possibilidade de interdição das respectivas mensagens discriminatórias, bem como das páginas da internet nas quais esta discriminação é veiculada.

> § 4º Na hipótese do § 2º deste artigo, constitui efeito da condenação, após o trânsito em julgado da decisão, a destruição do material apreendido.

Efeitos da condenação decorrentes da prática da conduta típica prevista no artigo 88, § 2º, da Lei nº 13.146/15. Se por um lado o artigo 88, § 3º, prevê a possibilidade de apreensão do material discriminatório, o art. 88, § 4º, por sua vez autoriza a destruição deste, após o trânsito em julgado da decisão, caracterizando efeito da condenação. Importante destacar que não está afastada a possibilidade de que sejam reconhecidos outros efeitos da condenação, como os previstos no artigo 91 do Código Penal.

> **Art. 89.** Apropriar-se de ou desviar bens, proventos, pensão, benefícios, remuneração ou qualquer outro rendimento de pessoa com deficiência:
>
> Pena - reclusão, de 1 (um) a 4 (quatro) anos, e multa.

Análise da conduta típica prevista no artigo 89 da Lei nº 13.146/15. Buscando proteger os indivíduos que, pela deficiência, tenham maior vulnerabilidade ou maior dificuldade em proteger seu próprio patrimônio, o legislador prevê como criminosa a conduta de apropriar-se de (tomar para si) ou desviar (dar destinação diversa) bens (cuja natureza pode ser móvel ou imóvel), proventos, pensão, benefícios, remuneração ou qualquer outro rendimento de pessoa com deficiência. Apesar de ter elencado hipóteses específicas de remuneração, o artigo abrange praticamente qualquer modalidade de renda.

Sujeito ativo. Este crime pode ser praticado por qualquer pessoa, sendo, portanto, um crime comum.

Sujeito passivo. Assim como no caso do artigo 88, é a pessoa com deficiência, definida como sendo aquela que se enquadre no conceito trazido pelo *caput* do artigo 2º.

Elemento subjetivo. O tipo aqui previsto é doloso, ou seja, a vontade livre e consciente em apropriar-se de ou desviar bens, proventos, pensão, benefícios, remuneração ou qualquer outro rendimento de pessoa com deficiência. Não há previsão para modalidade culposa.

Objeto material da conduta. São os bens, proventos, pensão, benefícios, remuneração ou qualquer outro rendimento de pessoa com deficiência.

Objeto jurídico. Através deste tipo penal tutela-se a igualdade entre as pessoas, promovida, inclusive, pelo Estatuto da Pessoa com Deficiência, bem como o patrimônio das pessoas com deficiência.

Classificação doutrinária. Trata-se de crime comum (pois pode ser praticado por qualquer pessoa), material (tendo em vista a necessidade de resultado naturalístico, traduzido pelo prejuízo da pessoa com deficiência que tem desfalque no seu patrimônio), comissivo, doloso, instantâneo (como regra) ou permanente (caso possa ser observada conduta que se perdure no tempo), plurissubsistente e de forma livre (já que pode ser praticado por qualquer forma eleita pelo sujeito ativo).

Momento consumativo. Por se tratar de crime material, a consumação se dará no momento do efetivo prejuízo à vítima, através da apropriação, por outrem, dos seus bens, proventos, rendimentos etc.

Tentativa. Admitida, por se tratar de crime plurissubsistente, no qual há possibilidade de fracionamento da conduta.

Parágrafo único. Aumenta-se a pena em 1/3 (um terço) se o crime é cometido:

I – por tutor, curador, síndico, liquidatário, inventariante, testamenteiro ou depositário judicial; ou

II – por aquele que se apropriou em razão de ofício ou de profissão.

Causa de aumento de pena prevista no artigo 89, parágrafo único, da Lei nº 13.146/15. Se a apropriação ou desvio dos bens ou rendimentos de pessoa com deficiência é praticado por aquelas pessoas elencadas nos incisos I e II do parágrafo único do artigo 89 da Lei nº 13.146/15, naturalmente que deverá haver aumento de pena no patamar fixo de 1/3, por questões de política criminal, tendo vem vista a maior reprovabilidade nestes casos.

Art. 90. Abandonar pessoa com deficiência em hospitais, casas de saúde, entidades de abrigamento ou congêneres:

Pena - reclusão, de 6 (seis) meses a 3 (três) anos, e multa.

Do crime previsto no artigo 90 da Lei nº 13.146/15. As condutas aqui descritas dizem respeito a um agente específico, que detém, por Lei ou decisão judicial, o poder de guarda ou tutela da pessoa com deficiência. Assim, se aquele indivíduo abandona (desampara de forma permanente) a pessoa deficiente em hospitais, casas de saúde, entidades de abrigamento ou outras que possuam natureza semelhante às citadas anteriormente, pode estar sujeito à pena de reclusão de seis meses a três anos, além de multa.

O abandono narrado no *caput* deve ter o caráter de perpetuidade, permanência, haja vista que não seria razoável admitir como típica a conduta de parentes que internam as pessoas portadoras de deficiência, seja ela qual for, para tratamento duradouro, cujo retorno do paciente é esperado, ainda que não venha a acontecer por força de falecimento etc.

Visualizamos figura semelhante quando observamos o artigo 98 da Lei nº 10.741/03 (Estatuto do Idoso), em razão da redação bastante parecida com a do artigo 90 da Lei nº 13.146/15.

Sujeito ativo. Este crime não pode ser praticado por qualquer pessoa, mas sim, por aquele que exerce guarda ou tutela ou quem seja obrigado por lei ou sentença a manter cuidado em relação à pessoa portadora de deficiência, sendo, portanto, um crime próprio.

Sujeito passivo. Como no caso dos artigos anteriores, é a pessoa com deficiência, assim definida aquela que se enquadre no conceito trazido pelo *caput* do artigo 2º.

Elemento subjetivo. O tipo aqui previsto é doloso, ou seja, a vontade livre e consciente em abandonar pessoa com deficiência em hospitais, casas de saúde, entidades de abrigamento ou congêneres. Não há previsão para modalidade culposa.

Objeto material da conduta. É a pessoa com deficiência.

Objeto jurídico. Através deste tipo penal tutela-se o exercício dos direitos e das liberdades fundamentais da pessoa com deficiência.

Classificação doutrinária. Trata-se de crime próprio (pois só pode ser praticado por quem tenha a guarda, tutela ou quem seja obrigado por lei ou sentença a manter cuidado em relação à vítima deficiente), formal (tendo em vista a desnecessidade de resultado naturalístico), omissivo, doloso, instantâneo de efeitos permanentes, unissubsistente (cometido através de um único ato) e de forma livre (já que pode ser praticado por qualquer forma eleita pelo sujeito ativo).

Momento consumativo. A consumação se dará no momento em que a vítima é abandonada nos locais indicados no *caput* do artigo 90 da Lei nº 13.146/15.

Tentativa. Não se admite a tentativa, por se tratar de crime omissivo e unissubsistente, no qual não há possibilidade de fracionamento da conduta.

> Parágrafo único. Na mesma pena incorre quem não prover as necessidades básicas de pessoa com deficiência quando obrigado por lei ou mandado.

Da equiparação trazida pelo artigo 90, parágrafo único, da Lei nº 13.146/15. Nos itens que tratam do artigo 90, *caput*, argumentamos sobre a possibilidade de que pessoas obrigadas por Lei ou mandado fossem sujeitos ativos do crime ali previsto. A figura insculpida no parágrafo único do artigo 90 traz essas mesmas personagens, indicando que haverá punição idêntica à do preceito secundário do *caput*, quando estas pessoas não proverem as necessidades básicas da pessoa com deficiência.

> **Art. 91.** Reter ou utilizar cartão magnético, qualquer meio eletrônico ou documento de pessoa com deficiência destinados ao recebimento de benefícios, proventos, pensões ou remuneração ou à realização de operações financeiras, com o fim de obter vantagem indevida para si ou para outrem:
>
> Pena – detenção, de 6 (seis) meses a 2 (dois) anos, e multa.

Do crime previsto no artigo 91 da Lei nº 13.146/15. A retenção (guarda) ou a utilização de cartão magnético (mecanismo para realização de transações bancárias), ou qualquer outro meio eletrônico (cuja análise será feita mediante o caso concreto), ou ainda documento de pessoa com deficiência, que sejam destinados ao recebimento de benefícios, proventos, pensões ou remuneração ou outras operações financeiras, cujo objetivo seja obtenção de vantagem indevida para si ou para outrem, configura crime de menor potencial ofensivo, punido com detenção de seis meses a dois anos, além de multa.

Note-se que este tipo penal prevê um especial fim de agir, traduzido no desejo de obtenção da vantagem indevida para o próprio agente, ou para terceiros.

Sujeito ativo. O crime em tela pode ser praticado por qualquer pessoa, sendo, portanto, um crime comum.

Sujeito passivo. É a pessoa com deficiência, definida como sendo aquela que se enquadre no conceito trazido pelo *caput* do artigo 2º.

Elemento subjetivo. O tipo aqui previsto é doloso, ou seja, caracterizado pela vontade livre e consciente em reter ou utilizar cartão magnético, qualquer meio eletrônico ou documento de pessoa com deficiência destinado ao recebimento de benefícios, proventos, pensões ou remuneração ou à realização de operações financeiras.

Além disso, há previsão de um especial fim de agir, traduzido pela obtenção de vantagem indevida para si ou para outrem. Não há previsão para modalidade culposa.

Objeto material da conduta. É o cartão magnético, meios eletrônicos ou documento de pessoa com deficiência, que sejam destinados ao recebimento de benefícios etc. por aquela.

Objeto jurídico. Através deste tipo penal tutela-se a o patrimônio das pessoas com deficiência.

Classificação doutrinária. Trata-se de crime comum (pois pode ser praticado por qualquer pessoa), material (tendo em vista a necessidade de resultado naturalístico, compreendido pelo prejuízo da pessoa com deficiência que tem desfalque no seu patrimônio), comissivo, doloso, instantâneo (como regra) ou permanente (caso possa ser observada conduta que se perdure no tempo, principalmente em relação ao verbo reter), plurissubsistente e de forma livre (já que pode ser praticado por qualquer forma eleita pelo sujeito ativo).

Momento consumativo. Por se tratar de crime material, a consumação se dará no momento do efetivo prejuízo à vítima, através da retenção ou utilização do cartão magnético etc., conforme o *caput* do artigo 91 da Lei nº 13.146/15.

Tentativa. Admitida, por se tratar de crime plurissubsistente, no qual há possibilidade de fracionamento da conduta.

> Parágrafo único. Aumenta-se a pena em 1/3 (um terço) se o crime é cometido por tutor ou curador.

Causa de aumento de pena prevista no parágrafo único do artigo 91 da Lei nº 13.146/15. Na mesma linha das demais causas de aumento reservada para a prática dos crimes previstos nesta Lei, caso o crime seja perpetrado por tutor ou curador, a pena será elevada no patamar fixo de 1/3.

QUESTÕES

1) (2020/FGV/TJ-RS - Oficial de Justiça)

João, de forma livre e consciente, por meio de publicação de texto e foto no site X e em sua rede social Y, ambos abertos ao público na internet, praticou, induziu e incitou discriminação de Maria em razão de sua deficiência, consistente em tetraplegia. Consoante dispõe a Lei nº 13.146/15, João praticou crime:

A) de menor potencial ofensivo, fazendo jus à transação penal, caso preencha os requisitos subjetivos previstos na lei, como não ter sido beneficiado anteriormente, no prazo de 5 (cinco) anos, pela aplicação de pena restritiva ou multa;

B) de difamação previsto no Código Penal, com aumento de pena por ser a vítima pessoa com deficiência, sendo possível a retratação até o recebimento da denúncia e condicionada à composição civil dos danos;

C) de calúnia previsto no Código Penal, com aumento de pena por ser a vítima pessoa com deficiência, sendo possível a retratação antes da sentença e condicionada à exclusão dos textos e fotos na internet;

D) previsto no Estatuto da Pessoa com Deficiência, e o juiz poderá determinar, sob pena de desobediência, a interdição das respectivas mensagens ou páginas de informação na internet;

E) previsto na Lei Brasileira de Inclusão da Pessoa com Deficiência com pena de reclusão de 1 (um) a 2 (dois) anos e multa, sem prejuízo da reparação pelos danos extrapatrimoniais sofridos pela vítima.

2) (2019 – FGV – TJ-CE – Técnico Judiciário – Área Judiciária)

O Estatuto da Pessoa com Deficiência (Lei nº 13.146/15), ao tratar da questão da igualdade e da não discriminação, estabelece que:

A) a deficiência afeta a plena capacidade civil da pessoa, inclusive para exercer direitos sexuais e reprodutivos;

B) a pessoa com deficiência não está obrigada à fruição de benefícios decorrentes de ação afirmativa;

C) a pessoa com deficiência não pode exercer diretamente o direito à guarda, à tutela, à curatela e à adoção;

D) os profissionais da área de saúde devem promover a esterilização compulsória da pessoa com deficiência;

E) a deficiência não compromete a plena capacidade civil da pessoa, exceto para casar-se e constituir união estável.

3) (2016/IBFC – MGS – ADVOGADO)

Assinale a alternativa CORRETA, considerando as disposições da Lei Federal nº 13.146, de 06/07/2015, que Institui a Lei Brasileira de Inclusão da Pessoa com Deficiência (Estatuto da Pessoa com Deficiência).

a) Praticar, induzir ou incitar discriminação de pessoa em razão de sua deficiência é conduta punível com reclusão, de 2 (dois) a 4 (quatro) anos, e multa.

b) Praticar, induzir ou incitar discriminação de pessoa em razão de sua deficiência é conduta punível com detenção, de 2 (dois) a 4 (quatro) anos, e multa.

c) Praticar, induzir ou incitar discriminação de pessoa em razão de sua deficiência é conduta punível com reclusão, de 1 (um) a 3 (três) anos, e multa.

d) Praticar, induzir ou incitar discriminação de pessoa em razão de sua deficiência é conduta punível com detenção, de 1 (um) a 3 (três) anos, e multa.

4) (2016/FCC - DPE/BA - DEFENSOR PÚBLICO)

A pessoa com deficiência recebeu um novo estatuto que, dentro dos limites legais, destina-se a assegurar e a promover, em condições de igualdade, o exercício dos direitos e das liberdades fundamentais por pessoa com deficiência, visando à sua inclusão social e cidadania. Dentre as novidades introduzidas, destaca-se o entendimento que

a) a deficiência não afeta a plena capacidade civil da pessoa, inclusive para casar-se, constituir união estável e exercer direitos sexuais e reprodutivos.

b) para emissão de documentos oficiais será exigida a situação de curatela da pessoa com deficiência.

c) a pessoa com deficiência está obrigada à fruição de benefícios decorrentes de ação afirmativa.

d) a pessoa com deficiência poderá ser obrigada a se submeter à intervenção clínica ou cirúrgica, a tratamento ou à institucionalização forçada, sempre com recomendação médica, independentemente de risco de morte ou emergência.

e) a educação constitui direito da pessoa com deficiência, a ser exercido em escola especial e direcionada, em um local que não se conviva deficientes e não-deficientes.

5) (2016/FCC - DPE/ES - DEFENSOR PÚBLICO - prova tipo 2)

A Lei nº 13.146/2015 – Estatuto da Pessoa com Deficiência, bem como as alterações por ela produzidas na legislação esparsa vigente, prevê

a) o dever de garantir a capacitação inicial e continuada aos profissionais que prestam assistência à pessoa com deficiência, especialmente em serviços de habilitação e de reabilitação.

b) a existência de residências inclusivas, voltadas essencialmente a idosos e localizadas em áreas residenciais da comunidade, com estruturas adequadas, sem apoio psicossocial interno, visando a autonomia do indivíduo.

c) que a deficiência não afeta, em regra, a plena capacidade civil da pessoa, inclusive para exercer o direito à fertilidade, orientando a esterilização compulsória somente para casos devidamente fundamentados de síndromes genéticas.

d) a extensão de todos os direitos relativos ao atendimento prioritário da pessoa com deficiência ao seu acompanhante.

e) o fortalecimento e ampliação do instituto da interdição civil como medida protetiva à pessoa com deficiência.

GABARITO COMENTADO

1) **Gabarito oficial: D**

Justificativa:

A) Incorreta. Trata a proposição do delito tipificado no art. 88 da Lei nº 13.146/2015. Nesse caso, o crime será qualificado (§2º), sendo a pena de reclusão de 2 a 5 anos, não se tratando de crime de menor potencial ofensivo (art. 61 Lei 9099/95), o que impede a aplicação das medidas despenalizadoras previstas na Lei 9.099/95 (transação penal, art. 76 da Lei 9099/95) ou a suspensão condicional do processo (dada o patamar da pena - no caso, pena mínima superior a um ano - art. 89 lei 9099/95). **B e C) Incorretas**. *A conduta descrita na proposição não está tipificada no art. 139 CP ou art. 138 CP. Nesse sentido,* **correta a letra D.** *A conduta pratica se subsume ao art. 88 da Lei nº 13.146/2015 (princípio da especialidade). No mais, se o meio empregado for a internet (redes sociais), como no caso, aplicam-se as disposições dos §§ 2º e 3º do referido artigo (forma qualificada). Senão vejamos: "Art. 88. Praticar, induzir ou incitar discriminação de pessoa em razão de sua deficiência: Pena - reclusão, de 1 (um) a 3 (três) anos, e multa (...) § 2º Se qualquer dos crimes previstos no caput deste artigo é cometido por intermédio de meios de comunicação social ou de publicação de qualquer natureza: Pena - reclusão, de 2 (dois) a 5 (cinco) anos, e multa. § 3º Na hipótese do § 2º deste artigo, o juiz poderá determinar, ouvido o Ministério Público ou a pedido deste, ainda antes do inquérito policial, sob pena de desobediência: (...) II - interdição das respectivas mensagens ou páginas de informação na internet".* **E) Incorreta.** *A pena prevista no preceito secundário do §2º do art. 88 da Lei nº 13.146/2015 é de 2 a 5 anos, visto que estamos tratando da forma qualificada. Vide item anterior.*

2) **Gabarito oficial: B**

Justificativa:

A) Incorreta. Vide o artigo 6º, em seu inciso II, da Lei nº 13.146/15.

B) Afirmativa correta, pois é o que se encontra positivado no artigo 4º, § 2º, da Lei nº 13.146/15.

C) Incorreta, conforme disposto no artigo 6º, inciso VI, da Lei nº 13.146/15.

D) Incorreta, pois contrária ao que dispõe o artigo 6º, inciso IV, da Lei nº 13.146/15.

E) Incorreta, pois a deficiência não afeta a plena capacidade civil da pessoa, inclusive para casar e constituir união estável. Conforme artigo 6º, inciso I, da Lei nº 13.146/15.

3) Gabarito oficial: C

Justificativa:

a) errada. O art. 88 da Lei n.º 13146/15 prevê punição de reclusão de 1 (um) a 3 (três) anos, e multa.

b) errada. Segundo preceito secundário do art. 88 do Estatuto da Pessoa com Deficiência, a infração em comento é punível com reclusão, de 1 (um) a 3 (três) anos, e multa.

c) certa. Segundo o art. 88, a conduta de "praticar, induzir ou incitar discriminação de pessoa em razão de sua deficiência" é punível com "Pena - reclusão, de 1 (um) a 3 (três) anos, e multa".

d) errada. Vide preceito secundário do art. 88 da Lei n.º 13.146/15, passível de punição com reclusão, não detenção.

4) Gabarito oficial: A

Justificativa:

a) correta. A Lei n.º 13.146/15 alterou o art. 3º e 4º do CC, de sorte que a regra é a capacidade civil plena.

b) incorreta, nos termos do art. 86 da Lei n.º 13146/15 "para emissão de documentos oficiais, não será exigida a situação de curatela da pessoa com deficiência".

c) incorreta, nos termos do art. 4º, § 2º, da Lei n.º 13146/15 ao dispor que "a pessoa com deficiência não está obrigada à fruição de benefícios decorrentes de ação afirmativa".

d) incorreta, eis que o art. 11, da Lei n.º 13146/15 dispõe que "a pessoa com deficiência não poderá ser obrigada a se submeter a intervenção clínica ou cirúrgica, a tratamento ou a institucionalização forçada".

e) incorreta, pois contrário ao disposto no art. 27 da Lei n.º 13146/15 "a educação constitui direito da pessoa com deficiência, assegurados sistema educacional inclusivo em todos os níveis e aprendizado ao longo de toda a vida, de forma a alcançar o máximo desenvolvimento possível de seus talentos e habilidades físicas, sensoriais, intelectuais e sociais, segundo suas características, interesses e necessidades de aprendizagem".

5) Gabarito oficial: A

Justificativa

a) correta, nos termos do art. 18, § 3º, Lei nº 13.146/2015 estabelece que "aos profissionais que prestam assistência à pessoa com deficiência, especialmente em serviços de habilitação e de reabilitação, deve ser garantida capacitação inicial e continuada".

b) incorreta, pois o a art. 31 prevê que "a pessoa com deficiência tem direito à moradia digna, no seio da família natural ou substituta, com seu cônjuge ou companheiro ou desacompanhada, ou em moradia para a vida independente da pessoa com deficiência, ou, ainda, em residência inclusiva" e, ainda, nos termos do art. 3º, X, considera-se "residências inclusivas: unidades de oferta do Serviço de Acolhimento do Sistema Único de Assistência Social (Suas) localizadas em áreas residenciais da comunidade, com estruturas adequadas, que possam contar com apoio psicossocial para o atendimento das necessidades da pessoa acolhida, destinadas a jovens e adultos com deficiência, em situação de dependência, que não dispõem de condições de autossustentabilidade e com vínculos familiares fragilizados ou rompidos".

c) incorreta. A Lei n.º 13.146/15 alterou o art. 3º e 4º do CC, de sorte que a regra é a capacidade civil plena.

d) incorreta. O art. 9º, § 1º, da Lei n.º 13.146/15 dispõe que "os direitos previstos neste artigo são extensivos ao acompanhante da pessoa com deficiência ou ao seu atendente pessoal, exceto quanto ao disposto nos incisos VI [recebimento de restituição de imposto de renda] e VII [tramitação processual e procedimentos judiciais e administrativos em que for parte ou interessada, em todos os atos e diligências] deste artigo".

e) incorreto. Com a edição da Lei n.º 13.146/15, a regra é a capacidade civil plena. O art. 84, §§ 1º e 2º da Lei n.º 13.146/15, dispõem sobre os institutos da curatela e da tomada de decisão apoiada (novidade trazida pela Lei n.º 13.146/15).

5

ESTATUTO DO DESARMAMENTO

LEI Nº 10.826, DE 22 DE DEZEMBRO DE 2003

CAPÍTULO I
Do Sistema Nacional de Armas

Art. 1º O Sistema Nacional de Armas - Sinarm, instituído no Ministério da Justiça, no âmbito da Polícia Federal, tem circunscrição em todo o território nacional.

Art. 2º Ao Sinarm compete:

I - identificar as características e a propriedade de armas de fogo, mediante cadastro;

II - cadastrar as armas de fogo produzidas, importadas e vendidas no País;

III - cadastrar as autorizações de porte de arma de fogo e as renovações expedidas pela Polícia Federal;

IV - cadastrar as transferências de propriedade, extravio, furto, roubo e outras ocorrências suscetíveis de alterar os dados cadastrais, inclusive as decorrentes de fechamento de empresas de segurança privada e de transporte de valores;

V - identificar as modificações que alterem as características ou o funcionamento de arma de fogo;

VI - integrar no cadastro os acervos policiais já existentes;

VII - cadastrar as apreensões de armas de fogo, inclusive as vinculadas a procedimentos policiais e judiciais;

VIII - cadastrar os armeiros em atividade no País, bem como conceder licença para exercer a atividade;

IX - cadastrar mediante registro os produtores, atacadistas, varejistas, exportadores e importadores autorizados de armas de fogo, acessórios e munições;

X - cadastrar a identificação do cano da arma, as características das impressões de raiamento e de microestriamento de projétil disparado, conforme marcação e testes obrigatoriamente realizados pelo fabricante;

XI – informar às Secretarias de Segurança Pública dos Estados e do Distrito Federal os registros e autorizações de porte de armas de fogo nos respectivos territórios, bem como manter o cadastro atualizado para consulta.

Parágrafo único. As disposições deste artigo não alcançam as armas de fogo das Forças Armadas e Auxiliares, bem como as demais que constem dos seus registros próprios.

CAPÍTULO II
Do Registro

Art. 3º É obrigatório o registro de arma de fogo no órgão competente.

Parágrafo único. As armas de fogo de uso restrito serão registradas no Comando do Exército, na forma do regulamento desta Lei.

Art. 4º Para adquirir arma de fogo de uso permitido o interessado deverá, além de declarar a efetiva necessidade, atender aos seguintes requisitos:

I – comprovação de idoneidade, com a apresentação de certidões negativas de antecedentes criminais fornecidas pela Justiça Federal, Estadual, Militar e Eleitoral e de não estar respondendo a inquérito policial ou a processo criminal, que poderão ser fornecidas por meios eletrônicos; (Redação dada pela Lei nº 11.706, de 2008)

II – apresentação de documento comprobatório de ocupação lícita e de residência certa;

III – comprovação de capacidade técnica e de aptidão psicológica para o manuseio de arma de fogo, atestadas na forma disposta no regulamento desta Lei.

§ 1º O Sinarm expedirá autorização de compra de arma de fogo após atendidos os requisitos anteriormente estabelecidos, em nome do requerente e para a arma indicada, sendo intransferível esta autorização.

§ 2º A aquisição de munição somente poderá ser feita no calibre correspondente à arma registrada e na quantidade estabelecida no regulamento desta Lei. (Redação dada pela Lei nº 11.706, de 2008)

§ 3º A empresa que comercializar arma de fogo em território nacional é obrigada a comunicar a venda à autoridade competente, como também a manter banco de dados com todas as características da arma e cópia dos documentos previstos neste artigo.

§ 4º A empresa que comercializa armas de fogo, acessórios e munições responde legalmente por essas mercadorias, ficando registradas como de sua propriedade enquanto não forem vendidas.

§ 5º A comercialização de armas de fogo, acessórios e munições entre pessoas físicas somente será efetivada mediante autorização do Sinarm.

§ 6º A expedição da autorização a que se refere o § 1º será concedida, ou recusada com a devida fundamentação, no prazo de 30 (trinta) dias úteis, a contar da data do requerimento do interessado.

§ 7º O registro precário a que se refere o § 4º prescinde do cumprimento dos requisitos dos Incisos I, II e III deste artigo.

§ 8º Estará dispensado das exigências constantes do Inciso III do caput deste artigo, na forma do regulamento, o interessado em adquirir arma de fogo de uso permitido que comprove estar autorizado a portar arma com as mesmas características daquela a ser adquirida. (Incluído pela Lei nº 11.706, de 2008)

Art. 5º O certificado de Registro de Arma de Fogo, com validade em todo o território nacional, autoriza o seu proprietário a manter a arma de fogo exclusivamente no interior de sua residência ou domicílio, ou dependência desses, ou, ainda, no seu local de trabalho, desde que seja ele o titular ou o responsável legal pelo estabelecimento ou empresa. (Redação dada pela Lei nº 10.884, de 2004)

§ 1º O certificado de registro de arma de fogo será expedido pela Polícia Federal e será precedido de autorização do Sinarm.

§ 2º Os requisitos de que tratam os Incisos I, II e III do art. 4º deverão ser comprovados periodicamente, em período não inferior a 3 (três) anos, na conformidade do estabelecido no regulamento desta Lei, para a renovação do Certificado de Registro de Arma de Fogo.

§ 3º O proprietário de arma de fogo com certificados de registro de propriedade expedido por órgão estadual ou do Distrito Federal até a data da publicação desta Lei que não optar pela entrega espontânea prevista no art. 32 desta Lei deverá renová-lo mediante o pertinente registro federal, até o dia 31 de dezembro de 2008, ante a apresentação de documento de identificação pessoal e comprovante de residência fixa, ficando dispensado do pagamento de taxas e do cumprimento das demais exigências constantes dos Incisos I a III do caput do art. 4º desta Lei. (Redação dada pela Lei nº 11.706, de 2008)

§ 4º Para fins do cumprimento do disposto no § 3º deste artigo, o proprietário de arma de fogo poderá obter, no Departamento de Polícia Federal, certificado de registro provisório, expedido na rede mundial de computadores - internet, na forma do regulamento e obedecidos os procedimentos a seguir: (Redação dada pela Lei nº 11.706, de 2008)

I - emissão de certificado de registro provisório pela internet, com validade inicial de 90 (noventa) dias; e (Incluído pela Lei nº 11.706, de 2008)

II - revalidação pela unidade do Departamento de Polícia Federal do certificado de registro provisório pelo prazo que estimar como necessário para a emissão definitiva do certificado de registro de propriedade. (Incluído pela Lei nº 11.706, de 2008)

§ 5º Aos residentes em área rural, para os fins do disposto no **caput** deste artigo, considera-se residência ou domicílio toda a extensão do respectivo imóvel rural. (Incluído pela Lei nº 13.870, de 2019)

CAPÍTULO III
Do Porte

Art. 6º É proibido o porte de arma de fogo em todo o território nacional, salvo para os casos previstos em legislação própria e para:

I - os integrantes das Forças Armadas;

II - os integrantes de órgãos referidos nos incisos I, II, III, IV e V do **caput** do art. 144 da Constituição Federal e os da Força Nacional de Segurança Pública (FNSP); (Redação dada pela Lei nº 13.500, de 2017)

III - os integrantes das guardas municipais das capitais dos Estados e dos Municípios com mais de 500.000 (quinhentos mil) habitantes, nas condições estabelecidas no regulamento desta Lei;

IV - os integrantes das guardas municipais dos Municípios com mais de 50.000 (cinquenta mil) e menos de 500.000 (quinhentos mil) habitantes, quando em serviço; (Redação dada pela Lei nº 10.867, de 2004)

V - os agentes operacionais da Agência Brasileira de Inteligência e os agentes do Departamento de Segurança do Gabinete de Segurança Institucional da Presidência da República; (Vide Decreto nº 9.685, de 2019)

VI - os integrantes dos órgãos policiais referidos no art. 51, IV, e no art. 52, XIII, da Constituição Federal;

VII - os integrantes do quadro efetivo dos agentes e guardas prisionais, os integrantes das escoltas de presos e as guardas portuárias;

VIII - as empresas de segurança privada e de transporte de valores constituídas, nos termos desta Lei;

IX - para os integrantes das entidades de desporto legalmente constituídas, cujas atividades esportivas demandem o uso de armas de fogo, na forma do regulamento desta Lei, observando-se, no que couber, a legislação ambiental;

X - integrantes das Carreiras de Auditoria da Receita Federal do Brasil e de Auditoria-Fiscal do Trabalho, cargos de Auditor-Fiscal e Analista Tributário. (Redação dada pela Lei nº 11.501, de 2007)

XI - os tribunais do Poder Judiciário descritos no art. 92 da Constituição Federal e os Ministérios Públicos da União e dos Estados, para uso exclusivo de servidores de seus quadros pessoais que efetivamente estejam no exercício de funções de segurança, na forma de regulamento a ser emitido pelo Conselho Nacional de Justiça - CNJ e pelo Conselho Nacional do Ministério Público - CNMP. (Incluído pela Lei nº 12.694, de 2012)

§ 1º As pessoas previstas nos Incisos I, II, III, V e VI do caput deste Artigo terão direito de portar arma de fogo de propriedade particular ou fornecida pela respectiva corporação ou instituição, mesmo fora de serviço, nos termos do regulamento desta Lei, com validade em âmbito nacional para aquelas constantes dos Incisos I, II, V e VI. (Redação dada pela Lei nº 11.706, de 2008)

§ 1º-A Os servidores a que se refere o inciso X do caput deste artigo terão direito de portar armas de fogo para sua defesa pessoal, o que constará da carteira funcional que for expedida pela repartição a que estiverem subordinados. (Incluído pela Lei nº 11.118, de 2005) (Revogado pela Lei nº 11.706, de 2008)

§ 1º-B. Os integrantes do quadro efetivo de agentes e guardas prisionais poderão portar arma de fogo de propriedade particular ou fornecida pela respectiva corporação ou instituição, mesmo fora de serviço, desde que estejam: (Incluído pela Lei nº 12.993, de 2014)

I - submetidos a regime de dedicação exclusiva; (Incluído pela Lei nº 12.993, de 2014)

II - sujeitos à formação funcional, nos termos do regulamento; e (Incluído pela Lei nº 12.993, de 2014)

III - subordinados a mecanismos de fiscalização e de controle interno. (Incluído pela Lei nº 12.993, de 2014)

§ 1º-C. (VETADO). (Incluído pela Lei nº 12.993, de 2014)

§ 2º A autorização para o porte de arma de fogo aos integrantes das instituições descritas nos Incisos V, VI, VII e X do caput deste Art. está condicionada à comprovação do requisito a que se refere o Inciso III do caput do art. 4º desta Lei nas condições estabelecidas no regulamento desta Lei. (Redação dada pela Lei nº 11.706, de 2008)

§ 3º A autorização para o porte de arma de fogo das guardas municipais está condicionada à formação funcional de seus integrantes em estabelecimentos de ensino de atividade policial, à existência de mecanismos de fiscalização e de controle interno, nas condições estabelecidas no regulamento desta Lei, observada a supervisão do Ministério da Justiça. (Redação dada pela Lei nº 10.884, de 2004)

§ 4º Os integrantes das Forças Armadas, das polícias federais e estaduais e do Distrito Federal, bem como os militares dos Estados e do Distrito Federal, ao exercerem o direito descrito no art. 4º, ficam dispensados do cumprimento do disposto nos Incisos I, II e III do mesmo artigo, na forma do regulamento desta Lei.

§ 5º Aos residentes em áreas rurais, maiores de 25 (vinte e cinco) anos que comprovem depender do emprego de arma de fogo para prover sua subsistência alimentar familiar será concedido pela Polícia Federal o porte de arma de fogo, na categoria caçador para subsistência, de uma arma de uso permitido, de tiro simples, com 1 (um) ou 2 (dois) canos, de alma lisa e de calibre igual ou inferior a 16 (dezesseis), desde que o interessado comprove a efetiva necessidade em requerimento ao qual deverão ser anexados os seguintes documentos: (Redação dada pela Lei nº 11.706, de 2008)

I - documento de identificação pessoal; (Incluído pela Lei nº 11.706, de 2008)

II - comprovante de residência em área rural; e (Incluído pela Lei nº 11.706, de 2008)

III - atestado de bons antecedentes. (Incluído pela Lei nº 11.706, de 2008)

§ 6º O caçador para subsistência que der outro uso à sua arma de fogo, independentemente de outras tipificações penais, responderá, conforme o caso, por porte ilegal ou por disparo de arma de fogo de uso permitido. (Redação dada pela Lei nº 11.706, de 2008)

§ 7º Aos integrantes das guardas municipais dos Municípios que integram regiões metropolitanas será autorizado porte de arma de fogo, quando em serviço. (Incluído pela Lei nº 11.706, de 2008)

Art. 7º As armas de fogo utilizadas pelos empregados das empresas de segurança privada e de transporte de valores, constituídas na forma da lei, serão de propriedade, responsabilidade e guarda das respectivas empresas, somente podendo ser utilizadas quando em serviço, devendo essas observar as condições de uso e de armazenagem estabelecidas pelo órgão competente, sendo o certificado de registro e a autorização de porte expedidos pela Polícia Federal em nome da empresa.

§ 1º O proprietário ou diretor responsável de empresa de segurança privada e de transporte de valores responderá pelo crime previsto no parágrafo único do art. 13 desta Lei, sem prejuízo das demais sanções administrativas e civis, se deixar de registrar ocorrência policial e de comunicar à Polícia Federal perda, furto, roubo ou outras formas de extravio de armas de fogo, acessórios e munições que estejam sob sua guarda, nas primeiras 24 (vinte e quatro) horas depois de ocorrido o fato.

§ 2º A empresa de segurança e de transporte de valores deverá apresentar documentação comprobatória do preenchimento dos requisitos constantes do art. 4º desta Lei quanto aos empregados que portarão arma de fogo.

§ 3º A listagem dos empregados das empresas referidas neste artigo deverá ser atualizada semestralmente junto ao Sinarm.

Art. 7ª-A As armas de fogo utilizadas pelos servidores das instituições descritas no inciso XI do art. 6o serão de propriedade, responsabilidade e guarda das respectivas instituições, somente podendo ser utilizadas quando em serviço, devendo estas observar as condições de uso e de armazenagem estabelecidas pelo órgão competente, sendo o certificado de registro e a autorização de porte expedidos pela Polícia Federal em nome da instituição. (Incluído pela Lei nº 12.694, de 2012)

§ 1º A autorização para o porte de arma de fogo de que trata este artigo independe do pagamento de taxa. (Incluído pela Lei nº 12.694, de 2012)

§ 2º O presidente do tribunal ou o chefe do Ministério Público designará os servidores de seus quadros pessoais no exercício de funções de segurança que poderão portar arma de fogo, respeitado o limite máximo de 50% (cinquenta por cento) do número de servidores que exerçam funções de segurança. (Incluído pela Lei nº 12.694, de 2012)

§ 3º O porte de arma pelos servidores das instituições de que trata este artigo fica condicionado à apresentação de documentação comprobatória do preenchimento dos requisitos constantes do art. 4o desta Lei, bem como à formação funcional em estabelecimentos de ensino de atividade policial e à existência de mecanismos de fiscalização e de controle interno, nas condições estabelecidas no regulamento desta Lei. (Incluído pela Lei nº 12.694, de 2012)

§ 4º A listagem dos servidores das instituições de que trata este artigo deverá ser atualizada semestralmente no Sinarm. (Incluído pela Lei nº 12.694, de 2012)

§ 5º As instituições de que trata este artigo são obrigadas a registrar ocorrência policial e a comunicar à Polícia Federal eventual perda, furto, roubo ou outras formas de extravio de armas de fogo, acessórios e munições que estejam sob sua guarda, nas primeiras 24 (vinte e quatro) horas depois de ocorrido o fato. (Incluído pela Lei nº 12.694, de 2012)

Art. 8º As armas de fogo utilizadas em entidades desportivas legalmente constituídas devem obedecer às condições de uso e de armazenagem estabelecidas pelo órgão competente, respondendo o possuidor ou o autorizado a portar a arma pela sua guarda na forma do regulamento desta Lei.

Art. 9º Compete ao Ministério da Justiça a autorização do porte de arma para os responsáveis pela segurança de cidadãos estrangeiros em visita ou sediados no Brasil e, ao Comando do Exército, nos termos do regulamento desta Lei, o registro e a concessão de porte de trânsito de arma de fogo para colecionadores, atiradores e caçadores e de representantes estrangeiros em competição internacional oficial de tiro realizada no território nacional.

Art. 10. A autorização para o porte de arma de fogo de uso permitido, em todo o território nacional, é de competência da Polícia Federal e somente será concedida após autorização do Sinarm.

§ 1º A autorização prevista neste artigo poderá ser concedida com eficácia temporária e territorial limitada, nos termos de atos regulamentares, e dependerá de o requerente:

I - demonstrar a sua efetiva necessidade por exercício de atividade profissional de risco ou de ameaça à sua integridade física;

II - atender às exigências previstas no art. 4º, desta Lei;

III - apresentar documentação de propriedade de arma de fogo, bem como o seu devido registro no órgão competente.

§ 2º A autorização de porte de arma de fogo, prevista neste artigo, perderá automaticamente sua eficácia caso o portador dela seja detido ou abordado em estado de embriaguez ou sob efeito de substâncias químicas ou alucinógenas.

Art. 11. Fica instituída a cobrança de taxas, nos valores constantes do Anexo desta Lei, pela prestação de serviços relativos:

I - ao registro de arma de fogo;

II - à renovação de registro de arma de fogo;

III - à expedição de segunda via de registro de arma de fogo;

IV - à expedição de porte federal de arma de fogo;

V - à renovação de porte de arma de fogo;

VI - à expedição de segunda via de porte federal de arma de fogo.

§ 1º Os valores arrecadados destinam-se ao custeio e à manutenção das atividades do Sinarm, da Polícia Federal e do Comando do Exército, no âmbito de suas respectivas responsabilidades.

§ 2º São isentas do pagamento das taxas previstas neste artigo as pessoas e as instituições a que se referem os Incisos I a VII e X e o § 5º do art. 6º desta Lei. (Redação dada pela Lei nº 11.706, de 2008)

Art. 11-A. O Ministério da Justiça disciplinará a forma e as condições do credenciamento de profissionais pela Polícia Federal para comprovação da aptidão psicológica e da capacidade técnica para o manuseio de arma de fogo. (Incluído pela Lei nº 11.706, de 2008)

§ 1º Na comprovação da aptidão psicológica, o valor cobrado pelo psicólogo não poderá exceder ao valor médio dos honorários profissionais para realização de avaliação psicológica constante do item 1.16 da tabela do Conselho Federal de Psicologia. (Incluído pela Lei nº 11.706, de 2008)

§ 2º Na comprovação da capacidade técnica, o valor cobrado pelo instrutor de armamento e tiro não poderá exceder R$ 80,00 (oitenta reais), acrescido do custo da munição. (Incluído pela Lei nº 11.706, de 2008)

§ 3º A cobrança de valores superiores aos previstos nos §§ 1º e 2º deste Art. implicará o descredenciamento do profissional pela Polícia Federal. (Incluído pela Lei nº 11.706, de 2008)

Fundamento Constitucional. A Constituição Federal de 1988 assegura a todos os brasileiros e estrangeiros residentes no país o direito à vida, à liberdade, à igualdade, à segurança e à propriedade, nos termos de seu art. 5º, *caput*. A lei em estudo traz dispositivos que visam a contribuir para a melhoria da segurança pública.

Desarmamento. Em que pese a sequência de Decretos Federais publicados em 2019 e 2021 (sobre os quais teremos oportunidade de comentar durante este capítulo), facilitando o acesso da população às armas, verifica-se, pelas inúmeras disposições da lei em estudo, que o seu maior objetivo é o de desarmar a população, impondo regras mais rigorosas que as anteriormente existentes para aquisição de armas de fogo, reduzindo as hipóteses de permissão de porte de arma, isso sem contar a infrutífera tentativa de impossibilitar o comércio de armas no território nacional, não aceita pela população brasileira, que negou, por ampla maioria, vigência ao disposto no art. 35, por ocasião de *referendum* popular realizado em outubro de 2005. Assim, ainda que rigidamente controlada, continua a ser possível a comercialização de armas e munições no Brasil.

Decretos Regulamentadores. A atual lei é regulamentada (até o fechamento desta edição), por quatro Decretos Federais. Não obstante a vigência destes Decretos, é importante destacar a publicação, por parte do Poder Executivo, de outros quatro Decretos que modificam alguns pontos importantes daqueles quatro acima elencados. O panorama legislativo, a partir de 13 de abril de 2021 (data da entrada em vigor dos novos Decretos) passará a ser a seguinte:

- Decreto nº 9.845/2019 (que trata da aquisição, cadastro, registro e a posse de armas de fogo e de munição), alterado pelo Decreto nº 10.628/2021;
- Decreto nº 9.846/2019 (que dispõe sobre o registro, cadastro e a aquisição de armas e de munições por caçadores, colecionadores e atiradores), alterado pelo Decreto nº 10.629/2021;
- Decreto nº 9.847/2019 (que dispõe sobre a aquisição, o cadastro, registro, porte e a comercialização de armas de fogo e de munição e sobre o Sistema Nacional de Armas - SINARM - e o Sistema de Gerenciamento Militar de Armas - SIGMA), alterado pelo Decreto nº 10.630/2021;
- Decreto nº 10.030/2019 (que aprova o Regulamento de Produtos Controlados e que revogou o Decreto nº 3.665/2000 além do Decreto nº 9.493/2018), alterado pelo Decreto nº 10.627/2021.

Neste sentido, de um modo geral podemos observar a concentração dos conceitos (que antes eram esparsos nos demais Decretos), mas que, a partir da entrada em vigor das novas alterações, passarão a estar concentrados no Decreto nº 10.030/19. Importante destacar que não houve propriamente uma revogação dos Decretos iniciais, que continuarão em vigor, mas com alguns preceitos alterados ou adicionados.

Incriminação do Porte e Posse de Armas. Até 1997, as condutas de porte e posse de arma de fogo eram tipificadas como meramente contravencionais, passando-se a considerá-las criminosas a partir da Lei nº 9.437/1997, expressamente revogada pela lei em comento, nos termos do art. 36.

A Incriminação do Porte e Posse de Munição. A Lei nº 9.437/1997 não dispunha sobre munição, sendo certo que hoje as munições figuram como objeto material dos crimes do Estatuto do Desarmamento. Destarte, a posse e porte de munição antes do Estatuto do Desarmamento caracterizavam figuras meramente contravencionais, exceto se houvesse fornecimento a menores de 18 anos, hipótese que, subsunta ao art. 242 do ECA, tratava-se de crime. Hoje, a munição é objeto de crimes de posse e porte de armas de fogo, previstos na Lei nº 10.826/2003, ainda que fornecidas a menor, estando, neste aspecto, revogado o art. 242 do ECA, que, assim, somente pode ser utilizado para as denominadas armas brancas.

Conceitos de arma de fogo, acessório de arma de fogo e seus correlatos. Para que possamos ver os conceitos básicos em relação a "arma de fogo", "acessório" etc., é preciso observar o que dispõe o Anexo III (glossário) ao Decreto nº 10.030/2019. O conceito de munição que também era disposto no Decreto nº 9.847/2019. Porém, conforme observação que fizemos anteriormente, a partir da entrada em vigor dos novos Decretos que alteram os já existentes sobre este tema, de um modo geral passamos a perceber os conceitos inerentes à temática de armas concentrados no referido glossário, facilitando a compreensão sobre os institutos.

Nos termos do glossário do Decreto nº 10.030/19, **arma de fogo** é "arma que arremessa projéteis empregando a força expansiva dos gases, gerados pela combustão de um propelente confinado em uma câmara, normalmente solidária a um cano, que tem a função de dar continuidade à combustão do propelente, além de direção e estabilidade ao projétil".

A partir da entrada em vigor do Decreto nº 10.627/21, que por sua vez altera a redação do art. 3º do Anexo I do Decreto nº 10.030/19, a definição é complementada por este último artigo por nós mencionado. Daí então, poderemos compreender diversos outros conceitos, tais como: **arma de fogo de uso permitido; arma de fogo de uso restrito; arma de fogo de uso proibido; munição de uso restrito; munição de uso proibido; arma de fogo obsoleta; arma de fogo de porte; arma de fogo portátil; arma de fogo não portátil; cadastro de arma de fogo; registro; porte de trânsito; insumo para carregar ou recarregar munição; arma brasonada e arma histórica,** conforme podemos observar a seguir:

Art. 3º As definições dos termos empregados neste Regulamento são aquelas constantes deste artigo e do Anexo III.

Parágrafo único. Para fins do disposto neste Regulamento, considera-se:

I - arma de fogo de uso permitido - as armas de fogo semiautomáticas ou de repetição que sejam:

a) de porte, cujo calibre nominal, com a utilização de munição comum, não atinja, na saída do cano de prova, energia cinética superior a mil e duzentas libras-pé ou mil seiscentos e vinte joules;

b) portáteis de alma lisa; ou

c) portáteis de alma raiada, cujo calibre nominal, com a utilização de munição comum, não atinja, na saída do cano de prova, energia cinética superior a mil e duzentas libras-pé ou mil seiscentos e vinte joules;

II - arma de fogo de uso restrito - as armas de fogo automáticas, de qualquer tipo ou calibre, semiautomáticas ou de repetição que sejam:

a) não portáteis;

b) de porte, cujo calibre nominal, com a utilização de munição comum, atinja, na saída do cano de prova, energia cinética superior a mil e duzentas libras-pé ou mil seiscentos e vinte joules; ou

c) portáteis de alma raiada, cujo calibre nominal, com a utilização de munição comum, atinja, na saída do cano de prova, energia cinética superior a mil e duzentas libras-pé ou mil seiscentos e vinte joules;

III - arma de fogo de uso proibido:

a) as armas de fogo classificadas como de uso proibido em acordos ou tratados internacionais dos quais a República Federativa do Brasil seja signatária; e

b) as armas de fogo dissimuladas, com aparência de objetos inofensivos;

IV - munição de uso restrito - as munições que:

a) atinjam, na saída do cano de prova de armas de fogo de porte ou de armas de fogo portáteis de alma raiada, energia cinética superior a mil e duzentas libras-pé ou mil seiscentos e vinte joules;

b) sejam traçantes, perfurantes ou fumígenas;

c) sejam granadas de obuseiro, de canhão, de morteiro, de mão ou de bocal; ou

d) sejam rojões, foguetes, mísseis ou bombas de qualquer natureza;

V - munição de uso proibido - as munições:

a) assim classificadas em acordos ou tratados internacionais dos quais a República Federativa do Brasil seja signatária; ou

b) incendiárias ou químicas;

VI - arma de fogo obsoleta - as armas de fogo que não se prestam ao uso efetivo em caráter permanente, em razão de:

a) sua munição e seus elementos de munição não serem mais produzidos;

b) sua produção ou seu modelo ser muito antigo e estar fora de uso, caracterizada como relíquia ou peça de coleção inerte; ou

c) serem armas de antecarga ou de retrocarga que utilizam a pólvora negra como carga propulsora e suas réplicas atuais;

VII - arma de fogo de porte - as armas de fogo de dimensões e peso reduzidos que podem ser disparadas pelo atirador com apenas uma de suas mãos, tais como pistolas, revólveres e garruchas;

VIII - arma de fogo portátil - as armas de fogo que, devido às suas dimensões ou ao seu peso, podem ser transportadas por uma pessoa, tais como fuzil, carabina e espingarda;

IX - arma de fogo não portátil - as armas de fogo que, devido às suas dimensões ou ao seu peso:

a) precisam ser transportadas por mais de uma pessoa, com a utilização de veículos, automotores ou não; ou

b) sejam fixadas em estruturas permanentes;

X - cadastro de arma de fogo - inclusão de arma de fogo de produção nacional ou importada em banco de dados, com a descrição de suas características;

XI - registro - matrícula da arma de fogo vinculada à identificação do respectivo proprietário em banco de dados;

XII - porte de trânsito - direito previsto:

a) no § 3º do art. 5º do Decreto nº 9.846, de 25 de junho de 2019, e nos art. 9º e art. 24 da Lei nº 10.826, de 2003, concedido aos colecionadores, aos atiradores e aos caçadores registrados junto ao Comando do Exército para transitar com armas de fogo registradas em seus respectivos acervos, com os acessórios e munições necessários às práticas previstas nos art. 42, art. 52 e art. 55;

b) nos incisos III a VIII do caput do art. 30, concedido aos estrangeiros temporários, vedado o trânsito com arma municiada e pronta para o uso;

XIII - insumo para carregar ou recarregar munição - os materiais utilizados para carregar cartuchos, incluídos o estojo, a espoleta, a pólvora ou outro tipo de carga propulsora, o projétil e a bucha utilizados em armas de fogo;

XIV - arma brasonada - as armas:

a) pertencentes a uma Força Armada ou a uma instituição de segurança pública e qualificada como material carga;

b) marcadas durante a fabricação com o brasão de armas, o nome ou a abreviatura da instituição; e

c) que passaram por desfazimento pela instituição por transferência de carga, alienação por licitação ou doação, registro por anistia ou outro meio legal, e que podem fazer parte de acervos de colecionadores, atiradores e caçadores; e

XV - arma histórica - as armas de fogo:

a) marcadas com brasões ou símbolos pátrios, nacionais ou internacionais;

b) coloniais;

c) utilizadas em guerras, combates e batalhas;

d) que pertenceram a personalidades ou que estiveram em eventos históricos; e

e) que, por sua aparência e composição das partes integrantes, possam ser consideradas raras e únicas e possam fazer parte do patrimônio histórico e cultural."

Como pode ser visto, estes conceitos não esgotam todas as disposições necessárias para entendermos a Lei nº 10.826/03. Por tal razão, precisamos nos socorrer do glossário que se situa no Anexo III ao Decreto nº 10.030/19, mencionado neste tópico.

Com a entrada em vigor do Decreto nº 10.627/21, houve ligeira alteração na definição para o termo "**acessório de arma de fogo**" ou "**acessórios de arma de fogo**", que podem ser considerado como: "*artefatos listados nominalmente na legislação como Produto Controlado pelo Exército - PCE que, acoplados a uma arma, possibilitam a alteração da configuração normal do armamento, tal como um supressor de som*".

A composição de uma munição. Tradicionalmente, uma **munição** é composta por estojo (cujo material pode ser latão ou outra combinação de metais, ou mesmo ser de papel ou plástico), espoleta (composto químico no qual geralmente estão presentes: estifnato de chumbo, tetrazeno, nitrato de bário, tissulfato de antimônio e chumbo), pólvora (material propelente que irá sofrer ignição a partir da combustão da espoleta, gerando grande quantidade de gases que irão impulsionar o projétil), além do projétil (que pode assumir variadas formas e composições, mas geralmente é de metal).

Com a entrada em vigor das alterações do Decreto nº 10.627/21 ao Decreto nº 10.030/19, passamos a ter a previsão do conceito de "insumo para carregar ou recarregar munição", no art. 3º, parágrafo único, XIII, deste último diploma normativo:

Art. 3º As definições dos termos empregados neste Regulamento são aquelas constantes deste artigo e do Anexo III.

> Parágrafo único. Para fins do disposto neste Regulamento, considera-se:
>
> XIII - insumo para carregar ou recarregar munição - os materiais utilizados para carregar cartuchos, incluídos o estojo, a espoleta, a pólvora ou outro tipo de carga propulsora, o projétil e a bucha utilizados em armas de fogo;

No caso de munições utilizadas em armas de cano de alma lisa, como é o caso das espingardas, além destes tradicionais elementos na munição ainda encontraremos a bucha (geralmente plástica), artefato que é utilizado para manter os balins (pequenas esferas de metal que representam os projéteis utilizados neste tipo de armamento) agrupados o maior tempo possível.

Por último, ressaltamos que a modernização da indústria bélica vem permitindo o desenvolvimento de artefatos cada vez menos tóxicos, mediante a utilização de compostos químicos isentos de metais pesados, como o chumbo e bário, de modo que tenhamos uma munição mais indicada para utilização em tiros desportivos, já que nesta ocasião, o atirador fica mais propenso à exposição aos resíduos decorrentes da combustão do material propelente. Tais munições são chamadas de NTA, abreviação para as palavras inglesas *Non Toxic Ammunition*[1].

Os conceitos de munição de uso restrito e munição de uso proibido. Conforme observamos anteriormente, até a publicação dos Decretos nº 10.627, 10.628, 10.629 e 10.630, todos em 2021, as conceituações inerentes aos termos utilizados pela Lei nº 10.826/03 estavam dispostas de forma esparsa, o que prejudicava a compreensão sobre cada instituto. Então, cada Decreto destes possui um dispositivo que revoga os incisos que indicam conceitos, fazendo com que a interpretação conceitual esteja concentrada no Decreto nº 10.030/19 (com as alterações feitas pelo Decreto nº 10.627/21, obviamente).

De fato, observando-se as disposições literais do Decreto nº 9.847/19 antes de ser alterado pelo Decreto nº 10.630/21), os conceitos de **munição de uso restrito, munição de uso proibido** e **munição (que se concluía ser de uso permitido)** vinham descritos no art. 2º, IV, V e X, respectivamente (dispositivos revogados):

> Art. 2º Para fins do disposto neste Decreto, considera-se:
>
> IV – munição de uso restrito – as munições que:
>
> a) atinjam, na saída do cano de prova de armas de porte ou portáteis de alma raiada, energia cinética superior a mil e duzentas libras-pé ou mil seiscentos e vinte joules;
>
> b) sejam traçantes, perfurantes ou fumígenas;
>
> c) sejam granadas de obuseiro, de canhão, de morteiro, de mão ou de bocal; ou

1. FERREIRA, Wilson Luiz Palermo. *Medicina Legal*. 6. ed. Salvador: Juspodivm, 2021. p. 190.

> d) sejam rojões, foguetes, mísseis ou bombas de qualquer natureza;
>
> V – munição de uso proibido – as munições que sejam assim definidas em acordo ou tratado internacional de que a República Federativa do Brasil seja signatária e as munições incendiárias ou químicas;
>
> X – munição – cartucho completo ou seus componentes, incluídos o estojo, a espoleta, a carga propulsora, o projétil e a bucha utilizados em armas de fogo;

Então, a partir da entrada em vigor destas alterações, ou seja, a partir do dia 13 de abril de 2021, encontramos o conceito de **munição de uso restrito** no art. 3º, parágrafo único, IV, do Anexo I ao Decreto nº 10.030/19, assim como também encontraremos o conceito de **munição de uso proibido** no art. 3º, parágrafo único, V, do mesmo diploma normativo.

> Art. 3º As definições dos termos empregados neste Regulamento são aquelas constantes deste artigo e do Anexo III.
>
> Parágrafo único. Para fins do disposto neste Regulamento, considera-se:
>
> (...)
>
> IV - munição de uso restrito - as munições que:
>
> a) atinjam, na saída do cano de prova de armas de fogo de porte ou de armas de fogo portáteis de alma raiada, energia cinética superior a mil e duzentas libras-pé ou mil seiscentos e vinte joules;
>
> b) sejam traçantes, perfurantes ou fumígenas;
>
> c) sejam granadas de obuseiro, de canhão, de morteiro, de mão ou de bocal; ou
>
> d) sejam rojões, foguetes, mísseis ou bombas de qualquer natureza;
>
> V - munição de uso proibido - as munições:
>
> a) assim classificadas em acordos ou tratados internacionais dos quais a República Federativa do Brasil seja signatária; ou
>
> b) incendiárias ou químicas;

A ausência de previsão legal do conceito de "munição comum". Como visto acima, em que pese podermos observar os conceitos de munição de uso restrito e munição de uso proibido, com as mudanças nos Decretos até então vigentes, operadas em 2021, estes dispositivos citados acima foram revogados e, a partir de 13 de abril de 2021, pela revogação dos conceitos esparsos anteriormente previstos nos demais Decretos sobre armas, além de levarmos em consideração os dispositivos conceituais, sejam os do Anexo I, ou ainda, do Anexo III ao Decreto nº 10.030/19, não há um conceito legal sobre **munição de uso comum**, ou **munição comum** ou **munição de uso permitido,** tal qual verificávamos na antiga redação do art. 2º, X, do Decreto nº 9.847/19, revogada pelo Decreto nº 10.630/21:

> Art. 2º Para fins do disposto neste Decreto, considera-se:
>
> X - munição - cartucho completo ou seus componentes, incluídos o estojo, a espoleta, a carga propulsora, o projétil e a bucha utilizados em armas de fogo;

Assim, em que pese a ausência de menção legal sobre o tema, doutrinariamente podemos compreender, então, o conceito de munição como sendo *"o artefato bélico composto pelo cartucho completo ou seus componentes, incluídos o estojo, a espoleta, a carga propulsora, o projétil, utilizados em armas de fogo"*.

Por via de consequência, as **munições de uso permitido** podem ser entendidas como as que não se enquadrem nos conceitos de munição de uso restrito e de uso proibido. Com isto, podem ser consideradas como "**munições comuns**" as que estejam dentro das previsões normativas do Exército Brasileiro para utilização em armas de fogo de uso permitido e que:

- nos casos de utilização em armas de porte, não atinja, na saída do cano de prova, energia cinética superior a mil e duzentas libras-pé ou mil e seiscentos e vinte joules;
- sejam para fins de utilização em armas portáteis de cano de alma lisa;
- nos casos de utilização em armas portáteis de alma raiada, não atinja, na saída do cano de prova, energia cinética superior a mil e duzentas libras-pé ou mil e seiscentos e vinte joules.

A necessidade de cadastro no Sistema Nacional de Armas (SINARM) ou no Sistema de Gerenciamento Militar de Armas (SIGMA). No Decreto nº 9.847/19, o art. 3º traz as hipóteses em que pessoas ou armas deverão ser cadastrados no Sistema Nacional de Armas (SINARM), instituído no âmbito da Polícia Federal.

Noutro ponto, o art. 4º do mesmo diploma normativo versa sobre o cadastro dos proprietários de armas de fogo e seus armamentos, de competência do Sistema de Gerenciamento Militar de Armas (SIGMA). Diferentemente do SINARM, o SIGMA é instituído no âmbito do Comando do Exército Brasileiro e manterá o cadastro nacional das armas de fogo importadas, produzidas e comercializadas no País, que não estejam previstas no art. 3º do Decreto nº 9.847/19.

Tanto o SINARM, quanto o SIGMA, são importantes mecanismos à disposição dos órgãos de segurança para que se possa comprovar a regularidade tanto do armamento, quanto da documentação aptos a viabilizar a utilização de tais equipamentos[2].

Por sua vez, o Decreto nº 10.030/19 (que aprova o Regulamento de Produtos Controlados) revogou o antigo Decreto nº 3.665/2000, que trazia disposições sobre o Regulamento para a Fiscalização de Produtos Controlados (R-105). Além de trazer diversos conceitos e termos técnicos, também determinava quais eram os arte-

2. FERREIRA, Wilson Luiz Palermo. *Medicina Legal*. 5. ed. Salvador: Juspodivm, 2020. p. 183.

fatos bélicos de uso permitido e de uso restrito. Esta disposição estava contida nos artigos 15, 16, 17 e 18 (este último tratava, especificamente, da proteção balística e seus níveis).

As normas da lei em estudo são, desta forma, normas penais em branco.

Produto Controlado pelo Comando do Exército (PCE). O art. 2º do "Anexo I" do Decreto nº 10.030/19 descreve o que é um produto controlado pelo Exército, para fins de aplicação deste diploma normativo que, tendo revogado o Decreto nº 3.665/2000 (que trazia disposições sobre o Regulamento para a fiscalização de produtos controlados – R-105), passa a reger a matéria:

> Art. 2º Para fins do disposto neste Regulamento, Produto Controlado pelo Comando do Exército – PCE é aquele que:
>
> I – apresenta:
>
> a) poder destrutivo;
>
> b) propriedade que possa causar danos às pessoas ou ao patrimônio; ou
>
> c) indicação de necessidade de restrição de uso por motivo de incolumidade pública; ou
>
> II – seja de interesse militar.
>
> § 1º Os PCE são classificados quanto:
>
> a) ao tipo;
>
> b) ao grupo; e
>
> c) ao grau de restrição.
>
> § 2º As classificações dos PCE quanto ao tipo e ao grupo constam do Anexo II.

Com a entrada em vigor do Decreto nº 10.627/21[3], houve acréscimo a este artigo, já que passamos a ter a previsão legal daquilo que não será considerado PCE, conforme o novo art. 2º, § 3º:

> § 3º Não são considerados PCE:
>
> I - os projéteis de munição para armas de porte ou portáteis, até ao calibre nominal máximo com medida de 12,7 mm, exceto os químicos, perfurantes, traçantes e incendiários;

3. No dia 12 de abril de 2021, um dia antes da entrada em vigor dos novos Decretos, a Ministra Rosa Weber, do STF, suspendeu cautelarmente os efeitos de alguns preceitos normativos nos autos da ADI 6675, dentre eles, os incisos I, II, VI e VII, do § 3º, do art. 2º, do Regulamento de Produtos Controlados (Decreto nº 10.030/19), incluídos pelo Decreto nº 10.627/21, acima elencados. Decisão ainda pendente de julgamento pelo Plenário, até o fechamento desta edição.

> II - as máquinas e prensas, ambas não pneumáticas ou de produção industrial, para recarga de munições, seus acessórios e suas matrizes (dies), para calibres permitidos e restritos, para armas de porte ou portáteis;
>
> III - as armas de fogo obsoletas, de antecarga e de retrocarga, cujos projetos sejam anteriores a 1900 e que utilizem pólvora negra;
>
> IV - os carregadores destacáveis tipo cofre ou tipo tubular, metálicos ou plásticos, com qualquer capacidade de munição, cuja ausência não impeça o disparo da arma de fogo;
>
> V - os quebra-chamas;
>
> VI -as miras optrônicas, holográficas ou reflexivas; e
>
> VII - as miras telescópicas, independentemente de aumento.

Nos termos do art. 15 do "Anexo I", do mesmo Decreto, os PCE são classificados, quanto ao grau de restrição, em: "de uso proibido"; "de uso restrito"; ou "de uso permitido":

> Art. 15. Os PCE são classificados, quanto ao grau de restrição, da seguinte forma:
>
> I - de uso proibido;
>
> II - de uso restrito; ou
>
> III - de uso permitido.
>
> § 1º São produtos controlados de uso proibido:
>
> I - os produtos químicos listados na Convenção Internacional sobre a Proibição do Desenvolvimento, Produção, Estocagem e Uso de Armas Químicas e sobre a Destruição das Armas Químicas Existentes no Mundo, promulgada pelo Decreto nº 2.977, de 1º de março de 1999, e na legislação correlata, quando utilizados para fins de desenvolvimento, de produção, estocagem e uso em armas químicas;
>
> II - as armas de fogo de uso proibido; e
>
> III - as munições de uso proibido.
>
> § 2º São produtos controlados de uso restrito:
>
> I - armas de fogo de uso restrito;
>
> II - os acessórios de arma de fogo que tenham por objetivo:
>
> a) suprimir ou abrandar o estampido; ou
>
> b) modificar as condições de emprego, conforme regulamentação do Comando do Exército;
>
> III - as munições de uso restrito;
>
> IV - os explosivos, os iniciadores e os acessórios;

V - os veículos automotores com blindagem às munições de uso restrito, conforme estabelecido em norma editada pelo Comando do Exército;

VI - as proteções balísticas contra as munições de uso restrito, conforme estabelecido em norma editada pelo Comando do Exército;

VII - os agentes lacrimogêneos e os seus dispositivos de lançamento;

VIII - (revogado pelo Decreto nº 10.627/21);

IX - os fogos de artifício da classe D a que se refere o Decreto-Lei nº 4.238, de 8 de abril de 1942;

X - os equipamentos de visão noturna ou termal de emprego militar ou policial;

XI - os PCE que apresentem particularidades técnicas ou táticas direcionadas exclusivamente ao emprego militar ou policial; e

XII - os redutores de calibre de armas de fogo de emprego finalístico militar ou policial.

§ 3º São produtos controlados de uso permitido os PCE não relacionados nos § 1º e § 2º.

§ 4º A classificação de armas e munições de usos proibido, restrito e permitido é aquela prevista na regulamentação da Lei nº 10.826, de 2003.

Com o advento do Decreto nº 10.627/21, passamos a ter nova redação quanto à terminologia referente ao PCE de uso permitido e ao PCE de uso restrito no Anexo III (glossário) ao Decreto nº 10.030/19:

PCE de uso permitido: produto controlado listado nominalmente na legislação como PCE cujo acesso e utilização podem ser autorizados para as pessoas em geral, observada a classificação elaborada pelo Comando do Exército, prevista nos decretos regulamentadores da Lei nº 10.826, de 22 de dezembro de 2003.

PCE de uso restrito: produto controlado listado nominalmente na legislação como PCE que, devido às suas particularidades técnicas ou táticas, deve ter seu acesso e sua utilização restringidos, observada a classificação elaborada pelo Comando do Exército, prevista nos decretos regulamentadores da Lei nº 10.826, de 2003.

Por fim, o Decreto nº 10.627/21 revogou o inciso VIII do § 2º do art. 15 do Decreto nº 10.030/19. Assim, os produtos menos letais não são mais considerados como PCE a partir de 13 de abril de 2021, data da entrada em vigor da revogação.

Portarias do Exército Brasileiro relacionadas à Lei nº 10.826/2003. Mesmo havendo estes Decretos mencionados acima, deve-se ter atenção quanto às normativas do Exército Brasileiro que têm por finalidade complementar e detalhar informações contidas naqueles diplomas legais. A título de exemplo, até o encerramento desta edição, as mais importantes são:

- **Portaria nº 136, de 08 de novembro de 2019, do Comando Logístico do Exército (COLOG)**, que dispõe sobre o registro, o cadastro e a transferência de armas de fogo do SIGMA e sobre aquisição de armas de fogo, munições e demais Produtos Controlados de competência do Comando do Exército;
- **Portaria nº 150, de 05 de dezembro de 2019, do Comando Logístico do Exército (COLOG)**, que dispõe sobre normatização administrativa de atividades de colecionamento, tiro desportivo e caça; e
- **Portaria nº 1.222, de 12 de agosto de 2019, do Comandante do Exército**, que dispõe sobre parâmetros de aferição e listagem de calibres nominais de armas de fogo e das munições de uso permitido e restrito e dá outras providências.

Espingarda de Chumbinho/Arma de pressão. Nos termos do glossário (anexo III) do Decreto nº 10.030/19, arma de pressão é a *"arma cujo princípio de funcionamento é o emprego de gases comprimidos para impulsão de projétil, os quais podem estar previamente armazenados em uma câmara ou ser produzidos por ação de um mecanismo, tal como um êmbolo solidário a uma mola"*. Sobre sua importação, ver comentários ao artigo 18 da Lei nº 10.826/03.

Porém, a disciplina sobre esta arma está prevista no Decreto nº 10.030/19, haja vista se tratar de Produto Controlado pelo Exército (PCE), nos termos do Anexo II a este Decreto.

O art. 6º, do "Anexo I", deste mesmo Decreto comentado neste tópico trata da questão da regulamentação, autorização e fiscalização, por parte do Comando do Exército, das atividades com PCE:

> Art. 6º Compete, ainda, ao Comando do Exército regulamentar, autorizar e fiscalizar o exercício, por pessoas físicas ou jurídicas, das atividades relacionadas com PCE de fabricação, comércio, importação, exportação, utilização, prestação de serviços, colecionamento, tiro desportivo ou caça.
>
> Parágrafo único. Ficam excluídas do disposto no caput as competências atribuídas ao Sistema Nacional de Armas – Sinarm, nos termos do disposto no art. 24 da Lei nº 10.826, de 2003.

O art. 7º, *caput*, do "Anexo I", do mesmo diploma normativo, por sua vez, afirma que:

> Art. 7º É obrigatório o registro de pessoas físicas ou jurídicas junto ao Comando do Exército para o exercício, próprio ou terceirizado, das atividades com PCE, previstas no art. 6º, as quais estarão sujeitas ao seu controle e fiscalização.

Porém, nos termos do art. 7º, § 1º, III, do "Anexo I", do Decreto nº 10.030/19, fica dispensado o registro[4] das pessoas físicas que utilizam PCE do tipo arma de pressão ou pirotécnico:

> § 1º Fica dispensado o registro:
>
> (...)
>
> III – das pessoas físicas que utilizam PCE do tipo arma de pressão ou pirotécnico;

Como não é considerada arma de fogo, a arma de pressão não poderá figurar como objeto material dos crimes descritos na Lei em comento (Lei nº 10.826/03).

Armas Brancas. Não figuram como objeto material dos crimes descritos nessa lei, que somente se aplica às armas de fogo.

Competência para Fiscalização e Autorização da Produção da Arma de Fogo. Compete à União essa tarefa, consoante art. 21, VI, da CRFB/88.

CAPÍTULO IV
Dos Crimes e das Penas

Posse Irregular de Arma de Fogo de Uso Permitido

Art. 12. Possuir ou manter sob sua guarda arma de fogo, acessório ou munição, de uso permitido, em desacordo com determinação legal ou regulamentar, no interior de sua residência ou dependência desta, ou, ainda no seu local de trabalho, desde que seja o titular ou o responsável legal do estabelecimento ou empresa:

Pena – detenção, de 1 (um) a 3 (três) anos, e multa.

Conceito de Posse. Não se pode confundir posse com porte. A posse consiste em manter a arma guardada no interior de residência ou dependência desta, ou manter o proprietário ou responsável pelo estabelecimento a arma guardada no mesmo. Porte, outrossim, pressupõe que o agente traga consigo a arma fora de sua residência ou das dependências desta.

Neste sentido, vejamos julgado do STJ:

> (...) Não se pode confundir posse irregular de arma de fogo com o porte ilegal de arma de fogo. Com o advento do Estatuto do Desar-

4. No dia 12 de abril de 2021, um dia antes da entrada em vigor dos novos Decretos, a Ministra Rosa Weber, do STF, suspendeu cautelarmente os efeitos de alguns preceitos normativos nos autos da ADI 6675, dentre eles, o parágrafo primeiro do art. 7º do Regulamento de Produtos Controlados (Decreto nº 10.030/19), incluídos pelo Decreto nº 10.627/21, acima elencados. Decisão ainda pendente de julgamento pelo Plenário, até o fechamento desta edição.

mamento, tais condutas restaram bem delineadas. A posse consiste em manter no interior de residência (ou dependência desta) ou no local de trabalho a arma de fogo. O porte, por sua vez, pressupõe que a arma de fogo esteja fora da residência ou local de trabalho (HC nº 143.323/RJ; Rel. Min. Félix Fischer Órgão Julgador 5ª Turma j. 29/10/2009).

Definições necessárias para o entendimento deste artigo. O artigo 4º, § 1º do Decreto nº 9.845/2019, regulamentador dessa lei, nos auxilia a compreensão do dispositivo previsto no artigo 12 da Lei nº 10.826/03, já que trata de conceitos inerentes ao tipo penal em estudo:

> Art. 4º O Certificado de Registro de Arma de Fogo, expedido pela Polícia Federal, precedido de cadastro no Sinarm, tem validade no território nacional e autoriza o proprietário a manter a arma de fogo exclusivamente no interior de sua residência ou nas dependências desta, ou, ainda, de seu local de trabalho, desde que seja ele o titular ou o responsável legal pelo estabelecimento ou pela empresa.
>
> § 1º Para fins do disposto no caput, considera-se:
>
> I - interior da residência ou dependências desta - toda a extensão da área particular do imóvel, edificada ou não, em que resida o titular do registro, inclusive quando se tratar de imóvel rural;
>
> II - interior do local de trabalho - toda a extensão da área particular do imóvel, edificada ou não, em que esteja instalada a pessoa jurídica, registrada como sua sede ou filial;
>
> III - titular do estabelecimento ou da empresa - aquele assim definido no contrato social; e
>
> IV - responsável legal pelo estabelecimento ou pela empresa - aquele designado em contrato individual de trabalho, com poderes de gerência.

Bem Jurídico Tutelado. A segurança e a incolumidade públicas, bem como o controle estatal das armas existentes no país, garantindo-se a fidelidade dos registros constantes no SINARM (Sistema Nacional de Armas).

Sujeito Ativo. Pode ser qualquer pessoa quando a arma é mantida sob a posse do agente em sua casa e somente poderá ser praticada pelo proprietário ou responsável pelo estabelecimento na hipótese de o agente manter sob sua posse ou guarda em seu local de trabalho. Neste último caso, por exigir especial qualidade do sujeito ativo, é crime próprio.

Sujeito Passivo. A coletividade como um todo.

Objeto Material do Crime. A arma de fogo, as munições e os acessórios.

Momento Consumativo. Com a manutenção da arma guardada em casa ou nas dependências do estabelecimento ou empresa. Cuida-se de crime permanente e, assim, a prisão poderá ser efetuada a qualquer tempo.

Núcleos do Tipo. Duas são as ações nucleares: possuir e manter sob sua guarda. Sufragamos o entendimento daqueles que entendem que a segunda modalidade, qual seja, manter sob sua guarda, implica necessariamente posse da arma.

Posse de Pequena Quantidade de Munição e Insignificância. O STF já decidiu, em situação singular, a possibilidade de aplicação do princípio da insignificância em hipótese de posse de quantidade pequena de munição, consoante abaixo destacado:

> HABEAS CORPUS. PENAL. ART. 16 DO ESTATUTO DO DESARMAMENTO (LEI Nº 10.826/2003). PORTE ILEGAL DE MUNIÇÃO DE USO RESTRITO. AUSÊNCIA DE OFENSIVIDADE DA CONDUTA AO BEM JURÍDICO TUTELADO. ATIPICIDADE DOS FATOS. ORDEM CONCEDIDA. I – Paciente que guardava no interior de sua residência 7 (sete) cartuchos de munição de uso restrito, como recordação do período em que foi sargento do Exército. II – Conduta formalmente típica, nos termos do art. 16 da Lei nº 10.826/2003. III – Inexistência de potencialidade lesiva da munição apreendida, desacompanhada de arma de fogo. Atipicidade material dos fatos. IV – Ordem concedida (STF, Primeira Turma. HC nº 96.532/RS Rel. Min. Ricardo Lewandowski. Julgamento em 06/10/2009. Publicado em DJe-223. DIVULG 26-11-2009. PUBLIC 27-11-2009, sem grifos no original).

> HABEAS CORPUS. DELITO DO ART. 16, CAPUT, DA LEI N. 10.826/2003. PACIENTE PORTANDO MUNIÇÃO. ATIPICIDADE MATERIAL DA CONDUTA. INCIDÊNCIA DO PRINCÍPIO DA INSIGNIFICÂNCIA. ORDEM CONCEDIDA. 1. A análise dos documentos pelos quais se instrui pedido e dos demais argumentos articulados na inicial demonstra a presença dos requisitos essenciais à incidência do princípio da insignificância e a excepcionalidade do caso a justificar a flexibilização da jurisprudência deste Supremo Tribunal segundo a qual o delito de porte de munição de uso restrito, tipificado no art. 16 da Lei n. 10.826/2003, é crime de mera conduta. 2. A conduta do Paciente não resultou em dano ou perigo concreto relevante para a sociedade, de modo a lesionar ou colocar em perigo bem jurídico na intensidade reclamada pelo princípio da ofensividade. Não se há subestimar a natureza subsidiária, fragmentária do direito penal, que somente deve ser acionado quando os outros ramos do direito não forem suficientes para a proteção dos bens jurídicos envolvidos. [...] (STF, Segunda Turma. HC 133984, Relator(a): Min. CÁRMEN LÚCIA. Julgamento em 17/05/2016. Publicação em DJe-112. DIVULG 01-06-2016. PUBLIC 02-06-2016, sem grifos no original).

> ESTATUTO DO DESARMAMENTO (LEI Nº 10.826/2003) - POSSE DE DUAS MUNIÇÕES DE USO PERMITIDO (ART. 12) DESACOMPANHADAS DE ARMA DE FOGO COMPATÍVEL COM A SUA UTILIZAÇÃO - PRINCÍPIO DA OFENSIVIDADE E DIREITO PENAL - "NULLUM CRIMEN SINE INJURIA" - O DEBATE EM TORNO DOS CRIMES DE PERIGO ABSTRATO - DOUTRINA - COMPORTAMENTO DO AGENTE QUE NÃO CARACTERIZOU, NO CASO, SITUAÇÃO DE PERIGO CONCRETO - FUNDAMENTO SUFICIENTE PARA A CONCESSÃO DA ORDEM DE "HABEAS CORPUS" - EXISTÊNCIA, NO ENTANTO, DE ENTENDIMENTO DIVERSO DESTA CORTE EM TEMA DE CRIMES DE PERIGO ABSTRATO - PRINCÍPIOS DA FRAGMENTARIEDADE E DA INTERVENÇÃO MÍNIMA DO DIREITO PENAL - INCIDÊNCIA, NA ESPÉCIE, DO POSTULADO DA INSIGNIFICÂNCIA, QUE SE QUALIFICA COMO CAUSA SUPRALEGAL DE EXCLUSÃO DA TIPICIDADE PENAL EM SUA DIMENSÃO MATERIAL - PRECEDENTES DO SUPREMO TRIBUNAL FEDERAL, INCLUSIVE EM MATÉRIA CONCERNENTE AO ESTATUTO DO DESARMAMENTO [...] (STF, Segunda Turma. HC 185974 AgR, Relator(a): CELSO DE MELLO, julgado em 03/10/2020, PROCESSO ELETRÔNICO DJe-244 DIVULG 06-10-2020 PUBLIC 07-10-2020)

De se ressaltar, porém, que a decisão pela insignificância se deu em virtude das peculiaridades do caso concreto, tal qual narrado na ementa acima transcrita. **A regra, contudo, na jurisprudência da Corte, é a de que não se reconheça a possibilidade de aplicação do princípio citado:**

> INFORMATIVO Nº 844. Porte ilegal de munição e princípio da insignificância PROCESSO. HC - 131771. A Primeira Turma denegou a ordem em "habeas corpus", no qual se pretendia o reconhecimento da atipicidade material da conduta do paciente, caracterizada pelo porte ilegal de munição de uso permitido (art. 14, "caput", da Lei 10.863/2003). No caso, o paciente foi condenado à pena de dois anos e dois meses de reclusão, em regime aberto, e ao pagamento de 11 dias-multa, em razão do porte de projétil de arma de fogo. A pena privativa foi substituída por duas restritivas de direito. A defesa alegava ser irrelevante a conduta praticada pelo paciente, bem como estarem presentes todos os requisitos exigidos pela Corte para a incidência do princípio da bagatela. Destacava a existência de precedentes deste Tribunal, nos quais assentada a aplicabilidade desse princípio a delitos de perigo abstrato (porte de drogas para consumo, desenvolvimento de atividade clandestina de telecomunicações, pesca irregular e moeda falsa, por exemplo). Apontava, ademais, a desproporcionalidade entre a conduta do paciente e a reprimenda imposta. Para o Colegiado, porém, a configuração da conduta tipificada no art. 14, "caput", da Lei 10.826/2003 ("Art. 14.

> Portar, deter, adquirir, fornecer, receber, ter em depósito, transportar, ceder, ainda que gratuitamente, emprestar, remeter, empregar, manter sob guarda ou ocultar arma de fogo, acessório ou munição, de uso permitido, sem autorização e em desacordo com determinação legal ou regulamentar:") não depende do tipo ou da quantidade da munição portada pelo agente. (STF, Primeira Turma. HC 131771 ED/RJ. EMB.DECL. NO HABEAS CORPUS. Relator Min. MARCO AURÉLIO. Julgamento em 05/06/2018. Publicação em DJe-121. DIVULG 18-06-2018. PUBLIC 19-06-2018veiculado no INFORMATIVO Nº 844. Período de 17 a 21 de outubro de 2016. TÍTULO: Porte ilegal de munição e princípio da insignificância).
>
> AGRAVO REGIMENTAL NO RECURSO ORDINÁRIO EM HABEAS CORPUS. PENAL E PROCESSUAL PENAL. CRIME DE PORTE ILEGAL DE ARMA DE FOGO, ACESSÓRIOS OU MUNIÇÃO DE USO PERMITIDO. ARTIGO 14 DA LEI Nº 10.826/03. PRINCÍPIO DA INSIGNIFICÂNCIA. INAPLICABILIDADE. CRIME FORMAL E DE PERIGO ABSTRATO. REVOLVIMENTO DO CONJUNTO FÁTICO-PROBATÓRIO. IMPOSSIBILIDADE DE UTILIZAÇÃO DO HABEAS CORPUS COMO SUCEDÂNEO DE RECURSO OU REVISÃO CRIMINAL. INADMISSIBILIDADE NA VIA ELEITA. AGRAVO REGIMENTAL DESPROVIDO. 1. Os tipos penais de posse e de porte ilegal de arma de fogo, acessórios e ou munição, de uso permitido, são formais e, a fortiori, de mera conduta e de perigo abstrato, razão pela qual as características do seu objeto material são irrelevantes, porquanto independe do quantum para ofender a segurança e incolumidade públicas, bem como a paz social, bens jurídicos tutelados, sendo ainda despiciendo perquirir-se acerca da potencialidade lesiva das armas e munições eventualmente apreendidas, de modo que, não cabe cogitar quanto à aplicação do princípio da insignificância para fins de descaracterização da lesividade material da conduta. Precedentes: HC 138.157 AgR, Primeira Turma, Rel. Min. Roberto Barroso, DJe de 19/06/2017; RHC 128.281, Segunda Turma, Rel. Min. Teori Zavascki, DJe de 26/08/2015; HC 120.214-AgR, Segunda Turma, Rel. Min. Celso de Mello, DJe de 22/09/2015; RHC 117.566, Primeira Turma, minha relatoria, DJe de 16/10/2013; HC 110.792, Rel. minha relatoria, DJe de 07/10/2013 [...] (STF, Primeira Turma. RHC 158087 AgR/MS. AG.REG. NO RECURSO ORDINÁRIO EM HABEAS CORPUS. Relator(a): Min. LUIZ FUX. Julgamento em 28/09/2018. Publicação em DJe-219. DIVULG 11-10-2018. PUBLIC 15-10-2018, sem grifos no original).

Assim, a regra é no sentido de que a simples conduta de possuir ou de portar arma, acessório ou munição é suficiente para a configuração dos delitos previstos nos arts. 12, 14 e 16 da Lei nº 10.826/2003, sendo inaplicável o princípio da insignificância. Confira-se a jurisprudência do STJ (Quinta e Sexta Turmas e Terceira Seção) que corrobora tal conclusão:

PENAL. AGRAVO REGIMENTAL NO RECURSO ESPECIAL. POSSE ILEGAL DE MUNIÇÃO. CRIME DE PERIGO ABSTRATO. APREENSÃO DE 1 MUNIÇÃO INTACTA DE ARMA DE CALIBRE.380, DESACOMPANHADA DE ARMAMENTO CAPAZ DE DEFLAGRÁ-LA. MÍNIMA OFENSIVIDADE DA CONDUTA. ATIPICIDADE MATERIAL. ANÁLISE DO CASO CONCRETO. APLICAÇÃO DO PRINCÍPIO DA INSIGNIFICÂNCIA. ABSOLVIÇÃO. PRECEDENTES DA QUINTA E SEXTA TURMAS DESTA CORTE. AGRAVO REGIMENTAL NÃO PROVIDO. 1. O Supremo Tribunal Federal reconheceu a possibilidade de incidência do princípio da insignificância a casos de apreensão de quantidade reduzida de munição de uso permitido, desacompanhada de arma de fogo, tendo concluído pela total inexistência de perigo à incolumidade pública (RHC 143.449/MS, Rel. Ministro RICARDO LEWANDOWSKI, SEGUNDA Turma, DJe 9/10/2017), vindo a ser acompanhado por ambas as Turmas que compõem a Terceira Seção desta Corte. 2. A conduta de o agente possuir 1 munição de calibre.380, destituídas de potencialidade lesiva, desacompanhada de armamento capaz de deflagrá-la, não gera perigo de lesão ou probabilidade de dano aos bens jurídicos tutelados, permitindo-se o reconhecimento da atipicidade material, uma vez analisado o caso concreto, afastado o critério meramente matemático. Precedentes [...](STJ, **Quinta Turma**. AgRg no REsp 1794140/MG. AGRAVO REGIMENTAL NO RECURSO ESPECIAL. Relator Ministro RIBEIRO DANTAS. Julgamento em 22/10/2019. Publicação/Fonte em **DJe 30/10/2019**, sem grifo no original).

PENAL. AGRAVO REGIMENTAL EM HABEAS CORPUS. ATIPICIDADE MATERIAL DA CONDUTA. REITERAÇÃO DELITIVA. REINCIDÊNCIA E MAUS ANTECEDENTES CONFIGURADOS. INAPLICABILIDADE DO PRINCÍPIO DA INSIGNIFICÂNCIA. AGRAVO DESPROVIDO. 1. O "princípio da insignificância - que deve ser analisado em conexão com os postulados da fragmentariedade e da intervenção mínima do Estado em matéria penal - tem o sentido de excluir ou de afastar a própria tipicidade penal, examinada na perspectiva de seu caráter material. [...] Tal postulado - que considera necessária, na aferição do relevo material da tipicidade penal, a presença de certos vetores, tais como (a) a mínima ofensividade da conduta do agente, (b) nenhuma periculosidade social da ação, (c) o reduzidíssimo grau de reprovabilidade do comportamento e (d) a inexpressividade da lesão jurídica provocada - apoiou-se, em seu processo de formulação teórica, no reconhecimento de que o caráter subsidiário do sistema penal reclama e impõe, em função dos próprios objetivos por ele visados, a intervenção mínima do Poder Público."(HC n. 84.412-0/SP, STF, Rel. Ministro CELSO DE MELLO, DJU 19/11/2004.) 2. A jurisprudência desta Quinta Turma reconhece que o princípio da insignificância não tem aplicabilidade em casos de reiteração da conduta delitiva, salvo excepcionalmente, quando as instâncias ordinárias entenderem ser tal medida recomendável diante das circunstâncias concretas. 3. Ainda que tenham sido apreendidas poucas munições, verifica-se a contumácia delitiva do réu, já que ele ostenta maus antecedentes e é reincidente, o que demonstra desprezo sistemático pelo cumprimento do ordenamento jurídico. Nesse passo, de rigor a inviabilidade do reconhecimento da atipicidade material, por não restarem demonstradas as exigidas mínima ofensividade da conduta e ausência de periculosidade social da ação. 4. Segundo a jurisprudência desta Corte, os delitos de porte de armas e munição de uso permitido ou restrito, tipificados nos arts. 12 e 16 da Lei n. 10.826/2003, são crimes de mera conduta e de perigo abstrato, em que se presume a potencialidade lesiva, sendo inaplicável o princípio da insignificância independentemente da quantidade apreendida (AgRg no REsp n. 1.682.315/RJ, Ministra Maria Thereza de Assis Moura, Sexta Turma, DJe 13/11/2017). 5. "Não há se falar em atipicidade em virtude da apreensão da munição desacompanhada de arma de fogo, porquanto a conduta narrada preenche não apenas a tipicidade formal mas também a material, uma vez que "o tipo penal visa à proteção da incolumidade pública, não sendo suficiente a mera proteção à incolumidade pessoal" (AgRg no REsp n. 1.434.940/GO, Sexta Turma, Rel. Min. ROGERIO SCHIETTI CRUZ, DJe de 4/2/2016) [...] (STJ, **QUINTA TURMA**. AgRg no HC 536260/MS. AGRAVO REGIMENTAL NO HABEAS CORPUS. Relator(a) Ministro RIBEIRO DANTAS. Julgamento em 19/11/2019. Publicação/Fonte em **DJe 26/11/2019**, sem grifos no original).

AGRAVO REGIMENTAL NO RECURSO ESPECIAL. TRÁFICO E POSSE ILEGAL DE MUNIÇÕES. INSIGNIFICÂNCIA. IMPOSSIBILIDADE. CONDENAÇÃO PELA PRÁTICA DO DELITO DE TRÁFICO ILÍCITO DE DROGAS EM CONCURSO DE CRIMES. EFETIVA LESIVIDADE DA CONDUTA. POSSE DE MUNIÇÕES DESACOMPANHADAS DE ARMA DE FOGO. TIPICIDADE. AGRAVO REGIMENTAL DESPROVIDO. 1. "Esta Corte acompanhou a nova diretriz jurisprudencial do Supremo Tribunal Federal que passou a admitir a incidência do princípio da insignificância na hipótese da posse de pequena quantidade de munição, desacompanhada de armamento hábil a deflagrá-la. Saliente-se, contudo, que, para que exista, de fato, a possibilidade de incidência do princípio da insignificância, deve-se examinar o caso concreto, afastando-se o critério meramente matemático." (AgRg no HC 554.858/SC, Rel. Ministro RIBEIRO DANTAS, Quinta Turma, DJe de 18/5/2020)" (HC 613.195/MG, Rel. Ministro REYNALDO SOARES DA FONSECA, QUINTA TURMA, DJe 7/12/2020). 2. No caso dos autos, apesar da pequena quantidade de munições, a condenação do recorrente, pela prática do delito de tráfico de drogas, em concurso de crimes, por manter em depósito 841 (oitocentos e quarenta e uma) pedras de crack, 1 (uma) porção de cocaína, 1 (uma) porção de lidocaína, 2 (duas) bisnagas de lidocaína, 1 (uma) balança de precisão, 1 (uma) tesoura com resquícios de drogas, 4 (quatro) potes de ácido bórico e vários saquinhos para acondicionamento das drogas, revela a impossibilidade de reconhecimento da atipicidade da conduta do delito do art. 12, caput, da Lei 10.826/2003. A particularidade do caso demonstra a efetiva lesividade desta conduta. 3. Ressalta-se que, "Permanece hígida a jurisprudência do Superior Tribunal de Justiça, bem como a do Supremo Tribunal Federal, no sentido de que a posse de munição, mesmo desacompanhada de arma apta a deflagrá-la, continua a preencher a tipicidade penal, não podendo ser considerada atípica a conduta" (AgRg no HC 594.431/SP, Rel. Ministro REYNALDO SOARES DA FONSECA, QUINTA TURMA, DJe 7/12/2020) [...] (STJ, **QUINTA TURMA**. AgRg no REsp 1905936/ES, Rel. Ministro JOEL ILAN PACIORNIK, julgado em 23/02/2021, **DJe 01/03/2021**, sem grifo no original)

AGRAVO REGIMENTAL NO AGRAVO EM RECURSO ESPECIAL. ESTATUTO DO DESARMAMENTO. POSSE DE DOIS CARREGADORES DE ARMA DE FOGO DE USO RESTRITO. FUZIS AR15. VIOLAÇÃO A DISPOSITIVOS CONSTITUCIONAIS. MATÉRIA AFETA AO SUPREMO TRIBUNAL FEDERAL - STF. VIOLAÇÃO À PORTARIA. INCABÍVEL A ANÁLISE. APLICAÇÃO DO PRINCÍPIO DA INSIGNIFICÂNCIA. RESP N. 1.669.710/RS. AUSÊNCIA DE ARTEFATO. IMPOSSIBILIDADE. ELEMENTOS ACIDENTAIS QUE CONFIGURAM EXISTÊNCIA DE PERIGO À INCOLUMIDADE PÚBLICA. APURAÇÃO DE CRIMES COMETIDOS POR INTEGRANTES DE FACÇÃO CRIMINOSA - PCC (...) 3. A Sexta Turma do Superior Tribunal de Justiça, no julgamento do REsp n. 1.699.710/MS, de relatoria da Ministra Maria Thereza de Assis Moura, e do AgInt no REsp n. 1.704.234/RS (Rel. Ministro Sebastião Reis Júnior), alinhou-se ao entendimento da Segunda Turma do Supremo Tribunal Federal e passou a admitir a aplicação do princípio da insignificância em situações excepcionais, de posse de ínfima quantidade de munições e de ausência do artefato capaz de dispará-las, aliadas a elementos acidentais da ação que denotem a total inexistência de perigo à incolumidade pública. O posicionamento foi estendido para casos de porte ilegal de munição de uso restrito. 4. O caso dos autos não se adequa às exceções alcançadas pelo entendimento jurisprudencial acima externado. O crime foi detectado após investigações para apuração de supostos delitos cometidos por integrantes da facção criminosa Primeiro Comando da Capital - PCC, o que por si só, denota a existênci a de perigo à incolumidade pública [...] (STJ, **QUINTA TURMA**. AgRg no AREsp 1743309/SP, Rel. Ministro JOEL ILAN PACIORNIK, julgado em 23/02/2021, **DJe 01/03/2021**, sem grifo no original).

Manter Sob sua Guarda no Art. 12 X Manter Sob Guarda no Art. 14. Entendemos que a figura em comento na modalidade "manter sob sua guarda" só é aplicável quando o agente conservar a arma, a munição ou o acessório consigo, em seu próprio nome e não para outrem. Essa conclusão se justifica porque a expressão se repete no art. 14, que trata do porte ilegal, figura mais grave, que restará caracterizada quando o agente mantiver a arma, o acessório ou a munição em nome de terceiro.

Manter a Arma de Fogo na Casa de Terceiro. Não caracteriza crime de posse, mas de porte, consoante já decidido pelo STJ.

> ATO INFRACIONAL. GUARDA DE ARMA DE FOGO DE USO PERMITIDO NA RESIDÊNCIA DE TERCEIRO. CONDUTA EQUIPARADA AO PORTE ILEGAL. VACATIO LEGIS. ARTS. 30 E 32 DA LEI DO DESARMAMENTO. APLICAÇÃO TÃO SOMENTE NOS CASOS DE POSSE. NÃO INCIDÊNCIA NA FIGURA. (STJ, Quinta Turma. HC 83065/DF. HABEAS CORPUS. Relator(a) Ministro JORGE MUSSI. Julgamento em 16/09/2008. Publicação/Fonte em DJe 20/10/2008).

Transporte de Arma no Interior do Próprio Veículo. Caracteriza porte, na modalidade transportar, consoante descrição legal dos arts. 14 ou 16, a depender da classificação legal da arma. Neste sentido, mais um julgado do STJ:

> AGRAVO REGIMENTAL. HABEAS CORPUS. POSSE DE ARMA DE FOGO. *ABOLITIO CRIMINIS*. OCORRÊNCIA SE A ARMA ESTIVER NA RESIDÊNCIA OU NO TRABALHO DO ACUSADO. TRANSPORTE DE ARMA NO VEÍCULO. PORTE ILEGAL. CONDUTA TÍPICA. (STJ, Sexta Turma AgRg no HC 83680/MS. AGRAVO REGIMENTAL NO HABEAS CORPUS. Relator(a) Ministro PAULO GALLOTTI. Julgamento em 06/12/2007. Publicação/Fonte em DJ 19/12/2007, p. 1237).

Transporte de Arma na Boleia de Caminhão. A boleia de caminhão não pode ser considerada casa nem local de trabalho, consoante entendimento sufragado pelo STF, razão pela qual teremos porte ilegal, não posse, na hipótese de caminhoneiro, sem permissivo legal, trazer a arma naquele local.

> Formula-se, com a Petição nº 276.596/2008, pedido de reconsideração da decisão que negou seguimento ao presente Habeas Corpus. Afirma-se existir contradição no julgado, aduzindo ser atípica a conduta praticada pelo acusado, tendo em vista que "não portava arma de fogo" e que ela "se encontrava guardada em seu local de trabalho, qual seja, no interior da empresa, especificamente na boleia do caminhão, onde o mesmo labora de caminhoneiro", fl. 51. [...] "No caso, a denúncia de fls. 5/6 narra que o paciente transportava as armas de fogo no interior do seu veículo, não sendo de falar, portanto, em posse irregular de arma, mas em porte ilegal, conduta não

> abrangida pela descriminalização temporária." (fls. 45/47) Como dito, não há como reconhecer a atipicidade da conduta, uma vez que a arma não foi apreendida na residência ou no trabalho do paciente, mas no interior da "boleia do caminhão", veículo por ele utilizado para trabalhar. [...] Diante do exposto, rejeito os embargos declaratórios. (STJ, Decisão Monocrática. RCDESP no HC 113990. Pedido de Reconsideração de decisão que negou seguimento a Habeas Corpus. Relator(a) Ministro PAULO GALLOTTI. Publicação em 20/11/2008).

Em outro julgado, afirmou a Corte:

> O veículo utilizado profissionalmente não pode ser considerado "local de trabalho" para tipificar a conduta como posse de arma de fogo de uso permitido (art. 12 da Lei n. 10.826/2003). No caso, um motorista de caminhão profissional foi parado durante fiscalização da Polícia Rodoviária Federal, quando foram encontrados dentro do veículo um revólver e munições intactas. Denunciado por porte ilegal de arma de fogo de uso permitido (art. 14 do Estatuto do Desarmamento), a conduta foi desclassificada para posse irregular de arma de fogo de uso permitido (art. 12 do mesmo diploma), reconhecendo-se, ainda, a *abolitio criminis* temporária. O entendimento foi reiterado pelo tribunal de origem no julgamento da apelação. O Min. Relator registrou que a expressão "local de trabalho" contida no art. 12 indica um lugar determinado, não móvel, conhecido, sem alteração de endereço. Dessa forma, a referida expressão não pode abranger todo e qualquer espaço por onde o caminhão transitar, pois tal circunstância está sim no âmbito da conduta prevista como porte de arma de fogo. Precedente citado: HC 116.052-MG, DJe 9/12/2008. (STJ, Sexta Turma. REsp 1219901/MG. RECURSO ESPECIAL. Relator(a) Ministro SEBASTIÃO REIS JÚNIOR. Julgamento em 24/04/2012. Publicação/Fonte em DJe 10/05/2012. RSTJ vol. 235, p. 685. RT vol. 922, p. 789. Veiculado no Informativo nº 0496. Período: 23 de abril a 4 de maio de 2012).

> AGRAVO REGIMENTAL. RECURSO ESPECIAL. DIREITO PENAL. ESTATUTO DO DESARMAMENTO. ART. 14 DA LEI N. 10.826/2003. APREENSÃO DE ARMA DE FOGO NO INTERIOR DE VEÍCULO AUTOMOTOR UTILIZADO COMO MEIO DE TRABALHO. CAMINHÃO NÃO É EXTENSÃO DE LOCAL DE TRABALHO. TIPIFICAÇÃO DO PORTE ILEGAL DE ARTEFATO BÉLICO. *ABOLITIO CRIMINIS* NÃO ALCANÇA O DELITO DE PORTE ILEGAL DE ARMA DE FOGO. MATÉRIA CONSTITUCIONAL. STF. 1. O caminhão é instrumento de trabalho do motorista, assim como, mutatis mutandis, a espátula serve ao artesão. Portanto, não pode ser considerado extensão de sua residência, nem local de seu trabalho, mas apenas um meio físico para se chegar ao fim laboral. 2. Arma de fogo apreendida no interior

da boleia do caminhão tipifica o delito de porte ilegal de arma (art. 14 da Lei n. 10.826/2003). 3. Ante a impossibilidade de desclassificação do crime de porte de arma para o delito de posse, faz-se superada a irresignação no tocante à incidência de *abolitio criminis* temporária, situação que ocorre exclusivamente na hipótese de conduta relacionada ao crime de posse de arma de fogo, acessórios e munição. (STJ, SEXTA TURMA. AgRg no REsp 1362124/MG. AGRAVO REGIMENTAL NO RECURSO ESPECIAL. Relator Ministro SEBASTIÃO REIS JÚNIOR. Julgamento em 19/03/2013. Publicação/Fonte em DJe 10/04/2013, sem grifos no original).

Norma Penal em Branco. Como a norma em comento somente se refere às armas de uso permitido, precisamos nos valer do que dispõem os Decretos regulamentares desta lei quando da definição daquilo que seria arma de uso permitido. Destarte, precisando a norma ser complementada por outra, temos norma penal em branco de caráter heterogêneo, na medida em que será complementada por outra norma de menor hierarquia.

A Posse sem Registro. Cuida-se de situação de posse ilegal, pois a lei determina que todos os proprietários de arma de fogo a cadastrem no SINARM, órgão no âmbito da Polícia Federal, constando, dentre as atribuições do órgão, a de manter o registro das armas existentes no país, nos termos propostos pelo art. 2º, II, da lei em comento.

Posse de Arma com Registro Vencido. Para os autores, na medida em que a lei determina que se proceda à renovação periódica do registro das armas, trata-se de conduta típica. Contudo, embora o STJ tenha entendido inicialmente, quando do recebimento da denúncia na APn 686-AP, que se tratava de conduta típica, orientou-se de forma distinta quando do julgamento da ação respectiva, passando a adotar entendimento de que se trata de conduta atípica, sendo mero ilícito administrativo. A partir dessa orientação, a Sexta Turma do STJ, que vinha entendendo trata-se de conduta típica, passou a também entender tratar-se de fato atípico, alinhando-se à Corte Especial e à Quinta Turma. Assim, podemos afirmar que, para o STJ, o fato de possuir arma com registro vencido não é um ilícito penal, mas apenas administrativo.

Vejamos os julgados referentes ao tema:

RECURSO ORDINÁRIO EM HABEAS CORPUS. TRANCAMENTO DO PROCESSO. POSSE DE ARMA DE FOGO DE USO PERMITIDO. REGISTRO VENCIDO. MERO ILÍCITO ADMINISTRATIVO. ATIPICIDADE PENAL. PRECEDENTE DA CORTE ESPECIAL. RECURSO PROVIDO PARA TRANCAR A AÇÃO PENAL. 1. O trancamento do processo no âmbito de habeas corpus é medida excepcional, somente cabível quando demonstrada a falta de justa causa, a atipicidade da conduta ou a existência de causa extintiva da punibilidade. 2. Na hipótese, impõe-se o reconhecimento da atipicidade da conduta descrita na denúncia, relacionada a posse de arma de fogo de uso permitido com registro vencido, pois a Corte Especial deste Superior Tribunal, no julgamento da Ação Penal n. 686/AP, decidiu que, "se o agente já procedeu ao registro da arma, a expiração do prazo é mera irregularidade administrativa que autoriza a apreensão do artefato e aplicação de multa. A conduta, no entanto, não caracteriza ilícito penal". Ressalva de entendimento pessoal [...] (STJ, SEXTA TURMA. RHC 73548/MG. RECURSO ORDINARIO EM HABEAS CORPUS. Relator Ministro ROGERIO SCHIETTI CRUZ. Julgamento em 25/10/2016. Publicação/Fonte em DJe 18/11/2016, sem grifos no original).

DIREITO PENAL. GUARDA DE ARMA DE FOGO DE USO PERMITIDO COM REGISTRO VENCIDO. Manter sob guarda, no interior de sua residência, arma de fogo de uso permitido com registro vencido não configura o crime do art. 12 da Lei 10.826/2003 (Estatuto do Desarmamento). O art. 12 do Estatuto do Desarmamento afirma que é objetivamente típico possuir ou manter sob guarda arma de fogo de uso permitido, em desacordo com determinação legal ou regulamentar, no interior de residência. Entretanto, relativamente ao elemento subjetivo, não há dolo do agente que procede ao registro e, depois de expirado prazo, é apanhado com a arma nessa circunstância. Trata-se de uma irregularidade administrativa; do contrário, todos aqueles que porventura tiverem deixado expirar prazo semelhante terão necessariamente de responder pelo crime, o que é absolutamente desproporcional. Avulta aqui o caráter subsidiário e de *ultima ratio* do direito penal. Na hipótese, além de se afastar da teleologia do objeto jurídico protegido, a saber, a administração e, reflexamente, a segurança e a paz pública (crime de perigo abstrato), banaliza-se a criminalização de uma conduta em que o agente já fez o mais importante, que é apor seu nome em um registro de armamento, possibilitando o controle de sua circulação. Precedente citado: HC 294.078-SP, Quinta Turma, DJe 4/9/2014. (STJ, CE - CORTE ESPECIAL. APn 686/AP. AÇÃO PENAL. Relator(a) Ministro JOÃO OTÁVIO DE NORONHA. Julgamento em 21/10/2015. Publicação/Fonte em DJe 29/10/2015. Veiculado no Informativo nº 0572. Período: 28 de outubro a 11 de novembro de 2015).

PROCESSUAL PENAL. RECURSO ORDINÁRIO EM HABEAS CORPUS. POSSE ILEGAL DE ARMA DE FOGO E MUNIÇÕES. TRANCAMENTO. ATIPICIDADE DA CONDUTA. REGISTRO VENCIDO. INFRAÇÃO ADMINISTRATIVA. POSSIBILIDADE. CRIME. NÃO OCORRÊNCIA. CONSTRANGIMENTO ILEGAL. EXISTÊNCIA. RECURSO PROVIDO. 1. O trancamento da ação penal em sede de recurso ordinário em habeas corpus é medida excepcional, somente se justificando se demonstrada, inequivocamente, a ausência de autoria ou materialidade, a atipicidade da conduta, a absoluta falta de provas, a ocorrência de causa extintiva da punibilidade ou a violação dos requisitos legais exigidos para a exordial acusatória. 2. Na espécie, o órgão governamental atestou, mediante a entrega do registro, que o material bélico encontrava-se com o recorrente, ou seja, o Estado exerceu o seu controle ao registrar a arma e a munição, embora o acusado estivesse com o documento vencido à época do fato. 3. Não obstante a reprovabilidade comportamental, a omissão restringe-se à esfera administrativa, não logrando repercussão penal a não revalidação periódica do certificado de registro. Precedentes [...] (STJ, SEXTA TURMA. RHC 80365/SP. RECURSO ORDINARIO EM HABEAS CORPUS. Relator(a) Ministra MARIA THEREZA DE ASSIS MOURA. Julgamento em 14/03/2017. Publicação/Fonte em DJe 22/03/2017. RSTJ vol. 247, p. 1126, sem grifos no original).

PENAL. HABEAS CORPUS SUBSTITUTIVO DE RECURSO PRÓPRIO. INADEQUAÇÃO. POSSE ILEGAL DE ARMA DE FOGO COM REGISTRO VENCIDO. ATIPICIDADE DA CONDUTA. WRIT NÃO CONHECIDO. ORDEM CONCEDIDA DE OFÍCIO. 1. Esta Corte - HC 535.063/SP, Terceira Seção, Rel. Ministro Sebastião Reis Junior, julgado em 10/6/2020 - e o Supremo Tribunal Federal - AgRg no HC 180.365, Primeira Turma, Rel. Min. Rosa Weber, julgado em 27/3/2020; AgR no HC 147.210, Segunda Turma, Rel. Min. Edson Fachin, julgado em 30/10/2018 -, pacificaram orientação no sentido de que não cabe habeas corpus substitutivo do recurso legalmente previsto para a hipótese, impondo-se o não conhecimento da impetração, salvo quando constatada a existência de flagrante ilegalidade no ato judicial impugnado. 2. No caso, o réu foi denunciado por possuir arma de fogo de uso permitido, consistente em revólver da marca Taurus, calibre 38, em desacordo com determinação legal ou regulamentar, pois o registro do referido artefato se encontrava vencido. Sobreveio sentença condenatória nos autos, contra a qual a defesa interpôs apelação, sem êxito. 3. No julgamento da Ação Penal n. 686/AP, a Corte Especial deste Superior Tribunal de Justiça, alterando o seu entendimento anterior sobre a matéria, reconheceu a atipicidade da conduta imputada ao réu, denunciado como incurso nas sanções do art. 12 da Lei n. 10.826/2003, ressaltando que ele já havia procedido ao registro da arma e que a expiração do prazo constitui mera irregularidade administrativa, que enseja apenas a apreensão do artefato e a aplicação de multa, sem que reste caracterizada a prática de ilícito penal. Assim, considerando que o feito ora em exame versa sobre hipótese idêntica ao objeto do referido julgado, deve ser reconhecida, de igual modo, a atipicidade da conduta. Precedentes. 4. Writ não conhecido. Ordem concedida, de ofício, a fim de absolver o paciente quanto à prática do delito previsto no art. 12 da Lei n. 10.826/2003. (STJ, QUINTA TURMA. HC 587.834/SP, Rel. Ministro RIBEIRO DANTAS, julgado em 18/08/2020, DJe 24/08/2020)

Deve-se, contudo, observar que, ainda que possuir a arma com registro vencido não possa ser considerada conduta típica, nos termos do entendimento do STJ, trata-se de ilícito administrativo e, assim, uma vez apreendida, somente deverá ser liberada após a regularização.

Cabe registrar que, segundo posicionamento do STJ, o mesmo entendimento não se aplica ao porte ilegal de arma de fogo (art. 14), senão vejamos:

> PENAL. AGRAVO REGIMENTAL NO RECURSO ESPECIAL. PORTE ILEGAL DE ARMA DE FOGO. REGISTRO VENCIDO. ATIPICIDADE DA CONDUTA. TESE INAPLICÁVEL. DISSÍDIO JURISPRUDENCIAL NÃO COMPROVADO. REGRAMENTOS LEGAIS NÃO CUMPRIDOS. AUSÊNCIA DE SIMILITUDE FÁTICA. AGRAVO REGIMENTAL DESPROVIDO. 1. Inviável o recurso especial, pois não realizado o cotejo analítico e não comprovada a similitude fática entre o aresto recorrido e o trazido à colação, nos termos dos arts. 1.029, § 1º, do Código de Processo Civil/2015 - CPC e 255, § 1º, do Regimento Interno do Superior Tribunal de Justiça - RISTJ. 2. "O entendimento firmado pelo Superior Tribunal de Justiça no julgamento da APn n. 686/AP (Rel. Ministro JOÃO OTÁVIO DE NORONHA, Corte Especial, DJe 29/10/2015) é restrito ao delito de posse ilegal de arma de fogo de uso permitido (art. 12 da Lei 10.826/2003), não se aplicando ao crime de porte ilegal de arma de fogo (art. 14 da Lei 10.826/2003), cuja elementar é diversa e a reprovabilidade mais intensa" (RHC 63.686/DF, Rel. Ministro REYNALDO SOARES DA FONSECA, QUINTA TURMA, DJe 22/2/2017) [...] (STJ, Quinta Turma. AgRg no REsp 1722040/RO. AGRAVO REGIMENTAL NO RECURSO ESPECIAL. Relator Ministro JOEL ILAN PACIORNIK. Julgamento em 15/10/2019. Publicação/Fonte em DJe 18/10/2019, sem grifo no original).

> PENAL. AGRAVO REGIMENTAL NO AGRAVO EM RECURSO ESPECIAL. CRIME DE PORTE ILEGAL DE ARMA DE FOGO. POLICIAL MILITAR. REGISTRO VENCIDO. ATIPICIDADE DA CONDUTA. TESE INAPLICÁVEL. AGRAVO REGIMENTAL IMPROVIDO. 1. "O entendimento firmado pelo Superior Tribunal de Justiça no julgamento da APn n. 686/AP (Rel. Ministro JOÃO OTÁVIO DE NORONHA, Corte Especial, DJe 29/10/2015) é restrito ao delito de posse ilegal de arma de fogo de uso permitido (art. 12 da Lei 10.826/2003), não se aplicando ao crime de porte ilegal de arma de fogo (art. 14 da Lei 10.826/2003), muito menos ao delito de porte ilegal de arma de fogo de uso restrito (art. 16 da Lei 10.826/2003), cujas elementares são diversas e a reprovabilidade mais intensa" (RHC n. 63.686/DF, relator Ministro REYNALDO SOARES DA FONSECA, QUINTA TURMA, DJe 22/2/2017) [...] (STJ, **SEXTA TURMA**. AgRg no AREsp 885.281/ES, Rel. Ministro ANTONIO SALDANHA PALHEIRO, julgado em 28/04/2020, **DJe 08/05/2020**, veiculado no **Informativo nº 0671 do STJ**, publicação em 5 de junho de 2020, sem grifo no original).

Decretos regulamentares e renovação de registro. O Decreto nº 5.123/04 (revogado pelo Decreto nº 9.785/19, que por sua vez foi revogado pelo Decreto nº 9.847/19), trazia, nos termos do art. 16, §2º, a exigência de que comprovação dos requisitos referentes à idoneidade, à ocupação lícita e residência certa, à capacidade técnica e à aptidão psicológica para o manuseio de arma de fogo fosse feita periodicamente, a cada cinco anos, para a renovação do registro.

Com as mudanças trazidas pelo Decreto nº 10.030/19, (já que este incluiu o § 11 ao art. 12 do Decreto nº 9.847/2019, que regulamenta a Lei nº 10.826, de 22 de dezembro de 2003, para dispor sobre a aquisição, o cadastro, o registro, o porte e a comercialização de armas de fogo e de munição e sobre o Sistema Nacional de Armas e o Sistema de Gerenciamento Militar de Armas), a providência passou a ser devida a cada 10 (dez) anos, junto à Polícia Federal, para fins de renovação do certificado de registro de propriedade.

O mesmo se diga em relação ao art. 3º, § 10º, do Decreto nº 9.845/2019 (que regulamenta a Lei nº 10.826, de 22 de dezembro de 2003, para dispor sobre a aquisição, o cadastro, o registro e a posse de armas de fogo e de munição).

Nas duas situações é preciso a comprovação de que o requerente continua realizando trabalho lícito e residência fixa, bem como ainda tem capacidade técnica (que deverá ser expedido por instrutor de armamento e de tiro credenciado pela Polícia Federal no SINARM) e aptidão psicológica para o manuseio da arma, conforme podemos extrair da leitura do art. 3º do Decreto nº 9.845/19 (com as alterações operadas pelo Decreto nº 10.628/21).

Importante ressaltar que, nos termos do art. 4º, § 7º, do Decreto nº 9.845/2019, os Certificados de Registro de Arma de Fogo das armas de fogo de propriedade dos órgãos a que se referem os incisos I, II, III, IV, V, VI, VII, X e XI do *caput* do art. 6º da Lei nº 10.826/2003, possuem prazo de validade indeterminado.

Quanto às armas de fogo dos acervos de colecionadores, atiradores e caçadores, as mesmas serão cadastradas no Sistema de Gerenciamento Militar de Armas – SIGMA, tendo o Certificado de Registro respectivo, expedido pelo Comando do Exército, validade de dez anos, nos termos do artigo 1º, §§1º e 2º, do Decreto nº 9.846/2019.

Cumpre, ainda, destacar que o Decreto nº 9.845/2019, mantem a exigência feita pelo Decreto nº 9.685/2019 (hoje revogado), de que, na hipótese de residência também habitada por criança, adolescente ou pessoa com deficiência mental, aquele que desejar adquirir arma de fogo deverá apresentar declaração de que a residência possui cofre ou local seguro com tranca para o armazenamento da mesma:

> Art. 3º Para fins de aquisição de arma de fogo de uso permitido e de emissão do Certificado de Registro de Arma de Fogo, o interessado deverá:
>
> VIII – apresentar declaração de que possui lugar seguro para armazenamento das armas de fogo das quais seja proprietário de modo a adotar as medidas necessárias para impedir que menor de dezoito anos de idade ou pessoa com deficiência mental se

> apodere de arma de fogo que esteja sob sua posse ou que seja de sua propriedade nos termos do disposto no art. 13 da Lei nº 10.826, de 2003.

Apreensão de arma de fogo com registro vencido em nome de pessoa falecida e que passou para a posse de alguém em virtude do falecimento do antigo possuidor. O STJ entendeu que se não se pode considerar criminosa a posse com registro vencido, por muito maiores razões não se poderia considerar criminosa a conduta de quem possuísse a arma que anteriormente havia sido registrada em nome de outro alguém, já falecido.

> RECURSO EM HABEAS CORPUS. 1. POSSE DE ARMA DE FOGO DE USO PERMITIDO. ART. 12 DA LEI N. 10.826/2003. ARMA REGISTRADA EM NOME DO EX-MARIDO FALECIDO. NECESSIDADE DE REGULARIZAÇÃO SOB PENA DE SANÇÕES PENAIS. ART. 67, § 3º, DO DEC. N. 5.123/2004. RECORRENTE QUE SE TORNOU CURADORA DO ARTEFATO. 2. AUSÊNCIA DE ELEMENTO SUBJETIVO. MERO ILÍCITO ADMINISTRATIVO. ATIPICIDADE PENAL. 3. RECURSO EM HABEAS CORPUS PROVIDO, PARA TRANCAR A AÇÃO PENAL. 1. Após a morte do ex-marido, a recorrente se tornou curadora da arma, uma vez que esta permaneceu em sua posse, razão pela qual deveria ter observado a regra trazida no art. 67 do Decreto n. 5.123/2004, que regulamenta o Estatuto do Desarmamento, com relação à regularização da posse, sob pena de serem aplicadas as sanções penais cabíveis. Contudo, a norma em tela deve ser aplicada com parcimônia, uma vez que o Superior Tribunal de Justiça tem considerado que a arma com registro vencido não atrai o tipo penal em face do proprietário. Assim, nessa linha de raciocínio e com muito mais razão, deve ser abrandada a situação daquele que, com o falecimento do proprietário, passa a ter a posse do artefato, sem nem sequer possuir familiaridade com o objeto, deixando, assim, de observar a necessidade de regulamentação da arma que já se encontra registrada. 2. O fato de a recorrente não ser a proprietária, mas apenas a curadora da arma, que estava devidamente registrada e com porte em nome de seu ex-marido falecido, não pode possuir lesividade maior do que a do proprietário que deixa de renovar seu registro. Com efeito, se o proprietário, que possui maior conhecimento das regras que regem a posse e o porte de arma de fogo, comete mero ilícito administrativo, não vejo como imputar o elemento subjetivo da posse ilegal de arma de fogo a pessoa que se torna curadora da arma em virtude da morte do proprietário, deixando de regularizá-la. Nesse contexto, diante da existência do certificado de registro de arma e da autorização para porte de arma em nome do falecido ex-marido da recorrente, possibilitando,

> assim, o controle de sua circulação, tem-se que o fato de a curadora da arma não tê-la regularizado após a morte do proprietário deve ser considerado igualmente mera irregularidade administrativa, porquanto não se vislumbra o elemento subjetivo do tipo nem a vulneração ao bem jurídico tutelado. 3. Recurso em habeas corpus provido, para reconhecer a atipicidade da conduta imputada à recorrente e determinar o trancamento da Ação Penal n. 0068135-11.2013.8.19.0000. (STJ, Quinta Turma. RHC 45614/RJ. RECURSO ORDINARIO EM HABEAS CORPUS. Relator Ministro REYNALDO SOARES DA FONSECA. Julgamento em 23/08/2016. Publicação/Fonte em DJe 29/08/2016, sem grifo no original).

Hipótese de apreensão de várias armas regulares e uma sem registro. Caracteriza crime a existência de uma única arma sem registro, ainda que a referida arma tenha sido apreendida com várias outras em situação regular.

> POSSE DE ARMAS DE USO PERMITIDO E RESTRITO. GRANDE QUANTIDADE. (...) APREENSÃO DE VÁRIAS ARMAS DE FOGO, UMA DELAS SEM COMPROVAÇÃO DE REGISTO. RECURSO DESPROVIDO. 1. Hipótese na qual a prisão imposta ao recorrente encontra-se suficientemente fundamentada, sendo de se ressaltar a gravidade do delito pela grande quantidade de armamento apreendido, bem como as circunstâncias que envolvem a situação e que demonstram a necessidade da prisão como forma de viabilizar a instrução criminal e, mais que isso, proteger a integridade física e psicológica das vítimas. 2. A necessidade da segregação fica reforçada pelo fato de que o recorrente proferiu novas ameaças contra a vítima na presença da autoridade policial, o que demonstra seu desprezo pela ordem legal. 3. A propriedade de várias armas em situação regular – não é o caso dos autos, já que os registros, emitidos em 2002, estavam vencidos – não afasta a ilicitude de uma posse irregular. [...] (STJ, Quinta Turma. RHC 59708/SP. RECURSO ORDINARIO EM HABEAS CORPUS. Relator Ministro REYNALDO SOARES DA FONSECA. Julgamento em 20/09/2016. Publicação/Fonte em DJe 26/09/2016).

Classificação Doutrinária. Cuida-se de crime comum, na hipótese de manter a arma na residência ou em suas dependências. Na hipótese de posse ou manutenção sob guarda em local de trabalho ou empresa, somente pode figurar como sujeito ativo o proprietário ou o responsável pelo local, tratando-se, pois, de crime próprio; permanente; de perigo abstrato; doloso; comissivo; de mera conduta e admite, em tese, a tentativa.

A *Abolitio Criminis* Temporária para a Posse de Arma de Fogo. Quando a lei em estudo entrou em vigor, trouxe, nos termos de seus arts. 30 e 32, possibilidades para os possuidores de arma de fogo em situação irregular, sem registro. Assim, os mesmos poderiam optar pela entrega da arma, sem maiores questionamentos, ou, então, levar a arma de uso permitido a registro. Por óbvio, com relação a essa última possibilidade, seria necessário que a arma tivesse origem lícita e que se pudesse comprovar a referida origem.

Inicialmente, o prazo para que se adotasse uma daquelas medidas era de seis meses a contar da data da publicação da lei, mas, a se considerar que a mesma necessitava de regulamentação e o regulamento não foi editado em tempo hábil, começaram a surgir dilações do prazo através de leis e medidas provisórias que acabaram por prorrogar o prazo para registro das armas de fogo de uso permitido até 31 de dezembro de 2009, nos termos propostos pela Lei nº 11.922/2009.

Assim, todos aqueles que, até 31 de dezembro de 2009, possuíssem a arma de uso permitido sem registro, não poderiam sofrer qualquer consequência penal, pois que a lei lhes dava oportunidade para que regularizassem suas situações.

Outrossim, há que se destacar que o STF entendeu que tal regra não se aplicava à posse de arma de fogo com numeração suprimida, ainda que de calibre permitido, consoante segue abaixo transcrito:

> [...] Com efeito, o art. 30 da Lei nº 10.826/2006 visou incrementar a regularização de armas de fogo, o que pressupõe posse legítima, em que viável o registro do armamento. Isso não ocorre em se tratando de arma com numeração raspada, cuja posse não se pode regularizar. Por esse motivo, esta Corte tem rejeitado a *abolitio criminis* temporária do art. 30 da Lei nº 10.826/2006 nesses casos. (STF, Decisão Monocrática. HC 111160/SP. HABEAS CORPUS. Relator(a): Min. LUIZ FUX. Julgamento em 18/11/2011. Publicação em DJe-225. DIVULG 25/11/2011. PUBLIC 28/11/2011).

A matéria é hoje sumulada no STJ, nos termos da Súmula 513 daquela Corte, que entende que a *abolitio criminis* temporária referente às armas de fogo de numeração raspada, suprimida ou adulterada, ainda que de calibre permitido, somente se estendeu até o dia 23 de outubro de 2005.

> SÚMULA n. 513
>
> A *abolitio criminis* temporária prevista na Lei n. 10.826/2003 aplica-se ao crime de posse de arma de fogo de uso permitido com numeração, marca ou qualquer outro sinal de identificação raspado, suprimido ou adulterado, praticado somente até 23/10/2005.

A Hipótese de Agente ser Flagrado em Situação de Posse em Período em que não Havia Norma Instituindo Período de *Abolitio Criminis* Temporária. Fazendo breve histórico das diversas leis e medidas provisórias que alteraram o prazo inicial para a entrega ou regularização das armas pelo possuidor, veremos que houve períodos de inexistência de regra que dispusesse sobre a matéria, períodos durante os quais não havia norma instituindo *abolitio criminis* temporária. Citemos, por exemplo, o período compreendido entre 31 de dezembro de 2008 e 14 de abril de 2009, entre a Lei nº 11.706/2008, que prorrogou o prazo da devolução e do registro para o dia 31 de dezembro de 2008, e a Lei nº 11.922/2009, com vigência a partir de 14 de abril de 2009, que prorrogou o prazo para 31 de dezembro de 2009. Como ficaria a situação de pessoa que fosse flagrada possuindo arma de fogo nesse período entre as duas leis, por exemplo, no dia 13 de março de 2009? Segundo jurisprudência do STJ, não se aplicaria retroativamente a regra da Lei nº 11.922/2009, por ser temporária e, portanto, somente tendo aplicação durante o período para a qual foi editada, o agente poderia responder pelo crime de posse ilegal de arma de fogo. Em julgado veiculado no Informativo nº 366 do STJ, a Corte asseverou o caráter transitório da norma que instituía *abolitio criminis* e sua irretroatividade.

> POSSE ILEGAL. ARMA DE FOGO. IRRETROATIVIDADE. LEI Nº 11.706/2008.
>
> O paciente foi denunciado pela prática do crime previsto no art. 12 da Lei nº 10.826/2003 (posse ilegal de arma de fogo e munições de uso permitido em sua residência), por fato ocorrido em 03/12/2006. A Lei nº 11.706/2008 possibilitou novamente a devolução voluntária das armas de fogo até 31/12/2008, alterando, entre outros, os arts. 30 e 32 da referida lei (Estatuto do Desarmamento). Contudo, na época dos fatos, não havia qualquer prazo para a devolução, sendo posterior a última norma. Assim, a referida conduta jamais deixou de ser considerada criminosa, além de que, por tratar-se de norma de caráter transitório, não possui força retroativa. Assim, a Turma negou provimento ao recurso. Precedente citado do STF: HC nº 90.995-SP, DJ 07/03/2008 (STJ, Sexta Turma. RHC 22668/RS. RECURSO ORDINARIO EM HABEAS CORPUS. Relator(a) Ministra JANE SILVA (DESEMBARGADORA CONVOCADA DO TJ/MG). Julgamento em 02/09/2008. Publicação/Fonte em DJe 15/09/2008. Veiculado no Informativo nº 0366. Período de 1º a 5 de setembro de 2008).

Idêntica foi a solução adotada pelo STF nos autos do HC nº 90.995/SP, consoante abaixo transcrito:

> A Turma indeferiu Habeas Corpus em que se pretendia o reconhecimento da extinção da punibilidade com fundamento na superveniência de norma penal descriminalizante. No caso, o paciente fora condenado pela prática do crime de posse ilegal de arma de fogo de uso restrito (Lei nº 9.437/1997, art. 10, § 2º), em decorrência do fato de a polícia, em cumprimento a mandado de busca e apreensão, haver encontrado uma pistola em sua residência. A impetração sustentava que durante a vacatio legis do Estatuto do Desarmamento, que revogou a citada Lei nº 9.437/1997, fora criada situação peculiar relativamente à aplicação da norma penal, haja vista que con-

cedido prazo (Lei nº 10.826/2003, arts. 30 e 32) aos proprietários e possuidores de armas de fogo, de uso permitido ou restrito, para que regularizassem a situação dessas ou efetivassem a sua entrega à autoridade competente, de modo a caracterizar o instituto da *abolitio criminis*. Entendeu-se que a vacatio legis especial prevista nos arts. 30 e 32, da Lei nº 10.826/2003 ("Art. 30. Os possuidores e proprietários de armas de fogo não registradas deverão, sob pena de responsabilidade penal, no prazo de 180 dias (cento e oitenta) dias após a publicação desta Lei, solicitar o seu registro apresentando nota fiscal de compra ou a comprovação da origem lícita da posse, pelos meios de prova em direito admitidos. Art. 32. Os possuidores e proprietários de armas de fogo não registradas poderão, no prazo de 180 (cento e oitenta) dias após a publicação desta Lei, entregá-las à Polícia Federal, mediante recibo e, presumindo-se a boa-fé, poderão ser indenizados, nos termos do regulamento desta Lei."), não obstante tenha tornado atípica a posse ilegal de arma de fogo havida no curso do prazo que assinalou, não subtraiu a ilicitude penal da conduta que já era prevista no art. 10, § 2º, da Lei nº 9.437/1997 e continuou incriminada, com mais rigor, no art. 16 da Lei nº 10.826/2003. Ausente, assim, estaria o pressuposto fundamental para que se tivesse como caracterizada a *abolitio criminis*. Ademais, ressaltou-se que o prazo estabelecido nos mencionados dispositivos expressaria o caráter transitório da atipicidade por ele indiretamente criada. No ponto, enfatizou-se que se trataria de norma temporária que não teria força retroativa, não podendo configurar, pois, *abolitio criminis* em relação aos ilícitos cometidos em data anterior (STF, Primeira Turma. HC 90995/SP. HABEAS CORPUS. Relator(a): Min. MENEZES DIREITO. Julgamento em 12/02/2008. Publicação em DJe-041. DIVULG 06-03-2008. PUBLIC 07-03-2008. EMENT VOL-02310-02, PP-00408. RTJ VOL-00206-03 PP-01077. LEXSTF v. 30, n. 354, 2008, p. 404-414. Veiculado no Informativo nº 494. Período de 1º a 15 de fevereiro de 2008. TÍTULO Lei 10.826/2003: Atipicidade Temporária e Posse de Arma de Fogo).

PENAL. RECURSO ORDINÁRIO EM HABEAS CORPUS. POSSE ILEGAL DE ARMA DE FOGO E DE MUNIÇÕES. VACATIO LEGIS TEMPORÁRIA. *ABOLITIO CRIMINIS*. INOCORRÊNCIA. ARMA DE FOGO DE USO RESTRITO. IMPOSSIBILIDADE DE REGULARIZAÇÃO. PRECEDENTES. RECURSO IMPROVIDO. I – A vacatio legis de 180 dias prevista nos artigos 30 e 32 da Lei 10.826/2003, com a redação conferida pela Lei 11.706/2008, não tornou atípica a conduta de posse ilegal de arma de uso restrito. II – Assim, não há falar em *abolitio criminis*, pois a nova lei apenas estabeleceu um período de vacatio legis para que os possuidores de armas de fogo de uso permitido pudessem proceder à sua regularização ou à sua entrega mediante indenização. III – Ainda que assim não fosse, a referida vacatio legis não tem o condão de retroagir, justamente por conta de sua eficácia temporária. Precedentes. [...] (STF, Segunda Turma. RHC 111637/DF. RECURSO ORDINÁRIO EM HABEAS CORPUS. Relator Min. RICARDO LEWANDOWSKI. Julgamento em 05/06/2012. Publicação em DJe-150. DIVULG 31-07-2012. PUBLIC 01-08-2012).

***Abolitio Criminis* Temporária e sua não Incidência aos Fatos Anteriores à Vigência do Estatuto do Desarmamento.** Ante o caráter transitório das normas que instituíam *abolitio criminis*, as mesmas não se aplicam aos fatos ocorridos antes da vigência da Lei nº 10.826/2003.

> PORTE ILEGAL DE ARMA DE FOGO. *ABOLITIO CRIMINIS*. NÃO OCORRÊNCIA. 1. O prazo de cento e oitenta dias previsto nos arts. 30 e 32 da Lei nº 10.826/2003 é para que os possuidores e proprietários armas de fogo as regularizem ou as entreguem às autoridades. Somente as condutas típicas "possuir ou ser proprietário" foram abolidas temporariamente. 2. Delito de posse de arma de fogo ocorrido anteriormente à vigência da lei que instituiu a *abolitio criminis* temporária. Não cabimento da pretensão de retroação de lei benéfica. Precedente. Ordem denegada. (STF, Segunda Turma. HC 96168/RJ. HABEAS CORPUS. Relator Min. EROS GRAU. Julgamento em 09/12/2008. Publicação em DJe-152. DIVULG 13-08-2009. PUBLIC 14-08-2009. EMENT VOL-02369-05, PP-00991).

***Abolitio Criminis* apenas para a Posse e não Para o Porte.** Do julgado acima transcrito, também podemos extrair a conclusão de que a *abolitio criminis* temporária não se aplica ao porte, apenas à posse. Além dele, outros julgados neste sentido:

> No STJ e STF, observemos os seguintes julgados.
>
> CRIME DE PORTE ILEGAL DE ARMA DE FOGO (Art. 10 DA LEI Nº 9.437/1997). CRIME ANTERIOR À LEI Nº 10.826/2003. ABOLICIO CRIMINIS. INOCORRÊNCIA. ART. 14 DA LEI Nº 10.826/2003. ORDEM DENEGADA. 1. O Estatuto do Desarmamento não aboliu o crime de porte ilegal de arma de fogo. Apenas determinou que os possuidores ou proprietários de armas de fogo sem registro deveriam regularizá-las administrativamente ou devolvê-las à Polícia Federal. Portá-las, sem registro, prossegue como prática delituosa (art. 14, da Lei nº 10.826/03). Ordem denegada. (STF, Primeira Turma. HC 95744/MG. HABEAS CORPUS. Relator Min. CARLOS BRITTO. Julgamento em 11/11/2008. Publicação em DJe-048. DIVULG 12-03-2009. PUBLIC 13-03-2009. EMENT VOL-02352-03, PP-00554. RTJ VOL-00209-01, PP-00335).

HABEAS CORPUS. ART. 14 DA LEI Nº 10.826/03. ATIPICIDADE. ABOLITIO CRIMINIS. INCIDÊNCIA APENAS PARA O CRIME DE POSSE IRREGULAR. PORTE ILEGAL. DELITO NÃO ABRANGIDO PELA DESCRIMINALIZAÇÃO TEMPORÁRIA. 1. Esta Corte firmou entendimento no sentido de ser atípica a conduta de posse irregular de arma de fogo, tanto de uso permitido quanto de uso restrito, no período referido nos arts. 30 e 32 da Lei nº 10.826/03, em razão da descriminalização temporária. 2. No presente caso, a conduta atribuída ao paciente - porte ilegal de arma - não foi alcançada pela *abolitio criminis* temporária. [...] (STJ, Sexta Turma. HC 123675/RS. HABEAS CORPUS. Relator Ministro OG FERNANDES. Julgamento em 01/12/2009. Publicação/Fonte em DJe 18/12/2009).

PENAL E PROCESSO PENAL. INQUIRIÇÃO DAS TESTEMUNHAS. INVERSÃO DA ORDEM PREVISTA NO ART. 212 DO CPP. NULIDADE RELATIVA. PREJUÍZO NÃO DEMONSTRADO. TRÁFICO DE DROGAS. CAUSA DE DIMINUIÇÃO DE PENA. ARTIGO 33, § 4º, DA LEI 11.343/06. REQUISITOS CUMULATIVOS. DEDICAÇÃO ATIVIDADE CRIMINOSA. UTILIZAÇÃO INQUÉRITOS E/OU AÇÕES PENAIS. POSSIBILIDADE. ART. 12 DA LEI N. 10.826/2003. MUNIÇÕES DESACOMPANHADAS DE ARMAMENTO. TIPICIDADE. *ABOLITIO CRIMINIS* TEMPORÁRIA. NÃO OCORRÊNCIA. EXCLUDENTE DE PUNIBILIDADE. AUSÊNCIA DE DEVOLUÇÃO ESPONTÂNEA. AGRAVO REGIMENTAL NÃO PROVIDO [...] **4. A jurisprudência desta Corte Superior de Justiça firmou-se no sentido de que o simples porte ou posse ilegal de munição são condutas típicas, por serem delitos de mera conduta ou de perigo abstrato. 5. É assente na jurisprudência desta Corte o entendimento no sentido de que é considerada atípica a conduta relacionada ao crime de posse de arma de fogo, acessórios e munição, seja de uso permitido, restrito, proibido ou com numeração raspada, incidindo a chamada *abolitio criminis* temporária, se praticada no período compreendido entre 23/12/2003 e 23/10/2005.** Ressalta-se que o termo final foi prorrogado até 31/12/2008 pela Medida Provisória n. 417, de 31/1/2008, convertida na Lei n. 11.706/2008, que deu nova redação aos artigos 30 a 32 da Lei n. 10.826/2003, somente para os possuidores de armamentos de uso permitido, não mais albergando o delito previsto no artigo 16 do Estatuto do Desarmamento. Na mesma esteira, a Lei n. 11.922, de 13/4/2009, prorrogou o prazo previsto no artigo 30 da Lei n. 10.826/2003 até 31/12/2009, apenas no que toca ao crime de posse de arma de uso permitido. Assim, somente a posse de arma de fogo ou munição de uso permitido registrável será considerada atípica nesse período. Precedentes [...] (STJ, QUINTA TURMA. AgRg no AREsp 1341174/RS. AGRAVO REGIMENTAL NO AGRAVO EM RECURSO

ESPECIAL. Relator Ministro REYNALDO SOARES DA FONSECA. Julgamento em 07/11/2019. Publicação/Fonte em DJe 22/11/2019, sem grifos no original).

***Abolitio Criminis* e Permuta de Armas: Impossibilidade.** Tratando-se a permuta de uma forma de aquisição, cessão ou fornecimento recíproco de armas, e não crime de posse ilegal, o STF não reconheceu *abolitio criminis* na hipótese em que se pleiteava a benesse para réus que haviam permutado suas armas. Assim:

> PENAL E PROCESSUAL PENAL. HABEAS CORPUS. **POSSE DE ARMA DE FOGO. *ABOLITIO CRIMINIS* TEMPORÁRIA (ARTS. 30 E 32 DA LEI N. 10.826/03). PERMUTA RECÍPROCA DE ARTEFATOS. CARACTERIZAÇÃO DE CESSÃO OU FORNECIMENTO RECÍPROCO DE ARMAS. PRINCÍPIO DA CONSUNÇÃO. INAPLICABILIDADE.** ORDEM INDEFERIDA. 1. Os arts. 30 e 32 da Lei nº 10.826/2003 estabeleceram um prazo para que os possuidores e proprietários de armas de fogo as regularizassem ou as entregassem às autoridades competentes, descriminalizando, temporariamente, apenas as condutas típicas de "possuir ou ser proprietário" de arma de fogo (Precedentes: HC n. 98.180/SC, 1ª Turma, Relator o Ministro Ricardo Lewandowski, DJ de 29/08/2010; HC nº 96.168/RJ, 2ª Turma, Relator o Ministro Eros Grau, DJ de 13.8.2009, entre outros). [...] 3. In casu, debate-se se a permuta recíproca de armas entre dois indivíduos configuraria, ou não, fornecimento de arma de fogo e se poderia, ou não, ser absorvida pelo crime de posse. 4. O art. 16 da Lei nº 10.826/2003 tipifica as condutas que caracterizam a prática do crime de posse ilegal de arma de fogo de uso restrito, não estando aí incluída a conduta "permutar". 5. Deveras, **a permuta nada mais é do que uma forma de aquisição de armas, podendo ser considerada como uma cessão ou como um fornecimento recíproco, não havendo que se falar, portanto, em atipicidade da conduta**. 6. Os núcleos dos tipos penais previstos nos artigos 14 e 16 da Lei nº 10.826/2003 são assim considerados pela doutrina clássica do tema: "A conduta de permutar não se encontra expressamente prevista. De ver-se, entretanto, que trocar arma de fogo por outros objetos configura ações de ceder e adquirir" (Jesus, Damásio E. de. Direito penal do desarmamento: anotações à parte criminal da Lei nº 10.826, de 22 de dezembro de 2003 (Estatuto do Desarmamento). 6ª ed. São Paulo: Saraiva, 2007, p. 49 a 51). 7. Os arts. 30 e 32 da Lei nº 10.826/2003 descriminalizaram, temporariamente, apenas as condutas típicas de "possuir ou ser proprietário" de arma de fogo. Deveras, não é lícito estender o âmbito de incidência da *abolitio criminis* temporária, às condutas de "adquirir", "fornecer" ou "ceder" armamentos, porquanto referidas condutas só poderiam deixar de ser punidas caso fossem consumidas pela conduta "possuir". [...].

9. In casu, a conduta "permutar" não constitui meio necessário ou fase preparatória para a execução de outro crime, ao contrário, caracteriza delito autônomo, razão pela qual não há como aplicar-se o princípio da consunção. 10. Ainda que assim não fosse, verifica-se que, com o advento da Lei nº 10.826/2003 (conhecida como Estatuto do Desarmamento), a intenção do legislador foi retirar da população a disponibilidade imediata de armas de fogo, deixando de punir o indivíduo que possuísse arma até o dia 23/10/2005, estimulando, portanto, o desarmamento voluntário. 11. Sob o ângulo jus-filosófico, é forçoso concluir que em período de estímulo ao desarmamento, no qual, inclusive, descriminalizou-se temporariamente o delito de posse de arma de fogo, a circulação de armas é fato tão contrário ao espírito da lei que a permuta de armas ganha contornos de tamanha gravidade a ponto de não poder ser simplesmente desconsiderada. Ordem denegada (STF, Primeira Turma. HC 99448/RS. HABEAS CORPUS. Relator Min. LUIZ FUX. Julgamento em 10/05/2011. Publicação em DJe-103. DIVULG 30-05-2011. PUBLIC 31-05-2011.EMENT VOL-02533-01, PP-00047. RTJ VOL-00219-01, PP-00450. RSJADV jul., 2011, p. 66-70, sem grifos no original).

Omissão de Cautela

Art. 13. Deixar de observar as cautelas necessárias para impedir que menor de 18 (dezoito) anos ou pessoa portadora de deficiência mental se apodere de arma de fogo que esteja sob sua posse ou que seja de sua propriedade:

Pena - detenção, de 1 (um) a 2 (dois) anos, e multa.

Análise do Tipo Objetivo. Cuida-se da única modalidade de crime culposo trazido pelo Estatuto do Desarmamento, em que se incrimina a conduta do proprietário de arma de fogo que deixa de tomar as cautelas para evitar que menor ou deficiente se apodere de arma de fogo. Exige, para sua configuração, não apenas que o agente deixe de tomar as cautelas quanto à guarda da arma, mas o resultado descrito, qual seja, que o menor efetivamente se apodere da arma. Caso isso não ocorra, não poderemos falar em crime, mas em mera infração administrativa. Cuida-se de crime de olvido ou de esquecimento.

Exigências regulamentares quanto aos possuidores de arma de fogo em residências habitadas com crianças. Consoante já destacado nesta obra, o Decreto nº 9.845/2019 exige que, na hipótese de residência também habitada por criança, adolescente ou pessoa com deficiência mental, aquele que desejar adquirir arma de fogo deverá apresentar declaração de que a residência possui cofre ou local seguro com tranca para o seu armazenamento Assim, caso venha a adquirir a arma sem observar tais exigências e o menor ou deficiente mental vier a se apoderar da arma que não estava devidamente armazenada, estará praticando, ainda nos termos do decreto citado, o crime em análise. Neste sentido, observemos:

> Art. 3º Para fins de aquisição de arma de fogo de uso permitido e de emissão do Certificado de Registro de Arma de Fogo, o interessado deverá:
>
> VIII – apresentar declaração de que possui lugar seguro para armazenamento das armas de fogo das quais seja proprietário de modo a adotar as medidas necessárias para impedir que menor de dezoito anos de idade ou pessoa com deficiência mental se apodere de arma de fogo que esteja sob sua posse ou que seja de sua propriedade nos termos do disposto no art. 13 da Lei nº 10.826, de 2003.

Bem Jurídico Tutelado. A incolumidade pública.

Sujeito Ativo. Somente o proprietário ou possuidor da arma de fogo.

Sujeito Passivo. A coletividade como um todo.

Objeto Material. Somente as armas de fogo, aqui não podendo configurar o crime se a conduta recair sobre munições e acessórios, diante da falta de previsão legal neste sentido.

Momento Consumativo. O momento em que o menor ou portador de deficiência vier a se apoderar da arma.

Tentativa. Inadmissível, por se tratar de crime culposo.

A Hipótese de Menor se Apoderar da Arma e Provocar Lesão ou Morte de Alguém. Nessa hipótese, o agente deverá responder como autor de crime de homicídio culposo ou lesão corporal culposa, pois, ao deixar de tomar as cautelas necessárias para a guarda da arma, permitindo que a mesma parasse nas mãos do menor, acabou por realizar a conduta transgressora do dever objetivo de cuidado que foi a causa do crime culposo.

Entrega Dolosa de Arma ao Menor. Cuida-se de conduta não prevista nesse art. 13, *caput*, mas no art. 16, § 1º, V, do Estatuto do Desarmamento.

Classificação. Próprio, culposo, não admite tentativa, de ação pública incondicionada.

Benesses Legais. Cuidando-se de crime de menor potencial ofensivo, admite a aplicação da Lei nº 9.099/1995 com a proposta de transação penal. Por ser de ação penal pública incondicionada, não admite a composição de danos ou mesmo a representação. Admite suspensão condicional do processo.

> Parágrafo único. Nas mesmas penas incorrem o proprietário ou diretor responsável de empresa de segurança e transporte de valores que deixarem de registrar ocorrência policial e de comunicar à Polícia Federal

perda, furto, roubo ou outras formas de extravio de arma de fogo, acessório ou munição que estejam sob sua guarda, nas primeiras 24 (vinte quatro) horas depois de ocorrido o fato.

Análise do Tipo Objetivo. Cuida-se de crime omissivo, em que se pune o agente que deixa de comunicar a perda ou extravio de armas por que seja responsável.

Necessidade de Registro e Comunicação. Não basta que o agente faça o registro da perda ou extravio, devendo, ainda, comunicar o fato à Polícia Federal. Assim, as providências deverão são cumulativas, violando o comando legal o agente que apenas levar uma delas a efeito.

Tipo Subjetivo. Aqui somente se admite a modalidade dolosa do crime, não havendo tipificação da figura culposa.

Bem Jurídico Tutelado. A incolumidade pública e a preservação de um cadastro fidedigno junto ao SINARM.

Sujeito Ativo. Cuida-se de crime próprio, que somente poderá ser praticado pelo proprietário ou pelo responsável pela empresa de segurança e transporte de valores, na hipótese de a arma pertencer à empresa.

Sujeito Passivo. A coletividade em geral.

Objeto Material. As armas de fogo, acessórios e munições.

Momento Consumativo. Cuidando-se de crime omissivo próprio e a prazo, assim que completar o período de 24 horas sem a comunicação do extravio.

Tentativa. Inadmissível, tratando-se de crime omissivo próprio, pois, das duas, uma: ou o agente comunica dentro do prazo de 24 horas e não haverá crime ou o agente deixa de fazê-lo dentro do prazo e o crime restará consumado.

Classificação. Próprio, omissivo próprio, de mera conduta, inadmite tentativa.

Benesses Legais. Cuida-se de crime de menor potencial ofensivo, valendo as mesmas notas que foram feitas para o crime descrito no *caput* do dispositivo.

Porte Ilegal de Arma de Fogo de Uso Permitido

Art. 14. Portar, deter, adquirir, fornecer, receber, ter em depósito, transportar, ceder, ainda que gratuitamente, emprestar, remeter, empregar, manter sob guarda ou ocultar arma de fogo, acessório ou munição, de uso permitido, sem autorização e em desacordo com determinação legal ou regulamentar:

Pena – reclusão, de 2 (dois) a 4 (quatro) anos, e multa.

Parágrafo único. O crime previsto neste Art. é inafiançável, salvo quando a arma de fogo estiver registrada em nome do agente. (Vide Adin nº 3.112-1)

Análise do Tipo Objetivo. Cuida-se de tipo misto alternativo, de conduta múltipla, em que são tipificadas 13 (treze) condutas, abrindo-se o leque da tipicidade para evitar vácuos de impunidade. Assim, mesmo que a conduta do agente não encontre subsunção a um determinado núcleo verbal, outros deverão ser analisados, em uma tentativa do legislador de cercar, por todos os lados, a conduta relacionada às armas de fogo.

Unidade de Crime. Estamos diante de um tipo misto alternativo. Assim, em um mesmo contexto, a prática de mais de uma conduta caracteriza apenas um crime.

Nome Jurídico. Observe-se que "portar" é apenas uma das modalidades previstas no tipo. Assim, quem, por exemplo, cede, ainda que gratuitamente, uma arma de fogo, também está praticando o crime de porte. O mesmo se diga de quem fornece, tem em depósito, transporta etc.

A Contravenção do Art. 19 da LCP. Não mais se aplica quando se tratar de porte de arma de fogo, pois que revogado pela Lei nº 9.437/1997, que, sua vez, foi revogada pela Lei nº 10.826/2003, somente tendo aplicação o art. 19 para as armas brancas cujo porte dependa de autorização.

O conceito de "porte" no Estatuto do Desarmamento. É preciso que verifiquemos que, na lei em comento, "porte" é usado em sentido amplo e em sentido estrito. Em sentido amplo, é usado como nome de crime, que estará caracterizado com a prática de qualquer verbo típico trazido pelo artigo 14. Assim, quem transporta, cede, adquire, recebe, tem em depósito etc., pratica crime de porte de arma de fogo, tanto quanto quem porta. Portar, assim, é apenas uma das modalidades típicas do "crime de porte", e, assim, nesse sentido estrito, "porte" significa "trazer a arma consigo, sob sua disponibilidade, em condição de pronta utilização".

A proibição do porte de arma de fogo, em si, está estabelecida no art. 6º da Lei nº 10.826/03. Ela constitui a regra, razão pela qual este último artigo traz as exceções. Além disto, para saber as condições do porte, bem como a quantidade de armamento a que cada exceção está autorizada, é preciso analisar as disposições presentes nos Decretos que regulamentam o tema, com suas respectivas alterações promovidas no ano de 2021. Teremos oportunidade de detalhar algumas situações específicas mais adiante.

Tipo Subjetivo. É o dolo, não se admitindo modalidade culposa do crime.

Sujeito Ativo. Qualquer pessoa, sendo crime comum.

Art. 14 do Estatuto do Desarmamento. Classificação doutrinária. Jurisprudência. Crime Unissubjetivo. Vale conferir recente julgado da Quinta Turma do STJ sobre o art. 14 do Estatuto do Desarmamento em que entendeu a Corte tratar de crime unissubjetivo, logo, pode ser praticado por um único agente, o que não afasta o concurso de pessoas. Vejamos o seguinte julgado do STJ:

> PENAL. HABEAS CORPUS SUBSTITUTIVO DE RECURSO ESPECIAL. NÃO CABIMENTO. **ART. 14, CAPUT, DO ESTATUTO DO DESARMAMENTO. CRIME DE MÃO PRÓPRIA.** CONCURSO DE PESSOAS. POSSE COMPARTILHADA. PLURALIDADE DE AGENTES. ATUAÇÃO CONJUNTA NA CONDUTA TÍPICA. UNIDADE DE DESÍGNIOS. HABEAS CORPUS NÃO CONHECIDO [...] III - **Extrai-se da redação do art. 14, caput, do Estatuto do Desarmamento que não se exige, no crime de porte de arma de uso permitido, condição especial do sujeito ativo ou que a conduta seja praticada pessoal e exclusivamente por um único agente para o aperfeiçoamento da figura delitiva. Cuida-se, no caso, de crime unissubjetivo, que, embora possa ser praticado pelo agente individualmente, não é refratário ao concurso eventual de pessoas.** IV - Assim, comprovada a existência de pluralidade de agentes que atuaram conjuntamente na realização de uma única e mesma conduta típica - compra, posse compartilhada e transporte do artefato -, com identidade de propósitos e divisão dos atos de execução, os quais dispunham, ambos, de ampla liberdade em eventual emprego da arma de fogo - que se encontrava no interior de veículo ocupado por eles -, preenchidos estão os requisitos para o reconhecimento do concurso de pessoas na modalidade coautoria, não havendo que se falar em constrangimento ilegal no v. acórdão impugnado. (STJ, QUINTA TURMA. HC 477765/SP. HABEAS CORPUS. Relator Ministro FELIX FISCHER. Julgamento em 07/02/2019. Publicação/Fonte em DJe 19/02/2019, sem grifos no original).

Sujeito Passivo. O Estado, que tem interesse no controle das armas existentes no país.

Bem Jurídico Tutelado. A incolumidade e segurança públicas, bem como o controle das armas existentes no país.

Tentativa. Possível, pois se trata de crime plurissubsistente.

Objeto Material. As armas de fogo, acessórios e munições de uso permitido.

Arma quebrada, arma danificada e arma obsoleta. Não caracterizam o crime, por se configurarem objeto absolutamente impróprio, sem potencialidade lesiva contra a incolumidade e a segurança públicas.

Em relação às armas obsoletas, devemos observar o que dispõe o Anexo III (glossário) ao Decreto nº 10.030/19, com a inclusão da definição feita pelo Decreto nº 10.627/21 (em vigor a partir de 13 de abril de 2021). Assim, o conceito é: *"arma de fogo que não se presta ao uso regular, devido à sua munição e aos elementos de munição não serem mais fabricados, por ser ela própria de fabricação muito antiga ou de modelo muito antigo e fora de uso, e que, pela sua obsolescência, presta-se a ser considerada relíquia ou a constituir peça de coleção"*:

Não obstante a definição acima, precisamos verificar a recente inclusão do art. 3º, parágrafo único, VI, ao Decreto nº 10.030/19, feita pelo Decreto nº 10.627/21:

> Art. 3º As definições dos termos empregados neste Regulamento são aquelas constantes deste artigo e do Anexo III.
>
> Parágrafo único. Para fins do disposto neste Regulamento, considera-se:
>
> VI - arma de fogo obsoleta - as armas de fogo que não se prestam ao uso efetivo em caráter permanente, em razão de:
>
> a) sua munição e seus elementos de munição não serem mais produzidos;
>
> b) sua produção ou seu modelo ser muito antigo e estar fora de uso, caracterizada como relíquia ou peça de coleção inerte; ou
>
> c) serem armas de antecarga ou de retrocarga que utilizam a pólvora negra como carga propulsora e suas réplicas atuais;

Nesse sentido já se manifestou o STJ, ainda que na vigência da lei anterior (Lei nº 9.437/97) ao Estatuto do Desarmamento:

> HABEAS CORPUS. PENAL. PORTE ILEGAL DE ARMA DE FOGO. ARMA DEFEITUOSA. TIPICIDADE OBJETIVA. TRANCAMENTO DA AÇÃO PENAL. INCABIMENTO. ORDEM DENEGADA. 1. A objetividade jurídica dos crimes tipificados na Lei das Armas de Fogo, a nosso ver, não se restringe à incolumidade pessoal, alcançando, por certo, também a liberdade pessoal, protegidas mediatamente pela tutela primária dos níveis da segurança coletiva, o que determina a irrelevância da ineficácia da arma para a atipicidade delitiva do fato. 2. Em tema de porte de arma, apenas há falar em atipicidade objetiva em se cuidando de arma ou réplica obsoleta, excluída do registro no SINARM pelo decreto vigente [...] (STJ, SEXTA TURMA. HC 22.741/SP, Rel. Ministro PAULO MEDINA, Rel. p/ Acórdão Ministro HAMILTON CARVALHIDO, julgado em 12/08/2003, DJ 22/11/2004, p. 388, sem grifo no original)

Arma desmontada. Em voto proferido no HC nº 81.057, o relator, Ministro Sepúlveda Pertence, citou a questão da arma desmontada, entendendo-se que, se a operação de montagem puder ser feita com certa facilidade, dever-se-á reconhecê-la como objeto idôneo à caracterização do crime em estudo.

> "[...] 32. Com certeza, a realidade irá proporcionar um grande número de situações em que a aferição da ofensividade não será algo simples" – advertem Gomes e Terra (op. cit., p. 85) – "revelando a complexidade do tema. Imagine-se, v.g., os casos em que a arma esteja desmontada ou desmuniciada. Essas situações

> [...] somente serão resolvidas pelos princípios gerais da 'disponibilidade' e da efetiva 'ofensividade' do objeto: a) se, uma vez montada, a arma pode disparar e se esta operação pode ser realizada com certa facilidade, estão cumpridos os dois requisitos mínimos – ofensividade e disponibilidade[...]33. Essa me parece a solução mais razoável e adequada aos princípios e que tem ressonância jurisprudencial expressiva [...]".

O STF, em decisão específica sobre a matéria, no HC nº 95.861, entendeu que a arma ainda que desmontada pode, sim, caracterizar o crime:

> Habeas corpus. Penal. Porte ilegal de arma de fogo de uso permitido (art. 14 da Lei nº 10.826/03). Arma desmontada e desmuniciada. Crime de perigo abstrato. Tipicidade da conduta configurada. Precedentes. Ordem denegada. Prescrição da pretensão punitiva efetivada. Habeas corpus concedido de ofício para julgar extinta a punibilidade do paciente. 1. **O Supremo Tribunal Federal firmou o entendimento de que é de perigo abstrato o crime de porte ilegal de arma de fogo, sendo, portanto, irrelevante para sua configuração encontrar-se a arma desmontada ou desmuniciada** [...] (STF, Segunda Turma. HC 95861/RJ. HABEAS CORPUS. Relator Min. CEZAR PELUSO. Relator(a) p/ Acórdão: Min. DIAS TOFFOLI. Julgamento em 02/06/2015. Publicação em DJe-128. DIVULG 30-06-2015. PUBLIC 01-07-2015, sem grifos no original).

No mesmo sentido segue o entendimento da Quinta e Sexta Turmas do STJ, conforme se observa nos acórdãos abaixo colacionados:

> AGRAVO REGIMENTAL EM AGRAVO EM RECURSO ESPECIAL. PENAL. PORTE ILEGAL DE ARMA DE FOGO. ART. 14 DO CP. ARMA DESMUNICIADA E DESMONTADA. IRRELEVÂNCIA. CRIME DE PERIGO ABSTRATO. PRECEDENTES. ENTENDIMENTO DO TRIBUNAL DE QUE A ARMA ESTAVA APTA A SER DISPARADA. NECESSIDADE DE REEXAME FÁTICO-PROBATÓRIO. INCIDÊNCIA DO ÓBICE PREVISTO NA SÚMULA 7/STJ. 1. Em relação ao porte de arma de fogo desmuniciada e desmontada, esta Corte Superior uniformizou o entendimento de que o tipo penal em apreço é de perigo abstrato. Precedentes [...] (STJ, **SEXTA TURMA**. AgRg no AREsp 1367442/MS. AGRAVO REGIMENTAL NO AGRAVO EM RECURSO ESPECIAL. Relator Ministro SEBASTIÃO REIS JÚNIOR. Julgamento em 27/11/2018. Publicação/Fonte em **DJe 14/12/2018**, sem grifos no original).

> PENAL E PROCESSO PENAL. AGRAVO REGIMENTAL NO AGRAVO REGIMENTAL NO AGRAVO EM RECURSO ESPECIAL. CRIME DE PORTE ILEGAL DE ARMA DE FOGO DE USO RESTRITO. ART. 16 DA LEI 10.826/03. ARMA DESMUNICIADA. CRIME DE PERIGO

> ABSTRATO. SÚMULA 83/STJ. AGRAVO NÃO PROVIDO. 1. **O entendimento deste Superior Tribunal de Justiça, firmado no julgamento do AgRg nos EAREsp n. 260.556/SC, em 26/03/2014, tendo como relator o eminente Ministro Sebastião Reis Júnior, é no sentido de que o crime previsto no art. 14 da Lei n. 10.826/2003 é de perigo abstrato, sendo irrelevante o fato de a arma estar desmuniciada ou, até mesmo, desmontada ou estragada, porquanto o objeto jurídico tutelado não é a incolumidade física, e sim a segurança pública e a paz social, colocados em risco com o porte de arma de fogo sem autorização ou em desacordo com determinação legal, revelando-se despicienda até mesmo a comprovação do potencial ofensivo do artefato através de laudo pericial** [...] (STJ, QUINTA TURMA. AgRg no AgRg no AREsp 1437702/RJ. AGRAVO REGIMENTAL NO AGRAVO REGIMENTAL NO AGRAVO EM RECURSO ESPECIAL. Relator Ministro RIBEIRO DANTAS. Julgamento em 20/08/2019. Publicação/Fonte em DJe 23/08/2019, sem grifo no original).
>
> PENAL E PROCESSO PENAL. AGRAVO REGIMENTAL NO AGRAVO EM RECURSO ESPECIAL. ART. 14 DA LEI N. 10.826/2003. CRIME DE PERIGO ABSTRATO (...) 1. O entendimento deste Superior Tribunal de Justiça, firmado no julgamento do AgRg nos EAREsp n. 260.556/SC, em 26/3/2014, tendo como relator o eminente Ministro Sebastião Reis Júnior, é no sentido de que o crime previsto no art. 14 da Lei n. 10.826/2003 é de perigo abstrato, sendo irrelevante o fato de a arma estar desmuniciada ou, até mesmo, desmontada ou estragada, porquanto o objeto jurídico tutelado não é a incolumidade física, e sim a segurança pública e a paz social, colocados em risco com o porte de arma de fogo sem autorização ou em desacordo com determinação legal, revelando-se despicienda até mesmo a comprovação do potencial ofensivo do artefato através de laudo pericial [...] (STJ, **QUINTA TURMA**. AgRg no AREsp 1729897/MT, Rel. Ministro RIBEIRO DANTAS, julgado em 09/12/2020, **DJe 14/12/2020**).

Munição. Como já tivemos oportunidade de ressaltar, **munição** é composta por diversas partes: estojo; espoleta; pólvora e projétil. Além disso, páginas atrás tivemos a oportunidade de dissertar sobre a ausência de um conceito de munição de uso permitido em face das alterações promovidas pelos Decretos de 2021 aos Decretos de 2019. Então, em que pese a ausência de menção legal sobre o tema, doutrinariamente podemos compreender, então, o conceito de munição como sendo *"o artefato bélico composto pelo cartucho completo ou seus componentes, incluídos o estojo, a espoleta, a carga propulsora, o projétil, utilizados em armas de fogo"*.

Por via de consequência, as **munições de uso permitido** podem ser entendidas como as que não se enquadrem nos conceitos de munição de uso restrito e de uso proibido. Com isto, podem ser consideradas como "**munições comuns**" as que estejam dentro das previsões normativas do Exército Brasileiro para utilização em armas de fogo de uso permitido e que:

- nos casos de utilização em armas de porte, não atinja, na saída do cano de prova, energia cinética superior a mil e duzentas libras-pé ou mil e seiscentos e vinte joules;
- sejam para fins de utilização em armas portáteis de cano de alma lisa;
- nos casos de utilização em armas portáteis de alma raiada, não atinja, na saída do cano de prova, energia cinética superior a mil e duzentas libras-pé ou mil e seiscentos e vinte joules.

Norma Penal em Branco de Caráter Heterogêneo. Dependendo de complementação pelos Decretos nº 9.845/2019, 9.846/2019, 9.847/2019 e 10.030/2019 (com as alterações promovidas pelos Decretos 10.627, 10.628, 10.629 e 10.630, todos do ano de 2021), cuida-se de norma penal em branco de caráter heterogêneo.

Arma desmuniciada. O tema, atualmente pacificado na jurisprudência de nossas Cortes Superiores, é uma das discussões mais acaloradas dessa lei, senão a mais acalorada, e diz respeito à arma desmuniciada caracterizar, ou não, o crime de que ora tratamos, sendo duas as orientações:

1ª corrente: porte de arma desmuniciada é conduta criminosa. Cuida-se de crime cujo bem jurídico tutelado é a segurança coletiva, tratando-se de crime de perigo abstrato, e o fato de alguém portar uma arma sem autorização das autoridades competentes, por si só, revela que a segurança pública esteja sendo atingida. Nesse aspecto, deve-se observar que a tutela jurídica transcende a proteção da incolumidade física do agente e mesmo sua vida para alcançar a tutela do corpo social como um todo, assegurado pelo incremento dos níveis de segurança coletiva que a lei propicia. Vida e integridade física da vítima não são os bens jurídicos aqui tutelados, daí não importar o fato de a arma estar, ou não, municiada. Se a arma desmuniciada é meio absolutamente impróprio à caracterização do crime de homicídio, em que a vida é o bem jurídico tutelado, o mesmo não se pode dizer com relação ao crime de porte, em que a tutela jurídica é outra, totalmente distinta. Outrossim, devemos lembrar que o porte é apenas uma das modalidades do crime "porte ilegal de armas, munições e acessórios" e, assim, ninguém poderá negar que transportar, adquirir, manter em depósito etc., também caracterizam o referido crime, ainda que a arma não esteja municiada. Caso contrário, teríamos que chegar à conclusão (que nos parece absurda) que alguém que transporta um container de armas desmuniciadas, sem autorização das autoridades competentes, esteja praticando conduta atípica. Imaginemos, ainda, a situação de alguém que, querendo se desfazer de sua arma, a entregue a outrem, sem as formalidades legais – está praticando o crime de porte (sim, a entrega, ainda que gratuita, caracteriza porte ilegal, consoante descrito no art. 14), ainda que a arma não esteja municiada.

2ª corrente: a conduta é atípica, por falta de potencialidade ofensiva da arma desmuniciada.

Atualmente, como acima destacado, 1ª e 2ª Turmas do Supremo Tribunal Federal, bem como o STJ, têm afirmado a tipicidade da conduta de portar arma de fogo ainda que desmuniciada, asseverando tratar-se de crime de perigo abstrato, cuja tutela transcende a proteção da vida e da integridade física do indivíduo.

A desnecessidade de realização do exame pericial para constatação da potencialidade ofensiva da arma. Consoante jurisprudência consolidada nas Turmas do Supremo Tribunal Federal e pela Terceira Seção do STJ, não há necessidade de constatação, por meio de exame pericial, da potencialidade da arma apreendida, em virtude do caráter de perigo abstrato do crime em comento. Abaixo, segue decisão da Segunda Turma do Supremo Tribunal Federal nesse sentido:

> "HABEAS CORPUS" – COMÉRCIO ILEGAL DE ARMA DE FOGO OU DE MUNIÇÃO (LEI Nº 10.826/2003, ART. 17) – CRIME DE PERIGO ABSTRATO – DESNECESSIDADE DA CONSTATAÇÃO, POR MEIO DE EXAME PERICIAL, DA POTENCIALIDADE LESIVA DOS ARTEFATOS APREENDIDOS – PRECEDENTES – SUPOSTA OCORRÊNCIA DE FLAGRANTE PREPARADO – FUNDAMENTO NÃO APRECIADO PELO TRIBUNAL APONTADO COMO COATOR – SUPRESSÃO DE INSTÂNCIA – INADMISSIBILIDADE – PARECER DA PROCURADORIA-GERAL DA REPÚBLICA PELO NÃO PROVIMENTO DO AGRAVO – RECURSO DE AGRAVO IMPROVIDO. (STF, Segunda Turma. HC 120214 AgR/MG. AG.REG. NO HABEAS CORPUS. Relator Min. CELSO DE MELLO. Julgamento em 30/06/2015. Publicação em DJe-188. DIVULG 21-09-2015. PUBLIC 22-09-2015).

> Habeas corpus. Posse ilegal de arma de fogo ocorrida na vigência da Lei nº 9.437/97, revogada pela Lei nº 10.826/03 (Estatuto do Desarmamento). Nulidade de exame pericial inviável na via do habeas corpus. Impossibilidade de dilação probatória. Eventual nulidade do exame pericial na arma de fogo não descaracteriza o delito previsto no art. 14, caput, da Lei nº 10.826/03 (previsto antigamente no art. 10 da Lei nº 9.437/97). Precedentes. 1. A alegada nulidade do exame pericial, em virtude de ter sido "realizado por policiais que atuaram nos autos do inquérito e sem a qualificação necessária à realização de tais exames", em total desacordo com a regra prevista no art. 159, § 1º, do CPP, não pode ser verificada na via estreita do habeas corpus, pois essa análise demandaria reexame do conjunto probatório. 2. Eventual nulidade do exame pericial na arma de fogo não descaracteriza o delito previsto no art. 14, caput, da Lei nº 10.826/03 (previsto antigamente no art. 10 da Lei nº 9.437/97) quando existir um conjunto probatório que permita ao julgador formar convicção no sentido da existência do crime imputado ao réu, bem como da autoria do fato (Nesse sentido: HC nº 89.248/PR, Segunda Turma, Relator o Ministro Joaquim Barbosa, DJ de 6/11/06) [...] (STF, Primeira Turma. HC 100008/RS. HABEAS CORPUS. Relator Min. DIAS TOFFOLI.

> Julgamento em 18/05/2010. Publicação em DJe-145. DIVULG 05-08-2010. PUBLIC 06-08-2010. EMENT VOL-02409-04, PP-00848. RTJ VOL-00216-01, PP-00415, sem grifos no original).

O STJ endossa o posicionamento do Supremo Tribunal Federal, adotando entendimento no sentido de que o tipo penal de posse ou porte ilegal de arma de fogo é delito de mera conduta ou de perigo abstrato, sendo irrelevante a demonstração de seu efetivo caráter ofensivo e, assim, desnecessária a realização de laudo pericial para atestar a potencialidade lesiva da arma de fogo ou da munição apreendida, consoante decidido no EREsp 1.005.300-RS, DJe 19/12/2013. Sufraga a Corte, porém, entendimento de que, caso apreendida e periciada a arma, revelando-se a mesma inapta a deflagrar projéteis, deve-se entender que inexistente o crime em questão, por ser descartada a sua potencialidade lesiva. Para a Corte, desta feita, ainda que não exista laudo pericial, por ser irrelevante a demonstração do efetivo caráter ofensivo da arma, o crime existiria, mas a realização do laudo que demonstrasse a ineficácia levaria ao reconhecimento da atipicidade da conduta. Neste sentido:

> Demonstrada por laudo pericial a total ineficácia da arma de fogo e das munições apreendidas, deve ser reconhecida a atipicidade da conduta do agente que detinha a posse do referido artefato e das aludidas munições de uso proibido, sem autorização e em desacordo com a determinação legal/regulamentar. Inicialmente, convém destacar que a Terceira Seção do STJ pacificou entendimento no sentido de que o tipo penal de posse ou porte ilegal de arma de fogo é delito de mera conduta ou de perigo abstrato, sendo irrelevante a demonstração de seu efetivo caráter ofensivo e, assim, desnecessária a realização de laudo pericial para atestar a potencialidade lesiva da arma de fogo ou da munição apreendida (EREsp 1.005.300-RS, DJe 19/12/2013). Contudo, se tiver sido realizado laudo técnico na arma de fogo e este tiver apontado a total ineficácia do artefato, descartando, por completo, a sua potencialidade lesiva e, ainda, consignado que as munições apreendidas estavam percutidas e deflagradas, a aplicação da jurisprudência supramencionada deve ser afastada. Isso porque, nos termos do que foi proferido no AgRg no HC 149.191-RS (Sexta Turma, DJe 17/5/2010), arma, para ser arma, há de ser eficaz; caso contrário, de arma não se cuida. Em outras palavras, uma arma desmuniciada em conjunto com munição torna-se apta a realizar disparos; entretanto, uma arma ineficaz, danificada, quebrada, em contato com munição, não poderá produzir disparos, não passando, portanto, de um mero pedaço de metal. Registre-se que a particularidade da ineficácia da arma (e das munições) não se confunde, à toda evidência, com o caso de arma sem munição. A par disso, verifica-se que, à luz do Direito Penal do fato e da culpa, iluminado pelo princípio da ofensividade, não há afetação do bem jurídico denominado incolumidade pública

que, segundo a doutrina, compreende o complexo de bens e interesses relativos à vida, à integridade corpórea e à saúde de todos e de cada um dos indivíduos que compõem a sociedade. Nessa ordem de ideias, a Quinta Turma do STJ (AgRg no AREsp 397.473-DF, DJe 25/08/2014), ao enfrentar situação fática similar – porte de arma de fogo periciada e totalmente ineficiente – asseverou que o objeto apreendido não se enquadrava no conceito técnico de arma de fogo, razão pela qual considerou descaracterizado o crime de porte ilegal de arma de fogo. De modo semelhante, embora pacífico que a incidência da causa de aumento de pena pelo uso de arma de fogo no delito de roubo dispensa a sua apreensão e perícia, as Turmas de Direito Penal do STJ consolidaram entendimento no sentido de que, caso atestada a ineficácia e inaptidão da arma, torna-se incabível a aplicação da majorante prevista no art. 157, § 2º, I, do CP. Desse modo, conclui-se que arma de fogo pressupõe artefato destinado e capaz de ferir ou matar, de maneira que deve ser reconhecida a atipicidade da conduta de possuir munições deflagradas e percutidas, bem como arma de fogo inapta a disparar, ante a ausência de potencialidade lesiva, tratando-se de crime impossível pela ineficácia absoluta do meio. (STJ, Sexta Turma. REsp 1451397/MG. RECURSO ESPECIAL. Relator(a) Ministra MARIA THEREZA DE ASSIS MOURA. Julgamento em 15/09/2015. Publicação/Fonte em DJe 01/10/2015. Veiculado no Informativo nº 0570. Período de 1º a 14 de outubro de 2015. DIREITO PENAL. ATIPICIDADE DA CONDUTA DE PORTE ILEGAL DE ARMA DE FOGO INEFICAZ).

PENAL. AGRAVO REGIMENTAL NO AGRAVO EM RECURSO ESPECIAL. ART. 16 DA LEI 10.826/03. POSSE DE CARREGADOR DESTINADO A MUNIÇÕES 9MM. CRIME DE PERIGO ABSTRATO. AUSÊNCIA DE ARMAMENTO OU MUNIÇÃO. INCIDÊNCIA PRINCÍPIO DA INSIGNIFICÂNCIA (...) 1. <u>Esta Corte Superior, seguindo alteração jurisprudencial do Pretório Excelso, adotou o entendimento de que os delitos previstos no Estatuto do Desarmamento são crimes de mera conduta, ou seja, basta a prática de alguma das condutas previstas no tipo penal para a subsunção do fato à norma penal, sendo prescindível a demonstração de lesão ou dano [...]</u> (STJ, **Sexta Turma**. AgRg no AREsp 1319804/SP. AGRAVO REGIMENTAL NO AGRAVO EM RECURSO ESPECIAL. Relator(a) Ministro NEFI CORDEIRO. Julgamento em 04/12/2018. Publicação/Fonte em **DJe 13/12/2018**, sem grifos no original).

AGRAVO REGIMENTAL NO RECURSO ESPECIAL. PENAL. ART. 12 DA LEI N.º 10.826/2003. CRIME FORMAL. PERIGO ABSTRATO. APREENSÃO. ARMA. DESNECESSIDADE (...) 1. A jurisprudência do Superior Tribunal de Justiça firmou-se no sentido de que o crime do art. 12 da Lei n.º 10.826/2003, não sendo necessário, para sua consumação, que junto com a munição sejam apreendidas armas aptas para efetivar seus disparos [...] (STJ, **Sexta Turma**. AgRg no REsp 1780321/SP. AGRAVO REGIMENTAL NO RECURSO ESPECIAL. Relator(a) Ministra LAURITA VAZ. Julgamento em 18/06/2019. Publicação/Fonte em **DJe 01/08/2019**, sem grifo no original).

AGRAVO REGIMENTAL NO AGRAVO EM RECURSO ESPECIAL. PENAL E PROCESSUAL PENAL. PORTE DE ARMA DE FOGO. PERÍCIA. PRESCINDIBILIDADE. RECEBIMENTO DA DENÚNCIA. JUSTA CAUSA. INDÍCIOS MÍNIMOS. AUSÊNCIA DE APREENSÃO DO OBJETO. OUTROS ELEMENTOS INDICIÁRIOS. POSSIBILIDADE (...) 1. Tratando-se de crime de perigo abstrato, é prescindível a realização de laudo pericial para atestar a potencialidade da arma apreendida e, por conseguinte, caracterizar o crime de porte ilegal de arma de fogo [...] (STJ, **Sexta Turma**. AgRg no AREsp 1388977/SE. AGRAVO REGIMENTAL NO AGRAVO EM RECURSO ESPECIAL. Relator(a) Ministra LAURITA VAZ. Julgamento em 25/06/2019. Publicação/Fonte em **DJe 02/08/2019**, sem grifos no original).

AGRAVO REGIMENTAL NO RECURSO ORDINÁRIO EM HABEAS CORPUS. POSSE DE MUNIÇÕES DE USO PERMITIDO. TRANCAMENTO DA AÇÃO PENAL (...) 2. A jurisprudência deste Superior Tribunal de Justiça apontava que os crimes previstos nos arts. 12, 14 e 16 da Lei n. 10.826/2003 são de perigo abstrato, sendo desnecessário perquirir sobre a lesividade concreta da conduta, porquanto o objeto jurídico tutelado não é a incolumidade física e sim a segurança pública e a paz social, colocadas em risco com o porte de munição, ainda que desacompanhada de arma de fogo. Por esses motivos, via de regra, é inaplicável o princípio da insignificância aos crimes de posse e de porte de arma de fogo ou munição [...] (STJ, **QUINTA TURMA**. AgRg no RHC 119.662/PR, Rel. Ministro RIBEIRO DANTAS, julgado em 20/02/2020, **DJe 02/03/2020**)

EMBARGOS DE DECLARAÇÃO RECEBIDOS COMO AGRAVO REGIMENTAL EM AGRAVO EM RECURSO ESPECIAL. PLEITO DE REANÁLISE DO MÉRITO DA DECISÃO QUESTIONADA. MERO INCONFORMISMO. MANUTENÇÃO DA DECISÃO PELOS PRÓPRIOS FUNDAMENTOS (...) 2. Esta Corte já sedimentou o entendimento de que os crimes de posse e de porte de arma de fogo ou munição são de perigo abstrato, sendo desnecessário perquirir sobre a lesividade concreta da conduta, porquanto o objeto jurídico tutelado não é a incolumidade física e sim a segurança pública e a paz social, colocadas em risco pelo porte/posse de arma de fogo ou munição, revelando-se despicienda a comprovação do potencial ofensivo do artefato através de laudo pericial (HC n. 529.963/SP, Ministro Ribeiro Dantas, Quinta Turma, DJe 12/11/2019) [...] (STJ, **SEXTA TURMA**.

EDcl no AREsp 1616809/GO, Rel. Ministro SEBASTIÃO REIS JÚNIOR, julgado em 03/11/2020, **DJe 17/11/2020**, sem grifo no original)

PENAL E PROCESSO PENAL. AGRAVO REGIMENTAL NO AGRAVO EM RECURSO ESPECIAL. ART. 14 DA LEI N. 10.826/2003. CRIME DE PERIGO ABSTRATO (...) 1. O entendimento deste Superior Tribunal de Justiça, firmado no julgamento do AgRg nos EAREsp n. 260.556/SC, em 26/3/2014, tendo como relator o eminente Ministro Sebastião Reis Júnior, é no sentido de que o crime previsto no art. 14 da Lei n. 10.826/2003 é de perigo abstrato, sendo irrelevante o fato de a arma estar desmuniciada ou, até mesmo, desmontada ou estragada, porquanto o objeto jurídico tutelado não é a incolumidade física, e sim a segurança pública e a paz social, colocados em risco com o porte de arma de fogo sem autorização ou em desacordo com determinação legal, **revelando-se despicienda até mesmo a comprovação do potencial ofensivo do artefato através de laudo pericial** [...] (STJ, **QUINTA TURMA**. AgRg no AREsp 1729897/MT, Rel. Ministro RIBEIRO DANTAS, julgado em 09/12/2020, **DJe 14/12/2020**, sem grifo no original).

Entendemos, de forma muito respeitosa, equivocados os julgados de nossos Tribunais Superiores com relação à desnecessidade de apreensão da arma e realização de perícia para a comprovação da materialidade do crime. Não se pode confundir o fato do crime ser de perigo abstrato com a desnecessidade sustentada.

A rigor, o porte de arma, sendo crime de perigo abstrato e visando a proteger a segurança pública, a incolumidade pública, não necessita, para sua configuração, que da conduta tenha resultado efetivo perigo de dano, eis que o fato de alguém, sem autorização legal e regulamentar, portar arma de fogo já é pelo legislador considerado típico, tratando-se de crime de mera desobediência, havendo presunção *iures et de iure* (absoluta) de que acarreta perigo à segurança da coletividade.

Porém, para que reste caracterizado o crime, é preciso que, de fato, seja arma, munição ou acessório de arma de fogo o objeto apreendido e o mesmo deverá ter potencialidade ofensiva, que se traduz na sua capacidade para deflagrar projéteis. Armas obsoletas, ineficientes, inaptas, por qualquer motivo, a deflagrar projeteis não são objeto do crime em análise. O que o legislador tem como crime é o porte, transporte, cessão etc. de algo que possa ser considerado arma, de um objeto que possa disparar, ainda que não esteja municiado, ainda que não tenha percutido munições, mas que seja apto a disparar, que funcione como arma. Levar consigo um objeto que não seja arma ou uma arma imprestável não poderia ser considerado criminoso, por ser inofensivo ao bem jurídico tutelado pela norma.

O próprio STJ, no Resp 1451397-MG acima transcrito, reconhece "que **arma** de fogo pressupõe artefato destinado e capaz de ferir ou matar, de maneira que deve ser reconhecida a atipicidade da conduta de possuir munições deflagradas e percutidas, bem como **arma** de fogo inapta a disparar, ante a ausência de potencialidade lesiva, tratando-se de crime impossível." "Assim, a única forma de sabermos se aquilo era, de fato, uma arma e se tem aptidão para disparos é a realização de exame pericial.

O que as Cortes estão admitindo, quando dizem dispensável a realização de apreensão e perícia, é que se presuma que algo é arma, o que não nos parece adequado. Estão, salvo melhor juízo, confundindo desnecessidade de demonstração de efetivo perigo de dano por parte daquele que porta, transporta etc. arma com desnecessidade de demonstração de que seja uma arma o objeto que se porta, transporta etc.

Destarte, em que pese a orientação do Supremo Tribunal Federal e STJ a respeito da matéria, cremos ser indispensável a apreensão da arma e a respectiva perícia para a comprovação da materialidade do crime em comento.

Porte de arma de fogo quando o cidadão tenha direito ao porte. A redação original do art. 17 do Decreto nº 9.847/19 previa apenas o seguinte:

> Art. 17. O porte de arma de fogo é pessoal, intransferível e revogável a qualquer tempo e será válido apenas em relação à arma nele especificada e com a apresentação do documento de identificação do portador.

Todavia, em virtude das alterações promovidas pelo Decreto nº 10.630/21, válidas a partir de 13 de abril de 2021, o referido artigo passa a ter a seguinte redação[5]:

> Art. 17 O porte de arma de fogo é pessoal, intransferível e revogável a qualquer tempo, e será válido em todo o território nacional para as armas de fogo de porte de uso permitido devidamente registradas no acervo do proprietário no Sinarm ou no Sigma.
>
> § 1º O porte de arma de fogo autoriza a condução simultânea de até duas armas de fogo, respectivas munições e acessórios.
>
> § 2º O documento de porte deverá ser apresentado em conjunto com o documento de identificação do portador e o Certificado de Registro da Arma de Fogo válido.

5. No dia 12 de abril de 2021, um dia antes da entrada em vigor dos novos Decretos, a Ministra Rosa Weber, do STF, suspendeu cautelarmente os efeitos de alguns preceitos normativos nos autos da ADI 6675, dentre eles, a expressão normativa "em todo o território nacional" prevista no caput do art. 17 do Decreto nº 9.847/2019 (na redação dada pelo Decreto nº 10.630/2021), fixando a exegese no sentido de que o âmbito espacial de validade do porte de arma de uso permitido concedido pela Polícia Federal deverá corresponder à amplitude do território (municipal, estadual ou nacional) onde se mostre presente a efetiva necessidade exigida pelo Estatuto, devendo o órgão competente fazer constar essa indicação no respectivo documento. Decisão pendente de julgamento pelo Plenário do STF até o fechamento desta edição.

> §3º Os integrantes das entidades de que tratam os incisos I, II, V, VI, X e XI do caput do art. 6º da Lei nº 10.826, de 2003, e os membros da Magistratura e do Ministério Público poderão portar as armas apostiladas em seus certificados de registro, no acervo de atirador desportivo." (NR)

Então, com a entrada em vigor da nova redação, conclui-se que o porte de arma de fogo autoriza a condução simultânea de até duas armas de fogo, respectivas munições e acessórios, quando o indivíduo tiver o porte e estiver fora das situações previstas nos incisos I, II, V, VI, X e XI do *caput* do art. 6º da Lei nº 10.826/03 (ou seja, os integrantes das Forças Armadas; os integrantes de órgãos referidos nos incisos I, II, III, IV e V do *caput* do art. 144 da Constituição Federal e os da Força Nacional de Segurança Pública (FNSP), os agentes operacionais da Agência Brasileira de Inteligência e os agentes do Departamento de Segurança do Gabinete de Segurança Institucional da Presidência da República; os integrantes dos órgãos policiais referidos no art. 51, IV, e no art. 52, XIII, da Constituição Federal; para os integrantes das entidades de desporto legalmente constituídas, cujas atividades esportivas demandem o uso de armas de fogo, na forma do regulamento desta Lei, observando-se, no que couber, a legislação ambiental; os tribunais do Poder Judiciário descritos no art. 92 da Constituição Federal e os Ministérios Públicos da União e dos Estados, para uso exclusivo de servidores de seus quadros pessoais que efetivamente estejam no exercício de funções de segurança, na forma de regulamento a ser emitido pelo Conselho Nacional de Justiça - CNJ e pelo Conselho Nacional do Ministério Público – CNMP), além dos Membros da Magistratura e do Ministério Público, situação na qual o art. 17, § 3º, do Decreto nº 9.847/19 autoriza o porte das armas apostiladas em seus certificados de registro, no acervo de atirador desportivo.

Por fim, não podemos nos esquecer que, com a nova redação dada pelo Decreto nº 10.630/21 ao art. 24-A do Decreto nº 9.847/19, o porte de arma de fogo também será deferido aos integrantes das guardas municipais das capitais dos Estados e dos Municípios com mais de 500.000 (quinhentos mil) habitantes, nas condições estabelecidas no regulamento desta Lei; aos integrantes das guardas municipais dos Municípios com mais de 50.000 (cinquenta mil) e menos de 500.000 (quinhentos mil) habitantes, quando em serviço; aos integrantes do quadro efetivo das polícias penais federal, estadual ou distrital e aos agentes e guardas prisionais, em razão do desempenho de suas funções institucionais:

> Art. 24-A O porte de arma de fogo também será deferido aos integrantes das entidades de que tratam os incisos III, IV, V, X e XI do caput do art. 6º da Lei nº 10.826, de 2003, aos integrantes do quadro efetivo das polícias penais federal, estadual ou distrital e aos agentes e guardas prisionais, em razão do desempenho de suas funções institucionais."

Porte de arma a guarda municipal. Possibilidade. ADC 38, ADIs 5948 e 5538. Inconstitucionalidade dos dispositivos do Estatuto do Desarmamento referen-

tes à proibição ou à restrição do porte por guardas municipais. Jurisprudência do STF. Em recente julgamento conjunto da ADC 38 (improcedente), ADIs 5948 e 5538 (parcialmente procedentes), o Plenário do STF, por maioria, considerou inconstitucional o Estatuto do Desarmamento no que tange à proibição do porte de armas de fogo por integrantes de guardas municipais em municípios com menos de 50 mil habitantes. Assim, segundo entendimento da Suprema Corte, é possível porte de armas de fogo por guardas municipais independentemente do quantitativo populacional do município (número de habitantes).

Na Sessão de julgamento, que ocorreu em 01/03/2021, o Plenário do STF tornou definitiva a cautelar deferida em 2018 pelo relator, ministro Alexandre de Moraes, e invalidou os trechos de dispositivos do Estatuto do Desarmamento que autorizavam o porte de arma de fogo apenas para os integrantes de guardas municipais das capitais dos estados e dos municípios com mais de 500 mil habitantes e para os guardas municipais dos municípios com mais de 50 mil e menos de 500 mil habitantes, quando em serviço. Assim, o STF declarou a inconstitucionalidade do inciso III do art. 6º da Lei 10.826/2003, a fim de invalidar as expressões "das capitais dos Estados" e "com mais de 500.000 (quinhentos mil) habitantes", bem como do inciso IV do art. 6º da Lei 10.826/2003.

Do voto do ministro Alexandre de Moraes se extraem os seguintes argumentos: a) não seria razoável a distinção de tratamento aos guardas municipais conferida pelo Estatuto do Desarmamento, por desrespeito aos princípios da igualdade e da eficiência; b) o Plenário do STF no Recurso Extraordinário 846854, com repercussão geral, já reconheceu que as guardas municipais executam atividade de segurança pública essencial; c) a Lei nº 13.675/2018 elenca as guardas municipais como integrantes operacionais do Sistema Único de Segurança Pública, e d) se restrições houvessem deveriam guardar relação com a taxa de criminalidade e não com o índice populacional (fonte: notícia publicada no site do STF. Acórdão não publicado até o fechamento desta edição).

Porte de empresas de segurança. A lei em estudo autoriza porte de arma de fogo para as empresas de segurança privada e de transporte de valores, nos termos do artigo 6º, VIII. Note-se que o porte é da empresa e não do funcionário que nela trabalhe. Assim, ao profissional contratado por empresa especializada em prestação de serviços de vigilância e transporte de valores, cuja categoria é regulamentada pela Lei nº 7.102/83, se assegura o direito de portar armas de fogo, quando em efetivo exercício da profissão, nos termos do artigo 7º da lei em comento. Outrossim, não se pode confundir vigilantes, funcionários contratados por essas empresas, com vigias. Neste sentido, observemos julgado abaixo.

> DIREITO PENAL. PORTE DE ARMA DE FOGO POR VIGIA APÓS O HORÁRIO DE EXPEDIENTE. O fato de o empregador obrigar seu empregado a portar arma de fogo durante o exercício das atribuições de vigia não caracteriza coação moral irresistível (art. 22 do CP) capaz de excluir a culpabilidade do crime de "porte ilegal de arma de fogo de uso permitido" (art. 14 da Lei n. 10.826/2003) atribuído

ao empregado que tenha sido flagrado portando, em via pública, arma de fogo, após o término do expediente laboral, no percurso entre o trabalho e a sua residência. De fato, não parece aceitável admitir a tese de que o vigia estava sob influência de coação moral irresistível, porquanto, quando praticou a conduta proibida, ele estava fora do horário e do ambiente de trabalho, livre, portanto, da relação de subordinação que o obrigava a portar arma de fogo de modo ilegal. Sob esse prisma, não há porque supor a indução do comportamento delitivo por força externa determinante, infligida pelo empregador. A verdade é que não há espaço para aplicação da regra disposta no art. 22 do CP ("Se o fato é cometido sob coação irresistível ou em estrita obediência a ordem, não manifestamente ilegal, de superior hierárquico, só é punível o autor da coação ou da ordem"). Assim, a inexigibilidade de conduta diversa somente funciona como causa de exclusão da culpabilidade quando proceder de forma contrária à lei se mostrar como única alternativa possível diante de determinada situação. Se há outros meios de solução do impasse, a exculpante não se caracteriza. Ademais, "importa não confundir, aqui, a atividade exercida pelo réu (vigia) com a de um vigilante (profissional contratado por estabelecimentos financeiros ou por empresa especializada em prestação de serviços de vigilância e transporte de valores), cuja categoria é regulamentada pela Lei nº 7.102/83, ao qual é assegurado o direito de portar armas de fogo, quando em efetivo exercício da profissão" (REsp 1.221.960-SP, Sexta Turma, DJe 9/3/2011). [...] (STJ, Sexta Turma. REsp 1.456.633-RS. Rel. Min. Reynaldo Soares da Fonseca. Julgamento em 5/4/2016. Publicação em DJe 13/4/2016).

Porte de arma de fogo por policial civil aposentado. O STJ, certa vez, entendeu que, em sendo policial aposentado, ao mesmo não se assegura o direito de portar arma.

> O porte de arma de fogo a que têm direito os policiais civis (arts. 6º da Lei 10.826/2003 e 33 do Decreto 5.123/2014) não se estende aos policiais aposentados. Isso porque, de acordo com o art. 33 do Decreto 5.123/2004, que regulamentou o art. 6º da Lei 10.826/2003, o porte de arma de fogo está condicionado ao efetivo exercício das funções institucionais por parte dos policiais, motivo pelo qual não se estende aos aposentados. Precedente citado: RMS 23.971-MT, Primeira Turma, DJe 16/4/2008. (STJ, Quinta Turma. HC 267058/SP. HABEAS CORPUS. Relator Ministro JORGE MUSSI. Julgamento em 04/12/2014. Publicação/Fonte em DJe 15/12/2014. Veiculado no Informativo nº 0554. Período:. 25 de fevereiro de 2015).

Ousamos, mais uma vez, discordar da orientação da Corte, por entendermos que, com relação a policiais, o porte de arma não apenas diz respeito ao desempenho de suas funções institucionais, mas também por razões referentes à sua segurança. Tanto que, nos termos da lei em apreciação, se lhes garante porte mesmo fora do horário de serviço.

O Plenário do STF iniciou julgamento da ADI 5359 MC/SC (julgamento iniciado em 07/08/19, ainda não concluído) que trata do controle de constitucionalidade da LC 472/2009 do Estado de Santa Catarina - art. 55, expressão "inativos" e art. 55, V, daquele Diploma Legal que confere porte de arma de fogo aos agentes de segurança socioeducativos estaduais.

A Suprema Corte discute a possibilidade de extensão do porte de arma a inativos e a agentes de segurança pública, já sob a luz do art. 30 do Decreto presidencial nº 9.847/2019, que regulamenta a Lei n.º 10.826/2003.

O Ministro Edson Fachin, Relator, votou pela procedência da ADI por entender haver usurpação da competência privativa da União para dispor sobre direito penal e material bélico (art. 22, I e XXI, da CRFB/88). As Ministras Rosa Weber e Carmen Lúcia e os Ministros Ricardo Lewandowski e Marco Aurélio acompanharam o Relator.

O Ministro Alexandre de Moraes, em divergência, julgou o pleito improcedente por entender que cabe ao Estado legislar sobre segurança pública (art. 144 da CRFB/88), prevendo a LC impugnada a possibilidade de garantir a segurança pessoal e familiar daqueles que atuam nas áreas principais de segurança pública (ativos e inativos). Ressaltou, ainda, que a Lei nº 13.675/2018 (Lei da Política Nacional de Segurança Pública e Defesa Social) foi expressa, no seu art. 9º, *caput*, § 2º, VIII, ao se referir aos órgãos do sistema penitenciário como integrantes operacionais do Sistema Único de Segurança Pública. Por sua vez, a Lei nº 10.826/2003 (art. 6º, *caput*, VII) - ao se referir a típicas funções de segurança pública (e não o cargo) - estende a possibilidade do porte de arma a todos os que exercem essa função (mesmo fora do efetivo exercício da função). Por fim, ressaltou que o art. 30 do Decreto presidencial nº 9.847/2019, que regulamenta a Lei n.º 10.826/2003, expressamente permite o porte de armas pelos inativos. Os Ministros Roberto Barroso e Luiz Fux, acompanharam a divergência. Até o fechamento desta edição, o julgamento segue suspenso com vista ao Ministro Gilmar Mendes:

> INFORMATIVO Nº 946. TÍTULO: Porte de arma de fogo para agentes socioeducativos e agentes penitenciários. **O Plenário iniciou julgamento de ação direta de inconstitucionalidade ajuizada contra a expressão "inativos", contida no caput do art. 55 da Lei Complementar 472/2009 do Estado de Santa Catarina, e do inciso V do mesmo dispositivo legal, que autoriza o porte de arma de fogo para os agentes de segurança socioeducativos estaduais** (1). Inicialmente, o colegiado converteu o julgamento da medida cautelar em julgamento definitivo de mérito. Em seguida, **o ministro Edson Fachin (relator) julgou procedente o pedido formulado por entender que a norma ofende o art. 22, I e XXI, da Constituição Federal (CF) (2) ao usurpar a competência privativa da União para dispor sobre**

direito penal e material bélico. Asseverou que, no exercício dessa competência, a União editou a Lei 10.826/2003 (Estatuto do Desarmamento), que afastou a possibilidade de os Estados e Municípios tratarem da matéria com base em suas competências complementares ou suplementares. Citou a orientação fixada pela Corte no julgamento da ADI 2.729, no sentido de reconhecer a competência privativa da União para legislar sobre registro e porte de arma. O relator ainda observou que as medidas socioeducativas têm caráter pedagógico voltado à preparação, reabilitação para a vida em comunidade e formação de cidadãos. Portanto, permitir o porte de arma para os agentes, nesses casos, reforçaria a equivocada ideia do caráter punitivo das citadas medidas. **Em divergência, o ministro Alexandre de Moraes julgou o pleito improcedente.** Segundo ele, **o legislador estadual agiu em observância à competência concorrente para tratar de segurança pública, reconhecida pela Corte, com base no disposto no art. 144 da CF** (3). **A lei impugnada prevê a possibilidade de garantir a segurança pessoal e familiar daqueles que atuam nas áreas principais de segurança pública e lidam com a privação de liberdade de indivíduos infratores maiores ou menores de dezoito anos**. Em nenhum momento a norma permite o porte de armas pelos agentes dentro dos estabelecimentos prisionais ou socioeducativos. O ministro Alexandre de Moraes acrescentou que a lei catarinense também está em consonância com o previsto na legislação federal sobre a matéria. Esclareceu que a Lei 13.675/2018 (Lei da Política Nacional de Segurança Pública e Defesa Social) foi expressa, no seu art. 9º, caput, § 2º, VIII (4), ao se referir aos órgãos do sistema penitenciário como integrantes operacionais do Sistema Único de Segurança Pública. Por sua vez, a Lei 10.826/2003, a partir do reconhecimento da relevância dos órgãos estatais que lidam com a privação de liberdade e a escolta armada de indivíduos – típicas funções de segurança pública –, previu, no seu art. 6º, caput, VII (5), o porte de arma de fogo para os agentes públicos em questão, mesmo fora do efetivo exercício da função. No ponto, ressaltou a semelhança das funções exercidas pelos agentes socioeducativos e penitenciários. Para o ministro Alexandre de Moraes, ao estabelecer a função de guarda prisional e de integrante de escolta – e não o cargo de agente penitenciário –, o Estatuto do Desarmamento estende a possibilidade do porte de arma a todos os que exercem essa função. **Além disso, o art. 30 do Decreto presidencial 9.847/2019 (6), que regulamenta a Lei 10.826/2003, expressamente permite o porte de armas pelos inativos**. Após os votos das **ministras Rosa Weber e Cármen Lúcia e dos ministros Ricardo Lewandowski e Marco Aurélio, que acompanharam o relator**, e dos votos dos ministros Roberto Barroso e Luiz Fux, que acompanharam a divergência, o julgamento foi suspenso com o pedido de vista do ministro Gilmar Mendes. (1) Lei Complementar 472/2009: "Art. 55. Os Agentes Penitenciários e Agentes de Segurança Socioeducativo, ativos e inativos, gozarão das seguintes prerrogativas, entre outras estabelecidas em lei: (...) V - porte de arma aos Agentes de Segurança Socioeducativo, reservado o uso fora do Sistema de Atendimento ao Adolescente Infrator." (2) CF/1988: "Art. 22. Compete privativamente à União legislar sobre: I - direito civil, comercial, penal, processual, eleitoral, agrário, marítimo, aeronáutico, espacial e do trabalho; (...) XXI - normas gerais de organização, efetivos, material bélico, garantias, convocação e mobilização das polícias militares e corpos de bombeiros militares;" (3) CF/1988: "Art. 144. A segurança pública, dever do Estado, direito e responsabilidade de todos, é exercida para a preservação da ordem pública e da incolumidade das pessoas e do patrimônio, através dos seguintes órgãos: (...)" (4) Lei 13.675/2018: "Art. 9º É instituído o Sistema Único de Segurança Pública (Susp), que tem como órgão central o Ministério Extraordinário da Segurança Pública e é integrado pelos órgãos de que trata o art. 144 da Constituição Federal, pelos agentes penitenciários, pelas guardas municipais e pelos demais integrantes estratégicos e operacionais, que atuarão nos limites de suas competências, de forma cooperativa, sistêmica e harmônica. (...) § 2º São integrantes operacionais do Susp: (...) VIII - órgãos do sistema penitenciário;" (5) Lei 10.826/2003: "Art. 6º É proibido o porte de arma de fogo em todo o território nacional, salvo para os casos previstos em legislação própria e para: (...) VII - os integrantes do quadro efetivo dos agentes e guardas prisionais, os integrantes das escoltas de presos e as guardas portuárias;" **(6) Decreto 9.847/2019: "Art. 30. Os integrantes das Forças Armadas e os servidores dos órgãos, instituições e corporações mencionados nos incisos II, V, VI e VII do caput do art. 6º da Lei nº 10.826, de 2003, transferidos para a reserva remunerada ou aposentados, para conservarem a autorização de porte de arma de fogo de sua propriedade deverão submeter-se, a cada dez anos, aos testes de avaliação psicológica a que faz menção o inciso III do caput do art. 4º da Lei nº 10.826, de 2003."** (STF, Tribunal Pleno. ADI 5359 MC/SC. Relator Min. Edson Fachin. Julgamento iniciado em 7.8.2019 - ainda não concluído, vista Min. Gilmar Mendes. Veiculado no Informativo nº 946 do STF. Período de 1º a 9 de agosto de 2019. Título: Porte de arma de fogo para agentes socioeducativos e agentes penitenciários, sem grifos no original).

Então, nos parece que tal discussão está sendo superada ante a revogação do Decreto nº 5.123/2014 e o novo tratamento dado à matéria, nos termos do art. 30 do Decreto nº 9.847/2019:

> Art. 30. Os integrantes das Forças Armadas e os servidores dos órgãos, instituições e corporações mencionados nos incisos II, V, VI e VII do caput do art. 6º da Lei nº 10.826, de 2003, transferidos para a reserva remunerada ou aposentados, para conservarem a autorização de porte de arma de fogo de sua propriedade deverão submeter-se, a cada dez anos, aos testes de avaliação psicológica a que faz menção o inciso III do caput do art. 4º da Lei nº 10.826, de 2003.

Assim, para que os integrantes das Forças Armadas, além de servidores de órgãos, instituições e corporações como polícia federal, polícia rodoviária federal, polícia ferroviária federal, polícias civis, polícias militares e corpos de bombeiros militares, além dos agentes operacionais da Agência Brasileira de Inteligência e os agentes do Departamento de Segurança do Gabinete de Segurança Institucional da Presidência da República, dos integrantes dos órgãos policiais da Câmara dos Deputados e do Senado Federal e os integrantes do quadro efetivo dos agentes e guardas prisionais, os integrantes das escoltas de presos e as guardas portuárias, transferidos para a reserva remunerada ou aposentados possam conservar a autorização de porte de arma de fogo de sua propriedade, deverão submeter-se a testes de avaliação psicológica a cada dez anos.

Porte por atiradores desportistas, colecionadores e caçadores. Até então, sob a vigência do Decreto nº 5.123/2014, era possível o porte de arma apenas desmuniciada, mediante a apresentação da competente guia de tráfego, expedida pelo Comando do Exército, nos termos do art. 30, § 1º, fato corroborado também pela antiga redação do art. 32, parágrafo único, ambos daquele diploma normativo. Assim, em virtude desta exigência, já decidiu o STJ:

> DIREITO PENAL. TIPICIDADE DA CONDUTA NO CRIME DE PORTE ILEGAL DE ARMA DE FOGO DE USO PERMITIDO. É típica (art. 14 da Lei 10.826/2003) a conduta do praticante de tiro desportivo que transportava, municiada, arma de fogo de uso permitido em desacordo com os termos de sua guia de tráfego, a qual autorizava apenas o transporte de arma desmuniciada. De fato, as armas dos praticantes de tiro desportivo não integram rol dos "registros próprios" (art. 2º, § 1º, do Decreto 5.123/2004), ao menos para o fim de lhes ser deferido porte de arma. Dispõe, na verdade, sobre guia de tráfego (art. 30, § 1º, do referido Decreto 5.123/2004), licença distinta, a ser expedida pelo Comando do Exército. Poder-se-ia alegar que a restrição de se ter que trafegar com a arma desmuniciada não constaria de lei ou regulamento, daí ser ela inócua mesmo que o Exército tenha expedido a guia com essa menção. Todavia, o legislador foi extremamente cuidadoso ao consignar, claramente, na Lei 10.826/2003, em seu art. 6º, que é "proibido o porte de arma de fogo em todo o território nacional", seguindo-se as ressalvas. Em relação aos atiradores, foi autorizado o porte apenas no momento em que a competição é realizada. Nos indispensáveis trajetos para

> os estandes de tiro não se deferiu porte, mas específica guia de tráfego. Daí, a necessidade de cautelas no transporte. Nesse contexto, em consideração ao fato de que a prática esportiva de tiro é atividade que conta com disciplina legal, é plenamente possível o traslado de arma de fogo para a realização de treinos e competições, exigindo-se, porém, além do registro, a expedição de guia de tráfego (que não se confunde com o porte de arma) e respeito aos termos desta autorização. Não concordando com os termos da guia, a lealdade recomendaria que o praticante de tiro desportivo promovesse as medidas jurídicas cabíveis para eventualmente modificá-la, e não simplesmente que saísse com a arma municiada, ao arrepio do que vem determinando a autoridade competente sobre a matéria, o Exército. (STJ, Sexta Turma. RHC 34579/RS. RECURSO ORDINARIO EM HABEAS CORPUS. Relator(a) Ministra MARIA THEREZA DE ASSIS MOURA. Julgamento em 24/04/2014. Publicação/Fonte em DJe 06/05/2014. Veiculado no Informativo nº 0540. Período: 28 de maio de 2014).

Todavia, a matéria é atualmente regulamentada pelo Decreto nº 9.846/2019 (que dispõe sobre o registro, o cadastro e a aquisição de armas e de munições por caçadores, colecionadores e atiradores). Em relação ao chamado "porte de trânsito", encontrávamos sua definição nos termos do art. 2º, XIII, do Decreto nº 9.846/2019. Porém, com as alterações promovidas pelo Decreto nº 10.629/21, os conceitos foram centralizados no Decreto nº 10.030/19 (que por sua vez foi modificado pelo Decreto nº 10.627/21). Assim, a definição passa a estar prevista (a partir da entrada em vigor destas modificações no dia 13 de abril de 2021) no art. 3º, parágrafo único, XII, do Decreto nº 10.030/19:

> Art. 3º As definições dos termos empregados neste Regulamento são aquelas constantes deste artigo e do Anexo III.
>
> Parágrafo único. Para fins do disposto neste Regulamento, considera-se:
>
> XII - porte de trânsito - direito previsto:
>
> a) no § 3º do art. 5º do Decreto nº 9.846, de 25 de junho de 2019, e nos art. 9º e art. 24 da Lei nº 10.826, de 2003, concedido aos colecionadores, aos atiradores e aos caçadores registrados junto ao Comando do Exército para transitar com armas de fogo registradas em seus respectivos acervos, com os acessórios e munições necessários às práticas previstas nos art. 42, art. 52 e art. 55;
>
> b) nos incisos III a VIII do caput do art. 30, concedido aos estrangeiros temporários, vedado o trânsito com arma municiada e pronta para o uso;

Ainda fica garantido o direito de transporte desmuniciado das armas dos clubes e das escolas de tiro e de seus integrantes e dos colecionadores, dos atiradores e dos caçadores, por meio da apresentação do Certificado de Registro de Colecionador, Atirador e Caçador ou do Certificado de Registro de Arma de Fogo válidos, nos termos do art. 5º, § 2º, do Decreto nº 9.846/19.

Porém, os colecionadores, os atiradores e os caçadores poderão portar **uma** arma de fogo de porte municiada, alimentada e carregada, pertencente a seu acervo cadastrado no SIGMA, no trajeto entre o local de guarda autorizado e os de treinamento, instrução, competição, manutenção, exposição, caça ou abate, por meio da apresentação do Certificado de Registro de Arma de Fogo e da Guia de Tráfego válida, expedida pelo Comando do Exército, nos termos do art. 5º, § 3º, do mesmo diploma normativo (com a nova redação dada pelo Decreto nº 10.629/21)[6]:

> Art. 5º Os clubes e as escolas de tiro e os colecionadores, os atiradores e os caçadores serão registrados no Comando do Exército.
>
> § 1º O Comando do Exército fiscalizará o cumprimento das normas e das condições de segurança dos depósitos de armas de fogo, munições e equipamentos de recarga.
>
> § 2º Fica garantido, no território nacional, o direito de transporte desmuniciado das armas dos clubes e das escolas de tiro e de seus integrantes e dos colecionadores, dos atiradores e dos caçadores, por meio da apresentação do Certificado de Registro de Colecionador, Atirador e Caçador ou do Certificado de Registro de Arma de Fogo válido, desde que a munição transportada seja acondicionada em recipiente próprio, separado das armas. (Redação dada pelo Decreto nº 10.629/21)
>
> § 3º Os colecionadores, os atiradores e os caçadores poderão portar uma arma de fogo de porte municiada, alimentada e carregada, pertencente a seu acervo cadastrado no Sigma, no trajeto entre o local de guarda autorizado e os de treinamento, instrução, competição, manutenção, exposição, caça ou abate, por meio da apresentação do Certificado de Registro de Arma de Fogo e da Guia de Tráfego válida, expedida pelo Comando do Exército. (Redação dada pelo Decreto nº 10.629/21)
>
> § 4º A Guia de Tráfego é o documento que confere a autorização para o tráfego de armas, acessórios e munições no território nacional e corresponde ao porte de trânsito previsto no art. 24 da Lei nº 10.826, de 22 de dezembro de 2003.

---

6. No dia 12 de abril de 2021, um dia antes da entrada em vigor dos novos Decretos, a Ministra Rosa Weber, do STF, suspendeu cautelarmente os efeitos de alguns preceitos normativos nos autos da ADI 6675, dentre eles, o parágrafo terceiro do art. 5º do Decreto nº 9.846/2019 (na redação dada pelo Decreto nº 10.629/2021) acima elencado. Decisão ainda pendente de julgamento pelo Plenário, até o fechamento desta edição.

§ 5º A Guia de Tráfego a que refere o § 4º poderá ser emitida no sítio eletrônico do Comando do Exército. (Redação dada pelo Decreto nº 10.030, de 2019)

§ 6º Para fins do disposto no § 3º, considera-se trajeto qualquer itinerário realizado entre o local de guarda autorizado e os de treinamento, instrução, competição, manutenção, exposição, caça ou abate, independentemente do horário, assegurado o direito de retorno ao local de guarda do acervo. (Redação dada pelo Decreto nº 10.629/21).

Possibilidade de a autoridade administrativa suspender o porte de arma de fogo de servidor. O fato da lei em comento conferir porte de arma de fogo para os integrantes das Forças Armadas e das Policias e Corpos de Bombeiros militares não impede que autoridades administrativas suspendam o porte, de acordo com normas específicas que venham a ser estabelecidas, tal qual dispõe o artigo 24 do Decreto nº 9.847/2019:

Art. 24. O porte de arma de fogo é deferido aos militares das Forças Armadas, aos policiais federais, estaduais e distritais, civis e militares, aos corpos de bombeiros militares e aos policiais da Câmara dos Deputados e do Senado Federal em razão do desempenho de suas funções institucionais.

§ 1º O porte de arma de fogo é garantido às praças das Forças Armadas com estabilidade de que trata a alínea "a" do inciso IV do caput do art. 50 da Lei nº 6.880, de 9 de dezembro de 1980 - Estatuto dos Militares.

§ 2º A autorização do porte de arma de fogo para as praças sem estabilidade assegurada será regulamentada em ato do Comandante da Força correspondente.

§ 3º Ato do Comandante da Força correspondente disporá sobre as hipóteses excepcionais de suspensão, cassação e demais procedimentos relativos ao porte de arma de fogo de que trata este artigo.

§ 4º Atos dos comandantes-gerais das corporações disporão sobre o porte de arma de fogo dos policiais militares e dos bombeiros militares.

Por essa razão, quando da vigência do Decreto nº 5.123/04, que, a exemplo do Decreto nº 9.847/2019 outorgava poderes normativos às forças militares para restringir porte de arma de seu efetivo, o STJ já entendeu válida a decisão em que a Policia Militar determinou a suspensão cautelar do porte de arma de policial que responde a processo criminal:

A Polícia Militar pode, mediante decisão administrativa fundamentada, determinar a suspensão cautelar do porte de arma de policial que responde a processo criminal. Apesar do art. 6º da Lei 10.826/2006 (Estatuto do Desarmamento) conferir o direito ao porte de arma aos servidores militares das forças estaduais, a medida não é absoluta. Com efeito, a suspensão do porte de arma está amparada pela legalidade, uma vez que o Estatuto do Desarmamento possui regulamentação no art. 33, § 1º, do Decreto 5.123/2004, que outorga poderes normativos às forças militares estaduais para restringir o porte de arma de seu efetivo. Nessa conjuntura, verificada a existência de base fática que dê suporte à decisão administrativa, não há que se falar em violação ao princípio constitucional da presunção de inocência. (STJ, Segunda Turma, RMS 42620/PB. RECURSO ORDINÁRIO EM MANDADO DE SEGURANÇA. Relator Ministro HUMBERTO MARTINS. Julgamento em 25/02/2014. Publicação/Fonte em DJe 07/03/2014. Veiculado no Informativo nº 0537. Período: 10 de abril de 2014).

Porte de Mais de uma Arma de Uso Permitido. Não revela a existência de mais de um crime o porte de mais de uma arma, em um mesmo contexto. Assim, caso o agente seja flagrado portando, por exemplo, duas ou três armas, estará praticando um só crime, sendo certo, entretanto, que o número de armas servirá como circunstância judicial a ser considerada pelo magistrado no momento da fixação da pena.

Nesse sentido, atentemos para trecho de ementa abaixo colacionado:

> "(...) A jurisprudência desta Corte consolidou-se no sentido da existência de um delito único quando apreendidas mais de uma arma, munição, acessório ou explosivo em posse do mesmo agente, dentro do mesmo contexto fático, não havendo que se falar em concurso material ou formal entre as condutas, pois se vislumbra uma só lesão de um mesmo bem tutelado (Precedentes). (HC 228.231/SP, Rel. Ministro GILSON DIPP, QUINTA TURMA, julgado em 12/06/2012, DJe 20/06/2012). [...] (STJ, Quinta Turma. HC 362157/RJ. HABEAS CORPUS. Relator Ministro REYNALDO SOARES DA FONSECA. Julgamento em 18/05/2017. Publicação/Fonte em DJe 23/05/2017).

Porte de Mais de uma Arma ou Munição, no Mesmo Contexto Fático, sendo Certo que Uma ou Mais delas São de Uso Proibido ou Restrito. Aplicam-se aqui as considerações do item anterior quanto ao número de crimes, não se podendo falar em pluralidade de delitos. Neste caso, porém estaremos diante de porte de arma de uso restrito ou proibido, descrito no art. 16 da lei em comento, por ser crime mais grave.

Acreditamos que outra solução, em que se defenda a existência de dois crimes distintos, por estarem definidos em dispositivos distintos, nos levaria à conclusão insustentável. Pensemos nas seguintes hipóteses: 1) "A" possui vinte armas de uso restrito em um único contexto fático. Estará praticando um único crime, consoante já explicitado nesse capítulo. 2) "B" porta duas armas, sendo uma de uso restrito e outra de uso permitido. Estará igualmente praticando um único crime, o mais grave. Adotar a tese distinta, para entender que a diferença da classificação das armas nos levaria à existência de mais de um crime, implicaria em concluir que "B" estaria praticando dois delitos. Não nos parece sustentável entender a conduta de "B" como sendo mais grave que a de "A".

Porte e posse ilegal. Não aplicação do princípio da consunção. Em se tratando de crimes distintos, que tutelam bens jurídicos distintos, não haverá absorção da posse pelo porte. Também nesse sentido, o STJ no julgado abaixo, que, embora se refira ao porte definido no artigo 16, pode ser perfeitamente utilizada quando se tratar do artigo 14:

> AGRAVO REGIMENTAL NO RECURSO ESPECIAL. CONCURSO ENTRE OS DELITOS PREVISTOS NOS ARTIGOS 12 E 16 DA LEI N. 10.826/03. DELITOS DIVERSOS. RECONHECIMENTO DE CRIME ÚNICO. IMPOSSIBILIDADE. REEXAME DO CONJUNTO FÁTICO-PROBATÓRIO. DESNECESSÁRIO. NÃO INCIDÊNCIA DO ÓBICE PREVISTO NA SÚMULA 7/STJ. I - O entendimento exarado pelo eg. Tribunal de origem, que aplicou o princípio da consunção entre os delitos dos arts. 12 e 16 da Lei 10.826/03, diverge da orientação firmada por esta Corte, segundo a qual "tal entendimento não pode ser aplicado no caso dos autos, pois as condutas praticadas pelos réus se amoldam a tipos penais distintos, sendo que um deles, o do artigo 16, além da paz e segurança públicas também protege a seriedade dos cadastros do Sistema Nacional de Armas, razão pela qual é inviável o reconhecimento de crime único e o afastamento do concurso material" (HC n. 211.834/SP, Quinta Turma, Rel. Min. Jorge Mussi, DJe 18/9/2013) [...] (STJ, Quinta Turma. AgRg no REsp 1602779/MG. AGRAVO REGIMENTAL NO RECURSO ESPECIAL. Relator(a) Ministro FELIX FISCHER. Julgamento em 16/02/2017. Publicação/Fonte em DJe 06/03/2017).
>
> AGRAVO REGIMENTAL NO AGRAVO EM RECURSO ESPECIAL. **PORTE ILEGAL DE ARMA DE FOGO DE USO PERMITIDO E POSSE IRREGULAR DE ARMA DE FOGO DE USO RESTRITO. PRINCÍPIO DA CONSUNÇÃO. INAPLICABILIDADE. BEM JURÍDICOS DIVERSOS.** CONCURSO FORMAL. RECURSO PROVIDO. 1. O princípio da consunção é aplicado para resolver o conflito aparente de normas penais quando um crime menos grave é meio necessário ou fase de preparação ou de execução do delito de alcance mais amplo, de tal sorte que o agente só será responsabilizado pelo último, desde que se constate uma relação de dependência entre as condutas praticadas. Precedentes. 2. **É inaplicável o princípio da consunção entre os delitos de porte ilegal de arma de fogo de uso permitido e posse irregular de arma de fogo de uso restrito, por tutelarem condutas e bem jurídicos diversos.** 3. Agravo regimental provido, a fim de afastar a consunção entre os crimes previstos no art. 14 e 16 da Lei n. 10.826/03 e redimensionar a pena do recorrido para 3 anos e 6

> meses de reclusão e multa, mantidos os demais termos da sentença condenatória. (STJ, QUINTA TURMA. AgRg no AREsp 1515023/GO. AGRAVO REGIMENTAL NO AGRAVO EM RECURSO ESPECIAL. Relator(a) em Ministro JORGE MUSSI. Julgamento em 24/09/2019. Publicação/Fonte em DJe 10/10/2019, sem grifo no original).

Porte de Arma sem Registro por Pessoa que tenha, por Lei, Autorização para Portar Arma. Caracteriza conduta típica de porte ilegal, pois o fato de agente poder portar arma, consoante autorização legal, não dá permissão para que o mesmo porte arma sem registro em seu nome, em desacordo, portanto, com determinação legal e regulamentar, infringindo a norma do artigo em comento.

Afiançabilidade do Crime de Porte Ilegal de Arma de Uso Permitido. O porte de arma de uso permitido é sempre afiançável, ainda que a arma não esteja registrada em nome do agente, devendo-se atentar para o fato de que o disposto no parágrafo único do art. 14 foi declarado inconstitucional, não tendo, portanto, eficácia. Na hipótese, como se trata de crime cuja pena máxima são 4 (quatro) anos, a fiança poderá ser arbitrada pela autoridade policial, nos termos do art. 322 do Código de Processo Penal, com alterações trazidas pela Lei nº 11.403/2011.

Porte e Homicídio. O porte de arma de fogo ficará absorvido pelo homicídio se o objetivo do agente ao portar a arma era a prática daquele homicídio determinado. Assim, se o agente porta a arma de fogo para perpetrar um homicídio e efetivamente o pratica, não responderá por porte em concurso com o homicídio, mas apenas pelo homicídio.

Outrossim, se visualizarmos contextos distintos, com existência de desígnios completamente autônomos, será perfeitamente possível a responsabilização pelos dois crimes, em concurso material. Imaginemos, assim, que o agente, que tenha por costume andar armado, esteja em um bar portando sua arma quando, sem que pudesse esperar, avista um seu desafeto, decidindo, então, matá-lo. Nesta hipótese, não haverá absorção do porte pelo homicídio, podendo o agente responder pelos dois crimes, em concurso material. Neste sentido, jurisprudência do STJ abaixo transcrita:

> STJ – Penal. Recurso especial. Tentativa de homicídio e porte ilegal de arma de fogo. Aplicação do princípio da consunção. Impossibilidade. Conduta autônoma do porte de arma sem vinculação ao propósito homicida. Concurso material. Caracterização Penal. Recurso especial. Tentativa de homicídio e porte ilegal de arma de fogo. Aplicação do princípio da consunção. Impossibilidade. Conduta autônoma do porte de arma sem vinculação ao propósito homicida. Concurso material. Caracterização. Recurso provido. 1. Consoante entendimento consolidado nesta Corte, aferir se o crime de tentativa de homicídio absorve ou não o delito de porte ilegal de arma de fogo depende de atenta análise do contexto fático em que ocorreu o delito, a fim de averiguar se o porte da arma constituiu efetivamente meio ne-

cessário ou normal fase de preparação ou execução do homicídio. 2. Considerado o quadro fático-probatório delineado pelo acórdão recorrido, os atos anteriores à tentativa de homicídio, consistentes no porte ilegal de arma de fogo em diversas outras oportunidades, notadamente sem vinculação ao propósito homicida, não podem ser tidos como antefato impunível daquele delito, mas, sim, como conduta autônoma, a ensejar a incidência, na espécie, do art. 69 do Código Penal. 3. Recurso Especial provido para restabelecer a sentença condenatória (STJ, Quinta Turma. REsp 828231/RS. RECURSO ESPECIAL. Relator Ministro ARNALDO ESTEVES LIMA. Julgamento em 16/08/2007. Publicação/Fonte em DJ 01/10/2007, p. 358).

PENAL E PROCESSUAL PENAL. HABEAS CORPUS. TRIBUNAL DO JÚRI. HOMICÍDIO QUALIFICADO. MOTIVO TORPE. VINGANÇA. CIÚMES. EXCLUSÃO DA QUALIFICADORA. TEMA NÃO ENFRENTADO PELO TRIBUNAL A QUO. SUPRESSÃO DE INSTÂNCIA. IMPOSSIBILIDADE. PRINCÍPIO DA CONSUNÇÃO. ABSORÇÃO DO CRIME DE PORTE ILEGAL DE ARMA DE FOGO PELO CRIME DE HOMICÍDIO. AUSÊNCIA DE VINCULAÇÃO. PORTE DO ARTEFATO PELO RÉU EM OUTRAS OCASIÕES QUE NÃO A PRÁTICA DO CRIME CONTRA A VIDA (...) 2. A relação consuntiva é aferida por intermédio de uma análise entre continente e conteúdo, é dizer, deve haver um crime fim dentro de um contexto fático uno a indicar a prática de um crime meio como graduação necessária ao cometimento daquele. 3. No caso dos autos, não restou demonstrada a vinculação exclusiva entre o delito de porte de arma de fogo e o crime de homicídio, de maneira que aquele pudesse ser considerado crime meio e, portanto, ante factum impunível. Ao contrário, o Sodalício estadual apontou o porte do artefato pelo réu em outras ocasiões que não a prática do crime de homicídio, tornando inviável a aplicação da regra da consunção, haja vista a existência de crimes autônomos e independentes [...] (STJ, **SEXTA TURMA**. HC 395.268/SP, Rel. Ministra MARIA THEREZA DE ASSIS MOURA, julgado em 12/12/2017, **DJe 19/12/2017**)

AGRAVO REGIMENTAL EM RECURSO ESPECIAL. DIREITO PENAL E PROCESSO PENAL. TRIBUNAL DO JÚRI. HOMICÍDIO QUALIFICADO PELO MOTIVO FÚTIL, NA FORMA TENTADA. (ART. 121, § 2º, III E IV, C/C O ART. 14, II, AMBOS DO CP). LEGÍTIMA DEFESA. AUSÊNCIA DE PROVAS. AUSÊNCIA DE PREQUESTIONAMENTO. SÚMULAS 211/STJ, 282 e 356/STF. PRINCÍPIO DA CONSUNÇÃO. NÃO INCIDÊNCIA (...) 7. O voto condutor do acórdão estadual demonstrou não ter vinculação exclusiva entre o delito de porte de arma de fogo e o crime de homicídio, de maneira que aquele pudesse ser considerado crime meio e, portanto, ante factum impunível. Ao contrário, o

> Sodalício estadual apontou o porte do artefato pelo réu em outras ocasiões que não a prática do crime de homicídio, tornando inviável a aplicação da regra da consunção, haja vista a existência de crimes autônomos e independentes (HC n. 395.268/SP, Ministra Maria Thereza de Assis moura, Sexta Turma, DJe 19/12/2017). 8. A absorção do crime de porte ilegal de arma de fogo pelo de homicídio exige que as condutas tenham sido praticadas no mesmo contexto, guardando relação de dependência ou subordinação, de modo que o porte tenha como fim unicamente a prática do delito de homicídio. A reversão das premissas fáticas deduzidas no acórdão de apelação - que manteve a condenação pela prática de homicídio e de porte ilegal de arma de fogo, em concurso material - implica revisão fático-probatória, providência inadmissível na via eleita, nos termos da Súmula 7/STJ (AgRg no AREsp n. 1.186.399/MS, Ministro Nefi Cordeiro, Sexta Turma, DJe 15/5/2018) [...] (STJ, **SEXTA TURMA**. AgRg no REsp 1687824/RJ, Rel. Ministro SEBASTIÃO REIS JÚNIOR, julgado em 18/02/2020, **DJe 02/03/2020**, sem grifo no original)

> AGRAVO REGIMENTAL NO RECURSO ESPECIAL. HOMICÍDIOS QUALIFICADOS TENTADOS E PORTE ILEGAL DE ARMA DE FOGO. JULGAMENTO CONTRÁRIO À PROVA DOS AUTOS. NULIDADE. INOCORRÊNCIA (...) 2. Tendo o Tribunal de origem concluído que a decisão condenatória pelos delitos de homicídio qualificado tentado e porte ilegal de arma de fogo encontram respaldo nos depoimentos das vítimas e testemunhas, não há que falar em julgamento contrário à prova dos autos, de modo que infirmar tal entendimento demandaria o confronto do veredicto do Conselho de Sentença com os fatos e provas dos autos, o que esbarra no óbice constante do verbete sumular n. 7 deste Superior Tribunal de Justiça. 3. Do mesmo modo, tendo a instância ordinária, soberana na análise do conjunto probatório, entendido pelo não cabimento do princípio da consunção, em razão da autonomia de comportamentos nas práticas delitivas, adotar-se posicionamento em sentido contrário, a fim de definir a intenção do agente, também demandaria o revolvimento ao acervo fático-probatório dos autos, procedimento sabidamente incompatível com a instância especial [...] (STJ, **SEXTA TURMA**. AgRg no REsp 1863240/RS, Rel. Ministro NEFI CORDEIRO, julgado em 15/09/2020, **DJe 23/09/2020**, sem grifo no original)

Porte e Roubo (e latrocínio). Aqui, aplicam-se as mesmas ponderações feitas no item anterior. Na hipótese de ser verificada uma relação de meio e fim, resta autorizada a absorção de uma figura pela outra. Na hipótese de absorção do porte pelo roubo, devemos verificar a incidência do disposto no art. 157, § 2º-A, I, do Código Penal, funcionando a utilização da arma como causa de aumento de pena. Neste sentido, há de ser observado o julgado abaixo, extraído da jurisprudência do STJ.

PENAL. HABEAS CORPUS SUBSTITUTIVO DE RECURSO PRÓPRIO. ROUBO CIRCUNSTANCIADO MAJORADO PELO EMPREGO DE ARMA DE FOGO. PORTE ILEGAL DE ARMAR DE FOGO E USO DE ACESSÓRIO RESTRITO (COLETE BALÍSTICO). ASSOCIAÇÃO CRIMINOSA (ART. 288, CAPUT, DO CÓDIGO PENAL). ALEGAÇÃO DE ABSORÇÃO DOS DELITOS PREVISTOS NO ESTATUTO DO DESARMAMENTO PELO CRIME DE ROUBO CIRCUNSTANCIADO. CONTEXTOS FÁTICOS DISTINTOS. PREMISSA ASSENTADA PELA CORTE ORIGINÁRIA. REEXAME DE PROVAS. IMPOSSIBILIDADE NA VIA ELEITA (...) III - Não há se falar em bis in idem, ante a imputação concomitante da majorante do emprego de arma no roubo (art. 157, § 2º, inciso I, do Código Penal) e o delito de porte ilegal de arma de fogo (art. 16, parágrafo único, inciso IV, da Lei n. 10.826/2003), pois o acórdão recorrido assentou que os crimes foram autônomos, cometidos em momentos distintos, sem nexo de dependência ou subordinação. IV - Além disso, na hipótese em análise, não se aplica o princípio da consunção, de forma que a conduta de portar ilegalmente arma de fogo não pode ser absorvida pelo crime de roubo, na medida em que se tratam de crimes autônomos e independentes, cujos objetos jurídicos são distintos - quanto ao crime de roubo: o patrimônio, a integridade jurídica e a liberdade do indivíduo e, em relação ao crime de porte ilegal de arma de fogo: a segurança pública e a paz social -, com diferenças quanto à natureza jurídica de cada um, sendo o primeiro material, de perigo concreto, e o segundo formal, de perigo abstrato [...] (STJ, **QUINTA TURMA**. HC 494.860/SP, Rel. Ministro FELIX FISCHER, julgado em 14/05/2019, **DJe 20/05/2019**)

AGRAVO REGIMENTAL NO HABEAS CORPUS. DECISÃO MONOCRÁTICA (...) APLICAÇÃO DO PRINCÍPIO DA CONSUNÇÃO ENTRE OS DELITOS DE ROUBO E PORTE ILEGAL DE ARMA DE FOGO. DESCABIMENTO. REVOLVIMENTO FÁTICO-PROBATÓRIO (...) III - No tocante a aplicação do princípio da consunção, reconhecida a autonomia dos desígnios do paciente e a distinção dos bens jurídicos tutelados pelas normas penais, evidencia-se, no caso, a inaplicabilidade do referido princípio, dada a ocorrência isolada dos crimes de roubo e porte ilegal de arma de fogo, o que denota a impossibilidade da absorção de um delito pelo outro. Ademais, para infirmar as conclusões das instâncias ordinárias seria necessário revolver o contexto fático-probatório dos autos, providência que não se adequa à via estreita do habeas corpus. Confira-se, nesse sentido, os seguintes precedentes [...] (STJ, **QUINTA TURMA**. AgRg no HC 522.861/MA, Rel. Ministro LEOPOLDO DE ARRUDA RAPOSO (DESEMBARGADOR CONVOCADO DO TJ/PE), julgado em 07/11/2019, **DJe 19/11/2019**, sem grifos no original)

PENAL E PROCESSO PENAL. AGRAVO REGIMENTAL NO AGRAVO EM RECURSO ESPECIAL (...) DELITO DE PORTE DE ARMA E ROU-

BO. ABSORÇÃO. CONDUTAS AUTÔNOMAS. INCABÍVEL (...) 1. Se o Tribunal de origem concluiu que estão presentes os elementos objetivos e subjetivos que caracterizam os crimes tipificados pelos quais encontra-se incurso o réu, não pode este Tribunal Superior alterar tal conclusão sem nova apreciação do acervo fático-probatório, o que é vedado na via eleita ante expresso óbice da Súmula n. 7 do Superior Tribunal de Justiça - STJ. 2. É incabível o reconhecimento da absorção do delito de porte de arma pelos roubos quando caracterizadas condutas autônomas. Precedentes do STJ. Rever o referido entendimento requer o reexame fático-probatório, obstado pela Súmula n. 7/STJ [...] (STJ, **QUINTA TURMA.** AgRg no AREsp 1538674/RN, Rel. Ministro JOEL ILAN PACIORNIK, julgado em 10/12/2019, **DJe 19/12/2019**)

PROCESSUAL PENAL E PENAL. AGRAVO REGIMENTAL NO RECURSO ESPECIAL. CRIMES DE POSSE IRREGULAR DE ARMA DE FOGO DE USO RESTRITO E DE USO PERMITIDO(...) PRINCÍPIO DA CONSUNÇÃO. CRIMES DO ESTATUTO DO DESARMAMENTO E CRIME DE ROUBO. CONDUTAS AUTÔNOMAS APLICAÇÃO. INVIABILIDADE (...) 2. De acordo com o contexto em que ocorreram os crimes dos artigos 12 e 16 da Lei nº 10.826/2003 e o de roubo, o acórdão concluiu que restou caracterizada a autonomia das condutas, de modo que inviável a aplicação do princípio da consunção [...] (STJ, **QUINTA TURMA**. AgRg no REsp 1807692/CE. AGRAVO REGIMENTAL NO RECURSO ESPECIAL. Relator Ministro JOEL ILAN PACIORNIK. Julgamento em 17/12/2019. Publicação/Fonte em **DJe 19/12/2019**).

AGRAVO REGIMENTAL NO HABEAS CORPUS. LATROCÍNIO (CONSUMADO E TENTADO). PORTE DE ARMA DE FOGO. REVISÃO CRIMINAL (...) PRINCÍPIO DA CONSUNÇÃO ENTRE OS ILÍCITOS DE PORTE DE ARMA E LATROCÍNIO. CONTEXTOS DIVERSOS. PORTE DE ARMA DEVIDAMENTE DESCRITO NA DENÚNCIA, NO VERBO ADQUIRIR. AUSÊNCIA DE ILEGALIDADE (...) 3. Reconhecida pelas instâncias de origem a prática dos crimes de porte de arma de fogo, na modalidade adquirir - devidamente descrita na denúncia e prevista no art. 14 da Lei n. 10.826/03, e de latrocínio, em contextos diversos, impossível o reconhecimento do princípio da consunção [...] (STJ, SEXTA TURMA. AgRg no HC 567.824/SC, Rel. Ministro NEFI CORDEIRO, , julgado em 09/06/2020, **DJe 16/06/2020**, sem grifo no original).

Porte e Associação criminosa Armada. O crime de associação criminosa é crime de perigo, tendo por objetividade jurídica a paz pública, sendo certo que o Código Penal traz, no parágrafo único do art. 288, causa de aumento de pena para o referido delito quando se trata de associação armada. O Supremo Tribunal Federal, em decisão antiga, quando o crime do artigo 288 do Código Penal ainda era denominado "quadrilha", entendeu que, na hipótese, a agente poderia responder pelo crime de quadrilha armada e pelo crime de porte de arma de fogo, em concurso material. Discordamos veementemente da posição do STF na decisão, que segue abaixo transcrita, eis que, em verdade, o bem jurídico tutelado no crime de quadrilha, assim como hoje acontece com a associação criminosa, é a paz pública e a previsão de ser armada como causa de aumento de pena já evidencia uma maior perniciosidade de seus componentes, que abalam o bem jurídico de forma mais contundente. Outrossim, não se tratam aqui de crimes que tutelem bens jurídicos distintos, eis que a segurança pública (objeto do crime de porte ilegal de armas) é apenas um dos aspectos da paz pública (objeto jurídico do anterior crime de quadrilha e da atual associação criminosa). Afinal, não existe a última sem que a primeira esteja garantida:

> PORTE DE ARMA DE FOGO - CONCURSO MATERIAL COM O DELITO DE QUADRILHA ARMADA (CP, ART. 288, PARÁGRAFO ÚNICO) - CRIMES QUE POSSUEM AUTONOMIA JURÍDICA - INEXISTÊNCIA DE RELAÇÃO DE DEPENDÊNCIA OU DE SUBORDINAÇÃO ENTRE TAIS ESPÉCIES DELITUOSAS - INAPLICABILIDADE DO PRINCÍPIO DA CONSUNÇÃO - INOCORRÊNCIA DE CONFLITO APARENTE DE NORMAS - PEDIDO INDEFERIDO. - A prática dos delitos de quadrilha ou bando armado e de porte ilegal de armas faz instaurar típica hipótese caracterizadora de concurso material de crimes, eis que as infrações penais tipificadas no parágrafo único do art. 288 do Código Penal e no art. 10 § 2º, da Lei nº 9.437/1997, por se revestirem de autonomia jurídica e por tutelarem bens jurídicos diversos (a paz pública, de um lado, e a incolumidade pública, de outro), impedem a aplicação, a tais ilícitos, do princípio da consunção (*major absorbet minorem*) (STF, Segunda Turma. RHC 83447/SP. RECURSO EM HABEAS CORPUS. Relator Min. CELSO DE MELLO. Julgamento em 17/02/2004. Publicação em DJ 26-11-2004 PP-00035. EMENT VOL-02174-02 PP-00310. LEXSTF v. 27, n. 314, 2005, p. 321-336. RTJ VOL-00193-03 PP-01006. Veiculado no Informativo nº 337. Período de 16 a 20 de fevereiro de 2004. TÍTULO: Porte Ilegal de Arma e Princípio da Consunção).

Porte de Munição e insignificância. A análise da jurisprudência do STF revela que, em regra, como dito acima, não se admite aplicação do princípio da insignificância aos crimes previstos no Estatuto do Desarmamento. Quanto às munições, porém, a incidência, ou não, do princípio tem sido analisada caso a caso, a depender da conjugação dos vetores formulados pela Corte, quais sejam, a mínima ofensividade da conduta do agente, a ausência de periculosidade social da ação, o reduzido grau de reprovabilidade do comportamento e a inexpressividade da lesão jurídica causada.

> RECURSO ESPECIAL. **ART. 16 DA LEI N. 10.826/2003. MUNIÇÃO DE FUZIL DESACOMPANHADA DE ARMAMENTO**. RÉU FORAGIDO DA JUSTIÇA E INTEGRANTE DE ORGANIZAÇÃO CRIMINOSA. TIPICIDADE FORMAL E MATERIAL. PERIGO À INCOLUMIDADE PÚ-

BLICA EVIDENCIADO. RECURSO ESPECIAL NÃO PROVIDO. 1. O porte de munição proibida ou de uso restrito desacompanhado da respectiva arma de fogo, por expressa previsão legal, configura o crime do art. 16 da Lei n. 10.826/2003, delito de perigo abstrato que presume a ocorrência de risco à segurança pública e independe de ofensa à integridade de outrem para ficar caracterizado. **2. Esta Corte alinhou-se ao entendimento do Supremo Tribunal Federal e passou a reconhecer o princípio da insignificância em situações excepcionais, de posse de ínfima quantidade de artefatos e de ausência de arma de fogo capaz de dispará-las, desde que aliadas a elementos acidentais da ação que denotem a total inexistência de perigo à segurança pública.** 3. Embora possível, a aplicação do "princípio da insignificância não pode levar à situação de proteção deficiente a bem jurídico tutelado. Portanto, não se deve abrir muito o espectro de sua incidência, que deve se dar apenas quando efetivamente mínima a quantidade de munição apreendida, em conjunto com as circunstâncias do caso concreto, a denotar a inexpressividade da lesão" (HC n. 458.189/MS, Rel. Ministro Reynaldo Soares da Fonseca, 5ª T., Dje 28/9/2018). 4. Como o recorrente foi surpreendido com munição de fuzil, atribuiu-se falsa identidade para esconder a condição de foragido da Justiça e em seu celular havia fotos de entorpecentes e cartas de organização criminosa, da qual confessou fazer parte, não há falar em ausência de lesividade da conduta, idônea a gerar risco à incolumidade pública [...] (STJ, SEXTA TURMA. REsp 1829065/SP. RECURSO ESPECIAL. Relator Ministro ROGERIO SCHIETTI CRUZ. Julgamento em 07/11/2019. Publicação/Fonte em DJe 19/11/2019, sem grifos no original).

AGRAVO REGIMENTAL NO AGRAVO EM RECURSO ESPECIAL. ESTATUTO DO DESARMAMENTO. POSSE DE DOIS CARREGADORES DE ARMA DE FOGO DE USO RESTRITO. FUZIS AR15. VIOLAÇÃO A DISPOSITIVOS CONSTITUCIONAIS. MATÉRIA AFETA AO SUPREMO TRIBUNAL FEDERAL – STF. VIOLAÇÃO À PORTARIA. INCABÍVEL A ANÁLISE. APLICAÇÃO DO PRINCÍPIO DA INSIGNIFICÂNCIA. RESP N. 1.669.710/RS. AUSÊNCIA DE ARTEFATO. IMPOSSIBILIDADE. ELEMENTOS ACIDENTAIS QUE CONFIGURAM EXISTÊNCIA DE PERIGO À INCOLUMIDADE PÚBLICA. APURAÇÃO DE CRIMES COMETIDOS POR INTEGRANTES DE FACÇÃO CRIMINOSA – PCC (...) 3. A Sexta Turma do Superior Tribunal de Justiça, no julgamento do REsp n. 1.699.710/MS, de relatoria da Ministra Maria Thereza de Assis Moura, e do AgInt no REsp n. 1.704.234/RS (Rel. Ministro Sebastião Reis Júnior), alinhou-se ao entendimento da Segunda Turma do Supremo Tribunal Federal e passou a admitir a aplicação do princípio da insignificância em situações excepcionais, de posse de ínfima quantidade de munições e de ausência do artefato capaz de dispará-las,

> aliadas a elementos acidentais da ação que denotem a total inexistência de perigo à incolumidade pública. **O posicionamento foi estendido para casos de porte ilegal de munição de uso restrito** [...] (STJ, **QUINTA TURMA**. AgRg no AREsp 1743309/SP, Rel. Ministro JOEL ILAN PACIORNIK, julgado em 23/02/2021, **DJe 01/03/2021**, sem grifo no original).

Destarte, o Supremo Tribunal Federal deixou de aplicar o referido princípio em hipótese em que se arrecadou com o agente pequena quantidade de munição enquanto o mesmo traficava drogas, levando em conta aspectos objetivos do fato e do grau de perniciosidade do agente.

> PORTE ILEGAL DE MUNIÇÃO DE USO PERMITIDO ALEGAÇÃO DE INCIDÊNCIA DO PRINCÍPIO DA INSIGNIFICÂNCIA: INVIABILIDADE. CRIME COMETIDO EM CONCURSO MATERIAL COM O CRIME DE TRÁFICO DE ENTORPECENTES. REINCIDÊNCIA. HABEAS CORPUS DENEGADO. 1. A tipicidade penal não pode ser percebida como o trivial exercício de adequação do fato concreto à norma abstrata. Além da correspondência formal, para a configuração da tipicidade, é necessária uma análise materialmente valorativa das circunstâncias do caso concreto, no sentido de se verificar a ocorrência de alguma lesão grave, contundente e penalmente relevante do bem jurídico tutelado. 2. O princípio da insignificância reduz o âmbito de proibição aparente da tipicidade legal e, por consequência, torna atípico o fato na seara penal, apesar de haver lesão a bem juridicamente tutelado pela norma penal. 3. Para a incidência do princípio da insignificância, devem ser relevados o valor do objeto do crime e os aspectos objetivos do fato – tais como a mínima ofensividade da conduta do agente, a ausência de periculosidade social da ação, o reduzido grau de reprovabilidade do comportamento e a inexpressividade da lesão jurídica causada. 4. Nas circunstâncias do caso, o fato não é penalmente irrelevante, pois o delito foi praticado em concurso com o crime de tráfico de entorpecentes, o que configuraria, minimamente, a periculosidade social da ação do Paciente e o descomprometimento com os valores tutelados pelo direito. 5. Apesar de tratar-se de critério subjetivo, a reincidência remete a critério objetivo e deve ser excepcionada da regra para análise do princípio da insignificância, já que não está sujeita a interpretações doutrinárias e jurisprudenciais ou a análises discricionárias. O criminoso reincidente apresenta comportamento reprovável, e sua conduta deve ser considerada materialmente típica. [...] (STF, Primeira Turma. HC 96684/MS. HABEAS CORPUS. Relator(a) Min. CÁRMEN LÚCIA. Julgamento em 25/05/2010. Publicação em DJe-224. DIVULG 22-11-2010. PUBLIC 23-11-2010. EMENT VOL-02436-01, PP-00011).

A mesma Corte, porém, reconheceu que aplicável o princípio quando se tratou de episódio em que a pessoa trazia consigo uma única munição que pretendia usar como adorno em um cordão.

> "(...) Contudo, no caso vertente, não se pode olvidar que o recorrente portava apenas 01 munição de calibre 40. Tal conduta não representa qualquer lesão, ou mesmo perigo de lesão aos bens jurídicos tutelados pela norma, seja imediato, incolumidade pública, ou mediatos – vida, integridade física, patrimônio, liberdade, dentre outros. Assim, para não adotar medida desarrazoada, completamente despida de bom senso, hei por bem dar provimento ao recurso, reformando a sentença que condenou o recorrente mediante o fundamento de atipicidade material da conduta, eis que a apreensão de 01 (uma) munição de calibre 40 com o apelante não representa qualquer ofensa ao bem jurídico tutelado. Saliente-se que tal entendimento não denota qualquer equívoco (...) Em remate, vale consignar que a intenção do réu não era usar a munição para fins ilícitos, mas fazer um pingente para servir-lhe de adorno" [...] (STF, Segunda Turma. HC 133984/MG. HABEAS CORPUS. Relator(a) Min. CÁRMEN LÚCIA. Julgamento em 17/05/2016. Publicação em DJe-112. DIVULG 01-06-2016. PUBLIC 02-06-2016).

No STJ também já se reconheceu a possibilidade de aplicação do princípio em hipótese de porte de apenas uma munição:

> PORTE ILEGAL DE MUNIÇÃO. AUSÊNCIA DE ARMA DE FOGO. A Turma, por maioria, absolveu o paciente do crime de porte ilegal de munição; ele fora preso com um único projétil, sem ter havido apreensão da arma de fogo. O Min. Relator entendeu que se trata de crime de perigo abstrato, em que não importa se a munição foi apreendida com a arma ou isoladamente para caracterizar o delito. Contudo, no caso, verificou que não houve lesão ao bem jurídico tutelado na norma penal, que visa resguardar a segurança pública, pois a munição foi utilizada para suposta ameaça, e não é esse tipo de perigo, restrito a uma única pessoa, que o tipo penal visa evitar. E, por se tratar de apenas um projétil, entendeu pela ofensividade mínima da conduta, portanto por sua atipicidade. A Min. Maria Thereza de Assis Moura e o Min. Og Fernandes também reconheceram a atipicidade da conduta, mas absolveram o paciente sob outro fundamento: o crime de porte de munição é de perigo concreto, ou seja, a munição sem arma não apresenta potencialidade lesiva. Precedente citado do STF: HC 96.532-RS, DJe 26/11/2009. (STJ, SEXTA TURMA. HC 194468/MS. HABEAS CORPUS. Relator(a) em Ministro SEBASTIÃO REIS JÚNIOR. Julgamento em 17/04/2012. Publicação/Fonte em DJe 01/08/2012. RMDPPP vol. 49, p. 97. Veiculado no Informativo nº 0495. Período: 9 a 20 de abril de 2012).

> PENAL. AGRAVO REGIMENTAL EM HABEAS CORPUS. **POSSE ILEGAL DE MUNIÇÃO DE USO PERMITIDO. CRIME DE PERIGO ABSTRATO. PRINCÍPIO DA INSIGNIFICÂNCIA. POSSIBILIDADE. PEQUENA QUANTIDADE DE MUNIÇÃO (1 CARTUCHO).** AUSÊNCIA DE ARTEFATO. POSSIBILIDADE. PRECEDENTES. CONSTRANGIMENTO ILEGAL EVIDENCIADO. MANUTENÇÃO DA DECISÃO AGRAVADA QUE SE IMPÕE. 1. **A Sexta Turma do Superior Tribunal de Justiça, alinhando-se ao Supremo Tribunal Federal, tem entendido pela incidência do princípio da insignificância aos crimes previstos na Lei n. 10.826/2003, afastando a tipicidade material da conduta, quando evidenciada flagrante desproporcionalidade da resposta penal. Ainda que formalmente típica, a apreensão de 1 cartucho não é capaz de lesionar ou mesmo ameaçar o bem jurídico tutelado, mormente porque ausente armamento capaz de deflagrar o projétil encontrado em poder do agente** (AgRg no REsp n. 1.721.334/PR, Ministro Nefi Cordeiro, Sexta Turma, DJe 4/10/2018) [...] (STJ, SEXTA TURMA. AgRg no HC 541867/ES. AGRAVO REGIMENTAL NO HABEAS CORPUS. Relator Ministro SEBASTIÃO REIS JÚNIOR. Julgamento em 05/12/2019. Publicação/Fonte em DJe 11/12/2019, sem grifos no original).

Declaração de inconstitucionalidade. O disposto no parágrafo único do art. 14 foi declarado inconstitucional pela ADI nº 3.112/DF, cuja ementa segue transcrita nos comentários ao art. 21 desta lei.

Porte compartilhado de arma de fogo. Embora existam divergências acerca da possiblidade do porte compartilhado de armas, entendemos perfeitamente possível a existência de coautoria quando as circunstâncias evidenciarem o compartilhamento, demonstrando-se a unidade de desígnios e que a arma esteja sob a disponibilidade de mais de uma pessoa. Assim já decidiu o STJ, consoante julgado abaixo transcrito:

> "(...) As circunstâncias em que a prisão dos acusados foi efetuada evidenciam que o porte da arma de fogo apreendida era compartilhado, razão pela qual resta clara a presença de unidade de desígnios para a prática delituosa, não havendo se falar em absolvição do paciente. Decerto, ainda que se trate de crime unissubjetivo, admite-se a coautoria quanto ao delito do art. 16 da Lei n. 10.826/2003.5. Writ não conhecido. (STJ, QUINTA TURMA. HC 352523/SC. HABEAS CORPUS. Relator(a) Ministro RIBEIRO DANTAS. Julgamento em 20/02/2018. Publicação/Fonte em DJe 26/02/2018).

Disparo de Arma de Fogo

Art. 15. Disparar arma de fogo ou acionar munição em lugar habitado ou em suas adjacências, em via pública ou em direção a ela, desde que essa conduta não tenha como finalidade a prática de outro crime:

Pena – reclusão, de 2 (dois) a 4 (quatro) anos, e multa.

Parágrafo único. O crime previsto neste artigo é inafiançável. (Vide Adin 3.112-1)

Conduta Típica. Exige-se que o disparo se dê na via pública, em direção a ela ou em local habitado ou suas adjacências, não se caracterizando fato típico disparar arma de fogo em local desabitado, como, por exemplo, numa floresta.

Crime de perigo abstrato. Consoante nos revela a jurisprudência do STJ, o crime de disparo de arma de fogo (art. 15 da Lei n. 10.826/2003) é crime de perigo abstrato, que presume a ocorrência de dano à segurança pública e prescinde, para sua caracterização, de comprovação da lesividade ao bem jurídico tutelado. Neste sentido, vide o AgRg no AREsp 684978/SP, Rel. Ministro ROGERIO SCHIETTI CRUZ, Julgado em 05/12/2017,DJE 12/12/2017.

Quantidade de Disparos. Assim como a multiplicidade de golpes desferidos contra a vítima não caracteriza vários crimes de lesão corporal, a quantidade de disparos efetuados igualmente caracteriza um único crime, devendo, entretanto, ser considerada pelo magistrado por ocasião da fixação da pena.

Subsidiariedade. O tipo penal em comento somente tem aplicação na hipótese de o disparo não ter como finalidade a prática de um outro crime. Assim, se a pessoa dispara para matar, por exemplo, deverá ser responsabilizada pelo homicídio e não pelo disparo.

Disparo para a Prática de Outro Crime Menos Grave. Consoante se depreende da leitura da lei, o crime em apreciação somente se aplica na hipótese de ser o disparo a finalidade última do agente, não se aplicando quando for meio para a prática de outro qualquer crime, não importando se o outro crime é mais grave ou menos grave que o disparo. Neste sentido, observemos decisão do Tribunal de Justiça do Estado de São Paulo:

> APELAÇÃO CRIMINAL Disparo de arma de fogo e lesão corporal leve Art. 15 da Lei 10.826 /03 Decadência do direito de representação com relação ao crime fim Impossibilidade de se analisar o crime meio de disparo de arma de fogo Inteligência do disposto pelo próprio artigo – Impossibilidade de interpretação 'in malam partem'- Decisão mantida Recurso desprovido. (TJ-SP, Quinta Câmara de Direito Criminal. Apelação APL 00857481120048260050 SP 0085748-11.2004.8.26.0050. Relator Sérgio Ribas. Julgamento em 16/05/2013. Publicação em 21/05/2013).

Destarte, quem, por exemplo, efetua disparo com intenção de ofender a integridade física de alguém e provoca lesões de natureza leve na vítima, deverá responder por crime de lesão corporal e não por disparo de arma de fogo. Agora, veja o querido leitor o absurdo da situação: se o agente, para comemorar a vitória de seu time de futebol, dispara para o alto, pratica o crime de disparo, descrito no art. 15, com pena de 2 a 4 anos; agora, se a sua intenção for a de lesionar o torcedor do time adversário e efetuar disparo para atingi-lo no pé, causando-lhe lesão leve, sua pena diminui para três meses a um ano!

O absurdo da solução legal tem levado alguns à consideração de que haveria concurso formal entre o crime de disparo e o de lesão leve, o que, *concessa maxima venia*, não nos parece ser a melhor solução técnica.

Observamos que melhor redação tinha a Lei nº 9.437/1997, revogada pelo Estatuto do Desarmamento, que dispunha que não se reconheceria o disparo se o crime que o agente objetivasse praticar fosse mais grave. Em hipótese contrária, sendo o crime-fim menos grave, o agente responderia pelo disparo.

Momento Consumativo. No momento em que se deflagra a munição, efetuando o disparo.

Tentativa. É cabível, na hipótese de a pessoa tentar disparar e não conseguir por razão alheia a sua vontade.

Tipo Subjetivo. É o dolo, não sendo admitida a modalidade culposa do crime. Assim, quem dispara acidentalmente não pratica conduta típica.

Instrumento do Crime. É a arma de fogo, não se podendo aqui considerar as de pressão que, caso disparadas, não caracterizarão o crime em comento, embora possam caracterizar a pratica de outro, como, por exemplo, o do artigo 132 do CP, na hipótese de provocar risco concreto de dano.

Sujeito Ativo. Qualquer pessoa, sendo crime comum.

Sujeito Passivo. A coletividade como um todo.

Objeto Jurídico. A segurança pública.

Classificação Legal. Crime comum, de perigo abstrato, doloso, de mera conduta, admite tentativa, unissubsistente.

Declaração de Inconstitucionalidade. O disposto no parágrafo único do art. 15 foi declarado inconstitucional pela ADI nº 3.112/DF, cuja ementa segue transcrita nos comentários ao art. 21 desta lei.

Posse ou Porte Ilegal de Arma de Fogo de Uso Restrito

Art. 16. Possuir, deter, portar, adquirir, fornecer, receber, ter em depósito, transportar, ceder, ainda que gratuitamente, emprestar, remeter, empregar, manter sob sua guarda ou ocultar arma de fogo, acessório ou munição de uso restrito, sem autorização e em desacordo com determinação legal ou regulamentar: (Redação dada pela Lei nº 13.964, de 2019)

Pena – reclusão, de 3 (três) a 6 (seis) anos, e multa.

Tipo Objetivo. Todas as observações feitas quanto aos crimes de posse e porte referentes aos arts. 12 e 14 aqui se aplicam, devendo-se observar que a única distinção é que os objetos materiais do crime deste art. 16 são a arma, a munição ou o acessório de uso restrito.

No entanto, também serão objeto do artigo 16, *caput*, os acessórios e munições de uso proibido. Aqui, precisamos refletir sobre algumas situações específicas provocadas pela inclusão do parágrafo segundo ao art. 16 (promovida pela Lei nº 13.964/19). Como veremos adiante, naquela situação do parágrafo segundo do art. 16, o legislador apenas colocou como objeto material da conduta descrita naquela qualificadora a "arma de fogo de uso proibido".

Embora a redação dada ao art. 16, § 2º, da Lei nº 13.964/19, não tenha sido a mais adequada, já que não faz constar como objeto material "acessório ou munição de uso proibido", realmente a acreditamos que a intenção do legislador ao criar a qualificadora ali prevista tratasse de toda a temática referente ao "uso proibido", seja ela envolvendo somente a arma de fogo de uso proibido, ou ainda a arma de fogo de uso proibido alimentada com a munição que lhe fosse pertinente (de uso proibido, por óbvio), enfim. Mas não foi isso que aconteceu.

Ora, por esta razão, os autores entendem que não faz sentido acreditar na atipicidade da conduta de portar acessório ou munição de uso proibido, por não haver previsão legal para esses objetos materiais na qualificadora. Entender que escapariam da incidência da norma incriminadora significaria chegar à conclusão inaceitável de que as munições e acessórios de arma de fogo de uso permitido (nos artigos 12 e 14) e restrito (artigo 16) podem ser objeto de crime, mas que seria atípica a conduta que versasse sobre munições e acessórios de uso proibido, potencialmente mais lesivos.

Assim, ao se referir a "uso restrito", a lei quis também aqui fazer incluir os de uso proibido. Afinal, se o menos grave (de uso restrito) é abrangido pela norma, o mais também o será, de modo a que se atenda ao princípio da proporcionalidade.

Por fim, quando se tratar, especificamente, de arma de fogo de uso proibido, porém, deverá ser aplicada a qualificadora do parágrafo 2º do dispositivo em comento, que não contempla munições e acessórios de uso proibido, não podendo aos mesmos ser estendida para prejudicar o autor.

Sujeito Ativo. Qualquer pessoa, sendo crime comum.

Sujeito Passivo. O Estado, que tem interesse no controle das armas existentes no país.

Bem Jurídico Tutelado. A incolumidade e segurança públicas, bem como o controle das armas existentes no país.

Tentativa. Possível, pois se trata de crime plurissubsistente.

Objeto Material. As armas de fogo de uso restrito, bem como os acessórios e munições de uso restrito ou proibido.

Posse e porte de arma de uso restrito. Não deve mais ser considerado como crime hediondo. A Lei nº 13.497/2017 passou a considerar hediondo o crime de porte e posse de arma de fogo de uso restrito ou proibido, descrito no artigo 16 da Lei nº 10.826/03.

A jurisprudência do STJ – antes da edição da Lei nº 13.964/19 – seguia no sentido de que a hediondez era aplicável ao *caput* e às figuras equiparadas do parágrafo único, dado que a Lei nº 13.497/17 não fazia distinção entre as figuras típicas, logo, não teria restringido a natureza hedionda do crime de posse ou porte ilegal de arma de fogo de uso restrito, do que se depreende que tal natureza se estenderia a todas as condutas narradas no art. 16 da Lei n. 10.826/2003. É o que se observa no seguinte precedente:

> AGRAVO REGIMENTAL NO HABEAS CORPUS. EXECUÇÃO PENAL. **ART. 16 DA LEI N. 10.826/2003. CARÁTER HEDIONDO DO CAPUT, PARÁGRAFO ÚNICO E INCISOS.** REINCIDÊNCIA. APLICAÇÃO DA FRAÇÃO DE 3/5. AUSÊNCIA DE CONSTRANGIMENTO ILEGAL. INSURGÊNCIA DESPROVIDA (...) 2. No caso dos autos, o crime foi praticado após a edição da **Lei n.º 13.497/2017 que não restringiu a natureza hedionda do crime de posse ou porte ilegal de arma de fogo de uso restrito, do que se depreende que tal natureza se estende a todas as condutas narradas no art. 16 da Lei n. 10.826/2003**, aplicando-se à progressão de regime a fração de 3/5, porque hediondo o crime e reincidente o paciente. 3. "**Ao ser qualificado como hediondo o art. 16 da Lei n. 10.826/2003, também as condutas equiparadas, e assim previstas no mesmo artigo, devem receber igual tratamento. Praticado o crime equiparado do parágrafo único do art. 16 da Lei n. 10.826/2003 após a publicação da Lei n. 13.497/2017, que inseriu a qualificação de hediondez, incide esse tratamento mais gravoso ao fato do processo**" (HC 526.916/SP, Rel. Ministro NEFI CORDEIRO, **SEXTA TURMA**, julgado em 01/10/2019, DJe 08/10/2019) [...] (STJ, **QUINTA TURMA**. AgRg no HC 460910/PR. AGRAVO REGIMENTAL NO HABEAS CORPUS. Relator Ministro JORGE MUSSI. Julgamento em 21/11/2019. Publicação/Fonte em DJe 28/11/2019).

Tal entendimento foi sedimentado no âmbito do STJ (Quinta e Sexta Turmas), ao asseverar que "*a qualificação de hediondez aos crimes do art. 16 da Lei n. 10.826/2003, inserida pela Lei n. 13.497/2017, abrange os tipos do caput e as condutas equiparadas previstas no seu parágrafo único*". Confira-se a notícia de julgamento veiculada no Informativo nº 0657 do STJ:

> O art. 16 da Lei n. 10.826/2003 (Estatuto do desarmamento) prevê gravosas condutas de contato com "arma de fogo, acessório ou munição de uso proibido ou restrito", vindo seu parágrafo único a acrescer figuras equiparadas – em gravidade e resposta criminal. Dessa forma, ainda que algumas das condutas equiparadas possam ser praticadas com armas de uso permitido, o legislador as considerou graves ao ponto de torná-las com reprovação criminal equivalente às

condutas do caput. No art. 1º, parágrafo único, da Lei n. 8.072/1990, com redação dada pela Lei n. 13.497/2017, o legislador limitou-se a prever que o delito descrito no art. 16 da Lei n. 10.826/2003 é considerado hediondo. Assim, como a equiparação é tratamento igual para todos os fins, considerando equivalente o dano social e equivalente também a necessária resposta penal, salvo ressalva expressa, ao ser qualificado como hediondo o art. 16 da Lei n. 10.826/2003, as condutas equiparadas devem receber igual tratamento (STJ, SEXTA TURMA. HC 526.916-SP. Relator Min. Nefi Cordeiro. Julgamento em 01/10/2019. Publicação em DJe 08/10/2019. Veiculado no Informativo nº 0657. Publicação de 25 de outubro de 2019. tema: art. 16 da Lei n. 10.826/2003 (Estatuto do Desarmamento). Delito considerado hediondo. Lei n. 8.072/1990 alterada pela Lei n. 13.497/2017. Alteração legislativa que abrange o *caput* e o parágrafo único).

Porém, com o advento da Lei nº 13.964/19, parece cair por terra a divergência jurisprudencial, ante expressa disposição legal (frisa-se, mais benéfica, aplicando-se a retroatividade). Assim, com a atual redação dada à Lei dos Crimes Hediondos pela Lei nº 13.964/2019, somente a posse ou porte ilegal de arma de fogo de uso **proibido** podem ser considerados hediondos, devendo-se aplicar retroativamente a lei que beneficia, para retirar o rótulo de hediondez conferido aos crimes de porte ilegal de arma de fogo de uso restrito praticados antes de 23 de janeiro de 2020 (data da entrada em vigor da Lei nº 13.964/19, que fez tal alteração). As anotações pertinentes seguem no capítulo dedicado ao estudo dos crimes hediondos.

Ainda assim, cabe destacar a alteração de entendimento jurisprudencial do STJ (*overruling*) – nos HC nºs 575.933/SP e 525.249/RS, julgados em 15/12/2020 (DJe 18/12/2020) – que passou a entender que deve ser considerado equiparado a hediondo apenas o crime de posse ou porte ilegal de arma de fogo de uso proibido, previsto no art. 16 da Lei nº 10.826/2003, afastando-se o caráter hediondo do delito de porte ou posse de arma de fogo de uso permitido com numeração, marca ou qualquer outro sinal de identificação raspado, suprimido ou adulterado, "*pois a Lei nº 13.964/2019, ao modificar a redação do art. 16 da Lei nº 10.826/2003, com a imposição de penas diferenciadas para o posse ou porte de arma de fogo de uso restrito e de uso proibido, atribuiu reprovação criminal diversa a depender da classificação do armamento*". Esse posicionamento se mantém, senão vejamos:

AGRAVO REGIMENTAL EM HABEAS CORPUS. EXECUÇÃO PENAL. PORTE DE ARMA DE FOGO COM NUMERAÇÃO SUPRIMIDA (ART. 16, PARÁGRAFO ÚNICO, IV, LEI N. 10.826/2003). CONDUTA PRATICADA APÓS A VIGÊNCIA DA LEI N.º 13.497/2017 E ANTES DA VIGÊNCIA DA LEI N.º 13.964/2019. NATUREZA HEDIONDA AFASTADA. AGRAVO REGIMENTAL PROVIDO. 1. A jurisprudência desta Corte Superior havia se firmado no sentido de que a Lei de Crimes Hediondos não traz qualquer limitação quanto a sua aplicação tão somente ao caput do art. 16, da Lei nº 10.826/2003, ou seja, quando

> a arma, acessório ou munição for de uso proibido ou restrito, concluindo-se assim que as condutas previstas no parágrafo único, vigente à época dos fatos, devem ser igualmente taxadas de hediondas. 2. Esta Sexta Turma, em julgamentos recentes, nos HC n. 575.933/SP e 525.249/RS, julgados em 15/12/2020 (DJe 18/12/2020), de relatoria da Ministra Laurita Vaz, decidiu que o entendimento anterior deve ser superado (overruling), pois a Lei n. 13.964/2019, ao modificar a redação do art. 16 da Lei n.º 10.826/2003, com a imposição de penas diferenciadas para o posse ou porte de arma de fogo de uso restrito e de uso proibido, atribuiu reprovação criminal diversa a depender da classificação do armamento. 3. Firmou-se, assim, o entendimento de que deve ser considerado equiparado a hediondo apenas o crime de posse ou porte ilegal de arma de fogo de uso proibido, previsto no art. 16 da Lei n. 10.826/2003, afastando-se o caráter hediondo do delito de porte ou posse de arma de fogo de uso permitido com numeração, marca ou qualquer outro sinal de identificação raspado, suprimido ou adulterado. 4. Agravo regimental provido para determinar que seja afastado o caráter hediondo do delito previsto art. 16, parágrafo único, IV, da Lei 10.826/2003, determinando-se a realização de novo cálculo das penas do agravante (STJ, **SEXTA TURMA**. AgRg no HC 625.762/SP, Rel. Ministro NEFI CORDEIRO, julgado em 09/02/2021, **DJe 18/02/2021**, sem grifo no original).

Novos Decretos e Portarias regulamentares. Jurisprudência. Art. 16 e art. 12, ambos da Lei nº 10.826/2003. Desclassificação. Possibilidade. Em virtude da superveniência dos Decretos nºs 9.785/2019 e 9.847/2019, regulamentados pela Portaria nº 1.222/2019 do Exército Brasileiro, houve alteração na listagem de armamento. A legislação é recente e já repercute na jurisprudência dos Tribunais Superiores. Nesse sentido, vale observar o recente julgado da Quinta Turma do STJ que reconheceu a necessidade de desclassificação da conduta do art. 16 para o art. 12, ambos da Lei nº 10.826/2003, em razão da superveniência dos Decretos nºs 9.785/2019 e 9.847/2019, regulamentados pela Portaria nº 1.222/2019 do Exército Brasileiro, uma vez que as munições de calibre.357 passaram a ser de uso permitido, aplicando, ainda, a retroatividade da lei posterior mais benéfica:

> PENAL E PROCESSO PENAL. HABEAS CORPUS. 1. IMPETRAÇÃO SUBSTITUTIVA DO RECURSO PRÓPRIO. NÃO CABIMENTO. 2. POSSE DE MUNIÇÕES DE USO RESTRITO. PEDIDO DE DESCLASSIFICAÇÃO. DECRETOS N. 9.785/2019 E 9.847/2019. APLICAÇÃO RETROATIVA. ART. 2º, P. ÚNICO, DO CP E ART. 5º, XL, DA CF. 3. MUNIÇÕES.357. CALIBRE DE USO PERMITIDO. NECESSIDADE DE DESCLASSIFICAÇÃO (...) **2. Busca-se a desclassificação do crime do art. 16, caput, para o crime do art. 12, ambos da Lei n. 10.826/2003, em virtude da superveniência dos Decretos n. 9.785/2019 e 9.847/2019, regula-**

> **mentados pela Portaria n. 1.222/2019 do Exército Brasileiro. Como é de conhecimento, o art. 2º, p. único, do CP, em observância ao disposto no art. 5º, XL, da CF, dispõe que "a lei posterior, que de qualquer modo favorecer o agente, aplica-se aos fatos anteriores, ainda que decididos por sentença condenatória transitada em julgado". 3. Verificando-se que o paciente foi condenado pela posse irregular de munição de uso restrito, em virtude de terem sido encontradas duas munições calibre.357, mister se faz a desclassificação da conduta, uma vez que referidas munições passaram a ser de uso permitido [...]** (STJ, QUINTA TURMA. HC 535828/MS. HABEAS CORPUS. Relator Ministro REYNALDO SOARES DA FONSECA. Julgamento em 10/10/2019. Publicação/Fonte em DJe 21/10/2019, sem grifos no original).

Período de *Abolitio criminis* Temporária para as Armas E Munições de Uso Restrito ou Proibido. Consoante já explicitado, o período de *abolitio criminis* temporária somente abrange o crime de posse, não se estendendo ao porte. Ocorre que, neste art. 16, *caput*, também se fala de posse e, para a posse aqui capitulada o período de *abolitio criminis* temporária teve seu término no ano de 2005, não se lhes aplicando as prorrogações feitas pela MP nº 417, pelas Leis nºs 11.706/2008 e 11.922/2009, que somente se referiram às armas de uso permitido. Destarte, já é típica, antijurídica e culpável a conduta de quem possui arma de uso restrito ou proibido desde aquela época, sendo certo que, pela atual redação do art. 32 do Estatuto do Desarmamento, que não tem natureza jurídica de norma temporária, deve ser considerada extinta a punibilidade daquele que fizer a espontânea entrega da arma às autoridades competentes. Neste sentido, vejamos decisão do STJ:

> PENAL E PROCESSO PENAL. AGRAVO REGIMENTAL. RECURSO ESPECIAL. ART. 16, CAPUT, DA LEI N.º 10.826/03. POSSE ILEGAL DE MUNIÇÃO DE USO RESTRITO. *ABOLITIO CRIMINIS* TEMPORÁRIA. NÃO OCORRÊNCIA. EXCLUDENTE DE PUNIBILIDADE. AUSÊNCIA DE DEVOLUÇÃO ESPONTÂNEA. 1. Tendo sido encontrada na residência do recorrido, em 16 de dezembro de 2008, 09 munições de uso restrito, calibre 40, sem autorização e em desacordo com determinação legal ou regulamentar, não tinha como ser beneficiado com a *abolitio criminis* pois, para a entrega de arma de fogo e munição de uso restrito, o prazo para obter *abolitio criminis* foi até 23.10.05. 2. "Considera-se incurso no art. 16 da Lei n. 10.826/2003 aquele que detém a munição de uso restrito sem autorização e sem registro da arma correspondente no Comando do Exército, contrariamente à determinação legal e regulamentar" (APn 686/AP, Rel. Ministro JOÃO OTÁVIO DE NORONHA, CORTE ESPECIAL, julgado em 18/12/2013, DJe 05/03/2014). [...] (STJ, SEXTA TURMA. AgRg no REsp 1362158/MG. AGRAVO REGIMENTAL NO RECURSO ESPECIAL. Relatora Ministra MARIA THEREZA DE ASSIS MOURA. Julgamento em 02/06/2015. Publicação/Fonte em DJe 10/06/2015).

CONSTITUCIONAL E PENAL. HABEAS CORPUS. LEI N. 10.826/2003. POSSE DE ACESSÓRIO E MUNIÇÕES DE USO RESTRITO. ABSOLVIÇÃO. ATIPICIDADE. *ABOLITIO CRIMINIS* TEMPORÁRIA. CONDUTA PRATICADA DURANTE A VACATIO LEGIS INDIRETA. FLAGRANTE ILEGALIDADE EVIDENCIADA. WRIT NÃO CONHECIDO E HABEAS CORPUS CONCEDIDO, DE OFÍCIO. 1. Esta Corte e o Supremo Tribunal Federal pacificaram orientação no sentido de que não cabe habeas corpus substitutivo do recurso legalmente previsto para a hipótese, impondo-se o não conhecimento da impetração, salvo quando constatada a existência de flagrante ilegalidade no ato judicial impugnado. 2. Por incidência da *abolitio criminis* temporária, revela-se atípica a conduta daquele que possuía arma de fogo, acessórios e munição, fosse de uso permitido ou de uso restrito, se praticada no período compreendido entre 23/11/2003 e 23/10/2005. Precedentes. 3. O Estatuto do Desarmamento estabeleceu o prazo de 180 (cento e oitenta) dias, contados da data da publicação da lei, para que os proprietários e possuidores de armas de fogo não registradas, sob pena de responsabilidade penal, solicitassem o seu registro mediante apresentação de nota fiscal de compra ou a comprovação da origem lícita da posse, pelos meios de prova admitidos em direito (art. 30 da Lei n. 10.826/2003), podendo, ainda, entregá-las à Polícia Federal, ficando extinta a punibilidade de eventual crime de posse irregular de arma (art. 32 da Lei n. 10.826/2003). 4. Durante tal lapso temporal, doutrinariamente conhecido como vacatio legis indireta, a conduta de possuir arma de fogo de uso permitido (art. 12 da Lei n. 10.826/2003) ou de uso restrito (art. 16 da Lei n. 10.826/2003) era considerada atípica. O legislador, de fato, conferiu ao possuidor ou proprietário de arma de fogo a possibilidade de regularizar a posse ou, ainda, de se desfazer do artefato espontaneamente, recebendo até mesmo compensação financeira. Por certo, a referida lei, em seu bojo, estabeleceu prazo específico para que tais dispositivos entrassem em vigor, reconhecendo a atipicidade dos comportamentos praticados dentro do período de 180 (cento e oitenta) dias. 5. Inicialmente, foi prevista *abolitio criminis* temporária no tocante aos delitos dos arts. 12 e 16 da Lei n. 10.826/2003, uma vez que tais normas incriminadoras permaneceram desprovidas de eficácia até transcurso do prazo de 180 (cento e oitenta dias), contado da data de publicação do referido diploma legal. Ocorre que o aludido interstício teve seu termo final prorrogado até 23/10/2005 pela Lei n. 1.191/2005, em relação aos crimes de posse irregular de arma de fogo ou munição de uso permitido e restrito, sem qualquer distinção. 6. Conforme a dicção do art. 1º da Lei n. 11.706/2008, que conferiu nova redação aos arts. 30 e 32 da Lei n. 10.826/2003, o prazo final restou estendido até 31/11/2008, tão somente em relação aos possuidores e proprietários de arma de fogo de uso permitido. Na sequência, com o advento da Lei n. 11.922/2009, houve nova prorrogação de tal prazo para o dia 31/12/2009. 7. Deve ser considerada atípica a conduta praticada pelo ora impetrante/paciente em 26/1/2004, consistente em guardar, no interior de sua residência, acessório e munições de calibres diversos de uso restrito e permitido, sem regulamentação. 8. Writ não conhecido. Habeas corpus concedido, de ofício, para, reformando o acórdão impugnado, absolver o paciente quanto ao crime de posse ilegal de munição de uso restrito, por atipicidade da conduta, com fundamento no art. 386, inciso III, do Código de Processo Penal. (STJ, QUINTA TURMA. HC 290765/SP. HABEAS CORPUS. Relator Ministro RIBEIRO DANTAS. Julgamento em 14/06/2016. Publicação/Fonte em DJe 21/06/2016).

PENAL E PROCESSO PENAL (...) ART. 12 DA LEI N. 10.826/2003. MUNIÇÕES DESACOMPANHADAS DE ARMAMENTO. TIPICIDADE. ABOLITIO CRIMINIS TEMPORÁRIA. NÃO OCORRÊNCIA. EXCLUDENTE DE PUNIBILIDADE. AUSÊNCIA DE DEVOLUÇÃO ESPONTÂNEA (...) 4. A jurisprudência desta Corte Superior de Justiça firmou-se no sentido de que o simples porte ou posse ilegal de munição são condutas típicas, por serem delitos de mera conduta ou de perigo abstrato. 5. É assente na jurisprudência desta Corte o entendimento no sentido de que é considerada atípica a conduta relacionada ao crime de posse de arma de fogo, acessórios e munição, seja de uso permitido, restrito, proibido ou com numeração raspada, incidindo a chamada abolitio criminis temporária, se praticada no período compreendido entre 23/12/2003 e 23/10/2005. Ressalta-se que o termo final foi prorrogado até 31/12/2008 pela Medida Provisória n. 417, de 31/1/2008, convertida na Lei n. 11.706/2008, que deu nova redação aos artigos 30 a 32 da Lei n. 10.826/2003, somente para os possuidores de armamentos de uso permitido, não mais albergando o delito previsto no artigo 16 do Estatuto do Desarmamento. Na mesma esteira, a Lei n. 11.922, de 13/4/2009, prorrogou o prazo previsto no artigo 30 da Lei n. 10.826/2003 até 31/12/2009, apenas no que toca ao crime de posse de arma de uso permitido. Assim, somente a posse de arma de fogo ou munição de uso permitido registrável será considerada atípica nesse período. Precedentes. 6. No caso dos autos, foram encontrados sob a guarda do recorrido 10 cartuchos de calibre .32, sem autorização e em desacordo com determinação legal ou regulamentar, no dia 21/2/2017, logo, fora do prazo albergado pela abolitio criminis temporária. Ressalta-se que, nos termos da redação do art. 32, a presunção de boa-fé somente se aplica a quem, espontaneamente, entregar a arma à Polícia Federal, não abrangendo a conduta de quem for flagrado em sua posse [...] (STJ, **QUINTA TURMA**. AgRg no AREsp 1341174/RS, Rel. Ministro REYNALDO SOARES DA FONSECA, julgado em 07/11/2019, **DJe 22/11/2019**, sem grifo no original).

O período de *abolitio criminis* temporária também se estendeu até 23/10/2005 para as munições de uso restrito, consoante julgado abaixo:

> DIREITO PENAL. POSSE DE MUNIÇÃO. *ABOLITIO CRIMINIS* TEMPORÁRIA. É atípica a conduta de possuir munição, seja de uso permitido ou restrito, sem autorização ou em desconformidade com determinação legal ou regulamentar, no período abrangido pela *abolitio criminis* temporária prevista no art. 30 da Lei n. 10.826/2003, na redação anterior à Lei n. 11.706/2008. O prazo legal para a regularização do registro de arma previsto na Lei n. 10.826/2003, prorrogado pelas Leis ns. 10.884/2004, 11.118/2005 e 11.191/2005, permitiu a devolução das armas e munições até 23 de outubro de 2005. Assim, nesse período, houve a descriminalização temporária no tocante às condutas delituosas relacionadas à posse de arma de fogo ou munição. Incabível a interpretação de ser aplicada apenas aos casos que envolvam arma de fogo e munição de uso permitido com base na Lei n. 11.706/2008, pois a nova redação é aplicável apenas aos crimes praticados após 24 de outubro de 2005, uma vez que a redação anterior, conferida pela Lei n. 11.191/2005, era mais benéfica em razão de não conter tal restrição. Precedentes citados: HC 164.321-SP, DJe 28/6/2012, e HC 78.481-RJ, DJe 23/8/2010. (STJ, QUINTA TURMA. HC 187023/MS. HABEAS CORPUS. Relator Ministro MARCO AURÉLIO BELLIZZE. Julgamento em 09/10/2012. Publicação/Fonte em DJe 17/10/2012. Veiculado no Informativo nº 0506. Período: 4 a 17 de outubro de 2012).

Porte de arma de uso restrito a Conselheiro do Tribunal de Contas. O Supremo Tribunal Federal entendeu que Conselheiros do Tribunal de Contas são equiparados a magistrados e, assim como magistrados, podem portar arma de uso restrito, a se considerar que o porte de arma dos magistrados não é regulado pela lei em estudo, mas pela LOMAN, a Lei Orgânica Nacional da Magistratura, que, em seu artigo 33, V, ao elencar como prerrogativa do magistrado o porte de arma, apenas exige que seja para sua defesa pessoal, não o limitando a armas de fogo de uso permitido.

> GUARDA DE MUNIÇÃO DE ARMA DE USO RESTRITO POR CONSELHEIRO DE TRIBUNAL DE CONTAS. O Conselheiro do Tribunal de Contas Estadual que mantém sob sua guarda munição de arma de uso restrito não comete o crime do art. 16 da Lei 10.826/2003 (Estatuto do Desarmamento). Sendo Conselheiro do Tribunal de Contas Estadual, o agente estaria equiparado, por simetria constitucional, a magistrado (arts. 73, § 3º, e 75 da CF). E, por força do art. 33, V, da LC 35/1979 (LOMAN), que não faz distinção entre armas de uso permitido e as de uso restrito, é atípica a conduta de posse e guarda de arma e munições de uso restrito quando se trata de magistrados. (...) As portarias do Comando do Exército não se aplicam a magistrados, pois invadiriam competência reservada à lei complementar (art. 93 da CF), tocando em assuntos relativos

a direitos e prerrogativas da magistratura, limitando indevidamente o seu exercício. Assim, não pode uma lei ordinária sobre desarmamento delegar a um decreto federal e a uma portaria a restrição de direitos e prerrogativas da magistratura, especialmente para tornar a sua não observância um crime, violando o princípio da tipicidade estrita. Do mesmo modo, o STF considerou atípica a conduta de magistrado possuir arma de uso restrito (HC 102.422-SP, DJe de 24/9/2010). Mutatis mutandis, trata-se de caso que guarda várias semelhanças com o presente. Com efeito, o direito ao porte consta no art. 33, V, da LC 35/1979 (LOMAN). Há uma restrição específica nesse direito de que a arma seja destinada à defesa pessoal. E a melhor interpretação aqui é de que defesa pessoal está no animus do porte, e não no calibre da arma. Fora isso, as restrições infralegais são indevidas ou no mínimo discutíveis no âmbito da magistratura. (STJ, CE – CORTE ESPECIAL. APn 657/PB. AÇÃO PENAL. Relator Ministro JOÃO OTÁVIO DE NORONHA. Julgamento em 21/10/2015. Publicação/Fonte em DJe 29/10/2015. Veiculado no Informativo nº 0572. Período de 28 de outubro a 11 de novembro de 2015).

Competência para decidir questões referentes a porte de arma por magistrados. Trata-se de questão do âmbito da competência do Supremo Tribunal Federal, consoante entendeu o Supremo Tribunal Federal, por se referir a prerrogativas da magistratura nacional.

Ementa: CONSTITUCIONAL E PROCESSUAL CIVIL. MANDADO DE SEGURANÇA COLETIVO DESTINADO A AFIRMAR PRERROGATIVA FUNCIONAL DA MAGISTRATURA. INTERESSE DE TODOS OS MEMBROS DA MAGISTRATURA. COMPETÊNCIA DO SUPREMO TRIBUNAL FEDERAL (ART. 102, I, n, DA CF). 1. Insere-se na competência do Supremo Tribunal Federal (art. 102, I, n da CF) a ação de mandado de segurança coletivo, impetrado por entidades associativas de magistrados, visando a assegurar alegada prerrogativa da magistratura (art. 33, V, da LOMAN) de obter a renovação simplificada dos registros de propriedade de armas de defesa pessoal, com dispensa de teste psicológico e de capacidade técnica e da revisão periódica do registro. [...] (STF, Tribunal Pleno. Rcl 11323 AgR/SP. AG.REG. NA RECLAMAÇÃO. Relator(a) Min. ROSA WEBER. Relator(a) p/ Acórdão Min. TEORI ZAVASCKI. Julgamento em 22/04/2015. Publicação em DJe-151 DIVULG 31-07-2015 PUBLIC 03-08-2015. Veiculado no Informativo nº 782. TÍTULO: Porte de arma de magistrado e competência – 3).

Porte de arma de fogo. Magistrado. Requisitos. Teste de aptidão psicológica e capacidade técnica. Necessidade. Dever de observância dos requisitos legais. Recente julgado do Pleno do STF reafirma a necessidade de submissão dos magistrados a obrigação legal de registro, por entender a Suprema Corte que a prerrogativa funcional do magistrado quanto ao porte de arma de fogo (art. 33, V, da LOMAN) não pressupõe a efetiva habilidade e conhecimento para utilizá-la, necessitando, portanto, comprovar possuir capacidade técnica e aptidão psicológica:

> AGRAVO REGIMENTAL. AÇÃO ORIGINÁRIA. **MAGISTRADO. PRERROGATIVA DO ART. 33, V, DA LOMAN. PORTE DE ARMA DE FOGO PARA DEFESA PESSOAL. ESTATUTO DO DESARMAMENTO. EXIGÊNCIA DE COMPROVAÇÃO DE CAPACIDADE TÉCNICA E APTIDÃO PSICOLÓGICA.** DESPROVIMENTO DO AGRAVO. 1. **Os requisitos para a aquisição de arma de fogo estabelecidos pelo Estatuto do Desarmamento (Lei 10.826/2003) são aplicáveis a todos os interessados, cabendo somente à própria legislação excepcionar tais exigências**. 2. O aparente silêncio da lei relativamente aos magistrados não pode ser interpretado como se os dispensasse do registro, obrigação legal que incide sobre todos os brasileiros. Não há silêncio eloquente na lei nem há submissão dos magistrado a uma obrigação que a lei não exige. 3. A prerrogativa funcional do magistrado quanto ao porte de arma de fogo (art. 33, V, da LOMAN) não pressupõe a efetiva habilidade e conhecimento para utilizá-la, necessitando, portanto, comprovar possuir capacidade técnica e aptidão psicológica [...] (STF, Tribunal Pleno. AO 2280 AgR/DF. AG.REG. NA AÇÃO ORIGINÁRIA. Relator Min. EDSON FACHIN. Julgamento em 12/03/2019. Publicação em DJe-058. DIVULG 22-03-2019. PUBLIC 25-03-2019, sem grifos no original).

Art. 16 do Estatuto do Desarmamento. Perícia. Prescindibilidade. Jurisprudência. Ressalvada nossa posição pessoal, segue a jurisprudência do STJ pela desnecessidade de realização de perícia técnica para caracterização do tipo penal previsto no art. 16 do Estatuto do Desarmamento. Vide observações relativas ao art. 14 do Estatuto do Desarmamento aplicáveis, também, ao presente caso:

> AGRAVO REGIMENTAL NO HABEAS CORPUS. PORTE DE MUNIÇÃO. DESNECESSIDADE DE PERÍCIA TÉCNICA. INSIGNIFICÂNCIA. SUPRESSÃO DE INSTÂNCIA. AGRAVO REGIMENTAL DESPROVIDO. 1. "**A jurisprudência deste Tribunal é firme no sentido de que, para a configuração do crime tipificado no art. 16 da Lei n. 10.826/2003 - no caso, posse ilegal de munição de uso proibido/restrito -, é irrelevante o fato de haver perícia para se aferir a lesividade do artefato, por se tratar de delito de perigo abstrato (precedentes)"** (AgRg no REsp 1632442/MG, Rel. Ministro FELIX FISCHER, QUINTA TURMA, DJe 6/3/2017) [...] (STJ, Quinta Turma. AgRg no HC 505138/MS. AGRAVO REGIMENTAL NO HA-

BEAS CORPUS. Relator(a) Ministro JOEL ILAN PACIORNIK. Julgamento em 20/08/2019. Publicação/Fonte em DJe 30/08/2019, sem grifo no original).

§1º Nas mesmas penas incorre quem: (Redação dada pela Lei nº 13.964, de 2019)

Figuras equiparadas do parágrafo primeiro do art. 16. O antigo parágrafo único do art. 16 foi renumerado para parágrafo primeiro pela Lei nº 13.964/19. Porém, continua trazendo, em seus seis incisos, tipos autônomos, com crimes cujas penas serão as mesmas do *caput* do dispositivo.

A classificação legal das armas do parágrafo primeiro do art. 16. Embora a boa técnica desautorize a solução adotada pelo legislador, as armas de que tratam os incisos do parágrafo primeiro não deverão ser necessariamente de uso restrito, podendo ser qualquer arma, ainda que de calibre permitido. É este o posicionamento do STF a respeito da matéria, consoante decisão no RHC nº 89.889/DF e consoante HC veiculado no Informativo nº 558, daquela Corte:

> HABEAS CORPUS. TIPICIDADE. PORTE ILEGAL DE ARMA DESMUNICIADA E COM NUMERAÇÃO RASPADA. INCIDÊNCIA DO INCISO IV DO PARÁGRAFO ÚNICO DO ART. 16 DO ESTATUTO DO DESARMAMENTO. ORDEM PARCIALMENTE CONHECIDA E, NESSA EXTENSÃO, DENEGADA. 1. A tese da atipicidade do porte ilegal de arma desmuniciada não foi arguida perante a autoridade apontada como coatora. Impossibilidade de conhecimento pelo Supremo Tribunal Federal, pena de indevida supressão de instância. 2. No julgamento do RHC nº 89.889, da relatoria da Ministra Cármem Lúcia, o Plenário desta colenda Corte entendeu que o delito de que trata o inciso IV do parágrafo único do art. 16 do Estatuto do Desarmamento é Política Criminal de valorização do poder-dever do Estado de controlar as armas de fogo que circulam em nosso País. Isso porque a supressão do número, marca, ou qualquer outro sinal identificador do artefato lesivo impede o seu cadastramento e controle. 3. A função social do combate ao delito em foco alcança qualquer tipo de arma de fogo; e não apenas armamento de uso restrito ou proibido. Tanto é assim que o porte de arma de fogo com numeração raspada constitui crime autônomo. Figura penal que, no caso, tem como circunstância elementar o fato de a arma (seja ela de uso restrito ou não) estar com a numeração ou qualquer outro sinal identificador adulterado, raspado ou suprimido. 4. Ordem parcialmente conhecida e, nessa extensão, denegada. (STF, Primeira Turma HC 99582/RS. HABEAS CORPUS. Relator Min. CARLOS BRITTO. Julgamento em 08/09/2009. Publicação em DJe-208.

> DIVULG 05-11-2009. PUBLIC 06-11-2009. EMENT VOL-02381-05, PP-01088. Veiculado no Informativo nº 558. Período de 31 de agosto a 11 de setembro de 2009. TÍTULO: Porte Ilegal de Arma de Fogo com Sinal de Identificação Raspado).

Em outro julgado, em que se pretendia a desclassificação do crime do antigo art. 16, parágrafo único, IV, para o crime do art. 14, a Corte assim decidiu:

> Porte ilegal de arma de fogo com a numeração suprimida. Art. 16, parágrafo único, da Lei nº 10.826/03. Reclassificação para o delito de porte ilegal de arma de fogo de uso permitido. Art. 14 da indigitada lei. Impossibilidade. Objetos jurídicos distintos. Precedentes da Corte. 1. Não há falar em reclassificação do delito de porte ilegal de arma de fogo de uso restrito com numeração suprimida (art. 16, parágrafo único, inciso IV da Lei nº 10.826/2003) para o crime de porte ilegal de arma de fogo de uso permitido, previsto no art. 14 da indigitada lei, ao argumento de que teria havido impropriedade legislativa. 2. Conforme entendimento consolidado na Corte, "o delito de que trata o inciso IV do parágrafo único do art. 16 do Estatuto do Desarmamento é Política Criminal de valorização do poder-dever do Estado de controlar as armas de fogo que circulam em nosso país" (HC nº 99.582/RS, 1ª Turma, Relator o Ministro Ayres Britto, DJe de 06/11/2009). [...] (STF, Primeira Turma. HC 104116/RS. HABEAS CORPUS. Relator Min. DIAS TOFFOLI. Julgamento em 30/08/2011. Publicação em DJe-186. DIVULG 27-09-2011. PUBLIC 28-09-2011. EMENT VOL-02596-01, PP-00057. RT v. 100, n. 914, 2011, p. 411-415).

Outrossim, na já Súmula 513 do STJ, a Corte equipara as armas com numeração raspada, ainda que de calibre permitido, às de uso restrito, para elas estabelecendo o mesmo período de *abolitio* temporária. Não é outra a orientação do STJ sobre a matéria. Para a Corte, a conduta de possuir, portar, adquirir, transportar ou fornecer arma de fogo, seja de uso permitido, restrito ou proibido, com numeração, marca ou qualquer outro sinal de identificação raspado, suprimido ou adulterado, implica a condenação pelo crime estabelecido no antigo art. 16, parágrafo único, IV, do Estatuto do Desarmamento. Neste sentido:

> (...) 1. A conduta de possuir arma de fogo com número de série e marca suprimidos por processo abrasivo, no momento da apreensão, se subsume ao crime tipificado no art. 16, parágrafo único, IV, da Lei n. 10.826/2003, que dispõe incorrer nas mesmas penas do caput quem portar, possuir, adquirir, transportar ou fornecer arma de fogo com numeração, marca ou qualquer outro sinal de identificação raspado, suprimido ou adulterado (HC 334.693/RS, Rel. Ministro ROGERIO SCHIETTI CRUZ, SEXTA TURMA, julgado em 15/3/2016,

DJe 28/3/2016). [...] (STJ, Sexta Turma. AgRg no AREsp 754716/PR. AGRAVO REGIMENTAL NO AGRAVO EM RECURSO ESPECIAL. Relator(a) Ministro ANTONIO SALDANHA PALHEIRO. Julgamento em 12/12/2017. Publicação/Fonte em DJe 19/12/2017).

PENAL. AGRAVO REGIMENTAL NO HABEAS CORPUS. ART. 16, PARÁGRAFO ÚNICO, IV, DA LEI N. 10.826/2003. OFENSA AO PRINCÍPIO DA COLEGIALIDADE. NÃO OCORRÊNCIA. DESCLASSIFICAÇÃO PARA O ART. 14 DO MESMO DIPLOMA. SUBSUNÇÃO. NUMERAÇÃO RASPADA. TIPICIDADE (...) 2. "'Aquele que está na posse de arma de fogo com numeração raspada tem sua conduta tipificada no art. 16, parágrafo único, IV, da Lei n. 10.826/2003 [...] mesmo que o calibre do armamento corresponda a uma arma de uso permitido' - nesse caso, um revólver calibre 32 (Informativo de jurisprudência n. 0364, REsp. 1.036.597/RJ, Relator Ministro FELIX FISCHER, julgado em 21/08/2008)" (HC n. 322.182/RS, relator Ministro RIBEIRO DANTAS, QUINTA TURMA, julgado em 1º/9/2016, DJe 20/9/2016) [...] (STJ, **SEXTA TURMA**. AgRg no HC 515.612/SP, Rel. Ministro ANTONIO SALDANHA PALHEIRO, julgado em 26/05/2020, **DJe 03/06/2020**).

Atualmente, pela redação do parágrafo 2º, acrescentado pela Lei nº 13.964/2019 ao artigo 16, incidirá qualificadora para os crimes referidos no parágrafo primeiro quando as armas forem de uso proibido.

I – suprimir ou alterar marca, numeração ou qualquer sinal de identificação de arma de fogo ou artefato;

Supressão de Numeração ou Sinal de Identificação de Arma de Fogo ou Artefato. Toda arma comercializada regularmente no país há de ser numerada, com seus sinais identificadores, para o devido controle estatal, caracterizando-se como criminosa a conduta daquele que retirar ou modificar os referidos sinais.

Sujeito Ativo. Qualquer pessoa, sendo crime comum.

Sujeito Passivo. O Estado, que tem interesse no controle das armas existentes no país.

Bem Jurídico Tutelado. A incolumidade e segurança públicas, bem como o controle das armas existentes no país.

Tentativa. Possível, pois se trata de crime plurissubsistente.

Objeto Material. Qualquer arma ou artefato, inclusive as de uso permitido.

II – modificar as características de arma de fogo, de forma a torná-la equivalente a arma de fogo de uso proibido ou restrito ou para fins de dificultar ou de qualquer modo induzir a erro autoridade policial, perito ou juiz;

Tipo Objetivo. Aqui, são duas as figuras descritas:

1ª figura: modificar as características da arma, tornando-a equivalente a arma de uso proibido ou restrito;

2ª figura: modificar as características da arma, com a finalidade de dificultar ou, de qualquer modo, induzir a erro a autoridade policial, perito ou juiz.

Sujeito Ativo. Qualquer pessoa.

Sujeito Passivo. O Estado e a coletividade como um todo.

Objetividade Jurídica da Primeira Figura. A segurança coletiva.

Objetividade Jurídica da Segunda Figura. A administração da Justiça. Cuida-se de norma especial com relação àquela que descreve a fraude processual descrita no art. 347 do CP.

Momento Consumativo da Primeira Figura e Possibilidade de Tentativa da Primeira Figura. Quando o agente conseguir transformar a arma em arma de uso proibido ou restrito. Cuida-se de crime material, em que o resultado pretendido pelo agente é tornar a arma de uso proibido ou restrito e somente nesse momento o crime restará consumado. Desta feita, se o agente fizer alterações na arma com essa finalidade, mas não conseguir fazê-la equivalente a uma arma de fogo de uso proibido ou restrito, o crime estará tentado.

Momento Consumativo da Segunda Figura. Cuida-se de crime formal, em que o agente tem por finalidade induzir a erro o juiz, o perito ou a autoridade policial, resultado este que, embora pretendido pelo agente, não precisará ocorrer para que se considere consumado o delito. A consumação se dará quando o agente realizar a conduta descrita na norma, qual seja, a transformação da arma. Admite, entretanto, a tentativa, por se tratar de crime plurissubsistente, quando tentar transformar com essa finalidade mas não conseguir sequer a transformação pretendida.

Objeto Material de Ambas as Figuras. Qualquer arma de fogo, mesmo as de calibre considerado permitido.

> III – possuir, detiver, fabricar ou empregar artefato explosivo ou incendiário, sem autorização ou em desacordo com determinação legal ou regulamentar;

Tipo Objetivo. Cuida-se de tipo misto alternativo, em que a prática de mais de uma conduta não importará no reconhecimento de pluralidade de crimes.

Explosivo. De acordo com o glossário previsto no Anexo III do Decreto nº 10.030/2019, explosivo é o tipo de matéria que, quando iniciada, sofre decomposição muito rápida em produtos mais estáveis, com grande liberação de calor e desenvolvimento súbito de pressão.

Por essa razão, o STJ, em decisão veiculada em seu Informativo 599, entendeu que o gás de pimenta ou gás lacrimogênio, por não se tratar de explosivo, não pode figurar como objeto material do crime em comento. Veja o julgado:

> Estatuto do desarmamento. Delito tipificado no art. 16, parágrafo único, III da Lei n. 10.826/2003. Porte de artefato explosivo. Granada de gás lacrimogêneo/pimenta. Inadequação típica. Consta que foi oferecida denúncia pela prática do crime previsto no art. 16, parágrafo único, III, da Lei n. 10.826/03, em razão da apreensão de duas granadas com "gás lacrimogêneo" e "gás de pimenta". De fato, a conduta típica consiste em possuir, deter, fabricar ou empregar artefato explosivo ou incendiário, sem autorização ou em desacordo com determinação legal ou regulamentar. Dessa forma, para que determinada conduta seja enquadrada neste tipo penal, deve-se estabelecer o que é explosivo. Pode-se entender que um explosivo é, em sentido amplo, um material extremamente instável, que pode se decompor rapidamente, formando produtos estáveis. Esse processo é denominado de explosão e é acompanhado por uma intensa liberação de energia, que pode ser feita sob diversas formas e gera uma considerável destruição decorrente da liberação dessa energia. No entanto, não será considerado explosivo o artefato que, embora ativado por explosivo, não projete e nem disperse fragmentos perigosos como metal, vidro ou plástico quebradiço, não possuindo, portanto, considerável potencial de destruição. No caso, embora a perícia indique eficácia e potencial lesivo, constata-se que no artefato, mesmo que ativado por explosivo, a explosão decorrente da sua decomposição não é capaz de gerar destruição resultante da liberação de energia, apenas o incômodo gerado pelo gás toxico. A norma em comento, por sua vez, busca tutelar a incolumidade pública não de forma absoluta, mas apenas no que se refere ao uso de artefatos explosivos ou incendiários. Assim, para a adequação típica do delito em questão, exige-se que o objeto material do delito, qual seja, o artefato explosivo, seja capaz de gerar alguma destruição, não podendo ser tipificado neste crime a posse de granada de gás lacrimogêneo/pimenta, embora não fique impedido o enquadramento desta conduta em outra figura típica. (STJ, SEXTA TURMA. REsp 1627028/SP. RECURSO ESPECIAL. Relator(a) Ministra MARIA THEREZA DE ASSIS MOURA. Julgamento em 21/02/2017. Publicação/Fonte em DJe 03/03/2017. RSTJ vol. 246, p. 998. Veiculado no Informativo nº 0599. Publicação: 11 de abril de 2017).

O spray de pimenta. Também previsto no glossário do Anexo III do Decreto nº 10.030/2019, em que se encontra a relação de produtos controlados pelo Exército, atualmente podemos enquadrar o spray de pimenta na relação de produtos menos-letais, pois são "*produtos que causam fortes incômodos em pessoas, com a finalida-*

de de interromper comportamentos agressivos e, em condições normais de utilização, não causam risco de morte, incluídos os instrumentos de menor potencial ofensivo ou não-letais, nos termos da Lei nº 13.060 de 22 de dezembro de 2014". Vale destacar que esta última Lei, citada pelo conceito trazido no Decreto nº 10.030/19, disciplina o uso dos instrumentos de menor potencial ofensivo pelos agentes de segurança pública, em todo o território nacional.

Até a alteração promovida pelo Decreto nº 10.627/21, em vigor a partir de 13 de abril de 2021, o Decreto nº 10.030/19 enquadrava os produtos menos-letais como sendo Produto Controlado pelo Exército (PCE) de uso restrito, nos termos do seu art. 15, § 2º, VIII:

> Art. 15. Os PCE são classificados, quanto ao grau de restrição, da seguinte forma:
>
> I - de uso proibido;
>
> II - de uso restrito; ou
>
> III - de uso permitido.
>
> § 2º São produtos controlados de uso restrito:
>
> VIII - os produtos menos-letais;

Com a revogação deste dispositivo, entendemos que o Poder Executivo não mais entende como produto controlado pelo Exército os produtos menos-letais, tais como o spray de pimenta etc. Anteriormente, sob a vigência do antigo Decreto nº 3.665/2000, a substância estava catalogada sob número de ordem 3280, categoria de controle 1, grupo GQ, com a nomenclatura: "pimenta líquida (gás pimenta; oleoresin capsicum (capsaicinoides): capsaicina; diidrocapsaicina; e nordiidrocapsaicina)". Assim, sua fabricação, preparação utilização, importação, exportação, desembaraço alfandegário, tráfego e comércio deviam obedecer às exigências regulamentares. Abaixo, colacionamos trecho do diploma citado, a título histórico e comparativo:

> Art. 8º A classificação de um produto como controlado pelo Exército tem por premissa básica a existência de poder de destruição ou outra propriedade de risco que indique a necessidade de que o uso seja restrito a pessoas físicas e jurídicas legalmente habilitadas, capacitadas técnica, moral e psicologicamente, de modo a garantir a segurança da sociedade e do país.
>
> Art. 9º As atividades de fabricação, utilização, importação, exportação, desembaraço alfandegário, tráfego e comércio de produtos controlados, devem obedecer as seguintes exigências:
>
> I - para a fabricação, o registro no Exército, que emitirá o competente Título de Registro - TR;
>
> II - para a utilização industrial, em laboratórios, atividades esportivas, como objeto de coleção ou em pesquisa, registro no Exército mediante a emissão do Certificado de Registro - CR;

III – para a importação, o registro no Exército mediante a emissão de TR ou CR e da licença prévia de importação pelo Certificado Internacional de Importação – CII;

IV – para a exportação, o registro no Exército e licença prévia de exportação;

V – o desembaraço alfandegário será executado por agente da fiscalização militar do Exército;

VI – para o tráfego, autorização prévia por meio de GT ou porte de tráfego, conforme o caso; e

VII – para o comércio, o registro no Exército mediante a emissão do CR.

Parágrafo único. Deverão ser atendidas, ainda, no transporte de produtos controlados, as exigências estabelecidas pela Marinha para o transporte marítimo, as estabelecidas pela Aeronáutica para o transporte aéreo e as exigências do Ministério dos Transportes para o transporte terrestre.

Art. 10. Os produtos controlados, conforme as atividades sujeitas a controle, são classificados, de acordo com o quadro a seguir:

Categoria de Controle	Atividades Sujeitas a Controle						
	Fabricação	Utilização	Importação	Exportação	Desembaraço Alfandegário	Tráfego	Comércio
1	X	X	X	X	X	X	X
2	X	X	X	-	X	X	X
3	X	-	X	X	X	X(*)	-
4	X	-	X	X	X	-	-
5	X	-	X	X	X	-	X

Legenda: (X) Atividades sujeitas a controle.

(–) Atividades não sujeitas a controle.

(*) Sujeito a controle somente na saída da fábrica, porto ou aeroporto.

Outrossim, em se tratando do spray que tivesse como base pimenta do tipo piperina, composto orgânico, alcaloide, presente na pimenta preta, derivado de piperidina, que não fazia parte do rol de produtos controlados pelas Forças Armadas, não se podia dizer caracterizada a infração. Estudos feitos pela Diretoria de Fiscalização de Produtos Controlados do Exército Brasileiro constataram que os efeitos fisiológicos lacrimogênicos do spray de piperina são menos intensos que os agentes tradicionalmente utilizados (CS e OC), havendo facilidade de descontaminação com água, podendo ser empregados em locais fechados. Apresentando jato direcionado de baixa dispersão, não contaminam o ambiente. Em decorrência, por não ser de interesse militar, o spray de piperina não se enquadrava no Anexo I (Relação de Produtos Controlados pelo Exército) do antigo Regulamento para a Fiscalização de Produtos Controlados, R-105, (que foi aprovado pelo Decreto nº 3.665/00, e sua fabricação e utilização não caracterizavam conduta típica).

No entanto, em virtude da revogação deste Decreto nº 3.665/00 pelo Decreto nº 10.030/19, a matéria passa a ser regida por este último, que faz mera menção a se tratar de um produto menos-letal, não mais considerado PCE com a revogação promovida pelo Decreto nº 10.627/21.

Por fim, podemos concluir que, ainda que não se trate de explosivo, consoante destacado quando da análise do julgado veiculado no Informativo 599 do STJ (conforme estudamos no item anterior), caso a mercadoria seja introduzida no território nacional sem a observância das disposições regulamentares, estaremos, em tese, diante da pratica do crime do artigo 334-A do Código Penal, qual seja, contrabando.

De outro giro, na hipótese de sua fabricação, fornecimento aquisição, posse ou transporte sem licença das autoridades, sendo considerado gás toxico ou asfixiante, estará caracterizada, igualmente em tese, a conduta descrita no artigo 253 do CP, abaixo transcrito:

> (CP) Art. 253 - Fabricar, fornecer, adquirir, possuir ou transportar, sem licença da autoridade, substância ou engenho explosivo, gás tóxico ou asfixiante, ou material destinado à sua fabricação:
>
> Pena - detenção, de seis meses a dois anos, e multa.

Granada de uso exclusivo das Forças Armadas. O fato de o agente ser surpreendido com granadas de uso exclusivo do Exército não autoriza seja reconhecido o crime do art. 12 da Lei nº 7.170/83, que requer motivação política, sempre exigida para a configuração dos crimes de que trata a Lei de Segurança Nacional. Não havendo a referida motivação, deverá responder pelo crime do art. 16 do Estatuto do Desarmamento. Assim decidiu o STF:

> (...) 1. O Supremo Tribunal Federal, a partir de interpretação sistemática da Lei nº 7.170/83, assentou que, para a tipificação de crime contra a segurança nacional, não basta a mera adequação típica da conduta, objetivamente considerada, à figura descrita no art. 12 do referido diploma legal. 2. Da conjugação dos arts. 1º e 2º da Lei nº 7.170/83, extraem-se dois requisitos, de ordem subjetiva e objetiva: i) motivação e objetivos políticos do agente, e ii) lesão real ou potencial à integridade territorial, à soberania nacional, ao regime representativo e democrático, à Federação ou ao Estado de Direito. Precedentes. 3. Na espécie, o recorrente foi flagrado na posse de armas de fogo e de duas granadas de mão, material privativo das Forças Armadas, quando pretendia roubar uma agência bancária. 4. Ausentes a motivação política, bem como a lesão a quaisquer dos bens juridicamente tutelados pela Lei de Segurança Nacional (art.

> 1º da Lei nº 7.170/83), a conduta do recorrente não se subsume no art. 12, parágrafo único, da Lei nº 7.170/83. [...] (STF, Tribunal Pleno. RC 1472/MG. RECURSO CRIME. Relator Min. DIAS TOFFOLI. Revisor Min. LUIZ FUX. Julgamento em 25/05/2016. Publicação em DJe-217. DIVULG 10-10-2016. PUBLIC 11-10-2016).

Art. 16, parágrafo único (atual § 1º), III, da Lei nº 10.826/2003. Perícia. Prescindibilidade. Crime de perigo abstrato. Jurisprudência. Ressalvada nossa posição pessoal, segue a jurisprudência do STJ pela desnecessidade de realização de perícia técnica para caracterização do tipo penal previsto no art. 16 do Estatuto do Desarmamento. Vide observações relativas ao art. 14 do Estatuto do Desarmamento aplicáveis, também, ao presente caso:

> AGRAVO REGIMENTAL NO AGRAVO EM RECURSO ESPECIAL. POSSE OU PORTE ILEGAL DE EXPLOSIVOS DE USO RESTRITO. TIPICIDADE DA CONDUTA. CRIME DE PERIGO ABSTRATO. EXAME PERICIAL. DESNECESSIDADE. PRECEDENTES. AGRAVO REGIMENTAL IMPROVIDO. 1. **Nos termos da jurisprudência desta Corte, firmada nos termos do EREsp 1.005.300/RS, da Terceira Seção, é desnecessária a realização de perícia técnica para atestar a lesividade do artefato explosivo para a configuração do crime previsto no art. 16, parágrafo único, III, da Lei 10.826/03, por se tratar de crime de mera conduta ou de perigo abstrato, no qual é prescindível a demonstração de seu caráter ofensivo. Precedentes**.[...] (STJ, SEXTA TURMA AgRg no AREsp 1375045/ES. AGRAVO REGIMENTAL NO AGRAVO EM RECURSO ESPECIAL. Relator Ministro NEFI CORDEIRO. Julgamento em 26/03/2019. Publicação/Fonte em DJe 02/04/2019, sem grifo no original).

Tipo Subjetivo. É o dolo de perigo, não sendo admitida a modalidade culposa.

Consumação. Tratando-se de crime de perigo abstrato e de mera conduta, com a realização dos verbos nucleares do tipo, independentemente de qualquer resultado.

Tentativa. Admitida, eis que estamos diante de situações de crime plurissubsistente.

Sujeito Ativo. Qualquer pessoa, pois se trata de crime comum.

Sujeito Passivo. A coletividade.

Objetividade Jurídica. A segurança e a incolumidade públicas.

> IV – portar, possuir, adquirir, transportar ou fornecer arma de fogo com numeração, marca ou qualquer outro sinal de identificação raspado, suprimido ou adulterado;

Tipo Objetivo. Cuida-se de tipo misto alternativo e a realização de mais de um verbo não caracteriza a prática de mais de um crime.

Crime Permanente ou Instantâneo? Nas modalidades adquirir e fornecer, estamos diante de crime instantâneo, tratando-se, porém, de crime permanente nas modalidades portar, possuir e transportar.

Sujeito Ativo. Qualquer pessoa.

Sujeito Passivo. A coletividade como um todo.

Objetividade Jurídica. O controle estatal das armas existentes no país e a incolumidade pública.

Objeto Material. A arma de fogo com numeração suprimida ou raspada.

Arma de Fogo com Numeração Raspada e Desmuniciada. Consoante jurisprudência do STF e do STJ, pouco importa que a arma de fogo nessas condições, com numeração suprimida ou raspada, esteja, ou não, municiada, eis que a objetividade jurídica é, além da incolumidade pública, também o controle estatal sobre as armas existentes no país.

Classificação doutrinária. Art. 16, parágrafo único (atual § 1º), IV, da Lei nº 10.826/2003. Crime comum. Jurisprudência. Vale observar o julgado da Quinta Turma do STJ que reconheceu ser tal tipo penal, crime comum, dado que não exige qualquer condição especial do sujeito ativo ou que a conduta seja praticada pessoal e exclusivamente por um único agente, podendo ser reconhecido concurso eventual de pessoas:

> PENAL. AGRAVO REGIMENTAL NO AGRAVO EM RECURSO ESPECIAL. **ARTIGO 16, PARÁGRAFO ÚNICO, INCISO IV, DA LEI N. 10.826/2003. CRIME COMUM**. CONCURSO DE AGENTES. POSSIBILIDADE. ABSOLVIÇÃO. INCIDÊNCIA DA SÚMULA 7/STJ. AGRAVO REGIMENTAL NÃO PROVIDO. 1. Pela leitura do artigo 16, parágrafo único, inciso IV, da Lei nº 10.826/2003, verifica-se que o crime de transportar e portar ou possuir arma de fogo com numeração, marca ou qualquer outro sinal de identificação raspado, suprimido ou adulterado não exige qualquer condição especial do sujeito ativo ou que a conduta seja praticada pessoal e exclusivamente por um único agente, podendo ser reconhecido concurso eventual de pessoas [...] (STJ, QUINTA TURMA. AgRg no AREsp 1500407/SP. AGRAVO REGIMENTAL NO AGRAVO EM RECURSO ESPECIAL. Relator Ministro REYNALDO SOARES DA FONSECA. Julgamento em 15/08/2019. Publicação/Fonte em DJe 30/08/2019, sem grifos no original).

V - vender, entregar ou fornecer, ainda que gratuitamente, arma de fogo, acessório, munição ou explosivo a criança ou adolescente;

Venda, Entrega ou Fornecimento de Arma a Menor. Aqui, também pode ser qualquer arma, independente do calibre e classificação legal. A punição mais severa para quem efetua venda de arma a menor se justifica pelo maior desvalor da conduta e, portanto, por sua maior gravidade.

Tipo Misto Alternativo. A prática de mais de uma conduta não caracterizará a prática de mais de um crime.

Sujeito Ativo. Pode ser qualquer pessoa, sendo crime comum.

Sujeito Passivo. Não é o menor, a criança ou adolescente, mas a coletividade como um todo, titular do bem jurídico tutelado.

Objetividade Jurídica. A incolumidade e a segurança públicas.

Momento Consumativo. Com a entrega, venda ou fornecimento da arma ao menor, tratando-se de crime de mera conduta.

Objeto Material da Conduta. As armas, munições e acessórios, independente do calibre dos mesmos.

Tentativa. Possível, quando o agente, ao tentar realizar a conduta descrita, iniciando sua execução, for impedido de fazê-lo por circunstâncias alheias à sua vontade.

Confronto com o Art. 242 do ECA. O tipo penal em comento acaba por revogar o ECA quanto à venda de arma de fogo, explosivos e munições à criança ou adolescente. O ECA, destarte, somente terá aplicação na hipótese de estarmos diante de arma branca.

> VI – produzir, recarregar ou reciclar, sem autorização legal, ou adulterar, de qualquer forma, munição ou explosivo.

Tipo Objetivo. Descreve a conduta do agente que faz, dá nova carga ou reaproveita munição para fazer outra, sem que, para tanto, esteja autorizado por lei ou regulamento.

Tipo Misto Alternativo. A prática de mais de uma conduta caracterizará apenas um crime.

Elemento Normativo do Tipo. Caracterizado pela expressão "sem autorização legal", elemento este que deverá ser valorado pelo intérprete.

Tipo Subjetivo. É o dolo, não admitindo o crime a modalidade culposa.

Objeto Material da Conduta. É a munição ou o explosivo.

Sujeito Ativo. Pode ser qualquer pessoa, tratando-se de crime comum.

Sujeito Passivo. A coletividade como um todo.

Objetividade Jurídica. A incolumidade e a segurança públicas.

Momento de Consumação. Tratando-se de crime de mera conduta, consumar-se-á no momento em que o agente praticar qualquer das condutas descritas no tipo penal, independente da superveniência de resultado, na medida em que a lei sequer menciona resultado.

Tentativa. Será admitida na hipótese de o agente tentar realizar qualquer das condutas nucleares do tipo, não logrando êxito por razão alheia à sua vontade.

Classificação. Crime comum, instantâneo, de perigo abstrato, mera conduta, sendo admissível a tentativa quando se tratar de crime plurissubsistente.

> § 2º Se as condutas descritas no caput e no § 1º deste artigo envolverem arma de fogo de uso proibido, a pena é de reclusão, de 4 (quatro) a 12 (doze) anos. (Incluído pela Lei nº 13.964, de 2019)

Forma qualificada. O disposto no artigo 16, § 2º, da Lei nº 10.826/03, traz uma qualificadora para os crimes do *caput* e parágrafo 1º do artigo 16, alterando os limites mínimo e máximo das penas ali previstas, quando se tratar de arma de fogo de uso proibido. A qualificadora em comento não se aplica às munições e aos acessórios de arma de fogo de uso proibido, que, consoante acima destacado, serão objeto do crime descrito no *caput*. Sobre o tema, remetemos o leitor às considerações feitas por ocasião dos comentários ao *caput* do art. 16, neste mesmo capítulo.

Crime hediondo. De acordo com o disposto no artigo 1º, parágrafo único, II, da Lei nº 8.072/90, o crime de porte e posse ilegal de arma de fogo de uso proibido é hediondo. Neste sentido, conforme abordamos em momento oportuno, a Lei nº 13.497/2017 passou a considerar hediondo o crime de porte e posse de arma de fogo de uso restrito ou proibido, descrito no artigo 16 da Lei nº 10.826/03. Desta forma, como a atual redação dada à Lei dos Crimes Hediondos pela Lei nº 13.964/2019, somente prevê a posse ou porte ilegal de arma de fogo de uso **proibido** a serem considerados hediondos, deve-se aplicar retroativamente a lei que beneficia, para retirar o rótulo de hediondez conferido aos crimes de porte ilegal de arma de fogo de uso restrito praticados antes de 23 de janeiro de 2020 (data da entrada em vigor da Lei nº 13.964/19, que fez tal alteração). As anotações pertinentes seguem no capítulo dedicado ao estudo dos crimes hediondos.

> **Comércio Ilegal de Arma de Fogo**
>
> **Art. 17.** Adquirir, alugar, receber, transportar, conduzir, ocultar, ter em depósito, desmontar, montar, remontar, adulterar, vender, expor à venda, ou de qualquer 'forma utilizar, em proveito próprio ou alheio, no exercício de atividade comercial ou industrial, arma de fogo, acessório ou munição, sem autorização ou em desacordo com determinação legal ou regulamentar:
>
> Pena - reclusão, de 6 (seis) a 12 (doze) anos, e multa. (Redação dada pela Lei nº 13.964, de 2019)

> § 1º Equipara-se à atividade comercial ou industrial, para efeito deste artigo, qualquer forma de prestação de serviços, fabricação ou comércio irregular ou clandestino, inclusive o exercido em residência. (Redação dada pela Lei nº 13.964, de 2019)
>
> § 2º Incorre na mesma pena quem vende ou entrega arma de fogo, acessório ou munição, sem autorização ou em desacordo com a determinação legal ou regulamentar, a agente policial disfarçado, quando presentes elementos probatórios razoáveis de conduta criminal preexistente. (Incluído pela Lei nº 13.964, de 2019)

Análise do Tipo Objetivo. Tipifica-se por meio deste tipo penal a conduta daquele que realiza qualquer dos verbos no exercício de atividade comercial ou industrial.

Sujeito Ativo. Não pode ser qualquer pessoa autor do crime em estudo, apenas o comerciante ou o industrial que realiza as atividades referidas no artigo. Observar que não se pode considerar comerciante de armas alguém que tenha, um dia, vendido uma arma, na medida em que não existe atividade comercial sem habitualidade. Trata-se, pois, de crime próprio.

Comerciante ou Industrial de Armas. Verifique-se que, no dispositivo em comento, o sujeito ativo não poderá ser qualquer comerciante ou industrial, mas somente aquele que trabalhe com o comércio ou indústria de armas, ainda que o faça de forma clandestina, não autorizada, consoante dispõe o art. 17, em seu parágrafo único.

Sujeito Passivo. A coletividade como um todo.

Bem Jurídico Tutelado. A segurança e a incolumidade públicas.

Objeto Material do Crime. As armas de fogo, acessórios e munições, independente do calibre e de sua classificação legal. Verifique-se que a classificação legal da arma como de uso proibido, restrito ou permitido, conquanto não tenha nenhuma influência na tipificação legal da conduta neste art. 17, servirá como causa de aumento de pena para o referido crime, nos exatos termos do art. 19 do Estatuto do Desarmamento.

Tipo Subjetivo. É o dolo, não havendo punição da modalidade culposa do crime em exame.

Derrogação do Art. 18 do Decreto nº 3.688/1941 (Lei de Contravenções Penais). O art. 18 da LCP somente terá aplicação quando se tratar de arma branca, não sendo aplicável às armas de fogo e munições, hipótese em que incidirá a norma desse art. 17.

Momento Consumativo. Sendo crime de mera conduta, consumar-se-á com a prática de qualquer dos verbos descritos no tipo.

Possibilidade de Tentativa. Existe, na hipótese de o agente tentar realizar qualquer das condutas nucleares do tipo, não logrando êxito por razão alheia à sua vontade.

Tal assertiva faz cair por terra a máxima de que crimes de mera conduta não admitem tentativa.

Classificação Legal. Crime próprio (por exigir sujeito ativo especial) comissivo, doloso, de mera conduta, instantâneo ou permanente (nas modalidades transportar, conduzir, ocultar, ter em depósito e expor a venda), de perigo abstrato. Tentativa admissível.

Crime hediondo. A Lei dos Crimes Hediondos, com a redação dada pela Lei nº 13.964/19 2019, passa a considerar hediondo o crime deste artigo e, sendo *lex gravior*, não se aplica aos fatos praticados anteriormente à sua vigência, que teve início no dia 23 de janeiro de 2020. A previsão está no artigo 1º, parágrafo único, III, da Lei nº 8.072/90.

A entrega de arma a policial disfarçado. A Lei nº 13.964/19 fez acrescentar mais um parágrafo ao artigo 17 da Lei nº 10.826/03, para prever que incorre na mesma pena do *caput* quem vende ou entrega arma de fogo, acessório ou munição, sem autorização ou em desacordo com a determinação legal ou regulamentar, a agente policial disfarçado, quando presentes elementos probatórios razoáveis de conduta criminal preexistente. A previsão legal é, a rigor, a consagração da interpretação dada pela doutrina e jurisprudência ao disposto na Súmula 145 do STF quando se está diante de um tipo de conduta múltipla. Imaginemos, assim, hipótese de policial disfarçado se fazer passar por interessado na aquisição, provocando a venda de arma por alguém que, julgando estar prestes a realizar mais uma venda, entrega ao policial o objeto, que já tinha em depósito ou trazia consigo para fins de comercialização, antes mesmo da abordagem. Nesse caso, embora a venda tenha sido provocada e, nesta modalidade, o crime seria de impossível consumação, será válida a prisão em flagrante pelo fato do agente manter em depósito a arma, conduta preexistente que em nada dependeu da preparação do flagrante pela polícia.

Tráfico Internacional de Arma de Fogo

Art. 18. Importar, exportar, favorecer a entrada ou saída do território nacional, a qualquer título, de arma de fogo, acessório ou munição, sem autorização da autoridade competente:

Pena - reclusão, de 8 (oito) a 16 (dezesseis) anos, e multa. (Redação dada pela Lei nº 13.964, de 2019)

Parágrafo único. Incorre na mesma pena quem vende ou entrega arma de fogo, acessório ou munição, em operação de importação, sem autorização da autoridade competente, a agente policial disfarçado, quando presentes elementos probatórios razoáveis de conduta criminal preexistente. (Incluído pela Lei nº 13.964, de 2019)

Tipo Objetivo. Cuida-se da conduta de quem faz entrar, sair ou de qualquer forma favorecer a entrada e saída de armas, munições e acessórios do território nacional.

Elemento Normativo do Tipo. Consubstanciado na cláusula "sem autorização da autoridade competente".

Especialidade. O tipo penal em comento cuida de uma figura especial com relação ao crime de contrabando, descrito no art. 334 do Código Penal, prevalecendo, portanto, face à sua especialidade, sobre o referido crime.

Objeto Material das Condutas. São as armas de fogo, as munições e os acessórios, não importando se de uso restrito, proibido ou permitido. Neste sentido, se forem de uso restrito ou proibido, dever-se-á observar o disposto no art. 19 da lei em comento.

Tráfico Internacional de Munição. A 1ª Turma do STF, nos autos do HC nº 97.777/MS, entendeu inaplicável o princípio da insignificância ao crime de tráfico internacional de munição, em hipótese de apreensão de apenas três cápsulas de munição de origem estrangeira, asseverando que se trata de crime de perigo abstrato, não se podendo cogitar da mínima ofensividade da conduta.

> TRÁFICO INTERNACIONAL DE ARMA DE FOGO OU MUNIÇÃO. INTELIGÊNCIA DO ART. 18 DA LEI Nº 10.826/2003. TIPICIDADE RECONHECIDA. CRIME DE PERIGO ABSTRATO. TRANCAMENTO DA AÇÃO PENAL. IMPOSSIBILIDADE DE APLICAÇÃO DO PRINCÍPIO DA INSIGNIFICÂNCIA. ORDEM DENEGADA. I – A objetividade jurídica da norma penal transcende a mera proteção da incolumidade pessoal, para alcançar também a tutela da liberdade individual e do corpo social como um todo, asseguradas ambas pelo incremento dos níveis de segurança coletiva que a lei propicia. II – No caso em exame, a proibição da conduta pela qual o paciente está sendo processado visa, especialmente, combater e prevenir o tráfico internacional de armas e munições, cuja maior clientela é o crime organizado transnacional, que, via de regra, abastece o seu arsenal por meio do mercado ilegal, nacional ou internacional, de armas. III – Mostra-se irrelevante, no caso, cogitar-se da mínima ofensividade da conduta (em face da quantidade apreendida), ou, também, da ausência de periculosidade da ação, porque a hipótese é de crime de perigo abstrato, para o qual não importa o resultado concreto da ação, o que também afasta a possibilidade de aplicação do princípio da insignificância. IV – É reiterada a jurisprudência desta Suprema Corte no sentido de que o trancamento de ação penal constitui medida reservada a hipóteses excepcionais, como "a manifesta atipicidade da conduta, a presença de causa de extinção da punibilidade do paciente ou a ausência de indícios mínimos de autoria e materialidade delitivas" (HC nº 91.603, Rel.ª Min.ª Ellen Gracie), o que não se verifica na espécie. V – Habeas Corpus denegado (STF, Primeira Turma. HC nº 97.777/MS. Rel. Min. Ricardo Lewandowski. Julgamento em 26/10/2010. Publicação em DJE 22/11/2010 – ATA Nº 48/2010. DJE nº 223, divulgado em 19/11/2010. Veiculado no informativo nº 606 de 25 a 29 de outubro de 2010).

Tráfico internacional de armas de fogo. Classificação doutrinária. Jurisprudência. Crime permanente. Vale destacar recente julgado da Quinta Turma do STJ que tratou da natureza permanente do crime de tráfico internacional de armas de fogo:

> HABEAS CORPUS. **TRÁFICO INTERNACIONAL DE ARMAS DE FOGO**. ORGANIZAÇÃO CRIMINOSA. PRISÃO EM FLAGRANTE. NULIDADE. BUSCA E APREENSÃO DOMICILIAR SEM MANDADO JUDICIAL. ALEGADA VIOLAÇÃO DE DOMICÍLIO. **CRIMES PERMANENTES QUE CARACTERIZAM ESTADO DE FLAGRÂNCIA**. PRISÃO PREVENTIVA. ALEGADA AUSÊNCIA DE FUNDAMENTAÇÃO DO DECRETO PREVENTIVO. HABEAS CORPUS NÃO CONHECIDO (...) II - **Tratando-se de crimes de natureza permanente, como é o caso do tráfico internacional de armas de fogo e da organização criminosa, mostra-se prescindível o mandado de busca e apreensão para que os policiais adentrem o domicílio do acusado, não havendo se falar em eventuais ilegalidades relativas ao cumprimento da medida. Precedentes** [...] (STJ, QUINTA TURMA. HC 508248/MS. HABEAS CORPUS. Relator Ministro LEOPOLDO DE ARRUDA RAPOSO (DESEMBARGADOR CONVOCADO DO TJ/PE). Julgamento em 01/10/2019. Publicação/Fonte em DJe 11/10/2019, sem grifos no original).

Explosivos. De acordo com o glossário previsto no Anexo III do Decreto nº 10.030/2019, explosivo é o tipo de matéria que, quando iniciada, sofre decomposição muito rápida em produtos mais estáveis, com grande liberação de calor e desenvolvimento súbito de pressão.

Não estão tratados no art. 18 do Estatuto do Desarmamento e, no caso de operação ilícita de entrada e saída do território nacional de explosivos, aplicar-se-á a regra do art. 334 do Código Penal.

Réplicas ou simulacros de Arma de Fogo. Diante da redação contida no Anexo III (glossário) ao Decreto nº 10.030/19, tais objetos "*para fins do disposto no art. 26 da Lei nº 10.826, de 22 de dezembro de 2003, é um objeto que, visualmente, pode ser confundido com uma arma de fogo, mas que não possui aptidão para a realização de tiro de qualquer natureza*".

A comercialização de brinquedos, simulacros de arma de fogo que com essa possam se confundir, embora não caracterize conduta criminosa, resta proibida em todo o território nacional, nos termos do art. 26 da lei em comento (vide comentários a respeito, mais adiante). Destarte, se o agente faz entrar no Brasil brinquedos que possam ser confundidos com armas, estará fazendo operação de entrada de mercadoria ilícita e, assim, deverá responder pelo crime de contrabando, consoante regra do art. 334-A do CP. A regra do art. 18 da lei em comento jamais incidiria na hipótese, pois que o Estatuto do Desarmamento só tem aplicação em se tratando de arma de fogo.

Importação de arma de pressão sem pagamento de tributos devidos e em desacordo com determinação legal ou regulamentar. A importação de arma de pressão atualmente está sujeita a autorização prévia da Diretoria de Fiscalização de Produtos Controlados do Exército Brasileiro (DFPC) orientada pela Portaria do Comando Logístico do Exército (art. 12 da Portaria nº 02-COLOG, de 26 de fevereiro de 2010).

Conforme a redação do glossário do Anexo III do Decreto nº 10.030/19, arma de pressão é a "*arma cujo princípio de funcionamento é o emprego de gases comprimidos para impulsão de projétil, os quais podem estar previamente armazenados em uma câmara ou ser produzidos por ação de um mecanismo, tal como um êmbolo solidário a uma mola*".

O art. 7º, *caput*, do "Anexo I" do mesmo diploma normativo, por sua vez, afirma que:

> Art. 7º É obrigatório o registro de pessoas físicas ou jurídicas junto ao Comando do Exército para o exercício, próprio ou terceirizado, das atividades com PCE, previstas no art. 6º, as quais estarão sujeitas ao seu controle e fiscalização.

Porém, nos termos do art. 7º, III, do Decreto nº 10.030/19, fica dispensado o registro das pessoas físicas que utilizam PCE do tipo arma de pressão ou pirotécnico[7]:

> § 1º Fica dispensado o registro:
>
> (...)
>
> III – das pessoas físicas que utilizam PCE do tipo arma de pressão ou pirotécnico;

Por se tratar de Produto Controlado Pelo Exército (PCE), seja em face da previsão contida no Anexo II do Decreto nº 10.030/19, ou ainda, no Anexo I, do art. 15, § 3º, do mesmo diploma normativo, devem se submeter às regras de importação previstas também no art. 25 do mesmo Decreto:

> Art. 15. Os PCE são classificados, quanto ao grau de restrição, da seguinte forma:
>
> I – de uso proibido;
>
> II – de uso restrito; ou
>
> III – de uso permitido.

7. No dia 12 de abril de 2021, um dia antes da entrada em vigor dos novos Decretos, a Ministra Rosa Weber, do STF, suspendeu cautelarmente os efeitos de alguns preceitos normativos nos autos da ADI 6675, dentre eles, o parágrafo primeiro do art. 7º do Regulamento de Produtos Controlados (Decreto nº 10.030/19), incluídos pelo Decreto nº 10.627/21, acima elencados. Decisão ainda pendente de julgamento pelo Plenário, até o fechamento desta edição.

> § 3º São produtos controlados de uso permitido os PCE não relacionados nos § 1º e § 2º.
>
> (...)
>
> Art. 25. A importação de PCE ficará sujeita à autorização prévia do Comando do Exército.

Trata-se de crime de contrabando a importação das mesmas quando não obedecidas as determinações regulamentares trazidas por aqueles diplomas e não o crime desse artigo 18, que somente se aplica às armas de fogo. Na hipótese, não tem aplicação o princípio da insignificância em virtude do tributo devido pela entrada da mercadoria ser inferior ao valor mínimo para a propositura das ações fiscais, eis que não se trata de descaminho o crime praticado, mas de contrabando, em que, para além da sonegação de tributos, há lesão à moral, higiene, segurança e saúde pública, não havendo como excluir a tipicidade material da conduta à vista do valor da evasão fiscal.

> RECURSO ESPECIAL. PENAL E PROCESSO PENAL. IMPORTAÇÃO DE ARMA DE PRESSÃO. DECRETO Nº 3.665/2000 E PORTARIA Nº 006/2007 DO MINISTÉRIO DA DEFESA. PROIBIÇÃO RELATIVA. CONTRABANDO. PRINCÍPIO DA INSIGNIFICÂNCIA. INAPLICABILIDADE. 1. Conquanto a arma de pressão por ação de gás comprimido ou por ação de mola de calibre inferior a 6mm seja de uso permitido e seu porte seja livre em todo o território nacional não necessitando de registro, licença ou guia de trânsito desde que tenha sido adquirida no comércio especializado brasileiro, a sua venda é controlada, devendo o comerciante recolher cópia da carteira de identidade e do comprovante de residência do adquirente, mantendo-os a disposição da fiscalização pelo prazo de 5 anos. 2. No caso de importação, a aquisição da arma de pressão está sujeita a autorização prévia da Diretoria de Fiscalização de Produtos Controlados do Exército Brasileiro, é restrita aos colecionadores, atiradores e caçadores registrados no Exército e submetida às normas de importação e desembaraço alfandegário previstas no Regulamento para a Fiscalização de Produtos Controlados (R-105) contido no Decreto nº 3.665/2000. 3. A arma de pressão, seja por ação de gás comprimido ou por ação de mola, é mercadoria de proibição relativa e sua importação à margem da disciplina legal configura contrabando, não tendo aplicação o princípio da insignificância ainda que se trate de arma de calibre inferior a 6mm, sendo por isso despicienda a realização de perícia visando à aferição do calibre para fins de tipificação do crime de contrabando. [...] (STJ, Sexta Turma. REsp 1427796/RS. RECURSO ESPECIAL. Relator(a) Ministra MARIA THEREZA DE ASSIS MOURA. Julgamento em 14/10/2014. Publicação/Fonte em DJe 29/10/2014. Veiculado no Informativo nº 0551. Período: 3 de dezembro de 2014. Título: DI-

> REITO PENAL. CONTRABANDO DE ARMA DE PRESSÃO E IMPOSSIBILIDADE DE APLICAÇÃO DO PRINCÍPIO DA INSIGNIFICÂNCIA).
>
> PENAL E PROCESSUAL PENAL. AGRAVO REGIMENTAL NO RECURSO ESPECIAL. SIMULACRO DE ARMA DE FOGO. ARMA DE PRESSÃO. IMPORTAÇÃO. CRIME DE CONTRABANDO. PRINCÍPIO DA INSIGNIFICÂNCIA. INAPLICABILIDADE. I - A arma de pressão é um produto controlado pelo Exército brasileiro, de uso permitido pelas pessoas em geral, nos termos da legislação de regência, cuja importação somente é possível nas condições estabelecidas na legislação e mediante autorização prévia do órgão competente. É, portanto, mercadoria relativamente proibida, pois possui restrições, sendo a importação autorizada apenas se observados determinados requisitos. II - Assim sendo, a conduta de importar arma de pressão de calibre igual ou inferior a seis milímetros, sem o atendimento do regramento legal, configura o crime de contrabando. III - É incabível a aplicação do princípio da insignificância, haja vista que o bem jurídico tutelado não possui caráter exclusivamente patrimonial, pois envolve a vontade estatal de controlar a entrada de determinado produto em prol da segurança e da saúde pública. Precedentes. (STJ, Quinta Turma. AgRg no AgRg no REsp 1427793/RS. AGRAVO REGIMENTAL NO AGRAVO REGIMENTAL NO RECURSO ESPECIAL. Relator(a) Ministro FELIX. Julgamento em 16/02/2016. Publicação/ Fonte em DJe 24/02/2016).
>
> AGRAVO REGIMENTAL NO AGRAVO EM RECURSO ESPECIAL. IMPUGNAÇÃO AO FUNDAMENTO DA DECISÃO ATACADA. CONHECIMENTO DO AGRAVO. ARMA DE PRESSÃO. IMPORTAÇÃO NÃO AUTORIZADA. CRIME DE CONTRABANDO. PRINCÍPIO DA INSIGNIFICÂNCIA. INAPLICABILIDADE (...) 2. A importação de arma de pressão, mercadoria de proibição relativa, sem a prévia autorização ou licença da autoridade administrativa, configura o delito de contrabando, por tutelar não apenas interesse econômico, mas também a segurança e a incolumidade pública, afastando a incidência do princípio da insignificância. Precedentes [...] (STJ, **SEXTA TURMA**. AgRg no AREsp 1685158/SP, Rel. Ministro NEFI CORDEIRO, julgado em 30/06/2020, **DJe 07/08/2020**, sem grifo no original).

Quanto à importação de arma de pressão e sua tipificação, destaca-se recente julgado veiculado no Informativo nº 939 do STF, no qual a Segunda Turma do STF, por maioria, concluiu que "*a importação de arma de pressão por ação de gás comprimido, ainda que de calibre inferior a 6 mm, configura o crime de contrabando, sendo inaplicável o princípio da insignificância*":

> **A importação de arma de pressão por ação de gás comprimido, ainda que de calibre inferior a 6 mm, configura o crime de contra-**

bando, sendo inaplicável o princípio da insignificância. Com base nessa orientação, a Segunda Turma, por maioria e em conclusão de julgamento, denegou a ordem em habeas corpus no qual se discutia a tipificação da conduta de réu surpreendido pela Polícia Rodoviária Federal em poder de arma de pressão importada, de baixo calibre, desacompanhada da respectiva documentação (Informativo 929). A Turma ressaltou que a redação originária do art. 334 do Código Penal previa que o "contrabando" ocorreria quando importada ou exportada "mercadoria proibida". Já o inciso LXIX do art. 3º e o art. 8º do Decreto 3.665/2000 (1) referem-se à arma de pressão como produto controlado pelo Exército, submetido também à Portaria 2/2010 do Ministério da Defesa. Essa situação jurídica se enquadra na denominada "proibição relativa". O contrabando requer, assim, a importação ou exportação de mercadoria proibida. No descaminho, o que a lei discrimina é o ato de burlar, iludir, total ou parcialmente, o pagamento de direito ou imposto devido pela entrada ou saída de produto. Na espécie, a conduta verificada não consiste em apenas desembaraço alfandegário. Em realidade, a autorização prévia da autoridade competente era necessária, mas não ocorreu, o que configurou o crime de contrabando. A Turma salientou que **o princípio da insignificância não deve ser aplicado, porquanto, além do interesse econômico, estão envolvidos no caso outros bens jurídicos relevantes à Administração Pública, como a segurança e a tranquilidade**. Vencido o ministro Gilmar Mendes (relator), que concedeu a ordem, ao fundamento de que a importação da arma de pressão apreendida, sem a devida documentação, configura o crime de descaminho, ao qual aplicável o princípio da insignificância. (1) Decreto 3.665/2000: "Art. 3º Para os efeitos deste Regulamento e sua adequada aplicação, são adotadas as seguintes definições: (...) LXIX - produto controlado pelo Exército: produto que, devido ao seu poder de destruição ou outra propriedade, deva ter seu uso restrito a pessoas físicas e jurídicas legalmente habilitadas, capacitadas técnica, moral e psicologicamente, de modo a garantir a segurança social e militar do país; (...) Art. 8º A classificação de um produto como controlado pelo Exército tem por premissa básica a existência de poder de destruição ou outra propriedade de risco que indique a necessidade de que o uso seja restrito a pessoas físicas e jurídicas legalmente habilitadas, capacitadas técnica, moral e psicologicamente, de modo a garantir a segurança da sociedade e do país."(STF, Segunda Turma. HC 131943/RS. Relator Min. Gilmar Mendes. Redator para acórdão Min. Edson Fachin, julgamento em 7.5.2019. Veiculado no Informativo n.º 939. Período de 6 a 10 de maio 2019. TÍTULO: Importação de arma de pressão e tipicidade - 2, sem grifos no original).

Nesse sentido permanece o entendimento da Suprema Corte. É o que se observa do seguinte julgado:

> HABEAS CORPUS. DIREITO PENAL. IMPORTAÇÃO DE ARMA DE PRESSÃO DE USO PERMITIDO. CALIBRE IGUAL OU INFERIOR A 6 MILÍMETROS. PRODUTO CONTROLADO PELO EXÉRCITO. CRIME DE CONTRABANDO. PROIBIÇÃO RELATIVA. INAPLICABILIDADE DO PRINCÍPIO DA INSIGNIFICÂNCIA. PRECEDENTES. ORDEM DENEGADA. 1. A importação de arma de pressão por ação de gás comprimido, de calibre igual ou inferior a 6mm, de uso permitido, submete-se a uma proibição relativa, por se tratar de produto controlado pelo Exército. 2. A importação, sem autorização prévia do Exército, de arma de pressão por ação de gás comprimido, de calibre igual ou inferior a 6mm, de uso permitido, tipifica o crime de contrabando. 3. O princípio da insignificância não se aplica ao crime de contrabando. Precedentes [...] (STF, Segunda Turma. HC 131943, Relator(a): GILMAR MENDES, Relator(a) p/ Acórdão: EDSON FACHIN, julgado em 07/05/2019, PROCESSO ELETRÔNICO DJe-051 DIVULG 09-03-2020 PUBLIC 10-03-2020).

Colete a prova de balas. Sua importação, embora não descrita no crime em análise, caracteriza crime de contrabando, consoante decisão veiculada no Informativo 577 do STJ, eis que a Portaria nº 18 do DLOG (Departamento Logístico do Exército Brasileiro), publicada em 19/12/2006, disciplina as normas de avaliação técnica, fabricação, aquisição, importação e destruição de coletes balísticos, exigindo determinadas condições aos compradores e importadores desse tipo de artefato, tais quais a autorização prévia do Comando do Exército e a restrição de importação a determinados órgãos e pessoas. Destarte, estando a importação de colete à prova de balas à proibição relativa, configura crime de contrabando quando realizada em desacordo com as determinações regulamentares.

> RECURSO ORDINÁRIO EM HABEAS CORPUS. **CRIME DE CONTRABANDO DE COLETE À PROVA DE BALAS. PRINCÍPIO DA INSIGNIFICÂNCIA. INAPLICABILIDADE**. TRANCAMENTO DA AÇÃO PENAL. IMPOSSIBILIDADE. PARECER ACOLHIDO. 1. **A importação de colete à prova de balas está sujeita a proibição relativa, uma vez que sua prática exige prévia autorização do Comando do Exército, configurando crime de contrabando as condutas perpetradas fora dos moldes previstos no regulamento próprio**. 2. Não se aplica o princípio da insignificância quando o bem juridicamente tutelado vai além do mero valor pecuniário do imposto elidido, pois, nesse caso, o objetivo é proteger o interesse estatal e impedir a entrada e a comercialização de produtos proibidos em território nacional (STJ, Sexta Turma. RHC 62851/PR. RECURSO ORDINARIO EM HABEAS CORPUS. Relator(a) Ministro SEBASTIÃO REIS JÚNIOR. Julgamen-

to em 16/02/2016. Publicação/Fonte em DJe 26/02/2016. Veiculado no Informativo nº 0577. Período de 20 de fevereiro a 2 de março de 2016, sem grifos no original).

Blindagem de veículos. Nestas situações, tanto a fabricação, quanto a importação e outras atividades relacionadas estão reguladas pela Portaria nº 94, de 16 de agosto de 2019 do COLOG (Comando Logístico do Exército Brasileiro), que dispõe sobre o exercício de atividades com veículos automotores blindados, blindagens balísticas e o Sistema de Controle de Veículos Automotores Blindados e Blindagens Balísticas (SICOVAB).

Pluralidade de Armas. Não caracterizará mais de um crime, na hipótese de haver um único contexto fático. Destarte, se o agente importa, de uma só vez, uma, duas ou dezenas de armas, o crime é um só. Por óbvio, no momento da fixação da pena, a quantidade de armas deverá ser considerada como circunstância judicial desfavorável a afastar a pena do patamar mínimo legal, diante da maior reprovabilidade da conduta. Se houver, dentre as armas, qualquer uma que seja de uso restrito ou proibido, deverá ser observada a causa de aumento de pena de que trata o artigo 19 da lei em análise.

Sujeito Ativo. É qualquer pessoa, tratando-se de crime comum.

Hipótese do Funcionário Público, com Violação de Dever Funcional, Favorecer a Entrada e Saída do Território Nacional de Brinquedo que Possa ser Confundido com Arma. Na hipótese, como estará facilitando o crime de contrabando, descrito no art. 334-A do Código Penal, o agente público estará incurso nas penas do art. 318 do Código Penal. Idêntica solução será aplicada quando se tratar de explosivos, posto que, como vimos, não estão contemplados na norma do art. 18 do Estatuto do Desarmamento.

Sujeito Passivo. É a coletividade.

Objetividade Jurídica. A tutela da incolumidade e da segurança públicas.

Tipo Subjetivo. Somente prevista a figura dolosa do crime.

Momento Consumativo. Tratando-se de crime de mera conduta, consuma-se no momento da realização de qualquer das condutas típicas, independente da superveniência de resultados.

Tentativa. Possível, pois se trata de crime plurissubsistente, sendo as condutas ali descritas praticadas por mais de um ato.

Hipótese de Tráfico Internacional de Armas de Uso Proibido ou Restrito. Nessa hipótese, o agente responderá pelo crime, com a pena aumentada de metade, nos termos do art. 19 do Estatuto do Desarmamento.

Competência. Cuida-se de crime da competência da Justiça Federal.

Classificação Legal. Cuida-se de crime comum, de perigo abstrato, doloso, comissivo, de mera conduta.

Crime hediondo. A Lei dos Crimes Hediondos, com a redação dada pela Lei nº 13.964/19, passa a considerar hediondo o crime deste artigo 18 e, sendo *lex gravior*, não se aplica aos fatos praticados anteriormente à sua vigência, que teve início no dia 23 de janeiro de 2020. A previsão está no artigo 1º, parágrafo único, IV, da Lei nº 8.072/90.

Policial disfarçado. Sobre o tema, remetemos o leitor aos comentários do parágrafo 2º do artigo 17 do Estatuto do Desarmamento.

> **Art. 19.** Nos crimes previstos nos arts. 17 e 18, a pena é aumentada da metade se a arma de fogo, acessório ou munição forem de uso proibido ou restrito.

Natureza Jurídica da Regra do Art. 19. Cuida-se de causa de aumento de pena, que, caso seja aplicada, possibilitará que a pena seja aplicada acima do patamar máximo em lei previsto.

Fundamento da Causa de Aumento. A maior ofensividade que representa a arma de uso proibido ou restrito.

Momento de Aplicação da Causa de Aumento. Será aplicável no terceiro momento de aplicação da pena, nos termos do art. 68 do Código Penal.

> **Art. 20.** Nos crimes previstos nos arts. 14, 15, 16, 17 e 18, a pena é aumentada da metade se: (Redação dada pela Lei nº 13.964, de 2019)
>
> I – forem praticados por integrante dos órgãos e empresas referidas nos arts. 6º, 7º e 8º desta Lei; ou (Incluído pela Lei nº 13.964, de 2019)
>
> II – o agente for reincidente específico em crimes dessa natureza. (Incluído pela Lei nº 13.964, de 2019)

Natureza Jurídica do Art. 20. Cuida-se de causa de aumento de pena.

Inaplicabilidade. O dispositivo em comento não se aplica aos crimes dos arts. 12 e 13 do Estatuto do Desarmamento.

Hipótese de Aumento de Pena do inciso I. Será aplicada quando os crimes dos arts. 14, 15, 16, 17 e 18 forem praticados por aquelas pessoas a quem a lei confere o porte de arma, ou seja, aquelas mencionadas nos arts. 6º, 7º e 8º do Estatuto do Desarmamento.

Inaplicabilidade para as Pessoas que Possuam Porte de Arma Conferido por Lei Especial. Cuidando-se de norma prejudicial ao acusado e, portanto, não admitindo sua utilização por analogia, eis que caracterizaria analogia *in malam partem*, não pode ser usada a referida causa de aumento de pena para aquele que, tendo porte conferido por lei especial, praticar os crimes dos arts. 14, 15, 16, 17 e 18, eis que a lei não prevê o aumento de pena para o mesmo.

Fundamento da Causa de Aumento de Pena do inciso I. Neste art. 20, o fundamento da causa de aumento é o maior desvalor da conduta do agente que, aproveitando-se do fato de ter porte autorizado por lei, pratica as condutas típicas descritas no Estatuto do Desarmamento.

Hipótese de Aumento de Pena do inciso II. Incluída pela Lei nº 13.964 de 2019, a reincidência específica passa a caracterizar causa de aumento de pena dos crimes de que trata o *caput*. Para os fins deste inciso II, deve ser reconhecida a reincidência especifica na pratica dos crimes dos artigos 14, 15, 16, 17 e 18 por alguém que já tenha sido anteriormente condenado com sentença transitada em julgado pela prática de qualquer daqueles crimes.

Momento de Aplicação da Causa de Aumento por Ocasião da Fixação da Pena. A causa de aumento será aplicada no terceiro momento da aplicação da pena, podendo o juiz, ao admiti-la, fixar a pena acima do patamar máximo legal.

Art. 21. Os crimes previstos nos arts. 16, 17 e 18 são insuscetíveis de liberdade provisória. (Vide Adin nº 3.112-1)

Inconstitucionalidade. O art. 21 foi declarado inconstitucional, podendo ser perfeitamente concedida a liberdade provisória ao acusado de qualquer dos crimes previstos no Estatuto do Desarmamento, desde que a prisão não se faça necessária, nos termos do art. 312 do CPP.

A atual orientação do STF tem sido no sentido da inconstitucionalidade de qualquer dispositivo que, vedando concessão de liberdade provisória, imponha prisão *ex lege*, sem a análise da real necessidade da medida para a garantia da ordem pública, da instrução criminal ou para garantia da aplicação da lei penal.

Demais disso, consoante nosso entendimento, se tornou insustentável a vedação referida no dispositivo após a edição da Lei nº 11.464/2007, que, alterando a redação do art. 2º, II, da Lei nº 8.072/1990, possibilita a liberdade provisória para crimes hediondos e equiparados. Ora, se até mesmo os crimes hediondos admitem a concessão de liberdade provisória, por muito maiores razões admitirão a concessão do benefício aqueles crimes que, menos graves, não forem rotulados como hediondos.

Abaixo, segue transcrita parcialmente a ementa da ADI nº 3.112/DF, em que foi declarado inconstitucional o artigo em questão.

> AÇÃO DIRETA DE INCONSTITUCIONALIDADE. LEI Nº 10.826/2003. ESTATUTO DO DESARMAMENTO. INCONSTITUCIONALIDADE FORMAL AFASTADA. INVASÃO DA COMPETÊNCIA RESIDUAL DOS ESTADOS. INOCORRÊNCIA. DIREITO DE PROPRIEDADE. INTROMISSÃO DO ESTADO NA ESFERA PRIVADA DESCARACTERIZADA.

> PREDOMINÂNCIA DO INTERESSE PÚBLICO RECONHECIDA. OBRIGAÇÃO DE RENOVAÇÃO PERIÓDICA DO REGISTRO DAS ARMAS DE FOGO. DIREITO DE PROPRIEDADE, ATO JURÍDICO PERFEITO E DIREITO ADQUIRIDO ALEGADAMENTE VIOLADOS. ASSERTIVA IMPROCEDENTE. LESÃO AOS PRINCÍPIOS CONSTITUCIONAIS DA PRESUNÇÃO DE INOCÊNCIA E DO DEVIDO PROCESSO LEGAL. AFRONTA TAMBÉM AO PRINCÍPIO DA RAZOABILIDADE. ARGUMENTOS NÃO ACOLHIDOS. FIXAÇÃO DE IDADE MÍNIMA PARA A AQUISIÇÃO DE ARMA DE FOGO. POSSIBILIDADE. REALIZAÇÃO DE REFERENDO. INCOMPETÊNCIA DO CONGRESSO NACIONAL. PREJUDICIALIDADE. AÇÃO JULGADA PARCIALMENTE PROCEDENTE QUANTO À PROIBIÇÃO DO ESTABELECIMENTO DE FIANÇA E LIBERDADE PROVISÓRIA. [...] V – Insusceptibilidade de liberdade provisória quanto aos delitos elencados nos arts. 16, 17 e 18. Inconstitucionalidade reconhecida, visto que o texto magno não autoriza a prisão ex lege, em face dos princípios da presunção de inocência e da obrigatoriedade de fundamentação dos mandados de prisão pela autoridade judiciária competente. VI – Identificação das armas e munições, de modo a permitir o rastreamento dos respectivos fabricantes e adquirentes, medida que não se mostra irrazoável. VII – A idade mínima para aquisição de arma de fogo pode ser estabelecida por meio de lei ordinária, como se tem admitido em outras hipóteses. VIII – Prejudicado o exame da inconstitucionalidade formal e material do art. 35, tendo em conta a realização de referendo. IX – Ação julgada procedente, em parte, para declarar a inconstitucionalidade dos parágrafos únicos dos artigos 14 e 15 e do art. 21 da Lei nº 10.826, de 22 de dezembro de 2003. (STF, Tribunal Pleno. ADI nº 3.112/DF. Rel. Min. Ricardo Lewandowski. Julgamento em 02/05/2007. Publicação em DJ 26/10/2007. Ata nº 47/2007. Veiculado no Informativo nº 465. Período de 30 de abril a 4 de maio de 2007. TÍTULO: ADI e Estatuto do Desarmamento – 1 e 2).

Todavia, anos depois do julgado e já estando praticamente sedimentado na doutrina e na jurisprudência que as vedações *ex lege* à concessão de liberdade provisória se caracterizam como afronta ao texto da Constituição, o artigo 310, § 2º, do CPP, com as alterações provocadas pela Lei nº 13.964/19, dispõe que, se o juiz verificar que o agente é reincidente ou que integra organização criminosa armada ou milícia, ou que porta arma de fogo de uso restrito, deverá denegar a liberdade provisória, com ou sem medidas cautelares. Dúvidas não temos de que será questionada a constitucionalidade do dispositivo pelas razões já lançadas acima.

CAPÍTULO V
Disposições Gerais

Art. 22. O Ministério da Justiça poderá celebrar convênios com os Estados e o Distrito Federal para o cumprimento do disposto nesta Lei.

Art. 23. A classificação legal, técnica e geral bem como a definição das armas de fogo e demais produtos controlados, de usos proibidos, restritos, permitidos ou obsoletos e de valor histórico serão disciplinadas em ato do chefe do Poder Executivo Federal, mediante proposta do Comando do Exército. (Redação dada pela Lei nº 11.706, de 2008)

§ 1º Todas as munições comercializadas no País deverão estar acondicionadas em embalagens com sistema de código de barras, gravado na caixa, visando possibilitar a identificação do fabricante e do adquirente, entre outras informações definidas pelo regulamento desta Lei.

§ 2º Para os órgãos referidos no art. 6º, somente serão expedidas autorizações de compra de munição com identificação do lote e do adquirente no culote dos projéteis, na forma do regulamento desta Lei.

§ 3º As armas de fogo fabricadas a partir de 1 (um) ano da data de publicação desta Lei conterão dispositivo intrínseco de segurança e de identificação, gravado no corpo da arma, definido pelo regulamento desta Lei, exclusive para os órgãos previstos no art. 6º.

§ 4º As instituições de ensino policial e as guardas municipais referidas nos incisos III e IV do caput do art. 6º desta Lei e no seu § 7º poderão adquirir insumos e máquinas de recarga de munição para o fim exclusivo de suprimento de suas atividades, mediante autorização concedida nos termos definidos em regulamento. (Incluído pela Lei nº 11.706, de 2008)

Art. 24. Excetuadas as atribuições a que se refere o art. 2º desta Lei, compete ao Comando do Exército autorizar e fiscalizar a produção, exportação, importação, desembaraço alfandegário e o comércio de armas de fogo e demais produtos controlados, inclusive o registro e o porte de trânsito de arma de fogo de colecionadores, atiradores e caçadores.

Art. 25. As armas de fogo apreendidas, após a elaboração do laudo pericial e sua juntada aos autos, quando não mais interessarem à persecução penal serão encaminhadas pelo juiz competente ao Comando do Exército, no prazo de até 48 (quarenta e oito) horas, para destruição ou doação aos órgãos de segurança pública ou às Forças Armadas, na forma do regulamento desta Lei. (Redação dada pela Lei nº 13.886, de 2019)

§ 1º As armas de fogo encaminhadas ao Comando do Exército que receberem parecer favorável à doação, obedecidos o padrão e a dotação de cada Força Armada ou órgão de segurança pública, atendidos os critérios de prioridade estabelecidos pelo Ministério da Justiça e ouvido o Comando do Exército, serão arroladas em relatório reservado trimestral a ser encaminhado àquelas instituições, abrindo-se-lhes prazo para manifestação de interesse. (Incluído pela Lei nº 11.706, de 2008)

§ 2º O Comando do Exército encaminhará a relação das armas a serem doadas ao juiz competente, que determinará o seu perdimento em favor da instituição beneficiada. (Incluído pela Lei nº 11.706, de 2008)

§ 3º O transporte das armas de fogo doadas será de responsabilidade da instituição beneficiada, que procederá ao seu cadastramento no Sinarm ou no Sigma. (Incluído pela Lei nº 11.706, de 2008)

§ 4º (Vetado) (Incluído pela Lei nº 11.706, de 2008)

§ 5º O Poder Judiciário instituirá instrumentos para o encaminhamento ao Sinarm ou ao Sigma, conforme se trate de arma de uso permitido ou de uso restrito, semestralmente, da relação de armas acauteladas em juízo, mencionando suas características e o local onde se encontram. (Incluído pela Lei nº 11.706, de 2008)

Possibilidade de Reutilização das Armas Apreendidas. Pela redação inicial do Estatuto do Desarmamento, armas de fogo, acessórios ou munições apreendidas seriam, após elaboração do laudo pericial e anexado aos autos, encaminhados pelo juiz competente, quando não mais interessassem ao processo penal, ao Comando do Exército, para destruição, no prazo máximo de 48 (quarenta e oito) horas, sendo, destarte, vedado o reaproveitamento das armas. Com alteração legislativa ocorrida no ano de 2008, pela Lei nº 11.706/2008, passou a ser possível a sua reutilização, nos termos do artigo em estudo. Importante destacar que o disposto no artigo 133-A do CPP, com redação dada pela Lei nº 13.964/2019 não se aplica aos crimes de que trata essa lei. Afinal, o Estatuto do Desarmamento, lei especial, dispõe de regras especificas sobre perda e utilização das armas apreendidas, que deverão prevalecer sobre as regras gerais do CPP.

Neste sentido, o art. 45 e parágrafos, do Decreto nº 9.847/19, já com as alterações promovidas pelo advento do Decreto nº 10.630/21 (em vigor a partir de 13 de abril de 2021), preveem a regulamentação para as armas de fogo apreendidas, salientando-se a possibilidade de que sejam também doadas aos órgãos de segurança pública ou às Forças Armadas.

Art. 26. São vedadas a fabricação, a venda, a comercialização e a importação de brinquedos, réplicas e simulacros de armas de fogo, que com estas se possam confundir.

Parágrafo único. Excetuam-se da proibição as réplicas e os simulacros destinados à instrução, ao adestramento, ou à coleção de usuário autorizado, nas condições fixadas pelo Comando do Exército.

Réplicas ou simulacros de Arma de Fogo. Nos termos do glossário previsto no Anexo III do Decreto nº 10.030/19, o conceito de réplica ou simulacro pode ser entendido como: "*para fins do disposto no art. 26 da Lei nº 10.826, de 22 de dezembro de 2003, é um objeto que, visualmente, pode ser confundido com uma arma de fogo, mas que não possui aptidão para a realização de tiro de qualquer natureza*".

Considerando-se o que dispõe o art. 2º, § 1º, do Decreto nº 9.847/19, há importante proibição, que vale a pena ser destacada:

> Art. 2º Para fins do disposto neste Decreto, considera-se:
>
> § 1º Fica proibida a produção de réplicas e simulacros que possam ser confundidos com arma de fogo, nos termos do disposto no art. 26 da Lei nº 10.826, de 2003, que não sejam classificados como

> arma de pressão nem destinados à instrução, ao adestramento, ou à coleção de usuário autorizado.

Conforme a redação do art. 35, III, d, do mesmo diploma normativo mencionado no parágrafo anterior, compete ao Comando do Exército editar as normas para o controle da produção, da importação, do comércio, da utilização de simulacros de armas de fogo, nos termos do que dispõe o art. 26 do Estatuto do Desarmamento:

> Art. 35. Compete ao Comando do Exército:
>
> III - editar normas:
>
> d) para o controle da produção, da importação, do comércio, da utilização de simulacros de armas de fogo, nos termos do disposto no parágrafo único do art. 26 da Lei nº 10.826, de 2003.

Como dissemos em momento oportuno, a comercialização de brinquedos, simulacros de arma de fogo que com essa possam se confundir, embora não caracterize conduta criminosa, resta proibida em todo o território nacional, nos termos do art. 26 do Estatuto do Desarmamento. Assim, se o agente faz entrar no Brasil brinquedos que possam ser confundidos com armas, estará fazendo operação de entrada de mercadoria ilícita e, assim, deverá responder pelo crime de contrabando, consoante regra do art. 334-A do CP.

Art. 27. Caberá ao Comando do Exército autorizar, excepcionalmente, a aquisição de armas de fogo de uso restrito.

Parágrafo único. O disposto neste artigo não se aplica às aquisições dos Comandos Militares.

Art. 28. É vedado ao menor de 25 (vinte e cinco) anos adquirir arma de fogo, ressalvados os integrantes das entidades constantes dos incisos I, II, III, V, VI, VII e X do caput do art. 6º desta Lei. (Redação dada pela Lei nº 11.706, de 2008)

Art. 29. As autorizações de porte de armas de fogo já concedidas expirar-se-ão 90 (noventa) dias após a publicação desta Lei. (Vide Lei nº 10.884, de 2004)

Parágrafo único. O detentor de autorização com prazo de validade superior a 90 (noventa) dias poderá renová-la, perante a Polícia Federal, nas condições dos arts. 4º, 6º e 10 desta Lei, no prazo de 90 (noventa) dias após sua publicação, sem ônus para o requerente.

Art. 30. Os possuidores e proprietários de arma de fogo de uso permitido ainda não registrada deverão solicitar seu registro até o dia 31 de dezembro de 2008, mediante apresentação de documento de identificação pessoal e comprovante de residência fixa, acompanhados de nota fiscal de compra ou comprovação da origem lícita da posse, pelos meios de prova admitidos em direito, ou declaração firmada na qual constem as características da arma e a sua condição de proprietário, ficando este dispensado do pagamento de taxas e do cumprimento das demais exigências constantes dos Incisos I a III do caput do art. 4º, desta Lei. (Redação dada pela Lei nº 11.706, de 2008) (Prorrogação de prazo)

Parágrafo único. Para fins do cumprimento do disposto no caput deste artigo, o proprietário de arma de fogo poderá obter, no Departamento de Polícia Federal, certificado de registro provisório, expedido na forma do § 4º do art. 5º desta Lei. (Incluído pela Lei nº 11.706, de 2008)

Art. 31. Os possuidores e proprietários de armas de fogo adquiridas regularmente poderão, a qualquer tempo, entregá-las à Polícia Federal, mediante recibo e indenização, nos termos do regulamento desta Lei.

Art. 32. Os possuidores e proprietários de arma de fogo poderão entregá-la, espontaneamente, mediante recibo, e, presumindo-se de boa-fé, serão indenizados, na forma do regulamento, ficando extinta a punibilidade de eventual posse irregular da referida arma. (Redação dada pela Lei nº 11.706, de 2008)

Entrega das Armas de Fogo. Independente do término do período de *abolitio criminis* temporária previsto no art. 30 do Estatuto do Desarmamento, a qualquer tempo os possuidores de armas e os proprietários das mesmas poderão fazer a sua entrega, sendo reconhecida a extinção da sua punibilidade. Assim, inexistindo norma que conceda *abolitio criminis* temporária, aquele que possuir arma de fogo sem registro, em desacordo, portanto, com determinação legal ou regulamentar, estará praticando conduta típica, antijurídica e culpável (se não versarem sobre a mesma causa que excluam a ilicitude ou culpabilidade), sendo a referida conduta, assim, criminosa. Entretanto, se o agente fizer a entrega espontânea da arma, restará extinta a sua punibilidade, não podendo ser perseguido criminalmente pelo fato praticado. Deve-se observar que, para fins deste art. 32, pouco importa se a arma era de uso permitido, restrito ou proibido.

Incidência da Norma Somente na Hipótese de Posse, não de Porte. A entrega da arma por conduta espontânea do agente somente se caracteriza como causa extintiva da punibilidade se estivermos diante do crime de posse, não se aplicando a referida regra para o crime de porte.

Art. 33. Será aplicada multa de R$ 100.000,00 (cem mil reais) a R$ 300.000,00 (trezentos mil reais), conforme especificar o regulamento desta Lei:

I – à empresa de transporte aéreo, rodoviário, ferroviário, marítimo, fluvial ou lacustre que deliberadamente, por qualquer meio, faça, promova, facilite ou permita o transporte de arma ou munição sem a devida autorização ou com inobservância das normas de segurança;

II – à empresa de produção ou comércio de armamentos que realize publicidade para venda, estimulando o uso indiscriminado de armas de fogo, exceto nas publicações especializadas.

Art. 34. Os promotores de eventos em locais fechados, com aglomeração superior a 1000 (um mil) pessoas, adotarão, sob pena de responsabilidade, as providências necessárias para evitar o ingresso de pessoas armadas, ressalvados os eventos garantidos pelo inciso VI do art. 5º da Constituição Federal.

Parágrafo único. As empresas responsáveis pela prestação dos serviços de transporte internacional e interestadual de passageiros adotarão as providências necessárias para evitar o embarque de passageiros armados.

Art. 34-A. Os dados relacionados à coleta de registros balísticos serão armazenados no Banco Nacional de Perfis Balísticos. (Incluído pela Lei nº 13.964, de 2019)

§ 1º O Banco Nacional de Perfis Balísticos tem como objetivo cadastrar armas de fogo e armazenar características de classe e individualizadoras de projéteis e de estojos de munição deflagrados por arma de fogo. (Incluído pela Lei nº 13.964, de 2019)

§ 2º O Banco Nacional de Perfis Balísticos será constituído pelos registros de elementos de munição deflagrados por armas de fogo relacionados a crimes, para subsidiar ações destinadas às apurações criminais federais, estaduais e distritais. (Incluído pela Lei nº 13.964, de 2019)

§ 3º O Banco Nacional de Perfis Balísticos será gerido pela unidade oficial de perícia criminal. (Incluído pela Lei nº 13.964, de 2019)

§ 4º Os dados constantes do Banco Nacional de Perfis Balísticos terão caráter sigiloso, e aquele que permitir ou promover sua utilização para fins diversos dos previstos nesta Lei ou em decisão judicial responderá civil, penal e administrativamente. (Incluído pela Lei nº 13.964, de 2019)

§ 5º É vedada a comercialização, total ou parcial, da base de dados do Banco Nacional de Perfis Balísticos. (Incluído pela Lei nº 13.964, de 2019)

§ 6º A formação, a gestão e o acesso ao Banco Nacional de Perfis Balísticos serão regulamentados em ato do Poder Executivo federal. (Incluído pela Lei nº 13.964, de 2019)

Banco Nacional de Perfis Balísticos. Os projéteis disparados pelas mais diversas armas de fogo possuem importante papel em termos de investigação criminal. Através deles podem ser efetuadas importantes perícias que, auxiliam na identificação do tipo de armamento utilizado e, na maior parte dos casos, de qual arma o projétil foi disparado.

Isto ocorre porque no projétil há o que chamamos de estriações.[8] Nada mais são do que ranhuras provocadas pelo atrito do projétil influenciado pelas cristas e pelas raias do cano. São classificadas em primárias (representadas pelas ranhuras maiores), secundárias (ou também entendidas como laterais ou finas de características secundárias, cujas ranhuras são mais microscópicas) e terciárias (resultantes do desgaste provocado pelo desgaste das raias em virtude do seu uso intenso ou inadequado – raias são elementos no interior do cano que servem para rotacionar o projétil por ocasião da sua passagem por ele, o que dará maior estabilidade).

8. Sobre o tema, vide: FERREIRA, Wilson Luiz Palermo. *Medicina Legal.* 6 ed. Salvador: Juspodivm, 2021. p. 195.

Tais elementos são de extrema importância quando se trata de microcomparação balística, para que se possa verificar se determinado projétil de arma de fogo possui as mesmas estriações de outro, denotando-se, por via de consequência, que foram expelidos pelo mesmo cano de uma arma.

Tendo em vista a importância do tema, a Lei nº 13.964/19 (Pacote Anticrime), fez importante alteração na Lei nº 10.826/03 (Estatuto do Desarmamento), passando a prever a criação do chamado "Banco Nacional de Perfis Balísticos":

Perceba que a análise do art. 34-A, da Lei nº 10.826/03, reflete na coleta de dados oriundos das perícias nas armas de fogo, projéteis e munições. Já existe trabalho neste sentido há alguns anos, no âmbito do Departamento Geral de Homicídios e Proteção à Pessoa, da Polícia Civil do Estado do Rio de Janeiro, As estratégias e métodos ali definidos auxiliaram, e muito, nas investigações criminais e na correlação entre diversos casos de homicídios, elevando o índice de elucidações mediante a adequada utilização da prova técnica, justificando-se sua importância médico-legal.

Embora ainda careça de regulamentação, o Banco Nacional de Perfis Balísticos deverá ser lido em conjunto com as observações pertinentes à Cadeia de Custódia de vestígios, cuja disciplina foi inserida também pela Lei nº 13.964/19 (Pacote Anticrime), nos artigos 158-A a 158-F do Código de Processo Penal.

CAPÍTULO VI
Disposições Finais

Art. 35. É proibida a comercialização de arma de fogo e munição em todo o território nacional, salvo para as entidades previstas no art. 6º desta Lei.

§ 1º Este dispositivo, para entrar em vigor, dependerá de aprovação mediante referendo popular, a ser realizado em outubro de 2005.

§ 2º Em caso de aprovação do referendo popular, o disposto neste artigo entrará em vigor na data de publicação de seu resultado pelo Tribunal Superior Eleitoral.

O Referendo Popular de 23 de Outubro de 2005. Consoante se depreende da leitura do dispositivo em análise, sua vigência restaria condicionada à aprovação mediante referendo popular, efetivamente realizado. Ocorre que a população brasileira optou pela não aprovação do mesmo, razão pela qual continua sendo possível a comercialização das armas no território nacional para qualquer pessoa que, comprovando preenchimento dos requisitos impostos no art. 4º, desejar adquirir arma de fogo.

Art. 36. É revogada a Lei nº 9.437, de 20 de fevereiro de 1997.

Art. 37. Esta Lei entra em vigor na data de sua publicação.

Brasília, 22 de dezembro de 2003; 182º da Independência e 115º da República.

Luiz Inácio Lula da Silva
Márcio Thomaz Bastos
José Viegas Filho
Marina Silva

QUESTÕES COMENTADAS

1) (2018 - FCC - MPE/PB - Promotor de Justiça Substituto)

Nos termos do Estatuto do Desarmamento (Lei nº 10.826/2003), a conduta de emprestar a terceiro arma de fogo, sem autorização e em desacordo com determinação legal ou regulamentar, configura o crime de

A) empréstimo ilegal de arma de fogo.
B) omissão de cautela.
C) porte ilegal de arma de fogo.
D) comércio ilegal de arma de fogo.
E) posse irregular de arma de fogo.

2) (2019 - FCC - MPE/PB - Promotor de Justiça)

Nos termos do Estatuto do Desarmamento (Lei nº 10.826/2003), a conduta de emprestar a terceiro arma de fogo, sem autorização e em desacordo com determinação legal ou regulamentar, configura o crime de

a) empréstimo ilegal de arma de fogo.
b) omissão de cautela.
c) porte ilegal de arma de fogo.
d) comércio ilegal de arma de fogo.
e) posse irregular de arma de fogo.

3) (2018 - VUNESP - PC/SP - Delegado de Polícia)

É correto afirmar a respeito do crime de disparo de arma de fogo, previsto na Lei nº 10.826/2003 (Estatuto do Desarmamento), que

a) é inafiançável, de perigo abstrato e que não admite a suspensão condicional do processo.
b) se trata de crime comum, de perigo abstrato e que não admite a suspensão condicional do processo.
c) se trata de crime próprio, afiançável e que admite a suspensão condicional do processo.
d) não admite a suspensão condicional do processo, é afiançável e trata-se de crime de mão-própria.
e) é inafiançável, de perigo concreto e que admite a suspensão condicional do processo.

4) (2018 - FGV - TJ/SC - Oficial de Justiça e Avaliador)

Jorge recebeu mandado de citação em ação penal para cumprimento em localidade violenta da cidade em que atuava. Temendo por sua integridade física, compareceu ao local para cumprimento da diligência em seu próprio carro, levando escondido no porta-luvas duas armas de fogo diferentes de uso permitido. Ocorre que Jorge foi abordado por policiais militares, sendo as armas de fogo encontradas e apreendidas, além de ser verificado que ele não possuía autorização para portar aquele material bélico.

De acordo com a jurisprudência majoritária do Superior Tribunal de Justiça, a conduta de Jorge:

a) configura dois crimes de porte de arma de fogo de uso permitido em concurso formal;

b) configura dois crimes de porte de arma de fogo de uso permitido em concurso material;

c) está amparada pela causa de exclusão da culpabilidade de inexigibilidade de conduta diversa;

d) está amparada pela causa de exclusão da ilicitude de legítima defesa;

e) configura crime único de porte de arma de fogo de uso permitido.

5) (2019 – MPE/SC – MPE/SC – Promotor de Justiça)

Se o objeto mediante o qual for praticado o crime de posse de arma de fogo for uma arma de fogo com numeração suprimida pelo sujeito, ocorrerá um concurso formal de delitos entre a posse e a supressão (Lei n. 10.826/2003).

CERTO ou ERRADO

6) (2019 – MPE/SC – MPE/SC – Promotor de Justiça)

O crime de porte de arma de fogo (art. 14 da Lei n. 10.826/2003) é um crime de perigo concreto.

CERTO ou ERRADO

7) (Cespe – Delegado de Polícia – GO/2017)

Considerando o atual entendimento dos tribunais superiores quanto aos institutos do Código de Defesa do Consumidor, do Estatuto do Desarmamento e do Estatuto da Criança e do Adolescente (ECA), assinale a opção correta.

A) Ao estabelecer prazo para a regularização dos registros pelos proprietários e possuidores de armas de fogo, o Estatuto do Desarmamento criou situação peculiar e temporária de atipicidade das condutas de posse e porte de arma de fogo de uso permitido e restrito.

B) Aquele que fornece a adolescente, ainda que gratuitamente, arma de fogo, acessório ou munição de uso restrito ou proibido fica sujeito à sanção penal prevista no ECA, em decorrência do princípio da especialidade.

C) Pessoa jurídica não pode figurar como sujeito passivo de infração penal consumerista, porquanto não se enquadra no conceito de consumidor.

D) A conduta daquele que promove propaganda enganosa capaz de induzir o consumidor a se comportar de maneira prejudicial à sua saúde somente é penalmente punível diante da ocorrência de resultado danoso.

E) O porte ou a posse simultânea de duas ou mais armas de fogo de uso restrito ou proibido não configura concurso formal, mas crime único, pois a situação de perigo é uma só.

8) (IBADE - Delegado de Polícia - AC/2017)

Acerca do Estatuto do Desarmamento (Lei 10.826/2003), assinale a alternativa correta.

A) O crime de porte ilegal de arma de fogo de use permitido é inafiançável.

B) O proprietário responsável de empresa de segurança e transporte de valores que deixar de registrar ocorrência policial e de comunicar à Polícia Federal perda, furto, roubo ou outras formas de extravio de arma de fogo que esteja sob sua guarda, nas primeiras 24 (vinte quatro) horas depois de ocorrido o fato, incorrerá no crime de omissão de cautela.

C) De acordo com a recente decisão do Superior Tribunal de Justiça, aquele que mantiver em seu poder uma arma de fogo de calibre permitido com registro vencido, incorrerá na prática do crime de porte ilegal de arma de fogo.

D) No crime de comércio ilegal de arma de fogo. a pena é aumentada em um terço se a arma de fogo, acessório ou munição forem de uso proibido ou restrito.

E) O crime de omissão de cautela consiste em deixar de observar as cautelas necessárias para impedir que menor de 14 (catorze) anos ou pessoa portadora de deficiência mental se apodere de arma de fogo que esteja sob sua posse.

GABARITO COMENTADO

1) Gabarito: letra "c"

Justificativa:

A) Incorreta, pois o nomen iuris do delito descrito no enunciado da questão - conferido pela Lei nº 10.826/03 - é porte ilegal de arma de fogo e não empréstimo ilegal de arma de fogo, conforme art. 14 do Estatuto do Desarmamento.

B) Incorreta, conforme a Lei n.º 10.826/03 comete o crime de "Omissão de cautela [quem] Art. 13. Deixar de observar as cautelas necessárias para impedir que menor de 18 (dezoito) anos ou pessoa portadora de deficiência mental se apodere de arma de fogo que esteja sob sua posse ou que seja de sua propriedade".

C) Correta. Segundo as disposições da Lei n.º 10.826/03, comete o crime de "Porte ilegal de arma de fogo de uso permitido [quem] Art. 14. Portar, deter, adquirir, fornecer, receber, ter em depósito, transportar, ceder, ainda que gratuitamente, emprestar, remeter, empregar, manter sob guarda ou ocultar arma de fogo, acessório ou munição, de uso permitido, sem autorização e em desacordo com determinação legal ou regulamentar";

D) Incorreta, de acordo com a Lei nº 10.826/03 pratica o delito de "Comércio ilegal de arma de fogo [quem] Art. 17. Adquirir, alugar, receber, transportar, conduzir, ocultar, ter em depósito, desmontar, montar, remontar, adulterar, vender, expor à venda, ou de qualquer forma utilizar, em proveito próprio ou alheio, no exercício de atividade comercial ou industrial, arma de fogo, acessório ou munição, sem autorização ou em desacordo com determinação legal ou regulamentar".

E) Incorreta, eis que, em relação à Lei nº 10.826/03: "Posse irregular de arma de fogo de uso permitido [quem] Art. 12. Possuir ou manter sob sua guarda arma de fogo, acessório ou munição, de uso permitido, em desacordo com determinação legal ou regulamentar, no interior de sua residência ou dependência desta, ou, ainda no seu local de trabalho, desde que seja o titular ou o responsável legal do estabelecimento ou empresa".

2) **Gabarito oficial: LETRA "c".** Dispõe o art. 14 da Lei nº 10.826/2003**:** Portar, deter, adquirir, fornecer, receber, ter em depósito, transportar, ceder, ainda que gratuitamente, EMPRESTAR, remeter, empregar, manter sob guarda ou ocultar arma de fogo, acessório ou munição, de uso permitido, sem autorização e em desacordo com determinação legal ou regulamentar: Pena – reclusão, de 2 a 4 anos, e multa.

3) **Gabarito oficial: LETRA "b".** O crime de disparo de arma de fogo está previsto no art. 15 da Lei nº 10.826/2003 (Estatuto do Desarmamento), sendo a pena mínima de 02 (dois) anos, sendo, assim, incabível a suspensão condicional do processo, conforme o art. 89 da Lei nº 9.099/1995. Trata-se de crime de perigo abstrato que se consuma com a mera conduta narrada no *caput,* não demandando qualquer demonstração de efetiva situação de perigo a que tenha ficado exposta a sociedade.

4) **Gabarito oficial: LETRA "e".**

POSSE ILEGAL DE ARMA DE FOGO E PLURALIDADE DE ARMAS

A **pluralidade** de armas ilegais **não configura concurso de crimes**, embora deva ser considerada na dosimetria da pena, ao fixar a pena base (STJ, HC 110.800/SP, Rel. Min. Mina. Laurita Vaz, Dje. 20.11.2009). Entendemos que, se forem localizadas armas de uso restrito e de uso permitido, a infração mais grave (art.16) deverá absorver o crime de posse ilegal de arma de fogo (art.12), reconhecendo-se, portanto, apenas o crime do artigo 16. (Em sentido contrário, entendendo haver concurso formal nesse caso: STJ, HC 130.797/SP, Rel. Min. Maria Thereza de Assis Moura, Dje. 01.02.2013).

5) **Gabarito: ERRADO,** pois, em tese, crime único do artigo 16, parágrafo 1º, IV.

6) **Gabarito: ERRADO.** STF e o STJ e doutrina amplamente majoritária são no sentido de que se trata de crime de perigo abstrato ou presumido, bastando o simples porte da arma de fogo para sua consumação, independente de qualquer resultado ulterior e de qualquer demonstração de perigo concreto.

7) **Gabarito oficial: letra "e".** Quanto às demais aseertivas acerca dos crimes de arma, A *abolitio criminis* temporária somente se deu para o crime de posse e não para o crime de porte de arma. Aquele que fornece a adolescente, ainda que gratuitamente, arma de fogo, acessório ou munição de uso restrito fica sujeito à sanção penal prevista no Estatuto do Desarmamento, consoante disposto no artigo 16, parágrafo 1º, da Lei 10826/03. Neste caso, se a arma de fogo for de uso proibido, aplicar-se-á o disposto no artigo 16, §2º do diploma citado.

8) **Gabarito oficial: letra "b".** O crime de porte ilegal de arma de fogo de uso permitido é afiançável, tendo sido, há muito, declarada a inconstitucionalidade do artigo 14, parágrafo unico. O proprietário responsável de empresa de segurança e transporte de valores que deixar de registrar ocorrência policial e de comunicar à Polícia Federal perda, furto, roubo ou outras formas de extravio de arma de fogo que esteja sob sua guarda, nas primeiras 24 (vinte quatro) horas depois de ocorrido o fato, incorrerá no crime de omissão de cautela, descrito no artigo 13, parágrafo único, da Lei 10826/03. De acordo com a recente decisão do Superior Tribunal de Justiça, aquele que mantiver em seu poder uma arma de fogo de calibre permitido com registro vencido não pratica conduta típica. No crime de comércio ilegal de arma de fogo, a pena é aumentada da metade se a arma de fogo, acessório ou munição forem de uso proibido ou restrito.O crime de omissão de cautela consiste em deixar de observar as cautelas necessárias para impedir que menor de 18 (dezoito) anos ou pessoa portadora de deficiência mental se apodere de arma de fogo que esteja sob sua posse.

6

ESTATUTO DO IDOSO

LEI Nº 10.741, DE 1º DE OUTUBRO DE 2003

Dispõe sobre o Estatuto do Idoso e dá outras providências.

TÍTULO I
Disposições Preliminares

Art. 1º É instituído o Estatuto do Idoso, destinado a regular os direitos assegurados às pessoas com idade igual ou superior a 60 (sessenta) anos.

Âmbito de proteção da Lei nº 10.741/03. Estatuto do Idoso. A Constituição Federal de 1988 reservou o artigo 230 para informar que os idosos devem ser amparados pelo Estado, pela família e pela sociedade, devendo ser assegurados a inserção daqueles no convívio social.

No mesmo sentido, além de terem resguardado o direito à vida, os idosos devem ter a dignidade e bem-estar preservados, como pode ser observado a seguir.

> Art. 230. A família, a sociedade e o Estado têm o dever de amparar as pessoas idosas, assegurando sua participação na comunidade, defendendo sua dignidade e bem-estar e garantindo-lhes o direito à vida.
>
> § 1º Os programas de amparo aos idosos serão executados preferencialmente em seus lares.
>
> § 2º Aos maiores de sessenta e cinco anos é garantida a gratuidade dos transportes coletivos urbanos.

Idoso, portanto, é toda pessoa que tem idade igual ou superior a de 60 (sessenta) anos de idade, para fins de enquadramento no Estatuto do Idoso, que se destina como mais um veículo para a proteção dos direitos e garantias fundamentais destas pessoas. Vale lembrar que a Lei nº 13.466/2017 acrescentou o parágrafo segundo no artigo 3º da Lei nº 10.741/2003, passando a prever uma prioridade especial aos maiores de oitenta anos, cujas necessidades serão atendidas preferencialmente em relação aos demais idosos.

Nos termos da jurisprudência do STJ, a vulnerabilidade do idoso é presumida, eis que adotado o critério cronológico. Confira-se recente julgado da Corte Especial, a título exemplificativo:

> HABEAS CORPUS SUBSTITUTIVO DE RECURSO PRÓPRIO. FURTO. **CRIME PRATICADO CONTRA IDOSO. VULNERABILIDADE DA VÍTIMA PRESUMIDA. CRITÉRIO CRONOLÓGICO**. MUDANÇA DE COMPETÊNCIA INTRODUZIDA PELA LCE Nº 228/2013. AÇÃO PENAL JÁ INICIADA. CONSTRANGIMENTO ILEGAL INEXISTENTE (...) 2. **O estatuto do idoso, considerou juridicamente idoso a pessoa com idade acima de 60 (sessenta) anos, adotando-se, portanto, o critério cronológico. Assim, a vulnerabilidade da vítima é presumida.** (STJ, 5ª Turma. HC 417150/SE. HABEAS CORPUS. 2017/0241980-5. Relator (a) Ministro REYNALDO OARES DA FONSECA. Julgamento em 21/08/2018. Publicação/Fonte em DJe 28/08/2018). Sem grifo no original.

O Estatuto do Idoso ainda continua influenciando alterações legislativas em outros diplomas legais, tais como o Código de Processo Penal (CPP) e o Código Penal (CP), que foram recentemente alterados, respectivamente, pela Lei nº 13.721/2018 e pela Lei nº 13.771/2018.

O art. 158 do CPP passou a prever prioridade na realização de exame de corpo de delito os crimes que envolvam violência contra idoso, nos seguintes termos:

> Art. 158. Quando a infração deixar vestígios, será indispensável o exame de corpo de delito, direto ou indireto, não podendo supri-lo a confissão do acusado.
>
> Parágrafo único. Dar-se-á prioridade à realização do exame de corpo de delito quando se tratar de crime que envolva: (Incluído dada pela Lei nº 13.721, de 2018)
>
> I – violência doméstica e familiar contra mulher; (Incluído dada pela Lei nº 13.721, de 2018)
>
> II – violência contra criança, adolescente, idoso ou pessoa com deficiência. (Incluído dada pela Lei nº 13.721, de 2018)

A Lei nº 13.771/2018 alterou o parágrafo 7º do art. 121 do CP, passando a prever, agora, aumento da pena do feminicídio praticado contra pessoa maior de sessenta anos:

> Art. 121, § 7º: A pena do feminicídio é aumentada de 1/3 (um terço) até a metade se o crime for praticado: (Incluído pela Lei nº 13.104, de 2015)

> I - durante a gestação ou nos 3 (três) meses posteriores ao parto; (Incluído pela Lei nº 13.104, de 2015)
>
> II - contra pessoa menor de 14 (catorze) anos, maior de 60 (sessenta) anos, com deficiência ou portadora de doenças degenerativas que acarretem condição limitante ou de vulnerabilidade física ou mental; (Redação dada pela Lei nº 13.771, de 2018)
>
> III - na presença física ou virtual de descendente ou de ascendente da vítima; (Redação dada pela Lei nº 13.771, de 2018)
>
> IV - em descumprimento das medidas protetivas de urgência previstas nos incisos I, II e III do caput do art. 22 da Lei nº 11.340, de 7 de agosto de 2006. (Incluído pela Lei nº 13.771, de 2018)

Em meados de 2019, o Decreto nº 9.921, de 18 de julho de 2019, consolidou atos normativos editados pelo Poder Executivo Federal que dispõem sobre a temática da pessoa idosa, dentre eles, os que se referem aos direitos fundamentais desses indivíduos.

Já em 2020, a Lei nº 14.022, alterando a Lei nº 13.979/20 (que dispõe sobre medidas relacionadas à pandemia de SARS-CoV-2 – COVID-19), passou a dispor sobre medidas de enfrentamento que incluem, dentre outros temas, as pessoas com deficiência, durante a emergência de saúde pública de importância internacional decorrente do coronavírus responsável pelo surto de 2019.

Da mesma forma que faz menção a outros diplomas legais que tratam de microssistemas de proteção, o art. 3º, § 7º - C, da Lei nº 13.979/20, passou a prever que os serviços públicos e atividades essenciais, cujo funcionamento deve ser resguardado quando adotadas as medidas previstas nos incisos referentes ao *caput* daquele artigo (quais sejam: isolamento, quarentena etc.) incluem os relacionados às questões de violência doméstica e familiar, às crianças e adolescentes, a pessoas idosas, bem como às pessoas com deficiência, vítimas dos crimes previstos na Lei Maria da Penha, no Estatuto da Criança e do Adolescente, no Estatuto do Idoso, no Estatuto da Pessoa com Deficiência, além dos crimes previstos no Código Penal.

Por fim, importante destacar que já no início do ano de 2021, dois Decretos alteram normativas já existentes e que envolvem a temática da pessoa idosa. Nesse sentido, o Decreto nº 9.893/2019, que dispõe sobre o Conselho Nacional dos Direitos da Pessoa Idosa foi recentemente alterado pelo Decreto nº 10.643/2021. Por sua vez, o Decreto nº 9.921/2019 (que consolida atos normativos editados pelo Poder Executivo federal que dispõem sobre a temática da pessoa idosa), foi alterado pelo Decreto nº 10.604/2021.

***Idosicídio.* Gerontocídio. Homicídio qualificado em razão da idade da vítima: pessoa idosa.** O homicídio cometido contra idoso, denominado *idosicídio*, pode vir a existir como tipo penal específico no Código Penal, na condição de crime qualificado. O projeto do Senado (PLS 373/2015), que foi aprovado pela Comissão de Constituição, Justiça e Cidadania (CCJ) em 8/11/17, pretende alteração no Código Penal e na Lei de Crimes Hediondos (Lei n.º 8.072/90) – seguindo a política de ações afirmativas, como forma de instrumentalização do princípio da igualdade material ou substancial – conferindo tratamento mais rigoroso ao atribuir à conduta (hoje, homicídio simples, ainda que com causa de aumento prevista no §4º do art. 121, do CP) a condição de homicídio qualificado se a vítima possuir mais de 60 anos de idade. E, como tal, também inclui referida figura penal no rol dos crimes hediondos (consumado ou tentado) prevendo, ainda, causa de aumento de pena se praticado na presença de descendente da vítima.

Agora, o projeto segue para votação na Câmara dos Deputados. Sobre a atualização do tema, o projeto, que na Câmara tramita sob o nº PL 9161/2017 (apensados ao PL 7769/2017 e PL 2363/2019, de mesmo objeto, vale dizer, alteração da legislação penal para qualificar o homicídio contra pessoa idosa e, também, incluir o gerontocídio [idosicídio] no rol dos crimes hediondos, respectivamente), teve parecer aprovado na Comissão de Constituição e Justiça e de Cidadania (CCJC) em 28/08/2019 e segue para apreciação do Plenário, ainda sem data. O tema, ainda na esfera legislativa, merece acompanhamento. Resta aqui assinalada a possível mudança na legislação penal, na tentativa de conferir maior proteção à pessoa idosa.

Da impossibilidade de utilização do artigo 1º da Lei nº 10.741/03 para fins de redução dos prazos de prescrição. Ser enquadrado como idoso não desnatura o instituto de outras leis, como o Código Penal, que somente considera a idade de 70 (setenta) anos para fins de redução dos prazos de prescrição, conforme preconiza o artigo 115 daquele diploma legal.

> Art. 115 – São reduzidos de metade os prazos de prescrição quando o criminoso era, ao tempo do crime, menor de 21 (vinte e um) anos, ou, na data da sentença, maior de 70 (setenta) anos. *(Redação dada pela Lei nº 7.209, de 11.7.1984)*

Assim, a jurisprudência dos Tribunais Superiores indica que não é possível aplicar o artigo 1º do Estatuto do Idoso com o objetivo de se considerar novo patamar (agora, de sessenta anos), no que tange à redução prescricional. A seguir, podemos observar julgados do Superior Tribunal de Justiça neste sentido:

> RECURSO ORDINÁRIO EM HABEAS CORPUS. CRIMES DE RESPONSABILIDADE. NULIDADE. NOTIFICAÇÃO PRÉVIA. PRERROGATIVA INEXTENSÍVEL A PARTICULARES. DESNECESSIDADE. AÇÃO PENAL PRECEDIDA DE INQUÉRITO POLICIAL. PRESCRIÇÃO. APLICAÇÃO DO ESTATUTO DO IDOSO. IMPOSSIBILIDADE. PRECEDENTES DESTA CORTE. 1. É entendimento desta Corte que o direito à notificação prévia, nos crimes funcionais, não é extensível a particulares que com o delito colaborem. 2. Há Súmula desta Corte no sentido de ser desnecessária a notificação prévia quando a ação penal foi precedida de inquérito policial. Súmula 330/STJ 3. **<u>Impossibilidade de aplicação do Estatuto do Idoso no que concerne à faixa etária a ser considerada para efeitos da aplicação da pres-</u>**

crição penal. Precedentes. 4. Recurso ordinário em habeas corpus improvido. (STJ, 6ª Turma. RHC 23163/MG RECURSO ORDINÁRIO EM HABEAS CORPUS 2008/0047871-1. Relator Ministro NEFI CORDEIRO. Julgamento em 17/03/2015. Publicação em DJe 25/03/2015, sem grifo no original). No mesmo sentido: "(...) 1. **O Estatuto do Idoso, ao considerar como idosa a pessoa a partir de 60 (sessenta) anos de idade, não alterou o artigo 115 do Código Penal, que prevê a redução do prazo prescricional apenas quando o acusado é maior de 70 (setenta) anos de idade ao tempo da sentença condenatória. Precedentes do STJ e do STF** [...] (STJ, 5ª Turma. HC 284456 / SP. HABEAS CORPUS. 2013/0405554-7. Relator (a) Ministro JORGE MUSSI. Julgamento em 22/04/2014. Publicação em DJe 29/04/2014, sem grifo no original).

AGRAVO REGIMENTAL NO HABEAS CORPUS SUBSTITUTIVO DE RECURSO PRÓPRIO. PRESCRIÇÃO. RÉU QUE COMPLETOU 70 ANOS APÓS A PRIMEIRA CONDENAÇÃO. REDUÇÃO DO PRAZO À METADE QUE NÃO SE APLICA À HIPÓTESE. MUDANÇA DO PRAZO PRESCRICIONAL EM RAZÃO DA ALTERAÇÃO ETÁRIA PROMOVIDA COM O ADVENTO DO ESTATUTO DO IDOSO. NOVATIO LEGIS IN MELIUS. INAPLICABILIDADE. (...) I - No que tange à prescrição, a Terceira Seção desta Corte, no julgamento dos Embargos de Divergência em Recurso Especial n# 749.912/PR, pacificou o entendimento de que o benefício previsto no artigo 115 do Código Penal não se aplica ao réu que completou 70 anos de idade após a data da primeira decisão condenatória. (...). III - Este Sodalício já se manifestou no sentido da inaplicabilidade da idade prevista no Estatuto do Idoso com a finalidade de alterar o prazo exigido para o reconhecimento da prescrição previsto no art. 115 do Código Penal [...] (STJ, **QUINTA TURMA**. AgRg no RHC 116082/RJ. AGRAVO REGIMENTAL NO RECURSO ORDINÁRIO EM HABEAS CORPUS. Relator(a) Ministro LEOPOLDO DE ARRUDA RAPOSO (DESEMBARGADOR CONVOCADO DO TJ/PE). Julgamento em 10/10/2019. Publicação/Fonte em **DJe 16/10/2019**, sem grifos no original).

Pandemia. COVID-19. Recomendação nº 62/2020 do CNJ. Princípio da fraternidade. Prisão domiciliar. Pessoa idosa. Vivemos um momento único da história contemporânea, uma emergência de saúde pública sem precedentes, o que exigiu resposta imediata do direito (fator regulamentador das sociedades ditas complexas). O Decreto Legislativo 06/2020 reconheceu a situação pandêmica e o estado de calamidade (art. 65 da Lei Complementar nº 101/2000). A Lei nº 13.979, de 06/02/2020 (regulamentada pelo Decreto federal nº 10.282, de 20/03/2020), por sua vez, estabeleceu uma política sanitária emergencial. O Plenário da Suprema Corte no recente (16/12/2020) julgamento conjunto das Ações Diretas de Inconstitucionalidade 6586 e 6587 – vale dizer, que versam sobre a vacinação contra a Covid-19 –, e do Recurso Extraordinário com Agravo 1267879 – que trata do direito à recusa à imunização por convicções filosóficas ou religiosas – firmou posicionamento no sentido de que a vacinação compulsória contra Covid-19 (prevista na Lei 13.979/2020) é constitucional assentando entendimento no sentido de que, em homenagem aos princípios da solidariedade e da fraternidade, os direitos da sociedade (saúde coletiva) devem prevalecer sobre os direitos individuais (prioridade à imunização comunitária e, dentro deste grupo, os idosos). Nesse contexto, a proteção da vida, da saúde e da dignidade as pessoas privadas de liberdade, e a necessidade de se conferir especial atenção ao chamado "grupo de risco"[1] – pessoas mais vulneráveis ao contágio e, portanto, mais suscetíveis à doença – dentre eles, o idoso, ante a obrigatoriedade constitucional assistencial assegurada a pessoa idosa. No que tange ao sistema prisional e às medidas alternativas ao cárcere, visando ao adequado enfrentamento dessa situação de crise sanitária, a Recomendação nº 62/2020 do Conselho Nacional de Justiça, orienta os Tribunais e magistrados a adoção de medidas preventivas à propagação da infecção pelo novo coronavírus (Covid-19), no âmbito dos sistemas de justiça penal (e socioeducativo). Para a Quinta e a Sexta Turmas do STJ a concessão de prisão domiciliar não é automática aos integrantes do grupo de risco de contágio da COVID-19 (há que se aplicar a proporcionalidade, art. 5º). Para tanto, não basta o fator etário, a análise (que deve ser casuística, à luz do caso concreto) deve englobar a presença dos requisitos preconizados pela Recomendação nº 62/2020, de 17/03/2020, do CNJ (ausência de violência ou grave ameaça a pessoa, por exemplo).

Senão vejamos:

> AGRAVO REGIMENTAL NO HABEAS CORPUS. SÚMULA 691/STF. EXECUÇÃO DA PENA. ROUBOS. CUMPRIMENTO DE PENA EM PRISÃO DOMICILIAR. RISCO DE CONTAMINAÇÃO PELA COVID-19. PESSOA IDOSA. DELITOS PRATICADOS MEDIANTE VIOLÊNCIA. DOENÇAS PREEXISTENTES NÃO COMPROVADAS. REQUISITOS DA RECOMENDAÇÃO 62/2020 DO CNJ. NÃO PREENCHIMENTO. CONSTRANGIMENTO ILEGAL. NÃO OCORRÊNCIA. WRIT INDEFERIDO LIMINARMENTE. DECISÃO MANTIDA. RECURSO IMPROVIDO. 1. A Recomendação n. 62/2020 do Conselho Nacional de Justiça, recomenda aos Tribunais e magistrados a adoção de medidas preventivas à propagação da infecção pelo novo coronavírus, no âmbito

1 BRASIL, Ministério da Saúde. Secretaria de Vigilância em Saúde. Guia de Vigilância Epidemiológica: Emergência de Saúde Pública de importância nacional pela doença pelo Coronavírus 2019: Vigilância de Síndromes Respiratórias Agudas: COVID-19. Brasília-DF, 05 de Agosto de 2020. Fatores de risco. p. 11. Acesso em 22/12/2020. Disponível em: https://portalarquivos.saude.gov.br/images/af_gvs_coronavirus_6ago20_ajustes-finais-2.pdf. Brasil. Organização Pan-Americana de Saúde. Folha informativa COVID-19: Escritório da OPAS e da OMS no Brasil. Acesso em 22/12/2020. Disponível em: https://www.paho.org/bra/index.php?option=com_content&view=article&id=6101:covid19&Itemid=875#risco. Não há definição legal quanto ao chamado grupo de risco. Todavia, tramita na Câmara dos Deputados o Projeto de Lei 2469/20 que acrescenta à Lei 13979/20 um artigo específico sobre os grupos de pessoas mais suscetíveis à doença [COVID-19].

dos sistemas de justiça penal e socioeducativo. 2. A prática de delitos mediante o emprego de violência, especificamente de diversos crimes de roubo, inclusive quando estava no cumprimento de período de prova de livramento condicional anteriormente deferido, inviabiliza as pretensões defensivas de relaxamento da prisão ou de sua substituição por custódia domiciliar, não se enquadrando, nos requisitos preconizados pela Recomendação n. 62/2020 do CNJ. 3. Tendo em vista que o paciente, apesar de idoso, praticou delitos com violência e grave ameaça e não demonstrou ter, atualmente, sua condição de saúde agravada pelo risco de contágio pela Covid-19, não há ilegalidade no indeferimento do cumprimento de pena em regime domiciliar. 4. Não havendo a possibilidade de mitigação da Súmula 691/STF, o writ deve ser indeferido liminarmente. 5. Agravo regimental improvido. (STJ, **SEXTA TURMA** AgRg no HC 576.515/SP, Rel. Ministro NEFI CORDEIRO, julgado em 02/06/2020, **DJe de 08/06/2020**, sem grifos no original).

AGRAVO REGIMENTAL NO HABEAS CORPUS. EXECUÇÃO PENAL. CUMPRIMENTO DE PENA EM PRISÃO DOMICILIAR. RECOMENDAÇÃO 62/2020 DO CNJ. COVID-19. GRUPO DE RISCO. CRIME VIOLENTO. CONDIÇÃO DE SAÚDE. AUSÊNCIA DE DEMONSTRAÇÃO DE POSSIBILIDADE DE AGRAVAMENTO. ILEGALIDADE. AUSÊNCIA. AGRAVO IMPROVIDO. 1. A crise mundial da Covid-19 trouxe já uma realidade diferenciada de preocupação com a saúde em nosso país e faz ver como ainda de maior risco o aprisionamento, a concentração excessiva, a dificuldade de higiene e as deficiências de alimentação naturais ao sistema prisional acarretam seu enquadramento como pessoas em condição de risco. 2. Não se verifica ilegalidade no indeferimento do pedido de cumprimento de pena em regime aberto domiciliar, pois, apesar de o paciente possuir 60 anos, praticou delito com violência (estupro de vulnerável), bem como não houve a demonstração de que a sua condição de saúde atualmente possa ser agravada pelo risco de contágio pela Covid-19, não se verificando a ocorrência de manifesta ilegalidade, pois o art. 5º da Resolução n. 62 do CNJ dispõe que cabe ao magistrados sopesar a situação em observância ao contexto local de disseminação do vírus [...] (STJ, **SEXTA TURMA**. AgRg no HC 600.632/SP, Rel. Ministro NEFI CORDEIRO, julgado em 06/10/2020, **DJe de 13/10/2020**).

RECURSO ORDINÁRIO EM HABEAS CORPUS. EXECUÇÃO PENAL. PACIENTE QUE CUMPRE PENA NO REGIME FECHADO. PESSOA IDOSA E HIPERTENSA. TRATAMENTO NO ESTABELECIMENTO PRISIONAL. CONSTRANGIMENTO ILEGAL AFASTADO. RECURSO ORDINÁRIO NÃO PROVIDO. 1. Em relação ao pretendido encarceramento em domicílio, não se desconhece que a Resolução n. 62, de 18 de março de 2020, do CNJ, recomenda aos Tribunais e magistrados a adoção de medidas preventivas à propagação da infecção pelo novo coronavírus/Covid-19 no âmbito dos sistemas de justiça penal e socioeducativo. 2. Contudo, isso não implica automática substituição da prisão pela domiciliar. Necessário que o eventual beneficiário do instituto demonstre: a) sua inequívoca adequação no chamado grupo de vulneráveis da COVID-19; b) a impossibilidade de receber tratamento no estabelecimento prisional em que se encontra; e c) risco real de que o estabelecimento em que se encontra, e que o segrega do convívio social, cause mais risco do que o ambiente em que a sociedade está inserida, inocorrente na espécie. (AgRg no HC 561.993/PE, Rel. Ministro REYNALDO SOARES DA FONSECA, QUINTA TURMA, julgado em 28/04/2020, DJe 04/05/2020). 3. Esta Corte tem firmado o entendimento de que a concessão de prisão domiciliar aos apenados que se encontram no grupo de risco de contágio pelo novo coronavírus não é automática, devendo ser analisado cada caso individualmente, de maneira que haja equilíbrio entre os direitos envolvidos. Assim, é imprescindível que seja levado em consideração aspectos vinculados à pena, ao apenado, à situação de risco e às medidas tomadas pelo poder público na contenção da pandemia e no tratamento dos contaminados. (HC 582.489/SP, Rel. Ministro JOEL ILAN PACIORNIK, QUINTA TURMA, julgado em 01/09/2020, DJe 04/09/2020) 3. Na espécie, o acórdão recorrido apresentou fundamentação suficiente e idônea a afastar a alegação de manifesta ilegalidade que justifique o deferimento da prisão domiciliar, tendo em vista que, embora a paciente seja pessoa idosa e hipertensa, os documentos carreados aos autos não evidenciam que ela não vem recebendo o tratamento adequado no estabelecimento prisional, o que afasta o apontado constrangimento ilegal [...] (STJ, **QUINTA TURMA**. RHC 129.910/RS, Rel. Ministro REYNALDO SOARES DA FONSECA, julgado em 13/10/2020, **DJe de 20/10/2020**, sem grifos no original).

TÍTULO VI
Dos Crimes

CAPÍTULO I
Disposições Gerais

Art. 93. Aplicam-se subsidiariamente, no que couber, as disposições da Lei nº 7.347, de 24 de julho de 1985.

Das disposições gerais previstas no artigo 93 do Estatuto do Idoso, quanto aos crimes nele previstos. A Lei nº 7.347/1985, indicada pelo artigo 93 do Estatuto do Idoso, trata da Ação Civil Pública. É, no mínimo, curiosa a remissão para aplicação subsidiária daquela Lei justamente na parte que inicia as disposições gerais dos crimes previstos no Estatuto do Idoso, posicionados do artigo 95 ao artigo 109, pelo menos para verificarmos se algo conflitaria ou não, em matéria penal, com a primeira Lei.

A Lei da Ação Civil Pública prevê somente uma conduta típica, qual seja, a do artigo 10 daquele diploma legal, que informa o seguinte:

> Art. 10. Constitui crime, punido com pena de reclusão de 1 (um) a 3 (três) anos, mais multa de 10 (dez) a 1.000 (mil) Obrigações Reajustáveis do Tesouro Nacional - ORTN, a recusa, o retardamento ou a omissão de dados técnicos indispensáveis à propositura da ação civil, quando requisitados pelo Ministério Público.

Os crimes previstos no Estatuto do Idoso e este previsto na Lei da Ação Civil Pública não são conflitantes, razão pela qual, pelo menos aqui, não há necessidade de aplicação subsidiária.

Todavia, nada impede que em determinada situação fática se clame a aplicação subsidiária da Lei nº 7.347/85, afinal, a Lei não traz palavras vazias ou desnecessárias.

> Art. 94. Aos crimes previstos nesta Lei, cuja pena máxima privativa de liberdade não ultrapasse 4 (quatro) anos, aplica-se o procedimento previsto na Lei nº 9.099, de 26 de setembro de 1995, e, subsidiariamente, no que couber, as disposições do Código Penal e do Código de Processo Penal. (Vide ADI 3.096-5 - STF)

Das disposições gerais previstas no artigo 94 do Estatuto do Idoso. Consoante regra insculpida no artigo, para os crimes que prevejam pena máxima não superior a quatro anos, o procedimento a ser aplicado será o da Lei nº 9.099/95 e, de forma subsidiária e no que couber, as disposições do Código Penal e do Código de Processo Penal.

Ao nosso modo de ver, o legislador quis dar maior celeridade aos procedimentos que envolvessem prática de crimes contra os idosos, como fez o Estatuto do Idoso em diversas outras situações, como por exemplo, prioridade no atendimento médico, no embarque nos transportes públicos e como quis o artigo 71 do Estatuto, prioridade na tramitação dos processos e procedimentos judiciais, em qualquer instância: (lembrando que, dentre os processos de idosos, há prioridade especial aos maiores de oitenta anos, conforme artigo 71, § 5º, do referido Estatuto), conforme salientamos anteriormente:

> Art. 71. É assegurada prioridade na tramitação dos processos e procedimentos e na execução dos atos e diligências judiciais em que figure como parte ou interveniente pessoa com idade igual ou superior a 60 (sessenta) anos, em qualquer instância.

Porém o mencionado artigo colide frontalmente com algumas disposições contidas na Lei nº 9.099/95, mormente o artigo 61, para o qual são consideradas infrações de menor potencial ofensivo as contravenções penais e os crimes a que a lei comine pena máxima não superior a dois anos, cumulada ou não com multa.

Além disso, é preciso lembrar que a Lei nº 9.099/95 possui diversos institutos despenalizadores que são aplicáveis primordialmente, às infrações ditas de menor potencial ofensivo, quando couberem, como a composição civil dos danos, prevista no artigo 72 daquela lei, bem como a transação penal (prevista no artigo 76 da Lei nº 9.099/95) e a suspensão condicional do processo, insculpida no artigo 89 da mesma Lei.

A se permitir a aplicação da Lei nº 9.099/95 de forma desmedida para os casos contemplados no artigo 94 do Estatuto do Idoso, indiretamente se estaria a permitir, para os crimes cuja pena máxima fosse até o patamar de quatro anos, a aplicação dos institutos despenalizadores lá previstos, tornando praticamente inócua qualquer tentativa do Estatuto do Idoso em enrijecer ou ampliar o tratamento penal nas situações que envolvessem idosos, contrariando seus propósitos.

O Supremo Tribunal Federal foi instado a se manifestar por ocasião da Ação Direta de Inconstitucionalidade nº 3.096-DF, tendo ficado estabelecido que deveria ser feita interpretação conforme à CRFB/1988, aplicando-se apenas o procedimento sumaríssimo, reduzindo-se do *caput* do artigo 94 a expressão "do Código Penal e". As observações podem ser vistas a seguir:

> AÇÃO DIRETA DE INCONSTITUCIONALIDADE. ARTIGOS 39 E 94 DA LEI 10.741/2003 (ESTATUTO DO IDOSO). RESTRIÇÃO À GRATUIDADE DO TRANSPORTE COLETIVO. SERVIÇOS DE TRANSPORTE SELETIVOS E ESPECIAIS. APLICABILIDADE DOS PROCEDIMENTOS PREVISTOS NA LEI 9.099/1995 AOS CRIMES COMETIDOS CONTRA IDOSOS. 1. No julgamento da Ação Direta de Inconstitucionalidade 3.768/DF, o Supremo Tribunal Federal julgou constitucional o art. 39 da Lei 10.741/2003. Não conhecimento da ação direta de inconstitucionalidade nessa parte. 2. **Art. 94 da Lei n. 10.741/2003: interpretação conforme à Constituição do Brasil, com redução de texto, para suprimir a expressão "do Código Penal e".** Aplicação apenas do procedimento sumaríssimo previsto na Lei n. 9.099/95: benefício do idoso com a celeridade processual. **Impossibilidade de aplicação de quaisquer medidas despenalizadoras e de interpretação benéfica ao autor do crime**. 3. Ação direta de inconstitucionalidade julgada parcialmente procedente para dar interpretação conforme à Constituição do Brasil, com redução de texto, ao art. 94 da Lei n. 10.741/2003. (STF, Tribunal Pleno, ADI 3096 / DF – DISTRITO FEDERAL. AÇÃO DIRETA DE INCONSTITUCIONALIDADE. Relator (a): Min. CÁRMEN LÚCIA. Julgamento em 16/06/2010. Publicação em DJe-164 DIVULG 02-09-2010 PUBLIC 03-09-2010. EMENT VOL-02413-02 PP-00358. RTJ VOL-00216-01 PP-00204, sem grifos no original).

Portanto, a Suprema Corte, dando interpretação conforme à Constituição ao artigo 94 do Estatuto do Idoso (com redução de texto), decidiu pela impossibilidade de aplicação, naquele caso, de medidas despenalizadoras previstas na Lei nº 9.099/95 e de interpretação benéfica ao autor de crime contra o idoso.

Com isto, a aplicação da Lei nº 9.099/95 para os crimes cuja pena máxima seja superior a dois anos e não exceda o patamar de quatro anos se dá somente no que tange ao procedimento sumaríssimo, em homenagem à celeridade processual e à proteção integral e prioridade absoluta na efetivação dos direitos fundamentais do idoso (art. 2º; 3º, §§ 1º e 2º, e art. 71, todos da Lei nº 10.741/03).

No mais, como assente na jurisprudência do STJ, a adoção do rito ordinário (mais amplo), por si só, não caracteriza a nulidade do procedimento, notadamente, quando não há prejuízo ao réu, senão vejamos:

> PENAL E PROCESSUAL. RECURSO ORDINÁRIO EM HABEAS CORPUS. ART. 102 DO ESTATUTO DO IDOSO. TRANCAMENTO DE AÇÃO PENAL. ATIPICIDADE E FALTA DE JUSTA CAUSA. NECESSIDADE DE EXAME DO CONTEXTO FÁTICO-PROBATÓRIO. IMPOSSIBILIDADE NA VIA ELEITA. **INOBSERVÂNCIA DO RITO PREVISTO NA LEI N. 9.099/1995. NULIDADE. NÃO OCORRÊNCIA. NÃO DEMONSTRAÇÃO DO PREJUÍZO. AUSÊNCIA DE ILEGALIDADE MANIFESTA**. (...) 4. In casu, **não obstante haver previsão legal (art. 94 da Lei n. 10.741/2003), inexistindo prejuízo para a parte adversa, admite-se a adoção do rito ordinário, notadamente por ser mais amplo, propiciando maior dilação probatória. Dessa forma, não configura nulidade da ação que seguiu rito impróprio, no caso o ordinário, se o processo chegou a seu termo sem oposição e sem prejuízo ao réu**. 5. Recurso ordinário desprovido (STJ, Quinta Turma. RHC 33075/SP. RECURSO ORDINÁRIO EM HABEAS CORPUS. Ministro GURGEL DE FARIA. Julgamento em 16/04/2015. Publicação em DJe 28/04/2015, sem grifos no original).

CAPÍTULO II
Dos Crimes em Espécie

Art. 95. Os crimes definidos nesta Lei são de ação penal pública incondicionada, não se lhes aplicando os *arts. 181* e *182 do Código Penal.*

Da previsão contida no artigo 95 do Estatuto do Idoso. Segundo este artigo, os crimes previstos no Estatuto do Idoso (sejam de caráter patrimonial ou não) são de ação penal pública incondicionada e não podem ser aplicados os benefícios das escusas absolutórias, previstos nos artigos 181 e 182 do Código Penal (CP).

Isto significa dizer que, por ocasião da prática de um crime contra o idoso, previsto na Lei nº 10.741/03, o agente nem será isento de pena, caso pratique as condutas típicas em prejuízo do cônjuge ou ascendente, por exemplo.

Além disso, o artigo 182 do Código Penal trata da possibilidade de que se proceda mediante representação, caso o crime praticado for em prejuízo, por exemplo, do cônjuge ou do irmão.

> Art. 181 - É isento de pena quem comete qualquer dos crimes previstos neste título, em prejuízo: *(Vide Lei nº 10.741, de 2003)*
>
> I - do cônjuge, na constância da sociedade conjugal;
>
> II - de ascendente ou descendente, seja o parentesco legítimo ou ilegítimo, seja civil ou natural.
>
> Art. 182 - Somente se procede mediante representação, se o crime previsto neste título é cometido em prejuízo: *(Vide Lei nº 10.741, de 2003)*
>
> I - do cônjuge desquitado ou judicialmente separado;
>
> II - de irmão, legítimo ou ilegítimo;
>
> III - de tio ou sobrinho, com quem o agente coabita.

Todavia, por via transversa, o próprio Estatuto do Idoso inseriu no Código Penal o inciso III ao artigo 183 daquele diploma legal, prevendo que não se aplicam os artigos 181 e 182 do CP aos crimes praticados contra pessoa com idade igual ou superior a 60 (sessenta) anos, fazendo com que o artigo 95 do Estatuto do Idoso se tornasse inócuo.

Art. 96. Discriminar pessoa idosa, impedindo ou dificultando seu acesso a operações bancárias, aos meios de transporte, ao direito de contratar ou por qualquer outro meio ou instrumento necessário ao exercício da cidadania, por motivo de idade:

Pena - reclusão de 6 (seis) meses a 1 (um) ano e multa.

Do crime previsto no artigo 96 do Estatuto do Idoso. Discriminar (traçar distinção) pessoa idosa (assim entendida a que se encaixa no conceito do artigo 1º do Estatuto do Idoso), impedindo ou dificultando seu acesso a operações bancárias (aqui a Lei não estabelece restrições, podendo ser de qualquer natureza), bem como aos meios de transporte (cuja noção de prioridade e segurança nos meios de transporte coletivo está estabelecida no artigo 42 da mesma Lei), ou ainda ao direito de contratar, em função da idade, estão entre as primeiras situações elencadas pelo artigo 96 para determinar a prática do crime de menor potencial ofensivo ali previsto, cujos benefícios da Lei nº 9.099/95, podem ser ofertados.

Além disso, caso haja discriminação em relação à pessoa idosa, que a dificulte ou impeça, por qualquer outro meio ou instrumento necessário ao exercício da cidadania, por motivo de idade, o que faz abranger, de forma residual, praticamente toda e qualquer forma de discriminação em face do idoso, o agente também estará sujeito a responder pelo crime do artigo 96 do Estatuto do Idoso.

Sujeito ativo. Tal crime pode ser praticado por qualquer pessoa, sendo, portanto, um crime comum.

Sujeito passivo. É a pessoa idosa, assim definida aquela que se enquadre no conceito trazido pelo *caput* do artigo 1º da Lei nº 10.741/03.

Elemento subjetivo. O tipo aqui previsto é doloso, ou seja, a vontade livre e consciente em discriminar pessoa idosa, impedindo ou dificultando seu acesso a operações bancárias, aos meios de transporte, ao direito de contratar ou por qualquer outro meio ou instrumento necessário ao exercício da cidadania, por motivo de idade. Não há previsão para modalidade culposa.

Objeto material da conduta. São as pessoas idosas.

Objeto jurídico. Tutela-se a proteção ao idoso, garantida tanto pela CRFB/1988, quanto pela própria Lei nº 10.741/03.

Classificação doutrinária. Trata-se de crime comum (pois pode ser praticado por qualquer pessoa), formal (tendo em vista a desnecessidade de resultado naturalístico), comissivo, doloso, instantâneo, plurissubsistente e de forma livre (já que pode ser praticado por qualquer forma eleita pelo sujeito ativo).

Momento consumativo. O crime em tela se consuma no momento em que o agente discrimina pessoa idosa, impedindo ou dificultando seu acesso a operações bancárias, aos meios de transporte, ao direito de contratar ou por qualquer outro meio ou instrumento necessário ao exercício da cidadania, por motivo de idade.

Tentativa. Admitida, por se tratar de crime plurissubsistente, no qual há possibilidade de fracionamento da conduta.

Competência. O crime previsto pelo artigo 96 pode ser praticado por qualquer pessoa, como dissemos anteriormente. No entanto, a competência para processar e julgar o feito também vai depender diretamente de quem ofendeu. Se, por exemplo, quem fez a ofensa foi funcionário público federal no exercício das suas funções, a competência será da Justiça Federal, como pode ser observado no julgado abaixo, proferido pela Terceira Seção do STJ:

> CONFLITO NEGATIVO DE COMPETÊNCIA. CRIME COMETIDO, EM TESE, POR EMPREGADO DA CAIXA ECONÔMICA FEDERAL, NO EXERCÍCIO DE SUAS FUNÇÕES, EM DETRIMENTO DE PARTICULAR. COMPETÊNCIA DA JUSTIÇA FEDERAL. 1. Compete à Justiça Federal processar e julgar crime praticado por funcionário público federal no exercício de suas atribuições funcionais. Precedentes do STJ. 2. In casu, apura-se no inquérito policial instaurado o cometimento, em tese, de crime praticado por empregado da Caixa Econômica Federal no exercício de suas funções, já que a suposta vítima, pessoa idosa, teria sido discriminada pelo acusado enquanto aguardava atendimento bancário, conduta esta que se subsume ao delito previsto no art. 96 da Lei nº 10.741/2003 (Estatuto do Idoso). 3. Conflito conhecido para declarar-se competente o Juízo Federal da 9ª

Vara Criminal da Seção Judiciária do Estado de São Paulo, o suscitante. (STJ, S3 - TERCEIRA SEÇÃO. CC 97995 / SP. CONFLITO DE COMPETÊNCIA. 2008/0176180-0. Relator (a) Ministro JORGE MUSSI. Julgamento em 10/06/2009. Publicação em DJe 26/08/2009). Sem grifos no original.

§ 1º Na mesma pena incorre quem desdenhar, humilhar, menosprezar ou discriminar pessoa idosa, por qualquer motivo.

Equiparação prevista no parágrafo primeiro do artigo 96 do Estatuto do Idoso. Já não se fixando, especificamente, pela idade como motivação, o artigo 96, § 1º, da Lei nº 10.741/03, equipara o agente à possibilidade de que incorra nas penas do *caput*, caso seja feita discriminação. Além disso, também está sujeito à prática de crime aquele que humilha, desdenha ou menospreza pessoa idosa. Nas duas situações, a Lei não requer motivo específico, podendo ser qualquer um.

Sujeito ativo. Tal crime pode ser praticado por qualquer pessoa, sendo, portanto, um crime comum.

Sujeito passivo. É a pessoa idosa, assim definida aquela que se enquadre no conceito trazido pelo *caput* do artigo 1º da Lei nº 10.741/03.

Elemento subjetivo. O tipo aqui previsto é doloso, ou seja, a vontade livre e consciente em desdenhar, humilhar, menosprezar ou discriminar pessoa idosa, por qualquer motivo. Não há previsão para modalidade culposa.

Objeto material da conduta. São as pessoas idosas.

Objeto jurídico. Tutela-se a proteção ao idoso, garantida tanto pela CRFB/1988, quanto pela própria Lei nº 10.741/03.

Classificação doutrinária. Trata-se de crime comum (pois pode ser praticado por qualquer pessoa), formal (tendo em vista a desnecessidade de resultado naturalístico), comissivo, doloso, instantâneo, plurissubsistente e de forma livre (já que pode ser praticado por qualquer forma eleita pelo sujeito ativo).

Momento consumativo. O crime em tela se consuma no momento em que o agente, por qualquer motivo, desdenha, humilha, menosprezar ou discriminar pessoa idosa.

Tentativa. Admitida, por se tratar de crime plurissubsistente, no qual há possibilidade de fracionamento da conduta.

§ 2º A pena será aumentada de 1/3 (um terço) se a vítima se encontrar sob os cuidados ou responsabilidade do agente.

Causa de aumento prevista no artigo 96, § 2º, da Lei nº 10.741/03. Com redação praticamente idêntica à do artigo 88, § 1º, da Lei nº 13.146/15 (Estatuto da Pessoa com Deficiência), o legislador implanta uma causa de aumento de pena, fixando o patamar em 1/3 para aqueles agentes que pratiquem a conduta típica em face de vítimas que estejam sob os cuidados ou responsabilidade do agente.

Assim como nas demais leis que fazem parte destas espécies de sistemas de proteção, a ideia é fornecer maior suporte de amparo às possíveis vítimas, na medida em que, com o aumento na pena, se desestimula ou desencoraja o sujeito ativo à prática destas condutas. Trata-se, portanto, de questões de política criminal.

Art. 97. Deixar de prestar assistência ao idoso, quando possível fazê-lo sem risco pessoal, em situação de iminente perigo, ou recusar, retardar ou dificultar sua assistência à saúde, sem justa causa, ou não pedir, nesses casos, o socorro de autoridade pública:

Pena - detenção de 6 (seis) meses a 1 (um) ano e multa.

Do crime previsto no artigo 97 do Estatuto do Idoso. A redação do artigo 97 da Lei nº 10.741/03 em muito se assemelha àquela prevista no artigo 135 do Código Penal. Porém, no Estatuto do Idoso estamos diante de tipo especial em relação àquele, pois, basicamente, o sujeito passivo é o idoso em situação de iminente perigo.

A primeira conduta possível é a de o agente deixar de prestar assistência ao idoso (conduta omissiva no sentido de se abster de fazer alguma coisa), quando seja possível e sem risco pessoal ao agente fazê-lo (não se deseja, aqui, situações de heroísmo na qual o agente coloque a própria vida em perigo).

A segunda conduta que visualizamos é a de sujeito ativo recusar, retardar ou dificultar (três verbos nucleares, mas considerados como um único crime, caso o agente pratique um ou mais destes verbos, o que se entente por conduta mista alternativa) a assistência à saúde ao idoso, sem justa causa, também pode incorrer na pena prevista no preceito secundário.

Por fim, se o indivíduo não pede socorro às autoridades públicas, nas duas condutas mencionadas anteriormente, incorrerá também no crime de omissão de socorro ao idoso.

Sujeito ativo. Tal crime pode ser praticado por qualquer pessoa, sendo, portanto, um crime comum.

Sujeito passivo. É a pessoa idosa, assim definida aquela que se enquadre no conceito trazido pelo *caput* do artigo 1º da Lei nº 10.741/03.

Elemento subjetivo. O tipo aqui previsto é doloso, ou seja, a vontade livre e consciente em deixar de prestar assistência ao idoso, quando possível fazê-lo sem risco pessoal, em situação de iminente perigo, ou recusar, retardar ou dificultar sua assistência à saúde, sem justa causa, ou não pedir, nesses casos, o socorro de autoridade pública. Não há previsão para modalidade culposa.

Objeto material da conduta. São as pessoas idosas.

Objeto jurídico. Tutela-se a proteção ao idoso, garantida tanto pela CRFB/1988, quanto pela própria Lei nº 10.741/03.

Classificação doutrinária. Trata-se de crime comum (pois pode ser praticado por qualquer pessoa), formal (tendo em vista a desnecessidade de resultado naturalístico), omissivo, doloso, de perigo concreto (haja vista a própria menção ao perigo no tipo penal), instantâneo (já que a consumação se dá em momento determinado no tempo), unissubsistente, de forma livre (já que pode ser praticado por qualquer forma eleita pelo sujeito ativo).

Momento consumativo. O crime em tela se consuma no momento em que o agente deixa de prestar assistência ao idoso, quando possível fazê-lo sem risco pessoal, em situação de iminente perigo, ou recusa, retarda ou dificulta sua assistência à saúde, sem justa causa, ou não pede, nesses casos, o socorro de autoridade pública.

Tentativa. Não é admitida, por se tratar de crime unissubsistente.

> Parágrafo único. A pena é aumentada de metade, se da omissão resulta lesão corporal de natureza grave, e triplicada, se resulta a morte.

Causa de aumento de pena prevista no artigo 97, parágrafo único, do Estatuto do Idoso. Na esteira da previsão contida em relação à omissão de socorro do Código Penal, o artigo 97, parágrafo único, da Lei nº 10.741/03 prevê causa de aumento de pena, no patamar estabelecido em metade da pena estabelecida para o *caput* do mesmo artigo, caso da omissão verificada resulte lesão corporal de natureza grave.

Se, todavia, da omissão de socorro ao idoso resulte na morte deste, a pena é triplicada. Aqui, o crime deixa de ser de menor potencial ofensivo, tendo em vista que a pena máxima suplanta o patamar os dois anos, tidos como limite para considerar uma infração de menor potencial ofensivo.

> **Art. 98.** Abandonar o idoso em hospitais, casas de saúde, entidades de longa permanência, ou congêneres, ou não prover suas necessidades básicas, quando obrigado por lei ou mandado:
>
> Pena – detenção de 6 (seis) meses a 3 (três) anos e multa.

Crime previsto no artigo 98 da Lei nº 10.741/03. Encontramos redação semelhante à do artigo 90 e seu parágrafo único, ambos da Lei nº 13.146/15 (Estatuto da Pessoa com Deficiência), cuja inspiração certamente foi do artigo 98 do Estatuto do Idoso.

As mesmas considerações em relação ao tipo penal previsto no Estatuto da Pessoa com Deficiência são cabíveis aqui, principalmente em relação ao sujeito ativo, específico, que tem obrigação por lei ou mandado em face do idoso, bem como o caráter de perpetuidade no abandono, que não pode ser confundido com abandono afetivo.

O abandono (que pode ser representado pelo desamparo de forma permanente) de pessoa idosa em hospitais, casas de saúde ou institutos congêneres, ou ainda o não provimento das necessidades básicas do idoso, quando o sujeito ativo esteja obrigado por lei ou mandado, pode ensejar a pena de detenção de seis meses a três anos, além da multa. Não se trata, portanto, de um crime de menor potencial ofensivo.

Sujeito ativo. Este crime não pode ser praticado por qualquer pessoa, mas sim, por aquele que exerce guarda ou tutela ou quem seja obrigado por lei ou sentença a manter cuidado em relação à pessoa idosa, sendo, portanto, um crime próprio.

Sujeito passivo. É a pessoa idosa, assim definida aquela que se enquadre no conceito trazido pelo *caput* do artigo 1º da Lei nº 10.741/03.

Elemento subjetivo. O tipo aqui previsto é doloso, ou seja, a vontade livre e consciente em abandonar o idoso em hospitais, casas de saúde, entidades de longa permanência, ou congêneres, ou não prover suas necessidades básicas, quando obrigado por lei ou mandado. Não há previsão para modalidade culposa.

Objeto material da conduta. São as pessoas idosas abandonadas.

Objeto jurídico. Tutela-se a proteção ao idoso, garantida tanto pela CRFB/1988, quanto pela própria Lei nº 10.741/03.

Classificação doutrinária. Trata-se de crime próprio (pois só pode ser praticado por quem tenha a guarda, tutela ou quem seja obrigado por lei ou sentença a manter cuidado em relação à vítima idosa), formal (tendo em vista a desnecessidade de resultado naturalístico), omissivo, doloso, instantâneo, unissubsistente (cometido através de um único ato) e de forma livre (já que pode ser praticado por qualquer forma eleita pelo sujeito ativo). Vale conferir o recente julgado:

> PENAL E PROCESSUAL PENAL. INQUÉRITO. COMPETÊNCIA ORIGINÁRIA. PEDIDO DE ARQUIVAMENTO. ATIPICIDADE DA CONDUTA. CRIME PRÓPRIO. ART. 98 DA LEI 10.741/03. DEVER DE CUIDADO. INEXISTÊNCIA. PRESCRIÇÃO DA PRETENSÃO PUNITIVA. DEMONSTRAÇÃO INEQUÍVOCA. PEDIDO DE ARQUIVAMENTO DEFERIDO. **3. O crime de abandono de idoso é omissivo próprio, exigindo a condição especial de garante do sujeito ativo, atribuída por lei ou mandado, não alcançando, portanto, a autoridade com prerrogativa de foro. 4. Evidencia-se, ainda, a ocorrência da prescrição da pretensão punitiva. O crime de abandono tem natureza instantânea, tendo se consumado em 23 de dezembro de 2009, por ocasião da intimação da decisão judicial que determinou a remoção da idosa das dependências da instituição assistencial.** [...] (STJ, CE - CORTE ESPECIA. Inq 1196/DF. INQUÉRITO. Relator(a) Ministro FRANCISCO FALCÃO. Julgamento em 15/05/2019. Publicação/Fonte em DJe 05/06/2019, sem grifos no original).

Momento consumativo. O crime em tela se consuma no momento em que o agente abandona o idoso em hospitais, casas de saúde, entidades de longa permanência, ou congêneres, ou não provê suas necessidades básicas, quando obrigado por lei ou mandado.

Tentativa. Não é admitida, por se tratar de crime unissubsistente.

> **Art. 99.** Expor a perigo a integridade e a saúde, física ou psíquica, do idoso, submetendo-o a condições desumanas ou degradantes ou privando-o de alimentos e cuidados indispensáveis, quando obrigado a fazê-lo, ou sujeitando-o a trabalho excessivo ou inadequado:
>
> Pena – detenção de 2 (dois) meses a 1 (um) ano e multa.

Análise do tipo penal do artigo 99 da Lei nº 10.741/03. Este artigo prevê um crime de perigo concreto. Trata da exposição a perigo a integridade e a saúde física ou mental do idoso. No entanto, requer elementos mais específicos, não bastando a simples realização dos verbos descritos anteriormente.

Indo além, o tipo penal requer que a exposição a perigo seja grave o suficiente, que faça com que o idoso seja submetido a condições desumanas ou degradantes. Da mesma forma, o idoso pode ser exposto a perigo mediante a privação de alimentos, bem como cuidados indispensáveis, quando o sujeito ativo seja a pessoa obrigada por lei ou mandado judicial a fazê-lo.

Por fim, como última modalidade de exposição do idoso a perigo, o sujeito ativo pode praticar este crime mediante a conduta de sujeitar o idoso a trabalho excessivo ou inadequado.

A figura do *caput* prevê um crime de menor potencial ofensivo, haja vista que a pena máxima não ultrapassa o patamar de um ano.

Sujeito ativo. Devem ser analisadas as condutas de forma isolada. Será crime comum quando estivermos diante da conduta de submissão a condições desumanas ou degradantes, bem como na última conduta elencada no tipo penal, qual seja, a de sujeição a trabalho excessivo ou inadequado.

Por sua vez, será crime próprio (não podendo ser praticado por qualquer pessoa, ou seja, por aquele que exerce guarda ou tutela ou quem seja obrigado por lei ou sentença a manter cuidado em relação à pessoa idosa), quando estivermos diante da modalidade de privação de alimentos e cuidados indispensáveis, quando o sujeito ativo é obrigado a fazê-lo.

Sujeito passivo. É a pessoa idosa, assim definida aquela que se enquadre no conceito trazido pelo *caput* do artigo 1º da Lei nº 10.741/03.

Elemento subjetivo. O tipo aqui previsto é doloso, ou seja, a vontade livre e consciente em expor a perigo a integridade e a saúde, física ou psíquica, do idoso, submetendo-o a condições desumanas ou degradantes ou privando-o de alimentos e cuidados indispensáveis, quando obrigado a fazê-lo, ou sujeitando-o a trabalho excessivo ou inadequado. Não há previsão para modalidade culposa.

Objeto material da conduta. São as pessoas idosas.

Objeto jurídico. Tutela-se a proteção ao idoso, garantida tanto pela CRFB/1988, quanto pela própria Lei 10.741/03.

Classificação doutrinária. Trata-se de crime comum nas modalidades de *exposição a perigo a integridade e a saúde, física ou psíquica, do idoso, submetendo-o a condições desumanas ou degradantes, ou sujeição a trabalho excessivo ou inadequado* (pois pode ser praticado por qualquer pessoa), porém, será crime próprio na modalidade de *privação de alimentos e cuidados indispensáveis, quando obrigado a fazê-lo* (levando-se em consideração que somente as pessoas obrigadas por lei ou mandado judicial podem ser sujeitos ativos), comissivo ou omissivo (dependendo do caso concreto), formal (tendo em vista a desnecessidade de resultado naturalístico), de perigo concreto (haja vista a própria menção ao perigo no tipo penal e a necessidade de demonstração da probabilidade de dano ao idoso), doloso, instantâneo (mas de efeitos permanentes), plurissubsistente (cometido através de vários atos) ou unissubsistente (conforme o caso concreto) e de forma vinculada (já que o próprio tipo penal encerra as modalidades pelas quais o crime pode ser praticado).

Momento consumativo. O crime em tela se consuma no momento em que o agente expõe a perigo a integridade e a saúde, física ou psíquica, do idoso, submetendo-o a condições desumanas ou degradantes ou privando-o de alimentos e cuidados indispensáveis, quando obrigado a fazê-lo, ou sujeitando-o a trabalho excessivo ou inadequado.

Tentativa. Não é admitida nas modalidades omissivas, por se tratar de crime unissubsistente. Porém, admitida quando estivermos diante de crime plurissubsistente.

> § 1º Se do fato resulta lesão corporal de natureza grave:
> Pena - reclusão de 1 (um) a 4 (quatro) anos.
> § 2º Se resulta a morte:
> Pena - reclusão de 4 (quatro) a 12 (doze) anos.

Qualificadoras previstas no artigo 99, §§ 1º e 2º, da Lei nº 10.741/03. Se da exposição do idoso a perigo, ou ainda das demais condutas do *caput* do artigo 99 do Estatuto do Idoso, sobrevier lesão corporal de natureza grave, o preceito secundário do parágrafo primeiro prevê a pena de reclusão de um a quatro anos, deixando de ser crime de menor potencial ofensivo.

Se da conduta resultar a morte, a pena passa para reclusão de quatro a doze anos. Interessante destacar que nas duas situações descritas nos parágrafos do artigo 99, tanto a lesão corporal de natureza grave, quanto a morte, somente são admitidas a título culposo.

Estamos, portanto, diante de figuras preterdolosas, na qual há dolo na exposição a perigo (ou demais condutas do *caput*) e culpa nas figuras dos parágrafos (lesão corporal de natureza grave e morte).

Caso contrário, podemos pensar em lesão dolosa ou homicídio, lembrando que o Estatuto do Idoso alterou redações de artigos do Código Penal, prevendo uma agravante no artigo 61, II, "h", do Código Penal, caso o crime seja praticado contra maior de sessenta anos, bem como uma causa de aumento de pena no patamar de 1/3 para o homicídio praticado contra pessoa idosa, conforme artigo 121, § 4º, do Código Penal.

Jurisprudências sobre o artigo 99 do Estatuto do Idoso. Abaixo podem ser vistas algumas jurisprudências sobre o tema previsto no artigo 99 da Lei nº 10.741/03:

> PENAL E PROCESSUAL PENAL. CRIME CONTRA IDOSO. ART. 99 DA LEI 10.741 /03. DELITO NÃO CONFIGURADO. ABSOLVIÇÃO MANTIDA. 1. HAVENDO NOS AUTOS TÃO SOMENTE A DEMONSTRAÇÃO DE QUE O ACUSADO IMPORTUNOU A VÍTIMA IDOSA, COM AMEAÇAS E INSULTOS, SEM EVIDÊNCIAS DE QUE TENHA EXPOSTO A PERIGO A SUA INTEGRIDADE E A SAÚDE, FÍSICA OU PSÍQUICA, SUBMETENDO-A A CONDIÇÕES DESUMANAS OU DEGRADANTES, DEVE SER MANTIDA A SENTENÇA QUE ABSOLVEU O RÉU. 2. RECURSO CONHECIDO E DESPROVIDO. Encontrado em 187 - 1/8/2013 CÓDIGO DE PROCESSO PENAL FED DEL- 3689 /1941 ART- 386 INC- III ESTATUTO DO IDOSO FED. (TJ-DF – Apelação Criminal APR 20090610011735 DF 0014256-46.2009.8.07.0006 (TJ-DF). Publicação em 01/08/2013).

> CRIME CONTRA IDOSO. ABANDONO MATERIAL. ART. 99 DA LEI Nº 10.741 /03 (ESTATUTO DO IDOSO). CONDENAÇÃO. APELAÇÃO MINISTERIAL INTERPOSTA. PRETENDIDO RECONHECIMENTO DA QUALIFICADORA PREVISTA NO § 2º DO REFERIDO DISPOSITIVO LEGAL. IMPOSSIBILIDADE. INCERTEZA QUANTO AO NEXO CAUSAL ENTRE A CONDUTA DOS AGENTES E A MORTE DA VÍTIMA. IMPROVIMENTO DO APELO. IN DUBIO PRO REO. (...) Por consequência do princípio in dubio pro reo, não há de ser reconhecida a qualificadora do § 2º, do art. 99 do Estatuto do Idoso, quando não há certeza da existência do nexo causal entre a conduta desidiosa dos agentes, qual seja, abandono material da própria genitora, idosa acometida por mal de Alzheimer em fase avançada, e a sua morte. [...] (TJ-RN, Apelação Criminal ACR 107181 RN 2009.010718-1 (TJ-RN). Publicação em 18/12/2009).

Art. 100. Constitui crime punível com reclusão de 6 (seis) meses a 1 (um) ano e multa:

I - obstar o acesso de alguém a qualquer cargo público por motivo de idade;

Do crime previsto no artigo 100, I, do Estatuto do Idoso. Análise do tipo penal. A primeira observação que devemos fazer diz respeito à própria construção do tipo penal. O legislador não andou bem ao destinar o preceito que se diz secundário no espaço destinado ao preceito primário e descrição da conduta típica, com seus elementos. Desnecessária, também, a menção "constitui crime".

Demais disso, pode-se perceber que, por ter pena máxima prevista no patamar de um ano de reclusão, estamos diante de uma infração de menor potencial ofensivo, devendo ser aplicados os benefícios pertinentes.

Sobre a conduta prevista no inciso I, obstar significa impedir o acesso de alguém (devendo ser compreendida aqui a figura do idoso, assim compreendido aquele que se enquadre nos requisitos previstos no artigo 1º do Estatuto do Idoso), a qualquer cargo público, por motivos de idade. Veda-se, portanto, a discriminação etária, tutelando-se a igualdade entre as pessoas.

O cotejamento necessário entre o art. 27 e o art. 100, I, ambos do Estatuto do Idoso. De fato, o termo "alguém" merece interpretação sistêmica e restritiva (quanto à tipicidade - tipicidade estrita - norma incriminadora) para alcançar apenas a pessoa objeto de proteção especial trazida pela Lei n.º 10.741/03 e sobretudo, conferir eficácia máxima ao preceito constitucional estatuído no art. 230 da CRFB.

Há, ainda, jurisprudência do TSE no sentido de que o critério de maior idade, em concursos públicos afetos à Justiça eleitoral, deve ser aplicado àqueles que se enquadrem na condição de idoso. Segundo entendimento adotado pela referida Corte, podemos inferir que a interpretação do art. 27 c/c art. 100, I, ambos do E.I., pode ser feita à luz do disposto no art. 18, I, da Resolução n º 23.391/2013 - vale dizer, que estabelece as normas gerais para a realização de concurso público para provimento de cargos efetivos dos Quadros de Pessoal da Justiça Eleitoral do TSE - ao dispor que o critério de desempate por maior idade se aplica somente aos candidatos que se enquadrarem na condição de idoso (art. 1º do E.I.), *in verbis*:

> Art. 18. Para efeito de desempate, serão utilizados, sucessivamente, os seguintes critérios:
>
> I - maior idade, no caso dos candidatos que se enquadrarem na condição de idoso, nos termos do *artigo 1º da Lei nº 10.741, de 1º de outubro de 2003*;

Assim, o termo "alguém" a que alude, por exemplo, o art. 100, I, do E.I. se refere àqueles que se enquadrem na condição de idoso, nos termos do art. 1º do E.I. Nesse sentido:

Recurso ordinário em mandado de segurança. Administrativo. **Concurso público. Critério de desempate. Maior idade. Adoção apenas para os candidatos enquadrados na condição de idoso**. Resolução n. 21.899/2004 do Tribunal Superior Eleitoral. Observância obrigatória pelos Tribunais Regionais Eleitorais. Recurso provido. Segurança concedida. (TSE, RMS 122631 AL. Relatora Min. CÁRMEN LÚCIA ANTUNES ROCHA. Publicação em DJE – Diário da Justiça Eletrônico, Tomo 56, Data 22/03/2012, Página 20, sem grifos no original)

MANDADO DE SEGURANÇA. PRELIMINAR. DECADÊNCIA. REJEIÇÃO. DESEMPATE EM CONCURSO PÚBLICO. MAIOR IDADE UTILIZADA COMO PRIMEIRO CRITÉRIO. CONDIÇÃO DE IDOSO. RESTRIÇÃO. IMPOSSIBILIDADE. REGRA EXPRESSA DO EDITAL. APLICAÇÃO PARA PESSOAS INSERIDAS OU NÃO NA CONDIÇÃO DE IDOSO. (...) 2. A escolha do critério maior idade foi fixada no edital do concurso, sem expressa menção à condição de idoso. Impugnação da homologação por descumprimento da Resolução TSE nº 21.899/2004, com a atualização promovida pela Resolução TSE nº 22.136/2005.3. Aplicação da mudança que importa em adotar critério de maior idade apenas para os candidatos que se enquadrarem no conceito de idoso na forma da lei. Ausência de expressa referência no edital. Escolha de critério que se amolda à competência discricionária da Administração e a autonomia do Tribunal, na forma do art. 99, da Constituição Federal. Inexistência de ofensa à Constituição ou à lei na escolha formalizada no edital. 4. Inexistência de direito líquido e certo contra regra do edital. Segurança negada. (TRE-AL – MANDADO DE SEGURANÇA MS 122631 AL (TRE-AL). Publicação em 05/05/2011).

MANDADO DE SEGURANÇA. CONSELHO NACIONAL DE JUSTIÇA. PROCEDIMENTO DE CONTROLE ADMINISTRATIVO. CONCURSO PÚBLICO DE REMOÇÃO PARA OUTORGA DO 6º CARTÓRIO DE PROTESTOS DE CURITIBA. CRITÉRIO PARA DESEMPATE DO CERTAME. LEI FEDERAL Nº 10.741/03. ESTATUTO DO IDOSO. NORMA GERAL. CRITÉRIO DE DESEMPATE ETÁRIO. NÃO APLICABILIDADE. LEI FEDERAL Nº 8.935/94 E LEI ESTADUAL Nº 14.594/2004. NORMAS ESPECÍFICAS. CRITÉRIO DE DESEMPATE. TEMPO DE SERVIÇO. APLICABILIDADE. ORIENTAÇÃO ADOTADA PELO ACÓRDÃO IMPUGNADO. SEGURANÇA DENEGADA. (...)5. **A Lei nº 10.741/03 (Estatuto do Idoso) cuida apenas da admissão em concurso público em termos gerais, de modo que, quando em referência concurso de remoção, não deve ser seguida, ante a existência de lei especial (*lex specialis derogat legi generali*).** (...) 7. O tempo anterior na titularidade do serviço para o qual se realiza o concurso público não pode ser utilizado como critério de desempate por violar o princípio da razoabilidade, segundo a jurisprudência do STF

(Precedente: ADI nº 3.522, rel. Min. Marco Aurélio, Tribunal Pleno, j. 24/11/2005, DJ 12.05.2006). 8. Destarte, na forma da Lei estadual nº 14.594/2004, deve-se adotar o critério de maior tempo de serviço público para desempatar o concurso de remoção para a outorga do 6º Cartório de Protestos da Capital, exatamente nos termos em que proferido o acórdão impugnado do Conselho Nacional de Justiça. 9. Segurança denegada. (STF, 1ª Turma. MS 33046 PR. Relator Ministro LUIZ FUX. Julgamento em 10/03/2015. Publicação DJe-091 DIVULG 15-05-2015 PUBLIC 18-05-2015).

Sujeito ativo. Trata-se de um crime próprio no caso do inciso I, em virtude de só poder ser cometido por pessoas que detenham capacidade para obstar o acesso de alguém a cargos públicos.

Sujeito passivo. É a pessoa idosa, assim definida aquela que se enquadre no conceito trazido pelo *caput* do artigo 1º da Lei nº 10.741/03.

Elemento subjetivo. O tipo aqui previsto é doloso, ou seja, a vontade livre e consciente em obstar o acesso de alguém a qualquer cargo público por motivo de idade. Não há previsão para modalidade culposa.

Objeto material da conduta. São as pessoas idosas.

Objeto jurídico. Tutela-se a proteção ao idoso, garantida tanto pela CRFB/1988, quanto pela própria Lei nº 10.741/03.

Classificação doutrinária. Trata-se de crime próprio (tendo em vista que não pode ser praticado por qualquer pessoa, mas apenas as que detenham capacidade para obstar o acesso de alguém a cargos públicos), de mera conduta (tendo em vista não haver resultado naturalístico para que a conduta se considere consumada), comissivo, doloso, instantâneo, plurissubsistente e de forma livre (já que pode ser praticado por qualquer forma eleita pelo sujeito ativo).

Momento consumativo. O crime em tela se consuma com a mera conduta de obstar o acesso de alguém a cargos públicos, em função da idade.

Tentativa. Admitida, por se tratar de crime plurissubsistente, no qual há possibilidade de fracionamento da conduta.

> **Art. 100.** Constitui crime punível com reclusão de 6 (seis) meses a 1 (um) ano e multa:
>
> II - negar a alguém, por motivo de idade, emprego ou trabalho;

Do crime previsto no artigo 101, II, da Lei nº 10.741/03. Se o inciso I faz referência a obstar o acesso de alguém a qualquer cargo público, em função da idade, o inciso II, por sua vez, estende a qualquer outro tipo de trabalho ou emprego, punindo a conduta de quem nega estas atividades também por motivos de idade.

Quanto à expressão "alguém", remetemos o leitor ao tópico no qual analisamos o cotejamento necessário entre o art. 27 e o art. 100, I, ambos do Estatuto do Idoso.

Sujeito ativo. Trata-se de um crime próprio também no caso do inciso II, em virtude de só poder ser cometido por pessoas que detenham capacidade para negar o acesso de alguém a emprego ou trabalho.

Sujeito passivo. É a pessoa idosa, assim definida aquela que se enquadre no conceito trazido pelo *caput* do artigo 1º da Lei 10.741/03.

Elemento subjetivo. O tipo aqui previsto é doloso, ou seja, a vontade livre e consciente em negar a alguém, por motivo de idade, emprego ou trabalho. Não há previsão para modalidade culposa.

Objeto material da conduta. São as pessoas idosas.

Objeto jurídico. Tutela-se a proteção ao idoso, garantida tanto pela CRFB/1988, quanto pela própria Lei nº 10.741/03.

Classificação doutrinária. Trata-se de crime próprio (tendo em vista que não pode ser praticado por qualquer pessoa, mas apenas as que detenham capacidade para negar a alguém, por motivo de idade, emprego ou trabalho), de mera conduta (tendo em vista não haver resultado naturalístico para que a conduta se considere consumada), comissivo, doloso, instantâneo, podendo ser unissubsistente ou plurissubsistente (a depender do caso concreto) e de forma livre (já que pode ser praticado por qualquer forma eleita pelo sujeito ativo).

Momento consumativo. O crime em tela se consuma com a mera conduta de negar a alguém, por motivo de idade, emprego ou trabalho.

Tentativa. Admitida, quando estivermos diante da modalidade plurissubsistente, na qual há possibilidade de fracionamento da conduta.

> **Art. 100.** Constitui crime punível com reclusão de 6 (seis) meses a 1 (um) ano e multa:
>
> III – recusar, retardar ou dificultar atendimento ou deixar de prestar assistência à saúde, sem justa causa, a pessoa idosa;

Da conduta típica descrita no inciso III do artigo 100 da Lei nº 10.741/03. O inciso III traz como sujeito passivo o idoso, agora de forma bem mais delineada do que nos incisos precedentes. Através da descrição de diversos verbos no tipo penal na primeira conduta típica revelada, estamos diante de uma situação de tipo misto alternativo, na qual há consumação através de um único verbo nuclear, ou ainda, com a prática de vários deles, sem que, com isso, se deixe de considerar como crime único, desde que no mesmo contexto fático.

O tipo penal aqui descrito se divide em duas condutas principais, basicamente. A primeira, que mencionamos se tratar de mista alternativa, é a de recusar, retardar ou dificultar atendimento, sem justa causa, a pessoa idosa.

A segunda diz respeito a deixar de prestar assistência à saúde (igualmente mediante a falta de justa causa, como na conduta anterior), a pessoa idosa.

Sujeito ativo. Trata-se de um crime comum, podendo ser praticado por qualquer pessoa.

Sujeito passivo. É a pessoa idosa, assim definida aquela que se enquadre no conceito trazido pelo *caput* do artigo 1º da Lei 10.741/03.

Elemento subjetivo. O tipo aqui previsto é doloso, ou seja, a vontade livre e consciente em recusar, retardar ou dificultar atendimento ou deixar de prestar assistência à saúde, sem justa causa, a pessoa idosa. Não há previsão para modalidade culposa.

Objeto material da conduta. São as pessoas idosas.

Objeto jurídico. Tutela-se a proteção ao idoso, garantida tanto pela CRFB/1988, quanto pela própria Lei nº 10.741/03.

Classificação doutrinária. Trata-se de crime comum (tendo em vista que pode ser praticado por qualquer pessoa), formal (tendo em vista a desnecessidade de resultado naturalístico), comissivo (em relação aos verbos recusar, retardar ou dificultar), omissivo (por ocasião da análise da conduta de deixar de prestar assistência à saúde, sem justa causa, a pessoa idosa), doloso, instantâneo, podendo ser unissubsistente ou plurissubsistente (a depender do caso concreto) e de forma livre (já que pode ser praticado por qualquer forma eleita pelo sujeito ativo).

Momento consumativo. O crime em tela se consuma com a recusa, retardo ou dificuldade no atendimento ou quando se deixa de prestar assistência à saúde, sem justa causa, a pessoa idosa.

Tentativa. Admitida, quando estivermos diante da modalidade plurissubsistente, na qual há possibilidade de fracionamento da conduta. Não cabe tentativa diante da modalidade omissiva.

> **Art. 100.** Constitui crime punível com reclusão de 6 (seis) meses a 1 (um) ano e multa:
>
> IV – deixar de cumprir, retardar ou frustrar, sem justo motivo, a execução de ordem judicial expedida na ação civil a que alude esta Lei;

Do crime previsto no artigo 100, IV, do Estatuto do Idoso. A observação inicial que deve ser traçada por ocasião do estudo deste tipo penal diz respeito à ordem judicial expedida na ação civil prevista na Lei nº 10.741/03. Basicamente, o que o Estatuto do Idoso visa a resguardar é a execução da ordem judicial expedida nas ações previstas no Capítulo III, principalmente as do artigo 79 daquele diploma.

A expressão "sem justo motivo" é o elemento normativo do tipo, que deve ser valorado diante do caso concreto.

Sujeito ativo. Pela própria estrutura do artigo 79 do E.I., percebemos que este será um crime próprio, pois poucas pessoas, principalmente agentes públicos, serão os destinatários das ordens exaradas pelo Juiz, nas ações cíveis.

Sujeito passivo. É a pessoa idosa, assim definida aquela que se enquadre no conceito trazido pelo *caput* do artigo 1º da Lei nº 10.741/03. De forma secundária, já que o presente tipo penal ofende a Administração da Justiça, pode-se considerar o Estado como sujeito passivo.

Elemento subjetivo. O tipo aqui previsto é doloso, ou seja, a vontade livre e consciente em deixar de cumprir, retardar ou frustrar, sem justo motivo, a execução de ordem judicial expedida na ação civil a que alude o E. I. Não há previsão para modalidade culposa.

Objeto material da conduta. É a ordem judicial exarada nas ações cíveis a que alude o Capítulo III do Estatuto do Idoso.

Objeto jurídico. Tutela-se a proteção ao idoso, garantida tanto pela CRFB/1988, quanto pela própria Lei nº 10.741/03. De forma secundária, a Administração da Justiça.

Classificação doutrinária. Trata-se de crime próprio (tendo em vista que não pode ser praticado por qualquer pessoa), formal (tendo em vista a desnecessidade de resultado naturalístico para que a conduta se considere consumada), comissivo (quando estivermos diante das condutas de retardar e frustrar) e omissivo (quando estivermos diante da modalidade "deixar de cumprir"), doloso, instantâneo, podendo ser unissubsistente ou plurissubsistente (a depender do caso concreto e da conduta adotada) e de forma livre (já que pode ser praticado por qualquer forma eleita pelo sujeito ativo).

Momento consumativo. O crime em tela se consuma quando o sujeito ativo deixar de cumprir, retardar ou frustrar, sem justo motivo, a execução de ordem judicial expedida na ação civil a que alude o Estatuto do Idoso.

Tentativa. Admitida, quando estivermos diante da modalidade plurissubsistente, na qual há possibilidade de fracionamento da conduta.

> **Art. 100.** Constitui crime punível com reclusão de 6 (seis) meses a 1 (um) ano e multa:
>
> V – recusar, retardar ou omitir dados técnicos indispensáveis à propositura da ação civil objeto desta Lei, quando requisitados pelo Ministério Público.

Da conduta típica prevista no inciso V do artigo 100 do Estatuto do Idoso. De acordo com o artigo 81, I, do E.I., o Ministério Público é um dos legitimados para a propositura da ação civil a que alude o Capítulo III da mesma Lei.

A principal parte relativa à requisição dos dados pelo Ministério Público para a propositura da ação mencionada no parágrafo anterior está entre os artigos 89 a 92 do Estatuto do Idoso:

> Art. 89. Qualquer pessoa poderá, e o servidor deverá, provocar a iniciativa do Ministério Público, prestando-lhe informações sobre os fatos que constituam objeto de ação civil e indicando-lhe os elementos de convicção.
>
> Art. 90. Os agentes públicos em geral, os juízes e tribunais, no exercício de suas funções, quando tiverem conhecimento de fatos que possam configurar crime de ação pública contra idoso ou ensejar a propositura de ação para sua defesa, devem encaminhar as peças pertinentes ao Ministério Público, para as providências cabíveis.
>
> Art. 91. Para instruir a petição inicial, o interessado poderá requerer às autoridades competentes as certidões e informações que julgar necessárias, que serão fornecidas no prazo de 10 (dez) dias.
>
> Art. 92. O Ministério Público poderá instaurar sob sua presidência, inquérito civil, ou requisitar, de qualquer pessoa, organismo público ou particular, certidões, informações, exames ou perícias, no prazo que assinalar, o qual não poderá ser inferior a 10 (dez) dias.

Neste contexto, portanto, e levando-se em consideração o poder de requisição de dados pelo MP, bem como a proteção dos interesses dos idosos, protegidos pela CRFB/1988 e pela Lei nº 10.741/03, a lei reprime condutas tendentes a recusar, retardar ou omitir dados técnicos indispensáveis à propositura da ação civil estudada neste item, quando requisitados pelo Ministério Público.

Sujeito ativo. Estamos diante de um crime próprio, podendo ser cometido pela pessoa a quem o Ministério Público dirigiu a requisição de informações para a propositura da ação civil mencionada no Capítulo III, do Estatuto do Idoso.

Sujeito passivo. É a pessoa idosa, assim definida aquela que se enquadre no conceito trazido pelo *caput* do artigo 1º da Lei nº 10.741/03. De forma secundária, já que o presente tipo penal ofende a Administração da Justiça, pode-se considerar o Estado como sujeito passivo.

Elemento subjetivo. O tipo aqui previsto é doloso, ou seja, a vontade livre e consciente em recusar, retardar ou omitir dados técnicos indispensáveis à propositura da ação civil objeto do Estatuto do Idoso, quando requisitados pelo Ministério Público. Não há previsão para modalidade culposa.

Objeto material da conduta. São os dados técnicos indispensáveis à propositura da ação civil a que alude o Capítulo III do Estatuto do Idoso.

Objeto jurídico. Tutela-se a proteção ao idoso, garantida tanto pela CRFB/1988, quanto pela própria Lei nº 10.741/03. De forma secundária, a Administração da Justiça.

Classificação doutrinária. Trata-se de crime próprio (tendo em vista que não pode ser praticado por qualquer pessoa), formal (tendo em vista a desnecessidade de resultado naturalístico para que a conduta se considere consumada), comissivo (quando estivermos diante das condutas de retardar e recusar) e omissivo (quando estivermos diante da modalidade omitir), doloso, instantâneo, podendo ser unissubsistente ou plurissubsistente (a depender do caso concreto e da conduta adotada) e de forma livre (já que pode ser praticado por qualquer forma eleita pelo sujeito ativo).

Momento consumativo. O crime em tela se consuma quando o sujeito ativo recusar, retardar ou omitir dados técnicos indispensáveis à propositura da ação civil a que alude o Estatuto do Idoso, quando requisitados pelo Ministério Público.

Tentativa. Admitida, quando estivermos diante da modalidade plurissubsistente, na qual há possibilidade de fracionamento da conduta.

Art. 101. Deixar de cumprir, retardar ou frustrar, sem justo motivo, a execução de ordem judicial expedida nas ações em que for parte ou interveniente o idoso:

Pena – detenção de 6 (seis) meses a 1 (um) ano e multa.

Do crime previsto no artigo 101 do Estatuto do Idoso. Trata-se de figura penal semelhante à que estudamos no artigo 100, IV, da mesma lei. No entanto, aqui, estamos diante de ações propostas diretamente pelo idoso, ou nas quais este for interveniente.

O objetivo do legislador foi tutelar, de forma mais específica, direitos dos idosos referentes às ações judiciais, principalmente em relação à questão da celeridade dos feitos.

À semelhança do que ocorre em relação à figura típica prevista no artigo 100, IV, do E.I., o artigo 101 também tem um elemento normativo no tipo penal, qual seja, "sem justo motivo", que deve ser valorado em função do caso concreto.

Conforme o preceito secundário previsto neste artigo, estamos diante de uma infração penal de menor potencial ofensivo.

Sujeito ativo. É um crime próprio, pois somente poderá ser sujeito ativo a pessoa a quem estiver dirigida a ordem judicial.

Sujeito passivo. É a pessoa idosa, assim definida aquela que se enquadre no conceito trazido pelo *caput* do artigo 1º da Lei nº 10.741/03. De forma secundária, já que o presente tipo penal ofende a Administração da Justiça, pode-se considerar o Estado como sujeito passivo.

Elemento subjetivo. O tipo aqui previsto é doloso, ou seja, a vontade livre e consciente em deixar de cumprir, retardar ou frustrar, sem justo motivo, a execução de ordem judicial expedida nas ações em que for parte ou interveniente o idoso. Não há previsão para modalidade culposa.

Objeto material da conduta. É a ordem judicial exarada nas ações em que o idoso for parte ou interveniente.

Objeto jurídico. Tutela-se a proteção ao idoso, garantida tanto pela CRFB/1988, quanto pela própria Lei nº 10.741/03. De forma secundária, a Administração da Justiça.

Classificação doutrinária. Trata-se de crime próprio (tendo em vista que não pode ser praticado por qualquer pessoa), formal (tendo em vista a desnecessidade de resultado naturalístico para que a conduta se considere consumada), comissivo (quando estivermos diante das condutas de retardar e frustrar) e omissivo (quando estivermos diante da modalidade "deixar de cumprir"), doloso, instantâneo, podendo ser unissubsistente ou plurissubsistente (a depender do caso concreto e da conduta adotada) e de forma livre (já que pode ser praticado por qualquer forma eleita pelo sujeito ativo).

Momento consumativo. O crime em tela se consuma quando o sujeito ativo deixar de cumprir, retardar ou frustrar, sem justo motivo, a execução de ordem judicial expedida nas ações em que for parte ou interveniente o idoso.

Tentativa. Admitida, quando estivermos diante da modalidade plurissubsistente, na qual há possibilidade de fracionamento da conduta.

Art. 102. Apropriar-se de ou desviar bens, proventos, pensão ou qualquer outro rendimento do idoso, dando-lhes aplicação diversa da de sua finalidade:

Pena – reclusão de 1 (um) a 4 (quatro) anos e multa.

Análise da conduta típica prevista no artigo 102 do Estatuto do Idoso. O artigo 102 do E.I. inspirou a figura típica semelhante prevista no artigo 89 da Lei nº 13.146/15 (Estatuto da Pessoa com Deficiência).

Aqui, o legislador prevê como criminosa a conduta de apropriar-se de (tomar para si) ou desviar (dar destinação diversa) bens (cuja natureza pode ser móvel ou imóvel), proventos, pensão, benefícios, remuneração ou qualquer outro rendimento de pessoa idosa, dando-lhes destinação diversa da de sua finalidade inicial.

Apesar de ter elencado hipóteses específicas de remuneração, o artigo abrange praticamente qualquer modalidade de renda.

Sujeito ativo. Pode ser praticado por qualquer pessoa, sendo, portanto, um crime comum.

Sujeito passivo. É a pessoa idosa, assim definida aquela que se enquadre no conceito trazido pelo *caput* do artigo 1º da Lei nº 10.741/03.

Elemento subjetivo. É o dolo, ou seja, a vontade livre e consciente em apropriar-se de ou desviar bens, proventos, pensão, benefícios, remuneração ou qualquer outro rendimento de pessoa idosa, dando-lhes destinação diversa da de sua finalidade inicial. Não há previsão para modalidade culposa.

Objeto material da conduta. São os bens, proventos, pensão, benefícios, remuneração ou qualquer outro rendimento de pessoa idosa.

Objeto jurídico. Tutela-se a proteção ao idoso, garantida tanto pela CRFB/1988, quanto pela própria Lei nº 10.741/03.

Classificação doutrinária. Trata-se de crime comum (pois pode ser praticado por qualquer pessoa), material (tendo em vista a necessidade de resultado naturalístico, traduzido pelo prejuízo da pessoa com deficiência que tem desfalque no seu patrimônio), comissivo, doloso, instantâneo (como regra) ou permanente (caso possa ser observada conduta que se perdure no tempo), plurissubsistente e de forma livre (já que pode ser praticado por qualquer forma eleita pelo sujeito ativo).

Momento consumativo. Por se tratar de crime material, a consumação se dará no momento do efetivo prejuízo à vítima, através da apropriação, por outrem, dos seus bens, proventos, rendimentos etc.

Tentativa. Admitida, por se tratar de crime plurissubsistente, no qual há possibilidade de fracionamento da conduta.

Artigo 102 do Estatuto do Idoso. Caracterização do tipo penal. Desnecessidade de especificação dos valores desviados. Não elementar do tipo. Segundo entendimento da Quinta Turma do STJ, para a caracterização do crime de apropriação indébita, previsto no art. 102 da Lei nº 10.741/03, é dispensável a especificação do montante desviado, tendo em vista que não integra as elementares do tipo penal:

> AGRAVO REGIMENTAL NO AGRAVO EM RECURSO ESPECIAL. APROPRIAÇÃO INDÉBITA CONTRA IDOSO. AMEAÇA. CONDENAÇÃO DO AGRAVANTE POR FATOS DEVIDAMENTE DESCRITOS NA PEÇA ACUSATÓRIA. PRINCÍPIO DA CORRELAÇÃO ENTRE A SENTENÇA E A DENÚNCIA. INEXISTÊNCIA DE VIOLAÇÃO (...) 2. Para a caracterização do crime de apropriação indébita, previsto art. 102 da Lei n. 10.741/03, é dispensável a especificação dos valores desviados, tendo em vista que não integra as elementares do tipo penal [...] (STJ, 5ª Turma. AgRg no AREsp 915796/SP. AGRAVO REGIMENTAL NO AGRAVO EM RECURSO ESPECIAL. Relator (a) Ministro JORGE MUSSI. Julgamento em 03/05/2018. Publicação/Fonte em DJe 11/05/2018). Sem grifo no original.

Artigo 102 do Estatuto do Idoso. Caracterização do tipo penal. Diferença em relação ao artigo 155 do CP. Através deste julgado da Sexta Turma do STJ é possível verificar que existe diferença essencial entre o tipo penal previsto no artigo 102 do E.I. e o artigo 155 do Código Penal:

> A Sexta turma do STJ, no julgamento do REsp 1.358.865-RS, firmou entendimento no sentido de que "incorre no tipo penal previsto no art. 102 da Lei 10.741/2003 (Estatuto do Idoso) - e não no tipo penal de furto (art. 155 do CP) - o estagiário de instituição financeira que se utiliza do cartão magnético e da senha de acesso à conta de depósitos de pessoa idosa para realizar transferências de valores para sua conta pessoal. O tipo penal previsto no art. 102 da Lei 10.741/2003 tem a seguinte redação: 'Apropriar-se de ou desviar bens, proventos, pensão ou qualquer outro rendimento do idoso, dando-lhes aplicação diversa da de sua finalidade'. Na hipótese, o autor do delito desviou bens da vítima. Para essa conduta, não há necessidade de prévia posse por parte do agente, restrita à hipótese de apropriação. Da mesma forma, é evidente que a transferência dos valores da conta bancária da vítima para conta pessoal do autor desviou os bens de sua finalidade. Não importa perquirir qual seria a real destinação desses valores (finalidade), pois, independente de qual fosse, foram eles dela desviados, ao serem, por meio de fraude, transferidos para a conta do autor" (STJ, Sexta Turma. REsp 1.358.865-RS, Rel. Min. Sebastião Reis Júnior, julgado em 4/9/2014. Veiculado no Informativo nº 0547 [Período: 8 de outubro de 2014]).

Aplicação do artigo 102 do Estatuto do Idoso em face do artigo 168 do Código Penal. Por se tratar de preceito especial em relação ao artigo 168 do Código Penal, o sujeito ativo que se apropria de bens, proventos etc., de pessoa idosa, pratica a conduta específica do artigo 102 do Estatuto do Idoso. A figura aqui prevista também fez uma ampliação material dos objetos jurídicos, passando a contemplar não somente a figura dos bens, como também pensão, proventos ou qualquer outro rendimento do idoso. Confira-se o seguinte julgado:

> RECURSO EM HABEAS CORPUS. CRIME DE APROPRIAÇÃO INDÉBITA MAJORADA (ART. 168, § 1º, III, DO CP). INÉPCIA DA DENÚNCIA. FATOS ADEQUADAMENTE NARRADOS. DESCRIÇÃO SUFICIENTE DA CONDUTA DELITUOSA (...) DENÚNCIA QUE NARRA CONDUTA DELITUOSA QUE SE ENQUADRARIA NA ESTRUTURA TÍPICA DO DELITO PREVISTO NO ART. 102 DA LEI N. 10.741/2003 (ESTATUTO DO IDOSO). CIRCUNSTÂNCIA ELEMENTAR DO TIPO PENAL - CRIME CONTRA O IDOSO - COMPROVADA NA DENÚNCIA. VÍTIMA COM 71 ANOS À ÉPOCA DOS FATOS. FLAGRANTE ILEGALIDADE. NOVA DEFINIÇÃO JURÍDICA (...)5. Denúncia que narra circunstância elementar do tipo do delito de apropriação indébita prevista no art. 102 da Lei n. 10.741/2003 (Estatuto do Idoso), qual seja, crime contra idoso (a vítima contava com 71 anos de idade à época dos fatos) - norma especial em relação ao Código Penal -, reve-

lando-se manifestamente inadequado, portanto, o enquadramento da conduta descrita na denúncia como sendo o do art. 168, § 1º, III, do Código Penal. 6. Elemento constitutivo do tipo penal - idade da vítima - posta na própria denúncia, sendo desnecessário qualquer revolvimento fático-probatório para sua subsunção [...] (STJ, 6ª Turma. RHC 72016/PR. Relator (a) Ministro SEBASTIÃO REIS JÚNIOR. Julgamento em 16/02/2017. Publicação/Fonte em DJe 02/03/2017;).

Art. 102 do E.I. e apropriação. Desnecessidade de posse prévia para caracterização do tipo previsto no art. 102 do E.I. Segundo a jurisprudência, é importante destacar que, em relação à conduta "desviar", é desnecessária a posse prévia para caracterização do tipo penal previsto no artigo 102 do E.I., conforme ementa a seguir:

> RECURSO ESPECIAL. PENAL. ART. 102 DA LEI N. 10.741/2003. DESVIO DE BENS. POSSE PRÉVIA. DESNECESSIDADE. DESVIO DE FINALIDADE. CARACTERIZAÇÃO. CONDENAÇÃO. RESTABELECIMENTO. 1. Para a conduta de desviar bens do idoso, prevista no art. 102 da Lei n. 10.741/2003, não há necessidade de prévia posse por parte do agente, restrita à hipótese de apropriação. 2. É evidente que a transferência dos valores da conta bancária da vítima para a conta pessoal do recorrido, mediante ardil, desviou os bens de sua finalidade. Não importa aqui perquirir qual era a real destinação desses valores, pois, independente de qual fosse, foram eles dela desviados, ao serem, por meio de fraude, transferidos para a conta do recorrido [...] (STJ, 6ª Turma. REsp 1358865/RS. RECURSO ESPECIAL. 2012/0269434-0. Relator (a) Ministro SEBASTIÃO REIS JÚNIOR. Julgamento em 04/09/2014. Publicação em DJe 23/09/2014).

Jurisprudência que reforça a natureza material do crime previsto no artigo 102 do Estatuto do Idoso. Conforme tivemos oportunidade de destacar na classificação doutrinária deste crime, estamos diante de um crime material, no qual há necessidade de produção de resultado naturalístico para que se dê a consumação. Nesse sentido, podemos observar a jurisprudência da Quinta Turma do STJ:

> (...) 2. Aos pacientes foi imputada a prática do delito previsto no artigo 102 da Lei 11.741/2003, que criminaliza a conduta de "apropriar-se de ou desviar bens, proventos, pensão ou qualquer outro rendimento do idoso, dando-lhes aplicação diversa da de sua finalidade". 3. **Contudo, na hipótese dos autos não há que se falar em desvio de proventos, pensão ou outro rendimento, já que para que tal delito se consume, é necessário que a vítima sofra algum prejuízo, que não existiu no caso em tela, uma vez que nenhuma quantia referente ao empréstimo consignado chegou a ser debitada da conta da idosa, remanescendo intocado o seu benefício previdenciário**. (...) (STJ, 5ª turma. HC 120469/MG. Relator Ministro Jorge Mussi. Julgamento em 17/03/2011. Publicação em DJe 25/04/2011).

Jurisprudência afirmando sobre a natureza permanente de determinadas condutas previstas no artigo 102 do Estatuto do Idoso. No contexto da classificação doutrinária deste delito, a depender da conduta praticada pelo sujeito ativo estaremos diante de um crime instantâneo ou permanente, conforme o caso. Se por acaso há apropriação de determinado bem do idoso e esta se perdure ao longo dos anos, é correto afirmar que se trata de crime permanente. A seguir pode ser observado o julgado da Quinta Turma do STJ neste sentido:

> (...) 2. A conduta do Paciente - apropriação de imóvel pertencente aos pais - amolda-se ao tipo previsto no art. 102 da Lei n.º 10.741/2003. 3. Embora a apropriação do imóvel tenha se dado no ano de 2001, houve nitidamente a prorrogação do momento consumativo, porquanto o Paciente poderia fazer cessar, a qualquer momento, a atividade delituosa e assim não o fez. Trata-se, portanto, de crime permanente, tendo em vista a natureza duradoura de sua consumação. (...) (STJ, 5ª Turma HC 111120 DF 2008/0156982-7. Relatora Ministra LAURITA VAZ. Julgamento em 02/12/2010. Publicação em 17/12/2010, sem grifos no original).

> **Art. 103.** Negar o acolhimento ou a permanência do idoso, como abrigado, por recusa deste em outorgar procuração à entidade de atendimento:
>
> Pena - detenção de 6 (seis) meses a 1 (um) ano e multa.

Da conduta típica prevista no artigo 103 da Lei nº 10.741/03. Com o objetivo de impedir o ato de outorga de procuração para acolhimento do idoso, o legislador prevê a conduta típica prevista no artigo 103 no E.I. direcionando-a aos que têm o poder em impedir a permanência de pessoas idosas em instituições específicas capazes de recebê-las.

Trata-se de um crime de menor potencial ofensivo, haja vista que a previsão do preceito secundário não ultrapassa o patamar de dois anos em relação à pena máxima.

Sujeito ativo. É um crime próprio, pois somente poderá ser sujeito ativo a pessoa capaz de negar o acolhimento descrito no *caput* do artigo 103 do E.I.

Sujeito passivo. É a pessoa idosa, assim definida aquela que se enquadre no conceito trazido pelo *caput* do artigo 1º da Lei nº 10.741/03.

Elemento subjetivo. O tipo aqui previsto é doloso, ou seja, a vontade livre e consciente em negar o acolhimento ou a permanência do idoso, como abrigado, por recusa deste em outorgar procuração à entidade de atendimento. Não há previsão para modalidade culposa.

Objeto material da conduta. É o indivíduo idoso.

Objeto jurídico. Tutela-se a proteção ao idoso, garantida tanto pela CRFB/1988, quanto pela própria Lei nº 10.741/03.

Classificação doutrinária. Trata-se de crime próprio (tendo em vista que não pode ser praticado por qualquer pessoa), formal (tendo em vista a desnecessidade de resultado naturalístico para que a conduta se considere consumada), comissivo, doloso, instantâneo, plurissubsistente (pois pode ser cometido mediante a prática de mais de um ato) e de forma livre (já que pode ser praticado por qualquer forma eleita pelo sujeito ativo).

Momento consumativo. O crime em tela se consuma quando o sujeito ativo nega o acolhimento ou a permanência do idoso, como abrigado, por recusa deste em outorgar procuração à entidade de atendimento.

Tentativa. Admitida, pois estamos diante de crime plurissubsistente, no qual há possibilidade de fracionamento da conduta.

Art. 104. Reter o cartão magnético de conta bancária relativa a benefícios, proventos ou pensão do idoso, bem como qualquer outro documento com objetivo de assegurar recebimento ou ressarcimento de dívida:

Pena – detenção de 6 (seis) meses a 2 (dois) anos e multa.

Análise do tipo penal previsto no artigo 104 do Estatuto do Idoso. Todo aquele que guarda em seu poder cartão magnético capaz de efetuar movimentações em conta bancária relativa, por exemplo, a benefícios ou proventos do idoso, ou ainda qualquer outro documento que tenha por finalidade receber ou ressarcir dívidas daquele, pratica a conduta descrita no artigo 104 do E.I.

Sujeito ativo. Este tipo penal descreve conduta referente a um grupo específico de pessoas, que têm algum tipo de crédito em relação ao idoso. É, portanto, um crime próprio.

Sujeito passivo. É a pessoa idosa, assim definida aquela que se enquadre no conceito trazido pelo *caput* do artigo 1º da Lei nº 10.741/03.

Elemento subjetivo. O tipo aqui previsto é doloso, ou seja, a vontade livre e consciente em reter o cartão magnético de conta bancária relativa a benefícios, proventos ou pensão do idoso, bem como qualquer outro documento com objetivo de assegurar recebimento ou ressarcimento de dívida. Não há previsão para modalidade culposa.

Objeto material da conduta. De acordo com o tipo penal é o cartão magnético ou outro documento.

Objeto jurídico. Tutela-se a proteção ao idoso, garantida tanto pela CRFB/1988, quanto pela própria Lei nº 10.741/03.

Classificação doutrinária. Trata-se de crime próprio (tendo em vista que não pode ser praticado por qualquer pessoa), formal (tendo em vista a desnecessidade de resultado naturalístico para que a conduta se considere consumada), comissivo ou omissivo (dependendo da conduta eleita pelo agente), doloso, instantâneo, unissubsistente ou plurissubsistente (pois pode ser cometido mediante a prática de um ou mais atos, conforme o caso concreto) e de forma livre (já que pode ser praticado por qualquer forma eleita pelo sujeito ativo).

Momento consumativo. Por se tratar de crime formal, o crime em tela se consuma quando o sujeito ativo retém o cartão magnético de conta bancária relativa a benefícios, proventos ou pensão do idoso, bem como qualquer outro documento com objetivo de assegurar recebimento ou ressarcimento de dívida.

Tentativa. Admitida, quando estivermos diante da modalidade de conduta plurissubsistente, na qual há possibilidade de fracionamento.

Jurisprudência acerca da competência para processar e julgar o crime previsto no art. 104 do Estatuto do Idoso, quando praticados contra idosos indígenas. Diante deste julgado do Tribunal Regional Federal da Quarta Região, a competência para processar e julgar o delito previsto no artigo 104 da Lei nº 10.741/03 será da Justiça Federal quando praticados em face de idosos indígenas, haja vista que a cultura e os interesses da comunidade indígena como um todo estão sendo postos em risco:

> PENAL. CRIME CONTRA IDOSOS INDÍGENAS. ART. 104 DA LEI Nº 10.741 /03. RETENÇÃO DE CARTÕES MAGNÉTICOS BANCÁRIOS. PRÁTICA DELITUOSA DIRECIONADA À COMUNIDADE TRIBAL. COMPETÊNCIA DA JUSTIÇA FEDERAL. Na linha de precedente da 7ª Turma deste Tribunal (RSE 5002401-67.2013.404.7117, Rel. Juíza Federal Salise Monteiro Sanchotene), a Súmula nº 140 do STJ não esgota plenamente as hipóteses de crimes em que figure indígena como vítima ou autor, devendo ser relativizada quando o delito assume a proporção da transindividualidade, pondo em risco a cultura e a estrutura da comunidade inteira. Os crimes descritos na peça acusatória não afetaram simplesmente interesse individual dos indígenas idosos nela mencionados, mas consistem em prática delituosa reiterada direcionada à comunidade tribal, cuja proteção é de interesse da União. Percebe-se estar sendo severamente abalada a tutela dispensada pela União aos índios (art. 231 da CF/88) - e não apenas aos idosos - entrevendo-se o prejuízo aos seus interesses, o que justifica a apreciação do delito em comento pela Justiça Federal. (TRF-4 - Recurso Criminal em Sentido Estrito RCCR 50039874220134047117 RS 5003987-42.2013.404.7117 (TRF-4). Publicação em 07/05/2014).

Art. 105. Exibir ou veicular, por qualquer meio de comunicação, informações ou imagens depreciativas ou injuriosas à pessoa do idoso:
Pena - detenção de 1 (um) a 3 (três) anos e multa.

Análise do tipo penal previsto no artigo 105 da Lei nº 10.741/03. As condutas aqui reprimidas mediante a possibilidade de aplicação de pena, dizem respeito à difusão de informações ou imagens depreciativas (cujo objetivo é menoscabar, menosprezar) ou injuriosas em relação ao idoso, seja através da exibição ou veiculação por qualquer meio de comunicação.

Possui, portanto, elementos normativos específicos, tais como algo depreciativo ou injurioso, cuja valoração deve ser feita diante da análise do caso concreto.

Diante da gravidade e das proporções que os desdobramentos fáticos permitem em face destas condutas, estamos diante de uma infração de médio potencial ofensivo.

Sujeito ativo. Estamos diante de um crime comum, podendo ser praticado por qualquer pessoa.

Sujeito passivo. É a pessoa idosa, assim definida aquela que se enquadre no conceito trazido pelo *caput* do artigo 1º da Lei nº 10.741/03.

Elemento subjetivo. O tipo aqui previsto é doloso, ou seja, a vontade livre e consciente em exibir ou veicular, por qualquer meio de comunicação, informações ou imagens depreciativas ou injuriosas à pessoa do idoso. Não há previsão para modalidade culposa.

Objeto material da conduta. Conforme a narrativa do próprio tipo penal, são as informações ou imagens depreciativas ou injuriosas à pessoa do idoso.

Objeto jurídico. Por meio deste tipo penal, tutela-se a proteção ao idoso, garantida tanto pela CRFB/1988, quanto pela própria Lei nº 10.741/03.

Classificação doutrinária. Trata-se de crime comum (tendo em vista que pode ser praticado por qualquer pessoa), formal (haja vista a desnecessidade de resultado naturalístico para que a conduta se considere consumada), comissivo, doloso, instantâneo ou permanente (a depender do caso concreto), unissubsistente ou plurissubsistente (pois pode ser cometido mediante a prática de um ou mais atos, conforme a situação fática) e de forma livre (já que pode ser praticado por qualquer forma eleita pelo sujeito ativo).

Momento consumativo. Por se tratar de crime formal, o crime em tela se consuma quando o sujeito ativo exibe ou veicula, por qualquer meio de comunicação, informações ou imagens depreciativas ou injuriosas à pessoa do idoso.

Tentativa. Admitida, quando estivermos diante da modalidade de conduta plurissubsistente, na qual há possibilidade de fracionamento.

Art. 106. Induzir pessoa idosa sem discernimento de seus atos a outorgar procuração para fins de administração de bens ou deles dispor livremente:
Pena – reclusão de 2 (dois) a 4 (quatro) anos.

Do crime previsto no artigo 106 do Estatuto do Idoso. Neste tipo penal o que a Lei veda é que o patrimônio do idoso seja atingido, mediante a outorga de procuração, fazendo com que o sujeito ativo deste crime possa dispor livremente ou administre os bens do primeiro.

Como elemento normativo, o tipo penal revela "pessoa idosa sem discernimento", devendo ser valorado em função do caso concreto.

Sujeito ativo. Estamos diante de um crime comum, podendo ser praticado por qualquer pessoa.

Sujeito passivo. É a pessoa idosa, assim definida aquela que se enquadre no conceito trazido pelo *caput* do artigo 1º da Lei nº 10.741/03.

Elemento subjetivo. O tipo aqui previsto é doloso, ou seja, a vontade livre e consciente em induzir pessoa idosa sem discernimento de seus atos a outorgar procuração para fins de administração de bens ou deles dispor livremente. Não há previsão para modalidade culposa.

Objeto material da conduta. De acordo com o tipo penal é a procuração outorgada pelo idoso sem discernimento.

Objeto jurídico. Por meio deste tipo penal, tutela-se a proteção ao idoso, garantida tanto pela CRFB/1988, quanto pela própria Lei nº 10.741/03.

Classificação doutrinária. Trata-se de crime comum (tendo em vista que pode ser praticado por qualquer pessoa), formal (haja vista a desnecessidade de resultado naturalístico para que a conduta se considere consumada), comissivo, doloso, instantâneo, unissubsistente ou plurissubsistente (pois pode ser cometido mediante a prática de um ou mais atos, conforme a situação fática) e de forma livre (já que pode ser praticado por qualquer forma eleita pelo sujeito ativo).

Momento consumativo. Por se tratar de crime formal, o crime em tela se consuma quando o sujeito ativo induz pessoa idosa sem discernimento de seus atos a outorgar procuração para fins de administração de bens ou deles dispor livremente.

Tentativa. Admitida, quando estivermos diante da modalidade de conduta plurissubsistente, na qual há possibilidade de fracionamento.

Art. 107. Coagir, de qualquer modo, o idoso a doar, contratar, testar ou outorgar procuração:

Pena - reclusão de 2 (dois) a 5 (cinco) anos.

Análise da conduta típica prevista no artigo 107 do Estatuto do Idoso. De acordo com o artigo 5º, II, da CRFB/1988, ninguém será obrigado a fazer ou deixar de fazer alguma coisa senão em virtude de lei. Esta normativa clássica está em jogo diante da possibilidade de que alguém coaja um idoso a doar, contratar, testar ou outorgar procuração.

Se não estivéssemos diante de tipo penal específico, poderíamos considerar a situação narrada no artigo 107 do Estatuto do Idoso como constrangimento ilegal, facilmente visualizado no artigo 146 do Código Penal.

Porém, tendo em vista a gravidade representada pela prática destes atos contra os idosos requer tratamento mais rígido em função disto, razão pela qual o legislador prevê que a conduta de coação pode ser praticada por qualquer modo (o que incluiria aqui a violência ou a grave ameaça). A pena é de reclusão de dois a cinco anos.

Sujeito ativo. Trata-se de um crime comum, podendo ser praticado por qualquer pessoa.

Sujeito passivo. É a pessoa idosa, assim definida aquela que se enquadre no conceito trazido pelo *caput* do artigo 1º da Lei nº 10.741/03.

Elemento subjetivo. O tipo aqui previsto é doloso, ou seja, a vontade livre e consciente em coagir, de qualquer modo, o idoso a doar, contratar, testar ou outorgar procuração. Não há previsão para modalidade culposa.

Objeto material da conduta. De acordo com o tipo penal é a doação, contrato, testamento ou procuração outorgada pelo idoso.

Objeto jurídico. Por meio deste tipo penal, tutela-se a proteção ao idoso, garantida tanto pela CRFB/1988, quanto pela própria Lei nº 10.741/03.

Classificação doutrinária. Trata-se de crime comum (tendo em vista que pode ser praticado por qualquer pessoa), formal (haja vista a desnecessidade de resultado naturalístico para que a conduta se considere consumada), comissivo, doloso, instantâneo, unissubsistente ou plurissubsistente (pois pode ser cometido mediante a prática de um ou mais atos, conforme a situação fática) e de forma livre (já que pode ser praticado por qualquer forma eleita pelo sujeito ativo).

Momento consumativo. Por se tratar de crime formal, o crime em tela se consuma quando o sujeito ativo coage, de qualquer modo, o idoso a doar, contratar, testar ou outorgar procuração.

Tentativa. Admitida, quando estivermos diante da modalidade de conduta plurissubsistente, na qual há possibilidade de fracionamento.

Art. 108. Lavrar ato notarial que envolva pessoa idosa sem discernimento de seus atos, sem a devida representação legal:
Pena – reclusão de 2 (dois) a 4 (quatro) anos.

Do tipo penal previsto no artigo 108 do Estatuto do Idoso. Diversos tipos penais previstos na Lei nº 10.741/03 têm por objetivo a tutela do idoso especificamente em relação ao seu patrimônio. O artigo 108 do E.I. não foge deste parâmetro, prevendo como típica a conduta de quem tenha capacidade de lavrar ato notarial envolvendo idoso sem discernimento e sem representante legal.

Aqui também há previsão de elemento normativo do tipo consistente em "pessoa idosa sem discernimento", cujas circunstâncias devem ser valoradas diante do caso concreto.

Sujeito ativo. Trata-se de um crime próprio, podendo ser praticado somente por notário ou que aja em seu nome.

Sujeito passivo. É a pessoa idosa, assim definida aquela que se enquadre no conceito trazido pelo *caput* do artigo 1º da Lei nº 10.741/03. De forma secundária podemos pensar no Estado como sujeito passivo, haja vista o interesse na regularidade da prática dos atos notariais.

Elemento subjetivo. O tipo aqui previsto é doloso, ou seja, a vontade livre e consciente em lavrar ato notarial que envolva pessoa idosa sem discernimento de seus atos, sem a devida representação legal. Não há previsão para modalidade culposa.

Objeto material da conduta. De acordo com o tipo penal é o ato notarial que envolva pessoa idosa sem discernimento de seus atos.

Objeto jurídico. Por meio deste tipo penal, tutela-se a proteção ao idoso, garantida tanto pela CRFB/1988, quanto pela própria Lei nº 10.741/03.

Classificação doutrinária. Trata-se de crime próprio (tendo em vista que não pode ser praticado por qualquer pessoa), formal (haja vista a desnecessidade de resultado naturalístico para que a conduta se considere consumada), comissivo, doloso, instantâneo, unissubsistente ou plurissubsistente (pois pode ser cometido mediante a prática de um ou mais atos, conforme a situação fática) e de forma vinculada (já que somente pode ser praticado mediante a lavratura de atos notariais).

Momento consumativo. Por se tratar de crime formal, o crime em tela se consuma com a lavratura do ato notarial que envolva pessoa idosa sem discernimento de seus atos, sem a devida representação legal.

Tentativa. Admitida, quando estivermos diante da modalidade de conduta plurissubsistente, na qual há possibilidade de fracionamento.

TÍTULO VII
Disposições Finais e Transitórias

Art. 109. Impedir ou embaraçar ato do representante do Ministério Público ou de qualquer outro agente fiscalizador:

Pena – reclusão de 6 (seis) meses a 1 (um) ano e multa.

Do tipo penal previsto nas disposições finais e transitórias da Lei nº 10.741/03. Quanto mais direitos são garantidos, maior é a necessidade de fiscalizar e garantir que sejam efetivados diariamente. Diante da gama de atribuições referentes aos órgãos de fiscalização no que diz respeito aos idosos, principalmente do Ministério Público, o legislador prevê essa derradeira figura típica, já nas disposições finais e transitórias.

Em que pese a má técnica legislativa ao prever este crime fora do espaço destinado às condutas típicas (que no Estatuto do Idoso estão no Título exatamente anterior, o de número II), quem quer que impeça ou embarace atos de fiscalização do MP (cujas atribuições específicas em face do idoso estão situadas a partir do artigo 72 do Estatuto do Idoso) ou de qualquer outro agente fiscalizador, podem incorrer na pena de reclusão de seis meses a um ano de reclusão, além de multa. Trata-se, portanto, de uma infração de menor potencial ofensivo.

Sujeito ativo. Trata-se de um crime comum, podendo ser praticado por qualquer pessoa.

Sujeito passivo. Originalmente, são os membros do Ministério Público ou qualquer outro agente fiscalizador. Secundariamente é a pessoa idosa, assim definida aquela que se enquadre no conceito trazido pelo *caput* do artigo 1º da Lei nº 10.741/03.

Elemento subjetivo. O tipo aqui previsto é doloso, ou seja, a vontade livre e consciente em impedir ou embaraçar ato do representante do Ministério Público ou de qualquer outro agente fiscalizador. Não há previsão para modalidade culposa.

Objeto material da conduta. De acordo com o tipo penal é o ato do representante do Ministério Público ou de qualquer outro agente fiscalizador.

Objeto jurídico. Tutela-se a proteção ao idoso, garantida tanto pela CRFB/1988, quanto pela própria Lei nº 10.741/03. De forma secundária tutela-se a Administração da Justiça.

Classificação doutrinária. Trata-se de crime comum (tendo em vista que pode ser praticado por qualquer pessoa), formal (haja vista a desnecessidade de resultado naturalístico para que a conduta se considere consumada), comissivo, doloso, instantâneo, plurissubsistente (pois pode ser cometido mediante a prática de mais de um ato) e de forma livre (já que pode ser praticado mediante qualquer meio eleito pelo sujeito ativo).

Momento consumativo. Em se tratando de crime formal, o crime em tela se consuma com o impedimento ou embaraço ao ato do representante do Ministério Público ou de qualquer outro agente fiscalizador.

Tentativa. Admitida, pois estamos diante de modalidade de conduta plurissubsistente, na qual há possibilidade de fracionamento.

Art. 118. Esta Lei entra em vigor decorridos 90 (noventa) dias da sua publicação, ressalvado o disposto no *caput do art. 36*, que vigorará a partir de 1º de janeiro de 2004.

Brasília, 1º de outubro de 2003; 182º da Independência e 115º da República.

LUIZ INÁCIO LULA DA SILVA

QUESTÕES

1) (2019/MPE-PR - Promotor Substituto)

Assinale a alternativa correta:

A) O Estatuto do Idoso alterou o prazo prescricional constante do Código Penal, reduzindo pela metade a sua contagem para os maiores de 60 anos na data da sentença.

B) Na hipótese de cometimento de crime de lesão corporal contra pessoa idosa, incidirá tipo penal específico previsto na Lei n. 10.741/03 (Estatuto do Idoso) e não as disposições do art. 129 do Código Penal.

C) O crime de reter o cartão magnético de conta bancária relativa a benefícios, proventos ou pensão de idoso, bem como qualquer outro documento com objetivo de assegurar recebimento ou ressarcimento de dívida é de ação pública condicionada à representação.

D) O Estatuto do Idoso considera crime impedir ou embaraçar ato do representante do Ministério Público ou de qualquer outro agente fiscalizador.

E) Abandonar o idoso em hospitais, casas de saúde, entidades de longa permanência, ou congêneres, ou não prover suas necessidades básicas, quando obrigado por lei ou mandado é considerado crime de menor potencial ofensivo.

2) (2019 -MPE-SP - Promotor de Justiça Substituto)

Considerando que é assegurada a atenção integral à saúde do idoso, objetivando a prevenção, promoção, proteção e recuperação da saúde, assinale a alternativa que NÃO integra o rol de direitos dos idosos.

A) Recebimento gratuito de medicamentos, especialmente os de uso continuado, assim como próteses, órteses e outros recursos relativos ao tratamento, habilitação ou reabilitação.

B) Maiores de oitenta anos terão preferência especial sobre os demais idosos, em todo e qualquer atendimento de saúde, inclusive em caso de emergência.

C) Atendimento especializado para os idosos com deficiência ou com limitação incapacitante.

D) Atendimento domiciliar ao idoso enfermo pela perícia médica do Instituto Nacional do Seguro Social – INSS pelo serviço público de saúde ou pelo serviço privado de saúde, contratado ou conveniado, que integre o Sistema Único de Saúde – SUS, para expedição do laudo de saúde necessário ao exercício de seus direitos sociais e de isenção tributária.

E) Direito de acompanhante ao idoso internado ou em observação, devendo o órgão de saúde proporcionar as condições adequadas para a sua permanência em tempo integral, segundo o critério médico.

3) (2016/FUNCAB -PC-PA – DELEGADO DE POLÍCIA CIVIL)

A pessoa que se apropria de pensão de idoso, dando-lhe destinação diversa daquela definida como sua finalidade:

a) comete crime previsto na Lei n.º 10.741, que respeitará o procedimento comum ordinário, embora com a possibilidade de aplicação de transação penal.

b) comete crime previsto na Lei nº 10.741, que respeitará o procedimento comum ordinário, sendo vedada a transação penal.

c) comete crime previsto na Lei n.º 10.741, respeitará o procedimento previsto na Lei nº 9.099, de 1995, inclusive quanto à transação penal.

d) comete crime previsto no Código Penal, que respeitará o procedimento comum ordinário.

e) comete crime previsto na Lei nº 10.741, que respeitará o procedimento previsto na Lei nº 9.099, de 1995, sendo vedada a transação penal.

4) (2016/FUNCAB – PC/PA – ESCRIVÃO DE POLÍCIA CIVIL)

Acerca do Estatuto do idoso, Lei nº 10.741, de 2003, é correto afirmar que:

a) constitui crime discriminar pessoa idosa, impedindo ou dificultando seu acesso a operações bancárias, aos meios de transporte, ao direito de contratar ou por qualquer outro meio ou instrumento necessário ao exercício da cidadania, por motivo de idade.

b) constitui crime deixar de prestar assistência ao idoso, mesmo quando impossível fazê-lo sem risco pessoal.

c) o Estatuto do Idoso é destinado a regular os direitos assegurados às pessoas com idade igual ou superior a 65 (sessenta e cinco) anos.

d) admite-se a possibilidade de cobrança de valores diferenciados em razão da idade, sem a caracterização da discriminação do idoso.

e) a limitação expressa no edital concurso público para o provimento de cargo efetivo, quanto ao limite de idade, afasta a incidência da prática do crime de obstar o acesso de alguém a qualquer cargo público por motivo de idade.

5) (2008/Ministério Público/PR - Promotor de Justiça)

Analise as assertivas abaixo e responda:

I. Constitui crime discriminar pessoa idosa, impedindo ou dificultando seu acesso a operações bancárias, aos meios de transporte, ao direito de contratar ou por qualquer outro meio ou instrumento necessário ao exercício da cidadania.

II. Constitui crime deixar de prestar assistência ao idoso, quando possível fazê-lo sem risco pessoal, em situação de iminente perigo, ou recusar, retardar ou dificultar sua assistência à saúde, sem justa causa, ou não pedir, nesses casos, o socorro de autoridade pública.

III. Constitui crime abandonar o idoso em hospitais, casas de saúde entidades de longa permanência, ou congêneres, ou não prover suas necessidades básicas, quando obrigado por lei ou mandado.

IV. Constitui crime obstar o acesso de alguém a qualquer cargo público por motivo de idade.

a) todas as assertivas estão corretas.

b) nenhuma está correta.

c) apenas 1ª e 2ª estão corretas.

d) apenas 3ª e 4ª estão corretas.

e) apenas 1ª, 3ª e 4ª estão corretas.

GABARITO COMENTADO

1) Gabarito oficial: D

Justificativa:

A) Incorreta. A jurisprudência dos Tribunais Superiores indica que não é possível aplicar o artigo 1º do Estatuto do Idoso com o objetivo de se considerar novo patamar, no que tange à redução prescricional (art. 115, CP). Nesse sentido: STJ, QUINTA TURMA. AgRg no RHC 116082/RJ. AGRAVO REGIMENTAL NO RECURSO ORDINÁRIO EM HABEAS COR-PUS. Relator(a) Ministro LEOPOLDO DE ARRUDA RAPOSO (DESEMBARGADOR CONVOCADO DO TJ/PE). Julgamento em 10/10/2019. Publicação/Fonte em DJe 16/10/2019. O EI estabelece o critério cronológico no art. 1º do EI, o que não impede a utilização de patamar etário diferenciado para concessão de benefícios específicos (até mesmo pelo próprio estatuto), a exemplo: 65 anos (art. 34 EI - BPC); (art. 39 EI - transporte gratuito) e 80 anos (arts. 3º,§2º c/c 71, §5º, EI - prioridade especial).

B) Incorreta. O EI prevê aumento de pena se a consequência do crime for a lesão corporal nas hipóteses do art. 97, paráfrafo único e 99, §1º, ambas do EI.

C) Incorreta. Segundo o EI: "Art. 95 Os crimes definidos nesta Lei são de ação penal pública incondicionada, não se lhes aplicando os arts. 181 e 182 do Código Penal" e "Art. 96 Discriminar pessoa idosa, impedindo ou dificultando seu acesso a operações bancárias, aos meios de transporte, ao direito de contratar ou por qualquer outro meio ou instrumento necessário ao exercício da cidadania, por motivo de idade: Pena – reclusão de 6 (seis) meses a 1 (um) ano e multa".

D) Correta. "Art. 109. Impedir ou embaraçar ato do representante do Ministério Público ou de qualquer outro agente fiscalizador: Pena – reclusão de 6 (seis) meses a 1 (um) ano e multa".

E) Incorreta. Art. 98 "Abandonar o idoso em hospitais, casas de saúde, entidades de longa permanência, ou congêneres, ou não prover suas necessidades básicas, quando obrigado por lei ou mandado: Pena – detenção de 6 (seis) meses a 3 (três) anos e multa". Logo, supeior ao patamer estabelecido pelo art. 61 da Lei 9099/95 (pena máxima não superior a 2 (dois) anos, cumulada ou não com multa).

2) Gabarito oficial: B

Justificativa:

A) A afirmativa é correta, conforme está positivado no artigo 15, § 2º, da Lei nº 10.741/03.

B) A afirmativa é incorreta, portanto é o gabarito, haja vista que dispõe de forma contrário o artigo 15, § 7º, da Lei nº 10.741/03. Os idosos maiores de 80 anos terão preferência especial sobre os demais idosos, EXCETO em caso de emergência.

C) Correta, pois é o que positiva o artigo 15, § 4º, da Lei nº 10.741/03.

D) Correta, conforme disposto no artigo 15, § 6º, da Lei nº 10.741/03.

E) Correta, pois é o que dispõe o artigo 16 da Lei nº 10.741/03. E aqui vale ressaltar um julgado recente do STJ no REsp 1793840, onde a Terceira Turma do STJ decidiu que cabe aos planos de saúde o custeio das despesas (diárias e refeições) dos acompanhantes de pacientes idosos que estejam internados, reformando acórdão do Tribunal de Justiça do Rio de Janeiro (TJRJ).

3) Gabarito oficial: E

Justificativa:

a) Errada. Segundo a jurisprudência do STF, é possível aplicação aos delitos previstos no estatuto do Idoso do procedimento sumaríssimo, mas não das medidas despenalizadoras previstas na Lei n.º 9099/95, dentre elas, a transação penal.

b) Errada. O STF entende pela possibilidade de aplicação do procedimento sumaríssimo, previsto na Lei 9099/95.

c) Errada. De acordo com o precedente (ADI 3096), o STF firmou posicionamento pela impossibilidade de aplicação do instituto da transação penal, inobstante a previsão no art. 94 do EI, tendo julgado parcialmente procedente a referida ação para dar interpretação conforme à Constituição Federal, com redução de texto, ao art. 94 da Lei n.º 10.741/2003, para suprimir a expressão "do Código Penal e".

d) Errada. A conduta descrita no enunciado da questão se subsome aquela prevista no art. 102 da lei n.º 10741/03 e não no Código Penal.

e) Correta. Segundo entendimento do STF não é cabível a aplicação de quaisquer medidas despenalizadoras, dentre elas, a transação penal nos casos previstos no Estatuto do Idoso, sendo possível, contudo, a aplicação do procedimento previsto na Lei 9099/95. Na Ação Direta de Inconstitucionalidade (ADI 3096) em relação ao artigo 94 do Estatuto do Idoso (Lei nº 10.741/03) - que determina a aplicação dos procedimentos (e benefícios) relativos aos Juizados Especiais aos delitos praticados contra idosos, cuja pena máxima não superior a 4 anos o STF lhe conferiu interpretação conforme à Constituição Federal. O posicionamento do STF, firmado no referido precedente, segue no sentido de que o dispositivo legal em comento deve ser interpretado em favor do seu específico destinatário - o próprio idoso - e não de quem lhe viole os direitos. Assim, os infratores não terão acesso às medidas despenalizadores de direito material, como, por exemplo, a conciliação, a transação penal, a composição civil de danos ou a conversão da pena. Para a Suprema Corte, àqueles que praticarem crimes contra idosos, somente se aplicam as normas estritamente processuais, de sorte que o processo termine mais rapidamente, em benefício do idoso.

4) Gabarito: A

Justificativa

a) correto. Conduta tipificada no art. 96 do Estatuto do Idoso, a saber: "Discriminar pessoa idosa, impedindo ou dificultando seu acesso a operações bancárias, aos meios de transporte, ao direito de contratar ou por qualquer outro meio ou instrumento necessário ao exercício da cidadania, por motivo de idade", sujeito a "Pena – reclusão de 6 (seis) meses a 1 (um) ano e multa".

b) incorreto, nos termos do art. 97 do EI "Deixar de prestar assistência ao idoso, quando <u>possível</u> fazê-lo sem risco pessoal, em situação de iminente perigo, ou recusar, retardar ou dificultar sua assistência à saúde, sem justa causa, ou não pedir, nesses casos, o socorro de autoridade pública", sujeito a "Pena - detenção de 6 (seis) meses a 1 (um) ano e multa".

c) incorreto, eis que o art. 1º do EI prevê que: "É instituído o Estatuto do Idoso, destinado a regular os direitos assegurados às pessoas com idade igual ou superior a 60 (sessenta) anos".

d) incorreto, pois o art. 15, § 3º, do EI dispõe que "É vedada a discriminação do idoso nos planos de saúde pela cobrança de valores diferenciados em razão da idade".

e) incorreto art. 100, I, do EI c.c. o art. 1º do EI. O termo "alguém" merece interpretação sistêmica e restritiva (quanto à tipicidade – tipicidade estrita – norma incriminadora) para alcançar apenas a pessoa objeto de proteção especial trazida pela Lei n.º 10.741/03 e sobretudo, conferir eficácia máxima ao preceito constitucional estatuído no art. 230 da CRFB.

5) Gabarito oficial: A

Justificativa:

I. correta, art. 96 EI.

II. correta, art. 97 EI.

III. correta, art. 98 EI.

IV. correta, art. 100, I, do EI.

Logo, a assertiva "A" está certa, eis que todas as proposições estão corretas.

7

GENOCÍDIO

LEI Nº 2.889, DE 1º DE OUTUBRO DE 1956.

Art. 1º Quem, com a intenção de destruir, no todo ou em parte, grupo nacional, étnico, racial ou religioso, como tal:

a) matar membros do grupo;

b) causar lesão grave à integridade física ou mental de membros do grupo;

c) submeter intencionalmente o grupo a condições de existência capazes de ocasionar-lhe a destruição física total ou parcial;

d) adotar medidas destinadas a impedir os nascimentos no seio do grupo;

e) efetuar a transferência forçada de crianças do grupo para outro grupo;

Será punido:

Com as penas do art. 121, § 2º, do Código Penal, no caso da letra a;

Com as penas do art. 129, § 2º, no caso da letra b;

Com as penas do art. 270, no caso da letra c;

Com as penas do art. 125, no caso da letra d;

Com as penas do art. 148, no caso da letra e;

Crime Hediondo. Cuida-se de crime que o legislador infraconstitucional "etiquetou" como sendo hediondo (art. 1º, parágrafo único, I, da Lei nº 8.072/1990) considerando sua gravidade, por se tratar de espécie de crime contra a humanidade.

Conceito de Genocídio. Cuida-se da conduta de quem, com intenção de destruir, no todo ou em parte, grupo nacional, étnico, racial ou religioso, mata, causa lesão grave à integridade física ou mental, submete o grupo a condições de existência capazes de ocasionar-lhe a destruição total ou parcial, ou mesmo adota medidas destinadas a impedir nascimentos no seio do grupo, ou efetua a transferência forçada de crianças de um grupo para outro.

Genocídio no Código Penal Militar. Trata-se de crime também previsto no art. 208 do Código Penal Militar, hipótese não mencionada no parágrafo único do art. 1º, I, da Lei nº 8.072/1990, motivo pelo qual não poderá ser considerado hediondo.

Genocídio e Extraterritorialidade. Consoante disposto no art. 7º, I, "d", do CP, aplica-se a lei brasileira ao crime de genocídio, ainda que praticado fora do território nacional, quando o agente for brasileiro ou domiciliado no Brasil. Cuida-se de hipótese de extraterritorialidade incondicionada.

Bem Jurídico Tutelado. A existência de um grupo nacional, étnico, religioso ou racial. Cuida-se de bem jurídico supranacional ou coletivo.

Crime Autônomo. Embora a lesão à vida, à integridade física, à liberdade de locomoção etc. seja meio de ataque previsto no tipo penal incriminador do genocídio, este crime não se confunde com o homicídio, a lesão corporal ou com qualquer outro. Em verdade, o genocídio difere dos demais por se tratar de um delito de intenção, em que o agente atua com finalidade especial de agir, qual seja, a de destruir, no todo ou em parte, o grupo.

A Relação entre o Homicídio e o Genocídio. Na hipótese de prática de vários homicídios de integrantes de um grupo, em continuidade delitiva, e de genocídio, existirá concurso formal entre o crime continuado de homicídio e o genocídio. O assunto foi discutido pelo STJ e STF em importante precedente, em que 22 garimpeiros foram condenados por crime de genocídio contra o povo Yanomami, de Roraima, no episódio conhecido como "Massacre do Haximu". No episódio, uma aldeia na fronteira com a Venezuela, localizada no interior da Terra Indígena Yanomami, foi atacada por um grupo de garimpeiros de ouro, brasileiros, resultando em 12 mortes de indígenas alvejados por tiros de espingarda e golpes de facão. Quatro dos acusados foram localizados, presos e condenados por genocídio, contrabando e garimpo ilegal. Após recursos em que tentaram caracterizar as mortes como homicídio, o crime de genocídio foi confirmado pelo Supremo Tribunal Federal, consoante decisões veiculadas nos informativos 402 e 434 daquela Corte. Reconheceu-se, ainda, que os homicídios estariam em concurso formal com o delito de genocídio. Neste sentido, atentemos para transcrição do Informativo nº 434 do STF:

> Genocídio e Competência – 3. Inicialmente, asseverou-se que o objeto jurídico tutelado imediatamente pelos crimes dolosos contra a vida difere-se do bem protegido pelo crime de genocídio, o qual consiste na existência de um grupo nacional, étnico, racial ou religioso. Assim, não obstante a lesão à vida, à integridade física, à liberdade de locomoção etc. serem meios de ataque a esse objeto jurídico, o direito positivo pátrio protege, de modo direto, bem jurídico supranacional ou coletivo. Logo, no genocídio, não se está diante de crime contra a vida e, por conseguinte, não é o Tribunal do Júri o órgão competente para o seu julgamento, mas sim o juízo singular. Desse modo, não se negou, no caso, ser a Justiça Federal competente para a causa. Ademais, considerou-se incensurável o entendimento conferido pelas instâncias inferiores quanto ao fato de os diversos homicídios praticados pelos recorrentes reputarem-se uma unidade delitiva, com a consequente condenação por um só crime de genocídio. Esclareceu-se, no ponto, que para a legislação pátria,

> a pena será única para quem pratica as diversas modalidades de execução do crime de genocídio, mediante repetições homogêneas ou não, haja vista serem consideradas como um só ataque ao bem jurídico coletivo. Ressaltou-se, ainda, que apesar da cominação diferenciada de penas (Lei nº 2.889/1956, art. 1º), a hipótese é de tipo misto alternativo, no qual, cada uma das modalidades, incluídos seus resultados materiais, só significa distinto grau de desvalor da ação criminosa (RE nº 351487/RR, Rel. Min. Cezar Peluso, 03/08/2006).
>
> Genocídio e Competência - 4. (...) Nesse sentido, salientou-se que o genocídio corporifica crime autônomo contra bem jurídico coletivo, diverso dos ataques individuais que compõem as modalidades de sua execução. (...) No ponto, afastou-se a possibilidade de aparente conflito de normas. Considerou-se que os critérios da especialidade (o tipo penal do genocídio não corresponderia à soma de um crime de homicídio mais um elemento especial); da subsidiariedade (não haveria identidade de bem jurídico entre os crimes de genocídio e de homicídio) e da consunção (o desvalor do homicídio não estaria absorvido pelo desvalor da conduta do crime de genocídio) não solucionariam a questão, existindo, pois, entre os diversos crimes de homicídio continuidade delitiva, já que presentes os requisitos da identidade de crimes, bem como de condições de tempo, lugar e maneira de execução, cuja pena deve atender ao disposto no art. 71, parágrafo único, do CP. Ademais, asseverou-se que entre este crime continuado e o de genocídio há concurso formal (CP, art. 70, parágrafo único), uma vez que no contexto dessa relação, cada homicídio e o genocídio resultam de desígnios autônomos. [...] (RE nº 351487/RR, Rel. Min. Cezar Peluso, 03/08/2006).

Quantidade de Vítimas e Aferição do Número de Crimes. O número de crimes de genocídio não se afere pela quantidade de vítimas, diante de sua autonomia com relação ao homicídio. A quantidade de vítimas, entretanto, deverá ser considerada pelo juiz por ocasião de fixação da pena. Assim, haverá genocídio quando se matar uma pessoa com intenção de destruir um determinado grupo, assim como será genocídio matar mil pessoas com aquela mesma finalidade. Da mesma forma, podemos concluir que a pluralidade de vítimas é insuficiente para a caracterização do crime, podendo haver a morte de inúmeros integrantes de um grupo étnico, racial ou religioso e não haver genocídio, como ocorrerá, por exemplo, se não houver a finalidade especial de agir, qual seja, a destruição total ou parcial do grupo.

Competência para Processo e Julgamento do Genocídio. Competente será o Juiz Singular Federal, consoante acordam STF e STJ nos julgados abaixo transcritos:

> Informativo nº 434 STF
>
> [...] no genocídio, não se está diante de crime contra a vida e, por conseguinte, não é o Tribunal do Júri o órgão competente para o

> seu julgamento, mas sim o juízo singular. Desse modo, não se negou, no caso, ser a Justiça Federal competente para a causa.
>
> Informativo nº 70 STJ
>
> A Turma entendeu que a competência é do Juiz Singular Federal porque esses delitos não se direcionam contra a vida do indivíduo, mas sim contra o grupo ou parte de um grupo de pessoas, que se destacam por sua raça, nacionalidade ou religião, independentemente da personalidade de cada um de seus membros. Não se trata, portanto, de crime doloso contra a vida, o que exclui a competência do Tribunal do Júri (art. 74, § 1º, CPP, e art. 5º, XXXVIII, CF/88) (REsp nº 222.653-RR, Rel. Min. Jorge Scartezzini, j. 12/09/2000).

Entretanto, se houver conexão com delitos dolosos contra a vida, será o Tribunal do Júri Federal competente. Este é o entendimento do STF.

> Informativo nº 434 STF
>
> Por conseguinte, ocorrendo concurso entre os crimes dolosos contra a vida (homicídios) e o crime de genocídio, a competência para julgá-los todos será, por conexão, do Tribunal do Júri (CF, art. 5º, XXXVIII e CP, art. 78, I) (RE nº 351.487/RR, Rel. Min. Cezar Peluso, 03/08/2006).

Classificação. Crime comum, comissivo, de intenção, de resultado cortado, plurissubsistente, comissivo, de forma livre, unissubjetivo.

Classificação quanto ao Resultado Naturalístico e Momento Consumativo. Entendemos que se trata de crime formal, ou de consumação antecipada, em qualquer de suas modalidades, pois que o *caput* menciona o especial fim de agir, que se refere a um resultado de dano que o agente objetiva alcançar, mas que não precisará ocorrer para que o crime se consume. Assim, o crime, na modalidade "matar", estará consumado com a morte de uma vítima, ainda que o agente não atinja sua finalidade, que é a destruição total ou parcial do grupo. Discordamos da posição daqueles que sustentam tratar-se de crime material, pois que, no genocídio, crime distinto do homicídio, a morte da pessoa não é o fim em si. O fim é a destruição total ou parcial do grupo. Igualmente equivocada, a nosso ver, a posição daqueles que sustentam tratar-se de crime de perigo nas modalidades previstas nas letras "c", "d" e "e", pois que, conforme dito acima, o agente atua sempre com dolo de dano, objetivando alcançar como resultado a destruição de um grupo. Destarte, atuando como dolo de dano, não poderia o agente responder por crime de perigo. Não há, até aqui, manifestação das Cortes superiores quanto ao tema.

Desejamos, entretanto, esclarecer que, em que pesem as discordâncias sobre tratar-se de crime material ou formal, ninguém diverge de que o momento consumativo, na modalidade matar, seja o da morte.

Tipo Subjetivo. É o dolo, não havendo modalidade culposa do crime em questão.

Elemento Subjetivo do Tipo. É o especial fim de agir, aqui caracterizado pela expressão "com a intenção de destruir, no todo ou em parte, grupo nacional, étnico, racial ou religioso".

Sujeito Ativo e Sujeito Passivo. Trata-se de crime comum, podendo o sujeito ativo ser qualquer pessoa. Qualquer pessoa integrante do grupo nacional, étnico, racial ou religioso poderá ser sujeito passivo.

Objeto Material. É a pessoa humana alvo do ataque. Na hipótese da letra "d", que trata de adoção de medidas para impedir nascimentos no seio do grupo, também é sujeito passivo o embrião ou feto, a partir da nidação (que é a descida do ovo, célula resultante da união do espermatozoide ao óvulo, das tubas ao útero, para que passe por todo um processo de desenvolvimento e torne-se um indivíduo completo).

A Pena do Genocídio na Hipótese do Art. 1º, Letra "b". A causação de lesão grave à integridade física ou mental da pessoa, com intenção de destruir grupo nacional, étnico, racial ou religioso, está prevista como forma de genocídio, sancionada com pena de 2 a 8 anos, ou seja, aquela reservada para as lesões descritas no art. 129, § 2º, do CP. A pena cominada à hipótese não evidencia, entretanto, que somente haveria o crime na hipótese de serem levadas a efeito lesões descritas no art. 129, § 2º, ou seja, aquelas que a doutrina classifica como gravíssimas. Em verdade, o cometimento de lesões descritas no art. 129, § 1º, do CP, desde que existente a especial finalidade de destruição do grupo, também caracterizará a prática de genocídio. Quando a lei em estudo tipifica como modalidade de genocídio a causação de lesão corporal de natureza grave contra membros do grupo, está se referindo tanto às do § 1º quanto às do § 2º do art. 129 e a pena maior para o genocídio se justifica pela maior reprovabilidade da conduta do agente.

O Genocídio na Letra "d" e o Disposto no Art. 17 da Lei nº 9.263/1996. Na modalidade de adoção de medidas destinadas a impedir nascimentos no seio do grupo, o crime de genocídio não deve ser confundido com o crime descrito no art. 17 da Lei nº 9.263/1996, que se refere à esterilização. Assim, se a incitação ou induzimento à esterilização se voltar a um grupo, a uma coletividade, com o objetivo de destruição, total ou parcial, da mesma, o crime será de genocídio e não aquele da Lei nº 9.263/1996, Lei de Planejamento Familiar, que não se refere à conduta de quem tenha por especial finalidade o desaparecimento total ou parcial do grupo. Diversas as objetividades jurídicas das duas leis: na Lei nº 9.263/1997, busca-se a regulação da fecundidade que garanta direitos iguais de constituição, limitação e aumento da prole pela mulher, pelo homem ou pelo casal, ao passo que o genocídio é crime contra a humanidade.

Atente-se, contudo, para o disposto no parágrafo único do art. 17, que preceitua que, em sendo o crime ali descrito praticado contra a coletividade, aplicar-se-á a Lei nº 2.889/1956, em estudo.

Art. 2º Associarem-se mais de 3 (três) pessoas para prática dos crimes mencionados no artigo anterior:

Pena: Metade da cominada aos crimes ali previstos.

Associação para a Prática do Genocídio: Crime Hediondo. O delito em estudo é crime hediondo, por força do que dispõe o art. 1º, parágrafo único, I, da Lei nº 8.072/90, com a redação dada pela Lei nº 13.964/19:

> Art. 1º São considerados hediondos os seguintes crimes, todos tipificados no Decreto-Lei nº 2.848, de 7 de dezembro de 1940 - Código Penal, consumados ou tentados: (Redação dada pela Lei nº 8.930, de 1994)
>
> Parágrafo único. Consideram-se também hediondos, tentados ou consumados: (Redação dada pela Lei nº 13.964, de 2019)
>
> I - o crime de genocídio, previsto nos arts. 1º, 2º e 3º da Lei nº 2.889, de 1º de outubro de 1956; (Incluído pela Lei nº 13.964, de 2019)

A Necessidade de Vínculo Associativo Estável e Permanente e a Distinção com o Concurso Eventual de Pessoas. Somente estará caracterizado o delito na hipótese de as pessoas se associarem com vínculo estável e permanente para a prática do genocídio, não devendo ser confundido com um mero concurso eventual de pessoas. A associação para a prática do genocídio exige que o *pactum sceleris* se aperfeiçoe com o especial fim de praticar crimes indeterminados.

Autonomia da Associação para o Genocídio com Relação ao Crime Fim. O crime previsto nesse art. 2º estará configurado independentemente da prática de crime de genocídio, estando consumado com a simples associação com a finalidade de praticá-lo. Perfeitamente possível que tenhamos o crime em debate sem que tenhamos o genocídio efetivamente praticado pelo grupo que se reuniu para aquele fim. Na hipótese, portanto, de o genocídio ser levado a efeito por pessoas unidas em caráter de estabilidade e permanência para esse fim, teremos o concurso material entre os delitos do art. 1º e do art. 2º.

Momento Consumativo. Com a simples associação, independentemente de ter sido efetivamente praticado o crime do art. 1º.

Tentativa. Inadmissível, eis que se trata de crime de perigo abstrato, de mera atividade.

Crime de Concurso Necessário. Devem concorrer, no mínimo, quatro pessoas, podendo entre elas ser computados os inimputáveis.

Sujeitos Ativo e Passivo. Cuida-se de crime comum, podendo ser praticado por qualquer pessoa. Sujeito passivo é a humanidade como um todo, além do próprio Estado.

Objeto da Tutela Jurídica. A paz pública sob seu aspecto subjetivo, qual seja, a sensação coletiva de segurança e tranquilidade, garantida pela ordem jurídica.

Classificação. Crime de perigo comum e abstrato, consumando-se com a mera associação; não admite tentativa; plurissubjetivo; de forma livre; permanente, se consumando durante todo o tempo em que os associados mantiverem o vínculo, e unissubsistente.

Art. 3º Incitar, direta e publicamente alguém a cometer qualquer dos crimes de que trata o art. 1º:

Pena: Metade das penas ali cominadas.

§ 1º A pena pelo crime de incitação será a mesma de crime incitado, se este se consumar.

§ 2º A pena será aumentada de 1/3 (um terço), quando a incitação for cometida pela imprensa.

Conduta Típica. Consiste em incitar, direta e publicamente, à prática de genocídio. Cuida-se de tipo especial com relação àquele previsto no art. 286 do Código Penal.

Conceito de Incitação. Incitar abrange não somente a influência psíquica, caracterizadora da determinação ou do induzimento, como também a instigação propriamente dita, que é o reforço de uma ideia já existente.

Tipo Subjetivo. É o dolo, não admitindo modalidade culposa, devendo a incitação ser séria e idônea. Aliás, não há modalidade culposa de genocídio, em nenhuma de suas espécies.

Crime Hediondo. A legislação pátria classifica o delito em comento como sendo hediondo, à vista do disposto no art. 1º, parágrafo único, I, da Lei nº 8.072/1990, anteriormente transcrito.

Objeto Jurídico. A tutela da paz pública.

Sujeitos Ativo e Passivo. Pode ser qualquer pessoa, tratando-se de crime comum. São sujeitos passivos a humanidade e o próprio Estado.

Codelinquência. Possível, em qualquer das modalidades, cabendo coautoria e participação. Também é cabível a autoria mediata.

Classificação. Comum; de perigo abstrato; de forma livre, não demandando meio específico para sua prática; unissubsistente ou plurissubsistente (a depender do modus operandi), admitindo, em tese, a tentativa.

Momento Consumativo do Crime do *Caput*. No momento em que houver a incitação pública, independentemente de ser iniciada a execução do crime de genocídio por parte da pessoa incitada.

Tentativa. Considerada possível pela doutrina, quando se tratar de modalidade plurissubsistente do delito, assim como se dará na hipótese de execução na forma escrita.

A Elementar "Publicamente". Cuida-se de elemento normativo do tipo, sendo, portanto, necessária a presença de um certo número de pessoas, pois somente assim se poderá falar em perturbação da paz pública. A publicidade, neste aspecto, somente restará caracterizada quando houver indeterminação de pessoas, com a utilização de meio realmente idôneo. Deve-se verificar que não é o número de pessoas que deve ser indeterminado, mas as próprias pessoas é que deverão ser indeterminadas. A publicidade exige uma indeterminação de seus destinatários. Assim, a exposição feita em lugar privado a número limitado de pessoas determinadas não caracteriza a publicidade a que se refere o tipo. Portanto, não haverá o crime quando a incitação for feita durante uma reunião familiar.

Meios de Execução. Pode ser praticado por qualquer meio idôneo à transmissão de pensamentos e ideias.

Distinção entre as Figuras do *Caput* e do § 1º. No *caput* temos uma incitação genérica, sem que o genocídio ocorra. Assim, o mero ato de instigar a prática do delito em tela já caracteriza o crime, independentemente de o incitado deixar-se influenciar pela incitação, sendo, assim, totalmente irrelevante que o incitado inicie a execução do crime. No § 1º, será necessário que o delito de genocídio venha a se consumar, hipótese em que ao incitador, como verdadeiro partícipe, deverá ser aplicada a mesma pena no genocídio. A regra surge como corolário lógico do disposto no art. 29 do CP.

Distinções entre a Incitação ao Genocídio e outras Formas Especiais de Incitação Criminosa:

- Segurança Nacional – ver art. 23, IV, da Lei nº 7.170/1983;
- Código Penal Militar – ver art. 155 do CPM;
- Telecomunicações: ver art. 53 da Lei nº 4.117/1962;
- Drogas: ver art. 33, § 2º, da Lei nº 11.343/2006;
- Racismo (questões envolvendo raça, cor, religião, etnia ou procedência nacional) – ver art. 20 da Lei nº 7.716/1989. Não confundir esse tipo de incitação racista com a incitação do crime que ora se comenta, relacionado ao genocídio. Em havendo a finalidade especial de destruição, total ou parcial de grupo étnico, racial, religioso ou nacional, o crime será de genocídio.

Incitação Cometida por meio da Imprensa e Aumento de Pena. Quando o crime de instigação ao genocídio for praticado pela imprensa, haverá aumento de pena de 1/3, aumento este justificado pela maior periculosidade da conduta do agente. O maior desvalor da conduta do agente, atingindo um número bastante significativo de pessoas quando o crime é feito pela imprensa, justifica o agravamento de sua pena, que, assim, poderá ultrapassar o máximo legal cominado no preceito sancionatório.

Art. 4º A pena será agravada de 1/3 (um terço), no caso dos arts. 1º, 2º e 3º, quando cometido o crime por governante ou funcionário público.

Genocídio Praticado por Governante ou Funcionário Público: aumento de Pena. Quando o sujeito ativo do crime de genocídio for governante, ou seja, Chefe do Executivo Federal, Estadual ou Municipal, haverá aumento de pena de 1/3, o mesmo ocorrendo com funcionários públicos em geral. O aumento se justifica pela maior reprovabilidade do comportamento dessas pessoas, que deveriam prevenir, evitar e coibir discriminações, mas, ao contrário, acabam por incentivar tal comportamento nocivo à humanidade. O agravamento, nesta situação, poderá levar à mesma consequência de que se tratou no item anterior e a pena poderá ultrapassar o máximo legal.

Art. 5º Será punida com 2/3 (dois terços) das respectivas penas a tentativa dos crimes definidos nesta lei.

A Pena da Modalidade Tentada do Crime de Genocídio. Consoante dispõe o Código Penal no art. 12, as normas gerais ali contidas serão aplicáveis às leis especiais, salvo quando estas dispuserem de forma diversa. Na Lei nº 2.889/1956, o legislador optou por regras próprias quanto à tentativa, não adotando o disposto no art. 14, II, do Código Penal. Assim, o genocídio tentado será punido com 2/3 da pena do crime consumado, nos termos do dispositivo em comento. Observe que a regra do art. 14, II, determina que, na hipótese de tentativa, a pena seja diminuída em até 2/3, dependendo da maior ou menor proximidade da consumação. Quando se trata de genocídio, não se fala em diminuir a pena em até 2/3, mas em aplicar apenas 2/3 da pena. Assim, pouco importará o quanto o agente se aproximou da consumação do crime contra a humanidade.

Art. 6º Os crimes de que trata esta lei não serão considerados crimes políticos para efeitos de extradição.

Os Crimes Políticos e a Extradição. Nos termos da Constituição da República, não podem ser extraditados aqueles acusados da prática de crimes políticos, consoante dispõe o art. 5º, LII.

Para evitar que o crime de genocídio pudesse ser considerado crime político e, assim, se reconhecesse a impossibilidade de extradição com relação ao mesmo, a Lei nº 2.889/1956 afirmou que o mesmo não se trata de crime político e fixou, indiretamente, a possibilidade de extradição do genocida.

Art. 7º Revogam-se as disposições em contrário.

Rio de Janeiro, 1º de outubro de 1956; 135º da Independência e 68º da República.

QUESTÕES

1) (MPE/RS - Promotor de Justiça Estadual/RS-2008)

Assinale a alternativa CORRETA:

Ficam sujeitos à lei brasileira, embora cometidos no estrangeiro:

a) os crimes de genocídio, quando o agente for brasileiro ou domiciliado no Brasil;

b) os crimes contra a vida ou a liberdade do Governador do Distrito Federal;

c) os crimes que, por tratado ou convenção, o Brasil não se obrigou a reprimir;

d) os crimes de tortura, sendo a vítima brasileira, ainda que o agente se encontre em local fora da jurisdição brasileira;

e) os crimes hediondos contra crianças brasileiras.

2) (Ano 2013 – MPM – Promotor de Justiça militar)

Acerca do crime de genocídio, assinale a alternativa incorreta.

a) No Brasil, HUNGRIA sustentou que o genocídio derivaria de duas expressões latinas: genus (raça, povo, nação) e excidium (destruição, ruína, aniquilamento). No entanto, não explica por qual razão teria reduzido a denominação, que deveria, nesse caso, ser genoxcídio ou genixídio.

b) No Brasil, o genocídio está definido duas vezes: na legislação penal extravagante e no Código Penal Militar, além de ser considerado crime hediondo.

c) O genocídio é considerado crime hediondo desde que na sua forma consumada.

d) A transferência forçada caracterizadora de genocídio abrange apenas as pessoas menores de 12 anos, todavia parte da doutrina entende que poderia haver disposição expressa a respeito do velho.

3) (Ano 2014 – VUNESP – Delegado de polícia)

Segundo o Estatuto de Roma, a competência do Tribunal Penal Internacional restringir-se-á aos crimes mais graves, que afetam a comunidade internacional no seu conjunto. Nos termos do referido Estatuto, portanto, o Tribunal terá competência para julgar, entre outros, os seguintes crimes:

a) hediondos e crimes de terrorismo.

b) de guerra e crimes de tráfico ilícito de entorpecentes e drogas afins.

c) infanticídio e crimes contra a humanidade.

d) de agressão e crimes contra a ordem constitucional e o Estado Democrático.

e) genocídio e crimes de guerra.

4) (Ano 2013 - CESPE- Juiz Federal)

No que concerne aos crimes contra o índio, de genocídio e outros previstos na legislação penal extravagante e às penalidades previstas no Estatuto do Estrangeiro, assinale a opção correta.

a) O Estatuto do Índio, ao tipificar crimes contra os índios e contra a cultura indígena, não define um tipo especial de homicídio contra o índio, mas prevê causa especial de aumento da pena no caso de crime contra a pessoa, o patrimônio ou os costumes, no qual o ofendido seja índio não integrado ou comunidade indígena.

b) Impedir o acesso de alguém ou recusar-lhe atendimento em restaurantes, bares, confeitarias ou locais semelhantes abertos ao público, pelo único motivo desse alguém ser indígena, é crime previsto no Estatuto do Índio.

c) O falso testemunho, definido como crime contra a administração da justiça, quando praticado perante o Conselho de Defesa dos Direitos da Pessoa Humana ou perante comissão de inquérito por ele constituída, está sujeito a pena mais elevada que a prevista no CP brasileiro.

d) A medida de deportação é mais severa que a de expulsão, sendo ambas penalidades cominadas a algumas das infrações previstas no Estatuto do Estrangeiro, além da pena privativa de liberdade, no regime de reclusão ou detenção, da pena de multa e do banimento.

e) Na legislação penal brasileira há previsão típica de genocídio por omissão e genocídio culposo.

5) (Ano 2014 - FGV - Analista - Assistência judiciária DPE)

O Tribunal do Júri é órgão complexo, notabilizado pela sua heterogeneidade (juiz togado e leigos), sendo que a realização de suas atividades não se resume à atuação dos jurados (STF, HC 107.457, Rel. Min. Cármen Lúcia, 2ª T, DJE de 22-10-2012). Em relação à competência e aos poderes do Tribunal do Júri, é correto afirmar que:

a) a competência do Tribunal do Júri para o julgamento dos crimes contra a vida não prevalece sobre a da Justiça Militar em se tratando de fato circunscrito ao âmbito privado, sem nexo relevante com as atividades castrenses.

b) a competência territorial do Tribunal do Júri é relativa e, portanto, sujeita à preclusão se não arguida em momento oportuno.

c) o Tribunal do Júri não tem competência para julgar Magistrado aposentado que anteriormente já teria praticado o crime doloso contra a vida, objeto do processo a ser julgado, devendo ser observada a *perpetuatio jurisdiciones.*

d) compete ao Tribunal do Júri da Justiça Federal julgar os delitos de genocídio, ressalvados os delitos de homicídios dolosos que constituíram modalidade de sua execução.

e) não compete ao juiz presidente do Tribunal do Júri reconhecer a atenuante genérica atinente à confissão espontânea que não tenha sido debatida no plenário.

6) (Ano 2015 - VUNESP - Delegado de Polícia)

Ficam sujeitos à lei brasileira, embora cometidos no estrangeiro, mas desde que presentes algumas condições (entrar o agente no território nacional; ser o fato punível também no país em que foi praticado; estar o crime incluído entre aqueles pelos quais a lei brasileira autoriza a extradição; não ter sido o agente absolvido no estrangeiro ou não ter aí cumprido a pena; não ter sido o agente perdoado no estrangeiro ou, por outro motivo, não estar extinta a punibilidade, segundo a lei mais favorável), os crimes

a) contra a administração pública, por quem está a seu serviço.

b) de genocídio, quando o agente for brasileiro ou domiciliado no Brasil.

c) contra a vida ou a liberdade do Presidente da República.

d) que, por tratado ou convenção, o Brasil se obrigou a reprimir.

e) contra o patrimônio ou a fé pública da União, do Distrito Federal, de Estado, de Território, de Município, de empresa pública, sociedade de economia mista, autarquia ou fundação instituída pelo Poder Público.

GABARITO COMENTADO

1) Gabarito Oficial: "a"

Justificativa:

a) está correta, nos termos do art. 7º, I, "d", do Código Penal;

b) os que estariam sujeitos à lei brasileira, pela extraterritorialidade incondicionada, seriam os praticados contra a vida ou liberdade do Presidente da República. A questão, contudo, poderia ser anulada, pois, tratando-se o governador do Distrito Federal de um brasileiro, também seria possível a aplicaçao da lei brasileira pelo principio da extraterritorialidade ultracondicionada , nos termos do art. 7º,§3º do CP.

c) errada, aplicando-se a lei brasileira aos crimes que o Brasil se obrigou a reprimir por tratado ou convenção;

d) devemos ser muito atentos aos termos dessa questão. Em verdade, de acordo com o art. 2º da Lei nº 9.455/1997, na hipótese de tortura praticada contra vítima brasileira, é aplicável a lei brasileira, ainda que o crime tenha sido praticado fora do território brasileiro. O gabarito foi dado como errado porque considerou-se, na hipótese, que para aplicar a lei brasileira, seria necessário que o agente estivesse em local sob jurisdição brasileira;

e) não existe essa previsão legal, tratando-se, pois, de assertiva incorreta.

2) Gabarito: letra "c".

O genocídio é crime hediondo, quer seja na modalidade tentada, quer seja na consumada, consoante disposto no artigo 1º da Lei 2.289/56.

3) Gabarito: letra "e".

De acordo com o artigo 5º, item 1 do Estatuto de Roma, promulgado pelo Decreto 4388/2002.

4) Gabarito: letra "a".

a) No Estatuto do Índio, os crimes estão tipificados no artigo 58 e a causa de aumento de pena a que se refere à opção "A", que é a correta, está disciplinada pelo artigo 59.

b) A letra "b" fala de conduta não disciplinada no Estatuto do Índio.

c) A letra "c" está errada porque não há previsão de crime na Lei 12986/2014 e as sanções de competência do CNDH têm caráter autônomo, devendo ser aplicadas independentemente de outras sanções de natureza penal, financeira, política, administrativa ou civil previstas em lei, tal qual disciplinado pelo artigo 6º do referido diploma legal.

d) A letra "d" está errada porque a expulsão é mais grave que a deportação.

e) A letra "e" está errada porque não existe crime de genocídio na modalidade omissiva ou culposa.

5) Gabarito Oficial. Letra "b".

a) Em se tratando de fato praticado por militar contra militar circunscrito ao âmbito privado, sem nexo relevante com as atividades castrenses, a competência para julgamento será da Justiça Comum, no Tribunal do Júri, e não da Militar.

b) Correta.

c) Na hipótese, a competência será do Tribunal do Júri.

d) O crime de genocídio, não sendo um crime doloso contra a vida, não é da competência do Tribunal do Júri, sendo um Juízo Singular Federal competente para seu processo e julgamento.

e) compete ao juiz presidente do Tribunal do Júri reconhecer a atenuante genérica atinente à confissão espontânea que não tenha sido debatida no plenário, consoante decidido, em 2018, nos autos do Resp 1732498/MG.

6) **Gabarito: letra "d".** Deve-se observar que a introdução da questão trata de uma hipótese de extraterritorialidade condicionada, nos precisos termos do artigo 7º, II, do CP e as hipóteses que são trazidas nas letras "a", "b", "c" e "e" são hipóteses de extraterritorialidade incondicionada, que, assim, não estariam vinculadas às condições trazidas pelo artigo 7º, § 2º, do CP.

8

CRIMES HEDIONDOS

LEI Nº 8.072, DE 25 DE JULHO DE 1990

Dispõe sobre os crimes hediondos, nos termos do art. 5º, inciso XLIII, da Constituição Federal, e determina outras providências.

Art. 1º São considerados hediondos os seguintes crimes, todos tipificados no Decreto-Lei nº 2.848, de 7 de dezembro de 1940 - Código Penal, consumados ou tentados: (Redação dada pela Lei nº 8.930, de 1994) (Vide Lei nº 7.210, de 1984)

I - homicídio (art. 121), quando praticado em atividade típica de grupo de extermínio, ainda que cometido por um só agente, e homicídio qualificado (art. 121, § 2º, incisos I, II, III, IV, V, VI, VII e VIII); (Redação dada pela Lei nº 13.964, de 2019)

I-A - lesão corporal dolosa de natureza gravíssima (art. 129, § 2º) e lesão corporal seguida de morte (art. 129, § 3º), quando praticadas contra autoridade ou agente descrito nos arts. 142 e 144 da Constituição Federal, integrantes do sistema prisional e da Força Nacional de Segurança Pública, no exercício da função ou em decorrência dela, ou contra seu cônjuge, companheiro ou parente consanguíneo até terceiro grau, em razão dessa condição; (Incluído pela Lei nº 13.142, de 2015)

II - roubo: (Redação dada pela Lei nº 13.964, de 2019)

a) circunstanciado pela restrição de liberdade da vítima (art. 157, § 2º, inciso V); (Incluído pela Lei nº 13.964, de 2019)

b) circunstanciado pelo emprego de arma de fogo (art. 157, § 2º-A, inciso I) ou pelo emprego de arma de fogo de uso proibido ou restrito (art. 157, § 2º-B); (Incluído pela Lei nº 13.964, de 2019)

c) qualificado pelo resultado lesão corporal grave ou morte (art. 157, § 3º); (Incluído pela Lei nº 13.964, de 2019)

III - extorsão qualificada pela restrição da liberdade da vítima, ocorrência de lesão corporal ou morte (art. 158, § 3º); (Redação dada pela Lei nº 13.964, de 2019)

IV - extorsão mediante seqüestro e na forma qualificada (art. 159, **caput**, e §§ lo, 2º e 3º); (Inciso incluído pela Lei nº 8.930, de 1994)

V - estupro (art. 213, **caput** e §§ 1º e 2º); (Redação dada pela Lei nº 12.015, de 2009)

VI - estupro de vulnerável (art. 217-A, **caput** e §§ 1º, 2º, 3º e 4º); (Redação dada pela Lei nº 12.015, de 2009)

VII - epidemia com resultado morte (art. 267, § 1º). (Inciso incluído pela Lei nº 8.930, de 1994)

VII-A - (VETADO) (Inciso incluído pela Lei nº 9.695, de 1998)

VII-B - falsificação, corrupção, adulteração ou alteração de produto destinado a fins terapêuticos ou medicinais (art. 273, *caput* e § 1º, § 1º-A e § 1º-B, com a redação dada pela Lei nº 9.677, de 2 de julho de 1998). (Inciso incluído pela Lei nº 9.695, de 1998)

VIII - favorecimento da prostituição ou de outra forma de exploração sexual de criança ou adolescente ou de vulnerável (art. 218-B, caput, e §§ 1º e 2º). (Incluído pela Lei nº 12.978, de 2014)

IX - furto qualificado pelo emprego de explosivo ou de artefato análogo que cause perigo comum (art. 155, § 4º-A). (Incluído pela Lei nº 13.964, de 2019)

Parágrafo único. Consideram-se também hediondos, tentados ou consumados: (Redação dada pela Lei nº 13.964, de 2019)

I - o crime de genocídio, previsto nos arts. 1º, 2º e 3º da Lei nº 2.889, de 1º de outubro de 1956; (Incluído pela Lei nº 13.964, de 2019)

II - o crime de posse ou porte ilegal de arma de fogo de uso proibido, previsto no art. 16 da Lei nº 10.826, de 22 de dezembro de 2003; (Incluído pela Lei nº 13.964, de 2019)

III - o crime de comércio ilegal de armas de fogo, previsto no art. 17 da Lei nº 10.826, de 22 de dezembro de 2003; (Incluído pela Lei nº 13.964, de 2019)

IV - o crime de tráfico internacional de arma de fogo, acessório ou munição, previsto no art. 18 da Lei nº 10.826, de 22 de dezembro de 2003; (Incluído pela Lei nº 13.964, de 2019)

V - o crime de organização criminosa, quando direcionado à prática de crime hediondo ou equiparado. (Incluído pela Lei nº 13.964, de 2019)

A Política Criminal de "Lei e Ordem" Adotada na Constituição de 1988 para os Crimes de Tortura, Terrorismo, Tráfico de Entorpecentes e Crimes Hediondos. Publicada aos 26 de julho de 1990 e tendo entrado em vigor naquele mesmo dia, a Lei nº 8.072/1990 foi o diploma através do qual o legislador infraconstitucional, atendendo aos ditames da Carta Magna em seu art. 5º, LXIII, definiu os crimes hediondos, atento à política de Lei e Ordem adotada no citado dispositivo constitucional.

The Law and Order Policy, nascida nos Estados Unidos na década de 1970, consiste em adotar regras severas no combate à criminalidade e defende a ideia de que quanto mais rigorosa, mais severa for a lei, maiores serão as chances dos órgãos encarregados da persecução criminal de combater o crime e o criminoso. Se corretos ou equivocados os seus fundamentos, não nos cabe nesse trabalho discuti-los, tendo sido preocupação dos autores a sua definição e adoção quanto aos crimes hediondos, com relação aos quais fica vedada a possibilidade de concessão de fiança, graça e anistia, como estabelecido na CRFB de 1988.

A Definição de Crimes Hediondos: Missão do Legislador Infraconstitucional. Verifica-se, pela leitura do art. 5º, LXIII, que o constituinte não definiu o que seriam crimes hediondos ou mesmo quais crimes poderiam ser assim considerados, tendo sido sua preocupação apenas vedar a aplicação de certos institutos aos referidos crimes e deixando a cargo do legislador infraconstitucional a missão de defini-los.

A Tortura, o Tráfico e o Terrorismo. No art. 5º, *XLIII*, da CRFB/88, é previsto que *"a lei considerará crimes inafiançáveis e insuscetíveis de graça ou anistia a prática da tortura, o tráfico ilícito de entorpecentes e drogas afins, o terrorismo e os definidos como crimes hediondos, por eles respondendo os mandantes, os executores e os que, podendo evitá-los, se omitirem."* Atentos à leitura do dispositivo transcrito, verificando ter sido a conjunção aditiva "e" colocada logo após a referência à tortura, ao tráfico e ao terrorismo, podemos concluir que:

1. Tráfico, terrorismo e tortura não são crimes hediondos, mas equiparados. Fossem tortura, terrorismo e tráfico crimes hediondos, o supracitado dispositivo constitucional teria redação diferente, algo como "tortura, terrorismo, tráfico e demais crimes hediondos";
2. A CF determinou que o legislador infraconstitucional desse ao tráfico, terrorismo e tortura tratamento idêntico àquele conferido aos crimes hediondos;
3. O constituinte não definiu quais são os hediondos.

Critério Objetivo ou Legal Adotado para a Caracterização de um Crime como Hediondo. O Processo de "Etiquetagem" ou "Colagem". Destacada a inexistência de definição de crimes hediondos no texto constitucional, cumpriria esclarecer que igualmente não foram determinados pela CF critérios a serem adotados pelo legislador na definição de crimes hediondos. Desta feita, poderiam ser adotados critérios objetivos ou subjetivos.

A definição de que crimes poderiam ser considerados hediondos veio através da Lei nº 8.072/1990, mais precisamente no art. 1º, daquele diploma, de cuja leitura se conclui ter sido adotado um critério objetivo, legal, preferindo o legislador não inovar na capitulação de crimes, tampouco ditar características que determinados crimes deveriam ter para que pudessem ser considerados hediondos.

Com efeito, não disse o legislador que, para que se pudesse considerar um determinado crime como hediondo, o mesmo deveria ser vil, ou praticado com requintes de crueldade, ou praticado com demonstração de frieza e vilania, ou qualquer outra definição do gênero.

Ao contrário, preferiu elencar alguns crimes como hediondos, adotando, pois, um critério objetivo, sem alterar a definição que lhes é dada pelo Código Penal, consoante redação do *caput* do art. 1º. Transportando a definição dada pelo Estatuto

Penal Repressivo para o elenco do art. 1º, na Lei dos Crimes Hediondos adotou um processo de "colagem". Esse processo define exatamente aquele procedimento por nós adotado ao manipularmos os nossos computadores pessoais, quando, para colarmos parte de um texto em outro, selecionamos o que queremos ver reproduzido, copiamos e colamos no texto novo.

A utilização desse processo de colagem nos permite igualmente afirmar que não houve nenhuma modificação na redação dos artigos que definem os crimes que o legislador infraconstitucional optou por reconhecer como hediondos.

Reportando-nos à leitura do disposto no art. 1º, *caput,* da Lei nº 8.072/1990, poderemos notar, na parte abaixo destacada, essa intenção do legislador em deixar bastante claro que não pretendeu modificar a tipificação dos crimes. Senão, vejamos:

> Art. 1º São considerados hediondos os seguintes crimes, todos tipificados no Decreto-Lei nº 2.848, de 7 de dezembro de 1940 – Código Penal, consumados ou tentados: (Redação dada pela Lei nº 8.930, de 1994)

Podemos, consequentemente, dizer que o legislador optou por "etiquetar" determinados crimes, chamando-os de hediondos.

Gize-se que as observações acima feitas são de extrema importância para que possamos entender que não caberá ao intérprete dizer, por exemplo, que uma conduta que se subsuma ao tipo penal incriminador trazido pelo art. 159 do CP não é caracterizadora de um crime hediondo diante de peculiaridades que o fato possa apresentar. Se houver conclusão de que a conduta levada a efeito se adequa ao supracitado tipo penal, teremos crime hediondo e nada pode modificar isso! Cuida-se de conclusão lógica diante da adoção do processo de etiquetagem.

Por outro lado, tendo sido adotado um sistema legal, os crimes hediondos são trazidos em um rol taxativo, que não pode ser ampliado, quer seja pela analogia, quer seja pela interpretação extensiva. Assim, por mais abjeto que um crime possa ser, por mais que o juiz reconheça que foi praticado com vilania ímpar, se não estiver definido como hediondo, não estiver elencado no rol do art. 1º, não podemos tratá-lo como hediondo. Afinal, não é o intérprete, mas a lei, que define se o crime é, ou não, hediondo.

Essa questão foi abordada no ano de 2009 em prova realizada no Estado do Rio de Janeiro, para Delegado de Polícia Civil, consoante abaixo transcrito:

> Questão de número 04
>
> Letra D. De acordo com a doutrina, os sistemas de definição de crimes hediondos são o legal, o judicial e o misto, sendo certo que o ordenamento jurídico brasileiro adotou o sistema legal.
>
> Justificativa: A proposição era correta, com fundamento nas razões acima elencadas.

Crimes militares hoje podem ser hediondos, mas cuidado!!!!!!!!!!!! – Com a mudança no conceito de crime militar provocada pela Lei 13.491/2017, caso um militar em serviço venha a praticar conduta que se adeque a um dos tipos penais mencionados no artigo 1º da Lei 8072/90, estará praticando crime militar por equiparação e hediondo. Neste sentido, não importará o nome do crime, mas o exato artigo de lei, bem como seus parágrafos e incisos trazidos nos parênteses. Isso ocorre porque a Lei 13491/2017 passou a considerar militares os crimes praticados por militar contra civil em serviço, ainda que não estejam descritos no Código Penal Militar. Deve-se, contudo, perceber que somente se poderá aplicar a Lei dos Crimes Hediondos na Justiça militar quando o militar for processado por tipo penal previsto na legislação comum para o qual não exista correspondente no CPM, pois, nesse caso, será reconhecido o correlato crime do CPM e não o da legislação penal comum. Como nenhum crime descrito no CPM contém previsão na lei 8.072/90, consequentemente não poderá ser considerado hediondo, tal qual ocorre com o crime de latrocínio, descrito no artigo 242, §3º, do CPM.

Até o advento da Lei 13.491/2017, sempre foi pacífico o entendimento de que a Lei dos Crimes Hediondos não tinha aplicação na Justiça Militar, eis que, pela sistemática anterior, crimes militares eram apenas aqueles descritos na legislação penal militar e o rol dos crimes hediondos se refere a crimes previstos na legislação penal comum.

Crimes Hediondos e Forma Tentada. De se observar, ainda, que os crimes que o legislador define como sendo hediondos terão essa característica estando, ou não, consumados.

O Homicídio Praticado em Atividade Típica de Grupo de Extermínio como "Crime Hediondo Condicionado". O homicídio apenas foi incluído no rol dos crimes hediondos em 1994, pela Lei nº 8.930/1994, após acalorada discussão pela sociedade brasileira, abalada com as circunstâncias de morte de atriz da maior rede de comunicações do Brasil por um seu colega de profissão, fato este ocorrido no final do ano de 1992, no então longínquo Recreio dos Bandeirantes, Estado do Rio de Janeiro.

A lei adotou fórmula muito criticada pela doutrina e jurisprudência pátrias, por dizer ser hediondo o homicídio quando praticado em atividade típica de grupo de extermínio, ainda que por um só agente, e o crime de homicídio qualificado.

A crítica mais contundente se faz em relação à primeira parte do dispositivo legal, por provocar as seguintes perplexidades: O que é homicídio praticado em atividade típica de grupo de extermínio? Cuida-se o mesmo de homicídio simples?

Com relação ao segundo questionamento, cumpre esclarecer que, pela leitura do dispositivo, o legislador quis, sim, tratar de um homicídio simples, pois a conjunção aditiva "e" que antecede a segunda parte revela que o que se tem na primeira não se trata de homicídio qualificado. Vejamos o dispositivo com indicações feitas pelos autores:

> Art. 1º São considerados hediondos os seguintes crimes, todos tipificados no Decreto-Lei nº 2.848, de 7 de dezembro de 1940 – Có-

> digo Penal, consumados ou tentados: (Redação dada pela Lei nº 8.930, de 1994)
>
> I - homicídio (art. 121), quando praticado em atividade típica de grupo de extermínio, ainda que cometido por um só agente, e (grifo nosso) homicídio qualificado (art. 121, § 2º, incisos I, II, III, IV, V, VI, VII e VIII); (Redação dada pela Lei nº 13.964, de 2019)

Neste diapasão, teríamos um crime hediondo condicionado, na medida em que o homicídio simples só poderia ser considerado hediondo se praticado em atividade típica de grupo de extermínio.

Sobre grupos de extermínio, embora se devam destacar as transformações ocorridas ao longo das décadas, os mesmos se prestam a fazer "limpeza social", exterminando, excluindo da sociedade um grupo específico de pessoas, geralmente consideradas "nocivas". Contudo, o conceito de nocividade, neste caso, não decorre de um consenso social, mas das conclusões tiradas pelos próprios integrantes do grupo, que, julgando-se no direito de "fazer justiça com as próprias mãos" excluem seus desafetos, ceifando-lhes a vida e promovendo o caos, na medida em que desconsideram que o monopólio da força pertence ao Estado.

Em derradeiras considerações acerca do homicídio praticado em atividade típica de grupo de extermínio, há de se notar que a lei, em confusa redação, não exige que o crime de homicídio tenha sido praticado por um grupo, mas em atividade típica de grupo de extermínio, ainda que por um só agente.

Homicídio Qualificado-Privilegiado: Crime Hediondo? Dúvidas não existem acerca de o homicídio qualificado ser hediondo, sendo cristalina a redação da lei neste sentido. Ocorre que a doutrina e jurisprudência majoritárias admitem a existência de um homicídio ao mesmo tempo qualificado e privilegiado (híbrido), hipótese em que se aplicaria à pena do homicídio qualificado a diminuição trazida pelo § 1º do art. 121 do Código Penal.

A mais superficial das leituras revelaria que, neste caso, o homicídio não pode ser reconhecido como hediondo, na medida em que as causas de privilégio se referem ao homicídio praticado por motivo social ou moralmente relevante, o que não se coaduna, jamais, com o conceito de hediondez, o mesmo podendo ser dito a respeito do homicídio praticado sob domínio de violenta emoção logo em seguida à injusta provocação da vítima. É este o entendimento do STJ a respeito do tema e da doutrina, quase que à unanimidade.

> [...] O homicídio qualificado-privilegiado não é crime hediondo, não se lhe aplicando norma que estabelece o regime fechado para o integral cumprimento da pena. (HC nº 43.043, Rel. Min. Hamilton Carvalhido, j. 18/08/2005)
>
> [...] I - Por incompatibilidade axiológica e por falta de previsão legal, o homicídio qualificado-privilegiado não integra o rol dos denominados crimes hediondos (Precedentes) [...]. (HC 153.728/SP, Rel.

Ministro FELIX FISCHER, QUINTA TURMA, julgado em 13/04/2010, DJe 31/05/2010)

A Impossibilidade de Ampliação do Rol do Art. 1º e a Não Caracterização do Crime Militar Impróprio de Homicídio como Hediondo. Não esqueçamos de que dar a um crime a etiqueta de hediondo importa em conferir ao mesmo, por força da Constituição, um tratamento mais incisivo, contundente e prejudicial ao agente, razão pela qual a interpretação dada ao art. 1º deve ser a mais restritiva possível, não se podendo ampliar o que ali foi dito, sob pena de violarmos os mais elementares princípios constitucionais setoriais de Direito Penal. Assim, o homicídio que se define como hediondo é aquele tipificado no art. 121 do Código Penal, nos termos do art. 1º, I, da Lei em estudo, nunca o homicídio que encontre tipificação em outro dispositivo legal, como nos casos do art. 205 do CPM e do art. 29 da Lei nº 7.170/1983, que não vêm referidos nos parênteses.

Crime de homicídio doloso praticado por civil contra militar da União. A Lei 13.142/2015 fez incluir entre as formas qualificadas do crime de homicídio aquele praticado contra autoridade ou agente descrito nos arts. 142 e 144 da Constituição Federal, integrantes do sistema prisional e da Força Nacional de Segurança Pública, no exercício da função ou em decorrência dela, ou contra seu cônjuge, companheiro ou parente consanguíneo até terceiro grau, em razão dessa condição. Impõe-se a lembrança de que, entre as autoridades citadas pelo artigo 144 da Constituição, estão os militares. Em se tratando de militares da União, os crimes contra eles praticados por civis serão considerados militares e, portanto, da competência da Justiça Militar da União, nos termos do artigo 9º, III, "d", do CPM, não podendo ser catalogados como hediondos, pelas razões já expostas nessa obra. Outrossim, como a Justiça Militar dos Estados é incompetente para julgar civil, o julgamento do homicídio praticado por civil contra militar sujeito à esfera estadual será de competência do Tribunal do Júri, sendo crime comum e, nessas condições, hediondo, por se tratar, nos termos do art. 121,§2º, VII, de homicídio qualificado,.

A alteração promovida pela Lei nº 13.964/2019. O inciso I do artigo em estudo foi alterado, ali sendo inserido como hediondo o crime descrito no 121, §2º, VIII, do CP. Assim, em se tratando de crime de homicídio praticado com arma de uso restrito ou proibido, estaremos diante de crime hediondo. O dispositivo havia sido inicialmente vetado pelo Presidente da República, mas o veto foi derrubado no dia 19 de abril de 2021.

A lesão corporal gravíssima e a lesão corporal seguida de morte como crimes hediondos condicionados. Por força de alteração legislativa trazida pela Lei 13.142, de 2015, a lesão corporal dolosa de natureza gravíssima, definida no artigo 129, § 2º, do Código Penal, e a lesão corporal seguida de morte, prevista no artigo 129, § 3º, do mesmo diploma legal, desde que praticadas contra autoridade ou agente descrito nos arts. 142 e 144 da Constituição Federal, integrantes do sistema prisional e da Força Nacional de Segurança Pública, no exercício da função ou em decorrência dela, ou contra seu cônjuge, companheiro ou parente consanguíneo até terceiro grau, em razão dessa condição, agora fazem parte do rol dos crimes hediondos.

Verifica-se que, a exemplo do homicídio simples, que somente será hediondo se praticado em atividade típica de grupo de extermínio, a lesão gravíssima e a seguida de morte somente serão hediondas nessas circunstancias trazidas pelo artigo 1º, I-A, podendo, portanto, ser chamadas de crimes hediondos condicionados. Vale a lembrança de que, se tratando de *novatio legis in pejus*, não poderão os crimes citados ser considerados hediondo se praticados antes de 07 de julho de 2015, data em que a lei entrou em vigor.

A inclusão de algumas modalidades de roubo como crime hediondo. Com a entrada em vigor da Lei nº 13.964/19, o roubo passou a ser crime hediondo nas hipóteses em que o agente se utilizar da restrição de liberdade da vítima como meio para a subtração, quando for praticado com emprego de arma de fogo (de uso permitido ou restrito ou proibido) e quando for qualificado pelos resultados "lesão grave" ou "morte". Com exceção do roubo qualificado pela morte, que já estava contemplado como hediondo anteriormente, deve-se atentar para o fato de que se trata de *novatio legis in pejus* e, portanto, irretroativa, não alcançando fatos anteriores ao dia 23/01/2020, data que marca o início da vigência da Lei nº 13.964/19.

O Latrocínio. A Possibilidade de o Resultado Qualificador Resultar de Dolo ou mesmo de Culpa. Aqui estamos diante de outra importante discussão acerca da lei. Afinal, o que é latrocínio? Todo roubo de cuja violência resulte a morte da vítima é latrocínio? Todo roubo com morte é hediondo?

No contexto do crime patrimonial, se a violência é usada para subtrair, para garantir a detenção da coisa subtraída ou mesmo para assegurar a impunidade pela subtração, podemos afirmar ter havido roubo e, se desta violência resultar morte, teremos a incidência do art. 157, § 3º, II, do CP.

Ocorre que esta morte pode ter sido provocada a título de dolo ou de culpa. Assim, por exemplo, pode acontecer de alguém, para subtrair um veículo, mediante violência empregada contra a vítima que se recusa a entregá-lo, efetuar, com desejo de lesioná-la, disparo de arma de fogo, atingindo suas pernas, provocando-lhe a morte. Esse resultado, na hipótese, não é desejado nem consentido pelo agente e pode ser imputado ao mesmo a título de culpa. Estará a conduta descrita no art. 157, § 3º, II, do CP? Sim, porque ali se descreve tanto o resultado morte a título de culpa quanto a título de dolo, consoante nos lecionam doutrina e jurisprudência pátrias, ressalvadas as severas críticas na tipificação de um resultado qualificador a título de culpa com as mesmas penas de um resultado qualificador dolosamente provocado.

O Roubo com Resultado Qualificador "Morte" Provocado a Título de Culpa Poderia ser Descrito como Crime Hediondo? Não temos dúvidas de que a resposta deva ser afirmativa, o que se justifica pelo fato de que, para a lei, toda con-duta subsume ao art. 157, § 3º, II, é caracterizadora de um crime hediondo. Ora, se o roubo qualificado pela morte culposamente provocada se subsume ao citado dispositivo legal, a conclusão lógica é de que se trata de crime hediondo.

Entendimento contrário se firma no sentido de que apenas se utiliza o nome latrocínio para definir o roubo com morte dolosa e, assim, mesmo que a conduta a que se refere nossa situação hipotética se subsuma ao art. 157, § 3º, II, do CP, não pode ser tratada como crime hediondo, quando tiver sido culposa a morte ali provocada. Por outro lado, argumentam seus defensores, não seria correto reconhecer características de hediondez em um crime em que a morte tivesse sido causada por culpa.

Pensamos que fragilíssimos o argumentos citados, porque nada obsta que um crime com resultado qualificador a título de culpa seja hediondo. Assim não fosse, não teríamos o inciso VII do art. 1º da Lei nº 8.072/1990, que define como hediondo o crime de epidemia com resultado morte, caso em que a morte é provocada a título de culpa.

A Necessidade, para Caracterização do Crime de Latrocínio, de que a Morte Decorra da Violência Usada para o Roubo. Somente se pode falar em latrocínio (art.157, §3º, II, do CP) se a morte no roubo resulta da violência. Assim, poderíamos citar questão de prova para ingresso na carreira do Ministério Público do Estado do Rio de Janeiro, que trouxe a seguinte situação fática: uma pessoa bastante idosa, amparando-se em uma bengala, caminhava com muita dificuldade por uma rua deserta, fato de que se aproveitou um ladrão para anunciar-lhe, de surpresa e provocando-lhe tremendo susto, um assalto. Em virtude do susto sofrido, a vítima sofreu uma parada cardíaca e veio a óbito, tendo o agente subtraído vários de seus pertences enquanto a mesma agonizava.

Na hipótese, não teria se caracterizado o crime de latrocínio porque a morte derivou do susto que a vítima tomou ao ser abordada pelo agente e, portanto, da grave ameaça, não da violência, como exige a lei. Destarte, teríamos crime de roubo, circunstanciado pelo emprego de arma de fogo, além do crime de homicídio culposo, em concurso formal. Gize-se que, no caso em exame, a culpa resta evidente por conta das condições da vítima, pessoa bastante idosa, sendo previsível ao homem médio que, ao sofrer tamanho susto, o resultado morte poderia ocorrer.

A Extorsão com Resultado Morte descrita no 158, §2º, do CP. Este crime era etiquetado como hediondo antes da Lei nº 13.964/19. Atualmente, com as mudanças provocadas pelo diploma Anticrime, não mais figura no rol do art.1º da Lei nº 8.072/90. Tratando-se, neste ponto, de *novatio legis in mellius*, deverá ser a lei aplicada retroativamente para alcançar fatos anteriores à sua vigência, qual seja, 23 de janeiro de 2020, retirando-se o caráter hediondo do crime de extorsão com morte e todas as consequências negativas que disso advêm. Não temos dúvida de que se trata de mais um equívoco do legislador a supressão mencionada, fruto de péssima técnica e do desconhecimento da letra da lei por aqueles que, no desejo de "corrigir" falhas nela existentes, acabam por torná-la algo desarrazoado e, muitas vezes, incompreensível. Inserções e exclusões que demandariam uma perfeita engenharia acabam sendo feitas para atendimento de interesses muitas vezes aplaudidos pela população, mas que geram caos e insegurança jurídica. Como explicar que o furto praticado com explosivo é hediondo, que o roubo praticado com restrição à liberdade da vítima é hediondo e a extorsão com morte do art.

158, §2º, do CP, não é???? A resposta jamais teremos e, enquanto não levarmos a cabo uma mudança legislativa séria e completa, ficaremos sem solução. Remendos, como a Lei nº 13.964/19, em nada contribuem para o aperfeiçoamento de nossa legislação penal.

O Sequestro Relâmpago. Em alteração trazida pela Lei nº 11.923, de 17 de abril de 2009, foi tipificado o denominado sequestro relâmpago, hipótese em que a privação de liberdade da vítima é meio para a prática do crime de extorsão. Cuida-se de figura qualificada de extorsão, com pena de 6 a 12 anos de reclusão. Na parte final do parágrafo acrescido, comina-se ao sequestro relâmpago com resultados lesão grave e morte as mesmas penas da extorsão mediante sequestro com os referidos resultados. Vejamos:

> Art. 158 [...]
>
> § 3º Se o crime é cometido mediante a restrição da liberdade da vítima, e essa condição é necessária para a obtenção da vantagem econômica, a pena é de reclusão, de 6 (seis) a 12 (doze) anos, além da multa; se resulta lesão corporal grave ou morte, aplicam-se as penas previstas no art. 159, §§ 2º e 3º, respectivamente. (NR)

Ao trazer, no ano de 2009, a qualificadora referida, o legislador se esqueceu de que deveria igualmente fazer acrescentar ao art. 1º da Lei nº 8.072/1990 um novo inciso, etiquetando o sequestro relâmpago, pelo menos aquele de que resultasse a morte, como hediondo. Assim, não levando a efeito esta providência, quer seja por esquecimento, quer seja pela péssima mania de "remendar" a legislação de forma desregrada, o disposto no art. 158, § 3º, não poderia ser considerado crime hediondo.

Contudo, em virtude das alterações provocadas pela Lei nº 13.964/19, o crime descrito no artigo 158, parágrafo terceiro, em todas as suas modalidades, ainda que dele não decorra morte, passou a ser considerado crime hediondo. Tal previsão, contudo, não pode ser aplicada de forma retroativa para alcançar fatos anteriores a 23 de janeiro de 2020, por se tratar de *novatio legis in pejus.*

O Estupro e o Estupro de Vulnerável. Independente da forma, se simples ou qualificada, sendo o estupro descrito no artigo 213 ou mesmo se tratando de estupro de vulnerável, o crime sempre será hediondo. Neste sentido:

> [...] É pacífica a compreensão neste Sodalício de que o estupro de vulnerável constitui crime hediondo. Todavia, a obrigatoriedade do regime inicial fechado, prevista na Lei de Crimes Hediondos, foi superada pela Suprema Corte, de modo que a mera natureza do crime não configura fundamentação idônea a justificar a fixação do regime mais gravoso. [...] (HC 460.942/SP, Rel. Ministra LAURITA VAZ, SEXTA TURMA, julgado em 02/10/2018, DJe 22/10/2018)

A Falsificação, Corrupção, Adulteração, Alteração de Produto Destinado a Fins Terapêuticos ou Medicinais. Muitas críticas têm sofrido a caracterização deste crime como hediondo por ter a lei ampliado o seu âmbito de aplicação, para também considerar como objeto do crime descrito no art. 273 os medicamentos, matérias-primas, insumos farmacêuticos, cosméticos (produtos destinados ao embelezamento), saneantes (produtos destinados à higienização) e os de uso em diagnóstico.

Ora, poder-se-ia questionar: a falsificação de batom de uma marca famosa de cosméticos caracterizaria o referido crime? Mais: seria hediondo?

Diante da perplexidade que uma pergunta como esta nos possa causar, muitos afirmam que a Lei nº 9.677/1998, que alterou a redação do art. 273, seria inconstitucional, por ferir o princípio da proporcionalidade, comparando saneantes, cosméticos etc., a medicamento.

Não chegamos a tanto.

Cremos que o mais correto seria dar uma interpretação restritiva ao dispositivo legal em comento, para apenas considerarmos como objeto do crime aqueles cosméticos ou insumos que tenham potencialidade lesiva contra a saúde pública e não qualquer cosmético. Isso porque não podemos olvidar que existem cosméticos que, se falsificados, produzidos, fabricados sem o controle das autoridades sanitárias, podem causar danos irreparáveis à saúde. Exemplificamos com situação concreta enfrentada por membro de Ministério Público, no Estado do Rio de Janeiro, que foi procurado por uma senhora com queimaduras por todo o corpo, depois de se submeter a tratamento de bronzeamento artificial pela aplicação de *spray*. Poderíamos, ainda, lembrar a febre de tratamentos para cabelo, com aplicação de cosméticos que podem causar danos efetivos à saúde e mesmo à vida do consumidor ou aqueles outros tratamentos anti-idade, com utilização de ácidos. Cremos que, se fizermos esse tipo de interpretação do texto legal, não se poderá falar em inconstitucionalidade por falta de razoabilidade ou proporcionalidade.

Ressalte-se que não se exige que o produto alterado cause danos à saúde, mas que tenha potencialidade lesiva para tanto e há determinados cosméticos que nem isso terão, não podendo, assim, ser equiparados a medicamentos para fins de aplicação do disposto no art. 273, § 1º-A, do Código Penal.

Favorecimento da prostituição ou de outra forma de exploração sexual de criança ou adolescente ou de vulnerável. O crime de favorecimento da prostituição ou de outra forma de exploração sexual de criança ou adolescente ou de vulnerável, bem como as figuras equiparadas, trazidos pelo artigo (art. 218-B, *caput*, e §§ 1º e 2º, respectivamente), passaram a constar do rol dos crimes hediondos a partir da Lei nº 12.978/14. Gize-se que, em se tratando de *novatio legis in pejus*, não poderá o favorecimento à prostituição ser considerado hediondo se praticado antes de 22 de maio de 2014, data em que a lei entrou em vigor.

Furto qualificado pelo emprego de explosivo. A etiquetação do furto qualificado pelo emprego de explosivo (155, §4º-A do Código Penal) como crime hediondo foi mais uma das novidades legislativas trazidas pelo denominado Pacote Anticrime, Lei nº 13.964 de 2019, com vigência a partir de 23 de janeiro de 2020. Embora o Código Penal traga, no art. 157, §2º-A, II, a previsão de crime de roubo qualificado pelo emprego de explosivo, não se trata de crime hediondo, pois não incluído no rol do art. 1º.

O Genocídio e a associação para a Prática do Genocídio como Crimes Hediondos. Quanto ao genocídio, crime descrito na Lei nº 2.889/1956, importante frisar que se considera genocídio o disposto nos arts. 1º, 2º e 3º daquela lei. Daí surge uma questão que passa despercebida por muitos: a associação para genocídio e a incitação ao genocídio também são crimes hediondos.

O porte de arma de fogo de uso proibido como crime hediondo. A Lei nº 13.497/2017, alterando a redação do parágrafo único do artigo 1º da Lei nº 8.072/1990, passou a considerar hediondos o crime de porte ou posse ilegal de armas de fogo, acessórios e munições de uso restrito ou proibido. Tratava-se de hipótese que não apenas abrangia as figuras do *caput*, mas também aquelas trazidas pelo então parágrafo único do artigo 16 da Lei nº 10.826/2003. Porém, com a vigência da Lei nº 13.964/19, a partir do dia 23/01/2020, com a mudança na redação do art. 16 do Estatuto do Desarmamento, somente o porte ou a posse ilegal de arma de fogo de uso proibido pode ser considerado hediondo. Assim, porte e posse de armas de fogo, munição e acessórios de uso restrito, como também porte ou posse ilegal de munições e acessórios de uso proibido não estão contemplados como hediondos.

Tal conclusão se justifica porque, embora faça referência ao artigo 16 do Estatuto do Desarmamento, a Lei nº 8.072/90 apenas se refere à posse ou porte ilegal de arma de fogo de uso proibido como hediondo. Tivesse o legislador mantido a redação anterior, referindo-se como hediondo ao crime de porte e posse ilegal de arma de fogo de uso restrito, todas as figuras previstas no *caput*, no parágrafo primeiro ou no parágrafo segundo do artigo 16 seriam crimes hediondos. Ao fazer menção às armas de uso proibido, contudo, o legislador somente abraçou com o manto da hediondez a figura trazida pelo art. 16, § 2º da Lei nº 10.826 de 2003.

Sendo benéfica, a lei deverá retroagir, alcançando aqueles que, em data anterior a 23 de janeiro de 2020, praticaram os delitos que hoje não mais recebem a etiqueta de hediondez, como acima exposto.

Assim, o porte de arma de fogo de uso permitido, mas com numeração raspada, não poderá ser considerado hediondo.

> HABEAS CORPUS. EXECUÇÃO PENAL. ART. 16, PARÁGRAFO ÚNICO, INCISO IV, DA LEI N.º 10.826/2003. CONDUTA PRATICADA APÓS A VIGÊNCIA DA LEI N.º 13.497/2017 E ANTES DA VIGÊNCIA DA LEI N.º 13.964/2019. PORTE DE ARMA DE FOGO DE USO PERMITIDO COM NUMERAÇÃO SUPRIMIDA. NATUREZA HEDIONDA AFASTADA. ORDEM CONCEDIDA. (...) Ordem de habeas corpus concedida para afastar a natureza hedionda do crime de porte ou posse de arma de fogo de uso permitido com numeração, marca ou qualquer

> outro sinal de identificação raspado, suprimido ou adulterado. (HC 525.249/REGIME SEMIABERTO. RELATORA : MINISTRA LAURITA VAZ, J. aos 18 /12/2020)

Os crimes de comércio ilegal e tráfico internacional de armas de fogo agora são hediondos. Andou bem o legislador ao incluir os referidos crimes entre os hediondos, reparando o equívoco anterior. O diploma que alterou, em 2017, a redação original do artigo 1º, parágrafo único, da Lei nº 8.072/90 foi bastante infeliz quando se limitou a inserir o artigo 16 da Lei nº 10.826/03 no rol dos crimes hediondos, deixando de etiquetar como hediondos crimes bem mais graves, como o comércio ilegal e o tráfico internacional de arma de fogo. A opção legislativa nos conduzia a absurdos. Assim, se o agente fosse flagrado portando uma ou mais armas de fogo de uso restrito, estaria praticando crime hediondo. Se, contudo, fosse surpreendido ingressando no território nacional com um arsenal de armas de uso restrito, crime hediondo não haveria, ante à taxatividade do rol do artigo 1º, que não incluía o crime do artigo 18 do Estatuto do Desarmamento.

A Lei nº 13.964 de 2019, contudo, corrigiu esse equívoco, fazendo inserir no rol dos crimes hediondos, consoante artigo 1º, parágrafo único, III e IV, da Lei nº 8.072/90, o comércio ilegal de arma de fogo e o tráfico Internacional de arma de fogo. Aqui vale a lembrança de que não importará se a munição, o acessório ou a arma é de uso permitido, restrito ou proibido. Desta forma, incidindo, ou não, a causa de aumento do artigo 19 do Estatuto do desarmamento, os crimes dos artigos 17 e 18 do mesmo diploma legal serão hediondos. A lei se revela, neste aspecto, *novatio legis in pejus* e, assim, não poderá retroagir para alcançar fatos anteriores à sua vigência.

Tráfico privilegiado não é crime hediondo. Com as mudanças trazidas pela Lei nº 13.964, de 2019, o artigo 112, § 5º da Lei nº 7.210, de 1984 (LEP), dispõe expressamente que não se trata de hediondo o crime de tráfico privilegiado.

> Art. 112. A pena privativa de liberdade será executada em forma progressiva com a transferência para regime menos rigoroso, a ser determinada pelo juiz, quando o preso tiver cumprido ao menos: (Redação dada pela Lei nº 13.964, de 2019)
>
> § 5º Não se considera hediondo ou equiparado, para os fins deste artigo, o crime de tráfico de drogas previsto no § 4º do art. 33 da Lei nº 11.343, de 23 de agosto de 2006. (Incluído pela Lei nº 13.964, de 2019)

Em que pese inicialmente ter prevalecido o entendimento de que seria hediondo o tráfico privilegiado, descrito no artigo 33, § 4º, da Lei nº 11.343/06, inclusive com edição de súmula neste sentido pelo STJ (Súmula 512, hoje cancelada), o Plenário do STF, nos autos do HC 118533, entendeu, em meados do ano de 2016, que não se pode reconhecer hediondez no crime referido. Na lei de 2019, o legislador acabou por sufragar o entendimento da Corte Suprema.

Organização Criminosa para a Prática de Crimes Hediondos ou equiparados é Crime Hediondo: Regra. Com as alterações trazidas pela Lei nº 13.964 de 2019, a organização criminosa que se destina a prática de crime hediondo é crime hediondo. A mudança legislativa pode ser classificada como *novatio legis in pejus*, na medida em que, anteriormente a 23/01/2020, o crime de organização criminosa jamais poderia ser considerado hediondo, ainda que a organização criminosa se destinasse a prática de um crime hediondo.

Associação para o tráfico. Nunca foi considerado crime hediondo pela doutrina e jurisprudência amplamente majoritárias e a nova lei não o fez incluir no rol. STJ e o STF diversas vezes já sufragaram esse entendimento.

> [...] De acordo com a Jurisprudência desta Corte Superior, ante a ausência de previsão no rol do art. 2º da Lei 8.072/90, o crime de associação para o tráfico previsto no art. 35 da Lei 11.343/06 não é crime hediondo ou equiparado.[...]" (AgRg no HC 485.529/RS, Rel. Min. Nefi Cordeiro, j. 12/03/2019)

Art. 2º Os crimes hediondos, a prática da tortura, o tráfico ilícito de entorpecentes e drogas afins e o terrorismo são insuscetíveis de:

I – anistia, graça e indulto;

II – fiança. (Redação dada pela Lei nº 11.464, de 2007)

§ 1º A pena por crime previsto neste artigo será cumprida inicialmente em regime fechado. (Redação dada pela Lei nº 11.464, de 2007)

§ 2º (Revogado pela Lei nº 13.964, de 2019)

§ 3º Em caso de sentença condenatória, o juiz decidirá fundamentadamente se o réu poderá apelar em liberdade. (Redação dada pela Lei nº 11.464, de 2007)

§ 4º A prisão temporária, sobre a qual dispõe a Lei nº 7.960, de 21 de dezembro de 1989, nos crimes previstos neste artigo, terá o prazo de 30 (trinta) dias, prorrogável por igual período em caso de extrema e comprovada necessidade. (Incluído pela Lei nº 11.464, de 2007)

Liberdade provisória e Crimes Hediondos. Embora a lei em estudo não mais traga qualquer vedação à liberdade provisória, o artigo 44 da Lei nº 11.343 de 2006 veda sua concessão e, de acordo com a redação dada pela Lei nº 13.964 de 2019 ao artigo 310, § 2º, do CPP, também não poderá ser concedida se o juiz verificar que o agente é reincidente ou que integra organização criminosa armada ou milícia, ou que porta arma de fogo de uso restrito. Sobre a matéria, insta destacar que doutrina e jurisprudência vêm, há muito, se manifestando pela inconstitucionalidade de dispositivos que impõem prisão *ex lege*, sem análise da necessidade de sua decretação à luz do caso concreto, posição com a qual concordamos na íntegra. Ao sustentarmos o cabimento, em tese, de liberdade provisória para acusados da prática de crimes hediondos e equiparados, como o tráfico de drogas, não estamos sustentando, porém, que o juiz ou tribunal tenha que conceder liberdade a toda e qualquer pessoa que requeira o benefício, pois, em muitos casos, a manutenção da prisão se fará imprescindível e necessária porque presentes *fumus comissi delicti* e *periculum libertatis*. Assim, presentes prova de materialidade e indícios suficientes de autoria, bem como a necessidade do segregamento cautelar para a garantia da aplicação da lei penal, para manutenção da ordem pública ou mesmo para assegurar a regularidade da instrução criminal, a constrição excepcional se impõe. O juiz, destarte, não estará eximido de analisar a presença de tais requisitos e não poderá fundamentar a decisão que indefere a liberdade provisória apenas com vedação contida no texto legal.

O Indulto e a Comutação de Pena nos Crimes Hediondos. Embora alvo de diversas críticas, a lei em comento veda a concessão de indulto aos condenados pela prática de crime hediondo. Há muito, a vedação vem sendo considerada adequado à Constituição pelo STF, consoante demonstrado nos julgados cujas ementas seguem transcritas abaixo. Verifique, ainda, que tal vedação se estende à comutação de penas, que se trata de espécie de indulto parcial.

> [...] II. Não obstante, é constitucional o art. 2º, I, da Lei nº 8.072/1990, porque, nele, a menção ao indulto é meramente expletiva da proibição de graça aos condenados por crimes hediondos ditada pelo art. 5º, XLIII, da Constituição. III. Na Constituição, a graça individual e o indulto coletivo - que ambos, tanto podem ser totais ou parciais, substantivando, nessa última hipótese, a comutação de pena - são modalidades do poder de graça do Presidente da República (art. 84, XII) - que, no entanto, sofre a restrição do art. 5º, XLIII, para excluir a possibilidade de sua concessão, quando se trata de condenação por crime hediondo. IV. Proibida a comutação de pena, na hipótese do crime hediondo, pela Constituição, é irrelevante que a vedação tenha sido omitida no D. 3.226/1999 (HC nº 81.565/SC; Rel. Min. Sepúlveda Pertence, j. 19/02/2002; Órgão Julgador: 1ª Turma).

> [...] Sendo a comutação espécie de indulto parcial, apresenta-se irrelevante à negativa de concessão aos condenados por crime hediondo o fato de o dito benefício não haver sido expressamente mencionado no Decreto Natalino. O Plenário do STF, ao declarar a constitucionalidade do inciso I do art. 2º da Lei nº 8.072/1990, assentou que o termo "graça" previsto no art. 5º, XLIII, da CF engloba o "indulto" e a "comutação da pena", estando a competência privativa do Presidente da República para a concessão desses benefícios limitada pela vedação estabelecida no referido dispositivo constitucional. *Habeas Corpus* indeferido (HC nº 81.567/SC; Rel. Min. Ilmar Galvão, j. 19/02/2002; Órgão Julgador: 1ª Turma).

> [...] 2. A comutação da pena é uma forma de indulto. Não é possível a sua aplicação aos condenados por crimes hediondos (Decreto nº 3.226/1999, art. 7º, I). 3. *HABEAS* indeferido (HC nº 81.402/SC: Rel. Min. Nelson Jobim, j. 18/12/2001; Órgão Julgador: 2ª Turma).

> [...] 3. A comutação de pena é uma forma de indulto (indulto parcial) e por isso está abrangida por essa exclusão (HC nº 81.567 e HC nº 81.407). 4. HC indeferido. Decisão unânime (HC nº 81.410/SC, Rel. Min. Sydney Sanches, j. 19/02/2002, Órgão Julgador: 1ª Turma)

> EMENTA: AGRAVO REGIMENTAL NO RECURSO EXTRAORDINÁRIO. CONSTITUCIONAL E PENAL. CRIME HEDIONDO OU EQUIPARADO. IMPOSSIBILIDADE DE COMUTAÇÃO DE PENA OU CONCESSÃO DE INDULTO. PRECEDENTES. AGRAVO REGIMENTAL AO QUAL SE NEGA PROVIMENTO (RE 760226 AgR, Rel. Min. Cármen Lúcia, j. 24/09/2013, Órgão Julgador: 2º Turma)

Parece-nos que a vontade do legislador é mesmo no sentido do descabimento do instituto, uma vez que a Lei nº 11.464/2007, embora tenha alterado aspectos relevantíssimos da Lei nº 8.072 de 1990, nada mudou quanto ao indulto.

Outrossim, entendemos que de fato, inexiste qualquer inconstitucionalidade na vedação, pois que o instituto não diverge, em sua essência, da graça. A única diferença consiste no fato de ser a graça individual e o indulto, coletivo. Ambos são modalidades de perdão estatal, de clemência estatal. Destarte, a proibição constitucional da concessão da graça permite ao legislador infraconstitucional proibir o indulto.

Regime Inicial de Cumprimento de Pena. Em que pese o texto legal estabelecer o cumprimento inicial da pena em regime fechado, o STF, nos autos do HC nº 111.840, julgado aos 27 de junho de 2012, decidiu inconstitucional a determinação de cumprimento de pena em regime inicialmente fechado, podendo o condenado por crime hediondo cumprir pena em regime inicial aberto, semiaberto ou fechado. A fixação do regime inicial seguirá as diretrizes traçadas pelo artigo 33 do Código Penal. A decisão, por maioria, embora não tenha efeito erga omnes, foi replicada nos julgados que se seguiram consoante transcrições abaixo:

> (...) O Plenário do Supremo Tribunal Federal, em 27/7/2012, ao julgar o HC 111.840/ES, por maioria, declarou incidentalmente a inconstitucionalidade do art. 2º, § 1º, da Lei n. 8.072/1990, com a redação que lhe foi dada pela Lei n. 11.464/2007, afastando, dessa forma, a obrigatoriedade do regime inicial fechado para os condenados por crimes hediondos e equiparados. Diante disso, há de ser afastado o fundamento da hediondez do delito na fixação do regime fechado. Nos termos da Súmula n. 440/STJ, fixada a pena-base no mínimo legal, é vedado o estabelecimento de regime prisional mais gravoso do que o cabível em razão da sanção imposta, com base apenas na gravidade abstrata do delito. Na mesma esteira, as Súmulas n. 718 e n. 719 do STF. Na escolha do regime prisional, o julgador não está absolutamente adstrito ao quantum da pena imposta no caso concreto, devendo, nos termos do art. 33, § 3º, do Código Penal, guiar-se pelas diretrizes previstas no art. 59 do Estatuto Repressivo e na gravidade concreta do delito, evidenciada esta última por

> um modus operandi que desborde do tipo penal violado. Hipótese em que, apesar da fixação da pena-base no mínimo legal, a Corte local, afastando o fundamento da hediondez do delito de estupro, conferiu legalidade ao regime mais gravoso do que pena estabelecida comporta, ao destacar a gravidade concreta do delito do art. 213 do CP, uma vez que o paciente, durante aproximadamente 1h (uma hora), constrangeu a vítima, por meio de ameaças de morte e superioridade física, além de ter vendado seus olhos e tapado sua boca, à prática de múltiplos atos libidinosos - beijos, conjunção carnal e duas tentativas de sexo anal, o que demonstra o maior desvalor da ação, a ensejar uma maior repressão estatal, de modo que, na espécie, nos termos do art. 33, § 3º, do CP, cabível o regime inicial fechado. Habeas corpus não conhecido.(HC 364443 / SC, Relator(a): Ministro REYNALDO SOARES DA FONSECA (1170).Órgão Julgador: QUINTA TURMA, Data do Julgamento: 25/10/2016)
>
> (...)2. É pacífica a compreensão neste Sodalício de que o estupro constitui crime hediondo. Todavia, a obrigatoriedade do regime inicial fechado prevista na Lei de Crimes Hediondos foi superada pela Suprema Corte, de modo que a mera natureza do crime não configura fundamentação idônea a justificar a fixação do regime mais gravoso.3. Tratando-se de réu primário, com circunstâncias judiciais favoráveis, que levaram a fixação da pena-base no mínimo legal, e diante do quantum da pena final, inferior a 4 anos de reclusão, de rigor a fixação do regime prisional aberto. (...) (HC 361998 / SP. Relator(a) Ministra MARIA THEREZA DE ASSIS MOURA (1131). Órgão Julgador: SEXTA TURMA. Data do Julgamento: 20/10/2016.)

Regime inicial para cumprimento de pena para o condenado por tortura. A decisão do STF no HC 111840/ES também deva alcançar o condenado por tortura e que o reconhecimento da inconstitucionalidade do artigo 2º, § 1º implica necessariamente em reconhecimento da inconstitucionalidade do artigo 1º, § 7º da Lei 9455/1997.

A Progressão de Regime de Cumprimento de Pena. Inicialmente, a Lei dos Crimes Hediondos vedava a progressão do regime de cumprimento de pena. A vedação foi declarada inconstitucional pelo STF no ano de 2006 e, no ano de 2007, foi editada a Lei nº 11.464, admitindo a progressão, como cumprimento de 2/5 (ou 40%) para os primários, ou 3/5 (ou 60%) para os reincidentes, específicos ou não. Com a dúvida acerca de ser a Lei nº 11.464 *novatio legis in mellius* ou *novatio legis in pejus*, o Supremo Tribunal Federal editou a Súmula Vinculante 26 abaixo transcrita:

> Súmula Vinculante nº 26
>
> Para efeito de progressão de regime no cumprimento de pena por crime hediondo, ou equiparado, o juízo da execução observará a inconstitucionalidade do art. 2º da Lei nº 8.072, de 25 de julho de 1990, sem prejuízo de avaliar se o condenado preenche, ou não, os requi-

sitos objetivos e subjetivos do benefício, podendo determinar, para tal fim, de modo fundamentado, a realização de exame criminológico.

Assim, para os crimes praticados antes de 29 de março de 2007, exigia-se o cumprimento de 1/6 de pena no regime anterior para que se possa fazer a progressão. Para os crimes praticados a partir dessa data, passou-se a exigir cumprimento de 2/5 ou 3/5, na hipótese de reincidência, observadas as regras para a progressão especial trazida pela Lei nº 13.769/2018, como veremos a seguir.

Porém, a Lei nº 13.964 de 2019, revogando o disposto no artigo 2º, § 2º, da Lei nº 8.072 de 1990, trouxe novas regras para a progressão quando se tratar de pessoa condenada pela prática de crime hediondo. Atualmente, a matéria é disciplinada em redação confusa e defeituosa no artigo 112 da Lei nº 7.210, de 1984 (LEP) e as regras são as seguintes:

A PROGRESSÃO DE REGIME PARA CRIMES HEDIONDOS E EQUIPARADOS NO ART. 112 DA LEP				
PRIMÁRIO		40 %	112, V, da LEP	
PRIMÁRIO	COM MORTE	50 %	112, VI, a, da LEP	vedado livramento condicional
PRIMÁRIO	LÍDER DE ORGANIZAÇÃO CRIMINOSA PARA CRIME HEDIONDO*	50 %	112, VI, b, da LEP	
REINCIDENTE ESPECÍFICO EM CRIME HEDIONDO		60 %	112, VII, da LEP	
REINCIDENTE ESPECÍFICO EM CRIME HEDIONDO	COM MORTE	70%	112, VIII, da LEP	vedado livramento condicional

Analisando a tabela, é possível verificar as seguintes alterações para os autores de crimes hediondos ou equiparados:

1. Não houve alteração com relação aos primários que praticaram crime hediondo de que não resultou morte, pois antes tinham que cumprir 40% (2/5 – dois quintos) e continuam tendo que cumprir 40% da pena para a progressão;

2. Houve *novatio legis in pejus* para os primários que praticaram crime hediondo de que resultou morte, porque antes precisavam cumprir apenas 40% e, atualmente, terão que cumprir 50% no regime anterior para progressão. A regra, portanto, só se aplicará aos crimes praticados a partir do dia 23/01/2020;

3. Houve *novatio legis in pejus* para os primários condenados como líderes de organizações criminosas para a prática de crimes hediondos, que antes não praticavam crimes hediondos e só precisavam cumprir 1/6 da pena e agora terão que cumprir 50% da pena no regime anterior para obterem a progressão. A regra não terá aplicação retroativa;

4. Não houve mudança para reincidentes específicos condenados pela prática de crime hediondo sem resultado morte, que precisavam, nos termos do revogado art. 2º, § 2º da Lei nº 8.072 de 1990, cumprir 60% (3/5 – três quintos) da pena para progredirem e continuam tendo que cumprir 60%;

5. Não foram contemplados pela lei os reincidentes não específicos na prática de crimes hediondos. Embora saibamos que, neste aspecto, muito provavelmente haverá controvérsias na jurisprudência e doutrina, entendemos que terão que cumprir também 60% no regime anterior para que tenham a progressão. Nossa conclusão se deve ao fato de que 40% são exigidos dos primários condenados pela prática de crime hediondo ou equiparado e, assim, não se aplicam aos reincidentes. Por outro lado, aos reincidentes não específicos também não se aplicam os 50% do artigo 112, VI, previstos especificamente para primários. Entendemos que não houve alteração para os reincidentes não específicos na prática de crime crimes hediondos. Nossa orientação até dezembro de 2020, era adotada pela 5ª Turma do STJ, para a qual o reincidente (específico ou não) só teria a progressão após 60% da pena cumprida no regime inicial. A 6ª Turma, porém, interpretando o dispositivo na literalidade, entende que, não havendo reincidência específica em crime hediondo, e não tendo a lei tratado da hipótese, impõe-se analogia *in bonam partem* para fazer valer o inciso VI-A do artigo 112, que exige cumprimento de 50% da pena no regime anterior quando se tratar de crime hediondo com resultado morte, ou seja, o mesmo tempo exigido para os primários. Nas hipóteses não contempladas pelo 112,VI,da LEP, ao reincidente não específico bastará o cumprimento de 40% da pena para a progressão, consoante art. 112,V do citado diploma legal.

   A orientação da 6ª Turma do STJ, no sentido de que os 60% são apenas exigíveis dos reincidentes específicos em crimes hediondos foi repetida pela Corte em julgado de 2021 (EDcl no AgRg no HC 629.992/SP, Rel. Ministro SEBASTIÃO REIS JÚNIOR, SEXTA TURMA, julgado em 09/02/2021, DJe 18/02/2021).

   A solução passou a ser também adotada pela 5ª Turma a partir do julgamento dos HC 616.267/SP e 613.268/SP:

   > AGRAVO REGIMENTAL NO HABEAS CORPUS. EXECUÇÃO PENAL. VIA INADEQUADA. LEI 13.964/2019 (PACOTE ANTICRIME). PROGRESSÃO DE REGIME. PACIENTECONDENADO POR TRÁFICO DE DROGAS. REINCIDÊNCIA EM CRIME COMUM. HIPÓTESE NÃO ABARCADA PELA NOVATIO LEGIS. ANALOGIA IN BONAM PAR-

TEM. CUMPRIMENTO DE 40% DA PENA. ORIENTAÇÃO REVISTA. AGRAVO REGIMENTAL PROVIDO. CONCESSÃO DE HC DE OFÍCIO. (HC 616.267. 5ª Turma. Rel Ministro REYNALDO SOARES DA FONSECA. J. em 09.12.2020).

HABEAS CORPUS. EXECUÇÃO PENAL. CRIMES HEDIONDOS. PROGRESSÃO DE REGIME. APENADO REINCIDENTE. REQUISITO OBJETIVO. LEI N. 13.964/2019. LACUNA NA NOVA REDAÇÃO DO ART. 112 DA LEP. INTERPRETAÇÃO IN BONAM PARTEM. CONSTRANGIMENTO ILEGAL CONFIGURADO. PARECER ACOLHIDO. 1. A Lei de Crimes Hediondos não fazia distinção entre a reincidência genérica e a específica para estabelecer o cumprimento de 3/5 da pena para fins de progressão de regime, é o que se depreende da leitura do § 2º do art. 2º da Lei n. 8.072/1990: A progressão de regime, no caso dos condenados pelos crimes previstos neste artigo, dar-se-á após o cumprimento de 2/5 (dois quintos) da pena, se o apenado for primário, e de 3/5 (três quintos), se reincidente, observado o disposto nos §§ 3º e 4º do art. 112 da Lei n. 7.210, de 11 de julho de 1984 (Lei de Execução Penal). 2. Já a Lei n. 13.964/2019 trouxe significativas mudanças na legislação penal e processual penal, e, nessa toada, revogou o referido dispositivo legal. Agora, os requisitos objetivos para a progressão de regime foram sensivelmente modificados, tendo sido criada uma variedade de lapsos temporais a serem observados antes da concessão da benesse. 3. Ocorre que a atual redação do art. 112 revela que a situação ora em exame (condenado por crime hediondo com resultado morte, reincidente não específico) não foi contemplada na lei nova. Nessa hipótese, diante da ausência de previsão legal, o julgador deve integrar a norma aplicando a analogia in bonam partem. Impõe-se, assim, a aplicação do contido no inciso VI, a, do referido artigo da Lei de Execução Penal, exigindo-se, portanto, o cumprimento de 50% da pena para a progressão de regime, caso não cometida falta grave. 4. Ordem concedida para que a transferência do paciente para regime menos rigoroso observe, quanto ao requisito objetivo, o cumprimento de 50% da pena privativa de liberdade a que condenado, salvo se cometida falta grave.(STJ - HC: 581315 PR 2020/0113267-6, Relator: Ministro SEBASTIÃO REIS JÚNIOR, Data de Julgamento: 06/10/2020, T6 - SEXTA TURMA, Data de Publicação: DJe 19/10/2020)

6. Houve *novatio legis in pejus* para os reincidentes específicos na prática de crime hediondo ou equiparado, na hipótese de haver resultado morte, que deverão cumprir 70% da pena para a progressão, quando antes apenas precisavam cumprir 60%. A nova regra não poderá ser usada para os crimes praticados antes do dia 23 de janeiro de 2020.

Progressão especial de regime no caso de mulher gestante ou que for mãe ou responsável por crianças ou pessoas com deficiência. A Lei nº 13.769/2018 inseriu um terceiro parágrafo ao art. 112 da LEP, prevendo requisitos mais brandos para progressão de regime na hipótese de condenadas gestantes ou que sejam mães ou responsáveis por crianças ou pessoas com deficiência. Tal Dispositivo não foi alterado pela Lei nº 13.964 de 2019.

> Art. 112 (...)
>
> § 3º No caso de mulher gestante ou que for mãe ou responsável por crianças ou pessoas com deficiência, os requisitos para progressão de regime são, cumulativamente:
>
> I - não ter cometido crime com violência ou grave ameaça a pessoa;
>
> II - não ter cometido o crime contra seu filho ou dependente;
>
> III - ter cumprido ao menos 1/8 (um oitavo) da pena no regime anterior;
>
> IV - ser primária e ter bom comportamento carcerário, comprovado pelo diretor do estabelecimento;
>
> V - não ter integrado organização criminosa.

Importante frisar que a referida lei alterou expressamente a Lei nº 8.072/90 e, assim, ainda que estejamos diante de crimes hediondos, devem ser aplicados os requisitos do § 3º do art. 112 da LEP para os casos de que trata.

Cuida-se de *novatio legis in mellius,* sendo, portanto, a disciplina dada pela Lei nº 13.769/2018 também aplicada aos crimes praticados antes de sua vigência.

Todavia, o art. 112, § 4º, da LEP prevê a revogação do benefício da progressão especial na hipótese da mulher ser condenada por novo crime doloso ou praticar falta grave. Ocorrendo a revogação, a condenada ficará sujeita à regressão e não poderá ser beneficiada pelas regras do regime especial quando de uma nova progressão.

> Art. 112 (...)
>
> § 4º O cometimento de novo crime doloso ou falta grave implicará a revogação do benefício previsto no § 3º deste artigo.

Tal qual ocorre no art. 118 da LEP, ao mencionar o cometimento de novo crime como hipótese em que o benefício da progressão especial será revogado, não se exige que o crime doloso tenha sido objeto de sentença condenatória transitada em julgado, bastando a sua prática.

Dado o caráter inequivocamente prejudicial da regressão, há de se proceder à oitiva da condenada antes de sua efetivação, nos termos do artigo 118, § 2º da LEP, abrindo-se à mesma, em procedimento próprio, possibilidade de exercício da ampla defesa e contraditório.

O monitoramento das mulheres beneficiadas com a progressão especial, bem como sua integração social e a ocorrência de reincidência, específica ou não, mediante a realização de avaliações periódicas e de estatísticas criminais deverá ser realizado pelo Departamento Penitenciário, nos termos do disposto no artigo 72, VII, da LEP, também com redação trazida pela lei mencionada.

Quanto ao conceito de organização criminosa referido no art. 112, §3°, V é o mesmo trazido pela Lei nº 12.850 de 2013, conforme já decidiu o STJ.

> EXECUÇÃO PENAL. PROGRESSÃO DE REGIME ESPECIAL. Mulher gestante, mãe ou responsável por crianças ou pessoas com deficiência. Requisito contido no inciso V do § 3º do art. 112 da LEP. Organização criminosa. Existência de complemento normativo na Lei n. 12.850/2013. Extensão para todas as espécies de sociedades criminosas. Impossibilidade. Vedação à interpretação extensiva in malan partem de normas penais.(HC 522.651-SP, Rel. Min. Laurita Vaz, Sexta Turma, por unanimidade, julgado em 04/08/2020, DJe 19/08/2020)

O Apelo em Liberdade. A Lei dos Crimes Hediondos, desde sua edição, prevê a possibilidade de, em caso de condenação, o réu apelar em liberdade, desde que a decisão neste sentido seja motivada. Em verdade, esse destaque à necessidade de motivação é despiciendo, na medida em que toda e qualquer decisão judicial deverá ser motivada.

Outrossim, deve-se destacar que esta deve ser considerada a regra e que modificações legislativas baniram a exigência de recolhimento à prisão para que se possa apelar, com a revogação do art. 594 do CPP.

Importante, ainda, frisar que a prisão, em virtude de decisão condenatória, somente se imporá na hipótese de necessidade da mesma para assegurar a ordem pública e a garantia de aplicação da Lei Penal, não podendo e não devendo ser mera consequência da condenação. Por outro lado, na hipótese de réu que esteve preso durante todo o processo antes da condenação e encontrando-se ainda presentes os pressupostos da medida cautelar, deverá o magistrado, ao condená-lo, impor a prisão, na medida em que, agora, existente uma decisão condenatória, são muito mais latentes *fumus commissi delicti* e *periculum libertatis*. Certo, porém, é que, decidindo o juiz pela prisão, o condenado, ainda que a ela não se recolha, poderá apelar, não se podendo impedir o exercício da ampla defesa, com todos os recursos inerentes

Permissão de Saída para Condenado pela Prática de Crimes Hediondos. O art. 120 da LEP dispõe que os condenados que cumprem pena em regime fechado ou semiaberto e os presos provisórios poderão obter permissão do diretor do estabelecimento prisional para dele sair, mediante escolta, na hipótese de falecimento ou doença grave do cônjuge, companheira, ascendente, descendente ou irmão ou quando houver necessidade de tratamento médico.

A medida sempre pôde ser aplicada ao condenado por crime hediondo, na medida em que a lei a autoriza para qualquer condenado e mesmo para os presos provisórios, consoante se depreende da leitura do dispositivo acima mencionado.

> Art. 120. Os condenados que cumprem pena em regime fechado ou semi-aberto e os presos provisórios poderão obter permissão para

> sair do estabelecimento, mediante escolta, quando ocorrer um dos seguintes fatos:
>
> I - falecimento ou doença grave do cônjuge, companheira, ascendente, descendente ou irmão;
>
> II - necessidade de tratamento médico (parágrafo único do artigo 14).
>
> Parágrafo único. A permissão de saída será concedida pelo diretor do estabelecimento onde se encontra o preso.

Saída Temporária para os Condenados por Crime Hediondo. A LEP, em seu art. 122, dispõe que os condenados que cumprem pena em regime semiaberto poderão obter autorização para saída temporária do estabelecimento, sem vigilância direta, para visita à família; frequência a curso supletivo profissionalizante, bem como de instrução do 2º grau ou superior, na Comarca do Juízo da Execução, ou para que participem em atividades que concorram para o retorno ao convívio social.

Hoje, podendo o condenado por crime hediondo cumprir a pena em regime semiaberto, é possível conceder-lhe autorização para saída temporária, desde que não se trate de condenado por crime hediondo de que resulte morte, hipótese em que não poderá ser beneficiado com a saída temporária, consoante redação dada ao art. 122, § 2º, da LEP, pela Lei nº 13.964/2019.

> Art. 122. Os condenados que cumprem pena em regime semi-aberto poderão obter autorização para saída temporária do estabelecimento, sem vigilância direta, nos seguintes casos:
>
> I - visita à família;
>
> II - freqüência a curso supletivo profissionalizante, bem como de instrução do 2º grau ou superior, na Comarca do Juízo da Execução;
>
> III - participação em atividades que concorram para o retorno ao convívio social.
>
> §1º. A ausência de vigilância direta não impede a utilização de equipamento de monitoração eletrônica pelo condenado, quando assim determinar o juiz da execução. (Redação dada pela Lei nº 13.964, de 2019)
>
> § 2º Não terá direito à saída temporária a que se refere o **caput** deste artigo o condenado que cumpre pena por praticar crime hediondo com resultado morte. (Redação dada pela Lei nº 13.964, de 2019)
>
> Art. 123. A autorização será concedida por ato motivado do Juiz da execução, ouvidos o Ministério Público e a administração penitenciária e dependerá da satisfação dos seguintes requisitos:
>
> I - comportamento adequado;
>
> II - cumprimento mínimo de 1/6 (um sexto) da pena, se o condenado for primário, e 1/4 (um quarto), se reincidente;
>
> III - compatibilidade do benefício com os objetivos da pena.

Art. 3º A União manterá estabelecimentos penais, de segurança máxima, destinados ao cumprimento de penas impostas a condenados de alta periculosidade, cuja permanência em presídios estaduais ponha em risco a ordem ou incolumidade pública.

Art. 4º (Vetado).

Art. 5º Ao art. 83 do Código Penal é acrescido o seguinte inciso:

"Art. 83. [...]

V – cumprido mais de dois terços da pena, nos casos de condenação por crime hediondo, prática da tortura, tráfico ilícito de entorpecentes e drogas afins, e terrorismo, se o apenado não for reincidente específico em crimes dessa natureza."

O Livramento Condicional para os crimes hediondos. A Lei nº 13.964, de 2019, ao entrar em vigor, aos 23 de janeiro de 2020, alterou a redação do artigo 112 da Lei nº 7.210 de 1984, vedando a concessão de livramento condicional para o condenado pela prática de crime hediondo ou equiparado de que resulte morte, ainda que se trate de condenado primário, consoante abaixo transcrito:

> Art. 112. A pena privativa de liberdade será executada em forma progressiva com a transferência para regime menos rigoroso, a ser determinada pelo juiz, quando o preso tiver cumprido ao menos: (...)
>
> VI – 50% (cinquenta por cento) da pena, se o apenado for:
>
> a) condenado pela prática de crime hediondo ou equiparado, com resultado morte, se for primário, vedado o livramento condicional;
>
> (...)
>
> VIII – 70% (setenta por cento) da pena, se o apenado for reincidente em crime hediondo ou equiparado com resultado morte, vedado o livramento condicional.

Outrossim, quanto às organizações criminosas, que serão crimes hediondos quando destinadas à pratica de crimes hediondos ou equiparados, acrescentando o § 9º ao artigo 2º da Lei nº 12.850/13, a Lei nº 13.964/19 trouxe outra vedação:

> Art. 2º, § 9º O condenado expressamente em sentença por integrar organização criminosa ou por crime praticado por meio de organização criminosa não poderá progredir de regime de cumprimento de pena ou obter livramento condicional ou outros benefícios prisionais se houver elementos probatórios que indiquem a manutenção do vínculo associativo. (Incluído pela Lei nº 13.964, de 2019).

Verifica-se da leitura dos dispositivos acima que o novo diploma, ao trazer restrições para a concessão do benefício, nada trouxe quanto à quantidade de pena a ser cumprida para sua obtenção na hipótese de estarmos diante de pessoa condenada pela prática de crime hediondo.

O artigo 83, V, do CP, que sempre regeu a matéria desde a edição da Lei nº 8.072/90, estabelece que devem ser cumpridos 2/3 da pena e, ainda, que não poderão receber livramento condicional autores de crimes hediondos que sejam reincidentes específicos em crime dessa natureza. O dispositivo citado, além de estabelecer quantum de pena a ser cumprida, igualmente traz vedações para concessão de livramento condicional à pessoa condenada pela prática de crime hediondo ou equiparado.

Cabem, então, os seguintes questionamentos: o disposto no artigo 83, V do CP está revogado pela Lei nº 13.964/19? Quais os requisitos para a concessão de livramento condicional quando se trata de condenado por crime hediondo ou equiparado?

Vislumbramos a possibilidade de três diferentes posicionamentos:

> 1ª corrente: O artigo 83, V, não está revogado e, além das hipóteses vedatórias por ele trazidas, teremos aquelas de que trata a Lei nº 13.964/19. Assim, será sempre necessário o cumprimento de 2/3 da pena para que o condenado por crime hediondo ou equiparado obtenha o livramento condicional e, além dos reincidentes específicos, também não poderão gozar de livramento condicional, ainda que primários, os condenados pela prática de crime hediondo com resultado morte e os condenados por organização criminosa que mantenham vínculos associativos. É a posição que, após muita reflexão, defendemos nessa obra. Fosse a intenção da nova lei revogar o disposto no artigo 83, V, do CP, o teria feito por expresso, o que não ocorreu.
>
> 2ª corrente: o artigo 83, V, do CP, está parcialmente revogado pela Lei nº 13.964/19. Por não ter sido mencionado no novo diploma outro quantum para a concessão do benefício ao condenado por crime hediondo, continuam sendo necessários mais de 2/3 da pena, não mais se impondo, contudo, as restrições trazidas pelo artigo 83, V. Atualmente, face à nova disciplina trazida pela Lei nº 13.964/19, só estariam impedidos de gozar o livramento os que, ainda que primários, fossem condenados pela prática de crime hediondo com resultado morte e os condenados por organização criminosa para a prática de crime hediondo ou equiparado que mantivessem vínculos associativos. Ainda que se trate de reincidente específico, o condenado por crime hediondo poderá ser beneficiado com o livramento condicional nas demais hipóteses. A nova lei, ao trazer vedações incompatíveis com as anteriormente trazidas pelo artigo 83, V, revoga as restrições anteriores;
>
> 3ª corrente: o disposto no artigo 83, V, do CP, por não ser compatível com as vedações trazidas pela Lei nº 13.964/19, está revogado pelo novo diploma. O condenado por crime hediondo terá, assim, que cumprir 1/3 ou 1/2, a depender de ser, ou não, primário, e só não poderá gozar do benefício caso a condenação tenha se dado pela prática de crime hediondo com morte ou por organização cri-

> minosa para a prática de crime hediondo ou equiparado, caso, nesta última hipótese, mantenha vínculos associativos.

As mudanças citadas podem ser, a depender do caso concreto, e adotada a primeira corrente, prejudiciais, na medida em que os critérios anteriores eram completamente diferentes dos atuais. Porém, podemos afirmar, categoricamente, que para os primários e reincidentes gerais (não específicos na prática de crimes hediondos ou equiparados), para quem o artigo 83, V, do CP, não veda a concessão do livramento condicional, a mudança se traduz *novatio legis in pejus*. Acreditamos, contudo, que as vedações trazidas pelo novo diploma quanto aos crimes hediondos com resultado morte (que aqui se dão única e exclusivamente tendo-se como fundamento a gravidade do delito), deverão ser declaradas inconstitucionais por desrespeitarem, no mínimo, o princípio da individualização da pena.

Quanto ao condenado por organização criminosa que se destine à prática de crime hediondo ou equiparado, a nova lei é inequivocamente mais grave, na medida em que o referido crime antes não era hediondo e não havia para o mesmo a vedação ao livramento condicional. A regra, portanto, não poderá retroagir para alcançar fatos anteriores ao dia 23 de janeiro de 2020.

Ao contrário do que afirmamos com relação às normas do artigo 112 da Lei nº 7.210, de 1984, não vislumbramos qualquer inconstitucionalidade no disposto no artigo 2º, § 9º da Lei nº 12.850 de 2013, porque não se fulcra na gravidade do delito, mas no demérito do condenado, que continua mantendo vínculos associativos criminosos e, assim, não preencheria os requisitos elencados no artigo 83 do CP, que exige bom comportamento carcerário por parte daquele que deseja se beneficiar com o livramento condicional.

> Art. 83 - O juiz poderá conceder livramento condicional ao condenado a pena privativa de liberdade igual ou superior a 2 (dois) anos, desde que: (Redação dada pela Lei nº 7.209, de 11.7.1984)
>
> III - comprovado: (Redação dada pela Lei nº 13.964, de 2019)
>
> a) bom comportamento durante a execução da pena; (Incluído pela Lei nº 13.964, de 2019)

Livramento condicional e tráfico de drogas. Em se tratando de tráfico de drogas, a concessão do livramento condicional encontra sua disciplina no artigo 44, parágrafo único, da Lei nº 11.343/2006. Remetemos o leitor aos comentários referentes à Lei Antidrogas.

Livramento condicional e crime de associação para o tráfico de drogas. Embora tenha sido acima destacada a orientação amplamente majoritária no sentido de que a associação para o tráfico, prevista no artigo 35 da Lei 11343/2006 não é crime hediondo, para o condenado obter o livramento condicional terá que igualmente cumprir mais de dois terços da pena, sendo aqui aplicável o disposto no artigo 44 da Lei 11434/2006, consoante destacado no julgado da 5ª Turma do STJ abaixo, veiculado no Informativo nº 0568 daquela Corte.

DIREITO PENAL. LIVRAMENTO CONDICIONAL NO CRIME DE ASSOCIAÇÃO PARA O TRÁFICO. O condenado por associação para o tráfico (art. 35 da Lei 11.343/2006), caso não seja reincidente específico, deve cumprir 2/3 da pena para fazer jus ao livramento condicional. Isso porque a própria Lei 11.343/2006, no parágrafo único do art. 44, prevê requisito objetivo específico para a concessão do livramento condicional ao delito de associação para o tráfico: "Os crimes previstos nos arts. 33, caput e § 1º, e 34 a 37 desta Lei são inafiançáveis e insuscetíveis de sursis, graça, indulto, anistia e liberdade provisória, vedada a conversão de suas penas em restritivas de direitos. Parágrafo único. Nos crimes previstos no caput deste artigo, dar-se-á o livramento condicional após o cumprimento de dois terços da pena, vedada sua concessão ao reincidente específico". Assim, em observância ao Princípio da Especialidade, aplica-se o disposto no art. 44, parágrafo único, da Lei 11.343/2006 em detrimento dos incisos I e II do art. 83 do CP. Ressalte-se que o lapso temporal de cumprimento de pena para obtenção do livramento condicional quanto ao delito do art. 35 da Lei 11.343/2006 independe da análise do caráter hediondo do crime. Precedentes citados: AgRg no REsp 1.484.138-MS, Sexta Turma, DJe de 15/6/2015; e HC 292.882-RJ, Sexta Turma, DJe de 18/8/2014. HC 311.656-RJ, Rel. Min. Felix Fischer, julgado em 25/8/2015, DJe 2/9/2015.

Art. 6º Os Arts. 157, § 3º; 159, caput e seus §§ 1º, 2º e 3º; 213; 214; 223, caput e seu parágrafo único; 267, caput e 270; caput, todos do Código Penal, passam a vigorar com a seguinte redação:

"Art. 157. [...]

§ 3º Se da violência resulta lesão corporal grave, a pena é de reclusão, de cinco a quinze anos, além da multa; se resulta morte, a reclusão é de vinte a trinta anos, sem prejuízo da multa.

[...]

Art. 159. [...]

Pena - reclusão, de oito a quinze anos.

§ 1º [...]

Pena - reclusão, de doze a vinte anos.

§ 2º [...]

Pena - reclusão, de dezesseis a vinte e quatro anos.

§ 3º [...]

Pena - reclusão, de vinte e quatro a trinta anos.

[...]

Art. 213. [...]

Pena - reclusão, de seis a dez anos.

Art. 214. [...]

Pena - reclusão, de seis a dez anos.

[...]

Art. 223. [...]

Pena – reclusão, de oito a doze anos.

Parágrafo único. [...]

Pena – reclusão, de doze a vinte e cinco anos.

[...]

Art. 267. [...]

Pena – reclusão, de dez a quinze anos.

[...]

Art. 270. [...]

Pena – reclusão, de dez a quinze anos.

[...]

Art. 7º Ao Art. 159 do Código Penal fica acrescido o seguinte parágrafo:

"Art. 159. [...]

§ 4º Se o crime é cometido por quadrilha ou bando, o coautor que denunciá-lo à autoridade, facilitando a libertação do sequestrado, terá sua pena reduzida de um a dois terços."

Aumento das Penas. A Lei dos Crimes Hediondos modificou as penas cominadas em abstrato aos crimes dos arts. 157, 159, 213, 214, 223, 267 e 270 do Código Penal, já constando as referidas mudanças no próprio Código Penal.

Delação Premiada e o Art. 159, § 4º, do Código Penal. A lei em comento também fez acrescentar o § 4º ao art. 159 do Código Penal, que trata de extorsão mediante sequestro, determinando a diminuição de pena de um a dois terços, na hipótese de ser o referido crime praticado por pessoas em concurso e um dos concorrentes denunciar os comparsas às autoridades, facilitando a libertação da vítima.

Entendemos, porém, que o citado parágrafo tenha sido tacitamente revogado pela Lei nº 9.807/1999, que, dispondo sobre delação premiada, prevê que, em caso de delação, o réu colaborador poderá se beneficiar com a redução da pena, ou mesmo com o perdão judicial, considerando-se extinta a punibilidade, nos termos de seu art. 13, desde que primário e que a sua delação tenha colaborado para a localização de comparsas, permitindo a localização da vítima e a recuperação do produto do crime, total ou parcialmente. Neste sentido, trazendo a lei posterior tratamento mais benéfico para a hipótese em estudo, deverá ser aplicada aos casos ocorridos antes e depois de sua vigência.

Se a delação no crime de extorsão mediante sequestro pode, então, acarretar a extinção da punibilidade ou diminuir a pena, que critério deverá ser utilizado pelo magistrado para adotar uma ou outra solução? Ora, apenas será merecedor do perdão, com a consequente extinção da punibilidade, o réu primário que preencher todos os requisitos de que trata o art. 13, ou seja, aquele cuja delação tiver contribuído para a identificação dos demais coautores ou partícipes da associação criminosa, para a localização da vítima com a integridade física preservada e para a recuperação total ou parcial do produto do crime. Deve estar claro, entretanto, que caso não tenha sido pago o resgate, não há que se exigir, por questões óbvias, essa condição para que se conceda o perdão. Assim, poderíamos concluir afirmando que somente será possível conceder o perdão judicial quando a delação do réu primário tiver efetivamente contribuído para tudo que pudesse contribuir. Destarte, não sendo o réu primário ou não tendo sua delação contribuído para todos aqueles fins, a solução será a redução da pena, de 1 a 2/3, a depender da importância da colaboração: quanto mais se tiver elucidado em virtude da delação, maior deverá ser a diminuição da pena. Não concordamos com aqueles que sustentam que o critério da redução deva ser a culpabilidade do réu, seus antecedentes e conduta, pois que tais fatores já terão sido levados em consideração pelo magistrado quando da fixação da pena base e a delação premiada, como causa de diminuição de pena, será aplicada na terceira fase a que se refere o art. 68 do Código Penal. Levar em consideração na terceira fase da aplicação da pena elementos que já foram utilizados na primeira fase significaria reprovável *bis in idem*.

Por derradeiro, cumpre observar que, tendo sido praticado por organização criminosa, cabe a utilização disposto na Lei nº 12.850 de 2013.

> **Art. 8º** Será de três a seis anos de reclusão a pena prevista no art. 288 do Código Penal, quando se tratar de crimes hediondos, prática da tortura, tráfico ilícito de entorpecentes e drogas afins ou terrorismo.
>
> Parágrafo único. O participante e o associado que denunciar à autoridade o bando ou quadrilha, possibilitando seu desmantelamento, terá a pena reduzida de um a dois terços.

Associação criminosa para a prática de crimes hediondos e equiparados. A lei em comento não traz definição para o crime de associação criminosa distinta daquela trazida pelo artigo 288 do Código Penal, tendo apenas optado por criar uma qualificadora para o referido crime na hipótese de a mesma se destinar à prática de crimes hediondos ou equiparados, cominando-lhes uma pena de 3 a 6 anos de reclusão. Essa pena mais severa é justificada pela maior gravidade dos crimes que se objetiva praticar. Não se trata de um crime hediondo, por inexistência de previsão legal neste sentido.

Organização Criminosa que se destina à pratica de crimes hediondos. O crime disposto no artigo 2º da Lei nº 12.850/13, quando destinado à prática de crimes hediondos é, a partir da vigência da Lei nº 13.964/19, tratado como crime hediondo, como já exposto acima. Essa característica de hediondez não se estende ao crime de associação criminosa, nem mesmo na hipótese deste artigo 8º em comento, pois vedada a analogia *in malam partem*.

A Inaplicabilidade do Art. 8º ao Crime de Associação para Fins de Tráfico. Importante frisar que o art. 8º não mais se aplica à associação para fins de tráfico, devido a entrada em vigor da Lei nº 11.343/2006, lei específica e posterior, que definindo, em seu art. 35, o crime de associação para o tráfico, comina-lhe pena de três a dez anos de reclusão, além da multa. Destarte, anteriores controvérsias relacionadas ao art. 8º e ao art. 14 da Lei nº 6.368/1976 se encontram superadas, pois que o último diploma legal foi revogado pela nova Lei de Drogas, que neste aspecto relacionado ao crime de associação, é mais gravosa e, portanto, irretroativa. Assim, à associação para o tráfico praticada antes da vigência da Lei nº 11.343/2006, aplica-se a pena de 3 a 6 anos, prevista no art. 8º da Lei nº 8.072/1990.

O Aumento de Pena Previsto no Art. 288, Parágrafo Único, do Código Penal e sua Aplicação ao Crime do Art. 8º. Discute-se a possibilidade de aplicação do aumento de pena a que alude o parágrafo único do art. 288 à forma qualificada de associação do art. 8º.

> Associação Criminosa
>
> Art. 288. Associarem-se 3 (três) ou mais pessoas, para o fim específico de cometer crimes: (Redação dada pela Lei nº 12.850, de 2013) (Vigência)
>
> Pena – reclusão, de 1 (um) a 3 (três) anos. (Redação dada pela Lei nº 12.850, de 2013) (Vigência)
>
> Parágrafo único. A pena aumenta-se até a metade se a associação é armada ou se houver a participação de criança ou adolescente. (Redação dada pela Lei nº 12.850, de 2013) (Vigência)

Seria, portanto, possível aumentar da metade a pena da associação que se destina à prática de crimes hediondos ou equiparados quando a mesma for armada? Neste sentido, formam-se duas correntes:

1ª corrente – não é possível a aplicação do aumento pelo fato de associação ser armada quando se tratar do art. 8º da lei em comento, pois que a pena desta última é maior que a pena da associação do Código Penal e haveria *bis in idem* na referida aplicação. Demais disso, caso o legislador quisesse o aumento relacionado às armas, o teria trazido como causa de aumento de pena no art. 8º da Lei nº 8.072/1990, o que não fez. Assim, aplicação do aumento para este último crime se afiguraria aplicação de analogia *in malam partem*.

2ª corrente – nada obsta a aplicação da causa de aumento do parágrafo único do art. 288 do Código Penal ao art. 8º, pois que este faz expressa menção, em sua descrição, ao art. 288 do Código Penal, não se tratando de outro crime, senão a própria associação criminosa. Assim, tudo que se aplica ao art. 288 igualmente se aplica ao art. 8º, não havendo que se falar em analogia prejudicial ao réu. Outrossim, não se trata de *bis in idem*, pois que não se utiliza duas vezes o mesmo fundamento para aumentar a pena da quadrilha. O art. 8º prevê uma pena maior pelo fato de a associação se destinar à prática de crimes hediondos ou equiparados, em tese mais graves que os outros crimes previstos no Código Penal, ao passo que o aumento do parágrafo único do art. 288 se justifica pelo fato de a associação armada representar maior perigo à incolumidade pública. Somos partidários desta opinião, que já foi adotada pelo STF, em antiga decisão veiculada no Informativo nº 56 daquela Corte.

Quadrilha Armada e Crime Hediondo

Ao determinar o aumento da pena "prevista no art. 288, do Código Penal, quando se tratar de crimes hediondos, prática da tortura, tráfico ilícito de entorpecentes e drogas afins ou terrorismo", o art. 8º da Lei nº 8.072/1990 não afastou a qualificadora do parágrafo único do art. 288, que prescreve a aplicação em dobro da pena se a quadrilha ou bando é armado. Admitindo embora a possibilidade de concurso dessas duas causas de aumento de pena, a Turma deferiu em parte pedido de *Habeas Corpus*, tendo em vista a não observância, na espécie, do art. 68, parágrafo único, do CP ("No concurso de causas de aumento ou de diminuição previstas na parte especial, pode o juiz limitar-se a um só aumento ou a uma só diminuição, prevalecendo, todavia, a causa que mais aumente ou diminua."). HC nº 74.269-RJ, Rel. Min. Néri da Silveira, 03.12.96.

Art. 9º As penas fixadas no art. 6º para os crimes capitulados nos arts. 157, § 3º, 158, § 2º, 159, caput e seus §§ 1º, 2º e 3º, 213, caput e sua combinação com o art. 223, caput e parágrafo único, 214 e sua combinação com o art. 223, caput e parágrafo único, todos do Código Penal, são acrescidas de metade, respeitado o limite superior de trinta anos de reclusão, estando a vítima em qualquer das hipóteses referidas no art. 224 também do Código Penal.

Aumento de Pena do Art. 9º. O art. 9º da lei em comento se refere às circunstâncias do art. 224 do Código Penal como sendo causas que aumentam a pena dos crimes ali previstos.

Com relação aos crimes sexuais, dúvidas não temos de que o dispositivo em comento foi revogado pela Lei nº 12.015/2009, que por sua vez revogou o art. 224 do Código Penal, até porque, atualmente, o estupro nas antigas circunstâncias do antigo art. 224, o hoje chamado "estupro de vulnerável", já merece uma pena diferenciada, qual seja, de oito a quinze anos, diferente daquela prevista no art. 213 do Código Penal, que é de seis a dez anos. Destarte, a maior gravidade do crime pelo fato de ser a vítima "vulnerável" já foi considerada pelo legislador ao cominar a pena do art. 217-A. Sobre a revogação do art. 9º, insta trazer à baila julgado do STJ a respeito do tema, veiculado no Informativo nº 409 daquela Corte:

ESTUPRO. RETROATIVIDADE. LEI.

[...] Com a superveniência da Lei nº 12.015/2009, foi revogada a majorante prevista no art. 9º da Lei dos Crimes Hediondos, não sendo mais admissível sua aplicação para fatos posteriores à sua edição. Não obstante, remanesce a maior reprovabilidade da conduta, pois a matéria passou a ser regulada no art. 217-A do CP, que trata do estupro de vulnerável, no qual a reprimenda prevista revela-se mais rigorosa do que a do crime de estupro (art. 213 do CP). Tratando-se de fato anterior, cometido contra menor de 14 anos e com emprego de violência ou grave ameaça, deve retroagir o novo comando normativo (art. 217-A) por se mostrar mais benéfico ao acusado, *ex vi* do art. 2º, parágrafo único, do CP (REsp 1.102.005-SC, Rel. Min. Félix Fischer, j. 29/09/2009).

Com relação aos outros crimes, quais sejam, latrocínio, extorsão com morte e extorsão mediante sequestro, entendemos igualmente que a revogação do art. 224 implica na revogação do art. 9º em comento. Ora, não mais existindo o art. 224 no ordenamento jurídico, não faz sentido manter artigo que a ele se refira. Foi esse o entendimento do STF em julgado da Corte veiculado no Informativo 692.

> A 1ª Turma denegou habeas corpus, mas concedeu a ordem, de ofício, com o fim de decotar da sanção cominada ao paciente o acréscimo resultante da aplicação do que estabelecido no art. 9º da Lei 8.072/90 ("As penas fixadas no art. 6º para os crimes capitulados nos arts. 157, § 3º, 158, § 2º, 159, caput e seus §§ 1º, 2º e 3º, 213, caput e sua combinação com o art. 223, caput e parágrafo único, 214 e sua combinação com o art. 223, caput e parágrafo único, todos do Código Penal, são acrescidas de metade, respeitado o limite superior de trinta anos de reclusão, estando a vítima em qualquer das hipóteses referidas no art. 224 também do Código Penal"). Na espécie, ele fora condenado à reprimenda de 45 anos de reclusão pela prática do crime de latrocínio contra menor de 14 anos. No que atine à assertiva de ter sido a pena-base indevidamente exasperada no máximo legal, sublinhou-se demandar análise de acervo fático-probatório, impróprio nesta sede. De outra face, explicitou-se que a sanção corporal fora acrescida da metade (15 anos), sem observância pelo magistrado do limitador de 30 anos de reclusão (Lei 8.072/90, art. 9º). Asseverou-se que este preceito — diante da revogação do art. 224 do CP pela Lei 12.015/2009 — teria perdido a eficácia, devendo, portanto, a adição ser extirpada da reprimenda imposta, por força do princípio da novatio legis in mellius (CP, art. 2º, parágrafo único). Assim, fixou-se a pena de 30 anos de reclusão. Por fim, estendeu-se a ordem ao corréu. A Min. Rosa Weber acrescentou que a revogação teria deixado o dispositivo da Lei de Crimes Hediondos redigido com deficiente técnica legislativa, carente de complemento normativo em vigor, razão pela qual reputou revogada a causa de aumento nele consignada. HC 111246/AC, rel. Min. Dias Toffoli, 11.12.2012. (HC-111246)

Art. 10. O art. 35 da Lei nº 6.368, de 21 de outubro de 1976, passa a vigorar acrescido de parágrafo único, com a seguinte redação:

"Art. 35. [...]

Parágrafo único. Os prazos procedimentais deste capítulo serão contados em dobro quando se tratar dos crimes previstos nos arts. 12, 13 e 14."

O Art. 10 da Lei nº 8.072/1990. Com a edição da Lei nº 11.343/2006, que revogou expressamente a Lei nº 6.368/1976, perdeu o disposto no art. 10 toda e qualquer importância.

Art. 11. (Vetado).

Art. 12. Esta lei entra em vigor na data de sua publicação.

Art. 13. Revogam-se as disposições em contrário.

Brasília, 25 de julho de 1990; 169º da Independência e 102º da República.

Fernando Collor

Bernardo Cabral

Este texto não substitui o publicado no D.O.U. de 26/07/1990.

QUESTÕES

1) (2018 - CONSULPLAN - TJ/MG - Juiz de Direito)

Acerca das leis penais extravagantes, analise as afirmativas a seguir, marque V para as verdadeiras e F para as falsas.

( ) Nos termos da Lei nº 12.850/2013, considera-se organização criminosa a associação de 4 (quatro) ou mais pessoas estruturalmente ordenada e caracterizada pela divisão de tarefas, ainda que informalmente, com objetivo de obter, direta ou indiretamente, vantagem de qualquer natureza, mediante a prática de infrações penais cujas penas máximas sejam superiores a 4 (quatro) anos, ou que sejam de caráter transnacional.

( ) Nos termos da Lei nº 8.137/90, que define os crimes contra a ordem tributária, econômica e as relações de consumo, se os crimes funcionais, previstos no art. 3º (extraviar, sonegar ou inutilizar livro oficial, processo fiscal ou qualquer documento), forem praticados por servidor contra a administração tributária, a pena imposta aumentará de um terço até a metade.

( ) Nos termos da Lei nº 9.455/97, constitui crime de tortura constranger alguém com emprego de violência ou grave ameaça, causando-lhe sofrimento físico ou mental, em razão de discriminação racial, sexual ou religiosa.

( ) Nos termos da Lei nº 8.072/90, considera-se hediondo o crime de posse ou porte ilegal de arma de fogo de uso restrito, previsto no art. 16 da Lei nº 10.826, de 22 de dezembro de 2003.

A sequência está correta em

A) V, F, F, V.

B) V, V, F, F.

C) F, V, V, F.

D) F, F, V, V.

2) (2018 - FCC - DPE/AM - Defensor Público)

À luz do que dispõe o direito brasileiro sobre os crimes hediondos,

a) somente recebem essa classificação os crimes consumados em razão do princípio da reserva legal.

b) é obrigatória a fixação de regime inicial fechado para o cumprimento da pena.

c) todas as modalidades de tráfico de drogas são equiparadas a crime hediondo, o que não ocorre no crime de associação para o tráfico.

d) sua prática autoriza a majoração da pena-base acima do mínimo legal.

e) existe vedação legal expressa à concessão dos institutos da graça e do indulto

3) (2018 - MPE/BA - Promotor de Justiça)

Assinale a alternativa correta.

a) O rol das atribuições do Ministério Público na execução criminal é sempre exaustivo e essencial ao fiel cumprimento da pena.

b) Os crimes equiparados a hediondos dependem de mandamento constitucional, entretanto, a Constituição Federal autoriza que a lei ordinária defina e indique quais crimes serão considerados hediondos.

c) O indulto parcial também conhecido como comutação de pena não representa a extinção da punibilidade, e serve apenas para a diminuição da pena a ser cumprida.

d) A anistia concedida antes ou depois da condenação extingue todos os efeitos penais, à exceção da reincidência, mas subsiste a obrigação de indenizar.

e) As alternativas "b" e "c" estão corretas.

4) (2018 - MPE/MS - Promotor de Justiça)

Analise as proposições a seguir.

I. Configura crime de preconceito de raça ou cor (Lei n. 7.716/1989) distribuir emblemas com símbolos que utilizem a cruz suástica ou gamada, para fins de divulgação do nazismo.

II. Adolescente que pratica ato infracional análogo ao do artigo 28 da Lei n. 11.343/2006 (Lei de Drogas), pois apreendida consigo substância entorpecente para uso pessoal, não pode ter contra si aplicada medida socioeducativa prevista no Estatuto da Criança e do Adolescente (Lei n. 8.069/1990) que restrinja, ainda que parcialmente, sua liberdade pessoal, conforme entendimento do Supremo Tribunal Federal.

III. É crime de tortura (Lei n. 9.455/1997) a conduta de constranger alguém com emprego de grave ameaça, causando-lhe sofrimento mental, em razão de discriminação religiosa.

IV. Tratando-se de crime hediondo ou equiparado (Lei n. 8.072/90), o condenado por crime de tortura (Lei n. 9.455/1997), em qualquer modalidade, deverá iniciar o cumprimento da pena em regime fechado.

Assinale a alternativa correta.

a) Somente os itens I e II estão corretos.

b) Somente os itens III e IV estão corretos.

c) Somente os itens II, III e IV estão corretos.

d) Somente os itens I, II e III estão corretos.

e) Todos os itens estão corretos.

5) (2019 - INSTITUTO AOCP - PC/ES - Perito Oficial Criminal)

A Lei nº 8.072/1990 dispõe sobre os crimes hediondos, nos termos do art. 5º, inciso XLIII, da Constituição Federal, e determina outras providências. A respeito dos Crimes Hediondos, assinale a alternativa correta.

a) A pena imposta pelo cometimento de crime hediondo deverá ser cumprida inicialmente em regime fechado ou semiaberto, mediante decisão fundamentada do Juiz.

b) O crime de porte ilegal de arma de fogo de uso restrito, tentado ou consumado, também é considerado crime hediondo, contudo o de posse ilegal de arma de fogo de uso restrito, não.

c) Os crimes hediondos são insuscetíveis de anistia, graça e fiança, porém são suscetíveis de indulto.

d) A epidemia com resultado morte (art. 267, § 1º, do Código Penal) é considerada crime hediondo.

e) Em caso de sentença condenatória de crime hediondo, o réu não poderá recorrer em liberdade.

6) (2019 – INSTITUTO AOCP – PC/ES – Escrivão de Polícia)

Dentre os delitos relacionados a seguir, NÃO é classificado como crime hediondo, em conformidade com a Lei nº 8.072/90,

a) latrocínio.

b) genocídio.

c) estupro.

d) posse ou porte de arma de fogo de uso restrito.

e) furto qualificado.

7) (Cespe – Juiz de Direito – PR/2017)

Considerando a jurisprudência do STJ a respeito dos crimes hediondos, do tráfico de entorpecentes, do Estatuto do Desarmamento e do ECA, assinale a opção correta.

A) A arma de fogo desmuniciada e desmontada não serve para configurar o delito de porte ilegal de arma de fogo.

B) Não se configura o crime de corrupção de menor em relação àquele já afeito à prática de atos infracionais.

C) Por ser crime acessório, a associação para o tráfico de drogas não pode existir sem a prova da materialidade do crime principal.

D) Não é hediondo o crime de tráfico de entorpecentes praticado por agente primário, de bons antecedentes e que não se dedique a atividades criminosas nem integre organização criminosa.

■ GABARITO COMENTADO

1) Gabarito oficial: A, Mas hoje estaria alterada em virtude da Lei nº 13.964 de 2019. Justificativa:

I. Verdadeira. Conforme o art. 1º, §1º, da Lei nº 12.850/2013: "Considera-se organização criminosa a associação de 4 (quatro) ou mais pessoas estruturalmente ordenada e caracterizada pela divisão de tarefas, ainda que informalmente, com objetivo de obter, direta ou indiretamente, vantagem de qualquer natureza, mediante a prática de infrações penais cujas penas máximas sejam superiores a 4 (quatro) anos, ou que sejam de caráter transnacional".

II. Falsa. O art. 12 da Lei nº 8.137/90, menciona: "São circunstâncias que podem agravar de 1/3 (um terço) até a metade as penas previstas nos arts. 1º, 2º e 4º a 7º: I – ocasionar grave dano à coletividade; II – ser o crime cometido por servidor público no exercício de suas funções; III – ser o crime praticado em relação à prestação de serviços ou ao comércio de bens essenciais à vida ou à saúde".

III. Falsa. De acordo com o art. 1º, I, "c", da Lei nº 9.455/97: "Art. 1º Constitui crime de tortura: I - constranger alguém com emprego de violência ou grave ameaça, causando-lhe sofrimento físico ou mental: (...) c) em razão de discriminação racial ou religiosa", não mencionando a discriminação sexual.

IV. Hoje seria falsa. Segundo o art. 1º, parágrafo único, da Lei nº 8.072/90, com as alterações da Lei nº 13.964, de 2019, só a posse ou porte ilegal de arma de fogo de uso proibido é hediondo.

Logo, a sequência correta hoje seria: V, F, F,F.

2) Gabarito oficial: letra "e", face ao disposto no art. 2º, inciso I da Lei nº 8.072/90, os crimes hediondos, a prática da tortura, o tráfico ilícito de entorpecentes e drogas afins e o terrorismo são insuscetíveis de anistia, graça e indulto**.** A letra "a" está errada porque, segundo o art. 1º da Lei nº 8.072/90**,** também se classificam como hediondos se forem tentados. A letra "b" está errada, porque apesar de existir essa previsão na lei de crimes hediondos, a mesma foi declarada inconstitucional no HC 111840 do STF, como explicado na obra. A letra "c" está errada, porque associação para o tráfico (artigo 35 Da lei 11343 de 2006) e o tráfico privilegiado (33,§4º do mesmo diploma)não são equiparados a hediondos. A letra "d" está errada, pois o fato de ser o crime hediondo não é condição suficiente para o juiz majorar acima da pena base.

3) Gabarito oficial: letra "e"

a) O rol das atribuições do Ministério público não é exaustivamente previsto na Lei de Execuções Penais;

B) Correta, como veremos na explicação da letra "e";

c) Correta, como veremos na explicação da letra "e";

d) Anistia extingue todos os efeitos penais, inclusive a reincidência

e) Correta, face ao disposto no art. 5º da CF, XLIII, que diz que a lei considerará crimes inafiançáveis e insuscetíveis de graça ou anistia a prática da tortura, o tráfico ilícito de entorpecentes e drogas afins, o terrorismo e os definidos como crimes hediondos, por eles respondendo os mandantes, os executores e os que, podendo evitá-los, se omitirem. Quanto ao indulto, pode ser pleno (quando extingue totalmente a pena) ou parcial, também chamado comutação (quando diminui ou substitui a pena).

4) Gabarito oficial: letra "d". Justificativa:

I. correto (Art. 20 da Lei n. 7.716/1989. Praticar, induzir ou incitar a discriminação ou preconceito de raça, cor, etnia, religião ou procedência nacional. Pena: reclusão de um a três anos e multa. § 1º Fabricar, comercializar, distribuir ou veicular símbolos, emblemas, ornamentos, distintivos ou propaganda que utilizem a cruz suástica ou gamada, para fins de divulgação do nazismo. Pena: reclusão de dois a cinco anos e multa.)

II. correto. "Revela-se contrário ao sistema jurídico, por subverter o princípio da proteção integral do menor inimputável, impor ao adolescente – que eventualmente pratique ato infracional consistente em possuir drogas para consumo próprio – a medida extraordinária de internação, pois nem mesmo a pessoa maior de dezoito anos de idade, imputável, pode sofrer a privação da liberdade por efeito de transgressão ao art. 28 da Lei nº 11.343/2006. Precedente". Habeas Corpus 124.682. Relator: MIN. Celso de Mello (16/12/2014)

III. correto (Art. 1º da Lei n. 9.455/1997 Constitui crime de tortura: I – constranger alguém com emprego de violência ou grave ameaça, causando-lhe sofrimento físico ou mental: (...) c) em razão de discriminação racial ou religiosa;

IV. Errado, pois declarada a inconstitucionalidade do artigo que impunha regime inicial de cumprimento de pena para crimes hediondos, tal qual decidido pelo Supremo Tribunal Federal nos autos do HC 111 840. Assim, deve o regime inicial ser fixado com base no disposto no artigo 33, § 2º, do CP, ainda que estejamos diante de crime hediondo.

5) **Gabarito oficial: letra "d"**, face ao disposto no art. 1º da Lei nº 8.072/90 que traz o rol de crimes hediondos e em seu inciso VII indica o gabarito dessa questão.

a) Errado, pois, como destacado na questão acima, foi declarada pelo STF a inconstitucionalidade do artigo que determina regime inicial de cumprimento de pena para crimes hediondos (HC 111 840), devendo o regime inicial ser fixado com base no disposto no artigo 33,§2º, do CP.

b) A assertiva estava errada na época de sua elaboração e continua errada, agora por motivos distintos. Posse ou porte ilegal de arma de fogo de uso permitido não é mais considerado crime hediondo com as alterações da Lei nº 13.964 de 2019;

c) Crimes hediondos não admitem indulto;

d) Não está vedada a possibilidade de recurso em liberdade para o condenado por crime hediondo.

6) **Gabarito oficial: letra "e".** A questão atualmente precisaria ser toda revisada, porque o delito de furto, quando qualificado pelo emprego de explosivo, está inserido no rol taxativo dos crimes considerados hediondos (art 1º. IX – furto qualificado pelo emprego de explosivo ou de artefato análogo que cause perigo comum (art. 155, § 4º-A). (Incluído pela Lei nº 13.964, de 2019). Outrossim, a posse e porte de arma de fogo de uso restrito não mas é considerado crime hediondo,

devendo-se notar que o parágrafo único do artigo primeiro somente trata do porte de arma de fogo de uso proibido como crime hediondo. (Parágrafo único. Consideram-se também hediondos, tentados ou consumados: (Redação dada pela Lei nº 13.964, de 2019) II - o crime de posse ou porte ilegal de arma de fogo de uso proibido, previsto no art. 16 da Lei nº 10.826, de 22 de dezembro de 2003).

7) **Gabarito oficial: letra "d".** O tráfico privilegiado não é crime hediondo. Aliás, A regra é atualmente é trazida pelo artigo 112,§5º, da Lei 7210 de 1984 (§ 5º Não se considera hediondo ou equiparado, para os fins deste artigo, o crime de tráfico de drogas previsto no § 4º do art. 33 da Lei nº 11.343, de 23 de agosto de 2006.) A arma de fogo desmuniciada e desmontada pode ser considerado objeto material do delito de porte ilegal de arma de fogo. Configura-se o crime de corrupção de menor em relação àquele já afeito à prática de atos infracionais, consoante Súmula 500 do STJ. A associação para o tráfico de drogas é crime autônomo e pode existir sem a prova da materialidade do crime fim.

9

INTERCEPTAÇÃO TELEFÔNICA

LEI Nº 9.296, DE 24 DE JULHO DE 1996

Regulamenta o inciso XII, parte final, do art. 5º da Constituição Federal.

CAPÍTULO I
DAS DISPOSIÇÕES GERAIS

Art. 1º A interceptação de comunicações telefônicas, de qualquer natureza, para prova em investigação criminal e em instrução processual penal, observará o disposto nesta Lei e dependerá de ordem do juiz competente da ação principal, sob segredo de justiça.

Parágrafo único. O disposto nesta Lei aplica-se à interceptação do fluxo de comunicações em sistemas de informática e telemática.

Âmbito de proteção da Lei nº 9.296/1996. O título da Lei nº 9.296/96 assevera que este diploma legal regulamenta o inciso XII, parte final, do artigo 5º da Constituição Federal. Em que pese tratar, especificamente, sobre a interceptação das comunicações telefônicas, o parágrafo único do artigo 1º estende os dispositivos legais para a interceptação do fluxo de comunicações em sistemas de informática e telemáticas.

A Constituição da República Federativa do Brasil de 1988 previu um extenso rol de direitos e garantias fundamentais. Nesse contexto, mais especificamente no artigo 5º, XII, da Carta, estão resguardados o sigilo da correspondência e das comunicações telegráficas, de dados e das comunicações telefônicas, *"salvo, no último caso, por ordem judicial, nas hipóteses e na forma que a lei estabelecer para fins de investigação criminal ou instrução processual penal"*.

A própria CRFB/1988 fez uma ressalva quanto à necessidade de ordem judicial para o que chamou de "último caso", o que gerou por parte da doutrina e da jurisprudência entendimentos de modo a esclarecer o que estaria coberto pela reserva de jurisdição, principalmente se seriam os "dados" ou tudo o que estivesse entre vírgulas ("de dados e das comunicações telefônicas").

Art. 5º Todos são iguais perante a lei, sem distinção de qualquer natureza, garantindo-se aos brasileiros e aos estrangeiros residentes no País a inviolabilidade do direito à vida, à liberdade, à igualdade, à segurança e à propriedade, nos termos seguintes:

XII - é inviolável o sigilo da correspondência e das comunicações telegráficas, de dados e das comunicações telefônicas, salvo, no último caso, por ordem judicial, nas hipóteses e na forma que a lei estabelecer para fins de investigação criminal ou instrução processual penal;

Além disso, a CRFB/1988 prevê três requisitos para que a interceptação telefônica seja possível: a previsão legal; a ordem judicial e a destinação, qual seja, a investigação criminal ou instrução processual penal. De acordo com o julgado do Supremo Tribunal Federal, abaixo transcrito, fica evidenciada a excepcionalidade da medida:

(...) a Lei 9.296/1996 nada mais fez do que estabelecer as diretrizes para a resolução de conflitos entre a privacidade e o dever do Estado de aplicar as leis criminais. Em que pese ao caráter excepcional da medida, o inciso XII possibilita, expressamente, uma vez preenchidos os requisitos constitucionais, a interceptação das comunicações telefônicas. E tal permissão existe pelo simples fato de que os direitos e garantias constitucionais não podem servir de manto protetor a práticas ilícitas. (...). Nesse diapasão, não pode vingar a tese da impetração de que o fato de a autoridade judiciária competente ter determinado a interceptação telefônica dos pacientes, envolvidos em investigação criminal, fere o direito constitucional ao silêncio, a não autoincriminação. [HC 103.236, voto do rel. min. Gilmar Mendes, j. 14-6-2010, 2ª T, DJE de 3-9-2010.]

Corroborando o âmbito de proteção idealizado pela parte inicial do artigo 5º, XII, da CRFB/1988, o Código Penal traz em seu bojo dispositivos que preveem condutas típicas relacionadas à violação de correspondências e situações afins, conforme artigos 151 e seguintes, daquele diploma legal.

Violação de correspondência

Art. 151 - Devassar indevidamente o conteúdo de correspondência fechada, dirigida a outrem:

Pena - detenção, de um a seis meses, ou multa.

Sonegação ou destruição de correspondência

§ 1º - Na mesma pena incorre:

I - quem se apossa indevidamente de correspondência alheia, embora não fechada e, no todo ou em parte, a sonega ou destrói;

Violação de comunicação telegráfica, radioelétrica ou telefônica

II - quem indevidamente divulga, transmite a outrem ou utiliza abusivamente comunicação telegráfica ou radioelétrica dirigida a terceiro, ou conversação telefônica entre outras pessoas;

> III - quem impede a comunicação ou a conversação referidas no número anterior;
>
> IV - quem instala ou utiliza estação ou aparelho radioelétrico, sem observância de disposição legal.
>
> § 2º - As penas aumentam-se de metade, se há dano para outrem.
>
> § 3º - Se o agente comete o crime, com abuso de função em serviço postal, telegráfico, radioelétrico ou telefônico:
>
> Pena - detenção, de um a três anos.
>
> § 4º - Somente se procede mediante representação, salvo nos casos do § 1º, IV, e do § 3º.

Já o Código de Processo Penal tem previsão legal no sentido de permitir busca e apreensão de cartas, estejam abertas ou não, que se encontrem em poder do acusado ou sejam destinadas a ele, no caso de suspeita de que o conteúdo auxilie na elucidação do fato criminoso objeto de apuração. Tal dispositivo corrobora a ideia segundo a qual o sigilo das correspondências pode ser mitigado. É o que pode se observar na transcrição abaixo:

> Art. 240. A busca será domiciliar ou pessoal.
>
> § 1º Proceder-se-á à busca domiciliar, quando fundadas razões a autorizarem, para:
>
> f) apreender cartas, abertas ou não, destinadas ao acusado ou em seu poder, quando haja suspeita de que o conhecimento do seu conteúdo possa ser útil à elucidação do fato;

O sigilo das correspondências dos presos também é objeto de mitigação, haja vista a normativa prevista no artigo 41, XV, c/c art. 41, parágrafo único, ambos da Lei nº 7.210/1984, Lei de Execução Penal (LEP):

> Art. 41 - Constituem direitos do preso:
>
> XV - contato com o mundo exterior por meio de correspondência escrita, da leitura e de outros meios de informação que não comprometam a moral e os bons costumes.
>
> Parágrafo único. Os direitos previstos nos incisos V, X e XV poderão ser suspensos ou restringidos mediante ato motivado do diretor do estabelecimento.

A respeito disto, o STF se posicionou no sentido de ser possível a violação do sigilo das correspondências (também entendido como sigilo epistolar) dos presos:

> A administração penitenciária, com fundamento em razões de segurança pública, de disciplina prisional ou de preservação da ordem jurídica, pode, sempre excepcionalmente, e desde que respeitada a norma inscrita no art. 41, parágrafo único, da Lei 7.210/1984, proce-

> der à interceptação da correspondência remetida pelos sentenciados, eis que a cláusula tutelar da inviolabilidade do sigilo epistolar não pode constituir instrumento de salvaguarda de práticas ilícitas. [HC 70.814, rel. min. Celso de Mello, j. 1º-3-1994, 1ª T, DJ de 24-6-1994.]

O artigo 5º, XII, da CRFB/1988 compõe o rol de direitos e garantias fundamentais. Porém, como é cediço, não estamos diante de direitos absolutos, que não possam vir a ser mitigados em face de circunstâncias que assim permitam. O STF, guardião da Constituição, por diversas vezes já assinalou neste sentido, o que pode ser traduzido pela jurisprudência da Corte, indicando este caminho, ao prever que:

> Os direitos e garantias individuais não têm caráter absoluto. Não há, no sistema constitucional brasileiro, direitos ou garantias que se revistam de caráter absoluto, mesmo porque razões de relevante interesse público ou exigências derivadas do princípio de convivência das liberdades legitimam, ainda que excepcionalmente, a adoção, por parte dos órgãos estatais, de medidas restritivas das prerrogativas individuais ou coletivas, desde que respeitados os termos estabelecidos pela própria Constituição. O estatuto constitucional das liberdades públicas, ao delinear o regime jurídico a que estas estão sujeitas – e considerado o substrato ético que as informa – permite que sobre elas incidam limitações de ordem jurídica, destinadas, de um lado, a proteger a integridade do interesse social e, de outro, a assegurar a coexistência harmoniosa das liberdades, pois nenhum direito ou garantia pode ser exercido em detrimento da ordem pública ou com desrespeito aos direitos e garantias de terceiros. [MS 23.452, rel. min. Celso de Mello, j. 16-9-1999, P, DJ de 12-5-2000.]
>
> Recurso ordinário em habeas corpus (...) Interceptação telefônica alegadamente baseada em suposta denúncia anônima. Ausência de investigação preliminar. Não ocorrência. Demonstração nos autos de que a autoridade policial procedeu a diligências prévias para colher subsídios sobre eventual ocorrência de crimes(...) Procedimento devidamente fundamentado e em consonância com a jurisprudência da Suprema Corte. Precedentes. Afirmada inexistência de indícios razoáveis da autoria e participação nas supostas infrações penais. Aventada possibilidade de apuração de condutas ilícitas por meios diversos (art. 2º, incisos I e II, da Lei nº 9.296/96). Matéria que exige aprofundado revolvimento fático-probatório, o qual a via estreita do habeas corpus não admite. Precedentes. Excesso de prazo e ilegalidade das prorrogações da interceptação telefônica além do lapso temporal previsto na lei de regência. Não ocorrência. Possibilidade de se prorrogar o prazo de autorização para essa medida por períodos sucessivos quando a intensidade e a complexidade das condutas delitivas investigadas assim o demandarem. Precedentes. Interceptação telemática e prorrogações. Mencionada incompatibilidade do parágrafo

único do art. 1º da Lei nº 9.296/96 com o art. 5º, inciso XII, da Constituição Federal. Inconstitucionalidade não verificada. Inexistência no ordenamento jurídico constitucional vigente de garantias individuais de ordem absoluta. Doutrina e precedentes. Exceção constitucional ao sigilo que alcança as comunicações de dados telemáticos, visto que cláusula tutelar da inviolabilidade não pode constituir instrumento de salvaguarda de práticas ilícitas (HC nº 70.814/SP, Primeira Turma, Relator o Ministro Celso de Mello, DJ de 24/6/94). Recurso ordinário não provido. (...). 7. O Supremo Tribunal Federal já decidiu pela licitude da "interceptação telefônica, determinada em decisão judicial fundamentada, quando necessária, como único meio de prova, à apuração de fato delituoso" (Inq nº 2.424/RJ, Pleno, Relator o Ministro Cezar Peluso, DJe de 26/3/10). 8. Inexiste excesso de prazo ou ilegalidade nas prorrogações da interceptação telefônica além do lapso temporal previsto na lei de regência, pois, além de justificadas as subsequentes prorrogações, o magistério jurisprudencial da Corte legitimou a possibilidade de se prorrogar o prazo de autorização para essa medida por períodos sucessivos quando a intensidade e a complexidade das condutas delitivas investigadas assim o demandarem, sendo igualmente dispensável prévia instauração de inquérito para tanto (RHC nº 118.055/PR, Primeira Turma, de minha relatoria, DJe de 3/11/11). 9. A interceptação telemática e as suas prorrogações não padecem de vício de inconstitucionalidade. 10. O Supremo Tribunal, em julgamento paradigmático, reconheceu, já sob a égide do ordenamento constitucional vigente, que o sigilo de correspondência não é absoluto, tendo esta Corte conferido validade à interceptação da correspondência remetida pelos sentenciados, "eis que a cláusula tutelar da inviolabilidade do sigilo epistolar não pode constituir instrumento de salvaguarda de práticas ilícitas" (HC nº 70.814/SP, Primeira Turma, Relator o Ministro Celso de Mello, DJ de 24/6/94). 11. Em face da concepção constitucional moderna de que inexistem garantias individuais de ordem absoluta, mormente com escopo de salvaguardar práticas ilícitas (v.g. HC nº 70.814/SP), a exceção constitucional ao sigilo alcança as comunicações de dados telemáticos, não havendo que se cogitar de incompatibilidade do parágrafo único do art. 1º da Lei nº 9.296/96 com o art. 5º, inciso XII, da Constituição Federal. Precedente e doutrina [...] (STF, Segunda Turma. RHC 132115/PR. RECURSO ORDINÁRIO EM HABEAS CORPUS. Relator (a): Min. DIAS TOFFOLI. Julgamento em 06/02/2018. Publicação em DJe-223. DIVULG 18-10-2018. PUBLIC 19-10-2018, sem grifo no original) AGRAVO REGIMENTAL EM HABEAS CORPUS (...) DEFERIMENTO JUDICIAL DE INTERCEPTAÇÕES TELEFÔNICAS. ALEGADA NULIDADE POR AUSÊNCIA DE FUNDAMENTAÇÃO. NÃO OCORRÊNCIA. 1. Nos termos do inciso XII, do artigo 5º da Constituição Federal, a interceptação telefônica dependerá de ordem judicial (cláusula de reserva jurisdicional), que, de acordo com o art. 1º da Lei nº 9.296/96, deverá ser expedida pelo juiz competente para a ação principal, em decisão devidamente fundamentada que demonstre sua conveniência e indispensabilidade (STF, Pleno, Inq. 2.424, Rel. Min. CEZAR PELUSO, decisão: 26/11/2008; STF, 1ª T., HC 94.028 Rel. Min. CARMEN LUCIA, decisão: 22/4/2009; STF, HC 103.418/PE, Rel. Min. DIAS TOFFOLI Informativo STF nº 648; STF, 2ª T., HC 96.056/PE Rel. Min. GILMAR MENDES, decisão: 28/6/2011. No Superior Tribunal de Justiça, conferir: STJ, 5ª T., HC 104.005/RJ Rel. Min. JORGE MUSSI, decisão: 8/11/2011 [...] (STF, Primeira Turma. HC 170220 AgR/PB. AG.REG. NO HABEAS CORPUS. Relator(a): Min. ALEXANDRE DE MORAES. Julgamento em 24/06/2019. Publicação em DJe-167. DIVULG 31-07-2019. PUBLIC 01-08-2019).

O segredo de justiça imposto pela parte final do artigo 1º da Lei nº 9.296/96. Durante o prazo deferido para realização da medida de interceptação telefônica, o material que tenha sido produzido deverá ser juntado ao inquérito ou processo num apenso sigiloso (entendendo-se sob a alcunha de "segredo de justiça", sem confundirmos com o mero sigilo característico do inquérito policial, por exemplo), no qual, em relação ao material já obtido e juntado, somente as partes interessadas (Juiz, Membro do MP, Delegado de Polícia e o Advogado do acusado) terão acesso.

Os dispositivos Constitucionais que embasam esta medida são o artigo 5º, LX, e artigo 93, IX, ambos da CRFB/1988, como podemos visualizar a seguir:

> Art. 5º Todos são iguais perante a lei, sem distinção de qualquer natureza, garantindo-se aos brasileiros e aos estrangeiros residentes no País a inviolabilidade do direito à vida, à liberdade, à igualdade, à segurança e à propriedade, nos termos seguintes:
>
> LX – a lei só poderá restringir a publicidade dos atos processuais quando a defesa da intimidade ou o interesse social o exigirem;
>
> Art. 93. Lei complementar, de iniciativa do Supremo Tribunal Federal, disporá sobre o Estatuto da Magistratura, observados os seguintes princípios:
>
> IX todos os julgamentos dos órgãos do Poder Judiciário serão públicos, e fundamentadas todas as decisões, sob pena de nulidade, podendo a lei limitar a presença, em determinados atos, às próprias partes e a seus advogados, ou somente a estes, em casos nos quais a preservação do direito à intimidade do interessado no sigilo não prejudique o interesse público à informação; *(Redação dada pela Emenda Constitucional nº 45, de 2004)*

É importante destacar, então, que se porventura o segredo de justiça seja violado, poderá o agente incorrer no crime previsto no artigo 10 da Lei nº 9.296/96.

Recomendação CNJ nº 80/2020. Já no final do ano de 2020, o Conselho Nacional de Justiça (CNJ) expediu a Recomendação nº 80, afirmando que nos casos de *habe-*

as corpus impetrados questionando a legalidade de ordens de interceptação telefônica, de informática ou telemática, recomenda-se aos órgãos julgadores que observem a necessidade de manutenção do sigilo legal das informações provenientes dos autos processuais em que prolatada a ordem de interceptação, a fim de se evitar o seu acesso por terceiros que não sejam os réus e investigados sujeitos à interceptação ou seus procuradores.

A interceptação de comunicações telefônicas. A Lei que versa especificamente sobre comunicações telefônicas surgiu somente em 1996. Entre o período de 1988 e 1996 as interceptações eram autorizadas pelos juízes com base no artigo 57, II, alínea "e", da Lei nº 4.117/1962 (Código Brasileiro de Telecomunicações).

No entanto, em que pese a existência de fundamentação legal, o mencionado artigo do Código Brasileiro de Telecomunicações não foi recepcionado pela CRFB/1988, razão pela qual o entendimento do STF era no sentido da impossibilidade da interceptação telefônica, ainda que houvesse autorização judicial, em investigação criminal ou instrução processual penal, caracterizando-se, por via de consequência, prova ilícita:

> O art. 5º, XII, da Constituição, que prevê, excepcionalmente, a violação do sigilo das comunicações telefônicas para fins de investigação criminal ou instrução processual penal, não é autoaplicável: exige lei que estabeleça as hipóteses e a forma que permitam a autorização judicial. Precedentes. Enquanto a referida lei não for editada pelo Congresso Nacional, é considerada prova ilícita a obtida mediante quebra do sigilo das comunicações telefônicas, mesmo quando haja ordem judicial (CF, art. 5º, LVI). O art. 57, II, a, do Código Brasileiro de Telecomunicações não foi recepcionado pela atual Constituição, a qual exige numerus clausus para a definição das hipóteses e formas pelas quais é legítima a violação do sigilo das comunicações telefônicas. A garantia que sumário 100 Art. 5º, XII a Constituição dá, até que a lei o defina, não distingue o telefone público do particular, ainda que instalado em interior de presídio, pois o bem jurídico protegido é a privacidade das pessoas, prerrogativa dogmática de todos os cidadãos. [HC 72.588, rel. min. Maurício Corrêa, j. 12-6-1996, P, DJ de 4-8-2000.]

Para fins de registro e diferenciação, devemos entender como **interceptação telefônica** a captação, a interferência feita por uma terceira pessoa em determinada conversa telefônica, sem o conhecimento dos interlocutores.

Desde logo é preciso registrar, também, o conceito de **escuta telefônica**, que nada mais é do que a captação da conversa telefônica realizada por uma terceira pessoa com o conhecimento de uma delas, sem que o outro interlocutor saiba.

Entende-se por **gravação telefônica** a captação de uma conversa telefônica por um dos próprios interlocutores. O STF se manifestou sobre a legalidade desta situação, quando não estivermos diante de causa legal de sigilo ou de reserva da conversação, vale dizer, desde que não atinjam o direito à intimidade (artigo 5º, X, da CRFB/1988).

> A gravação de conversa telefônica feita por um dos interlocutores, sem conhecimento do outro, quando ausente causa legal de sigilo ou de reserva da conversação não é considerada prova ilícita. [AI 578.858 AgR, rel. min. Ellen Gracie, j. 4-8-2009, 2ª T, DJE de 28-8-2009.]

Por fim, com relação à destinação, o artigo 5º, XII, da CRFB/1988 informa que as interceptações telefônicas devem ser realizadas para fins de investigação criminal ou instrução processual penal. Isto inclui a possibilidade de que seja deferida ainda no curso do andamento do Inquérito Policial.

Lei nº 9.296/96 e Lei nº 12.965/16. Interceptação telefônica. Busca e apreensão. Diferenciação entre as medidas cautelares aplicáveis. Dados dinâmicos (interceptação). Dados estáticos (busca e apreensão). Jurisprudência. As Leis nos 12.965/2014 (arts. 7º, II e III; 10; 22, parágrafo único) e 9.296/1996 (arts. 2º e 5º) possuem dispositivos legais que objetivam tutelar o fluxo das comunicações em sistemas de informática e telemática, isto é, proteger a fluência da comunicação "em andamento", diversamente do que ocorre quando são recolhidos aparelhos informáticos em decorrência de busca e apreensão domiciliar, nos quais os dados são "estáticos".

Em se tratando de dados estáticos, pode o próprio mandado de busca e apreensão conter autorização deferindo o acesso aos dados estáticos contidos no material coletado. Assim, a cláusula absoluta de reserva de jurisdição se limita à comunicação dos dados (informações dinâmicas) e não aos dados em si (informações estáticas). Vale conferir os recentes julgados da Quinta e Sexta Turmas do STJ:

> HABEAS CORPUS. ACESSO ILEGAL A DADOS DE CELULAR. IRRELEVÂNCIA. CUSTÓDIA DECRETADA COM FUNDAMENTO DIVERSO. SEGREGAÇÃO FUNDADA NO ART. 312 DO CÓDIGO DE PROCESSO PENAL (...) 3. A Lei n. 9.296/1996 restringe-se às comunicações telefônicas e de sistemas de informática e telemática, não se estendendo aos dados já registrados nos respectivos aparelhos. Não obstante, o fato de o texto legal não tutelar os dados e registros já contidos em aparelhos telefônicos e afins não permite que a polícia devasse a intimidade dos investigados a pretexto de obter provas do crime e de sua autoria, o que só é admitido mediante prévia autorização judicial [...] (STJ, **QUINTA TURMA**. HC 487050/SC. HABEAS CORPUS. Relator(a) Ministro JORGE MUSSI. Julgamento em 26/03/2019. Publicação/Fonte em **DJe 09/04/2019**).

> HABEAS CORPUS (...) BUSCA E APREENSÃO. FUNDAMENTAÇÃO DA DECISÃO. EXISTÊNCIA. ACESSO AO CONTEÚDO DAS MÍDIAS APREENDIDAS. LEGALIDADE (...) 3. Determinadas informações, por se entrelaçarem com aspectos ligados à personalidade, devem ser

objeto de proteção em grau mais elevado. Por isso, a Constituição protege a intimidade e a vida privada (art. 5º, X da CF), que abrangem uma série de dados pessoais (bancários, fiscais etc), e também a comunicação de dados (art. 5º, XII, da CF), por via telefônica, telemática ou outro meio. Nesse contexto se insere a busca e apreensão domiciliar, que se sujeita à reserva absoluta de jurisdição (art. 5º, XI, da CF). A validade da busca e da apreensão somente é considerada legal quando imprescindíveis às investigações e condicionadas à existência de elementos concretos que as justifiquem. Precedentes. **4. A cláusula absoluta de reserva de jurisdição se limita à comunicação dos dados - que deve ser compreendida como informações dinâmicas -, e não aos dados em si - considerados como informações estáticas -, que possuem proteção distinta, conforme entendimento jurisprudencial.** Isso significa que a existência de sigilo não deve ser confundida com cláusula de reserva de jurisdição. **5. Na hipótese de o equipamento (computador, pen drive, HD externo etc) haver sido apreendido em busca e apreensão domiciliar, o próprio mandado judicial pode facultar o acesso às informações que nele constem. Por isso, não há óbice para que a autoridade policial ou o Ministério Público solicite, em sua representação pela autorização de busca e apreensão, que seja deferido o acesso aos dados estáticos contidos no material coletado.** 6. As Leis n. 12.965/2014 e 9.296/1996 possuem dispositivos legais que objetivam tutelar o fluxo das comunicações em sistemas de informática e telemática, isto é, proteger a fluência da comunicação em andamento, diversamente do que ocorre quando são recolhidos aparelhos informáticos em decorrência de busca e apreensão domiciliar, nos quais os dados são estáticos. Em virtude disso, é incorreta a avaliação dos requisitos necessários para a interceptação do fluxo de comunicações, a fim de aferir a possibilidade de acesso as informações estáticas que estão armazenadas em aparelhos recolhidos em busca e apreensão domiciliar [...] (STJ, **SEXTA TURMA**. HC 444024/PR. HABEAS CORPUS. Relator(a) Ministro SEBASTIÃO REIS JÚNIOR. Relator(a) p/ Acórdão Ministro ROGERIO SCHIETTI CRUZ. Julgamento em 02/04/2019. Publicação/ Fonte em **DJe 02/08/2019**, sem grifo no original).

HABEAS CORPUS (...) ACESSO A FOTOGRAFIAS CONTIDAS EM APARELHO CELULAR. AUSÊNCIA DE AUTORIZAÇÃO JUDICIAL. PRÉVIO CONSENTIMENTO DO PROPRIETÁRIO. ILICITUDE NÃO CONFIGURADA. COAÇÃO ILEGAL INEXISTENTE. 1. A Constituição Federal, no artigo 5º, incisos X e XII, prescreve como sendo invioláveis "a intimidade, a vida privada, a honra e a imagem das pessoas", bem como "o sigilo da correspondência e das comunicações telegráficas, de dados e das comunicações telefônicas, salvo, no último caso, por ordem judicial, nas hipóteses e na forma que a lei estabelecer para fins de investigação criminal ou instrução processual penal". 2. A partir dos aludidos comandos constitucionais, foi editada a Lei 9.296/1996, que, regulamentando a parte final do inciso XII do artigo 5º da Carga Magna, dispõe, no artigo 1º, que "a interceptação de comunicações telefônicas, de qualquer natureza, para prova em investigação criminal e em instrução processual penal, observará o disposto nesta Lei e dependerá de ordem do juiz competente da ação principal, sob segredo de justiça". 3. A Lei 9.296/1996 restringe-se às comunicações telefônicas e de sistemas de informática e telemática, não se estendendo, assim, aos dados já registrados nos respectivos aparelhos. Precedente do STF. 4. Contudo, o fato de a Lei 9.296/1996 não tutelar os dados e registros já contidos em aparelhos telefônicos e afins, não permite que a polícia devasse a intimidade dos investigados a pretexto de obter provas do crime e de sua autoria, o que só é admitido mediante prévia autorização judicial. Precedentes do STJ. 5. Na espécie, não obstante os policiais tenham acessado o conteúdo do aparelho celular sem prévia autorização judicial, agiram com consentimento do próprio paciente, o que afasta a eiva articulada na impetração. Precedentes. (STJ, **QUINTA TURMA**. HC 512963/SP. HABEAS CORPUS. Relator(a) Ministro JORGE MUSSI. Julgamento em 15/08/2019. Publicação/Fonte em **DJe 22/08/2019**). No mesmo sentido: STJ, T5 - QUINTA TURMA. HC 423794/SC. HABEAS CORPUS. Relator(a) Ministro JORGE MUSSI. Julgamento em 07/02/2019. Publicação/Fonte em DJe 15/02/2019.

Na mesma esteira segue o entendimento do STF: "*não há violação do art. 5º. XII, da Constituição que, conforme se acentuou na sentença, não se aplica ao caso, pois não houve 'quebra de sigilo das comunicações de dados (interceptação das comunicações), mas sim apreensão de base física na qual se encontravam os dados, mediante prévia e fundamentada decisão judicial'*", pois "*a proteção a que se refere o art.5º, XII, da Constituição, é da comunicação 'de dados' e não dos 'dados em si mesmos', ainda quando armazenados em computador*" [cf. voto no MS 21.729, Pleno, 5.10.95, red. Néri da Silveira – RTJ 179/225, 270] (STF, Tribunal Pleno. RE 418416/SC. RECURSO EXTRAORDINÁRIO. Relator(a): Min. SEPÚLVEDA PERTENCE. Julgamento em 10/05/2006. Publicação em DJ 19-12-2006. PP-00037. EMENT VOL-02261-06 PP-01233, sem grifo no original).

Vale ressaltar que o STJ já se pronunciou, em vários momentos, que é considerado ilícito o acesso a dados mantidos em aparelho celular diretamente por autoridades policiais, sem prévia autorização judicial (HC n. 392.466/CE, Sexta Turma, DJe 12/3/2018). Já, no RHC n. 51.531/RO (Sexta Turma, DJe 9/5/2016), reconheceu que "*ilícita é a devassa de dados, bem como das conversas de Whatsapp, obtidas diretamente pela polícia em celular apreendido no flagrante, sem prévia autorização judicial*".

Assim, a jurisprudência do STJ firmou-se no sentido de ser ilícita a prova oriunda do acesso aos dados armazenados no aparelho celular, relativos a mensagens de texto, SMS, conversas por meio de aplicativos (WhatsApp), obtidos diretamente pela polícia no momento da prisão em flagrante, sem prévia autorização judicial (STJ, Quinta Turma. HC 537274/MG. Relator(a) Ministro LEOPOLDO DE ARRUDA RAPOSO (DESEMBARGADOR CONVOCADO DO TJ/PE). Julgamento em 19/11/2019. Publicação/Fonte em DJe 26/11/2019) podendo, todavia, como visto, ser deferida autorização para acesso ao conteúdo apreendido no próprio mandado de busca e apreensão do aparelho. Aliás, vamos além. A autorização é a ela inerente, sob pena de tornar a medida cautelar inócua. Confira o recente julgado da Sexta Turma do STJ que reflete o posicionamento da Corte Superior:

> HABEAS CORPUS. LATROCÍNIO (...) FUNDAMENTAÇÃO DA DECISÃO QUE DETERMINOU A BUSCA E APREENSÃO. DEVASSAS NOS SMARTPHONES APREENDIDOS. INTERCEPTAÇÕES TELEFÔNICAS E NO APLICATIVO WHATSAPP. EXISTÊNCIA DE AUTORIZAÇÃO JUDICIAL PRÉVIA. AUSÊNCIA DE PROVA SOBRE A QUEBRA DA CADEIA DE CUSTÓDIA. CONDENAÇÃO QUE NÃO TEVE POR BASE NENHUMA PROVA ORIUNDA DA DEVASSA NOS APARELHOS APREENDIDOS (...) 2. A decisão de busca e apreensão tem fundamento válido e apresentou justa causa, preenchendo os requisitos do art. 14 da Lei 9.296/96, pois nela consta que "a materialidade do delito restou demonstrada pela ocorrência policial de nº 22481/2018, relatório da autoridade policial com análise das imagens de videomonitoramento na data e local do fato em suas proximidades, além dos depoimentos colhidos", e "no caso dos autos os dados colhidos que a prova em questão não pode ser feita por outros meios disponíveis, posto que os elementos possíveis de serem colhidos já o foram, sendo que o presente expediente pressupõe a ocorrência do crime de homicídio punido com pena de reclusão". 3. Não se verifica a alegada "quebra da cadeia de custódia", pois nenhum elemento veio aos autos a demonstrar que houve adulteração da prova, alteração na ordem cronológica dos diálogos ou mesmo interferência de quem quer que seja, a ponto de invalidar a prova. 4. Esta Corte Superior entende que "na pressuposição da ordem de apreensão de aparelho celular ou smartphone está o acesso aos dados que neles estejam armazenados, sob pena de a busca e apreensão resultar em medida írrita, dado que o aparelho desprovido de conteúdo simplesmente não ostenta virtualidade de ser utilizado como prova criminal" (RHC 75.800/PR, Rel. Ministro FELIX FISCHER, QUINTA TURMA, julgado em 15/09/2016, DJe 26/09/2016) [...] (STJ, **SEXTA TURMA**. HC 574.131/RS, Rel. Ministro NEFI CORDEIRO, julgado em 25/08/2020, DJe 04/09/2020, sem grifo no original).

Vale destacar que, no julgamento do RHC 86.076-MT (Rel. Min. Sebastião Reis Júnior, Rel. Acd. Min. Rogerio Schietti Cruz, por maioria, julgado em 19/10/2017, DJe 12/12/2017, veiculado no Informativo nº 617 de 09 de fevereiro de 2018), a Sexta Turma do STJ reconheceu a validade da quebra de sigilo de conversações via aplicativo Whatsapp, sem prévia autorização judicial (dados e conversas registradas no Whatsapp), em aparelho de propriedade da vítima falecida (desnecessidade de autorização judicial) ao entender que "*não há ilegalidade na perícia de aparelho de telefonia celular pela polícia, sem prévia autorização judicial, na hipótese em que seu proprietário – a vítima – foi morto, tendo o referido telefone sido entregue à autoridade policial por sua esposa*".

Acesso à agenda telefônica do celular do investigado. Desnecessidade de autorização judicial. A propósito do tema, recente decisão da Quinta Turma do STJ (REsp 1782386/RJ) reconheceu que é válida a prova produzida a partir da agenda telefônica de um investigado – cujo acesso ocorreu durante abordagem policial e sem autorização judicial – por entender que os dados constantes da agenda do celular não estão abrangidos pela proteção constitucional do sigilo telefônico ou de dados telemáticos (art. 5º, XII, da CRFB), sendo certo que os incisos II e III do artigo 6º do CPP autorizam a autoridade policial, no caso da ocorrência de uma infração penal, a "*apreender os objetos que tiverem relação com o fato*", assim como a "*colher todas as provas que servirem para o esclarecimento do fato e suas circunstâncias*". Importante esse posicionamento, pois permite inferir que como a ilicitude desta prova não abarcou a agenda telefônica e chamadas registradas no aparelho (serendipidade), não haveria qualquer ilicitude nas interceptações telefônicas posteriormente realizadas com base nos dados obtidos na agenda telefônica (fonte independente).

> RECURSO ESPECIAL. TRÁFICO DE DROGAS. USO DE DADOS CONTIDOS NA AGENDA TELEFÔNCIA SEM AUTORIZAÇÃO JUDICIAL. VALIDADE. SITUAÇÃO NÃO ALBERGADA PELO SIGILO TELEFÔNICO OU TELEMÁTICO (...) 1. A Corte de origem reconheceu a nulidade da prova obtida, haja vista que os policiais militares acessaram a agenda de contatos telefônicos existentes no celular de um dos réus. 2. "O aparelho celular configura-se, concomitantemente, como um objeto capaz de assegurar a portabilidade de registros e informações de conteúdo pessoal e receptáculo de tecnologias de informação (especialmente aplicativos), que faz o papel de concector entre o usuário e múltiplos veículos de informação e facilitadores" (Revista Brasileira de Ciências Criminais 2019 - RBCrim nº 156, de autoria do Doutor Ricardo Jacobsen Gloeckner e da Mestre Daniela Dora Eilberg, pág. 359). 3. O inciso XII do art. 5º da Constituição veda o acesso a dados decorrentes de interceptação telefônica ou telemática, ainda que armazenados no aparelho celular, sem a correspondente autorização judicial. 4. No caso, como autorizado pelo Código de Processo Penal - CPP foi apreendido o telefone celular de um acusado e analisados os dados constantes da sua agenda telefônica, a qual não tem a garantia de proteção do sigilo telefô-

nico ou de dados telemáticos, pois a agenda é uma das facilidades oferecidas pelos modernos aparelhos de smartphones a seus usuários. 5. Assim, deve ser reconhecida como válida a prova produzida com o acesso à agenda telefônica do recorrido, com o restabelecimento da sentença condenatória, determinando-se que a Corte a quo continue a apreciar a apelação [...] (STJ, **QUINTA TURMA**. REsp 1782386/RJ, Rel. Ministro JOEL ILAN PACIORNIK, julgado em 15/12/2020, **DJe 18/12/2020**, sem grifo no original).

PENAL E PROCESSO PENAL. AGRAVO REGIMENTAL NO RECURSO ESPECIAL. LEI Nº 12.850/2013. ORGANIZAÇÃO CRIMINOSA. CONSULTA DA AGENDA TELEFÔNICA E REGISTROS DE CHAMADAS EXISTENTES NO APARELHO CELULAR. AUSÊNCIA DE AUTORIZAÇÃO JUDICIAL. LEGALIDADE DA PROVA. CONDENAÇÃO POR OUTROS MEIOS (...) 1. Esta Corte Superior entende que a devassa nos dados constantes no aparelho celular, como mensagens de texto e conversas por meio de aplicativos, diretamente pela polícia, sem autorização judicial, constitui meio de prova ilícito e, consequentemente, os dados obtidos não podem constituir prova, devendo ser excluídos dos autos. No entanto, no presente caso, a Corte local informou ter havido acesso aos registros telefônicos e à agenda do aparelho celular apreendido com um dos envolvidos, dados esses não abarcados pela reserva de jurisdição prevista no art. 5º, XII, da Constituição Federal, não podendo se falar em ilegalidade da referida prova. - Precedentes: AgRg no REsp n. 1.760.815/PR, Ministra Laurita Vaz, Sexta Turma, DJe 13/11/2018 e HC n. 91.867/PA, Ministro Gilmar Mendes, Segunda Turma, DJe 20/9/2012. 2. Ademais, verifica-se que a pretendida relação entre os dados constantes do aparelho de um dos acusados com as interceptações telefônicas não é certa e absoluta, notadamente diante da existência de informe anônimo, datado de 16/11/2016, noticiando parte dos números interceptados. 3. Além disso, mesmo que assim não fosse, a condenação do acusado não se baseou única e exclusivamente nos dados extraídos do celular em questão, mas em uma série de outros elementos, devidamente acostados aos autos, não podendo falar em ilicitude por derivação das demais provas ("Teoria da árvore envenenada") e, muito menos, em nulidade absoluta do processo.- No ponto, disse a Corte de origem: Assim, mesmo que se admita que os números cuja interceptação se postulou foram obtidos a partir dos dados extraídos do celular apreendido [...], como a ilicitude desta prova não abarcou a agenda telefônica e chamadas registradas no aparelho, não haveria qualquer ilicitude das interceptações telefônicas posteriormente realizadas. Não bastasse isso, de notar que a pretendida relação entre os dados constantes do aparelho de (...) com as interceptações telefônicas não é certa e absoluta, no-

> tadamente diante da existência de informe anônimo (...) noticiando parte dos números interceptados (...) Ademais, a representação policial ora em discussão teve lugar após intensas investigações, inclusive com troca de informações entre Ministério Público, Agência de Inteligência da Polícia Militar e Polícia Civil, após a divulgação pela mídia do surgimento e crescimento da organização criminosa ora denunciada no município de Caxias do Sul, não se baseando única e exclusivamente nos dados extraídos do celular (...), mas em uma série de outros elementos, devidamente acostados aos autos e que serão melhor analisados mais adiante, não havendo falar em ilicitude por derivação das demais provas e, muito menos, em nulidade absoluta do processo (...) (STJ, **QUINTA TURMA**. AgRg no REsp 1853702/RS, Rel. Ministro REYNALDO SOARES DA FONSECA, julgado em 23/06/2020, **DJe 30/06/2020**).

Acesso à conta de e-mail (conteúdo dos dados armazenados). Desnecessidade de demonstração dos requisitos do art. 2º da Lei nº 9.296/96. Segundo posicionamento da Terceira Seção do STJ, o conteúdo de comunicação privada armazenada em conta de e-mail depende de prévia autorização judicial (art. 5º, X, da CRFB/88). Todavia, diferentemente do que acontece com as interceptações telefônicas e com o fluxo de comunicações pela internet, independe dos requisitos estabelecidos no art. 2º, da Lei nº 9.296/1996, em face da incidência, específica e posterior, do previsto no art. 7º, III, da Lei nº 12.965/2014 - Marco Civil da Internet (que estabeleceu requisitos mais flexíveis), do poder geral de cautela e da teoria dos poderes implícitos:

> RECURSO EM MANDADO DE SEGURANÇA. DIREITO À PRIVACIDADE E À INTIMIDADE. DETERMINAÇÃO DE QUEBRA DO SIGILO DO REGISTRO DE ACESSO À INTERNET. FORNECIMENTO DE IPS. DETERMINAÇÃO QUE NÃO INDICA PESSOA INDIVIDUALIZADA. AUSÊNCIA DE ILEGALIDADE OU DE VIOLAÇÃO DOS PRINCÍPIOS E GARANTIAS CONSTITUCIONAIS (...) 1. Os direitos à vida privada e à intimidade fazem parte do núcleo de direitos relacionados às liberdades individuais, sendo, portanto, protegidos em diversos países e em praticamente todos os documentos importantes de tutela dos direitos humanos. No Brasil, a Constituição Federal, no art. 5º, X, estabelece que: "são invioláveis a intimidade, a vida privada, a honra e a imagem das pessoas, assegurado o direito a indenização pelo dano material ou moral decorrente de sua violação". A ideia de sigilo expressa verdadeiro direito da personalidade, notadamente porque se traduz em garantia constitucional de inviolabilidade dos dados e informações inerentes a pessoa, advindas também de suas relações no âmbito digital. 2. Mesmo com tal característica, o direito ao sigilo não possui, na compreensão da jurisprudência pátria, dimensão absoluta. De fato, embora deva ser preservado na sua essência, este Superior Tribunal de Justiça, assim

como a Suprema Corte, entende que é possível afastar sua proteção quando presentes circunstâncias que denotem a existência de interesse público relevante, invariavelmente por meio de decisão proferida por autoridade judicial competente, suficientemente fundamentada, na qual se justifique a necessidade da medida para fins de investigação criminal ou de instrução processual criminal, sempre lastreada em indícios que devem ser, em tese, suficientes à configuração de suposta ocorrência de crime sujeito à ação penal pública. 3. Na espécie, a ordem judicial direcionou-se a dados estáticos (registros), relacionados à identificação de aparelhos utilizados por usuários que, de alguma forma, possam ter algum ponto em comum com os fatos objeto de investigação por crimes de homicídio. 4. A determinação do Magistrado de primeiro grau, de quebra de dados informáticos estáticos, relativos a arquivos digitais de registros de conexão ou acesso a aplicações de internet e eventuais dados pessoais a eles vinculados, é absolutamente distinta daquela que ocorre com as interceptações das comunicações, as quais dão acesso ao fluxo de comunicações de dados, isto é, ao conhecimento do conteúdo da comunicação travada com o seu destinatário. Há uma distinção conceitual entre a quebra de sigilo de dados armazenados e a interceptação do fluxo de comunicações. Decerto que o art. 5º, X, da CF/88 garante a inviolabilidade da intimidade e da privacidade, inclusive quando os dados informáticos constarem de banco de dados ou de arquivos virtuais mais sensíveis. Entretanto, o acesso a esses dados registrados ou arquivos virtuais não se confunde com a interceptação das comunicações e, por isso mesmo, a amplitude de proteção não pode ser a mesma. 5. Os dispositivos que se referem às interceptações das comunicações indicados pelos recorrentes não se ajustam ao caso sub examine. Deveras, o procedimento de que trata o art. 2º da Lei n. 9.296/1996, cujas rotinas estão previstas na Resolução n. 59/2008 (com alterações ocorridas em 2016) do CNJ, os quais regulamentam o art. 5º, XII, da CF, não se aplica a procedimento que visa a obter dados pessoais estáticos armazenados em seus servidores e sistemas informatizados de um provedor de serviços de internet. A quebra do sigilo de dados, na hipótese, corresponde à obtenção de registros informáticos existentes ou dados já coletados. 6. Não há como pretender dar uma interpretação extensiva aos referidos dispositivos, de modo a abranger a requisição feita em primeiro grau, porque a ordem é dirigida a um provedor de serviço de conexão ou aplicações de internet, cuja relação é devidamente prevista no Marco Civil da Internet, o qual não impõe, entre os requisitos para a quebra do sigilo, que a ordem judicial especifique previamente as pessoas objeto da investigação ou que a prova da infração (ou da autoria) possa ser realizada por outros meios. 7. Os arts. 22 e 23 do Marco Civil da Internet, em complemento ao art. 10, parágrafo único, que tratam especificamente do procedimento de que cuidam os autos, não exigem a indicação ou qualquer elemento de individualização pessoal na decisão judicial. Assim, para que o magistrado possa requisitar dados pessoais armazenados por provedor de serviços de internet, mostra-se satisfatória a indicação dos seguintes elementos previstos na lei: a) indícios da ocorrência do ilícito; b) justificativa da utilidade da requisição; e c) período ao qual se referem os registros. Não é necessário, portanto, que o magistrado fundamente a requisição com indicação da pessoa alvo da investigação, tampouco que justifique a indispensabilidade da medida, ou seja, que a prova da infração não pode ser realizada por outros meios, o que, aliás, seria até, na espécie - se houvesse tal obrigatoriedade legal - plenamente dedutível da complexidade e da dificuldade de identificação da autoria mediata dos crimes investigados. 8. Logo, a quebra do sigilo de dados armazenados, assim entendida a requisição mediante ordem judicial de registros de conexão e acesso à internet, de forma autônoma ou associada a outros dados pessoais e informações, não obriga a autoridade judiciária a indicar previamente as pessoas que estão sendo investigadas, até porque o objetivo precípuo dessa medida, na expressiva maioria dos casos, é justamente de proporcionar a identificação do usuário do serviço ou do terminal utilizado. 9. Conforme dispõe o art. 93, IX, da CF, "todos os julgamentos dos órgãos do Poder Judiciário serão públicos, e fundamentadas todas as decisões, sob pena de nulidade, podendo a lei limitar a presença, em determinados atos, às próprias partes e a seus advogados, ou somente a estes, em casos nos quais a preservação do direito à intimidade do interessado no sigilo não prejudique o interesse público à informação". Na espécie, tanto os indícios da prática do crime, como a justificativa quanto à utilização da medida e o período ao qual se referem os registros foram minimamente explicitados pelo Magistrado de primeiro grau. 10. Quanto à proporcionalidade da quebra de dados informáticos, ela é adequada, na medida em que serve como mais um instrumento que pode auxiliar na elucidação dos delitos, cuja investigação se arrasta por mais de dois anos, sem que haja uma conclusão definitiva; é necessária, diante da complexidade do caso e da não evidência de outros meios não gravosos para se alcançarem os legítimos fins investigativos; e, por fim, é proporcional em sentido estrito, porque a restrição a direitos fundamentais que dela redundam - tendo como finalidade a apuração de crimes dolosos contra a vida, de repercussão internacional - não enseja gravame às pessoas eventualmente afetadas, as quais não terão seu sigilo de dados registrais publicizados, os quais, se não constatada sua conexão com o fato investigado, serão descartados. 11. Logo, a ordem judicial para quebra do sigilo dos registros, delimitada por parâmetros de pesquisa em determinada região e por período de tempo, não se mostra medida desproporcional, porquanto, tendo como norte a apuração de gravíssimos crimes cometidos por agentes públicos contra as vidas de três pessoas - mormente a de quem era alvo da emboscada, pessoa dedicada, em sua atividade parlamentar, à defesa dos direitos de minorias que sofrem com a ação desse segmento podre da estrutura estatal fluminense - não impõe risco desmedido à privacidade e à intimidade dos usuários possivelmente atingidos pela diligência questionada [...] (STF, **TERCEIRA SEÇÃO**. RMS 60.698/RJ, Rel. Ministro ROGERIO SCHIETTI CRUZ, julgado em 26/08/2020, **DJe 04/09/2020**). No mesmo sentido: RMS 61.302/RJ, Rel. Ministro ROGERIO SCHIETTI CRUZ, TERCEIRA SEÇÃO, julgado em 26/08/2020, DJe 04/09/2020; RMS 62.143/RJ, Rel. Ministro ROGERIO SCHIETTI CRUZ, TERCEIRA SEÇÃO, julgado em 26/08/2020, DJe 08/09/2020.

DIREITO PENAL E PROCESSUAL PENAL. AGRAVO REGIMENTAL NO HABEAS CORPUS SUBSTITUTIVO DE RECURSO PRÓPRIO (...) NULIDADE. PROVA ILÍCITA. CONVERSAS POR MEIO DE APLICATIVO. WHATSAPP. ACESSO SEM AUTORIZAÇÃO. TELEFONE CELULAR DE TERCEIRO. VÍCIO RECONHECIDO. ELEMENTOS PROBATÓRIOS INDEPENDENTES CAPAZES DE SUSTENTAR O JUÍZO CONDENATÓRIO. PRECEDENTES (...) III - Os dados armazenados nos aparelhos celulares decorrentes de envio ou recebimento de dados via mensagens SMS, programas ou aplicativos de troca de mensagens (dentre eles o WhatsApp), ou mesmo por correio eletrônico, dizem respeito à intimidade e à vida privada do indivíduo, sendo, portanto, invioláveis, nos termos do art. 5°, X, da Constituição Federal. Assim, na esteira da jurisprudência deste Sodalício, os dados decorrentes de comunicações realizadas por meio de comunicação telefônica ou pela internet, como mensagens ou caracteres armazenados em aparelhos celulares, são invioláveis, somente podendo ser acessados mediante prévia autorização judicial. Confira-se: REsp n. 1.661.378/MG, Sexta Turma, Relª. Minª. Maria Thereza de Assis Moura, DJe de 30/05/2017; e RHC n. 75.055/DF, Quinta Turma, Rel. Min. Ribeiro Dantas, DJe de 27/3/2017. <u>Ademais importante ressaltar que a jurisprudência das duas Turmas da Terceira Seção deste Tribunal Superior firmou-se no sentido de ser ilícita a prova obtida diretamente dos dados constantes de aparelho celular, decorrentes de mensagens de textos SMS, conversas por meio de programa ou aplicativos ("WhatsApp"), mensagens enviadas ou recebidas por meio de correio eletrônico, obtidos diretamente pela polícia no momento do flagrante, sem prévia autorização judicial para análise dos dados armazenados no telefone móvel. Nesse diapasão: RHC n. 92.009/RS, Quinta Turma, de minha relatoria, DJe de 16/04/2018;</u>

RHC n. 73.998/SC, Quinta Turma, Rel. Min. Joel Ilan Pacionik, DJe de 19/02/2018; HC n. 366.302/RJ, Quinta Turma, Rel. Min. Jorge Mussi, DJe de 19/12/2017; RHC n. 89.385/SP, Sexta Turma, Rel. Min. Rogerio Schietti Cruz, DJe de 28/08/2018 [...] (STJ, **QUINTA TURMA**. AgRg no HC 611.762/SC, Rel. Ministro FELIX FISCHER, julgado em 20/10/2020, **DJe 26/10/2020**).

EMBARGOS DE DECLARAÇÃO NO AGRAVO REGIMENTAL EM RECURSO ORDINÁRIO EM MANDADO DE SEGURANÇA. COMUNICAÇÃO PRIVADA. ARMAZENAMENTO EM CONTA DE E-MAIL. QUEBRA DO SIGILO. POSSIBILIDADE. CRIMES PUNIDOS COM DETENÇÃO. IRRELEVÂNCIA. DECISÃO JUDICIAL. PODER GERAL DE CAUTELA. TEORIA DOS PODERES IMPLÍCITOS. OMISSÃO. INEXISTÊNCIA. ART. 2º, DA LEI N. 9.296/1996. NÃO INCIDÊNCIA. ART. 7º, III, DA LEI N. 12.965/2014. APLICAÇÃO. ART. 5º, X e XII, DA CF. HARMONIA (...) 2. A quebra de sigilo de conteúdo de comunicação privada armazenada em conta de e-mail depende de prévia autorização judicial, mediante decisão devidamente fundamentada, a qual, porém, diferentemente do que acontece com as interceptações telefônicas e com o fluxo de comunicações pela internet, independe dos requisitos estabelecidos no art. 2º, da Lei n. 9.296/1996, em face da incidência, específica e posterior, do previsto no art. 7º, III, da Lei n. 12.965/2014 - Marco Civil da Internet, do poder geral de cautela e da teoria dos poderes implícitos. 3. O art. 7º, III, da Lei 12.965/2014, se encontra em completa harmonia com os incisos X e XII do art. 5º da Constituição Federal, sendo legítima a sua opção de prever requisitos diferentes e mais flexíveis para a quebra do sigilo de dados privados já armazenados quando comparados com as exigências para a interceptação telefônica e de fluxo das comunicações pela internet [...] (STJ, **QUINTA TURMA**. EDcl no AgRg no RMS 63.492/AC, Rel. Ministro RIBEIRO DANTAS, julgado em 17/11/2020, **DJe 23/11/2020**). No mesmo sentido: STJ, QUINTA TURMA. AgRg no RMS 63.492/AC, Rel. Ministro RIBEIRO DANTAS, julgado em 25/08/2020, DJe 03/09/2020.

Interceptação telefônica e prova emprestada. Processo administrativo disciplinar. A jurisprudência dos Tribunais Superiores é assente no sentido da possibilidade de utilização de interceptação telefônica em processo disciplinar, como prova emprestada, desde que seja também observado no âmbito administrativo o devido processo legal, respeitados os princípios constitucionais do contraditório e ampla defesa, bem como haja expressa autorização do Juízo Criminal, responsável pela preservação do sigilo de tal prova, de sua remessa e utilização pela Administração.

Sobre o tema, podemos observar a súmula 591 do STJ, asseverando que *"É permitida a prova emprestada no processo administrativo disciplinar, desde que devidamente autorizada pelo juízo competente e respeitados o contraditório e a ampla defesa"*.

ADMINISTRATIVO (...). POSSIBILIDADE DE UTILIZAÇÃO DE PROVA EMPRESTADA. DEGRAVAÇÃO DE INTERCEPTAÇÃO TELEFÔNICA LEGALMENTE COLHIDA EM INSTRUÇÃO CRIMINAL (...) 1. O Superior Tribunal de Justiça tem acolhido a legitimidade do uso excepcional de interceptação telefônica em processo disciplinar, desde que seja também observado no âmbito administrativo o devido processo legal, respeitados os princípios constitucionais do contraditório e ampla defesa, bem como haja expressa autorização do Juízo Criminal, responsável pela preservação do sigilo de tal prova, de sua remessa e utilização pela Administração (RMS 16.429/SC, Rel. Min. MARIA THEREZA DE ASSIS MOURA, DJU 23.6.2008). 2. Tendo sido a interceptação telefônica concretizada nos exatos termos da Lei 9.296/1996, haja vista que o impetrante também responde criminalmente por sua conduta, não há que se falar em ilegalidade do uso desta prova para instruir o PAD. 3. No que concerne ao pedido de juntada do inteiro teor das degravações, é certo que o art. 156, caput da Lei 8.112/1990, com vistas a dar efetividade à garantia constitucional da ampla defesa, confere ao Servidor investigado o direito de apresentar, propor e produzir todas as provas que, ao seu juízo, possam ser úteis à defesa de seus interesses, mormente a inquirição de testemunhas. (...) (STJ, **Primeira Turma**. AgRg no RMS 35573 / RJ. AGRAVO REGIMENTAL NO RECURSO EM MANDADO DE SEGURANÇA. Relator (a) Ministro NAPOLEÃO NUNES MAIA. Julgamento em 16/06/2016. Publicação/Fonte **DJe 28/06/2016**).

(...) esta Corte firmou a orientação de que é admissível o uso de interceptações telefônicas, na forma de provas emprestadas, derivadas de processo penal, desde que tenha havido autorização judicial para tanto, como na hipótese dos autos, bem como que tenha sido dada oportunidade para o contraditório em relação a elas, como de fato verifica-se da leitura do processo administrativo." [MS 17.538/DF] (STJ, **PRIMEIRA SEÇÃO**. MS 17539/DF. MANDADO DE SEGURANÇA. Relator(a) Ministro HERMAN BENJAMIN. Julgamento em 09/11/2016. Publicação/Fonte em **DJe 29/11/2016**, sem grifo no original).

PROCESSO PENAL. CORRUPÇÃO PASSIVA E ATIVA (...) INTERCEPTAÇÃO TELEFÔNICA. AUTORIZAÇÃO JUDICIAL. CONHECIMENTO FORTUITO. PROVA EMPRESTADA. POSSIBILIDADE. PRINCÍPIOS DA EFETIVIDADE E DA UNICIDADE DE JURISDIÇÃO. PRECEDENTES (...) V - O acórdão recorrido está em consonância com a jurisprudência desta Corte, firmada no sentido da possibilidade de utilização do conteúdo obtido em ação penal diversa daquela em que a prova foi colhida em decorrência da quebra do sigilo telefônico, desde que respeitado o contraditório e a ampla defesa, em homenagem aos princípios constitucionais da economia processual e da unidade da jurisdição. Precedentes. VI - A admissão da prova emprestada decorre da aplicação dos princípios da economia processual e da unidade da jurisdição, almejando máxima efetividade do direito material com mínimo emprego de atividades processuais, aproveitando-se as provas colhidas de forma idônea perante outro juízo [...] (STJ, **Quinta Turma**. AgRg no Ag no REsp 1417563/MG. Relator(a) Ministro FELIX FISCHER. Julgamento em 17/10/2017. Publicação/Fonte em **DJe 23/10/2017**).

PROCESSUAL CIVIL E ADMINISTRATIVO. MANDADO DE SEGURANÇA INDIVIDUAL. SERVIDORA PÚBLICA FEDERAL DO QUADRO DO INSTITUTO NACIONAL DO SEGURO SOCIAL - INSS. PROCESSO ADMINISTRATIVO DISCIPLINAR (...) PROVAS EMPRESTADAS. INOCORRÊNCIA DE NULIDADE (...) IV. O Supremo Tribunal Federal adota orientação segundo a qual é possível a utilização, como prova emprestada, de interceptações telefônicas derivadas de processo penal, com autorização judicial, no processo administrativo disciplinar, desde que seja assegurada a garantia do contraditório. Precedentes [...] (STJ, **PRIMEIRA SEÇÃO**. MS 24031/DF. MANDADO DE SEGURANÇA. Relator(a) Ministra REGINA HELENA COSTA. Julgamento em 28/08/2019. Publicação/Fonte em **DJe 16/10/2019**). No mesmo sentido: STJ, Primeira Seção. MS 20513/DF. Relator(a) Ministro Napoleão Nunes Maia Filho. Julgamento em 13/12/2017. Publicação em DJe 18/12/2017.

Alterando posicionamento anterior (Inq 3.014 AgR, rel. min. Marco Aurélio, j. 13-12-2012, P, DJE de 23-9-2013), há entendimento recente da Suprema Corte no sentido da possibilidade de utilização, em processos administrativos (e cíveis), de elementos probatórios colhidos em interceptação telefônica regularmente autorizada no processo-crime, conforme se verifica nos seguintes julgados:

Direito Processual Penal. Inquérito. Prova emprestada. 1. *É assente na jurisprudência desta Corte a admissibilidade, em procedimentos administrativos ou civis, de prova emprestada produzida em processo penal, mesmo que sigilosos os procedimentos criminais*[...] (STF, **Primeira Turma**. Inq 3305 AgR /RS. AG.REG. NO INQUÉRITO. Relator (a): Min. MARCO AURÉLIO. Relator (a) p/ Acórdão: Min. ROBERTO BARROSO. Julgamento em 23/02/2016. Publicação em DJe-137 DIVULG 30-06-2016 **PUBLIC 01-07-2016**, sem grifo no original).

(...) 2. Esta Corte já assentou a legitimidade do compartilhamento de elementos probatórios colhidos por meio de interceptação telefônica autorizada judicialmente com processos criminais nos quais imputada a prática de crime punível com detenção (RE 810.906-AgR, Rel. Min. ROBERTO BARROSO, Primeira Turma, DJe de 14.9.2015; AI 626.214-AgR, Rel. Min. JOAQUIM BARBOSA, Segunda Turma, DJe de 8.10.2010; HC 83.515, Rel. Min. NELSON JOBIM, Tribunal Pleno, DJ de 4.3.2005), *e até mesmo com processos de natureza administrativa* [RMS 28.774, Rel. Min. MARCO AURÉLIO, Rel. p/ Acórdão: Min. ROBERTO BARROSO, Primeira Turma, DJe de 25.8.2016] (STF, **Segunda Turma**. Inq 3965 / DF. INQUÉRITO. Relator (a): Min. TEORI ZAVASCKI. Julgamento em 22/11/2016. Publicação em DJe-259 DIVULG 05-12-2016 **PUBLIC 06-12-2016**)

CONSTITUCIONAL E ADMINISTRATIVO. AGRAVO INTERNO NO RECURSO ORDINÁRIO EM MANDADO DE SEGURANÇA. PROCEDIMENTO ADMINISTRATIVO DISCIPLINAR. INTERCEPTAÇÃO TELEFÔNICA. PROVA EMPRESTADA DO PROCESSO PENAL. POSSIBILIDADE. INEXISTÊNCIA DE NULIDADE COMPROVADA [...] (STF, **Primeira Turma**. RMS 34786 ED-AgR/DF - DISTRITO FEDERAL. AG.REG. NOS EMB.DECL. NO RECURSO ORD. EM MANDADO DE SEGURANÇA. Relator (a): Min. ALEXANDRE DE MORAES. Julgamento em 29/06/2018. Publicação em DJe-164 DIVULG 13-08-2018 **PUBLIC 14-08-2018**)

AGRAVO INTERNO NO RECURSO EXTRAORDINÁRIO COM AGRAVO. PENAL E PROCESSUAL PENAL. CRIME DE HOMICÍDIO QUALIFICADO (...) INTERCEPTAÇÃO TELEFÔNICA. PROVA EMPRESTADA. POSSIBILIDADE. PRECEDENTES. ALEGAÇÃO DE IRREGULARIDADES NO CURSO DO INQUÉRITO POLICIAL E UTILIZAÇÃO DE PROVAS ILÍCITAS [...] (STF, **Primeira Turma**. ARE 1126981 AgR/PE. AG.REG. NO RECURSO EXTRAORDINÁRIO COM AGRAVO. Relator(a): Min. LUIZ FUX. Julgamento em 23/08/2019. Publicação em DJe-191. DIVULG 02-09-2019. **PUBLIC 03-09-2019**).

MANDADO DE SEGURANÇA. CONSELHO NACIONAL DE JUSTIÇA. REVISÃO DISCIPLINAR INSTAURADA POR REPRESENTAÇÃO DO MINISTÉRIO PÚBLICO (...) PROCESSO ADMINISTRATIVO DISCIPLINAR. UTILIZAÇÃO DE PROVA EMPRESTADA. INTERCEPTAÇÃO TELEFÔNICA INCIDENTE SOBRE TERCEIRO INVESTIGADO. NOTÍCIA DE IRREGULARIDADE NA CONDUTA DE AUTORIDADE PÚBLICA. ADMISSIBILIDADE. DECISÃO IMPUGNADA LASTREADA NO EXAME PORMENORIZADO DOS FATOS E DAS PROVAS, CUJO REEXAME NÃO PODE SE DAR NA VIA DO MANDADO DE SEGURANÇA. ORDEM DE SEGURANÇA DENEGADA. (STF, **Segunda Turma**. MS 30364, Relator(a): CÁRMEN LÚCIA, julgado em 17/03/2020, PROCESSO ELETRÔNICO DJe-091 DIVULG 16-04-2020 **PUBLIC 17-04-2020**).

AGRAVOS REGIMENTAIS NO RECURSO EXTRAORDINÁRIO COM AGRAVO. PROCESSUAL PENAL. PROVA EMPRESTADA. ADMISSIBILIDADE. OBSERVÂNCIA DO CONTRADITÓRIO E DA AMPLA DEFESA. AUSÊNCIA DE DEMONSTRAÇÃO DE PREJUÍZO. PRECEDENTES

> [...] (STF, **Segunda Turma**. ARE 1128257 AgR, Relator(a): CÁRMEN LÚCIA, julgado em 08/06/2020, PROCESSO ELETRÔNICO DJe-150 DIVULG 16-06-2020 **PUBLIC 17-06-2020**).

Art. 2º Não será admitida a interceptação de comunicações telefônicas quando ocorrer qualquer das seguintes hipóteses:

I - não houver indícios razoáveis da autoria ou participação em infração penal;

II - a prova puder ser feita por outros meios disponíveis;

III - o fato investigado constituir infração penal punida, no máximo, com pena de detenção.

Parágrafo único. Em qualquer hipótese deve ser descrita com clareza a situação objeto da investigação, inclusive com a indicação e qualificação dos investigados, salvo impossibilidade manifesta, devidamente justificada.

Requisitos para a interceptação telefônica. O artigo 2º da Lei nº 9.296/1996 revela importantes considerações a respeito da excepcionalidade da medida de interceptação telefônica. Para isso, observando-se os incisos deste artigo, podemos concluir que a interceptação somente será levada adiante se:

- **houver indícios razoáveis da autoria ou participação em infração penal;**
- **a prova somente puder ser feita através da interceptação telefônica;**
- **o fato investigado for uma infração penal punida com pena de reclusão.**

Sobre estes requisitos, tendo em vista a excepcionalidade da medida obtida com a interceptação telefônica, o legislador se preocupou em nortear critérios, porém o fez de forma negativa, cujas frases podem dar margem a interpretações equivocadas. Ademais, o mínimo que se espera numa investigação ou num processo é que se saiba quem se está investigando ou processando, ainda que outros autores venham a ser identificados no curso destes procedimentos, como veremos um pouco mais adiante.

Justamente por ser medida extrema, para que se autorize a medida de interceptação é importante demonstrar que somente através deste mecanismo é que se pode vir a chegar a determinado objetivo, vale dizer, é preciso demonstrar a imprescindibilidade da interceptação como forma de se obter a prova, tendo em vista o fracasso ou a inviabilidade de obtenção por outros meios admitidos em juízo.

Mas estes dois requisitos anteriores não estão plenamente satisfeitos se não for demonstrado que o crime em apuração é punido com reclusão. Neste ponto a doutrina tece questionamentos, haja vista que em muitas situações, como é o caso da ameaça (punida com detenção), este tipo de crime é praticado mediante a utilização de aparato telefônico.

Para que não se inviabilize totalmente a interceptação em crimes punidos com detenção, desconsiderando-se a prática destas infrações, a jurisprudência vem reconhecendo a possibilidade, desde que haja conexão com os primeiros tipos penais que justificaram a interceptação, além da legalidade da medida inicialmente deferida, como podemos observar nos julgados do STF e do STJ a seguir:

> PROCESSUAL PENAL. AGRAVO REGIMENTAL EM HABEAS CORPUS (...) 2. O STF já decidiu ser "compatível com o art. 5º, XII e LVI, o uso de prova obtida fortuitamente através de interceptação telefônica licitamente conduzida, ainda que o crime descoberto, conexo ao que foi objeto da interceptação, seja punido com detenção" (AI 626.214-AgR, Rel. Min. Joaquim Barbosa] [...] (STF, **Primeira Turma**. HC 153010 AgR/SP – SÃO PAULO. AG.REG. NO HABEAS CORPUS. Relator (a): Min. ROBERTO BARROSO. Julgamento em 29/06/2018. Publicação em DJe-157 DIVULG 03-08-2018 PUBLIC **06-08-2018**)

> DIREITO PROCESSUAL PENAL. AGRAVO REGIMENTAL EM RECURSO EXTRAORDINÁRIO. PROVA PRODUZIDA EM AÇÃO PENAL EMPRESTADA PARA UTILIZAÇÃO EM PROCESSO ADMINISTRATIVO. VALIDADE. INTERCEPTAÇÃO TELEFÔNICA. CRIMES PUNÍVEIS COM PENA DE DETENÇÃO. CRIMES CONEXOS. POSSIBILIDADE. (...) 1. O acórdão recorrido está alinhado à jurisprudência do Supremo Tribunal Federal no sentido de que é válida a utilização, em processo administrativo, de provas emprestadas no Processo Penal. Precedente. 2. "Uma vez realizada a interceptação telefônica de forma fundamentada, legal e legítima, as informações e provas coletas dessa diligência podem subsidiar denúncia com base em crimes puníveis com pena de detenção, desde que conexos aos primeiros tipos penais que justificaram a interceptação" (HC 83.515, Rel. Min. Nelson Jobim) [...] (STF, **Primeira Turma**. RE 810906 AgR/DF-DISTRITO FEDERAL. AG.REG. NO RECURSO EXTRAORDINÁRIO. Relator (a): Min. ROBERTO BARROSO. Julgamento: 04/08/2015. Publicação em DJe-181 DIVULG 11-09-2015 PUBLIC **14-09-2015**). Sem grifos no original.

> PENAL. AGRAVO REGIMENTAL NOS EMBARGOS DECLARATÓRIOS NO HABEAS CORPUS (...) INTERCEPTAÇÃO TELEFÔNICA. CRIME PUNÍVEL COM DETENÇÃO. POSSIBILIDADE (...) 6. Já decidiu esta Corte Superior pela legitimidade da prova obtida por meio de interceptação telefônica quando essa visa à apuração de delito punido com detenção, se conexo com outro crime apenado com reclusão, como no caso dos autos [...] (STJ, **SEXTA TURMA**. AgRg nos EDcl no HC 293680/PR. AGRAVO REGIMENTAL NOS EMBARGOS DE DECLARAÇÃO NO HABEAS CORPUS. Relator (a) Ministro ROGERIO SCHIETTI CRUZ. Julgamento em 15/05/2018. Publicação/Fonte em **DJe 29/05/2018**). Sem grifos no original.

> PENAL E PROCESSUAL PENAL. HABEAS CORPUS (...) ALEGAÇÃO DE NULIDADE DECORRENTE DO FATO DE A PRISÃO EM FLAGRAN-

> TE DECORRER DE INTERCEPTAÇÃO TELEFÔNICA AUTORIZADA PARA INVESTIGAR A PRÁTICA DE OUTRO CRIME. HIPÓTESE DE ENCONTRO FORTUITO DE PROVAS. COAÇÃO ILEGAL. AUSÊNCIA (...) 1. Inexiste constrangimento ilegal decorrente das interceptações telefônicas que ensejaram a prisão em flagrante do paciente, haja vista se tratar de encontro fortuito de provas. 2. É cediço, neste Superior Tribunal, que descabe se falar em nulidade das provas, quando obtidas a partir interceptação telefônica, realizada em fase inquisitorial de investigação de crime punido com pena de reclusão, em que se obtém encontro fortuito de provas de outros delitos, punidos com pena de detenção (AgRg no REsp n. 1.717.551/PA, Ministro Felix Fischer, Quinta Turma, DJe 30/5/2018) [...] (STJ, SEXTA TURMA. HC 366070/RS. HABEAS CORPUS. Relator(a) Ministro SEBASTIÃO REIS JÚNIOR. Julgamento em 08/11/2018. Publicação/ Fonte em **DJe 23/11/2018**).

A propósito do tema, destaca-se o julgado da Quinta Turma do STJ ao ir além. Mais do que permitir a utilização da apuração das infrações (punidas com detenção) encontradas fortuitamente em interceptação legalmente autorizada dado que a Lei nº 9.296/96 não proíbe sua utilização (veda apenas o deferimento da quebra do sigilo telefônico para apurar delito que não seja apenado com reclusão), a Corte Superior possui entendimento de que a autoridade policial não apenas pode, mas deve apurá-las sob pena violação de seu dever funcional. Vale conferir o julgado:

> AGRAVO REGIMENTAL. RECURSO ORDINÁRIO EM HABEAS CORPUS (...) FRAUDE À LICITAÇÃO. AÇÃO PENAL DEFLAGRADA COM BASE EM INTERCEPTAÇÃO TELEFÔNICA DECORRENTE DO COMPARTILHAMENTO DE PROVAS AUTORIZADO EM OUTRO PROCESSO. POSSIBILIDADE. IRRELEVÂNCIA DO FATO IMPUTADO AO RECORRENTE SER PUNIDO COM DETENÇÃO. QUEBRA DE SIGILO TELEFÔNICO AUTORIZADA EM INVESTIGAÇÃO EM QUE APURADOS DELITOS APENADOS COM RECLUSÃO. MÁCULA INEXISTENTE. 1. Se a autoridade policial, em decorrência de interceptações telefônicas legalmente autorizadas, tem notícia do cometimento de novos ilícitos por parte daqueles cujas conversas foram monitoradas ou mesmo de terceiros, é sua obrigação e dever funcional apurá-los, ainda que não possuam liame algum com os delitos cuja suspeita originariamente ensejou a quebra do sigilo telefônico. Doutrina. Precedentes. 2. Tal entendimento é aplicável ainda que as infrações descobertas fortuitamente sejam punidas com detenção, pois o que a Lei 9.296/1996 veda é o deferimento da quebra do sigilo telefônico para apurar delito que não seja apenado com reclusão, não proibindo, todavia, que o referido meio de prova seja utilizado quando há, durante a implementação da medida, a descoberta fortuita de

> eventuais ilícitos que não atendem a tal requisito. Precedentes do STJ e do STF [...] (STJ, QUINTA TURMA. AgRg no RHC 114.973/SC, Rel. Ministro JORGE MUSSI, julgado em 19/05/2020, DJe 27/05/2020).

Interceptação telefônica e provas ilícitas. Limitações à prova ilícita por derivação (exceções às *exclusionary rules*) aplicáveis às interceptações telefônicas com reconhecimento na jurisprudência pátria. Na jurisprudência dos Tribunais Superiores vem sendo observada certa relativização da teoria das provas ilícitas [por derivação] e interceptação telefônica (art. 157, §§ 1º e 2º, do Código de Processo Penal), conforme as seguintes situações: teoria do encontro fortuito (serendipidade); teoria da descoberta inevitável (*inevitable discovery*) e teoria ou exceção da fonte independente (*independent source*).

a) SERENDIPIDADE OU ENCONTRO FORTUITO

O Princípio da serendipidade traduz-se também como "encontro fortuito". O artigo 2º, parágrafo único, da Lei nº 9.296/96 estabelece os requisitos da decisão judicial que determina a cautelar, notadamente, a descrição clara da situação fática objeto de investigação (objetiva), bem assim a "indicação e qualificação dos investigados" (subjetiva).

Todavia, no curso da interceptação telefônica, podem surgir outros fatos penalmente relevantes, diversos daquele objeto da investigação, isto é, distintos do que motivou a decretação da medida cautelar, sendo certo que tais fatos podem envolver o próprio investigado ou outra pessoa - assim, na busca de um fato (ou pessoa), descobre-se, por acaso, outro diverso - "a descoberta fortuita", o que caracteriza o fenômeno da serendipidade.

Nesse sentido, cabe dizer que a jurisprudência pátria aceita a existência deste fenômeno. A Corte Superior pacificou entendimento no sentido da legalidade do encontro fortuito de provas, que se caracteriza pela descoberta de outros crimes ou sujeitos ativos em investigação com fim diverso.

Como pode ser observado através da leitura dos julgados (REsp 1.355.432-SP e HC 282.096-SP) veiculados nos informativos 546/2014 (Quinta Turma) e 539/2014 (Sexta Turma), respectivamente, o STJ se posicionou pela licitude da prova resultante da descoberta fortuita de delitos que não são objeto da investigação (objetiva), assim como a descoberta fortuita da alegada participação de alguém (subjetiva), até então desconhecido, na prática de crime, a partir de diligência de interceptação telefônica realizada para investigação de outro delito (serendipidade), o que não acarreta qualquer nulidade. Além disso, observe os recentes julgamentos sobre o tema, a seguir

> DIREITO PROCESSUAL PENAL. LEGALIDADE DE INTERCEPTAÇÃO TELEFÔNICA DEFERIDA POR JUÍZO DIVERSO DAQUELE COMPETENTE PARA JULGAR A AÇÃO PRINCIPAL. A sentença de pronúncia pode ser fundamentada em indícios de autoria surgidos, de forma fortuita, durante a investigação de outros crimes no decorrer de interceptação telefônica determinada por juiz diverso daquele

competente para o julgamento da ação principal. Nessa situação, não há que se falar em incompetência do Juízo que autorizou a interceptação telefônica, tendo em vista que se trata de hipótese de encontro fortuito de provas. Além disso, a regra prevista no art. 1º da Lei 9.296/1996, de acordo com a qual a interceptação telefônica dependerá de ordem do juiz competente da ação principal, deve ser interpretada com ponderação, não havendo ilegalidade no deferimento da medida por Juízo diverso daquele que vier a julgar a ação principal, sobretudo quando autorizada ainda no curso da investigação criminal. Precedente citado: RHC 32.525-AP, Sexta Turma, DJe 4/9/2013 (STJ, Quinta Turma. *REsp 1.355.432-SP*, Rel. Min. Jorge Mussi, Rel. para acórdão Min. Marco Aurélio Bellizze, julgado em 21/8/2014. Informativo nº 0546/2014).

DIREITO PROCESSUAL PENAL. DESCOBERTA FORTUITA DE DELITOS QUE NÃO SÃO OBJETO DE INVESTIGAÇÃO. O fato de elementos indiciários acerca da prática de crime surgirem no decorrer da execução de medida de quebra de sigilo bancário e fiscal determinada para apuração de outros crimes não impede, por si só, que os dados colhidos sejam utilizados para a averiguação da suposta prática daquele delito. Com efeito, pode ocorrer o que se chama de fenômeno da serendipidade, que consiste na descoberta fortuita de delitos que não são objeto da investigação. Precedentes citados: HC 187.189-SP, Sexta Turma, DJe 23/8/2013; e RHC 28.794-RJ, Quinta Turma, DJe 13/12/2012 (STJ, Sexta Turma. *HC 282.096-SP*, Rel. Min. Sebastião Reis Júnior, julgado em 24/4/2014. Informativo nº 0539/2014).

Há muito consolidado o entendimento do STJ no sentido da admissibilidade da teoria da serendipidade, tanto em sua vertente objetiva quanto subjetiva, como regra de exclusão (*serendipity*) das provas derivadas das ilícitas pela jurisprudência dos Tribunais Superiores (admissível, pois como prova lícita), a título exemplificativo:

PROCESSO PENAL. RECURSO EM HABEAS CORPUS (...) NULIDADE DE PROVAS OBTIDAS EM INTERCEPTAÇÕES TELEFÔNICAS DE INVESTIGAÇÃO DIVERSA. OPERAÇÃO MERCADOR. ENCONTRO FORTUITO DE PROVAS (SERENDIPIDADE). INOCORRÊNCIA DE NULIDADE (...) 1. A jurisprudência desta Corte é firme no sentido da adoção da teoria do encontro fortuito ou casual de provas (serendipidade). Segundo essa teoria, independentemente da ocorrência da identidade de investigados ou réus, consideram-se válidas as provas encontradas casualmente pelos agentes da persecução penal, relativas à infração penal até então desconhecida, por ocasião do cumprimento de medidas de obtenção de prova de outro delito regularmente autorizadas, ainda que inexista conexão ou continência com o crime supervenientemente encontrado e este não cumpra os requisitos autorizadores da medida probatória, desde que não haja desvio de finalidade na execução do meio de obtenção de prova. 2. No caso, conforme se extrai da exordial acusatória, o crime de evasão de divisas foi descoberto fortuitamente por meio de interceptação telefônica, decorrente de investigação diversa, no contexto da Operação Mercador, em que se apuravam crimes de contrabando e descaminho de produtos em tese praticados pelos mesmos acusados. 3. Em homenagem à perfeita aplicação da serendipidade, entende-se que as provas são lícitas, sobretudo porque originadas de interceptação telefônica em desfavor da mesma ré [...] (STJ, **QUINTA TURMA**. RHC 94803/RS. RECURSO ORDINARIO EM HABEAS CORPUS. Relator(a)Ministro RIBEIRO DANTAS. Julgamento em 04/06/2019. Publicação/Fonte em **DJe 11/06/2019**). ***Serendipidade objetiva.***

AGRAVO REGIMENTAL NO AGRAVO EM RECURSO ESPECIAL (...) INTERCEPTAÇÃO TELEFÔNICA. NULIDADE. NÃO OCORRÊNCIA (...) 7. O chamado fenômeno da serendipidade ou o encontro fortuito de provas - que se caracteriza pela descoberta de outros crimes ou sujeitos ativos em investigação com fim diverso - não acarreta qualquer nulidade [...] (STJ, **SEXTA TURMA**. AgRg no AREsp 454148/AP. AGRAVO REGIMENTAL NO AGRAVO EM RECURSO ESPECIAL. Relator(a) Ministro NEFI CORDEIRO. Julgamento em 11/06/2019. Publicação/Fonte em **DJe 25/06/2019**). ***Serendipidade subjetiva/objetiva.***

AGRAVO REGIMENTAL. INTERCEPTAÇÃO TELEFÔNICA. NULIDADE. NÃO OCORRÊNCIA. ENCONTRO FORTUITO DE PROVAS. SERENDIPIDADE (...) 1. No momento da intensificação da investigação, é comum o surgimento de novos elementos probatórios que permitam evidenciar infrações ou envolvimento de outros agentes, mostrando-se necessário o desdobramento da persecução para melhor elucidação dos fatos. 2. Evidenciada a prática dos crime em diversas localidades, não há ilicitude no encontro fortuito de provas pela incidência do princípio da serendipidade [...] (STJ, **SEXTA TURMA**. AgRg no AREsp 1428500/RS, Rel. Ministro NEFI CORDEIRO, julgado em 16/06/2020, **DJe 23/06/2020**). ***Serendipidade objetiva.***

HABEAS CORPUS. TRÁFICO DE DROGAS, ASSOCIAÇÃO PARA O TRÁFICO E CORRUPÇÃO ATIVA (...) ILICITUDE DA PROVA. ILEGALIDADE NÃO EVIDENCIADA. FUNDAMENTAÇÃO IDÔNEA (...) 5. Configurada a hipótese de encontro fortuito de provas, decorrente de medida de interceptação telefônica judicialmente autorizada, não há irregularidade na investigação levada a efeito para identificar novas pessoas acidentalmente reveladas pela prova, notadamente quando se trata de investigação relacionada a membros de uma organização criminosa com várias ramificações, responsáveis pela prática de tráfico de drogas e de armas [...] (STJ, **SEXTA TURMA**. HC 526.535/RJ, Rel. Ministro NEFI CORDEIRO, julgado em 23/06/2020, **DJe 05/08/2020**). ***Serendipidade subjetiva.***

PENAL. AGRAVO REGIMENTAL NO RECURSO ESPECIAL (...) INTERCEPTAÇÃO TELEFÔNICA. SERENDIPIDADE. POSSIBILIDADE (...) 5. A jurisprudência desta Corte é firme no sentido da adoção da teoria do encontro fortuito ou casual de provas (serendipidade). Segundo essa teoria, independentemente da ocorrência da identidade de investigados ou réus, consideram-se válidas as provas encontradas casualmente pelos agentes da persecução penal, relativas à infração penal até então desconhecida, por ocasião do cumprimento de medidas de obtenção de prova de outro delito regularmente autorizadas, ainda que inexista conexão ou continência com o crime supervenientemente encontrado e este não cumpra os requisitos autorizadores da medida probatória, desde que não haja desvio de finalidade na execução do meio de obtenção de prova [...] (STJ, **QUINTA TURMA**. AgRg no REsp 1752564/SP, Rel. Ministro RIBEIRO DANTAS, julgado em 17/11/2020, **DJe 23/11/2020**). ***Serendipidade objetiva.***

HABEAS CORPUS. TRÁFICO DE DROGAS E ASSOCIAÇÃO PARA O NARCOTRÁFICO. NULIDADES. CONDENAÇÃO TRANSITADA EM JULGADO. AUSÊNCIA DAS HIPÓTESES DO ART. 621 DO CPP. CONSTRANGIMENTO ILEGAL NÃO EVIDENCIADO. ORDEM DENEGADA (...) 2. Descobertos fortuitamente, durante o monitoramento judicialmente autorizado, novos fatos criminosos, com a consequente identificação de pessoas inicialmente não relacionadas no pedido da medida probatória - tais como o ora paciente -, mas que possuem estreita ligação com o objeto da investigação, é válida a interceptação telefônica como meio de prova. 3. As provas resultantes de uma interceptação judicialmente autorizada não podem ser interpretadas como ilegais ou inconstitucionais simplesmente porque o objeto da interceptação não era o fato posteriormente descoberto, até porque seria impensável, em autêntico nonsense jurídico, entender como nula toda prova obtida ao acaso [...] (STJ, **SEXTA TURMA**. HC 613.985/DF, Rel. Ministro ROGERIO SCHIETTI CRUZ, julgado em 07/12/2020, **DJe 15/12/2020**). ***Serendipidade subjetiva/objetiva.***

No mesmo sentido segue a recente jurisprudência do STF ao afirmar que:

AGRAVO REGIMENTAL NO HABEAS CORPUS. PENAL E PROCESSUAL PENAL. CRIME DE CORRUPÇÃO PASSIVA. ARTIGO 317 DO CÓDIGO PENAL. ALEGADA NULIDADE PROCESSUAL. **INTERCEPTAÇÃO TELEFÔNICA. SUPOSTA DESOBEDIÊNCIA AO DISPOSTO NO ARTIGO 2º DA LEI 9.296/96. ENCONTRO FORTUITO DE PRO-**

> **VAS. ADMISSIBILIDADE. INCIDÊNCIA DO PRINCÍPIO DO "PAS DE NULLITÉ SANS GRIEF".** [...] 2**. Os elementos de prova colhidos de forma fortuita em interceptação telefônica válida são legítimos à luz da teoria da serendipidade. Precedentes: HC 129.678, Primeira Turma, relator p/ acórdão, min. Alexandre de Moraes, Dje de 18/8/2017; HC 106.152, Primeira Turma, rel. min. Rosa Weber, DJe de 24/5/2016.** 3. A decisão judicial tem que ser fundamentada (artigo 93, IX, CF/88), ainda que sucintamente, sendo prescindível que o decisum se funde na tese suscitada pela parte. Precedentes: AI 783.503-AgR, Primeira Turma, rel. min. Dias Toffoli, DJe de 16/9/2014; RE 724.151-AgR, Segunda Turma, rel. min. Cármen Lúcia, DJe de 28/10/2013. 4. O artigo 93, IX, da CF, resta observado diante da fundamentação clara e suficiente, embora sucinta, realizada pelo Tribunal de origem sobre a necessidade de se permitir a excepcional quebra do sigilo telefônico. 5. Na hipótese sub examine, a partir de interceptações telefônicas destinadas a apurar possível comercialização de celas na cadeia pública de Foz do Iguaçu/PR, houve o encontro fortuito de indícios de participação do paciente em crimes tipificados no artigo 317 do Código Penal, o que ensejou a ampliação da quebra de sigilo telefônico, a fim de incluir o ora agravante [...] (STF, Primeira Turma. HC 167550 AgR/PR. AG.REG. NO HABEAS CORPUS. Relator(a): Min. LUIZ FUX. Julgamento em 23/08/2019. Publicação em DJe-191. DIVULG 02-09-2019. PUBLIC 03-09-2019, sem grifos no original).

Vale destacar, ainda, o seguinte trecho de outro julgado do STF:

> AGRAVO REGIMENTAL NO HABEAS CORPUS. PENAL E PROCESSO PENAL. CRIMES DE TRÁFICO ILÍCITO DE ENTORPECENTES E DE ASSOCIAÇÃO PARA O TRÁFICO. ARTIGOS 33 E 35 DA LEI 11.343/06. (...) **INTERCEPTAÇÃO TELEFÔNICA. APLICABILIDADE DA TEORIA DO JUÍZO APARENTE. ENCONTRO FORTUITO DE PROVAS. ADMISSIBILIDADE (...)** 2. **Nas interceptações telefônicas validamente determinadas é passível a ocorrência da serendipidade, pela qual, de forma fortuita, são descobertos delitos que não eram objetos da investigação originária**. Precedentes: HC 106.152, Primeira Turma, Rel. Min. Rosa Weber, DJe de 24/05/2016 e HC 128.102, Primeira Turma, Rel. Min. Marco Aurélio, DJe de 23/06/2016 [...] (STF, 1ª Turma. HC 137438 AgR/SP. Relator (a) Min. LUIZ FUX. Julgamento em 26/05/2017. Publicação em DJe-133. DIVULG 19-06-2017. PUBLIC 20-06-2017, sem grifos no original).
>
> (...) A validade da investigação não está condicionada ao resultado, mas à observância do devido processo legal. Se o emprego de método especial de investigação, como a interceptação telefônica, foi validamente autorizado, a descoberta fortuita, por ele propiciada, de

> outros crimes que não os inicialmente previstos **não padece de vício, sendo as provas respectivas passíveis de ser consideradas e valoradas no processo penal** [...] (STF, Primeira Turma. HC 106152/MS. HABEAS CORPUS. Relator (a): Min. ROSA WEBER. Julgamento em 29/03/2016. Publicação em DJe-106 DIVULG 23-05-2016 PUBLIC 24-05-2016, sem grifos no original).

Cabível, também, a análise de recente Informativo de Jurisprudência do STF nº 911 (de 13 a 17 de agosto de 2018. TÍTULO. Encontro fortuito de provas e foro por prerrogativa de função. Processo n.º MS 34751/CE, rel. Min. Marco Aurélio, julgamento em 14.8.2018), segundo a notícia:

> "A Primeira Turma denegou mandado de segurança impetrado contra decisão do Conselho Nacional do Ministério Público (CNMP) que aplicou a promotor de justiça a pena de disponibilidade compulsória, com proventos proporcionais, e determinou ao Procurador-Geral de Justiça a formalização de processo judicial destinado à perda do cargo. O processo disciplinar decorreu de provas obtidas no bojo de inquérito policial que apurava a prática de homicídio por policiais militares. Nesse contexto, foi efetivada interceptação telefônica que identificou supostas tratativas de promotor de justiça com o advogado dos investigados, a indicar a ocorrência de outro crime. Por essa razão, a autoridade policial comunicou o fato ao juízo original, o qual remeteu as provas ao Procurador-Geral de Justiça. O impetrante aduz a ilicitude das provas, ao fundamento de que a autoridade policial deveria ter interrompido imediatamente o inquérito, no momento em que tomou conhecimento das suas conversas, e remetido todo o processo à autoridade competente, a quem caberia decidir sobre o desmembramento do feito. **Para o colegiado, no entanto, a hipótese foi de encontro *fortuito de provas*. O telefone interceptado não era do membro do Ministério Público. Assim que se identificou que uma das vozes seria do impetrante, o qual teria praticado outro crime que sequer era objeto da investigação inicial, essa parte do procedimento foi deslocada à autoridade competente, que instaurou regular procedimento investigatório criminal"**. (STF, MS 34751/CE, Rel. Min. Marco Aurélio, julgamento em 14.8.2018. [MS-34751]). Grifo nosso.

É importante ressaltar que o mesmo raciocínio pode ser aplicado ao encontro fortuito de provas no cumprimento de mandado de busca e apreensão. Nesse sentido, vide RHC 39.412-SP, Rel. Min. Felix Fischer, julgado em 3/3/2015, DJe 17/3/2015, veiculado no Informativo n.º 557 do STJ (período: 5 a 18 de março de 2015). Destaca-se, ainda:

> (...) Quanto à prova obtida através de **busca e apreensão** autorizada judicialmente, não há ofensa ao art. 157 do CPP, pois os elementos que incriminavam os recorrentes surgiram através do que a doutrina chama de **"encontro fortuito de provas"**, que vem sendo admitido pela jurisprudência desta Corte Superior de Justiça (...) [STJ, 5ª Turma. AgRg no REsp 1254887/SC. Relator (a) Ministro JORGE MUSSI. AGRAVO REGIMENTAL NO RECURSO ESPECIAL. Julgamento em 13/10/2015. Publicação/Fonte em DJe 16/10/2015, sem grifos no original].

Com relação à serendipidade ou descoberta fortuita de provas, sua ligação com a colaboração premiada (a busca e apreensão e a interceptação telefônica) e a prerrogativa de foro, destacamos a chamada **"teoria do juiz aparente"**, conforme entendimento recente da Corte Especial do STJ. Em recente julgado, Rcl 31.629-PR (veiculado no informativo nº 612 do STJ, com publicação em 25 de outubro de 2017), foi reconhecida a incidência do fenômeno da *serendipidade ou descoberta fortuita de provas* no curso de colaboração premiada e, consequentemente, da incidência da ***teoria do juiz aparente (ou juízo aparente)***, que implica na "legítima a obtenção de elementos relacionados à pessoa que detenha foro por prerrogativa de função por juiz que até aquele momento era competente para o processamento dos fatos" tese que, inclusive, já foi acolhida pelo STF: "as provas colhidas ou autorizadas por juízo aparentemente competente à época da autorização ou produção podem ser ratificadas a posteriori, mesmo que venha aquele a ser considerado incompetente, ante a aplicação no processo investigativo da teoria do juízo aparente. Precedentes: HC 120.027, Primeira Turma, Rel. p/ Acórdão, Min. Edson Fachin, DJe de 18/02/2016 e HC 121.719, Segunda Turma, Rel. Min. Gilmar Mendes, DJe de 27/06/2016" (STF, 1ª Turma. HC 137438 AgR/SP. Relator (a) Min. LUIZ FUX. Julgamento em 26/05/2017. Publicação em DJe-133. DIVULG 19-06-2017. PUBLIC 20-06-2017). Destaca-se:

> PROCESSUAL PENAL. RECLAMAÇÃO. DENÚNCIA. ENCONTRO FORTUITO DE PROVAS. AUTORIDADE COM PRERROGATIVA DE FORO. COLABORAÇÃO PREMIADA. ART. 4º DA LEI 12.850/13. NEGÓCIO JURÍDICO PROCESSUAL. EFEITOS (...) 5. O acordo de colaboração não se confunde com seu conteúdo, razão pela qual as informações prestadas pelo colaborador podem se referir a crimes ou pessoas diversas do objeto inicial da investigação, ficando configurado, nessa hipótese, o encontro fortuito de provas. 6. Como consequência da serendipidade, aplica-se a teoria do juízo aparente, segundo a qual não há nulidade na colheita de elementos de convicção autorizada por juiz até então competente para supervisionar a investigação. 7. Ocorrendo a descoberta fortuita de indícios do envolvimento de pessoa com prerrogativa de foro, os autos de-

vem ser encaminhados imediatamente ao foro prevalente, definido segundo o art. 78, III, do CPP, o qual é o único competente para resolver sobre a existência de conexão ou continência e acerca da conveniência do desmembramento do processo [...] (STJ, **Corte Especial**. Rcl 31629/PR. Relator (a) Ministra NANCY ANDRIGHI. Julgamento em 20/09/2017. Publicação/Fonte em **DJe 28/09/2017**, sem grifo no original, veiculado no Informativo n.º 0612. Publicação: 25 de outubro de 2017).

PENAL E PROCESSUAL PENAL. RECURSO ORDINÁRIO EM HABEAS CORPUS. INQUÉRITO POLICIAL. CRIME DE HOMICÍDIO TENTADO. MEDIDA DE BUSCA E APREENSÃO DETERMINADA POR JUÍZO ESTADUAL. INDÍCIOS DA PRÁTICA DE DELITOS DE COMPETÊNCIA DA JUSTIÇA FEDERAL. CRIME CONTRA O SISTEMA FINANCEIRO. EVASÃO DE DIVISAS. POSTERIOR REMESSA À JUSTIÇA FEDERAL. JUÍZO APARENTE. SERENDIPIDADE. VALIDADE DAS PROVAS OBTIDAS DURANTE O CUMPRIMENTO DA MEDIDA. JUÍZO ATÉ ENTÃO COMPETENTE PARA AS INVESTIGAÇÕES. RECURSO DESPROVIDO. I – Esta Corte possui entendimento firmado no sentido de que "como consequência da serendipidade, aplica-se a teoria do juízo aparente, segundo a qual não há nulidade na colheita de elementos de convicção autorizada por juiz até então competente para supervisionar a investigação". (Rcl 31.629/PR, Corte Especial, Rel. Min. Nancy Andrighi, DJe 28/09/2017, grifei). [...] III – Conclui-se que, pela própria moldura fática existente até aquele momento – investigação de suposto crime contra a vida -, não há qualquer eiva de nulidade na busca e apreensão deferida pela Justiça Estadual, pois, tanto a serendipidade, quanto a competência do Juízo aparente mantêm a licitude das provas obtidas durante o cumprimento da medida constritiva [...] (STJ, **QUINTA TURMA**. RHC 67468/SP. RECURSO ORDINARIO EM HABEAS CORPUS. Relator (a) Ministro FELIX FISCHER. Julgamento em 20/03/2018. Publicação/Fonte em **DJe 26/03/2018**, sem grifo no original).

PROCESSUAL PENAL. RECURSO EM HABEAS CORPUS. OPERAÇÃO BOCA DE LOBO. ILICITUDE DAS INTERCEPTAÇÕES TELEFÔNICAS. TRANCAMENTO DA AÇÃO PENAL. JUSTA CAUSA. AUTORIDADE COM PRERROGATIVA DE FORO INVESTIGADA PERANTE JUÍZO DE PRIMEIRO GRAU. NULIDADE. NÃO OCORRÊNCIA, NOS LIMITES COGNITIVOS DO HABEAS CORPUS (...) 2. O foro por prerrogativa de função foi instituído pelo constituinte originário a ocupantes de determinados cargos em razão de sua relevância e para proteção da consecução de suas finalidades intrínsecas no âmbito da organização estatal. Desse modo, verificada a existência de conexão ratione personae, deverá ser observada a competência privilegiada para todos os atos investigatórios e instrutórios, sem que tal desiderato importe ofensa aos princípios do juiz natural e do devido processo legal. 3. "A simples menção do nome de autoridades, em conversas captadas mediante interceptação telefônica, não tem o condão de firmar a competência por prerrogativa de foro", sendo indispensável aferir se há indícios efetivos de participação de autoridades em condutas criminosas. [...] "A captação fortuita de diálogos mantidos por autoridade com prerrogativa de foro não impõe, por si só, a remessa imediata dos autos ao Tribunal competente para processar e julgar a referida autoridade, sem que antes se avalie a idoneidade e a suficiência dos dados colhidos para se firmar o convencimento acerca do possível envolvimento do detentor de prerrogativa de foro com a prática de crime" (HC 307.152-GO, Rel. Min. Sebastião Reis Júnior, Rel. para acórdão Min. Rogerio Schietti Cruz, julgado em 19/11/2015, DJe 15/12/2015 - Informativo n. 575/STJ)" (HC n. 422.642/SP, relator Ministro REYNALDO SOARES DA FONSECA, QUINTA TURMA, julgado em 25/9/2018, DJe de 2/10/2018) [...] (STJ, **SEXTA TURMA**. RHC 69618/BA. RECURSO ORDINARIO EM HABEAS CORPUS. Relator(a) Ministro ANTONIO SALDANHA PALHEIRO. Julgamento em 17/12/2019. Publicação/Fonte **DJe em 19/12/2019**).

AGRAVO REGIMENTAL NO HABEAS CORPUS. HOMICÍDIO QUALIFICADO (...) INTERCEPTAÇÃO TELEFÔNICA. NULIDADE. TEORIA DO JUÍZO APARENTE. DECLINAÇÃO PARA O JUÍZO COMPETENTE. CONSTRANGIMENTO ILEGAL INEXISTENTE (...) 2. O fato de, posteriormente à colheita de elementos durante a realização da interceptação telefônica, ter sido constatada a incompetência da Justiça Estadual, não é suficiente para invalidar os elementos probatórios colhidos, considerando que este era o juízo aparentemente competente para o processamento e julgamento do feito, considerando os elementos carreados aos autos até aquele momento [...] (STJ, **QUINTA TURMA**. AgRg no HC 510.231/RS, Rel. Ministro REYNALDO SOARES DA FONSECA, julgado em 17/12/2019, **DJe 19/12/2019**)

RECURSO ORDINÁRIO EM HABEAS CORPUS. CORRUPÇÃO. LAVAGEM DE CAPITAIS. ORGANIZAÇÃO CRIMINOSA. ALEGAÇÃO DE NULIDADE DAS INTERCEPTAÇÕES TELEFÔNICAS DECRETADA POR JUÍZO INCOMPETENTE E AUSÊNCIA FUNDAMENTAÇÃO. INOCORRÊNCIA (...) 1. O posicionamento adotado no acórdão recorrido no tocante à competência do juízo está em sintonia e aponta precedentes que refletem o posicionamento adotado nesta Corte Superior no sentido de que "o pedido de interceptação telefônica deve ser formulado perante o juízo aparente, ou seja, aquele que, pelas informações até então coletadas, parece ser competente para processar e julgar o feito" (AgRg no RHC 109.684/BA, Rel. Ministro JORGE MUSSI, QUINTA TURMA, DJe 7/6/2019) [...] (STJ, **QUINTA**

> **TURMA**. RHC 101.255/SP, Rel. Ministro JOEL ILAN PACIORNIK, julgado em 04/02/2020, **DJe 13/02/2020**)
>
> AGRAVO REGIMENTAL NO RECURSO ESPECIAL (...) INTERCEPTAÇÃO TELEFÔNICA. SERENDIPIDADE. NULIDADE. NÃO OCORRÊNCIA (...) 2. É regular a investigação a partir do encontro fortuito de provas relacionadas a terceiros na interceptação telefônica, sobretudo quando, logo após a ciência do envolvimento de agentes com prerrogativa de foro, procedeu-se à remessa dos autos à autoridade competente. 3. A análise do argumento de que a interceptação telefônica visou burlar a competência de Tribunal Regional Federal para investigar gestores municipais exigiria, de toda forma, a revisão probatória, providência inadmissível consoante o óbice da Súmula 7/STJ [...] (STJ, **SEXTA TURMA**. AgRg no REsp 1571320/AL, Rel. Ministro NEFI CORDEIRO, julgado em 18/02/2020, **DJe 03/03/2020**)
>
> AGRAVO REGIMENTAL NO RECURSO ORDINÁRIO EM HABEAS CORPUS. CRIMES CONTRA A ADMINISTRAÇÃO PÚBLICA. ASSOCIAÇÃO CRIMINOSA (...) FORO POR PRERROGATIVA DE FUNÇÃO. NULIDADE. TEORIA DO JUÍZO APARENTE (...) 3. Prevalece no Superior Tribunal de Justiça que a simples menção do nome de autoridades, em conversas captadas mediante interceptação telefônica, não tem o condão de firmar a competência por prerrogativa de foro, ou de anular os atos praticados pela autoridade aparentemente competente [...] (STJ, **QUINTA TURMA**. AgRg no RHC 123.846/PR, Rel. Ministro REYNALDO SOARES DA FONSECA, julgado em 19/05/2020, **DJe 27/05/2020**).

b) DESCOBERTA INEVITÁVEL (*INEVITABLE DISCOVERY*)

De acordo com a jurisprudência do STJ, seria possível aplicação do fenômeno da descoberta inevitável no que tange às interceptações telefônicas – vale dizer, seria válida a prova que, embora circunstancialmente decorrente de uma prova ilícita, seria obtida de qualquer forma, no curso normal das investigações.

> PENAL E PROCESSO PENAL. AGRAVO REGIMENTAL NOS EMBARGOS DE DECLARAÇÃO NO AGRAVO EM RECURSO ESPECIAL (...) 2. VIOLAÇÃO DO ART. 157, CAPUT E § 1º, DO CPP. PROVA ILÍCITA. EXISTÊNCIA DE OUTRAS PROVAS. DESCOBERTA INEVITÁVEL. ACÓRDÃO EM CONSONÂNCIA COM A JURISPRUDÊNCIA DESTA CORTE. (...) 2. Quanto à alegada violação do art. 157, caput e § 1º, do Código de Processo Penal, o Tribunal de origem assentou que "outras provas, que não a interceptação ilegal, fundamentaram a condenação (...) Consignou, outrossim, que "como bem observado na r. sentença, a participação dos acusados seria inevitavelmente descoberta 'tendo em vista que (...) tinha seu telefone legalmente interceptado e várias são as comunicações mantidas entre os

dois corréus, acerca de crimes praticados' (...). Trata-se da teoria da descoberta inevitável". Dessarte, o acórdão recorrido encontra-se em consonância com a jurisprudência do Superior Tribunal de Justiça, a qual é assente no sentido de que a prova ilícita não contamina as provas produzidas por fonte independente ou cuja descoberta seria inevitável. Incide, assim, o enunciado n. 83 da Súmula desta Corte. No mais, desconstituir a conclusão da Corte local, no sentido de que a descoberta do envolvimento do agravado seria inevitável, em virtude de manter contato telefônico frequente com outros corréus licitamente interceptados, demandaria revolvimento dos fatos e provas, o que não é possível, em virtude do óbice do enunciado n. 7 da Súmula desta Corte. [...] (STJ, **QUINTA TURMA**. AgRg nos EDcl no AREsp 1028304/SP. AGRAVO REGIMENTAL NOS EMBARGOS DE DECLARAÇÃO NO AGRAVO EM RECURSO ESPECIAL. Relator (a) Ministro REYNALDO SOARES DA FONSECA. Julgamento em 04/09/2018. Publicação/Fonte em **DJe 14/09/2018**, sem grifos no original).

RECURSO ESPECIAL. TRÁFICO DE DROGAS E ASSOCIAÇÃO PARA O TRÁFICO. PROVA. INTERCEPTAÇÕES TELEFÔNICAS E DE TEXTO CONSIDERADAS ILÍCITAS PELO TRIBUNAL DE ORIGEM. TEORIA DOS FRUTOS DA ÁRVORE ENVENENADA (FRUITS OF THE POISONOUS TREE). NÃO INCIDÊNCIA. CONDENAÇÃO BASEADA EM PROVA INDEPENDENTE E VÁLIDA. RECONHECIMENTO DO RÉU. EXISTÊNCIA DE OUTRAS PROVAS. DESCOBERTA INEVITÁVEL. ALTERAÇÃO DESSE ENTENDIMENTO. SÚMULA 7/STJ (...) 1. A ilicitude da prova, por reverberação, alcança necessariamente aquelas dela derivadas (Teoria dos Frutos da Árvore Envenenada), salvo se não houver qualquer vínculo causal com a prova ilícita (Teoria da Fonte Independente) ou, mesmo que haja, seria produzida de qualquer modo, como resultado inevitável das atividades investigativas ordinárias e lícitas (Teoria da Descoberta Inevitável) [...] (STJ, T5 – **QUINTA TURMA**. REsp 1517138/SC. RECURSO ESPECIAL. Relator(a) Ministro RIBEIRO DANTAS. Julgamento em 04/12/2018. Publicação/Fonte em **DJe 12/12/2018**).

PENAL. PROCESSUAL PENAL. AGRAVO REGIMENTAL NO RECURSO ESPECIAL. OPERAÇÃO PERSONA. IMPORTAÇÃO FRAUDULENTA DE MERCADORIA. ASSOCIAÇÃO CRIMINOSA. NULIDADE. ILICITUDE DAS PROVAS OBTIDAS PELO PARQUET. TEORIA DA DESCOBERTA INEVITÁVEL. APLICABILIDADE NO CASO CONCRETO. (...) II – Essa Corte Superior possui entendimento quanto à legitimidade de aplicação da teoria da descoberta inevitável quando demonstrado, com base em elementos concretos constantes dos autos, que a prova supostamente contaminada poderia ser obtida de forma independente (teoria da fonte independente) ou de forma inevitável, não havendo que se falar, portanto, em violação ao art. 157, caput, e §§ 1º e 2º, do Código de Processo Penal, uma vez que foi asseverado no acórdão objurgado que "diante dos indícios detectados de maneira independente pela área aduaneira da Receita Federal em face da empresa (...), os quais, inclusive, vieram a integrar o conjunto probatório da acusação, há de se reputar como inevitável a descoberta das demais provas, quer dizer, aquelas derivadas das ilícitas. Justifica-se, portanto, no presente caso, a aplicação da teoria da descoberta inevitável na forma de verdadeira restrição à doutrina dos frutos da árvore envenenada (§ 1º, do artigo 157 do CPP), pelo que fica afastada, por completo, a alegada ilicitude das provas derivadas, certo também que a discriminação das provas ilícitas ou não, bem como a valoração das que são legítimas, correspondem à apreciação do mérito" bem como, quanto à suposta ilicitude do "dôssie criminal" (...) foi apenas o conteúdo do depoimento (...) utilizado para desencadear uma investigação inicialmente no âmbito do Ministério Público Federal que coletou dados e elementos (de forma lícita como será examinado a seguir) para subsidiar pedido de interceptação telefônica deferido pelo Judiciário, bem como a continuidade das investigações pela Polícia Federal com o auxílio da Receita Federal, que culminaram na presente ação penal", o que afasta a aventada ilicitude das provas defendida pela combativa defesa. Precedentes [...] (STJ, **QUINTA TURMA**. AgRg no REsp 1771698/SP. AGRAVO REGIMENTAL NO RECURSO ESPECIAL. Relator(a) Ministro FELIX FISCHER. Julgamento em 07/02/2019. Publicação/Fonte em **DJe 19/02/2019**, sem grifos no original).

PROCESSO PENAL. HABEAS CORPUS. TRÁFICO DE ENTORPECENTES. ASSOCIAÇÃO PARA O TRÁFICO. NULIDADE. PRISÃO EM FLAGRANTE. INTERCEPTAÇÃO TELEFÔNICA. DEVASSA NÃO AUTORIZADA. PROVA ILÍCITA. PROVAS DERIVADAS. ANULAÇÃO. TEORIA DOS FRUTOS DA ÁRVORE ENVENENADA. 4. O reconhecimento da ilicitude de prova torna imprestáveis todas as que dela são derivadas, exceto se de produção independente ou de descoberta inevitável, conforme entendimento doutrinário, jurisprudencial e legal de aplicação da teoria dos frutos da árvore envenenada [...] (STJ, **SEXTA TURMA**. HC 445088/SC. HABEAS CORPUS. Relator(a) Ministro ANTONIO SALDANHA PALHEIRO. Julgamento em 03/09/2019. Publicação/Fonte em **DJe 10/09/2019**, sem grifo no original).

Recentes julgados do STJ, ainda que relativos à busca e apreensão, sinalizam o consolidado entendimento da Corte Superior pela admissibilidade da teoria da descoberta inevitável:

DIREITO PENAL E PROCESSUAL PENAL. AGRAVO REGIMENTAL NO HABEAS CORPUS SUBSTITUTIVO DE RECURSO PRÓPRIO (...) NU-

LIDADE. PROVA ILÍCITA. CONVERSAS POR MEIO DE APLICATIVO. WHATSAPP. ACESSO SEM AUTORIZAÇÃO. TELEFONE CELULAR DE TERCEIRO. VÍCIO RECONHECIDO. ELEMENTOS PROBATÓRIOS INDEPENDENTES CAPAZES DE SUSTENTAR O JUÍZO CONDENATÓRIO. PRECEDENTES (...) III - Os dados armazenados nos aparelhos celulares decorrentes de envio ou recebimento de dados via mensagens SMS, programas ou aplicativos de troca de mensagens (dentre eles o WhatsApp), ou mesmo por correio eletrônico, dizem respeito à intimidade e à vida privada do indivíduo, sendo, portanto, invioláveis, nos termos do art. 5°, X, da Constituição Federal. Assim, na esteira da jurisprudência deste Sodalício, os dados decorrentes de comunicações realizadas por meio de comunicação telefônica ou pela internet, como mensagens ou caracteres armazenados em aparelhos celulares, são invioláveis, somente podendo ser acessados mediante prévia autorização judicial. Confira-se: REsp n. 1.661.378/MG, Sexta Turma, Relª. Minª. Maria Thereza de Assis Moura, DJe de 30/05/2017; e RHC n. 75.055/DF, Quinta Turma, Rel. Min. Ribeiro Dantas, DJe de 27/3/2017. Ademais importante ressaltar que a jurisprudência das duas Turmas da Terceira Seção deste Tribunal Superior firmou-se no sentido de ser ilícita a prova obtida diretamente dos dados constantes de aparelho celular, decorrentes de mensagens de textos SMS, conversas por meio de programa ou aplicativos ("WhatsApp"), mensagens enviadas ou recebidas por meio de correio eletrônico, obtidos diretamente pela polícia no momento do flagrante, sem prévia autorização judicial para análise dos dados armazenados no telefone móvel. Nesse diapasão: RHC n. 92.009/RS, Quinta Turma, de minha relatoria, DJe de 16/04/2018; RHC n. 73.998/SC, Quinta Turma, Rel. Min. Joel Ilan Pacionik, DJe de 19/02/2018; HC n. 366.302/RJ, Quinta Turma, Rel. Min. Jorge Mussi, DJe de 19/12/2017; RHC n. 89.385/SP, Sexta Turma, Rel. Min. Rogerio Schietti Cruz, DJe de 28/08/2018. Firmados esses pontos, de plano se constata a ilegalidade das provas diretamente obtidas mediante acesso ao aparelho telefônico de terceiro, uma vez que este se deu sem prévia autorização judicial. IV - De outro lado, destaque-se que, consoante a firme jurisprudência desta Corte Superior, "a ilicitude da prova, por reverberação, alcança necessariamente aquelas dela derivadas (Teoria dos Frutos da Árvore Envenenada), salvo se não houver qualquer vínculo causal com a prova ilícita (Teoria da Fonte Independente) ou, mesmo que haja, seria produzida de qualquer modo, como resultado inevitável das atividades investigativas ordinárias e lícitas (Teoria da Descoberta Inevitável)" (EDcl no RHC n. 72.074/MG, Quinta Turma, Rel. Min. Ribeiro Dantas, DJe de 4/12/2017). A regra de exclusão (exclusionary rule) das provas derivadas das ilícitas consubstanciada na teoria da descoberta inevitável (inevitable discovery), que tem origem no direito norte-americano, foi recebida

> no ordenamento jurídico brasileiro pelo art. 157, §§ 1º e 2º, do Código de Processo Penal, incluído pela Lei n. 11.690/08. V - Desse modo, conquanto haja prova ilícita nos autos, as demais provas incriminatórias seriam, infalivelmente, obtidas pelo desenvolvimento regular, lícito e ordinário das atividades investigativas, as quais não se maculam pela ilicitude da prova originária. Portanto, se preservam como fonte idônea para comprovação de materialidade e de autoria delitiva. In casu, as instâncias ordinárias afirmaram que a materialidade e a autoria delitiva estão consubstanciadas na prisão em flagrante do paciente, nos depoimentos dos policiais e nos diálogos colhidos por meio de interceptação telefônica autorizada judicialmente [...] (STJ, QUINTA TURMA. AgRg no HC 611.762/SC, Rel. Ministro FELIX FISCHER, julgado em 20/10/2020, DJe 26/10/2020)

No mesmo sentido, segue a jurisprudência do STF:

> HABEAS CORPUS. NULIDADES: (1) INÉPCIA DA DENÚNCIA; (2) ILICITUDE DA PROVA PRODUZIDA DURANTE O INQUÉRITO POLICIAL; **VIOLAÇÃO DE REGISTROS TELEFÔNICOS DO CORRÉU**, EXECUTOR DO CRIME, SEM AUTORIZAÇÃO JUDICIAL; (3) **ILICITUDE DA PROVA DAS INTERCEPTAÇÕES TELEFÔNICAS DE CONVERSAS DOS ACUSADOS COM ADVOGADOS, PORQUANTO ESSAS GRAVAÇÕES OFENDERIAM O DISPOSTO NO ART. 7º, II, DA LEI 8.906/96, QUE GARANTE O SIGILO DESSAS CONVERSAS. VÍCIOS NÃO CARACTERIZADOS** (...) 2.4 À guisa de mera argumentação, mesmo que se pudesse reputar a prova produzida como ilícita e as demais, ilícitas por derivação, nos termos da teoria dos frutos da árvore venenosa (fruit of the poisonous tree), é certo que, ainda assim, melhor sorte não assistiria à defesa. É que, na hipótese, não há que se falar em prova ilícita por derivação. **Nos termos da teoria da descoberta inevitável, construída pela Suprema Corte norte-americana no caso Nix x Williams (1984), o curso normal das investigações conduziria a elementos informativos que vinculariam os pacientes ao fato investigado. Bases desse entendimento que parecem ter encontrado guarida no ordenamento jurídico pátrio com o advento da Lei 11.690/2008, que deu nova redação ao art. 157 do CPP, em especial o seu § 2º.** 3. Ilicitude da prova das interceptações telefônicas de conversas dos acusados com advogados, ao argumento de que essas gravações ofenderiam o disposto no art. 7º, II, da Lei n. 8.906/96, que garante o sigilo dessas conversas. 3.1 Nos termos do art. 7º, II, da Lei 8.906/94, o Estatuto da Advocacia garante ao advogado a inviolabilidade de seu escritório ou local de trabalho, bem como de seus instrumentos de trabalho, de sua correspondência escrita, eletrônica, telefônica e telemática, desde que relativas ao exercício da advocacia. 3.2 Na hipótese, o magistrado de primeiro grau, por reputar necessária a realização da prova, determinou,

de forma fundamentada, a interceptação telefônica direcionada às pessoas investigadas, não tendo, em momento algum, ordenado a devassa das linhas telefônicas dos advogados dos pacientes. Mitigação que pode, eventualmente, burlar a proteção jurídica. 3.3 Sucede que, no curso da execução da medida, os diálogos travados entre o paciente e o advogado do corréu acabaram, de maneira automática, interceptados, aliás, como qualquer outra conversa direcionada ao ramal do paciente. Inexistência, no caso, de relação jurídica cliente-advogado. 3.4 Não cabe aos policiais executores da medida proceder a uma espécie de filtragem das escutas interceptadas. A impossibilidade desse filtro atua, inclusive, como verdadeira garantia ao cidadão, porquanto retira da esfera de arbítrio da polícia escolher o que é ou não conveniente ser interceptado e gravado. Valoração, e eventual exclusão, que cabe ao magistrado a quem a prova é dirigida [...] (STF, Segunda Turma. HC 91867/PA. Relator Min. GILMAR MENDES. Julgamento em 24/04/2012. Publicação DJe-185 DIVULG 19-09-2012 PUBLIC 20-09-2012).

c) FONTE INDEPENDENTE (*INDEPENDENT SOURCE*)

Segundo o entendimento do Superior Tribunal de Justiça, existindo outras provas, independentes da prova ilícita produzida, não há que se falar em contaminação, nem em aplicação da teoria dos frutos da árvore envenenada, eis que inexiste relação de dependência ou vinculação entre a prova ilícita e as demais provas produzidas. E conclui: a fonte independente de prova não tem força para contaminar, por derivação, o que foi intensamente desenvolvido depois (art. 157, § 1º, do CPP).

PROCESSUAL PENAL. HABEAS CORPUS. TRANCAMENTO DO INQUÉRITO POLICIAL. INVESTIGAÇÃO COM BASE EM PROVA DERIVADA DE INTERCEPTAÇÃO TELEFÔNICA TIDA COMO ILÍCITA. INOCORRÊNCIA. APLICAÇÃO DA TEORIA DOS FRUTOS DA ÁRVORE ENVENENADA. IMPOSSIBILIDADE. ACUSAÇÃO LASTREADA EM PROVAS AUTÔNOMAS. ART. 157, § 1º. DO CPP. INCIDÊNCIA DA TEORIA DA FONTE INDEPENDENTE. RECURSO DESPROVIDO.(...) II - Na hipótese, o inquérito policial, a despeito de ter sido originado a partir de elementos obtidos de uma Operação deflagrada em conjunto pelo Ministério Público Federal, Polícia e Receita Federal - Operação esta cuja prova obtida por interceptação telefônica foi declarada nula pelo eg. STJ -, foi, aos que consta dos autos, instruído com provas oriundas de fonte sem qualquer vinculação causal com interceptações da ação anulada, ou seja, de fonte independente, e, portanto autorizada nos termos do art. 157, § 2º. do CPP. III - A teoria dos frutos da árvore envenenada (fruits of the poisonous tree) e a doutrina da fonte independente (independente source doctrine) são provenientes do mesmo berço, o direito norte-americano. Enquanto a primeira estabelece a contaminação das provas que sejam derivadas de evidências ilícitas, a segunda institui uma limitação à primeira, nos casos em que não há uma relação de subordinação causal ou temporal (v. Silverthorne Lumber Co v. United States, 251 US 385, 40 S Ct 182, 64 L.Ed. 319, 1920 e Bynum v. United States, 274, F.2d. 767, 107 U.S. App D.C 109, D.C.Cir.1960). IV - Nesse sentido, tem decidido o Supremo Tribunal Federal: "1. A prova tida como ilícita não contaminou os demais elementos do acervo probatório, que são autônomos, não havendo motivo para a anulação da sentença. [...] 5. Habeas corpus denegado e liminar cassada. (HC n.89032/SP, Primeira Turma, Rel. Min. Menezes Direito, julgado em 9/10/2007, DJe de 23/11/2007, grifos nossos). Recurso ordinário desprovido. (STJ, **Quinta Turma**. RHC 46222/SP. RECURSO ORDINÁRIO EM HABEAS CORPUS. Relator Ministro FELIX FISCHER. Julgamento em 03/02/2015. Publicação em **DJe 24/02/2015**).

PROCESSUAL PENAL. AÇÃO PENAL. TRANCAMENTO. FALTA DE JUSTA CAUSA. ALEGAÇÃO DE ILICITUDE DA PROVA BASE PARA A DENÚNCIA. INTERCEPTAÇÃO TELEFÔNICA EM OUTRO ESTADO DA FEDERAÇÃO. FONTE INDEPENDENTE. NOTITIA CRIMINIS. DESENVOLVIMENTO DE INVESTIGAÇÃO POSTERIOR. DIVERSAS DILIGÊNCIAS E PROVAS. ESTOFO DA ACUSAÇÃO. ILEGALIDADE. AUSÊNCIA. 1 - Realizada ampla investigação policial com diversas diligências que determinaram o auferimento de variadas provas que estão a lastrear a persecução em análise, não há falar em falta de justa causa, por ilicitude do acervo que dá enredo à denúncia. 2 - As escutas realizadas primitivamente, em outra unidade da federação, que não se dirigiam à ora recorrente, tampouco destinavam-se a investigar os crimes que ora são imputados, representam mera notitia criminis, apta a desencadear as investigações do caso concreto, erigindo-se, no dizer da doutrina, como uma fonte independente de prova que não tem força para contaminar, por derivação, o que foi intensamente desenvolvido depois. 3 - Recurso ordinário não provido. (STJ, **Sexta Turma**. RHC 40624/SP. RECURSO ORDINÁRIO EM HABEAS CORPUS, Relatora Ministra MARIA THEREZA DE ASSIS MOURA. Julgamento em 12/02/2015. Publicado em **DJe 27/02/2015**). Sem grifos no original.

HABEAS CORPUS. PROCESSO PENAL. PEDIDO DE TRANCAMENTO DO INQUÉRITO POLICIAL. INVESTIGAÇÃO COM BASE EM PROVA DERIVADA DE INTERCEPTAÇÃO TELEFÔNICA TIDA POR ILÍCITA. TEORIA DOS FRUTOS DA ÁRVORE ENVENENADA. ART. 157, §1º, DO CPP. FONTE INDEPENDENTE. ACUSAÇÃO LASTREADA EM PROVAS AUTÔNOMAS (...) 1. Tendo sido anulada, pelo Supremo Tribunal Federal, a interceptação telefônica, tal nulidade deve ser estendida às provas, supostamente lícitas e admissíveis, obtidas a partir da prova colhida de forma ilícita, por força da teoria dos frutos da árvore envenenada (*fruits of the poisonous tree*), de origem norte-americana, consagrada no art. 5º, inciso LVI, da Constituição Federal. 2. A regra de exclusão (exclusionary rule) das provas derivadas das ilícitas comporta, na jurisprudência da Suprema Corte dos EUA, diversas exceções, tendo sido recepcionadas no ordenamento jurídico brasileiro, no art. 157, §§ 1º e 2º do CPP, ao menos duas delas: a) fonte independente e b) descoberta inevitável (...) 4. A manifestação espontânea e voluntária do paciente consubstancia, na linha da jurisprudência pátria, fonte independente, de modo que as provas assim obtidas apresentam-se como autônomas, não restando evidenciado nexo causal com as interceptações telefônicas anuladas [...] (STJ, **Sexta Turma**. HC 338756/PR. Relator (a) Ministra MARIA THEREZA DE ASSIS MOURA. Julgamento em 06/10/2016. Publicação/Fonte em **DJe 30/11/2016**, sem grifo no original).

RECURSO EM HABEAS CORPUS. OPERAÇÃO COOPER-SUZAN. ORGANIZAÇÃO CRIMINOSA ARMADA E LAVAGEM DE DINHEIRO. INTERCEPTAÇÃO TELEFÔNICA. NULIDADE DA PROVA. NÃO OCORRÊNCIA. FUNDAMENTOS DA PRISÃO PREVENTIVA. IDONEIDADE. 1. Considera-se fonte independente aquela que por si só, seguindo os trâmites típicos e de praxe, próprios da investigação ou instrução criminal, seria capaz de conduzir ao fato objeto da prova (art. 157, § 2º, da LEP). 2. Hipótese em que as provas anuladas pela Sexta Turma não serviram de base para o pedido de quebra no PIC n. 20/2016, ante a falta de efetiva relação entre esse procedimento investigatório e o PIC n. 37/2014, objeto do RHC n. 66.887/SP. A referência contida na representação feita pelo Ministério Público à Operação Badra não é suficiente para macular o procedimento em questão (Operação Cooper-Suzan). 3. Servem de prova legítima as interceptações telefônicas que atenderam aos ditames da Lei n. 9.296/1996 e foram devidamente autorizadas pelo Juízo competente [...] (STJ, **SEXTA TURMA**. RHC 100869/SP. RECURSO ORDINARIO EM HABEAS CORPUS. Relator(a) Ministro SEBASTIÃO REIS JÚNIOR. Julgamento em 19/02/2019. Publicação/Fonte em **DJe 15/03/2019**, sem grifo no original).

No STF, podem ser observados os seguintes julgados, abaixo relacionados, dentre eles, recente acórdão da Suprema Corte que reconhece positivada a fonte independente de prova (art. 157, § 1º do CPP), ocasião na qual falta nexo de causalidade a ensejar a ilicitude da prova por derivação:

(...) - Se, no entanto, o órgão da persecução penal demonstrar que obteve, legitimamente, novos elementos de informação a partir de uma fonte autônoma de prova - que não guarde qualquer relação de dependência nem decorra da prova originariamente ilícita, com esta não mantendo vinculação causal -, tais dados probatórios revelar-se-ão plenamente admissíveis, porque não contaminados pela mácula da ilicitude originária. - A QUESTÃO DA FONTE AUTÔNOMA DE PROVA ("AN INDEPENDENT SOURCE") E A SUA DESVINCULAÇÃO CAUSAL DA PROVA ILICITAMENTE OBTIDA - DOUTRINA - PRECEDENTES DO SUPREMO TRIBUNAL FEDERAL - JURISPRUDÊNCIA COMPARADA (A EXPERIÊNCIA DA SUPREMA CORTE AMERICANA): CASOS "SILVERTHORNE LUMBER CO. V. UNITED STATES (1920); SEGURA V. UNITED STATES (1984); NIX V. WILLIAMS (1984); MURRAY V. UNITED STATES (1988)", v.g.. (STF, **Segunda Turma**. RHC 90376/RJ. RECURSO EM HABEAS CORPUS Relator Min. CELSO DE MELLO. Julgamento em 03/04/2007. Publicação em DJe-018 DIVULG 17-05-2007 **PUBLIC 18-05-2007**. DJ 18-05-2007 PP-00113 EMENT VOL-02276-02 PP-00321. RTJ VOL-00202-02 PP-00764. RT v. 96, n. 864, 2007, p. 510-525. RCJ v. 21, n. 136, 2007, p. 145-147).

Agravo regimental no recurso ordinário em mandado de segurança. PAD. Provas ilícitas por derivação. Não ocorrência. Prescrição. Inovação recursal. Agravo regimental não provido. A declaração de nulidade de interceptação eletrônica não gera a nulidade dos elementos probatórios colhidos nos mesmos autos que possam ser obtidos por fonte independente, por se tratar de provas autônomas, tal como se dá com autos de fiscalização conduzidos pelo impetrante como auditor da Receita Federal. [...] (STF, **Segunda Turma**. RMS 31767 AgR/DF. AG.REG. NO RECURSO ORD. EM MANDADO DE SEGURANÇA. Relator Min. DIAS TOFFOLI. Julgamento em 22/09/2015. Publicação em DJe-210 DIVULG 20-10-2015 **PUBLIC 21-10-2015**).

PENAL E PROCESSO PENAL. DENÚNCIA DE CORRUPÇÃO PASSIVA EM FACE DE DEPUTADO ESTADUAL(...) PROVA ILÍCITA RECONHECIDA PELO TRIBUNAL DE ORIGEM. DESENTRANHAMENTO. OBEDIÊNCIA À AUTORIDADE DA COISA JULGADA. PROVA ILÍCTA POR DERIVAÇÃO. INEXISTÊNCIA. FALTA DE NEXO DE CAUSALIDADE. FONTE INDEPENDENTE DE PROVA. DOUTRINA. (...) 6. De acordo com art. 157, § 1º, do Código de Processo Penal, "São inadmissíveis as provas derivadas das ilícitas, salvo quando não evidenciado o nexo de causalidade entre umas e outras, ou quando as derivadas puderem ser obtidas por uma fonte independente das primeiras". No presente caso, não há falar em ilicitude por derivação do depoimento prestado por colaborador premial ao Ministério Público em relação ao diálogo cuja ilicitude restou reconhecida, uma vez que não se visualiza qualquer relação de causalidade entre um elemento de prova e outro [...] (STF, **Primeira Turma**. AO 2057/RN. AÇÃO ORIGINÁRIA. Relator (a): Min. LUIZ FUX. Julgamento em 02/10/2018. Publicação em DJe-232. DIVULG 30-10-2018. **PUBLIC 31-10-2018**, sem grifo no original).

Essa é a posição atual da jurisprudência do STF. Vejamos o recente julgamento de Ação Originária (AO 2093), conforme notícia veiculada no Informativo nº 955 (outubro de 2019):

> "(...) O ministro Gilmar Mendes ponderou que, mesmo que se considere a ineficácia absoluta do depoimento prestado em juízo para produzir efeitos sobre a esfera jurídica do apelante, há provas autônomas e independentes que, além de qualquer dúvida razoável, sustentam a acusação. Subsistem elementos suficientes a permitir a condenação, que está amparada em diversos outros elementos de prova material e testemunhal desvinculados das alegações do colaborador. No ponto, destacou que o CPP prevê a admissibilidade de provas decorrentes de fontes independentes, sem nexo de causalidade com eventuais provas ilícitas, a fim de embasar decretos condenatórios (CPP, art. 157, §1º). Ademais, a tese da fonte independente também tem sido acolhida pela jurisprudência do STF como exceção à teoria dos frutos da árvore envenenada [...] (STF, Segunda Turma. AO 2093 (0057785-69.2016.1.00.0000. AÇÃO ORIGINÁRIA. Relator: MIN. CÁRMEN LÚCIA. Julgamento em 3.9.2019. Divulgado no Informativo n.º 950. Errata veiculada no INFORMATIVO Nº 955. Período de 7 a 11 de outubro de 2019. TÍTULO: Interrogatório de corréus: ausência de defesa técnica e acusado delator - 2 (Errata). PROCESSO: Inq DIREITO PROCESSUAL PENAL - ATOS PROCESSUAIS - 4624. Trecho transcrito acima).

Art. 2º, II, da Lei nº 9.296/96. Denúncia anônima. Possibilidade. O STJ firmou sua jurisprudência no sentido de não invalidar o procedimento de interceptação telefônica deferido com base em denúncia anônima, desde que realizadas diligências preliminares, averiguando a veracidade das informações prestadas, conforme dispõe o art. 2º, II, da Lei n. 9.296/19 96. Confira os julgados da Quinta e Sexta Turmas do STJ:

> AGRAVO REGIMENTAL EM AGRAVO EM RECURSO ESPECIAL (...) ALEGAÇÃO DE NULIDADE DAS INTERCEPTAÇÕES TELEFÔNICAS. LEI N. 9.296/1996. OFENSA AO ART. 2º DA LEI N. 9.296/1996. DESCABIMENTO. REALIZAÇÃO DE DILIGÊNCIAS PRELIMINARES. PRECEDENTES (...) ACÓRDÃO RECORRIDO EM CONSONÂNCIA COM A JURISPRUDÊNCIA DESTA CORTE. ART. 5º E 7º DA LEI N. 9.296/1996 (...) INEXISTÊNCIA DE NULIDADE. DECISÕES FUNDAMENTADAS. NÃO COMPROVAÇÃO DO PREJUÍZO. 1. A jurisprudência do Superior Tribunal de Justiça já assentou que não se pode invalidar procedimento de interceptação telefônica deferido com base em denúncia anônima quando realizadas diligências preliminares, destinadas a averiguar a veracidade das informações prestadas, conforme dispõe o art. 2º, II, da Lei n. 9.296/1996. 2. Cabe à parte demonstrar quais outros procedimentos investigatórios seriam suficientes para

> a elucidação da autoria dos delitos investigados, de maneira que a desconstituição da conclusão do acórdão recorrido demandaria, necessariamente, incursão no acervo fático-probatório constante dos autos, providência vedada na via especial, a teor da Súmula 7/STJ. 3. Não procede a alegação de descabimento das provas dos autos, em razão de a parte operacional da interceptação ter sido produzida em outro país, sem observância das regras contidas no Tratado de Assistência Mútua em matéria penal, firmado entre Brasil e Canadá. Isso porque, no caso, as comunicações foram perpetradas em solo brasileiro, por intermédio de operadoras de telefonia estabelecidas neste país, o que evidencia a efetiva atuação da empresa canadense no Brasil, independentemente do local de armazenamento do conteúdo das mensagens realizadas por usuários brasileiros em âmbito nacional. E esta Corte Superior, em situações semelhantes, já afirmou que, em se tratando de matéria submetida à jurisdição brasileira, não é necessária a cooperação jurídica internacional. Precedentes [...] (STJ, **SEXTA TURMA**. AgRg no AREsp 1604544/SP, Rel. Ministro SEBASTIÃO REIS JÚNIOR, julgado em 01/09/2020, **DJe 09/09/2020**)

> AGRAVO REGIMENTAL NO RECURSO ESPECIAL. CORRUPÇÃO ATIVA E PASSIVA. AUSÊNCIA DE OBRIGAÇÃO DE CONVERSÃO DOS ARQUIVOS EM FORMATO ESCOLHIDO PELA DEFESA. NULIDADE DA INTERCEPTAÇÃO TELEFÔNICA. INEXISTENTE (...) 2. A jurisprudência do Superior Tribunal de Justiça já assentou não invalidar o procedimento de interceptação telefônica deferido com base em denúncia anônima, desde que se realizem diligências preliminares, averiguando a veracidade das informações prestadas, conforme dispõe o art. 2º, II, da Lei n. 9.296/19 96 (HC 431.079/SP, Rel. Ministro SEBASTIÃO REIS JÚNIOR, SEXTA TURMA, julgado em 25/6/2019, DJe 1º/7/2019) [...] (STJ, **QUINTA TURMA**. AgRg no REsp 1861383/SC, Rel. Ministro JOEL ILAN PACIORNIK, julgado em 15/09/2020, **DJe 21/09/2020**).

Art. 2º, II, da Lei nº 9.296/96. Imprescindibilidade da interceptação (por outros meios não pudesse ser feita). Caráter subsidiário da medida cautelar. Demonstração que existiam "outros meios". Ônus defensivo. O entendimento do STJ segue no sentido de que é ônus da defesa, quando alega violação ao disposto no artigo 2º, inciso II, da Lei nº 9.296/1996, demonstrar que existiam, de fato, meios investigativos alternativos às autoridades para a elucidação dos fatos à época na qual a medida invasiva foi requerida, sob pena de a utilização da interceptação telefônica se tornar absolutamente inviável:

> AGRAVO REGIMENTAL. AGRAVO EM RECURSO ESPECIAL (...) INTERCEPTAÇÕES TELEFÔNICAS. OFENSA AO CARÁTER SUBSIDIÁRIO DA MEDIDA. NÃO OCORRÊNCIA. REPRESENTAÇÕES E

AUTORIZAÇÕES DEVIDAMENTE FUNDAMENTADAS. EIVA NÃO CONFIGURADA. 1. É ônus da defesa, quando alega violação ao disposto no artigo 2º, inciso II, da Lei 9.296/1996, demonstrar que existiam, de fato, meios investigativos alternativos às autoridades para a elucidação dos fatos à época na qual a medida invasiva foi requerida, sob pena de a utilização da interceptação telefônica se tornar absolutamente inviável. Doutrina. Jurisprudência. 2. Na espécie, além de terem sido adotados outros meios de investigação, que não se revelaram suficientes para o deslinde da questão, o órgão responsável pelas apurações apresentou justificativas plausíveis para a excepcional utilização da interceptação telefônica, argumento que foi acolhido pela autoridade judiciária que o reputou idôneo, inexistindo, assim, qualquer ilegalidade no deferimento da quebra do sigilo telefônico, até mesmo porque olvidou-se a defesa em trazer aos autos elementos de informação que indiquem o açodamento da medida. 3. Desde a primeira representação pela quebra do sigilo telefônico dos investigados, observa-se que a autoridade policial indicou vários elementos que evidenciariam que os alvos da medida seriam membros de um grupo que estaria associado para o fim de praticar o tráfico e a associação para o tráfico de entorpecentes no Estado de Minas Gerais, tendo sido atendidos os comandos contidos no art. 2º da Lei n. 9.296/1996 [...] (STJ, **QUINTA TURMA**. AgRg no AREsp 1633445/MG, Rel. Ministro JORGE MUSSI, julgado em 26/05/2020, **DJe 03/06/2020**, sem grifo no original)

EMBARGOS DE DECLARAÇÃO NO AGRAVO REGIMENTAL NO RECURSO ESPECIAL. PROCESSUAL PENAL. INTERCEPTAÇÃO TELEFÔNICA. IMPRESCINDIBILIDADE DA MEDIDA CONFIGURADA. INEXISTÊNCIA DE NULIDADE. OUTROS MEIOS DE VERIFICAÇÃO. ÔNUS DA DEFESA. INTERCEPTAÇÃO TELEMÁTICA. REGULARIDADE. CUMPRIMENTO DE FORMALIDADES LEGAIS NO CASO CONCRETO (...) 2. Esta Corte entende inexistir nulidade na decisão proferida por autoridade competente que autoriza a interceptação telefônica, apontando dados legitimadores da medida. 3. "É ônus da defesa, quando alega violação ao disposto no artigo 2º, inciso II, da Lei 9.296/1996, demonstrar que existiam, de fato, meios investigativos alternativos às autoridades para a elucidação dos fatos à época na qual a medida invasiva foi requerida, sob pena de a utilização da interceptação telefônica se tornar absolutamente inviável" (AgRg no HC 533.348/CE, Rel. Ministro JORGE MUSSI, QUINTA TURMA, julgado em 1º/10/2019, DJe 10/10/2019) [...] (STJ, **QUINTA TURMA**. EDcl no AgRg no REsp 1823694/SP, Rel. Ministro JOEL ILAN PACIORNIK, julgado em 23/06/2020, **DJe 29/06/2020**, sem grifo no original)

PENAL. PROCESSO PENAL. AGRAVO REGIMENTAL NO RECURSO ESPECIAL (....) INTERCEPTAÇÕES TELEFÔNICAS. LEGALIDADE (...) 2. A jurisprudência desta Corte Superior de Justiça é no sentido de que é ônus da defesa, quando alega violação do disposto no artigo 2º, inciso II, da Lei n. 9.296/1996, demonstrar que existiam, de fato, meios investigativos alternativos às autoridades para a elucidação dos fatos à época na qual a medida invasiva foi requerida, sob pena de a utilização da interceptação telefônica se tornar absolutamente inviável (AgRg no HC n. 533.348/CE, Relator Ministro JORGE MUSSI, Quinta Turma, julgado em 1º/10/2019, DJe 10/10/2019). 3. No presente caso, a parte recorrente simplesmente alegou violação do artigo 2º, inciso II, da Lei n. 9.296/1996, sem demonstrar que existiam, de fato, outros meios investigativos alternativos às autoridades para a elucidação dos fatos à época na qual a medida invasiva foi requerida, sendo, assim, insuficiente para o reconhecimento da nulidade ventilada os argumentos genéricos elencados [...] (STJ, **QUINTA TURMA**. AgRg no REsp 1866666/SC, Rel. Ministro REYNALDO SOARES DA FONSECA, julgado em 18/08/2020, **DJe 24/08/2020**). Sem grifo no original. No mesmo sentido: STJ, QUINTA TURMA. AgRg no REsp 1875005/RS, Rel. Ministro REYNALDO SOARES DA FONSECA, julgado em 04/08/2020, DJe 13/08/2020.

Art. 3º A interceptação das comunicações telefônicas poderá ser determinada pelo juiz, de ofício ou a requerimento:

I - da autoridade policial, na investigação criminal;

II - do representante do Ministério Público, na investigação criminal e na instrução processual penal.

Do mecanismo de início da interceptação telefônica. A autorização para interceptar. Como já dissemos anteriormente, a interceptação telefônica deve obedecer aos requisitos constitucionais e legais para que seja válida. Aqui também se observa o princípio da reserva de jurisdição.

O artigo 3º informa que pode ser tanto através de requerimento da autoridade policial, na fase de investigação criminal, ou ainda através de requerimento do membro do Ministério Público, seja na investigação criminal, seja durante a instrução processual penal. Em todas as situações, o juiz estará à frente da decisão.

Por fim, ainda devemos considerar que a interceptação telefônica pode ser determinada pelo juiz, de ofício. Isso gera questionamentos sobre a constitucionalidade desta previsão, já que supostamente se estaria criando a figura do juiz inquisidor, ferindo, portanto, o sistema acusatório.

Em 2005 foi proposta a Ação Direta de Inconstitucionalidade (ADI) nº 3.450, na qual questiona-se o artigo 3º da Lei nº 9.296/96, em fase de conclusão ao relator desde 2011, foi, finalmente na data de 08/09/2016, determinada a inclusão em pauta para julgamento em Plenário. Retirado o feito de pauta, foi novamente incluído para julgamento em 26/03/2020 (conforme calendário de julgamento publicado em 18.12.2019. DJe extra nº 283/2019, divulgado em 17.12.2019), mas a questão ainda pende de julgamento).

No mesmo sentido caminha a ADI nº 4.112, proposta em 2008 (também determinada a inclusão em pauta para julgamento em Plenário na data de 26/03/2020 (calendário de julgamento publicado no DJe em 18.12.2019. DJe extra nº 283/2019, divulgado em 17.12.2019). Embora polêmico, parece estar perto o deslinde da questão. Nesta ação, o parecer da Procuradoria Geral da República assevera que é preciso limitar à fase processual a possibilidade de que o juiz decrete de ofício a interceptação telefônica, numa clara interpretação conforme a Constituição.

Com relação à competência para apreciação do pedido, o próprio artigo 1º menciona que a interceptação dependerá de ordem do juiz competente da ação principal. Vale a leitura do seguinte julgado do STF, no que tange à autorização judicial:

> Interceptação telefônica: exigência de autorização do "juiz competente da ação principal" (Lei 9.296/1996, art. 1º): inteligência. Se se cuida de obter a autorização para a interceptação telefônica no curso de processo penal, não suscita dúvidas a regra de competência do art. 1º da Lei 9.296/1996: só ao juiz da ação penal condenatória – e que dirige toda a instrução –, caberá deferir a medida cautelar incidente. Quando, no entanto, a interceptação telefônica constituir medida cautelar preventiva, ainda no curso das investigações criminais, a mesma norma de competência há de ser entendida e aplicada com temperamentos, para não resultar em absurdos patentes: aí, o ponto de partida à determinação da competência para a ordem judicial de interceptação – não podendo ser o fato imputado, que só a denúncia, eventual e futura, precisará –, haverá de ser o fato suspeitado, objeto dos procedimentos investigatórios em curso. Não induz à ilicitude da prova resultante da interceptação telefônica que a autorização provenha de juiz federal – aparentemente competente, à vista do objeto das investigações policiais em curso, ao tempo da decisão – que, posteriormente, se haja declarado incompetente, à vista do andamento delas. [HC 81.260, rel. min. Sepúlveda Pertence, j. 14-11-2001, P, DJ de 19-4-2002.]

Assim, a regra geral determina que o juiz competente da ação principal será quem deferirá ordem para início das interceptações. No caso de se tratar de medida cautelar preventiva, o mesmo princípio deverá ser seguido, porém, se porventura a medida tenha sido deferida por juiz federal (aparentemente competente para os atos durante a fase de investigação criminal) e no curso do processo a competência se firme em relação ao juiz estadual, isto por si só não conduz à ilicitude da prova obtida pela interceptação.

A matéria, como dito, continua pendente de apreciação. Nesse sentido, vale destacar o entendimento da Sexta Turma do STJ que, reconhecendo a existência de discussão acerca da interpretação que permite ao juiz (na fase pré-processual penal), determinar de ofício a interceptação de comunicações telefônicas (declaração de inconstitucionalidade parcial, sem redução de texto, do art. 3º da Lei nº 9.296/1996, pendente de análise no STF).

Ante ao permissivo legal, a possibilidade de interceptação telefônica determinada pelo juiz – a requerimento da autoridade policial (na investigação criminal) e do Ministério Público (na investigação criminal e na instrução penal) –, não fere o sistema acusatório. Contudo, vale conferir a jurisprudência atual sobre o tema:

> RECURSO ORDINÁRIO EM HABEAS CORPUS. CORRUPÇÃO PASSIVA. ORGANIZAÇÃO CRIMINOSA ESPECIALIZADA EM ROUBO, RECEPTAÇÃO E COMERCIALIZAÇÃO DE CARGAS ROUBADAS. OPERAÇÃO ONERE. ENVOLVIMENTO DE POLICIAIS CIVIS. **PRINCÍPIO ACUSATÓRIO. LEGITIMIDADE ATIVA PARA REQUERER INTERCEPTAÇÃO TELEFÔNICA. INTERVENÇÃO POSTERIOR FAVORÁVEL DO MINISTÉRIO PÚBLICO. AUSÊNCIA DE NULIDADE.** RECURSO NÃO PROVIDO 1. **Embora encontre-se em discussão no Supremo Tribunal Federal a ADI n. 3.450, que visa a declaração de inconstitucionalidade parcial, sem redução de texto, do art. 3º da Lei Federal n. 9296/1996, a fim de excluir a interpretação que permite ao juiz na fase pré-processual penal, determinar de ofício a interceptação de comunicações telefônicas, certo é que a referida norma estabelece que a interceptação das comunicações telefônicas poderá ser determinada pelo juiz, a "requerimento" tanto da autoridade policial, na investigação criminal, quanto do representante do Ministério Público, na investigação criminal e na instrução penal. 2. Na hipótese, o Juiz não atuou de ofício, mas a "requerimento" da autoridade policial na investigação criminal, o que é permitido pela lei e acolhido pela jurisprudência**. 3. O alegado desrespeito ao mecanismo de controle judicial da obrigatoriedade da ação penal – objeto do art. 28 do Código de Processo Penal – perdeu sua relevância na medida em que o Ministério Público, após inicial divergência quanto ao prosseguimento das medidas cautelares propostas pela Polícia Civil, anuiu tacitamente aos atos subsequentes que, inclusive, resultaram no oferecimento de denúncia contra o ora recorrente, que foi condenado pelo crime do art. 317, § 1º, do Código Penal, à pena de 4 anos de reclusão, em regime aberto, mais multa, e à perda do cargo público (delegado de polícia)[...] (STJ, T6 – SEXTA TURMA. RHC 84426/DF. RECURSO ORDINARIO EM

HABEAS CORPUS. Relator (a) Ministro ROGERIO SCHIETTI CRUZ. Julgamento em 04/10/2018. Publicação/Fonte em DJe 30/10/2018).

RECURSO ORDINÁRIO EM HABEAS CORPUS. CRIMES DE TRÁFICO DE DROGAS, ASSOCIAÇÃO PARA O TRÁFICO E POSSE ILEGAL DE ARMA DE FOGO DE USO RESTRITO. NULIDADES. CASO CONCRETO. **INTERCEPTAÇÃO TELEFÔNICA COM AUTORIZAÇÃO JUDICIAL. PARTICIPAÇÃO DO MINISTÉRIO PÚBLICO.** REVOLVIMENTO FÁTICO-PROBATÓRIO INVIÁVEL. RECURSO ORDINÁRIO DESPROVIDO. I - Não há nulidade na decisão proferida por autoridade competente, nos moldes do determinado na Lei n. 9.296/96, que, embora sucinta, autoriza a interceptação telefônica, apontando dados essenciais legitimadores da medida (indícios razoáveis da autoria ou participação em infração penal; prova não puder ser feita por outros meios disponíveis; e fato investigado constituir infração penal punida com pena de reclusão). Precedentes. **II - Esta Corte possui entendimento, segundo o qual, "embora encontre-se em discussão no Supremo Tribunal Federal a ADI n. 3.450, que visa a declaração de inconstitucionalidade parcial, sem redução de texto, do art. 3º da Lei Federal n. 9296/1996, a fim de excluir a interpretação que permite ao juiz na fase pré-processual penal, determinar de ofício a interceptação de comunicações telefônicas, certo é que a referida norma estabelece que a interceptação das comunicações telefônicas poderá ser determinada pelo juiz, a 'requerimento' tanto da autoridade policial, na investigação criminal, quanto do representante do Ministério Público, na investigação criminal e na instrução penal. Na hipótese, o Juiz não atuou de ofício, mas a 'requerimento' da autoridade policial na investigação criminal, o que é permitido pela lei e acolhido pela jurisprudência"** (RHC 84.426/DF, Sexta Turma, Rel. Ministro Rogerio Schietti Cruz, julgado em 04/10/2018, DJe 30/10/2018) [...] (STJ, T5 - QUINTA TURMA. RHC 114788/SP. RECURSO ORDINARIO EM HABEAS CORPUS. Relator(a) Ministro LEOPOLDO DE ARRUDA RAPOSO (DESEMBARGADOR CONVOCADO DO TJ/PE). Julgamento em 01/10/2019. Publicação/Fonte em DJe 08/10/2019, sem grifo no original).

Juiz plantonista. Decreto de interceptação telefônica. Violação juiz natural. Inocorrência. Em recente julgado, a Quinta Turma do STJ assentou entendimento no sentido de que, em caso de medidas urgentes, como a interceptação telefônica, não há regra de competência estabelecida por lei, importando apenas a reserva de jurisdição, não havendo que falar, assim, em incompetência do Juiz plantonista que autoriza a quebra do sigilo telefônico (**no mesmo sentido:** HC 126536, Relator Min. TEORI ZAVASCKI, Segunda Turma, julgado em 01/03/2016. DJe-054. DIVULG 22-03-2016. PUBLIC 28-03-2016, bem como HC 237.406/DF, Relator Ministro REYNALDO SOARES DA FONSECA, Quinta Turma, julgado em 10/3/2016, DJe 16/3/2016). Confira-se o referido julgado:

> RECURSO ORDINÁRIO EM HABEAS CORPUS. ASSOCIAÇÃO CRIMINOSA E LAVAGEM DE DINHEIRO. **QUEBRA DE SIGILO TELEFÔNICO DETERMINADA POR JUIZ PLANTONISTA. INFRAÇÃO AO PRINCÍPIO DO JUIZ NATURAL. INEXISTÊNCIA. INTERCEPTAÇÃO TELEFÔNICA DEVIDAMENTE FUNDAMENTADA.** REALIZAÇÃO DE VÁRIAS INVESTIGAÇÕES. INDÍCIOS DE AUTORIA E NECESSIDADE DE ELUCIDAÇÃO DOS CRIMES. CONSTRANGIMENTO ILEGAL INEXISTENTE. RECURSO DESPROVIDO. **1. Para a apreciação das medidas cautelares, prevalece o princípio da inafastabilidade da jurisdição, conforme prevê nossa Carta Magna (art. 5º, XXXVCF), de forma que, em caso de medidas urgentes, como a interceptação telefônica, não há regra de competência estabelecida por lei, importando apenas a reserva de jurisdição, não havendo que falar, assim, em incompetência do Juiz plantonista que autorizou a quebra do sigilo telefônico** [...] (STJ, T5 - QUINTA TURMA. RHC 103224/DF. RECURSO ORDINARIO EM HABEAS CORPUS. Relator(a) Ministro REYNALDO SOARES DA FONSECA. Julgamento em 21/03/2019. Publicação/Fonte em DJe 09/04/2019, sem grifo no original).

> **Art. 4º** O pedido de interceptação de comunicação telefônica conterá a demonstração de que a sua realização é necessária à apuração de infração penal, com indicação dos meios a serem empregados.
>
> § 1º Excepcionalmente, o juiz poderá admitir que o pedido seja formulado verbalmente, desde que estejam presentes os pressupostos que autorizem a interceptação, caso em que a concessão será condicionada à sua redução a termo.
>
> § 2º O juiz, no prazo máximo de vinte e quatro horas, decidirá sobre o pedido.

Sobre a necessidade de demonstração da excepcionalidade da medida. A análise do artigo 4º da Lei nº 9.296/96. Conforme já tratamos itens acima, o artigo 2º trouxe uma série de requisitos que devem ser preenchidos para permitirem que o juiz autorize a interceptação telefônica, por se tratar de medida extrema que mitiga direito fundamental. O artigo 4º nada mais é do que uma complementação do artigo 2º, pois reforça estarmos diante de medida excepcional, sendo necessário que o interessado demonstre, no pedido, a real necessidade da medida, indicando os meios que serão empregados.

Para acelerar o processo de concessão da medida, mas também de forma excepcional, o juiz pode autorizar que o pedido seja formulado verbalmente pelo interessado. Porém, no mesmo parágrafo o legislador condiciona a concessão em si, informando que o pedido deve ser reduzido a termo, o que torna inócua esta previsão legal.

> **Art. 5º** A decisão será fundamentada, sob pena de nulidade, indicando também a forma de execução da diligência, que não poderá exceder o prazo de quinze dias, renovável por igual tempo uma vez comprovada a indispensabilidade do meio de prova.

Da necessidade de motivação da decisão judicial. Corroborando os artigos 2º e 4º, o artigo 5º trata especificamente sobre a necessidade de fundamentação para a decisão judicial que concede a interceptação telefônica, sob pena de nulidade, bem como deverá indicar a forma de execução da diligência. No entanto, a própria Constituição assevera que as decisões judiciais devem ser motivadas, nos termos do artigo 93, X, da CRFB/1988. Observe-se, a título ilustrativo, a análise feita pela Sexta Turma do STJ em recente julgado:

> PROCESSUAL PENAL. HABEAS CORPUS. TRÁFICO DE DROGAS E RESPECTIVA ASSOCIAÇÃO. INTERCEPTAÇÃO TELEFÔNICA. NULIDADE. MEDIDA AUTORIZADA COM BASE EM FUNDAMENTOS GENÉRICOS. IMPRESCINDIBILIDADE DO MONITORAMENTO NÃO DEMONSTRADA. AUSÊNCIA DE INDICAÇÃO DE INDÍCIOS MÍNIMOS DE AUTORIA. 1. A interceptação telefônica está condicionada à prévia autorização judicial, nas situações e na forma estabelecidas em lei para fins de investigação criminal ou instrução processual penal. É cautelar a natureza do provimento que autoriza o monitoramento, pois busca evitar que a situação existente ao tempo do delito se altere durante as investigações ou a tramitação do processo principal. Assim, a determinação de interceptação telefônica está condicionada à presença de elementos concretos acerca da existência do crime, bastantes a justificar o sacrifício do direito à intimidade. Além disso, deve ficar evidenciado o risco que a não efetivação imediata da medida poderá acarretar à persecução penal. No tocante à autoria, não se exige que o magistrado tenha certeza, bastando a presença de elementos informativos que permitam afirmar, no momento da decisão, a existência de indícios suficientes. Precedentes. 2. No caso, o Magistrado singular não demonstrou a imprescindibilidade da medida excepcional para as investigações, limitando-se a fazer referência à representação policial. Não assinalou a necessidade da captação tendo em vista a inexistência de outros meios disponíveis à produção da prova, autorizando o monitoramento eletrônico a partir de um juízo de conveniência, e não de necessidade, situação de manifesto desrespeito ao disposto nos arts. 2º, inciso II, e 5º da Lei n. 9.296/1996. Precedentes. 3. Verifica-se, in casu, que a autorização para a realização da interceptação telefônica está justificada unica-

mente na afirmação de que "versam as investigações sobre crime de tráfico de entorpecentes". Contudo, não há a indicação de nenhum fato concreto que justificasse recair essa suspeita sobre o paciente. Ainda que se tome por empréstimo a manifestação da autoridade policial, não estaria suprida tal necessidade (...) Desatendido, a toda evidência, o disposto no art. 2º, inciso I, da Lei n. 9.296/1996, que veda a imposição da medida quando "não houver indícios razoáveis de autoria". Além disso, não foi evidenciada a imprescindibilidade da medida, o que também seria indispensável (art. 2º, inciso II, da Lei n. 9.296/1996) [...] (STJ, **SEXTA TURMA**. HC 465186/SP. HABEAS CORPUS. Relator(a) Ministro ANTONIO SALDANHA PALHEIRO. Julgamento em 15/10/2019. Publicação/Fonte em **DJe 29/10/2019**).

AGRAVO REGIMENTAL NOS EMBARGOS DE DECLARAÇÃO NO HABEAS CORPUS. MEDIDA CAUTELAR DE INTERCEPTAÇÃO TELEFÔNICA (...) AUSÊNCIA DE FUNDAMENTAÇÃO DA MEDIDA INVASIVA. DECISÃO GENÉRICA. NULIDADE RECONHECIDA (...) 3. A jurisprudência deste Superior Tribunal de Justiça é firme no sentido de que a decisão que defere a medida de interceptação das comunicações telefônicas deve ser devidamente fundamentada, com a concreta indicação dos requisitos legais de justa causa e imprescindibilidade dessa prova, que por outros meios não pudesse ser feita. 4. No caso, verifica-se que se está diante de uma decisão de fundamentação genérica, que não trouxe qualquer justificativa necessária para o deferimento da interceptação telefônica em relação à paciente [...] (STJ, **SEXTA TURMA**. AgRg nos EDcl no HC 548.165/ES, Rel. Ministro NEFI CORDEIRO, julgado em 04/08/2020, **DJe 13/08/2020**)

RECURSO ORDINÁRIO EM HABEAS CORPUS (...) INTERCEPTAÇÕES TELEFÔNICAS. DECISÕES DEVIDAMENTE FUNDAMENTADAS. IMPRESCINDIBILIDADE DA MEDIDA DEMONSTRADA (...) 1. Conforme a jurisprudência desta Corte Superior, a decisão de quebra de sigilo telefônico não exige fundamentação exaustiva. Assim, pode o magistrado decretar a medida mediante fundamentação concisa e sucinta, desde que demonstre a existência dos requisitos autorizadores da interceptação telefônica [...] (STJ, **QUINTA TURMA**. RHC 133.493/SP, Rel. Ministro REYNALDO SOARES DA FONSECA, julgado em 27/10/2020, REPDJe 12/11/2020, **DJe 03/11/2020**). Sem grifo no original.

Da possibilidade de motivação por remissão, também entendida como motivação *per relationem*. Nesta situação, os Tribunais Superiores percebem ausência de violação ao art. 93, IX, CRFB/88, admitindo a fundamentação *per relationem*, para fins de deferimento da medida de interceptação telefônica. No âmbito do STJ, podem ser mencionados os seguintes:

HABEAS CORPUS ORIGINÁRIO. CRIMES CONTRA O ERÁRIO PÚBLICO E ORGANIZAÇÃO CRIMINOSA. INTERCEPTAÇÃO TELEFÔNICA. DECISÃO FUNDAMENTADA. INDIVIDUALIZAÇÃO DA CONDUTA DO PACIENTE APURADA A PARTIR DAS QUEBRAS DE SIGILO TELEFÔNICO. PARTICIPAÇÃO ATIVA DO MINISTÉRIO PÚBLICO NO PEDIDO DE QUEBRA. PRORROGAÇÕES DE INTERCEPTAÇÕES TELEFÔNICAS. FUNDAMENTAÇÃO "PER RELATIONEM". LEGALIDADE. PRISÃO PREVENTIVA. SOLTURA POSTERIOR DO PACIENTE. PEDIDO PREJUDICADO. CONSTRANGIMENTO ILEGAL INEXISTENTE. HABEAS CORPUS DENEGADO. 1. É inviolável o sigilo das comunicações telefônicas, salvo para fins de investigação criminal e instrução penal, nos casos que a lei permite - desde que seja determinado por decisão judiciária fundamentada, que haja indícios razoáveis de autoria ou participação delitiva, a prova não puder ser feita por outros meios disponíveis e o fato de o investigado constituir infração penal punida de forma mais severa que a detenção. 2. A quebra de sigilo bancário e fiscal foi devidamente motivada e resultou na prova da materialidade e de fortes indícios de autoria, que culminou na autorização da quebra de intercepções telefônicas. E justamente dessas quebras, foi possível apurar a individualização dos acusados, dentre eles o paciente. 3. "A fundamentação per relationem constitui medida de economia processual e não malfere os princípios do juiz natural e da fundamentação das decisões." (REsp 1.443.593/RS, Rel. Ministro NEFI CORDEIRO, SEXTA TURMA, julgado em 02/06/2015, DJe 12/06/2015). 4. Nas prorrogações telefônicas, a autoridade coatora indicou o motivo do prosseguimento e ainda colacionou trechos do pedido e das conclusões policiais, utilizando, assim, a proclamada fundamentação per relacionem, o que é permitido em nosso sistema (...) (STJ, QUINTA TURMA HC 369887/PE. HABEAS CORPUS. Relator (a) Ministro REYNALDO SOARES DA FONSECA. Julgamento em 23/10/2018. Publicação/Fonte em DJe 31/10/2018).

PROCESSUAL PENAL E PENAL. HABEAS CORPUS. SUBSTITUTIVO DE RECURSO ESPECIAL, ORDINÁRIO OU DE REVISÃO CRIMINAL. NÃO CABIMENTO. ART. 90, POR QUATRO VEZES; ART. 92, POR CINCO VEZES E ART. 96, V, POR CINCO VEZES, TODOS DA LEI Nº 8.666/93, ALÉM DOS ARTS. 288 E 317, NA FORMA DOS ARTS. 69 E 71, TODOS DO CÓDIGO PENAL. INTERCEPTAÇÃO TELEFÔNICA. FUNDAMENTAÇÃO PER RELATIONEM. PRORROGAÇÃO. ALEGADA INEXISTÊNCIA DE ATO INVESTIGATÓRIO PRECEDENTE. AUSÊNCIA DE CONSTRANGIMENTO ILEGAL. (...) 2. Não se verifica falta de fundamentação na decisão que, após análise do art. 2º da Lei nº 9.296/96, referindo-se ainda à motivação esposada na representação policial, defere medida de interceptação telefônica. 3. Se a medida de interceptação telefônica foi precedida de colheita de declarações, investigação acerca dos bens dos suspeitos e análise de procedimentos licitatórios, não se pode afirmar consista ela em ato que inaugura a investigação criminal. 4. As decisões exaradas, autorizando e prorrogando as interceptações telefônicas, porque fundamentadas, sucintamente ou com referência a outras anteriormente proferidas, não apresentam vício de legalidade a ensejar sua nulidade. 5. Habeas corpus não conhecido. (STJ, Sexta Turma. HC 252251 / RJ. HABEAS CORPUS. Relator (a) Ministro NEFI CORDEIRO. Julgamento em 03/05/2016. Publicação/Fonte DJe 12/05/2016). Sem grifos no original.

RECURSO ORDINÁRIO EM HABEAS CORPUS. INTERCEPTAÇÃO TELEFÔNICA. FUNDAMENTAÇÃO IDÔNEA. ART. 93, IX, DA CF E AO ART. 5º DA LEI N. 9.296/96. CONSTRANGIMENTO ILEGAL AFASTADO. RECURSO ORDINÁRIO CONHECIDO E DESPROVIDO. I - À luz do art. 93, IX, da Constituição da República e, em particular, do art. 5º da Lei n. 9.296/96, a decisão que autoriza a realização de interceptação telefônica deve ser fundamentada, sob pena de nulidade. II - A Lei n. 9.296/96, por sua vez, estabelece os seguintes requisitos para a decretação da medida constritiva: a) deve destinar-se a constituir prova em investigação criminal e em instrução processual penal; b) indícios razoáveis de autoria ou participação em infração penal; c) imprescindibilidade da medida; d) o fato investigado deve constituir crime punido com reclusão. III - A fundamentação per relationem é válida, inexiste óbice à utilização de elementos contidos em manifestações ministeriais ou em sentença, não havendo que se falar em violação aos princípios do contraditório, da ampla defesa e do devido processo legal pelo emprego da técnica. Precedentes. IV - In casu, verifica-se que a decisão que autorizou as interceptações telefônicas valeu-se de fundamentação per relationem, amparada em considerações ou razões concretas [...] (STJ, T5 - QUINTA TURMA. RHC 107212/MG. RECURSO ORDINARIO EM HABEAS CORPUS. Relator(a) Ministro FELIX FISCHER. Julgamento em 19/02/2019. Publicação/Fonte em DJe 26/02/2019, sem grifos no original).

Já no âmbito do STF, podemos mencionar os seguintes julgados:

AGRAVO REGIMENTAL. HABEAS CORPUS. INTERCEPTAÇÃO TELEFÔNICA REGULARMENTE AUTORIZADA E REALIZADA. FUNDAMENTAÇÃO NA DECISÃO QUE PRORROGOU INTERCEPTAÇÃO TELEFÔNICA. MOTIVAÇÃO PER RELATIONEM. POSSIBILIDADE. DECRETAÇÃO DE NULIDADE DE ATO JUDICIAL EXIGE COMPROVAÇÃO DO PREJUÍZO PARA A PARTE. AGRAVO REGIMENTAL A QUE SE NEGA PROVIMENTO. 1. A execução material da interceptação das comunicações telefônicas não é de exclusividade da autoridade policial. Precedentes. 2. Apenas se anula ato judicial se ficar comprovado o prejuízo para a parte, o que não é o caso dos autos. 3. A utilização de motivação per relacionem nas decisões judiciais não configura, por si só, ausência de fundamentação [...] (STF, 1ª Turma. HC 130860 AgR/SP. Relator (a) Min. ALEXANDRE DE MORAES. Julgamento em 16/10/2017. Publicação em DJe-247. DIVULG 26-10-2017. PUBLIC 27-10-2017, sem grifos no original)

RECURSO ORDINÁRIO EM "HABEAS CORPUS" - ALEGADA FALTA DE FUNDAMENTAÇÃO DO ATO DECISÓRIO QUE DETERMINOU A INTERCEPTAÇÃO TELEFÔNICA - INOCORRÊNCIA - DECISÃO QUE SE VALEU DA TÉCNICA DE MOTIVAÇÃO "PER RELATIONEM" - LEGITIMIDADE CONSTITUCIONAL DESSA TÉCNICA DE FUNDAMENTAÇÃO [...] (STF, Segunda Turma RHC 126207 AgR / RS. AG.REG. NO RECURSO ORDINÁRIO EM HABEAS CORPUS. Relator (a): Min. CELSO DE MELLO. Julgamento em 06/12/2016. Publicação em DJe-017. DIVULG 31-01-2017. PUBLIC 01-02-2017, sem grifo no original).

RECURSO ORDINÁRIO EM "HABEAS CORPUS" - ALEGADA FALTA DE FUNDAMENTAÇÃO DO ATO DECISÓRIO QUE DETERMINOU A INTERCEPTAÇÃO TELEFÔNICA - INOCORRÊNCIA - DECISÃO QUE SE VALEU DA TÉCNICA DE MOTIVAÇÃO "PER RELATIONEM" - LEGITIMIDADE CONSTITUCIONAL DESSA TÉCNICA DE FUNDAMENTAÇÃO - SUCESSIVAS PRORROGAÇÕES DA INTERCEPTAÇÃO TELEFÔNICA - POSSIBILIDADE - PERÍODO NÃO SUPERIOR A 15 (QUINZE) DIAS EM CADA RENOVAÇÃO - PRECEDENTES - PARECER DA PROCURADORIA-GERAL DA REPÚBLICA PELO NÃO PROVIMENTO DO RECURSO - RECURSO DE AGRAVO IMPROVIDO. (STF, Segunda Turma. RHC 117825 AgR / AM - AMAZONAS. AG.REG. NO RECURSO ORDINÁRIO EM HABEAS CORPUS. Relator (a): Min. CELSO DE MELLO. Julgamento em 08/03/2016. Publicação em DJe-078 DIVULG 22-04-2016 PUBLIC 25-04-2016). Sem grifo no original.

AGRAVO REGIMENTAL EM HABEAS CORPUS. PEDIDO DE SUPERAÇÃO DA SÚMULA N. 691 DO STF. IMPOSSIBILIDADE. AGRAVO REGIMENTAL NÃO PROVIDO. 1. A defesa, em impetração com 1.092 laudas, pretende, por meio de pedido de excepcionalíssima superação da Súmula n. 691 do STF, sejam analisados os atos judiciais (...), a fim de "contaminar todos os demais atos daí derivados, tais como busca e apreensões, indisponibilidade de bens, indiciamentos, denúncias, instrução criminal etc.". 2. Tais decisões não prescindem da análise do respectivo relatório de inteligência policial ao qual se referem, nem das decisões anteriores, conforme se dessume de seu próprio texto e da jurisprudência das Cortes Superiores, que admitem a motivação per relationem. 3. Conquanto haja certa oscilação no entendimento desta Corte Superior, "a jurisprudência do Supremo Tribunal Federal firmou-se no sentido de que a fundamentação per relationem constitui motivação válida e não ofende o disposto no art. 93, IX, da Constituição da República. Precedentes" (Inq. n. 2.725/SP, Rel. Ministro Teori Zavascki, 2ª T./STF, DJe 30/9/2015). 4. No âmbito de pedido de superação da Súmula n. 691 do Supremo Tribunal Federal, a análise de todas as dezenas de decisões que deferiram ou prorrogaram as interceptações telefônicas, bem como de todos os relatórios de inteligência mencionados, ultrapassa, em muito, a possibilidade de incursão vertical ordinariamente admitida. 5. Nos limites da cognição sumaríssima que caracteriza o pedido de superação da Súmula n. 691 do STF – única hipótese a legitimar a antecipação da competência do Superior Tribunal de Justiça – não há como identificar, à primeira vista, ilegalidade que justifique a intervenção imediata e prematura desta Corte Superior de Justiça. [...] (STJ, T6 – SEXTA TURMA. AgRg no HC 507071/SP. AGRAVO REGIMENTAL NO HABEAS CORPUS. Relator(a) Ministro ROGERIO SCHIETTI CRUZ. Julgamento em 28/05/2019. Publicação/Fonte em DJe 05/06/2019, sem grifo no original).

"HABEAS CORPUS" – SUSTENTAÇÃO ORAL EM SEDE DE AGRAVO INTERNO – EXPRESSA VEDAÇÃO REGIMENTAL (RISTF, ART. 131, § 2º) – PRECEDENTES DA COLENDA SEGUNDA TURMA DESTA CORTE NO SENTIDO DA ADMISSIBILIDADE DESSE PEDIDO, EMBORA EM CARÁTER EXCEPCIONAL – INSUFICIÊNCIA, PORÉM, DAS RAZÕES APONTADAS PELA PARTE ORA AGRAVANTE, EIS QUE A DECISÃO RECORRIDA REFLETE, COM INTEGRAL FIDELIDADE, A JURISPRUDÊNCIA PACÍFICA DO SUPREMO TRIBUNAL FEDERAL SOBRE O MÉRITO DA CONTROVÉRSIA – INDEFERIMENTO DO PLEITO – ALEGADA FALTA DE FUNDAMENTAÇÃO DO ATO DECISÓRIO QUE DETERMINOU A INTERCEPTAÇÃO TELEFÔNICA – INOCORRÊNCIA – DECISÃO QUE SE VALEU DA TÉCNICA DE MOTIVAÇÃO "PER RELATIONEM" – LEGITIMIDADE CONSTITUCIONAL DESSA TÉCNICA DE FUNDAMENTAÇÃO – PARECER DA PROCURADORIA-GERAL DA REPÚBLICA CONTRÁRIO À PRETENSÃO DEDUZIDA NESTA ESPÉCIE RECURSAL – RECURSO DE AGRAVO IMPROVIDO. (STF, Segunda Turma. HC 168852 AgR/SP. AG.REG. NO HABEAS CORPUS. Relator(a): Min. CELSO DE MELLO. Julgamento em 29/11/2019. Publicação em DJe-278. DIVULG 13-12-2019. PUBLIC 16-12-2019, sem grifo no original).

"HABEAS CORPUS" – ADOÇÃO DA TÉCNICA DE MOTIVAÇÃO "PER RELATIONEM"– LEGITIMIDADE CONSTITUCIONAL DESSA TÉCNICA DECISÓRIA – FUNDAMENTAÇÃO VÁLIDA – JURISPRUDÊNCIA DO SUPREMO TRIBUNAL FEDERAL CONSOLIDADA QUANTO À MATÉRIA VERSADA NA IMPETRAÇÃO – SUCESSIVAS INTERCEP-

> TAÇÕES TELEFÔNICAS AUTORIZADAS POR MAGISTRADO DE PRIMEIRA INSTÂNCIA - SUPOSTO ENVOLVIMENTO DE DIVERSOS INVESTIGADOS, ENTRE OS QUAIS PREFEITOS MUNICIPAIS E PARLAMENTAR ESTADUAL - RECONHECIMENTO DE OFENSA AO POSTULADO DA NATURALIDADE DO JUÍZO - NULIDADE DAS PROVAS, NO ENTANTO, QUE NÃO SE ESTENDE AOS DEMAIS ACUSADOS NÃO DETENTORES DE PRERROGATIVA DE FORO "RATIONE MUNERIS" - PARECER DA DOUTA PROCURADORIA-GERAL DA REPÚBLICA PELO NÃO PROVIMENTO DESTA ESPÉCIE RECURSAL - RECURSO DE AGRAVO IMPROVIDO. (STF, Segunda Turma. HC 150872 AgR/SP. AG.REG. NO HABEAS CORPUS. Relator(a): Min. CELSO DE MELLO. Julgamento em 31/05/2019. Publicação em DJe-123. DIVULG 07-06-2019. PUBLIC 10-06-2019, sem grifos no original).

Do prazo para a interceptação telefônica. Sucessivas prorrogações. Possibilidade. Aplicação do princípio da razoabilidade. Artigo 5º da Lei nº 9.296/1996. Ainda em relação ao artigo 5º, a principal questão gira em torno do prazo para realização da interceptação telefônica, que, segundo a Lei, não poderá exceder quinze dias, renovável por igual período.

Todavia, nos casos de maior complexidade, o Supremo Tribunal Federal tem admitido a prorrogação da medida por sucessivas vezes, além do limite de 30 (trinta) dias estabelecido na lei de regência (artigo 5º, da Lei 9.296/96), ou do limite de 60 (sessenta) dias previsto no artigo 136, § 2º, da Constituição Federal, conforme pode ser observado nos julgados a seguir relacionados. Note-se, ainda, que o STF reconheceu a repercussão geral da matéria (RE 625.263/PR, Rel. Min. Gilmar Mendes, Tribunal Pleno, julgamento em 13/06/2013), o que não impede o pronunciamento de órgão colegiado sobre a legalidade das medidas de investigação, tendo em vista ausência de sobrestamento dos processos naquele feito (mesmo após advento do art. 1.035, § 5º, do CPC/15), a quem cabe a modulação dos efeitos da decisão (repercussão geral paradigma). Com especial atenção, confira-se:

> Processual penal. Habeas corpus. Associação criminosa. Corrupção ativa. Sucessivas renovações de interceptações telefônicas. Ausência de sobrestamento dos processos (...) 4. **A atual jurisprudência desta Corte é no sentido de que as interceptações telefônicas podem ser prorrogadas, por mais de uma vez, desde que devidamente fundamentadas pelo juízo competente quanto à necessidade do prosseguimento das investigações** (HC 104.934, Redator para o acórdão o Ministro Luiz Fux, Primeira Turma, julgado em 20.09.2011). 5. O reconhecimento da repercussão geral da matéria (RE 625.263/PR, Rel. Min. Gilmar Mendes) não impede o pronunciamento do colegiado sobre a legalidade das medidas de investigação [...] (STF, Primeira Turma. HC 137820/RJ - RIO DE JANEIRO. HABEAS CORPUS. Relator (a): Min. MARCO AURÉLIO. Relator (a) p/ Acórdão: Min. ROBERTO BARROSO. Julgamento em 24/04/2018.

Publicação em DJe-115 DIVULG 11-06-2018 PUBLIC 12-06-2018). Sem grifo no original.

Processual Penal. Habeas Corpus substitutivo de agravo regimental. Tráfico de drogas, Associação para o tráfico, Lavagem de dinheiro e Organização criminosa. Prisão preventiva. Interceptação telefônica. Ausência de teratologia (...)

4. O entendimento adotado pelas instâncias de origem, no tocante à licitude das medidas de interceptação telefônica, está alinhado com **a jurisprudência desta Corte, no sentido de que "o decreto da interceptação telefônica pode ser sucessivamente renovável, sempre que o juiz, com base no quadro fático, entender que essa medida permanece útil à investigação"** (HC 83.515, Rel. Min. Nelson Jobim) [...] (STF, Primeira Turma. HC 139370/SP – SÃO PAULO. HABEAS CORPUS. Relator (a): Min. MARCO AURÉLIO Relator (a) p/ Acórdão: Min. ROBERTO BARROSO. Julgamento em 06/03/2018. Publicação em DJe-080 DIVULG 24-04-2018 PUBLIC 25-04-2018). Sem grifo no original.

AGRAVO REGIMENTAL NO RECURSO ORDINÁRIO EM HABEAS CORPUS. SUCESSIVAS. **RENOVAÇÕES DE INTERCEPTAÇÕES TELEFÔNICAS. TESE COM REPERCUSSÃO GERAL RECONHECIDA NO RE 625.623/PR. PEDIDO DE SUSPENSÃO DO CURSO PROCESSUAL. HAVENDO RAZÃO PARA AS PRORROGAÇÕES, NÃO HÁ FALAR EM ILEGALIDADE. COMPETÊNCIA DO RELATOR DO RECURSO PARADIGMA PARA SUSPENDER PROCESSOS COM BASE NO ART. 1.035, § 5º, DO CÓDIGO DE PROCESSO PENAL. PRECEDENTES**. AGRAVO REGIMENTAL A QUE SE NEGA PROVIMENTO. I – Conforme consignado na decisão agravada, havendo razão para sucessivas renovações das interceptações telefônicas, não há falar em ilegalidade que justifique a impetração. II – O Ministro Gilmar Mendes, relator do RE 625.263/PR, invocado pela defesa como paradigma, não determinou a suspensão de processos que tratam da igual questão constitucional, mesmo quando já em vigor o art. 1.035, § 5º, do atual CPC, que dispõe sobre a possibilidade de "suspensão do processamento de todos os processos pendentes, individuais ou coletivos, que versem sobre a questão e tramitem no território nacional". III – A suspensão de processamento prevista no § 5º do art. 1.035 do CPC não consiste em consequência automática e necessária do reconhecimento da repercussão geral realizada com fulcro no caput do mesmo dispositivo, sendo da discricionariedade do relator do recurso extraordinário paradigma determiná-la ou modulá-la (RE 966.177/RS-QO, Plenário) [...] (STF, Segunda Turma. RHC 138754 AgR/RJ – RIO DE JANEIRO. AG.REG. NO RECURSO ORDINÁRIO EM HABEAS CORPUS. Relator (a): Min. RICARDO LEWANDOWSKI.

Julgamento em 28/09/2018. Publicação em DJe-212 DIVULG 03-10-2018 PUBLIC 04-10-2018). Sem grifo no original.

> AGRAVO REGIMENTAL NOS EMBARGOS DE DECLARAÇÃO NO RECURSO EXTRAORDINÁRIO COM AGRAVO. PROCESSUAL PENAL. TRÁFICO DE ENTORPECENTES. AUSÊNCIA DE CONTRARIEDADE AO INC. IX DO ART. 93 DA CONSTITUIÇÃO DA REPÚBLICA. DEFESA PRÉVIA. NULIDADE. AUSÊNCIA DE DEMONSTRAÇÃO DE PREJUÍZO. **INTERCEPTAÇÕES TELEFÔNICAS. PRORROGAÇÕES SUCESSIVAS. FATOS COMPLEXOS. ADMISSIBILIDADE.** [...] (STF, Segunda Turma. ARE 1211108 ED-AgR/SP. AG.REG. NOS EMB.DECL. NO RECURSO EXTRAORDINÁRIO COM AGRAVO. Relator(a): Min. CÁRMEN LÚCIA. Julgamento em 06/12/2019. Publicação em DJe-282. DIVULG 17-12-2019. PUBLIC 18-12-2019).

Cabe destacar que foi reconhecida a repercussão geral da matéria pelo STF:

> PROCESSO PENAL. INTERCEPTAÇÃO TELEFÔNICA. ALEGAÇÃO DE VIOLAÇÃO AOS ARTIGOS 5º; 93, INCISO IX; E 136, § 2º DA CF. ARTIGO 5º DA LEI N. 9.296/96. DISCUSSÃO SOBRE A CONSTITUCIONALIDADE DE SUCESSIVAS RENOVAÇÕES DA MEDIDA. ALEGAÇÃO DE COMPLEXIDADE DA INVESTIGAÇÃO. PRINCÍPIO DA RAZOABILIDADE. RELEVÂNCIA SOCIAL, ECONÔMICA E JURÍDICA DA MATÉRIA. REPERCUSSÃO GERAL RECONHECIDA. (STF, RE 625263 RG, Relator(a): GILMAR MENDES, Tribunal Pleno, julgado em 13/06/2013, ACÓRDÃO ELETRÔNICO DJe-176 DIVULG 06-09-2013 PUBLIC 09-09-2013)

> Agravo regimental em recurso extraordinário com agravo. 2. Penal e Processo Penal (...) 5. Discussão quanto à possibilidade de prorrogações sucessivas do prazo de autorização judicial para interceptação telefônica. Complexidade da investigação. Repercussão geral reconhecida no processo-paradigma RE-RG 625.263/PR, de minha relatoria [...] (STF, Segunda Turma. ARE 1162384 AgR/SP. AG.REG. NO RECURSO EXTRAORDINÁRIO COM AGRAVO. Relator(a): Min. GILMAR MENDES. Julgamento em 28/06/2019. Publicação em DJe-167. DIVULG 31-07-2019. PUBLIC 01-08-2019).

Assim, quanto à prorrogação da interceptação telefônica, o Plenário do Supremo Tribunal firmou entendimento de ser lícita a prorrogação do prazo legal de autorização para interceptação telefônica, ainda que sucessivamente deferido. Isso porque o art. 5° da Lei n. 9.296/1996 não indica limite temporal rígido da interceptação telefônica, que não pode exceder, inicialmente, 15 dias, mas pode ser prorrogada, de forma fundamentada, tantas vezes quanto necessário, se a atividade criminosa sob apuração é complexa e exige investigação contínua. São exemplos recentes:

AGRAVO REGIMENTAL EM HABEAS CORPUS (...) EM CRIMES DE TRÁFICO ILÍCITO DE DROGAS E DE ASSOCIAÇÃO PARA O TRÁFICO, A COLETA DA PROVA DA PRÁTICA DO FATO TÍPICO TORNA-SE MAIS DIFÍCIL, O QUE JUSTIFICA A INTERCEPTAÇÃO TELEFÔNICA. PRORROGAÇÃO DE INTERCEPTAÇÃO TELEFÔNICA COM BASE NA FUNDAMENTAÇÃO EXPOSTA NA PRIMEIRA DECISÃO. POSSIBILIDADE. A COMPLEXIDADE DOS FATOS INVESTIGADOS JUSTIFICA A PRORROGAÇÃO DA INTERCEPTAÇÃO TELEFÔNICA, MESMO QUE SUCESSIVAS (...) II - Em crimes como o tráfico ilícito de drogas e de associação para o tráfico, o réu não age às claras; ao contrário, perpetra sua ação na surdina, de modo que a coleta da prova da prática do fato típico torna-se mais difícil, o que justifica, dessa forma, a decretação da questionada interceptação telefônica, medida adequada e necessária para o prosseguimento das investigações. III – "As decisões que autorizam a prorrogação de interceptação telefônica, sem acrescentar novos motivos, evidenciam que essa prorrogação foi autorizada com base na mesma fundamentação exposta na primeira decisão que deferiu o monitoramento" (HC 92.020/DF, Rel. Min. Joaquim Barbosa). IV – Não há falar em violação ao disposto na Lei 9.296/1996, uma vez que o Plenário desta Suprema Corte já decidiu que "é possível a prorrogação do prazo de autorização para a interceptação telefônica, mesmo que sucessivas, especialmente quando o fato é complexo a exigir investigação diferenciada e contínua. Não configuração de desrespeito ao art. 5º, caput, da Lei 9.296/1996"(HC 83.515/RS, Rel. Min. Nelson Jobim) [...] (STF, **Segunda Turma**. HC 180905 AgR, Relator(a): RICARDO LEWANDOWSKI, julgado em 13/03/2020, PROCESSO ELETRÔNICO DJe-078 DIVULG 30-03-2020 PUBLIC **31-03-2020**, sem grifo no original).

AGRAVO REGIMENTAL EM HABEAS CORPUS (...) EM CRIMES DE COMO OS DE CORRUPÇÃO ATIVA E PASSIVA, A COLETA DA PROVA DA PRÁTICA DO FATO TÍPICO TORNA-SE MAIS DIFÍCIL, O QUE JUSTIFICA A INTERCEPTAÇÃO TELEFÔNICA. PRORROGAÇÃO DE INTERCEPTAÇÃO COM BASE NA FUNDAMENTAÇÃO EXPOSTA NA PRIMEIRA DECISÃO. POSSIBILIDADE. A COMPLEXIDADE DOS FATOS INVESTIGADOS JUSTIFICA A PRORROGAÇÃO DA INTERCEPTAÇÃO TELEFÔNICA, MESMO QUE SUCESSIVAS (...) II – Em crimes como os de corrupção ativa e passiva, o réu não age às claras; ao contrário, perpetra sua ação na surdina, de modo que a coleta da prova da prática do fato típico torna-se mais difícil, o que justifica, dessa forma, a decretação da questionada interceptação telefônica, medida adequada e necessária para o prosseguimento das investigações. III – "As decisões que autorizam a prorrogação de interceptação telefônica, sem acrescentar novos motivos, evidenciam

> que essa prorrogação foi autorizada com base na mesma fundamentação exposta na primeira decisão que deferiu o monitoramento" (HC 92.020/DF, Rel. Min. Joaquim Barbosa). IV - Não há falar em violação ao disposto na Lei 9.296/1996, uma vez que o Plenário desta Suprema Corte já decidiu que "é possível a prorrogação do prazo de autorização para a interceptação telefônica, mesmo que sucessivas, especialmente quando o fato é complexo a exigir investigação diferenciada e contínua. Não configuração de desrespeito ao art. 5º, caput, da Lei 9.296/1996"(HC 83.515/RS, Rel. Min. Nelson Jobim) [...] (STF, **Segunda Turma.** RHC 192427 AgR, Relator(a): RICARDO LEWANDOWSKI, julgado em 16/11/2020, PROCESSO ELETRÔNICO DJe-282 DIVULG 27-11-2020 PUBLIC **30-11-2020**, sem grifo no original).

Portanto, o entendimento dos Tribunais Superiores segue no sentido de que, embora a Lei nº 9.296/1996 (art. 5º) preveja prazo de 15 (quinze) dias para o monitoramento telefônico, renovável por igual período, não há nenhum limite à renovação das prorrogações, desde que devidamente fundamentada a sua necessidade, salvaguarda do princípio da razoabilidade, ao concluir que: *"é assente na jurisprudência que a prorrogação da interceptação telefônica não está limitada a apenas um período, mas pode ocorrer por mais vezes, bastando que haja fundamentação"* (STJ, 6ª Turma. REsp 1488028/SC. RECURSO ESPECIAL. Relator (a) Ministro SEBASTIÃO REIS JÚNIOR. Julgamento em 06/10/2016. Publicação/Fonte em DJe 25/10/2016). E ainda:

> PENAL E PROCESSO PENAL. AGRAVO REGIMENTAL NO AGRAVO EM RECURSO ESPECIAL (...) INTERCEPTAÇÕES TELEFÔNICAS. LEGALIDADE (...) 3. O prazo de 15 dias, previsto no art. 5º da Lei n. 9.296/1996, é renovável, podendo haver incontáveis prorrogações, desde que demonstrada a necessidade, em decisões devidamente fundamentadas, como no caso [...] (STJ, **SEXTA TURMA**. AgRg no AREsp 625279/SP. AGRAVO REGIMENTAL NO AGRAVO EM RECURSO ESPECIAL. Relator(a) Ministro ANTONIO SALDANHA PALHEIRO. Julgamento em 14/05/2019. Publicação/Fonte em **DJe 24/05/2019**)

> PROCESSO PENAL. HABEAS CORPUS SUBSTITUTIVO DE RECURSO. ORGANIZAÇÃO CRIMINOSA, ASSOCIAÇÃO E TRÁFICO ILÍCITO DE ENTORPECENTES. INTERCEPTAÇÃO TELEFÔNICA E PRORROGAÇÕES. ALEGADA AUSÊNCIA DOS REQUISITOS DA LEI N. 9.296/1996. CUMPRIMENTO DOS REQUISITOS LEGAIS. MOTIVAÇÃO IDÔNEA. NULIDADE. NÃO OCORRÊNCIA (...) 2. O inciso XII do art. 5º da Constituição Federal assegura o sigilo das comunicações telefônicas, de modo que, para que haja o seu afastamento, é imprescindível ordem judicial, devidamente fundamentada, segundo o comando constitucional estabelecido no art. 93, inciso IX, da Carta Magna. 3. O art. 5º da Lei n. 9.296/1996 determina, quanto à auto-

rização judicial de interceptação telefônica, que "a decisão será fundamentada, sob pena de nulidade, indicando também a forma de execução da diligência, que não poderá exceder o prazo de quinze dias, renovável por igual tempo uma vez comprovada a indispensabilidade do meio de prova". (...) 6. A jurisprudência desta Corte e do Supremo Tribunal firmou-se no sentido de que a interceptação telefônica deve perdurar pelo tempo necessário à completa investigação dos fatos delituosos, devendo o seu prazo de duração ser avaliado fundamentadamente pelo magistrado, considerando os relatórios apresentados pela polícia [...] (STJ, **QUINTA TURMA**. HC 469676/SP. HABEAS CORPUS. Relator(a) Ministro RIBEIRO DANTAS. Julgamento em 06/06/2019. Publicação/Fonte em **DJe 11/06/2019**, sem grifo no original). *No mesmo sentido: STJ, QUINTA TURMA. AgRg no RHC 106364/SP. AGRAVO REGIMENTAL NO RECURSO ORDINÁRIO EM HABEAS CORPUS. Relator(a) Ministro REYNALDO SOARES DA FONSECA. Julgamento em 04/06/2019. Publicação/Fonte em DJe 14/06/2019; STJ, SEXTA TURMA. RHC 105840/SP. RECURSO ORDINARIO EM HABEAS CORPUS. Relator(a) Ministro ROGERIO SCHIETTI CRUZ. Julgamento em 06/08/2019. Publicação/Fonte em DJe 23/08/2019; STJ, QUINTA TURMA. AgRg no AREsp 1389718/RS. AGRAVO REGIMENTAL NO AGRAVO EM RECURSO ESPECIAL. Relator(a) Ministro REYNALDO SOARES DA FONSECA. Julgamento em 05/12/2019. Publicação/Fonte em DJe 17/12/2019.*

AGRAVO REGIMENTAL EM RECURSO ESPECIAL. TRÁFICO DE DROGAS. ASSOCIAÇÃO AO TRÁFICO. JUSTIÇA FEDERAL. INTERCEPTAÇÃO TELEFÔNICA. IMPRESCINDIBILIDADE DA MEDIDA. PRORROGAÇÕES. LICITUDE DAS PROVAS OBTIDAS (...) A lei permite a prorrogação das interceptações diante da demonstração de indispensabilidade da prova, sendo que as razões tanto podem manter-se idênticas às do pedido original quanto podem alterar-se, desde que a medida ainda seja considerada indispensável. Essas posteriores decisões não precisam reproduzir os fundamentos da decisão inicial, na qual já se demonstrou, de maneira pormenorizada e concretamente motivada, o preenchimento de todos os requisitos necessários à autorização da interceptação, à luz dos requisitos constantes da Lei n. 9.296/1996 [...] (STJ, **SEXTA TURMA**. AgRg no REsp 1592259/RS, Rel. Ministro ROGERIO SCHIETTI CRUZ, julgado em 16/06/2020, **DJe 26/06/2020**)

AGRAVO REGIMENTAL NOS EMBARGOS DE DECLARAÇÃO NO AGRAVO REGIMENTAL NO RECURSO ORDINÁRIO EM HABEAS CORPUS. INVESTIGAÇÃO CRIMINAL. ORGANIZAÇÃO CRIMININOSA. CORRUPÇÃO ATIVA E PASSIVA. JOGOS DE AZAR. INTERCEPTAÇÕES TELEFÔNICAS. FUNDAMENTAÇÃO SUFICIENTE. IMPRESCINDIBILIDADE DA MEDIDA. PRORROGAÇÕES. LEGITIMIDADE (...) 3. Foi devidamente consignada a inexistência de outros meios eficazes de apuração que não a quebra de sigilo telefônico e as prorrogações requeridas pela autoridade policial (ultima ratio probatória). 4. Não restou constatada a existência de quaisquer vícios ou evidenciada a carência de fundamentação da decisão que autorizou as interceptações telefônicas, porquanto lastreada em suporte probatório prévio, na complexidade do feito e especialmente na necessidade e utilidade da medida, nos termos da Lei n. 9.296/1996 5. As jurisprudências desta Corte e do Supremo Tribunal firmaram-se no sentido de que a interceptação telefônica deve perdurar pelo tempo necessário à completa investigação dos fatos delituosos, devendo o seu prazo de duração ser avaliado fundamentadamente pelo magistrado, considerando os relatórios apresentados pela polícia, o que se verifica na espécie. 6. Não há qualquer restrição ao número de prorrogações possíveis, exigindo-se apenas que haja decisão fundamentando a necessidade de dilatação do período, sendo que, na espécie, as prorrogações das interceptações foram devidamente motivadas, justificando-se, essencialmente, nas informações coletadas nos anteriores monitoramentos, indicativos das práticas criminosas reiteradas atribuídas aos investigados [...] (STJ, **QUINTA TURMA**. AgRg nos EDcl no AgRg no RHC 108.957/GO, Rel. Ministro RIBEIRO DANTAS, julgado em 03/11/2020, **DJe 12/11/2020**, sem grifo no original)

PENAL. AGRAVO REGIMENTAL NO AGRAVO EM RECURSO ESPECIAL. CORRUPÇÃO ATIVA. CONCESSÃO FRAUDULENTA DE BENEFICIO PREVIDENCIÁRIO. INTERCEPTAÇÕES TELEFÔNICAS. PRORROGAÇÕES SUCESSIVAS. LEI N. 9.296/1996. COMPLEXIDADE DO CASO. POSSIBILIDADE (...) 1. A jurisprudência deste Superior Tribunal de Justiça é firme no sentido de que, "as sucessivas prorrogações das interceptações telefônicas não se traduzem motivo suficiente, por si só, para invalidar o procedimento realizado, posto que podem as renovações ser justificadas, a depender das características concretas da ação, por exemplo, pela complexidade do crime, ou mesmo pelo grande número de envolvidos, demonstrando-se, assim, a imprescindibilidade da medida para a continuidade da investigação e elucidação do caso, hipótese dos autos" (AgRg no AREsp 1.604.544/SP, Rel. Ministro SEBASTIÃO REIS JÚNIOR, SEXTA TURMA, julgado em 1º/9/2020, DJe 9/9/2020) [...] (STJ, **QUINTA TURMA**. AgRg no AREsp 1742524/SP, Rel. Ministro RIBEIRO DANTAS, julgado em 09/12/2020, **DJe 14/12/2020**, sem grifo no original)

Sobre o termo inicial para cumprimento da medida de interceptação telefônica. No que diz respeito a este assunto, segundo entendimento veiculado no Informativo nº 493 (Período: 12 a 23 de março de 2012) a Sexta Turma do STJ entendeu que não há ilegalidade na interceptação, nem violação ao princípio da proporcionalidade, se o início da captação telefônica ocorreu após o prazo de 15 dias, desde que justificadamente, eis que o mencionado artigo não estipula termo inicial para cumprimento da ordem judicial, senão vejamos:

> INTERCEPTAÇÃO TELEFÔNICA. TERMO INICIAL. A Lei n. 9.296/1996, que regula a quebra de sigilo das comunicações telefônicas, estabelece em 15 dias o prazo para duração da interceptação, porém não estipula termo inicial para cumprimento da ordem judicial. No caso, a captação das comunicações via telefone iniciou-se pouco mais de três meses após o deferimento, pois houve greve da Polícia Federal no período, o que interrompeu as investigações. A Turma entendeu que não pode haver delonga injustificada para o começo da efetiva interceptação e deve-se atentar sempre para o princípio da proporcionalidade, mas, na hipótese, sendo a greve evento que foge ao controle direto dos órgãos estatais, não houve violação do mencionado princípio. Assim, a alegação de ilegalidade das provas produzidas, por terem sido obtidas após o prazo de 15 dias, não tem fundamento, uma vez que o prazo é contado a partir do dia em que se iniciou a escuta, e não da data da decisão judicial que a autorizou. Precedente citado: HC 135.771-PE, DJe 24/8/2011. HC 113.477-DF, Rel. Min. Maria Thereza de Assis Moura, julgado em 20/3/2012. (STJ, Sexta Turma. Informativo nº 0493 – Período: 12 a 23 de março de 2012).

> RECURSO EM HABEAS CORPUS. CRIMES FALIMENTARES. **INTERCEPTAÇÃO TELEFÔNICA. INVESTIGAÇÃO PRETÉRITA EXISTENTE. PRAZO DE 15 DIAS RESPEITADOS. CONTAGEM REALIZADA PELO TRIBUNAL DE ORIGEM QUE DESPREZOU AS FRAÇÕES DE HORA DO PRIMEIRO DIA, COMPUTANDO-O COMO UM DIA COMPLETO. METODOLOGIA ACEITA POR ESTA CORTE SUPERIOR** (...) 3. No que diz respeito a execução da interceptação telefônica, a jurisprudência desta Corte Superior é consolidada no sentido de que **o prazo de contagem dos 15 dias da interceptação telefônica deve ser contado da implementação da medida**. 4. A Corte de origem decidiu por anular apenas os trechos das interceptações telefônicas que extrapolaram os **15 dias da medida, considerados a partir do dia em que foi implementada a medida, ou seja, desprezando as frações de hora**. Sobre as demais interceptações não recai qualquer dúvida de que respeitaram o prazo legal. (STJ, T5 – QUINTA TURMA. RHC 83539/SC. RECURSO ORDINARIO EM HABEAS CORPUS. Relator(a) Ministro JOEL ILAN PACIORNIK. Julgamento em 11/12/2018. Publicação/Fonte em DJe 19/12/2018, sem grifos no original).

A propósito do tema, é de se destacar que a jurisprudência dos Tribunais Superiores se pacificou no sentido de que o prazo de 15 (quinze) dias das interceptações telefônicas deve ser contado a partir da efetiva implementação da medida, e não da respectiva decisão. Vejamos os julgados do STF e STJ, respectivamente:

PENAL E PROCESSO PENAL (...) PROVA ILÍCITA RECONHECIDA PELO TRIBUNAL DE ORIGEM. DESENTRANHAMENTO. OBEDIÊNCIA À AUTORIDADE DA COISA JULGADA. PROVA ILÍCTA POR DERIVAÇÃO. INEXISTÊNCIA. FALTA DE NEXO DE CAUSALIDADE. FONTE INDEPENDENTE DE PROVA. DOUTRINA (...) 3. A contagem do prazo da interceptação telefônica inicia-se da data da efetiva realização da medida constritiva da intimidade e não da data da decisão autorizativa [...] (STF, Primeira Turma. AO 2057, Relator(a): LUIZ FUX, julgado em 02/10/2018, DJe-232 DIVULG 30-10-2018 PUBLIC 31-10-2018)

AGRAVO REGIMENTAL. RECURSO ORDINÁRIO EM HABEAS CORPUS (...) DIÁLOGOS MONITORADOS FORA DO PERÍODO LEGAL. NÃO OCORRÊNCIA. CONTAGEM DO PRAZO DE 15 (QUINZE) DIAS A PARTIR DA EFETIVA IMPLEMENTAÇÃO DA MEDIDA. EIVA NÃO CONFIGURADA. 1. Pacificou-se nos Tribunais Superiores o entendimento de que o prazo de 15 (quinze) dias das interceptações telefônicas deve ser contado a partir da efetiva implementação da medida, e não da respectiva decisão. Precedentes do STJ e do STF [...] (STJ, **QUINTA TURMA**. AgRg no RHC 114.973/SC, Rel. Ministro JORGE MUSSI, julgado em 19/05/2020, DJe 27/05/2020).

Do prazo das interceptações. Captação fora do prazo. Nulidade limitada. Inexistência de nulidade reflexa. A jurisprudência do STJ segue no sentido de que a existência de captação de áudio fora do período autorizado resulta na nulidade apenas da gravação realizada no dia excedente, não configurando, necessariamente, nulidade reflexa (ilicitude por derivação). Assim, é exemplo o Julgado da Quinta Turma:

AGRAVO REGIMENTAL NO RECURSO ESPECIAL. CORRUPÇÃO ATIVA. INTERCEPTAÇÃO TELEFÔNICA. CAPTAÇÃO FORA DO PRAZO. ILICITUDE DA GRAVAÇÃO CAPTADA NO DIA EXCEDENTE. AUSÊNCIA DE PREJUÍZO (...) 1. O entendimento da Corte Estadual está em consonância com a jurisprudência desta Corte no sentido de que a existência de captação de áudio fora do período autorizado resulta na nulidade apenas da gravação realizada no dia excedente. Precedente. 2. Ademais, os áudios colhidos no dia excedente não foram utilizados para justificar posteriores decisões, o que reforça a ausência de prejuízo à defesa [...] (STJ, **QUINTA TURMA**. AgRg no REsp 1861383/SC, Rel. Ministro JOEL ILAN PACIORNIK, julgado em 15/09/2020, **DJe 21/09/2020**)

Quanto ao número de linhas interceptadas e tempo para a interceptação. Princípio da razoabilidade. A Lei nº 9.296/96 não limita a quantidade de telefones que devam ser interceptados, bastando que, por ocasião do requerimento ou da representação, os interessados indiquem as linhas telefônicas que deverão ser objeto de investigação, que poderá ocorrer mediante sucessivas prorrogações de prazo, desde que de forma fundamentada, como já salientamos no item anterior.

CONSTITUCIONAL, PENAL E PROCESSUAL PENAL. PROVA ILÍCITA. CONTAMINAÇÃO DO CONJUNTO PROBATÓRIO: DERIVAÇÃO INEXISTENTE. LEGALIDADE DE PRORROGAÇÕES DO PRAZO INICIAL DA ESCUTA. ELEVADO NÚMERO DE TERMINAIS ALCANÇADOS PELA MEDIDA: POSSIBILIDADE. QUALIDADE DA DEGRAVAÇÃO DAS ESCUTAS TELEFÔNICAS: TEMA ESTRANHO AOS LIMITES DO HABEAS CORPUS. 1. As referências às escutas telefônicas empreendidas sem autorização judicial, por ilícitas, devem ser desentranhadas dos autos, na esteira do que determina o inciso LVI do art. 5º da Constituição da República. Precedentes. **2. A ilicitude de uma prova não contamina os demais elementos cognitivos obtidos e que dela não derivaram. Precedentes**. 3. O tempo das escutas telefônicas autorizadas e o número de terminais alcançados subordinam-se à necessidade da atividade investigatória e ao princípio da razoabilidade, não havendo limitações legais predeterminadas. Precedentes. 4. Eventuais deficiências qualitativas na tradução do material degravado não invalidam a prova regularmente colhida, devendo o tema ser tratado no curso da instrução da ação penal, considerados os limites do habeas corpus. 5. Ordem denegada. (STF, Primeira Turma. HC 106244/RJ - RIO DE JANEIRO HABEAS CORPUS. Relator (a): Min. CÁRMEN LÚCIA. Julgamento em 17/05/2011. Publicação em DJe-159 DIVULG 18-08-2011 PUBLIC 19-08-2011. RTJ VOL-00222-01 PP-00401).

Art. 6º Deferido o pedido, a autoridade policial conduzirá os procedimentos de interceptação, dando ciência ao Ministério Público, que poderá acompanhar a sua realização.

§ 1º No caso de a diligência possibilitar a gravação da comunicação interceptada, será determinada a sua transcrição.

§ 2º Cumprida a diligência, a autoridade policial encaminhará o resultado da interceptação ao juiz, acompanhado de auto circunstanciado, que deverá conter o resumo das operações realizadas.

§ 3º Recebidos esses elementos, o juiz determinará a providência do art. 8º, ciente o Ministério Público.

Da condução do procedimento de interceptação telefônica. O artigo 6º é claro ao prever quem será o responsável pela condução da interceptação telefônica: a autoridade policial. Porém, deve cientificar o Ministério Público, tendo este a faculdade de acompanhar a realização da diligência.

Em sendo possível, será feita a degravação da conversa e, ao final, a autoridade policial deverá elaborar relatório na forma de um auto circunstanciado, que necessariamente deve conter um resumo de tudo aquilo que foi realizado.

Sobre a (im) possibilidade de condução da interceptação telefônica pelo membro do Ministério Público. O Ministério Público pode, apenas, acompanhar as interceptações, mas não deve conduzi-las, em que pese o teor da Resolução nº 36/2009 do Conselho Nacional do Ministério Público (CNMP).

Ainda em 2009, a Procuradoria Geral da República ingressou com a ADI 4.263 questionando esta Resolução. No mesmo sentido caminha a ADI 5.315 (conclusa ao relator desde 2017), ajuizada pela Associação dos Delegados de Polícia do Brasil, tendo como um dos fundamentos a afronta às funções exclusivas de polícia judiciária, previstas no artigo 144, parágrafo 1º, inciso IV e parágrafo 4º, ambos da CRFB/1988.

Com relação à primeira ADI mencionada, qual seja, a de número 4.263, em apertada votação (6x5), o Plenário do STF a julgou improcedente, declarando a validade constitucional da Resolução nº 36/2009 do CNMP. Neste sentido, prevaleceu o entendimento segundo o qual a referida Resolução se baseia na Lei e, assim, o CNMP não havia exorbitado do poder regulamentador que lhe é inerente. Desta forma, nos termos do voto do relator, o Ministro Luís Roberto Barroso, que conduziu maioria, a resolução questionada havia disciplinado a conduta do Ministério Público nas hipóteses de interceptação telefônica, sem que criasse normas materiais de direito, sejam processuais ou não. Assim, não foram criados requisitos formais de validade para a interceptação, apenas normas administrativas destinadas a nortear a conduta do Ministério Público nestas hipóteses.

Em que pese estas ações, diversas instituições do MP pelo Brasil ainda estão conduzindo, por conta própria, interceptações telefônicas de terminais fixos ou móveis.

Art. 6º da Lei nº 9.296/1996. Mitigação. Participação de policiais militares. Possibilidade. Jurisprudência. Quanto à participação de policiais militares na investigação, a Quinta Turma do STJ, em recente julgado (RHC 80773/MS) entendeu que em investigação – dirigida pelo Grupo de Atuação Especial de Repressão ao Crime Organizado (GAECO) –, que se valeu de auxílio de policiais militares que atuam junto ao referido grupo para que fosse feita a análise das interceptações telefônicas autorizadas judicialmente não pode ser tida como ilegal por entender que não se pode interpretar de maneira restrita o artigo 6º da Lei nº 9.296/1996, sob pena de se inviabilizar a efetivação de interceptações telefônicas (Vide: RHC 53.432/RJ, l. Ministro JORGE MUSSI, Quinta Turma, julgado em 16/12/2014, DJe 3/2/2015, bem como HC 57118/RJ, Rel. Ministra MARIA THEREZA DE ASSIS MOURA, Sexta Turma, julgado em 1º/10/2009, DJe 19/10/2009). Confira-se o acórdão:

> RECURSO ORDINÁRIO EM HABEAS CORPUS. **PROCEDIMENTO DE INVESTIGAÇÃO CRIMINAL**. LAVAGEM DE DINHEIRO. ORGANIZAÇÃO CRIMINOSA (...) PARTICIPAÇÃO DE POLICIAIS MILITARES NAS INVESTIGAÇÕES. PROCEDIMENTO LÍCITO. CONSTRANGIMENTO ILEGAL INEXISTENTE. RECURSO ORDINÁRIO EM HABEAS CORPUS IMPROVIDO. (...) <u>3. A interpretação do art. 6.º da Lei n. 9.296/1996 não pode ser demasiadamente estrita, sob pena de degenerar em ineficácia. Assim, a condução dos trabalhos de interceptação tele-</u>

> fônica por órgão da Secretaria de Segurança Pública, no qual se encontram alocados policiais, civis e militares, não implica ilegitimidade na execução da medida constritiva. (HC n. 57118/RJ, Rel. Ministra MARIA THEREZA DE ASSIS MOURA, Sexta Turma, julgado em 1º/10/2009, DJe 19/10/2009). Veja-se ainda: RHC n. 53.432/RJ, Rel. Ministro JORGE MUSSI, Quinta Turma, julgado em 16/12/2014, DJe 3/2/2015 [...] (STJ, T5 - QUINTA TURMA. RHC 80773/MS. RECURSO ORDINARIO EM HABEAS CORPUS. Relator(a) Ministro REYNALDO SOARES DA FONSECA. Julgamento em 26/03/2019. Publicação/Fonte em DJe 16/04/2019, sem grifos no original).

A (des) necessidade de degravação integral dos áudios. Artigo 6º, § 1º, da Lei nº 9.296/1996. Sobre a questão da degravação dos áudios, o julgado a seguir reflete o posicionamento dos Tribunais Superiores, indicando que não é necessário efetuá-la de forma integral, cabendo à autoridade policial conduzir a diligência, dentro dos parâmetros indicados pelo Juiz.

Nesse sentido estão os recentes julgados do STF pela desnecessidade de degravação integral dos diálogos interceptados: (STF, Segunda Turma. HC 130729/BA. HABEAS CORPUS. Relator (a): Min. GILMAR MENDES. Julgamento em 07/11/2017. Publicação em DJe-288. DIVULG 13-12-2017. PUBLIC 14-12-2017) e (STF, Segunda Turma. Rcl 25497 AgR-ED/RN. EMB.DECL. NO AG.REG. NA RECLAMAÇÃO. Relator (a): Min. DIAS TOFFOLI. Julgamento em 27/10/2017. Publicação em DJe-257. DIVULG 10-11-2017. PUBLIC 13-11-2017).

No âmbito do STJ, confira-se, também, os seguintes julgados:

> (...) 1. Como a interceptação, para valer como prova, deve estar gravada, e como a gravação deve ser disponibilizada às partes, tem-se entendido, tanto em sede doutrinária quanto nos Tribunais Superiores, que não é necessária a degravação integral das conversas captadas, pois tal trabalho, além de muitas vezes ser de impossível realização, por outras pode se mostrar totalmente infrutífero. 2. Pelos relatórios de inteligência, únicos documentos referentes à quebra de sigilo das comunicações telefônicas constantes dos autos, depreende-se que não houve a degravação integral dos diálogos que foram interceptados, havendo somente um resumo do objeto da conversa travada. 3. Tal procedimento não configura, por si só, qualquer ilegalidade, uma vez que o relato acerca do conteúdo dos diálogos de interesse para a investigação não significa a emissão de juízo de valor por parte da autoridade policial, a ponto de contaminar a prova colhida, mormente pelo fato de que eventual desconformidade com a realidade pode ser prontamente questionada pela defesa, mediante o cotejo com o respectivo áudio gravado. (...) (STJ, **Quinta Turma**. RHC 38617/BA. RECURSO ORDINÁRIO EM HABEAS CORPUS. Relator Ministro LEOPOLDO DE ARRUDA RAPO-

SO [DESEMBARGADOR CONVOCADO DO TJ/PE]. Julgamento em 23/06/2015. Publicação em **DJe 03/08/2015**). Sem grifos no original.

ADMINISTRATIVO. SERVIDOR PÚBLICO FEDERAL. AUDITOR DA RECEITA FEDERAL. PROCESSO DISCIPLINAR. OPERAÇÃO PERSONA. TRANSCRIÇÃO INTEGRAL DAS ESCUTAS. PRESCINDIBILIDADE. ENTENDIMENTO EM HARMONIA COM A ORIENTAÇÃO DO SUPREMO TRIBUNAL FEDERAL (...) 1. O Pleno do Supremo Tribunal Federal, nos autos do INQ 3.693/PA, Rel. Min. CÁRMEN LÚCIA, DJe 30.10.2014, consolidou a orientação de que é prescindível a transcrição integral dos diálogos colhidos por meio de interceptação telefônica ou escuta ambiental, visto que a Lei 9.269/1996 não traz nenhuma exigência nesse sentido (STJ, **Primeira Seção.** MS 20513/DF. Relator (a) Ministro NAPOLEÃO NUNES MAIA FILHO. Julgamento em 13/12/2017. Publicação em **DJe 18/12/2017**).

AGRAVO REGIMENTAL NO AGRAVO EM RECURSO ESPECIAL. INÉPCIA DA DENÚNCIA. INOVAÇÃO RECURSAL. 1. Não é inepta a denúncia formulada em obediência aos requisitos traçados no artigo 41 do Código de Processo Penal, descrevendo perfeitamente as condutas típicas, cuja autoria é atribuída aos recorrentes, devidamente qualificados, aspectos que permitem o pleno exercício do contraditório e da ampla defesa. Precedentes. INTERCEPTAÇÕES TELEFÔNICAS. TRANSCRIÇÃO INTEGRAL. DESNECESSIDADE. 1. Consoante a jurisprudência desta Corte Superior, é desnecessária a transcrição integral dos diálogos interceptados, sendo suficiente a redução a termo dos trechos relevantes e a garantia de acesso da defesa à integra dos áudios. Precedentes. 2. Ademais, "não há previsão legal no sentido de que a transcrição dos diálogos seja realizada por perito oficial" (AgRg no REsp 1322181/SC, Rel. Ministro REYNALDO SOARES DA FONSECA, QUINTA TURMA, julgado em 12/12/2017, DJe 18/12/2017). PROVA MATERIAL. EXAME GRAFOTÉCNICO. PRECLUSÃO. SUPRESSÃO DE INSTÂNCIA [...] (STJ, T5 - QUINTA TURMA. AgRg nos EDcl no AREsp 1226589/SC. AGRAVO REGIMENTAL NOS EMBARGOS DE DECLARAÇÃO NO AGRAVO EM RECURSO ESPECIAL. Relator(a) Ministro JORGE MUSSI. Julgamento em 15/10/2019. Publicação/Fonte em DJe 25/10/2019, sem grifo no original). No mesmo sentido a Sexta Turma do STJ: "É prescindível a transcrição integral do conteúdo das interceptações telefônicas, sendo suficiente o acesso das partes ao teor dos diálogos interceptados" (STJ, **SEXTA TURMA**. REsp 1482076/CE. RECURSO ESPECIAL. Relator(a) Ministro NEFI CORDEIRO. Julgamento em 02/04/2019. Publicação/ Fonte em **DJe 10/04/2019**).

PENAL E PROCESSO PENAL. AGRAVO REGIMENTAL NO AGRAVO EM RECURSO ESPECIAL. INTERCEPTAÇÕES TELEFÔNICAS DEFLA-

GRADAS A PARTIR DE DENÚNCIA ANÔNIMA. SÚMULA N. 7/STJ. DEGRAVAÇÃO INTEGRAL. DESNECESSIDADE (...) 2. "É desnecessária a degravação integral dos diálogos interceptados, mormente porque disponibilizado o seu acesso à defesa" (AgRg no AREsp n. 1281062/SP, relator Ministro NEFI CORDEIRO, SEXTA TURMA, julgado em 17/12/2019, DJe 3/2/2020) [...] (STJ, **SEXTA TURMA**. AgRg no AREsp 862.538/SP, Rel. Ministro ANTONIO SALDANHA PALHEIRO, julgado em 01/09/2020, **DJe 04/09/2020)**

AGRAVO REGIMENTAL NO AGRAVO EM RECURSO ESPECIAL. COLABORAR, COMO INFORMANTE, PARA O TRÁFICO DE DROGAS. INTERCEPTAÇÃO TELEFÔNICA. TRANSCRIÇÃO INTEGRAL DOS DIÁLOGOS. PRESCINDIBILIDADE (...) 2. Ao interpretar o disposto no § 1º do art. 6º da Lei n. 9296/1996, o Pleno do Supremo Tribunal Federal, por ocasião do julgamento do Inq n. 3.693/PA (DJe 30/10/2014), de relatoria da Ministra Cármen Lúcia, decidiu ser prescindível a transcrição integral dos diálogos obtidos por meio de interceptação telefônica, suficiente haver a transcrição do que seja relevante para o esclarecimento dos fatos e ser disponibilizada às partes cópia integral das interceptações colhidas, de modo que possam elas exercer plenamente o seu direito constitucional à ampla defesa. 3. Não se mostra razoável exigir, sempre e de modo irrestrito, a degravação integral das escutas telefônicas, haja vista o prazo de duração da interceptação e o tempo razoável para dar-se início à instrução criminal, porquanto há diversos casos em que, ante a complexidade dos fatos investigados, existem mais de mil horas de gravações. Assim, há de ser feita uma seleção daquilo que deve, realmente, constar dos autos para a defesa e para a acusação, dispensável a transcrição de tudo que é irrelevante para a persecução criminal [...] (STJ, **SEXTA TURMA**. AgRg no AREsp 1123449/MG, Rel. Ministro ROGERIO SCHIETTI CRUZ, julgado em 25/08/2020, **DJe 01/09/2020**)

PENAL E PROCESSO PENAL. AGRAVO REGIMENTAL NO AGRAVO REGIMENTAL NO AGRAVO EM RECURSO ESPECIAL (...) 4) VIOLAÇÃO AO ART. 6º, § 1º, DA LEI N. 9.296/96. INOCORRÊNCIA. DEGRAVAÇÃO PARCIAL COM DISPONIBILIZAÇÃO DE ÁUDIO. ÓBICE DO REVOLVIMENTO FÁTICO-PROBATÓRIO, CONFORME SÚMULA N. 7 DO STJ. AUSÊNCIA DE PREJUÍZO. ART. 563 DO CPP (...) 4. "O entendimento predominante nos Tribunais Superiores é no sentido da desnecessidade de transcrição integral do conteúdo da quebra do sigilo das comunicações telefônicas, bastando que se confira às partes acesso aos diálogos interceptados. Precedentes do STJ e do STF" (AgRg no REsp 1224320/SP, Rel. Ministro JORGE MUSSI, QUINTA TURMA, DJe 23/2/2016) [...] (STJ, **QUINTA TURMA**. AgRg no AgRg no AREsp 1491727/SP, Rel. Ministro JOEL ILAN PACIORNIK, julgado em 06/10/2020, **DJe 13/10/2020**)

AGRAVO REGIMENTAL NO AGRAVO EM RECURSO ESPECIAL. TRÁFICO DE DROGAS E ASSOCIAÇÃO PARA O TRÁFICO. NULIDADE POR CERCEAMENTO DE DEFESA (...) NULIDADE POR AUSÊNCIA DE TRANSCRIÇÃO INTEGRAL DOS ÁUDIOS DA INTERCEPTAÇÃO TELEFÔNICA. DESNECESSIDADE (...) 4. É assente nesta Corte Superior ser "desnecessária a transcrição de todo o conteúdo das interceptações telefônicas, uma vez que a Lei n. 9.296/96 não previu tal exigência, sendo suficiente o acesso do material coletado às partes, nos termos da jurisprudência deste Sodalício, circunstância que atrai a incidência do óbice da Súmula n. 83/STJ" (AgRg no AREsp n. 1.111.512/MG, relator Ministro JORGE MUSSI, QUINTA TURMA, julgado em 11/12/2018, DJe 1º/2/2019) [...] (STJ, **SEXTA TURMA**. AgRg no AREsp 927.485/SP, Rel. Ministro ANTONIO SALDANHA PALHEIRO, julgado em 06/10/2020, **DJe 13/10/2020**)

No STF, podemos observar os seguintes julgados:

(...) 1. Conforme firme jurisprudência do Supremo Tribunal Federal, afigura-se suficiente, para adimplir a determinação do art. 6º, § 1º, da Lei 9.296/1995 e assegurar o direito de defesa dos acusados, o acesso à degravação dos diálogos aludidos pela denúncia, sendo dispensável a disponibilização de todo o material oriundo da interceptação telefônica (HC 91.207-MC, Rel. Min. MARCO AURÉLIO, Rel. p/ Acórdão: Min. CÁRMEN LÚCIA, Tribunal Pleno, DJe de 21.9.2007; INQ 2.424, Rel. Min. CEZAR PELUSO, Tribunal Pleno, DJe de 26.3.2010; RHC 117.265, Rel. Min. RICARDO LEWANDOWSKI, Segunda Turma, DJe de 26.5.2014; INQ 4.023, Rel. Min. CÁRMEN LÚCIA, Segunda Turma, DJe de 1º.9.2016] (STF, Segunda Turma. Inq 3965 / DF. INQUÉRITO. Relator (a): Min. TEORI ZAVASCKI. Julgamento em 22/11/2016. Publicação em DJe-259 DIVULG 05-12-2016 PUBLIC 06-12-2016).

AGRAVO REGIMENTAL NA RECLAMAÇÃO. SÚMULA VINCULANTE Nº 14. ADERÊNCIA ESTRITA. AUSÊNCIA. MANEJO DA RECLAMAÇÃO COMO SUCEDÂNEO RECURSAL. INVIABILIDADE. AGRAVO REGIMENTAL DESPROVIDO. (...) (d) Em obiter dicta, impende consignar **a jurisprudência firme desta Corte, no sentido de que "É desnecessária a juntada do conteúdo integral das degravações das escutas telefônicas realizadas nos autos do inquérito no qual são investigados os ora Pacientes, pois bastam que se tenham degravados os excertos necessários ao embasamento da denúncia oferecida, não configurando, essa restrição, ofensa ao princípio do devido processo legal**" (HC 91.207-MC, Tribunal Pleno, Rel. Min. Marco Aurélio, Red. p/ o Acórdão Min. Cármen Lúcia, j. 11/06/2007, DJe 21/9/2007) [...] (STF, Primeira Turma. Rcl 23383 AgR/DF. AG.REG. NA RECLAMAÇÃO. Relator(a): Min. LUIZ FUX. Julgamento em 05/11/2019. Publicação em DJe-253. DIVULG 19-11-2019. PUBLIC 20-11-2019, sem grifos no original).

AGRAVO REGIMENTAL EM HABEAS CORPUS (...) EM CRIMES DE TRÁFICO ILÍCITO DE DROGAS E DE ASSOCIAÇÃO PARA O TRÁFICO, A COLETA DA PROVA DA PRÁTICA DO FATO TÍPICO TORNA-SE MAIS DIFÍCIL, O QUE JUSTIFICA A INTERCEPTAÇÃO TELEFÔNICA (...) V – o Plenário desta Suprema Corte já assentou não ser necessária a juntada do conteúdo integral das degravações de interceptações telefônicas realizadas, bastando que sejam degravados os trechos que serviram de base ao oferecimento da denúncia [...] (STF, **Segunda Turma**. HC 180905 AgR, Relator(a): RICARDO LEWANDOWSKI, julgado em 13/03/2020, PROCESSO ELETRÔNICO DJe-078 DIVULG 30-03-2020 PUBLIC **31-03-2020**, sem grifo no original).

Desnecessidade de perícia a fim de comprovar a autenticidade das gravações ou identificação das vozes (exame de espectrografia). Formato das gravações. Contraditório e ampla defesa. Precedentes da Quinta e Sexta Turmas do STJ. A Corte Superior entende que é despicienda a perícia para a identificação das vozes captadas nas interceptações telefônicas (espectografia), por ausência de previsão legal na Lei nº 9.296/96 e quando puder ser aferida por outros meios de provas (presumidamente autênticas) dada a fé pública dos agentes responsáveis pelas investigações. Entende, ainda, que não há nulidade pelo fato de os arquivos se encontrarem em determinado formato, desde que disponibilizado o conteúdo das conversas interceptadas à defesa. Vejamos:

AGRAVO REGIMENTAL NO RECURSO ESPECIAL. CORRUPÇÃO ATIVA E PASSIVA. AUSÊNCIA DE OBRIGAÇÃO DE CONVERSÃO DOS ARQUIVOS EM FORMATO ESCOLHIDO PELA DEFESA. NULIDADE DA INTERCEPTAÇÃO TELEFÔNICA. INEXISTENTE (...) 1. Esta Corte possui o entendimento de que, disponibilizado o conteúdo das conversas captadas nas interceptações telefônicas, não há falar em nulidade pelo fato de os arquivos se encontrarem em determinado formato, já que não recai sobre o Poder Público nenhuma obrigação de conversão destes em formato escolhido pela defesa [...] (STJ, **QUINTA TURMA**. AgRg no REsp 1861383/SC, Rel. Ministro JOEL ILAN PACIORNIK, julgado em 15/09/2020, DJe **21/09/2020**).

HABEAS CORPUS. TRÁFICO ILÍCITO DE ENTORPECENTES. ASSOCIAÇÃO PARA O TRÁFICO (...) INTERCEPTAÇÃO TELEFÔNICA. ALEGAÇÕES DE NULIDADE. EXAME DE ESPECTROGRAFIA. DESNECESSIDADE DA PROVA. FALTA DE ACESSO AOS CONTEÚDOS DAS INTERCEPTAÇÕES TELEFÔNICAS. ACESSO ÀS GRAVAÇÕES. SISTEMA OPERACIONAL. AUSÊNCIA DE OBRIGAÇÃO DE CONVERSÃO DOS ARQUIVOS EM FORMATO ESCOLHIDO PELA DEFESA.

INEXISTÊNCIA DE CERCEAMENTO DE DEFESA (...) 2. Em relação à ausência de transcrição integral das conversas telefônicas interceptadas, pacificou-se na doutrina e na jurisprudência desta Corte Superior que é desnecessária a transcrição do conteúdo das interceptações telefônicas para a validade da prova, bastando que as partes tenham acesso aos diálogos monitorados. 3. Esta Corte Superior entende que é despicienda a perícia para a identificação da vozes captadas nas interceptações telefônicas, por ausência de previsão legal na Lei 9.296/96 e quando puder ser aferida por outros meios de provas, sendo incabível o revolvimento do acervo probatório para fins de identificação do interlocutor ante a Súmula 7/STJ. 4. O pleito de nulidade fundado na falta de acesso aos conteúdos das interceptações telefônicas não deve ser acatado, pois asseverou a Corte de origem, categoricamente, que todas as mídias relativas às interceptações telefônicas foram juntadas aos autos. Nesse sentido, manifestou-se o Juiz de primeiro grau que "o acesso irrestrito aos autos está garantido há longa data e as petições subscritas pelo Doutor Advogado Requerente denotam profundo conhecimento técnico jurídico, de modo que a arguição de cerceamento de defesa não procede" [...] (STJ, **SEXTA TURMA**. HC 541.328/SP, Rel. Ministro NEFI CORDEIRO, julgado em 13/10/2020, **DJe 19/10/2020**). Sem grifo no original.

AGRAVO REGIMENTAL NO RECURSO EM HABEAS CORPUS (...) INTERCEPTAÇÃO TELEFÔNICA. DESNECESSIDADE DE PERÍCIA PARA COMPROVAR FIDEDIGNIDADE DAS MENSAGENS. FÉ PÚBLICA DOS AGENTES POLICIAIS. AUSÊNCIA DE INDÍCIOS CONCRETOS DE FRAUDE (...) 1. Nos termos da orientação desta Corte Superior, é despicienda a realização de perícia a fim de comprovar a fidedignidade das gravações, que são presumidamente autênticas, possuindo fé pública os agentes policiais envolvidos na operação. Tal entendimento independe da forma de transmissão das interceptações, se oriundos de gravações de áudio ou captação de mensagens de texto. Precedentes. 2. Franqueado acesso à defesa da mídia original do material interceptado, garantindo, assim, o contraditório e a ampla defesa, torna-se despicienda a realização de perícia a fim de comprovar a autenticidade das gravações, cabendo à parte impugnar a veracidade das mídias, contudo, com fundamento em elementos concretos, o que não ocorreu [...] (STJ, **QUINTA TURMA**. AgRg no RHC 129.003/MT, Rel. Ministro RIBEIRO DANTAS, julgado em 13/10/2020, **DJe 20/10/2020**).

Art. 6º, §2º, da Lei nº 9.296/1996. Prescindibilidade de relatório circunstanciado. Cadeia de custódia. Jurisprudência. Embora a legislação tenha inovado ao trazer previsão expressa no CPP, conforme disciplina prevista nos artigos 158-A a 158-F, todos do CPP (Pacote Anticrime – Lei nº 13.964/2019), a terminologia, bem como sua dinâmica, não representa grandes novidades. Em julho de 2014 surge a Portaria nº 82, no âmbito da Secretaria Nacional de Segurança Pública (SENASP), do Ministério da Justiça. Os novos artigos do CPP sobre o tema praticamente transcrevem alguns dos dispositivos previstos desde 2014, no citado documento.

A jurisprudência dos Tribunais Superiores já vem se manifestando, há tempos, acerca da necessidade de manutenção dos elementos probatórios visando a garantia do devido processo legal.

Como já decidiu a Corte Superior, em diversas ocasiões, sucessivas prorrogações de prazo (o que vale também para ampliações objetivas ou subjetivas) da interceptação telefônica são admissíveis, de sorte que não violam a cadeia de custódia, desde que devidamente fundamentadas.

Desta forma, relativizou a previsão contida no art. 6º, § 2º, da Lei nº 9.296/1996 entendendo ser prescindível o relatório circunstanciado. Vale destacar o seguinte trecho do RHC 77836/PA, recente julgado da Quinta Turma do STJ:

> "Em relação à **quebra da cadeia de custódia**, o instituto abrange todo o caminho que deve ser percorrido pela prova até sua análise pelo magistrado, sendo certo que qualquer interferência durante o trâmite processual pode resultar na sua imprestabilidade. Tem como objetivo garantir a todos os acusados o devido processo legal e os recursos a ele inerentes, como a ampla defesa, o contraditório e principalmente o direito à prova lícita. No caso em apreço, afirma a defesa que não houve a preservação integral dos elementos informativos das interceptações, o que impossibilita o exercício do contraditório e da ampla defesa. Contudo, não se verifica a alegada quebra da cadeia da custódia. Cumpre registrar, por oportuno, que esta Corte firmou entendimento pela prescindibilidade do relatório circunstanciado previsto no previsto no art. 6º, § 2º, da Lei n. 9.296/1996, 'por se tratar de elemento informativo e secundário, mormente quando presentes elementos substitutivos' (HC 140.798/SC, Rel. Ministro SEBASTIÃO REIS JÚNIOR, SEXTA TURMA, julgado em 04/10/2012, DJe 19/10/2012) [...] (HC 231.118/TO, Rel. Ministro SEBASTIÃO REIS JÚNIOR, SEXTA TURMA, julgado em 17/10/2013, DJe 14/11/2013)". Trecho do acórdão assim ementado:
>
> PROCESSO PENAL. RECURSO EM HABEAS CORPUS. CRIMES CONTRA AS RELAÇÕES DE CONSUMO. LEI N. 8.137/1990. RECEPTAÇÃO QUALIFICADA E ASSOCIAÇÃO CRIMINOSA. TRANCAMENTO DA AÇÃO PENAL. EXCEPCIONALIDADE. NÃO DEMONSTRAÇÃO DE PLANO DE POSSÍVEL CONSTRANGIMENTO ILEGAL. **INTERCEPTAÇÃO TELEFÔNICA. NULIDADE. NÃO OCORRÊNCIA. SUCESSIVAS PRORROGAÇÕES. POSSIBILIDADE. PRECEDENTES DO STJ E DO STF. QUEBRA DA CADEIA DE CUSTÓDIA. RELATÓRIO CIRCUNSTANCIADO. PRESCINDIBILIDADE**. REVOLVIMENTO DA PROVA. IM-

POSSIBILIDADE NA VIA ELEITA. RECURSO NÃO PROVIDO (...) 6. A jurisprudência desta Corte e do Supremo Tribunal firmou-se no sentido de que a interceptação telefônica deve perdurar pelo tempo necessário à completa investigação dos fatos delituosos, devendo o seu prazo de duração ser avaliado fundamentadamente pelo magistrado, considerando os relatórios apresentados pela polícia, o que se verifica na espécie. **7. A quebra da cadeia de custódia tem como objetivo garantir a todos os acusados o devido processo legal e os recursos a ele inerentes, como a ampla defesa, o contraditório e principalmente o direito à prova lícita. O instituto abrange todo o caminho que deve ser percorrido pela prova até sua análise pelo magistrado, sendo certo que qualquer interferência durante o trâmite processual pode resultar na sua imprestabilidade**. 8. Esta Corte firmou entendimento pela prescindibilidade do relatório circunstanciado previsto no previsto no art. 6º, § 2º, da Lei n. 9.296/1996, "por se tratar de elemento informativo e secundário, mormente quando presentes elementos substitutivos" (HC 140.798/SC, Rel. Ministro SEBASTIÃO REIS JÚNIOR, SEXTA TURMA, julgado em 04/10/2012, DJe 19/10/2012) [...] (STJ, T5 - QUINTA TURMA. RHC 77836/PA. RECURSO ORDINARIO EM HABEAS CORPUS. Relator(a) Ministro RIBEIRO DANTAS. Julgamento em 05/02/2019. Publicação/Fonte em DJe 12/02/2019, sem grifo no original).

Art. 7º Para os procedimentos de interceptação de que trata esta Lei, a autoridade policial poderá requisitar serviços e técnicos especializados às concessionárias de serviço público.

O poder da autoridade policial de requisitar serviços e técnicos especializados. O artigo 7º da Lei nº 9.296/96 previu a possibilidade de que o Delegado de Polícia requisite às concessionárias de serviço público, técnicos e serviços propriamente ditos que auxiliem no deslinde do procedimento de interceptação telefônica.

Como se não bastasse esse dispositivo, a Lei nº 12.830/13, que dispõe sobre a investigação criminal conduzida pelo Delegado de Polícia possui assertivas semelhantes, possibilitando que estejam ao seu alcance os meios necessários para o cumprimento da interceptação. É o que se depreende do artigo 2º, § 2º, deste último diploma legal mencionado a seguir:

> Art. 2º As funções de polícia judiciária e a apuração de infrações penais exercidas pelo delegado de polícia são de natureza jurídica, essenciais e exclusivas de Estado.
>
> § 2º Durante a investigação criminal, cabe ao delegado de polícia a requisição de perícia, informações, documentos e dados que interessem à apuração dos fatos.

Art. 8º A interceptação de comunicação telefônica, de qualquer natureza, ocorrerá em autos apartados, apensados aos autos do inquérito policial ou do processo criminal, preservando-se o sigilo das diligências, gravações e transcrições respectivas.

Parágrafo único. A apensação somente poderá ser realizada imediatamente antes do relatório da autoridade, quando se tratar de inquérito policial *(Código de Processo Penal, art.10, § 1º)* ou na conclusão do processo ao juiz para o despacho decorrente do disposto nos *arts. 407, 502* ou *538 do Código de Processo Penal.*

O ato de apensação do procedimento de interceptação telefônica. O artigo 8º da Lei nº 9.296/96 prevê a necessidade de que seja observado o segredo de justiça preconizado no artigo 1º, do mesmo diploma legal. Para isso, assevera que o sigilo será mantido através do apensamento dos autos do procedimento de interceptação telefônica.

Seja a mídia contendo os áudios, seja a transcrição destes, o fato é que o ato de apensação, no caso do inquérito policial, constitui momento imediatamente anterior à juntada do relatório do Delegado de Polícia, que é a última peça da investigação policial. Obviamente que não devemos nos esquecer da formalidade do auto circunstanciado, como preconiza o artigo 6º, § 2º.

Já no caso de a interceptação ter sido feita durante o curso do processo penal, propriamente dito, o artigo 8º, parágrafo único, indica que o prazo para apensação é a conclusão daquele, ou seja, após as alegações finais e antes de o juiz proferir a sentença.

Ausência de autuação da interceptação telefônica. Para o STF a ausência de autuação da interceptação telefônica, em descompasso com o artigo 8º, *caput*, da Lei nº 9.296/96, caracteriza mera irregularidade incapaz de torná-la ilícita.

> DECISÕES JUDICIAIS – FUNDAMENTAÇÃO. Não caracteriza ofensa ao artigo 93, inciso IX, da Constituição Federal o ato em que adotados como razões de decidir os fundamentos lançados na manifestação do Ministério Público. INTERCEPTAÇÕES TELEFÔNICAS – COMPARTILHAMENTO. Os dados alusivos a interceptação telefônica verificada em outra unidade da Federação, ante ordem judicial, para elucidar certa prática delituosa, podem ser aproveitados em persecução criminal diversa. INTERCEPTAÇÕES TELEFÔNICAS – AUTUAÇÃO. **A ausência de autuação da interceptação telefônica, em descompasso com o artigo 8º, cabeça, da Lei nº 9.296/96, caracteriza irregularidade incapaz de torná-la ilícita**. (STF, Primeira Turma. HC 128102 / SP – SÃO PAULO. HABEAS CORPUS. Relator (a): Min. MARCO AURÉLIO. Julgamento em 09/12/2015. Publicação em DJe-130 DIVULG 22-06-2016 PUBLIC 23-06-2016).

Momento da apensação. Jurisprudência STJ. A jurisprudência do STJ firmou o entendimento de que, de acordo com o artigo 8º da Lei 9.296/1996, os autos da interceptação telefônica serão juntados aos principais antes do relatório final da autoridade policial, ou antes de prolatada sentença. Assim, é exemplo:

> RECURSO ESPECIAL (...) INTERCEPTAÇÃO TELEFÔNICA. PROVA EMPRESTADA. FALTA DE JUNTADA AO PROCESSO DA MÍDIA E DAS DEGRAVAÇÕES. ELEMENTO DE PROVA DESCONSIDERADO. DEPOIMENTO DOS POLICIAIS QUE PARTICIPARAM DAS DILIGÊNCIAS. VALIDAÇÃO COMO PROVA TESTEMUNHAL. DEMAIS PROVAS PRODUZIDAS A PARTIR DA INTERCEPTAÇÃO TELEFÔNICA. NULIDADE RECONHECIDA (...) 1. A jurisprudência desta Corte firmou o entendimento de que, de acordo com o artigo 8º da Lei 9.296/1996, os autos da interceptação telefônica serão juntados aos principais antes do relatório final da autoridade policial, ou antes de prolatada sentença (HC 261.170/SP, Rel. Ministro JORGE MUSSI, QUINTA TURMA, julgado em 01/04/2014, DJe 10/04/2014). 2. Na espécie, apesar de ter tramitado em outros autos, a prova emprestada sequer foi juntada ao processo, considerando-se válida, porém, a análise do quanto expendido pelos policiais que participaram das diligências, mas consideradas tais declarações como prova testemunhal e não como interceptação telefônica. 3. Ademais, consoante os depoimentos dos próprios policiais, foi através de interceptações telefônicas [que] tomaram conhecimento de crimes praticados pelos acusados e então passaram a realizar investigações, o que também implica impossibilidade da utilização de tais depoimentos e das provas derivadas para a condenação [..] (STJ, SEXTA TURMA. REsp 1869759/SP, Rel. Ministro NEFI CORDEIRO, julgado em 26/05/2020, DJe 02/06/2020)

Art. 8º-A. Para investigação ou instrução criminal, poderá ser autorizada pelo juiz, a requerimento da autoridade policial ou do Ministério Público, a captação ambiental de sinais eletromagnéticos, ópticos ou acústicos, quando:

I - a prova não puder ser feita por outros meios disponíveis e igualmente eficazes; e

II - houver elementos probatórios razoáveis de autoria e participação em infrações criminais cujas penas máximas sejam superiores a 4 (quatro) anos ou em infrações penais conexas.

§ 1º O requerimento deverá descrever circunstanciadamente o local e a forma de instalação do dispositivo de captação ambiental.

§ 2º A instalação do dispositivo de captação ambiental poderá ser realizada, quando necessária, por meio de operação policial disfarçada ou no período noturno, exceto na casa, nos termos do inciso XI do caput do art. 5º da Constituição Federal.

§ 3º A captação ambiental não poderá exceder o prazo de 15 (quinze) dias, renovável por decisão judicial por iguais períodos, se comprovada a indispensabilidade do meio de prova e quando presente atividade criminal permanente, habitual ou continuada.

§ 4º A captação ambiental feita por um dos interlocutores sem o prévio conhecimento da autoridade policial ou do Ministério Público poderá ser utilizada, em matéria de defesa, quando demonstrada a integridade da gravação.

§ 5º Aplicam-se subsidiariamente à captação ambiental as regras previstas na legislação específica para a interceptação telefônica e telemática.

Captação ambiental de sinais eletromagnéticos, ópticos ou acústicos. Em novidade inserida pela Lei nº 13.964/19, o art. 8º-A da Lei nº 9.296/96 passa a prever a possibilidade de captação de sinais eletromagnéticos, ópticos ou acústicos para que sejam utilizados como elementos na investigação ou instrução criminal.

No que diz respeito aos conceitos aplicados, podem ser destacados os de **interceptação, escuta e gravação ambientais**. O primeiro faz referência à captação, por uma terceira pessoa e sem o conhecimento dos interlocutores, de uma conversa fora das situações em que se envolvam telefones.

Já o segundo conceito, o de escuta ambiental, nada mais é do que a captação, por uma terceira pessoa, da conversa de pelo menos dois interlocutores fora de uma situação que envolva meio telefônico, com o conhecimento de um deles.

A gravação ambiental, por sua vez, é a captação da conversa tida fora dos canais telefônicos, na qual um dos próprios interlocutores faz a gravação sem o conhecimento do outro. Além disso, nos casos de gravação ambiental clandestina, se o seu objetivo é fazer com que seja utilizada para destacar a inocência do acusado, por exemplo, ou quando um dos interlocutores intenta a prática de crimes em face do outro, tanto a doutrina quanto a jurisprudência asseveram que estaremos diante de prova lícita. Obviamente que entendemos haver licitude desde que não haja obrigatoriedade de guardar segredo por parte daquele que a realizou.

Veja, o ato de captar é amplo e, conforme mencionamos em tema oportuno, pode englobar tanto o ato de interceptação, escuta ou mesmo de gravação. Porém, estas expressões irão se referir, aqui, a tais atos feitos de modo ambiental, ou seja, não abrangidos pelas situações que envolvem as comunicações telefônicas, submetidas ao manto do artigo 5º, XII, da CRFB/88.

Neste sentido, como veremos adiante, passa a ser tipificada como crime a conduta daquele que realizar captação ambiental de sinais eletromagnéticos, ópticos ou acústicos para investigação ou instrução criminal sem autorização judicial, quando esta for exigida, conforme o teor do art. 10-A da Lei nº 9.296/96.

A partir da análise conjugada desses dois dispositivos, a principal razão de existir versa sobre a utilização deste artifício em investigações ou instruções criminais, porém, sem autorização judicial, já que como o próprio tipo penal assevera, é requisito fundamental nessas situações.

Portanto, não nos parece razoável aceitar que toda captação ambiental de sinais eletromagnéticos, ópticos ou acústicos não possa vir a ser feita, ainda mais diante da vasta gama de dispositivos já devidamente instalados e que não configuram violação à intimidade dos indivíduos.

Dos requisitos para a captação ambiental de sinais eletromagnéticos, ópticos ou acústicos. Em conformidade com os incisos do art. 8º-A da Lei nº 9.296/96, além da autorização judicial para que possa ser conduzida, existem ainda duas situações cruciais e vinculadas que deverão ser demonstradas pela autoridade policial, bem como pelo Ministério Público:

- **a prova não puder ser feita por outros meios disponíveis e igualmente eficazes e;**
- **houver elementos razoáveis de autoria e participação em infrações criminais cujas penas máximas sejam superiores a 4 (quatro) anos ou em infrações penais conexas.**

Diferentemente do que fez por ocasião da interceptação telefônica, aqui o legislador não teceu considerações sobre o crime não poder ser punido com pena de detenção. Porém, requer que, nas situações em que houver elementos razoáveis de autoria e participação, as penas máximas destas infrações criminais devem ser superiores a 4 (quatro) anos. Já para as infrações conexas, não há tal restrição.

Vale destacar que infração penal/criminal é um termo amplo e comporta tanto os crimes, quanto as contravenções penais, conforme teor do art. 1º da LICP (Lei de Introdução ao Código Penal - Decreto-Lei nº 3.914/41).

Como se não bastasse esse cenário, o legislador impôs, ainda, que o requerimento deva descrever circunstanciadamente o local e a forma de instalação do dispositivo de captação ambiental. Para nós, o intuito é o de impedir que o aparato Estatal se utilize, eventualmente, outros dispositivos já previamente instalados e que, numa eventualidade, possam vir a fornecer mais elementos de informação na investigação ou na instrução criminal, pois podem vir a ter captado sinais de relevo e talvez decisivos, porém, não poderiam ser utilizados (já que não estariam abrangidos na ordem judicial).

Entretanto, acreditamos que possam ser utilizados, levando-se em consideração a mesma sistemática adotada para o princípio da serendipidade (já que o encontro fortuito de provas ou elementos é amplamente aceito pelos Tribunais Superiores, mormente o STF e não configura prova ilícita), descoberta inevitável (vale dizer, tudo aquilo cuja descoberta seria inevitável no decorrer das investigações), bem como a tudo aquilo obtido através de fonte independente (remetemos o leitor para as considerações mais detalhadas sobre esse tema, travadas linhas acima, neste capítulo).

Prazo para a captação ambiental de sinais eletromagnéticos, ópticos ou acústicos. O art. 8º-A, § 3º, da Lei nº 9.296/96, prevê que a captação nessas situações não pode exceder o prazo de 15 (quinze) dias, renováveis por iguais períodos, desde que seja mediante decisão judicial e quando comprovada a indispensabilidade do meio de prova, além de ser necessário estar diante de situação que envolva atividade criminal permanente, habitual ou continuada.

A previsão aqui é diferente da que está disposta no art. 5º da Lei nº 9.296/96, já que no art. 8º-A, § 3º, a captação ambiental pode durar tantos quantos forem os períodos necessários para a conclusão da medida, desde que satisfeitos os requisitos legais.

Derrubada dos vetos presidenciais aos parágrafos segundo e quarto, ambos do art. 8º-A da Lei nº 9.296/96. Com a derrubada parcial ao veto (VET) 59/2019, que barrou vinte e quatro dispositivos do Pacote Anticrime, houve a promulgação de partes até então vetadas pelo Presidente da República. Dentre elas, os dispositivos contidos nos parágrafos segundo e quarto do art. 8º-A da lei sobre interceptação telefônica. Os dispositivos mencionados contemplam detalhamentos para a captação ambiental de sinais eletromagnéticos, ópticos ou acústicos, inclusive em situações de operação policial disfarçada, por exemplo.

O questionável parágrafo quarto do art. 8º-A da Lei nº 9.296/96 passa a prever que a defesa possa utilizar a captação ambiental ainda que não haja o prévio conhecimento da autoridade policial ou do Ministério Público, desde que seja demonstrada a integridade da gravação.

Ora, se o próprio *caput* do art. 8º-A afirma que para investigação ou instrução criminal, o juiz poderá autorizar a captação ambiental de sinais eletromagnéticos, ópticos ou acústicos, desde que a prova não possa ser feita por outros meios disponíveis e igualmente eficazes e houver elementos que comprovem a autoria ou participação em infrações criminais cujas penas máximas sejam superiores a 4 (quatro) anos ou em infrações penais conexas, então por qual motivo seria válida uma captação ambiental que se dê sem que o requerimento tenha sido feito ou pelo Delegado de Polícia, ou pelo membro do Ministério Público?

Além disso, o parágrafo quarto não deixa claro sobre a necessidade expressa de autorização judicial. Novamente nos socorremos do *caput*. Então, entendemos que ela deverá ser precedida de autorização judicial e deverá atender aos demais requisitos preconizados em lei, inclusive com a descrição circunstanciada sobre o local e a forma de instalação do dispositivo de captação ambiental para que possa minimamente vir a ser considerada.

Aplicação subsidiária das disposições referentes à interceptação telefônica. Justamente por se tratar de tema complexo e com pouco detalhamento, o legislador fez por bem prever a possibilidade, no art. 8º-A, § 5º, de que os institutos referentes à interceptação telefônica pudessem vir a ser utilizados para as situações de captação ambiental de sinais eletromagnéticos, ópticos ou acústicos. Obviamente, desde que não haja disposição principal em sentido contrário.

Art. 9º A gravação que não interessar à prova será inutilizada por decisão judicial, durante o inquérito, a instrução processual ou após esta, em virtude de requerimento do Ministério Público ou da parte interessada.

Parágrafo único. O incidente de inutilização será assistido pelo Ministério Público, sendo facultada a presença do acusado ou de seu representante legal.

O incidente de inutilização. O artigo 9º da Lei nº 9.296/96 traz em sua concepção o incidente de inutilização ou destruição da gravação ou parte dela que não mais interesse ao procedimento principal. O detalhe mais interessante deste dispositivo legal é que a gravação pode ser destruída em qualquer fase da persecução penal, inclusive na fase do inquérito policial ou após a instrução processual.

O Ministério Público deve acompanhar o incidente que ele mesmo ou qualquer parte interessada no feito pode requerer.

REDAÇÃO ANTIGA: Art. 10. Constitui crime realizar interceptação de comunicações telefônicas, de informática ou telemática, ou quebrar segredo da Justiça, sem autorização judicial ou com objetivos não autorizados em lei.

Pena: reclusão, de dois a quatro anos, e multa.

NOVA REDAÇÃO (dada pela Lei nº 13.869/19): Art. 10. Constitui crime realizar interceptação de comunicações telefônicas, de informática ou telemática, promover escuta ambiental ou quebrar segredo da Justiça, sem autorização judicial ou com objetivos não autorizados em lei:

Pena - reclusão, de 2 (dois) a 4 (quatro) anos, e multa.

Parágrafo único. Incorre na mesma pena a autoridade judicial que determina a execução de conduta prevista no caput deste artigo com objetivo não autorizado em lei." (NR)

Do crime previsto no artigo 10 da Lei nº 9.296/96. Inicialmente, a Lei que trata das interceptações telefônicas previu somente um crime, aquele previsto no artigo 10, *caput*, mas com duas condutas principais e distintas: a de realização de interceptação de comunicações telefônicas, informática ou telemática e a de quebra do segredo da Justiça.

Importante destacar que, para que essas duas condutas sejam efetivamente consideradas criminosas, o agente deve agir sem autorização judicial ou com objetivos não autorizados em lei. Do contrário, os próprios policiais envolvidos diretamente no ato de interceptação telefônica estariam sujeitos à prática desta conduta típica.

Todavia, o artigo 41 da Lei nº 13.869, de 05 de setembro de 2019 (que dispôs, entre outros, sobre os crimes de abuso de autoridade), previu nova redação ao artigo 10 da Lei nº 9.296/96, entrando em vigor após decorridos 120 (cento e vinte) dias da data da publicação oficial, que se deu no dia 05 de setembro de 2019, nos termos do artigo 45 daquela Lei.

Assim, a data de entrada em vigor, nos termos da legislação vigente, é o dia 03 de janeiro de 2020, levando-se em consideração o disposto no art. 8º, § 1º, da Lei Complementar nº 95/98 (que dispõe sobre a elaboração, a redação, a alteração e a consolidação das leis, conforme determina o parágrafo único do art. 59 da Constituição Federal, e estabelece normas para a consolidação dos atos normativos que menciona).

Basicamente, as alterações foram a de incluir a conduta de "promover escuta ambiental" às duas anteriormente já comentadas acima e incluir o parágrafo único ao artigo 10, que comentaremos em momento oportuno.

De igual sorte, teremos oportunidade de comentar, mais adiante, o conceito de escuta ambiental, nada mais é do que a captação, por uma terceira pessoa, da conversa de pelo menos dois interlocutores fora de uma situação que envolva meio telefônico, com o conhecimento de um deles.

Por fim, de acordo com o preceito secundário do artigo 10, todas as condutas são punidas com pena de reclusão de dois a quatro anos, além da multa.

Da situação específica em relação à "escuta ambiental" diante da entrada em vigor da Lei nº 13.964/19 (Pacote Anticrime). Importante destacar que o Pacote Anticrime promoveu profundas alterações em diversos diplomas legais, dentre eles a própria Lei nº 9.296/96.

Com ele, teremos uma situação curiosa: o art. 10-A da Lei nº 9.296/96 (acrescentado pelo Pacote Anticrime), também prevê como criminosa a conduta de escuta ambiental. Porém, o faz de forma mais ampla, vale dizer, "realizar captação ambiental de sinais eletromagnéticos, ópticos ou acústicos para investigação ou instrução criminal sem autorização judicial, quando esta for exigida".

Isto porque, como já tivemos oportunidade de ressaltar (vide comentários sobre o art. 8º-A desta Lei), a captação ambiental é conceito amplo que engloba tanto a interceptação, quanto a gravação e a escuta ambientais.

Levando-se em consideração o disposto no art. 8º, § 1º, da Lei Complementar nº 95/98, a data para entrada em vigor da Lei nº 13.964/19 (e consequentemente para o art. 10-A da Lei nº 9.296/96) é o dia 23 de janeiro de 2020, pois foi previsto o prazo de apenas 30 (trinta) dias para que o Pacote Anticrime entrasse em vigor.

Ou seja, entre a data de entrada em vigor do art. 10, (que prevê apenas a conduta de "escuta ambiental") e a data de entrada em vigor do art. 10-A, valerão as disposições referentes àquele.

Porém, diante dos critérios cronológico e de especialidade (por força do maior detalhamento e amplitude das novas disposições legais), entendemos que, nesta parte do art. 10 ("escuta ambiental"), houve revogação tácita após o dia 23 de janeiro de 2020, quando passa a valer o art. 10-A.

Sujeito ativo. Com relação ao artigo 10, tal crime pode ser praticado por qualquer pessoa, sendo, portanto, um crime comum.

Sujeito passivo. É a pessoa cuja conversa (mediante telefone ou escuta ambiental) é violada de forma criminosa.

Elemento subjetivo. O tipo aqui previsto é doloso, ou seja, a vontade livre e consciente em realizar de interceptação de comunicações telefônicas, informática ou telemática e/ou promover escuta ambiental e/ou a quebra do segredo da Justiça, sem autorização judicial ou com objetivos não autorizados em lei. Não há previsão para modalidade culposa.

Objeto material da conduta. É a comunicação telefônica, de informática ou telemática.

Objeto jurídico. É a inviolabilidade do objeto material indicado no item anterior, tendo em vista o direito fundamental previsto no artigo 5, XII, da CRFB/1988, além da intimidade, vida privada, honra e imagem das pessoas submetidas à investigação ou instrução criminal (art. 5º, X, da CRFB/88).

Classificação doutrinária. Trata-se de crime comum (pois pode ser praticado por qualquer pessoa), formal (tendo em vista que não depende de resultado naturalístico), comissivo, doloso, instantâneo (quando se trata da conduta de quebrar segredo da Justiça) e permanente (no caso da realização da conduta de interceptação das comunicações telefônicas, de informática ou telemática propriamente ditas, bem como a promoção de escuta ambiental), plurissubsistente, como regra (podendo ser unissubsistente quando estamos diante da quebra do segredo da Justiça) e de forma livre (já que pode ser praticado por qualquer forma eleita pelo sujeito ativo).

Momento consumativo. No caso das condutas de realizar de interceptação de comunicações telefônicas, informática ou telemática, ou promover escuta ambiental, o momento consumativo se dá com o início das interceptações ou da escuta. Já na quebra do segredo da Justiça, com a efetiva violação deste, ressaltando que em ambas o agente atua sem autorização judicial ou com objetivos não autorizados em lei.

Tentativa. Admissível na realização de interceptação de comunicações telefônicas, informática ou telemática sem autorização judicial ou com objetivos não autorizados em lei, bem como na modalidade de promoção de escuta ambiental, por se tratarem de condutas plurissubsistentes.

> Parágrafo único. Incorre na mesma pena a autoridade judicial que determina a execução de conduta prevista no caput deste artigo com objetivo não autorizado em lei." (NR)

Da conduta descrita no artigo 10, parágrafo único, da Lei nº 9.296/96. Conforme destacado por nós, anteriormente a Lei nº 9.296/96 não previa a existência de um parágrafo único no artigo 10. Porém, a Lei nº 13.869/19 acrescentou esse dispositivo legal ao artigo, passando a prever que irá incorrer nas mesmas penas do preceito secundário (pena de reclusão de dois a quatro anos e multa) aquela autoridade judicial que determina a execução de conduta prevista no *caput* com objetivo não autorizado por lei, numa clara menção à vedação de condutas que orbitem o abuso de autoridade.

Da mesma forma que foi comentado no item anterior, o artigo 41 da Lei nº 13.869, de 05 de setembro de 2019 (que dispôs, entre outros, sobre os crimes de abuso de autoridade), previu nova redação ao artigo 10 da Lei nº 9.296/96, entrando em vigor após decorridos 120 (cento e vinte) dias da data da publicação oficial, que se deu no dia 05 de setembro de 2019, nos termos do artigo 45 daquela Lei. Assim, a data de entrada em vigor, nos termos da legislação vigente, é o dia 03 de janeiro de 2020.

Sujeito ativo. O parágrafo único do artigo 10, prevê que é a autoridade judicial que determina o ato ilegal (qualquer conduta prevista no *caput*), que incorrerá nas mesmas penas lá previstas, caracterizando-se crime de mão-própria.

Sujeito passivo. É a pessoa contra a qual recai a ordem ilegal, proferida pela autoridade judicial.

Elemento subjetivo. O tipo aqui previsto é doloso, ou seja, a vontade livre e consciente em determinar a realização de qualquer das condutas descritas no *caput* do artigo 10 com objetivos não autorizados em lei. Não há previsão para modalidade culposa.

Objeto material da conduta. É a comunicação telefônica, de informática ou telemática.

Objeto jurídico. É a inviolabilidade do objeto material indicado no item anterior, tendo em vista o direito fundamental previsto no artigo 5, XII, da CRFB/1988.

Classificação doutrinária. Trata-se de crime de mão-própria (pois somente pode ser praticado pela autoridade judicial que determinar a medida ilegal), formal (tendo em vista que não depende de resultado naturalístico), comissivo, doloso, instantâneo e unissubsistente.

Momento consumativo. O respectivo crime se consuma com a expedição da ordem ilegal que determina a execução das condutas descritas no *caput* com objetivos não autorizados em lei.

Tentativa. Não é admissível, haja vista a impossibilidade de fracionamento da conduta.

Art. 10-A. Realizar captação ambiental de sinais eletromagnéticos, ópticos ou acústicos para investigação ou instrução criminal sem autorização judicial, quando esta for exigida:

Pena – reclusão, de 2 (dois) a 4 (quatro) anos, e multa.

§ 1º Não há crime se a captação é realizada por um dos interlocutores.

§ 2º A pena será aplicada em dobro ao funcionário público que descumprir determinação de sigilo das investigações que envolvam a captação ambiental ou revelar o conteúdo das gravações enquanto mantido o sigilo judicial.

Da conduta descrita no artigo 10-A da Lei nº 9.296/96. Incluído pela Lei nº 13.964/19 (Pacote Anticrime), este artigo arremata a análise do art. 8º-A, também da Lei nº 9.296/96, que tratamos acima e para a qual remetemos o leitor. Basicamente, caso não haja autorização judicial (quando ela for exigida, e há tal exigência para os fins de investigação ou instrução criminal, pressupondo-se o atendimento dos preceitos previstos neste último artigo), haverá a configuração do crime, cujas penas se balizam entre dois a quatro anos de reclusão, bem como a multa.

Levando-se em consideração o disposto no art. 8º, § 1º, da Lei Complementar nº 95/98, a data para entrada em vigor da Lei nº 13.964/19 (e consequentemente para o art. 10-A da Lei nº 9.296/96) é o dia 23 de janeiro de 2020, pois foi previsto o prazo de apenas 30 (trinta) dias de *vacatio legis*.

Da situação específica em relação à "escuta ambiental" (prevista pela Lei nº 13.869/19 – Nova Lei de Abuso de Autoridade) diante da entrada em vigor da Lei nº 13.964/19 (Pacote Anticrime). Sobre o tema, remetemos o leitor às explicações tecidas por ocasião dos comentários ao artigo 10 da Lei nº 9.296/96.

Sujeito ativo. Qualquer pessoa, já que estamos diante de crime comum, ressaltando-se o disposto no art. 10-A, § 1º, da mesma Lei: "não há crime se a captação é realizada por um dos interlocutores".

Sujeito passivo. É a pessoa contra a qual recai a realizar captação ambiental de sinais eletromagnéticos, ópticos ou acústicos para investigação ou instrução criminal sem autorização judicial, quando esta for exigida.

Elemento subjetivo. O tipo aqui previsto é doloso, ou seja, a vontade livre e consciente em realizar captação ambiental de sinais eletromagnéticos, ópticos ou acústicos para investigação ou instrução criminal sem autorização judicial, quando esta for exigida. Não há previsão para modalidade culposa.

Objeto material da conduta. São os sinais eletromagnéticos, ópticos ou acústicos utilizados para investigação ou instrução criminal.

Objeto jurídico. Tutela-se a intimidade, vida privada, honra e imagem das pessoas submetidas à investigação ou instrução criminal (art. 5º, X, da CRFB/88).

Classificação doutrinária. Trata-se de crime comum (pois pode ser praticado por qualquer pessoa, exceto um dos próprios interlocutores, quando ele mesmo capta a conversa), formal (tendo em vista que não depende de resultado naturalístico), comissivo, doloso, permanente, plurissubsistente, e de forma livre (já que pode ser praticado por qualquer forma eleita pelo sujeito ativo).

Momento consumativo. Se dá com o início da captação ambiental dos objetos materiais descritos no preceito primário e se protrai com o tempo, já que estamos diante de crime permanente.

Tentativa. Admissível, por se tratar de conduta plurissubsistente.

§ 1º Não há crime se a captação é realizada por um dos interlocutores.

Da causa de exclusão de ilicitude prevista no artigo 10-A, § 1º, da Lei nº 9.296/96. O legislador considerou lícita a conduta do agente que, em tese, pratica o ato de captação de sinais eletromagnéticos, ópticos ou acústicos elencados no *caput* do mesmo artigo. Ou seja, mesmo que se trate de ato de captação para que os elementos ali colhidos possam vir a ser utilizados em investigação ou instrução criminal sem autorização judicial, quando esta for exigida, não podemos falar em crime para o agente. Isso se aplica a qualquer pessoa, funcionário público ou não, desde que ele mesmo seja um dos interlocutores.

§ 2º A pena será aplicada em dobro ao funcionário público que descumprir determinação de sigilo das investigações que envolvam a captação ambiental ou revelar o conteúdo das gravações enquanto mantido o sigilo judicial.

Da causa de aumento de pena prevista no art. 10-A, § 2º, da Lei nº 9.296/96. Todo funcionário público tem o dever de zelar pelo cumprimento das determinações de sigilo quanto às investigações e ao processo. Neste tópico podemos fracionar as condutas em duas situações:

- o funcionário público descumpre determinação de sigilo das investigações que envolvam a captação ambiental;
- o funcionário público revela o conteúdo das gravações enquanto mantido o sigilo judicial.

Portanto, a primeira situação se refere, em tese, à fase de investigação criminal. O inquérito policial é, por natureza, sigiloso, o que é corroborado pelo conteúdo do art. 20 do CPP. Além disso, por se tratar de uma Lei que, eminentemente, versa sobre a questão da interceptação telefônica, cujo segredo é determinado pelo art. 5º, XII, da CRFB/88, bem como pelo artigo 1º da Lei nº 9.296/96 e levando-se em consideração o disposto no art. 8º-A, § 5º, também deste último diploma legal (que trata da aplicação subsidiária das regras previstas na legislação específica para a interceptação telefônica e telemática às questões concernentes à captação ambiental), chegamos à conclusão de que o sigilo também será a regra neste último caso.

O mesmo se diga em relação ao sigilo determinado por decisão judicial, preconizado, dentre outros, por dispositivos como o do art. 201, § 6º, do CPP, ocasião em que se permite que o juiz tome "as providências necessárias à preservação da intimidade, vida privada, honra e imagem do ofendido, podendo, inclusive, determinar o segredo de justiça em relação aos dados, depoimentos e outras informações constantes dos autos a seu respeito para evitar sua exposição aos meios de comunicação".

Por fim, saliente-se que o artigo 8º da Lei nº 9.296/96 prevê a necessidade de que seja observado o segredo de justiça preconizado no artigo 1º, do mesmo diploma legal. Para isso, assevera que o sigilo será mantido através do apensamento dos autos do procedimento de interceptação telefônica.

Art. 11. Esta Lei entra em vigor na data de sua publicação.

Art. 12. Revogam-se as disposições em contrário.

Brasília, 24 de julho de 1996; 175º da Independência e 108º da República.

QUESTÕES

1) (2019/CESPE /CEBRASPE/TJ-SC Juiz Substituto)

No que tange a interceptação das comunicações telefônicas e a disposições relativas a esse meio de prova, previstas na Lei n.º 9.296/1996, assinale a opção correta.

A) A referida medida poderá ser determinada no curso da investigação criminal ou da instrução processual destinada à apuração de infração penal punida, ao menos, com pena de detenção.

B) A existência de outros meios para obtenção da prova não impedirá o deferimento da referida medida.

C) O deferimento da referida medida exige a clara descrição do objeto da investigação, com indicação e qualificação dos investigados, salvo impossibilidade manifesta justificada.

D) A utilização de prova obtida a partir da referida medida para fins de investigação de fato delituoso diverso imputado a terceiro não é admitida.

E) A decisão judicial autorizadora da referida medida não poderá exceder o prazo máximo de quinze dias, prorrogável uma única vez pelo mesmo período.

2) (2019 - CESPE - TJ-DFT - Titular de Serviços de Notas e de Registros - Provimento)

Em relação à prova obtida por meio de interceptação telefônica e ao sigilo telefônico, assinale a opção correta, tendo como referência a Lei n.º 9.296/1996 e o entendimento doutrinário e jurisprudencial dos tribunais superiores.

A) A prova obtida por força de interceptação telefônica judicialmente autorizada poderá, a título de prova emprestada, subsidiar denúncia em outro feito que investigue crime apenado com detenção.

B) A quebra do sigilo de dados telefônicos pertinentes aos dados cadastrais de assinante e aos números das linhas chamadas e recebidas submete-se à disciplina da referida legislação.

C) A referida lei de regência condiciona a possibilidade de imposição da medida de interceptação telefônica na fase de investigação criminal à instauração do inquérito policial competente.

D) Para a determinação da interceptação telefônica, é necessário juízo de certeza a respeito do envolvimento da pessoa a ser investigada na prática do delito em apuração.

E) Gravação telefônica realizada por um dos interlocutores sem o conhecimento do outro e sem autorização judicial caracteriza meio ilícito de prova por violar o direito à intimidade constitucionalmente protegido.

3) (2019 – CESPE – CGE – CE – Auditor de Controle Interno – Área de Correição)

De acordo com a Lei nº 9.296/1996, a interceptação de comunicações telefônicas:

A) poderá ser determinada de ofício por delegado.

B) não será admitida se a prova puder ser obtida por outros meios disponíveis.

C) será admitida somente nos casos de crimes em que a pena mínima for igual ou superior a dois anos de detenção.

D) será conduzida por membro do Ministério Público, com vistas ao delegado, que poderá acompanhar os procedimentos.

E) poderá ser prorrogada a cada trinta dias, desde que respeitado o prazo máximo legal de trezentos e sessenta dias.

4) (2018 – NUCEPE – PC/PI – Delegado de Polícia Civil)

Sabe-se que a interceptação de comunicações telefônicas é, atualmente, prova bastante utilizada em investigação criminal, inclusive, para a própria instrução processual penal. Sobre o tema, marque a alternativa CORRETA.

A) A ordem da interceptação de comunicações telefônicas depende da ordem da autoridade policial e, em seguida, para instrução processual, submete ao juiz competente para validação.

B) A interceptação de comunicações telefônicas tem, mesmo que seja possível outros meios disponíveis, o objetivo de corroborar com os demais meios de prova.

C) Não é permitida a interceptação de comunicações telefônicas quando não houver indícios razoáveis da autoria ou participação em infração penal.

D) É permitida a interceptação de comunicações telefônicas quando o fato investigado constituir infração penal punida com pena de detenção

E) Mesmo que estejam presentes os pressupostos que autorizam a interceptação de comunicações telefônicas, é inadmissível que o pedido seja formulado verbalmente, nem que seja excepcionalmente.

5) (2016/MPE-GO - MPE/GO - PROMOTOR DE JUSTIÇA SUBSTITUTO)

Não é considerado meio extraordinário de obtenção de provas ou técnica especial de investigação:

a) interceptação telefônica

b) infiltração de agentes

c) busca e apreensão

d) colaboração premiada

6) (2016/CESPE - POLÍCIA CIENTÍFICA - CONHECIMENTOS GERAIS - PERITO PAPILOSCOPISTA E AUXILIAR)

A interceptação de comunicações telefônicas

a) pode ser determinada de ofício pelo juiz durante a investigação criminal.

b) pode ser requerida pela autoridade policial no curso da instrução processual penal.

c) depende da existência de indícios razoáveis de autoria e da materialidade da infração penal.

d) é admitida, quando autorizada por juiz, mesmo que a prova possa ser feita por outros meios disponíveis.

e) é admitida se o fato investigado constituir infração penal punida, pelo menos, com pena de detenção.

GABARITO COMENTADO

1) Gabarito oficial: C

Justificativa:

A) Incorreta. Art. 2º, III c/c art. 3º, I e II, todos da Lei nº 9.296/96.

B) Incorreta. Art. 2º, II, da Lei nº 9.296/96.

C) Correta. Art. 2º, parágrafo único, da Lei nº 9.296/96.

D) Incorreta. Segundo o entendimento dos Tribunais Superiores, a teoria da serendipidade (encontro fortuito) é reconhecida pelo ordenamento pátrio, sendo admissível tanto em sua vertente objetiva (fato) quanto subjetiva (sujeito), como vimos aqui em nosso estudo. Por exemplo: STJ, SEXTA TURMA. HC 613.985/DF, Rel. Ministro ROGERIO SCHIETTI CRUZ, julgado em 07/12/2020, DJe 15/12/2020.

E) Incorreta. Art. 5º, *caput*, da Lei 9.296/1996. Ademais, a jurispudência, tanto do STF quanto STJ, segue no sentido de que são possíveis sucessivas prorrogações do prazo de autorização para a interceptação telefônica. Isso porque o art. 5° da Lei n. 9.296/1996 não indica limite temporal rígido da interceptação telefônica, que não pode exceder, inicialmente, 15 dias, mas pode ser prorrogada, de forma fundamentada, tantas vezes quanto necessário, se a atividade criminosa sob apuração é complexa e exige investigação contínua. São exemplos os recentes precedentes. STJ: AgRg no AREsp 1742524/SP e STF: HC 180905 AgR (com repercussão geral reconhecida, inclusive. Vide RE-RG 625.263/PR).

2) Gabarito oficial: A

Justificativa:

A) Correta, haja vista que está em consonância com o entendimento do STF no Agravo Regimental nº 626214.

B) Incorreta, pois a quebra de sigilo de dados telefônicos não tem a ver com a interceptação telefônica, não sendo, então, disciplinada pela Lei n.º 9.296/1996. Logo, a quebra do sigilo dos dados telefônicos contendo os dias, os horários, a duração e os números das linhas chamadas e recebidas não se submete à disciplina das interceptações telefônicas regidas pela Lei nº 9.296/96. Em outras palavras, a proteção a que se refere o art. 5º, inciso XII, da Constituição Federal/1988, é da comunicação de dados, e não dos dados em si mesmos. Portanto, diversamente da interceptação telefônica, a quebra do sigilo de dados telefônicos não está submetida à cláusula de reserva de jurisdição. Logo, além da autoridade judiciária competente, Comissões Parlamentares de Inquérito também podem determinar a quebra do sigilo de dados telefônicos com base em seus poderes de investigação (CRFB/1988, art. 28, §3º), desde que o ato deliberativo esteja devidamente fundamentado." (LIMA, Renato Brasileiro de. Legislação Penal Especial Comentada. 2. ed. Salvador/BA: JusPodivm, 2014. p. 142.

C) Incorreta, pois dentro dos requisitos estabelecidos pelo artigo 2º e seus incisos, da Lei nº 9.296/96, não se encontra essa opção, visto que são exigidos apenas indícios razoáveis do crime e de sua autoria para que possa impor a interceptação telefônica.

D) Incorreta, pois não há necessidade de um juízo de certeza e sim, de indícios razoáveis da autoria ou da participação em infração penal, como dispõe o artigo 2º, inciso I, da Lei nº 9.296/96.

E) Incorreta, pois está em desacordo com o entendimento do STF. "A gravação feita por um dos interlocutores, sem conhecimento do outro, nada tem de ilicitude, principalmente quando destinada a documentá-la em caso de negativa" (STF - Relatora, Min Ellen Gracie - RT 826/524).

3) Gabarito oficial: B

Justificativa:

A) Incorreta, em virtude do que alude o artigo 3º e incisos, da Lei nº 9.296/96.

B) Correta, está de acordo com o artigo 2º e seus incisos, da Lei nº 9.296/96. Logo, fazendo uma leitura a contrario sensu, temos que somente será admitida a interceptação telefônica quando presentes indícios razoáveis de autoria ou participação em infração penal; a prova não puder ser feita por outros meios disponíveis; o fato investigado for punível, no máximo, com pena de reclusão.

C) Incorreta, reportamos a explicação acima citada, verificada no artigo 2º e seus incisos, da Lei nº 9.296/96.

D) Incorreta, vide o artigo 6º, da Lei nº 9.296/96. A interceptação telefônica será conduzida pela autoridade policial, dando ciência ao Ministério Público, que poderá acompanhar a sua realização.

E) Incorreta, pois contrário ao artigo 5º, da Lei nº 9.296/96.

4) Gabarito oficial: C

Justificativa:

a) Incorreta, pois a interceptação das comunicações telefônicas poderá ser determinada pelo juiz, de ofício ou a requerimento da autoridade policial, na investigação criminal, ou do representante do Ministério Público, na investigação criminal e na instrução processual penal, nos termos do artigo 3º e incisos, da Lei nº 9.296/1996.

b) Incorreta, nos termos do artigo 2º, II, da Lei nº 9.296/1996.

c) Correta, conforme determina o artigo 2º, I, da Lei nº 9.296/1996.

d) Incorreta, nos termos do artigo 2º, III, da Lei nº 9.296/1996.

e) Incorreta, conforme dispõe o artigo 4º, § 1º, da Lei nº 9.296/1996.

5) **Gabarito oficial: C**

Justificativa:

a) assertiva incorreta. Vide art. 5º, XII, parte final, da CR c.c. o art. 1º da Lei n.º 9296/96.

b) assertiva incorreta. O instituto da 'infiltração de agentes' está previsto no art. 3º, VII, c.c o art. 10 e ss, todos da Lei n.º 12.850/2013.

c) assertiva correta. Art. 240 e seguintes do CPP.

d) assertiva incorreta, o instituto da 'colaboração premiada' está previsto no art. 3ª, I, c.c. o art. 4º e ss, todos da Lei n.º 12.850/2013.

6) **Gabarito oficial: A**

Justificativa:

a) correta. Nos termos do art. 3º, I, da Lei n.º 9296/96 "a interceptação das comunicações telefônicas poderá ser determinada pelo juiz, de ofício ou a requerimento (...) I – da autoridade policial, na investigação criminal".

b) incorreta. Consoante o disposto no art. 3º, II, da Lei n.º 9296/96 "a interceptação das comunicações telefônicas poderá ser determinada pelo juiz, de ofício ou a requerimento (...) II – do representante do Ministério Público, na investigação criminal e na instrução processual penal".

c) incorreta. Conforme o art. 2º, I, da Lei n.º 9296/96 "não será admitida a interceptação de comunicações telefônicas quando ocorrer qualquer das seguintes hipóteses (...) I – não houver indícios razoáveis da autoria ou participação em infração penal".

d) incorreta. Segundo o art. 2º, II, da Lei n.º 9296/96 "não será admitida a interceptação de comunicações telefônicas quando ocorrer qualquer das seguintes hipóteses (...) II – a prova puder ser feita por outros meios disponíveis".

e) incorreta. De acordo com o art. 2º, III, da Lei n.º 9296/96 "não será admitida a interceptação de comunicações telefônicas quando ocorrer qualquer das seguintes hipóteses (...) III – o fato investigado constituir infração penal punida, no máximo, com pena de detenção".

10

INVESTIGAÇÃO CRIMINAL CONDUZIDA PELO DELEGADO DE POLÍCIA

LEI Nº 12.830, DE 20 DE JUNHO DE 2013

Dispõe sobre a investigação criminal conduzida pelo delegado de polícia.

Art. 1º Esta Lei dispõe sobre a investigação criminal conduzida pelo delegado de polícia.

Análise do artigo 144 da CRFB/1988. O papel do Delegado de Polícia nas investigações criminais vem sendo objeto de importante estudo e teve sua importância reconhecida e disciplinada através da Lei nº 12.830/13.

Embora não faça menção específica à Constituição Federal, o fato é que, com o advento desta norma legal, tanto os dispositivos processuais que dizem respeito ao Delegado de Polícia no Código de Processo Penal, quanto o artigo 144 da CRFB/88 e demais preceitos normativos inseridos na legislação extravagante, são dotados de maior efetividade, ainda que fossem considerados autoaplicáveis.

O artigo 144 da CRFB/88 reserva espaço para o tratamento da segurança pública, cujo dever é atribuído ao Estado, como direito e sob a responsabilidade de todos, sendo exercida para a preservação da ordem pública e também da incolumidade das pessoas, bem como do patrimônio, mediante a participação da polícia federal, polícia rodoviária federal, polícia ferroviária federal, polícias civis, polícias militares e corpos de bombeiros militares.

Embora abranja outros órgãos policiais, quis a Lei nº 12.830/13 se restringir à figura específica do Delegado de Polícia, seja ele civil ou federal, como sendo aquela personagem que irá, mediante instrumento de investigação específico e dotado de procedimento próprio, conforme o caso concreto, exercer as funções de polícia judiciária, apurando-se as infrações penais, exceto as militares, conforme a atribuição para o caso (seja da Polícia Civil, seja da Polícia Federal).

Das funções policiais. No que tange à determinação das funções policiais, podemos estar diante da polícia administrativa ou da polícia judiciária. Com relação à primeira, estamos diante de atividade desempenhada de forma preventiva, principalmente no que diz respeito ao aspecto ostensivo, sendo de atribuição das Polícias Militares dos Estados.

Já no que diz respeito à Polícia Judiciária, tal configuração encontra respaldo histórico no próprio conceito de "Delegado de Polícia", como veremos a seguir. Por enquanto é suficiente que saibamos que esta atividade de polícia é direcionada à investigação de crimes que ocorreram, a despeito de haver prevenção. Em função disso, diz-se que é uma atividade de cunho repressivo.

No âmbito Estadual, a atividade de polícia judiciária é voltada para a investigação de crimes de atribuição da Polícia Civil de cada Estado, o que acaba se relacionando com a competência da Justiça Estadual à qual estiver atrelada, em função da área geográfica. Por sua vez, a Polícia Federal é a que detém as funções de polícia judiciária no âmbito da União.

Quanto às atribuições do Delegado de Polícia Civil, cabe destacar recente julgado do STF (Pleno), que na ADI n.º 4618/SC, julgou parcialmente procedente a ação, para dar interpretação conforme ao art. 4º da Lei Complementar n. 453/2009 de Santa Catarina, assentando entendimento no sentido de haver exclusividade da atuação dos delegados de polícia civil apenas quanto às atribuições de polícia judiciária, podendo as infrações penais ser apuradas pelas demais instituições constitucionalmente responsáveis pela garantia da segurança pública, da ordem jurídica e do regime democrático. Vejam a ementa do referido julgado:

> EMENTA: AÇÃO DIRETA DE INCONSTITUCIONALIDADE. EXPRESSÃO 'COM EXCLUSIVIDADE' DO ART. 4º DA LEI COMPLEMENTAR CATARINENSE N. 453/2009. **ATRIBUIÇÕES DE DELEGADO DA POLÍCIA CIVIL. PRECEDENTES. AÇÃO JULGADA PARCIALMENTE PROCEDENTE**. 1. Inocorrência de inconstitucionalidade formal da Lei Complementar catarinense n. 453/2009. **As normas relativas ao reconhecimento de atribuições do cargo de delegado de polícia, de polícia judiciária e de apuração de infrações penais não versam sobre matéria processual penal. A circunstância de as atividades, em tese, conduzirem a futura instauração de inquérito penal não altera a natureza administrativa da matéria tratada na norma impugnada. 2. Jurisprudência do Supremo Tribunal Federal: não exclusividade do desempenho das atividades investigativas pela polícia civil. Recurso Extraordinário n. 593.727-RG/MG. 3. Ação julgada parcialmente procedente para dar interpretação conforme ao art. 4º da Lei Complementar n. 453/2009 de Santa Catarina, assentando-se haver exclusividade da atuação dos dele-**

gados de polícia civil apenas quanto às atribuições de polícia judiciária. As infrações penais, todavia, podem ser apuradas pelas demais instituições constitucionalmente responsáveis pela garantia da segurança pública, da ordem jurídica e do regime democrático. (STF, Tribunal Pleno. ADI 4618/SC. AÇÃO DIRETA DE INCONSTITUCIONALIDADE. Relator(a): Min. CÁRMEN LÚCIA. Julgamento em 01/08/2018. Publicação em DJe-033. DIVULG 18-02-2019. PUBLIC 19-02-2019).

Do conceito de "Delegado de Polícia". Já tivemos oportunidade de tratar deste tema por ocasião dos estudos realizados para nossa dissertação de Mestrado em Direito Penal. Assim, para que fosse possível definir os limites de atuação concreta do Delegado de Polícia em relação aos aspectos analíticos do delito[1], foi necessária a passagem por momentos filosóficos (acerca dos conceitos de justiça, equidade e juridicidade), bem como aspectos históricos. Diante da complexidade e riqueza do tema, é importante destacar novamente tais ensinamentos, conforme faremos a seguir.

Neste último contexto, o histórico, foi preciso resgatar as bases que remontavam ao conceito de "Delegado de Polícia" como forma de dotar de sentidos as atividades sobre as quais esta personagem se debruça nos contextos constitucional, penal e processual penal.

No Brasil, tal conceito pode ser estudado principalmente a partir da chegada da Corte portuguesa ao país. Antes disso, não havia, efetivamente, uma instituição policial com capacidade para realizar atividades investigativas, ainda que estivessem sob as ordens de um magistrado[2].

Thomas H. Holloway[3] escreve sobre o momento embrionário de criação da Polícia no Rio de Janeiro e também registra o ano de 1808 como símbolo da formação desta instituição no Estado. A grande preocupação dos membros da Corte Portuguesa era justamente com o que se deparariam no novo continente, já que muitos somente conheciam a cidade do Rio de Janeiro através de documentos, principalmente relatórios administrativos e balancetes.

À época, a cidade ainda vivia sob a égide da escravidão e o ambiente era considerado perigoso e hostil. A partir disto, foi trazida de Portugal uma instituição chamada de "Intendência Geral de Polícia", que havia sido criada em 1762 como

1. FERREIRA, Wilson Luiz Palermo. *Percepção dos aspectos analíticos do delito na atuação concreta do Delegado de Polícia*. 2. ed. Salvador: Juspodivm, 2020. p. 44.

2. PERAZZONI, Franco. *O Delegado de Polícia no Sistema Jurídico Brasileiro*: das Origens Inquisitoriais ao Garantismo Penal de Ferrajoli. Disponível em: <http://www.amdepol.org/arquivos/ARTIGO_FRANCOPERAZZONI.pdf66b1c.pdf>. Acesso em 17 abr. 2015.

3. HOLLOWAY, Thomas H. *Polícia no Rio de Janeiro:* repressão e resistência numa cidade do século XIX. Tradução de Francisco de Castro Azevedo. Rio de Janeiro: Editora Fundação Getúlio Vargas, 1997. p. 41. Título original: Policing Rio de Janeiro: repression and resistance in a 19th-century city.

"uma das reformas do absolutismo esclarecido"[4], resultado do modelo francês de 1760. Foi estabelecida inicialmente na cidade do Rio de Janeiro e posteriormente o modelo foi levado às capitais das demais províncias.

Esta Intendência era responsável pelas obras públicas e também por garantir o abastecimento da cidade do Rio de Janeiro, bem como oferecer segurança pessoal e coletiva, incluindo aqui a ordem pública, a vigilância da população, investigação de crimes e também captura de criminosos[5].

No Brasil, o chefe desta instituição era um desembargador nomeado, então, Intendente Geral de Polícia, cujo cargo alçava o status de Ministro de Estado[6]. No Rio de Janeiro, esse primeiro chefe era Paulo Fernandes Vianna, que vai comandar a instituição até 26 de fevereiro de 1821. De acordo com Holloway, "tinha como poderes decidir sobre os comportamentos a serem considerados criminosos, estabelecer a punição que julgasse apropriada e então prender, levar a julgamento, condenar e supervisionar a sentença dos infratores"[7].

Holloway assevera que:

> Ele representava, portanto, a autoridade do monarca absoluto e, coerentemente com a prática administrativa colonial, seu cargo englobava poderes legislativos, executivos (polícia) e judiciais. O decreto real que criou a intendência confirmou o conceito de outorga da autoridade judicial sobre delitos menores à polícia, nos seguintes termos: "Como sucede haver crimes que não necessitam de outro castigo, mas pedem alguma correção, poderá o mesmo intendente geral nestes casos prender aquelas pessoas que a merecerem, conservando-as na prisão o tempo que julgar proporcionado à desordem que tiverem cometido e lhe parecer necessário para a emenda"[8].

Para assessorar o Intendente Geral no Rio de Janeiro, em 27 de junho de 1808, através de Alvará[9], foram criados também dois cargos de "juiz do crime", já que o príncipe regente havia dividido a cidade em duas partes. Cada juiz do crime era responsável por um distrito. Tais juízes eram subordinados ao Intendente e desempenhavam tanto a função policial, quanto a judicial[10]. Por isso Holloway aduz que

---

4. Ibidem. p. 41.
5. HOLLOWAY, Thomas H, op. cit., nota 03, p. 46.
6. PERAZZONI, Franco, op. cit., nota 02, p. 04.
7. HOLLOWAY, Thomas H, op. cit., nota 03, p. 46.
8. HOLLOWAY, Thomas H, loc. cit.
9. BRASIL. Alvará de 27 de junho de 1808. Colecção das Leis do Brazil de 1808. Rio de Janeiro: Imprensa Nacional, 1891. p. 65 – 66. Disponível em: <http://www.planalto.gov.br/ccivil_03/revista/Rev_31/alvara.htm>. Acesso em 20 out. 2015.
10. Consta, na íntegra do alvará: "Crêa dous Juizes do Crime para dous Bairros desta Corte. Eu o Principe Regente faço saber aos que o presente Alvará com força de Lei virem, que tornando-se necessario o haver nesta Côrte mais Magistrados

"a associação das funções judicial e policial, baseada nos princípios que orientaram o sistema colonial, data da fundação das instituições policiais no Rio de Janeiro"[11].

Justamente por força destas situações surge o conceito de "Delegado". Nas lições de Franco Perazzoni:

> Dadas as peculiaridades e extensão do território nacional, o intendente podia autorizar outra pessoa a representá-lo nas províncias, surgindo desta atribuição o uso do termo "delegado" no Brasil. Este "delegado" exercia, contemporaneamente, funções típicas de autoridade policial (tanto administrativa como investigativa) e judiciais[12].

As palavras de Roberto Kant de Lima[13] corroboram essa afirmativa, quando este prevê em seus estudos que "estas autoridades policiais são chamadas tradicio-

---

Criminaes, não só porque se mudaram as antigas circumstancias com a minha residencia, e se tem augmentado a povoação, exigindo por isso a segurança pessoal e tranquillidade dos meus fieis vassallos, que haja quem mais cuide em prevenir os crimes, e em indagar, processar e punir os que se cometterem; como tambem, porque havendo eu creado o logar de Intentente Geral da Policia neste Estado, não póde este Magistrado fazer executar o que cumpre ao bem da segurança e tranquillidade publica com os dous unicos Magistrados de menor graduação que há nesta Cidade: e sendo outrosim haver necessario quem como Superintendentes sejam encarregados do lançamento e da cobrança da decima que tenho determinado paguem os meus fieis vassallos, proprietarios dos predios urbanos de todas as Cidades, Villas e logares notaveis de beira mar deste Estado e mais dominios: para occorrer a estes e outros inconvenientes, sou servido determinar o seguinte: I. Haverá nesta Cidade dous Juizes do Crime com a graduação de segunda entrancia, para dous Bairros, os quaes com o Juiz de Fóra e Ouvidor da Comarca, executarão o que lhe for pela Policia encarregado; e por ella serão divididos e designados os Bairros em que deve cada um destes Ministros entender criminal e especificamente. II – Guardarão o Regimento dos Ministros Criminaes dos bairros de Lisboa, e o que por minhas Ordenações, Leis, Alvarás e Reaes Resoluções se acha estabelecido. E terão na fórma das mesmas jurisdicção cumulativa nos outros Bairros da Cidade e Termo, para que não fiquem impunidos os delictos. III – Serão os Superintendentes da decima, para a lançarem e cobrarem, como tenho determinado. Vencerão o ordenado de 400$000, além dos emolumentos e assignaturas, que se acham determinados para os ministros Criminaes do Brazil nos logares de beira mar, e na fórma que percebe o Juiz do Crime da Bahia. IV – Terá cada um seu Escrivão, que sou servido crear, e um Meirinho com seu respectivo Escrivão, para as diligencias de Justiça do seu cargo, e que lhe forem incumbidas". Disponível em: <http://bd.camara.gov.br/bd/bitstream/handle/bdcamara/18319/colleccao_leis_1808_parte1.pdf?sequence=4>. Acesso em: 10 abr. 2020..

11. HOLLOWAY, Thomas H, op. cit., nota 03, p. 46.
12. PERAZZONI, Franco, op. cit., nota 02, p. 04.
13. LIMA, Roberto Kant de. *A Polícia da Cidade do Rio de Janeiro:* seus dilemas e paradoxos. 2. ed. rev. Tradução de Otto Miller. Rio de Janeiro: Forense, 1995. p. 02. Título original: Legal theory and judicial practice: paradoxes of police work in Rio de Janeiro city.

nalmente de delegados porque exercem sua autoridade em nome dos poderes Judiciário e Executivo: são investidos de poderes "delegados".

Com o passar dos tempos, chegou a haver, propriamente, uma encampação dos poderes dos "Delegados de Polícia" pelos juízes de paz, figura criada em 1827[14], sendo que a principal diferença entre eles era em relação à origem da autoridade judicial, pois enquanto o comissário e o intendente tinham autoridade emanada do monarca[15], a autoridade do juiz de paz decorria da eleição na localidade, conforme artigo 162 da Constituição Imperial de 1824[16].

Através desses juízes de paz, tentou-se separar a função policial da judiciária, que estavam sendo exercidas cumulativamente desde 1807 pela autoridade policial. Agora, lhes competia, entre outras atividades, separar os ajuntamentos com perigo de desordem, custodiar bêbados, reprimir a vadiagem, a mendicância, a turbulência, o meretrício escandaloso, destruir quilombos, intervir em conflitos, velar pelo sossego público, lavrar auto de corpo de delito, interrogar criminosos e testemunhas e dividir seus distritos em quarteirões, conforme o artigo 5º da lei de 15 de outubro de 1827[17].

---

14. BRASIL. Lei de 15 de outubro de 1827. Coleção de Leis do Império do Brasil - 1827, Página 67 Vol. 1 pt. I (Publicação Original). Disponível em: <http://www2.camara.leg.br/legin/fed/lei_sn/1824-1899/lei-38396-15-outubro-1827-566688-publicacaooriginal--90219-pl.html>. Acesso em 08 ago. 2020.

15. BONELLI, Maria da Glória, apud PERAZZONI, Franco, op. cit., nota 02, p. 04.

16. BRASIL. Constituição Política do Império do Brazil de 1824. Registrada na Secretaria de Estado dos Negocios do Imperio do Brazil a fls. 17 do Liv. 4º de Leis, Alvarás e Cartas Imperiaes. Rio de Janeiro em 22 abr. 1824. Disponível em: <http://www.planalto.gov.br/ccivil_03/constituicao/constituicao24.htm>. Acesso em: Acesso em: 08 ago. 2020.

17. Nos termos do mencionado artigo: Ao Juiz de Paz compete: § 1º Conciliar as partes, que pretendem demandar, por todos os meios pacificos, que estiverem ao seu alcance: mandando lavrar termo do resultado, que assignará com as partes e Escrivão. Para a conciliação não se admitirá procurador, salvo por impedimento da parte, provado tal, que a impossibilite de comparecer pessoalmente e sendo outrosim o procurador munido de poderes illimitidos. § 2º Julgar pequenas demandas, cujo valor não exceda a 16$000, ouvindo as partes, e á vista das provas apresentadas por ellas; reduzindo-se tudo a termo na fórma do paragrapho antecedente. § 3º Fazer separar os ajuntamentos, em que ha manifesto perigo de desordem; ou fazer vigial-os a fim de que nelles se mantenha a ordem; e em caso motim deprecar a força armada para rebatel-o, sendo necessario. A acção porém da tropa não terá logar, senão por ordem expressa do Juiz de Paz, e depois de serem os amotinadores admoestados pelo menos tres vezes para se recolherem as suas casas, e não obedecrem. § 4º Fazer pôr em custodia o bebedo, durante a bebedice. § 5º Evitar as rixas, procurando conciliar as partes; fazer que não haja vadios, nem mendigos, obrigando-os a viver de honesto trabalho, e corrigir os bebedos por vicio, turbulentos, e meretriz escandalosas, que pertubam o socego publico, obrigando-os a assignar termo de bem viver, com comminação de pena; e vigiando sobre seu procedimento ulterior. § 6º Fazer destruir os quilombos, e providenciar a que se não formem. § 7º Fazer auto de corpo de delicto nos casos, e pelo modo marcados na lei. § 8º

O artigo 6º da lei de 06 de junho de 1831[18] previu a possibilidade de que os juízes de paz nomeassem "Delegados", numa clara menção de que poderiam delegar sua autoridade sobre os crimes policiais[19].

Em que pese a Constituição Política do Império do Brasil de 1824[20] não conceituar as subdivisões do Império, apenas fazendo menção às Províncias já exis-

---

Sendo indicado o delinquente, fazer conduzil-o a sua presença para interrogal-o á vista dos factos existentes, e das testemunhas, mandando escrever o resultado do interrogatorio. E provado com evidencia quem seja o deliquente, fazer prendel-o na conformidade da lei, remettendo-o immediatamente com o interrogatorio ao juiz Criminal respectivo. § 9º Ter uma relação dos criminosos para fazer prendel-o, quando se acharem no seu districto; podendo em noticia de algum criminoso em outro districto, avisar disso ao Juiz de Paz, e ao Juiz Criminal respectivo. § 10º Fazer observar posturas policiaes das Camaras, impondo as penas dellas aos seus violadores. § 11º Informar ao Juiz dos Orphãos acêrca do menor, ou desacisado, a quem fallecer o pai, ou que se achar abandonado pela ausencia ou deleixo do mesmo. Informar igualmente ao mesmo Juiz acêrca de direitos, que comecem a existir a favor de pessoas, que não exercerem plenamente a administração de seus bens; e acêrca dos bens abandonados pela ausencia de seus donos, falta, ou deleixo de seus procuradores. E emquanto o Juiz dos Orphãos não providenciar, acautelar o perigo, que possa haver tanto sobre as pessoas, como sobre os bens, remettendo immediatamente ao respectivo Juiz o auto que a tal assumpto praticar. § 12º Vigiar sobre a conservação das matas e Florestas publicas, onde as houver, e obstar nas particulares ao córte de madeiras reservadas por lei. § 13º Participar ao Presidente da provincia todas as descobertas, que ou casualmente, ou em virtude de diligencias publicas ou particulares, se fizerem no seu districto; de quaesquer producções uteis do reino mineral, vegetãl ou animal, remettendo-lhe as amostras. § 14º Procurar a composição de todas as contendas, e duvidas, que se suscitarem entre moradores do seu districto, acêrca de caminhos particulares, atravessadouros, e passagens de rios ou ribeiros; acêrca do uso das aguas empregadas na agricultura ou mineração; dos pastos, pescas, e caçadas; dos limites, tapagens, e cercados das fazendas e campos; e acêrca finalmente dos damnos feitos por escravos, familiares, ou animaes domesticos. § 15º Dividir o districto em quarteirões, que não conterão mais de 25 fogos; e nomear para cada um delles um Official, que o avise de todos os acontecimentos, e execute suas ordens". Disponível em: <http://www2.camara.leg.br/legin/fed/lei_sn/1824-1899/lei-38396-15-outubro-1827-566688-publicacaooriginal-90219-pl.html>. Acesso em: 08 ago. 2020.

18. BRASIL. Lei Imperial de 06 de junho de 1831. Dá providencias para a prompta administração da Justiça e punição dos criminosos. Disponível em: <http://www2.camara.leg.br/legin/fed/lei_sn/1824-1899/lei-37207-6-junho-1831-563560-publicacaooriginal-87651-pl.html>. Acesso em: 08 ago. 2020.

19. Conforme redação original: "Art 6º Os Juizes de Paz terão autoridade cumulativa em todo o municipio, sobre os crimes policiaes: nomearão nos seus districtos os Delegados, que julgarem necessarios com a autoridade, que lhes confiarem, declarando essa autoridade por edital. Ficam abolidos os Officiaes de Quarteirão". Disponível em:<http://www2.camara.leg.br/legin/fed/lei_sn/1824-1899/lei-37207-6-junho-1831-563560-publicacaooriginal-87651-pl.html>. Acesso em: 08 ago. 2020.

20. Cf. nota 16.

tentes para a questão da divisão administrativa, o artigo 1º do Código de Processo Criminal do Império de 1832 (CPCI)[21] traz detalhes sobre a organização judiciária e prevê, embora ainda sem definir, que dentre os elementos que compunham a Administração Criminal nos Juízos de primeira instância, estariam os "Districtos de Paz" os "Termos" e as "Comarcas"[22].

Os juízes de paz ficavam responsáveis pelos Distritos, que de acordo com o artigo 2º deste mesmo diploma legal, seriam marcados pelas respectivas Câmaras Municipais e continham, cada um, pelo menos setenta e cinco casas habitadas.

Sendo caso de prisão os conduzidos eram levados à presença do juiz de paz do Distrito, conforme redação do artigo 131 do CPCI[23]. A redação deste e dos artigos seguintes revelam semelhança quanto à atual sistemática sobre a prisão em flagrante.

A atribuição dos juízes de paz sob a égide do Código de Processo Criminal do Império de 1832[24] vem prevista no artigo 12 e seguintes[25]. Auxiliando sua fun-

---

21. BRASIL. Lei Imperial de 29 de novembro de 1832. Promulga o Codigo do Processo Criminal de primeira instancia com disposição provisoria ácerca da administração da Justiça Civil. Registrada na Secretaria de Estado dos Negocios da Justiça em 5 dez. 1832. Disponível em: <http://www.planalto.gov.br/ccivil_03/Leis/LIM/LIM-29-11-1832.htm>. Acesso em: 08 ago. 2020.
22. A redação do artigo primeiro era a seguinte: "Art. 1º Nas Provincias do Imperio, para a Administração Criminal nos Juizos de primeira instancia, continuará a divisão em Districtos de Paz, Termos, e Comarcas". Disponível em: <http://www.planalto.gov.br/ccivil_03/Leis/LIM/LIM-29-11-1832.htm>. Acesso em: 08 ago. 2020.
23. O artigo 131 do Código de Processo Criminal do Império inaugura o capítulo que versa sobre a "DA PRISÃO SEM CULPA FORMADA, E QUE PÓDE SER EXECUTADA SEM ORDEM ESCRIPTA". A redação dos artigos que compõem esse capítulo é a seguinte: "Art. 131. Qualquer pessoa do povo póde, e os Officiaes de Justiça são obrigados a prender, e levar á presença do Juiz de Paz do Districto, a qualquer que fôr encontrado commettendo algum delicto, ou emquanto foge perseguido pelo clamor publico. Os que assim forem presos entender-se-hão presos em flagrante delicto. Art. 132. Logo que um criminoso preso em flagrante fôr á presença do Juiz, será interrogado sobre as arguições que lhe fazem o conductor, e as testemunhas, que o acompanharem; do que se lavrará termo por todos assignado. Art. 133. Resultando do interrogatorio suspeita contra o conduzido, o Juiz o mandará pôr em custodia em qualquer lugar seguro, que para isso designar; excepto o caso de se poder livrar solto, ou admittir fiança, e elle a dér; e procederá na formação da culpa, observando o que está disposto a este respeito no Capitulo seguinte". Disponível em: <http://www.planalto.gov.br/ccivil_03/Leis/LIM/LIM-29-11-1832.htm>. Acesso em: 08 ago. 2020.
24. Cf. nota 58.
25. O texto dos dispositivos mencionados versava sobre o seguinte: "Art. 12. Aos Juizes de Paz compete: § 1º Tomar conhecimento das pessoas, que de novo vierem habitar no seu Districto, sendo desconhecidas, ou suspeitas; e conceder passaporte ás pessoas que lh'o requererem. § 2º Obrigar a assignar termo de bem viver aos vadios, mendigos, bebados por habito, prostitutas, que perturbam o socego publico, aos turbulentos, que por palavras, ou acções offendem os bons costumes, a tranquillidade publica, e a paz das familias. § 3º Obrigar a assignar termo de segurança aos legalmente suspeitos da pretenção de commetter algum crime, podendo cominar neste caso,

ção, foi previsto neste mesmo diploma legal, porém no artigo 16 e seguintes[26] a figura dos "Inspectores de Quarteirões", estando suprimida a figura dos Delegados, conforme texto do artigo 19[27], também deste mesmo Código.

Tal situação perdura até o advento da Lei 261[28], de 03 de dezembro de 1841, que reformula o Código de Processo Criminal do Império, determinando que os chefes de polícia seriam escolhidos dentre os desembargadores e juízes de direito, e que os Delegados e os Subdelegados podiam ser nomeados entre juízes e demais cidadãos, conforme previsão do artigo 2º desta Lei[29], tendo autoridade para julgar e

---

assim como aos comprehendidos no paragrapho antecedente, multa até trinta mil réis, prisão até trinta dias, e tres mezes de Casa de Correcção, ou Officinas publicas. § 4º Proceder a Auto de Corpo de delicto, e formar a culpa aos delinquentes. § 5º Prender os culpados, ou o sejam no seu, ou em qualquer outro Juizo. § 6º Conceder fiança na fórma da Lei, aos declarados culpados no Juizo de Paz. § 7º Julgar: 1º as contravenções ás Posturas das Camaras Municipaes: 2º os crimes, a que não esteja imposta pena maior, que a multa até cem mil réis, prisão, degredo, ou desterro até seis mezes, com multa correspondente á metade deste tempo, ou sem ella, e tres mezes de Casa de Correcção, ou Officinas publicas onde as houver. § 8º Dividir o seu Districto em Quarteirões, contendo cada um pelo menos vinte e cinco casas habitadas. Art. 13. Sanccionado, e publicado o presente Codigo, proceder-se-ha logo á eleição dos Juizes de Paz nos Districtos que forem novamente creados, ou alterados, os quaes durarão até ás eleições geraes somente". Disponível em: <http://www.planalto.gov.br/ccivil_03/Leis/LIM/LIM-29-11-1832.htm>. Acesso em: 08 ago. 2020.

26. Os mencionados artigos do Código de Processo Criminal do Império versavam sobre o seguinte: "Art. 16. Em cada Quarteirão haverá um Inspector, nomeado tambem pela Camara Municipal sobre proposta do Juiz de Paz d'entre as pessoas bem conceituadas do Quarteirão, e que sejam maiores de vinte e um annos. Art. 17. Elles serão dispensados de todo o serviço militar de 1ª linha, e das Guardas Nacionaes; e só servirão um anno, podendo escuzar-se no caso de serem immediatamente reeleitos. Art. 18. Competem aos Inspectores as seguintes attribuições: 1º Vigiar sobre a prevenção dos crimes, admoestando aos comprehendidos no art. 12, § 2º para que se corrijam; e, quando o não façam, dar disso parte circumstanciada aos Juizes de Paz respectivos. 2º Fazer prender os criminosos em flagrante delicto, os pronunciados não afiançados, ou os condemnados á prisão. 3º Observar, e guardar as ordens, e instrucções, que lhes forem dadas pelos Juizes de Paz para o bom desempenho destas suas obrigações". Disponível em: <http://www.planalto.gov.br/ccivil_03/Leis/LIM/LIM-29-11-1832.htm>. Acesso em: 08 ago. 2020.

27. O texto do artigo 19 do Código de Processo Criminal do Império previu o seguinte: "Ficam supprimidos os Delegados". Disponível em: <http://www.planalto.gov.br/ccivil_03/Leis/LIM/LIM-29-11-1832.htm>. Acesso em: 08 ago. 2020.

28. BRASIL. Lei Imperial 261, de 03 de dezembro de 1841. Reformando o Código de Processo Criminal. Publicada na Secretaria de Estado dos Negocios da Justiça em 11 dez. 1841. Disponível em: <http://www.planalto.gov.br/ccivil_03/leis/LIM/LIM261.htm>. Acesso em: Acesso em: 08 ago. 2020.

29. O texto do artigo 2º da Lei 261/1841 era composto pelas seguintes palavras: "Art. 2º Os Chefes de Policia serão escolhidos d'entre os Desembargadores, e Juizes de Direito: os Delegados e Subdelegados d'entre quaesquer Juizes e Cidadãos: serão todos amoviveis, e obrigados a aceitar". Disponível em: <http://www.planalto.gov.br/ccivil_03/leis/LIM/LIM261.htm>. Acesso em: 08 ago. 2020.

punir, nos termos do artigo 4º[30] e do artigo 6º[31], ambos da mesma Lei[32], encampando algumas das funções até então exercidas pelos juízes de paz. A reforma de 1841 extinguiu a Intendência Geral de Polícia e criou o cargo de Chefe de Polícia, sendo nomeado, para ocupá-lo, Euzébio de Queiroz Coutinho Matoso Câmara.

Com a Lei 2.033 de 20 de setembro de 1871[33], regulamentada pelo Decreto 4.824 de 22 de novembro de 1871[34], houve a eficaz separação entre as funções po-

30. O texto do artigo 4º da Lei 261/1841 era composto pelas seguintes palavras: "Art. 4º Aos Chefes de Policia em toda a Provincia e na Côrte, e aos seus Delegados nos respectivos districtos compete: § 1º As attribuições conferidas aos Juizes de Paz pelo art. 12 §§ 1º, 2º, 3º, 4º, 5º e 7º do Codigo do Processo Criminal. § 2º Conceder fiança, na fórma das leis, aos réos que pronunciarem ou prenderem. § 3º As attribuições que ácerca das Sociedades secretas e ajuntamentos illicitos concedem aos Juizes de Paz as leis em vigor. § 4º Vigiar e providenciar, na fórma das leis, sobre tudo que pertence á prevenção dos delictos e manutenção da segurança o tranquillidade publica. § 5º Examinar se as Camaras Municipaes tem providenciado sobre os objectos do Policia, que por Lei se achão a seu cargo, representando-lhes com civilidade as medidas que entenderem convenientes, para que se convertão em Posturas, e usando do recurso do art. 73 da Lei do 1º de Outubro de 1828, quando não forem attendidos. § 6º Inspeccionar os Theatros e espectaculos publicos, fiscalisando a execução de seus respectivos Regimentos, e podendo delegar esta inspecção, no caso de impossibilidade de a exercerem por si mesmos, na fórma dos respectivos Regulamentos, ás Autoridades Judiciarias, ou Administrativas dos lugares. § 7º Inspeccionar, na fórma dos Regulamentos as prisões da Provincia. § 8º Conceder mandados de busca, na fórma da Lei. § 9º Remetter, quando julgarem conveniente, todos os dados, provas e esclarecimentos que houverem obtido sobre um delicto, com uma exposição do caso e de suas circumstancias, aos Juizes competentes, a fim de formarem a culpa. Se mais de uma autoridade competente começarem um processo de formação de culpa, proseguirá nelle o Chefe de Policia ou Delegado, salvo porém o caso da remessa de que se trata na primeira parte deste paragrapho. § 10. Velar em que os seus Delegados, e Subdelegados, ou subalternos cumprão os seus regimentos, e desempenhem os seus deveres, no que toca a Policia, e formar-lhes culpa, quando o mereção. § 11. Dar-lhes as instrucções que forem necessarias para melhor desempenho das attribuições policiaes que lhes forem incumbidas". Disponível em: <http://www.planalto.gov.br/ccivil_03/leis/LIM/LIM261.htm>. Acesso em: 08 ago. 2020.

31. O texto do artigo 6º da Lei 261/1841 era composto pelas seguintes palavras: "Art. 6º As attribuições criminaes e policiaes que actualmente pertencem aos Juizes de Paz, e que por esta Lei não forem especialmente devolvidas ás Autoridades, que crêa, ficão pertencendo aos Delegados e Subdelagados". Disponível em: <http://www.planalto.gov.br/ccivil_03/leis/LIM/LIM261.htm>. Acesso em: 08 ago. 2020.

32. Cf. nota 28.

33. BRASIL. Lei nº 2.033 de 20 de setembro de 1871. Altera differentes disposições da Legislação Judiciaria. Publicada na Secretaria de Estado dos Negocios da Justiça, em 21 de Novembro de 1871. Disponível em: <http://www.planalto.gov.br/ccivil_03/leis/LIM/LIM2033.htm>. Acesso em: 08 ago. 2020.

34. BRASIL. Decreto nº 4.824 de 22 de novembro de 1871. Regula a execução da Lei nº 2033 de 24 de Setembro do corrente anno, que alterou differentes disposições da Legislação Judiciaria. Palacio do Rio de janeiro, em 22 de Novembro de 1871. Disponí-

liciais e as judiciais[35], destacadamente o fato de vedar-se[36] às autoridades policiais o julgamento de quaisquer ilícitos penais[37]. Nesse mesmo contexto, ficou consagrado no ordenamento pátrio brasileiro o inquérito policial como principal peça de apuração de fatos criminosos[38].

---

vel em: <http://www.planalto.gov.br/ccivil_03/decreto/Historicos/DIM/DIM4824.htm>. Acesso em: Acesso em: 08 ago. 2020.

35. De acordo com o artigo 7º do Decreto 4.824 de 1871: "Art. 7º Os cargos de Juiz Municipal e de Juiz Substituto são incompativeis com o de qualquer autoridade policial". Disponível em: <http://www.planalto.gov.br/ccivil_03/decreto/Historicos/DIM/DIM4824.htm>. Acesso em: 08 ago. 2020.

36. Assim era o texto do artigo 1º, § 5º, da Lei 2.033 de 1871: "§ 5º Os Chefes de Policia serão nomeados d'entre os magistrados, doutores e bachareis em direito que tiverem quatro annos de pratica do fôro ou de administração, não sendo obrigatoria a aceitação do cargo. E, quando magistrados no exercicio do cargo policial, não gozarão do predicamento de sua magistratura; vencerão, porém, a respectiva antiguidade, e terão os mesmos vencimentos pecuniarios se forem superiores aos do lugar de Chefe de Policia". Disponível em: <http://www.planalto.gov.br/ccivil_03/leis/LIM/LIM2033.htm>. Acesso em: 08 ago. 2020.

37. Versava o artigo 10 do Decreto 4.824 de 1871: "Art. 10. As attribuições do Chefe, Delegados e Subdelegados de Policia subsistem com as seguintes reducções: 1º A da formação da culpa e pronuncia nos crimes comuns; 2º A do julgamento dos crimes do art. 12, § 7º do Codigo do Processo Criminal, e do julgamento das infracções dos termos de segurança e de bem viver". Disponível em: <http://www.planalto.gov.br/ccivil_03/decreto/Historicos/DIM/DIM4824.htm>. Acesso em: 08 ago. 2020.

38. Os artigos 11, § 2º, e 42, ambos do Decreto 4.824 de 1871 consagram esta afirmação: "Art. 11. Compete-lhes, porém: 1º Preparar os processos dos crimes do art. 12, § 7º do citado Codigo; procedendo ex-oficio quanto aos crimes policiaes; 2º Proceder ao inquerito policial e a todas as diligencias para o descobrimento dos factos criminosos e suas circumstancias, inclusive o corpo de delicto."; Art. 42: "O inquerito policial consiste em todas as diligencias necessarias para o descobrimento dos factos criminosos, de suas circumstancias e dos seus autores e complices; e deve ser reduzido a instrumento escripto, observando-se nelle o seguinte: 1º Far-se-ha corpo de delicto, uma vez que o crime seja de natureza dos que deixam vestígios; 2º Dirigir-se-ha a autoridade policial com toda a promptidão ao lugar do delicto e ahi, além do exame do facto criminoso e de todas as suas circumstancias e descripção da localidade em que se deu, tratará com cuidado de investigar e colligir os indicies existentes e apprehender os instrumentos do crime e quaesquer objectos encontrados, lavrando-se de tudo auto assignado pela autoridade, peritos e duas testemunhas; 3º Interrogará o delinquente, que fôr preso em flagrante, e tomará logo as declarações juradas das pessoas ou escolta que o conduzirem e das que presenciarem o facto ou deite tiverem conhecimento; 4º Feito o corpo de delicto ou sem elle, quando não possa ter lugar, indagará quaes as testemunhas do crime as fará vir á sua presença, inquirindo-as sob juramento a respeito do facto e suas circumstancias e de seus autores ou complices. Estes depoimentos na mesma occasião serão escriptos resumidamente em um só termo, assignado pela autoridade, testemunhas e delinquente, quando preso em flagrante; 5º Poderá dar busca com as formalidades legaes para apprehensão das armas e instrumentos do crime e de quaesquer objectos á elle referentes; e desta diligencia se lavrará o competente auto; 6º Terminadas as diligencias e autuadas todas as peças, serão

Mais adiante, com a proclamação da república no ano de 1889, bem como com a Constituição de 1891[39], criar ou manter forças policiais fica a cargo dos Estados-Membros.

O modelo até então previsto pelas normativas de 1871 perdura até os dias atuais, ainda com a previsão dos Delegados de Polícia, bacharéis em direito, como autoridades policiais, bem como com o inquérito policial sendo seu principal instrumento de trabalho.

Atualmente o artigo 4º do Código de Processo Penal[40] e os dispositivos constitucionais evidenciam a forma básica de atuação do Delegado de Polícia, corroborada pela Lei nº 12.830/13[41], demonstrando a importância deste profissional no cenário processual penal brasileiro.

Por ocasião do advento da Constituição da República Federativa do Brasil de 1988, a polícia judiciária ganha contornos definidos e podados em comparação ao Regime Militar. O artigo 144 da CRFB/88[42] trata das polícias em geral, civil, federal

conclusas á autoridade que proferirá o seu despacho, no qual, recapitulando o que fôr averiguado, ordenará que o inquerito seja remettido, por intermedio do Juiz Municipal, ao Promotor Publico ou a quem suas vezes fizer; e na mesma occasião indicará as testemunhas mais idoneas, que por ventura ainda não tenham sido inqueridas; Desta remessa dará immediatamente parte circumstanciada ao Juiz de Direito da comarca; Nas comarcas especiaes a remessa será por intermedio do Juiz de Direito que tiver a jurisdicção criminal do districto, sem participação a outra autoridade; 7º Todas as diligencias relativas ao inquerito serão feitas no prazo improrogavel de cinco dias, com assistencia do indiciado delinquente, se estiver preso; podendo impugnar os depoimentos das testemunhas; Poderá tambem impugnal-os nos crimes afiançaveis, se requerer sua admissão aos termos do inquerito: 8º Nos crimes, em que não tem lugar a acção publica, o inquerito feito a requerimento da parte interessada e reduzido a instrumento, ser-lhe-ha entregue para o uso que entender; 9º Para a notificação e comparecimento das testemunhas e mais diligencias do inquerito policial se observarão, no que fôr applicavel, as disposições que regulam o processo da formação da culpa". Disponível em: <http://www.planalto.gov.br/ccivil_03/decreto/Historicos/DIM/DIM4824.htm>. Acesso em: 08 ago. 2020.

39. BRASIL. Constituição da República dos Estados Unidos do Brasil de 1891. *Diário Oficial [da] União*, 24 fev. 1891. Disponível em: <http://www.planalto.gov.br/ccivil_03/constituicao/constituicao91.htm>. Acesso em: 08 ago. 2020.

40. BRASIL. Decreto-Lei n.º 3.689, de 03 de outubro de 1941. Código de Processo Penal. *Diário Oficial [da] República Federativa do Brasil*, 13 out 1941, retificado em 24 out 1941. Disponível em: <http://www.planalto.gov.br/ccivil_03/decreto-lei/del3689compilado.htm>. Acesso em: 08 ago. 2020.

41. BRASIL. Lei n.º 12.830, de 20 de junho de 2013. Dispõe sobre a investigação criminal conduzida pelo delegado de polícia. Diário Oficial [da] República Federativa do Brasil, Brasília, DF, 21 jun. 2013. Disponível em: <http://www.planalto.gov.br/ccivil_03/_ato2011-2014/2013/lei/l12830.htm>. Acesso em: 21 dez. 2020.

42. BRASIL. Constituição da República Federativa do Brasil de 1988. Disponível em: <http://www.planalto.gov.br/ccivil_03/constituicao/constituicaocompilado.htm>. Acesso em: 08 ago. 2020.

e militar, e o parágrafo 4º deste mesmo dispositivo traz as atribuições da polícia civil, quais sejam, ressalvada a competência da União, as funções de polícia judiciária e a apuração de infrações penais, exceto as militares[43].

Porém, o cariz de "Constituição garantia", utilizado para designar o novel diploma faz com que as instituições nela inseridas busquem refletir seus anseios por meio da adequada filtragem constitucional, apta a legitimar a atuação dos agentes públicos que elas representam. Por se tratar de tema que envolve diretamente o manejo dos direitos fundamentais, serão traçadas linhas dissertativas em momento próprio.

Entendendo-se essas primeiras linhas a partir da concepção conceitual da palavra "Delegado", consegue-se perceber também o enquadramento e o posicionamento da Polícia Civil, ou da Polícia Judiciária no contexto do sistema judicial brasileiro, como uma forma de complementação deste[44].

O conceito "polícia", por sua vez, é originário do grego *polites* e do latim *politia*. Significa o conjunto de leis ou regras impostas ao cidadão, com a finalidade de assegurar a moral, a ordem e a segurança pública, ou seja, aquelas regras que objetivam fazer perdurar a ordem, a tranquilidade e a segurança do grupo social.

Não se trata, aqui, de instituição que de forma autônoma venha a deturpar, violar ou diminuir a atuação do Poder Judiciário. Ao contrário, vem para agregar esforços no ideal comum de justiça, atuando como materializadora de fatos e palavras, da maneira como ocorreram, de modo a possibilitar posterior análise pelas demais instituições igualmente incumbidas deste ideal de justiça, mormente o Ministério Público.

Desta forma, resta comprovada a importância do estudo da história do conceito de Delegado de Polícia, desde o momento de sua criação até os dias atuais, tendo em vista que, por mais que se mantenha a grafia, conforme a época vivida o seu significado lexical era aperfeiçoado.

Art. 2º As funções de polícia judiciária e a apuração de infrações penais exercidas pelo delegado de polícia são de natureza jurídica, essenciais e exclusivas de Estado.

Do artigo 2º da Lei nº 12.830/13. O artigo em comento retrata a importância e o reconhecimento que devem ser atribuídos às funções de polícia judiciária. Com propriedade, Mauro Cesar da Silva Júnior[45] afirma que o artigo 2º da Lei nº 12.830/13

43. Cf. nota 42.

44. LIMA, Roberto Kant de, op. cit., nota 13, p. 16.

45. JÚNIOR, Mauro Cesar da Silva. *Breve estudo acerca da investigação criminal conduzida pelo Delegado de Polícia (Lei 12.830/13)*. Disponível em: <https://maurocesarjr.jusbrasil.com.br/artigos/202219813/breve-estudo-acerca-da-investigacao-criminal-conduzida-pelo-delegado-de-policia-lei-12830-13>. Acesso em: 21 dez. 2020.

sepulta a inócua posição defendida por alguns doutrinadores, de que a carreira de Delegado de Polícia não teria natureza de carreira jurídica.

Em verdade, diante de toda gama de atuação do Delegado de Polícia, seja através do manejo dos institutos que integram o conceito analítico de crime, seja pelo necessário papel de intervenção que o Código de Processo Penal o destina, em razão da condução do inquérito policial, bem como dos demais procedimentos pertinentes às medidas cautelares diversas da prisão (artigo 282, § 2º, do CPP), ou mesmo diante da própria prisão, seja ela em flagrante, temporária ou preventiva, o fato é que nunca vimos como possível considerar as funções de polícia judiciária como alheias às de natureza jurídica, essenciais e exclusivas de Estado. Se antes havia algum tipo de dúvida, isto não subsistirá diante da clareza hialina do artigo 2º da Lei nº 12.830/13.

Dos artigos 2º-A e 2º-B, ambos da Lei nº 9.266/96. Esta Lei tem por finalidade reorganizar as classes da Carreira Policial Federal, bem como fixar a remuneração dos cargos que as integram, além de dar outras providências. A Lei nº 13.047/14 acresce, dentre outros, os artigos 2º-A e 2º-B à Lei nº 9.266/96, de modo a proporcionar maior robustez à roupagem do cargo de Delegado de Polícia Federal, e trazer preceitos que se coadunam com aqueles descritos no artigo 2º da Lei nº 12.830/13, disciplinando o seguinte:

> Art. 2º-A. A Polícia Federal, órgão permanente de Estado, organizado e mantido pela União, para o exercício de suas competências previstas no § 1º do art. 144 da Constituição Federal, fundada na hierarquia e disciplina, é integrante da estrutura básica do Ministério da Justiça. (Redação dada pela Lei nº 13.047. de 2014)
>
> Parágrafo único. Os ocupantes do cargo de Delegado de Polícia Federal, autoridades policiais no âmbito da polícia judiciária da União, são responsáveis pela direção das atividades do órgão e exercem função de natureza jurídica e policial, essencial e exclusiva de Estado. (Redação dada pela Lei nº 13.047. de 2014)
>
> Art. 2º-B. O ingresso no cargo de Delegado de Polícia Federal, realizado mediante concurso público de provas e títulos, com a participação da Ordem dos Advogados do Brasil, é privativo de bacharel em Direito e exige 3 (três) anos de atividade jurídica ou policial, comprovados no ato de posse. (Redação dada pela Lei nº 13.047. de 2014)

§ 1º Ao delegado de polícia, na qualidade de autoridade policial, cabe a condução da investigação criminal por meio de inquérito policial ou outro procedimento previsto em lei, que tem como objetivo a apuração das circunstâncias, da materialidade e da autoria das infrações penais.

Do instrumento a ser utilizado para a concretização da investigação criminal. Diante da gama de possibilidades colocadas pela legislação brasileira, algumas possibilidades procedimentais podem ser destinadas para a condução das investigações de natureza criminal. O artigo 2º, § 1º, da Lei nº 12.830/13, atento a estas variáveis, indica que não só o inquérito policial (principal instrumento de investigação do Delegado de Polícia), como também outros procedimentos previstos em lei, podem ser utilizados para a apuração de todas circunstâncias que envolvem os fatos objetos de investigação, bem como a materializada e a autoria das infrações penais.

O objetivo final de toda investigação criminal é a identificação da autoria e a constatação da sua materialidade, caso uma infração penal tenha realmente ocorrido. Diante das características que englobam a noção de inquérito policial, ainda prevalece o entendimento segundo o qual não necessariamente há que se utilizar os elementos colhidos em investigação criminal realizada pela polícia judiciária como forma de embasar uma ação penal.

Embora seja prevalente tal posicionamento, não é demais lembrar que a Constituição Federal de 1988 erige uma série de direitos e garantias fundamentais aos indivíduos, preconizando que o Estado seja o primeiro a resguardá-los.

Nesse sentido, passa a ser crescente a noção de fortalecimento de direitos e garantias fundamentais, sendo o Delegado de Polícia, seja o procedimento qual for, o primeiro responsável para limitar os arbítrios do próprio Estado, bem como de possibilitar, de forma equidistante, tanto em função da acusação, quanto da defesa, posição que os façam estabelecer o ideal de justiça pertinente ao caso objeto de apuração.

Quanto ao inquérito policial, cabe destacar importante discussão sobre o tema no âmbito dos Tribunais Superiores, tendo em vista o reconhecimento de repercussão geral, pelo Pleno do STF, no que diz respeito à possibilidade de tramitação direta do inquérito policial entre o Ministério Público e a Polícia Civil.

> Ementa: CONSTITUCIONAL E PROCESSUAL PENAL. RECURSO EXTRAORDINÁRIO. SISTEMA PENAL ACUSATÓRIO. PROVIMENTO DA CORREGEDORIA GERAL DE JUSTIÇA QUE DETERMINA A TRAMITAÇÃO DIRETA DO INQUÉRITO POLICIAL ENTRE O MINISTÉRIO PÚBLICO E A POLÍCIA CIVIL. INTELIGÊNCIA DOS ARTIGOS 22, I; 128, § 5º; 129, i; E 144, IX; TODOS DA CONSTITUIÇÃO FEDERAL. REPERCUSSÃO GERAL RECONHECIDA. ***1. Revela especial relevância, na forma do art. 102, § 3º, da Constituição, a questão acerca da possibilidade da tramitação direta do inquérito policial entre o Ministério Público e a Polícia Civil por Provimento da Corregedoria Geral de Justiça***. 2. Repercussão geral da matéria reconhecida, nos termos do art. 1.035 do CPC. STF, Tribunal Pleno - meio eletrônico. RE 660814 RG/MT - MATO GROSSO. REPERCUSSÃO GERAL NO RECURSO EXTRAORDINÁRIO. Relator(a): Min. ALEXANDRE DE MORAES. Julgamento em 07/03/2019. Publicação em DJe-053. DIVULG 18-03-2019. PUBLIC 19-03-2019, sem grifo no original).

Do Delegado de Polícia como primeiro garantidor dos Direitos Fundamentais. Em nossa obra[46], já mencionada neste capítulo, dissertamos sobre a relevância de se considerar o Delegado de Polícia como aquele que primeiro irá zelar para tutelar os direitos e garantias fundamentais dos indivíduos. Isto porque não é dado aos agentes do Estado, em sua análise, agir de modo a violar direitos fundamentais escapando aos padrões normativos impostos, ou mesmo restringi-los sem estarem presentes os fundamentos legais para tanto.

Por força de tal motivo, o papel do Delegado de Polícia como primeiro garantidor dos direitos fundamentais deve estar alinhado com os valores trazidos pela força normativa da Constituição.

Konrad Hesse, com propriedade, escreve que:

> a força normativa da Constituição não reside, tão-somente, na adaptação inteligente a uma dada realidade. A Constituição jurídica logra converter-se, ela mesma, em força ativa, que se assenta na natureza singular do presente (*individuelle Beschaffenheit der Gegenwart*). Embora a Constituição não possa, por si só, realizar nada, ela pode impor tarefas. A Constituição transforma-se em força ativa se essas tarefas forem efetivamente realizadas, se existir a disposição de orientar a própria conduta segundo a ordem nela estabelecida, se, a despeito de todos os questionamentos e reservas provenientes dos juízos de conveniência, se puder identificar a vontade de concretizar essa ordem. Concluindo, pode-se afirmar que a Constituição converter-se-á em força ativa se fizerem-se presentes, na consciência geral – particularmente, na consciência dos principais responsáveis pela ordem constitucional –, não só a vontade de poder (*Wille zur Macht*), mas também a vontade de Constituição (*Wille der Verfassung*)[47].

Toda essa verificação leva a crer que para que seja concretizada a vontade de Constituição, é necessário o concurso da vontade, mais precisamente da vontade humana. Daí se poder afirmar que o Delegado de Polícia, como um dos agentes responsáveis por manifestar a vontade do Estado, é também um dos responsáveis por fazer valer a força normativa da Constituição.

Assim sendo, ele é responsável por zelar pela efetiva proteção aos direitos fundamentais do indivíduo, devendo valer-se dos meios legais cabíveis para proporcionar tutela, caso assim seja necessário, mas igualmente deve ser quem primeiro aja diante da legalidade, e balizado por ela, para fiel cumprimento das normas em vigor, restringindo direitos individuais de alguns, para tutelar outros interesses em conflito.

---

46. FERREIRA, Wilson Luiz Palermo. op. cit., nota 01, p. 104.
47. HESSE, Konrad. *A Força Normativa da Constituição*. Tradução de Gilmar Ferreira Mendes. Porto Alegre: Sergio Antonio Fabris Editor, 1991. p. 19. Título original: Die Normative Kraft der Verfassung.

Destaca-se, nesse ponto, que não só quem tem a liberdade de locomoção ameaçada pela prática de algo que fira a obrigatoriedade de coexistência merece ter resguardados seus direitos, como aquele que também tem seus direitos feridos ou violados por esse, deve.

A análise deve ser sistêmica, sob pena de preterição de indivíduos. O balanceamento dos interesses em conflito, utilizando-se os parâmetros previstos na Constituição, é a chave para a perfeita solução.

Levando-se em consideração o tema acerca da liberdade de locomoção, os institutos de Direito Penal que cercam a noção de crime devem estar adequadamente analisados, evitando-se, com isto, indesejável carência de tutela desta espécie de direito individual.

A tipicidade em todos os seus aspectos, bem como sob a visão específica da aplicação do princípio da insignificância, conforme as balizas legais e jurisprudenciais, estudadas em tópico oportuno, são de extrema importância para que se possa perquirir os demais substratos do crime.[48]

Seguidamente à análise da tipicidade, o Delegado de Polícia tem a oportunidade de verificar a presença de alguma causa de justificação, apta a ensejar a exclusão da ilicitude e, consequentemente, desmontar o mosaico do crime. O tópico de grande destaque aqui, com maior relevância prática, é o da legitima defesa, principalmente se praticada por policiais em serviço ou não.

Consubstanciada como último elemento dentro do conceito clássico de crime, a culpabilidade também é responsável por delimitar a reprovabilidade do comportamento do agente, razão pela qual a autoridade policial também está autorizada a analisar as circunstâncias de exclusão que se infiram de forma latente, ou, caso não estejam, de providenciar, mediante o manejo dos instrumentos legais cabíveis para

48. O 1º Congresso Jurídico dos Delegados da Polícia Civil do Estado do Rio de Janeiro ocorreu no edifício da sede da Ordem dos Advogados do Brasil, seccional do Rio de Janeiro, nos dias 17 e 18 de novembro de 2014 onde foram debatidos aspectos importantes da legislação penal e processual penal, com o objetivo de promover o aperfeiçoamento da carreira jurídica de Delegado de Polícia e contribuir para o desenvolvimento da ciência jurídica. Nesse sentido, foram aprovados diversos enunciados que servem como vetor que norteia sua aplicação prática. Alguns deles com relação específica ao tema sobre o qual estamos dissertando, podem ser descritos a seguir: enunciado número 10 (O Delegado de Polícia pode, mediante decisão fundamentada, deixar de lavrar o auto de prisão em flagrante, justificando o afastamento da tipicidade material com base no princípio da insignificância, sem prejuízo de eventual controle externo); enunciado 11 (O Delegado de Polícia, no exame fático-jurídico do estado flagrancial, pode, mediante decisão fundamentada, afastar a lavratura do auto de prisão em flagrante, diante do reconhecimento de causa excludente de ilicitude, sem prejuízo de eventual controle externo) e o enunciado 12 (O Delegado de Polícia poderá deixar de lavrar o auto de prisão em flagrante, através de decisão fundamentada, se reconhecer a existência manifesta de uma causa de exclusão da culpabilidade, sem prejuízo de eventual controle externo).

tanto, como no caso da verificação da insanidade mental do agente, nos termos do artigo 149, § 1º, do Código de Processo Penal[49].

Estes são apenas alguns exemplos, dentro do campo da liberdade de locomoção, face à iminente restrição diante da prática de fato descrito como criminoso, desde que as situações caracterizadoras da prisão estejam evidenciadas, e desde que não seja possível atribuir fiança ou que a prisão se afigure como indispensável e legalmente prevista.

Em se tratando da pessoa que teve seu direito de locomoção cerceado, por estar inserida na caracterização de fatos como os descritos nos parágrafos anteriores, ainda deve haver preocupação por parte da autoridade policial em resguardar os direitos do preso. O artigo 5º da CRFB/1988[50] prevê uma série de direitos que são elencados a essas pessoas.

E justamente por prever esta situação de vulnerabilidade, o referido artigo[51] foi generoso na previsão de diversos incisos que têm por finalidade resguardar a

---

49. Cf. nota 40. "Art. 149. Quando houver dúvida sobre a integridade mental do acusado, o juiz ordenará, de ofício ou a requerimento do Ministério Público, do defensor, do curador, do ascendente, descendente, irmão ou cônjuge do acusado, seja este submetido a exame médico-legal. § 1º O exame poderá ser ordenado ainda na fase do inquérito, mediante representação da autoridade policial ao juiz competente". Disponível em: <http://www.planalto.gov.br/ccivil_03/decreto-lei/del3689compilado.htm>. Acesso em: 21 dez. 2020.
50. Cf. nota 42.
51. Para citar alguns exemplos, todos estes incisos ora mencionados estão no artigo 5º da CRFB/1988: "XLVII – não haverá penas: a) de morte, salvo em caso de guerra declarada, nos termos do art. 84, XIX; b) de caráter perpétuo; c) de trabalhos forçados; d) de banimento; e) cruéis; XLVIII – a pena será cumprida em estabelecimentos distintos, de acordo com a natureza do delito, a idade e o sexo do apenado; XLIX – é assegurado aos presos o respeito à integridade física e moral; L – às presidiárias serão asseguradas condições para que possam permanecer com seus filhos durante o período de amamentação; LI – nenhum brasileiro será extraditado, salvo o naturalizado, em caso de crime comum, praticado antes da naturalização, ou de comprovado envolvimento em tráfico ilícito de entorpecentes e drogas afins, na forma da lei; LII – não será concedida extradição de estrangeiro por crime político ou de opinião; LIII – ninguém será processado nem sentenciado senão pela autoridade competente; LIV – ninguém será privado da liberdade ou de seus bens sem o devido processo legal; LV – aos litigantes, em processo judicial ou administrativo, e aos acusados em geral são assegurados o contraditório e ampla defesa, com os meios e recursos a ela inerentes; LVI – são inadmissíveis, no processo, as provas obtidas por meios ilícitos; LVII – ninguém será considerado culpado até o trânsito em julgado de sentença penal condenatória; LVIII – o civilmente identificado não será submetido a identificação criminal, salvo nas hipóteses previstas em lei; LIX – será admitida ação privada nos crimes de ação pública, se esta não for intentada no prazo legal; LX – a lei só poderá restringir a publicidade dos atos processuais quando a defesa da intimidade ou o interesse social o exigirem; LXI – ninguém será preso senão em flagrante delito ou por ordem escrita e fundamentada de autoridade judiciária competente, salvo nos casos de transgressão militar ou crime propriamente militar, definidos em lei; LXII – a prisão de qualquer pessoa e o local onde se encontre serão comunicados

integridade física, psíquica e fornecer elementos que o possibilitem a ter novamente sua liberdade de locomoção restaurada.

Quanto à análise da tipicidade, cabe trazer à colação o seguinte trecho do RESE 0080903-49.2019.8.13.0024, da lavra do ilustre Relator Des. Júlio Cezar Guttierrez, membro da 4ª Câmara Criminal do TJMG, ao asseverar que cabe ao Delegado de Polícia a primeira classificação típica do delito, o que, consequentemente, determinará a lavratura de auto de prisão em flagrante ou termo circunstanciado diante da situação de flagrância:

> "Certo é que a atividade de transporte irregular de passageiros é típica e, diante de uma situação de flagrância, necessária a condução do agente até ***a autoridade policial, a quem cabe a primeira análise sobre a classificação da conduta.*** Se for considerada contravenção penal, será lavrado termo circunstanciado e o agente será liberado, nos termos do artigo 69 da LCP. Se considerada crime de usurpação de função pública, ratificada o flagrante pelo delegado de polícia, caberá ao juiz a apreciação da necessidade da custódia cautelar (...) 'o indiciamento é ato privativo do Delegado de Polícia (art. 2º, §6º, da Lei nº 12.830/13 e o membro do Ministério Público é o detentor privativo da *opinio delicti*, pelo que a divergência sobre a capitulação jurídica da conduta não autoriza o deferimento

> § 2º Durante a investigação criminal, cabe ao delegado de polícia a requisição de perícia, informações, documentos e dados que interessem à apuração dos fatos.

Do conteúdo normativo do artigo 2º, § 2º, da Lei nº 12.830/13. O Delegado de Polícia é quem, mediante critério discricionário seu, irá escolher, dentre as possibilidades e métodos de investigação preconizados em manuais de Academias de Polícia, aqueles que melhor se enquadrem para a condução da investigação criminal. Assim,

---

imediatamente ao juiz competente e à família do preso ou à pessoa por ele indicada; LXIII - o preso será informado de seus direitos, entre os quais o de permanecer calado, sendo-lhe assegurada a assistência da família e de advogado; LXIV - o preso tem direito à identificação dos responsáveis por sua prisão ou por seu interrogatório policial; LXV - a prisão ilegal será imediatamente relaxada pela autoridade judiciária; LXVI - ninguém será levado à prisão ou nela mantido, quando a lei admitir a liberdade provisória, com ou sem fiança; LXVII - não haverá prisão civil por dívida, salvo a do responsável pelo inadimplemento voluntário e inescusável de obrigação alimentícia e a do depositário infiel; LXVIII - conceder-se-á *habeas corpus* sempre que alguém sofrer ou se achar ameaçado de sofrer violência ou coação em sua liberdade de locomoção, por ilegalidade ou abuso de poder". Disponível em: <http://www.planalto.gov.br/ccivil_03/constituicao/constituicaocompilado.htm>. Acesso em: 21 dez. 2020.

o artigo 2º, § 2º, da Lei nº 12.830/13, assevera que cabe ao Delegado a requisição de perícia, informações, documentos e dados que interessem à apuração dos fatos.

Em relação ao inquérito policial, o Código de Processo Penal indica uma série de diligências que, de acordo com a situação concreta, não podem deixar de ser realizadas pelo Delegado de Polícia por ocasião do conhecimento da prática de uma infração penal. Tais diligências estão previstas no artigo 6º, como podemos observar a seguir:

> Art. 6º Logo que tiver conhecimento da prática da infração penal, a autoridade policial deverá:
>
> I – dirigir-se ao local, providenciando para que não se alterem o estado e conservação das coisas, até a chegada dos peritos criminais; (Redação dada pela Lei nº 8.862, de 28.3.1994) (Vide Lei nº 5.970, de 1973)
>
> II – apreender os objetos que tiverem relação com o fato, após liberados pelos peritos criminais; (Redação dada pela Lei nº 8.862, de 28.3.1994)
>
> III – colher todas as provas que servirem para o esclarecimento do fato e suas circunstâncias;
>
> IV – ouvir o ofendido;
>
> V – ouvir o indiciado, com observância, no que for aplicável, do disposto no Capítulo III do Título VII, deste Livro, devendo o respectivo termo ser assinado por duas testemunhas que lhe tenham ouvido a leitura;
>
> VI – proceder a reconhecimento de pessoas e coisas e a acareações;
>
> VII – determinar, se for caso, que se proceda a exame de corpo de delito e a quaisquer outras perícias;
>
> VIII – ordenar a identificação do indiciado pelo processo datiloscópico, se possível, e fazer juntar aos autos sua folha de antecedentes;
>
> IX – averiguar a vida pregressa do indiciado, sob o ponto de vista individual, familiar e social, sua condição econômica, sua atitude e estado de ânimo antes e depois do crime e durante ele, e quaisquer outros elementos que contribuírem para a apreciação do seu temperamento e caráter.
>
> X – colher informações sobre a existência de filhos, respectivas idades e se possuem alguma deficiência e o nome e o contato de eventual responsável pelos cuidados dos filhos, indicado pela pessoa presa. (Incluído pela Lei nº 13.257, de 2016)

Não obstante a noção discricionária trazida pelo artigo 2º, § 2º, da Lei nº 12.830/13, o Código de Processo Penal afirma ser de incumbência do Delegado de Polícia a realização de diligências requisitadas pelo juiz ou pelo Ministério Público, conforme previsão legal estatuída no artigo 13, II, do CPP.

Porém, frise-se, que diante de ilegalidade da requisição do Ministério Público, não há que se falar em crime de desobediência ou mesmo prevaricação por parte do Delegado de Polícia, conforme já se manifestou a Segunda Turma do STF, diante do RE 205.473/AL:

> CONSTITUCIONAL. PROCESSUAL PENAL. MINISTÉRIO PÚBLICO: ATRIBUIÇÕES. INQUÉRITO. REQUISIÇÃO DE INVESTIGAÇÕES. CRIME DE DESOBEDIÊNCIA. C.F., art. 129, VIII; art. 144, §§ 1º e 4º. I. - Inocorrência de ofensa ao art. 129, VIII, C.F., no fato de a autoridade administrativa deixar de atender requisição de membro do Ministério Público no sentido da realização de investigações tendentes à apuração de infrações penais, mesmo porque não cabe ao membro do Ministério Público realizar, diretamente, tais investigações, mas requisitá-las à autoridade policial, competente para tal (C.F., art. 144, §§ 1º e 4º). Ademais, a hipótese envolvia fatos que estavam sendo investigados em instância superior. II. - R.E. não conhecido. (STF, Segunda Turma. RE 205.473/AL. Relator(a) Ministro Carlos Velloso. Julgamento em 15/12/1998. Publicação/Fonte em DJe 19/03/1999).

Em virtude da entrada em vigor da Lei nº 13.964/19 (Pacote Anticrime), o Delegado de Polícia deverá estar atento às determinações previstas nos artigos 158-A a 158-F, todos do Código de Processo Penal (CPP), no que diz respeito à cadeia de custódia.[52]

Note-se que o art. 158-A do CPP, além de conceituar "cadeia de custódia" e "vestígio", também faz importante menção (ainda que de forma implícita), ao art. 6º do mesmo diploma legal, mencionado acima. Tal conclusão é obtida a partir da análise do artigo 158-A, § 1º, do CPP, uma vez que o início da cadeia de custódia irá ocorrer ou com a preservação do local de crime, ou com procedimentos policiais ou periciais nos quais se detecte a existência de um vestígio (conceituado no art. 158-A, § 3º, do CPP).

> § 3º (VETADO).
>
> § 4º O inquérito policial ou outro procedimento previsto em lei em curso somente poderá ser avocado ou redistribuído por superior hierárquico, mediante despacho fundamentado, por motivo de interesse público ou nas hipóteses de inobservância dos procedimentos previstos em regulamento da corporação que prejudique a eficácia da investigação.

Dos preceitos preconizados pelo artigo 2º, § 4º, da Lei nº 12.830/13. Este dispositivo legal trata da possibilidade de que o inquérito policial ou outro procedimento previsto em lei em curso sejam avocados ou redistribuídos por superior hierárquico.

Diante desta permissão legal, alguns critérios devem ser satisfeitos para que tanto a avocação, quanto a redistribuição sejam levadas a cabo. Em todas situações

52. Sobre o tema, vide comentários em: FERREIRA, Wilson Luiz Palermo. *Medicina Legal*. 6. ed. Salvador: Juspodivm, 2021. p. 64 e seguintes.

deve haver um despacho fundamentado. A primeira situação na qual pode haver avocação ou redistribuição se enquadra no "motivo de interesse público". A segunda hipótese é a de inobservância dos procedimentos previstos em regulamento da corporação que prejudique a eficácia da investigação.

Atualmente, em função da necessidade de se estabelecer força normativa máxima aos preceitos constitucionais (como ressaltado no tópico "Do Delegado de Polícia como primeiro garantidor dos Direitos Fundamentais"), diante do garantismo penal referente ao moderno sistema processual penal, não se deve conceber um poder estatal que receba interferências externas a ponto de violar os direitos e as garantias veiculadas pela CRFB/88.

Nesse ponto do estudo, importante destacar que as atividades de polícia judiciária também devem ser protegidas e dotadas de autonomia, para que as influências externas passem ao largo da investigação criminal, como forma de trazer imparcialidade aos atos deste procedimento que, por mais que tenha características inquisitivas, sempre se preocupou com a finalidade de encontrar a verdade dos fatos, independentemente de o resultado ser, necessariamente, o indiciamento do indivíduo.

Porém, tal independência ou autonomia não significam ausência de controle externo, nos estritos limites da atividade-fim policial. Muito menos significa dizer que as atividades de polícia judiciária não devam ser limitadas. Ruchester Marreiros Barbosa[53] preceitua que:

> "(...) A limitação do poder é uma característica marcante do Estado de Direito Democrático e, por essa razão, as agências atuam nos estritos limites definidos por normas constitucionais, formal ou materialmente instituídas.
>
> A limitação harmônica entre os poderes se deve realizar de maneira formal e institucionalizada, sem espaço para interferências externas de um poder sobre o outro, ponto nevrálgico da autonomia e independência no âmbito de atuar de cada órgão, notadamente do Judiciário, Ministério Público, advocacia pública ou privada e a polícia judiciária (...)".

Nesse contexto de independência funcional para o exercício das funções essenciais à Justiça, dentre as quais, sem dúvida alguma, se enquadram as atividades exercidas pelos Delegados de Polícia, autores como Ruchester Marreiros[54], Nestor Távora e Rosmar Rodrigues Alencar[55] consagram o princípio do "Delegado natural", insculpido no artigo 2º, § 4º, da Lei nº 12.830/13. Aduzem, em síntese, que este prin-

---

53. BARBOSA, Ruchester Marreiros. *Delegado natural é princípio basilar da devida investigação criminal.* Disponível em: <http://www.conjur.com.br/2015-out-06/academia-policia-delegado-natural-principio-basilar-investigacao-criminal>. Acesso em: 21 dez. 2020.

54. BARBOSA, Ruchester Marreiros. op. cit.

55. TÁVORA, Nestor; ALENCAR, Rosmar Rodrigues. *Curso de Direito Processual Penal.* 10. ed. Salvador: Juspodivm, 2015. p. 118.

cípio se enquadra na noção de autoridade natural, assim como ocorre com as outras personagens do processo penal (juiz natural, promotor natural e defensor natural).

Ruchester Marreiros afirma, ainda, que:

> "Mais do que existente é uma necessidade fundante de um dispositivo democrático no sistema de Justiça penal. Não é por outro motivo que a observância do delegado natural implica necessariamente em vedação a retirada da presidência do procedimento investigatório por avocação, também consagrado na lei 12.830/13. Para garantir o princípio do delegado natural, os critérios devem ser objetivos, eletrônicos e formalmente instituídos pelo órgão da administração da polícia judiciária, seja por órgão da administração superior ou correcional da Polícia Civil do respectivo estado e da polícia judiciária federal, pela União"[56].

Durante a realização do 2º Congresso dos Delegados da Polícia Civil do Estado do Rio de Janeiro[57], as autoridades policiais desta Instituição tiveram oportunidade de discutir temas que estão diretamente relacionados ao seu cotidiano e puderam exprimir, através de enunciados, orientações com caráter de nortear as atividades de polícia judiciária fluminenses. Nesse sentido, foi aprovado o Enunciado 21, cujo teor é o seguinte: "É reconhecido o princípio do Delegado natural, que deterá atribuição para os atos de polícia judiciária pertinentes, ressalvadas as exceções previstas em Lei ou ato normativo".

Veda-se, portanto, a escolha de Delegados de Polícia para atuar nesta ou naquela investigação, primando-se pela imparcialidade e pela independência funcional, ainda em sede policial, afastando-se a interferência externa.

Precedente judicial sobre o artigo 2º, § 4º, da Lei nº 12.830/13. No final de novembro de 2016 foi prolatada uma decisão[58] de juiz singular do Estado do Pará, em sede de Mandado de Segurança, nos autos do processo n.º 0804749-74.2016.814.0301, da lavra do Exmo. Juiz de Direito Elder Lisboa Ferreira da Costa, Titular da 1ª Vara da Fazenda da Capital do Estado do Pará.

A decisão versa, em síntese, sobre a independência funcional do Delegado de Polícia na condução da investigação criminal, materializando mandamento legal no sentido de que é assegurado a essa personagem o livre convencimento jurídico-penal, não cabendo interferências externas, ainda que por superiores hierárquicos.

---

56. BARBOSA, Ruchester Marreiros. Op. cit.

57. O 2º Congresso Jurídico dos Delegados da Polícia Civil do Estado do Rio de Janeiro foi realizado nos dias 26 e 27 de Outubro de 2015, no auditório da Cidade da Polícia, localizada no Rio de Janeiro-RJ.

58. Notícia veiculada no site do Sindicato do. s Delegados de polícia civil do estado do Pará – SINDELP-PA. Data: 28-11-2016. Disponível em <http://sindelp.com.br/conteudo.php?go=2954&file=03.12.2016---dia-do-delegado-de-policia.html>. Acesso em 04 dez. 2016.

"IMPETRANTE (...) e IMPETRADO: CORREGEDORA GERAL DA POLÍCIA CIVIL –, com endereço na Avenida Governador Magalhães Barata, 209 - Bloco A, Bairro: Nazaré, CEP.: 66.040-903. INTERESSADO: ESTADO DO PARÁ, com endereço na Rua dos Tamoios, 1671 - Batista Campos, CEP 66025-160, nesta cidade.

Vistos etc.

(...) já qualificada, ingressou com Ação Mandamental em face da CORREGEDORA GERAL DA POLÍCIA CIVIL, com o objetivo de obter liminar que suspenda o trâmite do procedimento de apuração administrativa interna, instaurado por meio da Portaria 376/2016-AA/GAB/CORREGEPOL.

Em síntese, alega a impetrante que referido procedimento administrativo foi instaurado em seu desfavor por não ter acatado ordem emanada da delegada diretora da divisão de atendimento ao adolescente (DATA), que teria determinado que a impetrante lavrasse auto de apreensão contra menor envolvido em ato infracional de lesão corporal culposa no trânsito.

Aduz que, como delegada que cuidava do caso, não se convenceu, do ponto de vista jurídico, da necessidade de apreensão do menor, não aceitando a interferência externa em suas atribuições.

É o sucinto e necessário relatório.

A liminar deve ser deferida.

Pela documentação apresentada, entendo, neste momento processual, estarem presentes os requisitos para a concessão da medida liminar.

O que precisa ser averiguado nesse momento é regularidade da conduta da impetrante em não acatar a ordem de superior hierárquico, no que se refere a forma de condução de um procedimento sob sua presidência.

Sem adentrar no mérito do ato administrativo, isto é, este magistrado não vai proferir juízo de valor a respeito da necessidade ou não da apreensão do menor, mas tão somente analisar se o ato administrativo atacado por este mandamus estaria maculado pela ilegalidade.

Vejamos o que diz o § 4º do Artigo 2º da Lei 12.830/2013 que dispõe sobre a investigação criminal conduzida pelo delegado de polícia:

Art. 2º As funções de polícia judiciária e a apuração de infrações penais exercidas pelo delegado de polícia são de natureza jurídica, essenciais e exclusivas de Estado.

(...)

4º O inquérito policial ou outro procedimento previsto em lei em curso somente poderá ser avocado ou redistribuído por superior hierárquico, mediante despacho fundamentado, por motivo de interesse público ou nas hipóteses de inobservância dos procedimentos previstos em regulamento da corporação que prejudique a eficácia da investigação.

Ademais, o artigo 34, inciso VIII da Lei Estadual Complementar 22/94, que disciplina a atividade policial no Estado do Pará estabelece que:

Artigo 34: São atribuições dos delegados de Polícia Civil:

VIII - instaurar e presidir inquéritos policiais e outros procedimentos administrativos no âmbito de sua competência, cabendo-lhe, o indiciamento privativamente, decorrente do livre convencimento jurídico penal, fundamentado no relatório conclusivo do inquérito policial.

Pela leitura dos dispositivos acima, nos parece claro que cabe privativamente ao delegado de polícia a condução do inquérito policial ou outro procedimento previsto em lei, condução esta que deve ser feito de forma independente, materializando o espírito da lei que assegura ao delegado de polícia que suas decisões sejam pautadas no livre convencimento jurídico penal e não impostas por quem quer que seja.

Portanto, nos causa estranheza a instauração de procedimento de apuração administrativa interna contra a impetrante em razão de não ter "acatado" ordens superiores, quando na verdade a mesma estava exercendo o seu direito de ser independente em suas decisões quando na condução de procedimento sob sua responsabilidade.

Analisando os dispositivos legais a respeito da atuação do Delegado de Polícia, somem-se a essas disposições legais aquelas contidas no Código de Processo Penal, nos parece fora de propósito conferir à autoridade de Polícia Judiciária uma gama de poderes decisórios se tivesse receio de decidir de acordo com sua consciência, amparado pelo ordenamento jurídico.

A independência funcional afasta, portanto, a hierarquia funcional entre integrantes da carreira de delegado de polícia, que se limita ao aspecto administrativo.

Pelo exposto, DEFIRO o pedido liminar requerido na inicial, para determinar a CORREGEDORA GERAL DA POLÍCIA CIVIL -, que suspenda o trâmite do procedimento de apuração administrativa interna, instaurado por meio da Portaria 376/2016-AA/GAB/CORREGEPOL, no prazo de 24h (vinte e quatro horas), sob pena de aplicação de multa de R$ 1.000,00 (mil reais) por cada dia de descumprimento, até o limite de R$ 50.000,00 (cinquenta mil reais).

Nos termos do Art. 7º, I da Lei 12.016/2009 notifique-se a autoridade apontada como coatora, a prestar as informações de estilo no prazo legal de 10(dez) dias.

Cite-se a pessoa jurídica de direito público a qual esteja vinculada a autoridade coatora.

Após, ao Ministério Público.

Servirá a presente decisão, por cópia digitalizada como MANDADO, nos termos do Provimento nº 03/2009 da CJRMB, com redação que lhe deu o Provimento 011/2009 daquele Órgão Correcional. Publique-se. Registre-se. Intime-se. Cumpra-se. Cumpra-se como MEDIDAS URGENTES. Belém-PA, 25 de novembro de 2016. Elder Lisboa Ferreira da Costa, Juiz de Direito, Titular da 1ª Vara da Fazenda da Capital".

§ 5º A remoção do delegado de polícia dar-se-á somente por ato fundamentado.

Do preceito introduzido pelo artigo 2º, § 5º, da Lei nº 12.830/13. Este dispositivo introduz a regra da inamovibilidade relativa do Delegado de Polícia. Funciona como corolário do princípio do delegado natural, já que impede que o Delegado seja removido para outra Delegacia (na mesma circunscrição ou outra qualquer), sem que haja despacho fundamentado pelo superior hierárquico.

Essa obrigação de fundamentação introduz a necessidade de valoração conforme a necessidade do caso concreto. É importante, ainda, a necessidade de que se dê publicidade a este ato, cujo interesse seja revelado à parte interessada no processo, o que permite eventual controle de legalidade do ato administrativo que acarrete a remoção.

Assim, o Delegado de Polícia não pode ser removido para atender a interesses diversos, sejam eles de caráter político, ideológico, social, econômico (apenas para citarmos alguns exemplos), que podem surgir de interesses escusos em não ver alguma investigação criminal a cargo de determinado Delegado. Esta inamovibilidade, ainda que relativa, assegura a imparcialidade e a continuidade das investigações, coibindo-se interferências externas, razão pela qual associa-se ao princípio do delegado natural.

§ 6º O indiciamento, privativo do delegado de polícia, dar-se-á por ato fundamentado, mediante análise técnico-jurídica do fato, que deverá indicar a autoria, materialidade e suas circunstâncias.

Do ato de indiciamento. Artigo 2º, § 6º, da Lei nº 12.830/13. O indiciamento é ato privativo do Delegado de Polícia. Trata-se da constatação, através dos elementos de informação colhidos durante a investigação criminal, no sentido de que o indivíduo possui indícios de autoria ou participação em determinada empreitada criminosa.

Assim, como forma de prestigiar o artigo 2º, § 1º, da Lei nº 12.830/13, que trata da condução da investigação pelo Delegado de Polícia, o indiciamento é, na verdade, a concretização deste mister. Há necessidade de que tal ato seja motivado, em função da necessidade de comprovação, por critérios técnico-jurídicos, principalmente após análise dos elementos de Direito Penal e Processual Penal, que fizeram com que o Delegado de Polícia se manifestasse por proferir tal decisão. É necessário, portanto, que se demonstrem os elementos de convicção que indicam a autoria, materialidade, bem como suas circunstâncias.

No momento em que há o indiciamento, estando comprovados os elementos indicados no parágrafo acima, entende-se haver justa causa para a propositura da ação penal. Nesse contexto, estando indicado o sujeito indiciado, não pode haver interferência externa por parte do magistrado ou do Ministério Público ou qualquer outra pessoa, que obriguem a autoridade policial a indiciar outra pessoa, sob pena de violação do sistema acusatório.

Logo, não há um momento próprio para o indiciamento. Basta dizer que o indiciamento é ato típico do inquérito policial, ficando este a critério do delegado de polícia (juízo de valoração do fato), durante (ou ao final) da investigação preliminar (inquérito policial). Nesse sentido, já reconheceu o STF no HC 169.731 incabível o indiciamento após o recebimento de denúncia do Ministério Público, como veremos adiante.

Conclui-se que o ato de indiciamento não ocorre, necessariamente, ao final do inquérito policial, mas tão logo convencida a autoridade policial. De rigor, nos termos do art. 10, § 1º, do CPP, ao final do inquérito policial, a autoridade policial elaborará relatório e encaminhará os autos ao juiz competente. Nesse sentido, é certo que o relatório ao final pode prescindir do indiciamento, caso a autoridade policial conclua pela ausência de seus elementos.

Desta forma, o indiciamento configura marco importante na investigação criminal distinguindo o mero suspeito ou investigado (juízo de possibilidade de autoria) da qualidade de indiciado (juízo de probabilidade da autoria). Veja o que revela o recente julgado da Quinta Turma do STJ:

> PENAL E PROCESSO PENAL. HABEAS CORPUS. 1. IMPETRAÇÃO SUBSTITUTIVA DO RECURSO PRÓPRIO. NÃO CABIMENTO. 2. INDICIAMENTO. ELEMENTOS INFORMATIVOS. MATERIALIDADE E AUTORIA. 3. PEDIDO DE CANCELAMENTO. AUSÊNCIA DE MATERIALIDADE. MERAS CONJECTURAS. 4. INDICIAMENTO REALIZADO COM A INSTAURAÇÃO DO INQUÉRITO. PRORROGAÇÃO DAS DILIGÊNCIAS DESDE ENTÃO. INDICIAMENTO PREMATURO. 5. HABEAS CORPUS NÃO CONHECIDO (...). 2. O indiciamento pressupõe a presença de "elementos informativos acerca da materialidade e da autoria do delito". Nesse contexto, o indiciado "não se confunde com um mero suspeito (ou investigado), nem tampouco com o acusado. Suspeito ou investigado é aquele em relação ao qual há frágeis indícios, ou seja, há mero juízo de possibilidade de autoria; indiciado é aquele que tem contra si indícios convergentes que o apontam como provável autor da infração penal, isto é, há juízo de probabilidade de autoria" (LIMA, Renato Brasileiro de. Manual de Processo

Penal. 3. ed. rev. atual. e ampl. Editora juspodivm: Salvador, 2015. p. 144/145). (...) **O paciente foi indiciado com base em meras conjecturas e elucubrações, porquanto ausentes indícios sólidos da materialidade delitiva, quer do crime de tráfico quer do crime de associação.** (...) 4. Relevante destacar, outrossim, que, embora o indiciamento tenha ocorrido em agosto de 2018, com a instauração do inquérito policial, as diligências permanecem sendo prorrogadas até a presente data, conforme noticiado pelo Magistrado de origem, **mostrando-se, portanto, prematuro o indiciamento do paciente.** 5. Habeas corpus não conhecido. Ordem concedida de ofício, para determinar o cancelamento do indiciamento do paciente, sem prejuízo de sua renovação, quando identificada a materialidade delitiva e os indícios de autoria. (STJ, T5 – **QUINTA TURMA**. HC 512497/SP. HABEAS CORPUS. Relator(a) Ministro REYNALDO SOARES DA FONSECA. Julgamento em 25/06/2019. Publicação/Fonte em **DJe 13/08/2019**, sem grifo no original).

Da necessidade de fundamentação do indiciamento. A jurisprudência é pacífica acerca da necessidade de fundamentação do ato formal de indiciamento, não ficando este ao alvedrio da autoridade policial (ato administrativo motivado), até mesmo em consonância com os ditames da Lei n.º 12.830/2013 (art. 2º, § 6º). Confiram-se os julgados abaixo, a título ilustrativo:

> **INDICIAMENTO. FUNDAMENTAÇÃO NECESSÁRIA. INDÍCIOS DE AUTORIA.** DELITOS EM TESE PRATICADOS PELOS INVESTIGADOS. ORDEM DENEGADA. **1. Após o advento da Lei 12.830/2013 o ato do Delegado de Polícia que determina o indiciamento dos investigados deve ser fundamentado. 2. A fundamentação exigida para o ato de indiciamento não é a mesma que se exige para o recebimento da denúncia. Indícios mínimos de autoria e de materialidade revelam-se suficientes para fundamentá-lo.** 3. A capitulação do crime fixada no ato de indiciamento é provisória, e não constitui nulidade a errônea indicação de tipo penal. 4. Não existe contraditório no inquérito policial, não havendo direito subjetivo à defesa na fase de investigação pré-processual. Descabe falar em nulidade do indiciamento por ausência de possibilidade de contestação dos fatos pelo investigado. 5. Ordem de Habeas Corpus denegada. (TRF-1, TERCEIRA TURMA. HC 30377-95.2014.4.01.0000. Relator Desembargador Federal NEY BELLO. Julgamento em 01/07/2014. Publicação em 11/07/2014 e-DJF1, p. 439, sem grifos no original).

> RECURSO EM SENTIDO ESTRITO EM HABEAS CORPUS. **LEI 12.830/13. NECESSIDADE DE FUNDAMENTAÇÃO DO ATO DE INDICIAMENTO.** CONSTRANGIMENTO ILEGAL. RECURSO EM SENTIDO ESTRITO PROVIDO. 1 – A Lei 12.830/13 trouxe comando direto

do legislador dirigido à autoridade policial para que, ao indiciar o sujeito, o faça com base em despacho fundamentado, o qual deverá conter indicativos da autoria, materialidade e as circunstâncias do delito apurado. 2 - O indiciamento torna inequívoca a posição ocupada pelo investigado no inquérito policial, reflete uma tomada de posição da Autoridade Policial sobre a condução e resultados da atividade de investigação, reforça a possibilidade de que a pessoa indigitada venha a ser futuramente denunciada. Indiscutível, pois, o cabimento da ação de habeas corpus para se impugnar o ato de indiciamento. **3 - Por ato motivado de indiciamento, o suspeito, contra quem existem frágeis indícios, deixa de sê-lo e passa a figurar como indiciado e, consequentemente, a sofrer constrangimento decorrente dessa condição. 4 - Apesar de o inquérito configurar-se como procedimento administrativo de caráter inquisitorial, ao qual não se aplica os princípios do contraditório e da ampla defesa, considerando que o ato pelo qual o suspeito torna-se indiciado é, por si só um constrangimento, e há, inclusive, previsão legislativa expressa nesse sentido, é evidente que esse ato privativo do Delegado deve ser motivado**. 5 - Recurso em Sentido Estrito provido para determinar a anulação do despacho da autoridade policial que determinou o indiciamento formal do investigado no Inquérito Policial, sem prejuízo de que outro indiciamento seja realizado, desde que devidamente fundamentado. (TRF-2, 2ª TURMA ESPECIALIZADA. RECURSO EM SENTIDO ESTRITO EM HABEAS CORPUS n.º 0500663-58.2016.4.02.5101. Relator Des. Federal SIMONE SCHREIBER. Decisão em 24/06/2016. Disponibilização em 30/06/2016, sem grifo no original).

RECURSO EM HABEAS CORPUS. USO DE DOCUMENTO FALSO. PRETENSÃO DE AFASTAMENTO DO INDICIAMENTO FORMAL. (...) ALEGAÇÃO DE FALTA DE FUNDAMENTAÇÃO NO INDICIAMENTO FORMAL. MÁCULA QUE NÃO TEM O CONDÃO DE JUSTIFICAR O AFASTAMENTO DO INDICIAMENTO REALIZADO PELA AUTORIDADE POLICIAL. NECESSIDADE, PORÉM, DE OBSERVÂNCIA DO DISPOSTO NA LEI N. 12.830/2013. FUNDAMENTAÇÃO NO DESPACHO QUE DETERMINA O INDICIAMENTO. CONCESSÃO DE ORDEM DE HABEAS CORPUS DE OFÍCIO. 1(...). 2. O inquérito policial é procedimento administrativo inquisitorial destinado à formação da opinio delicti pelo titular da ação penal, não sendo a ele aplicáveis os princípios do contraditório e da ampla defesa. **3. O art. 2º, § 6º, da Lei nº 12.830/2013 dispõe que "o indiciamento, privativo do delegado de polícia, dar-se-á por ato fundamentado, mediante análise técnico-jurídica do fato, que deverá indicar a autoria, materialidade e suas circunstâncias".** 4. Evidenciada a total ausência de fundamentação no ato de indiciamento formal do paciente e de outro

> coinvestigado, cabe a concessão de ordem de habeas corpus de ofício para anular o ato [...] (STJ, T6 - **SEXTA TURMA**. RHC 55908/SP. RECURSO ORDINARIO EM HABEAS CORPUS. Relator(a) Ministro SEBASTIÃO REIS JÚNIOR. Julgamento em 16/02/2016. Publicação/Fonte em **DJe 26/02/2016**). Sem grifo no original.
>
> PROCESSUAL PENAL. RECURSO ORDINÁRIO DE HABEAS CORPUS. INQUÉRITO POLICIAL. FALSO TESTEMUNHO. PEDIDO DE NULIDADE DO INDICIAMENTO E TRANCAMENTO DA AÇÃO PENAL. IMPROCEDÊNCIA. RECURSO ORDINÁRIO DESPROVIDO. (...) Ademais, cabe ao caso em comento a abertura de inquérito e o indiciamento, de acordo com o art. 2º, § 6º, da Lei n. 12.830/13. II - O mero indiciamento em inquérito policial, desde que não abusivo e anterior ao recebimento de eventual denúncia, não configura constrangimento ilegal passível de ser sanado pela via do habeas corpus. (Precedentes). Recurso desprovido. (STJ, T5 - **QUINTA TURMA**. RHC 78579/SP. RECURSO ORDINARIO EM HABEAS CORPUS. Relator(a) Ministro FELIX FISCHER. Julgamento em 04/05/2017. Publicação/Fonte em **DJe 12/05/2017**). Sem grifo no original.

Dos precedentes jurisprudenciais acerca do indiciamento pelo Delegado de Polícia. A respeito do tema, a Segunda Turma do STF, no precedente HC 115.015/SP, entendeu no sentido de que o indiciamento é ato privativo de Delgado de Polícia, não cabendo ao magistrado o ato de indiciamento formal (art. 2º, § 6º, da Lei n.º 12.830/13), entendimento e sentido contrário constituiria violação ao sistema acusatório. O acórdão emblemático foi assim ementado:

> HABEAS CORPUS. PROCESSUAL PENAL. CRIME CONTRA ORDEM TRIBUTÁRIA. **REQUISIÇÃO DE INDICIAMENTO PELO MAGISTRADO APÓS O RECEBIMENTO DENÚNCIA. MEDIDA INCOMPATÍVEL COM O SISTEMA ACUSATÓRIO IMPOSTO PELA CONSTITUIÇÃO DE 1988. INTELIGÊNCIA DA LEI 12.830/2013.** CONSTRANGIMENTO ILEGAL CARACTERIZADO. SUPERAÇÃO DO ÓBICE CONSTANTE NA SÚMULA 691. ORDEM CONCEDIDA. **1. Sendo o ato de indiciamento de atribuição exclusiva da autoridade policial, não existe fundamento jurídico que autorize o magistrado, após receber a denúncia, requisitar ao Delegado de Polícia o indiciamento de determinada pessoa. A rigor, requisição dessa natureza é incompatível com o sistema acusatório, que impõe a separação orgânica das funções concernentes à persecução penal, de modo a impedir que o juiz adote qualquer postura inerente à função investigatória. Doutrina. Lei 12.830/2013.** 2. Ordem concedida. (STF, Segunda Turma. HC 115015/SP. HABEAS CORPUS. Relator(a) Min. TEORI ZAVASCKI. Julgamento em 27/08/2013. Publicação em DJe-179 DIVULG 11-09-2013 PUBLIC 12-09-2013, sem grifos no original).

Por sua vez, não foi outro o entendimento da Quinta Turma do STJ. No julgamento do RHC 47.984-SP,– veiculado no Informativo n.º 0552 (de 17 dezembro de 2014) –, entendeu-se que o magistrado não pode requisitar o indiciamento em investigação criminal, ao argumento de que o indiciamento constitui atribuição exclusiva da autoridade policial (art. 2º, § 6º, da Lei 12.830/2013).

Isso porque a medida, ainda na fase investigatória, de natureza inquisitorial, é meio pelo qual o Delegado de Polícia (presidente do inquérito policial) externa seu convencimento sobre a autoria e materialidade delitivas, entendimento diverso violaria o sistema acusatório. Confira-se o aresto:

> RECURSO ORDINÁRIO EM HABEAS CORPUS. ESTATUTO DO IDOSO. INFRAÇÃO DE MENOR POTENCIAL OFENSIVO AUDIÊNCIA PRELIMINAR. RECUSA DOS ACUSADOS À PROPOSTA DE SUSPENSÃO CONDICIONAL DO PROCESSO. **DETERMINAÇÃO DE INDICIAMENTO PELO MAGISTRADO SINGULAR. IMPOSSIBILIDADE. INTELIGÊNCIA DO ARTIGO 2º, § 6º, DA LEI 12.830/2013. VIOLAÇÃO AO SISTEMA ACUSATÓRIO**. CONSTRANGIMENTO ILEGAL CARACTERIZADO. PROVIMENTO DO RECLAMO. **1. É por meio do indiciamento que a autoridade policial aponta determinada pessoa como a autora do ilícito em apuração. 2. Por se tratar de medida ínsita à fase investigatória, por meio da qual o Delegado de Polícia externa o seu convencimento sobre a autoria dos fatos apurados, não se admite que seja requerida ou determinada pelo magistrado, já que tal procedimento obrigaria o presidente do inquérito à conclusão de que determinado indivíduo seria o responsável pela prática criminosa, em nítida violação ao sistema acusatório adotado pelo ordenamento jurídico pátrio. Inteligência do artigo 2º, § 6º, da Lei 12.830/2013. Doutrina. Precedentes do STJ e do STF**. 3. Recurso provido para anular a decisão que determinou o indiciamento dos recorrentes. (STJ, T5 - QUINTA TURMA. RHC 47984/SP. RECURSO ORDINÁRIO EM HABEAS CORPUS. Relator(a) Ministro JORGE MUSSI. Julgamento em 04/11/2014. Publicação em DJe 12/11/2014 veiculado no Informativo n.º 0552 (período de 17 dezembro de 2014), da 5ª Turma. Tema: DIREITO PROCESSUAL PENAL. INDICIAMENTO COMO ATRIBUIÇÃO EXCLUSIVA DA AUTORIDADE POLICIAL).

Nesse sentido consolidada a jurisprudência dos Tribunais Superiores ao reconhecer que a determinação judicial de requisitar à autoridade policial o indiciamento é indevida, não apenas por interferir desnecessariamente em atribuição que é competência privativa do Delegado de Polícia (conveniência e oportunidade), como também por ser incompatível com o sistema acusatório. Confira-se o seguinte trecho de recente decisão monocrática do STF:

> (...) Com efeito, a Lei 12.830, é expressa ao prever em seu art. 2º, §6º, que o indiciamento é ato privativo de Delegado de Polícia. Não

> cabe pois, via de regra, ao Juízo ordinário imiscuir-se nesta valoração. Na mesma direção, a 2ª Turma desta Suprema Corte, em feito de Relatoria do eminente Teori Zavascki, assentou ser incompatível com sistema acusatório e separação orgânica de poderes, a determinação de magistrado, dirigida à delegado de polícia, a fim de que proceda ao indiciamento de determinado acusado (...) diversamente do que constou no acórdão exarado pelo TJSP não é o indiciamento uma "exigência legal", que deve ser tomada pelo Delegado de Polícia, e portanto passível de controle irrestrito pelo magistrado singular. (...) O exame de conveniência e oportunidade de que dispõe o Delegado de Polícia, dessarte, ressalvada hipótese de ilegalidade ou abuso de poder patente, não está sujeito à revisão judicial. No caso presente, ao que tudo indica, não houve excepcionalidade que justificasse a extraordinária atuação do Juízo singular, pois em verdade, o Delegado de Polícia, após conduzir investigação complexa, devidamente instruída por interceptações telefônicas e pedidos de quebra de sigilo, decidiu indiciar outros três acusados, mas não indiciou o ora paciente. Tal opção afigura-se legítima, dentro da margem de discricionariedade regrada de que dispõe a autoridade policial, na fase embrionária em que se encontrava o feito. Nesse contexto, a determinação judicial de requisitar à autoridade policial o indiciamento é indevida, não só por interferir, sem necessidade em atribuição que, a rigor, é competência privativa do Delegado de Polícia, como por ser incompatível com o sistema acusatório. Nem se diga, como pontou o TJSP, que tal providência seria indispensável para fins de registro, pois figurando o paciente, atualmente, como réu em ação penal, nenhum prejuízo haverá ao histórico de seu prontuário. Efetivamente, na eventualidade de alguma autoridade necessitar consultar seus anteriores registros terá acesso à informação de que figura/figurou como réu em ação penal ordinária, ainda em andamento, ou cujo resultado resultou em absolvição/condenação. O acesso à informação, nestes moldes, atende suficientemente à necessidade de instrução de feitos vindouros e ainda melhor se conforma ao princípio da presunção de inocência, por trazer informações mais detalhadas sobre a imputação dirigida ao paciente. (**STF**, Decisão monocrática no HC 169731. Relator Min. EDSON FACHIN. Julgamento em 30/04/2019. Publicação em **03/05/2019**, sem grifo no original).

Indiciamento. Não obrigatoriedade. Jurisprudência. O indiciamento (assim como o próprio inquérito policial – artigos 12, 27, 39, § 5º e 46, § 1º, todos do CPP –, já que o seu propósito é fornecer elementos indiciários que sirvam de suporte à denúncia ou queixa) é dispensável em relação ao oferecimento da ação penal. Confira-se o seguinte trecho do acórdão no julgamento do AgRg no REsp 1588188/RN, da Quinta Turma do STJ:

"A ausência de indiciamento do acusado quando da fase do inquérito policial não é razão para acarretar a nulidade da denúncia. No que pese o indiciamento ser um antecedente processual lógico, ele não é obrigatório para que ocorra o oferecimento da peça acusatória. Destaca-se que **é entendimento desta Corte Especial que é 'indevida a determinação de indiciamento formal do paciente após o recebimento da denúncia, pois medida sem necessidade ou sentido processual: aponta-se como suspeito do crime quem já se encontra na condição de acusado, após já concluída a investigação criminal** (HC 55.291/SP, Rei. Ministro NEFI CORDEIRO, SEXTA TURMA, julgado em 03/12/2015, DJe 11/12/2015).' Além do que, conforme julgado recente de relatoria do Ministro FELIX FISCHER, tem-se que '**a ausência de indiciamento formal no inquérito policial não tem o condão de macular a denúncia** (Precedente)' (RHC 66.987/SC, Rei. Ministro FELIX FISCHER, QUINTA TURMA, julgado em 17/03/2016, DJe 01/04/2016)". ***Em acórdão assim ementado***: AGRAVO REGIMENTAL NO RECURSO ESPECIAL. PENAL E PROCESSUAL PENAL. **INDICIAMENTO. NÃO OBRIGATORIEDADE.** REAPRESENTAÇÃO DE TRANSAÇÃO. DEFICIÊNCIA DE FUNDAMENTAÇÃO. SÚMULA N. 284/STF. NEXO CAUSAL. RESPONSABILIDADE PENAL. NECESSÁRIO REEXAME FÁTICO-PROBATÓRIO. SÚMULA N. 7/STJ. PRINCÍPIO IDENTIDADE FÍSICA DO JUIZ. EXCEÇÃO. POSSIBILIDADE. PROVAS. NECESSIDADE. COMPETÊNCIA DO TRIBUNAL A QUO. AGRAVO DESPROVIDO. ***1. O indiciamento apesar de ser um antecedente processual lógico, não é obrigatório para que ocorra o oferecimento da peça acusatória.*** [...] (STJ, T5 - QUINTA TURMA. AgRg no REsp 1588188/RN. AGRAVO REGIMENTAL NO RECURSO ESPECIAL. Ministro JOEL ILAN PACIORNIK. Julgamento em 23/05/2017. Publicação/Fonte em DJe 07/06/2017, sem grifo no original).

HABEAS CORPUS. **DECISÃO QUE DETERMINOU O FORMAL INDICIAMENTO DO PACIENTE APÓS O OFERECIMENTO DA DENÚNCIA.** PLEITO DE CASSAÇÃO DA DECISÃO. **1. Decisão que determina o indiciamento do acusado, após o recebimento da denúncia, configura constrangimento ilegal por ser medida absolutamente inócua do ponto de vista jurídico. Dispensabilidade de indiciamento formal. Providência própria da fase extrajudicial. Ausência de fundamentação na referida decisão. Precedentes**. 2. Concessão da ordem, para revogar o formal indiciamento do paciente, sem prejuízo do regular trâmite da ação penal. (TJSP, 15ª Câmara de Direito Criminal. Habeas Corpus Criminal n.º 2233364-81.2019.8.26.0000. Relator (a): Gilda Alves Barbosa Diodatti. Julgamento em 21/11/2019. Publicação em 25/11/2019, sem grifos no original). ***Registre-se posicionamento divergente do mesmo Tribunal***: Habeas Corpus – **Indiciamento em In-**

quérito policial após oferecimento de denúncia – Constrangimento ilegal não caracterizado. Eventual indiciamento formal do paciente, *antes ou depois do recebimento da denúncia* não constitui constrangimento ilegal sanável por via de habeas corpus, salvo se manifesta a atipicidade do fato em apuração ou na hipótese de inexistirem indícios ligando a pessoa investigada à autoria do crime. Observe-se que, embora seja desnecessária a continuidade de procedimentos inerentes à fase investigatória que já tenha se findado, o indiciamento é não apenas legal, como também extremamente importante na administração da Justiça, uma vez que, apesar de, após a CF/88, não mais abranger o planilhamento do averiguado, dá ensejo a uma comunicação completa, contendo elementos importantes, que são hábeis a evitar eventual constrangimento de terceiros por homonímia, assumindo premente função de resguardo da liberdade individual (TJSP, 9ª Câmara de Direito Criminal. Habeas Corpus Criminal nº 2147591-68.2019.8.26.0000. Relator (a): Grassi Neto. Julgamento em 02/10/2019. Publicação em 02/10/2019, sem grifos no original).

Art. 3º O cargo de delegado de polícia é privativo de bacharel em Direito, devendo-lhe ser dispensado o mesmo tratamento protocolar que recebem os magistrados, os membros da Defensoria Pública e do Ministério Público e os advogados.

Das disposições previstas no artigo 3º da Lei nº 12.830/13. O artigo 3º da Lei nº 12.830/13 indica a necessidade de que os Delegados de Polícia sejam admitidos por meio de concurso público, sendo fundamental que os candidatos ao cargo sejam bacharéis em Direito. A Lei nº 13.047/14, atenta a essa indicação legal, acrescentou o artigo 2º-B à Lei nº 9.266/96 (sobre a Polícia Federal), que por sua vez assevera a necessidade de concurso público de provas e títulos, com a participação da Ordem dos Advogados do Brasil, sendo que o ingresso no cargo de Delegado de Polícia Federal é privativo de bacharel em Direito. Além disso, exige-se três anos de atividade jurídica ou policial, comprovados no ato de posse.

O dispositivo previsto no artigo 3º da Lei nº 12.830/13 também estende aos Delegados de Polícia o mesmo tratamento protocolar que recebem os magistrados, os membros da Defensoria Pública, do Ministério Público e os advogados.

Este dispositivo legal reforça os preceitos contidos no *caput* do artigo 2º, que trata da natureza jurídica das funções de polícia judiciária, prevendo, também, que estas são essenciais e exclusivas de Estado.

Nesse sentido, portanto, diante da magnitude das funções que estas personagens exercem, todas elas devem se referir, umas às outras, principalmente em correspondências oficiais e no trato diário, como "Vossa Excelência". Este preceito equaliza as distorções concernentes no fato de que alguns membros de certas Instituições sobrepujam seus interesses pessoais em detrimento do atingimento da real função que ocupam diante do cenário jurídico, que é a de promoção da justiça e resguardo dos interesses e garantias fundamentais, mormente daqueles que se submetem ao processo penal.

Art. 4º Esta Lei entra em vigor na data de sua publicação.

Brasília, 20 de junho de 2013; 192º da Independência e 125º da República.

DILMA ROUSSEFF
José Eduardo Cardozo
Miriam Belchior
Luís Inácio Lucena Adams

Este texto não substitui o publicado no DOU de 21.6.2013

QUESTÕES DE CONCURSO

1) (2018 - NUCEPE - PC-PI - Delegado de Polícia Civil)

No que dispõe a legislação sobre a investigação criminal, conduzida pelo delegado de polícia é CORRETO afirmar que:

A) O indiciamento, privativo do delegado de polícia, dar-se-á por ato fundamentado, mediante análise técnico-jurídica do fato, devendo indicar a autoria e a materialidade apenas.

B) O cargo de delegado é privativo de Bacharel em Direito, mas não deve lhe ser dispensado o mesmo tratamento protocolar que recebem os magistrados.

C) Cabe ao delegado de polícia e aos investigadores de polícia a condução da investigação criminal, por meio do inquérito policial.

D) A remoção do delegado de polícia dar-se-á somente por ato fundamentado.

E) Na qualidade de autoridade policial, o delegado não poderá permitir que o inquérito policial seja avocado por superior hierárquico, nos termos da legislação e da Constituição Federal.

2) (2018 - VUNESP - PC-SP - Delegado de Polícia)

Nos termos da Lei nº 12.830/2013 (Investigação Criminal Conduzida pelo Delegado), assinale a alternativa correta.

A) Durante a investigação criminal, cabe ao Escrivão de Polícia a requisição de documentos e dados que interessem à apuração dos fatos.

B) O cargo de delegado de polícia é privativo de bacharel em direito com inscrição da OAB.

C) As funções de polícia judiciária e a apuração de infrações penais exercidas pelo Delegado de Polícia são consideradas de natureza jurídica, essenciais e exclusivas de Estado.

D) A remoção do Delegado de Polícia dar-se-á somente por ato fundamentado do Governador do Estado.

E) A remoção do Delegado de Polícia dar-se-á somente por ato fundamentado do Secretário de Segurança Pública.

3) (ACAFE/2014 – PC/SC – Delegado de Polícia)

De acordo com a Lei n. 12.830, de 20 de junho de 2013, analise as afirmações a seguir e assinale a alternativa correta.

I. O cargo de delegado de polícia é privativo de bacharel em Direito, devendo-lhe ser dispensado o mesmo tratamento protocolar que recebem os magistrados, os membros da Defensoria Pública e do Ministério Público e os advogados.

II. O indiciamento, privativo do delegado de polícia, dar-se-á por ato fundamentado, mediante análise técnico-jurídica do fato, que deverá indicar a autoria, materialidade e suas circunstâncias.

III. O inquérito policial ou outro procedimento previsto em lei em curso somente poderá ser avocado ou redistribuído por superior hierárquico, mediante despacho fundamentado, por motivo de interesse público ou nas hipóteses de inobservância dos procedimentos previstos em regulamento da corporação que prejudique a eficácia da investigação.

IV. Durante a investigação criminal, cabe ao delegado de polícia a requisição de perícia, informações, documentos e dados que interessem à apuração dos fatos.

V. Ao delegado de polícia, na qualidade de autoridade policial, cabe a condução da investigação criminal por meio de inquérito policial ou outro procedimento previsto em lei, que tem como objetivo a apuração das circunstâncias, da materialidade e da autoria das infrações penais.

a) Apenas IV e V estão corretas.

b) Apenas I, II, III e V estão corretas.

c) Apenas I, II e III estão corretas.

d) Apenas II e III estão corretas.

e) Todas as afirmações estão corretas.

4) (ACAFE – 2014 – PC-SC – Delegado de Polícia)

De acordo com o Código de Processo Penal e Lei 12.830/13, que dispõe sobre a investigação criminal conduzida pelo Delegado de Polícia, assinale a alternativa correta.

a) Ninguém será recolhido à prisão sem que seja exibido o mandado ao respectivo diretor ou carcereiro, exceto por ordem expressa do Delegado de Polícia, com a entrega de cópia assinada pelo executor, devendo ser passado recibo da entrega do preso, com declaração de dia e hora.

b) O indiciamento, privativo do Ministério Público, dar-se-á por ato fundamentado, mediante análise técnico-jurídica do fato, que deverá indicar a autoria, materialidade e suas circunstâncias.

c) A remoção do delegado de polícia dar-se-á somente a requerimento deste, pois possui a garantia constitucional da inamobilidade.

d) Ao delegado de polícia, na qualidade de autoridade policial, cabe a condução da investigação criminal por meio de inquérito policial ou outro procedimento previsto em lei, que tem como objetivo a apuração das circunstâncias, da materialidade e da autoria das infrações penais.

e) Em até 48 (quarenta e oito) horas após a realização da prisão será encaminhado ao juiz competente o auto de prisão em flagrante e, caso o autuado não informe o nome de seu advogado, cópia integral para a Defensoria Pública.

5) (Instituto Brasileiro de Formação e Capacitação (IBFC)/2014 - Polícia Civil/RJ - Papiloscopista Policial)

Sobre a Lei nº 12.830/2013, que dispõe sobre a investigação criminal conduzida pelo delegado de polícia, assinale a alternativa correta:

a) As funções de polícia judiciária e a apuração de infrações penais exercidas pelo delegado de polícia são de natureza jurídica e essenciais, porém, não exclusivas de Estado.

b) Ao delegado de polícia, na qualidade de autoridade policial, cabe a condução da investigação criminal somente por meio de inquérito policial, que tem como objetivo a apuração das circunstâncias, da materialidade e da autoria das infrações penais.

c) Durante a investigação criminal, cabe ao delegado de polícia representar ao juiz para a realização de perícias, obtenção de informações, documentos e dados que interessem à apuração dos fatos.

d) A remoção do delegado de polícia dar-se-á somente por ato fundamentado.

e) Em nenhuma hipótese, o inquérito policial ou outro procedimento previsto em lei em curso poderá ser avocado ou redistribuído por superior hierárquico.

6) (IBFC/2013 - PC/RJ - Oficial de Cartório)

No atual Estado Democrático de Direito o investigado não é mais visto como objeto de investigação, mas sim como sujeito de direitos, devendo assim ser tratado em todas as fases da persecução penal. Sob a luz desta moderna perspectiva processual e visando efetivar direitos e garantias fundamentais consagrados constitucionalmente, foi editada a Lei n. 12.830/2013, que trata da investigação criminal conduzida pelo delegado de polícia. Considerando a sistemática constitucional de garantias processuais e o que dispõe a referida Lei Federal sobre o ato de indiciamento, podemos afirmar corretamente que:

a) Quando o inquérito policial for concluído sem o formal indiciamento do suspeito, devido à convicção do delegado de polícia de que sobre este não recaem indícios suficientes de autoria delitiva, poderá o juiz determinar que se realize o referido ato, caso tenha recebido a denúncia oferecida pelo Ministério Público contra o investigado.

b) O ato de indiciamento poderá ser requisitado ao delegado de polícia pelo membro do Ministério Público que realizou diretamente a apuração de infração penal e denunciou o seu autor, a fim de que conste nos registros policiais a investigação realizada pelo órgão acusador.

c) O indiciamento é ato privativo do delegado de polícia, aperfeiçoado em despacho técnico-jurídico fundamentado, que indicará as provas de materialidade e de autoria delitiva e as circunstâncias do fato delituoso.

d) Tratando-se o indiciamento de ato voltado à formalização da suspeita em procedimento instaurado para apurar infração penal e sua autoria, poderá ser realizado por qualquer autoridade pública que presida essa espécie de procedimento, mesmo sem amparo constitucional e legal expressos.

e) O delegado de polícia pode indiciar ou deixar de indiciar alguém por simples subjetivismo, pois a formalização da suspeita é ato discricionário da autoridade policial que preside a investigação criminal, não encontrando limites constitucionais e legais que o vinculam.

GABARITO COMENTADO

1) Gabarito oficial: D

Justificativa:

A) Incorreta. Nos termos do art. 2º, §6º da Lei nº 12830/13 "*o indiciamento, privativo do delegado de polícia, dar-se-á por ato fundamentado, mediante análise técnico-jurídica do fato, que deverá indicar a autoria, materialidade e suas circunstâncias*".

B) Incorreta. Segundo o art. 3º da Lei nº 12830/13 "*o cargo de delegado de polícia é privativo de bacharel em Direito, devendo-lhe ser dispensado o mesmo tratamento protocolar que recebem os magistrados, os membros da Defensoria Pública e do Ministério Público e os advogados*".

C) Incorreta, nos termos do art. 2º § 1º da Lei nº 12830/13 "*ao delegado de polícia, na qualidade de autoridade policial, cabe a condução da investigação criminal por meio de inquérito policial ou outro procedimento previsto em lei, que tem como objetivo a apuração das circunstâncias, da materialidade e da autoria das infrações penais*".

D) Correta, nos termos do artigo 2º, §5º da Lei nº 12830/2013.

E) Incorreta. Dispõe o art. 2º, § 4º da Lei nº 12830/13 que "*o inquérito policial ou outro procedimento previsto em lei em curso somente poderá ser avocado ou redistribuído por superior hierárquico, mediante despacho fundamentado, por motivo de interesse público ou nas hipóteses de inobservância dos procedimentos previstos em regulamento da corporação que prejudique a eficácia da investigação*".

2) Gabarito oficial: C

Justificativa:

A) Incorreta, pois consoante disposto no artigo 2º, § 2º, da Lei nº 12.830/13, cabe ao delegado de polícia, durante a investigação criminal, a requisição de perícia, informações, documentos e dados que interessem à apuração dos fatos.

B) Incorreta, conforme disposto no artigo 3º, da Lei nº 12.830/13: "O cargo de delegado de polícia é privativo de bacharel em Direito, devendo-lhe ser dispensado o mesmo tratamento protocolar que recebem os magistrados, os membros da Defensoria Pública e do Ministério Público e os advogados." Não há exigência de inscrição na OAB.

C) Correta, pois é o que estabelece o artigo 2º da Lei nº 12.830/13.

D e E) Incorretas, pois conforme dispõe o artigo 2º, § 5º, da Lei nº 12.830/13, a remoção do delegado se dará somente por ato fundamentado.

3) Gabarito oficial: E

Justificativa:

I. Correta, segundo art. 3º da Lei nº 12.830/13.

II. Correta, nos termos do art. 2º, § 6º, da Lei nº 12.830/13.

III. Correta, conforme art. 2º, § 4º, da Lei nº 12.830/13.

IV. Correta, consoante art. 2º, § 2º, da Lei nº 12.830/13.

V. Correta, conforme art. 2º, § 1º, da Lei nº 12.830/13.

Logo, todas as assertivas estão corretas (letra E)

4) Gabarito oficial: D

Justificativa:

a) Incorreta, consoante disposto no art. 288 do CPP: "ninguém será recolhido à prisão, sem que seja exibido o mandado ao respectivo diretor ou carcereiro, a quem será entregue cópia assinada pelo executor ou apresentada a guia expedida pela autoridade competente, devendo ser passado recibo da entrega do preso, com declaração de dia e hora".

b) Incorreta. Nos termos do art. 2º, § 6º, da Lei nº 12.830/13, o indiciamento é ato privativo do Delegado de Polícia.

c) Incorreta. Não há, expressamente, garantia de inamovibilidade ao Delegado de Polícia. Todavia, segundo dispõe o art. 2º, § 6º, da Lei nº 12.830/13, a remoção do delegado de polícia dar-se-á somente por ato fundamentado, levando-se a considerar como espécie de inamovibilidade, porém relativa.

d) Correta, conforme art. 2º, § 1º, da Lei nº 12.830/13.

e) Incorreta, segundo art. 306, § 1ª do CPP ao dispor que "em até <u>24 (vinte e quatro) horas</u> após a realização da prisão, será encaminhado ao juiz competente o auto de prisão em flagrante e, caso o autuado não informe o nome de seu advogado, cópia integral para a Defensoria Pública" (sem destaque no original).

5) Gabarito oficial: D

Justificativa:

a) Incorreta, nos termos do art. 2º "as funções de polícia judiciária e a apuração de infrações penais exercidas pelo delegado de polícia são de <u>natureza jurídica, essenciais e exclusivas de Estado</u>" (sem destaque no original).

b) Incorreta, conforme art. 2º, § 1º, da Lei nº 12.830/13 "ao delegado de polícia, na qualidade de autoridade policial, cabe a condução da investigação criminal <u>por meio de inquérito policial ou outro procedimento previsto em lei</u>, que tem como objetivo a apuração das circunstâncias, da materialidade e da autoria das infrações penais" (sem grifo no original).

c) Incorreta. De acordo com o art. 2º, § 2º, da Lei nº 12.830/13 "durante a investigação criminal, cabe ao delegado de polícia <u>a requisição</u> de perícia, informações, documentos e dados que interessem à apuração dos fatos (sem destaque no original).

d) Correta, nos termos do art. 2º, § 5º, da Lei nº 12.830/13.

e) Incorreta, pois segundo o art. 2º, § 4º, da Lei nº 12.830/13 "o inquérito policial ou outro procedimento previsto em lei em curso somente poderá ser avocado ou redistribuído por superior hierárquico, mediante despacho fundamentado, por motivo de interesse público ou nas hipóteses de inobservância dos procedimentos previstos em regulamento da corporação que prejudique a eficácia da investigação".

6) Gabarito oficial: C

Justificativa:

Alternativas "A", "B" e "D" estão Incorretas. Nos termos do art. 2º, § 6º, da Lei nº 12.830/13, o indiciamento é ato privativo do Delegado de Polícia.

Alternativa "C" está correta, pois, nos termos do art. 2º, § 6º, da Lei n.º 12.830/13 "o indiciamento, privativo do delegado de polícia, dar-se-á por ato fundamentado, mediante análise técnico-jurídica do fato, que deverá indicar a autoria, materialidade e suas circunstâncias" (sem destaques no original).

Alternativa "E" está incorreta, eis que o indiciamento formal é ato fundamentado - ato administrativo motivado (art. 2º, § 6º, da Lei n.º 12.830/13).

11

"LAVAGEM" DE CAPITAIS OU OCULTAÇÃO DE BENS, DIREITOS E VALORES

LEI Nº 9.613, DE 03 DE MARÇO DE 1998

CAPÍTULO I

Dos Crimes de "Lavagem" ou Ocultação de Bens, Direitos e Valores

Art. 1º Ocultar ou dissimular a natureza, origem, localização, disposição, movimentação ou propriedade de bens, direitos ou valores provenientes, direta ou indiretamente, de infração penal. *(Redação dada pela Lei nº 12.683, de 2012)*

I - (revogado); (Redação dada pela Lei nº 12.683, de 2012)

II - (revogado); (Redação dada pela Lei nº 12.683, de 2012)

III - (revogado); (Redação dada pela Lei nº 12.683, de 2012)

IV - (revogado); (Redação dada pela Lei nº 12.683, de 2012)

V - (revogado); (Redação dada pela Lei nº 12.683, de 2012)

VI - (revogado); (Redação dada pela Lei nº 12.683, de 2012)

VII - (revogado); (Redação dada pela Lei nº 12.683, de 2012)

VIII - (revogado). (Redação dada pela Lei nº 12.683, de 2012)

Pena: reclusão, de 3 (três) a 10 (dez) anos, e multa. (Redação dada pela Lei nº 12.683, de 2012)

Breve Histórico da Lavagem ou Ocultação de Bens, Direitos e Valores. A expressão "lavagem de dinheiro" teve sua origem na década de 1920, quando Capone, famoso mafioso americano, para dissimular a origem de seus ganhos ilícitos, adquiriu uma rede de lavanderias automáticas, as conhecidas *laundromats*, onde eram "branqueados" os valores obtidos de forma criminosa com a venda de bebidas alcoólicas, então proibidas, além da prostituição e outros crimes.

A expressão novamente voltou a ser usada no início da década de 1970, quando se deu, ainda nos EUA, o escândalo de *Watergate*, em que políticos que compunham o comitê de reeleição do então Presidente Nixon teriam realizado gestões fraudulentas com as verbas irregulares da campanha, mandando-as para o México e, depois, reincorporando-as, já com aparência de lícitas.

Na década de 80, nos Estados Unidos, a expressão foi pela primeira vez utilizada em uma decisão judicial, por ocasião de processo em que se verificou a lavagem de dinheiro proveniente do tráfico ilícito de drogas.

Justamente nessa época, o problema da lavagem de dinheiro surge como algo que atinge a ordem socioeconômica internacional e, por isso, foi celebrada, em 1988, a Convenção de Viena, em que a comunidade internacional se obrigou a reprimir a prática de branqueamento de capitais provenientes de operações ilícitas relacionadas ao tráfico de entorpecentes.

No Brasil, o Decreto nº 154/1991 promulgou a Convenção de Viena, mas somente sete anos depois foi editada a lei que ora comentamos. Posteriormente foram criados diversos mecanismos para coibir tal prática, viabilizando a efetiva repressão e combate estatal a esse crime, inclusive com a criação dos denominados laboratórios de lavagem de dinheiro, que são programas avançados que permitem o cruzamento de enorme quantidade de dados para que se dê efetivo cumprimento à lei, o que, por vezes, é dificultado pela grande massa de informações a ser analisada. O primeiro laboratório foi criado no Brasil no ano de 2007.

Outro mecanismo foi a edição de medidas especiais, com expedição de circulares do Banco Central, com regras para o monitoramento de movimentações financeiras das denominadas PEPs, ou seja, pessoas politicamente expostas (o termo vem do inglês *politically exposed persons*). Em 2020, foi expedida a Circular 3978, que, ampliando a lista das PEPs, dispõe sobre a política, os procedimentos e os controles internos a serem adotados pelas instituições autorizadas a funcionar pelo Banco Central do Brasil visando à prevenção da utilização do sistema financeiro para a prática dos crimes de "lavagem" ou ocultação de bens, direitos e valores. A circular elenca, no art. 27, §1º, aqueles que podem ser considerados pessoas politicamente expostas:

> Art. 27. As instituições mencionadas no art. 1º devem implementar procedimentos que permitam qualificar seus clientes como pessoa exposta politicamente.
>
> § 1º Consideram-se pessoas expostas politicamente:
>
> I - os detentores de mandatos eletivos dos Poderes Executivo e Legislativo da União;
>
> II - os ocupantes de cargo, no Poder Executivo da União, de:
>
> a) Ministro de Estado ou equiparado;
>
> b) Natureza Especial ou equivalente;

c) presidente, vice-presidente e diretor, ou equivalentes, de entidades da administração pública indireta; e

d) Grupo Direção e Assessoramento Superiores (DAS), nível 6, ou equivalente;

III - os membros do Conselho Nacional de Justiça, do Supremo Tribunal Federal, dos Tribunais Superiores, dos Tribunais Regionais Federais, dos Tribunais Regionais do Trabalho, dos Tribunais Regionais Eleitorais, do Conselho Superior da Justiça do Trabalho e do Conselho da Justiça Federal;

IV - os membros do Conselho Nacional do Ministério Público, o Procurador-Geral da República, o Vice-Procurador-Geral da República, o Procurador-Geral do Trabalho, o Procurador-Geral da Justiça Militar, os Subprocuradores-Gerais da República e os Procuradores-Gerais de Justiça dos Estados e do Distrito Federal;

V - os membros do Tribunal de Contas da União, o Procurador-Geral e os Subprocuradores-Gerais do Ministério Público junto ao Tribunal de Contas da União;

VI - os presidentes e os tesoureiros nacionais, ou equivalentes, de partidos políticos;

VII - os Governadores e os Secretários de Estado e do Distrito Federal, os Deputados Estaduais e Distritais, os presidentes, ou equivalentes, de entidades da administração pública indireta estadual e distrital e os presidentes de Tribunais de Justiça, Tribunais Militares, Tribunais de Contas ou equivalentes dos Estados e do Distrito Federal; e

VIII - os Prefeitos, os Vereadores, os Secretários Municipais, os presidentes, ou equivalentes, de entidades da administração pública indireta municipal e os Presidentes de Tribunais de Contas ou equivalentes dos Municípios.

§ 2º São também consideradas expostas politicamente as pessoas que, no exterior, sejam:

I - chefes de estado ou de governo;

II - políticos de escalões superiores;

III - ocupantes de cargos governamentais de escalões superiores;

IV - oficiais-generais e membros de escalões superiores do Poder Judiciário;

V - executivos de escalões superiores de empresas públicas; ou

VI - dirigentes de partidos políticos.

§ 3º São também consideradas pessoas expostas politicamente os dirigentes de escalões superiores de entidades de direito internacional público ou privado.

Conceito de Lavagem de Dinheiro. Lavagem de dinheiro ou branqueamento de capitais se refere às práticas econômico-financeiras que têm por finalidade ocultar, esconder a origem ilícita de determinados ativos financeiros ou bens patrimoniais, fazendo branqueamento dos mesmos, dando-lhes fachada de dignidade, dificultando a demonstração de sua origem ilícita.

O mero recebimento de valores em dinheiro não tipifica o delito de lavagem, seja quando recebido pelo próprio agente, seja quando recebido por interposta pessoa. STF. 2ª Turma. AP 996/DF, Rel. Min. Edson Fachin, julgado em 29/5/2018 (Info 904).

Deve-se, ainda, destacar posição do STJ na AÇÃO PENAL AP n 458/SP, publicada aos 18/12/2009, quando afirmou que "O mero proveito econômico do produto do crime não configura lavagem de dinheiro, que requer a prática das condutas de ocultar ou dissimular. Assim, não há que se falar em lavagem de dinheiro se, com o produto do crime, o agente se limita a depositar o dinheiro em conta de sua própria titularidade, paga contas ou consome os valores em viagens ou restaurantes".

Espécies de Leis de Lavagem de Dinheiro: Primeira, segunda e terceira gerações. Do histórico acima, podemos concluir que a Lei de Lavagem de Capitais e Valores surgiu inicialmente para punir a lavagem dos ganhos provenientes do crime de tráfico de drogas. Diversas leis a respeito da matéria, entretanto, sucederam-se no tempo, tratando-a de forma mais ampla. Nessa linha de pensamento, podemos pensar em leis de primeira, segunda e terceira gerações.

As leis de primeira geração são aquelas em que somente se pune a lavagem do dinheiro proveniente do tráfico de drogas.

As de segunda geração, a seu turno, punem a lavagem de dinheiro proveniente do crime de tráfico e outros taxativamente previstos em um rol .É o que ocorre, por exemplo, com as leis da Espanha, Portugal e Alemanha.

A lei brasileira, antes das alterações provocadas pela Lei nº 12.683/2012 era de segunda geração.

As de terceira geração punem a lavagem de recursos provenientes de qualquer crime.

A Classificação da Lei Brasileira de Lavagem de Capitais com as Alterações Provocadas pela Lei nº 12.683/2012. A Lei brasileira sobre Lavagem de Capitais com as mudanças provocadas pela Lei nº 12.683/2012, publicada no Diário Oficial da União aos 10/07/2012, passou a ser uma lei de terceira geração, na medida em que define como criminosa a ocultação e dissimulação de bens, direitos e valores provenientes de qualquer infração penal. Com a nova redação, o texto legal fala em "qualquer infração penal", do que se conclui que também os valores provenientes de contravenções penais podem ser objeto dos crimes nela descritos, isso porque, no Direito brasileiro, a expressão "infração penal" serve para designarmos tanto os crimes quanto as contravenções penais. Assim, a lavagem de dinheiro proveniente do denominado jogo do bicho pode também ser considerada criminosa.

A Lavagem de Dinheiro como Crime Autônomo, porém parasitário. A lavagem de dinheiro é crime que pressupõe a prática de uma outra infração penal, que é a denominada infração penal precedente ou pressuposto, de forma que se trata de um crime acessório, ou parasitário, que depende da existência de outro que lhe é antecedente.

Mutatis mutandi, acontece com a lavagem de dinheiro o mesmo que ocorre com o crime de receptação, que também pressupõe um crime anterior.

Embora dependa dessa outra infração penal, a lavagem de dinheiro com ela não se confunde, tampouco pode ser considerada seu exaurimento, tratando-se de crime autônomo.

Assim, diante da reconhecida autonomia do crime de lavagem de dinheiro, não se pode falar em *bis in idem* na responsabilização por lavagem de dinheiro e pela infração penal antecedente. Sobre o tema voltaremos a falar quando da análise do crime do art. 2º.

A Irretroatividade das Alterações Trazidas pela Lei nº 12.683/2012. A redação do art. 1º da Lei nº 9.613/1998 antes das mudanças trazidas pela Lei nº 12.683/2012 fazia menção a crimes que necessariamente antecediam ao de lavagem de capitais e que ali estavam elencados taxativamente em um rol que, por ser *numerus clausus*, não admitia analogia ou mesmo interpretação extensiva. Cuida-se de questão inafastável de legalidade. Assim, a lavagem ou branqueamento de bens, direitos e valores provenientes de outros crimes, que não os ali previstos, não caracterizaria conduta típica. Destarte, por exemplo, não poderíamos falar em crime de lavagem de dinheiro se o branqueamento se desse, por exemplo, com relação aos bens provenientes de estelionato que não tivesse sido praticado em organização criminosa, uma vez que o estelionato não constava do rol mencionado. Atualmente, tratando-se de lei de terceira geração, como acima explicitado, a lavagem de bens, direitos e valores provenientes de estelionato configura lavagem de capitais, o que se revela prejudicial ao acusado, e, tendo havido *novatio legis in pejus*, não pode ser aplicada de forma retroativa. Destarte, se, antes de 10 de julho de 2012, data da publicação e início de vigência da Lei nº 12.683/2012, o agente promoveu a ocultação de bens, direitos e valores oriundos de estelionato, sua conduta não configura o crime de lavagem de capitais.

Não foi outro o entendimento do Supremo Tribunal Federal nos autos do RHC 130738:

> Ementa: Recurso ordinário em "habeas corpus" - Crime de lavagem de dinheiro ou de valores (lei nº 9.613/98) - Referência, na peça acusatória, como infrações antecedentes, a crimes contra a administração pública (LEI nº 9.613/98, art. 1º, V) e ao delito de organização criminosa (lei nº 9.613/98, art. 1º, VII) - Eventos ocorridos entre

> 1997 e 2004 – Fatos imputados aos réus supostamente cometidos em momento anterior à vigência da lei nº 12.683/2012 e da lei nº 12.850/2013 – Consequente atipicidade penal do crime de lavagem de dinheiro no ponto em que a denúncia indica como infração antecedente o delito de organização criminosa, que somente veio a ser tipificado pela lei nº 12.850/2013 – Subsistência parcial da acusação penal, no caso, apenas quanto ao delito de lavagem de dinheiro, cujo ilícito antecedente, tal como descrito na denúncia, corresponde ao crime contra a administração pública (lei nº 9.613/98, art. 1º, inciso V) – Recurso ordinário parcialmente provido – Interposição de recurso de agravo – Pretendida extinção do processo penal instaurado contra os réus – Alegação de inépcia da denúncia – Suposta inobservância, pelo Ministério Público, do art. 41 do CPP – Inocorrência – Precedentes – Parecer da douta Procuradoria-Geral da República pelo não provimento dessa espécie recursal – Recurso de agravo improvido. (RHC 130738 / DF – Distrito Federal. AG.REG. no Recurso Ordinário em habeas corpus. Relator(a): Min. CELSO DE MELLO Julgamento: 11/09/2017. Órgão Julgador: Segunda Turma.

Hipótese de a Infração Penal Haver Sido Praticada Antes da Lei nº 12.683/2012 e o Crime de Lavagem de Capitais Haver Sido Praticado Posteriormente à Publicação da Lei nº 12.683/2012. Para fins da irretroatividade de que se trata no item anterior, não deve ser considerada a data da prática do crime antecedente, mas a data da prática da lavagem de capitais. Assim, por exemplo, admitamos a prática de crime de furto em data anterior à vigência da Lei nº 12.683/2012 e a lavagem dos bens provenientes daquele furto em data posterior à vigência da lei citada. Nesta hipótese, restará caracterizada a lavagem de capitais. Quando o furto foi praticado, não constava o rol de crimes antecedentes da lavagem de capitais. Contudo, quando a lavagem dos valores oriundos do furto foi praticada, já estava prevista como criminosa a ocultação, dissimulação de valores, direitos e bens oriundos de qualquer crime. Vê-se que não importa a data em que o crime anterior foi praticado, mas a data em que a lavagem foi levada a efeito. Afinal, se trata de crime autônomo, que, assim, tem o seu próprio tempo, distinto do tempo do crime anterior.

Evasão de divisas e lavagem de capitais. Consunção? O STF já entendeu que não há absorção.

> (...) 5. In casu, o acórdão originariamente recorrido assentou: "PROCESSO PENAL. EMBARGOS INFRINGENTES. CONSUNÇÃO. EVASÃO DE DIVISAS E LAVAGEM DE DINHEIRO. INOCORRÊNCIA. 1. Há consunção quando as ações desenvolvem-se dentro de única linha causal para o intento final (o fator final, conforme Zaffaroni), nele esgotando seu potencial ofensivo. 2. A circulação, em contas bancárias de titularidade de 'laranjas' no Brasil, de recursos provenientes do clandestino desempenho de atividade de instituição financeira consubstancia, por si só, ocultação de dinheiro proveniente de an-

> terior crime contra a Sistema Financeiro Nacional, sem que necessariamente inserida em sua linha causal a evasão ilícita da moeda. 3. Mesmo na ocultação de valores no exterior, não se pode falar na consunção do delito de evasão de divisas pelo de lavagem de dinheiro, pois autônoma a ofensa ao equilíbrio financeiro, às reservas cambiais nacionais e à própria higidez de todo o Sistema Financeiro Nacional - bens que são protegidos pela Lei nº 7.492/86 -, além de evidente o intento de remessa e manutenção no estrangeiro de expressivos recursos financeiros à margem da fiscalização e controle pelos órgãos oficiais." 6. Embargos de declaração desprovidos. (AI 858531 AgR-ED / SC - Relator(a): Min. LUIZ FUX, Julgamento: 27/10/2015 Órgão Julgador: Primeira Turma)

Fases da Lavagem de Dinheiro. A lavagem de dinheiro realiza-se por meio de um processo em que o agente busca distanciar os fundos de sua origem, objetivando impedir que se faça uma associação direta desses bens como a infração penal da qual se originaram, realizando, após, várias movimentações para dificultar o rastreamento desses recursos, sempre atuando com o objetivo de, por fim, disponibilizar o recurso depois de ter sido suficientemente movimentado e adquirir aparência de licitude.

Doutrinariamente, costuma-se distinguir nesse ciclo três etapas diferentes que, entretanto, podem ocorrem simultaneamente.

a) *Colocação ou placement.* A primeira etapa do processo é a colocação do dinheiro no sistema econômico. Nessa primeira fase, o criminoso se utiliza de estratégias como, por exemplo, movimentação do dinheiro em países com regras mais permissivas no sistema financeiro, lá efetuando depósitos, adquirindo bens. Nessa fase, costuma-se fracionar os valores, colocando-o no sistema econômico através de operações pulverizadas, numa técnica conhecida como *smurfing*. Outra técnica utilizada nessa fase da lavagem é a utilização de estabelecimentos que trabalham com dinheiro em espécie. É o estágio sobre o qual as autoridades encarregadas da persecução criminal devem concentrar esforços com vistas à sua detecção, por ser o mais primário deles.

b) *Ocultação, ou transferência, ou dissimulação, ou estratificação, ou acomodação, ou layering* – Nessa segunda etapa do processo, os valores sofrem inúmeras transferências, dissimulando-se seu tráfego. Tais operações objetivam impedir o rastreamento contábil e encobrir a origem dos recursos ilícitos, quebrando a cadeia de evidências. Aqui, os criminosos fazem movimentações eletrônicas, transferem ativos para contas anônimas em países onde há leis mais rigorosas de sigilo bancário, transferem ativos para contas abertas em nome de "laranjas" ou se utilizam de empresas "de fachada". É nessa fase que o agente desassocia o bem, direito ou valor a ser lavado de sua origem ilícita.

c) *Integração, ou integration* – aqui, já com aparência de licitude, depois de terem sido suficientemente movimentados no ciclo de lavagem, os ativos são incorporados formalmente ao sistema econômico, com investimentos em empresas que facilitem as atividades dos lavadores, como o mercado imobiliário.

Sobre as fases da lavagem de dinheiro já se manifestou o STF no julgado abaixo transcrito, referente a episódio que ficou conhecido como "Mensalão".

> EMENTA: 1) Direito penal. Crime de lavagem de dinheiro. Configuração do delito e presença dos requisitos para a condenação do embargante. 2) A lavagem de dinheiro é entendida como a prática de conversão dos proveitos do delito em bens que não podem ser rastreados pela sua origem criminosa. 3) A dissimulação ou ocultação da natureza, origem, localização, disposição, movimentação ou propriedade dos proveitos criminosos desafia censura penal autônoma, para além daquela incidente sobre o delito antecedente. 4) O delito de lavagem de dinheiro, consoante assente na doutrina norte-americana (*money laundering*), caracteriza-se em três fases, a saber: a primeira é a da "colocação" (*placement*) dos recursos derivados de uma atividade ilegal em um mecanismo de dissimulação da sua origem, que pode ser realizado por instituições financeiras, casas de câmbio, leilões de obras de arte, dentre outros negócios aparentemente lícitos. Após, inicia-se a segunda fase, de "encobrimento", "circulação" ou "transformação" (*layering*), cujo objetivo é tornar mais difícil a detecção da manobra dissimuladora e o descobrimento da lavagem. Por fim, dá-se a "integração" (*integration*) dos recursos a uma economia onde pareçam legítimos. 5) In casu, o acervo probatório dos autos revela que o embargante tinha pleno conhecimento da utilização das empresas bônus banval e natimar negócios e intermediações ltda. Para a prática do crime de lavagem de dinheiro. Ademais, o embargante recebeu, por meio de terceiros, repasses de saques efetuados no banco rural. 6) In casu, as condições materiais em que praticado o delito encerram motivos suficientes para se concluir que o agente desejava ocultar ou dissimular a natureza, origem, localização, disposição, movimentação ou propriedade do numerário, em relação ao qual, também pelas circunstâncias objetivas dos fatos provados, revelaram que o réu sabia que o numerário era proveniente, direta ou indiretamente, de crime. 7) Embargos infringentes a que se nega provimento. (ap 470 ei-décimos segundos / MG – MINAS GERAIS, RELATOR(A): MIN. LUIZ FUX, JULGAMENTO: 13/03/2014 ÓRGÃO JULGADOR: TRIBUNAL PLENO)

Dinheiro, Bens ou Valores como Objeto Material do Crime de Lavagem de Dinheiro. Podem-se lavar ativos, não apenas dinheiro. Assim, bens, direitos e valores oriundos da infração penal antecedente são objetos materiais do crime de lavagem, sobre os quais recai a conduta do agente.

O Objetivo da Lavagem de Dinheiro. O objetivo da lavagem de dinheiro não é o lucro, mas a dissimulação da origem ilícita dos valores, o que pode, inclusive, acarretar prejuízos. Desta feita, os autores deste crime podem se envolver em negócios que seriam, aos olhos do homem comum, totalmente "furados", utilizando-se, por exemplo, da técnica de compra, por preços irreais, de passivos de empresas endividadas ou falidas.

***Smurfing*.** Técnica muito utilizada por lavadores de dinheiro, que consiste em dividir uma grande quantia em dinheiro em quantias bem menores, fazendo os depósitos em contas correntes várias, para, depois, reuni-los de volta.

***Commingling* (ou mescla).** Cuida-se de procedimento de lavagem em que o agente mistura, mescla, valores lícitos com recursos obtidos de forma lícita.

Empresa fictícia X empresa de fachada. Na empresa de fachada, temos uma sociedade legalmente constituída, existente no local que consta como endereço nos órgãos próprios, mas ali não se desenvolve a atividade financeira que consta como sendo a que a empresa se propõe a realizar. A empresa fictícia, a seu turno, somente consta no papel, não existindo a empresa fisicamente.

O Sujeito Ativo da Lavagem de Dinheiro. O autor do crime de lavagem de dinheiro não precisa ser autor ou partícipe da infração penal antecedente, devendo-se aqui, mais uma vez, ressaltar a autonomia dos crimes.

> "O crime de lavagem de dinheiro tipifica-se desde que o agente saiba que o montante pecuniário auferido, por meio de dissimulação, é produto de crime antecedente. Não se exige que tenha o agente sido condenado, especificamente, pelo ilícito penal que antecede a reciclagem dos valores." (Processo: HC 309949 DF 2014/0309753-9- SEXTA TURMA. Rel: Ministra MARIA THEREZA DE ASSIS MOURA. Julgamento: 03/03/2015)

> (...)5. O art. 1º da Lei nº 9.613/1998 não requer prova de participação em crime antecedente específico para efeito de configuração do crime de lavagem de dinheiro. Precedentes do STF e do STJ. 6. Explicite-se: "[a] participação no crime antecedente não é indispensável à adequação da conduta de quem oculta ou dissimula a natureza, origem, localização, disposição, movimentação ou propriedade de bens, direitos ou valores provenientes, direta ou indiretamente, de crime, ao tipo do art. 1º da Lei nº 9.613/1998."(...) (HC nº 151.279/RJ. Rel.ª Min.ª Laurita Vaz. 5ª Turma, j. 15/12/2011).

A Hipótese de o Autor ter Participação na Infração Penal Antecedente. Como vimos, a lavagem de dinheiro é um crime autônomo com relação à infração penal que lhe antecede e, desta feita, o autor da lavagem pode, ou não, ser autor/partícipe da infração penal antecedente. Nesta hipótese, além de responder pelo antecedente, igualmente responderá pela lavagem, em concurso material, não se podendo vislumbrar a existência de *bis in idem* em tal situação, pois que lavagem de dinheiro não se trata de mero exaurimento da infração penal anterior. Admite-se, assim, a autolavagem. Neste sentido:

> CRIMINAL. RECURSO ESPECIAL. LAVAGEM DE DINHEIRO E CRIME CONTRA O SISTEMA FINANCEIRO NACIONAL. DOCUMENTOS EM LÍNGUA ESTRANGEIRA. TRADUÇÃO DA TOTALIDADE DESTES. DESNECESSIDADE. SUBSTITUIÇÃO DE TESTEMUNHA PELO PARQUET. NULIDADE. NÃO COMPROVAÇÃO DE PREJUÍZO. MAJORANTE DA "HABITUALIDADE" APLICADA AO DELITO DE LAVAGEM DE CAPITAIS. REITERAÇÃO DE CONDUTAS CONFIGURADA. ABSORÇÃO DO CRIME DE EVASÃO DE DIVISAS PELO DE LAVAGEM DE CAPITAIS. IMPOSSIBILIDADE. CRIMES AUTÔNOMOS. RECURSO DESPROVIDO. [...] V. Evidenciado que o paciente investia na prática delituosa de lavagem de capitais de forma reiterada e frequente, não há que se falar em ilegalidade decorrente do aumento da reprimenda em razão da majorante da habitualidade. VI. Não há que falar em consunção entre o crime de evasão de divisas e o de lavagem de capitais, mas em condutas autônomas, caracterizadoras de lavagem de dinheiro. VII. A lavagem de dinheiro pressupõe a ocorrência de delito anterior, sendo próprio do delito que esteja consubstanciado em atos que garantam ou levem ao proveito do resultado do crime anterior, mas recebam punição autônoma. Conforme a opção do legislador brasileiro, pode o autor do crime antecedente responder por lavagem de dinheiro, dada à diversidade dos bens jurídicos atingidos e à autonomia deste delito. VIII. Induvidosa, na presente hipótese, a existência do crime de evasão de divisas como crime antecedente. IX. Recurso desprovido (REsp nº 1.234.097, Rel. Min. Gilson Dipp. 5ª Turma, j. 03/11/2011).
>
> EMENTA Ação penal. Corrupção passiva (art. 317, § 1º, do CP) e lavagem de dinheiro (art. 1º, caput e § 4º, da Lei nº 9.613/98), na forma dos arts. 29 e 69, ambos do Código Penal. [...] Lavagem de dinheiro. Lei nº 12.683/2012. Taxatividade do rol de crimes antecedentes. Precedentes. Autolavagem. Ação penal julgada improcedente. [...]15. É cediço que a jurisprudência do Supremo Tribunal Federal consolidou-se no sentido de que, antes do advento da Lei nº 12.683/2012, o rol de crimes antecedentes aptos a caracterizar o crime de lavagem de dinheiro era taxativo, não admitindo interpretação extensiva em razão do caráter restritivo da liberdade individual inerente às normas de natureza penal. Precedentes. 16. A possibilidade da incriminação da autolavagem "pressupõe a prática de atos de ocultação autônomos do produto do crime antecedente (já consumado)" (AP

> 470-EI-sextos, Rel. Min. Luiz Fux, Rel. p/ o ac. Min. Roberto Barroso, Tribunal Pleno, DJe de 21.8.2014; AP 470-EI-décimos sextos, Rel. Min. Luiz Fux, Rel. p/ o ac. o Min. Roberto Barroso, Tribunal Pleno, DJe de 21/8/14). 17. Na narrativa contida na denúncia, não se verifica a prática de condutas autônomas por parte dos acusados apta à configuração do crime de lavagem de dinheiro. 18. Ação penal julgada improcedente. (AP 1003, Relator(a): Min. EDSON FACHIN, Relator(a) p/ Acórdão: Min. DIAS TOFFOLI, Segunda Turma, julgado em 19/06/2018, ACÓRDÃO ELETRÔNICO DJe-262 DIVULG 05-12-2018 PUBLIC 06-12-2018)

O Sujeito Passivo da Lavagem de Dinheiro. É a coletividade e o próprio Estado, considerando-se que se trata de crime contra a Administração da Justiça e contra a ordem socioeconômica, consoante demonstrado no item abaixo.

O Bem Jurídico Tutelado no Crime de Lavagem de Dinheiro. A respeito desse tema, podem ser citadas quatro correntes na nossa doutrina, a saber:

> 1ª corrente: tutela-se o mesmo bem jurídico tutelado no crime antecedente;
>
> 2ª corrente: tutela-se a administração da justiça;
>
> 3ª corrente: tutela-se a ordem socioeconômica;
>
> 4ª corrente: tutela-se a ordem socioeconômica e a administração da justiça, sendo, portanto, um crime pluriofensivo. Comungamos deste entendimento, que tem prevalecido na doutrina.

Consumação. A legislação brasileira não exige a completude do ciclo de lavagem para a consumação do crime de lavagem de capitais. Assim, o crime estará consumado com a ocultação ou dissimulação, não sendo necessário que o agente consiga atingir a fase de integração.

Classificação do Crime do Art. 1º, caput. Cuida-se de crime formal (não sendo necessário para sua consumação que o agente consiga incorporar os ativos ao sistema econômico formalmente, já com aparência de licitude, bastando de realize os movimentos com essa finalidade), previsto em um tipo misto alternativo, comissivo, de conduta livre, comum, plurissubsistente e permanente, admitindo a tentativa (neste sentido, ver art. 1º, § 3º).

Prescrição. Enquanto perdurar a movimentação dos valores oriundos da lavagem, o crime, por ser permanente, estará se consumando, não se podendo cogitar de início de contagem da prescrição, aplicando-se o disposto no artigo 111, III do Código Penal, conforme decisão do STF na AP 863.

Os Crimes Antecedentes da Lavagem de Dinheiro antes da Lei nº 12.683/2012. Eles estavam taxativamente elencados no rol do art. 1º da Lei nº 9.613/1998. Eram eles: tráfico, terrorismo, contrabando e comercio ilegal de armas, extorsão mediante sequestro, crimes contra o sistema financeiro nacional, crimes contra a Administração Pública, crimes contra a Administração Pública estrangeira e crimes praticados em organizações criminosas.

Crimes Praticados por Organizações Criminosas e a Lavagem de Capitais antes da Lei nº 12.683/2012. Um interessante tema a ser tratado no capítulo se refere aos crimes praticados em organização criminosa como crimes antecedentes da lavagem de capitais na redação original do diploma em estudo. Sabemos que, antes do advento da Lei 12683/2012, apenas os crimes descritos taxativamente no rol trazido pelo artigo 1º podiam ser considerados antecedentes da lavagem de capitais. O rol citado era, contudo, bastante alargado em razão da inserção dos crimes praticados em organizações criminosas. Assim, mesmo que um crime não constasse do rol, se fosse praticado em organização criminosa, podia ser considerado antecedente da lavagem de capitais. O problema era a controvérsia acerca da existência, ou não, de um conceito de organização criminosa. Na época, o STJ entendia que, com a promulgação da Convenção de Palermo sobre Crime Organizado, através do Decreto nº 5.015/2004, o conceito de organização criminosa era aquele trazido pelo art. 2ª, "a", do referido diploma, que, ao ser promulgado, passou a integrar o ordenamento jurídico interno. Entretanto, não foi esse o entendimento sufragado pelo STF quanto ao tema, consoante decisão proferida nos autos do HC 96007, em que, por unanimidade, foi concedida a ordem para encerrar ação penal contra os fundadores de uma Igreja que, segundo denúncia do Ministério Público, teriam lavado dinheiro decorrente de crime praticado em organização criminosa. Naquele julgado, ressaltando a atipicidade do crime de organização criminosa ante à falta de previsão legal, afirmaram os ministros que, se não havia o tipo penal antecedente, não se teria como dizer que o acusado praticara o delito previsto no artigo 1º da Lei 9.613/98. O tema veio à baila novamente em 2015, reafirmando o STF o seu entendimento, conforme julgado abaixo transcrito.

> RECURSO ORDINÁRIO EM "HABEAS CORPUS" – LAVAGEM DE DINHEIRO – ORGANIZAÇÃO CRIMINOSA – INFRAÇÃO PENAL ANTECEDENTE – QUADRILHA (ATUALMENTE DESIGNADA "ASSOCIAÇÃO CRIMINOSA") – CONDUTAS PRATICADAS ENTRE 1998 E 1999, MOMENTO QUE PRECEDEU A EDIÇÃO DA LEI Nº 12.683/2012 E DA LEI Nº 12.850/2013 – IMPOSSIBILIDADE CONSTITUCIONAL DE SUPRIR-SE A AUSÊNCIA DE TIPIFICAÇÃO DO DELITO DE ORGANIZAÇÃO CRIMINOSA, COMO INFRAÇÃO PENAL ANTECEDENTE, PELA INVOCAÇÃO DA CONVENÇÃO DE PALERMO – INCIDÊNCIA, NO CASO, DO POSTULADO DA RESERVA CONSTITUCIONAL ABSOLUTA DE LEI EM SENTIDO FORMAL (CF, art. 5º, inciso XXXIX) – DOUTRINA – PRECEDENTES – INADMISSIBILIDADE, DE OUTRO LADO, DE CONSIDERAR-SE O CRIME DE FORMAÇÃO DE QUADRILHA COMO EQUIPARÁVEL AO DELITO DE ORGANIZAÇÃO CRIMINOSA PARA EFEITO DE REPRESSÃO ESTATAL AO CRIME DE LAVAGEM DE DINHEIRO COMETIDO ANTES DO ADVENTO DA LEI Nº

12.683/2012 E DA LEI Nº 12.850/2013 - RECURSO DE AGRAVO IMPROVIDO. - Em matéria penal, prevalece o dogma da reserva constitucional de lei em sentido formal, pois a Constituição da República somente admite a lei interna como única fonte formal e direta de regras de direito penal, a significar, portanto, que as cláusulas de tipificação e de cominação penais, para efeito de repressão estatal, subsumem-se ao âmbito das normas domésticas de direito penal incriminador, regendo-se, em consequência, pelo postulado da reserva de Parlamento. Doutrina. Precedentes (STF). - As convenções internacionais, como a Convenção de Palermo, não se qualificam, constitucionalmente, como fonte formal direta legitimadora da regulação normativa concernente à tipificação de crimes e à cominação de sanções penais. (RHC 121835 AgR / Relator(a): Min. CELSO DE MELLO Julgamento: 13/10/2015 Órgão Julgador: Segunda Turma)

Insta lembrar, contudo, que a discussão acima somente tem importância em se tratando de lavagem de capitais praticada antes da vigência da Lei nº 12.683/2012, eis que atualmente, toda e qualquer infração penal pode ser considerada antecedente do crime em estudo, tenha sido, ou não, praticada em organização criminosa, cujo conceito é atualmente extraído do art. 1º da Lei nº 12.850 de 2013.

Lavagem de lavagem? Embora alguns autores admitam a lavagem de capitais como delito antecedente da lavagem de capitais, na medida em que qualquer crime pode ser antecedente da lavagem de capitais, ousamos discordar. A rigor, na lavagem de capitais, se realizam inúmeras transações que buscam afastar os valores, direitos e bens da sua origem ilícita e, assim, quando, uma vez realizada a lavagem, se sucedem outras tantas operações que buscam distanciar cada vez mais os valores daquela origem, inicia-se um novo ciclo e o que se tem é um prolongamento da lavagem, não outro crime de lavagem de capitais.

§ 1º Incorre na mesma pena quem, para ocultar ou dissimular a utilização de bens, direitos ou valores provenientes de infração penal: (Redação dada pela Lei nº 12.683, de 2012)

I - os converte em ativos lícitos;

II - os adquire, recebe, troca, negocia, dá ou recebe em garantia, guarda, tem em depósito, movimenta ou transfere;

III - importa ou exporta bens com valores não correspondentes aos verdadeiros.

O Crime do Art. 1º, § 1º, da Lei nº 9.613/1998. A conduta descrita no dispositivo em comento corresponde à verdadeira lavagem de dinheiro, com a conduta do agente transmudando o bem, valor ou direito em algo com aparência de lícito.

Sujeito Ativo. Cuida-se de crime comum, podendo ser praticado por qualquer pessoa.

Sujeito Passivo. O Estado e a coletividade em geral.

Elemento Subjetivo. É o dolo, havendo, no caso, especial fim de agir, qual seja, a ocultação ou dissimulação da utilização de bens, direitos ou valores. Sobre a hipótese, o STF se manifestou:

> (...) No crime de "lavagem" ou ocultação de valores de que trata o inciso II do § 1º do art. 1º da Lei 9.613/98, as ações de adquirir, receber, guardar ou ter em depósito constituem elementos nucleares do tipo, que, todavia, se compõe, ainda, pelo elemento subjetivo consistente na peculiar finalidade do agente de, praticando tais ações, atingir o propósito de ocultar ou dissimular a utilização de bens, direitos ou valores provenientes de quaisquer dos crimes indicados na norma incriminadora. Embora seja dispensável que o agente venha a atingir tais resultados, relacionados à facilitação do aproveitamento ("utilização") de produtos de crimes, é inerente ao tipo que sua conduta esteja direcionada e apta a alcançá-los. Sem esse especial elemento subjetivo (relacionado à finalidade) descaracteriza-se o crime de ocultação, assumindo a figura típica de receptação, prevista no art. 180 do CP. 2. No caso, não está presente e nem foi indicado na peça acusatória esse especial elemento subjetivo (= propósito de ocultar ou dissimular a utilização de valores), razão pela qual não se configura o crime de ocultação indicado na denúncia (inciso II do § 1º do art. 1º da Lei 9.613/98)(...) (ARE 686707 AgR / ES – ESPÍRITO SANTO. Relator(a): Min. LUIZ FUX, Julgamento: 30/10/2012 Órgão Julgador: Primeira Turma)

Consumação. Com a realização de qualquer das condutas descritas nos incisos, independente do agente conseguir alcançar o resultado que pretende, qual seja, a ocultação, dissimulação dos bens, direitos e valores. Trata-se, portanto, de crime formal.

Tentativa. Possível, nas hipóteses em que se puder fracionar o iter executório.

Objetividade Jurídica. A administração da justiça e a ordem socioeconômica.

Objeto Material. O bem, valor ou direito proveniente de qualquer das infrações penais antecedentes.

Classificação. Crime comum, formal, de forma livre, comissivo, instantâneo ou permanente (na modalidade guardar ou ter em depósito, prevista no inciso II), unissubsistente ou plurissubsistente, admitindo tentativa nesta última modalidade.

> § 2º Incorre, ainda, na mesma pena quem: (Redação dada pela Lei nº 12.683, de 2012)
>
> I – utiliza, na atividade econômica ou financeira, bens, direitos ou valores provenientes de infração penal; (Redação dada pela Lei nº 12.683, de 2012)

> II – participa de grupo, associação ou escritório tendo conhecimento de que sua atividade principal ou secundária é dirigida à prática de crimes previstos nesta Lei.

Sujeito Ativo. Cuida-se de crime comum, podendo ser praticado por qualquer pessoa.

Sujeito Passivo. O Estado e a coletividade como um todo.

Elemento Subjetivo. Na hipótese do inciso I, trata-se de crime que pode ser praticado como o dolo direto ou eventual depois das mudanças trazidas pela Lei nº 12.683/2012, ao contrário do que ocorria na redação anterior, em que o tipo penal exigia o dolo direto. Neste sentido, podemos afirmar ter ocorrido *novatio legis in pejus*, não se podendo reconhecer como criminosa a conduta daquele que, antes de 10 de julho de 2012, tenha atuado com dolo eventual para a realização da conduta ali descrita.

Outrossim, a expressão "tendo conhecimento", mantida pela nova lei na redação do inciso II, demonstra que o crime, na modalidade de participação em grupo, associação ou escritório cuja atividade principal ou secundária é dirigida à lavagem de capitas, somente pode ser praticado como dolo direto.

Teoria da Cegueira Deliberada, ou Teoria das Instruções da Avestruz, ou *Willful Blindness* ou *Ostrich Instruction*, ou da evitação da consciência. Cuida-se de teoria usada quando o agente finge não enxergar a ilicitude da procedência de bens, direitos e valores, colocando-se, de forma voluntária, em posição de alienação, repetindo justamente o que faz o avestruz ao colocar sua cabeça na terra, para não ver o que se passa ao seu redor, fato reprovável. É exatamente o que ocorre com a pessoa que procura não saber estar praticando um ato ilícito, "enterrando" a cabeça para não tomar conhecimento da natureza ou extensão deste ilícito.

Para que seja aplicada a Teoria da Cegueira Deliberada, é necessário que o agente, diante da elevada possibilidade de que os bens, direitos ou valores sejam provenientes de infrações penais, tenha agido de modo indiferente a esse conhecimento.

Entende-se, de forma majoritária, que a teoria em estudo apenas pode ser usada para os crimes em que se admite dolo eventual, não podendo, desta feita, ser utilizada na hipótese do art. 1º, § 2º, II, que exige dolo direto.

Objetividade Jurídica. A administração da justiça e a ordem socioeconômica.

Objeto Material. O bem, valor ou direito proveniente de qualquer das infrações penais antecedentes.

Classificação. Crime comum, de mera conduta, de forma livre, comissivo, instantâneo ou permanente (na modalidade do inciso II), unissubsistente ou plurissubsistente, admitindo tentativa nesta última modalidade.

> § 3º A tentativa é punida nos termos do parágrafo único do art. 14 do Código Penal.

A Regra da Tentativa. Por repetir as regras gerais trazidas pelo Código Penal (14, II, do Código Penal), o dispositivo é totalmente despiciendo.

> § 4º A pena será aumentada de um a dois terços, se os crimes definidos nesta Lei forem cometidos de forma reiterada ou por intermédio de organização criminosa. (Redação dada pela Lei nº 12.683, de 2012)

O Aumento de Pena. Baseada no maior desvalor da conduta do agente, temos a regra do art. 4º da lei em comento, que faz aumentar a pena de um a dois terços nas hipóteses do crime de lavagem de dinheiro ser cometido de forma reiterada e na hipótese de ser praticado por intermédio de organização criminosa. A incidência da causa de aumento pode fazer com que a pena ultrapasse o patamar máximo legal, devendo ser levada em consideração na terceira fase de aplicação da pena, consoante disposto no art. 68 do CP. Frise-se que, aqui, o aumento de pena se dará com relação ao crime de lavagem, não com relação à infração penal antecedente.

A Lavagem de Capitais Praticada de Forma Reiterada. O crime de lavagem de dinheiro não é crime habitual, pois que não depende de reiteração da conduta para que esteja caracterizado. Porém, na hipótese de ser praticado de forma reiterada, incidirá o aumento referido neste artigo, seja qual for a infração penal antecedente. Observe-se que não se trata de reiteração na prática do crime antecedente, mas do crime de lavagem de dinheiro, tal qual observado no item anterior.

Lavagem de Bens, Direitos e Valores Realizada por Organizações Criminosas. Deve-se considerar, na análise do dispositivo, que, consagrada a autonomia da lavagem de dinheiro, a causa de aumento em comento não se aplica à infração penal antecedente, razão pela qual não existe *bis in idem* caso o agente venha a ser condenado, por exemplo, pelo crime antecedente, praticado em organização criminosa e o crime de lavagem de dinheiro com a pena aumentada.

> § 5º A pena poderá ser reduzida de um a dois terços e ser cumprida em regime aberto ou semiaberto, facultando-se ao juiz deixar de aplicá-la ou substituí-la, a qualquer tempo, por pena restritiva de direitos, se o autor, coautor ou partícipe colaborar espontaneamente com as autoridades, prestando esclarecimentos que conduzam à apuração das infrações penais, à identificação dos autores, coautores e partícipes, ou à localização dos bens, direitos ou valores objeto do crime. (Redação dada pela Lei nº 12.683, de 2012)

§ 6º Para a apuração do crime de que trata este artigo, admite-se a utilização da ação controlada e da infiltração de agentes (redação dada pela Lei 13.964, de 2019)

A Delação Premiada nas Hipóteses de Lavagem de Capitais. Consoante se depreende da leitura do § 5º da lei em estudo, a delação premiada por parte daquele que pratica o crime de lavagem em concurso, quer se trate, ou não, de uma organização criminosa ou associação criminosa, poderá trazer as seguintes consequências:

1ª. Condenação com aplicação da pena com uma diminuição de até 2/3, iniciando o agente o cumprimento da pena em regime aberto ou semiaberto;

2ª. Na hipótese de condenação, a pena privativa de liberdade aplicada poderá ser substituída por pena restritiva de direitos. Entendemos que, nessa hipótese, a substituição se aplicará sem que se exijam os requisitos do art. 44 do Código Penal, eis que se trata de questão prevista em lei especial e o dispositivo em comento não nos remete ao citado artigo do estatuto penal repressivo;

3ª. O juiz poderá conceder perdão judicial ao delator, deixando de aplicar pena, restando extinta sua punibilidade. Neste caso, será indiferente que o agente seja primário, pois, ao contrário do disposto no art. 13 da Lei nº 9.807/1999, o artigo em comento não exige a primariedade para a aplicação da benesse legal.

Não é demais frisar que o parágrafo em referência somente se refere ao crime de lavagem de bens, direitos e valores, não à infração penal antecedente, pois que, em relação ao mesmo, a natureza jurídica da delação premiada pode ser distinta.

Desta feita, pensemos no seguinte exemplo: Marcos e Paulo praticam o tráfico de entorpecentes, e, posteriormente, Marcos, sem qualquer intervenção de Paulo, resolve ocultar e dissimular os bens provenientes da referida prática ilícita, realizando uma série de operações financeiras para este fim. Neste caso, Paulo será responsabilizado pelo crime de tráfico e seu comparsa Marcos, a seu turno, pela prática do crime do crime de tráfico e também, em concurso material, pela prática de lavagem de dinheiro. Se Marcos resolver delatar Paulo, nunca poderá obter a extinção da punibilidade em virtude desta delação no que tange ao crime de tráfico, por mais eficaz que seja, na medida em que o art. 41 da Lei nº 11.343/2006 apenas reconhece na delação premiada a natureza jurídica de causa de diminuição de pena. Por outro lado, não poderá ter a punibilidade extinta com relação ao crime de lavagem, pois este não foi praticado em concurso. O que houve com relação a esse último delito, em verdade, foi uma confissão, que deverá ser considerada pelo magistrado por ocasião da aplicação da pena.

A Delação Premiada e a Sua Validade. Conforme já julgado pelo STF, não se poderá condenar o réu pela simples delação premiada do corréu, sem que a mesma venha corroborada por outros elementos de convicção constantes do mosaico probatório. Trata-se da regra de corroboração, que hoje vem expressamente consagrada no artigo 4º, § 16, da lei 12850/2013. Neste sentido, observe-se o seguinte julgado:

> Interrogatórios dos corréus, nos quais o paciente teria sido delatado. Atos realizados sem presença do defensor do paciente. Aplicação retroativa da Lei nº 10.792/2003: impossibilidade. Vícios não reconhecidos. Condenação amparada exclusivamente na delação dos corréus: impossibilidade. Ordem concedida (HC nº 94.034/SP, Rel.ª Min.ª Cármen Lúcia, j. 10/06/2008. Órgão Julgador: 1ª Turma).

Delação Feita na Fase Pré-processual e Não Repetida em Juízo. Não poderá dar azo à condenação do correu. Este é também o entendimento do STF.

> I. *Habeas Corpus*: cabimento: direito probatório. Não cabe o *Habeas Corpus* para solver controvérsia de fato dependente da ponderação de provas desencontradas; cabe, entretanto, para aferir a idoneidade jurídica ou não das provas onde se fundou a decisão condenatória. II. Chamada dos corréus na fase policial e o reconhecimento de um deles: inidoneidade para restabelecer a validade da confissão extrajudicial, retratada em Juízo. Não se pode restabelecer a validade da confissão extrajudicial, negando-se valor à retratação, sob o fundamento de que esta é incompatível e discordante das "demais provas colhidas" (C. Pr. Penal, art. 197), especialmente as chamadas dos corréus na fase policial e o reconhecimento de um deles, que de nada servem para embasar a condenação do Paciente. A chamada de corréu, ainda que formalizada em Juízo, é inadmissível para lastrear a condenação (Precedentes: HHCC 74.368, Pleno, Pertence, DJ 28/11/1997; 81.172, 1ª Turma, Pertence, DJ 07/03/2003). Insuficiência dos elementos restantes para fundamentar a condenação. III. Nemo tenetur se detegere: direito ao silêncio. Além de não ser obrigado a prestar esclarecimentos, o paciente possui o direito de não ver interpretado contra ele o seu silêncio. IV. Ordem concedida, para cassar a condenação (HC nº 84.517/SP, Rel. Sepúlveda Pertence, j. 19/10/2004).

Ação Controlada e Infiltração de agentes. Com as alterações da chamada lei anticrime, fixa-se a possibilidade de serem utilizadas ação controlada e infiltração de agentes para apuração de crime de lavagem de capitais. Não lhes sendo trazida nova disciplina pelo diploma citado, sua aplicação é regulada pela Lei nº 12.850, de 2013, cujos termos deverão ser observados.

Capítulo II
Disposições Processuais Especiais

Art. 2º O processo e julgamento dos crimes previstos nesta Lei:

I - obedecem às disposições relativas ao procedimento comum dos crimes punidos com reclusão, da competência do juiz singular;

II - independem do processo e julgamento das infrações penais antecedentes, ainda que praticados em outro país, cabendo ao juiz competente para os crimes previstos nesta Lei a decisão sobre a unidade de processo e julgamento; (Redação dada pela Lei nº 12.683, de 2012)

A Autonomia Processual do Crime de Lavagem de Dinheiro. A autonomia processual do crime de lavagem de dinheiro resta consagrada no inciso II do art. 2º, ao preceituar que o processo por lavagem de dinheiro independe do processo e julgamento das infrações penais antecedentes. Neste sentido, temos julgado do STJ:

> (...) 1. Da leitura do art. 1º da Lei nº 9.613/1998, depreende-se que para que o delito de lavagem de capitais reste configurado, é necessário que o dinheiro, bens ou valores ocultados ou dissimulados sejam provenientes de algum dos ilícitos nele arrolados, ou seja, no tipo penal há expressa vinculação entre a lavagem de dinheiro a determinados crimes a ela anteriores. 2. Contudo, o art. 2º, inciso II e § 1º, do mesmo diploma legal, dispõe que a apuração do delito em comento independe do "processo e julgamento dos crimes antecedentes", devendo a denúncia ser "instruída com indícios suficientes da existência do crime antecedente, sendo puníveis os fatos previstos nesta Lei, ainda que desconhecido ou isento de pena o autor daquele crime". 3. Desse modo, a simples existência de indícios da prática de algum dos crimes previstos no art. 1º da Lei nº 9.613/1998 já autoriza a instauração de ação penal para apurar a ocorrência do delito de lavagem de dinheiro, não sendo necessária a prévia punição dos autores do ilícito antecedente. Doutrina. Precedentes. 4. No caso dos autos, na mesma denúncia imputou-se ao paciente e demais corréus tanto a prática dos delitos antecedentes à lavagem de capitais, quanto ela própria. 5. Contudo, o paciente teve extinta a sua punibilidade no que se refere aos crimes anteriores à lavagem, ante a prescrição da pretensão punitiva estatal, circunstância que, segundo os impetrantes, impediria o Ministério Público de provar que ele teria auferido recursos provenientes de atividades ilícitas. 6. Ocorre que os crimes contra o sistema financeiro nacional a partir dos quais teriam sido obtidos os bens, valores e direitos cuja origem e propriedade teria sido ocultada e dissimulada, não foram atribuídos apenas ao paciente, mas também aos demais sócios da offshore supostamente utilizada para a abertura e movimentação de diversas contas correntes no exterior. 7. Dessa forma, ainda que o órgão ministerial jamais possa provar que o paciente cometeu os delitos dispostos nos arts. 4º, 16, 21 e 22 da Lei nº 7.492/1986, o certo é que há indícios

> de que tais ilícitos teriam sido praticados pelos demais corréus, circunstância que evidencia a legalidade da manutenção da ação penal contra ele deflagrada para apurar o cometimento do crime de lavagem de capitais. 8. Aliás, se própria Lei nº 9.613/1998 permite a punição dos fatos nela previstos ainda que desconhecido ou isento de pena o autor do crime antecedente, é evidente que a extinção da punibilidade pela prescrição de um dos coautores dos delitos acessórios ao de lavagem não tem o condão de inviabilizar a persecução penal no tocante a este último ilícito penal. 9. É dispensável a participação do acusado da lavagem de dinheiro nos crimes a ela antecedentes, sendo suficiente que ele tenha conhecimento da ilicitude dos valores, bens ou direitos cuja origem, localização, disposição, movimentação ou propriedade tenha sido ocultada ou dissimulada. Precedentes. 10. Havendo indícios da prática de crimes contra o sistema financeiro nacional pelos corréus na ação penal em apreço, a partir dos quais teriam sido obtidos valores e bens cuja origem e propriedade teria sido ocultada e dissimulada pelo ora paciente, impossível reconhecer-se a atipicidade do delito de lavagem de dinheiro que lhe foi imputado e, por conseguinte, inviável o trancamento da ação penal contra ele deflagrada. 11. Ordem denegada (HC nº 207.936, Rel. Jorge Mussi. 5ª Turma, j. 27/03/2012).

O Princípio da Dupla Tipicidade. Ainda consoante disposto no art. 2º, II, a infração penal antecedente do crime de lavagem de dinheiro pode ter sido praticada em outro país, desde que, neste outro país onde tiver sido praticado, também figure como conduta penalmente relevante. Cuida-se de aplicação do princípio da dupla tipicidade.

A Absolvição do Agente pela Infração Penal Antecedente. Dada a autonomia da lavagem de dinheiro com relação ao crime antecedente, a absolvição do agente pela infração penal antecedente não impede o processo e julgamento, no Brasil, pela lavagem de dinheiro, a menos que a absolvição se tenha dado por inexistência do fato ou atipicidade da conduta. Assim já decidiu o STJ:

> (...) Embora tenham duas das denúncias tipificado a conduta criminosa antecedente no art. 1º, inciso V, da Lei nº 8.137/90, a descrição fática claramente imputa não somente o formal descumprimento do correto registro de venda mas a efetiva sonegação tributária, crime material a exigir na materialidade a constituição definitiva do tributo – Súmula Vinculante nº 24 do STF. 2. Embora independa a persecução pelo crime de lavagem de valores do processo e julgamento pelo crime antecedente, na forma do art. 2º, II, da Lei nº 9613/1998, exigido é que a denúncia seja instruída com indícios suficientes da existência da infração penal antecedente (art. 2º, § 1º,

> da Lei nº 9613/1998, com redação dada pela Lei nº 12.683, de 2012). 3. Na espécie sequer se discute a falta de prova do crime antecedente, mas, ao contrário, certa é a inexistência do crime, pois indispensável à configuração do delito de sonegação tributária é a prévia constituição definitiva do tributo. 4. Sem crime antecedente, resta configurado o constrangimento ilegal na persecução criminal por lavagem de dinheiro. 5. Recurso em habeas corpus provido para determinar o trancamento das ações penais, sem prejuízo do oferecimento de novas denúncias, desde que demonstrada a materialidade delitiva do delito antecedente. (RHC 73599 / SC Relator(a) Ministro NEFI CORDEIRO (1159) Órgão Julgador. SEXTA TURMA. Data do Julgamento: 13/09/2016)

O Desconhecimento do Autor da Infração Penal Antecedente. Não obsta a deflagração de ação penal por crime de lavagem de capitais.

> A Lei nº 9.613/98 tipificou o delito de lavagem de dinheiro como crime autônomo, independente, embora tenha exigido, de outro lado, a demonstração da existência da materialidade de um crime antecedente. Presente a prova da materialidade do crime antecedente, o delito de lavagem de dinheiro é punível ainda que desconhecido ou isento de pena o autor do crime antecedente, até porque, se não verificados os elementos indicadores da autoria, de fato não se poderá instaurar a persecução penal quanto ao delito anterior (HC nº 59.663/SP, Rel. Min. Gilson Dipp, 5ª Turma, j. 07/12/2006).

> [...] 3. Permanece típica e punível a lavagem de dinheiro mesmo quando desconhecido ou isento de pena o autor do crime precedente, desde que presentes indícios suficientes da existência deste delito (art. 2º, § 1º, da Lei n. 9.613/98). 4. O sujeito ativo do crime de lavagem de dinheiro pode ser, não só o autor, o coautor ou o partícipe do crime antecedente, mas todo aquele que, de alguma forma, concorra para a ocultação ou dissimulação do lucro proveniente da atividade delituosa. 5. A jurisprudência do Superior Tribunal de Justiça é firme no sentido de que, para a configuração do crime do artigo art. 1º da Lei n. 9.613/98, não é necessário que o acusado tenha sido condenado pelo delito antecedente, pois embora derivado ou acessório, o delito de lavagem de dinheiro é autônomo. 6. Recurso ordinário improvido. (STJ – RHC 41.203/SP, Rel. Ministro NEFI CORDEIRO, SEXTA TURMA, julgado em 03/05/2016, DJe 12/05/2016).

Prescrição do crime anterior. Considerando-se que a lavagem de capitais apenas demanda a existência do crime antecedente e que a prescrição não faz desaparecer o crime antecedente, sendo apenas causa extintiva de sua punibilidade, não restará descaracterizado o crime de lavagem de dinheiro o fato de o crime antecedente estar prescrito. Sobre o tema, atentemos para o julgado abaixo, da 5ª Turma do STJ, extraído do Informativo 494.

> A extinção da punibilidade pela prescrição quanto aos crimes antecedentes não implica o reconhecimento da atipicidade do delito de lavagem de dinheiro (art. 1º da Lei n. 9.613/1998) imputado ao paciente. Nos termos do art. 2º, II, § 1º da lei mencionada, para a configuração do delito de lavagem de dinheiro não há necessidade de prova cabal do crime anterior, mas apenas a demonstração de indícios suficientes de sua existência. Assim sendo, o crime de lavagem de dinheiro é delito autônomo, independente de condenação ou da existência de processo por crime antecedente. Precedentes citados do STF: HC 93.368-PR, DJe 25/8/2011; HC 94.958-SP, DJe 6/2/2009; do STJ: HC 137.628-RJ, DJe 17/12/2010; REsp 1.133.944-PR, DJe 17/5/2010; HC 87.843-MS, DJe 19/12/2008; APn 458-SP, DJe 18/12/2009, e HC 88.791-SP, DJe 10/11/2008. HC 207.936-MG, Rel. Min. Jorge Mussi, julgado em 27/3/2012.

***Abolitio criminis* do fato anterior. Como destacado acima, a** extinção da punibilidade do crime anterior não implica na atipicidade da lavagem de capitais. Contudo, se restar extinta a punibilidade do crime anterior em virtude da *abolitio criminis*, a ocultação ou dissimulação dos bens, direitos e valores dele oriundos não caracterizará crime de lavagem de capitais.

A Pendência de Julgamento pela Infração Penal Antecedente. Na hipótese de haver pendência de processo referente à infração penal anterior, teremos uma questão prejudicial, podendo o juiz suspender o processo pelo crime de lavagem, aguardando a solução do processo anterior, diante da possibilidade de ocorrência de uma das soluções de que tratamos nos itens anteriores quanto à atipicidade ou inexistência do fato antecedente.

A Desclassificação do Crime Antecedente em Hipóteses Anteriores à Lei nº 12.683/2012. Com relação aos fatos praticados antes de 10 de julho de 2012, às hipóteses acima dadas pela doutrina em geral e que impediriam a deflagração de ação penal ou mesmo a condenação com relação ao crime de lavagem de capitais, poderíamos somar outra, qual seja, a desclassificação do crime antecedente para outro que não estivesse elencado no rol taxativo antes trazido pelo art. 1º, hipótese em que, inadmitindo o citado rol qualquer ampliação e sendo imprescindível à existência da lavagem de capitais que o crime antecedente constasse do rol mencionado, não restaria caracterizado o crime deste art. 1º da Lei nº 9.613/1998. Importante, contudo, destacar que a nota aqui feita somente tem sentido se tratarmos de crime de lavagem de capitais praticado antes da edição da Lei nº 12.683/2012, quando nem todo crime poderia ser considerado antecedente da lavagem de capitais, mas apenas aqueles taxativamente elencados, ou seja, tráfico, terrorismo, contrabando e comércio ilegal de armas, extorsão mediante sequestro, crimes contra o sistema financeiro nacional, crimes contra a Administração Pública, crimes contra a

Administração Pública estrangeira e crimes praticados em organizações criminosas. Atualmente, porém, nenhuma desclassificação do crime anterior impedirá a deflagração de ação penal por crime de lavagem de capitais.

A Conexão entre os Processos Relacionados à Lavagem e ao Crime Anterior e a Possibilidade de Separação de Feitos. A se considerar a conexão entre o crime antecedente e o crime de lavagem de dinheiro, poderíamos cogitar da necessidade de aplicação das regras do art. 76 do CPP, com a consequente união de processo e julgamento. A jurisprudência de nossas Cortes Superiores, porém, nega a necessária aplicação das referidas regras, o que se justificaria pelas peculiaridades do crime de lavagem de dinheiro, cuja ação penal, assim, poderá estar em processo distinto daquele em que se apura o crime antecedente. Neste sentido é o atual texto da lei, que destaca que ficará a cargo do juiz decidir sobre a união citada. Atentemos:

> (...) I - Nos termos do artigo 2º, II, da Lei 9.613/98, compete ao juízo processante do crime de lavagem de dinheiro decidir acerca da reunião com o processo que apura o crime antecedente. II - Tal regra especial deverá prevalecer sobre o Código de Processo Penal, de modo que, afastada, de forma fundamentada, a reunião pelo Juízo competente para julgamento do crime de lavagem de dinheiro, devem os autos dos delitos antecedentes retornarem ao respectivo juízo de origem. (CC 146107 / RJ. Relator(a):Ministro FELIX FISCHER. Órgão Julgador: TERCEIRA SEÇÃO. Data do Julgamento: 10/08/2016)

> III - são da competência da Justiça Federal:
>
> a) quando praticados contra o sistema financeiro e a ordem econômico-financeira, ou em detrimento de bens, serviços ou interesses da União, ou de suas entidades autárquicas ou empresas públicas;
>
> b) quando a infração penal antecedente for de competência da Justiça Federal. (Redação dada pela Lei nº 12.683, de 2012)

A Competência da Justiça Federal. Embora em uma primeira análise muitos possam pensar que a competência para processo e julgamento do crime de lavagem é da Justiça Federal, o certo é que isso somente se dará nas situações previstas no inciso III do art. 2º, ou seja, quando a infração penal antecedente for da competência federal ou quando for a lavagem praticada contra o sistema financeiro nacional e a ordem econômico-financeira ou em detrimento de bens, serviços ou interesses da União, ou de suas entidades autárquicas ou empresas públicas. Neste aspecto, há de se salientar que deverá o candidato, por ocasião de prova, atentar para a solução legal, afirmando a competência da Justiça Federal somente nas hipóteses taxativamente previstas em lei.

Neste sentido, observemos os seguintes julgados do STJ:

> CONFLITO NEGATIVO DE COMPETÊNCIA. INQUÉRITO POLICIAL. JUSTIÇA ESTADUAL E JUSTIÇA FEDERAL. [...] 2. Não há falar em

competência federal decorrente da prática de crime de sonegação de tributo federal se, no autos, não consta evidência de constituição definitiva do crédito tributário. [...] 4. Quanto ao crime de lavagem de dinheiro (art. 1º da Lei n. 9.613/1998), a competência federal dependeria da prática de crime federal antecedente ou mesmo da conclusão de que a referida conduta teria atentado contra o sistema financeiro e a ordem econômico-financeira, ou em detrimento de bens, serviços ou interesses da União, ou de suas entidades autárquicas ou empresas públicas (art. 2º, III, a e b, da Lei n. 9.613/1998), circunstâncias não verificadas no caso. 5. Inexistindo indícios, por ora, da prática de crime de competência federal, o procedimento inquisitivo deve prosseguir na Justiça estadual, a fim de que se investigue a prática de outros ilícitos, inclusive estelionato e crime contra a economia popular. [...] (CC 161.123/SP, Rel. Ministro SEBASTIÃO REIS JÚNIOR, TERCEIRA SEÇÃO, julgado em 28/11/2018, DJe 05/12/2018)

PENAL. CONFLITO NEGATIVO DE COMPETÊNCIA. DENÚNCIA POR CRIME DE LAVAGEM DE DINHEIRO. CRIMES ANTECEDENTES: TRÁFICO DE DROGAS E CRIME CONTRA O SISTEMA FINANCEIRO. EVASÃO DE DIVISAS. COMPETÊNCIA DA JUSTIÇA FEDERAL. 1. A denúncia imputa aos réus a prática das condutas descritas no art. 1º, I e VI, da Lei n. 9.613/1998, tendo como crimes antecedentes à lavagem de dinheiro o tráfico ilícito de substância entorpecente ou drogas afins e o crime contra o sistema financeiro nacional. 2. Nos termos do art. 2º, III, da Lei n. 9.613/1998, o processo e o julgamento dos crimes nela previstos serão da competência da Justiça Federal quando: a) "a infração penal antecedente for de competência da Justiça Federal"; ou b) "praticados contra o sistema financeiro e a ordem econômico-financeira, ou em detrimento de bens, serviços ou interesses da União, ou de suas entidades autárquicas ou empresas públicas". 3. De acordo com o art. 70 da Lei 11.343/2006, os delitos previstos nos seus arts. 33 a 37 são da competência da Justiça Federal, quando caracterizada a transnacionalidade do ilícito. In casu, contudo, não há nos autos elementos suficientes para demonstrar que os investigados participem de tráfico internacional de drogas. 4. A conduta relativa à dissimulação de recursos do narcotráfico por meio do envio, de forma irregular e sem autorização legal, de valores para o exterior (Bolívia e Líbano), ao que parece, reúne os elementos caracterizadores do art. 22 da Lei n. 7.492/1986, o que atrai a competência da Justiça Federal, nos termos no art. 26 da Lei n. 7.492/1986. 5. Conflito de competência conhecido para declarar a competência do Juízo Federal da 1ª Vara de Corumbá da Seção Judiciária de Mato Grosso do Sul. (CC 164.361/MT, Rel. Ministro ANTONIO SALDANHA PALHEIRO, TERCEIRA SEÇÃO, julgado em 28/08/2019, DJe 06/09/2019).

Crime de lavagem de capitais conexo com crime eleitoral. No julgamento do PET 7319/DF, a 2ª Turma do STF entendeu que doação eleitoral por meio de "caixa 2" é conduta que se mostra adequada ao art. 350 do Código Eleitoral, que descreve falsidade ideológica, sendo da Justiça Eleitoral a competência para processo e julgamento do referido crime. Assim, o fato de estar o mesmo conexo com a lavagem de dinheiro não afasta a competência da Justiça Eleitoral, por força do art. 35, II, do CE e do art. 78, IV, do CPP. Cuida-se de julgado de 27/3/2018, veiculado no Informativo 895 da Corte.

> **Delitos eleitorais conexos com crimes comuns**
>
> A Turma, por maioria, deu provimento a agravo regimental interposto contra decisão que havia determinado a cisão de investigações com a remessa de declarações prestadas em colaboração premiada às Seções Judiciárias do Distrito Federal e do Paraná.
>
> O caso versa sobre fatos imputados a diretor de empresa de comunicação que teria recebido supostos pagamentos irregulares no contexto de campanha eleitoral de candidato ao cargo de governador de estado.
>
> O Colegiado asseverou que a matéria em questão é única e exclusivamente eleitoral, e, por se tratar de delitos eleitorais conexos com crimes comuns, seu processamento é da competência da justiça especializada. (1) (2).
>
> Com base nesse entendimento, determinou o envio dos termos de depoimento dos colaboradores e de eventual documentação correlata à Justiça Eleitoral.
>
> Vencido o Min. Edson Fachin, que negou provimento ao agravo, por considerar que a Suprema Corte, nos autos do INQ 4.130-QO (Informativo 800), atestou a competência territorial da Seção Judiciária do Distrito Federal com relação a fatos insertos nos mesmos termos de depoimento em referência, por se tratar de circunstâncias fáticas assemelhadas.
>
> (1) Código de Processo Penal: "Art. 78. Na determinação da competência por conexão ou continência, serão observadas as seguintes regras: (...) IV – no concurso entre a jurisdição comum e a especial, prevalecerá esta".
>
> (2) Código Eleitoral: "Art. 35. Compete aos juízes: (...) II – processar e julgar os crimes eleitorais e os comuns que lhe forem conexos, ressalvada a competência originária do Tribunal Superior e dos Tribunais Regionais".
>
> **PET 7319/DF, rel. Min. Edson Fachin, julgamento em 27.3.2018. (PET – 7319)**

§ 1º A denúncia será instruída com indícios suficientes da existência da infração penal antecedente, sendo puníveis os fatos previstos nesta Lei, ainda que desconhecido ou isento de pena o autor, ou extinta a punibilidade da infração penal antecedente. (Redação dada pela Lei nº 12.683, de 2012)

A Denúncia por Lavagem de Dinheiro. Para a denúncia por crime de lavagem de dinheiro, basta a existência de indícios da existência da infração penal antecedente, não precisando haver certeza quanto à sua existência. Diversos julgados das Cortes Superiores, notadamente do STJ, já destacaram esse aspecto. Assim, o processo e julgamento do crime de lavagem de dinheiro, sendo regido pelo Princípio da Autonomia, não exige, para que a denúncia que imputa ao réu o delito de lavagem de dinheiro seja considera apta, prova concreta da ocorrência da infração anterior, bastando a existência de elementos indiciários de que o capital lavado tenha origem em prática criminosa anterior, sendo, inclusive, desnecessária a indicação da sua autoria.

Certo, porém, é que deverá haver certeza com relação à existência da infração penal anterior para que se possa condenar o agente pela lavagem de dinheiro.

O Desconhecimento do Autor do Crime Anterior. Em cláusula idêntica à do art. 180, § 4º, do CP, dispõe a lei em estudo que não importa, para fins de responsabilização penal pela prática de crime de lavagem de dinheiro, que o autor da infração penal antecedente seja conhecido ou mesmo que tenha sido absolvido. Como dissemos anteriormente, o importante, para fins de responsabilização pelo crime de lavagem de capitais, é que se reconheça a existência da infração penal anterior.

A justa causa duplicada. Na denúncia por lavagem de capitais, observados os termos do item anterior, exige-se a denominada justa causa duplicada, ou seja, deve existir lastro probatório mínimo quanto à existência do crime anterior e quanto à existência da própria lavagem, sob pena de inépcia da peça acusatória.

§ 2º No processo por crime previsto nesta Lei, não se aplica o disposto no art. 366 do Decreto-Lei nº 3.689, de 3 de outubro de 1941 (Código de Processo Penal), devendo o acusado que não comparecer nem constituir advogado ser citado por edital, prosseguindo o feito até o julgamento, com a nomeação de defensor dativo. (Redação dada pela Lei nº 12.683, de 2012)

O Réu Citado por Edital que não Comparece ou Constitui Advogado. Excepcionando a regra geral estabelecida no art. 366 do CPP, o legislador prevê que, em se tratando de processo por crime de lavagem de dinheiro, o réu que for citado por edital, não comparecer e não constituir advogado, não terá o processo suspenso, nem se considerará suspensa a prescrição. Embora muitos critiquem a opção do legislador, inclusive citando possível violação dos princípios da ampla defesa e do contraditório, certo é que a opção se justifica pelo fato de que a suspensão do processo seria, em verdade, um prêmio para o infrator, em detrimento dos interesses maiores do Estado, na medida em que o decurso do tempo sem a atuação estatal acabaria por beneficiar o criminoso, possibilitando que os bens, direitos e valores se distanciassem cada vez mais de sua origem ilícita. Gize-se que a solução é mesmo a desejada pelo legislador, que, a par das mudanças promovidas pela Lei nº 12.683/2012, determinou nova redação a este § 2º e manteve a vedação expressa à solução jurídica dada pelo art. 366 do CPP para o acusado que, citado por edital, não comparece nem nomeia advogado.

Os Órgãos Colegiados e a Lei nº 12.694/2012. Devemos atentar para o fato de que, tendo sido o crime de lavagem de capitais praticado em organização criminosa, o juiz poderá deliberar a criação de colegiado, nos termos do art. 1º da Lei nº 12.694/2012, que não foi revogada pela Lei nº 12.850 de 2013.

Art. 3º Os crimes disciplinados nesta Lei são insuscetíveis de fiança e liberdade provisória e, em caso de sentença condenatória, o juiz decidirá fundamentadamente se o réu poderá apelar em liberdade. (Revogado pela Lei nº 12.683, de 2012)

A Vedação à Liberdade Provisória e Fiança. Regras como as insculpidas no revogado art. 3º da Lei em estudo têm sido constante objeto de análise pelo STF, que, não raras vezes, as tem considerado inconstitucionais. Assim, a Lei nº 12.683/2012 revogou o disposto no artigo citado, podendo o acusado por lavagem de capitais ser beneficiado com a liberdade provisória, na hipótese de ser desnecessária a sua prisão.

Decretação de prisão preventiva. Excepcionalidade e possibilidade de substituição por outras medidas cautelares. Em que pese a gravidade do crime de lavagem de capitais, a prisão preventiva de seu suposto autor somente resta autorizada em situações excepcionais que demonstrem ser a constrição cautelar necessária para garantia da aplicação da lei penal, da conveniência da instrução criminal e da ordem pública, não podendo a decisão que decreta a prisão preventiva fundada em meras suposições, sem lastro mínimo, devendo ser substituída por medidas cautelares diversas e menos gravosas que a prisão nas hipóteses em que o *periculum libertatis* possa ser remediado com as mesmas, consoante já decidiu o STF.

> Processual Penal. Lavagem de dinheiro (art. 1º da Lei nº 9.613/98). Falsidade ideológica (art. 299 do CP). Prisão preventiva (CPP, art. 312). Garantia da aplicação da lei penal e conveniência da investigação criminal. Desnecessidade, em face de seu encerramento. Descaracterização da prisão do paciente por esses fundamentos. Periculum libertatis que pode ser obviado com medidas cautelares diversas e menos gravosas que a prisão. (...) 6. A jurisprudência da Corte já afirmou que "a mera suposição, fundada em simples conjecturas, não pode autorizar a decretação da prisão cautelar de qualquer pessoa" (HC nº 115.613/SP, Segunda Turma, Relator o Ministro Celso de

Mello, DJe 13/8/14). 7. Os documentos, objetos e demais elementos de convicção que eventualmente interessavam às investigações criminais foram apreendidos e se encontram imunes a qualquer tentativa de destruição ou ocultação por parte do paciente, visto que a investigação policial já se encerrou e o processo conta com denúncia recebida, restando, portanto, descaracterizada a necessidade da prisão do paciente por conveniência da investigação ou da futura instrução criminal, o que não obsta a imposição de medidas cautelares dela diversas, pois, embora suas ações não tenham causado prejuízo concreto para a investigação, ele potencialmente existiu. 8. Sopesando os elementos que conduziram à decretação da custódia do paciente, inclusive o de que teria havido a movimentação de bens e valores de forma oculta, com indícios de origem ilícita, em nome de terceiras pessoas, conclui-se que efetivamente subsiste o periculum libertatis, mas que ele pode ser obviado com medidas cautelares diversas e menos gravosas que a prisão, mesmo porque o período de sua custódia provisória poderá servir de freio à possível reiteração dessas eventuais condutas ilícitas(...) 9. Ordem de habeas corpus concedida em parte para determinar ao Juízo da 5ª Vara Federal da Seção Judiciária de Mato Grosso que substitua a prisão preventiva do paciente nos autos do processo nº 1538-56.2016.4.01.3600 pelas medidas cautelares previstas no art. 319 do Código de Processo Penal que julgar pertinentes. (HC 132520 / MT Relator(a): Min. DIAS TOFFOLI Julgamento: 31/05/2016 Órgão Julgador: Segunda Turma)

(...) 2. A prisão preventiva supõe prova da existência do crime (materialidade) e indício suficiente de autoria; todavia, por mais grave que seja o ilícito apurado e por mais robusta que seja a prova de autoria, esses pressupostos, por si sós, são insuficientes para justificar o encarceramento preventivo. A eles deverá vir agregado, necessariamente, pelo menos mais um dos seguintes fundamentos, indicativos da razão determinante da medida cautelar: (a) a garantia da ordem pública, (b) a garantia da ordem econômica, (c) a conveniência da instrução criminal ou (d) a segurança da aplicação da lei penal. 3. Os fundamentos utilizados revelam-se idôneos para manter a segregação cautelar do paciente, na linha de precedentes desta Corte. Os fatos expostos nas decisões proferidas pelo magistrado de primeiro grau e na denúncia oferecida indicam a suposta prática de diversos crimes de corrupção passiva e de lavagem de dinheiro, inclusive em período recente, quando os fatos imputados ao paciente já estavam sob investigação. 4. Habeas corpus conhecido, porém denegada a ordem. (HC 130106 / PR – PARANÁ HABEAS CORPUS Relator(a): Min. TEORI ZAVASCKI Julgamento: 23/02/2016 Órgão Julgador: Segunda Turma)

Por outro lado, em situações excepcionais, em que os fundamentos se mostram idôneos para a segregação de cunho cautelar, a mesma deverá ser decretada, não devendo ser substituída por outras medidas cautelares.

> RECURSO EM HABEAS CORPUS. TRÁFICO DE DROGAS, ASSOCIAÇÃO PARA O TRÁFICO E LAVAGEM DE DINHEIRO. "OPERAÇÃO FERRARI". PRISÃO PREVENTIVA. ART. 312 DO CPP. PERICULUM LIBERTATIS. FUNDAMENTAÇÃO SUFICIENTE. MEDIDAS CAUTELARES DIVERSAS DA PRISÃO. IMPOSSIBILIDADE. TRANSFERÊNCIA PARA ESTABELECIMENTO PRÓXIMO DA FAMÍLIA. SUPRESSÃO DE INSTÂNCIA. RECURSO NÃO PROVIDO. 1. A jurisprudência desta Corte Superior é firme em assinalar que a determinação de segregar o réu deve efetivar-se apenas se indicada, em dados concretos dos autos, a necessidade da cautela (periculum libertatis), à luz do disposto no art. 312 do CPP. 2. O Juízo singular apontou a presença dos vetores contidos no art. 312 do Código de Processo Penal, em especial a garantia da ordem pública, evidenciada pelo fundado risco de reiteração delitiva, ante os indícios da existência de associação criminosa voltada para o tráfico de drogas, na qual o ora recorrente atuaria diretamente na manipulação e na venda de pasta-base de cocaína, em grandes quantidades - 178 kg em uma oportunidade e 50 kg em outra, havendo ainda indícios de que teria comercializado, a mando de outro acusado, mais de 120 kg na cidade de Salvador - BA. 3. Pelas mesmas razões, as medidas cautelares diversas da prisão não constituem instrumentos eficazes para obstar a reiteração da conduta delitiva. (RHC 66062 / PR Relator(a) Ministro ROGERIO SCHIETTI CRUZ (1158).Órgão Julgador-SEXTA TURMA. Julgamento 25/10/2016)

> RECURSO EM HABEAS CORPUS. EVASÃO DE DIVISAS, LAVAGEM DE DINHEIRO E ORGANIZAÇÃO CRIMINOSA. OPERAÇÃO CÂMBIO DESLIGO. PRISÃO PREVENTIVA. IMPOSSIBILIDADE DE FIXAÇÃO DE MEDIDAS CAUTELARES ALTERNATIVAS. RECURSO NÃO PROVIDO. 1. A prisão preventiva possui natureza excepcional, sempre sujeita a reavaliação, de modo que a decisão judicial que a impõe ou a mantém, para compatibilizar-se com a presunção de não culpabilidade e com o Estado Democrático de Direito - o qual se ocupa de proteger tanto a liberdade individual quanto a segurança e a paz públicas -, deve ser suficientemente motivada, com indicação concreta das razões fáticas e jurídicas que justificam a cautela, nos termos dos arts. 312, 313 e 282, I e II, do Código de Processo Penal. 2. A seu turno, a custódia provisória somente se sustenta quando, presentes os requisitos constantes do art. 312 do Código de Processo Penal, se revelarem inadequadas ou insuficientes as medidas cautelares diversas da prisão. 3. O édito prisional não possui vício de fundamentação. O Juiz indicou o fumus comissi delicti e,

para evidenciar a periculosidade do recorrente, destacou a densidade lesiva de graves crimes, supostamente reiterados por anos, por meio de intrincada organização criminosa, com profissionalismo e sofisticação. Salientou, ainda, o risco à aplicação da lei penal, uma vez que o suspeito possuía imóveis no exterior. 3. A providência extrema se mostrou acertada e proporcional à gravidade concreta da situação. Sopesadas as circunstâncias dos delitos (o réu é contextualizado como protagonista, financiador e principal beneficiário do esquema criminoso) e sua fuga, que perdurou por mais de um ano, o risco para os bens jurídicos tutelados no art. 312 do CPP não se enfraqueceu em grau bastante a justificar a fixação de medidas cautelares menos aflitivas, como se fez em relação a outros agentes que foram acusados de condutas menos graves e que estavam presos desde o início das investigações da Operação Câmbio Desligo. 4. Se a autoridade judiciária competente decreta uma prisão preventiva porque existe o risco de fuga e essa situação acaba por se tornar concreta por longo período, com prejuízo para a persecução penal, pois houve necessidade de desmembramento do processo, justifica-se a manutenção da cautela extrema para assegurar eventual aplicação da lei penal. 5. Às ordens do juiz, enquanto não forem invalidadas pelo próprio Poder Judiciário, não se pode opor um suposto "direito à fuga". O acusado que pretende fugir e prolongar o motivo para o decreto preventivo faz uma escolha que lhe trará os ônus processuais correspondentes, pois não pode o Judiciário ceder a essa opção da parte, a menos que considere ilegal o decreto de prisão.6. Recurso ordinário não provido. (RHC 114.552/RJ, Rel. Ministro ROGERIO SCHIETTI CRUZ, SEXTA TURMA, julgado em 10/09/2019, DJe 19/09/2019).

PROCESSO PENAL. RECURSO ORDINÁRIO EM HABEAS CORPUS. PREJUDICADO. PEDIDO DE RECONSIDERAÇÃO. PRINCÍPIOS DA AMPLA DEFESA E DA FUNGIBILIDADE. RECEBIMENTO COMO AGRAVO REGIMENTAL. CABIMENTO. ESTELIONATO, RECEPTAÇÃO, ADULTERAÇÃO DE SINAL IDENTIFICADOR DE VEÍCULO AUTOMOTOR, COMÉRCIO DE ARMAS DE FOGO E LAVAGEM DE DINHEIRO. PRISÃO PREVENTIVA. GARANTIA DA ORDEM PÚBLICA. GRAVIDADE CONCRETA. MODUS OPERANDI. ORGANIZAÇÃO CRIMINOSA. CONDIÇÕES FAVORÁVEIS. IRRELEVÂNCIA IN CASU. MEDIDAS CAUTELARES DIVERSAS. IMPOSSIBILIDADE. [...] 3. A validade da segregação cautelar está condicionada à observância, em decisão devidamente fundamentada, aos requisitos insertos no art. 312 do Código de Processo Penal, revelando-se indispensável a demonstração de em que consiste o periculum libertatis. 4. No caso, a prisão preventiva está justificada, pois a decisão que a impôs demonstrou que o recorrente seria membro de organização criminosa voltada para a prática de delitos de estelionato, receptação, comércio de armas de fogo, lavagem de dinheiro e adulteração de placas e chassis de veículos. Assim, a prisão se faz necessária para garantir a ordem pública, evitando o prosseguimento das atividades criminosas desenvolvidas. 5. Conforme magistério jurisprudencial do Pretório Excelso, "a necessidade de se interromper ou diminuir a atuação de integrantes de organização criminosa enquadra-se no conceito de garantia da ordem pública, constituindo fundamentação cautelar idônea e suficiente para a prisão preventiva" (STF, Primeira Turma, HC n. 95.024/SP, relatora Ministra Cármen Lúcia, DJe de 20/2/2009). 6. Condições subjetivas favoráveis do recorrente, por si sós, não impedem a prisão cautelar, caso se verifiquem presentes os requisitos legais para a decretação da segregação provisória (precedentes). 7. Mostra-se indevida a aplicação de medidas cautelares diversas da prisão, quando a segregação encontra-se fundada na gravidade efetiva do delito, indicando que as providências menos gravosas seriam insuficientes para acautelar a ordem pública e evitar a prática de novos crimes. 8. Agravo regimental provido para, reconsiderando a decisão agravada, conhecer do recurso ordinário e negar-lhe provimento. (RCD no RHC 112.441/MG, Rel. Ministro ANTONIO SALDANHA PALHEIRO, SEXTA TURMA, julgado em 01/10/2019, DJe 10/10/2019).

Art. 4º O juiz, de ofício, a requerimento do Ministério Público ou mediante representação do delegado de polícia, ouvido o Ministério Público em 24 (vinte e quatro) horas, havendo indícios suficientes de infração penal, poderá decretar medidas assecuratórias de bens, direitos ou valores do investigado ou acusado, ou existentes em nome de interpostas pessoas, que sejam instrumento, produto ou proveito dos crimes previstos nesta Lei ou das infrações penais antecedentes. (Redação dada pela Lei nº 12.683, de 2012)

§ 1º Proceder-se-á à alienação antecipada para preservação do valor dos bens sempre que estiverem sujeitos a qualquer grau de deterioração ou depreciação, ou quando houver dificuldade para sua manutenção. (Redação dada pela Lei nº 12.683, de 2012)

§ 2º O juiz determinará a liberação total ou parcial dos bens, direitos e valores quando comprovada a licitude de sua origem, mantendo-se a constrição dos bens, direitos e valores necessários e suficientes à reparação dos danos e ao pagamento de prestações pecuniárias, multas e custas decorrentes da infração penal. (Redação dada pela Lei nº 12.683, de 2012)

§ 3º Nenhum pedido de liberação será conhecido sem o comparecimento pessoal do acusado ou de interposta pessoa a que se refere o caput deste artigo, podendo o juiz determinar a prática de atos necessários à conservação de bens, direitos ou valores, sem prejuízo do disposto no § 1º. (Redação dada pela Lei nº 12.683, de 2012)

§ 4º Poderão ser decretadas medidas assecuratórias sobre bens, direitos ou valores para reparação do dano decorrente da infração penal antecedente ou da prevista nesta Lei ou para pagamento de prestação pecuniária, multa e custas. (Redação dada pela Lei nº 12.683, de 2012)

Art. 4º-A. A alienação antecipada para preservação de valor de bens sob constrição será decretada pelo juiz, de ofício, a requerimento do Ministério Público ou por solicitação da parte interessada, mediante petição autônoma, que será autuada em apartado e cujos autos terão tramitação em separado em relação ao processo principal. (Incluído pela Lei nº 12.683, de 2012)

§ 1º O requerimento de alienação deverá conter a relação de todos os demais bens, com a descrição e a especificação de cada um deles, e informações sobre quem os detém e local onde se encontram. (Incluído pela Lei nº 12.683, de 2012)

§ 2º O juiz determinará a avaliação dos bens, nos autos apartados, e intimará o Ministério Público. (Incluído pela Lei nº 12.683, de 2012)

§ 3º Feita a avaliação e dirimidas eventuais divergências sobre o respectivo laudo, o juiz, por sentença, homologará o valor atribuído aos bens e determinará sejam alienados em leilão ou pregão, preferencialmente eletrônico, por valor não inferior a 75% (setenta e cinco por cento) da avaliação. (Incluído pela Lei nº 12.683, de 2012)

§ 4º Realizado o leilão, a quantia apurada será depositada em conta judicial remunerada, adotando-se a seguinte disciplina: (Incluído pela Lei nº 12.683, de 2012)

I – nos processos de competência da Justiça Federal e da Justiça do Distrito Federal: (Incluído pela Lei nº 12.683, de 2012)

a) os depósitos serão efetuados na Caixa Econômica Federal ou em instituição financeira pública, mediante documento adequado para essa finalidade; (Incluída pela Lei nº 12.683, de 2012)

b) os depósitos serão repassados pela Caixa Econômica Federal ou por outra instituição financeira pública para a Conta Única do Tesouro Nacional, independentemente de qualquer formalidade, no prazo de 24 (vinte e quatro) horas; e (Incluída pela Lei nº 12.683, de 2012)

c) os valores devolvidos pela Caixa Econômica Federal ou por instituição financeira pública serão debitados à Conta Única do Tesouro Nacional, em subconta de restituição; (Incluída pela Lei nº 12.683, de 2012)

II – nos processos de competência da Justiça dos Estados: (Incluído pela Lei nº 12.683, de 2012)

a) os depósitos serão efetuados em instituição financeira designada em lei, preferencialmente pública, de cada Estado ou, na sua ausência, em instituição financeira pública da União; (Incluída pela Lei nº 12.683, de 2012)

b) os depósitos serão repassados para a conta única de cada Estado, na forma da respectiva legislação. (Incluída pela Lei nº 12.683, de 2012)

§ 5º Mediante ordem da autoridade judicial, o valor do depósito, após o trânsito em julgado da sentença proferida na ação penal, será: (Incluído pela Lei nº 12.683, de 2012)

I – em caso de sentença condenatória, nos processos de competência da Justiça Federal e da Justiça do Distrito Federal, incorporado definitivamente ao patrimônio da União, e, nos processos de competência da Justiça Estadual, incorporado ao patrimônio do Estado respectivo; (Incluído pela Lei nº 12.683, de 2012)

II - em caso de sentença absolutória extintiva de punibilidade, colocado à disposição do réu pela instituição financeira, acrescido da remuneração da conta judicial. (Incluído pela Lei nº 12.683, de 2012)

§ 6º A instituição financeira depositária manterá controle dos valores depositados ou devolvidos. (Incluído pela Lei nº 12.683, de 2012)

§ 7º Serão deduzidos da quantia apurada no leilão todos os tributos e multas incidentes sobre o bem alienado, sem prejuízo de iniciativas que, no âmbito da competência de cada ente da Federação, venham a desonerar bens sob constrição judicial daqueles ônus. (Incluído pela Lei nº 12.683, de 2012)

§ 8º Feito o depósito a que se refere o § 4º deste artigo, os autos da alienação serão apensados aos do processo principal. (Incluído pela Lei nº 12.683, de 2012)

§ 9º Terão apenas efeito devolutivo os recursos interpostos contra as decisões proferidas no curso do procedimento previsto neste artigo. (Incluído pela Lei nº 12.683, de 2012)

§ 10. Sobrevindo o trânsito em julgado de sentença penal condenatória, o juiz decretará, em favor, conforme o caso, da União ou do Estado: (Incluído pela Lei nº 12.683, de 2012)

I - a perda dos valores depositados na conta remunerada e da fiança; (Incluído pela Lei nº 12.683, de 2012)

II - a perda dos bens não alienados antecipadamente e daqueles aos quais não foi dada destinação prévia; e (Incluído pela Lei nº 12.683, de 2012)

III - a perda dos bens não reclamados no prazo de 90 (noventa) dias após o trânsito em julgado da sentença condenatória, ressalvado o direito de lesado ou terceiro de boa-fé. (Incluído pela Lei nº 12.683, de 2012)

§ 11. Os bens a que se referem os incisos II e III do § 10 deste artigo serão adjudicados ou levados a leilão, depositando-se o saldo na conta única do respectivo ente. (Incluído pela Lei nº 12.683, de 2012)

§ 12. O juiz determinará ao registro público competente que emita documento de habilitação à circulação e utilização dos bens colocados sob o uso e custódia das entidades a que se refere o caput deste artigo. (Incluído pela Lei nº 12.683, de 2012)

§ 13. Os recursos decorrentes da alienação antecipada de bens, direitos e valores oriundos do crime de tráfico ilícito de drogas e que tenham sido objeto de dissimulação e ocultação nos termos desta Lei permanecem submetidos à disciplina definida em lei específica. (Incluído pela Lei nº 12.683, de 2012)

Art. 4º-B. A ordem de prisão de pessoas ou as medidas assecuratórias de bens, direitos ou valores poderão ser suspensas pelo juiz, ouvido o Ministério Público, quando a sua execução imediata puder comprometer as investigações. (Incluído pela Lei nº 12.683, de 2012)

As Medidas Assecuratórias. Na medida em que devem ser resguardados os direitos do Estado, de terceiros de boa-fé e do próprio réu, na hipótese de absolvição, o juiz poderá decretar medidas de cautela. Sobre essa possibilidade, ainda poderíamos citar os arts. 125 e seguintes do CPP.

Sobre que Bens Poderão Versar as Medidas Assecuratórias? Pela atual redação, as medidas assecuratórias não apenas recairão sobre os bens do investigado ou acusado, mas também aqueles que estiverem em nome de interpostas pessoas, desde que sejam instrumento, produto ou proveito dos crimes previstos nessa lei ou das infrações penais antecedentes. Essa possibilidade de que as medidas recaiam sobre os bens em nome de interpostas pessoas é novidade trazida pela Lei nº 12.683/2012. Para que sejam decretadas as medidas de que trata esse artigo 4º, deverão existir fundadas suspeitas de que esses bens sejam produtos, proveitos ou instrumentos da lavagem de dinheiro ou dos crimes a ela relacionados, tal qual destacado no julgado abaixo, transcrito da jurisprudência do Supremo Tribunal Federal.

> (...) 1. O art. 4º, caput, da Lei 9.613/1998, na redação da Lei 12.683/2012 - aplicável desde logo, nos termos do art. 2º do Código de Processo Penal (RHC 115563, Rel. Min. LUIZ FUX, DJe de28.3.2014) - dispõe que "o juiz [...], havendo indícios suficientes de infração penal, poderá decretar medidas assecuratórias de bens, direitos, ou valores do investigado ou acusado, ou existentes em nome de interpostas pessoas, que sejam instrumento, produto ou proveito dos crimes previstos nesta Lei ou das infrações penais antecedentes". O § 4º do referido dispositivo permite, também, a decretação de medidas assecuratórias "sobre bens, direitos ou valores para reparação do dano decorrente da infração penal antecedente ou da prevista nesta Lei ou para pagamento de prestação pecuniária, multa e custas". 2. O sequestro, previsto no Código de Processo Penal, tem como objeto os produtos diretos ou indiretos do crime, sejam eles bens imóveis ou bens móveis não suscetíveis de apreensão, bastando que haja indícios, desde que veementes, da proveniência ilícita dos bens. 3. No caso, o Ministério Público indica, por meio de elementos indiciários colhidos ao longo das investigações (documentos, depoimentos, extratos bancários, relatórios de inteligência financeira, informações fiscais, entre outros), o recebimento pelo investigado de, ao menos, 26 (vinte e seis) milhões de reais, por meio de sofisticado esquema de lavagem de dinheiro, envolvendo diversas pessoas físicas e empresas a ele vinculadas. 4. Conforme destacado pelo Procurador-Geral da República, "a estratégia adotada pelo parlamentar investigado e já denunciado, inclusive através de suas empresas ora agravantes, era vocacionada de maneira consciente, justamente para dificultar a origem ilícita dos valores. Assim sendo, urge que o sequestro recaia (e seja mantido) sobre bens equivalentes aos montantes recebidos, pois não será possível encontrar - até mesmo porque o dinheiro 'não possui digital', conforme comumente se afirma - os valores recebidos". 5. Não há desproporcionalidade ou irrazoabilidade no deferimento da medida constritiva, uma vez que, "a contemporaneidade da aquisição dos ditos bens com a imputada

prática de atos delituosos, os quais, segundo consta, envolveram elevadas somas de dinheiro. Circunstância bastante para autorizar a presunção de que se esta diante de produto da ilicitude" (Inq 705-AgR, Rel. Min. ILMAR GALVÃO, Tribunal Pleno, DJ. 20.10.1995). 6. Agravos regimentais a que se nega provimento. (AC 3957 AgR / AG.REG. NA AÇÃO CAUTELAR Relator(a): Min. TEORI ZAVASCKI Julgamento: 21/06/2016 Órgão Julgador: Segunda Turma)

O Prazo para a Propositura da Ação Penal na Hipótese de as Medidas Assecuratórias serem Decretadas em Fase Investigatória na Lei de Lavagem de Capitais X CPP. À míngua de dispositivo específico, deverá ser adotada a regra geral do art. 131, I, do Código de Processo Penal, sendo, desta feita, de 60 (sessenta) dias o prazo para a deflagração de ação penal por crime de lavagem de capitais se a medida assecuratória for decretada no curso do inquérito, sob pena de levantamento da medida de cautela. Tal conclusão se extrai da aplicação subsidiária do CPP, consoante regra do art. 17-A da lei em comento, incluído pela Lei nº 12.683/2012.

Possibilidade de Alienação Antecipada de Bens. A Lei nº 12.683/2012 trouxe a possibilidade de que se faça a alienação antecipada de bens na hipótese de a medida assecuratória versar sobre bem de difícil conservação ou sempre que estiver o bem sujeito à depreciação ou deterioração. Nessa hipótese, consoante se depreende da leitura do art. 4º-A, § 3º, o bem não poderá ser alienado por valor inferior a 75% da avaliação.

Processamento da Alienação Antecipada. Poderá ser feita de ofício, ou a requerimento do Ministério Público ou da parte interessada, sendo a petição neste sentido autuada em apartado, tramitando os autos respectivos em separado em relação ao processo principal. Depois de feitos os depósitos dos valores arrecadados com a alienação, consoante item abaixo, os autos serão apensados aos do processo principal.

Depósitos dos Valores Referentes à Alienação Antecipada dos Bens. Ainda nos termos do art. 4º-A, § 4º, I, "b" e II, "b", os depósitos serão repassados pela Caixa Econômica Federal ou por outra instituição financeira pública para a Conta Única do Tesouro Nacional, na hipótese de a alienação se referir a processo da competência da Justiça Federal. Já os referentes aos processos da competência dos Estados, serão repassados para a conta única de cada Estado, na forma da respectiva legislação. Tal previsão se dá porque, consoante disposto no art. 7º, I, da Lei nº 12.683/2012, os bens direitos e valores provenientes direta ou indiretamente da lavagem de capitais serão perdidos em favor da União, podendo, entretanto, ser perdidos em favor dos Estados, nos casos de competência da Justiça Estadual.

Liberação dos Bens Apreendidos no Curso da Ação Penal. Se, no curso da ação penal, for comprovada a origem lícita dos bens apreendidos, será possível a sua liberação, nos termos do dispositivo em análise. Porém, se houver liberação antes da sentença final, há de se observar que o ônus da prova será do interessado na restituição do bem. A Lei nº 12.683/2012 fez acrescentar a possibilidade, na hipótese de liberação, de se manter a constrição dos bens, direitos e valores necessários e suficientes à reparação dos danos e ao pagamento de prestações pecuniárias, multas e custas decorrentes da infração penal.

Absolvição e restituição. Em havendo a absolvição do réu, o bem será restituído ao acusado ou terceiro em nome de quem estiver o bem. Na hipótese de alienação antecipada, será colocado à disposição do réu pela instituição financeira, acrescido da remuneração da conta judicial.

A Restituição e a Necessidade de Comparecimento Pessoal. Dispõe a lei que, em nenhuma hipótese, o bem será restituído a outra pessoa que não o próprio réu ou à terceira pessoa em nome do qual estiver. Deve-se, entretanto, frisar que, no caso de absolvição, a restituição não dependerá de comparecimento pessoal, aplicando-se a necessidade de devolução pessoal apenas quando se pretender a restituição no curso do processo.

A Ação Controlada na Lei nº 9.613/1998. Assim como se dá com relação ao flagrante retardado ou prorrogado, a lei em estudo traz a possibilidade de se suspender, por decisão judicial, a prisão decretada ou as diligências referentes à execução de medidas assecuratórias para que se realizem no melhor momento, possibilitando a descoberta de novos participantes ou mesmo de outros valores que estejam sendo ocultados. Aqui, entretanto, no que diz respeito à prisão, ao contrário do disposto no artigo 8º e seguintes da Lei nº 12.850/2013, a ação controlada não se refere à prisão em flagrante, mas à prisão já decretada, a outro título, por autoridade judiciária competente.

> **Art. 5º** Quando as circunstâncias o aconselharem, o juiz, ouvido o Ministério Público, nomeará pessoa física ou jurídica qualificada para a administração dos bens, direitos ou valores sujeitos a medidas assecuratórias, mediante termo de compromisso. (Redação dada pela Lei nº 12.683, de 2012)

Nomeação de Administrador. A atual redação da lei menciona a possibilidade de nomeação de pessoa física ou jurídica para a administração dos bens, direitos e valores sobre os quais recair a medida assecuratória. Na redação anterior, a lei dispunha que a nomeação do administrador recairia sobre pessoa, não contemplando expressamente a nomeação de pessoa jurídica.

> **Art. 6º** A pessoa responsável pela administração dos bens: (Redação dada pela Lei nº 12.683, de 2012)
>
> I – fará jus a uma remuneração, fixada pelo juiz, que será satisfeita com o produto dos bens objeto da administração;
>
> II – prestará, por determinação judicial, informações periódicas da situação dos bens sob sua administração, bem como explicações e detalhamentos sobre investimentos e reinvestimentos realizados.

Parágrafo único. Os atos relativos à administração dos bens sujeitos a medidas assecuratórias serão levados ao conhecimento do Ministério Público, que requererá o que entender cabível. (Redação dada pela Lei nº 12.683, de 2012)

CAPÍTULO III
Dos Efeitos da Condenação

Art. 7º São efeitos da condenação, além dos previstos no Código Penal:

I - a perda, em favor da União - e dos Estados, nos casos de competência da Justiça Estadual -, de todos os bens, direitos e valores relacionados, direta ou indiretamente, à prática dos crimes previstos nesta Lei, inclusive aqueles utilizados para prestar a fiança, ressalvado o direito do lesado ou de terceiro de boa-fé; (Redação dada pela Lei nº 12.683, de 2012)

II - a interdição do exercício de cargo ou função pública de qualquer natureza e de diretor, de membro de conselho de administração ou de gerência das pessoas jurídicas referidas no art. 9º, pelo dobro do tempo da pena privativa de liberdade aplicada.

§ 1º A União e os Estados, no âmbito de suas competências, regulamentarão a forma de destinação dos bens, direitos e valores cuja perda houver sido declarada, assegurada, quanto aos processos de competência da Justiça Federal, a sua utilização pelos órgãos federais encarregados da prevenção, do combate, da ação penal e do julgamento dos crimes previstos nesta Lei, e, quanto aos processos de competência da Justiça Estadual, a preferência dos órgãos locais com idêntica função. (Incluído pela Lei nº 12.683, de 2012)

§ 2º Os instrumentos do crime sem valor econômico cuja perda em favor da União ou do Estado for decretada serão inutilizados ou doados a museu criminal ou a entidade pública, se houver interesse na sua conservação. (Incluído pela Lei nº 12.683, de 2012)

A Perda de Bens como Efeito da Condenação. Trata-se de regra que repete o que dispõe o art. 91, II, do CP, sendo os bens perdidos em favor da União, ressalvados, por óbvio, os direitos de terceiros de boa-fé. Verificar, porém, que, se for da Justiça Estadual a competência para processar e julgar o abuso de autoridade, o perdimento se dará em favor do Estado. A nova redação contempla, ainda, a perda de bens, direitos e valores utilizados para prestar fiança.

Homologação de sentença estrangeira que declare perdimento de imóvel situado no Brasil em razão do bem ser produto de lavagem de capitais. O STJ entendeu possível, até porque a lei brasileira faz expressa menção à perda dos bens como efeito da condenação.

> **É possível a homologação** de sentença penal estrangeira que determine o perdimento de imóvel situado no Brasil em razão de o bem ser produto do crime de lavagem de dinheiro. De fato, a Convenção das Nações Unidas contra o Crime Organizado Transnacional

(Convenção de Palermo), promulgada pelo Decreto n. 5.015/2004, dispõe que os estados partes adotarão, na medida em que o seu ordenamento jurídico interno o permita, as medidas necessárias para possibilitar o confisco do produto das infrações previstas naquela convenção ou de bens cujo valor corresponda ao desse produto (art. 12, 1, *a*), sendo o crime de lavagem de dinheiro tipificado na convenção (art. 6.º), bem como na legislação brasileira (art. 1.º da Lei n. 9.613/1998). Ademais, nos termos do CP: "Art. 9º – A sentença estrangeira, quando a aplicação da lei brasileira produz na espécie as mesmas consequências, pode ser homologada no Brasil para: I – obrigar o condenado à reparação do dano, a restituições e a outros efeitos civis". Verifica-se, assim, que a lei brasileira também prevê a possibilidade de perda, em favor da União, ressalvado o direito do lesado ou de terceiro de boa-fé, do produto do crime, como um dos efeitos da condenação (art. 91, II, *b*, do CP). Nesse contexto, não prospera a alegação de que a homologação de sentença estrangeira de expropriação de bem imóvel – situado no Brasil – reconhecido como proveniente de atividades ilícitas ocasionaria ofensa à soberania nacional, pautada no argumento de que competiria à autoridade judiciária brasileira conhecer de ações relativas a imóvel situado no País, de acordo com o previsto no art. 12, § 1º, da LINDB, bem como no art. 89, I, do CPC/1973. Com efeito, não se trata especificamente sobre a situação de bem imóvel, sobre a sua titularidade, mas sim sobre os efeitos civis de uma condenação penal determinando o perdimento de bem que foi objeto de crime de lavagem de capitais. Inclusive, é importante destacar que o bem imóvel não será transferido para a titularidade do país interessado, mas será levado a hasta pública, nos termos do art. 133 do CPP. SEC 10.612-FI, Rel. Min. Laurita Vaz, julgado em 18/5/2016, DJe 28/6/2016.

Interdição para Exercício de Cargo ou de Função Pública. Tal regra, que tem natureza de efeito automático, não deve ser confundida com aquela trazida pelo art. 92, I, do CP. Assim, em havendo condenação de funcionário público por crime de lavagem de dinheiro e sendo determinada pelo juiz, como efeito da condenação, a perda do cargo ou função, o funcionário público ficará, automaticamente, nos termos do dispositivo em estudo, impossibilitado de exercer cargo ou função de qualquer natureza ou de exercer função de diretor, de membro de conselho de administração ou de gerência das pessoas jurídicas referidas no art. 9º da lei pelo dobro do tempo da pena privativa de liberdade aplicada.

CAPÍTULO IV
Dos Bens, Direitos ou Valores Oriundos de Crimes Praticados no Estrangeiro

Art. 8º O juiz determinará, na hipótese de existência de tratado ou convenção internacional e por solicitação de autoridade estrangeira competente, medidas assecuratórias sobre bens, direitos ou valores oriundos de crimes descritos no art. 1º praticados no estrangeiro. (Redação dada pela Lei nº 12.683, de 2012)

§ 1º Aplica-se o disposto neste artigo, independentemente de tratado ou convenção internacional, quando o governo do país da autoridade solicitante prometer reciprocidade ao Brasil.

§ 2º Na falta de tratado ou convenção, os bens, direitos ou valores privados sujeitos a medidas assecuratórias por solicitação de autoridade estrangeira competente ou os recursos provenientes da sua alienação serão repartidos entre o Estado requerente e o Brasil, na proporção de metade, ressalvado o direito do lesado ou de terceiro de boa-fé. (Redação dada pela Lei nº 12.683, de 2012)

CAPÍTULO V
Das Pessoas Sujeitas ao Mecanismo de Controle
(Redação dada pela Lei nº 12.683, de 2012)

Art. 9º Sujeitam-se às obrigações referidas nos arts. 10 e 11 as pessoas físicas e jurídicas que tenham, em caráter permanente ou eventual, como atividade principal ou acessória, cumulativamente ou não: (Redação dada pela Lei nº 12.683, de 2012)

I - a captação, intermediação e aplicação de recursos financeiros de terceiros, em moeda nacional ou estrangeira;

II - a compra e venda de moeda estrangeira ou ouro como ativo financeiro ou instrumento cambial;

III - a custódia, emissão, distribuição, liquidação, negociação, intermediação ou administração de títulos ou valores mobiliários.

Parágrafo único. Sujeitam-se às mesmas obrigações:

I - as bolsas de valores, as bolsas de mercadorias ou futuros e os sistemas de negociação do mercado de balcão organizado; (Redação dada pela Lei nº 12.683, de 2012)

II - as seguradoras, as corretoras de seguros e as entidades de previdência complementar ou de capitalização;

III - as administradoras de cartões de credenciamento ou cartões de crédito, bem como as administradoras de consórcios para aquisição de bens ou serviços;

IV - as administradoras ou empresas que se utilizem de cartão ou qualquer outro meio eletrônico, magnético ou equivalente, que permita a transferência de fundos;

V - as empresas de arrendamento mercantil (leasing), as empresas de fomento comercial (factoring) e as Empresas Simples de Crédito (ESC); (Redação dada pela Lei Complementar nº 167, de 2019);

VI - as sociedades que efetuem distribuição de dinheiro ou quaisquer bens móveis, imóveis, mercadorias, serviços, ou, ainda, concedam descontos na sua aquisição, mediante sorteio ou método assemelhado;

VII - as filiais ou representações de entes estrangeiros que exerçam no Brasil qualquer das atividades listadas neste artigo, ainda que de forma eventual;

VIII – as demais entidades cujo funcionamento dependa de autorização de órgão regulador dos mercados financeiro, de câmbio, de capitais e de seguros;

IX – as pessoas físicas ou jurídicas, nacionais ou estrangeiras, que operem no Brasil como agentes, dirigentes, procuradoras, comissionárias ou por qualquer forma representem interesses de ente estrangeiro que exerça qualquer das atividades referidas neste artigo;

X – as pessoas físicas ou jurídicas que exerçam atividades de promoção imobiliária ou compra e venda de imóveis; (Redação dada pela Lei nº 12.683, de 2012)

XI – as pessoas físicas ou jurídicas que comercializem joias, pedras e metais preciosos, objetos de arte e antiguidades;

XII – as pessoas físicas ou jurídicas que comercializem bens de luxo ou de alto valor, intermedeiem a sua comercialização ou exerçam atividades que envolvam grande volume de recursos em espécie; (Redação dada pela Lei nº 12.683, de 2012)

XIII – as juntas comerciais e os registros públicos; (Incluído pela Lei nº 12.683, de 2012)

XIV – as pessoas físicas ou jurídicas que prestem, mesmo que eventualmente, serviços de assessoria, consultoria, contadoria, auditoria, aconselhamento ou assistência, de qualquer natureza, em operações: (Incluído pela Lei nº 12.683, de 2012)

a) de compra e venda de imóveis, estabelecimentos comerciais ou industriais ou participações societárias de qualquer natureza; (Incluída pela Lei nº 12.683, de 2012)

b) de gestão de fundos, valores mobiliários ou outros ativos; (Incluída pela Lei nº 12.683, de 2012)

c) de abertura ou gestão de contas bancárias, de poupança, investimento ou de valores mobiliários; (Incluída pela Lei nº 12.683, de 2012)

d) de criação, exploração ou gestão de sociedades de qualquer natureza, fundações, fundos fiduciários ou estruturas análogas; (Incluída pela Lei nº 12.683, de 2012)

e) financeiras, societárias ou imobiliárias; e (Incluída pela Lei nº 12.683, de 2012)

f) de alienação ou aquisição de direitos sobre contratos relacionados a atividades desportivas ou artísticas profissionais; (Incluída pela Lei nº 12.683, de 2012)

XV – pessoas físicas ou jurídicas que atuem na promoção, intermediação, comercialização, agenciamento ou negociação de direitos de transferência de atletas, artistas ou feiras, exposições ou eventos similares; (Incluído pela Lei nº 12.683, de 2012)

XVI – as empresas de transporte e guarda de valores; (Incluído pela Lei nº 12.683, de 2012)

XVII – as pessoas físicas ou jurídicas que comercializem bens de alto valor de origem rural ou animal ou intermedeiem a sua comercialização; e (Incluído pela Lei nº 12.683, de 2012)

XVIII - as dependências no exterior das entidades mencionadas neste artigo, por meio de sua matriz no Brasil, relativamente a residentes no País. (Incluído pela Lei nº 12.683, de 2012)

CAPÍTULO VI
Da Identificação dos Clientes e Manutenção de Registros

Art. 10. As pessoas referidas no art. 9º:

I - identificarão seus clientes e manterão cadastro atualizado, nos termos de instruções emanadas das autoridades competentes;

II - manterão registro de toda transação em moeda nacional ou estrangeira, títulos e valores mobiliários, títulos de crédito, metais, ou qualquer ativo passível de ser convertido em dinheiro, que ultrapassar limite fixado pela autoridade competente e nos termos de instruções por esta expedidas;

III - deverão adotar políticas, procedimentos e controles internos, compatíveis com seu porte e volume de operações, que lhes permitam atender ao disposto neste artigo e no art. 11, na forma disciplinada pelos órgãos competentes; (Redação dada pela Lei nº 12.683, de 2012)

IV - deverão cadastrar-se e manter seu cadastro atualizado no órgão regulador ou fiscalizador e, na falta deste, no Conselho de Controle de Atividades Financeiras (Coaf), na forma e condições por eles estabelecidas; (Incluído pela Lei nº 12.683, de 2012)

V - deverão atender às requisições formuladas pelo Coaf na periodicidade, forma e condições por ele estabelecidas, cabendo-lhe preservar, nos termos da lei, o sigilo das informações prestadas. (Incluído pela Lei nº 12.683, de 2012)

§ 1º Na hipótese de o cliente constituir-se em pessoa jurídica, a identificação referida no inciso I deste artigo deverá abranger as pessoas físicas autorizadas a representá-la, bem como seus proprietários.

§ 2º Os cadastros e registros referidos nos incisos I e II deste artigo deverão ser conservados durante o período mínimo de cinco anos a partir do encerramento da conta ou da conclusão da transação, prazo este que poderá ser ampliado pela autoridade competente.

§ 3º O registro referido no inciso II deste artigo será efetuado também quando a pessoa física ou jurídica, seus entes ligados, houver realizado, em um mesmo mês-calendário, operações com uma mesma pessoa, conglomerado ou grupo que, em seu conjunto, ultrapassem o limite fixado pela autoridade competente.

Art. 10-A. O Banco Central manterá registro centralizado formando o cadastro geral de correntistas e clientes de instituições financeiras, bem como de seus procuradores. (Incluído pela Lei nº 10.701, de 09/07/2003)

Compliance. O termo *compliance* tem origem no verbo em inglês *to comply*, que significa agir de acordo com uma regra. Assim, estar em "*compliance*" é estar em conformidade com leis e regulamentos externos e internos. Portanto, manter a empresa em conformidade significa atender aos normativos dos órgãos reguladores, de acordo com as atividades desenvolvidas pela sua empresa. Trata-se de mecanismo de importância ímpar na Lei de Lavagem de Dinheiro, como se pode depreender da leitura dos artigos 10 e 11, que determinam que as empresas criem um setor de *Compliance*, concernente a políticas, procedimentos e controles internos que deverão ser adotados, compatíveis com seu porte. O artigo 11 determina a comunicação ao **COAF** (Conselho de Controle de Atividades Financeiras) o nome de qualquer pessoa, no prazo de 24 horas, que formule proposta ou realize transações em moeda nacional ou estrangeira, títulos e valores mobiliários, títulos de crédito, metais e qualquer ativo passível de ser convertido em dinheiro que ultrapassar limite fixado pela Autoridade competente e nos termos das instruções por elas expedidas. As empresas identificarão seus clientes e manterão cadastro atualizado, devendo, porém, preservar o sigilo das informações prestadas.

Trata-se de rigorosa legislação, que determina, assim, que as empresas que ainda não estruturaram um setor de *Compliance* devam criar o mecanismo, prevenindo e impedindo erros que poderão acarretar punição e perdas financeiras, contratando aparato humano capaz de detectar eventuais irregularidades.

CAPÍTULO VII
Da Comunicação de Operações Financeiras

Art. 11. As pessoas referidas no art. 9º:

I - dispensarão especial atenção às operações que, nos termos de instruções emanadas das autoridades competentes, possam constituir-se em sérios indícios dos crimes previstos nesta Lei, ou com eles relacionar-se;

II - deverão comunicar ao Coaf, abstendo-se de dar ciência de tal ato a qualquer pessoa, inclusive àquela à qual se refira a informação, no prazo de 24 (vinte e quatro) horas, a proposta ou realização: (Redação dada pela Lei nº 12.683, de 2012)

a) de todas as transações referidas no inciso II do art. 10, acompanhadas da identificação de que trata o inciso I do mencionado artigo; e (Redação dada pela Lei nº 12.683, de 2012)

b) das operações referidas no inciso I; (Redação dada pela Lei nº 12.683, de 2012)

III - deverão comunicar ao órgão regulador ou fiscalizador da sua atividade ou, na sua falta, ao Coaf, na periodicidade, forma e condições por eles estabelecidas, a não ocorrência de propostas, transações ou operações passíveis de serem comunicadas nos termos do inciso II. (Incluído pela Lei nº 12.683, de 2012)

§ 1º As autoridades competentes, nas instruções referidas no inciso I deste artigo, elaborarão relação de operações que, por suas características, no que se refere às partes envolvidas, valores, forma de realização, instrumentos utilizados, ou pela falta de fundamento econômico ou legal, possam configurar a hipótese nele prevista.

§ 2º As comunicações de boa-fé, feitas na forma prevista neste artigo, não acarretarão responsabilidade civil ou administrativa.

§ 3º O Coaf disponibilizará as comunicações recebidas com base no inciso II do caput aos respectivos órgãos responsáveis pela regulação ou fiscalização das pessoas a que se refere o art. 9º. (Redação dada pela Lei nº 12.683, de 2012)

Art. 11-A. As transferências internacionais e os saques em espécie deverão ser previamente comunicados à instituição financeira, nos termos, limites, prazos e condições fixados pelo Banco Central do Brasil. (Incluído pela Lei nº 12.683, de 2012)

CAPÍTULO VIII
Da Responsabilidade Administrativa

Art. 12. Às pessoas referidas no art. 9º, bem como aos administradores das pessoas jurídicas, que deixem de cumprir as obrigações previstas nos arts. 10 e 11 serão aplicadas, cumulativamente ou não, pelas autoridades competentes, as seguintes sanções:

I - advertência;

II - multa pecuniária variável não superior: (Redação dada pela Lei nº 12.683, de 2012)

a) ao dobro do valor da operação; (Incluída pela Lei nº 12.683, de 2012)

b) ao dobro do lucro real obtido ou que presumivelmente seria obtido pela realização da operação; ou (Incluída pela Lei nº 12.683, de 2012)

c) ao valor de R$ 20.000.000,00 (vinte milhões de reais); (Incluída pela Lei nº 12.683, de 2012)

III - inabilitação temporária, pelo prazo de até dez anos, para o exercício do cargo de administrador das pessoas jurídicas referidas no art. 9º;

IV - cassação ou suspensão da autorização para o exercício de atividade, operação ou funcionamento. (Redação dada pela Lei nº 12.683, de 2012)

§ 1º A pena de advertência será aplicada por irregularidade no cumprimento das instruções referidas nos incisos I e II do art. 10.

§ 2º A multa será aplicada sempre que as pessoas referidas no art. 9º, por culpa ou dolo: (Redação dada pela Lei nº 12.683, de 2012)

I - deixarem de sanar as irregularidades objeto de advertência, no prazo assinalado pela autoridade competente;

II - não cumprirem o disposto nos incisos I a IV do art. 10; (Redação dada pela Lei nº 12.683, de 2012)

III - deixarem de atender, no prazo estabelecido, a requisição formulada nos termos do inciso V do art. 10; (Redação dada pela Lei nº 12.683, de 2012)

IV - descumprirem a vedação ou deixarem de fazer a comunicação a que se refere o art. 11.

§ 3º A inabilitação temporária será aplicada quando forem verificadas infrações graves quanto ao cumprimento das obrigações constantes desta Lei ou quando ocorrer reincidência específica, devidamente caracterizada em transgressões anteriormente punidas com multa.

§ 4º A cassação da autorização será aplicada nos casos de reincidência específica de infrações anteriormente punidas com a pena prevista no inciso III do caput deste artigo.

Art. 13. (Revogado pela Lei nº 13.974, de 2020)

CAPÍTULO IX
Do Conselho de Controle de Atividades Financeiras

Art. 14. Fica criado, no âmbito do Ministério da Economia, o Conselho de Controle de Atividades Financeiras - Coaf, com a finalidade de disciplinar, aplicar penas administrativas, receber, examinar e identificar as ocorrências suspeitas de atividades ilícitas previstas nesta Lei, sem prejuízo das competências de outros órgãos e entidades. (Redação dada pela Medida Provisória nº 886, de 2019)

§ 1º As instruções referidas no art. 10 destinadas às pessoas mencionadas no art. 9º, para as quais não exista órgão próprio fiscalizador ou regulador, serão expedidas pelo COAF, competindo-lhe, para esses casos, a definição das pessoas abrangidas e a aplicação das sanções enumeradas no art. 12.

§ 2º O COAF deverá, ainda, coordenar e propor mecanismos de cooperação e de troca de informações que viabilizem ações rápidas e eficientes no combate à ocultação ou dissimulação de bens, direitos e valores.

§ 3º O COAF poderá requerer aos órgãos da Administração Pública as informações cadastrais bancárias e financeiras de pessoas envolvidas em atividades suspeitas. (Incluído pela Lei nº 10.701, de 09/07/2003)

Art. 15. O COAF comunicará às autoridades competentes para a instauração dos procedimentos cabíveis, quando concluir pela existência de crimes previstos nesta Lei, de fundados indícios de sua prática, ou de qualquer outro ilícito.

Art. 16. (Revogado pela Lei nº 13.974, de 2020)

Art. 17. (Revogado pela Lei nº 13.974, de 2020)

CAPÍTULO X
Disposições Gerais
(Incluído pela Lei nº 12.683, de 2012)

Art. 17-A. Aplicam-se, subsidiariamente, as disposições do *Decreto-Lei nº 3.689, de 3 de outubro de 1941 (Código de Processo Penal)*, no que não forem incompatíveis com esta Lei. *(Incluído pela* Lei nº *12.683, de 2012)*

Art. 17-B. A autoridade policial e o Ministério Público terão acesso, exclusivamente, aos dados cadastrais do investigado que informam qualificação pessoal, filiação e endereço, independentemente de autorização judicial, mantidos pela Justiça Eleitoral, pelas empresas telefônicas, pelas instituições financeiras, pelos provedores de internet e pelas administradoras de cartão de crédito. (Incluído pela Lei nº 12.683, de 2012)

Revogação dos artigos 13, 16 e 17 da Lei nº 9.613 de 1998. A Lei nº 13.974, de 7 de janeiro de 2020, reestruturou o COAF (órgão criado inicialmente no âmbito do Ministério da Fazenda, tendo sido instituído pela Lei nº 9.613, de 1998, atuando eminentemente na prevenção e combate à lavagem de dinheiro e ao financiamento do terrorismo), assegurando ao mesmo autonomia técnica e operacional, passando a vincular o órgão administrativamente ao Banco Central do Brasil e não mais ao Ministério da Justiça e Segurança Pública, como antes havia sido deliberado pela MP 870 de 2019.

O COAF era inicialmente regido pelo Decreto nº 2.799/98, passando, em seguida, a ser regido pelo Decreto nº 9.663/19 (que revogou aquele). A MP nº 893, de 19 de agosto de 2019 (que atualmente foi convertida na Lei nº 13.974/20), transformou o Conselho de Controle de Atividades Financeiras (COAF) na Unidade de Inteligência Financeira (UIF).

Nos termos do art. 2º, § 1º, desta MP, a UIF era "*responsável por produzir e gerir informações de inteligência financeira para a prevenção e o combate à lavagem de dinheiro, ao financiamento do terrorismo e ao financiamento da proliferação de armas de destruição em massa e promover a interlocução institucional com órgãos e entidades nacionais, estrangeiros e internacionais que tenham conexão com a matéria*".

A nova estruturação do tema, promovida pela Lei nº 13.974/20, restaura a nomenclatura "COAF", e confere ao mesmo competência para produzir e gerir informações de inteligência financeira para a prevenção e o combate à lavagem de dinheiro e promover a interlocução institucional com órgãos e entidades nacionais, estrangeiros e internacionais que tenham conexão com suas atividades.

Ao Presidente do Banco Central do Brasil caberá a nomeação do Presidente do órgão e dos componentes de seu Plenário. Seu Plenário é composto do Presidente do Coaf e de 12 (doze) servidores ocupantes de cargo efetivos, de reputação ilibada e reconhecidos conhecimentos em matéria de prevenção e combate à lavagem de dinheiro, escolhidos dentre integrantes dos quadros de pessoal do Banco Central do Brasil; Comissão de Valores Mobiliários; Superintendência de Seguros Privados; Procuradoria-Geral da Fazenda Nacional; Secretaria Especial da Receita Federal do Brasil; Agência Brasileira de Inteligência; Ministério das Relações Exteriores; Ministério da Justiça e Segurança Pública; Polícia Federal; Superintendência Nacional de Previdência Complementar; Controladoria-Geral da União e Advocacia-Geral da União.

Crime praticado por integrantes da Estrutura do COAF. Aos integrantes da estrutura do Coaf é vedado participar, na forma de controlador, administrador, gerente preposto ou mandatário, de pessoas jurídicas com atividades relacionadas no *caput* e no parágrafo único do art. 9º da Lei nº 9.613, de 3 de março de 1998; emitir parecer sobre matéria de sua especialização, fora de suas atribuições funcionais, ainda que em tese, ou atuar como consultor das pessoas jurídicas acima referidas; manifestar, em qualquer meio de comunicação, opinião sobre processo pendente de julgamento no Coaf; fornecer ou divulgar informações conhecidas ou obtidas em decorrência do exercício de suas funções a pessoas que não disponham de autorização legal ou judicial para acessá-las. Quanto a essa última vedação, consoante disposto no artigo 8º, § 1º da Lei nº 13.974/20, com vigência a partir de 08 de janeiro de 2020, seu descumprimento caracteriza o crime disposto no art. 10 da Lei Complementar nº 105, de 10 de janeiro de 2001, abaixo transcrito:

> Art. 10. A quebra de sigilo, fora das hipóteses autorizadas nesta Lei Complementar, constitui crime e sujeita os responsáveis à pena de reclusão, de um a quatro anos, e multa, aplicando-se, no que couber, o Código Penal, sem prejuízo de outras sanções cabíveis.

Possibilidade de Solicitação e Requisição de Dados Pessoais pela Autoridade de Polícia Judiciária e pelo Ministério Público. Novidade trazida pela Lei nº 12.683/2012, a possibilidade da autoridade policial e do Ministério Público, independentemente de autorização judicial, obterem da Justiça Eleitoral ou requisitarem das empresas telefônicas, das instituições financeiras, dos provedores de internet e das administradoras de cartão de crédito os dados cadastrais referentes à qualificação pessoal, filiação e endereço do investigado. Gize-se que tal permissivo legal não compreende, por óbvio, a quebra de sigilo constitucional, referindo-se apenas ao fornecimento dos dados cadastrais aludidos no artigo em estudo, sendo imprescindível autorização judicial nas demais hipóteses que digam respeito à quebra de sigilo garantido pela Constituição.

Art. 17-C. Os encaminhamentos das instituições financeiras e tributárias em resposta às ordens judiciais de quebra ou transferência de sigilo deverão ser, sempre que determinado, em meio informático, e apresentados em arquivos que possibilitem a migração de informações para os autos do processo sem redigitação. (Incluído pela Lei nº 12.683, de 2012)

Art. 17-D. Em caso de indiciamento de servidor público, este será afastado, sem prejuízo de remuneração e demais direitos previstos em lei, até que o juiz competente autorize, em decisão fundamentada, o seu retorno. *(Incluído pela* Lei nº *12.683, de 2012)*

Art. 17-E. A Secretaria da Receita Federal do Brasil conservará os dados fiscais dos contribuintes pelo prazo mínimo de 5 (cinco) anos, contado a partir do início do exercício seguinte ao da declaração de renda respectiva ou ao do pagamento do tributo. (Incluído pela Lei nº 12.683, de 2012)

Art. 18. Esta Lei entra em vigor na data de sua publicação.

Brasília, 3 de março de 1998; 177º da Independência e 110º da República.

Fernando Henrique Cardoso
Iris Resende
Luiz Felipe Lampreia
Pedro Malan

Grupo de Trabalho. O Decreto nº 10.270, de 06 de março de 2020, instituiu o Grupo de Trabalho de Avaliação Nacional de Riscos de Lavagem de Dinheiro, de Financiamento do Terrorismo e de Financiamento da Proliferação de Armas de Destruição em Massa, com o objetivo de realizar periodicamente diagnóstico para identificar, avaliar e compreender esses riscos no País, a fim de subsidiar ações de órgãos e entidades competentes para a adoção de medidas de prevenção e combate relacionadas às referidas matérias.

QUESTÕES

1) (2018 – FUMARC – PC/MG – Delegado de Polícia Civil)

Em relação aos aspectos processuais da lei de lavagem de dinheiro (Lei 9.613/98), pode-se afirmar:

a) A alienação de bens objeto de medidas assecuratórias depende da existência de trânsito em julgado de sentença condenatória.

b) A competência para o julgamento do delito de lavagem de dinheiro será da justiça federal.

c) A denúncia deverá ser instruída com indícios suficientes da existência de infração penal antecedente.

d) A persecução penal em juízo depende da comprovação, mediante sentença condenatória, de infrações penais antecedentes.

2) (2019 - FCC - MPE/MT - Promotor de Justiça)

De acordo com o ordenamento jurídico e o posicionamento dos tribunais superiores acerca do crime de "lavagem" ou ocultação de bens, direitos e valores (Lei nº 9.613/1998),

a) a pena será aumentada de metade, se os crimes definidos na Lei nº 9.613/1998 forem cometidos de forma reiterada ou por intermédio de organização criminosa.

b) somente constitui o crime de "lavagem" ou ocultação de bens, direitos e valores se o valor em pecúnia envolvido tiver decorrido de um dos crimes referidos no rol exaustivo da Lei nº 9.613/1998.

c) a lei de "lavagem" ou ocultação de bens, direitos e valores, muito embora criminalize a conduta de ocultar ou dissimular a utilização de bens, direitos ou valores provenientes de determinados crimes, é omissa quanto à tipificação das condutas de importar ou exportar bens com valores não correspondentes aos verdadeiros.

d) não é punível a tentativa de "lavagem" ou ocultação de bens, direitos e valores.

e) é adotada nos tribunais superiores brasileiros a doutrina norte-americana que aponta a existência de três fases distintas do crime de "lavagem" de bens, direitos e valores: a colocação, o encobrimento e a integração.

3) (2019 - Instituto Acesso - PC/ES - Delegado de Polícia)

Hans Staden é um famoso colecionador e vendedor de artigos raros de antiguidade, em especial obras de arte da região Bávara da Alemanha. Para comemorar suas recentes aquisições, fez uma exposição na cidade de seus avós, uns dos primeiros colonos alemães no Brasil, Sontag Martins, na serra capixaba. Lá pode vender algumas dessas obras, todavia, em especial pelo clima de festividades, não deu seguimento ao seu procedimento de venda com o devido cadastramento dos compradores e demais detalhes próprios das obrigações e responsabilidades dispostas no art. 10 da Lei 9.613/98. Ao passar dos dias, ainda com sua consciência pesada por não cumprir o procedimento padrão, pensa em viajar pela Europa e evitar o desdobramento de qualquer Ação Penal que se inicie, pois crê que "se não for achado, qualquer processo ficará suspenso aguardando minha volta".

Nessa situação hipotética, sobre a disciplina imposta pela Lei 9.613/98 e as garantias processuais, está correto afirmar que caso Hans Staden não comparecesse ou não constituísse advogado:

a) seria citado por edital e o feito seria continuado até o julgamento, sendo um defensor dativo nomeado para a defesa técnica.

b) tal motivo, de acordo com a Lei 9.613/98, seria o suficiente para a sua condução coercitiva.

c) seria citado por edital e o feito seria suspenso assim como o curso do prazo prescricional.

d) tal motivo, de acordo com a Lei 9.613/98, seria o suficiente para a decretação de sua prisão preventiva.

e) tal motivo, de acordo com a Lei 9.613/98, seria o suficiente para a decretação de sua prisão temporária.

4) (2019 – MPE/SP – MPE/SP – Promotor de Justiça Substituto)

Assinale a alternativa INCORRETA.

a) O crime de "lavagem" de capitais é punível ainda que desconhecido ou isento de pena o autor da infração penal antecedente.

b) Com a condenação pela prática do crime de "lavagem" de capitais, ocorrerá a perda em favor da União, ressalvado o direito do lesado ou de terceiro de boa-fé, dos instrumentos do crime, desde que consistam em coisas cujo fabrico, alienação, uso, porte ou detenção constitua fato ilícito.

c) A habitualidade não é elementar do crime de "lavagem" de capitais, mas, se praticada de forma reiterada, faz incidir causa de aumento de pena.

d) Dentre as principais alterações produzidas pela Lei nº 12.683/12 à Lei nº 9.613/98, que dispõe sobre os crimes de "lavagem" ou ocultação de bens, direitos e valores, temos a mudança da redação do caput do artigo 1º, a revogação do rol taxativo constante em seus incisos e a majoração da pena, que comportava, até então, a substituição por restritivas de direitos.

e) O crime de "lavagem" de capitais tem natureza acessória, derivada ou dependente de infração penal anteriormente cometida, típica e antijurídica, da qual decorreu a obtenção de vantagem financeira ilegal.

5) (2019 – MPE/SC – MPE/SC – Promotor de Justiça)

A configuração do crime de lavagem de dinheiro (art. 1º da Lei n. 9.613/1998) pressupõe a demonstração da autoria e materialidade da infração penal anterior.

CERTO ou ERRADO

6) (2019 - CESPE - CGE/CE - Auditor de Controle Interno)

Acerca do crime de lavagem de dinheiro — previsto na Lei n.º 9.613/1998 —, assinale a opção correta, de acordo com a legislação de regência e o atual entendimento do STF.

a) O conceito de infração penal anterior apresentado na Lei n.º 9.613/1998 é restrito: ele exclui os crimes de menor potencial ofensivo.

b) Para a configuração do crime de lavagem de dinheiro, é indispensável que a organização criminosa tenha concorrido, de qualquer modo, para a prática da infração penal anterior.

c) O crime de lavagem de dinheiro é crime material: a ocultação de valores provenientes de infração penal anterior só produz resultado depois de esses valores serem introduzidos no sistema financeiro pela organização criminosa.

d) O crime de lavagem de dinheiro é crime plurissubjetivo: fica configurado quando a operação de ocultar bens ou valores provenientes de infração penal anterior for realizada especificamente por organização criminosa.

e) O crime de lavagem de dinheiro será crime permanente se for praticado na modalidade de ocultar os valores provenientes de infração penal anterior, estendendo-se a sua execução até que os objetos materiais da lavagem se tornem conhecidos.

7) (2018 - CESPE - Polícia Federal - Perito Criminal Federal)

O crime de lavagem de capitais ou ocultação de bens, direitos e valores não é admitido na modalidade tentada.

CERTO ou ERRADO

8) (2018 - CESPE - Polícia Federal - Delegado de Polícia Federal)

Com referência à interceptação de comunicação telefônica, ao crime de tráfico ilícito de entorpecentes, ao crime de lavagem de capitais e a crimes cibernéticos, julgue o seguinte item.

Situação hipotética: Álvaro, servidor público federal, foi, por cinco anos, presidente da comissão de licitações de determinado órgão público federal. Em diversas ocasiões, Álvaro recebeu valores e bens para favorecer empresas nos certames licitatórios, e os transferiu para o patrimônio de Flávio, seu irmão, que os utilizava nos negócios da empresa da família, com vistas a ocultar o ingresso desses recursos e a sua origem ilícita. Assertiva: Nessa situação, Álvaro e Flávio responderão pelo crime de lavagem de capitais, e será da justiça federal a competência para processar e julgar a ação penal.

CERTO ou ERRADO

9) (2018 – CESPE – ABIN – Oficial Técnico de Inteligência)

João integra conhecida organização criminosa de âmbito nacional especializada em tráfico de drogas e lavagem de dinheiro. Com o objetivo de tornar legal o dinheiro obtido ilicitamente, ele convenceu Pedro e Jorge, conselheiros fiscais de uma cooperativa de mineradores que atuam na região Norte do país, a modificar valores obtidos em uma mina de ouro. Pedro, sem conhecer a fundo a origem dos valores, concordou em fazer a transação. Antes de concluí-la, entretanto, ele desistiu da ação, e tentou convencer Jorge a fazer o mesmo. Tendo Jorge decidido prosseguir no esquema, Pedro, então, fez uma denúncia sigilosa à polícia, que passou a investigar o fato e reuniu elementos necessários ao indiciamento dos envolvidos. Antes que concretizasse a ação final de registro de valores, Jorge foi impedido pela polícia, que o prendeu em flagrante.
Acerca dessa situação hipotética, julgue o item subsequente.

Em relação ao crime de lavagem de dinheiro, a pena de João poderá ser aumentada de um a dois terços, em razão de o crime ter sido cometido por intermédio de organização criminosa.

CERTO ou ERRADO

10) (2018 – TRF – 3ª REGIÃO – TRF – 3ª REGIÃO – Juiz Federal Substituto)

Assinale a alternativa CORRETA:

a) O processo e julgamento do crime de lavagem de dinheiro prescinde da existência da infração penal antecedente.

b) O crime de lavagem de dinheiro caracteriza-se pela ocorrência de crime antecedente expressamente previsto na lei específica.

c) O processo de lavagem de dinheiro é composto por, pelo menos, três fases: ocultação, dissimulação e integração.

d) A legislação brasileira exige a completude do ciclo de lavagem para que se caracterize o crime de lavagem de capitais.

11) (2018 – VUNESP – PauliPrev/SP – Procurador)

Tendo em conta a Lei nº 9.613/98, com as alterações da Lei nº 12.683/12, é correto afirmar que

a) não há previsão de lavagem de dinheiro na modalidade culposa.

b) a ocultação de bens, direitos ou valores provenientes de contravenção penal não pode ensejar crime de lavagem de dinheiro.

c) não há previsão de lavagem de dinheiro na modalidade tentada.

d) o ordenamento pátrio adotou a legislação de segunda geração, já que apenas um rol fechado de infração penal antecedente pode ensejar crime de lavagem de dinheiro.

e) haverá aumento de pena se o crime de lavagem de dinheiro for cometido por intermédio de associação criminosa.

12) (2018 - FUNDATEC - PC/RS - Delegado de Polícia)

A respeito das condutas incriminadas pela Lei nº 9.613/1998, denominada Lei de Lavagem de Dinheiro, analise as assertivas que seguem:

I. De acordo com o entendimento atual do Supremo Tribunal Federal sobre a matéria, o crime de lavagem de bens, direitos ou valores, praticado na modalidade de ocultação, tem natureza de crime permanente, logo, a prescrição somente começa a contar do dia em que cessar a permanência.

II. O crime de lavagem de bens, direitos ou valores é composto por três fases: a colocação (placement), a ocultação (layering) e a integração (integration), devendo todas estarem configuradas para o enquadramento da conduta na figura criminosa.

III. A pena será aumentada de um a dois terços, quando forem constatadas várias transações financeiras, soma de grandes valores e, além disso, houver prova de que o sujeito integre organização criminosa.

Quais estão corretas?

a) Apenas I.

b) Apenas II.

c) Apenas III.

d) Apenas I e III.

e) I, II e III.

13) (2019 - CESPE - PC/MA - Investigador de Polícia)

Determinada pessoa ocultou a origem de bens provenientes diretamente de infração penal. Provado o crime de ocultação, foi instaurada ação penal contra essa pessoa com fundamento nos dispositivos da Lei n.º 9.613/1998, que dispõe sobre os crimes de lavagem ou ocultação de bens, direitos e valores.

Nessa situação hipotética, conforme a lei nela referida,

a) cumulativamente à penalidade de reclusão, poderá o juiz aplicar multa ao agente, desde que a infração penal tenha sido praticada contra o erário público.

b) a condenação pelo crime de ocultação de valores independerá do julgamento das infrações penais antecedentes.

c) se a pessoa acusada, citada por edital, não comparecer, nem constituir advogado, ficará suspenso o processo.

d) a competência para o processamento e o julgamento será, em qualquer hipótese, da justiça federal.

e) haverá incidência de qualificadora, caso a infração penal tenha sido praticada por intermédio de organização criminosa.

14) (2018 - CESPE - PC/MA - Delegado de Polícia)

A colaboração premiada nos casos de lavagem de capitais

a) será válida somente se o colaborador indicar a autoria do crime antecedente que originou a lavagem de ativos.

b) será nula se não contar com a participação do órgão julgador na elaboração do acordo.

c) tem como benefício, entre outros, a substituição da pena privativa de liberdade por penas restritivas de direitos.

d) constitui meio de prova que pode embasar, isoladamente, posterior sentença condenatória.

e) pode ocorrer apenas na fase processual, no curso da competente ação penal.

15) (2017 - CESPE - DPU - Defensor Público Federal)

Em cada um do item seguinte é apresentada uma situação hipotética, seguida de uma assertiva a ser julgada à luz das disposições constitucionais e legais a respeito de competência.

Ricardo foi denunciado pela prática do crime de lavagem de capitais provenientes do tráfico internacional de drogas. Nessa situação, o crime de lavagem de capitais será processado e julgado pela justiça federal, haja vista a competência constitucional do crime antecedente.

CERTO ou ERRADO

16) (2017 - CESPE - DPU - Defensor Público Federal)

Em assalto a uma agência bancária, Lúcio conseguiu alta monta financeira. Com parte do dinheiro, ele comprou imóvel em nome próprio, tendo declarado na escritura de compra e venda valor inferior ao que foi efetivamente pago pelo imóvel. Em seguida, Lúcio vendeu o bem pelo valor de mercado, o que tornou lícito o proveito econômico do crime praticado.

Acerca dessa situação hipotética, julgue os itens seguintes à luz da legislação e da doutrina pertinentes à lavagem de dinheiro e à extinção de punibilidade.

a) Conforme a legislação específica, para que Lúcio seja condenado pelo crime de lavagem de dinheiro, é necessário que haja condenação, ao menos em primeiro grau, pelo crime de roubo à agência bancária.

b) De acordo com o STF, Lúcio somente poderá ser processado e julgado pelo crime de roubo, pois o direito penal brasileiro não admite o crime de autolavagem — quando o autor do crime antecedente pratica também a lavagem de capitais —, por entender que esse seria um caso de mero exaurimento do fato antecedente.

17) (2016 - MPE/SC - MPE/SC - Promotor de Justiça)

Nos crimes de "lavagem" ou ocultação de bens, direitos e valores, previstos na Lei n. 9.613/98 (Lavagem de Dinheiro), incorre nas mesmas penas quem participa de escritório tendo conhecimento de que sua atividade principal ou, até mesmo secundária, é dirigida à prática de crimes previstos na supramencionada legislação repressiva.

CERTO ou ERRADO

GABARITO COMENTADO

1) Gabarito oficial: letra "c".

Justificativa:

a) Incorreta, pois poderá ocorrer a alienação antecipada dos bens. Isso porque, segundo o art. 4º da Lei n.º 9.613/98 (com redação dada pela Lei nº 12.683/2012): "O juiz, de ofício, a requerimento do Ministério Público ou mediante representação do delegado de polícia, ouvido o Ministério Público em 24 (vinte e quatro) horas, havendo indícios suficientes de infração penal, poderá decretar medidas assecuratórias de bens, direitos ou valores do investigado ou acusado, ou existentes em nome de interpostas pessoas, que sejam instrumento, produto ou proveito dos crimes previstos nesta Lei ou das infrações penais antecedentes". Assim, nos termos do art. 4º-A da Lei n.º 9.613/98: "A alienação antecipada para preservação de valor de bens sob constrição será decretada pelo juiz, de ofício, a requerimento do Ministério Público ou por solicitação da parte interessada, mediante petição autônoma, que será autuada em apartado e cujos autos terão tramitação em separado em relação ao processo principal".

b) Incorreta, pois, nos termos do art. 2º, inciso III, alíneas a e b, da Lei n.º 9.613/98, o processo e o julgamento de crimes de lavagem de dinheiro será da competência da Justiça Federal quando a infração penal antecedente for de competência da Justiça Federal ou quando praticados contra o sistema financeiro e a ordem econômico-financeira, ou em detrimento de bens, serviços ou interesses da União, ou de suas entidades autárquicas ou empresas públicas.

c) Correta, conforme no art. 2º, §1º, da Lei n.º 9.613/98 (com redação dada pela Lei nº 12.683/2012): "A denúncia será instruída com indícios suficientes da existência da infração penal antecedente, sendo puníveis os fatos previstos nesta Lei, ainda que desconhecido ou isento de pena o autor, ou extinta a punibilidade da infração penal antecedente".

d) Incorreta. Segundo a jurisprudência do STJ: "'O crime de lavagem de dinheiro não exige que o réu seja autor do crime antecedente.'

[RHC 39.470/RJ, Rel. Ministro NEFI CORDEIRO, SEXTA TURMA, julgado em 10/06/2014, DJe 01/07/2014]". (STJ, T5 - QUINTA TURMA. AgRg no AREsp 671607/ES. AGRAVO REGIMENTAL NO AGRAVO EM RECURSO ESPECIAL. Relator(a) Ministro JORGE MUSSI. Julgamento em 04/10/2018. Publicação/Fonte em DJe 18/10/2018).

2) Gabarito oficial: letra "e".

a) Errada, a pena será aumentada de 1/3 a 2/3, se os crimes definidos na Lei nº 9.613/1998 forem cometidos de forma reiterada ou por intermédio de organização criminosa.

b) O crime de "lavagem" ou ocultação de bens, direitos e valores estará caraterizado independentemente da infração penal anterior, que, atualmente, pode ser qualquer infração.

c) A lei de "lavagem" ou ocultação de bens, direitos e valores criminaliza a conduta de ocultar ou dissimular a utilização de bens, direitos ou valores provenientes de determinados crimes, bem como a de importar ou exportar bens com valores não correspondentes aos verdadeiros.

d) É perfeitamente punível a tentativa de "lavagem" ou ocultação de bens, direitos e valores.

e) Correta. É adotada nos tribunais superiores brasileiros a doutrina norte-americana que aponta a existência de três fases distintas do crime de "lavagem" de bens, direitos e valores: a colocação, a ocultação e a integração.

3) Gabarito oficial: letra "a", em face ao disposto no art. 2, § 2º, da Lei nº 9.613/1998.

4) Gabarito oficial: letra "d". A Lei nº 12.683/12, *novatio legis in pejus*, tornou a Lei de Lavagem uma lei de terceira geração, em que não mais existe previsão de um rol taxativo de crimes antecedentes à lavagem. Contudo, não houve qualquer aumento de pena, sendo, ainda, possível a substituição de pena por restritiva de direitos, conforme art. 1º, §5º, da Lei n. 9.613/98.

5) Gabarito oficial: ERRADO. Para que se receba a denúncia é necessário que tenha indícios suficientes da a existência do crime antecedente, não sendo necessário a existência de certeza quanto à sua existência.

6) Gabarito oficial: letra "e".

a) O conceito de infração penal anterior apresentado na Lei n.º 9.613/1998 é amplo e não exclui os crimes de menor potencial ofensivo.

b) Para a configuração do crime de lavagem de dinheiro, é dispensável que a organização criminosa tenha concorrido, de qualquer modo, para a prática da infração penal anterior. Os que praticam a lavagem de capitais não precisam, ter participado do crime antecedente.

c) O crime de lavagem de dinheiro não é crime material, mas formal.

d) O crime de lavagem de dinheiro não é plurissubjetivo, ou seja, não é de concurso necessário, podendo ser praticado por uma só pessoa.

e) Perfeito! O crime de lavagem de dinheiro será crime permanente se for praticado na modalidade de ocultar os valores provenientes de infração penal anterior, estendendo-se a sua execução até que os objetos materiais da lavagem se tornem conhecidos. Sobre o tema, informativo 866 do STF.

7) Gabarito oficial: ERRADO. Art. 1º, § 3º, da Lei de Lavagem de Capitais: A tentativa é punida nos termos do parágrafo único do art. 14 do Código Penal.

8) Gabarito oficial: CERTO. Art. 2º, III da Lei 9.613/1998: São da competência da Justiça Federal:

a) quando praticados contra o sistema financeiro e a ordem econômico-financeira, ou em detrimento de bens, serviços ou interesses da União, ou de suas entidades autárquicas ou empresas públicas;

b) quando a infração penal antecedente for de competência da Justiça Federal.

9) Gabarito Oficial: CERTO. Art, 1º, § 4º da Lei nº 9.613/1998: <u>A pena será aumentada de um a dois terços, se os crimes definidos nesta Lei forem cometidos de forma reiterada ou por intermédio de organização criminosa</u>.

10) Gabarito Oficial: letra "c

a) Errada. O processo e julgamento do crime de lavagem de dinheiro prescinde da existência de processo e mesmo do conhecimento da autoria da infração penal antecedente, mas não prescinde da existência da infração antecedente.

b) O crime de lavagem de dinheiro caracteriza-se pela ocorrência da lavagem de bens, direitos e valores provenientes de qualquer infração penal antecedente.

c) Correto. O processo de lavagem de dinheiro é composto por, pelo menos, três fases: ocultação, dissimulação e integração.

d) A legislação brasileira não exige a completude do ciclo de lavagem para que se caracterize o crime de lavagem de capitais. Assim, o crime estará consumado com a ocultação, não sendo necessário que o agente consiga atingir a fase de integração.

11) Gabarito Oficial: letra "a". O crime de lavagem de dinheiro só admite modalidade dolosa, não havendo previsão de lavagem de dinheiro na modalidade culposa.

B) a ocultação de bens, direitos ou valores provenientes de contravenção penal pode ensejar reconhecimento de crime de lavagem de dinheiro.

c) há previsão de lavagem de dinheiro na modalidade tentada.

d) o ordenamento pátrio adotou a legislação de terceira geração, podendo qualquer infração penal antecedente caracterizar crime de lavagem de dinheiro.

e) haverá aumento de pena se o crime de lavagem de dinheiro for cometido por intermédio de organização (não de associação) criminosa.

12) Gabarito Oficial: letra "a".

Justificativa:

Item I. Correto. Enquanto houver movimentação do dinheiro oriundo de lavagem, o crime estará se consumando , tratando-se de crime permanente, não se podendo falar em prescrição. (STF, AP 863).

Item II. Incorreto. O STF no HC 80816/SP entendeu que as três fases que a doutrina aponta como sendo fases da lavagem não precisam ocorrer para configurar o crime.

Item III. Incorreta. A causa de aumento de pena prevista na Lei de Lavagem de Capitais não exige a soma de grandes valores ou diversas transações financeiras, bastando, para sua configuração, que tenha sido praticada de forma reiterada ou que o crime seja praticado por intermédio de organização criminosa, nos termos do artigo 1º, § 4º, da Lei nº 9.613/98: "*A pena será aumentada de um a dois terços, se os crimes definidos nesta Lei forem cometidos de forma reiterada ou por intermédio de organização criminosa*".

13) Gabarito Oficial: letra "b". O Delito de Lavagem de Dinheiro, apesar de necessitar de um delito antecedente, é autônomo, prescindindo do conhecimento de autoria ou de punição do crime precedente, consoante art. 2º, § 1º, da Lei nº 9.613/98: "*§ 1º A denúncia será instruída com indícios suficientes da existência da infração penal antecedente, sendo puníveis os fatos previstos nesta Lei, ainda que desconhecido ou isento de pena o autor, ou extinta a punibilidade da infração penal antecedente*".

14) Gabarito Oficial: letra "c". Vale destacar que O juiz poderá substituir a pena privativa de liberdade do colaborador por pena restritiva de direitos mesmo que não estejam presentes os requisitos do art. 44 do CP, face ao disposto no artigo 1º, § 5º, da Lei nº 9.613/1998.

15) Gabarito Oficial: CERTO. Nos termos do art. 2º, III, b, da Lei nº 9.613/1998: "*art. 2º. O processo e julgamento dos crimes previstos nesta Lei: III – são da competência da Justiça Federal: b) quando a infração penal antecedente for de competência da Justiça Federal.*"

16) Gabarito Oficial:

a) ERRADO. Face ao disposto na Lei de Lavagem de dinheiro**:** "*Art. 2º O processo e julgamento dos crimes previstos nesta Lei: [...] II - independem do processo e julgamento das infrações penais antecedentes, ainda que praticados em outro país, cabendo ao juiz competente para os crimes previstos nesta Lei a decisão sobre a unidade de processo e julgamento*";

b) ERRADO. O Supremo Tribunal Federal já decidiu e a doutrina aponta que o crime de lavagem de capitais não funciona como mero exaurimento da infração antecedente, já que a Lei nº 9.613/98 não exclui a possibilidade de que o ilícito penal antecedente e a lavagem de capitais subsequente sejam praticados pela (s) mesma(s) pessoa(s), Nessas hipóteses, em que o autor da lavagem é o mesmo autor da infração antecedente, por ambos os delitos deverá responder em concurso material, com a aplicação cumulativa das penas.

17) Gabarito Oficial: CERTO. "*Art. 1, § 2º, II - participar de grupo, associação ou escritório tendo conhecimento de que sua atividade principal ou secundária é dirigida à prática de crimes previstos nesta Lei*".

12

NOVA LEI DE LICITAÇÕES E CONTRATOS ADMINISTRATIVOS

LEI Nº 14.133, DE 01 DE ABRIL DE 2021
Lei de Licitações e Contratos Administrativos.

TÍTULO I
DISPOSIÇÕES PRELIMINARES

CAPÍTULO I
DO ÂMBITO DE APLICAÇÃO DESTA LEI

(Lei nº 14.133/21) Art. 1º Esta Lei estabelece normas gerais de licitação e contratação para as Administrações Públicas diretas, autárquicas e fundacionais da União, dos Estados, do Distrito Federal e dos Municípios, e abrange:

I - os órgãos dos Poderes Legislativo e Judiciário da União, dos Estados e do Distrito Federal e os órgãos do Poder Legislativo dos Municípios, quando no desempenho de função administrativa;

II - os fundos especiais e as demais entidades controladas direta ou indiretamente pela Administração Pública.

§ 1º Não são abrangidas por esta Lei as empresas públicas, as sociedades de economia mista e as suas subsidiárias, regidas pela Lei nº 13.303, de 30 de junho de 2016, ressalvado o disposto no art. 178 desta Lei.

§ 2º As contratações realizadas no âmbito das repartições públicas sediadas no exterior obedecerão às peculiaridades locais e aos princípios básicos estabelecidos nesta Lei, na forma de regulamentação específica a ser editada por ministro de Estado.

§ 3º Nas licitações e contratações que envolvam recursos provenientes de empréstimo ou doação oriundos de agência oficial de cooperação estrangeira ou de organismo financeiro de que o Brasil seja parte, podem ser admitidas:

I - condições decorrentes de acordos internacionais aprovados pelo Congresso Nacional e ratificados pelo Presidente da República;

II - condições peculiares à seleção e à contratação constantes de normas e procedimentos das agências ou dos organismos, desde que:

a) sejam exigidas para a obtenção do empréstimo ou doação;

b) não conflitem com os princípios constitucionais em vigor;

c) sejam indicadas no respectivo contrato de empréstimo ou doação e tenham sido objeto de parecer favorável do órgão jurídico do contratante do financiamento previamente à celebração do referido contrato;

d) (VETADO).

§ 4º A documentação encaminhada ao Senado Federal para autorização do empréstimo de que trata o § 3º deste artigo deverá fazer referência às condições contratuais que incidam na hipótese do referido parágrafo.

§ 5º As contratações relativas à gestão, direta e indireta, das reservas internacionais do País, inclusive as de serviços conexos ou acessórios a essa atividade, serão disciplinadas em ato normativo próprio do Banco Central do Brasil, assegurada a observância dos princípios estabelecidos no caput do art. 37 da Constituição Federal.

Âmbito de proteção da Lei nº 14.133/21. Nova Lei de Licitações e Contratos Administrativos. A Constituição Federal reservou importante espaço no seu conteúdo para a Administração Pública. Preocupado com a gestão da máquina administrativa e os recursos públicos, o Constituinte previu uma série de princípios e medidas no artigo 37 da CRFB/1988, visando à máxima transparência e efetividade.

> (CRFB/88) Art. 37. A administração pública direta e indireta de qualquer dos Poderes da União, dos Estados, do Distrito Federal e dos Municípios obedecerá aos princípios de legalidade, impessoalidade, moralidade, publicidade e eficiência e, também, ao seguinte: *(Redação dada pela Emenda Constitucional nº 19, de 1998)*
>
> XXI – ressalvados os casos especificados na legislação, as obras, serviços, compras e alienações serão contratados mediante processo de licitação pública que assegure igualdade de condições a todos os concorrentes, com cláusulas que estabeleçam obrigações de pagamento, mantidas as condições efetivas da proposta, nos termos da lei, o qual somente permitirá as exigências de qualificação técnica e econômica indispensáveis à garantia do cumprimento das obrigações. *(Regulamento)*. (Sem grifos no original).

O artigo 37, XXI, da CRFB/1988 é a base normativa constitucional das licitações e contratos para o âmbito da Administração Pública. O Constituinte, no entanto, deixou a cargo do legislador esmiuçar os detalhes deste complexo sistema de contratação, que culminou na Lei nº 8.666/93 e, mais recentemente, na Lei nº

14.133/21, que prevê as regras pelas quais a Administração Pública poderá contratar e, ainda, dispõe sobre sanções administrativas e penais para aqueles que violarem seus preceitos.

Para que possamos entrar, propriamente, no estudo das sanções e dos crimes previstos nesta Lei, é importante conceituar os principais termos a serem manuseados. No entendimento de Hely Lopes Meirelles, contrato administrativo:

> (...) é o ajuste que a Administração Pública, agindo nessa qualidade, firma com o particular ou outra entidade administrativa para a consecução de objetivos de interesse público, nas condições estabelecidas pela própria Administração[1].

Licitação, por sua vez, segundo o autor é:

> (...) o antecedente necessário do contrato administrativo; o contrato é o consequente lógico da licitação. Mas esta, observa-se, é apenas um procedimento administrativo preparatório do futuro ajuste, de modo que não confere ao vencedor nenhum direito ao contrato, apenas uma expectativa de direito. Realmente, concluída a licitação, não fica a Administração Pública obrigada a celebrar o contrato, mas se o fizer, há de ser com o proponente vencedor[2].

Através da licitação, a Administração Pública seleciona a proposta que seja mais vantajosa para os seus interesses. No entanto, como é notório, nem sempre os interesses da Administração são postos em primeiro lugar e, nesse ponto, ela depende dos servidores públicos e demais envolvidos no processo para que o que realmente foi pactuado seja cumprido.

Porém, infelizmente em muitas situações este tipo de pacto geralmente está acometido de interesses espúrios, maculando os princípios elencados no *caput* do artigo 37 da CRFB/1988, fazendo com que os envolvidos mereçam a reprimenda administrativa e penal. Neste ponto, entram em cena os dispositivos pertinentes da nova lei de licitações.

(Lei nº 14.133/21) Art. 193. Revogam-se:

I - os arts. 89 a 108 da Lei nº 8.666, de 21 de junho de 1993, na data de publicação desta Lei;

II - a Lei nº 8.666, de 21 de junho de 1993, a Lei nº 10.520, de 17 de julho de 2002, e os arts. 1º a 47-A da Lei nº 12.462, de 4 de agosto de 2011, após decorridos 2 (dois) anos da publicação oficial desta Lei.

---

1. MEIRELLES, Hely Lopes. *Direito Administrativo Brasileiro*. 27.ed. Atualizada por Eurico de Andrade Azevedo, Délcio Balestero Aleixo e José Emmanuel Burle Filho. São Paulo: Malheiros, 2002. p. 205-206.
2. Idem. p. 260.

(Lei nº 14.133/21) Art. 194. Esta Lei entra em vigor na data de sua publicação.

A revogação dos artigos 89 a 108 da Lei nº 8.666/93. O artigo 193, I, da Lei nº 14.133/21 dispôs que a parte criminal da antiga Lei de Licitações fosse revogado na data da publicação da nova lei, que se deu no dia 01 de abril de 2021. Desta forma, passam a valer as novas disposições narradas no Capítulo II-B, do Título XI da Parte Especial do Código Penal, nomeado assim: "DOS CRIMES EM LICITAÇÕES E CONTRATOS ADMINISTRATIVOS".

Neste sentido, também foi revogado o art. 100 da Lei nº 8.666/93, que definia a ação penal pública incondicionada como cabível para os crimes antigamente previstos. Agora, como estão no Código Penal e a nova lei de licitações não faz disciplina específica, será aplicada a mesma regra de ação penal para os crimes deste novo capítulo do Código Penal, porém, sob o fundamento do art. 100 do CP.

A não revogação imediata de demais artigos da Lei nº 8.666/93 que refletem em matéria penal. Em que pese a revogação explicitada no tópico anterior, é preciso atentar quanto ao fato da não revogação imediata de outros dispositivos que afetam diretamente o estudo em matéria penal, tais como os do art. 82 e 83 da Lei nº 8.666/93, que tratam das sanções administrativas e da tutela judicial, já que o art. 193, II, da Lei nº 14.133/21 prevê que o restante da Lei nº 8.666/93, que não foi imediatamente revogado, o será em 02 (dois) anos, contados da data de entrada em vigor do novo diploma legal (01/04/21). Dessa forma, quaisquer dispositivos que ainda não tenham sido revogados de forma expressa permanecerão válidos e, coexistindo com os novos dispositivos da Lei nº 14.133/21, poderão ser aplicados em conjunto com as novas regras penais, enquanto estivermos no referido período.

A coexistência entre a Lei nº 8.666/93 e a Lei nº 14.133/21. Durante os dois anos após a data da entrada em vigor da Lei nº 14.133/21, tanto as normas aqui contidas, quanto as normas já previstas na Lei nº 8.666/93 (exceto os artigos 89 a 108 desta última, em virtude da revogação feita pelo art. 193, I, da Lei nº 14.133/21) irão coexistir, diante da complexidade do tema, cabendo ao administrador público, optar por aplicar ou as disposições administrativas referentes à Lei nº 8.666/93, ou as novas disposições trazidas pela Lei nº 14.133/21.

Tal situação representa uma forma de transição, na qual o gestor público precisará se adaptar para que, então, ao final dos dois anos previstos no art. 193, II, da Lei nº 14.133/21, seja finalmente revogada por completo a Lei nº 8.666/93. Situação semelhante já foi vivida por ocasião da entrada em vigor da Lei nº 13.303/16, que em seu art. 91, nas hipóteses ali estabelecidas, previu prazo de 24 (vinte e quatro) meses, para que houvesse adaptação aos novos ditames legais.

(Lei nº 8.666/93) Art. 82. Os agentes administrativos que praticarem atos em desacordo com os preceitos desta Lei ou visando a frustrar os objetivos da licitação sujeitam-se às sanções previstas nesta Lei e nos regulamentos próprios, sem prejuízo das responsabilidades civil e criminal que seu ato ensejar.

(Lei nº 8.666/93) Art. 83. Os crimes definidos nesta Lei, ainda que simplesmente tentados, sujeitam os seus autores, quando servidores públicos, além das sanções penais, à perda do cargo, emprego, função ou mandato eletivo.

Das sanções administrativas e da tutela judicial previstas na Lei nº 8.666/93. O artigo 82 da Lei nº 8.666/93 inicia os dispositivos gerais pertinentes à esfera de responsabilização dos agentes administrativos que violarem os preceitos legais referentes às licitações e contratos no âmbito da Administração Pública.

Neste ponto do estudo, devemos nos lembrar do princípio da independência das instâncias civil, administrativa e penal, cada uma prevendo sua punição, sem que isso configure espécie de *bis in idem*.

Das sanções a que estão sujeitos os autores, quando servidores públicos. Tamanha é a gravidade causada pela mácula aos princípios constitucionais previstos no artigo 37 da CRFB/1988, bem como aos dispositivos da Lei nº 8.666/93, que o legislador admite a possibilidade de que os servidores públicos que pratiquem crimes definidos nesta última Lei, ainda que simplesmente tentados, percam o cargo, emprego, função ou mandato eletivo. À semelhança do que ocorreu por ocasião do julgamento do REsp 1.244.666/RS (que será estudado no tópico a seguir), há aplicação subsidiária do art. 92, parágrafo único, do Código Penal, razão pela qual é exigida motivação de forma concreta para o afastamento do mandato eletivo, ou seja, deve haver uma motivação declarada pelo juiz sobre os efeitos da sentença. Desta forma, a conclusão é a de que tais efeitos, previstos no art. 83 da Lei de Licitações, não são automáticos.

Da impossibilidade de perda de mandato eletivo em face de condenação por atos referentes ao mandato anterior já encerrado. No informativo nº 0502 (Período: 13 a 24 de agosto de 2012), ao julgar o REsp 1.244.666-RS, a Sexta Turma do STJ entendeu pela impossibilidade de perda do mandato eletivo de Prefeito Municipal já em novo mandato eletivo (sanção administrativa), como forma de efeito extrapenal da decisão condenatória de agente político.

Isso porque os efeitos extrapenais de tal decisão não podem alcançar novo mandato de modo a afastá-lo do cargo atual, de sorte que o afastamento (como efeito da sanção penal) deve ser referente ao cargo que o infrator ocupava à época da conduta típica, e não de mandato eletivo diverso, fruto de nova investidura originária, posterior à data dos fatos (e que, diga-se, não guarda relação com o crime praticado). Confira-se. O referido julgado foi assim ementado:

RECURSO ESPECIAL. PENAL. SANÇÕES ADMINISTRATIVAS E TUTELA JUDICIAL RELATIVA À LEI N. 8.666/1993, ARTS. 83 E 89. PREFEITO. LICITAÇÃO DISPENSADA INDEVIDAMENTE. CONDENAÇÃO DO AGENTE PÚBLICO. PERDA DE MANDATO. RECONDUÇÃO AO CARGO MEDIANTE ELEIÇÃO POPULAR. INVESTIDURA ORIGINÁRIA. DIPLOMAÇÃO CONCEDIDA PELO JUÍZO ELEITORAL. NECESSIDADE DE MOTIVAÇÃO CONCRETA PARA AFASTAMENTO DE CARGO PÚBLICO. 1. Cinge-se a controvérsia à possibilidade de efeitos extrapenais do decisum condenatório de agente político (prefeito) alcançarem novo mandato – recondução ao cargo público obtida por meio de eleições democráticas –, a provocar o afastamento do cargo atual (arts. 83 e 89 da Lei n. 8.666/1993). 2. No caso, ao contrário da pretensão recursal – em relação ao pedido de afastamento de prefeito eleito para novo mandato –, o acórdão estadual não violou o art. 83 da Lei n. 8.666/1993, pois, se fosse julgado e condenado em 2001, ao tempo em que era prefeito (mandato de 2001 a 2004), não resta dúvida de que perderia o mandato eletivo, em decorrência do previsto no art. 83 da Lei n. 8.666/1993. (...) 4. A norma de regência determina a perda do mandato eletivo. Logo, por óbvio, o cargo em questão só pode ser aquele que o infrator ocupava à época da conduta típica. Em outros termos, caso o servidor ou agente político se mantivesse no mesmo cargo, ceteris paribus, até o decisum condenatório, perderia-o em razão do disposto no art. 83 da Lei n. 8.666/1993[...] (STJ, T6 – SEXTA TURMA. REsp 1244666/RS. RECURSO ESPECIAL. 2011/0046545-1. Relator(a) Ministro SEBASTIÃO REIS JÚNIOR. Julgamento em 16/08/2012. Publicação/Fonte em DJe 27/08/2012).

(Lei nº 8.666/93) Art. 84. Considera-se servidor público, para os fins desta Lei, aquele que exerce, mesmo que transitoriamente ou sem remuneração, cargo, função ou emprego público.

§ 1º Equipara-se a servidor público, para os fins desta Lei, quem exerce cargo, emprego ou função em entidade paraestatal, assim consideradas, além das fundações, empresas públicas e sociedades de economia mista, as demais entidades sob controle, direto ou indireto, do Poder Público.

§ 2º A pena imposta será acrescida da terça parte, quando os autores dos crimes previstos nesta Lei forem ocupantes de cargo em comissão ou de função de confiança em órgão da Administração direta, autarquia, empresa pública, sociedade de economia mista, fundação pública, ou outra entidade controlada direta ou indiretamente pelo Poder Público.

Das pessoas que podem ser consideradas servidores públicos, para os efeitos da Lei nº 8.666/93. O artigo 84 da Lei de Licitações ainda prevê dispositivo semelhante ao do artigo 327 do Código Penal, que, por sua vez, trata daqueles que podem ser considerados funcionários públicos para efeitos penais, como podemos observar a seguir:

> (Código Penal) Art. 327 - Considera-se funcionário público, para os efeitos penais, quem, embora transitoriamente ou sem remuneração, exerce cargo, emprego ou função pública.
>
> § 1º - Equipara-se a funcionário público quem exerce cargo, emprego ou função em entidade paraestatal, e quem trabalha para empresa prestadora de serviço contratada ou conveniada para a execução de atividade típica da Administração Pública. *(Incluído pela Lei nº 9.983, de 2000)*
>
> § 2º - A pena será aumentada da terça parte quando os autores dos crimes previstos neste Capítulo forem ocupantes de cargos em comissão ou de função de direção ou assessoramento de órgão da administração direta, sociedade de economia mista, empresa pública ou fundação instituída pelo poder público. *(Incluído pela Lei nº 6.799, de 1980)*

(Lei nº 8.666/93) Art. 85. As infrações penais previstas nesta Lei pertinem às licitações e aos contratos celebrados pela União, Estados, Distrito Federal, Municípios, e respectivas autarquias, empresas públicas, sociedades de economia mista, fundações públicas, e quaisquer outras entidades sob seu controle direto ou indireto.

Da disciplina em relação à competência para processo e julgamento dos crimes previstos na Lei nº 8.666/93. Conforme o âmbito em que o contrato administrativo ou a licitação é realizado, a competência será disposta neste mesmo sentido. Assim, em se tratando de contrato no âmbito federal, caberá à Justiça Federal atuar, conforme artigo 109, IV, da CRFB/1988.

Nas demais situações, será competente de forma residual a Justiça Estadual.

Nesse sentido, importante trazer à colação recente julgado da Sexta Turma do STJ que, na esteira do entendimento do STF, asseverou "*o documento que instrumentaliza o convênio constitui peça chave para se aferir a competência na seara penal, dirimindo aparente conflito entre as Súmulas 208 e 209 do STJ. São as cláusulas do convênio que revelam a necessidade ou não de a Municipalidade prestar contas à União sobre o cumprimento da avença*", de sorte que, para fixação da competência, deve ser levada em consideração a natureza da verba e do órgão responsável pela fiscalização.

> AGRAVO REGIMENTAL NO HABEAS CORPUS. PROCESSUAL PENAL. ORGANIZAÇÃO CRIMINOSA. FRAUDE À LICITAÇÃO. FALSIDADE IDEOLÓGICA. PECULATO. SAÚDE PÚBLICA. CONVÊNIO ENTRE O MUNICÍPIO E A ORGANIZAÇÃO ( ). DESVIO DE VER-

BAS PÚBLICAS. PRESTAÇÃO DE CONTAS À UNIÃO. INEXISTÊNCIA DE PREVISÃO NO CONVÊNIO. COMPETÊNCIA. JUSTIÇA ESTADUAL. AGRAVO REGIMENTAL DESPROVIDO. 1. "A Justiça Federal é competente para o julgamento de crimes relativos à desvio ou à apropriação de verba federal destinada à realização de serviços de competência privativa da União ou de competência comum da União e do ente beneficiário, ou de verba cuja utilização se submeta à fiscalização por órgão federal" (STF, RE 696.533 AgR, Rel. Ministro LUIZ FUX, PRIMEIRA TURMA, julgado em 02/09/2016, DJe 26/09/2016). 2. "Consoante orientação jurisprudencial desta Corte Superior, o documento que instrumentaliza o convênio constitui peça chave para se aferir a competência na seara penal, dirimindo aparente conflito entre as Súmulas 208 e 209 do STJ. São as cláusulas do convênio que revelam a necessidade ou não de a Municipalidade prestar contas à União sobre o cumprimento da avença" (STJ, HC 198.375/BA, Rel. Ministro JOEL ILAN PACIORNIK, QUINTA TURMA, julgado em 15/12/2016, DJe 10/02/2017). 3. Na hipótese, o Tribunal de Justiça do Estado de São Paulo, ao analisar o Contrato de Gestão n.º 091/2016, firmado entre o Município de Campinas e a Organização Social (...), concluiu que a competência para processamento e julgamento da ação penal em questão é da Justiça estadual, porque, nos termos do referido contrato, há previsão expressa de que a fiscalização de execução do contrato será executada somente pelos órgãos municipais, o que demonstraria "que tais verbas estão inteiramente incorporadas ao patrimônio municipal de Campinas". 4. Da acurada leitura do Convênio (...), celebrado entre o Município de Campinas e a Organização Social (...), extrai-se que o acompanhamento, monitoramento, avaliação e fiscalização da execução ficou a cargo dos órgãos municipais, não havendo nenhuma cláusula prevendo a necessidade de a Municipalidade prestar contas à União. 5. A hipótese é de competência da Justiça Estadual para processamento e julgamento do processo. [...] (STJ, T6 - SEXTA TURMA. AgRg no HC 481220/SP. AGRAVO REGIMENTAL NO HABEAS CORPUS. Relator(a) Ministra LAURITA VAZ. Julgamento em 22/10/2019. Publicação/Fonte em DJe 18/11/2019, sem grifos no original).

CAPÍTULO II-B
DOS CRIMES EM LICITAÇÕES E CONTRATOS ADMINISTRATIVOS

Contratação direta ilegal

(Código Penal) Art. 337-E Admitir, possibilitar ou dar causa à contratação direta fora das hipóteses previstas em lei:

Pena – reclusão, de 4 (quatro) a 8 (oito) anos, e multa.

Do crime previsto no artigo 337-E do Código Penal. Para efeitos históricos e comparativos, vejamos a redação do antigo art. 89 da Lei nº 8.666/93:

> (Lei nº 8.666/93) Art. 89. Dispensar ou inexigir licitação fora das hipóteses previstas em lei, ou deixar de observar as formalidades pertinentes à dispensa ou à inexigibilidade:
>
> Pena - detenção, de 3 (três) a 5 (cinco) anos, e multa.
>
> Parágrafo único. Na mesma pena incorre aquele que, tendo comprovadamente concorrido para a consumação da ilegalidade, beneficiou-se da dispensa ou inexigibilidade ilegal, para celebrar contrato com o Poder Público.

No que diz respeito à comparação com o antigo artigo 89 da Lei nº 8.666/93, podemos perceber certa relação entre os tipos penais, embora com redações diferentes e com o seu apoio também distinto, na medida em que deveremos observar a nova regulamentação para a contratação direta, bem como as hipóteses remodeladas de inexigibilidade e dispensa de licitação conforme a nova lei, por estamos diante de uma norma penal em branco.

Porém, diferentemente do que previa o antigo art. 89 da Lei nº 8.666/93, o art. 337-E do CP não dispõe sobre a possibilidade de incriminação do sujeito ativo que viole as formalidades exigidas para o que podemos chamar de novo processo de contratação direta, fazendo menção, apenas, à contratação que se dê fora das hipóteses previstas em lei, quais sejam, a dispensa e a inexigibilidade de licitação, conforme já dissertamos.

Daí, então, estamos diante de uma situação de *abolitio criminis* para essa modalidade. Entretanto, com relação às condutas que anteriormente já eram previstas com criminosas, entendemos que a lei não deverá retroagir em virtude do tratamento mais gravoso, configurando *lex gravior.*

Então, embora guarde certa semelhança com o antigo art. 89 da Lei nº 8.666/93, precisamos dar atenção aos novos elementos do tipo penal previsto no art. 337-E do Código Penal. Este último artigo ainda prevê sua situação de norma penal em branco, cujo complemento deverá ser perseguido. O processo de contratação direta está previsto a partir do art. 72 da Nova Lei de Licitações. De acordo com a redação do novo dispositivo legal, compreende, basicamente, as hipóteses de inexigibilidade e dispensa de licitação:

> (Lei nº 14.133/21) Art. 72. O processo de contratação direta, que compreende os casos de inexigibilidade e de dispensa de licitação, deverá ser instruído com os seguintes documentos:
>
> I - documento de formalização de demanda e, se for o caso, estudo técnico preliminar, análise de riscos, termo de referência, projeto básico ou projeto executivo;
>
> II - estimativa de despesa, que deverá ser calculada na forma estabelecida no art. 23 desta Lei;

III - parecer jurídico e pareceres técnicos, se for o caso, que demonstrem o atendimento dos requisitos exigidos;

IV - demonstração da compatibilidade da previsão de recursos orçamentários com o compromisso a ser assumido;

V - comprovação de que o contratado preenche os requisitos de habilitação e qualificação mínima necessária;

VI - razão da escolha do contratado;

VII - justificativa de preço;

VIII - autorização da autoridade competente.

Parágrafo único. O ato que autoriza a contratação direta ou o extrato decorrente do contrato deverá ser divulgado e mantido à disposição do público em sítio eletrônico oficial.

A nova lei traz as hipóteses de inexigibilidade de licitação no art. 74 e as hipóteses de dispensa de licitação no art. 75, razão pela qual deverão ser observadas as normativas concernentes a essas hipóteses para fins de constatação da irregularidade na contratação direta, fazendo com que o sujeito ativo dê causa à subsunção no crime previsto no art. 337-E do CP.

Todavia, em função do que preconiza o art. 194 da Lei nº 14.133/21, tanto o art. 72, quanto os artigos 74 e 75, todos da mesma lei, estão em vigor e deverão coexistir com os antigos artigos da Lei nº 8.666/93 durante o prazo de dois anos previsto pelo art. 193, II, também da Lei nº 14.133/21.

A coexistência de leis e o procedimento a ser adotado para os casos de dispensa ou inexigibilidade de licitação fora das hipóteses previstas em lei. Conforme dissertamos anteriormente, em virtude do que dispõem os artigos 193 e 194 da Lei nº 14.133/21, haverá coexistência desta com a Lei nº 8.666/93. Dessa forma, até mesmo pela exegese do *caput* do art. 72 da Lei nº 14.133/21, entendemos que especificamente diante da adoção da sistemática da contratação direta segundo os novos ditames legais, o complemento jurídico da norma penal em branco do art. 337-E do Código Penal será o do próprio art. 72 da Nova Lei de Licitações.

Porém, como dissemos, os casos de contratação direta também abrangem as hipóteses de inexigibilidade e dispensa de licitação, dando causa a possível subsunção no art. 337-E do CP. Assim, caso o gestor público tenha optado pela adoção da sistemática de contratação através da lei antiga, no período de dois anos no qual as disposições da Lei nº 8.666/93 permanecerão válidas, e a dispensa ou inexigibilidade se dê fora dos moldes dos antigos artigos 24 ou 25 da lei antiga, então, deverão ser observados estes dispositivos legais previstos na Lei nº 8.666/93, ainda vigentes, para que se possa pretender algum tipo de enquadramento e responsabilização pela prática do crime do art. 337-E do CP.

O artigo 24 da Lei nº 8.666/93 prevê as hipóteses de dispensa de licitação de forma taxativa. De acordo com Flávio Amaral Garcia:

> São hipóteses em que a competição é plenamente viável e que, em tese, comportariam a realização de prévio procedimento licitatório, mas que diante das especificidades do caso concreto, confere-se ao administrador público a possibilidade de dispensar a licitação formal, sempre com vistas a atingir uma finalidade pública ou outros valores que norteiam a atividade administrativa[3].

Em relação à inexigibilidade de licitação, o mesmo autor afirma que esta modalidade envolve a impossibilidade de competição:

> Trata-se do reconhecimento de que existem determinadas situações fáticas que não comportam a disputa por meio de licitação. As hipóteses de inexigibilidade foram arroladas no artigo 25 da Lei. Ao contrário do que ocorre com a dispensa de licitação, cujas hipóteses são taxativas, na inexigibilidade as situações são meramente exemplificativas, o que significa dizer que podem existir outras situações de inviabilidade de competição não previstas na lei[4].

Em que pese o próprio *caput* do artigo 25 dar margem à interpretação de que apenas exemplifica as situações de inexigibilidade de licitação, quando prevê situações "em especial", o fato é que por consistir em hipóteses excepcionais nas quais não haverá licitação, por força da inviabilidade de competição, deve ser feita interpretação restritiva.

A independência das esferas. Guardando certa relação com o antigo art. 82 da Lei nº 8.666/93, nos termos do art. 73 da Nova Lei de Licitações, além da solidariedade na responsabilidade pelo dano ao erário, nada impede que o sujeito venha a responder pelo crime previsto no art. 337-E do CP, em virtude da independência das instâncias cível, administrativa e penal.

> (Lei nº 14.133/21) Art. 73. Na hipótese de contratação direta indevida ocorrida com dolo, fraude ou erro grosseiro, o contratado e o agente público responsável responderão solidariamente pelo dano causado ao erário, sem prejuízo de outras sanções legais cabíveis.

Sujeito ativo. Tal crime não pode ser praticado por qualquer pessoa, mas sim pelos responsáveis pelo processo de contratação direta ilegal. Tanto aquele que participa diretamente da assinatura da contratação, quanto aquele que a ordena, estando ciente da sua ilegalidade, podem vir a figurar como sujeitos ativos deste crime.

Para todos os efeitos, o art. 6º da Nova Lei de Licitações prevê um glossário com algumas terminologias, dentre as quais podemos mencionar a do inciso V e VI:

---

3. GARCIA, Flávio Amaral. *Licitações e Contratos Administrativos* (Casos e Polêmicas). 3.ed. Rio de Janeiro: Lumen Iuris, 2010. p. 45.

4. Idem. p. 49.

> (Lei nº 14.133/21) Art. 6º Para os fins desta Lei, consideram-se:
>
> V – agente público: indivíduo que, em virtude de eleição, nomeação, designação, contratação ou qualquer outra forma de investidura ou vínculo, exerce mandato, cargo, emprego ou função em pessoa jurídica integrante da Administração Pública;
>
> VI – autoridade: agente público dotado de poder de decisão;

A compreensão destes dois incisos acima é necessária, pois, nos termos do art. 7º da Lei nº 14.133/21, a autoridade máxima do órgão ou da entidade responsável deverá designar os agentes públicos responsáveis pelo desempenho das funções essenciais à execução da Nova Lei de licitações.

Conforme a redação do artigo 8º, *caput*, da mesma lei, o responsável direto pelo processo de contratação direta é o "agente de contratação". Para todos os efeitos, devemos considerar que este "agente de contratação" é um servidor público efetivo ou empregado público dos quadros permanentes da Administração Pública:

> (Lei nº 14.133/21) Art. 8º A licitação será conduzida por agente de contratação, pessoa designada pela autoridade competente, entre servidores efetivos ou empregados públicos dos quadros permanentes da Administração Pública, para tomar decisões, acompanhar o trâmite da licitação, dar impulso ao procedimento licitatório e executar quaisquer outras atividades necessárias ao bom andamento do certame até a homologação.

Esta figura também está no glossário do art. 6º da mesma lei, conforme podemos observar a seguir:

> (Lei nº 14.133/21) Art. 6º Para os fins desta Lei, consideram-se:
>
> LX - agente de contratação: pessoa designada pela autoridade competente, entre servidores efetivos ou empregados públicos dos quadros permanentes da Administração Pública, para tomar decisões, acompanhar o trâmite da licitação, dar impulso ao procedimento licitatório e executar quaisquer outras atividades necessárias ao bom andamento do certame até a homologação.

O parágrafo primeiro do artigo 8º nos lembra o princípio da personalidade/intranscendência, segundo o qual nenhuma pessoa pode ser responsabilizada por fatos cometidos por terceiros. Todavia, a parte final do mesmo dispositivo legal afirma que, tendo sido expressamente auxiliado por equipe de apoio e tendo sido induzido a erro em virtude da atuação da equipe ou de um aconselhamento indevido por parte desta, haverá possibilidade de punição de quem tenha contribuído, induzindo o agente de contratação a erro, respondendo então, na medida da sua culpabilidade:

> (Lei nº 14.133/21) Art. 8º, § 1º O agente de contratação será auxiliado por equipe de apoio e responderá individualmente pelos atos que praticar, salvo quando induzido a erro pela atuação da equipe.

Então, além desta possibilidade de responsabilização da equipe, a especificação de uma determinada pessoa para figurar como aquele que irá assinar, tomar decisões, acompanhar o trâmite da licitação etc., é útil para fins de responsabilização primária, mas nada impede que haja concurso de agentes com as autoridades públicas que designaram tais agentes de contratação, principalmente nas hipóteses em que, tendo ciência da ilegalidade, ou dá causa primária ao processo de contratação direta ilegal ou, tendo conhecimento da ilegalidade, adere à conduta do agente de contratação, permitindo que esta perpetue.

Por fim, é interessante observar o que dispõe o art. 8º, § 2º, da Nova Lei de Licitações, quando prevê a possibilidade de substituição do agente de contratação originário por uma comissão de contratação formada por, no mínimo, 3 (três) membros, que responderão solidariamente por todos os atos praticados, salvo aquele que expressar posição individual divergente fundamentada e devidamente registrada em ata:

> (Lei nº 14.133/21) Art. 8º § 2º Em licitação que envolva bens ou serviços especiais, desde que observados os requisitos estabelecidos no art. 7º desta Lei, o agente de contratação poderá ser substituído por comissão de contratação formada por, no mínimo, 3 (três) membros, que responderão solidariamente por todos os atos praticados pela comissão, ressalvado o membro que expressar posição individual divergente fundamentada e registrada em ata lavrada na reunião em que houver sido tomada a decisão.

Sujeito ativo quando se tratar de dispensa ou inexigibilidade de licitação com base na Lei nº 8.666/93. Na esteira do nosso entendimento quanto aos artigos 193 e 194, ambos da Lei nº 14.133/21 e em vigor, assim, nas hipóteses de adoção dos dispositivos legais referentes à Lei nº 8.666/93 no período de dois anos descrito pelo art. 193, II, da Lei nº 14.133/21, deveremos considerar como sujeito ativo do crime previsto no art. 337-E do CP os agentes públicos ou equiparados que figurem no conceito do artigo 84 e seus parágrafos, da Lei nº 8.666/93, ainda não revogados.

Sujeito ativo quando a contratação direta em face da Lei nº 14.133/21 se tratar de pregão. Caso a modalidade de licitação tenha sido o pregão, o parágrafo quinto do mesmo artigo 8º da nova Lei de Licitações prevê que o possível sujeito ativo para o caso de contratação direta ilegal será denominado pregoeiro.

> (Lei nº 14.133/21) Art. 8º, § 5º Em licitação na modalidade pregão, o agente responsável pela condução do certame será designado pregoeiro.

Quanto à definição de pregão, podemos nos socorrer da leitura do art. 6º, XLI, da Nova Lei de Licitações:

> (Lei nº 14.133/21) Art. 6º Para os fins desta Lei, consideram-se:
>
> XLI – pregão: modalidade de licitação obrigatória para aquisição de bens e serviços comuns, cujo critério de julgamento poderá ser o de menor preço ou o de maior desconto;

Sujeito passivo. Será a União, Estado, Distrito Federal ou Município ou ainda as entidades indicadas no artigo 1º da Lei nº 14.133/21, a depender do âmbito em que o crime ocorreu.

Elemento subjetivo. O tipo aqui previsto é doloso, ou seja, a vontade livre e consciente em admitir, possibilitar ou dar causa à contratação direta, fora das hipóteses previstas em lei. Não há previsão para modalidade culposa.

Objeto material da conduta. É a contratação direta ilegal, vale dizer, aquela que viola as hipóteses nas quais pode ser legalmente efetuada, entendendo-se a licitação dispensada ou inexigida fora das hipóteses previstas em lei. O conceito próprio de contratação direta (previsto no art. 72 da Lei nº 14.133/21) está em vigor e servirá para delimitar o objeto material diante da opção do gestor público na adoção deste procedimento segundo a Nova Lei de Licitações.

Todavia, caso a dispensa ou inexigibilidade tenha se dado fora dos casos previstos na Lei nº 8.666/93 (quando o gestor público optar pela sistemática ali descrita nos dois anos em que a referida lei ainda permanecerá em vigor), então, deveremos nos socorrer da leitura dos artigos 24 e 25 da Lei nº 8.666/93 para entendermos o objeto material. Vide comentários centrais referentes ao art. 337-E do CP, linhas atrás.

Objeto jurídico. Através deste tipo penal tutelam-se os interesses da Administração Pública (principalmente seu patrimônio) bem como os princípios elencados no artigo 37 da CRFB/1988.

Classificação doutrinária. Trata-se de crime próprio (pois não pode ser praticado por qualquer pessoa), comissivo, doloso, instantâneo, unissubsistente ou plurissubsistente (a depender da conduta adotada pelo agente) e de forma livre (já que pode ser praticado por qualquer forma eleita pelo sujeito ativo).

Revisando nosso posicionamento em face do antigo crime do art. 89 da Lei nº 8.666/93, entendemos que o crime em tela tem natureza formal, não sendo exigida a causação de qualquer prejuízo ao erário ou obtenção de vantagem pelo agente para a consumação. Nesse sentido, vide o julgado da Primeira Turma do STF, que considerou ser formal:

> PENAL. DENÚNCIA. CRIME DE INEXIGIBILIDADE DE LICITAÇÃO FORA DAS HIPÓTESES LEGAIS OU EM INOBSERVÂNCIA DAS FORMALIDADES PERTINENTES. ART. 89 DA LEI 8.666/93. CELEBRAÇÃO DE TERMO DE PARCERIA ENTRE MUNICIPALIDADE E OSCIP NO ÂMBITO DA SECRETARIA DE SAÚDE. PARECER JURÍDICO DA PROCURADORIA-GERAL DO MUNICÍPIO NO SENTIDO DA INEXIGIBILIDADE DE LICITAÇÃO. ERRO QUANTO A ELEMENTO CONSTITUTIVO DO TIPO. **CRIME FORMAL: DISPENSA-SE O RESULTADO DANOSO, MAS NÃO A DESCRIÇÃO DE AÇÃO FINALISTICAMENTE VOLTADA À LESÃO DO PATRIMÔNIO PÚBLICO** [...] 3. O agir administrativamente ilícito distingue-se do agir criminoso previsto no tipo penal do art. 89 da Lei 8.666/93 à luz de três critérios cunhados a partir da jurisprudência do Supremo Tribunal Federal, a saber:

> (i) a inexigibilidade da licitação fundada em parecer jurídico lavrado idoneamente pelo órgão competente descaracteriza o crime (Precedentes: Inq. 2482, Tribunal Pleno, Rel. p/ acórdão Min. Luiz Fux; Inq. 3731, Segunda Turma, Rel. Min. Gilmar Mendes; AP 560, Segunda Turma, Rel. Min. Dias Toffoli); (ii) o especial fim de lesar o erário ou promover enriquecimento ilícito dos acusados é de rigor para configurar a infração penal (Precedentes: Inq. 3.965, Segunda Turma, Rel. Min. Teori Zavascki; AP 700, Segunda Turma, Rel. Min. Dias Toffoli; Inq. 3.731, Segunda Turma, Rel. Min. Gilmar Mendes; dentre outros); (iii) o vínculo subjetivo entre os agentes no concursus delinquentium deve ser minuciosamente descrito para fins de imputabilidade (AP 595, Primeira Turma, Rel. Min. Luiz Fux). 4. (i) O parecer jurídico do órgão técnico especializado, favorável à inexigibilidade, impede a tipificação criminosa da conduta, precisamente por afastar, a priori, a ciência da ilicitude da inexigibilidade e determina o erro do agente quanto a elemento do tipo, qual seja, a circunstância "fora das hipóteses legais" (art. 20 do Código Penal) [...] (STF, Primeira Turma. Inq 3674/RJ. INQUÉRITO. Relator(a): Min. LUIZ FUX. Julgamento em 07/03/2017. Publicação em DJe-209. DIVULG 14-09-2017. PUBLIC 15-09-2017). (Grifo nosso).

Todavia, a título comparativo com o revogado art. 89 da Lei nº 8.666/93, observe-se, o seguinte julgado que considera ser de natureza material:

> PENAL. EMBARGOS DE DECLARAÇÃO NO AGRAVO EM RECURSO ESPECIAL. DISPENSA INDEVIDA DE LICITAÇÃO. ART. 89 DA LEI N. 8.666/1993. TIPICIDADE SUBJETIVA. DANO CAUSADO AO ERÁRIO. SÚMULA N. 7/STJ (...) 2. O acórdão recorrido não destoa do entendimento de que o delito do art. 89 da Lei n. 8.666/1993 tem natureza material. As instâncias ordinárias, após percuciente análise do contexto fático-probatório dos autos, decidiram que a conduta do agravante foi a de dispensa indevida de licitação. Além disso, atestaram a inarredável presença do dolo específico e do dano causado ao erário. Nesse contexto, o pleito absolutório demanda imprescindível reexame de prova, o que é defeso em recurso especial, em virtude do que preceitua a Súmula n. 7 desta Corte [...] (STJ, T6 - SEXTA TURMA. EDcl no AREsp 1502519/PB. EMBARGOS DE DECLARAÇÃO NO AGRAVO EM RECURSO ESPECIAL. Relator(a) Ministro ANTONIO SALDANHA PALHEIRO. Julgamento em 07/11/2019. Publicação/Fonte em DJe 12/11/2019, sem grifos no original).

Momento consumativo. Entendendo como crime formal, o crime em tela se consuma no momento em que o sujeito ativo realiza a contratação, ainda que o erário não suporte qualquer prejuízo.

Tentativa. Se entendermos como formal, será cabível quando plurissubsistente e vislumbrarmos possibilidade de fracionamento da conduta. Porém, ao se entender que o crime é material sempre caberá tentativa, que ocorrerá quando o agente dispensar a licitação, mas, por alguma razão alheia à sua vontade, não houver prejuízo qualquer causado ao erário.

Da ausência de dolo em face de sujeito ativo que dispensa irregularmente licitação mediante prévio parecer da Procuradoria Jurídica do Ente contratante. Merece destaque esta jurisprudência do Supremo Tribunal Federal que, mediante sessão plenária, entendeu não haver dolo por parte do sujeito ativo que pratica condutas, em tese, tipificadas no agora revogado artigo 89 da Lei nº 8.666/93, porém atua com base em parecer da Procuradoria Jurídica versando sobre a inexigibilidade da licitação, por exemplo (STF, Tribunal Pleno Inq 2482/MG – MINAS GERAIS. INQUÉRITO. Relator(a) Min. AYRES BRITTO. Relator(a) p/ Acórdão Min. LUIZ FUX. Julgamento em 15/09/2011. Publicação em DJe-035 DIVULG 16-02-2012 PUBLIC 17-02-2012). Tal entendimento prevalece na jurisprudência atual da Suprema Corte e poderemos esperar a reprodução desta ideia em face do novo art. 337-E do CP. É o que se extrai da ementa a seguir:

> PROCESSO PENAL. INQUÉRITO. ENVOLVIMENTO DE PARLAMENTAR FEDERAL. CRIME DE DISPENSA IRREGULAR DE LICITAÇÃO (ART. 89 DA LEI Nº 8.666/93). AUDIÇÃO PRÉVIA DO ADMINISTRADOR À PROCURADORIA JURÍDICA, QUE ASSENTOU A INEXIGIBILIDADE DA LICITAÇÃO. AUSÊNCIA DO ELEMENTO SUBJETIVO DOLO. ART. 395, INCISO III, DO CPP. INEXISTÊNCIA DE JUSTA CAUSA PARA A AÇÃO PENAL. REJEIÇÃO DA DENÚNCIA. 1. O crime do art. 89 da Lei nº 8.666/93 ("Dispensar ou inexigir licitação fora das hipóteses previstas em lei, ou deixar de observar as formalidades pertinentes à dispensa ou à inexigibilidade") reclama o dolo, consubstanciado na vontade livre e consciente de praticar o ilícito penal, que não se faz presente quando o acusado atua com fulcro em parecer da Procuradoria Jurídica no sentido da inexigibilidade da licitação [...] 3. (a) <u>In casu, narra a denúncia que o investigado, na qualidade de Secretário Estadual de Educação, teria homologado procedimento de inexigibilidade de licitação, para aquisição de licenças do software (...), elaborado exclusivamente pela empresa (...), sendo certo que a Procuradoria Jurídica emitiu parecer assentando a inexigibilidade de licitação, o que evidencia a ausência do elemento subjetivo do tipo no caso sub judice, máxime diante da inexistência de qualquer menção ou indício de conluio na elaboração do parecer</u> [...] (STF, Primeira Turma. Inq 3753/DF. INQUÉRITO. Relator(a): Min. LUIZ FUX. Julgamento em 18/04/2017. Publicação em DJe-113. DIVULG 29-05-2017. PUBLIC 30-05-2017. Sem grifo no original).

Jurisprudência acerca da responsabilização penal por parecer da Procuradoria Jurídica versando sobre a inexigibilidade/dispensa da licitação, por se tratar de

atuação funcional com desvio de finalidade. Sobre o tema, a Quinta Turma do STJ, em recente precedente, reafirmou posicionamento do STJ no sentido da possibilidade de responsabilização criminal (em crime licitatório) por emissão de parecer jurídico (atuação funcional com desvio de finalidade). O parecer tem natureza obrigatória (art. 38, VI, da Lei nº 8.666/93), porém não é vinculante.

Assim, reconheceu que "*a participação em crime licitatório pela emissão de parecer jurídico depende da indicação da atuação do acusado com desvio de finalidade, a fim de que não seja responsabilizado penalmente pela sua atuação funcional*":

> RECURSO ORDINÁRIO EM HABEAS CORPUS. QUADRILHA E DISPENSA ILEGAL DE LICITAÇÃO. INÉPCIA DA DENÚNCIA. PEÇA INAUGURAL QUE ATENDE AOS REQUISITOS LEGAIS EXIGIDOS E DESCREVE CRIMES EM TESE. AMPLA DEFESA GARANTIDA. MÁCULA NÃO EVIDENCIADA (...) FALTA DE JUSTA CAUSA PARA A PERSECUÇÃO CRIMINAL. ATIPICIDADE DA CONDUTA. EMISSÃO DE PARECER JURÍDICO. POSSIBILIDADE DE RESPONSABILIZAÇÃO CRIMINAL. EXISTÊNCIA DE INDÍCIOS DA ATUAÇÃO DO ACUSADO COM DESVIO DE FINALIDADE. COAÇÃO ILEGAL INEXISTENTE. 1. Esta Corte Superior de Justiça firmou o entendimento de que a participação em crime licitatório pela emissão de parecer jurídico depende da indicação da atuação do acusado com desvio de finalidade, a fim de que não seja responsabilizado penalmente pela sua atuação funcional. Precedentes. 2. Na espécie, há indícios de que o recorrente, na qualidade de Procurador do Município, estava associado aos demais acusados para a prática de crimes contra a Lei de Licitações, e de que os pareceres por ele elaborados não consubstanciaram mero exercício de atividade profissional, mas verdadeira convalidação das ilegalidades perpetradas no curso de procedimentos licitatórios, tanto que estavam dissociados do contexto fático e não continham a análise dos procedimentos autorizados pelo Prefeito, circunstância que impede o trancamento da ação penal, como pretendido. (STJ, T5 - QUINTA TURMA. RHC 81323/SP. RECURSO ORDINARIO EM HABEAS CORPUS. Relator(a) Ministro JORGE MUSSI. Julgamento em 15/05/2018. Publicação/Fonte em DJe 23/05/2018. Sem grifo no original).

> PENAL E PROCESSO PENAL. AGRAVO REGIMENTAL NO HABEAS CORPUS. 1. AÇÃO PENAL ORIGINÁRIA. PEDIDO DE TRANCAMENTO. AUSÊNCIA DE EXCEPCIONALIDADE. 2. FRAUDE À LICITAÇÃO. EMISSÃO DE PARECER. AUSÊNCIA DE DOLO. NÃO VERIFICAÇÃO. PROPÓSITO DELITIVO DEMONSTRADO. 3. EXISTÊNCIA DE QUADRILHA. ATUAÇÃO PREORDENADA. DIVISÃO DE TAREFAS. CONVALIDAÇÃO DAS ILEGALIDADES POR MEIO DE PARECER. 4. SUPERVENIÊNCIA DE SENTENÇA CONDENATÓRIA. CONTRADITÓRIO E AMPLA DEFESA ASSEGURADOS. IMPOSSIBILIDADE DE REVOL-

> VIMENTO NA VIA ELEITA. 5. AGRAVO REGIMENTAL IMPROVIDO [...] 2. Como é cediço, "a imputada colaboração em crime de fraude a licitações pela emissão de pareceres exige fundada indicação de preorientada atuação com desvio de finalidade, para que que não se persiga o procurador municipal pela atuação funcional – de conteúdo sempre livre" (HC 85.724/MG, Rel. Ministro Nefi Cordeiro, Sexta Turma, julgado em 09/06/2015, DJe 18/06/2015) [...] (STJ, T5 - QUINTA TURMA. AgRg no HC 425315/RJ. AGRAVO REGIMENTAL NO HABEAS CORPUS. Relator(a) Ministro REYNALDO SOARES DA FONSECA. Julgamento em 15/03/2018. Publicação/Fonte em DJe 23/03/2018. Sem grifo no original).

No mesmo sentido, segue o julgado da Segunda Tuma do STF (HC 155020 AgR/DF. Veiculado no Informativo nº 920 do STF. Período de 15 a 19 de outubro de 2018):

> Agravo regimental em habeas corpus. Penal. Dispensa ou inexigibilidade de licitação fora das hipóteses legais. Artigo 89 da Lei nº 8.666/93. Pretendido trancamento da ação penal. Inépcia da denúncia. Atipicidade da conduta imputada. Ausência de demonstração do dolo específico. Agravante que, na qualidade de chefe da Assessoria Técnica da Administração Regional, emitiu parecer favorável a contratação. Manifestação de natureza meramente opinativa e, portanto, não vinculante para o gestor público, o qual pode, de forma justificada, adotar ou não a orientação exposta no parecer. O parecer tem natureza obrigatória (art. 38, VI, da Lei nº 8.666/93), porém não é vinculante. Ineficiência da denúncia na demonstração da vontade conscientemente dirigida, por parte da agravante, de superar a necessidade de realização da licitação. Abusividade da responsabilização do parecerista à luz de uma alargada relação de causalidade entre seu parecer e o ato administrativo do qual tenha supostamente resultado dano ao erário (v.g., MS nº 24.631/DF, Tribunal Pleno, Relator o Ministro Joaquim Barbosa, DJe de 1º/2/08) [...] 7. Embora o Parquet tenha afirmado que a agravante teria agido dolosamente em seu parecer, diante da existência de contradições sobre a exclusividade da (...), o processo administrativo, em nenhuma de suas manifestações, sinalizou tais ocorrências, sendo certo, ademais, que a denunciada somente detinha competência para emitir parecer técnico sobre inexigibilidade da licitação sob prisma estritamente jurídico, não cabendo adentrar em aspectos relativos à conveniência e à oportunidade da prática dos atos administrativos, tampouco examinar a veracidade das questões de natureza técnica (como a autenticidade da documentação acostada), administrativa ou financeira, salvo teratologia, que não ficou evidenciada na espécie. 8. Por outro lado, a manifestação levada a efeito foi de natureza meramente opinativa e, portanto, não vinculante para o gestor

> público, o qual pode, de forma justificada, adotar ou não a orientação exposta no parecer. Ou seja, o parecer tem natureza obrigatória (art. 38, VI, da Lei nº 8.666/93), porém não vinculante. 9. Por essa perspectiva, como já sinalizado pela Corte, mutatis mutandis, é lícito concluir pela abusividade da responsabilização do parecerista à luz de uma alargada relação de causalidade entre seu parecer e o ato administrativo do qual tenha supostamente resultado dano ao erário (v.g. MS nº 24.631/DF, Tribunal Pleno, Relator o Ministro Joaquim Barbosa, DJe de 1º/2/08). 10. Tal conclusão se robustece quando se torna evidente, para além do dolo simples necessário (vontade consciente de contratar independentemente da realização de procedimento licitatório), que o Parquet não apresentou, na denúncia, elemento probatório mínimo que demonstrasse qualquer tipo de intenção por parte da agravante de produzir um prejuízo aos cofres públicos por meio do afastamento indevido da licitação. 11. A ausência de observância das formalidades pertinentes à dispensa ou à inexigibilidade da licitação somente é passível de sanção quando acarretar contratação indevida e houver demonstração da vontade ilícita do agente em produzir um resultado danoso, o que não foi o caso [...] (STF, Segunda Turma. HC 155020 AgR/DF. AG.REG. NO HABEAS CORPUS. Relator(a): Min. CELSO DE MELLO. Relator(a) p/ Acórdão: Min. DIAS TOFFOLI. Julgamento em 04/09/2018. Publicação em DJe-233. DIVULG 31-10-2018. PUBLIC 05-11-2018. Veiculado no Informativo nº 920 do STF. Período de 15 a 19 de outubro de 2018. Sem grifo no original).

Sobre a possibilidade de responsabilidade penal do parecerista em crimes licitatórios. Ao reafirmar esta possibilidade, ressaltou a Segunda Turma do STF – no julgamento do HC 171576/RS, veiculado no Informativo nº 952 (16 a 20 de setembro de 2019) – que para haver responsabilização do parecerista deve estar caracterizado o atuar doloso e o desvio de finalidade, a fim de se evitar a responsabilização objetiva.

Isso porque, "*não se pode exigir do assessor jurídico conhecimento técnico de todas as áreas e não apenas do Direito. No processo licitatório, não compete à assessoria jurídica averiguar se está presente a causa de emergencialidade, mas apenas se há, nos autos, decreto que a reconheça. Sua função é zelar pela lisura sob o aspecto formal do processo, de maneira a atuar como verdadeiro fiscal de formalidades, somente*". Ademais, reafirmou que a jurisprudência do STF, inclusive, é firme no sentido de que o parecer puramente consultivo não gera responsabilização do seu autor (STF, Segunda Turma. HC 171576/RS, rel. Min. Gilmar Mendes, julgamento em 17.9.2019, veiculado no **INFORMATIVO Nº 952. TÍTULO:** Dispensa de licitação: atuação jurídica e responsabilização criminal).

No mesmo sentido segue a jurisprudência do STJ:

> HABEAS CORPUS. CRIMES DE RESPONSABILIDADE DE PREFEITO E DISPENSA DE LICITAÇÃO. ART. 1º, I E II, DO DECRETO LEI

N. 201/67. ART. 89 DA LEI N. 8.666/93. TRANCAMENTO DA AÇÃO PENAL. ALEGADA INÉPCIA DA DENÚNCIA. NÃO CONFIGURADA. ART. 41 DO CPP ATENDIDO. SUPOSTA AUSÊNCIA DE JUSTA CAUSA. NÃO OBSERVADA. PRESENÇA DE INDÍCIOS MÍNIMOS DE MATERIALIDADE E AUTORIA. HABEAS CORPUS DENEGADO (...) VIII – "A tão-só figuração de advogado como parecerista nos autos de procedimento de licitação não retira, por si só, da sua atuação a possibilidade da prática de ilícito penal, porquanto, mesmo que as formalidades legais tenham sido atendidas no seu ato, havendo favorecimento nos meios empregados, é possível o comprometimento ilegal do agir" (HC 337.751/RN, Sexta Turma, Rel. Min. Maria Thereza de Assis Moura, DJe 1º/2/2016) [...] (STJ, T5 – QUINTA TURMA. HC 480594/AM. HABEAS CORPUS. Relator(a) Ministro FELIX FISCHER. Julgamento em 13/12/2018. Publicação/Fonte em DJe 01/02/2019).

PENAL E PROCESSO PENAL. HABEAS CORPUS. 1. IMPETRAÇÃO SUBSTITUTIVA DO RECURSO PRÓPRIO. NÃO CABIMENTO. 2. TRANCAMENTO DA AÇÃO PENAL. AUSÊNCIA DE EXCEPCIONALIDADE. 3. FRAUDE À LICITAÇÃO. EMISSÃO DE PARECER. DESVIO DE FINALIDADE. NECESSIDADE DE DEMONSTRAÇÃO DO DOLO. 4. PROPÓSITO DELITIVO DEMONSTRADO. JUSTA CAUSA PRESENTE. (...) 3. Como é cediço, "a imputada colaboração em crime de fraude a licitações pela emissão de pareceres exige fundada indicação de preorientada atuação com desvio de finalidade, para que que não se persiga o procurador municipal pela atuação funcional – de conteúdo sempre livre" (HC 85.724/MG, Rel. Ministro NEFI CORDEIRO, Sexta Turma, julgado em 9/6/2015, DJe 18/06/2015). 4. Pela leitura da inicial acusatória e do acórdão da Corte local, verifica-se que há elementos nos autos que denotam o conluio existente entre os denunciados, a revelar que o parecer apresentado não se tratava de mera atuação profissional, mas de verdadeira omissão orientada para a convalidação das ilegalidades perpetradas, o que indica a vinculação subjetiva do paciente ao propósito delitivo, revelando, assim, a existência de justa causa para a ação penal [...] (STJ, Quinta Turma. HC 460285/RJ. HABEAS CORPUS. Relator(a) Ministro REYNALDO SOARES DA FONSECA. Julgamento em 26/02/2019. Publicação/Fonte em DJe 15/03/2019).

Inexigibilidade de licitação e carta de exclusividade para distribuição de livros didáticos. Art. 89 da Lei nº 8.666/93. Tipicidade. Inocorrência. A Primeira Turma do STF, em recente julgamento da Ação Penal 962/DF, reafirmou entendimento adotado pelo Pleno da Suprema Corte no sentido de que não configura o delito previsto no revogado artigo 89 da Lei nº 8.666/93, quando há dispensa ou inexigibilidade de licitação, com fundamento em parecer jurídico da Procuradoria-Geral do Estado, no sentido de autorizar a compra direta de livros didáticos junto a distribuidoras detentoras de cartas de exclusividade para a venda na respectiva Unidade Federativa, pois ausentes as elementares do tipo (atuação voltada à frustração da concorrência e à produção de dano ao erário). Observe-se o referido julgado:

> AÇÃO PENAL. DIREITO PENAL. DISPENSA ILÍCITA DE LICITAÇÃO E PECULATO (ART. 89 DA LEI 8.666/3 E ART. 312 DO CÓDIGO PENAL). AQUISIÇÃO DE LIVROS DIDÁTICOS. SUFICIÊNCIA, PARA A DISPENSA DE LICITAÇÃO, DO PARECER DA PROCURADORIA--GERAL DO ESTADO NO SENTIDO DA IDONEIDADE DAS CARTAS DE EXCLUSIVIDADE CONCEDIDAS PELAS EDITORAS ÀS DISTRIBUIDORAS CONTRATADAS. AUSENTE INDÍCIO DE INTERFERÊNCIA DA ACUSADA PARA FAVORECER TERCEIROS. AUSÊNCIA DE PESQUISA DE PREÇOS QUE, EM CASO DE IMPOSSIBILIDADE DE CONCORRÊNCIA NO MERCADO, CONFIGURA MERA IRREGULARIDADE. AUSENTE, ADEMAIS, DEMONSTRAÇÃO DE SOBREPREÇO, CONFORME TOMADA DE CONTAS DO TCU. LAUDOS PERICIAIS FUNDADOS EM PREÇOS DISTINTOS DOS PRATICADOS À ÉPOCA DOS FATOS. ABSOLVIÇÃO (ART. 386, II E III, DO CPP). 1. A dispensa ou inexigibilidade de licitação, com fundamento em parecer jurídico da Procuradoria-Geral do Estado, no sentido de autorizar a compra direta de livros didáticos junto a distribuidoras detentoras de cartas de exclusividade para a venda na respectiva Unidade Federativa, não tipifica a conduta do artigo 89 da Lei 8.666/93. <u>Precedente: AP 946-EI, Tribunal Pleno, Rel. Min. Ricardo Lewandowski, j. 30/08/2018.</u> 2. (a) A inobservância dos critérios legais de inexigibilidade deve somar-se, para a tipificação do crime do art. 89 da Lei 8.666/93, à vontade de frustrar, indevidamente, a concorrência pública, revelando-se incabível enfoque puramente causal, desatento aos elementos subjetivos integrantes do tipo (Teoria Final da Ação). (b) Consectariamente, revela-se imperioso, para a caracterização do crime do art. 89 da Lei 8.666/93, que o agente atue voltado à frustração da concorrência e à produção de dano ao erário. 3. (a) <u>As cartas de exclusividade para a distribuição de livros didáticos, ainda que de âmbito regional, uma vez admitidas como idôneas em parecer da Procuradoria-Geral do Estado, afastam a incidência do tipo penal do art. 89 da Lei 8.666/93; (b) A escolha de livros didáticos por corpo técnico especializado, guiada por critérios intelectuais insindicáveis pelo Poder Judiciário, porquanto atinentes ao mérito do ato administrativo, afasta o dolo de violação criminosa do dever de licitar</u> [...] (STF, Primeira Turma. AP 962/DF. AÇÃO PENAL. Relator(a): Min. MARCO AURÉLIO. Relator(a) p/ Acórdão: Min. LUIZ FUX. Revisor(a): Min. MIN. LUIZ FUX. Julgamento em 04/06/2019. Publicação em DJe-230. DIVULG 22-10-2019. PUBLIC 23-10-2019, sem grifos no original).

Jurisprudência sobre o antigo art. 89 da Lei nº 8.666/93. Dosimetria. Elevado valor do dano ao erário. Consequências do crime. Aumento da pena-base. Possibilidade. A Quinta Turma do STF, seguindo posicionamento da Terceira Seção, reconheceu a possibilidade de incremento da pena, já na primeira fase da dosimetria penal (art. 59 CP), pelo reconhecimento do elevado valor do dano ao erário como consequência negativa em crime licitatório possibilitando o aumento da pena-base acima do mínimo legal em acórdão assim ementado, entendimento que deverá ser seguido por ocasião da entrada em vigor do novo art. 337-E do CP. Nossa opinião é a de que tal valor também deverá ser considerado, inclusive para fins de cálculo da multa:

> PENAL. AGRAVO REGIMENTAL EM HABEAS CORPUS SUBSTITUTIVO DE RECURSO PRÓPRIO. DISPENSA ILEGAL DE LICITAÇÃO E PECULATO-DESVIO. DOSIMETRIA. PENA-BASE. FUNDAMENTAÇÃO IDÔNEA PARA A EXASPERAÇÃO. CULPABILIDADE. APENADO QUE ERA DEPUTADO ESTADUAL E PRESIDENTE DA ASSEMBLÉIA LEGISLATIVA ESTADUAL, EXERCENDO AUTORIDADE SOBRE OS CORRÉUS. CIRCUNSTÂNCIA QUE EXTRAPOLA A ELEMENTAR DO TIPO PENAL DE PECULATO RELATIVA À CONDIÇÃO DE FUNCIONÁRIO PÚBLICO DO EXECUTOR DO DELITO. CONSEQUÊNCIAS. PREJUÍZO EXACERBADO CAUSADO AO ERÁRIO CONCRETAMENTE REFERIDO NO ACÓRDÃO CONDENATÓRIO (...) – Na hipótese, as penas-bases do agravante, por ambos os delitos pelos quais resultou condenado – peculato desvio e dispensa ilegal de licitação -, foram exasperadas, em 1/3 sobre o mínimo legal, pela avaliação negativa da culpabilidade do agente e das consequências do crime (...) – Ademais, quando da fixação das reprimendas referentes a delitos praticados contra a Administração Pública, a Terceira Seção desta Corte vem entendendo ser possível o recrudescimento da pena-base com fundamento no prejuízo sofrido pelos cofres públicos, quando o valor deste representar montante elevado. O mesmo se aplica aos crimes da Lei de Licitações, quando vierem a causar prejuízo ao erário. Precedentes [...](STJ, T5 – QUINTA TURMA. AgRg no HC 480933/AP. AGRAVO REGIMENTAL NO HABEAS CORPUS. Relator(a) Ministro REYNALDO SOARES DA FONSECA. Julgamento em 11/06/2019. Publicação/Fonte em DJe 27/06/2019).

Competência. Prerrogativa de função. Prefeito. Antigo art. 89 da Lei nº 8.666/93. A Segunda Turma do STF, em recente julgado, entendeu pela manutenção da competência por prerrogativa de função (em caso de reeleição) ainda que os eventuais fatos delituosos tenham sido praticados no exercício do mandato anteriormente ocupado. Em face dos nossos comentários sobre o sujeito ativo no crime previsto no art. 337-E do CP, a tendência é que possamos refletir sobre esse julgado para fins de aplicação deste novo artigo. Confira:

> Agravo regimental no recurso extraordinário. 2. Direito Constitucional, Penal e Processual Penal. 3. Crimes atribuídos a prefeito municipal. Art. 89 da Lei 8.666/1993; art. 1º, inciso I, do Decreto-lei 201/1967; art. 288 do Código Penal; art. 4º, inciso II, da Lei 8.137/1990 e art. 1º da Lei 9.613/1998. 4. Competência. Foro por prerrogativa de função objeto do art. 29, X, da Constituição Federal. 5. Prefeito municipal reeleito de forma sequencial e ininterrupta. Manutenção, no caso, da competência por prerrogativa de função, ainda que os eventuais fatos delituosos tenham sido praticados no exercício do mandato anteriormente ocupado. 6. Precedentes [...] (STF, Segunda Turma. RE 1223370 AgR, Relator(a): GILMAR MENDES, julgado em 08/06/2020, ACÓRDÃO ELETRÔNICO DJe-151 DIVULG 17-06-2020 PUBLIC 18-06-2020).

Da necessidade de comprovação do especial fim de agir para caracterização do crime previsto no revogado artigo 89 e seu parágrafo único, ambos da Lei nº 8.666/93. Jurisprudência dos Tribunais Superiores. A jurisprudência dos Tribunais Superiores vinha entendendo que, para caracterização do revogado art. 89, *caput,* e seu parágrafo único, ambos da Lei nº 8.666/93, havia a necessidade de comprovação do especial fim de agir (dolo específico de causar dano ao erário e a caracterização do efetivo prejuízo), ainda que não haja na Lei menção acerca desta elementar. Por ser figura típica semelhante ao novo art. 337-E do CP, a tendência é que as Cortes Superiores acabem por seguir o posicionamento então firmado:

> AGRAVO REGIMENTAL NO HABEAS CORPUS. REVISÃO CRIMINAL. PROVA NOVA. CONFIGURAÇÃO. DISPENSA DE PROCEDIMENTO LICITATÓRIO FORA DAS HIPÓTESES LEGAIS. NECESSIDADE DE DEMONSTRAÇÃO DE DOLO ESPECÍFICO E DANO EFETIVO AO ERÁRIO. 1. A orientação do Superior Tribunal de Justiça, a partir do julgamento da APn n. 480/MG, em 29 de março de 2012, acompanhando a jurisprudência do Supremo Tribunal Federal, firmou-se no sentido de que a consumação do crime descrito no art. 89 da Lei n. 8.666/1993 **demanda a demonstração de dolo específico, ou seja, da intenção do agente de causar dano ao erário e da efetiva ocorrência de prejuízo aos cofres públicos.** Precedentes[...] (STJ, T6 - SEXTA TURMA. AgRg no HC 404854/SP. AGRAVO REGIMENTAL NO HABEAS CORPUS. Relator(a) Ministro ANTONIO SALDANHA PALHEIRO. Julgamento em 05/06/2018. Publicação/Fonte em DJe 15/06/2018. Sem grifo no original).

> Ação Penal. Ex-prefeito municipal. Atual deputado federal. Dispensa irregular de licitação (art. 89, caput, da Lei nº 8.666/93). Dolo. Ausência. Atipicidade. Ação penal improcedente. (...) Pressupõe o tipo, além do necessário dolo simples (vontade consciente e livre de contratar independentemente da realização de prévio procedimento licitatório), a intenção de produzir um prejuízo aos cofres públicos

por meio do afastamento indevido da licitação. 4. A incidência da norma que se extrai do art. 89, caput, da Lei nº 8.666/93 depende da presença de um claro elemento subjetivo do agente político: a vontade livre e consciente (dolo) de lesar o Erário, pois é assim que se garante a necessária distinção entre atos próprios do cotidiano político-administrativo e atos que revelam o cometimento de ilícitos penais. A ausência de indícios da presença do dolo específico do delito, com o reconhecimento de atipicidade da conduta dos agentes denunciados, já foi reconhecida pela Suprema Corte (Inq. nº 2.646/RN, Tribunal Pleno, Relator o Ministro Ayres Britto, DJe de 7/5/10). 5. Denúncia rejeitada. Ação penal julgada improcedente. (STF, Tribunal Pleno. Inq 2616 / SP – SÃO PAULO. INQUÉRITO. Relator(a): Min. DIAS TOFFOLI. Julgamento: 29/05/2014. Publicação em DJe-167 DIVULG 28-08-2014 PUBLIC 29-08-2014, sem grifos no original).

Assim, o entendimento consolidado no âmbito do Superior Tribunal de Justiça, em relação ao revogado art. 89, *caput*, da lei nº 8.666/93 (e seu parágrafo único) (entendimento potencialmente a ser adotado no caso do enquadramento nas condutas descritas no art. 337-E do CP) é no sentido da obrigatória indicação, na exordial, do dolo específico de causar prejuízo (especial fim de causar dano ao erário), bem como da quantificação do dano suportado pela Administração Pública (dano aos cofres públicos). Logo, a ausência de comprovação desses elementos, impede a admissão de tipicidade ao crime da Lei de Licitações.

É o que ficou assentado na edição nº 134 (Dos Crimes da Lei de Licitação – Lei nº 8.666/93) da "Jurisprudência em Teses" do STJ (outubro/2019): "*1) Para a configuração do delito tipificado no art. 89 da Lei n. 8.666/1993, é indispensável a comprovação do dolo específico do agente em causar dano ao erário, bem como do prejuízo à administração pública*".

Vejamos os recentes julgados da Corte Superior:

DIREITO SANCIONADOR. AGRAVO INTERNO EM ARESP. ACP DE IMPROBIDADE ADMINISTRATIVA. IRREGULARIDADES EM PROCEDIMENTOS LICITATÓRIOS CARREADOS NO MUNICÍPIO DE VIÇOSA/MG. PRETENSÃO DO ENTÃO ALCAIDE DE AFASTAMENTO DA CONDENAÇÃO POR CONDUTA ÍMPROBA. LESÃO AOS COFRES PÚBLICOS EXTENSIFICADA PELAS INSTÂNCIAS ORDINÁRIAS. INOCORRÊNCIA DE VIOLAÇÃO DO ART. 10 DA LEI 8.429/1992 (...) 2. Acerca do tema, as Turmas desta Corte Superior especializadas em Direito Penal firmaram a diretriz de que, para a configuração do crime previsto no art. 89 da Lei 8.666/1993 [dispensa ou inexigibilidade de licitação fora das hipóteses legais] exige-se a presença do dolo específico de causar dano ao erário e a caracterização do efetivo prejuízo (REsp. 1.485.384/SP, Rel. Min. REYNALDO SOARES DA FONSECA, DJe 2.10.2017; REsp. 1.367.663/DF, Rel. Min. NEFI COR-

> DEIRO, DJe 11.9.2017) [...] (STJ, PRIMEIRA TURMA. AgInt no AREsp 1370933/MG, Rel. Ministro NAPOLEÃO NUNES MAIA FILHO, julgado em 11/11/2020, DJe 17/11/2020).
>
> HABEAS CORPUS. PENAL. ART. 89 DA LEI N. 8.666/1993. DISPENSA DE LICITAÇÃO MEDIANTE FRACIONAMENTO DA CONTRATAÇÃO. DOLO ESPECÍFICO. INTENÇÃO DE LESAR A ADMINISTRAÇÃO PÚBLICA. PREJUÍZO EFETIVO AO ERÁRIO. FALTA DE DEMONSTRAÇÃO. CONDUTA. ATIPICIDADE. EXTENSÃO DA ORDEM AOS CORRÉUS (ART. 580 C/C ART. 654, § 2º, AMBOS DO CPP). 1. Nos termos da jurisprudência do Superior Tribunal de Justiça firmada a partir do julgamento da APn n. 480/MG, a consumação do crime do art. 89 da Lei n. 8.666/1993 exige a demonstração do dolo específico, ou seja, a intenção de causar dano ao Erário e a efetiva ocorrência de prejuízo aos cofres públicos [...] (STJ, SEXTA TURMA. HC 588.359/PE, Rel. Ministro SEBASTIÃO REIS JÚNIOR, julgado em 08/09/2020, DJe 14/09/2020).
>
> AGRAVO REGIMENTAL NO HABEAS CORPUS. DISPENSA INDEVIDA DE LICITAÇÃO. ART. 89 DA LEI N. 8.666/1993. PLEITO DE ABSOLVIÇÃO. ALEGAÇÃO DE ATIPICIDADE DA CONDUTA. ESPECIAL FIM DE AGIR. PREJUÍZO AO ERÁRIO DEMONSTRADO (...) 1. O crime previsto no art. 89 da Lei de Licitações e Contratos Administrativos somente se concretiza com a constatação de que o agente atuou com a finalidade específica de, deliberadamente, causar lesão ao erário. Além disso, o entendimento jurisprudencial fixado pelos Tribunais Superiores exige a efetivação do dano, ou seja, que o prejuízo pretendido seja constatado no curso da instrução criminal. Essa exigência tem por objetivo evitar a responsabilização criminal por condutas cometidas por mero desconhecimento dos meandros da burocracia estatal, sem a intenção de locupletamento ilícito ou de dilapidação do patrimônio público [...] (STJ, QUINTA TURMA. AgRg no HC 580.098/MA, Rel. Ministro REYNALDO SOARES DA FONSECA, julgado em 23/06/2020, DJe 30/06/2020).

No mesmo sentido: STJ, T5 – QUINTA TURMA. HC 476051/TO. HABEAS CORPUS. Relator(a) Ministro RIBEIRO DANTAS. Julgamento em 07/05/2019. Publicação/Fonte em DJe 13/05/2019; STJ, T6 – SEXTA TURMA. HC 480533/SP. HABEAS CORPUS. Relator(a) Ministro NEFI CORDEIRO. Julgamento em 02/04/2019. Publicação/Fonte em DJe 10/04/2019; STJ, T6 – SEXTA TURMA. AgRg no REsp 1772995/MG. AGRAVO REGIMENTAL NO RECURSO ESPECIAL. Relator(a) Ministro SEBASTIÃO REIS JÚNIOR. Julgamento em 19/03/2019. Publicação/Fonte em DJe 01/04/2019.

Portanto, o STJ entende que, à semelhança do que ocorre com o *caput*, há a necessidade de comprovação do especial fim de agir – dolo específico para a caracterização do art. 89, parágrafo único, da lei de Licitações.

> PENAL E PROCESSO PENAL. RECURSO ORDINÁRIO EM HABEAS CORPUS. DISPENSA INDEVIDA DE LICITAÇÃO. ART. 89, PARÁGRAFO ÚNICO, DA LEI N. 8.666/1993. TRANCAMENTO. INÉPCIA DA DENÚNCIA. NECESSIDADE DE DEMONSTRAÇÃO DO ESPECIAL FIM DE CAUSAR DANO AO ERÁRIO. PREJUÍZO AOS COFRES PÚBLICOS NÃO EVIDENCIADO. RECURSO PROVIDO (...) 2. Esta Corte, após inicial divergência, pacificou o entendimento de que, para a configuração do crime previsto no art. 89 da Lei n. 8.666/1993 exige-se a presença do dolo específico de causar dano ao erário e a caracterização do efetivo prejuízo [...] (STJ, Quinta Turma. RHC 118885/MG. RECURSO ORDINARIO EM HABEAS CORPUS. Relator(a) Ministro REYNALDO SOARES DA FONSECA. Julgamento em 22/10/2019. Publicação/Fonte em DJe 04/11/2019).
>
> RECURSOS ESPECIAIS. PENAL. ART. 89 DA LEI N.º 8.666/1993. ART. 1º, INCISO I, DO DECRETO-LEI N.º 201/1967. DOLO ESPECÍFICO E PREJUÍZO AO ERÁRIO. COMPROVAÇÃO. NECESSIDADE. DEMONSTRAÇÃO. AUSÊNCIA. ABSOLVIÇÃO. SENTENÇA CONDENATÓRIA. RECURSO ESPECIAL DE MARCOS ANDRÉ LIMA NOGUEIRA E LUIZ ALBERTO CARVALHO TORALDO PROVIDO, COM EXTENSÃO DOS EFEITOS. RECURSO ESPECIAL DE LUIZ FELIPE ROUX LIMA PARCIALMENTE CONHECIDO E, NESSA EXTENSÃO, PROVIDO. HABEAS CORPUS CONCEDIDO, DE OFÍCIO, A LUIZ FELIPE ROUX LIMA. 1. A jurisprudência do Superior Tribunal de Justiça é pacífica no sentido de que a configuração dos delitos previstos no art. 89, caput e parágrafo único, da Lei n.º 8.666/1993 exige a demonstração da presença concomitante do dolo específico, consistente na deliberada intenção de lesar o erário, bem assim a efetiva ocorrência do dano ou prejuízo, não evidenciados, no caso concreto, pelas instâncias ordinárias [...] (STJ, T6 – SEXTA TURMA. REsp 1799355/RJ. RECURSO ESPECIAL. Relator(a) Ministra LAURITA VAZ. Julgamento em 28/05/2019. Publicação/Fonte em DJe 05/06/2019).

Do aparente conflito de normas entre o revogado artigo 89 da Lei nº 8.666/93 e o artigo 1º, XI, do Decreto-Lei nº 201/67. Segundo entendimento do STJ, prevalece a Lei de Licitações face ao art. 1.º, inciso XI, do Decreto-Lei nº 201/67, em razão do princípio de *tempus regit actum*, que impõe a prevalência da Lei de Licitações para os atos praticados após a sua entrada em vigor (critério cronológico):

> PENAL. PROCESSUAL PENAL. AGRAVO REGIMENTAL NO RECURSO ESPECIAL. DISPENSA ILEGAL DE LICITAÇÃO. CONFLITO APARENTE DE NORMAS. ART. 1º, INCISO XI, DO DECRETO-LEI N.º 201/1967 E ART. 89 DA LEI N.º 8.666/1993. APLICABILIDADE DO TIPO PENAL DA LEI DE LICITAÇÕES. CRITÉRIO CRONOLÓGICO. 1. Esta Corte Superior decidiu que a realização, pelo prefeito e particulares em concurso de pessoas, da aquisição de serviços sem

concorrência, num caso em que a lei de licitações assim o exigia, subsume-se a conduta descrita no artigo 89 da Lei n. 8666/1993 e não a do inciso XI do art. 1.º do Decreto-lei n.º 201/67 2. Ocorre que, para a configuração do crime previsto no art. 89 da Lei n. 8.666/1993, exige-se a presença do dolo específico de causar dano ao erário e a caracterização do efetivo prejuízo, pontos que não foram analisados pela Corte de origem, devendo os autos retornarem para julgamento da ação penal, sob o prisma da lei de licitações, observadas as exigências legais [...] (STJ, T5 - QUINTA TURMA. AgRg no REsp 1745232/CE. AGRAVO REGIMENTAL NO RECURSO ESPECIAL. Relator(a) Ministro REYNALDO SOARES DA FONSECA. Julgamento em 11/09/2018. Publicação/Fonte em DJe 21/09/2018). Sem grifo no original.

RECURSO ORDINÁRIO EM HABEAS CORPUS. PROCESSUAL PENAL. CRIME COMETIDO POR EX-PREFEITA. NÃO REALIZAÇÃO DE PROCEDIMENTO LICITATÓRIO. ART. 1.º, INCISO XI, DO DECRETO-LEI N.º 201/67 E ART. 89 DA LEI DE LICITAÇÕES - LEI N.º 8.666/93. CONFLITO APARENTE DE NORMAS. INCIDÊNCIA DA LEI DE LICITAÇÕES. (...) 1. Recorrente que, enquanto Prefeita municipal, não obedeceu às formalidades para inexigibilidade de licitação na contratação de empresa para prestação de serviços de advocacia. 2. O conflito aparente de normas entre o art. 89 da Lei n.º 8.666/93 e o art. 1.º, inciso XI, do Decreto-Lei 201/67 deve ser solucionado pelo princípio de tempus regit actum, que impõe a prevalência da Lei de Licitações para os atos praticados após a sua entrada em vigor, tal como no presente caso, em que a conduta ilícita foi praticada após o ano de 2005. Precedentes. (...). (STJ, T5 - QUINTA TURMA. RHC 42510/RJ. RECURSO ORDINÁRIO EM HABEAS CORPUS. 2013/0378007-8. Relator(a) Ministra LAURITA VAZ. Julgamento em 26/08/2014. Publicação/Fonte em DJe 02/09/2014, sem grifos no original).

AGRAVO REGIMENTAL. RECURSO ESPECIAL. PENAL E PROCESSUAL PENAL. CRIME COMETIDO POR PREFEITO E POR SECRETÁRIO DE ESTADO. NÃO REALIZAÇÃO DE PROCEDIMENTO LICITATÓRIO. ART. 1.º, INCISO XI, DO DECRETO-LEI N.º 201/67 E ART. 89 DA LEI DE LICITAÇÕES - LEI N.º 8.666/93. (...) APLICABILIDADE DO ART. 89 DA LEI DE LICITAÇÕES. REVOGAÇÃO DO ART. 1.º, INCISO XI, DO DECRETO-LEI N.º 201/67. PRECEDENTES DO SUPERIOR TRIBUNAL DE JUSTIÇA E DO SUPREMO TRIBUNAL FEDERAL. AGRAVO REGIMENTAL DESPROVIDO. (...) 4. As Turmas que compõem a Terceira Seção do Superior Tribunal de Justiça manifestaram-se no sentido de que o art. 89 da Lei n.º 8.666/93 revogou o inciso XI do art. 1.º do Decreto-lei n.º 201/67, devendo, portanto, ser aplicado às condutas típicas praticadas por prefeitos após sua vigência. Prece-

> dentes. 5. Agravo regimental desprovido. (STJ, T5 - QUINTA TURMA. AgRg no REsp 1113982/PB. AGRAVO REGIMENTAL NO RECURSO ESPECIAL. 2009/0042531-0. Relator(a) Ministra LAURITA VAZ. Julgamento em 19/08/2014. Publicação/Fonte em DJe 29/08/2014, sem grifos no original).

> RECURSO ESPECIAL. PENAL E PROCESSO PENAL. DISPENSA INDEVIDA DE LICITAÇÃO POR PREFEITO. CONFLITO APARENTE DE NORMAS. DECRETO-LEI 201/67 E LEI 8.666/90. CRITÉRIO CRONOLÓGICO. 1. Conquanto o Decreto-Lei nº 201/67 seja norma especial porque institui crimes próprios praticados por prefeitos e vereadores, a Lei nº 8.666/90 também é especial porque tipifica os crimes praticados em procedimentos licitatórios, disciplinando especificamente o tema relativo às licitações públicas. 2. Tratando-se de normas com equivalência hierárquica e incidência nos âmbitos municipal, estadual e federal, resta dirimir o conflito aparente de normas pelo critério cronológico, prevalecendo o artigo 89 da Lei nº 8.666/90 para os atos praticados após a sua entrada em vigor. 3. Recurso improvido. (STJ, T6 - SEXTA TURMA. REsp 1288855 / SP. RECURSO ESPECIAL. 2011/0256155-7. Relator(a) Ministra MARIA THEREZA DE ASSIS MOURA. Julgamento 17/10/2013. Publicação/Fonte em DJe 29/10/2013).

É o que ficou assentado na edição nº 134 (Dos Crimes da Lei de Licitação – Lei nº 8.666/93) da "Jurisprudência em Teses" do STJ (outubro/2019): "*2) O art. 89 da Lei n. 8.666/1993 revogou o inciso XI do art. 1º do Decreto-Lei n. 201/1967, devendo, portanto, ser aplicado às condutas típicas praticadas por prefeitos após sua vigência*".

Ademais, em recente julgado a Quinta Turma do STJ se manifestou pela impossibilidade de absorção dos crimes de responsabilidade de prefeitos (Decreto-Lei nº 201/67) pelos crimes previstos na Lei de Licitações e Contratos (Lei nº 8.666/93). Isso porque a Corte Superior entendeu pela diversidade de objetividade jurídica dos tipos penais, logo, não há que se falar em absorção (no caso, do artigo 89 da Lei nº 8.666/93 pelo crime do artigo 1º, II, do Decreto-Lei nº 201/67), tendo em vista a ausência de subsunção entre os crimes em comento, cujos bens jurídicos tutelados são distintos, não se podendo afirmar que o primeiro seria meio necessário para o último, seguindo o mesmo raciocínio aplicado:

> PENAL E PROCESSO PENAL. HABEAS CORPUS. CRIME DE DISPENSA OU INEXIGIBILIDADE ILEGAL DE LICITAÇÃO E DE RESPONSABILIDADE DE PREFEITO (ART. 89 DA LEI N. 8.666/1993 E 1º, II, DO DECRETO-LEI N. 201/1967, C/C O ART. 70 DO CP) [...] ABSORÇÃO DO CRIME PREVISTO NO ART. 89 DA LEI N. 8.666/1993 PELO DELITO TIPIFICADO NO ART. 1º, II, DO DECRETO-LEI N. 201/1967. BENS JURÍDICOS TUTELADOS DISTINTOS. [...] 6. <u>Há nesta Corte Superior precedentes que rechaçam a alegada absorção do crime descrito</u>

> no art. 89 da Lei n. 8.666/1993 pelo ilícito previsto no art. 1º, I, do Decreto-Lei n. 201/1967, na medida em que não falar em subsunção entre os crimes em comento, cujos bens jurídicos tutelados são distintos, não se podendo afirmar que o primeiro seria meio necessário para o último. De mais a mais, o revolvimento da matéria implicaria em estudo aprofundado do conjunto probatório dos autos, o que é inviável na via estreita do habeas corpus. [...] (STJ, T5 - QUINTA TURMA. HC 261149/BA. HABEAS CORPUS. Relator(a) Ministro JOEL ILAN PACIORNIK. Julgamento em 20/09/2018. Publicação/Fonte em DJe 02/10/2018. Sem grifo no original.
>
> HABEAS CORPUS. CRIMES TIPIFICADOS NO ART. 90 DA LEI N. 8666/93 E NO ART. 1º, X, DO DECRETO-LEI 201/67 [...] PEDIDO DE ABSORÇÃO DO CRIME DE RESPONSABILIDADE DE PREFEITO PELO CRIME DE LICITAÇÃO. IMPOSSIBILIDADE. DIVERSIDADE DA OBJETIVIDADE JURÍDICA DOS TIPOS PENAIS [...] 7. Pedido de absorção do crime de responsabilidade de prefeito pelo crime licitatório não acolhido. Além de ser facilmente percebido que o crime de responsabilidade de prefeito possui pena cominada em abstrato mais grave, esta Corte Superior de Justiça tem entendido que os crimes descritos na Lei de Licitação e na Lei que trata dos Crimes de Responsabilidade de Prefeitos possuem objetividade jurídica diversa. Precedentes [...] (STJ, T5 - QUINTA TURMA. HC 341341/MG. HABEAS CORPUS. Relator(a) Ministro JOEL ILAN PACIORNIK. Julgamento em 16/10/2018. Publicação/Fonte em DJe 30/10/2018.

Da possibilidade de utilização de prova emprestada do juízo cível para instruir procedimento relativo ao artigo 89 da Lei nº 8.666/93. A jurisprudência dos Tribunais Superiores vem indicando que para a configuração do crime previsto no artigo 89 da Lei nº 8.666/93 deve-se comprovar o dolo específico, consistente na intenção de produzir um prejuízo aos cofres públicos por meio do afastamento indevido da licitação.

Além disso, é importante asseverar que, por mais que se trate de crime material, a jurisprudência vem apontando a prescindibilidade do exame pericial para comprovação da materialidade delitiva.

Por fim, ressalta-se a possibilidade de utilização de prova emprestada do juízo cível (Tribunal de Contas e Inquérito Civil), desde que submetidas ao contraditório.

> HABEAS CORPUS. AÇÃO PENAL ORIGINÁRIA. DEPUTADO ESTADUAL. DISPENSA ILEGAL DE LICITAÇÃO E PECULATO. NULIDADE. CERCEAMENTO DE DEFESA. INDEFERIMENTO MOTIVADO DE DILIGÊNCIAS. DISCRICIONARIEDADE DO JUIZ. ARTIGO 89 DA LEI N. 8.666/93. EXAME PERICIAL. PRESCINDIBILIDADE. PROVA EMPRESTADA. (...) 2. O crime do artigo 89 da Lei n. 8.666/93, possui natureza material, exigindo para sua tipificação, a demonstração de

> dolo específico e prejuízo ao erário público (HC n. 299.029/GO, Rel. Min. ROGERIO SCHIETTI CRUZ, Sexta Turma, Dje 23/9/2015), sendo, contudo, despiciendo para a comprovação da materialidade delitiva, a realização de exame pericial. 3. Mesmo em crimes materiais que deixam vestígios, é possível a aferição da materialidade delitiva por outros elementos de prova, lícitos e adequados, para demonstrar a verdade real dos fatos, não sendo o exame pericial a única forma idônea para aferição da materialidade delitiva. Precedentes. 4. Desde que seja oportunizado ao paciente proceder ao contraditório e à ampla defesa no feito criminal quanto à prova emprestada do juízo cível, haverá de ser reconhecida a validade da prova (Precedentes)[...] (STJ, T5 - QUINTA TURMA. HC 351763 / AP. HABEAS CORPUS. 2016/0071401-3. Relator(a) Ministro REYNALDO SOARES DA FONSECA. Julgamento em 24/05/2016. Publicação/Fonte em DJe 01/06/2016).
>
> HABEAS CORPUS. CRIME DE DISPENSA DE LICITAÇÃO FORA DAS HIPÓTESES PREVISTAS EM LEI. ELEMENTO SUBJETIVO ESPECIAL. NECESSIDADE. PREJUÍZO AO ERÁRIO. AUSÊNCIA DE COMPROVAÇÃO. CONDUTA ATÍPICA. (...) 1. Conforme entendimento firmado por esta Corte, para a configuração do delito previsto no art. 89 da Lei n. 8.666/1993 é necessária a presença do elemento subjetivo especial de causar dano ao erário, com a ocorrência do efetivo prejuízo à Administração Pública. Questão jurídica já decidida pela Sexta Turma (HC n. 299.209/GO. 2. Ordem não conhecida. Habeas corpus concedido, de ofício, para reconhecer a atipicidade da conduta perpetrada pelo ora paciente e anular, ab initio, o processo movido contra ele. Efeitos estendidos aos demais corréus. (STJ, T6 – SEXTA TURMA. HC 316953 / GO. HABEAS CORPUS. 2015/0036180-1. Relator(a) Ministro ROGERIO SCHIETTI CRUZ.. Julgamento em 19/05/2016. Publicação/Fonte em DJe em 09/06/2016).

Da eventual absolvição quanto ao crime previsto no artigo 1º, II, do Decreto-Lei nº 201/67 e sua implicação na configuração do artigo 89 da Lei nº 8.666/93. A Quinta Turma do Superior Tribunal de Justiça já decidiu que a absolvição quanto ao crime de responsabilidade não influi na caracterização do crime previsto na Lei de licitações, conforme podemos observar a seguir:

> PENAL E PROCESSUAL PENAL. RECURSO EM HABEAS CORPUS. ART. 89 DA LEI 8.666/93. DANO AO ERÁRIO CARACTERIZADO. INVIABILIDADE DO REVOLVIMENTO DE PROVAS PARA VERIFICAÇÃO DO DOLO ESPECÍFICO QUE, DE RESTO, ENCONTRA-SE EVIDENCIADO. ABSOLVIÇÃO QUANTO AO DELITO DO ART. 1º, II, DO DECRETO-LEI 201/67 QUE NÃO INFLUI NA CONFIGURAÇÃO DO DELITO PREVISTO NA LEI DE LICITAÇÕES. AUMENTO DESPROPORCIONAL DA PENA BASE. 1. As aquisições de próteses dentárias

> pelo recorrente, na qualidade de secretário municipal de saúde, sem licitação, não trouxeram qualquer benefício à população, o que evidencia o dano ao erário. 2. Desinfluência da absolvição quanto ao crime de responsabilidade[...] (STJ, T5 - QUINTA TURMA. RHC 62885 / PE. RECURSO ORDINÁRIO EM HABEAS CORPUS. 2015/0199749-9. Relator(a) Ministro LÁZARO GUIMARÃES (DESEMBARGADOR CONVOCADO DO TRF 5ª REGIÃO). Julgamento em 05/04/2016. Data da Publicação/Fonte. DJe em 08/04/2016).

Da utilização de documento falso para prática do crime previsto no antigo artigo 89 da Lei nº 8.666/93. No presente julgado, colacionado abaixo, o Ministro Luiz Fux, do STF, entendeu que a utilização de documento ideologicamente falso (no caso concreto, a utilização de declaração de capacidade ideologicamente falsa para contratar com o Exército Brasileiro) não é imprescindível para configuração do tipo penal previsto no artigo 89 da Lei nº 8.666/93, pois aquela situação não perfaz a redação deste tipo penal.

Diante da semelhança entre as condutas descritas no revogado art. 89 da Lei nº 8.666/93 e o art. 337-E do CP, é provável que o entendimento albergado no julgado a seguir possa também ser utilizado para fins de aplicação do novo artigo:

> PENAL E PROCESSUAL PENAL MILITAR. COMPETÊNCIA. USO DE DOCUMENTO IDEOLOGICAMENTE FALSO POR CIVIL. FRAUDE EM LICITAÇÃO. CONSUNÇÃO. RECURSO PARCIALMENTE PROVIDO. 1. A Justiça Militar da União é incompetente para julgar o crime de uso de documento ideologicamente falso cometido por civil quando não houver relação intrínseca da conduta com a atividade castrense. (...) 4. In casu, não há relação de necessariedade entre o crime de falso e o crime previsto no artigo 89 da Lei 8.666/1993. É dizer, não é indispensável para o tipo do artigo 89 da Lei 8.666/1993 que se utilize de documento ideologicamente falso, o uso do documento não perfaz elemento normativo do tipo descrito na Lei das Licitações, razão pela qual não há consunção entre os delitos. 5. Recurso Ordinário a que se dá parcial provimento, para remeter os autos à Justiça Federal em Bagé/RS. (STF, Primeira Turma. RHC 118030 / RS - RIO GRANDE DO SUL. RECURSO ORDINÁRIO EM HABEAS CORPUS. Relator(a): Min. LUIZ FUX. Julgamento em 19/08/2014. Publicação em DJe-177 DIVULG 11-09-2014 PUBLIC 12-09-2014, sem grifo no original).

Em sentido semelhante decidiu a Quinta Turma do STJ ao analisar o revogado art. 89, parágrafo único, da Lei n.º 8.666/93 e o crime de falso, entendendo a Corte pela possibilidade de concurso entre as referidas infrações penais (consumada em momentos distintos), não sendo o falso meio necessário a consecução do fim (fraude ao procedimento licitatório):

> RECURSO ESPECIAL. DISPENSA INDEVIDA DE LICITAÇÃO E FALSIDADE IDEOLÓGICA. CONDUTA INICIALMENTE CAPITULADA COMO PECULATO-DESVIO. EMENDATIO LIBELLI. ENQUADRAMENTO NO ART. 89, PARÁGRAFO ÚNICO, DA LEI Nº 8.666/93. PRINCÍPIO DA CONSUNÇÃO. INAPLICABILIDADE. [...] 7. <u>É possível que um fato absorva outros, quando funcionem como fase de preparação ou execução um dos outros. 8. In casu, entendeu a Corte estadual que o crime de falsidade ideológica não se afigurou meio necessário ou fase de preparação ou execução do crime previsto no art. 89, parágrafo único, da Lei n. 8.666/1993, pois foram consumados em contextos absolutamente distintos, tendo o delito de falsidade ideológica sido inclusive "cometido posteriormente, com o nítido desiderato de se evitar a responsabilização penal pela primeira conduta"</u>. [...] (STJ, T5 – QUINTA TURMA. AgRg no REsp 1477548/SC. AGRAVO REGIMENTAL NO RECURSO ESPECIAL. Relator(a) Ministro JORGE MUSSI. Julgamento em 25/09/2018. Publicação/Fonte em DJe 03/10/2018). Sem grifo no original.

Frustração do caráter competitivo de licitação

(Código Penal) Art. 337-F Frustrar ou fraudar, com o intuito de obter para si ou para outrem vantagem decorrente da adjudicação do objeto da licitação, o caráter competitivo do processo licitatório:

Pena – reclusão, de 4 (quatro) anos a 8 (oito) anos, e multa.

Das condutas previstas no artigo 337-F do Código Penal. O antigo art. 90 da Lei nº 8.666/93 previa praticamente os mesmos termos que foram narrados no novo art. 337-F do CP, razão pela qual estamos diante de situação de continuidade típico-normativa. Este apenas deixa de fora a forma pela qual o delito pode ser praticado, embora preveja uma finalidade específica de "obter para si ou para outrem vantagem decorrente da adjudicação do objeto da licitação". No artigo 90 da antiga lei, as condutas eram vinculadas ao ajuste, combinação ou qualquer outro expediente, o que acabava por abranger qualquer forma possível.

Note-se, também, que o preceito secundário do novo artigo prevê agravamento de pena, que não poderá retroagir para alcançar fatos praticados antes de 01 de abril de 2021, para os quais deve ser aplicada a pena de dois a quatro anos, prevista na Lei nº 8.666/93:

> (Lei nº 8.666/93) Art. 90. Frustrar ou fraudar, mediante ajuste, combinação ou qualquer outro expediente, o caráter competitivo do procedimento licitatório, com o intuito de obter, para si ou para outrem, vantagem decorrente da adjudicação do objeto da licitação:
>
> Pena - detenção, de 2 (dois) a 4 (quatro) anos, e multa.

Interessante observarmos que um dos princípios do processo licitatório é manter a igualdade entre os contratantes. De acordo com o artigo 5º da Nova Lei de Licitações, além da legalidade, impessoalidade, moralidade etc., a licitação também tem como princípio o da competitividade. Também sabemos que o processo licitatório tradicionalmente tem o objetivo de selecionar a proposta mais vantajosa para a administração e a promoção do desenvolvimento nacional sustentável.

> (Lei nº 14.133/21) Art. 5º Na aplicação desta Lei, serão observados os princípios da legalidade, da impessoalidade, da moralidade, da publicidade, da eficiência, do interesse público, da probidade administrativa, da igualdade, do planejamento, da transparência, da eficácia, da segregação de funções, da motivação, da vinculação ao edital, do julgamento objetivo, da segurança jurídica, da razoabilidade, da competitividade, da proporcionalidade, da celeridade, da economicidade e do desenvolvimento nacional sustentável, assim como as disposições do Decreto-Lei nº 4.657, de 4 de setembro de 1942 (Lei de Introdução às Normas do Direito Brasileiro).

Então, por ser um procedimento que visa a garantir a melhor escolha para a Administração Pública, o artigo 337-F do CP veda que os agentes públicos tirem vantagem do processo de licitação em benefício próprio. Assim, prevê que se o sujeito ativo frustre ou fraude (condutas mistas alternativas), o inerente caráter competitivo com o especial fim de obter vantagem (para si ou para outrem) decorrente da adjudicação.

Com isto, tal caráter competitivo é elementar do tipo penal previsto no art. 337-F do CP, assim como a Sexta Turma do Superior Tribunal de Justiça (STJ) já entendia por ocasião da análise do antigo art. 90 da Lei nº 8.666/93:

> PROCESSUAL PENAL. RECURSO EM HABEAS CORPUS. FRAUDE À LICITAÇÃO. OPERAÇÃO PECÚLIO. PRETENSÃO DE TRANCAMENTO DA AÇÃO PENAL. INÉPCIA DA DENÚNCIA E ATIPICIDADE DA CONDUTA. INICIAL QUE SE LIMITA A DESCREVER O CONLUIO DOS ACUSADOS PARA A PRÁTICA DO CRIME, SEM PORMENORIZAR EM QUE CONSISTIU A SUPOSTA FRAUDE DE DETERMINADO PROCEDIMENTO LICITATÓRIO. FALTA DE DESCRIÇÃO DA ELEMENTAR DO CRIME PREVISTO NO ART. 90 DA LEI N. 8.666/1993 (CARÁTER COMPETITIVO DO PROCEDIMENTO LICITATÓRIO)(...) 2. Para configurar o tipo do art. 90 da Lei n. 8.666/1993, necessário ficar demonstrada a quebra do caráter competitivo entre os licitantes interessados em contratar, ocasionada pelo mero ajuste, combinação ou outro expediente apto a frustrar ou fraudar o procedimento licitatório (HC n. 485.791/SP, Ministro Reynaldo Soares da Fonseca, DJe 20/5/2019). 3. No caso, do cotejo das condutas imputadas ao recorrente e aos corréus com o tipo penal aplicado (art. 90 da Lei n. 8.666/1993) observa-se que o objeto jurídico principal do crime,

> consistente na fraude do "caráter competitivo do procedimento licitatório", não existiu. São narradas todas as tratativas para a frustração de um processo licitatório, mas falta a descrição do próprio procedimento que seria fraudado pelos acusados. 4. Na inicial acusatória, não é narrada nem a fraude de um processo licitatório, nem a frustração da eficácia da competição, tendo o órgão da acusação se limitado a descrever a intenção e a astúcia dos acusados, bem como a existência de divergência entre grupos ligados ao Chefe do Executivo Municipal, no tocante à busca pela fraude de uma parceria público-privada que não parece ter ocorrido, pois a inicial não narra a existência dela [...] (STJ, T6 - SEXTA TURMA. RHC 90861/RS. RECURSO ORDINARIO EM HABEAS CORPUS. Relator(a) Ministro SEBASTIÃO REIS JÚNIOR. Julgamento em 03/09/2019. Publicação/Fonte em DJe 10/09/2019).

Adjudicação, por sua vez, no entendimento de Hely Lopes Meirelles é "o ato pelo qual se atribui ao vencedor o objeto da licitação para a subsequente efetivação do contrato"[5].

A especialidade do art. 337-O do CP. No art. 337-O do CP também há previsão da conduta "frustrar", que envolve questões ligadas ao procedimento licitatório. Assim, quanto à primeira modalidade aquele artigo, qual seja, "em frustração ao caráter competitivo da licitação", concluímos que diante das especificidades do crime do art. 337-O do CP, que prevê uma série de outros elementos no preceito primário do tipo penal, tal conduta é especial em relação àquela prevista no art. 337-F do CP.

Sujeito ativo. Com relação a este tópico, remetemos o leitor às considerações feitas por ocasião dos comentários gerais sobre os sujeitos ativos do crime previsto no art. 337-E do CP, em virtude da entrada em vigor de novos dispositivos penais (art. 193, I, da Lei nº 14.133/21). Porém, em virtude da manutenção dos dispositivos gerais da antiga Lei nº 8.666/93 (por força do que dispõe o art. 193, II, da Lei nº 14.133/21), significa dizer que deveremos observar as partes ainda não revogadas da Lei nº 8.666/93, que ainda servirão para entendermos a aplicação de diversos institutos penais sobre licitações, agora disciplinados no Código Penal.

Embora entendamos como sendo um crime próprio, cabe aqui ressaltar que o Superior Tribunal de Justiça firmou jurisprudência no sentido de que o delito previsto no antigo art. 90 da Lei nº 8.666/93 (que guarda bastante semelhança com a atual redação prevista no art. 337-F do CP) é crime comum, não se exigindo, então, do sujeito ativo nenhuma qualidade em específico.

É o que ficou consolidado na edição nº 134 (Dos Crimes da Lei de Licitação – Lei nº 8.666/93) da "Jurisprudência em Teses" do STJ (outubro/2019): "*5) O crime*

---

5. MEIRELLES. Op. Cit. p. 296.

previsto no art. 90 da Lei n. 8.666/1993 classifica-se como comum, não se exigindo do sujeito ativo nenhuma característica específica, podendo ser praticado por qualquer pessoa que participe do certame". Vide: AgRg no REsp 1795894/PB, Rel. Ministro ANTONIO SALDANHA PALHEIRO, SEXTA TURMA, julgado em 26/03/2019, DJe 08/04/2019; AgRg no REsp 1646332/SP, Rel. Ministro JORGE MUSSI, QUINTA TURMA, julgado em 17/08/2017, DJe 23/08/2017. Vale conferir a jurisprudência abaixo colacionada, da Quinta e da Sexta Turmas do STJ:

> HABEAS CORPUS SUBSTITUTIVO DE RECURSO PRÓPRIO. CRIMES DE LICITAÇÃO PRATICADOS PELO PREFEITO E VICE-PREFEITO. MAJORAÇÃO DA PENA BASE. CULPABILIDADE ACENTUADA EM RAZÃO DO CARGO QUE OS ACUSADOS OCUPAVAM. FUNDAMENTO IDÔNEO. PRECEDENTES. EXECUÇÃO PROVISÓRIA DA PENA. NOVO ENTENDIMENTO DA SUPREMA CORTE NO JULGAMENTO ADC N. 43, 44 E 54 DO SUPREMO TRIBUNAL FEDERAL - STF. (...) 2. "A jurisprudência deste Tribunal Superior firmou-se no sentido de que o crime previsto no art. 90 da Lei n. 8.666/1993 classifica-se como comum, não se exigindo, assim, do sujeito ativo nenhuma qualidade em específico. 2. Mostra-se idônea a valoração negativa do vetor da culpabilidade pelo fato de o agente exercer o cargo de Chefe do Poder Executivo Municipal, ocupação que demanda exercício com efetivas lisura e ética, inexistentes in casu" (AgRg no REsp 1795894/PB, Rel. Ministro ANTONIO SALDANHA PALHEIRO, SEXTA TURMA, julgado em 26/3/2019, DJe 8/4/2019) [...](STJ, T5 - QUINTA TURMA. HC 454611/RS. HABEAS CORPUS. Relator(a) Ministro JOEL ILAN PACIORNIK. Julgamento em 12/11/2019. Publicação/Fonte em DJe 26/11/2019).

> AGRAVO REGIMENTAL NO RECURSO ESPECIAL. PENAL E PROCESSUAL PENAL. ART. 90 DA LEI N. 8.666/1993. CRIME COMUM. DOSIMETRIA DA PENA. PREFEITO. VALORAÇÃO NEGATIVA DA CULPABILIDADE. POSSIBILIDADE(...) 1. A jurisprudência deste Tribunal Superior firmou-se no sentido de que o crime previsto no art. 90 da Lei n. 8.666/1993 classifica-se como comum, não se exigindo, assim, do sujeito ativo nenhuma qualidade em específico. 2. Mostra-se idônea a valoração negativa do vetor da culpabilidade pelo fato de o agente exercer o cargo de Chefe do Poder Executivo Municipal, ocupação que demanda exercício com efetivas lisura e ética, inexistentes in casu [...] (STJ, Sexta Turma. AgRg no REsp 1795894/PB. AGRAVO REGIMENTAL NO RECURSO ESPECIAL. Relator(a) Ministro ANTONIO SALDANHA PALHEIRO. Julgamento em 26/03/2019. Publicação/Fonte em DJe 08/04/2019).

Sujeito passivo. Será a União, Estado, Distrito Federal ou Município ou ainda as entidades indicadas no artigo 1º da Lei nº 14.133/21, a depender do âmbito em que o crime ocorreu.

Elemento subjetivo. O tipo aqui previsto é doloso, ou seja, a vontade livre e consciente em frustrar ou fraudar, o caráter competitivo do procedimento licitatório, com o intuito de obter, para si ou para outrem (elemento subjetivo específico), vantagem decorrente da adjudicação do objeto da licitação. Não há previsão para modalidade culposa.

Objeto material da conduta. É o caráter competitivo do procedimento da licitação.

Objeto jurídico. Através deste tipo penal tutelam-se os interesses da Administração Pública (principalmente seu patrimônio) bem como os princípios elencados no artigo 37 da CRFB/1988.

Classificação doutrinária. Trata-se de crime próprio (pois não pode ser praticado por qualquer pessoa), formal (tendo em vista a desnecessidade de resultado naturalístico), comissivo, doloso, instantâneo, plurissubsistente (já que pode ser praticada mediante vários atos) e de forma livre (pois pode ser praticado por qualquer forma eleita pelo sujeito ativo).

A recente Súmula 645 do STJ. Em relação à natureza do crime em tela é preciso ressaltar o teor do enunciado da Súmula 645 do STJ, segundo o qual:

> Súmula 645 do STJ - O crime de fraude à licitação é formal e sua consumação prescinde da comprovação do prejuízo ou da obtenção de vantagem.

Momento consumativo. O crime em tela se consuma com a fraude ou frustração do caráter competitivo do procedimento licitatório, com o intuito de obter, para si ou para outrem, vantagem decorrente da adjudicação do objeto da licitação.

Da jurisprudência acerca do momento consumativo sobre o antigo artigo 90 da Lei nº 8.666/93. De acordo com assentada jurisprudência do STJ, o antigo art. 90 da Lei nº 8.666/93 era considerado crime formal e se consumava com a comprovação da quebra do caráter competitivo da licitação, conforme se extrai dos acórdãos abaixo relacionados. É o que entendemos que deva acontecer com o novo art. 337-F do CP, em virtude da similaridade com aquele:

> HABEAS CORPUS. FRAUDE AO CARÁTER COMPETITIVO DA LICITAÇÃO. ELEMENTO SUBJETIVO. DESNECESSIDADE DE COMPROVAÇÃO DO PREJUÍZO SOFRIDO PELA ADMINISTRAÇÃO OU DO BENEFÍCIO ECONÔMICO AUFERIDO PELO ACUSADO. RÉU QUE COMPLETOU 70 ANOS DEPOIS DA SENTENÇA CONDENATÓRIA. REDUÇÃO DO PRAZO PRESCRICIONAL. IMPOSSIBILIDADE DE APLICAÇÃO DO ART. 115 DO CP. REGIME SEMIABERTO. CIRCUNS-

TÂNCIAS JUDICIAIS DESFAVORÁVEIS E REINCIDÊNCIA. ORDEM DENEGADA. 1. O objeto jurídico que se objetiva tutelar com o art. 90 da Lei n. 8.666/1993 é a lisura das licitações e dos contratos firmados com o poder público e, diversamente do que ocorre com o delito previsto no art. 89 da referida lei, trata-se de crime em que o resultado exigido pelo tipo penal não demanda a ocorrência de prejuízo para o poder público ou a comprovação de efetivo benefício econômico para o agente, haja vista que a prática delitiva se aperfeiçoa com a simples quebra do caráter competitivo entre os licitantes interessados em contratar, ocasionada com a frustração ou com a fraude no procedimento licitatório [...] (STJ, T6 - SEXTA TURMA. HC 467527/SP. HABEAS CORPUS. Relator(a) Ministro ROGERIO SCHIETTI CRUZ. Julgamento em 15/10/2019. Publicação/Fonte em DJe 21/10/2019).

AGRAVO REGIMENTAL NO RECURSO ESPECIAL. FRAUDE À LICITAÇÃO. INÉPCIA DA DENÚNCIA. SENTENÇA CONDENATÓRIA. PROVA. PARTICIPAÇÃO DIRETA DO RÉU. SÚMULA N. 7/STJ. AUSÊNCIA DE DOLO ESPECÍFICO E DANO AO ERÁRIO. AGRAVANTE GENÉRICA (ART. 61, II, G, CP). BIS IN IDEM. NÃO CONFIGURADO. AGRAVO DESPROVIDO (...) <u>3. Consoante orientação jurisprudencial desta Corte, o delito descrito no art. 90 da Lei n. 8.666/1993, é formal, bastando para se consumar a demonstração de que a competição foi frustrada, independentemente de demostração de recebimento de vantagem indevida pelo agente e comprovação de dano ao erário</u> (HC 341.341/MG, Rel. Ministro JOEL ILAN PACIORNIK, QUINTA TURMA, julgado em 16/10/2018, DJe 30/10/2018)[...] (STJ, T5 - QUINTA TURMA. AgRg no REsp 1793069/PR. AGRAVO REGIMENTAL NO RECURSO ESPECIAL. Relator(a) Ministro JORGE MUSSI. Julgamento em 10/09/2019. Publicação/Fonte em DJe 19/09/2019, sem grifo no original).

AGRAVO REGIMENTAL NO AGRAVO EM RECURSO ESPECIAL. CRIMES TIPIFICADOS NO ART. 90 DA LEI N. 8666/93 E NO ART. 1º, I, DO DECRETO-LEI 201/67. AUSÊNCIA DE DEMONSTRAÇÃO DE PREJUÍZO. ALEGAÇÃO DE INÉPCIA DA DENÚNCIA. INOCORRÊNCIA (...) 1. À luz da jurisprudência do STJ, o delito descrito no art. 90 da Lei n. 8.666/1993, é formal, bastando para se consumar a demonstração de que a competição foi frustrada, independentemente de demonstração de recebimento de vantagem indevida pelo agente e comprovação de dano ao erário (HC 341.341/MG, Rel. Ministro JOEL ILAN PACIORNIK, QUINTA TURMA, julgado em 16/10/2018, DJe 30/10/2018) [...] (STJ, QUINTA TURMA. AgRg no AREsp 1715866/RN, Rel. Ministro JOEL ILAN PACIORNIK, julgado em 03/11/2020, DJe 16/11/2020).

É o que ficou consolidado na edição nº 134 (Dos Crimes da Lei de Licitação – Lei nº 8.666/93) da "Jurisprudência em Teses" do STJ (outubro/2019): "*4) O crime do art. 90 da Lei n. 8.666/1993 é formal e prescinde da existência de prejuízo ao erário, haja vista que o dano se revela pela simples quebra do caráter competitivo entre os licitantes interessados em contratar, causada pela frustração ou pela fraude no procedimento licitatório*".

Tentativa. Admitida, pois estamos diante de crime plurissubsistente, onde há possibilidade de fracionamento da conduta.

Do termo inicial para contagem do prazo prescricional. Na esteira da concepção firmada pelo STJ, entendemos que será a data em que o contrato administrativo foi efetivamente assinado. Essa posição ficou consolidada na edição nº 134 (Dos Crimes da Lei de Licitação – Lei nº 8.666/93) da "*Jurisprudência em Teses" do STJ (outubro/2019): "8) Em relação ao delito previsto no art. 90 da Lei n. 8.666/1993, o termo inicial para contagem do prazo prescricional deve ser a data em que o contrato administrativo foi efetivamente assinado*". Confira-se o acórdão paradigma:

> PROCESSO PENAL. HABEAS CORPUS SUBSTITUTIVO DE RECURSO PRÓPRIO. INADEQUAÇÃO. FRAUDE À LICITAÇÃO E DESVIO DE RENDA PÚBLICA EM BENEFÍCIO PRÓPRIO. PRESCRIÇÃO. INOCORRÊNCIA. (...) 2. O mero ajuste informal entre os réus não possui o condão de frustrar o caráter competitivo da licitação, regra que o tipo penal previsto no art. 90 da Lei 8.666/1993 visa a preservar. Tal ajuste caracteriza-se meramente como ato preparatório, na medida em que o elemento subjetivo do tipo, consistente no intuito de obter, para si ou para outrem, vantagem decorrente da adjudicação do objeto do certame, somente ocorrerá com a formalização do contrato administrativo, momento em que consolidarão os direitos e deveres do licitante. 3. Em relação ao delito previsto no art. 90 da lei n. 8.666/1993, o termo inicial para contagem do prazo prescricional deve ser a data em que o contrato administrativo foi efetivamente assinado [...] T5 - QUINTA TURMA. HC 484690/SC. HABEAS CORPUS. Relator(a) Ministro RIBEIRO DANTAS. Julgamento em 30/05/2019. Publicação/Fonte em DJe 04/06/2019, sem grifo no original).

Da jurisprudência acerca da utilização da agravante prevista no artigo 61, II, "g", do Código Penal no antigo crime previsto no artigo 90 da Lei nº 8.666/93. A Quinta e Sexta Turma do STJ, em recentes julgados, reafirmaram entendimento da Corte Superior pela possibilidade de aplicação da agravante genérica do art. 61, II, "g", do CP, ao antigo crime previsto no art. 90 da Lei nº 8.666/93, por reconhecer que tal circunstância (violação de dever inerente à função pública que o recorrente exercia) não integra o tipo penal (fraude em licitação), logo, não configura *bis in idem*. Assim, em virtude da semelhança entre o antigo art. 90 e o art. 337-F do

CP, entendemos que também não haverá óbices para a aplicação daquela agravante nesta nova hipótese de crime:

> AGRAVO REGIMENTAL NO RECURSO ESPECIAL. FRAUDE À LICITAÇÃO. INÉPCIA DA DENÚNCIA. SENTENÇA CONDENATÓRIA. PROVA. PARTICIPAÇÃO DIRETA DO RÉU. SÚMULA N. 7/STJ. AUSÊNCIA DE DOLO ESPECÍFICO E DANO AO ERÁRIO. AGRAVANTE GENÉRICA (ART. 61, II, G, CP). BIS IN IDEM. NÃO CONFIGURADO. AGRAVO DESPROVIDO (...) 4. É perfeitamente factível a incidência da agravante genérica prevista no art. 61, II, g, do Código Penal no crime de fraude em licitação, porquanto foi violado dever inerente à função pública que o recorrente exercia, circunstância que não integra o tipo previsto no art. 90 da Lei n. 8.666/1993 (REsp 1484415/DF, Rel. Ministro ROGERIO SCHIETTI CRUZ, SEXTA TURMA, julgado em 15/12/2015, DJe 22/02/2016) [...] (STJ, T5 - QUINTA TURMA. AgRg no REsp 1793069/PR. AGRAVO REGIMENTAL NO RECURSO ESPECIAL. Relator(a) Ministro JORGE MUSSI. Julgamento em 10/09/2019. Publicação/Fonte em DJe 19/09/2019, sem grifo no original).

Essa posição ficou consolidada na edição nº 134 (Dos Crimes da Lei de Licitação – Lei nº 8.666/93) da "Jurisprudência em Teses" do STJ (outubro/2019): "6) É possível a incidência da agravante genérica prevista no art. 61, II, g, do Código Penal, no crime de fraude em licitação, quando violado dever inerente à função pública, circunstância que não integra o tipo previsto no art. 90 da Lei n. 8.666/1993".

> AGRAVO REGIMENTAL NO AGRAVO REGIMENTAL NO AGRAVO EM RECURSO ESPECIAL. AGRAVANTE GENÉRICA (ART. 61, II, "g", do CP). INCIDÊNCIA. ART. 90 DA LEI 8.666/93. COMPATIBILIDADE (...) 1. Não há bis in idem na incidência da agravante genérica prevista no art. 61, II, g, do Código Penal ao crime de fraude em licitação, uma vez que a violação do dever inerente à função pública não integra o tipo previsto no art. 90 da Lei n. 8.666/1993 [...] (AgRg no AgRg no AREsp 1223079/SP, Rel. Ministro RIBEIRO DANTAS, QUINTA TURMA, julgado em 04/02/2020, DJe 12/02/2020).

O entendimento da Sexta Turma do STJ em face da competência para o julgamento da ação penal nos antigos artigos 90 e 96, V da Lei nº 8.666/93. Foro do local onde realizados os procedimentos licitatórios. A Sexta Turma do STJ, em recente julgado, firmou a competência para o julgamento da ação penal que apura os crimes dos arts. 90 e 96, V, da antiga Lei nº 8.666/93 é a do local onde se consumaram os crimes, logo, a sede do município onde foram realizados os procedimentos licitatórios ilegais. É o que esperamos que aconteça em virtude no novo tipo penal previsto no art. 337-F do CP. Vejamos:

> PROCESSUAL PENAL. AGRAVO REGIMENTAL NO RECURSO ESPECIAL. FRAUDES EM LICITAÇÕES E CORRUPÇÃO. ARTS. 90 E 96, V, DA LEI N. 8.666/1993. ARTS. 317 E 333 DO CÓDIGO PENAL.

OPERAÇÃO SAÚDE. COMPETÊNCIA. LUGAR EM QUE O CRIME SE CONSUMOU. PREVENÇÃO. DESCARACTERIZAÇÃO. CONEXÃO. DESMEMBRAMENTO. CONVENIÊNCIA DA INSTRUÇÃO CRIMINAL. 1. A competência para o julgamento da ação penal que apura os crimes dos arts. 90 e 96, V, da Lei n. 8.666/1933, bem como delitos de corrupção ativa e passiva, é a do local onde se consumaram os crimes, no caso, a sede do município onde foram realizados os procedimentos licitatórios ilegais [...] (STJ, SEXTA TURMA. AgRg no REsp 1807081/RS, Rel. Ministro ANTONIO SALDANHA PALHEIRO, julgado em 17/12/2019, DJe 19/12/2019).

Jurisprudência sobre a impossibilidade de responsabilidade objetiva de condutas dos Secretários Estaduais ou Municipais a Chefes do Poder Executivo. Conforme estes dois julgados da Segunda Turma do STF, entendeu-se que não era cabível imputação de crimes licitatórios a Governador de Estado e Prefeito Municipal (Chefes do Executivo) pelo simples fato de o convênio ter sido celebrado em sua gestão.

No caso, entendeu pela inexistência de poder de mando sobre o curso do procedimento licitatório e a execução do contrato, eis que mera chefia do Poder Executivo que não atrai sua responsabilidade penal.

Questão de ordem na ação penal. Processual penal. Denúncia. Recebimento por outra instância antes da diplomação do réu como deputado federal. Posterior deslocamento da competência para o Supremo Tribunal Federal. Recebimento do processo no estado em que se encontra (art. 230-A do RISTF). Possibilidade de reexame, em questão de ordem, da justa causa para ação penal. Crimes de fraude a licitação (art. 90 da Lei nº 8.666/93) e de peculato (art. 312, CP). Convênio firmado entre a Secretaria Estadual de Saúde e o Ministério da Saúde. Fraude em concorrência derivada desse convênio e desvio de recursos públicos em favor de terceiro. Imputação desses crimes a governador de estado pelo fato de o convênio ter sido celebrado em sua gestão. Inadmissibilidade. Acusado que, à época da abertura da concorrência, já havia renunciado a seu mandato. Inexistência de poder de mando sobre o curso do procedimento licitatório e a execução do contrato. Mera chefia do Poder Executivo que não atrai sua responsabilidade penal. (...) 5. O acusado, à época da concorrência, da assinatura do contrato e de seus aditivos, de sua execução, das medições de obra e dos pagamentos à contratada, não mais era o chefe do Poder Executivo, por haver renunciado a seu mandato. 6. Portanto, além de não subsistir relação de subordinação hierárquica com os responsáveis pela licitação, o acusado não mais detinha qualquer poder de mando sobre o curso do procedimento licitatório ou sobre a execução do contrato ora hostilizado. 7. O simples fato de ser governador à época

> em que a Secretária de Estado firmou o convênio em questão não atrai a sua responsabilidade penal pela fraude à licitação subsequente e pelo desvio de verbas na execução do contrato. 8. Mutatis mutandis, "a mera subordinação hierárquica dos secretários municipais não pode significar a automática responsabilização criminal do Prefeito" (AP nº 447/RS, Pleno, Relator o Ministro Ayres Britto, DJe de 29/5/09). (...) (STF, Segunda Turma. AP 913 QO/AL-ALAGOAS. QUESTÃO DE ORDEM NA AÇÃO PENAL. Relator(a) Min. DIAS TOFFOLI. Julgamento em 17/11/2015. Publicação em DJe-251 DIVULG 14-12-2015 PUBLIC 15-12-2015, sem grifo no original).
>
> Inquérito. dispensa de licitação fora das hipóteses legais (art. 89 da lei nº 8.666/93) e desvio de bens ou rendas públicas em proveito alheio (art. 1º, i, do decreto-lei nº 201/67). (...) 2. Na espécie, o réu não foi denunciado em razão da mera condição de prefeito, mas sim pela prática de atos concretos que, em tese, traduziriam seu concurso para os crimes de dispensa de licitação e peculato. 3. Não se cuida, portanto, de pretendida responsabilidade objetiva do prefeito por atos imputáveis tão somente a seus subordinados. (...) [...] (STF, Segunda Turma. Inq 4019/AP-AMAPÁ. INQUÉRITO. Relator(a) Min. DIAS TOFFOLI. Julgamento em 23/02/2016. Publicação em DJe-066 DIVULG 08-04-2016 PUBLIC 11-04-2016).

Jurisprudência do STJ sobre o revogado artigo 90 da Lei nº 8.666/93, no que se refere à participação dos membros da Comissão de Licitação na frustração do caráter competitivo de procedimento licitatório. Conforme jurisprudência assente no STJ, a Comissão de Licitação é órgão colegiado, logo, a imputação deve ser feita a todos os seus integrantes, salvo se membro comprovar, de forma fundamentada, seu posicionamento divergente assinalado em reunião, conforme julgado ilustrativo a seguir:

> PENAL E PROCESSO PENAL. HABEAS CORPUS. CRIME DE FRUSTRAÇÃO DO CARÁTER COMPETITIVO DE PROCEDIMENTO LICITATÓRIO MEDIANTE PRÉVIO AJUSTE (LEI 8.666/1993, ART. 90). REQUISITOS DO ART. 41 DO CPP. INÉPCIA DA INICIAL ACUSATÓRIA. INEXISTÊNCIA. (...) 4. O julgamento da comissão licitatória é colegiado, por conseguinte, os atos por ela praticados devem ser imputados a todos seus membros, salvo se o integrante vencido consignar sua posição divergente de maneira fundamentada e registrada na reunião em que houver sido tomada a decisão, consoante norma extraída do art. 51, § 3º, da Lei 8.666/1993. (...) (STJ, T5 - QUINTA TURMA. HC 208437 / GO. HABEAS CORPUS. 2011/0125366-4. Relator(a) Ministro LÁZARO GUIMARÃES (DESEMBARGADOR CONVOCADO DO TRF 5ª REGIÃO) Julgamento em 15/03/2016. Publicação/Fonte em DJe 21/03/2016).

Jurisprudência sobre os revogados arts. 90 e 96, V da Lei de Licitações. Competência. Foro do local onde realizados os procedimentos licitatórios. A Sexta Turma do STJ, em recente julgado, firmou a competência para o julgamento da ação penal que apura os crimes dos arts. 90 e 96, V, da Lei nº 8.666/93 é a do local onde se consumaram os crimes, logo, a sede do município onde foram realizados os procedimentos licitatórios ilegais. Em virtude da similaridade entre o dispositivo do revogado art. 90 da Lei nº 8.666/93 e o art. 337-F do CP, a tendência é que as Cortes Superiores mantenham tal entendimento. Vejamos:

> PROCESSUAL PENAL. AGRAVO REGIMENTAL NO RECURSO ESPECIAL. FRAUDES EM LICITAÇÕES E CORRUPÇÃO. ARTS. 90 E 96, V, DA LEI N. 8.666/1993. ARTS. 317 E 333 DO CÓDIGO PENAL. OPERAÇÃO SAÚDE. COMPETÊNCIA. LUGAR EM QUE O CRIME SE CONSUMOU. PREVENÇÃO. DESCARACTERIZAÇÃO. CONEXÃO. DESMEMBRAMENTO. CONVENIÊNCIA DA INSTRUÇÃO CRIMINAL.
> 1. A competência para o julgamento da ação penal que apura os crimes dos arts. 90 e 96, V, da Lei n. 8.666/1933, bem como delitos de corrupção ativa e passiva, é a do local onde se consumaram os crimes, no caso, a sede do município onde foram realizados os procedimentos licitatórios ilegais [...] (STJ, SEXTA TURMA. AgRg no REsp 1807081/RS, Rel. Ministro ANTONIO SALDANHA PALHEIRO, julgado em 17/12/2019, DJe 19/12/2019).

> Patrocínio de contratação indevida
> **(Código Penal) Art. 337-G** Patrocinar, direta ou indiretamente, interesse privado perante a Administração Pública, dando causa à instauração de licitação ou à celebração de contrato cuja invalidação vier a ser decretada pelo Poder Judiciário:
> Pena – reclusão, de 6 (seis) meses a 3 (três) anos, e multa.

Do crime previsto no artigo 337-G do Código Penal. Guardando idêntica redação com o antigo artigo 91 da Lei nº 8.666/93, para o estudo do art. 337-G do CP, denotando, portanto, situação de continuidade típico-normativa (com o cuidado de perceber que houve aumento na pena máxima descrita no preceito secundário, que não poderá retroagir), precisamos entender a questão contida no art. 321 do mesmo Código, que prevê o crime de advocacia administrativa:

> (CP) Art. 321 – Patrocinar, direta ou indiretamente, interesse privado perante a administração pública, valendo-se da qualidade de funcionário:
> Pena – detenção, de um a três meses, ou multa.
> Parágrafo único – Se o interesse é ilegítimo:
> Pena – detenção, de três meses a um ano, além da multa.

Como podemos observar, o artigo 337-G do CP guarda estreita relação com o crime do artigo 321 do mesmo código. No entanto, o primeiro guarda relação de especialidade, haja vista sua aplicação precípua para fins de licitação ou celebração de contratos.

Porém, o artigo 321 do CP requer que o sujeito ativo se valha da qualidade de funcionário, fato que o artigo 337-G do CP não prevê expressamente. Além disso, não basta que o sujeito ativo adote a conduta de patrocinar (defender, favorecer), direta ou indiretamente, interesse privado perante a Administração Pública. É preciso, ainda que isto dê causa à instauração de licitação ou à celebração de contrato, que venha a ser invalidado pelo Poder Judiciário.

Estamos diante de uma situação que envolve um resultado pretendido previsto no tipo penal, qual seja, a instauração de licitação ou a celebração de contrato. O patrocínio do agente deve ter o condão de promover estes dois eventos.

No entanto, o próprio tipo penal prevê uma condição objetiva de punibilidade, já que a esta instauração de licitação ou celebração do contrato deve ser invalidada pelo Poder Judiciário, o que obviamente está fora da alçada e do poder de decisão do funcionário público ou equiparado que deu origem ao patrocínio da causa.

Como sabemos, tais condições, embora possam estar previstas no próprio tipo penal (como no caso em tela), referem-se a fatos externos a este. São objetivas, pois independem de dolo e culpa e se consagram como um acontecimento futuro e incerto que condicionam a pretensão do Estado para que ocorra a possibilidade de punição ao sujeito ativo.

Assim, será necessário procedimento externo, através de ação específica, para que se questione a ilegalidade do procedimento licitatório ou do contrato, para que seja possível atribuir punição ao agente pela prática da conduta descrita no artigo 337-G do CP.

Sujeito ativo. Com relação a este tópico, remetemos o leitor às considerações feitas por ocasião dos comentários gerais sobre os sujeitos ativos do crime previsto no art. 337-E do CP, em virtude da entrada em vigor de novos dispositivos penais (art. 193, I, e art. 194, ambos da Lei nº 14.133/21). Porém, em virtude da manutenção dos dispositivos gerais da antiga Lei nº 8.666/93 (por força do que dispõe o art. 193, II, da Lei nº 14.133/21), significa dizer que deveremos observar as partes ainda não revogadas da Lei nº 8.666/93, que ainda servirão para entendermos a aplicação de diversos institutos penais sobre licitações, agora disciplinados no Código Penal.

Sujeito passivo. Será a União, Estado, Distrito Federal ou Município ou ainda as entidades indicadas no artigo 1º da Lei nº 14.133/21, a depender do âmbito em que o crime ocorreu.

Elemento subjetivo. O tipo aqui previsto é doloso, ou seja, a vontade livre e consciente em patrocinar, direta ou indiretamente, interesse privado perante a Administração, dando causa à instauração de licitação ou à celebração de contrato (elemento subjetivo específico). Não há previsão para modalidade culposa.

Objeto material da conduta. É o interesse privado perante a Administração Pública.

Objeto jurídico. Através deste tipo penal também são tutelados os interesses da Administração Pública (principalmente seu patrimônio) bem como os princípios elencados no artigo 37 da CRFB/1988.

Classificação doutrinária. Trata-se de crime próprio (pois não pode ser praticado por qualquer pessoa), material (tendo em vista a necessidade de resultado naturalístico, que na invalidação decretada pelo Poder Judiciário do contrato ou da licitação a que o agente tenha dado causa com o patrocínio mencionado no artigo 337-G do CP), comissivo, doloso, de dano, instantâneo, plurissubsistente (já que pode ser praticada mediante vários atos) e de forma livre (pois pode ser praticado por qualquer forma eleita pelo sujeito ativo).

Momento consumativo. O crime em tela se consuma quando o sujeito ativo dá causa à instauração de licitação ou à celebração de contrato.

Sobre a condição objetiva de punibilidade elencada no presente tipo penal do art. 337-G do CP, a título comparativo, no julgamento do HC n.º 114.717/MG restou consignado que, para caracterização do antigo art. 91 da Lei n.º 8.666/93, era necessária invalidação da contratação, uma vez restringida, desde o início, a concretização da licitação. Foi o que ficou assentado no seguinte acórdão da Sexta Turma do STJ:

> PROCESSO PENAL. HABEAS CORPUS. PECULATO-DESVIO TENTADO. LEI 8.666/93: ARTS. 90 E 91. FALTA DE JUSTA CAUSA. (...) 2. Carece de justa causa a ação penal quando se imputa a prática do crime do art. 91 da Lei 8.666/93, que depende da invalidação da contratação, uma vez coarctada, ab ovo, a concretização da licitação. (...) (STJ, T6 – SEXTA TURMA. HC 114717/MG. HABEAS CORPUS. 2008/0194123-9. Relator(a) Ministro NILSON NAVES. Relator(a) p/ Acórdão Ministra MARIA THEREZA DE ASSIS MOURA. Julgamento em 17/12/2009. Publicação/Fonte em DJe 14/06/2010).

Tentativa. Em que pese se tratar de crime plurissubsistente, onde há possibilidade de fracionamento da conduta, estamos diante de um crime condicionado ao implemento da condição objetiva de punibilidade (invalidação da licitação ou do contrato cuja causa foi originada no patrocínio ilegal previsto no *caput* do artigo 337-G do CP). Assim, não será admitida a tentativa.

> Modificação ou pagamento irregular em contrato administrativo
>
> **(Código Penal) Art. 337-H** Admitir, possibilitar ou dar causa a qualquer modificação ou vantagem, inclusive prorrogação contratual, em favor do contratado, durante a execução dos contratos celebrados com a Administração Pública, sem autorização em lei, no edital da licitação

ou nos respectivos instrumentos contratuais, ou, ainda, pagar fatura com preterição da ordem cronológica de sua exigibilidade:

Pena - reclusão, de 4 (quatro) anos a 8 (oito) anos, e multa.

Das condutas previstas no art. 337-H do CP. Com pequenas modificações na redação em comparação com o antigo crime previsto no art. 92 da Lei nº 8.666/93, manteve-se a essência da criminalização das três condutas iniciais, quais sejam, admitir, possibilitar ou dar causa a qualquer tipo de modificação ou vantagem (ainda que seja prorrogação contratual):

> (Lei nº 8.666/93) Art. 92. Admitir, possibilitar ou dar causa a qualquer modificação ou vantagem, inclusive prorrogação contratual, em favor do adjudicatário, durante a execução dos contratos celebrados com o Poder Público, sem autorização em lei, no ato convocatório da licitação ou nos respectivos instrumentos contratuais, ou, ainda, pagar fatura com preterição da ordem cronológica de sua exigibilidade, observado o disposto no art. 121 desta Lei: (Redação dada pela Lei nº 8.883, de 1994)
>
> Pena - detenção, de dois a quatro anos, e multa. (Redação dada pela Lei nº 8.883, de 1994)
>
> Parágrafo único. Incide na mesma pena o contratado que, tendo comprovadamente concorrido para a consumação da ilegalidade, obtém vantagem indevida ou se beneficia, injustamente, das modificações ou prorrogações contratuais.

A segunda observação a ser tecida é a de que na redação do antigo art. 92 da Lei nº 8.666/93, previa-se a figura do "adjudicatário" e não a do "contratado". Conforme lições de Hely Lopes, adjudicação é "o ato pelo qual se atribui ao vencedor o objeto da licitação para a subsequente efetivação do contrato"[6], dando-se ao adjudicatário este atributo de vencedor nesta hipótese, para que então seja efetivado o contrato.

O "contratado", então, já estaria numa fase posterior. Quanto a este conceito, podemos observar o disposto no art. 6º, VIII, da nova lei de licitações.

> (Lei nº 14.133/21) Art. 6º Para os fins desta Lei, consideram-se:
>
> VIII - contratado: pessoa física ou jurídica, ou consórcio de pessoas jurídicas, signatária de contrato com a Administração;

6. MEIRELLES. Op. Cit. p. 296.

Ao que parece, a nova redação dada ao art. 337-H do CP corrige uma falha que já discutíamos por ocasião dos comentários ao antigo art. 92 da Lei nº 8.666/93, no que diz respeito à natureza terminológica, haja vista que se o crime versa sobre a fase contratual, expressamente quando afirmava "em favor do adjudicatário, durante a execução dos contratos celebrados com o Poder Público" e agora se afirma "**em favor do contratado**, durante a execução dos contratos celebrados com a **Administração Pública**". Já entendíamos que a terminologia utilizada nos levava a crer não estarmos mais na fase da adjudicação, anterior ao contrato, razão pela qual deveríamos falar, propriamente, em contratado, o que foi feito com a nova redação dada ao dispositivo legal contido no art. 337-H do CP.

Antes, se falava em "Poder Público". Agora, o artigo menciona "Administração Pública". Todavia, seu conceito pode ser extraído a partir da análise do art. 6º, III, da Lei nº 14.133/21:

> (Lei nº 14.133/21) Art. 6º Para os fins desta Lei, consideram-se:
>
> III – Administração Pública: administração direta e indireta da União, dos Estados, do Distrito Federal e dos Municípios, inclusive as entidades com personalidade jurídica de direito privado sob controle do poder público e as fundações por ele instituídas ou mantidas;

Uma outra observação a ser ponderada diz respeito aos elementos previstos no tipo penal "*sem autorização em lei*, ***no edital da licitação ou nos respectivos instrumentos contratuais***". O artigo 17 da Nova Lei de Licitações (Lei nº 14.133/21) assevera que, para o processo licitatório, deverão ser observadas algumas fases, em sequência:

- preparatória;
- de divulgação do edital de licitação;
- de apresentação de propostas e lances, quando for o caso;
- de julgamento;
- de habilitação;
- recursal;
- de homologação.

Como sabemos, no Direito Administrativo, o edital de licitação é considerado como o instrumento básico que vai nortear o processo licitatório. Sua confecção é inerente à fase preparatória, nos termos do art. 18, V, da Lei nº 14.133/21.

Nos termos do art. 25 da mesma lei, o edital deverá conter o objeto da licitação, bem como as regras que serão utilizadas no processo licitatório, tais como as destinadas à convocação, ao julgamento, à habilitação, aos recursos e às penalidades, bem como todas as demais disposições pertinentes. Por sua vez, os contratos administrativos estão previstos a partir do art. 89 da nova lei.

Assim, o que o art. 337-H do CP nos mostra é que pode haver ocasião na qual se prorrogue ou se modifique um contrato, mas desde que tal modificação esteja prevista em lei, no edital ou no contrato. Se porventura um desses instrumentos asseverar a possibilidade de que seja feita alteração contratual, a conduta é atípica.

Mesmo que o tipo preveja uma situação de norma penal em branco, é importante observar esses artigos da Nova Lei de Licitações mencionados acima, além de outros que se fazem pertinentes, como a duração dos contratos, nos termos do art. 105 da Nova Lei de Licitações e a possibilidade de prorrogação dos contratos de serviços e fornecimentos contínuos, que poderão ser prorrogados sucessivamente, nos termos do art. 107 da Lei nº 14.133/21.

A última conduta prevista no tipo penal do artigo 337-H do CP é *"pagar fatura com preterição da ordem cronológica de sua exigibilidade". Anteriormente, na redação do art. 92 da Lei nº 8.666/93 se exigia que fosse observado o disposto no antigo art. 121 daquela lei.* Para melhor compreensão do tema, transcreveremos a seguir este último artigo:

> (Lei nº 8.666/93) Art. 121. O disposto nesta Lei não se aplica às licitações instauradas e aos contratos assinados anteriormente à sua vigência, ressalvado o disposto no art. 57, nos parágrafos 1º, 2º e 8º do art. 65, no inciso XV do art. 78, bem assim o disposto no "caput" do art. 5º, com relação ao pagamento das obrigações na ordem cronológica, podendo esta ser observada, no prazo de noventa dias contados da vigência desta Lei, separadamente para as obrigações relativas aos contratos regidos por legislação anterior à Lei nº 8.666, de 21 de junho de 1993. *(Redação dada pela Lei nº 8.883, de 1994)*
>
> Parágrafo único. Os contratos relativos a imóveis do patrimônio da União continuam a reger-se pelas disposições do *Decreto-Lei nº 9.760, de 5 de setembro de 1946*, com suas alterações, e os relativos a operações de crédito interno ou externo celebrados pela União ou a concessão de garantia do Tesouro Nacional continuam regidos pela legislação pertinente, aplicando-se esta Lei, no que couber.

O antigo artigo 121 da Lei nº 8.666/93 prevê disposições finais e transitórias, mencionando situações nas quais aquela Lei de Licitações e Contratos não se aplicava. Assim, o comando previsto no artigo 92 era somente para que se tivesse cuidado na observância das exceções, de modo que fosse filtrada a conduta de *pagar fatura com preterição da ordem cronológica de sua exigibilidade*, justamente porque envolvia questões temporais relacionadas ao pagamento de faturas. O novo art. 337-H do CP não faz qualquer referência a outro artigo da nova lei de licitações, devendo-se respeitar unicamente a ordem de pagamento de faturas conforme sua exigibilidade de acordo com a ordem cronológica em que apareçam.

Da prática do crime do art. 337-H do CP em face de contratos regidos pela Lei nº 8.666/93. Em face das nossas observações no que diz respeito à concomitância entre a lei nova e a lei antiga sobre licitações e contratos administrativos, por força do que dispõe o art. 193, II, e art. 194, ambos da Lei nº 14.133/21, mesmo que o tipo penal preveja uma situação de norma penal em branco, a própria Lei nº 8.666/93 traz exemplos no que diz respeito à prorrogação dos contratos (sob a égide daquela lei), bastando analisar, por exemplo, o artigo 57, I, deste diploma legal, ainda em pleno vigor, haja vista o que dispõe o art. 193, II, da Lei nº 14.133/21:

> (Lei nº 8.666/93) Art. 57. A duração dos contratos regidos por esta Lei ficará adstrita à vigência dos respectivos créditos orçamentários, exceto quanto aos relativos:
>
> I - aos projetos cujos produtos estejam contemplados nas metas estabelecidas no Plano Plurianual, os quais poderão ser prorrogados se houver interesse da Administração e desde que isso tenha sido previsto no ato convocatório;

Além disso, o artigo 65 da Lei nº 8.666/93, prevê a possibilidade de alteração dos contratos, seja unilateralmente, seja por acordo entre as partes.

Sujeito ativo. Com relação a este tópico, remetemos o leitor às considerações feitas por ocasião dos comentários gerais sobre os sujeitos ativos do crime previsto no art. 337-E do CP, em virtude da entrada em vigor de novos dispositivos penais (art. 193, I, e art. 194, ambos da Lei nº 14.133/21). Porém, em virtude da manutenção dos dispositivos gerais da antiga Lei nº 8.666/93 (por força do que dispõe o art. 193, II, da Lei nº 14.133/21), significa dizer que deveremos observar as partes ainda não revogadas da Lei nº 8.666/93, que ainda servirão para entendermos a aplicação de diversos institutos penais sobre licitações, agora disciplinados no Código Penal.

Sujeito passivo. Será a União, Estado, Distrito Federal ou Município ou ainda as entidades indicadas no artigo 1º da Lei nº 14.133/21, a depender do âmbito em que o crime ocorreu.

Elemento subjetivo. O tipo aqui previsto é doloso, ou seja, a vontade livre e consciente em admitir, possibilitar ou dar causa a qualquer modificação ou vantagem, inclusive prorrogação contratual, em favor do contratado, durante a execução dos contratos celebrados com a Administração Pública, sem autorização em lei, no edital da licitação ou nos respectivos instrumentos contratuais, ou, ainda, pagar fatura com preterição da ordem cronológica de sua exigibilidade. Não há previsão para modalidade culposa.

Precedente da Sexta Turma do STJ sobre a questão do dolo eventual no antigo art. 92 da Lei nº 8.666/93. A Sexta Turma do STJ reproduz entendimento da Corte no sentido de que o dolo eventual não era suficiente para configurar elemento subjetivo apto a caracterizar o crime previsto no antigo artigo 92 da Lei nº 8.666/93:

> DIREITO PENAL. HABEAS CORPUS. ARTIGO 92 DA LEI DE LICITAÇÕES. (...) 2. Segundo a jurisprudência desta Corte, o crime do artigo 92 da Lei 8.666/1992 depende, ademais da existência de prejuízo para a Administração, do reconhecimento de dolo direto, não se admitindo apenas a modalidade eventual. O elemento subjetivo,

> entrementes, especializa-se (figura, em doutrina antiga, denominada como dolo específico), não bastando o dolo genérico. Na espécie, restou demonstrado que o paciente, na qualidade de Prefeito Municipal, agiu com consciência e vontade, mirando na satisfação de pretensões particulares em detrimento do interesse público primário. Ademais, restou consignado que o licitante vencedor do certame recebeu, de modo ilegal, em razão de sucessivas e írritas repactuações, mais do que a Administração, originariamente, havia se predisposto a desembolsar. (...) (STJ, T6 - SEXTA TURMA. HC 253013 / SP. HABEAS CORPUS. 2012/0184295-1. Relator(a) Ministra MARIA THEREZA DE ASSIS MOURA. Julgamento em 18/06/2014. Publicação/ Fonte em DJe 04/08/2014).

Objeto material da conduta. É o contrato administrativo modificado sem autorização legal ou do edital de licitação e seus respectivos instrumentos contratuais. No entanto, também pode ser o pagamento da fatura feito com preterição de ordem cronológica.

Objeto jurídico. Através deste tipo penal tutelam-se os interesses da Administração Pública (principalmente seu patrimônio) bem como os princípios elencados no artigo 37 da CRFB/1988.

Classificação doutrinária. Trata-se de crime próprio (pois não pode ser praticado por qualquer pessoa), formal (tendo em vista a desnecessidade de resultado naturalístico), comissivo, doloso, instantâneo, plurissubsistente (já que pode ser praticada mediante vários atos) e de forma livre (pois pode ser praticado por qualquer forma eleita pelo sujeito ativo).

Momento consumativo. Por se tratar de crime formal, consuma-se quando o agente admite, possibilita ou dá causa a qualquer modificação ou vantagem, inclusive prorrogação contratual, em favor do contratado, durante a execução dos contratos celebrados com a Administração Pública, nas situações previstas no caput do art. 337-H do CP ou, ainda, quando o sujeito ativo paga fatura com preterição da ordem cronológica de sua exigibilidade.

Tentativa. Admitida, pois estamos diante de crime plurissubsistente, onde há possibilidade de fracionamento da conduta.

Da impossibilidade de aplicação do princípio da consunção entre os crimes previstos nos antigos artigos 90 e 92 da Lei nº 8.666/93 e o artigo 1º, I, do Decreto-Lei nº 201/67. No julgado a seguir, a Quinta Turma do STJ entendeu pela impossibilidade de aplicação do princípio da consunção entre os artigos 90 e 92 da Lei de Licitações e o artigo 1º, I, do DL 201/67, eis que são distintos os bens jurídicos protegidos:

> AGRAVO REGIMENTAL NOS RECURSOS ESPECIAIS. PENAL E PROCESSUAL PENAL. CRIMES DE RESPONSABILIDADE. ART. 1.º,

> INCISO I, DO DECRETO-LEI N.º 207/67. DELITOS DE FRAUDE EM LICITAÇÃO. ARTS. 90 E 92 DA LEI N.º 8.666/93. ABSORÇÃO. IMPOSSIBILIDADE. BENS JURÍDICOS DISTINTOS(...) 1. Não há subsunção dos crimes de fraude em licitação (arts. 90 e 92 da Lei n.º 8.666/93) no de desvio de verba pública (art. 1.º, inciso I, do Decreto-Lei n.º 207/67), cujos bens jurídicos tutelados são notoriamente distintos, sendo que aqueles não são meio necessário para este. Na linha do parecer ministerial, "Aquele que, como os Recorrentes, frustra a competitividade de licitação, e, além disso, apropria-se dos recursos públicos relativos ao respectivo contrato, comete dois delitos, em concurso material [CP: art. 69 (caput)]." (...) (STJ, T5 – QUINTA TURMA. AgRg no REsp 1293176 / PR. AGRAVO REGIMENTAL NO RECURSO ESPECIAL. 2011/0276648-5. Relator(a) Ministra LAURITA VAZ. Julgamento em 20/02/2014. Publicação/ Fonte em DJe 07/03/2014).

Jurisprudência dos Tribunais Superiores sobre a necessidade de comprovação do especial fim de agir para caracterização do crime previsto no antigo artigo 92 da Lei nº 8.666/93. Dolo específico do agente e ocorrência de prejuízo ao erário. A Quinta Turma do STJ tem precedentes reafirmando entendimento predominante no STJ no sentido de que, para caracterização do crime previsto no antigo art. 92 da Lei nº 8.666/93, havia necessidade de comprovação do especial fim de agir (dolo específico de causar dano ao erário e a caracterização do efetivo prejuízo):

> PENAL E PROCESSO PENAL. RECURSO EM HABEAS CORPUS. 1. TRANCAMENTO DA AÇÃO PENAL. INÉPCIA DA DENÚNCIA. 2. ART. 92 DA LEI N. 8.666/1996. DOLO ESPECÍFICO. PREJUÍZO AO ERÁRIO. 3. CIRCUNSTÂNCIAS NÃO NARRADAS. DENÚNCIA INEPTA. 4. RECURSO PROVIDO, PARA TRANCAR A AÇÃO PENAL. (...) 2. Prevalece no Superior Tribunal de Justiça o entendimento no sentido de que, assim como no que diz respeito ao crime do art. 89 da Lei n. 8.666/1993, também "a configuração do delito do art. 92 da Lei n. 8.666/1993 depende da demonstração do dolo específico do agente e da ocorrência de prejuízo ao erário" (AgRg no REsp 1360216/ SP, Rel. Ministro Jorge Mussi, Quinta Turma, julgado em 03/03/2015, DJe 11/03/2015). [...](STJ, T5 – QUINTA TURMA. RHC 84403/RJ. RECURSO ORDINARIO EM HABEAS CORPUS. Relator(a) Ministro REYNALDO SOARES DA FONSECA. Julgamento em 24/05/2018. Publicação/Fonte em DJe 01/06/2018).
>
> AGRAVO REGIMENTAL NO AGRAVO EM RECURSO ESPECIAL. CRIME DO ART. 92 DA LEI N. 8.666/93. DOLO ESPECÍFICO DE CAUSAR PREJUÍZO E DANO AO ERÁRIO CONSTATADOS NO ACÓRDÃO PROFERIDO PELA INSTÂNCIA ORDINÁRIA. PLEITO ABSOLUTÓRIO. REVOLVIMENTO DE MATÉRIA FÁTICO-PROBATÓRIA.(...) 1. A jurisprudência do Superior Tribunal de Justiça – STJ firmou o entendi-

> mento de que, "para a configuração do delito tipificado no art. 92 da Lei n. 8.666/93, deve-se demonstrar, ao menos em tese, o dolo específico de causar dano ao erário, bem como o efetivo prejuízo causado à administração pública" (AgRg no AREsp 1265657/MT, Rel. Ministro JOEL ILAN PACIORNIK, QUINTA TURMA, julgado em 14/5/2019, DJe 20/5/2019) [...] (STJ, T5 - QUINTA TURMA. AgRg no AREsp 1279151/RS. AGRAVO REGIMENTAL NO AGRAVO EM RECURSO ESPECIAL. Relator(a) Ministro JOEL ILAN PACIORNIK. Julgamento em 05/09/2019. Publicação/Fonte em DJe 16/09/2019).

Jurisprudência do STJ sobre a influência de atos posteriores à prática da conduta descrita no antigo artigo 92 da Lei nº 8.666/93. A Quinta Turma do STJ firmou posicionamento no sentido de que a devolução de recursos aos cofres públicos pelo adjudicatário e aprovação das contas do prefeito pelo Tribunal de Contas da União (atos posteriores à prática do injusto penal culpável), não acarretavam a atipicidade da conduta descrita no tipo penal previsto no antigo artigo 92 da Lei de Licitações:

> (...) PARÁGRAFO ÚNICO DO ART. 92 DA LEI N.º 8.666/93. PRORROGAÇÃO CONTRATUAL, COM AFERIÇÃO DE INDEVIDA VANTAGEM PELO PARTICULAR. DEVOLUÇÃO DE RECURSOS AOS COFRES PÚBLICOS PELO ADJUDICATÁRIO E APROVAÇÃO DAS CONTAS DO PREFEITO PELO TRIBUNAL DE CONTAS DA UNIÃO. ATOS POSTERIORES À PRÁTICA DO INJUSTO PENAL CULPÁVEL QUE NÃO ACARRETAM A ATIPICIDADE DA CONDUTA. INDEPENDÊNCIA ENTRE AS ESFERAS ADMINISTRATIVA E JUDICIAL(...). 4. O tipo penal constante do parágrafo único do art. 92 consuma-se quando o adjudicatário obtém indevida vantagem em decorrência de modificações contratuais, inclusive suas prorrogações, sem a observância das formalidades legais. 5. A eventual devolução de recursos aos cofres públicos pelo particular ou a aprovação das contas da prefeitura pelo Tribunal de Contas da União não elidem a caracterização do crime, notadamente quando comprovado nos autos a efetiva obtenção da vantagem indevida, a evidenciar o preenchimento de todas as elementares do tipo penal. Tais ocorrências consubstanciam atos posteriores à prática do injusto penal culpável. 6. Nesse contexto, as conclusões do Tribunal de Contas da União corroboram as provas consideradas pelo Tribunal Federal a quo, pois no julgamento de recurso de reconsideração, a Corte de Contas reconheceu as prorrogações contratuais indevidas, aprovando as contas do ex-prefeito com ressalvas, bem assim a devolução de parte dos valores pelo Particular. 7. Ainda que assim não fosse, no sistema jurídico pátrio vigora a independência entre as esferas administrativa e judicial, de modo que a eventual aprovação das contas não vincula ou restringe a apreciação da mesma matéria pelo Poder Judiciário[...] (STJ, T5 - QUINTA TURMA. HC 211081/PR. HABEAS CORPUS. 2011/0148361-0. Relator(a) Ministra LAURITA VAZ. Julgamento em 20/02/2014. Publicação/Fonte em DJe 07/03/2014).

Perturbação de processo licitatório

(Código Penal) Art. 337-I Impedir, perturbar ou fraudar a realização de qualquer ato de processo licitatório:

Pena – detenção, de 6 (seis) meses a 3 (três) anos, e multa.

Análise do tipo penal previsto no artigo 337-I do Código Penal. A redação do atual art. 337-I do CP é idêntica àquela do preceito primário do antigo artigo 93 da Lei nº 8.666/93, razão pela qual fazemos as mesmas observações no que diz respeito ao estudo desta norma penal, com destaque para a continuidade típico-normativa e a questão do aumento de pena irretroativo, haja vista a maior gravidade em relação ao preceito anterior.

De fácil leitura e compreensão, o tipo em questão prevê verbos que podem ser praticados por qualquer pessoa (impedir, perturbar ou fraudar) e visam a coibir que o procedimento licitatório seja tumultuado em qualquer ato, mantendo-se as fases, o bom andamento e que os preceitos legais sejam fielmente seguidos.

A diferença, no entanto, está circunscrita ao preceito secundário, já que antes tínhamos um crime de menor potencial ofensivo, pois o patamar da pena máxima não ultrapassava dois anos e agora temos uma pena máxima de 3 (três) anos, razão pela qual a alteração não poderá retroagir por ser mais prejudicial.

Sujeito ativo. Como já foi salientado no item anterior, este crime pode ser praticado por qualquer pessoa. Trata-se, portanto, de crime comum.

Sujeito passivo. Será a União, Estado, Distrito Federal ou Município ou ainda as entidades indicadas no artigo 1º da Lei nº 14.133/21, a depender do âmbito em que o crime ocorreu.

Elemento subjetivo. O tipo aqui previsto é doloso, traduzindo-se pela vontade livre e consciente em impedir, perturbar ou fraudar a realização de qualquer ato de procedimento licitatório. Não há previsão para modalidade culposa.

Objeto material da conduta. É o ato do procedimento licitatório objeto de impedimento, perturbação ou fraude.

Objeto jurídico. Através deste tipo penal tutelam-se os interesses da Administração Pública (principalmente seu patrimônio) bem como os princípios elencados no artigo 37 da CRFB/1988.

Classificação doutrinária. Trata-se de crime comum (pois pode ser praticado por qualquer pessoa), formal (tendo em vista a desnecessidade de resultado naturalístico), comissivo, doloso, instantâneo, plurissubsistente (já que pode ser praticado mediante vários atos) e de forma livre (pois pode ser praticado por qualquer forma eleita pelo sujeito ativo).

Momento consumativo. Por se tratar de crime formal, a consumação se dá quando o agente impede, perturba ou frauda a realização de qualquer ato de procedimento licitatório.

Da distinção entre o antigo art. 93 da Lei nº 8.666/93 e art. 297 do CP. Momento consumativo. Duração do procedimento licitatório. Jurisprudência. Segundo entendimento firmado no âmbito do STJ, para tipificação do delito previsto no antigo art. 93 da Lei nº 8.666/93 as condutas nele previstas deveriam ser praticadas no curso do procedimento licitatório, de sorte que as falsidades de documentos públicos perpetradas *posteriormente* à contratação administrativa podem configurar, em tese, o tipo penal do artigo 297 do Código Penal.

Essa posição ficou consolidada na edição nº 134 (Dos Crimes da Lei de Licitação – Lei nº 8.666/93) da "Jurisprudência em Teses" do STJ (outubro/2019): "*10) O delito do art. 93 da Lei n. 8.666/1993 somente se tipifica se as condutas nele previstas forem praticadas no curso do procedimento licitatório*". Vale observar o acórdão paradigma:

> HABEAS CORPUS. WRIT SUBSTITUTIVO DE RECURSO ESPECIAL. IMPROPRIEDADE DA VIA ELEITA. ART. 93 DA LEI DE LICITAÇÕES. CONDUTAS PRATICADAS APÓS O TÉRMINO DO PROCEDIMENTO LICITATÓRIO. NÃO CARACTERIZAÇÃO DO TIPO. POSSÍVEL PRÁTICA DE FALSIDADE DOCUMENTAL (CP, ART. 297) (...) 2. O delito tipificado no art. 93 da Lei nº 8.666/93 somente se tipifica se as condutas nele previstas forem praticadas no curso do procedimento licitatório. Falsidades de documentos públicos perpetradas posteriormente à contratação administrativa preenchem, na ausência de outros elementos específicos, o tipo penal do artigo 297 do Código Penal [...] (STJ, T6 - SEXTA TURMA. HC 348414/RN. HABEAS CORPUS. Relator(a) Ministra MARIA THEREZA DE ASSIS MOURA. Julgamento em 07/04/2016. Publicação/Fonte em DJe 19/04/2016).

Como a redação entre o art. 93 da antiga lei de licitações é idêntica à do atual art. 337-I do CP, podemos estender o mesmo raciocínio.

Tentativa. Admitida, pois estamos diante de crime plurissubsistente, onde há possibilidade de fracionamento da conduta.

> Violação de sigilo em licitação
>
> **(Código Penal) Art. 337-J** Devassar o sigilo de proposta apresentada em processo licitatório ou proporcionar a terceiro o ensejo de devassá-lo:
>
> Pena – detenção, de 2 (dois) anos a 3 (três) anos, e multa.

Do crime previsto no artigo 337-J do CP. Aqui nesta hipótese também temos a transcrição literal da redação contida no antigo art. 94 da Lei nº 8.666/93, tendo havido verdadeira continuidade típico-normativa. Perceba, igualmente, que não houve aumento de pena no que diz respeito ao preceito secundário.

O artigo 13 da Nova Lei de Licitações (Lei nº 14.133/21) prevê a regra geral de publicidade dos atos praticados no procedimento licitatório, salvo nas hipóteses que tenham informações cujo sigilo seja imprescindível por motivos de segurança da sociedade e do Estado, conforme previsão legal. Além disso, há o que se chama de "publicidade diferida" em relação a alguns atos específicos, devendo-se manter o sigilo até determinado momento, como ocorre nos casos descritos no parágrafo único do mesmo art. 13, o que inclui o sigilo de proposta nos termos do art. 337-J do CP:

> (Lei nº 14.133/21) Art. 13. Os atos praticados no processo licitatório são públicos, ressalvadas as hipóteses de informações cujo sigilo seja imprescindível à segurança da sociedade e do Estado, na forma da lei.
>
> Parágrafo único. A publicidade será diferida:
>
> I – quanto ao conteúdo das propostas, até a respectiva abertura;
>
> II – quanto ao orçamento da Administração, nos termos do art. 24 desta Lei.

Todavia, quando o gestor público optar pelo regramento de licitações e contratos sob a égide da legislação anterior, ainda será necessário observar o que dispõe o art. 3º, § 3º, da Lei nº 8.666/93, que também está em vigor pelo prazo de dois anos (vide art. 193, I, e art. 194, ambos da Lei nº 14.133/21). O referido dispositivo legal trata do sigilo em face dos procedimentos licitatórios, assim descrevendo:

> (Lei nº 8.666/93) Art. 3º A licitação destina-se a garantir a observância do princípio constitucional da isonomia, a seleção da proposta mais vantajosa para a administração e a promoção do desenvolvimento nacional sustentável e será processada e julgada em estrita conformidade com os princípios básicos da legalidade, da impessoalidade, da moralidade, da igualdade, da publicidade, da probidade administrativa, da vinculação ao instrumento convocatório, do julgamento objetivo e dos que lhes são correlatos. *(Redação dada pela Lei nº 12.349, de 2010) (Regulamento)*
>
> § 3º A licitação não será sigilosa, sendo públicos e acessíveis ao público os atos de seu procedimento, salvo quanto ao conteúdo das propostas, até a respectiva abertura. (Sem grifos no original)

Assim, o procedimento licitatório como um todo não é objeto de sigilo, até mesmo porque as pessoas devem estar cientes que uma licitação está ocorrendo para que possam se inscrever e participar, vigorando o princípio da publicidade. No entanto, como forma de garantir lisura no procedimento, bem como assegurar que não haja ajuste ou alteração no momento em que e à medida que as propostas forem apresentadas à Comissão de Licitação. Esta atitude faria com que alguma parcela de pessoas pudesse comparar os preços que são apresentados, maculando a impessoalidade e vencendo a licitação, quando em condições de sigilo talvez não o fosse.

O tipo penal traz duas condutas, sendo que a primeira diz respeito a devassar (ou seja, revelar) o sigilo de proposta apresentada em procedimento licitatório e a segunda versa sobre proporcionar a terceiro o ensejo de devassar o sigilo daquela proposta. Assim, o sujeito ativo pode atuar de forma direta ou indireta.

Sujeito ativo. Em que pese o verbo devassar possa dar conotação de que somente o agente público diretamente envolvido no procedimento licitatório, possa vir a ser o sujeito ativo desta conduta, entendemos que se trata de um crime comum, em sua plenitude.

Sujeito passivo. Será a União, Estado, Distrito Federal ou Município ou ainda as entidades indicadas no artigo 1º da Lei nº 14.133/21, a depender do âmbito em que o crime ocorreu.

Elemento subjetivo. O tipo aqui previsto é doloso, marcado pela vontade livre e consciente em devassar o sigilo de proposta apresentada em procedimento licitatório, ou proporcionar a terceiro o ensejo de devassá-lo. Não há previsão para modalidade culposa.

Objeto material da conduta. É proposta mantida sob sigilo (ou com publicidade diferida), por força da aplicação do artigo 13, parágrafo único, I, da Lei nº 14.133/21.

Objeto jurídico. Através deste tipo penal tutelam-se os interesses da Administração Pública (principalmente seu patrimônio) bem como os princípios elencados no artigo 37 da CRFB/1988.

Classificação doutrinária. Trata-se de crime comum (pois pode ser praticado por qualquer pessoa), formal (tendo em vista a desnecessidade de resultado naturalístico), comissivo, doloso, instantâneo, plurissubsistente (já que pode ser praticada mediante vários atos) e de forma livre (pois pode ser praticado por qualquer forma eleita pelo sujeito ativo).

Momento consumativo. Por se tratar de crime formal, a consumação se dá quando o agente devassa o sigilo de proposta apresentada em procedimento licitatório, ou proporciona a terceiro o ensejo de devassá-lo.

Tentativa. Admitida, pois estamos diante de crime plurissubsistente, onde há possibilidade de fracionamento da conduta.

Afastamento de licitante

(Código Penal) Art. 337-K Afastar ou tentar afastar licitante por meio de violência, grave ameaça, fraude ou oferecimento de vantagem de qualquer tipo:

Pena – reclusão, de 3 (três) anos a 5 (cinco) anos, e multa, além da pena correspondente à violência.

Parágrafo único. Incorre na mesma pena quem se abstém ou desiste de licitar em razão de vantagem oferecida.

As condutas previstas no crime do artigo 337-K do Código Penal. Em relação ao tipo penal previsto no antigo art. 95 da Lei nº 8.666/93, tivemos algumas pequenas modificações na redação do preceito primário e no preceito secundário:

> (Lei nº 8.666/93) Art. 95. Afastar ou procurar afastar licitante, por meio de violência, grave ameaça, fraude ou oferecimento de vantagem de qualquer tipo:
>
> Pena - detenção, de 2 (dois) a 4 (quatro) anos, e multa, além da pena correspondente à violência.
>
> Parágrafo único. Incorre na mesma pena quem se abstém ou desiste de licitar, em razão da vantagem oferecida.

Este tipo penal prevê condutas mistas alternativas que consistem em afastar ou tentar afastar licitante utilizando-se, para isto, de violência, grave ameaça, fraude ou oferecimento de qualquer tipo de vantagem.

Basicamente, o que o legislador faz é consagrar condutas que poderiam ser visualizadas em outros tipos penais da mesma Lei, como os observados no artigo 337-F e 337-I, ambos do Código Penal, por exemplo.

Tendo por objetivo resguardar a lisura do procedimento licitatório, fazendo com que haja o maior número de propostas possível e que delas saia a vencedora, nos parece plausível e salutar permitir que a competição seja favorecida e que atenda os interesses da Administração Pública.

Note-se que houve mudanças no preceito secundário em comparação com as penas previstas no antigo art. 95 da Lei nº 8.666/93. Houve aumento na pena, mas ainda assim o legislador manteve a possibilidade de que o sujeito ativo responda pela pena prevista para a violência, caso esta venha a ser aplicada.

Da figura prevista no parágrafo único do art. 337-K do CP. A conduta descrita diz respeito à incriminação da conduta do indivíduo que, em razão do oferecimento da vantagem oferecida pelo sujeito ativo do *caput* do artigo 337-K do CP, que tem por finalidade afastar ou tentar afastar licitante, pelo oferecimento de vantagem de qualquer tipo, se abstém ou desiste de licitar. Trata-se de crime omissivo.

Note-se que no parágrafo único não está descrita punição para aquele que se abstém ou desiste de licitar, em razão da violência ou grave ameaça, condutas estas descritas no *caput* do artigo 337-K do CP e que também poderiam ser utilizadas para afastar ou procurar afastar licitante.

Sujeito ativo. Trata-se de um crime comum, podendo ser praticado por qualquer pessoa.

Sujeito passivo. Será a União, Estado, Distrito Federal ou Município ou ainda as entidades indicadas no artigo 1º da Lei nº 14.133/21, a depender do âmbito em que o crime ocorreu.

Elemento subjetivo. O tipo aqui previsto é doloso, caracterizado pela vontade livre e consciente em afastar ou tentar afastar licitante, por meio de violência, grave ameaça, fraude ou oferecimento de vantagem de qualquer tipo.

Objeto material da conduta. É o licitante.

Objeto jurídico. Tutelam-se os interesses da Administração Pública (principalmente seu patrimônio), bem como os princípios elencados no artigo 37 da CRFB/1988.

Classificação doutrinária. Trata-se de crime comum (pois pode ser praticado por qualquer pessoa), formal (tendo em vista a desnecessidade de resultado naturalístico), comissivo, doloso, instantâneo, plurissubsistente (já que pode ser praticada mediante vários atos) e de forma livre (pois pode ser praticado por qualquer forma eleita pelo sujeito ativo), de atentado (já que o próprio tipo penal pune a tentativa).

Sobre o caráter formal desta espécie de delito, vide o seguinte julgado do TJMG:

> APELAÇÃO CRIMINAL - CRIME CONTRA A ADMINISTRAÇÃO PÚBLICA - AFASTAMENTO DE LICITANTES (ART. 95 DA LEI 8.666/93) - FALSIDADE IDEOLÓGICA (ART. 299 DO CÓDIGO PENAL) - RECURSOS DAS DEFESAS (...) PRINCÍPIO DA CONSUNÇÃO - NÃO CONFIGURAÇÃO - AUSÊNCIA DE DOLO - INVIABILIDADE - SENTENÇA MANTIDA (...) **O crime previsto no artigo 95 da Lei nº 8.666/93 é formal, ou seja, não exige efetivo prejuízo à Administração como consequência de resultado naturalístico, tampouco se demanda a obtenção da vantagem ao agente, pois a tutela circunda a moralidade pública, assegurando o caráter competitivo do procedimento licitatório, como princípio específico insculpido na seara das licitações e contratos.** (...)Quando não há o exaurimento do falso um pelo estelionato, mormente pelo fato de que os documentos não foram direcionados para um fim único, mas sim utilizados várias vezes pelo acusado para reiteradas práticas, não há que se falar em consunção.- A conduta de fazer inserir, prevista no crime previsto no art. 299 do CP, traduz-se quando o agente proporciona meios para que terceiro pratique a conduta de inserir declaração falsa em documento público ou particular. Trata-se a falsidade ideológica, assim, de crime formal, de modo que a inserção da declaração falsa em documento

> público ou particular, seja pelo próprio agente diretamente ou por terceiro, por si só, já basta para configurar o crime. (**TJMG**, 1ª CÂMARA CRIMINAL. Apelação Criminal 0068375-80.2014.8.13.0210 [1.0210.14.006837-5/001], Relator(a): Des.(a) Wanderley Paiva, julgamento em 06/10/0020, publicação da súmula em **14/10/2020**). Sem grifos no original.

Momento consumativo. Por se tratar de crime formal, a consumação se dá quando o afasta ou procura afastar licitante, por meio de violência, grave ameaça, fraude ou oferecimento de vantagem de qualquer tipo.

Tentativa. No caso do artigo 337-K do CP a tentativa não é admitida, pois em que pese estarmos diante de crime plurissubsistente, onde há possibilidade de fracionamento da conduta, o legislador previu o chamado delito de atentado ou de empreendimento, no qual o ato de "tentar afastar" (disposto no *caput* e que eventualmente poderia ser considerado como tentativa) já possibilitaria que o crime se considerasse consumado.

> Fraude em licitação ou contrato
>
> **(Código Penal) Art. 337-L** Fraudar, em prejuízo da Administração Pública, licitação ou contrato dela decorrente, mediante:
>
> I - entrega de mercadoria ou prestação de serviços com qualidade ou em quantidade diversas das previstas no edital ou nos instrumentos contratuais;
>
> II - fornecimento, como verdadeira ou perfeita, de mercadoria falsificada, deteriorada, inservível para consumo ou com prazo de validade vencido;
>
> III - entrega de uma mercadoria por outra;
>
> IV - alteração da substância, qualidade ou quantidade da mercadoria ou do serviço fornecido;
>
> V - qualquer meio fraudulento que torne injustamente mais onerosa para a Administração Pública a proposta ou a execução do contrato.
>
> Pena - reclusão, de 4 (quatro) anos a 8 (oito) anos, e multa.

Análise do núcleo do tipo previsto no artigo 337-L do Código Penal. O tipo penal guarda estreita relação com o antigo artigo 96 da Lei nº 8.666/93, com algumas pequenas modificações na redação:

> (Lei nº 8.666/93) Art. 96. Fraudar, em prejuízo da Fazenda Pública, licitação instaurada para aquisição ou venda de bens ou mercadorias, ou contrato dela decorrente:
>
> I - elevando arbitrariamente os preços;
>
> II - vendendo, como verdadeira ou perfeita, mercadoria falsificada ou deteriorada;
>
> III - entregando uma mercadoria por outra;

> IV - alterando substância, qualidade ou quantidade da mercadoria fornecida;
>
> V - tornando, por qualquer modo, injustamente, mais onerosa a proposta ou a execução do contrato:
>
> Pena - detenção, de 3 (três) a 6 (seis) anos, e multa.

Para fins de conceituação de "Administração Pública", com base nos termos específicos da Lei nº 14.133/21, é preciso observar o que dispõe o art. 6º, III, do referido diploma legal:

> (Lei nº 14.133/21) Art. 6º Para os fins desta Lei, consideram-se:
>
> III – Administração Pública: administração direta e indireta da União, dos Estados, do Distrito Federal e dos Municípios, inclusive as entidades com personalidade jurídica de direito privado sob controle do poder público e as fundações por ele instituídas ou mantidas;

O art. 337-L do CP descreve uma situação de fraude (que pode consistir em enganar, ludibriar), na qual há prejuízo para a Administração Pública, ou seja, o próprio tipo penal já descreve a necessidade de resultado naturalístico e vincula as formas pelas quais a licitação instaurada ou contrato dela decorrente ocorram, razão pela qual estamos diante de um tipo penal de forma vinculada.

Além disto, os incisos do artigo 337-L do CP denotam condutas mistas alternativas, isto é, o crime estará consumado caso o prejuízo à Administração Pública decorra de qualquer uma delas e mesmo que estejamos diante da prática de mais de um inciso, considerar-se-á um único crime. É importante destacar, ainda, que o tipo penal prevê tanto a fase de licitação propriamente dita, quanto a fase de execução dos contratos.

Sujeito ativo. Tal crime não pode ser praticado por qualquer pessoa, mas sim por aqueles que visam a contratar com a Administração Pública, bem como por aqueles que já podem ser considerados contratados. É, portanto, um crime próprio.

Sujeito passivo. Será a União, Estado, Distrito Federal ou Município ou ainda as entidades indicadas no artigo 1º da Lei nº 14.133/21, a depender do âmbito em que o crime ocorreu.

Elemento subjetivo. O tipo aqui previsto é doloso, ou seja, a vontade livre e consciente em fraudar, em prejuízo da Administração Pública, licitação ou contrato dela decorrente, mediante a prática de uma das condutas previstas nos incisos do artigo 337-L do CP. Não há previsão para modalidade culposa.

Objeto material da conduta. É a licitação ou contrato dela decorrente.

Objeto jurídico. Através deste tipo penal tutelam-se os interesses da Administração Pública (principalmente seu patrimônio) bem como os princípios elencados no artigo 37 da CRFB/1988.

Classificação doutrinária. Trata-se de crime próprio (pois não pode ser praticado por qualquer pessoa), material (tendo em vista a necessidade de resultado naturalístico, consistente no prejuízo para a Administração Pública), comissivo, doloso, instantâneo, plurissubsistente e de forma vinculada (pois somente pode ser praticado mediante a realização de uma das condutas descritas num dos incisos do artigo 337-L do CP).

Momento consumativo. O crime em tela se consuma com o efetivo prejuízo à Administração Pública, decorrente da fraude à licitação mediante a prática de uma ou mais condutas previstas nos incisos do artigo 337-L do CP.

Tentativa. Admitida, já que estamos diante de hipótese plurissubsistente, na qual há possibilidade de fracionamento da conduta.

Da natureza jurídica do crime do antigo artigo 96 da Lei nº 8.666/93. Crime material. A Sexta Turma do STJ confirmou que o tipo penal do revogado art. 96 da Lei 8.666/93, por se tratar de delito material, exige a ocorrência do resultado naturalístico, com descrito prejuízo à Fazenda Pública. Em virtude da similaridade entre este dispositivo revogado e o art. 337-L do CP, a tendência é que tal posicionamento seja seguido:

> AGRAVO REGIMENTAL NO RECURSO ESPECIAL. ART. 90 DA LEI 8.666/93. PRESCRIÇÃO DA PRETENSÃO PUNITIVA. EXTINÇÃO DA PUNIBILIDADE. ART. 96 DA LEI 8.666/93. CRIME MATERIAL. RESULTADO NATURALÍSTICO. NÃO DEMONSTRAÇÃO DO PREJUÍZO À FAZENDA PÚBLICA. ART. 4º, II, DA LEI 8.137/93. CARTEL. AUSÊNCIA DE DESCRIÇÃO DA CONCENTRAÇÃO DO PODER ECONÔMICO (...) 2. O tipo penal do art. 96 da Lei 8.666/93, por se tratar de delito material, exige a ocorrência do resultado naturalístico, com descrito prejuízo à Fazenda Pública [...] (STJ, T6 - SEXTA TURMA. AgRg no REsp 1810038/S P. AGRAVO REGIMENTAL NO RECURSO ESPECIAL. Relator(a) Ministro NEFI CORDEIRO. Julgamento em 10/12/2019. Publicação/Fonte em DJe 12/12/2019).

> RECURSO ORDINÁRIO EM HABEAS CORPUS (...) ART. 96, INCISOS I E V, DA LEI N. 8.666/93. CRIME CONTRA A FAZENDA PÚBLICA. PREJUÍZO AO ERÁRIO NÃO DEMONSTRADO (...) 2. Nos termos da jurisprudência do Superior Tribunal de Justiça, a ausência de descrição do efetivo prejuízo à Fazenda Pública, exigido pelo art. 96 da Lei n. 8.666/93, bem como a falta de demonstração do domínio de mercado exigido pelo art. 4º da Lei n. 8.137/90, impõem a rejeição da denúncia. 3. No mesmo sentido foi o entendimento da Sexta Turma do Superior Tribunal de Justiça em outras ações penais relativas aos crime imputados aos participantes das licitações efetuadas pela CPTM - Companhia Paulista de Trens Metropolitanos, do Estado de São Paulo. Ex vi: REsp 1.683.839/SP, DJe 19/12/2017, e REsp 1.623.985/SP, DJe 06/06/2018, da Relatoria do Ministro NEFI

> CORDEIRO (...) 6. Friso que apesar de a jurisprudência desta Corte Superior e do Supremo Tribunal Federal entender que os crimes previstos na Lei de Licitações são instantâneos de efeitos permanentes, que se consumam em um momento definido, cada prorrogação contratual configura continuação da prática delituosa, na medida em que a situação de dano prolonga-se enquanto durar a conduta do Agente, como parece ser o caso, em que houve várias aditivos contratuais. Precedentes. [...] (STJ, SEXTA TURMA. RHC 119.667/SP, Rel. Ministra LAURITA VAZ, julgado em 07/12/2020, DJe 18/12/2020).

Jurisprudência da Sexta Turma do STJ quanto ao antigo art. 96 da Lei nº 8666/93. Competência. Prerrogativa de foro. Contemporaneidade. A Sexta Turma do STJ, seguindo orientação do STF, aplicou a regra da contemporaneidade para não conceder foro por prerrogativa de função, dado que esta exige que os crimes tenham sido cometidos durante o exercício do cargo (contemporaneidade) e relacionados às funções desempenhadas (pertinência temática). Dada a similaridade entre este tipo penal e a nova redação do art. 337-L do CP, tal entendimento deve se manter também para o novo artigo:

> HABEAS CORPUS. CRIME DA LEI DE LICITAÇÕES. ART. 96, V, DA LEI 8.666/1993. CONDENAÇÃO. FORO POR PRERROGATIVA DE FUNÇÃO. CONTEMPORANEIDADE E PERTINÊNCIA TEMÁTICA ENTRE OS FATOS EM APURAÇÃO E O EXERCÍCIO DA FUNÇÃO PÚBLICA. INCOMPETÊNCIA DO TRIBUNAL DE JUSTIÇA DE SANTA CATARINA. COMPETÊNCIA PARA JULGAMENTO DA 1ª INSTÂNCIA. HABEAS CORPUS CONCEDIDO. 1. O entendimento do STF firmou-se no sentido de que o foro por prerrogativa de função restringe-se apenas aos crimes cometidos durante o exercício do cargo e relacionados às funções desempenhadas (AP n. 937 QO, Rel. Ministro ROBERTO BARROSO, Tribunal Pleno, julgado em 3/5/2018, DJe de 10/12/2018), o qual visa, em última análise, que não seja utilizado como benefício pessoal e desvinculado da necessária proteção que exige o cargo. 2. De igual modo, a jurisprudência desta Corte trilha no mesmo sentido, sob o entendimento de que, como o foro por prerrogativa de função exige contemporaneidade e pertinência temática entre os fatos em apuração e o exercício da função pública, o término de um determinado mandato acarreta, por si só, a cessação do foro por prerrogativa de função em relação ao ato praticado nesse intervalo (QO na Apn n. 874/DF, Rel. Ministra NANCY ANDRIGHI, Corte Especial, julgado em 15/5/2019, DJe de 3/6/2019). 3. Não detendo o paciente foro por prerrogativa de função, à época dos fatos, como Secretário de Administração, o fato de ter sido diplomado não atrairia a competência do Tribunal de Justiça [...] (STJ, SEXTA TURMA. HC 497.861/SC, Rel. Ministra LAURITA VAZ, Rel. p/ Acórdão Ministro NEFI CORDEIRO, julgado em 18/08/2020, DJe 16/09/2020).

Contratação inidônea

(Código Penal) Art. 337-M Admitir à licitação empresa ou profissional declarado inidôneo:

Pena – reclusão, de 1 (um) ano a 3 (três) anos, e multa.

§ 1º Celebrar contrato com empresa ou profissional declarado inidôneo:

Pena – reclusão, de 3 (três) anos a 6 (seis) anos, e multa.

§ 2º Incide na mesma pena do caput deste artigo aquele que, declarado inidôneo, venha a participar de licitação e, na mesma pena do § 1º deste artigo, aquele que, declarado inidôneo, venha a contratar com a Administração Pública.

Do tipo penal previsto no artigo 337-M do Código Penal. Antes de adentrarmos propriamente no estudo da parte criminal do artigo 337-M do CP, precisamos verificar as mudanças em face do antigo art. 97 da Lei nº 8.666/93:

> (Lei nº 8.666/93) Art. 97. Admitir à licitação ou celebrar contrato com empresa ou profissional declarado inidôneo:
>
> Pena - detenção, de 6 (seis) meses a 2 (dois) anos, e multa.
>
> Parágrafo único. Incide na mesma pena aquele que, declarado inidôneo, venha a licitar ou a contratar com a Administração.

O novo tipo penal cindiu as condutas antigamente previstas, criando nova qualificadora para abarcar a hipótese de celebração de contrato com empresa ou profissional declarado inidôneo, com pena mais gravosa, algo que era estudado juntamente com a conduta de admitir à licitação empresa ou profissional declarado inidôneo, que permaneceu no caput do art. 337-M do CP.

As antigas previsões do parágrafo único do art. 97 da Lei nº 8.666/93 que abrangiam aqueles que, declarados inidôneos, viessem a licitar ou a contratar com a Administração Pública, foram cindidas da mesma forma e em cada situação o legislador remeteu a uma pena diferente: a do caput do art. 337-M do CP para os casos de participação na licitação e as do parágrafo primeiro do art. 337-M do CP (ou seja, da qualificadora) para os casos de contratação com a Administração Pública.

Acreditamos que o legislador tenha feito isto em razão de entender ser mais gravosa a conduta daquele que efetivamente considerado inidôneo, contrate com a Administração Pública, já que na fase licitatória a possibilidade de menor prejuízo é mais clara do que por ocasião do contrato em si.

Nos interessa verificar alguns conceitos de Direito Administrativo para prosseguirmos. Estes conceitos, basicamente, giram em torno da declaração de inidoneidade. Estes conceitos, basicamente, giram em torno da declaração de inidoneidade.

De acordo com Hely Lopes Meirelles, a declaração de inidoneidade é:

> Penalidade aplicável por faltas graves do contratado inadimplente, para impedir que continue contratando com a Administração. Não é,

> a rigor, uma penalidade contratual, mas uma sanção administrativa genérica, que só pode ser aplicada pela autoridade indicada na norma legal que a consigna, na forma e nos casos expressamente estabelecidos[7].

Está prevista no artigo 156, IV, da Nova Lei de Licitações (Lei nº 14.133/21) e corroborada pelos parágrafos quinto e sexto, ambos do mesmo artigo:

> (Lei nº 14.133/21) Art. 156. Serão aplicadas ao responsável pelas infrações administrativas previstas nesta Lei as seguintes sanções:
>
> I - advertência;
>
> II - multa;
>
> III - impedimento de licitar e contratar;
>
> IV - declaração de inidoneidade para licitar ou contratar.
>
> § 5º A sanção prevista no inciso IV do caput deste artigo será aplicada ao responsável pelas infrações administrativas previstas nos incisos VIII, IX, X, XI e XII do caput do art. 155 desta Lei, bem como pelas infrações administrativas previstas nos incisos II, III, IV, V, VI e VII do caput do referido artigo que justifiquem a imposição de penalidade mais grave que a sanção referida no § 4º deste artigo, e impedirá o responsável de licitar ou contratar no âmbito da Administração Pública direta e indireta de todos os entes federativos, pelo prazo mínimo de 3 (três) anos e máximo de 6 (seis) anos.
>
> § 6º A sanção estabelecida no inciso IV do caput deste artigo será precedida de análise jurídica e observará as seguintes regras:
>
> I - quando aplicada por órgão do Poder Executivo, será de competência exclusiva de ministro de Estado, de secretário estadual ou de secretário municipal e, quando aplicada por autarquia ou fundação, será de competência exclusiva da autoridade máxima da entidade;
>
> II - quando aplicada por órgãos dos Poderes Legislativo e Judiciário, pelo Ministério Público e pela Defensoria Pública no desempenho da função administrativa, será de competência exclusiva de autoridade de nível hierárquico equivalente às autoridades referidas no inciso I deste parágrafo, na forma de regulamento.

Além disso, para a sanção de declaração de inidoneidade, é preciso a instauração de um processo de responsabilização, balizado pelo art. 158 da mesma Lei.

O principal objetivo do legislador foi coibir a participação de empresas ou profissionais inidôneos no processo licitatório como um todo, inclusive a celebra-

---

7. MEIRELLES, Hely Lopes. op. cit. p. 236

ção de contratos, justamente para que se possa evitar danos ao erário decorrentes de possível novo inadimplemento ou falta que venha a ser causada.

Desta forma, o servidor que admitir à licitação ou celebrar contrato com empresa ou profissional declarado inidôneo estará sujeito à prática do crime previsto no artigo 337-M do CP, que à época da Lei nº 8.666/93 contemplava um tipo penal de menor potencial ofensivo, haja vista a pena máxima cominada não suplantar o patamar de dois anos, mas agora sofre alterações bem mais gravosas e irretroativas, inclusive com a criação de uma qualificadora.

Sujeito ativo. Com relação a este tópico, remetemos o leitor às considerações feitas por ocasião dos comentários gerais sobre os sujeitos ativos do crime previsto no art. 337-E do CP, em virtude da entrada em vigor de novos dispositivos penais (art. 193, I, e art. 194, ambos da Lei nº 14.133/21). Porém, em virtude da manutenção dos dispositivos gerais da antiga Lei nº 8.666/93 (por força do que dispõe o art. 193, II, da Lei nº 14.133/21), significa dizer que deveremos observar as partes ainda não revogadas da Lei nº 8.666/93, que ainda servirão para entendermos a aplicação de diversos institutos penais sobre licitações, agora disciplinados no Código Penal.

Sujeito passivo. Será a União, Estado, Distrito Federal ou Município ou ainda as entidades indicadas no artigo 1º da Lei nº 14.133/21, a depender do âmbito em que o crime ocorreu.

Elemento subjetivo. O tipo aqui previsto é doloso, ou seja, a vontade livre e consciente em admitir à licitação ou celebrar contrato com empresa ou profissional declarado inidôneo. Não há previsão para modalidade culposa.

Objeto material da conduta. É a licitação ou contrato.

Objeto jurídico. Através deste tipo penal tutelam-se os interesses da Administração Pública (principalmente seu patrimônio) bem como os princípios elencados no artigo 37 da CRFB/1988.

Classificação doutrinária. Trata-se de crime próprio (pois não pode ser praticado por qualquer pessoa), formal (tendo em vista a desnecessidade de resultado naturalístico), comissivo, doloso, instantâneo, plurissubsistente e de forma livre (pois pode ser praticado por qualquer forma eleita pelo sujeito ativo).

Momento consumativo. O crime em tela se consuma com a admissão à licitação ou celebração do contrato com empresa ou profissional declarado inidôneo.

Tentativa. Admitida, já que estamos diante de hipótese plurissubsistente, na qual há possibilidade de fracionamento da conduta.

Impedimento indevido

(Código Penal) Art. 337-N Obstar, impedir ou dificultar injustamente a inscrição de qualquer interessado nos registros cadastrais ou promover indevidamente a alteração, a suspensão ou o cancelamento de registro do inscrito:

Pena - reclusão, de 6 (seis) meses a 2 (dois) anos, e multa.

Análise do tipo penal previsto no artigo 337-N do Código Penal. Houve transcrição literal de todo dispositivo anteriormente previsto no art. 98 da Lei nº 8.666/93, inclusive no que diz respeito ao preceito secundário, mantendo-se a infração penal como de menor potencial ofensivo. Estamos diante de uma situação de continuidade típico-normativa, portanto.

De um modo geral, tendo como objeto central o registro cadastral dos interessados em participar de procedimentos licitatórios, a Lei pune a conduta daquele que obsta, impede ou dificulta, injustamente tal inscrição, ou ainda que promova de forma indevida a alteração, suspensão ou cancelamento do registro daqueles que já tiverem registro anterior.

São duas condutas distintas, que se referem a momentos também distintos, e dizem respeito a inscrições já realizadas ou a serem realizadas. O fato em comum entre as duas condutas é a pluralidade de verbos nucleares em cada uma delas, tornando-as condutas mistas alternativas.

Os registros cadastrais são considerados como procedimentos auxiliares das licitações (vide art. 78, V, da Lei nº 14.133/21) e detalhados a partir do art. 87 da mesma lei:

> (Lei nº 14.133/21) Art. 78. São procedimentos auxiliares das licitações e das contratações regidas por esta Lei:
>
> V - registro cadastral.
>
> (Lei nº 14.133/21) Art. 87. Para os fins desta Lei, os órgãos e entidades da Administração Pública deverão utilizar o sistema de registro cadastral unificado disponível no Portal Nacional de Contratações Públicas (PNCP), para efeito de cadastro unificado de licitantes, na forma disposta em regulamento.
>
> § 1º O sistema de registro cadastral unificado será público e deverá ser amplamente divulgado e estar permanentemente aberto aos interessados, e será obrigatória a realização de chamamento público pela internet, no mínimo anualmente, para atualização dos registros existentes e para ingresso de novos interessados.
>
> § 2º É proibida a exigência, pelo órgão ou entidade licitante, de registro cadastral complementar para acesso a edital e anexos.
>
> § 3º A Administração poderá realizar licitação restrita a fornecedores cadastrados, atendidos os critérios, as condições e os limites estabelecidos em regulamento, bem como a ampla publicidade dos procedimentos para o cadastramento.

> § 4º Na hipótese a que se refere o § 3º deste artigo, será admitido fornecedor que realize seu cadastro dentro do prazo previsto no edital para apresentação de propostas.

Os registros cadastrais sob a égide da Lei nº 8.666/93. Na esteira do nosso entendimento sobre a concomitância entre as Leis nº 8.666/93 e a 14.133/21 (haja vista o que dispõe os artigos 193, II e 194, ambos deste último diploma legal), para efeitos de percepção sobre contratos regidos pela Lei nº 8.666/93 durante os dois anos nos quais ela ainda estará em vigor (quando a opção do gestor público tenha sido por esta lei), os registros cadastrais mencionados neste dispositivo dizem respeito àqueles previstos no artigo 34 da Lei nº 8.666/93 (ainda em vigor), regulamentado pelo Decreto nº 3.722/01, que também dispõe sobre o Sistema de Cadastramento Unificado de Fornecedores (SICAF):

> (Lei nº 8.666/93) Art. 34. Para os fins desta Lei, os órgãos e entidades da Administração Pública que realizem freqüentemente licitações manterão registros cadastrais para efeito de habilitação, na forma regulamentar, válidos por, no máximo, um ano. *(Regulamento)*
>
> § 1º O registro cadastral deverá ser amplamente divulgado e deverá estar permanentemente aberto aos interessados, obrigando-se a unidade por ele responsável a proceder, no mínimo anualmente, através da imprensa oficial e de jornal diário, a chamamento público para a atualização dos registros existentes e para o ingresso de novos interessados.
>
> § 2º É facultado às unidades administrativas utilizarem-se de registros cadastrais de outros órgãos ou entidades da Administração Pública.

Sujeito ativo. Com relação a este tópico, remetemos o leitor às considerações feitas por ocasião dos comentários gerais sobre os sujeitos ativos do crime previsto no art. 337-E do CP, em virtude da entrada em vigor de novos dispositivos penais (art. 193, I, e art. 194, ambos da Lei nº 14.133/21). Porém, em virtude da manutenção dos dispositivos gerais da antiga Lei nº 8.666/93 (por força do que dispõe o art. 193, II, da Lei nº 14.133/21), significa dizer que deveremos observar as partes ainda não revogadas da Lei nº 8.666/93, que ainda servirão para entendermos a aplicação de diversos institutos penais sobre licitações, agora disciplinados no Código Penal.

Sujeito passivo. Será a União, Estado, Distrito Federal ou Município ou ainda as entidades indicadas no artigo 1º da Lei nº 14.133/21, a depender do âmbito em que o crime ocorreu.

Elemento subjetivo. O tipo aqui previsto é doloso e consiste na vontade livre e consciente em obstar, impedir ou dificultar, injustamente, a inscrição de qualquer interessado nos registros cadastrais ou promover indevidamente a alteração, suspensão ou cancelamento de registro do inscrito. Não há previsão para modalidade culposa.

Objeto material da conduta. Com a nova Lei nº 14.133/21, a intenção do legislador é que seja a inscrição no registro cadastral a que se refere o artigo 87 da Nova

Lei de Licitações, ou o próprio registro em si, a depender da conduta praticada pelo sujeito ativo.

Todavia, diante da manutenção dos dispositivos gerais da antiga Lei nº 8.666/93, entendemos que, para os casos ainda regidos pela lei antiga, o objeto material será a inscrição no registro cadastral a que se refere o artigo 34 da Lei nº 8.666/93, ou o próprio registro em si, a depender da conduta praticada pelo sujeito ativo.

Objeto jurídico. Através deste tipo penal tutelam-se os interesses da Administração Pública (principalmente seu patrimônio) bem como os princípios elencados no artigo 37 da CRFB/1988.

Classificação doutrinária. Trata-se de crime próprio (pois não pode ser praticado por qualquer pessoa), formal (tendo em vista a desnecessidade de resultado naturalístico), comissivo, doloso, instantâneo, plurissubsistente e de forma livre (pois pode ser praticado por qualquer forma eleita pelo sujeito ativo).

Momento consumativo. O crime em tela se consuma no momento em que o servidor obsta, impede ou dificulta, injustamente, a inscrição de qualquer interessado nos registros cadastrais ou promove indevidamente a alteração, suspensão ou cancelamento de registro do inscrito.

Tentativa. Admitida, já que estamos diante de hipótese plurissubsistente, na qual há possibilidade de fracionamento da conduta.

Omissão grave de dado ou de informação por projetista

(Código Penal) Art. 337-O Omitir, modificar ou entregar à Administração Pública levantamento cadastral ou condição de contorno em relevante dissonância com a realidade, em frustração ao caráter competitivo da licitação ou em detrimento da seleção da proposta mais vantajosa para a Administração Pública, em contratação para a elaboração de projeto básico, projeto executivo ou anteprojeto, em diálogo competitivo ou em procedimento de manifestação de interesse.

Pena – reclusão, de 6 (seis) meses a 3 (três) anos, e multa.

§ 1º Consideram-se condição de contorno as informações e os levantamentos suficientes e necessários para a definição da solução de projeto e dos respectivos preços pelo licitante, incluídos sondagens, topografia, estudos de demanda, condições ambientais e demais elementos ambientais impactantes, considerados requisitos mínimos ou obrigatórios em normas técnicas que orientam a elaboração de projetos.

§ 2º Se o crime é praticado com o fim de obter benefício, direto ou indireto, próprio ou de outrem, aplica-se em dobro a pena prevista no caput deste artigo.

Análise do tipo penal previsto no artigo 337-O do Código Penal. Incluído pela nova lei de licitações (Lei nº 14.133/21), o legislador acrescenta um preceito primário com redação muito extensa, com elementos normativos vagos, o que prejudica sua adequada aplicação já que abre margem para diversas interpretações até mesmo para sua inconstitucionalidade. Pensando nisso, fez por bem minimizar o transtorno ao indicar numa norma explicativa, alguns elementos específicos (mas não todos) e que está prevista no parágrafo do mesmo artigo (vide comentários em campo próprio, a seguir).

De modo geral, o *caput* do art. 337-O do CP prevê como condutas mistas e alternativas tanto verbos que indicam ação, quanto omissão. Então, o crime será praticado caso o sujeito ativo omita, modifique ou entregue à Administração Pública (cujo conceito já tivemos oportunidade de ressaltar em artigos anteriores e cuja previsão se encontra no art. 6º, III, da Lei nº 14.133/21), levantamento cadastral ou condição de contorno, em relevante dissonância com a realidade;

- em frustração ao caráter competitivo da licitação ou;
- em detrimento da seleção da proposta mais vantajosa para a Administração Pública;
- em contratação para a elaboração de projeto básico, projeto executivo ou anteprojeto;
- em diálogo competitivo ou;
- em procedimento de manifestação de interesse.

Perceba a quantidade de informação que deve ser extraída de outros pontos da legislação sobre licitações e contratos administrativos e que não constam detalhadamente do tipo penal. Com relação ao "levantamento cadastral", encontramos indicativo no art. 6º, XXIV, alínea "h", quando se afirmar que o anteprojeto é uma peça técnica que conterá diversas informações necessárias à elaboração do projeto básico (detalhado no art. 6º, XXV), dentre elas o levantamento topográfico e cadastral.

> (Lei nº 14.133/21) Art. 6º Para os fins desta Lei, consideram-se:
>
> XXIV - anteprojeto: peça técnica com todos os subsídios necessários à elaboração do projeto básico, que deve conter, no mínimo, os seguintes elementos:
>
> h) levantamento topográfico e cadastral;
>
> XXV - projeto básico: conjunto de elementos necessários e suficientes, com nível de precisão adequado para definir e dimensionar a obra ou o serviço, ou o complexo de obras ou de serviços objeto da licitação, elaborado com base nas indicações dos estudos técnicos preliminares, que assegure a viabilidade técnica e o adequado tratamento do impacto ambiental do empreendimento e que possibilite a avaliação do custo da obra e a definição dos métodos e do prazo de execução, devendo conter os seguintes elementos:
>
> a) levantamentos topográficos e cadastrais, sondagens e ensaios geotécnicos, ensaios e análises laboratoriais, estudos socioambien-

tais e demais dados e levantamentos necessários para execução da solução escolhida;

Embora não diga expressamente o que é um levantamento cadastral, a lei dá a entender que é uma espécie de dado necessário para a execução da solução escolhida e que deve constar necessariamente no anteprojeto e também no projeto básico.

Podemos dizer, então, que o levantamento cadastral é um documento que contém as características físicas de uma edificação já existente num determinado lote ou terreno e é criteriosamente medida, para que se verifique se o que existe edificado no cadastro representa o que realmente está no terreno. Tem como finalidade auxiliar no plano de manutenção preventiva e eventual regularização de imóvel. Geralmente é feito por engenheiros ou arquitetos.

Já em relação ao outro objeto material do tipo penal, pelo menos em relação ao conceito de "condição de contorno", o legislador inseriu a norma explicativa do parágrafo primeiro do art. 337-O do CP:

> "Consideram-se condição de contorno as informações e os levantamentos suficientes e necessários para a definição da solução de projeto e dos respectivos preços pelo licitante, incluídos sondagens, topografia, estudos de demanda, condições ambientais e demais elementos ambientais impactantes, considerados requisitos mínimos ou obrigatórios em normas técnicas que orientam a elaboração de projetos".

O próprio detalhamento também dá margem a interpretações, pois foram inseridos termos vagos como "demais elementos ambientais impactantes", sem que fosse minimamente explicado o seu teor.

Quando o legislador afirma que o levantamento cadastral ou condição de contorno precisa ter sido omitido, modificado ou entregue "**em relevante dissonância com a realidade**", caberá ao intérprete definir o que vem a ser essa última expressão, já que não há maiores destaques feitos pelo legislador. Pelo que podemos inferir, para que não incorra no crime em tela, é preciso que a pessoa que participa da licitação entregue a documentação em conformidade com a realidade, mediante a integral veracidade das informações narradas, evitando-se prejuízo no processo licitatório e, consequentemente, para a administração pública. Cremos que isso não configura uma primeira hipótese de forma vinculada para a execução do crime, pois se assim o fosse, algumas outras formas ficariam sem sentido para aplicação.

Vejamos um exemplo: se o legislador assumisse que a expressão "em relevante dissonância com a realidade" é uma forma vinculada, estanque, autônoma, como entender criminosa a conduta daquele que simplesmente "entrega levantamento cadastral ou condição de contorno em contratação para a elaboração de projeto básico, projeto executivo ou anteprojeto"? O que fizemos foi simplesmente unir um verbo nuclear com uma forma vinculada pelo tipo penal, perfeitamente crível de ocorrer.

Até entendemos que, por serem elementos inerentes ao anteprojeto ou ao projeto básico, conforme veremos a seguir, esses dois objetos materiais "levantamento cadastral" e "condição de contorno" devem ser necessariamente entregues à Administração Pública e devem fazer constar do processo licitatório. Assim, o que queremos dizer é que se o sujeito ativo entrega tais documentos "em relevante dissonância com a realidade", então fará sentido a criminalização da conduta pelo exemplo que trouxemos.

Então, agora partiremos para a análise das formas pelas quais entendemos como possíveis de junção as condutas de omitir, modificar ou entregar à Administração Pública levantamento cadastral ou condição de contorno, de modo a receber o devido enquadramento no art. 337-O do CP.

Quanto à primeira modalidade, **"em frustração ao caráter competitivo da licitação"**, concluímos que diante das especificidades do crime do art. 337-O do CP, tal conduta é especial em relação àquela prevista no art. 337-F do CP.

A se entender a exegese quando da entrada em vigor da Lei nº 14.133/21 em sua totalidade, não se pode, mediante informações omitidas, modificadas ou entregues à Administração Pública, frustrar a inerente competição que existe no processo licitatório, conforme o disposto no art. 11, II, da nova lei de licitações. Isto inclusive está previsto por ocasião do projeto básico, contido no art. 6º, XXV, alínea "c", da Lei nº 14.133/21:

> (Lei nº 14.133/21) Art. 6º Para os fins desta Lei, consideram-se:
>
> XXV - projeto básico: conjunto de elementos necessários e suficientes, com nível de precisão adequado para definir e dimensionar a obra ou o serviço, ou o complexo de obras ou de serviços objeto da licitação, elaborado com base nas indicações dos estudos técnicos preliminares, que assegure a viabilidade técnica e o adequado tratamento do impacto ambiental do empreendimento e que possibilite a avaliação do custo da obra e a definição dos métodos e do prazo de execução, devendo conter os seguintes elementos:
>
> c) identificação dos tipos de serviços a executar e dos materiais e equipamentos a incorporar à obra, bem como das suas especificações, de modo a assegurar os melhores resultados para o empreendimento e a segurança executiva na utilização do objeto, para os fins a que se destina, considerados os riscos e os perigos identificáveis, **sem frustrar o caráter competitivo para a sua execução**; (grifo nosso)

No que diz respeito à segunda hipótese, **"em detrimento da seleção da proposta mais vantajosa para a Administração Pública"**, em diversos dispositivos da nova lei de licitações (Lei nº 14.133/21), o legislador faz menção à necessidade de que a Administração Pública escolha ou dê prioridade sempre à proposta mais vantajosa, o que é inerente aos princípios elencados no art. 5º da mesma lei. Podemos exemplificar esta terminologia no art. 32, § 1º, VIII; art. 32, § 1º, X; art. 75, § 3º etc., todos da Lei nº 14.133/21.

Já quando se observa a prática das condutas narradas no tipo penal mediante a formalidade vinculada de ter sido **"em contratação para a elaboração de projeto básico, projeto executivo ou anteprojeto"**, o legislador acaba englobando também outra forma vinculada já comentada no próprio tipo penal, como ressaltamos anteriormente, já que, quando da entrega do anteprojeto ou do projeto básico, o sujeito deve entregá-los de modo que também não se frustre o processo licitatório, o que acabaria conduzindo à primeira modalidade de prática do crime previsto no art. 337-O do CP "em frustração ao caráter competitivo da licitação".

Na possibilidade de o levantamento cadastral ou condição de contorno serem feitos **"em diálogo competitivo"**, deveremos observar a conceituação descrita no art. 6º, XLII, da nova lei de licitações:

> (Lei nº 14.133/21) Art. 6º Para os fins desta Lei, consideram-se:
>
> XLII - diálogo competitivo: modalidade de licitação para contratação de obras, serviços e compras em que a Administração Pública realiza diálogos com licitantes previamente selecionados mediante critérios objetivos, com o intuito de desenvolver uma ou mais alternativas capazes de atender às suas necessidades, devendo os licitantes apresentar proposta final após o encerramento dos diálogos;

O detalhamento desta modalidade está previsto no art. 32 da nova lei de licitações:

> (Lei nº 14.133/21) Art. 32. A modalidade diálogo competitivo é restrita a contratações em que a Administração:
>
> I - vise a contratar objeto que envolva as seguintes condições:
>
> a) inovação tecnológica ou técnica;
>
> b) impossibilidade de o órgão ou entidade ter sua necessidade satisfeita sem a adaptação de soluções disponíveis no mercado; e
>
> c) impossibilidade de as especificações técnicas serem definidas com precisão suficiente pela Administração;
>
> II - verifique a necessidade de definir e identificar os meios e as alternativas que possam satisfazer suas necessidades, com destaque para os seguintes aspectos:
>
> a) a solução técnica mais adequada;
>
> b) os requisitos técnicos aptos a concretizar a solução já definida;
>
> c) a estrutura jurídica ou financeira do contrato;

Por fim, no que diz respeito à questão do diálogo competitivo, a nova lei de licitações dá nova redação ao art. 2º, II, da Lei nº 8.987/95, por meio do art. 179 da Lei nº 14.133/21 e ao art. 10 da Lei nº 11.079/04, pelo art. 180 da Lei nº 14.133/21.

> (Lei nº 14.133/21) Art. 179. Os incisos II e III do caput do art. 2º da Lei nº 8.987, de 13 de fevereiro de 1995, passam a vigorar com as seguintes redações:
>
> "Art. 2º ....
>
> II - concessão de serviço público: a delegação de sua prestação, feita pelo poder concedente, mediante licitação, na modalidade concorrência ou diálogo competitivo, a pessoa jurídica ou consórcio de empresas que demonstre capacidade para seu desempenho, por sua conta e risco e por prazo determinado;
>
> (Lei nº 14.133/21) Art. 180. O caput do art. 10 da Lei nº 11.079, de 30 de dezembro de 2004, passa a vigorar com a seguinte redação:
>
> "Art. 10. A contratação de parceria público-privada será precedida de licitação na modalidade concorrência ou diálogo competitivo, estando a abertura do processo licitatório condicionada a:"

Sujeito ativo. Pode ser qualquer pessoa. Estamos diante de um crime comum.

Sujeito passivo. Será a União, Estado, Distrito Federal ou Município ou ainda as entidades indicadas no artigo 1º da Lei nº 14.133/21, a depender do âmbito em que o crime ocorreu.

Elemento subjetivo. O tipo aqui previsto é doloso, apenas. Não há previsão para modalidade culposa.

Objeto material da conduta. É tanto o levantamento cadastral, como também a condição de contorno.

Objeto jurídico. Através deste tipo penal tutelam-se os interesses da Administração Pública (principalmente seu patrimônio) bem como os princípios elencados no artigo 37 da CRFB/1988.

Classificação doutrinária. Trata-se de crime comum (pois pode ser praticado por qualquer pessoa), formal e omissivo (diante da modalidade "omitir"), porém material e comissivo (diante das modalidades "modificar" e "entregar"), doloso, instantâneo, unissubsistente (na modalidade "omitir") ou plurissubsistente (nas demais hipóteses) e de forma vinculada (pois o tipo penal requer formas específicas pelas quais o crime pode ser praticado).

Momento consumativo. Diante do verbo "omitir", o crime em tela se consuma com a mera omissão diante das formas vinculadas pelo tipo penal. Todavia, em face das demais condutas, o crime se consuma com a modificação ou com a entrega dos objetos materiais, em relevante dissonância com a realidade, mediante as formas vinculadas previstas no tipo penal.

Tentativa. Admitida, apenas diante das modalidades plurissubsistentes, na qual há possibilidade de fracionamento da conduta.

(Código Penal) Art. 337-P pena de multa cominada aos crimes previstos neste Capítulo seguirá a metodologia de cálculo prevista neste Código e não poderá ser inferior a 2% (dois por cento) do valor do contrato licitado ou celebrado com contratação direta.

Sobre a forma de cálculo da pena de multa. Sob a égide da Lei nº 8.666/93, a pena de multa seguia ritualística definida no antigo artigo 99:

> (Lei nº 8.666/93) Art. 99. A pena de multa cominada nos arts. 89 a 98 desta Lei consiste no pagamento de quantia fixada na sentença e calculada em índices percentuais, cuja base corresponderá ao valor da vantagem efetivamente obtida ou potencialmente auferível pelo agente.
>
> § 1º Os índices a que se refere este artigo não poderão ser inferiores a 2% (dois por cento), nem superiores a 5% (cinco por cento) do valor do contrato licitado ou celebrado com dispensa ou inexigibilidade de licitação.
>
> § 2º O produto da arrecadação da multa reverterá, conforme o caso, à Fazenda Federal, Distrital, Estadual ou Municipal.

Porém, agora o art. 337-P do CP determina que seguirá o procedimento disposto na parte geral do Código Penal (vide artigos 49 a 52 do CP), em virtude da inserção do novo capítulo que trata sobre os crimes no processo licitatório na parte especial do mesmo diploma legal.

13

MEIO AMBIENTE

LEI Nº 9.605/98, DE 12 DE FEVEREIRO DE 1998

Dispõe sobre as sanções penais e administrativas derivadas de condutas e atividades lesivas ao meio ambiente, e dá outras providências.

CAPÍTULO I
DISPOSIÇÕES GERAIS

Análise dos dispositivos constitucionais acerca do meio ambiente. O primeiro dispositivo constitucional que trata do meio ambiente é o artigo 5º, LXXIII, que versa sobre a ação popular, destinada a anular ato lesivo àquele. Em seguida, o artigo 23, VI, aduz que proteger o meio ambiente e combater a poluição em qualquer de suas formas é da competência comum da União, dos Estados, do Distrito Federal e dos Municípios. Porém, somente aos três primeiros entes citados é dada a competência legislativa referente ao tema.

Sobre a questão da proteção do meio ambiente, além da ação popular, cabe ao Ministério Público promover o inquérito civil e a ação civil pública, para a proteção do patrimônio público e social, do meio ambiente e de outros interesses difusos e coletivos, já que é uma das suas funções institucionais, nos termos do artigo 129, III.

O meio ambiente também pode ser observado como um dos princípios da ordem econômica, cuja previsão está no artigo 170, VI, bem como ser caracterizado como um dos pilares do cumprimento da função social da propriedade, nos termos do artigo 186, II.

Diante da complexidade e da interpenetração que o meio ambiente proporciona nos mais diversos campos, pudemos observar que o tema está disseminado por diversos artigos da Constituição Federal. Porém, o constituinte foi além, destinando capítulo próprio no Título VIII da CRFB/88, que trata da Ordem Social, elencando as disposições referentes no artigo 225, ao asseverar que:

> Art. 225. Todos têm direito ao meio ambiente ecologicamente equilibrado, bem de uso comum do povo e essencial à sadia qualidade de vida, impondo-se ao Poder Público e à coletividade o dever de defendê-lo e preservá-lo para as presentes e futuras gerações.

Do conceito de meio ambiente. O artigo 3º, I, da Lei nº 6.938/81 (que dispõe sobre a Política Nacional do Meio Ambiente, seus fins e mecanismos de formulação e aplicação, e dá outras providências), traz o conceito legal de meio ambiente, afirmando que este é o conjunto de condições, leis, influências e interações de ordem física, química e biológica, que permite, abriga e rege a vida em todas as suas formas.

Competência. Será, como regra geral, da Justiça Estadual, a menos que se vislumbre no caso concreto algo que se adeque, pelo menos, nos incisos I ou IV, ambos do artigo 109 da CRFB/88.

> **Art. 1º** (VETADO)
>
> **Art. 2º** Quem, de qualquer forma, concorre para a prática dos crimes previstos nesta Lei, incide nas penas a estes cominadas, na medida da sua culpabilidade, bem como o diretor, o administrador, o membro de conselho e de órgão técnico, o auditor, o gerente, o preposto ou mandatário de pessoa jurídica, que, sabendo da conduta criminosa de outrem, deixar de impedir a sua prática, quando podia agir para evitá-la.

Da responsabilidade penal ambiental das pessoas físicas. O artigo 2º da Lei nº 9.605/98. No que tange ao concurso de pessoas, o Código Penal, no artigo 29, adotou a teoria monista, que pressupõe, em síntese, a responsabilização pela mesma infração penal. A Lei nº 9.605/98 não foi diferente, também prevendo a aplicação da teoria monista no bojo do artigo 2º.

Este artigo se divide, basicamente, em duas partes: na primeira, as prescrições se coadunam com aquelas descritas na regra geral prevista pelo artigo 29 do CP, como adiantamos anteriormente; já em relação à segunda parte, o artigo 2º traz preceitos semelhantes aos observados por ocasião do estudo da relevância da omissão, previsto no artigo 13, § 2º, do Código Penal, que aduz o dever jurídico de agir. Assim, podemos afirmar que a Lei nº 9.605/98 também previu uma hipótese de relação normativa de causalidade na omissão.

Isto significa que o diretor, o administrador, o membro de conselho e de órgão técnico, o auditor, o gerente, o preposto ou mandatário de pessoa jurídica, que, sabendo da conduta criminosa de outrem, deixar de impedir a sua prática, quando podia agir para evitá-la, responderá a título de participação. Portanto, tais pessoas devem, ao menos, saber da existência do crime e que possam agir para impedir o resultado.

O estudo do artigo 2º não afasta a necessidade de verificação dos demais requisitos configuradores da tipicidade penal, mormente o nexo causal.

Art. 3º As pessoas jurídicas serão responsabilizadas administrativa, civil e penalmente conforme o disposto nesta Lei, nos casos em que a infração seja cometida por decisão de seu representante legal ou contratual, ou de seu órgão colegiado, no interesse ou benefício da sua entidade.

Da responsabilidade penal da pessoa jurídica. Neste ponto encontramos bastante polêmica, havendo argumentos tanto para a responsabilização, quanto pela impossibilidade desta. Primeiramente, é preciso analisar o que dispõe o artigo 225, § 3º, da CRFB/88:

> Art. 225, § 3º – As condutas e atividades consideradas lesivas ao meio ambiente sujeitarão os infratores, pessoas físicas ou jurídicas, a sanções penais e administrativas, independentemente da obrigação de reparar os danos causados.

Através da leitura deste dispositivo constitucional, há alguns entendimentos doutrinários afirmando o seguinte:

1ª A pessoa jurídica não pratica crimes. Ela não delinque. Se as pessoas jurídicas são entes desprovidos de consciência e vontade próprias, não poderiam praticar atos que culminassem na adequação a fatos típicos criminalmente, principalmente em relação ao dolo e à culpa. Isso repercute ao analisar a culpabilidade nestas situações, o que seria impossível.

2ª O dispositivo previsto no artigo 225, § 3º, da CRFB/88 não prevê a responsabilidade penal das pessoas jurídicas. Na verdade, há uma distinção, pois as pessoas físicas praticarão condutas que sujeitarão os infratores às sanções penais. Já as pessoas jurídicas exercem atividades que estão sujeitas a sanções administrativas. Corroborando esta ideia, está o artigo 5º, XLV, da CRFB/88, que prevê o princípio da pessoalidade da pena, impedindo a responsabilização penal da pessoa jurídica. Portanto, o artigo 3º da Lei nº 9.605/98 seria inconstitucional, já que violaria o disposto nos artigos 5º, XLV e 225, § 3º, ambos da CRFB/88.

3ª O artigo 225, § 3º, da CRFB/88 prevê a responsabilização penal da pessoa jurídica, razão pela qual o artigo 3º da Lei nº 9.605/98 é constitucional. O fundamento reside na teoria da realidade ou da personalidade real, para a qual as pessoas jurídicas são reais e têm capacidade e vontade próprias, o que não se confunde com a vontade das pessoas físicas que as integram. Desta forma, não há que se falar em violação ao princípio da pessoalidade da pena, haja vista que a responsabilização (decorrente da chamada culpabilidade social) recai sobre a própria pessoa jurídica, e não sobre a pessoa física que a dirige. No entanto, para que haja responsabilização da pessoa jurídica é necessário que haja decisão do responsável legal pela PJ e que a infração tenha sido praticada em benefício dela.

Sobre a responsabilização penal das pessoas jurídicas de direito público. O artigo 3º da Lei nº 9.605/98 não faz qualquer distinção sobre a possibilidade ou não de que pessoas jurídicas de direito público possam ser punidas em decorrência da contrariedade aos preceitos daquele diploma legal. Doutrinariamente podemos observar os seguintes argumentos, contra e a favor da responsabilização destes entes:

1ª Não há óbices para que a pessoa jurídica de direito público seja responsabilizada penalmente, em razão de não haver distinção legal ou constitucional no que diz respeito a isso.

2ª Não é possível que uma pessoa jurídica de direito público seja responsabilizada penalmente, seja pelo fato de que a aplicação de pena para estes entes seria inócua, seja porque é o próprio Estado quem detém o monopólio da aplicação da pena, razão pela qual não pode punir a si próprio.

Precedentes dos Tribunais Superiores acerca da responsabilização das pessoas jurídicas por crimes ambientais. A Primeira Turma do STF tem posicionamento acerca da possibilidade de responsabilização penal da pessoa jurídica por crimes ambientais entendendo, no caso, inclusive, pela prescindibilidade da dupla imputação, nos termos do art. 225, § 3º, da CRFB/88, conforme ilustra o acórdão paradigma:

> RECURSO EXTRAORDINÁRIO. DIREITO PENAL. CRIME AMBIENTAL. RESPONSABILIDADE PENAL DA PESSOA JURÍDICA. CONDICIONAMENTO DA AÇÃO PENAL À IDENTIFICAÇÃO E À PERSECUÇÃO CONCOMITANTE DA PESSOA FÍSICA QUE NÃO ENCONTRA AMPARO NA CONSTITUIÇÃO DA REPÚBLICA. 1. O art. 225, § 3º, da Constituição Federal não condiciona a responsabilização penal da pessoa jurídica por crimes ambientais à simultânea persecução penal da pessoa física em tese responsável no âmbito da empresa. **A norma constitucional não impõe a necessária dupla imputação.** 2. As organizações corporativas complexas da atualidade se caracterizam pela descentralização e distribuição de atribuições e responsabilidades, sendo inerentes, a esta realidade, as dificuldades para imputar o fato ilícito a uma pessoa concreta. 3. Condicionar a aplicação do art. 225, § 3º, da Carta Política a uma concreta imputação também a pessoa física implica indevida restrição da norma constitucional, expressa a intenção do constituinte originário não apenas de ampliar o alcance das sanções penais, mas também de evitar a impunidade pelos crimes ambientais frente às imensas dificuldades de individualização dos responsáveis internamente às corporações, além de reforçar a tutela do bem jurídico ambiental. 4. A identificação dos setores e agentes internos da empresa determinantes da produção do fato ilícito tem relevância e deve ser buscada no caso concreto como forma de esclarecer se esses indivíduos ou órgãos atuaram ou deliberaram no exercício regular de suas atribuições internas à sociedade, e ainda para verificar se a atuação se deu no interesse ou em benefício da entidade coletiva. Tal esclarecimento,

relevante para fins de imputar determinado delito à pessoa jurídica, não se confunde, todavia, com subordinar a responsabilização da pessoa jurídica à responsabilização conjunta e cumulativa das pessoas físicas envolvidas. Em não raras oportunidades, as responsabilidades internas pelo fato estarão diluídas ou parcializadas de tal modo que não permitirão a imputação de responsabilidade penal individual. 5. Recurso Extraordinário parcialmente conhecido e, na parte conhecida, provido. (STF, Primeira Turma. RE 548181/PR. RECURSO EXTRAORDINÁRIO. Relator(a) Min. ROSA WEBER. Julgamento em 06/08/2013. Publicação em DJe-213. DIVULG 29-10-2014. PUBLIC 30-10-2014).

O STJ, através da Quinta Turma, seguindo o entendimento no âmbito do STF (*leading case*: RE 548181/PR), reafirmou o posicionamento no sentido da possibilidade de responsabilização da pessoa jurídica pela prática dos crimes da Lei n.º 9.605/98, nos termos do art. 2º do referido Diploma Legal, bem assim pela prescindibilidade da chamada dupla imputação.

PROCESSUAL PENAL. RECURSO ORDINÁRIO EM HABEAS CORPUS. TRANCAMENTO DA AÇÃO PENAL. INÉPCIA DA DENÚNCIA. POSSIBILIDADE. IMPUTAÇÃO DE CRIME AMBIENTAL A SÓCIOS OU ADMINISTRADORES DE PESSOA JURÍDICA. NECESSIDADE DE ESPECIFICAR OS DANOS AMBIENTAIS E A ATIVIDADE DESENVOLVIDA PELO GESTOR INCRIMINADO. DUPLA IMPUTAÇÃO. PRESCINDIBILIDADE. (...) 2. Hipótese em que o Parquet estadual, ao aditar a denúncia e trazer os recorrentes para o polo passivo da ação penal originária, nem sequer mencionou que eles seriam detentores de poderes gerenciais da empresa causadora do dano ambiental. Além disso, o simples fato de os acusados serem sócios ou administradores da pessoa jurídica acusada não pode automaticamente levar à imputação de delitos, sob pena de restar configurada a responsabilidade penal objetiva. 3. **Considerando o que dispõe o art. 2º da Lei n. 9.605/1998, nas hipóteses de crimes ambientais, embora seja possível a chamada denúncia de caráter geral, o órgão acusador deve especificar os danos suportados pelo meio ambiente e cotejá-los, ainda que superficialmente, com a atividade desenvolvida pelo gestor empresarial incriminado, pois, do contrário, estaria prejudicado o exercício do contraditório e da ampla defesa. Precedentes. 4. Tendo em vista que a Primeira Turma do Supremo Tribunal Federal reconheceu que a necessidade de dupla imputação nos crimes ambientes é prescindível, uma vez que viola o disposto no art. 225, § 3º, da Constituição Federal (RE n. 548.181/PR, relatora Ministra Rosa Weber, DJe 30/10/2014 - Informativo n. 714/STF), a ação penal deve prosseguir somente para a pessoa jurídica acusada.** 5. Recurso ordinário provido para reconhecer a inépcia da denúncia oferecida contra os recorrentes, excluindo-os do polo passivo da ação penal, sem prejuízo de que outra seja oferecida com a observância dos parâmetros legais. (STJ, T5 – QUINTA TURMA. RHC 50470/ES. RECURSO ORDINARIO EM HABEAS CORPUS. Relator(a) Ministro GURGEL DE FARIA. Julgamento em 17/09/2015. Publicação/ Fonte em DJe 06/10/2015, sem grifos no original).

Consolidando o posicionamento firmado pelos Tribunais Superiores, segue o recente julgado no RHC 88264/ES (STJ, Quinta Turma. Relator Ministro Reynaldo Soares da Fonseca. Julgamento em 08/02/2018. Publicação em DJe 21/02/2018), ao reafirmar "a desnecessidade de dupla imputação, conforme assentado pelo Supremo Tribunal Federal e pelo Superior Tribunal de Justiça, porquanto 'o art. 225, § 3º, da Constituição Federal não condiciona a responsabilização penal da pessoa jurídica por crimes ambientais à simultânea persecução penal da pessoa física em tese responsável no âmbito da empresa'". No âmbito processual penal, tal julgado faz relevante distinção ao asseverar que "não se pode confundir a denúncia genérica com a denúncia geral, pois o direito pátrio não admite denúncia genérica, sendo possível, entretanto, nos casos de crimes societários e de autoria coletiva, a denúncia geral, ou seja, aquela que, apesar de não detalhar minudentemente as ações imputadas aos denunciados, demonstra, ainda que de maneira sutil, a ligação entre sua conduta e o fato delitivo" (no mesmo sentido: STF, Primeira Turma. HC 186849 AgR, Relator(a): ROBERTO BARROSO, julgado em 24/08/2020, DJe-218 DIVULG 31-08-2020 PUBLIC 01-09-2020).

A mesma Quinta Turma do STJ, em recente julgado (RMS 56073/ES, datado de 25/09/2018), reafirmou a jurisprudência dos Tribunais Superiores pela possibilidade de responsabilização penal da pessoa jurídica, bem assim pela desnecessidade de dupla imputação, ao destacar que, "*após o julgamento do RE 548.181 pela Suprema Corte, a jurisprudência desta Corte consolidou-se no sentido de que é possível a responsabilização penal da pessoa jurídica por crimes ambientais independentemente da responsabilização concomitante da pessoa física que a represente*":

> PROCESSO PENAL. RECURSO EM MANDADO DE SEGURANÇA. CRIME AMBIENTAL. ART. 56, CAPUT, DA LEI N. 9.605/1998. RESPONSABILIDADE PENAL DA PESSOA JURÍDICA. DUPLA IMPUTAÇÃO. PESSOA FÍSICA E PESSOA JURÍDICA. DESNECESSIDADE. TRANCAMENTO DA AÇÃO PENAL. EXCEPCIONALIDADE. REQUISITOS DO ART. 41 DO CPP NÃO PREENCHIDOS. DENÚNCIA INEPTA. LIAME ENTRE O FATO DELITUOSO E A EMPRESA DENUNCIADA. NÃO DEMOSTRAÇÃO. RECURSO PROVIDO. 1. <u>Após o julgamento do RE 548.181 pela Suprema Corte, a jurisprudência desta Corte consolidou-se no sentido de que é possível a responsabilização penal da pessoa jurídica por crimes ambientais independentemente da responsabilização concomitante da pessoa física que a represente</u> [...] (STJ, T5 – QUINTA TURMA. RMS 56073/ES. RECURSO ORDINÁRIO EM MANDADO DE SEGURANÇA. Relator(a) Ministro RIBEIRO DANTAS. Julgamento em 25/09/2018. Publicação/Fonte em DJe 03/10/2018. Sem grifo no original).

Em recente acórdão da Sexta Turma podemos observar o posicionamento consolidado no âmbito do STJ sobre o tema:

> AGRAVO REGIMENTAL NO AGRAVO REGIMENTAL NO HABEAS CORPUS. CRIME AMBIENTAL. PROPRIETÁRIO E ADMINISTRADORES. CONDUTA OMISSIVA. PERSECUÇÃO PENAL. TRANCAMENTO. INVIABILIDADE. AUSÊNCIA DE FLAGRANTE ILEGALIDADE. AGRAVO REGIMENTAL NÃO PROVIDO. (...) 2. Consoante a jurisprudência do Superior Tribunal de Justiça "não sendo o caso de grande pessoa jurídica, onde variados agentes poderiam praticar a conduta criminosa em favor da empresa, mas sim de pessoa jurídica de pequeno porte, onde as decisões são unificadas no gestor e vem o crime da pessoa jurídica em seu favor, pode então admitir-se o nexo causal entre o resultado da conduta constatado pela atividade da empresa e a responsabilidade pessoal, por culpa subjetiva, de seu gestor" [RHC n. 71.019/PA, Rel. Ministro Nefi Cordeiro, 6ª T., DJe 26/8/2016] (STJ, T6 - SEXTA TURMA. AgRg no AgRg no HC 388874/PA. AGRAVO REGIMENTAL NO AGRAVO REGIMENTAL NO HABEAS CORPUS. Relator(a) Ministro ROGERIO SCHIETTI CRUZ. Julgamento em 21/03/2019. Publicação/Fonte em DJe 02/04/2019, sem grifo no original).

Da responsabilidade penal da pessoa jurídica. Pena restritiva de direitos. Da prescrição. Omissão na Lei Ambiental quanto aos prazos prescricionais. Aplicação dos prazos previstos no Código Penal. A Quinta e a Sexta Turmas do STJ, em recentes julgados, se pronunciaram acerca do fenômeno da prescrição em crimes ambientais praticados por pessoa jurídica. Segundo o entendimento firmado pelas Turmas do STJ, sendo a lei ambiental omissa acerca dos prazos prescricionais aplicáveis aos crimes cometidos por pessoas jurídicas, aplicam-se subsidiariamente as disposições do Código Penal (art. 109 do CP), conforme dispõe o art. 79 da própria Lei de Crimes Ambientais (LCA).

Desta forma, no caso dos crimes ambientais, além da pena de multa pode ser aplicada (isolada, cumulativa ou alternativamente) pena restritiva de direitos (art. 21, § 3º, da LCA), de sorte que, para o cômputo do prazo prescricional em abstrato, deve-se levar em consideração a disposição do art. 109, parágrafo único, do Código Penal (o qual, por sua vez, afirma que às penas restritivas de direito se aplicam os mesmos prazos previstos para as penas privativas de liberdade), não se afastando a aplicação do art. 114 do CP se a sanção penal for, isoladamente, de multa (nesses casos a prescrição da pena de multa ocorrerá em dois anos, quando a multa for a única cominada ou aplicada, nos termos do art. 114, inciso I, do CP):

> AGRAVO REGIMENTAL NO RECURSO ORDINÁRIO EM HABEAS CORPUS. **CRIME AMBIENTAL PRATICADO POR PESSOA JURÍDICA. PRAZO PRESCRICIONAL. MULTA CUMULADA COM PENA RESTRITIVA DE DIREITOS. REGRA DO CÓDIGO PENAL. AGRAVO DES-**

PROVIDO. 1. **A jurisprudência desta Corte é orientada no sentido de que os prazos prescricionais das reprimendas de multa e restritivas de direitos impostas cumulativamente à pessoa jurídica pela prática dos delitos da Lei n.º 9.605/1998 devem obedecer as mesmas regras do Código Penal previstas para as penas privativas de liberdade.** 2. Considerando que, além da pena de multa, foi imposta, cumulativamente, pena restritiva de direitos (em substituição à pena de 8 meses de detenção), a regra a incidir na espécie é aquela prevista no inciso II do art. 114 do Código Penal, segundo a qual o prazo prescricional a ser observado é o mesmo da pena privativa de liberdade [..] (STJ, T5 - QUINTA TURMA. AgInt no RHC 117584/RS. AGRAVO INTERNO NO RECURSO ORDINARIO EM HABEAS CORPUS. Relator(a) Ministro RIBEIRO DANTAS. Julgamento em 26/11/2019.Publicação/Fonte em DJe 05/12/2019,).

AGRAVO REGIMENTAL NO RECURSO ORDINÁRIO EM MANDADO DE SEGURANÇA. **CRIMES AMBIENTAIS PRATICADOS POR PESSOA JURÍDICA. PRAZO PRESCRICIONAL. CUMULAÇÃO COM PENAS RESTRITIVAS DE DIREITOS. APLICAÇÃO SUBSIDIÁRIA DO CÓDIGO PENAL. PRESCRIÇÃO EM ABSTRATO. PENA MÁXIMA ABSTRATAMENTE COMINADA.** AGRAVO PARCIALMENTE PROVIDO. PRESCRIÇÃO RECONHECIDA QUANTO AO CRIME TIPIFICADO NO ART. 48 DA LEI N. 9.605/1998. 1. Quanto ao pedido de aplicação à agravante do prazo prescricional previsto no art. 114, inciso I, do Código Penal, que se refere à pena de multa isoladamente cominada ou aplicada, especificamente quanto à prescrição dos crimes cometidos por pessoas jurídicas, verifica-se que o Tribunal de origem decidiu em harmonia com a jurisprudência deste Sodalício, que entende que, em virtude da omissão da Lei n. 9.605/1998, adotam-se, subsidiariamente, as disposições do Código Penal, nos termos do seu art. 109 e do art. 79 da Lei n. 9.605/1998. **2. Se aos crimes ambientais imputados à agravante for possível, além da pena de multa, ser aplicada cumulativamente medida restritiva de direitos, como na hipótese, deve-se levar em consideração para o cálculo do prazo prescricional em abstrato o disposto no art. 109, parágrafo único, do Código Penal, segundo o qual, antes de transitar em julgado a sentença final, aplicam-se às penas restritivas de direito o mesmo prazo previsto para as privativas de liberdade [...]** (STJ, T5 - QUINTA TURMA. AgRg no RMS 59533/SP. AGRAVO REGIMENTAL NO RECURSO EM MANDADO DE SEGURANÇA. Relator(a) Ministro JORGE MUSSI. Julgamento em 28/05/2019. Publicação/Fonte em DJe 06/06/2019, sem grifos no original).

EMBARGOS DE DECLARAÇÃO NO AGRAVO REGIMENTAL. AGRAVO EM RECURSO ESPECIAL. CRIMES AMBIENTAIS. OMISSÃO. INEXISTÊNCIA DE VÍCIO NO JULGADO. REDISCUSSÃO DO ENTENDI-

MENTO. IMPOSSIBILIDADE. ACLARATÓRIOS REJEITADOS (...) 4. **O Superior Tribunal de Justiça já se manifestou no sentido de que "em crimes ambientais, embora incabível a imposição de penas privativas de liberdade às pessoas jurídicas, o prazo prescricional deve obedecer à regra do art. 109, parágrafo único, do CP, que estabelece serem aplicáveis, às sanções restritivas de direitos, os mesmos prazos definidos para a prescrição da pena corporal**."(AgRg no REsp 1712991/SP, Rel. Ministro NEFI CORDEIRO, SEXTA TURMA, julgado em 11/09/2018, DJe 28/09/2018), fundamento que demonstra a ausência de qualquer ilegalidade no acórdão recorrido [...] (STJ, T5 - QUINTA TURMA. EDcl no AgRg no AgRg no AREsp 1289926/RS. EMBARGOS DE DECLARAÇÃO NO AGRAVO REGIMENTAL NO AGRAVO REGIMENTAL NO AGRAVO EM RECURSO ESPECIAL. Relator(a) Ministro JORGE MUSSI. Julgamento em 07/05/2019. Publicação/Fonte em DJe 14/05/2019, sem grifos no original).

AGRAVO REGIMENTAL NO AGRAVO EM RECURSO ESPECIAL. FUNDAMENTOS DE INADMISSIBILIDADE IMPUGNADOS. AGRAVO PROVIDO. CRIME AMBIENTAL. PESSOA JURÍDICA. PENA DE MULTA E RESTRITIVA DE DIREITOS. PRESCRIÇÃO. ART. 109 DO CP (...) 2. De acordo com a jurisprudência desta Corte, na hipótese de aplicação de pena de multa e restritiva de direitos à pessoa jurídica, em virtude da omissão da Lei 9.605/1998, adotam-se, subsidiariamente, as disposições do Código Penal, nos termos do seu art. 109 e do art. 79 da Lei 9.605/1998 [...] (STJ, **SEXTA TURMA**. AgRg no AREsp 1616383/RJ, Rel. Ministro NEFI CORDEIRO, julgado em 19/05/2020, **DJe 26/05/2020**).

A jurisprudência do STF segue alinhada a este posicionamento. A título exemplificativo, podemos observar o seguinte:

Agravo regimental em recurso extraordinário com agravo. 2. Direito Penal. 3. Prescrição. Alegação de aplicação às pessoas jurídicas do lapso previsto no inciso I do art. 114 do CP (prescrição da pena de multa). 4. Incidência das súmulas 282 e 356. 5. Ofensa indireta ao texto constitucional. 5. Súmula 279. 6. Não configurada a ocorrência de prescrição em relação ao crime imputado. 7. Nos crimes ambientais, às pessoas jurídicas aplicam-se as sanções penais isolada, cumulativa ou alternativamente, somente as penas de multa, restritivas de direitos e prestação de serviços à comunidade (art. 21 da Lei 9.605/98). No caso, os parâmetros de aferição de prazos prescricionais são disciplinados pelo Código Penal. Nos termos do art. 109, caput e parágrafo único, do Código Penal, antes de transitar em julgado a sentença final, aplica-se, às penas restritivas de direito, o mesmo prazo previsto para as privativas de liberdade, regulada pelo máximo da pena privativa de liberdade cominada ao crime. O

> crime do art. 54, § 1º, da Lei 9.605/98 – o qual estabelece pena de detenção de seis meses a um ano, e multa – prescreve em 4 anos (CP, art. 109, V). Não ocorrência do prazo de 4 anos entre a data dos fatos e o recebimento da denúncia. Prescrição não caracterizada. Não se afasta o lapso prescricional de 2 anos, se a pena cominada à pessoa jurídica for, isoladamente, de multa (inciso I, art. 114, do CP). [...] (STF, Segunda Turma. ARE 944034 AgR /PR. AG.REG. NO RECURSO EXTRAORDINÁRIO COM AGRAVO. Relator(a): Min. GILMAR MENDES Julgamento em 30/09/2016. Publicação em DJe-223. DIVULG 19-10-2016. PUBLIC 20-10-2016. Sem grifo no original)

Responsabilização pessoa jurídica. Conduta omissiva. Possibilidade. A Sexta Turma do STJ possui precedente acerca da possibilidade de responsabilização da pessoa jurídica por conduta omissiva (artigos 2º e 3º da Lei nº 9.605/98). Isso porque, na linha do já decidido pela Corte, "*a conduta omissiva não deve ser tida como irrelevante para o crime ambiental, devendo da mesma forma ser penalizado aquele que, na condição de diretor, administrador, membro do conselho e de órgão técnico, auditor, gerente, preposto ou mandatário da pessoa jurídica, tenha conhecimento da conduta criminosa e, tendo poder para impedi-la, não o fez*":

> PROCESSUAL PENAL. HABEAS CORPUS. ART. 54, § 2º, V, E ART. 60, C/C OS ARTS. 2º E 3º, TODOS DA LEI N. 9.605/1998, NA FORMA DOS ARTS. 29 E 69 DO CÓDIGO PENAL. INÉPCIA DA DENÚNCIA. NÃO OCORRÊNCIA. ORDEM DENEGADA. [...]2. Da leitura da peça acusatória extrai-se que o mínimo necessário ao exercício do direito de defesa foi pormenorizado pelo órgão de acusação, porquanto indicou a exordial a conduta omissiva do paciente, que, na condição de gestor do estabelecimento empresarial, teria deixado de "cumprir e fazer cumprir as normas ambientais pelo seu estabelecimento comercial que incidiu na prática de causar poluição através da emissão de odores característicos da decomposição de material orgânico proveniente do esgoto da empresa pela qual é responsável, visto que esta não praticou a conduta típica sem a atuação de seu administrador, porém, foi beneficiada com a conduta dele na medida em que deixou de ter gastos para se adequar à legislação ambiental" [...] 5. Na linha do já decidido por esta Corte, "A conduta omissiva não deve ser tida como irrelevante para o crime ambiental, devendo da mesma forma ser penalizado aquele que, na condição de diretor, administrador, membro do conselho e de órgão técnico, auditor, gerente, preposto ou mandatário da pessoa jurídica, tenha conhecimento da conduta criminosa e, tendo poder para impedi-la, não o fez" (HC n. 92.822/SP, rel. Ministro ARNALDO ESTEVES LIMA, rel. p/ Acórdão Ministro NAPOLEÃO NUNES MAIA FILHO, QUINTA TURMA, julgado em 17/6/2008, DJe 13/10/2008). T6 – SEXTA TURMA. HC 409361/AM. HABEAS COR-

> PUS. Relator(a) Ministro ANTONIO SALDANHA PALHEIRO. Julgamento em 21/06/2018. Publicação/Fonte em DJe 02/08/2018. Sem grifo no original).
>
> AGRAVO REGIMENTAL NO AGRAVO REGIMENTAL NO HABEAS CORPUS. CRIME AMBIENTAL. PROPRIETÁRIO E ADMINISTRADORES. CONDUTA OMISSIVA. PERSECUÇÃO PENAL. TRANCAMENTO. INVIABILIDADE. AUSÊNCIA DE FLAGRANTE ILEGALIDADE. AGRAVO REGIMENTAL NÃO PROVIDO [...] 2. Consoante a jurisprudência do Superior Tribunal de Justiça "não sendo o caso de grande pessoa jurídica, onde variados agentes poderiam praticar a conduta criminosa em favor da empresa, mas sim de pessoa jurídica de pequeno porte, onde as decisões são unificadas no gestor e vem o crime da pessoa jurídica em seu favor, pode então admitir-se o nexo causal entre o resultado da conduta constatado pela atividade da empresa e a responsabilidade pessoal, por culpa subjetiva, de seu gestor" (RHC n. 71.019/PA, Rel. Ministro Nefi Cordeiro, 6ª T., DJe 26/8/2016). 3. Havendo indicação de prova de materialidade e de indícios suficientes de autoria do delito imputado, sendo claramente possível aos acusados apresentar defesa contra os fatos e o ato omissivo narrados na denúncia, não há que se falar em inépcia da exordial acusatória [...] (STJ, **SEXTA TURMA**. AgRg no AgRg no HC 388.874/PA, Rel. Ministro ROGERIO SCHIETTI CRUZ, julgado em 21/03/2019, **DJe 02/04/2019**).

Parágrafo único. A responsabilidade das pessoas jurídicas não exclui a das pessoas físicas, autoras, co-autoras ou partícipes do mesmo fato.

Do sistema da dupla imputação, previsto no artigo 3º, parágrafo único, da Lei nº 9.605/98. É importante destacar que não há *bis in idem*, ou seja, dupla punição pelo mesmo fato, se porventura a pessoa física e a jurídica forem responsabilizadas pelo mesmo ato, haja vista que a proibição reside na aplicação de dupla punição para a mesma pessoa, o que não ocorre no sistema da dupla imputação ou sistema de imputações paralelas.

Em verdade, a pessoa jurídica é responsabilizada em razão da aplicação da teoria francesa da responsabilidade penal por empréstimo, ou por ricochete, já que na França a pessoa jurídica é responsabilizada por ato do seu representante.

A seguir, é possível observar precedente da Primeira Turma do STF no sentido da possibilidade de responsabilização penal dos administradores da pessoa jurídica, pela prática de crimes ambientais:

> HABEAS CORPUS. DIREITO PENAL E PROCESSUAL PENAL. SUBSTITUTIVO DE RECURSO CONSTITUCIONAL. INADEQUAÇÃO DA VIA

ELEITA. CRIME AMBIENTAL. **EXPLOSIVOS ARMAZENADOS IRREGULARMENTE. AUTORIA COLETIVA. INÉPCIA DA DENÚNCIA. RESPONSABILIDADE DO ADMINISTRADOR DA PESSOA JURÍDICA. ARTIGOS 2º E 3º DA LEI 9.605/98**. REEXAME DE FATOS E PROVAS. INVIABILIDADE. TRANCAMENTO DA AÇÃO PENAL. EXCEPCIONALIDADE. INOCORRÊNCIA (...) 4. **Na dicção dos arts. 2º e 3º da Lei 9.605/96, possível a responsabilização penal dos administradores da pessoa jurídica pela prática de crimes ambientais**. 5. A identificação o mais aproximada possível dos setores e agentes internos da empresa determinantes na produção do fato ilícito, porque envolvidos no processo de deliberação ou execução do ato que veio a se revelar lesivo de bens jurídicos tutelados pela legislação penal ambiental, tem relevância e deve ser averiguada no curso da instrução criminal [...] (STF, Primeira Turma. HC 128435/TO. HABEAS CORPUS. Relator(a) Min. ROSA WEBER. Julgamento em 20/10/2015. Publicação em DJe-229 DIVULG 13-11-2015 PUBLIC 16-11-2015, sem grifos no original)

Art. 4º Poderá ser desconsiderada a pessoa jurídica sempre que sua personalidade for obstáculo ao ressarcimento de prejuízos causados à qualidade do meio ambiente.

Da desconsideração da personalidade da pessoa jurídica. Esta é uma teoria afeta ao direito civil, no que concerne à responsabilidade civil, através do qual os sócios serão responsabilizados caso a personalidade jurídica da PJ configure espécie de obstáculo para que os danos sejam ressarcidos.

Porém, em relação à seara penal, não se pode desconsiderar a personalidade de pessoa jurídica em razão do princípio da pessoalidade da pena, previsto no artigo 5º, XLV, da CRFB/88. A pena não pode passar da pessoa do infrator. Obviamente que para esta teoria, parte-se do pressuposto que é possível responsabilizar criminalmente uma pessoa jurídica.

Art. 5º (VETADO)

CAPÍTULO II
DA APLICAÇÃO DA PENA

Art. 6º Para imposição e gradação da penalidade, a autoridade competente observará:

I – a gravidade do fato, tendo em vista os motivos da infração e suas conseqüências para a saúde pública e para o meio ambiente;

> II - os antecedentes do infrator quanto ao cumprimento da legislação de interesse ambiental;
>
> III - a situação econômica do infrator, no caso de multa.

Dos requisitos a serem observados por ocasião da aplicação da pena. A individualização da pena está prevista no artigo 5º, XLVI, da CRFB/88 e representa o momento pelo qual o juiz, diante da análise dos fatos e levando em conta alguns requisitos, aplica a pena de forma individualmente a cada um dos envolvidos. No Código Penal a aplicação da pena vem descrita a partir do artigo 59 daquele diploma legal.

No que diz respeito ao artigo 6º da Lei nº 9.605/98, sem embargo de que também seja observado o artigo 59 do CP, o legislador norteia a aplicação da pena com pequenos ajustes, quando comparado ao dispositivo do Código Penal.

Em relação ao inciso I do artigo 6º, observamos que devem ser levados em consideração a gravidade do fato, tendo em vista os motivos da infração e as consequências para a saúde pública e para o meio ambiente, enquanto o Código Penal fala nas consequências geradas para a vítima.

Já quanto ao inciso II do artigo 6º, será observado o histórico do infrator no que diz respeito às infrações de caráter ambiental, ou seja, se ele já possui algum tipo de punição por descumprimento da legislação de interesse ambiental.

Por último, no caso de multa, o juiz levará em conta a situação econômica do infrator, conforme disposto no artigo 6º, III, da Lei nº 9.605/98. Esta situação se assemelha à que deve ser observada por ocasião da aplicação da multa no Código Penal, em função do que dispõe o artigo 60 deste.

> **Art. 7º** As penas restritivas de direitos são autônomas e substituem as privativas de liberdade quando:
>
> I - tratar-se de crime culposo ou for aplicada a pena privativa de liberdade inferior a quatro anos;
>
> II - a culpabilidade, os antecedentes, a conduta social e a personalidade do condenado, bem como os motivos e as circunstâncias do crime indicarem que a substituição seja suficiente para efeitos de reprovação e prevenção do crime.
>
> Parágrafo único. As penas restritivas de direitos a que se refere este artigo terão a mesma duração da pena privativa de liberdade substituída.

Das penas restritivas de direito aplicadas em relação às práticas contra o meio ambiente. No Código Penal o tema é tratado no artigo 44. Em relação ao artigo 7º da Lei nº 9.605/98, as penas restritivas de direito também são autônomas e substituem as penas privativas de liberdade, assim como no CP.

De acordo com a Lei Ambiental, para que seja atribuída pena restritiva de direito, os requisitos, basicamente são os seguintes: que o crime seja culposo (não importando aqui o quantitativo de pena eventualmente aplicado), ou que seja doloso, mas a pena imposta seja inferior a quatro anos; nas duas situações mencionadas anteriormente, as circunstâncias judiciais devem ser favoráveis.

No Código Penal a situação de aplicação para as penas restritivas de direito pode ser considerada mais rígida, tendo em vista que, para os crimes dolosos, a condenação deve ser por pena não superior a quatro anos (isto é, igual ou inferior a quatro anos), com circunstâncias judiciais favoráveis, porém o crime deve ter sido cometido sem violência ou grave ameaça à pessoa, bem como o infrator não pode ser reincidente em crime doloso.

Quanto ao parágrafo único do artigo 7º da Lei nº 9.605/98, a norma informa que as penas restritivas de direito mencionadas pelo *caput* do mesmo dispositivo terão duração igual à da pena privativa de liberdade substituída. Porém uma observação deve ser feita, já que não pode ser incluída nesse rol a pena de interdição temporária de direitos, em função do que dispõe o artigo 10 da Lei nº 9.605/98, como veremos em momento oportuno.

No Código Penal há previsão semelhante e está relacionada com as seguintes penas restritivas de direitos: limitação de fim de semana; prestação de serviço à comunidade ou a entidades públicas e interdição temporária de direitos, ressalvado o que dispõe o artigo 46, § 4º, do CP (afirmando que se a pena substituída for superior a um ano, é facultado ao condenado cumprir a pena substitutiva em menor tempo – art. 55 do CP –, nunca inferior à metade da pena privativa de liberdade fixada).

Precedente do STJ sobre a necessidade de preenchimento dos requisitos para que a pena seja substituída. A Quinta Turma do STJ tem precedente no sentido de ser necessário o preenchimento dos requisitos legais para que a pena privativa de liberdade seja substituída pela pena restritiva de direitos:

> PENAL E PROCESSUAL PENAL. RECURSO ESPECIAL. **VIOLAÇÃO DO ART. 40 DA LEI 9.605/98.** MATÉRIA NÃO-APRECIADA. SUPRESSÃO DE INSTÂNCIA. SÚMULA 211/STJ. DOSIMETRIA DA PENA. FUNDAMENTAÇÃO. ELEMENTOS CONCRETOS. **SUBSTITUIÇÃO DA PENA RESTRITIVA DE DIREITOS. REQUISITOS. NÃO-PREENCHIMENTO. PERDIMENTO DOS BENS. ART. 25 DA LEI 9.605/98**. PRISÃO CAUTELAR. REQUISITOS DO ART. 312 DO CPP. AUSÊNCIA DE DEMONSTRAÇÃO. RECURSO PARCIALMENTE CONHECIDO E, NESSA EXTENSÃO, PARCIALMENTE PROVIDO. (...) 2. Atende aos princípios da motivação e da discricionariedade vinculada a dosimetria da pena feita com base em elementos concretos. **3. Não há falar em substituição da pena privativa de liberdade por restritiva de direitos quando ausentes os requisitos necessários**. [...] (STJ, T5 – QUINTA TURMA. REsp 905484/RO. RECURSO ESPECIAL. Relator(a) Ministro ARNALDO ESTEVES LIMA. Julgamento em 04/02/2010. Publicação/Fonte em DJe 15/03/2010, sem grifos no original).

> **Art. 8º** As penas restritivas de direito são:
> I - prestação de serviços à comunidade;
> II - interdição temporária de direitos;
> III - suspensão parcial ou total de atividades;
> IV - prestação pecuniária;
> V - recolhimento domiciliar.

Das penas restritivas de direito previstas na Lei nº 9.605/98. O artigo 8º apenas descreve as penas restritivas de direito possíveis de serem aplicadas às pessoas físicas (já que aquelas referentes às pessoas jurídicas estão previstas nos artigos 22 e 23 da mesma Lei). O detalhamento acerca de cada uma delas está disposto nos artigos 9 a 13.

> **Art. 9º** A prestação de serviços à comunidade consiste na atribuição ao condenado de tarefas gratuitas junto a parques e jardins públicos e unidades de conservação, e, no caso de dano da coisa particular, pública ou tombada, na restauração desta, se possível.

Da pena de prestação de serviços à comunidade. A definição do que vem a ser prestação de serviços à comunidade vem disposta no *caput* do artigo 9º da Lei nº 9.605/98, cujo caráter é de norma explicativa. Diferentemente da previsão contida no Código Penal, na Lei Ambiental a pena é cumprida em locais relacionados diretamente ao meio ambiente, como parques, jardins públicos etc. Se for local particular, a peculiaridade fica por conta do critério da restauração da área, quando for possível.

> **Art. 10.** As penas de interdição temporária de direito são a proibição de o condenado contratar com o Poder Público, de receber incentivos fiscais ou quaisquer outros benefícios, bem como de participar de licitações, pelo prazo de cinco anos, no caso de crimes dolosos, e de três anos, no de crimes culposos.

Da pena de interdição temporária de direito. Conforme salientamos oportunamente, quando tecemos comentários referentes ao artigo 7º, parágrafo único, da Lei nº 9.605/98, a interdição temporária de direitos não possui o mesmo prazo de duração que a pena privativa de liberdade substituída.

Nos termos do *caput* do artigo 10, aquela pena consiste na proibição de que o condenado contrate com o Poder Público, de receber incentivos fiscais ou quaisquer outros benefícios, bem como de participar de licitações, pelo prazo de cinco anos (quando estivermos diante da prática de crimes dolosos) ou de três anos (no caso da prática de crimes culposos), o que se diferencia das interdições descritas no artigo 47 do Código Penal.

Art. 11. A suspensão de atividades será aplicada quando estas não estiverem obedecendo às prescrições legais.

Da pena de suspensão de atividades. A suspensão das atividades aqui descrita não encontra parâmetro no Código Penal. Diz respeito à necessidade de que as atividades desempenhadas pelo indivíduo atendam às prescrições legais, podendo o juiz suspende-las quando assim não estejam.

Além disso, é importante destacar que esta suspensão prevista no artigo 11 diz respeito à aplicação em face da pessoa física, não devendo ser confundida com a suspensão parcial ou total das atividades a que alude o artigo 22, I, da mesma Lei, já que nesta hipótese o legislador se refere às pessoas jurídicas.

Art. 12. A prestação pecuniária consiste no pagamento em dinheiro à vítima ou à entidade pública ou privada com fim social, de importância, fixada pelo juiz, não inferior a um salário mínimo nem superior a trezentos e sessenta salários mínimos. O valor pago será deduzido do montante de eventual reparação civil a que for condenado o infrator.

Da prestação pecuniária. Trata-se de uma pena restritiva de direito mediante a qual o infrator deverá desembolsar certa quantia, não inferior a um, nem superior a trezentos e sessenta salários mínimos, que deverá ser deduzida do montante de eventual reparação civil à qual tenha sido condenado. Em relação às previsões do artigo 45, § 1º, do Código Penal, a diferença reside na menção aos destinatários da prestação, sendo certo que neste último diploma legal mencionado os sucessores da vítima também são mencionados.

O dinheiro deverá ser pago à vítima do crime ambiental ou entidade pública ou privada com fim social. Embora os crimes ambientais não possuam vítimas determinadas, é certo que os danos podem atingir uma determinada região, à qual os recursos serão destinados.

Art. 13. O recolhimento domiciliar baseia-se na autodisciplina e senso de responsabilidade do condenado, que deverá, sem vigilância, trabalhar, freqüentar curso ou exercer atividade autorizada, permanecendo recolhido nos dias e horários de folga em residência ou em qualquer local destinado a sua moradia habitual, conforme estabelecido na sentença condenatória.

Do recolhimento domiciliar. Não há essa pena restritiva de direitos no Código Penal. No entanto, a redação se aproxima das previsões feitas pelo artigo 36 do CP no que tange ao regime aberto para o cumprimento da pena.

Art. 14. São circunstâncias que atenuam a pena:

I - baixo grau de instrução ou escolaridade do agente;

II - arrependimento do infrator, manifestado pela espontânea reparação do dano, ou limitação significativa da degradação ambiental causada;

III - comunicação prévia pelo agente do perigo iminente de degradação ambiental;

IV - colaboração com os agentes encarregados da vigilância e do controle ambiental.

Das circunstâncias atenuantes. As circunstâncias atenuantes também estão previstas no artigo 65 do Código Penal. Porém, algumas diferenças podem ser observadas quando comparamos os dois artigos, o da lei geral e o da especial. De início é preciso destacar que se o legislador previu diferenças, é porque desejava que houvesse especialização da matéria em relação aos crimes ambientais, principalmente porque há menção ao tema ambiental na maioria dos incisos do artigo 14 da Lei nº 9.605/98.

O baixo grau de instrução ou escolaridade do agente encontra semelhança com o desconhecimento da lei, previsto no artigo 65, II, do CP.

Já o arrependimento do infrator (que deve consistir na reparação espontânea do dano ou na limitação significativa da degradação ambiental causada), embora possa sugerir aproximação com o instituto do arrependimento posterior, previsto no artigo 16 do Código Penal, na verdade reflete maior ligação com o artigo 65, III, "b", do CP, que prevê o instituto da atenuação da pena quando o agente tiver procurado, por sua espontânea vontade e com eficiência, logo após o crime, evitar ou minorar as consequências, ou ter, antes do julgamento, reparado o dano.

O inciso III do artigo 14 da Lei nº 9.605/98 prevê a comunicação prévia do perigo iminente de degradação ambiental. Sobre esse instituto, primeiramente é preciso estabelecer o conceito da expressão "perigo iminente". Tal fato deve ser entendido como uma grande probabilidade de ocorrência em breve de dano. Isto não significa que o agente não tenha praticado atos de execução de crimes ambientais, nem impede que os danos de fato venham a ocorrer.

A depender desta análise, caso o dano tenha sido evitado por ato voluntário do agente, que impede que o resultado se produza, podemos estar diante de um arrependimento eficaz, propriamente dito, caso estejam preenchidos estes requisitos do artigo 15 do Código Penal.

Se porventura o agente comunicar previamente sobre o perigo iminente de degradação ambiental, sem que o dano deixe de ocorrer, a situação se amolda com mais facilidade à atenuante de pena prevista no artigo 14, III, da Lei nº 9.605/98.

Por fim, o artigo 14, IV, da mesma Lei assevera que a colaboração com os agentes encarregados da vigilância e do controle ambiental funciona como uma atenuante de pena. Neste aspecto, o infrator também manifesta arrependimento, porém o faz de modo a conjugar esforços para que não sejam mais causados danos ao meio ambiente.

Art. 15. São circunstâncias que agravam a pena, quando não constituem ou qualificam o crime:

I – reincidência nos crimes de natureza ambiental;

Das circunstâncias agravantes da pena nos crimes ambientais. Circunstâncias da mesma natureza estão previstas no artigo 61 do Código Penal e devem ser aplicadas quando não constituam ou qualificam o crime. Por ocasião do seu estudo, e por questão de coerência com o que expusemos quando do estudo das atenuantes, aqui tais circunstâncias também são especiais em relação ao Código Penal, o que não obsta a aplicação daquelas previstas neste último diploma mencionado, quando não forem conflitantes.

Tal conflito pode haver no caso da reincidência. Assim como no Código Penal, este instituto também funciona como uma causa que tem o condão de agravar a pena. Porém, aqui na Lei nº 9.605/98 tal reincidência deve ter como base os crimes de natureza ambiental. Não significa reincidência em crimes da Lei nº 9.605/98, mas de natureza ambiental em geral. Trata-se de uma reincidência de natureza específica, afastando-se a reincidência trazida pelo Código Penal.

Do reconhecimento de atenuantes e agravantes específicas da Lei de Crimes Ambientais. Critério objetivo. Segundo já se manifestou a Quinta Turma do STJ, o reconhecimento das atenuantes e agravantes específicas trazidas pela Lei de Crimes Ambientais se faz por critério objetivo, de sorte que para sua incidência, basta que referida circunstância se encontre devidamente demonstrada no caso concreto. Vejamos:

> PENAL E PROCESSO PENAL. AGRAVO REGIMENTAL NOS EMBARGOS DE DECLARAÇÃO NO RECURSO ESPECIAL (...) 6. AGRAVANTES E ATENUANTES ESPECÍFICAS. CRITÉRIO OBJETIVO. MANUTENÇÃO DA AGRAVANTE. RECONHECIMENTO DA ATENUANTE (...) 6. O recorrente pugna pela incidência da atenuante trazida no art. 14, IV, e pela retirada da agravante do art. 15, II, "l", ambos da Lei n. 9.605/1998. No que concerne à agravante, o cometimento da infração "no interior do espaço territorial especialmente protegido" é critério objetivo. Dessarte, para sua incidência, basta que referida circunstância se encontre devidamente demonstrada nos autos, nos termos em que ocorre na presente hipótese. Quanto à atenuante, consistente em colaborar com a fiscalização, se trata de situação listada como atenuante específica na lei de crimes ambientais, devendo, portanto, incidir na situação dos autos [...] (STJ, **QUINTA TURMA**. AgRg nos EDcl no REsp 1795893/PE, Rel. Ministro REYNALDO SOARES DA FONSECA, julgado em 23/06/2020, **DJe 30/06/2020**).

II - ter o agente cometido a infração:

a) para obter vantagem pecuniária;

b) coagindo outrem para a execução material da infração;

c) afetando ou expondo a perigo, de maneira grave, a saúde pública ou o meio ambiente;

d) concorrendo para danos à propriedade alheia;

e) atingindo áreas de unidades de conservação ou áreas sujeitas, por ato do Poder Público, a regime especial de uso;

f) atingindo áreas urbanas ou quaisquer assentamentos humanos;

g) em período de defeso à fauna;

h) em domingos ou feriados;

i) à noite;

j) em épocas de seca ou inundações;

l) no interior do espaço territorial especialmente protegido;

m) com o emprego de métodos cruéis para abate ou captura de animais;

n) mediante fraude ou abuso de confiança;

o) mediante abuso do direito de licença, permissão ou autorização ambiental;

p) no interesse de pessoa jurídica mantida, total ou parcialmente, por verbas públicas ou beneficiada por incentivos fiscais;

q) atingindo espécies ameaçadas, listadas em relatórios oficiais das autoridades competentes;

r) facilitada por funcionário público no exercício de suas funções.

Das circunstâncias agravantes previstas no inciso II do artigo 15 da Lei nº 9.605/98. Se o sujeito ativo dos crimes previstos na Lei nº 9.605/98 tiver praticado a infração penal mediante uma ou mais situações descritas no inciso II do artigo 15, terá agravamento na pena, desde que isso não constitua ou qualifique o crime.

Art. 16. Nos crimes previstos nesta Lei, a suspensão condicional da pena pode ser aplicada nos casos de condenação a pena privativa de liberdade não superior a três anos.

Da suspensão condicional da pena nos crimes ambientais. *Sursis* ambiental. O *sursis* nada mais é do que a suspensão da pena mediante o cumprimento de determinadas condições. Há o processo, julgamento e condenação, porém não se executa a pena se o indivíduo se sujeita a determinadas condições impostas por ocasião do benefício.

Na Lei nº 9.605/98 são possíveis de serem aplicados o *sursis* simples (previsto no artigo 77 do CP), o *sursis* especial (previsto no artigo 78, § 2º, do CP), o *sursis* etário e o humanitário (previstos no artigo 77, § 2º, do CP).

Em relação ao *sursis* disposto na Lei Ambiental, há algumas situações específicas para serem analisadas. A primeira delas diz respeito ao quantitativo de condenação imposto. Enquanto no *sursis* simples do Código Penal sua aplicação é restrita às condenações até dois anos, na Lei Ambiental cabe para as condenações até três anos, conforme podemos observar na redação do artigo 16 da Lei nº 9.605/98.

Confira-se recente precedente da Quinta Turma do STJ pela possibilidade de aplicação da suspensão condicional da pena com a presença simultânea dos requisitos objetivo (pena não superior a 3 – três – anos, nos termos do art. 16 da Lei nº 9.605/98) e subjetivo (art. 77 do CP):

> PENAL. HABEAS CORPUS. **CRIMES AMBIENTAIS. SUSPENSÃO CONDICIONAL DA PENA. PENA NÃO SUPERIOR A 3 ANOS. ART. 16 DA LEI N. 9.605/1998. REQUISITOS PREVISTOS NO ART. 77 DO CP.** CIRCUNSTÂNCIAS JUDICIAIS DESFAVORÁVEIS (CULPABILIDADE, CONDUTA SOCIAL, CIRCUNSTÂNCIAS E CONSEQUÊNCIAS DO CRIME). NÃO PREENCHIMENTO. CONSTRANGIMENTO ILEGAL NÃO CONFIGURADO. WRIT NÃO CONHECIDO. (...) 2. **A Lei n. 9.605/1998, em seu art. 16, estabelece que, nos crimes nela previstos, "a suspensão condicional da pena pode ser aplicada nos casos de condenação a pena privativa de liberdade não superior a três anos". 3. Para a suspensão condicional da pena, o art. 77 do Código Penal exige o preenchimento cumulativo dos seguintes requisitos: I) o condenado não seja reincidente em crime doloso, II) a culpabilidade, os antecedentes, a conduta social e a personalidade do agente, bem como os motivos e as circunstâncias autorizem a concessão do benefício; III) não seja indicada ou cabível a substituição prevista no art. 44 deste Código**. 4. No caso em exame, conquanto a pena tenha sido fixada em 3 anos, preenchendo assim o requisito objetivo do art. 16 da Lei n. 9.605/1998, o acórdão impugnado manteve a sentença condenatória, que considerou como desfavoráveis a culpabilidade, a conduta social, as circunstâncias e as consequências do delito, motivo pelo qual os pacientes não têm direito ao sursis, pois não preenchidos os requisitos subjetivos previstos no inciso II do art. 77 do Código Penal. 5. Writ não conhecido. (STJ, T5 - QUINTA TURMA. HC 350897/RS. HABEAS CORPUS. Relator(a) Ministro RIBEIRO DANTAS. Julgamento em 18/05/2017. Publicação/Fonte em DJe 25/05/2017). Sem grifos no original.

Da possibilidade de aplicação do *Sursis* Penal aos crimes ambientais. A Quinta Turma do STJ tem precedente no sentido da possibilidade de concessão do *sursis* penal, desde que preenchidos os requisitos legais (art. 77 do CP):

> HABEAS CORPUS. PENAL. CRIME AMBIENTAL. CORTAR ÁRVORES EM FLORESTA DE PRESERVAÇÃO PERMANENTE. (...) SUBSTITUIÇÃO POR PENA RESTRITIVA DE DIREITO OU CONCESSÃO DE

SURSIS. IMPOSSIBILIDADE. CIRCUNSTÂNCIAS JUDICIAIS DESFAVORÁVEIS AO RÉU. ORDEM PARCIALMENTE CONHECIDA E, NESTE PONTO, DENEGADA (...) 2. **Presentes circunstâncias desfavoráveis ao paciente, não se há de proceder à substituição da pena privativa de liberdade por restritiva de direitos ou a concessão do sursis, ex vi do art. 77, II do CPB.** Precedentes do STJ [...] (STJ, T5 - QUINTA TURMA. HC 89483/SP. HABEAS CORPUS. Relator(a) Ministro NAPOLEÃO NUNES MAIA FILHO. Julgamento em 16/09/2008. Publicação/Fonte em DJe 28/10/2008).

Art. 17. A verificação da reparação a que se refere o *§ 2º do art. 78 do Código Penal* será feita mediante laudo de reparação do dano ambiental, e as condições a serem impostas pelo juiz deverão relacionar-se com a proteção ao meio ambiente.

Do *sursis* especial na Lei nº 9.605/98. Quanto ao *sursis* especial, no Código Penal as condições impostas são as seguintes: proibição de frequentar determinados lugares; proibição de ausentar-se da comarca onde reside, sem autorização do juiz e comparecimento pessoal e obrigatório a juízo, mensalmente, para informar e justificar suas atividades.

Já na Lei Ambiental, o indivíduo poderá receber sursis especial caso haja reparado o dano, salvo impossibilidade de fazê-lo, e se as circunstâncias do art. 59 deste Código lhe forem inteiramente favoráveis, havendo necessidade de verificação da reparação do dano através de laudo e as condições a serem impostas pelo juiz deverão, necessariamente, estar relacionadas com a proteção do meio ambiente.

No que diz respeito ao dano ambiental, interessante observar a redação da recente súmula 629 do STJ:

> Quanto ao dano ambiental, é admitida a condenação do réu à obrigação de fazer ou à de não fazer cumulada com a de indenizar.

Art. 18. A multa será calculada segundo os critérios do Código Penal; se revelar-se ineficaz, ainda que aplicada no valor máximo, poderá ser aumentada até três vezes, tendo em vista o valor da vantagem econômica auferida.

Do cálculo da pena de multa. No Código Penal, a pena de multa está prevista no artigo 49. Assim como no CP (artigo 60, § 1º), a pena de multa aplicada para os crimes ambientais também poderá ser triplicada, caso se revele ineficaz, ainda que aplicada no valor máximo. Porém, no CP a situação econômica do infrator é levada em consideração, enquanto na Lei Ambiental, além disso (pois também se analisa a situação econômica do infrator no caso de multa, conforme artigo 6º, III, da Lei nº 9.605/98), o juiz também leva em consideração o valor da vantagem econômica auferida.

Importante destacar que, nos termos do artigo 19 da Lei Ambiental, a perícia sobre o dano será levada em consideração no cálculo da multa.

Art. 19. A perícia de constatação do dano ambiental, sempre que possível, fixará o montante do prejuízo causado para efeitos de prestação de fiança e cálculo de multa.

Parágrafo único. A perícia produzida no inquérito civil ou no juízo cível poderá ser aproveitada no processo penal, instaurando-se o contraditório.

Da perícia para constatação do dano. O artigo 158 do CPP versa que se a infração deixa vestígios, será indispensável o exame de corpo de delito, direto ou indireto, não podendo supri-lo a confissão do acusado. Em sendo verificada a ocorrência de dano ambiental, a perícia deve ser feita, sempre que for possível, como forma de fixar o prejuízo causado, que serão determinantes para a concessão da fiança, bem como para o cálculo da multa.

Em relação ao parágrafo único do artigo 19 da Lei Ambiental, há o instituto da prova emprestada, sendo que a expressão "contraditório" descrita na redação do dispositivo diz respeito ao contraditório diferido, posterior ou postergado, vale dizer, aquele que não é feito por ocasião da produção da prova, mas quando esta é juntada no processo.

A grande crítica que deve ser feita em relação a este tema reside justamente no "contraditório", principalmente no que concerne à perícia produzida no inquérito civil, haja vista a ausência de contraditório e ampla defesa na produção desta prova.

Para que seja viável a prova emprestada, as partes devem ser as mesmas, ou pelo menos que tenha participado da sua produção na ação civil, bem como que seja possível a realização do contraditório em relação à nova prova.

Art. 20. A sentença penal condenatória, sempre que possível, fixará o valor mínimo para reparação dos danos causados pela infração, considerando os prejuízos sofridos pelo ofendido ou pelo meio ambiente.

Parágrafo único. Transitada em julgado a sentença condenatória, a execução poderá efetuar-se pelo valor fixado nos termos do caput, sem prejuízo da liquidação para apuração do dano efetivamente sofrido.

Da sentença penal condenatória nos crimes ambientais. O artigo 20 da Lei nº 9.605/98 prevê que a sentença penal condenatória nos crimes ambientais deverá fixar, sempre que for possível, o valor mínimo para a reparação dos danos advindos da infração penal, levando-se em consideração, também, os prejuízos sofridos pelo ofendido ou pelo meio ambiente como um todo. Na prática, isto significa que, em sendo atribuída quantia na sentença penal, não há necessidade de se apurar valores na esfera civil, estando pronta para ser executada no juízo cível.

O Código de Processo Penal só foi ter previsão semelhante com a Lei nº 11.719/08, que atribuiu a atual redação ao artigo 387, IV, daquele diploma legal.

Porém, o *caput* do artigo 20 prevê a fixação de valor mínimo, o que não impede a liquidação para apuração do dano total, efetivamente sofrido, conforme previsão descrita no parágrafo único do mesmo artigo. Assim, será uma sentença que prevê uma parte líquida (fixada através do valor mínimo, já determinado na sentença penal), bem como ilíquida no que diz respeito ao restante do dano, a ser apurado no juízo cível.

Art. 21. As penas aplicáveis isolada, cumulativa ou alternativamente às pessoas jurídicas, de acordo com o disposto no art. 3º, são:

I - multa;

II - restritivas de direitos;

III - prestação de serviços à comunidade.

Das penas aplicáveis às pessoas jurídicas. O artigo 21 da Lei nº 9.605/98 se dedica a estabelecer as penas que podem ser aplicadas de forma isolada, cumulativa ou alternativa às pessoas jurídicas, em face do que dispõe o artigo 3º da mesma Lei, que trata sobre a responsabilização destes entes. Assim, às pessoas jurídicas podem ser aplicadas as penas de multa, restritivas de direitos e de prestação de serviços à comunidade, mais detalhadas nos artigos subsequentes.

Art. 22. As penas restritivas de direitos da pessoa jurídica são:

I - suspensão parcial ou total de atividades;

II - interdição temporária de estabelecimento, obra ou atividade;

III - proibição de contratar com o Poder Público, bem como dele obter subsídios, subvenções ou doações.

§ 1º A suspensão de atividades será aplicada quando estas não estiverem obedecendo às disposições legais ou regulamentares, relativas à proteção do meio ambiente.

§ 2º A interdição será aplicada quando o estabelecimento, obra ou atividade estiver funcionando sem a devida autorização, ou em desacordo com a concedida, ou com violação de disposição legal ou regulamentar.

§ 3º A proibição de contratar com o Poder Público e dele obter subsídios, subvenções ou doações não poderá exceder o prazo de dez anos.

Das penas restritivas de direitos, aplicadas às pessoas jurídicas. No artigo 8º da Lei nº 9.605/98 estão previstas as penas restritivas de direitos destinadas às pessoas físicas. Já no artigo 22 estão aquelas destinadas às pessoas jurídicas.

Enquanto para as pessoas físicas a prestação de serviços à comunidade é considerada uma espécie de pena restritiva de direitos para as pessoas físicas, já para as pessoas jurídicas é uma modalidade autônoma, que pode ser aplicada em conjunto com outra pena restritiva de direitos qualquer ou mesmo a multa.

Além disso, as demais diferenças consistem, basicamente, na interdição temporária de estabelecimento, obra ou atividade (pois para as pessoas físicas o que há é interdição temporária de direitos), bem como a ausência de previsão da prestação pecuniária (o que não significa a impossibilidade de aplicação de multa, que é chamada de pena pecuniária) e do recolhimento domiciliar como penas restritivas de direitos para as pessoas jurídicas.

A suspensão das atividades da pessoa jurídica, conforme previsão do parágrafo primeiro do artigo 22, pode se dar de forma parcial ou total e aplicada quando tais atividades não estiverem adequadas às disposições legais ou regulamentares, no que tange ao meio ambiente. O prazo de duração será estabelecido pelo juiz quando da aplicação da pena, na sentença.

Em relação à interdição temporária, o parágrafo segundo do artigo 22 preceitua que esta pena restritiva de direitos será aplicada quando o estabelecimento, obra ou atividade estiverem funcionando sem autorização, em desconformidade com a autorização concedida, ou ainda com violação de disposição legal ou regulamentar. A hipótese de interdição temporária, diferentemente da suspensão parcial ou total das atividades (artigo 22, I), se dá de forma mais pontual.

Por derradeiro, a proibição de que a pessoa jurídica contrate com o Poder Público, conforme descrito no artigo 22, § 3º, da Lei nº 9.605/98, não pode exceder o prazo de dez anos. Difere-se da proibição destinada às pessoas físicas (que é propriamente uma interdição temporária de direitos e dura cinco anos, quando tiver sido praticado um crime doloso, e três anos, quando tiver sido crime culposo, nos termos do artigo 10 da Lei nº 9.605/98).

Art. 23. A prestação de serviços à comunidade pela pessoa jurídica consistirá em:

I - custeio de programas e de projetos ambientais;

II - execução de obras de recuperação de áreas degradadas;

III - manutenção de espaços públicos;

IV - contribuições a entidades ambientais ou culturais públicas.

Da prestação de serviços à comunidade feita pela pessoa jurídica. O artigo 23 da Lei nº 9.605/98 previu a prestação de serviços à comunidade de forma autônoma, não a incluindo no rol das penas restritivas de direito, como o fez em relação às pessoas físicas, conforme artigo 8º, I, com detalhamentos no artigo 9º, ambos da Lei Ambiental.

Abrangendo o mesmo tempo destinado à pena privativa de liberdade com previsão em abstrato, o juiz pode determinar, com foco na questão ambiental, que a pessoa jurídica custeie programas e projetos ambientais, execute obras de recuperação de áreas degradadas, mantenha espaços públicos (seja através do suporte em quantias, como também em serviços), ou faça contribuições a entidades ambientais ou culturais públicas. Essas são as possibilidades descritas nos incisos do artigo 23.

Art. 24. A pessoa jurídica constituída ou utilizada, preponderantemente, com o fim de permitir, facilitar ou ocultar a prática de crime definido nesta Lei terá decretada sua liquidação forçada, seu patrimônio será considerado instrumento do crime e como tal perdido em favor do Fundo Penitenciário Nacional.

Da liquidação forçada da pessoa jurídica. Entendemos que se trata da maior punição que pode ser estabelecida à pessoa jurídica, haja vista que, em sendo utilizada ou constituída preponderantemente para a finalidade criminosa em relação às infrações ambientais, a pessoa jurídica será extinta e seu patrimônio será considerado instrumento do crime, razão pela qual haverá o perdimento em favor do Fundo Penitenciário Nacional.

A crítica pertinente que deve ser feita gira em torno da destinação deste patrimônio, que por coerência, deveria seguir para órgãos ambientais. Porém, não é essa a leitura do artigo 24 da Lei nº 9.605/98.

Acerca do mecanismo de aplicação da sanção de liquidação forçada, entendemos que se trata de efeito automático, quando verificados os requisitos da primeira parte do artigo 24. Assim, o juiz decretará sua liquidação forçada na sentença penal condenatória, mas só com o trânsito em julgado e com a confirmação da utilização da pessoa jurídica para os fins descritos neste artigo, seria colocada em prática a determinação judicial.

CAPÍTULO III
DA APREENSÃO DO PRODUTO E DO INSTRUMENTO DE INFRAÇÃO ADMINISTRATIVA OU DE CRIME

Art. 25. Verificada a infração, serão apreendidos seus produtos e instrumentos, lavrando-se os respectivos autos.

§ 1º Os animais serão prioritariamente libertados em seu habitat ou, sendo tal medida inviável ou não recomendável por questões sanitárias, entregues a jardins zoológicos, fundações ou entidades assemelhadas, para guarda e cuidados sob a responsabilidade de técnicos habilitados. (Redação dada pela Lei nº 13.052, de 2014)

§ 2º Até que os animais sejam entregues às instituições mencionadas no § 1º deste artigo, o órgão autuante zelará para que eles sejam mantidos em condições adequadas de acondicionamento e transporte que garantam o seu bem-estar físico. (Redação dada pela Lei nº 13.052, de 2014)

§ 3º Tratando-se de produtos perecíveis ou madeiras, serão estes avaliados e doados a instituições científicas, hospitalares, penais e outras com fins beneficentes. (Renumerando do § 2º para § 3º pela Lei nº 13.052, de 2014)

§ 4º Os produtos e subprodutos da fauna não perecíveis serão destruídos ou doados a instituições científicas, culturais ou educacionais. (Renumerando do § 3º para § 4º pela Lei nº 13.052, de 2014)

§ 5º Os instrumentos utilizados na prática da infração serão vendidos, garantida a sua descaracterização por meio da reciclagem. (Renumerando do § 4º para § 5º pela Lei nº 13.052, de 2014)

Das medidas a serem adotadas quanto aos produtos e instrumentos no caso de verificação de infração penal. O artigo 6º do Código de Processo Penal já descreve as condutas a serem tomadas pelo Delegado de Polícia quando da ciência de determinada infração penal. Dentre elas está prevista a apreensão de objetos que tiverem relação com o fato criminoso, após terem sido devidamente liberados pelos peritos criminais.

As particularidades vêm descritas nos parágrafos do artigo 25 da Lei nº 9.605/98, pois especificam as condutas a serem adotadas com os animais eventualmente apreendidos, ou com os produtos perecíveis e demais objetos ou instrumentos utilizados na prática de infrações penais de caráter ambiental.

Quanto aos animais, o artigo 25, § 1º, da Lei Ambiental determina que estes serão prioritariamente libertados em seu habitat natural, quando possível ou, na impossibilidade de realização da primeira conduta, serão entregues a jardins zoológicos, fundações ou entidades assemelhadas, para que haja tratamento e guarda adequados por técnicos especializados.

Por sua vez, o artigo 25, § 2º, da Lei nº 9.605/98, determina que enquanto não puderem ser realizadas as ações descritas no parágrafo primeiro do mesmo artigo, os responsáveis zelarão para que os animais sejam mantidos em condições adequadas de acondicionamento e transporte, garantindo-se, assim, seu bem-estar físico.

No caso de produtos perecíveis ou mesmo madeiras, haverá necessidade de que se proceda à avaliação destes, como forma de viabilizar a doação a entidades científicas, hospitalares, penais e demais com fins beneficentes. Esta medida tem por finalidade evitar a perda ou deterioração dos produtos que pode ocorrer com eventual morosidade processual ou mesmo em virtude do pequeno prazo de validade e dificuldades no acondicionamento daqueles.

Em se tratando de produtos e subprodutos da fauna não perecíveis, o artigo 25, § 4º, da Lei Ambiental dispõe que será procedida a destruição ou doação a instituições científicas, culturais ou educacionais. Acreditamos que deve se dar preferência à segunda finalidade, de modo a extrair alguma forma de benefício com algo que eventualmente seria destruído.

Finalmente, quanto aos instrumentos utilizados no crime ambiental, o artigo 25, § 5º, da Lei nº 9.605/98, dispõe que haverá a venda daqueles, não obstante permitir que possam ser descaracterizados através da reciclagem. Através desta última opção, afasta-se nova utilização criminosa de tais instrumentos, permitindo-se que sejam utilizados com finalidade lícita e em prol da sociedade.

Jurisprudência sobre o art. 25, § 4º, da Lei nº 9.605/98. Alienação imediata de veículos e embarcações utilizadas como instrumentos de crime. Violação do devido processo legal. Infração administrativa. Crime ambiental. Liberação condicionada ao oferecimento de defesa administrativa. Possibilidade. Fiel depositário na pessoa do proprietário. A Primeira Seção do STJ, em recente julgado (sob o rito do art. 543-C do CPC, recurso repetitivo, acórdão paradigma REsp 1.133.965-BA. Informativo nº 0625 - junho/2018), firmou entendimento no sentido de que há integração possível entre a norma do art. 25, § 4º, da Lei nº 9.605/98, na forma como regulamentada pelo Decreto n.º 3.179/1999 (na redação original e conforme o Decreto n.º 5.523/2005) e o CPP (arts. 118 e ss. do CPP).

Isso porque, segundo o entendimento da Primeira Seção no acórdão paradigma, "*qualquer destino dado aos bens apreendidos, seja em razão de infração administrativa, seja em razão de crime ambiental, deve ser precedido do devido processo legal. No primeiro caso, evidente que haverá sumarização, na forma das regulamentações da Lei n.º 9.605/1998; no segundo caso, do modo como previsto no CPP, sendo facultada, pela peculiaridade do tipo penal (crime ambiental), as inflexões da LCA e decretos no que for compatível (p. ex., a liberação ao proprietário com instituição do depósito em seu nome*" (fiel depositário).

Vale registar que tal entendimento foi reiterado no seguinte julgado: STJ, T2 - SEGUNDA TURMA. AgInt no AREsp 1196084/RO. AGRAVO INTERNO NO AGRAVO EM RECURSO ESPECIAL. Relator (a) Ministro OG FERNANDES. Julgamento em 07/08/2018. Publicação/Fonte em DJe 13/08/2018. Ressalte-se, contudo, que esta sistemática é inaplicável aos casos ocorridos já na vigência do Decreto n.º 6.514/08 (dispõe sobre as infrações e sanções administrativas ao meio ambiente, bem como estabelece o processo administrativo federal para apuração destas infrações), que deu tratamento jurídico diverso à matéria (arts. 105 e ss. e 134 e ss.). Confira-se o precedente do STJ: STJ, Primeira Seção. REsp 1.133.965-BA. Rel. Min. Mauro Campbell Marques. Julgado em 25/04/2018. Publicação em DJe 11/05/2018. Informativo nº 0625. Publicação: 1º de junho de 2018 (Tema 405).

Quanto ao tema, a Segunda Turma do STJ, em recente julgamento do AREsp 1.084.396-RO - Rel. Min. Og Fernandes, julgado em 19/09/2019, DJe 18/10/2019, veiculado no Informativo n.º 659 (novembro/2019) - ao tratar da apreensão de veículo em ilícito ambiental, entendeu pela possibilidade de apreensão do veículo utilizado (objeto de locação, cessão ou outro instrumento jurídico), superando orientação jurisprudencial que condicionava a apreensão de veículos utilizados na prática de infração ambiental à comprovação de que os bens sejam específica e exclusivamente empregados na atividade ilícita.

Contudo, deve ser assegurado o direito de defesa do proprietário antes da decisão sobre a destinação do bem. Assim, concluiu que "*a autoridade administrativa* [também para o ilícito penal] *deve notificar o proprietário do veículo locado para oportunizar que comprove a sua boa-fé antes de decidir sobre a destinação do bem apreendido pela prática de infração ambiental*".

Isso porque, os artigos 25 e 72, IV, da Lei nº 9.605/1998 (relativos às infrações administrativas e penais) estabelecem como efeito imediato a apreensão dos bens e instrumentos utilizados na prática do ilícito ambiental e, ainda que o veículo seja locado ao real infrator, não é injusta a restrição do bem a quem não deu causa à infração ambiental, considerado o risco da exploração da atividade econômica, o conceito legal de poluidor e o princípio da solidariedade aplicáveis ao direito ambiental (já que, após a apreensão, deve ser oportunizado o direito defesa do proprietário antes de decisão acerca da destinação do bem, ocasião em que este poderá comprovar sua boa-fé e que, apesar de ter tomado as precauções necessárias, não tinha condições de prever a utilização do bem no ilícito ambiental).

Confira-se o reflexo desta discussão nos acórdãos abaixo selecionados:

> PROCESSO CIVIL. AMBIENTAL. AGRAVO EM RECURSO ESPECIAL. APREENSÃO DE VEÍCULO UTILIZADO DA INFRAÇÃO. DESMATAMENTO DE VEGETAÇÃO NATIVA. COMPROVAÇÃO DA UTILIZAÇÃO ESPECÍFICA, EXCLUSIVA, REITERADA OU ROTINEIRA DO BEM NA PRÁTICA DO ILÍCITO AMBIENTAL. DESNECESSIDADE. EFEITO DISSUASÓRIO DA LEGISLAÇÃO. RECRUDESCIMENTO DA ATIVIDADE FISCALIZATÓRIA. VEÍCULO OBJETO DE CONTRATO DE LOCAÇÃO. CONCEITO LEGAL DE POLUIDOR. PRINCÍPIO DA SOLIDARIEDADE. GARANTIA DO DIREITO DE DEFESA DO PROPRIETÁRIO. PROVIDÊNCIA NECESSÁRIA ANTES DA DECISÃO ADMINISTRATIVA SOBRE A DESTINAÇÃO DO BEM. AGRAVO CONHECIDO PARA DAR PROVIMENTO AO RECURSO ESPECIAL. 1. A efetividade da Política de Nacional do Meio Ambiente, especialmente no momento em que a comunidade internacional lança os olhos sobre o papel das autoridades públicas brasileiras no exercício de tal mister, atrai para o Judiciário o dever de interpretar a legislação à luz de tal realidade, recrudescendo a proteção ambiental e a correspondente atividade fiscalizatória. 2. Os arts. 25 e 72, IV, da Lei n. 9.605/1998 estabelecem como efeito imediato da infração a apreensão dos bens e instrumentos utilizados na prática do ilícito ambiental. A exigência de requisito não expressamente previsto na legislação de regência para a aplicação dessas sanções compromete a eficácia dissuasória inerente à medida, consistindo em incentivo, sob a perspectiva da teoria econômica do crime, às condutas lesivas ao meio ambiente. 3. Ademais, exigir que a autoridade ambiental comprove que o veículo é utilizado específica, exclusiva, reiterada ou rotineiramente para a prática de delito ambiental caracteriza verdadeira prova diabólica, tornando letra morta a legislação que ampara a atividade fiscalizatória. 4. No caso, o veículo trator foi apreendido por ter explorado ou danificado vegetação nativa da Floresta do Bom Futuro, no Estado de Rondônia. Ainda que se trate de bem locado ao real infrator, a apreensão do bem não representa injusta restrição a quem não deu causa à infração ambiental, permitindo, por outro lado, trazer o risco da exploração da atividade econômica a quem a exerce. 5. Seja em razão do conceito legal de poluidor, seja em função do

princípio da solidariedade que rege o direito ambiental, a responsabilidade administrativa pelo ilícito recai sobre quem, de qualquer forma, contribuiu para a prática da infração ambiental, por ação ou omissão. 6. Após a medida de apreensão, a autoridade administrativa oportunizará o direito de defesa ao proprietário do bem antes de decidir sobre sua destinação. Cumpre ao proprietário do veículo comprovar sua boa-fé, demonstrando que, pelas circunstâncias da prática envolvida e apesar de ter tomado as precauções necessárias, não tinha condições de prever a utilização do bem no ilícito ambiental. 7. Ademais, aquele que realiza a atividade de locação de veículos deve adotar garantias para a prevenção e o ressarcimento dos danos causados pelo locatário. Não é possível admitir que o Judiciário comprometa a eficácia da legislação ambiental e impeça a apreensão do veículo tão somente porque o instrumento utilizado no ilícito originou-se de um contrato de locação, cessão ou de qualquer outro meio juridicamente previsto [...] (STJ, T2 - SEGUNDA TURMA. AREsp 1084396/RO. AGRAVO EM RECURSO ESPECIAL. Relator(a) Ministro OG FERNANDES. Julgamento em 19/09/2019. Publicação/Fonte em DJe 18/10/2019.

PROCESSO CIVIL. RECURSO ESPECIAL. **AMBIENTAL. APREENSÃO DE VEÍCULO.** TRANSPORTE DE AVES SILVESTRES SEM AUTORIZAÇÃO. REVISÃO DA JURISPRUDÊNCIA. COMPROVAÇÃO DA UTILIZAÇÃO ESPECÍFICA E EXCLUSIVA DO BEM NA PRÁTICA DO ILÍCITO AMBIENTAL. DESNECESSIDADE. EFEITO DISSUASÓRIO DA LEGISLAÇÃO. RECRUDESCIMENTO DA ATIVIDADE FISCALIZATÓRIA. RECURSO PROVIDO. 1. A efetividade da política de preservação do meio ambiente, especialmente no momento em que a comunidade internacional lança os olhos sobre o papel das autoridades públicas brasileiras no exercício de tal mister, atrai para o Judiciário o dever de interpretar a legislação à luz de tal realidade, recrudescendo a proteção ambiental e a correspondente atividade fiscalizatória. 2. **Merece ser superada a orientação jurisprudencial desta Corte Superior que condiciona a apreensão de veículos utilizados na prática de infração ambiental à comprovação de que os bens sejam específica e exclusivamente empregados na atividade ilícita. 3. Os arts. 25 e 72, IV, da Lei n. 9.605/1998 estabelecem como efeito imediato da infração a apreensão dos bens e instrumentos utilizados na prática do ilícito ambiental. A exigência de requisito não expressamente previsto na legislação de regência para a aplicação dessas sanções compromete a eficácia dissuasória inerente à medida, consistindo em incentivo, sob a perspectiva da teoria econômica do crime, às condutas lesivas ao meio ambiente**. 4. No caso, o veículo foi apreendido por Fiscal do Ibama por ter realizado o transporte de animais silvestres sem a devida autorização ambiental, sendo de rigor a apreensão do bem, nos termos da legislação ambiental [...] (STJ, T2 - SEGUNDA TURMA. REsp 1820640/PE. RECURSO ESPECIAL. Relator(a) Ministro OG FERNANDES. Julgamento em 01/10/2019. Publicação/Fonte em DJe 09/10/2019, sem grifos no original).

CAPÍTULO IV
DA AÇÃO E DO PROCESSO PENAL

Art. 26. Nas infrações penais previstas nesta Lei, a ação penal é pública incondicionada.

Parágrafo único. *(VETADO)*

Da ação penal nos casos previstos na Lei nº 9.605/98. Desnecessária a previsão contida no artigo 26 da Lei nº 9.605/98, em virtude do que dispõe o artigo 100 do Código Penal, prevendo que a ação penal é pública, salvo quando houver disposição legal determinando que seja privativa do ofendido. Desta maneira, a ação penal pública nos crimes ambientais será promovida pelo Ministério Público, de forma incondicionada.

Crimes ambientais. Termo de ajustamento de conduta (TAC). Ausência de impedimento à propositura de ação penal. Justa causa. As Turmas especializadas em matéria penal do STJ (Corte Especial) adotam a orientação de que a assinatura do Termo de Ajustamento de Conduta (TAC) com órgão ambiental não obsta a instauração de ação penal. Isso porque, em razão da independência das instâncias civil, penal e administrativa, a celebração de termo de ajustamento de conduta (título executivo extrajudicial) é incapaz de impedir a persecução penal, pois não elide a tipicidade formal da conduta violadora da norma penal, repercutindo apenas, em hipótese de condenação, na dosimetria da pena. Nesse sentido, citados os precedentes: AgRg no AREsp 984.920-BA, Rel. Min. Sebastião Reis Júnior, Sexta Turma, DJe 31/08/2017 e HC 160.525-RJ, Rel. Min. Jorge Mussi, Quinta Turma, DJe 14/03/2013:

> PROCESSUAL PENAL. CONSELHEIRO DE TRIBUNAL DE CONTAS ESTADUAL. CRIMES AMBIENTAIS. ARTS. 38, 40 E 48 DA LEI 9.605/98. DENÚNCIA. REQUISITOS. ART. 41 DO CPP. APTIDÃO. JUSTA CAUSA. ART. 395, III, DO CPP. LASTRO PROBATÓRIO MÍNIMO. PRESENÇA. ABSOLVIÇÃO SUMÁRIA. ART. 397 DO CPP. INVIABILIDADE. RECEBIMENTO. 7. A assinatura do termo de ajustamento de conduta com o órgão ambiental estadual não impede a instauração da ação penal, pois não elide a tipicidade formal das condutas imputadas ao acusado, repercutindo, na hipótese de condenação, na dosimetria da pena [...] (STJ, CE - CORTE ESPECIAL. APn 888-DF AÇÃO PENAL. Rel. Min. Nancy Andrighi, por unanimidade, julgado em 02/05/2018, publicado DJe 10/05/2018. Veiculado no Informa-

tivo nº 0625. Publicação: 1º de junho de 2018. CORTE ESPECIAL. Sem grifos no original)

REGIMENTAL. AGRAVO EM RECURSO ESPECIAL. DESCUMPRIMENTO DE OBRIGAÇÃO DE RELEVANTE INTERESSE AMBIENTAL. FALTA DE JUSTA CAUSA PARA A PERSECUÇÃO PENAL. CELEBRAÇÃO DE TERMO DE AJUSTAMENTO DE CONDUTA. INDEPENDÊNCIA ENTRE AS ESFERAS ADMINISTRATIVA E PENAL. POSSIBILIDADE DE PROSSEGUIMENTO DE AÇÃO. PRINCÍPIO DA INSIGNIFICÂNCIA. INAPLICABILIDADE. CRIME CONTRA A ADMINISTRAÇÃO PÚBLICA AMBIENTAL. (...) 1. Mostra-se irrelevante o fato de se ter celebrado Termo de Ajustamento de Conduta - TAC com o Poder Executivo Municipal, para a compensação ambiental pela retirada das árvores protegidas, pois as esferas administrativa e penal são independentes, razão pela qual o Parquet, dispondo de elementos mínimos para oferecer a denúncia, pode fazê-lo, ainda que as condutas tenham sido objeto de acordo extrajudicial. Precedentes. 2. O descumprimento de relevante obrigação ambiental, qual seja, a extrapolação da autorização concedida pela Secretaria Municipal do Meio Ambiente para limpeza da área (artigo 68 da Lei n. 9.605/98), ofendeu a moralidade administrativa, razão pela qual não há que se falar em incidência dos princípios da subsidiariedade e da intervenção mínima do direito penal. (STJ, T5 - QUINTA TURMA. AgRg no AREsp 1058993/MA. AGRAVO REGIMENTAL NO AGRAVO EM RECURSO ESPECIAL. Relator(a). Ministro JORGE MUSSI. Julgamento em 07/06/2018. Publicação/Fonte em DJe 15/06/2018. Sem grifo no original).

RECURSO ESPECIAL. PROCESSO PENAL. CRIME AMBIENTAL. AÇÃO PENAL. REJEIÇÃO DA DENÚNCIA. ASSINATURA DE TERMO DE AJUSTAMENTO DE CONDUTA. AUSÊNCIA DE JUSTA CAUSA NÃO CONFIGURADA. ILICITUDE DA CONDUTA. INDEPENDÊNCIA DAS ESFERAS ADMINISTRATIVA, CÍVEL E CRIMINAL. RECURSO PROVIDO. 1. A assinatura do termo de ajustamento de conduta, firmado entre o Ministério Público estadual e o suposto autor de crime ambiental, não impede a instauração da ação penal, pois não elide a tipicidade penal. Ademais, há independência entre as esferas administrativa, cível e penal. 2. Verificado que o recorrido firmou um aditivo de Termo de Compromisso de Ajustamento de conduta com o Ministério Público do Estado de Minas Gerais e descumpriu as medidas e as condicionantes nele previstas no prazo estipulado, há justa causa para a deflagração da ação penal que imputa violação ao art. 54, §2º, V, da Lei Federal n. 9.605/1998 [...] (STJ, T6 - SEXTA TURMA. REsp 1154405/MG. RECURSO ESPECIAL. Relator(a) Ministro ROGERIO SCHIETTI CRUZ. Julgamento em 18/05/2017. Publicação/Fonte em DJe 25/05/2017).

Da competência para processo e julgamento dos crimes ambientais. Como regra geral, a Justiça Estadual é competente para processar e julgar causas envolvendo crimes ambientais. Não há dispositivo específico na Lei Ambiental que diga o contrário, razão pela qual deverão ser seguidas as disposições tradicionais para a competência em matéria penal e processual penal.

O STJ, por meio da Terceira Seção, consolidou entendimento (após cancelamento do Enunciado 91 da Súmula do STJ, em 8/11/2000, tendo em vista que o entendimento sumulado foi editado com fundamento na Lei nº 5.107/67) no sentido de que as ações penais relativas aos crimes ambientais (Lei nº 9.605/1998) são de competência da Justiça Estadual, salvo se vislumbrado interesse jurídico direto e específico da União, suas autarquias e fundações, nos termos do art. 109, IV, da CF.

Isso porque, embora a preservação do meio ambiente seja matéria de competência comum da União, dos Estados, do Distrito Federal e dos Municípios, nos termos do art. 23, incisos VI e VII, da Constituição Federal, a competência do foro criminal federal não advém apenas do interesse genérico que tenha a União na preservação do meio ambiente, mas de um interesse singularizado (direto e específico).

Assim, se o delito ocorreu em rio interestadual, mas os danos decorrentes da pesca predatória, por exemplo, possuírem apenas dimensão local, restringindo-se a uma localidade específica, aplica-se a regra da competência estadual (STJ, S3 – TERCEIRA SEÇÃO. AgRg no CC 145487/MG. AGRAVO REGIMENTAL NO CONFLITO DE COMPETÊNCIA. Relator(a) Ministro NEFI CORDEIRO. Julgamento em 28/09/2016. Publicação/Fonte em DJe 04/10/2016, sem grifos no original). Observe-se, também, os seguintes julgados:

> CONFLITO NEGATIVO DE COMPETÊNCIA. JUSTIÇA FEDERAL X JUSTIÇA ESTADUAL. AÇÃO PENAL. PESCA, EM RIO INTERESTADUAL, DE ESPÉCIMES COM TAMANHOS INFERIORES AOS PERMITIDOS E COM A UTILIZAÇÃO DE PETRECHOS NÃO PERMITIDOS – ART. 34, PARÁGRAFO ÚNICO, I E II, DA LEI 9.605/1998. PREJUÍZO LOCAL. AUSÊNCIA DE LESÃO A BENS, SERVIÇOS OU INTERESSES DA UNIÃO. COMPETÊNCIA DA JUSTIÇA ESTADUAL. 1. A preservação do meio ambiente é matéria de competência comum da União, dos Estados, do Distrito Federal e dos Municípios, nos termos do art. 23, incisos VI e VII, da Constituição Federal. 2. Com o cancelamento do enunciado n. 91 da Súmula STJ, após a edição da Lei n. 9.605/1998, esta Corte tem entendido que a competência federal para julgamento de crimes contra a fauna demanda demonstração de que a ofensa atingiu interesse direto e específico da União, de suas entidades autárquicas ou de empresas públicas federais. Precedentes. 3. **Assim sendo, para atrair a competência da Justiça Federal, o dano decorrente de pesca proibida em rio interestadual deveria gerar reflexos em âmbito regional ou nacional, afetando trecho do rio que se alongasse por mais de um Estado da Federação, como ocorreria se ficasse demonstrado que a**

atividade pesqueira ilegal teria o condão de repercutir negativamente sobre parte significativa da população de peixes ao longo do rio, por exemplo, impedindo ou prejudicando seu período de reprodução sazonal. 4. Situação em que os danos ambientais afetaram apenas a parte do rio próxima ao Município em que a infração foi verificada, visto que a denúncia informa que apenas dois espécimes, dentre os 85 Kg (oitenta e cinco quilos) de peixes capturados, tinham tamanho inferior ao mínimo permitido e os apetrechos de pesca apresentavam irregularidades como falta de plaquetas de identificação, prejuízos que não chegam a atingir a esfera de interesses da União. 5. Conflito conhecido, para declarar a competência do Juízo de Direito da Vara Única da Comarca de Coromandel/MG, o suscitado. (STJ, S3 - TERCEIRA SEÇÃO. CC 146373/MG. CONFLITO DE COMPETÊNCIA. Relator(a) Ministro REYNALDO SOARES DA FONSECA. Julgamento em 11/05/2016. Publicação/Fonte em DJe 17/05/2016, sem grifos no original).

AGRAVO REGIMENTAL NO CONFLITO DE COMPETÊNCIA. **CRIME AMBIENTAL. PESCA COM USO DE MOLINETE EM LOCAL PROIBIDO EM RIO QUE BANHA MAIS DE UM ESTADO DA FEDERAÇÃO. AUSÊNCIA DE OFENSA A BENS, SERVIÇOS OU INTERESSES DA UNIÃO. PREJUÍZO LOCAL. COMPETÊNCIA DO JUÍZO ESTADUAL**. I - **Os crimes ambientais, embora praticados em face de bem comum e de grande relevância, que atinge direitos intergeracionais, não atraem, por si só, a competência da União para processamento e julgamento** [...] (STJ, S3 - TERCEIRA SEÇÃO. AgRg no CC 168657/MG. AGRAVO REGIMENTAL NO CONFLITO DE COMPETÊNCIA. Relator(a) Ministro LEOPOLDO DE ARRUDA RAPOSO (DESEMBARGADOR CONVOCADO DO TJ/PE). Julgamento em 27/11/2019. Publicação/Fonte em DJe 03/12/2019, sem grifos no original).

AGRAVO REGIMENTAL NO CONFLITO DE COMPETÊNCIA. CRIME AMBIENTAL. **PESCA PREDATÓRIA. RIO QUE BANHA MAIS DE UM ESTADO DA FEDERAÇÃO. AUSÊNCIA DE LESÃO A BENS, SERVIÇOS OU INTERESSES DA UNIÃO. PREJUÍZO LOCAL. COMPETÊNCIA DA JUSTIÇA ESTADUAL.** AGRAVO REGIMENTAL IMPROVIDO. 1. A competência para a preservação do meio ambiente é matéria comum da União, Estados, Distrito Federal e Municípios, nos termos do art. 23, VI e VII, da Constituição Federal. **2. Para atrair a competência da Justiça Federal é necessário que os danos ambientais produzidos pela prática de pesca predatória em rio interestadual tenham repercutido para além do local em que supostamente praticada**. 3. No caso, apesar da pesca predatória ter ocorrido em rio de natureza interestadual, não ficou demonstrado que o delito tenha causado prejuízo à União, suas autarquias ou empresas públicas, razão pela qual deve ser reconhecida a competência da Justiça

> Estadual para o processamento do feito [...] (STJ, S3 – TERCEIRA SEÇÃO. AgRg no CC 152534/SP. AGRAVO REGIMENTAL NO CONFLITO DE COMPETÊNCIA. Relator(a) Ministro JORGE MUSSI. Julgamento em 13/02/2019. Publicação/Fonte em DJe 19/02/2019, sem grifos no original).

Em relação à competência da Justiça Federal, deve ser observado o que dispõe o artigo 109 da CRFB/88, como já foi previamente salientado. Caso seja verificado algum interesse direto e específico da União, nos termos do artigo 109, IV, da CRFB/88, por exemplo, o crime será da competência da Justiça Federal. Do contrário, se estivermos diante de interesse indireto e genérico, a competência será da Justiça Estadual, ainda que os crimes sejam eventualmente praticados em áreas sujeitas à fiscalização por órgãos federais, o que, por si só, não determina o interesse direto e específico, apto a atrair a competência para a Justiça Federal.

A Primeira Turma do STF já vem entendendo, na esteira do posicionamento firmado no âmbito do STJ, pela competência da Justiça Federal, em relação aos crimes ambientais, se comprovado o legítimo interesse da União (art. 109, IV, CRFB):

> Agravo regimental no agravo de instrumento. Crime ambiental. Competência. Justiça Federal. Impossibilidade de reexame de legislação infraconstitucional e de fatos e provas dos autos. 1. Competência da Justiça Federal para o julgamento do feito, em face do interesse legítimo da União [...] (STF, Primeira Turma. AI 719924 AgR/RJ. AG.REG. NO AGRAVO DE INSTRUMENTO. Relator(a) Min. DIAS TOFFOLI. Julgamento em 19/03/2013. Publicação em DJe-085 DIVULG 07-05-2013 PUBLIC 08-05-2013).

De modo semelhante, caso o crime tenha sido praticado em bens da União, a competência também será determinada pelo artigo 109, IV, da CRFB/88, que assim determina. Essa análise deve ser conjugada com o artigo 20, também da Constituição Federal, que prevê os bens da União.

No mais, já decidiu o STJ que "a mera presença de um órgão federal, seja como agente executor-fiscalizador de normas fixadas para o meio ambiente, seja como agente responsável pelo licenciamento de atividades que, efetiva ou potencialmente, possam causar dano ao meio ambiente, por si só, não tem o condão de definir a competência da Justiça Federal". (STJ, S3 – TERCEIRA SEÇÃO. CC 143476/SP. CONFLITO DE COMPETÊNCIA. Relator(a) Ministro REYNALDO SOARES DA FONSECA. Julgamento em 28/10/2015. Publicação/Fonte em DJe 06/11/2015). E conclui: "Raciocínio diverso ensejaria a competência federal para todo e qualquer caso, haja vista que a proteção, a fiscalização e a conservação ambiental são propósitos ínsitos à própria existência (criação) do Ibama". (STJ, S3 – TERCEIRA SEÇÃO. CC 141822/PR. CONFLITO DE COMPETÊNCIA. Relator(a) Ministro ROGERIO SCHIETTI CRUZ. Julgamento em 09/09/2015. Publicação/Fonte em DJe 21/09/2015).

Há, ainda, o recente julgado da Sexta Turma do STJ:

> RECURSO EM HABEAS CORPUS. CRIME AMBIENTAL. DANOS DIRETOS E INDIRETOS A UNIDADE DE CONSERVAÇÃO DE PROTEÇÃO INTEGRAL. INTERESSE DA UNIÃO. COMPETÊNCIA DA JUSTIÇA FEDERAL. PARECER ACOLHIDO. 1. A preservação do meio ambiente é matéria de competência comum da União, dos estados, do Distrito Federal e dos municípios, nos termos do art. 23, VI e VII, da Constituição Federal. **Na hipótese de crime ambiental, a Justiça Federal somente será competente para processar e julgar a ação penal, quando caracterizada real lesão a bens, serviços ou interesses da União, de suas autarquias ou empresas públicas federais, em conformidade com o art. 109, IV, da Constituição**. 2. Na espécie, os fatos narrados na denúncia apontam para danos ambientais, diretos e indiretos, a unidade de conservação federal, assim é inequívoco o interesse da União, consubstanciado na proteção da área atingida, o que atrai a competência da Justiça Federal. De um lado, atos ilícitos teriam sido praticados na área circundante do Parque Nacional dos Campos Gerais, de outro, a falsidade dos estudos e dos laudos apresentados aos órgãos estaduais, ao induzir a erro a administração ambiental local, acabam por vulnerar justamente a área protegida pela União, tornando o interesse federal mais uma vez presente [...] (STJ, 6ª Turma. RHC 37618/PR. Relator(a) Ministro SEBASTIÃO REIS JÚNIOR. Julgamento em 03/10/2017. Publicação/Fonte em DJe 09/10/2017, sem grifos no original). No mesmo sentido: STJ, 6ª Turma. RHC 37619/PR. Relator(a) Ministro SEBASTIÃO REIS JÚNIOR. Julgamento em 03/10/2017. Publicação/Fonte em DJe 09/10/2017; STJ, 6ª Turma. RHC 39664/PR. Relator(a) Ministro SEBASTIÃO REIS JÚNIOR. Julgamento em 03/10/2017. Publicação, Fonte em DJe 09/10/2017).

Por fim, cabe destacar que em outro recente julgado a Terceira Seção do STJ consolidou posicionamento no sentido de que a pequena quantidade de pescado encontrada no momento da apreensão não seria, por si só, potencialmente lesiva a interesse da União:

> AGRAVO REGIMENTAL NO CONFLITO DE COMPETÊNCIA. CRIME AMBIENTAL. PESCA MEDIANTE PETRECHOS DE USO PROIBIDO. PEQUENA QUANTIDADE DE PESCADO. AUSÊNCIA DE OFENSA A BENS, SERVIÇOS OU INTERESSES DA UNIÃO. PREJUÍZO LOCAL. COMPETÊNCIA DO JUÍZO ESTADUAL. I – Os crimes ambientais, embora praticados em face de bem comum e de grande relevância, que atinge direitos intergeracionais, não atraem, por si só, a competência da União para processamento e julgamento. II – No caso em análise, em razão da pequena quantidade de pescado apreendida, que não teria o potencial de ferir os interesses da União, limitando-se ao in-

> teresse do local da apreensão, deve ser reconhecida a competência da Justiça Estadual para processar e julgar a causa[...] (STJ, Terceira Seção. AgRg no CC 154856/SP. Relator(a) Ministro FELIX FISCHER. Julgamento em 13/12/2017. Publicação/Fonte em **DJe 01/02/2018**).

Jurisprudência sobre competência no caso de crime ambiental praticado em Área de proteção ambiental (APA). Justiça federal. A Terceira Seção do STJ, no julgamento do CC 158747/DF (datado de 22/08/2018), reafirmou a orientação jurisprudencial da Corte Superior no sentido de que, se o crime ambiental for cometido em unidade de conservação criada por Decreto Federal, evidencia-se o interesse federal na manutenção e preservação da região, ante a possível lesão a bens, serviços ou interesses da União, nos termos do art. 109, IV, da CRFB/88. Assim, no caso concreto, estabeleceu a competência da justiça estadual, eis que a APA (criada por Decreto Federal) teve sua administração e fiscalização, por lei posterior, transferidas para a esfera estadual, o que afastou o interesse da União:

> CONFLITO NEGATIVO DE COMPETÊNCIA. INQUÉRITO POLICIAL. JUSTIÇA FEDERAL E JUSTIÇA DO DISTRITO FEDERAL. PARCELAMENTO IRREGULAR URBANO E DANO AMBIENTAL. LOCAL INSERIDO EM ÁREA DE PROTEÇÃO AMBIENTAL (APA) [...] CRIADA POR DECRETO FEDERAL. LEI SUBSEQUENTE QUE DELEGOU A ADMINISTRAÇÃO E FISCALIZAÇÃO AO PODER EXECUTIVO DO DISTRITO FEDERAL. CIRCUNSTÂNCIA QUE EXCLUI O INTERESSE FEDERAL. COMPETÊNCIA DA JUSTIÇA DO DISTRITO FEDERAL. 1. A orientação jurisprudencial desta Corte é de que se o crime ambiental for cometido em unidade de conservação criada por decreto federal, evidencia-se o interesse federal na manutenção e preservação da região, ante a possível lesão a bens, serviços ou interesses da União, nos termos do art. 109, IV, da Constituição Federal. Precedentes da Terceira Seção [...] 2. No caso, embora o local do dano ambiental esteja inserido na Área de Proteção Ambiental da Bacia do Rio São Bartolomeu, criada pelo Decreto Federal n. 88.940/1993, não há falar em interesse da União no crime ambiental sob apuração, já que lei federal subsequente delegou a fiscalização e administração da APA para o Distrito Federal (art. 1º da Lei n. 9.262/1996) [...] (STJ, S3 – TERCEIRA SEÇÃO. CC 158747/DF. CONFLITO DE COMPETENCIA. Relator(a) Ministro SEBASTIÃO REIS JÚNIOR. Julgamento em 13/06/2018. Publicação/Fonte em DJe 19/06/2018. Sem grifos no original).

A Terceira Seção do STJ consolidou entendimento pela competência da justiça federal quando se tratar de APA instituída por decreto federal. Todavia, se ato posterior delegar a administração e fiscalização da área para outro ente federativo, afastado está o interesse da União e, logo, a competência da justiça federal. Confira-se o recente julgado:

PROCESSO PENAL. AGRAVO REGIMENTAL NO CONFLITO DE COMPETÊNCIA. CRIME AMBIENTAL. ART. 48 DA LEI N. 9.605/1998. OBRA NAS MARGENS DO RIO MOGI-GUAÇU SEM AUTORIZAÇÃO. ÁREA REGULADA POR LEGISLAÇÃO ESTADUAL. COMPETÊNCIA DA JUSTIÇA ESTADUAL (...) 1. Na linha da jurisprudência desta Corte, o interesse da União que enseja o deslocamento da competência para a Justiça Federal para o julgamento de crime ambiental se caracteriza quando a área de preservação for criada por decreto federal. Precedentes [...] (STJ, **TERCEIRA SEÇÃO**. AgRg no CC 145.963/SP, Rel. Ministro ANTONIO SALDANHA PALHEIRO, julgado em 12/12/2018, **DJe 01/02/2019**).

AGRAVO REGIMENTAL NO CONFLITO DE COMPETÊNCIA. PARCELAMENTO IRREGULAR DE SOLO URBANO E DANO AMBIENTAL EM **UNIDADE DE CONSERVAÇÃO INSTITUÍDA POR DECRETO FEDERAL. LEI FEDERAL POSTERIOR DELEGANDO A ADMINISTRAÇÃO E FISCALIZAÇÃO DA ÁREA PARA O DISTRITO FEDERAL. AUSÊNCIA DE INTERESSE DIRETO DA UNIÃO EVIDENCIADO**. COMPETÊNCIA DA JUSTIÇA DO DISTRITO FEDERAL E DOS TERRITÓRIOS. INSURGÊNCIA DESPROVIDA. **1. A jurisprudência deste Sodalício é assente no sentido da competência da Justiça Federal para o julgamento de crimes ambientais ocorridos em área abrangida por unidade de conservação instituída por meio de ato normativo federal, já que, nesse caso, fica evidenciado o interesse da União na manutenção e na preservação da região, conforme a dicção do art. 109, inciso IV, da Constituição Federal**. 2. Na hipótese, embora os delitos tenham supostamente ocorrido em unidade de conservação criada por decreto presidencial, **a Lei Federal n. 9.262/1992 transferiu ao Distrito Federal a administração e a fiscalização da Área de Proteção Ambiental da Bacia dos Rios São Bartolomeu e Descoberto, o que denota a ausência de interesse direto da União na preservação do local, de modo que deve ser mantida a competência da Justiça do Distrito Federal e dos Territórios.** 3. "No caso, embora o local do dano ambiental esteja inserido na Área de Proteção Ambiental da Bacia do Rio São Bartolomeu, criada pelo Decreto Federal n. 88.940/1993, não há falar em interesse da União no crime ambiental sob apuração, já que lei federal subsequente delegou a fiscalização e administração da APA para o Distrito Federal (art. 1º da Lei n. 9.262/1996)" (CC 158.747/DF, Rel. Ministro SEBASTIÃO REIS JÚNIOR, TERCEIRA SEÇÃO, julgado em 13/06/2018, DJe 19/06/2018) [...] (STJ, S3 - TERCEIRA SEÇÃO. AgInt no CC 163409/DF. AGRAVO INTERNO NO CONFLITO DE COMPETÊNCIA. Relator(a) Ministro JORGE MUSSI. Julgamento em 28/08/2019. Publicação/Fonte em DJe 06/09/2019).

Competência nos casos de crime ambiental que envolve espécie ameaçada de extinção. Portaria nº 444/2014 editada pelo Ministério do Meio Ambiente. Interesse da União. Competência da Justiça Federal. A Terceira Seção do STJ possui recente precedente (AgRg no CC 151367/SC, datado de 13/06/2018) pela fixação da competência da Justiça Federal para processo e julgamento de crime ambiental cometido contra a fauna quando se tratar de espécie ameaçada de extinção que figura em lista (Portaria) editada pelo Ministério do Meio Ambiente:

> PROCESSO PENAL. AGRAVO REGIMENTAL NO **CONFLITO DE COMPETÊNCIA. CRIME CONTRA A FAUNA. ESPÉCIE DE AVE QUE FIGURA EM LISTA NACIONAL DE EXTINÇÃO. COMPETÊNCIA DA JUSTIÇA FEDERAL**. 1. Tratando-se de matéria de competência comum, à União, aos Estados, ao Distrito Federal e aos Municípios, nos termos do art. 23, incisos VI e VII, da Constituição Federal, compete a preservação do meio ambiente. 2. **Ressaindo interesse direto da União, a competência para processar e julgar crime contra a fauna é da Justiça Federal. No caso, tal situação está caracterizada, pois a ave objeto da ação delitiva figura em lista de ameaça de extinção editada pelo Ministério do Meio Ambiente (Portaria n. 444/2014)** [...] (STJ, S3 - TERCEIRA SEÇÃO. AgRg no CC 151367/SC. AGRAVO REGIMENTAL NO CONFLITO DE COMPETÊNCIA. Relator(a) Ministro ANTONIO SALDANHA PALHEIRO. Julgamento em 13/06/2018. Publicação/Fonte em DJe 22/06/2018. Sem grifo no original).

> CONFLITO NEGATIVO DE COMPETÊNCIA. POSSÍVEL CRIME AMBIENTAL COMETIDO EM DETRIMENTO DA FAUNA SILVESTRE E ASSOCIAÇÃO. COMERCIALIZAÇÃO DE ANIMAIS POR APLICATIVO DE CELULAR. JUSTIÇA FEDERAL E JUSTIÇA ESTADUAL. VIOLAÇÃO CONCRETA DE INTERESSE DA UNIÃO. NÃO COMPROVAÇÃO. ANIMAIS NÃO APREENDIDOS. INVESTIGAÇÃO EM ESTÁGIO INICIAL. NECESSIDADE DE APROFUNDAMENTO PARA DEFINIÇÃO DA COMPETÊNCIA. MANUTENÇÃO DO INQUÉRITO NA ESFERA FEDERAL. RISCO DE TUMULTO PROCESSUAL. CONVENIÊNCIA DAS APURAÇÕES. 1. "A proteção ao meio ambiente constitui matéria de competência comum da União, dos Estados, do Distrito Federal e dos Municípios, motivo pelo qual, para se afirmar ser o delito contra a fauna de competência da Justiça Federal, é necessário que se revele evidente interesse da União, a teor do disposto no art. 109, inciso IV, da Constituição Federal" (AgRg no CC n. 154.855/SP, relatora Ministra MARIA THEREZA DE ASSIS MOURA, TERCEIRA SEÇÃO, julgado em 13/12/2017, DJe 15/12/2017). 2**. O interesse da União nos crimes de agressão à fauna depende do envolvimento de animais constantes da Lista Nacional de Espécies da Fauna Brasileira Ameaçada de Extinção. Precedente.** 3. No caso, o inquérito policial instaurado para a apuração de condutas de associação para co-

> mercialização de animais em aplicativos de celular (arts. 29, caput, e § 1º, III, c/c o inciso I e o § 5º, e 32, ambos da Lei n. 9.605/1998, e art. 288 do Código Penal) ainda se encontra em estágio inicial e não há animais apreendidos, o que causa incerteza em relação à competência. 4. Para evitar tumulto processual e se garantir a eficácia das investigações, é recomendável que, por ora, o inquérito siga tramitando na esfera em que se encontra, ou seja, a da Justiça Federal, sobretudo porque há outro, aparentemente conexo, tramitando no mesmo juízo e também porque relatórios parciais da investigação apontam que estariam sendo oferecidas espécies "em perigo de extinção", o que poderia vir a confirmar a competência Federal [...] (STJ, S3 - TERCEIRA SEÇÃO. CC 159976/SP. CONFLITO DE COMPETENCIA. Relator(a) Ministro ANTONIO SALDANHA PALHEIRO. Julgamento em 10/04/2019. Publicação/Fonte em DJe 16/04/2019, sem grifos no original).

Competência nos casos envolvendo crime ambiental transnacional. Interesse da União. Competência da Justiça Federal. O Plenário do STF, sob o rito do art. 543-do CPC (recurso repetitivo) no RE 835558/SP – datado de 9/2/2017, veiculado no Informativo de Jurisprudência n.º 853 do STF –, em que se discutia a justiça competente para processar e julgar crimes ambientais transnacionais, fixou a seguinte tese: "*compete à Justiça Federal processar e julgar o crime ambiental de caráter transnacional que envolva animais silvestres, ameaçados de extinção e espécimes exóticas ou protegidas por compromissos internacionais assumidos pelo Brasil*" (STF, Tribunal Pleno. RE 835558/SP. RECURSO EXTRAORDINÁRIO. Relator(a): Min. LUIZ FUX. Julgamento em 09/02/2017. Publicação em DJe-174 DIVULG 07-08-2017. PUBLIC 08-08-2017. Tema 648 da repercussão geral. Veiculado no Informativo de Jurisprudência n.º 853 do STF, período de 6 a 10 de fevereiro de 2017).

Das providências no caso de conexão de crimes. A Segunda Turma do STF tem posicionamento no sentido de que havendo concurso de crimes, a competência da Justiça Federal para um deles atrai, por conexão instrumental, a competência para o julgamento dos demais.

> HABEAS CORPUS. CONSTITUCIONAL. PENAL. CRIMES AMBIENTAL, RECEPTAÇÃO E CONTRABANDO. CONEXÃO: COMPETÊNCIA DA JUSTIÇA FEDERAL. ALTERAÇÃO SUPERVENIENTE DA COMPETÊNCIA. VALIDADE DOS ATOS PRATICADOS. ORDEM DENEGADA. 1. Fatos imputados aos Pacientes praticados em conexão com o crime de contrabando. Havendo concurso de crimes, a competência da Justiça Federal para um deles atrai, por conexão instrumental, a competência para o julgamento dos demais. 2. Alteração superveniente da competência pela extinção da punibilidade quanto ao crime de contrabando. Inexistência de nulidade dos atos processuais válidos quando praticados. 3. Ordem denegada. (STF, Segunda

> Turma. HC 122202/GO. HABEAS CORPUS. Relator(a) Min. CÁRMEN LÚCIA. Julgamento em 28/10/2014. Publicação em DJe-219 DIVULG 06-11-2014 PUBLIC 07-11-2014, sem grifos no original).

Do conflito entre o crime de homicídio e crime ambiental. Caso concreto. A Terceira Seção do STJ teve oportunidade para se manifestar, por ocasião do conflito de competência trazido a seguir, sobre a fixação da competência em situação que envolveu crime de homicídio e crime ambiental:

> CONFLITO NEGATIVO DE COMPETÊNCIA. **HOMICÍDIO QUALIFICADO. CRIME DECORRENTE DE VIOLÊNCIA NO CAMPO.** AUSÊNCIA DE CONEXÃO COM OUTROS DELITOS DA COMPETÊNCIA DA JUSTIÇA FEDERAL. NÃO INCIDÊNCIA DA SÚMULA 122/STJ. 1. Ausentes as hipóteses de conexão, previstas no art. 76, incisos I, II e III, do CPP, entre o crime de homicídio qualificado e os outros delitos de competência da Justiça Federal, notadamente porque a motivação do crime não é critério de fixação de competência, não há que falar em incidência da Súmula nº 122/STJ. 2. Constatando que o crime de homicídio não ofendeu a bens, serviços ou interesses da União, não é possível deslocar a competência do Tribunal do Júri, de natureza constitucional, para a Justiça Federal em razão de uma suposta relação entre os fatos delituosos. 3. Conflito conhecido para declarar competente o **Juízo de Direito da 2ª Vara do Tribunal do Júri de Porto Velho – RO, o suscitante, para julgar o crime doloso contra a vida, mantida a competência do suscitado, Juízo Federal da 5ª Vara Ambiental e Agrária da Seção Judiciária do Estado de Rondônia, para processar e julgar os demais crimes**. (STJ, S3 – TERCEIRA SEÇÃO. CC 119078/RO. CONFLITO DE COMPETÊNCIA. Relator(a) Ministro SEBASTIÃO REIS JÚNIOR Relator(a) p/ Acórdão Ministro MARCO AURÉLIO BELLIZZE. Julgamento em 23/11/2011. Publicação/Fonte em DJe 03/09/2012, sem grifo no original)

Ressaltou o Min. Marco Aurélio Bellizze em seu voto que: "A competência do júri prevalece sobre qualquer jurisdição comum, seja federal ou estadual. A hipótese de deslocamento de competência que poderia ser cogitada é aquela do art. 109, § 5º, da Constituição Federal, a que o Supremo já referendou em dois casos, um deles da relatoria da Sra. Ministra Laurita Vaz, referente ao incidente de deslocamento de competência nas situações em que aqueles tratados que o Brasil celebrou para assegurar a proteção dos direitos humanos não estejam sendo adequadamente cumpridos ou preservados. Então, penso que somente naquela hipótese seria o caso de discussão dessa matéria, e não no conflito de competência em que o Tribunal do Júri é o competente para qualquer tipo de crime de homicídio. A discussão seria relevante e importante, no caso, por exemplo, se um funcionário do Incra, no exercício da função, fosse assassinado lá no local. Aí poderíamos dizer que haveria violação direta a bens, serviços ou interesses da União no caso concreto para o fim de criar a situação de conexão e deslocamento da competência para a Justiça Federal".

E conclui: "não é possível que o crime comum federal desloque a competência do Tribunal do Júri, no caso estadual, em razão da suposta conexão. Sendo a competência do júri de natureza constitucional, deverá ela prevalecer em relação às normas do Código de Processo Penal acerca da conexão e continência" (CC 119078/RO).

Art. 27. Nos crimes ambientais de menor potencial ofensivo, a proposta de aplicação imediata de pena restritiva de direitos ou multa, prevista no *art. 76 da Lei nº 9.099, de 26 de setembro de 1995*, somente poderá ser formulada desde que tenha havido a prévia composição do dano ambiental, de que trata o art. 74 da mesma lei, salvo em caso de comprovada impossibilidade.

Da transação penal nos crimes ambientais. A transação penal, nos termos do artigo 27 da Lei nº 9.605/98, somente poderá ser concedida caso tenha havido a prévia composição do dano ambiental (semelhante à composição descrita no artigo 74 da Lei nº 9.099/95).

Trata-se de uma modalidade de transação chamada de "condicionada". Porém, pode ser que a transação seja concedida sem que tenha havido a composição dos danos, quando for comprovada a impossibilidade, conforme previsão da parte final do artigo 27 da Lei Ambiental.

Compor o dano não necessariamente significa que houve efetiva reparação, tão somente o compromisso firmado em juízo que obrigue o infrator a reparar, como pode ocorrer na formulação de um termo de ajustamento de conduta (TAC).

Art. 28. As disposições do art. 89 da Lei nº 9.099, de 26 de setembro de 1995, aplicam-se aos crimes de menor potencial ofensivo definidos nesta Lei, com as seguintes modificações:

Da suspensão condicional do processo nos crimes ambientais. O artigo 28 da Lei nº 9.605/98, traz uma série de dispositivos relacionados ao tema. O próprio *caput* deste artigo anuncia que há modificações em relação à sistemática prevista para o artigo 89 da Lei nº 9.099/95.

De início, é preciso fazer uma crítica à redação do *caput* do artigo 28 da Lei Ambiental, tendo havido verdadeiro erro legislativo quando se afirma que a suspensão será aplicada aos crimes de menor potencial ofensivo previstos na Lei nº 9.605/98. Há evidente erro, pois esta redação acaba contrariando aquela prevista no artigo 89 da Lei nº 9.099/95, que assevera ser possível a suspensão condicional do processo nos crimes em que a pena mínima cominada for igual ou inferior a um ano, abrangidas ou não pela Lei dos Juizados Especiais.

Na prática, entendemos que a regra geral prevista no artigo 89 da Lei nº 9.099/95 deve prevalecer sobre a errônea previsão do artigo 28 da Lei Ambiental, devendo a suspensão condicional do processo ser aplicada em todos os crimes da Lei nº 9.605/98, nos quais a pena mínima cominada for igual ou inferior a um ano.

Sobre o tema, vide recente julgado da Sexta Turma do STJ:

> RECURSO ESPECIAL. CRIME AMBIENTAL. SUSPENSÃO CONDICIONAL DO PROCESSO. LIMITE TEMPORAL DE 5 ANOS PARA A CONCESSÃO DO MESMO BENEFÍCIO. RECURSO IMPROVIDO. 1. O prazo de 5 anos para a concessão de nova transação penal, previsto no art. 76, § 2º, inciso II, da Lei 9.099/95, aplica-se aos demais institutos despenalizadores por analogia, estendendo-se, pois, à suspensão condicional do processo (HC 370.047/PR, Rel. Ministro FELIX FISCHER, QUINTA TURMA, julgado em 17/11/2016, DJe 01/12/2016) [...] (STJ, T6 – SEXTA TURMA. REsp 1837960/PA. RECURSO ESPECIAL. Relator(a) Ministro NEFI CORDEIRO. Julgamento em 12/11/2019. Publicação/Fonte em DJe 21/11/2019).

> I – a declaração de extinção de punibilidade, de que trata o § 5º do artigo referido no caput, dependerá de laudo de constatação de reparação do dano ambiental, ressalvada a impossibilidade prevista no inciso I do § 1º do mesmo artigo;

Do condicionamento para a extinção da punibilidade. Agora, especificamente em relação às alterações descritas na parte final do artigo 28 da Lei Ambiental, o inciso I deste mesmo dispositivo assevera que a extinção da punibilidade depende, necessariamente, de laudo de constatação de reparação do dano ambiental, a menos que haja impossibilidade de reparação dos danos, remetendo-se ao artigo 89, § 1º, I, da Lei nº 9.099/95. Ressalte-se que, em relação à Lei dos Juizados Especiais, a diferença reside no fato da exigência de laudo para a extinção da punibilidade dos crimes ambientais (reflexo do princípio ambiental do poluidor-pagador).

A propósito do tema, a Sexta Turma do STJ já decidiu pela possibilidade de decretação da extinção de punibilidade (mesmo face à ausência do laudo) ante a inércia estatal na análise do plano de recuperação de área degradada (PRAD) por entender que a condição (reparação do dano ambiental) só não foi implementada por força alheia à vontade do recorrente (não realização da fiscalização e/ou elaboração do respectivo laudo):

> AGRAVO REGIMENTAL EM AGRAVO EM RECURSO ESPECIAL (...) RECURSO ESPECIAL PENAL. DISSÍDIO JURISPRUDENCIAL E VIOLAÇÃO DO ART. 89, § 5º, DA LEI N. 9.099/1995. CRIME AMBIENTAL. PLEITO DE DECRETAÇÃO DA EXTINÇÃO DA PUNIBILIDADE. CRIME DE MENOR POTENCIAL OFENSIVO. SUSPENSÃO CONDICIONAL DO PROCESSO. EXTINÇÃO DA PUNIBILIDADE. LAUDO DE CONSTATAÇÃO DE REPARAÇÃO AMBIENTAL. INÉRCIA ESTATAL

NA ANÁLISE DA REGULARIDADE DO PRAD - PLANO DE RECUPERAÇÃO DE ÁREA DEGRADADA. VERIFICAÇÃO. OCORRÊNCIA (...) 3. O art. 28, I, da Lei n. 9.605/1998 dispõe que a declaração de extinção de punibilidade, concedida após a expiração do prazo do sursis, nos casos de crimes praticados contra o meio ambiente, dependerá de laudo de constatação de reparação do dano ambiental. A única possibilidade de prorrogação do período de prova do sursis, disposta no artigo 28, II, da Lei n. 9.605/1998, se dá nos casos em que a reparação do dano não tenha sido completa, ou seja, tenha sido apenas parcial. 4. O art. 89, § 1º, I, da Lei n. 9.099/1995 prescreve que a reparação do dano não será considerada condição obrigatória do período de prova do sursis, caso haja a impossibilidade de implementá-la. Na hipótese, desde 6/3/2018 os agravantes aguardam a finalização da fiscalização pelo órgão ambiental IBAMA, oportunidade em que foi atestado que o PRAD foi implantado a contento e nos moldes em que foi preconizado (...). 5. Levando-se em consideração que os agravantes adimpliram três condições estabelecidas quando da concessão do sursis, bem como que a condição remanescente, de reparação do dano ambiental, só não foi implementada até a presente data por força alheia à vontade deles, impõe-se a decretação da extinção de punibilidade ante a inércia estatal na análise do PRAD apresentado [...] (STJ, **SEXTA TURMA**. AgRg no AREsp 1610986/SP, Rel. Ministro SEBASTIÃO REIS JÚNIOR, julgado em 09/06/2020, **DJe 18/06/2020**).

II - na hipótese de o laudo de constatação comprovar não ter sido completa a reparação, o prazo de suspensão do processo será prorrogado, até o período máximo previsto no artigo referido no caput, acrescido de mais um ano, com suspensão do prazo da prescrição;

Da prorrogação do prazo de suspensão do processo. O inciso II do artigo 28 da Lei Ambiental prevê que se o laudo descrito no inciso I do mesmo artigo não comprovar a reparação total dos danos ambientais, haverá prorrogação do prazo de suspensão anteriormente estabelecido, até o prazo máximo de quatro anos (que é o prazo a que se refere o artigo 89 da Lei nº 9.099/95, ao qual o *caput* do artigo 28 da Lei Ambiental faz referência), porém, com o acréscimo de mais um ano.

Ou seja, da interpretação deste artigo, podem ser extraídos os seguintes entendimentos: ou o laudo aponta a reparação total dos danos ambientais e assim o juiz extingue a punibilidade (já que o laudo é uma condição para isso, conforme previsto no artigo 28, I, da Lei Ambiental); ou o laudo afirma que não houve reparação completa e o processo terá o prazo de suspensão alargado até cinco anos (quatro anos porque é o prazo máximo previsto no *caput* do artigo 89 da Lei nº 9.099/95, mais um ano, conforme determina o inciso II do artigo 28 da Lei nº 9.605/98).

III – no período de prorrogação, não se aplicarão as condições dos incisos II, III e IV do § 1º do artigo mencionado no caput;

Da prorrogação sem as condições descritas nos incisos II, III e IV do § 1º, do artigo 89 da Lei nº 9.099/95. Quando o prazo é alargado para aquele descrito no inciso II do artigo 28 da Lei nº 9.605/98, qual seja, cinco anos, o infrator fica sujeito, apenas, a reparar o dano, sem que seja preciso o cumprimento dos seguintes requisitos: proibição de frequentar determinados lugares; proibição de ausentar-se da comarca onde reside, sem autorização do Juiz e comparecimento pessoal e obrigatório a juízo, mensalmente, para informar e justificar suas atividades.

IV – findo o prazo de prorrogação, proceder-se-á à lavratura de novo laudo de constatação de reparação do dano ambiental, podendo, conforme seu resultado, ser novamente prorrogado o período de suspensão, até o máximo previsto no inciso II deste artigo, observado o disposto no inciso III;

Da confecção de novo laudo. Após os cinco anos descritos no inciso II do artigo 28 da Lei Ambiental, o juiz mandará que se faça novo laudo de constatação de reparação do dano ambiental. Atestando-se a reparação do dano, a punibilidade estará extinta.

Do contrário, caso o dano ainda não tenha sido reparado, o prazo de suspensão do processo poderá ser prorrogado por mais cinco anos, observando-se o que dispõe o artigo 28, III, da Lei nº 9.605/98 (que trata da desnecessidade de cumprimento dos requisitos de proibição de frequentar determinados lugares; proibição de ausentar-se da comarca onde reside, sem autorização do Juiz e comparecimento pessoal e obrigatório a juízo, mensalmente, para informar e justificar suas atividades).

Assim, caso tenha sido incialmente estabelecido o prazo de dois anos como suspensão do processo (prazo mínimo), em razão da dilação prevista no inciso II e com mais esta do inciso IV, já teríamos doze anos de suspensão condicional do processo, podendo ser quatorze, caso o juiz tenha estabelecido o primeiro prazo no patamar máximo de quatro anos. Portanto, o prazo máximo ao qual o processo de um infrator de um crime ambiental pode ficar suspenso condicionalmente é de quatorze anos.

V – esgotado o prazo máximo de prorrogação, a declaração de extinção de punibilidade dependerá de laudo de constatação que comprove ter o acusado tomado as providências necessárias à reparação integral do dano.

Da declaração de extinção de punibilidade após todas as prorrogações. Encerrado o prazo de doze ou quatorze anos (conforme explicações feitas por ocasião do estudo do inciso anterior), novo laudo de constatação deverá comprovar que o acusado tomou as providências necessárias à reparação integral do dano. Perceba que a redação do inciso não menciona que o laudo constatará, necessariamente, a reparação do dano.

Nada impede que o laudo diga que o dano foi reparado, hipótese na qual será declarada extinta a punibilidade do infrator. Porém, pode ocorrer e hipótese de o laudo comprovar que o dano é irreparável, mas indicar que o acusado tomou todas as providências necessárias para a reparação integral do dano. Se essa hipótese ocorresse, o juiz extinguiria a punibilidade.

Numa terceira hipótese, o laudo pode afirmar que o dano não foi totalmente reparado e que o acusado não fez tudo que estava ao seu alcance, ou seja, não tomou as providências necessárias à reparação integral do dano, hipótese na qual o juiz revoga a suspensão condicional e retoma o processo.

Precedentes do STJ sobre a aplicação da suspensão condicional do processo nos crimes ambientais. A Quinta Turma do STJ tem entendimento nesse sentido, conforme podemos observar no julgado a seguir:

> RECURSO ORDINÁRIO EM HABEAS CORPUS. CRIME CONTRA O MEIO AMBIENTE. VIOLAÇÃO AO PRINCÍPIO DA DURAÇÃO RAZOÁVEL DO PROCESSO. FEITO SUSPENSO EM RAZÃO DA ACEITAÇÃO DO SURSIS PROCESSUAL. AUSÊNCIA DE COMPROVAÇÃO DO CUMPRIMENTO DAS CONDIÇÕES PELO ACUSADO. REVOGAÇÃO DA BENESSE. CONSTRANGIMENTO ILEGAL INEXISTENTE. (...) 2. No caso dos autos, a demora na tramitação do processo não decorreu da inércia do Poder Judiciário, mas sim das diversas tentativas em descobrir, por meio de cartas precatórias e expedição de ofícios, se o recorrente teria ou não cumprido as condições que lhe foram impostas na proposta de suspensão condicional do processo, o que afasta a ilegalidade vislumbrada na irresignação. Precedentes. [...] (STJ, T5 - QUINTA TURMA. RHC 59632/AM. RECURSO ORDINÁRIO EM HABEAS CORPUS. Relator(a) Ministro LEOPOLDO DE ARRUDA RAPOSO (DESEMBARGADOR CONVOCADO DO TJ/PE). Julgamento em 25/08/2015. Publicação/Fonte em DJe 01/09/2015).

Ainda no que tange aos precedentes da Quinta Turma do STJ no caso de crimes ambientais, a Turma também estabelece requisito especial para a concessão da Suspensão Condicional do Processo, qual seja, a reparação obrigatória do dano (retorno ao *status quo ante*, quando possível), nos termos do art. 28 da Lei n.º 9.605/98.

> PENAL E PROCESSUAL. RECURSO ORDINÁRIO EM HABEAS CORPUS. **CRIME AMBIENTAL. POLUIÇÃO.** TRANCAMENTO DA AÇÃO PENAL. AUSÊNCIA DE JUSTA CAUSA. ATIPICIDADE DA CONDUTA. AUSÊNCIA DE LAUDO TÉCNICO OFICIAL. CRIME FORMAL E DE PERIGO ABSTRATO. DOCUMENTOS SUFICIENTES. MATÉRIA FÁTICO-PROBATÓRIA. INÉPCIA DA DENÚNCIA. NÃO OCORRÊNCIA. **SUS-**

PENSÃO CONDICIONAL DO PROCESSO. REPARAÇÃO DO DANO. CONSTRANGIMENTO ILEGAL NÃO EVIDENCIADO. (...) **5. Não há ilegalidade nas condições propostas pelo Parquet para suspensão condicional do processo, sendo certo que a reparação do dano causado, salvo na impossibilidade de fazê-lo, prevista no art. 89, § 1º, I, da Lei n. 9.099/1995, é imprescindível para concessão do sursis processual. 6. Nos crimes ambientais, a suspensão condicional do processo sujeita-se ao disposto no art. 28 da Lei n. 9.605/1998, só se extinguindo a punibilidade após a emissão de laudo que constate a reparação do dano ambiental, prorrogando-se o sursis quanto a essa condição, caso a reparação não tenha sido completa**. 7. Recurso desprovido (STJ, T5 – QUINTA TURMA. RHC 62119/SP. RECURSO ORDINÁRIO EM HABEAS CORPUS. Relator(a) Ministro GURGEL DE FARIA. Julgamento em 10/12/2015. Publicação/Fonte em DJe 05/02/2016, sem grifo no original).

CAPÍTULO V
DOS CRIMES CONTRA O MEIO AMBIENTE

Seção I
Dos Crimes contra a Fauna

Art. 29. Matar, perseguir, caçar, apanhar, utilizar espécimes da fauna silvestre, nativos ou em rota migratória, sem a devida permissão, licença ou autorização da autoridade competente, ou em desacordo com a obtida:

Pena – detenção de seis meses a um ano, e multa.

Do crime previsto no artigo 29 da Lei nº 9.605/98. Inaugurando a Seção I do Capítulo V, o primeiro crime contra a fauna consiste em cinco verbos nucleares, quais sejam, matar, perseguir, caçar, apanhar ou utilizar espécimes da fauna silvestre, nativos ou em rota migratória. Estamos diante de um tipo penal misto alternativo. Há consumação através da prática de um único verbo nuclear, ou ainda, de vários deles, sem que, com isso, se deixe de considerar como crime único, desde que na mesma situação fática.

No entanto, é preciso que a prática destas condutas se dê sem a devida permissão, licença ou autorização da autoridade competente, ou em desacordo com a obtida anteriormente. Este preceito funciona como elemento normativo do tipo penal.

O conceito de fauna silvestre vem descrito na norma penal explicativa prevista no artigo 29, § 3º, da Lei nº 9.605/98.

Por fim, trata-se de uma infração penal de menor potencial ofensivo, razão pela qual serão aplicados os benefícios pertinentes à Lei nº 9.099/95.

Sujeito ativo. Este crime pode ser praticado por qualquer pessoa, razão pela qual estamos diante de um crime comum.

Sujeito passivo. É a sociedade.

Elemento subjetivo. O tipo prevê a modalidade dolosa, ou seja, a vontade livre e consciente em matar, perseguir, caçar, apanhar, utilizar espécimes da fauna silvestre, nativos ou em rota migratória, nas situações previstas no *caput* do artigo 29 da Lei Ambiental. Não há previsão para modalidade culposa.

Objeto material da conduta. São espécimes da fauna silvestre, nativos ou em rota migratória.

Objeto jurídico. Tutela-se a proteção ao meio ambiente.

Classificação doutrinária. Trata-se de crime comum (pois pode ser praticado por qualquer pessoa), material (quando estivermos diante das condutas de "matar", "caçar" ou "apanhar", tendo em vista a necessidade da ocorrência de resultado naturalístico), porém é formal diante das condutas de "perseguir" ou "utilizar", diante da desnecessidade da ocorrência de resultado naturalístico, comissivo, doloso, instantâneo (exceto na conduta de "perseguir", que denota situação permanente), plurissubsistente (pois pode ser cometido através da prática de vários atos) e de forma livre (já que os verbos podem ser praticados mediante qualquer forma adotada pelo sujeito ativo).

Momento consumativo. Diante das situações nas quais o crime é material, a consumação se dará com o resultado naturalístico decorrente das condutas. Já diante das situações em que o crime é formal, a consumação se dará com a perseguição ou a utilização dos espécimes da fauna silvestre, nativos ou em rota migratória, sem a devida permissão, licença ou autorização da autoridade competente, ou em desacordo com a obtida.

Tentativa. Admitida, por se tratar de situação que envolve um crime plurissubsistente, na qual há possibilidade do fracionamento da conduta.

> § 1º Incorre nas mesmas penas:
>
> I - quem impede a procriação da fauna, sem licença, autorização ou em desacordo com a obtida;
>
> II - quem modifica, danifica ou destrói ninho, abrigo ou criadouro natural;
>
> III - quem vende, expõe à venda, exporta ou adquire, guarda, tem em cativeiro ou depósito, utiliza ou transporta ovos, larvas ou espécimes da fauna silvestre, nativa ou em rota migratória, bem como produtos e objetos dela oriundos, provenientes de criadouros não autorizados ou sem a devida permissão, licença ou autorização da autoridade competente.

Das condutas descritas no parágrafo primeiro do artigo 29 da Lei nº 9.605/98. Este dispositivo também sujeita os infratores às penas descritas no preceito secundário do *caput* do artigo 29, razão pela qual também é uma infração de menor potencial ofensivo.

Três são as condutas descritas. A primeira delas diz respeito a quem impede a procriação (reprodução) da fauna, sem licença, autorização ou em desacordo com aquela obtida. Já a conduta descrita no inciso II do parágrafo primeiro preleciona ser criminoso quem modifica, danifica ou destrói ninho, abrigo ou criadouro natural.

Por fim, vender, expor à venda, exportar ou adquirir, guardar, ter em cativeiro ou depósito, utilizar ou transportar ovos, larvas ou espécimes da fauna silvestre, nativa ou em rota migratória, bem como produtos e objetos dela oriundos, provenientes de criadouros não autorizados ou sem a devida permissão, licença ou autorização da autoridade competente também estará sujeito à pena de detenção de seis meses a um ano, e multa.

Sujeito ativo. Nos três incisos estamos diante de crime comum, pois pode ser praticado por qualquer pessoa.

Sujeito passivo. É a sociedade, em quaisquer das condutas descritas no parágrafo primeiro do artigo 29.

Elemento subjetivo. Em todas as situações está descrita a modalidade dolosa, sem previsão para a culposa.

Objeto material da conduta. Na hipótese descrita no inciso I é a fauna. Já na do inciso II é o ninho, abrigo ou criadouro natural. Finalmente, no inciso III são os ovos, larvas ou espécimes da fauna silvestre, nativa ou em rota migratória, ou ainda produtos e objetos dela oriundos.

Objeto jurídico. Tutela-se a proteção ao meio ambiente.

Classificação doutrinária. Trata-se de crime comum (pois pode ser praticado por qualquer pessoa), material (em todas as situações dos incisos I e II, além dos verbos "vender", "exportar", "adquirir", "guardar", "ter em cativeiro ou depósito" bem como "transportar"), porém formal (quando estivermos, no inciso III, diante das condutas de "utilizar" e "expor à venda", tendo em vista a desnecessidade da ocorrência de resultado naturalístico), comissivo, doloso, instantâneo (nas condutas previstas nos incisos I, II e nas seguintes do inciso III: "vender", "exportar", "adquirir" e "utilizar").

Porém, é permanente em relação aos verbos "expor à venda", "guardar", "ter em cativeiro ou depósito" ou "transportar". Além disso, em todos os incisos é plurissubsistente (pois pode ser cometido através da prática de vários atos) e de forma livre (já que os verbos podem ser praticados mediante qualquer forma adotada pelo sujeito ativo).

Momento consumativo. Diante das situações nas quais o crime é material, a consumação se dará com o resultado naturalístico decorrente das condutas. Porém, diante das situações em que o crime é formal, previstas no inciso III, a consumação se dará com a utilização ou exposição à venda dos objetos materiais lá descritos.

Tentativa. Admitida, por se tratar de situação que envolve um crime plurissubsistente, na qual há possibilidade do fracionamento da conduta.

Do art. 29, §1º, III, LCA. Aplicação do princípio da insignificância. Possibilidade. A jurisprudência da Quinta Turma do STJ – na esteira do entendimento adotado pelo próprio STJ no sentido da aplicabilidade do princípio da insignificância ou delito de bagatela aos crimes ambientais, desde que presentes os vetores autorizativos – entendeu que possível é a aplicação do referido princípio ao tipo penal previsto no art. 29, §1º, III, LCA, senão vejamos:

> AGRAVO REGIMENTAL NO HABEAS CORPUS. CRIME AMBIENTAL. VENDER, EXPOR A VENDA, EXPORTAR OU ADQUIRIR, GUARDAR, TER EM CATIVEIRO OU DEPÓSITO, UTILIZAR OU TRANSPORTAR OVOS, LARVAS OU ESPÉCIMES DA FAUNA SILVESTRE, NATIVA OU EM ROTA MIGRATÓRIA, BEM COMO PRODUTOS E OBJETOS DELA ORIUNDOS, PROVENIENTES DE CRIADOUROS NÃO AUTORIZADOS OU SEM A DEVIDA PERMISSÃO, LICENÇA OU AUTORIZAÇÃO DA AUTORIDADE COMPETENTE. ATIPICIDADE MATERIAL. PRINCÍPIO DA INSIGNIFICÂNCIA. APLICAÇÃO. RECURSO DESPROVIDO. 1. A aplicação do princípio da insignificância, causa excludente de tipicidade material, admitida pela doutrina e pela jurisprudência em observância aos postulados da fragmentariedade e da intervenção mínima do Direito Penal, demanda o exame do preenchimento de certos requisitos objetivos e subjetivos exigidos para o seu reconhecimento, traduzidos no reduzido valor do bem tutelado e na favorabilidade das circunstâncias em que foi cometido o fato criminoso e de suas consequências jurídicas e sociais. 2. **Esta Corte admite a aplicação do referido postulado aos crimes ambientais, desde que a lesão seja irrelevante, a ponto de não afetar de maneira expressiva o equilíbrio ecológico, hipótese caracterizada na espécie.** 3. Na hipótese, em que o agravante foi flagrado mantendo em cativeiro 4 **pássaros da fauna silvestre, das espécimes tico-tico, papa-banana e coleiro, estão presentes os vetores de conduta minimamente ofensiva, ausência de periculosidade do agente, reduzido grau de reprovabilidade do comportamento e lesão jurídica inexpressiva, os quais autorizam a aplicação do pleiteado princípio da insignificância**, haja vista o vasto lastro probatório constituído nas instâncias ordinárias. [...] (STJ, T5 - QUINTA TURMA. AgRg no HC 519696/SC. AGRAVO REGIMENTAL NO HABEAS CORPUS. Relator(a) Ministro JORGE MUSSI. Julgamento em 21/11/2019. Publicação/Fonte em DJe 28/11/2019, sem grifos no original).

§ 2º No caso de guarda doméstica de espécie silvestre não considerada ameaçada de extinção, pode o juiz, considerando as circunstâncias, deixar de aplicar a pena.

Do perdão judicial, previsto no artigo 29, § 2º, da Lei nº 9.605/98. O perdão aqui descrito abrange a conduta de guarda doméstica de espécie silvestre não considerada ameaçada de extinção (por exemplo, papagaios) tem natureza jurídica de causa de extinção da punibilidade, corroborando a previsão do artigo 107, IX, do Código Penal.

> § 3º São espécimes da fauna silvestre todos aqueles pertencentes às espécies nativas, migratórias e quaisquer outras, aquáticas ou terrestres, que tenham todo ou parte de seu ciclo de vida ocorrendo dentro dos limites do território brasileiro, ou águas jurisdicionais brasileiras.

Da natureza jurídica do parágrafo terceiro do artigo 29 da Lei nº 9.605/98. O conceito de fauna silvestre vem descrito na norma penal explicativa prevista no artigo 29, § 3º, da Lei nº 9.605/98.

> § 4º A pena é aumentada de metade, se o crime é praticado:
>
> I - contra espécie rara ou considerada ameaçada de extinção, ainda que somente no local da infração;
>
> II - em período proibido à caça;
>
> III - durante a noite;
>
> IV - com abuso de licença;
>
> V - em unidade de conservação;
>
> VI - com emprego de métodos ou instrumentos capazes de provocar destruição em massa.

Das causas de aumento de pena previstas para os crimes descritos no artigo 29 da Lei nº 9.605/98. Em quaisquer situações descritas nos incisos do parágrafo quarto do artigo 29 é prevista uma causa de aumento de metade da pena. É necessário, no entanto, verificar se algumas dessas situações também é prevista como agravante, descritas no artigo 15 da mesma Lei.

Isso ocorre, por exemplo, quando se aplica o inciso I do § 4º do artigo 29, pois não será possível aplicar, também, a agravante descrita no artigo 15, II, "q". O mesmo se diga em relação ao inciso III do § 4º do artigo 29, quando aplicado como causa de aumento em detrimento do artigo 15, II, "i".

Em se tratando do inciso IV do § 4º do art. 29, a atenção deve estar em não aplicar a agravante descrita no artigo 15, II, "o". Quanto ao inciso V do § 4º do art. 29, não se deve aplicar a agravante prevista no art. 15, II, "e". Por fim, se for aplicada a causa de aumento de pena prevista no artigo 29, § 4º, VI, não se aplica, sob pena de *bis in idem*, as agravantes do art. 15, II, "c", "d" "e" e "f".

> § 5º A pena é aumentada até o triplo, se o crime decorre do exercício de caça profissional.

Da causa de aumento descrita no parágrafo quinto do art. 29 da Lei nº 9.605/98. Esta causa de aumento diferencia-se daquela prevista no artigo 29, § 4º, II, pois lá a caça não se dá de forma profissional, e sim, amadora. O legislador, por questões de política criminal prevê maior reprovabilidade àqueles que exercem a caça de maneira profissional, tendo em vista a maior potencialidade lesiva ao meio ambiente. Com isso, previu causa de aumento na qual a pena é aumentada até o triplo para estas situações.

§ 6º As disposições deste artigo não se aplicam aos atos de pesca.

Da inaplicabilidade do artigo 29 aos atos de pesca. A pesca, em que pese constituir a fauna, possui previsões legais específicas, previstas no artigo 34 da Lei nº 9.605/98.

Art. 30. Exportar para o exterior peles e couros de anfíbios e répteis em bruto, sem a autorização da autoridade ambiental competente:

Pena – reclusão, de um a três anos, e multa.

Do crime previsto no artigo 30 da Lei nº 9.605/98. A conduta principal prevê a exportação de peles e couros de anfíbios e répteis em bruto. A exportação pressupõe a remessa destes objetos materiais para fora do território nacional brasileiro. Ou seja, pune-se o tráfico internacional dos objetos materiais descritos no dispositivo. Porém, é preciso que isto se dê sem autorização da autoridade ambiental competente.

O tipo penal em comento deixa a cargo de outras normas a definição sobre o que estaria compreendida na autorização da autoridade ambiental competente, razão pela qual haverá necessidade de valoração conforme o caso concreto, diante das normativas aplicáveis.

Sujeito ativo. Este crime pode ser praticado por qualquer pessoa, razão pela qual estamos diante de um crime comum.

Sujeito passivo. É a sociedade.

Elemento subjetivo. O tipo prevê a modalidade dolosa, ou seja, a vontade livre e consciente em exportar peles e couros de anfíbios e répteis em bruto (*in natura*, não industrializados), sem a autorização da autoridade ambiental competente. Não há previsão para modalidade culposa.

Objeto material da conduta. São as peles e couros de anfíbios e répteis em bruto.

Objeto jurídico. Tutela-se a proteção ao meio ambiente.

Classificação doutrinária. Trata-se de crime comum (pois pode ser praticado por qualquer pessoa), material (tendo em vista a necessidade da ocorrência de resultado naturalístico), comissivo, doloso, instantâneo, plurissubsistente (pois pode ser cometido através da prática de vários atos) e de forma livre (já que os verbos podem ser praticados mediante qualquer forma adotada pelo sujeito ativo).

Momento consumativo. Diante das situações nas quais o crime é material, a consumação se dará com o resultado naturalístico decorrente das condutas que, no presente caso, é a efetiva exportação dos objetos materiais descritos no *caput* do artigo 30.

Tentativa. Admitida, por se tratar de situação que envolve um crime plurissubsistente, na qual há possibilidade do fracionamento da conduta.

Art. 31. Introduzir espécime animal no País, sem parecer técnico oficial favorável e licença expedida por autoridade competente:

Pena - detenção, de três meses a um ano, e multa.

Do crime previsto no artigo 31 da Lei nº 9.605/98. Diante da complexidade que envolve todo ecossistema, somente através de estudos específicos é possível dimensionar ou tentar dimensionar o impacto de eventual inclusão de nova espécie animal. Desta forma, para que seja introduzido espécime animal no país, é necessário parecer técnico oficial favorável e licença expedida por autoridade competente, para que não se configure a conduta criminosa descrita no artigo 31 da Lei Ambiental.

O tipo em questão denota a necessidade de complementação em normativas que se adequem ao caso concreto para definir qual é o parecer técnico oficial, bem como a licença expedida por autoridade competente que devem ser aplicadas no caso concreto.

Sujeito ativo. Este crime pode ser praticado por qualquer pessoa, razão pela qual estamos diante de um crime comum.

Sujeito passivo. É a sociedade.

Elemento subjetivo. O tipo prevê a modalidade dolosa, ou seja, a vontade livre e consciente em introduzir espécime animal no País, sem parecer técnico oficial favorável e licença expedida por autoridade competente. Não há previsão para modalidade culposa.

Objeto material da conduta. Espécime animal.

Objeto jurídico. Tutela-se a proteção ao meio ambiente.

Classificação doutrinária. Trata-se de crime comum (pois pode ser praticado por qualquer pessoa), material (tendo em vista a necessidade da ocorrência de resultado naturalístico), comissivo, doloso, instantâneo, plurissubsistente (pois pode ser cometido através da prática de vários atos) e de forma livre (já que os verbos podem ser praticados mediante qualquer forma adotada pelo sujeito ativo).

Momento consumativo. A consumação se dará com o resultado naturalístico, que consiste na efetiva introdução de espécime animal no país, nas condições descritas no *caput* do artigo 31.

Tentativa. Admitida, por se tratar de situação que envolve um crime plurissubsistente, na qual há possibilidade do fracionamento da conduta.

Art. 32. Praticar ato de abuso, maus-tratos, ferir ou mutilar animais silvestres, domésticos ou domesticados, nativos ou exóticos:

Pena – detenção, de três meses a um ano, e multa.

Do crime previsto no artigo 32 da Lei nº 9.605/98. As condutas aqui descritas revelam um dos crimes mais praticados em termos ambientais. O tipo se refere tanto à prática de ato de abuso, de maus-tratos, quanto de ferimento ou de mutilação em animais silvestres, domésticos ou domesticados, nativos ou exóticos.

Algumas situações descritas no *caput* do artigo 32 são dotadas de subjetivismo, o que pode dar azo a interpretações errôneas sobre o real alcance da tutela do bem jurídico envolvido.

Desta forma, tanto o Delegado de Polícia, quanto o Ministério Público ou o Juiz que se deparar com situações envolvendo a aplicação do artigo 32 da Lei Ambiental, deverá zelar para que a interpretação se coadune com aquela que garanta efetividade, porém, amparada na filtragem constitucional e nos dispositivos de tutela do meio ambiente.

Um exemplo disto é o fato de matar animal doméstico, haja vista que não há, a princípio, enquadramento legal no artigo 29, nem no artigo 32, da Lei Ambiental. Porém, antes de matar o animal é preciso feri-lo, razão pela qual será aplicado o artigo 32 da Lei nº 9.605/98.

Tendo em vista o preceito secundário deste artigo, estamos diante de uma infração de menor potencial ofensivo, apta a ensejar a aplicação dos benefícios previstos na Lei nº 9.099/95.

Do julgamento da ADI 1.856/RJ em face da Lei Estadual nº 2.895/98 (do Estado do Rio de Janeiro) sobre exposições e competições entre aves das raças combatentes. Por ocasião do julgamento da ADI 1.856/RJ, o STF entendeu que Lei Estadual que autoriza a realização de exposições e competições entre aves das raças combatentes é uma norma inconstitucional, pois institucionaliza a prática de crueldade contra a fauna.

> AÇÃO DIRETA DE INCONSTITUCIONALIDADE – BRIGA DE GALOS (LEI FLUMINENSE Nº 2.895/98) – LEGISLAÇÃO ESTADUAL QUE, PERTINENTE A EXPOSIÇÕES E A COMPETIÇÕES ENTRE AVES DAS RAÇAS COMBATENTES, FAVORECE ESSA PRÁTICA CRIMINOSA – DIPLOMA LEGISLATIVO QUE ESTIMULA O COMETIMENTO DE

> ATOS DE CRUELDADE CONTRA GALOS DE BRIGA – CRIME AMBIENTAL (LEI Nº 9.605/98, ART. 32) – MEIO AMBIENTE – DIREITO À PRESERVAÇÃO DE SUA INTEGRIDADE (CF, ART. 225) – PRERROGATIVA QUALIFICADA POR SEU CARÁTER DE METAINDIVIDUALIDADE – DIREITO DE TERCEIRA GERAÇÃO (OU DE NOVÍSSIMA DIMENSÃO) QUE CONSAGRA O POSTULADO DA SOLIDARIEDADE – PROTEÇÃO CONSTITUCIONAL DA FAUNA (CF, ART. 225, § 1º, VII) – DESCARACTERIZAÇÃO DA BRIGA DE GALO COMO MANIFESTAÇÃO CULTURAL – RECONHECIMENTO DA INCONSTITUCIONALIDADE DA LEI ESTADUAL IMPUGNADA – AÇÃO DIRETA PROCEDENTE. LEGISLAÇÃO ESTADUAL QUE AUTORIZA A REALIZAÇÃO DE EXPOSIÇÕES E COMPETIÇÕES ENTRE AVES DAS RAÇAS COMBATENTES – NORMA QUE INSTITUCIONALIZA A PRÁTICA DE CRUELDADE CONTRA A FAUNA – INCONSTITUCIONALIDADE. – A promoção de briga de galos, além de caracterizar prática criminosa tipificada na legislação ambiental, configura conduta atentatória à Constituição da República, que veda a submissão de animais a atos de crueldade, cuja natureza perversa, à semelhança da "farra do boi" (RE 153.531/SC), não permite sejam eles qualificados como inocente manifestação cultural, de caráter meramente folclórico. Precedentes. – A proteção jurídico-constitucional dispensada à fauna abrange tanto os animais silvestres quanto os domésticos ou domesticados, nesta classe incluídos os galos utilizados em rinhas, pois o texto da Lei Fundamental vedou, em cláusula genérica, qualquer forma de submissão de animais a atos de crueldade. – Essa especial tutela, que tem por fundamento legitimador a autoridade da Constituição da República, é motivada pela necessidade de impedir a ocorrência de situações de risco que ameacem ou que façam periclitar todas as formas de vida, não só a do gênero humano, mas, também, a própria vida animal, cuja integridade restaria comprometida, não fora a vedação constitucional, por práticas aviltantes, perversas e violentas contra os seres irracionais, como os galos de briga ("gallus-gallus"). [...] (STF, Tribunal Pleno. ADI 1856/RJ.AÇÃO DIRETA DE INCONSTITUCIONALIDADE. Relator(a) Min. CELSO DE MELLO. Julgamento em 26/05/2011. Publicação em DJe-198 DIVULG 13-10-2011 PUBLIC 14-10-2011. EMENT VOL-02607-02 PP-00275. RTJ VOL-00220-01 PP-00018. RT v. 101, n. 915, 2012, p. 379-413, sem grifos no original).

Do julgamento da ADI 4.983/CE sobre a questão da "vaquejada" e o advento da Lei 13.364/16. Por ocasião do informativo 842 do STF, a Corte veiculou julgamento do dia 06 de outubro de 2016, no qual o Plenário do STF, por maioria, julgou procedente ação direita de modo a declarar a inconstitucionalidade da Lei Estadual 15.299/2013, do Estado do Ceará, que tratava da atividade de "vaquejada" (na qual uma dupla de vaqueiros montados em diferentes cavalos procuram derrubar um touro dentro de área previamente demarcada), entendendo que tal atividade contempla uma série de atitudes nocivas aos animais bovinos, como possibilidade de fraturas nas patas, rupturas dos ligamentos e vasos sanguíneos, traumatismos etc., o que causaria dores físicas e sofrimento mental aos animais.

Assim, tal atividade colide frontalmente com os preceitos previstos no artigo 225, § 1º, VII, da CRFB/88, que protege a flora e a fauna, sendo vedadas, na forma da lei, as práticas que coloquem em risco sua função ecológica, provoquem a extinção de espécies ou submetam os animais a crueldade.

Os Ministros entenderam, ainda, que o sentido da expressão "crueldade", contida neste dispositivo constitucional, alcança a tortura e os maus-tratos infligidos aos animais bovinos por ocasião da prática da "vaquejada".

Pouco tempo depois desta decisão (menos de dois meses) houve o advento da Lei nº 13.364/16 (posteriormente alterada pela Lei nº 13.873/19), que eleva o Rodeio, a Vaquejada, bem como as respectivas expressões artístico-culturais, à condição de manifestação cultural nacional e de patrimônio cultural imaterial, fazendo com que esta nova Lei Federal vá de encontro com a decisão do STF, que ressaltava, inclusive, o fato de que a crueldade intrínseca à "vaquejada" não permite a prevalência do valor cultural como resultado desejado pelo sistema de direitos fundamentais da Constituição.

Cabe destacar, ainda, que, em 14/02/2017, o Senado Federal aprovou (em dois turnos) a PEC n.º 50/2016, conhecida como "PEC da Vaquejada", que acrescenta um novo parágrafo (§ 7º) ao artigo 225 da CRFB/88. A referida proposta de Emenda à Constituição (que na Câmara ganhou o n.º 304/17), foi aprovada na Câmara dos Deputados e, em 06/06/2017, o Congresso Nacional promulgou a Emenda Constitucional n.º 96 (publicada no Diário Oficial da União no dia 07/06/2017), acrescentando o parágrafo 7º ao artigo 225 da CRFB/88, com a seguinte redação:

> "Art. 225. Todos têm direito ao meio ambiente ecologicamente equilibrado, bem de uso comum do povo e essencial à sadia qualidade de vida, impondo-se ao Poder Público e à coletividade o dever de defendê-lo e preservá-lo para as presentes e futuras gerações.
>
> (...)
>
> § 7º Para fins do disposto na parte final do inciso VII do § 1º deste artigo, não se consideram cruéis as práticas desportivas que utilizem animais, desde que sejam manifestações culturais, conforme o § 1º do art. 215 desta Constituição Federal, registradas como bem de natureza imaterial integrante do patrimônio cultural brasileiro, devendo ser regulamentadas por lei específica que assegure o bem-estar dos animais envolvidos."(NR)

Assim, segundo o novo parágrafo 7º do art. 225 da CRFB/88, não serão consideradas como cruéis as manifestações culturais registradas como bem imaterial do patrimônio cultural (dentre elas a vaquejada e o rodeio, como visto, ante a edição da

Lei n.º 13.364/16), desde que haja regulamentação legal (lei específica que assegure o bem-estar desses animais). A edição da EC n.º 96/2017 sinaliza o posicionamento legislativo contrário ao entendimento do STF, como aqui já esposamos. Aguardemos, portanto, novo posicionamento do STF, agora, a respeito desta nova Lei e da alteração do texto constitucional (seja em sede de controle concentrado ou difuso).

Contudo, cabe o estudo da Rcl 25869 AgR/PI. Neste julgado (datado de 11/09/2017, logo após a edição da EC n.º 96/2017), a Primeira Turma do STF analisou Reclamação, com pedido de liminar, contra decisão proferida pelo Juízo da 2ª Vara dos Feitos da Fazenda Pública da Comarca de Teresina/PI que, em sede de ação civil pública, teria violado o decidido na ADI 4.983/CE (Rel. Min. Marco Aurélio, j. em 6/10/2016). No âmbito de cognição da Reclamação (definir se a decisão reclamada, tal como proferida, ofendeu ou não a autoridade do acórdão prolatado no julgamento da ADI 4.983-CE), a Primeira Turma do STF assentou que:

> "(...) A celeuma em comento cinge-se na possibilidade jurídica de se determinar que o evento de vaquejada seja cancelado definitivamente, sem possibilidade de realização em anos vindouros. O pedido é instruído e fundamentado, basicamente, em dois pontos. Primeiro, o julgamento pelo STF da ADI 4.983/2013, que declarou a inconstitucionalidade de Lei Estadual do Ceará visando regular a prática das Vaquejadas. Segundo, sobre atos de crueldade e de maus tratos contra animais durante tais eventos. **A mencionada decisão, relativa a inconstitucionalidade de Lei Estadual cearense, a princípio, não se impõe erga omnes. Aplica-se a tentativa daquele Estado de regular a prática, mas não determina formalmente o impedimento para tais eventos de uma forma geral**. Quanto aos atos de crueldade e de maus tratos contra animais, não se demonstra, contudo, que no âmbito do Estado do Piauí, e mais especificamente no Parque de Exposição em questão, estes tenham ocorrido ou estejam ocorrendo (...) **Ressalto, outrossim, que qualquer dano ou maus tratos a animais, efetivamente ocorrido durante a Vaquejada, deverá ser investigado e punido, conforme legislação pertinente**, ficando este risco imposto aos suplicados (...) **Por outro lado, no julgado indicado como paradigma, o que esta Corte efetivamente assentou foi a inconstitucionalidade da lei cearense que regulamentava a vaquejada, não sendo cabível, até o presente momento, extrair conclusão no sentido da proibição de sua prática em todo o território nacional** (...)"

Note-se que o referido julgado não se manifestou acerca do novo paradigma de controle (EC n.º 96/2017) se limitando a ressaltar que mesmo no âmbito da ADI 4.983-CE não se estava a proibir em definitivo o evento 'vaquejada' nem definir o alcance da referida proibição para todo território nacional. Restou assentado, contudo, que, em todo caso, qualquer dano ou maus tratos a animais, efetivamente ocorrido durante a 'vaquejada', deverá ser investigado e punido conforme legislação pertinente:

PROCESSUAL CIVIL E CONSTITUCIONAL. **AGRAVO REGIMENTAL NA RECLAMAÇÃO. MANIFESTAÇÃO CULTURAL ENVOLVENDO ANIMAIS. "VAQUEJADA". ALEGADA CONTRARIEDADE À ADI 4.983/CE. INOCORRÊNCIA. AUSÊNCIA DE ESTRITA ADERÊNCIA ENTRE O DECIDIDO NO ATO RECLAMADO E NO PARADIGMA APONTADO. AGRAVO REGIMENTAL A QUE SE NEGA PROVIMENTO**. (STF, Primeira Turma Rcl 25869 AgR/PI. AG.REG. NA RECLAMAÇÃO. Relator(a): Min. ALEXANDRE DE MORAES. Julgamento em 11/09/2017. Publicação em DJe-214 DIVULG 20-09-2017 PUBLIC 21-09-2017).

Artigos 37, 32 e 29, todos da Lei de Crimes Ambientais. Sacrifício de animais em ritual religioso. Ausente maus tratos. Constitucionalidade. O Plenário do STF, em controle difuso de constitucionalidade (recurso extraordinário que na origem tratava de ação direta cujo parâmetro de controle era a Constituição Gaúcha em norma de repetição obrigatória - art. 22, I, da CRFB/88), no julgamento do RE 494601, por maioria, firmou a seguinte tese em sede de repercussão geral: "*É constitucional a lei de proteção animal que, a fim de resguardar a liberdade religiosa, permite o sacrifício ritual de animais em cultos de religiões de matriz africana*".

Do ponto de vista formal, a discussão girava em torno da competência concorrente do art. 24, VI, da CRFB/88 (constitucionalidade formal, já que a referida lei não versa sobre matéria penal [excludente de ilicitude, art. 37 LCA] e sim, proteção ambiental, bem como a LCA [norma geral sobre proteção ambiental] - arts. 29 e 37 - é omissa quanto ao sacrifício de animais com finalidade religiosa) em que reafirmada a independência da esfera penal relativamente à administrativa.

Do ângulo material, o Plenário da Suprema Corte conclui não haver violação à Constituição Federal na Lei nº 11.915/2003 do Estado do Rio Grande do Sul (norma que dispõe sobre o sacrifício ritual em cultos e liturgias das religiões de matriz africana) por entender que entre dois bens jurídicos constitucionais - proteção ao meio ambiente (art. 225 CRFB/88) em cotejo com a liberdade religiosa (art. 5º, VI, da CRFB/88) - pela preponderância desta última, em sua dimensão comunitária, permitindo o sacrifício de animais de acordo com preceitos religiosos, por constituir este patrimônio cultural imaterial (proteção à cultura - art. 2º, item 2, alínea "c", da Convenção para a Salvaguarda do Patrimônio Cultural Imaterial da Unesco c/c art. 215, § 1º, da CRFB/88). Em caminho distinto em relação à solução que foi dada para a vaquejada (note-se, este julgado é posterior ao art. 225, §7º da CRFB/88) entendeu, ainda, preservada a proteção à fauna, dado que não se pode considerar tais práticas como cruéis, até porque regulamentadas pelo Ministério da Agricultura, Pecuária e Abastecimento [item 11.3 da Instrução Normativa nº 3, de 17 de janeiro de 2000 - disciplinou o regulamento técnico de métodos de insensibilização para o abate humanitário de animais de açougue]). Por fim, justificou a especial proteção a religiões de matriz africana, ao argumento de que "*se é certo que a interpretação constitucional aqui fixada estende-se às demais religiões que também adotem práticas sacrificiais, não ofende a igualdade, ao contrário, vai a seu encontro* [política de ações afirmativas/igualdade material ou substancial], *a designação de especial proteção a religiões de culturas que, historicamente, foram estigmatizadas* [preconceito estrutural]". Confira o precedente em questão:

> DIREITO CONSTITUCIONAL. RECURSO EXTRAORDINÁRIO COM REPERCUSSÃO GERAL. **PROTEÇÃO AO MEIO AMBIENTE. LIBERDADE RELIGIOSA**. LEI 11.915/2003 DO ESTADO DO RIO GRANDE DO SUL. NORMA QUE DISPÕE SOBRE O SACRIFÍCIO RITUAL EM CULTOS E LITURGIAS DAS RELIGIÕES DE MATRIZ AFRICANA. COMPETÊNCIA CONCORRENTE DOS ESTADOS PARA LEGISLAR SOBRE FLORESTAS, CAÇA, PESCA, FAUNA, CONSERVAÇÃO DA NATUREZA, DEFESA DO SOLO E DOS RECURSOS NATURAIS, PROTEÇÃO DO MEIO AMBIENTE E CONTROLE DA POLUIÇÃO. **SACRIFÍCIO DE ANIMAIS DE ACORDO COM PRECEITOS RELIGIOSOS. CONSTITUCIONALIDADE**. 1. Norma estadual que institui Código de Proteção aos Animais sem dispor sobre hipóteses de exclusão de crime amoldam-se à competência concorrente dos Estados para legislar sobre florestas, caça, pesca, fauna, conservação da natureza, defesa do solo e dos recursos naturais, proteção do meio ambiente e controle da poluição (art. 24, VI, da CRFB). 2. A prática e os rituais relacionados ao sacrifício animal são patrimônio cultural imaterial e constituem os modos de criar, fazer e viver de diversas comunidades religiosas, particularmente das que vivenciam a liberdade religiosa a partir de práticas não institucionais. 3. A dimensão comunitária da liberdade religiosa é digna de proteção constitucional e não atenta contra o princípio da laicidade. 4. O sentido de laicidade empregado no texto constitucional destina-se a afastar a invocação de motivos religiosos no espaço público como justificativa para a imposição de obrigações. A validade de justificações públicas não é compatível com dogmas religiosos. 5. A proteção específica dos cultos de religiões de matriz africana é compatível com o princípio da igualdade, uma vez que sua estigmatização, fruto de um preconceito estrutural, está a merecer especial atenção do Estado. 6. **Tese fixada: "É constitucional a lei de proteção animal que, a fim de resguardar a liberdade religiosa, permite o sacrifício ritual de animais em cultos de religiões de matriz africana"**. 7. Recurso extraordinário a que se nega provimento. (STF, **Tribunal Pleno**. RE 494601, Relator(a): MARCO AURÉLIO, Relator(a) p/ Acórdão: EDSON FACHIN, julgado em 28/03/2019, PROCESSO ELETRÔNICO DJe-251 DIVULG 18-11-2019 **PUBLIC 19-11-2019**). Sem grifo no original.

Sujeito ativo. Este crime pode ser praticado por qualquer pessoa, razão pela qual estamos diante de um crime comum.

Sujeito passivo. É a sociedade.

Elemento subjetivo. O tipo prevê a modalidade dolosa, ou seja, a vontade livre e consciente em praticar ato de abuso, maus-tratos, ferir ou mutilar animais silvestres, domésticos ou domesticados, nativos ou exóticos. Porém, pressupõe-se elemento subjetivo específico consistente na crueldade ou sadismo. Não há previsão para modalidade culposa.

Objeto material da conduta. É o animal silvestre, doméstico ou domesticado, nativo ou exótico.

Objeto jurídico. Tutela-se a proteção ao meio ambiente.

Classificação doutrinária. Trata-se de crime comum (pois pode ser praticado por qualquer pessoa), material (tendo em vista a necessidade da ocorrência de resultado naturalístico), comissivo, doloso, instantâneo (diante das modalidades "ferir" ou "mutilar") e de efeitos permanentes (diante da conduta "praticar ato de abuso") e no que se refere à conduta de "praticar maus-tratos" o crime pode ser permanente diante do caso concreto, plurissubsistente (pois pode ser cometido através da prática de vários atos) e de forma livre (já que os verbos podem ser praticados mediante qualquer forma adotada pelo sujeito ativo).

Momento consumativo. A consumação se dará com o resultado naturalístico, que consiste na efetiva prática dos atos de abuso, maus-tratos, nos ferimentos ou na mutilação dos objetos materiais descritos no *caput* do artigo 32.

Tentativa. Admitida, por se tratar de situação que envolve um crime plurissubsistente, na qual há possibilidade do fracionamento da conduta.

§ 1º Incorre nas mesmas penas quem realiza experiência dolorosa ou cruel em animal vivo, ainda que para fins didáticos ou científicos, quando existirem recursos alternativos.

Da conduta descrita no artigo 32, § 1º, da Lei nº 9.605/98. Este tipo penal tipifica como criminosa a conduta daqueles que efetivam experiência dolorosa ou cruel em animal vivo, mesmo que o intento do sujeito ativo seja a finalidade didática ou científica, quando existirem recursos alternativos.

A Lei nº 11.794/08 (que regulamenta o inciso VII do § 1º do art. 225 da Constituição Federal, estabelecendo procedimentos para o uso científico de animais; revoga a Lei nº 6.638, de 8 de maio de 1979; e dá outras providências) disciplina diversos assuntos relacionados ao tema, principalmente no que tange à pesquisa, a criação ou a utilização de animais para pesquisa.

Nos termos do artigo 12 da Lei nº 11.794/08, tais atividades ficam restritas, exclusivamente, às instituições que são credenciadas no CONCEA, que é o Conselho Nacional de Controle de Experimentação Animal.

Dentre outros assuntos, cuida-se da chamada vivissecção, que pode ser entendida como o ato ou experiência realizados em animais vivos, com objetivos científicos ou didáticos. Portanto, em sendo autorizada por Lei, e desde que realizada nos estritos termos dela, não há como ser considerada criminosa, pois o artigo 14, § 5º, da Lei nº 11.794/08, detalha que os experimentos que possam causar dor ou angústia serão desenvolvidos sob sedação, analgesia ou anestesia adequadas.

O artigo 14, § 6º, também da Lei nº 11.794/08, assevera que nos experimentos em que o objetivo seja o estudo dos processos relacionados à dor e à angústia, deve haver autorização específica da CEUA (Comissões de Ética no Uso de Animais) e obedeçam às normas estabelecidas pelo CONCEA.

Percebe-se que o legislador se preocupou em afastar qualquer tratamento cruel ou doloroso aos animais, porém, sem que haja impedimentos aos objetivos científicos ou didáticos, desde que cumpridas as exigências legais.

Sujeito ativo. Este crime pode ser praticado por qualquer pessoa, razão pela qual estamos diante de um crime comum.

Sujeito passivo. É a sociedade.

Elemento subjetivo. O tipo prevê a modalidade dolosa, ou seja, a vontade livre e consciente em realizar experiência dolorosa ou cruel em animal vivo, ainda que para fins didáticos ou científicos, quando existirem recursos alternativos. Não há previsão para modalidade culposa.

Objeto material da conduta. É o animal vivo.

Objeto jurídico. Tutela-se a proteção ao meio ambiente.

Classificação doutrinária. Trata-se de crime comum (pois pode ser praticado por qualquer pessoa), material (tendo em vista a necessidade da ocorrência de resultado naturalístico), comissivo, doloso, instantâneo, plurissubsistente (pois pode ser cometido através da prática de vários atos) e de forma livre (já que os verbos podem ser praticados mediante qualquer forma adotada pelo sujeito ativo).

Momento consumativo. A consumação se dará com o resultado naturalístico, que consiste na efetiva realização dos atos cruéis ou dolorosos aos animais vivos, nas condições descritas no artigo 32, § 1º, da Lei Ambiental.

Tentativa. Admitida, por se tratar de situação que envolve um crime plurissubsistente, na qual há possibilidade do fracionamento da conduta.

> § 1º-A Quando se tratar de cão ou gato, a pena para as condutas descritas no caput deste artigo será de reclusão, de 2 (dois) a 5 (cinco) anos, multa e proibição da guarda. (Incluído pela Lei nº 14.064, de 2020)

Da qualificadora prevista no artigo 32, § 1º-A, da Lei nº 9.605/98. Com o advento da Lei nº 14.064/20 (também conhecida como "Lei Sansão", em homenagem a um cão da raça *Pitbull*, cujas patas traseiras foram decepadas por um indivíduo na cidade de Confins, no Estado de Minas Gerais em meados de 2020), os maus-tratos contra cães e gatos passam a ter como pena em abstrato o patamar entre dois e cinco anos de reclusão, além de multa e também a proibição da guarda do animal (este último aspecto não é originariamente tratado no *caput* do art. 32 da Lei Ambiental).

Assim, as infrações cujas condutas estejam descritas no novo § 1º-A abandonam os benefícios albergados pela Lei nº 9.099/95 e não são mais tratadas como de menor potencial ofensivo, embora a causa de aumento de pena originariamente prevista no art. 32, § 2º, da Lei nº 9.605/98 ainda possa vir a ser perfeitamente aplicada.

Outra grande mudança advinda com essa nova normativa diz respeito à questão da prisão em flagrante, já que a situação processual penal não mais estará adstrita à assinatura do termo circunstanciado de ocorrência, e sim ao inquérito policial tradicional.

Sujeito ativo. Este crime pode ser praticado por qualquer pessoa, razão pela qual estamos diante de um crime comum.

Sujeito passivo. É a sociedade.

Elemento subjetivo. Nesta qualificadora há a previsão para a modalidade dolosa, vale dizer, aquela decorrente da vontade livre e consciente em realizar as condutas descritas no *caput* do art. 32 (praticar ato de abuso, maus-tratos, ferir ou mutilar) especificamente em cães e gatos. Não há previsão para modalidade culposa.

Objeto material da conduta. Neste caso específico é o cão (cujo nome científico é *canis lupus familiaris*) e o gato (*felis silvestris catus*), sejam eles domesticados ou não, já que o tipo penal assim não previu.

Objeto jurídico. Tutela-se a proteção ao meio ambiente.

Classificação doutrinária. Trata-se de crime comum (pois pode ser praticado por qualquer pessoa), material (tendo em vista a necessidade da ocorrência de resultado naturalístico), comissivo, doloso, instantâneo, plurissubsistente (pois pode ser cometido através da prática de vários atos, assim como no *caput* do art. 32) e de forma livre (já que os verbos podem ser praticados mediante qualquer forma adotada pelo sujeito ativo).

Momento consumativo. A consumação se dará com o resultado naturalístico, vale dizer, com a prática dos atos de abuso, maus-tratos, nos ferimentos ou na mutilação (mesmas condutas detalhadas no *caput* do art. 32) de cães e gatos, objetos materiais que formam a razão de existir da qualificadora descrita no art. 32, § 1º-A, da Lei nº 9.605/98.

Tentativa. Admitida, justamente por se tratar de situação que envolve um crime plurissubsistente, na qual há possibilidade do fracionamento da conduta.

> § 2º A pena é aumentada de um sexto a um terço, se ocorre morte do animal.

Da causa de aumento de pena prevista no artigo 32, § 2º, da Lei nº 9.605/98. Ocorrendo a morte do animal nas situações descritas pelo artigo 32, há o aumento de pena de um sexto a um terço. Vale destacar que, com a inclusão da qualificadora descrita no art. 32, § 1º-A, da Lei Ambiental, nada impede que a referida causa de aumento também venha a ser aplicada nesta última hipótese, quando das condutas descritas no *caput* do mesmo dispositivo sobrevier a morte do cão ou do gato, objetos materiais específicos desta nova qualificadora ao crime de maus-tratos contra animais.

Art. 33. Provocar, pela emissão de efluentes ou carreamento de materiais, o perecimento de espécimes da fauna aquática existentes em rios, lagos, açudes, lagoas, baías ou águas jurisdicionais brasileiras:

Pena – detenção, de um a três anos, ou multa, ou ambas cumulativamente.

Da conduta típica descrita no artigo 33 da Lei Ambiental. O tipo penal prevê como típica a conduta daqueles que, através da emissão de efluentes (resíduos poluentes), ou carregamento de materiais, provocam o perecimento, vale dizer, o fim de espécimes da fauna aquática existente em **rios** (conceituados como sendo correntes líquidas decorrentes da concentração do lençol de água num vale), **lagos** (representados por depressões no solo que são produzidas por diversos motivos, cuja profundidade, forma e extensão são variadas, mas cujo conteúdo é geralmente abastecido por um ou mais rios afluentes, possuindo também rios emissários, evitando-se assim o seu transbordamento), **açudes** (que são equivalentes a uma barragem em curso d'água, com a finalidade de irrigação de terras e abastecimento de água para a população), **lagoas** (depressões de variadas formas, tendendo a serem primordialmente circulares, cujas profundidades podem ser pequenas e seu conteúdo pode ter água doce ou salgada), **baías** (caracterizadas por serem reentrâncias da costa, todavia, menores que a de um golfo, através das quais o mar penetra no interior das terras), ou águas jurisdicionais brasileiras.

Em relação às primeiras terminologias, como base investigativa e por se tratar de termo técnico, podemos nos socorrer do Glossário dos termos genéricos dos nomes geográficos utilizados no mapeamento sistemático do Brasil[1], formulado pelo Instituto Brasileiro de Geografia e Estatística (IBGE), como abordado no parágrafo anterior.

No que diz respeito às águas jurisdicionais brasileiras, a Diretoria de Portos e Costas, da Marinha do Brasil, expediu o documento "Normas da Autoridade Marítima para operação de embarcações estrangeiras em águas jurisdicionais brasileiras" (NORMAM-4/DPC, primeira revisão, 2013)[2], que define, no capítulo I, item 0101, o conceito de AJB (águas jurisdicionais brasileiras), assim prevendo:

1. Disponível em: <https://biblioteca.ibge.gov.br/visualizacao/livros/liv88835_v1.pdf>. Acesso em: 23 dez. 2020.
2. Disponível em: <https://www.marinha.mil.br/dpc/sites/www.marinha.mil.br.dpc/files/NORMAM-04_DPCRev1.Mod9_.pdf>. Acesso em: 23 dez. 2020.

0101 - ÁGUAS JURISDICIONAIS BRASILEIRAS (AJB) Compreendem as águas interiores e os espaços marítimos, nos quais o Brasil exerce jurisdição, em algum grau, sobre atividades, pessoas, instalações, embarcações e recursos naturais vivos e não vivos, encontrados na massa líquida, no leito ou no subsolo marinho, para os fins de controle e fiscalização, dentro dos limites da legislação internacional e nacional. Esses espaços marítimos compreendem a faixa de duzentas milhas marítimas contadas a partir das linhas de base, acrescida das águas sobrejacentes à extensão da Plataforma Continental além das duzentas milhas marítimas, onde ela ocorrer.

Sobre o tema, também é interessante observar a Lei nº 8.617/93 (que dispõe sobre o mar territorial, a zona contígua, a zona econômica exclusiva e a plataforma continental brasileiros, e dá outras providências), trazendo o conceito sobre esses assuntos.

Sujeito ativo. Este crime pode ser praticado por qualquer pessoa, razão pela qual estamos diante de um crime comum.

Sujeito passivo. É a sociedade. Secundariamente, também podem ser considerados sujeitos passivos todos aqueles prejudicados diretamente através da perda de espécimes da fauna aquática, nas condições descritas no *caput* do artigo 33 da Lei Ambiental.

Elemento subjetivo. O tipo prevê a modalidade dolosa, ou seja, a vontade livre e consciente em provocar, pela emissão de efluentes ou carreamento de materiais, o perecimento de espécimes da fauna aquática existentes em rios, lagos, açudes, lagoas, baías ou águas jurisdicionais brasileiras. Não há previsão para modalidade culposa.

Objeto material da conduta. São os espécimes da fauna aquática existentes nos locais descritos no tipo penal.

Objeto jurídico. Tutela-se a proteção ao meio ambiente.

Classificação doutrinária. Trata-se de crime comum (pois pode ser praticado por qualquer pessoa), material (tendo em vista a necessidade da ocorrência de resultado naturalístico), comissivo, doloso, instantâneo, plurissubsistente (pois pode ser cometido através da prática de vários atos) e de forma vinculada (já que o tipo penal descreve a maneira pela qual o crime deverá ser praticado).

Momento consumativo. A consumação se dará com o resultado naturalístico, que consiste na efetiva eliminação do objeto material previsto no artigo 33 da Lei Ambiental.

Tentativa. Admitida, por se tratar de situação que envolve um crime plurissubsistente, na qual há possibilidade do fracionamento da conduta.

Parágrafo único. Incorre nas mesmas penas:

> I – quem causa degradação em viveiros, açudes ou estações de aqüicultura de domínio público;
>
> II – quem explora campos naturais de invertebrados aquáticos e algas, sem licença, permissão ou autorização da autoridade competente;
>
> III – quem fundeia embarcações ou lança detritos de qualquer natureza sobre bancos de moluscos ou corais, devidamente demarcados em carta náutica.

Das figuras típicas descritas no parágrafo único do artigo 33 da Lei nº 9.605/98. Nas mesmas penas de detenção de um a três anos, ou multa, ou ambas cumulativamente, estarão sujeitos aqueles que deflagrarem condutas que se amoldem às figuras típicas descritas neste dispositivo penal.

A primeira delas consiste em causar degradação de viveiros (que são os lugares nos quais peixes ou plantas aquáticas são cultivados), açudes ou estações de aquicultura de domínio público.

Já a segunda conduta é direcionada para aquele que explora campos naturais de invertebrados aquáticos e algas, sem qualquer tipo de licença ou permissão, ou ainda, autorização da autoridade competente (o que figura como elemento normativo do tipo penal e deve ser valorado conforme o caso concreto).

Por fim, a terceira conduta descrita no parágrafo único do artigo 33 da Lei Ambiental pune aquele que fundeia embarcações ou lança detritos de qualquer natureza sobre bancos de moluscos ou corais, que estejam previamente e devidamente demarcados em carta náutica, o que depende de avaliação conforme o caso concreto.

Sujeito ativo. Este crime pode ser praticado por qualquer pessoa, razão pela qual estamos diante de um crime comum.

Sujeito passivo. É a sociedade. Secundariamente, no caso do inciso I, também podem ser considerados sujeitos passivos todos aqueles entes ou instituições públicas, prejudicados diretamente através da degradação do viveiro.

Elemento subjetivo. O tipo prevê a modalidade dolosa, ou seja, a vontade livre e consciente em causar degradação em viveiros, açudes ou estações de aquicultura de domínio público (inciso I), explorar campos naturais de invertebrados aquáticos e algas, sem licença, permissão ou autorização da autoridade competente (inciso II) ou fundear embarcações ou lançar detritos de qualquer natureza sobre bancos de moluscos ou corais, devidamente demarcados em carta náutica (inciso III). Não há previsão para modalidade culposa.

Objeto material da conduta. No inciso I são os viveiros, açudes ou estações de aquicultura de domínio público. Já na hipótese descrita no inciso II, são os campos naturais de invertebrados aquáticos e algas. Por fim, o objeto material do inciso III são os bancos de moluscos ou corais devidamente demarcados em carta náutica.

Objeto jurídico. Tutela-se a proteção ao meio ambiente.

Classificação doutrinária. Trata-se de crime comum (pois pode ser praticado por qualquer pessoa), material (tendo em vista a necessidade da ocorrência de resultado naturalístico), comissivo, doloso, instantâneo (porém no caso do inciso II pode ser observada conduta que se perdura no tempo, denotando permanência), plurissubsistente (pois pode ser cometido através da prática de vários atos) e de forma livre (já que os verbos podem ser praticados mediante qualquer forma adotada pelo sujeito ativo).

Momento consumativo. A consumação se dará com o resultado naturalístico, sendo que no inciso I consiste na efetiva degradação dos viveiros, açudes ou estações de aquicultura de domínio público; no inciso II é efetiva exploração dos campos naturais de invertebrados aquáticos e algas, nas condições descritas no dispositivo e, por fim, no inciso III quando as embarcações são fundeadas ou quando detritos de qualquer natureza são lançados sobre bancos de moluscos ou corais, devidamente demarcados em carta náutica.

Tentativa. Admitida, por se tratar de situação que envolve um crime plurissubsistente, na qual há possibilidade do fracionamento da conduta.

Art. 34. Pescar em período no qual a pesca seja proibida ou em lugares interditados por órgão competente:

Pena - detenção de um ano a três anos ou multa, ou ambas as penas cumulativamente.

Análise do tipo penal objetivo descrito no artigo 34 da Lei nº 9.605/98. O artigo 29, § 6º, da Lei Ambiental, excetua a pesca das disposições previstas no referido artigo. Isto porque o tipo penal descrito no artigo 34 equivale, pelo menos, a caçar, apanhar ou matar espécimes aquáticas em geral.

Para que o teor do artigo 34 seja compreendido melhor, é importante analisar o artigo 36, também da Lei Ambiental, que, tratando-se de norma penal explicativa, traz o conceito de pesca.

No entanto, é preciso entender que existem dispositivos legais que dizem respeito a regular, autorizar ou proibir atos de pesca. Estamos nos referindo ao "Código da Pesca", Lei nº 11.959/09, que dispõe, entre outras coisas, sobre a política nacional de desenvolvimento sustentável da aquicultura e da pesca, regulando as atividades pesqueiras.

De acordo com o artigo 2º, III, da Lei nº 11.959/09, a pesca é toda operação, ação ou ato tendente a extrair, colher, apanhar, apreender ou capturar recursos pesqueiros.

Nos termos do artigo 3º, VII, do mesmo diploma legal, compete ao poder público a regulamentação da Política Nacional de Desenvolvimento Sustentável da Atividade Pesqueira, conciliando o equilíbrio entre o princípio da sustentabilidade dos recursos pesqueiros e a obtenção de melhores resultados econômicos e sociais, calculando, autorizando ou estabelecendo, em cada caso as áreas interditadas ou de reservas.

O artigo 4º desta mesma Lei dispõe sobre o que a atividade pesqueira compreende, abrangendo todos os processos de pesca, explotação e exploração, cultivo, conservação, processamento, transporte, comercialização e pesquisa dos recursos pesqueiros.

Já o artigo 5º do mesmo diploma legal assevera, dentre outras coisas, sobre a necessidade de que o exercício da atividade pesqueira somente seja realizada mediante prévio ato autorizativo emitido pela autoridade competente.

Por sua vez, a proibição do exercício da atividade pesqueira tem previsão legal no artigo 6º, da Lei nº 11.959/09, e pode se dar de forma transitória, periódica ou permanente, nos termos das normas específicas, além de poder ser proibido em épocas e nos locais definidos pelo órgão competente, nos termos do artigo 6º, § 1º, I, da mesma Lei.

Para o estudo do artigo 34 da Lei Ambiental, portanto, é fundamental a compreensão, destes dispositivos legais mencionados, principalmente, do artigo 6º e seus parágrafos, da Lei nº 11.959/09.

Precedentes da Segunda Turma do STF sobre a (im) possibilidade de aplicação do princípio da insignificância ao artigo 34 da Lei Ambiental. A Segunda Turma do STF tem entendimento recente no sentido da impossibilidade de aplicação do princípio da insignificância em relação aos crimes ambientais, diante do manifesto interesse do Estado na repreensão de condutas que lesem ou causem risco ao meio ambiente, objeto de proteção constitucional em sua integralidade (arts. 196, 225 e § 3º da CRFB), em homenagem aos princípios da equidade e responsabilidade intergeracional (princípio da equidade intergeracional), pela busca de meio ambiente ecologicamente equilibrado, bem assim proteção e conservação da biodiversidade para a geração atual e para as gerações futuras.

> Habeas corpus. Penal. Constitucional. Pesca em local proibido. Crime ambiental tipificado no art. 34, caput, e parágrafo único, inciso III, da Lei nº 9.605/98. Proteção criminal decorrente de mandamento constitucional (CF, art. 225, § 3º). (...) Pretendida aplicação da insignificância. Impossibilidade. Interesse manifesto do estado na repreensão às condutas delituosas que venham a colocar em situação de risco o meio ambiente ou lhe causar danos. Paciente surpreendido com 120 kg (cento e vinte quilos) de pescado. Conduta revestida de intenso grau de reprovabilidade, já que potencialmente suficiente para causar danos significativos ao equilíbrio ecológico do local da pesca. (...). 2. Não há como se afirmar, de plano, que a conduta do paciente, surpreendido com "1 (uma) canoa, 3 (três) malhadeiras de mica malha 50 medindo 60 (sessenta) metros de comprimento, além de 120 (cento e vinte) quilos de pescado obtido em um único dia em área proibida", seria inexpressiva ao ponto de torná-la irrelevante. 3. A quantidade significante de pescado apreendido em

> poder do paciente, revela-se potencialmente suficiente para causar danos ao equilíbrio ecológico do local da pesca (Reserva de Desenvolvimento Sustentável de Mamirauá), não havendo que se falar, portanto, em incidência do princípio da insignificância na espécie. [...] (STF, Segunda Turma. HC 130533/AM. HABEAS CORPUS. Relator(a) Min. DIAS TOFFOLI. Julgamento em 21/06/2016. Publicação em DJe-167 DIVULG 09-08-2016 PUBLIC 10-08-2016.

Todavia, a Suprema Corte, em acórdão também afeto à Segunda Turma, já reconheceu aplicável o delito de bagatela ao art. 34 da Lei de Crimes Ambientais, em outras oportunidades uma delas datada de 2016, inclusive.

No julgamento do Inq.3788/DF, a Segunda Turma do STF considerou que há possibilidade de aplicação do princípio da insignificância aos crimes que atingem bens jurídicos difusos e coletivos, tais como os crimes ambientais, considerando o disposto no art. 225, § 3º, da CRFB/88, justamente pelo caráter supraindividual dos crimes ecológicos.

Asseverou o julgado que "consolidou a jurisprudência no sentido da plena aplicabilidade do princípio da insignificância aos crimes ambientais, tanto com relação aos de perigo concreto, em que há dano efetivo ao bem jurídico tutelado, quanto aos de perigo abstrato, como no art. 34, *caput*, da Lei n. 9.605/1998", conforme acórdão assim ementado:

> INQUÉRITO. DENÚNCIA CONTRA DEPUTADO FEDERAL. CRIME AMBIENTAL. PESCA EM LUGAR INTERDITADO POR ÓRGÃO COMPETENTE. ART. 34 DA LEI N. 9.605/1998. AFASTAMENTO DA PRELIMINAR DE INÉPCIA DA DENÚNCIA. ALEGADA FALTA DE JUSTA CAUSA PARA O PROSSEGUIMENTO DA AÇÃO PENAL. ACOLHIMENTO. (...) 2. <u>Hipótese excepcional a revelar a ausência do requisito da justa causa para a abertura da ação penal, especialmente pela mínima ofensividade da conduta do agente, pelo reduzido grau de reprovabilidade do comportamento e pela inexpressividade da lesão jurídica provocada</u>. (STF, Segunda Turma. Inq 3788/DF. INQUÉRITO. Relator(a) Min. CÁRMEN LÚCIA. Julgamento em <u>01/03/2016</u>. Publicação em DJe-122 DIVULG 13-06-2016. PUBLIC 14-06-2016).

Sobre o princípio da insignificância e pesca no período de defeso. Inaplicabilidade do delito de bagatela aos crimes ambientais. A Primeira Turma do STF no HC-122560 (datado de 08/05/2018, Informativo n.º 901/2018), firmou posicionamento no sentido de que o princípio da bagatela não se aplica ao crime previsto no art. 34, *caput,* c/c parágrafo único, II, da Lei nº 9.605/1998.

Com base nesse entendimento, a Primeira Turma denegou a ordem de HC em que se pleiteava a atipicidade material da conduta ao argumento da aplicação do princípio da insignificância à realização de pesca em período de defeso com o uso de método não permitido, ante a alegada irrelevância do dano ambiental causado pela pesca de sete quilos de camarão (em tese, pequena quantidade). A Primeira

Turma afirmou que as circunstâncias da prática delituosa não afastam a configuração do tipo penal e devem repercutir na fixação da pena. No mais, concluiu que "*a natureza do bem protegido – o meio ambiente – afasta a construção jurisprudencial do crime de bagatela*":

> TIPO PENAL – PRÁTICA DELITUOSA – CIRCUNSTÂNCIAS. As circunstâncias da prática delituosa não afastam a configuração do tipo penal, repercutindo na fixação da pena. **MEIO AMBIENTE – DANO – PEQUENO VALOR. A natureza do bem protegido afasta a construção jurisprudencial do crime de bagatela**. (STF, Primeira Turma. HC 122560/SC. HABEAS CORPUS. Relator(a): Min. MARCO AURÉLIO. Julgamento em 08/05/2018. Publicação em DJe-098. DIVULG 18-05-2018. PUBLIC 21-05-2018. Veiculado no Informativo de Jurisprudência n.º 901, período de 7 a 11 de maio de 2018). Sem grifo no original.

Cabe destacar, ainda, recente julgado da Suprema Corte (também da Primeira Turma, no HC 158973 AgR/RS, datado de 22/10/2018) que, com afastamento do vetor "*reduzidíssimo grau de reprovabilidade do comportamento*" (uso de petrecho proibido, período de defeso, independentemente da quantidade efetivamente apreendida), reconheceu a lesão ao meio ambiente e, consequentemente, se manifestou pela não incidência do princípio da insignificância. Confira-se o seguinte trecho do julgado e sua respectiva ementa:

> "(...) [o] Supremo Tribunal Federal, em situação semelhante à presente, consignou que 'A quantidade de peixes apreendida em poder do paciente no momento em que foi detido, fruto da pesca realizada em local proibido e por meio da utilização de aparelhos, petrechos, técnicas e métodos não permitidos, como no caso dos autos, lesou o meio ambiente, colocando em risco o direito constitucional ao meio ambiente ecologicamente equilibrado, o que impede o reconhecimento da atipicidade da conduta' (HC 135.404/PR, Rel. Min. Ricardo Lewandowski, 2ª Turma, DJe 02.8.2017); e 'Nesse contexto, não há como afastar a tipicidade material da conduta, tendo em vista que a reprovabilidade que recai sobre ela está consubstanciada no fato de o recorrente ter pescado em período proibido utilizando-se de método capaz de colocar em risco a reprodução dos peixes, o que remonta, indiscutivelmente, à preservação e ao equilíbrio do ecossistema aquático' [HC RHC 125.566/PR, Rel. Min. Dias Toffoli, 2ª Turma, DJe 28.11.2016] (...)"
>
> EMENTA AGRAVO REGIMENTAL EM HABEAS CORPUS. CRIME DE PESCA EM ÁREA DE PRESERVAÇÃO AMBIENTAL COM UTILIZAÇÃO DE PETRECHOS PROIBIDOS. PRINCÍPIO DA INSIGNIFICÂNCIA. REPROVABILIDADE DA CONDUTA. 1. <u>A pertinência do princípio da insignificância deve ser avaliada considerando os aspectos relevantes da conduta imputada</u>. 2. Inexistência de manifesto constrangi-

> mento ilegal ou teratologia no ato apontado como coator que, fundado nas especificidades circunstanciais do caso concreto, manteve o afastamento do vetor "reduzidíssimo grau de reprovabilidade do comportamento", para não aplicar o princípio da insignificância. 3. Agravo regimental conhecido e não provido. (STF, Primeira Turma. HC 158973 AgR/RS. AG.REG. NO HABEAS CORPUS. Relator(a): Min. ROSA WEBER. Julgamento em 22/10/2018. Publicação em DJe-231. DIVULG 29-10-2018. PUBLIC 30-10-2018). Sem grifo no original.

Precedentes do STJ sobre a (im) possibilidade de aplicação do princípio da insignificância. No âmbito do STJ há precedentes tanto pela aplicação, quanto pelo afastamento do princípio da insignificância no caso do artigo 34 da Lei nº 9.605/98.

A Sexta Turma do STJ tem precedente pela impossibilidade de aplicação do princípio da insignificância, conforme pode ser observado no julgado a seguir:

> PROCESSO PENAL E PENAL. RECURSO ESPECIAL. PESCA EM LOCAL E ÉPOCA PROIBIDA. NÃO APREENSÃO DE PEIXES. APREENSÃO DE PETRECHOS PROIBIDOS NA ATIVIDADE DE PESCA. APLICAÇÃO DO PRINCÍPIO DA INSIGNIFICÂNCIA. IMPOSSIBILIDADE. RECURSO IMPROVIDO. 1. A atipicidade material, no plano da insignificância, pressupõe a concomitância de mínima ofensividade da conduta, o reduzidíssimo grau de reprovabilidade do comportamento e inexpressividade da lesão jurídica provocada. 2. É entendimento **desta Corte que somente haverá lesão ambiental irrelevante no sentido penal quando a avaliação dos índices de desvalor da ação e de desvalor do resultado indicar que é ínfimo o grau da lesividade da conduta praticada contra o bem ambiental tutelado, isto porque não deve-se considerar apenas questões jurídicas ou a dimensão econômica da conduta, mas deve-se levar em conta o equilíbrio ecológico que faz possíveis as condições de vida no planeta. Precedente**. 3. O acórdão recorrido está de acordo com **o entendimento desta Corte, no sentido de que não é insignificante a conduta de pescar em local e época proibida, e com petrechos proibidos para pesca, ainda que não tenha sido apreendido qualquer peixe em poder do recorrente**. 4. Recurso especial improvido (STJ, T6 - SEXTA TURMA. REsp 1620778/SC. RECURSO ESPECIAL. Relator(a) Ministro NEFI CORDEIRO. Julgamento em 15/09/2016. Publicação/Fonte em DJe 27/09/2016, sem grifos no original).

Nessa esteira, ainda em relação ao artigo 34, a Sexta Turma já reconheceu a inaplicabilidade do princípio da insignificância na conduta daquele que daquele que, agindo em desacordo com as exigências legais ou regulamentares, é flagrado pescando em local proibido pela legislação vigente, por se tratar de crime formal, de perigo abstrato. Observe-se:

"AGRAVO REGIMENTAL NO HABEAS CORPUS. **CRIME AMBIENTAL. ART. 34 DA LEI N. 9.605/1998. CRIME FORMAL. PRINCÍPIO DA INSIGNIFICÂNCIA. INAPLICABILIDADE. ATIPICIDADE DE CONDUTA. INOCORRÊNCIA.** AGRAVO REGIMENTAL NÃO PROVIDO. 1. A criação das Unidades de Conservação Federal de Uso Sustentável tem por escopo compatibilizar a preservação de seus recursos naturais com o seu uso pela comunidade, ou seja, regrar o exercício de atividades que constituam fontes alternativas de renda, de maneira que sejam trabalhadas dentro de preceitos sustentáveis e que envolvam a gestão participativa dessas populações, mas de forma a preservar o meio-ambiente ali existente. 2. **Inviável, pois, a absolvição sumária, para, por aplicação do princípio da insignificância, reconhecer a atipicidade material da conduta prevista no art. 34 da Lei n. 9.605/1988 daquele que, agindo em desacordo com as exigências legais ou regulamentares, é flagrado pescando em local proibido pela legislação vigente. Trata-se de crime formal, de perigo abstrato, a prescindir, portanto, de qualquer resultado danoso para sua configuração, decorrendo a tipificação penal meramente da potencialidade de risco à reprodução das espécies da fauna local** [...] (STJ, 6ª Turma. AgRg no RHC 55689/RO. Relator(a) Ministro ROGERIO SCHIETTI CRUZ. Julgamento em 21/09/2017. Publicação/Fonte em DJe 02/10/2017).

Por outro lado, a mesma Sexta Turma, no julgado, REsp 1.409.051-SC (veiculado no Informativo nº 0602. Publicação: 24 de maio de 2017), entendeu que "não se configura o crime previsto no art. 34 da Lei n. 9.605/1998 na hipótese em há a devolução do único peixe – ainda vivo – ao rio em que foi pescado", se posicionando pela atipicidade material da conduta, eis que a devolução do peixe vivo ao rio demonstra a mínima ofensividade ao meio ambiente.

Isso porque "somente haverá lesão ambiental irrelevante no sentido penal quando a avaliação dos índices de desvalor da ação e do resultado indicar que é ínfimo o grau da lesividade da conduta praticada contra o bem ambiental tutelado, isto porque não se deve considerar apenas questões jurídicas ou a dimensão econômica da conduta, mas deve-se levar em conta o equilíbrio ecológico que faz possíveis as condições de vida no planeta", sinalizando entendimento favorável à aplicação do princípio da insignificância na seara ambiental. Nesse sentido, ainda: HC 242.132-PR, Rel. Min. Maria Thereza De Assis Moura, Rel. para acórdão Min. Rogerio Schietti Cruz, Sexta Turma, DJe 4/8/2014. Confira-se o julgado:

"RECURSO ESPECIAL. CRIME AMBIENTAL. PESCA EM LOCAL PROIBIDO. PRINCÍPIO DA INSIGNIFICÂNCIA. AUSÊNCIA DE DANO EFETIVO AO MEIO AMBIENTE. ATIPICIDADE MATERIAL DA CONDUTA. REJEIÇÃO DA DENÚNCIA RECURSO PROVIDO. 1. A devolução do peixe vivo ao rio demonstra a mínima ofensividade ao meio ambiente, circunstância registrada no "Relatório de Fiscalização firmado pelo

> ICMBio [em que] foi informado que a gravidade do dano foi leve, além do crime não ter sido cometido atingindo espécies ameaçadas." 2. Os instrumentos utilizados - vara de molinete com carretilha, linhas e isopor -, são de uso permitido e não configuram profissionalismo, mas ao contrário, demonstram o amadorismo da conduta do denunciado. Precedente. 3. Na ausência de lesividade ao bem jurídico protegido pela norma incriminadora (art. 34, caput, da Lei n. 9.605/1998), verifica-se a atipicidade da conduta. 4. Recurso especial provido para reconhecer a atipicidade material da conduta, restabelecendo a decisão primeva de rejeição da denúncia" (STJ, 6ª Turma. REsp 1409051/SC Relator(a) Ministro NEFI CORDEIRO. Julgamento em 20/04/2017. Publicação/Fonte em DJe 28/04/2017. Veiculado no Informativo nº 0602. Publicação: 24 de maio de 2017).

Por sua vez, no precedente ilustrado a seguir podemos observar que a Quinta Turma do STJ, por mais que indique permitir a aplicação de tal postulado (quando demonstrada a ínfima ofensividade ao bem ambiental tutelado), entendeu, no caso concreto, pela impossibilidade de aplicação do princípio da insignificância:

> AGRAVO REGIMENTAL. RECURSO ESPECIAL. DIREITO PENAL. LEGISLAÇÃO EXTRAVAGANTE. CRIME AMBIENTAL. ART. 34 DA LEI N. 9.605/1998. PRINCÍPIO DA INSIGNIFICÂNCIA. INAPLICABILIDADE EM RAZÃO DAS CIRCUNSTÂNCIAS DO DELITO. PESCA EM LUGAR DEFESO E COM PETRECHOS PROIBIDOS (REDE DE ARRASTO). AGRAVO REGIMENTAL DESPROVIDO. 1. Esta Corte entende ser possível a aplicação do princípio da insignificância aos delitos ambientais quando demonstrada a ínfima ofensividade ao bem ambiental tutelado. 2. No caso concreto, o afastamento do princípio da insignificância pelas instâncias ordinárias não decorreu, apenas, de considerações abstratas, mas da situação retratada nos autos, especialmente a utilização de petrecho proibido (rede de arrasto), em local defeso e com embarcação motorizada, o que se mostra suficiente para caracterizar o elevado grau de reprovabilidade, a ofensividade da conduta e a periculosidade social da ação. Precedentes. 3. Agravo regimental desprovido. (STJ, T5 - QUINTA TURMA. AgRg no AREsp 901961/RS. AGRAVO REGIMENTAL NO AGRAVO EM RECURSO ESPECIAL. Relator(a) Ministro REYNALDO SOARES DA FONSECA. Julgamento em 18/08/2016. Publicação/Fonte em DJe 26/08/2016).

Julgados do STJ (datados de 2018), apontam que a análise acerca da reprovabilidade da conduta deve ser casuística. Isto porque o princípio da insignificância – que deve ser analisado em conexão com os postulados da fragmentariedade e da intervenção mínima do Estado em matéria penal, ante o caráter subsidiário deste sistema – tem o sentido de excluir ou de afastar a própria tipicidade penal, examinada na perspectiva de seu caráter material, predomina o entendimento no sentido da possibilidade de aplicação do delito de bagatela aos crimes ambientais, desde que presentes os vetores já delineados pela jurisprudência para aferição do relevo material da tipicidade penal, a saber:

- a mínima ofensividade da conduta do agente;
- nenhuma periculosidade social da ação;
- o reduzidíssimo grau de reprovabilidade do comportamento e;
- a inexpressividade da lesão jurídica provocada:

> AGRAVO REGIMENTAL EM AGRAVO EM RECURSO ESPECIAL. PENAL. CRIME AMBIENTAL. PESCA COM USO DE APETRECHO PROIBIDO. PRINCÍPIO DA BAGATELA OU INSIGNIFICÂNCIA. INAPLICABILIDADE ANTE AS PECULIARIDADES DO CASO. AGRAVO REGIMENTAL DESPROVIDO. 1. De fato, "esta Corte Superior de Justiça e o Supremo Tribunal Federal reconhecem a atipicidade material de determinadas condutas praticadas em detrimento do meio ambiente, desde que verificada a mínima ofensividade da conduta do agente, a ausência de periculosidade social da ação, o reduzido grau de reprovabilidade do comportamento e a inexpressividade da lesão jurídica provocada" (REsp 1.743.980/MG, Rel. Ministro JORGE MUSSI, QUINTA TURMA, julgado em 04/09/2018, DJe 12/09/2018). 2. Na hipótese dos autos, contudo, não é possível reconhecer a atipicidade da conduta pela incidência do princípio da insignificância, porquanto aquela está subsumida à norma penal específica, tendo em vista que se fez uso de embarcação motorizada sem identificação e, especialmente, de apetrecho proibido para o local - rede de arrasto de camarão -, ressaltando-se que houve flagrante em situação semelhante meses antes. 3. Agravo regimental desprovido. (...) (STJ, T6 - SEXTA TURMA. AgRg no AREsp 1357415/SC. AGRAVO REGIMENTAL NO AGRAVO EM RECURSO ESPECIAL. Relator(a) Ministra LAURITA VAZ. Julgamento em 18/10/2018. Publicação/Fonte em DJe 07/11/2018. Sem grifo no original).
>
> RECURSO ESPECIAL. CRIME CONTRA O MEIO AMBIENTE. PESCA EM PERÍODO DEFESO. APLICAÇÃO DO PRINCÍPIO DA INSIGNIFICÂNCIA. POSSIBILIDADE. CONDUTA QUE NÃO CAUSOU DANOS AO ECOSSISTEMA. ATIPICIDADE MATERIAL DOS FATOS. RECLAMO DESPROVIDO. 1. Esta Corte Superior de Justiça e o Supremo Tribunal Federal reconhecem a atipicidade material de determinadas condutas praticadas em detrimento do meio ambiente, desde que verificada a mínima ofensividade da conduta do agente, a ausência de periculosidade social da ação, o reduzido grau de reprovabilidade do comportamento e a inexpressividade da lesão jurídica provocada. Precedentes [...] (STJ, T5 - QUINTA TURMA. REsp 1743980/

> MG. RECURSO ESPECIAL. Relator(a) Ministro JORGE MUSSI. Julgamento em 04/09/2018. Publicação/Fonte em DJe 12/09/2018. Sem grifo no original).

Em suma, há tendência dos Tribunais Superiores pela negativa de aplicação ao princípio da insignificância, sobretudo, em face do direito fundamental da humanidade a um meio ambiente ecologicamente equilibrado (bem jurídico-constitucional de elevado valor) e ao dever intergeracional de preservação do meio ambiente (art. 225 CRFB), não por entenderem incabível sua aplicação aos crimes ambientais, mas por exigirem para sua aplicação a presença cumulativa dos requisitos objetivos consolidados tanto no âmbito do STF quanto do STJ e aqui já analisados. Destaca-se, em especial, quanto à lesividade que "*a questão da relevância ou insignificância das condutas lesivas ao meio ambiente não deve considerar apenas questões jurídicas ou a dimensão econômica da conduta, mas levar em conta o equilíbrio ecológico que faz possíveis as condições de vida no planeta*" [RHC n. 41.172/SC, Sexta Turma, Rel. Min. MARIA THEREZA DE ASSIS MOURA, DJe de 10/4/2015]" (STJ, QUINTA TURMA. AgRg no RHC 121.611/SP, Rel. Ministro REYNALDO SOARES DA FONSECA, julgado em 05/03/2020, DJe 13/03/2020). Observe-se os recentes julgados da Quinta e Sexta Turmas do STJ:

> AGRAVO REGIMENTAL NO RECURSO ESPECIAL. PENAL. ART. 34 DA LEI N. 9.605/1998. CRIME AMBIENTAL. PESCA IRREGULAR. LOCAL DE PROTEÇÃO AMBIENTAL. PETRECHOS PROIBIDOS. PRINCÍPIO DA INSIGNIFICÂNCIA. INAPLICABILIDADE. DESVALOR DA CONDUTA, RISCO AO ECOSSISTEMA (...) 1. Segundo a jurisprudência desta Corte Superior de Justiça, não é aplicável o princípio da insignificância à conduta de realizar pesca em local de proteção ambiental com a utilização de petrechos proibidos, no caso, o arrasto motorizado, tendo em vista o risco que esta conduta representa para todo o ecossistema aquático, independentemente da quantidade de espécimes efetivamente apreendidas ou não [...] (STJ, **SEXTA TURMA**. AgRg no REsp 1825010/SC, Rel. Ministra LAURITA VAZ, julgado em 02/06/2020, **DJe 15/06/2020**).

> PENAL. PROCESSUAL PENAL. RECURSO ESPECIAL. CRIME AMBIENTAL. PESCA EM PERÍODO DE DEFESO. UTILIZAÇÃO DE PETRECHOS PROIBIDOS. PRINCÍPIO DA INSIGNIFICÂNCIA. INAPLICABILIDADE. I. Esta Corte tem entendimento pacificado no sentido de que é possível a aplicação do denominado princípio bagatelar aos delitos ambientais, quando demonstrada a ínfima ofensividade ao bem ambiental tutelado. II. Todavia, no caso dos autos, a decisão agravada está fundamentada em jurisprudência desta Corte, no sentido de que não é insignificante a conduta de pescar em local e época proibida, e com petrechos proibidos para pesca, ainda que não tenha sido apreendido qualquer peixe em poder do recorrente. Precedentes. III - "Ademais, a captura é mero exauri-

> mento da figura típica em questão, que se consuma com a simples utilização do petrecho não permitido. O dano causado pela pesca predatória não se resume, portanto, às espécimes apreendidas." (AgRg no AREsp 1172493/SC, Sexta Turma, Rel. Min. Rogerio Schietti Cruz, DJe 01/08/2018) [...] (STJ, **QUINTA TURMA**. AgRg no REsp 1862960/TO, Rel. Ministro FELIX FISCHER, julgado em 05/05/2020, **DJe 18/05/2020**).AGRAVO REGIMENTAL NO AGRAVO EM RECURSO ESPECIAL. CRIME CONTRA O MEIO AMBIENTE. PESCA EM LOCAL PROIBIDO. APREENSÃO DE 15 Kg DE PESCADOS DIVERSOS. APLICAÇÃO DO PRINCÍPIO DA INSIGNIFICÂNCIA. IMPOSSIBILIDADE. TIPICIDADE MATERIAL EVIDENCIADA. RECURSO NÃO PROVIDO. 1. Esta Corte entende ser possível a aplicação do princípio da insignificância aos delitos ambientais, quando demonstrada a ínfima ofensividade ao bem ambiental tutelado (AgRg no REsp 1558312/ES, Rel. Ministro FELIX FISCHER, Quinta Turma, julgado em 02/02/2016). 2. Na espécie, contudo, é significativo o desvalor da conduta a impossibilitar o reconhecimento da atipicidade material da ação ou a sua irrelevância penal, isso porque o fato de o recorrente ter sido surpreendido com considerável quantidade de pescado e em local proibido, demonstra a relevância do dano causado e o risco criado à estabilidade do meio ambiente pela prática notadamente ilícita. Precedentes [...] (STJ, **QUINTA TURMA**. AgRg no AREsp 1574359/MG, Rel. Ministro REYNALDO SOARES DA FONSECA, julgado em 06/02/2020, **DJe 13/02/2020**).

No mesmo sentido, como dito, segue o entendimento da Suprema Corte permitindo a aplicação do princípio da insignificância para crimes ambientais somente na presença, cumulativa, dos vetores: a) conduta minimamente ofensiva; b) ausência de periculosidade social da ação; c) reduzido grau de reprovabilidade do comportamento e d) lesão jurídica inexpressiva:

> Direito penal e processual penal. Agravo regimental em habeas corpus. Crime ambiental. Princípio da insignificância. Inaplicabilidade. Ausência de teratologia, abuso de poder ou ilegalidade flagrante. Jurisprudência do Supremo Tribunal Federal. 1. Para além de observar que o paciente foi condenado no regime aberto, com substituição da pena, não verifico ilegalidade flagrante ou abuso de poder que autorize a imediata aplicação do princípio da insignificância penal. Seja porque o paciente já foi processado criminalmente pelo mesmo tipo de infração pena, seja pelo grau de reprovabilidade da conduta, praticada "em local de proteção ambiental com a utilização de petrechos proibidos, no caso, o arrasto motorizado, tendo em vista o risco que esta conduta representa para todo o ecossistema aquático, independentemente da quantidade de espécimes efeti-

vamente apreendidas ou não". Precedente [...] (STF, **Primeira Turma**. HC 187642 AgR, Relator(a): ROBERTO BARROSO, julgado em 22/09/2020, DJe-237 DIVULG 25-09-2020 **PUBLIC 28-09-2020**)

AGRAVO REGIMENTAL EM HABEAS CORPUS. PENAL CRIME AMBIENTAL. PESCA EM LOCAL PROIBIDO. APLICAÇÃO DO PRINCÍPIO DA INSIGNIFICÂNCIA. PRECEDENTES. ORDEM CONCEDIDA. AGRAVO REGIMENTAL A QUE SE NEGA PROVIMENTO. I - Nos termos da jurisprudência deste Tribunal, a aplicação do princípio da insignificância, de modo a tornar a ação atípica exige a satisfação de certos requisitos, de forma concomitante: a conduta minimamente ofensiva, a ausência de periculosidade social da ação, o reduzido grau de reprovabilidade do comportamento e a lesão jurídica inexpressiva. II - Paciente que sequer estava praticando a pesca e não trazia consigo nenhum peixe ou crustáceo de qualquer espécie, quanto mais aquelas que se encontravam protegidas pelo período de defeso. III - "Hipótese excepcional a revelar a ausência do requisito da justa causa para a abertura da ação penal, especialmente pela mínima ofensividade da conduta do agente, pelo reduzido grau de reprovabilidade do comportamento e pela inexpressividade da lesão jurídica provocada" (Inq 3.788/DF, Rel. Min. Cármen Lúcia). Precedente. [...] (STF, **Segunda Turma**. HC 181235 AgR, Relator(a): RICARDO LEWANDOWSKI, julgado em 29/05/2020, DJe-161 DIVULG 25-06-2020 **PUBLIC 26-06-2020**).

Portanto, em que pese os exemplos acima mostrarem tanto a aplicação, quanto a inaplicabilidade do princípio da insignificância, o fato é que este somente não será aplicado caso não estejam presentes os requisitos elencados pela jurisprudência dos Tribunais Superiores.

Do crime previsto no artigo 1º da Lei nº 7.643/87. De acordo com o artigo 1º da Lei nº 7.643/87, fica proibida a pesca, ou qualquer forma de molestamento intencional, de toda espécie de cetáceo nas águas jurisdicionais brasileiras. Podem ser exemplificados como cetáceos a baleia e o golfinho. O referido artigo ainda vige e é especial em relação ao artigo 34 da Lei nº 9.605/98.

Sujeito ativo. Este crime pode ser praticado por qualquer pessoa, razão pela qual estamos diante de um crime comum.

Sujeito passivo. É a sociedade.

Elemento subjetivo. O tipo prevê a modalidade dolosa, ou seja, a vontade livre e consciente em pescar em período no qual a pesca seja proibida ou em lugares interditados por órgão competente. Não há previsão para modalidade culposa.

Objeto material da conduta. É a fauna aquática.

Objeto jurídico. Tutela-se a proteção ao meio ambiente.

Classificação doutrinária. Trata-se de crime comum (pois pode ser praticado por qualquer pessoa), material (tendo em vista a necessidade da ocorrência de resultado naturalístico), comissivo, doloso, instantâneo, plurissubsistente (pois pode ser cometido através da prática de vários atos) e de forma livre (já que os verbos podem ser praticados mediante qualquer forma adotada pelo sujeito ativo).

Não obstante nossa posição (quanto a se tratar de crime material), cabe apontar que o STJ possui entendimento em sentido diverso, reconhecendo a natureza formal do delito previsto no art. 34 da LCA, prescindindo, portanto, de resultado danoso. É o que ficou consignado em recente julgado da Quinta Turma do STJ:

> AGRAVO REGIMENTAL NO AGRAVO EM RECURSO ESPECIAL. **CRIME AMBIENTAL. ART. 34 DA LEI N. 9.605/98. CRIME FORMAL. RESULTADO DANOSO. PRESCINDIBILIDADE.** REJEIÇÃO DA DENÚNCIA. INCIDÊNCIA DA SÚMULA N. 7 DO SUPERIOR TRIBUNAL DE JUSTIÇA – STJ. AGRAVO REGIMENTAL DESPROVIDO. 1. **A conduta prevista no art. 34 da Lei n. 9.605/1998 possui natureza formal, de perigo abstrato, que prescinde de qualquer resultado danoso para sua configuração** [...] (STJ, T5 – QUINTA TURMA. AgRg no AREsp 1441288/SC. AGRAVO REGIMENTAL NO AGRAVO EM RECURSO ESPECIAL. Relator(a) Ministro JOEL ILAN PACIORNIK. Julgamento em 23/04/2019. Publicação/Fonte em DJe 30/04/2019, sem grifos no original).

Momento consumativo. A consumação se dará com o resultado naturalístico, que consiste na efetiva pesca em período no qual a pesca seja proibida ou em lugares interditados por órgão competente, ainda que não haja captura de animal da fauna marinha, já que, pelo artigo 36 da Lei nº 9.605/98, a pesca consiste em todo ato tendente a retirar, extrair, coletar, apanhar, apreender ou capturar espécimes dos grupos dos peixes, crustáceos, moluscos e vegetais hidróbios, suscetíveis ou não de aproveitamento econômico, ressalvadas as espécies ameaçadas de extinção, constantes nas listas oficiais da fauna e da flora.

Tentativa. Admitida, por se tratar de situação que envolve um crime plurissubsistente, na qual há possibilidade do fracionamento da conduta.

> **Parágrafo único.** Incorre nas mesmas penas quem:
>
> I – pesca espécies que devam ser preservadas ou espécimes com tamanhos inferiores aos permitidos;
>
> II – pesca quantidades superiores às permitidas, ou mediante a utilização de aparelhos, petrechos, técnicas e métodos não permitidos;
>
> III – transporta, comercializa, beneficia ou industrializa espécimes provenientes da coleta, apanha e pesca proibidas.

Das condutas descritas no parágrafo único do artigo 34 da Lei nº 9.605/98. Este dispositivo legal abrange praticamente todos os crimes relacionados à pesca, pois também prevê como criminosas as condutas de pescar espécies que devam estar preservadas ou espécimes com tamanhos inferiores aos permitidos, conforme o inciso I. Nesse mesmo sentido, o artigo 6º, § 1º, II, da Lei nº 11.959/09 assevera que o exercício da atividade pesqueira é proibido em relação às espécies que devam ser preservadas ou espécimes com tamanhos não permitidos pelo órgão competente. Assim, os dois dispositivos devem ser analisados em conjunto.

O inciso II do parágrafo único do artigo 34 da Lei Ambiental, por sua vez, aduz que é criminosa a conduta daquele que pesca em quantidade superior às permitidas ou quando são utilizados aparelhos, petrechos, técnicas e métodos não permitidos. Com relação ao tema, o artigo 6º, § 1º, IV, da Lei nº 11.959/09 também afirma ser proibida a atividade pesqueira em quantidade superior à permitida pelo órgão competente.

Por fim, também está sujeito a punição todo aquele que transporta, comercializa, beneficia ou industrializa espécimes provenientes da coleta, apanha e pesca proibidas, conforme dispõe o inciso III. Pune-se aquele que obtém os frutos das condutas criminosas ali descritas.

Art. 34, parágrafo único, II, LCA. Pesca irregular. Petrechos. Momento consumativo. Princípio da insignificância. Inaplicabilidade. A jurisprudência do STJ, em recente julgado, segue no sentido da inaplicabilidade do princípio da insignificância ao delito previsto no art. 34, parágrafo único, da LCA. No caso do inciso II, a sexta Turma do STJ asseverou, ainda, que o dano causado pela pesca predatória não fica restrito à eventual espécie apreendida, mas se consuma com a simples utilização do petrecho não permitido, sendo a captura mero exaurimento. A título ilustrativo:

> AGRAVO REGIMENTAL NO AGRAVO EM RECURSO ESPECIAL. PENAL. CRIME AMBIENTAL. PESCA IRREGULAR. LOCAL DE PROTEÇÃO AMBIENTAL. PETRECHOS PROIBIDOS. PRINCÍPIO DA INSIGNIFICÂNCIA. INAPLICABILIDADE. DESVALOR DA CONDUTA, RISCO AO ECOSSISTEMA. INTERVENÇÃO DO DIREITO PENAL. AGRAVO REGIMENTAL DESPROVIDO. 1. Conforme pacífica jurisprudência desta Corte Superior, não pode ser considerada insignificante a pesca de arrasto, com utilização de embarcação motorizada, em local de proteção ambiental, tendo em vista o elevado risco que este tipo de conduta oferece para todo o ecossistema aquático. 2. "A captura é mero exaurimento da figura típica em questão, que se consuma com a simples utilização do petrecho não permitido. O dano causado pela pesca predatória não se resume, portanto, às espécimes apreendidas" (AgRg no AREsp 1.220.521/SC, Rel. Ministro ROGERIO SCHIETTI CRUZ, SEXTA TURMA, DJe de 01/08/2018) [...] (STJ, T6 - SEXTA TURMA. AgRg no AREsp 1462415/SC. AGRAVO REGIMENTAL NO AGRAVO EM RECURSO ESPECIAL. Relator(a) Mi-

nistra LAURITA VAZ. Julgamento em 18/06/2019. Publicação/Fonte em DJe 01/08/2019).

PROCESSO PENAL. AGRAVO REGIMENTAL NO HABEAS CORPUS. CRIME AMBIENTAL. ART. 34, PARÁGRAFO ÚNICO, DA LEI N. 9.605/1998. PRINCÍPIO DA INSIGNIFICÂNCIA. INAPLICABILIDADE NÃO CARACTERIZAÇÃO DA ÍNFIMA OFENSIVIDADE DA CONDUTA. AGRAVO IMPROVIDO. 1. "Esta Corte tem entendimento pacificado no sentido de que é possível a aplicação do denominado princípio da insignificância aos delitos ambientais, quando demonstrada a ínfima ofensividade ao bem ambiental tutelado (AgRg no AREsp 1.051.541/ES, Rel. Ministro FELIX FISCHER, QUINTA TURMA, julgado em 28/11/2017, DJe 4/12/2017) [...](STJ, T5 – QUINTA TURMA. AgRg no HC 522672/PA. AGRAVO REGIMENTAL NO HABEAS CORPUS. Relator(a) Ministro RIBEIRO DANTAS. Julgamento em 19/11/2019. Publicação/Fonte em DJe 26/11/2019).

Sujeito ativo. Este crime pode ser praticado por qualquer pessoa, razão pela qual estamos diante de um crime comum.

Sujeito passivo. É a sociedade.

Elemento subjetivo. O tipo prevê a modalidade dolosa, ou seja, a vontade livre e consciente em pescar espécies que devam ser preservadas ou espécimes com tamanhos inferiores aos permitidos (inciso I); pescar quantidades superiores às permitidas, ou mediante a utilização de aparelhos, petrechos, técnicas e métodos não permitidos (inciso II) ou transportar, comercializar, beneficiar ou industrializar espécimes provenientes da coleta, apanha e pesca proibidas. Não há previsão para modalidade culposa.

Objeto material da conduta. No caso do inciso I são as espécies que devam ser preservadas ou espécimes com tamanhos inferiores aos permitidos. No inciso II é a fauna aquática como um todo e no inciso III são os espécimes provenientes da coleta, apanha ou pesca proibidas.

Objeto jurídico. Tutela-se a proteção ao meio ambiente.

Classificação doutrinária. Trata-se de crime comum (pois pode ser praticado por qualquer pessoa), material (tendo em vista a necessidade da ocorrência de resultado naturalístico), comissivo, doloso, instantâneo (porém permanente, no inciso III, diante do verbo "transportar"), plurissubsistente (pois pode ser cometido através da prática de vários atos) e de forma livre (já que os verbos podem ser praticados mediante qualquer forma adotada pelo sujeito ativo).

Momento consumativo. A consumação se dará com o resultado naturalístico, que consiste na efetiva pesca de espécies que devam ser preservadas ou espécimes com tamanhos inferiores aos permitidos (inciso I); na efetiva pesca de quantidades superiores às permitidas, ou mediante a utilização de aparelhos, petrechos, técnicas e métodos não permitidos (inciso II), ou ainda, quando o sujeito ativo efetiva o transporte, o comércio, ou leva a cabo o beneficiamento ou industrialização de espécimes provenientes da coleta, apanha e pesca proibidas (inciso III).

Tentativa. Admitida, por se tratar de situação que envolve um crime plurissubsistente, na qual há possibilidade do fracionamento da conduta.

Art. 35. Pescar mediante a utilização de:

I - explosivos ou substâncias que, em contato com a água, produzam efeito semelhante;

II - substâncias tóxicas, ou outro meio proibido pela autoridade competente:

Pena - reclusão de um ano a cinco anos.

Análise do tipo penal objetivo descrito no artigo 35 da Lei nº 9.605/98. O artigo 6º, § 1º, VII, da Lei nº 11.959/09, reproduz nas alíneas "a", "b" e "c", a proibição em relação à atividade pesqueira quando o sujeito ativo utilizar explosivos, processos, técnicas ou substâncias que, em contato com a água, produzam efeito semelhante ao de explosivos ou substâncias tóxicas ou químicas que alterem as condições naturais da água.

Basicamente, podemos observar que se trata do mesmo teor das disposições contidas nos incisos 35 da Lei Ambiental. Porém, aqui a conduta é criminosa, punida com reclusão de um a cinco anos.

Em relação ao elemento "outro meio proibido pela autoridade competente" (funcionando como verdadeira norma penal em branco), previsto no artigo 35, II, podemos complementá-lo com a última alínea do artigo 6º, § 1º, VII, da Lei nº 11.959/09, que trata da proibição da atividade pesqueira quando são utilizados petrechos, técnicas e métodos não permitidos ou predatórios.

Sujeito ativo. Este crime pode ser praticado por qualquer pessoa, razão pela qual estamos diante de um crime comum.

Sujeito passivo. É a sociedade.

Elemento subjetivo. O tipo prevê a modalidade dolosa, ou seja, a vontade livre e consciente em pescar mediante a utilização de explosivos ou substâncias que, em contato com a água, produzam efeito semelhante ou substâncias tóxicas, ou outro meio proibido pela autoridade competente. Não há previsão para modalidade culposa.

Objeto material da conduta. É a fauna aquática.

Objeto jurídico. Tutela-se a proteção ao meio ambiente.

Classificação doutrinária. Trata-se de crime comum (pois pode ser praticado por qualquer pessoa), material (tendo em vista a necessidade da ocorrência de resultado naturalístico), comissivo, doloso, instantâneo (como regra, mas pode ser permanente desde que se já vislumbrada situação que se perdure no tempo, como uma intensa toxicidade da água), plurissubsistente (pois pode ser cometido através da prática de vários atos) e de forma vinculada (já que o tipo penal descreve a maneira pela qual o crime deverá ser praticado).

Momento consumativo. A consumação se dará com o resultado naturalístico, que consiste na efetiva pesca mediante a utilização dos elementos previstos nos incisos I e II, ambos do artigo 35 da Lei Ambiental.

Tentativa. Admitida, por se tratar de situação que envolve um crime plurissubsistente, na qual há possibilidade do fracionamento da conduta.

Art. 36. Para os efeitos desta Lei, considera-se pesca todo ato tendente a retirar, extrair, coletar, apanhar, apreender ou capturar espécimes dos grupos dos peixes, crustáceos, moluscos e vegetais hidróbios, suscetíveis ou não de aproveitamento econômico, ressalvadas as espécies ameaçadas de extinção, constantes nas listas oficiais da fauna e da flora.

Da natureza jurídica do artigo 36 da Lei nº 9.605/98. Estamos diante de verdadeira norma penal explicativa, em que podemos encontrar o conceito de pesca, que é utilizado na Lei Ambiental, principalmente em face dos artigos 34 e 35.

Art. 37. Não é crime o abate de animal, quando realizado:

I - em estado de necessidade, para saciar a fome do agente ou de sua família;

II - para proteger lavouras, pomares e rebanhos da ação predatória ou destruidora de animais, desde que legal e expressamente autorizado pela autoridade competente;

III - *(VETADO)*'

IV - por ser nocivo o animal, desde que assim caracterizado pelo órgão competente.

Causas excludentes de ilicitude. O artigo 37 da Lei nº 9.605/98 traz três situações nas quais estaremos diante de fato formalmente típico, porém, justificado pelas circunstâncias fáticas que acabam por afastar a antijuridicidade. Diante do conceito analítico de crime, segundo o qual este é formado pela tipicidade, antijuridicidade e culpabilidade, havendo ausência de um destes elementos, não há como caracterizar propriamente a figura criminosa, o que afasta a sanção penal dele decorrente.

O inciso I traz a situação justificante de abater o animal para saciar a fome do agente ou de sua família. Note-se que as circunstâncias ser uníssonas em apontar para esse sentido, sob pena de não estar configurada a situação justificante diante de abate para venda.

Esta situação traduz hipótese já descrita no Código Penal, mais precisamente no artigo 23, I, c/c art. 24. Estamos diante de verdadeiro estado de necessidade. Assim, não vemos necessidade na repetição destes termos na Lei Ambiental.

O inciso II, por sua vez, preconiza a necessidade de autorização da autoridade competente para que o abate de animal se dê, quando a situação fática for a de proteger lavouras, pomares e rebanhos da ação predatória ou destruidora de animais, desde que de forma legal.

Finalmente, no que concerne ao inciso IV, o abate é justificado quando o animal for nocivo, desde que assim caracterizado pelo órgão competente, o que impõe a análise da situação fática.

Seção II
Dos Crimes contra a Flora

Art. 38. Destruir ou danificar floresta considerada de preservação permanente, mesmo que em formação, ou utilizá-la com infringência das normas de proteção:

Pena - detenção, de um a três anos, ou multa, ou ambas as penas cumulativamente.

Parágrafo único. Se o crime for culposo, a pena será reduzida à metade.

Do crime previsto no artigo 38 da Lei nº 9.605/98. Se a seção I do Capítulo V da Lei nº 9.605/98 previu os crimes contra a fauna, a seção II prevê os crimes contra a flora, que pode ser conceituada como o conjunto de espécies vegetais encontradas em determinada localidade.

O artigo 38 inaugura os dispositivos legais pertinentes aduzindo que a destruição ou danificação de floresta considerada de preservação permanente, mesmo que em formação, bem como se o sujeito ativo a utiliza com infringência das normas de proteção é conduta típica punível como detenção de um a três anos ou multa, ou ambas cumulativamente.

Trata-se de um tipo penal misto alternativo, prevendo três condutas típicas, porém a prática de uma ou várias delas é suficiente para configurar a consumação do delito, desde que no mesmo contexto fático, sem que seja afastada a hipótese de crime único.

A respeito das florestas existentes no território nacional, o artigo 2º da Lei nº 12.651/12 (Código Florestal) prevê que:

> Art. 2º As florestas existentes no território nacional e as demais formas de vegetação nativa, reconhecidas de utilidade às terras que

> revestem, são bens de interesse comum a todos os habitantes do País, exercendo-se os direitos de propriedade com as limitações que a legislação em geral e especialmente esta Lei estabelecem.

O conceito de "floresta" pode ser observado no REsp 783.652/SP. Nos termos deste julgado, o elemento normativo "floresta", constante do tipo de injusto do art. 38 da Lei nº 9.605/98, é a formação arbórea densa, de alto porte, que recobre área de terra mais ou menos extensa. O elemento central é o fato de ser constituída por árvores de grande porte. Dessa forma, não abarca a vegetação rasteira.

Em relação à expressão "preservação permanente", devemos observar o que dispõe o artigo 6º, também do Código Florestal, asseverando que são consideradas de preservação permanente, quando declaradas de interesse social por ato do Chefe do Poder Executivo, as áreas cobertas com florestas ou outras formas de vegetação destinadas a uma ou mais das seguintes finalidades: conter a erosão do solo e mitigar riscos de enchentes e deslizamentos de terra e de rocha; proteger as restingas ou veredas; proteger várzeas; abrigar exemplares da fauna ou da flora ameaçados de extinção; proteger sítios de excepcional beleza ou de valor científico, cultural ou histórico; formar faixas de proteção ao longo de rodovias e ferrovias; assegurar condições de bem-estar público; auxiliar a defesa do território nacional, a critério das autoridades militares; proteger áreas úmidas, especialmente as de importância internacional.

Para a compreensão, tanto do conceito de floresta, quanto de "preservação permanente", ou ainda, para que se entenda o teor da conduta disposta na parte final do artigo 38, é preciso que o intérprete recorra à norma extrapenal em comento (Código Florestal).

Utilizar a floresta de preservação permanente com infringência das normas de proteção requer a verificação, por exemplo, do artigo 31 da Lei nº 12.651/12, que trata especificamente da exploração florestal, prevendo, em síntese, que:

> Art. 31. A exploração de florestas nativas e formações sucessoras, de domínio público ou privado, ressalvados os casos previstos nos arts. 21, 23 e 24, dependerá de licenciamento pelo órgão competente do Sisnama, mediante aprovação prévia de Plano de Manejo Florestal Sustentável – PMFS que contemple técnicas de condução, exploração, reposição florestal e manejo compatíveis com os variados ecossistemas que a cobertura arbórea forme.

Sobre o conceito de floresta, cabe citar a jurisprudência do STJ ao tratar "floresta" como elementar do tipo previsto no art. 38 da LCA, tendo a Corte Superior asseverado que "*é a formação arbórea densa, de alto porte, que recobre área de terra mais ou menos extensa*" em que o "*elemento central é o fato de ser constituída por árvores de grande porte*". Vejamos:

> PENAL E PROCESSO PENAL. RECURSO EM HABEAS CORPUS. 1. TRANCAMENTO DA AÇÃO PENAL. ATIPICIDADE DA CONDUTA. **2.**

> **CRIME AMBIENTAL. ART. 38 DA LEI N. 9.605/1998. DESTRUIÇÃO DE FLORESTA DE PRESERVAÇÃO PERMANENTE. ELEMENTARES DO TIPO.** NECESSIDADE DE DESCRIÇÃO. 3. DENÚNCIA QUE NÃO INDICA AS ELEMENTARES DO TIPO PENAL IMPUTADO. DESCRIÇÃO QUE NÃO SE AMOLDA AO ART. 38 DA LEI N. 9.605/1998. NARRATIVA INCOMPLETA. AMPLA DEFESA INVIABILIZADA. (...) 2. O art. 38 da Lei n. 9.605/1998 dispõe que é crime "destruir ou danificar floresta considerada de preservação permanente, mesmo que em formação, ou utilizá-la com infringência das normas de proteção". **O Superior Tribunal de Justiça, ao analisar referido tipo penal, assentou que "o elemento normativo 'floresta', constante do tipo de injusto do art. 38 da Lei nº 9.605/98, é a formação arbórea densa, de alto porte, que recobre área de terra mais ou menos extensa. O elemento central é o fato de ser constituída por árvores de grande porte"** [..] (STJ, T5 - QUINTA TURMA. RHC 63909/CE. RECURSO ORDINARIO EM HABEAS CORPUS. Relator(a) Ministro REYNALDO SOARES DA FONSECA. Julgamento em 26/03/2019. Publicação/Fonte em DJe 22/04/2019).

Da suspensão da prescrição em face do crime previsto no artigo 38 da Lei Ambiental. Nos casos de assinatura de termo de compromisso para regularização de imóvel ou posse rural perante o órgão ambiental (a que alude o artigo 59 da Lei nº 12.651/12 – Código Florestal), o artigo seguinte, também do Código Florestal assevera que tal fato suspenderá a punibilidade do crime previsto no art. 38 da Lei nº 9.605/98, enquanto o termo não estiver sendo cumprido.

Os parágrafos do artigo 60 da Lei nº 12.651/12 ressaltam, outrossim, que a prescrição ficará interrompida durante o período de suspensão da pretensão punitiva, bem como a punibilidade será extinta com a efetiva regularização prevista no Código Florestal.

Da (des) necessidade de perícia para caracterização do crime previsto no artigo 38 da Lei nº 9.605/98. O crime previsto no artigo 38 da Lei Ambiental é, em tese, infração penal que deixa vestígios, apto a requerer a aplicação do artigo 158 do CPP, com a confecção de laudo. No entanto, no precedente a seguir, a Sexta Turma do STJ, trata sobre a dispensabilidade de perícia para a caracterização do dano, quando houver outros meios de prova que supram a ausência do laudo pericial:

> AGRAVO REGIMENTAL EM RECURSO ESPECIAL. DIREITO PENAL. **CRIME AMBIENTAL. MATERIALIDADE. LAUDO PERICIAL. PROVA SUPRIDA POR OUTROS MEIOS.** AUTORIA. RESPONSABILIDADE PENAL DO SÓCIO ADMINISTRADOR. 1. Resta suficientemente demonstrada a materialidade delitiva com base na notícia de infração penal ambiental, no auto de infração ambiental, no termo de embargo, no levantamento fotográfico, no auto de constatação, bem

> como nos depoimentos dos policiais militares que evidenciam o corte de arvores nativas do Bioma Mata Atlântica em estágio médio de regeneração, sendo dispensável a elaboração de laudo por perito oficial mormente se os autores provocaram incêndio na floresta para a limpeza do local, comprometendo assim os vestígios deixados pelo delito e impossibilitando ou dificultando a perícia. 2. A responsabilidade penal do sócio-administrador e da pessoa jurídica resta regularmente demonstrada na hipótese em que este concorre para a realização do crime ordenando a limpeza do terreno e mais, sabendo da prática da conduta típica descrita no **artigo 38ª da Lei nº 9.605/98** pelo seu preposto, deixou de agir quando podia e devia para evitá-la. 3. Agravo regimental improvido. (STJ, T6 – SEXTA TURMA. AgRg no REsp 1601921/SC. AGRAVO REGIMENTAL NO RECURSO ESPECIAL. Relator(a) Ministra MARIA THEREZA DE ASSIS MOURA. Julgamento em 06/09/2016. Publicação/Fonte em DJe 16/09/2016).

Em recente julgado, a Quinta e Sexta Turmas do STJ firmaram posicionamento no sentido de que os delitos previstos nos arts. 38 e 38-A da Lei Ambiental são materiais, sendo imprescindível a realização de perícia para caracterização do dano, pois não é qualquer supressão/destruição que caracterizam os referidos delitos ambientais.

De tal sorte, para a tipificação dos delitos previstos nos arts. 38 e 38-A da Lei ambiental é necessário que a conduta tenha sido praticada contra vegetação de floresta de preservação permanente (art. 38) e vegetação primária ou secundária, situada no Bioma Mata Atlântica (art. 38-A). A possibilidade de comprovação da materialidade de forma indireta, então, somente seria possível quando a infração não deixar vestígios ou quando o lugar dos fatos tenha se tornado impróprio à análise pelos peritos. É o que se observa nos seguintes julgados:

> AGRAVO REGIMENTAL NO RECURSO ESPECIAL. PENAL. CRIMES CONTRA O MEIO AMBIENTE. CONDENAÇÃO DO AGENTE ÀS SANÇÕES DO ART. 38, C.C. O ART. 53, INCISO II, ALÍNEA C, AMBOS DA LEI N.º 9.605/1998. REALIZAÇÃO DA PROVA TÉCNICA DIRETA. DELITO MATERIAL E QUE DEIXA VESTÍGIOS. IMPRESCINDIBILIDADE. REALIZAÇÃO POR OUTROS MEIOS. NÃO JUSTIFICADA. INTELIGÊNCIA DOS ARTS. 167 E 566, AMBOS DO CÓDIGO DE PROCESSO PENAL. PRECEDENTES. AGRAVO REGIMENTAL DESPROVIDO. 1. A jurisprudência desta Corte Superior de Justiça está fixada no sentido de que é necessária a "realização de exame pericial em delitos não transeuntes, sendo possível a sua substituição por outros meios probatórios somente quando a infração não deixar vestígio ou se o corpo de delito houver desaparecido, a teor do disposto nos arts. 158 e 167 do Código de Processo Penal" (AgRg no AgRg no REsp 1.419.093/DF, Rel. Ministro GURGEL DE FARIA, QUINTA TURMA, julgado em 10/03/2015, DJe de 26/03/2015; sem grifos no original). 2.

O exame de corpo de delito "direto" somente pode ser suprido por "outros meios" probatórios, na forma indireta, para fins de comprovação da materialidade dos crimes ambientais de natureza material e não transeunte - no caso, o art. 38 da Lei n.º 9.605/98 -, na hipótese em que houver o desaparecimento dos vestígios ou quando o lugar dos fatos tenha se tornado impróprio à análise pelos experts, circunstâncias excepcionais que não se enquadram ao caso em análise [...] (STJ, **T6 - SEXTA TURMA**. AgRg no REsp 1782765/PR. AGRAVO REGIMENTAL NO RECURSO ESPECIAL. Relator(a) em Ministra LAURITA VAZ. Julgamento em 25/06/2019. Publicação/Fonte em DJe 02/08/2019, sem grifos no original).

HABEAS CORPUS SUBSTITUTIVO DE RECURSO PRÓPRIO. NÃO CABIMENTO. CRIME AMBIENTAL. CONDENAÇÃO PELO ART. 38-A, CAPUT, C/C O ART. 53, II, "c", DA LEI N. 9.605/98. AUSÊNCIA DE LAUDO PERICIAL. CRIME QUE DEIXA VESTÍGIOS. PRECLUSÃO AFASTADA IN CASU. FUNDAMENTAÇÃO A QUO NÃO IDÔNEA. HABEAS CORPUS NÃO CONHECIDO. ORDEM PARCIALMENTE CONCEDIDA, DE OFÍCIO (...) II - Sobre os crimes ambientais em comento, assim se pronunciou esta eg. Quinta Turma, acerca da imprescindibilidade da perícia: "Para a tipificação dos delitos previstos nos arts. 38 e 38-A da Lei ambiental é necessário que a conduta tenha sido praticada contra vegetação de floresta de preservação permanente (art. 38) e vegetação primária ou secundária, situada no Bioma Mata Atlântica (art. 38-A) [...] O tema é complexo, não facilmente identificável por leigos, sendo imprescindível a realização de perícia na medida em que não é qualquer supressão/destruição que caracteriza o ilícito do art. 38 da Lei Ambiental" (AgRg no AREsp n. 1.571.857/PR, Quinta Turma, Rel. Min. Reynaldo Soares da Fonseca, DJe de 22/10/2019). III - No mesmo sentido, entende a eg. Sexta Turma desta Corte Superior: "A jurisprudência desta Corte Superior de Justiça está fixada no sentido de que é necessária a realização de exame pericial em delitos não transeuntes, sendo possível a sua substituição por outros meios probatórios somente quando a infração não deixar vestígio ou se o corpo de delito houver desaparecido, a teor do disposto nos arts. 158 e 167 do Código de Processo Penal (AgRg no AgRg no REsp 1.419.093/DF, Rel. Ministro GURGEL DE FARIA, QUINTA TURMA, julgado em 10/03/2015, DJe de 26/03/2015; sem grifos no original) [...] O exame de corpo de delito direto somente pode ser suprido por outros meios probatórios, na forma indireta, para fins de comprovação da materialidade dos crimes ambientais de natureza material e não transeunte - no caso, o art. 38 da Lei n.º 9.605/98 -, na hipótese em que houver o desaparecimento dos vestígios ou quando o lugar dos fatos tenha se tornado impróprio à análise pelos experts, circunstâncias excepcionais que não se enquadram ao caso em análise" (AgRg no REsp n. 1.782.765/PR, Sexta Turma, Relª. Minª. Laurita Vaz, DJe de 02/08/2019). IV- No caso concreto, a perícia in loco foi dispensada com fundamentação que não se coaduna às exigências do Código de Processo Penal [...] (STJ, **QUINTA TURMA**. HC 570.680/PR, Rel. Ministro FELIX FISCHER, julgado em 26/05/2020, **DJe 03/06/2020**).

Jurisprudência sobre a inocorrência de *abolitio criminis* em face do artigo 38 da Lei nº 9.605/98 (LCA) com a entrada em vigor do Novo Código Florestal (Lei n º 12.651/2012, de 25/05/2012, com a redação que lhe deu a Lei 12.727/2012 [conversão da MP 571/2012]). A Sexta Turma do STJ em recente julgado assentou entendimento no sentido de que, diante de uma análise sistemática da Lei n º 12.651/12, não há que se falar em *abolitio criminis* em relação ao art. 38 da LCA, pois não houve descriminalização da conduta de destruir floresta de preservação permanente para a prática de atividades agrossilvipastoris.

O Novo Código Florestal (com redação dada pela Lei n.º 12.727/12) teria apenas autorizado a continuidade das atividades existentes (em áreas rurais consolidadas até 22/7/2008, conforme art. 61-A da Lei n.º 12.651/2012), condicionando esta tolerância legal à recomposição ambiental necessária, ficando suspensa a punibilidade do crime enquanto em vigor o plano de recuperação da área, de sorte que, concluída definitivamente a reparação ambiental prevista na lei, a punibilidade estaria extinta (interpretação dos artigos 6º e §§1º e 2º, 61-A e §15 da Lei n º 12.651/2012).

Concluiu a Sexta Turma que se trata de hipótese de *novatio legis in mellius*, em que a vigência da nova lei (Novo Código Florestal) trouxe situação menos gravosa concedendo um benefício àquele que se enquadre nesta nova previsão legal, permanecendo incólume a figura delitiva do art. 38 da Lei nº 9.605/98:

> PENA E PROCESSO PENAL. RECURSO ESPECIAL. **CRIME AMBIENTAL. DESENVOLVIMENTO DE ATIVIDADES AGROSILVIPASTORIS EM ÁREA DE PRESERVAÇÃO PERMANENTE. NOVO CÓDIGO FLORESTAL. ABOLITIO CRIMININIS DO DELITO TIPIFICADO NO ART. 38 DA LEI DOS CRIMES AMBIENTAIS. LEI 9.605/98. NÃO OCORRÊNCIA. NOVATIO LEGIS IN MELLIUS**. RECURSO ESPECIAL IMPROVIDO. 1. Com a entrada em vigor do novo Código Florestal, ficou autorizada a continuidade das atividades agrossilvipastoris em áreas rurais consolidadas até 22/7/2008, exercidas em área de preservação permanente que, para tal, deve ser firmado, perante o órgão ambiental competente, termo de compromisso de regularização, por meio dos Programas de Regularização Ambiental – PRAs – de posses e propriedades rurais (art. 59, caput), para a recomposição da flora. 2. **Não há falar em *abolitio criminis* do delito previsto no art. 38 da Lei 9.605/98, na medida em que a nova lei não alterou**

> **a natureza jurídica da área de preservação permanente, não deixando, portanto, de considerar criminosa a conduta de destruir ou danificar floresta considerada de preservação permanente, mesmo que em formação, ou utilizá-la com infringência das normas de proteção, tendo apenas tolerado as práticas já iniciadas, condicionando-a, contudo, à recomposição da área degradada.** 3. Recurso especial improvido. (STJ, T6 - SEXTA TURMA. REsp 1406833/PR. RECURSO ESPECIAL. Relator(a) Ministro NEFI CORDEIRO. Julgamento em 20/03/2018. Publicação/Fonte em DJe 02/04/2018. Sem grifo no original).
>
> PENAL. AGRAVO REGIMENTAL NO RECURSO ESPECIAL. CRIME AMBIENTAL. DESENVOLVIMENTO DE ATIVIDADES AGROSSILVIPASTORIS EM ÁREA DE PRESERVAÇÃO PERMANENTE. NOVO CÓDIGO FLORESTAL. ABOLITIO CRIMININIS DO DELITO TIPIFICADO NO ART. 38 DA LEI 9.605/1998. NÃO OCORRÊNCIA (...) 1. O Novo Código Florestal não implicou abolitio criminis do delito previsto no art. 38 da Lei 9.605/98, uma vez que a nova lei não alterou a natureza jurídica da área de preservação permanente, tendo apenas tolerado as práticas já iniciadas, condicionando-se à recomposição da área degradada. Precedentes [...] (STJ, **QUINTA TURMA**. AgRg no REsp 1410840/PR, Rel. Ministro RIBEIRO DANTAS, julgado em 20/02/2020, **DJe 28/02/2020**).

Sujeito ativo. Este crime pode ser praticado por qualquer pessoa, razão pela qual estamos diante de um crime comum.

Sujeito passivo. É a sociedade.

Elemento subjetivo. O tipo prevê a modalidade dolosa, ou seja, a vontade livre e consciente em destruir ou danificar floresta considerada de preservação permanente, mesmo que em formação, ou utilizá-la com infringência das normas de proteção.

A modalidade culposa está prevista no parágrafo único do referido artigo, estabelecendo-se redução da pena em metade.

Objeto material da conduta. É a floresta de preservação permanente.

Objeto jurídico. Tutela-se a proteção ao meio ambiente.

Classificação doutrinária. Trata-se de crime comum (pois pode ser praticado por qualquer pessoa), material (tendo em vista a necessidade da ocorrência de resultado naturalístico), comissivo, doloso, instantâneo (quando estivermos diante dos verbos típicos "destruir" ou "danificar"), mas pode ser permanente desde que se já vislumbrada situação que se perdure no tempo, diante do verbo "utilizar"), plurissubsistente (pois pode ser cometido através da prática de vários atos) e de forma livre (já que os verbos podem ser praticados mediante qualquer forma adotada pelo sujeito ativo).

Momento consumativo. A consumação se dará com o resultado naturalístico, que consiste na efetiva destruição ou danificação da floresta de preservação permanente, ou ainda, com a utilização dela com infringência das normas de proteção.

Tentativa. Admitida, por se tratar de situação que envolve um crime plurissubsistente, na qual há possibilidade do fracionamento da conduta.

> **Art. 38-A.** Destruir ou danificar vegetação primária ou secundária, em estágio avançado ou médio de regeneração, do Bioma Mata Atlântica, ou utilizá-la com infringência das normas de proteção: *(Incluído pela Lei nº 11.428, de 2006).*
>
> Pena – detenção, de 1 (um) a 3 (três) anos, ou multa, ou ambas as penas cumulativamente. *(Incluído pela Lei nº 11.428, de 2006).*
>
> Parágrafo único. Se o crime for culposo, a pena será reduzida à metade. *(Incluído pela Lei nº 11.428, de 2006).*

Análise do tipo penal previsto no artigo 38-A da Lei nº 9.605/98. Este artigo traz disposições específicas, pois foi incluído pela Lei nº 11.428/06 (que dispõe sobre a utilização e proteção da vegetação nativa do Bioma Mata Atlântica, e dá outras providências). Esta Lei será de extrema importância para o estudo do crime em questão, já que é a norma extrapenal que complementa o artigo 38-A da Lei nº 9.605/98.

Neste sentido, a Lei (11.428/06) versa sobre as especificidades a serem observadas na tutela do Bioma Mata Atlântica, principalmente em relação à definição sobre a constituição de tal Bioma, bem como sobre a definição de vegetação primária e secundária, como podemos observar a seguir:

> Art. 2º Para os efeitos desta Lei, consideram-se integrantes do Bioma Mata Atlântica as seguintes formações florestais nativas e ecossistemas associados, com as respectivas delimitações estabelecidas em mapa do Instituto Brasileiro de Geografia e Estatística – IBGE, conforme regulamento: Floresta Ombrófila Densa; Floresta Ombrófila Mista, também denominada de Mata de Araucárias; Floresta Ombrófila Aberta; Floresta Estacional Semidecidual; e Floresta Estacional Decidual, bem como os manguezais, as vegetações de restingas, campos de altitude, brejos interioranos e encraves florestais do Nordeste. *(Vide Decreto nº 6.660, de 2008)*
>
> Art. 4º A definição de vegetação primária e de vegetação secundária nos estágios avançado, médio e inicial de regeneração do Bioma Mata Atlântica, nas hipóteses de vegetação nativa localizada, será de iniciativa do Conselho Nacional do Meio Ambiente.

Basicamente a diferença em relação do artigo 38-A para o artigo 38, ambos da Lei Ambiental, reside na especialidade do tratamento da matéria. Desta forma, todo aquele que destrói ou danifica vegetação primária ou secundária, em estágio avançado ou médio de regeneração (cuja definição é do Conselho Nacional do Meio Ambiente - CNMA), do Bioma Mata Atlântica, ou que a utilizem com infringência das normas de proteção está sujeito a pena de detenção de um a três anos, ou multa, ou ambas cumulativamente. Confira-se o seguinte julgado a título ilustrativo:

> PROCESSO PENAL. RECURSO EM HABEAS CORPUS. **CRIME AMBIENTAL**. TRANCAMENTO DA AÇÃO PENAL. EXCEPCIONALIDADE. DENÚNCIA. INÉPCIA DA INICIAL. VÍCIO NO LAUDO ASSINADO POR PERITO SEM FORMAÇÃO ESPECÍFICA. INOCORRÊNCIA. CONSTRANGIMENTO ILEGAL NÃO DEMONSTRADO. RECURSO DESPROVIDO [...] 6. No caso em exame, "**a definição do Bioma Mata Atlântica e suas respectivas áreas de ocorrência encontra-se claramente estabelecida no art. 2º, da Lei nº 11.428/06. O mesmo Diploma estatui, em seu art. 4º, ser do Conselho Nacional do Meio Ambiente a competência para definir, com relação ao referido Bioma, o que seja vegetação primária e secundária nos estágios avançado, médio e inicial de recuperação**. Não se cobra, contudo, a menção a tais normas na peça acusatória. Basta a descrição clara dos fatos, consubstanciados pela destruição de vegetação que se encontrava em estágio intermediário e avançado de recuperação em área que se reconhece compreendida naquela definição, e foi o que fez, no caso, a denúncia (...)" [...] (STJ, T5 - QUINTA TURMA. RHC 93673/SC. RECURSO ORDINARIO EM HABEAS CORPUS. Relator(a) Ministro RIBEIRO DANTAS. Julgamento em 04/09/2018. Publicação/Fonte em DJe 14/09/2018).

Sujeito ativo. Este crime pode ser praticado por qualquer pessoa, razão pela qual estamos diante de um crime comum.

Sujeito passivo. É a sociedade.

Elemento subjetivo. O tipo prevê a modalidade dolosa, ou seja, a vontade livre e consciente em destruir ou danificar vegetação primária ou secundária, em estágio avançado ou médio de regeneração, do Bioma Mata Atlântica, ou utilizá-la com infringência das normas de proteção.

A modalidade culposa está prevista no parágrafo único do referido artigo, estabelecendo-se redução da pena em metade.

Objeto material da conduta. É a vegetação do Bioma Mata Atlântica.

Objeto jurídico. Tutela-se a proteção ao meio ambiente.

Classificação doutrinária. Trata-se de crime comum (pois pode ser praticado por qualquer pessoa), material (tendo em vista a necessidade da ocorrência de resultado naturalístico), comissivo, doloso, instantâneo (quando estivermos diante dos verbos típicos "destruir" ou "danificar"), mas pode ser permanente desde que se já vislumbrada situação que se perdure no tempo, diante do verbo "utilizar"), plurissubsistente (pois pode ser cometido através da prática de vários atos) e de forma livre (já que os verbos podem ser praticados mediante qualquer forma adotada pelo sujeito ativo).

Momento consumativo. A consumação se dará com o resultado naturalístico, que consiste na efetiva destruição ou danificação da vegetação primária ou secundária, em estágio avançado ou médio de regeneração, do Bioma Mata Atlântica, ou com a utilização desta em infringência das normas de proteção.

Tentativa. Admitida, por se tratar de situação que envolve um crime plurissubsistente, na qual há possibilidade do fracionamento da conduta.

> **Art. 39.** Cortar árvores em floresta considerada de preservação permanente, sem permissão da autoridade competente:
>
> Pena – detenção, de um a três anos, ou multa, ou ambas as penas cumulativamente.

Do crime previsto no artigo 39 da Lei nº 9.605/98. Este dispositivo considera típica a conduta daquele que corta árvores que pertencem à floresta de preservação permanente, sem a permissão da autoridade competente.

Diante do que expusemos sobre o artigo 38, aplicam-se os mesmos comentários sobre floresta de preservação permanente, aos quais remetemos o leitor.

Da suspensão da prescrição em face do crime previsto no artigo 38 da Lei Ambiental. Nos casos de assinatura de termo de compromisso para regularização de imóvel ou posse rural perante o órgão ambiental (a que alude o artigo 59 da Lei nº 12.651/12 – Código Florestal), o artigo seguinte, também do Código Florestal assevera que tal fato suspenderá a punibilidade do crime previsto no art. 39 da Lei nº 9.605/98, enquanto o termo não estiver sendo cumprido.

Os parágrafos do artigo 60 da Lei nº 12.651/12 ressaltam, outrossim, que a prescrição ficará interrompida durante o período de suspensão da pretensão punitiva, bem como a punibilidade será extinta com a efetiva regularização prevista no Código Florestal.

Do art. 39 da LCA. Aplicação do princípio da insignificância. Possibilidade. A jurisprudência da Sexta Turma do STJ – na esteira do entendimento adotado pela própria Corte no sentido da aplicabilidade do princípio da insignificância ou delito de bagatela aos crimes ambientais, desde que presentes os vetores autorizativos – entendeu que possível é a aplicação do referido princípio ao tipo penal previsto no art. 39 da LCA, possibilitando o reconhecimento da atipicidade material da conduta, senão vejamos:

> RECURSO ESPECIAL. CRIME AMBIENTAL. **ART. 39 DA LEI 9.605/98. CORTE DE ÁRVORES. ÁREA DE PRESERVAÇÃO PERMANENTE. PRINCÍPIO DA INSIGNIFICÂNCIA. ÍNFIMA LESIVIDADE AO BEM**

> **JURÍDICO TUTELADO. ATIPICIDADE MATERIAL DA CONDUTA.** ABSOLVIÇÃO MANTIDA. PRECEDENTES DO STJ. RECURSO IMPROVIDO. 1. Denunciado o recorrido por **ter efetuado o corte de nove árvores de pequeno a médio porte, em área de preservação permanente, as quais utilizou na construção de benfeitoria em sua pequena propriedade rural, foi absolvido em ambas as instâncias por atipicidade material da conduta.** 2. Sedimentou-se a orientação de que a aplicação do princípio da insignificância pressupõe a concomitância de quatro vetores, a saber: a mínima ofensividade da conduta, nenhuma periculosidade social da ação, o reduzidíssimo grau de reprovabilidade do comportamento e a inexpressividade da lesão jurídica provocada. 3. **É entendimento do Superior Tribunal de Justiça de que somente haverá lesão ambiental irrelevante quando, na ponderação entres os desvalores da ação e do resultado, houver ínfimo grau de lesividade da conduta praticada. 4. A inexpressividade da lesão jurídica provocada recomenda a manutenção do acórdão confirmatório da absolvição**. 5. A existência de ação penal pela prática do delito do art. 48 da Lei 9.605/98 não obsta, por si só, a incidência do princípio da insignificância, quando inexpressiva a lesividade ao bem jurídico protegido pela norma incriminadora do art. 39 da Lei 9.605/98 [...] (STJ T6 – SEXTA TURMA. REsp 1770667/RS. RECURSO ESPECIAL. Relator(a) Ministro NEFI CORDEIRO. Julgamento em 19/03/2019. Publicação/Fonte em DJe 04/04/2019, sem grifos no original).

Sujeito ativo. Este crime pode ser praticado por qualquer pessoa, razão pela qual estamos diante de um crime comum.

Sujeito passivo. É a sociedade.

Elemento subjetivo. O tipo prevê a modalidade dolosa, ou seja, a vontade livre e consciente em cortar árvores em floresta considerada de preservação permanente, sem permissão da autoridade competente. Não há previsão para modalidade culposa.

Objeto material da conduta. É a árvore de floresta de preservação permanente.

Objeto jurídico. Tutela-se a proteção ao meio ambiente.

Classificação doutrinária. Trata-se de crime comum (pois pode ser praticado por qualquer pessoa), material (tendo em vista a necessidade da ocorrência de resultado naturalístico), comissivo, doloso, instantâneo, plurissubsistente (pois pode ser cometido através da prática de vários atos) e de forma livre (já que os verbos podem ser praticados mediante qualquer forma adotada pelo sujeito ativo). A título ilustrativo, vale conferir a jurisprudência:

> AGRAVO REGIMENTAL NO AGRAVO EM RECURSO ESPECIAL. RECLAMO MINISTERIAL. CRIMES CONTRA O MEIO AMBIENTE. CON-

DENAÇÃO DO AGENTE ÀS SANÇÕES DOS ARTS. 39 E 45, AMBOS DA LEI N.º 9.605/1.998, EM CONCURSO MATERIAL. NULIDADE PROCESSUAL. **REALIZAÇÃO DA PROVA TÉCNICA DIRETA. DELITO MATERIAL E NÃO TRANSEUNTE. IMPRESCINDIBILIDADE. REALIZAÇÃO POR OUTROS MEIOS. NÃO JUSTIFICADA. INTELIGÊNCIA DOS ARTS. 167 E 566, AMBOS DO CÓDIGO DE PROCESSO PENAL.** PREJUÍZO À DEFESA. CONSTATAÇÃO (...) **entende este Tribunal Superior que, conforme interpretação autêntica e sistemática dos arts. 158 e 167 do aludido diploma, o exame de corpo de delito direto somente pode ser suprido por outros meios probatórios, na forma indireta, para fins de comprovação da materialidade dos crimes ambientais, na espécie, do art. 39 da Lei n.º 9.605/98, de natureza material e não transeunte, na hipótese em que houver o desaparecimento dos vestígios ou quando o lugar dos fatos tenha se tornado impróprio à análise pelos experts, circunstâncias excepcionais que não se enquadram no caso em exame** [...] (STJ, T6 - SEXTA TURMA. AgRg no AREsp 1292313/PR. AGRAVO REGIMENTAL NO AGRAVO EM RECURSO ESPECIAL. Relator(a) Ministra LAURITA VAZ. Julgamento em 12/03/2019. Publicação/Fonte em DJe 28/03/2019, sem grifo no original).

Momento consumativo. A consumação se dará com o resultado naturalístico, que consiste no efetivo corte, sem permissão da autoridade competente, de árvore situada em floresta de preservação permanente.

Tentativa. Admitida, por se tratar de situação que envolve um crime plurissubsistente, na qual há possibilidade do fracionamento da conduta.

Art. 40. Causar dano direto ou indireto às Unidades de Conservação e às áreas de que trata o art. 27 do Decreto nº 99.274, de 6 de junho de 1990, independentemente de sua localização:

Pena - reclusão, de um a cinco anos.

Análise do tipo penal previsto no artigo 40 da Lei nº 9.605/98. Todo aquele que causa dano de forma direta ou indireta às Unidades de Conservação (cujo conceito está descrito no artigo 2º, I, da Lei nº 9.985/00, entendendo-se o espaço territorial e seus recursos ambientais, incluindo as águas jurisdicionais, com características naturais relevantes, legalmente instituído pelo Poder Público, com objetivos de conservação e limites definidos, sob regime especial de administração, ao qual se aplicam garantias adequadas de proteção) pratica o crime em face do primeiro objeto material descrito no artigo 40 da Lei Ambiental.

No entanto, o tipo penal em comento faz expressa menção ao artigo 27 do Decreto nº 99.274/90 (dispondo que nas áreas circundantes das Unidades de Conservação, num raio de dez quilômetros, qualquer atividade que possa afetar a biota ficará subordinada às normas editadas pelo CONAMA). Estas áreas circundantes caracterizam o segundo objeto material do delito, e em caso de danos diretos ou indiretos a ele, fica configurada a conduta típica sujeita a pena de reclusão de um a cinco anos.

Nas duas situações, a localização é fator que não impede que o crime se consume.

Da possibilidade de concurso de crimes. A Sexta Turma do STJ, no julgamento do AgRg no REsp 1134058/SC, firmou entendimento no sentido de que os delitos previstos nos arts. 40, 48 e 64 da Lei nº 9.605/98 revestem-se de autonomia jurídica, eis que tutelam bens jurídicos distintos, o que inviabiliza a aplicação do princípio da consunção, tratando-se, em verdade, de concurso de crimes.

> PENAL E PROCESSUAL PENAL. AGRAVO REGIMENTAL NO RECURSO ESPECIAL. OFENSA AO PRINCÍPIO DA COLEGIALIDADE. NÃO OCORRÊNCIA. ART. 557, § 1º-A, DO CPC. RECURSO ESPECIAL INTERPOSTO COM FUNDAMENTO NA ALÍNEA A. COTEJO ANALÍTICO. DESNECESSIDADE. **PRINCÍPIO DA CONSUNÇÃO**. REVALORAÇÃO JURÍDICA DOS FATOS PELO STJ. POSSIBILIDADE. SÚMULA 7/STJ. NÃO INCIDÊNCIA. **CRIME AMBIENTAL. CONSTRUÇÃO EM SOLO NÃO EDIFICÁVEL. ÁREA DE PRESERVAÇÃO PERMANENTE. DANO À UNIDADE DE CONSERVAÇÃO QUE IMPEDE A REGENERAÇÃO DA VEGETAÇÃO. ABSORÇÃO DA CONDUTA. IMPOSSIBILIDADE. DELITOS AUTÔNOMOS** (...) 3. **Os crimes previstos nos arts. 40, 48 e 64 da Lei 9.605/98 revestem-se de autonomia jurídica e tutelam bens jurídicos distintos, inviabilizando a aplicação do princípio da consunção**. 4. Não se trata de revolvimento do conjunto probatório dos autos, mas mera revaloração jurídica de fatos incontroversos pelas instâncias ordinárias, afastando a incidência da Súmula 7 do STJ. 5. Agravo regimental improvido. (STJ, T6 - SEXTA TURMA. AgRg no REsp 1134058/SC. AGRAVO REGIMENTAL NO RECURSO ESPECIAL. Relator(a) Ministro NEFI CORDEIRO. Julgamento em 15/10/2015. Publicação/Fonte em DJe 05/11/2015, sem grifos no original).

Da autoaplicabilidade do artigo 40 da Lei nº 9.605/98. A Primeira Turma do STF entendeu que o artigo 40 é autoaplicável, não sendo possível subordinar a vigência deste dispositivo legal em referência à edição da Lei nº 9.985/00 ou do Decreto nº 4.340/02 (que regulamenta artigos da Lei nº 9.985/00).

> Habeas Corpus. Crimes contra o meio ambiente (Lei nº 9.605/98) e de loteamento clandestino (Lei nº 6.766/79). Inépcia formal da denúncia. Tipicidade da conduta criminosa inscrita no artigo 40 da Lei nº 9.605/98. Caracterização da área degradada como "unidade de conservação". Reexame de provas. Auto-aplicabilidade do artigo

> 40 da Lei nº 9.605/98 (...)3. De outra parte, não é possível subordinar a vigência do dispositivo legal em referência à edição da Lei nº 9.985/2000 ou do Decreto nº 4.340/02. O artigo 40 da Lei nº 9.605/98, independentemente das alterações inseridas pela Lei nº 9.985/2000 ou da regulamentação trazida pelo Decreto nº 4.340/02, possuía, já em sua redação original, densidade normativa suficiente para permitir a sua aplicação imediata, sendo certo que essas alterações não implicaram *abolitio criminis* em nenhuma medida. (STF, Primeira Turma. HC 89735/SP. HABEAS CORPUS. Relator(a) Min. MENEZES DIREITO. Julgamento em 20/11/2007. Publicação em DJe-036. DIVULG 28-02-2008. PUBLIC 29-02-2008. EMENT VOL-02309-01 PP-00149. RTJ VOL-00203-03 PP-01188, sem grifo no original).

Princípio da insignificância. Impossibilidade. Espécie ameaçada de extinção. O STJ vem consolidando sua jurisprudência no sentido da aplicabilidade do princípio da insignificância aos crimes ambientais somente quando há ínfima ofensividade ao bem ambiental tutelado, o que não ocorre na hipótese de espécies ameaçadas de extinção e relacionadas na Lista Oficial das Espécies da Flora Brasileira Ameaçadas de Extinção (Portaria MMA nº 443/2014):

> AGRAVO REGIMENTAL NO RECURSO ESPECIAL. CRIME AMBIENTAL. ART. 40 DA LEI 9.605/98. PRINCÍPIO DA INSIGNIFICÂNCIA. NÃO INCIDÊNCIA. LESIVIDADE AO BEM JURÍDICO TUTELADO. TIPICIDADE MATERIAL DA CONDUTA (...) 1. Somente se admite a aplicação do princípio da insignificância aos crimes ambientais quando demonstrada a ínfima ofensividade ao bem ambiental tutelado, conceito no qual se inserem não apenas questões jurídicas ou a dimensão econômica da conduta, mas o equilíbrio ecológico que faz possíveis as condições de vida no planeta. 2. A extração de 150 cabeças de palmitos in natura da espécie Euterpe edulis Martius, vulgarmente conhecida como palmito-juçara, ameaçada de extinção e relacionada na Lista Oficial das Espécies da Flora Brasileira Ameaçadas de Extinção (Portaria MMA nº 443/2014), afasta a incidência do princípio da insignificância [...] (STJ, **SEXTA TURMA**. AgRg no REsp 1847810/PR, Rel. Ministro NEFI CORDEIRO, julgado em 19/05/2020, **DJe 25/05/2020**).

Sujeito ativo. Este crime pode ser praticado por qualquer pessoa, razão pela qual estamos diante de um crime comum.

Sujeito passivo. É a sociedade.

Elemento subjetivo. O tipo prevê a modalidade dolosa, ou seja, a vontade livre e consciente em causar dano direto ou indireto às Unidades de Conservação e às áreas circundantes das Unidades de Conservação, num raio de dez quilômetros, independentemente de sua localização.

A modalidade culposa está descrita no parágrafo terceiro do artigo 40, ocasião na qual a pena será reduzida à metade.

Objeto material da conduta. Pode ser tanto a Unidade de Conservação, quando as áreas circundantes delas, num raio de dez quilômetros.

Objeto jurídico. Tutela-se a proteção ao meio ambiente.

Classificação doutrinária. Trata-se de crime comum (pois pode ser praticado por qualquer pessoa), material (tendo em vista a necessidade da ocorrência de resultado naturalístico), comissivo, doloso, instantâneo, plurissubsistente (pois pode ser cometido através da prática de vários atos) e de forma livre (já que os verbos podem ser praticados mediante qualquer forma adotada pelo sujeito ativo).

Momento consumativo. A consumação se dará com o resultado naturalístico, que consiste no efetivo dano, direto ou não, aos objetos materiais descritos no *caput* do artigo 40 da Lei nº 9.605/98.

Tentativa. Admitida, por se tratar de situação que envolve um crime plurissubsistente, na qual há possibilidade do fracionamento da conduta.

> § 1º Entende-se por Unidades de Conservação de Proteção Integral as Estações Ecológicas, as Reservas Biológicas, os Parques Nacionais, os Monumentos Naturais e os Refúgios de Vida Silvestre. *(Redação dada pela Lei nº 9.985, de 2000)*

Norma explicativa. Tanto a Unidade de Proteção Integral, quanto a de Uso Sustentável são unidades de conservação integrantes do SNUC (Sistema Nacional de Unidades de Conservação da Natureza).

O parágrafo primeiro do artigo 40 da Lei nº 9.605/98 descreve o que se entende por unidades de conservação de proteção integral: as Estações Ecológicas, as Reservas Biológicas, os Parques Nacionais, os Monumentos Naturais e os Refúgios de Vida Silvestre. Terá importância quando formos analisar e aplicar o artigo 40, § 2º, da mesma Lei.

O artigo 8º da Lei nº 9.985/00 aduz que:

> Art. 8º O grupo das Unidades de Proteção Integral é composto pelas seguintes categorias de unidade de conservação:
>
> I - Estação Ecológica;
>
> II - Reserva Biológica;
>
> III - Parque Nacional;
>
> IV - Monumento Natural;
>
> V - Refúgio de Vida Silvestre.

As Estações Ecológicas são um subcomponente do grupo das Unidades de Proteção Integral e têm como objetivo a preservação da natureza e a realização de pesquisas científicas, nos termos do artigo 9º da Lei nº 9.985/00.

Já em relação às Reservas Biológicas, que também figuram como componentes do grupo das Unidades de Proteção Integral, o objetivo é "a preservação integral da biota e demais atributos naturais existentes em seus limites, sem interferência humana direta ou modificações ambientais, excetuando-se as medidas de recuperação de seus ecossistemas alterados e as ações de manejo necessárias para recuperar e preservar o equilíbrio natural, a diversidade biológica e os processos ecológicos naturais", conforme teor do artigo 10 da Lei nº 9.985/00.

O Parque Nacional está previsto no artigo 11 da mesma Lei e, assim como os demais institutos acima, também compõe a Unidade de Proteção Integral. Seu "objetivo básico é a preservação de ecossistemas naturais de grande relevância ecológica e beleza cênica, possibilitando a realização de pesquisas científicas e o desenvolvimento de atividades de educação e interpretação ambiental, de recreação em contato com a natureza e de turismo ecológico".

Nos termos do artigo 12, o Monumento Natural tem como objetivo básico preservar sítios naturais raros, singulares ou de grande beleza cênica e pode ser constituído por áreas particulares, desde que seja possível compatibilizar os objetivos da unidade com a utilização da terra e dos recursos naturais do local pelos proprietários (art. 12, § 1º, da Lei nº 9.985/00). Também é um subcomponente das Unidades de Proteção Integral.

Por fim, o Refúgio de Vida Silvestre tem como objetivo proteger ambientes naturais onde se asseguram condições para a existência ou reprodução de espécies ou comunidades da flora local e da fauna residente ou migratória e pode ser constituído por áreas particulares, desde que seja possível compatibilizar os objetivos da unidade com a utilização da terra e dos recursos naturais do local pelos proprietários. É o que assevera o artigo 13, bem como seu parágrafo primeiro, ambos da Lei nº 9.985/00.

§ 2º A ocorrência de dano afetando espécies ameaçadas de extinção no interior das Unidades de Conservação de Proteção Integral será considerada circunstância agravante para a fixação da pena. *(Redação dada pela Lei nº 9.985, de 2000)*

Da circunstância agravante prevista no artigo 40, § 2º, da Lei nº 9.605/98. Se porventura o dano for verificado e este afetar espécies ameaçadas de extinção no interior das Unidades de Conservação de Proteção Integral (vide comentários ao parágrafo primeiro do artigo 40 da Lei Ambiental), este fato será considerado como circunstância agravante para a fixação da pena.

§ 3º Se o crime for culposo, a pena será reduzida à metade.

Causa de redução de pena. O artigo 40, § 3º, da Lei nº 9.605/98 prevê a modalidade culposa do crime descrito no *caput* do mesmo dispositivo. Tem natureza jurídica de causa de redução de pena, que será estabelecida em metade da pena originalmente prevista no preceito secundário do artigo 40.

Art. 40-A. *(VETADO) (Incluído pela Lei nº 9.985, de 2000)*

Da ausência de *caput* para os dispositivos previstos para o artigo 40-A da Lei nº 9.605/98. Por força do veto do caput do artigo 40-A, os parágrafos referentes a este artigo serão considerados na aplicação do artigo 40 da Lei Ambiental, que prevê como típica a conduta de causar dano direto ou indireto às Unidades de Conservação e às áreas de que trata o art. 27 do Decreto nº 99.274, de 6 de junho de 1990, independentemente de sua localização.

§ 1º Entende-se por Unidades de Conservação de Uso Sustentável as Áreas de Proteção Ambiental, as Áreas de Relevante Interesse Ecológico, as Florestas Nacionais, as Reservas Extrativistas, as Reservas de Fauna, as Reservas de Desenvolvimento Sustentável e as Reservas Particulares do Patrimônio Natural. *(Incluído pela Lei nº 9.985, de 2000)*

Das Unidades de Conservação de Uso Sustentável. Tanto a Unidade de Proteção Integral, quanto a de Uso Sustentável são unidades de conservação integrantes do SNUC (Sistema Nacional de Unidades de Conservação da Natureza). Conforme o teor do artigo 7º, § 2º, da Lei nº 9.985/00, o objetivo básico das Unidades de Uso Sustentável é compatibilizar a conservação da natureza com o uso sustentável de parcela dos seus recursos naturais.

O artigo 14 da Lei nº 9.985/00 apresenta o rol de categorias de unidade de conservação que constituem o grupo das Unidades de Uso Sustentável. São todas aquelas que já estão descritas no parágrafo primeiro do artigo 40-A da Lei nº 9.985/00.

Nos termos do artigo 15 da Lei mencionada acima, a "Área de Proteção Ambiental é uma área em geral extensa, com um certo grau de ocupação humana, dotada de atributos abióticos, bióticos, estéticos ou culturais especialmente importantes para a qualidade de vida e o bem-estar das populações humanas, e tem como objetivos básicos proteger a diversidade biológica, disciplinar o processo de ocupação e assegurar a sustentabilidade do uso dos recursos naturais". É constituída por terras públicas ou privadas.

Quanto às áreas de relevante interesse ecológico, o artigo 16 da Lei nº 9.985/00 ensina que "é uma área em geral de pequena extensão, com pouca ou nenhuma ocupação humana, com características naturais extraordinárias ou que abriga exemplares raros da biota regional, e tem como objetivo manter os ecossistemas naturais de importância regional ou local e regular o uso admissível dessas áreas, de modo a compatibilizá-lo com os objetivos de conservação da natureza".

O artigo 17 deste mesmo diploma legal trata da Floresta Nacional, ressaltando que se trata de "uma área com cobertura florestal de espécies predominantemente nativas e tem como objetivo básico o uso múltiplo sustentável dos recursos florestais e a pesquisa científica, com ênfase em métodos para exploração sustentável de florestas nativas".

A Reserva Extrativista, por sua vez, vem descrita no artigo 18 e consiste numa "área utilizada por populações extrativistas tradicionais, cuja subsistência baseia-se no extrativismo e, complementarmente, na agricultura de subsistência e na criação de animais de pequeno porte, e tem como objetivos básicos proteger os meios de vida e a cultura dessas populações, e assegurar o uso sustentável dos recursos naturais da unidade".

Reserva de Fauna é "uma área natural com populações animais de espécies nativas, terrestres ou aquáticas, residentes ou migratórias, adequadas para estudos técnico-científicos sobre o manejo econômico sustentável de recursos faunísticos", conforme dispõe o artigo 19 da Lei nº 9.985/00.

As Reservas de Desenvolvimento Sustentável vêm descritas no artigo 20 e consiste numa "área natural que abriga populações tradicionais, cuja existência baseia-se em sistemas sustentáveis de exploração dos recursos naturais, desenvolvidos ao longo de gerações e adaptados às condições ecológicas locais e que desempenham um papel fundamental na proteção da natureza e na manutenção da diversidade biológica".

Por fim, a Reserva Particular, prevista no artigo 21 da Lei nº 9.985/00 "é uma área privada, gravada com perpetuidade, com o objetivo de conservar a diversidade biológica".

§ 2º A ocorrência de dano afetando espécies ameaçadas de extinção no interior das Unidades de Conservação de Uso Sustentável será considerada circunstância agravante para a fixação da pena. *(Incluído pela Lei nº 9.985, de 2000)*

Da agravante de pena prevista no artigo 40-A da Lei nº 9.605/98. Remetemos o leitor para os comentários tecidos por ocasião do artigo 40, § 2º, também da Lei Ambiental.

§ 3º Se o crime for culposo, a pena será reduzida à metade. *(Incluído pela Lei nº 9.985, de 2000)*

Da previsão de conduta culposa. Causa de redução de pena. Sobre o assunto, vide comentários feitos ao artigo 40, § 3º, da Lei nº 9.605/98.

Art. 41. Provocar incêndio em mata ou floresta:

Pena – reclusão, de dois a quatro anos, e multa.

Parágrafo único. Se o crime é culposo, a pena é de detenção de seis meses a um ano, e multa.

Da conduta típica prevista no artigo 41 da Lei nº 9.605/98. Este tipo penal é distinto em relação às condutas descritas no artigo 38, pelo fato de tratar de florestas ou matas de uma forma geral, prevendo que todo sujeito ativo que provocar incêndio nestes locais estará sujeito à pena de reclusão de dois a quatro anos, além de multa.

Trata-se de uma modalidade especial em relação ao crime previsto no artigo 250, § 1º, II, "h", do Código Penal, que prevê:

> Art. 250 - Causar incêndio, expondo a perigo a vida, a integridade física ou o patrimônio de outrem:
>
> Pena - reclusão, de três a seis anos, e multa.
>
> § 1º - As penas aumentam-se de um terço:
>
> II - se o incêndio é:
>
> h) em lavoura, pastagem, mata ou floresta.

A aplicação do artigo 250, § 1º, II, "h", passa a ser restrita aos objetos materiais "lavoura" e "pastagem".

Norma penal em branco. A Quinta Turma do STJ entendeu, no julgado a seguir, no sentido de que o conceito de mata ou floresta é elementar do tipo, assim, se está diante de uma norma penal em branco, que carece da complementação necessária a integrar o tipo penal.

> PENAL. AGRAVO REGIMENTAL NO RECURSO ESPECIAL. **CRIME AMBIENTAL. DENÚNCIA. ART 41 DA LEI N. 9.605/1998. ELEMENTAR DO TIPO. MATA OU FLORESTA**. AUSÊNCIA DE JUSTA CAUSA E INÉPCIA DA EXORDIAL ACUSATÓRIA. TRANCAMENTO DA AÇÃO PENAL EM SEDE DE HABEAS CORPUS. POSSIBILIDADE. (...) 2. No caso, pela simples leitura da denúncia, observa-se que o órgão acusatório limitou-se a descrever o fato inserido no auto de infração - queimada de 22,00 has (vinte e dois hectares) em área agropastoril - e atribuí-lo à responsabilidade do proprietário do imóvel rural, deixando de mencionar a vegetação atingida pela suposta ação do acusado, bem como os efeitos acarretados pela queimada provocada no local. 3. **Sabe-se que, para a configuração do crime previsto no art. 41 da Lei n. 9.605/1998, é necessário que a área queimada corresponda aos conceitos de "mata" e "floresta", tratando-se, pois, de uma norma penal em branco que exige complementação para fins de penalização da conduta ali descrita, a qual também não foi mencionada pelo Parquet** [...] (STJ, T5 - QUINTA TURMA. AgRg no REsp 1359176/MT. AGRAVO REGIMENTAL NO RECURSO ESPECIAL. Relator(a) Ministro GURGEL DE FARIA. Julgamento em 23/06/2015. Publicação/Fonte em REPDJe 08/09/2015. DJe 03/08/2015, sem grifos no original)

Sujeito ativo. Este crime pode ser praticado por qualquer pessoa, razão pela qual estamos diante de um crime comum.

Sujeito passivo. É a sociedade.

Elemento subjetivo. O tipo prevê a modalidade dolosa, ou seja, a vontade livre e consciente em provocar incêndio em mata ou floresta.

A modalidade culposa está prevista no parágrafo único do referido artigo, estabelecendo-se que a pena é de detenção de seis meses a um ano, e multa.

Objeto material da conduta. É a mata ou a floresta.

Objeto jurídico. Tutela-se a proteção ao meio ambiente.

Classificação doutrinária. Trata-se de crime comum (pois pode ser praticado por qualquer pessoa), material (tendo em vista a necessidade da ocorrência de resultado naturalístico), comissivo, doloso, instantâneo, plurissubsistente (pois pode ser cometido através da prática de vários atos) e de forma livre (já que os verbos podem ser praticados mediante qualquer forma adotada pelo sujeito ativo).

Momento consumativo. A consumação se dará com o resultado naturalístico, que consiste no efetivo incêndio em mata ou floresta.

Tentativa. Admitida, por se tratar de situação que envolve um crime plurissubsistente, na qual há possibilidade do fracionamento da conduta.

Art. 42. Fabricar, vender, transportar ou soltar balões que possam provocar incêndios nas florestas e demais formas de vegetação, em áreas urbanas ou qualquer tipo de assentamento humano:

Pena – detenção de um a três anos ou multa, ou ambas as penas cumulativamente.

Análise do tipo penal previsto no artigo 42 da Lei nº 9.605/98. Quatro são as condutas descritas neste tipo penal: fabricar, vender, transportar ou soltar. Trata-se de um tipo penal misto alternativo, pois o crime estará consumado mediante a prática de um único verbo nuclear, ou ainda, de vários deles, sem que, com isso, se deixe de considerar como crime único, desde que na mesma situação fática.

O objeto material das condutas descritas é o balão (que utiliza fogo como meio de fornecimento de ar quente para poder se deslocar), e que pode vir a provocar incêndios em florestas e demais formas de vegetação em geral, além de áreas urbanas ou qualquer outro tipo de assentamento urbano. Previne-se, com isso, que haja perigo de incêndio em função da natureza do balão, cuja queda não pode ser controlada.

Sujeito ativo. Este crime pode ser praticado por qualquer pessoa, razão pela qual estamos diante de um crime comum.

Sujeito passivo. É a sociedade.

Elemento subjetivo. O tipo prevê a modalidade dolosa, que consiste na vontade livre e consciente em fabricar, vender, transportar ou soltar balões que possam provocar incêndios nas florestas e demais formas de vegetação, em áreas urbanas ou qualquer tipo de assentamento humano.

Objeto material da conduta. É o balão que possa vir provocar incêndio.

Objeto jurídico. Tutela-se a proteção ao meio ambiente.

Classificação doutrinária. Trata-se de crime comum (pois pode ser praticado por qualquer pessoa), formal (tendo em vista a desnecessidade da ocorrência de resultado naturalístico), comissivo, doloso, instantâneo (diante das formas "fabricar", "vender", ou "soltar") e permanente (diante da modalidade "transportar", tendo em vista que a conduta pode se protrair no tempo), plurissubsistente (pois pode ser cometido através da prática de vários atos) e de forma livre (já que os verbos podem ser praticados mediante qualquer forma adotada pelo sujeito ativo).

Momento consumativo. A consumação se dará quando o sujeito ativo fabrica, vende, transporta ou solta balões, conforme descrição do tipo penal.

Tentativa. Admitida, por se tratar de situação que envolve um crime plurissubsistente, na qual há possibilidade do fracionamento da conduta.

Art. 43. *(VETADO)*

Art. 44. Extrair de florestas de domínio público ou consideradas de preservação permanente, sem prévia autorização, pedra, areia, cal ou qualquer espécie de minerais:

Pena - detenção, de seis meses a um ano, e multa.

Do crime previsto no artigo 44 da Lei nº 9.605/98. Análise do tipo objetivo. A conduta central é a extração de pedra, areia, cal ou qualquer espécie de minerais de florestas de domínio público ou consideradas de preservação permanente, sem prévia autorização (norma penal em branco, devendo ser valorada conforme o caso concreto).

Sobre as florestas de domínio público, podemos citar como exemplo trazido pela própria legislação (Lei nº 9.985/00) a Estação Ecológica (artigo 9º), a Reserva Biológica (artigo 10), o Parque Nacional (artigo 11), a Área de Proteção Ambiental (artigo 15), a Floresta Nacional (artigo 17), a Reserva Extrativista (artigo 18), a Reserva de Fauna (artigo 19) e a Reserva de Desenvolvimento Sustentável (artigo 20).

Nos termos do artigo 3º, II, do Código Florestal (Lei nº 12.651/12), Área de Preservação Permanente (APP) é uma "área protegida, coberta ou não por vegetação nativa, com a função ambiental de preservar os recursos hídricos, a paisagem, a estabilidade geológica e a biodiversidade, facilitar o fluxo gênico de fauna e flora, proteger o solo e assegurar o bem-estar das populações humanas".

Sujeito ativo. Este crime pode ser praticado por qualquer pessoa, razão pela qual estamos diante de um crime comum.

Sujeito passivo. É a sociedade.

Elemento subjetivo. O tipo prevê a modalidade dolosa, que consiste na vontade livre e consciente em extrair de florestas de domínio público ou consideradas de preservação permanente, sem prévia autorização, pedra, areia, cal ou qualquer espécie de minerais.

Objeto material da conduta. É a pedra, areia, cal ou qualquer espécie de minerais.

Objeto jurídico. Tutela-se a proteção ao meio ambiente.

Classificação doutrinária. Trata-se de crime comum (pois pode ser praticado por qualquer pessoa), material (tendo em vista a necessidade da ocorrência de resultado naturalístico), comissivo, doloso, instantâneo, plurissubsistente (pois pode ser cometido através da prática de vários atos) e de forma livre (já que os verbos podem ser praticados mediante qualquer forma adotada pelo sujeito ativo).

Momento consumativo. A consumação se dará com o resultado naturalístico, que consiste na extração, sem autorização prévia, de pedra, areia, cal ou qualquer espécie de minerais de florestas de domínio público ou consideradas de preservação permanente.

Tentativa. Admitida, por se tratar de situação que envolve um crime plurissubsistente, na qual há possibilidade do fracionamento da conduta.

Art. 45. Cortar ou transformar em carvão madeira de lei, assim classificada por ato do Poder Público, para fins industriais, energéticos ou para qualquer outra exploração, econômica ou não, em desacordo com as determinações legais:

Pena – reclusão, de um a dois anos, e multa.

Análise do tipo penal previsto no artigo 45 da Lei nº 9.605/98. "Cortar" e "transformar" são os verbos nucleares previstos neste tipo penal, cujo objeto material é a madeira de lei (madeira de grande resistência e que geralmente é utilizada em construções e na fabricação de móveis de luxo), cuja classificação se dá por ato do Poder Público (refletindo-se uma norma penal em branco).

A finalidade em torno do tipo é a transformação da madeira de lei em carvão, cujo objetivo de utilização pode ser industrial, energético ou qualquer outra exploração, econômica ou não. Tais atividades devem estar em desacordo com as determinações legais (também refletindo norma penal em branco).

Sujeito ativo. Este crime pode ser praticado por qualquer pessoa, razão pela qual estamos diante de um crime comum.

Sujeito passivo. É a sociedade.

Elemento subjetivo. O tipo prevê a modalidade dolosa, que consiste na vontade livre e consciente em cortar ou transformar em carvão madeira de lei, assim classificada por ato do Poder Público, para as finalidades e condições descritas no *caput* do artigo 45 da Lei nº 9.605/98.

Objeto material da conduta. É a madeira de lei.

Objeto jurídico. Tutela-se a proteção ao meio ambiente.

Classificação doutrinária. Trata-se de crime comum (pois pode ser praticado por qualquer pessoa), material (tendo em vista a necessidade da ocorrência de resultado naturalístico), comissivo, doloso, instantâneo, plurissubsistente (pois pode ser cometido através da prática de vários atos) e de forma livre (já que os verbos podem ser praticados mediante qualquer forma adotada pelo sujeito ativo).

Momento consumativo. A consumação se dará com o corte ou transformação em carvão madeira de lei, com as finalidades descritas no tipo penal, ainda que não venha a ser utilizada.

Tentativa. Admitida, por se tratar de situação que envolve um crime plurissubsistente, na qual há possibilidade do fracionamento da conduta.

Art. 46. Receber ou adquirir, para fins comerciais ou industriais, madeira, lenha, carvão e outros produtos de origem vegetal, sem exigir a exibição de licença do vendedor, outorgada pela autoridade competente, e sem munir-se da via que deverá acompanhar o produto até final beneficiamento:

Pena – detenção, de seis meses a um ano, e multa.

Do crime previsto no artigo 46 da Lei nº 9.605/98. Análise do tipo objetivo. As condutas aqui punidas são a de receber ou adquirir (com a finalidade comercial ou industrial), madeira, lenha, carvão e outros produtos de origem vegetal, sem que para isso o sujeito ativo exija a exibição de licença do vendedor (que deve ser outorgada pela autoridade competente), bem como sem estar de posse da via que deverá acompanhar o produto até o beneficiamento final deste.

A finalidade deste tipo penal é reprimir o comércio ilegal dos produtos de origem vegetal, vale dizer, aqueles obtidos sem que haja licença para tanto.

É um tipo penal misto alternativo, pois há mais de um verbo nuclear, mas para que esteja consumado, basta a prática de um deles. Se houver a prática de mais de um, não se afasta a unidade de crime, porém, tal situação deve se dar no mesmo contexto fático.

Diante da previsão do preceito secundário, estamos diante de um crime de menor potencial ofensivo, haja vista que a pena máxima não excede dois anos, nos termos do artigo 61 da Lei nº 9.099/95.

Sujeito ativo. Em razão da natureza do conteúdo do tipo penal, este crime não pode ser praticado por qualquer pessoa, mas sim pelos empresários e comerciantes que detenham a obrigação de verificar a procedência dos produtos adquiridos, em razão da possibilidade de fiscalização a que estão sujeitos. Trata-se de crime próprio.

Sujeito passivo. É a sociedade.

Elemento subjetivo. O tipo prevê a modalidade dolosa, que consiste na vontade livre e consciente em receber ou adquirir, para fins comerciais ou industriais, madeira, lenha, carvão e outros produtos de origem vegetal, nas condições descritas no *caput* do artigo 46 da Lei nº 9.605/98.

Objeto material da conduta. Pode ser tanto a madeira, quanto a lenha, o carvão ou outros produtos de origem vegetal.

Objeto jurídico. Tutela-se a proteção ao meio ambiente.

Classificação doutrinária. Trata-se de crime próprio (pois não pode ser praticado por qualquer pessoa, mas sim os comerciantes dos objetos previstos no tipo penal, que têm obrigação de verificar a procedência destes e reter a documentação necessária), formal (tendo em vista a desnecessidade da ocorrência de resultado naturalístico), comissivo, doloso, instantâneo, plurissubsistente (pois pode ser cometido através da prática de vários atos) e de forma livre (já que os verbos podem ser praticados mediante qualquer forma adotada pelo sujeito ativo).

Momento consumativo. A consumação se dará no momento em que o sujeito ativo recebe ou adquire a madeira, lenha, o carvão ou outros produtos de origem vegetal, nas condições e finalidades descritas no tipo penal.

Tentativa. Admitida, por se tratar de situação que envolve um crime plurissubsistente, na qual há possibilidade do fracionamento da conduta.

> **Parágrafo único.** Incorre nas mesmas penas quem vende, expõe à venda, tem em depósito, transporta ou guarda madeira, lenha, carvão e outros produtos de origem vegetal, sem licença válida para todo o tempo da viagem ou do armazenamento, outorgada pela autoridade competente.

Análise do tipo penal previsto no parágrafo único do artigo 46 da Lei Ambiental. Este dispositivo penal prevê como típica a conduta daquele que vende, expõe à venda, tem em depósito, transporta ou guarda os objetos materiais ali descritos (madeira, lenha, carvão e outros produtos de origem vegetal, ou seja, os mesmos que são mencionados no *caput* do artigo 46), sem que haja licença válida (outorgada pela autoridade competente) para todo o período da viagem ou, ainda, do tempo de armazenamento destes produtos.

Da mesma maneira que no art. 46, *caput*, estamos diante de um tipo penal misto alternativo, já que o dispositivo prevê cinco condutas que podem ser praticadas de forma isolada ou conjunta, e configurará crime único, desde que na mesma situação fática.

Aqui a finalidade também é coibir o comércio destes produtos sem que haja licença válida.

Precedente da Sexta Turma do STJ que considera o crime previsto no artigo 46, parágrafo único, como de mera conduta na modalidade "transportar". A Sexta Turma do STJ, no julgamento do RHC 85.214/MG, entendeu no sentido de considerar o delito previsto no art. 46, parágrafo único, da Lei nº 9.605/98 como de mera conduta no que tange à prática da conduta típica de "transportar".

> I. Habeas corpus: descabimento. (...) II. Crime ambiental: transporte de carvão vegetal sem licença válida para todo o tempo da viagem outorgada pela autoridade competente (L. 9.605/98, art. 46, parágrafo único): exigência de autorização ambiental expedida pelo IBAMA - existente e no prazo de validade - e não de regularidade da documentação fiscal, cuja ausência não afeta o bem jurídico protegido pela incriminação, qual seja o meio-ambiente, o que induz à atipicidade do fato, ainda quando se trate, como no caso, **de um crime de mera conduta** (v.g., HC 81.057, 1ª T., 25.4.04, Pertence, Infs. STF 349 e 385). (STF, Primeira Turma. RHC 85214/MG. RECURSO EM HABEAS CORPUS. Relator(a) Min. SEPÚLVEDA PERTENCE. Julgamento em 17/05/2005. Publicação em DJ 03-06-2005, PP-00045. EMENT VOL-02194-02, PP-00403).

Da possibilidade de configuração do princípio da consunção entre o crime previsto no artigo 46, parágrafo único, da Lei nº 9.605/98 e o crime de falsidade ideológica. A Sexta Turma do STJ já teve oportunidade de se manifestar sobre o conflito aparente de normas entre o crime previsto no artigo 46, parágrafo único, da Lei nº 9.605/98 e o crime de falsidade ideológica. Assim, o crime de falso resta absorvido pelo crime ambiental, tendo em vista que a falsificação de documento de transporte foi o delito-meio para a consecução do crime-fim (transporte de madeira), isto é, comprovado que as Autorizações para Transporte de Produto Florestal (ATPF) foram falsificadas apenas com a finalidade de praticar outro crime (transporte da madeira), aplica-se o princípio da consunção.

> AGRAVO EM RECURSO ESPECIAL. PENAL E PROCESSUAL PENAL. FALSIDADE IDEOLÓGICA E CRIME DE TRANSPORTE DE MADEIRA SEM LICENÇA. ABSORÇÃO. INCIDÊNCIA DO PRINCÍPIO DA CONSUNÇÃO. (...). 1. Tendo o Tribunal a quo afirmado que o crime de falsidade ideológica foi meio necessário para o cometimento do crime ambiental, exaurindo-se ali sua potencialidade, entendimento em sentido contrário quanto à autonomia e independência de tais comportamentos demandaria o revolvimento do acervo fático- probatório dos autos, o que é inviável em sede de recurso especial, ante o óbice contido na Súmula 7/STJ. 2. O princípio da consunção pressupõe que seja um delito-meio ou fase normal de execução do outro crime (crime-fim), sendo que a proteção de bens jurídicos diversos e a absorção de infração mais grave pelo de menor gravidade não são motivos para, por si sós, impedirem a referida absorção. Precedentes. (...) (STJ, T6 - SEXTA TURMA. AgRg no AREsp 300077/RO. AGRAVO REGIMENTAL NO AGRAVO EM RECURSO ESPECIAL. Relator(a) Ministro SEBASTIÃO REIS JÚNIOR. Julgamento em 04/09/2014. Publicação/Fonte em DJe 22/09/2014).

Todavia, cabe aqui consignar o entendimento da Quinta Turma do STJ que, em recente julgado, reconheceu a impossibilidade de aplicação do princípio da consunção entre o crime de falso e o art. 46 da LCA (mesmo raciocínio aplicável ao seu parágrafo único), na medida em que a falsidade não é necessariamente meio para a prática do delito ambiental. Vejamos:

> PENAL. AGRAVO REGIMENTAL NO RECURSO ESPECIAL. **CRIME AMBIENTAL E FALSIDADE IDEOLÓGICA. APLICAÇÃO DO PRINCÍPIO DA CONSUNÇÃO. IMPOSSIBILIDADE. CONDUTAS AUTÔNOMAS**. AGRAVO NÃO PROVIDO. **1. No caso em tela, verifica-se a prática de duas condutas distintas pelos recorridos, de forma autônoma e em períodos diversos, sem relação de minus e plus, de continente e conteúdo, de todo e parte, de inteiro e fração, o que afasta a absorção do fato mais grave (o crime de falso) pelo menos grave (o crime ambiental). 2. Com efeito, mostra-se inviável a aplicação do entendimento mais benéfico ao recorrido – reconhecendo a incidência do ante factum impunível -, pois, no caso, o crime de falsidade ideológica não constitui, essencialmente, meio necessário para a prática do delito previsto no art. 46 da Lei n. 9.605/1998, nele não se encerrando a sua potencialidade lesiva, ou seja, os crimes subsistem em qualquer contexto fático, independentemente do outro. Precedentes**. 3. Ressalte-se, por fim, que, para se concluir, como pretendem os agravantes, que o crime de uso de documento falso teve o fim exclusivo de viabilizar o transporte e venda de madeira, seria necessário o reexame do material cognitivo produzido nos autos, o que atrai a incidência do óbice da Súmula 7 deste Tribunal [...] (STJ, T5 – QUINTA TURMA. AgRg no REsp 1751067/RO. AGRAVO REGIMENTAL NO RECURSO ESPECIAL. Relator(a) Ministro RIBEIRO DANTAS. Julgamento em 19/09/2019. Publicação/Fonte em DJe 24/09/2019, sem grifos no original).

O STJ, em guinada jurisprudencial, parece mesmo se posicionar pela autonomia do crime de falso em relação ao crime ambiental ao reconhecer expressamente a "impossibilidade de absorção do crime de falsidade ideológica pelo crime ambiental, em face da autonomia das condutas, praticadas de forma distinta e em períodos diversos":

> AGRAVO REGIMENTAL NO RECURSO ESPECIAL. **FALSIDADE IDEOLÓGICA. CRIME AMBIENTAL.** NEGATIVA DE PRESTAÇÃO JURISDICIONAL. NÃO OCORRÊNCIA. **CONSUNÇÃO. BENS JURÍDICOS TUTELADOS. IDENTIDADE. AUSÊNCIA. CONSUNÇÃO. APLICAÇÃO. IMPOSSIBILIDADE** (...) 2. "Impossibilidade de absorção do crime de falsidade ideológica pelo crime ambiental, em face da autonomia das condutas, praticadas de forma distinta e em períodos diversos" (REsp 1745308/MG, Rel. Ministro ROGERIO SCHIETTI CRUZ, SEXTA TURMA, julgado em 07/05/2019, DJe 14/05/2019.) 3. Tendo as instâncias ordinárias concluído que o delito ambiental não seria rea-

lização, preparação ou execução do delito de falsidade ideológica, de modo que desconstituir as premissas fáticas delineadas no acórdão impugnado, com o fim de reconhecer a consunção, demandaria o revolvimento do conjunto fático-probatório, inadmissível a teor da Súmula 7/STJ. 4. Ademais, considerando o reconhecimento da prescrição da pretensão punitiva em relação ao crime de falsidade ideológica, não há interesse de recorrer para fins de absorção do delito tipificado no art. 69-A da Lei 9.605/98 pelo tipo penal previsto no art. 299 do CP [...] (STJ, **SEXTA TURMA**. AgRg no REsp 1718614/MT, Rel. Ministro NEFI CORDEIRO, julgado em 05/05/2020, **DJe 15/05/2020**).

Dos arts. 46, parágrafo único, 50, 50-A e 70, da Lei n. 9.605/1998. Madeira transportada irregularmente. Guia de autorização de transporte. Inobservância dos limites. Apreensão de toda a mercadoria. Possibilidade. Em recente julgamento, a Segunda Turma do STJ tratou da apreensão de mercadoria em ilícito ambiental. No REsp 1.784.755-MT, veiculado no Informativo nº 0658 (publicação 8 de novembro de 2019), ficou consignado que "*o transporte em quantidade excessiva de madeira, não acobertada pela respectiva guia de autorização, legitima a apreensão de toda a mercadoria*".

A Segunda Turma, considerando os arts. 46, parágrafo único, 50, 50-A e 70, da Lei n. 9.605/1998 – que tipificam simultaneamente como crime e infração administrativa o transporte ou a guarda de madeira, lenha, carvão ou outros produtos de origem vegetal, assim como a atividade de desmatar, explorar economicamente ou degradar floresta, plantada ou nativa, sem a devida licença por parte da autoridade competente – e os arts. 25 e 72, IV, da LCA – que disciplinam a apreensão dos produtos e instrumentos utilizados na prática da infração ambiental – reconheceu que reduzir a apreensão de madeira ao quantitativo de carga efetivamente excedente ao indicado na respectiva guia de transporte, além de caracterizar medida não prevista na legislação de regência, traduz-se em providência contrária aos objetivos das leis de proteção ao meio ambiente.

Isso porque a apreensão da totalidade da carga transportada produz efeito dissuasório (descapitalização da parte envolvida no ilícito, evita a reiteração da prática, facilita a recuperação do dano, dentre outros), além de representar emprego da técnica de ponderação entre o direito ao meio ambiente ecologicamente equilibrado e a livre iniciativa (eventual interesse na liberação da quantidade de madeira autorizada na guia de transporte deve ceder em função da gravidade da lesão consistente no desrespeito aos limites previamente estipulados pela autoridade competente). Vide: STJ, Segunda Turma. REsp 1.784.755-MT. Rel. Min. Og Fernandes. Julgamento em 17/09/2019. Publicação em DJe 01/10/2019, veiculado no Informativo nº 658 da Jurisprudência do STJ.

Sujeito ativo. Em razão da natureza do conteúdo do tipo penal, este crime não pode ser praticado por qualquer pessoa, mas sim pelos empresários e comerciantes que vendem, expõem à venda, têm em depósito, transportam ou guardam os objetos materiais descritos no tipo penal. Trata-se de crime próprio.

Sujeito passivo. É a sociedade.

Elemento subjetivo. O tipo prevê a modalidade dolosa, que consiste na vontade livre e consciente em vender, expor à venda, ter em depósito, transportar ou guardar madeira, lenha, carvão e outros produtos de origem vegetal, nas condições descritas no parágrafo único do artigo 46 da Lei nº 9.605/98.

Objeto material da conduta. Pode ser tanto a madeira, quanto a lenha, o carvão ou outros produtos de origem vegetal.

Objeto jurídico. Tutela-se a proteção ao meio ambiente.

Classificação doutrinária. Trata-se de crime próprio (pois não pode ser praticado por qualquer pessoa, mas sim os comerciantes dos objetos previstos no tipo penal, que têm obrigação de verificar a procedência destes e reter a documentação necessária), formal (tendo em vista a desnecessidade da ocorrência de resultado naturalístico), porém de mera conduta diante da modalidade "transportar", comissivo, doloso, instantâneo (quando estivermos diante do verbo "vender"), porém permanente (diante das condutas de "expor à venda", "ter em depósito", "transportar" ou "guardar"), plurissubsistente (pois pode ser cometido através da prática de vários atos) e de forma livre (já que os verbos podem ser praticados mediante qualquer forma adotada pelo sujeito ativo).

Momento consumativo. A consumação se dará no momento em que o sujeito ativo pratica os verbos do tipo penal, nas condições ali descritas.

Tentativa. Admitida, por se tratar de situação que envolve um crime plurissubsistente, na qual há possibilidade do fracionamento da conduta.

Art. 47. *(VETADO)*

Art. 48. Impedir ou dificultar a regeneração natural de florestas e demais formas de vegetação:

Pena – detenção, de seis meses a um ano, e multa.

Análise do tipo penal objetivo previsto no artigo 48 da Lei nº 9.605/98. As condutas são de impedir ou dificultar, razão pela qual estamos diante de um tipo penal misto alternativo, pois a consumação de um ou dos dois verbos, desde que no mesmo contexto fático, não desnatura a unidade de crime.

Os objetos materiais dessas condutas são as florestas e demais formas de vegetação, cuja regeneração natural resta prejudicada pela ação do sujeito ativo.

Trata-se de um crime de menor potencial ofensivo, diante da previsão do preceito secundário, que se enquadra nos requisitos do artigo 61 da Lei nº 9.099/95.

Da suspensão da prescrição em face do crime previsto no artigo 38 da Lei Ambiental. Nos casos de assinatura de termo de compromisso para regularização de imóvel ou posse rural perante o órgão ambiental (a que alude o artigo 59 da Lei nº 12.651/12 - Código Florestal), o artigo seguinte, também do Código Florestal assevera que tal fato suspenderá a punibilidade do crime previsto no art. 48 da Lei nº 9.605/98, enquanto o termo não estiver sendo cumprido.

Os parágrafos do artigo 60 da Lei nº 12.651/12 ressaltam, outrossim, que a prescrição ficará interrompida durante o período de suspensão da pretensão punitiva, bem como a punibilidade será extinta com a efetiva regularização prevista no Código Florestal.

Precedentes dos Tribunais Superiores sobre a natureza permanente do crime previsto no artigo 48 da Lei Ambiental. Na jurisprudência, tanto do STJ quanto do STF, há orientação no sentido de que a consumação do crime previsto no art. 48 da Lei nº 9.605/98 não se dá instantaneamente, mas, ao contrário, se perdura no tempo, até que ocorra a cessação da atividade lesiva ao meio ambiente. Isso porque o bem jurídico tutelado é violado de forma contínua e duradoura, renovando-se, a cada momento, a consumação do delito, tratando-se, portanto, de crime permanente. Assim, segundo entendimento dos Tribunais Superiores, o lapso prescricional somente começa a fluir a partir do momento em que cessa a permanência.

> Habeas corpus. Processual penal. Crime contra o meio ambiente. **Impedir ou dificultar a regeneração natural da vegetação (art. 48 da Lei nº 9.605/98).** Pedido de trancamento da ação penal. Alegações de inépcia da denúncia, atipicidade do fato e falta de justa causa. Não ocorrência. Ordem denegada (...) 2. A denúncia, embora não expondo data precisa em que se teria consumado a infração ambiental, que é de cunho permanente, foi capaz de situá-la em período certo e determinado, com a possibilidade de estabelecer-se, para fins de aferição de alegada causa extintiva da punibilidade do agente, como último marco consumativo, data em que pericialmente **atestada a permanência da infração**. Prescrição não verificada [...] (STF, Primeira Turma. HC 107412/SP. HABEAS CORPUS. Relator(a) Min. DIAS TOFFOLI. Julgamento em 08/05/2012. Publicação em DJe-100 DIVULG 22-05-2012 PUBLIC 23-05-2012, sem grifos no original).

No mesmo sentido, seguem os arestos do STJ (Quinta e Sexta Turmas):

> PENAL E PROCESSUAL PENAL. EMBARGOS DE DECLARAÇÃO NO RECURSO ESPECIAL. EFEITOS INFRINGENTES. PRINCÍPIO DA FUNGIBILIDADE RECURSAL. RECEBIMENTO COMO AGRAVO REGIMENTAL. ART. 48 DA LEI N. 9.605/98. CRIME PERMANENTE. PRESCRIÇÃO. TERMO INICIAL. FATOS ANTERIORES. RECEBIMENTO DA DENÚNCIA. RAZOABILIDADE. PRAZO PRESCRICIONAL SUPERA-

DO. ART. 109, V, DO CP. AGRAVO PARCIALMENTE PROVIDO PARA JULGAR PREJUDICADO O RECURSO ESPECIAL (...) 2. Embora não tenha havido cessação da permanência do delito de obstrução à regeneração natural de vegetação, a instauração da ação penal delimita as condutas a serem apuradas, de modo que o recebimento da denúncia deve ser tido como termo inicial do prazo prescricional dos fatos a ela anteriores. 3. Consoante orientação doutrinária, Como os fatos que constituem a acusação formal já configuram, por si só, o crime permanente, a existência de condutas posteriores não pode ser levada em conta no mesmo processo. Daí a necessidade de interromper, ainda que artificialmente, a permanência (FRANCO, Alberto Silva; STOCO, Rui. Código Penal e sua interpretação. 8. ed. São Paulo: Revista dos Tribunais, 2007, p. 588). (...) (STJ, T6 – **SEXTA TURMA**. EDcl no REsp 1459944/SC. EMBARGOS DE DECLARAÇÃO NO RECURSO ESPECIAL. Relator(a) Ministro NEFI CORDEIRO. Julgamento em 28/06/2016. Publicação/Fonte em **DJe 01/08/2016**, sem grifos no original).

AGRAVO REGIMENTAL EM RECURSO ESPECIAL. CRIME AMBIENTAL. ART. 48 DA LEI N. 9.605/1998. IMPEDIMENTO DE REGENERAÇÃO DAS FORMAS NATURAIS DE VEGETAÇÃO. MANGUE. OBRIGAÇÃO DE CONSERVAÇÃO TRANSFERIDA AO OCUPANTE DO IMÓVEL CONSTRUÍDO EM ÁREA IRREGULAR. SÚMULA 7/STJ. INOCORRÊNCIA. (...) Cinge-se a contraversia em definir se o fato de o recorrente manter construção em unidade de conservação ambiental, mesmo não a tendo construído e após comunicado pela fiscalização do ICMBIO, constitui conduta típica prevista no art. 48 da Lei 9.605/98. II – O delito tipificado no art. 48 da Lei 9.605/98, pelo qual foi o agravante condenado em primeira instância, visa punir quem impede ou dificulta a regeneração natural de florestas e demais formas de vegetação. Nessa toada, irrelevante a existência de prova acerca de ser ou não o agravante causador primeiro do obstáculo à regeneração do habitat natural, ou seja, o construtor da casa edificada no interior da unidade de conservação. III – In casu, a permanência e a manutenção da edificação construída em área sensível, após reiterados alertas sobre a situação irregular, é o que configura o delito. Com efeito, responde pelo crime previsto no art. 48 da Lei 9.605/98, o agente que, mesmo não sendo construtor da obra, deixa de promover ou impede a regeneração da vegetação natural destruída em decorrência dela. Precedentes. [...] (STJ, T5 – QUINTA TURMA. AgRg no REsp 1497163/SC. AGRAVO REGIMENTAL NO RECURSO ESPECIAL. Relator(a) Ministro FELIX FISCHER. Julgamento em 19/04/2018. Publicação/Fonte em DJe 27/04/2018. Sem grifo no original).

> AGRAVO REGIMENTAL NO RECURSO ESPECIAL. CRIME AMBIENTAL. ART. 48 DA LEI N. 9.605/98. CRIME PERMANENTE (...) 1. "A jurisprudência tanto do Superior Tribunal de Justiça quanto do Supremo Tribunal Federal reconhece que o tipo penal do art. 48 da Lei n. 9.605/1998 é permanente e, dessa forma, pode ser interpretado de modo a incluir a conduta daquele que mantém edificação, há muito construída, em área às margens de represa artificial - na qual a vegetação nativa foi removida também há muito tempo -, não havendo que se falar na ocorrência de prescrição da pretensão punitiva" (AgRg no AREsp 21.656/SP, Rel. Ministro ROGÉRIO SCHIETTI CRUZ, Sexta Turma, DJe 25/11/2015) [...] (STJ, **QUINTA TURMA**. AgRg no REsp 1840129/RN, Rel. Ministro REYNALDO SOARES DA FONSECA, julgado em 04/08/2020, **DJe 13/08/2020**).

Vide, ainda: HC 116.088-DF, Rel. Min. Laurita Vaz, julgado em 16/9/2010 (Precedentes citados do STF: RHC 83.437-SP, DJe 18/4/2008; do STJ: RHC 16.171-SP, DJ 30/8/2004), veiculado no. Informativo nº 0447, da Quinta Turma do STJ. Período de 13 a 17 de setembro de 2010. CRIME PERMANENTE. MEIO AMBIENTE. TIPICIDADE).

Da prescindibilidade de que a área degradada seja de preservação permanente, para fins de caracterização do artigo 48 da Lei Ambiental. A Quinta Turma do STJ entendeu, no julgado a seguir, que a punição pelo art. 48 da Lei n.º 9.605/98 prescinde de que a área seja de preservação permanente.

> AGRAVO REGIMENTAL. RECURSO ESPECIAL. CRIME AMBIENTAL. ARTIGO 48 DA LEI N. 9.605/98. IMPEDIR OU DIFICULTAR A REGENERAÇÃO NATURAL DE FLORESTAS E DEMAIS FORMAS DE VEGETAÇÃO. DESNECESSIDADE DA ÁREA DEVASTADA SER DE PRESERVAÇÃO PERMANENTE. RECURSO IMPROVIDO. 1. A tipificação da conduta descrita no artigo 48 da Lei n. 9.605/98 prescinde de a área ser de preservação permanente. 2. Agravo regimental a que se nega provimento. (STJ, T5 - QUINTA TURMA. AgRg no REsp 1498059/RS. AGRAVO REGIMENTAL NO RECURSO ESPECIAL. Relator(a) Ministro LEOPOLDO DE ARRUDA RAPOSO (DESEMBARGADOR CONVOCADO DO TJ/PE). Julgamento em 17/09/2015. Publicação/Fonte em DJe 01/10/2015).

Da (im) possibilidade de aplicação do princípio da consunção entre os crimes do artigo 48 e 64, ambos da Lei nº 9.605/98. A Quinta Turma do STJ, no julgamento do REsp 1125374/SC, entendeu no sentido da impossibilidade de aplicação do princípio da consunção (absorção) entre os delitos previstos nos art. 48 e art. 64 da Lei n.º 9.605/98, ao argumento de que são delitos autônomos, eis que a manutenção de construção impedindo a regeneração da vegetação, previsto no art. 48 da Lei de Crimes Ambientais é um novo crime, diverso, em relação ao tipo do artigo 64 da Lei 9.605/98, de sorte que o delito tipificado no art. 48 da Lei n.º 9.605/98, que se trata de delito permanente e não pode ser absorvido pelo disposto no art. 64 da mesma lei, que é instantâneo.

> PENAL. CRIME AMBIENTAL. CONSTRUÇÃO EM SOLO NÃO EDIFICÁVEL. ÁREA DE PRESERVAÇÃO PERMANENTE. DANO À UNIDADE DE CONSERVAÇÃO IMPEDINDO REGENERAÇÃO DA VEGETAÇÃO. ABSORÇÃO DA CONDUTA. IMPOSSIBILIDADE. DELITOS AUTÔNOMOS. RECURSO PROVIDO. I. Hipótese em que, construída casa em solo não edificável, isto é, a menos de 30 metros de curso d'água, em violação ao art. 64 da Lei n.º 9.605/98, restou constatado que a construção encontra-se no interior da Área de Proteção Ambiental de Anhatomirim, uma das denominadas Unidades de Conservação Federal (art. 40 da Lei Ambiental), tendo sido demonstrado, ainda, que referida construção vem impedindo a regeneração da floresta e demais formas de vegetação local (art. 48 da Lei 9.605/98). **II. Além se ser responsável pela construção em solo não edificável (art. 64 da lei Ambiental), a manutenção da referida edificação ilegalmente construída ainda impede a regeneração da vegetação natural, conduta na qual incide no tipo penal insculpido no art. 48 da Lei n.º 9.605/98**, que se trata de delito permanente e não pode ser absorvido pelo disposto no art. 64 da mesma lei, que é instantâneo. III. A manutenção de construção impedindo a regeneração da vegetação é um novo crime, diverso e autônomo em relação ao tipo do artigo 64 da Lei 9.605/98. IV. Vislumbra-se a existência de três condutas distintas, três ações autônomas de construir em solo não edificável (art. 64), em Unidade de Conservação Ambiental (art. 40), impedindo a regeneração natural da vegetação (art. 48), através das quais três crimes diferentes foram praticados. V. Recurso provido, nos termos do voto do Relator. (STJ, T5 - QUINTA TURMA. REsp 1125374/SC. RECURSO ESPECIAL. Relator(a) Ministro GILSON DIPP. Julgamento em 02/08/2011. Publicação/Fonte em DJe 17/08/2011. RT vol. 913, p. 606).

Porém, a Sexta Turma do STJ em recente julgado REsp 1.639.723-PR – veiculado no Informativo nº 0597, com publicação no dia 15 de março de 2017 – diversamente do entendimento anteriormente firmado (AgRg no REsp 1.214.052-SC, Sexta Turma, DJe 12/3/2013 e REsp 1.125.374-SC, Quinta Turma, DJe 17/8/2011), passou a seguir nova orientação no sentido de que o crime de edificação proibida (art. 64 da Lei n. 9.605/1998) absorve o crime de destruição de vegetação (art. 48 da mesma lei) quando a conduta do agente se realiza com o único intento de construir em local não edificável.

Isso porque a destruição da vegetação nativa é mera etapa inicial do único crime pretendido e realizado de construir em local não edificável (área de preservação permanente), ao argumento de que "o crime de destruir floresta nativa dá-se como meio da realização do único intento de construir em local não edificável, em razão do que incide a absorção do crime-meio de destruição de vegetação pelo crime-fim de edificação proibida", eis que "não há ação autônoma de destruir floresta ou de impedir sua regeneração, mas tão somente o ato de construir em local proibido, que tem na destruição condição necessária para a obra e no impedimento à regeneração mero gozo da edificação". Confira-se o citado julgado:

> "PROCESSO PENAL. RECURSO ESPECIAL. CRIME AMBIENTAL. CONFLITO APARENTE DE NORMAS. ARTS. 48 E 64 DA LEI N. 9.605/98. CONSUNÇÃO. ABSORVIDO O CRIME MEIO DE DESTRUIR FLORESTA E O PÓS-FATO IMPUNÍVEL DE IMPEDIR SUA REGENERAÇÃO. CRIME ÚNICO DE CONSTRUIR EM LOCAL NÃO EDIFICÁVEL. RECURSO ESPECIAL IMPROVIDO. 1. Ocorre o conflito aparente de normas quando há a incidência de mais de uma norma repressiva numa única conduta delituosa, sendo que tais normas possuem entre si relação de hierarquia ou dependência, de forma que somente uma é aplicável. 2. **O crime de destruir floresta nativa e vegetação protetora de mangues dá-se como meio necessário da realização do único intento de construir casa ou outra edificação em solo não edificável, em razão do que incide a absorção do crime-meio de destruição de vegetação pelo crime-fim de edificação proibida. 3. Dá-se tipo penal único de incidência final (art. 64 da Lei n. 9.605/98), já em tese crime uno, diferenciando-se do concurso formal, onde o crime em tese é duplo, mas ocasionalmente praticado por ação e desígnio únicos**. 4. Recurso especial improvido" (STJ, 6ª Turma. REsp 1639723/PR. Relator(a) Ministro NEFI CORDEIRO. Julgamento em 07/02/2017. Publicação/Fonte em DJe 16/02/2017, sem grifos no original).

Pessoa jurídica. Possibilidade de responsabilização por crime ambiental omissivo impróprio. Arts. 48 e 63 da Lei n.º 9.605/98: delitos autônomos. Impossibilidade de consunção. Em recente julgado, a Quinta Turma do STJ firmou entendimento pela possibilidade de aplicação do princípio da consunção em relação às condutas previstas nos artigos 48 e 63 da Lei de Crimes Ambientais ao argumento de que seriam condutas autônomas. Consolidou, também, o posicionamento já firmado acerca da possibilidade de responsabilização da pessoa jurídica por crimes ambientais, ainda que se trate de omissão imprópria.

> "DIREITO PENAL E PROCESSUAL PENAL. RECURSO ORDINÁRIO EM MANDADO DE SEGURANÇA. CRIMES AMBIENTAIS. LEI 9.605/98. CONSTRUÇÃO E AMPLIAÇÃO DE EMPREENDIMENTOS IMOBILIÁRIOS "SEM A DEVIDA AUTORIZAÇÃO OU EM DESACORDO COM ELA", AFETANDO FAUNA, FLORA E CURSOS D'ÁGUA DE ÁREAS DE PRESERVAÇÃO PERMANENTE (...) POSSIBILIDADE DE RESPONSABILIZAÇÃO DA PESSOA JURÍDICA POR CRIMES AMBIENTAIS OMIS-

SIVOS IMPRÓPRIOS. ARTS. 48 E 63 DA LEI 9.605/98: DELITOS AUTÔNOMOS. IMPOSSIBILIDADE DE CONSUNÇÃO (...) 5. A parte final do art. 2º da Lei 9.605/98, que trata da omissão penalmente relevante dos diretores, administradores e gerentes das pessoas jurídicas, não implica exclusão da responsabilização da pessoa jurídica pela omissão imprópria, mas, sim, estende a possibilidade de imputação pela prática delitiva a seus gerentes e administradores. Precedentes desta Corte. 6. **As condutas do art. 48 da Lei 9.605/98** (Impedir ou dificultar a regeneração natural de florestas e demais formas de vegetação) e **do art. 63 da mesma Lei** (Alterar o aspecto ou estrutura de edificação ou local especialmente protegido por lei, ato administrativo ou decisão judicial, em razão de seu valor paisagístico, ecológico, turístico, artístico, histórico, cultural, religioso, arqueológico, etnográfico ou monumental, sem autorização da autoridade competente ou em desacordo com a concedida) **são autônomas, não se podendo tratar a primeira delas como crime meio para a construção ou alteração de edificação. Reforça essa ideia o fato de que o crime previsto no art. 48 da Lei de Crimes Ambientais é delito permanente, cuja potencialidade lesiva se protrai no tempo, não se esgotando na construção de edificação**. Precedentes desta Corte [...] (STJ, 5ª Turma. RMS 49909/SC. Relator(a) Ministro REYNALDO SOARES DA FONSECA. Julgamento em 16/05/2017. Publicação/Fonte em DJe 21/06/2017, sem grifos no original).

Sujeito ativo. Este crime pode ser praticado por qualquer pessoa, razão pela qual estamos diante de um crime comum.

Sujeito passivo. É a sociedade.

Elemento subjetivo. O tipo prevê a modalidade dolosa, que consiste na vontade livre e consciente em impedir ou dificultar a regeneração natural de florestas e demais formas de vegetação.

Objeto material da conduta. São as florestas e demais formas de vegetação.

Objeto jurídico. Tutela-se a proteção ao meio ambiente.

Classificação doutrinária. Trata-se de crime comum (pois pode ser praticado por qualquer pessoa), de mera conduta (tendo em vista que o tipo penal não exige a ocorrência de resultado naturalístico), comissivo, doloso, permanente, unissubsistente (pois pode ser cometido através da prática de um único ato) e de forma livre (já que os verbos podem ser praticados mediante qualquer forma adotada pelo sujeito ativo).

Momento consumativo. A consumação se dará com a mera conduta de impedir ou dificultar a regeneração natural de florestas e demais formas de vegetação.

Tentativa. Não é admitida, por se tratar de crime unissubsistente, no qual há impossibilidade no fracionamento da conduta.

Art. 49. Destruir, danificar, lesar ou maltratar, por qualquer modo ou meio, plantas de ornamentação de logradouros públicos ou em propriedade privada alheia:

Pena - detenção, de três meses a um ano, ou multa, ou ambas as penas cumulativamente.

Parágrafo único. No crime culposo, a pena é de um a seis meses, ou multa.

Do tipo penal previsto no artigo 49 da Lei nº 9.605/98. Trata-se de um tipo penal misto alternativo, pois prevê quatro verbos nucleares (destruir, danificar, lesar ou maltratar) cuja prática pode se dar de forma isolada ou não, sendo que, neste último caso, ainda assim será considerado crime único, desde que no mesmo contexto fático.

O sujeito ativo pode realizar as condutas descritas no tipo penal através de qualquer meio ou modo. Os objetos materiais descritos são as plantas de ornamentação de logradouros públicos ou aquelas localizadas em propriedade privada alheia.

Estamos diante de um crime de menor potencial ofensivo, em razão do enquadramento em face do que dispõe o artigo 61 da Lei nº 9.099/95.

Sujeito ativo. Este crime pode ser praticado por qualquer pessoa, razão pela qual estamos diante de um crime comum.

Sujeito passivo. É a sociedade.

Elemento subjetivo. O tipo prevê a modalidade dolosa, que consiste na vontade livre e consciente em destruir, danificar, lesar ou maltratar, por qualquer modo ou meio, plantas de ornamentação de logradouros públicos ou em propriedade privada alheia.

No entanto, a modalidade culposa também é prevista, conforme dispõe o parágrafo único do artigo 49, razão pela qual, nesta situação, a pena será de um a seis meses, ou multa.

Objeto material da conduta. São as plantas de ornamentação situadas em locais públicos ou propriedade privada alheia.

Objeto jurídico. Tutela-se a proteção ao meio ambiente.

Classificação doutrinária. Trata-se de crime comum (pois pode ser praticado por qualquer pessoa), material (tendo em vista a necessidade da ocorrência de resultado naturalístico), comissivo, doloso, instantâneo, plurissubsistente (pois pode ser cometido através da prática de vários atos) e de forma livre (já que os verbos podem ser praticados mediante qualquer forma adotada pelo sujeito ativo).

Momento consumativo. A consumação se dará com o resultado naturalístico, que consiste na efetiva destruição, danificação, lesão ou maus-tratos, por qualquer meio, às plantas de ornamentação nos locais descrito no parágrafo único do artigo 49.

Tentativa. Admitida, por se tratar de situação que envolve um crime plurissubsistente, na qual há possibilidade do fracionamento da conduta.

Art. 50. Destruir ou danificar florestas nativas ou plantadas ou vegetação fixadora de dunas, protetora de mangues, objeto de especial preservação:

Pena – detenção, de três meses a um ano, e multa.

Do tipo penal descrito no artigo 50 da Lei nº 9.605/98. Destruir ou danificar são os verbos nucleares direcionados às florestas nativas ou plantadas, ou ainda, vegetação fixadora de dunas, protetora de mangues, já que são objeto de preservação especial. Trata-se de norma penal em branco, sendo necessária consulta a normativas externas que especificam quais são os itens sujeitos a tal preservação.

Também é um tipo penal misto alternativo, já que a prática de um ou dos dois verbos do tipo não desnaturam a unidade de crime, caso sejam praticados no mesmo contexto fático.

É um crime de menor potencial ofensivo, em razão do enquadramento nos preceitos do artigo 61 da Lei nº 9.099/95.

Sujeito ativo. Este crime pode ser praticado por qualquer pessoa, razão pela qual estamos diante de um crime comum.

Sujeito passivo. É a sociedade.

Elemento subjetivo. O tipo prevê a modalidade dolosa, que consiste na vontade livre e consciente em destruir ou danificar florestas nativas ou plantadas ou vegetação fixadora de dunas, protetora de mangues.

Objeto material da conduta. São as florestas nativas ou plantadas ou vegetação fixadora de dunas, protetora de mangues.

Objeto jurídico. Tutela-se a proteção ao meio ambiente.

Classificação doutrinária. Trata-se de crime comum (pois pode ser praticado por qualquer pessoa), material (tendo em vista a necessidade da ocorrência de resultado naturalístico), comissivo, doloso, instantâneo, plurissubsistente (pois pode ser cometido através da prática de vários atos) e de forma livre (já que os verbos podem ser praticados mediante qualquer forma adotada pelo sujeito ativo).

Momento consumativo. A consumação se dará com o resultado naturalístico, que consiste na efetiva destruição ou danificação dos objetos materiais descritos no *caput* do artigo 50 da Lei nº 9.605/98.

Tentativa. Admitida, por se tratar de situação que envolve um crime plurissubsistente, na qual há possibilidade do fracionamento da conduta.

Art. 50-A. Desmatar, explorar economicamente ou degradar floresta, plantada ou nativa, em terras de domínio público ou devolutas, sem autorização do órgão competente: (Incluído pela Lei nº 11.284, de 2006)

Pena - reclusão de 2 (dois) a 4 (quatro) anos e multa. (Incluído pela Lei nº 11.284, de 2006)

Análise do tipo penal objetivo descrito no artigo 50-A da Lei nº 9.605/98. Este artigo foi incluído pela Lei nº 11.284/06, que trata, dentre outros assuntos, sobre a gestão de florestas públicas para a produção sustentável, instituindo o Serviço Florestal Brasileiro (na estrutura do Ministério do Meio Ambiente) e também cria o Fundo Nacional de Desenvolvimento Florestal (FNDF).

Os verbos típicos são "desmatar", "explorar" economicamente ou "degradar", sem autorização do órgão competente, floresta, plantada ou nativa, esteja em terras de domínio público ou devolutas.

A exploração florestal é regulada, em geral, pelo artigo 31 do Código Florestal (Lei nº 12.651/12), dependendo de licenciamento pelo órgão competente do Sistema Nacional do Meio Ambiente (SISNAMA), conforme o caso.

Diante de cada situação específica, conforme o caso concreto, é preciso analisar a legislação extrapenal para que se determine o órgão competente que deveria ter expedido autorização para a prática dos verbos nucleares. Havendo tal autorização, a situação é atípica.

Sujeito ativo. Este crime pode ser praticado por qualquer pessoa, razão pela qual estamos diante de um crime comum.

Sujeito passivo. É a sociedade.

Elemento subjetivo. O tipo prevê a modalidade dolosa, que consiste na vontade livre e consciente em desmatar, explorar economicamente ou degradar floresta, plantada ou nativa, nos locais e condições descritas no *caput* do artigo 50-A.

Objeto material da conduta. É a floresta plantada ou nativa.

Objeto jurídico. Tutela-se a proteção ao meio ambiente.

Classificação doutrinária. Trata-se de crime comum (pois pode ser praticado por qualquer pessoa), material (tendo em vista a necessidade da ocorrência de resultado naturalístico), comissivo, doloso, instantâneo, plurissubsistente (pois pode ser cometido através da prática de vários atos) e de forma livre (já que os verbos podem ser praticados mediante qualquer forma adotada pelo sujeito ativo).

Momento consumativo. A consumação se dará com o resultado naturalístico, que consiste no efetivo desmatamento, exploração econômica ou degradação dos objetos materiais descritos neste dispositivo penal.

Tentativa. Admitida, por se tratar de situação que envolve um crime plurissubsistente, na qual há possibilidade do fracionamento da conduta.

> § 1º Não é crime a conduta praticada quando necessária à subsistência imediata pessoal do agente ou de sua família. (Incluído pela Lei nº 11.284, de 2006)

Da situação descrita no artigo 50-A, § 1º, da Lei nº 9.605/98. Se a situação de desmatamento, exploração econômica ou degradação de floresta, plantada ou nativa, situada nos locais indicados no *caput* do artigo 50-A for necessária à subsistência imediata pessoal do sujeito ativo ou de sua família, haverá afastamento da ilicitude desta conduta. Trata-se de uma espécie de estado de necessidade, já prevista no Código Penal (artigo 24), porém, mesmo assim o legislador a inseriu no contexto do artigo 50-A.

> § 2º Se a área explorada for superior a 1.000 ha (mil hectares), a pena será aumentada de 1 (um) ano por milhar de hectare. (Incluído pela Lei nº 11.284, de 2006)

Da causa de aumento de pena prevista no artigo 50-A, § 2º, da Lei nº 9.605/98. Situação peculiar ocorre quando o juiz for aumentar a pena prevista para o crime descrito no artigo 50-A da Lei nº 9.605/98.

De acordo com o dispositivo previsto no artigo 50-A, § 2º, da Lei Ambiental, o juiz deverá aumentar a pena em um ano para cada milhar de hectare explorado, desde que a área inicialmente explorada seja superior a mil hectares.

> **Art. 51.** Comercializar motosserra ou utilizá-la em florestas e nas demais formas de vegetação, sem licença ou registro da autoridade competente:
>
> Pena – detenção, de três meses a um ano, e multa.

Análise do tipo penal objetivo previsto no artigo 51 da Lei nº 9.605/98. Tanto a comercialização, quanto a utilização da motosserra em florestas e demais formas de vegetação constitui conduta típica, desde que não haja licença ou registro da autoridade competente (cuja verificação se dá mediante análise de norma extrapenal, conforme o caso concreto).

Diante do que dispõe o preceito secundário, verificamos que se trata de um crime de menor potencial ofensivo, pois se enquadra nos termos do artigo 61 da Lei nº 9.099/95.

Sujeito ativo. Este crime pode ser praticado por qualquer pessoa, razão pela qual estamos diante de um crime comum.

Sujeito passivo. É a sociedade.

Elemento subjetivo. O tipo prevê a modalidade dolosa, que consiste na vontade livre e consciente em comercializar motosserra ou utilizá-la em florestas e nas demais formas de vegetação, sem licença ou registro da autoridade competente.

Objeto material da conduta. Na primeira conduta é a motosserra. Já na segunda, é a floresta ou, ainda, as demais formas de vegetação.

Objeto jurídico. Tutela-se a proteção ao meio ambiente.

Classificação doutrinária. Trata-se de crime comum (pois pode ser praticado por qualquer pessoa), formal (tendo em vista a desnecessidade da ocorrência de resultado naturalístico), comissivo, doloso, instantâneo, plurissubsistente (pois pode ser cometido através da prática de vários atos) e de forma livre (já que os verbos podem ser praticados mediante qualquer forma adotada pelo sujeito ativo).

Momento consumativo. A consumação se dará com a efetiva comercialização ou utilização da motosserra nas florestas ou nas demais formas de vegetação.

Tentativa. Admitida, por se tratar de situação que envolve um crime plurissubsistente, na qual há possibilidade do fracionamento da conduta.

Art. 52. Penetrar em Unidades de Conservação conduzindo substâncias ou instrumentos próprios para caça ou para exploração de produtos ou subprodutos florestais, sem licença da autoridade competente:

Pena - detenção, de seis meses a um ano, e multa.

Do tipo penal previsto no artigo 52 da Lei nº 9.605/98. O Sistema Nacional de Unidades de Conservação (SNUC) foi instituído pela Lei nº 9.985/00. É importante a compreensão do artigo 2º, I, desta Lei, para que o intérprete possa identificar o conceito de unidade de conservação:

> Art. 2º Para os fins previstos nesta Lei, entende-se por:
>
> I - unidade de conservação: espaço territorial e seus recursos ambientais, incluindo as águas jurisdicionais, com características naturais relevantes, legalmente instituído pelo Poder Público, com objetivos de conservação e limites definidos, sob regime especial de administração, ao qual se aplicam garantias adequadas de proteção;

Isto porque o artigo 52 da Lei nº 9.605/98 prevê como típica a conduta daquele que penetra nestas unidades de conservação, conduzindo substâncias ou instrumentos próprios para caça ou para exploração de produtos ou subprodutos florestais, sem que haja licença da autoridade competente.

Trata-se de um crime de menor potencial ofensivo, em razão do enquadramento nos termos do artigo 61 da Lei nº 9.099/95.

A própria Lei nº 9.985/00, também proíbe o exercício da caça amadorística ou profissional em áreas de Reserva Extrativista e Reserva de Fauna (componentes do grupo de unidades de uso sustentável que, por sua vez, integra o Sistema Nacional de Unidades de Conservação juntamente com as unidades de proteção integral), conforme artigos 18, § 6º e artigo 19, § 3º, ambos daquele diploma legal.

Sujeito ativo. Este crime pode ser praticado por qualquer pessoa, razão pela qual estamos diante de um crime comum.

Sujeito passivo. É a sociedade.

Elemento subjetivo. O tipo prevê a modalidade dolosa, que consiste na vontade livre e consciente em penetrar em Unidades de Conservação conduzindo substâncias ou instrumentos próprios para caça ou para exploração de produtos ou subprodutos florestais, sem licença da autoridade competente.

Objeto material da conduta. É a Unidade de Conservação.

Objeto jurídico. Tutela-se a proteção ao meio ambiente.

Classificação doutrinária. Trata-se de crime comum (pois pode ser praticado por qualquer pessoa), de mera conduta (tendo em vista que o tipo penal não exige a ocorrência de resultado naturalístico), comissivo, doloso, instantâneo, unissubsistente (pois pode ser cometido através da prática de um único ato) e de forma livre (já que os verbos podem ser praticados mediante qualquer forma adotada pelo sujeito ativo).

Momento consumativo. A consumação se dará com a mera conduta de penetrar em Unidades de Conservação conduzindo substâncias ou instrumentos próprios para caça ou para exploração de produtos ou subprodutos florestais, sem licença da autoridade competente.

Tentativa. Não é admitida, por se tratar de crime unissubsistente, no qual há impossibilidade no fracionamento da conduta.

Art. 53. Nos crimes previstos nesta Seção, a pena é aumentada de um sexto a um terço se:

I – do fato resulta a diminuição de águas naturais, a erosão do solo ou a modificação do regime climático;

II – o crime é cometido:

a) no período de queda das sementes;

b) no período de formação de vegetações;

c) contra espécies raras ou ameaçadas de extinção, ainda que a ameaça ocorra somente no local da infração;

d) em época de seca ou inundação;

e) durante a noite, em domingo ou feriado.

Das causas de aumento de pena previstas no artigo 53 da Lei nº 9.605/98. Tais causas serão aplicadas a todos os crimes compreendidos na Seção II (dos crimes contra a flora), do Capítulo V (que trata dos crimes contra o meio ambiente). Abrange, portanto, todas as condutas que estiverem inseridas nos artigos 38 a 52, todos da Lei Ambiental.

Porém, para que estas causas de aumento sejam efetivamente impostas, é preciso que haja situação que se enquadre num dos incisos do artigo 53.

Seção III
Da Poluição e outros Crimes Ambientais

Art. 54. Causar poluição de qualquer natureza em níveis tais que resultem ou possam resultar em danos à saúde humana, ou que provoquem a mortandade de animais ou a destruição significativa da flora:

Pena - reclusão, de um a quatro anos, e multa.

§ 1º Se o crime é culposo:

Pena - detenção, de seis meses a um ano, e multa.

Análise do tipo penal previsto no artigo 54 da Lei nº 9.605/98. Inaugurando a seção III cujo título é "da poluição e outros crimes ambientais", o artigo 54 sujeita o infrator à pena de reclusão de um a quatro anos, além de multa, caso este cause poluição de qualquer natureza.

Porém, é preciso que os níveis de poluição sejam suficientes para resultar ou ter a possibilidade de resultar em danos à saúde humana, ou provocar a mortandade de animais ou a destruição da flora de forma significativa.

Nesse sentido, a Sexta Turma do STJ já teve oportunidade de se manifestar sobre a norma penal em branco descrita no artigo 54, tendo em vista que há necessidade de que se defina, através de norma extrapenal, a quantidade de decibéis aceitáveis à saúde humana:

> PROCESSUAL PENAL. EMBARGOS DE DECLARAÇÃO NO HABEAS CORPUS. **CRIME CONTRA O MEIO AMBIENTE. ART. 54 DA LEI N. 9.605/1998. POLUIÇÃO SONORA**. TRANCAMENTO DA AÇÃO PENAL. INÉPCIA DA INICIAL CONFIGURADA. DENÚNCIA QUE NÃO ATENDE AOS REQUISITOS LEGAIS. JUNTADA DE LAUDO. IRRELEVÂNCIA. EMBARGOS REJEITADOS. (...) 2. **O art. 54, caput, da Lei n. 9.605/1998 é norma penal em branco, que exige complementação por meio de ato regulador - esse, sim, na forma da lei - que forneça parâmetros e critérios para a penalização das condutas ali descritas**. A juntada de laudo não supre a ausência de menção a ato regulatório extrapenal destinado à concreta tipificação do ato praticado, o que consagra a inépcia da denúncia [...] (STJ, T6 - SEXTA TURMA EDcl no HC 240249/MG. EMBARGOS DE DECLARAÇÃO NO HABEAS CORPUS. Relator(a) Ministro ROGERIO SCHIETTI CRUZ. Julgamento em 26/05/2015. Publicação/Fonte em DJe 03/06/2015).

Assim, a norma prevista no artigo 54 pode ser complementada tanto pela Resolução do CONAMA nº 01/1990, quanto pela NBR 10.151 (norma editada pela Associação Brasileira de Normas Técnicas – ABNT – no que tange à "acústica – avaliação do ruído em áreas habitadas, visando o conforto da comunidade"). É o que decidiu a Sexta Turma do STJ, no julgado a seguir:

> AGRAVO REGIMENTAL. RECURSO ESPECIAL. LEGISLAÇÃO EXTRAVAGANTE. **LEI N. 9.605/1998. CRIME AMBIENTAL.** HABEAS CORPUS. PESSOA JURÍDICA. **POLUIÇÃO SONORA**. CONTINUIDADE DA PERSECUÇÃO PENAL. OCORRÊNCIA. ANÁLISE SOBRE A MATERIALIDADE DO DELITO QUE NÃO PODE SER FEITA NA VIA ELEITA. EM PRINCÍPIO, CONDUTA TÍPICA SUFICIENTEMENTE DEMONSTRADA PELA DENÚNCIA. CASSAÇÃO DO ACÓRDÃO A QUO. 1. A emissão de som, quando em desacordo com os padrões estabelecidos, provocará a degradação da qualidade ambiental. **2. A conduta narrada na denúncia mostra-se plenamente adequada à descrição típica constante no art. 54, caput, e § 2º, I, da Lei n. 9.605/1998, c/c o art. 3º, III, da Lei n. 6.938/1981, pois descreve a emissão pela pessoa jurídica de ruídos acima dos padrões estabelecidos pela NBR 10.151, causando, por conseguinte, prejuízos à saúde humana, consoante preconiza a Resolução do Conama n. 01/1990**. [...] (STJ, T6 – SEXTA TURMA. AgRg no REsp 1442333/RS. AGRAVO REGIMENTAL NO RECURSO ESPECIAL. Relator(a) Ministro SEBASTIÃO REIS JÚNIOR. Julgamento em 14/06/2016. Publicação/ Fonte em DJe 27/06/2016).

Crime de perigo abstrato. A Quinta Turma do STJ tem entendimento no sentido de considerar o delito previsto no art. 54 da Lei n.º 9.605/98 (primeira parte) como de perigo abstrato, ao argumento de que, à luz dos princípios do desenvolvimento sustentável e da prevenção, a mera possibilidade de causar dano à saúde humana é idônea a configurar o crime de poluição, o que ressalta sua natureza formal e de perigo abstrato.

> AGRAVO REGIMENTAL NO AGRAVO EM RECURSO ESPECIAL. **CRIME AMBIENTAL. ART. 54 DA LEI N. 9.605/98. PERIGO ABSTRATO.** SÚMULA 568/STJ. RECURSO DESPROVIDO. 1. De acordo com o entendimento deste Tribunal, a Lei de Crimes Ambientais deve ser interpretada à luz dos princípios do desenvolvimento sustentável e da prevenção, indicando o acerto da análise que a doutrina e a jurisprudência têm conferido à parte inicial do art. 54 da Lei n. 9.605/1998, de que a mera possibilidade de causar dano à saúde humana é idônea a **configurar o crime de poluição, evidenciada sua natureza formal ou, ainda, de perigo abstrato** (ut, RHC 62.119/SP, Rel. Ministro GURGEL DE FARIA, Quinta Turma, DJe 05/02/2016) [...] (STJ, T5 – QUINTA TURMA. AgRg no AREsp 956780/AM. AGRAVO RE-

GIMENTAL NO AGRAVO EM RECURSO ESPECIAL. Relator(a) Ministro REYNALDO SOARES DA FONSECA. Julgamento em 27/09/2016. Publicação/Fonte em DJe 05/10/2016, sem grifos no original).

PROCESSO PENAL. RECURSO EM HABEAS CORPUS. CRIME AMBIENTAL. DENÚNCIA. CONDUTA OMISSIVA DO DIRETOR-EXECUTIVO DA EMPRESA. TRANCAMENTO DA AÇÃO PENAL. EXCEPCIONALIDADE. NÃO DEMONSTRAÇÃO DE PLANO DE POSSÍVEL CONSTRANGIMENTO ILEGAL. JUSTA CAUSA VERIFICADA. INÉPCIA. NÃO OCORRÊNCIA. **CRIME FORMAL E DE PERIGO ABSTRATO**. RECURSO DESPROVIDO (...) 4. No caso em exame, a denúncia narra as condutas omissivas dos acusados, que deixaram de cumprir as ordens emanadas do órgão ambiental estadual (INEA), no sentido de adotar medidas de controle para evitar o carreamento de contaminantes para os corpos d'água, especialmente para o rio Paraíba do Sul, para a ampliação da área investigada, bem como para a proteção imediata da vida e da saúde pública dos moradores da região, as quais podem evitar danos graves e irreversíveis ao meio ambiente. 5. Hipótese em que a denúncia descreve a conduta do recorrente que "deixou reiterada e deliberadamente de adotar, quando assim o exigiu a autoridade competente, medidas de precaução em caso de risco de dano ambiental grave ou irreversível, deixando de fazê-los por anos a fio", o que demonstra a conduta, em tese, ilícita do recorrente, a qual se amolda ao tipo penal tipificado no § 3º do art. 54 da Lei n. 9.605/1998, razão pela qual não há falar em responsabilização objetiva, pelo fato de ele ocupar cargo de diretoria da empresa. 6. "**De acordo com o entendimento deste Tribunal, a Lei de Crimes Ambientais deve ser interpretada à luz dos princípios do desenvolvimento sustentável e da prevenção, indicando o acerto da análise que a doutrina e a jurisprudência têm conferido à parte inicial do art. 54 da Lei n. 9.605/1998, de que a mera possibilidade de causar dano à saúde humana é idônea a configurar o crime de poluição, evidenciada sua natureza formal ou, ainda, de perigo abstrato**" (RHC 62.119/SP, Rel. Ministro GURGEL DE FARIA, QUINTA TURMA, DJe 5/2/2016) [...] (STJ, T5 - QUINTA TURMA. RHC 91358/RJ. RECURSO ORDINARIO EM HABEAS CORPUS. Relator(a) Ministro RIBEIRO DANTAS. Julgamento em 12/02/2019. Publicação/ Fonte em DJe 01/03/2019, sem grifos no original).

Da natureza formal do crime previsto no art. 54 da Lei nº 9.605/1998 e da desnecessidade de realização de perícia tendo em vista a potencialidade de danos à saúde. A Terceira Seção do STJ no EREsp 1.417.279-SC (julgado em 11/04/2018, Informativo nº 0624) fixou a seguinte tese: "*o delito previsto na primeira parte do artigo 54 da Lei n. 9.605/1998 possui natureza formal, sendo suficiente a potencialidade de dano à saúde humana para configuração da conduta delitiva*".

Isso porque, para a caracterização de crime ambiental consubstanciado em causar poluição de qualquer natureza (art. 54 da Lei de Crimes Ambientais – LCA), a potencialidade de dano à saúde humana é suficiente para configuração da conduta delitiva, haja vista a natureza formal do crime, não se exigindo, portanto, resultado naturalístico e, consequentemente, a realização de perícia. Confira-se o precedente e a reiteração do posicionamento, conforme julgados abaixo:

> DIREITO PENAL E PROCESSUAL PENAL. EMBARGOS DE DIVERGÊNCIA. DISSÍDIO CONFIGURADO. CRIME DO ART. 54 DA LEI N. 9.605/98. AUTORIA E MATERIALIDADE COMPROVADAS. NATUREZA FORMAL DO DELITO. REALIZAÇÃO DE PERÍCIA. DESNECESSIDADE. POTENCIALIDADE DE DANO À SAÚDE. EMBARGOS DE DIVERGÊNCIA PROVIDOS. RECURSO ESPECIAL DESPROVIDO. 1. O delito previsto na primeira parte do artigo 54 da Lei n. 9.605/1998 possui natureza formal, sendo suficiente a potencialidade de dano à saúde humana para configuração da conduta delitiva, não se exigindo, portanto, a realização de perícia [...] (STJ, S3 – TERCEIRA SEÇÃO. EREsp 1417279/SC. EMBARGOS DE DIVERGÊNCIA EM RECURSO ESPECIAL. Relator(a) Ministro JOEL ILAN PACIORNIK. Julgamento em 11/04/2018. Publicação/Fonte em DJe 20/04/2018. Informativo nº 0624. Publicação: 18 de maio de 2018. Sem grifo no original). Citado o precedente: AgRg no REsp 1.418.795-SC, Rel. Ministro Marco Aurélio Bellize, Rel. para acórdão Regina Helena Costa, Quinta Turma, DJe 7/8/2014.

> PENAL E PROCESSO PENAL. RECURSO EM HABEAS CORPUS (...) 4. CRIME DE POLUIÇÃO. POSSIBILIDADE DE CAUSAR DANO À SAÚDE HUMANA. NATUREZA FORMAL. CONDUTA TÍPICA (...) 4. "De acordo com o entendimento deste Tribunal, a Lei de Crimes Ambientais deve ser interpretada à luz dos princípios do desenvolvimento sustentável e da prevenção, indicando o acerto da análise que a doutrina e a jurisprudência têm conferido à parte inicial do art. 54 da Lei n. 9.605/1998, de que a mera possibilidade de causar dano à saúde humana é idônea a configurar o crime de poluição, evidenciada sua natureza formal ou, ainda, de perigo abstrato" (RHC 62.119/SP, Rel. Ministro GURGEL DE FARIA, Quinta Turma, DJe 5/2/2016 [...] (STJ, T5 – QUINTA TURMA. RHC 108093/PR. RECURSO ORDINARIO EM HABEAS CORPUS. Relator(a) Ministro REYNALDO SOARES DA FONSECA. Julgamento em 26/03/2019. Publicação/Fonte em DJe 16/04/2019, sem grifos no original).

> PROCESSO PENAL. AGRAVO REGIMENTAL NO RECURSO EM MANDADO DE SEGURANÇA. ART. 54 DA LEI Nº 9.605/98. POLUIÇÃO SONORA. TRANCAMENTO DA AÇÃO PENAL. PRESCINDIBILIDADE DE EXAME PERICIAL. ILEGALIDADE NÃO VERIFICADA. AGRAVO IMPROVIDO. 1. De acordo com o entendimento desta Corte Superior, "a Lei de Crimes Ambientais deve ser interpretada

à luz dos princípios do desenvolvimento sustentável e da prevenção, indicando o acerto da análise que a doutrina e a jurisprudência têm conferido à parteinicial do art. 54 da Lei n. 9.605/1998, de que a mera possibilidade de causar dano à saúde humana é idônea a configurar o crime de poluição, evidenciada sua natureza formal ou, ainda, de perigo abstrato." (RHC 62.119/SP, Rel. Ministro GURGEL DE FARIA, QUINTA TURMA, DJe 5/2/2016, grifou-se). 2. Nesse sentido, "o delito previsto na primeira parte do artigo 54 da Lei n. 9.605/1998 possui natureza formal, sendo suficiente a potencialidade de dano à saúde humana para configuração da conduta delitiva, não se exigindo, portanto, a realização de perícia (EREsp 1.417.279/SC, Rel. Ministro JOEL ILAN PACIORNIK, TERCEIRA SEÇÃO, DJe 20/4/2018 [..] (STJ, T5 - **QUINTA TURMA**. AgRg no RMS 61894/MS. AGRAVO REGIMENTAL NO RECURSO EM MANDADO DE SEGURANÇA. Relator(a) Ministro RIBEIRO DANTAS. Julgamento em 05/12/2019. Publicação/Fonte em **DJe 13/12/2019**, sem grifos no original).

Do conflito aparente com os artigos 270 e 271 do Código Penal. Estes artigos da norma geral tratam, respectivamente, sobre o envenenamento de água potável, de uso comum ou particular, ou substância alimentícia destinada a consumo (art. 270) e corrupção ou poluição de água potável, de uso comum ou particular, tornando-a imprópria para consumo ou nociva à saúde (art. 271).

O que irá diferir estes delitos do Código Penal, do artigo 54 da Lei Ambiental, é o alcance do âmbito de proteção de tais normas, já que na Lei Ambiental a proteção é genérica, dirigida a que se evite a poluição ao Meio Ambiente, enquanto no Código Penal os tipos se dirigem à tutela da Saúde Pública, como um todo, o que pode vir a gerar graves danos ao indivíduo, razão pela qual são dotados de uma pena maior, no que se refere ao preceito secundário.

Sujeito ativo. Este crime pode ser praticado por qualquer pessoa, razão pela qual estamos diante de um crime comum.

Sujeito passivo. É a sociedade.

Elemento subjetivo. O tipo prevê a modalidade dolosa, que consiste na vontade livre e consciente em causar poluição de qualquer natureza em níveis tais que resultem ou possam resultar em danos à saúde humana, ou que provoquem a mortandade de animais ou a destruição significativa da flora.

O parágrafo primeiro deste dispositivo prevê a possibilidade de conduta culposa, o que trará redução na pena.

Objeto material da conduta. Pode ser tanto o ser humano, quanto o animal ou ainda a flora.

Objeto jurídico. Tutela-se a proteção ao meio ambiente.

Classificação doutrinária. Trata-se de crime comum (pois pode ser praticado por qualquer pessoa), formal (pois não há necessidade de que o resultado naturalístico ocorra, quando estivermos diante das condutas direcionadas aos seres humanos), e material (tendo em vista a necessidade da ocorrência de resultado naturalístico, diante das condutas dirigidas aos animais ou à flora), comissivo, doloso, instantâneo, plurissubsistente (pois pode ser cometido através da prática de vários atos) e de forma livre (já que os verbos podem ser praticados mediante qualquer forma adotada pelo sujeito ativo).

Momento consumativo. Estando diante da hipótese de crime material, a consumação se dará com o resultado naturalístico, que consiste na efetiva mortandade de animais ou na destruição significativa da flora. Já quando estivermos diante de crime formal, a consumação se dará no momento em que o sujeito ativo causar poluição, colocando em risco a saúde humana.

Tentativa. Admitida, por se tratar de situação que envolve um crime plurissubsistente, na qual há possibilidade do fracionamento da conduta.

§ 2º Se o crime:

I – tornar uma área, urbana ou rural, imprópria para a ocupação humana;

II – causar poluição atmosférica que provoque a retirada, ainda que momentânea, dos habitantes das áreas afetadas, ou que cause danos diretos à saúde da população;

III – causar poluição hídrica que torne necessária a interrupção do abastecimento público de água de uma comunidade;

IV – dificultar ou impedir o uso público das praias;

V – ocorrer por lançamento de resíduos sólidos, líquidos ou gasosos, ou detritos, óleos ou substâncias oleosas, em desacordo com as exigências estabelecidas em leis ou regulamentos:

Pena – reclusão, de um a cinco anos.

Da forma qualificada prevista no artigo 54, § 2º, da Lei nº 9.605/98. Diante das possibilidades que podem advir da prática da conduta de causar poluição, por razões de política criminal o legislador previu situações nas quais se justificaria um novo patamar de pena, estabelecido por meio de tipo penal qualificado. Assim, mediante o enquadramento nas hipóteses previstas nos incisos do parágrafo segundo do artigo 54, o sujeito ativo poderá ser punido com pena de reclusão que varia de um a cinco anos.

A Terceira Seção do STJ, em recente julgado datado de 25/10/2017 (DJe 09/11/2017) no CC 139.197-RS, tendo como Relator o Ministro Joel Ilan Paciornik, por unanimidade, ao analisar o art. 54, § 2º, V da Lei nº 9.605/98 firmou entendimento no sentido de que compete à Justiça estadual o julgamento de crime ambiental decorrente de construção de moradias de programa habitacional popular, nas hipóteses em que a Caixa Econômica Federal atue, tão somente, na qualidade de agente financiador da obra (veiculado no Informativo nº 0615, com publicação: 6 de dezembro de 2017).

Art. 54, § 2º, da Lei nº 9.605/98. Crime de perigo concreto. A Sexta Turma do STJ possui recente precedente no sentido de que, para a caracterização do delito previsto no art. 54, § 2º, da LCA, não é necessário que a poluição pelo lançamento de resíduos sólidos, líquidos ou gasosos, ou detritos, óleos ou substâncias oleosas afete a saúde, a fauna ou a flora, isto é, cause efetivo dano ao bem jurídico. Todavia, é necessária a comprovação de que esses bens jurídicos foram expostos à perigo. Tem, portanto, natureza de crime de perigo concreto:

> RECURSO ESPECIAL. PENAL. CRIME AMBIENTAL. POLUIÇÃO ART. 54, § 2º, V, DA LEI N. 9.605/1998. CRIME DE PERIGO CONCRETO. POTENCIALIDADE LESIVA DE CAUSAR DANOS À SAÚDE HUMANA. IMPRESCINDÍVEL PROVA DO RISCO DE DANO. CRIME CONFIGURADO. 1. O delito descrito no art. 54, § 2º, V, da Lei n. 9.605/1998 é de perigo, não se exigindo a ocorrência do efetivo dano ao bem jurídico. Noutras palavras: não é necessário que a poluição pelo lançamento de resíduos sólidos, líquidos ou gasosos, ou detritos, óleos ou substâncias oleosas afete a saúde, a fauna ou a flora. Esse perigo, no entanto, é concreto, cabendo ao órgão acusatório demonstrar concretamente que esses bens jurídicos foram expostos à perigo. (STJ, T6 - SEXTA TURMA. REsp 1638060/RS. RECURSO ESPECIAL. Relator(a) Ministro SEBASTIÃO REIS JÚNIOR. Julgamento em 03/05/2018. Publicação/Fonte em DJe 11/05/2018.).

§ 3º Incorre nas mesmas penas previstas no parágrafo anterior quem deixar de adotar, quando assim o exigir a autoridade competente, medidas de precaução em caso de risco de dano ambiental grave ou irreversível.

Da conduta descrita no artigo 54, § 3º, da Lei nº 9.605/98. Todo aquele que deixa de adotar medidas de precaução em caso de risco de dano ambiental grave ou irreversível, quando assim o exigir a autoridade competente, também estará sujeito à punição descrita no preceito secundário do parágrafo segundo do artigo 54, qual seja, reclusão de um a cinco anos.

Da degradação prévia à conduta típica elencada no artigo 54, § 3º, da Lei Ambiental. A Primeira Turma do STF ressaltou, no julgado a seguir, que a existência de degradação ambiental prévia não tem o condão de afastar o âmbito de proteção da norma contida no artigo 54, § 3º, razão pela qual, ainda que se tenha tal dano, o sujeito ativo pode vir a ser punido pelo crime previsto nesta última norma.

> Habeas corpus. Trancamento da ação penal. Crime contra o meio ambiente. Perigo de dano grave ou irreversível. Tipicidade da conduta. Exame de corpo de delito. Documentos técnicos elaborados

> pelas autoridades de fiscalização. Inépcia formal da denúncia. **1. O dano grave ou irreversível que se pretende evitar com a norma prevista no artigo 54, § 3º, da Lei nº 9.605/98 não fica prejudicado pela degradação ambiental prévia. O risco tutelado pode estar relacionado ao agravamento das conseqüências de um dano ao meio ambiente já ocorrido e que se protrai no tempo**. 2. O crime capitulado no tipo penal em referência não é daquele que deixa vestígios. Impossível, por isso, pretender o trancamento da ação penal ao argumento de que não teria sido realizado exame de corpo de delito. [...] (STF, Primeira Turma. HC 90023/SP. HABEAS CORPUS. Relator(a) Min. MENEZES DIREITO. Julgamento em 06/11/2007. Publicação em DJe-157. DIVULG 06-12-2007. PUBLIC 07-12-2007. DJ 07-12-2007 PP-00058. EMENT VOL-02302-02 PP-00254. RTJ VOL-00205-03 PP-01255, sem grifos no original).

Do art. 54, § 3º, da LCA. Pena restritiva de direito e execução provisória. Impossibilidade. Jurisprudência. A Sexta Turma do STJ reafirmou posicionamento da Terceira Seção pela impossibilidade de execução provisória da pena restritiva de direitos antes do trânsito em julgado da sentença penal condenatória. Destacou, ainda, que o § 3º do art. 54 trata do crime omissivo próprio (deixar de adotar, quando assim o exigir a autoridade competente) e de perigo concreto (risco de dano ambiental grave ou irreversível). Veja, o julgado a seguir:

> AGRAVOS REGIMENTAIS NO AGRAVO EM RECURSO ESPECIAL. **CRIME AMBIENTAL. EXECUÇÃO PROVISÓRIA. PENA RESTRITIVA DE DIREITOS. IMPOSSIBILIDADE. ART. 54, § 3º, DA LEI 9.605/98.** AUTORIA E MATERIALIDADE. REVISÃO. NÃO CABIMENTO. SÚMULA 7/STJ. PENA-BASE ACIMA DO MÍNIMO LEGAL. FUNDAMENTOS CONCRETOS. POSSIBILIDADE. AGRAVOS IMPROVIDOS. 1. Ressalvada compreensão pessoal diversa, **a Terceira Seção, no julgamento do EResp 1.619.087/SC, na sessão de 14/06/2017, adotou a orientação em relação à impossibilidade de execução provisória da pena restritiva de direitos, sendo indispensável, em tais casos, o trânsito em julgado da sentença penal condenatória, nos termos do art. 147 da Lei de Execução Penal**. 2. Esse entendimento foi reafirmado pela Terceira Seção desta Corte no julgamento no AgRg no HC 435.092/SP. 3. Enquanto o caput do art. 54 da Lei Ambiental traz crime material (resultado de poluição com danos à saúde humana, ou que provoquem a mortandade de animais ou a destruição significativa da flora), **seu § 3º trata do crime omissivo próprio (deixar de adotar, quando assim o exigir a autoridade competente) como perigo concreto (risco de dano ambiental grave ou irreversível)** [...] (STJ, T6 – SEXTA TURMA. AgRg no AREsp 1341076/AC. AGRAVO REGIMENTAL NO AGRAVO EM RECURSO ESPECIAL. Relator(a) Ministro NEFI CORDEIRO. Julgamento em 14/05/2019. Publicação/Fonte em DJe 21/05/2019).

Sujeito ativo. Estamos diante de um crime próprio, pois o próprio tipo penal se dirige àqueles que tenham o dever de adotar medidas quando a autoridade competente as exija.

Sujeito passivo. É a sociedade.

Elemento subjetivo. O tipo prevê a modalidade dolosa, que consiste na vontade livre e consciente em deixar de adotar, quando assim o exigir a autoridade competente, medidas de precaução em caso de risco de dano ambiental grave ou irreversível.

Objeto material da conduta. É a medida de precaução que deixou de ser adotada quando era exigida.

Objeto jurídico. Tutela-se a proteção ao meio ambiente.

Classificação doutrinária. Trata-se de crime próprio (pois somente pode ser praticado por aqueles que tenham o dever de adotar medidas quando a autoridade competente as exija), mera conduta (tendo em vista que o tipo penal não exige a ocorrência de resultado naturalístico), omissivo, doloso, instantâneo, unissubsistente (pois pode ser cometido através da prática de um único ato) e de forma livre (já que os verbos podem ser praticados mediante qualquer forma adotada pelo sujeito ativo).

Momento consumativo. Este crime se consuma quando o sujeito deixa de adotar as medidas que eram exigidas pelas autoridades, nos exatos termos do parágrafo terceiro do artigo 54 da Lei nº 9.605/98.

Tentativa. Não é admitida, por se tratar de crime unissubsistente, no qual há impossibilidade no fracionamento da conduta.

Art. 55. Executar pesquisa, lavra ou extração de recursos minerais sem a competente autorização, permissão, concessão ou licença, ou em desacordo com a obtida:

Pena – detenção, de seis meses a um ano, e multa.

Análise do tipo penal descrito no artigo 55 da Lei nº 9.605/98. A conduta aqui descrita se resume a executar pesquisa, lavra ou extração de recursos minerais sem que o sujeito ativo tenha autorização, permissão, concessão ou licença da autoridade competente, ou que estas atividades sejam conduzidas em desacordo com a obtida.

Por se tratar de norma penal em branco, deve ser consultada a normativa referente ao tema, qual seja, a Portaria nº 155 de 12 de maio de 2016, do DNPM (Departamento Nacional de Produção Mineral)[3], que aprova a consolidação normativa do DNPM e revoga atos normativos consolidados. O anexo desta consoli-

3. Disponível em: <https://www.in.gov.br/materia/-/asset_publisher/Kujrw0TZC2Mb/content/id/22910085/do1-2016-05-17-portaria-n-155-de-12-de-maio-de-2016-22909482>. Acesso em: 23 dez. 2020.

dação traz, basicamente, a forma pela qual deve ser feito o cadastro de titulares de direitos minerários (indicando a obrigatoriedade que gira em torno de quem deve fazer tal cadastro), o modo pelo qual se dará o seu processamento, a forma de protocolização de documentos em geral, custas e emolumentos, vistorias, além do regime de aproveitamento dos recursos minerais, bem como versa sobre disposições específicas aplicáveis ao regime de autorização de pesquisa, à concessão de lavra etc.

Estamos diante de um crime de menor potencial ofensivo, em razão do que dispõe o artigo 61 da Lei nº 9.099/95.

Do conflito entre o artigo 55 da Lei nº 9.605/98 e o artigo 2º da Lei nº 8.176/91. Este último artigo pertence à Lei que define crimes contra a ordem econômica e cria o Sistema de Estoque de Combustíveis, conforme podemos observar a seguir:

> Art. 2º Constitui crime contra o patrimônio, na modalidade de usurpação, produzir bens ou explorar matéria-prima pertencentes à União, sem autorização legal ou em desacordo com as obrigações impostas pelo título autorizativo.
>
> Pena: detenção, de um a cinco anos e multa.

Nesta Lei, o bem jurídico tutelado é o patrimônio da União, enquanto o artigo 55 da Lei Ambiental tutela o Meio Ambiente. Assim, não há que se falar em derrogação do artigo 2º da Lei nº 8.176/91 pelo artigo 55 da Lei Ambiental. Da mesma forma, não há que se falar em aplicação do princípio da especialidade nesta hipótese.

Corroborando o entendimento acima exposto, podemos conferir o recente julgado da Quinta Turma do STJ, no sentido de que, por tutelarem bens jurídicos distintos, não há que se falar em conflito aparente de normas, existindo concurso formal (entre o art. 2º da Lei nº 8.176/91 e o art. 55 da Lei de Crimes Ambientais). Entendeu a Corte Superior, ainda, que a concessão de licença ambiental posterior é insuficiente para afastar a tipicidade da conduta, sendo obrigatória a autorização *prévia* para a exploração de matéria-prima da União:

> PENAL. PROCESSO PENAL. AGRAVO REGIMENTAL EM RECURSO ESPECIAL. **VIOLAÇÃO AO ART. 2º DA LEI N. 8.176/91. NÃO OCORRÊNCIA. DIFERENTES BENS TUTELADOS PELO ART. 2º DA LEI N. 8.176/91 E ART. 55 DA LEI N. 9.605/98. CONCURSO FORMAL. POSSIBILIDADE.** AUSÊNCIA DE MATERIALIDADE. SÚMULA N. 7/STJ. PRINCÍPIO DA INSIGNIFICÂNCIA. NÃO APLICAÇÃO. AGRAVO REGIMENTAL DESPROVIDO. I – **A jurisprudência desta eg. Corte Superior pacificou-se no sentido de que o art. 2º da Lei n. 8.176/91 tutela a ordem econômica, enquanto o art. 55 da Lei n. 9.605/98, tutela o meio ambiente, dessa forma, não há que se falar em conflito aparente de normas por tutelarem bens jurídicos distintos, existindo concurso formal** (...) IV – **A jurisprudência desta eg. Corte Superior firmou o entendimento no sentido de ser obrigatória a autorização prévia para a exploração de matéria-prima da União.** De

> tal forma, a posterior obtenção de licença ambiental é insuficiente para afastar a tipicidade da conduta, uma vez que a exploração de argila se deu de forma contraria à lei, restando justificada a imputação atribuída ao recorrente. (STJ, T5 - QUINTA TURMA. AgRg no REsp 1678419/SE. AGRAVO REGIMENTAL NO RECURSO ESPECIAL. Relator(a) Ministro FELIX FISCHER. Julgamento em 20/09/2018. Publicação/Fonte em DJe 26/09/2018).

Consolidando o entendimento do STJ, a Sexta Turma reconheceu em recente julgado a possibilidade de concurso de infrações penais (afastando a tese de crime único), eis que os crimes tipificados nos arts. 2º da Lei nº 8.176/1991 e 55 da Lei nº 9.605/1998 visam à tutela de bens jurídicos diversos, ou seja, enquanto o art. 55 LCA tutela a proteção do meio ambiente, quanto aos recursos encontrados no solo e no subsolo, o art. 2º da Lei nº 8.176/1991 tem a finalidade de preservação de bens e matérias-primas que integrem o patrimônio da União (ordem econômica). Observem o julgado:

> AGRAVO REGIMENTAL NO RECURSO ESPECIAL. EXPLORAÇÃO DE MATÉRIA-PRIMA PERTENCENTE À UNIÃO. ART. 2º DA LEI 8.176/1991. EXTRAÇÃO DE RECURSOS MINERAIS SEM LICENÇA. ART. 55 DA LEI 9.605/1998. PRINCÍPIO DA INSIGNIFICÂNCIA. AUSÊNCIA DE PREQUESTIONAMENTO. CRIME ÚNICO. IMPOSSIBILIDADE. CONCURSO FORMAL DE CRIMES CONFIGURADO (..) 2. Os crimes tipificados nos arts. 2º da Lei n. 8.176/1991 e 55 da Lei n. 9.605/1998 visam à tutela de bens jurídicos diversos. Enquanto este delito tem por finalidade a proteção do meio ambiente, quanto aos recursos encontrados no solo e no subsolo, aquele tem por objeto a preservação de bens e matérias-primas que integrem o patrimônio da União. A jurisprudência desta Corte, em situações fáticas muito semelhantes à dos autos, afastou o conflito aparente de normas e, em vista da lesividade a bens jurídicos distintos, reconheceu o concurso formal de crimes. Precedentes [...] (STJ, **SEXTA TURMA**. AgRg no REsp 1856109/RS, Rel. Ministro ROGERIO SCHIETTI CRUZ, julgado em 16/06/2020, **DJe 26/06/2020**, sem grifo no original).
>
> AGRAVO REGIMENTAL EM RECURSO ESPECIAL. EXTRAÇÃO IRREGULAR DE RECURSOS MINERAIS. PRINCÍPIO DA INSIGNIFICÂNCIA. NÃO APLICAÇÃO. LESÃO EXPRESSIVA. ART. 55 DA LEI N. 9.605/1998. ART. 2º DA LEI N. 8.176/1991. PRINCÍPIO DA ESPECIALIDADE. NÃO INCIDÊNCIA. CRIMES AUTÔNOMOS (...) 1. É inaplicável o princípio da especialidade entre os delitos dos arts. 2º da Lei n. 8.176/1991 (usurpação de patrimônio da União) e 55 da Lei n. 9.605/1998 (extração irregular de recursos minerais), porquanto tutelam bens jurídicos diversos: o primeiro protege a ordem econômica e o último, o meio ambiente. Aplica-se, ao caso, o concurso

> formal de crimes. Precedentes [...] (STJ, **SEXTA TURMA**. AgRg no REsp 1840893/PB, Rel. Ministro ROGERIO SCHIETTI CRUZ, julgado em 26/05/2020, **DJe 04/06/2020**).

Exploração de recursos minerais (art. 55 da Lei nº 9.605/98) e descriminalizante prevista no art. 2º, parágrafo único, do Decreto-Lei n.º227/67 (Decreto que dá nova redação ao Decreto-lei nº 1.985, de 29 de janeiro de 1940 – Código de Minas). Situação que envolve agente público e extração de substâncias minerais de emprego imediato em obras públicas diretamente executadas pelos órgãos públicos. A Quinta turma do STJ possui recente precedente (AgRg no REsp 1394171/RS, datado de 23/08/2018) no sentido de que a exclusão da ilicitude ocorre apenas quando a conduta é praticada por agentes públicos, o que permite concluir que não alcança particulares que tenham aproveitado o resultado da exploração irregular imediatamente na execução de obra pública. Isso porque, segundo o parágrafo único do artigo 2º do Decreto-Lei nº 227/67, apenas não se submetem ao regime de aproveitamento das substâncias minerais os órgãos da administração direta e autárquica da União, dos Estados, do Distrito Federal, ou dos Municípios, sendo permitida a extração de substâncias minerais de emprego imediato na construção civil de obras públicas quando executadas diretamente por tais órgãos. Nessa linha, observe-se o julgado:

> AGRAVO REGIMENTAL NO RECURSO ESPECIAL. **CRIME AMBIENTAL. EXPLORAÇÃO DE RECURSO MINERAL SEM AUTORIZAÇÃO LEGAL DO DEPARTAMENTO NACIONAL DE PRODUÇÃO MINERAL.** PRINCÍPIO DA INSIGNIFICÂNCIA. NÃO INCIDÊNCIA. **APLICAÇÃO DE NORMA DESCRIMINALIZANTE PREVISTA NO PARÁGRAFO ÚNICO DO ART. 2º DO DECRETO-LEI N. 227/67. NÃO INCIDÊNCIA. EXTRAÇÃO NÃO AUTORIZADA DE SUBSTÂNCIAS MINERAIS E IMEDIATA APLICAÇÃO NA EXECUÇÃO DE OBRA PÚBLICA REALIZADA POR PARTICULAR.** I – Pacificou-se neste Superior Tribunal de Justiça o entendimento de que a aplicação do princípio da insignificância, nos crimes ambientais, requer a conjugação dos seguintes vetores: conduta minimamente ofensiva; ausência de periculosidade do agente; reduzido grau de reprovabilidade do comportamento e lesão jurídica inexpressiva. II – **O parágrafo único do artigo 2º do Decreto-Lei n. 227/67 dispõe sobre a seguinte norma descriminalizante: "O disposto neste artigo não se aplica aos órgãos da administração direta e autárquica da União, dos Estados, do Distrito Federal e dos Municípios, sendo-lhes permitida a extração de substâncias minerais de emprego imediato na construção civil, definidas em Portaria do Ministério de Minas e Energia, para uso exclusivo em obras públicas por eles executadas diretamente, respeitados os direitos minerários em vigor nas áreas onde devam ser executadas as obras e vedada a comercialização".** III – In casu, o particular comercializou o resultado da exploração irregular com outro particular, que posteriormente venceu o processo licitatório e utilizou

> o mineral para execução de obra pública. Tal situação não autoriza a aplicação da mencionada norma descriminalizante, uma vez que não abarca os requisitos previstos na legislação, quais sejam, ser o agente órgão da administração direta ou autárquica da União, dos Estados, do Distrito Federal, ou dos Municípios e ter utilizado diretamente as substâncias minerais extraídas para execução de obra pública. [...] (STJ, T5 - QUINTA TURMA. AgRg no REsp 1394171/RS. AGRAVO REGIMENTAL NO RECURSO ESPECIAL. Relator(a) Ministro FELIX FISCHER. Julgamento em 23/08/2018. Publlicação/Fonte em DJe 31/08/2018).

Sujeito ativo. Este crime pode ser praticado por qualquer pessoa, razão pela qual estamos diante de um crime comum.

Sujeito passivo. É a sociedade.

Elemento subjetivo. O tipo prevê a modalidade dolosa, que consiste na vontade livre e consciente em executar pesquisa, lavra ou extração de recursos minerais sem a competente autorização, permissão, concessão ou licença, ou em desacordo com a obtida.

Objeto material da conduta. É a pesquisa, lavra, ou extração de recursos minerais.

Objeto jurídico. Tutela-se a proteção ao meio ambiente.

Classificação doutrinária. Trata-se de crime comum (pois pode ser praticado por qualquer pessoa), material (diante das condutas de lavra e de extração de recursos minerais, tendo em vista a necessidade da ocorrência de resultado naturalístico), porém, de mera conduta em face da conduta de "executar pesquisa"), comissivo, doloso, instantâneo, plurissubsistente (pois pode ser cometido através da prática de vários atos, exceto quanto à modalidade de mera conduta, que será unissubsistente) e de forma livre (já que os verbos podem ser praticados mediante qualquer forma adotada pelo sujeito ativo).

Momento consumativo. Nos casos de condutas que configuram crime material, a consumação se dará com o resultado naturalístico, que consiste na efetiva lavra ou extração de recursos minerais. Já diante da situação de mera conduta, o crime estará consumado quando o sujeito ativo executar a pesquisa nas condições descritas pelo *caput* do artigo 55 da Lei Ambiental.

Tentativa. Admitida, nos casos de crime material, por se tratar de situação que envolve um crime plurissubsistente, na qual há possibilidade do fracionamento da conduta. Na hipótese de crime de mera conduta, não há possibilidade de tentativa, em razão de se tratar de crime unissubsistente.

Do art. 55 da LCA. Competência. Justiça estadual. Jurisprudência. A Terceira Seção do STJ, em recente julgado, reafirmou o entendimento da Corte Superior acerca da necessidade de demonstração das hipóteses do art. 109 CRFB/88 para a fixação da competência da justiça federal. Assim, afirmou que, em regra, em se tratando de extração rudimentar de areia em leito de rio (art. 50 da LCA), quando não demonstrada excepcional lesão a interesse da União, a competência será da justiça estadual, senão vejamos:

> AGRAVO REGIMENTAL NO CONFLITO NEGATIVO DE COMPETÊNCIA. JUSTIÇA FEDERAL X JUSTIÇA ESTADUAL. AÇÃO PENAL. CRIME AMBIENTAL. ART. 55 DA LEI N. 9.605/1998. EXTRAÇÃO RUDIMENTAR DE AREIA EM LEITO DE RIO. AUSÊNCIA DE DEMONSTRAÇÃO DE LESÃO A INTERESSE DA UNIÃO COMPETÊNCIA DA JUSTIÇA ESTADUAL. 1. Compete à Justiça estadual o julgamento do crime do art. 55 da Lei n. 9.605/1998, consubstanciado em extração rudimentar de areia em leito de rio, quando não demonstrada excepcional lesão a interesse da União. (STJ, S3 – TERCEIRA SEÇÃO. AgRg no CC 151896/RJ. AGRAVO REGIMENTAL NO CONFLITO DE COMPETÊNCIA. Relator(a) Ministro ANTONIO SALDANHA PALHEIRO. Julgamento em 12/12/2018. Publicação/Fonte em DJe 01/02/2019, sem grifo no original).

Art. 55 LCA. Princípio da insignificância. Impossibilidade. O STJ consolidou sua jurisprudência no sentido da inaplicabilidade do princípio da insignificância (atipicidade material da conduta) em relação aos crimes ambientais quando há significante potencial lesivo ao ecossistema, em face do dever intergeracional de preservação do meio ambiente, logo, ausente os requisitos objetivos para sua configuração: a) conduta minimamente ofensiva; b) ausência de periculosidade social da ação; c) reduzido grau de reprovabilidade do comportamento e d) lesão juridicamente inexpressiva. Cuidado! A jurisprudência dos Tribunais Superiores é pacífica ao admitir a aplicabilidade do princípio da insignificância mesmo se tratando de crimes ambientais. Todavia, na proteção de bem jurídico constitucional (art. 225 da CRFB) ganha especial relevo a dimensão da lesividade, se revelando (imperiosa e indispensável) a necessidade de demonstração inexpressividade da lesão (potencial lesivo ao ecossistema). Vejamos:

> AGRAVO REGIMENTAL NO RECURSO ESPECIAL. CRIME AMBIENTAL. EXTRAÇÃO DE AREIA SEM A COMPETENTE AUTORIZAÇÃO. APONTADA OFENSA AO ART. 55, CAPUT, DA LEI N.º 9.605/1998. PLEITO ACUSATÓRIO DE EXCLUSÃO DO RECONHECIMENTO DA ATIPICIDADE MATERIAL DA CONDUTA DENUNCIADA. PRINCÍPIO DA INSIGNIFICÂNCIA. DIREITO PENAL MÍNIMO. INAPLICABILIDADE. CONSTATAÇÃO DE SIGNIFICANTE POTENCIAL LESIVO AO ECOSSISTEMA DA REGIÃO. DEVER DE DEFESA E PRESERVAÇÃO DO PODER PÚBLICO AO MEIO AMBIENTE ECOLOGICAMENTE EQUILIBRADO PARA AS PRESENTES E FUTURAS GERAÇÕES. REQUISITOS OBJETIVOS - DA CONDUTA MINIMAMENTE OFENSIVA; DO REDUZIDO GRAU DE REPROVABILIDADE DO COMPORTAMENTO

> DENUNCIADO E DA LESÃO JURÍDICA INEXPRESSIVA - NÃO PREENCHIDOS. DETERMINAÇÃO DO PROSSEGUIMENTO DO FEITO. ALEGADO ÓBICE DA SÚMULA N. º 7/STJ. INOCORRÊNCIA. AGRAVO REGIMENTAL DESPROVIDO [...] (STJ, **SEXTA TURMA**. AgRg no REsp 1838593/RS, Rel. Ministra LAURITA VAZ, julgado em 04/08/2020, **DJe 19/08/2020**).

Art. 55 LCA. Art. 2º da Lei nº 8.176/91. Princípio da especialidade. Não incidência. Crimes autônomos. Concurso formal de crimes. A Sexta Turma do STJ em recente julgado reconheceu a existência de concurso formal de crimes e a inaplicabilidade do princípio da especialidade entre os delitos previstos arts. 2º da Lei nº 8.176/1991 (usurpação de patrimônio da União) e 55 da Lei nº 9.605/1998 (extração irregular de recursos minerais), por entender que tutelam bens jurídicos distintos. Assim, enquanto o primeiro protege a ordem econômica o último, o meio ambiente. Confira-se:

> AGRAVO REGIMENTAL EM RECURSO ESPECIAL. EXTRAÇÃO IRREGULAR DE RECURSOS MINERAIS. PRINCÍPIO DA INSIGNIFICÂNCIA. NÃO APLICAÇÃO. LESÃO EXPRESSIVA. ART. 55 DA LEI N. 9.605/1998. ART. 2º DA LEI N. 8.176/1991. PRINCÍPIO DA ESPECIALIDADE. NÃO INCIDÊNCIA. CRIMES AUTÔNOMOS (...) 1. É inaplicável o princípio da especialidade entre os delitos dos arts. 2º da Lei n. 8.176/1991 (usurpação de patrimônio da União) e 55 da Lei n. 9.605/1998 (extração irregular de recursos minerais), porquanto tutelam bens jurídicos diversos: o primeiro protege a ordem econômica e o último, o meio ambiente. Aplica-se, ao caso, o concurso formal de crimes. Precedentes [...] (STJ, SEXTA TURMA. AgRg no REsp 1840893/PB, Rel. Ministro ROGERIO SCHIETTI CRUZ, julgado em 26/05/2020, DJe 04/06/2020).

Parágrafo único. Nas mesmas penas incorre quem deixa de recuperar a área pesquisada ou explorada, nos termos da autorização, permissão, licença, concessão ou determinação do órgão competente.

Da figura típica descrita no artigo 55, parágrafo único, da Lei nº 9.605/98. Sempre que alguém deixa de recuperar área que foi objeto de pesquisa ou exploração, nos termos da autorização, permissão, licença, concessão ou determinação do órgão competente, esta conduta terá subsunção ao tipo penal previsto no parágrafo único do artigo 55 da Lei Ambiental.

Em razão da pena descrita no preceito secundário do *caput* do artigo 55, bem como da previsão de aplicação desta mesma pena para o parágrafo único do mesmo artigo, estaremos diante de um a infração de menor potencial ofensivo, tendo em vista o que dispõe o artigo 61 da Lei nº 9.099/95.

Sujeito ativo. Este crime não pode ser praticado por qualquer pessoa, mas sim por aqueles que têm o dever de recuperar área explorada ou pesquisada, nos termos do parágrafo único do artigo 55 da Lei Ambiental.

Sujeito passivo. É a sociedade.

Elemento subjetivo. O tipo prevê a modalidade dolosa, que consiste na vontade livre e consciente em deixar de recuperar a área pesquisada ou explorada, nos termos da autorização, permissão, licença, concessão ou determinação do órgão competente.

Objeto material da conduta. É a área pesquisada ou explorada.

Objeto jurídico. Tutela-se a proteção ao meio ambiente.

Classificação doutrinária. Trata-se de crime próprio (pois não pode ser praticado por qualquer pessoa, mas sim por aqueles que têm o dever de recuperar área explorada ou pesquisada), formal (tendo em vista a desnecessidade da ocorrência de resultado naturalístico), omissivo, doloso, instantâneo, unissubsistente (pois pode ser cometido através da prática de um único ato) e de forma livre (já que os verbos podem ser praticados mediante qualquer forma adotada pelo sujeito ativo).

Momento consumativo. A consumação se dará com a mera omissão do sujeito ativo, consistente em deixar de recuperar a área pesquisada ou explorada, nos termos descritos no parágrafo único do artigo 55.

Tentativa. Não é admitida, por se tratar de situação que envolve um crime unissubsistente.

Art. 56. Produzir, processar, embalar, importar, exportar, comercializar, fornecer, transportar, armazenar, guardar, ter em depósito ou usar produto ou substância tóxica, perigosa ou nociva à saúde humana ou ao meio ambiente, em desacordo com as exigências estabelecidas em leis ou nos seus regulamentos:

Pena – reclusão, de um a quatro anos, e multa.

Análise do tipo penal previsto no artigo 56 da Lei nº 9.605/98. As condutas descritas neste artigo denotam que estamos diante de um tipo penal misto alternativo, já que a prática de um dos verbos nucleares ou de vários deles configurará crime único, desde que enquadradas no mesmo contexto fático.

Assim, todo aquele que produz, processa, embala, importa, exporta, comercializa, fornece, transporta, armazena, guarda, tem em depósito ou usa produto ou substância tóxica, ou ainda, que seja perigosa ou mesmo nociva ao meio ambiente ou à saúde humana, estará sujeito a responder pelo crime descrito no artigo 56 da Lei Ambiental, desde que tais condutas estejam em desacordo com as exigências estabelecidas em leis ou respectivos regulamentos.

Diante da situação trazida pela parte final do dispositivo, estamos diante de norma penal em branco, a ser completada por leis extrapenais ou seus respectivos regulamentos. A análise irá variar conforme o caso concreto.

Sobre a natureza jurídica. Crime de perigo abstrato. Perícia. Prescindibilidade. Norma penal em branco. Norma integradora. O entendimento do STJ, firmado no julgamento do REsp 1439150/RS (Veiculado no Informativo n.º 0613. Publicação: 8 de novembro de 2017), segue no sentido de que o crime previsto no art. 56, *caput*, da Lei nº 9.605/1998 é de perigo abstrato, sendo dispensável a produção de prova pericial para atestar a nocividade ou a periculosidade dos produtos transportados, bastando que estes estejam elencados na Resolução n. 420/2004 da ANTT.

Isso porque, a conduta ilícita prevista neste dispositivo legal é norma penal em branco, dependendo de complementação acerca do elemento normativo do tipo (norma integradora) em sua expressão: "produto ou substância tóxica, perigosa ou nociva à saúde pública ou ao meio ambiente". Em se tratando de transporte terrestre, tal normativa vem especificada no Regulamento para o Transporte Rodoviário de Produtos Perigosos (Decreto n. 96.044/1988) e a Resolução n. 420/2004 da Agência Nacional de Transportes Terrestres – ANTT.

No caso do artigo 56, *caput*, da Lei nº 9.605/98, por razões de política criminal, tal conduta se aperfeiçoa com a mera ocorrência do comportamento típico, independentemente da efetiva produção de risco ou dano dele decorrente. Assim é que, segundo o entendimento do STJ, *"o conceito de nocividade no crime ambiental examinado se esgota na própria capitulação normativa do produto ou substância como tóxica, perigosa ou nociva ao ecossistema", e conclui "o crime materializado no art. 56, caput, da Lei n. 9.605/1998, possui a natureza de crime de perigo abstrato, ou, de crime de perigo abstrato-concreto, em que, embora não baste a mera realização de uma conduta, não se exige, a seu turno, a criação de ameaça concreta a algum bem jurídico e muito menos lesão a ele. Basta a produção de um ambiente de perigo em potencial, em abstrato – in casu, com o transporte dos produtos ou substâncias em desacordo com as exigências estabelecidas em leis ou nos seus regulamentos"* (notas Informativo n.º 0613. Publicação: 8 de novembro de 2017.). Confira-se o julgado:

> RECURSO ESPECIAL. CRIME AMBIENTAL. **TRANSPORTE DE PRODUTOS TÓXICOS, NOCIVOS OU PERIGOSOS. ART. 56, CAPUT, DA LEI N. 9.605/1998. LEI PENAL EM BRANCO**. RESOLUÇÃO DA ANTT N. 420/2004. NORMA DE INTEGRAÇÃO. **BEM JURÍDICO TUTELADO. MEIO AMBIENTE E INCOLUMIDADE PÚBLICA. CRIME DE PERIGO ABSTRATO. PERÍCIA. PRESCINDIBILIDADE.** RECURSO ESPECIAL CONHECIDO E PROVIDO. 1. A conduta ilícita prevista no art. 56, *caput*, da Lei n. 9.605/1998 é norma penal em branco, cuja complementação depende da edição de outras normas, que definam o que venha a ser o elemento normativo do tipo "produto ou substância tóxica, perigosa ou nociva à saúde pública ou ao meio ambiente". No caso específico de transporte de tais produtos ou substâncias, o Regulamento para o Transporte Rodoviário de Produtos Perigosos (Decreto n. 96.044/1988) e a Resolução n. 420/2004 da Agência Nacional de Transportes Terrestres – ANTT, constituem a referida norma integradora, por inequivocamente indicar os produtos e substâncias cujo transporte rodoviário é considerado perigoso.

2. Por outro lado, **a conduta ilícita prevista no art. 56, caput, da Lei n. 9.605/1998 é de perigo abstrato. Não é exigível, pois, para o aperfeiçoamento do crime, a ocorrência de lesão ou de perigo de dano concreto** na conduta de quem produz, processa, embala, importa, exporta, comercializa, fornece, transporta, armazena, guarda, tem em depósito ou usa produto ou substância tóxica, perigosa ou nociva à saúde humana ou ao meio ambiente, em desacordo com as exigências estabelecidas em leis ou nos seus regulamentos. 3. Embora seja legítimo aspirar a um Direito Penal de mínima intervenção, não pode a dogmática penal descurar de seu objetivo de proteger bens jurídicos de reconhecido relevo, assim entendidos, na dicção de Claus Roxin, como "interesses humanos necessitados de proteção penal", qual a proteção ao meio ambiente e à incolumidade pública. Não se pode, assim, esperar a concretização de danos, ou exigir a demonstração de riscos concretos para a punição de condutas que representam potencial produção de danos ao ecossistema e, por consequência, a pessoas indeterminadas. 4. O eventus periculi, advindo da prática de quem incorre em uma das condutas previstas no art. 56, caput, da Lei n. 9.605/1998, portanto, é presumido e, por conseguinte, prescinde da realização de perícia para comprovar a nocividade da substância ou produto, bastando, para tanto, que o "produto ou substância tóxica, perigosa ou nociva para a saúde humana ou o meio ambiente" esteja declinado ex lege, ou seja, no caso, que esteja elencado na Resolução n. 420/04 da ANTT [...] (STJ, 6ª Turma. REsp 1439150/RS. Relator(a) Ministro ROGERIO SCHIETTI CRUZ. Julgamento em 05/10/2017. Publicação/Fonte em DJe 16/10/2017. Veiculado no Informativo STJ n.º 0613. Publicação: 8 de novembro de 2017, sem grifos no original).

PENAL E PROCESSO PENAL. AGRAVO REGIMENTAL NO AGRAVO EM RECURSO ESPECIAL. OFENSA AO **ART. 56 DA LEI Nº 9.605/98. CRIME DE PERIGO ABSTRATO.** ACÓRDÃO RECORRIDO DE ACORDO COM O ENTENDIMENTO DO STJ. SÚMULA 568/STJ. AGRAVO REGIMENTAL A QUE SE NEGA PROVIMENTO. 1. **Nos termos do entendimento deste Superior Tribunal de Justiça "a conduta ilícita prevista no art. 56, caput, da Lei n. 9.605/1998 é de perigo abstrato. Não é exigível, pois, para o aperfeiçoamento do crime, a ocorrência de lesão ou de perigo de dano concreto na conduta de quem produz, processa, embala, importa, exporta, comercializa, fornece, transporta, armazena, guarda, tem em depósito ou usa produto ou substância tóxica, perigosa ou nociva à saúde humana ou ao meio ambiente, em desacordo com as exigências estabelecidas em leis ou nos seus regulamentos**" (REsp 1.439.150/RS, Sexta Turma, Rel. Min. Rogério Schietti, DJe 16/10/2017). 2. Agravo regimental a que se nega provimento. (STJ, T6 – SEXTA TURMA. AgRg no AREsp 1275606/RJ. AGRAVO REGIMENTAL NO AGRAVO

EM RECURSO ESPECIAL. Relator(a) Ministra MARIA THEREZA DE ASSIS MOURA. Julgamento em 16/08/2018. Publicação/Fonte em DJe 30/08/2018. Sem grifo no original).

Do conflito aparente de normas entre o art. 56 da Lei nº 9.605/98 x art. 15 da Lei nº 7.802/89 (Lei de Agrotóxicos). Princípio da especialidade. Núcleo do tipo. Diferenciação. Princípio da consunção. Sobre o tema, confira o julgado a seguir, da Quinta Turma do STJ, que retrata um caso concreto envolvendo a situação de transporte de agrotóxico:

> PENAL. RECURSO ESPECIAL. **ART. 15 DA LEI 7.802/89 E ART. 56 DA LEI 9.605/98. PRINCÍPIO DA CONSUNÇÃO**. APLICAÇÃO NO CASO CONCRETO (...) **CONFLITO APARENTE DE NORMAS. CRITÉRIO DA ESPECIALIDADE. POSSIBILIDADE.** RECURSO PARCIALMENTE PROVIDO. (...) II - **A Lei n. 7.802/89 é especial em relação à Lei 9.605/98 no que tange ao transporte de agrotóxico. Entretanto, aquela não veicula o verbo importar como um dos núcleos do tipo previsto no art. 15, diferentemente do que ocorre com a Lei dos Crimes Ambientais, em seu art. 56. Este dispositivo é mais amplo, contendo doze núcleos, dentre eles o de importar e o de transportar substâncias tóxicas**. III - Na hipótese vertente, tendo o mesmo agente se valido, em um mesmo contexto fático, do transporte de agrotóxicos, após ingressar em território nacional destituído da autorização e documentação devidas para tanto, pratica tão somente a infração prevista no art. 15 da Lei 7.802/89, (norma mais grave e especial em relação à Lei de Crimes Ambientais) porquanto o núcleo importar, in casu, estava inteiramente subordinado à consecução do transporte de agrotóxico. IV - "O princípio da consunção resolve o conflito aparente de normas penais quando um delito menos grave é meio necessário ou normal fase de preparação ou execução de outro mais danoso. Nessas situações, o agente apenas será responsabilizado pelo último crime. Para tanto, porém, imprescindível a constatação do nexo de dependência entre as condutas, a fim de que ocorra a absorção da menos lesiva pela mais nociva ao meio social" (HC n. 377.519/RJ, Sexta Turma, Rel. Min. Antônio Saldanha Palheiro, DJe de 9/2/2017, grifei). [...] (STJ, 5ª Turma. REsp 1378064/PR. Relator(a) Ministro FELIX FISCHER. Julgamento em 27/06/2017. Publicação/Fonte em DJe 01/08/2017, sem grifo no original).

Do conflito aparente entre o art. 56 da Lei nº 9.605/98 x art. 15 da Lei nº 7.802/89 (Lei de Agrotóxicos). Diferenças no que diz respeito à classificação doutrinária. A Sexta Turma do STJ considera o delito previsto no art. 56 da Lei n.º 9.605/98 como formal e instantâneo, o que o difere do 15 da Lei nº 7.802/89, consoante notícia do Informativo nº 0568, da Sexta Turma do STJ (Período de 3 a 16 de setembro de

2015), que bem elucida a questão, *in verbis*: "A conduta consistente em transportar, no território nacional, em desacordo com as exigências estabelecidas na legislação pertinente, agrotóxicos importados por terceiro de forma clandestina não se adequa ao tipo de importação ilegal de substância tóxica (art. 56 da Lei 9.605/1998) caso o agente não tenha ajustado ou posteriormente aderido à importação ilegal antes da entrada do produto no país, ainda que o autor saiba da procedência estrangeira e ilegal do produto, subsumindo-se ao tipo de transporte ilegal de agrotóxicos (art. 15 da Lei 7.802/1989)[...] Ocorre que, não havendo elementos no sentido de que o agente, tendo recebido os produtos dentro do Brasil, sabendo da procedência estrangeira, tenha previamente ajustado ou posteriormente aderido à importação ilegal antes da consumação do crime, que, sendo formal instantâneo, ocorre com a simples entrada do produto no país, não se pode falar em participação na importação de substância tóxica (art. 56 da Lei 9.605/1998), mas tão somente em delito autônomo de transporte de agrotóxico (art. 15 da Lei 7.802/1989).

Isso porque a participação na modalidade de coautoria sucessiva, em que o partícipe resolve aderir à conduta delituosa após o início da sua execução, exige, além do liame subjetivo comum a todo concurso de agentes, que a adesão do partícipe ocorra antes da consumação do delito, caso contrário restará configurado delito autônomo. Vale lembrar ilustrativamente que, assim como o receptador não responde por participação em contrabando pelo simples fato de conhecer a procedência estrangeira da mercadoria que recebe, o réu, no presente caso, também não responde pela importação do produto tóxico que transporta ilegalmente dentro do território nacional apenas por 'achar que estaria levando mercadoria estrangeira'" (REsp 1449266-PR), confira-se o acórdão:

> RECURSO ESPECIAL. DIREITO PENAL. IMPORTAÇÃO DE SUBSTANCIA TÓXICA (ARTIGO 56 DA LEI Nº 9.605/98) E TRANSPORTE DE AGROTÓXICO (ARTIGO 15 DA LEI Nº 7.802/89). ADEQUAÇÃO TÍPICA. 1. Inexistindo elementos no sentido de que o denunciado, tendo recebido na rodoviária de Foz de Iguaçu mala com produto que sabia ter procedência estrangeira para transporte dentro do território nacional, tenha ajustado ou aderido à importação antes da sua consumação, não se pode falar em participação na importação de substância tóxica (artigo 56 da Lei nº 9.605/98) mas em delito autônomo de transporte de agrotóxico (artigo 15 da Lei nº 7.802/89). 2. A participação na modalidade de co-autoria sucessiva, em que o partícipe resolve aderir à conduta delituosa após o início da sua execução, exige, além do liame subjetivo comum a todo concurso de agentes, que a adesão ocorra antes da consumação do delito. [...] (STJ, T6 - SEXTA TURMA. REsp 1449266/PR. RECURSO ESPECIAL. Relator(a) Ministra MARIA THEREZA DE ASSIS MOURA. Julgamento em 06/08/2015. Publicação/Fonte em DJe 26/08/2015. Veiculado no Informativo nº 0568, da Sexta Turma do STJ. Período de 3 a 16 de setembro de 2015. DIREITO PENAL. IMPORTAÇÃO E TRANSPORTE ILEGAIS DE AGROTÓXICO).

Sobre a pluridimensionalidade do crime previsto no artigo 56 da Lei Ambiental. A Quinta Turma do STJ teve oportunidade de se manifestar no sentido de considerar o delito previsto no art. 56 da Lei nº 9.605/98 como formal, de perigo abstrato e pluridimensional. Isso porque, segundo entendimento da Corte Superior, seria formal de perigo abstrato, tendo em vista a presunção (absoluta) de perigo na realização da conduta típica que lhe conferiu o legislador, bem assim a desnecessidade de resultado naturalístico e pluridimensional, eis que protege o meio ambiente e, ainda, a saúde pública. A periculosidade social da ação é ínsita, pois. Em especial, se observada alta capacidade ofensiva do objeto (nocivo e prejudicial à saúde humana).

> CONSTITUCIONAL E PENAL. RECURSO ORDINÁRIO EM HABEAS CORPUS. PRINCÍPIO DA INSIGNIFICÂNCIA. CRIME AMBIENTAL. POSSIBILIDADE. ANÁLISE DO CASO CONCRETO. CRIME DO ART. 56 DA LEI 9605/1998. FORMAL, DE PERIGO ABSTRATO E PLURIDIMENSIONAL. PROTEÇÃO À SAÚDE PÚBLICA E AO MEIO AMBIENTE. PERICULOSIDADE SOCIAL OBSERVADA. CONDUTA MATERIALMENTE TÍPICA. RECURSO DESPROVIDO. 1. O "princípio da insignificância - que deve ser analisado em conexão com os postulados da fragmentariedade e da intervenção mínima do Estado em matéria penal - tem o sentido de excluir ou de afastar a própria tipicidade penal, examinada na perspectiva de seu caráter material. [...] Tal postulado - que considera necessária, na aferição do relevo material da tipicidade penal, a presença de certos vetores, tais como (a) a mínima ofensividade da conduta do agente, (b) nenhuma periculosidade social da ação, (c) o reduzidíssimo grau de reprovabilidade do comportamento e (d) a inexpressividade da lesão jurídica provocada - apoiou-se, em seu processo de formulação teórica, no reconhecimento de que o caráter subsidiário do sistema penal reclama e impõe, em função dos próprios objetivos por ele visados, a intervenção mínima do Poder Público." (HC n. 84.412-0/SP, STF, Rel. Ministro CELSO DE MELLO, DJU 19.11.2004.) 2. Predomina nesta Corte entendimento da possibilidade de aplicação do princípio da insignificância aos crimes ambientais, devendo ser analisadas as circunstâncias específicas do caso concreto para aferir, com cautela, o grau de reprovabilidade, a relevância da periculosidade social, bem como a ofensividade da conduta, haja vista a fundamentalidade do direito ao meio ambiente ecologicamente equilibrado às presentes e futuras gerações, consoante princípio da equidade intergeracional. 3. O art. 56 da Lei 9.605/1998 descreve crime ambiental formal de perigo abstrato, ante a presunção absoluta do legislador de perigo na realização da conduta típica e a prescindibilidade de resultado naturalístico, e pluridimensional, pois, além de proteger o meio ambiente em si, tutela diretamente a saúde pública, haja vista a periclitância de seus objetos, altamente nocivos e prejudiciais, com alta capacidade ofensiva. Não há falar, portanto, em ausên-

cia de periculosidade social da ação, porquanto lhe é inerente. [...] (STJ, T5 – QUINTA TURMA. RHC 64039/RS. RECURSO ORDINÁRIO EM HABEAS CORPUS. Relator(a) Ministro RIBEIRO DANTAS. Julgamento em 24/05/2016. Publicação/Fonte em DJe 03/06/2016, sem grifos no original).

Do conflito aparente de normas entre o artigo 56 da Lei nº 9.605/98 e a Lei nº 6.453/77. Alguns dispositivos penais previstos na Lei nº 6.453/77 (que dispõe sobre a responsabilidade civil por danos nucleares e a responsabilidade criminal por atos relacionados com atividades nucleares e dá outras providências) podem sugerir conflito de normas com os preceitos abarcados pelo artigo 56 da Lei Ambiental. Podem ser citados os artigos 20, 22, 24 e 25 da Lei nº 6.453/77.

Entendemos que a Lei nº 6.453/77 é específica em relação à temática que concerne à Lei nº 9.605/98, razão pela qual estamos diante de conflito apenas aparente, que se resolve mediante a aplicação do princípio da especialidade do tema nuclear em detrimento do tema ambiental.

Sujeito ativo. Este crime pode ser praticado por qualquer pessoa, razão pela qual estamos diante de um crime comum.

Sujeito passivo. É a sociedade.

Elemento subjetivo. O tipo prevê a modalidade dolosa, que consiste na vontade livre e consciente em produzir, processar, embalar, importar, exportar, comercializar, fornecer, transportar, armazenar, guardar, ter em depósito ou usar os objetos materiais descritos no artigo 56, nas condições ali previstas.

A modalidade culposa é punida, conforme dispõe o artigo 56, § 3º, da Lei Ambiental, ocasião na qual a pena será de detenção, de seis meses a um ano, e multa.

Objeto material da conduta. Pode ser tanto o produto quanto a substância tóxica, perigosa ou nociva à saúde humana ou ao meio ambiente.

Objeto jurídico. Tutela-se tanto a proteção ao meio ambiente, quanto a proteção à saúde pública.

Classificação doutrinária. Trata-se de crime comum (pois pode ser praticado por qualquer pessoa), formal (pois não há necessidade de que o resultado naturalístico ocorra), comissivo, doloso, instantâneo (quando estivermos diante dos verbos "produzir", "processar", "embalar", "importar", "exportar", "comercializar", "fornecer" e "usar"), porém permanente (diante dos verbos "transportar", "armazenar", "guardar" e "ter em depósito", pois a conduta se protrai no tempo), plurissubsistente (pois pode ser cometido através da prática de vários atos) e de forma livre (já que os verbos podem ser praticados mediante qualquer forma adotada pelo sujeito ativo).

Momento consumativo. A consumação se dará quando o sujeito ativo produz, processa, embala, importa, exporta, comercializa, fornece, transporta, armazena, guarda, tem em depósito ou usa os objetos materiais descritos no *caput* do artigo 56, nas condições ali previstas.

Tentativa. Admitida, por se tratar de situação que envolve um crime plurissubsistente, na qual há possibilidade do fracionamento da conduta.

> § 1º Nas mesmas penas incorre quem: (Redação dada pela Lei nº 12.305, de 2010)
>
> I - abandona os produtos ou substâncias referidos no caput ou os utiliza em desacordo com as normas ambientais ou de segurança; (Incluído pela Lei nº 12.305, de 2010)
>
> II - manipula, acondiciona, armazena, coleta, transporta, reutiliza, recicla ou dá destinação final a resíduos perigosos de forma diversa da estabelecida em lei ou regulamento. (Incluído pela Lei nº 12.305, de 2010)

Das condutas previstas no artigo 56, § 1º, da Lei nº 9.605/98. Tanto o inciso I, quanto o inciso II deste parágrafo, foram inseridos pela Lei nº 12.305/10, que institui a Política Nacional de Resíduos Sólidos. Como consequência da redação dada por esta Lei ao parágrafo primeiro do artigo 56 da Lei Ambiental (que por sua vez é uma norma penal em branco), a verificação das condutas nele descritas deverão ter como complemento a análise dos dispositivos da Lei nº 12.305/10.

O dispositivo previsto no inciso I do parágrafo primeiro do artigo 56 denota ser criminosa a conduta daquele abandona produtos ou substância tóxica, perigosa ou nociva à saúde humana ou ao meio ambiente (conforme referidos no *caput* do artigo 56), ou os utiliza em desacordo com as normas ambientais ou de segurança. Duas, portanto, são as condutas.

O inciso II do parágrafo primeiro do artigo 56 da Lei Ambiental, por sua vez, dispõe sobre a manipulação, acondicionamento, armazenamento, coleta, transporte, reutilização, reciclagem ou destinação final de resíduos perigosos, de forma diversa daquela prevista em lei ou regulamento constitui conduta típica.

O conceito de resíduo perigoso está previsto no artigo 13, II, "a", da Lei nº 12.305/10: "aqueles que, em razão de suas características de inflamabilidade, corrosividade, reatividade, toxicidade, patogenicidade, carcinogenicidade, teratogenicidade e mutagenicidade, apresentam significativo risco à saúde pública ou à qualidade ambiental, de acordo com lei, regulamento ou norma técnica".

Sujeito ativo. Este crime pode ser praticado por qualquer pessoa, razão pela qual estamos diante de um crime comum.

Sujeito passivo. É a sociedade.

Elemento subjetivo. O tipo prevê a modalidade dolosa, que consiste na vontade livre e consciente em abandonar os produtos ou substâncias referidos no *caput* do artigo 56 ou os utilizar em desacordo com as normas ambientais ou de segurança (inciso I). No inciso II é a vontade livre e consciente em manipular, acondicionar, armazenar, coletar, transportar, reutilizar, reciclar ou dar destinação final a resíduos perigosos de forma diversa da estabelecida em lei ou regulamento.

A modalidade culposa é punida, conforme dispõe o artigo 56, § 3º, da Lei Ambiental, ocasião na qual a pena será de detenção, de seis meses a um ano, e multa.

Objeto material da conduta. No inciso I pode ser tanto o produto quanto a substância tóxica, perigosa ou nociva à saúde humana ou ao meio ambiente. Já em relação ao inciso II são os resíduos perigosos.

Objeto jurídico. Tutela-se a proteção ao meio ambiente.

Classificação doutrinária. Trata-se de crime comum (pois pode ser praticado por qualquer pessoa), formal (pois não há necessidade de que o resultado naturalístico ocorra), comissivo, doloso, instantâneo (no que se refere à conduta de "abandonar" e "utilizar", previstas no inciso I, bem como em relação às formas "manipular", "acondicionar", "coletar", "reutilizar", "reciclar" e "dar destinação final", previstas no inciso II), mas permanente (diante das condutas de "armazenar" e "transportar", pois a consumação se protrai no tempo), plurissubsistente (pois pode ser cometido através da prática de vários atos) e de forma livre (já que os verbos podem ser praticados mediante qualquer forma adotada pelo sujeito ativo).

Momento consumativo. No caso do inciso I, a consumação se dará quando o sujeito ativo efetivamente abandonar ou utilizar os objetos materiais descritos no *caput* do artigo 56 em desacordo com as normas ambientais ou de segurança.

Com relação ao inciso II, o crime estará consumado quando houver a efetiva manipulação, acondicionamento, armazenamento, coleta, transporte, reutilização ou quando se dá destinação final a resíduos perigosos de forma diversa da que está estabelecida em lei ou regulamento.

Tentativa. Admitida, por se tratar de situação que envolve um crime plurissubsistente, na qual há possibilidade do fracionamento da conduta.

> § 2º Se o produto ou a substância for nuclear ou radioativa, a pena é aumentada de um sexto a um terço.

Da causa de aumento de pena prevista no artigo 56, § 2º, da Lei Ambiental. De forma clara, este dispositivo prevê uma causa de aumento de pena que pode variar de um sexto a um terço, no caso de o produto ou substância referidos nos dispositivos do artigo 56 se tratar de material nuclear ou radioativo.

Nos termos do artigo 1º, IV, da Lei nº 6.453/77, material nuclear pode ser tanto o combustível nuclear, como também os produtos ou rejeitos radioativos.

> § 3º Se o crime é culposo:
>
> Pena – detenção, de seis meses a um ano, e multa.

Da previsão para a conduta culposa, contida no artigo 56, § 3º, da Lei nº 9.605/98. Nos termos deste dispositivo, quando estivermos diante de conduta culposa, a pena será de detenção de seis meses a um ano, bem como será aplicada multa.

Art. 57. *(VETADO)*

Art. 58. Nos crimes dolosos previstos nesta Seção, as penas serão aumentadas:

I - de um sexto a um terço, se resulta dano irreversível à flora ou ao meio ambiente em geral;

II - de um terço até a metade, se resulta lesão corporal de natureza grave em outrem;

III - até o dobro, se resultar a morte de outrem.

Parágrafo único. As penalidades previstas neste artigo somente serão aplicadas se do fato não resultar crime mais grave.

Das causas de aumento de pena previstas no artigo 58 da Lei Ambiental. Contendo três gradações diferentes, o artigo 58 abarca hipótese de causa de aumento de pena para os crimes previstos na Seção III (que trata da poluição e outros crimes ambientais, compreendendo os artigos 54 a 61, inclusive), e são de aplicação obrigatória, salvo se do fato não resultar crime mais grave, conforme contempla o parágrafo único do artigo 58.

No que se refere ao inciso I do artigo 58, importante destacar a necessidade de perícia que comprove o dano irreversível à flora ou ao meio ambiente em geral, já que estamos diante de infração penal que deixa vestígios e, nesse caso, aplica-se o artigo 158 do CPP.

O mesmo se diga em relação ao inciso II, tendo em vista que as lesões de natureza grave causadas em outrem deverão ser aferidas através de perícia. As causas de aumento referentes tanto às lesões, quanto à morte, somente devem ser imputadas ao agente quando tais situações se derem a título de culpa.

Art. 59. *(VETADO)*

Art. 60. Construir, reformar, ampliar, instalar ou fazer funcionar, em qualquer parte do território nacional, estabelecimentos, obras ou serviços potencialmente poluidores, sem licença ou autorização dos órgãos ambientais competentes, ou contrariando as normas legais e regulamentares pertinentes:

Pena - detenção, de um a seis meses, ou multa, ou ambas as penas cumulativamente.

Do crime previsto no artigo 60 da Lei nº 9.605/98. Tratando-se de crime de menor potencial ofensivo, em razão do patamar de pena estar enquadrado no que dispõe o artigo 61 da Lei nº 9.099/95, o tipo penal em comento manifesta hipótese que retrata ser misto alternativo, vale dizer, prevê uma série de verbos nucleares que, se o sujeito ativo pratica mais de um deles, desde que no mesmo contexto fático, estaremos diante de crime único.

Assim, todo aquele que constrói, reforma, amplia, instala ou faz funcionar, em qualquer parte do território nacional, estabelecimentos, obras ou serviços potencialmente poluidores pratica a conduta típica prevista no artigo 60 da Lei Ambiental, desde que não tenha licença ou autorização dos órgãos ambientais competentes.

Por se tratar de hipótese de norma penal em branco, a complementação deve ser vista em função do caso concreto. Nesse sentido, confira-se o seguinte julgado da Quinta Turma do STJ:

> PROCESSUAL PENAL. RECURSO ORDINÁRIO EM HABEAS CORPUS. **CRIME AMBIENTAL. ART. 60 DA LEI N. 9.605/1998. NORMA PENAL EM BRANCO**. ACUSAÇÃO QUE NÃO INDICA A LEGISLAÇÃO COMPLEMENTAR ALEGADAMENTE DESCUMPRIDA. INÉPCIA DE DENÚNCIA. TRANCAMENTO DA AÇÃO PENAL (...) **2. O art. 60 da Lei n. 9.605/1998 é norma penal incriminadora em branco, visto que a configuração de seu preceito primário pressupõe o descumprimento de outro ato normativo (complementar) que regulamente as atividades potencialmente poluentes a que tal dispositivo se refere.** (...) (STJ, T5 - QUINTA TURMA. RHC 64430/SP. RECURSO ORDINÁRIO EM HABEAS CORPUS. Relator(a) Ministro GURGEL DE FARIA. Julgamento em 19/11/2015. Publicação/Fonte em DJe 15/12/2015, sem grifo no original).

Da natureza jurídica do delito previsto no artigo 60 da Lei nº 9.605/98. Crime de perigo abstrato. A Quinta Turma do STJ possui recente precedente no sentido de que a conduta ilícita no artigo 60 da LCA se configura com a mera inobservância ou descumprimento da norma, pois o dispositivo em questão pune a conduta do agente que pratica atividades potencialmente poluidoras, sem licença ambiental. Trata-se de crime de perigo abstrato não se exigindo, portanto, a prova do efetivo dano ambiental. Observe-se o julgado:

> PENAL E PROCESSUAL PENAL. RECURSO ORDINÁRIO EM HABEAS CORPUS. CRIME DO ART. 60 DA LEI N. 9.605/98. TRANCAMENTO DA AÇÃO PENAL. AUSÊNCIA DE JUSTA CAUSA. PRESENÇA DE INDÍCIOS MÍNIMOS DE AUTORIA. AFASTAMENTO. NECESSIDADE DE AMPLO REEXAME DA MATÉRIA FÁTICO-PROBATÓRIA. INVIABILIDADE NA VIA ELEITA. INÉPCIA DA DENÚNCIA. NÃO CONFIGURAÇÃO. REQUISITOS DO ART. 41 DO CPP ATENDIDOS. RECURSO PARCIALMENTE CONHECIDO E DESPROVIDO. [...] **VII - O crime previsto no art. 60 da Lei n. 9.605/98 é de perigo abstrato, do qual não se exige prova do dano ambiental, sendo certo que a conduta ilícita se configura com a mera inobservância ou descumprimento da norma, pois o dispositivo em questão pune a conduta do agente que pratica atividades potencialmente poluidoras, sem licença ambiental [...]** (STJ, T5 - QUINTA TURMA. RHC 89461/AM.

RECURSO ORDINARIO EM HABEAS CORPUS. Relator(a) Ministro FELIX FISCHER. Julgamento em 17/05/2018. Publicação/Fonte em DJe 25/05/2018).

Recentes precedentes da Quinta e Sexta Turmas do STJ reafirmam que o Superior Tribunal de Justiça tem entendido que a conduta prevista no artigo 60 da Lei nº 9.605/1998 é de perigo abstrato e para ser configurada deve ter a capacidade de, ao menos, gerar danos à saúde humana (potencialmente poluidora). Confira-se:

> AGRAVOS REGIMENTAIS EM RECURSO ESPECIAL. PENAL E PROCESSUAL PENAL. CRIME AMBIENTAL. VIOLAÇÃO DO ART. 60 DA LEI N. 9.605/1998. PLEITO DE CONDENAÇÃO. INSTÂNCIAS ORDINÁRIAS QUE, DIANTE DO QUADRO FÁTICO-PROBATÓRIO, NÃO IDENTIFICARAM A ATIVIDADE PERPETRADA (REVENDA DE COMBUSTÍVEL) COMO POTENCIALMENTE LESIVA AO MEIO AMBIENTE (...) 2. A Corte paranaense destacou, ainda, que se verifica que, para a consumação desse crime, o agente tem que manter estabelecimento, obra ou serviços potencialmente poluidores, sem licença ou autorização dos órgãos ambientais competentes. [...] Em que pese estar devidamente comprovado que a empresa (...) mantinha estabelecimento sem licença ou autorização dos órgãos ambientais competentes, não foi provado que a atividade realizada, revenda de combustível, era potencialmente poluidora. [...] <u>O Superior Tribunal de Justiça tem entendido que a conduta prevista no artigo 60 da Lei nº 9.605/1998, para ser configurada, deve ter a capacidade de, ao menos, gerar danos à saúde humana.</u> [...] Como afirmado, há prova robusta de que o estabelecimento mantido pelos apelados estava operando sem a devida licença ambiental. Entretanto, não há qualquer prova de que a atividade realizada era potencialmente poluidora. [...] Desta forma, diante da ausência de provas que comprovem que as condutas dos apelados causaram danos à saúde humana, deve, também, ser mantida a absolvição destes do delito previsto no artigo 60 da Lei nº 9.605/1998. 3. Não se desconhece que, para a jurisprudência desta Corte Superior, o crime previsto no art. 60 da Lei n. 9.605/1998 é de perigo abstrato, do qual não se exige prova do dano ambiental, sendo certo que a conduta ilícita se configura com a mera inobservância ou descumprimento da norma, pois o dispositivo em questão pune a conduta do agente que pratica atividades potencialmente poluidoras, sem licença ambiental (RHC n. 89.461/AM, Ministro Felix Fischer, Quinta Turma, DJe 25/5/2018) [...] (STJ, **SEXTA TURMA**. AgRg no REsp 1846884/PR, Rel. Ministro SEBASTIÃO REIS JÚNIOR, julgado em 25/08/2020, **DJe 02/09/2020**, sem grifo no original).
>
> AGRAVO REGIMENTAL NO RECURSO ESPECIAL (...) ART. 60 DA LEI. 9.605/98. ATIVIDADE POTENCIALMENTE POLUIDORA. PRESUN-

> ÇÃO. IMPOSSIBILIDADE. DANO EFETIVO NÃO COMPROVADO (...) 2. A configuração do delito previsto no art. 60, da Lei nº 9.605/98, exige o desenvolvimento de atividade potencialmente poluidora sem a correspondente licença ambiental. O fato de ser exigida a licença ambiental não pode gerar a presunção de que a atividade desenvolvida pelo acusado seja potencialmente poluidora (ut, AgRg no REsp 1411354/RS, Rel. Ministro MOURA RIBEIRO, Quinta Turma, DJe 26/08/2014) [...] (STJ, **QUINTA TURMA**. AgRg no REsp 1840129/RN, Rel. Ministro REYNALDO SOARES DA FONSECA, julgado em 04/08/2020, **DJe 13/08/2020**).

Sujeito ativo. Este crime pode ser praticado por qualquer pessoa, razão pela qual estamos diante de um crime comum.

Sujeito passivo. É a sociedade.

Elemento subjetivo. O tipo prevê a modalidade dolosa, que consiste na vontade livre e consciente em construir, reformar, ampliar, instalar ou fazer funcionar, em qualquer parte do território nacional, estabelecimentos, obras ou serviços potencialmente poluidores, nas condições descritas pelo *caput* do artigo 60.

Objeto material da conduta. São os estabelecimentos, obras ou serviços potencialmente poluidores.

Objeto jurídico. Tutela-se a proteção ao meio ambiente.

Classificação doutrinária. Trata-se de crime comum (pois pode ser praticado por qualquer pessoa), de mera conduta (tendo em vista que o tipo penal não exige a ocorrência de resultado naturalístico), comissivo, doloso, instantâneo (como regra, exceto na hipótese da conduta "fazer funcionar", na qual estaremos diante de crime permanente), unissubsistente (pois pode ser cometido através da prática de um único ato) e de forma livre (já que os verbos podem ser praticados mediante qualquer forma adotada pelo sujeito ativo).

Momento consumativo. A consumação se dará com a mera conduta, a mera prática de um ou mais verbos contidos no tipo penal, nas condições nele descritas.

Tentativa. Não é admitida, por se tratar de crime unissubsistente, no qual há impossibilidade no fracionamento da conduta.

> **Art. 61.** Disseminar doença ou praga ou espécies que possam causar dano à agricultura, à pecuária, à fauna, à flora ou aos ecossistemas:
>
> Pena – reclusão, de um a quatro anos, e multa.

Do crime previsto no artigo 61 da Lei nº 9.605/98. Bastante por si só, a redação do artigo em comento descreve como típica a conduta de quem dissemina doença ou praga ou, ainda, espécies que possam causar dano à agricultura, à fauna, à pecuária, à flora ou aos ecossistemas.

Diante da previsão do artigo 259 do Código Penal, entendemos que este não pode ser mais aplicado, em função do que dispõe o artigo 61 da Lei Ambiental que, além de ser norma especial, é posterior ao Código Penal.

Sujeito ativo. Este crime pode ser praticado por qualquer pessoa, razão pela qual estamos diante de um crime comum.

Sujeito passivo. É a sociedade.

Elemento subjetivo. O tipo prevê a modalidade dolosa, que consiste na vontade livre e consciente em disseminar doença ou praga ou espécies que possam causar dano à agricultura, à pecuária, à fauna, à flora ou aos ecossistemas.

Objeto material da conduta. Pode ser tanto a agricultura, quando a pecuária, a fauna, a flora ou os ecossistemas.

Objeto jurídico. Tutela-se a proteção ao meio ambiente.

Classificação doutrinária. Trata-se de crime comum (pois pode ser praticado por qualquer pessoa), formal (pois não há necessidade de que o resultado naturalístico ocorra), comissivo, doloso, instantâneo, plurissubsistente (pois pode ser cometido através da prática de vários atos) e de forma livre (já que os verbos podem ser praticados mediante qualquer forma adotada pelo sujeito ativo).

Momento consumativo. A consumação se dará quando o sujeito ativo efetivamente dissemina doença ou praga ou espécies que possam causar dano à agricultura, à pecuária, à fauna, à flora ou aos ecossistemas.

Tentativa. Admitida, por se tratar de situação que envolve um crime plurissubsistente, na qual há possibilidade do fracionamento da conduta.

Seção IV
Dos Crimes contra o Ordenamento Urbano e o Patrimônio Cultural

Art. 62. Destruir, inutilizar ou deteriorar:

I - bem especialmente protegido por lei, ato administrativo ou decisão judicial;

II - arquivo, registro, museu, biblioteca, pinacoteca, instalação científica ou similar protegido por lei, ato administrativo ou decisão judicial:

Pena - reclusão, de um a três anos, e multa.

Parágrafo único. Se o crime for culposo, a pena é de seis meses a um ano de detenção, sem prejuízo da multa.

Da conduta típica prevista no artigo 62 da Lei nº 9.605/98. O dispositivo penal em análise inaugura a Seção IV, do Capítulo V (que trata dos crimes contra o Meio Ambiente). Tal seção traz um rol de delitos contra o ordenamento urbano e o patrimônio cultural.

Já o ordenamento urbano pode ser definido como o local em que os indivíduos se estabelecem, constroem seus lares e desenvolvem suas atividades.

Em relação ao patrimônio cultural, a respeito do tema, a Constituição Federal traz no artigo 216 uma série de elementos que compõem o patrimônio cultural brasileiro, bem como descreve que este se trata dos bens de natureza material e imaterial, tomados individualmente ou em conjunto, portadores de referência à identidade, à ação, à memória dos diferentes grupos formadores da sociedade brasileira.

Incluem-se na composição do patrimônio cultural brasileiro as formas de expressão, os modos de criar, fazer e viver, as criações científicas, artísticas e tecnológicas, as obras, objetos, documentos, edificações e demais espaços destinados às manifestações artístico-culturais e, por fim, os conjuntos urbanos e sítios de valor histórico, paisagístico, artístico, arqueológico, paleontológico, ecológico e científico.

Como uma espécie de mandado constitucional de criminalização, o artigo 216, § 4º, da CRFB/88, dispõe que os danos e ameaça ao patrimônio cultural serão punidos, na forma da Lei. E o cumprimento desta missão cabe, também, à Seção IV, do Capítulo V, da Lei Ambiental, inaugurada pelo artigo 62, ora em comento.

Em relação, especificamente, às condutas descritas no artigo 62, três são os verbos nucleares ali previstos (destruir, inutilizar ou deteriorar), o que nos faz classificar este tipo penal como misto alternativo. Assim, nada impede que tenhamos um crime único, mediante a prática de um ou mais verbos do tipo penal, desde que tal prática ocorra no mesmo contexto fático.

Se o indivíduo pratica uma dessas condutas em face de bem especialmente protegido por lei, ato administrativo ou decisão judicial, há subsunção ao inciso I do artigo 62 da Lei Ambiental. Como exemplo desta proteção legal pode ser citado o tombamento, regulado pelo Decreto-Lei nº 25/1937 (que organiza a proteção do patrimônio histórico e artístico nacional).

Por sua vez, caso as condutas sejam finalisticamente dirigidas a determinado arquivo, registro, museu, biblioteca, pinacoteca, instalação científica ou similar, que tenha proteção estabelecida por lei, ato administrativo ou decisão judicial, o sujeito ativo que as pratique estará enquadrado no inciso II do artigo 62.

Ressalte-se que em função do tratamento especial e posterior trazido pela Lei nº 9.605/98, o artigo 165 do Código Penal não pode ser mais aplicado.

Sujeito ativo. Este crime pode ser praticado por qualquer pessoa, razão pela qual estamos diante de um crime comum.

Sujeito passivo. É a sociedade.

Elemento subjetivo. O tipo prevê a modalidade dolosa, que consiste na vontade livre e consciente em destruir, inutilizar ou deteriorar os objetos materiais descritos nos incisos do artigo 62 da Lei Ambiental.

A forma culposa é prevista no parágrafo único do artigo 62, na qual a pena será de seis meses a um ano de detenção, sem prejuízo da multa. Com tal patamar de redução, passa a ser enquadrada como infração de menor potencial ofensivo.

Objeto material da conduta. No caso do inciso I, é o bem especialmente protegido por lei, ato administrativo ou decisão judicial. Já na hipótese descrita no inciso II pode ser tanto o arquivo, quanto o museu, biblioteca, pinacoteca, instalação científica ou similar protegida por lei, ato administrativo ou decisão judicial.

Objeto jurídico. Tutela-se a proteção ao meio ambiente artificial e o patrimônio cultural.

Classificação doutrinária. Trata-se de crime comum (pois pode ser praticado por qualquer pessoa), material (pois há necessidade de que o resultado naturalístico ocorra), comissivo, doloso, instantâneo, plurissubsistente (pois pode ser cometido através da prática de vários atos) e de forma livre (já que os verbos podem ser praticados mediante qualquer forma adotada pelo sujeito ativo).

Momento consumativo. Por se tratar de crime material, a consumação se dará quando o sujeito ativo efetivamente provoca alteração no mundo da vida, ou seja, o resultado naturalístico que consiste na destruição, inutilização ou deterioração dos objetos materiais descritos nos incisos do artigo 62.

Tentativa. Admitida, por se tratar de situação que envolve um crime plurissubsistente, na qual há possibilidade do fracionamento da conduta.

Art. 63. Alterar o aspecto ou estrutura de edificação ou local especialmente protegido por lei, ato administrativo ou decisão judicial, em razão de seu valor paisagístico, ecológico, turístico, artístico, histórico, cultural, religioso, arqueológico, etnográfico ou monumental, sem autorização da autoridade competente ou em desacordo com a concedida:

Pena – reclusão, de um a três anos, e multa.

Do delito previsto no artigo 63 da Lei nº 9.605/98. Esta figura típica prevê apenas um verbo nuclear, qual seja, "alterar". Tal conduta pode recair sobre o aspecto ou mesmo a estrutura de edificação ou local aos quais a lei fornece uma tutela maior, em razão de serem protegidos por ela, ato administrativo ou decisão judicial, tendo em vista a importância reconhecida do seu valor paisagístico, ecológico, turístico, artístico, histórico, cultural, religioso, arqueológico, etnográfico ou monumental.

Mas para que o tipo objetivo se aperfeiçoe é fundamental que tal alteração dos objetos materiais descritos no *caput* do artigo 63 se dê sem autorização da autoridade competente ou em desacordo com a concedida.

Como exemplo podemos mencionar a situação descrita pelo artigo 17 do Decreto-Lei nº 25/1937, no qual há previsão de que as coisas tombadas não poderão, "em caso nenhum ser destruídas, demolidas ou mutiladas, nem, sem prévia autorização especial do Serviço do Patrimônio Histórico e Artístico Nacional, ser reparadas, pintadas ou restauradas, sob pena de multa de cinquenta por cento do dano causado". A mutilação seria uma espécie de alteração que, despida de autorização dos órgãos competentes, configura conduta tipicamente prevista no artigo 63 da Lei Ambiental.

Por se tratar de norma posterior e mais específica, entendemos que a aplicação do artigo 63 da Lei Ambiental se sobrepõe àquela do artigo 166 do Código Penal.

Sobre a necessidade de realização de perícia nos casos envolvendo os tipos penais previstos nos artigos 40 e 63, ambos da Lei nº 9.605/98, por estarmos diante de crime material. A Quinta Turma do STJ, em recente julgado (AgRg no AREsp 1265705/RJ, datado de 26/06/2018), firmou posicionamento acerca da necessidade de realização de perícia. Isso porque, no caso dos tipos penais previstos nos artigos 40 e 63, ambos da Lei nº 9.605/98, percebe-se que estamos diante de delitos que deixam vestígios materiais, sendo indispensável, portanto, a realização de perícia para a sua comprovação, nos termos do art. 158 do CPP:

> PROCESSUAL PENAL. AGRAVO REGIMENTAL NO AGRAVO EM RECURSO ESPECIAL. **CRIME AMBIENTAL. ARTIGOS 40 E 63 DA LEI 9.605/98. DELITOS QUE DEIXAM VESTÍGIOS.** FALTA DE REALIZAÇÃO DA **PERÍCIA TÉCNICA. IMPRESCINDIBILIDADE**. AGRAVO REGIMENTAL NÃO PROVIDO. 1. O acórdão recorrido foi proferido em sintonia com **o entendimento desta Corte, fundamentado no art. 158 do Código de Processo Penal, segundo o qual, o exame de corpo de delito é imprescindível para comprovar a materialidade das infrações que deixam vestígios, sendo que a sua realização de forma indireta somente é possível quando esses tiverem desaparecido ou o lugar tenha se tornado inapropriado para a sua realização, situações que não se apresentam no caso ora examinado**. 2. Agravo regimental a que se nega provimento. (STJ, T5 - QUINTA TURMA. AgRg no AREsp 1265705/RJ. AGRAVO REGIMENTAL NO AGRAVO EM RECURSO ESPECIAL. Relator(a) Ministro RIBEIRO DANTAS. Julgamento em 26/06/2018. Publicação/Fonte em DJe 01/08/2018, sem grifos no original).

Sujeito ativo. Este crime pode ser praticado por qualquer pessoa, razão pela qual estamos diante de um crime comum.

Sujeito passivo. É a sociedade.

Elemento subjetivo. O tipo prevê a modalidade dolosa, que consiste na vontade livre e consciente em alterar o aspecto ou estrutura de edificação ou local especialmente protegido por lei, ato administrativo ou decisão judicial, em razão das especificidades descritas no *caput* do artigo 63 da Lei Ambiental.

Objeto material da conduta. O artigo 63 prevê como objetos materiais a edificação ou local especialmente protegido por lei, ato administrativo ou decisão judicial.

Objeto jurídico. Tutela-se a proteção ao meio ambiente artificial e o patrimônio cultural.

Classificação doutrinária. Trata-se de crime comum (pois pode ser praticado por qualquer pessoa), material (pois há necessidade de que o resultado naturalístico ocorra), comissivo, doloso, instantâneo, plurissubsistente (pois pode ser cometido através da prática de vários atos) e de forma livre (já que os verbos podem ser praticados mediante qualquer forma adotada pelo sujeito ativo).

Momento consumativo. Por se tratar de crime material, a consumação se dará quando o sujeito ativo efetivamente alterar o aspecto ou estrutura de edificação ou local especialmente protegido por lei, ato administrativo ou decisão judicial.

Tentativa. Admitida, por se tratar de situação que envolve um crime plurissubsistente, na qual há possibilidade do fracionamento da conduta.

Art. 64. Promover construção em solo não edificável, ou no seu entorno, assim considerado em razão de seu valor paisagístico, ecológico, artístico, turístico, histórico, cultural, religioso, arqueológico, etnográfico ou monumental, sem autorização da autoridade competente ou em desacordo com a concedida:

Pena - detenção, de seis meses a um ano, e multa.

Da conduta típica descrita no artigo 64 da Lei nº 9.605/98. A depender da extensão da proteção conferida por lei, por exemplo, não é possível realizar ou promover construções em determinados tipos de áreas, em função do seu reconhecido valor paisagístico, artístico ou ecológico, por exemplo. Esse é o âmbito de tutela que a Lei estabelece através da norma contida no artigo 64, que descreve como típica a conduta daquele que, sabendo se tratar de solo não edificável, promove construção nele ou no seu entorno, em razão das especificidades contidas no *caput.*

O tipo penal requer, para que se aperfeiçoe a conduta típica, que o sujeito ativo promova tal construção sem autorização da autoridade competente ou em desacordo com a concedida. Se houver tal autorização, o fato é atípico.

Sujeito ativo. Este crime pode ser praticado por qualquer pessoa, razão pela qual estamos diante de um crime comum.

Sujeito passivo. É a sociedade.

Elemento subjetivo. O tipo prevê a modalidade dolosa, que consiste na vontade livre e consciente em promover construção em solo não edificável, ou no seu entorno, em razão das especificidades descritas no *caput* do artigo 64 da Lei Ambiental.

Objeto material da conduta. São previstos como objetos materiais o solo não edificável ou seu entorno.

Objeto jurídico. Tutela-se a proteção ao meio ambiente.

Classificação doutrinária. Trata-se de crime comum (pois pode ser praticado por qualquer pessoa), material (pois há necessidade de que o resultado naturalístico ocorra), comissivo, doloso, instantâneo, plurissubsistente (pois pode ser cometido através da prática de vários atos) e de forma livre (já que os verbos podem ser praticados mediante qualquer forma adotada pelo sujeito ativo).

Momento consumativo. A consumação se dará quando o sujeito ativo efetivamente promover a construção em solo não edificável, ou no seu entorno.

Tentativa. Admitida, por se tratar de situação que envolve um crime plurissubsistente, na qual há possibilidade do fracionamento da conduta.

Art. 65. Pichar ou por outro meio conspurcar edificação ou monumento urbano: (Redação dada pela Lei nº 12.408, de 2011)

Pena – detenção, de 3 (três) meses a 1 (um) ano, e multa. *(Redação dada pela Lei nº 12.408, de 2011)*

Da conduta típica prevista no artigo 65 da Lei nº 9.605/98. Este artigo teve redação dada pela Lei nº 12.408/11, que altera o art. 65, para descriminalizar o ato de grafitar, e também dispõe sobre a proibição de comercialização de tintas em embalagens do tipo aerossol a menores de 18 (dezoito) anos.

Conforme o artigo 2º desta Lei nº 12.408/11, aos menores de dezoito anos não podem ser comercializadas tintas em embalagens do tipo aerossol. Aos maiores de dezoito anos, tal venda só poderá ser realizada mediante a apresentação do documento de identidade (art. 3º).

A Lei nº 12.408/11 prevê, ainda, novas regras que incluem avisos nas embalagens dos produtos mencionados no artigo 2º daquele diploma legal (as embalagens de tinta em aerossol), destacadas as expressões “PICHAÇÃO É CRIME (ART. 65 DA LEI Nº 9.605/98). PROIBIDA A VENDA A MENORES DE 18 ANOS.”, que devem estar legíveis e de forma destacada.

O tipo penal descrito no artigo 65 da Lei Ambiental prevê como típicas, apenas, as condutas de pichar e conspurcar (que significa sujar). Assim, não há mais a previsão como típica da conduta de grafitar, que passa a ser lícita. Os objetos materiais são a edificação ou monumento urbano.

Sujeito ativo. Este crime pode ser praticado por qualquer pessoa, razão pela qual estamos diante de um crime comum.

Sujeito passivo. É a sociedade.

Elemento subjetivo. O tipo prevê a modalidade dolosa, que consiste na vontade livre e consciente em pichar ou por outro meio conspurcar edificação ou monumento urbano.

Objeto material da conduta. São previstos como objetos materiais a edificação ou monumento urbano.

Objeto jurídico. Tutela-se a proteção ao meio ambiente.

Classificação doutrinária. Trata-se de crime comum (pois pode ser praticado por qualquer pessoa), material (pois há necessidade de que o resultado naturalístico ocorra), comissivo, doloso, instantâneo, plurissubsistente (pois pode ser cometido através da prática de vários atos) e de forma livre (já que os verbos podem ser praticados mediante qualquer forma adotada pelo sujeito ativo).

Momento consumativo. Em se tratando de crime material, a consumação se dará com a ocorrência do resultado naturalístico, que consiste na efetiva pichação ou conspurcação dos objetos materiais descritos no *caput* do artigo 65 da Lei Ambiental.

Tentativa. Admitida, por se tratar de situação que envolve um crime plurissubsistente, na qual há possibilidade do fracionamento da conduta.

§ 1º Se o ato for realizado em monumento ou coisa tombada em virtude do seu valor artístico, arqueológico ou histórico, a pena é de 6 (seis) meses a 1 (um) ano de detenção e multa. *(Renumerado do parágrafo único pela Lei nº 12.408, de 2011)*

Da modalidade qualificada prevista no parágrafo primeiro do artigo 65 da Lei Ambiental. Em outras oportunidades já comentamos sobre a questão da importância do Decreto-Lei nº 25/1937, que trata da organização da proteção do patrimônio histórico e artístico nacional e prevê, dentre outros institutos, o do tombamento.

Assim, em razão da maior necessidade de proteção a estes objetos materiais tombados, por questões de política criminal foi atribuído tratamento penal mais severo àqueles que picham ou conspurcam tais elementos.

Na realidade, o tipo penal descrito no art. 65, § 1º, da Lei Ambiental, continua sendo uma infração de menor potencial ofensivo. Porém, o patamar mínimo de pena dobra, quando comparado com a conduta simples descrita no *caput* do mesmo artigo.

§ 2º Não constitui crime a prática de grafite realizada com o objetivo de valorizar o patrimônio público ou privado mediante manifestação artística, desde que consentida pelo proprietário e, quando couber, pelo locatário ou arrendatário do bem privado e, no caso de bem público, com a autorização do órgão competente e a observância das posturas municipais e das normas editadas pelos órgãos governamentais responsáveis pela preservação e conservação do patrimônio histórico e artístico nacional. *(Incluído pela Lei nº 12.408, de 2011)*

Da situação de atipicidade prevista no artigo 65, § 2º, da Lei nº 9.605/98. Como ressaltamos, por ocasião do estudo do *caput* do artigo 65 da Lei Ambiental, a Lei nº 12.408/11 alterou a redação do artigo 65 para afastar a tipicidade formal objetiva em relação ao ato de grafitar.

Incluído por esta Lei, o parágrafo segundo do artigo 65 passa de certa forma a valorizar o ato de grafismo que tenha por objetivo a valorização do patrimônio público ou privado, representando uma forma de manifestação artística.

Para isso, deve haver consentimento do proprietário (ou quem o represente), no caso de imóveis particulares, bem como autorização do órgão competente e observância das posturas municipais e demais normas editadas pelos órgãos governamentais responsáveis pela preservação e conservação do patrimônio histórico e artístico nacional, no caso de bens públicos.

Seção V
Dos Crimes contra a Administração Ambiental

Art. 66. Fazer o funcionário público afirmação falsa ou enganosa, omitir a verdade, sonegar informações ou dados técnico-científicos em procedimentos de autorização ou de licenciamento ambiental:

Pena – reclusão, de um a três anos, e multa.

Da conduta típica prevista no artigo 66 da Lei nº 9.605/98. A Seção V do Capítulo V da Lei Ambiental inaugura, através do artigo 66, a proteção ao Meio Ambiente no que se refere à Administração Ambiental.

O tipo penal do artigo 66 prevê uma situação própria, na qual o funcionário público faz afirmação falsa ou enganosa, omite a verdade ou sonega informações ou dados técnico-científicos em procedimentos de autorização ou de licenciamento ambiental.

Então, são três condutas que representam a constituição de um tipo penal misto alternativo, no qual a prática de uma ou de mais de uma conduta, desde que no mesmo contexto fático, não tem o condão de descaracterizar o crime único.

Sujeito ativo. Estamos diante de um crime próprio, no qual somente aqueles que são considerados funcionários públicos podem praticar. Devemos nos socorrer da definição prevista no artigo 327 do Código Penal que trata das nuances sobre o funcionário público.

Sujeito passivo. É a Administração Pública Ambiental.

Elemento subjetivo. O tipo prevê a modalidade dolosa, que consiste na vontade livre e consciente em fazer afirmação falsa ou enganosa, omitir a verdade, sonegar informações ou dados técnico-científicos em procedimentos de autorização ou de licenciamento ambiental.

Objeto material da conduta. Trata-se da afirmação falsa ou enganosa ou, ainda, as informações ou dados técnicos.

Objeto jurídico. Tutela-se a proteção ao meio ambiente, bem como a Administração Ambiental.

Classificação doutrinária. Trata-se de crime próprio (pois não pode ser praticado por qualquer pessoa, mas sim pelos funcionários públicos), formal (pois não há necessidade de que o resultado naturalístico ocorra), comissivo (diante da modalidade "fazer afirmação falsa ou enganosa"), omissivo (diante das modalidades "omitir a verdade" e "sonegar informações ou dados técnico-científicos"), doloso, instantâneo, unissubsistente (praticado mediante um único ato) ou plurissubsistente (pois pode ser cometido através da prática de vários atos) e de forma livre (já que os verbos podem ser praticados mediante qualquer forma adotada pelo sujeito ativo).

Momento consumativo. A consumação se dará no momento em que o funcionário público efetivamente faz afirmação falsa ou enganosa, ou quando este omite a verdade ou sonega informações ou dados técnico-científicos, conforme descritos no *caput* do artigo 66 da Lei Ambiental.

Tentativa. Admitida, quando estivermos diante de situação plurissubsistente, na qual há possibilidade do fracionamento da conduta. A tentativa não é admitida diante das hipóteses omissivas.

Art. 67. Conceder o funcionário público licença, autorização ou permissão em desacordo com as normas ambientais, para as atividades, obras ou serviços cuja realização depende de ato autorizativo do Poder Público:

Pena – detenção, de um a três anos, e multa.

Parágrafo único. Se o crime é culposo, a pena é de três meses a um ano de detenção, sem prejuízo da multa.

Do tipo objetivo descrito no artigo 67 da Lei nº 9.605/98. Em determinadas situações pode ser necessária a obtenção de licença para que se desenvolva alguma atividade. A Lei nº 12.651/12 (Código Florestal), por exemplo, tem diversas situações nas quais há tal exigência, como podemos observar no artigo 4º, § 6º, I, deste diploma legal, que assevera a necessidade de licenciamento pelo órgão ambiental competente para que seja realizada a prática da aquicultura e a infraestrutura física diretamente a ela associada, nos imóveis rurais com até quinze módulos fiscais nas Áreas de Preservação Permanente, cujas referências específicas estão dispostas nos incisos I e II do mesmo artigo.

O tipo penal do artigo 67 da Lei Ambiental descreve situação na qual o funcionário público (crime próprio, portanto), concede licença, autorização, permissão em desacordo com as normas ambientais, para as atividades, obras ou serviços cuja realização depende de ato autorizativo do Poder Público, vale dizer, através de uma destas modalidades descritas no próprio tipo penal.

Jurisprudência sobre a natureza jurídica e o bem jurídico tutelado no art. 67 da Lei nº 9.605/98. A Quinta Turma do STJ possui recente precedente no sentido de que não há necessidade de se ter começado e/ou finalizado a edificação em Área de Preservação Permanente e comprovada a afetação ao ambiente para que o crime se consumasse o delito previsto no art. 67 da LCA, tendo em vista a natureza formal do delito:

> AGRAVO REGIMENTAL NO RECURSO ESPECIAL. **AUTORIZAÇÃO PARA CONSTRUÇÃO EM ÁREA DE PRESERVAÇÃO AMBIENTAL.** TIPICIDADE DEVIDAMENTE DEMONSTRADA. **DELITO FORMAL. BEM JURÍDICO TUTELADO. ADMINISTRAÇÃO PÚBLICA AMBIENTAL.** ERRO DE PROIBIÇÃO. NÃO OCORRÊNCIA. REVOLVIMENTO DE MATERIAL PROBATÓRIO. CONGRUÊNCIA ENTRE A DENÚNCIA E A SENTENÇA. 1. Hipótese em que as condenações dos agravantes pelo crime previsto no artigo 67 da Lei nº 9.605/98 estão assentadas em provas robustas da materialidade e autoria delitivas, ausente qualquer dúvida sobre a tipificação formal e material da conduta, tampouco acerca da higidez da sentença condenatória, que fora proferida em harmonia com os fatos narrados na denúncia e com a legislação penal aplicável ao caso concreto. 2. Tipicidade formal inequívoca do ato que, em conjunto com o parecer que o precedeu, concedeu autorização para edificação residencial de área protegida contrariando o disposto no Código Florestal vigente à época. 3. O artigo 67 da Lei n. 9.605/1998 está inserido na Seção V, que trata dos Crimes contra a Administração Ambiental, e tem como bem jurídico tutelado diretamente a Administração Pública Ambiental. 4. E se **tratando de crime formal, ou seja, que não exige resultado finalístico, não há necessidade de se ter começado e/ou finalizado a edificação em Área de Preservação Permanente e comprovada a afetação ao ambiente para que o crime se consumasse**. 5. Inviável o acolhimento da tese de erro de proibição inevitável, se todo o corpo probatório dos autos é no sentido da consciência do ilícito. [...] (STJ, T5 – QUINTA TURMA. AgRg no REsp 1675032/RJ. AGRAVO REGIMENTAL NO RECURSO ESPECIAL. Relator(a) Ministro JORGE MUSSI. Julgamento em 25/09/2018. Publicação/Fonte em DJe 03/10/2018. Sem grifo no original).

Jurisprudência acerca do momento consumativo do delito previsto no art. 67 LCA. Crime formal de perigo abstrato. A Quinta Turma do STJ no julgamento do AgRg no REsp 1730114/SC (datado de 04/09/2018) se manifestou no sentido de que o delito previsto no art. 67 da LCA tem natureza de crime formal de perigo abstrato, consumando-se com a simples emissão do ato administrativo pelo funcionário público, independente de vir (ou não) a ser executado o ato administrativo ou da sua concessão causar danos ambientais. É o que se observa da ementa abaixo:

> PROCESSUAL PENAL. AGRAVO REGIMENTAL NO RECURSO ESPECIAL. **CRIME AMBIENTAL. ART. 67 DA LEI N. 9.605/1998. CONCESSÃO DE LICENÇA, AUTORIZAÇÃO OU PERMISSÃO EM DESACORDO COM AS NORMAS AMBIENTAIS. CRIME DE PERIGO ABSTRATO. CONSUMAÇÃO COM A EMISSÃO DO ATO ADMINISTRATIVO PELO FUNCIONÁRIO PÚBLICO**. (...) 1. O art. 67 da Lei n. 9.605/1998 prevê como crime "Conceder o funcionário público licença, autorização ou permissão em desacordo com as normas ambientais, para as atividades, obras ou serviços cuja realização depende de ato autorizativo do Poder Público". 2. **Trata-se de crime formal de perigo abstrato, consumando-se com a simples emissão do ato administrativo, independente de vir ou não a ser executado o ato administrativo ou da sua concessão causar danos ambientais.** 3. No caso, restou incontroversa, nas instâncias ordinárias, a emissão das licenças pelo agravante enquanto coordenador do licenciamento do órgão ambiental municipal. Alterar o entendimento do Tribunal de origem implicaria, necessariamente, revolvimento das premissas fático-probatórias dos autos, providência inviável nesta sede recursal, a teor do que dispõe o enunciado da Súmula 7/STJ. [...] (STJ, T5 - QUINTA TURMA. AgRg no REsp 1730114/SC. AGRAVO REGIMENTAL NO RECURSO ESPECIAL. Relator(a) Ministro RIBEIRO DANTAS. Julgamento em 04/09/2018. Publicação/Fonte em DJe 14/09/2018. Sem grifo no original).

No mesmo sentido segue o entendimento da Segunda Turma do Supremo Tribunal Federal:

> AGRAVO REGIMENTAL NOS EMBARGOS DE DECLARAÇÃO NO HABEAS CORPUS. PENAL. CRIME AMBIENTAL (ART. 67 DA LEI N. 9.605/1998). ATIPICIDADE DA CONDUTA. INOCORRÊNCIA. **CRIME DE PERIGO ABSTRATO**. DEMONSTRAÇÃO DO POTENCIAL LESIVO DA CONDUTA DO PACIENTE. INVIABILIDADE DE REEXAME DE FATOS E PROVAS. AGRAVO REGIMENTAL AO QUAL SE NEGA PROVIMENTO. (STF, Segunda Turma. HC 164372 ED-AgR /SC.AG. REG. NOS EMB.DECL. NO HABEAS CORPUS. Relator(a): Min. CÁRMEN LÚCIA. Julgamento em 27/09/2019. Publicação em DJe-225. DIVULG 15-10-2019. PUBLIC 16-10-2019).

Sujeito ativo. Trata-se de um crime próprio, no qual somente aqueles que são considerados funcionários públicos podem praticar. Devemos verificar a definição prevista no artigo 327 do Código Penal que trata das nuances sobre o funcionário público.

Sujeito passivo. É a Administração Pública Ambiental.

Elemento subjetivo. O tipo prevê a modalidade dolosa, que consiste na vontade livre e consciente em conceder licença, autorização ou permissão em desacordo com as normas ambientais, para as situações descritas no *caput* do artigo 67 da Lei Ambiental.

A forma culposa está prevista no parágrafo único do artigo 67, hipótese na qual a pena será de três meses a um ano de detenção, sem prejuízo da multa. Nesta hipótese, estamos diante de crime de menor potencial ofensivo.

Objeto material da conduta. São previstos como objetos materiais a licença, autorização ou permissão.

Objeto jurídico. Tutela-se a proteção ao meio ambiente, bem como a Administração Ambiental.

Classificação doutrinária. Trata-se de crime próprio (pois não pode ser praticado por qualquer pessoa, mas sim pelos funcionários públicos), formal (pois não há necessidade de que o resultado naturalístico ocorra), comissivo, doloso, instantâneo, plurissubsistente (pois pode ser cometido através da prática de vários atos) e de forma livre (já que os verbos podem ser praticados mediante qualquer forma adotada pelo sujeito ativo).

Momento consumativo. A consumação se dará no momento em que o funcionário público emite o ato administrativo para a concessão da licença, autorização ou permissão em desacordo com as normas ambientais.

Tentativa. Admitida, por se tratar de situação que envolve um crime plurissubsistente, na qual há possibilidade do fracionamento da conduta.

> **Art. 68.** Deixar, aquele que tiver o dever legal ou contratual de fazê-lo, de cumprir obrigação de relevante interesse ambiental:
>
> Pena – detenção, de um a três anos, e multa.
>
> Parágrafo único. Se o crime é culposo, a pena é de três meses a um ano, sem prejuízo da multa.

Da conduta típica prevista no artigo 68 da Lei nº 9.605/98. Sobre este tema é interessante iniciar o estudo com a observação trazida pelo artigo 52 da Lei nº 12.305/10 (que institui a Política Nacional de Resíduos Sólidos; altera a Lei nº 9.605, de 12 de fevereiro de 1998; e dá outras providências) dispondo sobre o seguinte:

> Art. 52. A observância do disposto no caput do art. 23 e no § 2º do art. 39 desta Lei é considerada obrigação de relevante interesse ambiental para efeitos do art. 68 da Lei nº 9.605, de 1998, sem prejuízo da aplicação de outras sanções cabíveis nas esferas penal e administrativa.

Adiante, podem ser observadas as redações dos artigos 23, § 2º, e 39, ambos da Lei nº 12.305/10:

> Art. 23. Os responsáveis por plano de gerenciamento de resíduos sólidos manterão atualizadas e disponíveis ao órgão municipal competente, ao órgão licenciador do Sisnama e a outras autoridades, informações completas sobre a implementação e a operacionalização do plano sob sua responsabilidade.
>
> § 2º As informações referidas no caput serão repassadas pelos órgãos públicos ao Sinir, na forma do regulamento.
>
> Art. 39. As pessoas jurídicas referidas no art. 38 são obrigadas a elaborar plano de gerenciamento de resíduos perigosos e submetê-lo ao órgão competente do Sisnama e, se couber, do SNVS, observado o conteúdo mínimo estabelecido no art. 21 e demais exigências previstas em regulamento ou em normas técnicas.

O artigo 23, § 2º, da Lei nº 12.305/10 faz referência ao SINIR, que é o Sistema Nacional de Informações sobre Gestão dos Resíduos Sólidos. Já o artigo 39 faz menção ao SNVS (Sistema Nacional de Vigilância Sanitária).

Perceba que estas normas estão correlacionadas, pois conforme disposto pelo *caput* do artigo 68 da Lei nº 9.605/98, que tipifica a conduta daquele que deixa de cumprir obrigação de relevante interesse ambiental, quando tenha o dever legal ou contratual de fazê-lo.

Crime contra a administração do meio ambiente (art. 68 da lei n. 9.605/98). Princípio da insignificância. Impossibilidade. Embora o STJ já tenha posicionamento pela aceitação do princípio da insignificância na seara ambiental, a Sexta Turma do STJ, em recente julgado (AgRg no AREsp 962776/RS), firmou entendimento pela inaplicabilidade do princípio da insignificância em relação ao artigo 68 da Lei n.º 9.605/98, eis que classificado como crime contra a administração ambiental, o que torna inaplicável o referido princípio ante a finalidade de resguardar, também, a moral administrativa.

> REGIMENTAL. AGRAVO EM RECURSO ESPECIAL. DESCUMPRIMENTO DE OBRIGAÇÃO DE RELEVANTE INTERESSE AMBIENTAL. FALTA DE JUSTA CAUSA PARA A PERSECUÇÃO PENAL (...) PRINCÍPIO DA INSIGNIFICÂNCIA. INAPLICABILIDADE. CRIME CONTRA A ADMINISTRAÇÃO PÚBLICA AMBIENTAL (...) **2. O descumprimento de relevante obrigação ambiental, qual seja, a extrapolação da autorização concedida pela Secretaria Municipal do Meio Ambiente para limpeza da área (artigo 68 da Lei n. 9.605/98), ofendeu a moralidade administrativa, razão pela qual não há que se falar em incidência dos princípios da subsidiariedade e da intervenção mínima do direito penal [...]** (STJ, T5 - QUINTA TURMA. AgRg no AREsp 1058993/MA. AGRAVO REGIMENTAL NO AGRAVO EM RE-

CURSO ESPECIAL. Relator(a) Ministro JORGE MUSSI. Julgamento em 07/06/2018. Publicação/Fonte em DJe 15/06/2018). Sem grifo no original.

RECURSO ESPECIAL. PENAL. **DESCUMPRIMENTO DE OBRIGAÇÃO DE RELEVANTE INTERESSE AMBIENTAL. ART. 68 DA LEI N.º 9.605/98.** EMBARCAÇÃO PESQUEIRA. PLANO NACIONAL DE RASTREAMENTO DE EMBARCAÇÕES PESQUEIRAS – PREPS. OMISSÃO NA INSTALAÇÃO DE RASTREADOR. OBRIGAÇÃO COM FUNDAMENTO LEGAL. TIPICIDADE FORMAL. **CRIME CONTRA A ADMINISTRAÇÃO AMBIENTAL. MORALIDADE ADMINISTRATIVA. PRINCÍPIO DA INSIGNIFICÂNCIA. INAPLICABILIDADE**. RECURSO ESPECIAL PROVIDO. 1. Tendo em vista que há previsão legal para a imposição da instalação de equipamento rastreador em embarcações pesqueiras nos arts. n.os 31 a 33 da Lei n.º 11.959/09, o não atendimento a esta determinação caracteriza a conduta omissiva tipificada no art. 68 da Lei n.º 9.605/98. 2. **O delito previsto no art. 68 da Lei n.º 9.605/98 é crime contra a Administração Ambiental, possuindo como bem jurídico tutelado não apenas o meio ambiente, mas, também, a moralidade administrativa, razão pela qual não é possível a aplicação do princípio da insignificância ao caso concreto** [...] (STJ, T6 – SEXTA TURMA. REsp 1816357/RS. RECURSO ESPECIAL. Relator(a) Ministra LAURITA VAZ. Julgamento em 15/10/2019. Publicação/Fonte em DJe 25/10/2019).

No mesmo sentido segue a jurisprudência da Segunda Turma do STF:

"HABEAS CORPUS" – **O POSTULADO DA INSIGNIFICÂNCIA – RELAÇÕES DESSA CAUSA SUPRALEGAL DE EXCLUSÃO DA TIPICIDADE PENAL EM SUA DIMENSÃO MATERIAL COM OS PRINCÍPIOS DA FRAGMENTARIEDADE E DA INTERVENÇÃO MÍNIMA DO ESTADO EM MATÉRIA PENAL – NECESSIDADE DE CONCRETA IDENTIFICAÇÃO, EM CADA SITUAÇÃO OCORRENTE, DOS VETORES QUE LEGITIMAM O RECONHECIMENTO DO FATO INSIGNIFICANTE (HC 84.412/SP, REL. MIN. CELSO DE MELLO, v.g.) – DOUTRINA – PRECEDENTES – CRIME CONTRA A ADMINISTRAÇÃO DO MEIO AMBIENTE (ART. 68 DA LEI N. 9.605/98) – INOCORRÊNCIA, NO CASO, DOS REQUISITOS AUTORIZADORES DA INCIDÊNCIA DO PRINCÍPIO DA INSIGNIFICÂNCIA – JURISPRUDÊNCIA DO SUPREMO TRIBUNAL FEDERAL CONSOLIDADA QUANTO À MATÉRIA VERSADA NA IMPETRAÇÃO** – RECURSO DE AGRAVO IMPROVIDO. (STF, Segunda Turma. HC 150147 AgR /RS. AG.REG. NO HABEAS CORPUS. Relator(a): Min. CELSO DE MELLO Julgamento em 12/04/2019. Publicação em DJe-084 DIVULG 23-04-2019 PUBLIC 24-04-2019, sem grifo no original).

Competência. Art. 68 Lei de Crimes Ambientais. Art. 17-C da Lei nº 6.938/81. Obrigação de relevante interesse ambiental. Destinatário das informações. Interesse IBAMA caracterizado. Autarquia federal. Competência da justiça federal. Tutela do meio ambiente e da moralidade administrativa. Em recente julgado, a Terceira seção do STJ firmou entendimento de que está caracterizado o interesse direto e específico do IBAMA (autarquia federal) na apuração do delito previsto no art. 68 LCA pelo descumprimento de obrigação de relevante interesse ambiental (art. 17-C da Lei nº 6.938/1981), não por mero exercício de atividade fiscalizatória (caso em que já reconheceu a Terceira Seção a necessidade de demonstração de interesse específico da União), mas por ser o destinatário das informações não prestadas (Cadastro Técnico Federal administrado pela autarquia federal), caracterizando, assim, o interesse da Justiça Federal (art. 109, IV, da Constituição Federal) pela violação da objetividade jurídica do delito que é a garantia da administração pública exerça a defesa no meio ambiente através do cadastro administrado pelo IBAMA:

> CONFLITO NEGATIVO DE COMPETÊNCIA. JUSTIÇA ESTADUAL X JUSTIÇA FEDERAL. CRIME AMBIENTAL. ART. 68 DA LEI N. 9.605/98. ATIVIDADE DE RELEVANTE INTERESSE AMBIENTAL PREVISTA NO ART. 17-C DA LEI 6.938/1981. RELATÓRIO DE ATIVIDADES POTENCIALMENTE POLUIDORAS - RAPP. SISTEMA DE CONTROLE DO CADASTRO TÉCNICO FEDERAL. INTERESSE DIRETO E ESPECÍFICO DE AUTARQUIA FEDERAL (IBAMA). COMPETÊNCIA DA JUSTIÇA FEDERAL (ART. 109, IV, DA CONSTITUIÇÃO FEDERAL - CF). 1. No caso dos autos foi instaurado procedimento judicial, a partir de ofício do IBAMA, o qual informou a instauração de processo para apuração de responsabilidade administrativa ambiental de empresa que deixou de entregar, no sistema oficial de controle Cadastro Técnico Federal, o 'relatório anual RAPP' de que trata o art. 17-C da Lei nº 6.938/1981 referentes aos anos 2014/2013, 2015/2014, 2016/2015, 2017/2016. O núcleo da controvérsia consiste em definir a competência para processar e julgar a conduta tipificada no art. 68 da Lei nº 9.605/98, consistente em deixar de cumprir obrigação relevante de interesse ambiental. A obrigação de relevante interesse ambiental que teria deixado de ser praticada está prevista no art. 17-C da Lei nº 6.938/1981. 2. Está caracterizado o interesse direto e específico do IBAMA na apuração do referido delito uma vez que ele é o destinatário das informações não prestadas, as quais são essenciais para compor Cadastro Técnico Federal por ele administrado. Em outras palavras a objetividade jurídica do delito em questão consiste em garantir que a administração pública exerça a defesa no meio ambiente, recaindo, no caso concreto, sobre cadastro administrado por autarquia federal, caracterizando, assim, o interesse da Justiça Federal conforme art. 109, IV, da Constituição Federal - CF. 3. Importante ressaltar que a jurisprudência do STJ também é firme no

sentido de que o mero exercício de atividade fiscalizatória do IBAMA não fixa a competência da Justiça Federal, sendo imprescindível a demonstração do interesse específico da autarquia na apuração do delito. Todavia no caso dos autos, não se está fixando a competência da Justiça Federal tão somente em razão de o IBAMA ter sido responsável por lavrar o auto de infração. Na espécie, está caracterizado o interesse específico da autarquia federal na atualização dos dados do Cadastro Técnico Federal para o cumprimento de sua atribuição de se informar acerca das atividades potencialmente poluidoras, exercendo, assim, a defesa ambiental na esfera federal. 4. A Terceira Seção do Superior Tribunal de Justiça - STJ já reconheceu o interesse do IBAMA na atividade vinculada à Taxa de Controle e Fiscaliza**ção Ambiental - TCFA para administração do Cadastro Técnico Federal. Precedentes: CC 160.704/PE, Rel. Ministro SEBASTIÃO REIS JÚNIOR, DJe 5/12/2018 e CC 160.423/PE, de minha relatoria, DJe 25/3/2019** [...] (STJ, **TERCEIRA SEÇÃO**. CC 172.819/SC, Rel. Ministro JOEL ILAN PACIORNIK, julgado em 26/08/2020, **DJe 02/09/2020**).

Sujeito ativo. Trata-se de um crime próprio, no qual somente aqueles que tenham o dever legal ou contratual de cumprir a obrigação de relevante interesse ambiental podem praticar.

Sujeito passivo. É a sociedade.

Elemento subjetivo. O tipo prevê a modalidade dolosa, que consiste na vontade livre e consciente em deixar de cumprir obrigação de relevante interesse ambiental, quando tiver o dever legal ou contratual de fazê-lo.

Há previsão para a forma culposa no parágrafo único do artigo 68, hipótese na qual a pena será de três meses a um ano, sem prejuízo da multa. Nesta hipótese, estamos diante de crime de menor potencial ofensivo.

Objeto material da conduta. É a obrigação de relevante interesse ambiental.

Objeto jurídico. Tutela-se a proteção ao meio ambiente.

Classificação doutrinária. Trata-se de crime próprio (pois não pode ser praticado por qualquer pessoa), formal (pois não há necessidade de que o resultado naturalístico ocorra), omissivo, doloso, instantâneo, unissubsistente (pois pode ser cometido através da prática de um único ato) e de forma livre (já que os verbos podem ser praticados mediante qualquer forma adotada pelo sujeito ativo).

"RECURSO ESPECIAL. DIREITO PENAL. LEGISLAÇÃO EXTRAVAGANTE. LEI N. 9.605/1998. CRIME AMBIENTAL. CAUSAR POLUIÇÃO. DEIXAR DE CUMPRIR OBRIGAÇÃO RELEVANTE. DELITOS OMISSIVOS. GARANTE. ART. 13, § 2º, DO CP. REQUISITOS OBJETIVO E SUBJETIVO. PREENCHIMENTO. ART. 225, § 1º, DA CONSTITUIÇÃO

DA REPÚBLICA (...) 5. A respeito do delito ambiental descrito no art. 68 da Lei n. 9.605/1998, faz-se necessário mencionar que **se trata de crime omissivo impróprio, no qual o apontado agente, contrariando o dever legal ou contratual de fazê-lo, deixa de cumprir obrigação de relevante interesse ambiental para evitar resultado danoso ao meio ambiente** [...]" (STJ, 6ª Turma. REsp 1618975/PR. Relator(a) Ministro SEBASTIÃO REIS JÚNIOR. Julgamento em 07/03/2017. Publicação/Fonte em DJe 13/03/2017).

Momento consumativo. A consumação se dará no momento em que o sujeito ativo que tiver o dever legal ou contratual, deixar de cumprir obrigação de relevante interesse ambiental.

Tentativa. Não é admitida, por se tratar de situação que envolve um crime unissubsistente, na qual há impossibilidade do fracionamento da conduta.

Art. 69. Obstar ou dificultar a ação fiscalizadora do Poder Público no trato de questões ambientais:

Pena - detenção, de um a três anos, e multa.

Da conduta típica descrita no artigo 69 da Lei nº 9.605/98. O dispositivo legal em comento prevê dois verbos nucleares: "obstar" ou "dificultar". O propósito destas ações é dirigido finalisticamente à ação fiscalizadora do Poder Público no trato de questões ambientais.

Sujeito ativo. Trata-se de um crime comum, podendo ser praticado por qualquer pessoa.

Sujeito passivo. É a Administração Pública Ambiental.

Elemento subjetivo. O tipo prevê a modalidade dolosa, que consiste na vontade livre e consciente em obstar ou dificultar a ação fiscalizadora do Poder Público no trato de questões ambientais.

Objeto material da conduta. É a ação fiscalizadora do Poder Público, no que tange à matéria ambiental.

Objeto jurídico. Tutela-se a proteção ao meio ambiente, bem como a Administração Ambiental.

Classificação doutrinária. Trata-se de crime comum (pois pode ser praticado por qualquer pessoa), formal (pois não há necessidade de que o resultado naturalístico ocorra), comissivo, doloso, instantâneo, plurissubsistente (pois pode ser cometido através da prática de vários atos) e de forma livre (já que os verbos podem ser praticados mediante qualquer forma adotada pelo sujeito ativo).

Momento consumativo. Se dará no momento em que o sujeito ativo obstar ou dificultar a ação fiscalizadora do Poder Público no trato de questões ambientais.

Tentativa. Admitida, por se tratar de situação que envolve um crime plurissubsistente, na qual há possibilidade do fracionamento da conduta.

Art. 69-A. Elaborar ou apresentar, no licenciamento, concessão florestal ou qualquer outro procedimento administrativo, estudo, laudo ou relatório ambiental total ou parcialmente falso ou enganoso, inclusive por omissão: *(Incluído pela Lei nº 11.284, de 2006)*

Pena – reclusão, de 3 (três) a 6 (seis) anos, e multa. *(Incluído pela Lei nº 11.284, de 2006)*

§ 1º Se o crime é culposo: *(Incluído pela Lei nº 11.284, de 2006)*

Pena – detenção, de 1 (um) a 3 (três) anos. *(Incluído pela Lei nº 11.284, de 2006)*

Do crime previsto no artigo 69-A da Lei nº 9.605/98. Este artigo foi incluído pela Lei nº 11.284/06, que, dentre outros assuntos, trata sobre a gestão de florestas públicas para a produção sustentável e institui o Serviço Florestal Brasileiro (SFB).

O artigo 18 da Lei nº 11.284/06 trata especificamente do licenciamento ambiental no caso das concessões florestais (previstas no artigo 7º daquele diploma legal). Assim, é importante analisar estes dispositivos legais para que haja plena compreensão do âmbito de proteção da norma penal contida no artigo 69-A da Lei nº 9.605/98.

Este tipo penal ora em comento traz duas condutas, quais sejam, a de elaborar ou apresentar, por ocasião do processo de licenciamento, na concessão florestal (cujo conceito é trazido pelo art. 3º, VII, da Lei nº 11.284/06, vale dizer, a "delegação onerosa, feita pelo poder concedente, do direito de praticar manejo florestal sustentável para exploração de produtos e serviços numa unidade de manejo, mediante licitação, à pessoa jurídica, em consórcio ou não, que atenda às exigências do respectivo edital de licitação e demonstre capacidade para seu desempenho, por sua conta e risco e por prazo determinado"), ou qualquer outro procedimento administrativo, estudo, laudo ou relatório ambiental total ou parcialmente falso ou enganoso, inclusive por omissão.

Então, se as concessões florestais serão autorizadas em ato do poder concedente e formalizadas mediante contrato, que necessariamente deverá observar os termos da Lei nº 11.284/06, esta previsão contida no art. 7º deste último diploma normativo tem relação estreita com o art. 49 da mesma lei, que versa sobre as particularidades concernentes ao tal poder concedente, já que é ele quem irá definir as áreas a serem submetidas à concessão florestal (art. 49, III, da Lei nº 11.284/06).

Assim, é importante destacar que o Decreto nº 10.347, de 13 de maio de 2020, dispõe sobre as competências para a concessão de florestas públicas, em âmbito federal. Ele remete ao art. 49 da Lei nº 11.284/06, estabelecendo que as competências descritas neste artigo serão exercidas, em âmbito federal, pelo Ministério da Agricultura, Pecuária e Abastecimento.

Sujeito ativo. Trata-se de um crime próprio (diante da modalidade "elaborar"), haja vista que somente pode ser praticado por aqueles que tenham capacidade técnica ou conhecimentos para isto; e crime comum diante da modalidade "apresentar", haja vista que pode ser praticado por qualquer pessoa.

Sujeito passivo. É a Administração Pública Ambiental.

Elemento subjetivo. O tipo prevê a modalidade dolosa, que consiste na vontade livre e consciente em elaborar ou apresentar, por ocasião do licenciamento, da concessão florestal ou de qualquer outro procedimento administrativo, estudo, laudo ou relatório ambiental total ou parcialmente falso ou enganoso, inclusive por omissão.

A forma culposa está prevista no parágrafo primeiro do artigo 69-A da Lei Ambiental, que define pena de detenção de um a três anos.

Objeto material da conduta. Pode ser tanto o estudo, quanto o laudo ou relatório ambiental total ou parcialmente falso ou enganoso.

Objeto jurídico. Tutela-se a proteção ao meio ambiente, bem como a Administração Ambiental.

Classificação doutrinária. Trata-se de crime próprio (diante da modalidade "elaborar") ou comum (pois pode ser praticado por qualquer pessoa, diante da modalidade "apresentar"), formal (pois não há necessidade de que o resultado naturalístico ocorra), comissivo, doloso, instantâneo, unissubsistente (quando estivermos diante do verbo "apresentar") e plurissubsistente (pois pode ser cometido através da prática de vários atos diante da forma "elaborar") e de forma livre (já que os verbos podem ser praticados mediante qualquer forma adotada pelo sujeito ativo).

Momento consumativo. Se dará no momento em que o sujeito ativo elaborar ou apresentar os objetos materiais descritos no *caput* do artigo 69-A da Lei Ambiental, nas situações nele descritas.

Tentativa. Admitida, quando estivermos diante da modalidade plurissubsistente, já que pode haver fracionamento da conduta.

§ 2º A pena é aumentada de 1/3 (um terço) a 2/3 (dois terços), se há dano significativo ao meio ambiente, em decorrência do uso da informação falsa, incompleta ou enganosa. *(Incluído pela Lei nº 11.284, de 2006)*

Da causa de aumento de pena prevista no artigo 69-A, § 2º, da Lei Ambiental. Diante de situação fática que acarrete dano significativo, como resultado do uso da informação falsa, incompleta ou enganosa, decorrentes da conduta descrita do *caput* do artigo 69-A, o legislador prevê um aumento de pena, que varia de um a dois terços. Havendo o dano, este será considerado como exaurimento do delito previsto no *caput*, com a pena majorada.

CAPÍTULO VI
DA INFRAÇÃO ADMINISTRATIVA

Art. 70. Considera-se infração administrativa ambiental toda ação ou omissão que viole as regras jurídicas de uso, gozo, promoção, proteção e recuperação do meio ambiente.

§ 1º São autoridades competentes para lavrar auto de infração ambiental e instaurar processo administrativo os funcionários de órgãos ambientais integrantes do Sistema Nacional de Meio Ambiente – SISNAMA, designados para as atividades de fiscalização, bem como os agentes das Capitanias dos Portos, do Ministério da Marinha.

§ 2º Qualquer pessoa, constatando infração ambiental, poderá dirigir representação às autoridades relacionadas no parágrafo anterior, para efeito do exercício do seu poder de polícia.

§ 3º A autoridade ambiental que tiver conhecimento de infração ambiental é obrigada a promover a sua apuração imediata, mediante processo administrativo próprio, sob pena de co-responsabilidade.

§ 4º As infrações ambientais são apuradas em processo administrativo próprio, assegurado o direito de ampla defesa e o contraditório, observadas as disposições desta Lei.

Prescindibilidade de prévio processo administrativo (Art. 70 da LCA) para propositura de ação penal. Jurisprudência. A Quinta Turma do STJ reiterou posicionamento da própria Corte no sentido de ser desnecessária a instauração de prévio processo administrativo, nos termos do art. 70 LCA, não sendo condição de procedibilidade para eventual ação penal, em razão da independência das esferas administrativa, civil e penal. Entendeu, ainda, que as condições estabelecidas no art. 70 da LCA não devem ser utilizadas para verificação do cumprimento do *sursis* processual. Confira-se o recente julgado:

> PROCESSO PENAL. RECURSO EM MANDADO DE SEGURANÇA. CRIME AMBIENTAL. SUSPENSÃO CONDICIONAL DO PROCESSO. DESCUMPRIMENTO DAS CONDIÇÕES IMPOSTAS. **PRÉVIO PROCESSO ADMINISTRATIVO. ART. 70 DA LEI N. 9.605/1998. DESNECESSIDADE. INDEPENDÊNCIA DAS ESFERAS PENAL E ADMINISTRATIVA.** OFENSA AOS PRINCÍPIOS DA AMPLA DEFESA E DO CONTRADITÓRIO. NÃO OCORRÊNCIA. DIREITO LÍQUIDO E CERTO NÃO VERIFICADO. RECURSO NÃO PROVIDO (...)2. **Esta Corte Superior tem jurisprudência no sentido da desnecessidade de instauração de procedimento administrativo ambiental para dar início a ação penal, na hipótese em que o Ministério Público já possua elementos suficientes a sustentar a denúncia. 3. Não se aplica o processo administrativo previsto nos arts. 70 e seguintes da Lei n. 9.605/1998 para a verificação do cumprimento das condições impostas no sursis processual, uma vez que se destina à apura-**

ção das infrações administrativas ambientais. 4. No caso em exame, a recorrente deixou de cumprir o item IV do sursis processual, após ser devidamente intimada, razão pela qual escorreito o prosseguimento da ação penal e o lançamento do seu nome no cadastro dos inadimplentes Estaduais, não havendo falar em violação dos princípios da ampla defesa e do contraditório [...] (STJ, T5 - QUINTA TURMA. RMS 36737/SP. RECURSO ORDINÁRIO EM MANDADO DE SEGURANÇA. Relator(a) Ministro RIBEIRO DANTAS. Julgamento em 11/12/2018. Publicação/Fonte em DJe 19/12/2018, sem grifos no original).

Art. 71. O processo administrativo para apuração de infração ambiental deve observar os seguintes prazos máximos:

I - vinte dias para o infrator oferecer defesa ou impugnação contra o auto de infração, contados da data da ciência da autuação;

II - trinta dias para a autoridade competente julgar o auto de infração, contados da data da sua lavratura, apresentada ou não a defesa ou impugnação;

III - vinte dias para o infrator recorrer da decisão condenatória à instância superior do Sistema Nacional do Meio Ambiente - SISNAMA, ou à Diretoria de Portos e Costas, do Ministério da Marinha, de acordo com o tipo de autuação;

IV - cinco dias para o pagamento de multa, contados da data do recebimento da notificação.

Art. 72. As infrações administrativas são punidas com as seguintes sanções, observado o disposto no art. 6º:

I - advertência;

II - multa simples;

III - multa diária;

IV - apreensão dos animais, produtos e subprodutos da fauna e flora, instrumentos, petrechos, equipamentos ou veículos de qualquer natureza utilizados na infração;

V - destruição ou inutilização do produto;

VI - suspensão de venda e fabricação do produto;

VII - embargo de obra ou atividade;

VIII - demolição de obra;

IX - suspensão parcial ou total de atividades;

X - *(VETADO)*

XI - restritiva de direitos.

§ 1º Se o infrator cometer, simultaneamente, duas ou mais infrações, ser-lhe-ão aplicadas, cumulativamente, as sanções a elas cominadas.

§ 2º A advertência será aplicada pela inobservância das disposições desta Lei e da legislação em vigor, ou de preceitos regulamentares, sem prejuízo das demais sanções previstas neste artigo.

§ 3º A multa simples será aplicada sempre que o agente, por negligência ou dolo:

I - advertido por irregularidades que tenham sido praticadas, deixar de saná-las, no prazo assinalado por órgão competente do SISNAMA ou pela Capitania dos Portos, do Ministério da Marinha;

II - opuser embaraço à fiscalização dos órgãos do SISNAMA ou da Capitania dos Portos, do Ministério da Marinha.

§ 4º A multa simples pode ser convertida em serviços de preservação, melhoria e recuperação da qualidade do meio ambiente.

§ 5º A multa diária será aplicada sempre que o cometimento da infração se prolongar no tempo.

§ 6º A apreensão e destruição referidas nos incisos IV e V do caput obedecerão ao disposto no art. 25 desta Lei.

§ 7º As sanções indicadas nos incisos VI a IX do caput serão aplicadas quando o produto, a obra, a atividade ou o estabelecimento não estiverem obedecendo às prescrições legais ou regulamentares.

§ 8º As sanções restritivas de direito são:

I - suspensão de registro, licença ou autorização;

II - cancelamento de registro, licença ou autorização;

III - perda ou restrição de incentivos e benefícios fiscais;

IV - perda ou suspensão da participação em linhas de financiamento em estabelecimentos oficiais de crédito;

V - proibição de contratar com a Administração Pública, pelo período de até três anos.

Art. 73. Os valores arrecadados em pagamento de multas por infração ambiental serão revertidos ao Fundo Nacional do Meio Ambiente, criado pela *Lei nº 7.797, de 10 de julho de 1989*, Fundo Naval, criado pelo *Decreto nº 20.923, de 8 de janeiro de 1932*, fundos estaduais ou municipais de meio ambiente, ou correlatos, conforme dispuser o órgão arrecadador.

Do processo administrativo federal para apuração de infrações ambientais. O Decreto nº 6.514/08 recentemente alterado pelos Decretos nº 9.760/19 e nº 10.198/20 é aquele que dispõe sobre as infrações e sanções administrativas ao meio ambiente, estabelece o processo administrativo federal para apuração destas infrações, e dá outras providências. Nos termos do art. 2º, deste diploma normativo, considera-se infração administrativa ambiental, toda ação ou omissão que viole as regras jurídicas de uso, gozo, promoção, proteção e recuperação do meio ambiente, conforme o disposto na Seção III do Capítulo I (que trata das infrações e sanções administrativas ao meio ambiente), do respectivo Decreto.

Com relação às disposições sobre o processo administrativo (que foi substancialmente alterado pelo Decreto nº 9.760/19) para a apuração de infrações ambientais, as regras podem ser vistas a partir do art. 95 do referido diploma normativo.

O Fundo Nacional do Meio Ambiente. Lei nº 7.797/89. O art. 73 trata da questão dos valores arrecadados com o pagamento de multas por infração ambiental. Segundo o dispositivo, deverão ser revertidos para o Fundo Nacional do Meio Ambiente, cuja lei criadora é a de nº 7.797/89, tem natureza contábil e financeira e se destina a apoiar projetos que objetivem o uso racional e sustentável de recursos naturais, incluída a manutenção, a melhoria ou a recuperação da qualidade ambiental, com vistas a elevar a qualidade de vida da população brasileira, tendo sido recentemente regulamentada pelo Decreto nº 10.224, de 05 de fevereiro de 2020.

Art. 74. A multa terá por base a unidade, hectare, metro cúbico, quilograma ou outra medida pertinente, de acordo com o objeto jurídico lesado.

Art. 75. O valor da multa de que trata este Capítulo será fixado no regulamento desta Lei e corrigido periodicamente, com base nos índices estabelecidos na legislação pertinente, sendo o mínimo de R$ 50,00 (cinqüenta reais) e o máximo de R$ 50.000.000,00 (cinqüenta milhões de reais).

Art. 76. O pagamento de multa imposta pelos Estados, Municípios, Distrito Federal ou Territórios substitui a multa federal na mesma hipótese de incidência.

CAPÍTULO VII
DA COOPERAÇÃO INTERNACIONAL PARA A PRESERVAÇÃO DO MEIO AMBIENTE

Art. 77. Resguardados a soberania nacional, a ordem pública e os bons costumes, o Governo brasileiro prestará, no que concerne ao meio ambiente, a necessária cooperação a outro país, sem qualquer ônus, quando solicitado para:

I - produção de prova;

II - exame de objetos e lugares;

III - informações sobre pessoas e coisas;

IV - presença temporária da pessoa presa, cujas declarações tenham relevância para a decisão de uma causa;

V - outras formas de assistência permitidas pela legislação em vigor ou pelos tratados de que o Brasil seja parte.

§ 1º A solicitação de que trata este artigo será dirigida ao Ministério da Justiça, que a remeterá, quando necessário, ao órgão judiciário competente para decidir a seu respeito, ou a encaminhará à autoridade capaz de atendê-la.

§ 2º A solicitação deverá conter:

I - o nome e a qualificação da autoridade solicitante;

II - o objeto e o motivo de sua formulação;

III - a descrição sumária do procedimento em curso no país solicitante;

IV - a especificação da assistência solicitada;

V - a documentação indispensável ao seu esclarecimento, quando for o caso.

Art. 78. Para a consecução dos fins visados nesta Lei e especialmente para a reciprocidade da cooperação internacional, deve ser mantido sistema de comunicações apto a facilitar o intercâmbio rápido e seguro de informações com órgãos de outros países.

CAPÍTULO VIII
DISPOSIÇÕES FINAIS

Art. 79. Aplicam-se subsidiariamente a esta Lei as disposições do Código Penal e do Código de Processo Penal.

Art. 79-A. Para o cumprimento do disposto nesta Lei, os órgãos ambientais integrantes do SISNAMA, responsáveis pela execução de programas e projetos e pelo controle e fiscalização dos estabelecimentos e das atividades suscetíveis de degradarem a qualidade ambiental, ficam autorizados a celebrar, com força de título executivo extrajudicial, termo de compromisso com pessoas físicas ou jurídicas responsáveis pela construção, instalação, ampliação e funcionamento de estabelecimentos e atividades utilizadores de recursos ambientais, considerados efetiva ou potencialmente poluidores. *(Redação dada pela Medida Provisória nº 2.163-41, de 2001)*

§ 1º O termo de compromisso a que se refere este artigo destinar-se-á, exclusivamente, a permitir que as pessoas físicas e jurídicas mencionadas no caput possam promover as necessárias correções de suas atividades, para o atendimento das exigências impostas pelas autoridades ambientais competentes, sendo obrigatório que o respectivo instrumento disponha sobre: *(Redação dada pela Medida Provisória nº 2.163-41, de 2001)*

I – o nome, a qualificação e o endereço das partes compromissadas e dos respectivos representantes legais; *(Redação dada pela Medida Provisória nº 2.163-41, de 2001)*

II – o prazo de vigência do compromisso, que, em função da complexidade das obrigações nele fixadas, poderá variar entre o mínimo de noventa dias e o máximo de três anos, com possibilidade de prorrogação por igual período; *(Redação dada pela Medida Provisória nº 2.163-41, de 2001)*

III – a descrição detalhada de seu objeto, o valor do investimento previsto e o cronograma físico de execução e de implantação das obras e serviços exigidos, com metas trimestrais a serem atingidas; *(Redação dada pela Medida Provisória nº 2.163-41, de 2001)*

IV – as multas que podem ser aplicadas à pessoa física ou jurídica compromissada e os casos de rescisão, em decorrência do não-cumprimento das obrigações nele pactuadas; *(Redação dada pela Medida Provisória nº 2.163-41, de 2001)*

V – o valor da multa de que trata o inciso IV não poderá ser superior ao valor do investimento previsto; *(Redação dada pela Medida Provisória nº 2.163-41, de 2001)*

VI – o foro competente para dirimir litígios entre as partes. *(Incluído pela Medida Provisória nº 2.163-41, de 2001)*

§ 2º No tocante aos empreendimentos em curso até o dia 30 de março de 1998, envolvendo construção, instalação, ampliação e funcionamento de estabelecimentos e atividades utilizadores de recursos ambientais, considerados efetiva ou potencialmente poluidores, a assinatura do termo de compromisso deverá ser requerida pelas pessoas físicas e jurídicas interessadas, até o dia 31 de dezembro de 1998, mediante requerimento escrito protocolizado junto aos órgãos competentes do SISNAMA, devendo ser firmado pelo dirigente máximo do estabelecimento. *(Redação dada pela Medida Provisória nº 2.163-41, de 2001)*

§ 3º Da data da protocolização do requerimento previsto no § 2º e enquanto perdurar a vigência do correspondente termo de compromisso, ficarão suspensas, em relação aos fatos que deram causa à celebração do instrumento, a aplicação de sanções administrativas contra a pessoa física ou jurídica que o houver firmado. *(Redação dada pela Medida Provisória nº 2.163-41, de 2001)*

§ 4º A celebração do termo de compromisso de que trata este artigo não impede a execução de eventuais multas aplicadas antes da protocolização do requerimento. *(Redação dada pela Medida Provisória nº 2.163-41, de 2001)*

§ 5º Considera-se rescindido de pleno direito o termo de compromisso, quando descumprida qualquer de suas cláusulas, ressalvado o caso fortuito ou de força maior. *(Incluído pela Medida Provisória nº 2.163-41, de 2001)*

§ 6º O termo de compromisso deverá ser firmado em até noventa dias, contados da protocolização do requerimento. *(Incluído pela Medida Provisória nº 2.163-41, de 2001)*

§ 7º O requerimento de celebração do termo de compromisso deverá conter as informações necessárias à verificação da sua viabilidade técnica e jurídica, sob pena de indeferimento do plano. *(Incluído pela Medida Provisória nº 2.163-41, de 2001)*

§ 8º Sob pena de ineficácia, os termos de compromisso deverão ser publicados no órgão oficial competente, mediante extrato. *(Incluído pela Medida Provisória nº 2.163-41, de 2001)*

Art. 80. O Poder Executivo regulamentará esta Lei nº prazo de noventa dias a contar de sua publicação.

Art. 81. *(VETADO)*

Art. 82. Revogam-se as disposições em contrário.

Brasília, 12 de fevereiro de 1998; 177º da Independência e 110º da República.

FERNANDO HENRIQUE CARDOSO

Gustavo Krause

Este texto não substitui o publicado no DOU de 13.2.1998 e *retificado em 17.2.1998*

QUESTÕES

1) (2019/CESPE-CEBRASPE/TJ-SC - Juiz Substituto)

Joana, moradora de uma comunidade quilombola, tem baixo grau de instrução e trabalha na principal atividade de subsistência da sua comunidade, que é a pesca. Durante uma pescaria, feita sempre aos domingos, no período noturno, ela capturou dois filhotes de baleia-franca, espécie inserida na lista local de espécies ameaçadas de extinção. Depois desse dia, Joana passou a fazer da pesca dessa espécie animal uma atividade econômica, com a venda para o comércio da região. Somente após ter praticado reiteradamente a atividade criminosa, ela descobriu que essa espécie de baleia era ameaçada de extinção. Arrependida, Joana dirigiu-se a uma delegacia de polícia e informou, com antecedência, à autoridade policial todos os locais em que havia instalado armadilhas de pesca. Além disso, passou a trabalhar em um projeto social para reparar o dano causado e a colaborar com os agentes encarregados da vigilância e do controle ambiental.

Conforme as disposições da Lei n.º 9.605/1998, assinale a opção que indica circunstâncias atenuantes de eventual pena criminal que possa ser imputada a Joana.

A) o baixo grau de instrução de Joana e o seu pertencimento a uma comunidade quilombola

B) o arrependimento de Joana, sua pretensão de reparar o dano e a periodicidade das pescas (sempre aos domingos)

C) a comunicação prévia de Joana do perigo iminente de degradação ambiental, em razão das armadilhas de pesca instaladas, e a periodicidade das pescas (sempre aos domingos)

D) o baixo grau de instrução de Joana e sua colaboração com os agentes encarregados da vigilância e do controle ambiental

E) o pertencimento de Joana a uma comunidade quilombola e a sua desistência voluntária

2) (2019 - FCC - TJ-AL - Juiz Substituto)

Suponha que tenha sido editada uma lei estadual capitulando como crime a caça e o abate de animais em todo o Estado, em áreas públicas ou privadas, inclusive em relação a espécies exóticas invasoras. A constitucionalidade do referido diploma foi contestada em face do seu potencial de dano ao meio ambiente, eis que espécies já reconhecidamente nocivas, como o javali, vêm se proliferando de forma desordenada e causando danos efetivos à biodiversidade, além de risco à segurança e saúde da população de áreas rurais. Para a avaliação do apontado vício de inconstitucionalidade, cumpre considerar que:

A) a legislação estadual afigura-se compatível com as normas gerais editadas pela União sobre crimes ambientais (Lei federal nº 9.605/1998) que proíbem a caça para controle populacional, independentemente de tratar-se de espécie nociva, admitindo apenas medidas de mitigação como captura e esterilização dos animais.

B) o Estado, no exercício da competência concorrente, possui ampla liberdade para definir e tipificar as condutas lesivas à sua fauna nativa, independentemente da tipificação da legislação federal, especialmente em relação às denominadas espécies exóticas, expressamente excluídas da proteção estabelecida pela Lei nº 9.605/1998.

C) a legislação federal que tipifica os crimes contra o meio ambiente, editada ao amparo da competência da União para estabelecer normas gerais de proteção da fauna e do meio ambiente (Lei nº 9.605/1998), não considera crime a caça de animais nocivos, desde que assim caracterizados pelo órgão competente.

D) o Estado não possui competência para legislar sobre a matéria, que é privativa da União, e já integralmente exercida nos termos da Lei federal nº 9.605/1998, que admite expressamente a caça e o abate do javali e de outras espécies nocivas elencadas em rol taxativo anexo ao referido diploma federal.

E) a legislação federal que dispõe sobre sanções a condutas e atividades lesivas ao meio ambiente (Lei nº 9.605/1998) disciplinou, de forma exaustiva, as hipóteses de proibição da caça, vedando apenas a caça esportiva e aquela com finalidade meramente recreativa, não havendo, assim, espaço para os estados legislarem sobre o tema em caráter suplementar.

3) (2019 - CESPE - MPE-PI - Promotor de Justiça Substituto)

Por ordem exclusiva do representante legal de uma empresa madeireira, foram extraídas e vendidas pela empresa diversas toras de madeira de uma estação ecológica que havia sido criada por decreto federal. Em razão disso, foi proposta ação penal contra a pessoa jurídica e a pessoa física. Durante o curso da ação, a segunda foi excluída da lide.

Nessa situação hipotética, a ação penal

A) não poderá prosseguir sem a presença da pessoa física, sendo da justiça federal a competência para o julgamento.

B) poderá prosseguir sem a presença da pessoa física, sendo da justiça federal a competência para o julgamento.

C) prosseguirá, desde que a pessoa física seja novamente incluída no polo passivo, independentemente do foro.

D) poderá prosseguir sem a presença da pessoa física, sendo da justiça comum a competência para o julgamento.

E) não poderá prosseguir sem a presença da pessoa física, sendo da justiça comum a competência para o julgamento.

4) (2019 – CESPE – TJ-PR – Juiz Substituto)

A polícia ambiental apreendeu, na casa de João, quinze espécimes de aves silvestres da fauna brasileira que estavam em cativeiro. Em seu depoimento, João alegou que caçou os animais e que os venderia na feira livre da cidade, para comprar alimentos para a sua família.

Considerando essa situação hipotética, assinale a opção correta a respeito da responsabilização penal de João.

A) João poderá ser condenado à pena de detenção de seis meses a um ano e multa, pelo fato de manter em cativeiro espécimes da fauna silvestre, sem a devida autorização ou licença ambiental.

B) João poderá ser condenado à pena de reclusão de um a três anos e multa, uma vez que mantinha em cativeiro espécimes da fauna silvestre, sem a devida autorização ou licença ambiental.

C) João não poderá ser penalizado: a situação caracteriza uma excludente de ilicitude.

D) O tipo penal pertinente à conduta de João não admite hipótese de aumento da pena.

5) (2018/CESPE/PC-MA – Delegado de Polícia Civil)

No que tange à tutela penal do meio ambiente e às disposições da Lei n.º 9.605/1998, que trata das sanções penais e administrativas aplicáveis a condutas e atividades lesivas ao meio ambiente, assinale a opção correta.

A) Em regra, em se tratando de crimes ambientais de menor potencial ofensivo, é possível a transação penal sem a prévia composição do dano ambiental.

B) É circunstância agravante, quando não constitui ou qualifica o crime, a prática de crimes ambientais em domingos, feriados ou à noite.

C) Caracteriza crime ambiental a conduta daquele que produz sons e ruídos em quaisquer atividades, desrespeitando as normas de silêncio.

D) É cabível o perdão judicial em caso de guarda doméstica de animal silvestre, mesmo tratando-se de espécie ameaçada de extinção.

E) Conforme a referida lei, a tipificação da prática de maus tratos contra animais restringe-se aos animais silvestres.

6) (2017 – IBADE – PC-AC – Escrivão de Polícia Civil)

Quanto à possibilidade de responsabilidade penal da pessoa jurídica pela prática de crimes ambientais e o entendimento atual dos Tribunais Superiores, pode-se afirmar:

A) É admitida, ainda que não haja responsabilização de pessoas físicas.

B) Não é admitida, pois há vedação legal no Código Penal.

C) Não é admitida, haja vista que a Constituição Federal apenas tratou de sua responsabilidade administrativa.

D) É admitida, desde que em conjunto com uma pessoa física.

E) Não é admitida, pois a pessoa jurídica é incompatível com a teoria do crime adotada pela Lei de Crimes Ambientais.

7) (2017 - FMP - MPE-RO - Promotor de Justiça Substituto)

Sobre a responsabilidade penal das pessoas jurídicas e a correlata aplicação da pena pela prática de crimes ambientais, é CORRETO afirmar que

A) as penas aplicáveis isolada, cumulada ou alternativamente às pessoas jurídicas condenadas pela prática de crimes ambientais são multa, restritivas de direitos e prestação de serviços à comunidade.

B) a responsabilidade penal das pessoas jurídicas pela prática de crimes ambientais exclui a das pessoas físicas, autoras, coautoras ou partícipes do mesmo fato.

C) a pena restritiva de direito de proibição de contratar com o Poder Público e dele obter subsídios, subvenções ou doações possui prazo indeterminado de duração.

D) a responsabilidade penal das pessoas físicas mandatárias sempre exclui a responsabilidade penal da respectiva pessoa jurídica.

E) não há previsão legal de decretação de liquidação forçada de pessoa jurídica responsabilizada pela prática de crime ambiental.

8) (2016/TRF 3ª REGIÃO - TRF 3ª REGIÃO - JUIZ FEDERAL - PROVA 1)

Relativamente à responsabilidade penal da pessoa jurídica, é possível afirmar que:

a) É cabível quando praticados crimes ambientais e contrários à administração pública;

b) É inconstitucional, haja vista o princípio da responsabilidade penal objetiva;

c) Independe da responsabilização das pessoas físicas envolvidas, conforme decidiu o Supremo Tribunal Federal, ao julgar o RE 548181/PR, de relatoria da Ministra Rosa Weber;

d) Depende da responsabilização das pessoas físicas envolvidas, conforme decidiu o Supremo Tribunal Federal, ao julgar o RE 548181/PR.

9) (2016/IADES - PC/DF - Perito Criminal - Ciências Biológicas)

A Lei nº 9.605/1998 dispõe acerca das sanções penais e administrativas derivadas de condutas e atividades lesivas ao meio ambiente, e dá outras providências. A respeito dessa lei, assinale a alternativa CORRETA.

a) As pessoas jurídicas serão responsabilizadas apenas nas esferas administrativa e penal.

b) As penas de interdição temporária de direito são a proibição de o condenado contratar com o Poder Público, de receber incentivos fiscais ou quaisquer outros benefícios, bem como de participar de licitações, pelo prazo de cinco anos, no caso de crimes dolosos, e de três anos, no de crimes culposos.

c) O valor da prestação pecuniária será fixado pelo juiz, não sendo inferior a um salário mínimo nem superior a 300 salários mínimos.

d) A perícia produzida no inquérito civil ou no juízo cível não poderá ser aproveitada no processo penal.

e) Os produtos apreendidos que forem perecíveis ou madeiras serão destruídos ou doados a instituições científicas, culturais ou educacionais.

10) (2015/ VUNESP - PC/CE - Delegado de Polícia Civil de 1ª Classe - versão 2)

Quanto às penas restritivas de direitos previstas na Lei nº 9.605/98, que trata dos Crimes contra o Meio Ambiente, assinale a alternativa **CORRETA**.

a) O recolhimento domiciliar baseia-se na autodisciplina e senso de responsabilidade do condenado, que deverá, sem vigilância, trabalhar, frequentar curso ou exercer atividade autorizada, permanecendo recolhido nos dias e horários de folga em residência ou em qualquer local destinado a sua moradia habitual, conforme estabelecido na sentença condenatória.

b) As penas de interdição temporária de direito são a proibição de o condenado contratar com o Poder Público, de receber incentivos fiscais ou quaisquer outros benefícios, bem como de participar de licitações, pelo prazo de três anos, no caso de crimes dolosos.

c) As penas restritivas de direito são autônomas e substituem as privativas de liberdade quando se tratar de crime culposo ou for aplicada a pena privativa de liberdade inferior a seis anos.

d) A prestação de serviços à comunidade consiste na atribuição ao condenado de tarefas gratuitas ou onerosas junto a parques e jardins públicos e unidades de conservação, e, no caso de dano da coisa particular, pública ou tombada, na restauração desta, se possível.

e) A prestação pecuniária consiste no pagamento em dinheiro ao fundo de defesa de direitos difusos, de importância, fixada pelo juiz, não inferior a um salário-mínimo nem superior a trezentos e sessenta e cinco salários-mínimos; podendo o valor pago ser deduzido do montante de eventual reparação civil a que for condenado o infrator.

11) (Ministério Público/SP - 2013- PGMP)

Dentre as circunstâncias que agravam a pena nos crimes ambientais, NÃO se encontra

a) A conduta se perpetrada em área urbana, de assentamento humano, ou sujeita a regime especial de uso.

b) A conduta ser perpetrada em época de seca, inundação ou período de defeso da fauna.

c) A conduta ser perpetrada em domingos, feriados ou à noite;

d) A conduta ser perpetrada por biólogo ou por funcionário de empresa de transporte de carga.

e) A conduta ser perpetrada com o fim de vantagem pecuniária ou no interesse de pessoa jurídica beneficiada por incentivos fiscais.

12) (Ministério Público/ES - 2010 - CESPE)

A Lei de Crimes Ambientais estabelece a responsabilização na esfera cível, penal e administrativa, em caso de infração cometida em face do meio ambiente. A respeito de crimes ambientais, assinale a opção correta

a) Em matéria ambiental, o julgamento pelo cometimento de crimes comuns é de crime de competência da justiça estadual comum.

b) A responsabilização do polidor pela indenização ou reprovação dos danos causados ao meio ambiente e a terceiros afetados por sua atividade exige comprovação de culpa.

c) O poder de polícia exercido pela administração pública em matéria ambiental, desempenhado por profissionais e técnicos de formação cível, tem caráter unicamente repressivo.

d) Processo em matéria ambiental, se administrativo, deve ser conduzido harmonicamente, considerando as garantias constitucionais; contudo, não deve prender-se à razoabilidade e proporcionalidade, pois estas são exigências dos processos judiciais.

13) (Ministério Público/GO - 2010)

Assinale a alternativa incorreta, segundo a Lei n. 9.605/1998 (Lei dos Crimes Ambientais)

a) Poderá ser desconsiderada a pessoa jurídica sempre que sua personalidade for obstáculo ao ressarcimento aos prejuízos causados à qualidade do meio ambiente.

b) Dentre outras, são circunstâncias que atenuam a pena imposta pelo crime ambiental, o baixo grau de escolaridade do agente e a colaboração com os agentes encarregados da vigilância e do controle ambiental.

c) Para a pessoa jurídica, a proibição de contratar com o Poder Público e dele obter subsídios, subvenções ou doações não poderá exceder o prazo de 10 (dez) anos.

d) Nos delitos tipificados nessa lei, é admitida a suspensão condicional da pena nos casos de condenação à pena privativa de liberdade não superior 2 (dois) anos.

14) (FCC/2009 - TJ/GO - Juiz Substituto)

O arrependimento do infrator, manifestado pela espontânea reparação do dano que causou,

a) desconstitui o tipo penal.

b) constitui excludente de criminalidade.

c) constitui circunstância atenuante de pena.

d) não altera a gradação da pena.

e) é ineficaz, face à irreversibilidade dos danos ambientais.

GABARITO COMENTADO

1) Gabarito oficial: D

Justificativa:

A) Incorreta. Em que pese o baixo grau de instrução ou escolaridade do agente seja considerado como circunstância atenuante prevista no art. 14, I, da LCA, o pertencimento a uma comunidade quilombola não encontra previsão no art. 14 LCA.

B) Incorreta. O arrependimento do infrator, manifestado pela espontânea reparação do dano, ou limitação significativa da degradação ambiental causada são considerados como atenuantes específicas previstas no art. 14, II, da LCA. Já a prática da infração penal aos domingos é circunstância agravante prevista na LCA (art. 15, II, "h").

C) Incorreta. Embora a comunicação prévia pelo agente do perigo iminente de degradação ambiental seja circunstância atenuante prevista no art. 14, III, da LCA, a prática da infração penal aos domingos é circunstância agravante prevista na LCA (art. 15, II, "h").

D) Correta. Art. 14 da LCA: "São circunstâncias que atenuam a pena: I - baixo grau de instrução ou escolaridade do agente" e "IV - colaboração com os agentes encarregados da vigilância e do controle ambiental".

E) Incorreta. O pertencimento a uma comunidade quilombola e a desistência voluntária não estão previstos no art. 14 como atenuantes específicas trazidas pela Lei de Crimes Ambientais.

2) **Gabarito oficial: C**

Justificativa:

A) Incorreta, uma vez que o artigo 37, inciso IV, da Lei nº 9.605/1998 não caracteriza como crime o abate animal quando realizado por ser este nocivo. Diante disso, não podemos dizer que a legislação estadual se encontra em conformidade com a legislação federal, pois aquela proibe uma conduta a qual esta não proibiu. Portanto, é inconstitucional, uma vez que definiu restrições maiores do que a legislação federal. É sabido, que cabe à União a competência para legislar sobre normas gerais, e aos Estados e ao Distrito Federal a competência para suplementar as normas gerais editadas, em matéria ambiental (art. 24, inciso VI, c/c §1º, da CRFB/88).

B) Incorreta, pois no exercício da competência legislativa suplementar a liberdade dos Estados não é ampla a ponto de poder contrariar a normatização geral estabelecida pela União, como sugere a alternativa. Conforme o artigo 24, §3º, da CRFB/88, os Estados somente exercerão a competência legislativa plena quando inexistir lei federal sobre normas gerais, o que não é o caso em questão, visto que a Lei nº 9.605/1998 tipifica a conduta de praticar abuso, maus-tratos, ferir ou mutilar, entre outros, animais exóticos (art. 32). Logo, o Estado tem competência suplementar e não ampla.

C) Correta - Art. 37 da Lei nº 9.605/1998- Não é crime o abate de animal, quando realizado: (...) IV - por ser nocivo o animal, desde que assim caracterizado pelo órgão competente.

D) Incorreta, visto que a competência para legislar sobre a matéria é concorrente entre a União e os Estados e o Distrito Federal, cabendo à União a competência para legislar sobre normas gerais, e aos Estados e ao Distrito Federal a competência para suplementar as normas gerais editadas (artigo 24, inciso VI, §§ 2º e 3º da CRFB/88).

E) A Lei nº 9.605/1998 previu como regra geral a vedação, sob pena de sanção penal, a caça (abate de animais), trazendo hipóteses excepcionais em que ela é admitida. Portanto, não está vedada apenas a caça esportiva e aquela com a finalidade meramente recreativa.

3) Gabarito oficial: B

Justificativa:

A assertiva "B" está correta. Isso porque o art. 3º, parágrafo único, da LCA não exige a chamada dupla imputação. A jurisprudência do STF firmou entendimento no precedente RE 548181/PR no sentido de que o art. 225, § 3º, da CRFB/88 não condiciona a responsabilização penal da pessoa jurídica por crimes ambientais à simultânea persecução penal da pessoa física em tese responsável no âmbito da empresa (dupla imputação). Em relação à área de conservação instituída por decreto federal, a jurisprudência do STJ é assente no sentido da competência da Justiça Federal para o julgamento de crimes ambientais ocorridos em área abrangida por unidade de conservação instituída por meio de ato normativo federal, já que, nesse caso, fica evidenciado o interesse da União na manutenção e na preservação da região, conforme a dicção do art. 109, inciso IV, da Constituição Federal (STJ, S3 – TERCEIRA SEÇÃO. AgInt no CC 163409/DF. AGRAVO INTERNO NO CONFLITO DE COMPETÊNCIA. Relator(a) Ministro JORGE MUSSI. Julgamento em 28/08/2019. Publicação/Fonte em DJe 06/09/2019, sem grifos no original). Logo, incorreta as demais assertivas pelos mesmos fundamentos.

4) Gabarito oficial: A

Justificativa:

Correta a alternativa"A" em razão do art. 29, § 1º, III, da LCA. A conduta de João se subsome ao art. 29, §º, III, da LCA "Art. 29. Matar, perseguir, caçar, apanhar, utilizar espécimes da fauna silvestre, nativos ou em rota migratória, sem a devida permissão, licença ou autorização da autoridade competente, ou em desacordo com a obtida. § 1º Incorre nas mesmas penas (...) III – quem vende, expõe à venda, exporta ou adquire, guarda, tem em cativeiro ou depósito, utiliza ou transporta ovos, larvas ou espécimes da fauna silvestre, nativa ou em rota migratória, bem como produtos e objetos dela oriundos, provenientes de criadouros não autorizados ou sem a devida permissão, licença ou autorização da autoridade competente", cujo preceito secundário está remetido pelo § 1º ao art. 29 que prevê "Pena – detenção de seis meses a um ano, e multa". Pela mesma razão, incorreta a alternativa "B".

Incorreta a assertiva "C". A situação narrada poderia, em tese, ensejar a atipicidade material da conduta, nos termos da jurisprudência do STJ, quando presentes os vetores de conduta minimamente ofensiva, ausência de periculosidade do agente, reduzido grau de reprovabilidade do comportamento e lesão jurídica inexpressiva, os quais autorizam a aplicação do princípio da insignificância (STJ, T5 – QUINTA TURMA. AgRg no HC 519696/SC. AGRAVO REGIMENTAL NO HABEAS CORPUS. Relator(a) Ministro JORGE MUSSI. Julgamento em 21/11/2019. Publicação/Fonte em DJe 28/11/2019, sem grifos no original).

Não se deve confundir a hipótese narrada na proposição "C" com o disposto no art. 37 da LCA, uma vez que, segundo o referido dispositivo legal "não é crime o abate de animal, quando realizado: I - em estado de necessidade, para saciar a fome do agente ou de sua família".

Incorreta a assertiva "D", em razão do art. 29, §§4º e 5º, da LCA.

5) **Gabarito oficial: B**

Justificativa:

a) Errada. Nos termos do art. 27 da LCA, é necessária a prévia composição do dano ambiental, a saber "nos crimes ambientais de menor potencial ofensivo, a proposta de aplicação imediata de pena restritiva de direitos ou multa, prevista no art. 76 da Lei nº 9.099, de 26 de setembro de 1995, somente poderá ser formulada desde que tenha havido a prévia composição do dano ambiental, de que trata o art. 74 da mesma lei, salvo em caso de comprovada impossibilidade".

b) Certa, nos termos do art. 15, II, alíneas "h" e "i", todos da LCA.

c) Errada, nos termos do art. 54 da Lei n. 9.605/1998 que tipifica o crime de poluição sonora.

d) Errada, segundo art. 29,§2º, da LCA, a saber "no caso de guarda doméstica de espécie silvestre não considerada ameaçada de extinção, pode o juiz, considerando as circunstâncias, deixar de aplicar a pena".

e) Errada, conforme art. 32 da LCA.

6) **Gabarito oficial: A**

Justificativa:

A assertiva "A" está correta, na medida em que se coaduna com a jurisprudência da Suprema Corte. Isso porque o STF tem posicionamento consolidado acerca da possibilidade de responsabilização penal da pessoa jurídica por crimes ambientais entendendo a Suprema Corte, inclusive, pela prescindibilidade da dupla imputação, nos termos do art. 225, § 3º, da CRFB, conforme (STF, Primeira Turma. RE 548181/PR. RECURSO EXTRAORDINÁRIO. Relator(a) Min. ROSA WEBER. Julgamento em 06/08/2013. Publicação em DJe-213. DIVULG 29-10-2014. PUBLIC 30-10-2014). No mesmo sentido segue a jurisprudência do STJ Após o julgamento do RE 548.181 pela Suprema Corte, a jurisprudência desta Corte consolidou-se no sentido de que é possível a responsabilização penal da pessoa jurídica por crimes ambientais independentemente da responsabilização concomitante da pessoa física que a represente (STJ, T5 - QUINTA TURMA. RMS 56073/ES. RECURSO ORDINÁRIO EM MANDADO DE SEGURANÇA. Relator(a) Ministro RIBEIRO DANTAS. Julgamento em 25/09/2018. Publicação/Fonte em DJe 03/10/2018". Logo, incorreta a assertiva "D" pelos mesmos fundamentos.

As assertivas "B" e "E" estão erradas, eis que, como dito, há previsão constitucional acerca da responsabilização penal da pessoa jurídica por crime ambiental (art. 225, 3º, da CRFB/88). Ademais, o art. 3º da Lei n.º 9.605/98 prevê expressamente a responsabilidade penal da pessoa jurídica, sem que tal constitua imputação objetiva, não havendo vedação expressa no Código Penal.

Assertiva "C" está errada, conforme o art. 225, §3º da CRFB/88 c/c art. 3º e parágrafo único da LCA.

7) **Gabarito oficial: A**

Justificativa:

A assertiva "A" está correta, conforme art. 21 da LCA.

A assertiva "B" está incorreta, de acordo com art. 3, caput, da LCA. Ademais, a jurisprudência do STF tem posicionamento consolidado acerca da possibilidade de responsabilização penal da pessoa jurídica por crimes ambientais entendendo a Suprema Corte, inclusive, pela prescindibilidade da dupla imputação, nos termos do art. 225, § 3º, da CRFB, conforme (STF, Primeira Turma. RE 548181/PR. RECURSO EXTRAORDINÁRIO. Relator(a) Min. ROSA WEBER. Julgamento em 06/08/2013. Publicação em DJe-213. DIVULG 29-10-2014. PUBLIC 30-10-2014);

A alternativa "D" está incorreta em razão da previsão do artigo 3º, parágrafo único, da Lei nº 9.605/98.

A alternativa "C" está errada, pois a proibição não é por tempo indeterminado. Nos termos do art. 10 da Lei n.º 9.605/98: "as penas de interdição temporária de direito são a proibição de o condenado contratar com o Poder Público, de receber incentivos fiscais ou quaisquer outros benefícios, bem como de participar de licitações, pelo prazo de cinco anos, no caso de crimes dolosos, e de três anos, no de crimes culposos" (sem destaque no original).

A alternativa "E" está incorreta, pois á previsão legal de liquidação forçada da pessoa jurídica, conforme art. 24 da LCA.

8) **Gabarito oficial: C**

Justificativa:

A assertiva "A" está errada, pois o art. 225, § 3º da CRFB/88, bem assim o art. 3º da Lei n.º 9.605/98 ressaltam a independência das esferas administrativa, civil e penal quanto à responsabilização ambiental, tampouco restringe a responsabilidade penal por crime ambiental à administração pública, trata-se de bens jurídicos diversos.

A "B" está errada, eis que há previsão constitucional acerca da responsabilização penal da pessoa jurídica por crime ambiental (art. 225, 3º, da CRFB/88). Ademais, o art. 3º da Lei n.º 9.605/98 prevê expressamente a responsabilidade penal da pessoa jurídica, sem que tal constitua imputação objetiva. Segundo entendimento do STF há necessidade de identificação dos setores e agentes internos da empresa determinantes da produção do fato ilícito (no caso concreto) "como forma de esclarecer se esses indivíduos ou órgãos atuaram ou deliberaram no exercício regular de suas atribuições internas à sociedade, e ainda para verificar se a atuação se deu no interesse ou em benefício da entidade coletiva. Tal esclarecimento, relevante para fins de imputar determinado delito à pessoa jurídica, não se confunde, todavia, com subordinar a responsabilização da pessoa jurídica à responsabilização conjunta e cumulativa das pessoas físicas envolvidas" (RE 548181/PR).

A assertiva "C" está correta, na medida em que se coaduna com a jurisprudência da Suprema Corte. Isso porque o STF tem posicionamento consolidado acerca da possibilidade de responsabilização penal da pessoa jurídica por crimes ambientais entendendo a Suprema Corte, inclusive, pela prescindibilidade da dupla imputação, nos termos do art. 225, § 3º, da CRFB, conforme (STF, Primeira Turma. RE 548181/PR. RECURSO EXTRAORDINÁRIO. Relator(a) Min. ROSA WEBER. Julgamento em 06/08/2013. Publicação em DJe-213. DIVULG 29-10-2014. PUBLIC 30-10-2014);

A alternativa "D" está incorreta, eis que, como dito, o STF firmou entendimento no precedente RE 548181/PR no sentido de que o art. 225, § 3º, da CRFB/88 não condiciona a responsabilização penal da pessoa jurídica por crimes ambientais à simultânea persecução penal da pessoa física em tese responsável no âmbito da empresa (dupla imputação).

9) Gabarito oficial: B

Justificativa:

a) Incorreta, pois o art. 225, § 3º da CR c.c. art. 3º da Lei n.º 9.605/98 prevê a independência das esferas administrativa, civil e penal.

b) Correta. Conforme o art. 10 da Lei n.º 9.605/98: "as penas de interdição temporária de direito são a proibição de o condenado contratar com o Poder Público, de receber incentivos fiscais ou quaisquer outros benefícios, bem como de participar de licitações, pelo prazo de cinco anos, no caso de crimes dolosos, e de três anos, no de crimes culposos".

c) Incorreta. Nos termos do art. 12 da Lei n.º 9.605/98: "a prestação pecuniária consiste no pagamento em dinheiro à vítima ou à entidade pública ou privada com fim social, de importância, fixada pelo juiz, não inferior a um salário mínimo nem superior a trezentos e sessenta salários mínimos. O valor pago será deduzido do montante de eventual reparação civil a que for condenado o infrator" (sem destaque no original).

d) Incorreta. Segundo o art. 19, parágrafo único, da Lei n.º 9.605/98: "a perícia produzida no inquérito civil ou no juízo cível poderá ser aproveitada no processo penal, instaurando-se o contraditório" (sem destaque no original).

e) Incorreta. De acordo com o art. 25, § 3º, da Lei n.º 9.605/98: "tratando-se de produtos perecíveis ou madeiras, serão estes avaliados e doados a instituições científicas, hospitalares, penais e outras com fins beneficentes" (sem destaque no original).

10) Gabarito oficial: A

Justificativa:

a) Correta. Nos termos do art. 13 da Lei n.º 9.605/98: "o recolhimento domiciliar baseia-se na autodisciplina e senso de responsabilidade do condenado, que deverá, sem vigilância, trabalhar, frequentar curso ou exercer atividade autorizada, permanecendo recolhido nos dias e horários de folga em residência ou em qualquer local destinado à sua moradia habitual, conforme estabelecido na sentença condenatória".

b) Incorreta. Nos termos do art. 10 da Lei n.º 9.605/98: "as penas de interdição temporária de direito são a proibição de o condenado contratar com o Poder Público, de receber incentivos fiscais ou quaisquer outros benefícios, bem como de participar de licitações, pelo prazo de cinco anos, no caso de crimes dolosos, e de três anos, no de crimes culposos" (sem destaque no original).

c) Incorreta. Consoante dispõe o art. 7º da lei n.º 9.605/98 ao prever que "as penas restritivas de direitos são autônomas e substituem as privativas de liberdade quando: I – tratar-se de crime culposo ou for aplicada a pena privativa de liberdade inferior a quatro anos" ou "II – a culpabilidade, os antecedentes, a conduta social e a personalidade do condenado, bem como os motivos e as circunstâncias do crime indicarem que a substituição seja suficiente para efeitos de reprovação e prevenção do crime" (sem destaque no original).

d) Incorreta. Conforme o art. 9º da Lei n.º 9.605/98 "a prestação de serviços à comunidade consiste na atribuição ao condenado de tarefas gratuitas junto a parques e jardins públicos e unidades de conservação, e, no caso de dano da coisa particular, pública ou tombada, na restauração desta, se possível" (sem destaque no original).

e) Incorreta. Tendo em vista o disposto no art. 12 da Lei n.º 9.605/98, ao dispor que "a prestação pecuniária consiste no pagamento em dinheiro à vítima ou à entidade pública ou privada com fim social, de importância, fixada pelo juiz, não inferior a um salário mínimo nem superior a trezentos e sessenta salários mínimos. O valor pago será deduzido do montante de eventual reparação civil a que for condenado o infrator" (sem destaque no original).

11) Gabarito oficial: D

Justificativa:

Das assertivas, aquela disposta na letra "d" é a única hipótese elencada não prevista no art. 15 da Lei de Crimes Ambientais, a saber: "Art. 15. São circunstâncias que agravam a pena, quando não constituem ou qualificam o crime: I - reincidência nos crimes de natureza ambiental; II - ter o agente cometido a infração: a) para obter vantagem pecuniária; b) coagindo outrem para a execução material da infração; c) afetando ou expondo a perigo, de maneira grave, a saúde pública ou o meio ambiente; d) concorrendo para danos à propriedade alheia; e) atingindo áreas de unidades de conservação ou áreas sujeitas, por ato do Poder Público, a regime especial de uso; f) atingindo áreas urbanas ou quaisquer assentamentos humanos; g) em período de defeso à fauna; h) em domingos ou feriados; i) à noite; j) em épocas de seca ou inundações; l) no interior do espaço territorial especialmente protegido; m) com o emprego de métodos cruéis para abate ou captura de animais; n) mediante fraude ou abuso de confiança; o) mediante abuso do direito de licença, permissão ou autorização ambiental; p) no interesse de pessoa jurídica mantida, total ou parcialmente, por verbas públicas ou beneficiada por incentivos fiscais; q) atingindo espécies ameaçadas, listadas em relatórios oficiais das autoridades competentes; r) facilitada por funcionário público no exercício de suas funções".

12) Gabarito oficial: A

Justificativa:

a) Correta. Em crimes ambientais, a competência em regra é da justiça estadual (comum), ressalvada a hipótese de configuração de lesão aos interesses, bens ou serviços da União, de suas entidades autárquicas ou empresas públicas, nos termos do artigo 109, inciso IV, da Constituição Federal.

b) Incorreta, eis que a responsabilidade civil, em matéria ambiental, é objetiva (sem necessidade de demonstração de culpa).

c) Incorreta, tendo em vista que militares das capitanias dos portos, por exemplo, também podem exercer poder de polícia - atividade fiscalizatória - em matéria ambiental, conforme disciplina o art. 70, § 1º, da Lei n.º 9.605/98. No mais, cabe ressaltar que o poder de polícia tem ainda teor preventivo (não somente punitivo).

d) Incorreta, na medida em que os princípios da proporcionalidade e da razoabilidade também são consentâneos com as diretrizes da Administração Pública, expresso no art. 2º Lei n.º 9.784/99.

13) Gabarito oficial: D

Justificativa:

a) Correta, nos termos do art. 4º da Lei n.º 9.605/1998 "poderá ser desconsiderada a pessoa jurídica sempre que sua personalidade for obstáculo ao ressarcimento de prejuízos causados à qualidade do meio ambiente";

b) Correta, conforme art. 14, I e IV, da Lei de Crimes Ambientais, a saber: "Art. 14. São circunstâncias que atenuam a pena (...) I – baixo grau de instrução ou escolaridade do agente (...) IV – colaboração com os agentes encarregados da vigilância e do controle ambiental".

c) Correta, consoante art. 22, § 3º, da Lei n.º 9.605/1998, a saber: "as penas restritivas de direitos da pessoa jurídica são (...) § 3º A proibição de contratar com o Poder Público e dele obter subsídios, subvenções ou doações não poderá exceder o prazo de dez anos".

d) Incorreta, eis que é possível a suspensão condicional da pena (*sursis*) nos casos de condenação à pena privativa de liberdade não superior a 3 anos (e não 2 anos), nos termos do art. 16 da Lei de Crimes Ambientais, ao disciplinar que "nos crimes previstos nesta Lei, a suspensão condicional da pena pode ser aplicada nos casos de condenação a pena privativa de liberdade <u>não superior a três anos</u>" (sem destaque no original).

14) Gabarito oficial: C

Justificativa:

A alternativa correta é a letra "C", eis que a Lei de Crimes Ambientais prevê, em seu art. 14 que: "são circunstâncias que atenuam a pena: I – baixo grau de instrução ou escolaridade do agente; <u>II – arrependimento do infrator, manifestado pela espontânea reparação do dano, ou limitação significativa da degradação ambiental causada;</u> III – comunicação prévia pelo agente do perigo iminente de degradação ambiental; IV – colaboração com os agentes encarregados da vigilância e do controle ambiental" (sem destaque no original). Logo, incorreta as demais assertivas pelos mesmos fundamentos.

14

DOS CRIMES CONTRA A ORDEM TRIBUTÁRIA

LEI Nº 8.137, DE 27 DE DEZEMBRO DE 1990

CAPÍTULO I
Dos Crimes Contra a Ordem Tributária

Seção I
Dos crimes praticados por particulares

Art. 1º Constitui crime contra a ordem tributária suprimir ou reduzir tributo, ou contribuição social e qualquer acessório, mediante as seguintes condutas: (Vide Lei nº 9.964, de 10/04/2000)

I - omitir informação, ou prestar declaração falsa às autoridades fazendárias;

II - fraudar a fiscalização tributária, inserindo elementos inexatos, ou omitindo operação de qualquer natureza, em documento ou livro exigido pela Lei Fiscal;

III - falsificar ou alterar nota fiscal, fatura, duplicata, nota de venda, ou qualquer outro documento relativo à operação tributável;

IV - elaborar, distribuir, fornecer, emitir ou utilizar documento que saiba ou deva saber falso ou inexato;

V - negar ou deixar de fornecer, quando obrigatório, nota fiscal ou documento equivalente, relativa a venda de mercadoria ou prestação de serviço, efetivamente realizada, ou fornecê-la em desacordo com a legislação.

Pena - reclusão de 2 (dois) a 5 (cinco) anos, e multa.

Parágrafo único. A falta de atendimento da exigência da autoridade, no prazo de 10 (dez) dias, que poderá ser convertido em horas em razão da maior ou menor complexidade da matéria ou da dificuldade quanto ao atendimento da exigência, caracteriza a infração prevista no inciso V.

Tipo Objetivo. Descreve-se a conduta daquele que reduz ou suprime tributo mediante a realização de qualquer uma das condutas descritas nos incisos.

Objeto Jurídico. A ordem tributária, a arrecadação dos tributos pelo Estado.

Tributo ou Contribuição. Em verdade, o tipo penal apresenta imperfeição técnica ao mencionar, no tipo objetivo, a supressão de "tributo ou contribuição", fazendo-nos crer que seriam coisas distintas, quando, na verdade, contribuição é espécie do gênero tributo.

Objeto Material. São os tributos e seus acessórios.

A Sonegação e a Apropriação Indébita de Contribuição Previdenciária. Embora também seja tributo, a sonegação de contribuição fiscal previdenciária não é objeto dos crimes da lei em estudo, mas dos crimes dos arts. 337-A e 168-A do Código Penal.

Sujeito Ativo do Crime do Art. 1º. O contribuinte.

Sujeito Passivo do Crime do Art. 1º. O Estado, a Fazenda Pública.

A Pessoa Jurídica e os Crimes Contra a Ordem Tributária. Pessoa jurídica não pratica crime contra a ordem tributária, pois, em nosso ordenamento jurídico, somente se reconhece capacidade penal para as pessoas jurídicas em crimes contra o meio ambiente, nos termos dos arts. 225, §3º da CF e art. 3º da Lei 9605 de 1998.

A Responsabilidade dos Sócios. Embora a pessoa jurídica não possa ser sujeito ativo de crime contra a ordem tributária, seus sócios, pessoas físicas, poderão perfeitamente sê-lo. Aqui, deve-se observar que, para que o sócio seja considerado sujeito ativo do crime, deverá ser comprovada sua efetiva participação na gestão da empresa, não bastando sua qualidade de sócio. É a orientação que nossa jurisprudência tem adotado com relação aos crimes societários, conforme julgado abaixo transcrito.

> A mera qualidade de sócio ou diretor de uma empresa, na qual se constatou a prática de sonegação fiscal, não autoriza que contra o mesmo diretor seja formulada uma acusação penal em juízo. (STJ-RSTJ 134/519).

A Denúncia por Crime Societário. Na hipótese de crime praticado em benefício de pessoa jurídica, sendo reconhecida a responsabilidade penal de seus sócios, a jurisprudência tem admitido, para viabilizar a deflagração de ação penal, que a denúncia seja genérica, sem a descrição pormenorizada da conduta de cada um deles, sendo necessário, porém, que se descreva uma vinculação mínima entre a conduta do agente e o delito praticado, o que possibilitará a ampla defesa. Assim, não basta demonstrar a sua qualidade de sócio. Neste sentido, a maioria dos julgados em nossos Tribunais Superiores:

> (...) 1. Nos crimes societários é prescindível a descrição minuciosa e detalhada das condutas de cada autor, bastando a descrição do fato

típico, das circunstâncias comuns, os motivos do crime e indícios suficientes da autoria ainda que sucintamente, a fim de garantir o direito à ampla defesa e contraditório. Precedentes: HC 118.891, Primeira Turma, Relator Min. Edson Fachin, DJe 20/10/2015, HC 116.781, Segunda Turma, Relator Min. Teori Zavascki, DJe 15/04/2014, HC 101.754, Segunda Turma, Relatora a Ministra Ellen Gracie, DJe 25/06/10. (...)3. O trancamento da ação penal por meio de habeas corpus é medida excepcional, somente admissível quando transparecer dos autos, de forma inequívoca, a inocência do acusado, a atipicidade da conduta ou a extinção da punibilidade. Precedentes: HC 101.754, Segunda Turma, Rel. Min. Ellen Gracie, DJ 24/06/10; HC 92.959, Primeira Turma, Rel Min. Carlos Britto, DJ 11/02/10. 4. In casu, os pacientes foram denunciados pela prática, em continuidade delitiva, do crime tributário previsto no artigo 1º, II, da Lei nº 8.137/90, em virtude de haverem fraudado a fiscalização tributária, omitindo receita relativa a saídas de mercadorias tributadas em documento exigido pela lei fiscal, creditando-se, indevidamente, do ICMS incidente sobre tais operações, o que teria resultado em prejuízo à Fazenda Estadual superior a 2 (dois) milhões de reais. 5. A competência originária do Supremo Tribunal Federal para conhecer e julgar habeas corpus está definida, exaustivamente, no artigo 102, inciso I, alíneas d e i, da Constituição da República, sendo certo que o paciente não está arrolado em qualquer das hipóteses sujeitas à jurisdição desta Corte. 6. Agravo regimental desprovido. (HC 136822 AgR. Primeira Turma Relator(a): Min. LUIZ FUX Julgamento: 09/12/201

[...] 1. Especificamente sobre os crimes societários e de autoria coletiva, a orientação desta Corte Superior preleciona que, "embora não possa ser de todo genérica, a denúncia é válida quando demonstra um liame entre o agir dos sócios ou administradores e a suposta prática delituosa, apesar de não individualizar pormenorizadamente as atuações de cada um deles, o que estabelece a plausibilidade da imputação e possibilita o exercício da ampla defesa, cumprindo o contido no artigo 41 do Código Penal." (AgRg no RHC 81.346/SP, Rel. Ministro JORGE MUSSI, QUINTA TURMA, julgado em 12/2/2019, DJe 18/2/2019). [...] Por ora, tem-se que a denúncia é apta a dar início à persecução penal e garantir o exercício da ampla defesa aos denunciados. 4. Agravo regimental improvido. (AgRg no RHC 119.025/SP, Rel. Ministro RIBEIRO DANTAS, QUINTA TURMA, julgado em 10/12/2019, DJe 17/12/2019)

[...] 5. A mera participação no quadro societário como sócio-gerente não pode significar a automática, ou mecânica, responsabilização criminal, porquanto não se pode presumir a responsabilidade criminal daquele que se acha no contrato social como sócio-gerente, devido apenas a essa condição, pois tal increpação mecânica ou linear acarretaria a aplicação de inadmissível figura de responsabilidade penal objetiva. [...] (AP nº 516/DF, Rel. Min. Ayres Britto. Revisor: Min. Joaquim Barbosa, j. 27/09/2010. Tribunal Pleno).

[...] 2. Nos chamados crimes societários, embora a vestibular acusatória não possa ser de todo genérica, é válida quando, apesar de não descrever minuciosamente as atuações individuais dos acusados, demonstra um liame entre o seu agir e a suposta prática delituosa, caracterizado pela condição de sócios ou administradores da empresa, estabelecendo a plausibilidade da imputação e possibilitando o exercício da ampla defesa, caso em que se consideram preenchidos os requisitos do art. 41 do Código de Processo Penal(...) (STJ. HC nº 194.694/SP, Rel. Min. Jorge Mussi. 5ª Turma. j. 16/02/2012).

Diretores e teoria do domínio do fato. Em julgado veiculado no INFORMATIVO Nº 866 do STF, analisou-se hipótese em que o Ministério Público havia denunciado o diretor de uma empresa pela prática de crime contra a ordem tributária, destacando que, na condição de diretor da empresa, o mesmo teria domínio do fato e, por consequência, o poder de determinar e de fazer com que seus empregados contratados executassem o ato. O STF determinou o trancamento da ação penal, decidindo que não se pode invocar tão somente a teoria do domínio do fato para imputar crime fiscal ao diretor de empresa.

TÍTULO. Crime societário, individualização da conduta e teoria do domínio do fato. A Segunda Turma, por unanimidade, concedeu ordem em "habeas corpus" para trancar ação penal envolvendo ex-diretores de empresa de telefonia por crimes contra a Fazenda Pública [art. 1º, II (1), da Lei 8.137/1990 c/c. art. 71 (2) do Código Penal]. De acordo com a denúncia, os impetrantes, com domínio dos fatos na administração da sociedade anônima, teriam fraudado a Fazenda Pública de Pernambuco por meio da inserção de elementos inexatos em livros fiscais. Créditos tributários supostamente inexistentes teriam sido destacados em notas fiscais de aquisição de serviços de telecomunicações para reduzir o valor do Imposto sobre Circulação de Mercadorias e Serviços (ICMS). Além disso, os acusados não apenas detinham poder para decidir sobre a ilicitude, como também para persuadir os funcionários contratados a executarem o ato, sendo responsáveis pela ocorrência da redução do tributo. O ministro Ricardo Lewandowski (relator) asseverou que não se pode invocar a teoria do domínio do fato, pura e simplesmente, sem nenhuma outra prova, citando de forma genérica os diretores estatutários da empresa, espalhados pelo Brasil, para lhes imputar um crime fiscal que teria sido supostamente praticado no Estado-membro. (...) Ressaltou que, no caso, a acusação feita aos pacientes deriva apenas dos cargos por eles ocupados na empresa de telefonia, estando ausente descrição mínima dos supostos atos ilícitos por eles praticados. (...) HC 136250/PE, rel. Min. Ricardo Lewandowski, julgamento em 23.5.2017.

Não caracterização de prisão por dívida. O STF, em repercussão geral, reafirmou que os crimes previstos na lei em estudo não podem ser considerados hipótese de prisão por dívida e, assim, não violam a CRFB/88.

> PENAL E CONSTITUCIONAL. CRIMES PREVISTOS NA LEI 8.137/1990. PRISÃO CIVIL POR DÍVIDA. OFENSA AO ART. 5º, LXVII, DA CONSTITUIÇÃO. NÃO OCORRÊNCIA. REPERCUSSÃO GERAL RECONHECIDA. CONFIRMAÇÃO DA JURISPRUDÊNCIA. RECURSO EXTRAORDINÁRIO DESPROVIDO. I - O Tribunal reconheceu a existência de repercussão geral da matéria debatida nos presentes autos, para reafirmar a jurisprudência desta Corte, no sentido de que a os crimes previstos na Lei 8.137/1990 não violam o disposto no art. 5º, LXVII, da Constituição. II - Julgamento de mérito conforme precedentes. III - Recurso extraordinário desprovido.(ARE 999425 RG / SC - REPERCUSSÃO GERAL NO RECURSO EXTRAORDINÁRIO COM AGRAVO Relator(a): Min. RICARDO LEWANDOWSKI Julgamento: 02/03/2017. Órgão Julgador: Tribunal Pleno - meio eletrônico).

> AGRAVO REGIMENTAL. RECURSO EXTRAORDINÁRIO COM AGRAVO. OFENSA REFLEXA. ACÓRDÃO RECORRIDO EM CONSONÂNCIA COM A JURISPRUDÊNCIA DO SUPREMO TRIBUNAL FEDERAL. AGRAVO REGIMENTAL DESPROVIDO. 1. O Tribunal de origem, mediante análise e interpretação do art. 2º, II, da Lei 8.137/1990, afastou a tese da atipicidade da conduta. Trata-se de matéria situada no contexto normativo infraconstitucional, de forma que eventuais ofensas à Constituição seriam meramente indiretas (ou mediatas), o que inviabiliza o conhecimento do referido apelo. 2. Esta CORTE manifestou-se no sentido de que os crimes contra ordem tributária não violam o disposto no art. 5º, LXVII, da Constituição (ARE 999.425 RG/SC, Rel. Min. RICARDO LEWANDOWSKI, Dje 16/03/2017, Tema 937). 3. Agravo Regimental a que se nega provimento.(ARE 1235965 AgR / SP - SÃO PAULO AG.REG. NO RECURSO EXTRAORDINÁRIO COM AGRAVO Relator(a): Min. ALEXANDRE DE MORAES Julgamento: 05/11/2019. Órgão Julgador: Primeira Turma)

Tipo Subjetivo. É o dolo, não havendo modalidade culposa do crime em comento, nem de qualquer outro previsto nessa lei.

Guerra fiscal do ICMS e ausência de dolo. No contexto da chamada "guerra fiscal" entre os Estados da Federação, não se pode imputar a prática de crime contra a ordem tributária ao contribuinte que, não se valendo de artifícios fraudulentos para reduzir ou suprimir o pagamento dos tributos, recolhe o Imposto sobre Circulação de Mercadorias e Serviços ICMS segundo o princípio da não-cumulatividade.

(...) No caso, consta dos autos que os recorrentes estão sendo investigados pela suposta prática do delito tipificado no art. 1°, I, da Lei n. 8.137/1993, quando teriam sido autuados em 30/11/2009, pela empresa Cambuci, em razão de supostos créditos indevidos de ICMS, nos meses de novembro e de dezembro de 2004, em decorrência da não apresentação das notas fiscais emitidas pelo estabelecimento filial situado em Brasília/DF e escrituradas no livro de registro de entradas. 6. Como é cediço, o crime previsto no art. 1º, inciso I, da Lei 8.137/1990 exige o elemento subjetivo doloso para a sua configuração, consistente na efetiva vontade de fraudar o fisco, mediante omissão ou declaração falsa às autoridades fazendárias, com o fim de suprimir ou reduzir tributo ou contribuição social. 7. A hipótese dos autos retrata a situação da chamada "**guerra fiscal**" entre os entes federados, em que a concessão de benefício **fiscal** por um ente federativo ocorre sem amparo em convênio entre os Estados e o Distrito Federal, no âmbito do CONFAZ. 8. Nesse contexto, o creditamento de ICMS realizado pelo contribuinte, com base em benefício **fiscal** previsto em lei vigente, utilizando-se de lançamentos exatos, afasta o dolo necessário para a configuração do ilícito previsto no art. 1º, inciso I, da Lei n. 8.137/1990, pois, nessa hipótese, não há falar em meio fraudulento para reduzir ou suprimir tributos. Precedentes. 9. Em casos tais, embora os fatos possam ensejar a condenação na esfera tributária e a imposição do pagamento de tributo, não se configura nenhum crime contra a ordem tributária, já que ausente o dolo do agente, que deixou de pagar o tributo com fundamento em benefício **fiscal** cuja legalidade deve ser resolvida pelo Supremo Tribunal Federal, que, inclusive, já reconheceu a repercussão geral da matéria. 10. Assim, as operações supostamente realizadas não são capazes, por si sós, de configurar a prática de crime contra a ordem tributária, uma vez que, além de não se amoldarem à infração penal prevista no art. 1º, I, da Lei n. 8.137/1990, inexiste previsão legal de crime contra a ordem tributária que abranja a operação em questão, configurando, no máximo, a ocorrência de um débito tributário. 11. Recurso em habeas corpus provido para, reconhecendo a ausência de justa causa, trancar o andamento do Inquérito Policial n. 0044671-41.2012.8.26.0050. (RHC 93168 / SP. **Relator(a)** Ministro SEBASTIÃO REIS JÚNIOR. SEXTA TURMA**. Data do Julgamento** ,05/03/2020, DJe 12/03/2020)

Momento Consumativo. No art. 1º, estamos diante de crime material, cuja consumação dependerá da superveniência do resultado típico, qual seja, a efetiva supressão ou diminuição do tributo, que somente se positivará, na hipótese dos incisos I a IV, com o lançamento definitivo do tributo. Quanto ao tema, hoje temos a Súmula Vinculante nº 24 do STF:

> Não se tipifica crime material contra a ordem tributária, previsto no art. 1º, incisos I a IV, da Lei nº 8.137/1990, antes do lançamento definitivo do tributo.

O crime do art. 1º, V, nas modalidades omissivas, se consuma no momento em que o agente finaliza a operação de venda ou prestação de serviço e não emite a nota fiscal ou documento equivalente. Na modalidade comissiva, descrita na parte final, a consumação se dará na entrega da nota emitida em desacordo com a legislação.

> A consumação do crime previsto no parágrafo único do art. 1º da Lei n. 8.137/1990 ocorre com a simples inobservância à exigência da autoridade fiscal.
>
> (...) 1. A falta de atendimento da exigência feita pela autoridade fiscal, para que seja apresentada a documentação solicitada, é o que basta para a configuração do crime previsto no parágrafo único do art. 1º da Lei n. 8.137/1990. A consumação do crime ocorre com a simples inobservância à exigência da autoridade fiscal (falta de atendimento dessa exigência) (ut, HC 241.770/RJ, Rel. Ministro ROGERIO SCHIETTI CRUZ, Sexta Turma, DJe 29/06/2016). (STJ - AgRg no AREsp: 1126039 SP 2017/0161307-9, Relator: Ministro REYNALDO SOARES DA FONSECA, Data de Julgamento: 21/11/2017, T5 - QUINTA TURMA, Data de Publicação: DJe 29/11/2017)

Admissibilidade da Tentativa. Quanto aos crimes do art. 1º, I a IV, materiais, admitiriam tentativa. Entretanto, face ao disposto na Súmula Vinculante nº 24, que condiciona a sua tipificação ao lançamento definitivo do tributo, não há possibilidade de tentativa. A súmula não exige, como querem alguns, o lançamento definitivo para a consumação ou mesmo para a punição da figura típica. Ao contrário, exige o lançamento para a tipificação. Assim, ou haverá o lançamento definitivo e haverá crime consumado, ou não haverá o lançamento e estaremos diante de conduta atípica, um indiferente penal. Não há portanto, possibilidade de tentativa.

O crime do art. 1º, V, não admitirá tentativa nas modalidades omissivas, por se tratar de crime omissivo próprio. Na modalidade comissiva, por ser crime plurissubsistente e admitir o fracionamento do seu iter executório, haverá, em tese, a possibilidade de reconhecimento do *conatus*, quando, por exemplo, o agente iniciar a elaboração do documento, mas não conseguir, por razões alheias à sua vontade, emiti-lo.

Na figura típica do parágrafo único, omissivo próprio, não caberá tentativa.

O Descaminho como Crime Contra a Ordem Tributária Previsto no Código Penal. A conduta prevista no art. 334 do Código Penal, em que o agente exporta ou importa mercadorias, iludindo, no todo ou em parte, o pagamento de tributo devido pela entrada ou saída da mercadoria, é crime contra a ordem tributária, embora não esteja na lei em comento.

O Falso para a Prática de Crime Contra a Ordem Tributária. A Relação Entre o Crime Contra a Ordem Tributária e o Crime de Falso. Na grande maioria das vezes, o crime contra a ordem tributária é praticado através de falsidade material ou ideológica, hipótese em que será o crime de falso absorvido pelo crime contra a ordem tributária, em virtude da aplicação do princípio da consunção, se o falso se exaurir no crime tributário, sem maior potencialidade lesiva. Assim, somente haverá absorção quando a falsidade tiver sido usada como meio necessário à prática do crime contra a ordem tributária e tendo no último a sua única finalidade. A relação consuntiva, entretanto, não ocorrerá se o crime de falso não esgotar sua potencialidade lesiva nos crimes contra a ordem tributária, podendo o documento falsificado ser usado para a prática de outros delitos. Em casos tais, o agente poderá responder pelo crime contra a ordem tributária cumulado com o crime de falsidade. Neste sentido, atentemos para o julgado abaixo transcrito:

> "Cabe ressalvar que, ainda que os crimes de uso de documento falso e falsidade ideológica sejam cometidos com o intuito de sonegar o tributo, a aplicação do princípio da consunção somente tem lugar nas hipóteses em que os crimes meio não extrapolem os limites da incidência do crime fim. Aplica-se, assim, *mutatis mutandis*, o comando da Súmula 17 do STJ (*Quando o falso se exaure no estelionato, sem mais potencialidade lesiva, é por este absorvido*). (EREsp 1.154.361-MG, Terceira Seção, Rel. Min. Laurita Vaz, julgado em 26/2/2014)
>
> (...) Este Superior Tribunal entende que, nas hipóteses em que a finalidade do falso é a sonegação fiscal, é aquele considerado como meio de exclusiva supressão do pagamento de tributo, configurando hipótese de absorção do crime meio pelo crime final de sonegação tributária. 2. Não se vislumbra, contudo, constrangimento ilegal, notadamente porque, diante da possibilidade de eventual absorção da infração penal, determinou-se a suspensão do curso da ação penal no que toca a todos os denunciados, até definição sobre a constituição do crédito tributário inerente à suposta sonegação referida na denúncia. 3. Recurso em habeas corpus improvido.(STJ - RHC: 82025 SC 2017/0055320-5, Relator: Ministro NEFI CORDEIRO, Data de Julgamento: 11/12/2018, T6 - SEXTA TURMA, Data de Publicação: DJe 17/12/2018)

Essa orientação já é antiga no Supremo Tribunal Federal, conforme se verifica do julgado abaixo, referente à alteração fraudulenta de contrato social para fins de iludir o Fisco.

> INQUÉRITO POLICIAL. Investigação sobre prática de delito de falsificação de documento público e de crime contra a ordem tributária. Arts. 297 do CP e 2º, I, da Lei nº 8.137/1990. Sociedade comercial. Alteração fraudulenta do contrato social. Absorção do crime de falso

> pelo delito tributário, cuja punibilidade foi extinta com o pagamento do tributo. Inadmissibilidade. Potencialidade lesiva da alteração contratual, como meio da prática eventual doutros crimes, tributários ou não. HC denegado. O delito de falsificação de contrato social não é, em tese, absorvido por crime contra a ordem tributária, ainda que tenha servido de meio para sua prática (STF, HC nº 91.542/RJ, Rel. Min. Cezar Peluso, j. 18/09/2007. 2ª Turma).

Crime de falso ser praticado como meio necessário para o crime contra a ordem tributária, sendo apresentado posteriormente à prática do delito contra a ordem tributária. A questão é controvertida. Reconhecendo o crime de falso como delito autônomo, afastando-se a aplicação do princípio da consunção, já decidiu o STJ:

> CONSUNÇÃO ENTRE OS CRIMES DE SONEGAÇÃO FISCAL E DE FALSIFICAÇÃO E USO DE DOCUMENTO FALSO. DELITOS AUTÔNOMOS. PRINCÍPIOS DA ABSORÇÃO OU DA ESPECIALIDADE. INAPLICABILIDADE. 1. Os crimes de falso somente são absorvidos pelo crime de sonegação fiscal quando constitui meio/caminho necessário para a sua consumação. 2. No caso, a apresentação posterior do documento falso, com o fim de se assegurar a impunidade do crime de sonegação fiscal, denota a autonomia das condutas. 3. Afastada a aplicação do princípio da consunção ou da especialidade. (AgRg no REsp 1717036/PE, Rel. Ministro JORGE MUSSI, QUINTA TURMA, julgado em 23/08/2018, DJe 31/08/2018)

Contudo, havia decisão naquela Corte em sentido contrário, reconhecendo que crime de sonegação fiscal absorve o de falsidade ideológica e o de uso de documento falso praticados posteriormente àquele unicamente para assegurar a evasão fiscal:

> "(...)Após evolução jurisprudencial, o STJ passou a considerar aplicável o princípio da consunção ou da absorção quando os crimes de uso de documento falso e falsidade ideológica - crimes meio - tiverem sido praticados para facilitar ou encobrir a falsa declaração, com vistas à efetivação do pretendido crime de sonegação fiscal - crime fim -, localizando-se na mesma linha de desdobramento causal de lesão ao bem jurídico, integrando, assim, o *iter criminis* do delito fim."(EREsp 1.154.361-MG, Rel. Min. Laurita Vaz, julgado em 26/2/2014)

A Falsificação de Documento de Arrecadação Fiscal e a Responsabilização Penal pelo Falso Cumulado com o Crime Contra a Ordem Tributária. O STJ já reconheceu concurso de crime na hipótese do agente praticar crime contra a ordem tributária e, após, falsificar autenticação mecânica em DARF, objetivando simular o pagamento do valor declarado a menor. Entendeu a Corte que a falsidade descrita no art. 293, I, do Código Penal é delito autônomo. Reconhecido o concurso de crimes, eventual extinção da punibilidade do crime tributário pelo pagamento do valor sonegado não se estende ao crime de falso. A decisão neste sentido foi veiculada no Informativo nº 387 do sodalício.

> Trata-se de *Habeas Corpus* em que o paciente (despachante aduaneiro e sócio-gerente de uma empresa que, à época, prestava serviços a uma outra) pretende o trancamento de inquérito policial em curso ao argumento de que resta extinta a punibilidade em face do suposto pagamento do débito fiscal efetuado por aquela empresa para a qual prestava serviços, bem como ausência de justa causa, entre outras questões. A Turma denegou a ordem, por entender que a conduta investigada, falsificação de documentos de arrecadação fiscal (DARF), eventualmente atribuível ao paciente, é autônoma em relação ao delito de sonegação fiscal, este sim imputável aos sócios-gerentes da empresa em questão (HC nº 36.549-SP, Rel. Min. Og Fernandes, j. 19/03/2009).

Competência na hipótese de falsificação de documento de arrecadação de receita federal. O STJ já entendeu que, no caso de ter sido falsificado o documento de recolhimento de tributo, se tiver sido posteriormente recolhido de forma regular, não se poderá falar em lesão ao Fisco Federal e, consequentemente, não haveria motivos para fixação da competência na Justiça Federal.

> "A sociedade empresária apresentou à Receita Federal guias DARF para comprovar o pagamento de receitas federais. Contudo, não existia, na Receita, qualquer registro da correspondente arrecadação, e o banco no qual se alega feito o pagamento negou serem suas as autenticações mecânicas existentes nos documentos. Por isso, houve a instauração de inquérito para apurar a suposta prática de crime de falsificação de papéis públicos (art. 293, V e § 1º, I, do CP). Diante do fato de que o contribuinte fez novo recolhimento dos tributos, constata-se não haver qualquer lesão à Receita Federal que possa impor a competência da Justiça Federal. Assim, em similitude à Súm. n. 107-STJ, fixou-se a competência da Justiça estadual. Precedentes citados: CC 103.269-SP, DJe 20/5/2010, e CC 37.933-SP, DJ 23/6/2003.(CC 110.529-SP, Terceira Seção, Rel. Min. Maria Thereza de Assis Moura, julgado 9/6/2010)

A Duplicata Falsa e os Crimes Contra a Ordem Tributária. A hipótese do inciso III não deve ser confundida com o crime do art. 172 do Código Penal, que descreve a duplicata simulada. O crime do art. 172 é crime contra o patrimônio e, nele, emite-se duplicata sem que tenha havido a operação referida, embora não se exija comprovação de nenhum prejuízo para que reste caracterizado, eis que se trata de crime formal, ao passo que, no crime em estudo, que se presta à tutela da ordem tributária, a operação ocorreu, mas não foi lavrada a duplicata referente à operação efetivada, reduzindo-se ou suprimindo-se tributo.

> RECURSO ESPECIAL. PENAL. DUPLICATA SIMULADA. ARTIGO 172 DO CÓDIGO PENAL. REDAÇÃO DADA PELA LEI Nº 8.137/90. AUSÊNCIA DE EFETIVA VENDA DE BENS. CONDUTA TÍPICA. PRECEDENTES DO SUPERIOR TRIBUNAL DE JUSTIÇA E DO SUPREMO TRIBUNAL FEDERAL. O delito de duplicata simulada, previsto no artigo 172 do Código Penal, com redação dada pela Lei nº 8.137, de 27.12.1990, configura-se quando o agente emite duplicata que não corresponde à efetiva transação comercial, sendo típica a conduta ainda que não haja qualquer venda de mercadoria ou prestação de serviço.(REsp 1267626 PR, Sexta Turma, Rel. Min Maria Thereza de Assis Moura, Julg em 05/12/2013)

A Aplicação do Princípio da Insignificância. Perfeitamente possível aplicação do referido princípio em se tratando de crime contra a Ordem tributária. Neste sentido, o STF e o STJ têm fixado como valor para aferição da insignificância o valor mínimo fixado para a propositura da ação fiscal. Tais valores são fixados em Portaria da Fazenda Nacional, como disposto no artigo 20 da Lei nº 10.522 de 2002.

> Art. 20. Serão arquivados, sem baixa na distribuição, por meio de requerimento do Procurador da Fazenda Nacional, os autos das execuções fiscais de débitos inscritos em dívida ativa da União pela Procuradoria-Geral da Fazenda Nacional ou por ela cobrados, de valor consolidado igual ou inferior àquele estabelecido em ato do Procurador-Geral da Fazenda Nacional. (Redação dada pela Lei nº 13.874, de 2019)

De acordo com a Portaria MF nº 75, de 22 de março de 2012, que dispõe, entre outras matérias, sobre o não ajuizamento de execuções fiscais de débitos com a Fazenda Nacional, o valor consolidado passou a ser igual ou inferior a R$ 20.000,00 (vinte mil reais), revogando-se a Portaria MF nº 49, de 2004. Sendo o valor do debito tributário inferior ao fixado, permite-se o arquivamento, sem baixa na distribuição. De acordo com o art. 20, § 1º da Lei nº 10.522, de 2002, os autos de execução serão, todavia, reativados quando os valores dos débitos ultrapassarem os limites indicados.

Por outro lado, o art. 7º, I, da Portaria MF nº 75/2012 determina que serão cancelados os débitos inscritos na Dívida Ativa da União quando o valor consolidado remanescente for igual ou inferior a R$ 100,00. Tal procedimento é o mesmo previsto no art. 18, §1º, da Lei nº 10.522, de 2002.

As Cortes Superiores passaram a adotar entendimento de que, se o fato não gera reflexos no âmbito administrativo, não pode gerar reflexos no âmbito penal, sendo insignificante a sonegação de valores abaixo do exigido para a propositura da ação fiscal. Assim, por ausência de tipicidade material, a conduta não poderá ser considerada típica se houver débito igual ou inferior a R$20.000,00 (vinte mil reais). Esse entendimento, porém, não vem sendo adotado pelo Pretório Excelso com relação aos crimes de contrabando e descaminho, como veremos adiante.

Contudo, discordando da orientação da Corte, reiteramos posicionamento já adotado em edições anteriores.

A possibilidade de o Procurador da Fazenda Nacional pleitear temporariamente o arquivamento do executivo fiscal, nos termos da Lei 10522 de 2002, não autoriza, por si só, a conclusão de tratar-se de crime de bagatela. Embora não tenhamos dúvidas acerca da possibilidade de aplicação do princípio da insignificância aos crimes contra a ordem tributária, consideramos de todo equivocado o entendimento de que o critério para sua aferição seja o valor mínimo estabelecido para a propositura das execuções fiscais.

A nosso sentir, é frágil o argumento de que, não podendo gerar reflexos administrativos, o débito inferior àquele também não poderia gerar reflexos penais.

A uma, porque não é verdadeira a assertiva de que um débito igual ou inferior não produza reflexos na esfera administrativa. Se houver inscrição em dívida ativa de valor igual ou inferior, o contribuinte em nome do qual o débito estiver inscrito não conseguirá, por exemplo, obter empréstimo ou financiamento junto a uma empresa pública enquanto não quitar sua dívida com a Fazenda. Outrossim, o não ajuizamento dos valores até R$ 20.000,00 implica, necessariamente, na adoção de outros meios de cobrança mais econômicos para créditos tais. O Procurador-Geral da Fazenda Nacional poderá autorizar, em sua área de competência, outras formas de cobrança extrajudicial envolvendo créditos de qualquer montante, inscritos em Dívida Ativa da União, especialmente com o fito de assegurar a cobrança dos valores até de R$ 20.000,00.

A duas, porque a lei não autoriza a conclusão de que o valor seja insignificante, tampouco diz que será "perdoado" ou "esquecido". O que, na verdade, ocorre é o arquivamento dos autos de execuções fiscais de débitos inscritos como Dívida Ativa da União, sendo reativados, entretanto, quando o valor dos referidos débitos ultrapassar os limites indicados.

Dúvidas não temos de que o melhor entendimento é adotar o valor estabelecido, segundo as regras da Fazenda, para o cancelamento do débito, devendo-se entender, desta feita, insignificante a conduta daquele que suprimisse ou reduzisse tributos até aquele valor, atualmente fixado em R$ 100,00 (cem reais).

Reincidência. O STF, mesmo quando trata de valores inferiores ao estabelecido como mínimo para a propositura da execução fiscal, tende a não aplicar o princípio da bagatela quando se tratar de pessoa reincidente na prática dos crimes contra a ordem tributária ou, ainda que não reincidente, não preencha os requisitos que a Corte exige para o reconhecimento do princípio, quais sejam, (a) mínima ofensividade da conduta do agente, (b) nenhuma periculosidade social da ação, (c) grau reduzido de reprovabilidade do comportamento, e (d) inexpressividade da lesão jurídica provocada.

> EMENTA AGRAVO REGIMENTAL NO HABEAS CORPUS. DIREITO PENAL. DESCAMINHO. VALOR INFERIOR AO ESTIPULADO PELO ART. 20 DA LEI 10.522/2002. PRINCÍPIO DA INSIGNIFICÂNCIA. HABITUALIDADE DELITIVA. REPROVABILIDADE DA CONDUTA. 1. A

pertinência do princípio da insignificância deve ser avaliada considerando os aspectos relevantes da conduta imputada. 2. A habitualidade delitiva revela reprovabilidade suficiente a afastar a aplicação do princípio da insignificância (ressalva de entendimento da Relatora). Precedentes. 3. Agravo regimental conhecido e não provido. (133956 AgR / PR - PARANÁ Relator(a): Min. ROSA WEBER. Julgamento: 21/06/2016. Órgão Julgador: Primeira Turma)

AGRAVO REGIMENTAL NO HABEAS CORPUS. PENAL E PROCESSUAL PENAL. CRIME DE CONTRABANDO OU DESCAMINHO. ARTIGO 334, § 1º, C E D, DO CÓDIGO PENAL (REDAÇÃO ANTERIOR). HABEAS CORPUS SUBSTITUTIVO DE RECURSO EXTRAORDINÁRIO. INADMISSIBILIDADE. COMPETÊNCIA DO SUPREMO TRIBUNAL FEDERAL PARA JULGAR HABEAS CORPUS: CRFB/88, ART. 102, I, D E I. HIPÓTESE QUE NÃO SE AMOLDA AO ROL TAXATIVO DE COMPETÊNCIA DESTA SUPREMA CORTE. VALOR INFERIOR AO PREVISTO NO ARTIGO 20 DA LEI N.º 10.522/2002. PORTARIAS N.º 75 E 130/2012 DO MINISTÉRIO DA FAZENDA. REITERAÇÃO DELITIVA. COMPROVAÇÃO. INVIABILIDADE DO RECONHECIMENTO DO PRINCÍPIO DA INSIGNIFICÂNCIA. AGRAVO REGIMENTAL A QUE SE NEGA PROVIMENTO. 1. O delito de descaminho reiterado e figuras assemelhadas impede o reconhecimento do princípio da insignificância, ainda que o valor apurado esteja dentro dos limites fixados pela jurisprudência pacífica desta Corte para fins de reconhecimento da atipicidade. (...) Ainda consta comprovado nos autos que a paciente é contumaz na prática do delito de descaminho (...). (HC 129149 AgR / MG. Relator(a): Min. LUIZ FUX Julgamento: 21/10/2016 Órgão Julgador: Primeira Turma)

(...) A jurisprudência do Supremo Tribunal Federal firmou orientação no sentido de que a reiteração delitiva impede a adoção do princípio da insignificância penal, em matéria de crime de descaminho. Precedentes. (...) (HC 137749 AgR / PR. 1a Turma. Relator(a): Min. ROBERTO BARROSO..Julgamento: 02/05/2017)

(...)2. A habitualidade delitiva constitui motivação idônea a afastar a aplicação do princípio da insignificância, desde que, sopesada com juízo conglobante à luz dos elementos do caso concreto, resulte em maior reprovabilidade da conduta. Precedentes. 3. No caso em análise, apesar de a acusação afirmar que o denunciado faz da prática do crime de descaminho seu meio de vida e sustento, esse dado não foi analisado pelas instâncias ordinárias, que consideraram como critério único, a justificar a insignificância da conduta, tão somente o valor dos tributos, em tese, sonegados, sem qualquer consideração a respeito dos aspectos subjetivos do agente. Tal posição não se alinha à jurisprudência desta Suprema Corte. 4. Agravo regimental desprovido. (HC 147513 AgR, Relator(a): Min. EDSON FACHIN, Segunda Turma, julgado em 02/10/2018, PROCESSO ELETRÔNICO DJe-220 DIVULG 15-10-2018 PUBLIC 16-10-2018)

Art. 20 da Lei nº 10.522/2002, as Portarias 75 e 130 e tributos estaduais e municipais. O STJ, nos autos do HC 165.003/SP, havia consolidado o entendimento de que os valores estabelecidos como mínimo para a propositura das execuções fiscais pela Fazenda Nacional não se aplicam a delitos concernentes a tributos que não sejam da competência da União, ressaltando que a arrecadação da Fazenda Nacional não se equipara a dos demais entes federativos, frisando, ainda, que um dos requisitos indispensáveis à aplicação do princípio da insignificância é a inexpressividade da lesão jurídica provocada, que pode se alterar de acordo com o sujeito passivo.

> (...) 4. Para a aplicação do referido entendimento aos tributos que não sejam da competência da União, seria necessária a existência de lei estadual no mesmo sentido, até porque à arrecadação da Fazenda Nacional não se equipara a das Fazendas estaduais. Precedentes e doutrina. (...) 6. Um dos requisitos indispensáveis à aplicação do princípio da insignificância é a inexpressividade da lesão jurídica provocada, que pode se alterar de acordo com o sujeito passivo, situação que reforça a impossibilidade de se aplicar referido entendimento de forma indiscriminada à sonegação dos tributos de competência dos diversos entes federativos da União. 7. Habeas corpus não conhecido.(STJ - HC: 165003 SP 2010/0043289-2, Relator: Ministro SEBASTIÃO REIS JÚNIOR, Data de Julgamento: 20/03/2014, T6 - SEXTA TURMA, Data de Publicação: DJe 22/04/2014)

Porém, em junho de 2020, a Terceira Seção do Superior Tribunal de Justiça (STJ) estendeu ao âmbito estadual o entendimento firmado no Tema 157 dos recursos repetitivos – de que incide o princípio da insignificância nos crimes tributários federais e de descaminho quando o valor dos tributos não recolhidos não ultrapassa o limite de R$ 20 mil, trancando ação penal contra um contribuinte de São Paulo acusado de sonegar R$ 4.813,11 em ICMS – imposto de competência estadual. Segue abaixo transcrita a ementa:

> HABEAS CORPUS - CRIME CONTRA A ORDEM TRIBUTÁRIA - ATIPICIDADE - PRINCÍPIO DA INSIGNIFICÂNCIA. ICMS. TRIBUTO ESTADUAL. LEIS ESTADUAIS REGULANDO A MATÉRIA. ADOÇÃO DO MESMO PARÂMETRO DEFINIDO PELO STJ NO RECURSO ESPECIAL REPRESENTATIVO DE CONTROVÉRSIA N. 1.112.748. POSSIBILIDADE. JULGAMENTO AFETADO EM RAZÃO DA MATÉRIA À TERCEIRA SEÇÃO. CONSTRANGIMENTO ILEGAL MANIFESTO. HABEAS CORPUS NÃO CONHECIDO. ORDEM CONCEDIDA DE OFÍCIO. 1. Questão de ordem acolhida, por maioria, para não conhecer do habeas corpus por não ser sucedâneo do recurso ordinário. 2. Manifesta a existência do constrangimento ilegal. Ainda que a incidência do princípio da insignificância aos crimes tributários federais e de descaminho, quando o débito tributário verificado não ultrapassar o limite de R$ 20.000,00, tenha aplicação somente aos tributos de competência

da União, à luz das Portarias n. 75/2012 e n. 130/2012 do Ministério da Fazenda, parece-me encontrar amparo legal a tese da defesa quanto à possibilidade de aplicação do mesmo raciocínio ao tributo estadual, especialmente porque no Estado de São Paulo vige a Lei Estadual n. 14.272/2010, que prevê hipótese de inexigibilidade de execução fiscal para débitos que não ultrapassem 600 (seiscentas) Unidades Fiscais do Estado de São Paulo - UFESPs, podendo-se admitir a utilização de tal parâmetro para fins de insignificância. 3. Habeas corpus não conhecido. Ordem concedida de ofício, para reconhecer a aplicação do princípio da insignificância e determinar o trancamento da Ação Penal n. 00010623620178260372 - 2ª Vara Criminal da comarca de Monte Mor/SP. (STJ - HC: 535063 SP 2019/0284845-7, Relator: Ministro SEBASTIÃO REIS JÚNIOR, Data de Julgamento: 10/06/2020, S3 - TERCEIRA SEÇÃO, Data de Publicação: DJe 25/08/2020)

Princípio da insignificância e os crimes de contrabando e descaminho. O Supremo Tribunal Federal já entendeu pela inaplicabilidade do princípio da insignificância ao crime de contrabando, pois se trata de crime que, além de tutelar a proteção econômico-estatal, envolve outros bens jurídicos, como a saúde, segurança e moralidade públicas.

HABEAS CORPUS. PENAL. CONTRABANDO. INTERNAÇÃO DE PRODUTO TAXATIVAMENTE PROIBIDO EM TERRITÓRIO NACIONAL. PRINCÍPIO DA INSIGNIFICÂNCIA. REPROVABILIDADE DA CONDUTA. NÃO INCIDÊNCIA. ORDEM DENEGADA. 1. Segundo a jurisprudência do Supremo Tribunal Federal, para se caracterizar hipótese de aplicação do denominado "princípio da insignificância" e, assim, afastar a recriminação penal, é indispensável que a conduta do agente seja marcada por ofensividade mínima ao bem jurídico tutelado, reduzido grau de reprovabilidade, inexpressividade da lesão e nenhuma periculosidade social. 2. Nesse sentido, a aferição da insignificância como requisito negativo da tipicidade envolve um juízo de tipicidade conglobante, muito mais abrangente que a simples expressão do resultado da conduta. (...) O contrabando, delito aqui imputado ao paciente, é figura típica cuja objetividade jurídico-penal abrange não só a proteção econômico-estatal, mas em igual medida interesses de outra ordem, tais como a saúde, a segurança pública e a moralidade pública (na repressão à importação de mercadorias proibidas), bem como a indústria nacional, que se protege com a barreira alfandegária. 4. O caso envolve a prática do crime de contrabando de veículo usado, comportamento dotado de intenso grau de reprovabilidade, dados os bens jurídicos envolvidos, o que impede a aplicação do princípio da insignificância. 5.

> Ordem denegada. (HC 114315 / RS Segunda Turma Relator(a): Min. TEORI ZAVASCKI. Julgamento: 15/09/2015)
>
> HABEAS CORPUS. PENAL. PROCESSUAL PENAL. CRIME DE CONTRABANDO OU DESCAMINHO DE CIGARROS. PRINCÍPIO DA INSIGNIFICÂNCIA: INVIABILIDADE. POSSÍVEL REITERAÇÃO DELITIVA DO PACIENTE. NECESSÁRIA CONTINUIDADE DA AÇÃO PENAL NA ORIGEM. ORDEM DENEGADA. 1. A tipicidade penal não pode ser percebida como exame formal de subsunção de fato concreto à norma abstrata. Além da correspondência formal, para a configuração da tipicidade é necessária análise materialmente valorativa das circunstâncias do caso, para verificação da ocorrência de lesão grave e penalmente relevante do bem jurídico tutelado. 2. Impossibilidade de incidência, no contrabando ou descaminho de cigarros, do princípio da insignificância. (HC 131205 / MG – Relator(a): Min. CÁRMEN LÚCIA Julgamento: 06/09/2016 Órgão Julgador: Segunda Turma)

Outrossim, em julgado de 2020, o STF destacou, com relação ao crime de descaminho, sua posição no sentido da impossibilidade de aplicação do princípio da insignificância tendo como parâmetro o valor fixado como mínimo para a propositura das execuções fiscais:

> AGRAVO REGIMENTAL EM HABEAS CORPUS. DESCAMINHO. PRINCÍPIO DA INSIGNIFICÂNCIA. INAPLICABILIDADE. QUANTUM PARA AJUIZAMENTO DAS EXECUÇÕES PENAIS. INDEPENDÊNCIA DAS REPONSABILIDADES NAS ESFERAS ADMINISTRATIVA, CÍVEL E PENAL. 1. O critério objetivo-formal invocado pela defesa – quantum para ajuizamento das execuções fiscais – para aplicação do princípio da insignificância não se coaduna com (a) a proteção dos bens jurídicos tutelados pelo crime de descaminho e (b) a independência das responsabilidades nas esferas administrativa, cível e penal. Por menor que possa ter sido o resultado da lesão patrimonial, a aplicação do princípio da insignificância não pode ignorar os demais elementos do tipo penal não patrimoniais considerados igualmente pelo legislador como bens jurídicos a serem tutelados. 2. É pacífica a jurisprudência desta CORTE no sentido de que a demanda penal proposta pela prática do crime de descaminho não se sujeita às condições procedimentais de natureza administrativa referentes aos delitos materiais contra a ordem tributária. 3. O parâmetro monetário legalmente estabelecido é para a propositura judicial de execução fiscal, mas permanece a cobrança na esfera administrativa. Com efeito, a Lei 10.522/2002, nas condições postas nesta impetração, não dispensa a Fazenda Nacional de cobrar os seus créditos, não renuncia ao seu direito de executar, muito menos afirma que o crédito é inexpressivo (vide arts. 2º, 18, § 1º e 20). 4. A consideração de que

o expressivo montante de R$ 12.409,74 (doze mil, quatrocentos e nove reais e setenta e quatro centavos) não pode ser considerado irrelevante ou insignificante, aliada à efetiva ofensa a interesses caros ao Estado e à coletividade, impede o reconhecimento da atipicidade da conduta do agente. 5. Agravo regimental a que se nega provimento. (STF - HC: 144193 SP 0005260-76.2017.1.00.0000, Relator: ALEXANDRE DE MORAES, Data de Julgamento: 15/04/2020, Primeira Turma, Data de Publicação: 04/09/2020).

O STJ, porém, adota solução distinta, aplicando o valor mínimo para a propositura das execuções fiscais mesmo também para o descaminho, como se depreende da análise do julgado abaixo transcrito:

"(...) 1. Nos termos da jurisprudência desta Corte Superior de Justiça, "[...] incide o princípio da insignificância aos crimes tributários federais e de descaminho quando o débito tributário verificado não ultrapassar o limite de R$ 20.000,00 (vinte mil reais), a teor do disposto no art. 20 da Lei n. 10.522/2002, com as atualizações efetivadas pelas Portarias n. 75 e 130, ambas do Ministério da Fazenda. [...] (STJ; AgRg-HC 549.428; Proc. 2019/0361458-1; PA; Quinta Turma; Rel. Min. Jorge Mussi; Julg. 19/05/2020; DJE 29/05/2020)

Princípio da Insignificância na Hipótese de Crime de Apropriação Indébita Previdenciária. Trata-se de tema controvertido nos Tribunais Superiores.

O STF não tem aplicado à apropriação indébita previdenciária o princípio da insignificância, fundamentando suas decisões na alta reprovabilidade do comportamento daquele que viola um bem supraindividual quando, depois de descontar a contribuição previdenciária na qualidade de responsável tributário, deixa de fazer o devido repasse à Previdência Social.

Agravo regimental em recurso ordinário em habeas corpus. 2. Apropriação indébita previdenciária e sonegação de contribuição previdenciária. Condenação. 3. Reconhecimento da prescrição. Impossibilidade. Necessidade de esgotamento da via administrativa para deflagração da ação penal e início da contagem do prazo prescricional. Não ocorrência da alegada prescrição. 4. Aplicação do princípio da insignificância. Impossibilidade. Elevado grau de reprovabilidade da conduta. Precedentes. 5. Dosimetria da pena. Reprimenda aplicada de forma proporcional e suficientemente fundamentada. 6. Agravo regimental a que se nega provimento. (RHC 132706 AgR / SP Relator(a): Min. GILMAR MENDES Julgamento: 21/06/2016. Órgão Julgador: Segunda Turma)

Habeas corpus. 2. Apropriação indébita previdenciária. Princípio da insignificância. Não aplicabilidade. Valor superior ao fixado no art. 1º, I,

> da Lei 9.441/97. Alto grau de reprovabilidade da conduta. 3. Constrangimento ilegal não caracterizado. 4. Ordem denegada. (HC 107331 / RS - Relator(a): Min. GILMAR MENDES Julgamento: 28/05/2013 Órgão Julgador: Segunda Turma)

O STJ, porém, não comunga do mesmo entendimento, admitindo a aplicação do princípio da insignificância ao crime de apropriação indébita previdenciária, conforme se depreende do julgado a seguir transcrito, datado de época em que a referida Corte aplicava o valor de R$ 10 mil para fins de fixação de insignificância:

> "(...) Muito embora aplicável o princípio da insignificância ao delito de apropriação indébita previdenciária, verifica-se que na hipótese dos autos o valor elidido, superior a R$ 10.000,00, refoge ao limite previsto no art. 20 da Lei nº 10.522/02, utilizado como parâmetro para a incidência de referido princípio.(...) (RHC 59839 / SP. SEXTA TURMA. Ministro NEFI CORDEIRO. J. em 07/04/2016.)

Não aplicação dos valores previstos na Lei nº 10.522/2002. Ainda que o STF entenda que os valores fixados na Lei nº 10.522/2002, alterados pelas Portarias 75 e 130, devam servir como parâmetro para aplicação do princípio da insignificância, os mesmos não podem ser utilizados quando se tratar de valores devidos aos conselhos federais de fiscalização profissional ou autarquias federais, notadamente diante do teor da Súmula 583 do STJ, cujo enunciado segue abaixo transcrito:

> Súmula 583. O arquivamento provisório previsto no art. 20 da Lei n. 10.522/2002, dirigido aos débitos inscritos como dívida ativa da União pela Procuradoria-Geral da Fazenda Nacional ou por ela cobrados, não se aplica às execuções fiscais movidas pelos conselhos de fiscalização profissional ou pelas autarquias federais.

Pagamento do Débito Tributário. É causa extintiva da punibilidade, nos termos do art. 34 da Lei nº 9.249/1995 e artigo 83, § 6º da Lei nº 9.430/1996, abaixo transcritos.

> Art. 34. Extingue-se a punibilidade dos crimes definidos na Lei nº 8.137, de 27 de dezembro de 1990, e na Lei nº 4.729, de 14 de julho de 1965, quando o agente promover o pagamento do tributo ou contribuição social, inclusive acessórios, antes do recebimento da denúncia.
>
> Art. 83, § 6º As disposições contidas no caput do art. 34 da Lei nº 9.249, de 26 de dezembro de 1995, aplicam-se aos processos administrativos e aos inquéritos e processos em curso, desde que não recebida a denúncia pelo juiz. (Renumerado do Parágrafo único pela Lei nº 12.382, de 2011).

Prazo para Efetivação do Pagamento como Excludente de Punibilidade. Trata-se de tema que merece toda atenção do leitor, vez que dificultada sua análise pela voracidade legislativa que tem marcado o período que se inaugura com a Constituição de 1988, com absurda sucessão de leis, o que, além de dificultar a compreensão de temas penais importantíssimos, demonstra quão errático tem sido o nosso ordenamento jurídico. Para tanto, será necessário fazermos um breve histórico do tratamento legal dispensado ao pagamento do débito tributário.

A Lei nº 8.137/1990, em seu art. 14, previa o pagamento como excludente da punibilidade, exigindo que o mesmo fosse realizado antes do recebimento da denúncia para que produzisse tal efeito. Tal artigo, entretanto, foi revogado pela Lei nº 8.383, de 30/12/1991.

Em 1995, pela Lei nº 9.249/1995, o art. 34 novamente dispôs sobre o pagamento do tributo como causa extintiva da punibilidade, desde que realizado antes do recebimento da denúncia.

Em 2000, a Lei nº 9.964/2000, que instituiu programa de parcelamento especial de débitos, trouxe, em seu art. 15, idêntica cláusula.

Em 2003, uma nova lei, agora Lei nº 10.684/2003, alterou a legislação tributária, dispondo sobre parcelamento de débitos junto à Secretaria da Receita Federal, à Procuradoria-Geral da Fazenda Nacional e ao Instituto Nacional do Seguro Social. O pagamento do débito tributário foi tratado de forma diferente por essa lei em seu art. 9º, § 2º, que, ao contrário dos diplomas anteriores, não fez menção ao momento do pagamento que, assim, para fins de extinção de punibilidade, poderia ser feito a qualquer tempo, mesmo depois do recebimento da denúncia.

Na sequência, a Lei nº 11.941/2009, em seu art. 69, trouxe previsão idêntica àquela contida na Lei nº 10.684/2003.

Em uma primeira análise, considerando-se as normas para aplicação da lei penal no tempo, poderíamos entender que cada uma das leis citadas revogaria as outras antes existentes e que, por se tratar de *Lex mitior* quando comparada a todos os diplomas anteriores, as Leis nºs 10.684/2003 e 11.941/2009 deveriam ser aplicadas retroativamente, por força do disposto no art. 5º, XL, da Constituição Federal. Destarte, estaria extinta a punibilidade independentemente do momento em que fosse feito o pagamento, desde que até o trânsito em julgado da sentença condenatória.

Assim entendeu o STF:

> APROPRIAÇÃO INDÉBITA DE CONTRIBUIÇÕES PREVIDENCIÁRIAS DESCONTADAS DOS EMPREGADOS. PARCELAMENTO E QUITAÇÃO APÓS O RECEBIMENTO DA DENÚNCIA. EXTINÇÃO DA PUNIBILIDADE, POR FORÇA DA RETROAÇÃO DE LEI BENÉFICA. As regras referentes ao parcelamento são dirigidas à autoridade tributária. Se esta defere a faculdade de parcelar e quitar as contribuições descontadas dos empregados, e não repassadas ao INSS, e o paciente cumpre a respectiva obrigação, deve ser beneficiado pelo que dispõe o art. 9º, § 2º, da citada Lei nº 10.684/2003. Este preceito, que não faz distinção entre as contribuições previdenciárias descontadas dos empregados e as patronais, limita-se a autorizar a

extinção da punibilidade referente aos crimes ali relacionados. Nada importa se o parcelamento foi deferido antes ou depois da vigência das leis que o proíbe: se de qualquer forma ocorreu, deve incidir o mencionado art. 9º. O paciente obteve o parcelamento e cumpriu a obrigação. Podia fazê-lo, à época, antes do recebimento da denúncia, mas assim não procedeu. A lei nova permite que o faça depois, sendo, portanto, *lex mitior*, cuja retroação deve operar-se por força do art. 5º, XL, da Constituição do Brasil. Ordem deferida. Extensão a paciente que se encontra em situação idêntica (STF, 1ª Turma, HC nº 85.452/SP, Rel. Min. Eros Grau, j. 17/05/2005).

OMISSÃO NO RECOLHIMENTO DE CONTRIBUIÇÕES PREVIDENCIÁRIAS. PARCELAMENTO APÓS O RECEBIMENTO DA DENÚNCIA. LEI Nº 10.684/2003. RETROAÇÃO. POSSIBILIDADE. SUSPENSÃO DA PRETENSÃO PUNITIVA ESTATAL. RECURSO PROVIDO.

I. O parcelamento dos débitos relativos às contribuições previdenciárias descontadas dos empregados, deferido pela autoridade administrativa, permite a suspensão da pretensão punitiva, nos termos do art. 9º, caput e § 1º, da Lei nº 10.684/2003, mesmo que realizado após o recebimento da denúncia.

II. Uma vez concedido o parcelamento dos débitos previdenciários – não obstante a vedação contida no art. 7º da Lei nº 10.666/2003 –, deve ser reconhecido o direito à suspensão da pretensão punitiva estatal e da execução penal.

III. Recurso provido (STJ, 5ª Turma, REsp nº 884.057/RS, Rel. Min. Gilson Dipp, j. 10/05/2007).

CRIME TRIBUTÁRIO. NÃO RECOLHIMENTO DE CONTRIBUIÇÕES PREVIDENCIÁRIAS DESCONTADAS AOS EMPREGADOS. CONDENAÇÃO POR INFRAÇÃO AO ART. 168-A, CC. ART. 71, DO CP. DÉBITO INCLUÍDO NO PROGRAMA DE RECUPERAÇÃO FISCAL – REFIS. PARCELAMENTO DEFERIDO, NA ESFERA ADMINISTRATIVA PELA AUTORIDADE COMPETENTE. FATO INCONTRASTÁVEL NO JUÍZO CRIMINAL. ADESÃO AO PROGRAMA APÓS O RECEBIMENTO DA DENÚNCIA. TRÂNSITO EM JULGADO ULTERIOR DA SENTENÇA CONDENATÓRIA. IRRELEVÂNCIA. APLICAÇÃO RETROATIVA DO ART. 9º DA LEI Nº 10.684/2003. NORMA GERAL E MAIS BENÉFICA AO RÉU. APLICAÇÃO DO ART. 2º, PARÁGRAFO ÚNICO, DO CP, E ART. 5º, XL, DA CF. SUSPENSÃO DA PRETENSÃO PUNITIVA E DA PRESCRIÇÃO. HC DEFERIDO PARA ESSE FIM. PRECEDENTES. No caso de crime tributário, basta, para suspensão da pretensão punitiva e da *prescrição, tenha o réu obtido, da autoridade competente, parcelamento administrativo do débito fiscal, ainda que após o recebimento da denúncia, mas antes do trânsito em julgado da sentença condenatória* (STF, 1ª Turma, HC nº 85.048/RS, Rel. Min. Cezar Peluso, j. 30/05/2006).

> APROPRIAÇÃO INDÉBITA DE CONTRIBUIÇÃO PREVIDENCIÁRIA. ART. 168-A DO CÓDIGO PENAL. PAGAMENTO INTEGRAL DO DÉBITO. APLICAÇÃO DO ART. 9º, § 2º, DA LEI Nº 10.684/2003. EXTINÇÃO DA PUNIBILIDADE.1. O pagamento integral dos débitos oriundos da falta de recolhimento dos tributos extingue a punibilidade do crime tipificado no art. 168-A do Código Penal, por força do art. 9º, § 2º, da Lei nº 10.684/2003, de eficácia retroativa por força do art. 5º, inciso XL, da Constituição Federal.2. Recurso especial desprovido (STJ, 5ª Turma, REsp nº 950.648/PR, Rel.ª Min.ª Laurita Vaz, j. 12/02/2008, DJe de 03/03/2008).

Entretanto, em fevereiro de 2011, foi editada a Lei nº 12.382/2011, estabelecendo que as disposições contidas no *caput* do art. 34 da Lei nº 9.249, de 26 de dezembro de 1995, aplicam-se aos processos administrativos e aos inquéritos e processos em curso, desde que não recebida a denúncia pelo juiz.

> Art. 6º O art. 83 da Lei nº 9.430, de 27 de dezembro de 1996, passa a vigorar acrescido dos seguintes §§ 1º a 5º, renumerando-se o atual parágrafo único para § 6º:
>
> "Art. 83. [...]
>
> § 6º As disposições contidas no caput do art. 34 da Lei nº 9.249, de 26 de dezembro de 1995, aplicam-se aos processos administrativos e aos inquéritos e processos em curso, desde que não recebida a denúncia pelo juiz." (NR)

Ao ser mencionado na Lei nº 12.382/2011, e inexistindo entre nós a repristinação quando não expressa, nos termos do art. 2º, § 3º, do Decreto-Lei nº 4.657/1942 (Lei de Introdução às Normas do Direito Brasileiro), conclui-se que o art. 34 da Lei nº 9.249/1995 jamais foi revogado, como pensavam alguns, inclusive os autores.

Destarte, as regras contidas nas leis que dispunham sobre programas especiais de recuperação fiscal devem ser entendidas como excepcionais, somente sendo aplicáveis aos crimes referentes aos débitos de que tratam e não a outros por elas não abrangidos. Assim, por exemplo, com relação a débitos abrangidos pelo parcelamento concedido pela Lei nº 10.684/2003, o pagamento extinguirá a punibilidade dos crimes respectivos, ainda que tenha sido feito depois do recebimento da denúncia, diante da regra específica e temporária contida em seu art. 9º, § 2º.

Portanto, podemos concluir que o diploma reitor do pagamento de débitos tributários é a Lei nº 9.245, em seu art. 34, extinguindo-se a punibilidade do crime tributário apenas quando efetuado o pagamento antes do recebimento da denúncia.

O Supremo Tribunal Federal, porém, entende que a atual redação dada ao artigo 83 pela Lei nº 12.382/2011, exigindo que o parcelamento do débito tributário se dê antes do recebimento da denúncia, não se aplica às situações de pagamento integral, que continuaria sendo regida pelo artigo 9º da Lei nº 10.684/2003. Para a

Corte, estará extinta a punibilidade do agente, ainda que tenha efetuado o pagamento posteriormente ao recebimento da denúncia, desde que em momento anterior ao trânsito em julgado da condenação.

Extinção da punibilidade e pagamento integral de débito - 1

O pagamento integral de débito fiscal — devidamente comprovado nos autos — empreendido pelo paciente em momento anterior ao trânsito em julgado da condenação que lhe foi imposta é causa de extinção de sua punibilidade, conforme opção político-criminal do legislador pátrio (Lei 10.684/2003: "Art. 9º É suspensa a pretensão punitiva do Estado, referente aos crimes previstos nos arts. 1º e 2º da Lei nº 8.137, de 27 de dezembro de 1990, e nos arts. 168-A e 337-A do Decreto-Lei nº 2.848, de 7 de dezembro de 1940 - Código Penal, durante o período em que a pessoa jurídica relacionada com o agente dos aludidos crimes estiver incluída no regime de parcelamento.... § 2º Extingue-se a punibilidade dos crimes referidos neste artigo quando a pessoa jurídica relacionada com o agente efetuar o pagamento integral dos débitos oriundos de tributos e contribuições sociais, inclusive acessórios"). Com base nesse entendimento, a 1ª Turma concedeu, de ofício, habeas corpus para reconhecer a extinção da punibilidade de paciente condenado por supostamente fraudar a fiscalização tributária (Lei 8.137/90, art. 1º, II, c/c art. 71 do CP). Preponderou o voto do Min. Dias Toffoli, relator, que, inicialmente, não conheceu do writ. Neste, a defesa pleiteava a aplicação do princípio da insignificância em favor do paciente e o trancamento da ação penal, sob a alegação de que o valor do débito seria inferior a R$10.000,00. O relator assinalou inexistir ilegalidade flagrante, abuso de poder ou teratologia na decisão proferida pelo STJ. Além disso, uma vez que aquela Corte não examinara a matéria, a análise pelo Supremo configuraria supressão de instância. Acrescentou haver menção, na sentença, de que o paciente seria contumaz na prática de crimes desse jaez e fora condenado por delito de contrafação de moeda.

Extinção da punibilidade e pagamento integral de débito - 2

O relator esclareceu que, no entanto, o impetrante peticionara no curso do habeas para requerer a extinção da punibilidade, considerado o pagamento integral de débito tributário constituído. Aduziu, em reforço, ter sido juntada aos autos certidão da Fazenda Nacional. Referiu-se ao voto externado no exame da AP 516 ED/DF (v. Informativos 650, 705 e 712, julgamento pendente de conclusão), segundo o qual a Lei 12.382/2011, que trata da extinção da punibilidade dos crimes tributários nas situações de parcelamento do débito tributário, não afetaria o disposto no § 2º do art. 9º da Lei 10.684/2003, o qual preveria a extinção da punibilidade em virtude

> do pagamento do débito a qualquer tempo. Ressalvou entendimento pessoal de que a quitação total do débito, a permitir que fosse reconhecida causa de extinção, poderia ocorrer, inclusive, posteriormente ao trânsito em julgado da ação penal. Precedente citado: HC 81929/RJ (DJU de 27.2.2004). HC 116828/SP, rel. Min. Dias Toffoli, 13.8.2013.

Em julgado de setembro de 2017, o STJ entendeu que pagamento do débito tributário, a qualquer tempo, até mesmo após o advento do trânsito em julgado da sentença penal condenatória, é causa de extinção da punibilidade do acusado. Entendeu a Corte que, se no histórico das leis que regulamentam o tema, o legislador ordinário, no exercício da sua função constitucional e de acordo com a política criminal adotada, optou por retirar o marco temporal previsto para o adimplemento da obrigação tributária redundar na extinção da punibilidade do agente sonegador, é vedado ao Poder Judiciário estabelecer tal limite, ou seja, dizer o que a Lei não diz, em verdadeira interpretação extensiva não cabível na hipótese, porquanto incompatível com a *ratio* da legislação em apreço. Segue a ementa do julgado:

> Crime contra a ordem tributária. Condenação transitada em julgado. Pagamento do tributo. Causa de extinção da punibilidade. Artigo 9º, § 2º, da Lei n. 10.684/2003. Coação ilegal caracterizada. HC 362.478-SP, Rel. Min. Jorge Mussi, por unanimidade, julgado em 14/9/2017, DJe 20/9/2017.

Garantia aceita em execução fiscal. A garantia porventura aceita no bojo da execução fiscal não possui natureza jurídica de pagamento do tributo, razão pela qual não fulmina a justa causa para a persecução penal.

> (...) 7. A orientação deste Superior Tribunal se firmou no mesmo sentido de que a garantia aceita na execução fiscal não possui a natureza jurídica de pagamento da exação e, portanto, não fulmina a justa causa para a persecução penal, pois não configura hipótese taxativa de extinção da punibilidade do crime tributário. 8. Se as instâncias ordinárias atestaram a presença de elementos de convicção aptos a demonstrar a prática, em tese, dos delitos pelo réu e, portanto, reconheceram a presença de justa causa para a persecução penal, para infirmar tal conclusão seria necessário reexame detido no conjunto fático-probatórios dos autos, o que é defeso na via do writ. 9. Writ não conhecido.(STJ - HC: 389315 SC 2017/0037870-2, Relator: Ministro RIBEIRO DANTAS, Data de Julgamento: 19/09/2017, T5 - QUINTA TURMA, Data de Publicação: DJe 27/09/2017)

Pagamento da penalidade pecuniária não extingue a punibilidade do crime previsto no art. 1º, V, da Lei nº 8.137/90. O pagamento da penalidade pecuniária imposta ao contribuinte que deixa de atender às exigências da autoridade tributária quanto à exibição de livros e documentos fiscais não se adequa a nenhuma das hipóteses de extinção de punibilidade previstas no § 2º do art. 9º da Lei nº 10.684/2003, consoante já entendeu a 6ª Turma do STJ no REsp 1630109-RJ, Rel. Min. Maria Thereza de Assis Moura, julgado em 14/2/2017. Observemos:

> Cinge-se a controvérsia dos autos a saber se o pagamento da multa sancionatória imposta pelo descumprimento de obrigação tributária acessória gera ou não a extinção da punibilidade nos termos parágrafo 2º do art. 9º da Lei n. 10.864/03. De acordo com o artigo 3º do CTN, os tributos – por serem prestações pecuniárias compulsórias, não sancionatórias, instituídas *ex lege* – são inconfundíveis com as multas, porquanto estas têm natureza sancionatória. Quando o art. 113 do CTN estatui que a obrigação tributária principal tem por objeto o pagamento de tributo "ou penalidade pecuniária", tal disposição significa apenas que os valores devidos em razão de eventuais sanções decorrentes do inadimplemento da prestação tributária devem ser exigidos conjuntamente com a prestação tributária. A "obrigação tributária principal", portanto, compreende o tributo e eventuais acréscimos legais, dentre os quais a multa decorrente do inadimplemento da prestação tributária. As obrigações tributárias acessórias, por sua vez, são as obrigações de fazer ou não fazer fixadas na legislação tributária, existentes independentemente de uma prestação tributária. Desse modo, também o § 3º do artigo 113 do CTN significa, somente, que os valores devidos em razão de eventuais sanções decorrentes do inadimplemento dessa obrigação tributária acessória devem ser exigidos, ainda que isoladamente, como se constituíssem "obrigação principal". Assim, a penalidade pecuniária imposta ao contribuinte que deixa de atender a requisição da autoridade fiscal constitui obrigação tributária principal, mas não configura 'tributo' por força do comando expresso da norma contida no artigo 3º do Código Tributário Nacional que exclui inequivocamente do conceito de tributo a sanção decorrente de ato ilícito. Destarte, o pagamento da penalidade pecuniária imposta ao contribuinte que deixa de atender às exigências da autoridade tributária estadual quanto à exibição de livros e documentos fiscais não se adequa a qualquer das hipóteses previstas no parágrafo 2º do artigo 9º da Lei n. 10.864/03. Por fim, há de se atentar, ainda, para a intenção do legislador em prestigiar o interesse arrecadatório do Estado na instituição da causa de extinção da punibilidade do parágrafo 2º do artigo 9º da Lei n. 10.864/03. Com efeito, a par das críticas doutrinárias acerca de tal modalidade de exclusão da punibilidade, visto que o Direito Penal não constitui instrumento de coerção de inadimplentes, o certo é que quis o legislador anistiar o contribuinte que efetua o pagamento integral do débito tributário com o objetivo de aplacar a sonegação fiscal. E no delito do artigo 1º, inciso V, parágrafo único, da Lei n. 8.137/90 não há

> supressão ou a redução de tributos, mas, sim, desobediência das requisições da autoridade fiscal pelo contribuinte que não cumpre com obrigação de fazer, deixando de exibir livros ou documentos necessários à atividade fiscalizatória do Estado. No delito em questão, o bem jurídico tutelado é a preservação da própria função institucional do Fisco.

Estelionato contra a Previdência Social. Por ser ontologicamente distinto dos crimes tributários, não se aplica ao estelionato contra a Previdência Social o pagamento dos débitos a ele referentes, consoante decisão do STJ adiante transcrita:

> Não extingue a punibilidade do crime de estelionato previdenciário (art. 171, § 3º, do CP) a devolução à Previdência Social, antes do recebimento da denúncia, da vantagem percebida ilicitamente, podendo a iniciativa, eventualmente, caracterizar arrependimento posterior, previsto no art. 16 do CP. O art. 9º da Lei 10.684/2003 prevê hipótese excepcional de extinção de punibilidade, "quando a pessoa jurídica relacionada com o agente efetuar o pagamento integral dos débitos oriundos de tributos e contribuições sociais, inclusive acessórios", que somente abrange os crimes de sonegação fiscal, apropriação indébita previdenciária e sonegação de contribuição previdenciária, ontologicamente distintos do estelionato previdenciário, no qual há emprego de ardil para o recebimento indevido de benefícios. Dessa forma, não é possível aplicação, por analogia, da causa extintiva de punibilidade prevista no art. 9º da Lei 10.684/2003 pelo pagamento do débito ao estelionato previdenciário, pois não há lacuna involuntária na lei penal a demandar o procedimento supletivo, de integração do ordenamento jurídico. Precedente citado: AgRg no Ag 1.351.325-PR, Quinta Turma, DJe 5/12/2011. (REsp 1.380.672-SC, Rel. Min. Rogerio Schietti Cruz, julgado em 24/3/2015, DJe 6/4/2015).

Pagamento do débito tributário no crime de descaminho. O STJ, diante do entendimento já externado acima quanto à natureza formal do crime de descaminho, entende que o pagamento do tributo devido não extingue a punibilidade do referido delito. Outrossim, afirmou que o bem jurídico tutelado pelo art. 334 do CP não é apenas o valor do imposto sonegado, pois, além de lesar o Fisco, o crime atinge a estabilidade das atividades comerciais dentro do país, dá ensejo ao comércio ilegal e à concorrência desleal, gerando uma série de prejuízos para a atividade empresarial brasileira:

> "O pagamento do tributo devido não extingue a punibilidade do crime de descaminho (art. 334 do CP). A partir do julgamento do HC 218.961-SP (DJe 25/10/2013), a Quinta Turma do STJ, alinhando-se ao entendimento da Sexta Turma e do STF, passou a considerar ser

desnecessária, para a persecução penal do crime de descaminho, a apuração administrativa do montante de tributo que deixou de ser recolhido, tendo em vista a natureza formal do delito, o qual se configura com o simples ato de iludir o pagamento do imposto devido pela entrada de mercadoria no país. Na ocasião, consignou-se que o bem jurídico tutelado pelo art. 334 do CP vai além do valor do imposto sonegado, pois, além de lesar o Fisco, atinge a estabilidade das atividades comerciais dentro do país, dá ensejo ao comércio ilegal e à concorrência desleal, gerando uma série de prejuízos para a atividade empresarial brasileira. Verifica-se, assim, que o descaminho não pode ser equiparado aos crimes materiais contra a ordem tributária, o que revela a impossibilidade de que o agente acusado da prática do crime de descaminho tenha a sua punibilidade extinta pelo pagamento do tributo. Ademais, o art. 9º da Lei 10.684/2003 prevê a extinção da punibilidade pelo pagamento dos débitos fiscais apenas no que se refere aos crimes contra a ordem tributária e de apropriação ou sonegação de contribuição previdenciária – arts. 1º e 2º da Lei 8.137/1990, 168-A e 337-A do CP. Nesse sentido, se o crime de descaminho não se assemelha aos crimes acima mencionados, notadamente em razão dos diferentes bens jurídicos por cada um deles tutelados, inviável a aplicação analógica da Lei 10.684/2003. RHC 43.558-SP, Rel. Min. Jorge Mussi, julgado em 5/2/2015, DJe 13/2/2015.

Extinção de punibilidade pelo pagamento e crime meio. Na hipótese em que o crime contra a ordem tributária absorve o crime meio, a extinção da punibilidade pelo pagamento igualmente alcançará o crime meio.

EFEITOS DA EXTINÇÃO DA PUNIBILIDADE DO CRIME-MEIO EM RELAÇÃO AO CRIME-FIM. Nas hipóteses em que o falso for praticado como crime meio para a pratica do crime tributário e tiver sua potencialidade lesiva exaurida nesse ultimo, será por ele absorvido, como já vimos nesse capítulo. Assim, havendo unicamente o crime contra a ordem tributaria, não se podendo falar da existência autônoma do crime de falso, o pagamento do débito tributário, extinguindo a punibilidade do crime fim alcança o falso como crime-meio e o MP, consequentemente, não poderá proceder à persecução criminal pelo crime de falso.

"No caso em que a falsidade ideológica tenha sido praticada com o fim exclusivo de proporcionar a realização do crime de descaminho, a extinção da punibilidade quanto a este – diante do pagamento do tributo devido – impede que, em razão daquela primeira conduta, considerada de forma autônoma, proceda-se à persecução penal do agente. Isso porque, nesse contexto, exaurindo-se o crime-meio na prática do crime-fim, cuja punibilidade não mais persista, falta

> justa causa para a persecução pelo crime de falso, porquanto carente de autonomia. RHC 31.321-PR, Rel. Min. Marco Aurélio Bellizze, julgado em 16/5/2013."

O Parcelamento do Débito Tributário. Cuida-se de hipótese de causa de suspensão da pretensão punitiva estatal. Incluído no programa de parcelamento concedido pela Fazenda, enquanto o contribuinte estiver honrando a obrigação assumida, não poderá ser punido pelo crime contra a ordem tributária. Na hipótese de não honrar o parcelamento concedido, o Estado retomará a sua pretensão punitiva. Aqui também cabe a lembrança de que, a partir da Lei nº 9.964/2000, várias foram as disposições referentes ao parcelamento, tendo o art. 9º, *caput*, da Lei nº 10.684/2003 e art. 68 da Lei nº 11.941/2009 disposto que o parcelamento geraria a suspensão da pretensão punitiva estatal, não exigindo que fosse feito antes do recebimento da denúncia. Neste sentido, o STF já decidiu:

> Assentou-se que, consoante o art. 9º da Lei nº 10.684/2003, fica suspensa a pretensão punitiva do Estado atinente aos crimes previstos nos arts. 1º e 2º da Lei nº 8.137/1990 e nos arts. 168-A e 337-A do CP, durante o período no qual a pessoa jurídica relacionada com o agente dos citados delitos fizer-se incluída no regime de parcelamento. Ressaltou-se que a interpretação teleológica do preceito conduziria a assentar-se que, ainda em curso o processo penal, poderia dar-se a suspensão aludida, pouco importando já existir sentença condenatória no cenário. [...]
>
> Salientou-se que o objetivo maior da norma seria impedir a ocorrência de glosa penal, o prosseguimento do processo-crime, esteja em que fase estiver, quando verificado o parcelamento e, portanto, o acerto de contas entre os integrantes da relação jurídica reveladora do débito fiscal. Nesta ótica, implementou-se a suspensão do título executivo judicial tal como prevista no art. 9º da Lei nº 10.684/2003. Enfatizou-se que a empresa aderira ao programa excepcional de parcelamento de débitos antes do trânsito em julgado da decisão, permanecendo ela na situação própria ao parcelamento, tendo jus à suspensão de eficácia do título executivo judicial, sendo que, cumpridas as condições do parcelamento, com a liquidação integral do débito, dar-se-á a extinção da punibilidade (STF, HC nº 96.681/SP, Rel. Min. Marco Aurélio, 13/04/2010).

O STF e STJ entenderam, em vários de seus julgados, que tais regras se aplicam retroativamente, alcançando fatos praticados antes da vigência das Leis nºs 10.684/2003 e 11.941/2009. Neste sentido:

> Crime tributário. Não recolhimento de contribuições previdenciárias descontadas aos empregados. Condenação por infração ao art. 168-A, cc. art. 71 do CP. Débito incluído no Programa de Recuperação

Fiscal - REFIS. Parcelamento deferido, na esfera administrativa pela autoridade competente. Fato incontrastável no Juízo criminal. Adesão ao Programa após o recebimento da denúncia. Trânsito em julgado ulterior da sentença condenatória. Irrelevância. Aplicação retroativa do art. 9º da lei nº 10.684/2003. Norma geral e mais benéfica ao réu. Aplicação do art. 2º, parágrafo único, do CP, e art. 5º, XL, da CF. Suspensão da pretensão punitiva e da prescrição. HC deferido para esse fim. Precedentes. No caso de crime tributário, basta, para suspensão da pretensão punitiva e da prescrição, tenha o réu obtido, da autoridade competente, parcelamento administrativo do débito fiscal, ainda que após o recebimento da denúncia, mas antes do trânsito em julgado da sentença condenatória (STF, 1ª Turma, HC nº 85.048/RS, Rel. Min. Cezar Peluso, j. 30/05/2006).

APROPRIAÇÃO INDÉBITA DE CONTRIBUIÇÃO PREVIDENCIÁRIA. ART. 168-A DO CÓDIGO PENAL. PAGAMENTO INTEGRAL DO DÉBITO. APLICAÇÃO DO ART. 9º, § 2º, DA LEI Nº 10.684/2003. EXTINÇÃO DA PUNIBILIDADE.1. O pagamento integral dos débitos oriundos da falta de recolhimento dos tributos extingue a punibilidade do crime tipificado no art. 168-A do Código Penal, por força do art. 9º, § 2º, da Lei nº 10.684/2003, de eficácia retroativa por força do art. 5º, inciso XL, da Constituição Federal.2. Recurso especial desprovido (STJ, 5ª Turma, REsp nº 950.648/PR. Rel.ª Min.ª Laurita Vaz, j. 12/02/2008).

APROPRIAÇÃO INDÉBITA PREVIDENCIÁRIA. PARCELAMENTO DO DÉBITO ORIGINÁRIO DA AÇÃO PENAL APÓS O RECEBIMENTO DA DENÚNCIA. RECURSO DO M.P. PARA REVOGAR A SUSPENSÃO DA PRETENSÃO PUNITIVA. INCIDÊNCIA DA BENESSE LEGAL (LEI Nº 10.684/2003, ART. 9º).1. No campo do direito penal, não importa verificar a legalidade da concessão do parcelamento dos débitos relativos às contribuições previdenciárias descontadas dos empregados, mas apenas o seu eventual deferimento pela autoridade administrativa.2. Assim, comprovado que o benefício da suspensão da pretensão punitiva (Lei nº 10.684/03, art. 9º, caput), pelo parcelamento do débito, somente veio a lume no cenário legal quando já iniciada a *persecutio criminis in iuditio*, esse fato recomenda o deferimento do direito como medida de respeito à igualdade e aos direitos individuais do cidadão, previstos na Carta Magna brasileira, independentemente de ter sido concretizado após o recebimento da denúncia.3. Recurso desprovido (STJ, 6ª Turma, REsp nº 662.059/SC, Rel.ª Min.ª Maria Thereza de Assis Moura, j. 21/06/2007).

Atualmente, a matéria é regida pela Lei nº 9.430/1996, com a nova redação que lhe foi dada pela Lei nº 12.382/2011, consoante abaixo transcrito, devendo a inclusão no programa de parcelamento se dar antes do recebimento da denúncia para que tenha o condão de gerar a suspensão da pretensão punitiva estatal.

> Art. 6º O art. 83 da Lei nº 9.430, de 27 de dezembro de 1996, passa a vigorar acrescido dos seguintes §§ 1º a 5º, renumerando-se o atual parágrafo único para § 6º:
>
> "Art. 83. [...]
>
> § 1º Na hipótese de concessão de parcelamento do crédito tributário, a representação fiscal para fins penais somente será encaminhada ao Ministério Público após a exclusão da pessoa física ou jurídica do parcelamento.
>
> § 2º É suspensa a pretensão punitiva do Estado referente aos crimes previstos no caput, durante o período em que a pessoa física ou a pessoa jurídica relacionada com o agente dos aludidos crimes estiver incluída no parcelamento, desde que o pedido de parcelamento tenha sido formalizado antes do recebimento da denúncia criminal.
>
> § 3º A prescrição criminal não corre durante o período de suspensão da pretensão punitiva.
>
> § 4º Extingue-se a punibilidade dos crimes referidos no caput quando a pessoa física ou a pessoa jurídica relacionada com o agente efetuar o pagamento integral dos débitos oriundos de tributos, inclusive acessórios, que tiverem sido objeto de concessão de parcelamento.
>
> § 5º O disposto nos §§ 1º a 4º não se aplica nas hipóteses de vedação legal de parcelamento.
>
> § 6º As disposições contidas no caput do art. 34 da Lei nº 9.249, de 26 de dezembro de 1995, aplicam-se aos processos administrativos e aos inquéritos e processos em curso, desde que não recebida a denúncia pelo juiz." (NR)

Parcelamento e Possibilidade de Oferecimento da Denúncia. O STJ já decidiu que, conquanto o parcelamento suspenda o *jus puniendi*, não impede o recebimento da ação penal quando houver justa causa, nos termos do REsp nº 896.125/MG, abaixo transcrito:

> APROPRIAÇÃO INDÉBITA PREVIDENCIÁRIA. DENÚNCIA. REFIS. FALTA DE JUSTA CAUSA. NÃO OCORRÊNCIA. RECEBIMENTO DA DENÚNCIA. SUSPENSÃO DO IUS PUNIENDI. POSSIBILIDADE. RECURSO NÃO PROVIDO.1. O parcelamento do débito previdenciário suspende o *ius puniendi*, mas não impede o recebimento da ação penal quando presente a justa causa.2. Recurso especial não provido (REsp nº 896.125/MG, Rel. Min. Arnaldo Esteves Lima. 5ª Turma, j. 26/05/2009).

O Parcelamento do Débito Referente à Apropriação Indébita Previdenciária. Os débitos referentes à apropriação indébita previdenciária não podem ser objeto de parcelamento, consoante disposto no art. 7º da Lei nº 10.666/2003.

> Art. 7º Não poderão ser objeto de parcelamento as contribuições descontadas dos empregados, inclusive dos domésticos, dos trabalhadores avulsos, dos contribuintes individuais, as decorrentes da sub-rogação e as demais importâncias descontadas na forma da legislação previdenciária.

O STJ já assim decidiu:

> TRIBUTÁRIO. PROCESSUAL CIVIL. EMBARGOS DE DECLARAÇÃO NO AGRAVO EM RECURSO ESPECIAL. RECEBIMENTO COMO AGRAVO REGIMENTAL. PRINCÍPIO DA FUNGIBILIDADE DO RECURSO. PARCELAMENTO. CONTRIBUIÇÕES PREVIDENCIÁRIAS. INCLUSÃO. IMPOSSIBILIDADE. PRECEDENTE DO STJ. AGRAVO NÃO PROVIDO. (...)2. "É vedada a inclusão de débitos relativos à contribuições previdenciárias descontadas dos empregados e não repassadas ao INSS no parcelamento previsto na Lei 10.684/03" (REsp 799.205/SC, Rel.Min. TEORI ALBINO ZAVASCKI, Primeira Turma, DJ 3/4/06). 3. Agravo regimental não provido.(EDcl no AREsp 87107 / PE. Relator(a) Ministro ARNALDO ESTEVES LIMA. Órgão Julgador: 1ª Turma. Data do Julgamento: 06/11/2012)

Porém, sempre que houver parcelamento, ainda que em desconformidade com a lei, o sodalício já entendeu dever ser reconhecida a consequência legal, com a suspensão da pretensão punitiva estatal. Para o Superior Tribunal, importante é ter havido autorização de autoridade administrativa quanto ao parcelamento, não cabendo ao Poder Judiciário adentrar na legalidade ou não do ato, vejamos:

> APROPRIAÇÃO INDÉBITA PREVIDENCIÁRIA. PARCELAMENTO DO DÉBITO ORIGINÁRIO DA AÇÃO PENAL APÓS O RECEBIMENTO DA DENÚNCIA. RECURSO DO M.P. PARA REVOGAR A SUSPENSÃO DA PRETENSÃO PUNITIVA. INCIDÊNCIA DA BENESSE LEGAL (LEI Nº 10.684/2003, ART. 9º).
>
> 1. No campo do direito penal, não importa verificar a legalidade da concessão do parcelamento dos débitos relativos às contribuições previdenciárias descontadas dos empregados, mas apenas o seu eventual deferimento pela autoridade administrativa. 2. Assim, comprovado que o benefício da suspensão da pretensão punitiva (Lei nº 10.684/03, art. 9º, caput), pelo parcelamento do débito, somente veio a lume no cenário legal quando já iniciada a persecutio criminis in iuditio, esse fato recomenda o deferimento do direito como medida de respeito à igualdade e aos direitos individuais do cidadão, previstos na Carta Magna brasileira, independentemente de ter sido concretizado após o recebimento da denúncia. 3. Recurso desprovido (STJ, 6ª Turma, REsp nº 662.059/SC. Rel.ª Min.ª Maria Thereza de Assis Moura, j. 21/06/2007).

A Prescrição Penal e o Parcelamento dos Débitos Tributários. Enquanto o contribuinte estiver inscrito no programa de parcelamento, assim como estará suspensa a pretensão punitiva estatal, também estará suspensa a prescrição, que voltará a correr com a sua exclusão do programa, na hipótese de inadimplência. A matéria é hoje tratada pelo art. 83 da Lei nº 9.430/1996, com redação que lhe foi dada pela Lei nº 12.382/2011.

> Art. 83. [...]
>
> § 1º Na hipótese de concessão de parcelamento do crédito tributário, a representação fiscal para fins penais somente será encaminhada ao Ministério Público após a exclusão da pessoa física ou jurídica do parcelamento.
>
> § 2º É suspensa a pretensão punitiva do Estado referente aos crimes previstos no caput, durante o período em que a pessoa física ou a pessoa jurídica relacionada com o agente dos aludidos crimes estiver incluída no parcelamento, desde que o pedido de parcelamento tenha sido formalizado antes do recebimento da denúncia criminal.
>
> § 3º A prescrição criminal não corre durante o período de suspensão da pretensão punitiva.

O Parcelamento do Débito Tributário e Bens Sob Constrição Judicial. A adesão do contribuinte a programa de parcelamento não autoriza o levantamento de bens que estejam sob constrição judicial, ainda que tenham sido prestadas garantias para a homologação do parcelamento. Referidas garantias, possuindo natureza administrativa, não podem substituir as medidas assecuratórias. Foi esse o entendimento do STJ publicado no Informativo nº 345:

> SONEGAÇÃO FISCAL. ADESÃO. REFIS. CONSTRIÇÕES JUDICIAIS. LEVANTAMENTO. Trata-se de recurso especial contra acórdão que determinou o levantamento de bens sob constrições judiciais ao argumento de que o denunciado encontrava-se amparado pela sua adesão ao Programa de Recuperação Fiscal (Refis), visto que a homologação dessa prescinde de garantias legalmente exigidas, o que ocorreu no caso. A Turma deu provimento ao recurso ao fundamento de que a adesão ao Refis implica a suspensão da pretensão punitiva, e não a extinção da punibilidade, que só ocorre com o pagamento integral dos tributos. Dessa forma, impossibilita-se o levantamento dos bens sob constrições judiciais. Ressalte-se que as garantias prestadas para a homologação da opção pelo Refis possuem natureza administrativa e não podem substituir as medidas judiciais assecuratórias. Precedente citado: REsp nº 733.455-RS, DJ 07/11/2005 (REsp nº 762.072-RS, Rel.ª Min.ª Laurita Vaz, j. 19/02/2008)

Pendência de ação judicial para a compensação de créditos. A pendência de ação judicial ou de requerimento administrativo em que se discuta eventual direito de compensação de créditos fiscais com débitos tributários decorrentes da prática de crimes tipificados na Lei nº 8.137/90 não tem o condão, por si só, de suspender o curso da ação penal, dada a independência das esferas cível, administrativo-tributária e criminal.

> AGRAVO REGIMENTAL NO RECURSO ESPECIAL. CRIME CONTRA A ORDEM TRIBUTÁRIA. ART. 1º, INCISO I, DA LEI N. 8.137/90. PEDIDO ADMINISTRATIVO DE COMPENSAÇÃO DE DÉBITOS COM PRECATÓRIOS. SUSPENSÃO DA PRETENSÃO PUNITIVA ESTATAL. IMPOSSIBILIDADE. INSURGÊNCIA DESPROVIDA. 1. O simples requerimento de compensação dos débitos pelo contribuinte não impõe a imediata suspensão da pretensão punitiva estatal pois, consoante o disposto no artigo 68 da Lei n. 11.941/09, tal benefício está adstrito aos débitos quanto aos quais a Fazenda Pública houver efetivamente concedido parcelamento e que este corresponda à integralidade da dívida a que se refere a ação penal em curso. 2. Não tendo havido o efetivo deferimento do pedido de compensação pela autoridade fazendária, mostra-se prematura a suspensão da persecução penal. 3. Agravo regimental desprovido. (STJ - AgRg no REsp: 1320191 DF 2012/0083085-1, Relator: Ministro JORGE MUSSI, Data de Julgamento: 28/03/2017, T5 - QUINTA TURMA, Data de Publicação: REPDJe 18/04/2017 DJe 05/04/2017)

A Comunicabilidade do Pagamento aos Concorrentes para o Crime. Tratando-se pagamento e parcelamento de matérias de cunho objetivo, suas consequências deverão ser estendidas a todos quantos concorram para o crime, que igualmente se beneficiarão com a extinção da punibilidade ou com a suspensão da pretensão punitiva estatal.

Suspensão da Pretensão Punitiva Estatal e Crimes Conexos. O pagamento do débito tributário e o seu parcelamento não influenciam a persecução penal pelo crime conexo. Neste sentido, já decidiu o STF, consoante veiculado no Informativo nº 509, daquele Tribunal:

> [...] a Turma, por maioria, indeferiu *Habeas Corpus* impetrado contra ato do STJ que denegara igual medida, em que se pretendia o trancamento de ação penal instaurada contra denunciados pela suposta prática de crimes contra a ordem tributária (Lei nº 8.137/90, art. 1º, c/c o art. 12), em concurso formal impróprio e de forma continuada, bem como por infringência do art. 288, do CP [...] Por fim, com base no entendimento da Corte no sentido de que o crime de quadrilha ou bando, por ser delito autônomo e formal, se consuma no momento em que se concretiza a convergência de vontades e

> independe da realização ulterior do fim visado, concluiu-se que a suspensão da ação penal pelo crime de sonegação fiscal, decorrente da adesão a programa de recuperação fiscal, não implicaria falta de justa causa para acusação pelo crime de quadrilha [...] (HC nº 84.223/RS, Rel. Min. Eros Grau, 03/06/2008).

A Necessidade de Esgotamento da Via Administrativa. O STF fixou entendimento de que não pode haver denúncia por crime contra a ordem tributária sem o necessário esgotamento da via administrativa, conclusiva pela exigência do crédito, com o lançamento definitivo do tributo. Para o STF, em reiteradas decisões, o lançamento definitivo consubstanciaria a justa causa para a ação penal e seria condição objetiva de punibilidade. Assim, enquanto se discute no âmbito administrativo a exigência do débito referente a esse art. 1º, não poderá haver deflagração de ação penal por crime contra a ordem tributária. A matéria, é objeto de entendimento cristalizado na Súmula Vinculante nº 24.

> Não se tipifica crime material contra a ordem tributária, previsto no Art. 1º, incisos I a IV, da Lei nº 8.137/1990, antes do lançamento definitivo do tributo.

Desnecessidade de juntada de procedimento administrativo. Para o início da ação penal pela prática dos crimes descritos no artigo 1º, I a IV da Lei nº 8.137/90, é desnecessária a juntada integral do Procedimento Administrativo Fiscal correspondente, como já entendeu o STJ:

> Cumpre informar, de início, que a materialidade dos crimes listados no art. 1º, inciso I a IV, da Lei n. 8.137/1990 apenas se verifica com a constituição definitiva do crédito tributário, situação que ocorre por meio do procedimento tributário devidamente instaurado. Assim, o direito penal apenas passa a ter lugar após verificada a adequada tipicidade da conduta imputada. Nesse contexto, não se revela indispensável a juntada dos documentos tributários, mas apenas a comprovação da constituição definitiva do crédito tributário. Eventual desconstituição do que foi averiguado tributariamente não pode ser feito no juízo criminal, cabendo ao recorrente se valer dos meios próprios para tanto. Em suma: a) para o início da ação penal, basta a prova da constituição definitiva do crédito tributário (Súmula Vinculante 24), não sendo necessária a juntada integral do Procedimento Administrativo Fiscal - PAF correspondente; b) a validade do crédito fiscal deve ser examinada no Juízo cível, não cabendo à esfera penal qualquer tentativa de sua desconstituição; c) caso a defesa entenda que a documentação apresentada pelo *Parquet* é insuficiente e queira esmiuçar a dívida, pode apresentar cópia do referido PAF ou dizer de eventuais obstáculos administrativos; e d) se houver qualquer obstáculo administrativo para o acesso ao pro-

> cedimento administrativo fiscal respectivo, a parte pode sugerir ao Juiz sua atuação até mesmo de ofício, desde que aponte qualquer prejuízo à defesa, que possa interferir na formação do livre convencimento do julgador. (STJ, 5ª Turma. RHC 94288-RJ, Rel. Min. Reynaldo Soares da Fonseca, julgado em 22/05/2018 (Info 627).

Nulidades no processo administrativo. O processo criminal não é a via adequada para a impugnação de eventuais nulidades ocorridas no procedimento administrativo-fiscal.

> HABEAS CORPUS SUBSTITUTIVO DE RECURSO PRÓPRIO. INADEQUAÇÃO DA VIA ELEITA. CRIME CONTRA O SISTEMA FINANCEIRO. LEI Nº 7.492/86. EVENTUAL VÍCIO EM PROCEDIMENTO ADMINISTRATIVO INSTAURADO PELO BACEN NÃO É CAPAZ DE ANULAR A AÇÃO PENAL SUBSEQUENTE. CERCEAMENTO DE DEFESA. INEXISTÊNCIA. ORDEM DENEGADA. 1. Esta Corte e o Supremo Tribunal Federal pacificaram orientação no sentido de que não cabe habeas corpus substitutivo do recurso legalmente previsto para a hipótese, impondo-se o não conhecimento da impetração, salvo quando constatada a existência de flagrante ilegalidade no ato judicial impugnado. 2. Eventuais irregularidades ocorridas em procedimento administrativo instaurado para a apuração da responsabilidade dos administradores e conselheiros de instituições financeiras, diante da autonomia das instâncias penal e administrativa, não contaminam a ação penal. 3. A jurisprudência dos Tribunais Superiores é uníssona no sentido de que eventuais nulidades referentes à fase pré-processual (investigativa) não contaminam a ação penal, sobretudo quando a condenação tem lastro em provas examinadas na fase judicial. 4. "O inquérito policial, ou outro procedimento investigatório, constitui peça meramente informativa, sem valor probatório, apenas servindo de suporte para a propositura da ação penal. Eventual vício ocorrido nessa fase não tem o condão de contaminar a ação penal, sendo que a plena defesa e o contraditório são reservados para o processo, quando há acusação formalizada por meio da denúncia" (RHC 19.543/DF, Rel. Ministra LAURITA VAZ, QUINTA TURMA, julgado em 18/12/2007, DJ 11/02/2008). 5. Habeas corpus não conhecido.(STJ - HC: 353601 SP 2016/0097488-0, Relator: Ministro REYNALDO SOARES DA FONSECA, Data de Julgamento: 13/11/2018, T5 - QUINTA TURMA, Data de Publicação: DJe 22/11/2018)

O Esgotamento da Via Administrativa e os Delitos Conexos. A necessidade de esgotamento da via administrativa para o crime contra a ordem tributária não se estende aos delitos conexos. Mencionemos, neste sentido, decisão do STJ:

LAVAGEM. DINHEIRO. EVASÃO. DIVISAS. CRIME TRIBUTÁRIO. O *Habeas Corpus* buscava o trancamento da ação penal em relação ao crime de lavagem de dinheiro e evasão de divisas, visto que, quanto ao delito tributário que seria seu antecedente lógico, a ação penal foi trancada por falta de condição de punibilidade, pois o crédito tributário ainda não fora constituído. Sucede que há concreta autonomia entre os três delitos. Os fatos passaram-se de modo diverso do alegado: em vez de o delito tributário, antecedente aos outros, produzir a renda e necessitar da lavagem, ã desconhecida, obtiveram grande volume de rendimentos que foram omitidos do Fisco para sonegar o pagamento de várias contribuições. Por isso o tribunal a *quo* limitou-se a declarar a falta de condição objetiva de punibilidade em relação ao crime tributário, exatamente porque não se sabia como surgiram os rendimentos e quais eram os tributos sonegados. Contudo, restaram incólumes a suspeita de evasão de divisas, bem como o vultoso rendimento que a denúncia afirma ser objeto de lavagem mediante a simulação de empréstimos bancários para justificar sua origem ilícita, daí a conclusão de haver a autonomia concreta mencionada. Com esse entendimento, a Turma, ao prosseguir o julgamento, por maioria, denegou a ordem. Precedentes citados: HC nº 113.169-RS, DJe 27/04/2009, e RHC nº 20.040-PR, DJ 07/02/2008 (HC nº 133.274-RJ, Rel. Min. Celso Limongi (Desembargador convocado do TJ-SP), j. 15/04/2010).

Informativo nº 631 STF. Crime contra a ordem tributária e pendência de lançamento definitivo do crédito tributário – Em conclusão, a 1ª Turma, por maioria, denegou *Habeas Corpus* em que acusado da suposta prática dos crimes de formação de quadrilha armada, lavagem de dinheiro, crime contra a ordem tributária e falsidade ideológica pleiteava o trancamento da ação penal contra ele instaurada, ao argumento de inépcia da denúncia e de ausência de justa causa para a persecução criminal, por se imputar ao paciente fato atípico, dado que o suposto crédito tributário ainda penderia de lançamento definitivo [...] Reputou-se, por outro lado, que o caso versaria não a simples sonegação de tributos, mas a existência de organização, em diversos patamares, visando à prática de delitos, entre os quais os de sonegação fiscal, falsidade ideológica, lavagem de dinheiro, ocultação de bens e capitais, corrupção ativa e passiva, com frustração de direitos trabalhistas. Concluiu-se não se poder reputar impróprio o curso da ação penal, não cabendo exigir o término de possível processo administrativo fiscal. O Min. Ricardo Lewandowski, destacou que o caso não comportaria aplicação da jurisprudência firmada pela Corte no julgamento do HC nº 81.611/DF (DJU de 13/05/2005), no sentido da falta de justa causa à ação penal instaurada para apurar delito de sonegação fiscal quando ainda não exaurida a via administrativa, e, por conseguinte, não constituído, definitivamente, o crédito tributário [...] (HC nº 96.324/SP, Rel. Min. Marco Aurélio, 14/06/2011).

Esgotamento da Via Administrativa e a Possibilidade de Instauração de Inquérito Policial. Discussões. O STF inicialmente entendeu que, ainda que não possa haver início de ação penal por crime contra a ordem tributária antes do lançamento definitivo do tributo, nada obsta a instauração de inquérito policial, buscando elementos de convicção que possam, posteriormente, ser usados na eventualidade de sua deflagração.

> Informativo nº 573 STF
>
> A Turma concluiu julgamento de *Habeas Corpus* em que se discutia a possibilidade, ou não, de instauração de inquérito policial para apuração de crime contra a ordem tributária, antes de encerrado o procedimento administrativo-fiscal — v. Informativo nº 557. Indeferiu-se o *writ*. [...] Asseverou-se que, na espécie, a instauração do inquérito policial tivera como escopo possibilitar à Fazenda estadual uma completa fiscalização na empresa dos pacientes, que apresentava sérios indícios de irregularidade. [...] Salientou-se que, diante da recusa da empresa em fornecer documentos indispensáveis à fiscalização da Fazenda estadual, tornara-se necessária a instauração do procedimento inquisitorial para formalizar e instrumentalizar o pedido de quebra do sigilo bancário, diligência imprescindível para a conclusão da fiscalização e, consequentemente, para a apuração de eventual débito tributário. Concluiu-se que considerar ilegal, na presente hipótese, a instauração de inquérito policial, que seria indispensável para possibilitar uma completa fiscalização da empresa, equivaleria a assegurar a impunidade da sonegação fiscal, na medida em que não haveria como concluir a fiscalização sem o afastamento do sigilo bancário. Dessa forma, julgou-se possível a instauração de inquérito policial para apuração de crime contra a ordem tributária, antes do encerramento do processo administrativo fiscal, quando for imprescindível para viabilizar a fiscalização [...] (HC nº 95.443/SC, Rel.ª Min.ª Ellen Gracie, 02/02/2010).

Posteriormente, porém, mudando a orientação, entenderam o STJ e a Corte Suprema pela impossibilidade de instauração de inquérito policial para a apuração de crime contra a ordem tributária antes do esgotamento da via administrativa.

> Habeas Corpus. CRIME CONTRA A ORDEM TRIBUTÁRIA (Art. 1º DA LEI nº 8.137/1990), SONEGAÇÃO DE CONTRIBUIÇÃO PREVIDENCIÁRIA (Art. 337-A DO CÓDIGO PENAL) E FALSIDADE DOCUMENTAL (Art. 297, § 4º, DO ESTATUTO REPRESSIVO). AUSÊNCIA DE CONSTITUIÇÃO DEFINITIVA NA ESFERA ADMINISTRATIVA. PENDÊNCIA DE PROCESSOS EM QUE SE QUESTIONA A EXIGIBILIDA-

DE DE CONTRIBUIÇÕES DEVIDAS AO INSS. FALTA DE JUSTA CAUSA PARA A PERSECUÇÃO CRIMINAL. CONCESSÃO DA ORDEM. 1. Consoante o disposto na Súmula Vinculante nº 24, "não se tipifica crime material contra a ordem tributária, previsto no art. 1º, incisos I a IV, da Lei nº 8.137/1990, antes do lançamento definitivo do tributo". 2. Segundo entendimento adotado por esta Corte Superior de Justiça, o crime de sonegação de contribuição previdenciária, por se tratar de delito de caráter material, também só se configura após a constituição definitiva, no âmbito administrativo, das exações que são objeto das condutas (Precedentes). 3. Estando em curso processos administrativos nos quais se questiona a exigibilidade das contribuições devidas ao INSS, não há justa causa para a persecução criminal. [...] 5. Ordem concedida para trancar os inquéritos policiais instaurados contra o paciente (STJ HC nº 114.051/SP, Rel. Jorge Mussi. 5ª Turma, j. 17/03/2011).

Informativo nº 601

Princípio da Consunção: Crime contra a Ordem Tributária e Falsidade Ideológica - 1 - Ao aplicar a Súmula Vinculante nº 24 ("Não se tipifica crime material contra a ordem tributária, previsto no art. 1º, incisos I a IV, da Lei nº 8.137/1990, antes do lançamento definitivo do tributo"), a Turma deferiu *Habeas Corpus* para determinar, por ausência de tipicidade penal, a extinção do procedimento investigatório instaurado para apurar suposta prática de crimes de falsidade ideológica e contra a ordem tributária [...] Reputou-se claro que o delito alegadamente praticado seria aquele definido no art. 1º da Lei nº 8.137/1990, tendo em conta que o crimen falsi teria constituído meio para o cometimento do delito-fim, resolvendo-se o conflito aparente de normas pela aplicação do postulado da consunção, de tal modo que a vinculação entre a falsidade ideológica e a sonegação fiscal permitiria reconhecer, em referido contexto, a preponderância do delito contra a ordem tributária (HC nº 101.900/SP, Rel. Min. Celso de Mello, 21/09/2010).

Contudo, no ano de 2016, em julgamento sobre o tema, o Supremo Tribunal Federal voltou a adotar o entendimento de que não se pode condicionar a investigação penal ao lançamento definitivo do tributo.

"(...) os crimes de sonegação tributária, apesar de a jurisprudência do STF condicionar a persecução penal à existência do lançamento tributário definitivo, o mesmo não ocorre quanto à investigação preliminar. Os crimes contra a ordem tributária ou de outra modalidade delitiva podem ser tentados e consumados e jamais se entendeu pela impossibilidade da investigação preliminar durante a execução de um crime e mesmo antes da consumação. (...)

> Afirmou, ainda, a inexistência de prejuízo na continuidade da ação penal em relação ao restante da imputação. Na espécie, durante as investigações, iniciadas para apurar crimes de ordem tributária, foram revelados, fortuitamente, indícios de crimes mais graves, especificamente o de corrupção de agentes públicos para acobertar as atividades supostamente ilícitas. Os pacientes respondem a ação penal por apropriação indébita previdenciária, associação criminosa, falsidade ideológica, corrupção ativa e sonegação de contribuição previdenciária. Além disso, são acusados de omitir informação ou prestar declaração falsa às autoridades fazendárias. Pretendiam a nulidade da investigação porque: a) iniciada a partir de denúncia anônima; b) fora autorizada interceptação telefônica para apurar crimes fiscais sem que houvesse lançamento tributário definitivo; e c) os tributos sonegados seriam, em parte, inválidos, e o remanescente teria sido quitado e parcelado. (HC 106152/MS, rel. Min. Rosa Weber, 29.3.2016.)

Em que pese entendermos equivocado o teor da súmula Vinculante 24, certo é que ela foi editada e, assim, impõe-se sua observância. Cremos que mais compatível com o referido verbete vinculante é a não possibilidade de instauração de inquéritos policiais para apuração de crimes tributários antes do esgotamento do procedimento administrativo e lançamento definitivo do tributo. Ora, se inquéritos policiais são instaurados para apuração de crimes já praticados, buscando elucidar sua materialidade e autoria, não nos parece ter sentido instaurar inquérito policial para apuração de crime que ainda não se tipificou. Não se trata de apuração de crime ainda não consumado, como quer o Supremo Tribunal Federal no HC 106152, mas de crime ainda inexistente, considerado o teor da súmula mencionada, que não condiciona a consumação, mas a tipificação do crime ao lançamento definitivo do tributo.

Desnecessidade de esgotamento da via administrativa para o crime de descaminho. A jurisprudência das cortes superiores indica a desnecessidade de esgotamento das vias administrativas para a persecução criminal pela prática do crime de descaminho, por ser crime formal, incompatível, portanto, com o enunciado da Sumula Vinculante 24, que se refere a crimes materiais.

> "(...) A partir do julgamento do HC 218.961-SP (DJe 25/10/2013), a Quinta Turma do STJ, alinhando-se ao entendimento da Sexta Turma e do STF, passou a considerar ser desnecessária, para a persecução penal do crime de descaminho, a apuração administrativa do montante de tributo que deixou de ser recolhido, tendo em vista a natureza formal do delito, o qual se configura com o simples ato de iludir o pagamento do imposto devido pela entrada de mercadoria no país(...). RHC 43.558-SP, Rel. Min. Jorge Mussi, julgado em 5/2/2015, DJe 13/2/2015.

> "A consumação do delito de descaminho e a posterior abertura de processo-crime não estão a depender da constituição administrativa do débito fiscal. Primeiro, porque o delito de descaminho é rigorosamente formal, de modo a prescindir da ocorrência do resultado naturalístico. Segundo, porque a conduta materializadora desse crime é 'iludir' o Estado quanto ao pagamento do imposto devido pela entrada, pela saída ou pelo consumo de mercadoria. E iludir não significa outra coisa senão fraudar, burlar, escamotear" (HC 99.740, Segunda Turma, Relator o Ministro Ayres Britto, DJe de 1º.02.11). No mesmo sentido: HC 120.783, Primeira Turma, Relatora a Ministra Rosa Weber, DJe de 11.04.14. ". (RHC 119960 / SP Primeira Turma. Relator(a): Min. LUIZ FUX. Julgamento: 13/05/2014)

Necessidade de Esgotamento da Via Administrativa para a apropriação indébita previdenciária. O STJ já entendeu que o esgotamento da via administrativa, com o lançamento definitivo do tributo, também é condição objetiva de punibilidade para o crime de apropriação indébita previdenciária. Neste sentido, podemos destacar:

> APROPRIAÇÃO INDÉBITA. CONTRIBUIÇÃO PREVIDENCIÁRIA. É cediço que, conforme recente orientação do STF, o esgotamento da via administrativa na qual se discute a exigibilidade do tributo é condição de procedibilidade para a instauração de inquérito policial a fim de apurar o delito tipificado no art. 168-A, § 1º, I, do CP e esse entendimento passou a nortear os julgados sobre a matéria neste Superior Tribunal [...] Precedentes citados: RHC nº 22.717-PR, DJe 29/06/2009, e HC nº 96.348-BA, DJe 04/08/2008 (HC nº 97.789-SP, Rel. Min. Napoleão Nunes Maia Filho, j. 03/12/2009).

Citemos, ainda, o HC nº 10.2596, julgado aos 09/03/2010.

> APROPRIAÇÃO INDÉBITA PREVIDENCIÁRIA (ART. 168-A DO CPB). CRIME OMISSIVO MATERIAL. DÉBITO EM DISCUSSÃO NO INSS. APLICAÇÃO DO ART. 83 DA LEI Nº 9.430/1996. DECISÃO ADMINISTRATIVA DEFINITIVA. CONDIÇÃO OBJETIVA DE PUNIBILIDADE. AÇÃO PENAL INICIADA ANTES DO ENCERRAMENTO DO PROCESSO ADMINISTRATIVO-FISCAL. FALTA DE JUSTA CAUSA. CONSTRANGIMENTO ILEGAL EVIDENCIADO. PARECER DO MPF PELA DENEGAÇÃO DO Writ. ORDEM CONCEDIDA, NO ENTANTO, PARA TRANCAR A AÇÃO PENAL. 1 O crime de apropriação indébita previdenciária é espécie de delito omissivo material, exigindo, portanto, para sua consumação, efetivo dano, já que o objeto jurídico tutelado é o patrimônio da previdência social, razão por que a constituição definitiva do crédito tributário é condição objetiva de punibilidade, tal como previsto no art. 83 da Lei nº 9.430/1996, aplicável à espécie.

> Precedentes do STF e do STJ [...] (HC nº 102.596/SP, Rel. Min. Napoleão Nunes Maia Filho; Órgão Julgador: 5ª Turma, j. 09/03/2010).

Porém, o Supremo Tribunal Federal, em julgados mais recentes, não tem admitido a aplicação da Súmula Vinculante 24 ao crime de apropriação indébita previdenciária.

> "O enunciado n. 24 da Súmula Vinculante, ao exigir o lançamento definitivo do crédito tributário para a caracterização de crime material contra a ordem tributária, restringe-se expressamente ao tipo penal do artigo 1º, incisos I a IV, da Lei 8.137/1990, conforme os precedentes: Rcl 20134, Relator(a): Min. ROBERTO BARROSO, julgado em 04/05/2015; Rcl 19660, Relator(a): Min. MARCO AURÉLIO, julgado em 23/03/2015. Dessa forma, em relação à condenação pela prática do crime de apropriação indébita previdenciária (artigo 168-A do Código Penal), não há a incidência do enunciado paradigma. A título de reforço argumentativo, transcrevo trecho do parecer do Ministério Público Federal, no mesmo sentido: A Súmula Vinculante nº 24 refere-se apenas aos delitos tipificados nos incisos I a IV do art. 1º da Lei nº 8.137/90, não abrangendo, portanto, a apropriação indébita previdenciária descrita no art. 168-A do CP. De modo que não é possível ao reclamante se valer da presente via em defesa de sua pretensão." (Rcl 19018 / RJ Relator(a): Min. LUIZ FUX. Julgamento: 15/06/2015)

Súmula Vinculante 24 e crime de sonegação de contribuição previdenciária. **Aplicável a Súmula Vinculante 24 ao crime descrito no artigo 337-A do CP, segundo entendimento do Supremo Tribunal Federal, na medida em que a sistemática de imputação penal por crimes de sonegação contra a Previdência Social deve se sujeitar à mesma lógica aplicada àqueles contra a ordem tributária em sentido estrito.**

> Falsificação de documento Público (GFIP). Sonegação de contribuição previdenciária. Falso utilizado como crime-meio para a sonegação. Princípio da consunção. Ausência de constituição definitiva do crédito. Súmula Vinculante n. 24 do STF. Recurso não provido. (Inq 3102 / MG Tribunal Pleno Relator(a): Min. GILMAR MENDES Julgamento: 25/04/2013)

Inaplicabilidade da Súmula Vinculante nº 24 para os Crimes do Art. 1º, V. **Como menciona o próprio texto da Súmula Vinculante nº 24, do STF, a exigência do esgotamento da via administrativa é feita com relação ao crime do art. 1º, I a IV, sendo materiais todas as modalidades ali previstas. Portanto, não há necessidade de esgotamento da via administrativa em se tratando do crime descrito no inciso V, cuja consumação não depende do lançamento definitivo do tributo. A figura trazida pelo último inciso do art. 1º se consuma no momento em que o agente se nega a forne-**

cer ou deixa de fornecer a nota fiscal ou documento equivalente, ou, então, quando fornece o documento sem observância das normas fiscais vigentes, independentemente de qualquer notificação da Fazenda para que o faça. Trata-se de crime formal.

> O crime definido no inciso V, do art. 1º, da Lei nº 8.137/1990, sob a modalidade de omissão quanto à expedição de nota fiscal ou documento obrigatório pode consumar-se independentemente da pretendida providência administrativa de intimação prévia do contribuinte para que, em prazo não excedente a dez dias, venha a atender sua obrigação fiscal, a que se refere o parágrafo único do citado dispositivo (TJSP-RT 798/309).
>
> (...)A teor da jurisprudência deste Superior Tribunal, é prescindível prévio exaurimento de processo fiscal para o desencadeamento da persecução penal relacionada ao crime do art. 1º, V, da Lei n. 8.137/1990. Precedentes. 2. Não é possível elastecer o comando da Súmula Vinculante n. 24 do STF a condutas que refogem aos tipos dos incisos I a IV da Lei n. 8.137/1990, não apenas em razão da literalidade do enunciado, mas, sobretudo, em respeito aos precedentes do Supremo Tribunal Federal relativos ao cerne da questão. 3. Recurso especial não provido.(STJ - Resp: 1377513 DF 2013/0125994-0, Relator: Ministro ROGERIO SCHIETTI CRUZ, Data de Julgamento: 14/02/2017, T6 - SEXTA TURMA, Data de Publicação: DJe 23/02/2017)

Inaplicabilidade da Súmula Vinculante 24 ao crime do art. 293, § 1º, III, "b", do CP. Cuida-se de crime formal, sendo-lhe inaplicável a SV 24.

> RECURSO ESPECIAL. PENAL E PROCESSO PENAL. ART. 293, § 1º, III, b, DO CÓDIGO PENAL. NATUREZA. CRIME FORMAL. CONSTITUIÇÃO DEFINITIVA DO CRÉDITO TRIBUTÁRIO. DESNECESSIDADE. RECURSO PROVIDO. 1. O crime previsto no art. 293, § 1º, III, b, do Código Penal, possui natureza formal, estando, pois, consumado quando o agente importa, exporta, adquire, vende, expõe à venda (conduta praticada pelas recorridas), mantém em depósito, guarda, troca, cede, empresta, fornece, porta ou, de qualquer forma, utiliza em proveito próprio ou alheio, no exercício de atividade comercial ou industrial, produto ou mercadoria sem selo oficial, sendo, pois, prescindível a constituição definitiva do crédito tributário incidente sobre as mercadorias ou produtos. Não incidência da Súmula Vinculante 24 do Supremo Tribunal Federal. 2. Recurso provido para reformar a sentença e o acórdão recorridos, devendo os autos ser remetidos ao Juiz de primeiro grau para o regular prosseguimento da ação penal. (STJ - REsp: 1332401 ES 2012/0138044-6, Relator: Ministra MARIA THEREZA DE ASSIS MOURA, Data de Julga-

> mento: 19/08/2014, T6 - SEXTA TURMA, Data de Publicação: DJe 29/08/2014)

Retroatividade da Súmula Vinculante 24. O STF entende que a Súmula Vinculante 24 pode ser aplicada a fatos ocorridos antes da sua publicação por não se tratar de criação de direito, mas mera consolidação da interpretação jurisprudencial. Destarte, não se trata de caso de retroatividade da lei penal mais gravosa.

> RECURSO ORDINÁRIO EM HABEAS CORPUS. CRIME MATERIAL CONTRA A ORDEM TRIBUTÁRIA. PRESCRIÇÃO DA PRETENSÃO PUNITIVA ESTATAL. TERMO INICIAL. MOMENTO ANTERIOR À CONSTITUIÇÃO DEFINITIVA DO CRÉDITO. IMPOSSIBILIDADE. SÚMULA VINCULANTE 24. RETROATIVIDADE DE INTERPRETAÇÃO JUDICIAL MAIS GRAVOSA AO RÉU. CRIAÇÃO DE MARCO INTERRUPTIVO NÃO PREVISTO EM LEI. INOCORRÊNCIA. COAÇÃO ILEGAL NÃO CONFIGURADA. DESPROVIMENTO DO RECLAMO. 1. Consoante consolidado no verbete 24 da Súmula Vinculante, não há crime material contra a ordem tributária antes da constituição definitiva do crédito, razão pela qual é irrelevante o momento no qual ocorreu a omissão ou declaração falsa ao Fisco. 2. Esta colenda Quinta Turma já afastou a alegação de que o enunciado 24 da Súmula Vinculante só se aplicaria aos crimes cometidos após a sua vigência, seja porque não se está diante de norma mais gravosa, mas de consolidação de interpretação judicial, seja porque a sua observância é obrigatória por parte de todos os órgãos do Poder Judiciário, exceto a Suprema Corte, a quem compete eventual revisão do entendimento adotado. Precedente. 3. Considerada a constituição do crédito tributário como termo inicial da prescrição da pretensão punitiva, não se verifica a ocorrência da prescrição da pretensão punitiva estatal. 4. Recurso desprovido.(RHC 083993/MS,Rel. Ministro JORGE MUSSI, QUINTA TURMA,Julgado em 15/08/2017,DJE 25/08/2017)

A Representação Fiscal. O art. 83 da Lei nº 9.430/1996 prevê a figura da representação fiscal, fixando que a autoridade administrativa responsável encaminhe ao Ministério Público a representação fiscal referente aos crimes definidos nos arts. 1º e 2º da Lei nº 8.137/1990 após proferida decisão final na esfera administrativa sobre a exigência fiscal do crédito tributário correspondente. Nessa representação, a autoridade dará notícia ao Ministério Público da decisão conclusiva, encaminhando documentos indicativos do cometimento de crime contra a ordem tributária, viabilizando a adoção das medidas cabíveis na esfera criminal pelo Ministério Público, titular da ação penal.

> Art. 83. A representação fiscal para fins penais relativa aos crimes contra a ordem tributária previstos nos arts. 1º e 2º da Lei nº 8.137,

de 27 de dezembro de 1990, e aos crimes contra a Previdência Social, previstos nos arts. 168-A e 337-A do Decreto-Lei nº 2.848, de 7 de dezembro de 1940 (Código Penal), será encaminhada ao Ministério Público depois de proferida a decisão final, na esfera administrativa, sobre a exigência fiscal do crédito tributário correspondente. (Redação dada pela Lei nº 12.350, de 2010)

Natureza Jurídica da Representação Fiscal. Não se trata de condição de procedibilidade para a ação penal, mas mera *notitia criminis*, sendo imposta à autoridade administrativa a obrigação de comunicação ao Ministério Público possível prática de crime tributário quando vislumbrar nos autos de procedimento administrativo indícios neste sentido. Pela Súmula Vinculante nº 24, a ação penal não fica na dependência da representação fiscal, mas do esgotamento da via administrativa conclusiva pela exigência do crédito.

Assim, estando já lançado em definitivo o tributo, na hipótese de a autoridade fiscal deixar de encaminhar a representação fiscal não restará inviabilizada a deflagração de ação penal pelo órgão do Ministério Público, com o oferecimento de denúncia.

Competência para Processo e Julgamento dos Crimes Contra a Ordem Tributária. Será fixada pela natureza do tributo, sendo da competência da Justiça Federal na hipótese de tributo de competência da União. Caberá à Justiça Estadual, outrossim, o processo e julgamento do crime contra a ordem tributária quando se tratar de tributos estaduais e municipais. Na Justiça Federal ou Estadual, em se tratando de crimes materiais contra a ordem tributária, a competência para processo e julgamento é do local onde ocorrer a constituição definitiva do crédito tributário.

> RECURSO ORDINÁRIO EM HABEAS CORPUS. CRIME MATERIAL CONTRA A ORDEM TRIBUTÁRIA. COMPETÊNCIA PARA PROCESSAR E JULGAR A AÇÃO PENAL. FRAUDE PRATICADA EM LONDRINA/PR. MUDANÇA DO DOMICÍLIO FISCAL DA EMPRESA PARA MARÍLIA/SP. IMPOSSIBILIDADE DE CONFIGURAÇÃO DO ILÍCITO FISCAL ANTES DO ESGOTAMENTO DA VIA ADMINISTRATIVA. COMPETÊNCIA DO DOMICÍLIO FISCAL EM QUE HOUVE A CONSTITUIÇÃO DEFINITIVA DO CRÉDITO TRIBUTÁRIO. COAÇÃO ILEGAL INEXISTENTE. DESPROVIMENTO DO RECLAMO. 1. Em atenção ao disposto no verbete 24 da Súmula Vinculante, pacificou-se neste Superior Tribunal de Justiça o entendimento segundo o qual a competência para processar os delitos materiais contra a ordem tributária é estabelecida no domicílio fiscal em que houve a consumação da infração penal, ou seja, aquele em que ocorreu a constituição definitiva do crédito tributário, sendo irrelevante que a fraude tenha sido perpetrada em local diverso. 2. No caso dos autos, ainda que as condutas assestadas aos recorrentes tenham sido praticadas em Londrina/PR, a competência para processá-los e julgá-los é da Justiça Federal de Marília/SP, local em que a pessoa jurídica por eles

administrada possuía domicílio fiscal ao tempo em que esgotada a via administrativa e consumado o delito contra a ordem tributária. 3. Recurso desprovido. (RHC 053434/SP,Rel. Ministro JORGE MUSSI, QUINTA TURMA,Julgado em 07/03/2017,DJE 15/03/2017)

Competência na hipótese de contrabando ou descaminho. Compete à Justiça Federal a condução do inquérito que investiga o cometimento do delito previsto no art. 334, § 1º, IV, do Código Penal, na hipótese de venda de mercadoria estrangeira, permitida pela ANVISA, desacompanhada de nota fiscal e sem comprovação de pagamento de imposto de importação.

CONFLITO NEGATIVO DE COMPETÊNCIA. INQUÉRITO POLICIAL. JUSTIÇA FEDERAL E JUSTIÇA ESTADUAL. CONTRABANDO DE CIGARROS. DISSENSO ACERCA DA NECESSIDADE DE INDÍCIOS DE TRANSNACIONALIDADE NA CONDUTA DO AGENTE PARA FINS DE FIXAÇÃO DA COMPETÊNCIA DA JUSTIÇA FEDERAL. DESNECESSIDADE. SÚMULA 151/STJ. ORIENTAÇÃO QUE DEVE PREVALECER, A PAR DE PRECEDENTES RECENTES EM SENTIDO DIVERSO. CRIME QUE TUTELA INTERESSE DA UNIÃO. 1. A jurisprudência desta Corte orientava para a competência da Justiça Federal para o julgamento dos crimes de contrabando e descaminho (Súmula 151/STJ), até que julgado (CC n. 149.750/MS, de 26/4/2017), fundado em conflito que debateu crime diverso (violação de direito autoral), modificou a orientação sedimentada, para limitar a competência federal, no caso de contrabando, às hipóteses em que for constatada a existência de indícios de transnacionalidade na conduta do agente. 2. Consolidada a nova compreensão, sobreveio o julgamento do CC n. 159.680/MG (realizado em 8/8/2018), no qual a Terceira Seção entendeu pela competência federal para o julgamento do crime de descaminho, ainda que inexistentes indícios de transnacionalidade na conduta. 3. Tal orientação, no sentido da desnecessidade de indícios de transnacionalidade, deve prevalecer não só para o crime de descaminho, como também para o delito de contrabando, pois resguarda a segurança jurídica, na medida em que restabelece a jurisprudência tradicional; além do que o crime de contrabando, tal como o delito de descaminho, tutela prioritariamente interesse da União, que é a quem compete privativamente (arts. 21, XXII e 22, VII, ambos da CF) definir os produtos de ingresso proibido no país, além de exercer a fiscalização aduaneira e de fronteira. 4. Conflito conhecido para declarar a competência do Juízo Federal da 4ª Vara Criminal da Seção Judiciária do Estado de São Paulo, o suscitante. (STJ - CC: 160748 SP 2018/0230961-5, Relator: Ministro SEBASTIÃO REIS JÚNIOR, Data de Julgamento: 26/09/2018, S3 - TERCEIRA SEÇÃO, Data de Publicação: DJe 04/10/2018 RSTJ vol. 252 p. 1017)

Hipótese de Sonegação de Tributo Federal Conexa com Sonegação da Competência Estadual. Prevalecerá a competência da Justiça Federal em virtude do disposto na Súmula nº 122 do STJ:

> Compete à Justiça Federal o processo e julgamento unificado dos crimes conexos de competência federal e estadual, não se aplicando a regra do art. 78, II, "A", do Código de Processo Penal.

Prescrição dos Crimes do artigo 1º. Os crimes do artigo 1º, I a IV, da Lei nº 8.137/90, sendo materiais, dependem do resultado para sua consumação, que ocorre com o lançamento definitivo do tributo, consoante Súmula vinculante 24. Assim, considerando-se o disposto no artigo 111, I, do CP, a prescrição somente começa a ser contada a partir do lançamento definitivo, mesmo quando se tratar de crime praticado antes da edição do referido enunciado, considerando-se o entendimento do STF acerca da matéria.

> Ementa: AGRAVO REGIMENTAL EM HABEAS CORPUS. CRIME DE SONEGAÇÃO FISCAL. ALEGADO IMPLEMENTO DA PRESCRIÇÃO DA PRETENSÃO PUNITIVA ESTATAL. PRETENSÃO DE QUE SEJA CONSIDERADA DATA ANTERIOR AO LANÇAMENTO DEFINITIVO DO TRIBUTO PARA INÍCIO DA CONTAGEM DO PRAZO PRESCRICIONAL. SÚMULA VINCULANTE 24. 1. No que se refere ao marco inicial da prescrição da pretensão punitiva estatal em matéria de crimes tributários, é mister considerar o teor da Súmula Vinculante 24: "Não se tipifica crime material contra a ordem tributária, previsto no art. 1º, incisos I a IV, da Lei n. 8.137/90, antes do lançamento definitivo do tributo". Esse entendimento abarca fatos anteriores à edição do referido enunciado sumular, que não implicou inovação legislativa, mas, tão somente, consolidação de entendimento jurisprudencial de há muito adotado por esta SUPREMA CORTE. Precedentes. Ausente o transcurso do respectivo lapso entre os marcos interruptivos. 2. Agravo Regimental a que se nega provimento. (HC 169925 AgR /AG.REG. NO HABEAS CORPUS. Relator(a): Min. ALEXANDRE DE MORAES. Julgamento: 24/06/2019. Órgão Julgador: Primeira Turma

Prescrição tributária X prescrição penal. De acordo com o entendimento sufragado pelo STJ, o reconhecimento de prescrição tributária em execução fiscal não é capaz de justificar o trancamento de ação penal referente aos crimes contra a ordem tributária previstos nos incisos I a IV do art. 1º da Lei nº 8.137/90. Assim:

> O reconhecimento de prescrição tributária em execução fiscal não é capaz de justificar o trancamento de ação penal referente aos crimes contra a ordem tributária previstos nos incisos II e IV do art. 1º da Lei n. 8.137/1990. Isso porque a constituição regular e definitiva do crédito tributário é suficiente para tipificar as condutas previs-

tas no art. 1º, I a IV, da Lei n. 8.137/1990, não influindo o eventual reconhecimento da prescrição tributária. De fato, são independentes as esferas penal e tributária. Assim, o fato de ter escoado o prazo para a cobrança do crédito tributário, em razão da prescrição – fato jurídico extintivo do crédito tributário -, não significa que o crime tributário não se consumou, pois a consumação dos delitos de sonegação fiscal se dá por ocasião do trânsito em julgado na esfera administrativa. É dizer, uma vez regular e definitivamente constituído o crédito tributário, sua eventual extinção na esfera tributária, pela prescrição (art. 156 do CTN), em nada afeta o *jus puniendi* estatal, que também resta ileso diante da prescrição para a ação de cobrança do referido crédito (art. 174 do CTN). Precedente citado do STJ: AgRg no AREsp 202.617-DF, Quinta Turma, DJe 16/4/2013. Precedente citado do STF: HC 116.152-PE, Segunda Turma, DJe de 7/5/2013. RHC 67.771-MG, Rel. Min. Nefi Cordeiro, julgado em 10/3/2016, DJe 17/3/2016.

RECURSO ORDINÁRIO EM HABEAS CORPUS. CRIME CONTRA A ORDEM TRIBUTÁRIA. ARTIGO 1º, INCISOS I, DA LEI 8.137/1990. CRÉDITO TRIBUTÁRIO REGULAR E DEFINITIVAMENTE CONSTITUÍDO. EXTINÇÃO POSTERIOR DO CRÉDITO, EM RAZÃO DA PRESCRIÇÃO INTERCORRENTE. AUSÊNCIA DE REFLEXO NO ÂMBITO PENAL. APLICAÇÃO, POR ANALOGIA, DA REGRA DO ART. 9º, §2º, DA LEI 10.684/03. IMPOSSIBILIDADE. RECURSO DESPROVIDO. (...) 2. A circunstância de, posteriormente, ter sido extinta a execução fiscal ajuizada, diante da caracterização da prescrição intercorrente do crédito tributário, não afeta a persecução penal. Precedentes. 3. Embora constitua a prescrição uma causa de extinção do crédito tributário (CTN, art. 156, V), tal circunstância não implica que a obrigação tributária não tenha nascido regularmente, gerando, a seu tempo, o dever de pagamento do tributo e, consequentemente, a consumação do delito. (...) 5. Recurso ordinário a que se nega provimento. (RHC 81446 / RJ. Ministra MARIA THEREZA DE ASSIS MOURA. SEXTA TURMA. Data do Julgamento13/06/2017).

Prescrição do crime do artigo 1º, V, da Lei nº 8.137/90. Como se trata de crime formal, que prescinde do lançamento definitivo do tributo, a prescrição terá seu cômputo iniciado com a mera conduta omissiva do agente.

HABEAS CORPUS. PROCESSUAL PENAL. CRIME CONTRA A ORDEM TRIBUTÁRIA. ART. 1º, INCISOS II E V, E ART. 2.º, INCISO II, DA LEI N.º 8.137/90. SENTENÇA ABSOLUTÓRIA. RECURSO DA ACUSAÇÃO COM PEDIDO DE CONDENAÇÃO DO PACIENTE. ANULAÇÃO DO PROCESSO. AUSÊNCIA DE CONSTITUIÇÃO DEFINITIVA DO CRÉDITO TRIBUTÁRIO. FALTA DE CONDIÇÃO DE PROCEDIBILIDADE. NOVA DENÚNCIA. ART. 1º, INCISO V, DA LEI N. 8.137/90. CRIME FORMAL, QUE SE CONSUMA COM A MERA OMISSÃO DO

AGENTE. PRESCRIÇÃO VERIFICADA. EXTINÇÃO DA PUNIBILIDADE. MATÉRIA DE DIREITO PÚBLICO. CONCESSÃO DA ORDEM, DE OFÍCIO, PARA RECONHECER A PRESCRIÇÃO DA PRETENSÃO PUNITIVA ESTATAL, COM EXTENSÃO DA ORDEM AOS CORRÉUS. 1. Os crimes contra a ordem tributária previstos no art. 1º, incisos I a IV da Lei 8.137/90 não se tipificam antes do lançamento definitivo do tributo, nos termos da Súmula Vinculante 24 do Supremo Tribunal Federal. Contudo, o delito do art. 1º, inciso V, da Lei n.º 8.137/90 é formal, não estando incluído na exigência da referida Súmula Vinculante. Assim, a prescrição para o referido crime ocorre na forma prevista no art. 111, inciso I, do Código Penal. 2. No caso dos autos, em que os fatos ocorreram nos anos de 1993 e 1994, e a nova denúncia, oferecida apenas em 05/11/2008, imputou ao Paciente apenas a prática do delito previsto no art. 1.º, inciso V, da Lei n.º 8.137/90, verifica-se a ocorrência da extinção da punibilidade pela prescrição da pretensão punitiva estatal.

A diminuição do prazo prescricional. A redução do prazo da prescrição de que trata o artigo 115 do CP quanto ao maior de 70 anos deve levar em conta a data da primeira sentença, nos estritos termos do dispositivo citado, e não com o trânsito em julgado. Assim, se o acusado completa 70 anos após a sentença recorrível, na pendência de julgamento de recurso eventualmente interposto, não se aplica a redução.

Ementa. Agravo regimental no recurso extraordinário. 2. Direito Penal e Processual Penal. 3. Crimes contra a ordem tributária. Art. 1º, incisos I e II, da Lei 8.137/1990. 4. Art. 115 do Código Penal. Maior de 70 (setenta) anos. 5. Redução do prazo prescricional. Verificação na data da sentença condenatória, e não quando o título condenatório se torna imutável. Precedentes. 6. Ofensa indireta ou reflexa ao texto constitucional. 7. Agravo regimental não provido.(RE 1160296 AgR / SP Relator(a): Min. GILMAR MENDES. Julgamento: 25/10/2019 Órgão Julgador: Segunda Turma)

A desnecessidade de autorização judicial para repassar informações protegidas por sigilo bancário ao Ministério Público. A Primeira Turma do Supremo Tribunal Federal decidiu, em dezembro de 2017, que a Receita Federal não precisa de autorização judicial para repassar informações protegidas por sigilo bancário ao Ministério Público. Seguindo o voto do relator, ministro Luís Roberto Barroso, o Colegiado derrubou decisão do Superior Tribunal de Justiça.

Consoante entenderam os ministros do Pretório Excelso, como todos os órgãos envolvidos têm obrigação de sigilo em relação às informações, não há quebra de sigilo, mas mera transferência de informações sigilosas entre órgãos. Pela decisão, o MP pode usar as informações para instruir processos penais.

O STF , em decisão proferida pelo Plenário em fevereiro de 2016, nos autos do RE 601.314, já havia autorizado a quebra de sigilo bancário pela Receita sem necessidade de autorização judicial, e a Primeira Turma, no julgado de 2017, que segue abaixo transcrito, declarou constitucional artigo da Lei Complementar 105 que permite ao Fisco acessar diretamente informações bancárias sigilosas.

> EMENTA: DIREITO PENAL. **AGRAVO INTERNO EM RECURSO EXTRAORDINÁRIO. ART. 6º DA LEI COMPLEMENTAR 105/2001. CONSTITUCIONALIDADE. UTILIZAÇÃO DE DADOS OBTIDOS PELA RECEITA FEDERAL PARA INSTRUÇÃO PENAL. POSSIBILIDADE.** 1. O Supremo Tribunal Federal, ao apreciar o RE 601.314, Rel. Min. Edson Fachin, após reconhecer a repercussão geral da matéria, assentou a constitucionalidade do art. 6º da Lei Complementar nº 105/2001, que autoriza o fornecimento de informações sobre movimentações financeiras diretamente ao Fisco, sem autorização judicial. 2. O acórdão recorrido entendeu que os dados obtidos pela Receita Federal mediante requisição direta às instituições bancárias não poderiam ser utilizados no processo penal. Entendimento que contraria a orientação majoritária da Corte, no sentido de que é possível a utilização das informações obtidas pelo fisco, por meio de regular procedimento administrativo fiscal, para fins de instrução processual penal. Precedentes. 3. Agravo interno a que se nega provimento. (ARE 1.057.667/SE, PRIMEIRA TURMA. RELATOR: MIN. ROBERTO BARROSO, julgado em 12/12/2017)

A decisão não foi unânime, tendo sido vencido o Ministro Marco Aurélio.

Conforme destacado pelo ministro relator, a decisão se encontra na linha da jurisprudência consolidada da Corte, como demonstram as decisões no ARE 998.818, Rel. Min. Ricardo Lewandowski; RE 1.073.398, Rel. Min. Luiz Fux; RE 1.090.776, Rel. Min. Alexandre de Moraes; RE 1.064.544, Rel. Min. Edson Fachin. Foram, ainda, mencionadas no voto passagens de duas decisões monocráticas de Ministros da Corte, que seguem abaixo transcritas:

> "[...] No caso, o acórdão recorrido consignou que a quebra do sigilo bancário para investigação criminal depende de avaliação e motivação judicial, nos termos dos arts. 5º, XII, e 93, IX, ambos da CF/88. Entretanto, há reiteradas decisões desta Corte afirmando que deve ser estendida a compreensão fixada no julgamento do RE 601.314 à esfera criminal. Confiram-se, por amostragem, o ARE 841.344-AgR (Relator Min. DIAS TOFFOLI, Segunda Turma, DJe 15/2/2017) e as seguintes decisões monocráticas, ambas com trânsito em julgado: ARE 987.248-AgR (Relator Min. Roberto Barroso, Dje 17/3/2017) e ARE 953.058 (Relator Min. Gilmar Mendes, Dje 3 Cópia RE 1057667 AGR / SE 30/5/2016). Por esses motivos, merece acolhida a presente irresignação. Diante do exposto, com base no art. 21, § 1º, do Regimento Interno do Supremo Tribunal Federal, dou provimento ao recurso extraordinário para que, afastada a tese da indispensabilida-

de de autorização judicial motivada para utilização de dados bancários em processo criminal, o Tribunal Regional Federal da 3ª Região proceda a novo julgamento da apelação criminal." (RE 1.090.776, Rel. Min. Alexandre de Moraes).

"[...] Ademais, a teor do art. 198, § 3º, inciso I, do Código Tributário Nacional (com redação dada pela Lei Complementar 104/2001), não é vedada a divulgação de informações, para representação com fins penais, obtidas por parte da Fazenda Pública ou de seus servidores, de informação obtida em razão do ofício sobre a situação econômica ou financeira do sujeito passivo ou de terceiros e sobre a natureza e o estado de seus negócios ou atividades. Dessa maneira, sendo legítimo os meios de obtenção da prova material e sua utilização no processo administrativo fiscal, mostra-se lícita sua utilização para fins da persecução criminal. Sobretudo, quando se observa que a omissão da informação revelou a efetiva supressão de tributos, demonstrando a materialidade exigida para configuração do crime previsto no art. 1º, inciso I, da Lei 8.137/1990, não existindo qualquer abuso por parte da Administração Fiscal em encaminhar as informações ao Parquet. [...]." (ARE 953.058, Rel. Min. Gilmar Mendes)

Art. 2º Constitui crime da mesma natureza: (Vide Lei nº 9.964, de 10/04/2000)

I - fazer declaração falsa ou omitir declaração sobre rendas, bens ou fatos, ou empregar outra fraude, para eximir-se, total ou parcialmente, de pagamento de tributo;

Pena - detenção, de 6 (seis) meses a 2 (dois) anos, e multa.

Inaplicabilidade da Súmula Vinculante nº 24 aos Crimes do Art. 2º. Não é a Súmula Vinculante nº 24 aplicável aos crimes do art. 2º, que, assim, poderão ser objeto de deflagração de ação penal mesmo sem que tenha havido prévio procedimento administrativo.

A Diferença entre o Crime do Art. 1º, I, e o Crime do Art. 2º, I. O crime do art. 1º, I, sendo material, descreve resultado e exige a sua superveniência para que se considere consumado. Quanto ao crime do art. 2º, I, trata-se de crime formal, pois, embora o agente atue com vistas a um especial fim de agir, qual seja, a redução ou supressão do tributo, o referido resultado não precisará ser alcançado para a consumação, bastando a realização da conduta descrita na norma.

Sujeito Ativo. O contribuinte.

Sujeito Passivo. O Estado.

Objetividade Jurídica. A administração tributária, com a tutela da arrecadação e do erário público.

Especial Fim de Agir. O agente, para praticar o crime descrito nesse inciso, deverá atuar buscando uma especial finalidade, qual seja, a redução ou sonegação do tributo.

Momento Consumativo. O da realização de qualquer das condutas típicas, independente da superveniência de resultados, ou seja, estará consumado mesmo que não tenha havido a redução ou sonegação do tributo.

Admissibilidade da Tentativa. Será possível nas hipóteses comissivas, em que se pode fracionar o *iter criminis*, não sendo admitida na modalidade omissiva.

Condutas Comissivas e Omissivas. São descritas condutas comissivas ("fazer declaração falsa" e "empregar fraude") e omissiva (omitir declaração).

Inciso I e Especialidade. O art. 2º, I, é especial com relação ao crime do art. 299 do Código Penal, devendo, portanto, prevalecer se a falsidade se der para sonegar ou reduzir tributo.

II – deixar de recolher, no prazo legal, valor de tributo ou de contribuição social, descontado ou cobrado, na qualidade de sujeito passivo de obrigação e que deveria recolher aos cofres públicos;

Inciso II e especialidade do Art. 168-A do Código Penal. A apropriação indébita previdenciária descrita no art. 168-A do Código Penal é figura especial com relação ao artigo em comento, sendo o dispositivo do Código Penal aplicável quando o agente deixar de recolher, no prazo legal, o valor que descontou de seus funcionários a título de contribuição previdenciária. Em sendo outro o tributo cujos valores não foram repassados, deveremos usar esse art. 2º, II. Assim, com relação aos valores de IOF arrecadados pela instituição financeira e não repassados ao Fisco no prazo legal, incidirá a norma em estudo. Com relação ao ICMS, o mesmo ocorre, pois o contribuinte é o consumidor final, mas caberá ao comerciante, que retém o valor de ICMS, recolher os valores aos cofres públicos. Assim, se deixar de observar os prazos legais para o devido recolhimento, praticará a conduta do art. 2º, II. Neste sentido:

> HABEAS CORPUS. NÃO RECOLHIMENTO DE ICMS POR MESES SEGUIDOS. APROPRIAÇÃO INDÉBITA TRIBUTÁRIA. ABSOLVIÇÃO SUMÁRIA. IMPOSSIBILIDADE. DECLARAÇÃO PELO RÉU DO IMPOSTO DEVIDO EM GUIAS PRÓPRIAS. IRRELEVÂNCIA PARA A CONFIGURAÇÃO DO DELITO. TERMOS "DESCONTADO E COBRADO". ABRANGÊNCIA. TRIBUTOS DIRETOS EM QUE HÁ RESPONSABILIDADE POR SUBSTITUIÇÃO E TRIBUTOS INDIRETOS. ORDEM DENEGADA. 1. Para a configuração do delito de apropriação indébita tributária – tal qual se dá com a apropriação indébita em geral – o fato de o agente registrar, apurar e declarar em guia própria ou

> em livros fiscais o imposto devido não tem o condão de elidir ou exercer nenhuma influência na prática do delito, visto que este não pressupõe a clandestinidade. 2. O sujeito ativo do crime de apropriação indébita tributária é aquele que ostenta a qualidade de sujeito passivo da obrigação tributária, conforme claramente descrito pelo art. 2º, II, da Lei n.8.137/1990, que exige, para sua configuração, seja a conduta dolosa (elemento subjetivo do tipo), consistente na consciência (ainda que potencial) de não recolher o valor do tributo devido. A motivação, no entanto, não possui importância no campo da tipicidade, ou seja, é prescindível a existência de elemento subjetivo especial. 3. A descrição típica do crime de apropriação indébita tributária contém a expressão "descontado ou cobrado", o que, indiscutivelmente, restringe a abrangência do sujeito ativo do delito, porquanto nem todo sujeito passivo de obrigação tributária que deixa de recolher tributo ou contribuição social responde pelo crime do art. 2º, II, da Lei n. 8.137/1990, mas somente aqueles que "descontam" ou "cobram" o tributo ou contribuição. 4. A interpretação consentânea com a dogmática penal do termo "descontado" é a de que ele se refere aos tributos diretos quando há responsabilidade tributária por substituição, enquanto o termo "cobrado" deve ser compreendido nas relações tributárias havidas com tributos indiretos (incidentes sobre o consumo), de maneira que não possui relevância o fato de o ICMS ser próprio ou por substituição, porquanto, em qualquer hipótese, não haverá ônus financeiro para o contribuinte de direito. 5. É inviável a absolvição sumária pelo crime de apropriação indébita tributária, sob o fundamento de que o não recolhimento do ICMS em operações próprias é atípico, notadamente quando a denúncia descreve fato que contém a necessária adequação típica e não há excludentes de ilicitude, como ocorreu no caso. Eventual dúvida quanto ao dolo de se apropriar há que ser esclarecida com a instrução criminal. 6. Habeas corpus denegado. (STJ. 3ª Seção. HC 399109-SC, Rel. Min. Rogerio Schietti Cruz, julgado em 22/08/2018.

Art. 2º, II, da Lei nº 8.137/90: não recolhimento de ICMS declarado e tipicidade. O Plenário do STF, decisão de 18/12/19, veiculada no informativo nº 964, por maioria, fixou a seguinte tese: "*O contribuinte que, de forma contumaz e com dolo de apropriação, deixa de recolher o ICMS cobrado do adquirente da mercadoria ou serviço incide no tipo penal do art. 2º, II, da Lei nº 8.137/1990*". Segue trecho do respectivo informativo:

> Lei 8.137/1990, art. 2º, II: não recolhimento de ICMS declarado e tipicidade - 2 - O contribuinte que, de forma contumaz e com dolo de apropriação, deixa de recolher o ICMS cobrado do adquirente da mercadoria ou serviço incide no tipo penal do art. 2º, II, da Lei

> 8.137/1990 (1). (...) Na situação dos autos, sócios e administradores de uma empresa declararam operações de venda ao Fisco, mas deixaram de recolher o ICMS (Imposto sobre Operações relativas à Circulação de Mercadorias e Prestação de Serviços de Transporte Interestadual e Intermunicipal e de Comunicação) relativamente a diversos períodos. Por três vezes, a empresa aderiu a programas de parcelamentos da Fazenda estadual, mas não adimpliu as parcelas. Explicitou que o sujeito ativo do crime é o sujeito passivo da obrigação, que, na hipótese do ICMS próprio, é o comerciante. O objeto do delito é o valor do tributo. No caso, a quantia transferida pelo consumidor ao comerciante. A utilização dos termos "descontado" e "cobrado" é o ponto central do dispositivo em apreço. Tributo descontado, não há dúvidas, refere-se aos tributos diretos. Já a expressão "cobrado" abarca o contribuinte nos tributos indiretos. Portanto, "cobrado" significa o tributo que é acrescido ao preço da mercadoria, pago pelo consumidor — contribuinte de fato — ao comerciante, que deve recolhê-lo ao Fisco. O consumidor paga mais caro para que o comerciante recolha o tributo à Fazenda estadual. O ministro salientou que o valor do ICMS cobrado em cada operação não integra o patrimônio do comerciante, que é depositário desse ingresso de caixa. Entendimento coerente com o decidido pelo Supremo Tribunal Federal (STF) no RE 574.706 (Tema 69 da repercussão geral), oportunidade na qual assentado que o ICMS não integra o patrimônio do sujeito passivo e, consequentemente, não compõe a base de cálculo do PIS e da Cofins. Dessa maneira, a conduta não equivale a mero inadimplemento tributário, e sim à apropriação indébita tributária. A censurabilidade está em tomar para si valor que não lhe pertence. Para caracterizar o tipo penal, a conduta é composta da cobrança do consumidor e do não recolhimento ao Fisco.O relator esclareceu que a oscilação da jurisprudência do STJ, ao afirmar a atipicidade da conduta adversada, fez com que diversos contribuintes passassem a declarar os valores devidos, sem recolhê-los. Houve uma "migração" do crime de sonegação para o de apropriação indébita e não é isso que o direito deseja estimular. (RHC 163334/SC, rel. Min. Roberto Barroso, julgamento em 18.12.2019) INFO 964.

Sujeito Ativo. É aquele que cobrou do contribuinte e que, como sujeito passivo da obrigação tributária, ou seja, responsável tributário, deixa de recolher aos cofres públicos.

O CTN diferencia de forma precisa, no seu artigo 121, parágrafo único, contribuinte de responsável. O contribuinte é o sujeito passivo da obrigação tributária que possui relação direta com a incidência da norma jurídica tributária, ou seja, que tenha relação direta com o fato gerador do tributo. Corresponde ao indivíduo que participa da constituição do fato gerador. O responsável tributário é o sujeito passivo da obrigação tributária que tem relação indireta com o fato gerador do tributo, mas que, por força de lei, assume a obrigação de recolher o tributo.

Objetividade Jurídica. A tutela da administração tributária, a arrecadação tributária e o erário público.

Sujeito Passivo. O Estado, representado pela Fazenda Nacional, Estadual e Municipal.

Momento Consumativo. No momento em que expira o prazo legal, sem o recolhimento do tributo.

Tentativa. Inadmissível, pois que se trata de crime omissivo próprio.

Crime de Mera Conduta. Não descrevendo o tipo penal qualquer resultado pretendido pelo agente com sua conduta, estamos diante de um crime de mera conduta.

> III - exigir, pagar ou receber, para si ou para o contribuinte beneficiário, qualquer percentagem sobre a parcela dedutível ou deduzida de imposto ou de contribuição como incentivo fiscal;

A Conduta Típica e os Incentivos Fiscais. O Estado pode estabelecer incentivos fiscais, reduzindo, total ou parcialmente, a carga tributária, como estímulo à iniciativa privada para que se façam investimentos em programas cuja implementação é de interesse do Estado para consecução de seus objetivos maiores. O tipo penal em apreciação trata da conduta daquela pessoa que, realizando as condutas ali descritas, acaba fazendo com que parte do tributo renunciada pelo Estado não se destine a investimento em programa estatal. O crime descreve, portanto, malversação do incentivo fiscal concedido.

Sujeito Ativo. Na modalidade "exigir", o sujeito ativo será qualquer pessoa que atue como intermediário no repasse da parcela dedutível ou deduzida de tributo a título de incentivo fiscal. Nas modalidades "pagar" e "receber", o sujeito ativo tanto será aquele responsável pela arrecadação e posterior aplicação dos valores advindos da redução de tributos em razão de incentivos fiscais, quanto o contribuinte beneficiário. Verifica-se, portanto, que, em qualquer hipótese, trata-se de crime próprio, em que se exige especial qualidade do sujeito ativo.

Sujeito Passivo. É o Estado, a Fazenda Pública.

Objeto Jurídico. A ordem tributária, a arrecadação tributária estatal.

Objeto Material do Delito. É o percentual incidente sobre a parcela deduzida ou dedutível do tributo.

Tipo Subjetivo. É o dolo, não se admitindo figura culposa, como de resto não se admite em qualquer outro descrito nessa lei.

Momento Consumativo. Havendo três núcleos verbais, é preciso que façamos a distinção com relação ao momento consumativo;

a) *na modalidade "exigir", consuma-se com a mera exigência, independente da obtenção da percentagem, cuidando-se, neste particular, de crime formal;*

b) *nas modalidades "pagar" e "receber", consuma-se no momento do desvio do valor referente ao incentivo fiscal, o que se dará quando do pagamento do valor ao intermediário ou empresa.*

Admissibilidade da Tentativa. Em todas as modalidades será admitida a tentativa, desde que a conduta seja plurissubsistente, viabilizando o fracionamento do *iter*.

> IV – deixar de aplicar, ou aplicar em desacordo com o estatuído, incentivo fiscal ou parcelas de imposto liberadas por órgão ou entidade de desenvolvimento;

Análise do Tipo Objetivo. Essa figura do inciso IV trata do agente que, beneficiário do incentivo fiscal, não o emprega de acordo com o estatuído ou o aplica irregularmente.

Norma Penal em Branco. A legislação tributária dirá quais são os incentivos ficais e, ainda, de que forma e em que setores os mesmos deverão ser aplicados. Portanto, para sabermos se incidente o tipo penal em análise, será imprescindível consulta às leis que regem a matéria. Trata-se de norma penal em branco.

Sujeito Ativo. O beneficiário do incentivo fiscal, cuidando-se, portanto, de crime próprio.

Sujeito Passivo. O Estado, a Fazenda Pública. Também poderia aqui ser considerado sujeito passivo a entidade beneficiária do incentivo concedido.

Bem Jurídico Tutelado. A ordem tributária, a arrecadação tributária.

Momento Consumativo. Trata-se de crime formal, que se consumará quando o agente realizar qualquer das condutas descritas no tipo, frustrando a aplicação dos valores para os fins a que foram destinados.

Tentativa. Admissível, pois, em se tratando de crime plurissubsistente, se pode fracionar o *iter criminis*.

> V – utilizar ou divulgar programa de processamento de dados que permita ao sujeito passivo da obrigação tributária possuir informação contábil diversa daquela que é, por lei, fornecida à Fazenda Pública.

Conduta Típica. Consiste na utilização ou divulgação de programa de *software* preparado justamente para burlar a fiscalização da Fazenda, produzindo contabilidade paralela, podendo acarretar pagamento a menor ou mesmo suprimir pagamento ao Fisco.

Criação de Caixa Dois em Instituições Financeiras. O inciso cuida de contabilidade paralela, que acoberta aquilo que se convencionou denominar "caixa-dois". Em se tratando de instituições financeiras, deve-se atentar para o art. 11 da Lei nº 7.492/1986, que tipifica a conduta do gestor da instituição financeira que mantém ou movimenta recurso ou valor paralelamente à contabilidade exigida pela legislação. Em verdade, se a movimentação dos recursos através de contabilidade paralela for feita por administradores de instituições financeiras, através de utilização de *software* que viabilize a obtenção de informação contábil diversa da fornecida à Fazenda e com a finalidade de sonegar tributos, poderemos perfeitamente ter o crime deste inciso V, em concurso com o crime contra o sistema financeiro nacional. Na verdade, não existe relação de especialidade entre a regra em comento e aquela do art. 11 da Lei nº 7.492/1986, ambas especiais, cada uma tutelando um bem jurídico diverso: a da Lei nº 8.137/1990, a arrecadação tributária; a da Lei nº 7.492/1986, a credibilidade do mercado financeiro.

A Criação de Contabilidade Paralela como Meio para a Prática da Conduta do Crime do art. 1º. Nesse caso, se o contribuinte se utilizar da contabilidade paralela ou caixa-dois para a prática do crime do art. 1º da Lei nº 8.137/1990, será pelo último responsabilizado. O delito desse inciso V é subsidiário com relação ao crime do art. 1º.

Sujeito Ativo. É o contribuinte que se utiliza do programa, ou qualquer outra pessoa que o divulgue. Assim, não se trata de crime próprio, mas comum.

Sujeito Passivo. É o Estado, a Fazenda Pública.

Objetividade Jurídica. A ordem tributária, a arrecadação fiscal.

Objeto Material. É o programa de processamento de dados.

Momento Consumativo. Trata-se de crime formal, que se consumará com a realização dos núcleos verbais típicos, não se exigindo danos ao erário ou a supressão do tributo.

Tentativa. Em tese admissível, quando se puder fracionar a sua execução, ou seja, quando for plurissubsistente, praticado mediante mais de um ato.

Seção II
Dos crimes praticados por funcionários públicos

Art. 3º Constitui crime funcional contra a ordem tributária, além dos previstos no Decreto-Lei nº 2.848, de 7 de dezembro de 1940 - Código Penal (Título XI, Capítulo I):

Crimes Funcionais. Traz o artigo em exame crimes funcionais, em que o sujeito ativo é o funcionário público que, prevalecendo-se dessa sua condição, ainda que fora da função, pratica as condutas contra a Administração Pública.

Relação dos Crimes do art. 3º com os Crimes do Código Penal. Os crimes do art. 3º da lei em comento são, na verdade, figuras também tipificadas no Código Penal, existindo entre o diploma em exame e o Código Penal, no mais das vezes, uma relação de especialidade, em que prevalecerá a Lei nº 8.137/1990, consoante procuraremos abaixo demonstrar.

A Questão da Nomenclatura. Mesmo que as figuras descritas nesse art. 3º possam ser consideradas idênticas àquelas que temos no Código Penal, consoante acima destacado, não se pode a elas atribuir o *nomen juris* que recebem no Código Penal. Isso é observação importantíssima em concurso público, consoante se depreende da análise das questões apresentadas no fim do capítulo.

Sujeito Ativo. Cuida-se de crime próprio, exigindo do sujeito ativo que seja funcionário público, podendo o particular figurar como sujeito ativo na hipótese de, conhecendo a condição do funcionário público, concorrer para sua conduta, devendo-se atentar para o disposto no art. 30 do Código Penal, perfeitamente aplicável às leis especiais, conforme art. 12 daquele diploma legal.

Sujeito Passivo. É o Estado.

Objetividade Jurídica. A administração pública tributária, em seu regular funcionamento.

I – extraviar livro oficial, processo fiscal ou qualquer documento, de que tenha a guarda em razão da função; sonegá-lo, ou inutilizá-lo, total ou parcialmente, acarretando pagamento indevido ou inexato de tributo ou contribuição social;

Tipo Objetivo. O extravio, a sonegação e a inutilização de livro fiscal ou qualquer outro documento fiscal.

Tipo Subjetivo. É o dolo, não se admitindo a modalidade culposa desse crime.

Sujeito Passivo. Não pode ser sujeito ativo qualquer funcionário público, apenas o funcionário público que tenha o livro sob sua guarda em razão de sua função.

Objeto Material da Conduta. É o livro, processo fiscal ou qualquer documento de que o funcionário tenha guarda em razão de sua função.

Momento Consumativo. O momento em que ocorre o pagamento indevido ou inexato do tributo, pois que se trata do resultado descrito no tipo e exigido para sua consumação. Aqui estamos diante de crime material.

Tentativa. Possível, quando, embora realizada a conduta típica, ou seja, embora o documento seja destruído ou danificado, não ocorre o pagamento inexato do tributo, por razão alheia à vontade do agente. Observar, entretanto, observações feitas no item abaixo.

Subsidiariedade. A norma do art. 314 do Código Penal é subsidiária com relação ao dispositivo em comento, pois, enquanto o tipo em análise exige a superveniência do resultado, o descrito no art. 314 dispensa qualquer resultado naturalístico típico, o que justifica a pena mais branda a ele cominada. Destarte, na hipótese de o funcionário destruir o documento fiscal, mas não acarretar com essa sua conduta o pagamento inexato ou indevido do tributo, por alguma razão que lhe seja alheia à vontade, deverá ser responsabilizado pelo crime do art. 314 e não pela tentativa deste crime do art. 3º, I, da Lei nº 8.137/1990. Discordamos, desta feita, do entendimento de que guardem os artigos citados relação de especialidade.

Classificação. Crime próprio, comissivo, material, admitindo tentativa, instantâneo e doloso.

II - exigir, solicitar ou receber, para si ou para outrem, direta ou indiretamente, ainda que fora da função ou antes de iniciar seu exercício, mas em razão dela, vantagem indevida; ou aceitar promessa de tal vantagem, para deixar de lançar ou cobrar tributo ou contribuição social, ou cobrá-los parcialmente. Pena - reclusão, de 3 (três) a 8 (oito) anos, e multa.

Tipo Objetivo. Exigir, solicitar, receber ou aceitar promessa de vantagem indevida para deixar de cobrar ou lançar tributo, ou para lançá-lo ou cobrá-lo parcialmente.

Momento Consumativo. Cuida-se de crime formal, pois independerá da obtenção da vantagem para a consumação. Na modalidade "exigir", estará consumando-se no momento em que terceiro tomar conhecimento da exigência. Nas demais modalidades, o crime estará consumado quando do recebimento ou aceitação da vantagem, ainda que o tributo venha a ser posteriormente cobrado ou lançado.

Tentativa. Possível, na hipótese de o funcionário público tentar realizar a conduta descrita nos verbos típicos e não conseguir, por razões alheias à sua vontade.

Especialidade. Trata-se de tipo penal especial com relação aos arts. 316 e 317 do Código Penal, sobre os quais prevalecerá.

Confronto com o Crime de Extorsão. Em havendo constrangimento para obter vantagem indevida, mediante violência ou grave ameaça, com a promessa de causação de mal injusto caso não seja satisfeita a pretensão do agente, o crime não será este do inciso II, mas o de extorsão.

III – patrocinar, direta ou indiretamente, interesse privado perante a administração fazendária, valendo-se da qualidade de funcionário público.
Pena – reclusão, de 1 (um) a 4 (quatro) anos, e multa.

Tipo Objetivo. Cuida da conduta do funcionário público que, prevalecendo-se de sua condição, levanta a voz em nome do particular perante a administração pública, protegendo e defendendo seus interesses.

Especialidade. Cuida-se tipo especial com relação ao art. 321 do Código Penal, pois que, no último, o funcionário patrocina qualquer tipo de interesse particular perante a Administração. No crime do inciso em análise, defende-se interesse tributário.

Interesse legítimo ou ilegítimo. Qualquer interesse tributário do particular ,ainda que legítimo, se presta à caracterização do crime.

Momento Consumativo. Quando da realização do verbo típico, independentemente da efetiva satisfação do interesse particular. Cuida-se, portanto, de crime formal, não sendo exigido o resultado pretendido pelo agente, qual seja, a prevalência do interesse privado, para sua consumação.

Discordamos do entendimento de que se trata de crime de mera conduta, em que o legislador descreve uma ação ou omissão, sem mencionar qualquer resultado que o agente busque através dela alcançar, o que não ocorre *in casu*. Resta implícito no crime deste inciso III que, ao fazer patrocínio do particular perante a Administração, o resultado pretendido pelo agente é a satisfação de tal interesse. Destarte, existe resultado, embora não se exija o mesmo para a consumação. Por isso, a nosso sentir, melhor se adequa ao conceito de crime formal.

Admissibilidade da Tentativa. Possível, quando plurissubsistente, ou seja, praticado mediante mais de um ato, hipótese em que será possível o fracionamento do *iter* executório.

CAPÍTULO III
Das Multas

Art. 8º Nos crimes definidos nos arts. 1º a 3º desta lei, a pena de multa será fixada entre 10 (dez) e 360 (trezentos e sessenta) dias-multa, conforme seja necessário e suficiente para reprovação e prevenção do crime.

Parágrafo único. O dia-multa será fixado pelo juiz em valor não inferior a 14 (quatorze) nem superior a 200 (duzentos) Bônus do Tesouro Nacional BTN.

Art. 9º A pena de detenção ou reclusão poderá ser convertida em multa de valor equivalente a:

I – 200.000 (duzentos mil) até 5.000.000 (cinco milhões) de BTN, nos crimes definidos no art. 4º;

II – 5.000 (cinco mil) até 200.000 (duzentos mil) BTN, nos crimes definidos nos arts. 5º e 6º;

III - 50.000 (cinquenta mil) até 1.000.000 (um milhão de BTN), nos crimes definidos no art. 7º.

Art. 10. Caso o juiz, considerado o ganho ilícito e a situação econômica do réu, verifique a insuficiência ou excessiva onerosidade das penas pecuniárias previstas nesta lei, poderá diminuí-las até a décima parte ou elevá-las ao décuplo.

O Sistema de Aplicação de Multas. Verifica-se ter sido utilizada regra especial para a fixação da pena de multa, não sendo utilizados os critérios adotados pelo Código Penal a respeito do tema. Contudo, ao mencionar indexadores não mais existentes, cremos que devam ser usadas as regras gerais do Código Penal sobre a matéria.

CAPÍTULO IV
Das Disposições Gerais

Art. 11. Quem, de qualquer modo, inclusive por meio de pessoa jurídica, concorre para os crimes definidos nesta lei, incide nas penas a estes cominadas, na medida de sua culpabilidade.

Parágrafo único. Quando a venda ao consumidor for efetuada por sistema de entrega ao consumo ou por intermédio de outro em que o preço ao consumidor é estabelecido ou sugerido pelo fabricante ou concedente, o ato por este praticado não alcança o distribuidor ou revendedor.

Art. 12. São circunstâncias que podem agravar de 1/3 (um terço) até a metade as penas previstas nos arts. 1º, 2º e 4º a 7º:

I - ocasionar grave dano à coletividade;

II - ser o crime cometido por servidor público no exercício de suas funções;

III - ser o crime praticado em relação à prestação de serviços ou ao comércio de bens essenciais à vida ou à saúde.

Art. 13. (Vetado).

Art. 14. Extingue-se a punibilidade dos crimes definidos nos arts. 1º a 3º quando o agente promover o pagamento de tributo ou contribuição social, inclusive acessórios, antes do recebimento da denúncia. (Revogado pela Lei nº 8.383, de 30/12/1991)

Art. 15. Os crimes previstos nesta lei são de ação penal pública, aplicando-se-lhes o disposto no art. 100 do Decreto-Lei nº 2.848, de 7 de dezembro de 1940 - Código Penal.

Causa de aumento de pena descrita no artigo 12, I e necessidade de efetiva ocorrência de dano a coletividade. Observemos o julgado abaixo transcrito, que exige, para incidência da referida causa de aumento de pena, a ocorrência de dano efetivo à coletividade, não bastando a mera potencialidade de dano para tanto.

> AGRAVO REGIMENTAL EM RECURSO ESPECIAL. CRIME CONTRA A ORDEM TRIBUTÁRIA. CAUSA DE AUMENTO PREVISTA NO ART.

> 12, I, DA LEI N. 8137/90. VERIFICAÇÃO DA OCORRÊNCIA EFETIVA DE DANO À COLETIVIDADE. NECESSIDADE DO REEXAME DE MATÉRIA FÁTICA. IMPOSSIBILIDADE. SÚMULA 7/STJ. 1. Não basta a mera potencialidade, fundada em conjecturas, para a incidência da causa de aumento prevista no art. 12, I, da Lei n. 8137/90, mas sim a ocorrência de efetivo dano à coletividade. E para aferir se houve ou não esse dano, é imprescindível o reexame da matéria fática e probatória constante nos autos, incabível em recurso especial, sobretudo quando o parâmetro adotado pela Corte de origem estiver inserido no critério da razoabilidade. Incidência do enunciado n. 7 da Súmula do STJ. 2. Agravo regimental a que se nega provimento. (AgRg no REsp 1304496 PR. Julgamento: 14/05/2013. QUINTA TURMA. Publicação: DJe 21/05/2013)

Valor sonegado de grande monta e seus reflexos na dosimetria da pena. É possível elevar a pena dos crimes contra a ordem tributária com fundamento nas consequências do delito quando o valor sonegado é de grande monta, considerada a maior reprovabilidade da conduta. Neste sentido, encontramos decisões em que o STJ usou o valor sonegado como circunstância judicial desfavorável quando da fixação da pena-base e outras em que a Corte considerou a sonegação de vulto como causa de aumento de pena, tal qual previsto no art. 12, I. Certo, porém, que , quando usado na fixação da pena base, o prejuízo causado à Fazenda não poderá também incidir na terceira etapa, sob pena de caracterização de *bis in idem.*

> (...) Dosimetria. Reconhecida a ocorrência da prescrição da pretensão punitiva, cujo implemento fulmina a própria ação penal, impedindo a formação de título judicial condenatório definitivo, não tem o condão de gerar nenhum efeito penal secundário. Afastada a consideração como antecedente criminal. 5. O prejuízo causado à Fazenda Nacional é de grande monta, fato que autoriza a exasperação da pena com fundamento no artigo 12, I, da Lei 8.213/90. (STJ. 5ª Turma. AgRg no AREsp 1249284/SC, Rel. Min. Reynaldo Soares da Fonseca, julgado em 05/06/2018.)

> AGRAVO REGIMENTAL NO AGRAVO EM RECURSO ESPECIAL. ART. 1º, I, DA LEI N. 8.137/1990. DOLO. VERIFICAÇÃO. IMPOSSIBILIDADE. SÚMULA N. 7 DO STJ. VULTOSO PREJUÍZO AOS COFRES PÚBLICOS. CONSEQUÊNCIAS NEGATIVAS DO CRIME. ART. 59 DO CP NÃO VIOLADO. AGRAVO REGIMENTAL NÃO PROVIDO (...) . Nos crimes tributários, o montante do valor sonegado, se expressivo, é motivo idôneo para a exasperação da pena-base, a título de consequências desfavoráveis da conduta. O prejuízo para os cofres públicos é elemento constitutivo do preceito penal, mas seu valor deve ser sopesado pelo Juiz no momento da individualização da pena. 4. As instâncias ordinárias quantificaram o valor dos tributos suprimidos (R$ 9.659.544,60) e o qualificaram como elevado, fundamentos es-

> tes concretos e suficientes para justificar a análise negativa das consequências do crime. 5. Agravo regimental não provido.(STJ - AgRg no AREsp: 104585 CE 2012/0008474-7, Relator: Ministro ROGERIO SCHIETTI CRUZ, Data de Julgamento: 28/11/2017, T6 - SEXTA TURMA, Data de Publicação: DJe 04/12/2017)

Emendatio libelli. Narrada a sonegação de vultuosa quantia, o juiz poderá, na sentença, ao condenar o réu, reconhecer a incidência da causa de aumento de pena prevista no art. 12, I, ainda que o Ministério Público não tenha, por ocasião da capitulação, feito menção expressa ao dispositivo legal. Trata-se de aplicação do princípio da livre dicção do direito, ***jura novit curia*** – o juiz conhece o direito, juiz cuida do direito, consubstanciado na expressão ***narra mihi factum dabo tibi jus*** (narra-me o fato e te darei o direito). Assim, não importa a capitulação dada aos fatos pelo Ministério Público na exordial acusatória, mas sua descrição. Neste sentido:

> A Segunda Turma denegou a ordem em "habeas corpus", em que discutida a possibilidade de incidir causa especial de aumento de pena não arrolada na inicial acusatória, bem como o enquadramento da paciente nos termos da Portaria 320/2008 da Procuradoria-Geral da Fazenda Nacional (PGFN). A paciente foi condenada pela conduta tipificada no art. 1º, I, c/c art, 12, I, ambos da Lei 8.137/1990. O impetrante argumentou em favor da não incidência dessa causa de aumento, uma vez que a quantia devida pela paciente não a caracterizava como grande devedora. O Colegiado registrou que, não obstante o princípio da correlação entre imputação e sentença — qual seja, princípio da congruência — representar uma das mais relevantes garantias do direito de defesa, não houve contrariedade no caso, uma vez que o juízo criminal não desbordou dos limites da imputação oferecida pelo Ministério Público. Ressaltou, ademais, que a vultosa quantia sonegada — cerca de 4 milhões de reais — é elemento suficiente para caracterização do grave dano à coletividade, constante no inciso I do art. 12, da lei 8.137/1990 (1). Em síntese, o Colegiado assentou que os fatos foram suficientemente elucidados na exordial acusatória, sendo que o juiz, não se desbordando dos lindes da razoabilidade e da proporcionalidade, pode aplicar essa agravante. Por fim, quanto à Portaria 320/2008 da PGFN, a Turma anotou que essa norma infralegal apenas dispõe sobre o Projeto Grandes Devedores no âmbito dessa Procuradoria, conceituando, para os seus fins, "grandes devedores", com o objetivo de estabelecer, na Secretaria de Receita Federal do Brasil, método de cobrança prioritário a esses sujeitos passivos de vultosas obrigações tributárias, sem limitar ou definir, no entanto, o grave dano à coletividade. (1) Lei 8.137/1990: "Art. 12. São circunstâncias que podem agravar de 1/3 (um terço) até a metade as penas previstas nos arts. 1°, 2º e 4º a 7º: I - ocasionar grave dano à coletividade; ". STF. 2ª

Turma. HC 129284/PE, Rel. Min. Ricardo Lewandowski, julgado em 17/10/2017 (Info 882).

Ação Penal nos Crime Contra a Ordem Tributária. São de ação penal pública incondicionada os crimes previstos nesta lei, não dependendo o Ministério Público, titular da ação penal, de nenhuma condição de procedibilidade para a deflagração da ação penal. A exigência do lançamento definitivo do tributo não desautoriza essa conclusão por não se tratar de condição de procedibilidade para a ação penal, mas condição objetiva de punibilidade sem a qual, segundo a jurisprudência, o delito não se consuma. Neste sentido, ver comentários ao art. 1º desta lei.

Art. 16. Qualquer pessoa poderá provocar a iniciativa do Ministério Público nos crimes descritos nesta lei, fornecendo-lhe por escrito informações sobre o fato e a autoria, bem como indicando o tempo, o lugar e os elementos de convicção.

Parágrafo único. Nos crimes previstos nesta Lei, cometidos em quadrilha ou coautoria, o coautor ou partícipe que através de confissão espontânea revelar à autoridade policial ou judicial toda a trama delituosa terá a sua pena reduzida de um a dois terços. (Parágrafo incluído pela Lei nº 9.080, de 19/07/1995)

Delação Premiada. A delação do corréu funciona na lei em comento como causa obrigatória de diminuição de pena, a ser considerada na terceira fase de aplicação da pena. Assim, o réu delator poderá ter sua pena aplicada abaixo do mínimo legal. Contudo, para que receba a benesse legal, sua delação deverá ser eficaz, servindo para o deslinde de toda trama delituosa.

Art. 17. Compete ao Departamento Nacional de Abastecimento e Preços, quando e se necessário, providenciar a desapropriação de estoques, a fim de evitar crise no mercado ou colapso no abastecimento.

Art. 18. (Revogado pela Lei nº 8.176, de 08/02/1991)

Art. 19. O caput do art. 172 do Decreto-Lei nº 2.848, de 7 de dezembro de 1940 – Código Penal, passa a ter a seguinte redação:

Art. 20. O § 1º do art. 316 do Decreto-Lei nº 2 848, de 7 de dezembro de 1940 Código Penal, passa a ter a seguinte redação:

Art. 21. O art. 318 do Decreto-Lei nº 2.848, de 7 de dezembro de 1940 Código Penal, quanto à fixação da pena, passa a ter a seguinte redação.

Art. 22. Esta lei entra em vigor na data de sua publicação.

Art. 23. Revogam-se as disposições em contrário e, em especial, o art. 279 do Decreto-Lei nº 2.848, de 7 de dezembro de 1940 – Código Penal.

Brasília, 27 de dezembro de 1990; 169º da Independência e 102º da República.

FERNANDO COLLOR
Jarbas Passarinho
Zélia M. Cardoso de Mello

Este texto não substitui o publicado no D.O.U. de 28/12/1990.

QUESTÕES

1) (2019 - UFMT - Prefeitura de Rondonópolis/MT - Fiscal tributário)

Considere a seguinte situação hipotética:

Gentil, servidor ocupante do cargo de Fiscal Tributário do Município de Rondonópolis-MT, ao realizar fiscalização na sede da empresa JKL Serviços, constatou que a pessoa jurídica não emitiu nota fiscal relativa a serviços prestados a seus clientes. Diante disso, um dos sócios da empresa ofereceu-lhe determinada quantia em dinheiro para deixar de lançar o imposto apurado. Caso Gentil aceite a proposta que lhe foi feita, a conduta configura

a) sonegação fiscal.

b) abuso de poder tributário.

c) crime de peculato.

d) crime funcional contra a ordem tributária.

2) (2019 - VUNESP - Prefeitura de Francisco Morato/SP - Procurador)

Segundo a doutrina penal, os crimes materiais caracterizam-se pela produção de um resultado naturalístico, ou seja, é necessária a ocorrência de um resultado para a sua consumação. Em posição contrária, encontram-se os crimes formais e os crimes de mera conduta, para os quais não é relevante o atingimento do resultado para a caracterização da consumação do crime. Com relação aos crimes contra a ordem tributária, com base em entendimento sumulado do Supremo Tribunal Federal, é correto afirmar que apenas pode ser considerada penalmente típica após o lançamento definitivo do tributo a conduta de

a) suprimir ou reduzir tributo, ou contribuição social e qualquer acessório, mediante omissão de informação, ou prestação de declaração falsa às autoridades fazendárias.

b) fazer declaração falsa ou omitir declaração sobre rendas, bens ou fatos, ou empregar outra fraude, para eximir-se, total ou parcialmente, de pagamento de tributo.

c) deixar de recolher, no prazo legal, valor de tributo ou de contribuição social, descontado ou cobrado, na qualidade de sujeito passivo de obrigação e que deveria recolher aos cofres públicos.

d) deixar de aplicar, ou aplicar em desacordo com o estatuído, incentivo fiscal ou parcelas de imposto liberadas por órgão ou entidade de desenvolvimento.

e) utilizar ou divulgar programa de processamento de dados que permita ao sujeito passivo da obrigação tributária possuir informação contábil diversa daquela que é, por lei, fornecida à Fazenda.

3) (2019 – FCC – MP/MT – Promotor de Justiça Substituto)

De acordo com o ordenamento jurídico e o posicionamento dos tribunais superiores sobre as disposições previstas nas Leis nº 8.137/1990, nº 8.176/1991 e nº 9.080/1995, que tratam dos crimes contra a ordem tributária e as relações de consumo,

a) constitui crime contra a ordem tributária suprimir ou reduzir tributo ou contribuição social, não prevendo a Lei nº 8.137/1990, contudo, a tipificação das mesmas condutas quanto aos acessórios.

b) a Súmula Vinculante 24, do Supremo Tribunal Federal, que dispõe que "não se tipifica crime material contra a ordem tributária, previsto no art. 1º, incisos I a IV, da Lei nº 8.137/1990, antes do lançamento definitivo do tributo", não pode ser aplicada a fatos anteriores à sua edição.

c) a constituição regular e definitiva do crédito tributário é suficiente para tipificar as condutas previstas no art. 1º, I a IV, da Lei nº 8.137/1990, não influenciando em nada, para fins penais, o fato de ter sido reconhecida a prescrição tributária.

d) nos crimes previstos na Lei nº 8.137/1990, cometidos em quadrilha ou coautoria, o coautor ou partícipe que por meio de confissão espontânea revelar à autoridade policial ou judicial toda a trama delituosa terá extinta a sua punibilidade.

e) constitui crime contra a ordem econômica sonegar insumos ou bens, recusando-se a vendê-los a quem pretenda comprá-los nas condições publicamente ofertadas, ou retê-los para o fim de especulação.

4) (2019 –VUNESP – Prefeitura de Ribeirão Preto – SP – Procurador do Município)

O Procurador do Município que patrocinar, indiretamente, interesse privado perante a Secretaria Municipal da Fazenda, valendo-se da qualidade de servidor público, sujeita-se a responsabilidade, em tese, por

a) crime praticado por particular contra a Administração em geral, pelos fatos terem sido praticados indiretamente.

b) crime praticado por particular contra a ordem tributária, pelos fatos terem sido praticados por interposta pessoa.

c) crime praticado por particular contra a ordem fiscal, pelos fatos terem ocorrido fora do local de exercício do agente público.

d) crime funcional contra a ordem tributária.

e) infração funcional à legislação tributária, mediante Ação Anulatória.

5) (2019 - VUNESP - Prefeitura de São José do Rio Preto - SP - Procurador do Municipio)

No que respeita aos crimes tributários, é correto afirmar que não tipifica crime material contra a ordem tributária, antes do lançamento definitivo do tributo, uma das seguintes condutas:

a) fraudar a fiscalização tributária, inserindo elementos inexatos, ou omitindo operação de qualquer natureza, em documento ou livro exigido pela lei fiscal.

b) negar ou deixar de fornecer, quando obrigatório, nota fiscal ou documento equivalente, relativa a venda de mercadoria ou prestação de serviço, efetivamente realizada, ou fornecê-la em desacordo com a legislação.

c) fazer declaração falsa ou omitir declaração sobre rendas, bens ou fatos, ou empregar outra fraude, para eximir-se, total ou parcialmente, de pagamento de tributo.

d) deixar de recolher, no prazo legal, valor de tributo ou de contribuição social, descontado ou cobrado, na qualidade de sujeito passivo de obrigação e que deveria recolher aos cofres públicos.

e) utilizar ou divulgar programa de processamento de dados que permita ao sujeito passivo da obrigação tributária possuir informação contábil diversa daquela que é, por lei, fornecida à Fazenda Pública.

6) (2019 - VUNESP - Prefeitura de Poá-SP - Procurador Jurídico)

Em relação aos crimes contra a ordem tributária, é correto afirmar:

a) nos crimes previstos em Lei, cometidos em quadrilha ou coautoria, o coautor ou partícipe que, através de confissão espontânea ou delação, revelar à autoridade policial ou judicial, toda a trama delituosa e os demais envolvidos, terá a sua pena reduzida em até um terço, dispensado o pagamento de multa.

b) a pena de multa será fixada entre 05 (cinco) e 365 (trezentos e sessenta e cinco) dias-multa, conforme seja necessário e suficiente para reprovação e prevenção do crime.

c) constitui crime contra a ordem tributária suprimir ou reduzir tributo, ou contribuição social e qualquer acessório, quando o agente elabora, distribui, fornece, emite ou utiliza documento que saiba ou deva saber falso ou inexato, punido com reclusão de 1 (um) a 6 (seis) anos, e multa.

d) caso o juiz, considerado o ganho ilícito e a situação econômica do réu, verifique a insuficiência ou excessiva onerosidade das penas pecuniárias legalmente previstas, poderá diminuí-las até a décima parte ou elevá-las ao décuplo

e) em relação aos crimes praticados por funcionários públicos, constitui crime funcional contra a ordem tributária, utilizar ou divulgar programa de processamento de dados que permita ao sujeito passivo da obrigação tributária possuir informação contábil diversa daquela que é, por lei, fornecida à Fazenda Pública.

7) (2019 – FCC – TRF-4ª REGIÃO – Analista Judiciário)

Ricardo e Saulo, sócios diretores de uma empresa de cosméticos com sede no estado do Rio Grande do Sul, no ano de 2017, prestaram declarações falsas à autoridade fazendária, com o escopo de suprimir imposto federal. A empresa foi alvo de autuação e o imposto reduzido devidamente lançado. Após a conclusão das investigações, Ricardo e Saulo foram denunciados pelo Ministério Público Federal por crime contra a ordem tributária (artigo 1º, I, da Lei nº 8.137/1990). A denúncia foi recebida pela Justiça Federal e a ação penal passou a tramitar regularmente. No curso da ação penal, antes da prolação da sentença de primeiro grau, Ricardo e Saulo quitaram integralmente o débito tributário suprimido. Neste caso, Ricardo e Saulo

a) não terão qualquer benefício, uma vez que o pagamento ocorreu após o recebimento da denúncia.

b) terão as suas penas reduzidas de 1/3 a 2/3.

c) terão as suas punibilidades extintas pelo Magistrado competente.

d) serão beneficiados pelo perdão judiciário.

e) terão as suas penas de reclusão substituídas pela de detenção ou, então, o Magistrado poderá lhes aplicar apenas a pena de multa.

8) (2019 – MPE/SP – Promotor de Justiça Substituto)

Assinale a alternativa INCORRETA.

a) O crime de vender mercadoria em condições impróprias ao consumo, previsto no artigo 7º, inciso IX, da Lei nº 8.137/90, é punido a título de dolo e de culpa.

b) Nos crimes contra a ordem econômica e as relações de consumo previstos na Lei nº 8.137/90, constitui causa de aumento de pena ser o crime praticado em relação à prestação de serviços ou ao comércio de bens essenciais à vida ou à saúde.

c) Nos crimes ambientais, previstos na Lei nº 9.605/98, o arrependimento do infrator, desde que manifestado pela espontânea reparação do dano, ou limitação significativa da degradação ambiental causada, constitui circunstância atenuante genérica.

d) Nos crimes funcionais contra a ordem tributária previstos na Lei nº 8.137/90, constitui causa de aumento de pena ser o crime cometido por servidor público no exercício de suas funções.

e) Somente há justa causa para a persecução penal pela prática de crime material previsto no artigo 1º da Lei nº 8.137/90 com o advento do lançamento definitivo do crédito tributário.

9) **(2019 - VUNESP - Prefeitura de Guarulhos-SP - Inspetor Fiscal de Rendas)**

A conduta de "extraviar livro oficial, processo fiscal ou qualquer documento, de que tenha a guarda em razão da função; sonegá-lo, ou inutilizá-lo, total ou parcialmente, acarretando pagamento indevido ou inexato de tributo ou contribuição social" configura crime contra

a) a Administração Pública.

b) a Administração em Geral.

c) a Ordem Tributária.

d) o Sistema Financeiro Nacional.

e) a Administração da Justiça.

10) **(2017 - CESPE - PC/GO - Delegado de Polícia)**

Considere os seguintes atos, praticados com o objetivo de suprimir tributo:

1) Marcelo prestou declaração falsa às autoridades fazendárias;

2) Hélio negou-se a emitir, quando isso era obrigatório, nota fiscal relativa a venda de determinada mercadoria;

3) Joel deixou de fornecer nota fiscal relativa a prestação de serviço efetivamente realizado.

Nessas situações, conforme a Lei n.º 8.137/1990 e o entendimento do STF, para que o ato praticado tipifique crime material contra a ordem tributária, será necessário o prévio lançamento definitivo do tributo em relação a

a) Hélio e Joel.

b) Marcelo apenas.

c) Hélio apenas.

d) Joel apenas.

e) Hélio, Marcelo e Joel.

GABARITO COMENTADO

1) **Gabarito Oficial: letra "d".** Consoante disposto no art. 3º da Lei nº 8.137/90, constitui crime funcional contra a ordem tributária, além dos previstos no Código Penal:

II. exigir, solicitar ou receber, para si ou para outrem, direta ou indiretamente, ainda que fora da função ou antes de iniciar seu exercício, mas em razão dela, vantagem indevida; ou aceitar promessa de tal vantagem, para deixar de lançar ou cobrar tributo ou contribuição social, ou cobrá-los parcialmente. Pena – reclusão, de 3 (três) a 8 (oito) anos, e multa. Observe que, adequando-se a conduta ao disposto no artigo em comento, o agente não estará praticando crime de corrupção passiva ou mesmo concussão, nomes que se reservam aos crimes descritos nos artigos 316 e 317 do CP. A norma transcrita do artigo 3º é especial com relação às citadas normas do CP e os crimes nela descritos são denominados crimes funcionais contra a ordem tributária.

2) **Gabarito Oficial: letra "a".** Praticou o crime descrito no artigo 1º, I, da Lei 8137/90, material, consoante Súmula Vinculante 24.

3) **Gabarito oficial: letra "c".** O reconhecimento de prescrição tributária em execução fiscal não é capaz de justificar o trancamento de ação penal referente aos crimes contra a ordem tributária previstos nos incisos I a IV do art. 1º da Lei 8.137/90, consoante orientação das Cortes Superiores e julgados trazidos no corpo do capítulo.

4) **Gabarito oficial: letra "d".** Consoante art. 3º da Lei nº 8.137/90, Constitui crime funcional contra a ordem tributária, além dos previstos no CP:

III. Patrocinar, direta ou indiretamente, interesse privado perante a administração fazendária, valendo-se da qualidade de funcionário público. Pena – reclusão, de 1 (um) a 4 (quatro) anos, e multa.

5) **Gabarito oficial: letra "a". A letra "b" se refere ao crime do artigo 1º,V e** as demais letras se referem a crimes descritos no artigo 2º, que nao são materiais e nao se submetem à Súmula Vinculante 24.

6) **Gabarito oficial: Letra "d".** Art. 10 da Lei 8137/1990: Caso o juiz, considerado o ganho ilícito e a situação econômica do réu, verifique a insuficiência ou excessiva onerosidade das penas pecuniárias previstas nesta lei, poderá diminuí-las até a décima parte ou elevá-las ao décuplo.

7) **Gabarito oficial: letra "c".** <u>Informativo 611 STJ:</u> O pagamento integral do débito tributário, a qualquer tempo, até mesmo após o trânsito em julgado da condenação, é causa de extinção da punibilidade do agente, nos termos do art. 9, § 2º, da Lei nº 10.684/2003. STJ. 5ª Turma. HC 362.478-SP, Rel. Min. Jorge Mussi, julgado em 14/9/2017 (Info 611). STF. 2ª Turma. RHC 128245, Rel. Min. Dias Toffoli, julgado em 23/08/2016.

8) **Gabarito oficial: letra "d".** O art. 12 da Lei 8.137/90, traz causas de aumento de pena para os delitos trazidos pelos artigos 1º, 2º e 4º a 7º, não se aplicando as causas de aumento de pena ali previstas aos crimes funcionais contra a ordem tributária, previstos no art. 3º da referida lei.

9) **Gabarito oficial: letra "c".** Consoante disposto no art 3º da Lei nº 8.137/90, Constitui crime funcional contra a ordem tributária, além dos previstos no CP:

I. extraviar livro oficial, processo fiscal ou qualquer documento, de que tenha a guarda em razão da função; sonegá-lo, ou inutilizá-lo, total ou parcialmente, acarretando pagamento indevido ou inexato de tributo ou contribuição social;

10) **Gabarito oficial: letra "b".** Os crimes de Hélio e Joel estão descritos no artigo 1º, V, da Lei 8137/90, ao qual, por ser material, não se aplica a Súmula Vinculante 24.

15

DOS CRIMES CONTRA A ORDEM ECONÔMICA E RELAÇÕES DE CONSUMO

LEI Nº 8.137, DE 27 DE DEZEMBRO DE 1990.

Define crimes contra a ordem tributária, econômica e contra as relações de consumo, e dá outras providências.

Análise da influência da Lei nº 12.529/2011 na Lei nº 8.137/90. A Lei nº 12.529/2011 reformulou e revogou artigos do Capítulo II da Lei nº 8.137/90. Aquela Lei tem por finalidade estruturar o Sistema Brasileiro de Defesa da Concorrência (SBDC), que abrange o Conselho Administrativo de Defesa Econômica (CADE) e a Secretaria de Acompanhamento Econômico do Ministério da Fazenda.

Quanto ao CADE, trata-se de uma autarquia em regime especial com função judicante, com jurisdição em todo o território nacional. As atribuições do CADE vêm descritas na Lei nº 12.529/11 e complementadas pelo Regimento Interno do CADE (RiCade)[1], aprovado, inicialmente, pela Resolução nº 1, de 29 de maio de 2012 e atualizado pela Resolução nº 22 de 19 de junho de 2019.

De acordo com a "Cartilha do CADE", disponível no sítio eletrônico da autarquia[2], são funções do CADE a preventiva (controle de fusões, aquisições, incorporações e outros atos de concentração econômica entre grandes empresas, que possam colocar em risco a livre concorrência), repressiva (combate a cartéis e outras

1. Disponível em <http://www.cade.gov.br/assuntos/normas-e-legislacao/RICADE_atualizado.pdf>. Acesso em: 23 dez. 2020.
2. Disponível em <http://www.cade.gov.br/acesso-a-informacao/publicacoes-institucionais/cartilha-do-cade.pdf>. Acesso em: 23 dez. 2020

condutas nocivas ao ambiente concorrencial) e educativa (disseminar a cultura da concorrência, instruir o público em geral sobre as diversas condutas que possam prejudicar a livre concorrência; incentivar e estimular estudos e pesquisas acadêmicas sobre o tema, firmando parcerias com universidades, institutos de pesquisa, associações e órgãos do governo; realizar ou apoiar cursos, palestras, seminários e eventos relacionados ao assunto; editar publicações, como a Revista de Defesa da Concorrência e cartilhas).

A competência do Tribunal Pleno vem descrita no artigo 9º da Lei nº 12.529/11 e versa, entre outras coisas, sobre decidir acerca da existência de infração à ordem econômica e aplicar as penalidades previstas em lei.

Tais infrações, frise-se, são de caráter administrativo e estão previstas no artigo 36 do mesmo diploma legal. As penalidades decorrentes destas infrações estão descritas nos artigos seguintes a este último e, nos termos do artigo 37, II, da Lei nº 12.529/11, podem chegar ao patamar de dois bilhões de reais.

Já a Secretaria de Acompanhamento Econômico tem por finalidade promover a concorrência em órgãos de governo e perante a sociedade, além de exercer atividade opinativa e de elaboração de estudos sobre questões concorrenciais, por exemplo. A previsão legal para esta secretaria encontra-se disposta a partir do artigo 19 da Lei nº 12.529/11.

Análise da expressão "ordem econômica". A CRFB/1988 destina o Título VII para detalhar sobre a Ordem Econômica e Financeira. Nos termos do artigo 170 da Carta Maior, tal ordem se funda em critérios como dignidade e justiça social, e traz princípios como a propriedade privada, função social da propriedade e defesa do consumidor. Estes mesmos princípios, mencionados no artigo 170 da CRFB/88, também estão previstos como direitos fundamentais insculpidos no artigo 5º da CRFB/88, nos incisos XXII, XXIII e XXXII. Observe a redação do artigo 170 da CRFB/88, a seguir:

> TÍTULO VII
>
> Da Ordem Econômica e Financeira
>
> CAPÍTULO I
>
> DOS PRINCÍPIOS GERAIS DA ATIVIDADE ECONÔMICA
>
> Art. 170. A ordem econômica, fundada na valorização do trabalho humano e na livre iniciativa, tem por fim assegurar a todos existência digna, conforme os ditames da justiça social, observados os seguintes princípios:
>
> I - soberania nacional;
>
> II - propriedade privada;
>
> III - função social da propriedade;
>
> IV - livre concorrência;
>
> V - defesa do consumidor;
>
> VI - defesa do meio ambiente, inclusive mediante tratamento diferenciado conforme o impacto ambiental dos produtos e serviços e

> de seus processos de elaboração e prestação; *(Redação dada pela Emenda Constitucional nº 42, de 19.12.2003)*
>
> VII - redução das desigualdades regionais e sociais;
>
> VIII - busca do pleno emprego;
>
> IX - tratamento favorecido para as empresas de pequeno porte constituídas sob as leis brasileiras e que tenham sua sede e administração no País. *(Redação dada pela Emenda Constitucional nº 6, de 1995)*
>
> Parágrafo único. É assegurado a todos o livre exercício de qualquer atividade econômica, independentemente de autorização de órgãos públicos, salvo nos casos previstos em lei.

A entrada em vigor da Lei nº 13.874, de 20 de Setembro de 2019. Publicada em edição extra do Diário Oficial da União no próprio dia 20 set. 2019, nos termos do art. 1º deste diploma legal, fica instituída a Declaração de Direitos de Liberdade Econômica, estabelecendo-se, também, normas de proteção à livre iniciativa e ao livre exercício de atividade econômica, bem como disposições sobre a atuação do Estado como agente normativo e regulador, nos termos do que dispõe o art. 1º, IV, bem como do art. 170, parágrafo único e art. 174, *caput*, todos eles da CRFB/88.

Da previsão de crimes pela Lei nº 8.137/90. Esta Lei não é a única ao prever crimes contra a ordem econômica, porém, o faz através de previsões amplas, que venham a atingir a coletividade como um todo. No entanto, é preciso lembrar que a Lei nº 8.176/91 também define esta espécie de crime, mas tem viés especial em face da primeira, quando aborda a temática envolvendo a aquisição, distribuição e revenda de derivados de petróleo, gás natural e demais elementos relacionados a combustíveis, conforme previsão contida no artigo 1º deste último diploma legal:

> Art. 1º Constitui crime contra a ordem econômica:
>
> I - adquirir, distribuir e revender derivados de petróleo, gás natural e suas frações recuperáveis, álcool etílico, hidratado carburante e demais combustíveis líquidos carburantes, em desacordo com as normas estabelecidas na forma da lei;
>
> II - usar gás liqüefeito de petróleo em motores de qualquer espécie, saunas, caldeiras e aquecimento de piscinas, ou para fins automotivos, em desacordo com as normas estabelecidas na forma da lei.
>
> Pena: detenção de um a cinco anos.

CAPÍTULO II
Dos crimes Contra a Economia e as Relações de Consumo

Art. 4º Constitui crime contra a ordem econômica:

I - abusar do poder econômico, dominando o mercado ou eliminando, total ou parcialmente, a concorrência mediante qualquer forma de ajuste ou acordo de empresas; *(Redação dada pela Lei nº 12.529, de 2011)*.

a) (revogada); *(Redação dada pela Lei nº 12.529, de 2011).*

b) (revogada); *(Redação dada pela Lei nº 12.529, de 2011).*

c) (revogada); *(Redação dada pela Lei nº 12.529, de 2011).*

d) (revogada); *(Redação dada pela Lei nº 12.529, de 2011).*

e) (revogada); *(Redação dada pela Lei nº 12.529, de 2011).*

f) (revogada); *(Redação dada pela Lei nº 12.529, de 2011).*

Análise específica do tipo penal previsto no artigo 4º, I, da Lei nº 8.137/90. No que diz respeito ao artigo 4º desta última Lei, a análise comparativa entre o que estava previsto antes da modificação e o que vige agora, mostra que o legislador aproveitou, de certa forma, a redação do antigo inciso I, que foi revogado, trazendo-a para o *caput.*

Com isso, a partir da Lei nº 12.529/11, qualquer forma de ajuste ou acordo de empresas pode ser considerado conduta típica, caso se abuse, através deles, do poder econômico, dominando o mercado ou eliminando, total ou parcialmente, a concorrência.

Conforme disposto na "Cartilha do CADE"[3], o abuso do poder econômico pode ser interpretado como *"o comportamento de uma empresa ou grupo de empresas que utiliza seu poder de mercado para prejudicar a livre concorrência, por meio de condutas anticompetitivas. A existência de poder de mercado por si só não é considerada infração à ordem econômica".*

A dominação ou a posição dominante pode se dar através de um controle de parcela relevante do mercado, fazendo com que uma empresa ou grupo de empresas possam alterar de forma unilateral e deliberada, as condições daquele.

Nos termos da "Cartilha do CADE"[4], concorrência é "um processo empreendido por determinados agentes econômicos que se caracteriza pela busca de vantagens (diferenciação) obtidas por meio de estratégias deliberadas com o objetivo de gerar ganhos excepcionais (lucros de monopólio), ainda que temporários".

O princípio da livre concorrência, previsto no artigo 170, IV, da CRFB/88 está tutelado pelo artigo 4º, I, da Lei nº 8.137/90. Não se pode conceber que o ajuste de preços entre empresas, ou o impedimento de que comércios do mesmo ramo sejam instalados numa determinada área do município.

Nesse sentido, há a Súmula Vinculante nº 49, expedida pelo Supremo Tribunal Federal, a qual assevera: *"Ofende o princípio da livre concorrência lei municipal que impede a instalação de estabelecimentos comerciais do mesmo ramo em determinada área".*

O ajuste ou acordo de empresas descritos no tipo penal preveem uma forma de pacto, relação específica entre elas mediante a qual será levando adiante o

3. Vide nota 02.

4. Vide nota 02.

propósito de dominação do mercado ou eliminação da concorrência. O tipo prevê que qualquer tipo de ajuste nesse sentido já é o suficiente para a prática criminosa.

Sujeito ativo. Tal crime não pode ser praticado por qualquer pessoa, mas sim pelos empresários, ou seja, aqueles que detém poder econômico. É, portanto, crime próprio.

Sujeito passivo. É a sociedade, em razão do que dispõe o *caput* do artigo 170 da CRFB/88, que versa sobre princípios e valores ligados àquela.

Elemento subjetivo. O tipo aqui previsto é doloso, ou seja, a vontade livre e consciente em abusar do poder econômico, dominando o mercado ou eliminando, total ou parcialmente, a concorrência mediante qualquer forma de ajuste ou acordo de empresas. Não há previsão para modalidade culposa.

Objeto material da conduta. É o mercado ou a concorrência.

Objeto jurídico. Tutela-se a ordem econômica.

Classificação doutrinária. Trata-se de crime próprio (pois não pode ser praticado por qualquer pessoa), material (tendo em vista a necessidade de resultado naturalístico, que, no presente tipo penal, consistirá ou na dominação do mercado, ou na eliminação da concorrência, mediante qualquer ajuste ou acordo de empresas), comissivo, doloso, instantâneo, plurissubsistente (pois pode ser cometido através da prática de mais de um ato) e de forma livre (já que pode ser praticado por qualquer forma eleita pelo sujeito ativo).

Momento consumativo. Por se tratar de crime material, se consuma com a dominação do mercado, ou com a eliminação da concorrência, mediante qualquer ajuste ou acordo de empresas.

Da controvérsia jurisprudencial sobre a competência para processar e julgar crimes contra a ordem econômica. Nos termos do artigo 109, VI, da CRFB/88, a Justiça Federal é competente para processar e julgar os crimes contra a organização do trabalho e, nos casos determinados por lei, contra o sistema financeiro e a ordem econômico-financeira.

Por esta última parte do inciso VI é possível observar que a Constituição deixa à cargo da lei definir a competência para a Justiça Federal, o que foi feito na primeira hipótese, qual seja, a que se refere aos crimes contra o sistema financeiro, nos termos do artigo 26, *caput*, da Lei nº 7.492/86.

Porém, o mesmo não ocorre em relação à Lei nº 8.137/90, razão pela qual há margem doutrinária para afirmar que a competência poderá ser Estadual ou Federal, a depender da comprovação do interesse em jogo, se local ou nacional.

Outros, contudo, entendem que a Justiça Federal não é competente para apreciar a suposta conduta delitiva, ainda que esta atinja ofendidos em diversos Estados da Federação, já que tal circunstância não vem prevista no art. 109 da CRFB/88, na medida em que as hipóteses de competência da Justiça Federal, em matéria criminal, estão previstas de forma taxativa (restrita) no referido dispositivo constitucional, não sendo possível ampliar a competência absoluta por interpretação extensiva.

Em dezembro de 2003, a Terceira Seção do STJ se manifestou sobre o tema no sentido de que a competência para os crimes contra a ordem econômica é, em regra, da Justiça Estadual, nos termos do artigo 109, I, da CRFB/88 e não havendo qualquer determinação para que se desloque a competência para o juízo federal:

> CONFLITO DE COMPETÊNCIA. JUÍZOS FEDERAL E ESTADUAL. PENAL. INQUÉRITO POLICIAL. LEI 8137/90. ART. 109, I, CF. INTERPRETAÇÃO EXTENSIVA AFASTADA. INTERESSES COLETIVOS DE CONSUMIDORES. COMPETÊNCIA ESTADUAL. Possíveis crimes praticados contra a ordem econômica, no caso o estipulado pela Lei nº 8137/90 deve ser processado pelo juízo estadual, considerando o disposto no art. 109, I da CF e não havendo qualquer determinação no sentido de se deslocar a competência para o juízo federal. Precedentes análogos. Conflito conhecido, declarando-se a competência do Juízo de Direito da Vara Criminal de Apucarana/PR. (STJ, S3 – TERCEIRA SEÇÃO. CC nº 40.165/PR. Rel. Ministro JOSÉ ARNALDO DA FONSECA. Julgamento 10/12/2003. Publicação em DJ de 02/02/2004, p. 269).

No entanto, em abril de 2004 a Quinta Turma do STJ decidiu que a competência pode ser tanto estadual quanto federal, a depender do interesse envolvido, reacendendo a controvérsia.

> HABEAS CORPUS. CRIME CONTRA A ORDEM ECONÔMICA. CARTELIZAÇÃO. LEI Nº 8.137/90. COMPETÊNCIA. INTERESSE NACIONAL. RESTRIÇÃO À ATIVIDADE PROFISSIONAL EM VÁRIOS ESTADOS. JUSTIÇA FEDERAL. **Inexistindo determinação expressa, os crimes contra a ordem econômica, previstos na Lei 8.137/90, reclamam a jurisdição estadual ou federal na medida em que restar comprovado o interesse em jogo, se local ou se nacional.** In casu, ante a figura do crime sobrevindo da prática de cartel, onde a atuação do agente teve reflexo em vários estados-membros, restringindo o livre exercício da atividade profissional de transportadores pelo Brasil afora, resta patente o interesse supra-regional pelo qual se firmam a necessidade de interferência da União e a competência da Justiça Federal. Tal se dá porque, apesar de a conduta ilícita ser oriunda de um núcleo determinado, a sua propensão ofensiva à ordem econômica se faz sentir em localidades diversas e em territórios distintos. Ordem denegada. (STJ, 5ª Turma HC 32292/RS. Rel. Min. José Arnaldo da Fonseca. Julgamento em 01/04/2004. Publicação em DJU de 03/05/2004, p. 196).

Em Fevereiro de 2009 o STJ, através do informativo nº 384, dispôs sobre o assunto, aduzindo o seguinte:

> STJ, Informativo nº 0384. Período: 16 a 27 de fevereiro de 2009. Quinta Turma. COMPETÊNCIA. **CRIME CONTRA A ORDEM ECONÔ-**

> MICA: Trata-se de habeas corpus preventivo em que o paciente e demais co-réus, todos representantes legais de sociedades empresariais, foram denunciados pela suposta prática dos crimes previstos no **art. 4º, III, a, b e c, da Lei n. 8.137/1990 (cartel)** e no art. 288 do CP (formação de quadrilha) c/c o art. 69 do CP (concurso material). Narra a denúncia que, mediante acordos, convênios, ajustes e alianças, os denunciados controlavam artificialmente o preço do gás industrial no mercado nacional. Nesse habeas corpus, discutiu-se somente a competência para processar e julgar a ação penal intentada contra os pacientes, ficando as demais questões suscitadas para o juízo competente apreciar. **Explica o Min. Relator que a competência traz certa controvérsia porque, de acordo com o disposto no inciso IV do art. 109 da CF/1988, os crimes contra a ordem econômica ou contra o sistema financeiro nacional somente serão julgados na Justiça Federal na hipótese de haver previsão expressa em lei ordinária. Para os crimes contra o sistema financeiro, essa previsão encontra-se no art. 26 da Lei n. 7.492/1986; ao contrário, nos crimes contra a ordem econômica, já que a Lei n. 8.137/1990 não contém dispositivo fixando a competência da Justiça Federal, o julgamento de tais crimes compete, em regra, à Justiça estadual. Porém, a norma não afasta, de plano, a competência da Justiça Federal desde que se verifiquem as hipóteses elencadas no art. 109, IV, da CF/1988. Por outro lado, diante da magnitude da atuação, prejudicando setor econômico estratégico e o fornecimento de serviços essenciais (oxigênio) com propensão a abranger vários Estados-membros, o interesse da União é patente (nesse sentido, a Turma tem decisão). Com essas considerações, entre outras, a Turma concedeu a ordem tão-só para reconhecer a competência da Justiça Federal, sem prejuízo da ulterior avaliação nos termos da Súm. n. 150-STJ**. Precedente citado: HC 32.292-RS, DJ 3/5/2004. HC 117.169-SP, Rel. Min. Napoleão Nunes Maia Filho, julgado em 19/2/2009, sem grifos no original.

Por fim, em Setembro de 2016 a Primeira Turma do STF veiculou julgado asseverando a competência da Justiça Estadual, tendo em vista que a mera atribuição administrativa de ente federal para fiscalizar determinado setor econômico, por configurar interesse indireto, não traduz hipótese da competência da Justiça Federal:

> AGRAVO REGIMENTAL EM RECURSO EM HABEAS CORPUS. PROCESSO PENAL. DECISÃO MONOCRÁTICA. INEXISTÊNCIA DE ARGUMENTAÇÃO APTA A MODIFICÁ-LA. MANUTENÇÃO DA NEGATIVA DE SEGUIMENTO. **FORMAÇÃO DE CARTEL. INTERESSE INDIRETO DA AGÊNCIA NACIONAL DE PETRÓLEO. INTERESSE NÃO ESPECÍFICO. COMPETÊNCIA DA JUSTIÇA FEDERAL NÃO CONFIGURADA. SUPOSTA IRREGULARIDADE PROCESSUAL E DECISÃO EM CON-**

> **FORMIDADE COM A JURISPRUDÊNCIA DO STF**. AUSÊNCIA DE PREJUÍZO. AGRAVO REGIMENTAL DESPROVIDO. 1. A inexistência de argumentação apta a infirmar o julgamento monocrático conduz à manutenção da decisão recorrida. **2. A teor do art. 109, VI, CF, compete à Justiça Federal processar e julgar os crimes contra o sistema financeiros e a ordem econômico-financeira, desde que haja previsão legal nesse sentido. 3. A mera atribuição administrativa de ente federal para fiscalizar determinado setor econômico, por configurar interesse indireto, não traduz hipótese configuradora da competência da Justiça Federal. Precedentes**. 4. Não é possível, pela via do habeas corpus, discutir a extensão territorial da conduta supostamente praticada pelos acusados. 5. Em caso de ausência de prejuízo, a irregularidade, se constatada, não deve alcançar a declaração da nulidade do ato (art. 563, CPP). 6. Agravo regimental desprovido. (STF, Primeira Turma. RHC 121985 AgR/DF - DISTRITO FEDERAL. AG.REG. NO RECURSO ORDINÁRIO EM HABEAS. CORPUS. Relator(a) Min. EDSON FACHIN. Julgamento em 02/09/2016. Publicação em PROCESSO ELETRÔNICO DJe-207 DIVULG 27-09-2016 PUBLIC 28-09-2016, sem grifos no original).

Em recente precedente da Terceira Seção do STJ podemos observar o atual posicionamento da Corte Superior que – considerando a ausência de disposição na Lei n.º 8.137/90 acerca da fixação da competência – estabeleceu, em regra, a competência da justiça estadual, tendo em vista a ausência das hipóteses previstas no artigo 109, IV, CRFB/88, o que traria a competência para a justiça federal:

> CONFLITO NEGATIVO DE COMPETÊNCIA. **JUSTIÇA ESTADUAL X JUSTIÇA FEDERAL**. INQUÉRITO POLICIAL. COMERCIALIZAÇÃO DE 25 BOTIJÕES DE GÁS EM RESIDÊNCIA, SEM A NECESSÁRIA AUTORIZAÇÃO DA AGÊNCIA NACIONAL DE PETRÓLEO. ART. 1º, I, LEI 8.176/91. **CRIME CONTRA A ORDEM ECONÔMICA. AUSÊNCIA DE OFENSA A BENS, SERVIÇOS OU INTERESSES DA UNIÃO, DE SUAS AUTARQUIAS OU EMPRESAS PÚBLICAS. COMPETÊNCIA DA JUSTIÇA ESTADUAL. 1. Esta Corte Superior de Justiça firmou o entendimento de que, como as Leis 8.137/90 e 8.176/91, que tratam de crimes contra a ordem econômica, não definiram a competência para o processo e julgamento dos crimes nelas previstos, compete, em regra, à Justiça Estadual o exame de crimes nelas previstos**. 2. O eventual deslocamento da competência para o julgamento de tais delitos para a Justiça Federal depende da demonstração de ofensa direta a bens, serviços ou interesses da União, suas autarquias ou empresas públicas, nos exatos termos do inciso IV do art. 109 da Carta Magna, o que se daria, por exemplo, diante de eventual dano ou ameaça de dano que tivesse o condão de atingir vários Estados da Federação, prejudicar setor econômico estratégico para a eco-

> nomia nacional ou o fornecimento de serviços essenciais. 3. Precedentes: HC 117.169/SP, Rel. Ministro NAPOLEÃO NUNES MAIA FILHO, Quinta Turma, julgado em 19/02/2009, DJe 16/03/2009; CC 132.834/SP, Rel. Ministro NEWTON TRISOTTO (Desembargador convocado do TJ/SC), Terceira Seção, julgado em 27/05/2015, DJe 03/06/2015; CC 122.341/PB, Rel. Ministro MARCO AURÉLIO BELLIZZE, Terceira Seção, julgado em 23/05/2012, DJe 11/06/2012; CC 56.193/RS, Rel. Ministro OG FERNANDES, Terceira Seção, julgado em 11/02/2009, DJe 05/03/2009; CC 34.734/SP, Rel. Ministro FELIX FISCHER, Terceira Seção, julgado em 26/06/2002, DJ 26/08/2002, p. 160 [...] (STJ, S3 - TERCEIRA SEÇÃO. CC 152511/MT. CONFLITO DE COMPETENCIA. Relator(a) Ministro REYNALDO SOARES DA FONSECA. Julgamento em 14/06/2017. Publicação/Fonte em DJe 26/06/2017. Sem grifo no original)

> CONFLITO DE COMPETÊNCIA. PENAL. INQUÉRITO POLICIAL INSTAURADO PARA APURAR A PRÁTICA DOS CRIMES DE CONCORRÊNCIA DESLEAL E DE ABUSO DO PODER ECONÔMICO. CONDUTA IMPUTADA À EMPRESA INVESTIGADA: ADQUIRIR OUTRAS EMPRESAS VISANDO ACABAR COM A CONCORRÊNCIA NO MERCADO DE EXAMES LABORATORIAIS. AUSÊNCIA DE OFENSA DIRETA A BENS, SERVIÇOS OU INTERESSES DA UNIÃO, SUAS AUTARQUIAS OU EMPRESAS PÚBLICAS. COMPETÊNCIA DA JUSTIÇA ESTADUAL. **1. Nos termos do art. 109, VI, da CF, os crimes contra o sistema financeiro e a ordem econômico-financeira são da competência da Justiça Federal apenas nos casos determinados em lei. Contudo, a Lei n. 8.137/1990, que trata dos crimes contra a ordem econômica, não contém dispositivo legal expresso que fixe a competência da Justiça Federal, motivo pelo qual, em regra, nesses casos, a competência será da Justiça estadual**. [...] (STJ, S3 - TERCEIRA SEÇÃO. CC 148159/SP. CONFLITO DE COMPETENCIA. Relator(a) Ministro ANTONIO SALDANHA PALHEIRO. Julgamento em 26/06/2019. Publicação/Fonte em DJe 01/07/2019, sem grifos no original).

Tentativa. Admitida, pois estamos diante de crime plurissubsistente, no qual há possibilidade de fracionamento da conduta.

> II - formar acordo, convênio, ajuste ou aliança entre ofertantes, visando: *(Redação dada pela Lei nº 12.529, de 2011).*
>
> a) à fixação artificial de preços ou quantidades vendidas ou produzidas; *(Redação dada pela Lei nº 12.529, de 2011).*
>
> b) ao controle regionalizado do mercado por empresa ou grupo de empresas; *(Redação dada pela Lei nº 12.529, de 2011).*

c) ao controle, em detrimento da concorrência, de rede de distribuição ou de fornecedores. *(Redação dada pela Lei nº 12.529, de 2011).*

Pena – reclusão, de 2 (dois) a 5 (cinco) anos e multa. *(Redação dada pela Lei nº 12.529, de 2011).*

Análise do tipo penal previsto no artigo 4º, II, da Lei nº 8.137/90. Este tipo penal prevê um crime de forma vinculada, pois discrimina nas suas três alíneas a maneira pela qual deve se dar a formação do acordo, convênio, ajuste ou aliança entre ofertantes. Em que pese haver um único verbo nuclear, qual seja, "formar", o cerne do tipo penal gira em torno do estabelecimento de uma espécie de união entre ofertantes (devendo ser entendidos como os empresários que atuam nos mais diversos ramos do mercado).

No que diz respeito à fixação artificial de preços ou quantidades vendidas ou produzidas, a principal intenção do legislador ao criminalizar condutas nesse sentido é a de preservar a livre concorrência, a defesa do consumidor e a estimulação natural da economia, mediante o tradicional procedimento de oferta e procura. Caso isto seja feito de forma artificial, falsa, as empresas não participantes do acordo e os consumidores em geral terão a impressão errada sobre determinada quantidade ou preço dos produtos, o que pode tanto inibir a competição, como trazer prejuízos.

Sobre o controle regionalizado do mercado por empresa ou grupo de empresas, a intenção é coibir que determinado empresário (não abarcado pela situação prevista no inciso I), se aproveite da dominação que exerce em certa região, para praticar preços abusivos ou não condizentes com o mercado.

Entendemos que somente esta situação (a de um empresário, e não empresas ou grupo de empresas) podem figurar no inciso II, já que, quando o legislador previu mais de uma empresa, de forma regionalizada, exercendo o controle do mercado, está propriamente se referindo à conduta já prevista e descrita no inciso I do mesmo artigo.

Por fim, quanto ao controle, em detrimento da concorrência, de rede de distribuição ou de fornecedores, também entendemos que esta situação já está prevista pelo inciso I do artigo 4º, pela nova redação que lhe foi dada através da Lei nº 12.529/11, quando trata do abuso do poder econômico, dominando o mercado ou eliminando, total ou parcialmente, a concorrência mediante qualquer forma de ajuste ou acordo de empresas.

Sujeito ativo. Este crime não pode ser praticado por qualquer pessoa, mas sim pelos empresários, ou seja, aqueles que detém poder econômico. É, portanto, crime próprio.

Sujeito passivo. É a sociedade, em razão do que dispõe o *caput* do artigo 170 da CRFB/88, que versa sobre princípios e valores ligados àquela.

Elemento subjetivo. O tipo aqui previsto é doloso, ou seja, a vontade livre e consciente em formar acordo, convênio, ajuste ou aliança entre ofertantes, visando à fixação artificial de preços ou quantidades vendidas ou produzidas, ao controle regionalizado do mercado por empresa ou grupo de empresas ou ao controle, em detrimento da concorrência, de rede de distribuição ou de fornecedores. Não há previsão para modalidade culposa.

Objeto material da conduta. É o acordo, convênio, ajuste ou aliança.

Objeto jurídico. Tutela-se a ordem econômica.

Classificação doutrinária. Trata-se de crime próprio (pois não pode ser praticado por qualquer pessoa), formal (tendo em vista a desnecessidade de resultado naturalístico), comissivo, doloso, instantâneo, plurissubsistente (pois pode ser cometido através da prática de mais de um ato) e de forma vinculada (já que o próprio inciso traz condutas específicas previstas nas alíneas "a" a "c", através das quais o crime poderá ser praticado). A título ilustrativo, confira-se:

> EMBARGOS DE DECLARAÇÃO NO RECURSO ESPECIAL. AMBIGUIDADE, OBSCURIDADE, CONTRADIÇÃO OU OMISSÃO. INEXISTÊNCIA. INÉPCIA DA DENÚNCIA. ATIPICIDADE DA CONDUTA RELACIONADA AO **DELITO DE CARTEL**. ADITAMENTO. NÃO OCORRÊNCIA. TRANCAMENTO. POSSIBILIDADE. ART. 90 DA LEI 8.666/93. CRIME FORMAL. OMISSÃO INEXISTENTE. FUNDAMENTAÇÃO SUFICIENTE. ABSORÇÃO ENTRE OS DELITOS. NÃO OCORRÊNCIA. **ART. 4º, II, DA LEI 8.137/90. CRIME DE RESULTADO.** CONTRADIÇÃO INEXISTE. EFEITOS INFRINGENTES. IMPOSSIBILIDADE. EMBARGOS REJEITADOS. (...) 7. **O delito do art. 4º, II, da Lei 8.137/90, como todo crime formal, exige que seja imputado o resultado pretendido como especial fim de agir, de fixação artificial de preços ou quantidades vendidas ou produzidas, de controle regionalizado do mercado por empresa ou grupo de empresas, ou de controle, em detrimento da concorrência, de rede de distribuição ou de fornecedores**. Não sendo indicado que esses resultados dos acordos, ajustes ou alianças entre os ofertantes tinham por objetivo domínio de mercado, não se pode admitir a persecução pelo crime formal de cartel [...] (STJ, T6 - SEXTA TURMA. EDcl no REsp 1623985/SP. EMBARGOS DE DECLARAÇÃO NO RECURSO ESPECIAL. Relator(a) Ministro NEFI CORDEIRO. Julgamento em 05/09/2019. Publicação/Fonte em DJe 12/09/2019, sem grifo no original).

Momento consumativo. Por se tratar de crime formal, se consuma com a formação do acordo, convênio, ajuste ou aliança entre ofertantes, visando à fixação artificial de preços ou quantidades vendidas ou produzidas, ao controle regionalizado do mercado por empresa ou grupo de empresas ou ao controle, em detrimento da concorrência, de rede de distribuição ou de fornecedores.

Competência. Remetemos o leitor às considerações tecidas por ocasião do estudo do artigo 4º, I, da Lei nº 8.137/90.

Tentativa. Admitida, pois estamos diante de crime plurissubsistente, no qual há possibilidade de fracionamento da conduta.

Da formação de cartel. Art. 4º, II, da Lei nº 81137/93. Conflito aparente de normas. Revogado art. 90 da Lei nº 8.666/93. Distinção. Jurisprudência. A Sexta Turma do STF, em recente precedente analisou a distinção entre o tipo penal previsto no art. 4º, II, da Lei nº 8.137/93 (formação de cartel) e aquele previsto no art. 90 Lei nº 8666/90 (fraude ao procedimento licitatório). Segundo a Corte, se as condutas tidas por anticompetitivas referiam-se exclusivamente a um procedimento licitatório, não se pode inferir que os ajustes configurariam, no limite descrito, 'domínio de mercado', apto a subsumir no delito do art. 4º, II, a, b e c, da Lei nº 8.137/90. Concluiu que, sendo insuficiente a descrição fática de que os acordos caracterizariam a concentração do poder econômico e de que os ajustes teriam sido efetivamente implementados com domínio de mercado, não há falar em formação de cartel, porquanto não demonstrada ofensa à livre concorrência. Assim, se os ajustes tendentes à formação de consórcios, se deram unicamente com o fim de fraudar o processo licitatório, subsiste apenas o delito previsto na Lei de Licitações:

> PENAL E PROCESSUAL PENAL. RECURSOS ESPECIAIS. **FORMAÇÃO DE CARTEL E FRAUDE À LICITAÇÃO. CONFLITO APARENTE DE NORMAS. ART. 4º, II, DA LEI 8.137/93. AUSÊNCIA DE DESCRIÇÃO DA CONCENTRAÇÃO DO PODER ECONÔMICO. AJUSTES PRÉVIOS COM O FIM DE FRAUDAR PROCEDIMENTO LICITATÓRIO. FORMAÇÃO DE CARTEL AFASTADA. CRIME DO ART. 90 DA LEI 8.666/93**. PRESCRIÇÃO DA PRETENSÃO PUNITIVA. RECURSOS ESPECIAIS PROVIDOS. 1. Recorrentes denunciados como incursos nos arts. 4º, II, a, b e c, da Lei 8.137/93 (formação de cartel) e 90, caput, da Lei 8.666/93 (fraude à licitação), em concurso formal. 2. De acordo com a jurisprudência desta Corte, ocorre o conflito aparente de normas quando há a incidência de mais de uma norma repressiva numa única conduta delituosa, sendo que tais normas possuem entre si relação de hierarquia ou dependência, de forma que somente uma é aplicável (REsp 1376670/SC, Rel. Ministro ROGERIO SCHIETTI CRUZ, Rel. p/ Acórdão Ministro NEFI CORDEIRO, SEXTA TURMA, julgado em 16/02/2017, DJe 11/05/2017). 3. **O delito do art. 4º, II, da Lei 8.137/90 exige a demonstração que os acordos, ajustes ou alianças entre os ofertantes tinham por objetivo domínio de mercado. 4. Não havendo descrição fática suficiente da concentração do poder econômico, ou de que os acordos teriam sido efetivamente implementados com domínio de mercado, não há falar em formação de cartel, porquanto não demonstrada ofensa à livre concorrência. Demonstrado apenas que os ajustes se deram com o fim de fraudar o processo licitatório, subsiste apenas o crime do art. 90 da Lei de Licitações**. [...] (STJ, T6 – SEXTA TURMA. REsp 1623985/SP. RECURSO ESPECIAL. Relator(a) Ministro NEFI CORDEIRO. Julgamento em 17/05/2018. Publicação/Fonte em DJe 06/06/2018. Sem grifo no original).

Todavia, interessante observar as exposições do Ministro Rogério Schietti Cruz em seu voto (restou vencido em parte):

> "[...] sobre a eventual relação de hierarquia ou de dependência entre as normas penais em debate, penso, com a devida vênia, que não há, entre a lei que regula a ordem econômica e a que trata das licitações, nenhuma relação de hierarquia ou mesmo de complementariedade. Com efeito, a ocorrência da fraude ao caráter competitivo da licitação, cujo bem jurídico tutelado está imbricado com os princípios básicos da administração pública e da probidade administrativa, ocorreria ainda que o caso não versasse sobre formação de cartel. Já a formação de cartel, cuja tutela jurídica se volta à proteção do mercado, poderia subsistir isoladamente, se não presentes as circunstâncias retratadas no caso, mas com a frustração do caráter competitivo do certame licitatório restrito ao conluio entre as empresas e sem a participação de agentes públicos".

Art. 4º, II, da Lei nº 8.137/90. Domínio do mercado. Necessidade. Configuração. A Sexta Turma do STJ reconheceu que o delito do art. 4º, II, da Lei nº 8.137/90 exige a demonstração que os acordos, ajustes ou alianças entre os ofertantes tenham por objetivo domínio de mercado para sua caracterização. De sorte que, não havendo comprovação da concentração do poder econômico, ou de que os acordos ajustados teriam sido efetivamente implementados com domínio de mercado, não há falar em formação de cartel, dado que não demonstrada ofensa à livre concorrência. Vejamos:

> RECURSO ORDINÁRIO EM HABEAS CORPUS. ART. 4°, INCISO II, A, B E C, DA LEI N. 8.137/90, CRIMES CONTRA A ORDEM TRIBUTÁRIA, ECONÔMICA E CONTRA AS RELAÇÕES DE CONSUMO. FORMAÇÃO DE CARTEL. CONCENTRAÇÃO DO PODER ECONÔMICO NÃO EVIDENCIADA (...) 2. Nos termos da jurisprudência do Superior Tribunal de Justiça, a ausência de descrição do efetivo prejuízo à Fazenda Pública, exigido pelo art. 96 da Lei n. 8.666/93, bem como a falta de demonstração do domínio de mercado exigido pelo art. 4º da Lei n. 8.137/90, impõem a rejeição da denúncia. 3. No mesmo sentido foi o entendimento da Sexta Turma do Superior Tribunal de Justiça em outras ações penais relativas aos crime imputados aos participantes das licitações efetuadas pela CPTM - Companhia Paulista de Trens Metropolitanos, do Estado de São Paulo. Ex vi: REsp 1.683.839/SP, DJe 19/12/2017, e REsp 1.623.985/SP, DJe 06/06/2018, da Relatoria do Ministro NEFI CORDEIRO (...) 4.°, inciso II, a, b e c, da Lei n. 8.137/90 (crime contra a ordem econômica) e 96, incisos, I e V, da Lei n. 8.666/93 (crimes contra a administração pública), mantendo a acusação apenas no que diz respeito ao art. 90 da Lei de Licitações. (STJ, SEXTA TURMA. RHC 119.667/SP, Rel. Ministra LAURITA VAZ, julgado em 07/12/2020, DJe 18/12/2020)

> AGRAVO REGIMENTAL NO RECURSO ESPECIAL (...) ART. 4º, II, DA LEI 8.137/93. CARTEL. AUSÊNCIA DE DESCRIÇÃO DA CONCENTRAÇÃO DO PODER ECONÔMICO (...) 3. Ausente a demonstração do prejuízo causado à Fazenda Pública, sequer descrito, mormente porque a empresa que adjudicou o objeto da licitação não integrava o cartel referido na denúncia, vê-se a atipicidade da conduta imputada. 4. O delito do art. 4º, II, da Lei 8.137/90 exige a demonstração que os acordos, ajustes ou alianças entre os ofertantes tinham por objetivo domínio de mercado. 5. Não havendo descrição fática suficiente da concentração do poder econômico, ou de que os acordos ajustados teriam sido efetivamente implementados com domínio de mercado, não há falar em formação de cartel, porquanto não demonstrada ofensa à livre concorrência [...] (STJ, SEXTA TURMA. AgRg no REsp 1810038/SP, Rel. Ministro NEFI CORDEIRO, julgado em 10/12/2019, DJe 12/12/2019).

Da formação artificial de preços. Cartel. Crime praticado por intermédio de pessoa jurídica. Crime societário. Possibilidade de responsabilização penal dos sócios. Denúncia genérica e denúncia geral. Distinção. Em recente precedente, a Quinta Turma do STJ reafirmou a possibilidade de responsabilização penal por delitos praticados por intermédio de pessoa jurídica (sujeito de direitos e obrigações, e por não deter vontade própria e atua sempre por representação de uma ou mais pessoas naturais). Reconheceu que responsabilização criminal da pessoa jurídica é expressamente admitida no ordenamento pátrio (artigo 225, § 3º, da CRFB/88, por exemplo) e, ainda, que a personalidade fictícia atribuída à pessoa jurídica não pode servir de artifício para a prática de condutas criminosas por parte das pessoas físicas responsáveis pela sua direção. Sedimentou, por fim, o entendimento no sentido de que, nos crimes societários, conquanto a denúncia não possa ser de todo genérica, é válida quando, apesar de não detalhar minudentemente as ações imputadas aos acusados, demonstra, ainda que de maneira sutil, a ligação entre sua conduta e o fato delitivo, caracterizado pela condição de sócios ou administradores da pessoa jurídica (denúncia geral), estabelecendo a plausibilidade da imputação e possibilitando o exercício da ampla defesa, ocasião em que preenchidos os requisitos do artigo 41 do CPP:

> RECURSO ORDINÁRIO EM HABEAS CORPUS. **CRIME CONTRA A ORDEM ECONÔMICA. FORMAÇÃO ARTIFICIAL DE PREÇOS, CONTROLE REGIONALIZADO DO MERCADO POR EMPRESA OU GRUPO DE EMPRESAS E CONTROLE EM DETRIMENTO DA CONCORRÊNCIA. DELITO SOCIETÁRIO.** FALTA DE INDIVIDUALIZAÇÃO DA CONDUTA DO RECORRENTE. RESPONSABILIZAÇÃO OBJETIVA. PEÇA INAUGURAL QUE ATENDE AOS REQUISITOS LEGAIS EXIGIDOS E DESCREVE INFRAÇÃO PENAL EM TESE. AMPLA DEFESA GARANTIDA. INÉPCIA NÃO EVIDENCIADA. 1. **A hipótese cuida de denúncia que narra suposto delito praticado por intermédio**

de pessoa jurídica, a qual, por se tratar de sujeito de direitos e obrigações, e por não deter vontade própria, atua sempre por representação de uma ou mais pessoas naturais. 2. Embora em um primeiro momento o elemento volitivo necessário para a configuração de uma conduta delituosa tenha sido considerado o óbice à responsabilização criminal da pessoa jurídica, é certo que nos dias atuais esta é expressamente admitida, conforme preceitua, por exemplo, o artigo 225, § 3º, da Constituição Federal. 3. Ainda que tal responsabilização seja possível apenas nas hipóteses legais, é certo que a personalidade fictícia atribuída à pessoa jurídica não pode servir de artifício para a prática de condutas espúrias por parte das pessoas naturais responsáveis pela sua condução. 4. Não pode ser acoimada de inepta a denúncia formulada em obediência aos requisitos traçados no artigo 41 do Código de Processo Penal, descrevendo perfeitamente a conduta típica, cuja autoria é atribuída ao paciente devidamente qualificado, circunstâncias que permitem o exercício da ampla defesa no seio da persecução penal, na qual se observará o devido processo legal. 5. **Nos chamados crimes societários, embora a vestibular acusatória não possa ser de todo genérica, é válida quando, apesar de não descrever minuciosamente as atuações individuais dos acusados, demonstra um liame entre o seu agir e a suposta prática delituosa, estabelecendo a plausibilidade da imputação e possibilitando o exercício da ampla defesa, caso em que se consideram preenchidos os requisitos do artigo 41 do Código de Processo Penal. Precedentes** [...] (STJ, T5 - QUINTA TURMA. RHC 100518/SP. RECURSO ORDINARIO EM HABEAS CORPUS. Relator(a) Ministro JORGE MUSSI. Julgamento em 18/10/2018. Publicação/Fonte em DJe 26/10/2018. Sem grifo no original).

PROCESSO PENAL. RECURSO ORDINÁRIO EM HABEAS CORPUS. DENÚNCIA RECEBIDA. CRIME CONTRA A ORDEM TRIBUTÁRIA. TRANCAMENTO DO PROCESSO-CRIME. EXCEPCIONALIDADE. JUSTA CAUSA PARA A PERSECUÇÃO PENAL. AUSÊNCIA DE ELEMENTOS PROBATÓRIOS. CRIME SOCIETÁRIO. PLEITO DE ABSOLVIÇÃO. RESPONSABILIDADE PENAL OBJETIVA. NECESSIDADE DE REVOLVIMENTO FÁTICO-PROBATÓRIO. IMPROPRIEDADE DA VIA ELEITA. ALEGADA ATIPICIDADE DA CONDUTA. INÉPCIA DA EXORDIAL ACUSATÓRIA. DENÚNCIA GENÉRICA. INOCORRÊNCIA (...) 5. Pontue-se a necessária distinção conceitual entre denúncia geral e genérica, essencial para aferir a regularidade da peça acusatória no âmbito das infrações de autoria coletiva, em especial nos crimes societários (ou de gabinete), que são aqueles cometidos por representantes (administradores, diretores ou quaisquer outros membros integrantes de órgão diretivo, sejam sócios ou não) da pessoa jurídica, em concurso de pessoas. A denúncia genérica caracteriza-se pela imputação de vários fatos típicos, genericamente, a integrantes da pessoa jurídica, sem delimitar, minimamente, qual dos denunciados teria agido de tal ou qual maneira (...) 8. A teor da jurisprudência desta Corte, "nos chamados crimes societários, embora a vestibular acusatória não possa ser de todo genérica, é válida quando, apesar de não descrever minuciosamente as atuações individuais dos acusados, demonstra um liame entre o seu agir e a suposta prática delituosa, estabelecendo a plausibilidade da imputação e possibilitando o exercício da ampla defesa, caso em que se consideram preenchidos os requisitos do artigo 41 do Código de Processo Penal." (RHC 47.193/SC, Rel. Ministro JORGE MUSSI, QUINTA TURMA, DJe 17/5/2017) [...] (STJ, QUINTA TURMA. RHC 96.507/PE, Rel. Ministro RIBEIRO DANTAS, julgado em 17/10/2019, DJe 29/10/2019).

III – (revogado); (Redação dada pela Lei nº 12.529, de 2011).

IV – (revogado); (Redação dada pela Lei nº 12.529, de 2011).

V – (revogado); (Redação dada pela Lei nº 12.529, de 2011).

VI – (revogado); (Redação dada pela Lei nº 12.529, de 2011).

VII – (revogado). (Redação dada pela Lei nº 12.529, de 2011).

Revogação dos incisos III a VII. A antiga redação do artigo 4º da Lei nº 8.137/90 previa: "III – discriminar preços de bens ou de prestação de serviços por ajustes ou acordo de grupo econômico, com o fim de estabelecer monopólio, ou de eliminar, total ou parcialmente, a concorrência; IV – açambarcar, sonegar, destruir ou inutilizar bens de produção ou de consumo, com o fim de estabelecer monopólio ou de eliminar, total ou parcialmente, a concorrência; V – provocar oscilação de preços em detrimento de empresa concorrente ou vendedor de matéria-prima, mediante ajuste ou acordo, ou por outro meio fraudulento; VI – vender mercadorias abaixo do preço de custo, com o fim de impedir a concorrência; VII – elevar sem justa causa o preço de bem ou serviço, valendo-se de posição dominante no mercado". Tais incisos foram revogados pela Lei nº 12.529/11, que também revogou os artigos 5º e 6º da Lei nº 8.137/90.

Art. 7º Constitui crime contra as relações de consumo:

I – favorecer ou preferir, sem justa causa, comprador ou freguês, ressalvados os sistemas de entrega ao consumo por intermédio de distribuidores ou revendedores;

As relações de consumo e a legislação extravagante. As relações de consumo também são tuteladas através do tipo penal do artigo 7º da Lei nº 8.137/90. Talvez a principal diferença entre a tutela exercida por este tipo penal e os descritos na Lei nº 8.078/90 resida no fato de que no artigo 7º os consumidores estão considerados de maneira coletiva. Aqui as previsões possuem caráter mais abrangente. Já a Lei que prevê o Código de Defesa do Consumidor tende a tutelar os indivíduos de forma mais pontual, do consumidor através de suas relações cotidianas de consumo.

Análise do tipo penal previsto no artigo 7º, I, da Lei nº 8.137/90. A conduta aqui descrita em muito se assemelha àquela prevista no artigo 2º, II, da Lei nº 1.521/51 (que prevê crimes contra a economia popular). Em razão disto, a norma posterior revogou este último dispositivo, cuja conduta passa a ser tratada pela Lei nº 8.137/90.

Nesse sentido, aquele que favorece ou prefere, comprador ou freguês, sem justa causa, sujeita-se à prática deste crime. Estão de fora deste favorecimento ou preferência os distribuidores ou revendedores, tendo em vista que estas personagens estão inseridas na cadeia de suprimentos, e esta prática de comércio faz parte da ordem natural do mercado, razão pela qual, através de negociações, e sendo eles os primeiros intermediários das mercadorias, invariavelmente se chega a um preço mais vantajoso.

Perceba que podem surgir dúvidas em relação ao oferecimento de determinado produto ou serviço em função da exclusividade. Isso, por si só, não denota a prática do crime previsto no artigo 7º, I, da Lei nº 8.137/90, haja vista que pela própria estrutura do serviço, o cliente voluntariamente se submete a um preço maior pré-estabelecido pelo vendedor, para que tenha um tratamento diferenciado. As condições já estão postas desde o início. É o exemplo de filas rápidas em parques de diversões, ou em boates, bem como camarotes etc. Ressalte-se, não há enquadramento típico, pois aqui não se aplica o elemento normativo do tipo, qual seja, "sem justa causa".

Sujeito ativo. Este crime não pode ser praticado por qualquer pessoa, mas sim pelos empresários. É, portanto, crime próprio.

Sujeito passivo. É o consumidor, preterido. Pessoa física ou jurídica.

Elemento subjetivo. O tipo aqui previsto é doloso, ou seja, a vontade livre e consciente em favorecer ou preferir, sem justa causa, comprador ou freguês. Não há previsão para modalidade culposa.

Objeto material da conduta. É o comprador ou freguês.

Objeto jurídico. Tutelam-se as relações de consumo.

Classificação doutrinária. Trata-se de crime próprio (pois não pode ser praticado por qualquer pessoa), mera conduta (tendo em vista que o tipo penal não exige a ocorrência de resultado naturalístico), comissivo, doloso, instantâneo, unissubsistente e de forma livre (já o tipo penal pode ser praticado por qualquer meio eleito pelo sujeito ativo).

Momento consumativo. Por se tratar de crime de mera conduta, se consuma com o simples favorecimento ou preferência, sem justa causa, ao comprador ou freguês.

Tentativa. Não é admitida, pois estamos diante de um crime unissubsistente.

II – vender ou expor à venda mercadoria cuja embalagem, tipo, especificação, peso ou composição esteja em desacordo com as prescrições legais, ou que não corresponda à respectiva classificação oficial;

Análise do tipo objetivo previsto no artigo 7º, II, da Lei nº 8.137/90. À semelhança do que pudemos observar em relação ao inciso anterior, aqui também teremos uma situação na qual o texto em muito se aproxima do previsto no artigo 2º, III, da Lei nº 1.521/51, que acaba sendo revogado por esta nova norma.

Não obstante, o tipo penal prevê dois verbos nucleares, quais sejam, "vender" ou "expor", sendo que neste último caso há a complementação das palavras "à venda". O cerne da proteção do presente tipo objetivo é impedir que mercadorias sejam postas à venda ou vendidas sem que correspondam às prescrições legais ou classificação oficial anteriormente disposta pelos órgãos de controle competentes, e que indiquem peso, especificação, tipo ou composição diversa da que realmente deveria constar. Com isso, a tutela tem por objetivo fazer com que o consumidor não seja enganado, ludibriado, por ocasião da aquisição do produto.

Sujeito ativo. Este crime não pode ser praticado por qualquer pessoa, mas sim pelos empresários que fornecem as mercadorias que são o objeto material deste tipo penal. É, portanto, crime próprio.

Sujeito passivo. É o consumidor, que pode ser pessoa física ou jurídica.

Elemento subjetivo. O tipo aqui previsto é doloso, ou seja, a vontade livre e consciente em vender ou expor à venda mercadoria cuja embalagem, tipo, especificação, peso ou composição esteja em desacordo com as prescrições legais, ou que não corresponda à respectiva classificação oficial.

Importante destacar que, nos termos do artigo 7º, parágrafo único, da Lei nº 8.137/90, há previsão para modalidade culposa, reduzindo-se a pena de detenção de 1/3 ou a de multa à quinta parte, tendo em vista que pela redação original do preceito secundário do artigo 7º, a pena de detenção e a multa não são aplicadas cumulativamente. Portanto, a diminuição será ministrada conforme o tipo de sanção pela qual o sujeito ativo for punido.

Objeto material da conduta. No presente caso, é a mercadoria cuja embalagem, tipo, especificação, peso ou composição esteja em desacordo com as prescrições legais, ou que não corresponda à respectiva classificação oficial.

Objeto jurídico. Tutelam-se as relações de consumo.

Classificação doutrinária. Trata-se de crime próprio (pois não pode ser praticado por qualquer pessoa), mera conduta (tendo em vista que o tipo penal não exige a ocorrência de resultado naturalístico), comissivo, doloso ou culposo (haja vista a previsão do artigo 7º, parágrafo único, da Lei nº 8.137/90), instantâneo (quando estivermos diante do verbo "vender") e permanente (diante da modalidade "expor à venda"), unissubsistente e de forma livre (já o tipo penal pode ser praticado por qualquer meio eleito pelo sujeito ativo).

Momento consumativo. A consumação se dá com a venda ou a exposição à venda da mercadoria indicada no tipo penal.

Tentativa. Não é admitida, pois estamos diante de um crime unissubsistente.

Exemplo prático do artigo 7º, II, da Lei nº 8.137/90, trazido pela jurisprudência.

> CRIME CONTRA AS RELAÇÕES DE CONSUMO. **ART. 7º, II DA LEI 8137/90. PRODUTOS DE LIMPEZA DE FABRICAÇÃO CASEIRA. Réus que vendiam, em via púbica, produtos de limpeza de fabricação caseira em desacordo com as prescrições legais. Não há erro sobre a ilicitude do fato quando o agente que confeccionava os produtos é ex-empregado de uma empresa que fabricava produtos de limpeza, sendo, por óbvio, sabedor da necessidade de um químico responsável e da autorização do órgão de vigilância. Corréu que admitiu, em sede policial, que sabia da irregularidade dos produtos, o que confere com as circunstâncias emergentes da prova restante produzida**. Apelo não provido, com transcrição e confirmação da sentença, viabilizada, porém, de ofício, a substituição da pena privativa de liberdade por medidas diversas da adotada no julgado recorrido. (TJRS, Quarta Câmara Criminal. Apelação Crime n.º 70043705094 Relator Des. Marcelo Bandeira Pereira. Julgamento em 15/09/2011. Publicação em 28/09/2011, sem grifo no original).

Art. 7º, II, da Lei nº 8.137/90. Norma penal em branco homogênea (imprópria) heteróloga (heterovitelina). Complemento. Artigos 6º, inciso III, e 31, ambos do Código de Defesa do Consumidor - CDC. Necessidade de perícia, nos termos do art. 158 CPP. Para a Quinta Turma do STJ, para se aferir a elementar do referido tipo penal deve-se verificar o que a legislação considera "desacordo com as prescrições legais" ou "que não corresponda à respectiva classificação oficial".

No caso concreto, entendeu que as mercadorias expostas à venda não continham informações adequadas aos artigos 6º, III, e 31, ambos do CDC, sendo, pois, o complemento dado pela mesma espécie normativa (homogênea) e em documento legal diverso (heteróloga). Afirmou, ainda, que se trata de delito contra as relações de consumo não transeunte, que deixa vestígios materiais, sendo indispensável, portanto, a realização de perícia para a sua comprovação, nos termos do artigo 158 do CPP. Confira-se a ementa de recente julgado da Corte Superior:

> RECURSO ORDINÁRIO EM HABEAS CORPUS. **CRIME CONTRA AS RELAÇÕES DE CONSUMO**. INÉPCIA DA DENÚNCIA. VESTIBULAR QUE CONTÉM A **DESCRIÇÃO DAS NORMAS QUE COMPLEMENTAM O TIPO PENAL EM BRANCO.** PEÇA INAUGURAL QUE ATENDE OS

REQUISITOS REQUISITOS LEGAIS EXIGIDOS. AMPLA DEFESA GARANTIDA. MÁCULA NÃO EVIDENCIADA. **1. O artigo 7º, inciso II, da Lei 8.137/1990 constitui norma penal em branco, dependendo de complementação. Doutrina.** 2. Na espécie, consta da denúncia que, em cumprimento à ordem de serviço, policiais compareceram estabelecimento comercial do recorrente para investigar possível **crime contra as relações de consumo, lá encontrando diversas mercadorias expostas à venda, cujas embalagens não apresentavam as informações exigidas pelos artigos 6º, inciso II, e 31, ambos do Código de Defesa do Consumidor.** 3. Verifica-se, assim, que o Ministério Público indicou adequada e suficientemente as normas que complementam o tipo penal infringido, não havendo que se falar, assim, em inépcia da exordial. 4. Quanto ao ponto, é imperioso destacar que, ao contrário do que sustentado pela defesa, **não se exige que a norma complementadora tenha natureza penal, admitindo-se, inclusive, que dispositivos infralegais sejam utilizados como complementos dos tipos penais em branco. Doutrina. Precedente.** VENDA DE MERCADORIAS CUJAS EMBALAGENS ESTAVAM EM DESACORDO COM AS PRESCRIÇÕES LEGAIS. EXISTÊNCIA DE LAUDO PERICIAL ATESTANDO AS IRREGULARIDADES. PROVA IDÔNEA DA MATERIALIDADE DELITIVA. DESPROVIMENTO DO RECLAMO. **1. Da leitura do artigo 7º, incisos II, da Lei 8.137/1990, percebe-se que se trata de delito contra as relações de consumo não transeunte, que deixa vestígios materiais, sendo indispensável, portanto, a realização de perícia para a sua comprovação, nos termos do artigo 158 do Código de Processo Penal. Precedente.** 2. A peça vestibular foi instruída com laudo pericial, que concluiu que as embalagens de parte dos produtos apreendidos estão desprovidas de marca, sem origem de fabricação e sem composição do material, ao passo que as embalagens de outros deles não contêm data de fabricação e de validade, o que é suficiente para a comprovação da materialidade do delito em tela, **uma vez que a legislação os considera impróprios ao consumo, na forma dos artigos 6º, inciso III, e 31, ambos do Código de Defesa do Consumidor**. 3. Se a própria legislação consumerista considera imprestáveis para utilização os produtos em desacordo com as normas de distribuição ou apresentação, revela-se improcedente o argumento de que seria necessário exame pericial de natureza diversa do que foi realizado, sendo suficiente a constatação de que as embalagens estão em desacordo com as exigências da legislação consumerista. Precedente. [...] (STJ, T5 – QUINTA TURMA. RHC 119874/SP. RECURSO ORDINARIO EM HABEAS CORPUS. Relator(a) Ministro JORGE MUSSI. Julgamento em 21/11/2019. Publicação/Fonte em DJe 28/11/2019, sem grifos no original).

III - misturar gêneros e mercadorias de espécies diferentes, para vendê-los ou expô-los à venda como puros; misturar gêneros e mercadorias de qualidades desiguais para vendê-los ou expô-los à venda por preço estabelecido para os demais mais alto custo;

Análise do tipo penal previsto no artigo 7º, III, da Lei nº 8.137/90. A redação dada pela Lei nº 8.137/90 culminou na revogação do disposto no artigo 2º, V, da Lei nº 1.521/51, que continha redação praticamente idêntica, com pequenas alterações na ordem dos verbos típicos. Na essência, as disposições as mesmas.

A verificação do presente tipo penal revela que o legislador se preocupou, novamente, em evitar que um número significativo de consumidores fosse enganado no processo de aquisição de mercadorias, que poderiam entender como se fossem puras, mas de fato não são, ou mercadorias com qualidades diferentes, misturadas, mas que na realidade seriam vendidas com o preço das mais caras.

Sujeito ativo. Este crime não pode ser praticado por qualquer pessoa, mas sim pelos empresários que fornecem os gêneros ou as mercadorias que são o objeto material deste tipo penal. Trata-se de um crime próprio.

Sujeito passivo. É o consumidor, que pode ser pessoa física ou jurídica.

Elemento subjetivo. O tipo aqui previsto é doloso, ou seja, a vontade livre e consciente em misturar gêneros e mercadorias de espécies diferentes, para vendê-los ou expô-los à venda como puros; misturar gêneros e mercadorias de qualidades desiguais para vendê-los ou expô-los à venda por preço estabelecido para os demais de mais alto custo.

Da mesma forma como ocorreu em relação ao inciso anterior, o artigo 7º, parágrafo único, da Lei nº 8.137/90 prevê punição para a modalidade culposa, na qual a pena de detenção terá redução de 1/3 ou a de multa à quinta parte, tendo em vista que pela redação original do preceito secundário do artigo 7º, a pena de detenção e a multa não são aplicadas cumulativamente. A diminuição será ministrada conforme o tipo de sanção pela qual o sujeito ativo for punido.

Objeto material da conduta. No presente caso, são os gêneros ou as mercadorias.

Objeto jurídico. Através deste tipo penal, tutelam-se as relações de consumo.

Classificação doutrinária. Trata-se de crime próprio (pois não pode ser praticado por qualquer pessoa), formal (tendo em vista a desnecessidade de resultado naturalístico), comissivo, doloso ou culposo (haja vista a previsão do artigo 7º, parágrafo único, da Lei nº 8.137/90), instantâneo, unissubsistente ou plurissubsistente (a depender do caso concreto) e de forma livre (já o tipo penal pode ser praticado por qualquer meio eleito pelo sujeito ativo).

Momento consumativo. Em se tratando de crime formal, a consumação se dá com a mistura de gêneros e mercadorias de espécies diferentes, para vendê-los ou expô-

-los à venda como puros ou a mistura de gêneros e mercadorias de qualidades desiguais para vendê-los ou expô-los à venda por preço estabelecido para os demais de mais alto custo.

Tentativa. Admitida, quando estivermos diante da modalidade plurissubsistente, na qual há possibilidade de fracionamento da conduta.

> IV – fraudar preços por meio de:
>
> a) alteração, sem modificação essencial ou de qualidade, de elementos tais como denominação, sinal externo, marca, embalagem, especificação técnica, descrição, volume, peso, pintura ou acabamento de bem ou serviço;
>
> b) divisão em partes de bem ou serviço, habitualmente oferecido à venda em conjunto;
>
> c) junção de bens ou serviços, comumente oferecidos à venda em separado;
>
> d) aviso de inclusão de insumo não empregado na produção do bem ou na prestação dos serviços;

Análise do tipo penal previsto no artigo 7º, IV, da Lei nº 8.137/90. Elencando as formas de prática do crime às quais o sujeito ativo está vinculado, o inciso IV do artigo 7º prevê uma série de atitudes através das quais os preços de mercadorias ou serviços podem ser fraudados, configurando conduta típica que macula as relações de consumo.

Trata-se de um tipo penal misto alternativo, no qual há consumação através de um único verbo nuclear, ou ainda, com a prática de vários deles, sem que, com isso, se deixe de considerar como crime único, desde que no mesmo contexto fático.

Pune-se a conduta daquele empresário que mascara as condições dos preços de mercadorias ou serviços, situações nas quais os consumidores são lesados, pois podem vir a pagar mais do que efetivamente o produto ou serviço valem.

Fraudar preços por meio de alteração, sem modificação essencial ou de qualidade, de elementos tais como denominação, sinal externo, marca, embalagem, especificação técnica, descrição, volume, peso, pintura ou acabamento de bem ou serviço. Artigo 7º, IV, a, da Lei nº 8.137/90. Em linhas gerais, esta alínea tipifica a conduta dos indivíduos que fazem afirmações fraudulentas sobre determinado produto ou serviço, mediante a alteração de elementos que servem para identificá-los e destacá-los dos demais, conduta esta que deveria corresponder efetivamente às mudanças na essência ou na qualidade dos produtos, porém estes últimos permanecem inalterados.

Na realidade, caso houvesse mudança substancial que justificasse o adjetivo utilizado, por exemplo, para valorizar determinado produto ou serviço, haveria licitude na cobrança maior por estes.

Fraudar preços por meio de divisão em partes de bem ou serviço, habitualmente oferecido à venda em conjunto. Quando assim procede o sujeito ativo, a tendência é a de que se cobre mais pela venda em separado. Esta é uma das razões pelas quais a palavra "habitualmente" (elemento normativo do tipo penal) deve ser vista em face do caso concreto.

Na presente hipótese, entendemos que só poderá subsistir o crime em tela quando efetivamente houver alteração no preço, caso os produtos fossem vendidos habitualmente juntos. Exemplo: se um iogurte industrializado é vendido juntamente com granola (ainda que em embalagens distintas), por um preço hipotético de R$ 5,00 (cinco reais), e passa a ser vendido separadamente, sendo que o iogurte passa a custar R$ 3,00 (três reais) e a porção de granola passa a ser vendida por R$ 2,00 (dois reais), entendemos que não há fraude nos preços (que equivalem aos mesmos cinco reais, caso fossem vendidos juntos), e, portanto, não há ofensa ao bem jurídico tutelado (relações de consumo).

Fraude nos preços por meio de junção de bens ou serviços, comumente oferecidos à venda em separado. Esta hipótese está prevista na alínea "c" do inciso IV, do artigo 7º e versa justamente sobre o oposto do dispositivo contido na alínea anterior (que trata sobre a separação de bens e serviços vendidos, habitualmente, juntos).

Diferentemente da hipótese prevista na alínea anterior, a venda em conjunto, cuja reunião se dá de maneira imprópria, acaba por obrigar o consumidor a adquirir dois bens ou serviços que muitas vezes pode não desejar, fazendo com que este obrigatoriamente gaste mais, restando consumada a fraude nos preços, a não ser que um destes produtos ou serviços seja ofertado em cortesia, o que acaba por ser uma vantagem oferecida ao consumidor, afastando-se, portanto, a fraude.

Mais uma vez é importante analisar a palavra "comumente" de acordo com o caso concreto para podermos identificar ou não a fraude nos preços, pois configura-se como elemento normativo do tipo.

Fraude nos preços por meio de aviso de inclusão de insumo não empregado na produção do bem ou na prestação dos serviços. A última alínea do inciso IV, do artigo 7º, prevê uma conduta na qual o empresário anuncia que seu produto ou serviço contém insumo (elemento que integra determinado bem ou serviço) que, na realidade, não existe na composição do primeiro, ou na prestação do segundo. Veda-se que haja lesão às relações de consumo mediante a cobrança por algo que efetivamente não está incluído naquela venda.

Sujeito ativo. O crime em tela não pode ser praticado por qualquer pessoa, mas sim pelos empresários que fornecem os bens ou serviços descritos no tipo. Trata-se de um crime próprio.

Sujeito passivo. É o consumidor, que pode ser pessoa física ou jurídica.

Elemento subjetivo. O tipo aqui previsto é doloso, ou seja, a vontade livre e consciente em fraudar preços por meio das condutas descritas nas alíneas do inciso IV do artigo 7º da Lei nº 8.137/90. A modalidade culposa não é prevista.

Objeto material da conduta. No presente caso, são os preços das mercadorias ou serviços.

Objeto jurídico. Através deste tipo penal, tutelam-se as relações de consumo.

Classificação doutrinária. Trata-se de crime próprio (pois não pode ser praticado por qualquer pessoa), formal (tendo em vista a desnecessidade de resultado naturalístico), comissivo, doloso, instantâneo, unissubsistente ou plurissubsistente (a depender do caso concreto) e de forma vinculada (já o tipo penal elenca os meios pelos quais o crime é praticado).

Momento consumativo. Em se tratando de crime formal, a consumação se dá com a fraude nos preços, por meio das condutas descritas nas alíneas do inciso IV do artigo 7º da Lei nº 8.137/90.

Tentativa. Admitida, quando estivermos diante da modalidade plurissubsistente, na qual há possibilidade de fracionamento da conduta.

Entendimento sobre a alteração do rótulo de produto: crime contra as relações de consumo ou crime contra a economia popular? O TJDFT ao julgar conflito negativo de competência entendeu que a conduta de substituir rótulos e tampas de cervejas por outros de outra marca, com o intuito de ludibriar o consumidor e obter maior lucro em face da fraude, se amolda à figura típica do art. 7º, inciso IV, da Lei nº 8.137/90 (crime contra as relações de consumo), não se tratando de crime contra a economia popular (art. 2º, inciso IX da Lei nº 1.521/1951).

Isso porque os crimes contra as relações de consumo têm por sujeito ativo o fornecedor e sujeito passivo o consumidor e visam proteger este último com vistas a restabelecer o equilíbrio nessa relação.

Por outro lado, nos crimes contra a economia popular, a ofensa é dirigida, sobretudo, ao patrimônio do povo, perturbando o bem-estar social e o seu poder econômico.

No caso concreto, restou consignado que o crime não se subsome àquele tipificado na Lei nº 1.521/1951, pois descabe fazer uso da analogia para enquadrar a conduta ilícita àquelas descritas no tipo legal para ilustrar processos fraudulentos ("bola de neve", "cadeias", "pichardismo"). Vale conferir o julgado:

> CONFLITO DE COMPETÊNCIA. JUÍZO DO 3º JUIZADO ESPECIAL CÍVEL E CRIMINAL E 3º JUIZADO DE VIOLÊNCIA DOMÉSTICA E FAMILIAR CONTRA A MULHER DE SAMAMBAIA EM FACE DO JUÍZO DA 1ª VARA CRIMINAL DE SAMAMBAIA. **CRIME CONTRA AS RELAÇÕES DE CONSUMO. A conduta de substituir rótulos e tampas de cervejas por outros de outra marca, com o intuito de ludibriar o consumidor e obter maior lucro em face da fraude, se amolda à figura típica do art. 7º, inciso IV, da Lei nº 8.137/90 (crime contra as relações de consumo), não se tratando de crime de menor potencial ofensivo.** Conflito de competência julgado proce-

dente, declarado competente o juízo suscitado, o da 1º Vara Criminal de Samambaia/DF. (TJDFT, Câmara Criminal. Acórdão nº 635378, 2012.002.0245306 CCR. Relator MARIO MACHADO. Julgamento em 19/11/2012. Publicado em DJE: 22/11/2012. P. 56, Veiculado no Informativo de Jurisprudência n.º 249/2012)

V - elevar o valor cobrado nas vendas a prazo de bens ou serviços, mediante a exigência de comissão ou de taxa de juros ilegais;

Análise do tipo objetivo do inciso V do artigo 7º da Lei nº 8.137/90. O empresário pode vender seus produtos ou oferecer seus serviços através da utilização do parcelamento, não sendo ilícita a cobrança de juros ou de compensação.

No entanto, não pode embutir no valor das vendas a cobrança de juros ou comissões que não sejam as previstas pela lei, conforme o caso concreto, razão pela qual estamos diante de uma norma penal em branco, pois a taxa de juros pode variar de acordo com o tipo de transação.

Esta cobrança ilegal de juros ou de comissão é considerada conduta que tem por objetivo fraudar os preços, lesando as relações de consumo.

Sujeito ativo. O crime em tela não pode ser praticado por qualquer pessoa, mas sim pelos empresários que fornecem os bens ou serviços descritos no tipo. Trata-se de um crime próprio.

Sujeito passivo. É o consumidor, que pode ser pessoa física ou jurídica.

Elemento subjetivo. O tipo aqui previsto é doloso, ou seja, a vontade livre e consciente em elevar o valor cobrado nas vendas a prazo de bens ou serviços, mediante a exigência de comissão ou de taxa de juros ilegais. A modalidade culposa não é prevista.

Objeto material da conduta. Aqui pode ser tanto os bens, quanto os serviços, cujo valor cobrado nas vendas a prazo é elevado através de comissões ou juros ilegais.

Objeto jurídico. Através deste tipo penal, tutelam-se as relações de consumo.

Classificação doutrinária. Trata-se de crime próprio (pois não pode ser praticado por qualquer pessoa), material (tendo em vista a necessidade da ocorrência resultado naturalístico), comissivo, doloso, instantâneo, unissubsistente ou plurissubsistente (a depender do caso concreto) e de forma livre (já que o tipo penal pode ser praticado por qualquer meio eleito pelo agente).

Momento consumativo. Em se tratando de crime material, a consumação se dá com a elevação do valor cobrado nos termos do dispositivo do artigo 7, V, da Lei nº 8.137/90.

Tentativa. Admitida, quando estivermos diante da modalidade plurissubsistente, na qual há possibilidade de fracionamento da conduta.

VI – sonegar insumos ou bens, recusando-se a vendê-los a quem pretenda comprá-los nas condições publicamente ofertadas, ou retê-los para o fim de especulação;

Do crime previsto no artigo 7º, VI, da Lei nº 8.137/90. Análise do tipo objetivo. Neste tipo penal duas são as condutas típicas. A primeira delas consiste na sonegação, ocultação de determinado insumo ou bem que já foi previamente ofertado ao consumidor, porém talvez em condições vantajosas para este último, razão pela qual o empresário se recusa a vender a quem tinha a intenção de comprar, exatamente conforme as condições inicialmente propostas e publicadas. Esta conduta fez com que houvesse revogação da parte final do artigo 2º, I, da Lei nº 1.521/51.

A segunda conduta prevista consiste na retenção de insumos ou bens para que, de forma proposital, haja especulação e o preço oscile fazendo com que passem a custar mais caro, já que estariam em falta no mercado.

Sujeito ativo. Este crime não pode ser praticado por qualquer pessoa, mas sim pelos empresários que se recusam a vender os insumos ou bens descritos na figura típica. Trata-se de um crime próprio.

Sujeito passivo. É o consumidor, que pode ser pessoa física ou jurídica.

Elemento subjetivo. O tipo aqui previsto é doloso, ou seja, a vontade livre e consciente em sonegar insumos ou bens, recusando-se a vendê-los a quem pretenda comprá-los nas condições publicamente ofertadas, ou retê-los para o fim de especulação. A modalidade culposa não é prevista.

Objeto material da conduta. Consiste nos insumos ou bens, descritos no tipo penal.

Objeto jurídico. Tutelam-se as relações de consumo.

Classificação doutrinária. Trata-se de crime próprio (pois não pode ser praticado por qualquer pessoa), formal (tendo em vista a desnecessidade de resultado naturalístico), comissivo, doloso, permanente (em face do verbo "reter") unissubsistente ou plurissubsistente (a depender do caso concreto) e de forma livre (já que o tipo penal pode ser praticado por qualquer meio eleito pelo agente).

Momento consumativo. Em se tratando de crime formal, a consumação se dá com a sonegação dos insumos ou bens, havendo recusa na venda a quem pretenda comprá-los nas condições publicamente ofertadas, ou retenção destes para o fim de especulação.

Tentativa. Admitida, quando estivermos diante da modalidade plurissubsistente, na qual há possibilidade de fracionamento da conduta.

VII – induzir o consumidor ou usuário a erro, por via de indicação ou afirmação falsa ou enganosa sobre a natureza, qualidade do bem ou serviço, utilizando-se de qualquer meio, inclusive a veiculação ou divulgação publicitária;

Do tipo penal previsto no artigo 7º, VII, da Lei nº 8.137/90. A conduta central gira em torno da indução a erro. O empresário indica ou afirma, de forma falsa ou enganosa, que determinado produto ou serviço possui uma qualidade tal que não corresponde à realidade. Para isso, pode-se utilizar de qualquer meio, inclusive veiculação de propagandas. Trata-se de um crime próprio e de forma livre.

Tendo em vista que o tipo penal permite o entendimento de que se refere ao consumidor de forma isolada, autores como Guilherme de Souza Nucci[5] entendem que os artigos 66, 67 e 68 da Lei nº 8.078/90 estariam derrogados, haja vista que a Lei nº 8.137/90 (posterior àquela), trata das mesmas matérias.

No entanto, assim não entendemos, pois não é somente nesta hipótese do artigo 7º, VII, da Lei nº 8.137/90 que o tipo penal se refere ao consumidor de forma isolada, bastando verificar o que dispõe o inciso I do mesmo artigo, que traz o sujeito passivo (consumidor ou freguês), diretamente para a figura típica. Como já foi salientado no início do nosso estudo, tópicos acima, o crime previsto no artigo 7º da Lei nº 8.137/90 diz respeito às relações de consumo em geral, cuja abrangência e potencialidade lesiva se estendem à coletividade como um todo.

Não se nega que a Lei nº 8.078/90, também trata das relações de consumo (como é previsto no *caput* do artigo 61 daquela Lei), porém, doutrinariamente prevalece que os crimes previstos neste último diploma legal tratam de situações específicas das relações individuais de consumo.

Sujeito ativo. O crime em tela não pode ser praticado por qualquer pessoa, mas sim pelos empresários que induzem o consumidor a erro, conforme descrito na figura típica. Trata-se de um crime próprio.

Sujeito passivo. É o consumidor, que pode ser pessoa física ou jurídica.

Elemento subjetivo. O tipo aqui previsto é doloso, ou seja, a vontade livre e consciente em induzir o consumidor ou usuário a erro, por via de indicação ou afirmação falsa ou enganosa sobre a natureza, qualidade do bem ou serviço, utilizando-se de qualquer meio, inclusive a veiculação ou divulgação publicitária. A modalidade culposa não é prevista.

Objeto material da conduta. Consiste no consumidor ou usuário, induzido a erro mediante a conduta descrita no tipo penal.

Objeto jurídico. Tutelam-se as relações de consumo.

5. NUCCI. Guilherme de Souza. Leis Penais e Processuais Penais Comentadas. 9. ed. rev., atual. e ampl. Rio de Janeiro: Forense, 2015. p. 651.

Classificação doutrinária. Trata-se de crime próprio (pois não pode ser praticado por qualquer pessoa), formal (tendo em vista a desnecessidade de resultado naturalístico), comissivo, doloso, instantâneo, plurissubsistente e de forma livre (já que o tipo penal pode ser praticado por qualquer meio eleito pelo agente).

Momento consumativo. Por se tratar de crime formal, a consumação se dá com a indução a erro do consumidor ou usuário, por via de indicação ou afirmação falsa ou enganosa sobre a natureza, qualidade do bem ou serviço, utilizando-se de qualquer meio, inclusive a veiculação ou divulgação publicitária.

Tentativa. Admitida, pois estamos diante da modalidade plurissubsistente, na qual há possibilidade de fracionamento da conduta.

Exemplo jurisprudencial do artigo 7º, VII, da Lei nº 8.137/90. A jurisprudência abaixo colacionada, extraída do Tribunal de Justiça do Paraná, permite identificar um exemplo prático no qual pode ser aferida a conduta prevista no artigo 7º, VII, da Lei nº 8.137/90:

> EMENTA: APELAÇÃO CRIME. CRIME CONTRA AS RELAÇÕES DE CONSUMO EM CONTINUIDADE DELITIVA (ART. 7º, INC. VII C/C ART. 11, CAPUT, AMBOS DA LEI 8.137/90, E ART. 71 DO CP). (...). AQUISIÇÃO DE PRODUTOS DE OUTRA BANDEIRA QUE INDUZ O CONSUMIDOR A ERRO. CONFIGURAÇÃO DE CRIME CONTRA O CONSUMO. (...) DOLO CONSISTENTE EM INSPIRAR O CONSUMIDOR A ADQUIRIR O PRODUTO DIVULGADO, QUANDO NA REALIDADE OBTÉM PRODUTO DIVERSO DO DEMONSTRADO. LESÃO AO CONSUMIDOR CARACTERIZADA, POUCO IMPORTANDO O SEU RESULTADO NATURALÍSTICO. CRIME FORMAL, QUE SE APERFEIÇOA COM A INDUÇÃO DO CONSUMIDOR A ERRO. (...) 2. Se o revendedor exibe determinada marca comercial, somente os combustíveis e derivados da marca exposta devem ser comercializados, ou seja, fica vinculado ao contrato da bandeira exibida. Caso contrário, estará enganando os consumidores que acreditam adquirir produto da marca distintiva utilizada, quando, na realidade, adquirem produtos de outra bandeira. 3. O crime em questão se concretiza com a simples indução do consumidor a erro, não se exigindo resultado naturalístico por ser crime formal. 4. O dolo consiste justamente em inspirar o consumidor a adquirir determinado produto, quando, na realidade, obtém outro produto; portanto, pune-se a conduta de lesar o consumidor, ante o vício de informação, pouco importando seu resultado. 5. O anúncio que leva o consumidor a erro atinge os potenciais usuários do produto, que, no caso, são inúmeros, o que configura um dano difuso. (...) (TJPR, 2ª Câmara Criminal n.º 1245347-5 Acórdão: 40693. 52. 1245347-5. Relator Des. José Mauricio Pinto de Almeida. Julgamento em 16/04/2015. Publicação em 06/05/2015, DJ: 1558, sem grifos no original).

VIII - destruir, inutilizar ou danificar matéria-prima ou mercadoria, com o fim de provocar alta de preço, em proveito próprio ou de terceiros;

Análise do tipo penal previsto no artigo 7º, VIII, da Lei nº 8.137/90. As condutas aqui descritas (destruir, inutilizar ou danificar) recaem sobre a matéria-prima ou mercadoria, tendo como efeito a sua eliminação, cuja finalidade é lesar as relações de consumo mediante a alta de preços, em proveito do próprio empresário (sujeito ativo) ou de terceiros interessados em se beneficiar de tais ações.

Por força da previsão contida neste inciso, houve revogação do conteúdo previsto no artigo 3º, I, da Lei nº 1.521/51 (diploma legal que prevê crimes e contravenções contra a economia popular):

> Art. 3º. São também crimes desta natureza:
>
> I - destruir ou inutilizar, intencionalmente e sem autorização legal, com o fim de determinar alta de preços, em proveito próprio ou de terceiro, matérias-primas ou produtos necessários ao consumo do povo;

Sujeito ativo. Este crime não pode ser praticado por qualquer pessoa, mas sim pelos empresários que destroem, inutilizam ou danificam a matéria-prima ou mercadoria conforme descrito na figura típica. Trata-se de um crime próprio.

Sujeito passivo. É o consumidor, que pode ser pessoa física ou jurídica.

Elemento subjetivo. O tipo aqui previsto é doloso, ou seja, a vontade livre e consciente em destruir, inutilizar ou danificar matéria-prima ou mercadoria, com o fim de provocar alta de preço, em proveito próprio ou de terceiros. A modalidade culposa não é prevista.

Objeto material da conduta. Consiste na matéria-prima ou mercadoria.

Objeto jurídico. Tutelam-se as relações de consumo.

Classificação doutrinária. Trata-se de crime próprio (pois não pode ser praticado por qualquer pessoa), formal (tendo em vista a desnecessidade de resultado naturalístico), comissivo, doloso, instantâneo, plurissubsistente e de forma livre (já que o tipo penal pode ser praticado por qualquer meio eleito pelo agente).

Momento consumativo. Por se tratar de crime formal, a consumação se dá com a destruição, inutilização ou danificação da matéria-prima ou mercadoria, com o fim de provocar alta de preço, em proveito próprio ou de terceiros.

Tentativa. Admitida, pois estamos diante da modalidade plurissubsistente, na qual há possibilidade de fracionamento da conduta.

> IX – vender, ter em depósito para vender ou expor à venda ou, de qualquer forma, entregar matéria-prima ou mercadoria, em condições impróprias ao consumo;
>
> Pena – detenção, de 2 (dois) a 5 (cinco) anos, ou multa.

Análise do tipo penal previsto no artigo 7º, IX, da Lei nº 8.137/90. No presente tipo penal, quatro são os verbos nucleares que traduzem as condutas típicas: vender; ter em depósito para vender; expor à venda; entregar.

Alguns destes verbos traduzem situações permanentes. Outros, no entanto, são característicos de ações instantâneas. Por mais que tenha conotação dolosa, o tipo penal em comento pode ser punido na forma culposa, conforme previsão do parágrafo único do artigo 7º, desde que estejam preenchidos os requisitos para tanto.

Como já salientamos em outras oportunidades, estamos diante de um tipo penal misto alternativo, no qual há consumação através de um único verbo nuclear, ou ainda, com a prática de vários deles, sem que, com isso, se deixe de considerar como crime único, desde que no mesmo contexto fático.

Todavia, para a caracterização do tipo penal é necessário que os verbos típicos estejam ligados a mercadorias ou matérias-primas consideradas impróprias ao consumo.

Da necessidade de realização de exame pericial para comprovação da materialidade delitiva. Sobre o tema, é importante ressaltar a alteração no entendimento do Superior Tribunal de Justiça (STJ). No acórdão paradigma RHC 49.752-SC, veiculado no Informativo nº 0560 (Período: 17 de abril a 3 de maio de 2015), a Quinta Turma do STJ reafirmou tal mudança de posicionamento.

No julgado, ressaltou a Corte que se trata de delito que deixa vestígios materiais, sendo indispensável, portanto, a realização de perícia para a comprovação idônea da materialidade delitiva, nos termos do art. 158 do Código de Processo Penal, não sendo admissível a presunção de impropriedade ao consumo de produtos expostos à venda com base exclusivamente no conteúdo de normas locais.

De fato, nos termos da redação do artigo 158 do CPP, a hipótese descrita no artigo 7º, IX, da Lei nº 8.137/90, realmente se encaixa na necessidade de realização do exame de corpo de delito:

> (CPP) Art. 158. Quando a infração deixar vestígios, será indispensável o exame de corpo de delito, direto ou indireto, não podendo supri-lo a confissão do acusado.

O julgamento veiculado no Informativo nº 0560 (STJ) alinhou o entendimento da Corte Superior ao posicionamento do Supremo Tribunal Federal (STF), que já assinalava a necessidade de realização de perícia (HC 90779-PR, de 2008), eis que o entendimento anterior do STJ (REsp 1.163.095-RS, noticiado no Informativo STJ n.º 455/2010) sinalizava a prescindibilidade do exame pericial por entender que se tratava de crime formal, de perigo abstrato, para cuja caracterização bastaria colocar em risco a saúde de eventual consumidor da mercadoria, sendo desnecessária sua constatação por laudo pericial.

Assim, atualmente a jurisprudência dos Tribunais Superiores segue no sentido da necessidade de realização de perícia para comprovação da elementar "impróprio para consumo".

Também pode ser destacada, a título de exemplo, a doutrina e a jurisprudência predominante do STJ (AgRg no AREsp 333.459-SC, Quinta Turma, DJe 4/11/2013; e AgRg no REsp 1.175.679-RS, Sexta Turma, DJe 28/3/2012), sendo, inclusive, idêntica a orientação do STF (HC 90.779, Primeira Turma, DJe 24/10/2008). Esta última pode ser verificada a seguir:

> HABEAS CORPUS. CRIME CONTRA AS RELAÇÕES DE CONSUMO. FABRICAÇÃO E DEPÓSITO DE PRODUTO EM CONDIÇÕES IMPRÓPRIAS PARA O CONSUMO. INCISO IX DO ART. 7º DA LEI 8.137/90, COMBINADO COM O INCISO II DO § 6º DO ART. 18 DA LEI Nº 8.078/90. CONFIGURAÇÃO DO DELITO. CRIME FORMAL. PRESCINDIBILIDADE DA COMPROVAÇÃO DA EFETIVA NOCIVIDADE DO PRODUTO. REAJUSTAMENTO DE VOTO. NECESSIDADE DE DEMONSTRAÇÃO INEQUÍVOCA DA IMPROPRIEDADE DO PRODUTO PARA USO. INDEPENDÊNCIA DAS INSTÂNCIAS PENAL E ADMINISTRATIVA. ÔNUS DA PROVA DO TITULAR DA AÇÃO PENAL. ORDEM CONCEDIDA. 1. Agentes que fabricam e mantém em depósito, para venda, produtos em desconformidade com as normas regulamentares de fabricação e distribuição. Imputação do crime do inciso IX do art. 7º da Lei nº 8.137/90. Norma penal em branco, a ter seu conteúdo preenchido pela norma do inciso II do § 6º do art. 18 da Lei nº 8.078/90. 2. São impróprios para consumo os produtos fabricados em desacordo com as normas regulamentares de fabricação, distribuição ou apresentação. **A criminalização da conduta, todavia, está a exigir do titular da ação penal a comprovação da impropriedade do produto para uso. Pelo que imprescindível, no caso, a realização de exame pericial para aferir a nocividade dos produtos apreendidos.** 3. Ordem concedida. (STF, Primeira Turma HC 90779 / PR - PARANÁ. HABEAS CORPUS. Relator(a): Min. CARLOS BRITTO. Julgamento em 17/06/2008. Publicação em DJe-202 DIVULG 23-10-2008 PUBLIC 24-10-2008, EMENT VOL-02338-02 PP-00244).

Em relação ao informativo nº 560, do Superior Tribunal de Justiça, podemos extrair o seguinte:

> Notas do Informativo nº 0560 (Período: 17 de abril a 3 de maio de 2015). Quinta Turma. DIREITO PENAL. NECESSIDADE DE PERÍCIA PARA DEMONSTRAR QUE A MERCADORIA ESTÁ IMPRÓPRIA PARA O CONSUMO EM CRIME CONTRA A RELAÇÃO DE CONSUMO. Para

caracterizar o delito previsto no art. 7º, IX, da Lei 8.137/1990 (crime contra relação de consumo), é imprescindível a realização de perícia a fim de atestar se as mercadorias apreendidas estão em condições impróprias para o consumo, não sendo suficiente, para a comprovação da materialidade delitiva, auto de infração informando a inexistência de registro do Serviço de Inspeção Estadual (SIE) nas mercadorias expostas à venda (art. 18, § 6º, II, do CDC, c/c decreto estadual que conceitua os requisitos da propriedade ao consumo de alimentos e bebidas para fins de comercialização). O art. 7º, IX, da Lei 8.137/1990 tipifica como crime contra as relações de consumo a conduta de "vender, ter em depósito para vender ou expor à venda ou, de qualquer forma, entregar matéria-prima ou mercadoria, em condições impróprias ao consumo". **Da leitura do dispositivo legal em comento, percebe-se que se trata de delito que deixa vestígios materiais, sendo indispensável, portanto, a realização de perícia para a sua comprovação, nos termos do art. 158 do CPP ("Quando a infração deixar vestígios, será indispensável o exame de corpo de delito, direto ou indireto, não podendo supri-lo a confissão do acusado"). No mesmo sentido é a doutrina e a jurisprudência predominante do STJ** (AgRg no AREsp 333.459-SC, Quinta Turma, DJe 4/11/2013; e AgRg no REsp 1.175.679-RS, Sexta Turma, DJe 28/3/2012), sendo, inclusive, idêntica a orientação do STF (HC 90.779, Primeira Turma, DJe 24/10/2008). Ademais, não se pode olvidar que o art. 18, § 6º, do CDC, que prevê hipóteses em que matérias-primas e mercadorias são consideradas impróprias ao consumo, também se remete a outros diplomas normativos, principalmente na parte final do seu inciso II, ao estabelecer que são impróprios ao consumo a matéria-prima ou mercadoria fabricados, distribuídos ou apresentados em desacordo com as normas regulamentares. Perceba-se que o exercício de subsunção do fato à norma penal, na hipótese, transcende a própria legislação federal que regulamenta a matéria, circunstância que, por si só, já torna impreciso os contornos da figura típica prevista no art. 7º, IX, da Lei 8.137/1990, em ofensa ao princípio da estrita legalidade que vige no ordenamento jurídico pátrio, nos termos do art. 5º, XXXIX, da CF e do art. 1º do CP. Além disso, não se pode dar relevância penal a decreto apto a produzir efeitos apenas no âmbito da referida unidade da federação, em flagrante ofensa à competência privativa da União para legislar sobre Direito Penal, prevista no art. 22, I, da CF. Desta forma, ainda que seja competência concorrente da União, dos Estados e do Distrito Federal a produção legislativa sobre consumo (art. 24, V, da CF), é certo que eventual pretensão penal condenatória somente pode estar fundamentada em legislação emanada da União. Portanto, uma persecução criminal condizente com os princípios e objetivos de um Estado Democrático de Direito deve ser acompanhada de comprovação idônea da materialidade delitiva, conforme preceitua o art. 158 do CPP, não sendo admissível a presunção de impropriedade ao consumo de produtos expostos à venda com base exclusivamente no conteúdo de normas locais. RHC 49.752-SC, Rel. Min. Jorge Mussi, julgado em 14/4/2015, DJe 22/4/2015.

O entendimento da Sexta Turma do STJ sobre o tema pode ser observado através dos seguintes julgados:

> PENAL E PROCESSUAL PENAL. HABEAS CORPUS. CRIMES CONTRA A RELAÇÃO DE CONSUMO. ART. 7º, IX, Lei 8.137/90. FALSIFICAÇÃO, CORRUPÇÃO, ADULTERAÇÃO OU ALTERAÇÃO DE SUBSTÂNCIA OU PRODUTOS ALIMENTÍCIOS. ART. 272, § 1º-A, CP. INEXISTÊNCIA DE PERÍCIA TÉCNICA. AUSÊNCIA DE PROVA DA MATERIALIDADE DELITIVA. FALTA DE JUSTA CAUSA PARA A PERSECUÇÃO CRIMINAL. ORDEM DENEGADA. 1. A venda de produtos impróprios ao uso e consumo, nocivos à saúde ou com valor nutricional reduzido, constituem delitos que deixa vestígios, sendo indispensável, nos termos do artigo 158 do Código de Processo Penal, a realização de exame pericial que ateste a materialidade delitiva, não bastando, para tanto, mero laudo de constatação. Precedentes. [...] (STJ, T6 - SEXTA TURMA. RHC 45171/SC. RECURSO ORDINÁRIO EM HABEAS CORPUS. 2014/0025930-5. Relator(a) Ministro NEFI CORDEIRO. Julgamento em 03/05/2016. Publicação/Fonte em DJe 12/05/2016, sem grifos no original).

> AGRAVO REGIMENTAL EM RECURSO ESPECIAL. PROCESSUAL PENAL. CRIME CONTRA AS RELAÇÕES DE CONSUMO (ART. 7º, II E IX, DA LEI N. 8.137/1990). OFENSA A DISPOSITIVOS CONSTITUCIONAIS. IMPOSSIBILIDADE DE ANÁLISE. COMPETÊNCIA DO STF. PLEITO DE RESTABELECIMENTO DO ACÓRDÃO CONDENATÓRIO. ALEGAÇÃO DE PRESCINDIBILIDADE DE PERÍCIA VÁLIDA. JURISPRUDÊNCIA CONTRÁRIA DO STJ (...) 3. A jurisprudência da Sexta Turma é assente em considerar que a caracterização do crime previsto no art. 7º, IX, da Lei n. 8.137/1990 depende de realização de laudo pericial atestando a impropriedade dos produtos em questão, no intuito de comprovar a inequívoca nocividade para o consumo, mesmo se expirado o prazo de validade do produto (AgRg no REsp n. 1.768.297/SP, Ministro Antonio Saldanha Palheiro, Sexta Turma, DJe 18/2/2019) [...] (STJ, SEXTA TURMA. AgRg no REsp 1818942/SC, Rel. Ministro SEBASTIÃO REIS JÚNIOR, julgado em 17/09/2019, DJe 02/10/2019).

No mesmo sentido segue a Quinta Turma do STJ nos seguintes julgados:

> PROCESSO PENAL. HABEAS CORPUS SUBSTITUTIVO DE RECURSO PRÓPRIO. INADEQUAÇÃO. CRIME CONTRA AS RELAÇÕES DE

CONSUMO. ALIMENTOS IMPRÓPRIOS PARA O CONSUMO. PRAZO DE VALIDADE VENCIDO. PERÍCIA TÉCNICA PARA AFERIR O ELEMENTO NORMATIVO DO TIPO. NECESSIDADE. ART. 158 DO CPP. AUSÊNCIA DE MATERIALIDADE. FALTA DE JUSTA CAUSA PARA O EXERCÍCIO DA AÇÃO PENAL. WRIT NÃO CONHECIDO. ORDEM CONCEDIDA DE OFÍCIO [...] 2. "Da leitura do artigo 7º, inciso IX, da Lei 8.137/1990, percebe-se que se trata de delito contra as relações de consumo não transeunte, que deixa vestígios materiais, sendo indispensável, portanto, a realização de perícia para a sua comprovação, nos termos do artigo 158 do Código de Processo Penal" (RHC 49.221/SC, Rel. Ministro JORGE MUSSI, QUINTA TURMA, DJe 28/4/2015). 3. "Inexistente prova pericial, produzida diretamente sobre os produtos alimentícios apreendidos, falta justa causa para a persecução penal, sendo insuficiente concluir pela impropriedade para o consumo exclusivamente em virtude da ausência de informações obrigatórias na rotulagem do produto e/ou em decorrência do prazo de sua validade estar vencido" (RHC 69.692/SC, Rel. Ministro ROGERIO SCHIETTI CRUZ, SEXTA TURMA, DJe 13/6/2017) [...] (STJ, HC 412180/SC. HABEAS CORPUS. Relator(a) Ministro RIBEIRO DANTAS. Julgamento em 12/12/2017. Publicação/Fonte em DJe 19/12/2017).

PROCESSO PENAL. RECURSO EM HABEAS CORPUS. CRIME CONTRA A RELAÇÃO DE CONSUMO. (...) ALIMENTOS IMPRÓPRIOS PARA O CONSUMO (PESCADO). CRIME QUE DEIXA VESTÍGIOS. ART. 158 DO CPP. LAUDO PRODUZIDO PELA AGENCIA ESTADUAL DE DEFESA SANITÁRIA ANIMAL E VEGETAL DO ESTADO DO MATO GROSSO DO SUL - IAGRO. NOVA PERÍCIA TÉCNICA PARA AFERIR O ELEMENTO NORMATIVO DO TIPO. DESNECESSIDADE. JUSTA CAUSA PARA A PERSECUÇÃO PENAL VERIFICADA. (...) 4. Na hipótese de delito em que deixa vestígios, revela-se indispensável a realização de exame pericial para atestar a impropriedade da mercadoria para o consumo, nos termos do art. 158 do Código de Processo Penal. Julgados desta Corte (...) 6. A exordial acusatória baseou-se <u>em laudo produzido pela Agência Estadual de Defesa Sanitária Animal e Vegetal do Estado do Mato Grosso do Sul – IAGRO</u>, cuja conclusão atestou que o produto "estava em condições impróprias para o consumo humano", por meio de dois Fiscais Estaduais Agropecuários, inscritos no Conselho Regional de Medicina Veterinária, <u>o que é suficiente à comprovação da materialidade do delito em tela, na medida que, nos termos do art. 18, § 6º, I e II, do Código de Defesa do Consumidor, são impróprios ao uso e consumo os produtos em desacordo com as normas regulamentares de distribuição e apresentação</u> [...] (STJ, T5 – QUINTA TURMA. RHC 110714/MS. RECURSO ORDINARIO EM HABEAS CORPUS. Relator(a)

> Ministro RIBEIRO DANTAS. Julgamento em 13/08/2019. Publicação/Fonte em DJe 19/08/2019, sem grifos no original).
>
> HABEAS CORPUS SUBSTITUTO DE RECURSO ESPECIAL. INADEQUAÇÃO DA VIA ELEITA. CRIME CONTRA AS RELAÇÕES DE CONSUMO (ART. 7º, INCISO IX, DA LEI N. 8.137/1990). TIPICIDADE DA CONDUTA. AUSÊNCIA DE LAUDO PERICIAL. IMPRESCINDIBILIDADE (...) 2. O crime previsto no art. 7º, inciso IX, da Lei n. 8.137/1990 (vender, ter em depósito para vender ou expor à venda ou, de qualquer forma, entregar matéria-prima ou mercadoria, em condições impróprias ao consumo) é não transeunte, sendo indispensável a realização de perícia para a sua comprovação, nos termos do artigo 158 do Código de Processo Penal, sob pena de se admitir responsabilização objetiva [...] (STJ, QUINTA TURMA. HC 551.700/SP, Rel. Ministro REYNALDO SOARES DA FONSECA, julgado em 04/02/2020, DJe 12/02/2020).

Esta necessidade de exame pericial também pode ser observada por ocasião das condutas "ter em depósito" e "expor à venda", conforme julgados da Quinta e Sexta Turmas do STJ, abaixo transcritos:

> PENAL. PROCESSUAL PENAL. AGRAVO REGIMENTAL NO RECURSO ESPECIAL. **CRIME CONTRA AS RELAÇÕES DE CONSUMO. AUSÊNCIA DE PERÍCIA TÉCNICA.** ABSOLVIÇÃO. RECURSO MINISTERIAL. PLEITO CONDENATÓRIO. IMPOSSIBILIDADE. PRECEDENTES. SÚMULA N. 568/STJ. INCIDÊNCIA MANTIDA. ENFRENTAMENTO DE DISPOSITIVOS CONSTITUCIONAIS. USURPAÇÃO DE COMPETÊNCIA DO STF. ART. 102, III, A, DA CF. DISCUSSÃO INVIÁVEL NO ÂMBITO DESTA CORTE. AGRAVO REGIMENTAL DESPROVIDO. **I - Esta Corte Superior de Justiça possui entendimento consolidado no sentido de que, "[...] a conduta tipificada no art. 7º, IX, da Lei 8.137/90 (inclusive parágrafo único) - expor à venda produtos impróprios para o consumo - em razão de deixar vestígios, exige a realização de perícia para a demonstração da materialidade delitiva, nos termos do art. 158 do CPP", e de que "A existência de mero "auto de exibição e apreensão", noticiando o vencimento do prazo de validade não é suficiente para atestar que o produto seja efetivamente impróprio para o consumo, afigurando-se imprescindível a realização de perícia técnica que ateste o fato" (RHC n. 105.272/SP, Quinta Turma, Rel. Min. Felix Fischer, DJe de 1º/2/2019) [...]** (STJ, T5 - QUINTA TURMA. AgRg no REsp 1825020/SC. AGRAVO REGIMENTAL NO RECURSO ESPECIAL. Relator(a) Ministro LEOPOLDO DE ARRUDA RAPOSO (DESEMBARGADOR CONVOCADO DO TJ/PE). Julgamento em 22/10/2019. Publicação/Fonte em DJe 28/10/2019, sem grifos no original).

> RECURSO EM HABEAS CORPUS. **CRIME CONTRA AS RELAÇÕES DE CONSUMO. ART. 7º, INCISOS II E IX DA LEI N. 8.137/90. ALIMENTOS SEM INDICAÇÃO DE PROCEDÊNCIA E IMPRÓPRIOS PARA O CONSUMO. MERCADORIA COM PRAZO DE VALIDADE VENCIDA. AUSÊNCIA DE PERÍCIA TÉCNICA.** MATERIALIDADE DELITIVA NÃO DEMONSTRADA. FALTA DE JUSTA CAUSA PARA A AÇÃO PENAL. (...) **1. A jurisprudência do Superior Tribunal de Justiça se firmou no sentido de que a conduta tipificada no art. 7º, parágrafo único, inciso IX, da Lei 8.137/90 – expor à venda produtos impróprios para o consumo – deixa vestígios, razão pela qual a perícia é indispensável para a demonstração da materialidade delitiva, nos termos do art. 158 do Código de Processo Penal – CPP. Precedentes. 2. Da mesma forma, o tipo previsto no inciso II do art. 7º da Lei n. 8.137/90, "vender ou expor à venda mercadoria cuja embalagem, tipo, especificação, peso ou composição esteja em desacordo com as prescrições legais, ou que não corresponda à respectiva classificação oficial" deve ser considerado de natureza material a exigir perícia para a sua tipificação. Assim, no caso dos autos a criminalização da exposição à venda de carne bovina, sem a indicação de procedência, depende também da realização de prova pericial para que fique demonstrado que a mesma é imprópria para o consumo humano, sob pena de restar configurada a responsabilidade objetiva** [...] (STJ, T5 – QUINTA TURMA. RHC 97335/SC. RECURSO ORDINARIO EM HABEAS CORPUS. Relator(a) Ministro JOEL ILAN PACIORNIK. Julgamento em 19/03/2019. Publicação/Fonte em DJe 28/03/2019. RSTJ vol. 254 p. 1414).

Dos princípios da fragmentariedade e subsidiariedade do Direito Penal e a possibilidade de aplicação em face do artigo 7º, IX, da Lei nº 8.137/90. Nos termos da jurisprudência da Sexta Turma do STJ, realizada a perícia e atestada a normalidade dos gêneros alimentícios, logo, afastada a prova direta do elemento objetivo do tipo (produto "impróprio para o consumo"), reserva-se apenas ao Direito Administrativo eventual punição pelo descumprimento de normas relativas à conservação e exposição, para venda, de gêneros alimentícios.

O entendimento da Corte Superior está em consonância com os princípios da subsidiariedade e da fragmentariedade do Direito Penal, eis que outros ramos do direito são suficientes à reprimenda, como se observa da atenta leitura do acórdão abaixo relacionado, vejamos:

> RECURSO EM HABEAS CORPUS. CRIME CONTRA AS RELAÇÕES DE CONSUMO **(ART. 7º, IX, PARÁGRAFO ÚNICO, DA LEI N. 8.137/1990)**. PRETENSÃO DE TRANCAMENTO DA AÇÃO PENAL. INÉPCIA DA DENÚNCIA. INICIAL QUE LOGRA ATRIBUIR A CONDUTA DELITUOSA AO PACIENTE QUE, NA CONDIÇÃO DE ÚNICO RESPONSÁVEL PELO SETOR, **FALTOU COM O DEVER OBJETIVO DE CUIDADO**, AO

NÃO TOMAR AS PROVIDÊNCIAS RELATIVAS À EXPOSIÇÃO DAS MERCADORIAS, EM TESE, IMPRÓPRIAS PARA O CONSUMO. (...) RECONHECIMENTO DE QUE A CONDUTA DEVE SER RESPONSABILIZADA NO ÂMBITO ADMINISTRATIVO. JUSTA CAUSA PARA A AÇÃO PENAL. AUSÊNCIA. CONSTRANGIMENTO ILEGAL EVIDENCIADO. ADESÃO ÀS RAZÕES DECLINADAS NO VOTO-VISTA. (...) **4. Inobstante parte da doutrina e da jurisprudência entendam que o delito previsto no art. 7º, IX, da Lei n. 8.137/1990, crime formal, de perigo abstrato, é norma penal em branco, cujo elemento normativo do tipo "impróprio para consumo" deve ser complementado pelo disposto no art. 16, § 8º, do Código de Defesa do Consumidor, a jurisprudência do Superior Tribunal de Justiça entende que há necessidade de realização de exame pericial nos produtos pretensamente impróprios, a fim de que seja comprovada a sua real nocividade para consumo, sob pena de inaceitável responsabilidade penal objetiva**. 5. Evidenciado nos autos que há prova pericial, produzida pelo Instituto de Criminalística Carlos Éboli e consubstanciada em três laudos, os quais, não obstante atestem características sensoriais normais, consideram, paradoxalmente, a impropriedade do consumo exclusivamente na ausência de informações obrigatórias de rotulagem e/ou no prazo de validade vencido, não há falar em justa causa para a ação penal, já que ausente a prova da materialidade do crime. 6. Tendo o laudo pericial atestado a normalidade dos gêneros alimentícios apreendidos no estabelecimento comercial, afastando a prova direta, necessária *in casu*, do elemento objetivo do tipo (produto "impróprio para o consumo"), reserva-se apenas ao Direito Administrativo eventual punição pelo descumprimento de normas relativas à conservação e exposição, para venda, de gêneros alimentícios. [...] (STJ, T6 - SEXTA TURMA. RHC 60937/RJ. RECURSO ORDINÁRIO EM HABEAS CORPUS. 2015/0151164-9. Relator(a) Ministro SEBASTIÃO REIS JÚNIOR. Julgamento em 01/10/2015. Publicação/Fonte em DJe 01/03/2016, sem grifos no original).

Da relação entre o artigo 18, § 6º, da Lei nº 8.078/90 (Código de Defesa do Consumidor) e o artigo 7º, IX, da Lei nº 8.137/90. Por ocasião do estudo do tópico anterior foi possível observar que o julgado veiculado no Informativo nº 0560 do STJ trouxe menção ao artigo 18, § 6º, II, do Código de Defesa do Consumidor (CDC). Este artigo está inserido na temática sobre a responsabilidade por vício do produto e do serviço, retratando o que seriam os produtos considerados impróprios ao uso e consumo.

Por força desta consideração, o RHC 49.752-SC (Rel. Min. Jorge Mussi, julgado em 14/4/2015, DJe 22/4/2015), afirma que o artigo 7º, IX, da Lei nº 8.137/90, seria norma penal em branco complementada pelo artigo 18, § 6º, do CDC, que indica essas mercadorias e matérias-primas impróprias ao consumo, como podemos observar através da leitura do artigo:

> Art. 18. Os fornecedores de produtos de consumo duráveis ou não duráveis respondem solidariamente pelos vícios de qualidade ou quantidade que os tornem impróprios ou inadequados ao consumo a que se destinam ou lhes diminuam o valor, assim como por aqueles decorrentes da disparidade, com a indicações constantes do recipiente, da embalagem, rotulagem ou mensagem publicitária, respeitadas as variações decorrentes de sua natureza, podendo o consumidor exigir a substituição das partes viciadas.
>
> § 6º São impróprios ao uso e consumo:
>
> I - os produtos cujos prazos de validade estejam vencidos;
>
> II - os produtos deteriorados, alterados, adulterados, avariados, falsificados, corrompidos, fraudados, nocivos à vida ou à saúde, perigosos ou, ainda, aqueles em desacordo com as normas regulamentares de fabricação, distribuição ou apresentação;

Porém, o próprio RHC 49.752-SC faz menção a Decreto Estadual que conceituaria os requisitos da propriedade ao consumo de alimentos e bebidas para fins de comercialização, levando a crer que há necessidade de complementação do disposto no artigo 7º, IX, da Lei nº 8.137/90, através de atos do Poder Executivo.

Diante deste quadro entendemos que, mesmo que a presente hipótese manifeste, a princípio, a necessidade de complementação mediante atos do Poder Executivo, isto não afasta a real imprescindibilidade de realização de perícia para aferir o enquadramento das matérias-primas ou mercadorias como impróprias ou não para o consumo. Esse é o posicionamento que predomina na jurisprudência do STJ. Vale conferir o recente julgado da Corte Superior sobre o tema:

> PENAL E PROCESSUAL PENAL. HABEAS CORPUS. **ART. 7º, INCISO IX, DA LEI 8.137/1990. TRANCAMENTO DA AÇÃO PENAL. AUSÊNCIA DE JUSTA CAUSA. PRODUTOS IMPRÓPRIOS PARA CONSUMO. EXPIRAÇÃO DO PRAZO DE VALIDADE. PROVA PERICIAL. INEXISTÊNCIA. INTELIGÊNCIA DO ART. 158 DO CPP.** ORDEM CONCEDIDA [...] 3. "**Conquanto parte da doutrina e da jurisprudência entendam que o delito previsto no art. 7º, IX, da Lei n. 8.137/1990, crime formal, de perigo abstrato, seja norma penal em branco, cujo elemento normativo do tipo "impróprio para consumo" deve ser complementado pelo disposto no art. 18, § 6º, do Código de Defesa do Consumidor, a jurisprudência do Superior Tribunal de Justiça entende que há necessidade de realização de exame pericial nos produtos pretensamente impróprios, a fim de que seja comprovada a sua real nocividade para consumo humano, sob pena de inaceitável responsabilidade penal objetiva**" (RHC 69.692/SC, Rel. Ministro ROGERIO SCHIETTI CRUZ, SEXTA TURMA, julgado em 6/6/2017, DJe 13/6/2017) [...] (STJ, T6 – SEXTA TURMA HC 388374/SC. HABEAS CORPUS. Relator(a) Ministro ANTONIO SALDANHA.

Julgamento em 21/11/2017. Publicação/Fonte em DJe 01/12/2017. Sem grifo no original).

Sujeito ativo. Este crime não pode ser praticado por qualquer pessoa, mas sim pelos empresários que vendem, têm em depósito para vender ou expor à venda ou, de qualquer forma, entregam as matérias-primas ou mercadorias, conforme descrito na figura típica. Trata-se de um crime próprio.

Sujeito passivo. É o consumidor, que pode ser pessoa física ou jurídica.

Elemento subjetivo. O tipo aqui previsto é doloso, ou seja, a vontade livre e consciente em vender, ter em depósito para vender ou expor à venda ou, de qualquer forma, entregar matéria-prima ou mercadoria, em condições impróprias ao consumo. A modalidade culposa é prevista, conforme descreve o parágrafo único do artigo 7º.

Objeto material da conduta. Consiste na matéria-prima ou mercadoria.

Objeto jurídico. Tutelam-se as relações de consumo.

Classificação doutrinária. Trata-se de crime próprio (pois não pode ser praticado por qualquer pessoa), formal (tendo em vista a desnecessidade de resultado naturalístico), comissivo, doloso ou culposo (haja vista a previsão do artigo 7º, parágrafo único, da Lei nº 8.137/90), instantâneo (quando estamos diante dos verbos "vender" e "entregar") ou permanente (diante dos verbos nucleares "ter em depósito" e "expor à venda"), plurissubsistente e de forma livre (já que o tipo penal pode ser praticado por qualquer meio eleito pelo agente).

Momento consumativo. Por se tratar de crime formal, a consumação se dá quando o sujeito ativo vende, tem em depósito para vender ou expõe à venda ou, de qualquer forma, entrega matéria-prima ou mercadoria, em condições impróprias ao consumo.

Tentativa. Admitida, pois estamos diante da modalidade plurissubsistente, na qual há possibilidade de fracionamento da conduta.

Da competência para processar e julgar crimes contra as relações de consumo. Nos termos do art. 70 do Código de Processo Penal, "a competência será, de regra, determinada pelo lugar em que se consumar a infração, ou, no caso de tentativa, pelo lugar em que for praticado o último ato de execução", assim, para o delito tipificado no art. 7ª, IX, da Lei n.º 8.137/90, notadamente, nas modalidades "vender" ou "entregar" mercadoria, o crime se consuma no momento em que ela é entregue ao adquirente, logo, a competência é do local onde se aperfeiçoou a relação consumerista, tendo em vista o bem juridicamente tutelado por essa norma.

Notas do Informativo nº 0436 (Período: 24 a 28 de maio de 2010), da Terceira Seção. COMPETÊNCIA. CRIME. RELAÇÕES. CONSUMO. Em conflito de competência entre juízos de vara criminal de comarcas situados em estados federados diversos, a questão consiste em definir a competência para processar e julgar possível crime contra as relações de consumo (art. 7º, IX, da Lei n. 8.137/1990) supostamente perpetrado por sociedade empresária responsável pela venda de pneus impróprios para o consumo, visto que laudo técnico apontou a existência de defeito de fabricação. Anotou o parecer do MPF que a norma citada descreve uma conduta voltada não para a sociedade empresária responsável pela sua fabricação, mas para aquela responsável pela sua exposição à venda e comercialização. Para a Min. Relatora, a questão suscitada consiste em definir a competência para processar e julgar o crime contra relação de consumo previsto no art. 7º, IX, da Lei n. 8.137/1990. Assim, verifica-se que o núcleo da ação inicia-se e se encerra com a exposição do produto à venda; nesse caso, deve incidir o art. 70 do CPP, segundo o qual a competência será, de regra, determinada pelo lugar em que se consumar a infração ou, no caso de tentativa, pelo lugar em que for praticado o último ato de execução, conforme também sufragado em precedente. Com esse entendimento, a Seção declarou competente o juízo da vara criminal do local onde foi exposto o produto à venda, o suscitado. Precedente citado: CC 27.315-SP, DJ 18/2/2002. CC 107.764-BA, Rel. Min. Maria Thereza de Assis Moura, julgado em 26/5/2010.

PENAL. PROCESSO PENAL. CONFLITO DE COMPETÊNCIA. DELITO DO ART. 7º, INC. IX, DA LEI N. 8.137/1990. VENDA DE PRODUTO IMPRÓPRIO PARA CONSUMO. CONSUMAÇÃO. ART. 70 DO CPP. ESTABELECIMENTO DA RELAÇÃO CONSUMERISTA. COMPETÊNCIA DA JUSTIÇA ESTADUAL MARANHENSE. 1. Nos termos do art. 70 do Código de Processo Penal, "a competência será, de regra, determinada pelo lugar em que se consumar a infração, ou, no caso de tentativa, pelo lugar em que for praticado o último ato de execução". 2. Conforme a Lei n. 8.137, de 1990, "constitui crime contra as relações de consumo" (art. 7º), entre outras condutas, "vender, ter em depósito para vender ou expor à venda ou, de qualquer forma, entregar matéria-prima ou mercadoria, em condições impróprias ao consumo" (inc. IX). Na ação "vender" ou "entregar" mercadoria, o crime se consuma no momento em que ela é entregue ao adquirente. 3. Conflito conhecido para declarar a competência do Juízo de Direito da 9ª Vara Criminal da Comarca de São Luís/MA, ora suscitante. (STJ, S3 – TERCEIRA SEÇÃO. CC 132587 /MA. CONFLITO DE COMPETÊNCIA. 2014/0038203-9. Relator(a) Ministro NEWTON TRISOTTO (DESEMBARGADOR CONVOCADO DO TJ/SC). Julgamento em 26/11/2014. Publicação/Fonte em DJe 04/12/2014).

Parágrafo único. Nas hipóteses dos incisos II, III e IX pune-se a modalidade culposa, reduzindo-se a pena e a detenção de 1/3 (um terço) ou a de multa à quinta parte.

Modalidade culposa dos incisos II, III e IX, do artigo 7º da Lei nº 8.137/90. A previsão do artigo 7º, parágrafo único, da Lei nº 8.137/90 é expressa no sentido de caber punição para a modalidade culposa, diante das condutas típicas elencadas nos incisos II, III e IX do artigo 7º.

Conforme salientamos oportunamente, de acordo com esta previsão reduz-se a pena de detenção de 1/3 ou a de multa à quinta parte, tendo em vista que pela redação original do preceito secundário do artigo 7º, a pena de detenção e a multa não são aplicadas cumulativamente. Portanto, a diminuição será ministrada conforme o tipo de sanção pela qual o sujeito ativo for punido.

Exemplo jurisprudencial da aplicação do parágrafo único do artigo 7º da Lei nº 8.137/90. A Sexta Turma do STJ já teve oportunidade de se manifestar sobre esta previsão legal, conforme podemos observar a seguir:

> HABEAS CORPUS SUBSTITUTIVO DE RECURSO PRÓPRIO. CRIME CONTRA AS RELAÇÕES DE CONSUMO. MODALIDADE CULPOSA. NEGLIGÊNCIA. TRANCAMENTO DA AÇÃO PENAL. INÉPCIA DA DENÚNCIA. NÃO OCORRÊNCIA. PREENCHIMENTO DOS REQUISITOS DO ART. 41 DO CÓDIGO PENAL - CP. PRESENÇA DE JUSTA CAUSA PARA A AÇÃO PENAL. AUSÊNCIA DE NEXO CAUSAL E RESPONSABILIDADE PENAL OBJETIVA NÃO DEMONSTRADOS. (...)- No caso dos autos, a denúncia atribui aos pacientes **o delito descrito no parágrafo único do art. 7º, da Lei n. 8.137/90, na forma culposa, tendo em vista que, na condição de administradores do estabelecimento comercial, de forma negligente, permitiram que fossem expostos à venda alimentos impróprios para o consumo humano**. Nesse contexto, estando a exordial acusatória apta a permitir o exercício do direito de defesa, exatamente nos termos do disposto no art. 41 do CPP, não há falar em trancamento da ação penal. - A alegada inexistência de responsabilidade dos pacientes quanto à fiscalização das mercadorias expostas à venda, bem como a falta de nexo causal ou a ocorrência de responsabilidade penal objetiva, não podem que ser examinadas na via do presente habeas corpus, tendo em vista ensejar a subtração da análise do mérito da ação penal para qual é competente o Juízo de conhecimento da causa, que apoiado no conjunto fático-probatório a ser produzido durante a instrução, resolverá a questão. Habeas Corpus não conhecido. (STJ, T6 - SEXTA TURMA. HC 259697/SP. HABEAS CORPUS. 2012/0243478-4. Relator(a) Ministro ERICSON MARANHO (DESEMBARGADOR CONVOCADO DO TJ/SP). Julgamento em 11/11/2014. Publicação/Fonte em DJe 02/12/2014, sem grifos no original).

QUESTÕES

1) (2019/MPE-SP - Promotor de Justiça Substituto)

Assinale a alternativa INCORRETA.

A) O crime de vender mercadoria em condições impróprias ao consumo, previsto no artigo 7º, inciso IX, da Lei nº 8.137/90, é punido a título de dolo e de culpa.

B) Nos crimes contra a ordem econômica e as relações de consumo previstos na Lei nº 8.137/90, constitui causa de aumento de pena ser o crime praticado em relação à prestação de serviços ou ao comércio de bens essenciais à vida ou à saúde.

C) Nos crimes ambientais, previstos na Lei nº 9.605/98, o arrependimento do infrator, desde que manifestado pela espontânea reparação do dano, ou limitação significativa da degradação ambiental causada, constitui circunstância atenuante genérica.

D) Nos crimes funcionais contra a ordem tributária previstos na Lei nº 8.137/90, constitui causa de aumento de pena ser o crime cometido por servidor público no exercício de suas funções.

E) Somente há justa causa para a persecução penal pela prática de crime material previsto no artigo 1º da Lei nº 8.137/90 com o advento do lançamento definitivo do crédito tributário.

2) (2019 – INSTITUTO AOCP – PC-ES – Escrivão de Polícia)

No tocante aos crimes contra a ordem tributária, econômica e contra as relações de consumo, previstos na Lei nº 8.137/90, o pagamento integral do tributo, a qualquer tempo, determina o encerramento da investigação policial ou do curso da ação penal em virtude

A) da extinção da punibilidade.

B) da decadência do direito punitivo.

C) do perdão judicial.

D) da prescrição punitiva do estado.

E) da atipicidade da conduta.

3) (2018 – FCC – MPE/PB – Promotor de Justiça Substituto)

Nos termos da legislação penal, a conduta de destruir mercadoria, com o fim de provocar alta de preços, constitui crime contra

A) a incolumidade pública.

B) a ordem econômica.

C) as relações de consumo.

D) a paz pública.

E) as relações econômicas.

4) (2016/TRF 3ª REGIÃO - JUIZ FEDERAL - PROVA 1)

Sabendo-se que os presidentes de empresas, que dominam o mercado em um determinado setor, se unem para fixar preços e dividir territórios de atuação, é possível afirmar que tais presidentes:

a) Devem ser responsabilizados por crimes contra as relações de consumo, especialmente o previsto no artigo 7º, inciso IV, da Lei 8.137/90;

b) Devem responder por crime contra a ordem econômica em sentido estrito;

c) Não podem sofrer qualquer tipo de procedimento penal, haja vista o princípio da responsabilidade penal subjetiva;

d) Não podem sofrer qualquer punição, como pessoas físicas; as empresas, entretanto, poderão ser punidas nos termos da Lei 12.529/11;

5) (2016/CESPE - TJ/AM - JUIZ SUBSTITUTO)

Com relação ao direito penal econômico, assinale a opção CORRETA.

a) Para a configuração do crime de lavagem de capitais não se exige a existência de delito antecedente.

b) Constitui crime contra as relações de consumo favorecer ou preferir, com ou sem justa causa, comprador ou freguês, ressalvados os sistemas de entrega ao consumo por intermédio de distribuidores ou revendedores.

c) Em se tratando dos crimes previstos na Lei n.º 8.137/1990, havendo quadrilha ou coautoria, deve ser reduzida de um sexto a um terço a pena do coautor ou partícipe que, em confissão espontânea, revelar à autoridade policial ou judicial toda a trama delituosa.

d) Ainda que se trate de crimes contra as relações de consumo, o consentimento do ofendido pode ser considerado excludente da tipicidade.

e) Tanto pode ser doloso quanto culposo o crime de aumento de despesa com pessoal no último ano do mandato ou legislatura, prevista a mesma pena para ambos os casos.

6) (2016/CESPE - PC/PE - DELEGADO DE POLÍCIA)

Ana contratou Cláudio, prestador de serviços, para consertar seu aparelho de televisão. Sem autorização de Ana e sem motivo justo, Cláudio utilizou, dolosamente, peças de reposição usadas na reparação do aparelho. Nessa situação hipotética, a conduta de Cláudio é considerada

a) crime previsto no Código de Defesa do Consumidor (CDC).

b) crime previsto no CP.

c) crime previsto na Lei n.º 8.137/1990, que define crimes contra a ordem tributária, econômica e contra as relações de consumo, e dá outras providências.

d) atípica, pois não há lei que preveja essa conduta como crime.

e) contravenção penal.

7) (2012/FUNCAB – PC/RJ – DELEGADO DE POLÍCIA)

Constitui crime contra as relações de consumo, **EXCETO**:

a) fraudar preços por meio de divisão em partes de bem ou serviço, habitualmente oferecido à venda em conjunto.

b) formar acordo, convênio, ajuste ou aliança entre ofertantes, visando à fixação artificial de preços ou quantidades vendidas ou produzidas.

c) deixar de organizar dados fáticos, técnicos e científicos que dão base à publicidade.

d) favorecer ou preferir, sem justa causa, comprador ou freguês, ressalvados os sistemas de entrega ao consumo por intermédio de distribuidores ou revendedores.

e) fraudar preços por meio de junção de bens ou serviços, comumente oferecidos à venda em separado.

GABARITO COMENTADO

1) Gabarito oficial: D

Justificativa

a) Proposição correta. O crime previsto no art. 7°, inciso IX, da Lei n° 8.137/90 é punido na forma dolosa. A modalidade culposa é prevista, conforme descreve o parágrafo único do artigo 7º.

b) Proposição correta, conforme art. 12, III, da Lei n.º 8.137/90.

c) Proposição correta. O arrependimento do infrator, manifestado pela espontânea reparação do dano, ou limitação significativa da degradação ambiental causada é considerado uma circunstância atenunate trazida pelo art. 14, II, da Lei nº 9.605/98.

d) Proposição incorreta, logo deve ser assinalada. Os crimes funcinais (art. 3º) não estão previstos no caput do art. 12 da Lei n.º 8137/90 inaplicáveis a este, portanto. No art. 3º da Lei nº 8.137/90 a circunstância "funcionário público" é elementar do tipo, logo, incabível a majorante sob pena de flagrante *bis in idem*.

e) Proposição correta, segundo Enunciado nº 24 da Súmula do STF.

2) Gabarito oficial: A

Justificativa:

Nos termos explicitados no § 2º, do artigo 9º, da Lei nº 10.684/03, o pagamento integral do tributo, a qualquer tempo, extingue a punibilidade dos crimes tipificados nos artigos 1º e 2º da Lei nº 8.137/90. Vejamos:

"Art. 9º É suspensa a pretensão punitiva do Estado, referente aos crimes previstos nos arts. 1º e 2º da Lei nº 8.137, de 27 de dezembro de 1990, e nos arts. 168-A e 337-A do Decreto-Lei nº 2.848, de 7 de dezembro de 1940 - Código Penal, durante o período em que a pessoa jurídica relacionada com o agente dos aludidos crimes estiver incluída no regime de parcelamento.

(...)

§ 2º - Extingue-se a punibilidade dos crimes referidos neste artigo quando a pessoa jurídica relacionada com o agente efetuar o pagamento integral dos débitos oriundos de tributos e contribuições sociais, inclusive acessórios."

Com efeito, não é caso de atipicidade, pois há a prática de conduta tipificada como crime na referida lei; não há prescrição da pretensão punitiva nem decadência, até porque se trata de crime de ação penal pública; e, por fim, não é hipótese de perdão judicial.

3) Gabarito oficial: C

Justificativa:

a) Incorreta, pois estamos diante de crime previsto no artigo 7º, VIII, da Lei nº 8.137/90.

b) Incorreta, pois os crimes contra a ordem econômica estão previstos no artigo 4º da Lei nº 8.137/90, enquanto a conduta narrada está disposta no artigo 7º, VIII, da Lei nº 8.137/90.

c) Correta, nos termos do artigo 7º, VIII, da Lei nº 8.137/90.

d) Incorreta, pois não estamos de crime contra a paz pública e, sim, contra as relações de consumo, previsto no artigo 7º, VIII, da Lei nº 8.137/90.

e) Incorreta, pois não estamos de crime contra as relações econômicas, mas contra as relações de consumo, previsto no artigo 7º, VIII, da Lei nº 8.137/90

4) Gabarito oficial: B

Justificativa:

a) errada, na medida em que as alíneas do artigo 7º estabelecem a forma de atuação e a conduta descrita no enunciado não se subsome aquelas hipóteses, a saber: "IV – fraudar preços por meio de: a) alteração, sem modificação essencial ou de qualidade, de elementos tais como denominação, sinal externo, marca, embalagem, especificação técnica, descrição, volume, peso, pintura ou acabamento de bem ou serviço; b) divisão em partes de bem ou serviço, habitualmente oferecido à venda em conjunto; c) junção de bens ou serviços, comumente oferecidos à venda em separado; d) aviso de inclusão de insumo não empregado na produção do bem ou na prestação dos serviços; V – elevar o valor cobrado nas vendas a prazo de bens ou serviços, mediante a exigência de comissão ou de taxa de juros ilegais; VI – sonegar insumos ou bens, recusando-se a vendê-los a quem pretenda comprá-los nas condições publicamente ofertadas, ou retê-los para o fim de especulação; VII – induzir o consumidor ou usuário a erro, por via de indicação ou afirmação falsa ou enganosa sobre a natureza, qualidade do bem ou serviço, utilizando-se de qualquer meio, inclusive a veiculação ou divulgação publicitária; VIII – destruir, inutilizar ou danificar matéria-prima ou mercadoria, com o fim de provocar alta de preço, em proveito próprio ou de terceiros; IX – vender, ter em depósito para vender ou expor à venda ou, de qualquer forma, entregar matéria-prima ou mercadoria, em condições impróprias ao consumo".

b) certa. A conduta descrita no enunciado está tipificada, em tese, no art. 4º, II, alíneas "a, b e c", da Lei n.º 8137/90, a saber: "Art. 4º Constitui crime contra a ordem econômica (...) II – formar acordo, convênio, ajuste ou aliança entre ofertantes, visando (...)a) à fixação artificial de preços ou quantidades vendidas ou produzidas; b) ao controle regionalizado do mercado por empresa ou grupo de empresas; c) ao controle, em detrimento da concorrência, de rede de distribuição ou de fornecedores" (cartel), diante do elemento "dominação do mercado" (cartelização), eis que o cerne do tipo penal gira em torno do estabelecimento de uma espécie de união entre ofertantes.

c) errada. Não se discute a responsabilização de pessoa jurídica ou de responsabilização objetiva no caso proposto. Ao contrário, os presidentes das empresas que agem em conluio são passíveis de responsabilização penal justamente pelo emprego da responsabilização subjetiva.

d) errada. A jurisprudência do STJ admite a responsabilização do sócio/gerente (pessoa física) de pessoa jurídica quando comprovado o nexo causal entre o resultado da conduta constatado pela atividade da empresa e a responsabilidade pessoal e por culpa subjetiva de seu gestor, nos crimes contra a ordem econômica, previstos na Lei n.º 8176/91, por exemplo. (STJ, T6 - SEXTA TURMA. RHC 55494/SP. RECURSO ORDINÁRIO EM HABEAS CORPUS. Relator(a) Ministro NEFI CORDEIRO. Julgamento em 09/08/2016. Publicação/ Fonte em DJe 19/08/2016).

5) **Gabarito: D**

Justificativa

a) O crime de lavagem de dinheiro é apurado de forma autônoma em relação ao crime antecedente, até porque são distintos os bens jurídicos protegidos. É o que se depreende da leitura do art. 2º, II, da Lei nº 9.613/98, mas pressupõe a existência do crime que a antecede, razão pela qual está incorreta a assertiva "A".

b) Assertiva incorreta, eis que, nos termos do art. 7º: "constitui crime contra as relações de consumo (...) I - favorecer ou preferir, sem justa causa, comprador ou freguês, ressalvados os sistemas de entrega ao consumo por intermédio de distribuidores ou revendedores".

c) Incorreta. Nos termos do art. 16, parágrafo único, da Lei n.º 8137/90 "nos crimes previstos nesta Lei [8137/90], cometidos em quadrilha ou co-autoria, o co-autor ou partícipe que através de confissão espontânea revelar à autoridade policial ou judicial toda a trama delituosa terá a sua pena reduzida de um a dois terços".

d) Correta. É possível, mesmo que se trate de crimes contra as relações de consumo, o consentimento do ofendido pode ser considerado excludente da tipicidade. O Tribunal de Justiça de Minas Gerais, inclusive, já reconheceu, na hipótese do art. 7º, IX, da Lei n.º 8137/90, o consentimento do ofendido como excludente da tipicidade, conforme acórdão assim ementado: "APELAÇÃO - CRIME CONTRA O CONSUMIDOR - DOAÇÃO DE CARNE IMPRÓPRIA PARA O CONSUMO - ELEMENTO SUBJETIVO DO TIPO - AUSÊNCIA - TEORIA DA IMPUTAÇÃO OBJETIVA - CONSENTIMENTO DO OFENDIDO EM UMA SITUAÇÃO DE RISCO - AUSÊNCIA DE DESAPROVAÇÃO JURÍDICA - ABSOLVIÇÃO. Não comprovado que o acusado conhecia a imprestabilidade da carne por ele doada para seus empregados a consumirem, a absolvição se impõe por ausência de elemento subjetivo do injusto. Quem participa numa autocolocação em risco não configura objetivamente o tipo incriminador por ausência de desaprovação jurídica" (TJMG, 5ª CÂMARA CRIMINAL. Apelação Criminal. 1.0441.05.001741-3/001. 0017413-54.2005.8.13.0441. Relator(a) Des.(a) Alexandre Victor de Carvalho. Julgamento em 18/12/2007. Publicação em 19/02/2008)

e) O crime previsto no art. 359-G do CP (crime contra as finanças públicas) somente é punível a título de dolo. Isso porque o agente deve ter vontade voltada a "ordenar, autorizar ou executar ato que acarrete aumento de despesa total com pessoal" e, ainda, deve ter consciência de que realiza a conduta típica no período da vedação legal (nos cento e oitenta dias anteriores ao final do mandato ou da legislatura).

6) Gabarito oficial: A

Justificativa:

A assertiva "A" está correta na medida em que a conduta descrita no enunciado da questão se subsome aquela prevista no art. 70 do CDC, a saber: "empregar na reparação de produtos, peça ou componentes de reposição usados, sem autorização do consumidor", sujeito a "Pena Detenção de três meses a um ano e multa", sendo, pois, incorretas as demais proposições formuladas.

7) Gabarito oficial: B

Justificativa

a) incorreta, eis que tipificado como crime contra as relações de consumo, conforme art. 7º, IV, "b", da Lei n.º 8137/90.

b) correta, pois constitui crime contra a ordem econômica, nos termos do art. 4º, II, "a", da Lei n.º 8137/90.

c) incorreta, eis que tipificado como crime contra as relações de consumo, conforme art. 69, da Lei n.º 8078/90 – CDC.

d) incorreta, pois tipificado como crime contra as relações de consumo, conforme art. 7º, I, da Lei n.º 8137/90.

e) incorreta, na medida em que tipificado como crime contra as relações de consumo, conforme art. 7º, IV, "c", da Lei n.º 8137/90.

16

ORGANIZAÇÕES CRIMINOSAS

LEI Nº 12.850, DE 2 DE AGOSTO DE 2013

CAPÍTULO I
DA ORGANIZAÇÃO CRIMINOSA

Art. 1º Esta Lei define organização criminosa e dispõe sobre a investigação criminal, os meios de obtenção da prova, infrações penais correlatas e o procedimento criminal a ser aplicado.

§ 1º Considera-se organização criminosa a associação de 4 (quatro) ou mais pessoas estruturalmente ordenada e caracterizada pela divisão de tarefas, ainda que informalmente, com objetivo de obter, direta ou indiretamente, vantagem de qualquer natureza, mediante a prática de infrações penais cujas penas máximas sejam superiores a 4 (quatro) anos, ou que sejam de caráter transnacional.

§ 2º Esta Lei se aplica também:

I - às infrações penais previstas em tratado ou convenção internacional quando, iniciada a execução no País, o resultado tenha ou devesse ter ocorrido no estrangeiro, ou reciprocamente;

II - às organizações terroristas, entendidas como aquelas voltadas para a prática dos atos de terrorismo legalmente definidos. (Redação dada pela lei nº 13.260, de 2016)

A evolução do conceito de organização criminosa no direito brasileiro. A Lei nº 9.034 de 1995, revogada pela Lei nº 12.850 de 2013, trouxe para o ordenamento jurídico brasileiro meios de investigação e prova para as ações praticadas pelo crime organizado. Entretanto, a lei citada não definiu o que era uma organização criminosa, o que acabou por provocar uma série de críticas tecidas pela doutrina. No ano de 1998, com a edição da Lei dos Crimes de Lavagem de Capitais, Lei nº 9.613 de 1998, a necessidade de se estabelecer um conceito para as organizações criminosas se tornou ainda mais premente, na medida em que mencionava os crimes praticados em organizações criminosas como crimes antecedentes da lavagem de capitais.

Até aí, ainda não tínhamos um conceito próprio do que seriam as organizações criminosas. No ano de 2001, a Lei nº 10.217 trouxe uma alteração para o artigo primeiro da Lei 9034 de 1995, para dispor que se aplicaria aos bandos, quadrilhas e associações criminosas de qualquer espécie. Entretanto, deixou-se de traçar o conceito de organização criminosa, perdendo-se mais uma excelente oportunidade de fazê-lo.

Em 2004, O Brasil promulgou, através do Decreto nº 5.015, a Convenção de Palermo sobre o Crime Organizado. A convenção traz, em seu art. 2º, o conceito de organização criminosa, consoante a seguir transcrito.

> Artigo 2. Terminologia. Para efeitos dessa Convenção, entende-se por: a) "Grupo criminoso organizado" - grupo estruturado de três ou mais pessoas, existente há algum tempo e atuando concertadamente com o propósito de cometer uma ou mais infrações graves ou enunciadas na presente Convenção, com a intenção de obter, direta ou indiretamente, um benefício econômico ou outro benefício material;

Com isso, O Superior Tribunal de Justiça passou a entender que este conceito trazido pela Convenção citada deveria ser adotado para fins de aplicação da Lei de Lavagem de Capitais, tal qual se percebe no HC 77771, de relatoria da Ministra Laurita Vaz, julgado no ano de 2008.

Contudo, em 2012, o Supremo Tribunal Federal, nos autos do HC 96 007, após anos de debate, concluiu que não se poderia usar o conceito trazido pela Convenção promulgada através do Decreto 5015. Entendeu a Corte que somente um a lei interna, jamais uma convenção internacional, poderia qualificar-se como fonte formal direta legitimadora da regulação normativa concernente à tipificação ou à conceituação de organização criminosa.

Naquele mesmo ano, no dia 25 de julho de 2012, logo depois do julgamento do HC 96.007, foi editada a Lei 12.694, que trouxe um tipo explicativo em que se definia o conceito de organização criminosa, nos termos de seu artigo 2º. Há de se notar, contudo, que, até ali, não tínhamos um tipo penal que definisse o que seria o crime de organização criminosa, conceito este que somente veio com a edição da Lei 12.850 de 2013, objeto desse capítulo.

Através do Decreto nº 9.527 de 15 de outubro de 2018 foi criada a Força-Tarefa de Inteligência para o enfrentamento ao crime organizado no Brasil. Ou seja, mais uma medida adotada, agora pelo Poder Executivo, para o combate a esta modalidade criminosa em nosso país. Dentre os órgãos que compõe tal Força-Tarefa estão: Gabinete de Segurança Institucional da Presidência da República, que o coordenará; Agência Brasileira de Inteligência; Centro de Inteligência da Marinha do Comando da Marinha do Ministério da Defesa; Centro de Inteligência do Exército do Comando do Exército do Ministério da Defesa; Centro de Inteligência da Aeronáutica do Comando da Aeronáutica do Ministério da Defesa; Conselho de Controle de Atividades Financeiras do Ministério da Fazenda; Secretaria da Receita Federal do Brasil do Ministério da Fazenda; Departamento de Polícia Federal do

Ministério da Segurança Pública; Departamento de Polícia Rodoviária Federal do Ministério da Segurança Pública; Departamento Penitenciário Nacional do Ministério da Segurança Pública; e Secretaria Nacional de Segurança Pública do Ministério da Segurança Pública.

Natureza jurídica do artigo 1º da Lei nº 12.850/2013. Cuida-se de tipo explicativo, em que se define o conceito de organização criminosa a ser adotado na legislação pátria.

Conceito de organização criminosa trazido no artigo 1º da Lei nº 12.850/2013. Para caracterização de uma organização criminosa se fazem necessários os seguintes requisitos, que são cumulativos.

1. Associação de quatro ou mais pessoas. Aqui podem ser computados os inimputáveis. Por óbvias razões, o agente infiltrado não poderá ser computado para formação do número mínimo exigido pelo tipo penal. Afinal, não está unido aos demais integrantes do grupo, mas apenas finge estar para apurar crimes por eles praticados.

2. Associação com vínculo de estabilidade e permanência. Não restará caracterizada uma organização criminosa nas hipóteses de concurso eventual de agentes. Somente a estabilidade e permanência da organização nos permitirá concluir pela existência de um crime autônomo que tem por objetivo jurídico a tutela da paz pública.

3. Divisão de tarefas entre os associados. A lei exige que a organização criminosa tenha uma estrutura ordenada, caracterizada por uma divisão de tarefas, ainda que essa divisão seja informal. Associações não estruturadas não podem ser consideradas organizações criminosas.

4. Finalidade de obtenção de vantagem. A organização deve ter como propósito a obtenção de vantagens que não precisam ser necessariamente patrimoniais, tal como descrito pelo tipo em apreciação. Não custa salientar que a lei não condiciona a existência da organização criminosa à efetiva obtenção de vantagem.

5. Prática de infrações penais cujas penas máximas sejam superiores a quatro anos ou que tenham caráter transnacional. Somente se o agente objetiva alcançar os seus resultados através da prática de crimes cuja pena máxima seja superior a quatro anos ou que, independentemente das penas a eles combinadas, tenham caráter transnacional, se pode cogitar da existência de organização criminosa.

Caráter transnacional do delito através do qual se deseja obter as vantagens. O crime terá caráter transnacional quando ultrapassar os limites do território nacional, ainda que não conte com a participação de nacionais de outros países.

Contravenções. As contravenções são verdadeiras molas propulsoras de várias organizações criminosas, podendo-se compreender as mesmas entre as infrações penais de que a organização criminosa pretende se valer para auferir as vantagens que objetiva. A utilização da expressão "infrações penais" na definição do artigo 1º aqui deve ser interpretada de forma a abranger não apenas os crimes, na medida em que existem contravenções cujas penas máximas são superiores a quatro anos, como as dos artigos 53 e 54 do Decreto-Lei nº 6.259/44, que definem a colocação, distribuição e lançamento em circulação de bilhetes de loterias relativas a extrações já feitas, bem como a de falsificar, emendar ou adulterar bilhetes de loteria, cominando às mesmas as penas dos artigos 171 e 298 do CP, respectivamente.

Requisitos cumulativos. A ausência de qualquer dos requisitos acima afasta a possibilidade de reconhecimento de organização criminosa. Trata-se, pois, de requisitos cumulativos.

Conceito de organização criminosa e revogação do artigo 2º da Lei nº 12.694/12. A lei 12.694 de 2012 pode ser considerada revogada no que tange ao conceito trazido por seu art. segundo, na medida em que a lei 12. 850 de 2013, ao conceituar organização criminosa, trouxe critérios distintos dos anteriormente adotados. Assim, o conceito de organização criminosa é hoje aquele que consta do artigo 1º da Lei 12.850.

A não revogação da Lei nº 12.694/2012 quanto aos órgãos colegiados. A Lei nº 12.850/2013 não revogou a Lei nº 12.694/12 quanto à possibilidade de criação de órgãos colegiados para decisões que versem sobre ações praticadas por organizações criminosas. Desta feita, sustentamos revogação parcial da Lei nº 12.694/12.

Organização criminosa por equiparação. São as hipóteses trazidas pelo artigo 1º, § 2º, para as quais poderão ser usados os meios de prova previstos na lei em estudo para as organizações criminosas propriamente ditas.

Art. 2º Promover, constituir, financiar ou integrar, pessoalmente ou por interposta pessoa, organização criminosa:

Pena – reclusão, de 3 (três) a 8 (oito) anos, e multa, sem prejuízo das penas correspondentes às demais infrações penais praticadas.

Norma penal em branco de caráter homogêneo e homovitelino. A norma que traz a definição do crime de organização criminosa é uma norma penal em branco, eis que o conceito de organização criminosa é encontrado em outra norma, qual seja, a do artigo 1º do mesmo diploma. Sendo o complemento trazido por lei e pela mesma lei, temos que se trata de norma penal em branco de caráter homogêneo e homovitelina.

Crime hediondo condicionado. A partir de 23. 01.2020, a organização criminosa **que se destina a prática de crime hediondo ou equiparado** é considerada crime hediondo. Assim, nem sempre a organização criminosa poderá ser considerada um crime hediondo. Só trará a etiqueta de hediondez se a sua finalidade for a prática de crimes hediondos, consoante art. 1º, parágrafo único, V, da Lei nº 8.072, de 1990:

> Art. 1º São considerados hediondos os seguintes crimes, todos tipificados no Decreto-Lei nº 2.848, de 7 de dezembro de 1940 – Có-

digo Penal, consumados ou tentados: (Redação dada pela Lei nº 8.930, de 1994) (Vide Lei nº 7.210, de 1984)

Parágrafo único. Consideram-se também hediondos, tentados ou consumados: (Redação dada pela Lei nº 13.964, de 2019)

V - o crime de organização criminosa, quando direcionado à prática de crime hediondo ou equiparado. (Incluído pela Lei nº 13.964, de 2019)

Condutas incriminadas. São quatro:

- promover (proporcionando meios para que aconteça, dando impulso para que aconteça, dando causa ao surgimento, fazendo propaganda positiva, colocando em prática);
- constituir (compor, formar);
- financiar (Prover recursos, dinheiro, linha de crédito, estrutura financeira ou física, para que um determinado objetivo seja alcançado);
- integrar (juntar-se a, passar a fazer parte de, completar).

Crime permanente. A organização criminosa é um crime permanente, cuja ação protrai-se no tempo, consumando-se durante todo o tempo em que os integrantes se mantiverem associados e até quando resolverem fazer cessar o vínculo de estabilidade e permanência que os mantem unidos.

Prisão em flagrante. Tratando-se de crime permanente, pode haver a prisão em flagrante a qualquer tempo.

As várias modalidades de associações criminosas previstas no ordenamento jurídico brasileiro. Para bem entendermos essa lei, se faz necessário reconhecermos que o conceito de organização criminosa por ela trazido não revoga outros conceitos previstos em tipos penais distintos, quer seja na legislação codificada, quer seja na legislação extravagante brasileira, devendo- se atentar para relação de especialidade existente entre os vários tipos penais.

Em se tratando de uma associação de duas ou mais pessoas para fins de exploração do tráfico ilícito de drogas, não se deverá usar o conceito trazido pela Lei nº 12.850, mas a norma especial contida no art. 35 da Lei nº 11.343.

Nas associações para prática de genocídio, o conceito a ser utilizado é o trazido pelo art. 2º da Lei nº 2.889 de 1956. O conceito de organização criminosa deverá, contudo, prevalecer sobre os conceitos trazidos pelos artigos 288 e 288-A do Código Penal. Assim, verifica-se que o disposto no art. 288 dispõe sobre as associações criminosas, só terá lugar nas hipóteses em que as características daquela associação não evidenciarem a prática da organização criminosa definida na Lei nº 12.850. O conceito do art. 288 é, desta feita, um soldado de reserva a ser usado na hipótese de não estar caracterizada a prática do art. 2º da lei em apreciação.

Tipo subjetivo. É o dolo não sendo admitida modalidade culposa do crime de organização criminosa.

Crime de concurso necessário. Trata-se de crime plurissubjetivo ou de concurso necessário, em que se exige o concurso de quatro ou mais pessoas para sua caracterização. O concurso de pessoas, aqui, é elementar do tipo.

Objeto jurídico. Tal qual ocorre em todos os crimes de associação criminosa, o crime de organização criminosa tem por objetivo jurídico a tutela da paz pública, sendo evidente que a existência de pessoas que se unem para a prática de crimes, permanecendo unidas em caráter de estabilidade e permanência, é perturbador da paz e tranquilidade públicas. Paz pública é o sentimento geral de paz e segurança que nos é conferido pela ordem jurídica.

Sujeito ativo. Trata-se de crime comum, podendo ser praticado por qualquer pessoa, independente de qualquer qualificação pessoal.

Sujeito passivo. Trata-se de um crime de perigo comum e abstrato, que tutela toda coletividade.

Consumação. Cuida-se de crime que se consuma independentemente da prática dos crimes a que se destina a organização criminosa. Trata-se de crime formal ou de consumação antecipada e de perigo abstrato. Assim, estará consumado no momento da promoção, da constituição, do ato que caracterizar o financiamento ou a integração na organização, sem necessidade de que os agentes venham a praticar quaisquer dos crimes por eles objetivados para obtenção de vantagem de qualquer natureza.

Tentativa. Inadmissível na hipótese.

Desnecessidade de identificação de todos os integrantes para denúncia pelo crime de organização criminosa. Basta que esteja um dos integrantes da organização identificado para que o Ministério Público promova ação penal, oferecendo a denúncia, sendo imprescindível que o órgão ministerial logre comprovar a existência de pelo menos outras três pessoas associadas ao identificado e, ainda, que o vínculo entre eles seja estável e permanente.

Hipótese da prática do crime fim. Como vimos acima, para a consumação do crime de organização criminosa não se faz necessária a prática de qualquer dos crimes a que se destina a organização. Assim, na hipótese de a organização praticar qualquer dos crimes por ela objetivados, deverão seus integrantes ser considerados incursos nas penas do crime de organização criminosa, além das penas do crime fim, em concurso material, que importará no somatório das penas respectivas. Essa conclusão, que a doutrina sempre apontou como correta, pode hoje ser encontrada expressamente prevista no preceito secundário da norma incriminadora do art. 2º.

> § 1º Nas mesmas penas incorre quem impede ou, de qualquer forma, embaraça a investigação de infração penal que envolva organização criminosa.

A obstrução ou embargo de investigação de infração penal que envolva organização criminosa. Cuida-se de figura criminosa introduzida pela Lei nº 12.850 de

2013 no ordenamento jurídico brasileiro, que define como típica a conduta daquele que impede, obstando a investigação, ou embaraça, causando transtornos, perturbando as investigações levadas a efeito em inquérito policial ou qualquer outro procedimento investigatório, como o PIC (Procedimento Investigatório Criminal, regulamentado pelo Conselho Nacional do Ministério Público através da Resolução N.º 13, de 02 de outubro de 2006, alterada pela Res. 111/2014).

A investigação obstada ou obstruída, contudo, deverá ser relativa a crimes praticados por organizações criminosas. Entendemos que a expressão "investigação" aqui deve ser entendida como sinônimo de apuração, podendo se referir tanto às diligencias realizadas na fase pré-processual quanto àquelas realizadas durante a instrução criminal. Outro não foi o entendimento da Quinta Turma do STJ, em julgado de 2019:

> A Lei das organizações criminosas (Lei nº 12.850/2013) prevê o seguinte crime: Art. 2º (...) § 1º Nas mesmas penas incorre quem impede ou, de qualquer forma, embaraça a investigação de infração penal que envolva organização criminosa. Quando o art. 2º, § 1º fala em "investigação", ele está se limitando à fase pré-processual ou abrange também a ação penal? Se o agente embaraça o processo penal, ele também comete este delito? SIM. A tese de que a investigação criminal descrita no art. 2º, § 1º, da Lei nº 12.850/2013 limita-se à fase do inquérito não foi aceita pelo STJ. Isso porque as investigações se prolongam durante toda a persecução criminal, que abarca tanto o inquérito policial quanto a ação penal deflagrada pelo recebimento da denúncia. Assim, como o legislador não inseriu uma expressão estrita como "inquérito policial", compreende-se ter conferido à investigação de infração penal o sentido de "persecução penal", até porque carece de razoabilidade punir mais severamente a obstrução das investigações do inquérito do que a obstrução da ação penal. Ademais, sabe-se que muitas diligências realizadas no âmbito policial possuem o contraditório diferido, de tal sorte que não é possível tratar inquérito e ação penal como dois momentos absolutamente independentes da persecução penal. O tipo penal previsto pelo art. 2º, §1º, da Lei nº 12.850/2013 define conduta delituosa que abrange o inquérito policial e a ação penal. STJ. 5ª Turma. HC 487.962-SC, Rel. Min. Joel Ilan Paciornik, julgado em 28/05/2019 (Info 650)

Tipo subjetivo. É o dolo, não se admitindo modalidade culposa do crime em estudo.

Bem jurídico tutelado. Cuida-se de crime contra a Administração da Justiça.

Sujeito ativo. Qualquer pessoa pode figurar como sujeito ativo do crime em comento, que, assim, é crime comum.

Sujeito passivo. É o Estado.

Crime monossubjetivo. Um único agente pode praticar o crime em estudo. Admite, entretanto, concurso eventual.

Consumação. Aqui, a fixação do momento de consumação, quando se tratar da modalidade **impedir**, se dará quando houver a cessação da investigação em razão da conduta realizada pelo agente. Quanto à modalidade **embaraçar,** haverá consumação quando o agente realizar qualquer ato que possa perturbar as investigações. Portanto, para a consumação do crime não é necessário que as investigações sejam paralisadas ou obstruídas.

§ 2º As penas aumentam-se até a metade se na atuação da organização criminosa houver emprego de arma de fogo.

Aumento da pena pelo emprego de arma de fogo. Em redação truncada e que pode levar a inúmeras dúvidas e controvérsias, a lei traz causa de aumento de pena até a metade quando houver emprego de arma de fogo na atuação da organização criminosa. Para a incidência da causa de aumento, é exigido que os integrantes da organização pratiquem pelo menos mais um outro crime e que, nesse crime, empreguem a arma. Assim, ainda que os associados tenham como objetivo praticar crimes com emprego de armas de fogo, a causa de aumento não será aplicável se o instrumento não for utilizado.

Do exposto se conclui que, na Lei nº 12.850 de 2013, o legislador não repetiu a fórmula utilizada para o crime de associação criminosa, descrito no art. 288, parágrafo único do Código Penal, que se limita a exigir, para que incida a causa de aumento, que se trate de grupo armado, sem qualquer exigência do efetivo emprego da arma.

Vedação à liberdade provisória. Nos termos do artigo 310, § 2º, do CPP, com a redação do Pacote Antcrime, se o juiz verificar que o agente integra organização criminosa armada, deverá denegar a liberdade provisória, com ou sem medidas cautelares. Embora saibamos que muitos se manifestarão pela inconstitucionalidade do dispositivo, entendemos não haver qualquer burla à Carta Maior. Afinal, se houver *fumus commissi delicti* a indicar a probabilidade de que o investigado/réu integre uma organização criminosa armada, nos parece evidente a necessidade de sua constrição cautelar, no mínimo para a garantia da ordem pública. No caso, sua permanência em liberdade traria perturbação para a paz pública e tranquilidade social.

§ 3º A pena é agravada para quem exerce o comando, individual ou coletivo, da organização criminosa, ainda que não pratique pessoalmente atos de execução.

Circunstância agravante genérica. O comando, individual ou coletivo, da organização, consoante regra acima transcrita, se caracteriza como circunstância agravante genérica para o crime de organização criminosa. Como tal, não poderá a sua incidência elevar a pena acima do máximo legal. Devemos, ainda, observar que o comandante pode apenas determinar atos a serem praticados pela organização, sem praticar qualquer ato de execução e, ainda assim, incidirá agravante genérica.

Progressão para o líder de organização. O líder, ou seja, o que exercer comando, individual ou coletivo, de organização criminosa que se destina à pratica de crime hediondo ou equiparado deverá cumprir 50% da pena no regime anterior para que possa ser transferido para regime menos grave, nos termos do artigo 112, VI, "b", da Lei nº 7.210, de 1984, com redação da Lei 13.964, de 2019:

> Art. 112. A pena privativa de liberdade será executada em forma progressiva com a transferência para regime menos rigoroso, a ser determinada pelo juiz, quando o preso tiver cumprido ao menos: (Redação dada pela Lei nº 13.964, de 2019)
>
> VI – 50% (cinquenta por cento) da pena, se o apenado for: (Incluído pela Lei nº 13.964, de 2019)
>
> b) condenado por exercer o comando, individual ou coletivo, de organização criminosa estruturada para a prática de crime hediondo ou equiparado; ou (Incluído pela Lei nº 13.964, de 2019)

§ 4º A pena é aumentada de 1/6 (um sexto) a 2/3 (dois terços):

I – se há participação de criança ou adolescente;

II – se há concurso de funcionário público, valendo-se a organização criminosa dessa condição para a prática de infração penal;

III – se o produto ou proveito da infração penal destinar-se, no todo ou em parte, ao exterior;

IV – se a organização criminosa mantém conexão com outras organizações criminosas independentes;

V – se as circunstâncias do fato evidenciarem a transnacionalidade da organização.

Participação de criança ou adolescente. Funciona como causa de aumento de pena no crime de organização criminosa, podendo elevar a pena máxima além do máximo legal. Neste caso, o fato do agente praticar o crime em companhia de um menor ou levar o menor a fazê-lo não caracterizará o crime de corrupção de menores, sob pena de bis in idem. Trata-se de hipótese em que o legislador optou por fazer da participação do menor uma causa de aumento de pena.

Concurso de funcionário público. Trata-se de causa de aumento de pena que somente terá aplicação na hipótese do funcionário público se valer das facilidades proporcionadas pelo cargo, prevalecendo-se a estrutura criminosa organizada dessa sua condição. A causa de aumento em estudo, por ser objetiva, incidirá sobre a pena de todos os integrantes da organização. Para tanto, deve haver conhecimento da participação de funcionário público por parte dos demais membros. Outrossim, o aumento apenas se justifica quando a participação do funcionário público trouxer algum benefício, ou possa trazer algum benefício/vantagem para as atividades que a organização pretende desempenhar.

Transnacionalidade da organização. Se trata de causa de aumento de pena quando se demonstrar que existem membros da organização oriundos de dois ou mais países.

Pena acima do máximo legal. A incidência de qualquer das causas de aumento de pena trazidas por esse parágrafo quarto possibilitará a fixação da pena acima do máximo legal.

> § 5º Se houver indícios suficientes de que o funcionário público integra organização criminosa, poderá o juiz determinar seu afastamento cautelar do cargo, emprego ou função, sem prejuízo da remuneração, quando a medida se fizer necessária à investigação ou instrução processual.
>
> § 6º A condenação com trânsito em julgado acarretará ao funcionário público a perda do cargo, função, emprego ou mandato eletivo e a interdição para o exercício de função ou cargo público pelo prazo de 8 (oito) anos subsequentes ao cumprimento da pena.
>
> § 7º Se houver indícios de participação de policial nos crimes de que trata esta Lei, a Corregedoria de Polícia instaurará inquérito policial e comunicará ao Ministério Público, que designará membro para acompanhar o feito até a sua conclusão.

Afastamento cautelar. A lei traz a previsão de, antes do trânsito em julgado, o juiz determinar o afastamento cautelar do funcionário público. Tal medida se dará nas hipóteses em que existirem elementos suficientes de que o funcionário público integra a organização criminosa (*fumus commissi delicti*) e que sua permanência em atividade possa provocar prejuízos às investigações ou à instrução criminal (*periculum libertatis*). Neste caso, não poderá ser suspensa a remuneração do servidor.

Perda de cargo. Para o funcionário público que integrar a organização a lei prevê a perda de cargo, função, emprego ou mandato eletivo. Como é efeito automático e obrigatório da condenação, pode se operar independente de qualquer menção feita pelo juiz na sentença condenatória. Aqui, há de se lembrar que esse efeito somente se produz com a efetiva condenação transitada em julgado.

Interdição para o exercício de função ou cargo público. Na hipótese de condenação transitada em julgado do funcionário público pela prática de organização criminosa, a lei prevê que o mesmo ficará interditado para o exercício de qualquer outro cargo ou função pelo prazo de oito anos, independente de qual tinha sido a pena aplicada o funcionário público. A regra de contagem desse período durante o qual o funcionário público ficará interditado para o exercício de qualquer cargo função deve ser bem observada: a contagem se dará depois do cumprimento de toda a pena a que tenha sido ele condenado, ainda que tenha cumprido parte da sua pena em liberdade.

§ 8º As lideranças de organizações criminosas armadas ou que tenham armas à disposição deverão iniciar o cumprimento da pena em estabelecimentos penais de segurança máxima. (Incluído pela Lei nº 13.964, de 2019)

§ 9º O condenado expressamente em sentença por integrar organização criminosa ou por crime praticado por meio de organização criminosa não poderá progredir de regime de cumprimento de pena ou obter livramento condicional ou outros benefícios prisionais se houver elementos probatórios que indiquem a manutenção do vínculo associativo. (Incluído pela Lei nº 13.964, de 2019)

Organização criminosa e a progressão do regime de cumprimento de pena. Cuidado deveremos ter ao analisar as regras para progressão de regime trazidas pela Lei nº 7.210 de 1984 (LEP), com a péssima e confusa redação da Lei nº 13.964, de 2019. Vale a lembrança de que a organização criminosa não é crime praticado com violência ou grave ameaça e, por ser crime autônomo, não poderá ser confundida com os crimes violentos por ela praticados.

Assim:

1) Organização criminosa em geral, condenado primário, líder ou não – 16% da pena no regime anterior (art. 112, I, da LEP);
2) Organização criminosa em geral, condenado reincidente, líder ou não-20% da pena no regime anterior (art. 112, II, da LEP);
3) Organização criminosa para a prática de crime hediondo, condenado primário, não líder – 40% da pena no regime anterior (art. 112, V, da LEP);
4) Organização criminosa para a prática de crime hediondo, condenado como líder, primário – 50% da pena no regime anterior (art. 112, VI, "b", da LEP);
5) Organização criminosa para a prática de crime hediondo, condenado reincidente em crime hediondo, líder ou não- 60% (da pena no regime anterior (art. 112, VII, da LEP).

Vedação à progressão de regime e livramento condicional. A Lei nº 13.964/2019 trouxe óbice à progressão de regime de cumprimento de pena para condenado por organização criminosa que mantém vínculos associativos ilícitos. Não vislumbramos qualquer inconstitucionalidade no dispositivo, que não veda, em absoluto, a progressão na hipótese de condenação por organização criminosa ou crime por ela praticado. A lei não considerou a gravidade em abstrato do crime para impedir a progressão. Caso o fizesse, seria inequivocamente inconstitucional e violaria o princípio da individualização da pena. Ao contrário, a lei trata do condenado que mantém vínculos associativos mesmo depois de condenado, indicando comportamento carcerário nada satisfatório, não preenchendo o requisito subjetivo para a progressão trazido pelo artigo 112, § 1º, da LEP.

Art. 112. A pena privativa de liberdade será executada em forma progressiva com a transferência para regime menos rigoroso, a ser determinada pelo juiz, quando o preso tiver cumprido ao menos: (Redação dada pela Lei nº 13.964, de 2019)

§ 1º Em todos os casos, o apenado só terá direito à progressão de regime se ostentar boa conduta carcerária, comprovada pelo diretor do estabelecimento, respeitadas as normas que vedam a progressão. (Redação dada pela Lei nº 13.964, de 2019)

As mesmas considerações devem ser tecidas com relação ao livramento condicional, considerados os termos do artigo 83 do Código Penal, que igualmente exige bom comportamento e não cometimento de falta grave para sua concessão. Afinal, a manutenção de vínculos associativos criminosos caracteriza a prática de crime doloso e, portanto, falta grave, consoante artigo 52 da Lei nº 7.210, de 1984 (LEP).

Art. 83 - O juiz poderá conceder livramento condicional ao condenado a pena privativa de liberdade igual ou superior a 2 (dois) anos, desde que: (Redação dada pela Lei nº 7.209, de 11.7.1984)

III - comprovado: (Redação dada pela Lei nº 13.964, de 2019)

a) bom comportamento durante a execução da pena; (Incluído pela Lei nº 13.964, de 2019)

b) não cometimento de falta grave nos últimos 12 (doze) meses; (Incluído pela Lei nº 13.964, de 2019)

c) bom desempenho no trabalho que lhe foi atribuído; e (Incluído pela Lei nº 13.964, de 2019)

d) aptidão para prover a própria subsistência mediante trabalho honesto; (Incluído pela Lei nº 13.964, de 2019)

CAPÍTULO II
DA INVESTIGAÇÃO E DOS MEIOS DE OBTENÇÃO DA PROVA

Art. 3º Em qualquer fase da persecução penal, serão permitidos, sem prejuízo de outros já previstos em lei, os seguintes meios de obtenção da prova:

I - colaboração premiada;

II - captação ambiental de sinais eletromagnéticos, ópticos ou acústicos;

III - ação controlada;

IV - acesso a registros de ligações telefônicas e telemáticas, a dados cadastrais constantes de bancos de dados públicos ou privados e a informações eleitorais ou comerciais;

V - interceptação de comunicações telefônicas e telemáticas, nos termos da legislação específica;

VI - afastamento dos sigilos financeiro, bancário e fiscal, nos termos da legislação específica;

VII - infiltração, por policiais, em atividade de investigação, na forma do art. 11;

VIII - cooperação entre instituições e órgãos federais, distritais, estaduais e municipais na busca de provas e informações de interesse da investigação ou da instrução criminal.

Meios de prova e de investigação. A Lei nº 12.850 de 2013, a exemplo do que ocorria com a Lei nº 9.034 de 1995, enumera meios de obtenção de prova de extrema importância no curso da investigação e do processo em que se apure o crime em estudo. Dentre eles, está prevista a interceptação das comunicações telefônicas e telemáticas, bem como o afastamento de sigilo financeiro bancário e fiscal, devendo-se, entretanto, notar que a disciplina legal referente aos mesmos não se encontra na Lei nº 12.850, mas na legislação própria. Assim, a matéria referente às interceptações telefônicas e telemáticas será encontrada na Lei nº 9.296 de 1996 e a quebra de sigilo bancário financeiro se dará nos termos da Lei Complementar nº 105 de 2001. A Lei nº 12.850 de 2013, contudo, se encarregará de disciplinar os demais meios de prova previstos no art. 3º, que poderão ser adotados em qualquer fase da persecução criminal, ou seja, no inquérito ou mesmo durante o curso do processo.

Captação ambiental de sinais eletromagnéticos, ópticos ou acústicos. A lei aqui se refere à interceptação ambiental em sentido estrito, que se dá sem o conhecimento dos interlocutores, bem como à escuta ambiental, feita com o conhecimento de um dos interlocutores.

Captação de conversa mantida em lugar público. Não há necessidade de autorização judicial, não havendo que se falar em direito dos interlocutores ao segredo, pois, caso o desejassem, teriam optado por espaço privado.

Interceptação de conversa mantida em lugar público, mas com caráter de sigilo. Nesse caso, existindo expectativa de privacidade, não serão válidas se captadas sem autorização judicial.

Interceptação de conversa mantida em lugar privado. Será ilícita se feita sem autorização judicial, por afetar o direito à intimidade.

Gravação ambiental clandestina. Entende-se gravação ambiental como sendo aquela realizada por um dos comunicadores sem conhecimento do outro. Na hipótese de ser utilizada para comprovar a inocência do acusado ou na hipótese de haver investida criminosa de um dos comunicadores contra o outro, é considerada pela doutrina e jurisprudência como prova lícita. Nas demais hipóteses, o que se verifica é a mais completa falta de consenso. Embora comunguemos do entendimento de que se trate sempre de prova lícita, desde que não haja a obrigação de guardar segredo por aquele que realiza a gravação na clandestinidade, certo é que uma grande parte da doutrina sufraga o entendimento de que as gravações clandestinas são violadoras do direito à intimidade, sendo, portanto, provas ilícitas.

§ 1º Havendo necessidade justificada de manter sigilo sobre a capacidade investigatória, poderá ser dispensada licitação para contratação de serviços técnicos especializados, aquisição ou locação de equipamentos destinados à polícia judiciária para o rastreamento e obtenção de provas previstas nos incisos II e V. (Incluído pela Lei nº 13.097, de 2015)

§ 2º No caso do § 1º, fica dispensada a publicação de que trata o parágrafo único do art. 61 da Lei nº 8.666, de 21 de junho de 1993, devendo ser comunicado o órgão de controle interno da realização da contratação.

Dispensa de licitação. Permite a lei em estudo ser dispensada licitação para contratação de serviços técnicos especializados, aquisição ou locação de equipamentos destinados à polícia judiciária para o rastreamento e obtenção de provas referentes à interceptação das comunicações telefônica ou telemáticas e para a captação de sinais eletromagnéticos, ópticos ou acústicos. Trata-se de mais uma das hipóteses de dispensa de licitação trazidas pelo ordenamento jurídico brasileiro além daquelas de que trata o artigo 24 da Lei 8666/93. Tal dispensa, porém, somente se autoriza na hipótese de justificada necessidade de manutenção de sigilo sobre a capacidade investigatória.

Seção I
Da Colaboração Premiada

Art. 3º-A. O acordo de colaboração premiada é negócio jurídico processual e meio de obtenção de prova, que pressupõe utilidade e interesse públicos. (Incluído pela Lei nº 13.964, de 2019)

Natureza jurídica do acordo de colaboração. Cuida-se de um negócio jurídico processual e bilateral, firmado entre o Ministério Público e o réu colaborador. Consagrado pela Lei nº 13.964 de 2019, o entendimento já havia sido sufragado pelo Supremo Tribunal Federal na Pet. 7074, cuja relatoria foi do Min. Edson Fachin, julgado em 21, 22, 28 e 29.6.2017, consoante veiculado no Informativo a seguir descrito:

> "(...) atualmente não há mais controvérsia acerca da natureza jurídica do instituto, considerado, em termos gerais, um negócio jurídico processual firmado entre o Ministério Público e o colaborador. Essa característica é representada pelas normas extraídas dos §§ 6º e 7º do art. 4º da Lei 12.850/2013, as quais vedam a participação do magistrado na celebração do ajuste entre as partes e estabelecem os limites de cognoscibilidade dos termos pactuados. Trata-se, portanto, de meio de obtenção de prova cuja iniciativa não se submete à reserva de jurisdição, diferentemente do que ocorre, por exemplo, com a quebra do sigilo bancário ou fiscal e com a interceptação de comunicações telefônicas."

Meio de obtenção de prova. Doutrina e jurisprudência já frisavam, antes mesmo do advento da Lei nº 13.964, de 2019, que a colaboração premiada não é um meio de prova, mas um meio de obtenção de prova, uma técnica de que se pode lançar mão para a obtenção de provas. Assim, através da colaboração, os órgãos encarregados da persecução criminal buscarão a elucidação do fato. Podemos, então, afirmar que a colaboração não se presta ao convencimento imediato do juiz, mas será instrumento utilizado para que se obtenham as provas. Trata-se, como afirmou o STJ nos autos da Rcl 31629/PR, de relatoria da Ministra Nancy Andrighi, de um instituto de cooperação processual.

A citação em colaboração premiada e modificação da competência penal. De acordo com o STF, a simples menção do nome do investigado em colaboração premiada não é, por si só, fundamento idôneo para a modificação da competência e do juízo natural, devendo os fatos narrados na colaboração premiada, quando não conexos com o objeto do processo que deu origem ao acordo, receber tratamento idêntico ao conferido ao encontro fortuito de provas, ou serendipidade. Destarte, a colaboração premiada, como meio de obtenção de prova, não constitui critério de determinação, de modificação ou de concentração da competência.

> (...)a jurisprudência do Supremo Tribunal Federal já pacificou entendimento no sentido de que a colaboração premiada não fixa competência. Conforme decidido por esta Corte, nos autos do INQ 4.130, os fatos relatados em colaboração premiada não geram prevenção. Enquanto meio de obtenção de prova, os fatos relatados em colaboração premiada, quando não conexos com o objeto do processo que deu origem ao acordo, devem receber o tratamento conferido ao encontro fortuito de provas. Corroborando essa assertiva, o Ministro Teori Zavascki assentou, no julgamento do INQ 4.244, que o encontro de evidências enquanto se persegue uma linha investigatória não implica, por si só, nenhuma das modalidades de conexão previstas na lei processual. Em outro precedente, a Primeira Turma decidiu que o simples encontro fortuito de prova de infração que não constitui relação com o objeto da investigação em andamento não enseja o simultaneus processus (RHC 120.379, Rel. Min. Luiz Fux, DJe 26.8.2014).(...)(STF - HC: 181978 RJ - RIO DE JANEIRO 0087222-19.2020.1.00.0000, Relator: Min. GILMAR MENDES, Data de Julgamento: 23/03/2020, Data de Publicação: DJe-071 25/03/2020)

Art. 3º-B. O recebimento da proposta para formalização de acordo de colaboração demarca o início das negociações e constitui também marco de confidencialidade, configurando violação de sigilo e quebra da confiança e da boa-fé a divulgação de tais tratativas iniciais ou de documento que as formalize, até o levantamento de sigilo por decisão judicial. (Incluído pela Lei nº 13.964, de 2019)

§ 1º A proposta de acordo de colaboração premiada poderá ser sumariamente indeferida, com a devida justificativa, cientificando-se o interessado. (Incluído pela Lei nº 13.964, de 2019)

§ 2º Caso não haja indeferimento sumário, as partes deverão firmar Termo de Confidencialidade para prosseguimento das tratativas, o que vinculará os órgãos envolvidos na negociação e impedirá o indeferimento posterior sem justa causa. (Incluído pela Lei nº 13.964, de 2019)

§ 3º O recebimento de proposta de colaboração para análise ou o Termo de Confidencialidade não implica, por si só, a suspensão da investigação, ressalvado acordo em contrário quanto à propositura de medidas processuais penais cautelares e assecuratórias, bem como medidas processuais cíveis admitidas pela legislação processual civil em vigor. (Incluído pela Lei nº 13.964, de 2019)

§ 4º O acordo de colaboração premiada poderá ser precedido de instrução, quando houver necessidade de identificação ou complementação de seu objeto, dos fatos narrados, sua definição jurídica, relevância, utilidade e interesse público. (Incluído pela Lei nº 13.964, de 2019)

§ 5º Os termos de recebimento de proposta de colaboração e de confidencialidade serão elaborados pelo celebrante e assinados por ele, pelo colaborador e pelo advogado ou defensor público com poderes específicos. (Incluído pela Lei nº 13.964, de 2019)

§ 6º Na hipótese de não ser celebrado o acordo por iniciativa do celebrante, esse não poderá se valer de nenhuma das informações ou provas apresentadas pelo colaborador, de boa-fé, para qualquer outra finalidade. (Incluído pela Lei nº 13.964, de 2019)

Marco de confidencialidade. A Lei nº 12.850 de 2013 garante ao réu colaborador o sigilo quanto à sua identidade e demais informações pessoais, consoante art. 5º. O art. 3º-B fixa o recebimento da proposta para formalização do acordo como marco inicial da confidencialidade. A partir desse momento, a divulgação de documentos, depoimentos e conversas caracterizará quebra da boa-fé e poderá levar o agente público à responsabilização penal pela prática, em tese, do crime do artigo 325 do Código Penal, salvo peculiaridades do caso concreto que nos permitam adequar a conduta a outro tipo penal incriminador. Na hipótese de revelação da identidade, fotografia ou filmagem do colaborador, sem a prévia autorização por escrito, restará caracterizado o crime do artigo 18 da lei em comento.

A não celebração do acordo. Direito de receber o prêmio X direito ao acordo. Uma vez firmado com a polícia ou o Ministério Público e homologado o acordo, o réu ou investigado cuja colaboração seja eficaz, nos termos do artigo 4º, *caput*, deverá necessariamente ser agraciado com o benefício convencionado. Não se deve confundir o direito gerado pela colaboração eficaz com o direito à celebração do acordo. A Lei º 12.850/13 fala em "acordo de colaboração premiada", o que somente existirá com o somatório de vontades do réu ou investigado e o Ministério Público. O Ministério Público ou o Delegado de Polícia pode não desejar o acordo, por entendê-lo inconveniente ou inoportuno, ou mesmo por julgar que as circunstâncias do fato demonstram não ser necessária a colaboração. Neste caso, não farão a proposta ou não aceitarão proposta de colaboração premiada, hipótese em que não poderão se valer das informações, documentos e provas apresentadas pelo colaborador para qualquer finalidade. Sobre a não existência de direito líquido e certo à celebração do acordo, observemos o julgado abaixo transcrito:

> Não existe direito líquido e certo a compelir o Ministério Público à celebração do acordo de delação premiada, diante das características desse tipo de acordo e considerando a necessidade de distanciamento que o Estado-juiz deve manter durante o cenário investigado e a fase de negociação entre as partes do cenário investigativo. O acordo de colaboração premiada, além de meio de obtenção de prova, constitui-se em um negócio jurídico processual personalíssimo, cuja conveniência e oportunidade estão submetidos à discricionariedade regrada do Ministério Público e não se submetem ao escrutínio do Estado-juiz. Em outras palavras, trata-se de ato voluntário, insuscetível de imposição judicial. Vale ressaltar, no entanto, que o ato do membro do Ministério Público que se nega à realização do acordo deve ser devidamente motivado. Essa recusa pode ser objeto de controle por órgão superior no âmbito do Ministério Público (Procurador-Geral de Justiça ou Comissão de Coordenação e Revisão), por aplicação analógica do art. 28 do CPP (art. 62, IV, da LC 75/93). Mesmo sem ter assinado o acordo, o acusado pode colaborar fornecendo as informações e provas que possuir. Ao final, na sentença, o juiz irá analisar esse comportamento processual e poderá conceder benefício ao acusado mesmo sem que tenha havido a prévia celebração e homologação do acordo de colaboração premiada. Dito de outro modo, o acusado pode receber a sanção premial mesmo sem a celebração do acordo caso o magistrado entenda que sua colaboração foi eficaz. STF. 2ª Turma. MS 35693 AgR/DF, Rel. Min. Edson Fachin, julgado em 28/5/2019 (Info 942).

Art. 3º-C. A proposta de colaboração premiada deve estar instruída com procuração do interessado com poderes específicos para iniciar o procedimento de colaboração e suas tratativas, ou firmada pessoalmente pela parte que pretende a colaboração e seu advogado ou defensor público. (Incluído pela Lei nº 13.964, de 2019)

§ 1º Nenhuma tratativa sobre colaboração premiada deve ser realizada sem a presença de advogado constituído ou defensor público. (Incluído pela Lei nº 13.964, de 2019)

§ 2º Em caso de eventual conflito de interesses, ou de colaborador hipossuficiente, o celebrante deverá solicitar a presença de outro advogado ou a participação de defensor público. (Incluído pela Lei nº 13.964, de 2019)

§ 3º No acordo de colaboração premiada, o colaborador deve narrar todos os fatos ilícitos para os quais concorreu e que tenham relação direta com os fatos investigados. (Incluído pela Lei nº 13.964, de 2019)

§ 4º Incumbe à defesa instruir a proposta de colaboração e os anexos com os fatos adequadamente descritos, com todas as suas circunstâncias, indicando as provas e os elementos de corroboração. (Incluído pela Lei nº 13.964, de 2019)

Direito à assistência jurídica. Tanto na apresentação da proposta, quanto nas negociações para homologação do acordo, as tratativas deverão ser feitas com a presença de defensor, constituído ou nomeado. Haverá vício caso, no momento do oferecimento da proposta, o investigado não esteja assistido por seu defensor. Porém, este vício será sanado se o defensor do investigado participar regularmente das negociações do acordo.

Instrução da proposta. Deve ser feita pelo colaborador, sempre assistido por seu defensor, que indicará as provas e os elementos que deseja apresentar para a corroboração das informações prestadas.

Art. 4º. O juiz poderá, a requerimento das partes, conceder o perdão judicial, reduzir em até 2/3 (dois terços) a pena privativa de liberdade ou substituí-la por restritiva de direitos daquele que tenha colaborado efetiva e voluntariamente com a investigação e com o processo criminal, desde que dessa colaboração advenha um ou mais dos seguintes resultados:

I – a identificação dos demais coautores e partícipes da organização criminosa e das infrações penais por eles praticadas;

II – a revelação da estrutura hierárquica e da divisão de tarefas da organização criminosa;

III – a prevenção de infrações penais decorrentes das atividades da organização criminosa;

IV – a recuperação total ou parcial do produto ou do proveito das infrações penais praticadas pela organização criminosa;

V – a localização de eventual vítima com a sua integridade física preservada.

Colaboração premiada X delação premiada. Há quem sustente não haver qualquer diferença entre delação premiada da colaboração premiada e defenda não existir relevância prática na diferenciação terminológica dos institutos. Uma segunda corrente, entretanto, aponta diferenças, mencionando que a colaboração premiada é gênero do qual a delação premiada é espécie. A delação ocorre quando o agente, além de indicar a sua participação, também indica a participação de outras pessoas, auxiliando as autoridades encarregadas da persecução criminal na identificação dos corréus. A colaboração premiada, portanto, é muito mais ampla, possibilitando, além da delação, localização de eventual vítima, recuperação do produto do crime e mesmo uma colaboração preventiva, em que o colaborador ajuda as autoridades a prevenir a prática de um delito ou impede a sua continuidade. Em que pese inicialmente entendermos pela inexistência de diferenças entre os institutos, hoje nos filiamos à segunda corrente.

Eficácia da colaboração. Tal qual acontece com as hipóteses de delação premiada, os prêmios que a lei em estudo traz para colaboração premiada somente poderão ser concedidos quando for eficaz a colaboração. Assim, na hipótese de terem sido fornecidas informações que para nada colaboraram, que não levaram à identificação dos demais concorrentes da empreitada criminosa, que não possibilitaram recuperação do produto do crime, que não contribuíram para eventual soltura de vítima, não se há de premiar o suposto colaborador. Trata-se de requisito trazido pela lei no *caput* do art. 4º.

Natureza jurídica da colaboração premiada na Lei nº 12.850/13. Nos termos da lei em apreciação, percebemos que a colaboração premiada, quando se relacionar à organização criminosa, pode ser premiada de cinco formas distintas, assumindo, portanto, cinco naturezas jurídicas distintas:

1) como causa de diminuição de pena em até 2/3;
2) como causa de substituição de pena privativa de liberdade por pena restritiva de direitos;
3) como hipótese de concessão do perdão judicial, extinguindo-se a punibilidade;
4) como forma de exclusão do processo;
5) como hipótese de diminuição de pena até metade, mesmo depois da condenação.

Possibilidade de concessão dos prêmios da colaboração aos crimes praticados pela organização. Comungamos do entendimento de que os prêmios de que trata esse artigo 4º podem ser concedidos tanto com relação ao crime de organização criminosa quanto aos crimes por ela praticados, eis que não haveria nenhum interesse em colaborar com as autoridades encarregadas da persecução criminal se as consequências ficassem adstritas ao crime de organização criminosa.

Não comunicabilidade. Os benefícios pessoais decorrentes da colaboração e concedidos ao réu colaborador não se estendem aos demais concorrentes.

Impossibilidade de os corréus delatados questionarem a validade do acordo de colaboração. Neste sentido, observemos o julgado abaixo extraído da jurisprudência do STJ.

> (...) A colaboração premiada é uma técnica especial de investigação, meio de obtenção de prova advindo de um negócio jurídico processual personalíssimo, que gera obrigações e direitos entre as partes celebrantes (Ministério Público e colaborador), não possuindo o condão de, por si só, interferir na esfera jurídica de terceiros, ainda que

citados quando das declarações prestadas, faltando, pois, interesse dos delatados no questionamento quanto à validade do acordo de colaboração premiada celebrado por outrem. Precedentes do STF e STJ.(...).(RHC Nº 69.988. 5ª Turma. Rel. Ministro Reynaldo Soares da Fonseca, julgado em 25 de outubro de 2016.)

O Supremo Tribunal Federal, nos autos do HC 127.483, julgado em 2015, se manifestara em idêntico sentido. Naquela decisão, o Plenário assentou ainda que, *tratando-se de um negócio jurídico processual personalíssimo, o acordo de colaboração premiada não pode ser impugnado por coautores ou partícipes do colaborador na organização criminosa e nas infrações penais por ela praticadas.*

Colaboração premiada como forma de substituição de pena privativa de liberdade por pena restritiva de direitos. Entendemos que, quando se aplica a colaboração premiada para substituir a pena privativa de liberdade por restritiva de direitos, o juiz não estará vinculado aos termos do art. 44 do código penal. Assim, poderá substituir a pena privativa de liberdade por restritiva de direitos ainda que tenha sido fixada em patamar superior a quatro anos e mesmo que o colaborador registre antecedentes criminais. Não haveria qualquer sentido condicionar a concessão desse benefício aos termos do art. 44. Afinal, preenchendo os requisitos do art. 44 da lei penal, o condenado não precisaria ser colaborador para fazer jus à substituição. A colaboração aqui possibilitaria que, mesmo não preenchendo os requisitos, o réu obtivesse a substituição.

Momentos em que pode ocorrer a colaboração. A colaboração premiada, quanto ao momento em que a mesma é prestada, pode ser classificada como: colaboração inicial (feita na fase das investigações, sejam elas levadas a efeito pela Polícia ou pelo Ministério Público); colaboração intercorrente (quando feita na fase judicial) e colaboração tardia (feita quando já houve prolação de sentença condenatória).

§ 1º Em qualquer caso, a concessão do benefício levará em conta a personalidade do colaborador, a natureza, as circunstâncias, a gravidade e a repercussão social do fato criminoso e a eficácia da colaboração.

Aplicação dos benefícios. Desde que revelada a eficácia da colaboração, caberá ao juiz decidir pelo prêmio que será concedido ao colaborador dentre aqueles previstos pela lei, analisando, no caso concreto, a personalidade do colaborador, a natureza, as circunstâncias, a gravidade e a repercussão social do fato, bem como a eficácia da colaboração. O colaborador que eficaz e voluntariamente prestou as informações tem direito subjetivo ao recebimento de um dos prêmios, mas a decisão quanto ao prêmio a ser concedido é do magistrado, considerando-se dos critérios mencionados.

§ 2º Considerando a relevância da colaboração prestada, o Ministério Público, a qualquer tempo, e o delegado de polícia, nos autos do inquérito policial, com a manifestação do Ministério Público, poderão requerer ou representar ao juiz pela concessão de perdão judicial ao colaborador, ainda que esse benefício não tenha sido previsto na proposta inicial, aplicando-se, no que couber, o art. 28 do Decreto-Lei nº 3.689, de 3 de outubro de 1941 (Código de Processo Penal).

Legitimados para celebração do acordo de colaboração. A lei trata do tema estabelecendo que o Ministério Público e o Delegado de Policia podem celebrar acordo de colaboração. A questão sempre suscitou grandes controvérsias na doutrina acerca da legitimação do Delegado, pois, não tendo a titularidade da ação penal, não poderia transacionar com o colaborador. Neste sentido, a norma seria inconstitucional. O Supremo Tribunal Federal, em decisão Plenária, afirmou a constitucionalidade do dispositivo que confere legitimação ao Delegado de Polícia para celebração do acordo. Os autores sempre entenderam não haver qualquer violação ao texto constitucional. Afinal, se o benefício legal pode ser concedido de ofício pelo juiz, razão não existe para impedir que a autoridade policial represente por sua concessão. Abaixo, segue transcrição do julgado extraída do Informativo 907 da Corte Suprema.

Acordo de colaboração premiada e delegado de polícia

O Plenário, por maioria, julgou improcedente pedido formulado em ação direta para assentar a constitucionalidade dos §§ 2º e 6º do art. 4º (1) da Lei 12.850/2013, a qual define organização criminosa e dispõe sobre a investigação criminal, os meios de obtenção da prova, infrações penais correlatas e o procedimento criminal. A ação impugnava as expressões "e o delegado de polícia, nos autos do inquérito policial, com a manifestação do Ministério Público" e "entre o delegado de polícia, o investigado e o defensor, com a manifestação do Ministério Público, ou, conforme o caso", contidas nos referidos dispositivos, que conferem legitimidade ao delegado de polícia para conduzir e firmar acordos de colaboração premiada (Informativo 888). Prevaleceu o voto do ministro Marco Aurélio (relator), no sentido de que o delegado de polícia pode formalizar acordos de colaboração premiada, na fase de inquérito policial, respeitadas as prerrogativas do Ministério Público, o qual deverá se manifestar, sem caráter vinculante, previamente à decisão judicial. No que se refere ao § 2º do art. 4º da Lei 12.850/2013, o relator esclareceu que o texto confere ao delegado de polícia, no decorrer das investigações, exclusivamente no curso do inquérito policial, a faculdade de representar ao juiz, ouvido o Ministério Público, pela concessão de perdão judicial ao colaborador, ainda que esse benefício não haja sido previsto na proposta inicial, aplicando-se, no que couber, o art. 28 (2) do Código de Processo Penal (CPP). O perdão judicial é instituto que possibilita ao juiz deixar de impor sanção diante da existência de determinadas circunstâncias expressamente previstas em lei. Considerou que o dispositivo, portanto, traz nova causa de perdão judicial, admitido a depender da efetividade da colaboração. Não se trata de questão afeta ao modelo acusatório, deixando de caracterizar ofensa ao art. 129, I (3), da Constituição Federal (CF), relacionada, apenas, ao direito de punir do Estado, que se manifesta por intermédio do Poder Judiciário. A representação pelo perdão judicial, proposta pelo delegado de polícia, ante colaboração premiada, ouvido o Ministério Público, não é causa impeditiva do oferecimento da denúncia pelo órgão acusador. Uma vez comprovada a eficácia do acordo, será extinta pelo juiz, a punibilidade do delator. Quanto ao § 6º do art. 4º da mesma lei, asseverou que o ato normativo em nenhum ponto afasta a participação do Ministério Público em acordo de colaboração premiada, ainda que ocorrido entre o delegado de polícia, o investigado e o defensor. Não há, portanto, afronta à titularidade da ação penal. Ao contrário, a legitimidade da autoridade policial para realizar as tratativas de colaboração premiada desburocratiza o instituto, sem importar ofensa a regras atinentes ao Estado Democrático de Direito, uma vez submetido o acordo à apreciação do Ministério Público e à homologação pelo Judiciário. Embora o Ministério Público seja o titular da ação penal de iniciativa pública, não o é do direito de punir. A delação premiada não retira do órgão a exclusividade da ação penal. A norma fixa as balizas a serem observadas na realização do acordo. Estas, porque decorrem de lei, vinculam tanto a polícia quanto o Ministério Público, tendo em vista que a nenhum outro órgão senão ao Judiciário é conferido o direito de punir. O acordo originado da delação não fixa pena ou regime de cumprimento da sanção. Ao Poder Judiciário, com exclusividade, compete, nos termos do § 1º do art. 4º (4) da Lei 12.850/2013, para fins de concessão de vantagens, levar em conta a personalidade do delator, a natureza, as circunstâncias, a gravidade e a repercussão social do fato criminoso e a eficácia da colaboração.(...) (ADI 5508/DF, rel. Min. Marco Aurélio, julgamento em 20.6.2018)

O Ministério Público e o requerimento de aplicação de perdão judicial. Consoante disciplina a lei, o Ministério Público pode se manifestar quanto à aplicação do perdão judicial a qualquer tempo, quer seja durante o inquérito, quer seja no curso da ação penal. Na fase inquisitorial, entendendo tratar-se de hipótese de concessão de perdão judicial, entendemos que o Ministério Público poderá promover o arquivamento do inquérito por ausência de interesse utilidade na ação penal. Nessa hipótese, por óbvio se aplicaria o disposto no art. 28 do CPP. O Supremo Tribunal Federal, contudo, no julgamento da apelação 470, que ficou nacionalmente conhecida como Mensalão, entendeu, em questão de ordem, que, para aplicação do perdão judicial, se faz necessária a denúncia ofertada pelo Ministério Público, juntamente com acordo de colaboração. Neste sentido:

(...) 4. Necessidade da denúncia para possibilitar o cumprimento dos termos da Lei nº 9.807/99 e do acordo de colaboração firmado pelo Ministério Público Federal com os acusados. (AP 470 QO3. Relator(a): Min. JOAQUIM BARBOSA. Julgamento: 23/10/2008. Órgão Julgador: Tribunal Pleno)

Pedido de perdão judicial pelo Delegado de polícia. A lei prevê a possibilidade do delegado de polícia representando pelo perdão judicial, com a oitiva do Ministério Público, cuja manifestação, conforme entendeu o STF por ocasião do julgamento da ADI 5508/DF, não tem caráter vinculante. Ainda consoante entendimento sufragado naquele julgado, há de se destacar que essa faculdade que tem o delegado de polícia de representar pela concessão do perdão judicial se dá exclusivamente no curso do inquérito.

Frustração na realização de acordo X prisão preventiva. O descumprimento de acordo de delação premiada ou a frustração na sua realização, isoladamente, não autoriza a imposição da segregação cautelar, que somente deve ser decretada em hipóteses excepcionais de necessidade para a garantia da ordem pública, da instrução criminal ou para assegurar a aplicação da lei penal, nos termos do artigo 312 do CPP. Assim já decidiram Supremo Tribunal Federal e STJ, entendendo que colaboração premiada não pode ser utilizada como moeda de troca.

(...) 2. A validade da segregação cautelar está condicionada à observância, em decisão devidamente fundamentada, aos requisitos insertos no art. 312 do Código de Processo Penal, revelando-se indispensável a demonstração do que consiste o periculum libertatis. 3. No caso, o decreto de prisão preventiva carece de fundamentação concreta, pois o descumprimento de acordo de delação premiada ou a frustração na sua realização, isoladamente, não autoriza a imposição da segregação cautelar (Precedente do Supremo Tribunal Federal). 4. Ademais, não há indicação concreta de que o paciente poderia causar embaraço à instrução probatória, mas tão somente meras conjecturas destituídas de base empírica. 5. Na linha da orientação firmada no âmbito desta Corte, revogada a prisão cautelar, como no caso, a imposição de nova prisão provisória reclama a indicação de fatos novos, situação não ocorrente na espécie. (HC 396.658-SP, Rel. Min. Antônio Saldanha Palheiro, por unanimidade, julgado em 27/6/2017, DJe 1/8/2017.)

HABEAS CORPUS. PROCESSO PENAL. PRISÃO PREVENTIVA. ACORDO DE COLABORAÇÃO PREMIADA. DESCUMPRIMENTO. CAUSA DE IMPOSIÇÃO DE PRISÃO PROCESSUAL. DESCABIMENTO. ORDEM CONCEDIDA. 1. A prisão processual desafia a presença de algum dos requisitos previstos no art. 312 do CPP. 2. Inexiste relação necessária entre a celebração e/ou descumprimento de acordo de colaboração premiada e o juízo de adequação de medidas cautelares gravosas. 3. A teor do art. 316, CPP, a imposição de nova prisão preventiva desafia a indicação de base empírica idônea e superveniente à realidade ponderada no momento da anterior revogação da medida prisional. 4. Ordem parcialmente concedida, com confirmação da liminar deferida.(HYPERLINK "http://www.stf.jus.br/portal/processo/verProcessoAndamento.asp?numero=138207&classe=HC&codigoClasse=0&origem=JUR&recurso=0&tipoJulgamento=M" HC 138207 / PR - PARANÁ. HABEAS CORPUS. Relator(a): Min. EDSON FACHIN Julgamento: 25/04/2017. Órgão Julgador: Segunda Turma)

§ 3º O prazo para oferecimento de denúncia ou o processo, relativos ao colaborador, poderá ser suspenso por até 6 (seis) meses, prorrogáveis por igual período, até que sejam cumpridas as medidas de colaboração, suspendendo-se o respectivo prazo prescricional.

Sobrestamento do prazo para oferecimento da denúncia e a Lei das Organizações criminosas. Consoante disposto no art. 4º, parágrafo 3º, permite que o prazo para oferecimento de denúncia seja suspenso por até seis meses, prorrogáveis por igual período, para que restem viabilizadas as medidas de colaboração. Nesta hipótese, igualmente restará suspenso o prazo da prescrição. Ao final do prazo de suspensão, o Ministério Público poderá oferecer a denúncia ou, nos termos dispostos no art. 4º, parágrafo 4º, deixar de fazê-lo.

Finalidade do sobrestamento. O objetivo da lei das organizações criminosas ao prever a hipótese de sobrestamento do prazo para oferecimento da denúncia é possibilitar que as informações dadas pelo colaborador levem a um dos resultados que a lei exige sejam satisfeitos para que se possa agraciá-lo com o benefício.

§ 4º Nas mesmas hipóteses do *caput* deste artigo, o Ministério Público poderá deixar de oferecer denúncia se a proposta de acordo de colaboração referir-se a infração de cuja existência não tenha prévio conhecimento e o colaborador: (Redação dada pela Lei nº 13.964, de 2019)

I - não for o líder da organização criminosa;

II - for o primeiro a prestar efetiva colaboração nos termos deste artigo.

§ 4º-A. Considera-se existente o conhecimento prévio da infração quando o Ministério Público ou a autoridade policial competente tenha instaurado inquérito ou procedimento investigatório para apuração dos fatos apresentados pelo colaborador. (Incluído pela Lei nº 13.964, de 2019)

Não oferecimento da denúncia. Acordo de imunidade. Esse benefício poderá ser concedida o réu colaborador desde que o mesmo, de acordo com requisitos estabelecidos pela lei, não seja o líder da organização criminosa e tenha sido o primeiro a prestar efetiva colaboração. Assim, se o Ministério Público tiver o conhecimento prévio da infração, nos termos do §4º-A, não se poderá adotar a medida, que se apresenta como mais uma mitigação no ordenamento jurídico pátrio ao princípio da obrigatoriedade da ação penal. Caso firmado o acordo de imunidade, será promovido o arquivamento, que se submeterá à disciplina do artigo 28 Código de Processo Penal, caso não homologado pelo juiz.

Necessidade do prévio sobrestamento para o não oferecimento da denúncia. Na medida em que a lei condiciona a premiação do réu à eficácia de sua colaboração, comungamos do entendimento de que a medida de não oferecimento da denúncia deve ser precedida do sobrestamento mencionado no parágrafo terceiro, quando imprescindível para que se possa aferir a presença dos requisitos que a lei exige para aquela providência. Entretanto, a suspensão não se dá de forma automática, devendo ser requerida pelo Ministério Público, pois, muitas vezes, estando a eficácia da colaboração comprovada de plano, não se faz necessária a medida de apoio.

Natureza do acordo de imunidade. Instituto de justiça negocial trata-se de nova hipótese de arquivamento de procedimento inquisitorial preliminar com relação ao réu colaborador.

> § 5º Se a colaboração for posterior à sentença, a pena poderá ser reduzida até a metade ou será admitida a progressão de regime ainda que ausentes os requisitos objetivos.

Colaboração após a sentença. A lei prevê a hipótese de colaboração ser prestada mesmo depois de ter sido prolatada a sentença condenatória. Trata-se da denominada colaboração tardia. Na hipótese, o juiz poderá reduzir a pena da metade ou mesmo admitir que o condenado ingresse em regime menos severo de cumprimento de pena, independentemente da satisfação de requisitos de ordem objetiva.

Há de se observar, contudo, que a lei, ao conceder essa possibilidade de prêmio ao condenado, não dispensa a comprovação dos requisitos de cunho subjetivo, devendo-se, assim, pontuar que a benesse, ainda que eficaz a colaboração, não poderá ser concedida a quem não preencha os requisitos referentes ao bom comportamento carcerário.

A reparação do dano. A lei penal menciona, no artigo 33, § 4º, do CP, abaixo transcrito, a reparação do dano nos crimes praticados contra a administração pública como requisito objetivo para a progressão, requisito este que também poderá ser dispensado para fins de progressão na hipótese de colaboração tardia, considerando-se o disposto no artigo 4º, § 5º da Lei nº 12.850/13:

> (CP) Art. 33, § 4º O condenado por crime contra a administração pública terá a progressão de regime do cumprimento da pena condicionada à reparação do dano que causou, ou à devolução do produto do ilícito praticado, com os acréscimos legais. (Incluído pela Lei nº 10.763, de 12.11.2003)

Meio adequado para reconhecer a colaboração premiada depois do trânsito em julgado da sentença condenatória. Sobre a matéria, duas correntes doutrinárias se formaram:

1. Através de revisão criminal, desde que os corréus não tenham sido absolvidos definitivamente no processo inicial;

2. Através de mero petitório ao Juízo da execução, em incidente anômalo de execução penal. Este é o nosso entendimento.

> § 6º O juiz não participará das negociações realizadas entre as partes para a formalização do acordo de colaboração, que ocorrerá entre o delegado de polícia, o investigado e o defensor, com a manifestação do Ministério Público, ou, conforme o caso, entre o Ministério Público e o investigado ou acusado e seu defensor.

A não participação do magistrado no acordo de colaboração. Buscando preservar o sistema acusatório, a lei prevê que o juiz não participará das negociações para o acordo de colaboração.

> § 7º Realizado o acordo na forma do § 6º deste artigo, serão remetidos ao juiz, para análise, o respectivo termo, as declarações do colaborador e cópia da investigação, devendo o juiz ouvir sigilosamente o colaborador, acompanhado de seu defensor, oportunidade em que analisará os seguintes aspectos na homologação: (Redação dada pela Lei nº 13.964, de 2019)
>
> I – regularidade e legalidade; (Incluído pela Lei nº 13.964, de 2019)
>
> II – adequação dos benefícios pactuados àqueles previstos no *caput* e nos §§ 4º e 5º deste artigo, sendo nulas as cláusulas que violem o critério de definição do regime inicial de cumprimento de pena do art. 33 do Decreto-Lei nº 2.848, de 7 de dezembro de 1940 (Código Penal), as regras de cada um dos regimes previstos no Código Penal e na Lei nº 7.210, de 11 de julho de 1984 (Lei de Execução Penal) e os requisitos de progressão de regime não abrangidos pelo § 5º deste artigo; (Incluído pela Lei nº 13.964, de 2019)
>
> III – adequação dos resultados da colaboração aos resultados mínimos exigidos nos incisos I, II, III, IV e V do *caput* deste artigo; (Incluído pela Lei nº 13.964, de 2019)
>
> IV – voluntariedade da manifestação de vontade, especialmente nos casos em que o colaborador está ou esteve sob efeito de medidas cautelares. (Incluído pela Lei nº 13.964, de 2019)
>
> § 7º-A O juiz ou o tribunal deve proceder à análise fundamentada do mérito da denúncia, do perdão judicial e das primeiras etapas de aplicação da pena, nos termos do Decreto-Lei nº 2.848, de 7 de dezembro de 1940 (Código Penal) e do Decreto-Lei nº 3.689, de 3 de outubro de 1941 (Código de Processo Penal), antes de conceder os benefícios pactuados,

exceto quando o acordo prever o não oferecimento da denúncia na forma dos §§ 4º e 4º-A deste artigo ou já tiver sido proferida sentença. (Incluído pela Lei nº 13.964, de 2019)

§ 7º-B. São nulas de pleno direito as previsões de renúncia ao direito de impugnar a decisão homologatória. (Incluído pela Lei nº 13.964, de 2019)

§ 8º O juiz poderá recusar a homologação da proposta que não atender aos requisitos legais, devolvendo-a às partes para as adequações necessárias. (Redação dada pela Lei nº 13.964, de 2019)

A intervenção do juiz e a homologação do acordo. Embora não participe e nem possa participar das negociações referentes ao acordo de colaboração, o juiz homologará o mesmo, cabendo-lhe analisar se a proposta atendeu aos requisitos legais. Ao homologar o acordo de colaboração, o juiz verificará sua regularidade e legalidade, adequação dos benefícios pactuados e adequação dos resultados da colaboração aos resultados mínimos exigidos. Observará, ainda, a voluntariedade da manifestação de vontade, especialmente nos casos em que o colaborador está ou esteve sob efeito de medidas cautelares. A lei considera nulas clausulas que versem sobre regime inicial de cumprimento de pena e os requisitos de progressão, excetuando os previstos no art. 4º, § 5º, referentes à colaboração tardia.

Impossibilidade de fixação de *quantum* de diminuição de pena no acordo. Temos que não deverão ser homologadas propostas que tragam o quantum de diminuição de pena preestabelecido. A uma porque a fixação da pena cabe ao magistrado e, assim, Delegado de Polícia e Ministério Público não podem pactuar algo que não poderão cumprir. A duas porque, caso fosse pactuada a quantidade de pena a ser diminuída e o magistrado homologasse, estaria o magistrado antecipadamente condenando e fixando a diminuição de pena, independentemente do que o processo revelaria quanto à eficácia da colaboração, o que se mostra inaceitável.

Frise-se que, ao homologar o acordo, o juiz não está emitindo qualquer juízo de valor sobre as declarações do colaborador, consoante decisão do Tribunal Pleno do Supremo Tribunal Federal nos autos do HC 127.483:

> (...) 5. A homologação judicial do acordo de colaboração, por consistir em exercício de atividade de delibação, limita-se a aferir a regularidade, a voluntariedade e a legalidade do acordo, não havendo qualquer juízo de valor a respeito das declarações do colaborador.

Em 2017, quando da análise do PET 7074, a Corte destacou que a homologação do acordo se trata de provimento interlocutório – o qual não julga o mérito da pretensão acusatória, mas resolve uma questão incidente – reafirmando sua natureza meramente homologatória, salientando que a homologação não confere o signo da idoneidade aos depoimentos posteriores do colaborador.

A impossibilidade de readequação do acordo pelo magistrado. Pela antiga redação do §8º, caso o juiz recusasse a homologação da proposta, poderia adequá-la. A

Lei 13964 de 2019 modificou a redação do dispositivo para, em consonância com as regras por ela trazidas e que consagram a natureza acusatória do processo penal brasileiro, determinar seja a proposta devolvida para que as partes façam as readequações necessárias.

Colaboração premiada e encontro fortuito de provas referente a autoridade com foro por prerrogativa de função. O Supremo Tribunal Federal possui orientação no sentido de que são válidos os elementos probatórios indicativos da participação de pessoas detentoras de prerrogativa de foro colhidos fortuitamente no curso de medidas investigativas envolvendo indivíduos sem essa prerrogativa.

Trata-se de hipótese de serendipidade, ou seja, encontro fortuito de provas. Nessa linha, o STJ fixou, quando do julgamento da Rcl 31629/PR, fazendo uso da Teoria do juízo aparente, que as provas colhidas ou autorizadas por juízo aparentemente competente a época da autorização ou produção podem ser ratificadas *a posteriori*.

Fixou, assim, que a homologação de acordo de colaboração premiada por juiz de primeiro grau de jurisdição, que mencione autoridade com prerrogativa de foro no STJ, não traduz em usurpação de competência daquela Corte Superior, desde que os autos sejam encaminhados imediatamente ao foro prevalente, definido segundo o art. 78, III, do CPP, o qual é o único competente para resolver sobre a existência de conexão ou continência e acerca da conveniência do desmembramento do processo. Segue transcrição:

> PROCESSUAL PENAL. RECLAMAÇÃO. DENÚNCIA. ENCONTRO FORTUITO DE PROVAS. AUTORIDADE COM PRERROGATIVA DE FORO. COLABORAÇÃO PREMIADA. ART. 4º DA LEI 12.850/13. NEGÓCIO JURÍDICO PROCESSUAL. EFEITOS. ATUAÇÃO JURISDICIONAL. EXAME DAS GARANTIAS DO COLABORADOR. CONEXÃO E CONTINÊNCIA DE CRIMES. MODIFICAÇÃO DA COMPETÊNCIA. EXAME. FORO PREVALENTE. USURPAÇÃO DE COMPETÊNCIA. CONFIGURAÇÃO.
>
> 1. O propósito da presente reclamação é determinar se o juízo de primeiro grau de jurisdição estaria usurpando a competência do STJ ao homologar acordo de delação premiada na qual é mencionado o nome de pessoa com prerrogativa de foro nesta Corte ou ao processar os fatos atribuídos ao reclamante e que seriam conexos ou continentes àqueles imputados à referida autoridade.
>
> 2. A fase investigativa de crimes imputados a autoridades com prerrogativa de foro no STJ ocorre sob a supervisão desta Corte, a qual deve ser desempenhada durante toda a tramitação das investigações desde a abertura dos procedimentos investigatórios até o eventual oferecimento, ou não, de denúncia.
>
> 3. A colaboração premiada somou à já existente previsão de qualquer pessoa do povo contribuir com a investigação criminal de crime de ação penal pública incondicionada (arts. 5º, § 3º, e 27 do

CPP) a possibilidade de, quando se tratar de coautor ou partícipe, obter benefícios processuais e materiais penais.

4. Quanto ao aspecto processual, a natureza jurídica da colaboração premiada é de *delatio criminis*, porquanto é mero recurso à formação da convicção da acusação e não elemento de prova, sendo insuficiente para subsidiar, por si só, a condenação de alguém.

5. O acordo de colaboração não se confunde com seu conteúdo, razão pela qual as informações prestadas pelo colaborador podem se referir a crimes ou pessoas diversas do objeto inicial da investigação, ficando configurado, nessa hipótese, o encontro fortuito de provas.

6. Como consequência da serendipidade, aplica-se a teoria do juízo aparente, segundo a qual não há nulidade na colheita de elementos de convicção autorizada por juiz até então competente para supervisionar a investigação.

7. Ocorrendo a descoberta fortuita de indícios do envolvimento de pessoa com prerrogativa de foro, os autos devem ser encaminhados imediatamente ao foro prevalente, definido segundo o art. 78, III, do CPP, o qual é o único competente para resolver sobre a existência de conexão ou continência e acerca da conveniência do desmembramento do processo.

8. Na presente hipótese, embora os indícios do suposto envolvimento de pessoa com prerrogativa de foro tenham surgido de forma fortuita, os autos da investigação até então procedida não foram encaminhados ao STJ, o que configura usurpação de sua competência.

9. Reclamação julgada parcialmente procedente. (Rcl 31.629-PR, Rel. Min. Nancy Andrighi, por unanimidade, julgado em 20/09/2017, DJe 28/09/2017.)

Deve-se, inclusive, destacar que o julgado se refere, ainda, à possibilidade das informações prestadas pelo colaborador se relacionarem a crimes diversos daqueles que dão causa ao acordo.

Competência para homologação do acordo de colaboração no STF. O Plenário do Supremo Tribunal Federal, por maioria, resolvendo questão de ordem nos autos do PET 7074, em junho de 2017, reafirmou, nos limites dos §§ 7º e 11 do art. 4º (1) da Lei 12.850/2013 e incisos I e II do art. 21 (2) do Regimento Interno do STF (RISTF), a atribuição do relator para, monocraticamente, homologar acordos de colaboração premiada, oportunidade na qual se limita ao juízo de regularidade, legalidade e voluntariedade da avença.

A rigor, não se pode ter dúvidas acerca da competência para homologar o acordo de colaboração como ato inserido nas atribuições regimentais do relator. Afinal, o art. 21, I e II, do RISTF confere ao relator poderes instrutórios para ordenar, de forma singular, a realização de quaisquer meios de obtenção de provas, o que é o caso do acordo de colaboração premiada. Assim já havia se manifestado a Corte anteriormente, quando do julgamento do HC 127.483/PR.

Na homologação, o juízo é preliminar, preambular. Do colegiado, por óbvio, será a competência para avaliar, em decisão final de mérito, o cumprimento dos termos, bem como a eficácia do acordo, definindo a extensão da colaboração e analisando o benefício respectivo.

Recurso contra a decisão que nega a homologação de acordo de colaboração. Entendemos que a decisão neste sentido desafia recurso em sentido estrito, nos termos do artigo 581, XXV, do CPP. Embora o dispositivo citado faça menção apenas à recusa à homologação de proposta de acordo de não persecução criminal, sustentamos a possibilidade de sua aplicação à recusa de homologação do acordo de colaboração, por interpretação lógica, hoje admitida na análise das hipóteses trazidas pelo dispositivo mencionado.

Todavia, não foi esse o entendimento sufragado pelo STJ:

> RECURSO ESPECIAL. DECISÃO QUE RECUSA A HOMOLOGAÇÃO DE ACORDO DECOLABORAÇÃO PREMIADA. RECURSO CABÍVEL. AUSÊNCIA DE PREVISÃOLEGISLATIVA EXPRESSA. DÚVIDA OBJETIVA. APLICAÇÃO DO PRINCÍPIO DAFUNGIBIBILIDADE. RECURSO ESPECIAL CONHECIDO E PROVIDO.1. A teor das disposições contidas na Lei n. 12.850/2013, realizado o acordo de colaboração premiada, serão remetidos ao juiz, para verificação de sua regularidade, legalidade, adequação e voluntariedade, os termos do ajuste, as declarações do colaborador e cópia da investigação. Tem-se, nessa fase, a fiscalização dos aspectos previstos no art. 4º, § 7º, do mesmo regramento legal, com redação incluída pela Lei n. 13.964/2019.2. O magistrado poderá recusar a homologação da proposta que não atender aos requisitos legais e esse ato judicial tem conteúdo decisório, pois impede o meio de obtenção da prova. Entretanto, não existe previsão normativa sobre o recurso cabível para a suaimpugnação.3. Nesse contexto, ante a lacuna na lei, o operador do direito tem de identificar, entre os instrumentos recursais existentes no direito processual penal, aquele mais adequado para a revisão da decisão proferida em primeira instância.4. Analisadas as espécies de recursos elencados no Código de Processo Penal, tem-se que a apelação criminal é apropriada para confrontar a decisão que recusar a homologação da proposta de acordo de colaboração premiada.5. O ato judicial: a) não ocasiona uma situação de inversãotumultuária do processo, a atrair o uso da correição parcial e b)tem força definitiva, uma vez que impede o negócio jurídico processual, com prejuízo às partes interessadas. Ademais, o cabimento do recurso em sentido estrito está taxativamente previsto no art. 581 do CPP e seus incisos não tratam de hipótese concreta que se assemelha àquela prevista no art. 4°, § 8°, da Lei n.12.850/2013.6. De toda forma, ante a exis-

> tência de dúvida objetiva quanto ao instrumento adequado para combater o provimento jurisdicional, não constitui erro grosseiro o manejo de correição parcial, principalmente quando esse instrumento foi aceito em situações outras pelo Tribunal. Interposta a insurgência no interstício de cinco dias, sem que se possa falar em sua intempestividade, era perfeitamente aplicável o princípio da fungibilidade recursal. Foi violado o art. 579 do CPP, uma vez que: "salvo a hipótese de má-fé,a parte não será prejudicada pela interposição de um recurso poroutro".7. Recurso especial conhecido e provido, para determinar o recebimento da correição parcial interposta pelo Ministério Público como apelação criminal.(STJ - REsp 1834215 / RS 2019/0254045-2, Relator: Ministro ROGERIO SCHIETTI CRUZ (1158), Data do Julgamento: 27/10/2020, Data da Publicação: 12/11/2020, T6 - SEXTA TURMA)

§ 9º Depois de homologado o acordo, o colaborador poderá, sempre acompanhado pelo seu defensor, ser ouvido pelo membro do Ministério Público ou pelo delegado de polícia responsável pelas investigações.

§ 10. As partes podem retratar-se da proposta, caso em que as provas autoincriminatórias produzidas pelo colaborador não poderão ser utilizadas exclusivamente em seu desfavor.

Retratação da proposta. A lei permite que as partes se retratem do acordo de colaboração firmado, desde que a retratação seja feita antes da homologação do mesmo pelo Poder Judiciário. A retratação pode ser tanto do colaborador quanto do Ministério Público.

Ilegitimidade do correu para impugnar acordo de colaboração. O Supremo Tribunal Federal já entendeu que o correu não tem legitimidade para impugnar acordo de delação, que não o vincula, tratando-se de negócio personalíssimo celebrado com o delator. Neste sentido:

> Ementa: AGRAVO REGIMENTAL. REVOGAÇÃO DE BENEFÍCIO A COLABORADORES, EM RAZÃO DE ALEGADA FALSIDADE NAS DECLARAÇÕES. PEDIDO FORMALIZADO POR TERCEIRO ESTRANHO AO ACORDO. CONTEÚDO DOS DEPOIMENTOS QUE DEVE SER APRECIADO SOMENTE NAS EVENTUAIS AÇÕES PENAIS. DESPROVIMENTO. 1. Conforme assentado pelo Plenário do Supremo Tribunal Federal, é incabível pedido de terceiro estranho à colaboração premiada, para revogação de benefícios ajustados com delatores, porque a avaliação da veracidade das declarações somente pode ocorrer no âmbito das ações penais eventualmente propostas (HC 127.483, Rel. Min. DIAS TOFFOLI, j. 27.8.2015). 2. Agravo regimental a que se nega provimento. (Pet 5885 AgR / DF - Relator(a): Min. TEORI ZAVASCKI. Julgamento: 05/04/2016. Órgão Julgador: Segunda Turma)

> (...) Por se tratar de negócio jurídico personalíssimo, o acordo de colaboração premiada não pode ser impugnado por coautores ou partícipes do colaborador na organização criminosa e nas infrações penais por ela praticadas, ainda que venham a ser expressamente nominados no respectivo instrumento no "relato da colaboração e seus possíveis resultados" (art. 6º, I, da Lei nº 12.850/13). (...) (HC 127483 / PR -- PARANÁ. Relator(a): Min. DIAS TOFFOLI. Julgamento: 27/08/2015. Órgão Julgador: Tribunal Pleno)

§ 10-A Em todas as fases do processo, deve-se garantir ao réu delatado a oportunidade de manifestar-se após o decurso do prazo concedido ao réu que o delatou. (Incluído pela Lei nº 13.964, de 2019)

Direito do delatado de se manifestar após delator. O Código de Processo Penal não estabelece ordem para que, na hipótese de mais de um réu, se manifestem. Contudo, consoante artigo 400 do CPP, o acusado não poderá ser ouvido antes das testemunhas. Ora, quando um correu se manifesta, revelando fato praticado por outro, deve ser tratado como testemunha, pois seu depoimento será usado em desfavor do delatado. Destarte, não se pode admitir, em homenagem ao contraditório e à ampla defesa, que o réu delator se manifeste após o delatado. Portanto, no caso de delação, primeiro deve ser ouvido o delator, qualquer que seja a fase do processo, para, somente depois e com oportunidade para refutar, ponto a ponto, tudo que contra ele foi dito, se manifestar o delatado. Esse entendimento foi sufragado pelo STF no HC 157.627.

> O réu delatado tem o direito de apresentar suas alegações finais somente após o réu delator. Os réus colaboradores não podem se manifestar por último (ou no mesmo prazo dos réus delatados) porque as informações trazidas por eles possuem uma carga acusatória. O direito fundamental ao contraditório e à ampla defesa deve permear todo o processo legal, garantindo-se sempre a possibilidade de a defesa se manifestar depois do agente acusador. Vale ressaltar que pouco importa a qualificação jurídica do agente acusador: Ministério Público ou corréu colaborador. Se é um "agente acusador", a defesa deve falar depois dele. Ao se permitir que os réus colaboradores falem por último (ou simultaneamente com os réus delatados), há uma inversão processual que ocasiona sério prejuízo ao delatado, tendo em vista que ele não terá oportunidade de repelir os argumentos eventualmente incriminatórios trazidos pelo réu delator ou para reforçar os favoráveis à sua defesa. Permitir o oferecimento de memoriais escritos de réus colaboradores, de forma simultânea ou depois da defesa — sobretudo no caso de utilização desse meio de prova para prolação da condenação —, compromete o pleno exercício do contraditório, que pressupõe o direito de a defesa falar por último, a

fim de poder reagir às manifestações acusatórias. STF. 2ª Turma. HC 157627 AgR/PR, rel. orig. Min. Edson Fachin, red. p/ o ac. Min. Ricardo Lewandowski, julgado em 27/8/2019 (Info 949).

O posicionamento adotado pelo STF foi consagrado no art. 4º, § 10-A, da Lei nº 12.850/13, fruto de inserção feita pela Lei nº 13.964, de 2019. Atualmente, portanto, não se pode duvidar que, em todas as fases do processo, deve-se garantir ao réu delatado que se manifeste após o decurso do prazo concedido ao réu que o delatou. A regra deve ser usada em todo e qualquer processo em que há delação, ainda que não se refira a crime de organização criminosa, pois deriva da observância do contraditório, oportunizando chances reais de defesa.

§ 11. A sentença apreciará os termos do acordo homologado e sua eficácia.

§ 12. Ainda que beneficiado por perdão judicial ou não denunciado, o colaborador poderá ser ouvido em juízo a requerimento das partes ou por iniciativa da autoridade judicial.

§ 13. O registro das tratativas e dos atos de colaboração deverá ser feito pelos meios ou recursos de gravação magnética, estenotipia, digital ou técnica similar, inclusive audiovisual, destinados a obter maior fidelidade das informações, garantindo-se a disponibilização de cópia do material ao colaborador. (Redação dada pela Lei nº 13.964, de 2019)

§ 14. Nos depoimentos que prestar, o colaborador renunciará, na presença de seu defensor, ao direito ao silêncio e estará sujeito ao compromisso legal de dizer a verdade.

Compromisso legal de dizer a verdade firmado pelo réu colaborador. Ao prestar suas informações, o colaborador deve se comprometer a dizer a verdade e, caso venha, a pretexto de colaborar com a Justiça, a imputar falsamente, a prática de infração penal a pessoa que sabe ser inocente, ou revelar informações sobre a estrutura de organização criminosa que sabe inverídicas, estará praticando conduta em tese criminosa, tal qual descrito no artigo 19 da lei em comento.

Direito a reperguntas pelo defensor do réu delatado. Ao atribuir a outra(s) pessoa(s) a autoria de um crime, o colaborador atuará como verdadeira testemunha com relação aquilo que disser acerca dos delatados, sendo majoritário no STJ e o Supremo Tribunal Federal, considerando-se os julgados mais recentes a respeito do tema, que, na hipótese de delatar outro acusado por ocasião de seu interrogatório, sobrevém para a defesa do réu delatado, em razão do contraditório assegurado constitucionalmente, o direito de apresentar reperguntas ao delator.

PROCESSO PENAL. HABEAS CORPUS. INTERROGATÓRIO. CO-RÉU DELATOR. POSSIBILIDADE DE REPERGUNTAS PELA DEFESA DO DELATADO. RECONHECIMENTO. CONSTRANGIMENTO ILEGAL. OCORRÊNCIA. 1. O interrogatório é essencialmente meio de defesa. No entanto, se do interrogatório exsurgir delação de outro acusado, sobrevém para a defesa deste o direito de apresentar reperguntas. Tal decorre de um modelo processual penal garantista, marcado pelo devido processo legal, generoso feixe de garantias. A vedação do exercício de tal direito macula o contraditório e revela nulidade irresgatável. (HC 83875 / GO. Relator(a) p/ Acórdão Ministra MARIA THEREZA DE ASSIS MOURA. SEXTA TURMA. Julgamento: 25/03/2008)

RECURSO ESPECIAL. PROCESSO PENAL. OITIVA DA TESTEMUNHA SEM A PRESENÇA DO RÉU. AUSÊNCIA DE NULIDADE. NEGATIVA DE PARTICIPAÇÃO NO INTERROGATÓRIO DO CORRÉU. CERCEAMENTO DE DEFESA. RECURSO PROVIDO.1. O artigo 217 do Código de Processo Penal faculta ao juiz a inquirição da vítima ou da testemunha sem a presença do acusado, desde que devidamente representado por seu defensor e aquela manifeste constrangimento para depor em tal circunstância. 2. O devido processo legal, importante cláusula constitucional, congrega feixe de garantias que assegura, materialmente, o justo processo, daí defluindo o fundamento para se estabelecer a franca possibilidade da participação do advogado em interrogatório de réu diverso daquele que defende. 3. Recurso parcialmente provido. (REsp 1181015 / SP Relator(a) Ministra MARIA THEREZA DE ASSIS MOURA Órgão Julgador. SEXTA TURMA. Data do Julgamento: 19/03/2013)

INTERROGATÓRIO – CORRÉUS – FORMULAÇÃO DE PERGUNTAS – ARTIGO 188 DO CÓDIGO DE PROCESSO PENAL. Implica transgressão ao devido processo legal, ao direito de defesa, indeferir pedido de defensor técnico visando respostas de corréu a perguntas correspondentes aos fatos envolvidos – Precedente: Habeas Corpus nº 94.016, Segunda Turma, relator ministro Celso de Mello, apreciado em 16 de setembro de 2008. (HC 115714 / SP – SÃO PAULO. HABEAS CORPUS, Relator(a): Min. MARCO AURÉLIO, Julgamento: 16/12/2014 Órgão Julgador: Primeira Turma)

HABEAS CORPUS. DESABAMENTO OU DESMORONAMENTO. INTERROGATÓRIO DE CORRÉU. NEGATIVA DE PARTICIPAÇÃO ATIVA DO DEFENSOR DO PACIENTE. ART. 188 DO CÓDIGO DE PROCESSO PENAL. POSSIBILIDADE DE FORMULAÇÃO DE QUESTIONAMENTOS. AMPLA DEFESA. CONTRADITÓRIO. OFENSA. CONSTRANGIMENTO ILEGAL EVIDENCIADO. PREJUDICIALIDADE DOS DEMAIS PEDIDOS. ORDEM CONCEDIDA. 1. A Constituição Federal garante ao jurisdicionado a ampla defesa e o contraditório em qualquer processo judicial, garantias que ganham relevância na persecução penal, já que por meio desta é que o Estado alcança a legitimidade para coarctar a liberdade do indivíduo responsável pela prática de conduta descrita como fato delituoso. 2. O interrogatório é tam-

> bém um meio de prova, e para que seja validamente introduzido no processo deve atender às garantias constitucionais instituídas em favor do acusado. 3. Para o ato do interrogatório nas ações penais com pluralidade de réus, o Código de Processo Penal prevê apenas que estes devem ser interrogados separadamente, o que não significa, por si só, que a inquirição complementar seja feita apenas pelo próprio defensor e pelo órgão acusatório, sob pena de ofensa ao contraditório e à paridade de armas que deve ser resguardada no processo penal. 4. Não há no Código de Processo Penal nenhum comando proibitivo à participação do defensor do corréu no ato do interrogatório, estabelecendo o seu artigo 188, com a redação dada pela Lei n. 10.792/03, que "Após proceder ao interrogatório, o juiz indagará as partes se restou algum fato para ser esclarecido, formulando as perguntas correspondentes se o entender pertinente e relevante", razão pela qual não é dado ao intérprete restringir esse direito, que tem assento em princípios constitucionais. 5. Ordem concedida para anular a ação penal desde o interrogatório dos acusados, inclusive, ficando prejudicada a análise dos pleitos remanescentes. (HC 198668 / SC HABEAS CORPUS 2011/0040923-5. Relator(a) Ministro JORGE MUSSI (1138) Órgão Julgador T5 - QUINTA TURMA Data do Julgamento.04/09/2012).

Vinculação judicial ao acordo homologado. No acordo de colaboração devidamente homologado, se tem uma promessa quanto à aplicação dos benefícios legais de que trata o artigo 4º, desde que se conclua pela efetividade da colaboração. Nesta ordem de ideias, o acordo de colaboração tem a sua eficácia condicionada à uma sentença em que se reconheça a prática de fato típico, ilícito e culpável pelo agente colaborador. Nela, o juiz necessariamente deverá observar o que foi avençado, considerando-se o disposto no art. 4º, § 11. Uma vez cumprido aquilo que restou acordado, outra medida não caberá ao magistrado que não aplicar o benefício prometido. Não fosse assim, restaria completamente esvaziado o instituto, criando-se insegurança jurídica. Os princípios da segurança jurídica e da proteção da confiança tornam indeclinável o dever estatal de honrar o compromisso assumido no acordo de colaboração. Assim, o juiz, que realizou o controle quando da homologação do acordo, não poderá retratar-se na sentença caso cumpridos todos os seus termos. Atentemos para a jurisprudência do STJ, igualmente neste sentido:

> (...) A delação premiada, por implicar traição do corréu ao comparsa do crime, não pode servir de instrumento a favor do Estado, que tem o dever de produzir provas suficientes para o decreto condenatório.8. Ao delator deve ser assegurada a incidência do benefício quando da sua efetiva colaboração resulta a apuração da verdade real. (...) (STJ. QUINTA TURMA. HC 97509 / MG. Ministro ARNALDO ESTEVES LIMA. Julgado em 15/06/2010)

§ 15. Em todos os atos de negociação, confirmação e execução da colaboração, o colaborador deverá estar assistido por defensor.

§ 16. Nenhuma das seguintes medidas será decretada ou proferida com fundamento apenas nas declarações do colaborador: (Redação dada pela Lei nº 13.964, de 2019)

I – medidas cautelares reais ou pessoais; (Incluído pela Lei nº 13.964, de 2019)

II – recebimento de denúncia ou queixa-crime; (Incluído pela Lei nº 13.964, de 2019)

III – sentença condenatória. (Incluído pela Lei nº 13.964, de 2019).

Regra da corroboração. A lei em comento expressamente dispõe, tal qual doutrina e jurisprudência sempre lecionaram, que a sentença do delatado não pode ser fundamentada apenas nas declarações do réu colaborador. Deve-se ter em mente que a colaboração não é meio de prova, mas meio de obtenção de prova e, assim, para respaldar uma sentença condenatória, deverá estar em consonância com as provas produzidas no processo a partir das declarações prestadas pelo réu colaborador. A corroboração pode se dar por intermédio de qualquer meio de prova ou meio de obtenção de prova: documentos, depoimentos, perícias, interceptações telefônicas etc. Pela atual redação do dispositivo, com alterações provocadas pela Lei 13.964, de 2019, nem mesmo o recebimento da denúncia e a decretação de prisão cautelar e medidas assecuratórias em geral podem levar única e exclusivamente em conta a palavra do colaborador.

§ 17. O acordo homologado poderá ser rescindido em caso de omissão dolosa sobre os fatos objeto da colaboração. (Incluído pela Lei nº 13.964, de 2019)

§ 18. O acordo de colaboração premiada pressupõe que o colaborador cesse o envolvimento em conduta ilícita relacionada ao objeto da colaboração, sob pena de rescisão. (Incluído pela Lei nº 13.964, de 2019)

Rescisão do acordo de colaboração. Prevista em parágrafo acrescentado ao art. 4º pela Lei nº 13.964 de 2019, que tem como seu principal objetivo a preservação do sistema acusatório, a rescisão não poderá ser feita de ofício pelo magistrado, que deverá ser provocado neste sentido.

Art. 5º São direitos do colaborador:

I – usufruir das medidas de proteção previstas na legislação específica;

II – ter nome, qualificação, imagem e demais informações pessoais preservados;

III – ser conduzido, em juízo, separadamente dos demais coautores e partícipes;

IV - participar das audiências sem contato visual com os outros acusados;

V - não ter sua identidade revelada pelos meios de comunicação, nem ser fotografado ou filmado, sem sua prévia autorização por escrito;

VI - cumprir pena ou prisão cautelar em estabelecimento penal diverso dos demais corréus ou condenados. (Redação dada pela Lei nº 13.964, de 2019).

Direitos do réu colaborador. Todos os direitos que a lei garante ao réu colaborador no dispositivo em estudo podem ser renunciados pelo mesmo ou por seu defensor. A renúncia de que agora tratamos pode ocorrer tanto no acordo ou mesmo em momento posterior.

Medidas de proteção previstas na legislação específica. Aqui, a referência é feita à Lei nº 9.807/99, que, em seu artigo 7º, dispõe sobre medidas de proteção que poderão ser adotadas em benefício do réu colaborador. Senão, vejamos:

> Art. 7º Os programas compreendem, dentre outras, as seguintes medidas, aplicáveis isolada ou cumulativamente em benefício da pessoa protegida, segundo a gravidade e as circunstâncias de cada caso:
>
> I - segurança na residência, incluindo o controle de telecomunicações;
>
> II - escolta e segurança nos deslocamentos da residência, inclusive para fins de trabalho ou para a prestação de depoimentos;
>
> III - transferência de residência ou acomodação provisória em local compatível com a proteção;
>
> IV - preservação da identidade, imagem e dados pessoais;
>
> V - ajuda financeira mensal para prover as despesas necessárias à subsistência individual ou familiar, no caso de a pessoa protegida estar impossibilitada de desenvolver trabalho regular ou de inexistência de qualquer fonte de renda;
>
> VI - suspensão temporária das atividades funcionais, sem prejuízo dos respectivos vencimentos ou vantagens, quando servidor público ou militar;
>
> VII - apoio e assistência social, médica e psicológica;
>
> VIII - sigilo em relação aos atos praticados em virtude da proteção concedida;
>
> IX - apoio do órgão executor do programa para o cumprimento de obrigações civis e administrativas que exijam o comparecimento pessoal.
>
> Parágrafo único. A ajuda financeira mensal terá um teto fixado pelo conselho deliberativo no início de cada exercício financeiro.

Alteração de nome do réu colaborador. A mudança de nome do réu colaborador, extensível a seu cônjuge, companheiro e familiares que com ele convivam, está prevista como medida de proteção no artigo 9º da Lei nº 9.807/99.

> Art. 9º Em casos excepcionais e considerando as características e gravidade da coação ou ameaça, poderá o conselho deliberativo encaminhar requerimento da pessoa protegida ao juiz competente para registros públicos objetivando a alteração de nome completo.
>
> § 1º A alteração de nome completo poderá estender-se às pessoas mencionadas no § 1º do art. 2º desta Lei, inclusive aos filhos menores, e será precedida das providências necessárias ao resguardo de direitos de terceiros.
>
> § 2º O requerimento será sempre fundamentado e o juiz ouvirá previamente o Ministério Público, determinando, em seguida, que o procedimento tenha rito sumaríssimo e corra em segredo de justiça.
>
> § 3º Concedida a alteração pretendida, o juiz determinará na sentença, observando o sigilo indispensável à proteção do interessado:
>
> I – a averbação no registro original de nascimento da menção de que houve alteração de nome completo em conformidade com o estabelecido nesta Lei, com expressa referência à sentença autorizatória e ao juiz que a exarou e sem a aposição do nome alterado;
>
> II – a determinação aos órgãos competentes para o fornecimento dos documentos decorrentes da alteração;
>
> III – a remessa da sentença ao órgão nacional competente para o registro único de identificação civil, cujo procedimento obedecerá às necessárias restrições de sigilo.
>
> § 4º O conselho deliberativo, resguardado o sigilo das informações, manterá controle sobre a localização do protegido cujo nome tenha sido alterado.
>
> § 5º Cessada a coação ou ameaça que deu causa à alteração, ficará facultado ao protegido solicitar ao juiz competente o retorno à situação anterior, com a alteração para o nome original, em petição que será encaminhada pelo conselho deliberativo e terá manifestação prévia do Ministério Público.

Prioridade na tramitação de processos e inquéritos. A Lei nº 9.807/99, com as alterações trazidas pela Lei nº 12.483/11, também prevê prioridade na tramitação para o inquérito e o processo em que figure réu colaborador, visando, com a medida, proteger os mesmos dos riscos inerentes ao instituto.

> Art. 19-A. Terão prioridade na tramitação o inquérito e o processo criminal em que figure indiciado, acusado, vítima ou réu colaboradores, vítima ou testemunha protegidas pelos programas de que trata esta Lei. (Incluído pela Lei nº 12.483, de 2011)

Inclusão em programa de proteção. Deve-se observar que a inclusão no programa de proteção de que trata a Lei nº 9.807/99 não se dá por determinação do juiz, que, assim, não é autoridade competente para aplicação da medida, considerando-se que o ingresso, consoante disciplina trazida pela Lei nº 9.807/99, fica a critério de um Conselho Deliberativo. Assim, o Ministério Público, a autoridade policial e o Poder Judiciário poderão encaminhar solicitação de inclusão que, assim, será acatada, ou não, pelo Conselho, depois da necessária oitiva do Ministério Público. Senão, vejamos:

> Art. 3º Toda admissão no programa ou exclusão dele será precedida de consulta ao Ministério Público sobre o disposto no art. 2º e deverá ser subseqüentemente comunicada à autoridade policial ou ao juiz competente.
>
> Art. 5º A solicitação objetivando ingresso no programa poderá ser encaminhada ao órgão executor: I - pelo interessado; II - por representante do Ministério Público; III - pela autoridade policial que conduz a investigação criminal; IV - pelo juiz competente para a instrução do processo criminal; V - por órgãos públicos e entidades com atribuições de defesa dos direitos humanos.
>
> Art. 6º O conselho deliberativo decidirá sobre: I - o ingresso do protegido no programa ou a sua exclusão; II - as providências necessárias ao cumprimento do programa.

A identificação processual do réu delator. O direito à preservação do nome, qualificação, imagem e demais informações pessoais não obsta, e nem poderia obstar, a identificação processual, na medida em que o colaborador terá que reafirmar suas declarações em juízo e todas as informações que trouxer aos autos poderão ser contraditadas pelos corréus e seus defensores, bem como pelo próprio Ministério Público. O contrário implicaria em indevido cerceamento de defesa. Assegura-se, desta feita, a participação dialética das partes, garantida pelo texto constitucional ao assegurar ampla defesa e contraditório como princípios inafastáveis.

Cumprimento de pena em estabelecimento diverso dos demais corréus. Aqui se deve ter em mente que a garantia de encarceramento em estabelecimento distinto dos demais corréus ou condenados não diz apenas respeito à prisão decorrente de sentença condenatória irrecorrível, mas também à prisão cautelar, tal qual disciplinado no artigo 15, § 1º, da Lei nº 9.807/99, aqui aplicável por força do artigo 5º, I, da Lei nº 12.850/13.

> Art. 15. Serão aplicadas em benefício do colaborador, na prisão ou fora dela, medidas especiais de segurança e proteção a sua integridade física, considerando ameaça ou coação eventual ou efetiva.
>
> § 1º Estando sob prisão temporária, preventiva ou em decorrência de flagrante delito, o colaborador será custodiado em dependência separada dos demais presos.

Hoje, a garantia de cumprir prisão cautelar em estabelecimento diverso dos demais corréus está também consagrada na Lei nº 12.850 de 2019, em virtude de alterações provocadas pela Lei nº 13.964, de 2019.

Art. 6º O termo de acordo da colaboração premiada deverá ser feito por escrito e conter:

I – o relato da colaboração e seus possíveis resultados;

II – as condições da proposta do Ministério Público ou do delegado de polícia;

III – a declaração de aceitação do colaborador e de seu defensor;

IV – as assinaturas do representante do Ministério Público ou do delegado de polícia, do colaborador e de seu defensor;

V – a especificação das medidas de proteção ao colaborador e à sua família, quando necessário.

Formalidades do acordo de colaboração e sua aplicação a outros diplomas. Não existia, antes da lei em comento, qualquer diploma pátrio que trouxesse as regras do acordo de colaboração. O regramento trazido pela Lei nº 12.850/13 pode ser utilizado para formalização de colaboração premiada prevista em outros diplomas legais, visando dar maior eficácia ao instituto.

Art. 7º O pedido de homologação do acordo será sigilosamente distribuído, contendo apenas informações que não possam identificar o colaborador e o seu objeto.

§ 1º As informações pormenorizadas da colaboração serão dirigidas diretamente ao juiz a que recair a distribuição, que decidirá no prazo de 48 (quarenta e oito) horas.

§ 2º O acesso aos autos será restrito ao juiz, ao Ministério Público e ao delegado de polícia, como forma de garantir o êxito das investigações, assegurando-se ao defensor, no interesse do representado, amplo acesso aos elementos de prova que digam respeito ao exercício do direito de defesa, devidamente precedido de autorização judicial, ressalvados os referentes às diligências em andamento.

§ 3º O acordo de colaboração premiada e os depoimentos do colaborador serão mantidos em sigilo até o recebimento da denúncia ou da queixa-crime, sendo vedado ao magistrado decidir por sua publicidade em qualquer hipótese. (Redação dada pela Lei nº 13.964, de 2019)

Distribuição do acordo de colaboração. Nem sempre o acordo de colaboração precisará ser distribuído, providência essa que somente deverá ser tomada na hipótese de não ter sido fixada a competência por prevenção, o que se dará, por exemplo, quando um Juízo já tiver tomado uma decisão quanto a um pedido de prisão, de decretação de medida assecuratória etc.

Sigilo do acordo feito durante as investigações. Deve ser mantido o sigilo do acordo de colaboração durante as investigações. A atual redação do art. 7º, § 3º, pela Lei nº 13.964 de 2019, determina que, em nenhuma hipótese, poderá o juiz decidir pela publicidade neste período. Com a deflagração da ação penal e o recebimento da denúncia, iniciando-se a *persecutio criminis in judicio*, será dada publicidade ao acordo.

O Supremo Tribunal Federal, porém, em decisão anterior às alterações mencionadas, havia fixado que o sigilo devia perdurar, no máximo, até o recebimento da denúncia, reconhecendo que nada impediria que o sigilo do acordo fosse afastado em momento anterior. Segundo o STF, a medida possibilitaria o conhecimento daquele que subscrevera o acordo, bem como o conteúdo declarado, otimizando-se os princípios da ampla defesa e do contraditório, em favor do investigado ou dos atingidos pela colaboração premiada. Assim, reconheceu não haver direito subjetivo do colaborador a que se mantivesse, indefinidamente, a restrição de acesso ao conteúdo do acordo, ainda que o sigilo tivesse sido elemento constitutivo da avença, o que hoje não se poderia aceitar.

Para reforçar os fundamentos daquele entendimento, nos autos do IP 4435/DF, a 1ª Turma ressaltou que o art. 19 da lei em comento, ao prever como crime a conduta de imputar falsamente, sob pretexto de colaboração com a Justiça, a prática de infração penal a pessoa que sabe ser inocente, ou de revelar informações sobre a estrutura de organização criminosa que sabe inverídicas – a chamada delação caluniosa –, reforça a necessidade de conhecimento do que foi tratado no acordo. Cuida-se de decisão veiculada no Informativo 877 da Corte.

O entendimento hoje não mais poderia prevalecer, pois o texto legal é expresso quanto à impossibilidade, em qualquer hipótese, de se tornar público o acordo antes do recebimento da inicial acusatória.

Seção II
Da Ação Controlada

Art. 8º Consiste a ação controlada em retardar a intervenção policial ou administrativa relativa à ação praticada por organização criminosa ou a ela vinculada, desde que mantida sob observação e acompanhamento para que a medida legal se concretize no momento mais eficaz à formação de provas e obtenção de informações.

Ação controlada. Trata-se de técnica de investigação que consiste em retardar a ação policial no que tange às ações supostamente praticadas em organizações criminosas para que a mesma seja realizada no melhor momento sob o aspecto da formação de provas, possibilitando melhor elucidação de suas atividades e identificando o maior número possível de autores. Com a ação controlada prevista na lei em estudo, tem-se uma mitigação ao flagrante obrigatório, imposto à autoridade policial e seus agentes. Há de se observar que, ao contrário do que ocorria com a Lei nº 9.034/95, revogada, a ação controlada na lei em estudo se refere às intervenções policiais e administrativas, sendo essa a razão pela qual se poderia admitir ação controlada nas investigações levadas a efeito pelo Ministério Público.

> § 1º O retardamento da intervenção policial ou administrativa será previamente comunicado ao juiz competente que, se for o caso, estabelecerá os seus limites e comunicará ao Ministério Público.

Desnecessidade de autorização judicial. Verifica-se pela leitura do dispositivo em comento que não se exige autorização judicial para que a medida se concretize. Porém, a lei exige que a medida seja comunicada ao magistrado com antecedência, podendo ser por ele estabelecidos limites temporais, fixando, por exemplo, período máximo para a duração da ação controlada. O STJ assim já decidiu, consoante decisão veiculada pela Corte no Informativo 680.

> A ação controlada prevista no § 1° do art. 8° da Lei n. 12.850/2013 consiste em retardar a intervenção estatal para que ocorra no momento mais eficaz do ponto de vista da formação de provas e obtenção de informações. Independe de autorização, bastando sua comunicação prévia à autoridade judicial. Até mesmo nos casos em que a autorização judicial é prevista, quando se trata de investigação de 22 crimes da Lei de Drogas, o descumprimento do art. 53, I, da Lei n. 11.343/2003 não autoriza, de forma automática, a declaração de invalidade da prova. Deveras, a autorização (art. 53, I, da Lei n. 11.343/2003) ou a comunicação judicial (art. 8° da Lei n. 12.850/2013) não visam a preservar a intimidade do cidadão, como ocorre com a interceptação telefônica ou a busca e apreensão, de forma a evitar violações a direitos e garantias fundamentais, mas "a proteger o próprio trabalho investigativo, afastando eventual crime de prevaricação ou infração administrativa por parte do agente policial que aguarda, observa e monitora a atuação dos suspeitos e não realiza a prisão em flagrante assim que toma conhecimento acerca da ocorrência do delito" (REsp 1.655.072/MT, Rel. Ministro Rogerio Schietti, Sexta Turma, DJe 20/2/2018). Com as inovações da Lei n. 13.964/2019, o legislador passou a admitir a ação controlada para apuração de crimes de lavagem de dinheiro (art. 1°, § 6°, da Lei n. 9.613/1998) e, ainda, a atuação de agentes de polícia infiltrados virtuais (art. 10-A da Lei n. 12.850/2013) com o propósito de investigar os crimes previstos na Lei de Organização Criminosa e a eles conexos. Entretanto, mesmos depois das diversas modificações para aperfeiçoar a legislação processual penal, não se condicionou a ação controlada à permissão prévia do Poder Judiciário. (HC 512.290-RJ, Rel. Min. Rogerio Schietti Cruz, Sexta Turma, por unanimidade, julgado em 18/08/2020, DJe 25/08/2020)

Objetivos da comunicação ao juiz competente. Buscando o legislador evitar que a autoridade encarregada da persecução criminal venha a se valer da ação controlada como justificativa para nada fazer diante do crime em estado de flagrância, a atual lei optou por disciplina distinta daquela usada na Lei nº 9.034/95, em que não se mencionava a necessidade de autorização nem de comunicação ao juiz competente.

Ação controlada na Lei Antidrogas e necessidade de autorização judicial. A Lei nº 11.343/06, diploma que entre nós disciplina a política de combate ao tráfico de drogas, ao dispor sobre a ação controlada para aqueles fins, menciona a necessidade de que a ação controlada se dê mediante autorização judicial, nos termos do art. 53 daquela lei abaixo transcrito:

> (Lei nº 11.343/06) Art. 53. Em qualquer fase da persecução criminal relativa aos crimes previstos nesta Lei, são permitidos, além dos previstos em lei, mediante autorização judicial e ouvido o Ministério Público, os seguintes procedimentos investigatórios:
>
> (...)
>
> II - a não-atuação policial sobre os portadores de drogas, seus precursores químicos ou outros produtos utilizados em sua produção, que se encontrem no território brasileiro, com a finalidade de identificar e responsabilizar maior número de integrantes de operações de tráfico e distribuição, sem prejuízo da ação penal cabível.
>
> Parágrafo único. Na hipótese do inciso II deste artigo, a autorização será concedida desde que sejam conhecidos o itinerário provável e a identificação dos agentes do delito ou de colaboradores.

Entretanto, como na maioria das vezes o crime de tráfico de drogas se desenvolve através de organizações criminosas, poderá ser utilizada a disciplina da lei em comento, que não exige a autorização judicial, consoante já entendeu o STJ em julgados abaixo parcialmente transcritos:

> ORGANIZAÇÃO CRIMINOSA. AÇÃO POLICIAL CONTROLADA. Art. 2, INCISO II, DA LEI N. 9.034/95. PRÉVIA AUTORIZAÇÃO JUDICIAL. AUSÊNCIA DE PREVISÃO LEGAL. CONSTRANGIMENTO ILEGAL NÃO EVIDENCIADO. ORDEM DENEGADA. 1. Da mesma forma, à míngua de previsão legal, não há como se reputar nulo o procedimento investigatório levado à cabo na hipótese em apreço, tendo em vista que o art. 2º, inciso II, da Lei n. 9.034/95 não exige a prévia autorização judicial para a realização da chamada "ação policial controlada", a qual, in casu, culminou na apreensão de cerca de 450 kg (quatrocentos e cinquenta quilos) de cocaína. 2. Ademais, não há falar-se na possibilidade dos agentes policiais virem a incidir na prática do crime de prevaricação, pois o ordenamento jurídico não pode proibir aquilo que ordena e incentiva. 3. Ordem denegada.(HC nº 119.205-MS, Rel. Min. Jorge Mussi, julgado em 29/9/2009)

(...)V. Este Superior Tribunal de Justiça possui entendimento de que a ação policial controlada, nos termos da Lei nº 9.034/95, não exige prévia autorização judicial. (RHC 29658 / RS, Rel. Min Gilson Dipp, 5ª Turma, julgamento em 02/02/12)

O Flagrante Prorrogado ou Retardado ou Diferido ou postergado. Em virtude do disposto no artigo em comento, verifica-se que a ação controlada se apresenta como uma forma de mitigação da figura do flagrante obrigatório, que determina às autoridades policiais e seus agentes que sempre atuem diante da prática de um crime. Surge, então, a figura do flagrante prorrogado, ou diferido, ou retardado, ou prolongado, ou postergado.

Entrega vigiada. Cuida-se de técnica de ação controlada a que faz alusão a Convenção de Palermo em seu artigo 2º, que permite que remessas ilícitas ou suspeitas saiam do território de um país, os atravessem ou nele entrem, com o conhecimento e controle de suas autoridades competentes, com a finalidade de investigar infrações e identificar as pessoas envolvidas em suas práticas.

Entrega vigiada limpa X Entrega vigiada suja. Na primeira, substitui-se a remessa ilícita por outro qualquer produto a ser entregue ao final destinatário, ao passo que, na segunda, as remessas ilícitas seguem sob monitoramento, sem qualquer substituição de seu conteúdo.

§ 2º A comunicação será sigilosamente distribuída de forma a não conter informações que possam indicar a operação a ser efetuada.

§ 3º Até o encerramento da diligência, o acesso aos autos será restrito ao juiz, ao Ministério Público e ao delegado de polícia, como forma de garantir o êxito das investigações.

§ 4º Ao término da diligência, elaborar-se-á auto circunstanciado acerca da ação controlada.

Art. 9º Se a ação controlada envolver transposição de fronteiras, o retardamento da intervenção policial ou administrativa somente poderá ocorrer com a cooperação das autoridades dos países que figurem como provável itinerário ou destino do investigado, de modo a reduzir os riscos de fuga e extravio do produto, objeto, instrumento ou proveito do crime.

Seção III
Da Infiltração de Agentes

Art. 10. A infiltração de agentes de polícia em tarefas de investigação, representada pelo delegado de polícia ou requerida pelo Ministério Público, após manifestação técnica do delegado de polícia quando solicitada no curso de inquérito policial, será precedida de circunstanciada, motivada e sigilosa autorização judicial, que estabelecerá seus limites.

§ 1º Na hipótese de representação do delegado de polícia, o juiz competente, antes de decidir, ouvirá o Ministério Público.

§ 2º Será admitida a infiltração se houver indícios de infração penal de que trata o art. 1º e se a prova não puder ser produzida por outros meios disponíveis.

§ 3º A infiltração será autorizada pelo prazo de até 6 (seis) meses, sem prejuízo de eventuais renovações, desde que comprovada sua necessidade.

§ 4º Findo o prazo previsto no § 3º, o relatório circunstanciado será apresentado ao juiz competente, que imediatamente cientificará o Ministério Público.

§ 5º No curso do inquérito policial, o delegado de polícia poderá determinar aos seus agentes, e o Ministério Público poderá requisitar, a qualquer tempo, relatório da atividade de infiltração.

Infiltração. A lei em comento admite, como técnica de investigação, a infiltração em organizações criminosas por agentes de polícia, desde que autorizados por decisão judicial, tendo estes como objetivo a apuração de crimes supostamente praticados por organizações criminosas.

Como se percebe, o agente infiltrado não pratica crime de associação ou organização criminosa na hipótese de infiltração autorizada, o que se dá pela falta de tipicidade da conduta: afinal, não estará associado a ninguém para a prática de crimes, apenas fingindo-se unido aos demais. Faltará, portanto, o dolo necessário à caracterização da associação ou organização criminosa.

Por óbvias razões, também não poderá o agente infiltrado ser computado para a formação do número mínimo exigido para a tipificação da organização criminosa.

Requisitos para a infiltração.

1) Agente infiltrado precisa ser policial e atuar de maneira passiva, de modo a não instigar os integrantes da organização à prática de crimes;
2) prévia autorização judicial;
3) existência de indícios de infração penal de que trata o art. 1º;
4) que a prova não possa ser produzida por outros meios disponíveis;
5) objetivo de apuração de crimes praticados pela organização.

Quem pode ser infiltrado? A Lei nº 9.034/1995 dispunha que a infiltração poderia ser feita por agentes de polícia ou de inteligência. A atual lei apenas prevê a possibilidade de infiltração por agentes de polícia que tenham atribuição investigativa, considerando-se que o objetivo da infiltração é a apuração de crimes praticados pela organização. Assim, podem ser infiltrados agentes da polícia federal e das polícias civis dos Estados.

Infiltração do réu colaborador. Entendemos que jamais haverá a infiltração de particulares, nem mesmo quando se tratar de réu colaborador, diante da inexistência de permissivo legal para tanto. Na verdade, se o réu colaborador se propõe a fornecer informações da organização a qual pertença, estaremos diante de colaboração premiada e não de infiltração.

Prazo para a infiltração. Até seis meses, que poderão ser renovados, mediante decisão fundamentada que reconheça a imprescindibilidade da continuidade da medida.

***Light cover* X *hard cover*.** Os termos aqui utilizados dizem respeito às espécies de infiltração quanto à sua duração e intensidade da inserção. A primeira modalidade cuida de uma infiltração que dura menos de seis meses, não importando adoção de medidas mais drásticas como a alteração da identidade e afastamento dos familiares. Na segunda espécie, a infiltração se prolonga por mais de seis meses e implica em inserção mais profunda, muitas vezes com troca de identidade do infiltrado e perda de contato com seus familiares.

Impossibilidade de decretação de infiltração *ex officio* pelo juiz na fase de investigação. A lei não traz a possibilidade de que a infiltração em tarefas de investigação seja decretada *ex officio* pelo juiz, mas sempre mediante representação do delegado de polícia ou por requerimento do Ministério Público, sendo obrigatória a manifestação do MP quando se tratar de representação da autoridade policial. Robustecidas as bases do processo acusatório, com a edição da Lei nº 13.964, de 2019, nem mesmo durante a ação penal a medida poderia ser determinada *ex officio*.

Art. 10-A. Será admitida a ação de agentes de polícia infiltrados virtuais, obedecidos os requisitos do caput do art. 10, na internet, com o fim de investigar os crimes previstos nesta Lei e a eles conexos, praticados por organizações criminosas, desde que demonstrada sua necessidade e indicados o alcance das tarefas dos policiais, os nomes ou apelidos das pessoas investigadas e, quando possível, os dados de conexão ou cadastrais que permitam a identificação dessas pessoas. (Incluído pela Lei nº 13.964, de 2019)

§ 1º Para efeitos do disposto nesta Lei, consideram-se: (Incluído pela Lei nº 13.964, de 2019)

I – dados de conexão: informações referentes a hora, data, início, término, duração, endereço de Protocolo de Internet (IP) utilizado e terminal de origem da conexão; (Incluído pela Lei nº 13.964, de 2019)

II – dados cadastrais: informações referentes a nome e endereço de assinante ou de usuário registrado ou autenticado para a conexão a quem endereço de IP, identificação de usuário ou código de acesso tenha sido atribuído no momento da conexão. (Incluído pela Lei nº 13.964, de 2019)

§ 2º Na hipótese de representação do delegado de polícia, o juiz competente, antes de decidir, ouvirá o Ministério Público. (Incluído pela Lei nº 13.964, de 2019)

§ 3º Será admitida a infiltração se houver indícios de infração penal de que trata o art. 1º desta Lei e se as provas não puderem ser produzidas por outros meios disponíveis. (Incluído pela Lei nº 13.964, de 2019)

§ 4º A infiltração será autorizada pelo prazo de até 6 (seis) meses, sem prejuízo de eventuais renovações, mediante ordem judicial fundamentada e desde que o total não exceda a 720 (setecentos e vinte) dias e seja comprovada sua necessidade. (Incluído pela Lei nº 13.964, de 2019)

§ 5º Findo o prazo previsto no § 4º deste artigo, o relatório circunstanciado, juntamente com todos os atos eletrônicos praticados durante a operação, deverão ser registrados, gravados, armazenados e apresentados ao juiz competente, que imediatamente cientificará o Ministério Público. (Incluído pela Lei nº 13.964, de 2019)

§ 6º No curso do inquérito policial, o delegado de polícia poderá determinar aos seus agentes, e o Ministério Público e o juiz competente poderão requisitar, a qualquer tempo, relatório da atividade de infiltração. (Incluído pela Lei nº 13.964, de 2019)

§ 7º É nula a prova obtida sem a observância do disposto neste artigo. (Incluído pela Lei nº 13.964, de 2019)

Art. 10-B. As informações da operação de infiltração serão encaminhadas diretamente ao juiz responsável pela autorização da medida, que zelará por seu sigilo. (Incluído pela Lei nº 13.964, de 2019)

Parágrafo único. Antes da conclusão da operação, o acesso aos autos será reservado ao juiz, ao Ministério Público e ao delegado de polícia responsável pela operação, com o objetivo de garantir o sigilo das investigações. (Incluído pela Lei nº 13.964, de 2019)

Art. 10-C. Não comete crime o policial que oculta a sua identidade para, por meio da internet, colher indícios de autoria e materialidade dos crimes previstos no art. 1º desta Lei. (Incluído pela Lei nº 13.964, de 2019)

Parágrafo único. O agente policial infiltrado que deixar de observar a estrita finalidade da investigação responderá pelos excessos praticados. (Incluído pela Lei nº 13.964, de 2019)

Art. 10-D. Concluída a investigação, todos os atos eletrônicos praticados durante a operação deverão ser registrados, gravados, armazenados e encaminhados ao juiz e ao Ministério Público, juntamente com relatório circunstanciado. (Incluído pela Lei nº 13.964, de 2019)

Parágrafo único. Os atos eletrônicos registrados citados no caput deste artigo serão reunidos em autos apartados e apensados ao processo criminal juntamente com o inquérito policial, assegurando-se a preservação da identidade do agente policial infiltrado e a intimidade dos envolvidos. (Incluído pela Lei nº 13.964, de 2019)

Infiltração virtual, cibernética ou eletrônica. Conceito e finalidade. Modalidade de infiltração de agentes de polícia realizada no ambiente virtual da internet (que, desde 2017, já está prevista nos artigos 190-A a 190-E do Estatuto da Criança e do Adolescente), a infiltração virtual agora também passa a ser regulamentada na Lei nº 12.850/13. Sua finalidade é a de identificar criminosos e obter elementos que permitam a elucidação de delitos, estruturação e desmantelamento da organização criminosa.

Requisitos.

1) autorização judicial, a requerimento do Ministério Público ou representação da autoridade policial;

2) assim como ocorre com a física, a infiltração cibernética é técnica subsidiária de investigação, apenas sendo admitida quando as provas não puderem ser obtidas por outro meio e desde que existentes indícios de infração de que trata o artigo 1º, nos termos do art. 10-A, § 3º;
3) deverá haver alvos, ainda que identificados apenas por apelidos, consoante exigência feita pelo artigo 10-A, *caput*.

Não se pode admitir a infiltração sem indicação de suspeito, com o que se estaria chancelando uma investigação especulativa indiscriminada, uma verdadeira "pesca predatória" por provas, também denominada "*fishing expedition*".

Quem pode ser infiltrado virtualmente? Tendo por objetivo a apuração de crimes, somente pode ser realizada por agentes policiais com atribuição investigativa, consoante artigo 144 da Constituição Federal, que, por expressa disposição legal, não praticarão crime quando ocultarem sua identidade para, por meio da internet, colherem indícios de autoria e materialidade de crime de organização criminosa.

Prazo para a infiltração virtual. Será de até 6 meses, podendo ser renovada, desde que não ultrapasse 720 dias, devendo-se comprovar sua necessidade a cada renovação.

Prova nula. Nos termos do art. 10-A, § 7º, é nula a prova obtida pela infiltração eletrônica realizada sem as formalidades trazidas pelo artigo 10-A. Mesmo antes da edição da Lei nº 13.964 de 2019, o STF já havia reconhecido ilicitude de prova trazida aos autos através de infiltração em que não se observaram os requisitos legais.

> Determinado policial militar foi designado para participar, nas ruas, à paisana, de passeatas e manifestações, a fim de coletar dados para subsidiar a Força Nacional de Segurança em atuação estratégica diante dos movimentos sociais e dos protestos ocorridos no Brasil em 2014. Para essa atividade, não se exigia prévia autorização judicial. No curso de sua atividade originária, o referido policial, percebendo que algumas pessoas estavam se reunindo para planejar a prática de crimes, aproximou-se desses suspeitos, ganhou a sua confiança e infiltrou-se no grupo participando das conversas virtuais e das reuniões presenciais dos envolvidos. Assim, o policial ultrapassou os limites da sua atribuição original e passou a agir como agente infiltrado. Ocorre que a infiltração de agentes somente pode acontecer após prévia autorização judicial, o que não havia no caso. Diante disso, o STF declarou a ilicitude e determinou o desentranhamento da infiltração realizada pelo policial militar e dos depoimentos por ele prestados em sede policial e em juízo, nos termos do art. 157, § 3º, do CPP. STF. 2ª Turma. HC 147837/RJ, Rel. Min. Gilmar Mendes, julgado em 26/2/2019 (Info 932).

Art. 11. O requerimento do Ministério Público ou a representação do delegado de polícia para a infiltração de agentes conterão a demonstração da necessidade da medida, o alcance das tarefas dos agentes e, quando possível, os nomes ou apelidos das pessoas investigadas e o local da infiltração.

Parágrafo único. Os órgãos de registro e cadastro público poderão incluir nos bancos de dados próprios, mediante procedimento sigiloso e requisição da autoridade judicial, as informações necessárias à efetividade da identidade fictícia criada, nos casos de infiltração de agentes na internet. (Incluído pela Lei nº 13.964, de 2019)

Art. 12. O pedido de infiltração será sigilosamente distribuído, de forma a não conter informações que possam indicar a operação a ser efetivada ou identificar o agente que será infiltrado.

§ 1º As informações quanto à necessidade da operação de infiltração serão dirigidas diretamente ao juiz competente, que decidirá no prazo de 24 (vinte e quatro) horas, após manifestação do Ministério Público na hipótese de representação do delegado de polícia, devendo-se adotar as medidas necessárias para o êxito das investigações e a segurança do agente infiltrado.

§ 2º Os autos contendo as informações da operação de infiltração acompanharão a denúncia do Ministério Público, quando serão disponibilizados à defesa, assegurando-se a preservação da identidade do agente.

Requerimento para a infiltração. Não poderá ser feito verbalmente e conterá a demonstração da necessidade da medida, o alcance das tarefas dos agentes e, quando possível, os nomes ou apelidos das pessoas investigadas e o local da infiltração, nos termos do artigo 11 em comento.

Sigilo na distribuição do pedido de infiltração. Trata-se de providência indispensável para o sucesso da infiltração, evitando-se que os membros da organização tomem conhecimento da medida que, assim, restaria frustrada. Após finalizada a medida, os autos contendo as informações da operação de infiltração acompanharão a denúncia do Ministério Público, quando serão disponibilizados à defesa, assegurando-se o exercício da ampla defesa e do contraditório, assegurando-se, contudo, a preservação da identidade do agente.

§ 3º Havendo indícios seguros de que o agente infiltrado sofre risco iminente, a operação será sustada mediante requisição do Ministério Público ou pelo delegado de polícia, dando-se imediata ciência ao Ministério Público e à autoridade judicial.

A cessação da infiltração. A lei prevê a possibilidade sustação da medida por requisição do Ministério ou pelo delegado de polícia, devendo-se, contudo, pontuar que, consoante regra do artigo 14, I, o agente infiltrado, não mais se sentindo apto a prosseguir, pode fazer cessar a sua atuação, de imediato, independentemente de qualquer ato do MP ou do delegado de polícia. Na hipótese, o agente infiltrado deverá comunicar o fato às autoridades.

Art. 13. O agente que não guardar, em sua atuação, a devida proporcionalidade com a finalidade da investigação, responderá pelos excessos praticados.

Parágrafo único. Não é punível, no âmbito da infiltração, a prática de crime pelo agente infiltrado no curso da investigação, quando inexigível conduta diversa.

As Condutas Típicas e ilícitas praticadas pelo Agente Infiltrado. Pode-se perfeitamente vislumbrar a possibilidade de um agente praticar condutas típicas e ilícitas uma vez infiltrado. Nesta hipótese, poderá receber pena? A resposta para essa conduta deverá ser analisada diante das peculiaridades de um determinado caso concreto, pois situações ocorrerão em que a conduta do agente não poderia ser diferente. Destarte, tal qual doutrina majoritária já vinha defendendo antes da edição da lei em análise, há de se reconhecer isenção de pena para o agente que pratique conduta típica e ilícita, por ausência de culpabilidade, em virtude da inexigibilidade de conduta diversa, solução essa que somente é cabível em situações extremas ou que digam respeito à própria investigação.

Em situações em que se possa dele exigir um atuar diferente, o agente poderá ser penalmente responsabilizado pela infração penal praticada, na medida em que, infiltrado, não está (nem poderia estar), autorizado a praticar crimes, mas a investigá-los. Imaginemos a seguinte situação fática: o agente infiltrado, depois de ter conquistado a confiança do líder da organização, é por ele destacado para uma missão, sendo-lhe determinada a execução de um integrante de facção rival a ser realizada em outro local para o qual apenas o infiltrado se deslocará. Na hipótese, caso venha a executar a vítima, considerando-se que poderia achar solução diversa e até não retornar ao seio do grupo, o infiltrado poderá ser responsabilizado pelo homicídio.

Outrossim, imaginemos uma situação diferente, em que o infiltrado tivesse que executar a vítima na frente dos outros integrantes da organização, como se estivesse submetido a uma prova de fogo pelo líder, que já estaria desconfiando de sua condição. Nesse caso, não se poderia exigir do infiltrado conduta diversa caso viesse a executar a vítima, até porque, na hipótese de não a executar, seria ele o executado. Assim, se aplicaria o disposto no art. 13, parágrafo único, para se reconhecer ausência de culpabilidade, com a consequente isenção de pena.

Uma outra hipótese em que o agente infiltrado ficaria eximido de qualquer responsabilização por inexigibilidade de conduta diversa seria aquela em que viesse a realizar condutas próprias da organização, como, por exemplo, manusear drogas e armas, até porque não se pode conceber que alguém esteja infiltrado numa organização cuja finalidade é o tráfico de armas e não as manuseie, transporte etc. Idêntica situação seria a daquele infiltrado em uma associação para o tráfico que venha a manipular drogas. Esses seriam exemplos em que o agente estaria guardando, em sua atuação, a devida proporcionalidade com a finalidade da infiltração.

Discordamos daqueles que vislumbram, nessas situações, a incidência da causa de justificação do estrito cumprimento do dever legal ao argumento de que se trataria de condutas sobre as quais já havia suspeitas e, assim, já teriam sido previstas no plano da infiltração. Afinal, tal qual já anteriormente frisado, para o infiltrado o estrito cumprimento do dever legal diz respeito a investigar as ações criminosas e não a delas participar.

Frise-se, contudo, que nada obsta que o agente atue sob o palio de uma causa de justificação, como, por exemplo, a legítima defesa, hipótese em que não se reconhecerá a pratica de crimes e nem se precisará lançar mão do disposto no artigo 13, parágrafo único. Assim, por exemplo, imaginemos que o agente tenha a sua identidade descoberta pelo líder da organização, que saca de uma arma para matá-lo, momento em que, diante da iminente agressão injusta, o agente infiltrado contra ele dispare, com *animus defendendi*, matando-o. Nesse caso, sequer se poderá falar em crime, pela incidência da norma do artigo 25 do Código Penal.

Art. 14. São direitos do agente:

I - recusar ou fazer cessar a atuação infiltrada;

II - ter sua identidade alterada, aplicando-se, no que couber, o disposto no art. 9º da Lei nº 9.807, de 13 de julho de 1999, bem como usufruir das medidas de proteção a testemunhas;

III - ter seu nome, sua qualificação, sua imagem, sua voz e demais informações pessoais preservadas durante a investigação e o processo criminal, salvo se houver decisão judicial em contrário;

IV - não ter sua identidade revelada, nem ser fotografado ou filmado pelos meios de comunicação, sem sua prévia autorização por escrito.

Agente infiltrado pode ser ouvido como testemunha? Na hipótese de se fazer necessária a oitiva do agente infiltrado, sua identidade deverá ser mantida em sigilo e, assim, o mesmo deverá ser ouvido como testemunha anônima, não sendo sua verdadeira identidade revelada ao acusado e seu defensor, possibilidade essa que se depreende do disposto no artigo 14, II da lei em estudo, bem como do artigo 7, IV, da Lei nº 9.807/99, na medida em que pode, consoante a norma citada, usufruir das medidas de proteção dadas às testemunhas, tal qual trazidas pela Lei nº 9.807/1999.

> (Lei nº 9.807/99) Art. 7º Os programas compreendem, dentre outras, as seguintes medidas, aplicáveis isolada ou cumulativamente em benefício da pessoa protegida, segundo a gravidade e as circunstâncias de cada caso: (...) IV - preservação da identidade, imagem e dados pessoais;

Ouvir o infiltrado como testemunha anônima é medida que tem por objetivo preservar sua integridade, devendo ser ouvido com a utilização de recursos que impossibilitem que a mesma venha a ser fisicamente reconhecida, garantindo-se sempre ao acusado o direito ao confronto, presenciando e participando da prova contra ele produzida, tudo em respeito ao contraditório e à ampla defesa.

Seção IV
Do Acesso a Registros, Dados Cadastrais, Documentos e Informações

Art. 15. O delegado de polícia e o Ministério Público terão acesso, independentemente de autorização judicial, apenas aos dados cadastrais do investigado que informem exclusivamente a qualificação pessoal, a filiação e o endereço mantidos pela Justiça Eleitoral, empresas telefônicas, instituições financeiras, provedores de internet e administradoras de cartão de crédito.

Art. 16. As empresas de transporte possibilitarão, pelo prazo de 5 (cinco) anos, acesso direto e permanente do juiz, do Ministério Público ou do delegado de polícia aos bancos de dados de reservas e registro de viagens.

Art. 17. As concessionárias de telefonia fixa ou móvel manterão, pelo prazo de 5 (cinco) anos, à disposição das autoridades mencionadas no art. 15, registros de identificação dos números dos terminais de origem e de destino das ligações telefônicas internacionais, interurbanas e locais.

Acesso a dados cadastrais pelo Ministério Público e Polícia independentemente de autorização judicial. Trata-se de permissivo dado pela lei em análise, a exemplo do que ocorre com a lei de lavagem de capitais. De se observar que o acesso apenas se dá para obtenção de informações cadastrais referentes à qualificação pessoal, endereço e filiação, não sendo permitido acesso sem autorização judicial a demais dados, pois são protegidos por sigilo constitucional, razão pela qual, para que as concessionárias de telefonia forneçam ao Ministério Público e ao delegado de polícia as informações de que trata o artigo 17, imprescindível se fará a autorização judicial, em que pese o dispositivo mencionar que os dados ficarão, por cinco anos, "à disposição das autoridades mencionadas no art. 15."

Seção V
Dos Crimes Ocorridos na Investigação e na Obtenção da Prova

Art. 18. Revelar a identidade, fotografar ou filmar o colaborador, sem sua prévia autorização por escrito:

Pena – reclusão, de 1 (um) a 3 (três) anos, e multa.

Revelação de identidade do colaborador. Nos termos do artigo 5º, II e V da lei em estudo, o colaborador deve ter sua identidade mantida sob sigilo, não podendo ser fotografado ou filmado sem sua previa autorização, sendo tipificada como criminosa a conduta daquele que deixar de observar essa obrigação. No que tange à revelação por agentes públicos, trata-se de norma especial com relação ao disposto no artigo 325 do Código Penal.

Bem jurídico tutelado. Trata-se de crime contra a Administração Pública, protegendo, ainda, de forma mediata, a integridade do colaborador.

Revelação de identidade do agente infiltrado. Trata-se de conduta que não se subsome ao tipo penal deste artigo 18, podendo adequar-se, outrossim, ao disposto no artigo 20 da lei em análise.

Tipo subjetivo. Somente pode ser praticado a título de dolo, não tendo sido prevista a modalidade culposa.

Sujeito ativo. Trata-se de crime próprio, somente podendo ser praticado por aqueles que têm, em razão de sua função, ciência do acordo de colaboração; na modalidade filmar e fotografar, pode ser praticado por qualquer pessoa, bem como pelos profissionais de imprensa, a quem se dirige o comando do artigo 5º, V.

Sujeito passivo. O Estado e, de forma mediata, o agente colaborador.

Momento consumativo. No momento em que a identidade o colaborador chega ao conhecimento de terceiros e, nas modalidades "fotografar" e "filmar", quando as imagens são registradas.

Tentativa. Cabível na modalidade "revelar a identidade", desde que praticado mediante mais de um ato, possibilitando o fracionamento do iter executório, como ocorrerá, por exemplo, quando o agente, através de escrito endereçado a terceiro, revela a identidade do colaborador, mas, por razões alheias à sua vontade, o papel não chega ao destinatário. Também admissível nas modalidades "filmar" e "fotografar", nas hipóteses em que, já com o equipamento em mãos, pronto para captar as imagens, o agente não consegue fazê-lo por razões alheias à sua vontade.

Ação penal. Pública incondicionada.

Art. 19. Imputar falsamente, sob pretexto de colaboração com a Justiça, a prática de infração penal a pessoa que sabe ser inocente, ou revelar informações sobre a estrutura de organização criminosa que sabe inverídicas: Pena - reclusão, de 1 (um) a 4 (quatro) anos, e multa.

Colaboração fraudulenta. Por muitos também denominada colaboração caluniosa, trata-se de tipo penal que traz duas modalidades delituosas, sendo certo que a prática das duas condutas não caracterizará a prática de dois crimes, por ser tipo misto alternativo o que ora se analisa.

Bem jurídico tutelado. A administração da justiça.

Tipo subjetivo. É o dolo direto, eis que a lei exige que o agente saiba estar fornecendo informações inverídicas, não se admitindo o dolo eventual. Não é prevista modalidade culposa.

Erro sobre a falsidade das informações. Caso o agente acredite verídicas as informações que presta, incorrerá em erro de tipo e sua conduta será, consequentemente, atípica.

Sujeito ativo. Somente o réu colaborador, tratando-se de crime próprio e de mão própria, admitindo-se, contudo, a concorrência de terceiro, na qualidade de partícipe.

Sujeito passivo. O Estado e, de forma mediata, aquele a quem se apontou falsamente como autor de infração penal.

Consumação. No momento em que o agente fizer a imputação, independentemente de demonstração de qualquer prejuízo sofrido por aquele a quem delatou. Na segunda parte, quando as revelações chegarem ao conhecimento do delegado de polícia, ao membro do Ministério Público ou ao juiz.

Tentativa. Cabível quando plurissubsistente, o que ocorrerá, por exemplo, quando o agente se utilizar de escrito que, por razões alheias à sua vontade, não chega a qualquer das autoridades destinatárias.

Ação penal. Pública incondicionada.

Art. 20. Descumprir determinação de sigilo das investigações que envolvam a ação controlada e a infiltração de agentes:

Pena – reclusão, de 1 (um) a 4 (quatro) anos, e multa.

Descumprir determinação de sigilo das investigações. O tipo penal se refere ao sigilo determinado por lei ou decisão judicial, considerando-se o disposto no artigo 23 da lei em análise. Trata-se de norma especial com relação ao disposto no artigo 325 do Código Penal.

Bem jurídico tutelado. Trata-se de crime contra a Administração da Justiça.

Tipo subjetivo. Somente pode ser praticado a título de dolo, não tendo sido prevista a modalidade culposa.

Sujeito ativo. Trata-se de crime próprio, somente podendo ser praticado por aqueles funcionários público que têm, em razão de sua função, dever de guardar o sigilo a que alude o dispositivo.

Sujeito passivo. O Estado, titular do bem jurídico tutelado.

Consumação. Com a revelação do sigilo.

Tentativa. Possível, quando plurissubsistente, praticada mediante mais de um ato, o **que ocorrerá, por exemplo, quando o agente se utilizar de escrito que, por razões alheias à sua vontade, não chega ao conhecimento de terceiros.**

Ação penal. Pública incondicionada.

Art. 21. Recusar ou omitir dados cadastrais, registros, documentos e informações requisitadas pelo juiz, Ministério Público ou delegado de polícia, no curso de investigação ou do processo:

Pena - reclusão, de 6 (seis) meses a 2 (dois) anos, e multa.

Parágrafo único. Na mesma pena incorre quem, de forma indevida, se apossa, propala, divulga ou faz uso dos dados cadastrais de que trata esta Lei.

Sonegação de informações. Trata-se de norma especial com relação ao crime de desobediência, previsto no artigo 330 do Código Penal. A requisição deverá ser legal, não estando qualquer pessoa obrigada a obedecer requisições que se dão ao arrepio da lei. Assim, não praticará crime aquele que deixar de atender requisições do Ministério Público ou do delegado de polícia, sem autorização judicial, nas hipóteses para as quais a lei exigir autorização.

Bem jurídico tutelado. Trata-se de crime contra a Administração da Justiça.

Tipo subjetivo. Somente pode ser praticado a título de dolo, direto ou eventual, não tendo sido prevista a modalidade culposa.

Sujeito ativo. Trata-se de crime comum, podendo ser praticado por qualquer pessoa de quem se requisitem os dados.

Sujeito passivo. O Estado, titular do bem jurídico tutelado pela norma.

Momento consumativo. O crime se consuma quando se der a recusa ou quando o agente deixa expirar prazo concedido para resposta contida na requisição.

Tentativa. Na modalidade recusar, admite a tentativa, embora de dificílima caracterização. Na modalidade omissiva, não admite o conatus, por se tratar de crime omissivo próprio.

Ação penal. Pública incondicionada.

Figuras equiparadas à sonegação de informações. São aquelas trazidas pelo parágrafo único do artigo 21.

CAPÍTULO III
DISPOSIÇÕES FINAIS

Art. 22. Os crimes previstos nesta Lei e as infrações penais conexas serão apurados mediante procedimento ordinário previsto no Decreto-Lei nº 3.689, de 3 de outubro de 1941 (Código de Processo Penal), observado o disposto no parágrafo único deste artigo.

Parágrafo único. A instrução criminal deverá ser encerrada em prazo razoável, o qual não poderá exceder a 120 (cento e vinte) dias quando o réu estiver preso, prorrogáveis em até igual período, por decisão fundamentada, devidamente motivada pela complexidade da causa ou por fato procrastinatório atribuível ao réu.

Prazo para finalização do processo. Não se trata de regra absoluta essa trazida pela lei em estudo, podendo ser ampliado o prazo de acordo com as peculiaridades do caso concreto e desde que observado o princípio da proporcionalidade. Outrossim, há de se observar que, na esteira do que o STJ já vinha decidindo, inclusive com entendimento sumulado, consoante Enunciado 64 daquela Corte, não há que se reconhecer excesso de prazo quando tiver sido a própria defesa a dar azo à procrastinação.

> Súmula 64. NÃO CONSTITUI CONSTRANGIMENTO ILEGAL O EXCESSO DE PRAZO NA INSTRUÇÃO, PROVOCADO PELA DEFESA.

Art. 23. O sigilo da investigação poderá ser decretado pela autoridade judicial competente, para garantia da celeridade e da eficácia das diligências investigatórias, assegurando-se ao defensor, no interesse do representado, amplo acesso aos elementos de prova que digam respeito ao exercício do direito de defesa, devidamente precedido de autorização judicial, ressalvados os referentes às diligências em andamento.

Parágrafo único. Determinado o depoimento do investigado, seu defensor terá assegurada a prévia vista dos autos, ainda que classificados como sigilosos, no prazo mínimo de 3 (três) dias que antecedem ao ato, podendo ser ampliado, a critério da autoridade responsável pela investigação.

Art. 24. O art. 288 do Decreto-Lei nº 2.848, de 7 de dezembro de 1940 (Código Penal), passa a vigorar com a seguinte redação:

"Associação Criminosa

Art. 288. Associarem-se 3 (três) ou mais pessoas, para o fim específico de cometer crimes:

Pena – reclusão, de 1 (um) a 3 (três) anos.

Parágrafo único. A pena aumenta-se até a metade se a associação é armada ou se houver a participação de criança ou adolescente." (NR)

Art. 25. O art. 342 do Decreto-Lei nº 2.848, de 7 de dezembro de 1940 (Código Penal), passa a vigorar com a seguinte redação:

"Art. 342 (...)

Pena – reclusão, de 2 (dois) a 4 (quatro) anos, e multa.

(...)" (NR)

Art. 26. Revoga-se a Lei nº 9.034, de 3 de maio de 1995.

Art. 27. Esta Lei entra em vigor após decorridos 45 (quarenta e cinco) dias de sua publicação oficial.

Brasília, 2 de agosto de 2013; 192º da Independência e 125º da República.

DILMA ROUSSEFF

QUESTÕES COMENTADAS

1) (2018 - UEG - PC/GO - Delegado de Polícia Civil)

Nos termos da Lei n. 12.850/2013, a ação controlada consiste em retardar a intervenção policial ou administrativa relativa à ação praticada por organização criminosa ou a ela vinculada, desde que mantida sob observação e acompanhamento para que a medida legal se concretize no momento mais eficaz à formação de provas e obtenção de informações. Acerca desse instituto, verifica-se que

a) no início da diligência, elaborar-se-á auto circunstanciado acerca da ação controlada.

b) a comunicação será sigilosamente distribuída de forma a não conter informações que possam indicar a operação a ser efetuada.

c) até o encerramento da diligência, o acesso aos autos será restrito ao juiz, ao Ministério Público e à defesa técnica, como forma de garantir o êxito das investigações.

d) o retardamento da intervenção policial ou administrativa será previamente comunicado ao Ministério Público que, se for o caso, estabelecerá os seus limites e comunicará ao juiz competente.

e) se envolver transposição de fronteiras, o retardamento da intervenção policial ou administrativa poderá ocorrer sem a cooperação das autoridades dos países que figurem como provável itinerário ou destino do investigado, de modo a reduzir os riscos de fuga e extravio do produto, objeto, instrumento ou proveito do crime.

2) (2018 - VUNESP - PC/SP - Escrivão de Polícia)

Com relação à infiltração de agentes prevista na Lei nº 12.850/2013 (Organização Criminosa), é correto afirmar que

a) somente é possível por meio de representação de Delegado de Polícia.

b) é autorizada, em qualquer hipótese, para investigação de todos os crimes apenados com reclusão.

c) é autorizada somente na fase de investigação policial e para os crimes apenados com reclusão.

d) será autorizada pelo prazo de até 6 (seis) meses, sem prejuízo de eventuais renovações, desde que comprovada sua necessidade.

e) na hipótese de representação do delegado de polícia, o juiz competente, poderá autorizar, mesmo sem a manifestação do Ministério Público.

3) (2019 - MPE/SC - Promotor de Justiça)

Se a colaboração premiada, prevista na Lei n. 12.850/2013, for posterior à sentença, a pena poderá ser reduzida até 1/3 (um terço) ou será admitida a progressão de regime ainda que ausentes os requisitos objetivos.

CERTO OU ERRADO

4) (2019 - MPE/SC - Promotor de Justiça)

De acordo com a Lei n. 12.850/2013, considerando a relevância da colaboração premiada prestada, o Ministério Público e o delegado de polícia, a qualquer tempo, poderão requerer ou representar ao juiz pela concessão de perdão judicial ao colaborador, ainda que esse benefício não tenha sido previsto na proposta inicial.

CERTO OU ERRADO

5) (2019 - MPE/SC - Promotor de Justiça)

A Lei n. 12.850/2013, quanto ao meio de obtenção da prova da colaboração premiada, dispõe que, em qualquer caso, a concessão do benefício levará em conta a personalidade do colaborador, a natureza, as circunstâncias, a gravidade e a repercussão social do fato criminoso e a eficácia da colaboração, deixando o acordo de colaboração premiada de ser sigiloso assim que oferecida a denúncia.

CERTO OU ERRADO

6) (2017 - IBADE - PC/AC - Delegado de Polícia)

Consoante à legislação que dispõe sobre o Crime organizado (Lei nº 12.850/2013), considera-se organização criminosa:

a) a associação de 4 (quatro) ou mais pessoas estruturalmente ordenada e caracterizada pela divisão de tarefas, ainda que informalmente, com objetivo de obter, direta ou indiretamente, vantagem de qualquer natureza, mediante a prática de infrações penais cujas penas máximas sejam superiores a 4 (quatro) anos, ou que sejam de caráter transnacional.

b) a associação de 3 (três) ou mais pessoas estruturalmente ordenada e caracterizada pela divisão de tarefas, ainda que informalmente, com objetivo de obter, direta ou indiretamente, vantagem de qualquer natureza, mediante a prática de infrações penais cujas penas máximas sejam superiores a 4 (quatro) anos, ou que sejam de caráter transnacional.

c) a associação de 5 (cinco) ou mais pessoas estruturalmente ordenada e caracterizada pela divisão de tarefas, ainda que informalmente, com objetivo de obter, direta ou indiretamente, vantagem de qualquer natureza, mediante a prática de infrações penais cujas penas máximas sejam superiores a 4 (quatro) anos, ou que sejam de caráter transnacional.

d) a associação de 4 (quatro) ou mais pessoas estruturalmente ordenada e caracterizada pela divisão de tarefas, ainda que informalmente, com objetivo de obter, direta ou indiretamente, vantagem de qualquer natureza, mediante a prática de infrações penais cujas penas máximas sejam superiores a 6 (seis) anos, ou que sejam de caráter transnacional.

e) a associação de 3 (três) ou mais pessoas estruturalmente ordenada e caracterizada pela divisão de tarefas, ainda que informalmente, com objetivo de obter, direta ou indiretamente, vantagem de qualquer natureza, mediante a prática de infrações penais cujas penas máximas sejam superiores a 6 (seis) anos, ou que sejam de caráter transnacional.

GABARITO COMENTADO

1) Gabarito oficial: letra "b".

Justificativa:

a) Incorreta, eis que, nos termos do art. 8º, §4º, da Lei nº 12.850/2013: "Ao término da diligência, elaborar-se-á auto circunstanciado acerca da ação controlada".

b) Correta, pois nos termos do art. 8º, §2º, da Lei nº 12.850/2013: "A comunicação será sigilosamente distribuída de forma a não conter informações que possam indicar a operação a ser efetuada".

c) Incorreta, segundo art. 7º, §2º da Lei nº 12.850/2013: "O acesso aos autos será restrito ao juiz, ao Ministério Público e ao delegado de polícia, como forma de garantir o êxito das investigações, assegurando-se ao defensor, no interesse do representado, amplo acesso aos elementos de prova que digam respeito ao exercício do direito de defesa, devidamente precedido de autorização judicial, ressalvados os referentes às diligências em andamento".

d) Incorreta, de acordo com o art. 8º, §1º da Lei nº 12.850/2013: "O retardamento da intervenção policial ou administrativa será previamente comunicado ao juiz competente que, se for o caso, estabelecerá os seus limites e comunicará ao Ministério Público".

e) Incorreta, segundo art. 9º da Lei nº 12.850/2013: "Se a ação controlada envolver transposição de fronteiras, o retardamento da intervenção policial ou administrativa somente poderá ocorrer com a cooperação das autoridades dos países que figurem como provável itinerário ou destino do investigado, de modo a reduzir os riscos de fuga e extravio do produto, objeto, instrumento ou proveito do crime".

2) **Gabarito oficial: Letra "d"**. Art. 10, § 3º A infiltração será autorizada pelo prazo de até 6 (seis) meses, sem prejuízo de eventuais renovações, desde que comprovada sua necessidade.

a) A infiltração é possível por meio de representação de Delegado de Polícia ou a requerimento do Ministério Público.

b) A infiltração é autorizada para investigação de crimes de que trata o artigo 1º da Lei 12850, de 2013.

c) A infiltração é autorizada somente na fase de investigação policial para os crimes de que trata o artigo 1º da Lei 12850, de 2013.

d) na hipótese de representação do delegado de polícia, deverá haver prévia manifestação do Ministério Público.

3) **Gabarito oficial: ERRADO.** Lei n. 12.850/13- De acordo com o Art. 4º, § 5º, se a colaboração for posterior à sentença, a pena poderá ser reduzida até a metade ou será admitida a progressão de regime ainda que ausentes os requisitos objetivos.

4) **Gabarito oficial: ERRADO.** Conforme Art. 4º, § 2º, da Lei nº 12.850/2013, considerando a relevância da colaboração premiada prestada, o Ministério Público e o delegado de polícia, a qualquer tempo, poderão requerer ou representar ao juiz pela concessão de perdão judicial ao colaborador, ainda que esse benefício não tenha sido previsto na proposta inicialda referida Lei.

5) **Gabarito oficial: ERRADO.** Deixa de ser sigiloso assim que RECEBIDA a denuncia! Art. 7º, § 3º, da referida Lei.

6) **Gabarito oficial: letra "a"**, nos termos do disposto no artigo 1º, da lei de regência.

17

PROPRIEDADE INTELECTUAL DE PROGRAMA DE COMPUTADOR

LEI Nº 9.609, DE 19 DE FEVEREIRO DE 1998

Dispõe sobre a proteção da propriedade intelectual de programa de computador, sua comercialização no País, e dá outras providências.

CAPÍTULO I
DISPOSIÇÕES PRELIMINARES

Art. 1º Programa de computador é a expressão de um conjunto organizado de instruções em linguagem natural ou codificada, contida em suporte físico de qualquer natureza, de emprego necessário em máquinas automáticas de tratamento da informação, dispositivos, instrumentos ou equipamentos periféricos, baseados em técnica digital ou análoga, para fazê-los funcionar de modo e para fins determinados.

Âmbito de proteção da Lei nº 9.609/1998. Através desta Lei, o legislador tornou possível a proteção da propriedade intelectual de programa de computador, além de tratar de outros detalhes inerentes à comercialização, proteção aos direitos de autor, questões inerentes ao registro de tal programa, bem como sobre direitos e garantias decorrentes da utilização de tais sistemas.

Este tema está bastante presente atualmente na vida das pessoas, pois o acesso destes sistemas tecnológicos tornou-se facilitado e imprescindível para as atividades mais simples e cotidianas, e vem ganhando cada vez mais espaço diante da globalização e da modernização da tecnologia, o que facilita o desenvolvimento de programas cada vez mais complexos e financeiramente acessíveis.

Anos à frente, foram surgindo normas que ou tutelam bens jurídicos, versando sobre os chamados delitos informáticos (como a Lei nº 12.737 de 30 de Novembro de 2012, que dispõe sobre a tipificação criminal de tais delitos e altera o Código Penal), ou ainda que tenham por objetivo estabelecer princípios, garantias, direitos e deveres para o uso da internet no Brasil, como é o caso da Lei nº 12.965 de 23 de Abril de 2014, conhecida como "Marco Civil da Internet", que estabelece princípios, garantias, direitos e deveres para o uso da internet no Brasil e foi alterada pela Lei nº 13.709, de 14 de agosto de 2018 (que, por sua vez, passou a dispor sobre a proteção de dados pessoais).

Todavia, em meados de 2019, a ementa deste último diploma legal foi alterada pela Lei nº 13.853/19, renomeando para "Lei Geral de Proteção de Dados Pessoais - LGPD" e criando a Autoridade Nacional de Proteção de Dados.

Portanto, desde a última década do século XX o legislador vem implementando normas de caráter unitário ou misto, seja administrativo, civil e penal, como forma de aumentar a tutela estatal e, dentro do âmbito penal, a finalidade de resguardar o bem jurídico.

Conceito de Programa de Computador. Para efeitos de aplicação da Lei nº 9.609/98, o artigo 1º desta Lei é bastante para trazer o conceito de "programa de computador", que deverá ser utilizado como parâmetro para os demais artigos deste diploma legal. Trata-se, portanto, de norma de natureza explicativa, que norteia esta sistemática especial de tutela dos direitos do autor de programa de computador e será determinante, principalmente, para o estudo dos crimes previstos nesta Lei e o confronto com outros tipos penais.

CAPÍTULO II
DA PROTEÇÃO AOS DIREITOS DE AUTOR E DO REGISTRO

Art. 2º O regime de proteção à propriedade intelectual de programa de computador é o conferido às obras literárias pela legislação de direitos autorais e conexos vigentes no País, observado o disposto nesta Lei.

§ 1º Não se aplicam ao programa de computador as disposições relativas aos direitos morais, ressalvado, a qualquer tempo, o direito do autor de reivindicar a paternidade do programa de computador e o direito do autor de opor-se a alterações não-autorizadas, quando estas impliquem deformação, mutilação ou outra modificação do programa de computador, que prejudiquem a sua honra ou a sua reputação.

Menção sobre a aplicação da Lei nº 9.610/98, também conhecida como "legislação sobre direitos autorais". O próprio artigo 2º, da Lei nº 9.609/98, objeto do presente estudo (inobstante trazer normativas específicas relativas aos programas de computador), remete o intérprete à Lei de numeração imediatamente posterior, qual seja, a de nº 9.610/98, que trata, especificamente, da legislação sobre direitos autorais.

§ 2º Fica assegurada a tutela dos direitos relativos a programa de computador pelo prazo de cinqüenta anos, contados a partir de 1º de janeiro do ano subseqüente ao da sua publicação ou, na ausência desta, da sua criação.

Do prazo de tutela de proteção aos direitos do autor. Esta norma contida no art. 2º, § 2º, da Lei nº 9.609/98 é de fundamental importância para definir o lapso temporal sob o qual serão tutelados os direitos do autor de um programa de computador. As implicações se dão tanto no campo contratual, quanto no campo penal, eis que, preenchidos os demais requisitos, da violação de tais direitos pode advir situação de interesse penal e processual penal.

§ 3º A proteção aos direitos de que trata esta Lei independe de registro.

Da indispensabilidade de registro para tutela dos direitos do autor de programa de computador. Mesmo que não tenha sido feito registro, a Lei confere a proteção aos direitos do autor do programa de computador, conforme previsão legal expressa do artigo 2º, § 3º, da Lei nº 9.609/98. Esta informação também é relevante para o estudo da norma contida no artigo 12 desta mesma Lei, para fins de configuração ou não do crime ali previsto.

§ 4º Os direitos atribuídos por esta Lei ficam assegurados aos estrangeiros domiciliados no exterior, desde que o país de origem do programa conceda, aos brasileiros e estrangeiros domiciliados no Brasil, direitos equivalentes.

Da abrangência dos direitos tutelados pela Lei nº 9.609/98. Ainda que seja uma Lei tipicamente brasileira, resguardando os direitos dos autores brasileiros, o artigo 2º, § 4º, da Lei nº 9.609/98 prevê, com base no princípio da reciprocidade, que os estrangeiros domiciliados no exterior também terão assegurados seus direitos como autores de tais programas. Basta que o país de origem conceda, aos brasileiros e estrangeiros domiciliados no Brasil, direitos equivalentes.

A Suprema Corte, por meio da Primeira Turma, já se pronunciou (Ext. 1212, no Informativo n.º 635), inclusive, pela possibilidade de extradição com base em tipo previsto em tratado multilateral (crimes de conspiração para o tráfico de software falsificado e de documentação falsificada de programa de computador). Aduziu-se ser possível a extradição, ainda que o crime não esteja previsto no tratado bilateral (entre Estado requerente e requerido), desde que o tratado multilateral - no caso Brasil X EUA, a Convenção das Nações Unidas contra o Crime Organizado Transnacional - disponha sobre a hipótese de tipificação da conduta pelos ordenamentos internos e estes efetivamente a tipifiquem, como o Brasil o faz na Lei nº 9.609/98, art. 12, por exemplo.

EMENTA Extradição instrutória. Governo dos Estados Unidos da América. Pedido instruído com os documentos necessários à sua análise. Atendimento aos requisitos da Lei nº 6.815/80 e do tratado bilateral, com integração ao rol de delitos passíveis de extradição dos crimes de conspiração para o tráfico de software falsificado e de documentação falsificada de programa de computador. (...) Dupla tipicidade. Ocorrência. (...) **3. Os fatos delituosos imputados ao extraditando correspondem, no Brasil, aos crimes de quadrilha ou bando (CP, art. 288) e de violação de direitos de autor de programa de computador (Lei nº 9.609/98, art. 12), satisfazendo, assim, ao requisito da dupla tipicidade previsto no art. 77, inciso II, da Lei nº 6.815/80.** (...) 6. No que concerne à alegação do extraditando acerca da inexistência de previsão dos delitos a ele imputados no tratado bilateral firmado entre Brasil e Estados Unidos da América, a impedir a extradição, observo que se incorporaram à ordem jurídica interna a Convenção de Berna sobre Direitos Autorais, a Convenção de Paris para a Proteção da Propriedade Industrial, a Convenção das Nações Unidas contra o Crime Organizado Transnacional e a Convenção das Nações Unidas contra a Corrupção, com a tipificação das condutas incriminadas tanto na legislação penal pátria como na alienígena, incorporadas, assim, automaticamente ao rol de delitos extraditáveis. [...] (SFT, Primeira Turma. Ext 1212/ESTADOS UNIDOS DA AMÉRICA. EXTRADIÇÃO. Relator(a): Min. DIAS TOFFOLI. Julgamento em 09/08/2011. Publicação em DJe-175. DIVULG 12-09-2011. PUBLIC 13-09-2011. EMENT VOL-02585-01 PP-00001, veiculado no Informativo n.º 635, sem grifos no original).

Art. 7º São obras intelectuais protegidas as criações do espírito, expressas por qualquer meio ou fixadas em qualquer suporte, tangível ou intangível, conhecido ou que se invente no futuro, tais como:

(...)

XII – os programas de computador;

(...)

§ 1º Os programas de computador são objeto de legislação específica, observadas as disposições desta Lei que lhes sejam aplicáveis.

Artigo 7º da Lei nº 9.610/98 (legislação sobre direitos autorais). Como já foi devidamente salientado linhas acima, o estudo da Lei nº 9.609/98 deve ser feito em conjunto com a Lei nº 9.610/98, com as observações e a cautela necessárias.

Isto significa que mesmo prevendo dispositivos específicos (sendo, portanto, especial em relação à legislação sobre direitos autorais), o artigo 7º da Lei nº 9.610/98 traz em seus dispositivos indicações sobre as obras intelectuais que se incluem no âmbito de proteção das normas relativas aos direitos autorais.

No inciso XII deste artigo 7º é possível observar que o legislador previu que os programas de computador fossem incluídos em tal rol, fazendo menção expressa, além de asseverar no parágrafo primeiro do mesmo artigo que tais programas são objeto de tratamento por Lei específica (Lei nº 9.609/98), mesmo que seja necessário observar dispositivos da legislação sobre direitos autorais naquilo que couber.

Art. 6º Não constituem ofensa aos direitos do titular de programa de computador:

I - a reprodução, em um só exemplar, de cópia legitimamente adquirida, desde que se destine à cópia de salvaguarda ou armazenamento eletrônico, hipótese em que o exemplar original servirá de salvaguarda;

II - a citação parcial do programa, para fins didáticos, desde que identificados o programa e o titular dos direitos respectivos;

III - a ocorrência de semelhança de programa a outro, preexistente, quando se der por força das características funcionais de sua aplicação, da observância de preceitos normativos e técnicos, ou de limitação de forma alternativa para a sua expressão;

IV - a integração de um programa, mantendo-se suas características essenciais, a um sistema aplicativo ou operacional, tecnicamente indispensável às necessidades do usuário, desde que para o uso exclusivo de quem a promoveu.

Dispositivo da Lei nº 9.609/98 que pode implicar no momento de valoração sobre a existência dos crimes previstos nesta Lei. Já tendo sido tratados os assuntos conceituais básicos sobre os programas de computador e as nuances a eles aplicáveis, nos resta agora dissertar um pouco sobre a abrangência e a importância da interpretação do artigo 6º da Lei nº 9.609/98, cuja compreensão terá impacto direto na valoração dos dispositivos criminais previstos nesta mesma Lei e que serão estudados linhas à frente.

Inserido no âmbito de tutela dos direitos do autor do programa de computador, o artigo 6º da Lei nº 9.609/98 revela quais situações não serão consideradas ofensas a tais direitos e, portanto, eventualmente consideradas como condutas típicas, por exemplo, na valoração do artigo 12 de tal Lei, que cuida sobre o crime de violação aos direitos de autor de programa de computador.

Sem mergulharmos propriamente na análise do tipo penal do artigo 12, o artigo 6º revela quatro situações de ocorrência ou de probabilidade de ocorrência muito comum envolvendo programas de computador.

O inciso I deste artigo assevera que se o indivíduo reproduzir, em um só exemplar (de cópia legitimamente adquirida), e cuidando para que tal cópia sirva para salvaguarda ou mesmo armazenamento eletrônico, tal conduta não se amoldará a violação do direito do autor daquele programa.

Este mesmo artigo prossegue nas tratativas das condutas inofensivas aos direitos do autor do programa de computador, agora no inciso II, ao prever neste rol o ato de citação parcial deste programa, com a finalidade didática, desde que seja identificado o titular dos direitos que nele se inserem e o programa ao qual se faz menção.

O inciso III, por sua vez, aduz que igualmente não será considerada conduta ofensiva aos direitos do autor do programa de computador a constatação de semelhança entre programas diversos, que já existiam anteriormente, desde que tal semelhança se dê por força da observância de critérios normativos ou técnicos, ou ainda, de limitação de forma alternativa para a sua expressão. Com isto, o legislador não impede o desenvolvimento de softwares semelhantes que acabem por competir no mesmo âmbito de atuação, porém, de autores ou fábricas distintas, favorecendo e ampliando a concorrência entre eles.

Por fim, o inciso IV do artigo 6º da Lei nº 9.609/98 afasta a consideração como conduta ofensiva aos direitos do autor do programa de computador aquela de integrar um programa a determinado sistema aplicativo ou operacional (tecnicamente indispensável às necessidades do usuário), desde que se mantenham suas características essenciais daquele e desde que seja para o uso exclusivo de quem a promoveu.

CAPÍTULO V
DAS INFRAÇÕES E DAS PENALIDADES

Art. 12. Violar direitos de autor de programa de computador:

Pena – Detenção de seis meses a dois anos ou multa.

Crime de violação de direitos de autor de programa de computador (art. 12 da Lei 9.605/98). Conduta típica. Em termos de tipificação de delitos a Lei nº 9.609/98 previu como norma penal incriminadora principal aquela prevista no artigo 12. O *caput* do dispositivo traz apenas um verbo como ação nuclear, qual seja, a conduta de violar direitos de autor de programa de computador, cuja base pode ser encontrada nos termos do artigo 2º da mesma Lei.

Propriamente, a expressão "direitos do autor" revela uma norma penal em branco, que deve ser analisada em face dos artigos aqui previamente estudados, inclusive quando falamos sobre a Lei nº 9.610/98.

As considerações em face do artigo 6º, também da Lei nº 9.609/98, devem ser observadas, pois a depender da conduta do agente, pode não haver tipicidade apta a embasar o crime previsto no artigo 12.

Da discussão sobre a aplicação do artigo 184, § 2º, do Código Penal, versus artigo 12 da Lei nº 9.609/98. Neste julgado podemos perceber que a Quinta Turma do STJ entendeu se tratar de bens jurídicos diversos, enquanto o artigo 12 da Lei nº 9.609/98 trata de bem jurídico menos abrangente que o previsto no artigo 184, § 2º, do CP.

> (...) No caso, não houve violação a direito autoral de programas de computador, sendo incabível a combinação de leis. No mesmo sentido: PENAL. RECURSO ESPECIAL. VIOLAÇÃO DE DIREITO AU-

> TORAL. APLICAÇÃO DO PRECEITO SECUNDÁRIO DO ART. 12 DA LEI 9.609/98 AO CRIME DO ART. 184, § 2º, DO CP. COMBINAÇÃO DE LEIS. IMPOSSIBILIDADE. PRINCÍPIOS DA SEPARAÇÃO DOS PODERES E DA SEGURANÇA JURÍDICA. RECURSO PARCIALMENTE PROVIDO. 1. É vedada a combinação de leis, em consagração aos princípios da separação dos poderes e da segurança jurídica. 2. Recurso parcialmente provido para restaurar a sentença condenatória (REsp 1.058.870/RJ, Rel. Ministro ARNALDO ESTEVES LIMA, QUINTA TURMA, DJe 3/8/2009).
>
> HABEAS CORPUS. VENDA DE CDs e DVDs FALSIFICADOS. CONDUTA TIPIFICADA NO ART. 184, § 2º. DO CPB. BEM JURÍDICO DIVERSO DAQUELE TUTELADO NO ART. 12 DA LEI 9.609/98. IMPOSSIBILIDADE DE COMBINAÇÃO DE LEIS PARA O FIM DE APLICAR PRECEITO SECUNDÁRIO DE UM TIPO A OUTRO. PARECER DO MPF PELA DENEGAÇÃO DO WRIT. ORDEM DENEGADA. 1. O paciente foi acusado de expor à venda, com intuito de lucro direto, 291 (duzentos e noventa e um) CDs, 200 (duzentos) CDs de **play station** 2 e 12 (doze) DVDs RW, todos falsificados, conduta que se amolda, em tese, ao art. 184, § 2º. do CPB. Precedente. 2. O **art. 12 da Lei 9.609/98 diz respeito à violação de direitos de autor de programa de computador, bem jurídico diverso daquele tutelado no art. 184, § 2º. do CPB, mais abrangente**. 3. É consabido que não se admite a combinação de leis para que a conduta do paciente seja tipificada no art. 184, § 2º. do CPB e a pena aplicada seja aquela prevista no art. 12 da Lei 9.609/98. Precedente. 4. Ordem denegada (HC 132.750/MS, Rel. Ministro NAPOLEÃO NUNES MAIA FILHO, QUINTA TURMA, DJe 13/6/2011). (...). STJ. Decisão monocrática no REsp 1509904, Relator Ministro JOEL ILAN PACIORNIK. Publicação em 20/05/2016. Sem grifo no original.

No mesmo sentido está alinhada a jurisprudência do STF:

> HABEAS CORPUS. PENAL. **VIOLAÇÃO DE DIREITO AUTORAL**. RECURSO SUBSTITUTIVO DE REVISÃO CRIMINAL. INADMISSIBILIDADE. PRECEDENTES. **COMERCIALIZAÇÃO DE MÍDIAS COM FILME OU MÚSICA REPRODUZIDOS SEM AUTORIZAÇÃO DO TITULAR DO DIREITO AUTORAL. CRIME TIPIFICADO NO CÓDIGO PENAL. RECAPITULAÇÃO PARA O TIPO PENAL PREVISTO NA LEI 9.609/1998. NORMA ESPECÍFICA QUE TRATA DA PROTEÇÃO À PROPRIEDADE INTELECTUAL DO AUTOR DE PROGRAMA DE COMPUTADOR. IMPOSSIBILIDADE**. ORDEM DENEGADA. (...) II – **A comercialização de mídias com filme ou músicas reproduzidas sem autorização do titular do direito autoral encontra tipificação no Código Penal. III – A Lei 9.609/1998 é norma específica, que tipifica a conduta de comercialização de mídias com programas de computador**

reproduzidos sem autorização do autor [...] (STF. Segunda Turma. HC 136233/RS - RIO GRANDE DO SUL. HABEAS CORPUS. Relator(a): Min. RICARDO LEWANDOWSKI. Julgamento em 26/10/2016. Publicação em DJe-252. DIVULG 25-11-2016. PUBLIC 28-11-2016, sem grifos no original).

Sujeito ativo. Com relação ao *caput* do artigo 12, tal crime pode ser praticado por qualquer pessoa, sendo, portanto, um crime comum.

Sujeito passivo. É o autor de programa de computador (cujos direitos em face deste são violados), seus herdeiros ou sucessores, a depender da situação, haja vista a previsão do artigo 2º, § 2º, desta mesma Lei, que trata do prazo de 50 (cinquenta) anos para a tutela de tais direitos.

Elemento subjetivo. O tipo aqui previsto é doloso, ou seja, a vontade livre e consciente em violar direitos de autor de programa de computador. Não há previsão para modalidade culposa.

Objeto material da conduta. É a obra violada, vale dizer, o programa de computador cujos direitos do autor foram violados.

Objeto jurídico. É o direito do autor tutelado na propriedade intelectual do programa de computador. Sua propriedade intelectual.

Classificação doutrinária. Trata-se de crime comum (pois pode ser praticado por qualquer pessoa), formal (tendo em vista que independe de efetivo prejuízo para sua caracterização), comissivo, doloso, simples, instantâneo (mas pode ser considerado permanente caso os direitos do autor de programa de computador sejam violados de forma contínua mediante utilização indevida de determinado programa), plurissubsistente e possui forma livre (vale dizer, pode ser praticado por qualquer modo).

Momento consumativo. Ocorre no instante em que os direitos do autor do programa de computador são violados.

Tentativa. Admissível, em tese, pois se trata de delito doloso cujo verbo nuclear admite fracionamento (plurissubsistente).

Competência. Por se tratar de crime cuja pena máxima prevista não excede o patamar de dois anos, caberá ao Juizado Especial Criminal processar e julgar o feito, com a aplicação dos benefícios previstos naquela Lei.

§ 1º Se a violação consistir na reprodução, por qualquer meio, de programa de computador, no todo ou em parte, para fins de comércio, sem autorização expressa do autor ou de quem o represente:

Pena – Reclusão de um a quatro anos e multa.

Forma qualificada prevista no parágrafo primeiro do artigo 12. O parágrafo primeiro do artigo 12 traz a forma qualificada de violação dos direitos de autor de programa de computador, ao prever uma finalidade específica que, para o legislador, merecia reprimenda majorada. No entanto, tal parágrafo prevê uma série de requisitos, condicionando a prática criminosa ao preenchimento destes.

Assim, se a violação de tais direitos consistir na reprodução do programa de computador, mesmo que de parte deste, e desde que tal reprodução seja destinada para fins de comércio e que não haja autorização expressa do autor ou de quem faça suas vezes, poderá estar sujeito a responder processo penal cuja pena aplicada em caso de condenação, ao final, estará balizada de um a quatro anos de reclusão, além de multa.

No caso do parágrafo primeiro, portanto, a pena suplanta o patamar de atuação dos Juizados Especiais, razão pela qual o fato será julgado pela Justiça comum.

Da discussão jurisprudencial acerca da utilização do preceito secundário do § 1º do art. 12 da Lei nº 9.609/98 ao artigo 184 do CP por alegada violação ao princípio da proporcionalidade. O STJ no HC 191.568-SP, Rel. Min. Jorge Mussi, julgado em 7/2/2013, veiculado no Informativo n.º 0515, entendeu pela IMPOSSIBILIDADE. Entendeu a Corte Superior não haver desproporcionalidade e que o legislador, por questão de política criminal, optou por impor sanção mais grave à conduta do artigo 184, sendo incabível ao judiciário a combinação de leis, em homenagem ao princípio da separação de poderes e segurança jurídica.

É o que pode ser visto a partir do trecho abaixo assinalado:

> DIREITO PENAL. PENA APLICÁVEL À CONDUTA DE ADQUIRIR E OCULTAR, COM INTUITO DE LUCRO, CDS E DVDS FALSIFICADOS. Deve ser aplicado o preceito secundário a que se refere o § 2º do art. 184 do CP, e não o previsto no § 1º do art. 12 da Lei n. 9.609/1998, para a fixação das penas decorrentes da conduta de adquirir e ocultar, com intuito de lucro, CDs e DVDs falsificados. **O preceito secundário descrito no § 1º do art. 12 da Lei n. 9.609/1998 é destinado a estipular, em abstrato, punição para o crime de violação de direitos de autor de programa de computador, delito cujo objeto material é distinto do tutelado pelo tipo do § 2º do art. 184 do Código Penal**. Desta feita, não havendo adequação típica da conduta em análise ao previsto no § 1º do art. 12 da Lei n. 9.609/1998, cumpre aplicar o disposto no § 2º do art. 184 do Código Penal, uma vez que este tipo é bem mais abrangente, sobretudo após a redação que lhe foi dada pela Lei n. 10.695/2003. Ademais, **não há desproporcionalidade da pena** de reclusão de dois a quatro anos e multa quando comparada com reprimendas previstas para outros tipos penais, pois o próprio legislador, atento aos reclamos da sociedade que representa, entendeu merecer tal conduta pena considerável, especialmente pelos graves e extensos danos que acarreta, estando geralmente relacionada a outras práticas criminosas, como a sonegação fiscal e a formação de quadrilha. (STJ, Quinta

turma, HC 191.568-SP, Rel. Min. Jorge Mussi, julgado em 7/2/2013, veiculado no Informativo n.º 0515, Período: 3 de abril de 2013, sem grifo no original).

Da discussão em face do furto de mídia digital contendo programa de computador versus violação de direito de autor de programa de computador. No julgado a seguir, em decisão monocrática, o STJ entendeu que no caso específico em análise a hipótese fática tratava propriamente de furto de mídias digitais que continham programa de computador, e não especificamente a violação do direito de autor de programa de computador, entendido como propriedade imaterial, cuja criação intelectual se assemelha a qualquer obra literária, por exemplo, mas que pode ser materializada, não deixando, desta forma, de ser passível de se tornar objeto tanto de furto, quanto de violação de programa de computador.

> (...) Nas razões do recurso especial, os agravantes apontam violação dos arts. 1º e 12, § 1º, ambos da Lei n. 9.609/1998, "porquanto a definição legal de software o impede de ser objeto de furto, e sua natureza jurídica o faz ser protegido pelo direito autoral" (...) O Tribunal de origem decidiu condenar os ora agravantes, sob a seguinte fundamentação: (...) Por outro lado, não se trata de violação de direito autoral, a despeito de o software ser inequivocamente uma obra cientifica, portanto, fruto de criação intelectual e, em última análise, direito imaterial. Explico: o programa de computador não deixa de ser extrinsecamente palpável, porquanto a linguagem de computação nele inserida é efetivamente materializada, sempre, seja no disco rígido do computador ou em mídias removíveis. Nesse aspecto, é similar a uma obra literal e, assim como esta, pode ser objeto tanto de violação de direito autoral como de subtração. Destarte, na espécie, ocorreu efetivamente um crime de furto, considerando que os acusados, conluiados, subtraíram fisicamente "tecnologia de 'software'" da empresa-vitima, além da placa de telefonia independentemente do cometimento de eventual crime de concorrência desleal conforme se verifica nas conclusões do extenso exame pericial realizado no material apreendido na empresa dos acusados [...] (STJ. Decisão monocrática no Ag 1423684. Relator Ministro ROGERIO SCHIETTI CRUZ. Publicação em 01/02/2016).

> § 2º Na mesma pena do parágrafo anterior incorre quem vende, expõe à venda, introduz no País, adquire, oculta ou tem em depósito, para fins de comércio, original ou cópia de programa de computador, produzido com violação de direito autoral.

O crime do artigo 12, § 2º, da Lei nº 9.609/98. Forma qualificada que prevê verbos nucleares de caráter permanente. O parágrafo segundo do artigo 12 remete seu preceito secundário àquele previsto no parágrafo antecedente, indicando que também estará sujeito à pena de reclusão de um a quatro anos e multa o agente que pratica verbos que ensejam condutas ora de caráter instantâneo (como é o caso de "vender", "introduzir no País" e "adquirir"), ora de cariz permanente (como na hipótese de "expor", "ocultar" e "ter em depósito").

Com isso, principalmente nas hipóteses dos verbos com conotação permanente, a situação flagrancial é alargada, facilitando a ocorrência das hipóteses de prisão em flagrante.

Sujeito ativo. Com relação ao parágrafo segundo do artigo 12, tal crime também pode ser praticado por qualquer pessoa, sendo, portanto, um crime comum.

Sujeito passivo. Aqui as mesmas ressalvas quanto ao artigo 12, *caput*, são feitas. É o autor de programa de computador (cujos direitos em face deste são violados), seus herdeiros ou sucessores, a depender da situação, haja vista a previsão do artigo 2º, § 2º, desta mesma Lei, que trata do prazo de 50 (cinquenta) anos para a tutela de tais direitos.

Elemento subjetivo. O tipo aqui previsto é doloso, ou seja, a vontade livre e consciente em violar direitos de autor de programa de computador. Não há previsão para modalidade culposa.

Objeto material da conduta. É a obra violada, ou seja, o programa de computador cujos direitos do autor foram violados.

Objeto jurídico. É o direito do autor tutelado na propriedade intelectual do programa de computador. Sua propriedade intelectual.

Classificação doutrinária. Trata-se de crime comum (pois pode ser praticado por qualquer pessoa), formal (tendo em vista que independe de efetivo prejuízo para sua caracterização), comissivo, doloso, simples, instantâneo (nas modalidades "vender", "introduzir" e "adquirir") ou permanente (nas modalidades "expor", "ocultar" e "ter em depósito"), plurissubsistente e possui forma livre (vale dizer, pode ser praticado por qualquer modo).

Momento consumativo. Ocorre no instante em que os direitos do autor do programa de computador são violados, com a ressalva de que nas modalidades permanentes, a consumação se protrai no tempo.

Tentativa. Admissível, em tese, pois se trata de delito doloso cujo verbo nuclear admite fracionamento (plurissubsistente).

Da aplicação do princípio da especialidade no artigo 12, § 2º, da Lei nº 9.609/98 em face do artigo 184, § 2º, do Código Penal. A doutrina e jurisprudência traçam a distinção do artigo 184, § 2º, do CP e art. 12, § 2º, da Lei n.º 9.609/98, em que pese ambos trazerem proteção ao direito autoral violado. Neste caso, por questão de política criminal, o legislador estabeleceu pena diversa aos delitos de venda/exposição à venda de programa de computador ou *software* (art. 12, § 2º, da Lei n.º

9.609/98) e venda/exposição à venda CDs e DVDs (art. 184, 2ª, CP), com aplicação do princípio da especialidade em face do primeiro tipo penal, em relação ao segundo.

> APELAÇÃO CRIMINAL. VIOLAÇÃO DE DIREITO AUTORAL (ART. 184, § 2º DO CP E ART. 12, § 2º, N/F DO § 3º, INCISO II DA LEI 9609/98, TODOS NA FORMA DO ART.70 DO CP). PRETENSÃO ABSOLUTÓRIA. AUSÊNCIA DE INDICAÇÃO DOS SUJEITOS PASSIVOS DOS DIREITOS VIOLADOS E IMPRESTABILIDADE DA PROVA PERICIAL REALIZADA. SUBSIDIARIAMENTE, PUGNA O APELANTE A APLICAÇÃO DO ART. 12, § 2º DA LEI 9609/98 POR SE TRATAR DE NOVATIO LEGIS IN MELLIUS. REJEIÇÃO. (...) 2) Tampouco merece acolhida o pleito de incidência do artigo 12, § 2º da Lei 9609/98, por proteger direito autoral distinto daquele protegido pelo artigo 184, § 2º do CP; este último prevê como crime a reprodução, com violação de direito do autor, de original ou cópia de obra intelectual ou fonograma ao passo que a Lei 9609/98 cuida especificamente da proteção do direito do autor de programa de computador, incidindo, neste último caso, o princípio da especialidade. 3) Não se vislumbra qualquer inconstitucionalidade do tipo penal previsto no art. 184 do CP, nem mesmo a ocorrência de *abolitio criminis*, tanto que a Lei 10.695/03 alterou seu preceito secundário para aumentar a pena cominada em lei. Desprovimento do recurso defensivo.
>
> (TJRJ, TERCEIRA CÂMARA CRIMINAL. A Crim. 0202947-21.2012.8.19.0001 – APELAÇÃO. Relator DES. SUIMEI MEIRA CAVALIERI. Julgamento em 18/03/2014).

Assim, afigura-se típica, em relação ao crime previsto no art. 184, § 2º, do CP, a conduta de expor à venda CDs e DVDs "piratas" (músicas e filmes, por exemplo), entendimento esse consolidado no verbete n.º 502 da Súmula do STJ.

Contudo, cabe fazer a distinção: DVD's contendo cópias de programas de computador contrafeitos (jogos para Playstation, por exemplo), se enquadram no tipo previsto no art. 12, § 2º, da Lei nº 9.609/98, dado que a mídia (CD, DVD ou *blue-ray*) é o meio físico em que armazenado o programa de computador a ser executado no aparelho de videogame. Necessário, pois, aferição do conteúdo da mídia para adequação típica. É como entendemos.

Porém, o tema é controvertido, como veremos a seguir.

> PENAL. PROCESSUAL PENAL. EXECUÇÃO PENAL. AGRAVO REGIMENTAL NO RECURSO ESPECIAL. VIOLAÇÃO DE DIREITOS AUTORAIS (...) PRINCÍPIO DA ADEQUAÇÃO SOCIAL E DA INSIGNIFICÂNCIA. NÃO APLICAÇÃO. SÚMULA 502/STJ. PLEITO DE DESCLASSIFICAÇÃO DA CONDUTA DELITIVA (ART. 184, CAPUT, DO CP). REEXAME DE PROVAS. INCIDÊNCIA DA SÚMULA 7/STJ. DECISÃO MONOCRÁTICA MANTIDA. (...) II – O Superior Tribunal de Justiça, no julgamento do REsp n 1.193.196/MG, sob relatoria da em. Ministra

> Maria Thereza de Assis Moura, submetido à sistemática dos recursos repetitivos (art. 543-C, do Código de Processo Civil de 1973), consolidou o entendimento no sentido de se considerar típica, formal e materialmente, a conduta prevista no artigo 184, § 2º, do Código Penal, afastando, assim, a aplicação do princípio da adequação social, de quem expõe à venda CD'S E DVD'S "piratas". No mesmo sentido foi editado o enunciado n. 502 da Súmula desta Corte, que estabelece, verbis: "Presentes a materialidade e a autoria, afigura-se típica, em relação ao crime previsto no art. 184, § 2º, do CP, a conduta de expor à venda CDs e DVDs "piratas"". [...] (STJ, T5 - QUINTA TURMA. AgRg no REsp 1772368/SC. AGRAVO REGIMENTAL NO RECURSO ESPECIAL. Relator(a) Ministro FELIX FISCHER. Julgamento em 04/12/2018. Publicação/Fonte em DJe 07/12/2018. REVJUR vol. 494 p. 165, sem grifos no original).

Da comercialização ilegal de jogos de videogame. Controvérsia jurisprudencial. Desclassificação da imputação originalmente indicada nos termos do artigo 184, § 2º, do CP, para aquela prevista no artigo 12, § 2º, da Lei nº 9.609/98. Neste julgamento monocrático, oriundo do STJ, a Ministra Laurita Vaz traz importante distinção entre a aplicação do artigo 12 da Lei nº 9.609/1998 em face do artigo 184 do Código Penal, em se tratando da comercialização de jogos de videogame contrafeitos. Isto porque os objetos materiais previstos nesta norma do Código Penal não são aptos a embasar suporte físico de software, tão somente representam um conjunto de dados a ser lido pelo equipamento eletrônico.

Por sua vez, os programas de computador tutelados pela Lei nº 9.609/98 vão além ao preverem técnica digital específica, cuja linguagem é codificada e processada no interior de aparelho destinado para tal propósito, como nos casos de jogos de videogame.

> (...) Compulsando os presentes autos entendo pela desclassificação, de ofício, da conduta de comercializar mídias falsificadas de jogos de videogame para a infração prevista no art. 12, § 2º, da Lei nº 9.608/98. Inicialmente, cumpre observar que a materialidade e autoria do delito são incontestes. No entanto, os direitos relativos aos jogos de videogame contrafeitos não são protegidos pelo art. 184 do Código Penal, mas sim pelo artigo 12 da Lei de Software. A citada Lei visa especificamente a proteção da propriedade intelectual de programa de computador, a qual está conceituada no seu art. 1º: [...] Com efeito, a mídia de fonogramas ou de obras audiovisuais, protegida pelo art. 184 do Código Penal, não constitui suporte físico de um software a ser executado, mas apenas de um conjunto de dados a ser lido pelo equipamento adequado (leitor de cd, dvd ou blue-ray). Enquanto que os jogos eletrônicos, gênero do qual são espécie os jogos de videogame, são programas de computador, de técnica digital, armazenados em uma mídia (cd, dvd ou blue-ray),

> cuja linguagem codificada é processada e executada no interior do aparelho de videogame e disponibilizada ao usuário com o auxílio de uma interface gráfica, apresentada em um dispositivo de vídeo (televisão, monitor de computador, console portátil, etc), proporcionando-lhe entretenimento. Desse modo, não há como desconhecer a circunstância de que o comércio de mídias falsificadas de jogos de videogame não se subsume ao tipo do art. 184 do Código Penal e, sim ao art. 12 da Lei nº 9.608/98, que assim dispõe: [...] Não obstante isso, o § 3º, do art. 12 da citada lei, dispõe que os crimes nela previstos somente se apuram por meio de ação penal privada, salvo quando 'praticados em prejuízo de entidade de direito público, autarquia, empresa pública, sociedade de economia mista ou fundação instituída pelo poder público', ou ainda, 'quando, em decorrência de ato delituoso, resultar sonegação fiscal, perda de arrecadação tributária ou prática de quaisquer dos crimes contra a ordem tributária ou contra as relações de consumo'. A primeira hipótese não é o caso dos autos, e segunda, entendo que não pode ser presumida em prejuízo do condenado, sob pena de ofensa ao princípio do favor rei. Destarte, considerando que transcorreram mais de 6 (seis) meses desde a data do fato (11.1.2007), sem que houvesse ajuizamento de queixa crime pelo titular do direito autoral de software violado, impõe-se, de ofício, o reconhecimento também da extinção da punibilidade dos fatos. (STJ, Decisão monocrática no REsp 1318620. Relator Ministra LAURITA VAZ. Publicação em 15/05/2014. Sem grifos no original).

No mesmo sentido, também o entendimento firmado no âmbito do TJRJ, TJRS, TJDF e TJMG a seguir colacionados:

> APELAÇÃO. CRIMES CONTRA A PROPRIEDADE INTELECTUAL. ARTIGOS 184, § 2º, DO CÓDIGO PENAL E 12, § 2º, DA LEI 9.609/98, NA FORMA DO ART. 69, DO CÓDIGO PENAL. DECISÃO DO SUPERIOR TRIBUNAL DE JUSTIÇA, EM SEDE DE RECURSO ESPECIAL, QUE DETERMINOU O PROSSEGUIMENTO DO JULGAMENTO DA APELAÇÃO, COM FUNDAMENTO NO ART. 557, § 1ºA, DO CPC, C/C O ART. 3º DO CPP. AO MANEJAR RECURSO DE APELAÇÃO, O MINISTÉRIO PÚBLICO PUGNA PELA CONDENAÇÃO DO RÉU NAS PENAS DOS ARTIGOS 184, § 2º, DO CÓDIGO PENAL E 12, § 2º, DA LEI 9.609/98, EM CONCURSO MATERIAL. PROVIMENTO AO RECURSO MINISTERIAL. Do pedido de condenação. (...) Desta forma, resta demonstrada a tipicidade das condutas perpetradas pelo acusado, que violou direitos autorais com a manutenção em depósito de cópias não autorizadas de CDs e DVDs de filmes, músicas e jogos "piratas", bem como **lesou a propriedade intelectual de autores de programas de computador (jogos falsificados)**, para fins de

comércio, com o intuito de obter lucro. Logo, diante do irrefutável conjunto fático probatório coligido ao longo da instrução criminal, restaram demonstradas a autoria e materialidade quanto aos delitos descritos nos artigos 184, § 2º do Código Penal e 12, § 2º da Lei n. 9.609/98, o que torna impossível a absolvição do acusado (...) (TJRJ, OITAVA CÂMARA CRIMINAL. APELAÇÃO nº **0018343-23.2011.8.19.0012**. 1ª Ementa. Relator Des(a). CLAUDIO TAVARES DE OLIVEIRA JUNIOR. Julgamento em **12/06/2019**. Publicação em 14/06/2019, em grifo no original).

RECURSO EM SENTIDO ESTRITO – **CRIME DE VIOLAÇÃO A DIREITO AUTORAL DE PROGRAMA DE COMPUTADOR - ART. 12 §2º N/F §3º, II DA LEI 9.609/98** -RECURSO DO MINISTÉRIO PÚBLICO CONTRA SENTENÇA QUE ANULOU O PROCESSO, EM RAZÃO DA ILEGITIMIDADE ATIVA DO ÓRGÃO MINISTERIAL, ENTENDENDO O MAGISTRADO QUE A AÇÃO SERIA PENAL PRIVADA E, CONSEQUENTEMENTE, ACABOU POR EXTINGUIR A PUNIBILIDADE DO RECORRIDO PELA DECADÊNCIA DO DIREITO DE QUEIXA – PROVIMENTO – HIPÓTESE DE EXCEÇÃO À REGRA NA FORMA DO ART. 12 §3º, II DA LEI 9.609/98 – DESNECESSIDADE DE COMPROVAÇÃO EFETIVA DA SONEGAÇÃO FISCAL, QUANDO A CONDUTA PRATICADA JÁ TENHA POTENCIALIDADE PARA LEVAR À PERDA DE ARRECADAÇÃO TRIBUTÁRIA, COMO OCORREU NO PRESENTE CASO **– APREENSÃO DE 357 DVD¿S CONTRAFEITOS DE JOGOS DE VIDEOGAME, QUE ESTAVAM EM DEPÓSITO E EXPOSTOS À VENDA EM UMA FEIRA – COMERCIALIZAÇÃO DE PRODUTOS CHAMADOS "PIRATAS" DESESTIMULA A AQUISIÇÃO DOS ORIGINAIS, ACARRETANDO PREJUÍZO DIRETAMENTE AO ERÁRIO** – CRIME DE AÇÃO PENAL PÚBLICA INCONDICIONADA – RECURSO REPETITIVO Nº. 926 DO STJ – PROVIMENTO DO RECURSO MINISTERIAL PARA CASSAR A SENTENÇA, DETERMINANDO O RETORNO DOS AUTOS AO JUÍZO DE ORIGEM PARA QUE SEJA PROFERIDA DECISÃO DE MÉRITO. (TJRJ, PRIMEIRA CÂMARA CRIMINAL. RECURSO EM SENTIDO ESTRITO nº **0404117-05.2016.8.19.0001**. Relatora Des(a). MARIA SANDRA ROCHA KAYAT DIREITO. Julgamento em 19/02/2019. Publicação em **21/02/2019**, sem grifos no original).

APELAÇÃO. **CRIME CONTRA A PROPRIEDADE IMATERIAL. JOGOS DE VIDEOGAME. CAPITULAÇÃO. ART. 12, § 2º, DA LEI Nº 9.609/98. A comercialização irregular de jogos de computador é protegida pela Lei nº 9.609/98 – Lei de Software – que dispõe sobre a proteção da propriedade intelectual de programa de computador, sua comercialização no país, e dá outras providências, tipificando a conduta do art. 12, §2º, não se tratando do fato e tipo penal descritos na denúncia**. Ainda, ausente perícia técnica apta a indicar que o conteúdo dos CDs era inautêntico, deve ser mantida a sentença. RECURSO DESPROVIDO. POR MAIORIA (TJRS, Quarta Câmara Criminal. Apelação Crime Nº 70068632116 [Nº CNJ: 0073405-06.2016.8.21.7000]. Relator Julio Cesar Finger. Redator Mauro Evely Vieira de Borba. Julgamento em 14-04-2016. Publicação em 11-05-2016, sem grifo no original).

APELAÇÃO CRIMINAL. **VIOLAÇÃO DE DIREITO AUTORAL. ARTIGO 184, § 2º, DO CÓDIGO PENAL. APREENSÃO DE CD'S E DVD'S PIRATAS, CONTENDO JOGOS DE PLAYSTATION**. RECURSO DA DEFESA. PRELIMINAR DE ILEGITIMIDADE ATIVA DO MINISTÉRIO PÚBLICO. **JOGO DE VIDEOGAME. NATUREZA JURÍDICA DE PROGRAMA DE COMPUTADOR. APLICAÇÃO DA LEI Nº 9.609/1998 (LEI DE SOFTWARE). PRINCÍPIO DA ESPECIALIDADE. SUBSUNÇÃO DA CONDUTA AO ARTIGO ART. 12, § 2º, DA LEI Nº 9.609/1998. DESCLASSIFICAÇÃO.** CRIME DE AÇÃO PENAL PRIVADA. DECADÊNCIA DO DIREITO DE QUEIXA. EXTINÇÃO DA PUNIBILIDADE. **1. Os jogos de videogame ou games constituem programas eletrônicos interativos, reproduzidos por meio de determinada mídia – cartuchos, disquetes, CDs, DVDs – e executados por uma espécie de computador, pré-programado para executar apenas esta função. Assim, o conceito de jogo de videogame adapta-se perfeitamente ao conceito legal de software determinado pela Lei nº 9.609/1998, que protege a propriedade intelectual de programas de computador. 2. Em razão do princípio da especialidade, a conduta do agente que expõe à venda CDs e DVDs de jogos de Playstation falsificados não autoriza a imposição penal descrita no artigo 184 do Código Penal, devendo ser desclassificada para o delito previsto no artigo 12, §2º, da Lei nº 9.609/1998, que é de ação penal privada** (...) 4. Recurso conhecido e provido para desclassificar a conduta imposta na denúncia (artigo 184, §2º, do Código Penal) para aquela prevista no artigo 12, §2º, da Lei nº 9.609/1998, de ação penal privada, e, em seguida, declarar extinta a punibilidade pela decadência, com fundamento no artigo 107, inciso IV, do Código Penal. (TJDF, 2ª Turma Criminal. Apelação Criminal nº 20081010033315APR. Relator(a): ROBERVAL CASEMIRO BELINATI. Julgamento em 13/10/2011. Publicação em 25/10/2011, sem grifos no original).

APELAÇÃO CRIMINAL. VENDA DE CD's E DVD's DE **JOGOS DE VIDEOGAME "PIRATEADOS"**. CAPITULAÇÃO DA CONDUTA NA DENÚNCIA NO ARTIGO 184, § 2º DO CP. "EMENDATIO LIBELLI". NOVA CAPITULAÇÃO NO ARTIGO 12, § 2º DA LEI 9.609/1998. **JOGOS DE VIDEOGAME SÃO "SOFTWARES" DE COMPUTADOR. PRINCÍPIO DA ESPECIALIDADE.** AÇÃO PENAL DE INICIATIVA PRIVADA. ILEGITIMIDADE DO MINISTÉRIO PÚBLICO. DECADÊNCIA DO DIREITO DE QUEIXA. EM PRELIMINAR, FEITA EMENDATIO LIBELLI, ANULADO O

PROCEDIMENTO E DECLARADA A EXTINÇÃO DA PUNIBILIDADE DO AGENTE PELA DECADÊNCIA. MÉRITO JULGADO PREJUDICADO. - Hipótese em que o apelante foi abordado vendendo em sua loja diversos CD's e DVD's de jogos de videogame supostamente falsificados. Conduta narrada na denúncia capitulada no artigo 184, § 2º do Código Penal. **- Tem-se entendido que os jogos de videogame são verdadeiros programas de computador que para terem sua linguagem decodificada e funcionarem precisam do emprego de máquinas automáticas de tratamento de informação. - Embora a venda de jogos falsificados importe também, assim como a conduta tipificada no artigo 184, § 2º do Código Penal, em violação do direito do autor, pelo princípio da especialidade, é a Lei 9.609/1998 que disciplina a propriedade intelectual de programa de computador, que deve ser aplicada à espécie.** - 4. É possível em segunda instância proceder à "emendatio libelli", adequando-se assim, a correta capitulação à conduta descrita na denúncia. - 5. Processando-se o crime previsto no artigo 12, § 2º da Lei 9.609/1998 por ação penal de iniciativa privada, nos termos do artigo 12, § 3º da citada Lei, é o Ministério Público parte ilegítima para a propositura da ação penal. - 6. Transcorrido tempo superior a seis meses entre a data que se conhece a autoria do crime e a propositura da ação de iniciativa privada, deve ser declarada a decadência e extinta a punibilidade do agente.- 7. Em preliminar, feita a emendatio libelli, anulado o procedimento e declarando extinta a punibilidade do acusado. V.V. A exposição à venda de reproduções "pirateadas" de jogos de videogame enseja evidente sonegação fiscal sendo o Ministério Público competente para o ajuizamento da ação penal, nos termos do art. 12, §3º, II, da Lei da Lei 9.609/98. (TJMG, Apelação Criminal n.º 0545199-59.2012.8.13.0024. AC 1.0024.12.054519-9/001. Relator(a): Des.(a) Agostinho Gomes de Azevedo. Julgamento: 18/10/0017. publicação da súmula: 27/10/2017, sem grifo no original).

Todavia, cabe destacar que há decisão em sentido contrário ao exposto acima. Em Decisão Monocrática no REsp 1680322, o Relator Ministro Ribeiro Dantas, citando precedentes da Corte Superior, destacou que a venda de jogos eletrônicos falsificados não se enquadra no conceito de 'programa de computador' e configura o delito previsto no artigo 184, § 2º, do Código Penal:

(...) Com efeito, tomando-se por base o conceito de "programa de computador" contido na Lei n. 9.609/1998, bem como os esclarecimentos técnicos da doutrina penal, verifica-se que jogos de videogames não podem ser enquadrados como tais, uma vez que não são utilizados para "mover as atividades da máquina" e não são de "emprego necessário em máquinas automáticas de tratamento da informação" para que a máquina funcione de determinado modo e para determinado fim. **Ademais, em outras oportunidades, esta Corte Superior de Justiça já se pronunciou no sentido de que a venda de jogos eletrônicos falsificados configura o delito previsto no artigo 184, § 2º, do Código Penal, conforme se observa nos seguintes julgados** [...] (STJ, Decisão monocrática. REsp 1680322. Relator(a) Ministro RIBEIRO DANTAS. Publicação em 03/05/2018, sem grifo no original).

O STJ parece firmar posicionamento no sentido de que a venda de jogos eletrônicos falsificados configura o delito previsto no art. 184, § 2º, do Código Penal. É o que se extrai do seguinte trecho do julgado:

> (...) <u>O acórdão recorrido [que desclassificou a conduta do tipo previsto no art. 184, §2º para o art. 12, 2º, da Lei n.º 9609/98] destoa da jurisprudência desta Corte Superior de Justiça que se firmou no sentido de que a venda de jogos eletrônicos falsificados configura o delito previsto no art. 184, § 2º, do Código Penal.</u> Confiram-se: AGRAVO REGIMENTAL NO RECURSO ESPECIAL. VIOLAÇÃO DE DIREITOS AUTORAIS. ART. 184, § 2º, DO CP. ART. 530-D DO CPP. PERÍCIA SOBRE O CONTEÚDO DE TODOS OS BENS APREENDIDOS. EXIGÊNCIA QUE NÃO SE PRESTA PARA FINS DE COMPROVAÇÃO DA MATERIALIDADE DELITIVA. IDENTIFICAÇÃO DOS SUJEITOS PASSIVOS DO DELITO. DESNECESSIDADE. PRECEDENTES. AGRAVO REGIMENTAL DESPROVIDO. – Não obstante a redação do art. 530-D do Código de Processo Penal disponha que a perícia deva ser realizada sobre todos os bens apreendidos, essa exigência não se presta para fins de comprovação da materialidade delitiva, até porque basta a apreensão de um único objeto para que, realizada a perícia e concluído sobre a sua falsidade, esteja configurado o delito previsto no art. 184 do Código Penal. – Na espécie dos autos, a denúncia narra a apreensão 1042 (mil e quarenta e dois) DVD's de jogos de PC, Xbox 360 e Playstation 2, tendo sido realizado exame pericial por amostragem, donde os peritos concluíram que eram reproduções "piratas", pelo que resta devidamente evidenciada a materialidade do delito imputado ao recorrente. – A jurisprudência desta Corte Superior tem se posicionado no sentido de que, sendo o crime de violação de direito autoral descrito no art. 184, § 2º, do Código Penal sujeito a ação penal pública incondicionada e tendo sido constatada, por laudo pericial, a falsidade da mídia, é desnecessária, para a configuração de sua tipicidade, a identificação e inquirição do sujeito passivo (...). (AgRg no REsp 1424026/SC, Rel. Ministra MARILZA MAYNARD (DESEMBARGADORA CONVOCADA DO TJ/SE), SEXTA TURMA, julgado em 18/06/2014, DJe 04/08/2014, com destaques.) PENAL. VIOLAÇÃO DE DIREITO AUTORAL. VENDA DE MÍDIAS FALSIFICADAS (CD's, DVD's e Jogos Eletrônicos). PRIN-

> CÍPIOS DA ADEQUAÇÃO SOCIAL E DA INSIGNIFICÂNCIA. AFASTAMENTO. **1. O entendimento desta Corte Superior firmou-se no sentido de considerar típica, formal e materialmente, a conduta prevista no artigo 184, § 2º, do Código Penal, afastando, assim, a aplicação do princípio da adequação social daquele que expõe à venda CD'S, DVD'S e Jogos Eletrônicos falsificados.** 2. No caso, a quantidade de mercadorias apreendidas (137 mídias falsificadas) demonstra a existência de efetiva lesão ao bem jurídico tutelado pela norma penal, afastando a possibilidade de aplicação do princípio da insignificância. [...] (AgRg no REsp 1344160/MS, Rel. Ministro JORGE MUSSI, QUINTA TURMA, julgado em 05/02/2013, DJe 15/02/2013, com destaques.) Merece, portanto, reforma o acórdão recorrido, a fim de se ajustar ao entendimento firmado no âmbito do Superior Tribunal de Justiça [...] (STJ, Decisão Monocrática no REsp 1747074. Relator(a) Ministro NEFI CORDEIRO. Publicação em 30/08/2018, sem grifos no original).

Em guinada jurisprudencial, de fato, recentes julgados firmam entendimento no sentido de não haver violação de direitos de autor de programa de computador (tipo especial do art. 12, § 2º, da lei nº 9.609/98) na venda/exposição à venda de CD/DVD de videogame contrafeito – e sim ao artigo 184, § 2º, do Código Penal – por não o considerar como "software":

> **VIOLAÇÃO DE DIREITO AUTORAL DE PROGRAMA DE COMPUTADOR. JOGOS DE VIDEOGAME. IMPOSSIBILIDADE DE SER ENQUADRADO COMO SOFTWARES. DESCLASSIFICAÇÃO. VIOLAÇÃO DE DIREITO AUTORAL.** RECONHECIMENTO DE OFÍCIO DA PRESCRIÇÃO PUNITIVA APELAÇÃO. VIOLAÇÃO DE DIREITOS DE AUTOR DE PROGRAMA DE COMPUTADOR (ART. 12, § 2º, DA LEI Nº 9.609/98). RECURSO DEFENSIVO PLEITEANDO O RECONHECIMENTO DA ILEGITIMIDADE DO MINISTÉRIO PÚBLICO PARA PROPOR A AÇÃO PENAL, POR SE TRATAR DE CRIME DE INICIATIVA PRIVADA, ESTANDO CONSUMADA A DECADÊNCIA. SUBSIDIARIAMENTE, PEDE A ABSOLVIÇÃO POR AUSÊNCIA DE COMPROVAÇÃO DA MATERIALIDADE DELITIVA. De acordo com a denúncia formulada pelo Ministério Público, o apelante, "de forma livre e consciente, expunha a venda, vendia, e tinha em depósito para fins de comércio, 923 (novecentos e vinte e três) unidades de discos compactos graváveis DVD apresentando software de videogame - jogos eletrônicos de títulos diversos todos descritos no laudo de exame de material nº 17215, produzidos com violação de direito autoral, vez que sem autorização do produtor ou de quem o represente". Além de ressaltar que a falsidade do material apreendido foi atestada por laudo pericial, o Parquet aduziu que o recorrente "é o representante legal a empresa nome de fantasia: DGL Games e Informática" e que

"Em decorrência dos fatos delituosos resultou sonegação fiscal e ou perda de arrecadação tributária". Concluiu pedindo a condenação nas sanções do artigo 12, § 2º, na forma do § 3º, inciso II, da Lei nº 9.609/98. De início, é importante destacar que, no caso concreto, as violações de direito autoral estão materializadas em unidades de discos compactos graváveis de DVD contendo "software de videogame - jogos eletrônicos de títulos diversos" (...) Sendo assim, **conclui-se que os jogos de videogame não se enquadram no conceito legal de programas de computador, já que não podem ser considerados softwares**, pois não são utilizados para mover as atividades da máquina, tal como um sistema operacional. Esta, aliás, foi a conclusão a que chegou o Ministro Ribeiro Dantas, em julgamento monocrático no STJ, ao ressaltar que, "tomando-se por base o conceito de 'programa de computador' contido na Lei n. 9.609/1998, bem como os esclarecimentos técnicos da doutrina penal, verifica-se que jogos de vídeogames não podem ser enquadrados como tais, uma vez que não são utilizados para 'mover as atividades da máquina' e não são de 'emprego necessário em máquinas automáticas de tratamento da informação' para que a máquina funcione de determinado modo e para determinado fim" (REsp 1680322 - destaque nosso). Desse modo, **o comércio de mídias falsificadas de jogos de videogame não se subsume ao tipo especial do art. 12 da Lei nº 9.608/98, e sim ao artigo 184, § 2º, do Código Penal, conforme já firmado na jurisprudência do Superior Tribunal de Justiça**. No entanto, no caso dos autos, o Ministério Público não incluiu na denúncia o elemento subjetivo específico do tipo qualificado, consistente no "intuito de lucro", o que faz com que a desclassificação recaia sob a figura simples do crime de violação de direito autoral. Assim, com apoio no art. 383, do Código de Processo Penal, forçosa a readequação da capitulação jurídica dos fatos descritos na denúncia na moldura do art. 184, caput, do Código Penal [...] (**TJRJ**, OITAVA CÂMARA CRIMINAL. APELAÇÃO 0350385-12.2016.8.19.0001. Relator Des(a). GILMAR AUGUSTO TEIXEIRA. Julgamento em **29/04/2020**, sem grifos no original).

§ 3º Nos crimes previstos neste artigo, somente se procede mediante queixa, salvo:

I – quando praticados em prejuízo de entidade de direito público, autarquia, empresa pública, sociedade de economia mista ou fundação instituída pelo poder público;

II – quando, em decorrência de ato delituoso, resultar sonegação fiscal, perda de arrecadação tributária ou prática de quaisquer dos crimes contra a ordem tributária ou contra as relações de consumo.

Ação penal dos crimes previstos no artigo 12 da Lei nº 9.609/98. Consoante os termos do parágrafo terceiro do artigo 12 da Lei nº 9.609/98, como regra geral os crimes ali previstos são objeto de queixa, o que traduz a incidência da ação penal privada para reger as hipóteses elencadas.

No entanto, a ressalva se dá quando o crime for praticado em face de das instituições componentes da Administração Pública Indireta, como entidades de direito público, autarquias, empresas públicas, sociedades de economia mista ou fundações instituídas pelo poder público, ou ainda quando houver sonegação fiscal, perda de arrecadação tributária ou prática de crimes contra a ordem tributária ou contra as relações de consumo, hipóteses nas quais a ação penal será pública incondicionada, conforme artigo 12, § 3º, desta Lei.

Da contagem do prazo decadencial nos casos de crime contra a propriedade imaterial. Em se tratando de hipótese fática na qual há crime de ação penal privada, o STJ, através de decisão monocrática proferida no *habeas corpus* transcrito a seguir, demonstrou entendimento segundo o qual o prazo decadencial para o oferecimento da queixa é de 30 (trinta) dias, contados da data da intimação da homologação, pelo juiz, do laudo pericial produzido na medida preparatória de busca e apreensão, nos termos da norma especial constante do artigo 529 do CPP.

Portanto, por se tratar de situação especial, o prazo decadencial não é de 6 (seis) meses, contados do dia em que o ofendido ou seu representante legal vier a saber quem é o autor do crime, conforme normativa do artigo 38 do Código Penal, considerado norma geral em face desta situação.

> (...) 3. Tratando-se de crimes contra a propriedade imaterial como é a hipótese dos autos, em que se mostra aplicável o procedimento especial previsto nos artigos 524 e seguintes do Código de Processo Penal, indispensável se faz, nos ilícitos que deixam vestígios, a implementação de medida cautelar preparatória de busca e apreensão, com a realização de exame pericial, a fim de serem colhidos os elementos necessários para o exercício do direito de ação. 4. Nessa hipótese, a perícia técnica comprobatória da materialidade do delito é condição de procedibilidade para o recebimento da peça acusatória, eis que, a teor do art. 525 do CPP, no caso de haver o crime deixado vestígio, a queixa ou a denúncia não será recebida se não for instruída com o exame pericial dos objetos que constituam o corpo de delito. 5. Em tais casos, cuidando-se de crime de ação penal privada, o prazo decadencial para o oferecimento da queixa é de 30 (trinta) dias, contados da intimação da homologação, pelo juiz, do laudo pericial produzido na medida preparatória de busca e apreensão, nos termos da norma especial constante do artigo 529 lei processual penal codificada, e não de 6 (seis) meses, contados do dia em que o ofendido ou seu representante legal vier a saber quem é o autor do crime, como contido na norma geral prevista no artigo 38 do referido diploma legal 6. Frente às condições jurídicas acima apontadas, não há que se

> cogitar de decadência do direito de queixa, eis que, no presente caso, tal laudo pericial sequer foi elaborado, porquanto a concessão de medida liminar pelo Plantão Judiciário em favor do paciente determinou a paralisação das investigações e da confecção da referida peça técnica, indispensável à propositura da ação penal privada, não tendo sido, pois, implementado o termo a quo do prazo previsto no artigo 529 do Código de Processo Penal. (...) (STJ, Decisão Monocrática no HC 201967. Relator Ministro FELIX FISCHER. Publicação 17/08/2015).

A seu turno, em se tratando de crime contra a propriedade imaterial, <u>sem medida de busca e apreensão</u> (dado que já conhecida a autoria e materialidade delitiva), tem-se, nesse momento, o termo inicial do lapso temporal, ou seja, o prazo decadencial de 6 meses para propositura da queixa-crime conta-se a partir da ciência da autoria, nos termos do arts. 38 do CPP e 103 do CP. Confira-se o recente julgado da Sexta Turma do STJ:

> RECURSO ESPECIAL. ART. 12, § 2º, DA LEI 9.609/98. AÇÃO PRIVADA. AUSÊNCIA DE PROPOSITURA DE MEDIDA DE BUSCA E APREENSÃO. EXISTÊNCIA DE PERÍCIA PRIVADA. PRAZO DECADENCIAL DE 6 MESES. TERMO INICIAL. CIÊNCIA DE AUTORIA E MATERIALIDADE DELITIVA OBTIDA PELO PROCEDIMENTO INTERNO DA PRÓPRIA EMPRESA. ALEGAÇÃO DE CRIME PERMANENTE. IRRELEVÂNCIA. AUSÊNCIA DE QUEIXA-CRIME. DECADÊNCIA MANTIDA. RECURSO IMPROVIDO. **<u>1. O prazo decadencial de 6 meses para propositura da queixa-crime conta-se a partir da ciência da autoria, nos termos do arts. 38 do CPP e 103 do CP</u>. 2. Em se tratando de crime contra a propriedade imaterial, sem medida de busca e apreensão porque já conhecida a autoria e materialidade delitiva por meio de perícia privada, tem-se, nesse momento, o termo inicial do lapso temporal.** 3. Não proposta a ação privada dentro do prazo decadencial de 6 meses a contar do conhecimento da autoria do delito, opera-se a decadência [...] (STJ, T6 - SEXTA TURMA. REsp 1779215/SP. RECURSO ESPECIAL. Relator(a) Ministro NEFI CORDEIRO. Julgamento em 12/11/2019. Publicação/Fonte em DJe 21/11/2019, sem grifos no original).

Da legitimidade do Ministério Público para a propositura da ação penal, nos casos do artigo 12, § 3º, da Lei nº 9.609/98. A legitimidade do Ministério Público encerra natureza excepcional e, desta feita, merece interpretação restritiva, não sendo possível a mera referência remota ou presunção das hipóteses legais em que seria cabível a atuação ministerial, sob pena de se transformar a exceção em regra, tornando inócua a previsão legal no sentido de que a ação penal nos crimes previstos pela Lei n.º 9.609/98 é de iniciativa privada.

No entanto, duas situações podem ocorrer, segundo a jurisprudência:

1) Ou se entende pela legitimidade do MP, bastando a mera comprovação das hipóteses previstas no artigo 12, § 3º, da Lei nº 9.609/98;

2) Ou, numa segunda hipótese, se entende pela interpretação restritiva de atuação do MP. Exigência de prova eficaz de perda de arrecadação pelo fisco para configuração do delito previsto no artigo 12, § 2º, da Lei n.º 9.609/98:

É o que se pode extrair dos julgados abaixo, obedecendo à ordem descrita acima, respectivamente:

> 1) (...) Apelante solto. Artigo 184, § 2º, do Código Penal (violação de direito autoral) e artigo 12, § 2º (violação do direito do autor de programa de computador) c/c § 3º da Lei nº 9.609/98 (ação penal pública incondicionada), na forma do artigo 70, caput, 1ª parte, do Código Penal (concurso formal impróprio). Expor a venda 69 DVDs e 19 DVDs de programas de computador. Pirataria. (...) (1) PRELIMINARMENTE, o reconhecimento da ilegitimidade do Ministério Público para a propositura da ação penal do crime previsto no artigo 12, § 2º, da Lei nº 9.609/98. (A) Rejeição. Em regra, no delito supramencionado, a ação penal somente se procede mediante queixa (ação penal privada). Todavia, o § 3º, do artigo 12, da Lei nº 9.609/98 estabelece exceções, disciplinando o cabimento da propositura da ação penal pública incondicionada (§ 3º Nos crimes previstos neste artigo, somente se procede mediante queixa, salvo: **I – quando praticados em prejuízo de entidade de direito público, autarquia, empresa pública, sociedade de economia mista ou fundação instituída pelo poder público; II – quando, em decorrência de ato delituoso, resultar sonegação fiscal, perda de arrecadação tributária ou prática de quaisquer dos crimes contra a ordem tributária ou contra as relações de consumo?).** In casu, a venda de 'DVD pirata' configura fato gerador de renda tributável, mesmo proveniente de atividade espúria. Ademais, em razão da conduta perpetrada pelo Apelante, consistente na venda de produtos falsificados, os consumidores deixam de adquirir produtos originais, sobre os quais incidiriam os devidos impostos, prejudicando, sobremaneira, o recolhimento regular dos tributos, em virtude dos baixos preços oferecidos. Portanto, o Ministério Público é órgão com atribuição para o oferecimento da denúncia, pois se trata de ação penal pública incondicionada. Inteligência do artigo 12, § 3º, inciso II, da Lei nº 9.609/98. (...) RECURSO CONHECIDO, REJEITANDO A PRELIMINAR E, NO MÉRITO, DESPROVIDO. (TJRJ, QUARTA CÂMARA CRIMINAL. A Crim. 0332702-35.2011.8.19.0001 – APELAÇÃO. Relator DES. JOSE ROBERTO LAGRANHA TAVORA. Julgamento em 05/03/2013). Sem grifos no original.

2) HABEAS CORPUS. TRANCAMENTO AÇÃO PENAL. Paciente denunciado pelo crime de violação de direito autoral previsto no art. 184, § 2º do CP quando deveria ter sido denunciado pelo crime de violação de direito autoral de programas de computador previsto no art. 12, § 2º da Lei 9609/98, específico para o caso em comento eis que foram apreendidos 3.550 DVDs "piratas", apresentando títulos diversos de jogos de Playstation. (...) Com a confusão e a impossibilidade de identificar os autores, o Ministério Público ofereceu denúncia em face do ora paciente eis que era o permissionário do box onde foram encontrados os DVDs piratas de jogos. Superadas as alegações do impetrante, detenho-me na questão da ilegitimidade *ad causam* do Ministério Público, eis que o delito pertinente ao caso possui, em regra, ação penal de iniciativa privada haja vista que não há prova nos autos de que houve sonegação fiscal, não está identificado o imposto tampouco o valor do crédito tributário devido. Não há evidência alguma de que haja resultado sonegação fiscal ou perda de arrecadação tributária, a não ser aquela ínsita ao ato, que obviamente não pode ser levada em conta, sob pena de converter a disposição em letra morta. Faz-se indispensável que o sujeito passivo da relação jurídica, que é desconhecido nos autos, exerça o seu direito de queixa. A exordial acusatória não apresenta qualquer informação sobre quem é o sujeito passivo do direito autoral violado, desatendendo assim, os requisitos legais para sua admissibilidade. (...) ORDEM CONCEDIDA para determinar o trancamento da ação penal. (TJRJ, QUARTA CÂMARA CRIMINAL. HC 0016487-89.2013.8.19.0000 – HABEAS CORPUS. Relator DES. GIZELDA LEITÃO TEIXEIRA. Julgamento em 30/04/2013). Sem grifos no original.

§ 4º No caso do inciso II do parágrafo anterior, a exigibilidade do tributo, ou contribuição social e qualquer acessório, processar-se-á independentemente de representação.

Da dispensabilidade de representação para a exigibilidade de tributo, contribuição social ou qualquer acessório. O parágrafo quatro do artigo 12 da Lei nº 9.609/98 traz regra de caráter administrativo segundo a qual é dispensável a representação para processar a exigibilidade de tributo, contribuição social e qualquer acessório deles decorrentes no caso de haver crime de violação de direitos de autor de programa de computador que resulte, por exemplo, em sonegação fiscal, nos termos do artigo 12, § 3º, II, da Lei nº 9.609/98.

No entanto é preciso destacar o teor da Súmula Vinculante nº 24, do STF, que prevê uma condição objetiva de punibilidade quando assegura a necessidade de esgotamento da via administrativa para a propositura da ação penal por crime contra a ordem tributária.

Da inaplicabilidade do princípio da adequação social. A jurisprudência vem entendendo, em sentido majoritário, pela inaplicabilidade do princípio da adequação social da conduta descrita no tipo penal previsto no artigo 12 da Lei nº 9.609/98, como pode ser observado nos julgados abaixo transcritos:

> Apelante solto e condenado, em novembro de 2014, por violação de direito autoral (Art. 184, § 2º do Código Penal) e do direito do autor de programa de computador (art. 12, § 2º da Lei nº 9.609/98), em concurso material (n/f do art. 69 do CP) - por ter em depósito, na sua residência, para comercialização 4418 DVDs de cópias de filmes e shows, 588 CDs de músicas e 535 DVD de cópias de programas de títulos de jogos Playstation Pirataria - (...) 2) ilegitimidade do Ministério Público para a propositura da ação em relação ao delito do art. 12, § 2º da Lei 9.609/98 Rejeição. A hipótese dos autos encontra-se inserida nas exceções do § 3º, inciso II, do art. 12 da referida lei. Os atos delituosos do apelante implicam em sonegação de imposto de renda e perda de arrecadação da Fazenda Estadual; logo, atraem a ação pública incondicionada. Venda de produtos -pirata- configura fato gerador de renda tributável. No mérito, buscando: 3) a absolvição pela atipicidade da conduta em razão da suposta violação ao princípio da adequação social. Inadmissibilidade. O fato de parcela da população adquirir produtos piratas não possui o condão de impedir a incidência da norma incriminadora, pois inadmissível admitir esta prática, considerando a efetiva lesão ao bem jurídico tutelado pelo direito. (...) PRELIMINARES REJEITADAS E RECURSO PROVIDO. (TJRJ, QUARTA CÂMARA CRIMINAL. A Crim. 0003012-18.2011.8.19.0071 - APELAÇÃO. Relator DES. JOSE ROBERTO LAGRANHA TAVORA. Julgamento em 15/03/2016).

> APELAÇÃO CRIMINAL. VIOLAÇÃO DE DIREITO DE AUTOR DE PROGRAMA DE COMPUTADOR. SENTENÇA DE ABSOLVIÇÃO SUMÁRIA, COM BASE NA TESE DE ATIPICIDADE DA CONDUTA. APELO MINISTERIAL POSTULANDO A CASSAÇÃO DO DECISUM, COM O PROSSEGUIMENTO DA AÇÃO PENAL. PRETENSÃO PLAUSÍVEL. DECISÃO DESPROVIDA DE RESPALDO JURÍDICO. RECURSO A QUE SE DÁ PROVIMENTO. 1. De acordo com a denúncia, o apelado, com fins de lucro, tinha em depósito, para exposição à venda, 1980 unidades de DVDs, produzidos com violação de direitos de autor de programa de computador. 2. Se a conduta em análise efetivamente se amolda ao tipo relativo ao crime capitulado na inicial acusatória (art. 12, § 2º, na forma do § 3º, inc. II, da Lei n.º 9.609/98), não se pode afastar sumariamente a possibilidade de aplicação da respectiva sanção de cunho penal, com base no princípio da adequação social. Notadamente na sociedade hodierna, que, com os avanços tecnológicos e o surgimento de inúmeros meios de reprodução e comercialização de obras intelectuais, clama cada vez mais pela incidência do Direi-

to Penal como forma de punir aqueles que - objetivando locupletar-se do trabalho alheio, no seu exclusivo interesse individual, em autêntica pirataria moderna - violam não só os direitos dos autores, mas também a sociedade como um todo, tendo em vista a sonegação de impostos que, inevitavelmente, deriva da prática de tais delitos. 3. Se o legislador optou por criminalizar certa conduta, é defeso ao hermeneuta adotar solução contrária, porquanto estaria, assim, a afrontar não somente a lei, mas, igualmente, a imprescindível harmonia que norteia a independência dos Poderes da República ¿ dos mais importantes pilares do Estado Democrático de Direito ¿, e a causar censurável abalo à própria segurança jurídica. 4. Recurso provido. (TJRJ, SEGUNDA CÂMARA CRIMINAL. A Crim. 0057201-83.2012.8.19.0014 - APELAÇÃO. Relator DES. JOSE AUGUSTO DE ARAUJO NETO. Julgamento em 11/03/2014). Sem grifos no original.

Da inaplicabilidade do princípio da insignificância (ou bagatela). A jurisprudência do STJ (REsp nº 1.193.196/MG, Terceira Seção) pacificou entendimento pela inaplicabilidade do princípio da insignificância (assim como o fez em relação ao princípio da adequação social, como tratado no item anterior) nos crimes de violação dos direitos autorais (art. 184, §2º, do CP), como pode ser observado nos julgados abaixo transcritos. No nosso entender, com base no precedente citado, mesmo raciocínio (presença de reprovabilidade e ofensividade na conduta), pode ser estendido para a conduta descrita no tipo penal previsto no artigo 12 da Lei nº 9.609/98 por, também, tratar-se de violação de direito autoral, esta, específica, na medida em que artigo 12 da Lei nº 9.609/98 se refere a programas de computador, enquanto o artigo 184, § 2º, do Código Penal protege o direito autoral das demais obras, projeções e criações:

> PROCESSO PENAL E PENAL. HABEAS CORPUS SUBSTITUTIVO DE RECURSO. **VIOLAÇÃO DE DIREITO AUTORAL.** EXECUÇÃO PROVISÓRIA DA PENA. ESGOTAMENTO DAS INSTÂNCIAS ORDINÁRIAS. POSSIBILIDADE. ABSOLVIÇÃO. **ATIPICIDADE MATERIAL DO FATO DELITIVO. PRINCÍPIOS DA INSIGNIFICÂNCIA E DA ADEQUAÇÃO SOCIAL DA CONDUTA. INAPLICABILIDADE**. WRIT NÃO CONHECIDO (...) 5. **A Terceira Seção deste Superior Tribunal de Justiça, no julgamento do REsp n. 1.193.196/MG, sedimentou entendimento no sentido da inaplicabilidade do princípio da adequação social e da insignificância ao delito descrito no art. 184, § 2º, do Código Penal, sendo considerada materialmente típica a conduta [...]** (STJ, QUINTA TURMA. HC 437023/SP. HABEAS CORPUS. Relator(a) Ministro RIBEIRO DANTAS. Julgamento em 17/04/2018. Data da Publicação/Fonte em DJe 24/04/2018). Sem grifos no original.

> AGRAVO REGIMENTAL NO RECURSO ESPECIAL. PENAL. VIOLAÇÃO DE DIREITO AUTORAL. TIPICIDADE. PLEITO DE ABSOLVIÇÃO. REEXAME DE PROVAS. IMPOSSIBILIDADE. INCIDÊNCIA DAS SÚ-

MULAS N. 7/STJ E 279/STF. PERÍCIA POR AMOSTRAGEM. POSSIBILIDADE. IDENTIFICAÇÃO DAS SUPOSTAS VÍTIMAS DO DELITO. DESNECESSIDADE. REGIME INICIAL MAIS GRAVOSO. REINCIDÊNCIA ESPECÍFICA. ADMISSIBILIDADE. **1. A Terceira Seção desta Corte Superior, no julgamento do Recurso Especial Repetitivo n. 1.193.196/MG, pacificou o entendimento de que é formal e materialmente típica a conduta descrita no art. 184, § 2º, do Código Penal, não havendo que se falar, portanto, no princípio da adequação social ou no princípio da insignificância** [...] (STJ, T6 – SEXTA TURMA. AgRg no REsp 1767921/SP. AGRAVO REGIMENTAL NO RECURSO ESPECIAL. Relator(a) Ministro ANTONIO SALDANHA PALHEIRO. Julgamento em 06/12/2018. Publicação/Fonte em DJe 01/02/2019).

Art. 13. A ação penal e as diligências preliminares de busca e apreensão, nos casos de violação de direito de autor de programa de computador, serão precedidas de vistoria, podendo o juiz ordenar a apreensão das cópias produzidas ou comercializadas com violação de direito de autor, suas versões e derivações, em poder do infrator ou de quem as esteja expondo, mantendo em depósito, reproduzindo ou comercializando.

Da necessidade de vistoria como atuação preliminar para ações penais e diligências preliminares de busca e apreensão. Consoante os termos do artigo 13 da Lei nº 9.609/98, deve haver vistoria (inspeção judicial) que anteceda a propositura de futura ação penal (privada ou não, a depender da hipótese), e também diligências preliminares de busca e apreensão, pois através desta vistoria o juiz terá possibilidade de determinar eventual apreensão de cópias ou mídias produzidas ou mesmo comercializadas mediante violações de direito de autor de programa de computador.

Os procedimentos quanto à busca e apreensão, previstos no artigo 240 e seguintes, c/c art. 527, todos do Código de Processo Penal, devem ser observados.

Da necessidade de realização de perícia para comprovação da materialidade delitiva. Lei nº 9.609/98. Art. 158 CPP. Na esteira do art. 184, § 2º, do Código Penal. Como forma de evitar o formalismo exacerbado, o STJ editou a súmula 574 no que diz respeito à desnecessidade de excesso de detalhes por ocasião da perícia nos casos envolvendo violação de direito autoral, ao prever que *"Para a configuração do delito de violação de direito autoral e a comprovação de sua materialidade, é suficiente a perícia realizada por amostragem do produto apreendido, nos aspectos externos do material, e é desnecessária a identificação dos titulares dos direitos autorais violados ou daqueles que os representem"*. Confira-se o recente julgado do STJ:

AGRAVO REGIMENTAL NO AGRAVO EM RECURSO ESPECIAL. PENAL E PROCESSUAL PENAL. VIOLAÇÃO DE DIREITO AUTORAL. DESCLASSIFICAÇÃO PARA O CRIME DO ART. 349 DO CP. AUSÊNCIA DE PREQUESTIONAMENTO. IDENTIFICAÇÃO DOS TITULARES

DOS DIREITOS AUTORAIS VIOLADOS. PRESCINDIBILIDADE. REsp 1485832/MG JULGADO SOB O RITO DO ART. 543-C DO CPC. INCIDÊNCIA DA SÚMULA 574/STJ (...) 2. **A Terceira Seção desta Corte Superior, sob a égide dos recursos repetitivos, art. 543-C do CPC, no julgamento do REsp 1485832/MG, Rel. Ministro ROGERIO SCHIETTI CRUZ, julgado em 12/08/2015, DJe 21/08/2015, firmou entendimento de que é suficiente, para a comprovação da materialidade do delito previsto no art. 184, § 2º, do Código Penal, a perícia realizada, por amostragem, sobre os aspectos externos do material apreendido, sendo desnecessária a identificação dos titulares dos direitos autorais violados ou de quem os represente. Incidência da Súmula n. 574/STJ** [...] (STJ, T5 – QUINTA TURMA. AgRg no AREsp 1281475/SP. AGRAVO REGIMENTAL NO AGRAVO EM RECURSO ESPECIAL. Relator(a) Ministro REYNALDO SOARES DA FONSECA. Julgamento em 19/06/2018. Publicação/Fonte em DJe 29/06/2018). Sem grifo no original.

AGRAVO REGIMENTAL NO RECURSO ESPECIAL. PENAL. VIOLAÇÃO DE DIREITO AUTORAL. TIPICIDADE (...) PERÍCIA POR AMOSTRAGEM. POSSIBILIDADE. IDENTIFICAÇÃO DAS SUPOSTAS VÍTIMAS DO DELITO. DESNECESSIDADE (...) 1. A Terceira Seção desta Corte Superior, no julgamento do Recurso Especial Repetitivo n. 1.193.196/MG, pacificou o entendimento de que é formal e materialmente típica a conduta descrita no art. 184, § 2º, do Código Penal, não havendo que se falar, portanto, no princípio da adequação social ou no princípio da insignificância (...) 3. De acordo com o entendimento consolidado na Súmula n. 574/STJ, para a comprovação da materialidade do delito previsto no art. 184, § 2º, do Código Penal, não é necessário que a perícia seja feita sobre a totalidade dos bens apreendidos, bastando que seja realizada por amostragem, e sob os aspectos externos da mídia. Além disso, é irrelevante a identificação das supostas vítimas do crime de violação ao direito autoral, uma vez que a apuração do mencionado delito é procedida mediante ação penal pública incondicionada [...] (STJ, **SEXTA TURMA**. AgRg no REsp 1767921/SP, Rel. Ministro ANTONIO SALDANHA PALHEIRO, julgado em 06/12/2018, **DJe 01/02/2019**, sem grifo no original)

AGRAVO REGIMENTAL. AGRAVO EM RECURSO ESPECIAL. **VIOLAÇÃO DE DIREITOS AUTORAIS. VENDA DE DVD'S PIRATAS.** ALEGADA FALTA DE COMPROVAÇÃO DA MATERIALIDADE DELITIVA. **PERÍCIA QUE NÃO TERIA IDENTIFICADO AS SUPOSTAS VÍTIMAS DO CRIME, QUE TAMBÉM NÃO TERIAM SIDO INQUIRIDAS PARA CONFIRMAR A OCORRÊNCIA DE VIOLAÇÃO AOS DIREITOS AUTORAIS. DESNECESSIDADE. CONSTATAÇÃO DA FALSIDADE DAS MÍDIAS ENCONTRADAS POR MEIO DE EXAME TÉCNICO. SUFICIÊNCIA. SÚMULA N. 574 DO STJ.** AGRAVO IMPROVIDO. **1. "Para a**

configuração do delito de violação de direito autoral e a comprovação de sua materialidade, é suficiente a perícia realizada por amostragem do produto apreendido, nos aspectos externos do material, e é desnecessária a identificação dos titulares dos direitos autorais violados ou daqueles que os representem." (Súmula n. 574 do STJ). 2. Comprovada a materialidade do crime previsto no § 2º do artigo 184 do Código Penal por meio da perícia que atestou serem falsificados os dvd's apreendidos com o sentenciado, mostra-se totalmente dispensável e irrelevante a inquirição dos produtores das mídias a partir das quais teriam sido feitas as cópias com ele encontradas para confirmarem que seus direitos autorais teriam sido violados. 3. A Corte de origem, soberana no reexame das provas colhidas no curso da instrução criminal, concluiu acerca da existência de elementos concludentes para fundamentar o decreto condenatório nos presentes autos, nos moldes do que dispõe o artigo 158, § 2º, do CP [...] (STJ, T5 – QUINTA TURMA. AgRg no AREsp 1427679/SP. AGRAVO REGIMENTAL NO AGRAVO EM RECURSO ESPECIAL. Relator(a) Ministro JORGE MUSSI. Julgamento em 04/04/2019. Publicação/Fonte em DJe 22/04/2019, sem grifo no original).

APELAÇÃO. Violação de direito de autoral e violação de direito de autor de programa de computador. Artigo 184, parágrafo 2º do Código Penal e artigo 12, parágrafo 2º da Lei nº 9.609/98, em concurso material. Recurso Defensivo. Preliminar de nulidade do processo, em razão de suposta ilegitimidade ad causam do Ministério Público em relação ao delito tipificado no artigo12, parágrafo 2º da Lei nº 9.609/98, com a consequente extinção da punibilidade do apelante pela decadência do direito de queixa. Rejeição. Crime que importa em prejuízo ao fisco e, portanto, de ação penal pública incondicionada, ex vi do artigo 12, parágrafo 3º, inciso II, da Lei nº 9.609/98 (...) Na esteira do entendimento pacificado no Superior Tribunal de Justiça, para a configuração do crime de violação de direito autoral não é necessário que seja realizada perícia em todo o conteúdo apreendido, sendo suficiente e bastante a análise do material por amostragem, sendo desnecessária, também, a identificação dos titulares dos direitos autorais violados ou daqueles que os representem. Enunciado n. 574 da Súmula do Superior Tribunal de Justiça [...] (**TJRJ**, PRIMEIRA CÂMARA CRIMINAL. APELAÇÃO 0027475-58.2013.8.19.0037. Relator Des(a). ANTONIO JAYME BOENTE. Julgamento em **04/08/2020**, sem grifos no original).

Art. 14. Independentemente da ação penal, o prejudicado poderá intentar ação para proibir ao infrator a prática do ato incriminado, com cominação de pena pecuniária para o caso de transgressão do preceito.

§ 1º A ação de abstenção de prática de ato poderá ser cumulada com a de perdas e danos pelos prejuízos decorrentes da infração.

§ 2º Independentemente de ação cautelar preparatória, o juiz poderá conceder medida liminar proibindo ao infrator a prática do ato incriminado, nos termos deste artigo.

§ 3º Nos procedimentos cíveis, as medidas cautelares de busca e apreensão observarão o disposto no artigo anterior.

§ 4º Na hipótese de serem apresentadas, em juízo, para a defesa dos interesses de qualquer das partes, informações que se caracterizem como confidenciais, deverá o juiz determinar que o processo prossiga em segredo de justiça, vedado o uso de tais informações também à outra parte para outras finalidades.

§ 5º Será responsabilizado por perdas e danos aquele que requerer e promover as medidas previstas neste e nos arts. 12 e 13, agindo de má-fé ou por espírito de emulação, capricho ou erro grosseiro, nos termos dos *arts. 16, 17 e 18 do Código de Processo Civil.*

Da possibilidade de que o prejudicado pela violação dos direitos autorais de programa de computador ingresse em juízo visando a coibir a prática do ato incriminado pela Lei nº 9.609/98. Partindo-se do pressuposto da independência das instâncias penal, civil e administrativa, nada impede que o autor de programa de computador prejudicado pela violação dos seus direitos referentes a este tema ingresse com ação que tenha por finalidade reparar danos causados e coibir a prática da atuação violadora que ainda insista em acontecer. É o que pode ser extraído da análise do artigo 14 da Lei nº 9.609/98.

QUESTÕES

1) (2019 - CESPE / CEBRASPE - TJ-BA - Juiz de Direito Substituto)

Nos termos da lei especial que dispõe sobre a proteção da propriedade intelectual e comercialização de programas de computador no Brasil, as derivações autorizadas pelo titular dos direitos de programa de computador pertencerão à pessoa autorizada que as fizer, salvo estipulação contratual em contrário. Com relação a esse assunto, é correto afirmar que constitui ofensa aos direitos do titular de programa de computador a

A) reprodução em um só exemplar que se destine à cópia de salvaguarda.

B) ocorrência de semelhança de programa a outro preexistente, quando se der por força das características funcionais de sua aplicação ou da observância de preceitos normativos e técnicos.

C) integração de um programa, mantendo-se suas características essenciais, a um sistema aplicativo, tecnicamente indispensável às necessidades do usuário, desde que para o uso exclusivo de quem tenha promovido tal integração.

D) exploração econômica não pactuada e derivada do programa de computador.

E) citação parcial do programa para fins didáticos, mesmo que com a identificação do programa e do titular dos direitos.

2) (2018 – FAURGS – TJ-RS – Administrador de Banco de Dados)

De acordo com a Lei Federal nº 9.609/1998, quanto à propriedade intelectual de programas de computadores, é correto afirmar que

A) não há hipótese de proteção de direitos de estrangeiros no Brasil.

B) o autor não pode proibir o aluguel comercial de sua obra.

C) a proteção dos direitos independe de registro.

D) uma vez publicada a obra, a tutela dos direitos fica assegurada por prazo indeterminado.

E) salvo estipulação em contrário, pertencem ao autor os direitos em programa desenvolvido por servidor público que tenha vínculo expressamente destinado à pesquisa e desenvolvimento de tais programas.

3) (2018 – FAURGS – TJ-RS – Técnico em Eletrônica)

De acordo com a Lei Federal nº 9.609/1998, a reprodução de programa de computador por qualquer meio, no todo ou em parte, para fins de comércio, sem autorização expressa do autor ou de quem o represente, implicará

A) ilícito civil, somente.

B) multa, somente.

C) reclusão e multa.

D) detenção.

E) advertência, somente.

4) (2012/MS CONCURSOS – PC/PA – DELEGADO DE POLÍCIA)

Segundo a Lei nº 9.609, de 19 de fevereiro de 1998, que dispõe sobre a proteção da propriedade intelectual de programa de computador, sua comercialização no país, e dá outras providências, programa de computador é a expressão de um conjunto organizado de instruções em linguagem natural ou codificada, contida em suporte físico de qualquer natureza, de emprego necessário em máquinas automáticas de tratamento da informação, dispositivos, instrumentos ou equipamentos periféricos, baseados em técnica digital ou análoga, para fazê-los funcionar de modo e para fins determinados. Com base nessas informações, assinale a alternativa INCORRETA:

a) O regime de proteção à propriedade intelectual de programa de computador é o conferido às obras literárias pela legislação de direitos autorais e conexos vigentes no País.

b) Não se aplicam ao programa de computador as disposições relativas aos direitos morais, ressalvado, a qualquer tempo, o direito do autor de reivindicar a paternidade do programa de computador e o direito do autor de opor-se a alterações não autorizadas, quando estas impliquem deformação, mutilação ou outra modificação do programa de computador, que prejudiquem a sua honra ou a sua reputação.

c) Fica assegurada a tutela dos direitos relativos a programa de computador pelo prazo de cinquenta anos, contados a partir de 1º de janeiro do ano subsequente ao da sua publicação ou, na ausência desta, da sua criação.

d) A proteção aos direitos referentes à propriedade intelectual de programa de computador depende de registro.

e) Os direitos atribuídos pela Lei nº 9.609/98 ficam assegurados aos estrangeiros domiciliados no exterior, desde que o país de origem do programa conceda, aos brasileiros e estrangeiros domiciliados no Brasil, direitos equivalentes.

5) (2010/MPE-MG - MPE/MG - PROMOTOR DE JUSTIÇA)

Analise as seguintes afirmativas sobre leis penais especiais e assinale com **V** as verdadeiras e com **F** as falsas.

( ) Quem nega atendimento, em estabelecimento comercial aberto ao público, a um grupo de turistas pernambucanos, ao argumento de que os nordestinos formam uma sub-raça, responde por crime contra a honra, não se submetendo à lei que define crimes resultantes de preconceito de raça e de cor (Lei n. 7.716/89).

( ) Nos crimes falimentares (Lei n. 11.101/05), a declaração da falência é termo inicial da prescrição ou, conforme o caso, causa de sua interrupção.

( ) Nos casos de violação de direitos de autor de programa de computador (Lei n. 9.609/98), se se tratar de reprodução parcial não autorizada, para fins de comércio, somente se procede mediante queixa, sem prejuízo de ação pública em relação a crimes contra a ordem tributária eventualmente conexos.

( ) A lei que dispõe sobre os crimes de lavagem de valores (Lei 9.613/98) prevê a responsabilidade penal das pessoas jurídicas que exerçam atividade de compra e venda de moeda estrangeira como instrumento cambial.

Assinale a alternativa que apresenta a sequência de letras CORRETA.

a) (V) (V) (F) (F)

b) (F) (V) (F) (F)

c) (V) (F) (V) (V)

d) (F) (F) (V) (V)

GABARITO COMENTADO

1) Gabarito oficial: D

Justificativa

A) Incorreta. Art. 6º, I, da Lei 9609/98.

B) Incorreta. Art. 6º, III, da Lei 9609/98.

C) Incorreta. Art. 6º, IV, da Lei 9609/98.

D) Correta. Art. 5º da Lei 9609/98.

E) Incorreta. Art. 6º, II, da Lei 9609/98.

2) Gabarito oficial: C

Justificativa:

A) Incorreta, conforme artigo 2º, § 4º, da Lei nº 9.609/98. Os direitos trazidos pela lei 9.609/98 se estendem aos estrangeiros domiciliados no exterior, desde que tenhamos uma bilateralidade entre os países.

B) Incorreta, conforme artigo 2º, § 5º, da Lei nº 9.609/98, pois é garantido ao autor o direito de proibir o aluguel comercial de sua obra.

C) Correta, é o que diz expressamente o artigo 2º, § 3º, da Lei nº 9.609/98.

D) Incorreta, conforme artigo 2º, § 2º, da Lei nº 9.609/98. O prazo em que ficará tutelado os direitos de propriedade intelectual será de 50 anos contados de 1º de janeiro do ano seguinte à publicação, não sendo o seu prazo indeterminado como afirma a alternativa.

E) Incorreta, conforme redação do artigo 4º da Lei nº 9.609/98.

3) Gabarito oficial: C

Justificativa:

A Lei nº 9.609/98 traz em seu artigo 12 a previsão do crime de violação de direitos do autor de programas de computador. O parágrafo primeiro traz a forma qualificada do crime, que tem em seu preceito secundário pena de reclusão de um a quatro anos e multa. Logo, correta é a alternativa C.

4) Gabarito oficial: D

Justificativa:

a) a alternativa "a" está certa, eis que exarada nos termos do art. 2º, ***caput***, da Lei n.º 9609/98.

b) a assertiva está correta, nos termos do art. 2º, § 1º, da Lei n.º 9609/98.

c) a alternativa está exata, conforme o art. 2º, § 2º, da Lei n.º 9609/98.

d) A assertiva "d" está incorreta. Isso porque mesmo que não tenha sido feito registro, a Lei confere a proteção aos direitos do autor do programa de computador, conforme previsão legal expressa do artigo 2º, § 3º, da Lei nº 9.609/1998, logo, a proteção independe de registro.

e) a assertiva está correta, nos termos do art. 2º, § 4º, da Lei n.º 9609/98.

5) Gabarito oficial: B

Justificativa

(F) assertiva falsa. Neste caso, nos termos do art. 1º da Lei n.º 7.716/89 "serão punidos, na forma desta Lei [Lei n.º 7.716/89], os crimes resultantes de discriminação ou preconceito de raça, cor, etnia, religião ou procedência nacional". Assim comete, em tese, qualquer dos delitos dos arts. 8º a 10 da Lei n.º 7.716/89, a depender da natureza do estabelecimento comercial no caso concreto.

(V) verdadeira. A decretação da falência é termo inicial da contagem do prazo prescricional, consoante o artigo 182 da Lei n.º 11.101/2005 e causa de interrupção desta, nos termos do parágrafo único do art. 182 do mesmo Diploma Legal.

(F) falsa. Nos termos do art. 12, § 1º, da Lei n.º 9609/98 constitui crime "se a violação consistir na reprodução, por qualquer meio, de programa de computador, no todo ou em parte, para fins de comércio, sem autorização expressa do autor ou de quem o represente" sujeito à "Pena – Reclusão de um a quatro anos e multa" e a ação penal, de acordo com o disposto no seu § 3º "nos crimes previstos neste artigo [art. 12], somente se procede mediante queixa, salvo: I – quando praticados em prejuízo de entidade de direito público, autarquia, empresa pública, sociedade de economia mista ou fundação instituída pelo poder público; II – quando, em decorrência de ato delituoso, resultar sonegação fiscal, perda de arrecadação tributária ou prática de quaisquer dos crimes contra a ordem tributária ou contra as relações de consumo", bem assim de seu § 4º, ao determinar que "no caso do inciso II do parágrafo anterior, a exigibilidade do tributo, ou contribuição social e qualquer acessório, processar-se-á independentemente de representação".

(F) falsa. O art. 9º da Lei 9.613/98 ao estabelecer que "sujeitam-se às obrigações referidas nos arts. 10 e 11 as pessoas físicas e jurídicas que tenham, em caráter permanente ou eventual, como atividade principal ou acessória, cumulativamente ou não (...) II - a compra e venda de moeda estrangeira ou ouro como ativo financeiro ou instrumento cambial" não estabelece a responsabilidade penal da pessoa jurídica, mas um mecanismo de controle (o que não se alterna com a edição da Lei nº 12.683/12).

Logo, a assertiva "B" está correta.

18

CRIMES RESULTANTES DE PRECONCEITO DE RAÇA OU COR

LEI Nº 7.716, DE 5 DE JANEIRO DE 1989

Art. 1º Serão punidos, na forma desta Lei, os crimes resultantes de discriminação ou preconceito de raça, cor, etnia, religião ou procedência nacional. (Redação dada pela Lei nº 9.459, de 15/05/97)

Fundamento Constitucional. A sociedade brasileira tem como um dos seus principais pilares a respeitabilidade e dignidade do ser humano e de sua pacífica convivência no meio social. Assim, a Constituição Federal, em diversos dispositivos, estabelece a necessidade de se coibir qualquer forma de discriminação, estabelecendo como objetivo fundamental da República Federativa do Brasil promover o bem de todos, garantindo a dignidade da pessoa humana, sem qualquer preconceito, coibindo qualquer forma de discriminação, não apenas a racial e de cor, mas também a que se relacionar a sexo, idade, religião.

> Art. 1º A República Federativa do Brasil, formada pela união indissolúvel dos Estados e Municípios e do Distrito Federal, constitui-se em Estado Democrático de Direito e tem como fundamentos:
>
> III – a dignidade da pessoa humana;
>
> Art. 3º Constituem objetivos fundamentais da República Federativa do Brasil:
>
> IV – promover o bem de todos, sem preconceitos de origem, raça, sexo, cor, idade e quaisquer outras formas de discriminação.
>
> Art. 5º Todos são iguais perante a lei, sem distinção de qualquer natureza, garantindo-se aos brasileiros e aos estrangeiros residentes no País a inviolabilidade do direito à vida, à liberdade, à igualdade, à segurança e à propriedade, nos termos seguintes:

IV – é livre a manifestação do pensamento, sendo vedado o anonimato;

VI – é inviolável a liberdade de consciência e de crença, sendo assegurado o livre exercício dos cultos religiosos e garantida, na forma da lei, a proteção aos locais de culto e a suas liturgias;

VIII – ninguém será privado de direitos por motivo de crença religiosa ou de convicção filosófica ou política, salvo se as invocar para eximir-se de obrigação legal a todos imposta e recusar-se a cumprir prestação alternativa, fixada em lei;

XLI – a lei punirá qualquer discriminação atentatória dos direitos e liberdades fundamentais.

Destarte, como se pode depreender do tratamento constitucional dispensado à hipótese, andou mal o legislador ao inicialmente estabelecer que a Lei de Racismo coíbe qualquer preconceito de raça e cor, pois muito mais amplo é o desejo de nosso constituinte.

Verificada a imperfeição da redação original do art. 1º da Lei nº 7.716/1989, foi editada a Lei nº 9.459/1997, para fazer incluir os crimes resultantes de discriminação ou preconceito de religião, etnia ou procedência nacional, dando maior abrangência à tutela do princípio da igualdade entre os homens.

Impende destacar que **Decreto Legislativo n. 1 de 2021** aprovou o texto da Convenção Interamericana contra o Racismo, a Discriminação Racial e Formas Correlatas de Intolerância, adotada na Guatemala, por ocasião da 43ª Sessão Ordinária da Assembleia Geral da Organização dos Estados Americanos, em 5 de junho de 2013.

A Questão da Orientação Sexual. Embora tenha adotados medidas para adequar a lei à Constituição, percebe-se uma omissão lastimável no que tange à orientação sexual, não tratada pela Lei nº 7.716/1989, ressentindo-se os homossexuais de uma maior proteção. Não comungamos, porém, o entendimento daqueles que sustentam que qualquer tipo de discriminação será manifestação racista sujeita aos termos da Lei nº 7.716/1989, pois nem toda manifestação preconceituosa encontrará adequação aos tipos penais trazidos pela lei em comento, sob pena de violação do princípio da reserva de lei, sendo vedada a utilização de analogia para criação de tipos penais incriminadores. Afinal, a legalidade estrita é importante alicerce sobre o qual se ergue o Direito Penal. Somente a discriminação de raça, cor, religião, etnia ou procedência nacional encontra tipificação na Lei nº 7.716/1989 e pode ser considerada crime de racismo, com todas as implicações constitucionais que advêm dessa classificação.

O STF, no ano de 2014, se manifestou neste sentido, conforme julgado abaixo transcrito:

TIPO PENAL – DISCRIMINAÇÃO OU PRECONCEITO – ARTIGO 20 DA LEI Nº 7.716/89 – ALCANCE. O disposto no artigo 20 da Lei nº 7.716/89 tipifica o crime de discriminação ou preconceito considerada a raça, a cor, a etnia, a religião ou a procedência nacional, não alcançando a decorrente de opção sexual. (Inq 3590 DF- Primeira Turma; Relator: Min. MARCO AURÉLIO. J. em 12/08/2014)

Contudo, em decisão bastante polêmica, em junho de 2019, no julgamento da Ação Direta de Inconstitucionalidade por Omissão (ADO) 26, de relatoria do ministro Celso de Mello, e do Mandado de Injunção (MI) 4733, relatado pelo ministro Edson Fachin, o Plenário da Corte, por maioria, reconhecendo omissão inconstitucional na edição de diploma que criminalize práticas homofóbicas e transfóbicas, decidiu que, até que o Congresso Nacional edite lei específica, se enquadrarão na tipificação da Lei do Racismo. A tese vencedora estabelece que o conceito de racismo ultrapassa aspectos estritamente biológicos ou fenotípicos e alcança a negação da dignidade e da humanidade de grupos vulneráveis.

Reiteramos nossa posição no sentido da necessidade de edição de lei que criminalize as violações à dignidade dos membros da comunidade LGBT, mas entendemos que a decisão da Corte se afigura violação ao princípio da legalidade, pilar do estado democrático de Direito.

Tal qual ressaltado pelo ministro Marco Aurélio por ocasião do julgamento da ADO 26, a Lei do Racismo não pode ser ampliada para abranger transfobia e homofobia, em razão da taxatividade dos delitos expressamente nela previstos. A lei só poderia alcançar práticas homofóbicas ou transfóbicas por inclusão a ser feita pelo legislador, jamais pelo Poder Judiciário, preservando-se, desta feita, os limites da separação dos Poderes.

Encaramos o episódio como uma perigosa abertura e mitigação inconstitucional ao princípio da reserva de lei, que representa, sobretudo sob o aspecto político, uma garantia, uma proteção a todo cidadão contra as arbitrariedades estatais no exercício de seu poder de punir. Talvez os que hoje comemoram a opção do STF não consigam visualizar que, um dia, ela poderá se voltar contra qualquer um de nós, admitindo-se como crime, por opção do Poder Judiciário, que carece de legitimidade para tanto, conduta jamais tipificada pelo Congresso Nacional.

Discriminação em virtude do Estado Civil. A discriminação em razão do sexo e do estado civil é prevista como contravenção na Lei nº 7.437/1985. A referida lei também previa a prática de atos resultantes de preconceito de raça e de cor até o advento da Lei nº 7.716 de 1989.

A Questão dos Portadores de Deficiência Física. Os portadores de deficiência física ou mental estão tutelados pela Lei nº 13146 de 2016 e artigo 8º da Lei 7437/1985, que serão objeto de estudo em capítulo próprio nessa obra.

Os portadores do vírus HIV. A discriminação contra portadores do vírus HIV está prevista na Lei 12.984/2014.

Art. 1º Constitui crime punível com reclusão, de 1 (um) a 4 (quatro) anos, e multa, as seguintes condutas discriminatórias contra o portador do HIV e o doente de aids, em razão da sua condição de portador ou de doente:

I – recusar, procrastinar, cancelar ou segregar a inscrição ou impedir que permaneça como aluno em creche ou estabelecimento de ensino de qualquer curso ou grau, público ou privado;

II – negar emprego ou trabalho;

III – exonerar ou demitir de seu cargo ou emprego;

IV – segregar no ambiente de trabalho ou escolar;

V – divulgar a condição do portador do HIV ou de doente de aids, com intuito de ofender-lhe a dignidade;

VI – recusar ou retardar atendimento de saúde.

A Imprescritibilidade do Crime de Racismo. Consagrada no art. 5º, XLII, da CF, conforme transcrição abaixo:

XLII – a prática do racismo constitui crime inafiançável e imprescritível, sujeito à pena de reclusão, nos termos da lei.

A imprescritibilidade do crime de racismo é vista por muitos como demagógica e desproporcional. Contudo, o STF defende a imprescritibilidade, ressalta a gravidade e repulsividade da ofensa, demonstrando o repúdio estatal à sua prática. Neste sentido, atentemos para a transcrição parcial de uma decisão daquela Corte:

(...) No estado de direito democrático devem ser intransigentemente respeitados os princípios que garantem a prevalência dos direitos humanos. Jamais podem se apagar da memória dos povos que se pretendam justos os atos repulsivos do passado que permitiram e incentivaram o ódio entre iguais por motivos raciais de torpeza inominável. 16. A ausência de prescrição nos crimes de racismo justifica-se como alerta grave para as gerações de hoje e de amanhã, para que se impeça a reinstauração de velhos e ultrapassados conceitos que a consciência jurídica e histórica não mais admitem." (HC nº 82.424/ RS, Rel. para acórdão: Min. Maurício Corrêa, j. aos 17/09/2003, Tribunal Pleno

O STJ entende que a injúria preconceituosa, embora não deva ser confundida com o crime de racismo previsto na Lei 7.716/1989, também é crime imprescritível, consoante julgado abaixo, parcialmente transcrito:

IMPRESCRITIBILIDADE DO DELITO DE INJÚRIA RACIAL. DECADÊNCIA. INEXISTÊNCIA, IN CASU. RECURSO DESPROVIDO. (...)3. O recurso da parte adversa traz tópico específico acerca da prescrição, não havendo que se falar em decisão extra petita, no ponto. 4. Não cabe, na via do recurso especial, a análise de suposta violação de artigos da Constituição Federal. De acordo com o magistério de Guilherme de Souza Nucci, com o advento da Lei n. 9.459/97, introduzindo a denominada injúria racial, criou-se mais um delito no cenário do racismo, portanto, imprescritível, inafiançável e sujeito à pena de reclusão (...). (AgRg no AREsp 686965 / DF. Ministro ERICSON MARANHO. SEXTA TURMA. J. em 18/08/2015)

PROCESSUAL PENAL. AGRAVO REGIMENTAL NO AGRAVO EM RECURSO ESPECIAL. TEMPESTIVIDADE COMPROVADA. AGRAVO CONHECIDO. INJÚRIA RACIAL. CRIME IMPRESCRITÍVEL. OFENSA A DISPOSITIVO CONSTITUCIONAL. IMPOSSIBILIDADE. USURPAÇÃO DE COMPETÊNCIA. MATÉRIA ANALISADA, EM CASO ANÁLOGO, PELO STF. AGRAVO REGIMENTAL PARCIALMENTE PROVIDO E INDEFERIDO O PEDIDO DE EXTINÇÃO DA PUNIBILIDADE. [...] 2. Nos termos da orientação jurisprudencial desta Corte, com o advento da Lei n.9.459/97, introduzindo a denominada injúria racial, criou-se mais um delito no cenário do racismo, portanto, imprescritível, inafiançável e sujeito à pena de reclusão (AgRg no AREsp 686.965/DF, Rel. Ministro ERICSON MARANHO (DESEMBARGADOR CONVOCADO DO TJ/SP), SEXTA TURMA, julgado em 18/08/2015, DJe 31/08/2015). 3. A ofensa a dispositivo constitucional não pode ser examinada em recurso especial, uma vez que compete exclusivamente ao Supremo Tribunal Federal o exame de matéria constitucional, o qual já se manifestou, em caso análogo, refutando a violação do princípio da proporcionalidade da pena cominada ao delito de injúria racial. 4. Agravo regimental parcialmente provido para conhecer do agravo em recurso especial mas negar-lhe provimento e indeferir o pedido de extinção da punibilidade. (AgRg no AREsp 734.236/DF, Rel. Ministro NEFI CORDEIRO, SEXTA TURMA, julgado em 27/02/2018, DJe 08/03/2018)

1. Nos termos da orientação jurisprudencial desta Corte, com o advento da Lei n. 9.459/97, introduzindo a denominada injúria racial, criou-se mais um delito no cenário do racismo, portanto, imprescritível, inafiançável e sujeito à pena de reclusão (AgRg no AREsp n. 686.965/DF, Ministro Ericson Maranho (Desembargador Convocado do TJ/SP), Sexta Turma, julgado em 18/8/2015, DJe 31/8/2015) - (AgRg no AREsp n. 734.236/DF, Ministro Nefi Cordeiro, Sexta Turma, DJe 8/3/2018). 2. Agravo regimental improvido. (AgRg no REsp 1849696 / SP . Relator Ministro SEBASTIÃO REIS JÚNIOR. Órgão JulgadorSEXTA TURMA. Data do Julgamento:16/06/2020. Data da Publicação/Fonte DJe 23/06/2020

Insuscetibilidade de Liberdade Provisória com Fiança. A lei veda a concessão de liberdade provisória com fiança, nada obstando que se conceda a liberdade provisória sem fiança, desde que não se vislumbre *periculum libertatis*, hipótese em que a prisão não será necessária.

O Conceito de Raça. Importante precedente no STF o HC nº 82.424 também com relação ao conceito de raça, em que nossa Corte Suprema entendeu que escrever, editar, divulgar e comercializar livros fazendo apologia de ideias discriminatórias contra a comunidade judaica seria crime de racismo, sujeito a todas as consequências constitucionais. Naquele julgamento, asseverou o STF que inexistem distinções entre os homens, sendo certo que todos se classificam como sendo espécie humana. Assim, não havendo diferenças biológicas entre os seres humanos, a divisão em raças resulta de um processo de conteúdo meramente político-social. Destacou que genética baniu o conceito tradicional de raça, pois que os seres humanos diferem tanto entre si quanto dentro de suas próprias etnias. Destarte, não havendo base científica para divisão entre os homens, torna-se mais odioso qualquer tipo de discriminação.

O Crime de Racismo como sendo Delito de Tendência. O crime de racismo é delito de tendência, por exigir que o agente confira à sua conduta uma tendência, um sentido não expresso no tipo, mas deduzível da própria natureza do delito. Assim, para que esteja caracterizado o racismo, em qualquer das suas formas típicas trazidas pela Lei nº 7.716/1989, será necessário que o agente realize o comportamento com tendência discriminatória, para segregar, mostrar-se superior. Havendo outro ânimo, o *animus jocandi* (de brincar), *animus criticandi* (de criticar), *animus narrandi* (de narrar), por exemplo, não caracterizarão o crime. Aqui, devemos observar que cabem os mesmos princípios aplicáveis aos crimes contra a honra, que também são de tendência e não se caracterizam quando, por exemplo, se chama alguém de "Meu preto", de forma carinhosa. Conceber que se possa caracterizar crime de racismo sem a existência dessa tendência segregadora afigura-se, a nosso sentir, um exagero que não corresponde a *ratio legis*.

Art. 2º (Vetado)

Art. 3º Impedir ou obstar o acesso de alguém, devidamente habilitado, a qualquer cargo da Administração Direta ou Indireta, bem como das concessionárias de serviços públicos.

Parágrafo único. Incorre na mesma pena quem, por motivo de discriminação de raça, cor, etnia, religião ou procedência nacional, obstar a promoção funcional. (Incluído pela Lei nº 12.288, de 2010)

Pena: reclusão de dois a cinco anos.

Tipo objetivo. Pratica a conduta definida no dispositivo todo aquele que obstar, total ou parcialmente, o acesso de pessoas devidamente habilitadas a cargos públicos por questão de discriminação de raça, cor, religião, etnia ou procedência nacional. O parágrafo único deste art. 3º, fruto de acréscimos recentes na lei, trata da conduta de quem obsta a promoção funcional por discriminação racial, étnica, de cor, religiosa ou em virtude da procedência nacional. A lei, portanto, garante não apenas o ingresso, mas também as ascensões funcionais daqueles que já integram os quadros da Administração.

Sujeito Ativo. Somente podem figurar como sujeitos ativos deste crime aqueles que detiverem o poder de obstar o acesso ao cargo.

Sujeito Passivo. É a pessoa discriminada por razão de raça, cor, religião, etnia ou procedência nacional.

Tipo Subjetivo. É o dolo de tendência.

Cargo Público. Cuida-se de expressão aqui utilizada como sinônima de cargo, emprego ou função, o que resta, inclusive, evidenciado quando o próprio tipo penal em comento menciona "administração indireta e concessionárias de serviços públicos".

Objetividade Jurídica. É a dignidade da pessoa humana, no sentido de afirmar a igualdade entre os seres humanos.

Classificação Doutrinária. Cuida-se de crime próprio, formal, de conduta livre, instantâneo, unissubjetivo.

Tentativa. Admitida, a depender do modus operandi eleito pelo agente para sua prática.

Art. 4º Negar ou obstar emprego em empresa privada.

§ 1º Incorre na mesma pena quem, por motivo de discriminação de raça ou de cor ou práticas resultantes do preconceito de descendência ou origem nacional ou étnica: (Incluído pela Lei nº 12.288, de 2010)

I - deixar de conceder os equipamentos necessários ao empregado em igualdade de condições com os demais trabalhadores;" (Incluído pela Lei nº 12.288, de 2010)

II - impedir a ascensão funcional do empregado ou obstar outra forma de benefício profissional; (Incluído pela Lei nº 12.288, de 2010)

III - proporcionar ao empregado tratamento diferenciado no ambiente de trabalho, especialmente quanto ao salário. (Incluído pela Lei nº 12.288, de 2010)

§ 2º Ficará sujeito às penas de multa e de prestação de serviços à comunidade, incluindo atividades de promoção da igualdade racial, quem, em anúncios ou qualquer outra forma de recrutamento de trabalhadores, exigir aspectos de aparência próprios de raça ou etnia para emprego cujas atividades não justifiquem essas exigências.

Pena: reclusão de dois a cinco anos.

Tipo objetivo e Confronto com o Disposto no Art. 3º. Em se tratando de obstar acesso a emprego em empresa privada, será utilizado o art. 4º. Se estivermos diante de impedimento de acesso a cargo em empresa pública ou concessionária de serviço público, aplica-se o disposto no art. 3º. Notar que as penas são as mesmas.

Novas Práticas Discriminatórias Trazidas pela Lei 12.288/2010. Foram acrescentadas figuras típicas equiparadas ao crime descrito no art. 4º, *caput*, passando-se a considerar criminosa não apenas a conduta de quem nega ou obsta emprego em empresa privada, mas também a de quem deixa de dar condições de trabalho iguais aos dos demais trabalhadores, quem impede a ascensão funcional ou cria obstáculos para a concessão de benefícios ou, de qualquer outra forma, proporciona tratamento diferenciado em virtude de discriminação tratada na lei, exceto a religiosa, que não vem mencionada no art. 4º, §1º.

Sujeito Ativo. O proprietário ou responsável pela contratação na empresa privada. Notar que, neste caso, a responsabilidade penal é pessoal, não da empresa. Assim, somente responderá aquele que, direta ou indiretamente, obsta ou tenta impedir o acesso. Há de se identificar aquele de quem emana a atitude discriminatória. Nesta ordem de ideias, o dono de uma empresa não necessariamente responderá pela conduta típica, pois é perfeitamente possível que ele não tenha determinado e sequer tenha conhecimento da prática discriminatória adotada pelo subordinado encarregado das contratações. Outrossim, se o empregado responsável pelas contratações atua por determinação superior, teremos possível afastamento da culpabilidade por inexigibilidade de conduta diversa. Por derradeiro, em havendo concordância com a atitude discriminatória, ambos responderão, em concurso, pelo crime.

Sujeito Passivo. É a pessoa discriminada.

Tipo Subjetivo. É o dolo.

Objeto Jurídico. A dignidade da pessoa humana, no especial aspecto da preservação da igualdade entre os homens.

Classificação. Crime próprio, formal, unissubjetivo, de conduta livre, comissivo, instantâneo.

Tentativa. Admitida, a depender do *modus operandi*.

> **Art. 5º** Recusar ou impedir acesso a estabelecimento comercial, negando-se a servir, atender ou receber cliente ou comprador.
>
> Pena: reclusão de um a três anos.

Análise do Tipo Objetivo. Cuida-se de tipo misto alternativo, se aperfeiçoando sempre que houver recusa ou impedimento de acesso a estabelecimento comercial, negando-se a servir, atender ou receber cliente ou comprador por questões de raça, cor, religião, etnia ou procedência nacional.

Sujeito Ativo. Comerciante ou qualquer pessoa, que, prestando o serviço, ainda que na qualidade de empregado do estabelecimento, se negue a servir, atender ou receber o cliente.

Tipo Subjetivo. É o dolo de tendência, somente se caracterizando o delito quando se puder vislumbrar a vontade de discriminar, com verdadeira tendência racista.

Objetividade Jurídica. Como em todos os crimes da lei em comento, é a preservação da igualdade entre os seres humanos.

Classificação Doutrinária. Crime formal, de forma livre, próprio (pois somente pode ser praticado pelo comerciante ou pelo prestador de serviços), comissivo, instantâneo, unissubjetivo, de tendência, plurissubsistente ou unissubsistente (a depender do *modus operandi*).

Confronto. Em se tratando de preconceito relacionado a sexo ou estado civil, aplicável será Lei nº 7.437/1985. Em se tratando de negativa de atendimento a cliente por questões relacionadas à preferência pela classe social ou poder aquisitivo, usar art. 7º, I, da Lei nº 8.137/1990. Nesta última, o objeto da tutela jurídica é a bolsa do consumidor e não aspectos discriminatórios relacionados à raça, religião, etnia ou procedência nacional.

Art. 6º Recusar, negar ou impedir a inscrição ou ingresso de aluno em estabelecimento de ensino público ou privado de qualquer grau.

Pena: reclusão de três a cinco anos.

Parágrafo único. Se o crime for praticado contra menor de dezoito anos a pena é agravada de 1/3 (um terço).

Sujeito Ativo. Pode ser tanto o proprietário do estabelecimento de ensino, público ou privado, quanto o responsável pelo recebimento das matrículas.

Tipo Subjetivo. É o dolo de tendência, com conotação racista.

Objetividade Jurídica. É a preservação da igualdade entre os homens.

Classificação. Próprio, de forma livre, unissubsistente ou plurissubsistente, formal, instantâneo, comissivo.

Tentativa. Admissível quando se tratar de crime plurissubsistente, ou seja, quando praticado mediante mais de um ato.

Causa de Aumento de Pena. Quando se tratar de pessoa menor de 18 anos a vítima do crime em comento, aplica-se aumento de um terço, nos termos do parágrafo único. Não confundir este dispositivo com o Estatuto da Criança e do Adolescente, que poderá ser utilizado, diante da previsão constante no art. 232, sempre que se causar constrangimento a criança ou adolescente e desde que a motivação não seja racial, étnica, religiosa, de cor ou relacionada a sua procedência nacional, hipótese em que deverá ser utilizada a Lei nº 7.716/1989, por ser especial.

Confronto com a Lei nº 8.137/1990 e a Recusa de Venda em Virtude do Poder Aquisitivo. Lembrar que, pela lei em estudo, somente estão abarcadas as questões relacionadas a preconceito de raça, cor, religião, etnia ou procedência nacional. Em se tratando de preferência por poder aquisitivo, usar Lei nº 8.137/1990, que trata dos crimes contra a ordem econômica.

Art. 7º Impedir o acesso ou recusar hospedagem em hotel, pensão, estalagem, ou qualquer estabelecimento similar.
Pena: reclusão de três a cinco anos.

Sujeito Ativo. O responsável pelo estabelecimento comercial ou mesmo seu proprietário, cuidando-se, portanto, de crime próprio, devendo-se observar as considerações acerca do sujeito ativo no art. 4º da lei em estudo.

Sujeito Passivo. A pessoa discriminada.

Tipo Subjetivo. O dolo, sendo inadmitida a forma culposa. Aliás, anote-se que a forma culposa não é admitida em nenhum dos crimes previstos nesta lei.

Objetividade Jurídica. Preservação da igualdade entre os seres humanos, como em todos os crimes constantes dessa lei.

Classificação Doutrinária. Crime próprio, de forma livre, unissubsistente ou plurissubsistente, formal, instantâneo, comissivo.

Tentativa. Admitida, quando plurissubsistente, ou seja, praticado mediante mais de um ato.

Art. 8º Impedir o acesso ou recusar atendimento em restaurantes, bares, confeitarias, ou locais semelhantes abertos ao público.
Pena: reclusão de um a três anos.

Sujeito Passivo. Proprietário ou responsável pelo serviço no estabelecimento. Cuida-se, portanto, de crime próprio.

Tipo Subjetivo. O dolo de tendência, consistente na vontade de discriminar.

Bem Jurídico Tutelado. A preservação da igualdade entre os seres humanos perante a lei.

Classificação Doutrinária. Crime próprio, de forma livre, unissubsistente ou plurissubsistente, formal, instantâneo, comissivo.

Art. 9º Impedir o acesso ou recusar atendimento em estabelecimentos esportivos, casas de diversões, ou clubes sociais abertos ao público.
Pena: reclusão de um a três anos.

Análise do Tipo Objetivo. Das formas de impedimento de ingresso e acesso a locais abertos ao público, talvez essa seja a de mais difícil entendimento. Para que a conduta se considere inserida no tipo penal incriminador em exame, é necessário que se desenvolva em local aberto ao público, de livre acesso, conforme regras previamente estabelecidas, tal qual se daria em lugar onde estivesse sendo realizado um show artístico com venda de ingressos.

É preciso cuidado na análise da conduta quando o fato ocorre no âmbito dos denominados clubes sociais, que estabelecem os mais variados critérios prévios de seleção para ingresso, como, por exemplo, a indicação dos sócios. Estará caracterizado o delito se os critérios disserem respeito à discriminação racial, étnica, religiosa ou de procedência nacional. Afinal, são considerados locais abertos ao público e não clubes fechados, o que justifica a incidência do tipo em estudo. Este entendimento já foi sufragado pelo STJ no RHC nº 12809-MG:

> "A recusa de admissão em quadro associativo de clube social, em razão de preconceito de raça ou de cor caracteriza o tipo inserto no art. 9º da lei nº 7.716/89, enquanto modo da conduta impedir, que lhe integra o núcleo. A faculdade, estatutariamente atribuída à diretoria, de recusar propostas de admissão em clubes sociais, sem declinação dos motivos, não lhe atribui a natureza especial de fechado, de maneira a subtrai-lo da incidência da lei.".

Sujeito Ativo. É o proprietário ou responsável pelo estabelecimento, sendo também aqui aplicáveis as considerações feitas quanto ao sujeito ativo no art. 4º.

Tipo Subjetivo. O dolo de tendência, consistente na vontade de discriminar.

Bem Jurídico Tutelado. A preservação da igualdade entre os seres humanos perante a lei.

Classificação Doutrinária. Crime próprio, de forma livre, unissubsistente ou plurissubsistente, formal, instantâneo, comissivo.

> **Art. 10.** Impedir o acesso ou recusar atendimento em salões de cabeleireiros, barbearias, termas ou casas de massagem ou estabelecimento com as mesmas finalidades.
>
> Pena: reclusão de um a três anos.

Sujeito Ativo. É o proprietário ou responsável pelo estabelecimento. Ver notas inseridas nos comentários do art. 4º quanto ao sujeito ativo.

Tipo Subjetivo. O dolo de tendência, consistente na vontade de discriminar.

Bem Jurídico Tutelado. A preservação da igualdade entre os seres humanos perante a lei.

Classificação Doutrinária. Crime próprio, de forma livre, unissubsistente ou plurissubsistente, formal, instantâneo, comissivo.

Tentativa. Admitida, quando se trata da forma plurissubsistente.

> **Art. 11.** Impedir o acesso às entradas sociais em edifícios públicos ou residenciais e elevadores ou escada de acesso aos mesmos:
>
> Pena: reclusão de um a três anos.

Análise do Tipo Objetivo. Cuida-se de figura que busca evitar o impedimento de acesso às entradas sociais e elevadores e escadas sociais de edifícios públicos ou residenciais. Não deve ser entendida como conduta violadora deste artigo a exigência normalmente feita em prédios públicos ou residenciais de que prestadores de serviços ingressem pelas entradas de serviço, na medida em que tais exigências buscam atender necessidades de limpeza e comodidade dos moradores e não trazem consigo a tendência discriminatória, essencial para a caracterização do delito em comento.

Sujeito Ativo. O sujeito ativo é a pessoa que tem o dever de controlar a entrada e saída de pessoas no prédio.

Entendemos que também podem figurar como sujeitos ativos condôminos em prédio particular que, invocando a qualidade de proprietários de uma unidade no mesmo, quiserem impedir a entrada de pessoa qualquer por questões relacionadas a cor, religião, etnia ou procedência nacional.

Quando a conduta for praticada por porteiro ou qualquer outro funcionário em cumprimento de ordem recebida de patrões ou síndicos, estará isento de pena se com os empregadores não anuir. Trata-se de hipótese de inexigibilidade de conduta diversa. Caso concorde com a ordem recebida, responderá em concurso com aquele de quem emanou a ordem.

Sujeito Passivo. A pessoa discriminada.

Objetividade Jurídica. A preservação da igualdade entre os seres humanos perante a lei.

Classificação Doutrinária. Crime comum, de forma livre, unissubsistente ou plurissubsistente, formal, instantâneo, comissivo.

Tentativa. Admitida, quando se trata da forma plurissubsistente.

> **Art. 12.** Impedir o acesso ou uso de transportes públicos, como aviões, navios barcas, barcos, ônibus, trens, metrô ou qualquer outro meio de transporte concedido.

> Pena: reclusão de um a três anos.

Sujeito Ativo. É o responsável pelo acesso ao meio de transporte, podendo ser, ainda, o dirigente da empresa concessionária do serviço público, que determine o impedimento de acesso ou uso do transporte. Igualmente relevantes as notas inseridas quanto ao sujeito ativo no crime do art. 4º.

Tipo Subjetivo. O dolo de tendência, consistente na vontade de discriminar.

Bem Jurídico Tutelado. A preservação da igualdade entre os seres humanos perante a lei.

Classificação Doutrinária. Crime próprio, de forma livre, unissubsistente ou plurissubsistente, formal, instantâneo, comissivo.

Tentativa. Admitida, quando se trata da forma plurissubsistente.

> **Art. 13.** Impedir ou obstar o acesso de alguém ao serviço em qualquer ramo das Forças Armadas.
> Pena: reclusão de dois a quatro anos.

Sujeito Ativo. É o responsável pelo recrutamento e admissão no serviço militar. Pode se tratar do mais alto dirigente até o subalterno, desde que este último tenha a missão de recrutamento.

Tipo Subjetivo. O dolo de tendência, consistente na vontade de discriminar.

Bem Jurídico Tutelado. A preservação da igualdade entre os seres humanos perante a lei.

Classificação Doutrinária. Crime próprio, de forma livre, unissubsistente ou plurissubsistente, formal, instantâneo, comissivo.

Tentativa. Admitida, quando se trata da forma plurissubsistente.

Forças Auxiliares. No conceito de Forças Armadas, incluem-se as Polícias Militares e o Corpo de Bombeiros, forças auxiliares, pois a norma fala em "qualquer ramo das Forças Armadas".

> **Art. 14.** Impedir ou obstar, por qualquer meio ou forma, o casamento ou convivência familiar e social.
> Pena: reclusão de dois a quatro anos.

Análise do Tipo Objetivo. O casamento a que se refere o tipo penal é o casamento civil, celebrado de acordo com as leis civis. Não se incluem no modelo incriminador os casamentos religiosos, celebrados de acordo com os preceitos e dogmas respectivos. As exigências de cumprimento de deveres como requisitos para o casamento religioso não caracteriza o crime em estudo. Destarte, será atípica a conduta do padre que se recuse a realizar o matrimônio quando um dos nubentes não é batizado segundo os preceitos do catolicismo, podendo-se afirmar o mesmo da conduta do rabino que não realize casamento religioso de um judeu com uma mulher não judia.

Sujeito Ativo. Diferente dos demais tipos penais até aqui estudados, cuida-se de crime comum, podendo ser praticado por qualquer pessoa.

Tipo Subjetivo. O dolo de tendência, consistente na vontade de discriminar.

Bem Jurídico Tutelado. A preservação da igualdade entre os seres humanos perante a lei.

Tentativa. Admitida, quando se trata da forma plurissubsistente.

Classificação Doutrinária. Crime comum, de forma livre, unissubsistente ou plurissubsistente, formal, instantâneo, comissivo.

Art. 15. (Vetado).

Art. 16. Constitui efeito da condenação a perda do cargo ou função pública, para o servidor público, e a suspensão do funcionamento do estabelecimento particular por prazo não superior a três meses.

Art. 17. (Vetado).

Art. 18. Os efeitos de que tratam os arts. 16 e 17 desta Lei não são automáticos, devendo ser motivadamente declarados na sentença.

Art. 19. (Vetado).

Perda do Cargo como Efeito da Condenação. A perda do cargo em virtude de condenação definitiva de funcionário público por crime de racismo é efeito não automático da condenação, devendo, nos termos do art. 18 da Lei nº 7.716 de 1989, ser motivadamente declarado na sentença. Destarte, o efeito não se opera caso o juiz não o declare ao prolatar a decisão condenatória.

Suspensão de Funcionamento de Estabelecimento Particular. Outro efeito não automático da condenação é a suspensão do funcionamento do estabelecimento particular por prazo não superior a três meses quando ali praticado qualquer dos crimes descritos nos arts. 4º, 5º, 6º, 7º, 8º, 9º, e 10.

Não haverá suspensão do funcionamento do estabelecimento particular, contudo, quando o crime é praticado por funcionário, por deliberação própria e sem

qualquer respaldo ou anuência do empregador, porque não se pode aceitar que a pena e seus efeitos passem da figura do condenado.

Concessionárias de Serviços Públicos e a Impossibilidade de se Decretar a Suspensão de seu Funcionamento. O efeito de suspensão não se opera quando se tratar de concessionárias de serviços públicos, em virtude de sua relevância para a população em geral.

Art. 20. Praticar, induzir ou incitar a discriminação ou preconceito de raça, cor, etnia, religião ou procedência nacional. (Redação dada pela Lei nº 9.459, de 15/05/1997)

Pena: reclusão de um a três anos e multa.

Análise do Tipo Objetivo. O crime em estudo vem previsto em um tipo incriminador bastante aberto, certamente diminuindo a função de garantia que o tipo penal deve representar.

Outrossim, a regra erige à categoria de conduta principal e de tipo autônomo qualquer forma de incitação de discriminação racial, religiosa, étnica ou de procedência nacional, trazendo como condutas nucleares as de "induzir" ou "incitar" a discriminação, que poderiam caracterizar formas de participação em qualquer dos crimes até aqui comentados.

Embora tenhamos dúvidas acerca da constitucionalidade do dispositivo em comento, por ofensa ao princípio da taxatividade, corolário da legalidade, diante da demasiada imprecisão na descrição legal da conduta incriminada, a norma tem sido aplicada por nossos Tribunais Superiores.

Distinção entre o Disposto no Art. 20, da Lei nº 7.716/1989 e o Disposto no Art. 140, § 3º, do Código Penal. O art. 140, § 3º, do Código Penal nos traz a figura da injúria qualificada pela conotação racista. Cuida-se, portanto, de crime contra a honra, em que o agente deseja ofender a honra subjetiva da vítima e, para tanto, se utiliza de elementos relacionados à raça, cor, religião, etnia, origem ou procedência nacional.

Na ofensa que caracteriza o crime do art. 140, § 3º, o agente não tem o dolo de segregar, de demonstrar uma falsa superioridade com relação a todo e qualquer membro de um grupo, mas, sim, de ofender determinada pessoa, atingindo o conceito que tenha de si mesma, de seus atributos, valores etc.

Neste diapasão, poderíamos citar o exemplo do anfitrião que impede entrada de uma mulher a quem chama de "negra safada" em festa onde estão vários outros negros, restando claro que inexiste a tendência segregadora. Aqui não se pode reconhecer crime de racismo, mas crime contra a honra. A atitude da autora não é discriminatória contra os negros, tendo o agente como propósito, outrossim, atacar aquela mulher em sua honra subjetiva.

Sobre essa distinção, poderíamos citar caso julgado pelo STJ em que a Corte reconheceu que se tratava de racismo, não injúria discriminatória, o crime perpetrado por dois comissários norte-americanos que, durante voo internacional, teriam se referido a um brasileiro de forma preconceituosa, tendo que um deles mencionado, em meio a discussão, que, no dia seguinte, acordaria "jovem, bonito, orgulhoso, rico e sendo um poderoso americano", enquanto o passageiro acordaria "safado, depravado, repulsivo, canalha e miserável brasileiro".

Entendeu o STJ que a ofensa caracterizava racismo por se referir a todos os brasileiros, não somente ao passageiro envolvido na discussão.

A citada decisão foi veiculada no Informativo nº 302 daquela Corte, consoante transcrição abaixo:

> CRIME. PRECONCEITO. PROCEDÊNCIA NACIONAL. LEGITIMIDADE. MP.
>
> Trata-se de RHC em favor de denunciados pela suposta prática do delito tipificado no art. 20 da Lei nº 7.716/1989. A vítima, passageiro a bordo de aeronave de empresa americana com destino ao Rio de Janeiro, desentendeu-se com os acusados, dois comissários de bordo, primeiro quanto ao assento em que estava posicionado e, em um segundo incidente, após o passageiro ter solicitado os nomes dos acusados, que não usavam crachá, foi novamente desrespeitado (fato ocorrido em território nacional). O primeiro denunciado, incitado pelo segundo denunciado, proferiu a seguinte ofensa: "amanhã vou acordar jovem, bonito, orgulhoso, rico e sendo um poderoso americano e você vai acordar como safado, depravado, repulsivo, canalha e miserável brasileiro".(...) o Min. Relator explicou que, no caso, a conduta dos recorrentes não se limitou ao delito de injúria preconceituosa – ataque verbal em que se procura atingir a honra subjetiva da vítima por raça, cor, etnia, origem etc. (art. 140, § 3º, do CP). Em tese, houve o delito de preconceito de procedência nacional previsto no art. 20 da Lei nº 7.716/1989, em que a intenção dos denunciados foi contra toda a coletividade brasileira, ao ressaltar a pretensa superioridade advinda do fato de serem americanos em contraposição à condição de ser brasileiro (grifo nosso)."

O STF, em decisão veiculada no Informativo nº 497, manteve a orientação do STJ.

A Ação Penal para o Crime de Racismo e Injúria Preconceituosa. Tratando-se de crime de injúria preconceituosa, a ação penal, em virtude da Lei nº 12.033/2009, é de natureza pública condicionada à representação, consoante disposto no art. 145 do Código Penal.

Em se tratando de racismo, o crime é de ação penal pública incondicionada.

Competência e crimes praticados pela internet. Quanto a crimes de injúria racial praticada através da Internet, o STJ, considerando que as ofensas possuem caráter exclusivamente pessoal, fixa a competência da Justiça Estadual para processo e julgamento, ainda que praticado através da internet.

> CONFLITO NEGATIVO DE COMPETÊNCIA. CRIME DE INJÚRIA PRATICADO POR MEIO DA INTERNET, NAS REDES SOCIAIS DENOMINADAS ORKUT E TWITTER. AUSÊNCIA DAS HIPÓTESES DO ART. 109, INCISOS IV E V, DA CF. OFENSAS DE CARÁTER EXCLUSIVAMENTE PESSOAL. COMPETÊNCIA DA JUSTIÇA ESTADUAL 1 - O simples fato de o suposto delito ter sido cometido por meio da rede mundial de computadores, ainda que em páginas eletrônicas internacionais, tais como as redes sociais "Orkut" e "Twitter", não atrai, por si só, a competência da Justiça Federal. 2 - É preciso que o crime ofenda a bens, serviços ou interesses da União ou esteja previsto em tratado ou convenção internacional em que o Brasil se comprometeu a combater, como por exemplo, mensagens que veiculassem pornografia infantil, racismo, xenofobia, dentre outros, conforme preceitua o art. 109, incisos IV e V, da Constituição Federal. 3 - Verificando-se que as ofensas possuem caráter exclusivamente pessoal, as quais foram praticadas pela ex-namorada da vítima, não se subsumindo, portanto, a ação delituosa a nenhuma das hipóteses do dispositivo constitucional, a competência para processar e julgar o feito será da Justiça Estadual" (CC 121/431/SE Rel. Min. MARCO AURÉLIO BELLIZZE, Terceira Seção, DJe 07/05/2012).

Essa orientação foi repetida pela Corte no AgRg no CC 120559 DF, de relatoria do Ministro JORGE MUSSI, julgado em 11/12/2013 pela Terceira Seção.

Tratando-se de racismo praticado no âmbito das redes sociais fechadas, a competência será da Justiça Estadual, pois a ação não produziu resultados no exterior.

A rigor, a fixação da Justiça competente para julgar o crime de racismo deve ser extraída do art. 109, V, da Constituição Federal, que prevê a competência da Justiça Federal para processar e julgar crimes previstos em tratados internacionais, desde que o resultado desses tenha, ou devesse ter ocorrido no exterior.

O fato de ser o Brasil signatário de Convenções Internacionais sobre racismo não nos autoriza a conclusão de que o referido crime seja da competência da Justiça Federal, o que só ocorrerá se presente o outro requisito trazido pelo texto da Constituição, qual seja, conduta com resultado no exterior ou praticada no exterior, o que não ocorre quando se trata de rede social fechada, da qual participam pessoas que podem ser identificadas.

Neste sentido:

> CONFLITO DE COMPETÊNCIA. CRIME DE PRÁTICA, INDUÇÃO OU INCITAÇÃO À DISCRIMINAÇÃO OU AO PRECONCEITO DE RAÇA,

> COR, ETNIA, RELIGIÃO OU PROCEDÊNCIA NACIONAL. CONVENÇÃO INTERNACIONAL SOBRE A ELIMINAÇÃO DE TODAS AS FORMAS DE DISCRIMINAÇÃO RACIAL. ASSINATURA E RATIFICAÇÃO PELO BRASIL. INTERNALIZAÇÃO PELO DECRETO N. 65.810/1969. TIPIFICAÇÃO DA CONDUTA PELA LEI N. 7.716/1989. DISSEMINAÇÃO DE CONTEÚDOS ILÍCITOS POR MENSAGEIROS ELETRÔNICOS. GRUPO DE WHATSAPP. AUSÊNCIA DE TRANSNACIONALIDADE. COMPETÊNCIA DA JUSTIÇA ESTADUAL. 1. A competência da Justiça Federal, quando ancorada no inciso V do art. 109 da Constituição Federal, exige não apenas que o crime praticado tenha sido previsto em tratado ou convenção internacional mas também que tenha havido o início de execução no Brasil e que haja previsão ou efetiva ocorrência do resultado no exterior, ou vice-versa(...) (CC 175525 / SP . Rel. Ministro JOÃO OTÁVIO DE NORONHA . TERCEIRA SEÇÃO. Data do Julgamento,09/12/2020. Data da Publicação DJe 11/12/2020)

Em se tratando de crime de racismo praticado através de sitio ou rede social aberta, a competência será da Justiça Federal:

> CONFLITO NEGATIVO DE COMPETÊNCIA. ART. 20, § 2º, DA LEI 7.716/89. DISCRIMINAÇÃO E PRECONCEITO CONTRA O POVO JUDEU. CONVENÇÃO INTERNACIONAL ACERCA DO TEMA. RATIFICADA PELO BRASIL. DISSEMINAÇÃO.PRATICADA POR MEIO DA REDE SOCIAL «FACEBOOK». SÍTIO VIRTUAL DE AMPLO ACESSO. CONTEÚDO RACISTA ACESSÍVEL NO EXTERIOR. POTENCIAL TRANSNACIONALIDADE CONFIGURADA. COMPETÊNCIA DA JUSTIÇA FEDERAL. IDENTIFICAÇÃO DA ORIGEM DAS POSTAGENS. POSSIBILIDADE DE FIXAÇÃO DE TERCEIRO JUÍZO ESTRANHO AO CONFLITO(...)3. Na presenteinvestigação é incontroverso que o conteúdo divulgado na rede social "Facebook", na página "Hitler Depressão - A Todo Gás", possui conteúdo discriminatório contra todo o povo judeu e não contra pessoa individualmente considerada. Também é incontroverso que a "Convenção Internacional sobre a Eliminação de Todas as Formas de Discriminação Racial", promulgada pela Assembléia das Nações Unidas foi ratificada pelo Brasil em 27.03.1968. O núcleo da controvérsia diz respeito exclusivamente à configuração ou não da internacionalidade da conduta (...) 6. Na singularidade do caso concreto diligências apontam que as postagens de cunho racista e discriminatório contra o povo judeu partiram de usuário localizado em Curitiba. Nos termos do art. 70 do Código de Processo Penal - CPP, 'a competência será, de regra, determinada pelo lugar em que se consumar a infração, ou, no caso de tentativa, pelo lugar em que for praticado o último ato de execução'. 7. "A jurisprudência tem reconhecido a possibilidade de declaração da competência de um terceiro juízo que não figure no conflito de competência em

> julgamento, quer na qualidade de suscitante, quer na qualidade de suscitado" (CC 168.575/MS, Rel. Ministro REYNALDO SOARES DA FONSECA, TERCEIRA SEÇÃO, DJe 14/10/2019). 8. Conflito conhecido para declarar a competência da Justiça Federal atuante em Curitiba - SJ/PR, a quem couber a distribuição do feito. (CC 163420 / PR . Relator: Ministro JOEL ILAN PACIORNIK. TERCEIRA SEÇÃO Data do Julgamento 13/05/2020 Data da Publicação/Fonte DJe 01/06/2020)

Confronto com o Tipo Penal Insculpido no Art. 208 do Código Penal. Em prova de concurso público, o candidato deverá se manifestar pela utilização do art. 208 do Código Penal e não da Lei nº 7.716/1989 quando questionado a respeito da conduta de escarnecer publicamente alguém por motivo de crença ou função religiosa, impedir ou perturbar cerimônia ou prática de culto religioso ou vilipendiar publicamente ato ou objeto de culto religioso. Trata-se de crime contra o sentimento religioso, em que o agente não atua com dolo de tendência preconceituosa ou segregadora, mas com escárnio, deboche, menoscabo.

Exemplifiquemos com dois episódios:

1. O agente, líder de uma congregação evangélica, durante a celebração de um culto, chuta diversas vezes a imagem de uma santa católica, ao mesmo tempo em que profere diversas palavras de ordem, destacando o pecado que praticam os idólatras que veneram aquele objeto, chamando todos de malditos e que arderão no fogo o inferno. Nesse caso, temos prática discriminatória e incitação ao preconceito contra católicos, caracterizando o crime descrito no art. 20 da Lei nº 7.716 de 1989;
2. Um grupo ativista radical adentra um templo católico em que se realiza uma missa, com gritos de ordem a favor do aborto, quebrando imagens de santos católicos no altar. O crime praticado é o do art. 208 do Código Penal.

Proselitismo religioso. O Supremo Tribunal Federal já decidiu que a prática do proselitismo religioso por meio de comparação entre religiões em que uma se pretende melhor que a outra não caracteriza, por si só, crime de racismo. O julgado foi veiculado no Informativo 849 da Corte:

> A Primeira Turma, por maioria, deu provimento a recurso ordinário em "habeas corpus" para trancar ação penal em que se imputa ao recorrente a suposta prática de crime de racismo, por meio de incitação à discriminação religiosa (Lei 7.716/1989, art. 20, § 2º). No caso, sacerdote da Igreja Católica Apostólica Romana publicou livro no qual, segundo a acusação, explicitou conteúdo discriminatório a atingir a doutrina espírita. O Colegiado equacionou que, em um cenário permeado por dogmas com fundamentos emocionais, os indivíduos tendem a crer que professam sua fé dentro da religião correta e que aquela é a melhor, e essa certeza contém intrínse-

> ca hierarquização. Nesse ambiente, é necessário avaliar a observância dos limites do exercício das liberdades constitucionais. Por sua vez, não cabe ao Judiciário censurar manifestações de pensamento. Assim, eventual infelicidade de declarações e explicitações escapa do espectro de atuação estatal.(...). A Turma assinalou que a característica plural da Constituição impõe que determinados interesses, na hipótese em que colidentes, sejam contrastados a fim de alcançar a máxima efetividade de ambos.(...). Nessa medida, tolher o proselitismo indispensável à consecução das finalidades de religiões universalistas configura ataque ao núcleo essencial da liberdade de expressão religiosa. O proselitismo religioso, em diversas oportunidades, é implementado à luz de um contraste entre as mais diversas religiões. O indivíduo que busca a conversão de outrem geralmente o faz sob argumentos de hierarquização entre religiões, almejando demonstrar a superioridade de suas próprias crenças, de modo que, corriqueiramente, as religiões pretendem assumir contornos de doutrinas de primeira ordem. Esse proselitismo, portanto, ainda que acarrete incômodas comparações religiosas, não materializa, por si só, o espaço normativo dedicado à incriminação de condutas preconceituosas. Essa ação constitui não apenas desdobramento da liberdade de expressão religiosa, mas figura como núcleo essencial desse direito, de modo que negar sua prática configuraria excessiva restrição às liberdades constitucionais. Assim, eventual animosidade decorrente de observações desigualadoras não configura, necessariamente, preconceito ou discriminação(...) Assim, a explicitação de aspectos de desigualação, bem como da suposta inferioridade decorrente de aspectos religiosos não perfaz, por si, o elemento típico. É indispensável que se verifique o especial fim de supressão ou redução da dignidade do diferente. Sendo assim, a afirmação de superioridade direcionada à realização de um suposto resgate ou salvação, apesar de indiscutivelmente preconceituosa, intolerante, pedante e prepotente, encontra guarida na liberdade de expressão religiosa, e não preenche o âmbito proibitivo da norma. Vencido o ministro Luiz Fux, que não trancava a ação penal por entender não haver elementos suficientes para tanto. RHC 134682/BA, rel. Min. Edson Fachin, julgamento em 29.11.2016.

O caso Bolsonaro e a manifestação referente aos quilombolas. Interessante discussão se travou quando o então Deputado Federal Jair Bolsonaro, em palestra proferida nesta qualidade, teceu comentários depreciativos a quilombolas, dizendo que o afrodescendente mais leve em determinado quilombo por ele visitado pesava "sete arrobas", que os quilombolas não faziam nada e que nada justificava os bilhões gastos com os mesmos. Levada a questão ao STF em virtude da suposta prática de racismo, entendeu a Corte que a conduta não caracterizava o crime descrito no artigo ora em comento, pois que seu discurso se revelaria compatível com a liberdade de expressão constitucionalmente garantida. Entendeu a Corte que objetivo não foi o de discriminação, exigido para a caracterização do crime de racismo. Outrossim, estaria vinculado ao contexto de demarcação e proveito econômico das terras e configurariam manifestação política do parlamentar, que, inclusive, gozaria de imunidade, nos termos do artigo 53, *caput*, da Carta Constitucional. A manifestação da Corte revela a imprescindibilidade da tendência de discriminação, preconceituosa e de segregação que se exige do autor para que o crime de racismo esteja caracterizado. Abaixo, parte do julgado:

> (...) Asseverou que, consoante se depreende do discurso proferido pelo acusado em relação a comunidades quilombolas, as afirmações, embora consubstanciem entendimento de diferenciação e até de superioridade, são desprovidas da finalidade de repressão, dominação, supressão ou eliminação, razão pela qual, tendo em vista não se investirem de caráter discriminatório, são incapazes de caracterizarem o crime previsto no art. 20, "caput", da Lei 7.716/1989. Considerou que os pronunciamentos do parlamentar contidos na peça acusatória estão vinculados ao contexto de demarcação e proveito econômico das terras e configuram manifestação política que não extrapola os limites da liberdade de expressão. Para o relator, não se pode confundir o interesse na extinção ou diminuição de reservas indígenas ou quilombolas com a supressão e eliminação dessas minorias. Ademais, o emprego, no discurso, do termo "arroba" não consiste em ato de desumanização dos quilombolas, no sentido de comparação a animais, mas forma de expressão - de toda infeliz -, evocada a fim de enfatizar estar um cidadão específico do grupo acima do peso considerado normal. Quanto à incitação a comportamento xenofóbico, reputou insubsistentes as premissas apresentadas pela acusação. O delito é de perigo abstrato, cuja tipicidade há de ser materializada teleologicamente, ou seja, embora não se exija que do discurso dito incitador sobrevenha a efetiva prática de atos discriminatórios, é imprescindível a aptidão material do teor das falas a desencadeá-los. No caso, as afirmações do denunciado se situam no âmbito da crítica à política de imigração adotada pelo Governo e não revelam conteúdo discriminatório ou passível de incitar pensamentos e condutas xenofóbicas pelo público ouvinte. O próprio acusado diz não fazer distinção quanto à origem estrangeira do imigrante. A crítica também se insere na liberdade de manifestação de pensamento, insuscetível, portanto, de configurar crime. Observou, por fim, que o convite referente à palestra se deu em razão do exercício do cargo de deputado federal ocupado pelo acusado, a fim de proceder à exposição de visão geopolítica e econômica do País. O relator reconheceu a vinculação das manifestações apresentadas na palestra com pronunciamentos do parlamentar na Câmara dos Deputados. Concluiu que,

> existente o nexo de causalidade entre o que veiculado e o mandato, tem-se a imunidade parlamentar. As declarações, ainda que dadas fora das dependências do Congresso Nacional e eventualmente sujeitas a censura moral, quando retratam o exercício do cargo eletivo, a atuação do congressista, estão cobertas pela imunidade parlamentar e implicam a exclusão da tipicidade.(STF. 1ª Turma. Inq 4694/DF, Rel. Min. Marco Aurélio, julgado em 11/9/2018)

Sujeito Ativo. Cuida-se de crime comum, podendo ser praticado por qualquer pessoa.

Sujeito Passivo. É a pessoa discriminada.

Tipo Subjetivo. O dolo de tendência, consistente na vontade de discriminar, de afirmar pretensa superioridade em virtude de raça, cor, religião, etnia ou procedência nacional.

Bem Jurídico Tutelado. A preservação da igualdade entre os seres humanos perante a lei.

Classificação Doutrinária. Crime comum, de forma livre, unissubjetivo, unissubsistente ou plurissubsistente, formal, instantâneo, comissivo.

Tentativa. Admitida, quando se trata da forma plurissubsistente.

> § 1º Fabricar, comercializar, distribuir ou veicular símbolos, emblemas, ornamentos, distintivos ou propaganda que utilizem a cruz suástica ou gamada, para fins de divulgação do nazismo. (Redação dada pela Lei nº 9.459, de 15/05/1997)
>
> Pena: reclusão de dois a cinco anos e multa.

Cruz Suástica ou Gamada. Cuida-se da cruz característica do movimento nazista, símbolo do nazismo, movimento liderado por Hitler, que defendia a supremacia da raça ariana sobre outras raças e povos, levando ao extermínio de milhões de judeus, ciganos, negros, poloneses e inimigos de guerra.

Sujeito Ativo. Cuida-se de crime comum, podendo ser praticado por qualquer pessoa.

Sujeito Passivo. É a coletividade como um todo.

Tipo Subjetivo. Cuida-se de crime que somente admite a modalidade dolosa, exigindo, além da consciência e vontade de fabricar, vender ou distribuir, que o agente atue visando a atendimento de uma especial finalidade, qual seja, a de divulgar o nazismo. Cuida-se do denominado "dolo específico".

Bem Jurídico Tutelado. A igualdade entre os seres humanos.

Objeto Material do Delito. O emblema, o ornamento, distintivo ou propaganda de veiculação de nazismo.

Momento Consumativo. O agente, ao praticar o delito em comento, deseja um resultado, qual seja, a divulgação do nazismo, não sendo, porém, necessária à consumação do delito que o mesmo atinja a finalidade pretendida. Assim, por exemplo, se ele fabricar o objeto e este não vier a ser comercializado, pois que as autoridades conseguem, a tempo, fazer a apreensão do material, o crime estará consumado. Trata-se, portanto, de crime formal.

Sentimentos secretos. Não se tipifica o crime quando o agente, simpatizante do nazismo, coleciona secretamente fotos, matérias jornalísticas de época, etc., para dar vazão às suas preferências. A uma, porque sentimentos não exteriorizados e que não produzem lesão a bens jurídicos de terceiros não devem ser considerados típicos, em virtude do principio da lesividade. A duas, porque o tipo penal exige que o agente atue para divulgação daquela doutrina racista, o que não ocorreria *in casu.*

Classificação Doutrinária. Crime comum, de forma livre, unissubjetivo, unissubsistente ou plurissubsistente, formal, instantâneo, comissivo.

> § 2º Se qualquer dos crimes previstos no caput é cometido por intermédio dos meios de comunicação social ou publicação de qualquer natureza: (Redação dada pela Lei nº 9.459, de 15/05/1997)
>
> Pena: reclusão de dois a cinco anos e multa.

Forma Qualificada do Crime do *Caput*. A pena do crime definido no *caput* do art. 20, quando praticado através dos meios de comunicação social ou de publicação de qualquer natureza, é de dois a cinco anos. Trata-se, portanto, de uma qualificadora ditada pela forma de execução do delito.

> § 3º No caso do parágrafo anterior, o juiz poderá determinar, ouvido o Ministério Público ou a pedido deste, ainda antes do inquérito policial, sob pena de desobediência: (Redação dada pela Lei nº 9.459, de 15/05/1997)
>
> I - o recolhimento imediato ou a busca e apreensão dos exemplares do material respectivo;
>
> II - a cessação das respectivas transmissões radiofônicas ou televisivas.

Medidas Cautelares. O § 3º permite que, ainda no curso do inquérito policial, como medida de cunho cautelar, para evitar que se propaguem os ideais preconceituosos ou que os mesmos venham a provocar maiores lesões ao bem jurídico que se busca tutelar, que o material seja objeto de busca e apreensão ou, então, que seja recolhido.

> § 4º Na hipótese do § 2º, constitui efeito da condenação, após o trânsito em julgado da decisão, a destruição do material apreendido. (Parágrafo incluído pela Lei nº 9.459, de 15/05/1997)

Art. 21. Esta Lei entra em vigor na data de sua publicação. (Renumerado pela Lei nº 8.081, de 21/09/1990)

Art. 22. Revogam-se as disposições em contrário. (Renumerado pela Lei nº 8.081, de 21/09/1990)

Brasília, 5 de janeiro de 1989; 168º da Independência e 101º da República.

Este texto não substitui o publicado no D.O.U de 06/01/1989.

QUESTÕES

1) (2018 – UEG – PC/GO – Delegado de Polícia Civil)

Dispõe a Lei n. 7.716/1989, que define os crimes resultantes de preconceito de raça ou de cor, que ficará sujeito às penas de multa e de prestação de serviços à comunidade, incluindo atividades de promoção da igualdade racial, quem:

a) exigir aspectos de aparência próprios de raça ou etnia para emprego cujas atividades não justifiquem essas exigências, em anúncios ou qualquer outra forma de recrutamento de trabalhadores.

b) recusar ou impedir acesso a estabelecimento comercial, negando-se a servir, atender ou receber cliente ou comprador.

c) recusar, negar ou impedir a inscrição ou ingresso de aluno em estabelecimento de ensino público ou privado de qualquer grau.

d) impedir o acesso ou recusar atendimento em restaurantes, bares, confeitarias, ou locais semelhantes abertos ao público.

e) impedir a ascensão funcional do empregado ou obstar outra forma de benefício profissional, por motivo de discriminação de raça ou de cor ou práticas resultantes do preconceito de descendência ou origem nacional ou étnica.

2) (2018 – AOCP – UEFS – Técnico Universitário)

De acordo com a Lei nº 7.716/1989, que define os crimes resultantes de preconceito de raça ou de cor, aquele que incitar o preconceito de raça por intermédio dos meios de comunicação social está sujeito à pena de

a) reclusão de dois a cinco anos e multa.

b) trabalho voluntário e restrições de finais de semana.

c) reclusão de um a três anos.

d) detenção de seis meses a 1 ano e multa.

e) somente multa.

3) (2018 - AOCP - UEFS - Técnico Universitário)

Constituem crimes resultantes de discriminação ou preconceito de raça, cor, etnia, religião ou procedência nacional, EXCETO

a) impedir ou obstar o acesso de alguém, devidamente habilitado, a qualquer cargo da Administração Direta ou Indireta, bem como das concessionárias de serviços públicos.

b) negar ou obstar emprego em empresa privada.

c) recusar ou impedir acesso a estabelecimento comercial, negando-se a servir, atender ou receber cliente ou comprador.

d) impedir o acesso ou recusar hospedagem em hotel, pensão, estalagem, ou qualquer estabelecimento similar.

e) injuriar alguém, ofendendo-lhe a dignidade ou o decoro, utilizando-se de elementos referentes à raça, cor, etnia, religião e origem.

4) (2019 - INSTITUTO AOCP - PC/ES - Escrivão de Polícia)

O sujeito que dispõe em seu estabelecimento comercial regra, recusando ou impedindo acesso ao estabelecimento, negando-se a servir, atender ou receber clientes ou compradores em razão de raça, cor, etnia, religião ou procedência nacional cometerá o delito

a) de calúnia.

b) contra a relação de consumo.

c) de racismo.

d) de injúria preconceituosa.

e) de homofobia.

5) (2018 - VUNESP - PC/BA - Delegado de Polícia Civil)

A respeito da Lei nº 7.716/89, com as alterações da Lei nº 9.459/97 (tipificação dos crimes resultantes de preconceito de raça ou de cor), assinale a alternativa correta.

a) Os crimes nela previstos, sem exceção, são praticados mediante dolo.

b) Não tipifica crimes resultantes de discriminação ou preconceito de religião, sendo específica a crimes de preconceito de raça, cor, etnia e procedência nacional.

c) O crime de negar ou impedir a inscrição ou ingresso de aluno em estabelecimento de ensino, previsto no art. 6º, é específico a instituições públicas.

d) Prevê como efeito automático da condenação a perda do cargo ou função pública, para o agente servidor público.

e) Prevê como causa de aumento de pena, geral a todos os crimes, a prática em detrimento de menor de 18 (dezoito) anos.

6) (2015 - CESPE - Órgão: TJ-PB - Juiz Substituto)

Assinale a opção correta a respeito das penas e efeitos da condenação previstos na Lei n.º 7.716/1989, que define os crimes resultantes de preconceitos de raça ou de cor; na Lei n.º 9.455/1997, que define o crime de tortura; na Lei n.º 9.605/1998, que dispõe sobre as sanções penais derivadas de condutas e atividades lesivas ao meio ambiente; e na Lei n.º 11.343/2006, que define normas para repressão ao tráfico ilícito de drogas.

a) A condenação por crime de tortura somente importará na perda do cargo, função ou emprego público em caso de aplicação de regime semiaberto ou fechado para cumprimento de pena.

b) No caso de reincidência de pessoa jurídica na prática de crimes previstos na lei que reprime condutas e atividades lesivas ao meio ambiente, será efeito automático da condenação a dissolução da pessoa jurídica.

c) A perda do cargo ou função pública pelo servidor público está prevista como efeito da condenação por crimes resultantes de preconceito de raça ou de cor, no entanto, para que isso ocorra, deve o juiz declará-lo motivadamente na sentença.

d) O agente reincidente pelo crime de porte de substâncias entorpecentes sem autorização para consumo pessoal deve ser punido com as penas de prestação de serviços à comunidade e medida educativa de comparecimento a programa ou curso educativo que, cujo não cumprimento importará na conversão automática da pena em privativa de liberdade.

e) Haverá incidência de causa especial de aumento de pena sempre que um dos crimes previstos na lei de entorpecentes for praticado com emprego de arma de fogo.

7) (2014 - MPE-SC - Promotor de Justiça)

Texto associado

Responde pela prática do crime de injúria racial, disposto no § 3º do artigo 140 do Código Penal Brasileiro e não pelo artigo 20 da Lei n. 7.716/89 (Discriminação Racial) pessoa que ofende uma só pessoa, chamando-lhe de macaco e negro sujo.

( ) Certo ( ) Errado

8) (2015 - FCC - TJ-SC - Juiz Substituto)

Considere a seguinte conduta descrita: Publicar ilustração de recém-nascidos afrodescendentes em fuga de sala de parto, associado aos dizeres de um personagem (supostamente médico) de cor branca "Segurança! É uma fuga em massa!". Tal conduta amolda-se à seguinte tipificação legal:

a) Não se amolda a tipificação legal por se tratar de ofensa social e não de conteúdo racial.

b) Injúria, prevista no art. 140 do Código Penal.

c) Crime de racismo, previsto na Lei nº 7.716/89.

d) Difamação, prevista no art. 139 do Código Penal.

e) Não se amolda a tipificação legal por se tratar de liberdade de expressão – direito de charge.

9) (2015 - IBFC - SAEB-BA - Técnico de Registro de Comércio)

Assinale a alternativa correta sobre a pena prevista para quem "Recusar ou impedir acesso a estabelecimento comercial, negando-se a servir, atender ou receber cliente ou comprador" nos termos da Lei Federal nº 7.716, de 05/01/1989 que define os crimes resultantes de preconceito de raça ou de cor.

a) Pena de reclusão.

b) Pena de detenção.

c) Pena de serviços comunitários.

d) Pena de pagamento de indenização por dano material.

e) Pena de suspensão do funcionamento do estabelecimento particular por quatro meses.

10) (2017 - CESPE - PC/GO - Delegado de Polícia)

Uma jovem de vinte e um anos de idade, moradora da região Sudeste, inconformada com o resultado das eleições presidenciais de 2014, proferiu, em redes sociais na Internet, diversas ofensas contra nordestinos. Alertada de que estava cometendo um crime, a jovem apagou as mensagens e desculpou-se, tendo afirmado estar arrependida. Suas mensagens, porém, têm sido veiculadas por um sítio eletrônico que promove discurso de ódio contra nordestinos.

No que se refere à situação hipotética precedente, assinale a opção correta, com base no disposto na Lei n.º 7.716/1989, que define os crimes resultantes de preconceito de raça e cor.

a) Independentemente de autorização judicial, a autoridade policial poderá determinar a interdição das mensagens ou do sítio eletrônico que as veicula.

b) Configura-se o concurso de pessoas nessa situação, visto que o material produzido pela jovem foi utilizado por outra pessoa no sítio eletrônico mencionado.

c) O crime praticado pela jovem não se confunde com o de injúria racial.

d) Como se arrependeu e apagou as mensagens, a jovem não responderá por nenhum crime.

e) A conduta da jovem não configura crime tipificado na Lei n.º 7.716/1989.

GABARITO COMENTADO

1) Gabarito oficial: letra "a".

Justificativa:

a) Correta, pois nos termos do art. 4º, §2º, da Lei nº 7716/89 (Incluído pela Lei nº 12.288/2010): "§2º Ficará sujeito às penas de multa e de prestação de serviços à comunidade, incluindo atividades de promoção da igualdade racial, quem, em anúncios ou qualquer outra forma de recrutamento de trabalhadores, exigir aspectos de aparência próprios de raça ou etnia para emprego cujas atividades não justifiquem essas exigências".

b) Incorreta. Está tipificada como crime, no art. 5º da Lei nº 7716/89, a conduta daquele que "Recusar ou impedir acesso a estabelecimento comercial, negando-se a servir, atender ou receber cliente ou comprador. Pena: reclusão de um a três anos".

c) Incorreta. Trata-se do crime do art. 6º da Lei nº 7716/89."Recusar, negar ou impedir a inscrição ou ingresso de aluno em estabelecimento de ensino público ou privado de qualquer grau. Pena: reclusão de três a cinco anos.".

d) Incorreta. Cuida-se do crime do art. 8º da Lei nº 7716/89 a conduta de "Impedir o acesso ou recusar atendimento em restaurantes, bares, confeitarias, ou locais semelhantes abertos ao público. Pena: reclusão de um a três anos".

e) Incorreta, pois pratica o crime do art. 4º,da 1º, II, da Lei nº 7716/89 (Incluído pela Lei nº 12.288/2010) quem "Negar ou obstar emprego em empresa privada. Pena: reclusão de dois a cinco anos. § 1º Incorre na mesma pena quem, por motivo de discriminação de raça ou de cor ou práticas resultantes do preconceito de descendência ou origem nacional ou étnica: (...) II – impedir a ascensão funcional do empregado ou obstar outra forma de benefício profissional".

2) Gabarito Oficial: letra "a". Art. 20 da referida Lei: Praticar, induzir ou incitar a discriminação ou preconceito de raça, cor, etnia, religião ou procedência nacional.

§ 2º Se qualquer dos crimes previstos no caput é cometido **por intermédio dos meios de comunicação social ou publicação de qualquer natureza**:

Pena: reclusão de dois a cinco anos e multa.

3) Gabarito Oficial: letra "e". A conduta prevista na alternativa "E" está tipificada no artigo 140 do Código Penal e se refere-à injuria qualificada por preconceito.

4) Gabarito Oficial: letra "c". Crime previsto na Lei 7.716/89 - Crimes resultantes de preconceito de raça ou de cor.

Art. 1º Serão punidos, na forma desta Lei, os crimes resultantes de **discriminação ou preconceito de raça, cor, etnia, religião ou procedência nacional.**

[...]

Art. 5º Recusar ou impedir acesso a estabelecimento comercial, negando-se a servir, atender ou receber cliente ou comprador.

Pena: reclusão de um a três anos.

5) Gabarito Oficial: letra "a". O racismo é sempre um crime doloso.

6) Gabarito Oficial: letra "c".

Justificativa: Letra a) errado porque a condenação por tortura tem como efeito automático a perda do cargo, consoante artigo 1º,§ 5º da Lei 9455/1997; b) a pessoa jurídica poderá ter suspenso o seu funcionamento pelo prazo de até três meses, consoante artigo 16 da Lei 7716/1989; c) correto, nos termos dos artigos 16 e 18 da Lei 7716/1989; d) o crime de porte de droga para consumo pessoal, previsto no artigo 28 da Lei 11343/2006,jamais importa na imposição de pena privativa de liberdade; e) errada, porque nem para todos os crimes na lei de drogas está prevista a incidência de uma causa de aumento de pena. Não ha aumento para os crimes previstos nos artigos 37 e 38, consoante artigo 40 do citado diploma.

7) Gabarito Oficial: CERTO.

Justificativa: Cuida-se de conduta que não se refere a todo um grupo racial e, assim, não resta caracterizado o crime de racismo.

8) Gabarito Oficial: CERTO.

Justificativa: Essa questão foi elaborada com base em uma decisão da 4ª Câmara Criminal do TJ de Santa Catarina, Proc. nº 2012.016841-9, de relatoria do desembargador Jorge Henrique Schaefer Martins, que reformou sentença absolutória para condenar um chargista e um editor-chefe de jornal da cidade de Lages pela prática de racismo, por terem, em edição do jornal Correio Lageano, em 16 de fevereiro de 2007, a pretexto de discutir a menoridade penal, retratado uma mulher afrodescendente em sala de parto e quatro bebês da mesma etnia, com tarjas nos olhos, fugindo do local. A ilustração mostrava, ainda, um médico que, ao telefone, dizia: "Segurança!!! É uma fuga em massa!!!." Considerou o Tribunal que o direito à liberdade de expressão não pode sobrepujar o direito à dignidade e à igualdade, destacando o relator que,pelo título, maneira como as crianças descem pelo lençol, bem como pelos dizeres do personagem, se podia depreender a nítida intenção de fazer uma analogia da situação com a fuga de um estabelecimento prisional, tratando-se de racismo velado, ficando nítida no material a relação entre crianças de etnia negra e criminalidade. Entendeu-se que a charge publicada induzia à discriminação racial, incutindo sentimento de desprezo e preconceito contra os indivíduos afrodescendentes.

9) **Gabarito Oficial: letra "a".**

   Justificativa: Cuida-se da conduta descrita no artigo 5º da Lei nº 7716/1989. Todos os crimes de racismo, previstos na Lei nº 7716/1989, são punidos com reclusão.

10) **Gabarto oficial: letra "c".** Trata-se de crime de racismo, descrito no artigo 20 da Lei nº 7716/89, o crime praticado pela jovem. Não é mera injuria racial, na medida em que atingiu o povo nordestino como um todo, na tentativa de desqualificá-lo. A interdição das mensagens dependerá de ordem judicial, consoante disposto no artigo 20, §3º, da Lei nº 7.716/1989; não há concurso de pessoas; o fato de ter apagado as mensagens não retira o caráter criminoso de seu comportamento, tendo o crime se consumado quando da publicação.

19

DOS CRIMES CONTRA O SISTEMA FINANCEIRO NACIONAL

LEI Nº 7.492, DE 16 DE JUNHO DE 1986

Define os crimes contra o sistema financeiro nacional, e dá outras providências.

Análise da Constituição da República Federativa do Brasil no que tange ao Sistema Financeiro Nacional. O Título VII da CRFB/88 trata da Ordem Econômica e Financeira, prevendo capítulos que irão detalhar como deve ser o funcionamento deste ramo Estatal. O capítulo IV deste Título se refere ao Sistema Financeiro Nacional, que possui somente um artigo, cuja roupagem final foi atribuída pela Emenda Constitucional nº 40, de 2003, conforme pode ser observado a seguir:

> CAPÍTULO IV
> DO SISTEMA FINANCEIRO NACIONAL
>
> Art. 192. O sistema financeiro nacional, estruturado de forma a promover o desenvolvimento equilibrado do País e a servir aos interesses da coletividade, em todas as partes que o compõem, abrangendo as cooperativas de crédito, será regulado por leis complementares que disporão, inclusive, sobre a participação do capital estrangeiro nas instituições que o integram. *(Redação dada pela Emenda Constitucional nº 40, de 2003)*

De acordo com Luiz Emygdio F. da Rosa Júnior[1], a atividade financeira do Estado é exercida levando-se em consideração o campo da receita (na qual são ob-

1. ROSA JÚNIOR, Luiz Emygdio F. da. Manual de direito financeiro e direito tributário. 20. ed. revista e atualizada. Rio de Janeiro: Renovar, 2007. p. 10.

tidos os recursos), da gestão (no que se refere à administração e conservação do patrimônio público), da despesa (que irá considerar a aplicação, propriamente dita, dos recursos produzidos para que os fins estatais sejam cumpridos), do orçamento (fixando despesas e prevendo receitas) e do crédito público (no qual estarão situados os empréstimos de que o Estado necessita).

Isto corrobora a noção de que o Sistema Financeiro é um complexo aparato estatal que compreende medidas, operações e as mais diversas transações no que tange ao processo que engloba desde a simples captação de receita, até mesmo sua destinação final. Envolve várias instituições e órgãos que têm por finalidade tornar viável o mercado de capitais e viabilizar, também, recursos financeiros na relação entre pessoas, governo e empresas. Um Sistema Financeiro rígido e protegido influencia nos demais campos de atuação do Estado, haja vista que a economia é um dos pilares que sustentam o desenvolvimento nacional, geração de empregos e reflete no cotidiano dos indivíduos.

Basicamente existem duas concepções sobre o Sistema Financeiro: *stricto sensu* e *lato sensu*. Em sentido estrito, pode ser definida como a gestão dos recursos estatais e de outras coletividades públicas. Já em sentido amplo, irá abranger, também, mercados de capitais (tais como casas de câmbio) e o mercado financeiro.

A Lei nº 7.492/86 não funciona de forma isolada e deve ser estudada em conjunto com outros diplomas normativos, tais como:

- Lei nº 4.320/64 (que estatui normas gerais de Direito Financeiro para elaboração e controle dos orçamentos e balanços da União, dos Estados, dos Municípios e do Distrito Federal);
- Lei nº 4.595/64 (que dispõe sobre a Política e as Instituições Monetárias, Bancárias e Creditícias, cria o Conselho Monetário Nacional e dá outras providências);
- Lei nº 4.728/65 (chamada de "lei do mercado de capital", justamente por disciplinar o mercado de capitais e estabelecer medidas para o seu desenvolvimento);
- Lei nº 5.764/71 (que define a Política Nacional de Cooperativismo, institui o regime jurídico das sociedades cooperativas, e dá outras providências e que foi alterada pela Lei nº 13.806, de 10 de janeiro de 2019);
- Lei nº 6.024/74 (que dispõe sobre a intervenção e a liquidação extrajudicial de instituições financeiras e dá outras providências);
- Lei nº 6.385/76 (que dispõe sobre o mercado de valores mobiliários e cria a Comissão de Valores Mobiliários);
- Lei nº 6.404/76 (que dispõe sobre as Sociedades por Ações);
- Lei Complementar nº 105/2001 (que dispõe sobre o sigilo das operações de instituições financeiras e dá outras providências, tendo sido alterada pela Lei Complementar nº 166, de 08 de abril de 2019);

- Lei Complementar nº 130/2009 (que dispõe sobre o Sistema Nacional de Crédito Cooperativo e revoga dispositivos das Leis nºs 4.595, de 31 de dezembro de 1964, e 5.764, de 16 de dezembro de 1971);
- Lei Complementar nº 161, de 04 de janeiro de 2018 (que altera o art. 2º da Lei Complementar nº 130, de 17 de abril de 2009, que dispõe sobre o Sistema Nacional de Crédito Cooperativo);
- Decreto nº 9.889, de 27 de junho de 2019 (que dispõe sobre o Conselho de Recursos do Sistema Financeiro Nacional – CRSFN – e sobre o Comitê de Avaliação e Seleção de Conselheiros do Conselho de Recursos do Sistema Financeiro Nacional);
- Lei nº 13.974/20 (que dispõe sobre o Conselho de Controle de Atividades Financeiras (Coaf), de que trata o art. 14 da Lei nº 9.613, de 3 de março de 1998), diante da conversão da Medida Provisória nº 893, de 19 de agosto de 2019.

Sobre a estrutura do Sistema Financeiro Nacional, nos termos do artigo 1º da Lei nº 4.595/64, podemos observar o seguinte:

> Art. 1º O sistema Financeiro Nacional, estruturado e regulado pela presente Lei, será constituído:
>
> I - do Conselho Monetário Nacional;
>
> II - do Banco Central do Brasil; *(Redação dada pelo Del nº 278, de 28/02/67)*
>
> III - do Banco do Brasil S. A.;
>
> IV - do Banco Nacional do Desenvolvimento Econômico;
>
> V - das demais instituições financeiras públicas e privadas.

Através da análise deste dispositivo pode-se dizer que o Sistema Financeiro Nacional é constituído por diversas instituições e órgãos, como já mencionado. O Conselho Monetário Nacional tem a finalidade de formular a política monetária e do crédito, objetivando o progresso econômico e social do país, nos termos do artigo 2º daquela Lei.

Já ao Banco Central do Brasil compete, dentre outras atribuições, emitir papel-moeda e exercer o controle do crédito sob todas as suas formas, conforme artigo 10 daquela Lei. Nos termos do artigo 19 da Lei nº 4.595/64, ao Banco do Brasil S.A. competirá precipuamente, sob a supervisão do Conselho Monetário Nacional e como instrumento de execução da política creditícia e financeira do Governo Federal.

O artigo 23 da Lei nº 4.565/64 indica que o Banco Nacional do Desenvolvimento Econômico é o principal instrumento de execução de política de investimentos do Governo Federal, nos termos das Leis nºs 1.628, de 20/06/1952 e 2.973, de 26/11/1956.

Nos termos do artigo 22 da Lei nº 4.565/64, as demais instituições financeiras públicas são órgãos auxiliares da execução da política de crédito do Governo Federal. Por fim, o artigo 25 deste mesmo diploma legal trata das instituições financeiras privadas, com exceção das cooperativas de crédito, prevendo que irão se constituir unicamente sob a forma de sociedade anônima, devendo a totalidade de seu capital com direito a voto ser representada por ações nominativas.

Art. 1º Considera-se instituição financeira, para efeito desta lei, a pessoa jurídica de direito público ou privado, que tenha como atividade principal ou acessória, cumulativamente ou não, a captação, intermediação ou aplicação de recursos financeiros (Vetado) de terceiros, em moeda nacional ou estrangeira, ou a custódia, emissão, distribuição, negociação, intermediação ou administração de valores mobiliários.

Parágrafo único. Equipara-se à instituição financeira:

I – a pessoa jurídica que capte ou administre seguros, câmbio, consórcio, capitalização ou qualquer tipo de poupança, ou recursos de terceiros;

II – a pessoa natural que exerça quaisquer das atividades referidas neste artigo, ainda que de forma eventual.

Análise do artigo 1º da Lei nº 7.492/86. A definição de instituição financeira. O conceito trazido por este dispositivo legal é amplo, porém, incompleto. Vimos que as instituições financeiras podem ser tanto de caráter público (como o Conselho Monetário Nacional, o Banco Central do Brasil e o Banco do Brasil S.A. por exemplo), como também de caráter privado (sociedades de financiamentos e investimentos, de crédito imobiliário etc.). Em suma, uma instituição financeira pode ser considerada como aquela que atua com recursos financeiros de outras pessoas, de terceiros.

Basicamente, o rol de instituições financeiras previstas no artigo 1º da Lei nº 7.492/86, pode ser assim descrito:

- **Pessoas jurídicas de direito público:** Banco Central do Brasil, Conselho Monetário Nacional etc.;
- **Pessoas jurídicas de direito privado:** Bancos privados, cooperativas de crédito etc.;
- **Pessoas jurídicas de direito público ou privado que tenham como atividade principal ou não qualquer forma de gestão de recursos financeiros de terceiros em moeda nacional ou estrangeira:** Casas de câmbio;
- **Pessoas jurídicas que negociam valores mobiliários;**
- **Pessoa jurídica que capte ou administre seguros, câmbio, consórcio, capitalização ou qualquer recurso de terceiros;**
- **Pessoa natural que exerça quaisquer das atividades referidas neste artigo, ainda que de forma eventual.**

Por ocasião da Ação Penal 351/SC e do Inquérito 1.690/PE, o Supremo Tribunal Federal já entendeu que o Estado não pode ser enquadrado no conceito de "instituição financeira", por ocasião da emissão de títulos da dívida pública, colocando-os no mercado para que sejam obtidos recursos, conforme pode ser observado a seguir:

> CRIME FINANCEIRO - LEI Nº 7.492/86 - ESTADO - EMISSÃO DE TÍTULOS DA DÍVIDA PÚBLICA - AUSÊNCIA DE CONFIGURAÇÃO. O Estado, ao emitir títulos da dívida pública e colocá-los no mercado, visando a obter recursos para o Tesouro, não atua como instituição financeira. Precedente: Inquérito nº 1.690, Plenário, relatado pelo ministro Carlos Velloso. [...] (STF, Primeira Turma. AP 351/SC. AÇÃO PENAL. Relator(a): Min. MARCO AURÉLIO. Revisor(a): Min. ELLEN GRACIE. Julgamento em 12/08/2004. Publicação em DJ 17-09-2004 PP-00052.EMENT VOL-02164-01 PP-00098. LEXSTF v. 27, n. 313, 2005, p. 353-370).
>
> PENAL. PROCESSUAL PENAL. PRECATÓRIOS. SISTEMA FINANCEIRO NACIONAL: CRIMES: Lei 7.492, de 1986, artigos 5º, 6º e 7º, II. FALSIDADE IDEOLÓGICA: CÓDIGO PENAL, art. 299, parágrafo único: DISPENSA IRREGULAR DE LICITAÇÃO: Lei 8.666/93, art. 5º. (...) <u>III. - Delitos contra o Sistema Financeiro Nacional: Lei 7.492/86, arts. 5º, 6º e 7º, II: impossibilidade de o Estado ser equiparado a uma instituição financeira: Lei 7.492/86, art. 1º, parágrafo único: o Estado, ao emitir títulos da dívida pública (Letras Financeiras do Estado) e colocá-las no mercado, para obter recursos para o Tesouro, não atuou como se fosse instituição financeira. Na aplicação da lei penal, vigora o princípio da reserva legal. Somente os entes que se enquadrem no conceito de instituição financeira, definidos no art. 1º e parágrafo único da Lei 7.492/86, é que respondem pelos tipos penais nela estabelecidos</u>. (...) (STF, Tribunal Pleno. Inq 1690/PE. INQUÉRITO. Relator(a) Min. CARLOS VELLOSO. Julgamento em 04/12/2003. Publicação em DJ 30-04-2004 PP-00033. EMENT VOL-02149-02 PP-00287. RTJ VOL 00192-02 PP-00485, sem grifo no original).

Demais disso, é preciso observar o que dispõe o artigo 1º, §§ 1º e 2º, da Lei Complementar nº 105/2001:

> § 1º São consideradas instituições financeiras, para os efeitos desta Lei Complementar:
>
> I - os bancos de qualquer espécie;
>
> II - distribuidoras de valores mobiliários;
>
> III - corretoras de câmbio e de valores mobiliários;
>
> IV - sociedades de crédito, financiamento e investimentos;
>
> V - sociedades de crédito imobiliário;

> VI – administradoras de cartões de crédito;
>
> VII – sociedades de arrendamento mercantil;
>
> VIII – administradoras de mercado de balcão organizado;
>
> IX – cooperativas de crédito;
>
> X – associações de poupança e empréstimo;
>
> XI – bolsas de valores e de mercadorias e futuros;
>
> XII – entidades de liquidação e compensação;
>
> XIII – outras sociedades que, em razão da natureza de suas operações, assim venham a ser consideradas pelo Conselho Monetário Nacional.
>
> § 2º As empresas de fomento comercial ou factoring, para os efeitos desta Lei Complementar, obedecerão às normas aplicáveis às instituições financeiras previstas no § 1º.

A LC nº 105/01 traz exemplos mais concretos que são englobados pela ampla definição trazida pelo artigo 1º da Lei nº 7.492/86, razão pela qual uma leitura entre estes dispositivos deve ser feita, para que se possa compreender melhor a essência das previsões contidas neste último diploma legal.

Uma observação importante merece ser destacada: a ideia de o artigo 1º da Lei nº 7.492 trazer o conceito de instituição financeira serve para nortear o tipo de aplicação que será dada em relação aos crimes nela previstos. Exemplo prático disto reside na aplicação para os casos que envolvam Sociedades Anônimas que não sejam instituições financeiras.

Em apertada síntese, estas instituições podem ser entendidas como aquelas que operam em face de ações. As instituições financeiras são Sociedades Anônimas. Sendo assim, será aplicada a Lei nº 7.492/86, caso se vislumbre a prática de conduta delituosa. Porém, caso a Sociedade Anônima não seja uma instituição financeira, não se aplicam os dispositivos previstos na Lei nº 7.492/86, mas sim, o previsto no artigo 177 do Código Penal:

> **Fraudes e abusos na fundação ou administração de sociedade por ações**
>
> Art. 177 – Promover a fundação de sociedade por ações, fazendo, em prospecto ou em comunicação ao público ou à assembléia, afirmação falsa sobre a constituição da sociedade, ou ocultando fraudulentamente fato a ela relativo:
>
> Pena – reclusão, de um a quatro anos, e multa, se o fato não constitui crime contra a economia popular.

Da definição conceitual. Instituição financeira por equiparação. Operadora de plano de saúde. Não caracterização. Jurisprudência. A Sexta Turma do STJ, em recente julgado (AgInt no REsp 1709199/RS datado de 09/10/2018) reafirmou posicionamento consolidado no CC 148.110-MG (3ª Seção do STJ, paradigma).

O ponto controverso do julgado consistiu em saber se essa pessoa jurídica (operadora de plano de saúde) poderia ou não ser considerada instituição financeira por equiparação, nos termos do art. 1º, parágrafo único, da Lei nº 7.492/86 (na condição de captadoras e administradoras de seguros), e, assim, ser objeto do delito de gestão fraudulenta (art. 4º). As operadoras de planos de saúde podem (ou não) ser seguradoras especializadas (caso inscritas nos termos dos artigos 1º e 2º da Lei nº 10.185/2001).

Em caso negativo (não comercializa seguros-saúde e não está constituída sob a forma de sociedade anônima), não pode ser considerada instituição financeira. A Terceira Seção do STJ se posicionou, na ocasião, no sentido de que operadora de plano de saúde não é caracterizada como seguradora, concluindo pela impossibilidade de equiparação a instituição financeira, a afastar a existência de crime contra o Sistema Financeiro Nacional.

É o que podemos observar nos seguintes acórdãos, assim ementados:

> PENAL. AGRAVO REGIMENTAL EM RECURSO ESPECIAL. **CRIME CONTRA O SISTEMA FINANCEIRO NACIONAL. ART. 17 DA LEI N. 7.492/1986. EQUIPARAÇÃO DE OPERADORA DE PLANO DE SAÚDE À INSTITUIÇÃO FINANCEIRA.** ATIPICIDADE DA CONDUTA RECONHECIDA PELO TRIBUNAL DE ORIGEM. ABSOLVIÇÃO NOS TERMOS DO ART. 386, III, DO CPP. PEDIDO DE REFORMA DO ACÓRDÃO RECORRIDO. TIPICIDADE DAS CONDUTAS. DESCABIMENTO. ACÓRDÃO A QUO EM CONSONÂNCIA COM A JURISPRUDÊNCIA DESTE SUPERIOR TRIBUNAL. **OPERADORA QUE NÃO COMERCIALIZAVA SEGURO-SAÚDE, MUITO MENOS EXERCIA ATIVIDADE DE CAPTAÇÃO DE DINHEIRO DOS USUÁRIOS PARA FINS DE PREVIDÊNCIA PRIVADA. MERA ATUAÇÃO NO RAMO DE PRESTAÇÃO DE SERVIÇOS ASSISTENCIAIS DE SAÚDE, SOB FISCALIZAÇÃO DA ANS. IMPOSSIBILIDADE DE EQUIPARAÇÃO.** 1. **A Terceira Seção desta Corte perfilha o entendimento de que, dentre as diversas espécies de operadoras de plano de saúde, apenas aquelas aptas a comercializar seguro-saúde podem, em tese, ser equiparadas à instituição financeira, para fins do art. 1º, parágrafo único, da Lei n. 7.492/1986** (CC n. 148.110/MG, Relatora p/ acórdão Ministra Maria Thereza de Assis Moura, DJe 13/12/2016). [...] (STJ, T6 - SEXTA TURMA. AgInt no REsp 1709199/RS. AGRAVO INTERNO NO RECURSO ESPECIAL. Relator(a) Ministro SEBASTIÃO REIS JÚNIOR. Julgamento em 09/10/2018. Publicação/Fonte em DJe 31/10/2018. Sem grifo no original).

> PENAL. CONFLITO DE COMPETÊNCIA. **IMPUTAÇÃO DE GESTÃO FRAUDULENTA. OPERADORA DE PLANO DE SAÚDE NÃO CARACTERIZADA COMO SEGURADORA. IMPOSSIBILIDADE DE EQUIPARAÇÃO A INSTITUIÇÃO FINANCEIRA. CRIME CONTRA O SISTEMA FINANCEIRO NACIONAL AFASTADO.** POSSÍVEIS CRIMES FALIMEN-

TARES OU PATRIMONIAIS. COMPETÊNCIA DA JUSTIÇA ESTADUAL. 1. De acordo com a imputação contida na denúncia, o denunciado teria praticado fraudes à frente de uma operadora de plano de saúde, sendo acusado do delito de gestão fraudulenta (Lei nº 7.492/86, art. 4º, caput). 2. **As operadoras de planos de saúde não consubstanciam instituições financeiras em sentido próprio - pois não captam, intermedeiam ou aplicam recursos financeiros de terceiros - nem instituições financeiras atuantes no mercado de capitais - dado que não realizam atividade de custódia, emissão, distribuição, negociação, intermediação ou administração de valores mobiliários. Podem, em tese, apenas ser enquadradas como instituições financeiras por equiparação, com fulcro no artigo 1º, parágrafo único, da Lei nº 7.492/86.** 3. Operadoras de plano de assistência à saúde não possuem natureza jurídica uniforme, podendo assumir a forma de cooperativas, sociedades simples, sociedades empresárias ou entidades de autogestão. 4. Sociedades seguradoras podem atuar como operadoras de plano de assistência à saúde "desde que estejam constituídas como seguradoras especializadas nesse seguro", de acordo com os artigos 1º e 2º da Lei nº 10.185/2001. 5. Portanto, as seguradoras especializadas em saúde são apenas uma das modalidades de pessoas jurídicas autorizadas a atuar como operadoras de plano de assistência à saúde. A diferença fundamental entre tais seguradoras e as demais operadoras de plano de assistência à saúde consiste na possibilidade que lhes é franqueada de negociarem - captarem e administrarem - seguro-saúde, produto inconfundível com as demais formas de planos privados de assistência à saúde. 6. **No caso concreto, a operadora de plano de saúde que teria sido objeto das fraudes não é uma sociedade seguradora, pois não comercializa seguros-saúde e não está constituída sob a forma de sociedade anônima.** 7. No direito penal, é vedada a analogia in malan partem, por afronta ao princípio da legalidade (artigo 5º, XXXIX, Constituição, e artigo 1º do Código Penal), de modo que não é legítima a equiparação das demais operadoras de planos privados de assistência à saúde às seguradoras. 8. As condutas narradas podem caracterizar crimes contra o patrimônio - como estelionato e apropriação indébita - ou crimes falimentares, mas não crime contra o sistema financeiro nacional. 9. Conflito conhecido para declarar a competência do Juízo de Direito da 1ª Vara Criminal de Belo Horizonte/MG, ora suscitante. (STJ, 3ª Seção. CC 148.110-MG, Rel. Min. Reynaldo Soares da Fonseca, Rel. para acórdão Min. Maria Thereza de Assis Moura, por maioria, julgado em 23/11/2016, DJe 13/12/2016. Informativo nº 0595. Publicação: 15 de fevereiro de 2017). Sem grifo no original.

Agência de turismo. Operação de câmbio. Instituição financeira equiparada. Para o STJ, em recente precedente da Primeira Turma, agência de turismo que realiza operação de câmbio é instituição financeira equiparada para fins do art. 1º, I, da Lei n.º 7.492/86:

> ADMINISTRATIVO. RECURSO ESPECIAL DO PARTICULAR. **AGÊNCIA DE TURISMO CREDENCIADA PARA ATUAR EM OPERAÇÕES DE CÂMBIO. EQUIPARAÇÃO À INSTITUIÇÃO FINANCEIRA. INTELIGÊNCIA DO ART. 17 DA LEI N. 4.595/64 (LEI DO SISTEMA FINANCEIRO NACIONAL).** SUBMISSÃO AO PODER FISCALIZADOR DO BACEN. 1. A teor do art. 17 da Lei n. 4.595/64, "Consideram-se instituições financeiras, para os efeitos da legislação em vigor, as pessoas jurídicas públicas ou privadas, que tenham como atividade principal ou acessória a coleta, intermediação ou aplicação de recursos financeiros próprios ou de terceiros, em moeda nacional ou estrangeira, e a custódia de valor de propriedade de terceiros". **2. A agência de turismo, devidamente autorizada a efetuar operações de câmbio, enquadra-se, por equiparação, na exegese mais ampla de instituição financeira, por isso atraindo a regular fiscalização do Banco Central do Brasil, que a exerce com base nos arts. 10, IX, e 11, III, da mesma Lei n. 4.595/64. 3. Em hipótese assemelhada, mas na seara dos crimes contra o Sistema Financeiro Nacional, o STJ já teve ensejo de decidir que "As pessoas jurídicas que realizam operações de câmbio equiparam-se, pelo art. 1º, inc. I, da Lei nº 7.492/86, e para os efeitos da lei, às instituições financeiras" (RHC 9.281/PR, Rel. Ministro GILSON DIPP, 5ª Turma, DJe 30/10/2000).** 4. Logo, nenhuma irregularidade se verifica na conduta da entidade credenciante (Bacen), ao fiscalizar as atividades da agência por ela autorizada a operar no mercado de câmbio. 5. Recurso especial não provido. (STJ, T1 - PRIMEIRA TURMA. REsp 1434625/CE. RECURSO ESPECIAL. Relator(a) Ministro SÉRGIO KUKINA. Julgamento em 09/04/2019. Publicação/Fonte em DJe 15/04/2019. RB vol. 659 p. 184, sem grifo no original).

DOS CRIMES CONTRA O SISTEMA FINANCEIRO NACIONAL

Da inaplicabilidade do princípio da insignificância em face de crimes contra o Sistema Financeiro Nacional. Os julgados a seguir, tanto da Quinta, quanto da Sexta Turma do STJ, indicam que não é possível aplicar o princípio da insignificância diante de crimes contra o Sistema Financeiro Nacional, em face das especificidades que compõem todo este aparato Estatal.

> RECURSO ESPECIAL. PENAL E PROCESSO PENAL. ART. 19 DA LEI 7.492/86. FINANCIAMENTO EM INSTITUIÇÃO FINANCEIRA ME-

DIANTE FRAUDE. CRIMES CONTRA O SISTEMA FINANCEIRO. PRINCÍPIO DA INSIGNIFICÂNCIA. IMPOSSIBILIDADE DE APLICAÇÃO (...) 1. Firmou-se a jurisprudência desta Corte no sentido de que inaplicável o princípio da insignificância aos crimes contra o sistema financeiro, tendo em vista a necessidade de maior proteção à sua estabilidade e higidez (AgRg no AREsp 975.414/TO, Rel. Ministro SEBASTIÃO REIS JÚNIOR, SEXTA TURMA, DJe 30/05/2017). Precedentes [...] (STJ, 6ª Turma. REsp 1580638/RS. Relator(a) Ministro NEFI CORDEIRO. Julgamento em 22/08/2017. Publicação/Fonte em DJe 31/08/2017, sem grifo no original).

PENAL. PROCESSUAL PENAL. AGRAVO REGIMENTAL NO RECURSO ESPECIAL. AUSÊNCIA DE IMPUGNAÇÃO ESPECÍFICA A UM DOS CAPÍTULOS DO RECURSO. SÚMULA 182/STJ. OPERAÇÃO DÓLAR-CABO. REMESSA ILEGAL DE DIVISAS AO EXTERIOR. VALOR INFERIOR A R$ 10.000,00. TIPICIDADE. DOSIMETRIA. CULPABILIDADE ELEVADA. EXPERIÊNCIA NA ÁREA FINANCEIRA (...) 2. Não se admite a incidência do princípio da insignificância como causa supralegal de exclusão da tipicidade de conduta enquadrada como crime contra o Sistema Financeiro Nacional [...] (STJ, T6 – SEXTA TURMA. AgRg no REsp 1614236 / RS. AGRAVO REGIMENTAL NO RECURSO ESPECIAL. Relator(a) Ministro NEFI CORDEIRO. Julgamento em 12/12/2017. Publicação/Fonte em DJe 12/03/2018, sem grifo no original).

Do posicionamento da Terceira Seção do STJ sobre a diferença entre o crime de usura e os crimes contra o Sistema Financeiro Nacional. O empréstimo de dinheiro realizado por particular, com recursos próprios, mediante a cobrança de juros extorsivos (usura), não configura crime contra o sistema financeiro nacional (Lei nº 7.492/86) e, sim, aquele do art. 4º da Lei nº 1.521/51 (Lei de Economia Popular), de competência da Justiça comum estadual.

CONFLITO DE COMPETÊNCIA. EMPRÉSTIMO EM DINHEIRO. CRIME CONTRA A ECONOMIA POPULAR. COMPETÊNCIA DA JUSTIÇA ESTADUAL. 1. **O empréstimo de dinheiro realizado por particular com recursos próprios, mediante a cobrança de juros extorsivos, não se amolda à Lei nº 7.492/86, que prevê os crimes contra o Sistema Financeiro Nacional. Quem assim atua comete o crime de usura, descrito no art. 4º da Lei de Economia Popular, a ser julgado pela Justiça Estadual (Súmula 498 do STF).** 2. Conflito conhecido e declarado competente o Juízo de Direito de Piancó-PB. (STJ, S3 – TERCEIRA SEÇÃO. CC 21358/PB. CONFLITO DE COMPETÊNCIA. 1997/0093757-7. Relator (a) Ministro FERNANDO GONÇALVES. Julgamento em 25/11/1998. Publicação/Fonte em DJ 17/02/1999 p. 116. Veiculado no informativo de Jurisprudência n.º 0001. Período de 23 a 27 de novembro de 1998. Terceira Seção. COMPETÊNCIA. JUSTIÇA ESTADUAL: AGIOTAGEM,).

Art. 2º Imprimir, reproduzir ou, de qualquer modo, fabricar ou pôr em circulação, sem autorização escrita da sociedade emissora, certificado, cautela ou outro documento representativo de título ou valor mobiliário:

Pena - Reclusão, de 2 (dois) a 8 (oito) anos, e multa.

Análise do tipo penal previsto no artigo 2º da Lei nº 7.492/86. O artigo 2º inaugura a parte da lei que trata sobre os crimes contra o Sistema Financeiro Nacional. O legislador buscou coibir que os elementos indicados no tipo penal fossem reproduzidos, impressos ou postos em circulação sem autorização da sociedade emissora original.

Este tipo penal prevê um elemento normativo específico, sem o qual o crime não se perfaz e a conduta é atípica. Trata-se da expressão "sem autorização escrita da sociedade emissora".

Além disso, é preciso observar que existem outras expressões no *caput* do dispositivo que necessitam da valoração pelo intérprete. São elas "certificado", "cautela" e "título". No que tange à primeira palavra, a linguagem comercial tradicional indica que pode ser compreendido como um documento cuja finalidade é a de comprovar a existência de certa quantia de ações. Já a segunda palavra diz respeito a um certificado que materializa determinado número de ações. Por fim, título é todo documento que tem por finalidade atestar a existência de determinado direito.

Sujeito ativo. Este crime pode ser praticado por qualquer pessoa, razão pela qual estamos diante de um crime comum.

Sujeito passivo. É o Estado, em razão de ter o seu Sistema Financeiro lesado. De forma secundária podem ser considerados sujeitos passivos todos aqueles que forem prejudicados por ocasião da prática da conduta típica aqui prevista.

Elemento subjetivo. O tipo prevê a modalidade dolosa, ou seja, a vontade livre e consciente em imprimir, reproduzir ou, de qualquer modo, fabricar ou pôr em circulação, sem autorização escrita da sociedade emissora, certificado, cautela ou outro documento representativo de título ou valor mobiliário. Não há previsão para modalidade culposa.

Objeto material da conduta. Pode ser tanto o certificado, quanto a cautela ou outro documento representativo de título ou valor mobiliário.

Objeto jurídico. Tutela-se o Sistema Financeiro Nacional, mormente sob o aspecto do regular funcionamento deste e da confiança em face dos títulos e valores mobiliários.

Classificação doutrinária. Trata-se de crime comum (pois pode ser praticado por qualquer pessoa), formal (tendo em vista a desnecessidade da ocorrência de resultado naturalístico), comissivo, doloso, instantâneo, unissubsistente (ou seja, praticado mediante um único ato diante do verbo "pôr em circulação") ou plurissubsistente (pois pode ser cometido através da prática de mais de um ato, quando estivermos diante dos verbos “imprimir”, “reproduzir” e “fabricar”) e de forma livre (já que pode ser praticado por qualquer forma eleita pelo sujeito ativo).

Momento consumativo. Por se tratar de crime formal, se consuma com a impressão, reprodução ou, de qualquer modo, fabricação ou ainda com a colocação em circulação, sem autorização escrita da sociedade emissora, de certificado, cautela ou outro documento representativo de título ou valor mobiliário.

Competência. Nos termos do artigo 109, VI, da CRFB/88, e do artigo 26, *caput*, da Lei nº 7.492/86, é competente a Justiça Federal para processar e julgar os crimes contra o sistema financeiro.

Tentativa. Admitida, quando estivermos diante da modalidade plurissubsistente, na qual há possibilidade de fracionamento da conduta.

Parágrafo único. Incorre na mesma pena quem imprime, fabrica, divulga, distribui ou faz distribuir prospecto ou material de propaganda relativo aos papéis referidos neste artigo.

Análise da figura prevista no parágrafo único do artigo 2º da Lei nº 7.492/86. Prevendo cinco condutas que giram em torno de verbos nucleares ilustrados pela figura típica, todo sujeito ativo que imprimir, fabricar, divulgar, distribuir ou fazer distribuir prospecto (pequeno impresso que contém informações e ilustrações) ou material de propaganda relativo aos papéis indicados no *caput* do tipo penal do artigo 2º (certificado, cautela ou outro documento representativo de título ou valor mobiliário). As penas também serão de reclusão, girando em torno do patamar de dois a oito anos, além de multa.

Sujeito ativo. Pode ser praticado por qualquer pessoa, razão pela qual estamos diante de um crime comum.

Sujeito passivo. É o Estado, em razão de ter o seu Sistema Financeiro lesado. De forma secundária podem ser considerados sujeitos passivos todos aqueles que forem prejudicados por ocasião da prática da conduta típica aqui prevista.

Elemento subjetivo. O tipo prevê a modalidade dolosa, ou seja, a vontade livre e consciente em imprimir, fabricar, divulgar, distribuir ou fazer distribuir prospecto ou material de propaganda relativo aos papéis referidos no *caput* do artigo 2º da Lei nº 7.492/86, quais sejam, certificado, cautela ou outro documento representativo de título ou valor mobiliário. Não há previsão para modalidade culposa.

Objeto material da conduta. Pode ser tanto o prospecto, quanto outro material de propaganda que faça referência aos certificados, cautelas ou outros documentos representativos de título ou valor mobiliário, conforme indicados no *caput* do artigo 2º.

Objeto jurídico. Tutela-se o Sistema Financeiro Nacional, mormente sob o aspecto do regular funcionamento deste e da confiança em face dos títulos e valores mobiliários.

Classificação doutrinária. Trata-se de crime comum (pois pode ser praticado por qualquer pessoa), formal (tendo em vista a desnecessidade da ocorrência de resultado naturalístico), comissivo, doloso, instantâneo ou permanente (a depender do caso concreto), plurissubsistente (pois pode ser cometido através da prática de mais de um ato), e de forma livre (já que pode ser praticado por qualquer forma eleita pelo sujeito ativo).

Momento consumativo. Por se tratar de crime formal, se consuma com a impressão, fabricação, divulgação, distribuição ou quando o sujeito ativo faz distribuir prospecto ou material de propaganda, conforme indicado no parágrafo único do artigo 2º da Lei nº 7.492/86.

Competência. Nos termos do artigo 109, VI, da CRFB/88, e do artigo 26, *caput*, da Lei nº 7.492/86, é competente a Justiça Federal para processar e julgar os crimes contra o sistema financeiro.

Tentativa. Admitida, já que estamos diante de crime plurissubsistente, no qual há possibilidade de fracionamento da conduta.

Art. 3º Divulgar informação falsa ou prejudicialmente incompleta sobre instituição financeira:

Pena - Reclusão, de 2 (dois) a 6 (seis) anos, e multa.

Do tipo penal previsto no artigo 3º da Lei nº 7.492/86. As instituições financeiras fazem parte do Sistema Financeiro Nacional, como estudamos no artigo 1º da mesma Lei. É razoável, portanto, que o legislador proteja todos os componentes deste Sistema, como forma de assegurar a confiabilidade e credibilidade das instituições que o compõem. Para isso, o artigo 3º pune com pena de reclusão de dois a seis anos, além de multa, o sujeito ativo que divulga informação falsa ou que seja prejudicialmente incompleta sobre instituição financeira.

De uma forma geral, a informação falsa ou prejudicial deve ter um caráter de relevância. Além disso, o tipo penal não contempla a informação que seja verdadeira, porém, ao mesmo tempo prejudicial à instituição financeira, pois os investidores e o povo têm direito de saber sobre a situação financeira da instituição na qual investem ou podem vir a investir, justamente como forma de evitar eventuais prejuízos.

Este tipo penal prevê um elemento normativo do tipo, qual seja, "informação prejudicialmente incompleta". A valoração nesses casos tem forte influência do intérprete e deverá ser vista conforme o caso concreto.

O tipo penal não faz distinção sobre o âmbito de proteção: se especificamente em relação às instituições financeiras mencionadas no *caput* do dispositivo do artigo 1º da Lei nº 7.492/86, ou se estariam incluídas nesse rol as instituições financeiras equiparadas, conforme previsão do parágrafo único do mesmo artigo.

Entendemos que a *ratio* do artigo 3º caminha no sentido da proteção do Sistema Financeiro como um todo, o que englobaria também as instituições financeiras equiparadas, bem como aquelas previstas no artigo 1º, § 1º, da Lei Complementar nº 105/2001, que também considera as instituições ali previstas como financeiras.

Por fim, três situações devem ser vistas com cuidado, para que não sejam confundidas. Também tratam de divulgação de informação falsa, mas ora sobre a constituição de sociedades por ações (artigo 177, *caput*, do Código Penal), ora sobre devedor, em recuperação judicial, com o fim de levá-lo à falência ou de obter vantagem, que configura o crime previsto no artigo 170 da Lei nº 11.101/05 (Lei de Recuperação Judicial e Falências).

Além dessas duas situações, o artigo 16, II, da Lei nº 5.250/67 (Lei de Imprensa, declarada incompatível com a ordem constitucional vigente, de acordo com o Supremo Tribunal Federal, por ocasião do julgamento da ADPF 130), tratava sobre notícias falsas ou fatos verdadeiros truncados ou deturpados que provoquem desconfiança no sistema bancário ou abalo de crédito de instituição financeira ou de qualquer empresa, pessoa física ou jurídica.

Sujeito ativo. Pode ser praticado por qualquer pessoa, razão pela qual estamos diante de um crime comum.

Sujeito passivo. É o Estado, em razão de ter o seu Sistema Financeiro lesado. De forma secundária podem ser considerados sujeitos passivos todos aqueles que forem prejudicados por ocasião da prática da conduta típica aqui prevista.

Elemento subjetivo. O tipo prevê a modalidade dolosa, ou seja, a vontade livre e consciente em divulgar informação falsa ou prejudicialmente incompleta sobre instituição financeira. Não há previsão para modalidade culposa.

Objeto material da conduta. É a informação falsa ou prejudicialmente incompleta.

Objeto jurídico. Tutela-se o Sistema Financeiro Nacional, mormente sob o aspecto da confiança e do regular funcionamento deste, bem como da proteção ao investidor.

Classificação doutrinária. Trata-se de crime comum (pois pode ser praticado por qualquer pessoa), formal (tendo em vista a desnecessidade da ocorrência de resultado naturalístico), comissivo, doloso, instantâneo ou permanente (a depender do caso concreto), unissubsistente (quando cometido por meio de um único ato. Ex.: divulgação verbal), ou plurissubsistente (pois pode ser cometido através da prática de mais de um ato), e de forma livre (já que pode ser praticado por qualquer forma eleita pelo sujeito ativo).

Momento consumativo. Por se tratar de crime formal, se consuma no momento em que há a divulgação de informação falsa ou prejudicialmente incompleta sobre instituição financeira.

Competência. Nos termos do artigo 109, VI, da CRFB/88, e do artigo 26, *caput*, da Lei nº 7.492/86, é competente a Justiça Federal para processar e julgar os crimes contra o sistema financeiro.

Tentativa. Admitida, quando estivermos diante da modalidade plurissubsistente, na qual há possibilidade de fracionamento da conduta. Assim, não se admite a tentativa na forma verbal, por exemplo, por se tratar de modalidade unissubsistente.

Art. 4º Gerir fraudulentamente instituição financeira:
Pena – Reclusão, de 3 (três) a 12 (doze) anos, e multa.

Análise do tipo penal previsto no artigo 4º da Lei nº 7.492/86. O *caput* do dispositivo prevê a chamada "gestão fraudulenta de instituição financeira". Logo de início é possível perceber que estamos diante de um crime próprio, no qual somente os gestores da respectiva instituição podem praticar. A jurisprudência dos Tribunais Superiores admite que os gerentes de agências bancárias também podem ser considerados sujeitos ativos deste crime.

Estes gestores têm a capacidade de gerenciar, administrar tais instituições, o que pode fazer com que, a depender da ação que promovam, causem grandes prejuízos ao Sistema Financeiro Nacional. Cada instituição financeira possui seu próprio conjunto de normas, que deve ser seguido em conjunto com os dispositivos legais pertinentes.

O artigo 25, também da Lei nº 7.492/86, traz o rol das pessoas que são penalmente responsáveis, inclusive para os fins de aplicação do artigo 4º. Incluem-se, portanto, o controlador e os administradores de instituição financeira, assim entendidos os diretores e gerentes, equiparando-se aos administradores o interventor, o liquidante ou o síndico, nos termos do parágrafo primeiro daquele artigo.

Interessante observar que a figura do conselheiro estatutário foi vetada da redação do artigo 25, razão pela qual não são considerados administradores de instituições financeiras para fins de responsabilização pela Lei nº 7.492/86.

Art. 4º da Lei nº 7.492/86. Elementar do tipo. Abalo na confiança do Sistema Financeiro. Bem jurídico protegido. Estabilidade e higidez do Sistema Financeiro Nacional. A Quinta Turma do STJ, em recente julgado (HC 516232/SP), se manifestou (em se tratando de gestão fraudulenta – art. 4º), pela impossibilidade de aumento da pena-base na primeira fase da dosimetria (culpabilidade exacerbada) em razão da conduta do agente ter o potencial de "ruir a crença nas autoridades monetárias e em todo o sistema, com uma corrida aos bancos como forma de realização de ativos" e "levar a bancarrota a economia nacional".

Isso porque é esse o próprio objetivo da norma com a tipificação da conduta de gestão fraudulenta – evitar a insegurança no Sistema Financeiro –, sendo assim, é circunstância inerente ao próprio tipo penal violado (elementar do tipo) e não pode ser utilizada para exasperar a pena-base (*non bis in idem*):

> HABEAS CORPUS. **CRIMES CONTRA O SISTEMA FINANCEIRO NACIONAL. GESTÃO FRAUDULENTA. ARTIGO 4º DA LEI N. 7.492/86. EXASPERAÇÃO DA PENA-BASE. CULPABILIDADE. CONDUTA QUE PODERIA RUIR A CONFIANÇA NO SISTEMA FINANCEIRO. AUSÊNCIA DE INDICAÇÃO DA GRAVIDADE CONCRETA DA CONDUTA. ELEMENTOS INERENTES AO PRÓPRIO TIPO PENAL.** REDUÇÃO DA PENA-BASE (...) – **A valoração negativa de circunstância judi-**

> **cial deve estar baseada em elementos concretos, não inerentes ao tipo penal, os quais devem desbordar da conduta já descrita na norma.** – No caso, a exasperação da pena-base deveu-se ao fato de que a ação criminosa do paciente poderia fazer ruir a crença nas autoridades monetárias e em todo o sistema, com uma corrida aos bancos como forma de realização de ativos, não sendo inverossímil crer que, tal hipótese, poderia até mesmo levar à bancarrota a economia nacional. E acrescentou o Tribunal a quo que tais elucubrações apenas demonstram o desvalor da conduta perpetrada pelo acusado, denotando um maior juízo de censurabilidade sobre a mesma, ressaltando um elevado grau de culpabilidade. – Entretanto, **o objetivo da norma, ao tipificar a conduta de gestão fraudulenta, é exatamente evitar a insegurança no sistema financeiro, de forma que tal é circunstância inerente ao próprio tipo penal violado. Cuida-se, assim, de elementar do tipo, a qual não pode ser utilizada para exasperar a pena-base, a título de culpabilidade exacerbada, como feito**. – Cumpre-se destacar que, na hipótese, não foi apresentada fundamentação concreta, baseada em elementos fáticos imputados ao paciente, os quais indiquem que sua conduta desbordou da prática criminosa usual, já tipificada no referido dispositivo [...] (STJ, T5 – QUINTA TURMA. HC 516232/SP. HABEAS CORPUS. Relator(a) Ministro REYNALDO SOARES DA FONSECA. Julgamento em 05/12/2019. Publicação/Fonte em DJe 17/12/2019, sem grifos no original).

Segundo a jurisprudência dos Tribunais Superiores, para haver aumento já na primeira fase da dosimetria (art. 59 do CP), "*a valoração negativa de circunstância judicial que acarreta exasperação da pena-base deve estar fundada em elementos concretos, não inerentes ao tipo penal*" (AgRg no AREsp 1363411/ES, Rel. Ministro JOEL ILAN PACIORNIK, QUINTA TURMA, julgado em 15/10/2019, DJe 21/10/2019).

Nesse sentido, entendeu o STF no julgamento da Ação Penal 892/RS (em relação ao art. 4º da Lei n.º 7492/86), que: induzir o BACEN fraudulentamente a erro configura circunstância desfavorável, além do fato de as operações de cessão de crédito tributário (emissão de cartas-fianças) terem alcançado valores muito superiores ao patrimônio líquido da própria instituição financeira, extrapolam o risco (a que foram submetidos os investidores e os cessionários dos créditos tributários), são circunstâncias desfavoráveis e justificam fixar a pena-base acima do mínimo legal. Confira-se:

> (...) 13. A dosimetria da pena reclama análise individualizada dos fatos objeto de condenação: 13.a.1) **Quanto ao crime de gestão fraudulenta de instituição financeira**, **a culpabilidade**, compreendida como reprovabilidade da conduta, revela-se elevada, considerando que o réu, **ao induzir, fraudulentamente, o BACEN em erro acerca da solvabilidade da instituição financeira por ele administrada**, não

o fez sob sua própria conta e risco, expondo à perspectiva concreta de sofrer prejuízos centenas de investidores que naquela haviam aplicado seus recursos; 13.a.2) **as circunstâncias do crime**, por sua vez, também foram especialmente gravosas, considerando que **as operações de cessão de crédito tributário garantidas pela empresa (...) a partir da emissão de cartas-fianças alcançaram o equivalente a seis vezes o patrimônio líquido da própria instituição financeira, em muito extrapolando o supracitado risco a que foram submetidos os investidores, assim como o risco de calote a que foram expostos os cessionários dos créditos tributários**; 13.a.3) diante desse quadro, sendo neutras as demais circunstâncias judiciais avaliadas, cumpre que a pena-base, considerada a pena mínima de três anos de reclusão e máxima de doze anos, seja fixada em 04 anos e 06 meses de reclusão; 13.a.4) não havendo circunstâncias agravantes ou atenuantes, bem como causas de aumento ou diminuição da pena a se reconhecer, resta a pena definitiva fixada em 04 anos e 06 meses de reclusão [...] (STF, Primeira Turma. AP 892/RS. AÇÃO PENAL. Relator(a): Min. LUIZ FUX. Revisor(a): Min. MIN. ROSA WEBER. Julgamento em 26/02/2019. Publicação em DJe-104. DIVULG 17-05-2019. PUBLIC 20-05-2019, sem grifos no original).

PENAL. PROCESSO PENAL. AGRAVO REGIMENTAL NO AGRAVO EM RECURSO ESPECIAL. **CRIMES CONTRA O SISTEMA FINANCEIRO NACIONAL. GESTÃO FRAUDULENTA. ARTIGO 4º DA LEI N. 7.492/86. 1) VIOLAÇÃO AO ART. 59 DO CÓDIGO PENAL - CP. 1.1) CULPABILIDADE. 1.2) CIRCUNSTÂNCIAS DO CRIME. 1.3) CONSEQUÊNCIAS DO CRIME.** 1.4) ÓBICE DO REVOLVIMENTO FÁTICO-PROBATÓRIO VEDADO CONFORME SÚMULA N. 7 DO SUPERIOR TRIBUNAL DE JUSTIÇA - STJ. 1.5) CIRCUNSTÂNCIAS JUDICIAIS FAVORÁVEIS QUE NÃO PREJUDICAM AS CIRCUNSTÂNCIAS JUDICIAIS DESFAVORÁVEIS. INDIVIDUALIZAÇÃO DA PENA. 2) VIOLAÇÃO AO ART. 59 DO CP. DESPROPORCIONALIDADE. AUSÊNCIA DE PREQUESTIONAMENTO. 3) AGRAVO REGIMENTAL DESPROVIDO. **1. A valoração negativa de circunstância judicial que acarreta exasperação da pena-base deve estar fundada em elementos concretos, não inerentes ao tipo penal**. 1.1. In casu, **a valoração negativa da culpabilidade decorreu Lapso temporal de cometimento do delito e da proximidade com o primeiro escalão do governo estadual.** 1.2. Por seu turno, **a valoração negativa das circunstâncias do crime foi justificada no modus operandi, com utilização de administradores ocultos, intimidação de membros do Conselho Fiscal e vedação de acesso**. 1.3. Por fim, **a valoração negativa das consequências do crime ficou justificada nos prejuízos não ressarcidos que culminaram na liquidação da cooperativa, bem como nos prejuízos aos clientes** 1.4. Entender de modo diverso demandaria o reexame fático-probatório, providência vedada pelo enunciado n. 7

da Súmula do Superior Tribunal de Justiça - STJ. (STJ, T5 - QUINTA TURMA. AgRg no AREsp 1363411/ES. AGRAVO REGIMENTAL NO AGRAVO EM RECURSO ESPECIAL. Relator(a) Ministro JOEL ILAN PACIORNIK. Julgamento em 15/10/2019. Publicação/Fonte em DJe 21/10/2019, sem grifos no original).

Da possibilidade de concurso de crimes entre o art. 4º e o art. 17, ambos da Lei n.º 7.492/86. Distinção entre gestão fraudulenta (art. 4º, *caput*, da Lei nº 7.492/86) e gestão temerária (art. 4º, parágrafo único, da Lei nº 7.492/86). A Primeira Turma do STF, no julgamento da Ação Penal n.º AP 892/RS, estabeleceu distinção entre a gestão fraudulenta e a gestão temerária ao asseverar que, na gestão temerária, a intenção do legislador não foi o de penalizar a conduta do gestor de induzir terceiras pessoas em erro para auferir vantagem (gestão fraudulenta), mas sim a conduta que, embora praticada abertamente, sem qualquer ardil ou tentativa de ocultação, atente, quando acarretar risco injustificável ou desproporcional ao universo de investidores, contra a própria higidez da instituição financeira administrada.

Entendeu, ainda, pela possibilidade de concurso entre as condutas de gestão fraudulenta (art. 4º) e concessão de empréstimo vedado (art. 17), ante a concomitância da condição de administrador e beneficiário das operações de crédito. Confira-se o julgado:

> Ementa: AÇÃO PENAL. CRIMES CONTRA O SISTEMA FINANCEIRO NACIONAL. ART. 4º, CAPUT, E ART. 17 DA LEI 7.492/1986. COMPETÊNCIA. RÉU PARLAMENTAR FEDERAL. CRIMES PRATICADOS ANTES DA ASSUNÇÃO DO MANDATO ELETIVO. PRORROGAÇÃO EXCEPCIONAL DA JURISDIÇÃO DO STF. GESTÃO FRAUDULENTA. PROVA DA MATERIALIDADE E AUTORIA. ARDIL PARA INDUZIR BACEN EM ERRO ACERCA DA SITUAÇÃO PATRIMONIAL DA INSTITUIÇÃO FINANCEIRA. TIPICIDADE. HABITUALIDADE. CONDENAÇÃO. (...) 1. A gestão fraudulenta, prevista no art. 4º, caput, da Lei 7.492/1986 caracteriza-se penalmente pela conduta de gerir fraudulentamente instituição financeira, crime que não se confunde com aquele previsto no parágrafo único do mesmo art. 4º (gestão temerária de instituição financeira), de menor lesividade e menor gravidade penal, embora ambos visem a tutelar o mesmo bem jurídico, qual seja, a estabilidade e higidez do sistema financeiro nacional. 2. A tutela penal das duas condutas, em linhas gerais, visa a resguardar a atuação segura das instituições financeiras, mormente em consideração à volatilidade e risco financeiro que são inerentes a uma economia de natureza globalizada, de cujo regular funcionamento é fiadora a confiança dos investidores na higidez das aludidas instituições. 3. a gestão fraudulenta diferencia-se da gestão temerária, porquanto a primeira consubstancia-se na prática de atos de gestão de uma instituição financeira, pelo emprego de fraude, ardil ou qualquer manobra de natureza des-

leal que vise a induzir terceiras pessoas em erro e, desse modo, produzir um ou mais resultados predeterminados pelo agente, que age com dolo, associada à obtenção de vantagem indevida em proveito próprio ou alheio. 4. O objetivo do legislador ao criminalizar a gestão temerária não foi o de penalizar a conduta do gestor de induzir terceiras pessoas em erro para auferir vantagem, mas sim a conduta que, embora praticada abertamente, sem qualquer ardil ou tentativa de ocultação, atente, quando acarretar risco injustificável ou desproporcional ao universo de investidores, contra a higidez da instituição financeira administrada. 5. A gestão fraudulenta no âmbito doutrinário é reconhecida por força do ardil, compreendido via condutas comissivas ou omissivas, desde que, em quaisquer dos casos, vise a induzir terceiras pessoas em erro. Trata-se, por exemplo, da não inclusão deliberada, nos balanços ou registros da instituição, de informações concernentes à situação de higidez financeira, com o objetivo de iludir terceiros investidores e/ou órgãos oficiais de fiscalização do mercado. 6.a) In casu, a controvérsia cinge-se ao cometimento ou não dos crimes contra o sistema financeiro nacional de gestão fraudulenta (descrito na denúncia como primeiro fato) e concessão de empréstimo vedado (referido na denúncia como terceiro fato), atribuídos ao Deputado Federal em exercício (...) 13.b.1) Relativamente ao crime de empréstimo vedado (art. 17 da Lei 7.492/1986), a culpabilidade mostra-se especialmente acentuada, considerando a larga experiência do réu como administrador de empresas de vulto no mercado financeiro, sendo certo que as condutas por ele praticadas, em tal contexto, traíram a confiança nele depositada por centenas de investidores que aplicavam recursos na (...) [pessoa jurídica]. Ademais, não se pode olvidar que as condutas ora analisadas encontram-se inseridas em uma ampla tentativa do réu de angariar recursos indevidamente em favor da (...) [pessoa jurídica] e, dessa forma, mascarar a realidade financeira da instituição perante os seus investidores e, principalmente, perante o BACEN, inclusive com o objetivo de induzir em erro aquela autarquia quanto à possibilidade de a (...) [pessoa jurídica] operar no mercado financeiro; 13.b.2) os motivos que embasaram a conduta também devem ser qualificados como desabonadores. Os crimes contra o sistema financeiro nacional são, como regra, de natureza formal – prescindindo da produção de resultado naturalístico –, uma vez que o simples cometimento das condutas tipificadas, independentemente da existência de prejuízo concreto, já é suficiente para atingir o bem jurídico que justifica a criminalização, qual seja, a confiança que os investidores depositam em uma instituição financeira, elemento essencial para que se viabilize a constituição de um mercado financeiro. Nesse cenário, é especialmente gravosa a motivação da conduta quando não relacionada ao simples desiderato de lucro, mas condizente à tentativa de induzir em erro os investidores

> e o BACEN acerca da higidez financeira da instituição; 13.b.3) as circunstâncias do crime foram especialmente gravosas, sobretudo em consideração ao fato do réu ter-se valido de instrumento fraudulento para consumar a conduta [...] (STF, Primeira Turma. AP 892/RS. AÇÃO PENAL. Relator(a): Min. LUIZ FUX. Revisor(a): Min. MIN. ROSA WEBER. Julgamento em 26/02/2019. Publicação em DJe-104. DIVULG 17-05-2019. PUBLIC 20-05-2019, sem grifos no original).

Gestão fraudulenta. Elemento fraude. Classificação. Crime formal. Para a jurisprudência da Corte Superior, a fraude, para a caracterização do crime de gestão fraudulenta "*compreende a ação realizada de má-fé, com intuito de enganar, iludir, produzindo resultado não amparado pelo ordenamento jurídico através de expedientes ardilosos*" e "*se configura pela ação do agente mediante o emprego de ardis e artifícios, com o intuito de obter vantagem indevida*".

Nessa linha de raciocínio, a jurisprudência do STJ segue no sentido de que o delito previsto no art. 4º da Lei n.º 7.492/86 se consuma com a prática dos atos de gestão, sendo, portanto, crime formal. Veja o que dispõe o recente julgado:

> PROCESSO PENAL. RECURSO EM HABEAS CORPUS. **GESTÃO FRAUDULENTA**. ALEGAÇÃO DE NULIDADES NO INQUÉRITO POLICIAL. NÃO OCORRÊNCIA. INCOMPETÊNCIA RATIONE LOCI. NÃO OCORRÊNCIA. **ATOS DE GESTÃO. ATOS DECISÓRIOS**. FORO POR PRERROGATIVA DE FUNÇÃO. NÃO CARACTERIZAÇÃO. PARTICIPAÇÃO DO SUPOSTO DETENTOR DO FORO COMO TESTEMUNHA E NÃO COMO INVESTIGADO. INVESTIGAÇÃO DEFLAGRADA COM BASE EM NOTITIA CRIMINIS DE COGNIÇÃO IMEDIATA. NOTÍCIA VEICULADA EM IMPRENSA. REPORTAGEM JORNALÍSTICA. POSSIBILIDADE. OUTROS ELEMENTOS. RECURSO DESPROVIDO. (...) **2. A fraude, para a caracterização do crime de gestão fraudulenta, ante a intelecção do indigitado preceito de regência, "compreende a ação realizada de má-fé, com intuito de enganar, iludir, produzindo resultado não amparado pelo ordenamento jurídico através de expedientes ardilosos". A gestão fraudulenta, portanto, "se configura pela ação do agente mediante o emprego de ardis e artifícios, com o intuito de obter vantagem indevida" (HC n. 95.515/RJ, relª. Minª. Ellem Gracie, Primeira Turma, Dje 30/9/2008). 3. Na linha do que já decidiu esta Corte Superior, "Os delitos dos arts. 4º, 6º e 10 da Lei 7.492/86 são formais, ou seja, não exigem resultados decorrentes das condutas, e consumam-se com a prática dos atos de gestão (art.4º)** [...]" (CC n. 91.162/SP, rel. Ministro ARNALDO ESTEVES LIMA, TERCEIRA SEÇÃO, julgado em 12/8/2009, Dje 2/9/2009). [...] (STJ, T6 - SEXTA TURMA. RHC 98056/CE. RECURSO ORDINARIO EM HABEAS CORPUS. Relator(a) Ministro ANTONIO SALDANHA PALHEIRO. Julgamento em 04/06/2019. Publicação/Fonte em DJe 21/06/2019, sem grifos no original).

Da possibilidade de configuração de concurso de agentes envolvendo o crime previsto no artigo 4º da Lei nº 7.492/86. A jurisprudência, tanto do STJ, quanto do STF, ilustra o fato de que o crime de gestão fraudulenta admite o concurso de agentes, ainda que em face de pessoas não relacionadas no artigo 25, ainda que não estejam compreendidas na sua redação (a título exemplificativo vide: STJ, T6-SEXTA TURMA. AgRg no HC 115151/RJ. AGRAVO REGIMENTAL NO HABEAS CORPUS. Relator(a) Ministro ROGERIO SCHIETTI CRUZ. Julgamento em 04/10/2016. Publicação em DJe 17/10/2016 e STF, Segunda Turma. HC 89364. Relator(a): Min. JOAQUIM BARBOSA. Julgamento em 23/10/2007. Publicação em DJe-070 DIVULG 17-04-2008 PUBLIC 18-04-2008 EMENT VOL-02315-03 PP-00674).

> HABEAS CORPUS. PROCESSUAL PENAL. SUBSTITUTIVO DE RECURSO CONSTITUCIONAL. INADEQUAÇÃO DA VIA ELEITA. INÉPCIA DA DENÚNCIA. FALTA DE JUSTA CAUSA. ALEGAÇÃO DEFENSIVA VEICULADA APÓS A SENTENÇA CONDENATÓRIA. PRECLUSÃO. CRIME CONTRA O SISTEMA FINANCEIRO. TRANCAMENTO DA AÇÃO PENAL. EXCEPCIONALIDADE NÃO CONFIGURADA. **COAUTORIA E PARTICIPAÇÃO EM CRIME DE GESTÃO FRAUDULENTA. ART. 4º DA LEI 7.492/1986** (...) 6. Em princípio, respondem, pelo crime de gestão fraudulenta de instituição financeira, os gestores e administradores da entidade. Terceiros estranhos ao sistema financeiro podem responder pelo mesmo crime quando concorrem, a título de coautoria ou participação, nas condutas delitivas. **As normas dos arts. 29 e 30 do Código Penal são regras gerais aplicáveis a todos os delitos, salvo expressa disposição legal em contrário, inexistente na Lei nº 7.492/1986** [...] (STF, Primeira Turma. HC 104447/BA. HABEAS CORPUS. Relator(a): Min. ROSA WEBER. Julgamento em 12/09/2017. Publicação em DJe-234. DIVULG 11-10-2017. PUBLIC 13-10-2017). Sem grifo no original.

O Supremo Tribunal Federal no julgamento da Ação Penal (AP) 470, caso de corrupção que ficou conhecido como "mensalão", realizou detida análise quanto à configuração de diversas transgressões penais previstas na Lei n.º 7.492/96, dentre elas, aquela do art. 4º do referido Diploma Legal (gestão fraudulenta), bem assim a possibilidade da pratica deste tipo penal em concurso de pessoas, destacando o julgado, inclusive, a desnecessidade, para a configuração da coautoria delitiva, de que cada um dos agentes tenha praticado todos os atos fraudulentos que caracterizaram a gestão fraudulenta de instituição financeira, ante a divisão de tarefas, no caso, entre integrantes do grupo organizado. Vale conferir o seguinte trecho da ementa:

> (...) ITEM V DA DENÚNCIA. **GESTÃO FRAUDULENTA DE INSTITUIÇÃO FINANCEIRA (ART. 4º da LEI 7.492/1986). SIMULAÇÃO DE EMPRÉSTIMOS BANCÁRIOS E UTILIZAÇÃO DE DIVERSOS MECANISMOS FRAUDULENTOS PARA ENCOBRIR O CARÁTER SIMULA-**

> **DO DESSAS OPERAÇÕES DE CRÉDITO. ATUAÇÃO COM UNIDADE DE DESÍGNIOS E DIVISÃO DE TAREFAS**. PROCEDÊNCIA PARCIAL DO PEDIDO. O crime de gestão fraudulenta de instituição financeira (art. 4º da Lei 7.492/1986) configurou-se com a simulação de empréstimos bancários e a utilização de diversos mecanismos fraudulentos para encobrir o caráter simulado dessas operações de crédito, tais como: (1) rolagem da suposta dívida mediante, por exemplo, sucessivas renovações desses empréstimos fictícios, com incorporação de encargos e realização de estornos de valores relativos aos encargos financeiros devidos, de modo a impedir que essas operações apresentassem atrasos; (2) incorreta classificação do risco dessas operações; (3) desconsideração da manifesta insuficiência financeira dos mutuários e das garantias por ele ofertadas e aceitas pelo banco; e (4) não observância tanto de normas aplicáveis à espécie, quanto de análises da área técnica e jurídica do próprio Banco Rural S/A. Ilícitos esses que também foram identificados por perícias do Instituto Nacional de Criminalística e pelo Banco Central do Brasil. **Crime praticado em concurso de pessoas, com unidade de desígnios e divisão de tarefas. Desnecessidade, para a configuração da co-autoria delitiva, de que cada um dos agentes tenha praticado todos os atos fraudulentos que caracterizaram a gestão fraudulenta de instituição financeira. Pela divisão de tarefas, cada co-autor era incumbido da realização de determinadas condutas, cujo objetivo era a realização do delito** (...) (STF, Tribunal Pleno. AP 470/MG. AÇÃO PENAL. Relator(a): Min. JOAQUIM BARBOSA. Revisor(a): Min. RICARDO LEWANDOWSKI. Julgamento em 17/12/2012. Publicação em DJe-074. DIVULG 19-04-2013. PUBLIC 22-04-2013. RTJ VOL-00225-01 PP-00011, sem grifos no original).

Da possibilidade de configuração de concurso de crimes envolvendo o artigo 4º da Lei nº 7.492/86. Quanto à possibilidade de concurso material, a jurisprudência dos Tribunais Superiores caminha nesse sentido, afirmando que pode haver concurso entre os crimes de gestão fraudulenta e falsidade documental, já que envolvem a tutela de bens jurídicos distintos.

A Quinta Turma do STJ tem precedente admitindo o concurso formal, principalmente quando estivermos diante do crime previsto no artigo 4º e os crimes falimentares, conforme veiculado na decisão do HC 61870 (STJ, 08/05/07), de sorte que a extinção de punibilidade quanto ao crime falimentar não impede a persecução criminal em relação ao delito previsto na Lei de Crimes contra o Sistema Financeiro:

> CRIMINAL. HC. CRIME FALIMENTAR. GESTÃO TEMERÁRIA. COINCIDÊNCIA FÁTICA. BIS IN IDEM. NÃO-OCORRÊNCIA. GESTÃO FRAUDULENTA. FATOS NÃO RELACIONADOS AOS DEMAIS DELITOS IMPUTADOS AO PACIENTE. CONSTRANGIMENTO ILEGAL NÃO EVIDENCIADO. ORDEM DENEGADA. (...) **A extinção da punibilidade do**

> paciente, pela prescrição, nos autos do processo instaurado com o intuito de apurar suposto cometimento de infração penal prevista na Lei de Falência, não impede a instauração de processo-crime pela eventual prática de gestão temerária. De uma determinada situação fática pode resultar o cometimento, em tese, de mais de um crime, idênticos ou não, conforme prevê a regra do concurso formal. (...) (STJ, T5 - QUINTA TURMA. HC 61870/RJ. HABEAS CORPUS. Relator(a) Ministro GILSON DIPP. Julgamento em 08/05/2007. Publicação/Fonte em DJ 29/06/2007, p. 671, sem grifos no original).

Da possibilidade de concurso de crimes entre o artigo 4º e o artigo 7º, ambos da Lei nº 7.492/86. O STJ tem entendimento firme no sentido de que a má-fé é elemento essencial para caracterizar a fraude. No HC 285587/SP a 6ª Turma do STJ entendeu pela possibilidade de concurso de crimes entre o delito de gestão fraudulenta (art. 4º da lei n.º 7492/86) e aquele previsto no art. 7º do mesmo Diploma Legal, ao argumento de que a conduta tipificada no art. 4º não possui relação de dependência com o delito de oferecimento ou negociação de títulos fraudulentos (art. 7º), de modo que a absolvição neste não ilide a responsabilidade por aquele:

> HABEAS CORPUS. CRIME CONTRA O SISTEMA FINANCEIRO. GESTÃO FRAUDULENTA DE INSTITUIÇÃO FINANCEIRA. MÁ-FÉ. CARACTERIZAÇÃO. CORRELAÇÃO ENTRE A DENÚNCIA E O ACÓRDÃO CONDENATÓRIO. ATOS DE GESTÃO. ORDEM DENEGADA. 1. A compreensão que se exige do sistema financeiro, que mereceu relevante destaque na Constituição Federal, ao lhe conferir capítulo próprio (Capítulo VI), ganha um viés peculiar quando se analisam possíveis práticas ou condutas de pessoas que possam resvalar (ou que resvalem) na credibilidade desse sistema, constituindo-se, por isso mesmo, objeto de tutela penal. 2. A complexidade do sistema financeiro implica a atuação de diversos entes especializados, direcionados a proporcionar o desenvolvimento equilibrado do país (art. 192 da CF). A ideia de sistema financeiro, portanto, perpassa pela necessária concordância de que é com a atuação ética, proba e responsável de todo esse segmento (conjunto dessas instituições e do mercado) que se propiciam condições satisfatórias para a manutenção de um consistente fluxo de recursos no mercado financeiro. 3. A proteção penal visa resguardar a inter-relação existente nesse complexo sistema e é sob tal perspectiva que tipos penais previstos na Lei n. 7.492/1986 devem ser interpretados. A referida lei objetiva repelir, por conseguinte, eventual agressão ou ameaça de agressão perpetrada contra o sistema financeiro nacional, caracterizada pela conduta do agente que coloca em risco a credibilidade do sistema e que produz ou tenha o potencial de produzir real ameaça à sua estabilidade. 4. A Suprema Corte forneceu diretrizes importantes para a corre-

ta interpretação do art. 4º da Lei n. 7.492/1986, podendo-se afirmar que a configuração do delito ali previsto necessita que, na conduta do agente, haja a utilização de ardil ou de astúcia, imbricada com a má-fé, no intuito de dissimular o real objetivo de um ato ou negócio jurídico, cujo propósito seja o de ludibriar as autoridades monetárias ou mesmo aquelas com quem mantém eventual relação jurídica. A má-fé, nesse contexto, é elemento essencial para a configuração da fraude. 5. A realização do crime de gestão fraudulenta de instituição financeira não possui relação de dependência com o delito de oferecimento ou negociação de títulos fraudulentos, previsto no art. 7º da Lei n. 7.492/1986. Logo, o fato de um agente ser absolvido do crime de oferecimento ou negociação de títulos fraudulentos não ilide a possibilidade de ser condenado por gestão fraudulenta, nos moldes do que ocorreu no caso, notadamente porque este último delito, não se relaciona, necessariamente, com a colocação de títulos eivados de irregularidades no mercado. 6. Habeas corpus denegado. (STJ, T6 - SEXTA TURMA. HC 285587/SP. HABEAS CORPUS. Relator(a) Ministro ROGERIO SCHIETTI CRUZ. Julgamento em 15/03/2016. Publicação/ Fonte em DJe 28/03/2016, sem grifos no original).

Do aparente conflito entre o artigo 4º da Lei nº 7.492/86 e o artigo 3º, IX, da Lei nº 1.521/51 (Crimes contra a economia popular). Este último artigo preceitua o seguinte:

> Art. 3º. São também crimes desta natureza:
>
> IX – gerir fraudulenta ou temerariamente bancos ou estabelecimentos bancários, ou de capitalização; sociedades de seguros, pecúlios ou pensões vitalícias; sociedades para empréstimos ou financiamento de construções e de vendas e imóveis a prestações, com ou sem sorteio ou preferência por meio de pontos ou quotas; caixas econômicas; caixas Raiffeisen; caixas mútuas, de beneficência, socorros ou empréstimos; caixas de pecúlios, pensão e aposentadoria; caixas construtoras; cooperativas; sociedades de economia coletiva, levando-as à falência ou à insolvência, ou não cumprindo qualquer das cláusulas contratuais com prejuízo dos interessados;

Entendemos que, diante dos critérios cronológicos e, mormente, o da especialidade, aplicar-se-á o disposto no artigo 4º da Lei nº 7.492/86, em detrimento do que dispõe o artigo transcrito acima, que faz alusão à Lei que prevê crimes contra a economia popular.

Da possibilidade de concurso de crimes entre os artigos 5º, 7º e 10, ambos da Lei nº 7.492/86 associados (ou não) ao art. 4º do mesmo Diploma Legal. Princípio da Consunção. Inaplicabilidade. A Sexta Turma do STJ se manifestou recentemente pela possibilidade de concurso de crimes entre os delitos previstos nos artigos 5º,

7º e 10, ambos da Lei nº 7.492/86 podem, eventualmente, ser perpetrados de forma autônoma e dissociada da conduta delituosa inserta no art. 4º do referido Diploma Legal, de modo a afastar a aplicação do princípio da consunção no caso concreto.

> HABEAS CORPUS. **CRIMES CONTRA O SISTEMA FINANCEIRO NACIONAL. GESTÃO FRAUDULENTA. APROPRIAÇÃO INDÉBITA E DESVIO. SONEGAÇÃO DE INFORMAÇÃO OU PRESTAÇÃO DE INFORMAÇÃO FALSA. ARTS. 4º, CAPUT, 5º, CAPUT, E 6º DA LEI N. 7.492/1986. PRETENSÃO DE APLICAÇÃO DO PRINCÍPIO DA CONSUNÇÃO**. CÁLCULO DA PENA-BASE. PARECER ACOLHIDO. 1. Os crimes dos arts. 5º ("Apropriar-se, quaisquer das pessoas mencionadas no art. 25 desta lei, de dinheiro, título, valor ou qualquer outro bem móvel de que tem a posse, ou desviá-lo em proveito próprio ou alheio"), 6º ("Induzir ou manter em erro, sócio, investidor ou repartição pública competente, relativamente a operação ou situação financeira, sonegando-lhe informação ou prestando-a falsamente") e 10 ("Fazer inserir elemento falso ou omitir elemento exigido pela legislação, em demonstrativos contábeis de instituição financeira, seguradora ou instituição integrante do sistema de distribuição de títulos de valores mobiliários") podem, eventualmente, ser perpetrados de forma autônoma e dissociada da conduta delituosa inserta no art. 4º ("Gerir fraudulentamente instituição financeira"), todos da Lei n. 7.492/1986 (REsp n. 1.290.073/ES, Ministra Laurita Vaz, Quinta Turma, DJe 23/5/2014) [...] (STJ, 6ª Turma. HC 351960/SP. Relator(a) Ministro SEBASTIÃO REIS JÚNIOR. Julgamento em 20/06/2017. Publicação/Fonte em DJe 26/06/2017, sem grifo no original).

Da classificação do delito previsto no artigo 4º da Lei nº 7.492/86 como habitual impróprio. A jurisprudência dos Tribunais Superiores é firme no sentido de considerar o delito de gestão fraudulenta (art. 4º da Lei nº 7.492/86) como habitual impróprio, de sorte que basta uma única ação para que se configure o crime. A título exemplificativo, cabe mencionar:

> AGRAVO REGIMENTAL NO AGRAVO EM RECURSO ESPECIAL. ART. 4º, CAPUT, DA LEI N. 7.492/86. GESTÃO FRAUDULENTA. CRIME CONTRA O SISTEMA FINANCEIRO NACIONAL. 1) VIOLAÇÃO AO ART. 4º, CAPUT, DA LEI N. 7.492/86. CRIME HABITUAL IMPRÓPRIO. 1.1) ENTENDIMENTO JURISPRUDENCIAL CONTEMPORÂNEO AOS FATOS. APLICAÇÃO DE JURISPRUDÊNCIA CONSOLIDADA. 2) DISSÍDIO JURISPRUDENCIAL. AUSÊNCIA DE SIMILITUDE FÁTICA. 3) AGRAVO REGIMENTAL DESPROVIDO. 1. Pacificou-se nos Tribunais Superiores o entendimento de que o crime de gestão fraudulenta classifica-se como habitual impróprio, bastando uma única ação para que se configure. Precedentes do Superior Tribunal de Justiça - STJ e do Supremo Tribunal Federal - STF (HC 284.546/SP, Rel. Ministro

> JORGE MUSSI, QUINTA TURMA, DJe 8/3/2016). 1.1. Consoante outro precedente (HC 39.908/PR, Rel. Min. ARNALDO ESTEVES LIMA, DJ 03.04.2006), contemporâneo ao cometimento do delito entre 2003 e 2004, já havia nesta Corte adoção do entendimento de que o crime de gestão fraudulenta era habitual impróprio, sendo certo que a aplicação do referido entendimento no caso concreto, por se tratar de consolidação jurisprudencial, não viola o impeditivo de retroatividade de norma mais gravosa ao réu. 2. O dissídio jurisprudencial deve ser conhecido quando existir similitude fática entre o acórdão recorrido e o acórdão paradigma, o que não foi verificado no presente caso. 3. Agravo regimental desprovido. (STJ, T5 - QUINTA TURMA. AgRg no AREsp 1440594/RS. AGRAVO REGIMENTAL NO AGRAVO EM RECURSO ESPECIAL. Relator(a) Ministro JOEL ILAN PACIORNIK Julgamento em 21/11/2019. Publicação/Fonte em DJe 02/12/2019, sem grifos no original).

> AGRAVO REGIMENTAL NO AGRAVO EM RECURSO ESPECIAL. CRIMES CONTRA O SISTEMA FINANCEIRO. GESTÃO FRAUDULENTA. COMPROVAÇÃO. REEXAME DE PROVAS. ATOS DE GESTÃO. CRIME HABITUAL IMPRÓPRIO. EMPRÉSTIMO VEDADO. MATERIALIDADE. PENA. FIXAÇÃO ACIMA DO MÍNIMO LEGAL. MODUS OPERANDI E CONSEQUÊNCIAS. AGRAVO REGIMENTAL NÃO PROVIDO. 1. É firme o entendimento jurisprudencial de que o crime de gestão fraudulenta se classifica como habitual impróprio, de modo que basta uma única ação para que se configure. 2. Constatado o poder de gestão do acusado, com base no material cognitivo, não há como infirmar tal premissa sem que se faça nova incursão probatória. Incidência da Súmula n. 7 do STJ [...] (STJ, T6 – SEXTA TURMA. AgRg no AREsp 486689/BA. AGRAVO REGIMENTAL NO AGRAVO EM RECURSO ESPECIAL. Relator(a) Ministro ROGERIO SCHIETTI CRUZ. Julgamento em 25/06/2019. Publicação/Fonte em DJe 02/08/2019, sem grifos no original).

No julgamento do AgRg no AREsp 608646/ES – que corrobora o entendimento acima, qual seja, crime acidentalmente habitual –, restou consignado, ainda, que para a configuração do tipo (gestão fraudulenta) basta uma só ação, "ainda que a sua reiteração não configure pluralidade de crimes".

Conclui-se pela impossibilidade de reconhecimento da continuidade delitiva: "portanto, a sequência de atos fraudulentos perpetrados já integra o próprio tipo penal, razão pela qual não há falar, na espécie, em crime continuado" (STJ, T6 – SEXTA TURMA. AgRg no AREsp 608646/ES. AGRAVO REGIMENTAL NO AGRAVO EM RECURSO ESPECIAL. 2014/0278007-6. Relator (a) Ministro SEBASTIÃO REIS JÚNIOR. Julgamento em 20/10/2015. Publicação/Fonte em DJe 10/11/2015), na esteira do entendimento já consolidado no âmbito do STF.

Nesse sentido, vale observar o acordão: STF, Segunda Turma. HC 89364/PR. HABEAS CORPUS. Relator(a) Min. JOAQUIM BARBOSA. Julgamento em 23/10/2007. Publicação em DJe-070 DIVULG 17-04-2008 PUBLIC 18-04-2008. EMENT VOL-02315-03 PP-00674.

Da valoração sobre a magnitude dos prejuízos causados pela gerência fraudulenta de instituição financeira. A Primeira Turma do STF, no julgamento do RHC 124192/PR, entendeu que, no delito de gestão fraudulenta de instituição financeira (art. 4º, *caput*, da Lei nº 7.492/86), por não constituir elementar do tipo penal, a "magnitude dos prejuízos causados" pode ser valorada negativamente, na primeira fase da dosimetria da pena, a título de "consequências" do crime (art. 59 do CP). Nesse sentido, confira-se o julgado:

> Recurso ordinário em habeas corpus. Gestão fraudulenta de instituição financeira. Artigo 4º, caput, da Lei nº 7.492/86. (...) Corréu que teve a pena reduzida, por força de acordo de delação premiada (art. 25, § 2º, da Lei nº 7.492/86 e arts. 13 e 14 da Lei nº 9.807/99) e de sua efetiva colaboração com a Justiça e do compromisso de reparar parcialmente o dano. Benefício de natureza personalíssima, não extensível ao recorrente. **Magnitude da lesão causada. Valoração negativa, na primeira fase da dosimetria da pena, a título de "consequências" do crime. Admissibilidade. Inexistência de bis in idem, haja vista não se tratar de elementar típica do crime em questão.** Recurso não provido. (...) 8. No crime de gestão fraudulenta de instituição financeira (art. 4º, caput, da Lei nº 7.492/86), a magnitude dos prejuízos causados pode ser valorada negativamente, na primeira fase da dosimetria da pena, a título de "consequências" do crime, haja vista que não constitui elementar do tipo penal. 9. Recurso não provido. Inexistência de flagrante ilegalidade ou teratologia que justifique a concessão, de ofício, da ordem de habeas corpus. (STF, Primeira Turma. RHC 124192/PR. RECURSO ORDINÁRIO EM HABEAS CORPUS. Relator(a) Min. DIAS TOFFOLI. Julgamento em 10/02/2015. Publicação em PROCESSO ELETRÔNICO DJe-065 DIVULG 07-04-2015 PUBLIC 08-04-2015;).
>
> EMENTA AGRAVO REGIMENTAL EM RECURSO ORDINÁRIO EM HABEAS CORPUS. PENAL E PROCESSO PENAL. WRIT SUBSTITUTIVO DE AÇÃO RESCISÓRIA. EXCEPCIONALIDADE. **CRIME CONTRA O SISTEMA FINANCEIRO. DOSIMETRIA DA PENA.** AUSÊNCIA DE ILEGALIDADE. AGRAVO DESPROVIDO (...) 2. **Nos crimes contra o sistema financeiro nacional, o montante objeto de evasão de divisas constitui circunstância judicial idônea a influenciar negativamente a primeira fase da dosimetria da pena do agente, independentemente de seu potencial para desestabilizar o sistema como um todo.** Precedente: HC 131.842 AgR, de minha relatoria, Primeira Turma, DJe-242 de 16.11.2018. 3. **Não configura bis in idem a inci-**

dência concomitante da circunstância judicial desfavorável fundada no montante objeto de evasão e da causa geral de aumento de pena relativa à continuidade delitiva, configurando fenômenos distintos, com repercussões diversas na esfera jurídica do acusado. Precedente: AP 694 ED, de minha relatoria, Primeira Turma, DJe-268 de 27.11.2017. 4. A incidência da agravante do artigo 61, II, "b", do Código Penal prescinde de eventual sucesso no crime que se pretende facilitar, assegurar a execução, ocultação, impunidade ou vantagem. [...] (STF, Primeira Turma. RHC 131660 AgR/SP. AG.REG. NO RECURSO ORDINÁRIO EM HABEAS CORPUS. Relator(a): Min. ROSA WEBER. Julgamento em 29/03/2019. Publicação em DJe-069. DIVULG 04-04-2019. PUBLIC 05-04-2019).

Sujeito ativo. No presente caso é o administrador ou controlador da instituição financeira, isto é, aquele que tem condições de geri-la, razão pela qual deve ser analisado o que dispõe o artigo 25 da mesma Lei. Estamos diante de um crime de mão própria, conforme entendimento do STJ, conforme veremos a seguir.

Da jurisprudência dos Tribunais Superiores sobre a classificação do crime do artigo 4º da Lei nº 7.492/86 como "de mão própria". Há posicionamento da Terceira Seção do STJ (Quinta e Sexta Turmas) no sentido de que os tipos previstos nos arts. 4º e 5º da Lei nº 7.492/1986 constituem crimes de mão própria, que somente podem ser praticados pelas pessoas descritas no art. 25. Ausente qualquer daquelas figuras, não seria possível a aplicação da legislação especial, subsistindo, em tese, o estelionato (crime subsidiário), passível de apuração na justiça comum estadual.

PROCESSUAL PENAL. CONFLITO DE COMPETÊNCIA. FRAUDES PRATICADAS CONTRA INSTITUIÇÃO FINANCEIRA E MUTUÁRIOS. ACUSADOS QUE NÃO SE ENQUADRAM NO ART. 25 DA LEI N. 7.492/86. INAPLICABILIDADE DA LEGISLAÇÃO ESPECIAL. 1. Os tipos previstos nos arts. 4º e 5º da Lei n. 7.492/1986 constituem crimes de mão própria, que somente podem ser praticados pelo controlador e pelos administradores de instituição financeira, assim considerados os diretores, os gerentes, os interventores, os liquidantes ou os síndicos das referidas instituições, nos moldes do art. 25 da referida Lei. 2. Hipótese em que a acusação foi oferecida contra corretores de empréstimo, proprietário de correspondente bancário do Banco BNG/S.A. e funcionário dessa instituição financeira, por supostamente celebrarem empréstimos bancários em afronta a normas internas de instituição bancária e cobrarem "comissões" e "taxas bancárias" dos mutuários, em nome da instituição, as quais, posteriormente, eram revertidas a eles próprios. 3. Não havendo entre os acusados qualquer das pessoas elencadas no art. 25 da Lei n. 7.492/1986, que define os crimes contra o Sistema Financeiro Nacional, não há a configuração dos crimes previstos nos arts. 4º e 5º da referida Lei, devendo ser afastada a incidência da legis-

> lação especial. 4. Remanescendo, em tese, o crime de estelionato, compete à Justiça comum o processamento e julgamento do feito. 5. Conflito conhecido para declarar competente o Juízo de Direito da 2ª Vara Criminal de Brasília/DF. (STJ, S3 - TERCEIRA SEÇÃO. CC 139742/DF. CONFLITO DE COMPETÊNCIA. Relator(a) Ministro GURGEL DE FARIA. Julgamento em 25/11/2015. Publicação/Fonte em DJe 01/02/2016).

Sujeito passivo. É o Estado, em razão de ter o seu Sistema Financeiro lesado. De forma secundária podem ser considerados sujeitos passivos todos aqueles que forem prejudicados por ocasião da prática da conduta típica aqui prevista.

Elemento subjetivo. O tipo prevê a modalidade dolosa, ou seja, a vontade livre e consciente em gerir fraudulentamente instituição financeira. Não há previsão para modalidade culposa.

Objeto material da conduta. Pode ser qualquer meio do qual se utiliza o administrador para gerir fraudulentamente uma instituição financeira.

Objeto jurídico. Tutela-se o Sistema Financeiro Nacional, mormente sob o aspecto da confiança e do regular funcionamento deste, bem como da proteção ao investidor.

Classificação doutrinária. Trata-se de crime de mão própria (pois somente pode ser praticado pessoalmente pelo administrador ou controlador de instituição financeira), formal (tendo em vista a desnecessidade da ocorrência de resultado naturalístico), comissivo, doloso, habitual impróprio (também entendido como acidentalmente habitual), unissubsistente (cometido através de um único ato) ou plurissubsistente (pois pode ser cometido através da prática de mais de um ato), e de forma livre (já que pode ser praticado por qualquer forma eleita pelo sujeito ativo).

Momento consumativo. Por se tratar de crime formal, se consuma com a comprovação da gestão fraudulenta de instituição financeira, senão vejamos:

> AGRAVO REGIMENTAL NO AGRAVO EM RECURSO ESPECIAL. PENAL. CRIME CONTRA O SISTEMA FINANCEIRO NACIONAL. GESTÃO FRAUDULENTA. ART. 4.º, CAPUT, DA LEI N.º 7.492/86. (...) 1. **O tipo penal do art. 4º da Lei 7.492/86 é crime formal consumando-se mediante a comprovação da gestão fraudulenta, independentemente da efetiva lesão ao patrimônio de instituição financeira ou prejuízo dos investidores, poupadores ou assemelhados** [..] (STJ, 6ª Turma. AgRg no AREsp 926372/SP. Relator(a) Ministro NEFI CORDEIRO. Julgamento em 15/12/2016. Publicação/Fonte em DJe 02/02/2017).

Competência. Nos termos do artigo 109, VI, da CRFB/88, e do artigo 26, *caput*, da Lei nº 7.492/86, é competente a Justiça Federal para processar e julgar os crimes contra o sistema financeiro.

Da definição da competência quando houver prática de crimes contra o Sistema Financeiro em mais de um Estado da Federação. Nesta situação a Segunda Turma do STF veiculou julgado no qual se atribui a definição da competência da Justiça Federal de determinado Estado em face do critério qualitativo, ou seja, o local em que tiver ocorrido o crime de pena mais grave, em razão do que dispõe o artigo 78, II, "a", do CPP.

> HABEAS CORPUS. PROCESSUAL PENAL. CRIMES CONTRA O SISTEMA FINANCEIRO NACIONAL. COMPETÊNCIA. JUSTIÇA FEDERAL DE CURITIBA X JUSTIÇA FEDERAL DE SÃO PAULO. DEFINIÇÃO PELO CRITÉRIO QUALITATIVO [MAIOR GRAVIDADE DA PENA]. Crimes contra o Sistema Financeiro Nacional praticados em Curitiba/PR e São Paulo. Definição da competência entre a Justiça Federal de Curitiba/PR e a Justiça Federal de São Paulo. Crime de gestão fraudulenta de instituição financeira (art. 4º da Lei n. 7.492/96), praticado em São Paulo, para o qual a pena é maior que as cominadas aos demais delitos. Definição da competência pelo critério qualitativo (CPP, art. 78, inc. II, alínea a). Competência da Justiça Federal de São Paulo. Ordem concedida. (STF, Segunda Turma HC 85796/PR – PARANÁ. HABEAS CORPUS. Relator (a) Min. EROS GRAU. Julgamento em 04/08/2009. Publicação em DJe-204 DIVULG 28-10-2009 PUBLIC 29-10-2009. EMENT VOL-02380-02 PP-00262).

Tentativa. Admitida, quando estivermos diante da modalidade plurissubsistente, na qual há possibilidade de fracionamento da conduta.

Da possibilidade de concurso de crimes entre os delitos previstos no art. 5º e 16, ambos da Lei n.º 7.492/86. A Quinta Turma do STJ, em recente julgado (REsp 1536393/PR) além de reconhecer que a conduta prevista no art. 5º da Lei nº 7.492/86 não pressupõe, como elemento normativo do tipo legal, a atuação do agente, no mercado financeiro – até porque o conceito de instituição financeira do art. 1º é abrangente – entendeu que os tipos penais do art. 5º e 16 da Lei nº 7.492/86 não são incompatíveis entre si, porquanto o art. 5º diz respeito à confiança dos negócios praticados no Sistema Financeiro, ao passo que o art. 16 diz respeito ao funcionamento irregular, a fim de desestimular a proliferação de pessoas que atuam sem a devida autorização.

> RECURSO ESPECIAL. DIREITO PENAL. SISTEMA FINANCEIRO NACIONAL. ART. 5º DA LEI N. 7.492/1986. APROPRIAÇÃO INDÉBITA E DESVIO. CONSÓRCIO. SOCIEDADE EM CONTA DE PARTICIPAÇÃO. ATUAÇÃO NO SISTEMA FINANCEIRO NACIONAL SEM AUTORIZAÇÃO PELO BACEN. FATO TÍPICO. COMPATIBILIDADE COM O CRIME DE OPERAÇÃO DE INSTITUIÇÃO FINANCEIRA SEM AUTORIZAÇÃO. **ART. 16 DA LEI N. 7.492/1986**. I – O recorrido operou

sociedade em conta de participação, cujo objeto social consistia na formação de um fundo financeiro coletivo destinado a compra, reforma ou construção de imóveis. O recorrido, como sócio ostensivo, em nome próprio e sob sua própria e exclusiva responsabilidade, captava clientes (sócios participantes ou ocultos), os quais, após o pagamento mensal de aproximadamente 6 (seis) parcelas, seriam contemplados, sem sorteio, com uma carta de crédito para aquisição do bem ou serviço pretendido. Centenas de clientes pagaram boletos bancários emitidos em favor da sociedade sem jamais receberem qualquer contrapartida. II - **O delito previsto no art. 5º da Lei 7.492/1986 não pressupõe, como elemento normativo do tipo legal, a atuação do agente, no mercado financeiro pátrio, na qualidade de instituição financeira formal e materialmente constituída. Doutrina. Precedentes**. III - O art. 1º da Lei 7.492/86 explicita interpretação legislativa que confere espectro amplo ao conceito de "instituição financeira" para fins penais e, em especial, para os delitos contra o Sistema Financeiro Nacional. IV - São consideradas instituição financeira as pessoas física ou jurídica que exercem, de forma habitual ou não, ainda que à margem do controle do Banco Central, as atividades de consórcio, seguros, poupanças, investimentos, entre outras. Conceito restritivo, que limite a aplicação da norma penal apenas a pessoas jurídicas autorizadas pelo Banco Central, deixa de fora grande número de situações de risco ou lesões ao bem jurídico tutelado. V - Por conferir maior grau de proteção ao bem jurídico tutelado e por se encontrar em consonância com precedentes do STF e do STJ, conclui-se pela tipicidade da conduta do recorrido, nos termos do art. 5º, caput, da Lei 7.492/86. VI - No âmbito da instituição que opere no mercado sem a autorização do Banco Central podem ocorrer outros crimes financeiros, em concurso formal ou material. Afastar os demais crimes porque o funcionamento da instituição não se dá de forma regular caracteriza privilégio àqueles que atuam à margem da legalidade. **Os tipos penais do art. 5º e 16 da Lei 7.492/86 não são incompatíveis entre si, pois, enquanto o art. 5º diz respeito à confiança dos negócios praticados no Sistema Financeiro, o art. 16 trata do funcionamento irregular, a fim de desestimular a proliferação de pessoas que atuam sem a devida autorização. Doutrina. Precedentes**. Recurso especial provido. (STJ, 5ª Turma. REsp 1536393/PR. Relator(a) Ministro FELIX FISCHER. Julgamento em 07/11/2017. Publicação/Fonte em DJe 13/11/2017, sem grifo no original).

Parágrafo único. Se a gestão é temerária:
Pena - Reclusão, de 2 (dois) a 8 (oito) anos, e multa.

Da previsão contida no parágrafo único do artigo 4º da Lei nº 7.492/86. O respectivo tipo penal também envolve a gestão de instituição financeira (conforme tecemos considerações quando do estudo do *caput* do artigo 4º), porém, diferentemente do *caput* (que prevê a gestão fraudulenta), a análise passa a ser a de gestão temerária (vale dizer, perigosa, arriscada).

A maioria da doutrina entende que o tipo penal, ao prever a expressão "temerária", viola o princípio da taxatividade, corolário do princípio da legalidade, haja vista que não se dispõe de forma a expressão é extremamente vaga e aberta. Sem essa definição precisa e clara, o tipo penal padeceria de inconstitucionalidade, por violar o disposto no artigo 5º, XXXIX, da CRFB/88.

Embora haja esta afirmação, a jurisprudência dos Tribunais Superiores vem afirmando a plena aplicação do referido dispositivo, com a qual concordamos, pois estamos diante de um elemento normativo do tipo penal que deve ser valorado de acordo com cada caso. Fosse assim, se um tipo penal, por exemplo, trouxesse qualquer elemento no qual houvesse necessidade de valoração, seria considerado inconstitucional, o que não é o caso.

Obviamente que, por se tratar de norma penal, a interpretação deve ser restritiva, como forma de se evitar o abuso e o arbítrio estatais por ocasião da aplicação deliberada da norma no que se refere verdadeiramente a atos que acarretem gestão temerária e que se insiram na *ratio* da proteção ao bem jurídico tutelado por aquela.

Da mesma forma, a se considerar a expressão "temerária" como sinônimo de imprudente, esta interpretação daria azo à verificação de eventual culpa, já que a imprudência funciona como uma das formas desta, o que se contrapõe com a inexistência de previsão de crime culposo para a situação fática de gestão temerária, denotando falta de técnica legislativa por ocasião da redação do parágrafo único do artigo 4º da Lei nº 7.492/86. Assim, não deve ser admitida a interpretação de que a gestão temerária pressupõe a culpa do gestor.

O artigo 24 da Lei nº 7.492/86 tratava da questão da culpa para os crimes previstos naquela Lei, mas acabou sendo vetado na versão definitiva do referido diploma legal. De acordo com as razões do veto, o referido artigo conflitaria com a previsão do artigo 18, parágrafo único, do Código Penal, segundo a qual os sujeitos ativos devem ser punidos pela prática de crimes, em regra, quando se der de maneira dolosa e, excepcionalmente, de maneira culposa, quando houver previsão legal para tanto.

No julgamento do REsp 1613260/SP, a Sexta Turma do STJ manifestou entendimento no sentido de que o crime de gestão temerária (artigo 4º, parágrafo único, da Lei nº 7.492/1986) somente admite a forma dolosa. Esclarece a Corte que, para a caracterização do elemento subjetivo do delito, não é necessária a vontade de atuar temerariamente, mas sim que "o agente, conhecendo as circunstâncias de seu agir, transgrida voluntariamente as normas regentes da sua condição de administrador da instituição financeira" (dolo direto) ou sua anuência quanto aos riscos, isto é, dos efeitos decorrentes dos atos supostamente temerários (dolo eventual).

Da mesma forma, a Sexta Turma entendeu que também é vedado o agravamento da pena, para o aumento da pena-base, ainda na primeira fase da dosimetria penal (art. 68 c.c. o art. 59, ambos do CP), com base na ganância, na violação das regras regentes da atividade financeira ou, ainda, no abalo à credibilidade do sistema financeiro, à busca do lucro fácil (de forma genérica, sem a devida fundamentação em dados concretos), uma vez que todas as circunstâncias aqui mencionadas são elementares dos tipos penais em comento, logo, intrínsecas à sua natureza.

Ainda por ocasião do julgamento do REsp 1613260/SP, a Sexta Turma do STJ reafirmou o entendimento de que somente podem ser sujeitos ativos dos crimes de gestão temerária de instituição financeira (artigo 4º, parágrafo único, da Lei nº 7.492/1986) e de negociação não autorizada de títulos alheios (artigo 5º, parágrafo único, da Lei nº 7.492/1986) as pessoas mencionadas no artigo 25 da mesma lei, mostrando-se inviável considerar elevada a culpabilidade do agente por ocupar umas das funções ali mencionadas. Confira-se o julgado do E. STJ:

> PENAL. PROCESSO PENAL. RECURSO ESPECIAL. CRIMES CONTRA O SISTEMA FINANCEIRO NACIONAL. CONDENAÇÃO EMBASADA EM PROCESSOS ADMINISTRATIVOS SANCIONADORES DA ANTIGA BOVESPA E DO BANCO CENTRAL. CONTRADITÓRIO DIFERIDO. COTEJO COM PROVAS PRODUZIDAS EM JUÍZO. VIABILIDADE. GESTÃO TEMERÁRIA. CRIME DOLOSO. TEMERIDADE COMO ELEMENTO VALORATIVO GLOBAL DO FATO. DOLO COMO CONSCIÊNCIA E VONTADE DE VIOLAÇÃO DAS REGRAS REGENTES DA ATIVIDADE FINANCEIRA. DOSIMETRIA. PENA-BASE. CULPABILIDADE. VALORAÇÕES NEGATIVAS COM BASE EM ELEMENTARES DO TIPO. (...) **4. O crime de gestão temerária (Lei nº 7.492/1986, art. 4º, p. ún.) somente admite a forma dolosa. Precedentes. 5. A temeridade da gestão é elemento valorativo global do fato (Roxin) e, como tal, sua valoração é de competência exclusiva da ordem jurídica e não do agente. Para a caracterização do elemento subjetivo do delito não é necessária a vontade de atuar temerariamente; o que se exige é que o agente, conhecendo as circunstâncias de seu agir, transgrida voluntariamente as normas regentes da sua condição de administrador da instituição financeira. 6. Somente podem ser sujeitos ativos dos crimes de gestão temerária de instituição financeira (Lei nº 7.492/1986, art. 4º, p. ún.) e de negociação não autorizada de títulos alheios (Lei nº 7.492/1986, art. 5º, p. ún.) as pessoas mencionadas no artigo 25 da mesma lei, mostrando-se inviável considerar elevada a culpabilidade do agente por ocupar umas das funções ali mencionadas. 7. Também é vedado o agravamento da pena com base na ganância, na violação das regras regentes da atividade financeira ou, de modo não especialmente fundamentado, no abalo à credibilidade do sistema financeiro, pois essas circunstâncias são, todas elas, intrínsecas aos tipos penais examinados.** 8. O prejuízo acarretado à instituição financeira decorrente dos atos de gestão temerária, não exigido para a consumação do delito, é fundamento apto a justificar a negativação das conse-

> quências do crime. [...] (STJ, T6 – SEXTA TURMA. REsp 1613260/SP. RECURSO ESPECIAL. Relator(a) Ministra MARIA THEREZA DE ASSIS MOURA. Julgamento em 09/08/2016. Publicação/Fonte em DJe 24/08/2016).

Há jurisprudência no STF, conforme se verifica no julgamento do HC 90156/PE (2007), pela possibilidade de consumação do crime de gestão temerária na modalidade culposa (ao contrário do entendimento recente firmado pela Sexta Turma do STJ, no REsp 1613260/SP, julgado em 09/08/2016), citado no parágrafo anterior.

> DENÚNCIA – **GESTÃO TEMERÁRIA – LEI Nº 7.492/86 – ELEMENTO SUBJETIVO DO TIPO – ARTIGO 24 – VETO – ALCANCE**. Atendendo a denúncia ao disposto no artigo 41 do Código de Processo Penal, ficando viabilizada a defesa, descabe glosá-la como inepta, sendo que **o veto ao artigo 24 da Lei nº 7.492/86 não implicou o afastamento da forma culposa, apenas fulminou a mitigação da pena nele prevista**. (STF, Primeira Turma. HC 90156/PE. HABEAS CORPUS. Relator(a) Min. MARCO AURÉLIO. Julgamento em 13/03/2007. Publicação em DJe-023. DIVULG 24-05-2007. PUBLIC 25-05-2007. DJ 25-05-2007 PP-00077. EMENT VOL-02277-01 PP-00165, sem grifos no original).

Por fim, em comparação com o *caput* do artigo 4º, o parágrafo único recebe penalização mais branda, haja vista que os casos de gestão temerária possuem menor grau de censura quando comparado com o crime de gestão fraudulenta. Trata-se de opção de política criminal.

Da possibilidade de concurso de agentes envolvendo o artigo 4º, parágrafo único, da Lei nº 7.492/86. A Sexta Turma do STJ possui julgamento no sentido de que é possível "imputar àquele que emitiu parecer opinativo favorável à realização de determinado investimento a participação em crime de gestão temerária, desde que demonstrado o vínculo subjetivo entre o agente e o fato delituoso", ainda que considerado crime próprio (condição especial do agente, art. 25 da mesma Lei), por força da norma de extensão prevista no art. 29 do CP, desde que demonstrado o nexo de causalidade entre a conduta da terceira pessoa e a realização do fato típico.

Exige-se, ainda, que nesse nexo a presença do elemento subjetivo, "consubstanciado na consciência de que sua conduta, mediante ajuste de vontades, é voltada para a ocorrência do resultado que a lei visa reprimir".

> RECURSO EM HABEAS CORPUS. GESTÃO TEMERÁRIA. ELABORAÇÃO DE PARECER OPINATIVO. PARTICIPAÇÃO NO CRIME. NECESSIDADE DE DESCRIÇÃO, NA DENÚNCIA, DO VÍNCULO SUBJETIVO. OCORRÊNCIA. 1. O crime de gestão temerária, previsto no parágrafo único do artigo 4º na Lei nº 7.492/86, é crime próprio e que exige, para sua configuração, especial condição do agente. 2. Nessa linha, para que se possa ser o sujeito ativo do crime em questão é funda-

> mental que o agente tenha poderes de gestão na empresa, ou seja, deve possuir poderes especiais ligados à administração, controle ou direção da empresa, ex vi do art. 25 da referida lei. 3. É possível, todavia, a participação de terceiras pessoas não integrantes do rol taxativo previsto em lei na prática do delito, desde que se demonstre o nexo de causalidade entre a conduta da terceira pessoa e a realização do fato típico. Esse nexo exige a presença do elemento subjetivo, consubstanciado na consciência de que sua conduta, mediante ajuste de vontades, voltada para a ocorrência do resultado que a lei visa reprimir [...] (STJ, T6 - SEXTA TURMA. RHC 18667 DF. RECURSO ORDINÁRIO EM HABEAS CORPUS. Relator(a) Ministro OG FERNANDES. Julgamento em 09/10/2012. Publicação/Fonte em DJe 19/10/2012. Veiculado no Informativo nº 0506. Período de 4 a 17 de outubro de 2012. Sexta Turma. DIREITO PENAL. GESTÃO TEMERÁRIA. PARECER OPINATIVO. PARTICIPAÇÃO. VÍNCULO SUBJETIVO).

Jurisprudência sobre a possibilidade de denúncia genérica em face do crime previsto no art. 4º da Lei nº 7.492/86 quando houver autoria coletiva. Em recente precedente da Quinta Turma do STJ, ficou decidido que a denúncia diante de autoria coletiva no crime do art. 4º da Lei nº 7.492/86 pode ser genérica, mitigando-se a obrigatoriedade de descrição pormenorizada de cada ação, desde que não o seja de forma demasiadamente genérica:

> AGRAVO REGIMENTAL NO RECURSO EM HABEAS CORPUS. CRIME DE GESTÃO FRAUDULENTA DE INSTITUIÇÃO FINANCEIRA (ART. 4º DA LEI N. 7.492/1986). TRANCAMENTO DA AÇÃO PENAL. EXCEPCIONALIDADE. INÉPCIA DA DENÚNCIA. INOCORRÊNCIA. PEÇA EM CONFORMIDADE COM O DISPOSTO NO ART. 41 DO CÓDIGO DE PROCESSO PENAL - CPP. CRIME DE AUTORIA COLETIVA. MITIGAÇÃO DA OBRIGATORIEDADE DE DESCRIÇÃO MINUCIOSA DE CADA AÇÃO (...) 3. A jurisprudência do Superior Tribunal de Justiça - STJ tem mitigado a exigência de descrição minuciosa da ação de cada agente nos crimes de autoria coletiva, desde que a denúncia não seja demasiadamente genérica. Precedentes [...] (AgRg no RHC 116.971/RJ, Rel. Ministro JOEL ILAN PACIORNIK, QUINTA TURMA, julgado em 18/02/2020, DJe 02/03/2020)

Da constitucionalidade do artigo 4º, parágrafo único, da Lei nº 7.492/86. A Segunda Turma do STF, em recente julgado (ARE 953446 AgR/MG, de 29/06/2018), se manifestou pela constitucionalidade do 4º, parágrafo único, da Lei nº 7.492/86 (declaração de constitucionalidade incidental) por entender que a indeterminação do preceito primário do referido tipo penal ("temerária") não se mostra em grau suficiente a afrontar a norma constitucional, visto que não é possível prever todos os atos temerários que poderiam ser praticados em instituições financeiras, mas pelo adjetivo "temerária" (elemento normativo do tipo) é possível apreender a conduta apta a configurar o tipo penal em questão, não havendo que falar em violação ao princípio da legalidade estrita, especialmente ao seu subprincípio, o da taxatividade (*lex certa*).

> Agravo regimental no recurso extraordinário com agravo. Matéria criminal. **Crime contra o Sistema Financeiro Nacional. Alegação de inconstitucionalidade do art. 4º, parágrafo único, da Lei nº 7.492/86 (gestão temerária). Inexistência. Precedentes**. Agravo regimental não provido. 1. **A indeterminação do tipo penal previsto no art. 4º, parágrafo único, da Lei nº 7.492/86 não se mostra em grau suficiente para configurar ofensa ao princípio constitucional da legalidade, porquanto perfeitamente apreensível no contexto das condutas de natureza formal tipificadas no âmbito do direito penal econômico, visando a coibição de fraudes e descumprimentos de regras legais e regulamentares que regem o mercado financeiro. 2. Diante da impossibilidade de previsão e descrição de todos os atos temerários que poderiam ser praticados em uma instituição financeira, o legislador se valeu do elemento normativo do tipo traduzido no adjetivo "temerária", absolutamente válido no direito penal.** 3. Agravo regimental ao qual se nega provimento. (STF, Segunda Turma. ARE 953446 AgR/MG. AG.REG. NO RECURSO EXTRAORDINÁRIO COM AGRAVO. Relator(a): Min. DIAS TOFFOLI. Julgamento em 29/06/2018. Publicação em DJe-174. DIVULG 23-08-2018. PUBLIC 24-08-2018). Sem grifos no original.

Sujeito ativo. Assim como no *caput* do artigo 4º, a mesma observação deve ser feita aqui. É o administrador ou controlador da instituição financeira, isto é, aquele que tem condições de geri-la, razão pela qual deve ser analisado o que dispõe o artigo 25 da mesma Lei. Estamos diante de um crime próprio.

Sujeito passivo. É o Estado, em razão de ter o seu Sistema Financeiro lesado. De forma secundária podem ser considerados sujeitos passivos todos aqueles que forem prejudicados por ocasião da prática da conduta típica aqui prevista.

Elemento subjetivo. O tipo prevê a modalidade dolosa, ou seja, a vontade livre e consciente em gerir instituição financeira de forma temerária. Não há previsão para modalidade culposa.

Objeto material da conduta. Pode ser qualquer meio do qual se utiliza o administrador para gerir uma instituição financeira de forma temerária.

Objeto jurídico. Tutela-se o Sistema Financeiro Nacional, mormente sob o aspecto da confiança e do regular funcionamento deste, bem como da proteção ao investidor.

Classificação doutrinária. Trata-se de crime próprio (pois somente pode ser praticado pelo administrador ou controlador de instituição financeira), formal (tendo em vista a desnecessidade da ocorrência de resultado naturalístico), comissivo, doloso, habitual impróprio (também entendido como acidentalmente habitual, haja vista que estamos diante de uma situação na qual uma só conduta é suficiente para praticar o crime, sendo que várias destas condutas – reiteração criminosa – não configuram pluralidade de crimes), unissubsistente (cometido através de um único ato) ou plurissubsistente (pois pode ser cometido através da prática de mais de um ato), e de forma livre (já que pode ser praticado por qualquer forma eleita pelo sujeito ativo).

Gestão temerária. Habitual impróprio. A jurisprudência dos Tribunais Superiores se consolidou no sentido de que o delito de gestão temerária (art. 4º, parágrafo único, da Lei n.º 7.492/86) é crime habitual impróprio ou acidentalmente habitual, pois um único ato pode ser suficiente para a configuração do crime, mas a repetição de atos não configura pluralidade de delitos. Observe o recente julgado:

> HABEAS CORPUS. PENAL. PROCESSO PENAL. AÇÃO PENAL ORIGINÁRIA. TRF3. CRIME CONTRA O SISTEMA FINANCEIRO NACIONAL (LEI N. 7.492/1986). GESTÃO TEMERÁRIA (ART. 4º, PARÁGRAFO ÚNICO, DA MESMA LEI). ADMINISTRADOR DO BANESPA. BIS IN IDEM CONFIGURADO. ABSOLVIÇÃO. 1. O crime de gestão temerária de instituição financeira caracteriza-se como crime acidentalmente habitual, razão pela qual, embora um único ato seja suficiente para a configuração do crime, a sua reiteração não configura pluralidade de delitos. Precedentes do STJ e do STF. 2. Na hipótese dos autos, mesmo sendo praticados os atos de gestão temerária em situações distintas e com aparentes finalidades diversas, de rigor **a aplicação do posicionamento jurisprudencial consolidado, tanto no Superior Tribunal de Justiça quanto no Supremo Tribunal Federal, no sentido de que o crime de gestão temerária de instituição financeira (art. 4º, parágrafo único, da Lei n. 7. 492/1986) é habitual impróprio ou acidentalmente habitual, pois um único ato pode ser suficiente para a configuração do crime, mas a repetição de atos não configura pluralidade de delitos** [...] (STJ, T6 - SEXTA TURMA. HC 391053/SP. HABEAS CORPUS. Relator(a) Ministro SEBASTIÃO REIS JÚNIOR. Julgamento em 30/05/2019. Publicação/Fonte em DJe 02/08/2019, sem grifos no original).

Momento consumativo. Por se tratar de crime formal, se consuma com a prática de atos temerários de gestão de uma instituição financeira.

Competência. Nos termos do artigo 109, VI, da CRFB/88, e do artigo 26, *caput*, da Lei nº 7.492/86, é competente a Justiça Federal para processar e julgar os crimes contra o sistema financeiro.

Tentativa. Admitida, quando estivermos diante da modalidade plurissubsistente, na qual há possibilidade de fracionamento da conduta.

Art. 5º Apropriar-se, quaisquer das pessoas mencionadas no art. 25 desta lei, de dinheiro, título, valor ou qualquer outro bem móvel de que tem a posse, ou desviá-lo em proveito próprio ou alheio:

Pena – Reclusão, de 2 (dois) a 6 (seis) anos, e multa.

Análise do tipo penal descrito no artigo 5º da Lei nº 7.492/86. O presente tipo penal trata de duas condutas, sendo que uma delas retrata de uma modalidade de apropriação indébita, mas especial quando comparado às outras, tendo em vista que será praticada por quaisquer das pessoas mencionadas no artigo 25 do mesmo diploma legal e em face de instituições financeiras, conforme preconiza o artigo 1º da Lei nº 7.492/86. A outra conduta prevista no tipo penal caracteriza-se pelo desvio dos mesmos objetos materiais descritos no *caput* do dispositivo.

Estamos diante, portanto, de um tipo penal misto alternativo, no qual há consumação através de um único verbo nuclear, ou ainda, com a prática de mais de um deles, sem que, com isso, se deixe de considerar como crime único, desde que no mesmo contexto fático.

Na situação de apropriação não vislumbramos elemento subjetivo específico. Porém, quanto ao desvio, o legislador o previu expressamente, sendo que o resultado deve ser em proveito próprio ou alheio.

Não se compreende no presente tipo penal a mera detenção, que é inapta para caraterização da conduta típica descrita no *caput* do dispositivo. Caso o legislador quisesse destacar esse instituto do direito civil, o teria feito assim como fez por ocasião da redação do artigo 168 do Código Penal.

Importante destacar, no entanto, que para haver a aplicação do artigo 5º o bem deve ter relação com a atividade financeira da respectiva instituição, sob pena de se configurar crime comum (apropriação indébita prevista no artigo 168 do Código Penal ou mesmo o crime de peculato, conforme previsão do artigo 312 do CP).

Além disso, não se pode confundir a conduta descrita no tipo penal do artigo 5º com a do artigo 13, ambos da Lei n 7.492/86. Isto porque nesta última situação há, propriamente, o desvio de bem alcançado pela indisponibilidade legal resultante de intervenção, liquidação extrajudicial ou falência de instituição financeira.

Da "quebra de confiança", como elemento ínsito ao tipo penal previsto no artigo 5º da Lei nº 7.492/86. A Sexta Turma do STJ possui julgamento entendendo que a quebra da confiança é ínsita ao tipo penal previsto no art. 5º da Lei nº 7.492/1986. Isso porque somente as pessoas que exercem as funções elencadas no art. 25 da referida Lei podem cometer o referido delito. Logo, não seria possível o agravamento da pena justamente pela violação aos deveres inerentes a tais cargos, com base no art. 61, I, "g", do CP.

> HABEAS CORPUS. ART. 5º, CAPUT, DA LEI Nº 7.492/1986. IMPETRAÇÃO SUBSTITUTIVA DE RECURSO ESPECIAL. VIA INADEQUADA. DOSIMETRIA. AGRAVANTE DO ART. 61, I, "G", DO CÓDIGO PE-

> NAL. INAPLICABILIDADE. VIOLAÇÃO DA CONFIANÇA INERENTE AO TIPO PENAL DO DESVIO/APROPRIAÇÃO INDÉBITA FINANCEIROS. NÃO CONHECIMENTO. ORDEM CONCEDIDA DE OFÍCIO. (...) 3. Na espécie, porém, a pena do paciente, condenado pela prática de desvio de valores de instituição financeira (art. 5º da Lei nº 7.492/1986), foi agravada com fundamento na violação da confiança nele depositada (CP, art. 61, I, "g"). Ocorre que o art. 5º da Lei nº 7.492/1986 tipifica um delito especial - que somente pode ser cometido pelos exercentes das funções previstas no art. 25 da mesma lei - fundado exatamente na violação dos deveres inerentes a tais cargos, fazendo com que a quebra da confiança depositada no autor do delito seja ínsita ao tipo penal [...]. (STJ, T6 - SEXTA TURMA. HC 348309/RJ. HABEAS CORPUS. Relator(a) Ministra MARIA THEREZA DE ASSIS MOURA. Julgamento em 08/03/2016. Publicação/Fonte em DJe 15/03/2016).

Do entendimento jurisprudencial acerca dos tipos penais previstos nos artigos 5º e 17 da Lei nº 7.492/86. CRIMES DE MÃO PRÓPRIA. A Terceira Seção do STJ possui recente julgado (CC 155853/SP, datado de 25/04/2018) entendendo que os artigos 5º e 7º da Lei nº 7.492/86 descrevem crimes de mão própria, podendo ser praticados apenas por pessoas específicas definidas em lei:

> CONFLITO DE COMPETÊNCIA. JUSTIÇA FEDERAL E JUSTIÇA ESTADUAL. AGÊNCIA DO BANCO DO BRASIL. SOCIEDADE DE ECONOMIA MISTA. ART. 5º e ART. 17 DA LEI N. 7.492/86. CRIMES DE MÃO PRÓPRIA. SUJEITO ATIVO DESCRITO NO ART. 25 DA LEI N. 7.492/86. GERENTE DE SERVIÇO E GERENTE DE RELACIONAMENTO SEM PODERES DE GESTÃO. CONDUTA QUE PODERIA SER PRATICADA POR QUALQUER ESCRITURÁRIO. AUSÊNCIA DE CONFIGURAÇÃO DE DELITO CONTRA O SISTEMA FINANCEIRO (...) 3. **O art. 5º e art. 17 da Lei n. 7.492/86 descrevem crimes de mão própria, podendo ser praticados apenas por pessoas específicas definidas em lei.** Da leitura do art. 25 da Lei n. 7.492/86 extrai-se que, pela natureza dos cargos mencionados no dispositivo - controlador, administrador, diretor - os gerentes que podem ser responsabilizados penalmente são aqueles que possuem poderes de gestão. Isto porque, em se tratando de uma norma penal explicativa, que esclarece o conteúdo e alcance de um tipo penal incriminador, sua interpretação deve ser restritiva. Precedentes [...] (STJ. S3 - TERCEIRA SEÇÃO. CC 155853/SP. CONFLITO DE COMPETENCIA. Relator(a) Ministro JOEL ILAN PACIORNIK. Julgamento em 25/04/2018. Publicação/Fonte em DJe 11/05/2018).

Sujeito Ativo. É o administrador ou controlador da instituição financeira, isto é, aquele que tem condições de geri-la, razão pela qual deve ser analisado o que dispõe o artigo 25 da mesma Lei, que determina pessoas específicas. Estamos diante de um crime de mão própria, na esteira do entendimento da Terceira Seção do STJ.

Sujeito passivo. É o Estado, em razão de ter o seu Sistema Financeiro lesado. De forma secundária podem ser considerados sujeitos passivos todos aqueles que forem prejudicados por ocasião da prática da conduta típica aqui prevista.

Elemento subjetivo. O tipo prevê a modalidade dolosa, ou seja, a vontade livre e consciente em apropriar-se de dinheiro, título, valor ou qualquer outro bem móvel de que tem a posse, ou desviá-lo em proveito próprio ou alheio. Não há previsão para modalidade culposa.

Objeto material da conduta. No presente tipo penal pode ser o dinheiro, título, valor ou qualquer outro bem móvel.

Objeto jurídico. Tutela-se o Sistema Financeiro Nacional, mormente sob o aspecto da confiança e do regular funcionamento deste, bem como da proteção ao investidor.

Classificação doutrinária. Trata-se de crime de mão própria (pois somente pode ser praticado pelas pessoas definidas no artigo 25 da Lei nº 7.492/86), material (tendo em vista a necessidade da ocorrência de resultado naturalístico), comissivo, doloso, instantâneo, unissubsistente (cometido através de um único ato) ou plurissubsistente (pois pode ser cometido através da prática de mais de um ato), e de forma livre (já que pode ser praticado por qualquer forma eleita pelo sujeito ativo).

Momento consumativo. Por se tratar de crime material, se consuma com a ocorrência do resultado naturalístico, consistente na efetiva apropriação dos objetos materiais indicados no tipo penal, ou mesmo no desvio destes, em proveito próprio ou alheio.

Competência. Nos termos do artigo 109, VI, da CRFB/88, e do artigo 26, *caput*, da Lei nº 7.492/86, é competente a Justiça Federal para processar e julgar os crimes contra o sistema financeiro.

Tentativa. Admitida, quando estivermos diante da modalidade plurissubsistente, na qual há possibilidade de fracionamento da conduta.

> **Parágrafo único.** Incorre na mesma pena qualquer das pessoas mencionadas no art. 25 desta lei, que negociar direito, título ou qualquer outro bem móvel ou imóvel de que tem a posse, sem autorização de quem de direito.

Análise do parágrafo único do artigo 5º da Lei nº 7.492/86. À mesma pena de reclusão de dois a seis anos, além de multa, estará aquele indivíduo (enquadrado nos termos do artigo 25 da mesma Lei) que negociar quaisquer dos objetos materiais elencados no dispositivo. Trata-se, principalmente, de objetos com os quais a instituição financeira mais manipula, tais como títulos ou direitos, porém também abrange qualquer outro bem móvel ou imóvel de que tem a posse.

Para que se configure a conduta descrita no parágrafo único do artigo 5º é preciso que aquele sujeito indicado no artigo 25 da Lei nº 7.492/86 (administrador ou outra pessoa que se enquadre na concepção ali descrita) negocie os bens ou direitos desde que tenha a posse e o faça sem autorização de quem de direito.

Aqui tecemos as mesmas considerações que fizemos por ocasião do estudo do *caput*, no que se refere à qualidade de detenção do bem, que não basta para a configuração do tipo penal descrito no parágrafo único do artigo 5º.

Sujeito ativo. É o administrador ou controlador da instituição financeira, isto é, aquele que tem condições de geri-la, razão pela qual deve ser analisado o que dispõe o artigo 25 da mesma Lei. Estamos diante de um crime de mão própria.

Sujeito passivo. É o Estado, em razão de ter o seu Sistema Financeiro lesado. De forma secundária podem ser considerados sujeitos passivos todos aqueles que forem prejudicados por ocasião da prática da conduta típica aqui prevista.

Elemento subjetivo. O tipo prevê a modalidade dolosa, ou seja, a vontade livre e consciente em negociar direito, título ou qualquer outro bem móvel ou imóvel de que tem a posse, sem autorização de quem de direito. Não há previsão para modalidade culposa.

Objeto material da conduta. No presente tipo penal pode ser o direito, título, ou qualquer outro bem móvel ou imóvel.

Objeto jurídico. Tutela-se o Sistema Financeiro Nacional, mormente sob o aspecto da confiança e do regular funcionamento deste, bem como da proteção ao investidor.

Classificação doutrinária. Trata-se de crime de mão própria (pois somente pode ser praticado pelas pessoas mencionadas no artigo 25 da Lei nº 7.492/86), material (tendo em vista a necessidade da ocorrência de resultado naturalístico), comissivo, doloso, instantâneo, unissubsistente (cometido através de um único ato) ou plurissubsistente (pois pode ser cometido através da prática de mais de um ato), e de forma livre (já que pode ser praticado por qualquer forma eleita pelo sujeito ativo).

Momento consumativo. Por se tratar de crime material, se consuma com a ocorrência do resultado naturalístico, consistente na efetiva negociação dos objetos materiais indicados no tipo penal.

Competência. Nos termos do artigo 109, VI, da CRFB/88, e do artigo 26, *caput*, da Lei nº 7.492/86, é competente a Justiça Federal para processar e julgar os crimes contra o sistema financeiro.

Tentativa. Admitida, quando estivermos diante da modalidade plurissubsistente, na qual há possibilidade de fracionamento da conduta.

Art. 6º Induzir ou manter em erro, sócio, investidor ou repartição pública competente, relativamente a operação ou situação financeira, sonegando-lhe informação ou prestando-a falsamente:

Pena – Reclusão, de 2 (dois) a 6 (seis) anos, e multa.

Do tipo penal descrito no artigo 6º da Lei nº 7.492/86 ("estelionato financeiro"). Induzir ou manter em erro são as duas condutas previstas. Dizem respeito a serem praticadas em face de sócio, investidor ou repartição pública competente, através da sonegação ou prestação de informação falsa, referentes a operação (transação efetuada pela instituição financeira) ou situação financeira (que denota o estado econômico da instituição), ou seja, necessariamente deve envolver instituição financeira, sob pena de configuração de outro crime, como o estelionato.

Da possibilidade de configuração de concurso de crimes entre o artigo 6º e o artigo 22, ambos da Lei nº 7.492/86 e o artigo 1º, II, da Lei nº 8.137/90. A Quinta Turma do STJ, no julgamento do Pedido de Extensão no HC 255526/PA, entendeu pela possibilidade de concurso de crimes entre os delitos tipificados nos arts. 6º e 22, ambos da Lei n.º 7.492/86 e aquele contra a ordem econômica, previsto no art. 1º, II, da Lei n. 8.137/1990, conforme acórdão abaixo colacionado:

> PROCESSUAL PENAL. HABEAS CORPUS. **CRIMES CONTRA O SISTEMA FINANCEIRO E A ORDEM TRIBUTÁRIA EM CONCURSO FORMAL**. DOSIMETRIA. PENA-BASE. FIXAÇÃO PARA CADA INFRAÇÃO. NECESSIDADE. PEDIDO DE EXTENSÃO. SIMILITUDE FÁTICO-PROCESSUAL. ACOLHIMENTO. (...) 2. **Havendo concurso formal de delitos, preleciona a doutrina e já decidiu esta egrégia Quinta Turma que "a pena deverá ser fixada distintamente para cada um dos delitos, realizando-se, em seguida, o aumento previsto pelo art. 70, do CP." (HC 109.832/DF, Rel. Ministro FELIX FISCHER, QUINTA TURMA, julgado em 29/10/2009, DJe 15/12/2009)**. (...) 4. Pedido de extensão acolhido para determinar que o sentenciante proceda a nova dosimetria da pena imposta à requerente, concernente **aos delitos cometidos em concurso formal (arts. 6º e 22 da Lei n. 7.492/1986, art. 1º, II, da Lei n. 8.137/1990)**, individualizando a sanção de cada um deles, observado o disposto nos arts. 59 e 68, ambos do Código Penal. (STJ, T5 – QUINTA TURMA. PExt no HC 255526/PA. PEDIDO DE EXTENSÃO NO HABEAS CORPUS Relator(a) Ministro GURGEL DE FARIA. Julgamento em 18/02/2016. Publicação/Fonte em DJe 08/03/2016, sem grifo no original).

A Sexta Turma do STJ (AgRg no REsp 1455581/PR), a seu turno, reconheceu o não cabimento do princípio consunção entre os delitos de operação de instituição financeira sem autorização (art. 16 da Lei nº 7.492/86) e de operação de câmbio não autorizada para evasão de divisas (art. 22 da Lei nº 7.492/86), ao argumento de que são delitos autônomos, logo, dirigidos à proteção de bens jurídicos diversos, não sendo este meio (operar instituição financeira sem autorização) à consecução da finalidade daquele (evadir divisas).

Ressaltou o julgado que "no delito de fazer operar instituição financeira ou de câmbio sem autorização, a conduta atinge a credibilidade e a higidez do sistema financeiro enquanto, na evasão de divisas, a conduta se dirige contra a política cambial brasileira". Entendimento em sentido diverso seria, em última análise, estímulo à impunidade. Desta forma, o posicionamento da 6ª Turma do STJ vem corroborar àquele, aqui já mencionado, acerca da possibilidade de concurso de crimes entre referidas infrações penais.

Observe-se, ainda, que o referido julgado trata de questões relevantes quanto a aspectos processuais. Primeiro, ao reconhecer que inexiste nulidade no interrogatório realizado no exterior, mediante acordo de cooperação jurídica internacional, mormente se a defesa técnica devidamente intimada acerca do interesse na renovação do ato não se manifesta (ausência de comprovado prejuízo ao direito de defesa). Segundo, ao tratar da Súmula Vinculante n.º 24 do STF, aponta o julgado que, ao contrário dos crimes contra a ordem tributária, não falta justa causa para a ação penal, quanto aos delitos previstos na Lei n.º 7.492/86, pendente de decisão definitiva do processo administrativo.

A Relatora, Min. Maria Thereza de Assis Moura destaca: "[...] diversamente dos crimes tributários em que o prévio exaurimento da via administrativa configura condição objetiva de punibilidade por força do disposto na súmula vinculante nº 24, nos crimes contra o sistema financeiro não fica a ação penal condicionada à conclusão de eventual processo administrativo instaurado no âmbito do Banco Central, prevalecendo o princípio da independência das esferas administrativa e penal".

> AGRAVO REGIMENTAL EM RECURSOS ESPECIAIS. CONSUNÇÃO ENTRE OPERAÇÃO DE INSTITUIÇÃO FINANCEIRA SEM AUTORIZAÇÃO (ART. 16 DA LEI 7.492/86) E OPERAÇÃO DE CÂMBIO NÃO AUTORIZADA PARA EVASÃO DE DIVISAS (ART. 22 DA LEI 7.492/86). INCABIMENTO. BENS JURÍDICOS DISTINTOS. (...) 1. O crime de fazer operar instituição financeira sem autorização é delito autônomo, que se consuma com o mero funcionamento da instituição financeira e não compartilha do mesmo fim da conduta de evadir divisas, não tendo invocação o princípio da consunção. (...)"[...] no delito de fazer operar instituição financeira ou de câmbio sem autorização, a conduta atinge a credibilidade e a higidez do sistema financeiro enquanto, na evasão de divisas, a conduta se dirige contra a política cambial brasileira. E, tratando-se de lesão a bens jurídicos distintos, bem se vê, no presente caso, que a aplicação do princípio da absorção serviria, em última análise, de meio para a impunidade por meio de artifícios silogísticos" (STJ, T6 - SEXTA TURMA. AgRg no REsp 1455581/PR. AGRAVO REGIMENTAL NO RECURSO ESPECIAL. Relator(a) Ministra MARIA THEREZA DE ASSIS MOURA. Julgamento em 17/12/2015. Publicação/Fonte em DJe 02/02/2016).

Do conflito aparente de normas entre o artigo 6º da Lei nº 7.492/86 e o artigo 171 do Código Penal. A Sexta Turma do STJ possui julgamento no sentido de que o crime previsto no art. 6º da Lei nº 7.492/86 é especial em relação aquele previsto no art. 171 do CP. Isso porque, resume a Corte Superior: "o delito do art. 6º da Lei nº 7.492/86 constitui crime formal (não é necessária a ocorrência de resultado, eventual prejuízo econômico caracteriza mero exaurimento), e não material; não prevê o especial fim de agir do sujeito ativo (para si ou para outrem); não exige, como elemento obrigatório, o meio fraudulento (artifício, ardil, etc.), apenas a prestação de informação falsa ou omissão de informação verdadeira". Há, pois, clara distinção entre referidos tipos penais, de sorte que eventual conflito aparente de normas será resolvido pelo princípio da especialidade.

No mesmo julgado, entendeu a Sexta Turma, ainda, que, para a caracterização da continuidade delitiva, são considerados crimes da mesma espécie aqueles previstos no mesmo tipo penal. Logo, não há continuidade delitiva (art. 71 do CP) entre os crimes do art. 6º da Lei nº 7.492/1986 (Lei dos Crimes contra o Sistema Financeiro Nacional) e os crimes do art. 1º da Lei nº 9.613/1998 (Lei dos Crimes de "Lavagem" de Dinheiro. Jurisprudência em teses. n.º 20. Crime continuado II).

> PENAL E PROCESSUAL PENAL. CRIME CONTRA O SISTEMA FINANCEIRO. ART. 6º DA LEI 7.492/86. INDUZIR OU MANTER EM ERRO INVESTIDOR. ESTELIONATO. CONFLITO APARENTE DE NORMAS PENAIS. CRITÉRIO DA ESPECIALIDADE. ABALO DA CONFIANÇA INERENTE ÀS RELAÇÕES NEGOCIAIS NO MERCADO IMOBILIÁRIO. DOSIMETRIA DA PENA. CONDUTA SOCIAL E PERSONALIDADE. FUNDAMENTAÇÃO INIDÔNEA. CIRCUNSTÂNCIAS E CONSEQUÊNCIAS DO CRIME GRAVOSAS. DELITO PRATICADO EM DIVERSOS PAÍSES. ORGANIZAÇÃO ESTRUTURADA. DIVERSAS VÍTIMAS. ATENUANTE INOMINADA. NÃO INCIDÊNCIA. CRIME CONTINUADO. IMPOSSIBILIDADE. DELITOS DE ESPÉCIES DISTINTAS. (...) 1. O art. 6º da Lei 7.492/86 prevê como crime contra o Sistema Financeiro Nacional a conduta de induzir ou manter em erro sócio, investidor ou repartição pública competente, relativamente a operação ou situação financeira, sonegando-lhes informação ou prestando-a falsamente. 2. Há clara distinção em relação ao delito de estelionato. O delito do art. 6º da Lei 7.492/86 constitui crime formal (não é necessária a ocorrência de resultado, eventual prejuízo econômico caracteriza mero exaurimento), e não material; não prevê o especial fim de agir do sujeito ativo (para si ou para outrem); não exige, como elemento obrigatório, o meio fraudulento (artifício, ardil, etc.), apenas a prestação de informação falsa ou omissão de informação verdadeira. 3. Eventual conflito aparente de normas penais resolve-se pelo critério da especialidade do delito contra o Sistema Financeiro (art. 6º da Lei 7.492/86) em relação ao estelionato (art. 171 do CP). 4. Patente o dano ao Sistema Financeiro Nacional, pois abalada a confiança inerente às relações negociais no mercado mobiliário, induzindo em erro investidores que acreditaram na existência e na legitimidade de quem se apresentou como instituição financeira [...](STJ, T6 - SEXTA TURMA. REsp 1405989/SP. RECURSO ESPECIAL. Relator(a) Ministro SEBASTIÃO REIS JÚNIOR. Relator(a) p/ Acórdão Ministro NEFI CORDEIRO. Julgamento em 18/08/2015. Publi-

cação/Fonte em DJe 23/09/2015, Informativo nº 0569. Período de 17 a 30 de setembro de 2015. Sexta Turma. DIREITO PENAL. SUJEITO ATIVO DE CRIME CONTRA O SISTEMA FINANCEIRO NACIONAL e, ainda, Informativo nº 0569. Período de 17 a 30 de setembro de 2015. Sexta Turma. DIREITO PENAL. DIFERENÇA ENTRE ESTELIONATO E CRIME CONTRA O SISTEMA FINANCEIRO NACIONAL).

Ademais, cabe consignar que a Sexta Turma do STJ em recente julgado reconhece a figura prevista no art. 6º da Lei nº 7.492/1986 como "estelionato financeiro" (*nomen iuris*). Confira o julgado:

> PENAL. EMBARGOS DE DECLARAÇÃO NO AGRAVO REGIMENTAL NO AGRAVO EM RECURSO ESPECIAL. ART. 6º DA LEI N. 7.492/1986 (ESTELIONATO FINANCEIRO). CONTRADIÇÃO. OCORRÊNCIA (...) 2. Na espécie, razão assiste ao embargante quanto à apontada contradição, pois o embargante foi denunciado, e não condenado por estelionato financeiro (art. 6º da Lei n. 7.492/1986). Entretanto, não prospera o pleito de rejeição da denúncia, pela incidência dos mesmos óbices sumulares anteriormente aplicados [...] (STJ, **SEXTA TURMA**. EDcl no AgRg no AREsp 1426063/ES, Rel. Ministro ANTONIO SALDANHA PALHEIRO, julgado em 08/09/2020, **DJe 14/09/2020**).

Sujeito ativo. Este crime não pode ser praticado por qualquer pessoa, mas sim por aquelas que detenham a capacidade de sonegar ou prestar falsamente informações referentes a operação ou situação financeira. Trata-se, portanto de um crime próprio.

Sujeito passivo. É o Estado, em razão de ter o seu Sistema Financeiro lesado. De forma secundária podem ser considerados sujeitos passivos todos aqueles que forem prejudicados por ocasião da prática da conduta típica aqui prevista.

Elemento subjetivo. O tipo prevê a modalidade dolosa, ou seja, a vontade livre e consciente em induzir ou manter em erro, sócio, investidor ou repartição pública competente, relativamente a operação ou situação financeira, sonegando-lhe informação ou prestando-a falsamente. Não há previsão para modalidade culposa.

Objeto material da conduta. No presente tipo penal pode ser o sócio, investidor ou repartição pública competente.

Objeto jurídico. Tutela-se o Sistema Financeiro Nacional, mormente sob o aspecto da confiança e do regular funcionamento deste, bem como da proteção ao investidor.

Classificação doutrinária. Trata-se de crime próprio (pois somente pode ser praticado pelo administrador ou controlador de instituição financeira), formal (tendo em vista a desnecessidade da ocorrência de resultado naturalístico), comissivo ou omissivo (diante da modalidade "manter em erro"), doloso, instantâneo ou permanente (quando o sujeito passivo é mantido em erro, razão pela qual a consumação pode se protrair no tempo), unissubsistente (cometido através de um único ato) ou plurissubsistente (pois pode ser cometido através da prática de mais de um ato), e de forma livre (já que pode ser praticado por qualquer forma eleita pelo sujeito ativo).

Momento consumativo. Por se tratar de crime formal, se consuma quando o sujeito passivo é induzido ou mantido em erro pelo sujeito ativo.

Competência. Nos termos do artigo 109, VI, da CRFB/88, e do artigo 26, *caput*, da Lei nº 7.492/86, é competente a Justiça Federal para processar e julgar os crimes contra o sistema financeiro.

Tentativa. Admitida, quando estivermos diante da modalidade plurissubsistente, na qual há possibilidade de fracionamento da conduta.

Art. 7º Emitir, oferecer ou negociar, de qualquer modo, títulos ou valores mobiliários:

I – falsos ou falsificados;

II – sem registro prévio de emissão junto à autoridade competente, em condições divergentes das constantes do registro ou irregularmente registrados;

III – sem lastro ou garantia suficientes, nos termos da legislação;

IV – sem autorização prévia da autoridade competente, quando legalmente exigida:

Pena – Reclusão, de 2 (dois) a 8 (oito) anos, e multa.

Análise do tipo penal descrito no artigo 7º da Lei nº 7.492/86. Este tipo penal é considerado misto alternativo, tendo em vista que há consumação através de um único verbo nuclear, ou ainda, com a prática de vários deles, sem que, com isso, se deixe de considerar como crime único, desde que no mesmo contexto fático.

O sujeito ativo aqui previsto é aquele contemplado pela redação do artigo 25 do mesmo diploma legal, vale dizer, o controlador e os administradores de instituição financeira, assim considerados os diretores, gerentes estando equiparados aos administradores de instituição financeira o interventor, o liquidante ou o síndico.

A redação do dispositivo denota que estamos diante de crime de forma vinculada, haja vista que, ainda que possam ser praticadas mediante qualquer modo, devem estar enquadradas nas condições previstas para que os títulos ou valores mobiliários emitidos, oferecidos ou negociados, sejam considerados objetos materiais do delito em tela.

Nesse sentido, podem ser: títulos falsos; sem registro junto à autoridade competente (aqui mencionamos, a título de exemplo, o BACEN – Banco Central do Brasil, ou mesmo a CVM – Comissão de Valores Mobiliários – respectivamente referindo-se aos títulos e aos valores mobiliários); sem lastro ou garantia suficiente, nos termos da legislação (tratando-se de norma penal em branco referindo-se, aqui, à Lei nº 6.404/76 – Lei das Sociedades por Ações); ou ainda sem autorização prévia da autoridade competente, quando legalmente exigida (a respeito desta exigência pode ser citada a Lei nº 6.385/76, que dispõe sobre o mercado de valores mobiliários e cria a Comissão de Valores Mobiliários).

Da aplicação do princípio da consunção em relação aos artigos 7º da Lei nº 7.492/86 e o artigo 299 do Código Penal. O aresto a seguir demonstra o entendimento da Primeira Turma do STF, por ocasião do julgamento do AI 854295 AgR-ED/PR. Ao manter o acórdão recorrido por seus próprios fundamentos, a Turma corroborou a aplicação do Princípio da Consunção somente quanto ao título falsificado negociado, no caso, certificado de depósito bancário.

A apresentação de notas promissórias falsificadas para conferir aparência de veracidade a negócios jurídicos não realizados caracteriza o delito tipificado no art. 304, com as penas do art. 299, ambos do CP, eis que as notas promissórias são consideradas documentos públicos, por expressa disposição legal (art. 297, § 2º, do CP).

> EMBARGOS DE DECLARAÇÃO NO AGRAVO REGIMENTAL NO AGRAVO DE INSTRUMENTO. (...) 5. In casu, o acórdão originariamente recorrido assentou: "PENAL E PROCESSUAL. FALSIDADE IDEOLÓGICA E USO DE DOCUMENTOS FALSOS. CERTIFICADO DE DEPÓSITO BANCÁRIO. TÍTULO. ARTIGO 7º, INCISO I, DA LEI 7.492/86. NOTAS PROMISSÓRIAS FALSAS. TIPIFICAÇÃO. ART. 304 C/C O ART. 299, AMBOS DO CÓDIGO PENAL. APELO. ASSISTENTE DE ACUSAÇÃO. CONHECIMENTO. PROVA. PRINCÍPIO DA CONSUNÇÃO. PENAS DOSEMETRIA. 1. O recurso do assistente de acusação (BANESTADO) merece acolhimento para que os denunciados sejam condenados pela prática do delito contra o sistema financeiro previsto no artigo 7º, inciso I da Lei nº 7.492/86, pois a prova dos autos indica terem efetivamente participado das condutas de 'oferecer ou negociar, de qualquer modo, títulos ou valores mobiliários falsos ou falsificados', in casu, certificado de depósito bancário. 2. A materialidade delitiva restou amplamente evidenciada, sendo inquestionável a falsidade do referido título, porquanto demonstrada no laudo pericial e corroborada pelo conjunto probatório. 3. Em face do princípio da consunção, os crimes de falsificação das procurações, reconhecimento de firmas e documentos do Banco Central do Brasil encontram-se subsumidos ao crime-fim (negociação do título falso). 4. O ato de apresentar à instituição bancária falsas notas promissórias, objetivando conferir aparência de veracidade a negócios jurídicos não realizados, caracteriza o delito insculpido no art. 304, com as penas do art. 299, ambos do Estatuto Repressivo. (...) 3. Embargos de declaração REJEITADOS. (STF, Primeira Turma. AI 854295 AgR-ED/PR - PARANÁ. EMB.DECL. NO AG.REG. NO AGRAVO DE INSTRUMENTO. Relator (a) Min. LUIZ FUX. Julgamento em 20/11/2012. Publicação em DJe-240 DIVULG 06-12-2012 PUBLIC 07-12-2012, sem grifos no original).

Da inocorrência de crime contra o Sistema Financeiro Nacional na hipótese de "raspadinha da sorte". A Terceira Seção do STJ, no julgamento do CC 137509/PA, firmou entendimento no sentido de que a "raspadinha da sorte" não constitui crime contra o sistema financeiro (não seria título de capitalização), mas sim, em tese, contravenção de jogo de azar.

> CONFLITO NEGATIVO DE COMPETÊNCIA. AÇÃO PENAL. QUADRILHA DEDICADA À VENDA DE SUPOSTOS TÍTULOS DE CAPITALIZAÇÃO DENOMINADOS "RASPADINHA DA SORTE". CONDUTA QUE SE AMOLDA MAIS À EXPLORAÇÃO DE JOGOS DE AZAR DO QUE A CRIME CONTRA O SISTEMA FINANCEIRO. INCOMPETÊNCIA DA JUSTIÇA FEDERAL. SÚMULA 38/STJ. 1. <u>A colocação à venda de títulos de capitalização denominados "raspadinha da sorte" pela importância de R$ 1,00 (um real) a unidade, com a possibilidade de o comprador ser sorteado com vários prêmios (como casa, geladeiras, caminhões e outros) mais se assemelha a uma espécie de loteria do que a um título de capitalização. Isso porque, embora o título de capitalização também ofereça a possibilidade de o comprador concorrer a sorteios ao longo do tempo em que o capital por ele investido fica imobilizado, ao final de determinado prazo, mesmo não tendo sido contemplado em nenhum sorteio, o investidor recebe de volta o valor do título, no mínimo, com correção monetária. Já nas diversas espécies de loteria, está-se diante de um título de crédito (geralmente ao portador) que habilita alguém a concorrer a um prêmio mediante jogo ou aposta. Não há promessa de repetição do valor inicialmente investido e o resultado é sabidamente incerto (aleatório). 2. Assim sendo, a despeito da denominação dada à "raspadinha da sorte", ela não corresponde a um título de capitalização e, por consequência, não haveria delito enquadrável na Lei 7.492/86 (crimes contra o sistema financeiro) a justificar a competência da Justiça Federal para o julgamento da ação penal. 3. Muito embora haja um interesse nítido da União na persecução penal dos que exploram jogos de azar sem a devida autorização e fiscalização dos órgãos federais competentes, a própria Constituição Federal, em seu art. 109, IV, excluiu da competência da Justiça Federal o julgamento das contravenções penais, ainda que praticadas em detrimento de bens, serviços ou interesse da União, o que foi reforçado pelo enunciado n. 38 da Súmula desta Corte</u>. [...] (STJ, S3 - TERCEIRA SEÇÃO. CC 137509/PA. CONFLITO DE COMPETÊNCIA. Relator(a) Ministro REYNALDO SOARES DA FONSECA. Julgamento em 09/09/2015. Publicação/Fonte em DJe 16/09/2015, sem grifo no original).

Sujeito ativo. Em sendo observada a ótica restrita do artigo 25 da Lei nº 7.492/86, deveríamos admitir que somente as pessoas ali indicadas fossem penalmente responsáveis pelos crimes previstos neste diploma legal. Isto, de fato, pode se aplicar, haja vista a previsão legal, tratando-se de crime próprio, mormente em face das situações descritas nos incisos II, III e IV, todos do artigo 7º, o que não impede o concurso de agentes.

Porém, a depender do contexto fático, podem ser vislumbradas determinadas hipóteses nas quais estaremos diante de crime comum, principalmente em face do inciso I do artigo 7º, já que qualquer pessoa pode emitir, negociar ou oferecer, de qualquer modo, títulos ou valores mobiliários.

Sujeito passivo. É o Estado, em razão de ter o seu Sistema Financeiro lesado. De forma secundária podem ser considerados sujeitos passivos todos aqueles que forem prejudicados por ocasião da prática da conduta típica aqui prevista.

Elemento subjetivo. O tipo prevê a modalidade dolosa, ou seja, a vontade livre e consciente em emitir, oferecer ou negociar, de qualquer modo, títulos ou valores mobiliários nas condições previstas pelos incisos do artigo 7º da Lei nº 7.492/86. Não há previsão para modalidade culposa.

Objeto material da conduta. No presente tipo penal podem ser títulos ou valores mobiliários.

Objeto jurídico. Tutela-se o Sistema Financeiro Nacional, mormente sob o aspecto da confiança e do regular funcionamento deste, bem como da proteção ao investidor.

Classificação doutrinária. Trata-se de crime comum (haja vista poder ser praticado por qualquer pessoa na hipótese prevista no inciso I do artigo 7º), próprio (pois somente pode ser praticado pelo administrador ou controlador de instituição financeira nos casos dos incisos II, III e IV, do artigo 7º), formal (tendo em vista a desnecessidade da ocorrência de resultado naturalístico), comissivo, doloso, instantâneo, unissubsistente (cometido através de um único ato, diante das modalidades "emitir" e "oferecer") ou plurissubsistente (pois pode ser cometido através da prática de mais de um ato, quando estivermos diante da modalidade "negociar"), e de forma vinculada (pois, em que pese poder ser praticado por qualquer modo, deve se enquadrar em pelo menos uma das hipóteses previstas pelos incisos do artigo 7º).

Momento consumativo. Por se tratar de crime formal, se consuma quando o sujeito ativo emite, oferece ou negocia, de qualquer modo, títulos ou valores mobiliários nas condições estabelecidas pelos incisos do artigo 7º.

Competência. Nos termos do artigo 109, VI, da CRFB/88, e do artigo 26, *caput*, da Lei nº 7.492/86, é competente a Justiça Federal para processar e julgar os crimes contra o sistema financeiro.

Tentativa. Admitida, quando estivermos diante da modalidade plurissubsistente, na qual há possibilidade de fracionamento da conduta.

Art. 8º Exigir, em desacordo com a legislação (Vetado), juro, comissão ou qualquer tipo de remuneração sobre operação de crédito ou de seguro, administração de fundo mútuo ou fiscal ou de consórcio, serviço de corretagem ou distribuição de títulos ou valores mobiliários:

Pena – Reclusão, de 1 (um) a 4 (quatro) anos, e multa.

Análise do tipo objetivo previsto no artigo 8º da Lei nº 7.492/86. A conduta principal gira em torno de um único verbo, "exigir", representado como imperativo direcionado ao sujeito passivo. Não é ilícito exigir a cobrança de juros, comissões ou qualquer outro tipo de remuneração sobre operação de crédito ou de seguro, além das demais hipóteses previstas no *caput* do artigo 8º da Lei nº 7.492/86, desde que incidentes dentro das previsões legais.

O artigo 4º, IX, da Lei nº 4.595/64 (que dispõe sobre a política e as instituições monetárias, bancárias e creditícias, cria o Conselho Monetário Nacional e dá outras providências), trata da atribuição do Conselho Monetário Nacional para limitar taxas de juros e outras cobranças relacionadas a serviços bancários ou financeiros, como pode ser observado a seguir:

> Art. 4º Compete ao Conselho Monetário Nacional, segundo diretrizes estabelecidas pelo Presidente da República: *(Redação dada pela Lei nº 6.045, de 15/05/74)*
>
> IX – Limitar, sempre que necessário, as taxas de juros, descontos comissões e qualquer outra forma de remuneração de operações e serviços bancários ou financeiros, inclusive os prestados pelo Banco Central da República do Brasil, assegurando taxas favorecidas aos financiamentos que se destinem a promover (...)

Para agregar ao estudo deste artigo, era importante fazer o contraponto com o artigo 30, VI, da Lei nº 4.728/65 (que disciplina o mercado de capitais e estabelece medidas para o seu desenvolvimento), e também possuía disposições sobre atribuição dos bancos de investimento de natureza privada para prever juros que serão cobrados por ocasião da emissão dos certificados de depósito bancário. Todavia, este último dispositivo foi revogado pela Lei nº 13.986/20.

Não obstante, o artigo 24, § 3º, da Lei nº 5.764/71 (que define a Política Nacional de Cooperativismo, institui o regime jurídico das sociedades cooperativas, e dá outras providências), também dispõe sobre a cobrança de juros na questão envolvendo o capital social das sociedades cooperativas:

> Art. 24. O capital social será subdividido em quotas-partes, cujo valor unitário não poderá ser superior ao maior salário mínimo vigente no País.
>
> § 3º É vedado às cooperativas distribuírem qualquer espécie de benefício às quotas-partes do capital ou estabelecer outras vantagens ou privilégios, financeiros ou não, em favor de quaisquer associados

> ou terceiros excetuando-se os juros até o máximo de 12% (doze por cento) ao ano que incidirão sobre a parte integralizada.

A Lei nº 6.385/76 (que dispõe sobre o mercado de valores mobiliários e cria a Comissão de Valores Mobiliários), através dos artigos 8º, IV e 18, I, "f", também prevê que está dentro do âmbito de atuação da CVM propor ao Conselho Monetário Nacional a fixação de limites máximos a serem cobrados a título de comissão, por exemplo, bem como editar normas gerais que digam respeito a emolumentos, comissões ou quaisquer outros custos cobrados pelas Bolsas:

> Art. 8º Compete à Comissão de Valores Mobiliários:
>
> IV - propor ao Conselho Monetário Nacional a eventual fixação de limites máximos de preço, comissões, emolumentos e quaisquer outras vantagens cobradas pelos intermediários do mercado;
>
> Art. 18. Compete à Comissão de Valores Mobiliários:*(Redação dada pela Lei nº 10.411, de 26.2.2002)*
>
> I - editar normas gerais sobre:*(Redação dada pela Lei nº 10.411, de 26.2.2002)*
>
> f) administração das Bolsas, das entidades do mercado de balcão organizado e das entidades de compensação e liquidação de operações com valores mobiliários; emolumentos, comissões e quaisquer outros custos cobrados pelas Bolsas e pelas entidades de compensação e liquidação de operações com valores mobiliários ou seus membros, quando for o caso; *(Redação dada pela Lei nº 10.411, de 26.2.2002)*

Através desses exemplos foi possível destacar que diante de cada tipo de operação financeira, poderão incidir juros, comissões ou outro tipo de remuneração sobre as situações descritas no *caput* do artigo 8º, considerando-se criminosa as cobranças que não estiverem amparadas em preceitos legais, o que deverá ser visto de acordo com cada caso concreto, eis que estamos diante de norma penal em branco.

Do confronto entre o artigo 8º da Lei nº 7.492/86 e o artigo 4º da Lei nº 1.521/51. Este último artigo da Lei que dispõe sobre os crimes contra a economia popular, assevera que:

> Art. 4º. Constitui crime da mesma natureza a usura pecuniária ou real, assim se considerando:
>
> a) cobrar juros, comissões ou descontos percentuais, sobre dívidas em dinheiro superiores à taxa permitida por lei; cobrar ágio superior à taxa oficial de câmbio, sobre quantia permutada por moeda estrangeira; ou, ainda, emprestar sob penhor que seja privativo de instituição oficial de crédito; *(Vide Lei nº 1.807, de 1953)*

> b) obter, ou estipular, em qualquer contrato, abusando da premente necessidade, inexperiência ou leviandade de outra parte, lucro patrimonial que exceda o quinto do valor corrente ou justo da prestação feita ou prometida.
>
> Pena – detenção, de 6 (seis) meses a 2 (dois) anos, e multa, de cinco mil a vinte mil cruzeiros.

Diante do aparente conflito de normas a solução é a aplicação do princípio da especialidade, tendo em vista que a norma prevista no artigo 8º da Lei nº 7.492/86 é especial em relação àquela prevista no Crime de Usura, cuja previsão é mais abrangente.

Desta forma, ambas continuam a coexistir, restando a verificação sobre o caso concreto, principalmente em relação ao conceito de instituição financeira, estatuído no artigo 1º da Lei nº 7.492/86, bem como em relação às espécies descritas no artigo 8º, deste mesmo diploma legal.

Sujeito ativo. Trata-se de um crime próprio, podendo ser praticado por aqueles indivíduos ligados às instituições financeiras que tenham capacidade de exigir, em desacordo com a legislação, juro, comissão ou qualquer tipo de remuneração sobre as operações descritas no *caput* do dispositivo.

Sujeito passivo. É o Estado, em razão de ter o seu Sistema Financeiro lesado. De forma secundária podem ser considerados sujeitos passivos todos aqueles que forem prejudicados por ocasião da prática da conduta típica aqui prevista.

Elemento subjetivo. O tipo prevê a modalidade dolosa, ou seja, a vontade livre e consciente em exigir, em desacordo com a legislação, juro, comissão ou qualquer tipo de remuneração sobre as operações descritas no *caput* do artigo 8º. Não há previsão para modalidade culposa.

Objeto material da conduta. No presente tipo penal podem ser os juros, comissão ou qualquer tipo de remuneração.

Objeto jurídico. Tutela-se o Sistema Financeiro Nacional, mormente sob o aspecto da confiança e do regular funcionamento deste, bem como da proteção ao investidor.

Classificação doutrinária. Trata-se de crime próprio (pois somente pode ser praticado por aqueles indivíduos ligados às instituições financeiras que tenham capacidade de exigir, em desacordo com a legislação, juro, comissão ou qualquer tipo de remuneração sobre as operações descritas no *caput* do artigo 8º), formal (tendo em vista a desnecessidade da ocorrência de resultado naturalístico), comissivo, doloso, instantâneo, unissubsistente (cometido através de um único ato) ou plurissubsistente (pois pode ser cometido através da prática de mais de um ato), e de forma livre (haja vista que pode ser praticado por qualquer modo eleito pelo sujeito ativo).

Momento consumativo. Por se tratar de crime formal, se consuma quando o sujeito ativo exige, em desacordo com a legislação, juro, comissão ou qualquer tipo de remuneração sobre as operações descritas no *caput* do dispositivo.

Competência. Nos termos do artigo 109, VI, da CRFB/88, e do artigo 26, *caput*, da Lei nº 7.492/86, é competente a Justiça Federal para processar e julgar os crimes contra o sistema financeiro.

Tentativa. Admitida, quando estivermos diante da modalidade plurissubsistente, na qual há possibilidade de fracionamento da conduta.

Art. 9º Fraudar a fiscalização ou o investidor, inserindo ou fazendo inserir, em documento comprobatório de investimento em títulos ou valores mobiliários, declaração falsa ou diversa da que dele deveria constar:

Pena - Reclusão, de 1 (um) a 5 (cinco) anos, e multa.

Análise do tipo penal previsto no artigo 9º da Lei nº 7.492/86. O crime previsto no artigo 9º retrata uma situação vinculada, na qual o sujeito ativo pratica a conduta de fraudar a fiscalização ou o investidor mediante a inserção ou fazendo inserir declaração falsa ou diversa da que deveria constar do documento comprobatório de investimento em títulos ou valores mobiliários.

Estes dois últimos elementos são os objetos materiais do crime, relacionados, obviamente, às atividades desempenhadas por instituições financeiras. Caso assim não fosse, estaríamos diante de crimes comuns, como a falsidade ideológica, por exemplo, previsto no artigo 299 do Código Penal.

Sujeito ativo. Trata-se de um crime comum, podendo ser praticado por qualquer pessoa.

Sujeito passivo. É o Estado, em razão de ter o seu Sistema Financeiro lesado, personificado através da fiscalização, bem como o investidor prejudicado pela prática da conduta típica.

Elemento subjetivo. O tipo prevê a modalidade dolosa, ou seja, a vontade livre e consciente em fraudar a fiscalização ou o investidor, inserindo ou fazendo inserir, em documento comprobatório de investimento em títulos ou valores mobiliários, declaração falsa ou diversa da que dele deveria constar. Não há previsão para modalidade culposa.

Objeto material da conduta. No presente tipo penal é o documento comprobatório de investimento em títulos ou valores mobiliários.

Objeto jurídico. Tutela-se o Sistema Financeiro Nacional, mormente sob o aspecto da confiança e do regular funcionamento deste, bem como da proteção ao investidor.

Classificação doutrinária. Trata-se de crime comum (pois pode ser praticado por qualquer pessoa), formal (tendo em vista a desnecessidade da ocorrência de resultado naturalístico), comissivo, doloso, instantâneo, unissubsistente (cometido através de um único ato) ou plurissubsistente (pois pode ser cometido através da prática de mais de um ato), e de forma livre (haja vista que pode ser praticado por qualquer modo eleito pelo sujeito ativo).

Momento consumativo. Por se tratar de crime formal, se consuma quando o sujeito ativo frauda a fiscalização ou o investidor, inserindo ou fazendo inserir, em documento comprobatório de investimento em títulos ou valores mobiliários, declaração falsa ou diversa da que dele deveria constar.

Competência. Nos termos do artigo 109, VI, da CRFB/88, e do artigo 26, *caput*, da Lei nº 7.492/86, é competente a Justiça Federal para processar e julgar os crimes contra o sistema financeiro.

Tentativa. Admitida, quando estivermos diante da modalidade plurissubsistente, na qual há possibilidade de fracionamento da conduta.

> **Art. 10.** Fazer inserir elemento falso ou omitir elemento exigido pela legislação, em demonstrativos contábeis de instituição financeira, seguradora ou instituição integrante do sistema de distribuição de títulos de valores mobiliários:
>
> Pena – Reclusão, de 1 (um) a 5 (cinco) anos, e multa.

Do tipo penal descrito no artigo 10 da Lei nº 7.492/86. O tipo penal em comento revela duas condutas típicas. Uma comissiva e outra omissiva. Na primeira delas (comissiva) o sujeito ativo faz inserir elemento falso. Na segunda, omite elemento que é exigido pela legislação.

Nas duas situações, no entanto, o tipo penal faz referência ao mesmo objeto material, qual seja, demonstrativos contábeis de instituição financeira, seguradora ou instituição integrante do sistema de distribuição de títulos e valores mobiliários (já que é este o propósito da Lei nº 7.492/86, pois se fossem outros tipos de documentos poderíamos pensar em crime diverso, como a falsidade ideológica, prevista no artigo 299 do Código Penal, por exemplo).

Como a descrição do *caput* exige complementação no que tange à modalidade omissiva, estamos diante de uma norma penal em branco, a ser complementada em face do que a legislação prever como elemento necessário para que seja considerado fato típico.

Sujeito ativo. Estando diante de duas condutas, melhor tratá-las de forma individual para caracterização do sujeito ativo. Na primeira modalidade (comissiva), entendemos que o crime pode ser praticado por qualquer pessoa, pois mesmo aquele que não esteja diretamente ligado à administração ou controle da instituição financeira, como preconiza o artigo 25 da Lei nº 7.492/86, pode, dolosamente, fazer inserir elemento falso no documento descrito pelo tipo penal. Crime comum, portanto, no que diz respeito a esta conduta.

Já no que diz respeito à conduta omissiva, qual seja, a de omitir elemento exigido pela legislação, entendemos que estamos diante de crime próprio, pois somente quem estiver diretamente ligado à administração tem a capacidade de influir para que, conhecendo o elemento exigido pela legislação, referente ao tipo de operação realizada, dolosamente se omita nesse mister.

Sujeito passivo. É o Estado, em razão de ter o seu Sistema Financeiro lesado. De forma secundária podem ser considerados sujeitos passivos todos aqueles que forem prejudicados por ocasião da prática da conduta típica aqui prevista.

Elemento subjetivo. O tipo prevê a modalidade dolosa, ou seja, a vontade livre e consciente em fazer inserir elemento falso ou omitir elemento exigido pela legislação, em demonstrativos contábeis de instituição financeira, seguradora ou instituição integrante do sistema de distribuição de títulos de valores mobiliários. Não há previsão para modalidade culposa.

Objeto material da conduta. No presente tipo penal são os demonstrativos contábeis de instituição financeira, seguradora ou instituição integrante do sistema de distribuição de títulos de valores mobiliários.

Objeto jurídico. Tutela-se o Sistema Financeiro Nacional, mormente sob o aspecto da confiança e do regular funcionamento deste, bem como da proteção ao investidor.

Classificação doutrinária. Trata-se de crime comum (no que se refere à conduta comissiva, de "fazer inserir", pois pode ser praticado por qualquer pessoa), mas próprio (quando estivermos diante da modalidade omissiva), formal (tendo em vista a desnecessidade da ocorrência de resultado naturalístico), comissivo ("fazer inserir") e omissivo ("omitir"), doloso, instantâneo, unissubsistente (cometido através de um único ato, diante da forma omissiva) ou plurissubsistente (pois pode ser cometido através da prática de mais de um ato, na forma comissiva), e de forma livre (haja vista que pode ser praticado por qualquer modo eleito pelo sujeito ativo).

Momento consumativo. Por se tratar de crime formal, se consuma quando o elemento falso é inserido pelo sujeito ativo ou quando este omite elemento exigido pela legislação, em demonstrativos contábeis de instituição financeira, seguradora ou instituição integrante do sistema de distribuição de títulos de valores mobiliários.

Competência. Nos termos do artigo 109, VI, da CRFB/88, e do artigo 26, *caput*, da Lei nº 7.492/86, é competente a Justiça Federal para processar e julgar os crimes contra o sistema financeiro.

Tentativa. Admitida, quando estivermos diante da modalidade plurissubsistente (comissiva), na qual há possibilidade de fracionamento da conduta.

> **Art. 11.** Manter ou movimentar recurso ou valor paralelamente à contabilidade exigida pela legislação:
> Pena – Reclusão, de 1 (um) a 5 (cinco) anos, e multa.

Análise do tipo penal previsto no artigo 11 da Lei nº 7.492/86. "Crime de Caixa 02" ou "Contabilidade Paralela". De antemão é válido ressaltar que nem todas as pessoas têm capacidade para figurar como sujeitos ativos desta modalidade criminosa. Trata-se de crime próprio, o que não impede o concurso de agentes.

Duas são as condutas elencadas: manter (o que denota situação de habitualidade, havendo reflexos por ocasião do momento flagrancial, haja vista somente ser considerado crime diante da reiteração de atos por ocasião da manutenção dos recursos ou valores) ou movimentar. Nas duas situações o objeto material é o recurso ou valor paralelo à contabilidade exigida pela legislação (tratando-se de norma penal em branco, a ser complementada de acordo com a operação vislumbrada na situação fática).

Este tipo penal descreve um elemento normativo, contido na expressão "paralelamente à contabilidade exigida pela legislação". Daí poder se falar vulgarmente na expressão "caixa 02", já que o gestor de instituição financeira manipula recursos e valores com o fito de ocultá-los às autoridades, investidores, sócios etc.

Duas situações podem advir desde entendimento: se o gestor mantiver ou movimentar este "caixa 02" em benefício da respectiva instituição financeira, não há que se falar em gestão fraudulenta, apta a configurar o crime previsto no artigo 4º da mesma Lei. Caso contrário, se o "caixa 02" for, de fato, o ato de gestão fraudulenta contra a instituição financeira, ou seja, se estiver sendo gerido em detrimento da instituição, configura-se a hipótese descrita no artigo 4º, e não no artigo 11, todos da Lei nº 7.492/86.

Entender a concepção acerca da operação de "caixa 02" auxilia o intérprete a perceber que a manutenção ou a movimentação de recursos ou valores, de forma paralela, pode conceber finalidades escusas, que acarretem a prática de crimes comuns, como falsificações de documentos, falsidade ideológica e, principalmente, a corrupção. Não há impedimento para que se caracterize o concurso de crimes, não se configurando o *bis in idem*, tendo em vista que se referem a bens jurídicos distintos.

Isto pode se dar, por exemplo, quando uma instituição que não seja enquadrada como financeira, nos termos do artigo 1º da Lei nº 7.492/86, mantiver ou movimentar recursos ou valores de forma paralela.

Além disso, talvez a situação mais crítica na análise da distinção de eventuais crimes resida na discussão sobre a contabilidade paralela com o fim de burlar o fisco. De um lado, a jurisprudência entende que haverá concurso formal impróprio ou concurso material de delitos, a depender da situação. Isto porque o crime tributário não tem o condão de absorver o delito previsto no artigo 11 da Lei nº 7.492/86.

Por outro lado, parte da doutrina entende que o crime tributário é mais grave e, por isso, absorve o delito previsto no artigo 11, funcionando como meio para a execução daquele.

Sujeito ativo. Nas duas condutas descritas no tipo penal o crime é próprio, haja vista somente poder ser praticado por quem detenha qualidade para manter ou movimentar recursos de uma instituição financeira.

Sujeito passivo. É o Estado, em razão de ter o seu Sistema Financeiro lesado. De forma secundária podem ser considerados sujeitos passivos todos aqueles que forem prejudicados por ocasião da prática da conduta típica aqui prevista.

Elemento subjetivo. O tipo prevê a modalidade dolosa, ou seja, a vontade livre e consciente em manter ou movimentar recurso ou valor paralelamente à contabilidade exigida pela legislação. Não há previsão para modalidade culposa.

Objeto material da conduta. No presente tipo penal é o recurso ou valor mantido ou movimentado paralelamente à contabilidade exigida pela legislação.

Objeto jurídico. Tutela-se o Sistema Financeiro Nacional, mormente sob o aspecto da confiança e do regular funcionamento deste, bem como da proteção ao investidor.

Classificação doutrinária. Trata-se de crime próprio (pois somente pode ser praticado por quem detenha qualidade para manter ou movimentar recursos de uma instituição financeira), formal (tendo em vista a desnecessidade da ocorrência de resultado naturalístico), comissivo, doloso, instantâneo (diante da modalidade "movimentar"), porém habitual (diante da modalidade "manter", haja vista a necessidade de reiteração de atos para a configuração do crime), unissubsistente (cometido através de um único ato) ou plurissubsistente (pois pode ser cometido através da prática de mais de um ato), e de forma livre (haja vista que pode ser praticado por qualquer modo eleito pelo sujeito ativo).

Momento consumativo. Quando a situação fática ensejar o enquadramento da conduta diante da modalidade "manter", o crime se consuma com a reiteração de atos praticados pelo administrador ou controlador de instituição financeira, através dos quais se mantenha recurso ou valor de modo paralelo à contabilidade exigida pela legislação.

Se, por outro lado, estivermos diante da modalidade "movimentar", o fato de ser considerado ato instantâneo diante de crime formal, irá se consumar quando o sujeito ativo movimente tais recursos ou valores, nos termos definidos pelo *caput* do dispositivo.

Competência. Nos termos do artigo 109, VI, da CRFB/88, e do artigo 26, *caput*, da Lei nº 7.492/86, é competente a Justiça Federal para processar e julgar os crimes contra o sistema financeiro.

Tentativa. Admitida, quando estivermos diante da modalidade plurissubsistente, na qual há possibilidade de fracionamento da conduta.

Art. 12. Deixar, o ex-administrador de instituição financeira, de apresentar, ao interventor, liqüidante, ou síndico, nos prazos e condições estabelecidas em lei as informações, declarações ou documentos de sua responsabilidade:

Pena - Reclusão, de 1 (um) a 4 (quatro) anos, e multa.

Do tipo penal previsto no artigo 12 da Lei nº 7.492/86. O tipo revela uma conduta omissiva, na qual o sujeito ativo (já determinado, qual seja, o ex-administrador de instituição financeira), deixa de apresentar as informações, declarações ou demais documentos que estejam no seu âmbito de responsabilidade, às pessoas ali indicadas (interventor, liquidante ou síndico), pressupondo-se que já fora instalado um procedimento de liquidação, falência ou intervenção.

A Lei nº 6.024/74 (que dispõe sobre a intervenção e a liquidação extrajudicial de instituições financeiras, e dá outras providências) traz a figura do interventor, que será nomeado pelo Banco Central do Brasil e terá plenos poderes de gestão, conforme artigo 5º daquele diploma legal, cabendo-lhe, entre outras funções, a de arrecadar livros da entidade e documentos de interesse da administração, bem como levantar o balanço geral e o inventário de todos os livros, documentos, dinheiro etc., nos termos do artigo 9º da mesma Lei, razão pela qual o desenvolvimento do seu trabalho não pode ser interrompido pela não apresentação daqueles.

O artigo 10 da Lei nº 6.024/74 prevê o prazo de cinco dias, contados da posse do interventor, para que os ex-administradores da entidade entreguem a este, declaração, assinada em conjunto por todos, de que conste a indicação do nome dos ex-administradores e membros do conselho fiscal que estiverem em exercício nos últimos 12 meses anteriores à decretação da medida, fato este que, se não for cumprido, acarreta subsunção à conduta típica descrita no artigo 12 da Lei nº 7.492/86, por exemplo.

Já no que tange à liquidação extrajudicial, podemos observar a seguinte situação, prevista no artigo 15 da Lei nº 6.024/74:

> Art. 15. Decretar-se-á a liquidação extrajudicial da instituição financeira:
>
> I – ex officio:
>
> a) em razão de ocorrências que comprometam sua situação econômica ou financeira especialmente quando deixar de satisfazer, com pontualidade, seus compromissos ou quando se caracterizar qualquer dos motivos que autorizem a declararão de falência;
>
> b) quando a administração violar gravemente as normas legais e estatutárias que disciplinam a atividade da instituição bem como as determinações do Conselho Monetário Nacional ou do Banco Central do Brasil, no uso de suas atribuições legais;
>
> c) quando a instituição sofrer prejuízo que sujeite a risco anormal seus credores quirografários;
>
> d) quando, cassada a autorização para funcionar, a instituição não iniciar, nos 90 (noventa) dias seguintes, sua liquidação ordinária, ou quando, iniciada esta, verificar o Banco Central do Brasil que a morosidade de sua administração pode acarretar prejuízos para os credores;
>
> II – a requerimento dos administradores da instituição – se o respectivo estatuto social lhes conferir esta competência – ou por pro-

posta do interventor, expostos circunstanciadamente os motivos justificadores da medida.

Deste procedimento surge a figura do liquidante, que será responsável por levar adiante esta situação, sendo necessário, também, que seu trabalho não seja interrompido pela inobservância da entrega de documentos que interessem ao seu mister.

Quanto à falência, note-se que o procedimento em face das instituições financeiras não está descrito na Lei nº 11.101/05, haja vista a previsão legal contida no artigo 2º, II, do mesmo diploma legal:

> Art. 2º Esta Lei não se aplica a:
>
> II - instituição financeira pública ou privada, cooperativa de crédito, consórcio, entidade de previdência complementar, sociedade operadora de plano de assistência à saúde, sociedade seguradora, sociedade de capitalização e outras entidades legalmente equiparadas às anteriores.

A situação é resolvida pelo artigo 21, "b" da Lei nº 6.024/74, uma vez que ao processo de liquidação extrajudicial aplicam-se as disposições previstas para o processo de intervenção, sendo que uma das incumbências previstas é a apresentação de um relatório pelo liquidante, dentro do prazo de sessenta dias contados da sua posse, em face do qual o Banco Central do Brasil poderá autorizá-lo a requerer a falência da entidade, quando o seu ativo não for suficiente para cobrir pelo menos a metade do valor dos créditos quirografários, ou ainda quando houver fundados indícios de crimes falimentares. No processo de falência, o síndico/administrador judicial é o responsável pela solução do evento.

Sujeito ativo. Pela análise da conduta descrita no tipo penal, estamos diante de um crime de mão própria, haja vista que somente pode ser praticado pessoalmente pelo ex-administrador de instituição financeira.

Sujeito passivo. É o Estado, em razão de ter o seu Sistema Financeiro lesado. De forma secundária podem ser considerados sujeitos passivos todos aqueles que forem prejudicados por ocasião da prática da conduta típica aqui prevista.

Elemento subjetivo. O tipo prevê a modalidade dolosa, ou seja, a vontade livre e consciente em deixar, o ex-administrador de instituição financeira, de apresentar às pessoas estabelecidas no *caput* e nas condições ali estabelecidas. Não há previsão para modalidade culposa.

Objeto material da conduta. No presente tipo penal são as informações, declarações ou documentos que estejam sob a responsabilidade do ex-administrador de instituição financeira.

Objeto jurídico. Tutela-se o Sistema Financeiro Nacional, mormente sob o aspecto da confiança e do regular funcionamento deste, bem como da proteção ao investidor.

Classificação doutrinária. Trata-se de crime de mão própria (pois somente o sujeito ativo indicado pelo tipo penal pode praticá-lo), formal (tendo em vista a desnecessidade da ocorrência de resultado naturalístico), omissivo, doloso, instantâneo, unissubsistente (cometido através de um único ato), e de forma livre (haja vista que pode ser praticado por qualquer modo eleito pelo sujeito ativo).

Momento consumativo. O crime em tela se consuma quando o sujeito ativo deixa de apresentar os documentos, informações ou declarações nas condições e às pessoas indicadas no tipo penal.

Competência. Nos termos do artigo 109, VI, da CRFB/88, e do artigo 26, *caput*, da Lei nº 7.492/86, é competente a Justiça Federal para processar e julgar os crimes contra o sistema financeiro.

Tentativa. Não é admitida, pois estamos diante de uma situação que envolve crime omissivo próprio, unissubsistente, sem possibilidade de fracionamento da conduta.

> **Art. 13.** Desviar (Vetado) bem alcançado pela indisponibilidade legal resultante de intervenção, liqüidação extrajudicial ou falência de instituição financeira.
>
> Pena – Reclusão, de 2 (dois) a 6 (seis) anos, e multa.

Análise do tipo penal previsto no artigo 13 da Lei nº 7.492/86. Sobre o processo de intervenção, liquidação extrajudicial e falência das instituições financeiras, remetemos o leitor às observações feitas por ocasião da análise do tipo penal previsto no artigo 12 desta Lei.

Desviar é o verbo nuclear da conduta típica descrita no artigo 13. Refere-se ao bem alcançado pela indisponibilidade legal decorrente de processos de intervenção, liquidação extrajudicial ou falência de instituição financeira.

Tal indisponibilidade vem descrita nos artigos 36 a 38, todos da Lei nº 6.024/74 e fazem menção aos bens dos administradores das instituições financeiras em intervenção, liquidação extrajudicial ou em falência, atingindo a todos aqueles que tenham estado no exercício das funções nos doze meses anteriores ao mesmo ato que decretar a intervenção ou outro processo correspondente.

Sujeito ativo. Pela análise da conduta descrita no tipo penal, pode ser qualquer pessoa que detenha os bens indisponíveis, conforme descrito no *caput* do dispositivo. Trata-se de crime comum.

Sujeito passivo. É o Estado, em razão de ter o seu Sistema Financeiro lesado. De forma secundária podem ser considerados sujeitos passivos todos aqueles que forem prejudicados por ocasião da prática da conduta típica aqui prevista.

Elemento subjetivo. O tipo prevê a modalidade dolosa, ou seja, a vontade livre e consciente em desviar bem alcançado pela indisponibilidade legal resultante de intervenção, liquidação extrajudicial ou falência de instituição financeira. Não há previsão para modalidade culposa.

Objeto material da conduta. No presente tipo penal são os bens declarados indisponíveis, nos termos dos artigos 36 a 38 da Lei nº 6.024/74.

Objeto jurídico. Tutela-se o Sistema Financeiro Nacional, mormente sob o aspecto da confiança e do regular funcionamento deste, bem como da proteção ao investidor.

Classificação doutrinária. Trata-se de crime comum (pois pode ser praticado por qualquer pessoa), formal (tendo em vista a desnecessidade da ocorrência de resultado naturalístico), comissivo, doloso, instantâneo, plurissubsistente (cometido através da prática de mais de um ato), e de forma livre (haja vista que pode ser praticado por qualquer modo eleito pelo sujeito ativo).

Momento consumativo. O crime em tela se consuma quando os bens indisponíveis são desviados.

Competência. Nos termos do artigo 109, VI, da CRFB/88, e do artigo 26, *caput*, da Lei nº 7.492/86, é competente a Justiça Federal para processar e julgar os crimes contra o sistema financeiro.

Tentativa. Admitida, pois estamos diante de uma situação de crime plurissubsistente, com possibilidade de fracionamento da conduta.

> **Parágrafo único.** Na mesma pena incorra o interventor, o liqüidante ou o síndico que se apropriar de bem abrangido pelo caput deste artigo, ou desviá-lo em proveito próprio ou alheio.

Análise do parágrafo único do artigo 13 da Lei nº 7.492/86. Remetendo-se ao preceito secundário contido no artigo 13, cuja pena é de reclusão que varia entre dois e seis anos, além de multa, este dispositivo legal considera crime a conduta do interventor, liquidante ou do síndico que se apropriar de bem abrangido pela indisponibilidade descrita no *caput* do artigo 13 (vide artigos 36 a 38, todos da Lei nº 6.024/74), ou desviá-los em proveito próprio ou alheio (perfazendo elemento subjetivo específico em relação a esta última conduta). Não se deve confundir os bens aqui descritos, com aqueles previstos no artigo 5º da Lei nº 7.492/86.

A razão é impedir que aqueles que tenham acesso aos processos de intervenção, liquidação extrajudicial e falência de instituições financeiras, conforme descrito pela Lei nº 6.024/74, se beneficiem desta condição para apropriarem-se dos bens tidos como indisponíveis e preservando-se o patrimônio.

Sujeito ativo. Pode ser o interventor, o liquidante ou o síndico. Trata-se de crime de mão própria.

Sujeito passivo. É o Estado, em razão de ter o seu Sistema Financeiro lesado. De forma secundária podem ser considerados sujeitos passivos todos aqueles que forem prejudicados por ocasião da prática da conduta típica aqui prevista.

Elemento subjetivo. O tipo prevê a modalidade dolosa, ou seja, a vontade livre e consciente em apropriar-se de bem abrangido pelo *caput* do artigo 13, ou desviá-lo em proveito próprio ou alheio. Não há previsão para modalidade culposa.

Objeto material da conduta. No presente tipo penal são os bens declarados indisponíveis, nos termos dos artigos 36 a 38 da Lei nº 6.024/74.

Objeto jurídico. Tutela-se o Sistema Financeiro Nacional, mormente sob o aspecto da confiança e do regular funcionamento deste, bem como da proteção ao investidor.

Classificação doutrinária. Trata-se de crime de mão própria (pois somente pode ser praticado pelo interventor, síndico ou liquidante), material, comissivo, doloso, instantâneo, plurissubsistente (cometido através da prática de mais de um ato), e de forma livre (haja vista que pode ser praticado por qualquer modo eleito pelo sujeito ativo).

Momento consumativo. O crime em tela se consuma quando o interventor, liquidante ou síndico se apropriam dos bens indisponíveis ou quando estes são desviados em proveito próprio ou alheio.

Competência. Nos termos do artigo 109, VI, da CRFB/88, e do artigo 26, *caput*, da Lei nº 7.492/86, é competente a Justiça Federal para processar e julgar os crimes contra o sistema financeiro.

Tentativa. Admitida, pois estamos diante de uma situação de crime plurissubsistente, com possibilidade de fracionamento da conduta, embora de difícil visualização.

Art. 14. Apresentar, em liquidação extrajudicial, ou em falência de instituição financeira, declaração de crédito ou reclamação falsa, ou juntar a elas título falso ou simulado:

Pena – Reclusão, de 2 (dois) a 8 (oito) anos, e multa.

Análise do tipo penal descrito no artigo 14 da Lei nº 7.492/86. Os processos de liquidação extrajudicial ou de falência de instituição financeira revestem-se de formalidades importantes, principalmente em face da apresentação da declaração de créditos, prevista no artigo 22 da Lei nº 6.024/74, como pode ser observado a seguir:

> Art.. 22. Se determinado o prosseguimento da liquidação extrajudicial o liquidante fará publicar, no Diário Oficial da União e em jornal de grande circulação do local da sede da entidade, aviso aos credores para que declarem os respectivos créditos, dispensados desta formalidade os credores por depósitos ou por letras de câmbio de aceite da instituição financeira liquidanda.
>
> § 1º No aviso de que trata este artigo, o liquidante fixará o prazo para a declaração dos créditos, o qual não será inferior a vinte, nem superior a quarenta dias, conforme a importância da liquidação e os interesses nela envolvidos.

§ 2º Relativamente aos créditos dispensados de habilitação, o liquidante manterá, na sede da liquidanda, relação nominal dos depositantes e respectivos saldos, bem como relação das letras de câmbio de seu aceite.

§ 3º Aos credores obrigados a declaração assegurar-se-á o direito de obterem do liquidante as informações, extratos de contas, saldos e outros elementos necessários à defesa dos seus interesses e à prova dos respectivos créditos.

§ 4º O liquidante dará sempre recibo das declarações de crédito e dos documentos recebidos.

Assim, caso esta declaração de crédito ou reclamação (pedido de restituição) sejam falsas, ou caso o credor junte a elas título falso ou simulado, incorre nas condutas típicas, podendo ser punido com pena de reclusão que varia de dois a oito anos, além de multa.

Na Lei nº 11.101/05, mais precisamente no artigo 175 (que trata da habilitação ilegal de crédito), podemos verificar crime semelhante, porém, tal artigo não é aplicável às instituições financeiras:

Art. 175. Apresentar, em falência, recuperação judicial ou recuperação extrajudicial, relação de créditos, habilitação de créditos ou reclamação falsas, ou juntar a elas título falso ou simulado:

Pena – reclusão, de 2 (dois) a 4 (quatro) anos, e multa.

Sujeito ativo. Pode ser qualquer pessoa, razão pela qual estamos diante de crime comum.

Sujeito passivo. É o Estado, em razão de ter o seu Sistema Financeiro lesado. De forma secundária podem ser considerados sujeitos passivos todos aqueles que forem prejudicados por ocasião da prática da conduta típica aqui prevista.

Elemento subjetivo. O tipo prevê a modalidade dolosa, ou seja, a vontade livre e consciente em apresentar, em liquidação extrajudicial, ou em falência de instituição financeira, declaração de crédito ou reclamação falsa, ou juntar a elas título falso ou simulado. Não há previsão para modalidade culposa.

Objeto material da conduta. No presente tipo penal são a declaração de crédito ou reclamação falsa ou título falso ou simulado.

Objeto jurídico. Tutela-se o Sistema Financeiro Nacional, mormente sob o aspecto da confiança e do regular funcionamento deste, bem como da proteção ao investidor.

Classificação doutrinária. Trata-se de crime comum, formal (tendo em vista a desnecessidade da ocorrência de resultado naturalístico), comissivo, doloso, instantâneo, unissubsistente (praticado através de um único ato) ou plurissubsistente (cometido através da prática de mais de um ato), e de forma vinculada (haja vista que o próprio tipo penal descreve a forma a ser adotada pelo sujeito ativo para a prática criminosa).

Momento consumativo. O crime em tela se consuma quando o sujeito ativo apresenta, em liquidação extrajudicial, ou em falência de instituição financeira, declaração de crédito ou reclamação falsa, ou junta a elas título falso ou simulado.

Competência. Nos termos do artigo 109, VI, da CRFB/88, e do artigo 26, *caput*, da Lei nº 7.492/86, é competente a Justiça Federal para processar e julgar os crimes contra o sistema financeiro.

Tentativa. Admitida, quando estivermos diante de uma situação de crime plurissubsistente, com possibilidade de fracionamento da conduta.

Parágrafo único. Na mesma pena incorre o ex-administrador ou falido que reconhecer, como verdadeiro, crédito que não o seja.

A previsão contida no parágrafo único do artigo 14 da Lei nº 7.492/86. Diferentemente do que ocorreu no *caput* do dispositivo (que trata de um crime comum), aqui no parágrafo único estamos diante de crime de mão própria, pois somente o ex-administrador ou falido podem reconhecer como verdadeiro determinado crédito que não o seja.

Como forma de afastar a responsabilização penal objetiva, implicitamente está previsto que estas pessoas ao menos saibam que tal crédito é falso, já que a figura típica não prevê a modalidade culposa.

Art. 15. Manifestar-se falsamente o interventor, o liqüidante ou o síndico, (Vetado) à respeito de assunto relativo a intervenção, liquidação extrajudicial ou falência de instituição financeira:

Pena – Reclusão, de 2 (dois) a 8 (oito) anos, e multa.

Do tipo penal previsto no artigo 15 da Lei nº 7.492/86. Como já foi salientado por ocasião do estudo do artigo 12 desta Lei, os processos de intervenção, liquidação extrajudicial e falência das instituições financeiras são regulados pela Lei nº 6.024/74, que contempla uma série de atitudes a serem adotadas, respectivamente, pelo interventor, liquidante ou síndico, personagens que têm como função conduzir tais processos.

Desta forma, por exercerem funções-chave, não lhes compete fazer afirmações falsas ou enganosas a respeito de assuntos ligados aos processos descritos na Lei nº 6.024/74, sob pena de comprometer todo o complexo procedimento, fazendo com que as instituições financeiras a eles submetidas percam ainda mais credibilidade.

Por isso, o tipo penal do artigo 15 contempla a conduta através da qual essas personagens se manifestam falsamente sobre os assuntos elencados no dispositivo, punindo-se tal conduta com pena de reclusão que varia de dois a oito anos, além de multa.

Embora não tenha aplicação em face das instituições financeiras, haja vista a vedação contida no artigo 2º, II, da Lei nº 11.101/05, é interessante observar que neste diploma legal também verificamos situação criminosa semelhante, mas que se refere ao processo tradicional de falência descrito nesta Lei. A previsão está no artigo 171 da Lei nº 11.101/05.

Sujeito ativo. Somente as pessoas indicadas no *caput* do dispositivo podem ser consideradas sujeitos ativos deste crime. Trata-se, portanto, de crime de mão própria.

Sujeito passivo. É o Estado, em razão de ter o seu Sistema Financeiro lesado. De forma secundária podem ser considerados sujeitos passivos todos aqueles que forem prejudicados por ocasião da prática da conduta típica aqui prevista.

Elemento subjetivo. O tipo prevê a modalidade dolosa, ou seja, a vontade livre e consciente em manifestar-se falsamente o interventor, o liquidante ou o síndico, a respeito de assunto relativo a intervenção, liquidação extrajudicial ou falência de instituição financeira. Não há previsão para modalidade culposa.

Objeto material da conduta. No presente tipo penal é o assunto relativo a intervenção, liquidação extrajudicial ou falência de instituição financeira.

Objeto jurídico. Tutela-se o Sistema Financeiro Nacional, mormente sob o aspecto da confiança e do regular funcionamento deste, bem como da proteção ao investidor.

Classificação doutrinária. Trata-se de crime de mão própria (pois somente pode ser praticado pelo interventor, síndico ou liquidante), formal (tendo em vista a desnecessidade da ocorrência de resultado naturalístico), comissivo, doloso, instantâneo, unissubsistente (praticado através de um único ato) ou plurissubsistente (cometido através da prática de mais de um ato), e de forma livre (haja vista que pode ser praticado por qualquer modo eleito pelo sujeito ativo).

Momento consumativo. O crime em tela se consuma quando o sujeito ativo se manifesta falsamente a respeito de assunto relativo a intervenção, liquidação extrajudicial ou falência de instituição financeira.

Competência. Nos termos do artigo 109, VI, da CRFB/88, e do artigo 26, *caput*, da Lei nº 7.492/86, é competente a Justiça Federal para processar e julgar os crimes contra o sistema financeiro.

Tentativa. Admitida, quando estivermos diante de uma situação de crime plurissubsistente, na qual há possibilidade de fracionamento da conduta.

Art. 16. Fazer operar, sem a devida autorização, ou com autorização obtida mediante declaração (Vetado) falsa, instituição financeira, inclusive de distribuição de valores mobiliários ou de câmbio:

Pena - Reclusão, de 1 (um) a 4 (quatro) anos, e multa.

Do tipo penal previsto no artigo 16 da Lei nº 7.492/86. O tipo penal do artigo 16 visa a coibir a operação de instituição financeira (inclusive de distribuição de valores mobiliários) sem autorização, ou com autorização falsa (que funciona como elemento normativo do tipo). Embora não esteja expressamente previsto, há necessidade de consulta à legislação específica sobre o tipo de instituição financeira, para que se possa afirmar o tipo e as formalidades exigidas para autorização de funcionamento de cada uma delas.

O artigo 10, X, da Lei nº 4.595/64 (que dispõe sobre a Política e as Instituições Monetárias, Bancárias e Creditícias, cria o Conselho Monetário Nacional e dá outras providências), assevera que compete privativamente ao Banco Central do Brasil conceder autorização às instituições financeiras, a fim de que possam funcionar no país, alterar seus estatutos etc.

A Lei nº 1.807/53 (que dispõe sobre operações de câmbio e dá outras providências) assevera, no artigo 2º, § 2º, sobre a necessidade de autorização, para que os estabelecimentos possam operar em câmbio.

O artigo 15, § 1º, da Lei nº 6.385/76 (que dispõe sobre o mercado de valores mobiliários e cria a Comissão de Valores Mobiliários), trata da questão do sistema de distribuição de valores mobiliários, asseverando competir à Comissão de Valores Mobiliários definir os tipos de instituição financeira que poderão exercer atividades no mercado de valores mobiliários, bem como as espécies de operação que poderão realizar e de serviços que poderão prestar nesse mercado, bem como a especialização de operações ou serviços a ser observada pelas sociedades do mercado, e as condições em que poderão cumular espécies de operação ou serviços.

Do conflito entre o artigo 16 da Lei nº 7.492/86 e o artigo 44, § 7º, da Lei nº 4.595/64. Diante da superveniência de tipo penal específico e posterior, entendemos que o artigo 16 da Lei nº 7.492/86 seria aplicado em detrimento da previsão contida no artigo 44, § 7º, da Lei nº 4.595/64, conforme podemos observar a seguir:

> Art. 44. As infrações aos dispositivos desta lei sujeitam as instituições financeiras, seus diretores, membros de conselhos administrativos, fiscais e semelhantes, e gerentes, às seguintes penalidades, sem prejuízo de outras estabelecidas na legislação vigente:
>
> § 7º Quaisquer pessoas físicas ou jurídicas que atuem como instituição financeira, sem estar devidamente autorizadas pelo Banco Central da Republica do Brasil, ficam sujeitas à multa referida neste artigo e detenção de 1 a 2 anos, ficando a esta sujeitos, quando pessoa jurídica, seus diretores e administradores.

No entanto, em virtude da revogação do artigo acima pela Lei 13.506/2017, tal enfrentamento está superado.

Da inocorrência do princípio da consunção entre o artigo 16 da Lei nº 7.492/86 e o artigo 158 do Código Penal (extorsão). Caso concreto. Na situação fática constante do julgamento do RHC 118404/GO, uma empresa não somente captava recursos de terceiros como também praticava ostensivamente operações de arrendamento mercantil - do tipo *leasing back* (art. 1º, parágrafo único, com redação dada pela Lei nº 7.132/83) - as quais estão subordinadas ao controle e fiscalização do Banco Central do Brasil, conforme dispõe o art. 7º da Lei nº 6.099/74 (c/c art. 3º do Anexo à Resolução nº 2.309/96 do BACEN).

Quanto à conduta de captação de recursos de terceiros, indiretamente, disfarçada de operação de empréstimo de capital, configurada quando ao emprestar dinheiro, exige-se automóveis como garantia do empréstimo e, além disso, nunca havia empréstimo de valores superiores a 50% do bem dado em garantia, captando, de forma indireta, recursos de particulares, atividade privativa de instituição financeira (art. 1º da Lei nº 7.492/86).

No caso concreto, as pessoas eram atraídas por anúncios que prometiam a concessão de empréstimos sem burocracia, aval ou consulta ao SPC, sendo que, ao chegarem à empresa, eram informados que a negociação seria realizada mediante a transferência "temporária" de um de seus bens à empresa, bem esse que ficaria locado ao tomador do empréstimo até sua quitação.

A Segunda Turma do STF entendeu, portanto, que o arrendamento mercantil com a exigência da transferência de titularidade dos bens como forma de garantia é uma atividade que exige autorização do BACEN e como no caso concreto não existia tal autorização, a conduta se amoldou ao artigo 16 da Lei nº 7.492/86.

> Recurso ordinário em habeas corpus. 2. Crime contra o Sistema Financeiro Nacional. Art. 16 da Lei 7.492/86. Extorsão. Consunção. Inocorrência. Crimes autônomos comprovados pelos elementos de convicção produzidos. 3. Arrendamento mercantil com a exigência da transferência de titularidade dos bens como forma de garantia. Atividade que exige autorização do Banco Central do Brasil. 4. Crime do art. 16 da Lei 7.492/86 configurado. 5. Recurso ao qual se nega provimento. (STF, Segunda Turma. RHC 118404/GO - GOIÁS. RECURSO ORDINÁRIO EM HABEAS CORPUS. Relator(a) Min. GILMAR MENDES. Julgamento em 24/06/2014. Publicação em DJe-162 DIVULG 21-08-2014 PUBLIC 22-08-2014, sem grifos no original).

Da modalidade "venda premiada", apta a configurar a situação prevista no artigo 16 da Lei nº 7.492/86. De acordo com o entendimento da Terceira Seção do STJ, a "venda premiada", ou "compra premiada" (entendida como a promessa de aquisição de bens através da formação de grupos, sendo que os integrantes pagam prestações mensais e há sorteios através dos quais os contemplados ficam exonerados de pagar as parcelas restantes), configura prática descrita no artigo 16 da Lei nº 7.492/86:

> CONFLITO NEGATIVO DE COMPETÊNCIA ENTRE A JUSTIÇA ESTADUAL E A JUSTIÇA FEDERAL. INQUÉRITO POLICIAL. **VENDA PREMIADA. CAPTAÇÃO DE RECURSOS DE TERCEIROS. EQUIPARA-**

ÇÃO A INSTITUIÇÃO FINANCEIRA. AUSÊNCIA DE AUTORIZAÇÃO DO BANCO CENTRAL. CARACTERIZAÇÃO, EM TESE, DO DELITO DESCRITO NO ART. 16 DA LEI N. 7.492/86. COMPETÊNCIA DA JUSTIÇA FEDERAL. 1. O presente conflito negativo de competência deve ser conhecido, por se tratar de incidente instaurado entre juízos vinculados a Tribunais distintos, nos termos do art. 105, inciso I, alínea "d" da Constituição Federal - CF. 2. O núcleo da controvérsia consiste em definir se a "venda premiada" de motocicletas pode ser considerada uma simulação de consórcio de forma que a conduta descrita na denúncia possa se subsumir em tipos penais incriminadores descritos na Lei n. 7492/86, dentre eles, o crime tipificado no art. 16, consistente em operar instituição financeira, sem a devida autorização. Em outras palavras, discute-se se teria havido, em tese, prática de estelionato - tendo como vítima exclusivamente particulares - ou a prática de crime que afeta o sistema financeiro. 3. **A venda premiada - ainda que levada a efeito sem autorização do Banco Central do Brasil e mesmo não caracterizando um consórcio puro - trata-se se um simulacro de consórcio, que capta e administra recursos de terceiros, de modo a se enquadrar no tipo penal previsto do art. 16 da Lei n. 7492/86**. O fato de o indivíduo contemplado não precisar mais arcar com prestações demonstra apenas o alto risco do negócio, diante da possibilidade de não se conseguir o ingresso de outra pessoa para sustentar a viabilidade de aquisição dos bens. 4. Ademais, ainda que não haja identidade perfeita entre a venda premiada e o consórcio, é evidente de que não se trata de venda comum, na medida em que a pessoa jurídica capta recursos de terceiros, podendo, portanto, ser considerada instituição financeira a teor do art. 1º da Lei n. 7.492/06. Precedente (RHC 50.101/BA, Rel. Ministro SEBASTIÃO REIS JÚNIOR, Rel. p/ Acórdão Ministro FELIX FISCHER, TERCEIRA SEÇÃO, DJe 27/11/2015) [...] (STJ, S3 - TERCEIRA SEÇÃO. CC 160077/PA. CONFLITO DE COMPETENCIA. Relator(a) Ministro JOEL ILAN PACIORNIK. Julgamento em 10/10/2018. Publicação/Fonte em DJe 19/10/2018). Sem grifo no original.

PENAL E PROCESSUAL PENAL. RECURSO ORDINÁRIO EM HABEAS CORPUS. **VENDA PREMIADA. CRIME FINANCEIRO. SUBSUNÇÃO DA CONDUTA AO ARTIGO 16 DA LEI Nº 7.492/86. EQUIPARAÇÃO À INSTITUIÇÃO FINANCEIRA**. RECURSO ORDINÁRIO DESPROVIDO. (...) II - Compra premiada ou venda premiada é a promessa de aquisição de bens, mediante formação de grupos, com pagamentos de contribuições mensais e sorteios, cujos contemplados ficam exonerados de adimplir as parcelas restantes (STJ, CC n. 121.146/MA, Rel. Min. Sebastião Reis Júnior, j. Em 13/6/2012). II - A venda premiada possui os elementos essenciais do consórcio: pessoa jurídica que coopta e firma contrato de financiamento com número determinado de contratantes para financiamento de bens móveis para futura distribuição por sorteio. III - Ausência dos requisitos de compra e venda comum, e equiparação à instituição financeira a teor do inciso I do Parágrafo único do art. 1º da Lei 7.492/96. Bem adquirido com as prestações dos aderentes, tal como o consórcio stricto sensu, porém sem autorização do Banco Central do Brasil. IV - **Subsunção, em tese, da conduta descrita ao tipo penal do artigo 16 da Lei 7.492/86**. Recurso ordinário desprovido. Informações Adicionais A atividade de venda premiada caracteriza o crime contra o sistema financeiro previsto no artigo 16 da Lei 7.492/1986. Isso porque, ainda que tal atividade não seja exatamente igual ao consórcio, pela ausência do autofinanciamento, os elementos essenciais do consórcio estão presentes, quais sejam: pessoa jurídica que coopta e firma contrato de financiamento com número determinado de contratantes para financiamento de bens móveis para futura distribuição por sorteio. Dessa forma, ela se insere na definição do artigo do artigo 1º, parágrafo único, inciso I da Lei nº 7.492/86, pois equipara-se à instituição financeira a pessoa jurídica que capte ou administre qualquer tipo de poupança ou recursos de terceiros. (STJ, S3 - TERCEIRA SEÇÃO. RHC 50101/BA. RECURSO ORDINÁRIO EM HABEAS CORPUS. Relator(a) Ministro SEBASTIÃO REIS JÚNIOR. Relator(a) p/ Acórdão Ministro FELIX FISCHER. Julgamento em 14/10/2015. Publicação/Fonte em DJe 27/11/2015. RT vol. 964 p. 575, sem grifos no original).

No voto vencido, o Min. Sebastião Reis Júnior entendeu que a atividade de venda premiada não caracteriza o crime contra o sistema financeiro (art. 16 da Lei nº 7.492/1986), eis que "não pode ser enquadrada como consórcio, uma vez que estão ausentes a isonomia, a solidariedade e o autofinanciamento. Além disso, tal atividade não configura captação antecipada de poupança popular nem tem potencial para ofender a integridade e a credibilidade do Sistema Financeiro Nacional. "

Da configuração do crime previsto no art. 16 da Lei n.º 7.492/86. *Factoring*. Jurisprudência. A Terceira Seção do STJ, no julgamento do CC 115338/PR, entendeu que, embora as sociedades empresariais de *factoring* não integrem, a princípio, o conceito de 'instituição financeira' (art. 1º da Lei n.º 7.492/86) podem figurar no tipo penal previsto no art. 16 da Lei n.º 7.492/86 na hipótese de, extrapolando as atividades próprias do faturamento mercantil, praticarem operações exclusivas de instituições financeiras. Confira-se o julgado:

CONFLITO NEGATIVO DE COMPETÊNCIA. SOCIEDADE EMPRESARIAL DE FACTORING. CAPTAÇÃO E APLICAÇÃO DE RECURSOS DE TERCEIROS SEM A DEVIDA AUTORIZAÇÃO LEGAL. OPERAÇÕES EXCLUSIVAS DE INSTITUIÇÕES FINANCEIRAS. CRIME CONTRA O SISTEMA FINANCEIRO NACIONAL (ART. 16 DA LEI Nº 7.492/86).

> COMPETÊNCIA DO JUÍZO FEDERAL. 1. A concessão de empréstimos a juros abusivos por empresas de factoring caracteriza crime de usura, previsto nos arts. 4º da Lei nº 1.521/51 e 13 do Decreto nº 22.626/33, e não delito contra o sistema financeiro nacional, sendo, portanto, da competência da Justiça Estadual. Precedentes. 2. Na hipótese, constatou-se que os sócios (...) realizavam, sem autorização legal, a captação, intermediação e aplicação de recursos financeiros de terceiros, sob a promessa de que receberiam, em contrapartida, rendimentos superiores aos aplicados no mercado, em torno de 1,5% a 2,5% ao mês, operando como verdadeira instituição financeira, o que configura, em tese, o crime previsto no art. 16 da Lei nº 7.492/86, cuja competência é da Justiça Federal. 3. **Embora a factoring não se confunda com instituição financeira os termos da legislação, nada impede que determinadas operações realizadas por essas empresas possam ser tipificadas na Lei nº 7.492/86, como na espécie, em que se verificou a prática de atividades típicas de instituições financeiras, exorbitando-se das atividades próprias do faturamento mercantil**. 4. Conflito conhecido para reconhecer a competência do Juízo Federal da 3ª Vara Criminal e Juizado Especial Criminal de Curitiba/PR, o suscitante. (STJ, S3 - TERCEIRA SEÇÃO. CC 115338/PR. CONFLITO DE COMPETENCIA. Relator(a) Ministro MARCO AURÉLIO BELLIZZE. Julgamento em 26/06/2013. Publicação/Fonte em DJe 13/08/2013. RET vol. 939 p. 390, sem grifo no original).

Da desnecessidade de habitualidade delitiva para a configuração do art. 16 da Lei n.º 7.492/86. Jurisprudência. A Quinta Turma do STJ (em recente julgado), entendeu que a pessoa física que exerça atividade com recursos financeiros de terceiros, *ainda que de modo eventual*, se equipara à 'instituição financeira' (art. 1º, parágrafo único, II, da Lei n.º 7.492/86) e pode praticar crime contra o Sistema Financeiro. No caso a seguir, uma pessoa física praticava operação não autorizada de câmbio e a Turma ressaltou que, para a configuração do crime previsto no artigo 16 da Lei nº 7.492/86, a habitualidade da conduta não é requisito da tipificação:

> PENAL. AGRAVO REGIMENTAL NO RECURSO ESPECIAL. ART. 16 DA LEI N. 7.492/86. FAZER OPERAÇÃO DE CÂMBIO SEM AUTORIZAÇÃO. PESSOA FÍSICA. HABITUALIDADE DELITIVA. IRRELEVÂNCIA. ART. 1º, PARÁGRAFO ÚNICO, II, DA LEI N. 7.492/86. AGRAVO REGIMENTAL DESPROVIDO. 1. Conforme disposto no art. 1º, parágrafo único, II, da Lei n. 7.492/86, a pessoa física que exerça atividade com recursos financeiros de terceiros, **ainda que de modo eventual**, se equipara à instituição financeira. 1.1. No caso, a pessoa física supostamente praticava operação não autorizada de câmbio e **a habitualidade da conduta não é requisito da tipificação do art. 16 da Lei n. 7.492/86.**[...] (STJ, T5 - QUINTA TURMA. AgRg no REsp 1565341/RJ. AGRAVO REGIMENTAL NO RECURSO ESPECIAL. Rela-

tor(a) Ministro JOEL ILAN PACIORNIK. Julgamento em 16/08/2018. Publicação/Fonte em DJe 27/08/2018. Sem grifo no original).

Sujeito ativo. Qualquer pessoa pode figurar como sujeito ativo deste crime, não se exigindo qualidade especial para tanto. Trata-se, portanto, de crime comum.

Sujeito passivo. É o Estado, em razão de ter o seu Sistema Financeiro lesado. De forma secundária podem ser considerados sujeitos passivos todos aqueles que forem prejudicados por ocasião da prática da conduta típica aqui prevista.

Elemento subjetivo. O tipo prevê a modalidade dolosa, ou seja, a vontade livre e consciente em fazer operar, sem a devida autorização, ou com autorização obtida mediante declaração falsa, instituição financeira, inclusive de distribuição de valores mobiliários ou de câmbio. Não há previsão para modalidade culposa.

Objeto material da conduta. No presente tipo penal é a instituição financeira, inclusive de distribuição de valores mobiliários ou de câmbio.

Objeto jurídico. Tutela-se o Sistema Financeiro Nacional, mormente sob o aspecto da confiança e do regular funcionamento deste, bem como da proteção ao investidor.

Classificação doutrinária. Trata-se de crime comum (pois pode ser praticado por qualquer pessoa), formal (tendo em vista a desnecessidade da ocorrência de resultado naturalístico), comissivo, doloso, instantâneo ou permanente (quando estivermos diante de hipótese fática cuja conduta se perdure no tempo, como a manutenção em funcionamento de instituição financeira que não possui autorização), plurissubsistente (cometido através da prática de mais de um ato), e de forma livre (haja vista que pode ser praticado por qualquer modo eleito pelo sujeito ativo).

Momento consumativo. O crime em tela se consuma quando o sujeito ativo faz operar, sem a devida autorização, ou com autorização obtida mediante declaração falsa, instituição financeira, inclusive de distribuição de valores mobiliários ou de câmbio.

Competência. Nos termos do artigo 109, VI, da CRFB/88, e do artigo 26, *caput*, da Lei nº 7.492/86, é competente a Justiça Federal para processar e julgar os crimes contra o sistema financeiro.

Tentativa. Admitida, pois estamos diante de uma situação de crime plurissubsistente, na qual há possibilidade de fracionamento da conduta.

Art. 17. Tomar ou receber crédito, na qualidade de qualquer das pessoas mencionadas no art. 25, ou deferir operações de crédito vedadas, observado o disposto no art. 34 da Lei nº 4.595, de 31 de dezembro de 1964: (Redação dada pela Lei nº 13.506, de 2017)

Pena - Reclusão, de 2 (dois) a 6 (seis) anos, e multa.

Análise do artigo 17 da Lei nº 7.492/86. Neste tipo penal existem três verbos centrais que norteiam as condutas nele previstas e indicam condutas mistas alternativas. Os dois primeiros (tomar ou receber), giram em torno do mesmo objeto material, qual seja, crédito. Já em relação ao terceiro verbo (deferir), o objeto material no caso desta conduta é a operação (ou operações) de crédito vedadas.

Qualquer que seja a hipótese, é preciso verificar o que dispõe o artigo 34 da Lei nº 4.595/64 (que dispõe sobre a Política e as Instituições Monetárias, Bancárias e Creditícias, cria o Conselho Monetário Nacional e dá outras providências). Tal artigo assevera que a operação de crédito (por parte da instituição financeira), é vedada às pessoas indicadas, basicamente, no artigo 25 da Lei nº 7.492/86, bem como aos parentes destes ou outra parte relacionada à instituição financeira, conforme dispõe o art. 34, § 3º, da Lei nº 4.595/64. Ou seja, pode-se dizer que o artigo 34 da Lei nº 4.595/64 é a base para a análise do crime previsto no artigo 17 da Lei nº 7.492/86.

> Art. 34. É vedado às instituições financeiras realizar operação de crédito com a parte relacionada. (Redação dada pela Lei nº 13.506, de 2017)
>
> I – (revogado); (Redação dada pela Lei nº 13.506, de 2017)
>
> II – (revogado); (Redação dada pela Lei nº 13.506, de 2017)
>
> III -(revogado); (Redação dada pela Lei nº 13.506, de 2017)
>
> IV – (revogado); (Redação dada pela Lei nº 13.506, de 2017)
>
> V – (revogado); (Redação dada pela Lei nº 13.506, de 2017)
>
> § 1º (Revogado). (Redação dada pela Lei nº 13.506, de 2017)
>
> § 2º (Revogado). (Redação dada pela Lei nº 13.506, de 2017)
>
> § 3º Considera-se parte relacionada à instituição financeira, para efeitos deste artigo: (Incluído pela Lei nº 13.506, de 2017)
>
> I – seus controladores, pessoas físicas ou jurídicas, nos termos do art. 116 da Lei nº 6.404, de 15 de dezembro de 1976; (Incluído pela Lei nº 13.506, de 2017)
>
> II – seus diretores e membros de órgãos estatutários ou contratuais; (Incluído pela Lei nº 13.506, de 2017)
>
> III – o cônjuge, o companheiro e os parentes, consanguíneos ou afins, até o segundo grau, das pessoas mencionadas nos incisos I e II deste parágrafo; (Incluído pela Lei nº 13.506, de 2017)
>
> IV – as pessoas físicas com participação societária qualificada em seu capital; e (Incluído pela Lei nº 13.506, de 2017)
>
> V – as pessoas jurídicas: (Incluído pela Lei nº 13.506, de 2017)
>
> a) com participação qualificada em seu capital; (Incluído pela Lei nº 13.506, de 2017)
>
> b) em cujo capital, direta ou indiretamente, haja participação societária qualificada; (Incluído pela Lei nº 13.506, de 2017)
>
> c) nas quais haja controle operacional efetivo ou preponderância nas deliberações, independentemente da participação societária; e (Incluído pela Lei nº 13.506, de 2017)

d) que possuírem diretor ou membro de conselho de administração em comum. (Incluído pela Lei nº 13.506, de 2017)

§ 4º Excetuam-se da vedação de que trata o caput deste artigo, respeitados os limites e as condições estabelecidos em regulamentação: (Incluído pela Lei nº 13.506, de 2017)

I - as operações realizadas em condições compatíveis com as de mercado, inclusive quanto a limites, taxas de juros, carência, prazos, garantias requeridas e critérios para classificação de risco para fins de constituição de provisão para perdas prováveis e baixa como prejuízo, sem benefícios adicionais ou diferenciados comparativamente às operações deferidas aos demais clientes de mesmo perfil das respectivas instituições; (Incluído pela Lei nº 13.506, de 2017)

II - as operações com empresas controladas pela União, no caso das instituições financeiras públicas federais; (Incluído pela Lei nº 13.506, de 2017)

III - as operações de crédito que tenham como contraparte instituição financeira integrante do mesmo conglomerado prudencial, desde que contenham cláusula contratual de subordinação, observado o disposto no inciso V do art. 10 desta Lei, no caso das instituições financeiras bancárias; (Incluído pela Lei nº 13.506, de 2017)

IV - os depósitos interfinanceiros regulados na forma do inciso XXXII do caput do art. 4º desta Lei; (Incluído pela Lei nº 13.506, de 2017)

V - as obrigações assumidas entre partes relacionadas em decorrência de responsabilidade imposta a membros de compensação e demais participantes de câmaras ou prestadores de serviços de compensação e de liquidação autorizados pelo Banco Central do Brasil ou pela Comissão de Valores Mobiliários e suas respectivas contrapartes em operações conduzidas no âmbito das referidas câmaras ou prestadores de serviços; e (Incluído pela Lei nº 13.506, de 2017)

VI - os demais casos autorizados pelo Conselho Monetário Nacional. (Incluído pela Lei nº 13.506, de 2017)

§ 5º Considera-se também realizada com parte relacionada qualquer operação que caracterize negócio indireto, simulado ou mediante interposição de terceiro, com o fim de realizar operação vedada nos termos deste artigo. (Incluído pela Lei nº 13.506, de 2017)

§ 6º O Conselho Monetário Nacional disciplinará o disposto neste artigo, inclusive a definição de operação de crédito, de limites e de participação qualificada. (Incluído pela Lei nº 13.506, de 2017.

Em relação ao artigo 17, nos dois primeiros verbos (que indicam condutas alternativas), as pessoas indicadas no artigo 25 da Lei nº 7.492/86 ou tomam (situação ativa por parte do sujeito ativo), ou recebem (conduta passiva) crédito. São situações que não necessariamente preveem o concurso de agentes, mas que também não o impedem.

A primeira leitura, feita de forma isolada, do artigo 17 não permite distinguir se o crédito é feito pelo administrador da instituição financeira em benefício desta ou não.

Logicamente que, após a análise do artigo 34 da Lei nº 4.595/64, fica fácil perceber qual foi, verdadeiramente, a intenção do legislador: a de impedir que essas pessoas mencionadas no artigo 25 da Lei nº 7.492/86 fossem pivôs de condutas que tivessem como base o uso das instituições financeiras em benefício próprio ou de terceiros, principalmente parentes, já que, provavelmente o crédito poderia ser feito em condições muito mais vantajosas, utilizando-se do poder de influência em face das instituições financeiras.

Note-se que a Lei nº 13.506/17 revogou os incisos I a V anteriormente existentes, bem como os dois primeiros parágrafos do artigo 34 da Lei 4.595/64. Antes, em face da conduta descrita no artigo 34, § 1º, da Lei nº 4.595/64, prevalecia o disposto no artigo 17 da Lei nº 7.492/86, tanto por se tratar de lei posterior, quanto pela aplicação do princípio da especialidade.

Já no que diz respeito ao deferimento de operações de crédito vedadas, por força da própria intenção do artigo 34 da Lei nº 4.595/64, impede-se que os administradores de instituições financeiras se utilizem delas para beneficiar controlador (pessoa física ou jurídica), diretores e membros de órgãos estatutários ou contratuais, respectivos cônjuges, o companheiro e os parentes, consanguíneos ou afins, até o segundo grau destas pessoas, as pessoas físicas com participação societária qualificada em seu capital e as seguintes pessoas jurídicas: com participação qualificada em seu capital; em cujo capital, direta ou indiretamente, haja participação societária qualificada; nas quais haja controle operacional efetivo ou preponderância nas deliberações, independentemente da participação societária e nas que possuírem diretor ou membro de conselho de administração em comum, deferindo-lhes o objeto material previsto no artigo 17 da Lei nº 7.492/86.

Importante destacar que o artigo 34, § 4º, da Lei nº 4.595/64, traz algumas exceções em relação às vedações quanto às operações de crédito eventualmente realizadas pelas instituições financeiras, o que afastaria a conduta típica em relação ao artigo 17 da Lei nº 7.492/86.

Além disso, qualquer operação que caracterize negócio indireto, simulado ou mediante interposição de terceiro, com o fim de realizar operação vedada nos termos do artigo 34, também será considerada como se realizada com parte relacionada, conforme o que dispõe o parágrafo quinto deste artigo 34, ora mencionado.

Por fim, o parágrafo sexto do artigo 34 aduz que o Conselho Monetário Nacional irá disciplinar as minúcias previstas no *caput*, bem como a definição do que vem a ser operação de crédito, de limites e de participação qualificada.

Da caracterização do crime previsto no artigo 17 da Lei nº 7.492/86 diante de empréstimo feito entre empresas coligadas. Segundo esse julgamento da Quinta Turma do STJ, há, na hipótese de empréstimo entre empresas coligadas (ainda que com movimentação exclusiva de recursos próprios da instituição financeira), violação ao princípio da moralidade, da saúde financeira da instituição e, ainda, eventual abalo na credibilidade do sistema, o que pode vir a comprometer todo o SFN. Ademais, para a caracterização do art. 17 da Lei nº 7.492/86 seria indiferente a destinação dos valores do empréstimo, se da própria instituição ou coligada.

> PENAL. RECURSO ESPECIAL. CRIME CONTRA O SISTEMA FINANCEIRO NACIONAL (ART. 17 DA LEI Nº 7.492/86). EMPRÉSTIMO. Em sede do art. 17 da Lei nº 7.492/86 é indiferente que os recursos destinados ao empréstimo sejam de propriedade da própria administradora ou dos consorciados visto que a norma busca velar pela higidez do sistema financeiro nacional e vedar atividade financeira marginal, garantindo, desta forma, a própria intangibilidade do capital do consórcio e não apenas do fundo mútuo constituído pelas prestações dos consorciados [...] (STJ, T5 - QUINTA TURMA. REsp 215393/SP. RECURSO ESPECIAL. Relator(a) Ministro FELIX FISCHER. Julgamento em 21/09/1999. Publicação/Fonte em DJ 18/10/1999 p. 269. RDR vol. 16 p. 281. REVFOR vol. 354 p. 344. REVJUR vol. 265 p. 141. RSTJ vol. 127 p. 458. Vide Informativo nº 0033. Período de 20 a 24 de setembro de 1999. Quinta Turma. CRIME CONTRA O SFN. EMPRÉSTIMO ENTRE EMPRESAS COLIGADAS).

Do entendimento jurisprudencial acerca dos tipos penais previstos nos artigos 5º e 17 da Lei nº 7.492/86. CRIMES DE MÃO PRÓPRIA. Conforme mencionamos no estudo do artigo 5º da mesma Lei, a Terceira Seção do STJ possui recente julgado (CC 155853/SP, datado de 25/04/2018) entendendo que os artigos 5º e 7º da Lei nº 7.492/86 descrevem crimes de mão própria, podendo ser praticados apenas por pessoas específicas definidas no artigo 25 da Lei nº 7.492/86:

> CONFLITO DE COMPETÊNCIA. JUSTIÇA FEDERAL E JUSTIÇA ESTADUAL. AGÊNCIA DO BANCO DO BRASIL. SOCIEDADE DE ECONOMIA MISTA. ART. 5º e ART. 17 DA LEI N. 7.492/86. CRIMES DE MÃO PRÓPRIA. SUJEITO ATIVO DESCRITO NO ART. 25 DA LEI N. 7.492/86. GERENTE DE SERVIÇO E GERENTE DE RELACIONAMENTO SEM PODERES DE GESTÃO. CONDUTA QUE PODERIA SER PRATICADA POR QUALQUER ESCRITURÁRIO. AUSÊNCIA DE CONFIGURAÇÃO DE DELITO CONTRA O SISTEMA FINANCEIRO (...) 3. **O art. 5º e art. 17 da Lei n. 7.492/86 descrevem crimes de mão própria, podendo ser praticados apenas por pessoas específicas definidas em lei.** Da leitura do art. 25 da Lei n. 7.492/86 extrai-se que, pela natureza dos cargos mencionados no dispositivo - controlador, administrador, diretor - os gerentes que podem ser responsabilizados penalmente são aqueles que possuem poderes de gestão. Isto porque, em se tratando de uma norma penal explicativa, que esclarece o conteúdo e alcance de um tipo penal incriminador, sua inter-

pretação deve ser restritiva. Precedentes [...] (STJ. S3 - TERCEIRA SEÇÃO. CC 155853/SP. CONFLITO DE COMPETENCIA. Relator(a) Ministro JOEL ILAN PACIORNIK. Julgamento em 25/04/2018. Publicação/Fonte em DJe 11/05/2018. Sem grifo no original).

Sujeito ativo. Estamos diante de um crime de mão própria, no qual somente as pessoas indicadas no artigo 25 da Lei nº 7.492/86 têm o poder de tomar ou receber crédito em face da instituição financeira. Note-se que o parágrafo primeiro do artigo 25 também inclui as figuras do interventor, liquidante e do síndico.

Sujeito passivo. É o Estado, em razão de ter o seu Sistema Financeiro lesado. De forma secundária podem ser considerados sujeitos passivos todos aqueles que forem prejudicados por ocasião da prática da conduta típica aqui prevista, principalmente a instituição financeira da qual se toma, recebe ou se defere o empréstimo ou adiantamento.

A propósito do tema, a Quinta Turma do STJ entendeu que a empresa que detém o controle acionário da entidade financeira vítima de gestão fraudulenta não é sujeito passivo do crime (não é titular do bem jurídico protegido), negando participação da controladora como assistente de acusação por entender que o mero interesse econômico não justifica a ampliação do rol taxativo para a configuração da assistência à acusação (arts. 268, 270 e 271 do CPP). Confira o julgado:

> AGRAVO REGIMENTAL EM RECURSO ORDINÁRIO EM MANDADO DE SEGURANÇA. INTERVENÇÃO COMO ASSISTENTE DE ACUSAÇÃO. ART. 268 DO CPP. ROL TAXATIVO. EMPRESA QUE DETÉM O CONTROLE ACIONÁRIO DA ENTIDADE FINANCEIRA VÍTIMA DE DESVIO DE RECURSOS. AUSÊNCIA DE LEGITIMIDADE. PESSOA JURÍDICA QUE NÃO É A TITULAR DO BEM JURÍDICO PROTEGIDO NA AÇÃO PENAL. CRIMES CONTRA O SISTEMA FINANCEIRO NACIONAL: ART. 4º, PARÁGRAFO ÚNICO, E 17 DA LEI 7.492/86 (GESTÃO FRAUDULENTA DE INSTITUIÇÃO FINANCEIRA). EVENTUAL INTERESSE ECONÔMICO. DISCUSSÃO EM SEDE PRÓPRIA (...) 2. Para que pessoa física ou jurídica possa ingressar no feito como assistente de acusação, deve demonstrar, nos termos do disposto no art. 268 do Diploma Processual Penal, ser titular do bem jurídico lesado ou posto em perigo pela conduta típica, o que, in casu, não ocorre. 3. Na hipótese vertente, cuida-se de crimes previstos nos arts. 4º, parágrafo único, e 17 da Lei nº 7.492/86, cujo bem jurídico tutelado é, em primeiro lugar, a lisura do Sistema Financeiro Nacional e, em segundo lugar, a própria instituição financeira na qual eles se deram. 4. O fato de a empresa recorrente **exercer o controle acionário da instituição financeira vítima de gestão fraudulenta não a qualifica como sujeito passivo do crime e titular do bem jurídico tutelado** na ação penal, tanto mais quando a vítima direta dos desvios de recursos tipificados como crimes con-

> tra o Sistema Financeiro Nacional foi habilitada como assistente de acusação e vem exercendo regularmente esse papel. Precedentes: RMS 55.901/SP, Rel. Ministro NEFI CORDEIRO, Rel. p/ Acórdão Ministro REYNALDO SOARES DA FONSECA, TERCEIRA SEÇÃO, julgado em 14/11/2018, DJe 19/12/2018; RMS 45.395/SC, Rel. Ministro REYNALDO SOARES DA FONSECA, QUINTA TURMA, julgado em 23/02/2016, DJe 29/02/2016; RMS 41.052/PA, Rel. Ministro ROGERIO SCHIETTI CRUZ, SEXTA TURMA, julgado em 23/06/2015, DJe 03/08/2015. De mais a mais, o interesse econômico da empresa recorrente poderá ser discutido em ambiente processual próprio [...] (STJ, **QUINTA TURMA**. AgRg no RMS 62.157/RS, Rel. Ministro REYNALDO SOARES DA FONSECA, julgado em 28/04/2020, **DJe 04/05/2020**, sem grifo no original).

Elemento subjetivo. O tipo prevê a modalidade dolosa, ou seja, a vontade livre e consciente dos sujeitos ativos em tomar ou receber crédito, ou deferir operações de crédito vedadas, observado o que dispõe o artigo 34 da Lei nº 4.595/64. Não há previsão para modalidade culposa.

Objeto material da conduta. No presente tipo penal é o crédito, bem como as operações de crédito vedadas.

Objeto jurídico. Tutela-se o Sistema Financeiro Nacional, mormente sob o aspecto da confiança e do regular funcionamento deste, bem como da proteção ao investidor.

Classificação doutrinária. Trata-se de crime de mão própria (pois somente pode ser praticado pelas pessoas indicadas no artigo 25 da Lei nº 7.492/86), formal (tendo em vista a desnecessidade da ocorrência de resultado naturalístico), porém o STJ tem precedente entendendo ser crime de mera conduta, comissivo, doloso, instantâneo, unissubsistente (praticado mediante um único ato) ou plurissubsistente (cometido através da prática de mais de um ato), e de forma livre (haja vista que pode ser praticado por qualquer modo eleito pelo sujeito ativo).

A Sexta Turma do STJ tem precedente entendendo que o crime previsto no artigo 17 da Lei nº 7.492/86 é de mera conduta:

> RECURSO ESPECIAL. **CRIME DO COLARINHO BRANCO (LEI 7.492/86). ART. 17. EMPRÉSTIMO VEDADO A COLIGADA. CRIME DE MERA CONDUTA**. INEXISTÊNCIA DE RECURSO DE TERCEIROS. FUNDAMENTO INIDÔNEO PARA AFASTAR A HIPÓTESE TÍPICA. OUTRAS CIRCUNSTÂNCIAS DE EXCLUSÃO DA CULPA QUE DEPENDEM DA PROVA. **Segundo reiterada jurisprudência desta Corte, o crime tipificado no art. 17 da Lei 7.492/86 se conforma com a mera conduta do agente, isto é, se aperfeiçoa com o simples empréstimo realizado por instituição financeira a empresa coligada do mesmo grupo econômico, razão por que a assertiva de utilização de recursos próprios não afasta a indicação delitiva,**

podendo servir, ao contrário, para a análise da culpabilidade em momento próprio [...] (STJ, T6 - SEXTA TURMA. REsp 466168/SP. RECURSO ESPECIAL. Relator(a) Ministra MARIA THEREZA DE ASSIS MOURA. Julgamento em 17/12/2009. Publicação/Fonte em DJe 22/02/2010, sem grifo no original).

Momento consumativo. O crime em tela se consuma quando o sujeito ativo toma ou recebe o crédito ou ainda quando este defere operações de crédito, observado o disposto no artigo 34 da Lei nº 4.595/64.

Competência. Nos termos do artigo 109, VI, da CRFB/88, e do artigo 26, *caput*, da Lei nº 7.492/86, é competente a Justiça Federal para processar e julgar os crimes contra o sistema financeiro.

Tentativa. Admitida, quando estivermos estamos diante de uma situação plurissubsistente, na qual há possibilidade de fracionamento da conduta.

Parágrafo único. Incorre na mesma pena quem:

I – em nome próprio, como controlador ou na condição de administrador da sociedade, conceder ou receber adiantamento de honorários, remuneração, salário ou qualquer outro pagamento, nas condições referidas neste artigo;

Análise do inciso I do parágrafo único do artigo 17 da Lei nº 7.492/86. As condutas descritas no inciso I nada mais são do que repetições de hipóteses já previstas no *caput* do dispositivo. Isto porque lá há uma amplitude (principalmente no que tange ao adiantamento), que as englobaria, facilmente.

No mais, há especificação do tipo de adiantamento (honorários), porém nas condições ditadas pelo *caput* (principalmente para as pessoas lá descritas), levando-nos a crer que se a hipótese de adiantamento não estiver enquadrada naquelas condições (do *caput*), o fato é atípico.

Sujeito ativo. Trata-se de um crime de mão própria, no qual somente o controlador ou aquele que esteja na condição de administrador da sociedade, conceder ou receber adiantamento de honorários, remuneração, salário ou qualquer outro pagamento, nas condições descritas no *caput* do artigo 17 pratica o crime.

Sujeito passivo. É o Estado, em razão de ter o seu Sistema Financeiro lesado. De forma secundária podem ser considerados sujeitos passivos todos aqueles que forem prejudicados por ocasião da prática da conduta típica aqui prevista, principalmente a instituição financeira da qual saem os recursos indicados no dispositivo legal.

Elemento subjetivo. O tipo prevê a modalidade dolosa, ou seja, a vontade livre e consciente dos sujeitos ativos (quando agindo em nome próprio), em conceder ou receber adiantamento de honorários, remuneração, salário ou qualquer outro pagamento, nas condições referidas no *caput* do artigo 17. Não há previsão para modalidade culposa.

Objeto material da conduta. No presente tipo penal é o adiantamento de honorários, remuneração, salário ou qualquer outro pagamento.

Objeto jurídico. Tutela-se o Sistema Financeiro Nacional, mormente sob o aspecto da confiança e do regular funcionamento deste, bem como da proteção ao investidor.

Classificação doutrinária. Trata-se de crime de mão própria (pois somente pode ser praticado pelo controlador ou aquele que esteja na condição de administrador da sociedade), formal (tendo em vista a desnecessidade da ocorrência de resultado naturalístico), comissivo, doloso, instantâneo, unissubsistente (praticado mediante um único ato) ou plurissubsistente (cometido através da prática de mais de um ato), e de forma livre (haja vista que pode ser praticado por qualquer modo eleito pelo sujeito ativo).

Momento consumativo. O crime em tela se consuma quando o sujeito ativo, em nome próprio, como controlador ou na condição de administrador da sociedade, concede ou recebe adiantamento de honorários, remuneração, salário ou qualquer outro pagamento, nas condições referidas no *caput* do artigo 17.

Competência. Nos termos do artigo 109, VI, da CRFB/88, e do artigo 26, *caput*, da Lei nº 7.492/86, é competente a Justiça Federal para processar e julgar os crimes contra o sistema financeiro.

Tentativa. Admitida, quando estivermos estamos diante de uma situação plurissubsistente, na qual há possibilidade de fracionamento da conduta.

> II - de forma disfarçada, promover a distribuição ou receber lucros de instituição financeira.

Análise do inciso II do parágrafo único do artigo 17 da Lei nº 7.492/86. Em relação ao inciso II, a conduta descrita pressupõe que tanto a distribuição (conduta ativa), quanto o recebimento (conduta passiva) de lucros de instituição financeira, sejam feitos de forma dissimulada, camuflada. Por um lado, a intenção do legislador foi a de inibir informações falsas sobre documentos contábeis, bem como dilapidação da instituição financeira, além de formação de "caixa 02".

Sujeito ativo. Devemos destacar os dois verbos nucleares para compreensão do sujeito ativo. Na primeira conduta, "promover a distribuição", pressupõe-se que seja oriunda de quem tem poder decisório para tanto, vale dizer, as pessoas indicadas no artigo 25 da Lei nº 7.492/86, tratando-se de crime de mão própria nesta modalidade.

Porém, diante da conduta de "receber lucros de instituição financeira", qualquer um pode ser beneficiado, razão pela qual também pode figurar como sujeito ativo. Aqui estamos diante de um crime comum.

Sujeito passivo. É o Estado, em razão de ter o seu Sistema Financeiro lesado. De forma secundária podem ser considerados sujeitos passivos todos aqueles que forem prejudicados por ocasião da prática da conduta típica aqui prevista, principalmente a instituição financeira da qual saem os recursos indicados no dispositivo legal.

Elemento subjetivo. O tipo prevê a modalidade dolosa, ou seja, a vontade livre e consciente dos sujeitos ativos, agindo de forma disfarçada, de promover a distribuição ou receber lucros de instituição financeira. Não há previsão para modalidade culposa.

Objeto material da conduta. No presente tipo penal são os lucros de instituição financeira.

Objeto jurídico. Tutela-se o Sistema Financeiro Nacional, mormente sob o aspecto da confiança e do regular funcionamento deste, bem como da proteção ao investidor.

Classificação doutrinária. Trata-se de crime de mão própria (pois somente pode ser praticado pelas pessoas indicadas no artigo 25 da Lei nº 7.492/86, diante da conduta de promover a distribuição de lucros de instituição financeira) ou comum (quanto vislumbrarmos o verbo "receber"), formal (tendo em vista a desnecessidade da ocorrência de resultado naturalístico), comissivo, doloso, instantâneo (porém de efeitos permanentes), unissubsistente (praticado mediante um único ato) ou plurissubsistente (cometido através da prática de mais de um ato), e de forma livre (haja vista que pode ser praticado por qualquer modo eleito pelo sujeito ativo).

Momento consumativo. O crime em tela se consuma quando o sujeito ativo, de forma disfarçada, promover a distribuição ou receber lucros de instituição financeira.

Competência. Nos termos do artigo 109, VI, da CRFB/88, e do artigo 26, *caput*, da Lei nº 7.492/86, é competente a Justiça Federal para processar e julgar os crimes contra o sistema financeiro.

Tentativa. Admitida, quando estivermos estamos diante de uma situação plurissubsistente, na qual há possibilidade de fracionamento da conduta.

Art. 18. Violar sigilo de operação ou de serviço prestado por instituição financeira ou integrante do sistema de distribuição de títulos mobiliários de que tenha conhecimento, em razão de ofício:

Pena – Reclusão, de 1 (um) a 4 (quatro) anos, e multa.

Análise do artigo 18 da Lei nº 7.492/86. A Lei Complementar nº 105/01 (que dispõe sobre o sigilo das operações de instituições financeiras e dá outras providências), afirma, logo no artigo 1º, que as instituições financeiras conservarão sigilo em suas operações ativas e passivas, bem como em relação aos serviços prestados.

Além disso, o artigo 10 desta Lei Complementar trata especificamente da questão criminal atinente ao sigilo nesses casos, prevendo que:

> Art. 10. A quebra de sigilo, fora das hipóteses autorizadas nesta Lei Complementar, constitui crime e sujeita os responsáveis à pena de

reclusão, de um a quatro anos, e multa, aplicando-se, no que couber, o Código Penal, sem prejuízo de outras sanções cabíveis.

Parágrafo único. Incorre nas mesmas penas quem omitir, retardar injustificadamente ou prestar falsamente as informações requeridas nos termos desta Lei Complementar.

O parágrafo 3º, do artigo 1º da Lei Complementar nº 105/01 mitiga a questão do sigilo, ao dispor sobre o que não constitui violação do dever de sigilo, razão pela qual a situação seria atípica, diante do crime previsto no artigo 10 da LC nº 105/01.

Desta forma, entendemos que o artigo 18 da Lei nº 7.492/86 foi tacitamente revogado pelo artigo 10 da LC nº 105/01.

Art. 19. Obter, mediante fraude, financiamento em instituição financeira:

Pena - Reclusão, de 2 (dois) a 6 (seis) anos, e multa.

Análise do artigo 19 da Lei nº 7.492/86. Este tipo penal trata da obtenção, por qualquer pessoa (crime comum), de financiamento (recurso ou valor com destinação específica) em instituição financeira, através de fraude. Trata-se de um crime material, exigindo o resultado naturalístico para a consumação, ainda que não haja prejuízo para a instituição financeira.

Conforme julgamento a seguir, da Terceira Seção do STJ, o artigo 19 da Lei nº 7.492/86 pressupõe que haja uma destinação específica do financiamento obtido mediante fraude, sem, contudo, exigir para a sua configuração efetivo ou potencial abalo ao Sistema Financeiro:

> CONFLITO NEGATIVO DE COMPETÊNCIA ENTRE A. JUSTIÇA ESTADUAL E A JUSTIÇA FEDERAL. INQUÉRITO POLICIAL. TENTATIVA DE OBTENÇÃO DE FINANCIAMENTO JUNTO A INSTITUIÇÃO FINANCEIRA PARA A AQUISIÇÃO DE VEÍCULO AUTOMOTOR. FINANCIAMENTO COM DESTINAÇÃO ESPECÍFICA. CARACTERIZAÇÃO, EM TESE, DO DELITO DESCRITO NO ART. 19 DA LEI N. 7.492/86. AUSÊNCIA DE NECESSIDADE DE POTENCIAL ABALO DO SISTEMA FINANCEIRO COMO UM TODO PARA A CONFIGURAÇÃO DO DELITO. COMPETÊNCIA DA JUSTIÇA FEDERAL. (...) 2. A nova orientação no âmbito do Ministério Público Federal no sentido de que compete à Justiça Estadual apurar condutas delitivas que afetam apenas o patrimônio de instituições financeira e não o Sistema Financeiro como um todo não prosperou nesta Corte, a qual entende que para a configuração do delito descrito no art. 19 da Lei n. 7.492/86, basta a obtenção, mediante fraude, de financiamento em instituição financeira com destinação específica dos valores obtidos. Em outras palavras, o STJ manteve sua jurisprudência no sentido de que o crime tipificado no art. 19 da Lei n. 7.492/86 não exige, para a

sua configuração, efetivo ou potencial abalo ao Sistema Financeiro. Precedente. 3. No caso dos autos, tendo em vista que o investigado teria tentado obter financiamento bancário com a destinação específica para adquirir automóvel – leasing –, resta caracterizada a competência da Justiça Federal, na esteira da pacífica jurisprudência do STJ. Precedentes [...] (STJ, S3 – TERCEIRA SEÇÃO. CC 158548/PI. CONFLITO DE COMPETENCIA. Relator(a) Ministro JOEL ILAN PACIORNIK. Julgamento em 27/06/2018. Publicação/Fonte em DJe 01/08/2018. Sem grifo no original).

PENAL E PROCESSO PENAL. CONFLITO DE COMPETÊNCIA. FINANCIAMENTO FRAUDULENTO JUNTO A INSTITUIÇÃO FINANCEIRA PARA A AQUISIÇÃO DE VEÍCULO AUTOMOTOR. FINANCIAMENTO COM DESTINAÇÃO ESPECÍFICA. CARACTERIZAÇÃO, EM TESE, DO DELITO DESCRITO NO ART. 19 DA LEI N. 7.492/86. AUSÊNCIA DE NECESSIDADE DE POTENCIAL ABALO DO SISTEMA FINANCEIRO COMO UM TODO PARA A CONFIGURAÇÃO DO DELITO. COMPETÊNCIA DA JUSTIÇA FEDERAL. MATÉRIA RECENTEMENTE ANALISADA PELO COLEGIADO. 1. A tese do Ministério Público Federal no sentido de que compete à Justiça Estadual apurar condutas delitivas que afetam apenas o patrimônio de instituições financeira e não o Sistema Financeiro como um todo não prosperou nesta Corte, a qual entende que para a configuração do delito descrito no art. 19 da Lei n. 7.492/86, basta a obtenção, mediante fraude, de financiamento em instituição financeira com destinação específica dos valores obtidos. 2. No caso dos autos, tendo em vista que o investigado teria obtido financiamento bancário com destinação específica para adquirir automóvel usando documento falso em nome de terceiro, resta caracterizada a competência da Justiça Federal, na esteira da pacífica jurisprudência do Superior Tribunal de Justiça – STJ. Precedentes. 3. O tema foi amplamente debatido em precedente no qual esta Corte Superior manteve sua jurisprudência no sentido de que o crime tipificado no art. 19 da Lei n. 7.492/86 não exige, para a sua configuração, efetivo ou potencial abalo ao Sistema Financeiro (EDcl no AgRg no CC 156.185/MG, Rel. Ministro REYNALDO SOARES DA FONSECA, TERCEIRA SEÇÃO, DJe 7/5/2018.) O mencionado paradigma tem sido mantido pela Terceira Seção nos julgamentos que o sucederam. Precedente: AgRg no CC 161.091/SE, de minha relatoria, TERCEIRA SEÇÃO, DJe 6/2/2019) [...] (STJ, **S3 – TERCEIRA SEÇÃO**. CC 167315/PR. CONFLITO DE COMPETENCIA. Relator(a) Ministro JOEL ILAN PACIORNIK. Julgamento em 28/08/2019. Publicação/Fonte em **DJe 06/09/2019**, sem grifo no original).

PENAL. PROCESSO PENAL. AGRAVO REGIMENTAL NO AGRAVO REGIMENTAL NO AGRAVO EM RECURSO ESPECIAL. SONEGAÇÃO FISCAL. ART. 19 DA LEI N. 7.492/86. OBTENÇÃO MEDIANTE FRAU-

> DE DE FINANCIAMENTO EM INSTITUIÇÃO FINANCEIRA (...) DELITO QUE PRESCINDE DE EFETIVO OU POTENCIAL ABALO AO SISTEMA FINANCEIRO NACIONAL - SFN (...) 1. "O tema foi amplamente debatido em precedente no qual esta Corte Superior manteve sua jurisprudência no sentido de que o crime tipificado no art. 19 da Lei n. 7.492/86 não exige, para a sua configuração, efetivo ou potencial abalo ao Sistema Financeiro" (EDcl no AgRg no CC 156.185/MG, Rel. Ministro REYNALDO SOARES DA FONSECA, TERCEIRA SEÇÃO, DJe 7/5/2018) [...] (STJ, **QUINTA TURMA**. AgRg no AgRg no AREsp 1642491/SP, Rel. Ministro JOEL ILAN PACIORNIK, julgado em 19/05/2020, **DJe 29/05/2020**, sem grifo no original).

Da diferenciação entre o artigo 19 da Lei nº 7.492/86 e o artigo 171 do Código Penal (estelionato). O STJ, através da Terceira Seção, tem entendimento no sentido da inaplicabilidade do art. 19, *caput* e parágrafo único, da Lei nº 7.492/1986, mas sim estelionato, quando comprovado que o prejuízo causado atingira apenas o patrimônio da instituição financeira.

Não fosse a especificidade da situação, que envolve instituição financeira, o artigo 19 da Lei nº 7.492/86 já teria nascido como letra morta (pois o Código Penal já previa o estelionato), o que, sinceramente, não acreditamos ter havido. É de se considerar, também, que o estelionato pressupõe prejuízo para a vítima, o que não necessariamente ocorre por ocasião do artigo 19 da Lei nº 7.492/86 (bastando a obtenção do financiamento, de forma fraudulenta, nesta última hipótese).

Além disso, a especialidade reside também em considerar a operação de financiamento naquelas instituições (para as quais remetemos o leitor para os comentários tecidos por ocasião do estudo do artigo 1º da Lei nº 7.492/86).

Para o STJ, o art. 19 da Lei nº 7.492/1986 exige, para configuração do crime contra o sistema financeiro, "a utilização de fraude para obter financiamento de instituição financeira, o que difere da obtenção de empréstimo. Isso porque os financiamentos são operações realizadas com destinação específica, em que, para a obtenção de crédito, existe alguma concessão por parte do Estado como incentivo, assim há vinculação entre a concessão do crédito e o patrimônio da União [e] também se exige a comprovação da aplicação desses recursos, por exemplo: os financiamentos de parques industriais, máquinas e equipamentos, bens de consumo duráveis, rurais e imobiliários".

> CONFLITO NEGATIVO DE COMPETÊNCIA. PENAL. ART. 19 DA LEI 7.492/86. FRAUDE PARA A OBTENÇÃO DE EMPRÉSTIMO PESSOAL. AUSÊNCIA DE DESTINAÇÃO ESPECÍFICA DA APLICAÇÃO DOS RECURSOS. NÃO CONFIGURAÇÃO DE CRIME CONTRA O SISTEMA FINANCEIRO NACIONAL. FALSIFICAÇÃO E USO DE DOCUMENTO PÚBLICO. ABSORÇÃO. ESTELIONATO. SÚMULA Nº 17/STJ. PREJUÍZO DE SOCIEDADE DE ECONOMIA MISTA (BANCO DO BRASIL). COMPETÊNCIA DA JUSTIÇA ESTADUAL. 1. A conduta relativa à ob-

tenção de empréstimo pessoal perante instituição bancária não se amolda ao crime contra o Sistema Financeiro Nacional, descrito no art. 19 da Lei 7.492/86 ("obter, mediante fraude, financiamento em instituição financeira"), haja vista que em aludida operação não há destinação específica dos recursos. Precedentes desta Corte. (...) 3. No caso, a lesão patrimonial sofrida pelo Banco do Brasil, sociedade de economia mista, não atrai a competência para a Justiça Federal [...] (STJ, S3 - TERCEIRA SEÇÃO. CC 107100/RJ. CONFLITO DE COMPETÊNCIA. Relator(a) Ministro JORGE MUSSI. Julgamento em 26/05/2010. Publicação/Fonte em DJe 01/06/2010. LEXSTJ vol. 251 p. 190. RJP vol. 34 p. 108. Veiculado no Informativo nº 0436. Período de 24 a 28 de maio de 2010. Terceira Seção. COMPETÊNCIA. CRIME. SISTEMA FINANCEIRO. DESCLASSIFICAÇÃO. ESTELIONATO. Precedentes citados: CC 104.893-SE, DJe 29/3/2010; CC 106.283-SP, DJe 3/9/2009, e CC 31.125-SP, DJ 1º/7/2004, sem grifos no original).

PROCESSO PENAL. AGRAVO REGIMENTAL NO CONFLITO DE COMPETÊNCIA. JUSTIÇA FEDERAL X JUSTIÇA ESTADUAL. ESTELIONATO OU CRIME CONTRA O SISTEMA FINANCEIRO. NÃO CARACTERIZAÇÃO, NESTE MOMENTO PROCESSUAL, DE CRIME FEDERAL. FRAUDE BANCÁRIA. CONDUTA PRATICADA SEM DESTINAÇÃO ESPECÍFICA DE OBTENÇÃO DE FINANCIAMENTO. AGRAVO NÃO PROVIDO (...) 2. Há muito firmou-se jurisprudência nesta Corte Superior acerca do tema, consolidando o entendimento de que "Para configurar o crime contra o Sistema Financeiro Nacional, previsto no art. 19 da Lei nº 7.492/1986, é preciso que o agente obtenha, mediante fraude, financiamento em instituição financeira, contrato que tem como característica o fato de possuir destinação específica, vinculado à comprovação da aplicação dos recursos, diferente do que ocorre com o empréstimo pessoal. Precedentes." (CC 119.304/SE, Rel. Ministro MARCO AURÉLIO BELLIZZE, TERCEIRA SEÇÃO, DJe 04/12/2012). 3. Em outras palavras, se a fraude é praticada para a obtenção de qualquer tipo de empréstimo, a conduta caracteriza o delito de estelionato; todavia, se a fraude é destinada ao específico objetivo de obtenção de financiamento se está diante do crime contra o sistema financeiro nacional. Precedentes [...] (STJ, S3 - TERCEIRA SEÇÃO. AgRg no CC 151973/MG. AGRAVO REGIMENTAL NO CONFLITO DE COMPETÊNCIA. Relator(a) Ministro RIBEIRO DANTAS. Julgamento em 08/08/2018. Publicação/Fonte em DJe 15/08/2018. Sem grifo no original).

PENAL E PROCESSO PENAL. CONFLITO DE COMPETÊNCIA. **FINANCIAMENTO FRAUDULENTO JUNTO A INSTITUIÇÃO FINANCEIRA PARA A AQUISIÇÃO DE VEÍCULO AUTOMOTOR. FINANCIAMENTO COM DESTINAÇÃO ESPECÍFICA. CARACTERIZAÇÃO, EM TESE, DO DELITO DESCRITO NO ART. 19 DA LEI N. 7.492/86.** AUSÊNCIA DE

NECESSIDADE DE POTENCIAL ABALO DO SISTEMA FINANCEIRO COMO UM TODO PARA A CONFIGURAÇÃO DO DELITO. COMPETÊNCIA DA JUSTIÇA FEDERAL. MATÉRIA RECENTEMENTE ANALISADA PELO COLEGIADO. **1. A tese do Ministério Público Federal no sentido de que compete à Justiça Estadual apurar condutas delitivas que afetam apenas o patrimônio de instituições financeira e não o Sistema Financeiro como um todo não prosperou nesta Corte, a qual entende que para a configuração do delito descrito no art. 19 da Lei n. 7.492/86, basta a obtenção, mediante fraude, de financiamento em instituição financeira com destinação específica dos valores obtidos**. 2. No caso dos autos, tendo em vista que o investigado teria obtido financiamento bancário com destinação específica para adquirir automóvel usando documento falso em nome de terceiro, resta caracterizada a competência da Justiça Federal, na esteira da pacífica jurisprudência do Superior Tribunal de Justiça - STJ.Precedentes. **3. O tema foi amplamente debatido em precedente no qual esta Corte Superior manteve sua jurisprudência no sentido de que o crime tipificado no art. 19 da Lei n. 7.492/86 não exige, para a sua configuração, efetivo ou potencial abalo ao Sistema Financeiro (EDcl no AgRg no CC 156.185/MG, Rel. Ministro REYNALDO SOARES DA FONSECA, TERCEIRA SEÇÃO, DJe 7/5/2018.) O mencionado paradigma tem sido mantido pela Terceira Seção nos julgamentos que o sucederam. Precedente: AgRg no CC 161.091/SE, de minha relatoria, TERCEIRA SEÇÃO, DJe 6/2/2019)** 4. Conflito conhecido para declarar competente o Juízo Federal da 23ª Vara da Seção Judiciária do Estado do Paraná, o suscitado. (STJ, S3 - TERCEIRA SEÇÃO. CC 167315/PR. CONFLITO DE COMPETENCIA. Relator(a) Ministro JOEL ILAN PACIORNIK. Julgamento em 28/08/2019. Publicação/Fonte em DJe 06/09/2019, sem grifo no original).

Da possibilidade de configuração do crime previsto no artigo 19 da lei n.º 7.492/86 e o financiamento de veículo automotor (fraude para obtenção de financiamento bancário para aquisição de veículo automotor). O STJ, através da Terceira Seção, em recente julgado (AgRg no CC 159142/DF, datado de 26/09/2018), firmou posicionamento no sentido de que em se tratando de financiamento – operação financeira caracterizada pela destinação vinculada da verba emprestada -, e não de simples mútuo (obtido a título pessoal, transação em que não há destinação específica do montante emprestado, conduta que, em tese, caracteriza o crime de estelionato, art. 171 do CP), fica caracterizado o crime contra o sistema financeiro nacional previsto no art. 19 da Lei nº 7.492/1986:

PROCESSO PENAL. AGRAVO REGIMENTAL NO CONFLITO DE COMPETÊNCIA. **FRAUDE PARA OBTENÇÃO DE FINANCIAMENTO**

BANCÁRIO PARA AQUISIÇÃO DE VEÍCULO AUTOMOTOR. CRIME CONTRA O SISTEMA FINANCEIRO NACIONAL. ART. 19 DA LEI N. 7.492/1986. CONFIGURAÇÃO. COMPETÊNCIA DA JUSTIÇA FEDERAL. 1. Tratando-se de financiamento – operação financeira caracterizada pela destinação vinculada da verba emprestada -, e não de simples mútuo, transação em que não há destinação específica do montante emprestado, fica caracterizado o crime contra o sistema financeiro nacional previsto no art. 19 da Lei n. 7.492/1986, o que atrai a competência da Justiça Federal. (Precedentes). [...] (STJ, S3 - TERCEIRA SEÇÃO. AgRg no CC 159142/DF. AGRAVO REGIMENTAL NO CONFLITO DE COMPETÊNCIA. Relator(a) Ministro ANTONIO SALDANHA PALHEIRO. Julgamento em 26/09/2018. Publicação/ Fonte em DJe 16/10/2018).

AGRAVO REGIMENTAL EM CONFLITO NEGATIVO DE COMPETÊNCIA. CRIME CONTRA O SISTEMA FINANCEIRO NACIONAL. OBTENÇÃO DE FINANCIAMENTO EM INSTITUIÇÃO FINANCEIRA MEDIANTE FRAUDE. COMPETÊNCIA DA JUSTIÇA FEDERAL. 1. **O crime do art. 19 da Lei n. 7.492/1986 ficará caracterizado quando envolver financiamento, [...] e só há 'financiamento' quando os recursos obtidos junto à instituição financeira possuem destinação específica, não se confundindo, assim, com mútuo obtido a título pessoal, conduta que caracteriza o crime de estelionato** (CC n. 122.257/SP, Ministra Alderita Ramos de Oliveira (Desembargadora Convocada do TJ/PE), Terceira Seção, DJe 12/12/2012). No caso, pelo que se depreende da documentação juntada aos autos, há indícios de fraude em contrato de financiamento, uma vez que há indicação específica no pacto do bem objeto de financiamento (veículo automotor), ficando caracterizado, em tese, o tipo penal do art. 19, caput, da Lei n. 7.492/1986, e, portanto, evidenciada a competência da Justiça Federal para o conhecimento da matéria. 3. Agravo regimental improvido. (STJ, S3 - TERCEIRA SEÇÃO. AgRg no CC 158734/DF. AGRAVO REGIMENTAL NO CONFLITO DE COMPETÊNCIA. Relator(a) Ministro SEBASTIÃO REIS JÚNIOR. Julgamento em 08/08/2018. Publicação/ Fonte em DJe 14/08/2018).

PROCESSO PENAL. AGRAVO REGIMENTAL NO RECURSO ESPECIAL. **FRAUDE PARA OBTENÇÃO DE FINANCIAMENTO BANCÁRIO PARA AQUISIÇÃO DE VEÍCULO AUTOMOTOR. CRIME CONTRA O SISTEMA FINANCEIRO NACIONAL. ART. 19 DA LEI N. 7.492/1986. CONFIGURAÇÃO. COMPETÊNCIA DA JUSTIÇA FEDERAL. 1. Tratando-se de fraude para obtenção de financiamento bancário visando a compra de veículo automotor – operação financeira caracterizada pela destinação vinculada da verba emprestada -, fica tipificado o crime contra o sistema financeiro nacional previsto no art. 19 da Lei n. 7.492/1986, o que atrai a competência da Justiça Federal.**

> **Precedentes.** [...] (STJ, T6 - SEXTA TURMA. AgRg no REsp 1806106/SP. AGRAVO REGIMENTAL NO RECURSO ESPECIAL. Relator(a) Ministro ANTONIO SALDANHA PALHEIRO. Julgamento em 27/08/2019. Publicação/Fonte em DJe 04/09/2019, sem grifos no original).

Da diferença traçada pela Terceira Seção do STJ entre obtenção, mediante fraude, de financiamento de instituição financeira e obtenção de empréstimo bancário mediante abertura fraudulenta de conta corrente. Para o STJ apenas o primeiro constitui crime contra o sistema financeiro, ao argumento de que na definição de empréstimo bancário, não se exige o requisito da destinação específica, ao contrário do financiamento, que reclama fim certo.

Assim, não há o crime do artigo 19 quando estivermos diante de obtenção fraudulenta de empréstimo (pois aqui não há destinação específica dos recursos, diferentemente do financiamento). Nessa última situação, não há empecilhos para que se considere como crime diverso, por exemplo, estelionato ou determinado tipo de falsidade.

> PENAL E PROCESSO PENAL. CONFLITO NEGATIVO DE COMPETÊNCIA. FRAUDE PARA A OBTENÇÃO DE EMPRÉSTIMO BANCÁRIO. ART. 19, LEI 7.492/86. INAPLICABILIDADE. COMPETÊNCIA. JUSTIÇA ESTADUAL. A obtenção de empréstimo, mediante abertura fraudulenta de conta corrente, não é o mesmo que "obter, mediante fraude, financiamento em instituição financeira" (art. 19, Lei 7.492/86). Não há que se admitir que a obtenção de empréstimo, operação financeira que não exige destinação específica, seja tida como equivalente a operação de financiamento, para a qual se exige fim certo, para os efeitos do que dispõe a norma penal. Se os fatos não encontram previsão na Lei 7.492/86, não há que se falar em crime contra o Sistema Financeiro Nacional. (...) (STJ, S3 - TERCEIRA SEÇÃO. CC 37187/RS. CONFLITO DE COMPETÊNCIA. Relator(a) Ministro PAULO MEDINA. Julgamento em 08/11/2006. Publicação/Fonte em DJ 07/05/2007 p. 275. Informativo nº 0303. Período de 6 a 10 de novembro de 2006. Terceira Seção. COMPETÊNCIA. FRAUDE. EMPRÉSTIMO BANCÁRIO, sem grifo no original).

Da possibilidade de configuração do crime previsto no artigo 19 e a operação de Leasing. O STJ, através de precedentes da Terceira Seção, corroborando entendimento do STF, asseverou que o fato de o leasing financeiro não constituir financiamento não afasta, por si só, a configuração do delito previsto no artigo 19 da Lei nº 7492/86, ao argumento de que, em que pese não constituir *"um financiamento propriamente dito, esse constitui o núcleo ou elemento preponderante dessa modalidade de arrendamento mercantil, segundo as mais recentes doutrinas e decisão do STF, o qual distinguiu cada uma das modalidades de arrendamento mercantil, ou seja, o leasing operacional, o leasing back e o leasing financeiro"*.

Afirmou a Corte Superior, ainda, que ao fazer um leasing financeiro, obtém-se invariavelmente um financiamento e o tipo penal em análise descrito no citado art. 19 refere-se exatamente à obtenção de financiamento mediante fraude, sem exigir que isso ocorra num contrato de financiamento propriamente dito.

> PENAL E PROCESSUAL PENAL. CONFLITO NEGATIVO DE COMPETÊNCIA. INQUÉRITO POLICIAL. CRIME CONTRA O SISTEMA FINANCEIRO NACIONAL. OBTENÇÃO DE ARRENDAMENTO MERCANTIL, NA MODALIDADE DE LEASING FINANCEIRO, JUNTO A INSTITUIÇÃO FINANCEIRA, MEDIANTE FRAUDE, PARA AQUISIÇÃO DE VEÍCULO ESPECÍFICO. ADEQUAÇÃO TÍPICA. ART. 19 DA LEI 7.492/86. PRECEDENTES DA 3ª SEÇÃO DO STJ. COMPETÊNCIA DA JUSTIÇA FEDERAL. ART. 109, VI, DA CF/88 E ART. 26 DA LEI 7.492/86. I. **De acordo com a jurisprudência da Terceira Seção do Superior Tribunal de Justiça, não obstante o contrato de leasing financeiro tenha suas peculiaridades, não há como negar que essa modalidade de arrendamento mercantil envolve financiamento, para aquisição de bem específico, e instituição financeira, consoante definição do art. 1º da Lei 7.492/86, o que atrai o tipo penal previsto no art. 19 da Lei 7.492/86, quando obtido mediante fraude.** II. Com efeito, "na esteira de julgados da Terceira Seção desta Corte, o tipo penal do art. 19 da Lei 7.492/86 exige para o financiamento vinculação certa, distinguindo-se do empréstimo que possui destinação livre. No caso, conforme apurado, os contratos celebrados mediante fraude envolviam valores com finalidade certa, qual seja a aquisição de veículos automotores. A conduta em apreço, ao menos em tese, se subsume ao tipo previsto no art. 19 da Lei nº 7.492/86, que, a teor do art. 26 do mencionado diploma, deverá ser processado perante a Justiça Federal" (STJ, CC 112.244/SP, Rel. Ministro OG FERNANDES, TERCEIRA SEÇÃO, DJe de 16/09/2010). III. No caso concreto, competente é a Justiça Federal, em face da adequação típica ao art. 19 da Lei 7.492/86, eis que a conduta em apuração, no Inquérito Policial, refere-se a contrato de arrendamento mercantil, na modalidade de leasing financeiro, (e não de empréstimo pessoal, em que não há vinculação quanto ao objeto), com a (...) Financeira (instituição financeira, nos termos do art. 1º da Lei 7.492/86), para a aquisição do veículo específico, mediante a apresentação de documentos pessoais falsos, com domicílio e condição profissional do contratante igualmente falsos. Precedentes da Terceira Seção (STJ, CC 113.434/SP, Rel. Ministra MARIA THEREZA DE ASSIS MOURA, DJe de 16/06/2011; CC 112.244/SP, Rel. Ministro OG FERNANDES, DJe de 16/09/2010; CC 111.477/SP, Rel. p/ acórdão Ministro CELSO LIMONGI (Desembargador Convocado do TJ/SP), DJe de 11/04/2011; CC 114.322/SP, Rel. Ministra MARIA THEREZA DE ASSIS MOURA, DJe de 01/08/2011). [...] (STJ, S3 - TERCEIRA SEÇÃO.

CC 123967/SP. CONFLITO DE COMPETÊNCIA. Relator(a) Ministra ASSUSETE MAGALHÃES. Julgamento em 10/04/2013. Publicação/ Fonte em DJe 19/04/2013. Veiculado no Informativo nº 0466. Período de 7 a 18 de março de 2011. Terceira Seção. COMPETÊNCIA. DOCUMENTOS FALSOS. LEASING. CARRO, sem grifos no original).

Sujeito ativo. Qualquer pessoa pode praticar o crime previsto no artigo 19, tratando-se, portanto, de crime comum.

Sujeito passivo. É o Estado, em razão de ter o seu Sistema Financeiro lesado. De forma secundária podem ser considerados sujeitos passivos todos aqueles que forem prejudicados por ocasião da prática da conduta típica aqui prevista, principalmente a instituição financeira.

Elemento subjetivo. O tipo prevê a modalidade dolosa, ou seja, a vontade livre e consciente em obter, mediante fraude, financiamento em instituição financeira. Não há previsão para modalidade culposa.

Objeto material da conduta. No presente tipo penal é o financiamento obtido em instituição financeira.

Objeto jurídico. Tutela-se o Sistema Financeiro Nacional, mormente sob o aspecto da confiança e do regular funcionamento deste, bem como da proteção ao investidor.

Classificação doutrinária. Trata-se de crime comum (pois pode ser praticado por qualquer pessoa), material (tendo em vista a necessidade da ocorrência de resultado naturalístico, consistente na obtenção do financiamento), comissivo, doloso, instantâneo, plurissubsistente (cometido através da prática de mais de um ato), e de forma livre (haja vista que pode ser praticado por qualquer modo eleito pelo sujeito ativo).

Momento consumativo. O crime em tela se consuma com a obtenção fraudulenta de financiamento em instituição financeira. Observe-se o recente julgado da Quinta Turma do STJ, a título ilustrativo:

> EMBARGOS DE DECLARAÇÃO NO AGRAVO REGIMENTAL. RECURSO ESPECIAL. **CRIME CONTRA O SISTEMA FINANCEIRO. OBTENÇÃO DE FINANCIAMENTO MEDIANTE FRAUDE. ART. 19 DA LEI N. 7.492/1986.** NULIDADE. JUIZ NATURAL. INOCORRENTE. QUITAÇÃO DO FINANCIAMENTO. EXTINÇÃO DA PUNIBILIDADE. DESCABIDA. OMISSÃO, CONTRADIÇÃO, OBSCURIDADE OU ERRO MATERIAL INEXISTENTES. EMBARGOS REJEITADOS (...) 4. Acrescentou, ademais, a inadequação da via do recurso especial para se alegar ofensa a orientação de enunciado sumular e, por fim, salientou a irrelevância da quitação dos financiamentos, haja vista que, na linha do que decidiu a instância ordinária, **"a consumação do crime [do art. 19 da Lei n. 7.492/1986] se dá no momento em que o financiamento é obtido através de fraude, dispensando-se a efetiva existência de prejuízo econômico"**. (STJ, Quinta Turma, EDcl no AgRg

no REsp 1570225/RS. EMBARGOS DE DECLARAÇÃO NO AGRAVO REGIMENTAL NO RECURSO ESPECIAL. Relator(a) Ministro JORGE MUSSI. Julgamento em 08/10/2019. Publicação/Fonte em DJe 25/10/2019, sem grifos no original).

Assim, pacífica a jurisprudência do STJ no sentido de que o dolo do agente será aferido no momento da celebração do contrato de financiamento (que pressupõe a utilização de fraude), bastando a obtenção fraudulenta do financiamento, independentemente do pagamento ou não de parcelas referentes ao mesmo. Observe-se o recente julgado:

> AGRAVO REGIMENTAL NO RECURSO ESPECIAL. JULGAMENTO UNIPESSOAL. INEXISTÊNCIA DE VIOLAÇÃO AO PRINCÍPIO DO COLEGIADO. PRECEDENTES. CRIME CONTRA O SISTEMA FINANCEIRO. <u>OBTENÇÃO DE FINANCIAMENTO MEDIANTE FRAUDE. DOLO. VERIFICAÇÃO NO MOMENTO DA CELEBRAÇÃO DO CONTRATO. PAGAMENTO DE PARCELAS. IRRELEVÂNCIA PARA TIPIFICAÇÃO</u>. AGRAVO REGIMENTAL NÃO PROVIDO (...) 2. Para a configuração do delito descrito no art. 19 da Lei n. 7.492/1986, segundo a pacífica orientação desta Corte, basta a obtenção, mediante fraude, de financiamento em instituição financeira. Logo, o dolo do agente, que caracteriza o referido crime, não é aferido devido ao pagamento ou não de parcelas referentes ao financiamento, mas em momento anterior, isto é, por ocasião da celebração do financiamento, que pressupõe a utilização de fraude [...] (STJ, **SEXTA TURMA**. AgRg no REsp 1761580/PE, Rel. Ministro ROGERIO SCHIETTI CRUZ, julgado em 28/04/2020, **DJe 30/04/2020**, sem grifo no original).

Competência. Nos termos do artigo 109, VI, da CRFB/88, e do artigo 26, *caput*, da Lei nº 7.492/86, é competente a Justiça Federal para processar e julgar os crimes contra o sistema financeiro.

> CONFLITO DE COMPETÊNCIA. PROCESSO PENAL. CONDUTA EM APURAÇÃO: OBTENÇÃO DE FINANCIAMENTO, MEDIANTE FRAUDE, PERANTE INSTITUIÇÃO FINANCEIRA PARA AQUISIÇÃO DE VEÍCULO AUTOMOTOR. TIPO PREVISTO NO ART. 19 DA LEI 7.492/86. CRIME CONTRA O SISTEMA FINANCEIRO NACIONAL. COMPETÊNCIA DA JUSTIÇA FEDERAL. 1. Nos termos do art. 109, VI, da CF, os crimes contra o sistema financeiro e a ordem econômico-financeira são da competência da Justiça Federal nos casos determinados em lei. O art. 26 da Lei 7.492/86, que trata dos crimes contra o sistema financeiro nacional, dispõe que a ação penal, nesses casos, será promovida pelo Ministério Público Federal, perante a Justiça Federal. 2. O Superior Tribunal de Justiça, ao interpretar esse dispositivo, fixou o entendimento de que o crime do art. 19 da Lei 7.492/86

> será da competência da Justiça federal quando os recursos obtidos mediante fraude perante instituição financeira possuírem destinação específica [...] (STJ, 3ª SEÇÃO. CC 151188/SP. Relator(a) Ministro ANTONIO SALDANHA PALHEIRO. Julgamento em 14/06/2017. Publicação/Fonte DJe 23/06/2017).

Tentativa. Admitida, pois estamos diante de uma situação plurissubsistente, na qual há possibilidade de fracionamento da conduta.

> **Parágrafo único.** A pena é aumentada de 1/3 (um terço) se o crime é cometido em detrimento de instituição financeira oficial ou por ela credenciada para o repasse de financiamento.

Natureza jurídica do parágrafo único do artigo 19 da Lei nº 7.492/86. Estamos diante de uma causa de aumento de pena, a ser aplicada na terceira fase da dosimetria, quando o crime de obtenção fraudulenta de financiamento for praticado em detrimento de instituição financeira oficial (consideradas, aqui, as Estatais ou sob responsabilidade do Estado), ou por ela credenciada para o repasse de financiamento.

Causa de aumento. Configuração. Desnecessidade que verba advenha de programa governamental para incidência da majorante. Segundo entendimento firmado pela Sexta Turma do STJ, para configuração da causa de aumento prevista no parágrafo único do art. 19 da Lei nº 7.492/86 não há necessidade que a verba seja oriunda de programa governamental (não sendo tal exigência específica elementar prevista no tipo penal), bastando que o crime tenha sido cometido em detrimento de instituição financeira oficial ou por ela credenciada para o repasse de financiamento. Nesse sentido, contemple-se o recente precedente da Corte Superior:

> RECURSO ESPECIAL. PENAL. ART. 19, PARÁGRAFO ÚNICO, DA LEI N. 7.492/1986. CRIME PRATICADO CONTRA INSTITUIÇÃO FINANCEIRA OFICIAL. CAUSA DE AUMENTO. INCIDÊNCIA. DESNECESSIDADE QUE A VERBA FOSSE ADVINDA DE PROGRAMA GOVERNAMENTAL. AUSÊNCIA DE PREVISÃO NO TIPO PENAL (...) 1. Para a incidência da causa de aumento do art. 19, parágrafo único, da Lei n. 7.492/1986 é suficiente que o crime tenha sido cometido em detrimento de instituição financeira oficial ou por ela credenciada para o repasse de financiamento. Não é necessário que o valor financiado por meio de fraude advenha de verba oriunda de programa governamental, pois na elementar da majorante não há essa exigência específica. 2. Praticado o delito em desfavor da Caixa Econômica Federal, empresa pública federal e, portanto, instituição financeira oficial, é devida a aplicação da majorante [...] (STJ, **SEXTA TURMA.** REsp 1840408/RS, Rel. Ministra LAURITA VAZ, julgado em 13/10/2020, **DJe 23/10/2020**, sem grifo no original).

Art. 20. Aplicar, em finalidade diversa da prevista em lei ou contrato, recursos provenientes de financiamento concedido por instituição financeira oficial ou por instituição credenciada para repassá-lo:

Pena – Reclusão, de 2 (dois) a 6 (seis) anos, e multa.

Análise do tipo penal previsto no artigo 20 da Lei nº 7.492/86. Sendo o financiamento uma das modalidades de atuação das instituições financeiras, o crime previsto no artigo 20 pressupõe que os recursos obtidos (através de instituições financeiras oficiais ou credenciada para repassá-los) nestes casos sejam aplicados em finalidade diversa da prevista em lei (norma penal em branco, a ser complementada conforme a natureza da situação envolvida pelo financiamento) ou contrato.

Isto porque o financiamento pressupõe recursos ou valores a serem aplicados com finalidade específica: a compra de um carro, por exemplo, fazendo com que as taxas e as condições aplicadas para aquele contrato ou situação sejam também específicas.

É importante destacar que não há o crime previsto no artigo 20 caso o financiamento tenha sido obtido em instituição financeira privada, não oficial.

Diferenciando-se do artigo 19 da mesma Lei, no qual a obtenção do financiamento se dá de maneira fraudulenta, aqui no artigo 20 a falsidade está na aplicação dos recursos. Já que as taxas e valores de financiamento podem variar conforme a destinação (até porque o Estado muitas vezes utiliza suas instituições bancárias oficiais com o fim de fomentar determinada área, como os financiamentos de casa própria, de produtos agrícolas etc.).

Se o sujeito ativo frustra esta expectativa, se enquadra na conduta típica prevista pelo artigo 20 da Lei nº 7.492/86. Exemplo: se o indivíduo obtém financiamento para a compra de uma casa em instituição oficial e aplica este dinheiro obtido para a compra de gado, estará enquadrado no artigo 20.

Decisão jurisprudencial acerca da natureza material do crime previsto no artigo 20 da Lei nº 7.492/86. A Quinta Turma do STJ tem entendimento no sentido de que o delito previsto no art. 20 da Lei nº 7.492/1986 é crime material, em que o núcleo do tipo se refere à efetiva aplicação em finalidade diversa e não à simples não aplicação na finalidade para a qual se justificou a obtenção do financiamento, diferença essencial a ser estabelecida para a consumação do delito.

> PENAL E PROCESSO PENAL. RECURSO EM HABEAS CORPUS. 1. CRIME CONTRA O SISTEMA FINANCEIRO NACIONAL. APLICAÇÃO DE FINANCIAMENTO EM FINALIDADE DIVERSA. ART. 20 DA LEI N. 7.492/1986. PLEITO DE RECONHECIMENTO DA PRESCRIÇÃO. INVIABILIDADE. MOMENTO CONSUMATIVO. EFETIVA APLICAÇÃO DOS RECURSOS EM FINALIDADE DIFERENTE. TERMO AINDA NÃO AFERIDO. AUSÊNCIA DE ELEMENTOS PROBATÓRIOS. NECESSIDADE DE INSTRUÇÃO. AUSÊNCIA DE CONSTRANGIMENTO ILEGAL.

> 2. RECURSO IMPROVIDO. 1. O delito descrito no art. 20 da Lei n. 7.492/1986 - aplicar financiamento em finalidade diversa - é crime material, cujo núcleo diz respeito à efetiva aplicação em finalidade diversa e não à simples não aplicação na finalidade para a qual se justificou a obtenção do financiamento. Nesse contexto, embora se possa aferir que o dinheiro não foi utilizado no empreendimento, não é possível dizer, ao certo, em que momento foi efetivamente aplicado em finalidade diversa, situação que demanda instrução processual, a ser realizada durante a ação penal [...] (STJ, T5 - QUINTA TURMA. RHC 32698/CE. RECURSO ORDINÁRIO EM HABEAS CORPUS. Relator(a) Ministro REYNALDO SOARES DA FONSECA. Julgamento em 03/12/2015. Publicação/Fonte em DJe 10/12/2015, sem grifo no original).

Por outro lado, a Primeira Turma do STF, citando precedentes da Suprema Corte (em recente julgado, de 27/02/2018, AP 935/AM), possui entendimento diverso (crime formal), ao ressaltar que "*não se exige, para a configuração do delito tipificado no art. 20 da Lei 7.492/1986, que seja comprovada a destinação dada aos valores obtidos, uma vez que* ***a mera constatação de que não foram eles aplicados na finalidade prevista em lei ou no contrato já evidencia a utilização dos ativos para fim diverso***". Destaca-se o seguinte trecho do julgado e sua respectiva ementa:

> "(...) **Conforme pacífica jurisprudência do Supremo Tribunal Federal, o crime previsto no art. 20 da Lei 7.492/1986 consuma-se com a mera aplicação, em finalidade diversa da prevista em lei ou no contrato, dos recursos oriundos de financiamento concedido por instituição financeira oficial** (INQ 2.725, Rel. Min. TEORI ZAVASCKI, Segunda Turma, DJe de 30/9/2015; e AP 554, Rel. Min. ROBERTO BARROSO, Primeira Turma, DJe de 8.6.2015). Outrossim, a doutrina especializada leciona que a consumação desse delito independe da ocorrência de prejuízo à instituição financeira ou mesmo da obtenção de vantagem pelo agente (PRADO, Luiz Regis. Direito Penal Econômico: ordem econômica, relações de consumo, sistema financeiro, ordem tributária, sistema previdenciário, lavagem de capitais, crime organizado. 4. ed. rev., atual. e ampl. São Paulo: Revista dos Tribunais, 2011. p. 215; BITENCOURT, Cezar Roberto; BREDA, Juliano. Crimes contra o sistema financeiro nacional e contra o mercado de capitais. 3. ed. São Paulo: Saraiva, 2014. p. 261) [...] **Repise-se não se exigir, para ter-se a transgressão penal, que se comprove a destinação conferida aos recursos financiados, uma vez que o crime se materializa com a mera constatação de que eles não foram aplicados na finalidade legal/contratual**. Nesse sentido, o Procurador Geral da República apontou o seguinte precedente desta Casa [RHC 75.375, Rel. Min. MARCO AURÉLIO, Segunda Turma, DJ de 6.4.2001] (...)".

> AÇÃO PENAL. SENADOR DA REPÚBLICA. OBTENÇÃO DE FINANCIAMENTO MEDIANTE FRAUDE. ART. 19, PARÁGRAFO ÚNICO, DA LEI 7.492/1986. ESTELIONATO. ART. 171 DO CÓDIGO PENAL. FALTA DE PROVAS SUFICIENTES À CONDENAÇÃO. ABSOLVIÇÃO. **APLICAÇÃO DOS RECURSOS PROVENIENTES DE FINANCIAMENTO CONCEDIDO PELO BANCO DA AMAZÔNIA - BASA - EM FINALIDADE DIVERSA DA PREVISTA NO CONTRATO. ART. 20 DA LEI 7.492/1986. DEMONSTRAÇÃO INEQUÍVOCA DA MATERIALIDADE E DA AUTORIA DELITIVAS. CONDENAÇÃO DO RÉU, NO PARTICULAR**. PENA PRIVATIVA DE LIBERDADE FIXADA EM 04 (ANOS) ANOS E 6 (SEIS) MESES DE RECLUSÃO E MULTA. AÇÃO PENAL JULGADA PARCIALMENTE PROCEDENTE. 1. Não logrando êxito a acusação em produzir provas suficientes à condenação do réu, no que toca aos delitos do art. 19, parágrafo único, da Lei 7.492/1986 e do art. 171, § 3º, do Código Penal, impõe-se a absolvição, por força do art. 386, VII, do Código de Processo Penal. 2. O substrato probatório dos autos aponta, contudo, a prática, pelo acusado, **do crime previsto no art. 20 da Lei 7.492/1986, o qual se consuma com a aplicação, em finalidade diversa da prevista em lei ou no contrato, dos recursos oriundos de financiamento concedido por instituição financeira oficial** (INQ 2.725, Rel. Min. TEORI ZAVASCKI, Segunda Turma, DJe de 30.9.2015; e AP 554, Rel. Min. ROBERTO BARROSO, Primeira Turma, DJe de 8.6.2015). 3. **Não se exige, para a configuração do delito tipificado no art. 20 da Lei 7.492/1986, que seja comprovada a destinação dada aos valores obtidos, uma vez que a mera constatação de que não foram eles aplicados na finalidade prevista em lei ou no contrato já evidencia a utilização dos ativos para fim diverso**. Nesse sentido: RHC 75.375, Rel. Min. MARCO AURÉLIO, Segunda Turma, DJ de 6.4.2001. 4. Ação penal julgada procedente, em parte, com a condenação do réu como incurso nas penas do art. 20 da Lei 7.492/1986. 5. Fixação de pena privativa de liberdade em 4 (quatro) anos e 6 (seis) meses de reclusão e multa, por força da acentuada culpabilidade do réu, das circunstâncias em que cometido o crime e das consequências negativas do delito. (STF, Primeira Turma. AP 935/AM. AÇÃO PENAL. Relator(a): Min. ALEXANDRE DE MORAES. Revisor(a): Min. MIN. MARCO AURÉLIO. Julgamento em 27/02/2018. Publicação em DJe-153 DIVULG 31-07-2018 PUBLIC 01-08-2018). Sem grifos no original.

Sujeito ativo. Qualquer pessoa pode praticar o crime previsto no artigo 20, tratando-se, portanto, de crime comum.

Sujeito passivo. É o Estado, em razão de ter o seu Sistema Financeiro lesado. De forma secundária podem ser considerados sujeitos passivos todos aqueles que forem prejudicados por ocasião da prática da conduta típica aqui prevista, principalmente a instituição financeira.

Elemento subjetivo. O tipo prevê a modalidade dolosa, ou seja, a vontade livre e consciente em aplicar, em finalidade diversa da prevista em lei ou contrato, recursos provenientes de financiamento concedido por instituição financeira oficial ou por instituição credenciada para repassá-lo. Não há previsão para modalidade culposa.

Objeto material da conduta. No presente tipo penal é o recurso obtido com o financiamento.

Objeto jurídico. Tutela-se o Sistema Financeiro Nacional, mormente sob o aspecto da confiança e do regular funcionamento deste, bem como da proteção ao investidor.

Classificação doutrinária. Trata-se de crime comum (pois pode ser praticado por qualquer pessoa), material (tendo em vista a necessidade da ocorrência de resultado naturalístico, consistente na aplicação, com finalidade diversa, dos recursos do financiamento), em que pese haver entendimento no sentido de ser crime formal, conforme analisamos acima, comissivo, doloso, instantâneo, unissubsistente (cometido através de um único ato) ou plurissubsistente (cometido através da prática de mais de um ato), e de forma livre (haja vista que pode ser praticado por qualquer modo eleito pelo sujeito ativo).

Momento consumativo. O crime em tela se consuma quando o recurso obtido com o financiamento em instituição financeira oficial ou por instituição credenciada para repassá-lo é aplicado em finalidade diversa da constante no contrato celebrado ou na lei.

Assim, a consumação do delito previsto no art. 20 da Lei nº 7.492/1996 é aquela em que o sujeito ativo aplica, com finalidade diversa da prevista em lei ou contrato, recursos provenientes do financiamento, o que não se confunde com a data em que é firmado o contrato com a instituição financeira, como explicitado no julgado a seguir:

> AGRAVO REGIMENTAL NO AGRAVO EM RECURSO ESPECIAL. CRIME CONTRA O SISTEMA FINANCEIRO. PRESCRIÇÃO. NÃO OCORRÊNCIA. AUSÊNCIA DE DOLO. NECESSIDADE DE REEXAME DE PROVAS (...) AGRAVO REGIMENTAL NÃO PROVIDO. 1. A consumação do delito previsto no art. 20 da Lei n. 7.492/1996 é aquela em que o acusado aplica, com finalidade diversa da prevista em lei ou contrato, recursos provenientes de financiamento, o que não se confunde com a data em que é firmado o contrato com a instituição financeira [...] (STJ, **SEXTA TURMA**. AgRg no AREsp 531.544/RR, Rel. Ministro ROGERIO SCHIETTI CRUZ, julgado em 10/03/2020, **DJe 17/03/2020**).

Da mesma forma, entende o STF que para a consumação do delito do art. 20 da Lei nº 7.492/1986, basta que parte dos valores do financiamento não seja aplicada no objeto do contrato.

> Direito penal. Ação penal. Aplicação de recursos de financiamento concedido pelo BNDES em finalidade diversa da prevista em con-

> trato. Crime contra o sistema financeiro nacional. 2. Mérito. 2.1. Desvio de valores de financiamentos concedidos pelo BNDES. Análise conjunta das provas dos autos – em especial, os contratos de financiamento, as interceptações telefônicas, as movimentações financeiras, os documentos apreendidos, os resultados das vigilâncias policiais e os depoimentos colhidos em Juízo – demonstram, acima de qualquer dúvida razoável, que o acusado concorreu para o desvio de valores de financiamentos concedidos pelo BNDES. 2.2. Adequação Típica. Para a consumação do delito do art. 20 da Lei nº 7.492/1986, basta que parte dos valores do financiamento não seja aplicada no objeto do contrato. Se parcela dos valores é direcionada para serviços de consultoria, com a finalidade de serem posteriormente, ainda que apenas em parte, direcionados a terceiros, logicamente houve aplicação em finalidade diversa da estipulada no contrato [...] (**STF, Primeira Turma**. AP 965, Relator(a): ALEXANDRE DE MORAES, Relator(a) p/ Acórdão: ROBERTO BARROSO, julgado em 08/06/2020, DJe-247 DIVULG 09-10-2020 PUBLIC 13-10-2020 REPUBLICAÇÃO: DJe-271 DIVULG 12-11-2020 **PUBLIC 13-11-2020**, sem grifo no original).

Ademais, o tipo penal "admite o concurso de pessoas, tanto na forma de coautoria quanto de participação [...] bastando, para tanto, que se avalie da intenção dos mesmos, já que o dolo é o elemento subjetivo do tipo". Sobre o tema, interessante observar o seguinte julgado da Segunda Turma do STF:

> INQUÉRITO. IMPUTAÇÃO DOS CRIMES PREVISTOS NOS ARTS. 20 DA LEI 7.492/1986, 1º, VI, DA LEI 9.613/1998, E 288, CAPUT, DO CÓDIGO PENAL. AUSÊNCIA DE CERCEAMENTO DE DEFESA. LICITUDE DOS ELEMENTOS PROBATÓRIOS COLHIDOS NA FASE INVESTIGATÓRIA. PRELIMINARES REJEITADAS. INDÍCIOS DE AUTORIA E MATERIALIDADE DEMONSTRADOS. SUBSTRATO PROBATÓRIO MÍNIMO PRESENTE. ATENDIMENTO DOS REQUISITOS DO ART. 41 DO CPP. DENÚNCIA RECEBIDA. (...) **3. O Supremo Tribunal Federal possui clara orientação no sentido de que são válidos os elementos probatórios indicativos da participação de pessoas detentoras de prerrogativa de foro no evento criminoso colhidos fortuitamente no curso de interceptação telefônica envolvendo indivíduos sem prerrogativa de foro. A validade dos elementos colhidos estende-se até mesmo em relação à identificação de outras práticas criminosas que não eram objeto da investigação original, desde que licitamente realizada e devidamente autorizada por juízo competente ao tempo da decisão. Precedentes**. (...) **9. O tipo penal previsto no art. 20 da Lei 7.492/1986 consuma-se no momento da aplicação dos recursos de financiamento em finalidade diversa daquela prevista em contrato. Ademais, o tipo penal "admite o concurso de pessoas, tanto na forma de**

coautoria quanto de participação [...] bastando, para tanto, que se avalie da intenção dos mesmos, já que o dolo é o elemento subjetivo do tipo" (HC 81852, Relator(a): Min. Néri da Silveira, Segunda Turma, DJ de 14-06-2002). 10. Denúncia recebida. (STF, Segunda Turma. Inq 2725/SP - SÃO PAULO. INQUÉRITO. Relator(a) Min. TEORI ZAVASCKI. Julgamento em 08/09/2015. Publicação em ACÓRDÃO ELETRÔNICO DJe-195 DIVULG 29-09-2015 PUBLIC 30-09-2015, sem grifos no original).

Competência. Nos termos do artigo 109, VI, da CRFB/88, e do artigo 26, *caput*, da Lei nº 7.492/86, é competente a Justiça Federal para processar e julgar os crimes contra o sistema financeiro.

Tentativa. Admitida, quando estivermos diante de uma situação plurissubsistente, na qual há possibilidade de fracionamento da conduta.

Art. 21. Atribuir-se, ou atribuir a terceiro, falsa identidade, para realização de operação de câmbio:

Pena - Detenção, de 1 (um) a 4 (quatro) anos, e multa.

Análise do tipo penal descrito no artigo 21 da Lei nº 7.492/86. Aqui está prevista a conduta daquele indivíduo (qualquer pessoa, tratando-se, portanto, de crime comum), que para a realização de uma operação de câmbio atribui-se falsa identidade.

Nada impede que o sujeito ativo atribua a terceiro falsa identidade, o que também se inclui na conduta típica. Ambas podem servir como conduta anterior à prática de outros crimes, tais como evasão de divisas (prevista no artigo 22 desta Lei) ou, ainda, ter objetivo de ocultar valores (caracterizando o delito de lavagem de dinheiro, previsto no artigo 1º da Lei nº 9.613/98).

Estamos diante de uma situação de tipo misto alternativo, na qual há consumação através de um único verbo nuclear, ou ainda, com a prática de vários deles, sem que, com isso, se deixe de considerar como crime único, desde que no mesmo contexto fático.

De acordo com os conceitos médico-legais, a identidade individualiza a pessoa, pois significa o conjunto de características que se referem a ela, permitindo distingui-la das demais.

Câmbio é a operação na qual há troca de moedas de um país, pelas de outro. Podem ser realizadas tanto para situações comerciais, quanto para turismo. Em relação ao mercado de câmbio, interessante observar o disposto na Resolução nº 3.568/2008, do Banco Central do Brasil[2] (que dispõe sobre o mercado de câmbio e dá outras pro-

2. Disponível em: <**https://www.bcb.gov.br/pre/normativos/busca/downloadNormativo.asp?arquivo=/Lists/Normativos/Attachments/47908/Res_3568_v9_P.pdf**>. Acesso em: 22 dez. 2019.

vidências), principalmente no que tange ao artigo 18, que trata justamente da questão da identificação daquele que quer realizar operação de câmbio, assim dispondo:

> Art. 18. Devem os agentes autorizados a operar no mercado de câmbio observar as regras para a perfeita identificação dos seus clientes, bem como verificar as responsabilidades das partes e a legalidade das operações.

O tipo penal visa a coibir que o indivíduo mascare sua apresentação durante determinada operação de câmbio, o que certamente dificulta a fiscalização pelos órgãos competentes, principalmente pelo Banco Central.

Sobre a subsunção da norma ao fato. Delito previsto artigo 21 da Lei nº 7.492/86. Utilização de "laranjas". Jurisprudência do STJ. Segundo entendimento firmado pelo pela Sexta Turma do STJ no julgamento do REsp 1.595.546-PR (Informativo nº 0604. Publicação em 21 de junho de 2017), a utilização de terceiros ("laranjas") para aquisição de moeda estrangeira para outrem, ainda que tenham anuído com as operações, se subsome à conduta tipificada no art. 21 da Lei n.º 7.492/1986. Confira-se o julgado:

> PENAL E PROCESSUAL PENAL. RECURSO ESPECIAL. **ART. 21, LEI 9.492/86. UTILIZAÇÃO DE "LARANJAS" PARA AQUISIÇÃO DE MOEDA ESTRANGEIRA. TIPICIDADE CONFIGURADA.** (...) 1. A conduta prevista no art. 21, Lei 9.492/86, pressupõe fraude que tenha o potencial de dificultar ou impossibilitar a fiscalização sobre a operação de câmbio, com o escopo de impedir a constatação da prática de condutas delitivas diversas ou mesmo eventuais limites legais para a aquisição de moeda estrangeira. 2. No tipo previsto no **art. 21, Lei 9.492/86, ainda que terceiros tenham anuído com as operações, tal fato, por si, não é capaz de descaracterizar o tipo penal, pois o bem jurídico resta violado com a dissimulação de esconder a real identidade do adquirente da moeda estrangeira valendo-se da identidade, ainda que verdadeira, de terceiros** [...]". (STJ, T6 – SEXTA TURMA. REsp 1595546/PR. Relator(a) Ministro NEFI CORDEIRO. Julgamento em 02/05/2017. Publicação/Fonte em DJe 11/05/2017, sem grifo no original).

Do eventual conflito de normas entre o artigo 21 da Lei nº 7.492/86 e o artigo 307 do Código Penal. A depender do dolo do agente, um ou outro crime estará configurado. A norma prevista no artigo 307 do Código Penal se destina a situações genéricas e possui pena inferior, quando comparada ao preceito secundário do artigo 21 da Lei nº 7.492/86. O artigo 307 do CP é subsidiário em relação ao crime previsto na Lei nº 7.492/86, (o que está expresso no preceito secundário daquele primeiro artigo), conforme pode ser observado a seguir:

> ***Falsa identidade***
>
> Art. 307 - Atribuir-se ou atribuir a terceiro falsa identidade para obter vantagem, em proveito próprio ou alheio, ou para causar dano a outrem:
>
> Pena - detenção, de três meses a um ano, ou multa, se o fato não constitui elemento de crime mais grave.

Assim, se a intenção do sujeito ativo for a de manifestar falsa identidade com intuito de realizar operação de câmbio, estará configurado o delito da norma especial previsto no artigo 21 da Lei nº 7.492/86.

Sujeito ativo. Qualquer pessoa pode praticar o crime previsto no artigo 21, tratando-se, portanto, de crime comum.

Sujeito passivo. É o Estado, em razão de ter o seu Sistema Financeiro lesado. De forma secundária podem ser considerados sujeitos passivos todos aqueles que forem prejudicados por ocasião da prática da conduta típica aqui prevista.

Elemento subjetivo. O tipo prevê a modalidade dolosa, ou seja, a vontade livre e consciente em atribuir-se, ou atribuir a terceiro, falsa identidade, para realização de operação de câmbio. Não há previsão para modalidade culposa.

Objeto material da conduta. No presente tipo penal é a operação de câmbio.

Objeto jurídico. Tutela-se o Sistema Financeiro Nacional, mormente sob o aspecto da confiança e do regular funcionamento deste, bem como da proteção ao investidor.

Classificação doutrinária. Trata-se de crime comum (pois pode ser praticado por qualquer pessoa), formal (tendo em vista a desnecessidade da ocorrência de resultado naturalístico), comissivo, doloso, instantâneo, plurissubsistente (cometido através da prática de mais de um ato), e de forma livre (haja vista que pode ser praticado por qualquer modo eleito pelo sujeito ativo).

Momento consumativo. O crime em tela se consuma no momento em que, para a realização de operação de câmbio, o sujeito ativo atribui-se falsa identidade, ou atribui falsa identidade a terceiro. Não há necessidade de que a operação de câmbio seja realizada.

Competência. Nos termos do artigo 109, VI, da CRFB/88, e do artigo 26, *caput*, da Lei nº 7.492/86, é competente a Justiça Federal para processar e julgar os crimes contra o sistema financeiro.

Tentativa. Admitida, pois estamos diante de uma situação plurissubsistente, na qual há possibilidade de fracionamento da conduta.

> **Parágrafo único.** Incorre na mesma pena quem, para o mesmo fim, sonega informação que devia prestar ou presta informação falsa.

Análise do parágrafo único do artigo 21 da Lei nº 7.492/86. A previsão do parágrafo único se destina a abranger a conduta daqueles que, depois de terem informações solicitadas para a realização da operação de câmbio, as sonegam ou as prestam de forma falsa.

Estamos diante de uma situação de tipo misto alternativo, na qual há consumação através de um único verbo nuclear, ou ainda, com a prática de vários deles, sem que, com isso, se deixe de considerar como crime único, desde que no mesmo contexto fático.

O mesmo intuito de evitar que o Sistema Financeiro seja lesado pela dificuldade na fiscalização deste tipo de operação, da mesma forma que ocorre no *caput* do dispositivo, aqui também se aplica, já que não se trata mais da identidade daquele que quer realizar a operação de câmbio, mas de informações necessárias a ela.

A Resolução nº 4.811, de 30 de abril de 2020, do Banco Central do Brasil[3], altera a Resolução nº 3.568/2008, também do BACEN[4] (que dispõe sobre o mercado de câmbio e dá outras providências). Assim, de acordo com a nova redação dada ao artigo 8º, § 5º, desta última, podemos observar que:

> CAPÍTULO II
>
> Das operações cursadas no mercado de câmbio
>
> Art. 8º As pessoas físicas e as pessoas jurídicas podem comprar e vender moeda estrangeira ou realizar transferências internacionais em reais, de qualquer natureza, sem limitação de valor, sendo contraparte na operação agente autorizado a operar no mercado de câmbio, observada a legalidade da transação, tendo como base a fundamentação econômica e as responsabilidades definidas na respectiva documentação.
>
> § 5º Sem prejuízo do dever de identificação dos clientes de que trata o art. 18 desta Resolução, nas operações de compra e de venda de moeda estrangeira até US$3.000,00 (três mil dólares dos Estados Unidos), ou do seu equivalente em outras moedas, é dispensada a apresentação da documentação referente aos negócios jurídicos subjacentes às operações de câmbio, observado que, no caso de operações sem a participação de empresas contratadas como correspondentes, é dispensada também a guarda de cópia dos documentos de identificação do cliente." (NR)

A leitura a *contrario sensu* nos permite concluir que tais informações referentes aos negócios subjacentes são necessárias, cuja recusa pode configurar o delito previsto no artigo 21, parágrafo único, da Lei nº 7.492/86.

---

3. Disponível em: <https://www.in.gov.br/web/dou/-/resolucao-n-4.811-de-30-de-abril-de-2020-255164024> . Acesso em: 26 dez. 2020.

4. Vide nota 02.

Isto não significa que nas operações abaixo de três mil dólares o indivíduo não deva fornecer informações (como exemplo, nos casos de operação de câmbio com a finalidade de turismo, podemos citar a necessidade de informar o destino da viagem), tão somente que a operação abaixo daquele valor possui uma simplificação maior.

Sujeito ativo. Qualquer pessoa pode praticar este crime, tratando-se, portanto, de crime comum.

Sujeito passivo. É o Estado, em razão de ter o seu Sistema Financeiro lesado. De forma secundária podem ser considerados sujeitos passivos todos aqueles que forem prejudicados por ocasião da prática da conduta típica aqui prevista.

Elemento subjetivo. O tipo prevê a modalidade dolosa, ou seja, a vontade livre e consciente em sonegar informação que devia prestar ou prestar informação falsa, para realização de operação de câmbio. Não há previsão para modalidade culposa.

Objeto material da conduta. No presente tipo penal é a operação de câmbio.

Objeto jurídico. Tutela-se o Sistema Financeiro Nacional, mormente sob o aspecto da confiança e do regular funcionamento deste, bem como da proteção ao investidor.

Classificação doutrinária. Trata-se de crime comum (pois pode ser praticado por qualquer pessoa), formal (tendo em vista a desnecessidade da ocorrência de resultado naturalístico), comissivo (diante do verbo "prestar") e omissivo (diante da conduta de "sonegar informação"), doloso, instantâneo, plurissubsistente (cometido através da prática de mais de um ato), e de forma livre (haja vista que pode ser praticado por qualquer modo eleito pelo sujeito ativo).

Momento consumativo. O crime em tela se consuma no momento em que, para a realização de operação de câmbio, o sujeito ativo sonega informação que devia prestar ou presta informação falsa. Não há necessidade de que a operação de câmbio seja realizada.

Competência. Nos termos do artigo 109, VI, da CRFB/88, e do artigo 26, *caput*, da Lei nº 7.492/86, é competente a Justiça Federal para processar e julgar os crimes contra o sistema financeiro.

Tentativa. Admitida, pois estamos diante de uma situação plurissubsistente, na qual há possibilidade de fracionamento da conduta.

Art. 22. Efetuar operação de câmbio não autorizada, com o fim de promover evasão de divisas do País:

Pena – Reclusão, de 2 (dois) a 6 (seis) anos, e multa.

Análise do tipo penal previsto no artigo 22 da Lei nº 7.492/86. Crime de "evasão de divisas". Este crime compreende a conduta de operação de câmbio, ou seja, quando há troca de moedas de um país, pelas de outro. Pode ser realizada tanto para situações comerciais, quanto para turismo.

Em relação ao mercado de câmbio, a Resolução nº 3.568/2008, do Banco Central do Brasil[5] (que dispõe sobre o mercado de câmbio e dá outras providências), assevera no artigo 1º que:

> Art. 1º O mercado de câmbio brasileiro compreende as operações de compra e de venda de moeda estrangeira e as operações com ouro-instrumento cambial, realizadas com instituições autorizadas pelo Banco Central do Brasil a operar no mercado de câmbio, bem como as operações em moeda nacional entre residentes, domiciliados ou com sede no País e residentes, domiciliados ou com sede no exterior.
>
> Parágrafo único. Incluem-se no mercado de câmbio brasileiro as operações relativas aos recebimentos, pagamentos e transferências do e para o exterior mediante a utilização de cartões de uso internacional e de empresas facilitadoras de pagamentos internacionais, bem como as operações referentes às transferências financeiras postais internacionais, inclusive mediante vales postais e reembolsos postais internacionais. (Redação dada pela Resolução nº 3.997, de 28/7/2011.)

A compreensão deste artigo 1º da Resolução BACEN nº 3.568/2008 revela grande importância para a aplicação do crime previsto no artigo 22 da Lei nº 7.492/86. Isto porque o tipo penal mencionado neste artigo prevê como criminosa a conduta de "efetuar operação de câmbio não autorizada", com o fim de promover evasão de divisas do País (elemento normativo do tipo). Ou seja, se a operação é autorizada, estamos diante de fato atípico.

Com relação ao tema "evasão de divisas", recentemente entrou em vigor a Lei nº 13.254/16 (que dispõe sobre o Regime Especial de Regularização Cambial e Tributária (RERCT) de recursos, bens ou direitos de origem lícita, não declarados ou declarados incorretamente, remetidos, mantidos no exterior ou repatriados por residentes ou domiciliados no País).

Basicamente se refere à declaração voluntária de recursos, bens ou direitos de origem lícita, não declarados ou declarados com omissão ou incorreção em relação a dados essenciais, remetidos ou mantidos no exterior, ou repatriados por residentes ou domiciliados no País, conforme a legislação cambial ou tributária, nos termos e condições daquela Lei.

O principal aspecto desta consideração está na extinção da punibilidade em relação a diversos crimes, dentre eles o previsto no artigo 22, *caput*, e seu parágrafo único, conforme previsão descrita no artigo 5º, § 2º, da Lei nº 13.254/16:

> Art. 5º A adesão ao programa dar-se-á mediante entrega da declaração dos recursos, bens e direitos sujeitos à regularização prevista no *caput* do art. 4º e pagamento integral do imposto previsto no art. 6º e da multa prevista no art. 8º desta Lei.

5. Vide nota 02.

§ 1º O cumprimento das condições previstas no *caput* antes de decisão criminal extinguirá, em relação a recursos, bens e direitos a serem regularizados nos termos desta Lei, a punibilidade dos crimes a seguir previstos, praticados até a data de adesão ao RERCT: (Redação dada pela Lei nº 13.428, de 2017)

(...)

VI - no *caput* e no *parágrafo único do art. 22 da* Lei nº *7.492, de 16 de junho de 1986*;

(...)

§ 2º A extinção da punibilidade a que se refere o § 1º:

I - (VETADO);

II - somente ocorrerá se o cumprimento das condições se der antes do trânsito em julgado da decisão criminal condenatória;

III - produzirá, em relação à administração pública, a extinção de todas as obrigações de natureza cambial ou financeira, principais ou acessórias, inclusive as meramente formais, que pudessem ser exigíveis em relação aos bens e direitos declarados, ressalvadas as previstas nesta Lei.

Conforme podemos observar, para que ocorra a extinção da punibilidade para os crimes previstos no artigo 22, *caput* e parágrafo único, da Lei nº 7.492/86, é preciso que sejam cumpridas as condições previstas no artigo 5º, *caput*, da Lei nº 13.254/16, antes do trânsito em julgado da decisão criminal condenatória.

Diante destes mesmos crimes, mencionados no parágrafo anterior, nos termos do artigo 5º, § 5º, da Lei nº 13.254/16, a extinção da punibilidade estará restrita aos casos em que os recursos utilizados na operação de câmbio não autorizada, as divisas ou moedas saídas do País sem autorização legal ou os depósitos mantidos no exterior e não declarados à repartição federal competente possuírem origem lícita ou forem provenientes, direta ou indiretamente, de quaisquer dos seguintes crimes: art. 1º e nos incisos I, II e V do art. 2º da Lei nº 8.137/90; na Lei nº 4.729/65 (que define o crime de sonegação fiscal e dá outras providências); no artigo 337-A do Código Penal (que trata da sonegação de contribuição previdenciária), bem como do crime de lavagem de capitais, previsto no artigo 1º da Lei nº 9.613/98.

Do conflito de normas entre o crime de evasão de divisas (artigo 22 da Lei nº 7.492/86) e o crime de descaminho (artigo 334 do Código Penal). De acordo com o STJ, o crime de evasão de divisas é mais grave do que o crime de descaminho, razão pela qual não pode ser absorvido pelo crime menos grave. Estamos diante da aplicação do princípio da consunção, solucionando o conflito de normas (vide STJ, 5ªTurma. REsp 886068/RS. Relator Ministro FELIX FISCHER. Julgamento em 10/05/2007. Publicação em DJ 03/09/2007, p. 215).

Do conflito entre o crime de evasão de divisas (artigo 22 da Lei nº 7.492/86) e o crime de sonegação fiscal (artigo 1º da Lei nº 8.137/90). De acordo com este julgado da Segunda Turma do Supremo Tribunal Federal, abaixo transcrito, há concurso de crimes entre a evasão de divisas e a sonegação fiscal, desde que a evasão tenha sido realizada com a finalidade de sonegar tributos também.

Assim, para a Segunda Turma do STF, há inaplicabilidade do princípio da consunção entre os crimes de art. 22, parágrafo único, da Lei nº 7.492/86 e art. 1º da Lei nº 8.137/90 por inexistência de relação (crime meio e crime fim) entre os referidos delitos. Argumenta a Suprema Corte que o envio ilícito de valores ao exterior, sonegando pagamento de imposto sobre a operação, pratica (em tese), delito em concurso material ou real de crimes, de sorte que "a extinção da punibilidade do delito de sonegação não descaracteriza nem apaga o de evasão de divisas".

> Ação penal. Denúncia. Evasão fiscal. Imputação do crime previsto no art. 22, § único, da Lei nº 7.492/86. Pagamento espontâneo dos tributos no curso do inquérito. Extinção da punibilidade do delito tipificado no art. 1º da Lei nº 8.137/90. Reconhecimento antes da denúncia. Trancamento da ação penal. Inadmissibilidade. **Relação de meio a fim entre os delitos. Inexistência. Absorção do crime objeto da denúncia pelo de sonegação fiscal. Inadmissibilidade. Inaplicabilidade do princípio da consunção. Caso teórico de concurso real de crimes. HC denegado. Quem envia, ilicitamente, valores ao exterior, sonegando pagamento de imposto sobre a operação, incorre, em tese, em concurso material ou real de crimes, de modo que extinção da punibilidade do delito de sonegação não descaracteriza nem apaga o de evasão de divisas.** (STF, Segunda Turma. HC 87208/MS. HABEAS CORPUS. Relator(a) Min. CEZAR PELUSO. Julgamento em 23/09/2008. Publicação em DJe-211 DIVULG 06-11-2008 PUBLIC 07-11-2008. EMENT VOL-02340-02 PP-00348. RTJ VOL-00208-03 PP-01093. RT v. 98, n. 881, 2009, p. 505-509).

Do precedente sobre a impossibilidade de aplicação da causa de diminuição de pena referente ao arrependimento posterior em face do crime previsto no artigo 22 da Lei nº 7.492/86. A Sexta Turma do STJ, nesse julgado, entendeu que o delito tipificado no art. 22 da LSFN é crime abstrato, logo, incabível a aplicação da causa geral de diminuição de pena do arrependimento posterior (art. 16 CP). Isso porque, como crime abstrato, não possui nem exige qualquer efeito patrimonial para restar configurado, tornando impossível a reparação do dano causado que é requisito legal.

> PENAL E PROCESSO PENAL. AGRAVO REGIMENTAL NOS EMBARGOS DE DECLARAÇÃO NO AGRAVO EM RECURSO ESPECIAL. MALFERIMENTO AO ART. 1025 DO CPC. INOCORRÊNCIA. DISPOSITIVO NÃO VIGENTE AO TEMPO DA OPOSIÇÃO DOS ACLARATÓRIOS PERANTE A CORTE A QUO. INOBSERVÂNCIA AO PRINCÍPIO DO TEMPUS REGIT ACTUM. **OFENSA AOS ARTS. 1º DO CP E 22 DA LEI Nº 7.492/86**. AUSÊNCIA DE PREQUESTIONAMENTO. SÚMULAS 282/STF E 356/STF. AFRONTA AOS ARTS. 16 DO CP E 383, § 1º,

> DO CPP. **ARREPENDIMENTO POSTERIOR. APLICAÇÃO. IMPOSSIBILIDADE. CRIME ABSTRATO. AUSÊNCIA DE EFEITO PATRIMONIAL**. REPARAÇÃO NÃO INTEGRAL DO DANO. **ACÓRDÃO EM CONFORMIDADE COM A JURISPRUDÊNCIA DESTE STJ. SÚMULA 83/STJ**. (...) Informações adicionais (...) **Não é possível aplicar ao crime descrito no artigo 22 da Lei nº 7.492/86, cujo bem jurídico tutelado é a higidez do Sistema Financeiro Nacional, a causa de diminuição de pena do arrependimento posterior. Isso porque, por se tratar de crime abstrato, a conduta apenada não possui nem exige qualquer efeito patrimonial para restar configurada, tornando impossível a reparação do dano causado, requisito intransponível exigido pela lei**. (STJ, T6 - SEXTA TURMA. AgRg nos EDcl no AREsp 775827/RJ. AGRAVO REGIMENTAL NOS EMBARGOS DE DECLARAÇÃO NO AGRAVO EM RECURSO ESPECIAL. Relator(a) Ministra MARIA THEREZA DE ASSIS MOURA. Julgamento em 07/06/2016. Publicação/Fonte em DJe 21/06/2016, sem grifo no original).

Da impossibilidade de configuração do princípio da consunção entre o crime de lavagem de dinheiro e o previsto no artigo 22 da Lei nº 7.492/86. Ofensa a bens jurídicos diversos. Muito embora não se possa dizer tratar-se de posicionamento firmado pela Corte Suprema, cabe mencionar o acórdão no AI 858531 AgR-ED/SC, STF. Em que pese intentado a prestar efeitos infringentes ao julgado, o STF não enfrentou a questão de mérito ao rejeitar os embargos de declaração interpostos, todavia, vale recordar que transcreveu o acórdão de origem em sua ementa, senão vejamos:

> (...) 5. In casu, o acórdão originariamente recorrido assentou: "PROCESSO PENAL. EMBARGOS INFRINGENTES. CONSUNÇÃO. EVASÃO DE DIVISAS E LAVAGEM DE DINHEIRO. INOCORRÊNCIA. 1. **Há consunção quando as ações desenvolvem-se dentro de única linha causal para o intento final (o fator final, conforme Zaffaroni), nele esgotando seu potencial ofensivo**. 2. A circulação, em contas bancárias de titularidade de 'laranjas' no Brasil, de recursos provenientes do clandestino desempenho de atividade de instituição financeira consubstancia, por si só, ocultação de dinheiro proveniente de anterior crime contra a Sistema Financeiro Nacional, sem que necessariamente inserida em sua linha causal a evasão ilícita da moeda. 3. **Mesmo na ocultação de valores no exterior, não se pode falar na consunção do delito de evasão de divisas pelo de lavagem de dinheiro, pois autônoma a ofensa ao equilíbrio financeiro, às reservas cambiais nacionais e à própria higidez de todo o Sistema Financeiro Nacional - bens que são protegidos pela Lei nº 7.492/86 -, além de evidente o intento de remessa e manutenção no estrangeiro de expressivos recursos financeiros à margem da fiscalização e controle pelo órgãos oficiais**." 6. Embargos de declaração desprovidos. (STF, Primeira Turma. AI 858531 AgR-ED/SC -

SANTA CATARINA. EMB.DECL. NO AG.REG. NO AGRAVO DE INSTRUMENTO. Relator(a) Min. LUIZ FUX. Julgamento em 27/10/2015, sem grifos no original)

Sujeito ativo. Qualquer pessoa pode praticar este crime, tratando-se, portanto, de crime comum.

Sujeito passivo. É o Estado, em razão de ter o seu Sistema Financeiro lesado. De forma secundária podem ser considerados sujeitos passivos todos aqueles que forem prejudicados por ocasião da prática da conduta típica aqui prevista.

Elemento subjetivo. O tipo prevê a modalidade dolosa, ou seja, a vontade livre e consciente em efetuar operação de câmbio não autorizada, com o fim de promover evasão de divisas do País. Não há previsão para modalidade culposa.

Objeto material da conduta. No presente tipo penal é a operação de câmbio não autorizada.

Objeto jurídico. Tutela-se o Sistema Financeiro Nacional, mormente sob o aspecto da confiança e do regular funcionamento deste, bem como da proteção ao investidor.

Classificação doutrinária. Trata-se de crime comum (pois pode ser praticado por qualquer pessoa), formal (tendo em vista a desnecessidade da ocorrência de resultado naturalístico), comissivo, doloso, instantâneo, plurissubsistente (cometido através da prática de mais de um ato), e de forma livre (haja vista que pode ser praticado por qualquer modo eleito pelo sujeito ativo).

Momento consumativo. O crime em tela se consuma no momento em que há a operação não autorizada, ainda que não ocorra a evasão de divisas, haja vista se tratar de crime formal que, apesar de prever resultado naturalístico, é desnecessário que isto ocorra. Nesse sentido, há posicionamento da Sexta Turma do STJ.

No entanto, deve existir operação cambial não autorizada com o intuito de evasão de divisas em prejuízo ao sistema financeiro (art. 70 do CPP) (STJ, T6 – SEXTA TURMA. HC 57991-PR. Rel. Min. Paulo Medina. Julgado em 13/2/2007. DJ 27/03/2007 p. 217. Veiculado no Informativo nº 0310. Período de 12 a 23 de fevereiro de 2007. Sexta Turma. CRIMES. CONEXÃO. BANESTADO. SISTEMA FINANCEIRO).

Competência. Nos termos do artigo 109, VI, da CRFB/88, e do artigo 26, *caput*, da Lei nº 7.492/86, é competente a Justiça Federal para processar e julgar os crimes contra o sistema financeiro, devendo ser observado o local do fato em que a operação de câmbio não autorizada ocorreu.

Tentativa. Admitida, pois estamos diante de uma situação plurissubsistente, na qual há possibilidade de fracionamento da conduta.

Parágrafo único. Incorre na mesma pena quem, a qualquer título, promove, sem autorização legal, a saída de moeda ou divisa para o exterior, ou nele mantiver depósitos não declarados à repartição federal competente.

Análise do parágrafo único do artigo 22 da Lei nº 7.492/86. A conduta aqui descrita refere-se a quem, a qualquer título (podendo ser com viagens a turismo etc.) e sem autorização legal, promove a fuga de recursos (moeda ou divisa) para o exterior, ou nele mantém depósitos não declarados à repartição federal competente (Receita Federal).

Trata-se de um tipo penal misto alternativo, no qual há consumação através de um único verbo nuclear, ou ainda, com a prática de vários deles, sem que, com isso, se deixe de considerar como crime único, desde que referentes ao mesmo contexto fático.

Em relação ao Regime Especial de Regularização Cambial e Tributária (RERCT), preconizado pela Lei nº 13.254/16, remetemos o leitor para as considerações iniciais feitas por ocasião do estudo do artigo 22, *caput*, da Lei nº 7.492/86.

De forma semelhante à do *caput* do dispositivo, aqui tal regime de regularização também terá aplicação. Nos termos do artigo 3º, III, da Lei nº 13.254/16, podemos verificar que os recursos provenientes de operações de câmbio ilegítimas ou não autorizadas podem ser incluídos no Regime Especial de Regularização Cambial e Tributária (RERCT):

> Art. 3º O RERCT aplica-se a todos os recursos, bens ou direitos de origem lícita de residentes ou domiciliados no País até 31 de dezembro de 2014, incluindo movimentações anteriormente existentes, remetidos ou mantidos no exterior, bem como aos que tenham sido transferidos para o País, em qualquer caso, e que não tenham sido declarados ou tenham sido declarados com omissão ou incorreção em relação a dados essenciais, como:
>
> III - recursos, bens ou direitos de qualquer natureza, decorrentes de operações de câmbio ilegítimas ou não autorizadas;

Aqui também são aplicadas as normas referentes à extinção de punibilidade, conforme artigo 5º, § 2º, da Lei nº 13.254/16 (sobre o tema, remetemos o leitor para as considerações tecidas no estudo do artigo 22, *caput*, da Lei nº 7.492/86).

Da caracterização do crime previsto no artigo 22, parágrafo único, da Lei nº 7.492/86 em face da *operação dólar-cabo*. De acordo com a Sexta Turma do STJ, a realização de operação dólar-cabo, com a entrega de moeda estrangeira (sistema de compensação) no exterior em contrapartida a prévio pagamento de reais no Brasil, caracteriza o crime previsto no art. 22, parágrafo único, da Lei nº 7.492/1986 (evasão de divisas, com remessa fraudulenta de valores ao exterior).

> RECURSO ESPECIAL. DIREITO PENAL. LEGISLAÇÃO EXTRAVAGANTE. LEI N. 7.492/1986. OPERAÇÃO OURO VERDE. CRIME CONTRA O SISTEMA FINANCEIRO NACIONAL. OPERAÇÃO DÓLAR-CABO. REMESSA ILEGAL DE DIVISAS AO EXTERIOR. TRANSAÇÕES FINANCEIRAS SEM AUTORIZAÇÃO DO BANCO CENTRAL. RESOLUÇÃO 3.265/2005 DO CONSELHO MONETÁRIO NACIONAL.

ABOLITIO CRIMINIS. NÃO OCORRÊNCIA. (...) 1. Conceitualmente, a denominada operação dólar-cabo envolve transações com moeda estrangeira à margem do conhecimento dos órgãos oficiais. Em outros termos, trata-se de um sistema alternativo e paralelo ao sistema bancário ou financeiro chamado de tradicional, de remessa de valores, por intermédio de um sistema de compensações, o qual tem por base a fidúcia. 2. A realização de operação dólar-cabo, com a entrega de moeda estrangeira (sistema de compensação) no exterior em contrapartida a prévio pagamento de reais no Brasil, caracteriza o crime previsto no art. 22, parágrafo único, da Lei n. 7.492/1986. 3. Na transferência eletrônica de dólares (sistema de compensação), mesmo em parcelas inferiores a U$ 10.000,00 – saída meramente escritural da moeda – a norma de regência exige, de forma exclusiva, o processamento por meio do sistema bancário, com perfeita identificação do cliente ou beneficiário (Lei n. 9.069/1995, art. 65, caput). 4. Não se exige autorização específica para cada ato concreto de remessa de numerário ao exterior, mas que as operações sejam efetuadas na forma dos atos normativos do Banco Central do Brasil, realizadas por meio de instituições autorizadas e com o registro no Sisbacen. [...] (STJ, **SEXTA TURMA**. REsp 1501852/RS. RECURSO ESPECIAL. Relator(a) Ministro SEBASTIÃO REIS JÚNIOR. Julgamento em 27/09/2016. Publicação/Fonte em DJe 13/10/2016).

PENAL E PROCESSUAL PENAL. RECURSO ESPECIAL. EVASÃO DE DIVISAS. CERCEAMENTO DE DEFESA. INDEFERIMENTO DO PEDIDO DE ACESSO INTEGRAL AOS PROCEDIMENTOS INVESTIGATIVOS. LIMITAÇÃO DO DIREITO DE PROVA. NULIDADE NÃO CONFIGURADA. TIPICIDADE DA CONDUTA. ACÓRDÃO EM CONSONÂNCIA COM A ORIENTAÇÃO JURISPRUDENCIAL DESTA CORTE. MATERIALIDADE E AUTORIA DEMONSTRADAS. REVISÃO. DESCABIMENTO. (...) 2. A remessa de valores fraudulentamente ao exterior, por meio de operações dólar-cabo, com a entrega de moeda estrangeira no exterior em contrapartida a prévio pagamento de reais no Brasil, configura o crime previsto no art. 22, parágrafo único, da Lei n. 7.492/1986 [...] (STJ, **T6 – SEXTA TURMA**. REsp 1796730/PR. RECURSO ESPECIAL. Relator(a) Ministro SEBASTIÃO REIS JÚNIOR. Julgamento em 13/08/2019. Publicação/Fonte em **DJe 13/09/2019**, sem grifos no original).

AGRAVO REGIMENTAL EM RECURSO ESPECIAL. PENAL. CRIME CONTRA O SISTEMA FINANCEIRO. ART. 22, PARÁGRAFO ÚNICO, PRIMEIRA PARTE, DA LEI N. 7.492/1986. ALEGAÇÃO DE ATIPICIDADE DA CONDUTA. OPERAÇÕES DÓLAR-CABO. SISTEMA DE COMPENSAÇÃO. OPERAÇÃO DE CÂMBIO NÃO AUTORIZADA. TIPIFICAÇÃO. ACÓRDÃO EM CONSONÂNCIA COM A ORIENTAÇÃO JURISPRUDENCIAL DO STJ. DISSÍDIO JURISPRUDENCIAL NÃO COM-

> PROVADO. SÚMULA 83/STJ. FUNDAMENTOS INATACADOS (...) 1. No caso, o Tribunal Regional, em observância aos pormenores da situação concreta, entendeu que incide nas penas do art. 22 da Lei n. 7.492/1986 aquele que efetua operações de câmbio não autorizadas e promove, sem autorização legal, a evasão de divisas do País, independentemente do valor, não havendo falar que o tipo penal necessita de complementação por regulamentação do órgão federal competente, o que se encontra em consonância com a jurisprudência firmada pelo Superior Tribunal de Justiça [...] (STJ, **SEXTA TURMA**. AgRg no REsp 1849140/RS, Rel. Ministro SEBASTIÃO REIS JÚNIOR, julgado em 01/09/2020, DJe **09/09/2020**, sem grifo no original).

A propósito do tema, o Supremo Tribunal Federal, no julgamento da Ação Penal nº 470 ("mensalão") consolidou o entendimento de que aquele que efetua pagamento em reais no Brasil, com o objetivo de disponibilizar, por meio do outro que recebeu tal pagamento, o respectivo montante em moeda estrangeira no exterior - a prática das operações conhecidas como "dólar-cabo" –, incorre no ilícito de evasão de divisas, configurando o crime previsto no art. 22, parágrafo único, primeira parte, da Lei nº 7.492/1986. Destaca-se o trecho da ementa do julgado:

> (...) EVASÃO DE DIVISAS (ART. 22, PARÁGRAFO ÚNICO, PRIMEIRA PARTE, DA LEI 7.492/1986). PROMOÇÃO DE OPERAÇÕES ILEGAIS DE SAÍDA DE MOEDA OU DIVISAS PARA O EXTERIOR. PROCEDÊNCIA PARCIAL DO PEDIDO. No período de 21.02.2003 a 02.01.2004, membros do denominado "núcleo publicitário" ou "operacional" realizaram, sem autorização legal, por meio do grupo Rural e de doleiros, cinquenta e três depósitos em conta mantida no exterior. Desses depósitos, vinte e quatro se deram através do conglomerado Rural, cujos principais dirigentes à época se valeram, inclusive, de offshore sediada nas Ilhas Cayman (Trade Link Bank), que também integra, clandestinamente, o grupo Rural, conforme apontado pelo Banco Central do Brasil. A materialização do delito de evasão de divisas prescinde da saída física de moeda do território nacional. Por conseguinte, mesmo aceitando-se a alegação de que os depósitos em conta no exterior teriam sido feitos mediante as chamadas operações "dólar-cabo", aquele que efetua pagamento em reais no Brasil, com o objetivo de disponibilizar, através do outro que recebeu tal pagamento, o respectivo montante em moeda estrangeira no exterior, também incorre no ilícito de evasão de divisas. Caracterização do crime previsto no art. 22, parágrafo único, primeira parte, da Lei 7.492/1986, que tipifica a conduta daquele que, "a qualquer título, promove, sem autorização legal, a saída de moeda ou divisa para o exterior". Crimes praticados por grupo organizado, em que se sobressai a divisão de tarefas, de modo que cada um dos agentes ficava encarregado de uma parte dos atos que, no conjunto,

eram essenciais para o sucesso da empreitada criminosa. Rejeição do pedido de emendatio libelli, formulado pelo procurador-geral da República, em alegações finais, a fim de os integrantes dos núcleos publicitário e financeiro fossem condenados por lavagem de dinheiro (art. 1º, V, VI e VII, da Lei 9.613/1998), e não por evasão de divisas (art. 22, parágrafo único, primeira parte, da Lei 7.492/1986) [...] (STF, Tribunal Pleno. AP 470, Relator(a) Min. JOAQUIM BARBOSA, julgamento em 17/12/2012, publicação em 22/04/2013).

AGRAVO REGIMENTAL EM HABEAS CORPUS. PENAL E PROCESSUAL PENAL. CRIME DE EVASÃO DE DIVISAS. ARTIGO 22 DA LEI 7.492/86. ALEGAÇÃO DE ATIPICIDADE DA CONDUTA. DECISÃO IMPUGNADA EM CONSONÂNCIA COM A JURISPRUDÊNCIA DESTA CORTE. INEXISTÊNCIA DE CONSTRANGIMENTO ILEGAL. AGRAVO REGIMENTAL DESPROVIDO. 1. Esta Suprema Corte sufraga o entendimento de que nas transações conhecidas como operações dólar-cabo, não é possível utilizar o valor de R$ 10.000,00 (dez mil reais) como parâmetro para a configuração do crime de evasão de divisas, uma vez que a exceção prevista no artigo 65, § 1º, da Lei 9.069/95 refere-se apenas à saída de valores em espécie (...) 3. As regras que disciplinam a transferência internacional de valores são diversas em relação à saída física e à saída eletrônica de moeda [...] (STF, Primeira Turma. HC 155693 AgR, Relator(a): LUIZ FUX, julgado em 24/08/2018, PROCESSO ELETRÔNICO DJe-187 DIVULG 05-09-2018 PUBLIC 06-09-2018)

Note-se que o que caracteriza o tipo penal é a transferência, o transporte ou a remessa física de moeda ou recursos para o exterior por meio de transações financeiras realizadas sem autorização legal, independentemente do valor de tais operações, já que o bem jurídico tutelado é a proteção da política cambial brasileira. Desnecessária, pela mesma razão, a complementação por meio da regulamentação do órgão federal competente.

Com relação ao art. 22, parágrafo único, 2ª parte, cabe destacar que com o objetivo de traçar os contornos da referida norma penal, o Banco Central editou Circular, definindo que a declaração do patrimônio mantido no exterior deveria ser realizada no dia 31 de dezembro do ano-base. O STF na AP 470 considerou não ser necessária a comunicação legalmente imposta, independentemente da movimentação de vultosos valores ao longo do ano, se na data de 31 de dezembro do ano-base, não houvesse saldo bancário relevante, nos termos da circular do Banco Central:

(...) MANUTENÇÃO DE DEPÓSITOS NÃO DECLARADOS NO EXTERIOR (ART. 22, PARÁGRAFO ÚNICO, SEGUNDA PARTE, DA LEI 7.492/1986). SALDO INFERIOR A US$ 100.000,00 NAS DATAS-BASE FIXADAS PELO BANCO CENTRAL DO BRASIL. DESNECESSIDADE, NESSE CASO, DE DECLARAÇÃO DOS DEPÓSITOS EXISTEN-

> TES. IMPROCEDÊNCIA DO PEDIDO. A manutenção, ao longo de 2003, de conta no exterior com depósitos em valor superior aos cem mil dólares americanos previstos na Circular nº 3.225/2004 e na Circular nº 3.278/2005 do Banco Central do Brasil não caracteriza o crime descrito no art. 22, parágrafo único, segunda parte, da Lei 7.492/1986, se o saldo mantido nessa conta era, em 31.12.2003 e em 31.12.2004, inferior a US$ 100.000,00, o que dispensa o titular de declarar ao Banco Central os depósitos existentes, conforme excepcionado pelo art. 3º dessas duas Circulares [...] (STF, Tribunal Pleno. AP 470, Relator(a) Min. JOAQUIM BARBOSA, julgamento em 17/12/2012, publicação em 22/04/2013).

No mesmo sentido segue o entendimento do STJ em recente julgado:

> AGRAVO REGIMENTAL EM RECURSO ORDINÁRIO EM HABEAS CORPUS. OPERAÇÃO MARAKATA. DENÚNCIA. MANUTENÇÃO DE VALORES NÃO DECLARADOS EM CONTA NO EXTERIOR, EM CONTINUIDADE DELITIVA. LAVAGEM DE DINHEIRO, EM CONTINUIDADE DELITIVA. CONCURSO MATERIAL ENTRE OS 11 CONJUNTOS DE FATOS. TRANCAMENTO DA AÇÃO PENAL POR ATIPICIDADE DA CONDUTA RELATIVAMENTE AO CRIME DO ARTIGO 22, PARÁGRAFO ÚNICO, SEGUNDA PARTE, DA LEI 7.492/86 C/C ARTIGO 71, DO CÓDIGO PENAL. IMPROCEDÊNCIA (...) - No caso dos autos, o agravante pretendeu, primeiramente, demonstrar a inépcia da denúncia e a atipicidade da conduta, com relação ao crime do art. 22, parágrafo único, segunda parte, da Lei n. 7.492/1986. - Com o objetivo de traçar os contornos da referida norma penal, o Banco Central editou a Circular n. 3.071/2001, autorizada pela Resolução n. 2.911/2001 do Conselho Monetário Nacional, definindo que a declaração do patrimônio mantido no exterior deveria ser realizada no dia 31 de dezembro do ano-base. Referida circular assentou, outrossim, que deveria ser comunicada apenas a existência de relevante saldo bancário, considerado, à época, o valor superior a R$10.000,00 (dez mil reais). No período em que ocorreram os fatos ora apurados, deveria ser declarado apenas o valor igual ou superior a US$ 100.000,00 (cem mil dólares). - O Supremo Tribunal Federal, no julgamento da Ação Penal n. 470, considerou não ser necessária a comunicação legalmente imposta, independentemente da movimentação de vultosos valores ao longo do ano, se na data de 31 de dezembro do ano-base, não houvesse saldo bancário relevante, nos termos da circular do Banco Central [...] (STJ, **QUINTA TURMA**. AgRg no RHC 122.377/RJ, Rel. Ministro REYNALDO SOARES DA FONSECA, julgado em 15/09/2020, **DJe 21/09/2020**, sem grifo no original).

Art. 22 e parágrafo único da Lei n.º 7.492/86. Diferenciação. Elemento subjetivo do tipo. Em recente julgado, a Sexta Turma do STJ, além de consolidar o entendimento no sentido de a prática de operações denominadas dólar-cabo se subsumir ao tipo previsto no art. 22, parágrafo único, primeira parte, da Lei nº 7.492/1986 reconheceu que *"é firme a jurisprudência dos Tribunais Superiores no sentido de que a conduta tipificada na primeira parte do parágrafo único do artigo 22 da Lei dos Crimes contra o Sistema Financeiro Nacional, diversamente daquela descrita no caput do referido dispositivo legal, não exige elemento subjetivo próprio para que seja consumado o delito, bastando, para tanto, o envio de moeda ao exterior sem a devida autorização legal"*. Confira-se o julgado:

> AGRAVO REGIMENTAL EM RECURSO ESPECIAL. VIOLAÇÃO AO PRINCÍPIO DA COLEGIALIDADE. INOCORRÊNCIA. VIOLAÇÃO DO ARTIGO 619 DO CPP. INEXISTÊNCIA. QUESTÕES DECIDIDAS. OPERAÇÃO OURO VERDE. CRIME CONTRA O SISTEMA FINANCEIRO. EVASÃO DE DIVISAS. OPERAÇÃO DÓLAR-CABO. TIPICIDADE. DOLO ESPECÍFICO. DESNECESSIDADE. DOSIMETRIA. ELEVADO VALOR EVADIDO. VALORAÇÃO NEGATIVA DO VETOR CONSEQUENCIAS (...) 3. Com o julgamento da Ação Penal nº 470, no Tribunal Pleno do Supremo Tribunal Federal, consolidou-se o entendimento de que "aquele que efetua pagamento em reais no Brasil, com o objetivo de disponibilizar, através do outro que recebeu tal pagamento, o respectivo montante em moeda estrangeira no exterior, **incorre no ilícito de evasão de divisas, caracterizando o crime previsto no art. 22, parágrafo único, primeira parte, da Lei 7.492/1986 a prática das operações "dólar-cabo"**. 4. É firme a jurisprudência dos Tribunais Superiores no sentido de que a conduta tipificada na primeira parte do parágrafo único do artigo 22 da Lei dos Crimes contra o Sistema Financeiro Nacional, diversamente daquela descrita no caput do referido dispositivo legal, não exige elemento subjetivo próprio para que seja consumado o delito, bastando, para tanto, o envio de moeda ao exterior sem a devida autorização legal [...] (STJ, 6ª Turma. AgRg no REsp 1430360/RS. Relator(a) Ministra MARIA THEREZA DE ASSIS MOURA. Julgamento em 07/11/2017. Publicação/Fonte em DJe 13/11/2017, sem grifo no original).

Sujeito ativo. Qualquer pessoa pode praticar este crime, tratando-se, portanto, de crime comum.

Sujeito passivo. É o Estado, em razão de ter o seu Sistema Financeiro lesado. De forma secundária podem ser considerados sujeitos passivos todos aqueles que forem prejudicados por ocasião da prática da conduta típica aqui prevista.

Elemento subjetivo. O tipo prevê a modalidade dolosa, ou seja, a vontade livre e consciente em a qualquer título, promover, sem autorização legal, a saída de moeda ou divisa para o exterior, ou nele mantiver depósitos não declarados à repartição federal competente. Não há previsão para modalidade culposa.

Objeto material da conduta. No presente tipo penal é a moeda ou divisa.

Objeto jurídico. Tutela-se o Sistema Financeiro Nacional, mormente sob o aspecto da confiança e do regular funcionamento deste, bem como da proteção ao investidor.

Classificação doutrinária. Trata-se de crime comum (pois pode ser praticado por qualquer pessoa), formal (tendo em vista a desnecessidade da ocorrência de resultado naturalístico), comissivo, doloso, instantâneo, porém habitual diante da conduta de "manter depósitos não declarados à repartição federal competente", plurissubsistente (cometido através da prática de mais de um ato), e de forma livre (haja vista que pode ser praticado por qualquer modo eleito pelo sujeito ativo).

Momento consumativo. Diante da primeira conduta, o crime em tela se consuma no momento em que o sujeito ativo promove, sem autorização legal, a saída de moeda ou divisa para o exterior. Já na segunda hipótese, o crime estará consumado quando se mantiver depósitos no exterior não declarados à repartição federal competente.

Competência. Nos termos do artigo 109, VI, da CRFB/88, e do artigo 26, *caput*, da Lei nº 7.492/86, é competente a Justiça Federal para processar e julgar os crimes contra o sistema financeiro.

Tentativa. Admitida, quando estivermos diante da conduta de "promover, sem autorização legal, a saída de moeda ou divisa para o exterior", situação plurissubsistente, na qual há possibilidade de fracionamento da conduta. Não há possibilidade de tentativa diante da modalidade "manter depósitos não declarados à repartição federal competente", pois é crime habitual.

Art. 23. Omitir, retardar ou praticar, o funcionário público, contra disposição expressa de lei, ato de ofício necessário ao regular funcionamento do sistema financeiro nacional, bem como a preservação dos interesses e valores da ordem econômico-financeira:

Pena – Reclusão, de 1 (um) a 4 (quatro) anos, e multa.

Análise do tipo penal descrito no artigo 23 da Lei nº 7.492/86. Este delito diz respeito ao funcionário público (crime próprio) que, através de condutas mistas alternativas, omite, retarda ou pratica ato de ofício (que representa o objeto material deste crime), que seja necessário ao funcionamento regular do Sistema Financeiro Nacional como um todo, bem como a preservação dos interesses e valores da ordem econômico-financeira.

Para tanto, necessário observar que estas condutas devem ser feitas contra disposição expressa de lei (cuja observação deverá ser feita conforme o caso concreto).

A intenção do legislador foi a de impedir que os próprios integrantes da máquina pública ajam em detrimento do Sistema Financeiro, preservando, assim, o bom andamento e as operações deste.

Sujeito ativo. Somente o funcionário público pode ser sujeito ativo neste crime. Trata-se, portanto, de crime próprio. Sobre o conceito de funcionário público, devemos nos utilizar da norma prevista no artigo 327 do Código Penal.

Sujeito passivo. É o Estado, em razão de ter o seu Sistema Financeiro lesado. De forma secundária podem ser considerados sujeitos passivos todos aqueles que forem prejudicados por ocasião da prática da conduta típica aqui prevista.

Elemento subjetivo. O tipo prevê a modalidade dolosa, ou seja, a vontade livre e consciente em omitir, retardar ou praticar, contra disposição expressa de lei, ato de ofício necessário ao regular funcionamento do sistema financeiro nacional, bem como a preservação dos interesses e valores da ordem econômico-financeira. Não há previsão para modalidade culposa.

Objeto material da conduta. No presente tipo penal é o ato de ofício.

Objeto jurídico. Tutela-se o Sistema Financeiro Nacional, mormente sob o aspecto da confiança e do regular funcionamento deste, bem como da proteção ao investidor.

Classificação doutrinária. Trata-se de crime próprio (pois somente pode ser praticado pelo funcionário público), formal (tendo em vista a desnecessidade da ocorrência de resultado naturalístico), comissivo (diante do verbo "praticar" e "retardar") e omissivo (diante do verbo "omitir"), doloso, instantâneo, unissubsistente (cometido mediante a prática de um único ato) (diante da modalidade omissiva) ou plurissubsistente (cometido através da prática de mais de um ato), e de forma livre (haja vista que pode ser praticado por qualquer modo eleito pelo sujeito ativo).

Momento consumativo. O crime em tela se consuma no momento em que o funcionário público omite, retarda ou pratica, contra disposição expressa de lei, o ato de ofício descrito no *caput* do dispositivo.

Competência. Nos termos do artigo 109, VI, da CRFB/88, e do artigo 26, *caput*, da Lei nº 7.492/86, é competente a Justiça Federal para processar e julgar os crimes contra o sistema financeiro.

Tentativa. Admitida, quando estivermos diante da situação plurissubsistente, na qual há possibilidade de fracionamento da conduta.

Art. 24. (VETADO).

DA APLICAÇÃO E DO PROCEDIMENTO CRIMINAL

Art. 25. São penalmente responsáveis, nos termos desta lei, o controlador e os administradores de instituição financeira, assim considerados os diretores, gerentes (Vetado).

§ 1º Equiparam-se aos administradores de instituição financeira (Vetado) o interventor, o liqüidante ou o síndico.

§ 2º Nos crimes previstos nesta Lei, cometidos em quadrilha ou co-autoria, o co-autor ou partícipe que através de confissão espontânea revelar à autoridade policial ou judicial toda a trama delituosa terá a sua pena reduzida de um a dois terços. (*Incluído pela Lei nº 9.080, de 19.7.1995*)

Disposições previstas no artigo 25 da Lei nº 7.492/86. Trata-se de norma penal explicativa, que discrimina as pessoas que são penalmente responsáveis, no que diz respeito aos crimes praticados no comando das instituições financeiras. Como foi estudado ao longo da Lei nº 7.492/86, isto não necessariamente acarretará a responsabilização destes indivíduos por todos os crimes descritos na Lei, pois há aqueles que podem ser praticados por qualquer pessoa.

O artigo 5º, bem como seu parágrafo único, além do artigo 17, todos da Lei nº 7.492/86 são os únicos ao longo da Lei que fazem menção expressa ao artigo 25, indicando aqueles que podem ser responsabilizados criminalmente por aqueles delitos.

A previsão contida no parágrafo primeiro do artigo 25 equipara aos administradores de instituição financeira o interventor, o liquidante ou o síndico.

Os dois primeiros atuarão, respectivamente, nos casos de intervenção ou de liquidação extrajudicial de instituição financeira, conforme previsão da Lei nº 6.024/74 (que dispõe sobre a intervenção e a liquidação extrajudicial de instituições financeiras, e dá outras providências).

Quando a instituição financeira tem a falência decretada, o síndico/administrador judicial é o responsável pela solução do evento.

Com relação ao parágrafo segundo do artigo 25, a norma faz referência à delação ou colaboração premiada, que também está prevista em diversas outras normas penais, como por exemplo na Lei nº 9.807/99 (normas referentes à proteção a testemunhas), Lei nº 8.072/90 (crimes hediondos), Lei nº 11.343/06 (drogas) e na Lei nº 12.850/13 (organizações criminosas).

No caso específico do artigo 25, § 2º, da Lei nº 7.492/86, quando os crimes previstos nesta Lei forem cometidos em quadrilha ou coautoria, o coautor ou partícipe que através de confissão espontânea revelar à autoridade policial ou judicial toda a trama delituosa terá a sua pena reduzida de um a dois terços. Funciona, portanto, com causa de diminuição de pena.

Acerca dos sujeitos ativos dos crimes contra o Sistema Financeiro (Art. 25) e da competência da Justiça Federal (Art. 26), confira-se julgado exemplificativo da Terceira Seção do STJ:

> CONFLITO DE COMPETÊNCIA. **JUSTIÇA FEDERAL E JUSTIÇA ESTADUAL**. AGÊNCIA DO BANCO DO BRASIL. SOCIEDADE DE ECONOMIA MISTA. ART. 5º e ART. 17 DA LEI N. 7.492/86. CRIMES DE MÃO PRÓPRIA. **SUJEITO ATIVO DESCRITO NO ART. 25 DA LEI N.**

7.492/86. GERENTE DE SERVIÇO E GERENTE DE RELACIONAMENTO SEM PODERES DE GESTÃO. CONDUTA QUE PODERIA SER PRATICADA POR QUALQUER ESCRITURÁRIO (...) 2. **Compete à Justiça Federal a apuração dos delitos previstos na Lei n. 7.492/86, que define os crimes contra o Sistema Financeiro, como prevê o art. 26 da aludida lei**; ao passo que os crimes contra a administração pública descritos no Código Penal, praticados no âmbito de sociedade de economia mista, são processados perante a Justiça Estadual. 3. O art. 5º e art. 17 da Lei n. 7.492/86 descrevem crimes de mão própria, podendo ser praticados apenas por pessoas específicas definidas em lei. **Da leitura do art. 25 da Lei n. 7.492/86 extrai-se que, pela natureza dos cargos mencionados no dispositivo – controlador, administrador, diretor – os gerentes que podem ser responsabilizados penalmente são aqueles que possuem poderes de gestão. Isto porque, em se tratando de uma norma penal explicativa, que esclarece o conteúdo e alcance de um tipo penal incriminador, sua interpretação deve ser restritiva. Precedentes** [...] (STJ. S3 - TERCEIRA SEÇÃO. CC 155853/SP. CONFLITO DE COMPETENCIA. Relator(a) Ministro JOEL ILAN PACIORNIK. Julgamento em 25/04/2018. Publicação/Fonte em DJe 11/05/2018. Sem grifo no original).

PENAL. CONFLITO DE COMPETÊNCIA. **ART. 25 DA LEI N. 7.492/1986.** GERENTE DE INSTITUIÇÃO FINANCEIRA. VENDA DE COTA CONTEMPLADA DE CONSÓRCIO. OCORRÊNCIA, EM TESE, DE CRIME CONTRA O SISTEMA FINANCEIRO. COMPETÊNCIA DA JUSTIÇA FEDERAL. 1. **Nos termos do art. 25 da Lei n. 7.492/1986, os sujeitos ativos para o cometimento de crimes contra o sistema financeiro nacional serão os controladores e os administradores de instituição financeira, assim considerados os diretores e gerentes. (...) 3. A conduta dos indiciados, conquanto integrantes da empresa de consórcio, supostamente incorrem na prática de crime previsto da Lei n. 7.492/1986, cuja ação criminal tem processamento e julgamento realizado pela Justiça Federal. 4. A jurisprudência desta Terceira Seção firmou-se no sentido de que "a Lei 7.492/86 equipara ao conceito de instituição financeira a pessoa jurídica que capta ou administra seguros, câmbio, consórcio, capitalização ou qualquer tipo de poupança, ou recursos de terceiros. Encontrando-se a conduta tipificada, ainda que em tese, em dispositivo da Lei 7.492/86, a ação penal deve ser julgada na Justiça Federal. Havendo interesse da União na higidez, confiabilidade e equilíbrio do sistema financeiro, tem-se que a prática ilícita configura matéria de competência da Justiça Federal" (CC 41.915/SP, rel. Ministro ARNALDO ESTEVES LIMA, TERCEIRA SEÇÃO, DJU de 1/2/2005)**. 5. Conflito conhecido para declarar competente o Juízo Federal da

2ª Vara Criminal Especializada em Crimes contra o Sistema Financeiro Nacional e Lavagem ou Ocultação de Bens Direitos e Valores da SJ/SP, o suscitante. (STJ, S3 - TERCEIRA SEÇÃO. CC 115911/SP. CONFLITO DE COMPETÊNCIA. Relator(a) Ministro RIBEIRO DANTAS. Julgamento em 11/05/2016. Publicação/Fonte em DJe 19/05/2016, sem grifo no original).

Administrador de fato. Responsabilização penal. LSFN. Possibilidade. O STJ possui entendimento no sentido de que é cabível a responsabilização do administrador de fato, mesmo não estando elencado no rol do art. 25 da Lei nº 7.492/86, desde que ostente poderes de administração. Confira-se o recente julgado:

> AGRAVO REGIMENTAL NO RECURSO ESPECIAL. PENAL E PROCESSO PENAL (...) PENAL. GESTÃO FRAUDULENTA DE INSTITUIÇÃO FINANCEIRA. AUTORIA. RESPONSABILIDADE PENAL. ROL DO ART. 25 DA LEI N. 7.492/1986. ADMINISTRADOR DE FATO. PRÁTICA DE ATOS DE GERENCIAMENTO EM CONJUNTO COM DIRETOR. ACÓRDÃO RECORRIDO EM CONFORMIDADE COM A JURISPRUDÊNCIA DESTA CORTE SUPERIOR. REVISÃO. MATÉRIA FÁTICO-PROBATÓRIA. VEDAÇÃO. SÚMULA N. 7/STJ. 1. Consoante a jurisprudência desta Corte Superior, é possível atribuir a autoria do crime previsto no art. 4º da Lei n. 7.492/1986 a pessoa que, apesar de não ocupar as posições elencadas no art. 25 do mesmo diploma legal, exerça o gerenciamento da instituição financeira, ostentando poderes de administração de fato. Precedentes [...] (STJ, **QUINTA TURMA**. AgRg no REsp 1820289/PE, Rel. Ministro JORGE MUSSI, julgado em 17/12/2019, **DJe 19/12/2019**, sem grifo no original).

Art. 26. A ação penal, nos crimes previstos nesta lei, será promovida pelo Ministério Público Federal, perante a Justiça Federal.

Análise do artigo 26 da Lei nº 7.492/86. Este dispositivo faz menção à competência da Justiça Federal para processar e julgar os crimes englobados pela Lei nº 7.492/86, que dizem respeito ao Sistema Financeiro Nacional.

No mesmo sentido caminha a CRFB/88, no artigo 109, VI, ao prever que:

> Art. 109. Aos juízes federais compete processar e julgar:
>
> VI - os crimes contra a organização do trabalho e, nos casos determinados por lei, contra o sistema financeiro e a ordem econômico-financeira;

A jurisprudência dos Tribunais Superiores, nesse aspecto, é uníssona. A sedimentar o entendimento, confira-se:

> CONFLITO DE COMPETÊNCIA. PENAL. INQUÉRITO POLICIAL INSTAURADO PARA APURAR A PRÁTICA DE CRIME CONTRA O SISTEMA FINANCEIRO NACIONAL. CONDUTA IMPUTADA: EMISSÃO E COMERCIALIZAÇÃO DE TÍTULOS FALSOS DA DÍVIDA PÚBLICA FEDERAL. COMPETÊNCIA DA JUSTIÇA FEDERAL. **1. Para a fixação da competência da Justiça Federal basta a subsunção formal da conduta aos delitos da Lei n. 7.492/1986, conforme dispõe o art. 109, VI, da Constituição Federal (os crimes contra o sistema financeiro e a ordem econômico-financeira são da competência da Justiça Federal nos casos determinados em lei) e o art. 26 da Lei n. 7.492/1986 (a ação penal, nesses casos, será promovida pelo Ministério Público Federal, perante a Justiça Federal).** 2. Diante do contexto apresentado até o momento, em tese, a conduta de emissão e comercialização de títulos falsos da dívida pública federal reúne os elementos caracterizadores dos crimes previstos nos arts. 7º e 16 da Lei n. 7.492/1986, motivo pelo qual se afigura prematuro afastar a competência da Justiça Federal. 3. Conflito conhecido para declarar a competência do Juízo Federal da 11ª Vara da Seção Judiciária do Estado de Goiás. (STJ, S3 – TERCEIRA SEÇÃO. CC 145689/GO. CONFLITO DE COMPETENCIA. Relator(a) Ministro ANTONIO SALDANHA PALHEIRO. Julgamento em 26/06/2019. Publicação/Fonte em DJe 01/07/2019).

Parágrafo único. Sem prejuízo do disposto no art. 268 do Código de Processo Penal, aprovado pelo Decreto-lei nº 3.689, de 3 de outubro de 1941, será admitida a assistência da Comissão de Valores Mobiliários – CVM, quando o crime tiver sido praticado no âmbito de atividade sujeita à disciplina e à fiscalização dessa Autarquia, e do Banco Central do Brasil quando, fora daquela hipótese, houver sido cometido na órbita de atividade sujeita à sua disciplina e fiscalização.

Da previsão contida no parágrafo único do artigo 26 da Lei nº 7.492/86. Este dispositivo faz menção ao artigo 268 do Código de Processo Penal, que prevê a figura do assistente:

> Art. 268. Em todos os termos da ação pública, poderá intervir, como assistente do Ministério Público, o ofendido ou seu representante legal, ou, na falta, qualquer das pessoas mencionadas no Art. 31.

Durante o estudo dos crimes previstos na Lei nº 7.492/86, pudemos observar que o Estado é sempre o sujeito passivo primário. Com esta premissa, a previsão do artigo 26, parágrafo único, faz sentido, pois através de entidades especializadas, como é o caso da Comissão de Valores Mobiliários, terá condições próprias para intervir nos processos que envolvem crimes contra o Sistema Financeiro Nacional que tenham como âmbito o mesmo no qual atua a CVM.

O mesmo se diga em relação àqueles crimes cometidos na órbita de atividade sujeita à disciplina do Banco Central do Brasil (BACEN).

Art. 27. Quando a denúncia não for intentada no prazo legal, o ofendido poderá representar ao Procurador-Geral da República, para que este a ofereça, designe outro órgão do Ministério Público para oferecê-la ou determine o arquivamento das peças de informação recebidas.

Análise do dispositivo previsto no artigo 27 da Lei nº 7.492/86. Nos termos do artigo anterior, cabe ao Ministério Público Federal intentar a ação penal no prazo legal (previsto no artigo 46 do Código de Processo Penal, sendo de cinco dias no caso de indivíduos presos – contados da data em que o MP recebe os autos do inquérito policial – e quinze dias quando o indivíduo estiver solto).

Em regra, caso a ação penal não seja intentada no prazo descrito acima, nos termos do artigo 29 do CPP a ação penal pode ser intentada pelo ofendido.

Com relação específica ao artigo 27 da Lei nº 7.492/86, se o MPF não propuser a ação no prazo legal, o ofendido (Estado) poderá representar ao Procurador-Geral da República (PGR) para que este a ofereça, designe outro órgão do MP para fazê-lo, ou determine o arquivamento das peças de informação recebidas.

Art. 28. Quando, no exercício de suas atribuições legais, o Banco Central do Brasil ou a Comissão de Valores Mobiliários – CVM, verificar a ocorrência de crime previsto nesta lei, disso deverá informar ao Ministério Público Federal, enviando-lhe os documentos necessários à comprovação do fato.

Das disposições contidas no artigo 28 da Lei nº 7.492/86. Este artigo trata do dever que tanto o Banco Central do Brasil, quanto a Comissão de Valores Mobiliários têm em comunicar a ocorrência de crimes previstos na Lei nº 7.492/86, inclusive com o envio de documentos relativos a estes fatos (e que, obviamente, os comprovem), quando estes órgãos os verificarem.

Parágrafo único. A conduta de que trata este artigo será observada pelo interventor, liqüidante ou síndico que, no curso de intervenção, liqüidação extrajudicial ou falência, verificar a ocorrência de crime de que trata esta lei.

Do dever de comunicação previsto no artigo 28, parágrafo único, da Lei nº 7.492/86. Os mesmos cuidados verificados no artigo 28, *caput*, da Lei nº 7.492/86 devem ser tomados pelo interventor, liquidante ou síndico, por ocasião dos processos de intervenção, liquidação extrajudicial ou falência de instituições financeiras, abrangidos pela Lei nº 6.024/74 (que dispõe sobre a intervenção e a liquidação extrajudicial de instituições financeiras, e dá outras providências).

Art. 29. O órgão do Ministério Público Federal, sempre que julgar necessário, poderá requisitar, a qualquer autoridade, informação, documento ou diligência, relativa à prova dos crimes previstos nesta lei.

Do poder de requisição do Ministério Público Federal, conforme artigo 29 da Lei nº 7.492/86. Esta previsão legal apenas robustece o que está previsto no artigo 129 da CRFB/88, que trata das funções institucionais do Ministério Público, principalmente em relação ao inciso VI, o qual aborda a questão da requisição de informações para instruir os procedimentos administrativos de sua atribuição, especificamente.

O mesmo se diga em relação ao artigo 26 da Lei nº 8.625/93 (que institui a Lei Orgânica Nacional do Ministério Público, dispõe sobre normas gerais para a organização do Ministério Público dos Estados e dá outras providências), também retrata a gama de possibilidades de requisição de informações para que os procedimentos afetos à sua atribuição sejam igualmente instruídos.

Parágrafo único. O sigilo dos serviços e operações financeiras não pode ser invocado como óbice ao atendimento da requisição prevista no caput deste artigo.

Da previsão contida no artigo 29, parágrafo único, da Lei nº 7.492/86. A Lei Complementar nº 105/01 dispõe sobre o sigilo das operações de instituições financeiras. O artigo 1º, § 3º, VI, daquela Lei Complementar afirma não constituir violação do dever de sigilo, dentre outras hipóteses, a prestação de informações nos termos e condições previstas no artigo 6º, da mesma Lei. Este último artigo, por sua vez, assevera que:

> Art. 6º As autoridades e os agentes fiscais tributários da União, dos Estados, do Distrito Federal e dos Municípios somente poderão examinar documentos, livros e registros de instituições financeiras, inclusive os referentes a contas de depósitos e aplicações financeiras, quando houver processo administrativo instaurado ou procedimento fiscal em curso e tais exames sejam considerados indispensáveis pela autoridade administrativa competente. *(Regulamento)*

Estas previsões são corroboradas pelo disposto no parágrafo único do artigo 29 da Lei nº 7.492/86, haja vista que o sigilo dos serviços e operações financeiras não pode ser invocado como óbice ao atendimento das requisições do MP.

Art. 30. Sem prejuízo do disposto no art. 312 do Código de Processo Penal, aprovado pelo *Decreto-lei nº 3.689, de 3 de outubro de 1941*, a prisão preventiva do acusado da prática de crime previsto nesta lei poderá ser decretada em razão da magnitude da lesão causada (Vetado).

Análise da previsão do artigo 30 da Lei nº 7.492/86. O artigo 312 do Código de Processo Penal trata da prisão preventiva, prevendo requisitos para que esta possa ser concedida, tais como: a garantia da ordem pública; garantia da ordem econômica; por conveniência da instrução criminal; ou para assegurar a aplicação da lei penal. Em todas as situações é necessário haver prova da existência do crime e indício suficiente de autoria.

Conforme o parágrafo único do artigo 312 do CPP, esta espécie de prisão também poderá ser decretada em caso de descumprimento de qualquer das obrigações impostas por força de outras medidas cautelares (art. 282, § 4º).

O tema "prisões" sempre gera grande controvérsia no mundo jurídico, pois não raras vezes ocorrem abusos quando são manejadas. Um dos grandes pilares sob os quais deve se fundar este instituto é recorrer a ele somente em última hipótese, quando outras medidas não forem bastantes, evitando-se ao máximo restringir a liberdade de um indivíduo.

A previsão do artigo 30 da Lei nº 7.492/86 traz hipótese na qual a mera constatação sobre a magnitude da lesão causada seria apta a corroborar a decretação da prisão preventiva, o que, por si só, não nos afigura, isoladamente, coberto pelo manto da recepção pela Constituição da República Federativa do Brasil de 1988.

Art. 31. Nos crimes previstos nesta lei e punidos com pena de reclusão, o réu não poderá prestar fiança, nem apelar antes de ser recolhido à prisão, ainda que primário e de bons antecedentes, se estiver configurada situação que autoriza a prisão *preventiva*.

Análise do artigo 31 da Lei nº 7.492/86. De acordo com este dispositivo, diante das hipóteses que autorizam a prisão preventiva, todo aquele que, tendo praticado um crime contra o Sistema Financeiro Nacional punido com pena de reclusão, mesmo sendo primário e de bons antecedentes, não poderá prestar fiança (ou seja, a Lei considera estes crimes inafiançáveis), bem como não poderá interpor recurso de apelação, sem antes estar recolhido à prisão.

Com a alteração promovida no Código de Processo Penal, pela Lei nº 12.402/11, o artigo 324, IV, daquele Código passou a prever o seguinte:

> Art. 324. Não será, igualmente, concedida fiança: (Redação dada pela Lei nº 12.403, de 2011).
>
> IV – quando presentes os motivos que autorizam a decretação da prisão preventiva (art. 312). (Redação dada pela Lei nº 12.403, de 2011).

Vale dizer, esta previsão é inócua, haja vista que desde o momento em que estão presentes os requisitos para a decretação da prisão preventiva, isso, por si só, já não autoriza que o indivíduo preste fiança. Da mesma forma, nos termos do artigo 311 do CPP, com a nova redação que lhe foi dada pela Lei nº 12.403/11, a prisão preventiva caberá em qualquer fase do processo penal, obviamente, desde que preenchidos os requisitos autorizadores desta espécie de custódia.

Art. 32. (VETADO).

§ 1º (VETADO).

§ 2º (VETADO).

§ 3º (VETADO).

Art. 33. Na fixação da pena de multa relativa aos crimes previstos nesta lei, o limite a que se refere o *§ 1º do art. 49 do Código Penal, aprovado pelo Decreto-lei nº 2.848, de 7 de dezembro de 1940*, pode ser estendido até o décuplo, se verificada a situação nele cogitada.

Da previsão contida no artigo 33 da Lei nº 7.492/86. Versa o artigo 49, § 1º, do Código Penal sobre a multa nos seguintes termos:

> Multa
>
> Art. 49 – A pena de multa consiste no pagamento ao fundo penitenciário da quantia fixada na sentença e calculada em dias-multa. Será, no mínimo, de 10 (dez) e, no máximo, de 360 (trezentos e sessenta) dias-multa. *(Redação dada pela Lei nº 7.209, de 11.7.1984)*
>
> § 1º – O valor do dia-multa será fixado pelo juiz não podendo ser inferior a um trigésimo do maior salário mínimo mensal vigente ao tempo do fato, nem superior a 5 (cinco) vezes esse salário. *(Redação dada pela Lei nº 7.209, de 11.7.1984)*

Doutrinariamente, a pena de multa deve ser calculada levando-se em consideração a situação econômica do réu. Note-se que, em se tratando de crimes contra o Sistema Financeiro Nacional, tais condutas, pelo menos em tese, são praticadas por pessoas com relativo poder aquisitivo. Tanto é que a Lei é popularmente conhecida como "Lei do Colarinho Branco".

Nestes termos, o juiz pode recorrer ao artigo 60 e seu parágrafo único, do Código Penal, que versa sobre o seguinte:

> Critérios especiais da pena de multa
>
> Art. 60 - Na fixação da pena de multa o juiz deve atender, principalmente, à situação econômica do réu. *(Redação dada pela Lei nº 7.209, de 11.7.1984)*
>
> § 1º - A multa pode ser aumentada até o triplo, se o juiz considerar que, em virtude da situação econômica do réu, é ineficaz, embora aplicada no máximo. *(Redação dada pela Lei nº 7.209, de 11.7.1984)*

De acordo com a previsão legal do Código Penal, pelo *caput* do artigo 49 a pena de multa será fixada no mínimo em dez e no máximo trezentos e sessenta dias-multa. O parágrafo primeiro daquele mesmo artigo assevera que o valor de tal dia-multa não pode ser inferior a um trigésimo do maior salário mínimo mensal vigente ao tempo do fato, nem superior a cinco vezes esse salário.

Conjugadas as duas previsões legais, transpondo essas premissas para a aplicação prática do artigo 33 da Lei nº 7.492/86, desde que verificada a ineficácia da aplicação da pena de multa, haja vista a situação econômica do réu, os limites podem ser aumentados até o décuplo.

Art. 34. Esta lei entra em vigor na data de sua publicação.

Art. 35. Revogam-se as disposições em contrário.

Brasília, 16 de junho de 1986; 165º da Independência 98º da República.

JOSÉ SARNEY

Paulo Brossard

Este texto não substitui o publicado no DOU de 18.6.1986

QUESTÕES

1) (2019/IADES/BRB Banco de Brasília - Advogado)

Quanto aos crimes contra o sistema financeiro nacional (Lei nº 7.492/1986), assinale a alternativa correta.

A) O conceito de instituição financeira para os fins da Lei nº 7.492/1986 é o mesmo conceito utilizado pelo Direito Civil ou pelo Direito Comercial.

B) Os crimes da Lei nº 7.492/1986 são de competência da Justiça Distrital.

C) Todos os crimes da Lei nº 7.492/1986 são próprios, ou seja, somente podem ser praticados pelos controladores ou administradores das instituições financeiras, assim considerados os diretores e os gerentes.

D) O crime de "Fazer operar, sem a devida autorização, ou com autorização obtida mediante declaração falsa, instituição financeira, inclusive de distribuição de valores mobiliários ou de câmbio", previsto no art. 16 da Lei nº 7.492/1986, é uma norma penal em branco heterogênea.

E) O denominado crime de "caixa dois" (art. 11 da Lei nº 7.492/1986) pode ser praticado no âmbito de qualquer sociedade empresária, seja ela instituição financeira ou não.

2) (2018 – VUNESP – PC-BA – Investigador de Polícia)

Considerando a legislação acerca dos crimes contra o Sistema Financeiro Nacional (SFN), assinale a alternativa correta.

A) Os crimes contra o Sistema Financeiro Nacional são de competência da Justiça Estadual.

B) O interventor, o síndico e o liquidante não podem ser penalmente equiparados a administradores de instituição financeira, ou seja, não podem responder penalmente.

C) Nos crimes contra o sistema financeiro, não é admitida a delação premiada como forma de redução de pena.

D) Considera-se crime imprimir, reproduzir ou, de qualquer modo, fabricar ou pôr em circulação, ainda que com autorização escrita da sociedade emissora, certificado, cautela ou outro documento representativo de título ou valor mobiliário.

E) Constitui crime manter ou movimentar recurso ou valor paralelamente à contabilidade exigida pela legislação.

3) (2018 – IBFC – TRF – 2ª REGIÃO – Juiz Federal Substituto)

Para fins de aplicação das normas penais contidas na Lei n. 7.492, de 16 de junho de 1986, denominada Lei dos Crimes de Colarinho Branco, considera-se instituição financeira:

A) Apenas a pessoa jurídica de direito privado que desempenhe atividade financeira bancária, de captação, intermediação ou aplicação de recursos financeiros seus ou de terceiros, em moeda nacional ou estrangeira, ou a custódia, emissão, distribuição, negociação, intermediação, ou administração de valores mobiliários.

B) Apenas a pessoa jurídica de direito público que desempenhe atividade financeira bancária de captação, intermediação ou aplicação de recursos financeiros de terceiros, em moeda nacional ou estrangeira, ou a custódia, emissão, distribuição, negociação, intermediação, ou administração de valores mobiliários.

C) A pessoa jurídica de direito público ou privado que tenha como atividade principal ou acessória, cumulativamente ou não, a captação, intermediação ou aplicação de recursos financeiros de terceiros, em moeda nacional ou estrangeira, ou a custódia, emissão, distribuição, negociação, intermediação, ou administração de valores mobiliários.

D) A pessoa jurídica de direito privado que tenha como atividade principal, e a pessoa jurídica de direito público que tenha como atividade acessória, cumulativamente ou não, a captação, intermediação ou aplicação de recursos financeiros em geral, em moeda nacional ou estrangeira, ou a custódia, emissão, distribuição, negociação, intermediação, ou administração de valores mobiliários.

E) A pessoa jurídica de direito público ou privado que tenha como atividade principal ou acessória, cumulativamente ou não, a captação, intermediação ou aplicação de recursos financeiros seus ou de terceiros, em moeda nacional ou estrangeira, ou a custódia, emissão, distribuição, negociação, intermediação, ou administração de valores mobiliários.

4) (2016/TRF 3ª REGIÃO - TRF 3ª REGIÃO JUIZ FEDERAL - PROVA 1)

Se um indivíduo é flagrado entrando com R$ 100.000,00 (cem mil reais) em dinheiro no território nacional, pode-se dizer que:

a) A situação constitui um irrelevante penal, pois evadir dinheiro é crime, porém, internar não;

b) Está-se diante do crime capitulado no artigo 22, "caput", da Lei 7.492/86;

c) A depender da origem do dinheiro, pode-se estar diante de vários crimes, inclusive lavagem de dinheiro;

d) A depender da origem do dinheiro, pode-se estar diante de crime contra a ordem tributária;

5) (2015/VUNESP - PC/CE - ESCRIVÃO DE POLÍCIA CIVIL DE 1ª CLASSE -versão 03)

O crime de "obter, mediante fraude, financiamento em instituição financeira" (art. 19 da Lei nº 7.492/86) tem pena aumentada de 1/3 se cometido

a) em momento de grave recessão.

b) por agente público.

c) em detrimento de instituição financeira oficial.

d) com intuito de causar risco sistêmico.

e) por intermédio de pessoa jurídica.

GABARITO COMENTADO

1) Gabarito oficial: D

Justificativa:

A) Incorreta. O art. 1º, parágrafo único, da Lei 7492/86 traz a definição de instituição finaceira para fins de aplicação da referida Lei.

B) Incorreta. Segundo o art. 26 da Lei 7492/86 c/c art. 109, IV CRFB a competência será da justiça federal.

C) Incorreta. Nem todos os crimes tipificados na Lei nº 7.492/86 são próprios, prevendo a referida Lei condutas que podem ser praticadas por qualquer pessoa, como vimos aqui em nossa obra. A título exemplificativo, cito o art. 7º Lei nº 7.492/86 que tanto pode ser crime comum (haja vista poder ser praticado por qualquer pessoa na hipótese prevista no inciso I do artigo 7º) como próprio (pois somente pode ser praticado pelo administrador ou controlador de instituição financeira nos casos dos incisos II, III e IV, do artigo 7º).

D) Correta. Norma penal em branco heterogênia é aquela que encontra o complemento em fonte jurídica diversa da que editou o tipo penal.

E) Incorreta. Art. 11 c/c art. 25 da Lei 7492/86.

2) Gabarito oficial: E

Justificativa:

A) Incorreta, conforme previsão do artigo 26 da Lei nº 7.492/86, que prevê a competência da Justiça Federal.

B) Incorreta, conforme previsão feita no artigo art. 25, §1º, da Lei nº 7.492/86.

C) Incorreta, nos termos da previsão contida no artigo 25, §2º, da Lei 7.492/86.

D) Incorreta, O crime está previsto no art. 2º, da Lei nº 7.429/86, no entanto, somente se constituirá se não houver autorização escrita da sociedade emissora.

E) Correta, pois há tipificação dada pelo artigo 11, da Lei nº 7.492/86.

3) Gabarito oficial: C

Justificativa:

A) Incorreta, em virtude do artigo 1º, da Lei nº 7.492/86.

B) Incorreta, em virtude do artigo 1º, da Lei nº 7.492/86.

C) Correta, expõe a literalidade do artigo 1º, da Lei nº 7.492/86: "considera-se instituição financeira, para efeito desta lei, a pessoa jurídica de direito público ou privado, que tenha como atividade principal ou acessória, cumulativamente ou não, a captação, intermediação ou aplicação de recursos financeiros (Vetado) de terceiros, em moeda nacional ou estrangeira, ou a custódia, emissão, distribuição, negociação, intermediação ou administração de valores mobiliários." Sendo assim, cotejando o conteúdo dos itens constantes na questão e o dispositivo legal que rege a matéria, há de se concluir que é a alternativa correta.

D) Incorreta, em virtude do artigo 1º, da Lei nº 7.492/86.

4) Gabarito oficial: C

Justificativa:

a) errada. A depender da origem do dinheiro, pode constituir infração penal como, por exemplo, aquela do art. 1º da Lei n.º 9613/98, quanto ao núcleo do tipo "ocultar ou dissimular (...), origem, localização, movimentação" (tanto interna quanto externa).

b) errada. Constitui o crime de evasão de divisas (ou evasão cambial), previsto no art. 22 da Lei n.º 7492/86: "efetuar operação de câmbio não autorizada, com o fim de promover evasão de divisas do País". Logo, o tipo penal em comento prevê como especial fim de agir 'enviar divisas' (valores) ao exterior, sem declará-lo (ou declará-lo com incorreção) à receita federal (elemento normativo do tipo), e não o contrário.

c) certa. Art. 1º da Lei n.º 9613/98, por exemplo. Segundo a jurisprudência do STJ "o crime previsto no art. 1º da Lei n. 9.613/98, antes das alterações promovidas pela Lei n. 12.683/2012, previa que os recursos ilícitos submetidos ao branqueamento poderiam ter como fonte quaisquer dos crimes constantes de seus incisos I a VIII (...) por sua natureza de tipo penal misto alternativo, o crime de lavagem de dinheiro admite que os recursos ilícitos provenham direta ou indiretamente dos crimes prévios elencados nos incisos I a VIII do art. 1º da Lei n. 9.613/98, não havendo alteração de tipicidade penal na admissão de um, dois ou mais crimes prévios - desde que reconhecidos" (STJ, T6 - SEXTA TURMA. REsp 1170545/RJ. RECURSO ESPECIAL. Relator(a) Ministro NEFI CORDEIRO. Julgamento em 02/12/2014. Publicação/Fonte em DJe 16/03/2015).

d) errada. Para os crimes contra a ordem tributária (Lei n.º 8137/90), segundo entendimento do STJ, vige "o princípio *pecunia non olet* [que] carrega consigo a idéia de igualdade de tratamento entre as pessoas que tenham capacidade contributiva semelhante, independentemente da maneira utilizada para alcançar essa disponibilidade econômica, isto é, não importa se os rendimentos tributáveis tenham ou não fonte lícita. Cuida-se de princípio de direito tributário", de sorte que "princípio *pecunia non olet* despreza a origem da fonte econômica tributável - se lícita ou ilícita". Assim, "a necessidade de se recolher impostos surge com o fato de se auferir renda, pouco importando se essa renda é lícita ou ilícita (...) do contrário dificilmente se vislumbraria a prática de crimes contra a ordem tributária, que geralmente estão ligados ao cometimento de outros delitos, como por exemplo, contra o sistema financeiro nacional" (STJ, T5 - QUINTA TURMA. REsp 1208583/ES. Relator(a) Ministra LAURITA VAZ. Julgamento em 04/12/2012. Publicação/Fonte DJe em 11/12/2012).

5) Gabarito oficial: C

Justificativa:

A, B, D e E) Incorretas, pois o parágrafo único do art. 19 da Lei n.º 7492/86 só traz como causa de aumento: "a pena é aumentada de 1/3 (um terço) se o crime é cometido em detrimento de instituição financeira oficial ou por ela credenciada para o repasse de financiamento".

c) Correta, nos termos do art. 19, parágrafo único, da Lei n.º 7492/86.

20

TERRORISMO

LEI Nº 13.260, DE 16 DE MARÇO DE 2016

Regulamenta o disposto no inciso XLIII do art. 5º da Constituição Federal, disciplinando o terrorismo, tratando de disposições investigatórias e processuais e reformulando o conceito de organização terrorista; e altera as Leis nºs 7.960, de 21 de dezembro de 1989, e 12.850, de 2 de agosto de 2013.

Art. 1º Esta Lei regulamenta o disposto no *inciso XLIII do art. 5º da Constituição Federal*, disciplinando o terrorismo, tratando de disposições investigatórias e processuais e reformulando o conceito de organização terrorista.

Análise da Constituição da República Federativa do Brasil e de demais dispositivos legais no que tange ao Terrorismo. A CRFB/88 possui, basicamente, duas proposições na luta contra o terrorismo. A primeira delas (repúdio ao terrorismo e ao racismo) pode ser observada já no artigo 4º, VIII, que trata dos princípios pelos quais o Brasil se rege nas suas relações internacionais.

Por sua vez, a segunda proposição pode ser observada no artigo 5º, XLIII, da CRFB/88, ao dispor que:

> XLIII – a lei considerará crimes inafiançáveis e insuscetíveis de graça ou anistia a prática da tortura, o tráfico ilícito de entorpecentes e drogas afins, o terrorismo e os definidos como crimes hediondos, por eles respondendo os mandantes, os executores e os que, podendo evitá-los, se omitirem; *(Regulamento)*

A palavra "regulamento", que se encontra logo ao final do inciso refere-se à Lei nº 13.260/16, como trata a própria ementa dispositiva, que consta no topo do diploma legal.

Durante muito tempo sustentou-se que havia uma previsão legal para punir o "delito de terrorismo". Tratava-se da norma contida no artigo 20 da Lei nº 7.170/83 (que define os crimes contra a segurança nacional, a ordem política e social, estabelece seu processo e julgamento e dá outras providências):

> Art. 20 - Devastar, saquear, extorquir, roubar, seqüestrar, manter em cárcere privado, incendiar, depredar, provocar explosão, praticar atentado pessoal ou atos de terrorismo, por inconformismo político ou para obtenção de fundos destinados à manutenção de organizações políticas clandestinas ou subversivas.
>
> Pena: reclusão, de 3 a 10 anos.
>
> Parágrafo único - Se do fato resulta lesão corporal grave, a pena aumenta-se até o dobro; se resulta morte, aumenta-se até o triplo.

Porém, o artigo 20 da Lei nº 7.170/83 traz um elemento normativo do tipo, qual seja, "atos de terrorismo", cuja valoração é extremamente ampla. Não havia, propriamente, uma definição do que seria terrorismo.

Por sua vez, originariamente, a Lei nº 12.850/13 (que trata das Organizações Criminosas) previa as seguintes disposições no artigo 1º, § 2º, II:

> Art. 1º Esta Lei define organização criminosa e dispõe sobre a investigação criminal, os meios de obtenção da prova, infrações penais correlatas e o procedimento criminal a ser aplicado.
>
> § 2º Esta Lei se aplica também:
>
> II - às organizações terroristas internacionais, reconhecidas segundo as normas de direito internacional, por foro do qual o Brasil faça parte, cujos atos de suporte ao terrorismo, bem como os atos preparatórios ou de execução de atos terroristas, ocorram ou possam ocorrer em território nacional.

No entanto, com a superveniência da Lei nº 13.260/16, a redação do inciso mostrado acima passa a ser a seguinte:

> II - às organizações terroristas, entendidas como aquelas voltadas para a prática dos atos de terrorismo legalmente definidos. *(Redação dada pela lei nº 13.260, de 2016)*

Ou seja, após a entrada em vigor da Lei nº 13.260/16, já passando a se prever o terrorismo legalmente, a redação do inciso II do parágrafo 2º, do artigo 1º, da Lei nº 12.850/13, passa a vigorar permitindo que se entendam como organizações criminosas terroristas aquelas voltadas para a prática dos atos previstos na Lei nº 13.260/16.

Da participação do Brasil em termos de cooperação contra o terrorismo. Acerca dos tratados internacionais celebrados pelo Brasil sobre o terrorismo, dos quais é signatário, Larissa Botelho[1] afirma que se incluem dois protocolos[2] e onze convenções[3]. No âmbito interno, interessante observar o recente Decreto nº 10.270, de 06 de março de 2020, que institui o Grupo de Trabalho de Avaliação Nacional de Riscos de Lavagem de Dinheiro, Financiamento do Terrorismo e Financiamento da Proliferação de Armas de Destruição em Massa.

Da inafiançabilidade e da impossibilidade de concessão de graça e anistia às situações de terrorismo. O artigo 5º, XLIII, da CRFB/88, traz disposições rígidas e específicas a respeito de determinadas situações que merecem tratamento mais rígido. Com isso, no que tange ao terrorismo, além de outras hipóteses, não é possível a concessão de fiança, graça e anistia:

> XLIII - a lei considerará crimes inafiançáveis e insuscetíveis de graça ou anistia a prática da tortura, o tráfico ilícito de entorpecentes e drogas afins, o terrorismo e os definidos como crimes hediondos,

---

1. BOTELHO, Larissa Gabriela Cruz. *Terrorismo*: as organizações terroristas e a Lei 12.850/16. 2016. 196 f. Dissertação (Mestrado em Direito Penal) - Faculdade de Direito, Universidade do Estado do Rio de Janeiro, Rio de Janeiro, 2016. p. 119.
2. Protocolo para a Repressão de Atos Ilícitos de Violência nos Aeroportos que Prestem Serviço à Aviação Civil Internacional, complementar à Convenção para a Repressão de Atos Ilícitos contra a Segurança da Aviação Civil, concluído em Montreal, em 24 de fevereiro de 1988 e promulgada pelo Decreto 2.611/1998; e Protocolo para a Supressão de Atos Ilícitos contra a Segurança de Plataformas Fixas localizadas na Plataforma Continental, feito em Roma em 10 de março de 1988, e promulgada pelo Decreto nº 6.136/2007.
3. Convenção relativa às infrações e a certos outros atos cometidos a bordo de aeronaves, assinada em Tóquio em 1963 e promulgada pelo Decreto 66.520/1970; Convenção para a Repressão ao Apoderamento Ilícito de Aeronaves, assinada em Montreal em 16 de dezembro de 1970 e promulgada pelo Decreto 70.201/1972; Convenção para a Repressão aos Atos Ilícitos contra a Segurança da Aviação Civil, feita em Montreal, em 23 de setembro de 1971 e promulgada pelo Decreto 72.383/1973; Convenção sobre a Prevenção e Punição de Crimes contra Pessoas que Gozam de Proteção Internacional, inclusive Agentes Diplomáticos, adotada pela Assembleia Geral das Nações Unidas, em Nova York, em 14 de dezembro de 1973 e promulgada pelo Decreto 3.167/1999; Convenção Internacional contra a Tomada de Reféns, adotada pela Assembleia Geral das Nações Unidas em 17 de dezembro de 1979, em Nova York e promulgada pelo Decreto 3.517/2000; Convenção sobre a Proteção Física do Material Nuclear, adotada em Viena em 3 de março de 1980 e promulgada pelo Decreto 95/1991; Convenção para a Supressão de Atos Ilícitos contra a Segurança da Navegação Marítima, feita em Roma, em 10 de março de 1988 e promulgada pelo Decreto 6.136/2007; Convenção sobre a Marcação de Explosivos Plásticos para Fins de Detecção, concluída em Montreal em 1991 e promulgada pelo Decreto 4.021/2001; Convenção Internacional sobre a Supressão de Atentados Terroristas com Bombas, adotada pela Assembleia Geral das Nações Unidas em 15 de dezembro de 1997, em Nova York e promulgada pelo Decreto 4.394/2002; Convenção Internacional para a Supressão do Financiamento do Terrorismo, concluída em Nova York em 1999 e promulgada pelo Decreto 5.640/2005; Convenção Interamericana contra o Terrorismo (Convenção de Barbados), concluída em Barbados em 2002 e promulgada pelo Decreto 5.639/2005- Disponível em: <http://www.planalto.gov.br/ccivil_03/_ato2004-2006/2005/decreto/d5639.htm>. Acesso em: 26 dez. 2020.

> por eles respondendo os mandantes, os executores e os que, podendo evitá-los, se omitirem; *(Regulamento)*

Por ocasião do processo de extradição nº 855, o Ministro Celso de Mello assim também manifestou, de forma expressa, seu posicionamento:

> O repúdio ao terrorismo: um compromisso ético-jurídico assumido pelo Brasil, quer em face de sua própria Constituição, quer perante a comunidade internacional. Os atos delituosos de natureza terrorista, considerados os parâmetros consagrados pela vigente Constituição da República, não se subsumem à noção de criminalidade política, pois a Lei Fundamental proclamou o repúdio ao terrorismo como um dos princípios essenciais que devem reger o Estado brasileiro em suas relações internacionais (CF,art. 4º, VIII), além de haver qualificado o terrorismo, para efeito de repressão interna, como crime equiparável aos delitos hediondos, o que o expõe, sob tal perspectiva, a tratamento jurídico impregnado de máximo rigor, tornando-o inafiançável e insuscetível da clemência soberana do Estado e reduzindo-o, ainda, à dimensão ordinária dos crimes meramente comuns (CF, art. 5º, XLIII). [Ext 855, rel. min. Celso de Mello, j. 26-8-2004, P, DJ de 1º-7-2005.]

Da impossibilidade de concessão de indulto ao terrorismo. O Plenário do STF (ADI 2.795-MC) também já afirmou ser inconstitucional a possibilidade de que o indulto seja concedido aos condenados por crimes hediondos e equiparados (terrorismo), entendimento mantido em recente julgado:

> AGRAVO REGIMENTAL NO RECURSO ORDINÁRIO EM HABEAS CORPUS. **IMPOSSIBILIDADE DE CONCESSÃO DE INDULTO** AOS CONDENADOS POR CRIMES HEDIONDOS, DE TORTURA, TERRORISMO OU TRÁFICO ILÍCITO DE ENTORPECENTES E DROGAS AFINS. AGRAVO A QUE SE NEGA SEGUIMENTO. I - No julgamento da ADI 2.795-MC, de relatoria do Ministro Maurício Corrêa, o Plenário deste Supremo Tribunal assentou revelar-se "[...] inconstitucional a possibilidade de que o indulto seja concedido aos condenados por crimes hediondos, de tortura, terrorismo ou tráfico ilícito de entorpecentes e drogas afins, independentemente do lapso temporal da condenação" [...] (**STF**, Segunda Turma. RHC 176673 AgR, Relator(a): RICARDO LEWANDOWSKI, julgado em 14/02/2020, DJe-041 DIVULG 27-02-2020 PUBLIC **28-02-2020**, sem grifo no original).

Breve Histórico sobre o conceito de terrorismo. Antes de a Lei prever, no artigo 2º, o conceito de terrorismo, até por força da vaga expressão "atos de terrorismo" prevista no artigo 20 da Lei nº 7.170/83, a doutrina já percebia a necessidade de aprofundamento da caracterização da situação terrorista, para que pudesse sobrevir a responsabilização criminal por tais atos.

De acordo com Larissa Botelho[4], citando Walter Laqueur e Heleno Fragoso, afirma o seguinte:

> "O terror, como forma de manifestação de poder, talvez seja tão antigo quanto a própria sociedade. "Regimes tirânicos ao longo da história recorreram ao terror-violência, de Ghengis Khan, na Idade Média, aos regimes nazista e stalinista, em tempos mais recentes". O termo terrorismo, no entanto, remonta à Revolução Francesa, à época da revolução jacobina, logo após a queda de Robespierre, período conhecido como Terror".

A autora[5] prossegue, mencionando também os conhecimentos de Marcello Ovidio Lopes Guimarães, afirmando que:

> Segundo LAQUEUR, os termos terror e terroristas incluídos no dicionário francês publicado em 1976, era utilizado pelos jacobinos que se referiam a eles mesmos como terroristas, mas de uma forma positiva. Somente após o 9 Termidor, dia da queda de Robespierre, é que o termo se tornou sinônimo de abuso com implicações criminosas. O terrorismo, naquele tempo, ficou conhecido como o período da Revolução Francesa compreendido entre março de 1793 e julho de 1794. Nesse período, o terror tinha como finalidade precípua restaurar e impor a autoridade do Estado. Era uma forma de defesa da ordem social imposta pela Revolução".

Em relação à preocupação da comunidade internacional com a tutela dos bens jurídicos afetados pelo terrorismo, citando Sarah Pellet, Larissa[6] afirma que:

> Apenas com o homicídio do Rei Alexandre I da Iugoslávia e do Ministro Francês de Assuntos Estrangeiros, Louis Barthou, para a sociedade internacional restou clara a necessidade de uma regulamentação internacional. Dessa forma, o Comitê para Repressão Internacional do Terrorismo elaborou dois projetos adotados em 1937 em Genebra. Um desses, inclusive, tratava da criação de uma Corte Penal Internacional com competência para processar e julgar indivíduos acusados de terrorismo. Em que pese a importância desses projetos, apenas a Índia ratificou ambos os projetos, o que resultou na inocuidade dos trabalhos até então elaborados.

4. BOTELHO, Larissa Gabriela Cruz. Op. cit. p. 14.
5. Ibidem. p. 15.
6. BOTELHO, Larissa Gabriela Cruz. Op. cit. p. 17.

Citando Arthur Gueiros e Carlos Eduardo Adriano Japiassú, Larissa[7] afirma, ainda, que:

> "os ataques a Nova Iorque e Washington "geraram uma série de reformas nas legislações nacionais para lidar com esta modalidade de delito". Desta forma, a tendência do século XXI é uma constante internacionalização, harmonização dos sistemas penais e o "surgimento de 'sistemas globais de proibição"'.

Sobre a controvérsia existente em torno da definição e da tipificação penal do delito de terrorismo, o Supremo Tribunal Federal já se manifestou sobre o temá no Informativo n.º 772 – vale dizer, antes da edição da Lei n.º 13.260/2016 e quando se discutia a tipicidade ou não do referido delito com base na Lei nº 7.170/83, art. 20 –, no julgamento da Questão de Ordem no Pedido de Prisão Preventiva para Extradição, ao não conhecer do pedido de prisão cautelar para fins de extradição ao argumento, dentre outros, da ausência de dupla tipicidade, tendo em vista a dificuldade conceitual e tipificação penal do delito de terrorismo, problema que a Lei.º 13.260/2016 veio tentar solucionar. Segundo as notas do Informativo n.º 772 (de 15 a 19 de dezembro de 2014):

> "(...) tratando-se do delito de terrorismo, inexistiria, quanto a ele, no sistema de direito positivo nacional, a pertinente definição típica. Mostrar-se-ia evidente a importância dessa constatação, porquanto a comunidade internacional ainda não teria sido capaz de chegar a uma conclusão acerca da definição jurídica do crime de terrorismo. Inclusive, seria relevante observar a elaboração, no âmbito da ONU, de ao menos 13 instrumentos internacionais sobre a matéria, sem que se chegasse, contudo, a um consenso geral sobre quais elementos essenciais deveriam compor a definição típica do crime de terrorismo ou, então, sobre quais requisitos deveriam considerar-se necessários à configuração dogmática da prática delituosa de atos terroristas. Tornar-se-ia importante assinalar, no entanto, no que se refere aos compromissos assumidos pelo País, que os novos parâmetros consagrados pela Constituição determinariam uma pauta de valores a serem protegidos na esfera doméstica mediante qualificação da prática do terrorismo como delito inafiançável e insuscetível da clemência soberana do Estado (CF, art. 5º, XLIII). Essas diretrizes constitucionais – que evidenciariam a posição explícita do Estado brasileiro de frontal repúdio ao terrorismo – desautorizariam qualquer inferência que buscasse atribuir às práticas terroristas tratamento benigno de que resultasse o estabelecimento, em torno do terrorista, de inadmissível círculo de proteção, a torná-lo imune ao poder extradicional do Estado".

7. Ibidem. p. 24.

Confira-se a ementa do julgado da Suprema Corte:

> PRISÃO PREVENTIVA PARA FINS EXTRADICIONAIS - EXTRADITANDO SUBMETIDO A INVESTIGAÇÃO PENAL PELA SUPOSTA **PRÁTICA DO "CRIME DE TERRORISMO" - CONTROVÉRSIA DOUTRINÁRIA EXISTENTE EM TORNO DA DEFINIÇÃO E DA TIPIFICAÇÃO PENAL DOS ATOS DE TERRORISMO NO ORDENAMENTO POSITIVO BRASILEIRO - INDEFINIÇÃO, NO PLANO INTERNACIONAL, DO CONCEITO DE TERRORISMO PARA EFEITO DE SUA PREVENÇÃO E REPRESSÃO** - CONVENÇÃO INTERAMERICANA CONTRA O TERRORISMO (2002) - O REPÚDIO AO TERRORISMO E A REJEIÇÃO DA EXCEÇÃO DE DELINQUÊNCIA POLÍTICA - PRECEDENTE DO SUPREMO TRIBUNAL FEDERAL (Ext 855/Chile, Rel. Min. CELSO DE MELLO) - O POSTULADO DA TIPICIDADE (OU DA DUPLA INCRIMINAÇÃO) COMO UM DOS REQUISITOS NECESSÁRIOS AO ATENDIMENTO DO PEDIDO DE EXTRADIÇÃO (E, TAMBÉM, À DECRETAÇÃO DA PRISÃO CAUTELAR PARA EFEITOS EXTRADICIONAIS) - POSTULAÇÃO DEDUZIDA POR ESTADO ESTRANGEIRO QUE NÃO OBSERVA REQUISITOS IMPOSTOS PELO TRATADO BILATERAL DE EXTRADIÇÃO CELEBRADO COM O BRASIL - "PACTA SUNT SERVANDA" - PEDIDO DE PRISÃO CAUTELAR PARA EFEITOS EXTRADICIONAIS INSUSCETÍVEL DE ACOLHIMENTO, POR ESTAR INSUFICIENTEMENTE INSTRUÍDO (...) PEDIDO DE PRISÃO CAUTELAR PARA EFEITOS EXTRADICIONAIS NÃO CONHECIDO - PROCESSO JULGADO EXTINTO. (STF, Segunda Turma. PPE 730/QO/DF. Rel. Min. Celso de Mello. Julgamento em 16/12/14. Publicação em DJE 26/02/2015. TÍTULO PPE: terrorismo e dupla tipicidade. HC - 124682, sem grifo no original). Sem grifo no original.

A Segunda Turma da Suprema Corte, em recente julgamento, reafirmou entendimento no sentido de que foi somente com o advento da Lei nº 13.260/2016 – ao regulamentar o disposto no inciso XLIII do art. 5º da CRFB/88, disciplinando o terrorismo e tratando de disposições investigatórias e processuais, bem como reformulando o conceito de organização terrorista – que se reconheceu a figura típica do terrorismo, no âmbito doméstico.

Isso porque, embora a comunidade internacional tivesse elaborado (como visto), no mínimo 13 instrumentos internacionais sobre a temática terrorista - vale dizer, somente no âmbito da ONU, sem, contudo, atingir um consenso sobre os elementos essenciais integrantes da definição típica do crime de terrorismo ou, então, sobre os requisitos necessários à configuração dogmática da prática delituosa de atos terroristas –, inexistia, no sistema de direito positivo nacional, a pertinente definição típica, mas tão somente os parâmetros consagrados pela Constituição Federal de frontal repúdio à prática terrorista (art. 4º, VIII, da CRFB/88), um mandado expresso de criminalização (art. 5º, XLIII, da CRFB/88) e o reconhecimento de sua hediondez (delito classificado como equiparado a hediondo – art. 2º da Lei nº 8.072/90).

Nesse sentido, vale conferir a notícia veiculada no Informativo nº 946 do STF (período de 1º a 9 de agosto de 2019), no julgamento da Ext. 1578/DF, Relator Min. Edson Fachin, pelo indeferimento de pedido de extradição por entender, dentre outros motivos, pela ausência de dupla tipicidade dado que, "*no ordenamento jurídico brasileiro, a tipificação do crime de terrorismo somente veio a lume com o advento da Lei 13.260/2016, posteriormente aos fatos tidos como delituosos (...) A eles não se aplica, haja vista a irretroatividade da lei penal brasileira*". E conclui: "*a extradição é inviável, uma vez que, ao tempo da prática das condutas imputadas, não havia tipificação em nossa legislação penal comum*":

> EXTRADIÇÃO INSTRUTÓRIA. PROMESSA DE RECIPROCIDADE. BRASILEIRO NATURALIZADO. REQUISITOS DA LEI DE MIGRAÇÃO. AUSÊNCIA DE DUPLA TIPICIDADE DIANTE DO PRINCÍPIO DA IRRETROATIVIDADE DA LEI PENAL MAIS GRAVOSA. OUTROS ÓBICES ASSENTES NA JURISPRUDÊNCIA DESTA CORTE SUPREMA. CRIME POLÍTICO. RELEVÂNCIA DA ALEGAÇÃO DE VIOLAÇÃO DOS DIREITOS HUMANOS. GARANTIA AO DEVIDO PROCESSO LEGAL. INDEFERIMENTO. (...) 5. In casu, a lei brasileira que passou a tipificar os atos de terrorismo (Lei nº 13.260/2016) somente veio a lume em 16 de março de 2016, sendo inaplicável aos delitos que teriam sido praticados em período anterior a sua vigência, ausente, na espécie, a dupla tipicidade. Precedentes desta Corte (PPE 732-QO, rel. Min. Celso de Mello, julgamento em 11/11/2014, Segunda Turma, DJE de 02/02/2015); (Ext. 953, Rel. Min. Celso de Mello, julgamento em 28/09/2005, Plenário, DJ de 11/11/2005). 6. O enquadramento das condutas na Lei de Segurança Nacional (Lei nº 7.170, em vigor desde 14/12/1983) tampouco autorizaria a extradição, porque os tipos nela tratados se caracterizam como delitos políticos, em relação aos quais incide expressa vedação constitucional à extradição (art. 5º, LII). Precedentes (RC 1468 segundo Turma, Rel. Min. Ilmar Galvão, Rel. p/ Acórdão Min. Maurício Corrêa, DJ 16.8.2000) (HC 33722/DF, Relator Ministro Nelson Hungria, julgado 28/09/1955: Ementa: Crime político. Não admite extradição, desde que não conexo a crime comum. (HC 3372/DF, Rel. Min. Nelson Hungria, Primeira Turma, DJ 24.11.1955, pp. 15136, Ement. Vol. 00237-02, pp. 00635, Paciente: Jacques Charles Noel de Bernonville) [...] (STF, Segunda Turma. Ext 1578, Relator(a): EDSON FACHIN, julgado em 06/08/2019, DJe-037 DIVULG 19-02-2020 PUBLIC **20-02-2020**, PROCESSO HC DIREITO INTERNACIONAL – EXTRADIÇÃO – 157007. TÍTULO: Extradição e quadro de instabilidade do Estado requerente. Notícia veiculada no Informativo nº 946 do STF, período de 1º a 9 de agosto de 2019, sem grifo no original).

E essa parece ser a tendência dos Tribunais Superiores, qual seja, a necessidade de edição de lei em sentido formal para tipificação do crime, inobstante a existência de tratado internacional de que o Brasil seja signatário. O STF, como visto acima, já teve a oportunidade de se manifestar no sentido de que não é possível utilizar tipo penal descrito em tratado internacional para tipificar condutas internamente, sob pena de se violar o princípio da legalidade. Agora foi a vez do STJ.

Embora sem direta correlação com o delito em apreço (dado que o terrorismo não se enquadra no âmbito de competência do Tribunal Penal Internacional, art. 5º, item 1, do Estatuto de Roma do TPI, internalizado pelo Decreto nº 4.388/2002), cabe aqui a menção ao Informativo nº 659 do STJ (publicação em 22 de novembro de 2019), ocasião em que a Terceira Seção do STJ, realizando controle de convencionalidade (em virtude da natureza supralegal do Tratado do TPI; a Convenção de Palermo e a Convenção sobre a Imprescritibilidade dos Crimes de Guerra e dos Crimes contra a Humanidade), estabeleceu precedente no sentido de que é necessária a edição de lei em sentido formal para a tipificação do crime contra a humanidade trazido pelo Estatuto de Roma, mesmo sendo este um tratado internalizado, em homenagem ao princípio da legalidade, estabelecido no art. 5º, XXXIX, da CRFB/88. Confira-se o seguinte trecho da ementa do julgado, ressaltando-se aqui a importância da leitura em sua íntegra, considerando a natureza do precedente:

> PENAL E PROCESSO PENAL. RECURSO ESPECIAL. 1. ATENTADO AO RIOCENTRO. VIOLAÇÃO A DIREITOS HUMANOS. DÉCADAS DE 60, 70 E 80. RELEVÂNCIA DA MATÉRIA. NECESSIDADE DE RECONCILIAÇÃO NACIONAL. OBSERVÂNCIA À SOBERANIA PÁTRIA. POSSIBILIDADE DE RECONSTRUÇÃO PELA PAZ. (...) **7. CRIME CONTRA A HUMANIDADE. CONCEITO TRAZIDO NO ART. 7º ESTATUTO DE ROMA. AUSÊNCIA DE LEI EM SENTIDO FORMAL. OFENSA AO PRINCÍPIO DA LEGALIDADE. ART. 5º, XXXIX, DA CF. TRATADO INTERNALIZADO EM 2002. IMPOSSIBILIDADE DE APLICAÇÃO RETROATIVA. AFRONTA AO ART. 5º, XL, DA CF.** (...) **12. A ADMISSÃO DO JUS COGENS NÃO PODE VIOLAR PRINCÍPIOS CONSTITUCIONAIS. NECESSIDADE DE HARMONIZAÇÃO COM O ORDENAMENTO PÁTRIO. RESGUARDO À DIGNIDADE DA PESSOA HUMANA. FINALIDADE PRINCIPAL DOS DIREITOS HUMANOS. IMPOSSIBILIDADE DE TIPIFICAR CRIME SEM LEI PRÉVIA. IMPOSSIBILIDADE DE RETIRAR A EFICÁCIA DAS NORMAS PRESCRICIONAIS. PRINCÍPIOS DA LEGALIDADE E DA IRRETROATIVIDADE. PRINCÍPIOS CAROS AO DIREITO PENAL. 13. CONCLUSÃO QUE NÃO DIMINUI O COMPROMISSO DO BRASIL COM OS DIREITOS HUMANOS. PUNIÇÃO APÓS QUASE 40 ANOS. NÃO RESTABELECIMENTO DE DIREITOS VIOLADOS. VIOLAÇÃO A DIREITOS FUNDAMENTAIS DE IGUAL MAGNITUDE. AFRONTA A PRINCÍPIOS CONSTITUCIONAIS. SEGURANÇA JURÍDICA. COISA JULGADA MATERIAL. LEGALIDADE E IRRETROATIVIDADE**. (...) 7. Mérito: O conceito de crime contra a humanidade se encontra positivado no art. 7º do Estatuto de Roma do Tribunal Penal Internacional, o qual foi adotado em 17/7/1998, porém apenas passou a vigorar em 1º/7/2002, sendo internalizado por meio do Decreto n. 4.388, de 25/9/2002. **No Brasil, no entanto,**

ainda não há lei que tipifique os crimes contra a humanidade, embora esteja em tramitação o Projeto de Lei n. 4.038/2008. Diante da ausência de lei interna tipificando os crimes contra a humanidade, rememoro que o STF já teve a oportunidade de se manifestar no sentido de que não é possível utilizar tipo penal descrito em tratado internacional para tipificar condutas internamente, sob pena de se violar o princípio da legalidade – art. 5º, XXXIX, da CF (exemplo: tipo penal de organização criminosa trazido na Convenção de Palermo). Dessa maneira, não se mostra possível internalizar a tipificação do crime contra a humanidade trazida pelo Estatuto de Roma, mesmo se cuidando de Tratado internalizado por meio do Decreto n. 4.388, porquanto não há lei em sentido formal tipificando referida conduta. Ademais, cuidando-se de tratado que apenas passou a vigorar no Brasil em 25/9/2002, tem-se igualmente, na hipótese, o óbice à aplicação retroativa de lei penal em prejuízo do réu, haja vista o princípio constitucional da irretroatividade, previsto no art. 5º, XL, da CF (...) 10. Considerando se estar diante de controle sobre Convenção admitida como jus cogens, entendo que sua observância na ordem jurídica interna, se legitima a partir do disposto no art. 5º, § 2º, da CF, o qual dispõe que "os direitos e garantias expressos nesta Constituição não excluem outros decorrentes do regime e dos princípios por ela adotados, ou dos tratados internacionais em que a República Federativa do Brasil seja parte". Nesse contexto, diante do princípio da unidade da constituição – o qual impõe a necessidade de harmonização de eventuais contradições existentes entre as normas constitucionais -, bem como do princípio da máxima efetividade – que visa conferir a maior efetividade possível aos direitos fundamentais -, entendo que a observância aos tratados e convenções internacionais sobre direitos humanos deve ser compatibilizada com os princípios constitucionais da legalidade e da irretroatividade. **Assim, a aplicação da Convenção não poderia tipificar crimes nem alcançar fatos anteriores à Constituição de 1988, que legitimou sua aplicação, sob pena de revelar verdadeira afronta à própria soberania estatal e à supremacia da Constituição da República, subvertendo por completo o ordenamento jurídico pátrio e com malferimento de inúmeros outros direitos fundamentais, a pretexto de protegê-los.** (...) 12. Conclusão: A admissão da Convenção sobre a Imprescritibilidade dos Crimes de Guerra e dos Crimes contra a Humanidade como jus cogens não pode violar princípios constitucionais, devendo, portanto, se harmonizar com o regramento pátrio. Referida conclusão não revela desatenção aos Direitos Humanos, mas antes observância às normas máximas do nosso ordenamento jurídico, consagradas como princípios constitucionais, que visam igualmente resguardar a dignidade da pessoa humana, finalidade principal dos Direitos Humanos. **Nesse contexto, em observância aos princípios constitucionais penais, não é possível tipificar uma conduta praticada no Brasil**

> **como crime contra humanidade, sem prévia lei que o defina, nem é possível retirar a eficácia das normas que disciplinam a prescrição, sob pena de se violar os princípios da legalidade e da irretroatividade, tão caros ao direito penal** (...) 15. Dispositivo: Recurso especial conhecido em parte e, nessa extensão, improvido. (STJ, S3 - TERCEIRA SEÇÃO. REsp 1798903/RJ. RECURSO ESPECIAL. Relator(a) Ministro REYNALDO SOARES DA FONSECA. Julgamento em 25/09/2019. Publicação/Fonte em DJe 30/10/2019. Veiculado no Informativo nº 659 do STJ, sem grifos no original).

Através deste breve histórico, sem intenção de esgotar o tema, mostra-se que o terrorismo é um assunto que vem sendo discutido há bastante tempo. Pela própria dimensão que pode ganhar essa espécie criminosa, houve a necessidade de cooperação internacional, inclusive com a participação da Organização das Nações Unidas, mediante a edição de algumas resoluções por parte do Conselho de Segurança daquela Instituição, como a de número 1.373/01 (que afirma, inclusive, que os atos de terrorismo internacional constituem uma ameaça à paz e à segurança internacional) e a resolução 1.540/04 (que obriga o impedimento, por parte dos Estados, de qualquer apoio a agentes não estatais "para o desenvolvimento, aquisição, produção, posse, transporte, transferência ou uso de armas nucleares, biológicas e químicas e seus meios de entrega"[8].

As quatro tendências do terrorismo moderno. As ondas do terrorismo. Larissa Botelho, citando David Rapoport, menciona quatro grandes tendências sobre o terrorismo moderno, a saber: os anarquistas, nos anos de 1880; os anticolonialistas, nos anos de 1920; a nova esquerda nos anos de 1960; e, por fim, o terrorismo religioso, do ano de 1979 até os dias atuais[9].

Em relação à primeira tendência, menciona-se o terrorismo anarquista, iniciado nos anos de 1880 na Rússia, tendo, logo após, se espalhado para outras partes dos continentes europeu e asiático e americano. A importância prática do estudo desta onda de terrorismo foi a eclosão da Primeira Guerra Mundial, com o homicídio de Franz Ferdinand[10]:

> "Narodnaya volya foi um movimento parte dessa tendência. Dois representantes dessa modalidade de terrorismo foram escritores como BAKUNIN e KROPOTKIN. Uma característica desse grupo era o homicídio de líderes políticos, como primeiros-ministros, presidentes e monarcas, fase denominada Golden Age of Assassination".

No que tange à segunda tendência, representada pelos anticolonialistas, que passaram a se autodenominar como "*freedom fighters*", Larissa Botelho menciona que

8. Ibidem. p. 25.
9. BOTELHO, Larissa Gabriela Cruz. Op. cit. p. 37.
10. Ibidem. p. 37.

tal grupo lutava por autodeterminação e independência das potências imperialistas, tais como a França e a Grã-Bretanha. De fato, a autora[11] assevera que:

> "o fim da I Guerra Mundial precipitou a eclosão da segunda tendência: o Tratado de Versalhes que pôs fim à I Guerra Mundial aplicou o princípio da autodeterminação para os países europeus derrotados. No entanto, as porções não europeias que ainda não eram consideradas prontas para independência tornaram-se territórios controlados pela então recém-formada Liga das Nações. Grupos terroristas foram responsáveis pela criação de Estados, como Irlanda, Chipre, Argélia, entre outros".

Em relação à terceira tendência do terrorismo segundo Rapoport, Larissa Botelho aduz que se trata da Nova Esquerda, numa livre tradução da expressão "*new left*" e tem como marco inicial a Guerra do Vietnã, que fez surgir diversos movimentos como "*American Weather Underground*", "*Red Army Faction (RAF)*" e "*Italian Red Brigades*", por exemplo.

> "A técnica mais utilizada por esses grupos eram os sequestros com reféns, a tomada de aviões e retomou-se o homicídio de importantes figuras políticas. Um acontecimento fruto desse terceiro movimento foi o sequestro dos atletas israelenses nas Olimpíadas de Munique em 1972"[12].

Por fim, Larissa Botelho aponta que a quarta e última tendência indicada por Rapoport revela o terrorismo religioso, iniciado por volta do ano de 1979, que foi marcado por três grandes movimentos no mundo Islâmico: a Revolução Iraniana, a invasão do Afeganistão pela União Soviética e, por fim, a ocupação da Grande Mesquita em Meca[13].

Art. 2º. O terrorismo consiste na prática por um ou mais indivíduos dos atos previstos neste artigo, por razões de xenofobia, discriminação ou preconceito de raça, cor, etnia e religião, quando cometidos com a finalidade de provocar terror social ou generalizado, expondo a perigo pessoa, patrimônio, a paz pública ou a incolumidade pública.

Do conceito de terrorismo. O artigo 2º da Lei nº 13.260/16. O artigo 2º da Lei nº 13.260/16 tem natureza jurídica de norma penal explicativa, haja vista trazer o conceito legal de terrorismo.

---

11. Ibidem. p. 38.
12. Ibidem. p. 38.
13. BOTELHO, Larissa Gabriela Cruz. Op. cit. p. 39.

Talvez não da forma mais apropriada, já que há o desmembramento do conceito em uma breve introdução que deve ser associada a exemplos (previstos no parágrafo único do artigo 2º), se um ou mais indivíduos praticarem os atos previstos neste artigo (diga-se, no parágrafo primeiro do artigo 2º, porém, atrelados às motivações insculpidas no *caput*), e com o pressuposto de serem praticados por razões de xenofobia, discriminação ou preconceito de raça, cor, etnia e religião, estarão praticando terrorismo, desde que tais atos sejam cometidos com a finalidade de provocar terror social ou generalizado, expondo a perigo pessoa, patrimônio, a paz pública ou a incolumidade pública.

A compreensão do instituto, por si só, é complexa, tendo em vista a presença de inúmeros elementos normativos do tipo, numa verdadeira espécie de "jogo de encaixe", pois ora teremos que recorrer ao *caput*, valorando os elementos normativos do tipo, bem como ligar esta proposição com a finalidade lá descrita, além de atrelá-las a pelo menos uma das situações descritas no parágrafo primeiro do artigo 2º.

Ou seja, passamos a ter três elementos na caracterização do terrorismo, quais sejam, o seu fundamento, a forma pela qual será praticada e a finalidade desejada pelo sujeito ativo.

Com os vetos, três passaram a ser as situações fáticas que podem evidenciar a prática do terrorismo, prevendo-se pena de reclusão que varia do patamar mínimo de doze, até o máximo de trinta anos, além da pena correspondente à violência ou ameaça.

Ao redigir o artigo 2º da Lei nº 13.260/16, o legislador encontrou a mesma dificuldade que os doutrinadores enfrentam, principalmente por se tratar de algo ainda vago, abstrato e com contornos ainda não completamente delineados.

Larissa Botelho, citando Heleno Cláudio Fragoso, aduz que tal dificuldade está relacionada ao fato de ainda não ter sido possível concluir quais as situações comuns que realmente ilustram todas as formas de terrorismo, de modo que haveria dificuldade para que fosse possível dimensioná-las num tipo penal certo e estrito, respeitando-se o princípio da reserva legal[14].

Mencionando ensinamentos de Eric David, Larissa Botelho assevera, ainda, que a doutrina indica o terrorismo como um fenômeno eminentemente político, vale dizer, um ato de violência com fim político (o que é difundido por muitos autores), ideológico ou social que teria a capacidade de difundir o terror[15]. No entanto, apesar de ter mencionado eventuais ataques a serviços essenciais do Estado, não está clara, nem expressa no tipo penal previsto no artigo 2º da Lei nº 13.260/16, a finalidade política.

Das formas de criminalização do terrorismo para o legislador infraconstitucional. Analisando o direito comparado, conforme os ensinamentos de Larissa Bote-

14. BOTELHO, Larissa Gabriela Cruz. Op. cit. p. 41.

15. Ibidem. p. 45.

lho[16], duas são as formas de criminalização do terrorismo na legislação. A primeira delas denota uma opção de modelo minimalista, na qual o legislador mantém os crimes que já existem no ordenamento jurídico pátrio, porém acrescenta os objetos faltantes através de leis pontuais, como ocorre na Alemanha e Itália, por exemplo.

Já a segunda forma, na qual o Brasil se enquadra, trabalha com a criação de uma lei antiterrorista específica, em que a intenção é consolidar os deveres internacionais assumidos.

> § 1º São atos de terrorismo:
>
> I – usar ou ameaçar usar, transportar, guardar, portar ou trazer consigo explosivos, gases tóxicos, venenos, conteúdos biológicos, químicos, nucleares ou outros meios capazes de causar danos ou promover destruição em massa;

Análise do artigo 2º, § 1º, I, da Lei nº 13.260/16. Na primeira hipótese fática prevista para o terrorismo, desde que associada ao pressuposto (por razões de xenofobia, discriminação ou preconceito de raça, cor, etnia e religião) e à finalidade (provocar terror social ou generalizado, expondo a perigo pessoa, patrimônio, a paz pública ou a incolumidade pública), o legislador prevê a utilização ou ameaça de utilização, transporte, guarda, porte ou quando um ou mais indivíduos trazem consigo explosivos, gases tóxicos, venenos, conteúdos biológicos, químicos, nucleares ou outros meios capazes de causar danos ou promover destruição em massa.

Em relação à modalidade "ameaçar usar", estamos diante figura penal que não comporta tentativa, em razão de se tratar de um "delito de atentado" ou "delito de empreendimento", prevendo, no próprio dispositivo, que a modalidade tentada já configuraria, propriamente, o crime.

Já as figuras "transportar", "guardar", "portar" ou "trazer consigo" denotam situação de permanência, o que influi diretamente na caracterização da situação flagrancial.

A pena é de reclusão e varia entre doze a trinta anos de prisão, além das sanções correspondentes à ameaça ou à violência. Isto significa que se admite o concurso de crimes entre o terrorismo e os crimes que, porventura, restem configurados por ocasião da prática da conduta descrita no artigo 2º, § 1º, I, da Lei nº 13.260/16.

Sujeito ativo. O crime de terrorismo pode ser praticado por qualquer pessoa, razão pela qual estamos diante de um crime comum.

Sujeito passivo. É a sociedade, em razão dos bens jurídicos descritos na situação do inciso I. Secundariamente, pode-se considerar o Estado.

---

16. Ibidem. p. 95.

Elemento subjetivo. O tipo prevê a modalidade dolosa, ou seja, a vontade livre e consciente em usar ou ameaçar usar, transportar, guardar, portar ou trazer consigo explosivos, gases tóxicos, venenos, conteúdos biológicos, químicos, nucleares ou outros meios capazes de causar danos ou promover destruição em massa, nas situações estabelecidas no *caput* do artigo 2º. Não há previsão para modalidade culposa.

Objeto material da conduta. Na hipótese descrita no inciso I, o objeto material se assemelha ao sujeito passivo: a sociedade.

Objeto jurídico. Tutela-se a incolumidade pública da sociedade.

Classificação doutrinária. Trata-se de crime comum (pois pode ser praticado por qualquer pessoa), formal (tendo em vista a desnecessidade da ocorrência de resultado naturalístico), comissivo, doloso, instantâneo, unissubsistente (ou seja, praticado mediante um único ato diante da situação "ameaçar usar") ou plurissubsistente (pois pode ser cometido através da prática de mais de um ato, quando estivermos diante dos verbos "usar", "transportar, "guardar", "portar" e "trazer") e de forma vinculada (já que o tipo penal deve ser associado ao *caput* do artigo 2º, que descreve a forma pela qual o crime deve ser praticado para ser considerado terrorismo).

Momento consumativo. A situação prevista no inciso I do § 1º do artigo 2º se consuma quando o sujeito ativo usar ou ameaçar usar, transportar, guardar, portar ou trazer consigo explosivos, gases tóxicos, venenos, conteúdos biológicos, químicos, nucleares ou outros meios capazes de causar danos ou promover destruição em massa.

Competência. Será da Justiça Federal, diante do que dispõe o artigo 11 da Lei nº 13.260/16.

Tentativa. Admitida, quando estivermos diante da modalidade plurissubsistente, na qual há possibilidade de fracionamento da conduta.

> II - (VETADO);
>
> III - (VETADO);
>
> IV - sabotar o funcionamento ou apoderar-se, com violência, grave ameaça a pessoa ou servindo-se de mecanismos cibernéticos, do controle total ou parcial, ainda que de modo temporário, de meio de comunicação ou de transporte, de portos, aeroportos, estações ferroviárias ou rodoviárias, hospitais, casas de saúde, escolas, estádios esportivos, instalações públicas ou locais onde funcionem serviços públicos essenciais, instalações de geração ou transmissão de energia, instalações militares, instalações de exploração, refino e processamento de petróleo e gás e instituições bancárias e sua rede de atendimento;

Da modalidade de prática do terrorismo conforme o artigo 2º, § 1º, IV, da Lei nº 13.260/16. Já na segunda hipótese, o sujeito ativo deve sabotar o funcionamento ou apoderar-se, com violência, grave ameaça a pessoa ou servindo-se de mecanismos cibernéticos, do controle total ou parcial, ainda que de modo temporário, de meio de comunicação ou de transporte, de portos, aeroportos, estações ferroviárias ou rodoviárias, hospitais, casas de saúde, escolas, estádios esportivos, instalações públicas ou locais onde funcionem serviços públicos essenciais, instalações de geração ou transmissão de energia, instalações militares, instalações de exploração, refino e processamento de petróleo e gás e instituições bancárias e sua rede de atendimento.

A pena é de reclusão e varia entre doze a trinta anos de prisão, além das sanções correspondentes à ameaça ou à violência. Isto significa que se admite o concurso de crimes entre o terrorismo e os crimes que, porventura, restem configurados por ocasião da prática da conduta descrita no artigo 2º, § 1º, IV, da Lei nº 13.260/16.

Sujeito ativo. O crime de terrorismo pode ser praticado por qualquer pessoa, razão pela qual estamos diante de um crime comum.

Sujeito passivo. É a sociedade.

Elemento subjetivo. O tipo prevê a modalidade dolosa, ou seja, a vontade livre e consciente em sabotar o funcionamento ou apoderar-se, com violência, grave ameaça a pessoa ou servindo-se de mecanismos cibernéticos, do controle total ou parcial, ainda que de modo temporário, dos elementos ou instituições descritas no inciso IV do § 1º do artigo 2º da Lei nº 13.260/16, para praticar o terrorismo, conforme o *caput* do mesmo dispositivo legal. Não há previsão para modalidade culposa.

Objeto material da conduta. Pode ser tanto o meio de comunicação ou de transporte, quanto portos, aeroportos, estações ferroviárias ou rodoviárias, hospitais, casas de saúde, escolas, estádios esportivos, instalações públicas ou locais onde funcionem serviços públicos essenciais, instalações de geração ou transmissão de energia, instalações militares, instalações de exploração, refino e processamento de petróleo e gás e instituições bancárias e sua rede de atendimento.

Objeto jurídico. Tutela-se a paz pública, bem como a incolumidade pública.

Classificação doutrinária. Trata-se de crime comum (pois pode ser praticado por qualquer pessoa), material (tendo em vista a necessidade da ocorrência de resultado naturalístico), comissivo, doloso, instantâneo, unissubsistente (ou seja, praticado mediante um único ato) ou plurissubsistente (pois pode ser cometido através da prática de mais de um ato) e de forma vinculada (já que o tipo penal deve ser associado ao *caput* do artigo 2º, que descreve a forma pela qual o crime deve ser praticado para ser considerado terrorismo).

Momento consumativo. Por se tratar de crime material, se consuma com o efetivo sabotamento ou apoderamento dos objetos materiais descritos no tipo penal do artigo 2º, § 1º, IV, nas condições e situações lá previstas, bem como adequadas ao *caput* do mesmo artigo.

Competência. Será da Justiça Federal, diante do que dispõe o artigo 11 da Lei nº 13.260/16.

Tentativa. Admitida, quando estivermos diante da modalidade plurissubsistente, na qual há possibilidade de fracionamento da conduta.

> V - atentar contra a vida ou a integridade física de pessoa:
>
> Pena - reclusão, de doze a trinta anos, além das sanções correspondentes à ameaça ou à violência.

Do tipo penal descrito no artigo 2º, § 1º, V, da Lei nº 13.260/16. Por fim, se um ou mais indivíduos, cumprindo os requisitos de subsunção previstos no *caput* do artigo 2º, atentam contra a vida ou a integridade física de pessoa, este ato também é considerado terrorismo.

Nesta última situação, talvez haja o maior número de discussões, tendo em vista que o tipo se assemelha ao homicídio ou à lesão corporal. No entanto, o intérprete deve estar atento para que esta situação não seja dissociada do conjunto necessário previsto no *caput* do artigo 2º, o que funcionará como ponto-chave na solução do conflito de normas.

Pela análise do verbo nuclear, estamos diante de um delito de atentado, ou de empreendimento, que não comporta tentativa, pois a simples prática da conduta já é suficiente para a consumação do crime.

A pena é de reclusão e varia entre doze a trinta anos de prisão, além das sanções correspondentes à ameaça ou à violência. Isto significa que se admite o concurso de crimes entre o terrorismo e os crimes que, porventura, restem configurados por ocasião da prática da conduta descrita no artigo 2º, § 1º, V, da Lei nº 13.260/16.

Sujeito ativo. O crime de terrorismo pode ser praticado por qualquer pessoa, razão pela qual estamos diante de um crime comum.

Sujeito passivo. É a pessoa que sofre atentado contra sua vida ou integridade física. Secundariamente, a sociedade.

Elemento subjetivo. O tipo prevê a modalidade dolosa, ou seja, a vontade livre e consciente em atentar contra a vida ou a integridade física de pessoa, praticando o terrorismo, conforme o *caput* do artigo 2º da Lei nº 13.260/16. Não há previsão para modalidade culposa.

Objeto material da conduta. Qualquer indivíduo.

Objeto jurídico. Tutela-se tanto a vida, quanto a integridade física da pessoa, bem como a incolumidade pública.

Classificação doutrinária. Trata-se de crime comum (pois pode ser praticado por qualquer pessoa), de mera conduta (tendo em vista que a simples prática da conduta típica já é suficiente para a configuração do crime, dispensando-se a ocorrência de resultado naturalístico), comissivo, doloso, instantâneo, unissubsistente (pois pode ser cometido através da prática de apenas um ato) e de forma vinculada (já que o tipo penal deve ser associado ao *caput* do artigo 2º, que descreve a forma pela qual o crime deve ser praticado para ser considerado terrorismo).

Momento consumativo. O crime em tela se consuma quando há atentado à vida ou à integridade física da pessoa.

Competência. Será da Justiça Federal, diante do que dispõe o artigo 11 da Lei nº 13.260/16.

Tentativa. Não é admitida, pois estamos diante de um crime unissubsistente.

> § 2º O disposto neste artigo não se aplica à conduta individual ou coletiva de pessoas em manifestações políticas, movimentos sociais, sindicais, religiosos, de classe ou de categoria profissional, direcionados por propósitos sociais ou reivindicatórios, visando a contestar, criticar, protestar ou apoiar, com o objetivo de defender direitos, garantias e liberdades constitucionais, sem prejuízo da tipificação penal contida em lei.

Da não configuração da tipicidade penal para o crime de terrorismo, conforme previsão do artigo 2º, § 2º, da Lei nº 13.260/16. Este dispositivo legal prevê situações nas quais o legislador afasta a tipicidade e não considera enquadradas às hipóteses de terrorismo a conduta nele descrita, seja individual ou coletiva, cujas manifestações ou movimentos sejam direcionados por intenções sociais ou reivindicatórias e que, com o objetivo precípuo de defender direitos, garantias e liberdades constitucionais, visem a contestar, criticar, protestar ou apoiar esta finalidade.

A observação a ser tecida gira em torno do fato de que o legislador não atribuiu causa de atipicidade em função de crimes eventualmente ligados durante a realização destas manifestações. Tão somente afasta o enquadramento destas hipóteses como crime de terrorismo, em função do comando descrito na última frase do dispositivo legal, qual seja, "sem prejuízo da tipificação penal contida em lei".

> **Art. 3º** Promover, constituir, integrar ou prestar auxílio, pessoalmente ou por interposta pessoa, a organização terrorista:
>
> Pena – reclusão, de cinco a oito anos, e multa.
>
> § 1º (VETADO).
>
> § 2º (VETADO).

Do crime previsto no artigo 3º da Lei nº 13.260/16. O artigo 3º prevê, de forma autônoma, o concurso de pessoas nos crimes de terrorismo, asseverando ser típica a conduta de quem promove, constitui, integra ou presta auxílio, pessoalmente ou por intermédio de outra pessoa, a organização terrorista.

Trata-se de um tipo penal misto alternativo, no qual a consumação se dá pela prática de um ou mais verbos nucleares, sendo que nesta última hipótese ainda permanecerá sendo crime único, desde que no mesmo contexto fático.

O tipo penal não exige finalidade específica, bastando que a prática de tais verbos seja destinada às organizações terroristas. A mera prática destes verbos nucleares pode, de acordo com o caso concreto, ser punida de modo independente à prática do crime de terrorismo propriamente dito, qualquer que seja a modalidade de conduta perpetrada, ou ainda em concurso com demais crimes desta Lei.

Note-se que o conceito de organização terrorista pode ser extraído da previsão contida no artigo 1º, § 2º, II, da Lei nº 12.850/13 (que define, também, o conceito de organização criminosa e dispõe sobre investigação criminal, meios de obtenção de provas etc.), cuja redação foi dada pela Lei nº 13.260/16 (que trata dos crimes de terrorismo propriamente ditos). Tal dispositivo legal dispõe que a Lei que trata das organizações criminosas em geral também será aplicada para os casos que envolverem organizações terroristas.

Porém, não se diz, expressamente, o que é uma organização terrorista. Em linhas gerais, adotados os mesmos pressupostos para as organizações criminosas, cujo conceito está descrito no artigo 1º, § 1º, da Lei nº 12.850/13, as organizações terroristas seriam a associação de 4 (quatro) ou mais pessoas estruturalmente ordenada e caracterizada pela divisão de tarefas, ainda que informalmente, com objetivo de praticar atos de terrorismo legalmente definidos.

Larissa Botelho[17] cita o posicionamento do GAFI (Grupo de Ação Financeira Internacional) sobre as organizações terroristas, aduzindo que:

> se refere a qualquer grupo de terroristas que: (i) cometa ou tente cometer atos terroristas por quaisquer meios, direta ou indiretamente, ilegal e voluntariamente; (ii) participe como cúmplice em atos terroristas; (iii) organize ou conduza outros a cometerem atos terroristas; ou (iv) contribua para o cometimento de atos terroristas por um grupo de pessoas que aja com um propósito comum em que a contribuição seja feita intencionalmente e com o objetivo de promover o ato terrorista, ou com o conhecimento da intenção do grupo de cometer um ato terrorista[18].

Da (im) possibilidade de configuração como crime equiparado a hediondo. O artigo 5º, XLIII, da CRFB/88 dispõe sobre a necessidade de tratamento mais rígido para a prática do terrorismo. Doutrinariamente se diz, então, que o crime de terrorismo é equiparado a hediondo e, portanto, também está sujeito aos rigores da Lei nº 8.072/90.

Nesse sentido, entendemos que o artigo 2º, *caput*, da Lei nº 13.260/16, define o que é terrorismo e, por via de consequência, aquilo que será utilizado como parâmetro para considerar determinada conduta como equiparada a hedionda, em função da necessidade de interpretação restritiva. Tal artigo possui a seguinte redação:

---

17. BOTELHO, Larissa Gabriela Cruz. Op. cit. p. 107.

18. Padrões Internacionais de Combate à Lavagem de Dinheiro e ao Financiamento do Terrorismo e da Proliferação: as recomendações do GAFI. Fevereiro de 2012. Disponível em: <http://www.fazenda.gov.br/orgaos/coaf/arquivos/as-recomendacoes-gafi#:~:text=A%20fun%C3%A7%C3%A3o%20do%20GAFI%20%C3%A9,internacional%20relacionadas%20a%20esses%20crimes.>. Acesso em: 26 dez. 2020.

> Art. 2º O terrorismo consiste na prática por um ou mais indivíduos dos atos previstos neste artigo, por razões de xenofobia, discriminação ou preconceito de raça, cor, etnia e religião, quando cometidos com a finalidade de provocar terror social ou generalizado, expondo a perigo pessoa, patrimônio, a paz pública ou a incolumidade pública.

Os termos do artigo 2º deixam claro que apenas os atos previstos naquele dispositivo legal são considerados terrorismo. Assim, tendo em vista a autonomia entre os delitos de terrorismo e o previsto no artigo 3º da Lei nº 13.260/16, a nosso sentir não haveria como considerar este último como equiparado a hediondo.

No entanto, sem fazer qualquer tipo de ressalva exclusiva ao crime previsto no artigo 2º, o artigo 17 da Lei nº 13.260/16 amplia a aplicação da Lei nº 8.072/90 (que trata dos crimes hediondos), a todos os demais crimes da Lei antiterrorismo, tornando todos eles equiparados a hediondos, merecendo tratamento mais gravoso nos termos da Lei.

Sujeito ativo. Este crime pode ser praticado por qualquer pessoa, razão pela qual estamos diante de um crime comum.

Sujeito passivo. É a sociedade.

Elemento subjetivo. O tipo prevê a modalidade dolosa, ou seja, a vontade livre e consciente em promover, constituir, integrar ou prestar auxílio, pessoalmente ou por interposta pessoa, a organização terrorista. Não há previsão para modalidade culposa.

Objeto material da conduta. Não há.

Objeto jurídico. Tutela-se a paz pública.

Classificação doutrinária. Trata-se de crime comum (pois pode ser praticado por qualquer pessoa), de mera conduta (tendo em vista que a simples prática da conduta típica já é suficiente para a configuração do crime, dispensando-se a ocorrência de resultado naturalístico), comissivo, doloso, instantâneo, unissubsistente (pois pode ser cometido através da prática de apenas um ato) e de forma livre (já que pode ser praticado por qualquer forma eleita pelo sujeito ativo).

Momento consumativo. O crime em tela se consuma quando o sujeito ativo promover, constituir, integrar ou prestar auxílio, pessoalmente ou por interposta pessoa, a organização terrorista.

Competência. Será da Justiça Federal, diante do que dispõe o artigo 11 da Lei nº 13.260/16.

Tentativa. Não é admitida, pois estamos diante de um crime unissubsistente.

Estudo reflexo de jurisprudência envolvendo o tema "terrorismo" e a prática do crime previsto no artigo 3º da Lei 13.260/16. Em decisão monocrática no RHC 093181, datada de 19/12/2017, a Ministra Maria Thereza de Assis Moura (STJ) inadmitiu o recurso por entender inexistir, no caso concreto, violação ao direito ambulatorial amparado por este instrumento constitucional. Interessante, entretanto, observar o precedente estabelecido no processo de origem, tendo em vista ter sido interposto contra acórdão do Tribunal Regional Federal da 4ª Região (HC n.º 5036470-97.2017.4.04.0000) que indeferiu habeas corpus (recorrente condenado pelo Juízo da 14ª Vara Federal de Curitiba, na ação penal nº 5046863-67.2016.4.04.7000, pela prática dos crimes previstos nos art. 3º da Lei nº 13.260/16, art. 5º, §1º, I, c/c §2º da Lei nº 13.260/16 e art. 288, CP, na forma do art. 69 CP), em operação federal de combate ao terrorismo (Operação Hashtag), assim ementado:

> HABEAS CORPUS. PROCESSO PENAL. OPERAÇÃO HASHTAG. TERRORISMO. PRISÃO PREVENTIVA. CONDIÇÕES DE CUMPRIMENTO DA PENA. LIBERDADE RELIGIOSA. 1. Deflui do artigo 5º, inciso VIII, da Constituição Federal que 'ninguém será privado de direitos por motivo de crença religiosa ou de convicção filosófica ou política, salvo se as invocar para eximir-se de obrigação legal a todos imposta e recusar-se a cumprir prestação alternativa, fixada em lei.'. Se por um lado não pode haver privação de direitos em função de política ou ato de discriminação religiosa, por outro lado, argumentos de cunho religiosos não podem ser levantados como escusa para o não cumprimento de obrigação legal a todos imposta. 2. É exatamente nesse contexto que se insere o paciente, pois o sistema penitenciário e as regras de cada presídio (LEP, art. 38) são aplicados à generalidade de presos, em atenção à segurança e bem estar de todo o coletivo encarcerado. 3. Assim, não quer se pretender que o presídio tenha de sofrer adaptações de rotina para que possa o paciente praticar a sua fé, de acordo com a compreensão que apresenta. 4. Por outro lado, pelo teor da sentença condenatória, tem-se que o paciente, aparentemente, apresenta uma visão deturpada de sua religiosidade, pregando a intolerância religiosa, a disseminação de violência generalizada e o extermínio de pessoas que não professem exatamente os conceitos religiosos que detém, e que estariam, segundo sua visão, amparados no Islamismo. 5. Ocorre que, compreensões desta natureza não fazem parte do Islamismo, e tampouco seriam tolerados em qualquer sociedade democrática, havendo no Brasil expressa vedação quanto a práticas de discriminação 6. A Constituição Brasileira assegura como direito individual a inviolabilidade da consciência e crença (art. 5º, VI). 7. A Convenção Interamericana de Direitos Humanos, ao assegurar a liberdade de consciência e religião impõe, como decorrência da liberdade individual de cada um, o dever dos Estados assegurarem que cada indivíduo possa conservar a sua religião sem influências do Estado ou de qualquer pessoa. 8. As convicções religiosas manifestadas pelo paciente, por pregarem a violência e o extermínio de inocentes, não apresenta tutela de proteção disponível na Constituição Brasileira, na Convenção Interamericana de Direitos Huma-

nos e no sistema jurídico nacional como um todo, estando fora da definição que se tem do direito de liberdade religiosa (TRF4, HC 5036470-97.2017.4.04.0000, SÉTIMA TURMA, Relator MÁRCIO ANTÔNIO ROCHA, juntado aos autos em 10/11/2017).

Mesmo inconformismo rechaçado monocraticamente no RHC 093091 do STJ (transferência de presídio), também interposto contra acórdão do Tribunal Regional Federal da 4ª Região (HC n.º 5046044-47.2017.4.04.0000), este último com a seguinte ementa:

> HABEAS CORPUS. PROCESSO PENAL. OPERAÇÃO HASHTAG. TERRORISMO. PENITENCIÁRIA FEDERAL DE SEGURANÇA MÁXIMA. PEDIDO DE TRANSFERÊNCIA PARA PRESÍDIO ESTADUAL. 1. Hipótese em que se imputa ao paciente fomentar organização criminosa terrorista, assemelhando-se a práticas do chamado Estado Islâmico, de alcance internacional que preconiza a intolerância racial, de gênero e religiosa, cujo objeto é a prática de crimes com extrema violência contra aqueles que pensam e agem de forma diferente. A atuação propagada pelo paciente é de extrema gravidade, sendo notória a ameaça social que representa. 2. Evidenciado o preenchimento dos requisitos da Lei 11.671/08, quais sejam, a periculosidade do detento e o interesse na segurança pública, não há que se falar em transferência para presídio estadual, para melhor comodidade do agente.

Em recente julgado, datado de 10/08/2018, a 7ª Turma do Tribunal Regional Federal da 4ª Região, ainda em julgamento acerca da "Operação Hashtag", realiza detida análise quanto aos elementos constitutivos dos tipos previstos nos artigos 3º e 5º da Lei n.º 13.260/2016, em especial, ao asseverar que, dado o contexto internacional de repúdio às práticas terroristas, a Lei n.º 13.260/2016 ao criminalizar a 'organização terrorista' não exige dano concreto, nem a comprovação de habilidades individuais e existência (ou não) de reservas mentais, uma vez que a contribuição para validação das compreensões do grupo pode ser suficiente para que um (ou mais indivíduos), isoladamente, coloque em prática o ideário construído coletivamente pelo grupo. Observe-se o acórdão assim ementado:

> "OPERAÇÃO 'HASHTAG'. **ARTS. 3º E 5º DA LEI 13.260/2016**. ART. 288 DO CP. AUSÊNCIA DE NULIDADES. **PROMOÇÃO EM TERRITORIO NACIONAL DE ORGANIZAÇÃO TERRORISTA. TIPICIDADE, MATERIALIDADE E AUTORIAS DELITIVAS. COMPROVAÇÃO** (...) 3. A comunidade internacional, assim como o Conselho de Segurança das Nações Unidas, por suas Resoluções obrigatórias aos Estados membros da Organização, manifestam perspectivas abrangentes, tanto para a prevenção quanto para a punição do terrorismo, reconhecendo-se, entre outros fatores, que o inciamento, a promoção, enaltecimento dos atos de terrorismo motivados pelo extremismo e intole-

rância, ensejam um sério e crescente perigo ao exercício dos Direitos Humanos e ameaça o desenvolvimento social e econômico dos Estados, devendo ser corrigido urgente e proativamente pelas Nações Unidas e Estados-Membros. 4. Essas preocupações são contempladas pela Constituição Brasileira, quando determina ao legislador a previsão do terrorismo como crime hediondo. 5. A existência de legislação específica criminalizando os atos de terrorismo e condutas a eles assemelhadas faz parte da estratégia de contraterrorismo em nível mundial, evitando a inadequada resposta estatal, como a não consideração da motivação, dos fins buscados, do risco potencial, assim como de punição excessiva ou insatisfatória, e a necessidade do estabelecimento de ferramentas legais adequadas à prevenção, investigação e punição de atos terroristas. **É nesse contexto maior e preventivo que o tipo penal da Lei 13.260/2016 deve ser visto, quando criminaliza a promoção de organização terrorista, tipo penal que não exige dano concreto, tampouco a comprovação de habilidades individuais, e existência ou não de reservas mentais, dado que a contribuição para validação das compreensões do grupo pode ser suficiente para que um ou mais acusados, isoladamente, coloquem em prática o ideário construído coletivamente**. 6. No caso presente, a violência estabelecida na propaganda de organização reconhecida como terrorista por Resoluções do Conselho de Segurança da ONU congregou os acusados em um movimento de glorificação das atrocidades, fazendo com que focassem seus interesses e atenções à causa da referida organização criminosa, passando os réus a repercutir os valores próprios da organização terrorista, fundados na radicalização religiosa, com desumanização das potenciais e reais vítimas daquela organização, e mediante a aceitação da justificação do uso da violência como ferramenta de atuação. **7. As condutas perpetradas pelos réus ultrapassaram as meras postagens de ações da propaganda e da ideologia terrorista, pois exigiram juramentos de fidelidade a pessoas consideradas líderes terroristas e comprometimento com a causa terrorista, mediante cobrança de que os diversos participantes dos grupos manifestassem aquiescência em relação ao cometimento de atos concretos de violência coletiva e terror**. 8. Relevância penal das manifestações, dado o contexto dos Jogos Olímpicos na Cidade do Rio de Janeiro e a existência de declarado comprometimento para com a futura prática de ações concretas. 9. Hipótese em que as ações foram além do discurso de ódio, para o qual a Corte Europeia de Direitos Humanos reconhece que "os Estados não podem ser obrigados a esperar a efetivação de um desastre para só então intervirem". Manifestações não protegidas pela liberdade de expressão ou religiosa, notadamente quando os acusados rejeitam as autoridades religiosas nacionais que professam a fé pacificamente e em ambiente de pluralismo religioso. Existência de dever de atuação dos Estados para coibirem as condutas de notório risco potencial à segurança e a vida em sociedades democráticas, o fazendo com ampla margem de atuação e discricionariedade, conforme reconhecido pelas Cortes Interamericana e Européia de Direitos Humanos. 10. A Declaração Universal dos Direitos Humanos, a Convenção Interamericana de Direitos Humanos e o Pacto Internacional Sobre Direito Civis e Políticos asseguram a interferência ou a imposição de limites à liberdade de manifestação em prol da segurança pública e dos direitos e liberdades das demais pessoas. Expressa menção no Pacto de Direitos Civis e Políticos, aprovado pelo Decreto 592/92, de proibição de qualquer apologia ao ódio nacional, racial ou religioso, que constitua incitamento à discriminação, à hostilidade ou a violência. 11. Análise de precedentes da Corte Europeia de Direitos Humanos repelindo manifestações que se constituam em suporte ativo ou passivo de organizações criminosas, que se constituam em glorificação do terrorismo, ou que avaliem como justificável o uso da violência extrema, desdenhando a dignidade e incolumidade de vítimas, ou que promovam o ódio religioso. (TRF4, ACR 5046863-67.2016.4.04.7000, SÉTIMA TURMA, Relator MÁRCIO ANTÔNIO ROCHA, juntado aos autos em 10/08/2018, sem grifos no original).

Art. 4º (VETADO).

Art. 5º Realizar atos preparatórios de terrorismo com o propósito inequívoco de consumar tal delito:

Pena – a correspondente ao delito consumado, diminuída de um quarto até a metade.

Da análise do tipo penal previsto no artigo 5º da Lei nº 13.260/16. O tipo em análise pune o sujeito ativo que pratica atos preparatórios de terrorismo, com a finalidade inequívoca de consumar tal delito.

Perceba que se para a prática do terrorismo (crime previsto no artigo 2º da Lei nº 13.260/16) é necessário que o sujeito ativo esteja motivado por razões de xenofobia, discriminação ou preconceito de raça, cor, etnia e religião, e devem ser cometidos com a finalidade de provocar terror social ou generalizado, expondo a perigo pessoa, patrimônio, a paz pública ou a incolumidade pública, a mesma verificação deverá ser feita por ocasião do estudo do artigo 5º, pois o dispositivo denota o dolo de praticar o crime de terrorismo.

Doutrinariamente, os atos preparatórios estão situados na macrofase interna do *iter criminis*, logo após a fase da cogitação e imediatamente antes à fase executória (que já está situada na macrofase externa).

Os atos preparatórios (também conhecidos como *conatus remotus*) são aqueles nos quais o sujeito ativo busca as condições que o possibilitem realizar a empreitada criminosa. No caso em comento, tecnicamente não significa dizer que se pune os atos preparatórios de terrorismo, mas sim que estes atos configuram crime autônomo, razão pela qual devem ser punidos.

Deste modo, a punição para estes casos será a do delito consumado, podendo ser diminuída de um quarto até metade.

A redação do preceito secundário do *caput* do artigo 5º é muito ruim, haja vista que não se define com precisão qual é o tal "delito consumado" a que se refere. Por uma questão de interpretação da leitura feita para o preceito primário deste artigo, chega-se à conclusão de que o "tal delito" é o de terrorismo, entendido como aquele previsto no artigo 2º da Lei nº 13.260/16, cuja pena é de reclusão de doze a trinta anos, além das sanções correspondentes à ameaça ou à violência, conforme dispõe o preceito secundário do artigo 2º da Lei nº 13.260/16. Entendemos ser esta a interpretação mais adequada.

No entanto, como se trata de lei nova, sem manifestação dos Tribunais a respeito, é possível construir o raciocínio no sentido de que o preceito secundário deste artigo se refere à punição pela pena do delito consumado que não o crime de terrorismo.

Assim, por exemplo, caso um determinado indivíduo, com o propósito inequívoco de consumar o delito de terrorismo, realiza pesquisas para propiciar a compra de explosivos, de modo a portá-los, estará praticando a conduta descrita no artigo 5º da Lei nº 13.260/16, e poderá ser punido pela pena do crime previsto no artigo 16, parágrafo único, inciso III, da Lei nº 10.826/03, qual seja, reclusão de três a seis anos além de multa (diminuída de um quarto até metade, por força da previsão no preceito secundário do artigo 5º da Lei nº 13.260/16), haja vista ser esse o crime "em tese" consumado caso realmente estivesse portando o explosivo.

Por fim, ressalta-se que a prática dos atos preparatórios, ainda que configure delito autônomo, previsto no artigo 5º, não impede a tentativa referente às condutas descritas no artigo 2º, quando for possível, (pois como já observamos em tópico oportuno, somente este prevê o conceito de terrorismo e, portanto, deve ser correlacionado com a redação do artigo 5º).

No entanto, nestas hipóteses, assim como quando houver consumação do crime de terrorismo, a conduta prevista no artigo 5º estará consumida pela conduta descrita no artigo 2º e parágrafo primeiro, sob pena de *bis in idem*, pois diante da aplicação do princípio da consunção, para se alcançar o resultado mais grave, que é a prática do crime de terrorismo, o sujeito ativo necessariamente passará pela conduta do artigo 5º.

Da impossibilidade de configuração como crime equiparado a hediondo. O artigo 5º, XLIII, da CRFB/88 dispõe sobre a necessidade de tratamento mais rígido para a prática do terrorismo. Doutrinariamente se diz, então, que o crime de terrorismo é equiparado a hediondo e, portanto, também está sujeito aos rigores da Lei nº 8.072/90.

O artigo 2º, *caput*, da Lei nº 13.260/16, define o que é terrorismo e, por via de consequência, aquilo que será utilizado como parâmetro para considerar determinada conduta como equiparada a hedionda, em função da necessidade de interpretação restritiva. Tal artigo possui a seguinte redação:

> Art. 2º O terrorismo consiste na prática por um ou mais indivíduos dos atos previstos neste artigo, por razões de xenofobia, discriminação ou preconceito de raça, cor, etnia e religião, quando cometidos com a finalidade de provocar terror social ou generalizado, expondo a perigo pessoa, patrimônio, a paz pública ou a incolumidade pública.

Os termos do artigo 2º deixam claro que apenas os atos previstos naquele dispositivo legal são considerados terrorismo. Assim, tendo em vista a autonomia entre os delitos de terrorismo e o previsto no artigo 5º da Lei nº 13.260/16, a nosso sentir não haveria como considerar este último como equiparado a hediondo.

No entanto, sem fazer qualquer tipo de ressalva exclusiva ao crime previsto no artigo 2º, o artigo 17 da Lei nº 13.260/16 amplia a aplicação da Lei nº 8.072/90 (que trata dos crimes hediondos), a todos os demais crimes da Lei Antiterrorismo, tornando todos eles equiparados a hediondos, merecendo tratamento mais gravoso nos termos da Lei.

Sujeito ativo. Este crime pode ser praticado por qualquer pessoa, razão pela qual estamos diante de um crime comum.

Sujeito passivo. É a sociedade.

Elemento subjetivo. O tipo prevê a modalidade dolosa, ou seja, a vontade livre e consciente em realizar atos preparatórios de terrorismo com o propósito inequívoco de consumar tal delito. Não há previsão para modalidade culposa.

Objeto material da conduta. A sociedade.

Objeto jurídico. Tutela-se tanto a paz pública quanto a sociedade.

Classificação doutrinária. Trata-se de crime comum (pois pode ser praticado por qualquer pessoa), de mera conduta (tendo em vista que a simples prática da conduta típica já é suficiente para a configuração do crime, dispensando-se a ocorrência de resultado naturalístico), comissivo, doloso, instantâneo, unissubsistente (pois pode ser cometido através da prática de apenas um ato) e de forma vinculada (já que os atos preparatórios de terrorismo devem ser praticados com o propósito inequívoco de consumar tal delito).

Momento consumativo. O crime em tela se consuma com a mera prática dos atos preparatórios de terrorismo, nos termos e com a finalidade descritos no *caput* do artigo 5º da Lei nº 13.260/16.

Competência. Será da Justiça Federal, diante do que dispõe o artigo 11 da Lei nº 13.260/16.

Tentativa. Não é admitida, pois estamos diante de um crime unissubsistente.

A temática da Lei Antiterrorismo já começa a figurar na jurisprudência das Cortes Superiores. Em recente julgado (HC 537118/RJ), a Sexta Turma do STJ, ao enfrentar no caso concreto a capitulação jurídico-infracional de terrorismo, reconheceu que o art. 5º da Lei n.º 13.260/16 é tipo penal subsidiário ao art. 2º do mesmo diploma legal.

A Lei n.º 13.260/16 passou, então, à criminalização dos atos preparatórios ao delito de terrorismo (art. 2º da Lei Antiterrorismo), em delito autônomo ("art. 5º funciona como 'soldado de reserva' em relação ao delito de terrorismo, art. 2º, ambos da Lei n. 13.260/2016").

Ademais, reconheceu a Corte Superior que a motivação (por razão de xenofobia, discriminação ou preconceito de raça, cor, etnia e religião) é elementar do delito tipificado no art. 2º da Lei n.º 13.260/16, mesma aferição em relação ao seu art. 5º (uma elementar relativa à motivação), devendo ser feita uma análise conjunta entre os dois dispositivos legais.

Como, no caso, tratava-se de imputação de prática de ato infracional análogo ao crime descrito no art. 5º da Lei nº 13.260/2016 (em que aplicada medida socioeducativa), não há manifestação do STJ acerca do preceito secundário (permanece o questionamento acima esposado). No mais, por fazer uma leitura histórica do tratamento jurídico-penal do terrorismo no Brasil, recomenda-se o exame, na íntegra, do julgado assim ementado:

> HABEAS CORPUS. **ATO INFRACIONAL ANÁLOGO AO CRIME DE TERRORISMO. ART. 5º, C/C O ART. 2º, § 1º, I E V, DA LEI N. 13.260/2016. ELEMENTARES DO TIPO. MOTIVAÇÃO POR RAZÕES DE XENOFOBIA, DISCRIMINAÇÃO OU PRECONCEITO DE RAÇA, COR, ETNIA E RELIGIÃO NÃO CARACTERIZADA. TIPO PENAL DO ART. 5º SUBSIDIÁRIO EM RELAÇÃO AO ART. 2º DA LEI ANTITERRORISMO**. 1. O tipo penal exerce uma imprescindível função de garantia. Decorrente do princípio da legalidade, a estrutura semântica da lei incriminadora deve ser rigorosamente observada e suas elementares devem encontrar adequação fática para que o comando secundário seja aplicado. 2. O uso da expressão "por razões de" indica uma elementar relativa à motivação. A construção sociológica do ato de terrorismo conjuga motivação e finalidade qualificadas, compreensão essa englobada na tipificação penal brasileira. **3. O delito do art. 5º funciona como soldado de reserva em relação ao delito de terrorismo, art. 2º, ambos da Lei n. 13.260/2016. Trata-se de criminalização dos atos preparatórios do delito de terrorismo, expressão que remete ao dispositivo anterior, exigindo a interpretação sistemática. A tipificação da conduta descrita no art. 5º exige a motivação por razões de xenofobia, discriminação ou preconceito de raça, cor, etnia e religião, expostas no art. 2º da Lei Antiterrorismo**. 4. O Tribunal local, ao dispensar a motivação constante do dispositivo

legal, terminou por admitir a configuração do delito sem a clara definição da motivação. Trata-se de operação indevida, visto que admite a perpetração de (ato infracional análogo a) crime, sem que estejam devidamente configuradas todas as suas elementares. 5. Ordem concedida para cassar o acórdão impugnado, afastando a capitulação da conduta como ato infracional análogo ao crime descrito no art. 5º, c/c o art. 2º, § 1º, I e V, da Lei n. 13.260/2016, e determinar o rejulgamento da causa pelo Tribunal local, como se entender de direito. (STJ, T6 – SEXTA TURMA. HC 537118/RJ. HABEAS CORPUS. Relator(a) Ministro SEBASTIÃO REIS JÚNIOR. Julgamento em 05/12/2019. Publicação/Fonte em DJe 11/12/2019, sem grifos no original).

§ 1º Incorre nas mesmas penas o agente que, com o propósito de praticar atos de terrorismo:

I – recrutar, organizar, transportar ou municiar indivíduos que viajem para país distinto daquele de sua residência ou nacionalidade; ou

II – fornecer ou receber treinamento em país distinto daquele de sua residência ou nacionalidade.

Da figura de equiparação prevista no parágrafo primeiro do artigo 5º da Lei nº 13.260/16. Este dispositivo equipara as condutas descritas nos seus incisos I e II, às penas previstas no preceito secundário do *caput* do artigo 5º. Porém este último artigo remete às penas correspondentes ao crime de terrorismo consumado, qual seja, reclusão de doze a trinta anos, além das sanções correspondentes à ameaça ou à violência, conforme dispõe o preceito secundário do artigo 2º da Lei nº 13.260/16.

As condutas descritas nestes dois incisos têm em comum tanto a finalidade "praticar atos de terrorismo", quanto o elemento "país distinto daquele de sua residência ou nacionalidade". Além disso, em ambas estaremos diante de crimes mistos alternativos, no qual a consumação se dá pela prática de um ou mais verbos nucleares, sendo que nesta última hipótese ainda permanecerá sendo crime único, desde que no mesmo contexto fático.

Ressalte-se que nas duas situações, tanto a finalidade quanto o elemento normativo, descritos acima, devem estar presentes na mesma situação fática, para que se configurem os delitos descritos no artigo 5º, § 1º, da Lei nº 13.260/16.

Isto porque se o sujeito ativo age de forma dissociada, nos dois incisos, do elemento normativo "país distinto daquele de sua residência ou nacionalidade" ou ainda, no caso do inciso II, do elemento "treinamento", a situação será resolvida pela aplicação do artigo 5º, § 2º, da Lei nº 13.260/16, que prevê que a pena será a correspondente ao delito consumado, diminuída de metade a dois terços.

No caso do inciso I, pune-se todo aquele que, nas condições mencionadas linhas acima, recruta, organiza, transporta ou municia indivíduos que viajem para país distinto. Visa a reprimir que células terroristas sejam beneficiadas através da captação de recursos humanos, para que sejam enviados a outros países em condições de praticarem atos terroristas.

Já a hipótese descrita no inciso II visa a reprimir o fornecimento ou recebimento de treinamento e instruções sobre terrorismo em país distinto daquele de sua residência ou nacionalidade.

Do aparente conflito de normas entre o artigo 5º, § 1º e o artigo 3º, ambos da Lei nº 13.260/16. Quando o sujeito ativo pratica atos previstos no artigo 5º, § 1º, pode ser que esteja, no mínimo, prestando auxílio, pessoalmente ou por interposta pessoa, a organização terrorista, podendo ainda estar promovendo, constituindo ou integrando tal organização.

Desta forma, diante da verificação em concreto de algum ato comum aos dois crimes, principalmente em relação à situação específica de prestação de auxílio a organização terrorista, quando o sujeito ativo recrutar, organizar, transportar ou municiar indivíduos que viajem para país distinto daquele de sua residência ou nacionalidade; ou fornecer ou receber treinamento em país distinto daquele de sua residência ou nacionalidade, entendemos que o crime previsto no artigo 3º fica consumido por aquele previsto no artigo 5º, § 1º, ambos da Lei nº 13.260/16, haja vista que estamos diante do mesmo fato, há duas normas vigentes sobre o tema e a conduta daquele primeiro artigo, além de menos gravosa, é fase para que se pratique as condutas descritas no artigo 5º, § 1º. Estamos diante, portanto, do princípio da consunção.

Sujeito ativo. Este crime pode ser praticado por qualquer pessoa, razão pela qual estamos diante de um crime comum.

Sujeito passivo. É a sociedade.

Elemento subjetivo. O tipo prevê a modalidade dolosa, ou seja, a vontade livre e consciente em recrutar, organizar, transportar ou municiar indivíduos que viajem para país distinto daquele de sua residência ou nacionalidade; ou fornecer ou receber treinamento em país distinto daquele de sua residência ou nacionalidade. Nas duas situações deve haver a finalidade de praticar atos de terrorismo. Não há previsão para modalidade culposa.

Objeto material da conduta. No caso do inciso I são os indivíduos lá descritos. Já na hipótese do inciso II é o treinamento.

Objeto jurídico. Tutela-se tanto a paz pública quanto a sociedade.

Classificação doutrinária. Trata-se de crime comum (pois pode ser praticado por qualquer pessoa), de mera conduta (tendo em vista que a simples prática da conduta típica já é suficiente para a configuração do crime, dispensando-se a ocorrência de resultado naturalístico), comissivo, doloso, instantâneo, unissubsistente (pois pode ser cometido através da prática de apenas um ato) e de forma livre (já que pode ser praticado através de qualquer forma eleita pelo sujeito ativo).

Momento consumativo. O crime em tela se consuma com quando o sujeito ativo, com o propósito de praticar atos de terrorismo, realiza as condutas descritas nos incisos do artigo 5º, § 1º.

Competência. Será da Justiça Federal, diante do que dispõe o artigo 11 da Lei nº 13.260/16.

Tentativa. Não é admitida, pois estamos diante de um crime unissubsistente.

> 2º Nas hipóteses do § 1º, quando a conduta não envolver treinamento ou viagem para país distinto daquele de sua residência ou nacionalidade, a pena será a correspondente ao delito consumado, diminuída de metade a dois terços.

Da previsão contida no parágrafo segundo do artigo 5º da Lei nº 13.260/16. No tópico anterior tivemos oportunidade de comentar, brevemente, acerca desta imposição legal. Naquela ocasião, asseveramos que as condutas descritas no artigo 5º, § 1º, da mesma Lei deve envolver tanto a finalidade quanto o elemento normativo, descritos naquele dispositivo, na mesma situação fática, para que se configurem os delitos descritos no artigo 5º, § 1º, da Lei nº 13.260/16.

Caso não envolva treinamento (elemento previsto no inciso II do § 1º do artigo 5º) ou viagem (elemento previsto no inciso I do § 1º do mesmo artigo), para país distinto daquele de sua residência ou nacionalidade (elemento previsto nos dois incisos), a pena será a correspondente ao delito consumado, diminuída de metade a dois terços.

A redação deste dispositivo legal também não andou corretamente, haja vista deixar vaga a interpretação sobre o que se entende por "a pena será a correspondente ao delito consumado".

Por coerência com o que já expusemos tópicos acima, entendemos que o delito ao qual se refere o parágrafo segundo do artigo 5º é o de terrorismo, em função da mesma interpretação dada por ocasião do estudo do preceito secundário do *caput* do artigo 5º da Lei nº 13.260/16.

> **Art. 6º** Receber, prover, oferecer, obter, guardar, manter em depósito, solicitar, investir, de qualquer modo, direta ou indiretamente, recursos, ativos, bens, direitos, valores ou serviços de qualquer natureza, para o planejamento, a preparação ou a execução dos crimes previstos nesta Lei:
>
> Pena – reclusão, de quinze a trinta anos.

Do crime previsto no artigo 6º da Lei nº 13.260/16. Os verbos nucleares descritos neste tipo penal revelam condutas direcionadas ao financiamento de atos terroristas (assim entendidos aqueles especificamente descritos no artigo 2º desta Lei), bem como outros crimes que fomentem a atividade ou organizações terroristas, ou seja, os demais crimes veiculados pela Lei nº 13.260/16. A finalidade, em quaisquer das condutas, é de planejamento, preparação ou a execução dos crimes previstos neste diploma legal.

Alguns verbos (como "guardar" e "manter em depósito") denotam caráter de permanência, o que influi diretamente na consumação do delito, que acaba se protraindo no tempo, gerando reflexos, por exemplo, na situação flagrancial.

Em relação ao preceito secundário, a análise descuidada pode gerar manifestações pela desproporcionalidade na aplicação da pena. Note-se que a pena prevista para o artigo 6º é a maior que está prevista em toda Lei nº 13.260/16, ultrapassando até mesmo a pena para o crime de terrorismo, que gira em torno de doze a trinta anos. No entanto, nesta última situação, o agente ainda está sujeito às sanções correspondentes à ameaça ou à violência, o que se sobressai devido à maior gravidade, razão pela qual não há ofensa à proporcionalidade.

Cabe ressaltar, ainda, que este dispositivo legal trata da incriminação do financiamento, não só ao terrorismo, como a qualquer outro tipo penal descrito na Lei nº 13.260/16. Desta forma, é autônomo diante dos demais.

A norma incrimina a mera disponibilização de recursos para o terrorista, de forma direta ou indireta, ainda que feita uma única vez e ainda que este não venha a efetivamente a praticar os crimes descritos na Lei nº 13.260/16. Estamos diante de crime instantâneo. Entendimento que, assim como no caso do artigo 36 da Lei nº 11.343/06 (Lei que prevê dispositivos relacionados às drogas), deve prevalecer.

Por fim, no que diz respeito ao tema em matéria de cooperação internacional, pode ser descrito o Decreto nº 5.640/2005, que promulga a Convenção Internacional para Supressão do Financiamento do Terrorismo, adotada pela Assembleia-Geral das Nações Unidas em 9 de dezembro de 1999 e assinada pelo Brasil em 10 de novembro de 2001.

Sobre a situação jurídica do sujeito ativo dos crimes da Lei nº 13.260/16 que se autofinancia. Algumas situações podem advir quando estivermos diante de circunstâncias fáticas que nos permitam afirmar que o sujeito ativo pratica, ao mesmo tempo, quaisquer dos crimes previstos na Lei nº 13.260/16 e se autofinancia. Senão vejamos:

1ª. responde pelo crime eventualmente praticado em aquele previsto no artigo 6º, em concurso material;

2ª. responde apenas pelo crime do artigo 6º;

3ª. responde apenas pelo crime eventualmente praticado, que não aquele previsto no artigo 6º. Assim como ocorre na discussão com o crime de tráfico e do seu financiamento (previsto no artigo 36 da Lei nº 11.343/06), aqui também esta nos parece ser a melhor conclusão, pois entendemos que, para haver a incidência do artigo 6º, seria necessário que o agente viesse a praticar algum verbo nuclear ali previsto em face de atividades de terceiros, sem praticar qualquer outro crime previsto na Lei nº 13.260/16.

Da impossibilidade de configuração como crime equiparado a hediondo. O artigo 5º, XLIII, da CRFB/88 dispõe sobre a necessidade de tratamento mais rígido para a prática do terrorismo. Doutrinariamente se diz, então, que o crime de terrorismo é equiparado a hediondo e, portanto, também está sujeito aos rigores da Lei nº 8.072/90.

O artigo 2º, *caput*, da Lei nº 13.260/16, define o que é terrorismo e, por via de consequência, aquilo que será utilizado como parâmetro para considerar determinada conduta como equiparada a hedionda, em função da necessidade de interpretação restritiva. Tal artigo possui a seguinte redação:

> Art. 2º O terrorismo consiste na prática por um ou mais indivíduos dos atos previstos neste artigo, por razões de xenofobia, discriminação ou preconceito de raça, cor, etnia e religião, quando cometidos com a finalidade de provocar terror social ou generalizado, expondo a perigo pessoa, patrimônio, a paz pública ou a incolumidade pública.

Os termos do artigo 2º deixam claro que apenas os atos previstos naquele dispositivo legal são considerados terrorismo. Assim, tendo em vista a autonomia entre os delitos de terrorismo e o previsto no artigo 6º da Lei nº 13.260/16, a nosso sentir não haveria como considerar este último como equiparado a hediondo.

No entanto, sem fazer qualquer tipo de ressalva exclusiva ao crime previsto no artigo 2º, o artigo 17 da Lei nº 13.260/16 amplia a aplicação da Lei nº 8.072/90 (que trata dos crimes hediondos), a todos os demais crimes da Lei Antiterrorismo, tornando todos eles equiparados a hediondos, merecendo tratamento mais gravoso nos termos da Lei.

Sujeito ativo. Este crime pode ser praticado por qualquer pessoa, razão pela qual estamos diante de um crime comum.

Sujeito passivo. É a sociedade.

Elemento subjetivo. O tipo prevê a modalidade dolosa, ou seja, a vontade livre e consciente em receber, prover, oferecer, obter, guardar, manter em depósito, solicitar, investir, de qualquer modo, direta ou indiretamente, recursos, ativos, bens, direitos, valores ou serviços de qualquer natureza, para o planejamento, a preparação ou a execução dos crimes previstos na Lei nº 13.260/16. Não há previsão para modalidade culposa.

Objeto material da conduta. Podem ser tanto os recursos, quanto ativos, bens, direitos, valores ou serviços de qualquer natureza.

Objeto jurídico. Tutela-se a paz pública.

Classificação doutrinária. Trata-se de crime comum (pois pode ser praticado por qualquer pessoa), formal (tendo em vista a desnecessidade da ocorrência de resultado naturalístico), comissivo, doloso, instantâneo ou permanente (diante dos verbos "guardar" e "manter em depósito"). Note-se que os verbos "prover" e "investir" não necessariamente indicam situação de habitualidade, pois podem ser praticados uma única vez e o crime estar configurado.

Além disso, o crime previsto no artigo 6º pode ser unissubsistente (ou seja, praticado mediante um único ato) ou plurissubsistente (pois pode ser cometido através da prática de mais de um ato) e de forma livre (já que pode ser praticado mediante qualquer meio eleito pelo sujeito ativo).

Momento consumativo. Por se tratar de crime formal, se consuma quando o bem ou outro recurso entram na esfera de disponibilidade do agente, ainda que não venham a ser praticados os crimes definidos pela Lei nº 13.260/16.

Competência. Será da Justiça Federal, diante do que dispõe o artigo 11 da Lei nº 13.260/16.

Tentativa. Admitida, quando estivermos diante da modalidade plurissubsistente, na qual há possibilidade de fracionamento da conduta.

Parágrafo único. Incorre na mesma pena quem oferecer ou receber, obtiver, guardar, mantiver em depósito, solicitar, investir ou de qualquer modo contribuir para a obtenção de ativo, bem ou recurso financeiro, com a finalidade de financiar, total ou parcialmente, pessoa, grupo de pessoas, associação, entidade, organização criminosa que tenha como atividade principal ou secundária, mesmo em caráter eventual, a prática dos crimes previstos nesta Lei.

Da previsão contida no parágrafo único do artigo 6º da Lei nº 13.260/16. O dispositivo em comento pune as condutas daquele que, em tese, angaria fundos para que outra pessoa ou grupo de pessoas, associação, entidade, organização criminosa que tenha como atividade principal ou secundária, mesmo em caráter eventual, pratiquem os crimes previstos na Lei nº 13.260/16. Aqui, diferentemente do parágrafo anterior, o sujeito ativo não pratica tais crimes.

Entendemos, portanto, que as condutas descritas no artigo 6º, parágrafo único, da Lei nº 13.260/16 configuram uma exceção pluralista à teoria monista, pois ao invés de estar enquadrado em função do artigo 29 do Código Penal (através do qual todos aqueles que concorrem para o crime incidem nas penas a ele cominadas na medida de sua culpabilidade, sendo punido nos termos do crime para o qual concorreu efetivamente), o legislador excepciona esta hipótese prevendo crime autônomo para punição do partícipe, que responderá pelo artigo 6º, parágrafo único, enquanto os demais responderão pelo outro crime praticado, mas previsto na Lei nº 13.260/16, que não este.

Sujeito ativo. Este crime pode ser praticado por qualquer pessoa, razão pela qual estamos diante de um crime comum.

Sujeito passivo. É a sociedade.

Elemento subjetivo. O tipo prevê a modalidade dolosa, ou seja, a vontade livre e consciente em oferecer ou receber, obter, guardar, manter em depósito, solicitar, investir ou de qualquer modo contribuir para a obtenção de ativo, bem ou recurso financeiro, com a finalidade de financiar, total ou parcialmente, pessoa, grupo de pessoas, associação, entidade, organização criminosa que tenha como atividade principal ou secundária, mesmo em caráter eventual, a prática dos crimes previstos na Lei nº 13.260/16. Não há previsão para modalidade culposa.

Objeto material da conduta. Pode ser tanto o ativo, quanto o bem ou recurso financeiro.

Objeto jurídico. Tutela-se a paz pública.

Classificação doutrinária. Trata-se de crime comum (pois pode ser praticado por qualquer pessoa), formal (tendo em vista a desnecessidade da ocorrência de resultado naturalístico), comissivo, doloso, instantâneo, porém pode ser permanente (diante dos verbos "guardar" e "manter em depósito"). Note-se que o verbo "investir" não necessariamente indica situação de habitualidade, pois pode ser praticado uma única vez e o crime estar configurado.

O crime previsto no artigo 6º, parágrafo único, pode ser unissubsistente (ou seja, praticado mediante um único ato) ou plurissubsistente (pois pode ser cometido através da prática de mais de um ato) e de forma livre (já que pode ser praticado mediante qualquer meio eleito pelo sujeito ativo).

Momento consumativo. Por se tratar de crime formal, se consuma quando o ativo, bem ou outro recurso entram na esfera de disponibilidade dos destinatários descritos no tipo penal, de forma total ou parcial, ainda que não venham a ser praticados os crimes definidos pela Lei nº 13.260/16.

Competência. Será da Justiça Federal, diante do que dispõe o artigo 11 da Lei nº 13.260/16.

Tentativa. Admitida, quando estivermos diante da modalidade plurissubsistente, na qual há possibilidade de fracionamento da conduta.

Art. 7º Salvo quando for elementar da prática de qualquer crime previsto nesta Lei, se de algum deles resultar lesão corporal grave, aumenta-se a pena de um terço, se resultar morte, aumenta-se a pena da metade.

Da causa de aumento de pena prevista no artigo 7º da Lei nº 13.260/16. Duas são as situações descritas neste dispositivo legal. A primeira delas se refere ao aumento de pena se de algum dos crimes previstos na Lei nº 13.260/16, resultar lesão corporal grave. O outro aumento de pena será destinado aos casos nos quais a morte sobrevém em decorrência da prática dos crimes inseridos no mesmo diploma legal.

Nas duas situações, no entanto, tanto a lesão corporal de natureza grave, quanto a morte, não podem ser consideradas elementares dos tipos penais descritos na Lei nº 13.260/16, como ocorre no caso do artigo 2º, § 1º, V, desta Lei.

Assim, mesmo que possa sobrevir em decorrência de todas demais situações típicas, pois o artigo 7º não faz restrição alguma, cremos, no entanto, que a aplicação desta causa de aumento de pena estará mais atrelada aos tipos penais previstos nos incisos I e IV, ambos do parágrafo primeiro do artigo 2º da Lei nº 13.260/16, haja vista que da própria natureza destes crimes pode sobrevir lesão corporal grave ou morte.

Art. 8º (VETADO).

Art. 9º (VETADO).

Art. 10. Mesmo antes de iniciada a execução do crime de terrorismo, na hipótese do art. 5º desta Lei, aplicam-se as disposições do *art. 15 do Decreto*-Lei nº *2.848, de 7 de dezembro de 1940 - Código Penal.*

Da previsão do artigo 10 da Lei nº 13.260/16. O comando previsto pela norma descrita no artigo 10 afirma que, na hipótese do artigo 5º da Lei nº 13.260/16, mesmo antes de iniciada a execução do crime de terrorismo, aplicam-se as disposições referentes aos institutos da desistência voluntária e do arrependimento eficaz, previstos no artigo 15 do Código Penal, cuja transcrição se faz a seguir:

> **Desistência voluntária e arrependimento eficaz** *(Redação dada pela Lei nº 7.209, de 11.7.1984)*
>
> Art. 15 - O agente que, voluntariamente, desiste de prosseguir na execução ou impede que o resultado se produza, só responde pelos atos já praticados.*(Redação dada pela Lei nº 7.209, de 11.7.1984)*

O artigo 5º da Lei nº 13.260/16 pune a conduta daquele que realiza atos preparatórios de terrorismo com o propósito inequívoco de consumar tal delito. Como salientamos oportunamente, caso o delito de terrorismo venha a ser efetivamente praticado, a conduta descrita no artigo 5º restará consumida pela conduta descrita num dos incisos do parágrafo primeiro do artigo 2º (que prevê o crime de terrorismo).

Sabe-se que o crime previsto no artigo 5º pune, de forma autônoma, os atos preparatórios, erigindo-os à tipificação criminal propriamente dita. Embora de difícil visualização (já que o intérprete é levado a restringir ainda mais a verificação do *iter criminis*), o que o artigo 10 denota é a possibilidade de se considerar, também naquela hipótese, a aplicação dos institutos da desistência voluntária e do arrependimento eficaz, fazendo com que o agente possa responder pelos atos até então praticados (vale dizer, o que a doutrina convencionou chamar de "ponte de ouro antecipada", inovação trazida pela Lei Antiterrorismo, inclusive, objeto recentemente de questionamento em Prova Oral do Ministério Público/MG, 27/07/2020, de forma inédita transmitida *on-line* no Canal *Youtube*).

Art. 11. Para todos os efeitos legais, considera-se que os crimes previstos nesta Lei são praticados contra o interesse da União, cabendo à Polícia Federal a investigação criminal, em sede de inquérito policial, e à Justiça Federal o seu processamento e julgamento, nos termos do *inciso IV do art. 109 da Constituição Federal.*

Parágrafo único. (VETADO).

Da atribuição para investigar e da competência para processar e julgar os crimes previstos na Lei nº 13.260/16. Embora alguns dos crimes descritos nesta Lei fossem perfeitamente passíveis de serem investigados, processados e julgados em âmbito estadual, o legislador inseriu o artigo 11 para afirmar, de forma categórica, que os crimes ali previstos são praticados contra o interesse da União, nos termos do artigo 109, IV, da CRFB/1988, cuja transcrição se faz a seguir:

> Art. 109. Aos juízes federais compete processar e julgar:
>
> IV – os crimes políticos e as infrações penais praticadas em detrimento de bens, serviços ou interesse da União ou de suas entidades autárquicas ou empresas públicas, excluídas as contravenções e ressalvada a competência da Justiça Militar e da Justiça Eleitoral;

Assim, caberá à Polícia Federal investigar mediante instrumento próprio, bem como a Justiça Federal será competente para processar e julgar os crimes previstos na Lei nº 13.260/16.

Art. 12. O juiz, de ofício, a requerimento do Ministério Público ou mediante representação do delegado de polícia, ouvido o Ministério Público em vinte e quatro horas, havendo indícios suficientes de crime previsto nesta Lei, poderá decretar, no curso da investigação ou da ação penal, medidas assecuratórias de bens, direitos ou valores do investigado ou acusado, ou existentes em nome de interpostas pessoas, que sejam instrumento, produto ou proveito dos crimes previstos nesta Lei.

§ 1º Proceder-se-á à alienação antecipada para preservação do valor dos bens sempre que estiverem sujeitos a qualquer grau de deterioração ou depreciação, ou quando houver dificuldade para sua manutenção.

§ 2º O juiz determinará a liberação, total ou parcial, dos bens, direitos e valores quando comprovada a licitude de sua origem e destinação, mantendo-se a constrição dos bens, direitos e valores necessários e suficientes à reparação dos danos e ao pagamento de prestações pecuniárias, multas e custas decorrentes da infração penal.

§ 3º Nenhum pedido de liberação será conhecido sem o comparecimento pessoal do acusado ou de interposta pessoa a que se refere o caput deste artigo, podendo o juiz determinar a prática de atos necessários à conservação de bens, direitos ou valores, sem prejuízo do disposto no § 1º.

§ 4º Poderão ser decretadas medidas assecuratórias sobre bens, direitos ou valores para reparação do dano decorrente da infração penal antecedente ou da prevista nesta Lei ou para pagamento de prestação pecuniária, multa e custas.

Das medidas assecuratórias de bens, direitos ou valores que sejam instrumento, produto ou proveito dos crimes previstos na Lei nº 13.260/16. As medidas às quais o artigo 12 da Lei nº 13.260/16 se refere estão disciplinadas nos artigos 125 a 144 do Código de Processo Penal, e são, basicamente o arresto e o sequestro.

Desta forma, se houver indícios da prática de crimes previstos na Lei nº 13.260/16, seja no curso da investigação ou da ação penal, tais medidas poderão ser deferidas de ofício pelo Juiz, ou mediante requerimento do Ministério Público ou por representação do Delegado de Polícia, ocasião na qual o Ministério Público será ouvido em vinte e quatro horas. Através desta redação, o legislador traz redação semelhante àquela dada pelo dispositivo que trata do sequestro de bens, previsto no artigo 127 do CPP.

Nos termos do parágrafo primeiro do artigo 12 da Lei nº 13.260/16, é possível a alienação antecipada dos bens que foram objeto das medidas assecuratórias descritas no *caput* do dispositivo, quando houver dificuldade para mantê-los, ou mesmo quando estiverem sujeitos a qualquer grau de deterioração ou de depreciação. Tal medida visa a garantir que se mantenha o valor dos bens.

Por sua vez, o parágrafo segundo do mesmo artigo assevera a possibilidade de liberação total ou parcial dos bens pelo Juiz, desde que se comprove sua origem e destinação licitas. Porém, deverão ser mantidos bens, direitos e valores necessários e suficientes ao pagamento das prestações pecuniárias, multas etc., bem como aqueles necessários à reparação dos danos.

Para que se proceda a tal liberação descrita anteriormente, o parágrafo terceiro do artigo 12 dispõe que o acusado ou interposta pessoa a que se refere o *caput* (vale dizer, possíveis proprietários dos bens ou valores lá descritos), devem comparecer pessoalmente para que o pedido seja conhecido pelo Juiz. Este, por sua vez, poderá determinar medidas para que os bens, direitos e valores sejam conservados, sem prejuízo da alienação antecipada descrita no parágrafo primeiro do artigo 12.

Por fim, o parágrafo quarto do artigo 12 permite que sejam decretadas medidas assecuratórias em face de bens, direitos e valores para que se garanta a reparação de eventuais danos praticados com base em infrações penais antecedentes às da Lei nº 13.260/16, bem como para pagamento de prestações pecuniárias, custas e multas.

Art. 13. Quando as circunstâncias o aconselharem, o juiz, ouvido o Ministério Público, nomeará pessoa física ou jurídica qualificada para a administração dos bens, direitos ou valores sujeitos a medidas assecuratórias, mediante termo de compromisso.

Da nomeação de administrador para os bens, direitos ou valores descritos no artigo 12 da Lei nº 13.260/16. A Lei antiterrorismo possui dispositivo que se difere da Lei nº 11.343/06, no que tange à responsabilidade pela administração dos bens (que, no artigo 62 deste último diploma legal, é feita pela autoridade policial).

Nos termos do artigo 13 da Lei nº 13.260/16, após ouvido o Ministério Público e quando as circunstâncias o aconselharem, o juiz nomeará um administrador, que poderá ser pessoa física ou jurídica, desde que qualificados para tal mister, mediante termo de compromisso, para que faça a gerência dos bens, direitos ou valores sujeitos às medidas assecuratórias descritas no artigo 12 da Lei nº 13.260/16.

Art. 14. A pessoa responsável pela administração dos bens:

I - fará jus a uma remuneração, fixada pelo juiz, que será satisfeita preferencialmente com o produto dos bens objeto da administração;

II - prestará, por determinação judicial, informações periódicas da situação dos bens sob sua administração, bem como explicações e detalhamentos sobre investimentos e reinvestimentos realizados.

Parágrafo único. Os atos relativos à administração dos bens serão levados ao conhecimento do Ministério Público, que requererá o que entender cabível.

Da remuneração do administrador dos bens, valores ou direitos sujeitos às medidas assecuratórias descritas no artigo 12 da Lei nº 13.260/16. Ainda sem definir nome específico para aquele responsável pela administração dos bens, desde que seja pessoa física ou jurídica qualificada e o faça mediante termo de compromisso, conforme descrito no parágrafo anterior, este indivíduo ou pessoa jurídica terão direito a uma contraprestação pela administração, a ser fixada pelo juiz e paga, de modo preferencial, com o produto dos bens objeto da administração.

No entanto, o inciso II do artigo 14 da Lei nº 13.260/16 dispõe sobre a necessidade de prestação de informações ao juiz, por determinação deste, sobre a situação periódica dos bens que administra, bem como sobre explicações e detalhamentos sobre investimentos ou reinvestimentos realizados com a finalidade de manutenção do valor dos objetos sob sua guarda.

De tudo deverá estar ciente o Ministério Público, para realizar as medidas que entender cabíveis.

Art. 15. O juiz determinará, na hipótese de existência de tratado ou convenção internacional e por solicitação de autoridade estrangeira competente, medidas assecuratórias sobre bens, direitos ou valores oriundos de crimes descritos nesta Lei praticados no estrangeiro.

§ 1º Aplica-se o disposto neste artigo, independentemente de tratado ou convenção internacional, quando houver reciprocidade do governo do país da autoridade solicitante.

§ 2º Na falta de tratado ou convenção, os bens, direitos ou valores sujeitos a medidas assecuratórias por solicitação de autoridade estrangeira competente ou os recursos provenientes da sua alienação serão repartidos entre o Estado requerente e o Brasil, na proporção de metade, ressalvado o direito do lesado ou de terceiro de boa-fé.

Das disposições previstas no artigo 15 da Lei nº 13.260/16. O *caput* deste dispositivo assevera a possibilidade de que o juiz determine medidas assecuratórias sobre bens, direitos ou valores oriundos de crimes descritos na Lei nº 13.260/16 praticados no estrangeiro, quando haja tratado ou convenção internacional e a autoridade estrangeira competente assim solicite.

O legislador deixa em aberto quais seriam as hipóteses específicas para que isso ocorra, permitindo que a Lei antiterrorismo não colida com novos tratados ou convenções que porventura surjam. No entanto, como exemplo concreto, podemos citar o Decreto nº 5.639/2005, que promulga a Convenção Interamericana contra o Terrorismo, assinada em Barbados, em 3 de junho de 2002.

Nos termos do artigo 5º da Convenção Interamericana, podemos observar que os Estados Parte adotarão medidas em conformidade com sua legislação interna para identificar, congelar, embargar e, se for o caso, confiscar fundos ou outros bens que, por exemplo, tenham como propósito financiar o terrorismo e tais medidas podem ser aplicadas aos delitos cometidos dentro ou fora da jurisdição do Estado Parte:

> Artigo 5
>
> Embargo e confisco de fundos ou outros bens
>
> 1. Cada Estado Parte, em conformidade com os procedimentos estabelecidos em sua legislação interna, adotará as medidas necessárias para identificar, congelar, embargar e, se for o caso, confiscar fundos ou outros bens que sejam produto da comissão ou tenham como propósito financiar ou tenham facilitado ou financiado a comissão de qualquer dos delitos estabelecidos nos instrumentos internacionais enumerados no Artigo 2 desta Convenção.
>
> 2. As medidas a que se refere o parágrafo 1 serão aplicáveis aos delitos cometidos tanto dentro como fora da jurisdição do Estado Parte.

Tal situação poderia ser vista em conjunto com o artigo 6º, parágrafo único, da Lei nº 13.260/16, por exemplo, que prevê, dentre outras condutas criminosas, a de financiamento do terrorismo.

Já em relação aos termos previstos pelo artigo 15, § 1º, da Lei Antiterrorismo, caso haja reciprocidade do governo do país da autoridade solicitante das medidas previstas no *caput*, não há necessidade de que haja tratado ou convenção internacional dispondo a respeito.

Por derradeiro, o artigo 15, § 2º, da mesma Lei, dispõe que, na hipótese de inexistir tratado ou convenção, ressalvado o direito do lesado e de terceiros de boa-fé, os recursos decorrentes da alienação de bens, direitos ou valores obtidos com as medidas assecuratórias por solicitação da autoridade estrangeira competente serão divididos entre o Estado requerente e o Brasil, assegurando-se a proporção de metade para cada um.

Art. 16. Aplicam-se as disposições da Lei nº 12.850, de 2 agosto de 2013, para a investigação, processo e julgamento dos crimes previstos nesta Lei.

Da investigação criminal, meios de obtenção de prova e o procedimento criminal destinado aos crimes previstos na Lei nº 13.260/16. Como medida de aproveitamento da Lei nº 13.260/16, o legislador afirma que à investigação, processo e julgamento dos crimes previstos na Lei antiterrorismo serão aplicadas as disposições referentes à Lei nº 12.850/13, que trata destes temas específicos, mas no que concerne, principalmente, às organizações criminosas em geral.

O próprio artigo 1º, § 2º, II, da Lei nº 12.850/13, cuja redação foi dada pela própria Lei antiterrorismo, prevê essa possibilidade.

Portanto, em linhas gerais, quanto à investigação e os meios de obtenção da prova, nos termos do artigo 3º da Lei nº 12.850/13, poderão ser utilizados os seguintes meios, sem prejuízo de outros já previstos em lei: colaboração premiada; captação ambiental de sinais eletromagnéticos, ópticos ou acústicos; ação controlada; acesso a registros de ligações telefônicas e telemáticas, a dados cadastrais constantes de bancos de dados públicos ou privados e a informações eleitorais ou comerciais; interceptação de comunicações telefônicas e telemáticas, nos termos da legislação específica; afastamento dos sigilos financeiro, bancário e fiscal, nos termos da legislação específica; infiltração, por policiais, em atividade de investigação, na forma do art. 11 da Lei nº 12.850/13; cooperação entre instituições e órgãos federais, distritais, estaduais e municipais na busca de provas e informações de interesse da investigação ou da instrução criminal.

Para maiores detalhes, remetemos o leitor às explicações tecidas por ocasião do estudo da Lei nº 12.850/13 (Lei das Organizações Criminosas).

Art. 17. Aplicam-se as disposições da Lei nº 8.072, de 25 de julho de 1990, aos crimes previstos nesta Lei.

Da equiparação aos crimes hediondos. Ao analisar determinados artigos desta Lei que preveem crimes, tivemos oportunidade de realizar breve estudo sobre a equiparação do crime de terrorismo àqueles considerados hediondos.

Observamos que o artigo 5º, XLIII, da CRFB/1988 assim dispõe:

> XLIII – a lei considerará crimes inafiançáveis e insuscetíveis de graça ou anistia a prática da tortura, o tráfico ilícito de entorpecentes

> e drogas afins, o terrorismo e os definidos como crimes hediondos, por eles respondendo os mandantes, os executores e os que, podendo evitá-los, se omitirem; *(Regulamento)*

Por sua vez, o artigo 2º, *caput*, da Lei nº 13.260/16, define o que é terrorismo e, por via de consequência, aquilo que será utilizado como parâmetro para considerar determinada conduta como equiparada a hedionda, em função da necessidade de interpretação restritiva, conforme pode ser observado a seguir:

> Art. 2º O terrorismo consiste na prática por um ou mais indivíduos dos atos previstos neste artigo, por razões de xenofobia, discriminação ou preconceito de raça, cor, etnia e religião, quando cometidos com a finalidade de provocar terror social ou generalizado, expondo a perigo pessoa, patrimônio, a paz pública ou a incolumidade pública.

Os termos do artigo 2º deixam claro que apenas os atos previstos naquele dispositivo legal são considerados terrorismo. Porém, sem fazer qualquer tipo de ressalva exclusiva ao crime previsto no artigo 2º, o artigo 17 da Lei nº 13.260/16 amplia a aplicação da Lei nº 8.072/90 (que trata dos crimes hediondos), a todos os demais crimes da Lei antiterrorismo, tornando todos eles equiparados a hediondos, merecendo tratamento mais gravoso nos termos da Lei.

Art. 18. O inciso III do art. 1º da Lei nº 7.960, de 21 de dezembro de 1989, passa a vigorar acrescido da seguinte alínea p:

"Art. 1º (...)

(...)

III - (...)

(...)

p) crimes previstos na Lei de Terrorismo." (NR)

Das disposições da Lei nº 7.960/89 no que tange à prisão temporária. O artigo 18 da Lei nº 13.260/16 deu nova redação ao artigo 1º, III, "p", da Lei nº 7.960/89 (que trata da prisão temporária), permitindo que, cumpridos os requisitos legais autorizadores da medida cautelar, a prisão temporária possa ser decretada para qualquer dos crimes previstos na Lei nº 13.260/16.

Com relação ao prazo desta medida, devemos observar que (embora nos posicionemos de forma contrária, haja vista a construção feita por ocasião do estudo do artigo anterior), o artigo 17 deste último diploma legal mencionado assevera que a todos os crimes previstos na Lei Antiterrorismo será atribuído o tratamento previsto na Lei dos crimes hediondos, vale dizer, haverá influência, inclusive em relação ao tempo que o indivíduo poderá ficar preso temporariamente.

Isto porque, ordinariamente, a prisão temporária pode ser decretada pelo prazo de cinco dias, podendo ser prorrogada por mais cinco, quando houver extrema e comprovada necessidade, conforme previsão contida no artigo 2º da Lei nº 7.960/89.

No entanto, se os crimes previstos na Lei nº 13.260/16 são considerados equiparados a hediondos por força do dispositivo legal previsto no artigo 17 desta Lei, devemos observar qual o tratamento legal atribuído pela Lei nº 8.072/90 para a prisão temporária nestes casos.

Com isso, ao verificar o que dispõe o artigo 2º, § 4º, da Lei nº 8.072/90, verificamos que a prisão temporária para os crimes hediondos ou equiparados é de trinta dias, prorrogável por igual período em caso de extrema e comprovada necessidade.

Art. 19. O art. 1º da Lei nº 12.850, de 2 de agosto de 2013, passa a vigorar com a seguinte alteração:

"Art. 1º (...)

(...)

§ 2º (...)

(...)

II – às organizações terroristas, entendidas como aquelas voltadas para a prática dos atos de terrorismo legalmente definidos." (NR)

Art. 20. Esta Lei entra em vigor na data de sua publicação.

Brasília, 16 de março de 2016; 195º da Independência e 128º da República.

DILMA ROUSSEFF

Wellington César Lima e Silva

Nelson Barbosa

Nilma Lino Gomes

Este texto não substitui o publicado no DOU de 17.3.2016 - Edição extra e retificada em 18.3.2016

QUESTÕES

1) (2018 – VUNESP – PC-SP – Delegado de Polícia)

Nos termos da Lei nº 13.260/2016 (Lei Antiterrorismo), assinale a alternativa correta.

A) Os crimes previstos na referida Lei são praticados contra o interesse da União, cabendo à Polícia Federal a investigação criminal, em sede de inquérito policial.

B) Aquele que for flagrado constituindo uma organização terrorista, não cometerá um crime, estando sujeito a responsabilização por realizar atos preparatórios do terrorismo.

C) O terrorismo consistirá sempre na prática por mais de um indivíduo de atos criminosos por razões de xenofobia, discriminação ou preconceito de raça, cor, etnia e religião, quando cometidos com a finalidade de provocar terror social ou generalizado.

D) São atos de terrorismo incendiar, depredar, saquear, destruir ou explodir meios de transporte ou qualquer bem público ou privado.

E) São atos de terrorismo incendiar, interferir, sabotar ou danificar sistemas de informática ou bancos de dados, quando cometidos com a finalidade de provocar terror social ou generalizado.

2) (2016/MPE-GO - PROMOTOR DE JUSTIÇA SUBSTITUTO)

Em conformidade com a Lei do Terrorismo (Lei 13.260/2016), marque a alternativa **INCORRETA**:

a) É ato de terrorismo a conduta de apenas uma pessoa que, movida por preconceito religioso, ameaça usar gases tóxicos capazes de promover destruição em massa com a finalidade de provocar terror generalizado mediante a exposição da paz pública a perigo.

b) A prisão temporária daquele que pratica qualquer dos crimes previstos na Lei do Terrorismo terá o prazo de 30 (trinta) dias, prorrogável por igual período em caso de extrema e comprovada necessidade.

c) É penalmente típica a conduta de realizar atos preparatórios de terrorismo com o propósito inequívoco de consumar tal delito. Essa hipótese configura um crime obstáculo que não se compraz, segundo a Lei 13.260/2016, com a resipiscência.

d) A Lei do Terrorismo considerou que os crimes nela previstos são praticados contra o interesse da União, cabendo à Polícia Federal a investigação criminal, em sede de inquérito policial, e à Justiça Federal o seu processamento e julgamento, nos termos do inciso IV do art. 109 da Constituição da República.

3) (2016/FUNCAB - PC/PA - DELEGADO DE POLÍCIA CIVIL)

Acerca dos direitos e deveres individuais e coletivos previstos na Constituição Federal de 1988, é correto afirmar que:

a) é livre a locomoção no território nacional, podendo qualquer pessoa, nos termos da lei, nele entrar, permanecer ou dele sair com seus bens.

b) a lei considerará crimes inafiançáveis e insuscetíveis de graça ou indulto a prática da tortura, o tráfico ilícito de entorpecentes e drogas afins, o terrorismo e os definidos como crimes hediondos, por eles respondendo os mandantes, os executores e os que, podendo evitá-los, se omitirem.

c) as entidades associativas, independentemente de autorização, têm legitimidade para representar seus filiados judicial ou extrajudicialmente.

d) no caso de iminente perigo público, a autoridade competente poderá usar de propriedade particular, assegurada ao proprietário, em qualquer caso, indenização ulterior.

e) todos podem reunir-se pacificamente, sem armas, em locais abertos ao público, independentemente de autorização, desde que não frustrem outra reunião anteriormente convocada para o mesmo local, sendo apenas exigido prévio aviso à autoridade competente.

4) (2016/UFCG – AUXILIAR EM ADMINISTRAÇÃO)

Constitui crime inafiançável e imprescritível, segundo a Constituição da República Federativa do Brasil de 1988, a /o(s)

a) Prática da tortura.

b) Tráfico ilícito de entorpecentes e drogas afins.

c) Terrorismo.

d) Crimes hediondos.

e) Prática do racismo.

GABARITO COMENTADO

1) Gabarito oficial: A

Justificativa:

A) Correta, é exatamente o que expressa o artigo 11, da Lei nº 13.260/16, cabendo à Polícia Federal a investigação criminal, em sede de inquérito policial, e à Justiça Federal o seu processamento e julgamento.

B) Incorreta, no art. 3º da Lei está previsto, entre outros verbos, que constituir, pessoalmente ou por interposta pessoa, organização terrorista, é considerado crime com pena de reclusão, de 5 a 8 anos e multa, ou seja, é crime autônomo em relação ao crime de preparação de terrorismo que se encontra previsto no artigo 5º da lei em comento.

C) Incorreta, o terrorismo pode ser praticado por um ou mais indivíduos e não sempre por mais de um indivíduo como indica a questão. (Art. 2º da Lei nº 13.260/2016)

D) Incorreta, nenhuma das condutas elencadas configura ato de terrorismo. Em verdade, o item D reproduziu o inciso II do art. 1º da lei n. 13.260/2016 que foi vetado quando da sanção presidencial.

E) Incorreta, não configura ato de terrorismo interferir, sabotar ou danificar sistemas de informática ou bancos de dados com a finalidade de provocar terror social ou generalizado. O item E reproduziu o inciso III do art. 1º da Lei nº 13.260/2016 que foi vetado quando da sanção presidencial.

2) Gabarito oficial: C

Justificativa:

a) Correta. Segundo o art. 2º da Lei n.º 13.260/2016, "o terrorismo consiste na prática por um ou mais indivíduos dos atos previstos neste artigo, por razões de xenofobia, discriminação ou preconceito de raça, cor, etnia e religião, quando cometidos com a finalidade de provocar terror social ou generalizado, expondo a perigo pessoa, patrimônio, a paz pública ou a incolumidade pública" e "§ 1º São atos de terrorismo: I – usar ou ameaçar usar, transportar, guardar, portar ou trazer consigo explosivos, gases tóxicos, venenos, conteúdos biológicos, químicos, nucleares ou outros meios capazes de causar danos ou promover destruição em massa".

b) Correta. Isto porque, ordinariamente, a prisão temporária pode ser decretada pelo prazo de cinco dias, podendo ser prorrogado por mais cinco, quando houver extrema e comprovada necessidade, conforme previsão contida no artigo 2º da Lei nº 7.960/89. No entanto, se os crimes previstos na Lei nº 13.260/16 são considerados equiparados a hediondos por força do dispositivo legal previsto no artigo 17 desta Lei, devemos observar qual o tratamento legal atribuído pela Lei nº 8.072/90 para a prisão temporária nestes casos. Com isso, ao verificar o que dispõe o artigo 2º, § 4º, da Lei nº 8.072/90, verificamos que a prisão temporária para os crimes hediondos ou equiparados é de trinta dias, prorrogável por igual período em caso de extrema e comprovada necessidade.

c) Incorreta, pois nos termos do art. 5º da Lei n.º 13.260/2016 é típica a conduta de "realizar atos preparatórios de terrorismo com o propósito inequívoco de consumar tal delito", punível com "Pena – a correspondente ao delito consumado, diminuída de um quarto até a metade", conforme seu preceito secundário. No caso em comento, tecnicamente não significa dizer que se pune os atos preparatórios de terrorismo, mas sim que estes atos configuram crime autônomo, razão pela qual devem ser punidos. Não trata a Lei de resipiscência (reconhecimento da culpa de forma conjunta ao propósito de emenda [moral]).

d) Correta, nos termos do art. 11 da Lei n.º 13.260/2016.

3) Gabarito oficial: E

Justificativa

a) incorreto, tendo em vista a previsão do art. 5º, XV, da CR: "é livre a locomoção no território nacional em tempo de paz, podendo qualquer pessoa, nos termos da lei, nele entrar, permanecer ou dele sair com seus bens".

b) incorreto, nos termos do art. 5º, XLIII, da CR "a lei considerará crimes inafiançáveis e insuscetíveis de graça ou anistia a prática da tortura, o tráfico ilícito de entorpecentes e drogas afins, o terrorismo e os definidos como crimes hediondos, por eles respondendo os mandantes, os executores e os que, podendo evitá-los, se omitirem".

c) incorreto. O art. 5º, XXI, da CR dispõe que "as entidades associativas, quando expressamente autorizadas, têm legitimidade para representar seus filiados judicial ou extrajudicialmente".

d) Incorreto. O art. 5ª, XXV, da CR prevê que, "no caso de iminente perigo público, a autoridade competente poderá usar de propriedade particular, assegurada ao proprietário indenização ulterior, se houver dano".

e) correto, nos termos do art. 5º, XVI, da CR "todos podem reunir-se pacificamente, sem armas, em locais abertos ao público, independentemente de autorização, desde que não frustrem outra reunião anteriormente convocada para o mesmo local, sendo apenas exigido prévio aviso à autoridade competente".

4) Gabarito oficial: E

Justificativa:

a, b, c e d) As assertivas "a", "b", "c" e "d", estão incorretas, na medida em que o art. 5º, XLIII, da CR prevê que "a lei considerará crimes inafiançáveis e insuscetíveis de graça ou anistia a prática da tortura, o tráfico ilícito de entorpecentes e drogas afins, o terrorismo e os definidos como crimes hediondos, por eles respondendo os mandantes, os executores e os que, podendo evitá-los, se omitirem".

e) correto, nos termos do art. 5º, XLII, da CR "a prática do racismo constitui crime inafiançável e imprescritível, sujeito à pena de reclusão, nos termos da lei".

21

TORTURA

LEI Nº 9.455, DE 7 DE ABRIL DE 1997

Art. 1º Constitui crime de tortura:

A Tortura na Constituição Federal. A Constituição Federal de 1988 foi a primeira Carta de nosso país a fazer menção expressa ao crime de tortura, isso depois de o Brasil figurar como signatário de convenções e tratados internacionais pelos quais se obrigou a reprimi-la. Pode-se, neste sentido, destacar a Convenção contra Tortura e outros Tratamentos ou Penas Cruéis, Desumanas e Degradantes, do ano de 1984, ratificada pelo Brasil em setembro de 1989, além da Convenção Americana de Direitos Humanos, que se convencionou denominar Pacto de São José da Costa Rica.

O Tratamento Constitucional do Crime de Tortura. A Constituição Federal, no art. 5º, III, dispõe que "ninguém será submetido a tortura nem tratamento desumano degradante", podendo-se, ainda, no bojo do mesmo art. 5º, citar o inciso XLIII, segundo o qual "a lei considerará crimes inafiançáveis e insuscetíveis de graça ou anistia a prática da tortura, o tráfico ilícito de entorpecentes e drogas afins, o terrorismo e os definidos como crimes hediondos, por eles respondendo os mandantes, os executores e os que, podendo evitá-los, se omitirem".

Destarte, pode-se concluir que, entre nós, a tortura é crime equiparado a crime hediondo, sujeito às mesmas regras impostas ao último.

A Tipificação da Tortura no Ordenamento Jurídico Brasileiro. Embora a Constituição Federal tenha trazido tratamento tão rigoroso ao crime de tortura, em verdade não havia, por ocasião de sua edição, tipificação do referido delito em nosso ordenamento jurídico. Assim, podemos ressaltar que o primeiro diploma brasileiro a conceituar tortura foi a Lei nº 8.069/1990, o Estatuto da Criança e do Adolescente em seu art. 233. O referido diploma, entretanto, foi objeto de várias críticas e estava longe de suprir a necessidade de tipificação de tão grave delito. A uma, porque só falava de tortura de que fosse vítima criança e adolescente. A duas, porque prevista em tipo demasiadamente aberto, levando grande parte da doutrina a entender que violaria o princípio da legalidade, no especial aspecto da taxatividade.

Toda essa discussão está há muito superada, na medida em que foi editada a Lei nº 9.455 de 1997, revogando o art. 233 do ECA.

Objetividade Jurídica do Crime de Tortura. Cuida-se de crime que tutela a dignidade da pessoa humana, na sua integridade física e psíquica, bem como a sua liberdade.

Sujeito Ativo. Cuida-se de crime comum, podendo ser praticado por qualquer pessoa, não apenas pelo funcionário público. Na hipótese de o sujeito ativo ser funcionário público, incidirá causa de aumento de pena, nos termos do art. 1º, § 4º, I.

Sujeito Passivo. Será a pessoa contra quem se praticar a violação à dignidade, à integridade física ou psíquica ou à liberdade.

Competência. Cuida-se de crime afeto à Justiça comum, estadual ou federal, neste último caso, quando causar violação a algum interesse ou serviço da União Federal, suas entidades autárquicas ou empresas públicas, nos exatos termos do art. 109, IV, da Constituição Federal.

Tortura Praticada por Militar e Competência. Antes de 16 de outubro de 2017, quando entrou em vigor a Lei 13491/2017, como a tortura não estava prevista como conduta criminosa no Código Penal Militar, podia-se afirmar que não se tratava de crime militar. Destarte, ainda que praticada por um militar, a competência continuava sendo da Justiça comum, estadual ou federal, tratando-se de crime equiparado a hediondo.

Atualmente, com as alterações provocadas pela Lei 13491/2017, se um militar em serviço pratica crime de tortura contra civil, estaremos diante de crime militar e a aplicação da Lei dos Crimes Hediondos se dará no âmbito da Justiça Militar. Tal ocorre porque, nesse caso, o militar responderá, na Justiça Especial, pelo crime comum, já que inexiste correspondente no CPM. Outro não foi o entendimento do Tribunal de Justiça do Distrito Federal e Territórios:

> PENAL **MILITAR**. CONFLITO DE JURISDIÇÃO. **CRIME** DE **TORTURA PRATICADO** POR **POLICIAL MILITAR** ATUANDO EM RAZÃO DE SUA FUNÇÃO. SUPERVENIÊNCIA DA LEI 13.491/17 QUE AMPLIOU A DEFINIÇÃO DE **CRIMES MILITARES**. COMPETÊNCIA DA JUSTIÇA CASTRENSE. 1. Em que pese o **crime** atribuído ao acusado tenha sido **praticado**, em tese, antes da edição da Lei nº 13.491/17 que ampliou a definição dos **crimes militares**, não há se falar, no caso concreto, em ofensa ao princípio que veda a retroatividade de lei posterior mais gravosa, pois o **crime** de **tortura** atribuído ao réu não configura infração de menor potencial ofensivo, na qual se possa aplicar medidas despenalizadoras previstas na Lei nº 9.099/95. 2. Constatado, pela descrição fática contida na denúncia e pelos indícios de provas até então colhidos, que o **crime** de **tortura** foi **pra-**

> **ticado** por **policial militar** da ativa que, embora não estivesse em serviço, atuava em razão de sua função, deve o feito ser processado e julgado perante a Justiça castrense em face do disposto na nova redação do artigo 9º, inciso II, alínea "c", do Código Penal **Militar**. 3. Conflito de Jurisdição conhecido para declarar competente o Juízo suscitante, qual seja, o Juízo da Auditoria **Militar (Proc** 07001137720198070000 DF 0700113-77.2019.8.07.0000 (TJ-DF). Câmara Criminal. Relator: Demetrius Gomes Cavalcante. J. em 23 de julho de 2019. Publicado em 02 de agosto de 2019)

A Prova no Crime de Tortura. A tortura pode deixar, ou não, vestígios. Assim poderá ser crime não transeunte (que deixa vestígio) ou transeunte (que não deixa vestígio). Deixando vestígios, será necessária a realização do exame de corpo de delito, devendo-se, contudo, observar as regras dos arts. 158 e 167 do CPP. Neste sentido:

> PROCESSO PENAL. HABEAS CORPUS SUBSTITUTIVO DE RECURSO ESPECIAL. INADEQUAÇÃO. TORTURA. CARÊNCIA DE PROVAS PARA A CONDENAÇÃO. AUSÊNCIA DE EXAME DE CORPO DE DELITO DIRETO. CADÁVER DESAPARECIDO POR AÇÃO DOS RÉUS. AUTORIA E MATERIALIDADE DELITIVAS ATESTADAS POR EXAMES PERICIAIS E TESTEMUNHOS. JUÍZO CONDENATÓRIO BASEADO EM PROVAS PRODUZIDAS NA FASE INQUISITORIAL E DURANTE A FORMAÇÃO DA CULPA. LIVRE CONVENCIMENTO MOTIVADO. WRIT NÃO CONHECIDO. [...] 3. Caso existam elementos a indicarem a prática de ocultação de cadáver, ainda que não tenha havido denúncia quanto a tal crime, não se revela razoável exigir a localização do corpo da vítima, sendo possível reconhecer a prática de crime de tortura com esteio em outros elementos comprobatórios, já que tal vestígio material teria desaparecido em razão de conduta comissiva dos réus, o que não os poderá favorecer. Mais: como corpo delito deve ser entendido o conjunto de todos os vestígios materiais da infração penal, o que não se restringe ao cadáver da vítima. 4. Malgrado o exame de corpo de delito seja essencial quando o crime houver deixado vestígios, se estes desapareceram, a materialidade do crime poderá ser comprovada por outros meios de prova. Na hipótese, o decreto condenatório reconheceu a existência de depoimentos prestados por testemunhas presenciais das práticas delitivas e pela vítima Antônio, bem como de provas periciais, que seriam aptos a demonstrar não só a materialidade do crime no que se refere ao ofendido Ronaldo, mas, também, a participação de todos os pacientes na prática delitiva. Ademais, o desaparecimento do cadáver não implicou omissão quanto ao exame de corpo de delito, que restou realizado sobre os vestígios materiais deixados na cena do crime. 5. In casu, a vítima Antônio foi efetivamente submetida a exame de corpo de delito,

que atestou a presença de lesões condizentes com o crime de tortura. Ainda, embora tenha sido ouvido pela autoridade policial, o retrocitado ofendido não prestou depoimento durante a instrução porque veio, em seguida, à óbito. 6. A teor do art. 155 do Código de Processo Penal, não se mostra admissível que a condenação do réu seja fundada exclusivamente em elementos de informação colhidos durante o inquérito e não submetidos ao crivo do contraditório e da ampla defesa, ressalvadas as provas cautelares e não repetíveis. Contudo, mister se faz reconhecer que tais provas, em atendimento ao princípio da livre persuasão motivada do juiz, desde que corroboradas por elementos de convicção produzidos na fase judicial, podem ser valoradas na formação do juízo condenatório. 7. Hipótese na qual a condenação baseou-se em elementos de informação colhidos no curso do inquérito, consistentes em provas periciais e testemunhos, que foram em sua maior parte reproduzidos em juízo, não havendo se falar em nulidade da sentença. 8. No sistema da persuasão racional ou do livre convencimento motivado adotado pela Constituição Federal (CF, art. 93, IX), inexiste hierarquia entre os elementos probatórios, não sendo possível afirmar que uma prova testemunhal ostente menor valor probante que a de outra espécie, já que o juiz formará sua convicção pela livre apreciação de todos os elementos de convicção alheados no curso da persecução penal (CPP, art. 155, caput). Demais disso, a convicção do julgador não foi fundada apenas em depoimentos prestados em juízo, pois os testemunhos foram corroborados por provas periciais realizadas na fase inquisitorial. 9. Writ não conhecido. (HC 350.906/RJ, Rel. Ministro RIBEIRO DANTAS, QUINTA TURMA, julgado em 20/06/2017, DJe 28/06/2017)

Na hipótese de não deixar vestígios, tendo sido praticada através de imposição de sofrimento mental, a prova de sua existência poderá ser feita por qualquer forma admitida em direito. Neste sentido, atentemos para a lição do STJ no julgado abaixo:

CRIME DE TORTURA. 1. EXAME DE CORPO DE DELITO. INEXISTÊNCIA. ALEGADA NULIDADE. INOCORRÊNCIA. CRIME QUE NÃO DEIXOU VESTÍGIOS. SOFRIMENTO DE ORDEM MENTAL. COMPROVAÇÃO POR DEPOIMENTOS TESTEMUNHAIS. SUFICIÊNCIA. 2. ORDEM DENEGADA. 1. Em se tratando do crime de tortura, previsto no art. 1º, inciso I, "a", da Lei nº 9.445/1997, e sendo impingido à vítima apenas e tão somente sofrimento de ordem mental, e que, portanto, e de regra, não deixa vestígios, é suficiente a sua comprovação por meio de prova testemunhal. 2. Ordem denegada (Processo HC nº 72.084/PB, Rel.ª Min.ª Maria Thereza de Assis Moura. 6ª Turma, j. 16/04/2009).

I - constranger alguém com emprego de violência ou grave ameaça, causando-lhe sofrimento físico ou mental:

a) com o fim de obter informação, declaração ou confissão da vítima ou de terceira pessoa;

A Tortura Confissão, ou Tortura Persecutória, ou Tortura Prova, ou Tortura Probatória, ou Tortura Institucional, ou Tortura Inquisitorial, ou Tortura Acusatória. Cuida-se de modalidade de tortura em que o agente obriga alguém a fazer o que não quer, utilizando-se, para tanto, de violência ou grave ameaça, com intuito de obter uma confissão ou declaração da vítima ou de terceira pessoa. Cuida-se da forma mais conhecida de tortura, que recebe as várias denominações apontadas acima.

Sujeito Ativo e Sujeito Passivo. Qualquer pessoa pode figurar como sujeito ativo ou sujeito passivo.

Delito de Intenção ou de tendência interna transcendente. Neste crime, o tipo requer que o agente atue com vistas a uma especial finalidade, qual seja, a de obter a declaração, informação ou confissão da vítima ou de terceiros, referindo-se, pois, a um resultado transcendente que não precisa ocorrer para que o crime se considere consumado.

A Tortura Confissão como Crime Formal e Momento Consumativo. Como ressaltado acima, o resultado objetivado pelo agente ao praticar essa modalidade de tortura é a obtenção da declaração, confissão, ou informação, mas a consumação não está condicionada à obtenção da informação desejada para que o crime se consume. Assim, a consumação se dará com o constrangimento, através do emprego da violência ou grave ameaça, com sofrimento físico ou mental da vítima. Caso obtida a declaração desejada, teremos exaurimento do delito.

A Informação Efetivamente Prestada. Prova Ilícita. A informação, declaração ou confissão alcançada em virtude da tortura, por ter sido obtida de forma ilícita, é caracterizada como prova ilícita, devendo ser desentranhados dos autos os documentos que a contenham.

Classificação. Cuida-se de crime doloso, comissivo (a omissão do garantidor diante da prática de tortura caracterizará outro crime, conforme veremos quando da análise do § 2º), de dano, instantâneo, admitindo a figura da tentativa.

b) para provocar ação ou omissão de natureza criminosa;

Tortura Crime. Cuida-se de tortura em que a força física ou a coação moral é empregada para que a vítima pratique conduta que se tipifica como crime.

Sujeitos Ativo e Passivo. Qualquer pessoa pode figurar como sujeito ativo ou passivo desse crime.

Tortura Crime como Crime Formal. Trata-se de delito que exige que o agente objetive um resultado transcendente, qual seja, a prática de uma conduta de natureza criminosa, não sendo, entretanto, necessário que a referida prática venha a ser levada a efeito pela vítima para que consideremos consumado esse crime.

Momento Consumativo da Tortura Crime. Consuma-se com o sofrimento físico ou mental causado à vítima, independentemente de realizar, ou não, a conduta determinada.

A Hipótese de a Vítima Levar a Efeito a Conduta de Natureza Criminosa. Neste caso, a vítima atua sob coação moral irresistível e sua conduta não pode ser reprovada, porque inexigível conduta diversa, o que afasta a culpabilidade, isentando-a de pena. Pelo crime, nos exatos termos do art. 22 do Código Penal, deverá responder o coator, como autor mediato. Insta observar que, além do crime correspondente à ação praticada pela vítima, responderá o coator também pelo crime de tortura contra o coagido, em concurso material de delitos. Assim, passemos ao seguinte exemplo: Plínio, mediante coação irresistível, gravemente ameaçando Caio de causar-lhe um mal injusto e grave, constrange o mesmo a matar Lucas. Caio, de quem não se podia exigir, naquelas circunstâncias, conduta diversa, realiza a conduta determinada, matando Lucas. Nessa hipótese, Plínio é autor mediato do homicídio que vitimou Lucas e autor direto da tortura perpetrada contra Caio, respondendo pelos dois crimes em concurso material.

Não se pode aqui vislumbrar *bis in idem,* pois que estamos diante de objetividades jurídicas distintas e vítimas igualmente distintas.

Contravenções Penais. Se a vítima for obrigada a realizar conduta tipificada como ato meramente contravencional, não restará caracterizado o delito em estudo, na medida em que o dispositivo se refere a crime, sendo vedada a analogia *in malam partem.* O constrangimento à prática de contravenção penal caracterizará, assim, crime de constrangimento ilegal, sem prejuízo da autoria mediata pela prática contravencional.

Classificação. Crime comum, doloso, formal, comissivo, de dano, admitindo a tentativa.

c) em razão de discriminação racial ou religiosa;

Tortura Racismo, Preconceituosa ou Discriminatória. Cuida-se de modalidade de tortura em que o agente atua com um motivo determinante, qual seja, a discriminação racial ou religiosa.

Discriminação Sexual, Filosófica, Ideológica, Política. Caso o agente não atue por qualquer das hipóteses de discriminação tratadas neste tópico, inexistirá o crime de tortura definido na alínea "c", face à inexistência de previsão legal neste sentido. Assim, se um grupo aborda um homossexual e contra ele leva a efeito o constrangimento, impondo-lhe por exemplo, sofrimento físico pelo simples fato de ser homossexual, o que, por certo, é intolerável, não teremos o delito em questão, mas outro, a depender do dolo.

Sujeitos Ativo e Passivo. Qualquer pessoa pode praticar essa modalidade de delito, tratando-se de crime comum. Também qualquer pessoa pode figurar como sujeito passivo.

Tortura Discriminatória: Crime Formal ou Material? Alguns autores entendem que, em uma análise sistemática desse inciso I, nos seria revelado que a alínea "c" não pode ser entendida de forma divorciada das alíneas "a" e "b", de sorte que, mesmo nessa alínea, o agente deverá atuar com vistas ao atingimento de uma finalidade específica, qual seja a realização ou a não realização de qualquer ação em razão de discriminação racial ou religiosa, embora não fosse necessário que a vítima realizasse o que por ele determinado para que o crime se considerasse consumado. Assim, para eles seria a tortura racismo considerada crime formal, consumando-se com o sofrimento físico ou mental causado à vítima.

Ousamos discordar desse entendimento, por inexistir no tipo penal em análise exigência de especial finalidade ou resultado transcendente que o agente queira atingir, a exemplo do que ocorre com as alíneas "a" e "b". Ali, o verbo "constranger" foi usado como sinônimo de forçar, coagir ou compelir e só se pode coagir, forçar ou compelir alguém a fazer alguma coisa. Na alínea "c", o verbo (constranger) foi utilizado com outra conotação, qual seja, o de envergonhar, embaraçar, criar uma situação constrangedora para a vítima. O agente objetiva causar o sofrimento físico ou mental à vítima e o faz impelido por motivo racial ou religioso. Poderíamos citar como exemplo a conduta de um neonazista que atacasse um judeu ou um negro, causando-lhe sofrimento físico ou mental, pelo simples fato de se tratar de um judeu ou negro, ou seja, por mera discriminação religiosa ou racial. Desejando o agente esse resultado (sofrimento físico ou mental) e sendo o mesmo exigido para que o crime se consume, trata-se de crime material.

Vislumbramos prática de tortura discriminatória nas hipóteses, cada vez mais frequentes, de invasão de terreiros espíritas de matriz africana por grupos criminosos armados que, dizendo-se cristãos, obrigam que líderes religiosos e seus seguidores destruam objetos de culto e abandonem o local onde professam sua fé e realizam seus rituais, causando-lhes absurdo sofrimento mental em razão de discriminação religiosa.

Consumação. Conforme ressaltado acima, quer se entenda o delito como formal, quer se entenda como material, o crime estará consumado com o sofrimento físico ou mental provocado na vítima.

Classificação. Cuida-se de crime comum, de dano, de forma livre, comissivo, unissubjetivo, material, admitindo tentativa.

> II – submeter alguém, sob sua guarda, poder ou autoridade, com emprego de violência ou grave ameaça, a intenso sofrimento físico ou mental, como forma de aplicar castigo pessoal ou medida de caráter preventivo.
>
> Pena – reclusão, de dois a oito anos.

Tortura Castigo ou Tortura Punitiva. Cuida-se de tortura provocada com intuito de castigar a vítima ou aplicar-lhe medida de caráter preventivo.

Sujeitos Ativo e Passivo. Aqui, a tortura demanda sujeitos qualificados, tanto em relação ao sujeito ativo quanto ao passivo, somente podendo ser o crime praticado por quem tem autoridade, guarda ou poder em relação à vítima, que, assim, deverá estar sob sua guarda, poder ou autoridade. Cuida-se, portanto, de crime bipróprio. Deste crime, então, poderão ser sujeitos ativos o pai, o tutor, o curador e sujeitos passivos os filhos, tutelados, curatelados, por exemplo. Ter poder significa ter direito de deliberar, agir, mandar, exercer autoridade, soberania, ter a posse de um domínio, da influência ou da força. A autoridade vem associada ao poder. Assim, além daqueles que têm poder e autoridade sobre a vítima em razão de normas estabelecidas pelo próprio Estado, também podem ser autores da tortura nessa modalidade traficantes, milicianos etc. que exerçam controle de comunidades conflagradas, onde habitantes estão sob o seu jugo e a eles devem obediência como condição de sobrevivência, realidade que não podemos negar e que se deve à completa omissão estatal.

Sobre a necessidade de um sujeito ativo especial para o crime em comento, o STJ já decidiu:

> Somente pode ser agente ativo do crime de tortura-castigo (art. 1º, II, da Lei nº 9.455/97) aquele que detiver outra pessoa sob sua guarda, poder ou autoridade (crime próprio). STJ. 6ª Turma. REsp 1738264-DF, Rel. Min. Sebastião Reis Júnior, julgado em 23/08/2018

Sofrimento Físico ou Mental. Diferente dos outros tipos penais previstos na Lei de Tortura, o tipo em comento exige intenso sofrimento físico ou mental, não se caracterizando com qualquer violência ou ameaça. Assim, há de ser causado um sofrimento profundo, atroz, desnecessário e cruel na vítima, ainda que não se trate de dor física.

Elemento Subjetivo. É o dolo, ou seja, a vontade livre e consciente de impor intenso sofrimento à vítima.

Crime Material e Momento Consumativo. Cuida-se de crime material, em que o agente almeja um resultado, qual seja, a causação do intenso sofrimento físico ou mental como forma de aplicar castigo pessoal, resultado este que deverá acontecer para que se considere o crime consumado.

Tentativa. É possível, ao menos em tese, quando, iniciada a execução, a vítima não padece do sofrimento físico ou mental por circunstâncias alheias à vontade do agente.

Diferença entre Tortura Castigo e Maus-Tratos. Embora reconheçamos as semelhanças entre os delitos em estudo, o principal ponto de distinção reside no dolo do agente. Enquanto nos maus-tratos o agente atua com dolo de perigo, abusando do seu *jus corrigendi* ou *disciplinandi*, ou seja, do direito de corrigir ou disciplinar, na tortura ele atua com dolo de dano, desejando, por puro sadismo, por ódio ou coisa que o valha, causar padecimento à vítima, vendo-a sofrer física ou mentalmente, desnecessariamente e de forma intensa, sem qualquer intuito corretivo ou educativo. Não foi outro o entendimento sufragado pelo STJ no julgado a seguir:

> TORTURA QUALIFICADA POR MORTE. DESCLASSIFICAÇÃO PARA CRIME DE MAUS-TRATOS QUALIFICADO PELA MORTE PROMOVIDA PELO TRIBUNAL A QUO. REVISÃO DA DECISÃO. IMPOSSIBILIDADE. INCIDÊNCIA DA SÚMULA Nº 07/STJ. RECURSO NÃO CONHECIDO. I. A figura do inc. II do art. 1º, da Lei nº 9.455/1997 implica na existência de vontade livre e consciente do detentor da guarda, do poder ou da autoridade sobre a vítima de causar sofrimento de ordem física ou moral, como forma de castigo ou prevenção. II. O tipo do art. 136, do Código Penal, por sua vez, se aperfeiçoa com a simples exposição a perigo a vida ou a saúde de pessoa sob sua autoridade, guarda ou vigilância, em razão de excesso nos meios de correção ou disciplina. III. Enquanto na hipótese de maus tratos, a finalidade da conduta é a repreensão de uma indisciplina, na tortura, o propósito é causar o padecimento da vítima. IV. Para a configuração da segunda figura do crime de tortura é indispensável a prova cabal da intenção deliberada de causar o sofrimento físico ou moral, desvinculada do objetivo de educação. [...] VII. Recurso não conhecido, nos termos do voto do relator (REsp nº 610.395/SC, Rel. Min. Gilson Dipp. 5ª Turma, j. 25/05/2004).

> AGRAVO REGIMENTAL NO RECURSO ESPECIAL. AGRAVADO CONDENADO EM PRIMEIRO GRAU POR CRIME DE TORTURA. DESCLASSIFICAÇÃO PARA O CRIME DE MAUS-TRATOS OPERADA PELO TRIBUNAL A QUO. NECESSIDADE DE REEXAME FÁTICO-PROBATÓRIO. SÚMULA N. 7 DO STJ. AGRAVO REGIMENTAL NÃO PROVIDO. 1. Ao desclassificar a conduta do agravado para a prevista no art. 136 do Código Penal, o Tribunal estadual concluiu que as provas disponíveis não refletem a vontade livre e consciente de causar o padecimento do filho, mas apenas o intuito de corrigi-lo, o que, no caso concreto, tornou-se ilícito pelo excesso de correção e castigos vinculados ao poder disciplinar e orientador dos pais ou responsáveis. 2. Rever o entendimento do acórdão recorrido demandaria amplo reexame do conteúdo fático-probatório dos autos, providência obstada pela Súmula n. 7 do STJ. 3. Agravo regimental não provido. (AgInt no AREsp 965.166/GO, Rel. Ministro ROGERIO SCHIETTI CRUZ, SEXTA TURMA, julgado em 26/09/2017, DJe 09/10/2017)

Classificação Doutrinária. Cuida-se de crime próprio, doloso, material, de dano, comissivo, plurissubsistente, admitindo tentativa.

> § 1º Na mesma pena incorre quem submete pessoa presa ou sujeita a medida de segurança a sofrimento físico ou mental, por intermédio da prática de ato não previsto em lei ou não resultante de medida legal.

Fundamento Constitucional. A Constituição da República assegura aos presos o respeito à sua integridade física e moral, preceituando o Código Penal que eles conservam todos os direitos não atingidos pela perda da liberdade, impondo às autoridades o respeito à sua integridade física e moral. Destarte, o dispositivo em comento tem por escopo dar efetivo cumprimento ao compromisso assumido pelo Estado.

Sujeito Ativo. Cuida-se da única modalidade de tortura que exige que o sujeito ativo seja um funcionário público, pois se trata de crime que somente pode ser praticado por pessoa que tenha o poder sobre o preso ou sobre aquele submetido à medida de segurança. Ora, somente um funcionário público poderia estar nessa condição, sendo inviável atribuir-se a um particular a custódia de um preso. Mesmo que o preso esteja sob o poder de alguém estranho aos quadros da administração, essa pessoa atuará como funcionário público, exercendo função pública, ainda que temporária e excepcionalmente. Cuida-se, assim, de crime próprio.

Sujeito Passivo. Somente a pessoa legalmente presa (qualquer tipo de prisão, provisória, definitiva ou administrativa, desde que admitida) ou submetida à medida de segurança (detentiva ou restritiva). Desta modalidade de tortura nunca poderia ser sujeito passivo o menor de 18 anos, pois que a ele não se pode impor prisão, nem medida de segurança.

Tortura Contra Pessoa Presa X Abuso de Autoridade. A Lei de Abuso de Autoridade (Lei nº 13.869 de 2019), em seu artigo 13, define como abuso de autoridade a conduta de constranger o preso ou o detento, mediante violência, grave ameaça ou redução de sua capacidade de resistência, a exibir-se ou ter seu corpo ou parte dele exibido à curiosidade pública e submeter-se a situação vexatória ou a constrangimento não autorizado em lei. Temos que o delito em referência não pode ser confundido com a modalidade de tortura em análise, pois torturar não pode ser uma simples causação de vexame. Quem tortura tem o desejo de infligir intensa dor física ou mental.

Hipótese de Prisão Ilegal. Se a autoridade submeter a vítima à prisão ilegal, teremos abuso de autoridade (art. 9º, *caput*, da Lei nº 13.869/2019), nada impedindo que também tenhamos, *in casu*, a tortura, desde que em outra modalidade que não esta em estudo, pois que a hipótese do art. 1º, § 1º, somente recai sobre pessoa legalmente presa.

Se houver detenção ilegal feita por particular, teríamos, pelo menos em tese, crime contra a liberdade individual.

Ato não Previsto em Lei ou não Resultante de Medida Legal. O dispositivo em comento é norma que se pode classificar como norma penal em branco, tratando de qualquer ato não previsto em lei ou que tenha origem em medida ilegal. No primeiro caso, estaríamos diante de ação ou omissão necessariamente constrangedora e, no segundo, ao tratar de ato não resultante de medida legal, conceito mais amplo, teríamos ação ou omissão configuradora de abuso, sem qualquer vinculação com providência inspirada em lei. Seria, por exemplo, a hipótese de um juiz que, dolosamente, determinasse a perda de dias remidos de um condenado sem que esse tivesse praticado falta grave ou qualquer outro ato que pudesse redundar na perda do direito, nos exatos termos propostos pelo art. 127, da LEP.

§ 2º Aquele que se omite em face dessas condutas, quando tinha o dever de evitá-las ou apurá-las, incorre na pena de detenção de um a quatro anos.

A Tortura Omissão. Crime Omissivo Próprio. O dispositivo em comento prevê um crime omissivo próprio, a "tortura omissão" em que se punirá a mera violação do dever de agir, não respondendo o agente pelo resultado.

Não é crime equiparado a hediondo. O dispositivo em comento, não se tratando de crime de tortura, mas de um tipo específico que define a omissão diante da tortura, sendo, inclusive, punido com pena de detenção, em patamar bastante inferior à pena da tortura, não pode ser considerado um crime equiparado a hediondo e, assim, não merecerá o tratamento dispensado aos crimes assim catalogados.

O Sujeito Ativo. Só pode figurar como sujeito ativo desse crime aquele que tem o dever de impedir a tortura ou que tem o dever de apurá-la. Cuida-se, portanto, de crime próprio, por exigir especial qualidade do sujeito ativo. Aqui, poderíamos ter como sujeitos ativos o pai (com relação aos filhos menores), o delegado de polícia (com relação aos presos sob sua custódia) etc. Com relação ao dever de apurar, somente poderá figurar como sujeito ativo do delito um funcionário público, pois somente esse tem, dentre as suas atribuições, a incumbência legal de averiguar a ocorrência da prática ilícita.

A Incidência do § 4º, I, à Tortura Omissão. Com relação à pessoa que tenha o dever de agir para impedir o resultado, como vimos no item acima, poderá tratar-se de funcionário público ou de um particular. Assim, em se tratando de funcionário público, por ser o seu comportamento mais reprovável do que seria o de um particular, sendo maior o desvalor da conduta do funcionário público, incidirá o aumento de pena trazido pelo § 4º, I.

Todavia, em se cuidando da omissão daquele que tem dever de apurar, considerando-se que sempre se tratará de um funcionário público o sujeito ativo, não poderá ser utilizado o aumento supracitado, sob pena de *bis in idem*.

Sujeito Passivo. Qualquer pessoa.

Momento Consumativo. Tratando-se de crime omissivo próprio, consuma-se com a mera omissão.

A Inadmissibilidade da Tentativa. Não admite o *conatus* (tentativa) o crime em comento, por tratar-se de delito omissivo puro e unissubsistente, sendo impossível o fracionamento do seu *iter*.

Classificação. Crime omissivo puro, unissubsistente, crime próprio e de perigo.

Tipo Subjetivo. Esse crime, como todos da lei em apreço, só admite a modalidade dolosa, não havendo previsão de modalidade culposa de tortura.

A Quebra da Relação Normativa de Causalidade para o Garantidor. Consoante preceitua o Código Penal, nos exatos termos do art. 13, § 2º, aquele que, tendo o dever de agir para impedir o resultado, nada faz para impedi-lo, responde pelo mesmo resultado. Assim, aquele que, tendo o dever de impedir a tortura e nada faz quando poderia agir, deveria responder pela tortura, o que não acontece na hipótese vertente. Assim, foi desconsiderada a supracitada regra da parte geral do Código Penal e o garantidor responderá, em caso de inércia, não pela tortura, mas pelo crime omissivo próprio do art. 1º, § 2º, da lei em estudo.

A desconsideração da regra do art. 13, § 2º é, em tese, possível, diante do que dispõe o art. 12 do Código Penal, ao mencionar que suas regras gerais serão usadas nas leis especiais, salvo se essas dispuserem de forma diversa.

Consideramos, entretanto, que o artigo em comento, ao dispor que o garantidor que se quedar inerte responderá pela mera omissão, padece do vício de inconstitucionalidade, na medida em que a relação normativa de causalidade a impor a responsabilização pelo resultado, *in casu,* decorre não da norma geral do Código Penal, mas da própria Constituição Federal que, em seu art. 5º, XLIII, dispõe que "a lei considerará crimes inafiançáveis e insuscetíveis de graça ou anistia a prática da tortura, o tráfico ilícito de entorpecentes e drogas afins, o terrorismo e os definidos como crime hediondos, **por eles respondendo os mandantes, os executores e os que, podendo evitá-los, se omitirem**" (grifo nosso).

Assim, seria perfeitamente possível deixar de aplicar o art. 13, § 2º, do Código Penal que estabelece para o garantidor a responsabilidade pelo resultado na hipótese de omissão, mas jamais poderia o legislador infraconstitucional violar a Constituição Federal, que impõe que o garantidor omitente deva responder pelo resultado quando se tratar de crime hediondo ou equiparado, como ocorre na hipótese de tortura. Destarte, com relação a quem tem o dever de agir para impedir a tortura, situação prevista na primeira parte do dispositivo, a esse deveria, ao nosso sentir, ser imposta a responsabilização pela própria tortura, com as penas impostas à mesma nos incisos I e II e § 1º, qual seja, reclusão de 2(dois) a 8 (oito) anos, punindo-se, na mesma medida e nos termos do mandamento constitucional, os executores, os mandantes e os que, tendo o dever de impedi-la, se omitirem.

Devemos, entretanto, ressaltar que, não tendo sido declarada a inconstitucionalidade aqui sustentada, deve o concursando aplicar a regra tal qual trazida pelo art. 1º, § 2º, imputando-se ao garantidor uma omissão pura, com a pena de 1 a 4 anos de detenção.

O STF já entendeu que o padrasto, que nada fazia para impedir que a enteada fosse torturada pela própria mãe, deveria, como garantidor, responder pela tortura omissão, aplicando o dispositivo em estudo.

> CRIME DE TORTURA. TRANCAMENTO DA AÇÃO PENAL, POR AUSÊNCIA DE JUSTA CAUSA. EXCEPCIONALIDADE. OMISSÃO. RELEVÂNCIA CAUSAL. DEVER DE AGIR. TRÂNSITO EM JULGADO DA CONDENAÇÃO. [...] 2. Crime de tortura praticado pela companheira do paciente contra sua filha. Omissão do paciente, que vivia em sociedade conjugal de fato com a corré. Relevância causal. Dever de agir, senão de direito ao menos de fato. 3. Ação penal, ademais, transitada em julgado. Ordem indeferida (HC nº 94.789/RJ, Rel. Min. Eros Grau, j. 27/04/2010. Órgão Julgador: 2ª Turma).

Confronto com Outros Crimes. A regra do artigo em comento, em sua segunda parte, na modalidade de "deixar de apurar", é especial com relação ao crime de prevaricação trazido pelo art. 319 do Código Penal, bem como com relação à regra de condescendência criminosa, do art. 320, e do crime do art. 317, § 2º, do mesmo códex. Destarte, pouco importa se o funcionário público deixou de apurar a tortura por condescendência, por pedido de outrem ou por querer satisfazer um sentimento pessoal, pois será aplicável a Lei de Tortura, nos termos do dispositivo em comento.

> § 3º Se resulta lesão corporal de natureza grave ou gravíssima, a pena é de reclusão de quatro a dez anos; se resulta morte, a reclusão é de oito a dezesseis anos.

Natureza Jurídica do § 3º. Cuida-se de forma qualificada do crime de tortura, sendo a morte e as lesões de natureza grave os resultados qualificadores que, agregados aos tipos fundamentais anteriormente estudados, agravam a pena da tortura.

As Lesões Corporais Leves e a Tortura. Consoante se depreende da leitura do § 3º em estudo, as lesões que qualificam a tortura são aquelas de natureza grave. Destarte, pode-se concluir que as lesões de natureza leve restam absorvidas pela tortura.

A Tortura Qualificada pelas Lesões Graves. Graves são as modalidades de lesão previstas nos §§ 1º e 2º do art. 129 do Código Penal.

A Tortura Qualificada pela Morte. Crime Preterdoloso. Na hipótese de o resultado qualificador da tortura ser a morte, se trata de crime preterdoloso, havendo dolo com relação à tortura e culpa com relação à morte. Não há possibilidade de, na hipótese desta qualificadora, o resultado morte ser doloso, consoante demonstraremos a seguir.

A Diferença entre a Tortura Qualificada pela Morte e o Homicídio Qualificado pela Tortura. Na tortura qualificada pela morte, o dolo do agente é de torturar, tendo o resultado morte se produzido a título de culpa, jamais aceito ou desejado pelo agente. No homicídio qualificado pela tortura, estamos diante de situação em que o agente desejava, desde o início, a morte da vítima e, para tanto, utilizou-se da tortura, fazendo-a sofrer intensa e desnecessariamente antes de morrer. Cuida-se de hipótese em que a tortura qualifica o homicídio como meio cruel.

A Hipótese de Dolo com Relação à Tortura e dolo com Relação ao Homicídio. Pode ocorrer, em um determinado caso concreto, que o agente, desejando inicialmente apenas torturar a vítima, acabe mudando de ideia e resolva matá-la. Nesta hipótese, podem surgir duas soluções:

1ª: o agente responde pela tortura e pelo homicídio, em concurso material;

2ª: o agente responde apenas pelo homicídio, com a qualificadora da tortura.

Cremos que, utilizados os preceitos que se aplicam à progressão criminosa, melhor solução seja a segunda, que, entretanto, não é a majoritária.

A Responsabilidade do Garantidor na Hipótese de Ocorrência de Resultado Qualificador. Como ressaltamos acima, o garantidor que se omita diante da tortura, não responde pelo mesmo crime do torturador, mas pela modalidade omissiva trazida pelo § 2º da lei em estudo. Mas o que ocorreria se o garantidor se omitisse diante da tortura e o torturado viesse a sofrer os resultados qualificadores em análise?

Cremos que, neste caso, o garantidor deva responder pelo mesmo crime do executor, nos exatos termos do § 3º. Explicamos: o legislador, ao prever a modalidade omissiva pura para o garantidor, o fez no § 2º, depois de definir a tortura em sua modalidade simples. No citado parágrafo, o legislador mencionou que "aquele que se omite diante *dessas* (grifo nosso) condutas, quando tinha o dever de evitá-las [...]" responderia pela mera omissão. Ora, ao utilizar-se do pronome "dessas", referiu-se o legislador a algo que veio mencionado anteriormente no texto, afastando a responsabilidade pelo resultado apenas quando se tratar de inércia em face da tortura simples. Não se refere, assim, às qualificadoras, tratadas posteriormente, no § 3º, com relação às quais devemos nos utilizar da relação normativa de causalidade para a omissão trazida pelo art. 13, § 2º, e, principalmente, pela própria Constituição Federal, no art. 5º, XLIII, respondendo o garantidor pela tortura qualificada pelas lesões graves ou pela morte.

§ 4º Aumenta-se a pena de um sexto até um terço:

I – se o crime é cometido por agente público;

II – se o crime é cometido contra criança, gestante, portador de deficiência, adolescente ou maior de 60 (sessenta) anos; (Redação dada pela Lei nº 10.741, de 2003)

III – se o crime é cometido mediante sequestro.

Causas de Aumento de Pena para o Crime de Tortura. A incidência das causas de aumento possibilitará que a pena seja fixada pelo magistrado acima do máximo legal, devendo as causas de que trata o parágrafo em comento ser analisadas na terceira fase de aplicação da pena.

A Aplicação da causa de Aumento Referente ao Funcionário Público. Como ressaltado anteriormente, essa causa de aumento não é aplicável quando o fato de ser o agente funcionário público aparece como elementar do crime, como nas hipóteses do art. 1º, § 1º e do art. 2º, § 2º, segunda parte.

As Causas de Aumento Relacionadas às Condições Pessoais da Vítima. Verifica-se que o dispositivo teve sua redação alterada pela Lei nº 10.741/2003, o Estatuto do Idoso, para a inclusão do aumento com relação à vítima maior de 60 anos.

Insta salientar que, como tudo em Direito Penal, se faz necessário que o agente tenha conhecimento dessa condição da vítima para que incida a causa de aumento aqui tratada.

Portadores de Deficiência. A lei não distingue o tipo de deficiência, que, assim, poderá ser física ou mental, em qualquer grau.

Causas de Aumento e Agravantes Genéricas. Várias são as circunstâncias que agravam a pena do agente, nos termos do art. 61 do Código Penal, e sabemos que só podem ser aplicadas quando não se constituírem elementares, qualificadoras ou causas especiais de aumento de pena.

Assim, verificamos que no inciso em estudo, o fato de a vítima se tratar de gestante, criança, ou idoso, considerado causa especial de aumento de pena, não poderá ser levado em conta como circunstância agravante genérica, embora prevista como tal, nos exatos termos do art. 61, II, "h", do Código Penal.

O Sequestro como Meio para Tortura. Se a privação da liberdade da vítima for utilizada como meio para prática de tortura, não poderemos aplicar o disposto no art. 148 do Código Penal, sob pena de odioso *bis in idem*, uma vez que a lei prevê o sequestro como circunstância majorante do crime de tortura, quando usado como meio para sua prática.

A Distinção entre a Tortura com Pena Majorada pelo Sequestro e o Crime de Sequestro Qualificado. O art. 148, § 2º, do Código Penal, dispõe sobre uma forma qualificada de sequestro em que da privação de liberdade decorre grave sofrimento físico ou mental ao sequestrado e que poderia, assim, acabar sendo confundida com a figura em estudo neste inciso III. A diferença é que, no crime de sequestro do art. 148, § 2º, o resultado buscado pelo agente não é o sofrimento físico ou mental da vítima, mas a privação de sua liberdade, enquanto, na tortura, o sofrimento é justamente aquilo que o agente quer causar à vítima.

A Aplicação do Aumento de Pena. O § 4º se aplica a todas as formas de tortura, simples ou qualificadas, o que se evidencia pela própria disposição topográfica do mesmo.

§ 5º A condenação acarretará a perda do cargo, função ou emprego público e a interdição para seu exercício pelo dobro do prazo da pena aplicada.

A Perda do Cargo. A perda do cargo, emprego ou função é tratada pela lei de tortura com natureza de efeito automático da condenação, independente da pena aplicada, prescindindo de declaração e motivação expressa na sentença, não se aplicando, com relação à tortura, o disposto no art. 92, I, do Código Penal, diante da existência da regra especial trazida pela Lei de Tortura.

A Interdição para o Exercício do Cargo, Emprego ou Função. Além da perda, a lei dispõe sobre a interdição para o exercício do cargo, que é a impossibilidade de, no futuro, o agente ocupar cargo, emprego ou função. Dispõe a lei que essa interdição se dará pelo dobro do prazo da pena aplicada. Assim, se o agente for condenado a dois anos de reclusão por tortura, ficará interditado para exercício de qualquer cargo público por quatro anos. Neste sentido, insta salientar que não se trata de interdição para o cargo perdido, uma vez que o mesmo não poderá ser jamais recuperado, razão pela qual a lei só poderia estar falando de outro cargo, emprego ou função.

§ 6º O crime de tortura é inafiançável e insuscetível de graça ou anistia.

As Vedações Constitucionais. O dispositivo em comento é totalmente inócuo, pois que se trata de repetição do disposto no art. 5º, XLIII, da Constituição Federal.

O Indulto na Tortura. O art. 2º, I, da Lei nº 8.072 de 1990 veda a aplicação de indulto aos crimes hediondos,ao tráfico, ao terrorismo e à tortura, valendo a lembrança de que o STF, por reiteradas vezes, já se manifestou pela constitucionalidade da vedação. Embora em edições anteriores tenhamos sustentado posicionamento diferente, ao condenado por tortura não se pode mesmo conceder o indulto. Além de haver expressa proibição na lei de 1990, certo também é que, ao vedar a concessão da graça, a Lei 9455 de 1997 igualmente veda o indulto. Afinal, graça é indulto individual. Vedando-se graça, veda-se igualmente o indulto.

Comutação da Pena e Tortura. Por força do que defendemos no item anterior, cabe comutação de pena para o condenado por tortura, pois que a comutação nada mais é que um indulto parcial.

Liberdade Provisória e Tortura. É possível concessão de liberdade provisória para o acusado por tortura. A uma, porque a lei de tortura jamais proibiu. A duas, por que hoje não existe vedação legal à sua concessão nem mesmo para os crimes hediondos e demais equiparados, em que pese o entendimento de alguns no sentido de que, em sendo inafiançáveis, não se poderia conceder liberdade provisória em qualquer hipótese, orientação esta de que discordamos, consoante já destacado no capítulo referente aos crimes hediondos, ao qual remetemos o nosso caro leitor.

Livramento Condicional e Tortura. Em havendo resultado morte, nos termos da atual redação do artigo 112, VI, "a" e VIII, da Lei nº 7.210/84, modificado pela Lei nº 13.964/2019, o condenado, primário ou reincidente, condenado pela prática de tortura (crime equiparado a hediondo) da qual resulte morte não poderá obter livramento condicional. Importante destacar que as alterações nesse sentido caracterizam *novatio legis in pejus*, não podendo retroagir para alcançar fatos anteriores a 23.01.2020, início da vigência da Lei nº 13.964/2019. Sobre o tema, o capítulo referente aos crimes hediondos deve ser objeto de consulta.

> § 7º O condenado por crime previsto nesta Lei, salvo a hipótese do § 2º, iniciará o cumprimento da pena em regime fechado.

Regime Inicial de Cumprimento de Pena. A lei fixa, independentemente da quantidade de pena imposta, o regime fechado para início do cumprimento de pena pela tortura, a exemplo do disposto no artigo 2º, § 1º da Lei nº 8.072 de 1990 para os crimes hediondos. Todavia, como o STF, nos autos do HC 11840 de 2012, declarou inconstitucional a imposição de regime inicial fechado para os crimes hediondos ou equiparados, a decisão traz inequívocos reflexos para o crime de tortura. Assim, o condenado por tortura terá o regime inicial para cumprimento de sua pena fixado nos termos do artigo 33, § 2º, do CP, podendo ser fixado regime fechado, semiaberto ou mesmo aberto. De nossa parte, não se vislumbra inconstitucionalidade alguma na fixação de regime inicial fechado para cumprimento de crimes hediondos ou equiparados, razão pela qual não concordamos com a declaração de inconstitucionalidade no HC 11840, do STF. A Lei dos Crimes Hediondos deriva de um mandado constitucional de criminalização, desejando a Carta Maior que se confira tratamento mais contundente, com fixação de regras mais severas para referidos delitos.

O regime inicial de pena para o crime de omissão diante da tortura. Ao crime descrito no artigo 1º, § 2º não se aplicará o dispositivo em comento, eis que, em se tratando de crime não equiparado a hediondo, sendo distinto do crime de tortura e, por fim, sendo punido com detenção, não poderá a pessoa por ela condenada iniciar a pena em regime fechado, devendo ser imposto regime aberto ou semiaberto, nos precisos termos do artigo 33, *caput*, do Código Penal.

> Art. 33 - A pena de reclusão deve ser cumprida em regime fechado, semi-aberto ou aberto. A de detenção, em regime semi-aberto, ou aberto, salvo necessidade de transferência a regime fechado.

Substituição da Pena Privativa de Liberdade por Restritiva de Direitos. Impossibilidade. Por razões óbvias, não pode ser a medida levada a efeito, pois que se trata de crime em que a violência, física ou moral, é ínsita. Neste sentido,

> HABEAS CORPUS. TORTURA. CONDUTA OMISSIVA. ART. 1.º, § 2.º, DA LEI N.º 9.455/97. DOSIMETRIA. PRIMEIRA FASE. MAJORAÇÃO DA PENA-BASE. DISCRICIONARIEDADE FUNDAMENTADA DO JUL-

GADOR. VALORAÇÃO NEGATIVA DAS CIRCUNSTÂNCIAS E CONSEQUÊNCIAS DO CRIME: LESÕES GRAVÍSSIMAS QUE CONDUZIRAM À CEGUEIRA DA VÍTIMA. FUNDAMENTAÇÃO IDÔNEA. EXASPERAÇÃO DA REPRIMENDA. PROPORCIONAL. SUBSTITUIÇÃO DA PENA PRIVATIVA DE LIBERDADE POR SANÇÕES RESTRITIVAS DE DIREITOS. IMPOSSIBILIDADE. ART. 44, INCISO I, DO CÓDIGO PENAL E PRESENÇA DE CIRCUNSTÂNCIAS JUDICIAIS DESFAVORÁVEIS. ORDEM DENEGADA. (...) 3. Nos crimes definidos na Lei de Tortura, dado que a violência é ínsita aos tipos penais preconizados nesse diploma legal, há óbice à substituição da pena privativa de liberdade por restritivas de direitos, com base no art. 44, inciso I, do Código Penal. 4. A presença de circunstâncias judiciais desfavoráveis é óbice intransponível ao deferimento do pedido de substituição da reprimenda corporal por restritivas de direitos. 5. Ordem denegada. (HC 459.851/SC, Rel. Ministra LAURITA VAZ, SEXTA TURMA, julgado em 11/12/2018, DJe 01/02/2019)

Art. 2º O disposto nesta Lei aplica-se ainda quando o crime não tenha sido cometido em território nacional, sendo a vítima brasileira ou encontrando-se o agente em local sob jurisdição brasileira.

Extraterritorialidade. Além da tortura praticada no território nacional, a presente lei é aplicável aos fatos que, ocorridos no estrangeiro, se adequem à descrição legal de tortura, desde que ocorra uma das seguintes hipóteses:

1) a vítima é brasileira, ou
2) o agente se encontrar em local sob jurisdição brasileira.

São duas hipóteses distintas de extraterritorialidade incondicionada, em que a lei especial não impôs observância aos termos do art. 7º, § 2º, do Código Penal. Assim, não se exige qualquer condição para aplicação da lei brasileira àquelas hipóteses. Entendemos ter sido adotado o princípio da proteção ou da defesa, para proteção da vítima brasileira e, ainda, da credibilidade e respeitabilidade da Administração Pública brasileira quando se tratar de crime praticado em local sob jurisdição do Brasil, mesmo fora do território brasileiro.

Art. 3º Esta Lei entra em vigor na data de sua publicação.

Art. 4º Revoga-se o art. 233 da Lei nº 8.069, de 13 de julho de 1990 – Estatuto da Criança e do Adolescente.

Brasília, 7 de abril de 1997; 176º da Independência e 109º da República.

Fernando Henrique Cardoso

Nelson A. Jobim

Este texto não substitui o publicado no D.O.U. de 08/04/1997.

QUESTÕES

1) (2018 - UEG - PC/GO - Delegado de Polícia Civil)

Na hipótese de um servidor público ser condenado pelo crime de tortura qualificada pelo resultado morte a uma pena de doze anos de reclusão, referida condenação acarretará a perda do cargo, função ou emprego público e a interdição para seu exercício por

a) cinco anos

b) dez anos

c) doze anos

d) vinte e quatro anos

e) trinta e seis anos

2) (2019 - FADESP - CPC - RENATO CHAVES - Perito Criminal)

Acerca do crime de tortura, previsto na Lei 9455/97, é INCORRETO afirmar que

a) configura tortura constranger alguém com emprego de violência ou grave ameaça, causando-lhe sofrimento físico ou mental, com o fim de obter informação, declaração ou confissão da vítima ou de terceira pessoa.

b) configura tortura constranger alguém com emprego de violência ou grave ameaça, causando-lhe sofrimento físico ou mental, para provocar ação ou omissão de natureza criminosa.

c) configura tortura constranger alguém com emprego de violência ou grave ameaça, causando-lhe sofrimento físico ou mental, em razão de discriminação racial ou religiosa.

d) na mesma pena do crime de tortura incorre quem submete pessoa presa ou sujeita a (à) medida de segurança a sofrimento físico ou mental, por intermédio da prática de ato não previsto em lei ou não resultante de medida legal.

e) na mesma pena incorre quem se omite em face das condutas descritas como tortura, quando tinha o dever de evitá-las ou apurá-las.

3) (2019 - FCC - SEFAZ/BA - Auditor fiscal)

Lindomar é agente público e foi condenado à pena de reclusão de quatro anos pela prática de tortura. De acordo com a Lei federal nº 9.455/1997, que define os crimes de tortura e dá outras providências, a condenação de Lindomar acarretará a

a) suspensão do seu cargo, função ou emprego público por dois anos.

b) perda do seu cargo, função ou emprego público e a interdição para seu exercício por quatro anos.

c) suspensão do seu cargo, função ou emprego público por quatro anos.

d) perda do seu cargo, função ou emprego público e a interdição para seu exercício por oito anos.

e) perda do seu cargo, função ou emprego público e a interdição permanente para seu exercício.

4) (2018 – CESPE – Polícia Federal – Delegado de Polícia Federal)

Em cada item que se segue, é apresentada uma situação hipotética seguida de uma assertiva a ser julgada com relação a crime de tortura, crime hediondo, crime previdenciário e crime contra o idoso.

Cinco guardas municipais em serviço foram desacatados por dois menores. Após breve perseguição, um dos menores evadiu-se, mas o outro foi apreendido. Dois dos guardas conduziram o menor apreendido para um local isolado, imobilizaram-no, espancaram-no e ameaçaram-no, além de submetê-lo a choques elétricos. Os outros três guardas deram cobertura. Nessa situação, os cinco guardas municipais responderão pelo crime de tortura, incorrendo todos nas mesmas penas.

CERTO OU ERRADO

5) (2018 – NUCEPE – PC/PI – Agente de Polícia)

Acerca do crime de tortura, marque a alternativa CORRETA.

a) Constitui-se crime de tortura, somente quando causar dano psíquico a outrem.

b) Caso o crime de tortura seja cometido por agente público, aumenta-se a pena de um terço à metade.

c) Nas situações previstas em lei, no crime de tortura, o juiz poderá arbitrar fiança.

d) Constitui-se crime de tortura submeter alguém, sob sua guarda, poder ou autoridade, com emprego de violência ou grave ameaça, a intenso sofrimento físico ou mental, como forma de aplicar castigo pessoal ou medida de caráter preventivo.

e) Em qualquer situação o condenado por crime de tortura iniciará o cumprimento da pena em regime fechado.

6) (2018 – CESPE – DPE/PE – Defensor Público)

De acordo com a legislação penal especial, assinale a opção correta.

a) Comete o crime de tortura aquele que, tendo o dever de evitar a conduta, se mantém omisso ao tomar ciência ou presenciar pessoa presa ser submetida a sofrimento físico ou mental, por meio da prática de ato não previsto legalmente.

b) A autoridade policial pode praticar a ação controlada — que consiste no retardamento da intervenção policial para aguardar o momento mais eficaz à formação de provas e obtenção de informações — independentemente de prévia comunicação ao juiz competente.

c) Será interditado do exercício da atividade pública por igual período ao da pena privativa de liberdade prevista no Código Penal para o crime de lavagem de dinheiro o indivíduo que, exercendo cargo ou função pública de qualquer natureza, for condenado pela prática de tal crime.

d) Sendo o servidor público condenado por crime de abuso de autoridade, será decretada a perda do cargo e a sua inabilitação para o exercício de qualquer outra função pública pelo prazo de até cinco anos.

e) Em qualquer hipótese, configura-se o crime de disparo de arma de fogo disparar arma de fogo com a finalidade de praticar outro crime.

7) (2017 - CESPE - PGE/SE - Procurador do Estado)

No que concerne ao crime de tortura, assinale a opção correta.

a) O indivíduo que se omite ante a prática de tortura quando deveria evitá-la responde igualmente pela conduta realizada.

b) A legislação especial brasileira concernente à tortura aplica-se somente aos crimes ocorridos em território nacional.

c) No crime de tortura, a prática contra adolescente é causa de aumento de pena de um sexto até um terço.

d) A condenação de funcionário público por esse crime gera a perda do cargo, desde que a sentença assim determine e que a pena aplicada seja superior a quatro anos.

e) A submissão de pessoa presa a sofrimento físico ou mental por funcionário público que pratique atos não previstos em lei exige o dolo específico.

8) (2017 - MPE/RS - MPE/RS - Promotor de Justiça)

Assinale a alternativa INCORRETA.

a) A lei penal brasileira, com o objetivo de proteger a pessoa idosa, erigiu em crimes, dentre outras, as condutas de (1) negar o acolhimento ou a permanência do idoso, como abrigado, por recusa deste em outorgar procuração à entidade de atendimento, e de (2) reter o cartão magnético de conta bancária relativa a benefícios, proventos ou pensão do idoso, ou qualquer outro documento com objetivo de assegurar recebimento ou ressarcimento de dívida. Com o mesmo objetivo protetivo, estabeleceu uma causa especial de aumento da pena, em dobro, ao agente de estelionato contra pessoa idosa.

b) Independentemente da ocorrência de lesão ou de perigo de dano concreto na condução do veículo, constitui crime a conduta de entregar a direção de um automóvel à pessoa com o direito de dirigir suspenso.

c) A aplicação da causa de diminuição da pena de um sexto a dois terços, prevista na Lei de Drogas, em favor do traficante primário, de bons antecedentes e que não se dedique a atividades criminosas nem integre organização criminosa, afasta a hediondez ou a equiparação à hediondez do crime de tráfico de entorpecentes.

d) Do art. 1º, da Lei n. 9.455/97, que incrimina a tortura, extraem-se, as espécies delitivas doutrinariamente designadas tortura-prova, tortura--crime, tortura-discriminação, tortura-castigo, tortura-própria e tortura omissão, equiparadas aos crimes hediondos, previstas na modalidade dolosa e com apenamento carcerário para cumprimento inicial em regime fechado.

e) Configura crime ambiental a conduta de destruir ou danificar vegetação primária ou secundária, em estágio avançado ou médio de regeneração, do Bioma Mata Atlântica, ou de simplesmente utilizá-la com infringência das normas de proteção.

GABARITO COMENTADO

1) Gabarito oficial: letra "d".

Correta a alternativa "D". Consoante art. 1º, § 5º, da Lei n.º 9455/97: "A condenação acarretará a perda do cargo, função ou emprego público e a interdição para seu exercício pelo dobro do prazo da pena aplicada". Na hipótese proposta, foi de 12 anos de reclusão a pena aplicada, logo se dará a interdição por 24 anos.

2) Gabarito oficial: letra "e". Artigo 1º, §2º da Lei 9.455/97. Tortura omissão. Não é equiparada aos crimes hediondos, a ela se aplicando pena de detenção.

3) Gabarito oficial: letra "d". Art 1º § 5º da referida lei: A condenação acarretará a perda do cargo, função ou emprego público e a interdição para seu exercício pelo dobro do prazo da pena aplicada.

4) Gabarito oficial: CERTO. Ao darem cobertura aos demais agentes torturadores, devem ser responsabilizados pela participação no crime dos demais. Embora não tenham realizado os elementares do tipo, contribuíram para a prática do delito de forma acessória. Não se trata de responsabilização pela pratica do crime de tortura omissão, porque não simplesmente se omitiram, mas ajudaram os guardas torturadores, dando-lhes cobertura e aderindo ao seu comportamento. Assim, não responderão por tortura omissão, mas pelo mesmo crime dos demais, com as mesmas penas dos demais, na medida da sua culpabilidade.

5) **Gabarito oficial: letra "d".**

a) Errada. Na tortura, pode haver tanto dano psíquico quanto sofrimento físico.

b) Errada. Caso o crime de tortura seja cometido por agente público, aumenta-se a pena de **um sexto até um terço**.

c) Errada. A tortura é crime inafiançável.

d) Correta. Nos termos dispostos no Art. 1º. Constitui crime de tortura: II - submeter alguém, sob sua guarda, poder ou autoridade, com emprego de violência ou grave ameaça, a intenso sofrimento físico ou mental, como forma de aplicar castigo pessoal ou medida de caráter preventivo.

e) Errada. O condenado por crime de tortura não iniciará o cumprimento da pena necessariamente em regime fechado. Para a fixação do regime inicial, deverá ser observado o disposto no artigo 33, § 2º do CP.

6) **Gabarito oficial: letra "a".** Previsto no art. 1º, §2º da Lei nº 9.455/97 "Aquele que se omite em face dessas condutas, quando tinha o dever de evitá-las ou apurá-las, incorre na pena de detenção de um a quatro anos." Trata-se, portanto, da chamada "tortura-omissão", em que o agente se omite em seu dever de evitar a tortura cometida por uma outra pessoa.

b) A autoridade policial pode praticar a ação controlada — que consiste no retardamento da intervenção policial para aguardar o momento mais eficaz à formação de provas e obtenção de informações — mas deverá fazer prévia comunicação ao juiz competente.

c) A pena da lavagem de dinheiro não está prevista no CP, mas na Lei nº 9.613/1998, que prevê a interdição do exercício de cargo ou função pública de qualquer natureza e de diretor, de membro de conselho de administração ou de gerência das pessoas jurídicas referidas no art. 9º, pelo dobro do tempo da pena privativa de liberdade aplicada.

d) Atualmente, considerando os termos da Lei nº 13.869/2019, a condenação por abuso de autoridade gera a perda do cargo, do mandato ou da função pública, efeito que resta condicionado à ocorrência de reincidência em crime de abuso de autoridade e não é automático, devendo ser declarado motivadamente na sentença.

e) O crime de disparo de arma de fogo, por ser subsidiário, não restará caracterizado se o agente disparar arma de fogo com a finalidade de praticar outro crime.

7) Gabarito oficial: letra "c".

a) O indivíduo que se omite ante a prática de tortura quando deveria evitá-la responde por tortura omissão, também chamada tortura imprópria.

b) A legislação especial brasileira concernente à tortura aplica-se também aos crimes ocorridos fora do território nacional quando a vítima for brasileira e o crime tiver sido praticado em local sob jurisdição brasileira.

c) **Correta, f**ace ao disposto no art. 1º, § 4º, II – se o crime é cometido contra criança, gestante, portador de deficiência, adolescente ou maior de 60 (sessenta) anos.

d) A condenação de funcionário público por esse crime gera a perda do cargo, independentemente de previsão na sentença condenatória, por se tratar de efeito automático.

e) A submissão de pessoa presa a sofrimento físico ou mental por funcionário público que pratique atos não previstos em lei não exige o dolo específico.

8) Gabarito oficial: letra "d". A D está errada porque inclui a tortura omissão como equiparada a hediondo.

22

CRIMES DE TRÂNSITO

LEI Nº 9.503, DE 23 DE SETEMBRO DE 1997

CAPÍTULO XIX
Dos Crimes de Trânsito

Seção I
Disposições gerais

Art. 291. Aos crimes cometidos, na direção de veículos automotores, previstos neste Código, aplicam-se as normas gerais do Código Penal e do Código de Processo Penal, se este Capítulo não dispuser de modo diverso, bem como a Lei nº 9.099, de 26 de setembro de 1995, no que couber.

Normas Penais do Código de Trânsito Brasileiro. O Código de Trânsito Brasileiro trata de toda a disciplina relacionada ao trânsito, prevendo infrações administrativas e infrações penais. Neste trabalho, cuidaremos apenas dos aspectos penais da Lei de Trânsito.

A Aplicação Subsidiária do Código Penal e do CPP aos Crimes de Trânsito. Consoante regra insculpida no artigo, aplicam-se subsidiariamente as regras do Código Penal e do CPP aos delitos de trânsito, sempre que as regras especiais da lei em comento não dispuserem de forma diversa. Aplica-se, assim, o disposto no art. 12 do Código Penal.

Os Delitos de Menor Potencial Ofensivo no Código de Trânsito Brasileiro. Muitos dos delitos do Código de Trânsito Brasileiro são de menor potencial ofensivo, a eles se aplicando as regras da Lei nº 9.099/1995. Ainda assim, a própria Lei de Trânsito excepciona determinadas situações, em que teremos crimes de trânsito de menor potencial ofensivo que não merecerão aplicação dos institutos despenalizadores trazidos pela Lei nº 9.099/1995, conforme veremos adiante.

§ 1º Aplica-se aos crimes de trânsito de lesão corporal culposa o disposto nos arts. 74, 76 e 88 da Lei nº 9.099, de 26 de setembro de 1995, exceto se o agente estiver: (Renumerado do parágrafo único pela Lei nº 11.705, de 2008)

I - sob a influência de álcool ou qualquer outra substância psicoativa que determine dependência; (Incluído pela Lei nº 11.705, de 2008)

II - participando, em via pública, de corrida, disputa ou competição automobilística, de exibição ou demonstração de perícia em manobra de veículo automotor, não autorizada pela autoridade competente; (Incluído pela Lei nº 11.705, de 2008)

III - transitando em velocidade superior à máxima permitida para a via em 50 km/h (cinquenta quilômetros por hora). (Incluído pela Lei nº 11.705, de 2008)

A Possibilidade de Aplicação de Institutos Despenalizadores ao Crime de Lesão Corporal Culposa na Direção de Veículo Automotor. O crime de lesão corporal culposa na direção de veículo automotor é descrito pelo art. 303 do Código de Trânsito Brasileiro. Trata-se de crime de menor potencial ofensivo quando em sua forma simples, descrita no *caput* daquele artigo, com pena que não ultrapassa dois anos de detenção. Quando praticado em qualquer das situações tratadas pelo parágrafo primeiro, o crime passa a ter um aumento e a incidência da majorante tira seu caráter de delito de menor potencial ofensivo.

O art. 291,§ 1º do Código de Trânsito Brasileiro permite a incidência de institutos despenalizadores para a lesão corporal, ainda que não se trate de crime de menor potencial ofensivo, ao mesmo tempo que impedirá sua a incidência em determinadas modalidades do crime, ainda que de menor potencial ofensivo.

A Regra para a lesão corporal na direção de veículo automotor. Sendo, ou não, a lesão corporal culposa da direção de veículo automotor crime de menor potencial ofensivo, a regra é a de que a ela se aplicam institutos despenalizadores da Lei nº 9.099/1995. Destarte, cuida-se de crime que admite composição civil dos danos, transação penal e que se procede mediante ação penal pública condicionada à representação.

As Exceções para a lesão corporal na direção de veículo automotor. Os incisos do § 1º do art. 291 trazem as hipóteses em que se veda a aplicação dos institutos despenalizadores para a lesão corporal culposa na direção de veículo automotor, ainda que se insiram no conceito de crime de menor potencial ofensivo. Nas situações ali tratadas, a lesão corporal culposa do Código de Trânsito Brasileiro é crime para o qual não se admite composição civil de danos como forma de extinção de sua punibilidade, não admite transação penal e a ação penal respectiva é pública incondicionada. Passemos à análise das referidas hipóteses:

1. o crime ter sido praticado por pessoa sob a influência de álcool ou de qualquer substância que determine dependência;

2. o crime ter sido praticado por ocasião de participação em competição automobilística não autorizada;

3. o agente esteja transitando em velocidade superior à máxima permitida pela via em 50 km/h.

> § 2º Nas hipóteses previstas no § 1º deste artigo, deverá ser instaurado inquérito policial para a investigação da infração penal. (Incluído pela Lei nº 11.705, de 2008)
>
> § 3º (VETADO).
>
> § 4º O juiz fixará a pena-base segundo as diretrizes previstas no art. 59 do Decreto-Lei nº 2.848, de 7 de dezembro de 1940 (Código Penal), dando especial atenção à culpabilidade do agente e às circunstâncias e consequências do crime." (parágrafo com redação dada pela Lei 13546/17)

A Determinação de Instauração de Inquérito Policial. Tratando-se, ou não, de delito de menor potencial ofensivo, a lei determina que se instaure inquérito policial para o crime de lesão corporal culposa na direção de veículo automotor.

> **Art. 292.** A suspensão ou a proibição de se obter a permissão ou a habilitação para dirigir veículo automotor pode ser imposta isolada ou cumulativamente com outras penalidades. (Redação dada pela Lei nº 12.971, de 2014)

A Suspensão ou Proibição da Permissão ou Habilitação para Dirigir Veículo. Cuida-se, quando tratamos de delitos de trânsito, de pena restritiva de direitos, que, nos crimes de homicídio culposo e lesões corporais culposas na direção de veículo automotor, por exemplo, é aplicada conjuntamente com a pena privativa de liberdade, nos exatos termos dos arts. 302 e 303 do Código de Trânsito Brasileiro.

Nos moldes trazidos pelo diploma de trânsito, a suspensão não tem caráter substitutivo, ou seja, não é aplicada em substituição à pena privativa de liberdade.

Outrossim, sua aplicação não se dá pelo mesmo tempo da pena privativa de liberdade. **No** preceito secundário (preceito sancionatório), a lei prevê limites mínimo e máximo para sua duração. Na dosimetria, o magistrado deverá observar os mesmos critérios previstos no art. 68 do Código Penal.

Não havendo previsão de sua aplicação no preceito sancionatório, as referidas penas deverão ser aplicadas quando o réu for reincidente na prática de crime desta natureza, nos exatos termos do art. 296 da lei em comento.

A Prescrição Penal na Hipótese de a Pena Restritiva de Direitos Ser Aplicada Cumulativamente com a Pena Privativa de Liberdade. Nessa hipótese, a prescrição da pena restritiva de direitos se dará no mesmo prazo previsto para a da pena privativa de liberdade, consoante disposto no art. 109, parágrafo único, do Código Penal. Nesse sentido:

> PENAL. CONDENAÇÃO POR CRIME DE TRÂNSITO. ART. 302 DO CÓDIGO DE TRÂNSITO BRASILEIRO. APLICAÇÃO DE PENA PRIVATIVA DE LIBERDADE CUMULADA COM A SUSPENSÃO DA HABILITAÇÃO PARA DIRIGIR VEÍCULO AUTOMOTOR. ALEGAÇÃO DE PRESCRIÇÃO. INOCORRÊNCIA. ARTS. 109, PARÁGRAFO ÚNICO, E 118, AMBOS DO CP. INCIDÊNCIA. ORDEM DENEGADA. I – A prescrição da pretensão punitiva após o trânsito em julgado da condenação regula-se pela pena aplicada, nos termos do art. 109 do Código Penal. II – Sendo a suspensão de habilitação para dirigir, espécie de pena restritiva de direitos, aplica-se o mesmo prazo de prescrição previsto para as privativas de liberdade, nos termos do parágrafo único do art. 109 do CP. III – Nos termos do art. 118 do Código Penal, penas mais leves prescrevem com as mais graves, desse modo, o cálculo da prescrição para a pena restritiva de direitos será aquele aplicado para a privativa de liberdade.
>
> IV – O art. 302 do Código de Trânsito Brasileiro prevê a aplicação cumulativa da pena privativa de liberdade com a restritiva de direitos, sendo certo, que a prescrição para ambas regula-se pela pena privativa de liberdade aplicada. V – Ordem denegada (HC nº 104.234/SP, Rel. Min. Ricardo Lewandowski, j. 28/09/2010. Órgão Julgador: 1ª Turma).

A Pena Restritiva de Direitos Prevista no Art. 47, III, do Código Penal. O Código de Trânsito Brasileiro, em nosso entendimento, revogou o disposto no art. 47, III, do Código Penal, que dispõe sobre a interdição temporária de direitos de suspensão de autorização ou habilitação para dirigir veículos, somente aplicável aos crimes de trânsito.

Cassação do direito de dirigir e proibição de obtenção da habilitação para dirigir na hipótese de cometimento de crimes. Alterações no CTB provocadas pela Lei nº 13.804/2019 devem ser atentamente observadas pelo leitor, na medida em que trazem a perda do direito de dirigir e a proibição de se obter a habilitação para dirigir veículo automotor, pelo período de cinco anos, na hipótese de condenação transitada em julgado pela prática de crime de receptação, descaminho e contrabando para o qual tenha sido utilizado veículo automotor. O objetivo é coibir a entrada de produtos ilegais no território nacional, tal qual frequentemente ocorre com cigarros, bem como a sonegação fiscal, que tem gerado perdas vultuosas para o Estado. De se destacar que a aplicação do dispositivo terá lugar quando o agente se utilizar do veículo como instrumento para a prática dos citados crimes.

> "Art. 278-A. O condutor que se utilize de veículo para a prática do crime de receptação, descaminho, contrabando, previstos nos arts.

180, 334 e 334-A do Decreto-Lei nº 2.848, de 7 de dezembro de 1940 (Código Penal), condenado por um desses crimes em decisão judicial transitada em julgado, terá cassado seu documento de habilitação ou será proibido de obter a habilitação para dirigir veículo automotor pelo prazo de 5 (cinco) anos.

§ 1º O condutor condenado poderá requerer sua reabilitação, submetendo-se a todos os exames necessários à habilitação, na forma deste Código.

§ 2º No caso do condutor preso em flagrante na prática dos crimes de que trata o caput deste artigo, poderá o juiz, em qualquer fase da investigação ou da ação penal, se houver necessidade para a garantia da ordem pública, como medida cautelar, de ofício, ou a requerimento do Ministério Público ou ainda mediante representação da autoridade policial, decretar, em decisão motivada, a suspensão da permissão ou da habilitação para dirigir veículo automotor, ou a proibição de sua obtenção."

Nos termos do parágrafo segundo do dispositivo citado, o juiz poderá aplicar cautelarmente, em qualquer fase da investigação ou da ação penal, a suspensão da habilitação ou da permissão para dirigir veículo automotor, inclusive de ofício. Tratando-se de medida de cunho cautelar, imperiosa a lembrança de que somente deverá ser decretada quando se fizerem presentes seus pressupostos autorizadores, devendo haver, além do *fumus commissi delicti* (prova da existência do crime e indícios suficientes de autoria), o *periculum in mora*, não se podendo olvidar do caráter excepcional da medida.

Descabimento de *habeas corpus*. A penalidade de suspensão do direito de dirigir veículo automotor não tem o condão, por si só, de caracterizar ofensa ou ameaça à liberdade de locomoção do paciente, não sendo cabível o manejo do *habeas corpus*.

AGRAVO REGIMENTAL NO HABEAS CORPUS SUBSTITUTIVO DE RECURSO ESPECIAL. HOMICÍDIO CULPOSO. ART. 302 DO CÓDIGO DE TRÂNSITO BRASILEIRO. DOSIMETRIA. PENA-BASE. CULPABILIDADE. GRAVIDADE CONCRETA DA CONDUTA. SUSPENSÃO DO DIREITO DE DIRIGIR. PATAMAR MÍNIMO. INEXISTÊNCIA DE LESÃO OU AMEAÇA À LIBERDADE DE LOCOMOÇÃO. RECURSO NÃO PROVIDO. 1. A gravidade concreta do delito, demonstrada pela velocidade excessiva e pela ingestão de bebida alcoólica da conduta é suficiente para a manutenção da valoração negativa da circunstância judicial da culpabilidade e justificar o acréscimo de 1/6 à pena-base. 2. A imposição da medida administrativa de suspensão do direito de dirigir veículo automotor, em razão da ausência de previsão legal de sua conversão em pena privativa de liberdade caso descumprida, não tem o condão, por si só, de caracterizar ofensa ou ameaça à liberdade de locomoção do paciente, razão pela qual não é cabível o manejo do habeas corpus. 3. Agravo regimental não provido. (STJ - AgRg no HC: 443003 RS 2018/0070855-8, Relator: Ministro JORGE MUSSI, Data de Julgamento: 21/08/2018, T5 - QUINTA TURMA, Data de Publicação: DJe 03/09/2018)

Art. 293. A penalidade de suspensão ou de proibição de se obter a permissão ou a habilitação, para dirigir veículo automotor, tem a duração de dois meses a cinco anos.

§ 1º Transitada em julgado a sentença condenatória, o réu será intimado a entregar à autoridade judiciária, em quarenta e oito horas, a Permissão para Dirigir ou a Carteira de Habilitação.

§ 2º A penalidade de suspensão ou de proibição de se obter a permissão ou a habilitação para dirigir veículo automotor não se inicia enquanto o sentenciado, por efeito de condenação penal, estiver recolhido a estabelecimento prisional.

A Aplicação Cumulativa com a Pena Privativa de Liberdade. Podendo a pena privativa de liberdade ser aplicada conjuntamente com a pena restritiva de direitos, dispõe a lei que a interdição temporária de direitos não se iniciará enquanto o sentenciado, por efeito de condenação penal, estiver recolhido a estabelecimento prisional. Isso se dá por óbvias razões, pois de nada adiantaria a imposição da suspensão ou proibição de se obter a permissão ou a habilitação para direção de veículo automotor enquanto o condenado estivesse em cárcere.

Os Limites Mínimo e Máximo da Interdição de Direitos. Consoante já frisado, a pena em análise não substitui a pena privativa de liberdade e, por isso, não terá a mesma duração desta. Tratando-se, assim, de sanção cumulativamente imposta, fixa-se um limite mínimo e um limite máximo para sua duração, qual seja, dois meses a cinco anos, devendo o magistrado se movimentar de acordo com o disposto no art. 68 do Código Penal, conforme já destacado acima.

A Suspensão da Pena Privativa de Liberdade e a Interdição de Direitos. Dado o caráter não subsidiário da pena de interdição temporária de direitos consistente na suspensão ou proibição para dirigir veículo, a última deverá ser imposta ainda que a pena privativa de liberdade seja suspensa pela concessão do *sursis*, que não se estende às penas restritivas de direitos, consoante regra trazida pelo artigo 80 do Código Penal.

Art. 294. Em qualquer fase da investigação ou da ação penal, havendo necessidade para a garantia da ordem pública, poderá o juiz, como medida cautelar, de ofício, ou a requerimento do Ministério Público ou ainda mediante representação da autoridade policial, decretar, em decisão motivada, a suspensão da permissão ou da habilitação para dirigir veículo automotor, ou a proibição de sua obtenção.

Parágrafo único. Da decisão que decretar a suspensão ou a medida cautelar, ou da que indeferir o requerimento do Ministério Público, caberá recurso em sentido estrito, sem efeito suspensivo.

Suspensão ou Proibição Aplicada como Medida Cautelar. O dispositivo em comento trata da medida de suspensão ou proibição da permissão ou da habilitação para direção de veículo automotor como medida cautelar, hipótese em que deverão estar presentes os pressupostos exigidos para qualquer medida de cunho cautelar e, assim, imprescindível a existência do *periculum in mora* e o *fumus comissi delicti*. Tendo por finalidade impedir que o condutor provoque danos à coletividade ou a coloque em perigo, cuida-se de medida que somente poderá ser decretada quando necessária. Entendemos que a aplicação da medida cautelar em estudo somente é possível nas hipóteses em que o legislador comina no preceito sancionatório da norma incriminadora a suspensão ou proibição, ou seja, nas hipóteses de estar o agente respondendo pelos crimes descritos nos arts. 302, 303, 306 e 308.

Art. 295. A suspensão para dirigir veículo automotor ou a proibição de se obter a permissão ou a habilitação será sempre comunicada pela autoridade judiciária ao Conselho Nacional de Trânsito - CONTRAN, e ao órgão de trânsito do Estado em que o indiciado ou réu for domiciliado ou residente.

Art. 296. Se o réu for reincidente na prática de crime previsto neste Código, o juiz aplicará a penalidade de suspensão da permissão ou habilitação para dirigir veículo automotor, sem prejuízo das demais sanções penais cabíveis. (Redação dada pela Lei nº 11.705, de 2008)

A Aplicação da Suspensão ou da Proibição em Hipóteses de Reincidência. Como vimos acima, o Código de Trânsito Brasileiro prevê a possibilidade de ser cominada pena de suspensão ou proibição aos crimes de trânsito, como ocorre com os crimes de homicídio culposo e lesão corporal culposa na direção de veículo automotor, embriaguez ao volante e participação em competição automobilística não autorizada. Além dessas hipóteses, prevê a lei em comento que, ainda que o legislador não comine a medida como pena cumulativamente com a privativa de liberdade, o juiz terá que aplicá-la na hipótese de reincidência em crime de trânsito.

A Obrigatoriedade da Medida. A providência mencionada no art. 296 é obrigatória, não podendo haver dúvidas quanto a essa conclusão, pois a redação do artigo em comento foi modificada pela Lei nº 11.705/2008 justamente para fazer incluir a palavra "deverá" no lugar do "poderá" constante da redação original.

Art. 297. A penalidade de multa reparatória consiste no pagamento, mediante depósito judicial em favor da vítima, ou seus sucessores, de quantia calculada com base no disposto no § 1º do art. 49 do Código Penal, sempre que houver prejuízo material resultante do crime.

§ 1º A multa reparatória não poderá ser superior ao valor do prejuízo demonstrado no processo.

§ 2º Aplica-se à multa reparatória o disposto nos artigos 50 a 52 do Código Penal.

§ 3º Na indenização civil do dano, o valor da multa reparatória será descontado.

A Multa Reparatória. A multa reparatória, aplicada na sentença condenatória, no bojo da ação penal por crime de lesão corporal ou homicídio na direção de veículo automotor, consiste em pagamento à vítima ou aos seus sucessores de valor referente aos prejuízos materiais efetivamente demonstrados no processo. Cuida-se de uma forma de tentar diminuir a verdadeira *via crucis* percorrida pela vítima para obter a indenização pelos danos sofridos. Assim, na sentença em que o condena pela prática do crime de trânsito, o juiz fixa o valor da multa reparatória e condenado já sai obrigado a pagar à vítima ou aos seus sucessores aquele montante fixado pelo Juízo sentenciante.

Os Danos Morais e Lucros Cessantes. Tal qual preceitua o dispositivo legal em comento, a multa reparatória não pode ter valor superior ao efetivamente demonstrado, não se admitindo, para a demonstração dos prejuízos, qualquer dilação probatória, razão pela qual, para a fixação da multa reparatória, não se contemplam danos morais e lucros cessantes. O valor pago a título de multa reparatória, que poderá ser descontado dos danos materiais, não poderá ser descontado dos danos morais. Neste sentido o julgado abaixo:

> PROCESSUAL CIVIL. AÇÃO DE INDENIZAÇÃO POR DANOS MORAIS. ACIDENTE DE TRÂNSITO. MORTE DE FILHA. DISSÍDIO JURISPRUDENCIAL. NÃO COMPROVAÇÃO. ALEGAÇÃO DE VIOLAÇÃO DA CONSTITUIÇÃO FEDERAL. NÃO CABIMENTO. QUANTUM INDENIZATÓRIO. VALOR FIXADO COM MODERAÇÃO. IMPOSSIBILIDADE DE REDUÇÃO. SENTENÇA PENAL. MULTA REPARATÓRIA REVERTIDA AOS SUCESSORES DA VÍTIMA. EVENTUAL DESCONTO DA INDENIZAÇÃO POR DANOS MATERIAIS E NÃO MORAIS. (...) O valor indenizatório arbitrado a título de danos morais somente comporta alteração quando manifestamente exagerado ou irrisório. Precedentes do STJ.A multa reparatória do Código de Trânsito Brasileiro, revertida para a vítima ou seus sucessores, somente pode ser descontada da condenação cível por danos materiais, inexistindo qualquer decréscimo no caso de indenização por danos morais.

> Recurso especial não conhecido (REsp nº 1.039.015/SP, Rel.ª Min.ª Nancy Andrighi, 3ª Turma, j. 16/09/2008).

A Natureza Jurídica da Multa Reparatória. Há na doutrina, divergência quanto à natureza penal da multa reparatória:

1ª corrente: preponderante, entende ter a multa reparatória natureza de sanção civil, argumento esse reforçado pelo fato de poder o valor a ela correspondente ser descontado da indenização civil do dano, nos termos do § 3º do dispositivo em comento. O argumento não nos convence, pois o fato de poder ser descontada do valor da reparação civil do dano não é suficiente para reconhecermos a natureza civil da multa. Ora, apenas para fazermos um paralelo, a prestação pecuniária, sanção prevista no § 1º do art. 45 do Código Penal, tem natureza inequivocamente penal, tratando-se de pena restritiva de direitos, e, nos termos do citado dispositivo, poderá ser descontada da indenização civil do dano, na hipótese de serem idênticos os beneficiários sem que a possibilidade de desconto descaracterize sua natureza penal.

2ª corrente: a multa reparatória é de natureza penal, podendo ser aplicada sempre que prevista em lei, por força do princípio da legalidade. É o nosso entendimento.

Multa Reparatória Aplicada Cumulativamente com a Prestação Pecuniária. Como sabemos, a pena privativa de liberdade aplicada ao autor de delito de trânsito pode ser substituída pela pena restritiva de direitos, desde que presentes os requisitos do art. 44 do Código Penal. Assim, poderá ser substituída pela pena de prestação pecuniária (art. 43, I, do Código Penal). Nesta hipótese, nada obsta que a multa reparatória seja aplicada cumulativamente com a pena de prestação pecuniária, não restando caracterizado *bis in idem*, pois a natureza jurídica da pena de prestação pecuniária é diferente da multa reparatória. STJ assim já decidiu:

> PENAL, RECURSO ESPECIAL. CÁLCULO DA PENA DE MULTA. PREQUESTIONAMENTO. AUSÊNCIA. PRESTAÇÃO PECUNIÁRIA. MULTA REPARATÓRIA. ART. 297, CTB. NATUREZA JURÍDICA DISTINTA. NÃO PROVIMENTO.A ausência de prequestionamento sobre a forma de cálculo da pena de multa inviabiliza o conhecimento, em recurso especial, da questão federal suscitada. Incidência das Súmulas, nºs 282 e 386 do STF.A pena de prestação pecuniária, espécie de pena restritiva de direitos não se confunde com a pena de multa reparatória do art. 297 do CTB. Recurso especial improvido (REsp nº 772.721/AC, Rel. Min. Paulo Medina. Órgão Julgador: 6ª Turma, j. 22/08/2006).

> PROCESSUAL PENAL. RECURSO ESPECIAL. HOMICÍDIO CULPOSO NA DIREÇÃO DE VEÍCULO AUTOMOTOR. APLICAÇÃO DA MULTA REPARATÓRIA PREVISTA NO ART. 297 DA Lei nº 9.503/1997.I – Havendo prejuízo material resultante da prática de crime previsto no

Código de Trânsito Brasileiro se mostra cabível a aplicação da multa reparatória prevista no art. 297 da Lei nº 9.503/1997.II - Não há qualquer incompatibilidade na aplicação cumulativa da multa reparatória e da prestação pecuniária como substitutiva da pena privativa de liberdade.Recurso provido (REsp nº 736.784/SC, Rel. Félix Fischer, 5ª Turma, j. 08/11/2005).

Art. 298. São circunstâncias que sempre agravam as penalidades dos crimes de trânsito ter o condutor do veículo cometido a infração:

I - com dano potencial para duas ou mais pessoas ou com grande risco de grave dano patrimonial a terceiros;

II - utilizando o veículo sem placas, com placas falsas ou adulteradas;

III - sem possuir Permissão para Dirigir ou Carteira de Habilitação;

IV - com Permissão para Dirigir ou Carteira de Habilitação de categoria diferente da do veículo;

V - quando a sua profissão ou atividade exigir cuidados especiais com o transporte de passageiros ou de carga;

VI - utilizando veículo em que tenham sido adulterados equipamentos ou características que afetem a sua segurança ou o seu funcionamento de acordo com os limites de velocidade prescritos nas especificações do fabricante;

VII - sobre faixa de trânsito temporária ou permanentemente destinada a pedestres.

As Agravantes Genéricas do Código de Trânsito. Prevê o Código de Trânsito Brasileiro agravantes genéricas específicas para os delitos que define, não se podendo descartar, contudo, a aplicação das agravantes genéricas do Código Penal que não conflitarem e que forem compatíveis com os delitos de trânsito, nos exatos termos do art. 291 desta lei, que disciplina a possibilidade de aplicação das normas gerais do Código Penal à lei que ora estudamos.

As Hipóteses de Não Aplicação das Agravantes Genéricas. As circunstâncias tratadas neste art. 298, quando previstas como elementares, qualificadoras ou causas de aumento dos crimes previstos no Código de Trânsito Brasileiro, não poderão ser aplicadas como circunstâncias agravantes genéricas, aqui também devendo ser observados os termos do art. 61 do Código Penal. Assim, não se aplicam aos delitos de lesão corporal culposa e homicídio culposo as circunstâncias agravantes genéricas referentes à falta de habilitação, ao exercício de atividade ou profissão de transporte de passageiros e à faixa de trânsito destinada a pedestre, isso porque, naqueles crimes, tais circunstâncias já funcionam como causas de aumento de pena. Por outro lado, não poderia ser aplicada ao crime descrito no art. 309 a agravante genérica que se refere à falta de habilitação, pois, sendo elementar, não poderá ser usada como causa de aumento de pena.

Art. 299. (Vetado)

Art. 300. (Vetado)

Art. 301. Ao condutor de veículo, nos casos de acidentes de trânsito de que resulte vítima, não se imporá a prisão em flagrante, nem se exigirá fiança, se prestar pronto e integral socorro àquela.

Prisão em Flagrante e Fiança. O artigo em comento, se interpretado a *contrario sensu*, evidencia a possibilidade de ser aplicada a prisão em flagrante para os delitos culposos de lesão corporal e homicídio praticados na direção de veículo automotor quando o agente não prestar pronto e integral socorro à vítima.

Seção II
Dos crimes em espécie

Art. 302. Praticar homicídio culposo na direção de veículo automotor:

Penas - detenção, de dois a quatro anos, e suspensão ou proibição de se obter a permissão ou a habilitação para dirigir veículo automotor.

§ 1º No homicídio culposo cometido na direção de veículo automotor, a pena é aumentada de 1/3 (um terço) à metade, se o agente:

I - não possuir Permissão para Dirigir ou Carteira de Habilitação;

II - praticá-lo em faixa de pedestres ou na calçada;

III - deixar de prestar socorro, quando possível fazê-lo sem risco pessoal, à vítima do acidente;

IV - no exercício de sua profissão ou atividade, estiver conduzindo veículo de transporte de passageiros.

V- (revogado pela Lei 11.705/2008).

§ 2º. (Revogado pela Lei 13.281/16)

§ 3º Se o agente conduz veículo automotor sob a influência de álcool ou de qualquer outra substância psicoativa que determine dependência: (parágrafo com redação dada pela Lei 13.546/17)

Penas - reclusão, de cinco a oito anos, e suspensão ou proibição do direito de se obter a permissão ou a habilitação para dirigir veículo automotor." (parágrafo com redação dada pela Lei 13.546/17)

Conduta Típica. Com redação muito criticada pela doutrina em geral, o tipo penal descreve a prática de homicídio derivada de inobservância de dever objetivo de cuidado por condutor de veículo automotor.

A Modalidade Dolosa. O Código de Trânsito Brasileiro não prevê modalidade dolosa de crime de homicídio. Em se tratando de dolo, direto ou eventual, deveremos nos valer do Código Penal.

A Culpa. Aqui são admitidas as duas modalidades de culpa: a inconsciente e a consciente.

A Hipótese de Embriaguez: Dolo ou Culpa? Cuida-se de discussão tormentosa a que se refere à embriaguez ao volante. Na hipótese de atropelamento com morte, teríamos homicídio doloso ou culposo? Acreditamos não haver fórmulas matemáticas para explicação da matéria em comento, devendo a análise ser feita caso a caso, aplicando-se o Código de Trânsito Brasileiro apenas quando se tratar de modalidade culposa. Dolo eventual somente existirá se, na hipótese fática, pudermos concluir que, de acordo com a teoria do consentimento ou da assunção, o agente pouco se importou com o resultado, consentindo com sua produção, ainda que não o desejasse. Outrossim, na hipótese de falta de previsão ou previsão sem aceitação do resultado, deverá ser reconhecida a culpa. Se concluirmos pelo dolo, será aplicável o Código Penal.

Importante ressaltar que o próprio STF, na mesma linha da exposição acima, destaca que não se pode vincular a hipótese de embriaguez ao dolo eventual, exceto em situações em que se verificasse embriaguez preordenada ou assunção de risco do resultado.

Havia, no inciso V, causa de aumento de pena relativa à embriaguez nos casos de homicídio culposo e lesão corporal culposa na direção de veículo automotor. No ano de 2008, a Lei nº 11.705 revogou o inciso V. Com a revogação, o legislador deu a entender que não haveria sentido naquele aumento da pena, porque o crime não seria culposo, mas doloso. Com a providência, o legislador consagrava entendimento que vinha sendo sufragado naquela pelos tribunais, que tendiam, naquela época, a reconhecer a modalidade dolosa nos casos de morte provocada por condutor embriagado. A tentativa, contudo, foi pífia. A uma, porque a mera retirada da causa não tem o condão de nos levar à conclusão de que o crime seja doloso. A duas, porque dolo é elemento psicológico da conduta e a conclusão por sua existência, ou não, depende da análise do caso concreto, não se podendo admitir fórmulas matemáticas e infalíveis para sua explicação. Outrossim, o art. 291, § 1º, ao vedar a aplicação de institutos despenalizadores ao delito de lesão corporal culposa na direção de veículo automotor quando o condutor estiver sob efeito de álcool ou substância de efeito análogo, reconhece poder haver, sim, culpa na hipótese de embriaguez. Ora, se a lei menciona que não se aplicam institutos despenalizadores à lesão corporal culposa na direção de veículo automotor quando o agente estiver em estado de embriaguez é porque ela reconhece que, mesmo estando o agente em estado de embriaguez, o crime pode ser culposo! Acrescente-se que a cláusula vedatória do art. 291, §1º foi trazida pela Lei nº 11.705/2008, a mesma que revogou o inciso V do parágrafo primeiro do art. 302.

Quanto à questão de se tratar de delito culposo ou doloso o homicídio praticado na direção de veículo automotor por pessoa que esteja dirigindo sob efeito de álcool ou substâncias análogas, devemos atentar para o seguinte julgado:

> PENAL. AGRAVO REGIMENTAL NO RECURSO ESPECIAL. HOMICÍDIO. ACIDENTE DE TRÂNSITO. Embriaguez AO VOLANTE. AFERIÇÃO DO ELEMENTO SUBJETIVO DO TIPO. ANÁLISE DA EVENTUAL CARACTERIZAÇÃO DE CULPA CONSCIENTE OU DOLO EVENTU-

> AL. COMPETÊNCIA DO TRIBUNAL DO JÚRI. SENTENÇA DE PRONÚNCIA RESTABELECIDA. 1. O deslinde da controvérsia sobre o elemento subjetivo do crime, especificamente, se o acusado atuou com dolo eventual ou culpa consciente, fica reservado ao Tribunal do Júri, juiz natural da causa, onde a defesa poderá exercer amplamente a tese contrária à imputação penal. Precedentes. 2. Havendo elementos indiciários que subsidiem, com razoabilidade, as versões conflitantes acerca da existência de dolo, ainda que eventual, a divergência deve ser solvida pelo Conselho de Sentença, evitando-se a indevida invasão da sua competência constitucional.
>
> 3. Agravo regimental desprovido. (AgRg no REsp 1588984 / GO, Relator(a) Ministro ANTONIO SALDANHA PALHEIRO (1182). Órgão Julgador T6 - SEXTA TURMA. Data do Julgamento: 25/10/2016)
>
> ACIDENTE AUTOMOBILÍSTICO. DOLO EVENTUAL. IN DUBIO PRO SOCIETATE. DESCABIMENTO. A Turma proveu o recurso ao entendimento de que inexiste o dolo eventual no acidente causado por motorista que, no estado de embriaguez, dirigia de madrugada seu veículo com excesso de velocidade. Descaracterizado o princípio *in dubio pro societate*. Desclassificada a conduta do réu para a forma culposa, por falta de elemento convincente a caracterizar a prática do homicídio doloso (arts. 18, I e II, e 121, *caput*, do Código Penal c/c art. 302 da Lei nº 9.503/1997). Precedente citado: REsp nº 765.593-RS, DJ 19/12/2005. REsp nº 705.416-SC, Rel. Min. Paulo Medina, j. 23/05/2006.

Em dezembro de 2017, no REsp. 1689173, consoante notícia veiculada aos 06/12/2017 no sítio do STJ, o relator, Ministro Rogerio Schietti Cruz, adotou novamente esse posicionamento, para afirmar que, aparentemente em razão da insuficiência da resposta punitiva para os crimes de trânsito e diante da ausência de pena privativa de liberdade para seus autores, nota-se tendência de forçar uma conclusão desajustada à realidade dos fatos para ver reconhecido dolo eventual em delitos viários. Criticou a matematização do direito penal que se faz quando se sugere a presença de excepcional elemento subjetivo do tipo pela simples verificação de um fato isolado, qual seja, a embriaguez do agente causador do resultado. Afirmou não poder a jurisdição criminal, sob pena de rendição ao punitivismo inconsequente, impor responsabilidade penal além da que esteja em conformidade com os dados constantes dos autos e com a teoria do crime. Afirmou que, normalmente, as pessoas não se utilizam da embriaguez para cometer homicídios e, mesmo quando embriagadas, na maioria das vezes, agem sob a sincera crença de que têm capacidade de conduzir o seu veículo sem provocar acidentes, o que caracterizaria culpa consciente. O relator destacou que somente com a análise do contexto em que ocorreu o acidente, apreciação das provas e indicadores objetivos apurados no inquérito e no curso do processo seria possível aferir o elemento subjetivo do motorista.

Possibilidade de substituição de pena privativa de liberdade por pena restritiva de direitos. Sendo reconhecida a modalidade culposa caberá, em tese, desde que preenchidos os demais requisitos legais, a substituição de pena privativa de liberdade por pena restritiva de direitos, consoante disposto no artigo 44 do Código Penal, independentemente da pena aplicada.

A sistemática legal adotada para os crimes de homicídio culposo e lesão corporal culposa na direção de veículo automotor causado por condutor sob influência de álcool, possibilitando a substituição, qualquer que fosse a pena aplicada, gerava enorme perplexidade, deixando para a sociedade a sensação amarga de impunidade.

É mesmo chocante para o leigo saber que o condenado a 8 (oito) anos de reclusão por ter matado alguém no trânsito ao dirigir sob efeito de álcool ou drogas poderá prestar serviços à comunidade ou cumprir outra pena que não seja privativa de liberdade.

Assim, o legislador, com a Lei nº 14.071 de 2020, inseriu no Código de Trânsito Brasileiro o art. 312-B com o propósito de vedar a substituição antes possível.

Art. 312-B. Aos crimes previstos no § 3º do art. 302 e no § 2º do art. 303 deste Código não se aplica o disposto no inciso I do caput do art. 44 do Decreto-Lei nº 2.848, de 7 de dezembro de 1940 (Código Penal).

A péssima técnica legislativa, contudo, fez com que o "tiro saísse pela culatra" e nada mudou.

Ao dispor sobre a inaplicabilidade do art. 44, I, do CP aos crimes dos arts. 302, §3º e art. 303, §2º do CTB, acaba por apenas exigir o cumprimento do art. 44, III do Código Penal para a substituição da pena privativa de liberdade aplicada ao autor de homicídio culposo e lesão culposa na direção de veículo automotor, pois o inciso II é exigência feita apenas para crimes dolosos. Com isso, bastará que a culpabilidade, os antecedentes, a conduta social, a personalidade do condenado, bem como os motivos e as circunstâncias indiquem a suficiência da substituição.

Portanto, mesmo para os crimes praticados após o início de vigência da Lei nº 14.071 de 2020 caberá a substituição.

As alterações trazidas pela Lei nº 13.546/2017. A Lei nº 13.546/2017, que acrescentou um terceiro parágrafo ao artigo em comento, foi publicada aos 20 de dezembro de 2017, entrando em vigor em abril de 2018, trazendo qualificadora para o homicídio culposo quando praticado pelo condutor que estiver sob influência de álcool ou de qualquer substância psicoativa que determine dependência. Na hipótese, a pena passa a ser de reclusão de cinco a oito anos, além da suspensão ou proibição do direito de se obter a permissão ou habilitação para dirigir veículo automotor. Trata-se de lei que, prejudicial não pode ser aplicada aos fatos ocorridos antes de sua vigência. De qualquer forma, ainda que a intenção do legislador tenha sido agravar a situação do condutor, impondo pena mínima de cinco anos de reclusão, continuará sendo aplicável a regra do artigo 44 do Código Penal, eis que a substituição ali referida se aplica aos crimes culposos qualquer que seja a pena aplicada, ainda que de reclusão e superior a quatro anos e que o crime tenha sido praticado após a vigência da Lei 14.071. A restrição do *caput* do dispositivo citado somente tem aplicação em se tratando de crimes dolosos.

Desnecessidade de ser o Homicídio Culposo Praticado na Via Pública para Aplicação do Código de Trânsito Brasileiro. Não há necessidade de ter sido o homicídio culposo na direção de veículo automotor praticado em via pública para aplicação do Código de Trânsito Brasileiro, não constando do tipo penal a referida exigência. Assim, basta que a conduta violadora do dever objetivo de cuidado diga respeito à direção de veículo automotor, pouco importando se na via pública, ou não, embora existam posições em sentido contrário, entendendo que somente se pode aplicar o Código de Trânsito Brasileiro quando se tratar de homicídio culposo praticado em vias públicas, ao argumento de que o diploma somente se aplica ao trânsito nas vias terrestres. O argumento sustentado pela corrente defensiva, entretanto, não nos convence, porque, ao dispor sobre homicídio e lesões corporais culposas, o objeto da tutela jurídica não é a segurança nas vias públicas, mas a vida e a integridade física, respectivamente, podendo-se verificar que o legislador somente traz a via pública como elementar dos crimes que visam tutelar a segurança viária, como acontece com os crimes descritos nos arts. 308, 309 e 311 da lei em comento.

Sujeito Ativo. Cuida-se de crime comum, podendo ser praticado por qualquer pessoa.

Sujeito Passivo. Pode ser praticado contra qualquer pessoa.

Objeto Jurídico. A vida.

Constitucionalidade do Dispositivo. Embora várias tenham sido as críticas ao dispositivo em comento, por alguns considerado inconstitucional em virtude de as penas serem bem maiores que aquelas previstas no art. 121, § 3º, do Código Penal, a constitucionalidade do art. 302 já foi declarada pelo STF.

> Ementa: AGRAVO REGIMENTAL EM RECURSO EXTRAORDINÁRIO COM AGRAVO. MATÉRIA CRIMINAL. CRIMES PREVISTOS NOS ARTS. 302, CAPUT, E 303, CAPUT, AMBOS DO CÓDIGO DE TRÂNSITO BRASILEIRO. CONSTITUCIONALIDADE. ACÓRDÃO EM CONFORMIDADE COM A JURISPRUDÊNCIA. JULGAMENTO MONOCRÁTICO PELO RELATOR. POSSIBILIDADE. AGRAVO REGIMENTAL DESPROVIDO. [...] 3. O STF já declarou a constitucionalidade do art. 302 do Código de Trânsito Brasileiro. Precedentes. 4. Agravo regimental desprovido. (ARE 1095768 AgR, Relator(a): Min. EDSON FACHIN, Segunda Turma, julgado em 22/02/2019, PROCESSO ELETRÔNICO DJe-049 DIVULG 12-03-2019 PUBLIC 13-03-2019)

Elementos do Tipo Objetivo. São os seguintes os elementos do fato típico culposo:

a) a inobservância do dever objetivo de cuidado;

b) o resultado, que funciona como componente de azar do crime em estudo;

c) a previsibilidade objetiva do resultado;

d) o nexo de causalidade;

e) o nexo de determinação, sendo não apenas necessária a verificação de que o resultado foi causado pela conduta do agente, mas que também foi por ela determinado, ou seja, que o risco não permitido levado a efeito pelo agente se realizou no resultado. Para exemplificar, imaginemos uma pessoa que, desejando a própria morte,se atirasse sob as rodas de um veículo que trafegasse na contramão de direção, vindo a óbito. Em hipótese tal, não temos como negar ter sido inobservado o dever objetivo de cuidado por aquele que trafegou com o veículo pela contramão de direção, criando um risco desaprovado. Ocorre que não foi porque o condutor trazia o carro na contramão, infringindo as mais elementares normas de trânsito, que se deu a morte. O resultado foi determinado pela conduta da própria vítima. Nesta hipótese, mesmo que o condutor estivesse observando o dever objetivo de cuidado, trafegando pela mão correta de direção, o resultado teria ocorrido. O evento morte não veio determinado pela violação do dever de cuidado e, portanto, não pode ser imputado ao condutor.

Poderíamos dar outro exemplo, para reforçar a ideia acima: imaginemos que alguém conduza veículo a mais de 150 km/h em via cuja velocidade máxima de segurança seja de 100 km/h e na qual não se admite travessia de pedestres. A proibição de que por ali transitem pedestres, entretanto, não foi observada por um determinado homem que, transgredindo a norma, atravessou a rua, sendo colhido pelo veículo supracitado, morrendo em consequência das graves lesões sofridas. Imaginemos, ainda, que a perícia realizada demonstrasse que, ainda que o condutor estivesse a 100 km/h, ele teria atropelado o tal homem, porque não haveria tempo suficiente para frenagem do veículo. Nesta situação, novamente não se tem como negar que o condutor tenha violado dever objetivo de cuidado, mas não foi por isso que a vítima morreu! Afinal, mesmo que o condutor estivesse observando a regra de cuidado, dirigindo a 100 km/h, a morte teria acontecido. Não foi o fato de dirigir a 150 km/h que determinou a morte da vítima, mas exclusivamente seu comportamento ao atravessar, de inopino, a pista. Destarte, não se poderia concluir pela prática de homicídio culposo.

Tentativa. Impossível, por tratar-se de crime culposo.

Causas de Aumento de Pena. O parágrafo primeiro do art. 302 tem natureza jurídica de causa de aumento de pena, podendo elevar a reprimenda a patamar acima do máximo estabelecido pela lei.

A Falta de Habilitação. Por se vislumbrar uma maior reprovabilidade na conduta daquele que conduz veículo automotor sem habilitação, o legislador fez a previsão da causa de aumento de pena. Aqui, deve-se observar que será necessário possuir habilitação específica para dirigir determinado tipo de veículo automotor, incidindo a causa de aumento, por exemplo, quando o agente, habilitado apenas para a condução de veículos de passeio, conduz uma motocicleta.

Acreditam os autores, que a majorante não deva ser aplicada necessariamente a todas as hipóteses em que o condutor não possua habilitação para conduzir veículo automotor, devendo haver uma conexão interna entre o fato de o agente ser inabilitado e o resultado provocado, ou seja, deve o resultado naturalístico típico (neste caso, a morte) ter sido determinado pelo fato de o agente não possuir habilitação, não tendo aptidão para a condução de veículos.

Imaginemos a hipótese de, por não ser habilitado, o agente não conseguir, na subida de uma ladeira, controlar o veículo que, desgovernado, atinge uma pessoa, causando-lhe a morte. Aqui incide a causa de aumento de pena. Entretanto, se a violação de dever de cuidado nenhuma relação tiver com o fato de o agente ser inabilitado, não há que se cogitar da incidência do aumento. Assim, por exemplo, em se tratando de pessoa que, embora inabilitada, seja exímio motorista e que tenha provocado um acidente com morte porque tentou fazer uma ultrapassagem arriscada, justamente por acreditar em sua especial habilidade, não deverá incidir a causa de aumento. Nesta última hipótese, não é o fato de ser inabilitado que provocou o resultado, mas a manobra perigosa, imprudente, que nenhuma pessoa, ainda que habilitada, poderia realizar. Destaque-se, contudo, que, se a pessoa for habilitada pelos órgãos estatais, mesmo que não possua habilitação de fato para conduzir veículos automotores, não poderá jamais incidir a majorante em comento.

De qualquer sorte, em prova objetiva, se a questão fizer menção ao fato de o agente não possuir habilitação para a condução de veículo automotor, o candidato deverá optar pela resposta que indicar a incidência do aumento, em obediência à letra fria do dispositivo legal.

A Carteira de Habilitação Vencida. Entendemos que a pessoa com habilitação vencida é inabilitada à direção de veículo automotor, razão pela qual deve prevalecer o aumento. Isso porque, expirado o prazo de validade da carteira, haverá a necessidade de o condutor demonstrar ao Estado que continua preenchendo os requisitos que se fazem necessários para expedição de nova carteira, sendo certo que o Estado não necessariamente terá que considerá-lo habilitado, pois perfeitamente possível, por exemplo, que tenha, depois de concedida a licença anterior, adquirido um problema físico que o impeça de dirigir veículo automotor. Contudo, não é essa a orientação do STJ, que entendeu que o fato de a habilitação estar vencida não justifica a incidência da causa de aumento de pena.

> "Caso o legislador quisesse punir de forma mais gravosa também o fato de o agente dirigir com a carteira de habilitação vencida, teria feito expressa alusão, assim como fez – no parágrafo único do art. 302 – em relação àquele que comete homicídio culposo na direção de veículo automotor sem permissão para dirigir ou sem carteira de habilitação. 13. No Direito Penal, não se admite a analogia in malam partem, de modo que não se pode inserir no rol das circunstâncias que agravam a pena (art. 302, § 1º) também o fato

de o agente cometer homicídio culposo na direção de veículo automotor com carteira de habilitação vencida. (...) (HC 226128 / TO, Relator(a)Ministro ROGERIO SCHIETTI CRUZ. SEXTA TURMA. Data do Julgamento: 07/04/2016)

Hipótese de o Crime ter sido Provocado na Faixa de Pedestre. Trata-se de outra hipótese em que se deverá majorar a pena. Aqui, faz-se necessário que a faixa esteja devidamente sinalizada e que o condutor tenha deixado de respeitar a referida sinalização, sendo, neste caso, inequívoco o maior desvalor de sua conduta. Não poderemos falar de incidência da causa de aumento, por exemplo, quando o condutor se envolver em acidente a poucos metros da faixa e, por conta da força da colisão, o veículo ser projetado até a faixa, atropelando e matando um pedestre. Essa causa de aumento incide justamente quando a transgressão do dever objetivo de cuidado agente consistir em trafegar pela faixa de pedestres.

Crime de Homicídio Culposo Provocado na Calçada. Aqui também são aplicáveis as considerações feitas no item anterior com relação ao veículo ser projetado para a calçada em virtude do impacto. Assim, somente se pode usar a referida causa de aumento quando o condutor estiver trafegando pela calçada e atinge um pedestre, provocando-lhe a morte.

Devemos, entretanto, chamar a atenção do leitor que, em prova, deverá optar pela incidência da causa de aumento sempre que a vítima for atingida na calçada, optando pela letra fria da lei, pois, em questões já elaboradas quanto ao tema, não se fez a distinção pretendida pelos autores.

Aumento de Pena pela não Prestação do Socorro. Prevista no inciso III do parágrafo primeiro do artigo em análise, a referida causa de aumento de pena não deve ser confundida com o crime previsto no art. 304 do Código de Trânsito Brasileiro. Assim, quando o condutor, com sua atitude descuidada, der causa ao acidente e deixar de socorrer a vítima, responderá pelo crime de homicídio culposo na direção de veículo automotor com a pena aumentada pelo fato de não ter prestado o socorro devido caso venha a óbito. Não sendo o condutor causador do acidente, mas estiver, por qualquer razão, nele envolvido, deverá prestar socorro à vítima, sob pena de responder, caso não o faça, pelo crime do art. 304 dessa lei. Assim, somente poderá responder pelo crime do art. 304 o condutor envolvido, mas não culpado pelo acidente.

A Omissão de Socorro na Hipótese de Morte Instantânea. Entendemos que, nessa hipótese, não há que se falar em incidência de causa de aumento pela não prestação de socorro, pois que não existe periclitação de vida ou saúde a ensejar atuação.

Entretanto, não tem sido esse o entendimento do STF a respeito do tema. Para aquela Corte se, por ocasião do acidente, o condutor não parar para prestar socorro à vítima, não terá como saber se veio a óbito instantaneamente, ou não, razão pela qual, por solidariedade, deverá prestar o socorro, sob pena de responder pelo homicídio culposo com a pena aumentada, nos termos desse inciso III.

Neste sentido, atentemos para o teor da decisão veiculada no Informativo nº 382, referente ao HC nº 84.380:

> Não se presta à exclusão da circunstância especial de aumento de pena, no homicídio culposo, a alegação de que as lesões causaram a morte imediata da vítima. Com base nesse entendimento, a Turma indeferiu *Habeas Corpus* em que se pretendia afastar da condenação do paciente a aplicação do § 4º do art. 121 do CP [...], tendo em vista a morte instantânea da vítima. Considerou-se que o acusado tinha condições de promover ou auxiliar no socorro da vítima, o que não fizera. Salientou-se, ainda, que não cabia a ele proceder à avaliação quanto a eventual ausência de utilidade do socorro, e que tal interpretação acabaria por esvaziar o sentido da referida regra, no que toca à reprovação da omissão do agente. Vencido o Min. Celso de Mello, que deferia o *writ* por entender inaplicável a causa de aumento de pena no caso concreto, e, consequentemente, declarava a extinção de punibilidade do paciente.

Homicídio Culposo na Direção de Veículo Automotor por Pessoa no Desempenho de Atividade ou Profissão de Transporte de Passageiro. Considerando-se que aqueles que conduzem veículo automotor no desempenho de atividade ou profissão devem ter maior cautela com relação à observância das normas de trânsito, o legislador trouxe previsão de aplicação da referida causa de aumento. Assim, aplicar-se-á o aumento, por exemplo, quando o agente, conduzindo passageiros em ônibus ou prestando serviço de transporte a turistas, ainda que em seu veículo particular, deixar de observar o dever de cuidado na direção de veículo automotor, provocar a morte de alguém. Sobre o tema, segue julgado do STJ:

> CRIME DE TRÂNSITO. HOMICÍDIO CULPOSO. APLICAÇÃO CONCOMITANTE DA PENA PRIVATIVA DE LIBERDADE COM A DE SUSPENSÃO OU PROIBIÇÃO DO DIREITO DE DIRIGIR VEÍCULO. OBRIGATORIEDADE. MOTORISTA PROFISSIONAL. CAUSA DE AUMENTO DE PENA.O art. 302, *caput*, da Lei nº 9.503/1997, por tratar de hipótese evidentemente mais reprovável, além da sanção corporal, impõe concomitantemente a pena de suspensão da habilitação ou proibição de obter a permissão para dirigir veículo automotor. 2. Segundo o disposto no inciso IV, do parágrafo único, do art. 302, o fato de ser o infrator motorista profissional, ao invés de se constituir como uma regalia, afigura-se como causa de aumento de pena, uma vez que, segundo Damásio Evangelista de Jesus, "nessa hipótese é maior o cuidado objetivo necessário, mostrando-se mais grave o seu descumprimento" (*in:* Crimes de Trânsito, 5ª ed., 2002, p. 91).3. Recurso provido para determinar a aplicação da pena de suspensão ou proibição do direito de dirigir veículo automotor ao réu, bem como a majorante prevista no inciso IV, do parágrafo único, do art. 302

> do Código de Trânsito Brasileiro. (STJ, 5ª Turma, REsp nº 685.084/RS. Min.ª Laurita Vaz, justificativa. 1º/03/2005).
>
> *De acordo com a jurisprudência deste Superior Tribunal de Justiça, os motoristas profissionais - mais do que qualquer outra categoria de pessoas - revelam maior reprovabilidade ao praticarem delito de trânsito, merecendo, pois, a reprimenda de suspensão do direito de dirigir, expressamente prevista no art. 302 do CTB, de aplicação cumulativa com a pena privativa de liberdade. Dada a especialização, deles é de se esperar maior acuidade no trânsito.* (AgRg no REsp 1.771.437/CE, Rel. Ministro NEFI CORDEIRO, SEXTA TURMA, julgado em 11/06/2019, DJe 21/06/2019)

Importante frisar que, pelas mesmas razões, para a incidência da causa de aumento de pena prevista no art. 302, § 1º, IV, do CTB, é irrelevante que o agente esteja transportando passageiros no momento do homicídio culposo cometido na direção de veículo automotor, conforme já entendeu a 6ª Turma do STJ no AgRg no REsp 1255562-RS, que teve como Relatora a Ministra Maria Thereza de Assis Moura, julgado em 4/2/2014:

> HOMICÍDIO CULPOSO COMETIDO NO EXERCÍCIO DE ATIVIDADE DE TRANSPORTE DE PASSAGEIROS. CAUSA DE AUMENTO PENA DO ART. 302, PARÁGRAFO ÚNICO, IV, DO CÓDIGO DE TRÂNSITO. AUSÊNCIA DE PASSAGEIROS NO MOMENTO DO FATO. IRRELEVÂNCIA (...) "A majorante do art. 302, parágrafo único, inciso IV, do Código de Trânsito Brasileiro, exige que se trate de motorista profissional, que esteja no exercício de seu mister e conduzindo veículo de transporte de passageiros, mas não refere à necessidade de estar transportando clientes no momento da colisão e não distingue entre veículos de grande ou pequeno porte."(REsp 1358214/RS, Rel. Ministro CAMPOS MARQUES (DESEMBARGADOR CONVOCADO DO TJ/PR), QUINTA TURMA, julgado em 09/04/2013, DJe 15/04/2013) 5. Agravo regimental improvido. (STJ – AgRg no REsp: 1255562 RS 2011/0112683-7, Relator: Ministra MARIA THEREZA DE ASSIS MOURA, Data de Julgamento: 04/02/2014, T6 – SEXTA TURMA, Data de Publicação: DJe 17/03/2014)

A Inviabilidade de Interposição de HC para Reavaliar Material Probatório e a Discussão Acerca da Existência do Dolo ou da Culpa. Embora acreditemos que não se possa necessariamente concluir pela existência de dolo na hipótese em comento e que o crime será, em princípio, culposo, o certo é que, sendo o réu pronunciado por crime doloso, não se pode, na via estreita do HC, pretender a mudança da decisão quando houver necessidade de ser reavaliado o material probatório.

> DIREITO PENAL E PROCESSUAL PENAL. Habeas Corpus. CRIMES DE HOMICÍDIO E LESÃO CORPORAL. ATROPELAMENTO. DOLO

EVENTUAL. COMPETÊNCIA DO TRIBUNAL DO JÚRI. PRONÚNCIA. INDÍCIOS SUFICIENTES DE AUTORIA. EXAME DE MATÉRIA FÁTICO-PROBATÓRIA. INADMISSIBILIDADE. ORDEM DENEGADA. 1. A questão de direito, objeto de controvérsia neste *writ*, consiste na configuração do dolo eventual ou da culpa na conduta do paciente no atropelamento que gerou a morte de quatro vítimas e causou lesões corporais em uma quinta. 2. O dolo eventual compreende a hipótese em que o sujeito não quer diretamente a realização do tipo penal, mas a aceita como possível ou provável (assume o risco da produção do resultado, na redação do art. 18, I, *in fine*, do CP). 3. Faz-se imprescindível que o dolo eventual se extraia das circunstâncias do evento, e não da mente do autor, eis que não se exige uma declaração expressa do agente. 4. Como se sabe, para a decisão de pronúncia basta um juízo de probabilidade em relação à autoria delitiva. Nessa fase, não deve o Juiz revelar um convencimento absoluto quanto à autoria, pois a competência para julgamento dos crimes contra a vida é do Tribunal do Júri. 5. Na presente hipótese, depreende-se da decisão de pronúncia, a existência de indícios suficientes de autoria em relação aos crimes dolosos de homicídio e lesão corporal, visto que diversas testemunhas afirmaram que o paciente dirigia seu veículo em alta velocidade e, após o atropelamento, aparentava estar alcoolizado. 6. No caso em tela, de acordo com o que consta da denúncia, o paciente aceitou o risco de produzir o resultado típico no momento em que resolveu dirigir seu automóvel em velocidade excessiva, sob o efeito de bebida alcoólica e substância entorpecente. 7. De outro giro, verificar se o paciente agiu, ou não, com dolo eventual no caso concreto, importa, necessariamente, em aprofundado exame de matéria fático-probatória, inadmissível na estreita via do *Habeas Corpus*. 8. Com efeito, conforme já decidiu esta Suprema Corte "sem exame aprofundado de provas, inadmissível em *Habeas Corpus*, não se pode concluir pela caracterização, ou não do dolo eventual" (HC nº 67.342/RJ, Rel. Min. Sydney Sanches, DJ 31/03/1989). 9. Ante o exposto, denego a ordem de *Habeas Corpus*. (HC nº 97.252/SP, Rel.ª Min.ª Ellen Gracie, j. 23/06/2009. Órgão Julgador: 2ª Turma).

DIREITO PENAL E PROCESSUAL PENAL. Habeas Corpus. CRIME DE COMPETÊNCIA DO TRIBUNAL DO JÚRI. "RACHA" AUTOMOBILÍSTICO. HOMICÍDIO DOLOSO. DOLO EVENTUAL. NOVA VALORAÇÃO DE ELEMENTOS FÁTICO-JURÍDICOS, E NÃO REAPRECIAÇÃO DE MATERIAL PROBATÓRIO. DENEGAÇÃO. 1. A questão de direito, objeto de controvérsia neste *writ*, consiste na eventual análise de material fático-probatório pelo Superior Tribunal de Justiça, o que eventualmente repercutirá na configuração do dolo eventual ou da culpa consciente relacionada à conduta do paciente no evento fatal relacionado à infração de trânsito que gerou a morte dos cinco ocupantes do veículo atingido. 2. O Superior Tribunal de Justiça, ao dar provimento ao recurso especial interposto pelo Ministério Público do Estado de Minas Gerais, atribuiu nova valoração dos elementos fático-jurídicos existentes nos autos, qualificando-os como homicídio doloso, razão pela qual não procedeu ao revolvimento de material probatório para divergir da conclusão alcançada pelo Tribunal de Justiça. 3. O dolo eventual compreende a hipótese em que o sujeito não quer diretamente a realização do tipo penal, mas a aceita como possível ou provável (assume o risco da produção do resultado, na redação do art. 18, I, *in fine*, do CP). 4. Das várias teorias que buscam justificar o dolo eventual, sobressai a teoria do consentimento (ou da assunção), consoante a qual o dolo exige que o agente consinta em causar o resultado, além de considerá-lo como possível. 5. A questão central diz respeito à distinção entre dolo eventual e culpa consciente que, como se sabe, apresentam aspecto comum: a previsão do resultado ilícito. No caso concreto, a narração contida na denúncia dá conta de que o paciente e o corréu conduziam seus respectivos veículos, realizando aquilo que coloquialmente se denominou "pega" ou "racha", em alta velocidade, em plena rodovia, atingindo um terceiro veículo (onde estavam as vítimas). 6. Para configuração do dolo eventual não é necessário o consentimento explícito do agente, nem sua consciência reflexiva em relação às circunstâncias do evento. Faz-se imprescindível que o dolo eventual se extraia das circunstâncias do evento, e não da mente do autor, eis que não se exige uma declaração expressa do agente. 7. O dolo eventual não poderia ser descartado ou julgado inadmissível na fase do *iudicium accusationis*. Não houve julgamento contrário à orientação contida na Súmula nº 07, do STJ, eis que apenas se procedeu à revaloração dos elementos admitidos pelo acórdão da Corte local, tratando-se de *quaestio juris*, e não de *quaestio facti*. 8. *Habeas Corpus* denegado. (HC nº 91.159/MG, Rel.ª Min.ª Ellen Gracie, j. 02/09/2008. Órgão Julgador: 2ª Turma).

Art. 303. Praticar lesão corporal culposa na direção de veículo automotor:

Penas – detenção, de seis meses a dois anos e suspensão ou proibição de se obter a permissão ou a habilitação para dirigir veículo automotor.

§ 1º Aumenta-se a pena de 1/3 (um terço) à metade, se ocorrer qualquer das hipóteses do § 1º do art. 302. (parágrafo renumerado pela Lei 13.546/17)

§ 2º A pena privativa de liberdade é de reclusão de dois a cinco anos, sem prejuízo das outras penas previstas neste artigo, se o agente conduz o veículo com capacidade psicomotora alterada em razão da influência de álcool ou de outra substância psicoativa que determine dependência, e se do crime resultar lesão corporal de natureza grave ou gravíssima. (parágrafo com redação dada pela Lei 13546/2017)

Lesão Corporal Culposa na Direção de Veículo Automotor. Tudo o que se explicitou no item acima quando ao homicídio culposo se aplica à lesão corporal culposa na direção de veículo automotor, somente sendo alterado o resultado, que, nesse caso, é a lesão corporal, lembrando-se que, aqui, não se admite classificação das lesões como leves, graves ou gravíssimas, pois que lesão culposa não admite esse tipo de diferenciação, exceto na hipótese do 303, § 2º, como veremos a seguir.

A Gravidade das Lesões na Hipótese de Lesão Culposa. Atentando-se para as considerações acima, insta salientar que, na hipótese de lesão culposa, a sua gravidade, embora em nada altere a tipificação penal, poderá servir como parâmetro para a fixação de pena, mesmo porque, consoante o disposto no art. 59 do Código Penal, o juiz, ao fixar a pena dentre as cominadas, deverá observar, dentre outros, "as circunstâncias e consequências do fato", não se podendo, por óbvias razões, comparar as consequências de um comportamento descuidado que apenas resultou em ferimentos leves com aquele em que o descuido na direção de veículo automotor venha, por exemplo, a provocar a perda de um membro da vítima.

As Causas de Aumento de Pena no Crime de Lesão Corporal Culposa na Direção de Veículo Automotor. Por força do que dispõe o art. 303, parágrafo primeiro, do Código de Trânsito Brasileiro, as causas que servem como aumento de pena para o homicídio culposo na direção de veículo automotor também se aplicam ao crime de lesão corporal culposa descrito no art. 303 do mencionado diploma.

As alterações trazidas pela Lei nº 13.546/2017. A Lei nº 13.546/2017 traz uma qualificadora para a lesão culposa na direção de veículo automotor quando o mesmo for praticado pelo condutor que estiver sob influência de álcool ou de qualquer substância psicoativa que determine dependência, se do crime resultar lesão grave ou gravíssima. As lesões graves ou gravíssimas são aquelas de que tratam os parágrafos 1º e 2º do artigo 129 do Código Penal. Na hipótese, a pena passa a ser de reclusão de dois a cinco anos, além da suspensão ou proibição do direito de se obter a permissão ou habilitação para dirigir veículo automotor. Sobre a substituição da pena privativa de liberdade por restritiva de direito, cabem as mesmas considerações feitas nessa obra quanto ao homicídio culposo.

Embriaguez ao volante e lesão culposa leve. Nesta hipótese, o STJ já decidiu que as lesões leves não absorverão, tampouco serão absorvidas pela embriaguez ao volante, face à diferença entre os bens jurídicos tutelados. Assim:

> PENAL. RECURSO ESPECIAL. CRIMES PREVISTOS NOS ARTS. 303 E 306 DO CÓDIGO DE TRÂNSITO BRASILEIRO. DELITOS AUTÔNOMOS. BENS JURÍDICOS DISTINTOS. APLICAÇÃO DO PRINCÍPIO DA

CONSUNÇÃO. IMPOSSIBILIDADE. RECURSO ESPECIAL DESPROVIDO. 1. É inviável o reconhecimento da consunção do delito previsto no art. 306, do CTB (embriaguez ao volante), pelo seu art. 303 (lesão corporal culposa na direção de veículo automotor), quando um não constitui meio para a execução do outro, mas evidentes infrações penais autônomas, que tutelam bens jurídicos distintos. Precedentes. 2. Recurso especial desprovido. Vistos, relatados e discutidos os autos em que são partes as acima indicadas, acordam os Ministros da Quinta Turma do Superior Tribunal de Justiça, por unanimidade, conhecer do recurso, mas negar-lhe provimento. Os Srs. Ministros Joel Ilan Paciornik, Felix Fischer, Jorge Mussi e Reynaldo Soares da Fonseca votaram com o Sr. Ministro Relator. (STJ – REsp 1629107 / DF 2016/0256587-4, Relator: Ministro RIBEIRO DANTAS, Data do Julgamento: 20/03/2018, Data da Publicação: 26/03/2018, T5 – QUINTA TURMA)

Não concordamos com a solução e sobre ela discorreremos quando da análise do artigo 306.

Art. 304. Deixar o condutor do veículo, na ocasião do acidente, de prestar imediato socorro à vítima, ou, não podendo fazê-lo diretamente, por justa causa, deixar de solicitar auxílio da autoridade pública:

Penas – detenção, de seis meses a um ano, ou multa, se o fato não constituir elemento de crime mais grave.

Parágrafo único. Incide nas penas previstas neste art. o condutor do veículo, ainda que a sua omissão seja suprida por terceiros ou que se trate de vítima com morte instantânea ou com ferimentos leves.

Princípio da Especialidade. Cuida-se de tipo especial com relação ao art. 135 do Código Penal.

Análise do Tipo Objetivo. O tipo penal em espécie traz um crime omissivo próprio, aplicando-se à hipótese de omissão de socorro ser praticada por condutor de veículo envolvido e não culpado em acidente de trânsito, caso deixe de prestar socorro à vítima. No caso, o condutor não será responsabilizado pelas lesões ou mesmo morte caso esses resultados sobrevenham, mas tão somente por sua omissão.

A Possibilidade de Agir. Tal qual ocorre com qualquer crime omissivo, somente se considera típica a conduta do omitente se tiver a possibilidade de agir, atuando pessoalmente ou pedindo auxílio da autoridade.

Prestação Imediata e Mediata de Socorro. Haverá prestação imediata de socorro quando o agente, pessoalmente, atuar; na prestação mediata, será chamado o auxílio da autoridade.

O agente apenas poderá optar por prestar o socorro de forma mediata, chamando a autoridade, quando não puder fazê-lo diretamente ou quando for indiferente, para a vítima, considerada a situação de periclitação em que se encontra, uma ou outra forma de socorro. Haverá, ainda, situações em que, pela gravidade do fato e falta de preparo do agente, o socorro deverá ser prestado pelas autoridades, como geralmente acontece em acidentes automobilísticos, sendo obrigação do agente acioná-las.

A Autoridade a Ser Chamada. Não poderá o agente, para eximir-se de responsabilização e incidência no tipo penal em espécie, chamar qualquer autoridade para socorrer a vítima, mas a autoridade que tenha capacidade técnica e profissional para a prestação do socorro.

Tipo Subjetivo. É o dolo, não se admitindo modalidade culposa do crime em comento.

Sujeito Ativo. Somente o condutor envolvido e não culpado pelo acidente, não podendo figurar como sujeito ativo outro condutor não envolvido, tampouco um pedestre ou o passageiro de um dos veículos envolvidos, casos em que incidirá a regra do art. 135 do Código Penal. Observar que igualmente não poderá ser autor do crime deste art. 304 o condutor envolvido e culpado pelo acidente, hipótese em que teremos a aplicação da regra dos arts. 302 ou 303, com a causa de aumento de pena 302, § 1º, III.

Sujeito Passivo. A vítima do acidente de trânsito.

Objetividade Jurídica. A proteção à vida e à saúde.

Momento Consumativo. Aquele em que o agente, sabendo da possibilidade de agir e da necessidade de atuação em socorro à vítima, decidir não atuar.

Tentativa. Inadmissível, pois estamos diante de crime omissivo puro, que inadmite a figura da tentativa (*conatus*).

A Gravidade dos Ferimentos. Pouco importa, para fins de aplicação do dispositivo em comento, que os ferimentos sofridos pela vítima sejam leves, consoante preceitua o disposto no parágrafo único do dispositivo em análise. Assim, o agente não tem apenas obrigação de atuar quando a vítima estiver gravemente ferida.

A Prestação de Socorro por Terceiros. O crime de omissão de socorro consuma-se no momento em que o agente deixar de realizar a ação imposta e por ela responderá ainda que um terceiro, posteriormente, preste o socorro à vítima. É uma das cláusulas do parágrafo único do art. 304. A solução legal nos parece acertada, eis que o crime se consuma no exato momento em que a pessoa, podendo prestar o socorro, deixa de fazê-lo e o fato de um terceiro prestar o socorro posteriormente não terá, em absoluto, o condão de descaracterizar o crime que já está consumado.

Contudo, devem ser feitas distinções indispensáveis para que não se compreenda de forma equivocada a solução legal que aqui se defende: uma coisa é a vítima precisar de socorro e o agente não prestar, vindo depois um terceiro que o faça; outra é o fato de já estar sendo prestado socorro à vítima quando da chegada

do agente. Na primeira hipótese, que é justamente aquela tratada pelo texto legal, o agente responderá pelo crime. Na segunda, não haverá crime, pois que, já estando socorrida, não há necessidade de o agente atuar, a menos que o socorro esteja sendo prestado de forma ineficaz e tal ineficácia entre na esfera de conhecimento do agente. Essa segunda situação não vem tratada no parágrafo único do art. 304.

A Morte Instantânea. Em absurda previsão, consagradora de crime impossível, a lei determina que se preste socorro à vítima, ainda que se trate de vítima com morte instantânea. Tal obrigação se fulcra na solidariedade que deve existir no trânsito e, embora consideremos absurda a previsão, certo é que o STF vem entendendo que deverá prevalecer, conforme já destacado anteriormente.

Concurso de Pessoas. Admite-se participação nesse crime, que se dará por dissuasão, quando um terceiro, que não puder prestar o socorro nem chamar a autoridade, dissuadir quem possa fazê-lo, instigando-o a não realizar a ação salvadora.

Não será possível, entretanto, coautoria, pois todos os que tiverem possibilidade de agir e violaram o dever de agir imposto pela norma serão considerados autores de seus próprios crimes, consoante entendimento majoritário.

Art. 305. Afastar-se o condutor do veículo do local do acidente, para fugir à responsabilidade penal ou civil que lhe possa ser atribuída:

Penas – detenção, de seis meses a um ano, ou multa.

Inconstitucionalidade da Norma do Art. 305. A norma do art. 305 do Código de Trânsito Brasileiro é inconstitucional a nosso ver, pois impõe que o condutor permaneça no local do acidente, fazendo prova contra si mesmo, ofendendo os princípios constitucionais da ampla defesa e da não autoincriminação. O condutor pode ser compelido a prestar socorro à vítima, mas não a permanecer no local e se autoincriminar.

Entretanto, assim não entendeu o Plenário do STF, que, em novembro de 2018, deu provimento ao Recurso Extraordinário 971.959, com repercussão geral reconhecida, e considerou, por maioria, constitucional o artigo *sub examine*, afirmando que a norma não viola a garantia de não autoincriminação, prevista no artigo 5º, inciso LXIII, da Constituição Federal.

Segundo o STF, o tipo penal previsto no dispositivo tem como bem jurídico tutelado a administração da Justiça, que fica prejudicada pela fuga do agente do local do evento, impedindo sua identificação e a apuração do ilícito na esfera penal e civil.

O ministro Fux, relator, apontou que a jurisprudência do STF sempre prestigiou o princípio da não autoincriminação, que não é absoluto, merecendo ser reconhecida a mitigação. Citou o magistrado, ainda, que a evolução na análise do princípio da não autoincriminação teria se consolidado no julgamento do RE 640139, quando se afirmou que não alcança aquele que se atribui falsa identidade perante autoridade policial com o intuito de ocultar maus antecedentes. A Corte entendeu que o direito à não autoincriminação não pode ser interpretado como direito do suspeito, acusado ou réu a não participar de determinadas medidas de cunho probatório, destacando, por derradeiro, que a exigência de permanência no local do acidente e de identificação perante a autoridade de trânsito não obriga o condutor a assumir expressamente sua responsabilidade civil ou penal.

Na ADC 35, cuja decisão foi veiculada no Informativo 994 da Corte, o STF reiterou o entendimento.

> AÇÃO DECLARATÓRIA DE CONSTITUCIONALIDADE. DIREITO CONSTITUCIONAL E PENAL. CRIME PREVISTO NO ART. 305 DO CÓDIGO DE TRÂNSITO NACIONAL. SOLUÇÃO DA CONTROVÉRSIA EM ÂMBITO NACIONAL QUANDO DO JULGAMENTO DO RECURSO EXTRAORDINÁRIO EM REPERCUSSÃO GERAL. MANUTENÇÃO DO ENTENDIMENTO. AÇÃO JULGADA PROCEDENTE. 1. A regra que prevê o crime do art. 305 do Código de Trânsito Brasileiro (Lei nº 9.503/97)é constitucional, posto não infirmar o princípio da não incriminação, garantido o direito ao silêncio e ressalvadas as hipóteses de exclusão da tipicidade e da antijuridicidade. Precedente. 2. Ação direta julgada procedente.
>
> (STF - ADC: 35 DF 8622040-71.2015.1.00.0000, Relator: MARCO AURÉLIO, Data de Julgamento: 13/10/2020, Tribunal Pleno, Data de Publicação: 16/11/2020)

Art. 306. Conduzir veículo automotor com capacidade psicomotora alterada em razão da influência de álcool ou de outra substância psicoativa que determine dependência: (Redação dada pela Lei nº 12.760, de 2012)

Penas - detenção, de seis meses a três anos, multa e suspensão ou proibição de se obter a permissão ou a habilitação para dirigir veículo automotor.

§ 1º As condutas previstas no caput serão constatadas por: (Incluído pela Lei nº 12.760, de 2012)

I - concentração igual ou superior a 6 decigramas de álcool por litro de sangue ou igual ou superior a 0,3 miligrama de álcool por litro de ar alveolar; ou (Incluído pela Lei nº 12.760, de 2012)

II - sinais que indiquem, na forma disciplinada pelo Contran, alteração da capacidade psicomotora. (Incluído pela Lei nº 12.760, de 2012)

§ 2º A verificação do disposto neste artigo poderá ser obtida mediante teste de alcoolemia ou toxicológico, exame clínico, perícia, vídeo, prova testemunhal ou outros meios de prova em direito admitidos, observado o direito à contraprova. (Redação dada pela Lei nº 12.971, de 2014)

§ 3º O Contran disporá sobre a equivalência entre os distintos testes de alcoolemia ou toxicológicos para efeito de caracterização do crime tipificado neste artigo. (Redação dada pela Lei nº 12.971, de 2014)

§ 4º Poderá ser empregado qualquer aparelho homologado pelo Instituto Nacional de Metrologia, Qualidade e Tecnologia - INMETRO - para se determinar o previsto no caput. (Incluído pela Lei nº 13.840, de 2019)

A Embriaguez ao Volante E a Desnecessidade de Demonstração de Situação Concreta de Perigo. Cuida-se, talvez, da figura mais controvertida de nossa Lei de Trânsito. O dispositivo em análise teve sua redação modificada pela Lei nº 11.705/2008 e, posteriormente, pela Lei nº 12.760/12. Na redação inicial, se tratava de crime de perigo concreto, cuja existência dependia da efetiva criação de perigo de dano. Com as alterações citadas, passou a ser tratado pela lei como crime de perigo abstrato, caracterizando-se a conduta como criminosa independentemente da geração de perigo de dano. Assim, tratando-se de crime de perigo abstrato, aplica-se sempre que o agente estiver com álcool por litro de sangue em patamar superior a seis decigramas ou, então, superior a 0,3 miligrama de álcool por litro de ar alveolar. Pratica o crime, ainda, o condutor que ostente sinais de alteração da capacidade psicomotora, independentemente de qualquer demonstração de que, nessas condições, tenha exposto a coletividade a perigo.

Embora parte da doutrina entenda que se trata de solução inconstitucional a adotada pela Lei nº 12.760/2012, certo é que a norma vem sendo aplicada e que o STF, reconhecendo que se trata de crime de perigo abstrato, não reconheceu a alegada afronta à Constituição, afirmando, ao contrário, que se trata de opção legislativa que deve ser acatada. Neste sentido:

> Trata-se de agravo cujo objeto é decisão que inadmitiu recurso extraordinário interposto contra acórdão do Tribunal de Justiça do Estado de São Paulo, assim ementado: "APELAÇÃO - EMBRIAGUEZ AO VOLANTE - CONDENAÇÃO - MANUTENÇÃO - Inquestionáveis a materialidade e autoria delitivas - Réu confesso - Firme depoimento da testemunha - Condenação mantida - Pena mantida no piso legal - Impossibilidade de redução em virtude da atenuante da confissão, tendo em vista a Súmula 231 do Superior Tribunal de Justiça - Pena de suspensão da habilitação para dirigir veículo automotor, devidamente estabelecida - Pena privativa de liberdade substituída por pena pecuniária - RECURSO DE APELAÇÃO DESPROVIDO." O recurso busca fundamento no art. 102, III, a, da Constituição Federal. A parte recorrente alega ofensa ao art. 5º, XXXV, da Constituição. Aduz ser inconstitucional o art. 306 da Lei nº 9.503/1997. O recurso é inadmissível, tendo em vista que o acórdão recorrido está alinhado com a jurisprudência de ambas as Turmas do Supremo Tribunal Federal. Nessa linha, vejam-se: "Recurso ordinário em habeas corpus. Embriaguez ao volante (art. 306 da Lei nº 9.503/97). Alegada inconstitucionalidade do tipo por ser referir a crime de perigo abstrato. Não ocorrência. Perigo concreto. Desnecessidade. Ausência de constrangimento ilegal. Recurso não provido. 1. A jurisprudência é pacífica no sentido de reconhecer a aplicabilidade do art. 306 do Código de Trânsito Brasileiro delito de embriaguez ao volante, não prosperando a alegação de que o mencionado dispositivo, por se referir a crime de perigo abstrato, não é aceito pelo ordenamento jurídico brasileiro. 2. Esta Suprema Corte entende que, com o ad-

vento da Lei nº 11.705/08, inseriu-se a quantidade mínima exigível de álcool no sangue para se configurar o crime de embriaguez ao volante e se excluiu a necessidade de exposição de dano potencial, sendo certo que a comprovação da mencionada quantidade de álcool no sangue pode ser feita pela utilização do teste do bafômetro ou pelo exame de sangue, o que ocorreu na hipótese dos autos. 3. Recurso não provido." (RHC 110.258, Rel. Min. Dias Toffoli, Primeira Turma). "HABEAS CORPUS. PENAL. DELITO DE EMBRIAGUEZ AO VOLANTE. ART. 306 DO CÓDIGO DE TRÂNSITO BRASILEIRO. ALEGAÇÃO DE INCONSTITUCIONALIDADE DO REFERIDO TIPO PENAL POR TRATAR-SE DE CRIME DE PERIGO ABSTRATO. IMPROCEDÊNCIA. ORDEM DENEGADA. I – A objetividade jurídica do delito tipificado na mencionada norma transcende a mera proteção da incolumidade pessoal, para alcançar também a tutela da proteção de todo corpo social, asseguradas ambas pelo incremento dos níveis de segurança nas vias públicas. II – Mostra-se irrelevante, nesse contexto, indagar se o comportamento do agente atingiu, ou não, concretamente, o bem jurídico tutelado pela norma, porque a hipótese é de crime de perigo abstrato, para o qual não importa o resultado. Precedente. III – No tipo penal sob análise, basta que se comprove que o acusado conduzia veículo automotor, na via pública, apresentando concentração de álcool no sangue igual ou superior a 6 decigramas por litro para que esteja caracterizado o perigo ao bem jurídico tutelado e, portanto, configurado o crime. IV – Por opção legislativa, não se faz necessária a prova do risco potencial de dano causado pela conduta do agente que dirige embriagado, inexistindo qualquer inconstitucionalidade em tal previsão legal. V – Ordem denegada." (HC 109.269, Rel. Min. Ricardo Lewandowski, Segunda Turma). Ainda nesse sentido, vejam-se o RE 664.081, Rel. Min. Joaquim Barbosa; o ARE 845.099, Rel.ª Min.ª Cármen Lúcia; e o RE 837.781, Rel. Teori Zavascki. Diante do exposto, com base no art. 38 da Lei nº 8.038/1990 e no art. 21, § 1º, do RI/STF, nego seguimento ao recurso. Publique-se. Brasília, 02 de fevereiro de 2015. Ministro Luís Roberto Barroso Relator (Processo: RE 856930 SP – SÃO PAULO 0002667-77.2011.8.26.0032. Relator(a): Min. ROBERTO BARROSO. Julgamento: 02/02/2015

Não é outra a jurisprudência do STJ:

PENAL. HABEAS CORPUS SUBSTITUTIVO DE RECURSO ESPECIAL. Embriaguez AO VOLANTE. PLEITO DE ABSOLVIÇÃO. CARÊNCIA DE PROVAS DE AUTORIA E MATERIALIDADE DELITIVAS. IMPOSSIBILIDADE DE ANÁLISE DA MATÉRIA NA VIA ELEITA. NECESSIDADE DE REVOLVIMENTO FÁTICO-PROBATÓRIO. CRIME DE PERIGO ABSTRATO. REGIME PRISIONAL SEMIABERTO. REINCIDÊNCIA ESPECÍFICA. FLAGRANTE ILEGALIDADE NÃO EVIDENCIADA. WRIT NÃO CO-

NHECIDO. (...) 4. Nos termos da pacífica jurisprudência desta Corte, o crime de embriaguez ao volante é de perigo abstrato, não sendo necessária a demonstração da potencialidade lesiva da conduta ou a existência de dano efetivo à incolumidade de outrem. Precedentes. 5. Conforme reconhecido pelo acórdão ora recorrido, o paciente foi surpreendido por policiais militares dormindo dentro do seu veículo, e com sinais claros de embriaguez, logo após ter colidido contra a traseira de um automóvel que estava estacionado. Tais circunstâncias, por certo, denotam que o comportamento do paciente expôs o bem jurídico tutelado, qual seja, a incolumidade pública, a perigo, restando configurada a prática do delito de embriaguez ao volante.(...) 8. Writ não conhecido. (HC 364006 / SP. Relator(a):Ministro RIBEIRO DANTAS (1181). T5 – QUINTA TURMA. Data do Julgamento: 22/11/2016).

AGRAVO REGIMENTAL NO AGRAVO REGIMENTAL NO AGRAVO EM RECURSO ESPECIAL. EMBRIAGUEZ AO VOLANTE. ART. 306 DO CTB. DELITO OCORRIDO NA VIGÊNCIA DA LEI N. 11.705/2008. EXAME TÉCNICO QUE ATESTA A INFLUÊNCIA DE ÁLCOOL. CRIME DE PERIGO ABSTRATO. PRESCINDÍVEL A PROVA DE ALTERAÇÃO DA CAPACIDADE PSICOMOTORA. AGRAVO DESPROVIDO. 1. In casu, trata-se de crime praticado sob a égide da Lei n. 11.705/2008 (art. 306). O Tribunal de origem consignou ter sido demonstrado que a recorrente encontrava-se alcoolizada no momento dos fatos, situação essa confirmada pelo aparelho de etilômetro, que registrou 0,41 mg/L de álcool por litro de ar expelido (equivalente a 8,2 dg/L de álcool por litro de sangue). 2. A jurisprudência desta Corte Superior se firmou no sentido de que o delito previsto no art. 306 do CTB é de perigo abstrato, não se exigindo mais, a partir da edição das Leis n. 11.705/2008 e 12.760/2012, a prova da alteração da capacidade motora do agente" (AgRg no AREsp 1.258.692/MG, Rel. Ministro ROGERIO SCHIETTI CRUZ, SEXTA TURMA, julgado em 07/06/2018, DJe 15/06/2018). Precedentes. 3. Agravo regimental a que se nega provimento. (AgRg no AgRg no AREsp 1525705/PR, Rel. Ministro RIBEIRO DANTAS, QUINTA TURMA, julgado em 01/10/2019, DJe 07/10/2019)

A Comprovação da Dosagem de Álcool por Litro de Sangue e da apresentação de sinais que indiquem a alteração da capacidade psicomotora. A atual redação do artigo 306 do CTB, dada pela Lei 12.760 de 2012, prevê que a verificação das hipóteses em que se considera praticado o delito de embriaguez ao volante, nos termos do parágrafo 1º do artigo 306, pode ser obtida mediante teste de alcoolemia ou toxicológico, exame clínico, perícia, vídeo, prova testemunhal ou outros meios de prova em direito admitidos, observado o direito à contraprova.

Acreditamos, porém, no disposto no artigo 306, § 2º, admitindo qualquer meio de prova, somente se aplique à hipótese de o agente ostentar sinais que indiquem a alteração da capacidade psicomotora, que, assim, não demandaria a realização de testes de alcoolemia, podendo ser demonstrada através de prova testemunhal.

Quanto à comprovação da materialidade do crime do art. 306 na hipótese de o condutor dirigir com quantidade igual ou superior a seis decigramas de álcool por litro de sangue ou 0,3 miligrama de álcool por litro de ar alveolar, entendemos que apenas a realização de testes de alcoolemia se prestaria a esse fim. Esse vinha sendo o entendimento das duas turmas do STJ antes da edição da Lei nº 12.760/2012 quando a única forma de praticar a conduta descrita no dispositivo incriminador em comento era a de dirigir com concentração de álcool igual ou superior a seis decigramas de álcool por litro de sangue. Neste sentido:

> PROCESSO PENAL E PENAL. RECURSO ORDINÁRIO EM HABEAS CORPUS. EMBRIAGUEZ AO VOLANTE. TRANCAMENTO DA AÇÃO PENAL. EXCEPCIONALIDADE.
>
> RÉU SUBMETIDO A TESTE DE ETILÔMETRO. MEIO IDÔNEO PARA A COMPROVAÇÃO DA ALCOOLEMIA. TIPICIDADE. CONDUTA PRATICADA ENTRE A ENTRADA EM VIGOR DO DECRETO 6.488/2009 E O ADVENTO DA LEI 12.760/2012. CRIME DE PERIGO ABSTRATO. INÉPCIA DA DENÚNCIA NÃO EVIDENCIADA. RECURSO DESPROVIDO. (...) 2. Hipótese na qual o réu foi submetido a teste de etilômetro ao ser preso em flagrante, em 29/09/2010, que constou a concentração de álcool de 0,54 mg por litro de ar expedido, bem superior ao tolerado pelo Decreto 6.488/2009. Por certo, tal diploma legal regulamentou o uso do bafômetro como teste de alcoolemia, estabelecendo a concentração de álcool igual ou superior a 0,3 miligrama por litro de ar expelido dos pulmões como parâmetro para fins de caracterização do delito previsto no art. 306 da Lei n. 9.503/1997.
>
> Precedente.
>
> 3. No período compreendido entre a entrada em vigor do Decreto 6.488/2009 e o advento da Lei n. 12.760/2012, que deu nova redação ao art. 306 do Código de Trânsito, trazendo novos parâmetros para aferição da embriaguez ao volante, a alteração alcoolemia somente poderia ser comprovada por teste de etilômetro ou por exame de sangue, alternativamente.
>
> 4. Nos termos do entendimento consolidado deste Superior Tribunal, o crime de embriaguez ao volante é considerado de perigo abstrato, ou seja, prescinde da demonstração de potencialidade lesiva da conduta para sua configuração. Precedente.
>
> 5. Se as instâncias ordinárias reconheceram que inexiste qualquer vício no instrumento de aferição da alcoolemia, para infirmar tal conclusão seria necessário reexame fático-comprobatório dos autos, o que é vedado na via eleita.

> 6. "Segundo a orientação desta Corte Superior de Justiça, a verificação periódica anual, prevista no art. 6º, inciso III, da Resolução n. 206, de 20 de outubro de 2006, do CONTRAN, como requisito para a constatação da regularidade do etilômetro, não se confunde com a calibração do aparelho. Por isso, correta a conclusão das instâncias antecedentes de que não há qualquer vício na medição realizada pelo aparelho, porque realizada dentro do prazo de validade da certificação" (HC 240.337/MG, Rel. Ministra LAURITA VAZ, QUINTA TURMA, julgado em 07/11/2013, DJe 25/11/2013).(...)9. Recurso desprovido. (RHC 51816 / SP. Relator(a) Ministro RIBEIRO DANTAS. QUINTA TURMA. Data do Julgamento: 18/10/2016).

Imaginemos, desta feita, que o agente esteja na condução de veículo automotor e, ao ser abordado por policiais rodoviários federais, não apresente sinais quaisquer indicativos de alteração de capacidade psicomotora, mas sejam encontradas pelos agentes algumas garrafas de cerveja no chão do veículo. A única forma de se demonstrar que o agente apresenta quantidade de seis decigramas ou mais de álcool por litro de ar alveolar é submetê-lo ao teste de alcoolemia. Não haverá outra forma. Outrossim, caso o condutor saísse trôpego do veículo, com sinais mais que visíveis de que se encontrava sob efeito de álcool, independentemente da quantidade que ostentasse de álcool no sangue, não seria necessária a realização do exame de alcoolemia, sendo suficiente a prova testemunhal para comprovação da embriaguez.

Neste sentido:

> PROCESSO PENAL E PENAL. RECURSO ORDINÁRIO EM HABEAS CORPUS. EMBRIAGUEZ AO VOLANTE. TRANCAMENTO DO PROCESSO-CRIME. EXCEPCIONALIDADE. FALTA DE JUSTA CAUSA PARA A PERSECUÇÃO PENAL. NECESSIDADE DE REVOLVIMENTO FÁTICO-COMPROBATÓRIO. INVIABILIDADE NA VIA ELEITA. MATERIALIDADE DELITIVA. ALTERAÇÃO DA CAPACIDADE PSICOMOTORA COMPROVADA POR PROVA TESTEMUNHAL, PERÍCIA E TESTE DE ETILÔMETRO. CRIME PRATICADO APÓS O ADVENTO DA LEI N. 12.760/2012. RECURSO DESPROVIDO. (...)2. Hipótese na qual a embriaguez ao volante foi reconhecida com base em provas testemunhais, pois os policiais responsáveis pela prisão em flagrante afirmaram, de forma categórica, que o réu ostentava sinais claros de alteração da capacidade psicomotora quando de sua abordagem, tais como olhos avermelhados, voz pastosa e forte odor etílico, o que restou corroborado pela perícia realizada em seu veículo. Além disso, o ora recorrente foi submetido a teste de etilômetro, que atestou o resultado de 0,43 mg/l de ar alveolar, ou seja, superior ao limite permitido. Por certo, ainda que o resultado do exame de etilômetro acostado ao processo-crime fosse ilegível, foi determinada a juntada de novo extrato aos autos, não obstante o fato de que as conclusões do teste de alcoolemia tenham sido ampla-

> mente reconhecidas na fase inquisitorial. 3. Com o advento da Lei n. 12.760/2012, que modificou o art. 306 do Código de Trânsito, foi reconhecido ser despicienda a submissão do acusado a teste de etilômetro, tendo passado a ser admitida a comprovação da embriaguez por vídeo, testemunhos ou outros meios de prova em direito admitidos, observado o direito à contraprova. Precedentes. (...). (RHC 69856 / SP. Relator(a) Ministro RIBEIRO DANTAS (1181) Órgão Julgador: T5 - QUINTA TURMA. Data do Julgamento 22/11/2016).

A inclusão do parágrafo quarto ao art. 306 do CTB, promovida pela Lei nº 13.840/19: Por derradeiro, há de se frisar que, consoante alteração legislativa no ano de 2019, introduziu-se novo parágrafo ao dispositivo em análise para, dissipando eventuais dúvidas neste sentido, afirmar a possibilidade de ser empregado qualquer aparelho homologado pelo Instituto Nacional de Metrologia, Qualidade e Tecnologia - INMETRO - para se determinar o previsto no *caput.* Isso não tem o condão de alterar o que já vinha sendo previsto no artigo 306, § 2º, do Código de Trânsito Brasileiro e outros meios que buscam a constatação da alteração da capacidade psicomotora em razão da influência de álcool ou de outra substância psicoativa que determine dependência permanecem válidos, na nossa opinião.

Elemento modal. Para que tenhamos a incidência da norma em comento, o crime precisa ser praticado na via pública. Importante frisar que o conceito de via pública é dado pelo artigo 2º da lei em comento, que assim preceitua:

> Art. 2º São vias terrestres urbanas e rurais as ruas, as avenidas, os logradouros, os caminhos, as passagens, as estradas e as rodovias, que terão seu uso regulamentado pelo órgão ou entidade com circunscrição sobre elas, de acordo com as peculiaridades locais e as circunstâncias especiais.
>
> Parágrafo único. Para os efeitos deste Código, são consideradas vias terrestres as praias abertas à circulação pública, as vias internas pertencentes aos condomínios constituídos por unidades autônomas e as vias e áreas de estacionamento de estabelecimentos privados de uso coletivo. (Redação dada pela Lei nº 13.146, de 2015)

Sujeito Ativo. Qualquer pessoa, sendo crime comum.

Sujeito Passivo. A coletividade como um todo.

Bem Jurídico Tutelado. A segurança nas vias públicas, a incolumidade pública.

Tentativa. Admitida, quando, por exemplo, o condutor embriagado tenta dar partida no veículo, mas é impedido de conduzi-lo, por razão que lhe é alheia à vontade.

A Hipótese do Condutor, Embriagado, Matar ou Lesionar Alguém. Hoje, havendo forma qualificada para o crime de homicídio culposo na direção de veículo automotor quando o condutor estiver embriagado, resta-nos apenas considerar que o crime de perigo que ora analisamos será absorvido pelo de dano, ou seja, este crime do art. 306 restará absorvido pelo art. 302 (isso se entendermos que não se trata de dolo eventual, hipótese em que estaremos diante de homicídio doloso e, portanto, da incidência da regra do art. 121 do Código Penal. Sobre a controvérsia, remetemos o leitor aos comentários desta obra com relação ao crime do art. 302 do CTB). Caso as lesões provocadas sejam graves ou gravíssimas, o crime do art. 306 estará absorvido pelo art. 303, §2º.

Na hipótese de lesão leve, entendemos que aquele que, conduzindo veículo automotor embriagado, lesionar alguém deverá responder apenas pelo crime de embriaguez ao volante. Nesta hipótese, o crime de dano não absorverá o de perigo, pois que não teria sentido o mais grave (o do art. 306) ser absorvido pelo menos grave, qual seja, o de dano, cuja pena é menor (art. 303). Discordamos veementemente da solução que se pretende dar no sentido de reconhecer concurso formal entre os dois delitos, o de dano (art. 303) e o de perigo (art. 306), tal qual entendeu o STJ:

> PENAL. RECURSO ESPECIAL. CRIMES PREVISTOS NOS ARTS. 303 E 306 DO CÓDIGO DE TRÂNSITO BRASILEIRO. DELITOS AUTÔNOMOS. BENS JURÍDICOS DISTINTOS. APLICAÇÃO DO PRINCÍPIO DA CONSUNÇÃO. IMPOSSIBILIDADE. RECURSO ESPECIAL DESPROVIDO. 1. É inviável o reconhecimento da consunção do delito previsto no art. 306, do CTB (embriaguez ao volante), pelo seu art. 303 (lesão corporal culposa na direção de veículo automotor), quando um não constitui meio para a execução do outro, mas evidentes infrações penais autônomas, que tutelam bens jurídicos distintos. Precedentes. 2. Recurso especial desprovido. Vistos, relatados e discutidos os autos em que são partes as acima indicadas, acordam os Ministros da Quinta Turma do Superior Tribunal de Justiça, por unanimidade, conhecer do recurso, mas negar-lhe provimento. Os Srs. Ministros Joel Ilan Paciornik, Felix Fischer, Jorge Mussi e Reynaldo Soares da Fonseca votaram com o Sr. Ministro Relator. (STJ - REsp 1629107 / DF 2016/0256587-4, Relator: Ministro RIBEIRO DANTAS, Data do Julgamento: 20/03/2018, Data da Publicação: 26/03/2018, T5 - QUINTA TURMA)

O legislador, ao fazer a previsão de uma qualificadora no art. 303, §2º, para o crime de perigo à coletividade quando da conduta resultasse o evento naturalístico típico lesão grave e gravíssima, reforça o entendimento que já adotávamos em edições anteriores, no sentido de que, na hipótese de o agente embriagado provocar lesões leves na vítima, as mesmas deverão ser absorvidas pelo crime do art. 306, *caput*. Ainda que esta não tenha sido a orientação adotada pelo STJ no julgado acima transcrito, mantemos nosso entendimento.

Ação Penal. Pública incondicionada.

Classificação. Crime comum, de perigo abstrato, doloso, admite tentativa, admite participação.

Art. 307. Violar a suspensão ou a proibição de se obter a permissão ou a habilitação para dirigir veículo automotor imposta com fundamento neste Código:

Penas - detenção, de seis meses a um ano e multa, com nova imposição adicional de idêntico prazo de suspensão ou de proibição.

Parágrafo único. Nas mesmas penas incorre o condenado que deixa de entregar, no prazo estabelecido no § 1º do art. 293, a Permissão para Dirigir ou a Carteira de Habilitação.

Especialidade. Cuida-se de norma especial com relação aos crimes dos arts. 330 e 359 do Código Penal.

Tipo Objetivo. Cuida-se da conduta daquele que desobedece à ordem judicial ou mesmo decisão administrativa que impôs a suspensão ou a proibição de se obter a permissão ou a habilitação para dirigir veículo automotor. Não podemos concordar com o posicionamento daqueles que entendem que inexiste o crime quando o condutor desobedece à determinação administrativa de suspensão ou da proibição de se obter a permissão ou a habilitação para dirigir veículo automotor. Ora, o tipo penal não faz essa restrição. Ao contrário, menciona este artigo 307 a suspensão ou proibição "imposta com fundamento neste Código", que traz tanto a possibilidade de a penalidade ser imposta com base em decisão administrativa quanto judicial.

Sujeito Ativo. Trata-se de crime próprio, somente podendo ser praticado por aquele que tiver recebido a sanção de suspensão ou de proibição referida no artigo.

Sujeito Passivo. O Estado.

Objetividade Jurídica. A administração, em especial a Administração da Justiça.

Classificação. Próprio, de perigo abstrato, instantâneo, unissubsistente, de mera conduta.

Art. 308. Participar, na direção de veículo automotor, em via pública, de corrida, disputa ou competição automobilística ou ainda de exibição ou demonstração de perícia em manobra de veículo automotor, não autorizada pela autoridade competente, gerando situação de risco à incolumidade pública ou privada: (caput com redação dada pela Lei 13546/17)

Penas - detenção, de 6 (seis) meses a 3 (três) anos, multa e suspensão ou proibição de se obter a permissão ou a habilitação para dirigir veículo automotor. (Redação dada pela Lei nº 12.971, de 2014) (Vigência)

§ 1º Se da prática do crime previsto no caput resultar lesão corporal de natureza grave, e as circunstâncias demonstrarem que o agente não quis o resultado nem assumiu o risco de produzi-lo, a pena privativa de liberdade é de reclusão, de 3 (três) a 6 (seis) anos, sem prejuízo das outras penas previstas neste artigo. (Incluído pela Lei nº 12.971, de 2014) (Vigência)

§ 2º Se da prática do crime previsto no caput resultar morte, e as circunstâncias demonstrarem que o agente não quis o resultado nem assumiu o risco de produzi-lo, a pena privativa de liberdade é de reclusão de 5 (cinco) a 10 (dez) anos, sem prejuízo das outras penas previstas neste artigo. (Incluído pela Lei nº 12.971, de 2014) (Vigência)

Tipo Objetivo. Cuida-se da conduta conhecida vulgarmente como "racha" ou "pega", em que se promovem verdadeiras competições automobilísticas, sem qualquer autorização da autoridade competente.

Tipo Subjetivo. O dolo.

Sujeito Ativo. Qualquer pessoa, tratando-se de crime comum.

Sujeito Passivo. A coletividade.

Objetividade Jurídica. A segurança viária, a incolumidade pública.

Via Pública. Só resta caracterizado o delito se for praticado na via pública, não havendo o crime se a competição se der local que não se adeque ao conceito de via pública, trazido pelo artigo 2º da Lei 9.503/1997.

Crime de Perigo. Cuidamos, aqui, de crime de perigo concreto, sendo necessária a demonstração de que houve pessoas efetivamente expostas à situação de perigo e, ainda, que se especifique qual teria sido o perigo provocado . Aqui, ao contrário do disposto no art. 306, não se presume perigo, de sorte que é atípica a conduta daquele que, participando de competição automobilística não autorizada, não gerar perigo de dano.

Hipótese de Ocorrência de Lesão ou Morte. Em alterações feitas no Código de Trânsito Brasileiro, o legislador, em acertada decisão, resolveu adotar as soluções trazidas pelo Código Penal para o crime contra a incolumidade pública de que tratamos. Assim, na hipótese do agente, com dolo de perigo, participar de competições automobilísticas não autorizadas e provocar, culposamente, lesões graves ou morte, deverá ser responsabilizado pelo crime do artigo 308 em uma de suas formas qualificadas pelo resultado, tal qual disciplina trazida pelos parágrafos 1º e 2º.

Situações que podem ocorrer na hipótese de participação em competição automobilística na via pública. A atual redação do artigo 308 nos permite concluir que, na hipótese de participação nos denominados "rachas", o agente não necessariamente atuará com dolo com relação aos eventos "morte" e "lesão". As circunstâncias do caso concreto é que dirão, não sendo certo, portanto, tentarmos elaborar fórmulas que apenas cabem nas ciências exatas para solucionar questões do Direito.

Quando os parágrafos do artigo 308 se utilizam da expressão "e as circunstâncias demonstrarem que o agente não quis o resultado nem assumiu o risco de produzi-lo", resta evidente que mencionam resultados culposamente provocados.

Caso as circunstâncias revelem que o agente quis o resultado ou assumiu o risco, consentindo com a sua produção, ou seja, que atuou dolosamente, não podemos usar o dispositivo em análise, mas, ao contrário, devemos recorrer ao Código Penal. Assim, as seguintes situações podem ocorrer:

1. Participa de competições automobilísticas e não causa qualquer dano ou perigo de dano. Trata-se de conduta atípica, pois o tipo penal prevê um crime de perigo concreto, que demonstra a efetiva criação de perigo;
2. Participa de competições automobilísticas e causa perigo de dano. Aplica-se o disposto no *caput* do art. 308;
3. Participa de competições automobilísticas e acaba, por culpa, provocando lesões corporais de natureza leve. Aplica-se o disposto no *caput* do art. 308, eis que o dispositivo traz, em seu parágrafo primeiro, a qualificadora pela causação da lesão grave a título de culpa, do que se depreende que, em causando lesão que possa ser considerada leve, a mesma deve ser considerada absorvida, aplicando-se o *caput* do dispositivo;
4. Participa de competições automobilísticas e causa, a título de culpa, lesões de natureza grave. Aplica-se o art. 308, § 1º;
5. Participa de competições automobilísticas e acaba, a título de culpa, por provocar a morte de alguém. Aplica-se o disposto no art. 308, § 2º;
6. Participa de competições automobilísticas e, pelas circunstâncias, se conclui que atuou com dolo eventual com relação ao evento morte, que efetivamente acabou por provocar. Incide o disposto no artigo 121 do CP, devendo o agente ser responsabilizado por homicídio doloso.

Racha e causação dolosa de morte. Podem incidir qualificadoras? Sobre o tema, já se manifestou o STF, que entendeu compatível o dolo eventual com a qualificadora do recurso que impossibilitou a defesa da vítima. Neste sentido:

> PENAL. HOMICÍDIO QUALIFICADO. ART. 121, § 2º, INCISO IV, DO CÓDIGO PENAL. "RACHA". QUALIFICADORA DO RECURSO QUE DIFICULTOU OU TORNOU IMPOSSÍVEL A DEFESA DA VÍTIMA. COMPATIBILIDADE COM O DOLO EVENTUAL. PRECEDENTES DESTA CORTE. 1. Consoante já se manifestou esta Corte Superior de Justiça, a qualificadora prevista no inciso IV do § 2º do art. 121 do Código Penal é, em princípio, compatível com o dolo eventual, tendo em vista que o agente, embora prevendo o resultado morte, pode, dadas as circunstâncias do caso concreto, anuir com a sua possível ocorrência, utilizando-se de meio que surpreenda a vítima. Precedentes. 2. Na hipótese, os réus, no auge de disputa automobilística em via pública, não conseguiram efetuar determinada curva, perderam o controle do automóvel e o ora Paciente atingiu, de súbito, a vítima, colidindo frontalmente com a sua motocicleta, ocasionando-lhe a morte. 3. Nesse contexto, não há como afastar, de plano, a qualificadora em questão, uma vez que esta não se revela, de forma incontroversa, manifestamente improcedente. 4. Ordem denegada (HC nº 120.175/SC, Rel.ª Min.ª Laurita Vaz, 5ª Turma, j. 02/03/10).

Contudo, no que tange à qualificadora da motivação fútil, o STJ entendeu não ser compatível com o dolo eventual. Observemos:

> DIREITO PENAL. HIPÓTESE DE INEXISTÊNCIA DE MOTIVO FÚTIL EM HOMICÍDIO DECORRENTE DA PRÁTICA DE "RACHA".
>
> Não incide a qualificadora de motivo fútil (art. 121, § 2º, II, do CP), na hipótese de homicídio supostamente praticado por agente que disputava "RACHA", quando o veículo por ele conduzido – em razão de choque com outro automóvel também participante do "RACHA" – tenha atingido o veículo da vítima, terceiro estranho à disputa automobilística. No caso em análise, o homicídio decorre de um acidente automobilístico, em que não havia nenhuma relação entre o autor do delito e a vítima. A vítima nem era quem praticava o "RACHA" com o agente do crime. Ela era um terceiro que trafegava por perto naquele momento e que, por um dos azares do destino, viu-se atingido pelo acidente que envolveu o agente do delito. Quando o legislador quis se referir a motivo fútil, fê-lo tendo em mente uma reação desproporcional ou inadequada do agente quando cotejado com a ação ou omissão da vítima; uma situação, portanto, que pressupõe uma relação direta, mesmo que tênue, entre agente e vítima. No caso não há essa relação. Não havia nenhuma relação entre o autor do crime e a vítima. O agente não reagiu a uma ação ou omissão da vítima (um esbarrão na rua, uma fechada de carro, uma negativa a um pedido). Não há aqui motivo fútil, banal, insignificante, diante de um acidente cuja causa foi um comportamento imprudente do agente, comportamento este que não foi resposta à ação ou omissão da vítima. Na verdade, não há nenhum motivo. HC 307.617-SP, Rel. Min. Nefi Cordeiro, Rel. para acórdão Min. Sebastião Reis Júnior, julgado em 19/4/2016, DJe 16/5/2016.

Não mais é Crime de Menor Potencial Ofensivo. Irretroatividade. Antes da redação dada pela Lei 12.971/2014, o crime de participação em competição automobilística não autorizada era de menor potencial ofensivo, pois que de dois anos sua pena máxima. Atualmente, com pena máxima de três anos, se afasta do conceito de crimes de menor potencial. A nova disciplina trazida pela Lei de 2014 é, portanto, irretroativa.

Ação Penal. Pública incondicionada.

> **Art. 309.** Dirigir veículo automotor, em via pública, sem a devida Permissão para Dirigir ou Habilitação ou, ainda, se cassado o direito de dirigir, gerando perigo de dano:
>
> Penas – detenção, de seis meses a um ano, ou multa.

Revogação Parcial do Art. 32 da Lei de Contravenções Penais. O disposto nesse artigo, ao prever a necessidade de geração de perigo de dano, revogou o disposto no art. 32 da LCP. Assim, a direção de veículo automotor por pessoa não habilitada não será crime ou contravenção, mas apenas infração administrativa, caso o condutor não venha a expor a perigo a coletividade. O previsto no art. 32 da LCP atualmente só se aplica quando se tratar de conduzir embarcações em águas públicas. Observe que, com relação à citada contravenção, não será exigida a demonstração do perigo de dano.

Quanto à revogação do art. 32 da LCP, a Súmula nº 720 do STF, abaixo transcrita:

> Súmula nº 720
>
> O art. 309 do Código de Trânsito Brasileiro, que reclama decorra do fato perigo de dano, derrogou o art. 32 da Lei das Contravenções Penais no tocante à direção sem habilitação em vias terrestres.

Falta de Habilitação. O disposto nesse art. 309 será aplicável ao agente não habilitado para a condução de uma determinada espécie de veículo. Destarte, não basta ser habilitado, deverá, ainda, ter habilitação para aquele veículo específico que se conduz naquela situação igualmente específica. Assim, imaginemos que alguém, não habilitado para a condução de motocicleta, mas habilitado para condução de veículo de passeio, se veja envolvido em episódio de trânsito, quando, ao conduzir uma motocicleta, quase atropela um pedestre. Na hipótese, terá violado o disposto no art. 309.

Habilitação Vencida. As normas do Código de Trânsito Brasileiro dispõem sobre a necessidade de renovação da habilitação. Entendemos que haverá crime para o condutor, que, um dia habilitado, deixou de renovar, no prazo de lei, sua habilitação e, ao dirigir veículo automotor, gerou perigo de dano. Afinal, não é habilitado aquele que não renovou sua habilitação, não comparecendo perante as autoridades de trânsito para demonstrar que ainda preenche os requisitos que o tornam apto à condução de veículo automotor. Necessário pontuarmos, contudo, que o STJ, consoante decisão nos autos do HC 226128, acima parcialmente transcrito, ao entender que não se pode equiparar habilitação vencida à falta de habilitação, não comunga do entendimento aqui defendido.

Não Portar o Documento de Habilitação. Não se deve confundir pessoa não habilitada com pessoa que não porta o documento de habilitação. Destarte, se alguém, devidamente habilitado, sai às ruas sem o documento respectivo, conduzindo veículo automotor e venha a gerar perigo de dano, não haverá crime de trânsito, restando caracterizada, porém, uma infração administrativa, pois o Código de Trânsito Brasileiro prevê a Carteira Nacional de Habilitação como documento de porte obrigatório. Outrossim, a hipótese caracterizará o crime do art. 132 do Código Penal.

Sujeito Ativo. Qualquer pessoa.

Sujeito Passivo. A coletividade como um todo.

Bem Jurídico Tutelado. A segurança viária.

Crime de Perigo Concreto. Trata-se de crime de perigo concreto, sendo necessária a demonstração da situação de perigo a que a coletividade ficou exposta, tal qual exigido pelo próprio tipo penal, o que se dará, por exemplo, na hipótese de o agente se envolver em um acidente de trânsito. Nesse sentido:

> (...) Trata-se de recurso interposto contra a r. sentença que julgou procedente a pretensão punitiva estalai. Consta da denúncia que em 27/08/2011, por volta das 19h30min, na rodovia BR-040, o acusado conduzia motocicleta sem habilitação, gerando perigo de dano. Há relato, ainda, de que o acusado atropelou funcionário do DNIT que trabalha na marcação das faixas de rolamento. O d. Juízo de Primeiro Grau condenou o apelante como incurso na pena do art. 309 da Lei n. 9.503/97 (Código de Trânsito Brasileiro). A pena definitiva aplicada foi de 6 (seis) meses, a ser cumprida em regime inicialmente aberto, substituída por prestação de serviços à comunidade. O recorrente alega que o fato é atípico, haja vista o crime do art. 309 do Código de Trânsito Brasileiro exigir o perigo concreto de dano. Parecer do d. Ministério Público de Segundo Grau pelo conhecimento e improvimento do recurso. O art. 309 do Código de Trânsito Brasileiro tipifica como crime a conduta de 'Dirigir veículo automotor, em via pública, sem a devida Permissão para Dirigir ou Habilitação ou, ainda, se cassado o direito de dirigir, gerando perigo de dano.' Observa a doutrina, que para a configuração do crime, não basta a mera conduta de dirigir sem habilitação, sendo necessário que a conduta provoque perigo concreto de dano. As provas produzidas durante a instrução criminal foram contundentes para confirmar a autoria e materialidade do crime. O réu confessou não portar habilitação para conduzir a motocicleta (f. 134). O perigo de dano foi insofismavelmente configurado, uma vez que o réu se envolveu em acidente de trânsito, provocando perigo concreto de dano à coletividade. A condenação está amparada em provas contundentes e coesas que demonstraram a autoria e a materialidade do crime previsto no art. 309 da Lei n. 9.503/97 (Código de Trânsito Brasileiro). (Processo: ARE 845103 DF, Relator(a): Min. DIAS TOFFOLI. Julgamento: 19/12/2014)

Crime de Menor Potencial Ofensivo. Sendo crime de menor potencial ofensivo, cabe a transação penal, não cabendo, entretanto, a representação e a composição civil dos danos como causa extintiva de punibilidade, por se tratar de crime de ação penal pública incondicionada.

Hipótese de Causação de Morte ou Lesão. Nessa hipótese, o agente deverá responder por crime de lesão corporal culposa ou homicídio culposo com aumento de pena previsto no artigo 302, § 1º, I.

Ação Penal. Pública incondicionada.

Ação Penal na Hipótese de Lesão Corporal Culposa por Pessoa não Habilitada e Falta de Representação da Vítima. Como vimos anteriormente, o crime de lesão corporal culposa na direção de veículo automotor é de ação penal pública que se condiciona à representação da vítima. Imaginemos a seguinte situação: agente não habilitado, violando dever objetivo de cuidado, atropela e lesiona a vítima, que não oferece representação. Nesta hipótese, poderia o Ministério Público deflagrar a ação penal por violação ao art. 309 do Código de Trânsito Brasileiro? Consoante entendimento sufragado pelo STF, a resposta é negativa. O crime de lesão corporal culposa absorverá o do art. 309 e, assim, não há que se falar em persecução penal com relação ao último crime. Neste sentido:

> Habeas Corpus. PENAL. PROCESSO PENAL. CÓDIGO DE TRÂNSITO BRASILEIRO. CRIME DO Art. 309. ABSORÇÃO PELO DO Art. 303. FALTA DE REPRESENTAÇÃO. TRANCAMENTO DA AÇÃO PENAL. O agente que causa lesão corporal a outrem, ao dirigir veículo, em via pública, sem habilitação, responde pelo delito de lesão corporal culposa, com o aumento de pena pela falta de habilitação (CTB, art. 303 parágrafo único c/c art. 302 parágrafo único, inciso I). O fato de dirigir sem habilitação fica absorvido pelo delito de lesão corporal. Não caracteriza, a espécie, o crime autônomo de dirigir sem habilitação (CTB, art. 309). Se a vítima não oferecer a necessária representação pelo delito de lesão, desaparecem ambos os fatos, pelo princípio da consunção. Tranca-se a ação penal. *Habeas Corpus* deferido (HC nº 80.436/MG, Rel. Min. Nelson Jobim, j. 17/10/2000. Órgão Julgador: 2ª Turma).

> CRIME DE LESÕES CORPORAIS CULPOSAS NA DIREÇÃO DE VEÍCULO, QUALIFICADO PELA FALTA DE HABILITAÇÃO, E DE DIRIGIR SEM HABILITAÇÃO (arts. 303, PARÁGRAFO ÚNICO, E 309 DO CTB): CONSUNÇÃO. 1. O crime mais grave de lesões corporais culposas, qualificado pela falta de habilitação para dirigir veículos, absorve o crime menos grave de dirigir sem habilitação (arts. 303, parágrafo único, e 309 do Código de Trânsito Brasileiro). 2. O crime de lesões corporais culposas é de ação pública condicionada à representação da vítima por expressa disposição legal (arts. 88 e 91, da Lei nº 9.099/1995). 3. Na hipótese em que a vítima não exerce a faculdade de representar, ocorre a extinção da punibilidade do crime mais grave de lesões corporais culposas, qualificado pela falta de habilitação, não podendo o paciente ser processado pelo crime menos grave de dirigir sem habilitação, que restou absorvido. Precedentes de ambas as Turmas. 4. *Habeas-corpus* conhecido e deferido para determinar o trancamento da ação penal (HC nº 80.298/MG, Rel. Min. Maurício Corrêa, j. 10/10/2000. Órgão Julgador: 2ª Turma).

Entretanto, deixamos consignada a nossa discordância da solução adotada pelo STF com relação ao tema. Como se vê, baseia-se aquela Corte em uma relação de consunção entre os crimes dos arts. 303 e 309 para fundamentar a sua tese. Todavia, não é de consunção, mas de subsidiariedade a relação existe entre os delitos citados: o crime do art. 309, de perigo, é subsidiário ao do art. 303, de dano. Destarte, não havendo representação e, portanto, inexistindo condição de procedibilidade com relação ao crime de dano, nada obsta a que o Ministério Público, titular da ação penal, a deflagre com relação ao crime de perigo, em que não depende de qualquer manifestação da vítima, pois que não se pode negar que, ao dirigir sem habilitação, gerando perigo de dano, o agente acabou por violar o comando proibitivo do art. 309, em que se tutela a segurança viária.

Esse entendimento defendido pelos autores é o mesmo que a jurisprudência do STJ sufraga:

> AGRAVO REGIMENTAL NO RECURSO EM HABEAS CORPUS. TRANCAMENTO DE INQUÉRITO POLICIAL. CONSUNÇÃO ENTRE OS DELITOS PREVISTOS NOS ART. 303 E 309 DO CÓDIGO DE TRÂNSITO BRASILEIRO - CTB. IMPOSSIBILIDADE. AGRAVO REGIMENTAL DESPROVIDO. 1. "Em função do princípio da consunção, um tipo descarta outro porque consome ou exaure o seu conteúdo proibitivo, isto é, porque há um fechamento material. É um caso de consunção o do fato posterior que resulta consumido pelo delito prévio" (Eugênio Raúl Zaffaroni, in Manual de Direito Penal Brasileiro V.1, 7ª ed. rev. e atualizada. São Paulo: Revista dos Tribunais, 2007, págs. 628-629) [...] Hipótese em que, reconhecida a autonomia dos desígnios do recorrente e a distinção dos bens jurídicos tutelados pela norma penal, evidencia-se a inaplicabilidade do princípio da consunção, dada a ocorrência isolada dos crimes, o que denota a impossibilidade da absorção de um delito pelo outro" (RHC 61.464/RJ, Rel. Ministro RIBEIRO DANTAS, QUINTA TURMA, DJe 30/5/2018). 2. A jurisprudência dominante nesta Corte Superior rechaça a aplicação do princípio da consunção entre os tipos penais previstos nos arts. 303 e 309 do Código de Trânsito Brasileiro - CTB (lesão corporal na direção de veículo e dirigir veículo sem a devida habilitação), por tutelarem bens jurídicos diversos e não guardarem relação de crime meio e crime fim entre si. 3. Agravo Regimental desprovido.
>
> (STJ - AgRg no RHC: 117454 PR 2019/0260363-2, Relator: Ministro JOEL ILAN PACIORNIK, Data de Julgamento: 21/11/2019, T5 - QUINTA TURMA, Data de Publicação: DJe 02/12/2019)

Art. 310. Permitir, confiar ou entregar a direção de veículo automotor a pessoa não habilitada, com habilitação cassada ou com o direito de dirigir suspenso, ou, ainda, a quem, por seu estado de saúde, física ou mental, ou por embriaguez, não esteja em condições de conduzi-lo com segurança:

Penas – detenção, de seis meses a um ano, ou multa.

Análise do Tipo Objetivo. Cuida-se de um tipo aberto, cujo verdadeiro alcance deverá ser estabelecido pelo intérprete, na medida em que trata da entrega do veículo automotor a qualquer pessoa que não esteja em condições de conduzi-lo, seja por não ser habilitada, seja por estar com a habilitação cassada, embriagado ou por qualquer outra situação relacionada ao seu estado de saúde física ou mental.

Perigo Abstrato. O tipo penal não exige, para sua caracterização, que a pessoa a quem se entrega a direção do veículo automotor venha a causar perigo de dano, bastando a entrega do veículo a pessoa sem condições de conduzi-lo. Isso é hoje pacificado na jurisprudência de nossos Tribunais, notadamente o STJ, que, inclusive, editou a Súmula 575 a respeito do tema.

> Súmula 575. Constitui crime a conduta de permitir, confiar ou entregar a direção de veículo automotor a pessoa que não seja habilitada, ou que se encontre em qualquer das situações previstas no art. 310 do CTB, independentemente da ocorrência de lesão ou de perigo de dano concreto na condução do veículo.

Sujeito Ativo. Qualquer pessoa.

Sujeito Passivo. A coletividade.

Bem Jurídico Tutelado. A segurança viária, a incolumidade pública.

Hipótese de a Pessoa a Quem se Entrega o Veículo Matar ou Ofender a Integridade Física de Alguém. Nessa hipótese, o agente que fez a entrega do veículo responderá pelo crime de dano, qual seja, lesão corporal culposa ou homicídio culposo.

Ação Penal. Pública incondicionada.

Benefícios Legais. Cuida-se de crime de menor potencial ofensivo para o qual caberá aplicação da transação penal, não cabendo composição civil de danos ou representação, por ser de ação penal pública incondicionada.

Cabe a suspensão condicional do processo, diante do disposto no art. 89 da Lei nº 9.099/1995.

Art. 311. Trafegar em velocidade incompatível com a segurança nas proximidades de escolas, hospitais, estações de embarque e desembarque de passageiros, logradouros estreitos, ou onde haja grande movimentação ou concentração de pessoas, gerando perigo de dano:

Penas – detenção, de seis meses a um ano, ou multa.

Tipo Objetivo. Novamente estamos diante de um tipo aberto, em que o intérprete deverá fixar, no caso concreto, valorando o mesmo, se a velocidade que o agente imprimia ao veículo automotor era, ou não, incompatível com a segurança do local.

Via Pública. Aqui deve-se verificar que não haverá o crime em qualquer via pública, mas apenas naquelas em que existam escolas, hospitais, estações de embarque e desembarque de passageiros, logradouros estreitos ou onde exista grande movimentação de pessoas.

Perigo Concreto. Não se trata de crime de perigo abstrato, mas concreto, exigindo a demonstração real da situação de perigo a que ficou exposta a coletividade. Observe a expressão "gerando perigo de dano" trazida pelo tipo penal.

Sujeito Ativo. Qualquer pessoa.

Sujeito Passivo. A coletividade.

Bem Jurídico Tutelado. A segurança viária, a incolumidade pública.

Benefícios Legais. Cuidando-se de crime de menor potencial ofensivo, cabe transação penal, não cabendo representação ou composição civil, por se tratar de crime de ação penal pública incondicionada.

Cabe suspensão condicional, nos termos do art. 89 da Lei nº 9.099/1995.

Ação Penal. Pública incondicionada.

Art. 312. Inovar artificiosamente, em caso de acidente automobilístico com vítima, na pendência do respectivo procedimento policial preparatório, inquérito policial ou processo penal, o estado de lugar, de coisa ou de pessoa, a fim de induzir a erro o agente policial, o perito, ou juiz:

Penas – detenção, de seis meses a um ano, ou multa.

Parágrafo único. Aplica-se o disposto neste artigo, ainda que não iniciados, quando da inovação, o procedimento preparatório, o inquérito ou o processo aos quais se refere.

Especialidade. Cuida-se de hipótese especial de fraude processual, tratando-se de regra especial com relação ao disposto no art. 347 do Código Penal, aplicando-se o Código de Trânsito Brasileiro quando a inovação se der com relação a acidente automobilístico com vítima. Não havendo vítima, deve ser aplicado o disposto no art. 347 do Código Penal.

Regra Explicativa do Parágrafo Único. Para a aplicação do disposto no art. 312, não se faz necessário que o agente inove com relação a processo ou procedimento já iniciado, devendo-se atentar para a regra do parágrafo único.

Tipo Subjetivo. É o dolo, não sendo admitida a forma culposa. Exige-se, ainda o especial fim de agir, ou seja, que o agente tenha atuado para induzir a erro o policial, o perito ou o juiz.

Tentativa. Admitida, sendo crime praticado mediante mais de um ato e, portanto, plurissubsistente.

Sujeito Ativo. Pode ser qualquer pessoa, o próprio condutor e mesmo um terceiro não envolvido no acidente e que não tenha nenhum interesse no processo. Aqui, há de se lembrar que mesmo o membro do Ministério Público e o advogado podem figurar como sujeitos ativos do crime. Com relação ao advogado, para que se possa considerá-lo sujeito ativo do crime em questão será necessário que tenha efetivamente participado da fraude, não se configurando criminosa sua conduta quando simplesmente for conivente com a atuação do seu cliente.

Sujeito Passivo. O Estado.

Objetividade Jurídica. A Administração da Justiça.

Consumação. Se dará com a alteração, ainda que o agente não consiga o resultado pretendido, qual seja, levar o policial, o perito ou o juiz a erro.

Crime de Menor Potencial Ofensivo. Por ser de menor potencial ofensivo, cabe a transação, não cabendo, entretanto, representação ou composição civil de danos, por ser de ação penal pública incondicionada.

Ação Penal. Pública incondicionada.

Classificação. Comum, comissivo, instantâneo, tentativa admitida, formal (não há necessidade de superveniência de nenhum resultado naturalístico típico, ou seja, não é necessário que o agente consiga o que queria quando da realização da inovação artificiosa).

Art. 312-A. Para os crimes relacionados nos arts. 302 a 312 deste Código, nas situações em que o juiz aplicar a substituição de pena privativa de liberdade por pena restritiva de direitos, esta deverá ser de prestação de serviço à comunidade ou a entidades públicas, em uma das seguintes atividades: (Incluído pela Lei nº 13.281, de 2016)

I - trabalho, aos fins de semana, em equipes de resgate dos corpos de bombeiros e em outras unidades móveis especializadas no atendimento a vítimas de trânsito; (Incluído pela Lei nº 13.281, de 2016)

II - trabalho em unidades de pronto-socorro de hospitais da rede pública que recebem vítimas de acidente de trânsito e politraumatizados; (Incluído pela Lei nº 13.281, de 2016)

III - trabalho em clínicas ou instituições especializadas na recuperação de acidentados de trânsito; (Incluído pela Lei nº 13.281, de 2016)

IV _ outras atividades relacionadas ao resgate, atendimento e recuperação de vítimas de acidentes de trânsito. (Incluído pela Lei nº 13.281, de 2016)

Impossibilidade de substituição da pena privativa de liberdade por prestação pecuniária. A pena privativa de liberdade imposta pela prática de crime de trânsito só pode ser substituída, nos termos do art. 312-A, por prestação de serviços à comunidade, não se admitindo sua substituição por prestação pecuniária.

> PROCESSO PENAL. AGRAVO REGIMENTAL NO HABEAS CORPUS. CRIMES DETRÂNSITO. EMBRIAGUEZ AO VOLANTE. ART. 306, CAPUT, DA LEI N.9.503/1997. PLEITO DE SUBSTITUIÇÃO DA PENA RESTRITIVA DE DIREITO DEPRESTAÇÃO DE SERVIÇOS À COMUNIDADE POR PENA PECUNIÁRIA.IMPOSSIBILIDADE. SÚMULA 171/STJ. INCIDÊNCIA. PREVISÃO EXPRESSA DOART. 312-A DO CÓDIGO DE TRÂNSITO BRASILEIRO. INEXISTÊNCIA DE NOVOSARGUMENTOS APTOS A DESCONSTITUIR A DECISÃO AGRAVADA. AGRAVODESPROVIDO.I - Na hipótese, o agravante foi condenado como incurso nas sanções do art. 306, do Código de Trânsito Brasileiro, que prevê, em seu preceito secundário, a cominação de pena de detenção, de 6 (seis)meses a 3 (três) anos, multa e suspensão ou proibição de se obter a permissão ou a habilitação para dirigir veículo automotor, substituída a pena corporal por prestação de serviços à comunidade. II - Não se vislumbra constrangimento ilegal na espécie, uma vez que o v. acórdão vergastado está em consonância com a orientação jurisprudencial desta Corte de Justiça, segundo a qual "se ao tipo penal é cominada pena de multa cumulativa com a pena privativa de liberdade substituída, não se mostra socialmente recomendável a aplicação da multa substitutiva prevista no art. 44, § 2º, 2ª parte do Código Penal" (AgRg no HC n. 415.618/SC, Quinta Turma, Rel. Min.Jorge Mussi, DJe de 04/06/2018).III - Tal matéria encontra-se, inclusive, sumulada, conforme se depreende do enunciado sumular nº 171 desta Corte Superior, in verbis: "Cominadas cumulativamente, em Lei Especial, penas privativa de liberdade e pecuniária, é defeso a substituição da prisão por multa.". Precedentes. IV - Acrescente-se, por oportuno, que a escolha da pena restritiva de direitos, nos termos do art. 44, § 2º, do Código Penal, está afeita ao juízo de discricionariedade do juízo, não se vislumbrando ,na hipótese, desproporcionalidade ou flagrante ilegalidade capaz de ensejar sua revisão por esta Corte. V - Em complemento, ressalte-se que para o crime previsto no art.306 da Lei n. 9.503/1997 (Código de Trânsito Brasileiro), nos casos de substituição de pena privativa de liberdade, a pena restritiva de direitos deverá ser, obrigatoriamente de prestação de serviços à comunidade, por determinação expressa do dispositivo legal contido no seu art. 312-A. Precedentes.(...) (STJ - AgRg no HC 622369 / SC 2020/0285968-0, Relator: Ministro FELIX FISCHER (1109), Data do Julgamento: 15/12/2020, Data da Publicação: 18/12/2020, T5 - QUINTA TURMA)

Art. 312-B. Aos crimes previstos no § 3º do art. 302 e no § 2º do art. 303 deste Código não se aplica o disposto no **inciso I do caput do art. 44 do Decreto-Lei nº 2.848, de 7 de dezembro de 1940 (Código Penal) (redaçao dada pela Lei 14071 de 2020)**

Substituição da pena privativa de liberdade por pena restritiva de direitos. Sobre o tema, remetemos o leitor aos comentários ao art. 302.

Art. 340. Este Código entra em vigor cento e vinte dias após a data de sua publicação.

Art. 341. Ficam revogadas as Leis nºs 5.108, de 21 de setembro de 1966, 5.693, de 16 de agosto de 1971, 5.820, de 10 de novembro de 1972, 6.124, de 25 de outubro de 1974, 6.308, de 15 de dezembro de 1975, 6.369, de 27 de outubro de 1976, 6.731, de 04 de dezembro de 1979, 7.031, de 20 de setembro de 1982, 7.052, de 02 de dezembro de 1982, 8.102, de 10 de dezembro de 1990, os arts. 1º a 6º e 11 do Decreto-Lei nº 237, de 28 de fevereiro de 1967, e os Decretos-Leis nºs 584, de 16 de maio de 1969, 912, de 02 de outubro de 1969, e 2.448, de 21 de julho de 1988.

Brasília, 23 setembro de 1997; 176º da Independência e 109º da República.

FERNANDO HENRIQUE CARDOSO

Iris Rezende

Eliseu Padilha

Este texto não substitui o publicado no D.O.U. de 24/09/1997.

QUESTÕES

1) (2018 - UEG - PC/GO - Delegado de Polícia Civil)

Nos termos da Lei n. 9.503/1997, a conduta de conduzir veículo automotor com capacidade psicomotora alterada em razão da influência de álcool ou de outra substância psicoativa que determine dependência, será constatada por sinais que indiquem, na forma disciplinada pelo Contran, alteração da capacidade psicomotora, ou por concentração igual ou superior a:

a) 2 decigramas de álcool por litro de sangue ou igual ou superior a 0,1 miligrama de álcool por litro de ar alveolar.

b) 6 decigramas de álcool por litro de sangue ou igual ou superior a 0,3 miligrama de álcool por litro de ar alveolar.

c) 4 decigramas de álcool por litro de sangue ou igual ou superior a 0,4 miligrama de álcool por litro de ar alveolar.

d) 5 decigramas de álcool por litro de sangue ou igual ou superior a 0,9 miligrama de álcool por litro de ar alveolar.

e) 7 decigramas de álcool por litro de sangue ou igual ou superior a 0,8 miligrama de álcool por litro de ar alveolar.

2) (2019 - FCC - DPE/AP - Defensor Público)

Segundo definição do Código de Trânsito Brasileiro (CTB), o veículo de grande porte é

a) o veículo automotor destinado ao transporte de carga com peso bruto total máximo superior a 80.000 quilogramas.

b) a combinação de veículos, sendo o primeiro um veículo automotor e os demais reboques ou equipamentos de trabalho agrícola, construção, terraplenagem ou pavimentação.

c) o veículo automotor destinado ao transporte simultâneo de carga e passageiro.

d) o veículo automotor destinado ao transporte de carga com peso bruto total máximo superior a 10.000 quilogramas e de passageiros, superior a 20 passageiros.

e) a combinação de veículos acoplados, sendo um deles automotor.

3) (2019 - MPE/SC - Promotor de Justiça)

Se o agente pratica homicídio culposo na direção de veículo automotor (art. 302 da Lei n. 9.503/1997), em uma ocasião na qual estava conduzindo o veículo com a capacidade psicomotora alterada em razão da influência de álcool (art. 306 da Lei n. 9.503/1997), se implementa um concurso formal de delitos.

CERTO OU ERRADO

4) (2018 - VUNESP - TJ/RS - Juiz de Direito)

De acordo com o § 1º do art. 302 da Lei nº 9.503/97 (Código de Trânsito Brasileiro), no homicídio culposo cometido na direção de veículo automotor, a pena é aumentada de 1/3 (um terço) à metade, se o agente

a) estiver sob efeito de álcool ou droga.

b) não possuir Permissão para Dirigir ou Carteira de Habilitação.

c) for contumaz infrator das leis de trânsito.

d) praticá-lo conduzindo em velocidade excessiva.

e) praticá-lo durante corrida, disputa ou competição automobilística não autorizada pela autoridade competente.

5) (2019 - INSTITUTO AOCP - PC/ES - Escrivão de Polícia)

Em análise ao Código de Trânsito Brasileiro, Lei nº 9.503/97, com base nas alterações provocadas pela Lei nº 12.760/12, a materialidade do ilícito previsto no art. 306 (dirigir o veículo com a capacidade psicomotora alterada em razão da influência de álcool ou de outra substância psicoativa que determine dependência)

a) se concretiza apenas por exame de alcoolemia.

b) se concretiza se resultar de acidente com vítima.

c) se concretiza independente da submissão do condutor a exame, admitindo-se a comprovação por vídeo, testemunhos ou outros meios de prova admitidos.

d) somente se aplicará a condutores habilitados.

e) se concretiza apenas na esfera administrativa, revertendo-se em imposição de multa.

RESPOSTAS COMENTADAS

1) Gabarito oficial: Letra "b"

Justificativa: Alternativa correta é a "b". Consoante art. 306, § 1º, I, da Lei nº 9.503/1997 (Incluído pela Lei nº 12.760/2012) é crime: "Art. 306. Conduzir veículo automotor com capacidade psicomotora alterada em razão da influência de álcool ou de outra substância psicoativa que determine dependência: Penas – detenção, de seis meses a três anos, multa e suspensão ou proibição de se obter a permissão ou a habilitação para dirigir veículo automotor.§ 1º As condutas previstas no caput serão constatadas por: I – concentração igual ou superior a 6 decigramas de álcool por litro de sangue ou igual ou superior a 0,3 miligrama de álcool por litro de ar alveolar". Incorretas as demais alternativas por idêntica razão.

2) Gabarito oficial: Letra "b"

A resposta se encontra no Art. 294. Em qualquer fase da investigação ou da ação penal, havendo necessidade para a garantia da ordem pública, poderá o juiz, como medida cautelar, de ofício, ou a requerimento do Ministério Público ou ainda mediante representação da autoridade policial, decretar, em decisão motivada, a suspensão da permissão ou da habilitação para dirigir veículo automotor, ou a proibição de sua obtenção.

3) Gabarito oficial: ERRADO.

Com a redação dada pela Lei nº 13.546/17, praticar homicídio culposo com a capacidade psicomotora alterada em razão da influência de álcool tornou-se uma qualificadora do tipo penal, consoante artigo 302, §3º do CTB. Assim, não mais se afigura possível, sob pena de odioso *bis in idem*, o concurso formal entre os delitos dos arts. 302 e 306 do referido diploma.

4) Gabarito oficial: Letra "b"

Artigo 302, §1º, I, do CP. São causas de aumento no homicídio culposo do CTB (i) não possuir Permissão para Dirigir ou CNH, (ii) praticar o delito na faixa de pedestres ou na calçada, (iii) deixar de prestar socorro, quando possível fazê-lo, à vítima do acidente e (iv) quando no exercício de profissão ou atividade, estiver conduzindo veículo de transporte de passageiros.

5) Gabarito oficial: Letra "c".

Face ao disposto no art. 306, §2º do CTB.

ANEXO CONCEITOS E DEFINIÇÕES DO CÓDIGO DE TRÂNSITO

Dos conceitos e definições

Para efeito deste Código adotam-se as seguintes definições:

ACOSTAMENTO – parte da via diferenciada da pista de rolamento destinada à parada ou estacionamento de veículos, em caso de emergência, e à circulação de pedestres e bicicletas, quando não houver local apropriado para esse fim.

AGENTE DA AUTORIDADE DE TRÂNSITO – pessoa, civil ou policial militar, credenciada pela autoridade de trânsito para o exercício das atividades de fiscalização, operação, policiamento ostensivo de trânsito ou patrulhamento.

AUTOMÓVEL – veículo automotor destinado ao transporte de passageiros, com capacidade para até oito pessoas, exclusive o condutor.

AUTORIDADE DE TRÂNSITO – dirigente máximo de órgão ou entidade executivo integrante do Sistema Nacional de Trânsito ou pessoa por ele expressamente credenciada.

BALANÇO TRASEIRO – distância entre o plano vertical passando pelos centros das rodas traseiras extremas e o ponto mais recuado do veículo, considerando-se todos os elementos rigidamente fixados ao mesmo.

BICICLETA – veículo de propulsão humana, dotado de duas rodas, não sendo, para efeito deste Código, similar à motocicleta, motoneta e ciclomotor.

BICICLETÁRIO – local, na via ou fora dela, destinado ao estacionamento de bicicletas.

BONDE – veículo de propulsão elétrica que se move sobre trilhos.

BORDO DA PISTA - margem da pista, podendo ser demarcada por linhas longitudinais de bordo que delineiam a parte da via destinada à circulação de veículos.

CALÇADA - parte da via, normalmente segregada e em nível diferente, não destinada à circulação de veículos, reservada ao trânsito de pedestres e, quando possível, à implantação de mobiliário urbano, sinalização, vegetação e outros fins.

CAMINHÃO-TRATOR - veículo automotor destinado a tracionar ou arrastar outro.

CAMINHONETE - veículo destinado ao transporte de carga com peso bruto total de até três mil e quinhentos quilogramas.

CAMIONETA - veículo misto destinado ao transporte de passageiros e carga no mesmo compartimento.

CANTEIRO CENTRAL - obstáculo físico construído como separador de duas pistas de rolamento, eventualmente substituído por marcas viárias (canteiro fictício).

CAPACIDADE MÁXIMA DE TRAÇÃO - máximo peso que a unidade de tração é capaz de tracionar, indicado pelo fabricante, baseado em condições sobre suas limitações de geração e multiplicação de momento de força e resistência dos elementos que compõem a transmissão.

CARREATA - deslocamento em fila na via de veículos automotores em sinal de regozijo, de reivindicação, de protesto cívico ou de uma classe.

CARRO DE MÃO - veículo de propulsão humana utilizado no transporte de pequenas cargas.

CARROÇA - veículo de tração animal destinado ao transporte de carga.

CATADIÓPTRICO - dispositivo de reflexão e refração da luz utilizado na sinalização de vias e veículos (olho de gato).

CHARRETE - veículo de tração animal destinado ao transporte de pessoas.

CICLO - veículo de pelo menos duas rodas a propulsão humana.

CICLOFAIXA - parte da pista de rolamento destinada à circulação exclusiva de ciclos, delimitada por sinalização específica.

CICLOMOTOR - veículo de duas ou três rodas, provido de um motor de combustão interna, cuja cilindrada não exceda a cinquenta centímetros cúbicos (3,05 polegadas cúbicas) e cuja velocidade máxima de fabricação não exceda a cinquenta quilômetros por hora.

CICLOVIA - pista própria destinada à circulação de ciclos, separada fisicamente do tráfego comum.

CONVERSÃO - movimento em ângulo, à esquerda ou à direita, de mudança da direção original do veículo.

CRUZAMENTO – interseção de duas vias em nível.

DISPOSITIVO DE SEGURANÇA – qualquer elemento que tenha a função específica de proporcionar maior segurança ao usuário da via, alertando-o sobre situações de perigo que possam colocar em risco sua integridade física e dos demais usuários da via, ou danificar seriamente o veículo.

ESTACIONAMENTO – imobilização de veículos por tempo superior ao necessário para embarque ou desembarque de passageiros.

ESTRADA – via rural não pavimentada.

FAIXAS DE DOMÍNIO – superfície lindeira às vias rurais, delimitada por lei específica e sob responsabilidade do órgão ou entidade de trânsito competente com circunscrição sobre a via.

FAIXAS DE TRÂNSITO – qualquer uma das áreas longitudinais em que a pista pode ser subdividida, sinalizada ou não por marcas viárias longitudinais, que tenham uma largura suficiente para permitir a circulação de veículos automotores.

FISCALIZAÇÃO – ato de controlar o cumprimento das normas estabelecidas na legislação de trânsito, por meio do poder de polícia administrativa de trânsito, no âmbito de circunscrição dos órgãos e entidades executivos de trânsito e de acordo com as competências definidas neste Código.

FOCO DE PEDESTRES – indicação luminosa de permissão ou impedimento de locomoção na faixa apropriada.

FREIO DE ESTACIONAMENTO – dispositivo destinado a manter o veículo imóvel na ausência do condutor ou, no caso de um reboque, se este se encontra desengatado.

FREIO DE SEGURANÇA OU MOTOR – dispositivo destinado a diminuir a marcha do veículo no caso de falha do freio de serviço.

FREIO DE SERVIÇO – dispositivo destinado a provocar a diminuição da marcha do veículo ou pará-lo.

GESTOS DE AGENTES – movimentos convencionais de braço, adotados exclusivamente pelos agentes de autoridades de trânsito nas vias, para orientar, indicar o direito de passagem dos veículos ou pedestres ou emitir ordens, sobrepondo-se ou completando outra sinalização ou norma constante deste Código.

GESTOS DE CONDUTORES – movimentos convencionais de braço, adotados exclusivamente pelos condutores, para orientar ou indicar que vão efetuar uma manobra de mudança de direção, redução brusca de velocidade ou parada.

ILHA – obstáculo físico, colocado na pista de rolamento, destinado à ordenação dos fluxos de trânsito em uma interseção.

INFRAÇÃO – inobservância a qualquer preceito da legislação de trânsito, às normas emanadas do Código de Trânsito, do Conselho Nacional de Trânsito e a regulamentação estabelecida pelo órgão ou entidade executiva do trânsito.

INTERSEÇÃO – todo cruzamento em nível, entroncamento ou bifurcação, incluindo as áreas formadas por tais cruzamentos, entroncamentos ou bifurcações.

INTERRUPÇÃO DE MARCHA – imobilização do veículo para atender circunstância momentânea do trânsito.

LICENCIAMENTO – procedimento anual, relativo a obrigações do proprietário de veículo, comprovado por meio de documento específico (Certificado de Licenciamento Anual).

LOGRADOURO PÚBLICO – espaço livre destinado pela municipalidade à circulação, parada ou estacionamento de veículos, ou à circulação de pedestres, tais como calçada, parques, áreas de lazer, calçadões.

LOTAÇÃO – carga útil máxima, incluindo condutor e passageiros, que o veículo transporta, expressa em quilogramas para os veículos de carga, ou número de pessoas, para os veículos de passageiros.

LOTE LINDEIRO – aquele situado ao longo das vias urbanas ou rurais e que com elas se limita.

LUZ ALTA – facho de luz do veículo destinado a iluminar a via até uma grande distância do veículo.

LUZ BAIXA – facho de luz do veículo destinada a iluminar a via diante do veículo, sem ocasionar ofuscamento ou incômodo injustificáveis aos condutores e outros usuários da via que venham em sentido contrário.

LUZ DE FREIO – luz do veículo destinada a indicar aos demais usuários da via, que se encontram atrás do veículo, que o condutor está aplicando o freio de serviço.

LUZ INDICADORA DE DIREÇÃO (pisca-pisca) – luz do veículo destinada a indicar aos demais usuários da via que o condutor tem o propósito de mudar de direção para a direita ou para a esquerda.

LUZ DE MARCHA À RÉ – luz do veículo destinada a iluminar atrás do veículo e advertir aos demais usuários da via que o veículo está efetuando ou a ponto de efetuar uma manobra de marcha à ré.

LUZ DE NEBLINA – luz do veículo destinada a aumentar a iluminação da via em caso de neblina, chuva forte ou nuvens de pó.

LUZ DE POSIÇÃO (lanterna) – luz do veículo destinada a indicar a presença e a largura do veículo.

MANOBRA – movimento executado pelo condutor para alterar a posição em que o veículo está no momento em relação à via.

MARCAS VIÁRIAS – conjunto de sinais constituídos de linhas, marcações, símbolos ou legendas, em tipos e cores diversas, apostos ao pavimento da via.

MICRO-ÔNIBUS – veículo automotor de transporte coletivo com capacidade para até vinte passageiros.

MOTOCICLETA – veículo automotor de duas rodas, com ou sem *sidecar*, dirigido por condutor em posição montada.

MOTONETA – veículo automotor de duas rodas, dirigido por condutor em posição sentada.

MOTOR-CASA (MOTOR-HOME) – veículo automotor cuja carroçaria seja fechada e destinada a alojamento, escritório, comércio ou finalidades análogas.

NOITE – período do dia compreendido entre o pôr do sol e o nascer do sol.

ÔNIBUS – veículo automotor de transporte coletivo com capacidade para mais de vinte passageiros, ainda que, em virtude de adaptações com vista à maior comodidade destes, transporte número menor.

OPERAÇÃO DE CARGA E DESCARGA – imobilização do veículo, pelo tempo estritamente necessário ao carregamento ou descarregamento de animais ou carga, na forma disciplinada pelo órgão ou entidade executivo de trânsito competente com circunscrição sobre a via.

OPERAÇÃO DE TRÂNSITO – monitoramento técnico baseado nos conceitos de Engenharia de Tráfego, das condições de fluidez, de estacionamento e parada na via, de forma a reduzir as interferências tais como veículos quebrados, acidentados, estacionados irregularmente atrapalhando o trânsito, prestando socorros imediatos e informações aos pedestres e condutores.

PARADA – imobilização do veículo com a finalidade e pelo tempo estritamente necessário para efetuar embarque ou desembarque de passageiros.

PASSAGEM DE NÍVEL – todo cruzamento de nível entre uma via e uma linha férrea ou trilho de bonde com pista própria.

PASSAGEM POR OUTRO VEÍCULO – movimento de passagem à frente de outro veículo que se desloca no mesmo sentido, em menor velocidade, mas em faixas distintas da via.

PASSAGEM SUBTERRÂNEA – obra de arte destinada à transposição de vias, em desnível subterrâneo, e ao uso de pedestres ou veículos.

PASSARELA – obra de arte destinada à transposição de vias, em desnível aéreo, e ao uso de pedestres.

PASSEIO - parte da calçada ou da pista de rolamento, neste último caso, separada por pintura ou elemento físico separador, livre de interferências, destinada à circulação exclusiva de pedestres e, excepcionalmente, de ciclistas.

PATRULHAMENTO - função exercida pela Polícia Rodoviária Federal com o objetivo de garantir obediência às normas de trânsito, assegurando a livre circulação e evitando acidentes.

PERÍMETRO URBANO - limite entre área urbana e área rural.

PESO BRUTO TOTAL - peso máximo que o veículo transmite ao pavimento, constituído da soma da tara mais a lotação.

PESO BRUTO TOTAL COMBINADO - peso máximo transmitido ao pavimento pela combinação de um caminhão-trator mais seu semirreboque ou do caminhão mais o seu reboque ou reboques.

PISCA-ALERTA - luz intermitente do veículo, utilizada em caráter de advertência, destinada a indicar aos demais usuários da via que o veículo está imobilizado ou em situação de emergência.

PISTA - parte da via normalmente utilizada para a circulação de veículos, identificada por elementos separadores ou por diferença de nível em relação às calçadas, ilhas ou aos canteiros centrais.

PLACAS - elementos colocados na posição vertical, fixados ao lado ou suspensos sobre a pista, transmitindo mensagens de caráter permanente e, eventualmente, variáveis, mediante símbolo ou legendas pré-reconhecidas e legalmente instituídas como sinais de trânsito.

POLICIAMENTO OSTENSIVO DE TRÂNSITO - função exercida pelas Polícias Militares com o objetivo de prevenir e reprimir atos relacionados com a segurança pública e de garantir obediência às normas relativas à segurança de trânsito, assegurando a livre circulação e evitando acidentes.

PONTE - obra de construção civil destinada a ligar margens opostas de uma superfície líquida qualquer.

REBOQUE - veículo destinado a ser engatado atrás de um veículo automotor.

REGULAMENTAÇÃO DA VIA - implantação de sinalização de regulamentação pelo órgão ou entidade competente com circunscrição sobre a via, definindo, entre outros, sentido de direção, tipo de estacionamento, horários e dias.

REFÚGIO - parte da via, devidamente sinalizada e protegida, destinada ao uso de pedestres durante a travessia da mesma.

RENACH - Registro Nacional de Condutores Habilitados.

RENAVAM - Registro Nacional de Veículos Automotores.

RETORNO – movimento de inversão total de sentido da direção original de veículos.

RODOVIA – via rural pavimentada.

SEMIRREBOQUE – veículo de um ou mais eixos que se apoia na sua unidade tratora ou é a ela ligado por meio de articulação.

SINAIS DE TRÂNSITO – elementos de sinalização viária que se utilizam de placas, marcas viárias, equipamentos de controle luminosos, dispositivos auxiliares, apitos e gestos, destinados exclusivamente a ordenar ou dirigir o trânsito dos veículos e pedestres.

SINALIZAÇÃO – conjunto de sinais de trânsito e dispositivos de segurança colocados na via pública com o objetivo de garantir sua utilização adequada, possibilitando melhor fluidez no trânsito e maior segurança dos veículos e pedestres que nela circulam.

SONS POR APITO – sinais sonoros, emitidos exclusivamente pelos agentes da autoridade de trânsito nas vias, para orientar ou indicar o direito de passagem dos veículos ou pedestres, sobrepondo-se ou completando sinalização existente no local ou norma estabelecida neste Código.

TARA – peso próprio do veículo, acrescido dos pesos da carroçaria e equipamento, do combustível, das ferramentas e acessórios, da roda sobressalente, do extintor de incêndio e do fluido de arrefecimento, expresso em quilogramas.

TRAILER – reboque ou semirreboque tipo casa, com duas, quatro, ou seis rodas, acoplado ou adaptado à traseira de automóvel ou camionete, utilizado em geral em atividades turísticas como alojamento, ou para atividades comerciais.

TRÂNSITO – movimentação e imobilização de veículos, pessoas e animais nas vias terrestres.

TRANSPOSIÇÃO DE FAIXAS – passagem de um veículo de uma faixa demarcada para outra.

TRATOR – veículo automotor construído para realizar trabalho agrícola, de construção e pavimentação e tracionar outros veículos e equipamentos.

ULTRAPASSAGEM – movimento de passar à frente de outro veículo que se desloca no mesmo sentido, em menor velocidade e na mesma faixa de tráfego, necessitando sair e retornar à faixa de origem.

UTILITÁRIO – veículo misto caracterizado pela versatilidade do seu uso, inclusive fora de estrada.

VEÍCULO ARTICULADO – combinação de veículos acoplados, sendo um deles automotor.

VEÍCULO AUTOMOTOR – todo veículo a motor de propulsão que circule por seus próprios meios, e que serve normalmente para o transporte viário de pessoas e coisas, ou para a tração viária de veículos utilizados para o transporte de pessoas e coisas. O termo compreende os veículos conectados a uma linha elétrica e que não circulam sobre trilhos (ônibus elétrico).

VEÍCULO DE CARGA - veículo destinado ao transporte de carga, podendo transportar dois passageiros, exclusive o condutor.

VEÍCULO DE COLEÇÃO - aquele que, mesmo tendo sido fabricado há mais de trinta anos, conserva suas características originais de fabricação e possui valor histórico próprio.

VEÍCULO CONJUGADO - combinação de veículos, sendo o primeiro um veículo automotor e os demais reboques ou equipamentos de trabalho agrícola, construção, terraplenagem ou pavimentação.

VEÍCULO DE GRANDE PORTE - veículo automotor destinado ao transporte de carga com peso bruto total máximo superior a dez mil quilogramas e de passageiros, superior a vinte passageiros.

VEÍCULO DE PASSAGEIROS - veículo destinado ao transporte de pessoas e suas bagagens.

VEÍCULO MISTO - veículo automotor destinado ao transporte simultâneo de carga e passageiro.

VIA - superfície por onde transitam veículos, pessoas e animais, compreendendo a pista, a calçada, o acostamento, ilha e canteiro central.

VIA DE TRÂNSITO RÁPIDO - aquela caracterizada por acessos especiais com trânsito livre, sem interseções em nível, sem acessibilidade direta aos lotes lindeiros e sem travessia de pedestres em nível.

VIA ARTERIAL - aquela caracterizada por interseções em nível, geralmente controlada por semáforo, com acessibilidade aos lotes lindeiros e às vias secundárias e locais, possibilitando o trânsito entre as regiões da cidade.

VIA COLETORA - aquela destinada a coletar e distribuir o trânsito que tenha necessidade de entrar ou sair das vias de trânsito rápido ou arteriais, possibilitando o trânsito dentro das regiões da cidade.

VIA LOCAL - aquela caracterizada por interseções em nível não semaforizadas, destinada apenas ao acesso local ou a áreas restritas.

VIA RURAL - estradas e rodovias.

VIA URBANA - ruas, avenidas, vielas, ou caminhos e similares abertos à circulação pública, situados na área urbana, caracterizados principalmente por possuírem imóveis edificados ao longo de sua extensão.

VIAS E ÁREAS DE PEDESTRES - vias ou conjunto de vias destinadas à circulação prioritária de pedestres.

VIADUTO - obra de construção civil destinada a transpor uma depressão de terreno ou servir de passagem superior.

23

TRANSPLANTE DE ÓRGÃOS

LEI Nº 9.434, DE 4 DE FEVEREIRO DE 1997

Dispõe sobre a remoção de órgãos, tecidos e partes do corpo humano para fins de transplante e tratamento e dá outras providências.

CAPÍTULO I
DAS DISPOSIÇÕES GERAIS

Art. 1º A disposição gratuita de tecidos, órgãos e partes do corpo humano, em vida ou post mortem, para fins de transplante e tratamento, é permitida na forma desta Lei.

Parágrafo único. Para os efeitos desta Lei, não estão compreendidos entre os tecidos a que se refere este artigo o sangue, o esperma e o óvulo.

Âmbito de proteção da Lei nº 9.434/97. A Lei nº 9.434/1997 surge com o propósito de resguardar a proteção ao sistema de transplantes e remoções de órgãos, tecidos e partes do corpo humano, excluindo-se deste contexto o sangue, o esperma e o óvulo, dando efetividade ao mandamento constitucional previsto no artigo 199, § 4º, da Constituição da República Federativa do Brasil de 1988, que assim dispõe:

> Art. 199. A assistência à saúde é livre à iniciativa privada.
>
> § 4º A lei disporá sobre as condições e os requisitos que facilitem a remoção de órgãos, tecidos e substâncias humanas para fins de transplante, pesquisa e tratamento, bem como a coleta, processamento e transfusão de sangue e seus derivados, sendo vedado todo tipo de comercialização.

Com as crescentes demandas da medicina, e numa época em que a comunidade científica internacional experimentava avanços em termos de técnicas e procedimentos, para que o Brasil se adequasse às expectativas mundiais foi necessária a criação de um Sistema Nacional de Transplante (SNT), fato este previsto por ocasião do Decreto nº 2.268/1997, que regulamentava a Lei em estudo (mas que foi revogado pelo Decreto nº 9.175/2017, que passa a reger a matéria).

Tempos depois daquele primeiro Decreto, surge no cenário jurídico brasileiro a Lei nº 10.211/2001 (que altera dispositivos da Lei nº 9.434/97), prevendo disposições mais rígidas para a remoção de órgãos, tecidos e partes do corpo humano para fins de transplante e tratamento, o que acaba por colidir com o propósito previsto no artigo 199, § 4º, da CRFB/1988, cujo intuito era o de facilitar, e não de dificultar.

Em sua essência, a Lei nº 9.434/97 disciplina fatos que estão diretamente ligados à disposição *post mortem* ou *intra vitam* (isto é, após a morte ou com o indivíduo ainda vivo) de tecidos, partes e órgãos humanos para fins de transplante e, eventualmente, de tratamento.

Com isso, como este campo diz respeito à manipulação de elementos que interferem no âmbito da integridade física do indivíduo e eventualmente ter a finalidade de comércio (ilegal, nos termos da Lei), há apenas a possibilidade de disposição gratuita dos elementos ali indicados.

Tal dispositivo legal corrobora a noção acerca de que o consentimento do indivíduo que terá partes do seu corpo retiradas é válido, já que mesmo em vida esta pessoa poderá dele dispor, tornando relativo o entendimento sobre a intangibilidade da integridade corporal, o que se coaduna com os termos do artigo 13 e seu parágrafo único, do Código Civil/2002, conforme texto a seguir:

> Art. 13. Salvo por exigência médica, é defeso o ato de disposição do próprio corpo, quando importar diminuição permanente da integridade física, ou contrariar os bons costumes.
>
> Parágrafo único. O ato previsto neste artigo será admitido para fins de transplante, na forma estabelecida em lei especial.

Art. 2º A realização de transplante ou enxertos de tecidos, órgãos ou partes do corpo humano só poderá ser realizada por estabelecimento de saúde, público ou privado, e por equipes médico-cirúrgicas de remoção e transplante previamente autorizados pelo órgão de gestão nacional do Sistema Único de Saúde.

Parágrafo único. A realização de transplantes ou enxertos de tecidos, órgãos e partes do corpo humano só poderá ser autorizada após a realização, no doador, de todos os testes de triagem para diagnóstico de infecção e infestação exigidos em normas regulamentares expedidas pelo Ministério da Saúde. (Redação dada pela Lei nº 10.211, de 23.3.2001)

Dos requisitos básicos para a realização de transplantes ou enxertos. Como forma de aprimorar o Sistema Nacional de Transplantes e, principalmente, invocar sua utilização e funcionamento, para que todos os procedimentos desta natureza passem por este órgão, o artigo 2º da Lei nº 9.434/97 prevê a necessidade de corpo técnico especializado, seja público ou privado, mas desde que o façam com a anuência do órgão de gestão nacional do Sistema Único de Saúde, qual seja, o Ministério da Saúde, nos termos do artigo 9º, I, da Lei nº 8.080/1990 (c/c art. 5º do Decreto n.º 9.175/2017).

De modo a garantir a viabilidade dos transplantes e enxertos é necessário realizar testes de triagem para que sejam visualizadas eventuais incompatibilidades e/ou infecções ou outros tipos de doenças que tornariam impossível tais procedimentos.

Capítulo II
DA DISPOSIÇÃO POST MORTEM DE TECIDOS, ÓRGÃOS E PARTES DO CORPO HUMANO PARA FINS DE TRANSPLANTE

Art. 3º A retirada post mortem de tecidos, órgãos ou partes do corpo humano destinados a transplante ou tratamento deverá ser precedida de diagnóstico de morte encefálica, constatada e registrada por dois médicos não participantes das equipes de remoção e transplante, mediante a utilização de critérios clínicos e tecnológicos definidos por resolução do Conselho Federal de Medicina.

§ 1º Os prontuários médicos, contendo os resultados ou os laudos dos exames referentes aos diagnósticos de morte encefálica e cópias dos documentos de que tratam os arts. 2º, parágrafo único; 4º e seus parágrafos; 5º; 7º; 9º, §§ 2º, 4º, 6º e 8º, e 10, quando couber, e detalhando os atos cirúrgicos relativos aos transplantes e enxertos, serão mantidos nos arquivos das instituições referidas no art. 2º por um período mínimo de cinco anos.

§ 2º Às instituições referidas no art. 2º enviarão anualmente um relatório contendo os nomes dos pacientes receptores ao órgão gestor estadual do Sistema único de Saúde.

§ 3º Será admitida a presença de médico de confiança da família do falecido no ato da comprovação e atestação da morte encefálica.

Da disposição *post mortem* de tecidos, órgãos e partes do corpo humano para fins de transplante. O capítulo II da Lei nº 9.434/97 inicia, propriamente, os termos a serem seguidos para que seja feita a retirada *post mortem* de tecidos, órgãos ou outras partes do corpo humano. A primeira grande observação a ser feita faz referência ao diagnóstico da morte encefálica, que deverá ser constatada seguindo os critérios estabelecidos por resolução específica sobre o tema, expedida pelo Conselho Federal de Medicina (CFM), qual seja, a de nº 2.173/2017, cujo conteúdo pode ser observado abaixo:

> RESOLUÇÃO CFM Nº 2.173/2017
>
> Publicado no D.O.U. de 15de dezembro de 2017, Seção I, p. 274-6
>
> Atenção para apostilamento no texto do ANEXO I
>
> Define os critérios do diagnóstico de morte encefálica.
>
> O CONSELHO FEDERAL DE MEDICINA, no uso das atribuições conferidas pela Lei nº 3.268, de 30 de setembro de 1957, regulamentada pelo Decreto nº44.045, de 19 de julho de 1958 e,

CONSIDERANDO que a Lei nº 9.434, de 4 de fevereiro de 1997, que dispõe sobre a retirada de órgãos, tecidos e partes do corpo humano para fins de transplante e tratamento, determina em seu artigo 3º que compete ao Conselho Federal de Medicina definir os critérios para diagnóstico de morte encefálica (ME);

CONSIDERANDO o Decreto nº 9.175, de 18 de outubro de 2017, que regulamenta a Lei nº 9.434, de 4 de fevereiro de 1997, para tratar da disposição de órgãos, tecidos, células e partes do corpo humano para fins de transplante e tratamento;

CONSIDERANDO que o artigo 13 da Lei nº 9.434/1997 determina ser obrigatório para todos os estabelecimentos de saúde informar as centrais de notificação, captação e distribuição de órgãos das unidades federadas onde ocorrer diagnóstico de morte encefálica feito em pacientes por eles atendidos;

CONSIDERANDO que a perda completa e irreversível das funções encefálicas, definida pela cessação das atividades corticais e de tronco encefálico, caracteriza a morte encefálica e, portanto, a morte da pessoa;

CONSIDERANDO que a Resolução CFM nº 1.826/2007dispõe sobre a legalidade e o caráter ético da suspensão dos procedimentos de suporte terapêutico quando da determinação de morte encefálica de indivíduo não doador de órgãos;

CONSIDERANDO que a comprovação da ME deve ser realizada utilizando critérios precisos, bem estabelecidos, padronizados e passíveis de ser executados por médicos em todo território nacional;

CONSIDERANDO, finalmente, o decidido na reunião plenária de 23 de novembro de 2017; RESOLVE:

Art. 1º Os procedimentos para determinação de morte encefálica (ME) devem ser iniciados em todos os pacientes que apresentem coma não perceptivo, ausência de reatividade supraespinhal e apneia persistente, e que atendam a todos os seguintes pré-requisitos: a) presença de lesão encefálica de causa conhecida, irreversível e capaz de causar morte encefálica; b) ausência defatores tratáveis que possam confundir o diagnóstico de morte encefálica; c) tratamento e observação em hospital pelo período mínimo de seis horas. Quando a causa primária do quadro for encefalopatia hipóxico-isquêmica, esse período de tratamento e observação deverá ser de, no mínimo, 24 horas; d) temperatura corporal (esofagiana, vesical ou retal) superior a 35ºC, saturação arterial de oxigênio acima de 94% e pressão arterial sistólica maior ou igual a 100 mmHg ou pressão arterial média maior ou igual a 65mmHg para adultos, ou conforme a tabela a seguir para menores de 16 anos:

PRESSÃO ARTERIAL		
Idade	**Sistólica (mmHg)**	**PAM (mmHg)**
Até 5 meses incompletos	60	43
De 5 meses a 2 anos incompletos	80	60
De 2 anos a 7 anos incompletos	85	62
De 7 a 15 anos	90	65

Art. 2º É obrigatória a realização mínima dos seguintes procedimentos para determinação da morte encefálica: a) dois exames clínicos que confirmem coma não perceptivo e ausência de função do tronco encefálico; b) teste de apneia que confirme ausência de movimentos respiratórios após estimulação máxima dos centros respiratórios; c) exame complementar que comprove ausência de atividade encefálica.

Art. 3º O exame clínico deve demonstrar de forma inequívoca a existência das seguintes condições: a) coma não perceptivo; b) ausência de reatividade supraespinhal manifestada pela ausência dos reflexos fotomotor, córneo-palpebral, oculocefálico, vestíbulo-calórico e de tosse.

§ 1ºSerão realizados dois exames clínicos, cada um deles por um médico diferente, especificamente capacitado a realizar esses procedimentos para a determinação de morte encefálica.

§ 2º Serão considerados especificamente capacitados médicos com no mínimo um ano de experiência no atendimento de pacientes em coma e que tenham acompanhado ou realizado pelo menos dez determinações de ME ou curso de capacitação para determinação em ME, conforme anexo III desta Resolução.

§ 3º Um dos médicos especificamente capacitados deverá ser especialista em uma das seguintes especialidades: medicina intensiva, medicina intensiva pediátrica, neurologia, neurologia pediátrica, neurocirurgia ou medicina de emergência. Na indisponibilidade de qualquer um dos especialistas anteriormente citados, o procedimento deverá ser concluído por outro médico especificamente capacitado.

§ 4º Em crianças com menos de 2 (dois) anos o intervalo mínimo de tempo entre os dois exames clínicos variará conforme a faixa etária: dos sete dias completos (recém-nato a termo) até dois meses incompletos será de 24 horas; de dois a 24 meses incompletos será de doze horas. Acima de 2 (dois) anos de idade o intervalo mínimo será de 1 (uma) hora.

Art. 4º O teste de apneia deverá ser realizado uma única vez por um dos médicos responsáveis pelo exame clínico e deverá comprovar ausência de movimentos respiratórios na presença de hipercapnia (PaCO2superior a 55mmHg).

Parágrafo único. Nas situações clínicas que cursam com ausência de movimentos respiratórios de causas extracranianas ou farmacológicas é vedada a realização do teste de apneia, até a reversão da situação.

Art. 5º O exame complementar deve comprovar de forma inequívoca uma das condições: a) ausência de perfusão sanguínea encefálica ou b) ausência de atividade metabólica encefálica ou c) ausência de atividade elétrica encefálica.

§ 1º A escolha do exame complementar levará em consideração situação clínica e disponibilidades locais.

§ 2º Na realização do exame complementar escolhido deverá ser utilizada a metodologia específica para determinação de morte encefálica.

§ 3º O laudo do exame complementar deverá ser elaborado e assinado por médico especialista no método em situações de morte encefálica.

Art. 6º Na presença de alterações morfológicas ou orgânicas, congênitas ou adquiridas, que impossibilitam a avaliação bilateral dos reflexos fotomotor, córneo-palpebral, oculocefálico ou vestíbulo-calórico, sendo possível o exame em um dos lados e constatada ausência de reflexos do lado sem alterações morfológicas, orgânicas, congênitas ou adquiridas, dar-se-á prosseguimento às demais etapas para determinação de morte encefálica.

Parágrafo único. A causa dessa impossibilidade deverá ser fundamentada no prontuário.

Art. 7º As conclusões do exame clínico e o resultado do exame complementar deverão ser registrados pelos médicos examinadores no Termo de Declaração de Morte Encefálica (Anexo II) e no prontuário do paciente ao final de cada etapa.

Art. 8º O médico assistente do paciente ou seu substituto deverá esclarecer aos familiares do paciente sobre o processo de diagnóstico de ME e os resultados de cada etapa, registrando no prontuário do paciente essas comunicações.

Art. 9º Os médicos que determinaram o diagnóstico de ME ou médicos assistentes ou seus substitutos deverão preencher a DECLARAÇÃO DE ÓBITO definindo como data e hora da morte aquela que corresponde ao momento da conclusão do último procedimento para determinação da ME.

Parágrafo único. Nos casos de morte por causas externas a DECLARAÇÃO DE ÓBITO será de responsabilidade do médico legista, que deverá receber o relatório de encaminhamento médico e uma cópia do TERMO DE DECLARAÇÃO DE MORTE ENCEFÁLICA.

Art. 10.º A direção técnica do hospital onde ocorrerá a determinação de ME deverá indicar os médicos especificamente capacitados para realização dos exames clínicos e complementares.

§ 1º Nenhum desses médicos poderá participar de equipe de remoção e transplante, conforme estabelecido no art. 3º da Lei nº 9.434/1997e no Código de Ética Médica.

§ 2º Essas indicações e suas atualizações deverão ser encaminhadas para a Central Estadual de Transplantes (CET).

Art. 11. Na realização dos procedimentos para determinação de ME deverá ser utilizada a metodologia e as orientações especificadas no ANEXO I (MANUAL DE PROCEDIMENTOS PARA DETERMINAÇÃO DA MORTE ENCEFÁLICA), no ANEXO II (TERMO DE DECLARAÇÃO DE MORTE ENCEFÁLICA) e no ANEXO III (CAPACITAÇÃO PARA DETERMINAÇÃO EM MORTE ENCEFÁLICA) elaborados e atualizados quando necessários pelo Conselho Federal de Medicina.

Art. 12. Esta Resolução entrará em vigor na data de sua publicação e revoga a Resolução CFM nº 1.480, publicada no Diário Oficial da União, seção I, p. 18227-18228, em 21 de agosto de 1997.

Brasília, DF, 23 de novembro de 2017.

Habitualmente os manuais de Medicina Legal[1] asseveram que a definição tradicional de morte sempre foi aquela que a considera como a cessação total e irreversível das funções vitais. Desta forma, era diagnosticada, principalmente, pela ausência de batimentos cardíacos.

Muito em função dos avanços surgidos com as técnicas de transplante, foi desenvolvido o conceito de morte encefálica (morte do tronco encefálico, composto pela Ponte de Varólio e Bulbo Raquidiano), para que pudesse haver maior segurança e permitir uma decisão consciente e capaz de garantir que alguém esteja realmente morto, haja vista a irreversibilidade da situação e as implicações dela decorrentes, seja no âmbito civil, seja na esfera penal, previdenciária, trabalhista etc.

Art. 4º A retirada de tecidos, órgãos e partes do corpo de pessoas falecidas para transplantes ou outra finalidade terapêutica, dependerá da autorização do cônjuge ou parente, maior de idade, obedecida a linha sucessória, reta ou colateral, até o segundo grau inclusive, firmada em documento subscrito por duas testemunhas presentes à verificação da morte. *(Redação dada pela Lei nº 10.211, de 23.3.2001)*

1. FERREIRA, Wilson Luiz Palermo. Medicina Legal. 6. ed. Salvador: Juspodivm, 2021. p. 429.

Art. 5º A remoção post mortem de tecidos, órgãos ou partes do corpo de pessoa juridicamente incapaz poderá ser feita desde que permitida expressamente por ambos os pais, ou por seus responsáveis legais.

Art. 6º É vedada a remoção post mortem de tecidos, órgãos ou partes do corpo de pessoas não identificadas.

Da necessidade de autorização para retirada de partes do corpo de pessoa falecida. De modo a formalizar e ressaltar a legalidade do procedimento de retirada de órgãos, tecidos e demais partes do corpo de pessoa, cuja morte encefálica tenha sido atestada, é necessário que o cônjuge ou outro parente (desde que seja maior de idade), obedecendo demais critérios, como a linha sucessória, reta ou colateral até o segundo grau inclusive, firmem declaração subscrita por duas testemunhas que estiveram presentes à verificação da morte.

No que diz respeito à necessidade de autorização do cônjuge ou de outro parente, para que seja feita a remoção de partes, tecidos ou órgãos do cadáver, conforme previsão do artigo 4º desta Lei, tal dispositivo simplesmente ignora as disposições de última vontade do falecido com relação aos direitos da sua personalidade, deixando aos seus parentes a liberdade de escolha acerca do que será feito com seu cadáver para fins de doação ou transplante.

Nesse sentido é valido trazer os preceitos do artigo 14 do Código Civil/2002, cujo texto determina a validade das disposições gratuitas do próprio corpo, seja com objetivo científico ou altruístico (como entendemos abranger o caso da Lei nº 9.434/1997):

> Art. 14. É válida, com objetivo científico, ou altruístico, a disposição gratuita do próprio corpo, no todo ou em parte, para depois da morte.
>
> Parágrafo único. O ato de disposição pode ser livremente revogado a qualquer tempo.

Em sentido semelhante está o artigo 1.857, § 2º, do Código Civil/2002 (que trata do testamento em geral), pois assim dispõe:

> Art. 1.857. Toda pessoa capaz pode dispor, por testamento, da totalidade dos seus bens, ou de parte deles, para depois de sua morte.
>
> § 2º São válidas as disposições testamentárias de caráter não patrimonial, ainda que o testador somente a elas se tenha limitado.

Desta forma, a verificação dos artigos do Código Civil sobre o tema permite considerá-lo disposição de caráter não patrimonial (o que também pode ser lido em conjunto com o próprio artigo 1º, *caput*, da Lei nº 9.434/97, que assevera a gratuidade do ato de dispor de tecidos, partes e órgãos nos termos desta Lei). Assim, a vontade do indivíduo que morreu prevalece sobre entendimento diverso do cônjuge ou de outra pessoa habilitada (que poderiam fornecer autorização sobre o caso).

De acordo com o artigo 5º da Lei nº 9.434/97, caso a pessoa falecida seja incapaz, nos termos da lei civil, a remoção poderá ser feita desde que expressamente autorizada pelos pais, ou seus responsáveis legais. Esta hipótese legal faz referência, portanto, ao instituto da autorização dupla, evitando a doação ou a remoção no caso de discordância de um deles.

Tanto na hipótese de pessoas falecidas, incapazes ou não, o artigo 6º não autoriza a remoção das partes daquele corpo caso este não esteja devidamente identificado, o que previne que pessoas mal-intencionadas se aproveitem da inexistência de familiares que consigam reconhecer o cadáver e dar a ele o destino adequado (cumprindo eventuais disposições de última vontade).

Da legitimidade concedida ao companheiro homossexual a autorização referente ao artigo 4º da Lei nº 9.434/97. Em que pese a discussão travada no tópico anterior, o Tribunal Federal da 3ª Região entendeu pela legitimidade do (a) companheiro (a) homossexual para autorizar a remoção *post mortem* de órgãos, em homenagem aos princípios constitucionais explícitos e implícitos da igualdade, da dignidade da pessoa humana e da promoção do bem de todos e, assim, ampliando o rol de legitimados para autorizar a referida doação (art. 4º da Lei nº 9.434/97), conforme ilustra o acórdão abaixo relacionado:

> AÇÃO CIVIL PÚBLICA. LEGITIMIDADE DO(A) COMPANHEIRO(A) HOMOSSEXUAL PARA AUTORIZAR A REMOÇÃO POST MORTEM DE ÓRGÃOS, TECIDOS E PARTES DO CORPO DO(A) COMPANHEIRO(A) FALECIDO(A) PARA TRANSPLANTE. PROCEDÊNCIA DO PEDIDO. - A inexistência de regra expressa que contemple o companheiro homossexual com a possibilidade de autorizar a remoção post mortem de órgãos, tecidos e partes do corpo do companheiro falecido para transplante, não obsta o reconhecimento do seu direito. - (...) - Ampliação do conceito de família (art. 226, § 3º, da Constituição Federal) e do rol dos legitimados para autorizar a referida doação (art. 4º, da Lei nº 9.434/97). - Questão pacificada no Supremo Tribunal Federal que, em 5 de maio de 2011, declarou a Ação Direta de Inconstitucionalidade n. 4.227 e a Arguição de Descumprimento de Preceito Fundamental n. 132, com eficácia erga omnes e efeito vinculante, conferindo interpretação conforme a Constituição Federal ao art. 1.723 do Código Civil, a fim de declarar a aplicabilidade de regime de união estável às uniões entre pessoas do mesmo sexo. - (...) (TRF-3, QUARTA TURMA. ApelReex - SP. APELAÇÃO/REEXAME NECESSÁRIO Nº 0900598- 64.2005.4.03.6100/SP. 2005.61.00.900598-4. Relatora Desembargadora Federal MÔNICA NOBRE Julgamento 30/10/14. Publicado em D.E.07/11/2014). Sem grifos no original.

Art. 7º (VETADO)

Parágrafo único. No caso de morte sem assistência médica, de óbito em decorrência de causa mal definida ou de outras situações nas quais houver indicação de verificação da causa médica da morte, a remoção de tecidos, órgãos ou partes de cadáver para fins de transplante ou terapêutica somente poderá ser realizada após a autorização do patologista do serviço de verificação de óbito responsável pela investigação e citada em relatório de necrópsia.

Art. 8º Após a retirada de tecidos, órgãos e partes, o cadáver será imediatamente necropsiado, se verificada a hipótese do parágrafo único do art. 7º, e, em qualquer caso, condignamente recomposto para ser entregue, em seguida, aos parentes do morto ou seus responsáveis legais para sepultamento. *(Redação dada pela Lei nº 10.211, de 23.3.2001)*

Da retirada de partes do corpo de pessoa falecida no caso de morte sem assistência. Se a morte ocorreu sem assistência médica, não se pode afirmar com plena certeza qual foi sua verdadeira causa. Nesse sentido, destaca-se a importância de que o cadáver passe pelo Serviço de Verificação de Óbito (SVO).

O Decreto nº 20.931/32, no artigo 16, alínea 'b', proíbe que o médico que não tenha dado assistência ao paciente ateste o seu óbito, razão pela qual os Serviços de Verificação de Óbito (SVO) ficariam encarregados de atestar a morte dos falecidos sem assistência médica (esses SVO têm como finalidade de registrar e estimar, através de estatísticas, os tipos de mortes naturais que ocorrem na área de sua responsabilidade). Daí a necessidade de que se proceda à necropsia.

Da competência para autorização de retirada de órgãos no caso de homicídio. Por ocasião do informativo 400/09 (Período: 22 a 26 de junho de 2009), a Terceira Seção do STJ, analisou a competência da justiça estadual/federal, diante do caso concreto, firmando posicionamento no sentido de que, sendo o homicídio a ação principal a competência será da justiça estadual.

Isso porque, no caso dos autos, o fato imputado aos acusados era de homicídio qualificado contra menor – médicos e enfermeiros teriam cometido uma série de atos e omissões voluntários com intenção de forjar e documentar a morte do paciente, com o fim de fazê-lo doador de órgãos para transplante, em desacordo com a legislação vigente.

Os autos teriam sido remetidos ao juízo federal ao argumento da existência de conexão probatória ou instrumental entre os delitos de homicídio, de competência estadual, com os crimes de remoção de tecidos e órgãos, de competência federal, devido ao interesse da União, por ser ela gestora do Sistema Nacional de Transplante e organizadora da lista única nacional.

Daí a existência de conflito de competência. Nesse sentido, o STJ entendeu que não é pelo fato de o Ministério da Saúde exercer as funções de órgão central do Sistema Nacional de Transplante (à época, art. 4º do Decreto nº 2.268/1997, mas o mesmo raciocínio aplica-se ao art. 5º do Decreto n.º 9.175/2017 c/c art. 2º da Lei nº 9.434/97) que se requer, em todo e qualquer caso de remoção (tecidos, órgão e parte do corpo em desacordo com as disposições da citada lei), pronuncie-se a Justiça Federal. No caso, a remoção dos órgãos foi consequência da ação de homicídio, que é a ação principal, e, no caso, irá estabelecer a competência do juízo estadual. Como ilustra o acórdão abaixo colacionado:

> Remoção de órgãos, tecidos e partes do corpo humano. Sistema Nacional de Transplante. **Lei nº 9.434/97**. Decreto nº 2.268/97. Competência federal/estadual. **1. O sistema organizado pelo Decreto nº 2.268/97, ao dispor que o Ministério da Saúde exercerá as funções de órgão central, não remeteu à Justiça Federal toda a competência para as questões penais daí oriundas**. 2. No caso, **a remoção dos órgãos ou partes do cadáver foi consequência da ação de homicídio, essa a ação principal. A precedência do homicídio para a remoção de órgãos ou partes de cadáver, portanto, foi a mais ampla possível tanto em relação à censurabilidade das condutas quanto no que diz respeito à ordem natural dos acontecimentos. 3. Sendo, pois, hipótese de homicídio, o caso é de competência estadual. 4. Conflito do qual se conheceu, declarando-se competente o suscitante**. (STJ, S3 - TERCEIRA SEÇÃO. CC 103599/MG. CONFLITO DE COMPETÊNCIA. 2009/0032785-2. Relator Ministro NILSON NAVES. Julgamento em 24/06/2009. Publicado em DJe 22/10/2009). Grifo não consta do original. Precedente citado: CC 45.483-RJ, DJ 9/2/2005. CC 103.599-MG, Rel. Min. Nilson Naves, julgado em 24/6/2009.

CAPÍTULO III
DA DISPOSIÇÃO DE TECIDOS, ÓRGÃOS E PARTES DO CORPO HUMANO VIVO PARA FINS DE TRANSPLANTE OU TRATAMENTO

Art. 9º É permitida à pessoa juridicamente capaz dispor gratuitamente de tecidos, órgãos e partes do próprio corpo vivo, para fins terapêuticos ou para transplantes em cônjuge ou parentes consangüíneos até o quarto grau, inclusive, na forma do § 4º deste artigo, ou em qualquer outra pessoa, mediante autorização judicial, dispensada esta em relação à medula óssea. *(Redação dada pela Lei nº 10.211, de 23.3.2001)*

§ 1º (VETADO)

§ 2º (VETADO)

§ 3º Só é permitida a doação referida neste artigo quando se tratar de órgãos duplos, de partes de órgãos, tecidos ou partes do corpo cuja retirada não impeça o organismo do doador de continuar vivendo sem risco para a sua integridade e não represente grave comprometimento de suas aptidões vitais e saúde mental e não cause mutilação ou deformação inaceitável, e corresponda a uma necessidade terapêutica comprovadamente indispensável à pessoa receptora.

§ 4º O doador deverá autorizar, preferencialmente por escrito e diante de testemunhas, especificamente o tecido, órgão ou parte do corpo objeto da retirada.

§ 5º A doação poderá ser revogada pelo doador ou pelos responsáveis legais a qualquer momento antes de sua concretização.

Da disposição de tecidos, órgãos e partes do corpo humano vivo para fins de transplante ou tratamento. Como complemento ao dispositivo do artigo 1º da Lei nº 9.434/97 (ver item 01) o Capítulo III traz as previsões legais para que seja viabilizada a disposição de tecidos, órgãos e demais partes do corpo humano para fins de transplante ou tratamento, com a diferença que aqui se trata de pessoa viva, ao contrário do texto previsto no Capítulo II, da mesma Lei.

Nos termos do artigo 9º, qualquer pessoa juridicamente capaz pode dispor, de forma gratuita e para fins terapêuticos ou para transplantes em cônjuge ou parentes consanguíneos até o quarto grau, inclusive, observando-se a necessidade de autorização (preferencialmente por escrito e com a presença de testemunhas), indicando de forma específica qual parte do corpo, tecido ou órgão irá ser retirada.

Interessante destacar que a doação a que se refere o artigo 9º deve se restringir a órgãos duplos ou partes ou tecidos que não comprometam o funcionamento do corpo humano, caso sejam retirados.

Caso a doação seja para pessoa diversa das indicadas no *caput* do artigo 9º, o interessado deverá buscar autorização judicial exceto nos casos de doação de medula óssea, hipótese nas quais não há tal restrição. Em qualquer situação de doação, poderá haver revogação, seja pelo próprio doador, seja pelos seus representantes legais, desde que obviamente ainda não tenha sido concretizada.

Da jurisprudência sobre o artigo 9º da Lei nº 9.434/1997 e a necessidade de autorização judicial para disposição de tecidos, órgãos e partes do corpo humano vivo para fins de transplante ou tratamento. No julgamento do REsp 1.144.720-DF, a Segunda Turma do STJ entendeu pela necessidade de autorização judicial para realização de transplante de rim. Segundo notícia veiculada no Informativo de Jurisprudência n.º 418/2009 (Período: 30 de novembro a 4 de dezembro de 2009), o STJ se posicionou pela legalidade da exigência, para a retirada de rins, de comprovação de, pelo menos, quatro compatibilidades em relação aos antígenos leucocitários humanos (HLA), salvo entre cônjuges e consanguíneos, na linha reta ou colateral, até o terceiro grau, inclusive.

Assim, entendeu-se que a Lei nº 10.211/01, ao alterar o *caput* do art. 9º da Lei nº 9.434/97, não revogou ou retirou a eficácia do § 3º do artigo 15 do Decreto nº 2.268/97. Observou-se que a autorização judicial exigida no *caput* do art. 9º da Lei nº 9.434/1997 tem três objetivos: impedir lesão à integridade física do doador; impedir o comércio de órgãos ou qualquer tipo de contraprestação e assegurar, na forma do § 3º do art. 15 do Decreto nº 2.268/1997, potencial eficácia ao transplante de rim, conforme aresto assim ementado:

> (...) 2. A autorização judicial exigida no caput do artigo 9º da Lei n. 9.434/97 tem três objetivos: (I) impedir lesão à integridade físi-

ca do doador; (II) impedir o comércio de órgãos ou qualquer tipo de contraprestação; e, (III) assegurar, na forma do § 3º do artigo 15 do Decreto n. 2.268/97, potencial eficácia ao transplante de rim. 3. Todas as exigências proporcionais e razoáveis colocadas pelo Poder Legislativo e pelo Poder Executivo para evitar o comércio de órgão ou qualquer tipo de contraprestação e assegurar a potencial eficácia do transplante de rim (direito à saúde) são ratificadas pelo ordenamento jurídico pátrio. 4. É legal a exigência, para a retirada de rins, de comprovação de, pelo menos, quatro compatibilidades em relação aos antígenos leucocitários humanos (HLA), salvo entre cônjuges e consanguíneos, na linha reta ou colateral, até o terceiro grau, inclusive. 5. A Lei n. 10.211/01, ao alterar o caput do art. 9º da Lei n. 9.434/97, não revogou ou retirou a eficácia do § 3º do artigo 15 do Decreto n. 2.268/97, portanto correto o Tribunal de origem na aplicação da Lei e do Decreto. Recurso especial improvido. (STJ, T2 - SEGUNDA TURMA. REsp 1144720 / DF. RECURSO ESPECIAL. 2009/0113695-5. Relator Ministro HUMBERTO MARTINS. Julgamento em 03/12/2009. Publicado em DJe 16/12/2009. LEXSTJ vol. 246 p. 162. RT vol. 894 p. 190).

Essa tendência jurisprudencial parece se solidificar. Em se tratando de pessoas vivas, note-se, prevalece a autonomia da vontade do indivíduo (art. 15 do Código Civil e pela Lei n.º 9.434/97), fundada no consentimento informado (o dever de informação pelo médico acerca dos riscos à saúde), ainda que necessária autorização judicial. Ao Poder Judiciário cabe apenas a análise dos requisitos legais para a concessão da autorização assegurando a dignidade do doador, especialmente, a capacidade de autodeterminação do doador (juízo acerca do livre exercício da autonomia de vontade, isto é, se o doador é capaz de realizar o ato de forma livre, genuína e gratuita) e se foi cumprido o dever de informação pelo médico acerca dos riscos à saúde.

Isso porque, não obstante o transplante de órgãos exerça uma função social relevante e o direito à integridade física deva levar em consideração a autonomia da vontade do indivíduo, o princípio da dignidade da pessoa humana (que é o fundamento de todos os direitos fundamentais da personalidade – arts. 1º, III e 199, § 4º da CRFB e art. 13, parágrafo único, do Código Civil), condiciona a dimensão da autonomia do indivíduo (dignidade como autonomia), devendo ser asseguradas as condições para o exercício (real) dessa autodeterminação.

Assim, observadas tais considerações, possível, a expedição do alvará (jurisdição voluntária), desde que condicionado ao cumprimento dos requisitos previstos no art. 29 do Decreto n.º 9.175/2017 (constitucionalização do direito civil/eficácia horizontal dos direitos fundamentais). Confira-se recente julgado do Tribunal de Justiça do Estado do Rio de Janeiro (TJRJ):

APELAÇÃO CÍVEL. **Alvará judicial. Transplante entre pessoas vivas. Autorização para transplante de rim de doador que não é fami-**

liar do beneficiário da doação. Sentença de improcedência sob o argumento de que não foram carreados aos autos exames laboratoriais e de imagem que assegurem a integridade física da doadora. Insurgência da parte autora por não ter sido antes intimada para apresentação do documento exigido. **Princípio da dignidade da pessoa humana que é o fundamento de todos os direitos fundamentais da personalidade. Possibilidade da doação, segundo o art. 199, § 4º da Constituição Federal e art. 13, parágrafo único, do Código Civil, vedada a comercialização. Necessidade de autorização quando doador e beneficiário não são familiares. Art. 9º da Lei 9.434/97 (Lei dos Transplantes de Órgãos). Direito à integridade física que deve levar em consideração a autonomia da vontade do indivíduo. Mudança de paradigma médico do paternalismo para o consentimento informado. Constitucionalização do Direito Civil. O titular do direito à integridade física deixa de ser objeto da prática médica e passa a ser sujeito de direitos, tendo-se em conta a sua dignidade. Adoção do princípio do consentimento informado pelo art. 15 do Código Civil e pela Lei 9.434/97. Ao Poder Judiciário incumbe tão somente a análise dos requisitos legais para a concessão da autorização, especialmente, se a doadora é capaz de realizar o ato de forma livre, genuína e gratuita, e se foi cumprido o dever de informação pelo médico acerca dos riscos à saúde. Ao Estado-Juiz, não há interesse público a impedir o direito das pessoas de efetuar escolhas existenciais. Deve-se apenas, assegurar o respeito à dignidade do doador. Incumbe ao médico, observando o consentimento informado, a responsabilidade por conferir as condições para a realização plena do transplante, resguardando a integridade física da doadora e do beneficiário**. No caso concreto, há documentos em que a doadora demonstra ser capaz e de que a doação é livre e gratuita, e que se encontra ciente dos riscos. Além disso, com a apelação, foram juntados exames e laudo médico que atestam a possibilidade de realização do transplante sem intercorrências à saúde da doadora. Sentença que se reforma para a expedição do alvará, desde que condicionado ao cumprimento dos requisitos previstos no art. 29 do Decreto 9.175/2017. PROVIMENTO DO RECURSO. (TJRJ, TERCEIRA CÂMARA CÍVEL. Apelação Cível n.º 0021003-39.2019.8.19.0002. Relator Des(a). PETERSON BARROSO SIMÃO. Julgamento em 17/07/2019. Publicação em 18/07/2019).

§ 6º O indivíduo juridicamente incapaz, com compatibilidade imunológica comprovada, poderá fazer doação nos casos de transplante de medula óssea, desde que haja consentimento de ambos os pais ou seus responsáveis legais e autorização judicial e o ato não oferecer risco para a sua saúde.

Da possibilidade de doação por parte de indivíduo juridicamente incapaz. Nos termos do artigo 9º, § 6º, da Lei nº 9.434/97, todo indivíduo juridicamente incapaz conforme teor da Lei civil poderá se tornar um doador especificamente nos casos de medula óssea, quando tal ação não ofereça riscos à sua saúde e desde que tal ato esteja embasado por autorização judicial e consentimento dos pais.

§ 7º É vedado à gestante dispor de tecidos, órgãos ou partes de seu corpo vivo, exceto quando se tratar de doação de tecido para ser utilizado em transplante de medula óssea e o ato não oferecer risco à sua saúde ou ao feto.

§ 8º O auto-transplante depende apenas do consentimento do próprio indivíduo, registrado em seu prontuário médico ou, se ele for juridicamente incapaz, de um de seus pais ou responsáveis legais.

Art. 9º-A É garantido a toda mulher o acesso a informações sobre as possibilidades e os benefícios da doação voluntária de sangue do cordão umbilical e placentário durante o período de consultas pré-natais e no momento da realização do parto. *(Incluído pela Lei nº 11.633, de 2007).*

Das disposições sobre doação de órgãos, tecidos e partes do corpo de gestantes e autotransplante. Visando a resguardar a gestante e o feto de eventuais complicações decorrentes de um procedimento cirúrgico, a legislação permite que aquela doe somente medula óssea e mesmo assim quando este procedimento não gere riscos à sua saúde ou comprometa a do feto.

Quanto ao autotransplante, o artigo 9º, § 8º, da Lei nº 9.434/97, faculta ao próprio interessado (doador e receptor, ao mesmo tempo), que seja feito apenas um registro em seu prontuário médico, sendo capaz, com a ressalva de que nos casos de incapacidade jurídica haja anuência dos pais ou responsáveis legais. A opção de autotransplante é utilizada, principalmente, para tecidos e partes do corpo, nas situações de enxerto ou de transplante, conforme a necessidade clínica do paciente.

O artigo 9º-A, incluído pela Lei nº 11.633/07, cujo único objetivo foi o de acrescentar este artigo à Lei nº 9.434/97, traz a garantia de acesso a informações sobre doação voluntária de sangue do cordão umbilical e placentário ainda no momento das consultas referentes ao pré-natal, ou mesmo quando da realização do parto.

CAPITULO IV
DAS DISPOSIÇÕES COMPLEMENTARES

Art. 10. O transplante ou enxerto só se fará com o consentimento expresso do receptor, assim inscrito em lista única de espera, após aconselhamento sobre a excepcionalidade e os riscos do procedimento. *(Redação dada pela Lei nº 10.211, de 23.3.2001)*

1º Nos casos em que o receptor seja juridicamente incapaz ou cujas condições de saúde impeçam ou comprometam a manifestação válida da sua vontade, o consentimento de que trata este artigo será dado por um de seus pais ou responsáveis legais. *(Incluído pela Lei nº 10.211, de 23.3.2001)*

§ 2º A inscrição em lista única de espera não confere ao pretenso receptor ou à sua família direito subjetivo a indenização, se o transplante não se realizar em decorrência de alteração do estado de órgãos, tecidos e partes, que lhe seriam destinados, provocado por acidente ou incidente em seu transporte. *(Incluído pela Lei nº 10.211, de 23.3.2001)*

Art. 11. É proibida a veiculação, através de qualquer meio de comunicação social de anúncio que configure:

a) publicidade de estabelecimentos autorizados a realizar transplantes e enxertos, relativa a estas atividades;

b) apelo público no sentido da doação de tecido, órgão ou parte do corpo humano para pessoa determinada identificada ou não, ressalvado o disposto no parágrafo único;

c) apelo público para a arrecadação de fundos para o financiamento de transplante ou enxerto em beneficio de particulares.

Parágrafo único. Os órgãos de gestão nacional, regional e local do Sistema único de Saúde realizarão periodicamente, através dos meios adequados de comunicação social, campanhas de esclarecimento público dos benefícios esperados a partir da vigência desta Lei e de estímulo à doação de órgãos.

Art. 12. (VETADO)

Art. 13. É obrigatório, para todos os estabelecimentos de saúde notificar, às centrais de notificação, captação e distribuição de órgãos da unidade federada onde ocorrer, o diagnóstico de morte encefálica feito em pacientes por eles atendidos.

Parágrafo único. Após a notificação prevista no caput deste artigo, os estabelecimentos de saúde não autorizados a retirar tecidos, órgãos ou partes do corpo humano destinados a transplante ou tratamento deverão permitir a imediata remoção do paciente ou franquear suas instalações e fornecer o apoio operacional necessário às equipes médico-cirúrgicas de remoção e transplante, hipótese em que serão ressarcidos na forma da lei. *(Incluído pela Lei nº 11.521, de 2007)*

Das disposições complementares no que concerne à Lei nº 9.434/97. Se por um lado a Lei autoriza a disposição gratuita de tecidos, órgãos ou partes do corpo humano para transplantes, enxertos etc., necessitando, para isso, de autorização do doador ou de pessoas previamente determinadas nos termos da Lei, conforme esteja vivo ou morto, para que seja possível alguém receber estes elementos num procedimento médico é necessário que haja anuência por parte deste último, quando juridicamente capaz (ou no caso de incapacidade, que haja manifestação de vontade dos pais ou responsáveis) desde que esteja inscrito em lista única de espera (prevista, inicialmente, no artigo 5º, § 2º, do Decreto nº 9.175/2017, devendo ser ressaltado que esta inscrição não assegura ao interessado direito subjetivo ao transplante, enxerto etc.

Nos termos do artigo 13 da Lei nº 9.434/97, as centrais de notificação devem ser cientificadas pelas instituições de saúde sobre as mortes encefálicas que ocorram nos pacientes por aquelas atendidos. Tal dispositivo permite ampliar a capacidade que as centrais de captação e distribuição têm para proverem as necessidades conforme a lista única de receptores.

Se porventura o estabelecimento de saúde no qual se deu a morte não estiver autorizado a promover a retirada das partes destinadas a transplante ou enxerto (conforme indicado no artigo 2º da mesma Lei), deverá permitir que o corpo seja transferido para unidade capacitada, ou que sejam franqueadas a entrada e as instalações para as equipes de remoção e transplante que estejam habilitadas, sendo ressarcidos conforme previsão legal.

CAPÍTULO V
DAS SANÇÕES PENAIS E ADMINISTRATIVAS

Seção I
Dos Crimes

Art. 14. Remover tecidos, órgãos ou partes do corpo de pessoa ou cadáver, em desacordo com as disposições desta Lei:

Pena – reclusão, de dois a seis anos, e multa, de 100 a 360 dias-multa.

Do crime previsto no artigo 14 da Lei nº 9.434/97. Para que fosse possível a compreensão do delito aqui previsto, foi necessária a passagem pelos artigos anteriores a este, já que o artigo 14 da Lei nº 9.434/1997 prevê apenas um verbo nuclear, qual seja, o que destaca a conduta de remover tecidos, órgãos ou partes do corpo de pessoa ou cadáver, sendo necessário que tal conduta esteja em desacordo com as previsões descritas na referida lei.

Assim, toda atenção no sentido de verificar principalmente, mas não se restringindo a estas, as observações quanto à exclusão da abrangência da Lei nº 9.434/97 quanto ao sangue, esperma e óvulo humanos, bem como quanto à necessidade de autorizações para remoção das partes do corpo, tecidos etc.

O tipo penal do artigo 14 da Lei nº 9.434/1997 remete o intérprete aos próprios dispositivos de tal Lei, na medida em que para que se considere determinada conduta de remoção como criminosa é preciso deter esses conhecimentos.

Por outro lado, o próprio artigo 3º da Lei nº 9.434/97 remete o intérprete à Resolução do Conselho Federal de Medicina (no caso, a de número 2.173/2017, que define os critérios do diagnóstico de morte encefálica), tendo o condão de ser uma norma em branco, que deve ser preenchida com o teor de tal Resolução.

Não obstante, devem ser observados também os preceitos contidos no Decreto nº 9.175/2017, que regulamenta a Lei em estudo.

No que diz respeito, especificamente, ao artigo 14 da Lei nº 9.434/97, a pena inicialmente prevista no preceito secundário deste artigo é de três a oito anos de reclusão, além de multa compreendida no montante de cem a cento e cinquenta dias-multa. Isto significa que este crime não comporta, por exemplo, o benefício da suspensão condicional do processo, previsto no artigo 89 da Lei nº 9.099/95, que pode ser aplicado nos crimes em que a pena mínima cominada for igual ou inferior a um ano, abrangidas ou não por aquela Lei.

Sujeito ativo. Com relação ao *caput* do artigo 14, tal crime pode ser praticado por qualquer pessoa, inclusive integrantes de equipes médicas, sendo, portanto, um crime comum.

Sujeito passivo. É aquele sobre o qual recai a conduta delituosa, ou seja, quem tem tecidos, partes do corpo ou órgãos retirados (esteja o indivíduo vivo ou morto).

Elemento subjetivo. O tipo aqui previsto é doloso, ou seja, a vontade livre e consciente em remover tecidos, órgãos ou partes do corpo de pessoa ou cadáver, em desacordo com as disposições previstas na Lei nº 9.434/97. Não há previsão para modalidade culposa.

Objeto material da conduta. São os tecidos, partes ou órgãos do corpo do ser humano vivo, ou do cadáver de pessoa falecida.

Objeto jurídico. Através deste tipo penal tutela-se a integridade física, vida e saúde do corpo do ser humano quando vivo. No caso do cadáver, tutela-se o respeito e a memória dos mortos, de modo que em todas as situações, os procedimentos de retirada de partes, tecidos ou órgãos não sejam feitos em desacordo com as prescrições da Lei nº 9.434/97.

Classificação doutrinária. Trata-se de crime comum (pois pode ser praticado por qualquer pessoa), material (tendo em vista a necessidade de resultado naturalístico que aqui consiste na simples remoção do tecido, órgão ou parte do corpo de pessoa viva ou morta), comissivo, doloso, de dano (requer a efetiva lesão ao bem jurídico tutelado), instantâneo, plurissubsistente e de forma livre (já que pode ser praticado por qualquer forma eleita pelo sujeito ativo).

Momento consumativo. O crime em tela se consuma no momento em que a remoção dos tecidos, órgãos ou partes do corpo humano ou do cadáver deste é feita em desacordo com as disposições legais pertinentes.

Tentativa. Admitida, por se tratar de crime plurissubsistente, no qual há possibilidade de fracionamento da conduta.

Competência. O crime descrito no artigo 14, *caput*, da Lei nº 9.434/97 é da competência da Justiça Estadual Comum.

> § 1.º Se o crime é cometido mediante paga ou promessa de recompensa ou por outro motivo torpe:
>
> Pena – reclusão, de três a oito anos, e multa, de 100 a 150 dias-multa.

Forma qualificada prevista no artigo 14, § 1º, da Lei nº 9.434/97. À semelhança do que ocorre no caso do artigo 121, § 2º, I, do Código Penal, no dispositivo acima transcrito, referente à Lei nº 9.434/97, o legislador previu qualificadoras com as mesmas características, quais sejam, ter o crime sido cometido mediante paga (ato de efetuar pagamento para o crime), ou mediante promessa de recompensa (o que remonta a ato futuro, posterior ao crime).

Interessante lembrar que existe discussão doutrinária a respeito da natureza da vantagem recebida ou a ser recebida. De um lado estão aqueles que entendem que nestas duas modalidades não necessariamente se exige que a vantagem seja patrimonial (podendo ser, por exemplo, uma promessa de casamento etc.). Por outro lado, refletindo posicionamento majoritário, a vantagem aqui descrita deve ter caráter econômico.

Da jurisprudência do STJ acerca da possibilidade de aplicação de medidas cautelares diversas da prisão como a de suspensão do exercício de profissão. Em decisão monocrática, o Ministro Felix Fischer, do STJ, diante do caso concreto, entendeu pela possibilidade de afastamento cautelar de exercício da profissão em razão suposta máfia de "tráfico de órgãos", realizada em hospital público, eis que tal medida cautelar diversa da prisão encontra respaldo no ordenamento jurídico, com previsão expressa no artigo 282, parágrafo segundo e artigo 319, inciso VI, ambos do CPP, conforme pode ser observado a seguir:

> (...) No caso, verifico que a premissa de que a suspensão do exercício da medicina é medida cautelar excessiva, na qual se fundou o aresto combatido, não merece prosperar. Senão vejamos. As medidas cautelares diversas da prisão estão elencadas no art. 319 do Código de Processual Penal (redação da Lei n. 12.403/2011), cujo rol ora se elenca (...) Os agravados (...) foram condenados como incursos no art. 14, § 1º, da Lei nº 9.434/97, ao passo que o agravado João Alberto Goes Brandão no art. 15, parágrafo único, da Lei nº 9.434/97, sendo fixada para todos a pena de 8 (oito) anos de reclusão, em regime fechado, concedido o direito de recorrer em liberdade. Os recorridos, médicos em exercício na comarca de Poços de Caldas/MG à época dos fatos, foram condenados por condutas gravíssimas consistentes em remoções e vendas ilegais de órgãos humanos, práticas estas favorecidas pela atuação junto ao Sistema Único de Saúde. Os autos descrevem um bem engendrado e lucrativo esquema de tráfico de órgãos humanos, do qual os recorridos eram participantes juntamente com outros médicos, conhecido por Máfia dos Transplantes (...). Tal medida tem previsão expressa no artigo 282, parágrafo segundo e artigo 319, incisos IV e VI, ambos do CPP, e que 'segundo a melhor doutrina, é mais do que possível, é dever do Magistrado, posto que o bom andamento do processo é mister a seu cargo'. A gravidade concreta dos brutais delitos cometidos, por si só, recomendaria a adoção de mais esta medida cautelar. Além disso, coexiste a circunstância de ter sido praticados por médicos, no exercício de suas funções públicas, pois

agiam prestando serviços ao SUS (ainda que alguns cobrassem por fora), valendo-se de suas condições profissionais para tanto, possibilitando ainda a sua dissimulação e dificuldade no desacortinamento dos mesmos. Mantidos tais (maus) profissionais no ambiente hospitalar, notadamente agora com sentença condenatória, é capaz de gerar insegurança para a sociedade por eles 'assistida', notadamente naqueles mais carentes que só têm ao SUS para se valer. (...) Assim, por não se tratar de médicos servidores da rede pública de saúde, que possuam função pública, não foi suspenso o exercício de função pública, mas sim a prestação de serviços em hospitais públicos ou conveniados ao SUS. (...) Ante o exposto, dou provimento ao recurso especial, com base no art. 544, § 4º, inciso II, alínea c, do Código de Processo Civil, a fim de restabelecer a medida cautelar de suspensão do direito dos recorridos do exercício da medicina junto ao SUS ou hospitais conveniados ao SUS, nos termos da r. sentença de primeiro grau. P. e I. (STJ, Decisão monocrática no AREsp 453566-MG (2013/0417506-7). Relator (a) Ministro FELIX FISCHER. Publicação em 30/06/2015).

§ 2.º Se o crime é praticado em pessoa viva, e resulta para o ofendido:

I – incapacidade para as ocupações habituais, por mais de trinta dias;

II – perigo de vida;

III – debilidade permanente de membro, sentido ou função;

IV – aceleração de parto:

Pena – reclusão, de três a dez anos, e multa, de 100 a 200 dias-multa

Forma qualificada prevista no artigo 14, § 2º, da Lei nº 9.434/97. Se por um lado o parágrafo primeiro do artigo 14, estudado no item anterior, trouxe semelhança com o dispositivo legal concernente ao homicídio, o parágrafo segundo do artigo 14 da Lei nº 9.434/97 prevê algo semelhante ao que encontramos no crime de lesões corporais, previsto no artigo 129, § 1º, do Código Penal, mais precisamente às lesões ditas qualificadas ou, em outras palavras, lesões graves.

O texto dos incisos do artigo 14, § 2º, a ser comparado é exatamente igual aos dos incisos do artigo 129, § 1º, do CP, razão pela qual os ensinamentos basilares quanto ao teor destes incisos é o mesmo.

Incapacidade para as ocupações habituais, por mais de trinta dias, conforme artigo 14, § 2º, I, da Lei nº 9.434/97. O artigo 14, § 2º, I, da Lei nº 9.434/97 prevê que se a conduta de remover tecidos, órgãos ou partes do corpo de pessoa ou cadáver, em desacordo com as disposições daquela Lei for praticado em face de pessoa viva e resultar para o ofendido incapacidade para as ocupações habituais por mais de trinta dias, o autor será punido com pena de reclusão de três a dez anos, além de multa prevista entre 100 e 200 dias-multa.

Já tivemos oportunidade de escrever breves linhas a respeito desta situação específica gerada por este tipo de incapacidade, quando lançamos o livro de Medicina Legal[2], ao qual remetemos o leitor. Basicamente, a incapacidade aqui descrita é a impossibilidade de execução, a inaptidão para realizar determinada tarefa, podendo ser total ou mesmo parcial, sendo que a lei não exige a incapacidade absoluta, sendo importante lembrar que não se exige uma incapacidade econômica, bastando que a vítima fique impossibilitada de exercer suas ocupações habituais por mais de trinta dias.

De modo a determinar como estará a lesão e se esta será apta a determinar que o indivíduo ficou incapacitado por mais de trinta dias, deverá ser marcado um exame complementar nos moldes do artigo 168 do Código de Processo Penal, a ser realizado logo após ter decorrido o prazo de trinta dias desde o evento lesivo.

Perigo de vida, conforme artigo 14, § 2º, II, da Lei nº 9.434/97. Nesta hipótese o que deve ser considerado para qualificar a conduta descrita inicialmente no crime do artigo 14 da Lei nº 9.434/97 é se o evento de remoção de órgão, tecido ou parte do corpo de pessoa viva foi suficiente para lhe causar perigo de vida. Novamente devemos nos socorrer dos ensinamentos da literatura médico-legal para descrever a situação.

Perigo de vida[3], portanto, pode ser entendido como uma condição concreta de morte determinada por uma série de sinais e sintomas passíveis de comprovação clínica, que representem uma situação atual, real, com grande probabilidade de morte da vítima, caso não seja socorrida em tempo hábil.

Interessante frisar que perigo de vida é diferente de risco de vida: a literatura médico-legal, de uma forma geral, procura diferenciar os dois institutos, alegando que o perigo de vida é um diagnóstico. É a possibilidade real e iminente de morte. Já o risco de vida é um prognóstico. É uma probabilidade de morte. Está condicionada a possíveis complicações. É presumido. Nesta situação o evento morte deve ser provável, não meramente possível.

Debilidade permanente de membro, sentido ou função, conforme artigo 14, § 2º, III, da Lei nº 9.434/97. De início é preciso fazer a conceituação do que é debilidade, para que depois possamos adentrar às questões temporais e demais termos previstos neste inciso. **Debilidade**[4], em termos médico-legais, significa redução parcial da força, enfraquecimento. Diferencia-se da perda ou inutilização, onde há redução total.

Já o fato de ser **permanente**[5] significa algo duradouro (não significa que é para sempre). Duradouro é um prazo indeterminado, variável. **Membros**[6], por sua vez, são apêndices locomotores e preensores do corpo. A perda de um dedo é o exemplo mais comum.

---

2. FERREIRA, Wilson Luiz Palermo. op. cit. nota 01. p. 259.
3. *Ibidem*, p. 261.
4. *Ibidem*, p. 262.
5. *Ibidem*, p. 262.
6. *Ibidem*, p. 262.

Sentido[7] é a faculdade pela qual percebemos as manifestações da vida e **função**[8] é o mecanismo de atuação dos órgãos, aparelhos e sistemas.

Aceleração de parto, conforme artigo 14, § 2º, IV, da Lei nº 9.434/97. À semelhança do que ocorre com o artigo 129, § 1º, IV, do Código Penal, a situação de aceleração de parto descrita na no artigo 14, § 2º, IV, da Lei nº 9.434/97 é uma figura preterdolosa, ou seja, há dolo na remoção dos órgãos, tecidos e partes do corpo de pessoa viva, porém culpa em relação à aceleração de parto[9].

É importante destacar que a gestação é do conhecimento do agressor (pois não pode haver responsabilidade penal objetiva), mas ainda que seja do seu conhecimento, não há ânimo de causar danos ao nascituro.

§ 3.º Se o crime é praticado em pessoa viva e resulta para o ofendido:

I - Incapacidade para o trabalho;

II - Enfermidade incurável;

III - perda ou inutilização de membro, sentido ou função;

IV - deformidade permanente;

V - aborto:

Pena - reclusão, de quatro a doze anos, e multa, de 150 a 300 dias-multa.

Forma qualificada prevista no artigo 14, § 3º, da Lei nº 9.434/97. No parágrafo terceiro do artigo 14 da Lei nº 9.434/97 pode ser observada mais uma forma qualificada prevista em face da remoção de órgãos, tecidos e partes do corpo de pessoa vida. Mas os danos causados aqui são mais graves dos que aqueles previstos no parágrafo anterior. Como consequência disto o legislador previu uma pena mais gravosa no preceito secundário, resultando eventualmente para o autor a pena de reclusão de quatro a doze anos, além de multa compreendida entre 150 a 300 dias-multa.

Como pudemos observar no estudo do tópico inicial sobre o art. 14, § 2º, da Lei nº 9.434/97, agora no art. 14, § 3º, da mesma Lei, podemos verificar que o legislador ditou semelhança com o tipo penal destinado às lesões corporais, mas aqui no parágrafo terceiro os incisos se assemelham aos das lesões corporais gravíssimas, previstas no art. 129, § 2º, do CP.

No entanto, nesta última situação (artigo 14, § 3º, da Lei nº 9.434/97, *versus* artigo 129, § 2º, do CP) há pequena diferença em relação ao inciso I destes dois últimos dispositivos legais mencionados, como será visto a seguir.

Mais uma vez será preciso entender os conceitos da Medicina Legal para melhor compreensão dos institutos.

7. FERREIRA, Wilson Luiz Palermo, op. cit., nota 01, p. 262.
8. *Ibidem*, p. 262.
9. *Ibidem*, p. 263.

Incapacidade para o trabalho, conforme artigo 14, § 3º, I, da Lei nº 9.434/97. Como já foi salientado no tópico acima, a principal diferença entre o artigo 14, §, 3º, I, da Lei nº 9.434/97 e o artigo 129, § 2º, I, do CP está na palavra "permanente", não prevista no primeiro, mas prevista no segundo.

Isso, por si só, não nos exime da necessidade de verificação dos conceitos médico-legais para clarificar o conteúdo. Tão somente para traçar a observação e a distinção entre as duas situações.

Em relação à "**incapacidade**" aqui descrita, repetimos a menção que fizemos anteriormente. Trata-se da impossibilidade de execução, a inaptidão para realizar determinada tarefa, e pode ser total ou mesmo parcial, já que a lei não exige necessariamente a ocorrência de incapacidade absoluta.

O sentido para a palavra "**permanente**" (utilizada no Código Penal, mas não prevista no art. 14, § 3º, I, da Lei nº 9.434/97) seria o mesmo que "**duradouro**"[10]. Ressaltamos que a Lei nº 9.434/97 foi omissa quanto a esta palavra, nos passando a impressão de que tenha sido intencional, já que todos os demais incisos trazem menção idêntica à do artigo referente à lesão corporal de natureza gravíssima, previsto no Código Penal.

Já "**trabalho**"[11] deve ser entendido como qualquer atividade disponível para o ser humano comum. Deve ser uma incapacidade total, genérica para o trabalho (não se considera a atividade antes desempenhada, apenas).

Enfermidade incurável, conforme artigo 14, § 3º, II, da Lei nº 9.434/97. A literatura médico-legal indica que **enfermidade**[12] é uma espécie de perturbação produzida por meio violento, que quase sempre tem repercussão sobre uma ou mais funções do organismo, e que gera grave comprometimento à saúde, possuindo caráter permanente.

A incurabilidade também não apresenta o caráter de perpetuidade, não se exige ser absoluta, mas de muito difícil ou arrastada cura, quando possível.

São exemplos geralmente apontados para este quadro: surdez, paralisias, prolapso de válvula mitral, epilepsias pós-traumáticas.

Perda ou inutilização de membro, sentido ou função, conforme artigo 14, § 3º, III, da Lei nº 9.434/97. A ser considerado o mesmo parâmetro utilizado por ocasião do estudo das lesões corporais, como temos feito de uma maneira geral com os itens anteriores, chegaremos à conclusão de que aqui tratamos do grau máximo da debilidade permanente e, por isto, deve ser analisado em conjunto com o artigo 14, § 2º, III, da Lei nº 9.434/97.

---

10. FERREIRA, Wilson Luiz Palermo, op. cit., nota 01, p. 265.
11. *Ibidem*, p. 265.
12. *Ibidem*, p. 265.

Em termos médico-legais[13], pode-se considerar "perda" como ausência anatômica do membro ou ausência do sentido ou função. Já a inutilização corresponde à presença anatômica do membro ou à presença do sentido ou da função, mas todos estão quase totalmente desprovidos da sua capacidade funcional.

Exemplo concreto no qual se entendeu pela competência da Justiça Federal (Hospital Público – Sistema SUS – Servidor Federal). O trecho da jurisprudência abaixo colacionada indica a competência da Justiça Federal, para processar e julgar o crime previsto no artigo 14, § 3º, da Lei nº 9.434/97, haja vista que bens, serviços e interesses da União foram afetados com a conduta típica praticada:

> PENAL. PROCESSO PENAL. HABEAS CORPUS. CRIME PREVISTO NO ART. 14, § 3º, INC. III, DA LEI Nº 9.434/97, COMETIDO POR SERVIDORES PÚBLICOS FEDERAIS, NAS DEPENDÊNCIAS DE HOSPITAL PÚBLICO FEDERAL, EM PROCEDIMENTO CIRÚRGICO REALIZADO COM RECURSOS DO SUS. COMPETÊNCIA PARA PROCESSAMENTO E JULGAMENTO. JUSTIÇA FEDERAL. NULIDADE DOS ATOS PRATICADOS PELO JUÍZO INCOMPETENTE. ORDEM CONCEDIDA. 1. Se a hipótese dos autos trata de suposto crime cometido por Funcionários Públicos Federais, nas dependências de Hospital Público Federal, com ato cirúrgico realizado com recursos do Sistema Único de Saúde – SUS, jamais poderia o digno representante do Parquet Estadual ter aceitado a representação das supostas vítimas, e muito menos ter procedido qualquer investigação acerca da conduta dos aqui pacientes. 2. Resta configurada a coação ilegal perpetrada em face dos pacientes, eis que a Justiça Estadual é incompetente para processá-los e julgá-los, nos termos do art. 648, inc. III, do Código de Processo Penal. Por via de consequência, todos os atos praticados devem ser considerados nulos, nos moldes dos arts. 564, inc. I, e 648, inc. VI, ambos do Código de Processo Penal. 3. Ordem Concedida. Unanimemente. (TJMA, TERCEIRA CÂMARA CRIMINAL. HC 0136022012 MA 0002277-19.2012.8.10.0000. Relator JOSE DE RIBAMAR FROZ SOBRINHO. Julgamento em 04/06/2012. Publicação em 09/07/2012).

Deformidade permanente, conforme artigo 14, § 3º, IV, da Lei nº 9.434/97. A deformidade permanente[14] significa uma anormalidade, um defeito, que se perdura por tempo indeterminado. Traduz-se pela perda do aspecto habitual de qualquer parte do corpo e está associada a um dano estético cujo vulto é aparente, atingindo a autoestima da vítima, lhe trazendo vergonha.

Como o próprio artigo 9º, § 3º, da Lei nº 9.434/97 prevê, não é permitida doação que represente grave comprometimento das aptidões vitais e saúde mental do indivíduo, bem como aquelas que causem mutilação ou deformação inaceitável.

13. FERREIRA, Wilson Luiz Palermo, op. cit., nota 01, p. 265.

14. *Ibidem*, p. 266.

Desta maneira, caso esteja sendo feita remoção de tecidos, órgãos ou partes do corpo de pessoa viva, cujo resultado seja o previsto neste tópico, causando à vítima deformidade inaceitável, o autor poderá responder pela prática do crime previsto neste inciso. No entanto é preciso destacar que a lesão deve ser verificada de forma concreta e conforme interpretação que esteja inserida sob a égide do contexto dos costumes e hábitos da sociedade conforme a época em que aquela é causada.

Aborto, conforme artigo 14, § 3º, V, da Lei nº 9.434/97. À semelhança do que ocorre com o artigo 129, § 2º, V, do Código Penal, aqui também estamos diante de uma situação preterdolosa na qual o aborto[15] é considerado a título de culpa, tendo em vista que se o agente realmente tivesse o dolo de aborto, outros tipos penais como o do artigo 124 do CP, por exemplo, deveriam ser analisados, de modo a acomodar a conduta típica para efeitos de subsunção.

Porém, para que seja possível a análise deste inciso, o intérprete deve levar em consideração o preceito que veda a responsabilização objetiva, mormente a verificação do artigo 19 do Código Penal, segundo o qual "pelo resultado que agrava especialmente a pena, só responde o agente que o houver causado ao menos culposamente".

Vale dizer, na análise deste dispositivo, deve-se verificar se o agente (no caso específico, quem promove a retirada de tecidos etc., de pessoa viva) sabia que a vítima estava grávida, para que seja possível responsabilizá-lo pelo aborto, pelo menos, a título culposo.

§ 4.º Se o crime é praticado em pessoa viva e resulta morte:
Pena - reclusão, de oito a vinte anos, e multa de 200 a 360 dias-multa.

Crime qualificado pelo resultado, conforme artigo 14, § 4º, da Lei nº 9.434/97. Caso o processo de remoção de tecidos, órgãos ou partes do corpo de pessoa viva gere a morte da vítima, o tratamento penal passa a ser enquadrado no artigo 14, § 4º, da Lei de Transplantes.

Entendemos que a morte como qualificadora do resultado deve ser considerada a título culposo, evidenciando hipótese de crime preterdoloso, eis que se determinado indivíduo procede à retirada de tecidos, órgãos etc., de pessoa viva, agindo pelo menos com dolo eventual no intuito de matá-la, pratica propriamente o homicídio, e não o crime previsto neste parágrafo específico do artigo 14 da Lei nº 9.434/97.

Art. 15. Comprar ou vender tecidos, órgãos ou partes do corpo humano:
Pena - reclusão, de três a oito anos, e multa, de 200 a 360 dias-multa.

15. FERREIRA, Wilson Luiz Palermo, op. cit., nota 01, p. 266.

Parágrafo único. Incorre na mesma pena quem promove, intermedeia, facilita ou aufere qualquer vantagem com a transação.

Crime de comercialização de tecidos, partes ou órgãos do corpo humano, conforme artigo 15 da Lei nº 9.434/97. Na esteira de proteção ao sistema de transplantes e remoções de órgãos, tecidos e partes do corpo humano, o artigo 15 da Lei nº 9.434/97 veda a comercialização de tecidos, partes ou órgãos do corpo humano, abrangendo praticamente a integralidade deste, deixando de fora somente o sangue, o esperma e o óvulo, conforme previsão legal do artigo 1º, parágrafo único, da mesma Lei.

Como verbos da conduta típica, estão "comprar" e "vender", caracterizando atos comerciais.

Sujeito ativo. Tal crime pode ser praticado por qualquer pessoa, inclusive integrantes de equipes médicas, sendo, portanto, um crime comum.

Sujeito passivo. É a sociedade, de forma direta, bem como a vítima que teve parte do seu corpo retirada para fins de comercialização.

Elemento subjetivo. O tipo aqui previsto é doloso, ou seja, a vontade livre e consciente em comprar ou vender tecidos, órgãos ou partes do corpo humano. Não há previsão para modalidade culposa.

Objeto material da conduta. São os tecidos, partes ou órgãos do corpo humano.

Objeto jurídico. Através deste tipo penal tutela-se, além da integridade física dos que porventura tenham tecidos, partes ou órgãos do corpo humano removidos, a moralidade e a ética características do processo de doação de órgãos etc., regulados pelo Sistema Nacional de Transplantes, haja vista o complexo sistema de fila e regulação das doações.

Classificação doutrinária. Trata-se de crime comum (pois pode ser praticado por qualquer pessoa), material (tendo em vista a necessidade de resultado naturalístico que aqui consiste na compra ou venda do tecido, órgão ou parte do corpo humano), comissivo, doloso, de dano (requer a efetiva lesão ao bem jurídico tutelado), instantâneo, plurissubsistente e de forma livre (já que pode ser praticado por qualquer forma eleita pelo sujeito ativo).

Momento consumativo. O crime em tela se consuma no momento em que é efetuada a compra ou venda dos tecidos, órgãos ou partes do corpo humano.

Tentativa. Admitida, por se tratar de crime plurissubsistente, no qual há possibilidade de fracionamento da conduta.

Competência. Em regra, o crime descrito no artigo 15, *caput*, da Lei nº 9.434/97 é da competência da Justiça Estadual Comum, a não ser que haja comercialização internacional, pois esta situação será enquadrada no contexto do artigo 109, V, da CRFB/1988.

Parágrafo único. Incorre na mesma pena quem promove, intermedeia, facilita ou aufere qualquer vantagem com a transação.

O parágrafo único do artigo 15 da Lei nº 9.434/97. Este dispositivo traz em seu bojo condutas acessórias que facilmente seriam enquadradas a título de participação na conduta principal. Prevendo verbos acessórios, à mesma pena do *caput* estará sujeito o indivíduo que *promove* (ou seja, quem articula ou incrementa), que *intermedeia* (estabelecendo uma ponte de contato entre partes distintas), que *facilita* (vale dizer, aquele sujeito que simplifica) a compra e venda de tecidos, partes ou órgãos do corpo humano (conduta principal no artigo 15), ou ainda aquele que *aufere qualquer vantagem* com esta transação de compra e venda.

Jurisprudência sobre a configuração da conduta prevista no parágrafo único do artigo 15 da Lei nº 9.434/97. Abaixo pode ser observado o resumo de uma decisão proferida pela Quinta Turma do Superior Tribunal de Justiça, no que diz respeito aos verbos típicos descritos no artigo 15, parágrafo único, da Lei nº 9.434/97.

> HABEAS CORPUS. PROCESSO PENAL. FORMAÇÃO DE QUADRILHA. ART. 288 DO CÓDIGO PENAL. TRÁFICO DE ÓRGÃOS HUMANOS (RINS). CRIME PREVISTO NO ART. 15, PARÁGRAFO ÚNICO, DA LEI N.º 9.434/97 (PROMOVER, INTERMEDIAR, FACILITAR OU AUFERIR VANTAGEM COM A TRANSAÇÃO). (...) 2. Os condutas proibidas pelo art. 15, da Lei n.º 9.434/97, são a de "[c]omprar ou vender tecidos, órgãos ou partes do corpo humano", incorrendo em delito também, segundo o parágrafo único do mesmo artigo, "quem promove, intermedeia, facilita ou aufere qualquer vantagem com a transação." No caso, o Paciente participava ativamente do grupo e, como entenderam os graus de jurisdição soberanos na matéria fático-probatória, com sua essencial tarefa, incorreu nos elementos do tipo promover, intermediar, facilitar ou auferir qualquer vantagem com a transação. (...) (STJ, T5 – QUINTA TURMA. HC 128592 / PE. HABEAS CORPUS. 2009/0027030-1. Relator(a) Ministra LAURITA VAZ. Julgamento em 06/12/2011. Publicação em DJe 19/12/2011).

Art. 16. Realizar transplante ou enxerto utilizando tecidos, órgãos ou partes do corpo humano de que se tem ciência terem sido obtidos em desacordo com os dispositivos desta Lei:
Pena – reclusão, de um a seis anos, e multa, de 150 a 300 dias-multa.

Do crime previsto no artigo 16 da Lei nº 9.434/97. A Lei nº 9.434/97 prevê uma série de normas que regulam a disposição gratuita de tecidos, órgãos e partes do corpo humano em vida ou mesmo *post mortem*, conforme já foi abordado neste capítulo do livro.

O artigo 16 tem por objetivo coibir a realização de transplante ou enxerto de partes, órgãos ou tecidos dos quais o agente tenha conhecimento sobre a obtenção ilícita, ou seja, contrariando os parâmetros estabelecidos na Lei de Transplantes.

Tanto este, quanto o artigo 14, da mesma Lei, utilizam-se da expressão "*em desacordo com os dispositivos desta Lei*", como forma de asseverar a importância da observação dos parâmetros legais na realização destas atividades. Não se nega a possibilidade de realização de transplantes ou enxertos, desde que os preceitos legais tenham sido fielmente seguidos.

O objeto material que se estuda no artigo 16 não necessariamente deve ser proveniente do artigo 14, por ocasião da retirada do tecido, órgão ou parte do corpo de pessoa ou cadáver que contrarie os preceitos da Lei nº 9.434/97. Basta pensar, por exemplo, que este objeto pode ser oriundo da comercialização ilegal, conforme artigo 15.

Sujeito ativo. Tal crime pode ser praticado por qualquer pessoa, sendo, portanto, um crime comum, ainda que os procedimentos previstos neste artigo sejam de realização complexa.

Sujeito passivo. É a sociedade.

Elemento subjetivo. O tipo penal do artigo 16 é doloso, ou seja, prevê a vontade livre e consciente de realizar transplante ou enxerto utilizando tecidos, órgãos ou partes do corpo humano de que se tem ciência terem sido obtidos em desacordo com as disposições legais da Lei 9.434/97. Não há previsão para modalidade culposa.

Objeto material da conduta. São os tecidos, órgãos ou partes do corpo humano transplantados ou enxertados.

Objeto jurídico. Se traduz pela moralidade e ética características do processo de doação de órgãos etc., regulados pelo Sistema Nacional de Transplantes, haja vista o complexo sistema de fila e regulação das doações.

Classificação doutrinária. Trata-se de crime comum (pode ser praticado por qualquer pessoa), material (haja vista a necessidade de resultado naturalístico que aqui consiste na realização de transplante ou enxerto utilizando tecidos, órgãos ou partes do corpo humano, quando o agente está ciente de que tais materiais foram obtidos em desacordo com as disposições da Lei de Transplantes), comissivo, doloso, de dano (requer a efetiva lesão ao bem jurídico tutelado), instantâneo, plurissubsistente e de forma livre (já que pode ser praticado por qualquer forma eleita pelo sujeito ativo).

Momento consumativo. O crime em tela se consuma quando é realizado o transplante ou enxerto nos estritos termos do *caput* do artigo 16.

Tentativa. Perfeitamente admissível, por se tratar de crime plurissubsistente, no qual há possibilidade de fracionamento da conduta.

> **Art. 17.** Recolher, transportar, guardar ou distribuir partes do corpo humano de que se tem ciência terem sido obtidos em desacordo com os dispositivos desta Lei:

Pena – reclusão, de seis meses a dois anos, e multa, de 100 a 250 dias-multa.

Do crime previsto no artigo 17 da Lei nº 9.434/97. Se por um lado o artigo 16 pune a conduta de realização de transplante ou enxerto quando o agente utiliza material sabidamente obtido em desacordo com as disposições da Lei de Transplantes, o artigo 17, por sua vez, pune a conduta daquele que *recolhe* (retira, pega), *transporta* (desloca de um lugar para outro), *guarda* (armazena, conserva) ou *distribui* (reparte, compartilha), partes do corpo humano.

Porém, à semelhança da observação do artigo 16, o sujeito ativo deve saber que estas partes foram obtidas em desacordo com os dispositivos da Lei nº 9.434/97.

Os verbos descritos no artigo 17 simbolizam condutas que podem funcionar como atos exercidos posteriormente àquelas previstas nos artigos 14 ou 15, por exemplo, vale dizer, o sujeito ativo que pratica conduta de recolhimento ou transporte (condutas previstas no artigo 17), de partes do corpo humano que aquele sabe terem sido obtidas ou através da remoção (conduta do artigo 14) ou da compra e venda (conduta do artigo 15), violando, portanto, dispositivos da mesma Lei.

Sujeito ativo. Tal crime pode ser praticado por qualquer pessoa, sendo, portanto, um crime comum.

Sujeito passivo. É a sociedade.

Elemento subjetivo. O tipo penal previsto no artigo 17 é doloso. Prevê a vontade livre e consciente de recolher, transportar, guardar ou distribuir partes do corpo humano de que se tem ciência terem sido obtidos em desacordo com as disposições legais da Lei nº 9.434/97. Não há previsão para modalidade culposa.

Objeto material da conduta. São as partes do corpo humano recolhidas, transportadas, guardadas ou distribuídas.

Objeto jurídico. Se traduz pela moralidade e ética características do processo de doação de órgãos etc., regulados pelo Sistema Nacional de Transplantes, haja vista o complexo sistema de fila e regulação das doações.

Classificação doutrinária. Trata-se de crime comum (pode ser praticado por qualquer pessoa), material (haja vista a necessidade de resultado naturalístico que aqui consiste no recolhimento ou distribuição de partes do corpo humano das quais o sujeito ativo tem ciência terem sido obtidas em desacordo com os dispositivos da Lei de Transplantes), podendo ser considerada a forma permanente nos verbos "transportar" e "guardar", comissivo, doloso, de dano (requer a efetiva lesão ao bem jurídico tutelado), instantâneo, plurissubsistente e de forma livre (já que pode ser praticado por qualquer forma eleita pelo sujeito ativo).

Momento consumativo. O crime em tela se consuma quando as partes do corpo humano das quais o sujeito ativo tem ciência terem sido obtidas em desacordo com os dispositivos da Lei nº 9.434/97, são recolhidas, transportadas, guardadas ou distribuídas.

Tentativa. Admissível, por se tratar de crime plurissubsistente, no qual há possibilidade de fracionamento da conduta.

Art. 18. Realizar transplante ou enxerto em desacordo com o disposto no art. 10 desta Lei e seu parágrafo único:

Pena – detenção, de seis meses a dois anos.

Do crime previsto no artigo 18 da Lei nº 9.434/97. O texto do artigo 18 remete ao artigo 10 e parágrafo único, ambos da Lei nº 9.434/97. Aqui, a primeira observação deve ser feita, tendo em vista que originalmente esta Lei previa somente o artigo 10, *caput* e seu parágrafo único. Em apertada síntese, a redação previa a ideia sobre o consentimento expresso do receptor por ocasião do transplante ou enxerto.

Porém, a Lei nº 10.211/01 alterou a redação do *caput* ao incluir a expressão "assim inscrito em lista única de espera", bem como renumerou o parágrafo único no atual parágrafo primeiro, acrescentando, no parágrafo segundo, observações referentes à lista de espera mencionada no *caput*.

O artigo 18 detém relativa semelhança quando comparado com o artigo 16, ambos da Lei de Transplantes. Mas o artigo 18 se torna especial quando comparado a este, na medida em que, se antes da alteração legislativa promovida em 2001 já havia a ideia acerca do consentimento do receptor do transplante ou enxerto, a partir desta podemos admitir também que o artigo 18 tutela a questão da fila de espera, eis que passa a ser possível, por exemplo, a realização de transplante ou enxerto em paciente não inscrito previamente nesta lista, fazendo com que haja violação ao artigo 10 e, consequentemente, o sujeito ativo incida nas penas previstas no artigo 18.

Assim, a conduta típica elencada na norma penal incriminadora deste último artigo é a de realizar (tornar concreto) transplante ou enxerto violando os termos do artigo 10, da Lei nº 9.434/97, já concebendo as alterações promovidas pela Lei nº 10.211/01.

Sujeito ativo. Aqui pode ser feita a mesma observação tecida por ocasião do estudo do artigo 16. Tal crime pode ser praticado por qualquer pessoa, sendo, portanto, um crime comum, ainda que os procedimentos previstos neste artigo sejam de realização complexa.

Sujeito passivo. É a sociedade.

Elemento subjetivo. O artigo 18 prevê o dolo como elemento subjetivo, seja o dolo direto, ou mesmo o eventual. Traduz-se pela vontade livre e consciente de realizar transplante ou enxerto em desacordo com o previsto no artigo 10 e seus parágrafos. Não há previsão para modalidade culposa.

Objeto material da conduta. São as partes do corpo humano utilizadas no transplante ou enxerto feito em desacordo com o artigo 10 e seus parágrafos, da Lei nº 9.434/97.

Objeto jurídico. Assim como no artigo anterior, são a moralidade e a ética características do processo de doação de órgãos etc., regulados pelo Sistema Nacional de Transplantes, mormente no que tange às questões específicas previstas no artigo 10 da Lei nº 9.434/97, além de se tutelar a integridade física dos indivíduos.

Classificação doutrinária. Trata-se de crime comum (pode ser praticado por qualquer pessoa), material (tendo em vista a necessidade de resultado naturalístico que aqui consiste na realização de transplante ou enxerto desacordo com as disposições do artigo 10 e parágrafos, da Lei de Transplantes), comissivo, doloso, de dano (requer a efetiva lesão ao bem jurídico tutelado), instantâneo, plurissubsistente e de forma livre (já que pode ser praticado por qualquer forma eleita pelo sujeito ativo).

Momento consumativo. O crime previsto no artigo 18 se consuma quando é realizado o transplante ou enxerto em desacordo com os termos do artigo 10 e seus parágrafos, da Lei nº 9.434/97.

Tentativa. Admissível, por se tratar de crime plurissubsistente, no qual há possibilidade de fracionamento da conduta.

Art. 19. Deixar de recompor cadáver, devolvendo-lhe aspecto condigno, para sepultamento ou deixar de entregar ou retardar sua entrega aos familiares ou interessados:

Pena – detenção, de seis meses a dois anos.

Do crime previsto no artigo 19 da Lei nº 9.434/97. Esta figura típica prevê duas condutas omissivas e uma comissiva. As duas primeiras se referem a *deixar de recompor* (o que sugere ato omissivo no sentido de não recuperar o aspecto inicial do cadáver, devolvendo-lhe aspecto condigno para que os familiares ou qualquer pessoa o sepulte) e *deixar de entregar* o cadáver (traduzindo ato pelo qual o sujeito ativo não efetua a restituição a quem deva ou deveria ter sido feita).

Sobre a expressão devolver aspecto condigno, pode ser entendido o ato de trazer o aspecto normal ou equivalente, permitindo o sepultamento. Trata-se de elemento normativo do tipo.

O que o legislador prevê, em último plano, é que os envolvidos no processo de remoção de órgãos, tecidos e demais partes tenham cuidado em aplicar a técnica devida para manejo da sutura e dos procedimentos de recomposição, buscando-se reestabelecer da forma mais fiel possível, o modo como o cadáver se encontrava anteriormente ao procedimento.

No que diz respeito à conduta comissiva pode ser observado o ato de *retardar a entrega* do cadáver aos familiares ou interessados (vale dizer, procrastinar, tornar morosa a entrega), devendo ser ressaltada a necessidade de verificação, de acordo com o caso concreto, do ato pelo qual o indivíduo procede, haja vista que este retardo pode se dar tanto por atos procrastinatórios (ação), ou por mera inação (se abstendo de realizar qualquer conduta ativa, o que sugere omissão). O sujeito ativo pode estar incorrendo nesta conduta prevista no artigo 19.

Trata-se de um crime da alçada dos Juizados Especiais Criminais, haja vista seu menor potencial ofensivo.

Sujeito ativo. Pode ser qualquer pessoa, tendo em vista que o tipo penal não exige qualidades especiais do agente. Porém, adequam-se aos verbos nucleares do tipo aquelas pessoas ligadas ao procedimento de remoção de partes, órgãos ou tecidos do cadáver, bem como aqueles vinculados ao procedimento de recomposição ou ao preparo do cadáver para ser sepultado.

Sujeito passivo. É a sociedade, nada impedindo que a família do morto seja, secundariamente, sujeito passivo deste crime.

Elemento subjetivo. O dolo é o elemento subjetivo, seja o dolo direto, ou mesmo o eventual. Nada mais é do que a vontade livre e consciente de se omitir em relação às condutas de deixar de recompor cadáver, devolvendo-lhe aspecto condigno para sepultamento, ou deixar de entregá-lo aos seus familiares, bem como, de forma comissiva, retardar a sua entrega aos familiares ou interessados. Não há previsão para modalidade culposa.

Objeto material da conduta. É o cadáver.

Objeto jurídico. Tutela-se, no presente artigo, o respeito à memória dos mortos.

Classificação doutrinária. Trata-se de crime comum (pode ser praticado por qualquer pessoa), formal (pois não exige resultado naturalístico), omissivo nas modalidades *deixar de recompor* e *deixar de entregar* cadáver.

O crime em tela pode ser comissivo ou omissivo na modalidade *retardar sua entrega* aos familiares ou interessados, conforme observação traçada na análise do núcleo do tipo, devendo ser observado se o sujeito ativo procrastina através de atos (conduta comissiva) ou meramente através da sua inação (conduta omissiva).

Além disso, o crime previsto no artigo 19 é doloso, instantâneo, plurissubsistente (na modalidade comissiva) e unissubsistente (nas modalidades omissivas) bem como de forma livre (já que pode ser praticado por qualquer forma eleita pelo sujeito ativo).

Momento consumativo. Nas modalidades omissivas, se consuma com a mera omissão. Já na comissiva, quando se efetiva o retardo na entrega do cadáver aos familiares ou interessados.

Tentativa. Admissível nas modalidades comissivas, por se tratar de crime plurissubsistente, no qual há possibilidade de fracionamento da conduta.

Art. 20. Publicar anúncio ou apelo público em desacordo com o disposto no art. 11:

Pena - multa, de 100 a 200 dias-multa.

Do crime previsto no artigo 20 da Lei nº 9.434/97. O núcleo deste tipo penal traz a punição para o agente que descumpre a proibição imposta pelo artigo 11 da mesma Lei. Previsto nas disposições complementares, este último artigo veda a veiculação de anúncio que traga, por qualquer meio de comunicação social, a publicidade de estabelecimentos autorizados a realizar transplantes e enxertos, sobre estes tipos de atividades, bem como anúncio que traga apelo público para que haja doação de parte, órgão ou tecido humanos para pessoa determinada, esteja esta identificada ou não (com a exceção da previsão contida no parágrafo único, que prevê campanhas de esclarecimento público acerca do estímulo à doação de órgãos e dos benefícios esperados a partir da vigência da Lei nº 9.434/97).

O artigo 11 da Lei nº 9.434/97 também veda anúncio que veicule apelo público com a finalidade de arrecadar fundos para o financiamento de transplante ou enxerto em benefício de particulares.

Assim, qualquer pessoa que pratique a conduta de publicar (veicular, tornar público) anúncio (mensagem que geralmente é veiculada através dos mais diversos meios de comunicação) ou apelo público em desacordo com o artigo 11 incorre na pena de multa compreendida entre 100 e 200 dias-multa.

Aqui podemos fazer observação interessante, tendo em vista o disposto no artigo 1º do Decreto-Lei nº 3.914/1941 (Lei de Introdução ao Código Penal Brasileiro), que considera contravenção penal a infração a que a lei comina, isoladamente, pena de prisão simples ou de multa, ou ambas, alternativa ou cumulativamente. Com isso, pode-se dizer que estamos diante de uma contravenção penal, quando observamos o preceito secundário do artigo 20 da Lei nº 9.434/97.

Por fim, a finalidade precípua tipo penal do artigo 20 da Lei nº 9.434/97 é justamente evitar os atos que podem vir a configurar crimes autônomos previstos neste diploma legal, principalmente os do artigo 15, que se refere à compra e venda de partes, órgãos ou tecidos humanos.

Sujeito ativo. O sujeito ativo no artigo 20 pode ser qualquer pessoa, sendo, portanto, um crime comum.

Sujeito passivo. É a sociedade.

Elemento subjetivo. O tipo aqui previsto é doloso, ou seja, a vontade livre e consciente em publicar anúncio ou apelo público em desacordo com o disposto no artigo 11, conforme comentamos acima. Não há previsão para modalidade culposa.

Objeto material da conduta. Trata-se do anúncio ou do apelo público.

Objeto jurídico. É a obediência à lista única de espera, de modo que não seja violada a ordem natural de chamada mediante anúncio ou apelo público que desrespeite o artigo 11.

Classificação doutrinária. Trata-se de crime comum (pode ser praticado por qualquer pessoa), formal (independe da produção de resultado naturalístico), comissivo, doloso, de perigo, instantâneo, plurissubsistente e de forma livre (já que pode ser praticado por qualquer forma eleita pelo sujeito ativo).

Momento consumativo. Se dá com a mera publicação de anúncio ou apelo público em desacordo com o disposto no artigo 11 da Lei nº 9.434/97.

Tentativa. Admissível, por estarmos diante de crime plurissubsistente, no qual pode haver fracionamento da conduta.

Seção II
Das Sanções Administrativas

Art. 21. No caso dos crimes previstos nos arts. 14, 15, 16 e 17, o estabelecimento de saúde e as equipes médico-cirúrgicas envolvidas poderão ser desautorizadas temporária ou permanentemente pelas autoridades competentes.

§ 1.º Se a instituição é particular, a autoridade competente poderá multá-la em 200 a 360 dias-multa e, em caso de reincidência, poderá ter suas atividades suspensas temporária ou definitivamente, sem direito a qualquer indenização ou compensação por investimentos realizados.

§ 2.º Se a instituição é particular, é proibida de estabelecer contratos ou convênios com entidades públicas, bem como se beneficiar de créditos oriundos de instituições governamentais ou daquelas em que o Estado é acionista, pelo prazo de cinco anos.

Art. 22. As instituições que deixarem de manter em arquivo relatórios dos transplantes realizados, conforme o disposto no art. 3.º § 1.º, ou que não enviarem os relatórios mencionados no art. 3.º, § 2.º ao órgão de gestão estadual do Sistema único de Saúde, estão sujeitas a multa, de 100 a 200 dias-multa.

§ 1.º Incorre na mesma pena o estabelecimento de saúde que deixar de fazer as notificações previstas no art. 13.

§ 1º Incorre na mesma pena o estabelecimento de saúde que deixar de fazer as notificações previstas no art. 13 desta Lei ou proibir, dificultar ou atrasar as hipóteses definidas em seu parágrafo único. *(Redação dada pela Lei nº 11.521, de 2007)*

§ 2.º Em caso de reincidência, além de multa, o órgão de gestão estadual do Sistema Único de Saúde poderá determinar a desautorização temporária ou permanente da instituição.

Art. 23. Sujeita-se às penas do art. 59 da *Lei n.º 4.117, de 27 de agosto de 1962*, a empresa de comunicação social que veicular anúncio em desacordo com o disposto no art. 11.

CAPÍTULO VI
DAS DISPOSIÇÕES FINAIS

Art. 24. *(VETADO)*

Art. 25. Revogam-se as disposições em contrário, particularmente a Lei n.º 8.489, de 18 de novembro de 1992, e Decreto n.º 879, de 22 de julho de 1993.

QUESTÕES

1) (2019/IDIB/CREMERJ - Advogado)

Com base nas disposições do Código de Ética Médica sobre a doação de transplantes e órgãos, assinale a alternativa correta:

A) É vedado ao médico retirar órgão de doador vivo quando este for juridicamente incapaz, mesmo se houver autorização de seu representante legal, exceto nos casos permitidos e regulamentados em lei.

B) O médico pode participar diretamente da comercialização de órgãos ou de tecidos humanos, desde que haja autorização do respectivo Conselho Regional de Medicina.

C) Quando pertencente à equipe de transplante, o médico deve participar do processo de diagnóstico da morte ou da decisão de suspender meios artificiais para prolongar a vida do possível doador.

D) Ainda que não haja consentimento da família, pode o médico, em caso de emergência para salvar outra vida, retirar órgão de doador vivo.

2) (2018 - FUMARC - PC-MG - Delegado de Polícia Substituto)

Em relação aos dispositivos legais sobre a remoção de órgãos, tecidos e partes do corpo humano para fins de transplante e tratamento, é CORRETO afirmar:

A) A retirada post mortem de tecidos, órgãos ou partes do corpo humano destinados a transplante ou tratamento deverá ser precedida de diagnóstico de morte encefálica, constatada e registrada por dois médicos não participantes das equipes de remoção e transplante.

B) A retirada de tecidos, órgãos e partes do corpo de pessoas falecidas para transplantes ou outra finalidade terapêutica não dependerá apenas da autorização do cônjuge ou parente, estando também vinculada aos sistemas de saúde pública e ao delegado de polícia.

C) No caso de morte sem assistência médica, de óbito em decorrência de causa mal definida ou de outras situações nas quais houver indicação de verificação da causa médica da morte, a remoção de tecidos, órgãos ou partes de cadáver para fins de transplante ou terapêutica somente poderá ser realizada após a autorização do delegado de polícia ou do Ministério Público.

D) O cadáver de pessoa não identificada não pode se prestar a qualquer doação para transplantes, exceto se autorizado pelo delegado de polícia, promotor ou juiz.

3) (2018 – FCC – Câmara Legislativa do Distrito Federal – Consultor Legislativo – Saúde)

Segundo o que dispõe expressamente a Lei Federal nº 9.434/97, que trata da remoção de órgãos, tecidos e partes do corpo humano para fins de transplante e tratamento, a doação de tecidos, órgãos e partes do próprio corpo vivo depende de autorização judicial, em regra:

A) sempre que o receptor for criança ou adolescente em risco de vida e seus pais ou representante legal recusarem a doação por motivos de crença religiosa.

B) se o doador não for cônjuge ou parente consanguíneo até o quarto grau do receptor, inclusive.

C) se o doador se tratar de pessoa juridicamente incapaz, exceto no caso de doação de medula óssea.

D) a doação não for direcionada à pessoa específica, podendo beneficiar qualquer receptor que esteja inscrito na lista única de espera, excluído o caso de doação de sangue.

E) se o procedimento importar risco de grave comprometimento das aptidões vitais e/ou saúde mental do doador.

4) (2014 – VUNESP – PC-SP – Atendente de Necrotério Policial)

Conforme prevê a Lei Federal n.º 9.434/97, a disposição de tecidos, órgãos e partes do corpo humano

A) poderá ser gratuita ou mediante pagamento.

B) será realizada somente por hospitais privados.

C) independe da realização de testes de diagnóstico de infecção e infestação no doador.

D) será realizada somente por unidades públicas do Sistema Único de Saúde.

E) poderá ocorrer em vida ou *post mortem*.

5) (2014/ VUNESP – POLÍCIA CIVIL SP -PC/SP – MÉDICO LEGISTA)

Nos termos da Lei n.º 9.434/97, que trata da disposição *post mortem* de tecidos, órgãos e partes do corpo humano para fins de transplante, é correto afirmar que

a) em nenhuma hipótese será admitida a presença de médico de confiança da família do falecido no ato da comprovação e atestação da morte encefálica.

b) a remoção *post mortem* de tecidos, órgãos ou partes do corpo de pessoa juridicamente incapaz poderá ser feita desde que permitida expressamente por ambos os pais, ou por seus responsáveis legais.

c) a retirada de tecidos, órgãos e partes do corpo de pessoas falecidas para transplantes ou outra finalidade terapêutica, não dependerá da autorização da família do falecido.

d) será permitida a remoção *post mortem* de tecidos, órgãos ou partes do corpo de pessoas não identificadas, desde que antecedida de laudo médico pericial e da autorização da autoridade policial competente.

e) a retirada *post mortem* de tecidos, órgãos ou partes do corpo humano destinados a transplante ou tratamento deverá ser precedida de diagnóstico de morte encefálica, constatada e registrada por, pelo menos, um dos médicos participantes das equipes de remoção e transplante.

6) (2013/FUNCAB - PC/ES - MÉDICO LEGISTA)

Assinale a alternativa que completa corretamente o fragmento a seguir. Uma pessoa juridicamente incapaz, vítima de atropelamento, ingressa em uma emergência de um hospital público, em estado de morte encefálica. A remoção de órgãos, nesse caso, de acordo com a legislação atual sobre transplantes

a) está proibida.

b) pode ser realizada com fundamento na regra da "doação presumida".

c) tem que ser autorizada pela autoridade judicial.

d) pode ser autorizada por ambos os pais ou pelo representante legal.

e) tem de ser solicitada à Central de Notificação, Captação e Distribuição de Órgãos da jurisdição.

7) (2009/PCRS - PC/RS -DELEGADO DE POLÍCIA - PROVA 2)

Marque a alternativa **INCORRETA,** considerando os termos da Lei nº 9.434/97, que dispõe sobre a remoção de órgãos, tecidos e partes do corpo humano para fins de transplante e tratamento.

a) Deixar de recompor cadáver, devolvendo-lhe aspecto condigno, para sepultamento ou deixar de entregar ou retardai' sua entrega aos familiares ou interessados é crime punível com pena de detenção de seis meses a dois anos.

b) Remover tecidos, órgãos ou partes do corpo de pessoa ou cadáver, em desacordo com as disposições da lei citada no enunciado é conduta punível com pena de reclusão de dois a seis anos e multa de 100 a 360 dias-multa. Se o crime é cometido mediante paga ou promessa de recompensa ou por outro motivo torpe, a pena é de reclusão de três a oito anos e multa de 100 a 150 dias-multa.

c) A remoção de tecidos praticada em pessoa viva contra as disposições desta Lei e da qual resulte para o ofendido incapacidade para o trabalho, enfermidade incurável, perda ou inutilização de membro, sentido ou função, deformidade permanente ou aborto não está tipificada na Lei nº 9.434/97, de modo que configura crime de lesão corporal grave, previsto no art. 129, § 2º, do Código Penal.

d) Comprar ou vender tecidos, órgãos ou partes do corpo humano; promover, intermediar, facilitar ou auferir qualquer vantagem com a transação são condutas puníveis com reclusão de três a oito anos e multa de 200 a 360 dias-multa.

e) Realizar transplante ou enxerto utilizando tecidos, órgãos ou partes do corpo humano de que se tem ciência terem sido obtidos em desacordo com os dispositivos da Lei nº 9.434/97 é crime cuja pena cominada é de reclusão de um a seis anos e multa de 150 a 300 dias-multa.

GABARITO COMENTADO

1) Gabarito oficial: A

Justificativa:

A) Correta. Art. 45 Resolução CFM Nº 2.217/2018 (Código de Ética Médica).

B) Incorreta. Art. 46 Resolução CFM Nº 2.217/2018 (Código de Ética Médica).

C) Incorreta. Art. 43 Resolução CFM Nº 2.217/2018 (Código de Ética Médica) c/c art. 3º Lei 9.434/97.

D) Incorreta. Art. 9º, caput e §§3º e 4º da Lei 9.434/97. Tratando-se de disposição de tecido, órgãos e partes do corpo de doador vivo há necessidade de expresso consentimento deste (art. 9º, caput e §4º), com a finalidade terapêutica ou para transplantes das pessoas delimitadas no caput, ou seja, cônjuge ou parentes consangüíneos até o quarto grau, inclusive (salvo medula óssea), desde que sejam "órgãos duplos, de partes de órgãos, tecidos ou partes do corpo cuja retirada não impeça o organismo do doador de continuar vivendo sem risco para a sua integridade e não represente grave comprometimento de suas aptidões vitais e saúde mental e não cause mutilação ou deformação inaceitável e corresponda a uma necessidade terapêutica comprovadamente indispensável à pessoa receptora" (§3º). Registre-se que, como discutido aqui em nossa obra, há jurisprudência permitindo a doação quando doador e beneficiário não são familiares, desde que haja autorização judicial, em prestígio à autonomia da vontade segundo o art. 199, § 4º da Constituição Federal e art. 13, parágrafo único, do Código Civil, vedada a comercialização.

2) Gabarito oficial: A

Justificativa:

A) Correto, conforme artigo 3º da Lei nº 9.434/97.

B) Incorreta, conforme disposto no artigo 4º da Lei nº 9.434/97.

C) Incorreta, vide o que alude o artigo 7º, parágrafo único, da Lei nº 9.434/97.

D) Incorreta, conforme artigo 6º da Lei nº 9.434/97.

3) Gabarito oficial: B

Justificativa:

A) Não há tal previsão.

B) Correta, pois é o que estabelece o artigo 9º, da Lei nº 9.434/97.

C) Incorreta, pois se encontra contrária ao exposto no artigo 9º, § 6º, da Lei nº 9.434/97.

D) Incorreta, vide artigo 10, da Lei nº 9.434/97.

E) Incorreta, conforme o artigo 9º, § 3º, da Lei nº 9.434/97. Nestes casos, a doação não será permitida.

4) Gabarito oficial: E

Justificativa:

A) Incorreta. Art.1º da Lei nº 9.434/97 – A disposição GRATUITA de tecidos, órgãos e partes do corpo humano, em vida ou post mortem, para fins de transplante e tratamento, e permitida na forma desta lei.

B e D) Incorretas. Art.2º da Lei nº 9.434/97 – A realização de transplantes ou enxertos de tecidos, órgãos ou partes do corpo humano SO PODERÁ SER REALIZADA por ESTABELECIMENTO DE SAÚDE, PUBLICO OU PRIVADO, E POR EQUIPES MEDICOS-CIRURGICAS DE REMOÇÃO E TRANSPLANTE PREVIAMENTE AUTORIZADOS PELO ÓRGÃO DE GESTÃO NACIONAL DO SISTEMA ÚNICO DE SAÚDE

C) Incorreta. Art. 2º, parágrafo único, da Lei nº 9.434/97 – A realização de transplantes ou enxertos de tecidos, órgãos e partes do corpo humano só poderá ser autorizada após a realização, no doador, de todos os testes de triagem para diagnóstico de infecção e infestação exigidos em normas regulamentares expedidas pelo Ministério da Saúde.

E) Correta. Art.1º da Lei nº 9.434/97 – A disposição gratuita de tecidos, órgãos e partes do corpo humano, em VIDA OU POST MORTEM, para fins de transplante e tratamento, e permitida na forma desta lei.

5) Gabarito oficial: B

Justificativa:

a) errada. o art. 3º, § 3º, da Lei n.º 9434/97 prevê a possibilidade de que haja a presença de médico de confiança da família do falecido no ato da comprovação e atestação da morte encefálica.

b) certa, nos termos do art. 5º da Lei n.º 9434/97.

c) errada, eis que o art. 4º da Lei n.º 9374/97 prevê expressamente que "a retirada de tecidos, órgãos e partes do corpo de pessoas falecidas para transplantes ou outra finalidade terapêutica, dependerá da autorização do cônjuge ou parente, maior de idade, obedecida a linha sucessória, reta ou colateral, até o segundo grau inclusive, firmada em documento subscrito por duas testemunhas presentes à verificação da morte".

d) errada, tendo em vista que o art. 6º da Lei nº 9434/97 veda expressamente a remoção *post mortem* de tecidos, órgãos ou partes do corpo de pessoas não identificadas.

e) errada, pois o art. 3º da Lei n.º 9434/97 dispõe que "ª retirada post mortem de tecidos, órgãos ou partes do corpo humano destinados a transplante ou tratamento deverá ser precedida de diagnóstico de morte encefálica, constatada e registrada por **dois médicos não participantes das equipes de remoção e transplante**, mediante a utilização de critérios clínicos e tecnológicos definidos por resolução do Conselho Federal de Medicina".

6) Gabarito oficial: D

Justificativa

a) incorreta, na medida em que o art. 5º da Lei n.º 9434/97 permite essa possibilidade, desde que autorizada expressamente por ambos os pais ou responsáveis legais.

b) incorreta. Na doação presumida, a pessoa que não quisesse doar seus órgãos/tecidos, precisaria registrar a expressão "Não Doador de Órgãos e Tecidos" no documento de identificação (RG, CNH, etc), de sorte que todos que não registrassem sua vontade, em vida, seriam presumidamente um doador em potencial. Todavia, o sistema da doação presumida não foi adotado em nosso ordenamento jurídico, servindo apenas de orientação aos familiares, sendo necessária a consulta familiar para autorização (art. 4ª da Lei n.º 9434/97).

c) incorreta, eis que não é necessária autorização judicial, nos termos do art. 5º da Lei n.º 9434/97. a autorização judicial é necessária na hipótese prevista no art. 9º, § 6º, da Lei n.º 9434/97.

d) correta. Nos termos do art. 5º da Lei n.º 9434/97 "a remoção *post mortem* de tecidos, órgãos ou partes do corpo de pessoa juridicamente incapaz poderá ser feita desde que permitida expressamente por ambos os pais, ou por seus responsáveis legais".

e) incorreta, pois não há previsão na Lei n.º 9434/97 de solicitação/autorização, apenas notificação. Segundo o art. 13 da Lei n.º 9493/97 "é obrigatório, para todos os estabelecimentos de saúde notificar, às centrais de notificação, captação e distribuição de órgãos da unidade federada onde ocorrer, o diagnóstico de morte encefálica feito em pacientes por eles atendidos".

7) Gabarito oficial: C

Justificativa:

a) correta, nos termos do art. 19 da Lei n.º 9434/97.

b) correta, conforme art. 14 e § 1º, ambos da Lei n.º 9434/97.

c) incorreta, eis que o enunciado elenca hipótese tipificada, em tese, no art. 14, § 3º da lei n.º 9434/97, a saber: "se o crime é praticado em pessoa viva e resulta para o ofendido (...) I - Incapacidade para o trabalho; II - Enfermidade incurável; III - perda ou inutilização de membro, sentido ou função; IV - deformidade permanente; V - aborto", sujeito a "Pena - reclusão, de quatro a doze anos, e multa, de 150 a 300 dias-multa".

d) correta, consoante o disposto no art. 15 da Lei n.º 9434/97.

e) correta, de acordo com as disposições do art. 16 da Lei n.º 9434/97.

24

VIOLÊNCIA DOMÉSTICA E FAMILIAR CONTRA A MULHER

LEI Nº 11.340, DE 7 DE AGOSTO DE 2006

Cria mecanismos para coibir a violência doméstica e familiar contra a mulher, nos termos do § 8º do art. 226 da Constituição Federal, da Convenção sobre a Eliminação de Todas as Formas de Discriminação contra as Mulheres e da Convenção Interamericana para Prevenir, Punir e Erradicar a Violência contra a Mulher; dispõe sobre a criação dos Juizados de Violência Doméstica e Familiar contra a Mulher; altera o Código de Processo Penal, o Código Penal e a Lei de Execução Penal; e dá outras providências.

O PRESIDENTE DA REPÚBLICA

Faço saber que o Congresso Nacional decreta e eu sanciono a seguinte Lei:

TÍTULO I
DISPOSIÇÕES PRELIMINARES

Art. 1º Esta Lei cria mecanismos para coibir e prevenir a violência doméstica e familiar contra a mulher, nos termos do § 8º do art. 226 da Constituição Federal, da Convenção sobre a Eliminação de Todas as Formas de Violência contra a Mulher, da Convenção Interamericana para Prevenir, Punir e Erradicar a Violência contra a Mulher e de outros tratados internacionais ratificados pela República Federativa do Brasil; dispõe sobre a criação dos Juizados de Violência Doméstica e Familiar contra a Mulher; e estabelece medidas de assistência e proteção às mulheres em situação de violência doméstica e familiar.

Por que Lei Maria da Penha? A lei leva o nome da farmacêutica cearense Maria da Penha Maia Fernandes, que, por mais de 20 anos, foi vítima de maus-tratos, agressões físicas, agressões morais, bem como duas tentativas de homicídio, uma das quais a deixou paraplégica, praticadas por seu marido. Inconformada com a morosidade para a solução do caso, que representa grave violação aos direitos humanos, Maria da Penha denunciou o Brasil perante a Comissão Interamericana de Direitos Humanos da Organização dos Estados Americanos (OEA), que, em 2001, responsabilizou o país pela omissão e negligência nas questões afetas à violência doméstica, recomendando, ainda, que o Brasil adotasse políticas públicas que inibissem as agressões contra mulher no âmbito doméstico e familiar. O autor dos crimes perpetrados contra Maria da Penha foi condenado 19 anos depois, tendo a repercussão do caso levado à aprovação da Lei nº 11.340/2006.

Art. 2º Toda mulher, independentemente de classe, raça, etnia, orientação sexual, renda, cultura, nível educacional, idade e religião, goza dos direitos fundamentais inerentes à pessoa humana, sendo-lhe asseguradas as oportunidades e facilidades para viver sem violência, preservar sua saúde física e mental e seu aperfeiçoamento moral, intelectual e social.

Art. 3º Serão asseguradas às mulheres as condições para o exercício efetivo dos direitos à vida, à segurança, à saúde, à alimentação, à educação, à cultura, à moradia, ao acesso à justiça, ao esporte, ao lazer, ao trabalho, à cidadania, à liberdade, à dignidade, ao respeito e à convivência familiar e comunitária.

§ 1º O poder público desenvolverá políticas que visem garantir os direitos humanos das mulheres no âmbito das relações domésticas e familiares no sentido de resguardá-las de toda forma de negligência, discriminação, exploração, violência, crueldade e opressão.

§ 2º Cabe à família, à sociedade e ao poder público criar as condições necessárias para o efetivo exercício dos direitos enunciados no caput.

Art. 4º Na interpretação desta Lei, serão considerados os fins sociais a que ela se destina e, especialmente, as condições peculiares das mulheres em situação de violência doméstica e familiar.

Interpretação da lei. A lei concede proteção diferenciada ao gênero feminino, em situação de violência doméstica e familiar, não havendo necessidade de vínculo familiar entre o agressor e a vítima. Sua aplicação está condicionada à presença dos seguintes elementos, que deverão existir cumulativamente: o sujeito passivo do crime deverá ser uma mulher; a vítima deverá se encontrar em uma das situações de violência do artigo 7º e a violência deve ter sido praticada em âmbito familiar ou de relações domésticas, ou, ainda, em qualquer relação íntima de afeto.

Necessidade de demonstração de vulnerabilidade. Entendemos que, em se tratando de violência doméstica contra a mulher perpetrada por pessoa do sexo masculino, não se faz necessária a demonstração da vulnerabilidade da vítima. A situação de vulnerabilidade e de hipossuficiência da mulher, envolvida em relacionamento íntimo de afeto, revela-se *ipso facto*, porque pressuposto de validade da lei em comento, sendo irrelevante a sua condição pessoal para a aplicação da Lei Maria da Penha.

Outrossim, em se tratando de violência doméstica contra a mulher em que o sujeito ativo é pessoa do sexo feminino, não se justificaria, ao nosso ver, a aplicação da lei em comento e a competência do Juizado Especial de Violência Doméstica contra a Mulher quando não houvesse a demonstração da vulnerabilidade.

Sobre o tema, sem parecer fazer a distinção que aqui traçamos, o STJ consolidou entendimento de que não há necessidade de demonstração de vulnerabilidade concreta da mulher para que se aplique a lei em comento, pois a mulher possui na Lei Maria da Penha a proteção acolhida pelo país em direito convencional de proteção ao gênero, que independe da demonstração de concreta fragilidade, física, emocional ou financeira. Neste sentido, observemos:

> PROCESSUAL PENAL. AGRAVO REGIMENTAL NOS EMBARGOS DE DECLARAÇÃO NO RECURSO ESPECIAL. VIOLÊNCIA DOMÉSTICA SOFRIDA PELA VÍTIMA. EXAME DE PROVAS. IMPOSSIBILIDADE. SÚMULA 7/STJ. AGRAVO IMPROVIDO.
>
> 1. A imputação de agressão do irmão à irmã incide na hipótese de violência no âmbito da família, que prescinde de convivência, nos termos art. 5º, II, da Lei nº 11.340/06.
>
> 2. Tratando-se de proteção legal em razão da condição de mulher em relação familiar, de afeto ou de coabitação, dispensável é na Lei nº 11.340/06 a constatação concreta de vulnerabilidade (física, financeira ou social) da vítima ante o agressor (...) (STJ. 6ªTurma. AgRg nos EDcl no RECURSO ESPECIAL Nº 1.720.536 - SP. Relator MINISTRO NEFI CORDEIRO, julgado em 4 de Setembro de 2018)

Estupro de vulnerável contra pessoa do sexo feminino. O STJ vinha entendendo que, em se tratando de estupro de vulnerável, o fato de a vítima ser do sexo feminino não é determinante para a prática do crime, mas sim a idade da ofendida, o fato de ser doente mental , de estar em situação de impossibilidade de oferecer qualquer resistência e a sua fragilidade perante o agressor. Destarte, várias são as decisões da Corte no sentido de que, nesses casos, não se justificaria a competência dos Juizados Especiais de Violência Doméstica. Assim:

> (...) A jurisprudência desta Corte Superior de Justiça orienta-se no sentido de que, para que a competência dos Juizados Especiais de Violência Doméstica seja firmada, não basta que o crime seja praticado contra mulher no âmbito doméstico ou familiar, exigindo-se que a motivação do acusado seja de gênero, ou que a vulnerabilidade da ofendida seja decorrente da sua condição de mulher. Precedentes.
>
> 2. No caso dos autos, verifica-se que o fato de a vítima ser do sexo feminino não foi determinante para a prática do crime de estupro de vulnerável pelo paciente, mas sim a idade da ofendida e a sua fragilidade perante o agressor, seu próprio pai, motivo pelo qual não há que se falar em competência do Juizado Especial de Vio-

lência Doméstica e Familiar contra a Mulher. 3. Habeas corpus não conhecido. (HC 344369 / SP. Relator(a): Ministro JORGE MUSSI. Órgão Julgador: QUINTA TURMA. Data do Julgamento: 19/05/2016.)

PENAL E PROCESSO PENAL. HABEAS CORPUS. 1. IMPETRAÇÃO SUBSTITUTIVA DO RECURSO PRÓPRIO. NÃO CABIMENTO. 2. ESTUPRO DE VULNERÁVEL PRATICADO CONTRA SOBRINHA. PLEITO DE RECONHECIMENTO DA COMPETÊNCIA DO JUIZADO DE VIOLÊNCIA DOMÉSTICA. AUSÊNCIA DE RELAÇÃO ÍNTIMA DE AFETO, MOTIVAÇÃO DE GÊNERO OU VULNERABILIDADE PELO GÊNERO. SIMPLES LAÇO DE PARENTESCO. SITUAÇÃO QUE NÃO SE INSERE NAS HIPÓTESES DA LEI N. 11.340/2006. PRECEDENTES. 3. Habeas corpus não conhecido. 2. "Para a aplicação da Lei Maria da Penha, é necessária a demonstração da motivação de gênero ou situação de vulnerabilidade que caracterize situação de relação íntima. Precedentes." (HC 176.196/RS, Rel. Ministro GILSON DIPP, QUINTA TURMA, DJe de 20/06/2012). 3. Embora o crime tenha sido cometido pelo tio contra a sobrinha de 7 (sete) anos, na oportunidade em que esta ia visitar sua avó, tem-se manifesta a ausência de relação íntima de afeto, motivação de gênero ou situação de vulnerabilidade pelo gênero, o que afasta a aplicação da Lei n. 11.340/2006. (HC 265694 / SP. Relator(a): Ministro REYNALDO SOARES DA FONSECA. Órgão Julgador: QUINTA TURMA. Data do Julgamento: 23/02/2016)

PROCESSUAL PENAL. AGRAVO REGIMENTAL NO RECURSO ESPECIAL. ESTUPRO DE VULNERÁVEL. VÍTIMA MENINA DE 4 ANOS. COMPETÊNCIA. VARA CRIMINAL. PREVALÊNCIA DA CONDIÇÃO DE CRIANÇA. MOTIVAÇÃO DA CONDUTA. PRECEDENTE. 1. Caso em que se apura a prática de crime de estupro de vulnerável, em tese praticado por genitor contra filha de 4 anos de idade. Assim, ainda que fosse o caso de violência doméstica, deve prevalecer, para fins de fixação de competência, a condição de criança da vítima, nos termos do Estatuto da Criança e do Adolescente. 2. Ademais, por outra senda, esta Corte já decidiu que, "verifica-se que o fato de a vítima ser do sexo feminino não foi determinante para a prática do crime de estupro de vulnerável pelo paciente, mas sim a idade da ofendida e a sua fragilidade perante o agressor, seu próprio pai, motivo pelo qual não há que se falar em competência do Juizado Especial de Violência Doméstica e Familiar contra a Mulher" (HC n. 344.369/SP, Rel. Ministro JORGE MUSSI, QUINTA TURMA, julgado em 19/5/2016, DJe 25/5/2016). 3. Agravo regimental desprovido. (AgRg no REsp 1490974/RJ, Rel. Ministro ANTONIO SALDANHA PALHEIRO, SEXTA TURMA, julgado em 20/08/2019, DJe 02/09/2019)

Contudo, em outubro de 2020, a 6ª Turma do STJ adotou outro entendimento ao argumento de que a Lei nº 11.340 de 2006 foi editada para proteger mulheres, independentemente de serem crianças, jovens, adultas ou idosas, não se podendo usar o fator etário para afastar a incidência do diploma protetivo. Inadmissível, de outro giro, que crianças tenham proteção menos efetiva que mulheres adultas. A Lei Maria da Penha não faz distinções quanto à idade das vítimas ou quanto à motivação do agressor. Somente exige para sua aplicação que a vítima seja mulher e que a violência seja cometida em ambiente doméstico e familiar, ou no contexto de relação de intimidade ou afeto entre agressor e agredida. A Corte, assim, reconheceu que a vara especializada em violência doméstica é competente para julgar abuso sexual contra vulnerável. Observe abaixo o julgado em referência:

> RECURSO EM HABEAS CORPUS. ESTUPRO DE VULNERÁVEL. PRISÃO PREVENTIVA. ART. 312 DO CPP. PERICULUM LIBERTATIS. LEI N. 11.343/2006. COMPETÊNCIA. NATUREZA DA VIOLÊNCIA. VÍTIMA DO SEXO FEMININO. IDADE IRRELEVANTE. JUIZADO DE VIOLÊNCIA DOMÉSTICA E FAMILIAR. VALIDADE DOS ATOS. TEORIA DO JUIZ APARENTE. RECURSO PARCIALMENTE PROVIDO. (...)
>
> 4. É descabida a preponderância de um fator meramente etário, para afastar a competência da vara especializada e a incidência do subsistema da Lei Maria da Pena, desconsiderando o que, na verdade, importa, é dizer, a violência praticada contra a mulher (de qualquer idade), no âmbito da unidade doméstica, da família ou em qualquer relação íntima de afeto. 5. A Lei n. 11.340/2006 nada mais objetiva do que proteger vítimas em situação como a da ofendida, contra quem os abusos aconteceram no ambiente doméstico e decorreram da distorção sobre a relação familiar decorrente do pátrio poder, em que se pressupõe intimidade e afeto, além do fator essencial de ela ser mulher, elementos suficientes para atrair a competência da vara especializada em violência doméstica. 6. A ideia de vulnerabilidade da vítima que passou a compor o nome do delito do art. 217-A do Código Penal tem o escopo de afastar relativizações da violência sexual contra vítimas nessas condições, entre elas as de idade inferior a 14 anos de idade, não se exigindo igual conceito para fins de atração do complexo normativo da Lei Maria da Penha.(...) **8. Recurso parcialmente provido, para determinar a remessa dos autos ao Juizado Adjunto Criminal e de Violência Doméstica Contra a Mulher da Comarca de Barra do Piraí - RJ.**(RHC 121813 / RJ. Relator(a) Ministro ROGERIO SCHIETTI CRUZ. SEXTA TURMA. Data do Julgamento 20/10/2020
>
> Data da Publicação/Fonte DJe 28/10/2020)

Inaplicabilidade da Lei Maria da Penha a situações ocorridas antes de sua vigência. Consoante veiculado no Informativo nº 0439 do STJ, a LEI MARIA DA PENHA, por ser mais gravosa, não tem aplicação RETROATIVA. Observemos o julgado:

> Na espécie, em 2007, a vítima (ex-esposa do paciente) ajuizou ação penal privada em face do paciente, distribuída a juizado especial criminal, acusando-o da prática de violência doméstica consistente nos delitos de injúria e difamação. No entanto, alega-se, na impetração, a incompetência do juizado especial, visto que a legislação estadual criou, em 2006, juizado de violência doméstica e familiar contra a mulher com competência específica para conhecer e julgar processos referentes a esses delitos e, por isso, houve violação do art. 41 da Lei n. 11.340/2006 (Lei Maria da Penha). No entanto, o Min. Relator ressaltou que, indubitavelmente, a Lei Maria da Penha, que contém disposições de direito penal e de direito processual penal, é mais gravosa do que a Lei n. 9.099/1995 (Lei dos Juizados Especiais Cíveis e Criminais), porque, como cediço, seu art. 41 veda, expressamente, a aplicação da Lei dos Juizados Especiais às infrações penais cometidas com violência doméstica e familiar contra a mulher, não admitindo a concessão de benefícios peculiares aos crimes de menor potencial ofensivo, razão pela qual não pode retroagir. Destarte, o art. 5º, XL, da CF/1988 veda a retroatividade de lei penal mais gravosa. Além disso, não se trata de competência superveniente, visto que os fatos criminosos foram consumados antes da edição da Lei Maria da Penha, portanto antes da instalação do juizado de violência doméstica e familiar contra a mulher. Por isso tudo, a ordem não pode ser concedida, pois violaria o princípio do juiz natural, ex vi do art. 5º, LIII, da CF/1988. HC 152.465-PE, Rel. Min. Celso Limongi (Desembargador convocado do TJ-SP), julgado em 15/6/2010.

Insignificância. Inaplicável aos crimes e contravenções praticados com violência e grave ameaça contra a mulher, no âmbito das relações domésticas.

Por essa razão, não se pode, por exemplo, entender atípica a conduta do marido ou companheiro que subtraia pequena quantia do salário de sua mulher, pois a situação mencionada se insere entre aquelas que a lei prevê no art. 7º IV.

> (...) 2. A jurisprudência desta Corte Superior está consolidada no sentido de não admitir a aplicação dos princípios da insignificância e da bagatela imprópria aos crimes e contravenções praticados com violência ou grave ameaça contra mulher, no âmbito das relações domésticas, dada a relevância penal da conduta, não implicando a reconciliação do casal atipicidade material da conduta ou desnecessidade de pena. Precedentes. 3. Ordem não conhecida. (HC 333195 / MS. Relator(a) Ministro RIBEIRO DANTAS. Órgão Julgador: QUINTA TURMA. Data do Julgamento: 12/04/2016)

> (...) 1. A jurisprudência desta Corte Superior não admite a aplicação do princípio da insignificância ou da bagatela imprópria no que se refere aos crimes ou às contravenções penais praticados contra

> mulher no âmbito das relações domésticas, haja vista o bem jurídico tutelado. 2. Agravo regimental não provido. (AgRg no AREsp 535917 / MS. Relator(a): Ministro ROGERIO SCHIETTI CRUZ (1158). Órgão Julgador: SEXTA TURMA. Data do Julgamento: 14/06/2016)

Atualmente, o entendimento se encontra cristalizado em súmula daquela Corte:

> **SÚMULA N. 589**
>
> É inaplicável o princípio da insignificância nos crimes ou contravenções penais praticados contra a mulher no âmbito das relações domésticas. **Terceira Seção, aprovada em 13/9/2017, DJe 18/9/2017**.

TÍTULO II
DA VIOLÊNCIA DOMÉSTICA E FAMILIAR CONTRA A MULHER

CAPÍTULO I
DISPOSIÇÕES GERAIS

Art. 5º Para os efeitos desta Lei, configura violência doméstica e familiar contra a mulher qualquer ação ou omissão baseada no gênero que lhe cause morte, lesão, sofrimento físico, sexual ou psicológico e dano moral ou patrimonial: (Vide Lei complementar nº 150, de 2015)

I - no âmbito da unidade doméstica, compreendida como o espaço de convívio permanente de pessoas, com ou sem vínculo familiar, inclusive as esporadicamente agregadas;

II - no âmbito da família, compreendida como a comunidade formada por indivíduos que são ou se consideram aparentados, unidos por laços naturais, por afinidade ou por vontade expressa;

III - em qualquer relação íntima de afeto, na qual o agressor conviva ou tenha convivido com a ofendida, independentemente de coabitação.

Parágrafo único. As relações pessoais enunciadas neste artigo independem de orientação sexual.

Art. 6º A violência doméstica e familiar contra a mulher constitui uma das formas de violação dos direitos humanos.

A incidência da Lei Maria da Penha. O art. 5º da Lei nº 11.340/06 traz três hipóteses de incidência: em razão do local (domicílio), em razão do vínculo familiar, mesmo voluntário, e em razão do vínculo afetivo. Sobre a necessidade de coabitação, o STJ editou súmula no final do ano de 2017:

> Súmula 600. Para a configuração da violência doméstica e familiar prevista no artigo 5º da Lei n. 11.340/2006 (Lei Maria da Penha) não se exige a coabitação entre autor e vítima.

Sujeito passivo. Deverá ser uma mulher, independentemente da sua orientação sexual. Estão no âmbito de abrangência do delito de violência doméstica e podem integrar o polo passivo da ação delituosa as esposas, as companheiras ou amantes, bem como a mãe, as filhas, as netas do agressor e também a sogra, a avó ou qualquer outra parente que mantém vínculo familiar ou afetivo com ele.

Aplicação aos transexuais. Discussões. Discute-se a possibilidade, ou não, dos transexuais figurarem como sujeitos passivos de crimes que se adequem ao conceito de violência doméstica trazida pela Lei Maria da Penha.

Entendemos que a resposta deve ser positiva, aplicando-se a lei para proteção do transexual, ainda que não operado ou com registro civil alterado. A identidade de gênero pode, ou não, corresponder ao sexo atribuído biologicamente. O gênero é construído no decorrer da vida e se refere ao estado psicológico. A lei, em seu artigo 5º, fala em "ação ou omissão baseada no gênero" e não em sexo.

O Conselho Nacional de Procuradores-Gerais, por sua vez, no ano de 2016, se posicionou favoravelmente à aplicação da legislação em análise aos crimes praticados contra mulheres transexuais e travestis que não fizeram cirurgia de mudança de sexo e não alteraram o nome ou sexo no documento civil, orientando os Promotores de Justiça a atuarem nesse sentido.

Sujeito ativo. Entende a jurisprudência do STJ que o sujeito ativo do crime pode ser tanto o homem como a mulher, desde que, neste último caso, esteja presente o estado de vulnerabilidade caracterizado por uma relação de poder e submissão. Neste sentido, atentemos para o seguinte julgado:

> "1. Nos termos do artigo 5º, inciso III, da Lei 11.340/2006, é possível a caracterização de violência doméstica e familiar nas relações entre filhas e mãe, desde que os fatos tenham sido praticados em razão da relação de intimidade e afeto existente.(...)" (HC 277561 / AL. Relator(a) Ministro JORGE MUSSI. Órgão Julgador: QUINTA TURMA. Data do Julgamento: 06/11/2014)

Violência doméstica entre irmãos. É caso de aplicação da Lei Maria da Penha.

> PENAL. AGRAVO REGIMENTAL NO AGRAVO EM RECURSO ESPECIAL. CRIME DE LESÃO CORPORAL PRATICADO POR IRMÃO CONTRA IRMÃ. INCIDÊNCIA DA LEI MARIA DA PENHA. ART. 5º, II, DA LEI N.º 11.340/06. HONORÁRIOS. DEFENSOR DATIVO. MATÉRIA PACIFICADA. RECURSOS REPETITIVOS. RESPS 1.665.033 e 1.656.322 DE SANTA CATARINA. AGRAVO NÃO PROVIDO. 1. De acordo com o entendimento desta Corte Superior, a agressão perpetrada pelo irmão contra a irmã incide na hipótese de violência praticada no âmbito familiar, tipificado no art. 5º, II, da Lei nº 11.340/06. Precedentes. 2. "Ademais a análise da demanda, na intenção de averiguar se a violência se deu em razão de gênero e em contexto de vul-

> nerabilidade, demandaria o reexame fático-probatório, providência obstada pela Súmula n. 7 deste Superior Tribunal" (AgRg no REsp 1574112/GO, Rel. Ministro ROGERIO SCHIETTI CRUZ, SEXTA TURMA, DJe 7/11/2016). 3. Quanto aos honorários do defensor dativo, a Terceira Seção desta Corte Superior, em 23/10/2019, por ocasião do julgamento dos Recursos Especiais n. 1.665.033/SC e 1.656.322/SC, submetidos ao rito dos recursos repetitivos, concluiu que são "vinculativas, quanto aos valores estabelecidos para os atos praticados por defensor dativo, as tabelas produzidas mediante acordo entre o Poder Público, a Defensoria Pública e a seccional da OAB". 4. Na hipótese, observa-se que o Tribunal de origem, ao examinar a controvérsia, levou em consideração a tabela elaborada por meio de acordo firmado entre o Estado de Minas Gerais e a OAB, deixando, inclusive, de aplicá-la, uma vez que o valor estabelecido pelo magistrado de primeiro grau superou aquele fixado pela referida tabela. 5. Agravo regimental a que se nega provimento.
>
> (STJ - AgRg no AREsp: 1437852 MG 2019/0029089-0, Relator: Ministro RIBEIRO DANTAS, Data de Julgamento: 18/02/2020, T5 - QUINTA TURMA, Data de Publicação: DJe 28/02/2020)

Ex-namorado, ex-marido ou companheiro. Embora terminado o relacionamento amoroso e ainda que não mais resida o agressor no mesmo domicílio, se a violência se deu em razão da relação afetiva com a mulher, que é pela lei especial protegida, enquadra-se o ex-namorado na hipótese de relação íntima de afeto, o que justifica a aplicação da lei em análise. Não é outra a interpretação dada pelo STJ:

> (...) Nos termos do artigo 5º, inciso III, da Lei 11.340/2006, é perfeitamente possível a prática de violência doméstica e familiar nas relações entre namorados, ainda que não tenham coabitado, exigindo-se, contudo, que os fatos tenham sido praticados em razão da relação de intimidade e afeto existente entre o agressor e a vítima. Precedentes. (HC 357885 / SP. Relator(a) Ministro JORGE MUSSI. Órgão Julgador: QUINTA TURMA. Data do Julgamento: 23/08/2016)
>
> (...) Inconformada, a defesa interpôs o recurso de apelação criminal perante a Corte local, alegando, preliminarmente, a incompetência do juízo sentenciante, uma vez que o ora paciente não convive com a querelante, sua ex-companheira, há quase 20 anos (...)Em juízo de cognição sumária, não obstante os fundamentos apresentados pela defesa, não visualizo a existência do fumus boni iuris, requisito essencial para a concessão da medida de caráter urgente. Nesta análise perfunctória dos autos, não visualizo manifesto constrangimento ilegal que se revele de pronto, tendo em vista a fundamentação utilizada pelo Tribunal de origem, que, a princípio, encontra-se em harmonia com a pacífica jurisprudência desta Corte Superior. Os parâmetros necessários à configuração da violência doméstica

contra a mulher estão previstos no art. 5º da Lei n. 11.340/2006 (...) A Lei 11.340/06 buscou proteger não só a vítima que coabita com o agressor, mas também aquela que, no passado, já tenha convivido no mesmo domicílio, contanto que haja nexo entre a agressão e a relação íntima de afeto que já existiu entre os dois. 2. A conduta atribuída ao ex-companheiro da vítima amolda-se, em tese, ao disposto no art. 7o., inciso I da Lei 11.340/06, que visa a coibir a violência física, entendida como qualquer conduta que ofenda a integridade ou a saúde corporal da mulher, a violência psicológica e a violência moral, entendida como qualquer conduta que configure calúnia, difamação ou injúria. [...] (CC 102.832/MG, Rel. Ministro NAPOLEÃO NUNES MAIA FILHO, TERCEIRA SEÇÃO, julgado em 25/03/2009, DJe 22/04/2009) Além disso, editou a Súmula n. 600/STJ, que assim dispõe: "Para configuração da violência doméstica e familiar prevista no artigo 5º da lei 11.340/2006, lei Maria da Penha, não se exige a coabitação entre autor e vítima". Portanto, ao considerar as razões que moveram o paciente a injuriar sua ex-companheira, ao menos nesta análise perfunctória dos autos, resta evidenciada a violência de gênero a atrair a aplicação da Lei Maria da Penha e, por conseguinte, incapaz de afastar a competência do Juizado Especializado da Violência Doméstica para o processamento da ação penal. Por fim, destaco o seguinte julgado desta Corte: PROCESSUAL PENAL. HABEAS CORPUS. AMEAÇA COMETIDA NO ÂMBITO DOMÉSTICO. ALEGAÇÃO DE AUSÊNCIA DE CONFIGURAÇÃO DE RELAÇÃO ÍNTIMA DE AFETO. REVOLVIMENTO DE MATÉRIA FÁTICO-PROBATÓRIA. INADMISSIBILIDADE PELA VIA DO HABEAS CORPUS. 1. Dispõe o art. 5º, inciso III, da Lei n. 11.340/2006, que configura violência doméstica contra a mulher qualquer ação ou omissão baseada no gênero que lhe cause morte, lesão, sofrimento físico, sexual ou psicológico e dano moral ou patrimonial, em qualquer relação íntima de afeto, na qual o agressor conviva ou tenha convivido com a ofendida, independentemente de coabitação. Inteligência da Súmula n. 600/STJ. 2. Na hipótese, a vítima teria relatado a existência de relacionamento com o paciente por aproximadamente um mês, com coabitação pelo período de quinze dias, no qual o paciente demonstrou comportamento violento e ciumento. Destacou, ainda, que o paciente, inconformado com o término do relacionamento, a teria ameaçado de morte, o que foi comprovado pelas mensagens eletrônicas enviadas entre os dias 1/11/2013 e 20/2/2014. 3. Muito embora breve, não se pode desqualificar a relação havida entre o paciente e a ofendida como íntima, já que ficou demonstrado o nexo de causalidade entre a conduta criminosa e a relação de intimidade pré-existente. Assim, não se tratando de relação efêmera, esporádica ou passageira, não há como se reconhecer a incompetência do Juizado de Violência Doméstica e

> Familiar contra a Mulher. 4. Qualquer conclusão em sentido contrário ao que ficou assentado pelas instâncias ordinárias implicaria imprescindível revolvimento de material fático-probatório dos autos, procedimento que se revela incompatível com os estreitos limites de cognição da via eleita. 5. Ordem denegada. (HC 357.827/SC, Rel. Ministro ANTONIO SALDANHA PALHEIRO, SEXTA TURMA, julgado em 16/08/2018, DJe 27/08/2018) - grifei. Ante o exposto, indefiro a liminar. Suficientemente instruído o feito, dispenso as informações de praxe. Dê-se vista dos autos ao Ministério Público Federal. Intimem-se. Brasília (DF), 29 de outubro de 2019. Ministro REYNALDO SOARES DA FONSECA Relator
>
> (STJ - HC: 542828 AP 2019/0325636-6, Relator: Ministro REYNALDO SOARES DA FONSECA, Data de Publicação: DJ 04/11/2019)

Relações extraconjugais. Não afasta a incidência da Lei Maria da Penha, como já entendeu o STJ:

> (...) 2. No âmbito do Direito Penal, o simples fato de a infração penal ser perpetrada no âmbito de relações extraconjugais não pode ensejar o afastamento da Lei Maria da Penha. Na verdade, o diploma legal deve ser interpretado ante os fins sociais a que se destina, considerando-se, principalmente, as condições peculiares das mulheres em situação de violência doméstica e familiar, conforme se depreende do art. 4º da Lei n. 11.340/2006. 3. Para a incidência da Lei Maria da Penha, basta a comprovação de que a violência contra a mulher tenha sido exercida no âmbito da unidade doméstica, da família ou de qualquer relação íntima de afeto, na qual o agressor conviva ou tenha convivido com a ofendida, hipóteses que devem ser analisadas caso a caso. 4. Não há provas inequívocas nos autos acerca do momento em que autor e vítima mantiveram relação doméstica, familiar ou mesmo afetiva, de modo que não há como afastar a contemporaneidade entre tal relação e a prática ilícita relatada. (...) (RHC 43927 / RS. Relator(a): Ministro ROGERIO SCHIETTI CRUZ.Órgão Julgador: SEXTA TURMA. Data do Julgamento: 28/04/2015)

CAPÍTULO II
DAS FORMAS DE VIOLÊNCIA DOMÉSTICA E FAMILIAR CONTRA A MULHER

Art. 7º São formas de violência doméstica e familiar contra a mulher, entre outras:

I - a violência física, entendida como qualquer conduta que ofenda sua integridade ou saúde corporal;

II – a violência psicológica, entendida como qualquer conduta que lhe cause dano emocional e diminuição da autoestima ou que lhe prejudique e perturbe o pleno desenvolvimento ou que vise degradar ou controlar suas ações, comportamentos, crenças e decisões, mediante ameaça, constrangimento, humilhação, manipulação, isolamento, vigilância constante, perseguição contumaz, insulto, chantagem, violação de sua intimidade, ridicularização, exploração e limitação do direito de ir e vir ou qualquer outro meio que lhe cause prejuízo à saúde psicológica e à autodeterminação; (Redação dada pela Lei nº 13.772, de 2018)

III – a violência sexual, entendida como qualquer conduta que a constranja a presenciar, a manter ou a participar de relação sexual não desejada, mediante intimidação, ameaça, coação ou uso da força; que a induza a comercializar ou a utilizar, de qualquer modo, a sua sexualidade, que a impeça de usar qualquer método contraceptivo ou que a force ao matrimônio, à gravidez, ao aborto ou à prostituição, mediante coação, chantagem, suborno ou manipulação; ou que limite ou anule o exercício de seus direitos sexuais e reprodutivos;

IV – a violência patrimonial, entendida como qualquer conduta que configure retenção, subtração, destruição parcial ou total de seus objetos, instrumentos de trabalho, documentos pessoais, bens, valores e direitos ou recursos econômicos, incluindo os destinados a satisfazer suas necessidades;

V – a violência moral, entendida como qualquer conduta que configure calúnia, difamação ou injúria.

Conceito de violência na lei. O conceito de violência na Lei Maria da Penha não se confunde com o conceito estrito adotado pelo Código Penal, em que o termo se relaciona à agressão física. Na lei em estudo, o termo é muito mais amplo, abarcando, além da violência física, também a moral, patrimonial, sexual e psicológica. Deve-se notar que, pelo que consta do *caput* do art. 7º, as hipóteses ali tratadas não são taxativas e outros tipos de violência contra a mulher são igualmente abarcados pela Lei Maria da Penha.

A Lei nº 13.772/2018 deu nova redação ao inciso II do artigo 7º, passando a incluir a violação à intimidade como forma de violência psicológica. Na verdade, justamente por acreditarmos que não se trata de um rol taxativo, mas sim exemplificativo, é que outra modalidade de violência foi explicitada por esta alteração na redação do inciso, não obstante a própria Constituição da República Federativa do Brasil já prever, no artigo 5º, X, que a intimidade da pessoa é inviolável, o que reforça ainda mais nosso posicionamento.

Cabimento de escusas absolutórias. Com relação à violência patrimonial, discute-se a aplicabilidade das escusas absolutórias e as regras de imunidade relativa trazidas pelos artigos 181 e 182, observados os termos do art. 183 do Código Penal. A resposta a esse questionamento tem estreita relação com o conceito de violência e se a violência mencionada no artigo 183 como impeditiva do reconhecimento das imunidades seria apenas a física ou se ganharia o sentido amplo que lhe é conferido pela Lei 11.340/2006. Para quem entende que o termo "violência" usado na lei penal para obstar a aplicação das escusas deve ser entendido de forma restritiva, somente a violência real poderia afastar a aplicação das imunidades absolutas e relativas trazidas pela lei. Apenas quando o crime fosse praticado com grave ameaça ou violência física não se poderia aplicar as escusas. Comungamos desse entendimento e acreditamos que, se o legislador quisesse ver afastadas as escusas absolutórias para todos os crimes praticados em situação de violência doméstica contra a mulher, teria, com relação aos mesmos, adotado a fórmula usada pelo Estatuto do Idoso, vedando expressamente a aplicação dos artigos 181 e 182 do CP.

Porém, há aqueles que entendem que, sendo a violência patrimonial uma das formas de violência doméstica e familiar contra mulher, o termo violência deve ser interpretado em sentido amplo, não cabendo, portanto, as regras dos artigos 181 e 182 na hipótese, ante à vedação do artigo 183. Portanto, sendo o autor da infração patrimonial alguém que mantenha vínculo familiar, doméstico ou tenha a relação íntima de afeto com a mulher, a ele não se poderia aplicar a escusa.

Importante, contudo, ressaltar que o STJ já entendeu que, não havendo vedação, não se poderia obstar a aplicação das escusas. Segue abaixo transcrito julgado.

> (...) 1. O artigo 181, inciso I, do Código Penal estabelece imunidade penal absoluta ao cônjuge que pratica crime patrimonial na constância do casamento.
>
> (...)
>
> 3. O advento da Lei 11.340/2006 não é capaz de alterar tal entendimento, pois embora tenha previsto a violência patrimonial como uma das que pode ser cometida no âmbito doméstico e familiar contra a mulher, não revogou quer expressa, quer tacitamente, o artigo 181 do Código Penal.
>
> 4. A se admitir que a Lei Maria da Penha derrogou a referida imunidade, se estaria diante de flagrante hipótese de violação ao princípio da isonomia, já que os crimes patrimoniais praticados pelo marido contra a mulher no âmbito doméstico e familiar poderiam ser processados e julgados, ao passo que a mulher que venha cometer o mesmo tipo de delito contra o marido estaria isenta de pena.
>
> 5. Não há falar em ineficácia ou inutilidade da Lei 11.340/2006 ante a persistência da imunidade prevista no artigo 181, inciso I, do Código Penal quando se tratar de violência praticada contra a mulher no âmbito doméstico e familiar, uma vez que na própria legislação vigente existe a previsão de medidas cautelares específicas para a proteção do patrimônio da ofendida.
>
> 6. No direito penal não se admite a analogia em prejuízo do réu, razão pela qual a separação de corpos ou mesmo a separação de fato, que não extinguem a sociedade conjugal, não podem ser equiparadas à separação judicial ou o divórcio, que põem fim ao víncu-

lo matrimonial, para fins de afastamento da imunidade disposta no inciso I do artigo 181 do Estatuto Repressivo.

7. Recurso provido para determinar o trancamento da ação penal apenas com relação ao recorrente. (RHC 42918 / RS Relator(a) Ministro JORGE MUSSI. Órgão Julgador: QUINTA TURMA. Data do Julgamento: 05/08/2014)

TÍTULO III
DA ASSISTÊNCIA À MULHER EM SITUAÇÃO DE VIOLÊNCIA DOMÉSTICA E FAMILIAR

CAPÍTULO I
DAS MEDIDAS INTEGRADAS DE PREVENÇÃO

Art. 8º A política pública que visa coibir a violência doméstica e familiar contra a mulher far-se-á por meio de um conjunto articulado de ações da União, dos Estados, do Distrito Federal e dos Municípios e de ações não-governamentais, tendo por diretrizes:

I – a integração operacional do Poder Judiciário, do Ministério Público e da Defensoria Pública com as áreas de segurança pública, assistência social, saúde, educação, trabalho e habitação;

II – a promoção de estudos e pesquisas, estatísticas e outras informações relevantes, com a perspectiva de gênero e de raça ou etnia, concernentes às causas, às conseqüências e à freqüência da violência doméstica e familiar contra a mulher, para a sistematização de dados, a serem unificados nacionalmente, e a avaliação periódica dos resultados das medidas adotadas;

III – o respeito, nos meios de comunicação social, dos valores éticos e sociais da pessoa e da família, de forma a coibir os papéis estereotipados que legitimem ou exacerbem a violência doméstica e familiar, de acordo com o estabelecido no inciso III do art. 1º, no inciso IV do art. 3º e no inciso IV do art. 221 da Constituição Federal;

IV – a implementação de atendimento policial especializado para as mulheres, em particular nas Delegacias de Atendimento à Mulher;

V – a promoção e a realização de campanhas educativas de prevenção da violência doméstica e familiar contra a mulher, voltadas ao público escolar e à sociedade em geral, e a difusão desta Lei e dos instrumentos de proteção aos direitos humanos das mulheres;

VI – a celebração de convênios, protocolos, ajustes, termos ou outros instrumentos de promoção de parceria entre órgãos governamentais ou entre estes e entidades não-governamentais, tendo por objetivo a implementação de programas de erradicação da violência doméstica e familiar contra a mulher;

VII – a capacitação permanente das Polícias Civil e Militar, da Guarda Municipal, do Corpo de Bombeiros e dos profissionais pertencentes aos órgãos e às áreas enunciados no inciso I quanto às questões de gênero e de raça ou etnia;

VIII - a promoção de programas educacionais que disseminem valores éticos de irrestrito respeito à dignidade da pessoa humana com a perspectiva de gênero e de raça ou etnia;

IX - o destaque, nos currículos escolares de todos os níveis de ensino, para os conteúdos relativos aos direitos humanos, à eqüidade de gênero e de raça ou etnia e ao problema da violência doméstica e familiar contra a mulher.

CAPÍTULO II
DA ASSISTÊNCIA À MULHER EM SITUAÇÃO DE VIOLÊNCIA DOMÉSTICA E FAMILIAR

Art. 9º A assistência à mulher em situação de violência doméstica e familiar será prestada de forma articulada e conforme os princípios e as diretrizes previstos na Lei Orgânica da Assistência Social, no Sistema Único de Saúde, no Sistema Único de Segurança Pública, entre outras normas e políticas públicas de proteção, e emergencialmente quando for o caso.

§ 1º O juiz determinará, por prazo certo, a inclusão da mulher em situação de violência doméstica e familiar no cadastro de programas assistenciais do governo federal, estadual e municipal.

§ 2º O juiz assegurará à mulher em situação de violência doméstica e familiar, para preservar sua integridade física e psicológica:

I - acesso prioritário à remoção quando servidora pública, integrante da administração direta ou indireta;

II - manutenção do vínculo trabalhista, quando necessário o afastamento do local de trabalho, por até seis meses.

III - encaminhamento à assistência judiciária, quando for o caso, inclusive para eventual ajuizamento da ação de separação judicial, de divórcio, de anulação de casamento ou de dissolução de união estável perante o juízo competente. (Incluído pela Lei nº 13.894, de 2019)

§ 3º A assistência à mulher em situação de violência doméstica e familiar compreenderá o acesso aos benefícios decorrentes do desenvolvimento científico e tecnológico, incluindo os serviços de contracepção de emergência, a profilaxia das Doenças Sexualmente Transmissíveis (DST) e da Síndrome da Imunodeficiência Adquirida (AIDS) e outros procedimentos médicos necessários e cabíveis nos casos de violência sexual.

4º Aquele que, por ação ou omissão, causar lesão, violência física, sexual ou psicológica e dano moral ou patrimonial a mulher fica obrigado a ressarcir todos os danos causados, inclusive ressarcir ao Sistema Único de Saúde (SUS), de acordo com a tabela SUS, os custos relativos aos serviços de saúde prestados para o total tratamento das vítimas em situação de violência doméstica e familiar, recolhidos os recursos assim arrecadados ao Fundo de Saúde do ente federado responsável pelas unidades de saúde que prestarem os serviços. (Vide Lei nº 13.871, de 2019)

§ 5º Os dispositivos de segurança destinados ao uso em caso de perigo iminente e disponibilizados para o monitoramento das vítimas de violência doméstica ou familiar amparadas por medidas protetivas terão seus custos ressarcidos pelo agressor. (Vide Lei nº 13.871, de 2019)

§ 6º O ressarcimento de que tratam os §§ 4º e 5º deste artigo não poderá importar ônus de qualquer natureza ao patrimônio da mulher e dos seus dependentes, nem configurar atenuante ou ensejar possibilidade de substituição da pena aplicada. (Vide Lei nº 13.871, de 2019)

§ 7º A mulher em situação de violência doméstica e familiar tem prioridade para matricular seus dependentes em instituição de educação básica mais próxima de seu domicílio, ou transferi-los para essa instituição, mediante a apresentação dos documentos comprobatórios do registro da ocorrência policial ou do processo de violência doméstica e familiar em curso.

§ 8º Serão sigilosos os dados da ofendida e de seus dependentes matriculados ou transferidos conforme o disposto no § 7º deste artigo, e o acesso às informações será reservado ao juiz, ao Ministério Público e aos órgãos competentes do poder público. (Incluído pela Lei nº 13.882, de 2019)

Ressarcimento ao Estado. O legislador, no ano de 2019, fez incluir na Lei Maria da Penha dispositivos que levam à responsabilização civil do agressor, que estará obrigado a, além de ressarcir a própria vítima por todos os danos causados (sejam eles materiais ou morais), também ressarcir o próprio Estado pelos gastos com o atendimento à mulher em situação de violência doméstica. O ressarcimento deverá cobrir custos relativos à prestação dos serviços de saúde, bem como todo o aparato de segurança empregado para o monitoramento da vítima, mas não poderá afetar o patrimônio da mulher ou de seus dependentes, devendo ser feito exclusivamente às expensas do agressor. Outrossim, o ressarcimento não gera qualquer benefício penal ao agressor, que não poderá ter sua pena diminuída, substituída, nem mesmo atenuada por ter cumprido a obrigação fixada em lei.

CAPÍTULO III
DO ATENDIMENTO PELA AUTORIDADE POLICIAL

Art. 10. Na hipótese da iminência ou da prática de violência doméstica e familiar contra a mulher, a autoridade policial que tomar conhecimento da ocorrência adotará, de imediato, as providências legais cabíveis.

Parágrafo único. Aplica-se o disposto no caput deste artigo ao descumprimento de medida protetiva de urgência deferida.

Art. 10-A. É direito da mulher em situação de violência doméstica e familiar o atendimento policial e pericial especializado, ininterrupto e prestado por servidores – preferencialmente do sexo feminino – previamente capacitados. (Incluída pela Lei nº 13.505, de 2017)

§ 1º A inquirição de mulher em situação de violência doméstica e familiar ou de testemunha de violência doméstica, quando se tratar de crime contra a mulher, obedecerá às seguintes diretrizes: (Incluído pela Lei nº 13.505, de 2017)

I – salvaguarda da integridade física, psíquica e emocional da depoente, considerada a sua condição peculiar de pessoa em situação de violência doméstica e familiar; (Incluído pela Lei nº 13.505, de 2017)

II – garantia de que, em nenhuma hipótese, a mulher em situação de violência doméstica e familiar, familiares e testemunhas terão contato direto com investigados ou suspeitos e pessoas a eles relacionadas; (Incluído pela Lei nº 13.505, de 2017)

III - não revitimização da depoente, evitando sucessivas inquirições sobre o mesmo fato nos âmbitos criminal, cível e administrativo, bem como questionamentos sobre a vida privada. (Incluído pela Lei nº 13.505, de 2017)

§ 2º Na inquirição de mulher em situação de violência doméstica e familiar ou de testemunha de delitos de que trata esta Lei, adotar-se-á, preferencialmente, o seguinte procedimento: (Incluído pela Lei nº 13.505, de 2017)

I - a inquirição será feita em recinto especialmente projetado para esse fim, o qual conterá os equipamentos próprios e adequados à idade da mulher em situação de violência doméstica e familiar ou testemunha e ao tipo e à gravidade da violência sofrida; (Incluído pela Lei nº 13.505, de 2017)

II - quando for o caso, a inquirição será intermediada por profissional especializado em violência doméstica e familiar designado pela autoridade judiciária ou policial; (Incluído pela Lei nº 13.505, de 2017)

III - o depoimento será registrado em meio eletrônico ou magnético, devendo a degravação e a mídia integrar o inquérito.

Art. 11. No atendimento à mulher em situação de violência doméstica e familiar, a autoridade policial deverá, entre outras providências:

I - garantir proteção policial, quando necessário, comunicando de imediato ao Ministério Público e ao Poder Judiciário;

II - encaminhar a ofendida ao hospital ou posto de saúde e ao Instituto Médico Legal;

III - fornecer transporte para a ofendida e seus dependentes para abrigo ou local seguro, quando houver risco de vida;

IV - se necessário, acompanhar a ofendida para assegurar a retirada de seus pertences do local da ocorrência ou do domicílio familiar;

V - informar à ofendida os direitos a ela conferidos nesta Lei e os serviços disponíveis, inclusive os de assistência judiciária para o eventual ajuizamento perante o juízo competente da ação de separação judicial, de divórcio, de anulação de casamento ou de dissolução de união estável. (Redação dada pela Lei nº 13.894, de 2019)

Art. 12. Em todos os casos de violência doméstica e familiar contra a mulher, feito o registro da ocorrência, deverá a autoridade policial adotar, de imediato, os seguintes procedimentos, sem prejuízo daqueles previstos no Código de Processo Penal:

I - ouvir a ofendida, lavrar o boletim de ocorrência e tomar a representação a termo, se apresentada;

II - colher todas as provas que servirem para o esclarecimento do fato e de suas circunstâncias;

III - remeter, no prazo de 48 (quarenta e oito) horas, expediente apartado ao juiz com o pedido da ofendida, para a concessão de medidas protetivas de urgência;

IV - determinar que se proceda ao exame de corpo de delito da ofendida e requisitar outros exames periciais necessários;

V - ouvir o agressor e as testemunhas;

VI – ordenar a identificação do agressor e fazer juntar aos autos sua folha de antecedentes criminais, indicando a existência de mandado de prisão ou registro de outras ocorrências policiais contra ele;

VI-A – verificar se o agressor possui registro de porte ou posse de arma de fogo e, na hipótese de existência, juntar aos autos essa informação, bem como notificar a ocorrência à instituição responsável pela concessão do registro ou da emissão do porte, nos termos da Lei nº 10.826, de 22 de dezembro de 2003 (Estatuto do Desarmamento); (Incluído pela Lei nº 13.880, de 2019)

VII – remeter, no prazo legal, os autos do inquérito policial ao juiz e ao Ministério Público.

§ 1º O pedido da ofendida será tomado a termo pela autoridade policial e deverá conter:

I – qualificação da ofendida e do agressor;

II – nome e idade dos dependentes;

III – descrição sucinta do fato e das medidas protetivas solicitadas pela ofendida.

IV – informação sobre a condição de a ofendida ser pessoa com deficiência e se da violência sofrida resultou deficiência ou agravamento de deficiência preexistente. (Incluído pela Lei nº 13.836, de 2019)

§ 2º A autoridade policial deverá anexar ao documento referido no § 1º o boletim de ocorrência e cópia de todos os documentos disponíveis em posse da ofendida.

§ 3º Serão admitidos como meios de prova os laudos ou prontuários médicos fornecidos por hospitais e postos de saúde.

Art. 12-A. Os Estados e o Distrito Federal, na formulação de suas políticas e planos de atendimento à mulher em situação de violência doméstica e familiar, darão prioridade, no âmbito da Polícia Civil, à criação de Delegacias Especializadas de Atendimento à Mulher (Deams), de Núcleos Investigativos de Feminicídio e de equipes especializadas para o atendimento e a investigação das violências graves contra a mulher.

Art. 12-B. (VETADO). (Incluído pela Lei nº 13.505, de 2017)

§ 1º (VETADO). (Incluído pela Lei nº 13.505, de 2017)

§ 2º (VETADO. (Incluído pela Lei nº 13.505, de 2017)

§ 3º A autoridade policial poderá requisitar os serviços públicos necessários à defesa da mulher em situação de violência doméstica e familiar e de seus dependentes. (Incluído pela Lei nº 13.505, de 2017)

Art. 12-C. Verificada a existência de risco atual ou iminente à vida ou à integridade física da mulher em situação de violência doméstica e familiar, ou de seus dependentes, o agressor será imediatamente afastado do lar, domicílio ou local de convivência com a ofendida: (Incluído pela Lei nº 13.827, de 2019)

I – pela autoridade judicial; (Incluído pela Lei nº 13.827, de 2019)

II – pelo delegado de polícia, quando o Município não for sede de comarca; ou (Incluído pela Lei nº 13.827, de 2019)

III - pelo policial, quando o Município não for sede de comarca e não houver delegado disponível no momento da denúncia. (Incluído pela Lei nº 13.827, de 2019)

§ 1º Nas hipóteses dos incisos II e III do **caput** deste artigo, o juiz será comunicado no prazo máximo de 24 (vinte e quatro) horas e decidirá, em igual prazo, sobre a manutenção ou a revogação da medida aplicada, devendo dar ciência ao Ministério Público concomitantemente. (Incluído pela Lei nº 13.827, de 2019)

§ 2º Nos casos de risco à integridade física da ofendida ou à efetividade da medida protetiva de urgência, não será concedida liberdade provisória ao preso. (Incluído pela Lei nº 13.827, de 2019)

Formulário Nacional de Avaliação de Risco. A Resolução Conjunta nº 5/2020, do Conselho Nacional de Justiça (CNJ) e do Conselho Nacional do Ministério Público (CNMP), instituiu o Formulário Nacional de Avaliação de Risco no âmbito do Poder Judiciário e do Ministério Público, além de dar outras providências. Por força da importância da matéria, houve a promulgação da Lei nº 14.149/21, para a prevenção e o enfrentamento de crimes e de demais atos de violência doméstica e familiar praticados contra a mulher, conforme modelo aprovado na Resolução Conjunta acima mencionada.

A aplicação deste formulário, que deve ser feita preferencialmente pela Polícia Civil no momento do registro de ocorrência (ou, pelo Ministério Público ou Judiciário, no primeiro atendimento à mulher vítima de violência doméstica e familiar), tem como objetivo identificar os fatores que indicam o risco de a mulher vir a sofrer qualquer forma de violência no âmbito das relações domésticas, para subsidiar a atuação dos órgãos de segurança pública, do Ministério Público, do Poder Judiciário bem como dos órgãos e das entidades da rede de proteção na gestão do risco identificado. Em todas as hipóteses, o sigilo das informações deve ser preservado.

Oitiva da vítima. Porque fundamental para formar o convencimento do magistrado acerca de eventual pedido de aplicação das medidas protetivas, bem como a *opinio delicti* do membro do Ministério Público, a Lei Maria da Penha impõe que autoridade policial ouça a ofendida, devendo sua oitiva ser feita, preferencialmente, por pessoa do sexo feminino e em unidade especializada, consoante diretrizes trazidas pela Lei nº 13.505 de 2017.

Exame de corpo de delito. Ainda dentre as diligências a serem levadas a efeito, a lei determina que a vítima seja encaminhada para a realização do exame de corpo de delito, devendo-se, entretanto, notar que, nos termos dispostos no art. 12, § 3º, também servirão como meio de prova laudos e boletins de atendimento médico de hospitais e postos de saúde, sendo certo que tais documentos, porque previstos como meios de prova na lei, poderão ser usados na sentença condenatória como prova da materialidade do delito quando não tiver sido realizado o exame.

Neste ponto, importante mencionar recente alteração no Código de Processo Penal, que previu a prioridade na realização do exame de corpo de delito nos casos envolvendo violência doméstica e familiar contra mulher. Veja o teor do artigo 158, parágrafo único, I, do CPP:

> Art. 158. Quando a infração deixar vestígios, será indispensável o exame de corpo de delito, direto ou indireto, não podendo supri-lo a confissão do acusado.
>
> Parágrafo único. Dar-se-á prioridade à realização do exame de corpo de delito quando se tratar de crime que envolva: (Incluído dada pela Lei nº 13.721, de 2018)
>
> I – violência doméstica e familiar contra mulher; (Incluído dada pela Lei nº 13.721, de 2018)
>
> II – violência contra criança, adolescente, idoso ou pessoa com deficiência. (Incluído dada pela Lei nº 13.721, de 2018)

Decretação de medida protetiva de urgência por Delegado de Polícia. A Lei nº 13.827 de 2019 fez incluir o artigo 12-C, que dispõe sobre a possibilidade de, em não sendo o Município sede de comarca, o delegado de polícia decretar afastamento do agressor quando verificada a existência de risco atual ou iminente à vida ou a integridade física da ofendida. Idêntica medida poderá ser tomada quando houver risco aos dependentes da mulher em situação de violência doméstica. A providência, que deverá ser comunicada em 24 horas à autoridade judiciária, poderá ser por ela mantida ou revogada.

Cumpre observar que a medida protetiva de afastamento somente poderá ser decretada por delegado de polícia em situações excepcionais. A previsão legislativa se justifica porque, nesse caso, deve-se preservar a mulher em situação de risco e, não sendo o município sede de comarca, não teria sentido expor a vítima até que se aguardasse decisão judicial em Comarca próxima. A demora, como mostram os elevados índices de violência doméstica no país, pode ser fatal.

A lei menciona, ainda, que, na ausência de delegado de polícia, a providência poderá ser tomada por outro policial. Mesmo que a lei não trate de qual policial se refere, entendemos que se trate do policial civil pois as atividades típicas de polícia judiciária com atribuição para o tema (toda atividade cartorária, de registro de ocorrências e encaminhamento do expediente à Justiça) são feitos pela Polícia Civil de cada Estado, conforme sua organização interna, nada impedindo que o policial militar atue em auxílio àquele.

Tal entendimento é corroborado pelo teor do art. 12-C, § 1º, do mesmo diploma legal, quando assevera que na hipótese de a medida ser tomada pelo policial (situação prevista no art. 12-C, III, da Lei nº 11.340/06), o juiz será comunicado no prazo máximo de 24 (vinte e quatro) horas. Esta comunicação burocrática é feita entre a Polícia Civil e o Tribunal de Justiça de cada Estado.

TÍTULO IV
DOS PROCEDIMENTOS

CAPÍTULO I
DISPOSIÇÕES GERAIS

Art. 13. Ao processo, ao julgamento e à execução das causas cíveis e criminais decorrentes da prática de violência doméstica e familiar contra a mulher aplicar-se-ão as normas dos Códigos de Processo Penal e Processo Civil e da legislação específica relativa à criança, ao adolescente e ao idoso que não conflitarem com o estabelecido nesta Lei.

Art. 14. Os Juizados de Violência Doméstica e Familiar contra a Mulher, órgãos da Justiça Ordinária com competência cível e criminal, poderão ser criados pela União, no Distrito Federal e nos Territórios, e pelos Estados, para o processo, o julgamento e a execução das causas decorrentes da prática de violência doméstica e familiar contra a mulher.

Parágrafo único. Os atos processuais poderão realizar-se em horário noturno, conforme dispuserem as normas de organização judiciária.

Art. 14-A. A ofendida tem a opção de propor ação de divórcio ou de dissolução de união estável no Juizado de Violência Doméstica e Familiar contra a Mulher. (Incluído pela Lei nº 13.894, de 2019)

§ 1º Exclui-se da competência dos Juizados de Violência Doméstica e Familiar contra a Mulher a pretensão relacionada à partilha de bens. (Incluído pela Lei nº 13.894, de 2019)

§ 2º Iniciada a situação de violência doméstica e familiar após o ajuizamento da ação de divórcio ou de dissolução de união estável, a ação terá preferência no juízo onde estiver. (Incluído pela Lei nº 13.894, de 2019)

Competência dos Juizados de Violência Doméstica contra a Mulher em detrimento do JECRIM. O Juizado Especiais de Violência Doméstica contra a Mulher tem competência para o processo e julgamento de toda e qualquer infração penal que se insira no conceito de violência doméstica trazida pela Lei Maria da Penha, inclusive as contravenções, afastando-se a competência do JECrim.

Crimes dolosos contra a vida praticados em violência doméstica contra a mulher. O STJ já decidiu que, em se tratando de crime doloso contra a vida, ainda que praticado em situação de violência doméstica contra a mulher, a competência é do Tribunal do Júri, tratando-se de competência constitucional a ser observada.

> PROCESSO PENAL. HABEAS CORPUS. HOMICÍDIO QUALIFICADO TENTADO.
>
> VIOLÊNCIA DOMÉSTICA. JUIZADO ESPECIAL. COMPETÊNCIA. CONSTRANGIMENTO. RECONHECIMENTO. 1. Estabelecendo a Lei de Organização Judiciária local que cabe ao Juiz-Presidente do Tribunal do Júri processar os feitos de sua competência, mesmo antes do ajuizamento da ação penal, é nulo o processo, por crime doloso

> contra a vida - mesmo que em contexto de violência doméstica - que corre perante o Juizado Especial Criminal. 2. Ordem concedida para anular o processo a partir do recebimento da denúncia, encaminhando-se os autos para o 1º Tribunal do Júri de Ceilândia/DF, foro competente para processar e julgar o feito. (HC 121214 / DF. Relator(a)Ministra MARIA THEREZA DE ASSIS MOURA. Órgão Julgador: SEXTA TURMA. Data do Julgamento: 19/05/2009)

Art. 15. É competente, por opção da ofendida, para os processos cíveis regidos por esta Lei, o Juizado:

I - do seu domicílio ou de sua residência;

II - do lugar do fato em que se baseou a demanda;

III - do domicílio do agressor.

Foro de eleição. É preciso que se estabeleça que o foro de eleição previsto no art. 15 somente se refere aos feitos cíveis, aplicando-se, no que tange aos feitos criminais, as regras trazidas pelo Código de Processo Penal, nos termos dos artigos 69 seguintes daquele diploma.

Art. 16. Nas ações penais públicas condicionadas à representação da ofendida de que trata esta Lei, só será admitida a renúncia à representação perante o juiz, em audiência especialmente designada com tal finalidade, antes do recebimento da denúncia e ouvido o Ministério Público.

Retratação da representação e necessidade de audiência especial. Lei Maria da Penha traz a previsão de uma audiência especial para as hipóteses em que a mulher, vítima de violência doméstica, manifeste desejo de renunciar ao seu direito de representação. A providência, que apenas tem sentido quando se tratar de crime de ação penal pública condicionada à representação, tem um inequívoco objetivo, qual seja, o de que o juiz verifique se a vítima renuncia de forma voluntária e livre, ou se estaríamos diante de coação. No ato, diante da vítima, o juiz terá condições de verificar se espontânea aquela manifestação ou se estaria eivada de vícios.

Não comparecimento da vítima à audiência. Não caracteriza renúncia ou retratação tácita.

> Não obstante, não há como acolher a alegação da defesa de que houve renúncia tácita da vítima, que não compareceu na audiência preliminar, uma vez que, nos termos do artigo 16 da Lei 11.340/2006, "nas ações penais públicas condicionadas à representação da ofendida de que trata esta Lei, só será admitida a renúncia à representação perante o juiz, em audiência especialmente designada com tal

finalidade, antes do recebimento da denúncia e ouvido o Ministério Público". O art. 16 da Lei n. 11.343/2006 determina expressamente que: "Nas ações penais públicas condicionadas à representação da ofendida de que trata esta Lei, só será admitida a renúncia à representação perante o juiz, em audiência especialmente designada com tal finalidade, antes do recebimento da denúncia e ouvido o Ministério Público". A Lei Maria da Penha propicia uma maior dificuldade em se obter a retratação da ofendida perante a autoridade policial, submetendo-a a uma audiência perante o juiz e ouvido o Ministério. A lei, em si, não exclui a possibilidade da retratação, mas aumenta a formalidade em caso de interesse da ofendida. Por isso, nos termos da jurisprudência do STJ, "a audiência do art. 16 deve ser realizada nos casos em que houve manifestação da vítima em desistir da persecução penal. Isso não quer dizer, porém, que eventual não comparecimento da ofendida à audiência do art. 16 ou a qualquer ato do processo seja considerada como 'retratação tácita'. Pelo contrário: se a ofendida já ofereceu a representação no prazo de 06 (seis) meses, na forma do art. 38 do CPP, nada resta a ela a fazer a não ser aguardar pelo impulso oficial da persecutio criminis" (AREsp n. 1.165.962/AM, Relator Ministro SEBASTIÃO REIS JÚNIOR, DJ 22/11/2017). Nesse sentido, vejam-se os seguintes precedentes: AGRAVO REGIMENTAL EM RECURSO ESPECIAL. DIREITO PENAL E PROCESSUAL PENAL. AMEAÇA. LEI MARIA DA PENHA. DESIGNAÇÃO DE AUDIÊNCIA PARA RETRATAÇÃO. NÃO OBRIGATORIEDADE. NECESSIDADE DE PRÉVIA MANIFESTAÇÃO DA VÍTIMA. MATÉRIA PACIFICADA. 1. A jurisprudência deste Superior Tribunal de Justiça é pacífica no sentido de que, nos crimes de ação penal pública condicionada a representação submetidos à Lei Maria da Penha, a audiência prevista no artigo 16 da Lei nº 11.340/06 visa confirmar a retratação, não a representação, e por isso não é obrigatória, nem deve ser designada de ofício pelo magistrado, somente sendo exigível quando a vítima demonstrar, por qualquer meio, que pretende desistir do prosseguimento do feito. 2. Agravo regimental desprovido. (AgRg no REsp 1596737/SP, Rel. Ministra MARIA THEREZA DE ASSIS MOURA, SEXTA TURMA, julgado em 24/05/2016, DJe 13/06/2016, grifei.) HABEAS CORPUS. PENAL. PROCESSO PENAL. LESÃO CORPORAL. VIOLÊNCIA DOMÉSTICA. LEI MARIA DA PENHA. AÇÃO PENAL PÚBLICA INCONDICIONADA. ADI N. 4.424/DF. EFEITOS EX TUNC. AMEAÇA. AÇÃO PENAL PÚBLICA CONDICIONADA. REPRESENTAÇÃO. ORDEM NÃO CONHECIDA. 1. O Supremo Tribunal Federal, no julgamento da ADI 4.424/DF, em 9/2/2012, conferiu interpretação conforme à Constituição ao art. 41 da Lei 11.340/2006, para assentar a natureza incondicionada da ação penal em caso de crime de lesão corporal praticado mediante violência doméstica e familiar contra a mulher. 2. Não havendo o Excelso Pretório realizado a modulação dos efeitos daquele julgamento, nos termos do art. 27 da Lei n. 9.868/1999, aplica-se ao caso a regra segundo a qual a decisão, além de possuir eficácia erga omnes, tem efeitos retroativos (ex tunc), inclusive aos casos ocorridos anteriormente à prolação do referido aresto. 3. Quanto ao delito de ameaça, que é de ação penal pública condicionada por força do disposto no art. 147, parágrafo único, do Código Penal, houve a representação da vítima, nos termos consignado pelo Tribunal de origem. 4. Se a vítima demonstrar, por qualquer meio, interesse em retratar-se de eventual representação antes do recebimento da denúncia, a audiência preliminar prevista no art. 16 da Lei n. 11.340/2006 deve ser realizada. Todavia, se não há a iniciativa da vítima de levar ao conhecimento da autoridade policial ou judiciária sua vontade de retratar-se, deve o Magistrado proceder à admissibilidade da acusação, pois a designação de ofício dessa audiência importa em implemento de condição de procedibilidade não prevista na Lei Maria da Penha, qual seja, a ratificação da representação, o que inquina o ato de nulidade. 5. Habeas corpus não conhecido. (HC 303.171/SP, Rel. Ministro ROGERIO SCHIETTI CRUZ, SEXTA TURMA, julgado em 22/09/2015, DJe 13/10/2015, grifei.) Ante o exposto, conheço do agravo para negar provimento ao recurso especial. Publique-se. Intimem-se. Brasília, 24 de setembro de 2019. Ministro ANTONIO SALDANHA PALHEIRO Relator

(STJ - REsp: 1822250 SP 2019/0183730-6, Relator: Ministro ANTONIO SALDANHA PALHEIRO, Data de Publicação: DJ 26/09/2019)

Momento para realização da audiência especial. O ato deve ser realizado antes do recebimento da denúncia e não antes do oferecimento da denúncia.

Inaplicabilidade da audiência após o recebimento da denúncia. Sendo a representação condição de procedibilidade para a ação penal, não cabe retratação, tampouco realização da audiência a que alude o artigo 16, depois de recebida a denúncia. Nesse sentido:

Ementa PENAL E PROCESSO PENAL. RECURSO ORDINÁRIO EM HABEAS CORPUS. ART. 147 DO CÓDIGO PENAL. VIOLÊNCIA DOMÉSTICA. LEI MARIA DA PENHA. RETRATAÇÃO DA VÍTIMA APÓS O RECEBIMENTO DA DENÚNCIA. INVIABILIDADE. NÃO PROVIMENTO. 1. Esta Corte firmou entendimento no sentido de que a audiência de retratação, prevista no art. 16 da Lei n.º 11.340/06, apenas será designada no caso de manifestação da vítima, antes do recebimento da denúncia. (Precedentes). 2. Recurso ordinário a que se nega provimento. (RHC 41545 PB. Relator(a): Ministra MARIA THEREZA DE ASSIS MOURA. Julgamento: 04/09/2014. Órgão Julgador: SEXTA TURMA. Publicação: DJe 16/09/2014)

Cabimento da audiência. A realização da audiência especial do art. 16 somente tem cabimento quando a vítima tiver se manifestado antes do recebimento da denúncia, no sentido de demonstrar a sua vontade de se retratar de uma representação já oferecida. Assim, não haverá nulidade provocada pela não realização da audiência quando a vítima não tiver se manifestado nesse sentido, sendo que todo descabido que o juiz seja obrigado a designá-la simplesmente para ratificar uma representação já ofertada, consoante o STJ já teve diversas vezes chance de se manifestar.

> 1. A jurisprudência deste Superior Tribunal de Justiça é pacífica no sentido de que, nos crimes de ação penal pública condicionada a representação submetidos à Lei Maria da Penha, a audiência prevista no artigo 16 da Lei nº 11.340/06 visa confirmar a retratação, não a representação, e por isso não é obrigatória, nem deve ser designada de ofício pelo magistrado, somente sendo exigível quando a vítima demonstrar, por qualquer meio, que pretende desistir do prosseguimento do feito.
>
> 2. Agravo regimental desprovido. (AgRg no REsp 1596737 / SP. Relator(a) Ministra MARIA THEREZA DE ASSIS MOURA. Órgão Julgador: SEXTA TURMA.Data do Julgamento: 24/05/2016.)
>
> (...) A Lei Maria da Penha disciplina procedimento próprio para que a vítima possa eventualmente se retratar de representação já apresentada. Dessarte, dispõe o art. 16 da Lei n. 11.340/2006 que, "só será admitida a renúncia à representação perante o juiz, em audiência especialmente designada com tal finalidade". A informação de que a vítima não mais pretendia processar o paciente deveria ter sido confirmada perante o juiz, em audiência especialmente designada para essa finalidade. Ocorre que, na presença do Magistrado, a ofendida expressamente ratificou a representação contra o paciente.
>
> Dessarte, não há se falar em trancamento da ação penal por ausência de condição de procedibilidade.
>
> 3. Habeas corpus não conhecido. (HC 371470 / RS Relator(a): Ministro REYNALDO SOARES DA FONSECA. Órgão Julgador: QUINTA TURMA. Data do Julgamento: 17/11/2016)
>
> (...)1. No presente caso, não houve pedido de retratação pela vítima para que fosse marcada a audiência. O recorrente é quem alega que esta deveria ser realizada para, caso a vítima tivesse interesse em retratar-se, poder fazê-lo, ou se renunciasse ao direito, prosseguiria a ação penal.
>
> 2. Agravo regimental improvido. AgRg no AREsp 828197 / SC. Relator(a): Ministro SEBASTIÃO REIS JÚNIOR. Órgão Julgador: SEXTA TURMA. Data do Julgamento: 16/06/2016.

Art. 17. É vedada a aplicação, nos casos de violência doméstica e familiar contra a mulher, de penas de cesta básica ou outras de prestação pecuniária, bem como a substituição de pena que implique o pagamento isolado de multa.

Vedação de aplicação de pena de cesta básica ou outras de prestação pecuniária. Com objetivo de que o agressor seja desencorajado da prática de crimes de violência doméstica e familiar contra mulher, o legislador vedou a aplicação de pena que importe no pagamento de cestas básicas ou mesmo de prestação pecuniária. Deve-se, entretanto, observar que, com relação à pena de multa, o que se veda é a aplicação de forma isolada da pena de multa em substituição a uma pena privativa de liberdade. Caberia, ainda, frisar a possibilidade de substituição da pena privativa de liberdade por uma pena de multa e outra restritiva de direitos que não fosse o pagamento de cestas básicas e prestação pecuniária.

Entendemos que, sendo a pena de multa cominada no preceito sancionatório da norma incriminadora, alternativamente à pena privativa de liberdade, a mesma poderá ser aplicada como única pena, de forma isolada, desde que as circunstancias do caso concreto assim recomendem. Isso porque não se trata de de substituição. Deve-se perceber que a lei não vedou a aplicação isolada de multa, mas a aplicação isolada de multa em substituição à pena privativa de liberdade.

Abaixo, segue transcrita ementa de julgado em que o Superior Tribunal de Justiça adotou a orientação aqui defendida, dizendo ser admitida a aplicação da pena de multa de forma isolada quando a mesma é prevista como pena alternativa na norma incriminadora. No julgado, o STJ, após ressalvar a possibilidade, apenas não fez a substituição porque entendeu que, **diante das especificidades daquele caso concreto**, o fato não podia ser considerado como acontecimento único e isolado a recomendar a medida.

> RECURSO ESPECIAL. PENAL. LEI MARIA DA PENHA. VIOLAÇÃO DO ART. 17 DA LEI N. 11.343/2006. CONTROVÉRSIA. APLICAÇÃO ISOLADA DA PENA DE MULTA. CRIMES COM PREVISÃO ALTERNATIVA DA PENA DE MULTA. NÃO DECORRENTES DA SUBSTITUIÇÃO PREVISTA NO ART. 44 DO CP. **ESPECIFICIDADES DO CASO CONCRETO. APLICAÇÃO ISOLADA NÃO RECOMENDADA**. 1. Possibilidade de se impor exclusivamente pena pecuniária quando diante de crimes de menor gravidade, com baixa ou quase inexistente repercussão no meio social. Precedentes da Sexta Turma. 2. Indevida, contudo, **no caso concreto**, a aplicação isolada da pena de multa aos crimes cometidos no âmbito da violência doméstica e familiar contra a mulher, considerando-se o histórico da relação entre recorrente e vítima, histórico este que impede concluir que o fato objeto do presente feito seja isolado. 3. Recurso especial provido. Retorno dos autos à origem para nova dosimetria. (REsp 1593430 / RJ. Re-

lator(a):Ministro SEBASTIÃO REIS JÚNIOR. Órgão Julgador: SEXTA TURMA. Data do Julgamento: 24/05/2016).

Em que pesem as considerações acima, certo é que a jurisprudência do STJ se consolidou em sentido contrário ao que aqui se defende, fixando não ser possível a aplicação isolada da pena de multa, ainda que a mesma seja prevista de forma alternativa no preceito secundário da norma incriminadora. Neste sentido, vejamos os seguintes julgados:

> RECURSO ESPECIAL. AMEAÇA. FIXAÇÃO DE PENA DE **MULTA** DE FORMA AUTÔNOMA E **ISOLADA.** IMPOSSIBILIDADE. VEDAÇÃO EXPRESSA DA LEI MARIA DA PENHA. 1. O artigo 17 da Lei n. 11.340/2006 expressamente veda a aplicação da **multa,** de forma autônoma ou **isolada,** nos crimes de violência doméstica e familiar contra a mulher. Precedentes. 2. Recurso especial provido. (STJ. QUINTA TURMA REsp 1727454 / RJ; Ministro JORGE MUSSI. Julgamento em 14/08/2018).

> AGRAVO REGIMENTAL NO RECURSO ESPECIAL. VIOLÊNCIA DOMÉSTICA. AMEAÇA. CONTRAVENÇÃO PENAL. VIAS DE FATO. **ISOLADA** PENA DE **MULTA**. IMPOSSIBILIDADE. ART. 17 DA LEI N. 11.340/2006. PRINCÍPIO DA COLEGIALIDADE. AUSÊNCIA DE OFENSA. SURSIS. POSSIBILIDADE. AGRAVO REGIMENTAL NÃO PROVIDO. (...) 2. Consoante a jurisprudência desta Corte Superior, é incabível em crimes ou contravenções penais praticados em contexto de violência doméstica a aplicação de pena de cesta básica ou outra de prestação pecuniária, ainda que os delitos pelos quais o réu haja sido condenado tenham previsão alternativa de pena de **multa**. 3. A jurisprudência desta Corte é firme em assinalar ser possível a concessão de suspensão condicional da pena aos crimes e às contravenções penais praticados em contexto de violência doméstica, desde que preenchidos os requisitos previstos no art. 77 do Código Penal, nos termos reconhecidos na sentença condenatória restabelecida. (STJ. SEXTA TURMA AgRg no REsp 1691667 / RJ; Ministro ROGERIO SCHIETTI CRUZ; julgamento em 02/08/2018).

Aplicação de outras penas restritivas de direito que não sejam prestação pecuniária ou pagamento de cestas básicas substitutivamente à pena privativa de liberdade para crimes não praticados mediante violência física ou grave ameaça. Mais uma vez, a discussão a respeito do conceito de violência vem a lume, na medida em que o artigo 44 da lei penal veda substituição da pena privativa de liberdade por pena restritiva de direitos para crimes praticados com violência e grave ameaça. Para aqueles que entendem que se deve utilizar o conceito de amplo de violência trazido pelo art. 7º da Lei Maria da Penha, não caberia substituição para nenhum crime praticado em situação de violência doméstica e familiar contra a mulher.

Entendemos, contudo, que o conceito de violência trazido pelo artigo 44 do Código Penal deva ser entendido de forma restritiva, podendo, assim, ser aplicada a substituição para os crimes do âmbito da Lei Maria da Penha praticados sem violência física ou grave ameaça, desde que presentes os demais requisitos ali exigidos.

Não nos parece possível outra solução, porque o próprio artigo 17 da Lei nº 11.340 de 2006, ao vedar a aplicação de pena que importe em pagamento de cesta básica e de penas pecuniárias, além de pena substitutiva isolada de multa, nos está indiretamente dizendo caber a substituição, mas que, ao substituir, o juiz não poderá usar aquelas penas. Se o legislador não desejasse a substituição, o teria dito de forma expressa. Assim, em não havendo emprego de força física ou grave ameaça para prática do delito, o autor poderia se beneficiar com a substituição da pena privativa de liberdade por pena restritiva de direitos, desde que não fossem aplicadas aquelas vedadas pelo dispositivo mencionado.

Lesões corporais, ameaça e vias de fato praticadas em situação de violência doméstica contra a mulher. Com relação aos crimes praticados com violência ou grave ameaça, não cabe a substituição de pena privativa de liberdade por pena restritiva de direitos, consoante dispõe o artigo 44 do CP. Com relação à contravenção das vias de fato, a jurisprudência do Superior Tribunal de Justiça tem se firmado no sentido de que a prática de delito ou contravenção cometido com violência ou grave ameaça no ambiente doméstico igualmente impossibilita a substituição da pena privativa de liberdade por restritiva de direitos. Uma lástima, porém, que o sodalício não tenha aproveitado a oportunidade para esclarecer o que seria essa "violência": se a violência descrita no art. 7º da Lei nº 11.340/06, ou a violência em sentido estrito (ou seja, com a utilização de força física). O referido entendimento restou cristalizado em enunciado da Corte.

> **SÚMULA N. 588**
>
> A prática de crime ou contravenção penal contra a mulher com violência ou grave ameaça no ambiente doméstico impossibilita a substituição da pena privativa de liberdade por restritiva de direitos.
>
> **Terceira Seção, aprovada em 13/9/2017, DJe 18/9/2017**.

O Supremo Tribunal Federal, a seu turno, adotou idêntica orientação e em julgado da 1ª Turma, tal qual evidencia o julgado que se colaciona abaixo, devendo-se destacar o voto contrário do Ministro Marco Aurélio.

> **Violência doméstica: contravenção penal e possibilidade de substituição da pena**
>
> A Primeira Turma, por maioria, indeferiu a ordem de "habeas corpus" em que solicitada a substituição da pena privativa de liberdade por restritiva de direitos em caso de contravenção penal envolvendo violência doméstica.
>
> O paciente foi condenado por vias de fato, nos termos do art. 21 da Lei de Contravenções Penais (LCP), a vinte dias de prisão simples, em regime aberto. O juízo de 1º grau concedeu a suspensão condicional da pena ("sursis") pelo prazo de dois anos.

A Turma julgou improcedente o pedido, com base em interpretação extensiva do art. 44, I do Código Penal (2), no caso de violência doméstica e familiar contra a mulher, em que a noção de crime abarcaria qualquer conduta delituosa, inclusive contravenção penal.

Nesse sentido, reconhecida a necessidade de combate à cultura de violência contra a mulher no Brasil, o Colegiado considerou a equiparação da conduta do paciente à infração de menor potencial ofensivo incoerente com o entendimento da violência de gênero como grave violação dos direitos humanos.

Vencido o Ministro Marco Aurélio, que votou pelo deferimento da ordem. Entendeu se tratar de mera contravenção penal, não abarcada pela Lei 11.340/2006 (Lei Maria da Penha), e considerou a prisão simples prejudicial, em termos sociais, especialmente após a reconciliação do casal. HC 137888/MS, rel. Min. Rosa Weber, julgamento em 31.10.2017.

CAPÍTULO II
DAS MEDIDAS PROTETIVAS DE URGÊNCIA

Seção I
Disposições Gerais

Art. 18. Recebido o expediente com o pedido da ofendida, caberá ao juiz, no prazo de 48 (quarenta e oito) horas:

I - conhecer do expediente e do pedido e decidir sobre as medidas protetivas de urgência;

II - determinar o encaminhamento da ofendida ao órgão de assistência judiciária, quando for o caso, inclusive para o ajuizamento da ação de separação judicial, de divórcio, de anulação de casamento ou de dissolução de união estável perante o juízo competente; (Redação dada pela Lei nº 13.894, de 2019)

III - comunicar ao Ministério Público para que adote as providências cabíveis.

IV - determinar a apreensão imediata de arma de fogo sob a posse do agressor. (Incluído pela Lei nº 13.880, de 2019)

Art. 19. As medidas protetivas de urgência poderão ser concedidas pelo juiz, a requerimento do Ministério Público ou a pedido da ofendida.

§ 1º As medidas protetivas de urgência poderão ser concedidas de imediato, independentemente de audiência das partes e de manifestação do Ministério Público, devendo este ser prontamente comunicado.

§ 2º As medidas protetivas de urgência serão aplicadas isolada ou cumulativamente, e poderão ser substituídas a qualquer tempo por outras de maior eficácia, sempre que os direitos reconhecidos nesta Lei forem ameaçados ou violados.

§ 3º Poderá o juiz, a requerimento do Ministério Público ou a pedido da ofendida, conceder novas medidas protetivas de urgência ou rever aquelas já concedidas, se entender necessário à proteção da ofendida, de seus familiares e de seu patrimônio, ouvido o Ministério Público.

Art. 20. Em qualquer fase do inquérito policial ou da instrução criminal, caberá a prisão preventiva do agressor, decretada pelo juiz, de ofício, a requerimento do Ministério Público ou mediante representação da autoridade policial.

Parágrafo único. O juiz poderá revogar a prisão preventiva se, no curso do processo, verificar a falta de motivo para que subsista, bem como de novo decretá-la, se sobrevierem razões que a justifiquem.

Natureza jurídica das medidas protetivas de urgência. Trata-se de medidas cautelares inominadas, instrumentais à eficácia do processo, razão pela qual, para sua aplicação, também estarão sujeitas à presença dos pressupostos dos provimentos de cunho cautelar: o *periculum libertatis* e o *fumus comissi delicti*, ou seja, a prova da materialidade, os indícios de autoria e o perigo na demora da prestação jurisdicional, demora essa que faria com que se tornasse inócua, desnecessária. Assim, quando guardarem relação com uma ação penal e nessa ação penal for prolatada uma sentença absolutória, deverão ser revogadas, de acordo com o entendimento do STJ exarado no julgado abaixo transcrito.

> HABEAS CORPUS. LEI MARIA DA PENHA. INDEFERIMENTO DE LIMINAR. ÓBICE DA SÚMULA 691 DO SUPREMO TRIBUNAL FEDERAL. SUPERAÇÃO. MEDIDAS PROTETIVAS. APLICAÇÃO. ABSOLVIÇÃO PELO CRIME DE AMEAÇA. PEDIDO DE REVOGAÇÃO DAS MEDIDAS. INDEFERIMENTO. AUSÊNCIA DE FUNDAMENTAÇÃO PLAUSÍVEL. CONSTRANGIMENTO ILEGAL EVIDENCIADO. ORDEM CONCEDIDA.
>
> (...) 2. "A própria Lei Maria da Penha não dá origem a dúvidas, de que as medidas protetivas não são acessórias de processos principais e nem a eles se vinculam. Assemelham-se aos writs constitucionais que, como o habeas corpus ou o mandado de segurança, não protegem processos, mas direitos fundamentais do indivíduo. São, portanto, medidas cautelares inominadas, que visam garantir direitos fundamentais e "coibir a violência" no âmbito das relações familiares, conforme preconiza a Constituição Federal (art. 226, § 8º)". (DIAS. Maria Berenice. A Lei Maria da Penha na justiça. 3 ed. São Paulo: Editora Revista dos Tribunais, 2012, p. 149).
>
> 3. In casu, em que pese a escorreita consideração da doutrina, verifica-se que a aplicação das medidas protetivas guarda relação com a ação penal (crime de ameaça), tendo em vista os termos do decisum que as estabeleceu, na qual foi proferida sentença absolutória. De fato, não soa adequado manter medidas protetivas que foram decretadas em juízo cautelar e no início da processo penal, se já há sentença absolutória em favor do paciente, não sendo razoável aguardar o julgamento do recurso de apelação.

4. Ordem concedida para revogar as medidas protetivas relativas ao Processo nº 0022341-69.2014.8.26.0506, da 3.ª Vara Criminal da Comarca de Ribeirão Preto/SP. (HC 340624 / SUJEITO PASSIVO Relator(a): Ministra MARIA THEREZA DE ASSIS MOURA. Órgão Julgador: SEXTA TURMA. Data do Julgamento: 23/02/2016)

Possibilidade de serem as medidas cautelares de urgência aplicadas em ação cautelar cível satisfativa. Já foi reconhecido pelo STJ ser possível a aplicação das medidas cautelares de urgência em ação cautelar cível, de cunho satisfativo, ainda que não exista um inquérito ou ação penal em curso contra o suposto agressor.

Informativo nº 0535. Período: 12 de março de 2014. QUARTA TURMA

DIREITO PROCESSUAL CIVIL. MEDIDAS PROTETIVAS ACAUTELATÓRIAS DE VIOLÊNCIA CONTRA A MULHER. As medidas protetivas de urgência da Lei 11.340/2006 (Lei Maria da Penha) podem ser aplicadas em ação cautelar cível satisfativa, independentemente da existência de inquérito policial ou processo criminal contra o suposto agressor. O primeiro dado a ser considerado para compreensão da exata posição assumida pela Lei Maria da Penha no ordenamento jurídico pátrio é observar que o mencionado diploma veio com o objetivo de ampliar os mecanismos jurídicos e estatais de proteção da mulher. Por outra ótica de análise acerca da incidência dessa lei, mostra-se sintomático o fato de que a Convenção de Belém do Pará - no que foi seguida pela norma doméstica de 2006 - preocupou-se sobremaneira com a especial proteção da mulher submetida a violência, mas não somente pelo viés da punição penal do agressor, mas também pelo ângulo da prevenção por instrumentos de qualquer natureza, civil ou administrativa. Ora, parece claro que o intento de prevenção da violência doméstica contra a mulher pode ser perseguido com medidas judiciais de natureza não criminal, mesmo porque a resposta penal estatal só é desencadeada depois que, concretamente, o ilícito penal é cometido, muitas vezes com consequências irreversíveis, como no caso de homicídio ou de lesões corporais graves ou gravíssimas. Na verdade, a Lei Maria da Penha, ao definir violência doméstica contra a mulher e suas diversas formas, enumera, exemplificativamente, espécies de danos que nem sempre se acomodam na categoria de bem jurídico tutelável pelo direito penal, como o sofrimento psicológico, o dano moral, a diminuição da autoestima, a manipulação, a vigilância constante, a retenção de objetos pessoais, entre outras formas de violência. Ademais, fica clara a inexistência de exclusividade de aplicação penal da Lei Maria da Penha quando a própria lei busca a incidência de outros diplomas para a realização de seus propósitos, como no art. 22, § 4º, a autorização de aplicação do art. 461, §§ 5º e 6º, do CPC; ou no art. 13, ao afirmar que "ao processo, ao julgamento e à execução das causas cíveis e criminais [...] aplicar-se-ão as normas dos Códigos de

> Processo Penal e Processo Civil e da legislação específica relativa à criança, ao adolescente e ao idoso que não conflitem com o estabelecido nesta Lei". Analisada de outra forma a controvérsia, se é certo que a Lei Maria da Penha permite a incidência do art. 461, § 5º, do CPC para a concretização das medidas protetivas nela previstas, não é menos verdade que, como pacificamente reconhecido pela doutrina, o mencionado dispositivo do diploma processual não estabelece rol exauriente de medidas de apoio, o que permite, de forma recíproca e observados os específicos requisitos, a aplicação das medidas previstas na Lei Maria da Penha no âmbito do processo civil. REsp 1.419.421-GO, Rel. Min. Luis Felipe Salomão, julgado em 11/2/2014.

Autoridade competente para decretação da urgência. Trata-se de medida a ser decretada pelo Poder Judiciário, ou policial, nos termos do art. 12-C.

Competência federal. A competência será da Justiça Federal quando o autor do crime residir no exterior e o crime for praticado através de redes abertas na internet

> CONFLITO NEGATIVO DE COMPETÊNCIA. JUÍZO ESTADUAL X JUÍZO FEDERAL. AMEAÇAS DE EX-NAMORADO A MULHER VIA FACEBOOK. MEDIDAS PROTETIVAS DE URGÊNCIA. BOLETIM DE OCORRÊNCIA PERANTE AUTORIDADE POLICIAL BRASILEIRA. PEDIDO DE MEDIDAS PROTETIVAS DE URGÊNCIA AO PODER JUDICIÁRIO BRASILEIRO. REPRESENTAÇÃO DA OFENDIDA QUE DISPENSA FORMALIDADES. AMEAÇAS REALIZADAS EM SÍTIO VIRTUAL DE FÁCIL ACESSO. SUPOSTO AUTOR DAS AMEAÇAS RESIDENTE NOS ESTADOS UNIDOS DA AMÉRICA. CRIME À DISTÂNCIA. FACEBOOK. SÍTIO VIRTUAL DE FÁCIL ACESSO. INTERNACIONALIDADE CONFIGURADA. O BRASIL É SIGNATÁRIO DE CONVENÇÕES INTERNACIONAIS DE PROTEÇÃO À MULHER. A LEI MARIA DA PENHA DÁ CONCRETUDE ÀS CONVENÇÕES INTERNACIONAIS FIRMADAS PELO BRASIL. COMPETÊNCIA DA JUSTIÇA FEDERAL (STJ - CC: 150712 SP 2017/0014052-4, Relator: Ministro JOEL ILAN PACIORNIK, Data de Julgamento: 10/10/2018, S3 - TERCEIRA SEÇÃO, Data de Publicação: DJe 19/10/2018)

Legitimidade para decretação da medida cautelar. De acordo com o art. 19 da Lei Maria da Penha, as medidas punitivas de urgência serão decretadas pelo juiz após requerimento do Ministério Público ou a pedido da ofendida, não se admitindo decretação de medida cautelar pelo juiz de ofício na fase pré- processual. Entendemos que, após a deflagração da ação penal, o juiz poderá, caso vislumbre necessidade, decretar, de ofício medidas protetivas que entender necessárias para garantia dos interesses da ofendida.

Possibilidade de revogação ou substituição das medidas protetivas de urgência. Nos termos do art. 19, § 2º, o juiz poderá revogar ou substituir medidas protetivas de urgência por ele decretadas, ainda que não provocado pelas partes, isso porque as mesmas são aplicadas rebus sic stantibus, ou seja, levando em consideração a situação de fato existente no momento de sua decretação. Assim cessadas as causas que a justificaram ou alteradas a situação diante da qual foi decretada, a medida poderá ser revogada ou substituída por outra mais gravosa ou mais benéfica.

Desnecessidade de audiência das partes. As medidas protetivas de urgência serão decretadas *inaudita altera pars*, ou seja, sem que seja ouvida a parte contrária. Tal previsão busca assegurar a eficácia da medida cautelar pleiteada. Observe-se que poderão ser decretadas inclusive sem prévia manifestação do Ministério Público, embora o mesmo deva necessariamente delas ser prontamente comunicado.

Decretação da medida de urgência com base na palavra da vítima. Trata-se de medida possível, consoante entendeu o STJ em julgado cuja ementa segue abaixo transcrita.

> Ementa RECURSO EM HABEAS CORPUS. LEI MARIA DA PENHA. MEDIDAS PROTETIVAS DE URGÊNCIA. FUNDAMENTAÇÃO. PALAVRA DA VÍTIMA. POSSIBILIDADE. PRECEDENTES. 1. Em se tratando de casos de violência doméstica em âmbito familiar contra a mulher, a palavra da vítima ganha especial relevo para o deferimento de medida protetiva de urgência, porquanto tais delitos são praticados, em regra, na esfera da convivência íntima e em situação de vulnerabilidade, sem que sejam presenciados por outras pessoas. 2. No caso, verifica-se que as medidas impostas foram somente para manter o dito agressor afastado da ofendida, de seus familiares e de eventuais testemunhas, restringindo apenas em menor grau a sua liberdade. 3. Estando em conflito, de um lado, a preservação da integridade física da vítima e, de outro, a liberdade irrestrita do suposto ofensor, atende aos mandamentos da proporcionalidade e razoabilidade a decisão que restringe moderadamente o direito de ir e vir do último. 4. Recurso em *habeas corpus* improvido. (Processo: RHC 34035 AL. Relator(a): Ministro SEBASTIÃO REIS JÚNIOR. Julgamento: 05/11/2013. Órgão Julgador: SEXTA TURMA. Publicação: DJe 25/11/2013)

> RECURSO ORDINÁRIO EM HABEAS CORPUS. PROCESSUAL PENAL. CRIMES PREVISTOS NOS ARTS. 147, CAPUT, 148, § 1º, INCISO I, AMBOS DO CÓDIGO PENAL E 24-A, DA LEI Nº 11.340/06. PRISÃO PREVENTIVA. ALEGAÇÃO DE AUSÊNCIA DE FUNDAMENTAÇÃO IDÔNEA E DOS REQUISITOS AUTORIZADORES DA PRISÃO. GARANTIA DA ORDEM PÚBLICA. DESCUMPRIMENTO DE MEDIDAS PROTETIVAS DE URGÊNCIA. ART. 313, INCISO III, DO CPP. FUNDAMENTAÇÃO IDÔNEA. PALAVRA DA VÍTIMA. ESPECIAL RELEVÂNCIA. PRECEDENTES. MEDIDAS CAUTELARES DIVERSAS DA PRISÃO. INSUFICIÊNCIA. RECURSO ORDINÁRIO DESPROVIDO. 1. A jurisprudência do Superior Tribunal de Justiça considera idônea

> a decretação da prisão preventiva fundada no descumprimento de medidas protetivas de urgência, de acordo com o previsto no art. 313, inciso III, do Código de Processo Penal, bem como que, "em casos de violência doméstica, a palavra da vítima tem especial relevância, haja vista que em muitos casos ocorrem em situações de clandestinidade" (AgRg no RHC 97.294/MG, Rel. Ministro NEFI CORDEIRO, SEXTA TURMA, julgado em 09/10/2018, DJe 29/10/2018). 2. No caso, foi ressaltado que o Recorrente, mesmo cientificado das medidas protetivas de urgência impostas, insistiu em "perseguir, humilhar e ameaçar a vitima". 3. Demonstrada pelas instâncias ordinárias, com expressa menção à situação concreta, a presença dos pressupostos da prisão preventiva, não se mostra suficiente a aplicação de quaisquer das medidas cautelares alternativas à prisão, elencadas na nova redação do art. 319 do Código de Processo Penal, dada pela Lei n.º 12.403/2011. 4. Recurso ordinário desprovido. (RHC 117.304/SP, Rel. Ministra LAURITA VAZ, SEXTA TURMA, julgado em 17/10/2019, DJe 28/10/2019)

Recursos cabíveis contra o indeferimento e deferimento de medidas protetivas de urgência. Contra o indeferimento de requerimento de decretação de medidas protetivas de urgência, há divergências na doutrina quanto ao recurso cabível. Embora parte da doutrina entenda que caberia apelação, por não haver recurso em sentido estrito previsto para a hipótese, nos termos do art. 593, II, do CPP, entendemos que o recurso cabível é o recurso em sentido estrito, nos termos do artigo 581, V do mesmo diploma legal. Por não julgar mérito, não se trata a decisão de indeferimento das medidas protetivas de urgência de decisão definitiva a desafiar apelação. Por outro lado, por não pôr termo ao processo ou mesmo fase dele, não tem força de definitiva. Parece-nos de todo equivocado alegar o não cabimento do recurso em sentido estrito pelo fato de não estar a situação contemplada no rol do artigo 581, que seria taxativo. Ora, não poderia o artigo 581 expressamente tratar de indeferimento de medidas protetivas de urgência, pois as mesmas não existiam no ordenamento pátrio quando o Código de Processo Penal teve seu início de vigência, na primeira metade do século passado.

Quanto à decisão que decretar medida cautelar de urgência, caberá a impetração de *habeas corpus*, na hipótese de ilegalidade patente, devendo-se ressaltar que, ainda que a medida decretada não importe em qualquer restrição à liberdade do suposto agressor, o seu descumprimento poderá dar azo à decretação da prisão preventiva, não se podendo afastar o manejo do remédio constitucional, exceto quando se fizer necessária dilação probatória, incompatível com a via estreita do *writ*.

Neste sentido, com relação às medidas que impliquem constrangimento ao direito de ir e vir, é também a jurisprudência do STJ:

> PENAL. RECURSO ORDINÁRIO EM HABEAS CORPUS. AMEAÇA E PERTURBAÇÃO DA ORDEM. FIXAÇÃO DE MEDIDAS PROTETIVAS.

> FUNDAMENTAÇÃO IDÔNEA ELEMENTOS CONCRETOS. INQUÉRITO POLICIAL. EXCESSO DE PRAZO. PLEITO PREJUDICADO. DENÚNCIA. RECEBIMENTO. AUSÊNCIA DE CONSTRANGIMENTO ILEGAL. 1. O Superior Tribunal de Justiça possui entendimento de que o habeas corpus constitui meio idôneo para pleitear a revogação apenas de medidas protetivas previstas do artigo 22 da Lei n. 11.340/2006 que impliquem constrangimento ao direito de ir e vir do paciente, uma vez que representam violação ou ameaça à liberdade de locomoção. Contudo, deve haver ilegalidade patente ou teratologia a ser sanada nesta estreita via, o que não ocorre no caso em tela. 2. As instâncias ordinárias apresentaram motivação idônea lastreada em elementos concretos - depoimento de testemunhas, declaração da vítima, termo de requerimento de medidas protetivas -, inexistindo o constrangimento ilegal apontado. 3. A análise sobre a suposta desnecessidade das medidas protetivas impostas ao recorrente com o fim de revogá-las demandaria reexame do conjunto probatório, o que é vedado na via estreita do remédio constitucional, que possui rito célere e desprovido de dilação probatória. 4. A alegação de excesso de prazo para conclusão do inquérito policial encontra-se prejudicada, uma vez que a denúncia já foi recebida, havendo, inclusive, audiência de instrução e julgamento marcada 5. Recurso ordinário desprovido. (RHC 42895 / MG. Relator(a): Ministro GURGEL DE FARIA. Órgão Julgador: QUINTA TURMA. Data do Julgamento: 25/08/2015)

Afastamento de trabalho e custeio. A manutenção do vínculo trabalhista pode ser imposta como medida protetiva e, nesse caso, a mulher tem direito ao recebimento de salário, consoante interpretação teleológica da Lei nº 11.340/2006, caso em que incide o auxílio-doença, diante da falta de previsão legal, referente ao período de afastamento do trabalho, pois tal situação advém da ofensa à integridade física e psicológica da mulher e deve ser equiparada aos casos de doença da segurada. Ao empregador caberá o pagamento dos quinze primeiros dias de afastamento, ficando a cargo do INSS o pagamento do restante do período. Neste sentido o julgado abaixo transcrito.

> RECURSO ESPECIAL. VIOLÊNCIA DOMÉSTICA E FAMILIAR. MEDIDA PROTETIVA. AFASTAMENTO DO EMPREGO. MANUTENÇÃO DO VÍNCULO TRABALHISTA. COMPETÊNCIA. VARA ESPECIALIZADA. VARA CRIMINAL. NATUREZA JURÍDICA DO AFASTAMENTO. INTERRUPÇÃO DO CONTRATO DE TRABALHO. PAGAMENTO. INTERPRETAÇÃO TELEOLÓGICA. INTERPRETAÇÃO EXTENSIVA. PREVISÃO LEGAL. INEXISTÊNCIA. FALTA JUSTIFICADA. PAGAMENTO DE INDENIZAÇÃO. AUXÍLIO DOENÇA. INSTITUTO NACIONAL DO SEGURO SOCIAL. RECURSO ESPECIAL PROVIDO PARCIALMENTE. 1. Tem competência o juiz da vara especializada em violência doméstica e familiar ou, caso não haja na localidade o juízo criminal, para apreciar pedido de imposição de medida protetiva de manu-

tenção de vínculo trabalhista, por até seis meses, em razão de afastamento do trabalho de ofendida decorrente de violência doméstica e familiar, uma vez que o motivo do afastamento não advém de relação de trabalho, mas de situação emergencial que visa garantir a integridade física, psicológica e patrimonial da mulher. 2. Tem direito ao recebimento de salário a vítima de violência doméstica e familiar que teve como medida protetiva imposta ao empregador a manutenção de vínculo trabalhista em decorrência de afastamento do emprego por situação de violência doméstica e familiar, ante o fato de a natureza jurídica do afastamento ser a interrupção do contrato de trabalho, por meio de interpretação teleológica da Lei n. 11.340/2006. 3. Incide o auxílio-doença, diante da falta de previsão legal, referente ao período de afastamento do trabalho, quando reconhecida ser decorrente de violência doméstica e familiar, pois tal situação advém da ofensa à integridade física e psicológica da mulher e deve ser equiparada aos casos de doença da segurada, por meio de interpretação extensiva da Lei Maria da Penha. 4. Cabe ao empregador o pagamento dos quinze primeiros dias de afastamento da empregada vítima de violência doméstica e familiar e fica a cargo do INSS o pagamento do restante do período de afastamento estabelecido pelo juiz, com necessidade de apresentação de atestado que confirme estar a ofendida incapacitada para o trabalho e desde que haja aprovação do afastamento pela perícia do INSS, por incidência do auxílio-doença, aplicado ao caso por meio de interpretação analógica. 5. Recurso especial parcialmente provido, para a fim de declarar competente o Juízo da 2ª Vara Criminal de Marília-SP, que fixou as medidas protetivas a favor da ora recorrente, para apreciação do pedido retroativo de reconhecimento do afastamento de trabalho decorrente de violência doméstica, nos termos do voto.(STJ - REsp: 1757775 SP 2018/0193975-8, Relator: Ministro ROGERIO SCHIETTI CRUZ, Data de Julgamento: 20/08/2019, T6 - SEXTA TURMA, Data de Publicação: DJe 02/09/2019)

Art. 21. A ofendida deverá ser notificada dos atos processuais relativos ao agressor, especialmente dos pertinentes ao ingresso e à saída da prisão, sem prejuízo da intimação do advogado constituído ou do defensor público.

Parágrafo único. A ofendida não poderá entregar intimação ou notificação ao agressor.

Intimação do agressor. A se considerar que a comunicação dos atos do processo cabe ao Poder Judiciário, bem como a necessidade de que se preservar a vítima, a lei determina que o agressor não poderá ser intimado ou notificado pela vítima, até para evitar que maiores constrangimentos sejam por ela suportados. Na fase pré-processual, citada incumbência será do delegado de polícia e de seus agentes.

Seção II
Das Medidas Protetivas de Urgência que Obrigam o Agressor

Art. 22. Constatada a prática de violência doméstica e familiar contra a mulher, nos termos desta Lei, o juiz poderá aplicar, de imediato, ao agressor, em conjunto ou separadamente, as seguintes medidas protetivas de urgência, entre outras:

I - suspensão da posse ou restrição do porte de armas, com comunicação ao órgão competente, nos termos da Lei nº 10.826, de 22 de dezembro de 2003;

II - afastamento do lar, domicílio ou local de convivência com a ofendida;

III - proibição de determinadas condutas, entre as quais:

a) aproximação da ofendida, de seus familiares e das testemunhas, fixando o limite mínimo de distância entre estes e o agressor;

b) contato com a ofendida, seus familiares e testemunhas por qualquer meio de comunicação;

c) freqüentação de determinados lugares a fim de preservar a integridade física e psicológica da ofendida;

IV - restrição ou suspensão de visitas aos dependentes menores, ouvida a equipe de atendimento multidisciplinar ou serviço similar;

V - prestação de alimentos provisionais ou provisórios.

VI - comparecimento do agressor a programas de recuperação e reeducação; e (Incluído pela Lei nº 13.984, de 2020)

VII - acompanhamento psicossocial do agressor, por meio de atendimento individual e/ou em grupo de apoio. (Incluído pela Lei nº 13.984, de 2020)

§ 1º As medidas referidas neste artigo não impedem a aplicação de outras previstas na legislação em vigor, sempre que a segurança da ofendida ou as circunstâncias o exigirem, devendo a providência ser comunicada ao Ministério Público.

§ 2º Na hipótese de aplicação do inciso I, encontrando-se o agressor nas condições mencionadas no caput e incisos do art. 6º da Lei nº 10.826, de 22 de dezembro de 2003, o juiz comunicará ao respectivo órgão, corporação ou instituição as medidas protetivas de urgência concedidas e determinará a restrição do porte de armas, ficando o superior imediato do agressor responsável pelo cumprimento da determinação judicial, sob pena de incorrer nos crimes de prevaricação ou de desobediência, conforme o caso.

§ 3º Para garantir a efetividade das medidas protetivas de urgência, poderá o juiz requisitar, a qualquer momento, auxílio da força policial.

§ 4º Aplica-se às hipóteses previstas neste artigo, no que couber, o disposto no caput e nos §§ 5º e 6º do art. 461 da Lei nº 5.869, de 11 de janeiro de 1973 (Código de Processo Civil).

Suspensão e restrição de porte ou posse de arma. Trata-se de medida protetiva de urgência que obriga o agressor e que somente poderá ser decretada se o de posse ou porte for legal, pois, em se tratando de porte ilegal ou de posse ilegal,haverá crime previsto no Estatuto do Desarmamento. Para restrição ou suspensão do porte ou posse de arma, como medida protetiva de urgência prevista no dispositivo em análise, deverá haver ordem judicial, que, porém, será desnecessária na hipótese de porte ou posse ilegal, quando a autoridade policial poderá prender em flagrante o agressor pela prática dos crimes descritos nos artigos 12, 14 ou 16 da Lei 10.826/03 independentemente de ordem judicial.

Fixação de alimentos provisionais ou provisórios como medida protetiva de urgência e competência para sua execução. Em decisão veiculada no Informativo 550, o STJ entendeu que, sendo os alimentos provisionais ou provisórios fixados como medida protetiva de urgência, o Juizado de Violência Doméstica terá competência para a execução respectiva. Segue a transcrição do boletim:

> Informativo nº 0550. Período: 19 de novembro de 2014. TERCEIRA TURMA. DIREITO PROCESSUAL CIVIL. COMPETÊNCIA DE JUIZADO DE VIOLÊNCIA DOMÉSTICA E FAMILIAR CONTRA A MULHER PARA JULGAR EXECUÇÃO DE ALIMENTOS POR ELE FIXADOS. O Juizado de Violência Doméstica e Familiar contra a Mulher tem competência para julgar a execução de alimentos que tenham sido fixados a título de medida protetiva de urgência fundada na Lei Maria da Penha em favor de filho do casal em conflito. De fato, em se tratando de alimentos, a regra geral é de que serão fixados perante as varas de família. Ocorre que a Lei 11.340/2006, em seu artigo 14, estabelece que os "Juizados de Violência Doméstica e Familiar contra a Mulher, órgãos [...] com competência cível e criminal, poderão ser criados [...] para o processo, o julgamento e a execução das causas decorrentes da prática de violência doméstica e familiar contra a mulher", sem especificar as causas que não se enquadrariam na competência cível desses juizados, nas hipóteses de medidas protetivas decorrentes de violência doméstica. Portanto, da literalidade da lei, é possível extrair que a competência desses juizados compreende toda e qualquer causa relacionada a fato que configure violência doméstica ou familiar e não apenas as descritas expressamente na referida lei. E assim é, não só em razão da lei, mas também em razão da própria natureza protetiva que ela carrega, ou seja, é a sua naturalia negotii. O legislador, ao editar a Lei Maria da Penha, o fez para que a mulher pudesse contar não apenas com legislação repressiva contra o agressor, mas também visando criar mecanismos céleres protetivos, preventivos e assistenciais a ela. Negar o direito à celeridade, postergando o recebimento de alimentos com alteração da competência para outro juízo, quando o especializado já os tenha fixado com

urgência, seria o mesmo que abrir ensejo a uma nova agressão pelo sofrimento imposto pela demora desnecessária, geradora de imensa perplexidade, retrocessos inaceitáveis perante Direitos de Terceira Geração. Saliente-se que situação diversa seria a das Comarcas que não contem com Juizado de Violência Doméstica e Familiar contra a Mulher, mas apenas com juízos criminais. Aí sim, estes teriam competência apenas para o julgamento de causas criminais, cabendo às Varas Cíveis ou de Família a fixação e julgamento dos alimentos. REsp 1.475.006-MT, Rel. Min. Moura Ribeiro, julgado em 14/10/2014.

As novas medidas protetivas incluídas pela Lei nº 13.984/2020. Aos 03 de abril de 2020 foi editada, com vigência já a partir daquela data, a Lei nº 13.984/20 que, acrescentando incisos ao artigo 22 da Lei nº 11.340/06, passa a obrigar o agressor a frequentar programas de recuperação e reeducação, bem como a submeter-se a acompanhamento psicossocial, por meio de atendimento individual ou através de terapias feitas em grupo. As medidas já vinham sendo adotadas por diversos juízes no trato de questões referentes à violência contra a mulher e eram oferecidas aos agressores, não impostas, e se revelavam eficazes em muitos casos. Acreditamos, contudo, que jamais poderiam ser previstas como de observância obrigatória, na medida em que tratamentos psicológicos dependem sempre da aceitação de quem a eles se submeta, para serem eficazes. Em razão disso, muitas críticas ao dispositivo serão feitas por profissionais da área, principalmente psicólogos e assistentes sociais. De qualquer forma, sendo medida protetiva judicialmente decretada, seu descumprimento acarreta o reconhecimento do crime do art. 24-A da Lei Maria da Penha. Há de ser, ainda, observado, que as medidas dos incisos VI e VII do art. 22 não poderão ser decretadas pelo Delegado de Polícia, ainda quando se tratar de município que não seja sede de comarca, considerando-se o disposto no art. 12-C, também da Lei nº 11.340/06.

Feminicídio e causa de aumento de pena. A Lei nº 13.771/2018 alterou o parágrafo 7º do art. 121 do CP, passando a prever, agora, aumento da pena do feminicídio praticado em descumprimento das medidas protetivas de urgência previstas nos incisos I, II e III do *caput* do artigo 22 da Lei Maria da Penha, conforme podemos observar a seguir:

> Art. 121, § 7º: A pena do feminicídio é aumentada de 1/3 (um terço) até a metade se o crime for praticado: (Incluído pela Lei nº 13.104, de 2015)
>
> I - durante a gestação ou nos 3 (três) meses posteriores ao parto; (Incluído pela Lei nº 13.104, de 2015)
>
> II - contra pessoa menor de 14 (catorze) anos, maior de 60 (sessenta) anos, com deficiência ou portadora de doenças degenerativas que acarretem condição limitante ou de vulnerabilidade física ou mental; (Redação dada pela Lei nº 13.771, de 2018)
>
> III - na presença física ou virtual de descendente ou de ascendente da vítima; (Redação dada pela Lei nº 13.771, de 2018)

IV – em descumprimento das medidas protetivas de urgência previstas nos incisos I, II e III do caput do art. 22 da Lei nº 11.340, de 7 de agosto de 2006. (Incluído pela Lei nº 13.771, de 2018)

Aqui, cumpre destacar que, ainda que se trate de feminicídio praticado em descumprimento de afastamento do lar decretado pela polícia, caberá a incidência da causa de aumento de pena do art. 121, § 7º, IV, do CP. A conclusão se justifica porque o dispositivo não exige que a medida tenha sido judicialmente decretada e o afastamento do lar está previsto no artigo 22, II, da Lei nº 11.340, de 2006, podendo ser, de forma excepcional, decretado pela polícia, conforme artigo 12-C.

Tendo sido judicialmente decretada a medida, a responsabilização pelo feminicídio com o aumento de pena pelo seu descumprimento, não afastará a possibilidade de o agente também responder pelo crime do artigo 24-A da Lei nº 11.340, de 2006, em concurso formal. A solução não se revela *bis in idem*,até porque distintos os bens jurídicos tutelados por aqueles crimes.

Descumprimento reiterado de medidas e fixação de pena. O STJ já entendeu que o descumprimento reiterado de medidas protetivas revela personalidade negativa a ser considerada por ocasião da fixação da pena base.

> PENAL. HABEAS CORPUS. CRIMES DE HOMICÍDIO TRIPLAMENTE QUALIFICADO E AMEAÇA. VIOLÊNCIA DOMÉSTICA E FAMILIAR CONTRA A MULHER. DOSIMETRIA DA PENA. CIRCUNSTÂNCIA JUDICIAL DESFAVORÁVEL. PERSONALIDADE. DESNECESSIDADE DE LAUDO TÉCNICO. DESCUMPRIMENTO REITERADO DE MEDIDAS PROTETIVAS. FUNDAMENTAÇÃO IDÔNEA. ORDEM DENEGADA. 1. A fixação da pena é regulada por princípios e regras constitucionais e legais previstos, respectivamente, nos arts. 5º, XLVI, da Constituição Federal, 59 do Código Penal e 387 do Código de Processo Penal. 2. É legítima a análise da personalidade, na primeira fase da dosimetria, baseada na demonstração, em concreto, de que o réu foi notadamente vil na prática do fato criminoso, extrapolando a abrangência do tipo penal. 3. O comportamento do acusado durante o processo configura motivo inidôneo para majorar sua pena-base, sobretudo quando no exercício do seu direito à ampla defesa. De igual modo, a ausência de arrependimento ou remorso pelo agente não autoriza a exasperação da pena-base, no que tange à avaliação da sua personalidade.4. Todavia, o descumprimento reiterado de medidas protetivas de urgência é fundamento idôneo para valorar negativamente a personalidade do agente, porquanto tal comportamento revela seu especial desrespeito e desprezo tanto pela mulher quanto pelo sistema judicial. Ademais, denota intrepidez do paciente, porquanto, não obstante a imposição judicial de proibição de aproximação da vítima, a providência foi por ele desprezada a fim de concretizar o objetivo de matá-la. 5. Ordem denegada. (HC **452391** / PR.

Relator Ministro ROGERIO SCHIETTI CRUZ. SEXTA TURMA. **Data do Julgamento**: 28/05/2019. **Data da Publicação:** DJe 04/06/2019)

Seção III
Das Medidas Protetivas de Urgência à Ofendida

Art. 23. Poderá o juiz, quando necessário, sem prejuízo de outras medidas:

I - encaminhar a ofendida e seus dependentes a programa oficial ou comunitário de proteção ou de atendimento;

II - determinar a recondução da ofendida e a de seus dependentes ao respectivo domicílio, após afastamento do agressor;

III - determinar o afastamento da ofendida do lar, sem prejuízo dos direitos relativos a bens, guarda dos filhos e alimentos;

IV - determinar a separação de corpos.

V- determinar a matrícula dos dependentes da ofendida em instituição de educação básica mais próxima do seu domicílio, ou a transferência deles para essa instituição, independentemente da existência de vaga. (Incluído pela Lei nº 13.882, de 2019)

Art. 24. Para a proteção patrimonial dos bens da sociedade conjugal ou daqueles de propriedade particular da mulher, o juiz poderá determinar, liminarmente, as seguintes medidas, entre outras:

I - restituição de bens indevidamente subtraídos pelo agressor à ofendida;

II - proibição temporária para a celebração de atos e contratos de compra, venda e locação de propriedade em comum, salvo expressa autorização judicial;

III - suspensão das procurações conferidas pela ofendida ao agressor;

IV - prestação de caução provisória, mediante depósito judicial, por perdas e danos materiais decorrentes da prática de violência doméstica e familiar contra a ofendida.

Parágrafo único. Deverá o juiz oficiar ao cartório competente para os fins previstos nos incisos II e III deste artigo.

Seção IV
(Incluído pela Lei nº 13.641, de 2018)
Do Crime de Descumprimento de Medidas Protetivas de Urgência
Descumprimento de Medidas Protetivas de Urgência

Art. 24-A. Descumprir decisão judicial que defere medidas protetivas de urgência previstas nesta Lei: (Incluído pela Lei nº 13.641, de 2018)

Pena - detenção, de 3 (três) meses a 2 (dois) anos. (Incluído pela Lei nº 13.641, de 2018)

§ 1º A configuração do crime independe da competência civil ou criminal do juiz que deferiu as medidas. (Incluído pela Lei nº 13.641, de 2018)

§ 2º Na hipótese de prisão em flagrante, apenas a autoridade judicial poderá conceder fiança. (Incluído pela Lei nº 13.641, de 2018)

§ 3º O disposto neste artigo não exclui a aplicação de outras sanções cabíveis. (Incluído pela Lei nº 13.641, de 2018)

Histórico. O tipo penal incriminador do artigo 24-A é trazido pela Lei 13641/2018 e ingressa em nosso ordenamento jurídico depois de muita discussão acerca do descumprimento das medidas protetivas caracterizar, ou não, crime de desobediência, o que vinha sendo negado por nossos tribunais, inclusive superiores, consoante demonstram os julgados abaixo colacionados.

> **Informativo nº 0538. Período: 30 de abril de 2014. SEXTA TURMA**
>
> DIREITO PENAL. DESCUMPRIMENTO DE MEDIDA PROTETIVA DE URGÊNCIA PREVISTA NA LEI MARIA DA PENHA. O descumprimento de medida protetiva de urgência prevista na Lei Maria da Penha (art. 22 da Lei 11.340/2006) não configura crime de desobediência (art. 330 do CP). De fato, o art. 330 do CP dispõe sobre o crime de desobediência, que consiste em "desobedecer a ordem legal de funcionário público". Para esse crime, entende o STJ que as determinações cujo cumprimento seja assegurado por sanções de natureza civil, processual civil ou administrativa retiram a tipicidade do delito de desobediência, salvo se houver ressalva expressa da lei quanto à possibilidade de aplicação cumulativa do art. 330 do CP (HC 16.940-DF, Quinta Turma, DJ 18/11/2002). Nesse contexto, o art. 22, § 4º, da Lei 11.340/2006 diz que se aplica às medidas protetivas, no que couber, o disposto no caput e nos §§ 5º e 6º do art. 461 do CPC, ou seja, no caso de descumprimento de medida protetiva, pode o juiz fixar providência com o objetivo de alcançar a tutela específica da obrigação, afastando-se o crime de desobediência. Vale ressaltar que, a exclusão do crime em questão ocorre tanto no caso de previsão legal de penalidade administrativa ou civil como no caso de penalidade de cunho processual penal. Assim, quando o descumprimento da medida protetiva der ensejo à prisão preventiva, nos termos do art. 313, III, do CPP, também não há falar em crime de desobediência. REsp 1.374.653-MG, Rel. Min. Sebastião Reis Júnior, julgado em 11/3/2014.
>
> AGRAVO REGIMENTAL EM HABEAS CORPUS. VIOLÊNCIA DOMÉSTICA E FAMILIAR. DESCUMPRIMENTO DE MEDIDA PROTETIVA. CRIME DE DESOBEDIÊNCIA. ATIPICIDADE DA CONDUTA. AGRAVO REGIMENTAL A QUE SE NEGA PROVIMENTO.
>
> 1. De acordo com a jurisprudência do Superior Tribunal de Justiça, o crime de desobediência apenas se configura quando, desrespeitada ordem judicial, não existir previsão de outra sanção em lei específica, ressalvada a previsão expressa de cumulação. Precedentes.
>
> 2. A Lei n. 11.340/2006 prevê consequências jurídicas próprias e suficientes a coibir o descumprimento das medidas protetivas, não

havendo ressalva expressa no sentido da aplicação cumulativa do art. 359 do Código Penal, situação que evidencia, na espécie, a atipicidade da conduta. Precedentes.

3. Agravo regimental a que se nega provimento. (AgRg no HC 298202 / RS. Relator(a): Ministro ANTONIO SALDANHA PALHEIRO. Órgão Julgador: SEXTA TURMA. Data do Julgamento: 01/09/2016)

PROCESSUAL PENAL E PENAL. AGRAVO REGIMENTAL EM HABEAS CORPUS SUBSTITUTIVO. VIOLÊNCIA DOMÉSTICA. DESCUMPRIMENTO DE MEDIDA PROTETIVA. CRIME DE DESOBEDIÊNCIA À ORDEM JUDICIAL. ART. 359 DO CP. CONDUTA ATÍPICA. AGRAVO REGIMENTAL IMPROVIDO.

1. O descumprimento de medidas protetivas previstas na Lei da Violência Doméstica contra a Mulher não caracteriza crime de desobediência à ordem judicial, tipificado no art. 359 do CP.

2. A diversidade de cominações, para o inadimplemento das medidas de proteção previstas na 11.340/2006 (Lei Maria da Penha), são suficientes para a proteção da mulher, não reclamando a intervenção penal com o tipo penal da desobediência, ou da desobediência à ordem judicial, nos termos dos precedentes desta Corte.

3. Mantida a decisão agravada que, inclusive, foi proferida nos termos da orientação jurisprudencial desta Corte.

4. Agravo regimental improvido. (AgRg no HC 305436 / RS. Relator(a): Ministro NEFI CORDEIRO (1159). Órgão Julgador: SEXTA TURMA. Data do Julgamento: 07/04/2016)

Com a lei nova, o descumprimento das medidas protetivas de urgência passa a caracterizar especial modalidade de desobediência, consoante veremos abaixo.

Tipo objetivo. O dispositivo é o primeiro modelo incriminador trazido pela Lei 11340/06 e tipifica o comportamento daquele que, homem ou mulher, tendo contra si decretada uma medida protetiva de urgência, burla a decisão judicial, descumprindo-a, podendo fazê-lo mediante ação ou omissão. A decisão judicial que aqui se descumpre não precisa ter sido decretada por juiz criminal, *ex vi* do disposto no parágrafo primeiro do artigo que ora se analisa. De outro giro, não restará caracterizado o crime quando se tratar de descumprimento de medida decretada por delegado de polícia ou policial, nos termos do artigo 12-C, por ausência de previsão legal neste sentido.

Especialidade. O tipo guarda relação de especialidade com aqueles trazidos pelos artigos 330 e 359 do Código Penal.

Novato legis in pejus. O dispositivo em apreciação não poderá ser usado para alcançar fatos anteriores a sua vigência. Aquele que, antes do dia 04 de abril de 2018, descumpriu decreto judicial de medida protetiva não poderá ser alcançado pelo tipo penal incriminador.

Bem jurídico tutelado. É a administração da justiça, mas, de forma secundária, a incolumidade da mulher vítima da violência doméstica.

Tipo subjetivo. É o dolo do agente que, sabendo da existência da decisão judicial que decretou as medidas protetivas de urgência, porque dela foi intimado, deixa de cumpri-la. Caso o agente desconheça a existência da medida, estará em erro de tipo. Como não existe modalidade culposa do delito em análise, ainda que seu erro seja vencível, a conduta será atípica. Assim, pensemos na hipótese de uma pessoa que tenha sido proibida de se aproximar da vítima e, sem saber da decisão nesse sentido, a procure em sua casa ou trabalho a pretexto de desejar conversar. Inexiste, nesse caso, o dolo de descumprir a decisão e, realizando a conduta descrita na norma incriminadora sem consciência e vontade, sua conduta será atípica. A matéria é disciplinada no artigo 20, *caput*, do CP.

Sujeito ativo. Trata-se de crime que somente pode ser praticado por aquele que, homem ou mulher, teve contra si decretada uma medida protetiva de urgência.

Sujeito passivo. Tratando-se de crime contra a administração da justiça, é o Estado, titular do bem jurídico tutelado pela norma, o sujeito passivo, figurando também a mulher, vítima do crime com relação ao qual se decretou a medida, como sujeito passivo mediato.

Momento consumativo. Aquele em que o agente realizar a conduta proibida na decisão judicial ou deixar de realizar aquela que lhe foi imposta.

Tentativa. Cabível, exceto quando o descumprimento da decisão se dê mediante comportamento omissivo.

Crime de menor potencial ofensivo e a impossibilidade de aplicação dos institutos despenalizadores da Lei nº 9.099/95. Cuida-se de crime de menor potencial ofensivo, considerando-se a pena máxima de dois anos que lhe foi imposta, mas ao mesmo não deverão ser aplicados os institutos despenalizadores da Lei 9.099 de 1995. Essa conclusão se pode extrair do disposto no artigo 41, que não admite a aplicação do referido diploma aos crimes que se insiram no âmbito da Lei Maria da Penha. Outrossim, considerando-se que o artigo 24-A menciona, no seu parágrafo 2º, que, no caso de prisão em flagrante, apenas a autoridade judicial poderá conceder fiança, resta clara a possibilidade de haver prisão em flagrante quanto ao crime de descumprimento de medida protetiva, afastando-se o disposto no artigo 69 da Lei 9.099/1995, que impede a imposição de prisão em flagrante ao autor do fato que, após a lavratura do termo, for imediatamente encaminhado ao juizado ou assumir o compromisso de a ele comparecer.

Inquérito policial. Não sendo aplicáveis os institutos da Lei nº 9.099/95, pelas razões expostas no item anterior, deverá ser instaurado inquérito policial.

Ação penal. Pública incondicionada, não se dependendo de qualquer manifestação da vítima para que se inicie a persecução criminal.

Competência. Será a do Juizado Especial de Violência contra a Mulher, pela conexidade com o crime praticado em violência doméstica contra a mulher.

Fiança. Embora se trate de crime cuja pena máxima é de dois anos, hipótese em que o delegado poderia arbitrar fiança, consoante disposto no artigo 322 do CPP, o dispositivo em análise, que é especial em relação ao CPP, determina que apenas o juiz o faça. Destarte, não será possível ao delegado arbitrar fiança em se tratando da prática deste crime do artigo 24-A da Lei nº 11.340/2006.

Prisão preventiva e o crime do artigo 24-A. Em que pese a inclusão desta nova figura penal na Lei Maria da Penha, nada impede que o juiz, nos autos do procedimento ou processo em que foram impostas as medidas de urgência descumpridas, decrete a prisão preventiva, desde que estejam presentes os pressupostos autorizadores da constrição cautelar excepcional, vislumbrando o magistrado a necessidade da prisão para a garantia da ordem pública, para assegurar a aplicação da lei penal ou por conveniência da instrução criminal. Tudo isso sem prejuízo da responsabilização pelo crime de descumprimento de medida protetiva a que se faz referência no dispositivo em análise.

CAPÍTULO III
DA ATUAÇÃO DO MINISTÉRIO PÚBLICO

Art. 25. O Ministério Público intervirá, quando não for parte, nas causas cíveis e criminais decorrentes da violência doméstica e familiar contra a mulher.

Art. 26. Caberá ao Ministério Público, sem prejuízo de outras atribuições, nos casos de violência doméstica e familiar contra a mulher, quando necessário:

I - requisitar força policial e serviços públicos de saúde, de educação, de assistência social e de segurança, entre outros;

II - fiscalizar os estabelecimentos públicos e particulares de atendimento à mulher em situação de violência doméstica e familiar, e adotar, de imediato, as medidas administrativas ou judiciais cabíveis no tocante a quaisquer irregularidades constatadas;

III - cadastrar os casos de violência doméstica e familiar contra a mulher.

CAPÍTULO IV
DA ASSISTÊNCIA JUDICIÁRIA

Art. 27. Em todos os atos processuais, cíveis e criminais, a mulher em situação de violência doméstica e familiar deverá estar acompanhada de advogado, ressalvado o previsto no art. 19 desta Lei.

Art. 28. É garantido a toda mulher em situação de violência doméstica e familiar o acesso aos serviços de Defensoria Pública ou de Assistência Judiciária Gratuita, nos termos da lei, em sede policial e judicial, mediante atendimento específico e humanizado.

TÍTULO V
DA EQUIPE DE ATENDIMENTO MULTIDISCIPLINAR

Art. 29. Os Juizados de Violência Doméstica e Familiar contra a Mulher que vierem a ser criados poderão contar com uma equipe de atendimento multidisciplinar, a ser integrada por profissionais especializados nas áreas psicossocial, jurídica e de saúde.

Art. 30. Compete à equipe de atendimento multidisciplinar, entre outras atribuições que lhe forem reservadas pela legislação local, fornecer subsídios por escrito ao juiz, ao Ministério Público e à Defensoria Pública, mediante laudos ou verbalmente em audiência, e desenvolver trabalhos de orientação, encaminhamento, prevenção e outras medidas, voltados para a ofendida, o agressor e os familiares, com especial atenção às crianças e aos adolescentes.

Art. 31. Quando a complexidade do caso exigir avaliação mais aprofundada, o juiz poderá determinar a manifestação de profissional especializado, mediante a indicação da equipe de atendimento multidisciplinar.

Art. 32. O Poder Judiciário, na elaboração de sua proposta orçamentária, poderá prever recursos para a criação e manutenção da equipe de atendimento multidisciplinar, nos termos da Lei de Diretrizes Orçamentárias.

TÍTULO VI
DISPOSIÇÕES TRANSITÓRIAS

Art. 33. Enquanto não estruturados os Juizados de Violência Doméstica e Familiar contra a Mulher, as varas criminais acumularão as competências cível e criminal para conhecer e julgar as causas decorrentes da prática de violência doméstica e familiar contra a mulher, observadas as previsões do Título IV desta Lei, subsidiada pela legislação processual pertinente.

Parágrafo único. Será garantido o direito de preferência, nas varas criminais, para o processo e o julgamento das causas referidas no caput.

TÍTULO VII
DISPOSIÇÕES FINAIS

Art. 34. A instituição dos Juizados de Violência Doméstica e Familiar contra a Mulher poderá ser acompanhada pela implantação das curadorias necessárias e do serviço de assistência judiciária.

Art. 35. A União, o Distrito Federal, os Estados e os Municípios poderão criar e promover, no limite das respectivas competências:

I – centros de atendimento integral e multidisciplinar para mulheres e respectivos dependentes em situação de violência doméstica e familiar;

II – casas-abrigos para mulheres e respectivos dependentes menores em situação de violência doméstica e familiar;

III – delegacias, núcleos de defensoria pública, serviços de saúde e centros de perícia médico-legal especializados no atendimento à mulher em situação de violência doméstica e familiar;

IV – programas e campanhas de enfrentamento da violência doméstica e familiar;

V – centros de educação e de reabilitação para os agressores.

Art. 36. A União, os Estados, o Distrito Federal e os Municípios promoverão a adaptação de seus órgãos e de seus programas às diretrizes e aos princípios desta Lei.

Art. 37. A defesa dos interesses e direitos transindividuais previstos nesta Lei poderá ser exercida, concorrentemente, pelo Ministério Público e por associação de atuação na área, regularmente constituída há pelo menos um ano, nos termos da legislação civil.

Parágrafo único. O requisito da pré-constituição poderá ser dispensado pelo juiz quando entender que não há outra entidade com representatividade adequada para o ajuizamento da demanda coletiva.

Art. 38. As estatísticas sobre a violência doméstica e familiar contra a mulher serão incluídas nas bases de dados dos órgãos oficiais do Sistema de Justiça e Segurança a fim de subsidiar o sistema nacional de dados e informações relativo às mulheres.

Parágrafo único. As Secretarias de Segurança Pública dos Estados e do Distrito Federal poderão remeter suas informações criminais para a base de dados do Ministério da Justiça.

Art. 38-A. O juiz competente providenciará o registro da medida protetiva de urgência. (Incluído pela Lei nº 13.827, de 2019)

Parágrafo único. As medidas protetivas de urgência serão registradas em banco de dados mantido e regulamentado pelo Conselho Nacional de Justiça, garantido o acesso do Ministério Público, da Defensoria Pública e dos órgãos de segurança pública e de assistência social, com vistas à fiscalização e à efetividade das medidas protetivas. (Incluído pela Lei nº 13.827, de 2019)

Art. 39. A União, os Estados, o Distrito Federal e os Municípios, no limite de suas competências e nos termos das respectivas leis de diretrizes orçamentárias, poderão estabelecer dotações orçamentárias específicas, em cada exercício financeiro, para a implementação das medidas estabelecidas nesta Lei.

Art. 40. As obrigações previstas nesta Lei não excluem outras decorrentes dos princípios por ela adotados.

Art. 41. Aos crimes praticados com violência doméstica e familiar contra a mulher, independentemente da pena prevista, não se aplica a Lei nº 9.099, de 26 de setembro de 1995.

A inaplicabilidade do disposto na Lei nº 9.099/1995. A Lei Maria da Penha dispõe, em seu art. 41, que resta vedada aos crimes praticados em violência doméstica contra mulher aplicação da Lei 9.099 de 1995. Em virtude desse dispositivo, não cabem transação penal, composição civil de danos e suspensão condicional do processo aos crimes sujeitos à lei em análise.

Também não caberá representação no crime de lesão corporal de natureza leve quando praticado em situação de violência doméstica contra mulher, porque inaplicável o disposto no artigo 88 da Lei nº 9.099/95 à Lei Maria da Penha. Após acaloradas discussões doutrinárias e jurisprudenciais a respeito do tema, a questão foi pacificada pelo Supremo Tribunal Federal, que, na ADI 4424, declarou a constitucionalidade do dispositivo. Assim, em virtude da Lei Maria da Penha, é de natureza pública incondicionada a ação penal para o crime de lesão corporal de natureza leve que se insira no âmbito da Lei Maria da Penha. A matéria é também tratada em súmulas do STJ, adiante transcritas. Ainda que a mulher não deseje ver o seu agressor ou agressora perseguido criminalmente pela prática do referido delito, o Ministério Público deverá deflagrar ação penal, sendo desnecessária e designação da audiência de que trata o art. 16 da Lei em estudo.

> Súmula 542 STJ. A ação penal relativa ao crime de lesão corporal resultante de violência doméstica contra a mulher é pública incondicionada.
>
> Súmula 536 STJ. A suspensão condicional do processo e a transação penal não se aplicam na hipótese de delitos sujeitos ao rito da Lei Maria da Penha.

Descabimento da Lei nº 9.099/1995 às contravenções praticadas em situação de violência doméstica contra mulher. O artigo 41 da Lei nº 11.340/2006, ao mencionar o descabimento da Lei nº 9.099/1995 aos **crimes** (grifo nosso) praticados em violência doméstica contra a mulher, se refere aos crimes e as contravenções. Assim, as contravenções praticadas nessas circunstancias também não merecerão a aplicação da Lei nº 9.099/95. Outro não é o entendimento do STJ:

> (...) 1. Estando o acórdão recorrido em consonância com a jurisprudência desta Corte Superior, aplicável ao caso o óbice da Súmula 83/STJ.
>
> 2. No contexto dos crimes praticados com violência doméstica ou familiar contra a mulher, a palavra "crime" deve englobar toda e qualquer infração penal, conceito mais amplo que abrange as duas espécies: crime e contravenção penal.
>
> 3. Seja caso de lesão corporal leve, seja de vias de fato, se praticado em contexto de violência doméstica ou familiar, não há falar em necessidade de representação da vítima para a persecução penal.
>
> 4. Agravo regimental improvido. (AgRg no AREsp 703829 / MG. Relator(a) Ministro SEBASTIÃO REIS JÚNIOR. Órgão Julgador: SEXTA TURMA Data do Julgamento: 27/10/2015)

Crimes Culposos contra a mulher em ambiente doméstico. A eles não se aplicarão as disposições da Lei Maria da Penha.

Ação penal nos demais crimes praticados em situação de violência doméstica contra a mulher. É importante frisar que, à exceção do disposto no art. 24-A, a Lei Maria da Penha não trouxe novos tipos penais, tampouco alterou a natureza da ação penal prevista para os crimes a que se refere. O único crime que teve a natureza da ação penal alterada pela Lei Maria da Penha foi o de lesão corporal leve praticado em situação de violência doméstica contra a mulher, por força do artigo 41, ora comentado, que impede a aplicação do disposto no artigo 88 da Lei 9.099/1995, dispositivo que exige a representação como condição de procedibilidade para a lesão corporal de natureza leve. Assim, o crime de ameaça, por exemplo, cuja ação penal é disciplinada pelo Código Penal e não pela Lei 9.099/95, somente se procederá mediante representação da vítima, nos termos do parágrafo único do artigo 147 do CP, abaixo transcrito:

> **Ameaça**
>
> Art. 147 - Ameaçar alguém, por palavra, escrito ou gesto, ou qualquer outro meio simbólico, de causar-lhe mal injusto e grave:
>
> Pena - detenção, de um a seis meses, ou multa.
>
> Parágrafo único - Somente se procede mediante representação.

Nunca será demais lembrar que, nesses casos em que a ação penal depender de representação, dever-se-á atentar para o disposto no artigo 16 da lei em estudo, já comentado nessa obra.

Art. 42. O art. 313 do Decreto-Lei nº 3.689, de 3 de outubro de 1941 (Código de Processo Penal), passa a vigorar acrescido do seguinte inciso IV:

"Art. 313. (...)

(...)

IV - se o crime envolver violência doméstica e familiar contra a mulher, nos termos da lei específica, para garantir a execução das medidas protetivas de urgência." (NR)

Art. 43. A alínea f do inciso II do art. 61 do Decreto-Lei nº 2.848, de 7 de dezembro de 1940 (Código Penal), passa a vigorar com a seguinte redação:

"Art. 61(...)

(...)

II - (...)

(...)

f) com abuso de autoridade ou prevalecendo-se de relações domésticas, de coabitação ou de hospitalidade, ou com violência contra a mulher na forma da lei específica;

(...)" (NR)

Art. 44. O art. 129 do Decreto-Lei nº 2.848, de 7 de dezembro de 1940 (Código Penal), passa a vigorar com as seguintes alterações:

"Art. 129 (...)

(...)

§ 9º Se a lesão for praticada contra ascendente, descendente, irmão, cônjuge ou companheiro, ou com quem conviva ou tenha convivido, ou, ainda, prevalecendo-se o agente das relações domésticas, de coabitação ou de hospitalidade:

Pena – detenção, de 3 (três) meses a 3 (três) anos.

(...)

§ 11. Na hipótese do § 9º deste artigo, a pena será aumentada de um terço se o crime for cometido contra pessoa portadora de deficiência." (NR)

Art. 45. O art. 152 da Lei nº 7.210, de 11 de julho de 1984 (Lei de Execução Penal), passa a vigorar com a seguinte redação:

"Art. 152. (...)

Parágrafo único. Nos casos de violência doméstica contra a mulher, o juiz poderá determinar o comparecimento obrigatório do agressor a programas de recuperação e reeducação." (NR)

Art. 46. Esta Lei entra em vigor 45 (quarenta e cinco) dias após sua publicação.

Brasília, 7 de agosto de 2006; 185º da Independência e 118º da República.

LUIZ INÁCIO LULA DA SILVA

Dilma Rousseff

Este texto não substitui o publicado no D.O.U. de 8.8.2006

QUESTÕES PROPOSTAS

1) **(2018 – UEG – PC/GO – Delegado de Polícia Civil)**

Preenchidos os requisitos legais para concessão da benesse, é possível aplicar ao crime de lesão corporal de natureza leve praticado em situação de violência doméstica e familiar contra a mulher a

A) transação penal.

B) suspensão condicional da pena.

C) suspensão condicional do processo.

D) absolvição, com base no princípio da insignificância.

E) substituição da pena privativa de liberdade por restritiva de direitos.

2) **(Ano: 2015 – Banca: CESPE – Órgão: DPE-RN – Prova: Defensor Público Substituto)**

Maria alegou ser vítima de violência doméstica praticada pelo seu ex-companheiro Lucas, com quem conviveu por cinco anos, até dele se separar. Após a separação, Lucas passou a fazer frequentes ligações telefônicas para o aparelho celular da ex-mulher durante o dia, no período em que ela está trabalhando, à noite e de madrugada. Embora Maria já tenha trocado de número telefônico algumas vezes, Lucas consegue os novos números com conhecidos e continua a fazer as ligações. Apavorada e em sofrimento psicológico, Maria procurou auxílio e obteve do juiz competente medida protetiva urgente que obriga Lucas a não manter mais contato com ela por qualquer meio de comunicação, ordem que ele, porém, não obedeceu, pois continua a fazer as ligações.

A respeito dessa situação hipotética, assinale a opção correta com base na Lei nº 11.340/2006 e na jurisprudência dos tribunais superiores.

a) A medida protetiva de urgência concedida pelo juiz deverá ser considerada inválida, se Lucas não tiver sido previamente intimado nem ouvido, pois isso caracterizaria flagrante desrespeito ao princípio do contraditório.

b) Para garantir que Lucas cumpra a medida protetiva de urgência, o juiz pode requisitar auxílio da força policial.

c) Ao descumprir a medida protetiva imposta pelo juiz, Lucas pratica o crime de desobediência.

d) Como não houve violência física, não ficou caracterizada violência doméstica que justificasse a aplicação da medida protetiva de urgência imposta a Lucas, que deve ser revogada.

e) Para a aplicação e validade da medida protetiva de urgência, eram imprescindíveis a coabitação e a prática da violência no âmbito da unidade doméstica.

3) (Ano: 2015 - Banca: FMP - Órgão: MPE-AM - Prova: Promotor de Justiça Substituto)

Considere as seguintes assertivas em relação à violência doméstica e familiar:

I. De acordo com a jurisprudência do Supremo Tribunal Federal, os crimes de ameaça e de lesões corporais leves admitem a aplicação dos institutos despenalizadores da Lei nº 9.099/95.

II. O crime de ameaça admite a concessão de transação penal pelo Ministério Público.

III. A violência doméstica e familiar pode ser de natureza psicológica.

IV. Aplica-se a Lei Maria da Penha ao homem na condição de sujeito passivo do crime em atenção ao princípio constitucional da igualdade.

V. Não é cabível a concessão da transação penal e da suspensão condicional do processo aos crimes de ameaça e de lesões corporais leves no âmbito da violência doméstica, conforme o entendimento do Supremo Tribunal Federal.

Quais das assertivas acima estão corretas?

a) Apenas a I e II.

b) Apenas a II e III.

c) Apenas a III e IV.

d) Apenas a III e V.

e) Apenas a IV e V.

4) (Ano: 2015 – Banca: FUNCAB – Órgão: PC-AC – Prova: Perito Criminal)

Com base na Lei nº 11.340/2006 (Lei Maria da Penha), assinale a alternativa correta.

a) Na hipótese da prática de violência doméstica contra a mulher, somente a autoridade judiciária poderá autorizar o encaminhamento da ofendida ao Instituto Médico Legal, para realização do regular exame de corpo de delito.

b) A competência para o processo e julgamento dos delitos decorrentes de violência doméstica é determinada exclusivamente pelo domicílio ou pela residência da ofendida por economia processual e objetivando facilitar a prática dos atos processuais.

c) Após registrar a ocorrência de violência doméstica e familiar em uma Unidade de Polícia Judiciária e, em consequência, ter sido instaurado inquérito policial, a vítima, desejando impedir o prosseguimento da investigação criminal, deve manifestar expressamente o seu desejo de renúncia diretamente à autoridade policial.

d) Para concessão de medida protetiva de urgência prevista na Lei Maria da Penha, o juiz deverá colher prévia manifestação do Ministério Público, sob pena de nulidade absoluta do ato.

e) Em todos os atos processuais, cíveis e criminais, a mulher em situação de violência doméstica e familiar deverá estar acompanhada de advogado, contudo, poderá, excepcionalmente, sem assistência de advogado, pedir ao juiz a concessão de medida protetiva de urgência.

5) (Ano: 2015 – Banca: FCC – Órgão: TJ-SC- Prova: Juiz Substituto)

Sobre os crimes de que tratam a Lei nº 11.340/2006 (cria mecanismos para coibir a violência doméstica e familiar contra a mulher), é INCORRETO afirmar:

a) As formas de violência doméstica e familiar contra a mulher estão taxativamente previstas no art. 7º da Lei nº 11.340/2006, não sendo objeto de medidas protetivas de urgência outras senão aquelas elencadas nesse dispositivo

b) Nas ações penais públicas condicionadas à representação da ofendida de que trata a Lei nº 11.340/2006, só será admitida a renúncia à representação perante o juiz, em audiência especialmente designada com tal finalidade, antes do recebimento da denúncia.

c) O crime de lesão corporal leve ou culposa, praticado mediante violência doméstica (CP, art. 129, § 9º), é de ação penal pública incondicionada.

d) É vedada a aplicação, nos casos de violência doméstica e familiar contra a mulher, de penas de cesta básica ou outras de prestação pecuniária, bem como a substituição de pena que implique o pagamento isolado de multa.

e) Vínculos afetivos que refogem ao conceito de família e de entidade familiar nem por isso deixam de ser marcados pela violência. Assim, namorados e noivos, mesmo que não vivam sob o mesmo teto, mas resultando a situação de violência do relacionamento, faz com que a mulher mereça o abrigo da Lei Maria da Penha.

6) (Ano: 2015 - Banca: VUNESP- Órgão: PC-CE - Prova: Inspetor de Polícia Civil de 1ª Classe)

A Lei 11.340/2006, conhecida como "Lei Maria da Penha", estabelece que

a) em qualquer fase do inquérito policial ou da ação penal cabe prisão preventiva contra o agressor.

b) em nenhuma hipótese o sujeito ativo dos crimes previstos nessa Lei poderá ser uma mulher.

c) para efeito dessa Lei são formas de violência a física e a sexual.

d) na ocorrência de uma briga (com agressão física) entre vizinhos, desde que envolvendo um homem e uma mulher e com residências próximas, aplicam-se as disposições da Lei Maria da Penha.

e) se o agressor comprovar que é o proprietário da residência conjugal, não poderá ser determinado o seu afastamento do lar.

7) (Cespe - Delegado de Polícia - GO/2017)

À luz do posicionamento jurisprudencial e doutrinário dominantes acerca das disposições da Lei n.º 11.340/2006 (Lei Maria da Penha), assinale a opção correta.

A) Caracteriza o crime de desobediência o reiterado descumprimento, pelo agressor, de medida protetiva decretada no âmbito das disposições da Lei Maria da Penha.

B) Em se tratando dos crimes de lesão corporal leve e ameaça, pode o Ministério Público dar início a ação penal sem necessidade de representação da vítima de violência doméstica.

C) No caso de condenação à pena de detenção em regime aberto pela prática do crime de ameaça no âmbito doméstico e familiar, é possível a substituição da pena pelo pagamento isolado de multa.

D) No âmbito de aplicação da referida lei, as medidas protetivas de urgência poderão ser concedidas independentemente de audiência das partes e de manifestação do Ministério Público, o qual deverá ser prontamente comunicado.

E) Afasta-se a incidência da Lei Maria da Penha na violência havida em relações homoafetivas se o sujeito ativo é uma mulher.

8) **(Cespe – Delegado de Polícia – GO/2017)**

Júlio, durante discussão familiar com sua mulher no local onde ambos residem, sem justo motivo, agrediu-a, causando-lhe lesão corporal leve.

Nessa situação hipotética, conforme a Lei n.º 11.340/2006 e o entendimento do STJ,

A) a ofendida poderá renunciar à representação, desde que o faça perante o juiz.

B) a ação penal proposta pelo Ministério Público será pública incondicionada.

C) a autoridade policial, independentemente de haver necessidade, deverá acompanhar a vítima para assegurar a retirada de seus pertences do domicílio familiar.

D) Júlio poderá ser beneficiado com a suspensão condicional do processo, se presentes todos os requisitos que autorizam o referido ato.

E) Júlio poderá receber proposta de transação penal do Ministério Público, se houver anuência da vítima.

GABARITO COMENTADO

1) **Gabarito oficial: B**

Justificativa:

A) Incorreta, pois nos termos da Súmula 536 do STJ: "A suspensão condicional do processo e a transação penal não se aplicam na hipótese de delitos sujeitos ao rito da Lei Maria da Penha".

B) Correta. É cabível a suspensão condicional da pena (sursis), conforme entendimento pacificado no âmbito do STJ "A jurisprudência desta Corte é firme em assinalar ser possível a concessão de suspensão condicional da pena aos crimes e às contravenções penais praticados em contexto de violência doméstica, desde que preenchidos os requisitos previstos no art. 77 do Código Penal" (STJ,

T6 - SEXTA TURMA. AgRg no REsp 1691667/RJ. AGRAVO REGIMENTAL NO RECURSO ESPECIAL. Relator(a) Ministro ROGERIO SCHIETTI CRUZ. Julgamento em 02/08/2018. Publicação/Fonte em DJe 09/08/2018).

C) Incorreta. Verificada a incidência da Lei nº 11.340/06, fica impedida a aplicação dos institutos despenalizadores da Lei nº 9.099/95, dentre os quais a suspensão condicional do processo, nos termos da Súmula n.º 536 do STJ.

D) Incorreta, conforme Súmula 589 do STJ: "É inaplicável o princípio da insignificância nos crimes ou contravenções penais praticados contra a mulher no âmbito das relações domésticas".

E) Incorreta, porque, nos termos da Súmula 588 do STJ: "A prática de crime ou contravenção penal contra a mulher com violência ou grave ameaça no ambiente doméstico impossibilita a substituição da pena privativa de liberdade por restritiva de direitos".

2) Gabarito: letra "b".

a) Para a decretação das medidas protetivas, não se faz necessária a oitiva do agressor, consoante artigo 19, § 1º da Lei Maria da Penha.

c) Se não cumprir uma medida protetiva contra ele decretada, o suposto agressor não estará praticando crime de desobediência. Estará, contudo, praticando o crime do artigo 24_A da Lei 11340, de 2006 (Observar,contudo, que a questão foi formulada antes da inclusão do art 24-A e, na época, o descumprimento caracterizava conduta atípica).

d) Não apenas a agressão física deve ser considerada violência doméstica contra a mulher, nos termos do artigo 7º.

e) Não é necessária a coabitação para que se aplique a Lei Maria da Penha, consoante Sumula 600 do STJ. "Para configuração da violência doméstica e familiar prevista no artigo 5º da lei 11.340/2006, lei Maria da Penha, não se exige a coabitação entre autor e vítima".

3) Gabarito: letra "d". Não se admite aplicação da Lei 9.099/1995 na hipótese de violência doméstica contra a mulher, razão pela qual as assertivas I e II estão erradas. Ver, sobre a suspensão, Súmula 536 do STJ e, sobre representação, Súmula 542 daquela Corte. Não se aplica a violência doméstica quando se tratar da vítima do sexo masculino, consoante entendem doutrina e jurisprudência, devendo-se atentar, nesse sentido, para o RHC 51481 do STJ.

4) Gabarito: letra "e", consoante disposto no artigo 27 da Lei Maria da Penha.

a) A vítima deverá ser encaminhada pela autoridade policial para a realização do exame de corpo de delito,independentemente de determinação judicial neste sentido.

b) a competência para o processo e julgamento de crimes praticados em situação de violência doméstica se fixa pelos critérios trazidos pelo CPP e não pelo critério do artigo 15, que somente se aplica aos processos cíveis.

c) a retratação da representação deverá ser feita perante o juiz, nos termos do artigo 16.

d) Para a decretação da medida protetiva de urgência, o juiz não necessita da prévia oitiva do Ministério Público, embora deva, imediatamente após, dar-lhe ciência, nos termos do artigo 19, § 1º.

5) Gabarito: letra "a", pois o *caput* do artigo 7º da Lei Maria da Penha expressamente admite outras formas de violência doméstica além daquelas definidas no dispositivo.

6) Gabarito: letra "a", nos termos do artigo 20.

b) O sujeito ativo de crimes na lei Maria da Penha poderá ser mulher ou homem, ao passo que o sujeito passivo necessariamente será mulher.

c) Não apenas a violência física e sexual são formas de violência doméstica, nos termos do artigo 7º.

d) Não se aplica a Lei Maria da Penha em discussão entre vizinhos, pois não decorre de nenhuma das relações trazidas pelo artigo 5º.

e) O fato de o agressor ser proprietário do imóvel em que vive com a ofendida não afasta a possibilidade de ser determinado seu afastamento do lar.

7) Gabarito oficial: letra "d".

a) Não caracteriza o crime de desobediência o reiterado descumprimento, pelo agressor, de medida protetiva decretada no âmbito das disposições da Lei Maria da Penha. O descumprimento de medidas protetivas judicialmente decretadas caracteriza o crime do artigo 24-A da lei 11340, de 2006.

b) Em se tratando do crime de ameaça, não pode o Ministério Público dar início à ação penal sem representação da vítima de violência doméstica, pois se trata de crime de ação penal pública condicionada a representação, consoante disposto no artigo 147, parágrafo único, do CP.

c) No caso de condenação à pena de detenção em regime aberto pela prática do crime de ameaça no âmbito doméstico e familiar, não é possível a substituição da pena pelo pagamento isolado de multa, nos termos do artigo 17 da Lei nº 11.340, de 2006.

e) O sujeito ativo de crime inserido no ambito da Lei Maria da Penha pode ser homem ou mulher.

8) Gabarito: letra "b".

a) A ofendida não poderá renunciar à representação, pois a ação penal proposta pelo Ministério Público será pública incondicionada quando a lesão for leve.

c) *Em havendo necessidade*, a autoridade policial deverá acompanhar a vítima para assegurar a retirada de seus pertences do domicílio familiar.

d) Júlio não poderá ser beneficiado com a suspensão condicional do processo, consoante Suúmula 536 do STJ.

e) Júlio não poderá receber proposta de transação penal do Ministério Público, pois não se trata de crime de menor potencial ofensivo.

EDITORA JusPODIVM
www.editorajuspodivm.com.br

Impressão e acabamento:
impress gráfica e editora